1,000,000 Books

are available to read at

Forgotten Books

www.ForgottenBooks.com

Read online
Download PDF
Purchase in print

ISBN 978-0-332-24743-4
PIBN 10998327

This book is a reproduction of an important historical work. Forgotten Books uses state-of-the-art technology to digitally reconstruct the work, preserving the original format whilst repairing imperfections present in the aged copy. In rare cases, an imperfection in the original, such as a blemish or missing page, may be replicated in our edition. We do, however, repair the vast majority of imperfections successfully; any imperfections that remain are intentionally left to preserve the state of such historical works.

Forgotten Books is a registered trademark of FB &c Ltd.
Copyright © 2018 FB &c Ltd.
FB &c Ltd, Dalton House, 60 Windsor Avenue, London, SW19 2RR.
Company number 08720141. Registered in England and Wales.

For support please visit www.forgottenbooks.com

1 MONTH OF FREE READING

at

www.ForgottenBooks.com

By purchasing this book you are eligible for one month membership to ForgottenBooks.com, giving you unlimited access to our entire collection of over 1,000,000 titles via our web site and mobile apps.

To claim your free month visit:
www.forgottenbooks.com/free998327

* Offer is valid for 45 days from date of purchase. Terms and conditions apply.

English
Français
Deutsche
Italiano
Español
Português

www.forgottenbooks.com

Mythology Photography **Fiction** Fishing Christianity **Art** Cooking Essays Buddhism Freemasonry Medicine **Biology** Music **Ancient Egypt** Evolution Carpentry Physics Dance Geology **Mathematics** Fitness Shakespeare **Folklore** Yoga Marketing **Confidence** Immortality Biographies Poetry **Psychology** Witchcraft Electronics Chemistry History **Law** Accounting **Philosophy** Anthropology Alchemy Drama Quantum Mechanics Atheism Sexual Health **Ancient History Entrepreneurship** Languages Sport Paleontology Needlework Islam **Metaphysics** Investment Archaeology Parenting Statistics Criminology **Motivational**

LATEINISCH-DEUTSCHES

UND

DEUTSCH-LATEINISCHES

SCHUL-WÖRTERBUCH

VON

Dr. C. F. INGERSLEV,
PROFESSOR.

LATEINISCH-DEUTSCHER THEIL.

FÜNFTE AUFLAGE.

BRAUNSCHWEIG,
DRUCK UND VERLAG VON FRIEDRICH VIEWEG UND SOHN.
1876.

LATEINISCH-DEUTSCHES

SCHUL-WÖRTERBUCH

VON

Dr. C. F. INGERSLEV,
PROFESSOR.

FÜNFTE AUFLAGE.

BRAUNSCHWEIG,
DRUCK UND VERLAG VON FRIEDRICH VIEWEG UND SOHN.
1876.

Die Herausgabe einer Uebersetzung in französischer und englischer Sprache, sowie in anderen modernen Sprachen wird vorbehalten.

VORREDE.

Wenn gegenwärtiges Buch sich als Schulwörterbuch ankündigt, ist dieser Titel hier etwas schärfer zu fassen, als es wenigstens bei vielen anderen Wörterbüchern, die denselben Titel führen, der Fall ist. Es scheint mir unleugbar, dass die grösseren bisherigen Schulwörterbücher (von Georges, Mühlmann und Kärcher) Vieles enthalten, was ausser dem Bereiche der Schule liegt und in dieser keine wirkliche Anwendung findet. Ich meine nämlich, dass, wenn von einem Schulbuche überhaupt und von einem Schulwörterbuche insbesondere die Rede ist, man lediglich an die Schüler, nicht an die Lehrer denken muss: denn diese werden doch im Ganzen mit den Philologen zusammenfallen, und auf solche sind ja Schulbücher nicht berechnet. Den Schülern muss nun ein Hülfsmittel gegeben werden, das erstens bei der Präparation auf die in der Schule zu erklärenden Pensa, zweitens bei der Privatlectüre ihnen die nöthige Unterstützung gewährt; ferner ist es zu wünschen, dass das Wörterbuch, welches die Schüler besitzen, sie auch in der Zukunft nicht ganz im Stiche lässt, wenn sie (was leider wohl nicht eben mit Vielen der Fall ist) im reiferen Alter ihre Bekanntschaft mit der alten Literatur zu unterhalten und zu erweitern streben sollten. Wenn man aber von seltenen Ausnahmen abgeht, wo ein besonderer Geschmack Jemand an Bücher ganz speciellen Inhaltes heranzieht — und auf solche kann man füglich nicht Rücksicht nehmen, sondern man muss das allgemein Gültige als maassgebend festhalten —, so darf man als sicher voraussetzen, dass nicht bloss die Schullectüre, sondern auch das etwa im reiferen Alter fortgesetzte Lesen lateinischer Schriften sich auf die Schriftsteller des goldenen und des silbernen Zeitalters beschränken wird, und zwar auf diejenigen Schriften aus diesen, die ein allgemeineres Interesse haben, dass aber die wenigen Schriften, die gewissen speciellen Zweigen des menschlichen Wissens angehören und mit der allgemeinen geistigen Entwickelung weniger zu thun haben, im Allgemeinen ungelesen bleiben werden. Es darf dieses meiner Ansicht nach nicht allein vorausgesetzt werden, sondern es ist auch das Natürliche und Richtige. Da die studirende Jugend doch nicht die ganze alte Literatur durchgehen kann oder soll, so muss man nur wünschen, dass sie vorzüglich die besten und wichtigsten Theile davon kennen lernt. Sowohl in Bezug auf Stil und Sprache als auf Inhalt und Geist ist es gar nicht zu empfehlen, dass der Schüler die spätesten römischen Schriftsteller liest; aus sittlichen Gründen möchte ich Schriftsteller wie den Petronius und den Martialis aus seinen Händen entfernt wissen; und ich wüsste nicht, warum man dem verkehrten Geschmack der Wenigen Vorschub leisten sollte, die lieber den Claudianus und den Ausonius als den Virgil und den Horaz lesen möchten. Zum Lesen solcher Schriftsteller soll also nach meiner Ansicht ein Schulwörterbuch die nöthige Hülfe zu geben gar nicht streben. Aber selbst Schriften wie die des Vitruvius und des Celsus oder die *historia naturalis* des Plinius gehören im Allgemeinen*) nicht in den Kreis der Schule, weil der bei Weitem grössere Theil jener Schriften ganz specielle Kenntnisse und Studien besonderer Art theils voraussetzt, theils erzielt. — Ist dieses nun richtig, so können alle Wörter, die sich nur in solchen Schriften finden, aus dem Schulwörterbuche ausgeschlossen bleiben. Und dann müssen sie nach meiner Ansicht ausgeschlossen bleiben: denn durch ihre Aufnahme wird das Wörterbuch bedeutend umfangreicher**) und dadurch für den Schüler theurer, ohne ihm einen entsprechenden Nutzen zu gewähren; oder der dazu erforderliche Raum muss durch ungebührliche Beschränkung und Abkürzung des für den Schüler wirklich nöthigen Stoffes wieder gewonnen werden. Ebenso gehören Wörter, die sich in der wirklich erhaltenen Literatur nicht finden, sondern nur von den Grammatikern angeführt werden, im Allgemeinen nicht in den Kreis eines Schulwörterbuches.

Hiermit sind die Grundsätze angegeben, denen zufolge ich in diesem Schulwörterbuche in Bezug auf Zahl und Gattung der aufgenommenen Wörter von meinen Vorgängern, soweit ich sie kenne, wesentlich abweiche. Während nämlich diese (wenigstens Georges, Mühlmann und Kärcher) alle bei lateinischen Schriftstellern bis zum Untergange des römischen Reiches vorkommende Wörter aufgenommen haben, sind in diesem Wörterbuche nur diejenigen Wörter erklärt, die in Schriften sich finden, von welchen einigermaassen vorausgesetzt werden kann, dass sie in Schulen gelesen werden. Diese sollen aber dagegen, meinem Plane gemäss, vollständig erklärt werden, indem durch die Ausschliessung jener Wörter Raum gewonnen ist, um in einem Wörterbuche von weit geringerer Bogenzahl den aufgenommenen Wörtern eine, wenn auch scheinbar etwas kürzere, doch im Wesentlichen eben so erschöpfende Behandlung zu geben, wie sie in jenen weit voluminöseren Wörterbüchern erhalten haben. Es sind also hier alle Wörter aufgenommen aus den bei klassischen Schriftstellern aufbewahrten Bruchstücken älterer Schriftsteller (Ennius, Accius u. s. w.), aus dem Lucretius, dem Plautus und dem Terenz, ferner aus fast allen Schriftstellern des goldenen und silbernen Zeitalters***). Dagegen sind

---

*) Einzelne Abschnitte allgemeinen Inhalts davon zu lesen hindert dagegen Nichts.
**) Die Namen naturhistorischer, künstlicher u. s. w. Gegenstände bei Plinius, die zum Theil ausländischen, besonders griechischen Benennungen verschiedener Kleidungsstücke, Geräthschaften, Esswaaren u. dergl. bei Petronius, Martialis, Appulejus u. A., nebst den neugebildeten Wörtern bei den spätesten Schriftstellern machen eine Zahl von mehreren tausend Wörtern aus.
***) Das heisst, aus der Zeit von 78 vor Chr. bis ungefähr 117 nach Chr.

Vorrede. VII

Wörter, die sich bloss bei den *scriptt. rei rusticae*, bei dem Vitruvius und dem Celsus, in der *historia naturalis* des Plinius und bei den späteren Dichtern, als Lucanus, Statius, Martialis, Petronius u. A., finden, hier nicht aufgenommen; und ebenso sind, mit Ausnahme des Justinus, des Eutropius und des Aulus Gellius, aus dessen *noctes Atticae* einige Abschnitte für die cursorische Lectüre sich sehr gut eignen, sämmtliche Schriftsteller der von der Mitte des zweiten Jahrhunderts ab immer mehr sinkenden Latinität hier gar nicht berücksichtigt worden. — Indessen ist unter den berücksichtigten Schriftstellern ein Unterschied gemacht worden. Vorzügliche Sorgfalt ist denjenigen Schriftstellern gewidmet, die für die Schule als wichtigst überall erkannt sind, nämlich Cicero, Sallust, Nepos, Cäsar, Livius und Tacitus, Horaz, Virgil und Ovid. Aus diesen sollte nach meinem Plane jede in lexikalischer Beziehung wirklich schwierige oder bemerkenswerthe Stelle hier beachtet und zum Theil erklärt werden; welches man, wenn die Behandlung der einzelnen Artikel auf gehörige Weise vereinfacht wird (hiervon unten), wohl einigermaassen ausführen kann, ohne die Grenzen eines Schulwörterbuches zu überschreiten. Ich hoffe daher, dass dieses Schulwörterbuch als solches ein vollständiges genannt werden darf, d. h., dass es für die wirklichen Bedürfnisse der Schüler in allen Klassen vollkommen ausreicht.

Was nun die Behandlung der einzelnen Artikel betrifft, so habe ich erstens den Grundbegriff jedes Wortes festzustellen gestrebt, der dem Gebrauche des Wortes überhaupt zu Grunde liegt, und dann die übrigen Bedeutungen so zu ordnen, dass es, so weit möglich, sichtbar wird, wie sie sich aus jenem entwickelt haben: denn nur so werden die verschiedenen Anwendungen des Wortes verstanden. Dass die ursprüngliche Bedeutung eines Wortes keineswegs immer die am häufigsten vorkommende ist, nicht einmal immer die bei den ältesten Schriftstellern sich findende, ist bekannt. Im Allgemeinen nehme ich an, dass die materielle Bedeutung eines Wortes (wo von einer solchen die Rede sein kann), in welcher es etwas Concretes, einen physischen Gegenstand u. dergl. bezeichnet, die ursprüngliche ist, und der Gebrauch des Wortes zur Bezeichnung des Abstracten (einer geistigen Eigenschaft, Wirkung u. dergl.) ein secundärer. Das lässt sich aber nicht auf alle Wörter anwenden, und oft bleibt die Entscheidung unsicher. Uebrigens habe ich eben besonders in der richtigen und naturgemässen Aufstellung der „Bedeutungen" und in der richtigen Anordnung des Stoffes überhaupt meinem Buche einigen Vorzug zu geben gestrebt: und ohne mir ungebührendes Verdienst anmaassen zu wollen, glaube ich wirklich Manches richtiger, übersichtlicher und einfacher dargestellt zu haben. Namentlich habe ich einen in den Wörterbüchern, trotz der grossen Fortschritte, noch, wie mir scheint, ziemlich häufigen Fehler zu vermeiden gestrebt, nämlich die Aufstellung zu vieler „Bedeutungen" der Wörter und die daraus folgende übergrosse Zergliederung des Ganzen, indem man als besondere Bedeutungen oft nur die verschiedenen deutschen Worte und Ausdrücke anführt, mit welchen das Wort in verschiedenen Verbindungen am besten übersetzt wird, ungeachtet in diesen der Begriff des Wortes selbst derselbe bleibt. Ich habe der Regel zu folgen gestrebt, als neue Bedeutungen nur diejenigen Anwendungen des Wortes aufzu-

VIII Vorrede.

stellen, in denen der Begriff des Wortes wirklich verschieden ist; wogegen ich unter den aufgestellten Bedeutungen andere dazu gehörende Verbindungen des Wortes angeführt habe, nebst dem deutschen Ausdrucke, wodurch es in diesen am besten und richtigsten übersetzt wird, während es schon durch jene Unterordnung bezeichnet ist, dass es nicht eine Bedeutung, sondern nur ein neuer Ausdruck ist*). Doch ist dieses in der Ausführung eine schwierige Sache, und ich darf nicht hoffen, allenthalben das Richtige getroffen zu haben. Durch jene (wenigstens theilweise) Uebersetzung der Stellen und der lateinischen Phrasen**) wird aber dem Schüler in aller Kürze eine wesentliche Unterstützung bei seiner Präparation gegeben, so wie sie auf der anderen Seite, indem sie den Grundbegriff des Wortes doch stets durchschimmern zu lassen streben muss, dazu beiträgt, es dem Schüler klar zu machen, dass der Begriff des Wortes derselbe ist, wenn auch der deutsche Ausdruck dafür verschieden ist. — Wo ein Wort tropisch gebraucht ist, ist dieses durch *trop.* bezeichnet. Die tropischen Anwendungen des Wortes sind aber nicht, wie es in den Wörterbüchern oft der Fall ist, alle nach den eigentlichen in einem Gusse zusammengeworfen, wodurch der Schüler nicht sieht, welches Bild zum Grunde liegt und welcher Art der als tropisch bezeichnete Gebrauch eigentlich ist; sondern jede tropische Anwendung ist unter der entsprechenden eigentlichen angeführt, wodurch allein der Sinn und das Wesen des tropischen Gebrauchs deutlich hervortritt. Uebrigens wird in den Wörterbüchern wohl noch Vieles als tropisch aufgeführt, wo das Tropische in dem von dem Schriftsteller (Dichter) gebrauchten Bilde überhaupt liegt, nicht in dem betreffenden Worte selbst, wo also das Wort selbst in eigentlicher Bedeutung steht, aber der ganze Ausdruck tropisch ist***). Etwas dieser Art ist hier gestrichen, Manches findet sich noch, weil ich es nicht recht wagte, einen ganz neuen Weg einzuschlagen. — Um der Unterscheidung der „Synonyme" diejenige Sorgfalt und Aufmerksamkeit zu widmen, die ihr in dem Unterricht überhaupt gebührt, und um soviel wie möglich die Schüler zu der klaren und bestimmten Auffassung des in jedem einzelnen Worte liegenden Begriffes zu führen, die ein so vorzügliches Mittel ist zur Aufklärung ihrer Kenntnisse, zur Erregung ihres Nachdenkens und Schärfung ihres Urtheils, habe ich den Weg eingeschlagen, dass ich den Begriff und das Wesen jedes der in der Bedeutung an einander grenzenden Wörter recht genau und scharf zu bestimmen gestrebt habe, und dann bei beiden Wörtern vermittelst eines vergl. (= man vergleiche) die Schüler aufgefordert habe, durch eigene Aufmerksamkeit und Erwägung den Unterschied neben der Aehnlichkeit ausfindig zu machen. Im Gan-

---

*) Bei dem entgegengesetzten Verfahren wird oft die Darstellung eines Wortes ungebührend breit und weitschweifig gemacht, indem man als etwas Besonderes die verschiedenen Arten von Wörtern aufrechnet, mit welchen es verbunden wird, während der Begriff des Wortes durchaus unverändert bleibt. Beispiele finden sich genug in den Wörterbüchern.
**) Hierin bin ich besonders dem Beispiele Kärcher's gefolgt.
***) Wenn z. B. Cicero sagt: *obstruere luminibus Catonis* = den Ruhm Cato's verdunkeln, so steht an sich das Wort *obstruere* hier nicht tropisch: die ganze Redensart ist bildlich.

sen bin ich hierin dem Döderlein gefolgt, natürlich aber habe ich die ganze Sache innerhalb der rechten Grenzen eines Schulwörterbuches zu halten gestrebt.

Ein schwieriger Punct ist die Bestimmung, in welchem Umfange bei jedem Worte die Redensarten und Verbindungen, in denen es vorkömmt, in einem Schulwörterbuche angeführt werden müssen. Ich habe der Regel zu folgen mich bemühet, nur solche Verbindungen u. s. w. durch Beispiele anzuführen, die Etwas über die Bedeutung des Wortes selbst und über die Modificationen dieser Bedeutung erläutern, nicht dagegen solche, aus denen Nichts erhellt, als was schon in dem Worte selbst liegt. Hierzu gehört natürlich auch, dass die grammatikalischen Verhältnisse jedes Wortes, ich meine die Casus, Modi u. s. w., mit welchen es verbunden wird, so wie die Arten von abhängigen Sätzen, die besonders an die Verba geknüpft werden, jedesmal kurz aber vollständig angegeben werden. Dagegen sind aber hier über die grammatikalischen Verbindungen keine Regeln angegeben, sondern sie sind durch die beigefügten Beispiele erläutert: dass z. B. nach *scio* ein *accus. c. infin.* steht, wird nicht ausdrücklich gesagt, sondern durch ein Beispiel (*scio eum mortuum esse*) sichtlich dargestellt. Es scheint dieses hinreichend, und die Angabe der Regeln gehört doch in die Grammatik.

Eine vollständige Angabe der einzelnen Schriftsteller, bei welchen jedes Wort sich findet, ist für ein Schulwörterbuch nicht nöthig, und würde überhaupt zu weit führen. Dagegen halte ich es für sehr wichtig, dass Wörter oder Bedeutungen, die bei den mustergültigen und klassischen prosaischen Schriftstellern sich finden, von denjenigen sorgfältig geschieden werden, die eine in stilistischer Beziehung weniger gute Autorität für sich haben. Zu jenen habe ich den Cäsar, Sallust (doch mit gehöriger Rücksicht auf seine archaistische Eigenthümlichkeit), Cicero, Livius und Nepos gerechnet. Wo nun von einem Worte oder einer Phrase Nichts gesagt ist, wird durch dieses Schweigen bezeichnet, dass das Wort sich auch bei jenen Verfassern findet, also gut klassisch ist. Die jüngeren prosaischen Schriftsteller sind sämmtlich*) durch Spät. (= bei Späteren) bezeichnet, die früheren durch Vorklass. (= bei vorklassischen Schriftstellern), insofern nicht ein bestimmter Schriftsteller (wie Lucretius oder Plautus) genannt ist. Die Dichter sind durch Poet. (= bei den Dichtern) bezeichnet, Plautus und Terenz durch Com. (= bei den Comikern). Was die Richtigkeit dieser Angaben betrifft, so habe ich im Ganzen auf die grösseren Wörterbücher, namentlich des Forcellini und des Freund, dann auf die *indices* zu den einzelnen Schriftstellern bauen müssen; hin und wieder bin ich selbst im Stande gewesen, ihre Angaben zu berichtigen.

Was endlich die innere Oekonomie und Technik des Wörterbuches betrifft, so halte ich es für hinlänglich, Folgendes zu bemerken. Bei den Adjectiven

---

*) Vielleicht wäre es richtiger gewesen, sie in zwei Klassen zu theilen, um die Schriftsteller des silbernen Zeitalters (bis ungefähr 117 nach Chr.) von den noch späteren (die ich lieber nichtklassisch als nachklassisch nennen möchte) zu unterscheiden. Mir war es nur darum zu thun, die Sprache der älteren und mustergültigen Prosaiker, welche meines Erachtens doch allein als vollgültige Autoritäten für den correcten und reinen Sprachgebrauch betrachtet werden können, von dem schon etwas loseren und freieren Gebrauche der nachaugusteischen Schriftsteller zu unterscheiden.

und Adverbien wird angegeben, ob der Comparativus und der Superlativus vorkommen („mit *comp.* und *sup.*"); wo dieses nicht hinzugefügt ist, wird dadurch bezeichnet, dass das Wort in dem nicht angegebenen Grade nicht vorkömmt. — Bei den Verben werden die Perfecta und Supina angegeben, diejenigen ausgenommen, die ganz regelmässig nach der 1sten, 2ten oder 4ten Conjugation gehen, bei welchen es hinlänglich ist, sie als solche zu bezeichnen. Bei den zusammengesetzten Verben ist durch *etc.* bezeichnet, dass sie wie die Stammverben conjugirt werden, welche also nachgesehen werden müssen. Ein intransitives Verbum wird ausdrücklich durch ein *intrans.* bezeichnet; bei den transitiven ist dieses nicht nöthig, da die beigefügten Beispiele es als solches erweisen. Die Participien werden nur dann besonders angeführt, wenn sie als Adjective mit eigener Construction gebraucht oder wenn sie comparirt werden. — Die Quantität der Sylben ist allenthalben angegeben, nur sind ein Paar hierauf bezügliche Hauptregeln (von der Position; dass die Diphthongen lang sind; dass ein Vocal, auf den ein anderer Vocal folgt, kurz ist) als bekannt vorausgesetzt und in solchen Fällen die Bezeichnung unterlassen. — Dass ein Wort, eine Bedeutung oder eine Verbindung nur Einmal vorkömmt, ist durch ein vorangesetztes Sternchen (*) bezeichnet. Wörter, die ohne weitere Aenderung als die Latinisirung der Endung aus einer fremden, hauptsächlich der griechischen, Sprache aufgenommen sind, werden durch ein † vor dem Worte bezeichnet, und das griechische Wort wird dann mit dem Gleichheitszeichen (=) in einer Parenthese beigefügt; bei denjenigen, die mit einiger Veränderung aus griechischen Wörtern gebildet sind, werden diese gleichfalls in einer Parenthese, aber ohne das Gleichheitszeichen, beigefügt. — Wörter oder Phrasen, die aus der Umgangssprache hergenommen sind und sonst nicht der Schriftsprache angehören (vornehmlich bei den Comikern und in den Briefen Cicero's), sind durch Convers. (= in der Conversationssprache) bezeichnet; technische Kunstausdrücke sind durch *term. t.* (= *terminus technicus*) bezeichnet.

Unter den benutzten Hülfsmitteln nehmen, neben den indices zu mehreren Schriftstellern, natürlich die Wörterbücher von Forcellini, Freund (dem ich besonders in der ganzen Anlage und Behandlung gefolgt bin), Georges und Kärcher den ersten Platz ein *). Ich habe die Werke dieser Gelehrten sorgfältig und fleissig, wie es sich gebührte, benutzt; ich habe sie aber auch mit Dankbarkeit benutzt, und ich trage kein Bedenken, es offen auszusprechen, dass ich ohne die verdienstvollen Leistungen jener Männer nie an die Ausarbeitung des gegenwärtigen Buches die Hand zu legen gewagt hätte. Aber neben dieser aufrichtigen Anerkennung dessen, was ich meinen Vorgängern verdanke, meine ich auch der Bescheidenheit nicht zu nahe zu treten, wenn ich hoffe, dass diese meine Arbeit in Etwas die lateinische Lexikographie fördern wird und desswegen nicht ganz ohne wissenschaftlichen Werth ist. Nicht dass ich meine, neue bedeutende Resultate für die philologische Wissenschaft und die höhere Sprachforschung hier niedergelegt zu haben: solche erwarte man nicht von mir, und

---

*) Von dem Wörterbuche von R. Klotz habe ich leider nur Weniges benutzen können.

solche dürfen wohl überhaupt nicht von dem Verfasser eines Schulwörterbuches gefordert werden. Aber in der Darstellung und Anordnung des Stoffes meine ich Manches gebessert zu haben, die Grenzen zwischen dem Nöthigen und dem Ueberflüssigen glaube ich schärfer und richtiger bestimmt zu haben; ferner habe ich die angeführten oder angedeuteten Stellen der alten Schriftsteller, wo nicht alle so doch der Mehrzahl nach, einer sorgfältigen Prüfung unterworfen, und bin dadurch im Stande gewesen, manche Stellen richtiger zu erklären (nicht immer durch einige Verbesserung, sondern durch Benutzung anderer, von den Lexikographen dort nicht berücksichtigter Hülfsmittel), manchen einen passenderen Platz anzuweisen. Und wenn ich desswegen zu behaupten wage, dass meine Arbeit keine leere Compilation aus grösseren Wörterbüchern sei, sondern in dem oben angegebenen Sinne und Umfange auf einige Selbstständigkeit Anspruch mache, so sage ich erstens dadurch nur, dass ich zu thun gestrebt habe, was Derjenige, der vor einem deutschen Publicum als Schriftsteller hervortreten will, zu thun verpflichtet ist, zweitens komme ich wieder darauf zurück, dass ich gar nicht hätte selbstständig arbeiten können, wenn ich mich dabei nicht auf die trefflichen Vorarbeiten so vieler, hauptsächlich deutscher Gelehrten hätte stützen können. Dass aber die Kritik in diesem Werke manche Mängel und Gebrechen entdecken wird, darauf bin ich gefasst, weil ich nicht allein die allgemeine menschliche Unvollkommenheit, sondern besonders meine Mangelhaftigkeit kenne.

Ein von mir nach ähnlichem Plane ausgearbeitetes deutsch-lateinisches *Schulwörterbuch* wird binnen einem Jahre nachfolgen.

Kolding, im October 1852.

C. F. Ingerslev.

VORREDE ZUR ZWEITEN AUSGABE.

Der Plan dieses Wörterbuchs und die Grundsätze, nach welchen theils überhaupt das Buch ausgearbeitet worden ist, theils die einzelnen Artikel behandelt sind, haben fast von allen Seiten eine so allgemeine Billigung durch die angesehensten Schulmänner gefunden, dass irgend eine erhebliche Veränderung hierin dem Buche nur würde schaden können; der Plan des Wörterbuches ist desswegen in dieser neuen Ausgabe derselbe wie früher.

Dagegen hatten sich im Einzelnen verschiedene Ungenauigkeiten eingeschlichen, als Verstösse gegen die richtige Bezeichnung der Quantität der Silben und der Betonung der griechischen Wörter, ferner einige irrige Angaben über das Vorkommen der Wörter, u. M. dergl. Auf die Entfernung dieser Fehler und die Erreichung einer vollständigen Correctheit in jenen Beziehungen ist in dieser 2ten Ausgabe vorzügliche Sorgfalt verwendet worden. Ferner ist jeder Artikel einer erneuerten Durchsicht und Prüfung unterworfen worden und dadurch theils vervollständigt, wo Etwas fehlte, theils in anderer Beziehung verbessert. Hierbei ist auf die durch die neuere Textkritik gewonnenen Resultate Rücksicht genommen, sofern jene Resultate einigermaassen sicher erschienen; namentlich ist das der Fall in den Stellen aus Lucrez und Plautus, wo jetzt die Ausgaben von resp. Bernays und Fleckeisen den Ausgangspunct für das Wörterbuch bilden: dadurch sind einige neue Wörter hier hinzugekommen, andere gestrichen. Gleichfalls sind in Folge einer neuen Untersuchung über das Vorkommen der Wörter einige neue Artikel aufgenommen, andere gestrichen, weil überhaupt ausserhalb der für das Wörterbuch durch den Plan bestimmten Grenzen liegend. Nach reiflicher Erwägung habe ich desshalb jetzt den Aulus Gellius aus dem Kreise der berücksichtigten Schriftsteller ausgeschlossen.

Was die Orthographie betrifft, so sind theils einige Wörter jetzt richtiger geschrieben (contio st. concio, nuntius st. nuncius, infitias st. inficias u. M. dergl.), theils sind verschiedene Schreibarten jetzt in einem weit grösseren Umfang als früher aufgenommen und meistens durch „a. S." (andere Schreibart) bezeichnet.

— Ich habe hier eine von mir selbst in der Vorrede zur ersten Ausgabe (S. IX. Anm.) als empfehlenswerth erwähnte und später von Anderen gewünschte Sonderung vorgenommen zwischen den zum silbernen Zeitalter (bis 117 nach Chr. gerechnet) gehörenden Schriftstellern und den noch späteren: von diesen sind nur noch der Eutropius und der Justinus berücksichtigt und durch „Nachklass." bezeichnet, während die früheren nachaugusteischen Schriftsteller die Bezeichnung „Spät." behalten haben.

Einige der Angaben über die Etymologie der Wörter sind jetzt gestrichen, weil sie am Ende unsicher oder gar unwahrscheinlich waren. Was die häufige Beifügung eines griechischen Wortes betrifft, so ist es keineswegs überall meine Meinung gewesen, das lateinische Wort als aus dem griechischen entlehnt zu bezeichnen; ich habe nur die Verwandtschaft beider Wörter bezeichnen wollen als einem gemeinschaftlichen Stamme entsprossen, das nähere Verhältniss der eigenen Prüfung des Schülers oder der Erläuterung des Lehrers anheimstellend. Das Gleichheitszeichen (=) ist in solchen Fällen getilgt, ebenso das vor jenen Wörtern gesetzte †, als nicht nothwendig und nach der Meinung Einiger das Auge störend. Ferner ist die ausdrückliche Bezeichnung der intransitiven Verben jetzt ausgelassen, nur nicht wo ein Verbum sowohl *intrans.* als *trans.* gebraucht wird.

Bei allen diesen Verbesserungen bin ich durch den Rath und die zahlreichen mir theils öffentlich theils privatim mitgetheilten Bemerkungen des Herrn Schulrath Halder in Wien mehrfach unterstützt worden, und ich sage ihm dafür meinen Dank.

Aarhuus, Januar 1867.

C. F. Ingerslev.

Verzeichniss der in diesem Wörterbuche gebrauchten Abkürzungen.

abl. = ablativus.
absol. = absolut.
abstr. = abstract.
accus. = accusativus.
adj. = adjectivum.
adv. = adverbium.
adverb. = adverbial.
a. S. = andere Schreibart.
Bed. = Bedeutung.
Bein. = Beiname.
bes. = besonders.
Bez. = Bezeichnung.
bez. = bezeichnet.
c. = cum.
card. = cardinale.
Com. = bei den Comikern.
comm. = communis generis.
comp. = comparativus.
concr. = concret.
conj. = conjunctio, Conjunction.
contr. = contrahirt.
Converf. = in der Conversationssprache.
dav. = davon.
def. = (verbum) defectivum.
demin. = deminutivum.
demonstr. = demonstrativum.
dep. = (verbum) deponens.
vergl. ob. vgl. = vergleichen.
d. h. = das heißt.
distr. = distributivum.
eigtl. = eigentlich.
Einw. = Einwohner.
Etw. = Etwas.
f. = feminini generis.
Gegens. — Gegensatz.
gem. = gemessen.
genit. = genitivus.
gew. = gewöhnlich.
Gramm. = in der Grammatik.
hierv. = hiervon.
impers. = (verbum) impersonale.
infin. = infinitivus.
insbes. = insbesondere.
intrans. = (verbum) intransitivum.
J. = Sehr.

Jmd. = Jemand.
klass. = klassisch.
Landw. = bei den Schriftstellern über die Landwirthschaft.
lat. = lateinisch.
Lucr. = beim Lucretius.
m. = masculini generis.
m. = mit.
meton. = metonymisch.
milit. = militärisch.
n. = neutrius generis.
n. Chr. = nach Christus.
num. = numerale.
ob. = ober.
ord. = ordinale.
opp. = opponitur = im Gegensatze zu.
part. = participium.
perf. = perfectum.
Pl. = bei dem Plautus.
plur. = pluralis = in der Mehrzahl.
Poet. = bei Poeten, Dichtern.
praep. = praepositio, Präposition.
pron. = pronomen.
Quinct. = bei dem Quinctilianus.
rel. = relativum.
Rhet. = in der Rhetorik.
Sall. = bei dem Sallustius.
selt. = selten.
sing. = singularis = in der Einzahl.
Spät. = bei späteren Schriftstellern.
st. = statt.
subst. = (als) substantivum.
sup. = superlativus.
Tac. = bei dem Tacitus.
term. t. — terminus technicus, Kunstausdruck.
trans. = (verbum) transitivum.
trop. ob. tp. = tropisch.
überh. = überhaupt.
urspr. = ursprünglich.
Verb. = Verbindung.
vergl. ob. vgl. = man vergleiche.
v. Chr. = vor Christus.
Vorklass. = bei vorklassischen Schriftstellern.
zweifelh. = zweifelhaft.

Verzeichniss

einiger in den Ausgaben lateinischer Schriftsteller häufig vorkommenden

Abkürzungen.

A. (Vorname) = Aulus.
A. (bei der Abstimmung der Richter) = absolvo.
a. d. (bei der Bezeichnung der Monatstage) = ante diem, z. B. a. d. Kalendas Januarias u. s. w.
App. (als Vorname) = Appius.
a. u. c. = anno urbis conditae, im Jahre nach der Gründung der Stadt Rom.
C. (als Vorname) = Caius.
C (als Zahlzeichen) = hundert.
C. (bei der Abstimmung der Richter) = condemno.
Cal., siehe Kal.
Cn. (als Vorname) = Cneius.
Cos. = Consul.
Coss. = Consules.
D. (als Vorname) = Decimus.
D. (als Beiname) = Divus (Caesar, Augustus).
D., siehe S. D.
D (als Zahlzeichen) = fünfhundert.
D. D. = dono dedit.
D. D. D. = dat, dicat, dedicat (als Weihungsformel).
Des. = designatus.
F. = filius.
G. = Gaius (= Caius).
Gn. = Gnaeus (= Cneius).
HS. = sestertii, sestertia, sestertium.
Id. = Idus.
Imp. = Imperator.
K. (als Vorname) = Kaeso.
Kal. = Kalendae.

L. (als Vorname) = Lucius.
L. (als Zahlzeichen) = funfzig.
L. = libra.
M. (als Vorname) = Marcus.
M'. (als Vorname) = Manius.
Mam. (als Vorname) = Mamercus.
M (als Zahlzeichen) = tausend.
N. ob. Num. (als Vorname) = Numerius.
N. = nepos.
O. M. (als Beiname des Jupiter) = optimus maximus.
P. (als Vorname) = Publius.
P. C. = patres conscripti.
P. M. ob. Pont. max. = pontifex maximus.
P. R. = populus Romanus.
Q. (als Vorname) = Quintus.
Q. F. F. Q. S. = quod felix faustumque sit.
Quir. = Quirites.
R. ob. Resp. = respublica.
S. ob. Sex. (als Vorname) = Sextus.
Ser. (als Vorname) = Servius.
Sp. (als Vorname) = Spurius.
S. C. = senatus consultum.
S. (in Briefen) = salutem.
S. P. D. (in Briefen) = salutem plurimam dicit.
S. P. Q. R. = Senatus populusque Romanus.
S. V. B. E. E. V. (im Anfange eines Briefes) = si vales, bene est, ego valeo.
T. (als Vorname) = Titus.
Ti. (als Vorname) = Tiberius.
Tr. pl. = tribunus plebis.

A.

Ā (vor Consonanten), **ab** (vor Vocalen und h, aber auch vor Consonanten), **abs** (meist veraltet und im Allg. nur vor t u. q, häufig nur in der Verb. abs te), *praep. m. abl.* (verw. mit dem gr. *ἀπό*), bez. eine Entfernung von einem Puncte (oppos. ad, vgl. ex), also: 1) zur Angabe eines Ortes, = **von, von — her, von — weg,** a) nach **Wörtern,** die eine Bewegung bezeichnen: venire a theatro, a portu; auch bei Namen der Städte, und zwar immer wo nicht sowohl an diese selbst als an die Umgegend (deswegen z. B. immer, wo von der Aufhebung einer Belagerung die Rede ist) ob. an die Bewohner, die Regierung u. s. w. (legatos ab Roma venisse nuntiatum est) gedacht wird; a nobis von unserer Wohnung; discedere ab aliquo; accipere aliquid ab aliquo. b) nach Wörtern, die eine Entfernung, Trennung u. dgl. von Etwas bezeichnen (entfernen, abweichen, vertreiben, trennen, abstehen, ausschließen, zurückhalten, verhindern, enthalten u. dgl.). c) zur Angabe des **Abstandes:** abesse, distare a loco vom Orte entfernt sein; mille passus ab urbe 1000 Schritte von der Stadt, und a duobus millibus passuum in einem Abstande von 2000 Schritten. Hiervon tp. α) zur Angabe einer Verschiedenheit, differre u. s. w. ab aliquo. β) von einem Abstande in der Reihenfolge, im Range ob. in der Zeit, bes. nach Ordnungszahlen, tertius ab illo „nach" ihm. γ) non ab re est es ist nicht ohne Verbindung mit der Sache, nicht unzweckmäßig, unnütz, es gehört wohl zur Sache. d) zur Angabe des Ursprungs, der Herkunft, **von, aus:** T. ab Aricia, esse a Graecis von den Gr. abstammen; Zeno et qui ab eo sunt = seine Schüler, Anhänger. e) zur Angabe des Punctes, von wo aus Etwas ausgeht, d. h. geschieht, betrachtet wird ob. dgl.: α) a dextro cornu auf dem rechten Flügel; castra munita non erant a porta decumana auf der Seite, wo das Decumanthor war; a fronte, a tergo von vorn, von hinten (oder vorn, hinten); a dextra zur rechten Seite, ab oriente gegen Osten; a latere = in der Nähe. β) stare, pugnare ab aliquo es mit Jmd. halten, für Jmd. kämpfen; hoc est a me Dieses spricht für mich, ist zu meinem Vortheil,

Ingerslev, lat.-deutsches Schulwörterbuch.

clementes simus ab innocentia „gegen die Unschuld", facere aliquid ab aliquo zum Vortheil Jmds. f) bei Verbis, die ein Anknüpfen, Festhalten u. dgl. bedeuten, wo es oft durch „bei", „an" übersetzt werden kann: religatus a crine.

2) von der Zeit, **von — an, seit:** a pueritia; vigesimus dies a Capitolio incenso „nach" dem Brande des C.; ab re divina gleich nach der Opferung, a contione unmittelbar nach.

3) zur Bezeichnung des Ausgehens von einer Sache oder einem Puncte in anderen Verhältnissen: a) (vgl. 1. a.) zur Angabe eines Ursachverhältnisses: α) häufig bei *verbis pass.* und (Poet. u. Nachkl.) bei *intrans.* mit entsprechender Bedeutung, von der handelnden Person, **von:** interfici ab aliquo, u. in derselben Bed. cadere, mori ab aliquo „durch". β) bei *nominibus:* plaga ab amico eine Wunde (d. h. ein Verlust), die von einem Freunde herrührt; injuria ab illo von ihm angethan; niger a radiis solis (Poet.) von den Sonnenstrahlen schwarz gefärbt. γ) (selt.) zur Angabe eines Beweggrundes, „wegen", „aus", hoc scribo ab amore, ardor militum ab ira. δ) a se pauca addidit aus seinem Eigenen, von sich selbst her. ε) bei Entlehnung einer Sache von einer anderen Person durch Schrift, Uebersetzung u. dgl.: describere librum ab aliquo, transferre locum ab aliquo; legi edictum a Bruto mir durch B. mitgetheilt. — b) (vgl. 1. d.). appellari ab aliquo „nach" Jmb. — c) (vgl. 1. d.) zur Bezeichnung der Beziehung, der Rücksicht, auf welche das Gesagte zu beschränken ist, = **in Bezug auf, bezüglich, von Seiten:** α) inops ab amicis „an"; firmus ab equitatu; paratus ab omni re mit Allem wohl versehen, laborare a re frumentaria an Getreide Mangel haben, defendere aliquem ab aliquo gegen Jmb., tutus ab aliquo vor Jmb. β) improbus ab ingenio von Sinnesart, in Bezug auf das Gemüth. γ) bei Spät. (die Stelle Cic. Att. 5, 8 ist zweifelh.) wird es gebraucht zur Bez. der Obliegenheiten eines Bedienten oder eines Beamten: servus a manu ein Handschreiber, a rationibus ein Rechnungsführer, a libellis ein Bittschriftannehmer; erat ei ab epistolis er war sein Pri-

1

vatsecretär. — d) nach verschiedenen verbis und Ausdrücken, bei denen der unter 1. a. u. b. besprochene räumliche Begriff bildliche Anwendung findet, als deterrere, exspectare, timere, cognoscere, petere, quaerere u. f. w. aliquid ab aliquo; incipere ab aliquo mit Jmb. anfangen, exordiri aliquid ab aliqua re. — e) in einigen Redensarten, bes. von Geldsachen, zur Bezeichnung einer Vermittlung oder Dazwischenkunft: solvere, dare (pecuniam) ab aliquo „durch" Jmb. (d. h. durch eine Anweisung auf ihn), hingegen a se aus seinem eigenen Beutel; legare pecuniam a filio so daß der Sohn das Legat auszahlen soll. — f) (selt.) statt ex zur Bez. eines Theiles von einer Anzahl: ab novissimis unus; nonnulli ab novissimis proelio excedere (eigl. = Einige an der Stelle der Hintersten, nach dem unter 1. e. α. angeführten Gebrauche).

*Abactus, us, m. [abigo] (Spät.) das Wegtreiben, a. hospitum Beraubung.

Abăcus, (ä) [ἄβαξ] mit dem. -ŭlus, i, m. eine in Felder abgetheilte Tafel ob. Tischplatte, dah. 1) ein Prunktisch mit vertieften oder durchlöcherten Feldern zur Aufstellung kostbarer Vasen und Gefäße. 2) ein in viereckige Felder abgetheiltes Spiel- oder Rechenbrett. 3) in der Architectur a) Getäfel als Wandverzierung; b) die oberste Platte auf einem Säulencapital.

*Abăliēnātio, ōnis, f. (ä) [abalieno] die Veräußerung.

Ab-ălĭēno, 1. (ä) entfremden, 1) veräußern, zum Eigenthum eines Andern machen, verkaufen, agros. Hiervon pass. abalienari verloren gehen, jure civium abalienato. 2) (Com.) wegschaffen, trennen, entfernen, uxorem a viro; a. picturas aus dem Hause schaffen. 3) tp. in geistiger Rücksicht entfremden, abwendig machen, in ungünstige oder feindselige Stimmung versetzen, aliquem; a. voluntatem alicuius oder aliquem ab aliquo, homines rebus suis; a. Africam = zum Abfall bringen.

Abantĭădes, ae, m. (ä), patron., Sohn ob. Nachkomme des Abas, wird hauptsächlich von Acrisius und von Perseus gebraucht.

Abas, antis, m. (ä) Name mehrerer Männer, von welchen der wichtigste König von Argos, Vater des Acrisius und Großvater des Perseus war.

Ab-ăvus, i, m. (ä) Ururgroßvater, = Großvater des Großvaters.

Abdēra, ae, f. (öfter -a, orum, n. pl.) [Ἄβδηρα, τά] Stadt in Thracien, Geburtsort des Protagoras u. Democrit, berüchtigt wegen der albernen und kleinstädtischen Spießbürgerei der Einwohner. — Abdērīta oder -es, ae, m. Einer aus A., ein Abderit.

Abdĭcātĭo, ōnis, f. [abdico] die förmliche Lossagung von Etwas, dah. 1) Entsagung eines Amtes, dictaturae Niederlegung. 2) Verstoßung eines Sohnes.

Ab-dĭco, 1. sich von Etwas lossagen, dah. 1) einem Amte ob. dgl. entsagen, es niederlegen, a. se dictaturā, tutelā oder a. dictaturam; auch abs. consules aa. bankten ab, legten ihr Amt nieder. 2) (meist Spät.) förmlich von sich weisen, verwerfen oder gänzlich abschaffen, legem; tp. a aurum e vita wegschaffen. 3) (Spät.) a. filium verstoßen, aber a. patrem verleugnen, nicht anerkennen wollen.

Ab-dīco etc. 3. term. t. in der Auguralsprache, von einer ungünstigen Vorbedeutung, nicht zusagen über Etwas, verwerfen, aves aa. rem.

*Abdĭte, adv. [abditus] versteckt.

*Abdĭtīvus, adj. [abditus] (Pl.) getrennt entfernt, ab aliquo von Jmb.

Abdĭtus, adj. [part. v. abdo] entfernt, entlegen, = versteckt, verborgen.

Ab-do, dĭdi, dĭtum, 3. 1) wegthun, auf die Seite bringen, entfernen, faces hinc, copias ab eo loco; häufig a. se sich irgendwohin wegbegeben, bes. nach einem entfernten und ruhigen oder sicheren Orte, sich zurückziehen, entfernen, in silvam, ex conspectu alicuius; abditi in tabernaculis querebantur etc.; bei Poet. u. Spät. auch a. se in saltu u. dgl. Insbes. a. aliquem in insulam = verbannen; (Poet.) a. cohortes oppidia in die Städte verlegen; natura partes quasdam corporis a. hat — dem Auge entzogen; tp. a. se litteris ob. in litteras sich in die Bücher gleichsam begraben. 2) verbergen, verstecken (urspr. dadurch daß man Etwas auf die Seite bringt, vgl. condo, celo u. f. w.), ferrum intra vestem, cupiditatem; (Poet.) a. ensem lateri bohrte das Schwert in die Seite hinein, daß es in der Wunde gleichsam verschwand.

Abdōmen, ĭnis, n. der fette Unterleib, Wanst, Schmerbauch; tp. zur Bez. grober Sinnlichkeit, bes. Gefräßigkeit.

Ab-dūco etc. 3. 1) von irgendwo wegführen, aliquem de (ex, a) foro, legiones a Sagunto, auch abs. a. aliquem; insbes. = entführen, rauben, filiam ab aliquo. Oft wird nicht die Stelle wovon, sondern diejenige wohin Jmb oder Etwas abgeführt wird, hinzugefügt: a. aliquem Romam, in cubiculum hineinführen; insbes. a. aliquem sibi convivam als Gast mit sich nehmen. Selt. (Poet. u. Spät.) von leblosen Gegenständen, abnehmen, caput ab ictu entziehen, togam a faucibus. 2) trop. von irgend einer Thätigkeit, einem Vorhaben ob. Verhältnisse abbringen, abziehen, abhalten: a) a. animum ab illa cogitatione, a corpore gleichs. losreißen; a. aliquem ab officio; a. se ab omni reipublicae cura sich von — zurückziehen; a. se ab angoribus sich aus dem Sinne schlagen. b) = abwendig machen, zum Abfall verleiten, legiones, servos ab aliquo. c) erniedrigen, artem ad mercedem et quaestum. d) (Com.) a. aliquem ad nequitiam herverleiten.

Abella, ae, f. (ä) Stadt in Campanien.

Ab-eo, ii (selt. ivi), ĭtum, 4. von irgendwo ab-, weggehen. 1) ohne Angabe des Ortes, wohin man geht: a. ab aliquo, ex oculis, de provincia, hinc; sol abiit ist untergegangen. Hiervon trop. a) von der Zeit = verfließen, vergehen, hora a. b) a. magistratu von einem Amte abtreten, es niederlegen, ab incepto von einem Vorhaben abstehen; a. re aliquā = nicht länger davon sprechen; a. a jure vom Rechte abgehen, es verletzen; a. e vita aus dem Leben scheiden, sterben. c) = verschwinden, sich verlieren: flamma, memoria rei alicujus, metus a. d) non abibit si etc. er soll nicht (mit heller Haut) davonkommen, wenn u. s. w.; hoc non sic a. geht nicht so ab; haec non possunt sic a. kann nicht so abgehen, ohne Folgen bleiben. e) res

a. ab illo (bei einer Versteigerung) geht von ihm ab = wird ihm nicht zugeschlagen, er bekommt sie nicht. f) (Spät.) pretium a. der Preis fällt. g) *imper.* abi, geh, α) in unfreundlicher Anrede, scheltend = packe Dich, fort mit Dir; β) in freundlicher od. scherzhafter Anrede: „non es avarus; abi"! gut, nun wohl! 2) mit Angabe des Ortes, wohin man geht: a. domum, ad legionem, foras; exsulatum in die Verbannung. Hiervon *trop.* a) abi in malam rem (crucem) gehe zum Henker. b) von einem Ab- od. Ausgange in der Rede: redeo illuc unde abii wovon ich ausgegangen bin; a. ad ineptias zu Etwas abschweifen; non longe abieris du brauchst nicht weit zu gehen (um Beispiele zu finden). c) = übergehen: res a. a cousilio ad vires die Ueberlegung tritt zurück und die Körperkraft entscheidet; a. in mores alicujus nach und nach annehmen; (Poet.) a. in somnum einschlafen; auch (Poet.) = verwandelt werden; vestes aa. in villos. d) fructus aa. in illos sumptus aufgehen, werden verbraucht.

*Ab-ĕquĭto, 1. (zweifelh.), fortreiten.

Aberrātĭo, ōnis, *f.* [aberro] eigentlich Abirrung, *trop.* = das Abschweifen der Gedanken von Etwas, d. h. Zerstreuung.

Ab-erro, 1. 1) abirren, sich verirren, naves ex agmine, a patre. 2) *trop.* a) abweichen, sich entfernen, a proposito, a regula; oratio a. ab eo quod propositum est schweift ab, auch a. ad alia; von einem Maler, verschönernd vom Original abweichen = „flattiren"; a. verbo mit einem Worte fehlen, das rechte Wort nicht treffen. b) die Gedanken von Etwas abziehen, für eine Zeit vergessen, sich zerstreuen: quasi a. a miseria; nihil equidem levor sed tamen a.

Ab-fŏre, Ab-fŏrem, siehe Absum.

Ab-hinc, *adv.* 1) (*Lucr.*) = hinc, von hier. 2) von hier ab (von der gegenwärtigen Zeit rückwärts gerechnet) = seit, vor: a. annos decem und a. septem annis.

Ab-horreo, rui, — 2. 1) (selt.) eigtl., von Etwas zurückschaudern, Etwas verabscheuen, a re aliqua, auch aliquem vor Jmd. 2) uneigtl., a) von Personen, abgeneigt, unwillig sein, von Etwas Nichts wissen wollen, ihm abhold sein, a nuptiis; animus ejus a. ab illa causa; a. a scribendo keine Lust zum Schreiben haben. b) von sächlichen Gegenständen, von Etwas verschieden «, fern sein, abweichen, zu Etwas nicht passen, mit Etwas nicht übereinstimmen, ihm zuwiderlaufen: temeritas tanta ut non a. ab insania; oratio haec a. a persona hominis gravissimi, a sensibus nostris streitet gegen; auch mit dem *dat.*, mos abhorrens huic tam pacatae profectioni; orationes inter se abhorrentes widerstreitende; *absol.* lacrimae abhorrentes zur Zeit und Stelle nicht passend = unzeitige, unstatthafte. Hiervon α) a. a suspicione frei sein von. β) si plane is a. wenn er ganz untauglich, unbrauchbar ist.

Abĭcĭo = Abjicio.

Abĭēgnus (auch abjēgnus gem.), *adj.* (ā) [abies] (Poet.) tannen, aus Tannenholz, hastile.

Abĭes (Poet. auch Abjes gem.), ĕtis, *f.* (ā) 1) die Tanne. 2) (Poet.) von dem aus Tannenholz Verfertigten, = a) ein Schiff; b) eine Lanze;

c) ein Brief, Billet (auf einem Holzblatte geschrieben); d) a. secta ein Brett von Tannenholz.

Abĭgo, ēgi, actum, 3. (ā) [ago] wegtreiben, wegjagen, vertreiben, praedam, bes. raubend wegtreiben, pecus; a. partum sibi abtreiben; *trop.* a. pauperiem u. dgl. verjagen; (Poet.) nox abacta verflossene, vollendete.

Abĭtĭo, ōnis, *f.* [ă] [abeo] (Com.) das Weggehen.

*A-bĭto, — — 3. (Pl.) (zweifelh.) weggehen.

Abĭtus, us, *m.* (ā) [abeo] 1) das Weggehen, die Abreise. 2) (Poet. u. Spät.) der Ausgang (als Ort).

Abjecte, *adv.* mit *comp.* [abjectus] 1) kleinmüthig, muthlos. 2) niedrig (von der Geburt).

Abjectĭo, ōnis, *f.* [abjicio] das Wegwerfen, *trop.* a. animi die Muthlosigkeit.

Abjectus, *adj.* mit *comp.* und *sup.* [abjicio] 1) niedergeworfen = kleinmüthig, muthlos, animus. 2) niedrig, gemein, verworfen, verächtlich, familia, animus; oratio humilis et a. niedrig, ohne höheren Aufschwung, senarii aa. nachlässig hingeworfen.

Abjĭcĭo (auch abĭcio geschr.), jēci, jectum, 3. [ab-jacio] 1) abwerfen, wegwerfen, von sich werfen, scutum, insigne regium de capite suo. Hiervon *trop.* a) nachlässig hinwerfen, versum = nachlässig hersagen, ambitum eine Periode ohne die gebührende Sorgfalt schließen. b) = um einen niedrigen Preis verkaufen, verschleudern, agros, psaltriam sich losmachen von; a. salutem pro aliquo rücksichtslos aufopfern. c) = aufgeben, fahren lassen, aedificationem, consilium, timorem; a. aliquem „fallen lassen", sich Jmds nicht mehr annehmen. 2) von der Höhe herabwerfen, niederwerfen, tela ex vallo, se ex muro in mare, auch a. aliquid in mari; a. me exanimatus werfe mich leblos auf die Erde; a. se ad pedes alicujus; (Poet.) a. belluam zu Boden werfen. Hiervon *trop.* a) natura ceteras animantes ad pastum a. hat den übrigen Geschöpfen eine herabgedrückte, zur Erde gebogene Gestalt gegeben (*oppos.* hominem erexit). b) = herabsetzen, vermindern, schwächen, auctoritatem senatus. c) a. intercessorem entmuthigen, zum Schweigen bringen. d) a. se = sich erniedrigen, herabwürdigen (von demjenigen, der das Ehrgefühl und seine Selbständigkeit aufgiebt). e) a. se, auch a. animum allen Muth verlieren.

Ab-jūdĭco, 1. Einem Etwas absprechen, aberkennen (eigtl. als Richter, dann im Allg.), sein Recht auf Etwas zuerkennen, aliquid ab aliquo, libertatem sibi; a. a. se a vita = nicht länger leben wollen.

Ab-jungo etc. 3. 1) (Poet.) abspannen, juvencum. 2) *trop.* trennen, entfernen, aliquem, se a re aliqua.

Ab-jūro, 1. eidlich ableugnen, abschwören, pecuniam, creditum.

Ablātīvus *sc.* casus, gramm. *term. t.*, der 6te Casus.

Ablēgātĭo, ōnis, *f.* [ablego] das Wegsenden.

Ab-lēgo, 1. wegsenden, wegschicken, entfernen, aliquem; auch legatio me a. ab adventu fratris hält mich fern.

Ab-lĭgŭrio (od. -gurrio), 4. durch Leckereien

Abloco — Abrupte

haftigkeit und Wohlleben verthun, verprassen, fortunas suas.
*Ab-lŏco, 1. (Spät.) vermiethen, domum.
*Ab-lūdo, — — 3. (Poet.) intrans. abweichen, unähnlich sein, ab aliquo.
Ab-luo, ui, utum, (part. fut. abluĭturus), 3. 1) ab-, weg-, auswaschen, waschend entfernen, maculas e veste, squalorem sibi. Hiervon a) trop. animi perturbatio abluitur wird hinweggespült, allmälig entfernt. b) torrens a. villas spült fort, schwemmt weg. c) (Poet.) a. sitim den Durst löschen. 2) waschen, abwaschen, waschend reinigen, pedes alicujus.
Ab-nĕgo, 1. (Poet. u. Spät.) abschlagen, verweigern, alicui aliquid; a. se comitem sich weigern Jmb. zu begleiten; a. depositum ableugnen.
Ab-nĕpos, ōtis, m. (Spät.) Ururenkel (Sohn eines pronepos).
Ab-neptis, is, f. (Spät.) Ururenkelin (Tochter einer proneptis).
Abnŏba, ae, m. derjenige Theil des Schwarzwaldes, auf welchem die Donau entspringt.
Ab-nocto, 1. [nox] (Spät.) außer dem Hause übernachten.
*Ab-normis, e, adj. (Poet.) [norma] nicht regelrecht: a. sapiens der zu keiner bestimmten Secte gehört.
Ab-nuo, ui, utum, 3. eigtl. durch ablehnende Winke od. Zeichen verneinen, 1) abschlagen, versagen, ablehnen, verweigern (milder als renuo), alicui aliquid (selt. alicui de re al.); a. pacem; a. certamen, pugnam sich weigern zu kämpfen; a. cognomen, linguam Romanam zu gebrauchen sich weigern, omen nicht anerkennen wollen; a. facere aliquid. Hiervon (Poet. u. Spät.): spes illud a. ich kann jenes nicht hoffen; locus a. impetum gestattet nicht. 2) verneinen, leugnen (eigtl. durch Winke und Gesten, vgl. nego), crimen, illud factum esse, non a. quin etc.; illi a. se leges accepturos esse.
Ab-nūto, 1. (Vorkl.) durch Winke stark ablehnen.
Ab-ŏleo, ēvi, ĭtum, 2. (ä) (das Wort findet sich nicht bei den älteren Schriftstellern vor Livius) 1) vernichten, vertilgen, zerstören, monumenta, testamentum, vires rauben. Hiervon a) a. memoriam auslöschen, ebenso a. dedecus armis die Schmach tilgen. b) a. alicui magistratum auf immer abnehmen. c) a. privata certamina communi utilitate Privathändel um des öffentlichen Wohles willen beseitigen. d) = aufheben, abschaffen, ritus, religionem; abolita et abrogata außer Gebrauch. 2) (Poet.) vom üblen Geruch befreien, reinigen, viscera (zweifelh.).
Ab-ŏlesco, ēvi, — 3. (ä) nach und nach verschwinden, sich verlieren, gratia, memoria rei alicujus.
Abŏlĭtio, ōnis, f. (ä) [aboleo] (Spät.) die Vernichtung, = Abschaffung, Aufhebung, legis; insbes. a. facti ob. abs. a. = Amnestie, Vergessen des Geschehenen.
Abolla, ae, f. (ä) (Spät.) ein Oberkleid ohne Aermel, Mantel, von dickem wollenen Zeuge.
Ab-ŏmĭnor, depon. 1. (ä) (Vorkl. auch -o, 1.) 1) ein unheildrohendes Wahrzeichen, das in einer Sache liegt, von sich abgewendet wün-

schen: quod abominor was Gott verhüte! 2) verabscheuen, verwünschen, aliquid.
Abŏrīgĭnes, um, m. pl. (ä) [ab-origo?] Völkerschaft in Latium, das Stammvolk der Römer; das Wort scheint später als nom. appell. gebraucht worden zu sein = Stammvolk, Ureinwohner.
Ab-ŏrior etc. depon. 4. (ä) (Vor- u. Nachkl.) weggehen: fetus a. die Leibesfrucht geht ab; vox a. stockt.
*Abŏriscor, — depon. 3. (ä) [aborior] (Lucr.) vergehen.
Abortio, ōnis, f. (ä) [aborior] das unzeitige (zu frühe) Gebären.
Abortīvus, adj. (ä) [aborior] (Poet. u. Spät.) zur unzeitigen Geburt gehörig. 1) zu früh geboren, Frühgeburt. 2) eine unzeitige Geburt bewirkend, abtreibend; hiervon subst. -vum, i, n. Abtreibungsmittel, was eine Frühgeburt bewirkt.
Abortus, us, m. (ä) [aborior] = abortio; facere a. abortiren, zu früh gebären; trop. von Büchern, die unreif herausgegeben werden, von Bäumen, die ausarten u. dgl.
Ab-rādo etc. 3. wegkratzen, abkratzen; insbes. mit dem Scheermesser, a. barbam, supercilia (vergl. adrado); trop. von Jmb. Etwas wegbringen, abzwacken, aliquid ab aliquo ob. aliquid bonis alicujus.
Ab-rĭpio, rĭpui, reptum, 3. [rapio] fortreißen, wegnehmen, fortführen mit Eile ob. Heftigkeit, vina de mensis, aliquem de convivio in vincula, in servitutem; a. se fortreißen; insbes. a. aliquam = entführen; a. filium a similitudine patris bewirken, daß der Sohn dem Vater unähnlich wird.
Abrŏgātio, ōnis, f. [abrogo] die Abschaffung eines Gesetzes.
Ab-rŏgo, 1. 1) term. t., nach einer vorhergehenden Anfrage beim Volke, a) abschaffen, aufheben, legem, imperium alicujus; b) abfordern, abnehmen, alicui magistratum. 2) Hiervon auch im Allgemeinen, a) aufheben, abschaffen, entziehen, a. fidem alicui u. fidem juris jurandi das Zutrauen, den Credit schwächen; scriptis nimium a. herabsetzen.
Abrŏtŏnum, i, n. u. -nus, i, m. [ἀβρότονον] ein wohlriechendes Kraut, das auch als Arzneimittel gebraucht wurde, Stabwurz.
Ab-rumpo etc. 3. 1) abreißen, losreißen, zerreißen, ramos, vincula; ingeminant abruptis nubibus ignes (Virg.) von den durch häufige Blitze gleichsam zerrissenen Wolken, aber ignes abrupti nubibus (Lucr.), die von den Wolken gleichsam losgerissenen, aus den Wolken herausfahrenden Blitze; a. venas sich die Adern öffnen. 2) trop. a) (Poet. u. Spät.) = (schnell ob. unvermuthet) einer Sache ein Ende machen: a. vitam ob. fata seinem Leben ein Ende machen, sermonem das Gespräch plötzlich abbrechen; im Allgemeinen abbrechen, aufheben, conjugium, dissimulationem, studia. b) a. fas verletzen. c) losreißen, zerreißen, trennen, entfernen, ordines; a. vitam a civitate will nicht länger im Staate leben, legio a. se a latrocinio Antonii trißt sich los von.
Abrupte, adv. [abrumpo] eigtl. abgerissen, trop. = jählings, a) (Spät.) ohne Eingang, geradezu, incipere; b) (Nachkl.) übereilt.

Abruptio   **Abstemius**   5

Abruptio, ōnis, f. [abrumpo] das Abreißen, Losreißen; trop. = Scheidung.

Abruptus, adj. mit comp. u. sup. [abrumpo] eigtl. abgerissen, 1) jäh, steil, unzugänglich, locus, saxa; in abruptam in die schroffe Tiefe. 2) trop. a) a. contumacia schroffer Trotz, per abrupta durch schroffes, trotziges Betragen. b) procellae aa. heftige Stürme. c) a. sermonis genus abgebrochen, kurz, initia ohne gehörige Einleitung.

Abs-cēdo etc. 3. abs, weg, fortweichen, -gehen, sich fortmachen, a curia, e foro; ira, aegritudo a. schwindet, verliert sich; (Com.) latere tecto hinc a. mit heiler Haut hiervon wegkommen. 2) trop. a) = von Etwas abstehen: ab incepto ein Vorhaben aufgeben. b) = verloren gehen, von Etwas abgehen: ne quid a.; urbes aa. gehen für das Reich verloren (durch Abfall).

Abscessio, ōnis, f. [abscedo] Abgang, Fortgang.

Abscessus, us, m. [abscedo] Weggang, Fortgang; continuus a. Abwesenheit.

Abs-cīdo, īdi, īsum, 3 [caedo] abhauen, abschneiden (mit einem schneidenden Instrumente trennen, vgl. abscindo), dextram alicujus; trop. a. spem vernichten, vereiteln.

Abs-scindo etc. 3. abreißen, losreißen (mit den Händen od. vergl., vgl. abscido), tunicam a pectore, comas; a. terras oceano firmum; s. venas öffnen, zerschneiden; trop. = vernichten, benehmen, omnium rerum respectum, reditus dulces.

*****Abscīse,** adv. [abscisus] (Spät.) kurz, bündig.

Abscissio, ōnis, f. [abscindo] Unterbrechung in der Rede.

Abscīsus, adj. mit comp. [abscido] eigtl. abgeschnitten, 1) von Orten, jäh, schroff, saxum. 2) trop. (Spät.) schroff, barsch, rauh, responsum, justitia.

Abscondīte, adv. [absconditus] 1) versteckt. 2) tiefsinnig.

Absconditus, adj. [abscondo] 1) versteckt, heimlich, insidiae. 2) dunkel, unbekannt, res.

Abs-condo, condi (selt. condidi), dĭtum, 3. verbergen, verstecken (mit Ruhe u. Ordnung und zwar indem man Etwas auf die Seite bringt, vgl. abdo, condo etc.): a. aurum, gladios, fugam, verheimlichen. Hiervon a) (Poet.) ensem in vulnere (vgl. abdo); fumus a. coelum, bedeckt den Himmel; so daß man nicht mehr sichtbar; ebenso sol absconditur ist nicht mehr sichtbar; a. arces Phaeacum (Poet.) aus dem Gesichte verlieren. b) (Spät.) a. pueritiam schnell durchleben.

Absens, ntis, adj. [eigtl. part. von absum] abwesend; me absente in meiner Abwesenheit; bisweilen wird eine Stelle, wo Jmd nicht ist, a. genannt (laudetur Romae Chios absens laß uns Chios, wo wir nicht sind, loben).

Absentia, ae, f. [absum] die Abwesenheit.

Ab-sĭlio, — 4. [salio] (Vorklass.) fortspringen.

Ab-similis, e, adj. unähnlich, alicui.

Absinthium, ii, n. [ἀψίνθιον] Wermuth; trop. zur Bez. einer bitteren aber heilsamen Sache.

Absis oder **Apsis,** īdis, f. [ἁψίς] (Spät.) 1) die Wölbung, Rundung. 2) die Kreisbahn eines Planeten.

Ab-sisto, stĭti, — 3. 1) sich fern halten, a. signis et legionibus nicht angreifen. 2) (Poet. u. Spät.) weggehen, abs, wegtreten, ab sole, a. limine; absol. sich entfernen, imago a. verschwindet; scintillae aa. springen. 3) von Etwas abstehen, es unterlassen, obsidione, sequendo zu folgen aufhören; a. benefacere illis.

Absolūte, adv. mit comp. u. sup. [absolutus] 1) vollständig, vollkommen. 2) unbedingt, geradezu.

Absolūtio, ōnis, f. [absolvo] 1) die Los-, Freisprechung, majestatis von einem Majestätsverbrechen. 2) die Vollendung, Vollkommenheit; (Rhet.) die Vollständigkeit.

Absolūtōrius, adj. [absolvo] (Spät.) zur Lossprechung gehörig, freisprechend.

Absolūtus, adj. mit comp. u. sup. [particip. von absolvo] 1) vollendet, vollständig, ausgemacht, vollkommen, oft in der Verbindung perfectus atque a. 2) unbedingt, ohne Einschränkung, necessitudo.

Ab-solvo etc. 3. eigtl. von Etwas ablösen, losmachen, 1) (Com.) abfertigen, entlassen, aliquem brevi; insbes. durch Bezahlung einen Gläubiger abfertigen, bezahlen. 2) befreien, losmachen, se ab aliquo, populum bello. 3) lossprechen, freisprechen vor Gericht, aliquem injuriarum, capitis, de praevaricatione; absolvit eum Veneri in Bezug auf V. = sprach ihn insofern frei, daß er der Venus (d. h. ihrem Tempel) Nichts schuldig sei. 4) (besonders von einem Kunstwerke) vollenden, fertig machen (vgl. perficere); a. beneficium vollständig machen; trop. von einer geschichtlichen Darstellung, a. aliquid paucis kurz darstellen, de re bis zum Ende Alles erzählen.

Ab-sŏnus, adj. 1) mißtönend, von dem richtigen Ton abweichend. 2) trop. unübereinstimmend mit, nicht entsprechend: motus aa. a voce, auch dicta aa. fortunis (dat.); absol. = unpassend, unzweckmäßig.

Ab-sorbeo etc. 2. eigtl. verschlucken, hinunterschlürfen, häufig von einem Meere, einer Tiefe oder vergl., die Etwas in sich aufnehmen, verschlingen, oceanus a. tot res. Hiervon trop. a) a. aliquem (von einer Buhlerinn) = all sein Geld verschlingen, durchbringen. b) aestus gloriae eum a. trift ihn hin. c) ille a. orationem meam = nimmt für sich allein in Anspruch.

Abs-pello, siehe Aspello.

Absque (selten, meist bei Com., vielleicht auch einmal bei Cic.), praep. mit abl. 1) (Com.) a. me (te, illo) esset wenn ich (du, er) nicht wäre; a. hac una (re) foret wäre nicht diese eine Sache. 2) (Spät.) a) a. sententiâ gegen seine Meinung, ohne es zu wollen. b) (zweifelh., Cic. Att. 1, 19, 1) ohne, a. argumento.

Abs-tēmius, adj. [temetum] (Poet. u. Spät.) sich berauschender Getränke enthaltend, nüchtern, davon im Allgem. enthaltsam, vini vom Wein.

Abs-tergeo etc. 2. 1) abwischen, abtrocknen, mit dem *accus.* sowohl des Gegenstandes, der durch Abwischen getrocknet und gesäubert wird (a. labellum, vulnera) als der Feuchtigkeit oder des Schmutzes, der entfernt wird (a. sudorem, lacrimas). 2) abstreifen, remos = im Vorbeisegeln abbrechen. 3) Etwas Unangenehmes benehmen, hinwegnehmen, verjagen, alicui dolorem, molestias.

Abs-terreo, 2. 1) abschrecken, homines a pecuniis capiendis. 2) fortscheuchen, aliquem, anseres de frumento, leonem aedibus; (Poet.) a. sibi aliquid von sich zurückweisen, alicui aliquid entziehen; a. aliquem a congressu alicujus im Allgemeinen = abhalten, fern halten.

Abstĭnens, ntis, *adj.* mit *comp.* u. *sup.* [abstineo] enthaltsam, uneigennützig, homo, manus; (Poet.) a. pecuniae von Geld.

Abstĭnenter, *adv.* [abstinens] enthaltsam, uneigennützig.

Abstĭnentia, ae, *f.* [abstinens] 1) Enthaltsamkeit, Uneigennützigkeit, Unsträflichkeit; (Spät.) a. rei alicujus von einer Sache. 2) (Spät.) insbes. Enthaltsamkeit von Speise und Trank, Hungern, Fasten (= inedia).

Abstĭneo, tĭnui, tentum, 2. 1) abhalten, zurückhalten, fern halten, militem a praeda, manus et oculos a rebus alienis; c. vim hostium abwehren; a. iram ab aliquo seinen Zorn gegen Jmd. nicht äußern; a. ab re aliqua; a. manus a se nicht gewaltsame Hand an sich legen; in derselben Bed. a. vim uxore. 2) *intr.* sich enthalten, re ob. a re aliqua, (Poet.) auch a. irarum; selt. a. ne (nach einer Negation auch quin, quominus), auch (Com.) a. facere aliquid. Insbes.: a. manibus nicht gebrauchen (Gewalt nicht anwenden), a. publico nicht ausgehen; a. auribus alicuius, a. ab inermi = schonen.

Ab-sto, — — 1. (sehr selten, Poet.) davon stehen, longius.

Abs-traho etc. 3. 1) wegziehen, weg-, fortschleppen, naves a portu; a. se fortgehen. 2) *tp.* abziehen, abbringen, verleiten, entrücken, aliquem a bono in pravum, auch de ob. ex re aliqua; abstrahor a consuetudine komme von einer Gewohnheit ab, werde von ihr abgezogen; a. milites ab aliquo zum Abfall von Einem verleiten, aliquem a sollicitudine losmachen von; animus a. se a corpore reißt sich los.

Abs-trūdo etc. 3. eigtl. wegstoßen, fortdrängen, dav. verstecken, verbergen, aurum; a. se in silvam sich tief in den Wald hinein begeben.

Abstrūsus, *adj.* mit *comp.* [*part.* von abstrudo] verborgen, versteckt; disputatio paulo abstrusior tieferer Forschung bedürfend, mehr entlegene Sachen behandelnd; homo a. in sich selbst verschlossen.

Ab-sum etc. 1) abwesend sein, weg-, nicht da sein, entfernt sein, a domo, ab aliquo, ab ob. ex urbe; a. domo et foro. Oft wird die Länge des Abstandes angegeben; a. ab urbe mille passus; a. longe, multum; propius a. näher sein. — Von unsinnlichen Gegenständen, entfernt sein, a vero, a spe; ille longe aberit ut credat wird weit entfernt sein zu glauben. Hierv. *impers.* tantum abest ut — ut „es ist so weit davon entfernt (es fehlt so viel daran), daß — daß vielmehr" (welches Wort im Lat. nur sehr selten, durch contra ob. potius, ausgedrückt wird): tantum abest ut mors malum sit, ut verear ne etc.; ebenso paulum (nicht parum), haud multum, non longe a. quin es fehlt nicht Viel, daß u. s. w. Bisweilen tritt für das zweite ut eine andere Construction ein, oder es bildet das einfache tantum abest ut einen bloßen Nachsatz. 2) a) von etwas Unangenehmem entfernt, also davon los=, frei sein, a culpa, a reprehensione; a. molestiis. b) sich mit Willen von Etwas entfernt halten, keinen Theil nehmen an Etwas, a consilio fugiendi, ab istis studiis sich damit nicht befassen. c) verschieden sein, abweichen: homo a. naturā ferarum = steht über, is multum ab iis a. stand ihnen weit nach. d) von Sachen, fehlen, bei Jmd. oder Etwas sich nicht finden (vgl. desum): mihi multa aa. Vieles fehlt mir, Vieles habe ich nicht. e) von Personen, a. alicui ob. ab aliquo Einem nicht helfen, Nichts nützen. f) (Poet.) a. dolori den Schmerz nicht fühlen, ihn vergessen.

*****Absūmēdo,** ĭnis, *f.* [absumo] ein des Wortspiels wegen gebildetes Wort bei *Pl.*, = das Verzehren.

Ab-sūmo etc. 3. wegnehmen, 1) von Sachen = verzehren, verbrauchen, vinum, pecuniam, res paternas = verschwenden; hierv. a. tempus verbrauchen, verbringen. 2) von Sachen = vernichten, incendium a. domum; von Personen = tödten, hinwegraffen: fames a. aliquem; absumi veneno sterben; absumpti sumus wir sind verloren.

Ab-surde, *adv.* mit *comp.* u. *sup.* [absurdus] 1) mißtönend, häßlich, canere singen. 2) abgeschmackt, ungereimt.

Ab-surdus, *adj.* mit *comp.* u. *sup.* 1) mißtönend, mißklingend, voc. sonus. 2) *tp.* a) abgeschmackt, ungereimt, sinnlos, homo, ratio; bene dicere non a. est ist nicht übel, nichts Verächtliches. b) untauglich, untüchtig, homo plane a.; ingenium haud a. kein schlechter Kopf.

Absyrtis, ĭdis, *f.* Insel mit gleichnamiger Stadt im Adriatischen Meere.

Absyrtus, i, m. Bruder der Medea, die ihn auf der Flucht, als sie vom Vater Aeetes verfolgt wurde, schlachtete und stückweise herumstreute, um den Vater dadurch aufzuhalten.

Abundans, tis, *adj.* mit *comp.* u. *sup.* (ā) [*part.* von abundo] 1) überfluthend, übervoll, amnis, bav. überflüssig, im Ueberfluß vorhanden, pecunia, multitudo; oratio a. in tadelndem Sinne = überladen; coena a. 2) Ueberfluß an Etwas habend, reich an Etwas, lactis, omnium rerum, ob. ingenio, copiā rerum (so häufig von einem Ueberfluß an Gedanken oder Worten); abs. = im Ueberfluß lebend, begütert, wohlhabend, homo.

Abundanter, *adv.* mit *comp.* u. *sup.* (ā) [abundans] überflüssig, reichlich; *trop.* von der Rede, ausführlich.

Abundantia, ae, *f.* (ā) [abundans] 1)

der **Ueberfluß**, die Fülle an Etwas, omnium rerum. 2) *abs.* = Ueberladung, Reichthum.

Abunde, *adv.* (ŭ) [nunda] überflüssig, vollauf, in reichlichem Maaße, a. magna praesidia, a. ei satisfactum est; auch a. frumenti est es ist Getreide im Ueberfluß da.

Ab-undo, 1. (ŭ) 1) überströmen, überfließen, übervoll sein, amnis, aqua a. 2) von Etwas überströmen, Ueberfluß haben, sehr reich sein, an Etwas, divitiis, lacte; *tp.* pectus a. laetitiā strömt über von Freude; *abs.* — reich sein, im Ueberfluß leben. 3) im Ueberfluß-, in großer Menge da sein, in Fülle vorhanden sein: omnia aa., pecunia a.; herbae aa. de terra kommen in großer Menge hervor.

Abūsio, ōnis, *f.* (ŭ) [abutor] eigtl. Mißbrauch, dav. (Rhet.) harter Gebrauch der Tropen.

Abūsīve, *adv.* (ŭ) [abutor] (Spät.) eigtl. mißbrauchend, in der Rhet. = durch harten Gebrauch der Tropen.

Ab-usque (jetzt gew. getrennt geschrieben), *praep.* (ŭ) (Poet. u. Spät.) = usque ab von — her: a. monte; Oceano a.

Abūsus, us, *m.* (ŭ) [abutor] (selt.) der Verbrauch, das Aufbrauchen.

Ab-ūtor etc. 3. *dep.* (ŭ) 1) aufbrauchen, a) = vollständig benutzen, omni tempore, sagacitate canum; b. libero mendacio frisch weg lügen. b) gänzlich verbrauchen, divitiis; (Com.) a. rem patriam. 2) mißbrauchen, legibus ad quaestum, patientiā alicuius; (Com.) a. aliquid und haec abusa sunt sind gemißbraucht worden; se abutendum praebere sich mißbrauchen lassen.

Abȳdus, i, *f.* (ŭ) [Ἄβυδος] 1) Stadt in Kleinasien am Hellespont, Sestus gegenüber. 2) eine Stadt in Aegypten. — Dav. *adj.* **Abȳdēnus.**

Abȳla, ae, *f.* (ŭ) [Ἀβύλη] Berg an der Nordküste Africas, an der Straße von Gibraltar, dem Berge Calpe in Spanien gegenüber.

Ac (vor Consonanten ausg. h) und **Atque,** *conj.* 1) und, mit dem Begriff einer Nebenstellung und Gleichheit: a) wo die Part. bei einzelnen Wörtern steht, verbindet sie diese entweder als gleichstehend (servi a. liberi), ob. so, daß dadurch ein stärkerer, gewichtigerer Begriff hinzugefügt wird (= und zwar): ex plurimis periculis a. ex media morte; häufig wird dann etiam, adeo u. dgl. („je sogar", „und vielmehr", „oder richtiger") hinzugefügt, auch ein pron., hic, is (,,und zwar"). b) bei der Anknüpfung eines ganzen Satzes bezeichnet ac ob. atque einen Uebergang ob. Fortschritt zu etwas Neuem, Besonderem ob. Stärkerem, bisweilen einen Gegensatz (gew. dann ac tamen). c) (Poet. u. Spät.) zur Verknüpfung zweier unmittelbar auf einander folgenden Handlungen oder Begebenheiten, wo es durch „gleich", „unmittelbar darauf" übersetzt werden kann: quum ad portum venio atque ego illam video. Hiermit ist verwandt der Gebrauch in der Verb. simul a. so bald, f. simul. 2) bei Wörtern, die eine Aehnlichkeit, Gleichheit oder eine Verschiedenheit, Ungleichheit bedeuten = wie, als: talis honos paucis delatus est a. mihi; aliquid ab isto simile

atque a ceteris factum; pro eo ac debeo so wie es meine Pflicht ist; ego aeque ac tu; perinde ac si gleich als wenn; illi sunt alio ingenio ac tu; auch (Poet.) nach einem *compar.*, artius a. hedera astringitur. Bisweilen fehlt das Vergleichungswort: eum esse amicum ratus sum a. ipsus sum mihi (*Pl.*) ebenso sehr wie ich es selbst bin. 3) wo der Fall eintritt, daß derselbe Gegenstand erst negativ und dann positiv ausgedrückt wird, muß ac (wie que u. et) durch sondern übersetzt werden: nostrorum militum impetum hostes ferre non potuerunt ac terga verterunt.

Acădēmīa, ae, *f.* (ŭ) [Ἀκαδήμεια] die Academie, ein Gymnasium (Lusthain mit Hallen, Schattengängen, Ruheplätzen u. Sitzen) unweit Athens, nach einem Heros **Acădēmus** benannt. Weil Plato gewöhnlich hier lehrte, bez. das Wort oft die Platonische Lehre und Secte. Nach der Athenienfischen A. benannte Cicero a) einen ähnlichen Platz auf seinem Tusculanischen Gute; b) ein ihm gehöriges Landgut in Campanien in der Nähe von Puteoli, wo er seine Academica schrieb. — Davon **Acădēmīcus,** *adj.* zur Academie (in den verschiedenen Bed. des Worts) gehörig, academisch.

Acălanthis ob. **Acanthis,** idis, *f.* (ŭ) [ἀκαλανθίς, ἀκανθίς] ein Stieglitz, Distelfink.

Acămas, antis, *m.* (ŭ) [Ἀκάμας] 1) Sohn des Theseus u. der Phädra. 2) ein Vorgebirge auf Cypern.

Acanthus, i (ŭ) [ἄκανθος], 1) *m.* Bärenklau, eine Pflanze. 2) *f.* ein immergrüner, stachlichter Baum in Aegypten, Acajie.

Acanthus, i, *f.* (ŭ) [Ἄκανθος] Seestadt auf der östlichen Spitze der macedonischen Halbinsel Chalcidice.

Acarnānes, um, *m.* (ŭ) [Ἀκαρνάνες] die Einwohner von der griechischen, zwischen Cyprus und Aetolien gelegenen Landschaft **Acarnānia,** ae, *f.* [Ἀκαρνανία].

Acastus, i, *m.* (ŭ) [Ἄκαστος] 1) Sohn des thessalischen Königs Pelias, Bruder der Alcestis. 2) ein Sklave Cicero's.

Acca Lărentia, die Frau des Hirten **Faustulus,** die den Romulus und Remus säugte. Ihr zu Ehren wurde von den Römern im December ein Fest, **Larentalia** ob. **Accalia,** gefeiert.

Ac-cēdo etc. 3. 1) herzu-, herantreten, hinzukommen: a. ad aliquem, ad urbem; a. Romam; bei *Sall.* häufig a. aliquem, locum, ebenso bei Poet. a. fontes, scopulos; a. in senatum, in Macedoniam in M. hineinkommen, in funus alicuius sich dem Leichenzuge anschließen; *abs.* a. propius; auch fama a. ad nos gelangt zu uns, sermo a. ad aures meas kömmt mir zu Ohren. Hierv. insbes. A) a. ad hastam als Käufer bei einer Versteigerung hervortreten. B) *tp.* a) (Com.) stultitia tibi accessit du bist toll geworden. b) zu einer Sache ob. Thätigkeit schreiten, um sie zu übernehmen, sich mit ihr befassen: a. ad rempublicam sich dem Staatsdienste zu widmen anfangen (durch Uebernehmen eines öffentlichen Amts), ad vectigalia mit der Pachtung der Staatseinkünfte sich befassen, ad periculum, caussam alicuius ben

Proceß ꝛc. übernehmen, ad bona in Besitz nehmen. c) = nahe kommen, beinahe gleich sein, a. propius ad deos; Philippus ei proxime a. e) beipflichten, beitreten, alicui, sententiae ob. ad sententiam alicuius; a. ad condiciones die Bedingungen annehmen. 2) mit dem Begriff der Vermehrung, als Zuwachs hinzukommen: nihil a. potest ad virtutes hinzugefügt werden; animus ei a. er bekommt mehr Muth; quo plus ei aetatis a. je älter er wird; pretium a. agris der Preis der Landgüter steigt (opp. abeo), in derselben Bed. plurimum a. pretio. Insbef. impers. accedit mit einem Satze als Subject, hierzu kömmt daß u. ſ. w.: a. (ob. huc, eo a.) quod patrem amo, u. ad senectutem accessit ut caecus esset kam noch daß u. ſ. w.

*Accělěrātio, ōnis, f. [accelero die Beschleunigung.

Ac-celero, 1. 1) beschleunigen, iter, oppugnationem. 2) intr. eilen, si a. volent.

Accendo, ndi, nsum, 3. [candeo] 1) (meist Poet.) anzünden, anstecken, urbem; meton. a. aras, focum das Feuer auf dem Altar, dem Heerde anzünden; a. aurum glühend machen, calcem löschen, luna accensa radiis solis leuchtend gemacht, erhellt. 2) tp. entzünden, anfeuern, anreizen, aufregen, aliquem contra aliquem, ad libidinem, in rabiem, bello zum Kriege anreizen; hingeg. a. bellum, proelium, seditionem gleichsam die Flamme des Krieges, der Schlacht, des Aufruhrs anzünden; a. alicui ingentem curam verursachen. Hierv. = steigern, erhöhen, pretium, stärker und heftiger machen, vim venti, invidiam, sitim.

*Ac-censeo etc. 2. (Poet.) hinzurechnen, zugesellen, aliquem alicui.

Accensus, i, m. [accenseo] Ein einem Höheren Beigegebener, 1) ein Gerichtsbote, Amtsdiener bei Consuln, Prätoren u. A., a. alicuius ob. alicui. 2) plur. Soldaten von einer Art Depot- oder Reservebataillonen, Bürger aus der 5ten Classe (ob. wohl richtiger der 5ten Classe beigezählt). Sie machten 15 Bexillen aus und folgten der Legion als Leichtbewaffnete; in der Schlacht standen sie in den hintersten Reihen der Triarier.

Accentus, us, m. [accino] (Spät.) die Betonung, der Accent.

Acceptio, ōnis, f. [accipio] (felt.) die Annahme, der Empfang.

Accepto, 1. [accipio] (Vorkl. u. Spät.) empfangen, rem.

Acceptor, ōris, m. [accipio] (Vorkl.) etzt. der Empfänger = der Billiger, der „Etwas für gute Waare nimmt", billigst.

*Acceptrix, īcis, f. [accipio] (Pl.) die Empfängerinn.

Acceptus, adj. mit comp. [part. v. accipio] „wohl aufgenommen" d. h. willkommen, angenehm, lieb, alicui und apud aliquem.

Accerso, siehe Arcesso.

Accessio, ōnis, f. [accedo] 1) das Hinzu-, Herantreten, refl. quid tibi ad hasce aedes a. est (Pl.) warum näherst du dich diesem Hause? „aa. suis dadurch daß er sich wiederholt angehen ließ"; a. morbi Krankheitsfall. 2) der Zuwachs, a) abstr. = Vermehrung, dignitatis, pecuniae; a. crescendi durch Wachsthum. b) concr. = Zugabe, Zulage, hinzukommender Gegenstand: adjungere accessionem aedibus suis einen neuen Theil hinzubauen; Epirus fuit a. regno Macedoniae ein Anhang zu; aurum jam a. est das Gold ist schon nur eine Nebensache, wegen der großen Menge Edelsteine und Perlen, die außerdem da sind; insbef. von Geschenken, die als Zulage neben der schuldigen Abgabe noch geleistet werden müssen, aa. numorum ad singulas decumas; häufig = Zusatz in der Rede ob. Schrift zu einer Definition u. ꝛ.

Accessus, us, m. [part. v. accēdo] 1) das Hinzu-, Herangehen, die Annäherung: solis a. et discessus; nocturnus ad urbem; dare (negare) alicui accessum Zutritt. 2) (Poet. u. Spät.) der Eingang, Zugang, lustrare omnem a.

Accidens, tis, n. [part. v. accido] (Spät.) nur im plur. 1) das Zufällige, Unwesentliche bei einer Sache. 2) das unglückliche Ereigniß, der Unfall.

Accido, idi, — 3. [cado] 1) irgendwo hinfallen, fallen, fallend irgendwohin kommen; so meist bei Poet. u. Vorkl.: a. terrae ob. ad terram, rosa a. in mensas; tela aa. ab omni parte. Insbef. A) a. ad pedes alicuius, genibus alicuius ob. alicui ad genua vor Jemds Füßen, Knieen niederfallen, sich niederwerfen, Jmd. fußfällig anflehen. B) = zu einem Orte gelangen, kommen, ihn erreichen: vox a. ad hostes drang bis zum Feinde durch, fama a. gelangt zu Einem, clamor, sermo a. ad aures (ob. auribus) alicuius; tela aa. = treffen (das Ziel, Jmd.). 2) tp. a) (Com.) hoc vere a. in illum wird in Bezug auf ihn gesagt. b) ausfallen, enden; quorsum hoc accidet wie wird dieses ausfallen? bene, pejus mihi a. 3) vorfallen, eintreten, sich ereignen (bef. von überraschenden u. unerwarteten Ereignissen, übrigens sowohl erfreulichen als unerfreulichen, vgl. evenio, contingo): si quid adversi a.; calamitas a.; omnis gratissima tibi aa. Häufig impers., a. ut (felt. quod ober inf.) es traf sich daß; si quid mihi (ei) a. wenn mir etwas Menschliches begegnen sollte, d. h. wenn ich sterben sollte. d) (Spät.) rhet. u. gramm. term. t. zu ob. unter Etwas gehören.

Accido, idi, isum, 3. [caedo] 1) anhauen, nur zum Theil abhauen, arborem. Hierv. tp. schwächen, vermindern, zerrütten, res hostium, robur juventutis, opes, copias alicuius; (Poet.) a. dapes = verzehren (Etwas von); häufig res incisae, schlechter Zustand, zerrüttete Umstände. 2) (Spät.) abschneiden, crines.

*Ac-cieo, etc. — 2. (Pl.; zweif. vgl. Runcino) = Accio.

Ac-cingo etc. 3. 1) (Poet.) angürten, umbinden, eusem lateri. 2) umgürten, davon im Allgem. ausrüsten, versehen, ausstatten: messi pass. accingor ense, accinctus facibus; abv. miles accinctus gerüstet; tp. a. se juvene sich (durch Adoption) mit einem jungen Manne als einer Stütze versehen; (felt.) a. aliquem ad aliquid auf Etwas bereiten, rüsten. 3) tp. refl. accingere se (Poet. auch abs. accingere) ob. pass. accingi sich bereit machen, sich anschicken, auf Etwas sich bereit und gefaßt machen: a. se praedae, ad ob. in rem sich an Etwas machen; accingere mache dich ans

Accio — **Accresco**

Werk, aufs (Poet.) accingor magicas artes u. omnes accingunt operi legen die Hand ans Werk.

Ac-cio, īvi, ītum, 4. herbeirufen, kommen laſſen, aliquem Etruriā, doctorem filio verſchaffen; (Spät.) tp. a. mortem = ſich tödten.

Accipio, cēpi, ceptum, 3. [capio] empfangen: 1) = bekommen, erhalten (wobei der Empfänger ſich paſſiv verhält: von Etwas, das Einem von einem Andern gegeben, gereicht, beigebracht wird, es ſei Gutes oder Böſes, vgl. nanciscor, adipiscor u. ſ. w.): a. epistolam ab aliquo, rem a' maioribus (durch Erbſchaft), provinciam; a vulnera; a. detrimentum, calamitatem leiden. Hierv. A) = hören, vernehmen, erfahren, durch mündliche oder ſchriftliche Mittheilung: quae gerantur, accipies ex illo; häuf. accepimus illud factum esse = man erzählt, die Sage berichtet, accipio patres id aegre tulisse = ich leſe bei den Schriftſtellern. B) = lernen, verſtehen, begreifen; a. quae traduntur; a. aliquid recte es richtig erklären. C) insbes. in Geldſachen, Geld in Empfang nehmen, einkaſſiren. Hierv. acceptum = Einnahme: tabulae, ratio accepti et acceptorum = Einnahmebuch; referre aliquid acceptam (auch in acceptum) in ſein Rechnungsbuch als empfangen eintragen, alicui zum Beſten Jmds, d. h. als von ihm empfangen, alſo = Jmd. Etwas „gut ſchreiben“, in Einnahme ſtellen (vgl. expendo). Ebenſo acceptam facere sponsionem Quittung für die sp. ausſtellen. Hierv. tp. acceptum referre alicui aliquid Einem Etwas verdanken. 2) = annehmen, aufnehmen (wobei der Empfänger als thätig gedacht wird; übrigens vgl. excipio, recipio): a. armatos in arcem, aliquem in amicitiam, in civitatem; amnis a. fugientes. Hierv. A) als Gaſt empfangen, a. aliquem, bes. auch im Allg. = behandeln, aliquem bene (male), miseris modis = mißhandeln. B) = annehmen, billigen, gutheißen, condicionem, legem oder rogationem annehmen; a. excusationem alicuius; a. nomen alicuius den Namen eines Bewerbers annehmen, d. h. zur Wahl zulaſſen; a. omen ob. in omen als ein Vorzeichen anerkennen; a. judicium ſich auf einen Rechtshandel einlaſſen. C) Etwas in irgend einem Sinne aufnehmen, deuten, auslegen, aliquid in contumeliam; in bonam (malam) partem; (Spät.) urbis appellatio Roma accipitur unter der Benennung „die Stadt“ iſt Rom zu verſtehen; a. aliquid aliter atque alius deuten als. D) = empfänglich für Etwas ſein, dolorem; res a. interitum = kann vernichtet werden.

Accipiter, tris, m. ein Habicht ob. Falk; tp. von einem raubgierigen Menſchen.

Accitus, us, m. [accio] nur im abl. sing. (auf Jmds) Herbeirufen.

Accius, ſiehe Attius.

Acclamatio, ōnis, f. [acclamo] das Zurufen, der Zuruf, um ſowohl Beifall als Mißbilligung auszudrücken.

Ac-clāmo, 1. zurufen (ſowohl beifällig als mißbilligend), alicui; a. aliquem liberatorem unter lautem Zurufen Jemand. als Befreier nennen.

*Ac-clāro, 1. (veralt.) klar machen = offenbaren, deutlich zeigen, signa.

Acclīnis, e, adj. [vergl. acclino] (Poet. u. Spät.) angelehnt, ſich anlehnend, arbori an einen Baum; tp. animus a. falsis zum Falſchen ſich neigend, anhängend.

Ac-clīno, 1. [verw. mit dem griech. χλίνω] anlehnen, hinneigen zu Etwas, se in aliquem; tp. a. se ad caussam senatus ſich anſchließen, die Sache unterſtützen.

Acclīvis, e, ob. (ſelt.) **-vus,** adj. [clivus] aufwärts gehend, ſchräg aufſteigend (vgl. declivis), via.

Acclīvitas, ātis, f. [acclivis] die ſchräg aufſteigende Richtung.

Accŏla, ae, m. [ad-colo] der Anwohner, Nachbar (vgl. incola), montis, fluvii; fluvii accolae (Tac.) Nebenflüſſe (die in den Tiber fallen).

Ac-cŏlo etc. 3. an ob. bei Etwas wohnen, locum, fluvium; fluvius accolitur oppidis hat Städte in ſeiner Nähe.

Accommŏdātē, adv. mit comp. u. sup. [accommodatus] paſſend, ſchicklich, bequem.

Accommŏdātio, ōnis, f. [accommodo] 1) das Anpaſſen, die paſſende Einrichtung einer Sache nach Etwas: a sententiarum ad inventionem. 2) die Rückſichtsnahme auf Etwas, Willfährigkeit.

Accommŏdātus, adj. mit comp. u. sup. [accommodo] paſſend, gehörig eingerichtet, geeignet: oratio a. ad persuadendum oder a. temporibus.

Ac-commŏdo, 1. 1) Etwas an Etwas anpaſſen, ſo anfügen, anlegen, auflegen ob. aufſetzen, daß es paßt: a. sibi coronam ob caput ſich auf den Kopf ſetzen, gladium dextrae in die Hand nehmen, ensem lateri = angürten. 2) trop. nach Etwas einrichten, einer Sache anpaſſen, gemäß machen: accommodo consilium meum ad tuum, sumptus ad mercedes; a. orationem auribus (dat.) auditorum; a. alicui verba Einem Worte in den Mund legen. Hiervon A) refl. = ſich mit Etwas befaſſen, auf Etwas legen, a. se (animum) ad res gerendas, humanitati ſich der Humanität befleißigen. B) = hinzufügen, mit Etwas verbinden, a. testes ad crimen. C) = verwenden, ſchenken, widmen, operam studiis; a. se ducem ſich als Anführer hergeben; a. se ad rem publicam ſich für den Staatsdienſt bilden, a. versum in aliam rem auf etwas Anderes anwenden. D) (Spät.) a. se alicui = es mit Jmd. halten. E) abs. a. alicui de re aliqua ſich nach Jmd. in einer Sache einrichten; a. tempus litis orandas die Zeit zur Führung des Proceſſes nach Jmds Vortheil beſtimmen.

Accommŏdus, adj. [ad-commodus] (Poet.) = accommodatus.

*Ac-congĕro, etc. 3. (Pl.) dazu zuſammenbringen, dona alicui.

Ac-crēdo etc. 3. Einem Etwas glauben, alicui aliquid.

Ac-crēsco etc. 3. 1) hinzuwachſen, als Zuwachs dazukommen: nova negotia aa. veteribus; fides a. rei die Sache gewinnt (mehr) Zutrauen; nomen a. rei die Sache kriegt einen (neuen) Namen. 2) heranwachſen, zunehmen, puer, fluvius, labor.

*Accrētio, ōnis, f. [accresco] ber Zuwachs, die Zunahme.

Accŭbĭtio, ōnis, f. [accubo] das zu Tische Liegen.

Ac-cŭbo etc. 1. 1) bei (an) Jmb. oder Etwas liegen: a. juxta; theatrum a. monti liegt neben dem Berge. 2) insbef. zu Tische liegen, in convivio.

*Accŭbuo, ein zum Scherz von *Plaut.* gebildetes adv. (entsprechend assiduo) = dabei liegend.

*Ac-cūdo, — — 3. (*Pl.*) eigtl. dazuschlagen, dazuprägen, *trop.* = dazu verschaffen, tres minas.

Accumbo, cŭbui, cŭbĭtum, 3. [ad-cubo] 1) an einem Orte sich hinlegen, in via. 2) insbef. sich zu Tische legen, in epulo; a. epulis divûm; (*Pl.*) obscōn a. scortum beschlafen.

Accŭmŭlāte, adv. mit sup. [accumulatus von accumulo] vollauf, reichlich.

*Accŭmŭlātor, ōris, m. [accumulo] (Spät.) der Anhäufer, opum.

Ac-cŭmŭlo, 1. 1) dazu (zu etwas schon Großem) anhäufen, noch aufhäufen: venti an. arenam; a. pecuniam; *trop.* a. caedem caedi Mord auf Mord häufen; a. alicui honorem Einen mit Ehrenbezeugungen überladen; (Poet.) a. animam alicujus donis dem Geist Jmbs reichliche Gaben darbringen. 2) *term. t.*, in der Gartenkunst, häufeln, behäufeln (f. accumulatio): a. radices arborum.

Accūrāte, adv. mit comp. u. sup. [accuratus] sorgfältig, genau, vorsichtig.

Accūrātĭo, ōnis, f. [accuro] (selten) große Sorgfalt, Genauigkeit.

Accūrātus, adj. mit comp. u. sup. [particip. von accuro] sorgfältig, mit Sorgfalt bearbeitet, genau (von Sachen, dagegen diligens von Personen), dicendi genus, oratio, diligentia; literae a. ein ausführlicher Brief; malitia a. (*Pl.*) ausstubirt.

Ac-cūro, 1. (meist Conversf.) mit Sorgfalt Etwas betreiben, pünktlich besorgen, rem, prandium, ut aliquid fiat; a. hospitem für einen Gast sorgen, ihn bewirthen; accurato opus est (*Pl.*) man muß genau aufpassen.

Ac-curro, curri (selten cucurri), cursum, 3. heran-, hinzulaufen, eilig herzu kommen, ad aliquem, Romam, in auxilium; in aliquem equo admisso a. auf Jmb. loßfahren.

Accursus, us, m. [accurro] (Spät.) das Herzulaufen.

*Accŭsābĭlis, e, adj. [accuso] was angeflagt werden kann, tadelnswerth.

Accŭsātĭo, ōnis, f. [accuso] 1) die Anflage, Anschuldigung wegen eines Verbrechens (vgl. actio). 2) meton. die Anflageschrift, legere a.

Accŭsātīvus, i, m. (Spät.) *term. t.* in der Grammatik, der 4te Cafus.

Accŭsātor, ōris, m. [accuso] der Ankläger, Kläger in Criminalsachen (vgl. petitor, actor); felt. = Kläger überhaupt.

Accŭsātŏrĭē, adv. [accusatorius] anklägerisch, nach Art der Ankläger.

Accŭsātŏrĭus, adj. [accusator] anklägerisch, zum Ankläger gehörig, Ankläger-, vita, mos.

Accŭsātrix, īcis, f. [accuso] 1) die Beschwerdeführerin, Aufschuldigerin. 2) die Anklägerin.

*Accŭsĭto, 1. (*Pl.*) [accuso] anflagen, deum.

Accūso, 1. [causa] 1) sich über Jmb. ob. Etwas beschweren, sich beflagen, daß. tadeln, aliquem de (wegen) epistolarum infrequentia; ambo accusandi estis Ihr verdient beide Tadel, auch von abstr. Subst., a. inertiam alicuius, scelus Pompeji. 2) vor dem Gericht anflagen, aliquem furti, auch illo crimine, de vi, inter sicarios; a. eum illud für Jenes; a. aliquem lege Sempronia wegen Verletzung des S. Gesetzes; a. aliquem capitis auf Tod u. Leben.

Ace, es, f. ["Ακη] Stadt in Galiläa, später Ptolemais ob. Acca.

Aceo, — — 2. (ā) (Vorfl.) sauer sein.

Acer, eris, n. (ă) der Ahornbaum.

Acer, acris, acre, adj. (ă) mit comp. u. sup. u. dem. acrĭcŭlus 1) spitzig, scharf, schneidend, arma, ferrum. Hierv. 2) von den Wahrnehmungen und Eindrücken der äußeren Sinne, = scharf, beißend, durchdringend, stechend u. dgl.: a. sonitus, odor, cibus; oculi aa. scharfe Augen, splendor a. blendend; a. hiems rauh, frigus scharf, sol stechend, fames nagend, morbus hitzig, heftig. 3) von der Seele, A) von dem Gemüth u. dem Charakter, a) lobend = feurig, eifrig, rasch, equus, miles. b) tadelnd = heftig, leidenschaftlich, hitzig, streng, pater, uxor; von Thieren = wild, reißend. c) von einer Gemüthsstimmung überh., stark, heftig, leidenschaftlich, amor. B) von dem Verstande, scharf = scharffinnig, durchdringend, fein, ingenium, judicium. 4) von andern Sachen, hitzig, heftig, hart, graufam u. s. w., bellum, supplicium, fuga.

Acerbē (ă), adv. mit comp. u. sup. [acerbus] 1) act. streng, hart, unfreundlich, graufam, respondere, decernere, necare aliquem. 2) pass. schmerzlich, mit Schmerzen; graviter et a. ferre aliquid.

Acerbĭtas, ātis, f. (ă) [acerbus] 1) die Herbe, der herbe Geschmack (bef. unreifer Früchte). 2) *tp.* a) die Härte, Graufamkeit, Strenge. b) Unfreundlichkeit, Bitterkeit im Betragen. c) Traurigkeit, Bitterkeit, a. luctus. d) = Drangsal, Elend.

Acerbo, 1. (ă) [acerbus] (Poet.) herbe, bitter machen, *tp.* = etwas Unangenehmes noch ärger machen, crimen.

Acerbus, adj. (ă) mit comp. u. sup. 1) eigtl., a) herb, beißend von Geschmack (opp. mitis; vgl. amarus), z. B. das Meerwasser. b) unreif, uva; *tp.* virgo a. nicht erwachsen, a. überhaupt = unreif, frühzeitig, partus. c) frigus a. beißend, scharf, vox a. schrillend. 3) *tp.* a) act. barsch, bitter, heftig, inimicus; 'a. supplicium hart, graufam, imperium streng, hart. b) pass. traurig, schmerzlich, betrübend, mors, vulnus, memoria.

Acernus, adj. (ă) [acer] aus Ahornholz, ahornen.

Acerra, ae, f. (ă) ein Weihrauchkästchen.

Acerrae, ārum, f. (ă) Stadt in Campanien; **Acerrāni** die Einwohner davon.

*Acersĕcŏmēs, ae, m. [= ἀκερσεκόμης] (Poet.) mit ungeschorenem Haupthaar (= intonsus), Beiname des Apollo und Bacchus; daß. von einem jungen weichlichen Menschen.

*Acervālis, e, adj. (ä) [acervus] zu einem Haufen gehörig; eine von Cicero gewagte Ueberf. des griech. σωρείτης, f. Sorites.

Acervātim, adv. (ä) [acervus] haufenweise. 2) tp. zusammengedrängt, kurz und bündig, dicere.

Acervo, 1. (ä) [acervus] anhäufen, zusammenhäufen; tp. leges.

Acervus, i, m. (ä) 1) ein Haufe (vgl. cumulus, strues), frumenti; überh. eine Masse, Menge, pecuniae, a. facinorum große Anzahl (Poet.); abs. = Geldhaufe. 2) = sorites, w. m. f.

Acesco, — — 3. (ä) [aceo] sauer werden.

Acesīnes, ae, m. [Ἀκεσίνης] Fluß in Indien, jetzt Dschenab.

Acestes, ae, m. (ä) [Ἀκέστης] Sohn des sicilischen Flüßchens Crimisus und einer Trojanerin, gründete die Stadt Acesta, später Egesta ob. Segesta, und empfing dort freundlich den Aeneas.

Acētābŭlum, i, n. (ä) [acetum] ein kleines Gefäß, Becher (eigtl. ein Essigbecher).

Acētum, i, n. (ä) [aceo] Essig; tp. = Witz, Verstand.

Achaei, ōrum, m. (ä) [Ἀχαιοί] die Achäer, einer der Hauptstämme des griechischen Volkes, in (dem nördlichen) Peloponnes wohnhaft. Bei Homer u. anderen Dichtern ist A. eine gemeinschaftliche Benennung für das ganze griech. Volk. Ihr mythischer Stammvater war Achaeus, Sohn des Xuthus, Bruder von Jon. Hierv. abgeleitet: 1) Achaeus, adj. [Ἀχαιός] (Poet.) achäisch. 2) Achāia ob. Achaja a) das nordwestliche Küstenland im Peloponnes. b) nach dem Jahre 146 v. Chr. Name für Griechenland als römische Provinz. 3) Achāĭas, ădis, f., (Poet.) eine Griechin. 4) Achāīous oder (Poet.) Achāĭus, adj., achäisch oder griechisch. 5) Achāis, ĭdis ob. ĭdos, f., (Poet.): a) als adj. griechisch. b) = Griechenland. 6) Achīvi = Achaei, bes. von den homerischen Griechen.

Achaemĕnes, is, m. (ä) [Ἀχαιμένης] Ahnherr der persischen Könige, Großvater des Cyrus und Stifter des Geschlechts der Achämeniden; hierv. adj. Achaemonĭus = persisch.

Acharnae, ārum. f. pl. [Ἀχαρναί] Flecken in Attica; dav. adj. Acharnānus.

Achātes, ae, m. (ä) [Ἀχάτης] ein Getreuer und Freund des Aeneas.

Achĕlōus, i, m. (ä) [Ἀχελῷος] Fluß im westl. Griechenland, an der Grenze Acarnaniens und Aetoliens. Der Flußgott A. kämpfte mit dem Hercules wegen des Besitzes der Deianira, wurde aber von ihm überwunden. Davon a) Achĕlōĭas ob. Achĕlōĭs, ĭdis, f. [Ἀχελωΐς] Tochter von Achelous, im plur. (Poet.) von den Sirenen. b) adj. Achĕlōĭus zum Ach. gehörig.

Achĕron, tis, m. (ä) [Ἀχέρων] 1) Fluß in Thesprotia in Epirus, der durch den See (ob. Sumpf) Achĕrūsia fließend in das ionische Meer mündete. 2) Fluß in Bruttium. 3) Fluß in der Unterwelt, daher bei den Dichtern oft zur Bezeichnung der Unterwelt.

Achĕrontia, ae. f. (ä), kleine Stadt in Apulien, an der Grenze Calabriens.

Achĕrūns, tis, comm., (ä u. ä) alte Form für Acheron, häufig zur Bez. der Unterwelt; trop. (Pl.) Acheruntis pabulum, „Höllenfutter", von einem Menschen, der seinem Untergang entgegengeht, Acheruntis ostium von einem übelriechenden Orte, Acheruns ulmorum von dem Rücken eines oft gepeitschten Sklaven, auf welchem die Ruthen gleichsam sterben (b. h. aufgebraucht, zerschlagen werden). Hiervon A) Achĕruntius ob. -tĭcus, adj.: senex A. = dem Tode nahe. B) Achĕrūsia, ae, f. a) f. Acheron. b) ein See in Campanien. c) eine Höhle in Bithynien, durch welche nach einigen Sagen Hercules den Cerberus hervorholte. C) Achĕrūsĭus ob. -runsius, adj., a) zum Flusse Acheron gehörig. aqua. b) zur Unterwelt gehörig, unterirdisch, daher neow. = traurig, vita.

Achilles, is, m. (ä) [= Ἀχιλλεύς, daher Poet. auch genit. Achillei ob. Achilli, accus. Achillea, vocat Achille] der berühmte griechische Heros, der erste der Kämpfer vor Troja, Sohn des Peleus und der Thetis, Vater des Pyrrhus ob. Neoptolemus Davon abgeleitet 1) A) Achillēis, ĭdis, f. ein (unvollendetes) Heldengedicht des römischen Dichters Statius. 2) Achillēus, adj., achilleisch, bes. in den Verbindungen: A) A. cothurnus der ernste, hohe Styl der Tragödie, in welcher Achilles häufig eine Hauptperson war. B) statuae A. Statuen, die nackend eine Lanze hielten. C) subst. a) Achillēa ob. Achillis insula eine an der Mündung des Borysthenes gelegene mythische Insel mit einem Heiligthum des Achilles. b) Achillēus cursus (Ἀχίλλεως δρόμος), eine Halbinsel an der Mündung von Borysthenes. c) Achillēum, ĕi, n. [Ἀχίλλειον] fester Ort bei dem Vorgebirge Sigeum in Troas, mit dem Grabhügel des Achilles.

Achrădĭna, ae, f. [Ἀχραδίνη] der wichtigste Stadttheil von Syracus.

Acĭdālia, ae, f. (ä) [Ἀκιδαλία], Beiname der Venus von der gleichnamigen Quelle in Böotien.

Acĭdŭlus, adj. (ä) deminut. von acidus.

Acĭdus, adj. mit sup. (ä) [aceo], sauer, trop. wiperlich, unangenehm.

Acies, ēi, f. (ä) 1) die Spitze, Schärfe, Schneide, rostri, hastae, gladii. 2) Hiervon A) vom Auge a) der scharfe Blick, die Schärfe des Auges, die Sehkraft, das (gute) Gesicht, a. oculorum; a. incolumis, oppos. caecitas. Davon trop. (Poet.) a. stellarum Glanz. b) der Blick, das Auge überhaupt, flectere a.; trop. (Pl.) = Aufmerksamkeit, habeo a. ad eam rem. c) der Augapfel. B) von der Seele (immer mit einem genit., wie ingenii, animi), die Schärfe des geistigen Auges = Scharfsinn, heller Verstand. 3) in der Militärsprache A) die Schlachtlinie, Schlachtordnung (von einem aufgestellten Kriegsheere, vgl. agmen, exercitus); prima a. die Avantgarde, dextra a. der rechte Flügel. B) die Schlacht, decernere acie; trop. von einem Wortkampfe (in einem Proceß), einem Wortstreit.

Acilius, i, m. (ä) Name eines plebejischen

Geschlechts in Rom. Hiervon 1) **Acīliānus**, *adj.*, zu einem A. gehörig, annales A. die griechisch geschriebenen Geschichtswerke eines C. A. Glabrio. 2) **Acīlius**, *adj.*, zu einem A. gehörig, lex.

Acīnăces, is, m. (ă) [ἀκινάκης] (Poet. u. Spät.) ein persischer Säbel.

Acĭnus, i, m. u. -um, i, n. (ă) eine Beere, bes. eine Weinbeere.

Acipenser, ĕris u. -asis, is, m. (ă) ein kostbarer Fisch (der Stör ob. der Sterlet).

Acis, ĭdis, (ā) [Ἆκις, 1) m. Fluß auf Sicilien am nördlichen Fuße des Aetna. 2) m. ein Hirte, Liebhaber der Galatea. 3) f. eine der cycladischen Inseln, später Siphnus genannt.

Aclis, ĭdis, f. (Poet.) ein kleiner Wurfspieß.

***Acoenŏnoētus**, (ă) [ἀκοινονόητος] (Poet., zwsl.) der den gemeinen Menschenverstand nicht hat.

Acŏnītum, i, n. (ă) [ἀκόνιτον] ein giftiges Kraut, Wolfswurz.

Acor, ōris, m. (ă) [aceo] (Spät.) die Säure, der saure Geschmack.

Ac-quiesco etc. 3. 1) zur Ruhe kommen, Ruhe finden, ausruhen, a lassitudine, in lecto; *trop.* res familiaris u. wird nicht angegriffen, ihm wird nichts zugesetzt. Hiervon meton. a) = schlafen; b) = sterben ob. todt sein. 2) *trop.* zur Ruhe kommen mit seinen Wünschen, Gedanken u. f. w., also a) = mit Etwas zufrieden sein, sich durch Etwas befriedigt ob. beruhigt fühlen, in re aliqua. b) über Etwas froh sein, sich durch Etwas erfreut fühlen, morte Clodii, in caritate adolescentium. c) mit seinen Zweifeln u. dergl. zur Ruhe kommen, mit den von einem Andern angeführten Gründen sich begnügen, sie sich gefallen lassen, dabei stehen bleiben; davon (Spät.) beispielich ten, Glauben schenken, alicui.

Ac-quīro, quīsīvi, quīsītum. 3. [quaero] 1) dazu erwerben, «herbeischaffen (außer etwas Vorhandenem), aliquid ad vitaefructum; a. vires; a. ad fidem suam Credit vermehren; nihil jam acquirebatur ich konnte Nichts mehr dazu erwerben. 2) überh. erwerben, verschaffen, sibi aliquid, dignitatem alicui; (Spät.) a. alicui periculum Einen in Gefahr bringen; (Spät.) *abs.* = Geld erwerben.

Acraeus, *adj.* [ἀκραῖος] auf Höhen verehrt, Beiname der Juno und des Jupiter.

Acrāgas, antis, m. [Ἀκράγας] der griechische Name der Stadt Agrigentum, w. m. s.

Acrātŏphŏrum, i, n. [ἀκρατοφόρον] ein Gefäß für unvermischten Wein.

Acrĕdŭla, ae, f. Name eines unbekannten Thiers, wahrsch. eine Eule (Steinkauz).

***Acrĭcŭlus**, *adj.* (ă) *dem.* von acer.

Acrĭmōnia, ae, f. (ă) [acer] 1) die Schärfe im Geschmack, das Pikante. 2) *tp.* zur Bez. von Energie, durchdringende Kraft.

Acrĭsĭus, ii, m. [Ἀκρίσιος] König von Argos, Sohn des Abas, Vater der Danae; durch Jupiter wurde diese Mutter des Perseus, der später seinen Großvater unversehens tödtete. Dav. 1) **Acrīsĭōnē**, es, f. [Ἀκρισιώνη] Tochter des A., = Danae. 2) **Acrīsĭōnēus**, *adj.* [Ἀκρισιώνειος] zum A. gehörig. 3) **Acrīsĭō-**
niădes, ae, m. [Ἀκρισιωνιάδης] Nachkomme des A. = Perseus.

Acrĭter, *adv.* mit comp. u. sup. (ă) [acer] scharf, a) = heftig, leidenschaftlich, hitzig. b) feurig, eifrig. c) = stark, gewaltig. d) = scharfsinnig, genau.

Acrĭtūdo, ĭnis, f. (ă) [acer] (Spät.) die Schärfe, tp. die Lebhaftigkeit.

Acrŏāma, ătis, n. [ἀκρόαμα] 1) eine Ohrenunterhaltung, durch Musik und Gesang, Vorlesung ob. Erzählung u. dgl. 2) meton. eine Person, die eine solche Unterhaltung gewährt, also (bes. bei Tische) ein Musiker, Vorleser, launiger Erzähler oder bes. ein Possenreißer.

Acrŏāsis, is, f. [ἀκρόασις] der öffentliche Vortrag, die Vorlesung.

Acrŏcĕraunia, ōrum, n. pl. [τὰ Ἀκροκεραύνια] siehe Ceraunia.

Acrŏcŏrinthus, i, f. [Ἀκροκόρινθος] die Burg von Korinth.

Acta, ōrum, n. pl. (selten im *sing.*) [ago] 1) Thaten, vollendete Werke, aa. Herculis. 2) öffentliche Verhandlungen, Verfügungen in Staatssachen vom Staate oder einem Magistrate: aa. Pompeii, tribunatus tui. 3) für commentarii actorum, Berichte über etwas Vorgefallenes, bes. über öffentliche Unternehmen; nämlich: A) aa. senatus (auch aa. patrum, commentarii senatus genannt) Protocolle über die Verhandlungen des Senats, in denen die gefaßten Beschlüsse nebst den Hauptmomenten der Discussion, Aussagen der Zeugen u. m. dgl. niedergelegt wurden. B) aa. publica (populi), diurna, urbana u. f. w. eine Art von Tagblatt ob. Tageschronik für Neuigkeiten der Stadt, in welcher Vorgänge in der kaiserlichen Familie, auch Familienbegebenheiten bei Privaten, als Geburten, Todesfälle u. dgl., ferner Senatsbeschlüsse und kaiserliche Verordnungen (b. h. wohl nur der Hauptinhalt davon) u. f. w. verzeichnet wurden.

Acta, ae, f. [ἀκτή] ein reizendes Seegestade mit schöner Aussicht u. f. w.

Actaeon, ōnis, m. [Ἀκταίων] Sohn des Aristäus und der Autonoe, Enkel von Cadmus. Er erblickte Diana im Bade, wurde von ihr in einen Hirsch verwandelt und von seinen eigenen Hunden zerrissen.

Actē, es, f. [Ἀκτή] „das Küstenland" (siehe acta 2.) alter Name von Attika. Dav. 1) **Actaeus** [ἀκταῖος]. *adj.* (Poet.) = attisch. 2) **Actias**, ădis, f. [Ἀκτίας] eine Athenerin.

Actĭo, ōnis, f. [ago] 1) die Verrichtung, Betreibung, Ausführung einer Sache, rerum illarum; a. gratiarum Danksagung. 2) die Handlung, That, die Thätigkeit: a. honesta, suscipere a.; a. vitae praktisches Leben. 3) das Handeln, die Handlung im öffentlichen Leben, überh. öffentliche Verhandlung, Berathung ob. Unterhandlung, der Antrag oder Vorschlag an das Volk: so z. B. aa. magistratus Gesetze, welche sie vorschlagen oder dahingestellt haben; aa. senatorum die Vota der Senatoren bei der Abstimmung; a. de pace; seditiosae aa. tribunorum; aa. Ciceronis, Gracchorum die ganze Wirksamkeit im Staatsleben, sofern sie sich in Anträgen, Reden u. f. w. darlegt. 4) Insbes. eine gerichtliche

Verhandlung, A) überh. der Proceß, gewöhnlich von Seite des Klägers betrachtet, also = die Klage (in einer Privatsache), Beschwerde (a. furti od. de furto): intendere actionem alicui einen Proceß gegen Jmd. einleiten, Einen gerichtlich belangen; selten von Seite des Vertheidigers, a. causae Führung des Processes. B) = Erlaubniß zur Klage, Zutritt zur Einleitung des Processes: dare alicui a., habere, postulare, accipere a. C) die Klagformel, überh. die gerichtliche Formel, das Processverfahren. D) die Klage in concr., die Klageschrift, die Klagrede. E) die einzelne gerichtliche Verhandlung, der Rechtstermin: altera, tertia a. 5) der mündliche Vortrag, insbef. der äußere Vortrag eines Redners ob. Schauspielers, die Haltung und Bewegung des Körpers, die Gesten, die Modulation der Stimme u. s. w. — NB. *Cic.* Fam. 5, 12 ist die Lesart multas a. consiliorum et temporum wahrscheinlich verdorben.

Actito, 1. [ago] Etwas stark und häufig betreiben: a causas führen, tragoedias spielen.

Actium, ii, *n.* [*Ἄκτιον*] 1) Vorgebirge in Acarnanien, wo Octavian 31 v. Chr. siegte. 2) Hafen und Rhede bei Corcyra. Davon *adj.* a) **Actiăcus**, actisch: frons A. von Lorbeerzweigen, legiones A. die bei Actium fochten, triumphus nach dem Siege bei A. b) **Actius** (Poet.) = Actiacus.

Actiuncŭla, ae, *f.* deminut. von actio, kleine gerichtliche Rede.

Actīvus, *adj.* [ago] (Spät.) thätig, handelnd, im Thun bestehend.

Actor, ōris, *m.* [ago] 1) (Poet.) der Etwas treibt, a. pecoris = Hirte. 2) der Verrichter, Vollzieher, Besorger, rerum. 3) (Spät.) der Verwalter eines Vermögens, Geschäftsführer, Agent, Intendant, a. summarum Cassier; a. publicus Verwalter der Staatsgüter, Domainendirector. 3) der Kläger, bef. in Privatsachen = petitor, daher überhaupt ein Sachwalter vor Gericht. 4) der eine öffentliche Verhandlung (actio) vollzieht, der Vortragende, der öffentliche Redner. 5) der durch mündlichen Vortrag Darstellende, der Spieler einer Rolle, Schauspieler, a. primarum partium.

Actor, ōris, *m.* [*Ἄκτωρ*] Vater des Menoetius, Großvater des Patroclus, welcher deswegen Actorides heißt.

Actuārĭŏla, ae, *f.* [actuarius] sc. navis (Andere lesen **Actuārĭŏlum**, i, *n.*), ein kleines Ruderschiff.

Actuārius, *adj.* [ago] was (eilig) getrieben wird, schnell: a. navis ob. navigium (des Subst. bald auch und es steht bloß a. in leichtes Ruderschiff, Schnellsegler; hiervon *subst.* Actuārius, ii, *m.* ein Schnellschreiber.

*****Actuōse**, *adv.* [actuosus] mit großer Lebhaftigkeit, mit bewegtem Vortrag.

Actuōsus, *adj.* [actus] voll Bewegung und Thätigkeit, vita thätig, oratio bewegt.

Actus, us, *m.* [ago] 1) das Treiben, das Inbewegungsetzen, die Bewegung: fertur mons magno a. mit gewaltigem Sturze. Hiervon meton. das Recht, irgendwo Vieh durchzutreiben. 2) (Spät.) die Verrichtung, das Betreiben einer Sache,

die Thätigkeit; bef. von einer öffentlichen, amtlichen Verrichtung, Handlung. 3) der mündliche äußere Vortrag, die Darstellung eines Redners und Schauspielers, siehe actio 5. 4) der Aufzug, Act, Haupttheil eines Schauspiels.

Actŭtum, *adv.* (meist Conversf.) augenblicklich, gleich, auf der Stelle.

Acūleātus, *adj.* (ā) [aculeus] 1) (Spät.) eigtl., mit Stacheln versehen, stachelig. 2) *trop.* a) scharf, beißend, stechend, literae. b) spitzfindig.

Acūleus, i. *m.* (ā) [acus] 1) der Stachel, apis; daher a. sagittae u. dergl. die Spitze. 2) *trop.* von Allem, was sticht, verletzt ob. anregt: a) vom Kummer u. dergl. a. sollicitudinum, severitatis. b) von einer scharfen und beißenden Rede, von bitterem Spott u. s. w., aa. contumeliarum, orationis. c) habere a. ad animos stimulandos = Sporn.

Acūmen, ĭnis, *n.* (ă) [acuo] 1) die Spitze, hastae. stili. 2) *trop.* a) Scharfsinn, Witz, a ingenii ob. bloß a. b) die Spitzfindigkeit. c) der Pfiff, der Rank, der listige Einfall.

Acuo, ui, ūtum, 3. (ă) [acus] 1) spitzen, schärfen, wetzen, sudes, serram, dentes. 2) *trop.* A) schärfen = üben, einbringender machen, linguam, mentem. B) anreizen, anregen, anspornen, aliquem ad crudelitatem. C) (meist Poet. und Spät.) anregen, verstärken, vermehren, iram, furores. D) (Spät.) gramm. term. t. a. syllabam eine Silbe scharf betonen.

Acus, ĕris, n. u. m. (ă) die Spreu.

Acus, us, *f.* (ū) 1) die Nadel, pingere acu sticken. *Prov.* rem acu tetigisti du hast den Nagel auf den Kopf getroffen; si acum quaereres, acum invenisses wer sorgfältig sucht, findet. 2) ein Seefisch mit einem spitzigen Rüssel.

Acūte, *adv.* mit comp. u. sup. (ă) [acutus] 1) scharf. 2) *tp.* a) vom Tone, hoch. b) vom Verstande, scharfsinnig, fein.

Acūtŭlus, *adj.* (a), deminut. von acutus.

Acūtus, *adj.* mit comp. u. sup. (ă) [*part.* von acuo] 1) spitzig, scharf, bef. durch Kunst gespitzt, geschärft, cuspis, sagitta, aures, nasus; pinus a. mit spitzigen Blättern. 2) meton. A) = scharf auf die äußeren Sinne wirkend, scharf, sapor, odor, frigus; (Poet.) sol a. stechende, brennende Sonnenhitze. Insbef. von dem Laut = hell, hoch, Discant (*oppos.* tief, gravis), vox, sonus; stridor a. durchdringend, ebenso hinnitus. B) von den Sinnen selbst, scharf, fein, doch nur trop. nares· aa. = feine Beurtheilungskraft. C) gramm. *term. t.* syllaba a. scharf betont. 3) *trop.* A) von geistigen Eigenschaften, scharfsinnig, witzig, geistreich, homo. ingenium. B) a. morbus, febris hitzig; (Poet.) acuta belli Gefahren des Krieges.

Ad, *praep.* mit dem *accus.*, zu, bezeichnet eine Richtung ob. Bewegung nach einem Orte hin, nicht das Hineinkommen (vgl. in; *oppos.* ab). 1) vom Raume, A) überh. zu — hin, nach, gegen, a) bei Ausdrücken der Bewegung (eigtl. u. uneigtl.): venire, proficisci u. s. w. ad urbem, ad aliquem zu Einem = in sein Haus; impetum facere ad aliquem gegen Jmd. hin. Bei Städtenamen steht die Präp. so im Allg. nur, wo hauptsächlich an die Umgegend gedacht wird oder wo ein Adjectivum oder ein nom.

appell., appositionsweise zugefügt wird. b) zur Bez. einer Lage, Neigung u. dgl., = gegen — hin: vergere ad septemtriones. B) bis — zu, bis — an: extendere agmen ad mare; *tp.* usque ad necem caedi. C) indem man von der vorhergehenden Bewegung auf das folgende Verbleiben an einer Stelle überging: a) = bei, nahe bei, an, esse ad exercitum, stare ad curiam, jacere ad pedes alicuius; insbef. esse ad urbem vor der Stadt verweilen, von einem aus der Provinz zurückkehrenden oder dorthin abgehenden Imperator, ad omnia pulvinaria; häufig ad (aedem) Bellonae, Castoris u. s. w.; magna auctoritate ad plebem esse; res famam habitura ad posteros; haec ei erant invidiae ad animos militum; ad vina beim Trinkgelage, ad tibicinem unter Begleitung eines Flötenspielers; ad manum zur Hand. b) hierv., vermittelst eines nicht genauen Ausdrucks, faſt = in, auf, an: ad portum, ad forum; ad dextram auf der rechten Hand; ut ad locum miles paratus esset an seiner Stelle. D) bei Personennamen, an, scribere ad aliquem, mittere librum ad aliquem; daſh. zur Bez. desjenigen, dem ein Buch dedicirt wird: Ciceronis ad M. Brutum Orator.

2) von der Zeit, A) bis zu, gerade bis zu ad meridiem: usque ad summam senectutem. B) zur ungefähren Bez. eines Zeitpunktes, gegen, um, kurz vor ob. nach: ad vesperum, ad hiemem, ad mediam noctem; ad lucem bei Tagesanbruch. C) zur Bez. eines Termins, zu, an, auf: ad diem (dictam) zum bestimmten Tage, ad horam destinatam; nos te hic ad mensem Januarium exspectamus; ad tempus zur rechten Zeit. D) binnen, nach: nihil interest utrum illuc nunc an ad decem annos veniam; videbam eum ad annum tribunum pl. fore „über's Jahr". E) auf, für, wo eine Bestimmung bezeichnet wird: ad breve tempus; ad tempus für einige Zeit.

3) bei Zahlenverhältnissen: A) gegen, ungefähr, frequentes fuimus ad ducentos; emi eam ad quadraginta minas. (*Pl.*) häuf. als *adv.*: occisis ad hominum millibus quatuor. B) ad assem, ad numum bis auf den letzten Heller; ad unum omnes Alle zusammen.

4) in anderen Verhältnissen, wo gleichfalls der Begriff einer Richtung, Annäherung u. dgl. zu Grunde liegt. A) zur Bez. des Zwecks, der Bestimmung: postulare legatum ad tantum bellum; canes alere ad venandum; ad id baju, zu diesem Zweck. B) von dem Gebrauch, den man von einer Sache macht, dem, wozu Etwas geeignet ist, dient, gehört u. f. w.: res quae sunt ad incendia; quae signa sunt ad salutem (*Com.*); utilis, aptus etc. ad dicendum; nihil ad nos es geht uns nicht an, quid id ad me was geht das mich an? C) = in Rücksicht, in Bezug auf, in Betreff: mentis ad omnia caecitas; difficilis ad credendum; ad cetera das Uebrige betreffend, im Uebrigen. D) zur Angabe einer Richtschnur, Maßstab, Regel, gemäß, nach, zufolge: agere omnia ad praescriptum: ad naturam der Natur gemäß, ad similitudinem (effigiem) alicuius; ad speciem zum Schein; ad hunc modum auf diese Art, quem

ad modum wie; ad hanc faciem (*Com.*) von dieser Art; ad verbum wörtlich, wortgetreu, ad naturam esse naturgemäß (*opp.* contra naturam esse). Hiervon = auf Veranlassung von, in Folge, „auf": ad illorum preces auf ihre Bitten; ad ea in Folge dieses. E) zur Angabe dessen, was zur Vergleichung neben Etwas gestellt wird, verglichen, zusammengehalten mit, in Vergleich mit, neben: vir bonus sed nihil ad Persium. F) zur Angabe dessen, was noch hinzukommt, neben, zu, außer: ad cetera vulnera; ad hoc (haec) überdieß; ad id quod außerdem daß.

5) Verschiedene Adverbialausdrücke werden mit ad gebildet, als ad tempus, ad praesens, ad summam, ad extremum u. dgl.; von diesen wird unter jenen Wörtern gehandelt.

Adactio, ōnis, *f.* (ā) [adigo] das Hinzubringen zu Etwas: a. jurisjurandi die Vereidigung.

*****Adactus**, us, *m.* (ā) [adigo] (*Lucr.*) eigtl. das Hinzubringen: a dentis der Biß.

Ad-aeque, *adv.* (nur bei *Pl.* u. immer mit einer Negation verbunden) = aeque 2 (die Stelle *Liv.* 4, 43,5 ist verdorben).

*****Ad-aequo**, 1. 1) gleich machen, fortunam cum virtute, aliquem alicui gleichstellen; a. tecta solo der Erde gleichmachen; *tp.* (*Spät.*) = vergleichen, neben Einen stellen. 2) gleichkommen, gleichkommend erreichen, cursum navium, (*Spät.*) rei alicui; *abs.* urna equitum s. ergab Stimmengleichheit, ebenso viele Stimmen „für" als „wider".

Adăgium, ii, *n.* (ā) (*Vorkl.*) ein Sprichwort.

Adămantēus u. -tinus, *adj.* (ā) [adumas] (*Poet.*) stählern, daſh. *tp.* a) undurchdringlich, b) eisenhart, unbiegsam.

Adămas, antis, *m.* (ā) [ἀδάμας] (*Poet.*) der Stahl, das härteste Eisen; *tp.* zur Bez. eines harten, grausamen und unbiegsamen Charakters.

*****Ad-ambŭlo**, 1. (*Pl.*) daneben spazieren.

Ad-ămo, 1. lieb gewinnen. Neigung zu Etwas fassen, zu lieben anfangen, aliquem u. aliquid.

Ad-amussim, f. amussis.

Ad-ăpĕrio etc. 4. (ā) 1) (*Spät.*) aufdecken, entblößen, rem, caput; adapertus sichtbar. 2) öffnen, aufmachen, portas.

*****Adăpertĭlis**, e, *adj.* (ā) [adaperio] (*Poet.*) was sich öffnen läßt.

Ad-apto, 1. (nur im *particip.* adaptatus) (*Spät.*) anpassen, anpassend aufsetzen, aliquid capiti.

Ad-ăquor, *depon.* 1. (ā) 1) von Menschen, Wasser holen. 2) von Thieren, zur Tränke gehen.

*****Ad-auctus**, us, *m.* (ā) 1) (*Lucr.*, zweifelhaft) die Zunahme, das Wachsthum.

Ad-augeo etc. 2. (ā) 1) vergrößern, vermehren, maleficia aliis nefariis. 2) (*Pl.*) weihen, darbringen, victimam.

Ad-augesco, — — 3. (ā) (*Vorklaff.*) zunehmen, wachſen.

Ad-bibo etc. 3. (*Poet.*) trinkend zu sich nehmen, trinken, paulo plus; *trop.* eine Rede,

Erwachsenen u. dgl. einsaugen, b. i. sich einprägen, zu Herzen nehmen.

Ad-bĭto, — — 3. (Pl.) hinzugehen.

Adc. etc., siehe Acc. etc.

Ad-dŏcĕt, — — 2. *impers.* (Vorklaff.) es schickt-, gebührt sich: ut me a.; a. te illud facere.

Ad-densĕo, — — 2. oder -so — — 1. (Poet. u. Spät.) noch dichter machen, aciem.

Ad-dīco etc. 3. 1) *term. t.* in der Augurssprache, zusagen, günstig sein: aves, auspicia aa. 2) *term. t.* in der Rechtssprache, als Richter zuerkennen, zusprechen, durch seinen Spruch Jmb. Etwas als Eigenthum ertheilen, alicui aliquid; a. liberum hominem in servitutem von einem zahlungsunfähigen Schuldner, daher Addictus, *term. t.*, ein dem Gläubiger in die Dienstbarkeit zugesprochener Schuldner (ein Schuldknecht, nicht aber eigentlicher Sklave); a. bona alicujus in publicum = confisciren, alicui diesem als Eigenthum zusprechen. 3) *term. t.* bei Versteigerungen oder bei Verpachtungen, dem meistbietenden Käufer Etwas zuschlagen, also überlassen, verkaufen u. dergl., aliquid alicui; a. regnum pecuniā. 4) *trop.* A) ohne tadelnde Bedeutung = widmen, heiligen: a. se senatui sich dem Senate unbedingt anschließen, is mihi addictus est unbedingt ergeben. B) gew. im übeln Sinne = preisgeben: a. se alicui sich Einem vb. Etwas sklavisch ergeben, ganz und gar sich hingeben; a. alicui fidem suam preisgeben, Jmb. seine Treue opfern, a. Galliam servituti; addictus alicui Sklave von Jmb. (Poet.) addictus jurare etc. verpflichtet zu schwören.

*****Addictio,** ōnis, *f.* [addico] das Zuerkennen als Eigenthum.

Ad-disco etc. 3. 1) dazu (neben dem, was man schon weiß) lernen, aliquid. 2) (Spät.) überh. erfahren.

Addītāmentum, i, *n.* [von addo] der Zusatz, die Zulage.

Addītĭo, ōnis, *f.* [addo] (Spät.) das Hinzufügen.

Ad-do, dĭdi, dĭtum, 3. 1) Etwas wohin bringen, -setzen, -legen: a. epistolas in eundem fasciculum; a. manus in arma (Poet.) = die Waffen ergreifen; a. equo calcaria dem Pferde den Sporn geben (das Pferd anspornen), frena den Zaum anlegen; a. alicui custodem einen Wächter neben Jmb. anstellen; (Poet.) Juno addita Teucris die den T. als Verfolgerin zugesellt ist, d. h. von ihnen nicht weicht, sie immer verfolgt. Bisweilen verschwindet die Bedeutung der *praepos.* fast ganz, so daß das Wort überhaupt ist = „beibringen", „eingeben" u. dgl.: a. alicui virtutem, metum, animum, bange, unnütz machen; a. rebus nomina Namen geben. 2) vermehrend hinzuthun, hinzufügen, a. laborem illum ad quotidiana opera; a. aliquid in orationem; a. rem rei alicui; a. aliam insuper injuriam; a. gradum den Schritt beschleunigen. Oft insbes. von einer Hinzufügung in der Rede oder der Schrift: addidit etiam illud; bes. häufig im *imperat.* adde füge bei, nimm dazu (wo das Vorhergehende durch einen neuen Gedanken oder Umstand erweitert und näher begründet wird): coqui, pistores etc.,

a. huc unguentarios; a. quod nimm dazu daß; auch im *sing.*, wo eine Mehrheit angeredet wird.

Ad-dŏcĕo etc. 2. (selten) dazu lehren, artes.

*****Ad-dormisco,** — — 3. [dormio] (Spät.) ein wenig schlafen, post cibum.

Ad-dŭbito, 1. zweifeln, in Zweifel gerathen oder sein, de oder in re aliqua bei einer Sache, quid dicas was du sagst; res addubitatur ist Gegenstand des Zweifels, wird in Zweifel gezogen.

Ad-dūco etc. 3. 1) heran-, herzuführen, -leiten, -bringen: a. aliquem secum, ad coenam; a. exercitum in Italiam; a. aliquem in judicium oder jus vor Gericht ziehen; a. pueros alicui zuführen; a. aquam herbeileiten. Hiervon 2) *trop.* A) in eine gewisse Lage, einen gewissen Zustand bringen, versetzen: a. rem ad interregnum, aliquem in discrimen ultimum; res est adducta in eum locum ut die Sache ist dahin, bis auf den Punct gebracht u. s. w. B) zu einer gewissen Gemüthsstimmung oder einer gewissen Thätigkeit hinführen, -bringen-, -bewegen, veranlassen: a. aliquem ad misericordiam, in exspectationem; a. aliquem ut etc., bef. häufig adduci ut sich bewegen, bestimmen lassen; auch häufig his rebus adductus hierdurch bewogen. Hiervon adducor (wo ut credam zu suppliren ist) mit einem *accus. c. infin.* = ich werde bewogen zu glauben, ich lasse mich überzeugen, ich glaube: jam a. hanc esse patriam meam; in derselben Bedeutung illud adduci vix possum ut haec tibi vera non videantur das kann ich nicht glauben, daß du dieses nicht glaubst. 3) an sich ziehen, anziehen: a. sagittam indem man den Bogen spannt; a. habenas anziehen, arcum spannen. 4) zusammenziehen, runzeln, frontem.

Adductĭus, *adv.* im *comp.* [adductus] krasser, *trop.* strenger.

Adductus, *adj.* mit *comp.* [eigtl. *particip.* von adduco] 1) in Falten gelegt, gerunzelt, frons. 2) *tp.* streng, gemessen.

Ad-ĕdo, ēdi, ēsum, 3. (ä) anfressen, anbeißen, annagen, rem; lapides adesi (Poet.) vom Wasser abgeriebene und daher glatte.

Ademptĭo, ōnis, *f.* (ä) [adimo] das Entziehen, die Wegnahme.

Ad-ĕo etc. 4. (ä) 1) überhaupt, hinzu-, heran-, herzugehen, ad aliquem, Romam, in jus vor Gericht erscheinen. 2) zu Jmb. oder Etwas in einer gewissen Absicht gehen: A) um mit Jmb. zu sprechen, bef. bittend (vgl. aggredior), angehen: a. aliquem sich an Jmb. wenden (auch per epistolam schriftlich), a. deos, aras deorum die Götter um Etwas angehen; a. libros (Sibyllinos), oraculum = befragen. B) um zu visitiren, nachsehen: a. hiberna; a. urbes untersuchend bereisen. C) (Poet.) in feindlicher Absicht = aggredior, angreifen, auf Jmb. losgehen. D) um Etwas zu übernehmen, besorgen oder dergl., übernehmen, an ein Geschäft gehen (vgl. accedo): a. ad causas publicas, ad rempublicam; a. hereditatem antreten, nomen annehmen, gaudium genießen wollen. Hiervon = sich nicht entziehen, sich unterziehen, periculum ob. ad periculum, inimicitias. E) (Pl.) a. manum alicui vielleicht = zum Besten haben, necken, hintergehen.

Ad-eo, *adv.* (ä) 1) bis dahin, bis zu dem Puncte, A) (Vorklaff.) eigtl. im Raume: usque a. quo etc. bis so weit als u. s. w.; *trop.* a. res rediit die Sache ist bis auf den Punct gekommen. B) in der Zeit, so lange, häufig usque a. (mit folgendem donec, quoad, dum bis u. s. w.). 2) in dem Grade, in dem Maaße, so sehr, so: a. ferus est; gaudere a. coepit ut etc.; a. summa observatio erat; a. non (nihil u. s. w.) so wenig, non a. nicht so sehr. Bei Com. a. mit folgendem ut = ebenso — wie: adeone quemque infelicem esse ut ego sum! 3) (Com.) = überdies, noch dazu: is tibi a. lectus dabitur ubi etc. 4) häufig zur Hervorhebung eines Wortes (bes. eines *pron.*, *adv.* oder *adj.*), welchem es sich beinahe enklitisch anschließt, = sogar, ja ob. eben, gerade: hinc a. hiervon sogar; tute a. verba ejus audies; id a. malum multos post annos in civitatem reverterat; id a. ex ipso senatusconsulto cognoscite; tres a. annos ganze drei Jahre. Insbes. a) si (nisi) a. wenn wirklich, wenn gar. b) atque a. und gar, namentlich wo ein stärkerer Ausdruck oder ein weiterer Begriff dem schon Gesagten berichtigend hinzugefügt wird, = oder richtiger, ja sogar.

Adeps, ĭpis, *m.* (ä) das Fett. Hiervon a) von Menschen = Fettigkeit, u. dah. Unbeholfenheit. b) von der Rede, zur Bezeichnung des Schwülstigen.

Adeptio, ōnis, *f.* (ă) [adipiscor] die Erlangung.

Ad-ĕquĭto, 1. (ä) 1) hinzureiten, castris (*dat.*), Syracusas, in primos ordines gegen — hin. 2) nebenbei reiten, circa, juxta aliquem.

Ades-dum, siehe Dum II. 2.

Ad-ēsŭrio, 4. (ä) (*Pl.*) sehr hungrig sein.

Adf. etc., siehe Aff. etc.

Adg. etc., siehe Agg. etc.

Ad-haereo etc. 2. (meist Poet. u. Spät.) 1) an Etwas festhangen, anhangen, ankleben: tela aa. in visceribus ejus, cuspis a. fronte alicujus; a. corpus (*Lucr.*) am Körper. 2) *trop.* A) nahe bei Etwas sein, sich einer Sache anschließen: silva a. vineis, pectus a. lateri; tempus adhaerens die nächste (unmittelbar sich anschließende) Zeit. B) a. alicui Jmd. nicht von der Seite gehen, an ihm wie eine Klette hangen; hiervon nomen ei a. klebt an ihm, d. h. er behält den Namen (gegen seinen Willen); dominus gravis lateri a. sitzt ihnen immer auf dem Nacken. C) animus ejus nulli fortune a. von einem sehr unbeständigen Menschen. D) ultimus adhaesisti du bist als ein Anhängsel bei der Wahl zuletzt mitgekommen.

Ad-haeresco, haesi, haesum, 3. *inchoat.* 1) eigtl. (selten) hangen-, kleben-, stecken bleiben, sich anhängen: tragula a. ad turrim; ignis a. greift an, zündet; a. in loco zurückbleiben, lange verweilen. 2) *trop.* A) an Etwas festhalten, alicui sich ihm anschließen, ad disciplinam eine Lehre annehmen; a. justitiae von der Gerechtigkeit nicht weichen. B) von einem dauernden Eindruck: ratio a. macht tiefen Eindruck; quae prava sunt, adhaerescunt haften im Gedächtnisse. C) oratio a. stockt. D) hoc ad vestrum studium a. paßt zu, entspricht. E) *proverb.* in Scyllaeo illo aeris alieni freto a. ad columnam an der Schuldsäule wie an einem Meeresfelsen hangen bleiben = als ein schlechter Bezahler bestraft werden.

Ad-haesio, ōnis, *f.* und (*Lucr.*) -sus, us, *m.* [adhaero] das Anhangen.

Ad-hĭbeo, 2. [habeo] 1) Etwas an Etwas hinzu halten, -bringen, -führen: a. manus medicas ad vulnera anlegen; a. odores ad deos darbringen; a. animum ad aliquid die Gedanken auf Etwas hinwenden, richten, ebenso a. aures huc; a. alicui vincula (Poet.) Fesseln anlegen; a. alicui calcaria bildlich = Jmb. anspornen, opp. frenos Jmd. den Zaum anlegen = zurückhalten; a. aliquid ad panem Etwas zu (neben) dem Brod essen. Hierv. A) *tp.* a. alicui motum bei Jmd. eine Bewegung hervorrufen, studium Jmd. sein Interesse schenken, preces seine Bitten Jmd. vorbringen; a. manus vectigalibus sich an den Staatseinkünften vergreifen; a. rebus lumen, alicui voluptates = verschaffen; a. memoriam rei sich einer Sache erinnern. B) von Sachen, hinzufügen, aliquid rei alicui ob. ad rem. C) von Personen, mit dazu nehmen, zuziehen, mitnehmen ob. mitbringen, medicum, testem, aliquem in auxilium, ad ob. in consilium; insbef. a. aliquem in convivium, coenae als Gast zuziehen, d. h. einladen. 2) anwenden, verwenden, benutzen zu irgend einer Absicht ob. Bestimmung, vestem ad ornatum, machinas ad tenendum, saevitiam in famulos, sapientiam in salute rei publicae wo es sich von dem Wohle des Staats handelt, diligentiam in periculis amicorum; a. cautionem rebus suis bei seinen Sachen; a. vim, fraudem alicui gegen Jmd. ausüben, gebrauchen; a. modum voluptati dem Genuß eine Grenze setzen; a. auch *abs.* a. celeritatem, dolum, solertiam artem. 3) mit einem *adv.* A) = aufnehmen, behandeln, aliquem liberaliter. B) a. se sic sich so betragen.

Ad-hinnio, 4. anwiehern, equae ob. equam; *trop.* zur Bez. der Anregung der wollüstigen Begierde.

Adhortātio, ōnis, *f.* [adhortor] die Aufmunterung, das Zureden.

Adhortātor, ōris, *m.* [adhortor] der Aufmunterer, Aufforderer.

Ad-hortor, 1. *dep.* aufmuntern, auffordern, anregen, aliquem ad laudem, ad aliquid faciendum, a. auch a. aliquem in ultionem sui, ut (ne) aliquid faciat, auch a. aliquem abeat; *abs.* a. milites = zur Tapferkeit anfeuern; a. aliquem de re aliqua in Bezug auf Etwas.

Ad-huc, *adv.* 1) (selt.) im Raume, bis hierher; meist *trop.* von dem Puncte, wozu Jmd. in einer Rede ob. Schrift gekommen ist: a. ea dixi etc. 2) in der Zeit, noch, bisher, bis jetzt (bis zu dem gegenwärtigen Zeitpunct): a. res in tuto est; usque a. probe notum est bis jetzt geht Alles gut; *a. locorum

Adiabene — Adjudico 17

(Pl.) bis zu diesem Augenblick; a. non, neque a. bisher nicht, noch nicht. Hierv. A) (meist Spät.) zur Angabe einer Zeitgrenze in der Vorzeit, = etiam tum, bis dann: ille vidit, quot faissent a. sententiae; scripsi (olim), me eloquentem a. cognosse neminem. B) = noch immer (das französische toujours), von Etwas, dessen Fortbauern unerwartet oder jedenfalls befremdend erscheint: stertis a. 2) (Spät.) noch dazu, noch außerdem: unum a. addam; a. impudens erat obendrein. 3) (Spät.) bei Comparativen, vermehrend (statt etiam), noch, vilior a.

Adiabēne, es, f. (ä) Provinz in Assyrien, ohngefähr = Kurdistan.

Adiātŏrix, ĭgis, m. (ä) König der Comaner, vom Octavian bei Actium gefangen, dann nach Rom im Triumph geführt und später getöbtet.

Adīcio, = Adjicio.

Adĭgo, ēgi, actum, 3. (ä) [ad-ago] 1) heran-, hinzu treiben, -führen, -bringen: a. oves illuc, classem e Ponto Byzantium, aliquos Italiam (Poet.); a. clavum in arborem hineintreiben, ferrum per corpus' (auch sibi gladium) hineinstoßen; a. telum den Spieß ganz hinzu (d. h. bis zum Ziele) werfen; a. vulnus eine Wunde schlagen; (Poet.) a. aliquem fulmine danieberschlagen; (Poet.) a. tempus plötzlich herbeiführen. Hierv. tp. A) a. aliquem arbitrum Jmd. vor dem Schiedsrichter sich zu stellen nöthigen, ihn laden. B) zu irgend einer Handlung oder in irgend eine Lage bringen: a. aliquem ad insaniam; auch (Poet. u. Spät.) mit folg. ut oder einem infin. = nöthigen, zu Etwas vermögen; C) a. aliquem jusjurandum ob. ad j. u. jurejurando (sacramento) Jmd. in Eid nehmen, schwören lassen, in verba z. B. principis (nach einer von Jmd. vorgesagten Formel) = Jmd. den Fürsten die Treue schwören lassen; also adigi sacramento alicuius ob. in verba alicuius Jmd. Treue und Gehorsam schwören; bisw. (Spät.) abs. in derselben Bed.

Adĭmo, ēmi, emptum, 3. (ä) [verw. mit emo, demo; das ad ist aber dunkel] 1) entnehmen, hinwegnehmen (ohne den Begriff der Gewalt, vgl. aufero, eripio u. dgl.), alicui pecuniam, militibus arma, alicui vitam Jmd. das Leben rauben, a. alicui puellam entreißen; aber auch (Poet.) von Etwas Unangenehmem = benehmen; Jmd. von etwas befreien: a. alicui compedes, metum, dolores; (Poet.) a. cantare severis = verbieten; (Poet.) nox a. diem rafft hinweg; (Poet.) adeptus morte hinweggerafft.

Adĭpātus, adj. (a) [adeps] mit Schmalz versehen; tp. dictionis genus a. überladen, schwülstig.

Adĭpiscor, adeptus sum, 3. dep. (ä) [adipiscor] 1) im Raume, erreichen, einholen, aliquem. 2) erringen, erreichen, erlangen (durch Mühe u. Besiegung der Hindernisse erhalten, vgl. accipio, nanciscor u. s. w.), laudem, summos honores a populo; *a. rerum (Tac.) = potiri sich der höchsten Gewalt bemächtigen; a. mortem (Spät.) sich den Tod geben, sich tödten.

Aditĭālis, e, adj. (ä) [aditus] (Spät.) zum Amtsantritte gehörig, Antritts-, coena Antrittsschmaus (den ein Magistrat oder Priester gab beim Antritt seines Amtes).

Aditio, ōnis, f. (ä) [adeo] das Hinzugehen, Hingehen: quid tibi hanc aditio est (Com.) was hast du zu dieser hinzugehen?

Adĭtus, us, m. (ä) [adeo] 1) das Hinzugehen, der Hingang: a. atque. abitus, urbes uno a. atque adventu captae Eingang und Ankunft. Hiervon A) = das Recht, die Möglichkeit, Gelegenheit des Hinzugehens, der Zutritt: habere a. ad aliquem; esse rari, difficilis aditūs schwer zugänglich, facilis aditūs leicht zugänglich. B) trop. a) = Eingang, einleitende Behauptung einer Rede: primus a. et postulatio ejus haec fuit. b) überhaupt Möglichkeit, Gelegenheit, Zutritt: a. sermonis, a. mihi est de illa re agendi. 2) der Ort, durch welchen man zu einem andern kömmt, der Eingang, Zugang: claudere omnes aa.; a. insulae, litoris, in urbem. Hiervon trop. a. laudis von dem Rednerstuhle.

Ad-jăceo etc. 2. bei oder neben Etwas liegen, munitioni, ad ostium Rhodani, auch a. illud mare.

Adjectio, ōnis, b. [adjicio] das Hinzufügen, populi Albani; familiarum adjectiones Hispanienibus dedit gestattete den H. neue Familien aufzunehmen. Hiervon A) bei Käufen und Versteigerungen = das Mehrbieten, das Zulegen zum Preise, illiberalis (durch das Zulegen gar zu kleiner Summen). B) (Rhet.) die Verdoppelung eines Wortes.

Adjectus, us, m. [adjicio] (Vorklass. u. Spät.) = Adjectio 1.

Adjĭcio, jēci, jectum, 3. [ad-jacio] 1) hinwerfen, nach ob. zu Etwas werfen: a. olivas in vas, telum aliquo; absol. a. telum den Spieß bis zum Ziele und zwar mit Wirkung werfen; voces auribus alicujus adjectae die zu den Ohren Jmds' gelangten; planities adjecta die daran stoßende Ebene; a. rei calculum album trop. = für eine Sache stimmen, sie billigen. Hiervon insbes. = auf Etwas hinwenden, irgendwohin richten: a. oculos rei alicui ob. ad rem aliquam, auch trop. = seine Gedanken darauf richten; a. animum ad puellam auf das Mädchen zu sinnen anfangen (um sie in seine Gewalt zu bekommen), ad consilium (ob. consilio) auf einen Entschluß fallen, eine Maßregel zu ergreifen gedenken. 2) hinzufügen, hinzuthun: a. gloriam ingenii ad bellicam laudem; a. alicui auctoritatem verschaffen; a. alicui animos (Spät.) Jmd. mehr Muth einflößen, expectationem die Erwartung Jmds vergrößern. Hiervon A) (Spät.) ohne einen accus., einer Sache Etwas hinzusetzen, sie vermehren, vergrößern: a. celeritati alicujus, magnitudini Pori. B) bei Käufen und Versteigerungen, mehr bieten, supra a. C) (Poet. u. Spät.) in der Rede hinzufügen, hinzusetzen: is a., in domo illius venenum esse inventum; insbef. imper. adjice = adde, welches man sehe.

Ad-jūdĭco, 1. 1) richterlich Einem Etwas als Eigenthum zuerkennen, zusprechen, alicui domum; a. alicui causam die Sache

2

zu Gunsten Jmds entscheiden; (Poet.) a. aliquid Italis armis = unterwerfen. Hierv. (Pl.) zu Jmds Gunsten entscheiden. 2) trop. Jmd. Etwas zuerkennen, zuschreiben, alicui salutem imperii.

Adjūmentum, i, n. [adjuvo] das Hülfsmittel, der Beistand, ad rem aliquam, in re aliqua; adjumento esse alicui.

Adjunctio, ōnis, f. [adjungo] 1) das Anknüpfen, der Anschluß; a. animi = die Hinneigung, Ergebenheit; si etc., nulla potest esse homini ad hominem adjunctio. 2) das Hinzufügen, das Anreihen: sententiae in quibus nulla est virtutis adjunctio in welchen gar Nichts von der Tugend hinzugefügt wird, die der Tugend gar Nichts entnehmen. 3) (Rhet.) ein bedingender und beschränkender Zusatz.

***Adjunctor**, ōris, m. [adjungo] der Hinzufüger.

Adjunctus, adj. mit comp. [particip. von adjungo] 1) im Raume, naheliegend, angrenzend, locus. 2) in der Zeit, sich anreihend, darauf folgend trop., bes. n. pl. a) (Poet.) = das Schickliche, Passende, Natürliche; b) = das was mit einer Sache in naher und nothwendiger Verbindung steht, was daraus folgt u. dergl.: adjunctum rei alicui (vielleicht auch rei alicuius).

Ad-jungo etc. 3. 1) (Poet. u. Spät.) durch ein Joch anfügen, anspannen, tauros aratro. 2) anfügen, anschließen, anreihen, verbinden, vereinigend hinzufügen: a. agros civitati, Ciliciam ad imperium. Insbes. häufig A) eine Person u. dergl. durch Bande der Freundschaft, Wohlthaten od. dergl. an sich ob. Jmb. knüpfen, fesseln, zugesellen u. dergl.: a. aliquem sibi sich Jmd. zum Freunde machen, socium zum Bundesgenossen, uxorem sich eine Frau nehmen; a. se alicui sich an Jmd. als einen Freund ob. Gönner anschließen; a. sibi auxilium sich gewinnen, verschaffen; a. urbem in civitatem oder ad amicitiam aufnehmen, mit sich vereinigen. B) = auf Etwas hinwenden, richten, animum ad aliquid; a. diligentiam alicujus auf sich hinwenden. C) a. fidem rei alicui ob. ad rem einer Sache Glauben schenken; crimen et suspicionem potius ad praedam quam ad egestatem a. das Verbrechen und den Verdacht eher auf denjenigen überführen, bei dem die Beute ist, als auf denjenigen, wo nur Armuth zu finden ist. 3) hinzufügen, hinzuthun, accessionem aedibus, opportunitatem ad utilitates. Insbes. = in der Rede hinzufügen, nebenbei sagen, aliquid.

Ad-jūro etc. 1. 1) (selten) dazu, noch dazu schwören, aliquid, praeter commune jusjurandum. 2) überhaupt schwören, beschwören, eidlich versichern: ego a., eam esse filiam meam; (Poet.) adjuro teque tuumque caput bei Dir u. s. w.

***Adjūtābilis**, e, adj. [adjuto] (Pl.) behülflich, helfend, opera.

Adjūto, 1. [adjuvo] (Vorklass. u. Spät.) helfen, unterstützen, aliquem aliquid Jmd. bei Etwas; a. alicui onus Jmd. die Last zu tragen helfen; a. voluntatem alicuius befördern.

Ad-jūtor, ōris, m. [adjuvo] der Gehülfe, Helfer, Beistand: adjutorem esse alicui in re aliqua u. ad rem aliquam; a. iracundiae alicuius, voluntatis Beförderer.

Adjūtōrium, ii, n. [adjuvo] (Spät.) Unterstützung, der Beistand.

Adjūtrix, īcis, f. [adjuvo] die Helferin, Unterstützerin, Beistand, sceleris alicuius; insbes. (Tuc.) legio a. Reservebataillon (der ersten u. zweiten Legion), die aus dazu genommenen Seeleuten gebildet war.

Ad-jŭvo etc., 1. 1) helfen, unterstützen beistehen (Jmd. der Etwas ausführen will, dessen Wirksamkeit also dadurch gefördert wird, vgl. auxilior, subvenio etc.): a. aliquem in re aliqua, ad aliquid faciendum; auch a. ut etc. dazu helfen, daß u. s. w. 2) fördern, unterstützen, insaniam alicuius; a. milites clamore = anfeuern; (Spät.) a. alicui messem Jmd. bei der Ernte beistehen; abs. = nützlich sein, helfen, hoc quoque a.

Adl etc., s. All etc.

***Ad-mātūro**, 1. zur Reife bringen, beschleunigen, seditionem.

Ad-mētior etc. 4. dep. zumessen, alicui frumentum.

Admētus, i, m. [*Ἄδμητος*] 1) König der Pherāer in Thessalien, Gemahl der Alceste. 2) König der Molosser, Gastfreund des Themistokles.

Ad-migro, 1. (Pl.) eigtl. hinziehen, tp. = hinzukommen.

Admĭnĭcŭlo, 1. und *lor, dep. 1. [adminiculum] stützen, unterstützen, vitem.

Admĭnĭcŭlum, i, n. [manus? ob. admineo?] 1) die Stütze, der Pfahl; tp. von den Händen ob. Knieen, wenn man sich auf sie stützt, um sich empor zu richten. 2) tp. a) Hülfsmittel, Werkzeug, b) = Beistand, Stütze, id a. senectuti meae erit.

Ad-mĭnister, tri, m. 1) der Jmd. zur Hand geht, der Dienstthuende, Aufwärter bei Tische: a. victus quotidiani der das Essen Jmd. bringt. 2) tp. der Gehülfe, bes. im üblen Sinne, das Werkzeug, der Helfershelfer; a. negotiorum omnium, audaciae alicuius.

Ad-ministra, ae, f. die Gehülfin, Dienerin.

Administrātio, ōnis, f. [administro] 1) die Handreichung, Hülfsleistung. 2) die Leitung, Verwaltung, Besorgung einer Sache, rerum publicarum; a. tormentorum Bedienung; a. belli Führung, Oberleitung; abs. officia et aa. Staatsgeschäfte.

***Administrātīvus**, adj. [administro] (Spät.) zur Besorgung oder Verwaltung einer Sache gehörig, ars.

Administrātor, ōris, m. [administro] der Verwalter, Lenker, rerum.

Ad-mĭnistro, 1. 1) intr. Jmd. zur Hand gehen, Dienste leisten, alicui ad rem divinam beim Opfern. 2) Etwas an die Hand geben, als Dienstthuender ob. Aufwärter darreichen, mel in secundam mensam. 3) verwalten, leiten, vorstehen, besorgen, negotium, rem familiarem, rempublicam, provinciam; a. navem lenken, regieren; häufig. vom Kriege, a. imperium das Obercommando führen, exercitum anführen, bellum vorstehen, lenken; milites omnia per se administrabant führten von selbst Alles aus,

Admirabilis **Admoneo** 19

ak. = feinen Dienst thun, arbeiten, neque milites sine periculo administrare poterant.
Admirābĭlis, e, *adj.* mit *comp.* u. *sup.* [admiror] 1) bewunderungswürdig. 2) wunderlich, sonderbar, befremdend.
Admirābĭlĭtas, ātis, *f.* [admirabilis] die Bewunderungswürdigkeit; facere a. = Bewunderung erregen.
Admirābĭlĭter, *adv.* [admirabilis] 1) bewunderungswürdig. 2) sonderbar, seltsam.
Admirātio, ōnis, *f.* [admiror] 1) Bewunderung, alicuius für Jmd.; afficere aliquem admiratione Jmd. bewundern, habere a. ein Gegenstand der Bewunderung sein; multae ss. als philos. *term. t.* = leidenschaftliches Verlangen. 2) Verwunderung, Staunen, rei alicuius über Etwas.
Admirātor, ōris, *m.* [admiror] der Bewunderer.
Ad-mīror, 1. *dep.* 1) bewundern, anstaunen, aliquem, rem aliquam; oft = aus leidenschaftlicher Bewunderung Etwas zu erlangen wünschen ob. streben. 2) sich über Etwas verwundern, Etwas befremdend ob. sonderbar finden: a. brevitatem epistolae; *a. in re aliqua; de illo a. in Bezug auf ihn, was ihn betrifft; a. cur hoc factum sit; admiratus sum quod tu scripsisses daß du.
Ad-misceo etc. 2. 1) hinzumischen, beimischen, mischend hinzufügen: a. radicem lacti, versus orationi, sagittarios funditoribus. Hierv. tp. a) se erroribus sich in Irrthümer verwickeln. b) eine Person zu Etwas hinzunehmen, beigeben, beimischen, in Etwas verwickeln, hineinmischen: a. se ob. admisceri ad consilium in eine Maßregel; Trebatium non est quod isto (*adv.*) admisceas = lasse dem T. aus dem Spiele. 2) vermengen, vermischen: aër multo calore admixtus; *tp.* hoc cum iis rationibus admisceri nolo.
Admissārius, ii, *m.* [admitto] der Zuchthengst, der Beschäler; *tp.* von einem lieberlichen Menschen.
Admissio, ōnis, *f.* [admitto] 1) (Landw.) das Zulassen des Hengstes zur Stute. 2) (Spät.) der Zutritt zu einem Fürsten ob. Mächtigen, die Audienz: primae, secundae aa. die erste, zweite Klasse der Hofleute ob. Clienten, je nachdem sie zur Audienz zugelassen wurden.
Admissum, i, *n.* [admitto] das Vergehen, Verbrechen.
Ad-mitto etc. 3. 1) herzulassen, herzuziehen, -kommen lassen, einlassen: a. aliquem ad capsas, lucem in cubiculum; a. aliquem admodum ad se. Hierv. A) = Etwas seinen freien Lauf lassen: a) a. equum einem Pferde die Zügel schießen lassen, in aliquem hetzig auf Jmd. losreiten, equo admisso = in gestrecktem Galopp. b) (Poet.) a. fluctus, aquam des Baßer hinströmen lassen; (Poet.) aquae admissae = reißender Strom, admissa rota rasch umlaufendes Rad, comae, jubae admissae los herabhängend, wallend. c) a. equum equae u. s. w. zur Begattung zulassen. B) *tp.* a) a. aliquem ad consilium Jmd. mit zu Rath ziehen, zur Berathschlagung zulassen, aliquem in numerum aufnehmen, ad honores zulassen; a. aliquid ad

animum Etwas beherzigen, ad aures ob. auribus es anhören, ihm das Ohr leihen. b) (Vorkl. u. Spät.) Etwas zulassen, geschehen lassen, aliquid; hierv. c) in der Auguralsprache, aves aa. = addicunt, w. m. s. 2) Etwas ob. Jmd. zu sich kommen lassen, Zutritt zu sich geben, a. aliquem ad se u. bloß a. aliquem; bes. von Fürsten u. dgl., die Jmd. zur Audienz zulassen. Hierv. A) a. preces alicuius = annehmen, erhören. B) einer schlechten That Zutritt zu sich geben, sie begehen, sich zu Schulden kommen lassen: scelus, dedecus a. ob. in se a.; facinus miserabile admittitur.
Admixtio, ōnis, *f.* [admisceo] die Beimischung.
***Admŏdĕrātē**, *adv.* [admoderor] (*Lucr.*) angemessen, entsprechend, rei alicui.
***Ad-mŏdĕror**, 1. *dep.* (*Pl.*) mäßigen, innerhalb der rechten Grenze halten: a. risu sein Gelächter mäßigen.
Ad-mŏdum, *adv.* eigtl. bis zu dem Maaße, nach dem Maaße, 1) bei Angaben von Zahl, Zeit, Maaß u. dgl. = gerade, eben, wohl an die, wo es oft durch die Abjj. voll, ganz übersetzt werden kann; quinque millia a. Romanorum caesa sunt; ad annos habens volle 10 Jahre alt. Bisweilen ist es, wegen des Gegensatzes zu einer höhern Zahl, an welche man als möglich ob. etwa richtiger denkt, = mindestens, wenigstens: mille a. equites praemiserat. 2) bei Verben: A) (selt.) hinlänglich, daß. = ziemlich, einigermaßen: animi s. mitigati erant. B) sehr, gar sehr. 3) bei Adjectiven u. Adverbien und adjectivisch gebrauchten Substantiven, sehr, gar sehr, überaus (dem Worte, wozu es gehört, sowohl vor- als nachgesetzt): a. gratus; nuper a.; auch (Vorkl. u. Spät.) mit hinzugefügtem quam in unveränderter Bed. (a. quam suavis est sie ist überaus liebenswürdig). Mit einer Negation verbunden = gar, völlig, a. nihil u. nihil a. gar Nichts. 4) (Conversat.) in bejahenden Antworten, ja, freilich: „advenis modo"? admodum.
***Ad-moenio**, — — 4. [moenia] (*Pl.*) Belagerungswerke anbauen = angreifen, bestürmen, oppidum.
Ad-mōlior, 4. *dep.* (Vorkl. u. Spät.) 1) Etwas (Schweres) an Etwas hinzubewegen, -bringen, - legen: natura rupes praealtas admolita est hat hingestellt; a. manus rei alicui die Hand anlegen. 2) (*intr.*) sich mit Anstrengung wohin arbeiten, ad nidum.
***Admŏnĕ-făcĭo** etc. *zwfl.* = Admoneo.
Ad-mŏneo, 2. 1) (Spät.) noch dazu ermahnen. 2) mahnen, erinnern (freundlich u. milde, vgl. moneo), A) = Jmd. an Etwas denken lassen, ihm Etwas in das Gedächtniß zurückrufen: a. aliquem rei alicuius, de re aliqua, auch aliquid (selt. mit *accus.* von einem Subst.) an Etwas erinnern; illud non sunt admonendi daran brauchen sie nicht erinnert zu werden; admonuit eos, urbem esse captam, quanta vis esset amoris. B) ermahnen = auffordern, antreiben: res me admonet ut (ne) etc. daß u. s. w.; (Poet.) sol a. decedere mahnt (uns) fortzugehen; (selt.) admoneor ad thesaurum quaerendum werde aufgefordert (gemahnt) den Schatz zu suchen.

2*

3) Insbes. A) = in der Rede bemerken, erwähnen, an Etwas „erinnern", aliquid ob. de re aliqua. B) von einem Gläubiger, mahnen. C) (Poet. u. Spät.) antreiben, equos, aliquem verberibus.

Admŏnĭtio, ōnis, f. [admoneo] das Mahnen, 1) = die Erinnerung an Etwas, das Zurückrufen einer Sache in das Gedächtniß Jmds: a. verbi unius an ein einziges Wort; tanta est in locis admonitio = mahnende Kraft (bis zu dem Grade können die Localitäten dazu benutzt werden, Etwas in das Gedächtniß zurückzurufen). B) = Ermahnung, Vorstellung, Zurechtweisung.

Admŏnĭtor, ōris, m. und -**trix**, īcis, f. [admoneo] der Erinnerer, Mahner, die Mahnerin; a. operum (Poet.) der zur Arbeit antreibt.

***Admŏnĭtum**, i, n. [admoneo] = Admonitio.

Admŏnĭtus, us, m. [admoneo] = admonitio, aber nur im abl. sing.: admonitu tuo auf deine Mahnung; levi a. durch einen leichten Zuspruch.

Ad-mordeo, — morsum, 2. (Poet.) anbeißen: a. stirpem benagen; tp. a. aliquem Jmb. prellen, ihm Geld abnehmen, abzwacken.

***Admōtĭo**, ōnis, f. [admoveo] die Hinzubewegung, digitorum a. Fingersetzung.

Ad-mŏveo etc. 2. 1) an ob. nach Etwas hinbewegen, -bringen, -führen, -halten: a. fasciculum ad nares, exercitum propius Romam, copias in locum; a. alicui stimulum (= Jmb. antreiben), facem alicui rei, hostiam arae, labra poculo, a. machinam näher führen, u. so absol. a. propius näher rücken. Insbes. a) a. aliquem ad convivium einladen; a. medicum alicui einen Arzt für Jmb. rufen lassen; a. oscula alicui = küssen, filium collo an sein Herz drücken. b) a. diem beschleunigen. c) = nähern, urbem mari in die Nähe des Meeres gründen; insbes. particip. admotus = nahe, Africa a. Nilo, (Poet.) a. supremis dem Tode nahe. 2) trop. A) a. aurem das Ohr anlegen, um zu horchen, = Acht geben, einer Sache sein Ohr leihen. B) a. manus die Hand an Etwas legen: a) um sich damit zu beschäftigen, an eine Sache gehen, operi; b) in feindlicher Absicht, nocentibus angreifen, vectigalibus sich daran vergreifen. C) a. orationem animo alicujus machen, daß die Rede Jmb. zu Herzen geht; a. spem, timorem u. dergl. alicui einflößen, eingeben. D) mors Agrippae admovit propius Neronem Caesari näherte den N. dem Cäsar, machte das Verhältniß zwischen N. u. C. inniger; a. se ad aliquid sich an Etwas anschließen. E) a. preces Bitten anwenden, curationem ad aliquem eine Cur bei Jmb. gebrauchen; a. acumen rei alicui seinen Scharfsinn auf eine Sache richten.

Ad-mūgĭo, 4. (Poet.) zubrüllen, tauro.

Admurmŭrātĭo, ōnis, f. [admurmuro] das Zumurmeln, das leise Gerede, als Ausdruck sowohl des Beifalls als der Mißbilligung.

Ad-murmŭro, 1. zumurmeln, beifällig ob. mißbilligend über Etwas murmeln, leise unter einander reden, admurmuratum est man sprach leise unter einander.

Ad-mŭtĭlo, 1. (Com.) eigtl. verstümmeln, trop. = prellen, hintergehen, aliquem usque ad cutem.

Adn. u. s. w., siehe Ann. u. s. w.

Adŏleo, ēvi, ētum, 2. [der Ursprung des Wortes ist ungewiß: nach Einigen ist es als Causativ verwandt mit Adoleo 2. und bedeutet ursprünglich „riechen", duften machen", „in Dampf aufgehen lassen"; nach Anderen ist es verwandt mit Adolesco und bedeutet ursprünglich „größer und ansehnlicher machen", daher = durch Opfer ehren, verehren.] 1) eine Opfergabe verbrennen, brennen, verbenas, viscera tauri; (Poet.) a. honores diis den Göttern ehrende Brennopfer bringen, a. altaria donis die Gaben auf dem Altare verbrennen, penates flammis das Feuer brennen lassen auf dem Heerde, wo die Penaten standen; (Spät.) precibus et igne puro altaria adolentur (wo nicht igne, nicht precibus zum Verbum a. paßt) neben dem Altar wird gebetet und das Feuer auf demselben wird angezündet. 2) A) (Spät.) a. aras cruore mit dem Blute eines Opfers bespritzen. B) (Poet. u. Spät.) überhaupt verbrennen, stipulas, librum.

Ad-ŏleo, — — 2. (Pl.) intrans. riechen.

Adŏlescens (ob. **Adŭlescens**), tis, (ä) [particip. von adolesco] 1) (selten) adj. mit comp. heranwachsend, jung, homo, Academia. 2) subst. comm., der Jüngling, der junge Mensch, ob. (*Com.) das junge Mädchen, gewöhnlich von den 17ten bis 25sten Jahre, auch ohne bestimmte Grenze, besonders hier u. da von einem jungen Manne bis zum 40sten Jahre u. darüber.

Adŏlescentĭa, ae, f. (ä) das Jünglingsalter, die Jugend, das Alter eines adolescens (siehe dieses Wort).

Adŏlescentŭlus, i, m. und -**a**, ae, f. (ä) deminut. von adolescens.

***Ad-ŏlesco**, — — 3. (ä) [adoleo 1.] (Poet.) in Dampf versetzt werden: arae aa. ignibus das Feuer brennt auf dem Altare.

Ad-ŏlesco, lēvi, — 3. (ä) 1) heranwachsen, wachsen, puella, seges; (Poet.) aetas, ver a. heranreifen, vorrücken; a. in justam magnitudinem, in longitudinem, in solitam speciem, mit Angabe des Punctes, bis zu welchem, ob. der Richtung, in welcher Etwas wächst. 2) zunehmen, wachsen, größer ob. stärker werden, cupiditas, ratio, res Persarum.

Adōneus, ei ob. eos, m. (ä) [Ἀδωνεύς] poet. Nebenform für **Adōnis**, is ob. ĭdis, m. [Ἄδωνις] Sohn des Cinyras, Königs von Cypern, und seiner eigenen Tochter Smyrna ob. Myrrha. Er wurde wegen seiner außerordentlichen Schönheit von der Venus geliebt, aber auf der Jagd von einem Eber zerrissen; Venus brach dann in trostlose Klagen aus und eilte verzweifelt nach dem Orte hin, wo sein Leichnam war. Ihm zu Ehren wurde das Fest Adonia gefeiert: die ganze Sage gehört übrigens nicht Griechenland, sondern Vorderasien an. Adonis horti nannte man Körbe ober Gefäße mit Erde gefüllt, in welchen Weizen, Salat u. dergl. gesäet wurde und, vielleicht mittelst künstlicher Wärme, schnell aufblühete und grünte. Die Sage enthielt eine mystische Andeutung des Hinsterbens und Wiederauflebens der Natur im Herbste und Frühling.

Ad-ŏpĕrĭo etc. 4. (ä) (meist Poet. u. Spät.)

und fast nur im *particip.* adopertus) bedecken, zudecken, einhüllen, humus adoperta floribus, caput adopertum.
*Ad-ŏpīnor, 1. *depon.* (ă) (*Lucr.*) dazu vermuthen, -meinen, aliquid.
*Adoptātīcīus, *adj.* [adopto] (*Pl.*) an Kindes Statt angenommen, adoptirt.
Ad-optātĭo, ōnis, *f.* [adopto] (selten) = adoptio.
Adoptātor, ōris, *m.* [adopto] (Spät.) der Jmd. an Kindes Statt annimmt, der Adoptivvater.
Adoptĭo, ōnis, *f.* [von dem Stammworte des opto, adopto] 1) die Annahme an Kindes Statt, die Adoption: dare se alicui in adoptionem (Spät.) sich von Jmd. adoptiren lassen, ascire aliquem in adoptionem = adoptare; per a. durch Adoption. 2) *tp.* (Landw.) die Einpfropfung in einen Baum.
Adoptīvus, *adj.* [adopto] (Poet. u. Spät.) 1) zur Adoption gehörig, durch Ad. erworben, auf Ad. beruhend, filius, nobilitas, sacra. 2) (Poet.) eingepfropft.
Ad-opto, 1. 1) sich (dazu) erwählen, zufolge einer Wahl Etwas (dazu) annehmen: a. aliquem socium, sibi defensorem. Hierv. (meist Poet. u. Spät.) A) = aufnehmen, aliquem in regnum als Nachfolger in der Königswürde; a. ramum (durch Einpfropfen); a. nomen annehmen. B) a. se alicui sich Jmd. anschließen, sich Jmd. zu eigen geben. C) (Poet.) a. opes Etruscas zu Hülfe nehmen, herbeirufen. 2) *Insbes. term. t.* von Familienverhältnissen, in seine Familie und bes. an Kindes Statt annehmen: a. (sibi) aliquem, a. aliquem in familiam; adoptatus patriciis a plebejo aus dem plebejischen Stande in den patricischen durch Adoption übergegangen. Hierv. (Spät.) a. aliquid (kom. mit dem Zusatze nomini suo) = einer Sache seinen Namen verleihen, nach sich benennen.
Ador (nur im *nom.* und *acc.*), *n.* (ă) eine Getreideart, Spelt.
Adōrātĭo, ōnis, *f.* (ă) [adoro] die Anbetung; *tp.* = sklavische Verehrung (die προςκύνησις), mit welcher man in späteren Zeiten den Fürsten und Kaisern huldigte.
Adōreus, *adj.* (ă) [ador], zum Spelt gehörig, Spelt-, semen, liba. Insbes. Adorea, ae, *f.* (vermuthlich *sc.* donatio) eine Tapferkeitsbelohnung für Soldaten, aus einer Portion Spelt bestehend; dah. *tp.* = Kampfpreis ob. Siegesruhm, Ehre.
Ad-ōrĭor etc. 4. *dep.* (ă) 1) (Vorkl.) zu Jmd. hingehen, angehen. 2) A) feindlich zu Jmd. hingehen, auf Jmd. losgehen, anfallen, angreifen (meist in der Nähe und hinterlistig, vgl. aggredior), aliquem, urbem. B) an irgend eine Thätigkeit angehen, an Etwas sich machen, Etwas unternehmen, beginnen, (bes. etwas Schwieriges und Gefährliches): a. rem, oppugnare urbem.
*Adornātē, *adv.* (ă) [adorno] (Spät.) geschmückt, zierlich.
Ad-orno, 1) bereiten, vorbereiten, zurecht machen, anordnen u. dgl., viaticum ad fugam, nuptias; a. bellum alle Vorkehrungen für den Krieg treffen, ebenso accusationem Alles für die Anklage veranstalten, vorbereiten; a.

testes Zeugen verschaffen. 2) rüsten, ausrüsten, classem. 3) Etwas mit Etwas versehen, beschmücken, zieren, maria classibus, aliquem insigni veste; *tp. a.* aliquid verbis = loben, preisen.
Ad-ōro, 1. 1) anflehen, flehend anrufen: a. pacem deûm; a. deum ut etc. daß u. s. w., a. deos anbeten. 2) (Poet. u. Spät.) einem Fürsten sklavische Ehrfurcht und Verehrung bezeugen, ihn durch adoratio (w. m. f.) verehren, regem, imagines Caesarum; auch *tp.* = übertrieben anpreisen.
Adp. etc., siehe App. etc.
Adr. etc. die meisten so anfangenden Wörter siehe unter Arr.
Ad-rādo etc. 3. anscheeren, stutzen; (Poet.) homo adrasus mit gestutztem Barte.
Adrămyttēum, ei (auch -ttium, -tteos), *n.* Küstenstadt in Mysien; die Einwohner hießen Adramyttēni.
Adrastēa, ae, *f.* ['Αδράστεια] Beiname der Göttin Nemesis.
Adrastus, i, *m.* ["Αδραστος] König von Argos, Schwiegervater des Polynices und Tydeus, der einzige von den Sieben gegen Theben, der mit dem Leben davon kam, erbleichte vor Gram über den Tod jener und später seines Sohnes so sehr, daß seine Blässe sprüchwörtlich wurde.
Ad-rēmĭgo, 1. (Spät.) heranrudern.
Adria, ae, 1) *f.* Stadt in Gallia Cisalpina. 2) *m.* (Poet.) das Adriatische Meer. Hierv. die *adj.* Adrĭācus, -iānus, -iātĭcus, zur Stadt A. gehörig.
Ads. etc., siehe Ass. etc.
Adt. etc., siehe Att. etc.
Adūlans, tis, *adj.* mit *comp.* (ă) [*part.* von adulor] schmeichelnd.
Adūlātĭo, ōnis, *f.* (ă) [adulor] 1) von einem Hunde, das Anwedeln, Anschwänzeln. 2) von Menschen, die kriechende Schmeichelei, die Speichelleckerei.
Adūlātor, ōris, *m.* (ă) [adulor] der kriechende Schmeichler, der Speichellecker.
Adūlātōrĭus, *adj.* (ă) [adulator] (Spät.) schmeichelnd, Schmeichler-.
Adūlescens, ae. S. für Adolescens.
Adūlor, *dep.* 1. und (selt.) -lo, 1. (ă) 1) vom Hunde, anwedeln, schwänzeln, sich anschmiegen. 2) (alt. Poet.) abwischen, sanguinem. 2) *tp.* von einem kriechenden und hündischen Betragen, schmeicheln, vor Jmd. kriechen', den Speichellecker machen (vgl. blandior, assentior), aliquem und (selt.) alicui; insbes. = adorare 2.
Adulter, ĕri, *m.* und -tĕra, ae, *f.* I. *subst.* (ă) ein Mann, der, eine Frau, die den Ehebruch begeht, der Ehebrecher, die Ehebrecherin; (Poet.) überh. von unerlaubter Liebe, = der Buhle, Galan, die Buhlerin: adultera alicuius. II. *adj.* (Poet.) buhlerisch, wollüstig, mens; crines aa. nach Buhlerart geschmückt. b) = adulterinus 2.
Adultĕrīnus, *adj.* (ă) [adulter] 1) (Spät.) zum Ehebruch gehörig, sanguis. 2) *tp.* = falsch, unächt, nachgemacht, crines, numus, clavis, signa.
Adultĕrĭum, ii, *n.* (ă) [adulter] 1) der Ehebruch. 2) (Spät.) die Verfälschung, mercis.

Adultĕro, 1. (ä) [adulter] 1) *intr.* Ehebruch treiben, die Ehe brechen. 2) *trans.* A) schänden, zur Unzucht verführen, aliquam; *tp.* columba adulteratur milvo die Taube buhlt gegen die Gesetze der Natur mit dem Geier. B) verfälschen, naturam, jus, formam suam in Etwas Schlechtes verwandeln, ebenso a. faciem arte.

Adultus, *adj.* (ä) [adolesco] erwachsen, herangewachsen, catulus, virgo, vitis; a. aetas; *tp.* = erstarkt, stark, kräftig, conjuratio, pestis; Athenis jam aa. als Athen schon mächtig und groß geworden war; (Poet.) ubera aa. lacte von der Milch gespannt; adulta nocte, aestate mitten in der Nacht, im Sommer.

*****Adumbrātim**, *adv.* (ä) [adumbro] (*Lucr.*) nur in undeutlichen Umrissen.

Adumbrātio, ōnis, *f.* (ä) [adumbro] der Schattenriß, *tp.* der erste Entwurf, die unvollendete Darstellung, die Skizze.

Ad-umbro, 1. [umbra] (ä) 1) (Spät.) beschatten. 2) in der Malerei, Etwas skizziren u. zugleich schattiren, d. h. in den Hauptzügen entwerfen und mit richtiger Mischung von Licht und Schatten darstellen: quis pictor omnia a. potest? Hierv. A) *tp.* a) in Wort u. Schrift Etwas darstellen, schildern, a. aliquid dicendo. b) überh. darstellen, abbilden, a. aliquid ementiendo = erdichten. c) = nachahmen, a. mores Persarum. B) *part.* adumbratus als *adj.*, skizzirt, nur in den Hauptzügen entworfen: a) = undeutlich, unklar, unvollständig, imago, signum, res; aa. intelligentiae unvollkommen entwickelte Begriffe. b) was nur den Schein, nicht die Wirklichkeit hat, erdichtet, falsch, vorgeblich, comitia die nur den Namen haben; Pippae vir a. der nur den Namen des Ehemannes der P. hatte (während Verres in der That mit ihr als Ehemann lebte); dii Epicuri aa. Scheingötter (weil sie keinen wirklichen Körper hatten).

Aduncĭtas, ātis, *f.* (ä) [aduncus] die einwärts gehende Krümmung, rostri.

Ad-uncus, *adj.* (ä) einwärts gekrümmt wie ein Haken, nasus, cornu.

Ad-ūno, 1. (ä) (Nachkl.) vereinigen, zu Einem verbinden, classem.

Ad-urgeo etc. 2. (ä) (Poet. u. Spät.) 1) andrücken, digitum digito. 2) *tp.* eifrig verfolgen, aliquem.

Ad-ūro etc. 3. (ä) anbrennen, sengen, dah. langsam verbrennen, capillos; loca adusta sole von der Sonnenhitze verbrannt. Hierv. (Poet. u. Spät.) von einer Verletzung, die dem Verbrennen an Wirkung ähnlich ist: membra adusta nivibus erfrorene Glieder; a. oculos blenden; *tp.* Venus a. te igni erweckt in dir eine heiße Liebe.

Ad-usque, (ä) (Poet. u. Spät.), 1) *praep.* mit *accus.* = usque ad: a. columnas. 2) *adv.* durch u. durch, überall.

Adustio, ōnis, *f.* (ä) [aduro] (Spät.) 1) das Anbrennen, Brennen. 2) *meton.* a) die Entzündung. b) der Brandschaden, die entzündete Stelle.

Adustus, *adj.* mit *comp.* (ä) [*part.* von aduro] verbrannt, versengt, color sonnenverbrannt.

*****Advectīcius**, *adj.* [adveho] eingeführt, ausländisch.

*****Advecto**, 1. [adveho] (Spät.) herbeiführen, aliquid.

Advector, ōris, *m.* (adveho) (Vorkl., zwkl.) der Etwas herbringt, der Ueberbringer.

*****Advectus**, us, *m.* [adveho] (Spät.) das Herzuführen, der Transport.

Ad-vĕho etc. 1) herzuführen, -bringen, -transportiren, frumentum Romam; unda a. rates (Poet.) 2) *pass.* advehi (curru, equo, navi) heranfahren, -reiten, -segeln, ad ripam; (Poet. u. Spät.) a. aliquem zu Jmb. hin.

Ad-vēlo, 1. (Poet.) eigtl. umschleiern, *tp.* = bekränzen, tempora.

Advēna, ae, *m.* [advenio] ein Ankömmling, Fremdling, der nach einem fremden Lande kömmt (vgl. peregrinus); (dah. zur Bez. eines Menschen, der irgendwo ob. in irgend einer Sache fremd, mit den Verhältnissen unbekannt ist), einer Sache fremd, unkundig.

Ad-vĕnio etc. 4. 1) hinzukommen, ankommen, Romam, in provinciam; (Spät.) literae aa. Hierv. A) von der Zeit, dies advēnit der Tag ist gekommen. B) von Ereignissen und Zuständen, a) von etwas Uebelm, sich nähern, einbrechen, morbus, periculum a. b) von etwas Gutem, zufallen: res a. ad me. c) (*Lucr.*) advenit = accedit hierzu kömmt noch das u. s. w.

Adventīcius, *adj.* [advenio] 1) (Spät.) zur Ankunft gehörig, coena Ankunftsschmaus. 2) zu Jmb. ob. Etwas von Außen kommend (durch Zufall, Erbschaft u. dgl.): copiae aa.; doctrina a. von einem anderen Volke empfangen, ausländisch; visio a. von etwas Aeußerem, den Sinnen (im Gegens. der Seele) herrührend; pecunia a. auf anderm Wege, nicht durch Erbschaft erlangt, fructus a. zufällig.

Advento, 1. [advenio] sich stärker nähern, immer näher kommen, Romam, ad urbem, auch (Spät.) a. urbi; tempus, senectus a.

Adventor, ōris, *m.* [advenio] (Vorkl. u. Spät.) der irgendwo kömmt, bes. der ein Wirthshaus besucht, Kunde, Gast.

Adventus, us, *m.* [advenio] die Ankunft, nocturnus a. in urbem; adventibus se offerre den Ankommenden entgegengehen; a. lucis der Tagesanbruch.

Adverbium, ii, *n.* [ad-verbum] (Spät.) das Adverbium, Nebenwort.

Adversārius [adversus] I. *adj.* der Jmb. entgegen-, zuwider ist, widerstrebend: opinio a. oratori schädlich, argumenta aa. die Gründe des Widersachers, factio a. Gegenpartei II. *subst.* A) -rius, ii, *m.* und -ria, ae, *f.* der Gegner, Widersacher, die Gegnerinn (bes. vor Gericht, aber auch überh.; vgl. inimicus, hostis), alicuius von Jmb.; aa. sunt in fuga = die Feinde. B) -ria, *orum*, *n. pl.* das (immer vor den Augen liegende) Conceptbuch, die Kladde, Journal zum häuslichen und augenblicklichen Gebrauch, in welches man die täglichen Einnahmen und Ausgaben vorläufig und flüchtig einschrieb, um sie später in das eigentliche Hauptbuch einzutragen.

Adversātrix, īcis, *f.* [adversor] (Com.) die Widersacherin.

*****Adversio**, ōnis, *f.* [adverto] (sehr zweifelh.)

das Hinrichten, animi, Richtung der geistigen Thätigkeit.

*Adverso, 1. [adverto] (Pl.) = adverto, a. animum, Achtung geben, aufmerken.

Adversor, dep. 1. [adversus] 1) entgegen sein, ventus. 2) tp. sich widersetzen, widerstreben, dawider sein, commodis alicuius, libidini; (Pl.) a. adversus sententiam alicuius.

Adversus, adj. mit comp. u. sup. [adverto] 1) nach Jmd. zugekehrt, mit der Vorderseite (dem Gesichte) zugewendet, also was vorn ist, gegenüber stehend ob. liegend, von vorn entgegenkommend ob. entgegenstehend: intueri aliquem adversum ins Gesicht sehen, von vorn; dentes aa. die Vorderzähne; vulnus a., adverso corpore acceptum vorn an der Brust; in adversum os vulneratus gerade vorn ins Gesicht; adversae stare ob. adversis vestigiis contra (nostra) vestigia stare Gegenfüßler sein; adversis hostibus occurrere den Feinden gerade entgegengehen; adverso antro im Vordertheile der Grotte; ventus a. conträrer Wind; itinera aa. Märsche, auf denen man dem Feinde entgegengeht; adverso colle ire den Hügel hinan gehen (denn der Hügel liegt immer den Aufsteigenden vor); flumine adverso ire stromaufwärts; adversâ viâ (Pl.) gerades Weges. Insbes. adversum, n.; tenere a. entgegen sein; adversum ob. in a. subit geht (Jmd.) gerade entgegen; ex adverso gegenüber (urbi der Stadt g.); in adversum zur entgegengesetzten Seite. 2) tp. A) entgegengesetzt. B) unglücklich, ungünstig, fortuna, casus, proelium; res (casus) aa. (auch im sing.) Unglück, Mißgeschick, Unfälle; a. valetudo Krankheit; annus a. frugibus. C) feindselig, der Jmd. als Gegner gegenübersteht, sich ihm widersetzt, alicui; multos aa. (subst.) habet viele Widersacher; aa. subsellia auf denen des Gegner steht; a. partium populi (zuW. L.) Gegner der Volkssache. D) = verhaßt, zuwider, mihi illud est a.

Adversus ob. -sum [adverto], I. praep. mit accus. 1) gegenüber, aliquem. Hierv. tp. A) vor Jmd., in Jmds Gegenwart, Jmd. ins Gesicht, mentiri a. aliquem. B) = mit Rücksicht auf Jmd., in Bezug auf Etwas: respondere a. aliquid; excusatio a. aliquem bei, vor Jmd.; omnia a. aliquem audere un Jmds willen; lentae a. imperium aures. C) = in Vergleich mit, neben: nihil est a patrem; comparare aliquem a. patrem mit dem Vater vergleichen. 2) gegen: A) in freundlicher Beziehung: bene se gerere a., aliquem, fides a. aliquem. B) häufig vom Entgegentreten eines Widersachers und Gegners, wider, mittere imperatorem a. Gallos; a. legem. C) von einer Richtung, gegen = hin: ire a. hostem, impetum facere a. montem. II. adv. entgegen, resistere; a. ire (freundlich) entgegengehen; arma ferre a.; venire a. esse a. alicui (Pl.) Jmd. entgegen kommen.

Ad-verto etc. 3. 1) hinwenden, »richten, »drehen, oculos in partem aliquam, classem in portum mit der Flotte hinsteuern; a. proram terrae dem Lande zudrehen; (Pl.) pass. ob. med., sich wenden, richten, arenae nach der Küste, Scythieas oras nach Scythien hin. Hierv. A) = auf sich wenden, »richten: a) a. aures alicuius, oculos omnium Aller Blicke auf sich ziehen; häuf. a. aliquem die Aufmerksamkeit (die Theilnahme) Jemandes auf sich hinlenken. b) a. odium sich zuziehen. B) insbes. animum (von Mehreren animos) advertere ad aliquid ob. rei alicui (auch ne quid fiat u. dgl.). a) seine Aufmerksamkeit auf Etwas richten, Acht geben, aufmerken. b) für das in der klassischen Prosa gebräuchlichere animadvertere, w. m. f., bemerken, wahrnehmen, aliquid, magnas ibi esse hostium copias. 2) (Poet. u. Spät.) = animadvertere ob. animum advertere: A) = Acht geben: adverte merke auf; (selt.) a. animo in demselben Bed. B) = animadverto 3, strafen, in aliquem.

Ad-vesperascit, ravit — 3. impers., es fängt an Abend zu werden.

Ad-vigilo, 1. bei Jmd. ob. Etwas wachen, alicui; tp. genau aufpassen, sorgfältig Acht geben.

Advŏcātio, ōnis, f. [advoco] eigtl. die Herbeirufung, 1) abstr. der Beistand, die Hülfeleistung vor Gericht, s. Advocatus 1. 2) concr. die vor Gericht Jmd. beistehenden Freunde, die Versammlung der Rechtsbeistände, a. ingens, a. togatorum. 3) die Berathung zusammengerufener Sachkundigen überhaupt. 4) die Frist, die zur Herbeirufung der Rechtsbeistände nöthige Zeit: postulare binas aa.; dah. bei Spät. überh. ein Aufschub, Verzug. 5) (Spät.) die Anwaltschaft, Proceßführung.

Advŏcātus, i, m. 1) ein Rechtsbeistand, Rechtsconsulent, ein angesehener Mann, der durch seinen Rath und seine Belehrung, sein Zeugniß oder bloß durch seine Anwesenheit im Gerichte (indem er durch das Sitzen auf den Bänken seiner Partei sich als den Unterstützer und Vertheidiger dieser erklärte) der einen von den streitenden Parteien Beistand leistete: häufig waren in einer Sache mehrere aa. Hierv. tp. = Gehülfe, Beistand überh. 2) (Spät.) der Sachwalter, Anwalt, der die Sache für Jmd. führt.

Ad-vŏco, 1. 1) herzu-, herbeirufen (bes. zu einem bestimmten Zwecke, als Rathgeber, Beistand u. s. w.), aliquem ad obsignandum, aliquos in consilium; a. contionem; (Poet.) advocari aegro um dem Kranken beizustehen, conviviis eingeladen werden. Insbes. als Rechtsbeistand herbeirufen, s. advocatus; a. sibi aliquem; überh. = zu Hülfe rufen, auch (Poet.) von Sachen = zu Hülfe nehmen, anwenden, gebrauchen, magicas artes benutzen.

*Advŏlātus, us, m. [advolo] (alt. Poet.) das Herzufliegen (nur im abl. sing.).

Ad-vŏlo, 1. herbei-, herfliegen, daß. = herbeieilen, schnell herbeikommen, Romam, ad aliquem; (Poet.) fama a. Aeneae kommt geschwinde zu ihm; selt. mit acc., a. rostra auf die Rednerbühne hinaufeilen.

Ad-volvo etc. 3. hinzuwälzen, ulmos focis; a. se oder advolvi genibus (Spät. auch genua) alicuius sich Jmd. zu Füßen werfen.

Adȳtum, i, n. (ᾰ) [ἄδυτον] (Poet.) der innere Theil eines Tempels ob. überh. einer geweihten Stelle, wo nur Einzelne (ob. Niemand) hinein durften, das Allerheiligste.

Aea, ae, f. (Ἀία) ein in den ältesten Sagen

genanntes fernes Land; gewöhnlich beb. der Name einen Theil von Kolchis, in andern Sagen die in dem westlichen Theil des Mittelmeers gelegene, von Circe bewohnte Insel. Hierv. abgeleitet:
Aeaeus [Αἰαῖος], *adj.*, zu Colchis ob. zur Zauberin Medea (aus Colchis) gehörig, artes, carmina Zauberkünste, Zauberformel. Insbef. Ae. insula die von Circe bewohnte Insel, nach späteren Sagen die Insel der Calypso, die deßwegen puella Aeaea heißt.

Aeacus, i, m. [Αἰακός], König von Aegina, Sohn des Jupiter und der Aegina, Vater des Telamon und Peleus und eines dritten Sohnes Phocus. Ein Liebling der Götter, wurde er nach seinem Tode nebst Minos und Rhadamanthys Richter der Schatten in der Unterwelt. Davon abgeleitet:
Aeacīdes, ae, m. [Αἰακίδης] Abkömmling des Aeacus; das Wort wird gebraucht von a) seinen 3 Söhnen; b) seinem Enkel Achilles; c) seinem Urenkel Pyrrhus, des Achilles Sohn; d) Pyrrhus, König von Epirus, weil er sein Geschlecht vom Achilles ableitete; e) dem König Perseus in Macedonien, der ebenfalls sein Geschlecht vom Achilles herleitete. Hierv. **Aeacidēius** und **-dīnus**, *adj.*, zu den Aeaciden gehörig, regna = die Insel Aegina.

Aedes ob. **-is**, is, f. 1) *sing.* A) (Com. u. Spät.) ein Gemach, Zimmer, Abtheilung eines Hauses oder ein Haus, das aus einem Zimmer besteht: per omnes aedes domi; dav. (Poet.) von den Zellen der Bienen. B) insbef. eine Capelle für einen Gott, daß. überh. ein Tempel, Gotteshaus (vgl. templum u. f. w.); in dieser Beb. auch im *plur.* von mehreren Tempeln. 2) *plur.* ein Haus, sofern es aus mehreren Zimmern besteht, eine Wohnung (vgl. domus, aedificium): in mediis aedibus. 3) *(Spät.)* meton. ein Gerüste, Katafalk in der Form eines Tempels.

Aedicŭla, ae, f. dem. von Aedes, w. m. f.

Aedificātio, ōnis, f. [aedifico] der Bau, 1) *abstr.* = das Bauen; 2) *concr.* = das Gebäude, der Bau.

*Aedificātiuncŭla, ae, f. dem. von Aedificatio.

Aedificātor, ōris, m. [aedifico] 1) der Erbauer; ae. mundi Schöpfer. 2) abs. est ae. baulustig.

Aedificium, ii, n. [aedes-facio] das Gebäude überh., (vgl. aedes, domus).

Aedifico, 1. [aedes-facio] 1) bauen (ein Gebäude) aufführen, domum, navem; ae. mundum erschaffen; *tp.* ae. rempublicam = gründen, stiften. 2) meton. = anlegen, hortos, hiberna.

Aedilicius, *adj.* [aedilis] zum Aedil gehörig, Aedilen-, munus Schauspiel (f. munus), edictum; ae. repulsa erfolglose Bewerbung um das Aedilenamt. 2) (homo, vir) ae. der das Aedilenamt bekleidet hat, ein gewesener Aedil.

Aedīlis, is, m. [aedes] einer der Aedilen zu Rom. Es gab zwei plebejische und (später hinzugekommene) zwei curulische (d. h. patricische) Aedilen, von denen jene die plebejischen Spiele, diese die großen und die römischen besorgten; gemeinschaftlich war ihnen die Sorge für Erhaltung aller öffentlichen Gebäude, für Reinlichkeit, Ausbesserung und Sicherheit der Straßen, für die Aufrechthaltung der Ordnung auf dem Markte, namentlich auch für die Getreidezufuhr, für den Preis und die Qualität der Lebensmittel u. f. w.; kurz ein großer Theil des Polizeiwesens war ihnen übertragen. Neben jenen 4 Aedilen kamen durch Cäsar noch zwei Aediles Cereales hinzu, denen ausschließlich die Aufsicht über die Verproviantirung der Stadt oblag, bis später dieses Geschäft auf den praefectus annonae überging.

Aedīlītas, ātis, f. [aedilis] Würde und Amt eines Aedilen.

Aedituus (ältere Formen des Worts sind -tīmus ob. -tŭmus, bei *Lucr.* noch -tuens, entis, gleichs. = aedem tuens), der Tempelaufseher, Tempelhüter, der die Thüren aufund zumachte, Alles rein und sauber hielt, Fremde herumführte u. f. w., ein Küster; *tp.* nennt *Hor.* die Dichter aeditui im Tempel der Verdienstes = Anzeiger, Anpreiser.

Aēdon, ŏnis, f. [ἀηδών] (Spät.) die Nachtigall (rein lat. luscinia).

Aedui ob. **Haedui**, Celtisches Volk in Gallien zwischen dem Arar (Saone) und Liger (Loire).

Aeētes, ob. -ta, ae, m. [Αἰήτης] König in Kolchis, Sohn der Sonne, Vater der Medea; zu ihm kamen Jason und die Argonauten, um das goldene Vließ zu holen. Davon abgeleitet: 1) **Aeētaeus**, *adj.*, zum Ae. gehörig. 2) **Aeētias**, ădis, -tīne, es, Tochter des Ae. = Medea.

Aegae ob. **Aegēae**, ārum, f. pl. [= Αἰγαί, Αἴγαιαι] 1) Stadt in Macedonien, später Edessa genannt. 2) Stadt in Aeolis. 3) Stadt in Achaia, mit einem berühmten Tempel des Neptun. 4) Stadt in Cilicien. Dav. **Aegeātes**, ium, m. pl. die Einwohner von Ae.

Aegaeon, ŏnis, m. [Αἰγαίων] Einer der Centimanen ob. Hundertbhändigen, Sohn des Uranus, auch Briareus genannt.

Aegaeum ob. **Aegēum mare** (Poet. fretum) [Αἰγαῖον πέλαγος, Αἰγαῖος πόντος], das ägäische Meer, der Archipelagus. Dav. **Aegaeus**, *adj.*, zum ägäischen Meere gehörig, im Archipelagus gelegen.

Aegātes, um, f. pl. die ägatischen Inseln an der Westküste von Sicilien.

Aegēates, siehe Aegae.

Aeger, gra, grum, *adj.* unwohl, leidend, krank, sowohl körperlich als (häufiger) geistig: 1) körperlich: unpäßlich, unwohl, krank, homo, corpus; häufig mit Angabe des Körpertheils, an welchem man leidet, oder der Krankheit: aeger morbo gravi, ex vulnere; rege am Fuße, am Fuße; ae. valetudo Unpäßlichkeit. Hierv. *tp.* a) vom Staate, der in einem mißlichen Zustande sich befindet, „krankhaft", „zerrüttet". (Poet.) seges ae. b) ae. anhelitus krankhaft, genua schwach. 2) geistig, leidend, von jeder Art Gemüthsbewegung ob. Leidenschaft, also = bekümmert, verdrießlich, betrübt, ärgerlich: animus aeger avaritia, amore, curis; aeger animi (*Pl.* ab animo) an der Seele leidend, betrübt u. f. w.; (Spät.) aeger rei alicuius wegen einer Sache; (Poet.)

Aegeum   **Aemulus**   25

mortales aegri die mit den Mühsalen des Lebens kämpfenden Menschen. 3) (Poet.) schmerzlich, traurig, betrübend, mors, dolor, luctus.

Aegēum, s. Aegaeum.

Aegeus, ei, m. [Αἰγεύς] Sohn des Pandion, König von Athen, Vater des Theseus. Dav. **Aegīdes**, ae, m. [Αἰγείδης] Sohn des Aeg., Theseus.

Aegiāle, es, od. -iălĕa, [Αἰγιάλη od. -άλεια], Tochter oder Enkelin des Adrastus, Gemahlin des Diomedes.

Aegiāleus, ei, m. heißt bei Cicero der Sohn des Aeetes, sonst Absyrtus.

Aegīna, ae, f. [Αἴγινα] 1) eine Nymphe, Mutter des Aeacus. 2) Insel in dem saronischen Meerbusen, früher Oenone genannt. Dav. **Aeginēta**, ae, m. [Αἰγινήτης] und (Spät.) **Aeginensis**, is, m. ein Aeginete, Bewohner der Insel Aegina.

Aeginium, ii, n. [Αἰγίνιον] Stadt in Macedonien.

Aegipan, ānis, m. [Αἰγίπαν] (Spät.) 1) ein Waldgott mit Bocksfüßen. 2) plur. eine fabelhafte Menschengattung in Africa mit Ziegenfüßen u. s. w.

Aegis, ĭdis, f. [αἰγίς] bei Homer der Schild Jupiters, später der Minerva, von Schlangen umkränzt u. mit dem Medusenhaupt in der Mitte.

Aegisthus, i, m. [Αἴγισθος] Sohn des Thyestes, ermordete zuerst seinen Oheim Atreus, später des Atreus Sohn Agamemnon im Einverständnisse mit dessen Gemahlin Klytämnestra; er wurde von Orestes, des Agamemnon Sohn, erschlagen. Pompejus nannte den Cäsar Aegisthus, weil er seine Gemahlin Mucia verführt hatte.

Aegium od. **-ion**, ii, n. [Αἴγιον] Stadt in Achaja.

Aegos flumen, Αἰγὸς ποταμός, der Ziegenfluß, kleiner Fluß (u. Stadt) auf dem thracischen Chersones, bekannt durch die Schlacht 405 v. Chr.

Aegre, adv. mit comp. u. sup. [aeger] 1) auf eine beschwerliche und unangenehme Weise, unangenehm, beschwerlich, schmerzlich u. s. w.: ae. est mihi (Com.) es ist mir verdrießlich, ärgert mich; ae. alicui facere Jmd. Verdruß machen; ae. aliquid ferre unwillig, mißvergnügt wegen Etwas sein, hoc aegerrime tuli ich habe mich sehr darüber geärgert, es hat mir sehr leid gethan; ae. aliquid pati (tolerare) mögen sich Etwas gefallen lassen. 2) mit vieler Mühe, schwerlich, mit innerer Ueberwindung, kaum (subjectiv, so daß man an die Person denkt, die mit der Sache Mühe hat, vgl. vix).

*Aegreo, — — 2. [aeger] (Lucr.) krank sein.

Aegresco, — — 3. (Poet.) 1) erkranken, krank werden. 2) tp. A) von etwas schon Uebelm, ärger werden, zunehmen. B) betrübt werden, leiden, sollicitudine.

Aegrimōnia, ae, f. [aeger] Betrübniß, Kummer, Verstimmung (subject., vgl. Aerumna).

Aegritūdo, ĭnis, f. [aeger] überh. Uebelbefinden: A) vom Körper (Spät.) Unpäßlichkeit. B) von der Seele, Kummer, Gram, Betrübniß; oft im plur.

Aegror, ōris, m. [aeger] (Lucr.) die Krankheit.

Aegrōtātio, ōnis, f. [aegroto] das Kranksein, d. h. Krankheit (subject., vgl. morbus); tp. = krankhafter geistiger Zustand, Seelenkrankheit.

Aegrōto, 1. [aegrotus] intr. krank sein, leviter; ae. capite am Kopf; tp. von der Seele = leiden, von abstracten Dingen (Worth.) kränkeln, mores, artes.

Aegrōtus, adj. [aeger] krank, homo, corpus; tp. von der Seele u. dgl.

Aegyptus, i, m. [Αἴγυπτος] 1) mythol., Sohn des Belus, Bruder des Danaus, von dem das Land Aegypten seinen Namen erhielt. Er hatte 50 Söhne, die mit den 50 Töchtern des Danaus verheirathet wurden. 2) geogr., das Land Aegypten. Dav. abgeleitet: a) **Aegyptius**, adj., ägyptisch, u. subst. -ius, ii, m. der Aegyptier. b) (Spät.) **Aegyptiăcus**, adj., = Aegyptus.

Aelius, a, um, Name eines plebejischen Geschlechts zu Rom, zu welchem die Familien Paeti, Tuberones u. A. gehörten. Davon abgel. **Aeliānus**, adj., zu einem Aelius gehörig; namentlich jus Ael., eine nach dem berühmten Rechtsgelehrten S. Aelius Paetus (Consul im Jahre 198) benannte Sammlung von Rechtsformeln (legis actiones); auf denselben Aelius beziehen sich die studia Aeliana bei Cic. de or. 1, 43, 193.

Aello, us, f. [Ἀελλώ] eine der Harpyien.

Aemilius, a, um, Name eines alten und berühmten patricischen Geschlechts zu Rom, in welchem die Familien Lepidi, Pauli u. Scauri die vornehmsten waren. Davon abgel. 1) **Aemilius**, adj., ämilisch, tribus; Ae. via, pons, ludus nach ihren Gründern genannt. 2) **Aemiliānus**, adj. a) Beiname des jüngern Scipio Africanus, der ein leiblicher Sohn des L. Aem. Paulus Macedonicus war. b) -āna, -ōrum, n. pl., ein Stadttheil Roms vor dem Thore in der Nähe des Marsfeldes.

Aemŭlātio, ōnis, f. und (Spät.) **-ātus**, us, m. [aemulor] das Streben, es einem Andern gleich zu machen, 1) im guten Sinne, die Nacheiferung, der Wetteifer: ae. alicuius und laudis alicuius. 2) im üblen Sinne, die Eifersucht, der Neid.

Aemŭlātor, ōris, m. [aemulor] (im guten Sinne), der Nacheiferer, Catonis.

Aemŭlor, dep. 1. [aemulus] es Jmd. gleich zu machen streben, 1) im guten Sinne, Jmd. nacheifern, mit ihm wetteifern, Jmd. zu erreichen streben, aliquem u. (Spät.) alicui. Hierv. bisweilen = erreichen, Jmd. gleich kommen. 2) im üblen Sinne, mit Jmd. eifersüchtig wegen des Vorrangs streiten, neidisch wetteifern, Jmds Nebenbuhler (Rival) sein: ae. alicui ob. cum aliquo; aemulantur inter se; (Poet.) ae. suas umbras auf seinen eigenen Schatten eifersüchtig sein = überaus eif. sein.

Aemŭlus, adj. (oft subst.) Jmd. gleich zu kommen strebend, 1) im guten Sinne, nacheifernd, wetteifernd, subst. der Nacheiferer, alicui u. (subst.) alicuius; ae. laudis alicuius der den Ruhm Jmds zu erreichen sucht. 2) im üblen Sinne, eifersüchtig wetteifernd, von demjenigen, der einen Andern verdrängen will, der Nebenbuhler, Rival, ae. imperii Romani; insbes. = rivalis, Nebenbuhler in der Liebe. 3) (Poet. u. Spät.) was etwas Anderem gleichsam nacheifert, gleich zu stellen, gleich, alicui.

Aenāria, ae, *f.* Insel an der Küste von Campanien, von Einigen als Landungsort des Aeneas genannt, jetzt Ischia. Die römischen Dichter nannten sie Inarime (wegen einer falschen Deutung, aus dem Homerischen εἰν Ἀρίμοις).

Aenēas, ae, m. [Αἰνείας], Sohn des Anchises und der Venus, Führer der Trojaner nach Italien, Ahnherr der Römer. Dav. abgeleitet: 1) **Aeneădes**, ae, m. [Αἰνεάδης], Nachkomme des Aeneas: A) Ascanius, Sohn des Aeneas. B) Augustus. C) *plur.* a) die Gefährten des Aeneas oder überh. die Trojaner. b) die Römer. 2) **Aenēis**, idis ob. idos, *f.* Virgils bekanntes Heldengedicht. 3) **Aenēius**, *adj.*, zum Aen. gehörig.

Aenēător, ōris, m. [aeneus] (Spät.) der Blechmusiker, Trompeter.

Aěnĕus ob. **Ahēnĕus** (ä), (viersylbig) auch (Poet.) Aěnus oder **Ahēnus**, und (Poet. u. Spät.) **Aerěus**, *adj.* [aes] kupfern, ehern, bronzen, status; ut aēneus stes als ehernes Bild; (Poet.) lux a. von glänzenden kupfernen Waffen; barba a. bronzefarben; *tp.* zur Bez. des Festen, Unbezwingbaren, tarris, jugum; *subst.* **Aěnum** ob. **Ahēnum** ein ehernes Gefäß, Kessel.

Aenia ob. **Aenēa**, ae, *f.* [Αἴνεια] Stadt auf der Halbinsel Chalcidice in Macedonien. Dav. **Aeneātes**, tum, m. [Αἰνιᾶται] die Einwohner von Aenia.

Aeniānes, num, m. pl. [Αἰνιᾶνες] Volksstamm im südlichen Thessalien.

Aenigma, ătis, *n.* [αἴνιγμα] 1) das Räthsel, die absichtlich dunkel gehaltene Allegorie. 2) *meton.*, von allem Dunkeln und Räthselhaften, a) die dunkle Andeutung, Anspielung: ae. alicuius auf Jmd. b) in der Rhet. die gar zu dunkle und deßwegen fehlerhafte Allegorie.

Aenĭpes, ēdis, *adj.* [aenus-pes] (Poet.) erzfüßig.

Aěnus, f. Aěneus.

Aenus, i, 1) *f.* Stadt in Thracien an der Mündung des Hebrus, bisw. mit Aenia verwechselt. Davon **Aenii**, orum, m. pl., die Einwohner von Aen. 2) m., f. Oenus.

Aeŏles, um [Αἰολεῖς], ob. **Aeŏlii**, orum, m. pl., die Aeolier, einer der Hauptstämme des hellenischen Volkes, der von Thessalien aus sich auch nach Kleinasien ausbreitete und dort in der nach ihnen benannten Landschaft **Aeŏlis** ob. **Aeŏlia**, wie auf den Inseln, namentlich Lesbos, ansässig wurde. Dav. abgel. **Aeŏlĭcus** u. **Aeŏlĭus**, *adj.*, äolisch.

Aeŏlis, idis, *f.* [Αἰολίς], f. Aeoles und Aeolus.

Aeŏlus, i, m. [Αἴολος] I) Sohn des Hellen, Stammvater der Aeoler, Vater des Sisyphus, Athamas, Salmoneus u. A. II) Sohn des Hippotas, Beherrscher der Winde, wohnhaft auf der Insel Aeolia. — Davon abgeleitet: 1) **Aeŏlĭdes**, ae, m. [Αἰολίδης] Nachkomme des Aeol., Aeolide, A) von Nachkommen des Aeolus I.: a) seine Söhne, Sisyphus, Athamas, Salmoneus. b) sein Enkel Cephalus. c) Phrixus, Sohn des Athamas. d) Ulysses als Sohn des Sisyphus (der seine Mutter Antiflea vor ihrer Hochzeit mit Laertes genothzüchtigt haben sollte). B) von Nachkommen des Aeolus II.: Misenus, der Gefährte des Aeneas. 2) **Aeŏlis**, idis, *f.* [Αἰολίς] weibl. Nachkomme des Aeolus I.: a) seine Tochter Canace. b) Alcyone (f. b. A.) 3) **Aeŏlius** [Αἰόλιος], zu einem der zwei Aeolus gehörig.

Aequābĭlis, e [aequo], *adj.* mit *comp.* 1) gleich, cum aliquo. 2) sich selbst gleich bleibend, gleichförmig, unverändert, motus, amnis perennis immer sich gleich strömend; perpetuus et ac., aequabilis cunctis vitae officiis. Hiervon = gleich für Alle, gleichmäßig, partitio; hierv. unpartheiisch, gerecht, jus.

Aequābilĭtas, ātis, *f.* [aequabilis] die Gleichheit, Gleichförmigkeit und Gleichmäßigkeit: ae. orationis gleichmäßiger und ruhiger Fluß, Gang; insbes. = Gleichheit vor den Gesetzen, Gleichheit des Rechts, legitima ae., hiervon = Billigkeit, Gerechtigkeit.

Aequābĭlĭter, *adv.* mit *comp.* [aequabilis], gleichmäßig, gleichförmig.

Aequaevus, *adj.* [aequus-aevum] (Poet.) von gleichem Alter, alicui.

Aequālis, e, *adj.* [aequus] 1) (*Sall.* u. Spät.) vom Orte, gleich, eben, locus. Hierv. *tp.* sich selbst gleich bleibend, gleichmäßig, strepitus, imber. 2) im Vergleich mit andern Gegenständen, gleich, mit Etwas gleich stehend (bes. in Bezug auf die Beschaffenheit, vgl. par), von gleichem Aussehen, Werth u. f. w.: tumuli aequales gleich hohe; ae. alicui. 3) Hierv. von der Zeit, von gleichem Alter, ob., in weiterer Bed., von gleichem Zeitalter, gleichzeitig, alicui mit Jmd.; als *subst.* = Altersgenoß ob. Zeitgenoß, auch ae. alicuius Jmds, meus mein; benevolentia ae. aetati ein Wohlwollen, das so alt ist wie das Leben Jmds.

Aequālĭtas, ātis, *f.* [aequalis] die Gleichheit, 1) (Spät.) = Ebenheit, maris. 2) = die gleiche Beschaffenheit, a) = die Gleichheit, Gleichförmigkeit; b) = die Gleichheit des Alters; c) die Gleichheit der Rechte. So: ae. fraterna; cetera in summa ae. ponere sich ganz gleich achten.

Aequālĭter, *adv.* mti *comp.* [aequalis] gleich, gleichmäßig, gleichförmig.

Aequănĭmĭtas, ātis, *f.* [aequus-animus] (Vorkl. u. Spät.) 1) die billige Denkweise, Nachsicht. 2) die Geduld, Langmuth, adversus aliquid.

Aequātio, ōnis, *f.* [aequo] das Gleichmachen, die Gleichstellung.

Aeque (aequus), *adv.* mit *comp. u. sup.* 1) zur Bez. einer Gleichung, A) *abs.*, wo eine Sache mit sich selbst verglichen wird, gleich, gleich viel, gleichmäßig: duae trabes ae. longae; benevolentia non omnes ae. egent in gleichem Grade. B) wo eine Sache mit einer

Aequi   **Aer**   27

andern verglichen wird, ebenso, eben so sehr: gew. folgt hierauf im zweiten Gliede atque ob. ac, auch et ob. quam (als, wie), bei Spät. ut, quasi, tamquam u. dgl., bei Com. u. Spät. auch cum (ae. mecum ebenso sehr wie ich), bei Pl. sogar ein *abl.* (nullus est hoc meticulosus ae. so furchtsam als Er); oft fehlt das zweite Vergleichungsglied: tu prope ae. doles (sc. atque ego). *2) billig, mit Billigkeit.
Aequi ob. **Aequicŭli**, ōrum, *m. pl.* altitalisches Volk in Latium, das lange mit Rom Krieg führte. Hierv. **Aequicus** u. **Aequicŭlus**, *adj.*, zu den Aequern gehörig.
Aequilĭbrĭtas, ātis, *f.* [aequus-libra] eigtl. Gleichgewicht, eine von Cicero versuchte Uebersetzung des griechischen ἰσονομία = gleichmäßige Vertheilung der Kräfte der Natur.
Aequimēlium (-maelium), ii, *n.* ein leerer Platz in Rom, der Sage nach so benannt, weil das Haus des wegen hochverrätherischer Pläne hingerichteten Sp. Melius dort gestanden hatte.
Aequinoctiālis, e, *adj.* [aequinoctium] (Spät.) zur (Tag- u.) Nachtgleiche gehörig: ae. circulus = der Aequator.
Aequinoctium, ii, *n.* [aequus-nox] die (Tag- u.) Nachtgleiche.
Aequipărābĭlis ob. **-pěrăbĭlis**, e [aequiparo] *adj.* (Pl.) vergleichbar, alicui ob. cum aliquo.
Aequi-păro ob. **-pěro**, 1. 1) in der Beurtheilung und der Meinung gleich machen, d. h. gleichstellen, Etwas neben Etwas stellen, aliquem alicui und (Pl.) ae. meas virtutes ad tuas; *ae. gloriam cum aliquo. 2) gleichkommen, erreichen, aliquem (aliqua re), (Spät.) auch alicui.
Aequĭtas, atis, *f.* [aequus] (1 (Spät.) Gleichheit der Theile, Ebenmaaß, membrorum. 2) das Gleichsein, die Gleichheit (vor dem Gesetze, in bürgerlichen Verhältnissen u. s. w.). 3) die Billigkeit, das billige u. gleichmäßige Verfahren, ae. et justitia. 4) die Ruhe (Leidenschaftslosigkeit) des Gemüthes, Gleichmuth, Gelassenheit, Genügsamkeit, Mäßigkeit: ae. animi.
Aequo, 1) [aequus] I. *trans.* 1) ebnen, eben machen, locum, aream, planiciem. Hierv. 2) gleich machen. A) Etwas mit sich selbst gleich machen, ausgleichen, gleichmäßig vertheilen, gleich groß u. s. w. für Alle machen u. dgl.: ae. frontem (term. t. von einer Armee) eine gerade Linie bilden, velis aequatis mit den Segeln gleichmäßig geschwellt; ae. omnium pericula die Gefahr Aller gleich groß machen, pecunias Vermögensgleichheit einführen; aequato jure omnium da das Recht Aller gleichgestellt war, aequato Marte = aequo M.; ae. foedus (Poet.) die Uebereinkunft auf gleiche Bedingungen schließen; ae. sortes dafür Sorge tragen, daß die Loose in gleicher Anzahl u. von gleichem Stoffe sind, und daß jedes seinen verschiedenen Namen hat. B) eine Sache mit einer andern gleich machen, mit ihr gleichstellen: ae. rem rei oder cum re; ae. ludum nocti (Poet.) das Spiel so lange dauern lassen wie die Nacht; bes. ae. templum u. dgl. solo

dem Erdboden gleich machen (d. h. niederreißen). C) in der Beurtheilung gleich machen = gleichstellen, auf gleiche Stufe stellen, vergleichen, rem cum re, Philippum Hannibali. II. *intr.* sich einem Anderen gleich machen, d. h. Jmb. gleichkommen, es ihm gleich thun, ihn erreichen, alicui ob. aliquem (cursu im Lauf), auch ae. cursum alicuius ebenso schnell laufen wie Jmb.; sagitta ae. ventum (Poet.) fliegt so schnell wie der Wind; ae. facta dictis die Thatsachen auf eine ihrer Größe entsprechende Weise durch die Rede darstellen.
Aequor, ōris, *n.* [aequus] (meist Poet. u. Spät.) die ebene, wagerechte Fläche campi, speculi; (Poet.) = Feld überh., bes. aber von der Meeresfläche und dav. überh. = Meer.
Aequŏreus, *adj.* (Poet.) [aequor] zum Meere gehörig, Meer-.
Aequus, *adj.* mit comp. u. sup. 1) räumlich, eben, gleich, wagerecht (im Gegens. der aufsteigenden ob. abwärts sich neigenden Fläche, vgl. planus), campus, locus; dav. ex aequo (loco) dicere von einem Redner, wenn er und die Zuhörer gleich hoch stehen, = im Senate (im Gegens. von ex inferiore loco vor Gericht, zu den höher sitzenden Richtern, ex superiore loco auf dem Rednerstuhle, in den Volksversammlungen); bisw. *subst.* aequum = die Ebene, campi. 2) gleich, gleich groß (s. w., praeda, pars; passibus non aequis (Poet.) mit ungleichen d. h. kürzeren Schritten; insbef. aequo Marte pugnare (aequâ manu ob. aequo proelio discedere) mit gleichem Kriegsglück kämpfen, so daß der Sieg unentschieden ist; aequa pugna eine unentschiedene Schlacht. Hierv. A) frons ae. gerade (milit. term. t.). B) (Poet.) entsprechend, übereinstimmend mit, poena ae. peccatis, materies ae. viribus. C) aequum als *subst.* in gewissen Verbindungen: a) ex aequo in gleichem Maaße, auf gleiche Weise. b) in aequo esse ob. stare auf gleicher Stufe (in Bezug auf Rechte, Verhältnisse u. s. w.) stehen. c) in aequo ponere aliquem alicui Jmb. einem Andern gleichstellen. 3) günstig, A) = vortheilhaft, bequem: locus, tempus ae. alicui für Jmb. B) = geneigt, gewogen, wohlwollend, alicui und (selt.) in aliquem, (Poet.) in aliquo. 4) (zu keiner von beiden Seiten sich neigend), billig, gerecht u. s. w. (dem natürlichen Recht gemäß, während justus die Uebereinstimmung mit dem positiven Recht bez.), lex, postulatio; judex ae. unparteiisch. Insbes. a) *subst.* aequum das Billige, die Billigkeit, bes. ae. et bonum was recht und billig ist; aequi bonique aliquid facere sich Etwas gefallen lassen, es ertragen. b) aequum est es ist recht, billig, es ziemt sich. c) bei *comp.* steht der *abl.* aequo = als recht ob. schicklich ist: largius ae. gar zu reichlich. 5) vom Gemüth, das das Gleichgewicht nicht verliert, ruhig, gelassen, zufrieden, geduldig; häuf. ae. animus = Geistesruhe, Genügsamkeit, Gleichmuth, Geduld, aequo animo aliquid ferre (accipere, pati u. dgl.) ruhig, geduldig Etwas ertragen ob. mit Etwas zufrieden sein.
Āēr, ēris, *m.* (ă) [ἀήρ] die Luft, namentlich die untere Luft, die Atmosphäre, der Dunstkreis (vgl. aether). Hierv. (Poet.) a) = Nebel,

Wolfe; b) summus aër arboris die oberste luftige Spitze des Baumes.

Aerārius, adj. [aes] zum Kupfer=, Erz gehörig, Kupfer=, metallum; ae. fornax der Schmelzofen, faber ae. der Kupferschmied. Ueber tribuni aer. s. Tribunus. Hierv. subst. 1) -ia, ae, f. a) sc. officina (Worfl. u. Spät.) die Schmelzhütte; b) sc. fodina ob. sectura die Erzgrube. 2) -ium, ii, n. die Schatzkammer zu Rom, A) = der Ort, das Gebäude, wo das öffentliche Geld verwahrt wurde, zugleich als Staatsarchiv benutzt. B) = die Staatskasse, der öffentliche Schatz (unter den Kaisern meist im Gegens. des fiscus. 3) -ius, ii, m. (sc. civis) ein Bürger aus der untersten Klasse zu Rom, welche, von dem Kriegsdienst, dem Stimmrecht und dem Zutritt zu Staatsämtern ausgeschlossen, nur einen bestimmten Geldbeitrag (Kopfsteuer) zu den Staatslasten an die Finanzkasse zu zahlen hatten.

Aerātus, adj. [aes] 1) mit Erz versehen, =beschlagen, navis; classis ae. mit kupfernen Schnäbeln versehen, lectus mit kupfernen Füßen. Hierv. tp. homo ae. = sehr reich. 2) (Poet.) = aëneus.

Aerĕus, adj. [aes] (Poet. u. Spät.) 1) = Aëneus. 2) = Aeratus.

*****Aerĭfer**, ĕra, ĕrum [aes-fero] adj. (Poet.) erztragend, d. h. eherne Cymbeln tragend.

Aerĭpes, ĕdis, adj. [aes-pes] (Poet.) erzfüßig.

Aerius ob. -reus [aër] (ā) adj. (Poet.) luftig, zur Luft gehörig ob. in der Luft seiend: volatus a. durch die Luft, columba a. hoch in der Luft fliegend. Hierv. = sehr hoch, in die Luft emportragend, mons.

Aerŏpe, es, f. (ā) [Ἀερόπη] Gemahlinn des Atreus, Mutter des Agamemnon und des Menelaus.

Aerūgĭnōsus, adj. [aerugo] (Spät.) voll von Kupferrost ob. Grünspan.

Aerūgo, ĭnis, f. [aes] 1) Kupferrost ob. Grünspan. 2) tp. a) = Neid, Scheelsucht. b) = Habsucht, Geiz.

Aerumna, ae, f. [aegrimonia?] die Kummer, Mühseligkeit, Mühe, Noth (object., vgl. aegrimonia).

Aerumnābĭlis, e, adj. [aerumna] (Lucr.) = aerumnosus.

Aerumnōsus, adj. [= aerumna] voll Drangsal und Mühseligkeit, mühselig, unglücklich, mit Noth beladen, homo; mare ae. = sturmbewegt.

Aerusco, 1. (Spät.) [verw. mit aes?] als herumziehender Marktschreier und Gaukler Geld zusammenbetteln.

Aes, aeris, n. 1) Erz, Kupfer, überh. Mischmetall, Bronze; bsd. (häuf. im plur.) von kupfernen Sachen (Statuen, Waffen, Tafeln, Gefäßen, einer Trompete u. dgl.); aes Corinthium eine Mischung, deren Beschaffenheit man nicht recht kennt. 2) Geld, Münze, urspr. Kupfergeld: aes grave das alte vollwichtige italienische Geld, von welchem das Aß ein Pfund wog. Häuf. aes coll. = asses: quingenta millia aeris = 50000 asses; bei Zahladverbien wurden bei runden Summen von einer Million und darüber die Worte centena millia ausgelassen (wie bei sestertium): habere decies

aeris 10 Millionen Aße besitzen. Hierv. A) zur Bez. der Schuldverhältnisse: aes alienum Schulden (facere ob. contrahere machen, solvere ob. persolvere bezahlen, habere aes al. ob. esse in aere al. in Schulden stecken, aere alieno exire ob. exsolvi schuldenfrei werden); in meo aere sum ich bin ohne Schulden, aber trop. is est in meo aere er gehört mir zu, er ist mir verpflichtet, mein Freund. B) (Spät.) = Werth: esse alicuius aeris. C) meist im plur. die Löhnung, namentlich Sold der Soldaten; hierv. trop. wie stipendia,—= Dienstjahre, Kriegsdienst (trop. cognoscentur vera illius aera Dienstjahre im Solde der Ausschweifungen). 3) Insbes. A) aes equestre, die Summe von 10000 Aßen, die jeder Ritter vom Staate erhielt zum Ankauf eines Pferdes. B) aes hordearium, die Summe von 2000 Aßen, welche jeder Ritter jährlich vom Staate erhielt zur Unterhaltung seines Pferdes, und welche begüterte viduae, d. h. Waisen und Wittwen, jede für einen Ritter erlegen mußten.

Aesar, m. (Spät.) im Etruskischen = Gott.

Aesar, ăris, m. Fluß in Bruttium in Unteritalien.

Aeschĭnes, is, m. [Αἰσχίνης] 1) aus Athen, Philosoph, Schüler des Socrates. 2) aus Neapel, Philosoph, Schüler des Carneades, Lehrer der neuen Academie zu Athen. 3) aus Athen, Redner, Gegner des Demosthenes. 4) aus Milet, Redner, Zeitgenosse des Cicero.

Aeschӯlus, i, m. [Αἰσχύλος] 1) berühmter griechischer Tragödienbichter zu Athen. Dav. abgel. **Aeschӯlēus**, adj. 2) ein Rhetor aus Cnidus, Zeitgenosse des Cicero.

Aescŭlāpius, ii, m. [gr. Ἀσκληπιός] nach der gewöhnlichen Sage Sohn des Apollo und der Coronis, bei den Griechen Gott der Heilkunde, Schüler des Chiron.

Aescŭlētum, i, n. (Poet.) [aesculus] ein Wintereichenwald.

Aescŭlĕus, adj. [aesculus] (Poet.) zur Wintereiche gehörig, wintereichen.

Aescŭlus, i, f. die Wintereiche.

Aesernia, ae, f. Stadt in Samnium. Dav. abgel. **Aesernīnus**, 1) adj. zur Stadt Aes. gehörig; subst. -nĭni, ōrum, die Einwohner der Stadt Aes. 2) subst. nom. pr. Name eines berühmten Gladiators.

Aeson, ŏnis, m. [Αἴσων] Vater des Jason u. Halbbruder des Pelias, der ihn vom Throne zu Jolcos stieß.

Aesōpus, i, m. [Αἴσωπος] 1) griechischer Fabeldichter aus Phrygien, der zur Zeit Solons gelebt haben soll. Davon abgel. **Aesōpĭcus** ob. -pĭus ob. -pēus, adj. 2) Claudius (Clodius) Aes. berühmter tragischer Schauspieler zu Rom, Zeitgenosse des Cicero.

Aestas, ātis, f. der Sommer; (Poet.) = a) Sommerluft ob. Sommerhitze; b) zur Bez. eines Jahres.

Aestĭ-fĕr, ĕra, ĕrum [aestus-fero] adj. (Poet.) hitzebringend.

*****Aestĭmābĭlis**, e, [aestimo] adj. was einigen Werth hat, schätzbar.

Aestĭmātio, ōnis, f. [aestimo] 1) die Abschätzung einer Sache nach ihrem Geldwerthe, die Schätzung, Taxirung, der Anschlag, frumenti, census; ae. litis, poenae Festsetzung der Buße, der Strafe, f. aestimo; venire in aestimationem abgeschätzt werden; ae. senatus vom Ernste bestimmt. Insbef. a) die Schätzung eines Besitzthums, welches ein Schuldner zu einem gewissen Preise dem Gläubiger an Zahlungsstatt überläßt. = Bezahlung durch abgeschätzte Güter: accipere ae. ab aliquo; malim numerato quam aestimatione lieber contant als durch eine ae.; insbef. accipere praedia in aestimationem von denjenigen Gläubigern, die nach dem Bürgerkriege statt baaren Geldes von ihren Schuldnern Grundstücke annehmen mußten zu einem von Cäsar bestimmten sehr hohen Preise. b) meton. = die auf jene Weise abgeschätzten und an Zahlungsstatt empfangenen Güter: vendere aeae. suas. 2) Schätzung einer Sache nach ihrem inneren Werth, die Würdigung (vgl. existimatio), ae. rei alicuius.

Aestimātor, ōris, m. [aestimo] 1) der Abschätzer, Taxirer. 2) überh. der Würdiger, Beurtheiler.

Aestimo, 1. 1) den Geldwerth einer Sache bestimmen, abschätzen, taxiren, anschlagen: ae. rem magni hoch, ebenso pluris, plurimi, auch magno u. s. w.; ae. domum tribus denariis. Insbef. ae. litem alicui ob. alicuius den streitigen Gegenstand (ob. den angerichteten Schaden) nebst den Prozeßkosten abschätzen und dadurch die Größe der Summe festsetzen, die der Verlierende theils als Ersatz theils als Buße zu bezahlen hat; dav. ae. litem capitis den Prozeß zu einer Capitalsache machen. 2) den inneren Werth einer Sache bestimmen, schätzen, würdigen, beurtheilen (immer wird eine Angabe des Werths ob. des Maaßstabes beigefügt; vgl. existimo): ae. rem ex veritate, ae. virtutem annis (nach der Wahrheit, nach den Jahren); ae. rem magni, felt. magno ob. mit adv. z. B. liberaliter (Spät.) ae., qualis illa pax sit u. dgl.

*****Aestīve**, adv. (Pl.) [aestas] sommerhaft, für den Sommer.

Aestivo, 1. [aestas] (Spät.) den Sommer zubringen.

Aestīvus, adj. [aestas] zum Sommer gehörig, sommerlich, Sommer-, dies Sommertag; saltus ae. im Sommer von den Heerden besuchte Waldtriften; aves aeae. die nur im Sommer erscheinen; insbef. castra ae. Sommerlager. Hiervon subst. **Aestīva**, ōrum, n. pl. sc. castra, A) eigtl., a) das Sommerlager. b) der Feldzug, die Campagne (weil bei den Alten die Kriegsoperationen gewöhnlich im Winter ruheten): conficere aeae. B) (Poet. und Spät.) a) die Sommerweide, der Sommeraufenthalt der Heerden. b) = die Heerde.

Aestuārium, ii, n. [aestus] ein niedriger Theil der Meeresküste, der in der Fluthzeit überschwemmt und dadurch sumpfig wird, die Meeresfläche, Lagune. Dav. a) überhaupt = ein Sumpf. b) eine Bucht, Bai.

Aestŭmo, a. S. für Aestimo.

Aestuo, 1. [aestus] 1) vom Feuer, (Poet.) auflodern, aufbrausen. Hierv. A) (Poet.) subject, heiß sein, aër. B) subject. = Hitze empfinden, heiß sein = erhitzt sein: homo m. sub pondere schwitzt. 2) (Poet.) vom Wasser, bes. dem Meere, wogen, wallen, branden. 3) trop. vom Gemüthe, a) heftig bewegt sein, in leidenschaftlichem Aufruhr sein: ae. desiderio vor Verlangen „brennen". b) = schwanken, unschlüssig sein.

Aestŭōse, adv. mit comp. [aestuosus] 1) brennend. 2) wogend.

Aestŭōsus, adj. [aestus] 1) sehr heiß, brennend. 2) wogend, wallend, schäumend, Syrtes.

Aestus, us, m. überh. von jeder wallenden, wogenden Bewegung, 1) (meist Poet.) vom Feuer, die Gluth, Flamme, Hitze: propinsque volvunt incendia aestus der Brand wälzt seine wogende Gluth näher; ae. febrisque = Fieberhitze. 2) vom Meere, A) das Wogen, die Brandung; (Poet.) auch vom kochenden Wasser. B) die Fluth, Meeresfluth, gew. in der Verb. aestuum accessus die Fluth, decessus ob. recessus aestuum die Ebbe, aestus maxime tumens = Springfluth. 3) vom Gemüthe, A) das heftige Aufwallen, die Gemüthsbewegung, Leidenschaft, wilde Heftigkeit (des Gefühls u. s. w.): ae. belli civilis, irarum, curarum; auch ae. consuetudinis nos abripit; ae. gloriae brennender Ehrgeiz. B) Schwanken u. unschlüssiger Zustand der Seele, das Schwanken, die Unschlüssigkeit, Unruhe.

Aestyi, ōrum, m. pl. Küstenvolk im östlichen Germanien.

Aesŭla, ae, f. Städtchen in Latium. Davon abgel. **Aesŭlānus**, adj., u. -āni, ōrum, m. pl. die Einwohner von Aes.

Aetas, ātis, f. [contrah. aus dem veralt. aevitas von aevum] 1) das Alter = ein gewisser Theil der Lebenszeit bes. des Menschen: ae. militaris; ae. tenera, infirma die Kindheit ob. zarte Jugend; flos aetatis die blühende Jugend; ae. constans = das männliche Alter, exacta das hohe Alter. Hierv. meton. a) = ein Mensch in einem bestimmten Alter: dedecora quae ipsius aetas pertulit = er in seiner Jugend. b) coll. = die Menschen eines gewissen Alters: puerilis ae. die Knaben; omnes ordines et aeae. 2) die Lebenszeit, das Leben: agere, degere aetatem. 3) das Zeitalter, Menschenalter, die Zeit. A) eigtl., abstr., usque ad hanc ae. B) (meist Poet. u. Spät.) concr., = die in einem gewissen Zeitalter lebenden Menschen, das „Geschlecht": dura ae.; aurea ae. 4) (Vorklassisch) aetatem als adv. = das ganze Leben hindurch, Zeitlebens, davon lange ob. ewig. 5) (Vorklassisch) in aetate als adv. = zu Zeiten, zuweilen.

Aetātŭla, ae, f. [deminut. von aetas] das Kindesalter oder das frische zarte Jugendalter.

Aeternĭtas, ātis, f. [aeternus] 1) die Ewigkeit, ewige Zeit. 2) die Unvergänglichkeit, Unsterblichkeit. Hierv. in der Kaiserzeit als ein Ehrentitel, ae. tua.

Aeterno, 1. [aeternus] (Poet., felt.) verewigen, ewig machen, rem.

Aeternus, adj. [aus aeviternus von aevum] 1) ewig, über alle Schranken der Zeit erhaben (vgl. sempiternus). 2) oft = unvergänglich, unsterblich, immerdauernd. 3) adv. a) aeternum ob. aeterno immerfort; in aeternum ob. (Poet.) bloß aeternum auf ewig, für immer.

Aether, ĕris, m. [αἰθήρ] die obere feine und reine Luft, der Aether (vgl. aër). Hierv.

Wolke; b) summus aër arboris die oberste luftige Spitze des Baumes.

Aerārius, *adj.* [aes] zum Kupfer-, Erzgehörig, Kupfer-, metallum; ae. fornax der Schmelzofen, faber ae. der Kupferschmied. Ueber tribuni aer. s. Tribunus. Hierv. *subst.* 1) -ia, ae, *f.* a) *sc.* officina (Worfl. u. Spät.) die Schmelzhütte; b) *sc.* fodina ob. sectura die Erzgrube. 2) -ium, ii, *n.* die Schatzkammer zu Rom, A) = der Ort, das Gebäude, wo das öffentliche Geld verwahrt wurde, zugleich als Staatsarchiv benutzt. B) = die Staatskasse, der öffentliche Schatz (unter den Kaisern meist im Gegens. des fiscus). 3) -ius, ii, m. (*sc.* civis) ein Bürger aus der untersten Klasse zu Rom, welche, von dem Kriegsdienst, dem Stimmrecht und dem Zutritt zu Staatsämtern ausgeschlossen, nur einen bestimmten Geldbeitrag (Kopfsteuer) zu den Staatslasten an die Finanzkasse zu zahlen hatten.

Aerātus, *adj.* [aes] 1) mit Erz versehen, -beschlagen, navis; classis ae. mit kupfernen Schnäbeln versehen, lectus mit kupfernen Füßen. Hierv. *tp.* homo ae. = sehr reich. 2) (Poet.) = aëneus.

Aerĕus, *adj.* [aes] (Poet. u. Spät.) 1) = Aëneus. 2) = Aeratus.

*****Aerĭfer**, ĕra, ĕrum [aes-fero] *adj.* (Poet.) erztragend, d. h. eherne Cymbeln tragend.

Aerĭpes, ĕdis, *adj.* [aes-pes] (Poet.) erzfüßig.

Aerĭus ob. -reus [aër] (ä) *adj.* (Poet.) luftig, zur Luft gehörig ob. in der Luft seiend: volatus a. durch die Luft, columba a. hoch in der Luft fliegend. Hierv. = sehr hoch, in die Luft emporragend, mons.

Aerŏpe, es, *f.* (ä) [Ἀερόπη] Gemahlinn des Atreus, Mutter des Agamemnon und des Menelaus.

Aerūgĭnōsus, *adj.* [aerugo] (Spät.) voll von Kupferrost ob. Grünspan.

Aerūgo, ĭnis, *f.* [aes] 1) Kupferrost ob. Grünspan. 2) *tp.* a) = Neid, Scheelsucht. b) = Habsucht, Geiz.

Aerumna, ae, *f.* [aegrimonia?] die Kummer, Mühseligkeit, Mühe, Noth (object., vgl. aegrimonia).

Aerumnābĭlis, e, *adj.* [aerumna] (*Lucr.*) = aerumnosus.

Aerumnōsus, *adj.* [= aerumna] voll Drangsal und Mühseligkeit, mühselig, unglücklich, mit Noth beladen, homo; mare ae. = sturmbewegt.

Aerusco, 1. (Spät.) (verw. mit aes?) als herumziehender Marktschreier und Gaukler Geld zusammenbetteln.

Aes, aeris, *n.* 1) Erz, Kupfer, überh. Mischmetall, Bronze; dav. (häuf. im *plur.*) von kupfernen Sachen (Statuen, Tafeln, Gefäßen, einer Trompete u. dgl.); aes Corinthium eine Mischung, deren Beschaffenheit man nicht recht kennt. 2) Geld, Münze, urspr. Kupfergeld: aes grave das alte vollwichtige italienische Geld, von welchem das Aß ein Pfund wog. Häuf. aes coll. = asses: quingenta millia aeris = 50000 asses; bei Zahladverbien wurden bei runden Summen von einer Million und darüber die Worte centena millia ausgelassen (wie bei sestertium): habere decies

aeris 10 Millionen Asse besitzen. Hierv. A) zur Bez. der Schuldverhältnisse: aes alienum Schulden (facere ob. contrahere machen, solvere ob. persolvere bezahlen, habere aes al. ob. esse in aere al. in Schulden stecken, aere alieno exire ob. exsolvi schuldenfrei werden); in meo aere sum ich bin ohne Schulden, aber *trop.* is est in meo aere = gehört mir zu, er ist mir verpflichtet, mein Freund. B) (Spät.) = Werth: esse alicuius aeris. C) meist im *plur.* die Löhnung, namentlich Sold der Soldaten; hierv. *trop.* wie stipendia, = Dienstjahre, Kriegsdienst (*trop.* cognoscentur vera illius aera Dienstjahre im Solde der Ausschweifungen). 3) Insbef. A) aes equestre, die Summe von 10000 Assen, die jeder Ritter vom Staate erhielt zum Ankauf eines Pferdes. B) aes hordearium, die Summe von 2000 Assen, welche jeder Ritter jährlich vom Staate erhielt zur Unterhaltung seines Pferdes, und welche begüterte viduae, d. h. Waisen und Wittwen, jede für einen Ritter erlegen mußten.

Aesar, *m.* (Spät.) im Etruskischen = Gott.

Aesar, ăris, *m.* Fluß in Bruttium in Unteritalien.

Aeschĭnes, is, *m.* [Αἰσχίνης] 1) aus Athen, Philosoph, Schüler des Socrates. 2) aus Neapel, Philosoph, Schüler des Carneades, Lehrer der neuen Academie zu Athen. 3) aus Athen, Redner, Gegner des Demosthenes. 4) aus Milet, Redner, Zeitgenosse des Cicero.

Aeschȳlus, i, *m.* [Αἰσχύλος] 1) berühmter griechischer Tragödiendichter zu Athen. Dav. abgel. **Aeschȳlēus**, *adj.* 2) ein Rhetor aus Cnidus, Zeitgenosse des Cicero.

Aescŭlāpĭus, ii, *m.* [gr. Ἀσκληπιός] nach der gewöhnlichen Sage Sohn des Apollo und der Coronis, bei den Griechen Gott der Heilkunde, Schüler des Chiron.

Aescŭlētum, i, *n.* (Poet.) [aesculus] ein Wintereichenwald.

Aescŭlĕus, *adj.* [aesculus] (Poet.) zur Wintereiche gehörig, wintereichen.

Aescŭlus, i, *f.* die Wintereiche.

Aesernĭa, ae, *f.* Stadt in Samnium. Dav. abgel. **Aesernīnus**, 1) *adj.* zur Stadt Aes. gehörig; *subst.* -nini, ōrum, die Einwohner der Stadt Aes. 2) *subst. nom. pr.* Name eines berühmten Gladiators.

Aeson, ŏnis, *m.* [Αἴσων] Vater des Jason u. Halbbruder des Pelias, der ihn vom Throne zu Jolcos stieß.

Aesŏpus, i, *m.* [Αἴσωπος] 1) griechischer Fabeldichter aus Phrygien, der zur Zeit Solons gelebt haben soll. Davon abgel. **Aesopĭus** ob. -pĭus ob. -pēus, *adj.* 2) Claudius (Clodius) Aes. berühmter tragischer Schauspieler zu Rom, Zeitgenosse des Cicero.

Aestas, ātis, *f.* der Sommer; (Poet.) = a) Sommerluft ob. Sommerhitze; b) zur Bez. eines Jahres.

Aestĭ-fer, ĕra, ĕrum [aestus-fero], *adj.* (Poet.) hitzbringend.

*****Aestĭmābĭlis**, e, [aestimo], *adj.* was einigen Werth hat, schätzbar.

Aestĭmātĭo, ōnis, *f.* [aestimo] 1) die Abschätzung einer Sache nach ihrem Geldwerthe, die Schätzung, Taxirung, der Anschlag, frumenti, censūs; ae. litis, poenae Festsetzung der Buße, der Strafe, s. aestimo; venire in aestimationem abgeschätzt werden; ae. senatus vom Senate bestimmt. Insbes. a) die Schätzung eines Besitzthums, welches ein Schuldner zu einem gewissen Preise dem Gläubiger an Zahlungsstatt überläßt, = Bezahlung durch abgeschätzte Güter: accipere ae. ab aliquo; malim numerato quam aestimatione lieber contant als durch eine ae.; insbes. accipere praedia in aestimationem von demjenigen Gläubigern, die nach dem Bürgerkriege statt baaren Geldes von ihren Schuldnern Grundstücke annehmen mußten zu einem von Cäsar bestimmten sehr hohen Preise. b) meton. = die auf jene Weise abgeschätzten und an Zahlungsstatt empfangenen Güter: vendere aeae. suas. 2) Schätzung einer Sache nach ihrem inneren Werth, die Würdigung (vgl. existimatio), ae. rei alicuius.

Aestimātor, ōris, m. [aestimo] 1) der Abschätzer, Taxirer. 2) überh. der Würdiger, Beurtheiler.

Aestimo, 1. 1) den Geldwerth einer Sache bestimmen, abschätzen, taxiren, anschlagen: ae. rem magni hoch, ebenso pluris, plurimi, auch magno u. s. w.; ae. domum tribus denariis. Insbes. de litem alicui ob. alicuius den streitigen Gegenstand (ob. den angerichteten Schaden) nebst den Proceßkosten abschätzen und dadurch die Größe der Summe festsetzen, die der Verklagte theils als Ersatz theils als Buße zu bezahlen hat; dav. ae. litem capitis den Proceß zu einer Capitalsache machen. 2) den inneren Werth einer Sache bestimmen, schätzen, würdigen, beurtheilen (immer mit einer Angabe des Werths ob. des Maaßstabes beigefügt; vgl. existimo): ae. rem ex veritate, ae. virtutem annis (nach der Wahrheit, nach den Jahren); ae. rem magni, selt. magno ob. mit adv. z. B. liberaliter; (Spät.) ae., qualis illa pax sit u. dgl.

*__Aestīve__, adv. (Pl.) [aestas] sommerhaft, für den Sommer.

Aestīvo, 1. [aestas] (Spät.) den Sommer zubringen.

Aestīvus, adj. [aestas] zum Sommer gehörig, sommerlich, Sommer-, dies Sommertag; saltus ae. im Sommer von den Heerden besuchte Waldtriften; aves aeae. die nur im Sommer erscheinen; insbes. castra aeae. Sommerlager. Hiervon subst. **Aestīva**, ōrum, n. pl. sc. castra, A) eigtl., a) das Sommerlager. b) der Feldzug, die Campagne (weil bei den Alten die Kriegsoperationen gewöhnlich im Winter ruheten): conficere aeae. B) (Poet. und Spät.) a) die Sommerweide, der Sommeraufenthalt der Heerden. b) = die Heerde.

Aestuārium, ii, n. [aestus] ein niedriger Theil der Meeresküste, der in der Fluthzeit überschwemmt und dadurch sumpfig wird, eine Meeresläche, Lagune. Dav. a) überhaupt = ein Sumpf. b) eine Bucht, Bai.

Aestŭmo, a. S. für Aestimo.

Aestŭo, 1. [aestus] 1) vom Feuer, (Poet.) auflodern, aufbrausen. Hierv. A) (Poet.) obj., heiß sein, aër. B) subject. = Hitze empfinden, heiß sein = erhitzt sein: homo a. sub pondere schwitzt. 2) (Poet.) vom Wasser, bes. dem Meere, wogen, wallen, branden. 3) trop. vom Gemüthe, a) heftig bewegt sein, in leidenschaftlichem Aufruhr sein: ae. desiderio vor Verlangen „brennen". b) = schwanken, unschlüssig sein.

Aestŭōse, adv. mit comp. [aestuosus] 1) brennend. 2) wogend.

Aestŭōsus, adj. [aestus] 1) sehr heiß, brennend. 2) wogend, wallend, schäumend, Syrtes.

Aestus, us, m. überh. von jeder wallenden, wogenden Bewegung, 1) (meist Poet.) vom Feuer, die Gluth, Flamme, Hitze: propinquus volvunt incendia aestus der Brand wälzt seine wogende Gluth näher; ae. febrisque = Fieberhitze. 2) vom Meere, A) das Wogen, die Brandung; (Poet.) auch vom kochenden Wasser. B) die Fluth, Meeresfluth, gew. in der Verb. aestuum accessus die Fluth, decessus ob. recessus aestuum die Ebbe, aestus maxime tumens = Springfluth. 3) vom Gemüthe, A) das heftige Aufwallen, die Gemüthsbewegung, Leidenschaft, wilde Heftigkeit (des Gefühls u. w.): ae. belli civilis, irarum, curarum; auch ae. consuetudinis nos abripit; ae. gloriae brennender Ehrgeiz. B) Schwanken u. unschlüssiger Zustand der Seele, das Schwanken, die Unschlüssigkeit, Unruhe.

Aestyi, ōrum, m. pl. Küstenvolk im östlichen Germanien.

Aesŭla, ae, f. Städtchen in Latium. Davon abgel. **Aesŭlānus**, adj., u. -āni, ōrum, m. pl. die Einwohner von Aes.

Aetas, ātis, f. [contrah. aus dem veralt. aevitas von aevum] 1) das Alter = ein gewisser Theil der Lebenszeit bes. des Menschen: ae. militaris; ae. tenera, infirma die Kindheit ob. zarte Jugend; flos aetatis die blühende Jugend; ae. constans = das männliche Alter, exacta das hohe Alter. Hierv. meton. a) = ein Mensch in einem bestimmten Alter: dedecora quae ipsius aetas pertulit = er in seiner Jugend. b) coll. = die Menschen eines gewissen Alters: puerilis ae. die Knaben; omnes ordines et aeae. 2) die Lebenszeit, das Leben: agere, degere aetatem. 3) das Zeitalter, Menschenalter, die Zeit. A) eigtl., abstr., usque ad hanc ae. B) (meist Poet. u. Spät.) concr., = die in einem gewissen Zeitalter lebenden Menschen, das „Geschlecht": dura ae.; aurea ae. 4) (Vorklassisch) aetatem als adv. = das ganze Leben hindurch, Zeitlebens, davon lange ob. ewig. 5) (Vorklassisch) in aetate als adv. = zu Zeiten, zuweilen.

Aetātŭla, ae, f. [deminut. von aetas] das Kindesalter oder das frische zarte Jugendalter.

Aeternĭtas, ātis, f. [aeternus] 1) die Ewigkeit, ewige Zeit. 2) die Unvergänglichkeit, Unsterblichkeit. Hierv. in der Kaiserzeit als ein Ehrentitel, ae. tua.

Aeterno, 1. [aeternus] (Poet., selt.) verewigen, ewig machen, rem.

Aeternus, adj. [aus aeviternus von aevum] 1) ewig, über alle Schranken der Zeit erhaben (vgl. sempiternus). 2) oft = unvergänglich, unsterblich, immerdauernd. 3) adv. a) aeternum ob. aeterno immerfort, in aeternum ob. (Poet.) bloß aeternum auf ewig, für immer.

Aether, ĕris, m. [αἰθήρ] die obere feine und reine Luft, der Aether (vgl. aër). Hierv.

a) (Poet.) = der Himmel. b) = die Luft überh. c) (Poet.) onerare aethera votis = die Götter. **Aethĕrius** ob. -reus, [αἰθέριος] zum Aether gehörig, ätherisch, und zwar sowohl eigtl. als uneigtl., also auch = luftig, in der Luft befindlich u. dgl.

Aethĭops, ŏpis, [Αἰθίοψ], 1) adj. (Poet.) zu dem Lande Aethiopien gehörig, äthiopisch. 2) subst. ein Bewohner Aethiopiens, der Aethiope. — Davon abgel. 3) **Aethĭŏpĭa**, ae, f. [Αἰθιοπία] Aethiopien, im weiteren Sinne (bei Homer und späteren Dichtern) = alles Land am Südrande der Erde; im engeren Sinne der südlich von Aegypten gelegene Theil von Africa, das Negerland. 4) **Aethĭŏpĭcus**, [Αἰθιοπικός] äthiopisch.

Aethra, ae, f. [αἴθρα] (Poet.) die helle, reine Luft, die Hölle, siderea Sternenglanz.

Aethra, ae, f. [Αἴθρα] Tochter des Königs Pittheus in Trözen, Mutter des Theseus.

Aetna, ae, f. [Αἴτνη] 1) der bekannte feuerspeiende Berg auf Sicilien. Nach einer Sage hatte Vulcan seine Werkstätte hier, wo er mit den Cyclopen arbeitete. Davon abgeleitet **Aetnaeus**, [Αἰτναῖος], adj. ätnäisch, bes. vom Vulcan und den Cyclopen, namentlich Polyphem; subst. -aei, ōrum, m. pl. die Anwohner des Aetna; bei Poet. steht bisweilen Ae. = sicilianisch überhaupt. 2) Stadt am Fuße des Berges Aetna. Davon abgeleitet **Aetnensis**, e, adj. u. subst. -enses, ium, m. pl. die Einwohner der Stadt Ae.

Aetōlus, adj. [Αἰτωλός] ätolisch, zum Lande Aet. ob. dem Volke Aet. gehörig; daher (Poet.) Ae. plagae Jägernetze, mit Anspielung auf die calydonische Jagd; urbs, campi Ae. von der vom Aetoler Diomedes gegründeten Stadt Arpi in Italien. Subst. **Aetōli**, ōrum, m. pl. die Aetolier, Bewohner der Landschaft Aetolien. — Davon abgeleitet: 1) **Aetōlĭa**, ae, f. [Αἰτωλία] die Landschaft Aetolien im westlichen Griechenland. 2) **Aetōlĭcus** [Αἰτωλικός], adj. ätolisch. 3) **Aetōlis**, idis, f. [Αἰτωλίς] die Aetolierin, von der Deianira. 4) **Aetōlius** [Αἰτώλιος], ätolisch, heros vom Diomedes.

Aevĭtas, ātis, f. [aevum] veraltet für aetas, welches man sehe.

Aevum, i, n. (Vorklass., selten, auch -us, i, m. (verw. mit dem griech. αἰών) (meist Poet. u. Spät.) 1) (Poet.) die Ewigkeit, die ewige, gränzenlose Zeit. 2) die Lebenszeit, das Leben: agere, degere ae.; aevi brevis turz lebend. 3) das Lebensalter, die Altersstufe, das Alter: meum ae.; homines omnis aevi; primum ae. die Kindheit. 4) A) das hohe Alter: obsitus aevo. B) das Zeitalter, Menschenalter: ingenia nostri aevi; (Poet.) ter quinum functus der drei Menschenalter hindurch gelebt hat.

Afer, fra, frum, adj. (ä) afrikanisch; subst. Afer, fri, m. ein Africaner, plur. die Bewohner von Africa.

Affābĭlis, e, adj. [affor] gern sich anreden lassend, leutselig.

*Affābĭlĭtas, ātis, f. [affabilis] Leutseligkeit, Freundlichkeit.

Affābĭlĭter, adv. mit sup. [affabilis] (Spät.) leutselig, freundlich.

Affābre, adv. [faber] kunstvoll, mit vieler Kunst.

Affātim, adv. [ad-satim, verwandt mit fastidium] zur Genüge, hinlänglich, reichlich (also subject., so daß man genug an Etwas hat, vgl. satis); es kann deßwegen bald durch reichlich, bald durch genug, zur Genüge, hinlänglich übersetzt werden: parare commeatum a.; auch mit einem genit.: a. est hominum es sind viele Menschen da; edas usque a. bis du genug hast.

Affātus, us, m. [affor] (Poet.) das Anreden.

Affectātĭo, ōnis, f. [affecto] (Spät.) 1) eifriges Trachten und Streben nach Etwas, sapientiae. 2) in der Rhet. gekünsteltes Streben Etwas nachzuahmen oder auf eine pikante und originelle Weise zu sagen, die Affectation, das gezierte Wesen.

Affectātor, ōris, m. (Spät.) der eifrig nach Etwas trachtet.

Affectĭo, ōnis, f. [afficio] 1) der durch die Einwirkung von etwas Anderem hervorgebrachte Zustand, Verhältniß, Beschaffenheit und dergl.; insbef. a. animi = Stimmung, corporis Zustand ob. Constitution des Körpers. 2) (Spät.) insbef. a. animi oder bloß a. = wohlwollende Stimmung, Neigung, Liebe, Wohlwollen, erga aliquem.

Affecto, 1. [afficio] 1) nach Etwas greifen, Etwas greifen, fassen, aliquem, navem; a. opus sich an ein Werk machen. Hiervon A) affectari morbo von einer Krankheit angegriffen werden. B) a. viam, iter einen Weg einschlagen, sich einen Weg machen, ad rem aliquam; a. spem eine Hoffnung hegen. 2) trop. eifrig nach Etwas trachten, -streben, sich einer Sache zu bemächtigen streben (im guten u. üblen Sinne): a. regnum; (Poet.) a. eum perdere; a. civitates, Gallias auf seine Seite zu ziehen streben. 3) (Spät.) affectiren, erkünsteln, durch gesuchte Nachahmung sich den Schein von Etwas geben, studium aliquod, subtilitatem.

Affectus, us, m. [afficio] der Zustand, die Verfassung, corporis, insbef. a. animi, Gemüthszustand, Stimmung: qualis cujusque animi a. esset. 2) (Spät.) A) = Gemüthsbewegung, Leidenschaft, Affect. B) insbef. = Wohlwollen, Liebe, Neigung.

Affĕro, attŭli, allātum, afferre [ad-fero], 1) herbeibringen, -führen, -tragen, -schaffen u. dgl. (von leblosen Gegenständen, während adduco von lebenden Personen gesagt wird): a. pecuniam ad aliquem und alicui; a. literas überbringen; (Poet.) a. me ob. afferor ich begebe mich, komme. Hiervon A) trop. a) = mitbringen, mit sich führen, animum vacuum ad scribendum; a. auctoritatem. b) a. consulatum in familiam suam der Erste sein von seiner Familie, der zum Consulat gelangt. c) a. manus (vim) alicui gewaltsame Hand an Jmd. legen (niemals = helfen), so auch bonis alicujus, templo sich an Jmds Eigenthum (dem Tempel) vergreifen = plündern, rauben; a. manus sibi = sich tödten; a. manus vulneribus suis die Wunden aufreißen, beneficio suo einer Wohlthat den Werth rauben, sie vernichten. B) als eine Nachricht überbringen, melden, erzählen: a. calamitatem; crebri nuntii attulerunt, Darium male rem gerere. C) verursachen, hervorbringen, einflößen, alicui molestiam, populo Romano magnam cladem, alicui metum. 2) =anführen, angeben, vorbringen als einen Grund, eine Entschuldigung u. dgl.: a. caussam, aetatem: nihil a. etwas Nichtsagendes vorbringen. 3) zu Etwas beitragen, d. h. nützen, helfen, a. oratori aliquid, a. aliquid ad rempublicam dem Staate nützlich sein. 4) (selten) als Ertrag bringen, hervorbringen, tragen: ager plus a. quam accepit.

Afficio, fēci, fectum, 3. auf Jmd. ob. Etwas einwirken, auf irgend eine Weise behandeln und dadurch in irgend einen Zustand, Verfassung, Verhältniß ob. dgl. versetzen. Hiernach wird es verschieden übersetzt: A) häuf. mit einem *abl.*: 1. aliquem poenā strafen, honore ehren, laetitia erfreuen, cruciatu (dolore) peinigen, sepulturā zur Erde bestatten, beneficio ihm Wohlthaten erzeigen, praemio belohnen, injuriā Jmd. Unrecht thun, servitute in Knechtschaft stürzen, praeda, agro Beute, Ackerland Jmd. verschaffen; a. aliquem admiratione bewundern, odio hassen, ignominiā beschimpfen; affici morbo gravi schwer erkranken, difficultate in eine schwierige Lage gerathen. Hiervon insbes. *particip.* Affectus als *adj.* = der Etwas hat, mit Etwas ausgerüstet ist, optima valetudine, virtutibus. B) mit einem *adverb.* ob. ähnlichen Ausdrücken: a) vom Körper, fast nur im *particip.* affectus = sich in einem gewissen Zustande befindend: manus tua sic a. est. b) häuf. vom Gemüthe, irgend einen Eindruck ob. irgend eine Stimmung hervorrufen, stimmen: diversissime und in diversum affectus; litterae tuae me sic affecerunt; quonam modo ille nos vivos a.; sic animo affectus so gestimmt, a. aliquem sic Jmd. so behandeln. C) insbes. = schwächen, hart mitnehmen, angreifen: aestus et labor eos a. Hins. *particip.* affectus = leidend, geschwächt, zerrüttet: graviter a. = heftig erkrankt; res affectae mißliche Verfassung, zerrüttete Vermögensumstände, fides schwankender Credit; aetas a. das schwache Alter.

Affi-go etc. 3. anheften, an Etwas festfügen, drücken: a. aliquem cruci kreuzigen, ad terram; a. litteram ad caput; a. radicem terrae in den Boden stecken; *trop.* senectus me lectulo affixit hat mich an das Bett festgenagelt, d. h. das Bett zu hüten genöthigt; (Spät.) *trop.* a. aliquid animo einprägen.

Af-fingo etc. 3. 1) hinzu bilden, bildend hinzufügen: a. manum statuae; natura multa a. Hiervon 2) *trop.* hinzu-, andichten, durch Erdichtung Jmd. Etwas zuschreiben: a. aliquid rumoribus etwas Erdichtetes hinzufügen; a. aliquid uno, falsam laudem.

Affi-nis, e, *adj.* 1) (selten, statt des häufigern confinis) angrenzend, benachbart (von einer Stelle, vgl. vicinus u. dgl.), gens a. genti. 2) sowohl *adj.* als *subst., comm.,* A) an Etwas Theil nehmend, um Etwas mitwissend, in etwas verwickelt: a. publicis negotiis, facinori unschuldig an; a. illarum rerum. B) durch Heirath verwandt, verschwägert (vgl. cognatus, consanguineus u. dgl.): a. alicui; a. meus mein Schwager, Schwiegersohn u. s. w.

Affīnĭtas, ātis, *f.* [affinis] 1) (Spät.) der Zusammenhang, die nahe Verbindung, der litterarum, corporis et mentis. 2) die Verwandtschaft durch Heirath, die Schwägerschaft, a) *abstr.* = die Verschwägerung, alicuius mit Jmd.; contrahere a. b) (*Pl.*) *concr.* = die Schwäger selbst.

Affirmāte, *adv.* [affirmo] unter Betheuerung der Wahrheit, bestimmt.

Affirmātĭo, ōnis, *f.* [affirmo] die Betheuerung, Versicherung.

Af-firmo, 1. 1) bestätigen, a) = befestigen, spem alicui, societatem. b) = als wahr und richtig bekräftigen, dicta alicuius; a. virtutem populi Romani armis (*Tac.*) mit den Waffen durch die That von der Tapferkeit der Römer Beweise geben. 2) betheuern, versichern, bestimmt behaupten, rem pro certo, aliquid esse factum.

Affīxus, *adj.*: [*particip.* von affigo] eigtl. angeheftet, *trop.* sich an Etwas eng anschließend, von Etwas untrennlich, alicui; anus a. foribus von der Thüre nicht weichend; homines aa. in ea regione wohnhaft; res a. ad aliquid eng damit verbunden.

Afflātus, us, *m.* [afflo] 1) das Anblasen, Anwehen, der Luftzug, venti; a. noxius das A. schädlicher Winde. 2) der Anhauch, Anflug, vaporis, a. e terra; a. serpentis; *trop.* a. divinus ob. furoris = Begeisterung.

Af-fleo, — — 2. (*Pl.*) dabei weinen.

Afflictātĭo, ōnis, *f.* [afflicto] (selten) die quälende Beunruhigung, Sorge.

***Afflictĭo,** ōnis, *f.* [affligo] (Spät.) die Niedergeschlagenheit, Betrübniß.

Afflicto, 1. [affligo] 1) heftig hin- ob. anschlagen, beschädigen, verletzen: tempestas a. naves; naves afflictantur in vadis. 2) *trop.* übel zurichten, heimsuchen, bedrängen, plagen: afflictari morbo; respublica afflictatur; a. Italiam luxuriā saevitiāque hart bedrücken. Insbes. a. se ober afflictari sich über Etwas ängstigen, von einer Sache beunruhigt werden, sich Sorge machen, re aliqua und de rebus suis.

***Afflictor,** ōris, *m.* [affligo] der Etwas zu Boden schlägt, dignitatis Vernichter.

Af-flīgo etc. 3. 1) Etwas an Etwas schlagen, bes. zu Boden schlagen, niederschlagen, -werfen, zum Fallen bringen: a. vasa parietibus, caput saxo gegen den Stein; a. arborem, aliquem terrae ob. ad terram; equi virique afflicti sunt stürzten darnieder. Hiervon 2) A) übel zurichten, beschädigen, navem; senectus a. hominem schwächt. B) *trop.* hart mitnehmen, unglücklich machen, niederdrücken, stürzen, beugen u. dgl.; virtus nostra nos a. hat uns ins Verderben gestürzt; fames a. hostes sucht heim; mors ejus omnes cives a. hat allen Bürgern einen harten Schlag beigebracht; a. aliquem sententiā suā darniederwerfen; vectigalia bello affliguntur leiden durch den Krieg; religiones prostratae et-afflictae sunt mit Füßen getreten. Insbes. häufig *particip.* afflictus = verzweifelt, unglücklich u. dgl.; fortuna, res afflictae verzweifelte Lage. C) niederschlagen = betrübt ober muthlos machen, animum; discessus tuus me a.; häufig *particip.* afflictus niedergeschlagen, niedergebeugt, luctu. D) = herabsetzen, sinken machen, rem

a. vituperando (im Gegensatze von augere laudando). E) a. causam susceptam fallen lassen, aufgeben.

Af-flo, 1. 1) *trans.* A) mit demjenigen als Object, welches auf etwas Anderes hingewehet wird, hinwehen, zuwehen, wehend zuführen: odores afflantur e floribus; *trop.* aura voluntatis eorum ei afflatur kömmt zu ihm, wird ihm zugehaucht; sol a. vaporem membris theilt — mit, ebenso (Poet.) a. oculis laetos honores den Augen herrliche Schönheit (Würde) anhauchen, d. i. verleihen. B) mit demjenigen als Object, auf welches hingeweht wird, anwehen, anhauchen, anblasen, crinem alicujus, ventus a. terga. Hiervon a) von einer Einwirkung, die mit der Strömung der Luft von dem einen Gegenstande zum anderen verglichen werden kann: afflari viribus ignis, incendio von — berührt werden, die Wirkung davon fühlen, fulminis telis (ventis) vom Blitzstrahl getroffen werden; afflari sidere (Spät.) = von dem Schlagfluß betroffen werden. b) afflari numine, spiritu divino von den Göttern begeistert werden, von dem Hauch der Gottheit erfüllt werden. 2) *intrans.* anwehen, entgegenwehen, als ein Windhauch zukommen: odores tibi afflabunt; meist *trop.* a) fortuna a., amor a. tibi = günstig sein. b) rumoris nescio quid afflaverat ein Gerücht war dahin gelangt; odores aa. tibi.

Affluens, tis, *adj.* mit comp. u. *sup.* [affluo] 1) reichlich zuströmend, im Ueberfluß vorhanden, aqua, copia; ex affluenti (Tac.) überflüssig. 2) mit Etwas reichlich versehen, an Etwas reich, opibus et copiis.

Affluenter, *adv.* mit comp. [affluens] reichlich, überflüssig.

Affluentia, ae, *f.* [affluens] 1) (Spät.) der Zufluß, Andrang. 2) der Ueberfluß, die Fülle.

Af-fluo etc. 3. 1) herzu-, heranfließen, -strömen: Rhenus a. ad ripam: (*Lucr.*, sehr zweifelh.) a. corpus zum Körper. Hiervon A) von Menschen u. dgl., die in großer Menge herbeiströmen, -eilen. B) rumor a. gelangt zu einem Orte hin; amor a. alicui = entsteht bei Jmd. C) voluptas a. ad sensus cum suavitate macht einen angenehmen Eindruck. D) = im Ueberfluß dasein, überflüssig zuströmen, opes aa.; quod affluit opibus vestris = zum Ueberfluß. 2) von Etwas überströmen, Ueberfluß an Etwas haben, mit Etwas reichlich versehen sein, divitiis, honore, voluptatibus.

Af-(for), *depon.* 1. (die erste Person des *praes. ind.* kömmt nicht vor) (meist Poet.) anreden, ansprechen, aliquem; a. deos anrufen, anflehen; insbes. von den letzten Abschiedsworten, die nach der Bestattung einem Verstorbenen zugerufen wurden.

Af-förem, Af-före, Nebenformen zu Assum, welches man sehe.

*Af-formido, 1. (Pl.) sehr bange sein, sehr fürchten.

Af-frico etc. 1. (Spät.) an Etwas reiben, se herbae; *trop.* a. alicui rubiginem suam durch Reibung mittheilen.

Af-fulgeo etc. 2. herzu-, entgegenstrahlen, stella; *trop.* von etwas Glücklichem, das Jmd. entgegenleuchtet od. -lächelt: vultus tuus, spes, gaudium a.; fortuna a. alicui.

Af-fundo etc. 3. (Poet. u. Spät.) 1) hinzugießen, -schütten: a. aquam alicui auf Jmd. gießen; a. venenum alicui in aqua frigida; os Mosae fluminis Rhenum Oceano affundit der Rhein ergießt sich in den Ocean durch die Mündung des Flusses Maas; amnis affusus oppido an der Stadt vorbeifließend, und oppidum affusum amne von dem Strome bespült, an dem Strome liegend. 2) *pass. trop.* A) equitum tria millia cornibus affundebantur wurden auf die Flügel hingegossen, d. i. hinzugefügt, geführt. B) *particip.* affasus = daneben gelegt, -ausgestreckt, ob. vergl.: affusae tumulo am Grabhügel hingegossen; bes. a. genibus alicujus u. *absol.* a. = zu den Füßen sum, Jmds hingeworfen.

A-förem, A-före, Nebenformen zu Abwelches man sehe.

Afrānius, ii, m. Name eines römischen Geschlechtes: 1) Lucius A., comischer Dichter, ums J. 100 v. Chr. 2) Lucius A., Anhänger des Pompejus, sein Legat in Spanien; nach der Schlacht bei Thapsus wurde er als Gefangener von den Soldaten Cäsars getödtet.

Africa, ae, *f.* (ä) [Afer] Africa, theils im weiteren Sinne = der Welttheil Africa, theils im engeren = die römische Provinz, das Gebiet Carthago's, A. propria ob. provincia. Davon abgeleitet 1) **Africānus**, *adj.* zu Africa gehörig, africanisch, bellum, possessiones; insbes. als Beiname der beiden Scipionen. 2) **Africus**, *adj.* (meist Spät.) africanisch; als *subst.* Africus, i, *m.* (ventus) der Südwestwind.

Agāmēdes, is, *m.* (ä) ['Ἀγαμήδης] König von Orchomenos; er und sein Bruder Trophonius erbauten den Tempel des Apollo zu Delphi.

Agāmemnon, ŏnis, *m.* (ä) ['Ἀγαμέμνων] König von Mycena, Sohn des Atreus, Bruder des Menelaus, Anführer der Griechen vor Troja, nach seiner Rückkehr von seiner Gemahlin Clytämnestra und ihrem Buhlen Aegisthus ermordet. Hierv. 1) **Agāmemnŏnīdes**, ae, m. (Poet.) Sohn ob. Nachkomme des Ag. 2) **Agamemnŏnius**, *adj.* zum Ag. gehörend.

Agănippe, es, *f.* (ä) ['Ἀγανίππη] eine den Musen heilige Quelle am Fuße des Berges Helicon in Böotien. Davon abgeleitet **Agănippis**, ĭdos, *f.* und **-ppēus**, *adj.* von der Ag. stammend.

Agāso, ōnis, m. (ä) der Pferdeknecht, Reitknecht, hiervon überhaupt = ein niedriger Bediente.

Agāthŏcles, is, m. (ä) ['Ἀγαθοκλῆς] Tyrann von Syracus ums J. 340 v. Chr.

Agāthyrsi, ōrum, *m. pl.* (ä) ['Ἀγάθυρσοι] ein sarmatisches Volk, um den Fluß Maros in Ungarn wohnend.

Agāve, es, *f.* (ä) ['Ἀγαύη] Tochter des Cadmus, Gemahlin des Echion, Mutter des Pentheus, den sie in bacchantischer Wuth zerriß.

Age-dum siehe Ago, 7.

Agělastus, i, m. (ä) [ἀγέλαστος] der Nielachende, Beiname des M. Crassus, Großvaters des Triumvirn.

Agellulus   Agitator   33

Agellŭlus, i, m. (ä) (Poet. u. Spät.) deminut. von **Agellus**, i, m. deminut. von ager, welches man sehe.

Agēma, ătis, n. (ä) [ἄγημα] eine Abtheilung des macedonischen Heeres.

Agendĭcum, i, n. (ä) Hauptstadt der Senonen in Gallien, jetzt Sens.

Agēnor, ŏris, m. (ä) [Ἀγήνωρ] König von Phönicien, Vater des Cadmus und der Europa. Davon abgeleitet 1) **Agēnŏreus**, adj. (ä) zum Ag. gehörig. 2) **Agēnŏrĭdes**, ae, m. (ä) [Ἀγηνορίδης] männlicher Nachkomme des Ag.: a) Cadmus; b) Perseus (als Abkömmling des Danaus und des Agenor).

Agens, tis, adj. (ä) [particip. von ago] in der Rhet., wirksam, kräftig, imago, orator.

Ager, gri, m. (ä) [verw. mit dem gr. ἀγρός] 1) das Feld, der Acker, ein von den Menschen zum Ackerbau, zur Weide oder Blumenpflanzung benutztes und angebautes Stück Land (vgl. arvum): agrum colere; a. fertilis. 2) meist im plur. das Land, das flache Land (im Gegensatz der Stadt oder der Wohnung, vgl. rus), concurrere ex aa. 3) das Gebiet, der District einer Stadt oder eines Volksstammes: a. Tusculanus, Helvetius. Hiervon überhaupt collect. = Gegend, Land, Gebiet. 4) bei der Feldmessung, in agrum in die Tiefe, feldeinwärts.

Agēsĭlaus, i, m. (ä) [Ἀγησίλαος] berühmter spartanischer König.

Ag-gĕmo etc. 3. (Poet.) bei Etwas seufzen, malis alicujus.

Agger, ĕris, m. [aggero] 1) Alles, was zusammengetragen wird um eine Erhebung zu bilden, als Erde, Sand, Steine, Schutt, Rasen, Reisholz u. dgl.: petere, comportare a.; fossas (paludem) complere aggere. 2) der aus zusammengetragener Erde u. s. w. gemachte Aufwurf, die Erhöhung; nach der verschiedenen Bestimmung, a) = der Erdwall um eine Stadt oder ein Lager; b) = der Damm (an einem Flusse, zum Schutze eines Hafens ob. dergl.); c) = die durch Kunst angelegte Heerstraße; d) = die Böschung des Ufers, ob. das Ufer selbst; e) (Poet.) von einem Berge (aa. Alpinm), einem Grabhügel, einem Scheiterhaufen, einer großen Welle u. s. w.

Aggĕrātio, ōnis, f. [aggero] (Spät.) die Aufhäufung, aber nur concr. = der Damm.

Aggĕro, 1. 1) [agger] (Spät. u. Spät.) 1) anhäufen, aufwerfen, aufschütten, cadavera; a. tramitem durch Aufschütten anlegen. Hiervon trop. a. iras dictis vermehren, vergrößern. *2) (Spät.) durch Aufschütten auffüllen, spatium.

Ag-gĕro etc. 3. 1) herbeitragen, -bringen, herschaffen, aliquid alicui ob. ad aliquem; a. aquam, caespitem; a. opes opibus Schätze auf Schätze häufen. 2) trop. in der Rede u. dergl. auf Jmb. häufen, probra alicui.

Aggestus, us, m. [aggero 2.] (Spät.) das Herzutragen, Herbeischaffen.

Ag-glŏmĕro, 1. eigtl. zu einem Knäuel zusammenwinden, davon anschließen, anschaaren, se alicui.

Ag-glūtino, 1. anleimen = ankleben,

anheften, aliquid alicui rei; a. se alicui sich an Jmb. festhängen.

Ag-grăvesco — — 3. (Vorklasfisch) schwerer werden, trop. sich verschlimmern, morbus.

Ag-grăvo, 1. (Spät.) 1) schwerer machen, das Gewicht einer Sache vermehren, pondus. 2) trop. A) verschlimmern, gefährlicher und bedenklicher machen: res aggravantur der Zustand wird noch bedenklicher. B) beschweren, belästigen, plagen, aliquem; res illa reum nihil a. ist ihm gar nicht schädlich, gravirt ihn nicht.

Aggrĕdĭor, gressus, 3. dep. [ad-gradior] 1) (selten) überh. hinzugehen, aliquo irgendwohin, ad hominem ob. bloß hominem. 2) in einer gewissen Absicht zu Jmb. ob. Etwas hingehen, nämlich A) Jmb. angehen, sich an Jmb. wenden, heranmachen, um mit ihm zu sprechen, ihn zu bitten, überreden u. s. w.: a. aliquem de re aliqua; a. aliquem dictis anreden, precibus anstehen; a. aliquem pecuniā zu bestechen versuchen; a. crudelitatem principis (Tac.), zu seinen Zwecken benutzen. B) = auf Jmb. losgehen, angreifen, anfallen, milites palantes; a. aliquem vi. C) Etwas angreifen = unternehmen, beginnen, sich an Etwas machen: a. ad disputationem illam, ad injuriam faciendam; a. caussam ancipitem; a. dicere de illis rebus.

Aggrĕgo, 1. [ad-grex] „anschaaren", zu einer Heerde ob. Schaar fügen: a. ceteros eodem exadelbst zu den Früheren versammeln; a. aliquem in numerum nostrum aufnehmen. Hiervon trop.: a. se alicui sich mit Jmb. vereinigen, sich Jmb. anschließen, se ad amicitiam aliquorum sich Einigen als Freund beigesellen; voluntatem meam ad dignitatem eius aggrego auch ich zeige mich willig, seine Würde zu befördern; a. filium ad interitum patris den Sohn ebenso wie den Vater ins Verderben stürzen.

Aggressio, ōnis, f. [aggredior] (selten) 1) der Eingang, der erste Theil einer Rede. 2) (Spät.) als Ueberf. des griechischen ἐπιχείρημα, die Schlußfolge.

Ag-gŭberno, 1. (Spät.) wie mit einem Steuerruder lenken, dah. überh. lenken, regicoret, iter.

Agĭlis, e, adj. (ä) [ago] (meist Poet.) beweglich, 1) von leblosen Gegenständen, leicht beweglich, lenksam, remus, rota. 2) von lebenden Wesen, A) behend, rasch, schnell, Diana, Mercurius. B) = rührig, regsam, geschäftig, homo, animus.

Agĭlĭtas, ātis, f. (ä) [agilis] die Beweglichkeit, Raschheit, Schnelligkeit; a. naturae Biegsamkeit.

Agis, ĭdis, m. (ä) [Ἄγις] Name mehrerer spartanischer Könige.

*Agĭtăbĭlis, e, adj. (ä) [agito] (Poet.) = agilis 1.

Agĭtātĭo, ōnis, f. (ä) [agito] 1) die Bewegung, fluctuum Aufregung. 2) trop. A) das Betreiben, die Ausübung von Etwas: a. studiorum die Beschäftigung mit. B) die Thätigkeit, Regsamkeit, mentis.

Agĭtātor, ōris, m. (ä) [agito] der Trei-

Ingerslev, lat.-deutsches Schulwörterbuch.   3

ber, aselli; bavon insbef. = ber Wagenlenker.

Agĭto, 1. (ä) [ago] 1) in (ſtarke) Bewegung ſetzen, eifrig treiben, A) treiben, capellas; (Poet.) a. equos lenken. B) von anderen Sachen, (heftig) bewegen, aufregen, ſchütteln u. dgl., caput, alas; ventus a. mare, arbores; numina Troiae agitata (auf dem Meere) herumgetummelt; trop. rebus agitatis in unruhigen Zeiten. C) jagen, verfolgen, hetzen, feras. D) trop. a) aufregen, anregen, zu Etwas reizen, plebem. b) beunruhigen, jagen, verfolgen, quälen: dii aa. te. c) diversus agitabatur wurde hin und her getrieben (von Jmd. der zwiſchen Furcht u. Begierde ſchwankte). d) mit Worten angreifen, tadeln, ſpotten, aliquem, rem. 2) von der Zeit, zubringen, aevum; vita agitabatur man lebte. 3) Etwas treiben, ſich mit Etwas beſchäftigen, an Etwas arbeiten, Etwas vorhaben, legem, artem; (Poet.) a. fugam fliehen; a. bellum Krieg haben, inducias Waffenſtillſtand halten; a. festum, convivium feiern, custodiam Wache halten; pax agitatur ea iſt („herrſcht") Friede; (Poet.) a. molem aufführen. 4) trop. A) im Sinne haben, an Etwas denken, ob. Etwas überlegen, erwägen; rem aliquam, facere aliquid; a. de re aliqua; gew. wird hinzugefügt animo, in mente, secum ob. dgl. 5) von Etwas verhandeln, es beſprechen, aliquid ob. de re aliqua. 6) (Sall. u. Spät.) intrans. ob. abſ. (ſtatt a. se) A) ſich herumtreiben, d. h. aufhalten an einer Stelle, leben, wohnen u. dgl.: Germani laeti, neque procul, aa.; jubet equitatum pro castris agitare; consul a. inter primores zeigte ſich, war. B) ſich benehmen, verfahren, ferociter.

Aglāĭa ob. **Aglāja**, ae, f. [Ἀγλαΐα] die älteſte ber brei Grazien.

Aglāŏphon, ontis, m. [Ἀγλαοφῶν] berühmter Maler aus Thaſus, ums J. 400 v. Chr.

Aglauros, i, f. [Ἄγλαυρος] Tochter des Cecrops, nach einer Sage von dem Mercur in einen Stein verwandelt.

Agmen, ĭnis, n. [ago] 1) der Zug, die Schaar, der Trupp, von Mehreren, die ſich zuſammen fortbewegen; beſonders von Menſchen, aber auch von Ameiſen, Vögeln u. dgl.; agmine ingredi (von Zweien) zuſammengehen; (Poet.) vom Waſſer, lene a. Strom, a. pulverulentum Staubwolke, a. remorum Ruderſchlag, agmine certo mit beſtimmter Richtung. 2) insbeſ. der Zug eines Kriegsheeres, der Marſch, Gang; pugnare in agmine, aggredi hostes in agmine auf dem Marſche. 3) ein Kriegsheer auf dem Marſche, das fortſchreitende Heer (vgl. acies u. exercitus): a. primum der Vortrab, die Avantgarde, medium das Centrum, extremum ob. novissimum der Nachtrab, die Arrieregarde; cogere ob. claudere a. den Zug ſchließen, d. h. die Nachhut bilden; a. quadratum der parallelogrammförmig geordnete Heereszug, wenn man ſich zum Kampfe bereitete und die Bagage in die Mitte ſtellte. Bisw. = Kriegsheer, Kriegsſchaar überh. 4) die Schaar, der Trupp überh.

Agna, ae, f. (Deſ. u. Poet.) ein weibliches Lamm.

Agnālĭa, ium, n. pl. = Agonalia, welches man ſehe.

Agnascor, nātus, 3. dep. [ad-nascor] 1) hinzu geboren werden d. h. nachdem der Vater ſchon früher über ſein Vermögen durch Teſtament disponirt hat. 2) (Spät.) an ob. auf Etwas wachſen.

Agnātĭo, ōnis, f. [agnascor] die Verwandtſchaft von väterlicher Seite.

Agnātus, i, m. [particip. von agnascor] 1) nachgeboren, ein Kind, das geboren wird, nachdem der Vater ſchon das Teſtament gemacht hat. 2) der Verwandte von väterlicher Seite.

Agnellus, i, m., dem. von agnus, w. m. ſ.

Agnīnus, adj. [agnus] (Vorkl. u. Spät.) zu einem Lamm gehörig, Lamm=; subst. -na, ae, f. sc. caro Lammfleiſch.

Agnĭtĭo, ōnis, f. [agnosco] das Erkennen, die Erkenntniß, res alicuius.

Agnōmĭnātĭo, ōnis, f. [ad-nomino] (ſelten) term. t. in der Rhet., = die Paronomaſie, Zuſammenſtellung zweier dem Klange nach ähnlicher, der Bedeutung nach ganz verſchiedener Wörter.

Agnosco, nōvi, nĭtum, 3. [ad-nosco] 1) überh. erkennen, kennen ob. verſtehen lernen, deum ex operibus eius; non quivis haec a. potest verſtehen. 2) Insbeſ. A) als ſich gehörig erkennen, anerkennen: a. aliquem filium; a. laudem Augusti als ſich gebührend erkennen, für ſich in Anſpruch nehmen; mihi tantum tribui dicis quantum ego neo a. etc. als mir zukommend erkenne. B) Etwas als das anerkennen, wofür es ſich ausgiebt, gut heißen, einräumen, zugeſtehen u. dgl.: a. gloriam illius facti, crimen als verdient, wahr anerkennen, a. id meo jussu esse factum; a. aliquem ducem anerkennen. 3) Etwas, das man ſchon früher gekannt hat, wiedererkennen: a. aliquid reminiscendo, Anchisen veterem amicum. 4) (Poet.) überh. vernehmen, bemerken, aliquid oculis, auribus; a. cantum hören.

Agnus, i, m. das Lamm; prov. conari agnum eripere lupo etwas Unmögliches verſuchen.

Ago, ēgi, actum, 3. (ä) [ἄγω] überhaupt in Bewegung ſetzen, 1) treiben, führen, pecudes, aliquem ante se. Hiervon A) a. praedam abführen, rauben, von der Kriegsbeute aus Menſchen und Thieren (im Gegenſ. fero von lebloſen Gegenſtänden, deswegen häuf. ferre et agere = plündern, Beute machen). B) agmen agitur zieht, (v. Poet.) a. se = gehen, kommen; bei Pl. auch abſ. unde agis woher kömmſt du? C) = jagen, verfolgen, in die Flucht treiben, canes a. apros. Hierv. trop. a) a. aliquem furti, a. reum anklagen. b) (Poet.) verfolgen, beläſtigen, beunruhigen; a. aliquem diris verfluchen; verba agentia Lycamben die den L. zur Verzweiflung trieben. D) trop. a. aliquem praecipitem zu verzweifelten Entſchlüſſen treiben; a. aliquem in facinus zu einer Unthat antreiben. E) a. vineas näher bringen, vorführen; a. cloacam ziehen, machen, aggerem, cuniculum anlegen. F) (Poet.) lenten, navem, cursum. G) = hervor-, hinaustreiben: a. vocem = schreien ob. sprechen, spumas = schäumen; animam a. in den letzten Zügen liegen; a. tela u. bgl. schleudern; a. radices Wurzel schlagen. H) a. viam sich einen Weg machen, rimas Risse bekommen; a. sublicas einrammeln.

2) von der Zeit, zubringen, verleben, aetatem, vitam, diem; mensis septimus agitur es ist der 7te Monat; principium anni tum agebatur man stand im Anfang des Jahrs; annum ago vicesimum ich stehe in meinem 20sten Jahre. Hiervon (selten) abf. = leben, sein, incultius a., a. sine legibus.

3) treiben = mit Etwas sich beschäftigen: A) = handeln, machen, sich beschäftigen: nihil a. ich sein; quid agis was machst du, wie befindest du dich? quid agitur wie geht's, was macht man? B) = ausrichten, nihil aut non multum. C) thun, ausführen, vollführen, rem, negotium, delectum, censum a. anstellen, oft kann es durch „halten" übersetzt werden (triumphum, custodias, praesidium a.; a. silentium Schweigen, beobachten; forum a. (term. t.) Gericht halten; a. curam rei alicuius für Etwas Sorge tragen. D) auf Etwas Acht geben, die Gedanken und die Aufmerksamkeit auf Etwas richten: hoc age gieb Acht, merke auf; aliud at. alias res a. zerstreut, unaufmerksam sein, an Anderes denken. E) streben, an Etwas arbeiten, ut (ne) aliquid fiat.

4) eine Verhandlung treiben, A) von Staatssachen, verhandeln, eine Sache besprechen und zur Entscheidung bringen, aliquid ob. de re aliqua. Insbef. a. cum populo, von einem Magistrat, einen Antrag an das Volk machen, damit ein Entschluß gefaßt werde, dagegen a. ad populum Etwas dem Volke vortragen. B) in Privatsachen, mit Jmb. verhandeln oder unterhandeln, sich mit Jmb. besprechen, unterreden wegen einer Bitte, eines Vorschlags ob. dgl.: a. cum aliquo aliquid ob. de re aliqua, auch ut (ne) aliquid fiat; agitur de aliqua re es ist die Rede von Etwas. C) mit adv. auf irgend eine Weise handeln, verfahren, leniter, juste, insbef. cum aliquo Jmb. behandeln, bene, male, ferociter cum aliquo mit Jmb. umgehen; häufig pass. bene agitur mecum es geht mir gut. D) a. lege, (ex) jure, ex sponso eine Klage anstellen, einen Prozeß anlegen, sein Recht geltend machen u. s. w. (oft im Gegens. vi agere Gewalt brauchen, den Weg der Gewalt einschlagen. E) causam a. einen Prozeß führen, causam alicujus a. Jmb. vor Gericht vertheidigen. F) res ob. de re agitur es handelt sich um eine Sache; insbef. res (nicht de re) agitur steht auf dem Spiele, es gilt, caput meum ist in Gefahr, vectigalia populi Romani aguntur. G) actum (ob. acta res) est es ist vorbei, es ist aus, de me mit mir.

5) darstellen, A) vom Redner, vortragen, versagen. B) vom Schauspieler, spielen, darstellen, partes eine Rolle, amicum die Rolle eines Freundes. C) a. gratias Dank sagen. — 6) A) rfl. sich aufführen, betragen, ferociter; auch absol. a. pro victore sich als Sieger benehmen. B) absol. sich irgendwo umhertreiben,

aufhalten, sich auf irgend eine Weise befinden, sein, leben: a. apud primos, circa muros; prope a mari a.; a. incultius, a. sine legibus.

7) impers. age, agite, wohlan! auf! A) zur Aufmunterung und Aufforderung. B) bei Uebergängen in der Rede, nun denn, wohlan denn. C) als Zeichen der Zustimmung, „schön", „gut", „sei es" (es findet sich auch bei einer Anrede an Mehrere im sing., age abite). Bisweilen wird die Partikel dum verstärkend hinzugefügt, agedum.

Agōn, ōnis, m. (ä) [ἀγών] (Spät.) der Wettkampf bei den feierlichen öffentlichen Spielen, das Kampfspiel; proverb. nunc est a. jetzt muß gehandelt werden, jetzt gilt es.

Agōnālia, ium, n. pl. (ä) ein Fest, das in Rom zu Ehren des Janus gefeiert wurde; der Festtag heißt auch bei Ovid. lux Agonalis.

Agōnia, iōrum, n. pl. (ä) (Ovid.) 1) = Agonalia. 2) die Opferthiere (veralt.).

Agŏrănŏmus, i, m. (ä) [ἀγορανόμος] (Pl.) einer der Marktaufseher zu Athen.

Agrārius, adj. [ager] zu den Feldern, den Aeckern gehörig, Acker-, Feld-: bef. a. lex Gesetz zur Vertheilung ob. eigtl. Verleihung der Staatsländereien an die ärmeren Bürger; a. res, ratio die ganze Sache der Ackervertheilung u. f. w.; triumvir a. Einer von drei Männern, die der Ackervertheilung vorstehen; subst. agrarii die Freunde und Anhänger der leges agrariae.

Agrestis, e, adj. [ager] 1) auf dem Acker, dem Felde befindlich, zum Felde gehörig. A) von Pflanzen, im Gegensatze des durch Cultur u. Anbau Veredelten, wild, wildwachsend, po- mum, palma. B) von Thieren, im Gegensatze der veredelten Hausthiere, wild, Feld-: a. columba (oppos. die Haustaube). 2) im Gegensatze der Stadt, ländlich, zum Lande gehörig, hospitium, homo a. und subst. — is, is, m. ein Landmann. 3) trop. A) bäurisch, roh, ungebildet, ungeschliffen, (meist von moralischer Rohheit, welche die Gesetze der Schicklichkeit verletzt, vgl. rusticus; animus a. ac durus. B) (Poet.) vultus, figura a. = thierisch (von einer Kuh).

Agricŏla, ae, f. [ager-colo] 1) ein Landmann, Ackerbauer; dil un. Schutzgötter des Landbaues. 2) als Eigenname) Cn. Julius A., Schwiegervater des Geschichtschreibers Tacitus, Statthalter in Britannien 77. n. Chr.

Agricultio, ōnis, f. [ager-colo] (selten, auch getrennt geschrieben) = agricultur..

Agricultor, ōris, m. [ager-colo] (selten, auch getrennt geschrieben) = agricola.

Agri-cultūra, ae, f. der Ackerbau, die Landwirthschaft.

Agrigentum, i, n, (auch Acrāgas = Ἀκράγας) griechische Colonie auf der Südküste von Sicilien. Davon adj. **Agrigentīnus**, subst. -tīni, orum m. pl. die Einwohner von A., und **Acrăgantīnus** (Lucr.).

Agripēta, ae, m. [ager-peto] der nach dem Besitze von Ländereien strebt.

Agrippa, ae, römischer Familienname: 1) A. Menenius, Consul 503 v. Chr., bekannt durch seine Fabel vom Magen und den Gliedern. 2) M. Vipsanius A., geboren 63 v. Chr., gestorben 12 v. Chr., der Vertraute und berühmte General des Augustus. 3) A. Postumus, Sohn des Vorigen, auf Tibers Befehl ermordet.

Agrippīna, ae, f. weiblicher Name aus der Familie Agrippa: 1) Tochter des M. Vipsanius Agrippa, Gemahlin des Tiberius. 2) jüngere Tochter desselben, Gemahlin des Germanicus, Mutter des Caligula, starb in der Verbannung den Hungertod. 3) Tochter der Vorigen und des Germanicus, Schwester des Caligula und Mutter des Nero, der sie zuletzt ermorden ließ. Ihr Geburtsort, ein Flecken der Ubier, wurde im Jahre 50 n. Chr. durch eine römische Colonie erweitert und Colonia Agrippinensis (-pina) nach ihr genannt, jetzt Köln.

Agyīeus (dreisilbig), ěi, m. (ä) [Ἀγυιεύς] Bein. des Apollo als „Schirmherrn der Straßen".

Agylla, ae, f. (ă) [Ἄγυλλα] älterer Name der Stadt Cäre in Etrurien. Davon adj. **Agyllīnus**.

Agyrium, ii, n. (ă) [Ἀγύριον] Stadt in Sicilien. Davon **Agyrīnensis**, e, adj., u. subst. -ses, ium, m. pl. die Einwohner von A.

Ah, selten **Ahā**, interj. (ă) ah! o! ahah! zur Bezeichnung der Betrübniß, des Mißvergnügens, der Verwunderung, des Lachens u. s. w.

Ahāla, ae, f. römischer Familienname: am bekanntesten ist C. Servilius A., der als magister equitum i. J. 440 v. Chr. den Sp. Mälius tödtete.

Ajax, ācis, m. (ă) [Αἴας] Name zweier griechischer Helden vor Troja: 1) Sohn des Oileus, Königs in Locris, der nach der Erstürmung Troja's die Tochter des Priamus, Cassandra, mißhandelte und später dem Zorne Minerva's zufolge auf der Rückfahrt umkam. 2) Sohn des Telamon, Königs von Salamis, also Enkel des Aeacus. Als die Waffen des Achilles dem Ulysses zugesprochen worden waren, gerieth er in Wahnsinn und tödtete sich zuletzt selbst.

Ajo, verb. def. (ă) 1) ja sagen, bejahen, (oppos. nego). 2) behauptend sagen, versichern (vgl. dico; fast immer mit der orat. obl., vgl. inquam): a. aliquem missum esse. Insbes. A) ajunt man sagt, erzählt. B) ain' (für aisne), ain'tu (Conversf.), zur Bezeichnung des Erstaunens, Tadelns u. dgl., wirklich? ist es möglich? meinst du? C) (Conversf.) quid ais? was sagst du? a) zur Bezeichnung des Erstaunens „is's möglich?"; b) wenn man Jmds Meinung hören oder Jmd. prüfen will.

Ajus Locūtius (Loquens), die Stimme, welche die Römer vor der Ankunft der Gallier warnte, und welcher als Gottheit ein Tempel von Camillus geweiht wurde.

Ala, ae, f. (ă) [contr. aus axilla] 1) der Flügel eines Vogels, (Poet.) aa. velorum, fulminis. 2) von Menschen, die Achsel, bes. die Achselhöhlung, Achselgrube; davon (Spät.) bei Thieren, die Höhlung, wo die Vorderbeine an den Bug anschließen, bei Pflanzen die Höhlung, wo ein Ast an dem Stamm sich anschließt, bei Gebäuden ein Seitenflügel, Seitenhalle. 3) von einer Armee, der Flügel. Auf den Flügeln stand die Reiterei, später die Truppen der Bundesgenossen und namentlich ihre Reiterei, und die Abtheilung dieser hieß eine a.; diese Truppen hießen daher alarii.

Alăbanda, ae, f. oder -ōrum, n. pl. (ă)

Stadt in Carien. Dav. **-densis**, e, u. **-ensis**, adj. aus Al., subst. m. ein Einwohner von Al.

*****Alăbarches**, ae, m. [ἀλαβάρχης] ein Zolleinnehmer (scherzh. vom Pompejus; Andere lesen Arabarches).

Alăcer (Poet. auch **cris**), cris, e, (ā) adj. mit comp. u. sup. (ă) lebhaft, eifrig, aufgeregt zum Handeln (vgl. acer); bes. von einer freudigen Lebhaftigkeit, munter, freudig, rasch, auch = lustig, (vgl. laetus): a. ad aliquid faciendum, a. et promptus; equus a. feuriges Pferd; (Poet.) a. voluptas freudige Lust.

Alacrĭtas, ātis, f. (ă) die Aufgeregtheit, Lebhaftigkeit, freudige Munterkeit, frische Lustigkeit: a. rei alicujus (selten) über Etwas.

Alacrīter (alacer), (ă) adv. mit comp. (Spät.) eifrig, feurig, rasch.

Alamanni, siehe Alemanni.

Alăpa, ae, f. (ă) eine Ohrfeige, Maulschelle (mit der flachen Hand, vgl. colaphus); ducere sibi a. sich eine Ohrfeige geben. Bei der Freilassung eines Sklaven gab man ihm eine leichte Ohrfeige, welche daher zur Bezeichnung der Freilassung gebraucht wird.

Alārius, selten **-āris**, e, adj. (ā) [ala] zu dem Flügel des Heeres gehörig, Flügel-: subst. alarii, siehe ala: aa. cohortes bezeichnet das Fußvolk, alarii oder a. equites im Gegensatze zu jenem die Reiterei.

Alātus, adj. (ā) [ala] (Poet.) geflügelt.

Alauda, ae, f. (ă) 1) die Lerche. 2) eine von Cäsar errichtete gallische Legion, von ihrem Helmschmucke so benannt.

*****Alasōn**, ontis, m. (ă) [ἀλαζών] (Pl.) der Prahler (reinlat. gloriosus).

Alba, ae, f. Name mehrerer Städte: 1) A. Longa, Stadt in Latium, die Mutterstadt Roms, der Sage nach vom Ascanius, des Aeneas Sohn, gegründet. Davon **Albānus**, adj. albanisch, u. subst. a) -Anus, ōrum, m. pl. die Einwohner von A. b) **-num**, i, n. ein Gut bei A. 2) A. Fucentia, Stadt in Samnium. Dav. **Albensis**, e, adj., u. subst. **-enses**, ium, m. pl. die Einwohner von Alb. F.

Albāni, ōrum, m. pl. die Bewohner der Landschaft **Albānia**, ae, f. im Westen vom caspischen Meere gelegen, jetzt Georgien.

Albātus, adj. [albo] weiß gekleidet.

Albeo, ui, — 2. [albus] (meist Poet. und Spät.) weiß sein; albente coelo als der Morgen graute.

Albesco, bui, — 3. [albeo] weiß werden; insbes. = heil werden durch Licht, Feuer u. dgl.; lux a. der Morgen graut.

Albīco, 1. [albus] (Poet. u. Spät.) weiß sein, in's Weiße spielen.

Albĭdus, adj. mit comp. u. sup. [albus] (Poet. u. Spät.) weißlich.

Albīnŏvānus, i, m. Eigenname: 1) C. Pedo A. epischer Dichter zu Rom, Zeitgenosse des Ovid. 2) Celsus A. ein junger Mann unter den Bekannten des Horaz.

Albīnus, i, m. römischer Familienname, bes. in der gens Postumia.

Albis, is, m. Fluß in Germanien, die Elbe.

*****Albĭtūdo**, ĭnis, f. [albus] (Pl.) die Weiße.

Albius, ii, m. römischer Geschlechtsname; am bekanntesten sind 1) Alb. Tibullus, berühmter

Albulus — **Alec** 37

Dichter, Zeitgenosse des Horaz. 2) Statius A. Oppianicus, den Cluentius ermordet zu haben beschuldigt ward, gegen welche Anklage Cicero den Cl. vertheidigte. 3) Sabinus A., ein Miterbe des Cicero. — Davon **Albiānus**, *adj.*
Albŭlus, *adj.* [deminut. von albus] weiß, weißlich. Hiervon *subst.* **Albŭla**, ae, *f.* A) alter Name des Tiberflusses. B) ein aus mehreren schwefelhaltigen Quellen (aqua Albula) gebildeter Bach bei Tibur.
Albūnea, ae, *f.* eine weissagende Nymphe (Sibylle), welcher eine der schwefelhaltigen Quellen bei Tibur (f. Albula) geheiligt war; daher wurde auch die Quelle selbst so benannt, A. resonans.
Alburnus, i, *m.* Gebirge in Lucanien.
Albus, *adj.* mit comp. u. sup. weiß (eigtl. von der glanzlosen und blassen Weiße, dem Farblosen, oppos. ater; vgl. candidus); (Poet.) a. corpus bleich, trop. a. stella günstig, Glück verkündend; ventus a. = trocken. *Proverb.* a) albis dentibus deridere (mit sichtbaren Zähnen) = stark bespotten. b) albus an ater sit nescio = ich kümmere mich nichts um ihn. c) albo reti aliquid oppugnare mit übertünchtem Netze, d. h. auf eine feine Weise. d) albis equis procurrere (wie beim Triumphe) = weit übertreffen. e) a. avis = ein Wunderthier. f) albae gallinae filius = ein Glückskind. g) album calculum adjicere rei alicui, f. calculus. — Hiervon *subst.*
Album, i, *n.* 1) das Weiße, weiße Farbe: columnas albo polire weiß anstreichen; maculis insignis et albo weiße Flecken. 2) eine (gewöhnlich mit Gyps übertünchte) weiße Tafel, auf welcher Etwas verzeichnet und öffentlich ausgestellt wurde; namentlich: A) A. des Pontifex Maximus, der darauf die wichtigsten Ereignisse des Jahres aufzeichnete und in seinem Hause zur Schau ausstellt (annales maximi). B) A. des Prätors, auf welchem er seine Edicte bekannt machte. Daher ad album sedentes = die Rechtsgelehrten; se ad a. transferre die Edicte der Prätoren studiren. C) = ein Namensverzeichniß, insbes. a. senatorium das Senatorenverzeichniß, Liste der Namen der Senatoren, welche seit Augustus öffentlich ausgestellt wurde; a. (judicum) Liste der Richter.
Alcaeus, i, *m.* [Ἀλκαῖος] 1) griechischer lyrischer Dichter aus Lesbos ums J. 600 v. Chr. 2) siehe Alceus.
Alcămĕnes, is, *m.* [Ἀλκαμένης] griechischer Bildhauer, Schüler des Phidias.
Alcăthŏs ob. **Alcĭthŏs**, es *f.* [= Ἀλκαθόη] 1) Tochter des Königs Minyas zu Orchomenos; nebst ihren Schwestern widersetzte sie sich der Verehrung des Bacchus, wonach sie in Fledermäuse verwandelt wurden. 2) die Burg von Megara.
Alcăthous, i, *m.* [Ἀλκάθοος] Sohn des Pelops, Wiederaufbauer der Mauern von Megara.
Alcēdo, ĭnis, *f.* [ἀλκηδών] (Vorklaff.) der Eisvogel, f. Alcyone. Davon **Alcēdōnia**, orum, *n. pl.* (sc. tempora) die Zeit der Meeresstille, d. h. sieben Tage vor und sieben Tage nach dem kürzesten Tage, während welcher Zeit der Eisvogel (nach der Meinung der Alten) brütet und Windstille herrscht; daher (*Pl.*) = Stille, Ruhe überhaupt.

Alces, is, *f.* das Elennthier.
Alcestis, is, (auch -ste, es), *f.* [Ἄλκηστις] Tochter des Pelias, Gemahlin des Admetus, die das Leben ihres Gatten dadurch erkaufte, daß sie statt seiner starb, ihm aber wiedergegeben wurde.
Alceus (ob. **Alcaeus**), ei, *m.* [Ἀλκεύς] Vater des Amphitryo, Großvater des Hercules, welcher daher **Alcīdes**, ae, *m.* [Ἀλκείδης] männlicher Nachkomme des A., heißt.
Alcĭbiădes, is, *m.* [Ἀλκιβιάδης] berühmter Athener, Zeitgenosse des Socrates.
Alcĭdāmas, ae, *m.* [Ἀλκιδάμας] griechischer Rhetor, Schüler des Gorgias.
Alcĭdes, siehe Alceus.
Alcĭmēde, es, *f.* [Ἀλκιμέδη] Gemahlin des Aeson und Mutter des Jason.
Alcĭnous, i, *m.* [Ἀλκίνοος] König der Phäaken auf der Insel Scheria, zu welchem Ulysses auf seiner Irrfahrt kam. Sein weichliches und vergnügliches Leben wurde sprichwörtlich (Alcinoi juventus), ebenso seine schönen Gärten, daher poma dare Alcinoo = etwas Ueberflüssiges thun.
Alcis, ĭdis, *f.* [Ἄλκις, von ἀλκή Kraft] Beiname der Minerva in Macedonien.
*Alcis, *m.* zweifelh. Lesart, eine Gottheit bei den Germanen.
Alcithoe, siehe Alcathoe.
Alcmaeo (ob. -ōn), ŏnis, *m.* [Ἀλκμαίων] Sohn des Amphiaraus und der Eriphyle; er tödtete seine Mutter, weil sie Schuld an dem Tode des Vaters war, wurde aber beßwegen von den Furien verfolgt.
Alcmēna, ae (auch -e, es) [Ἀλκμήνη], *f.* Gemahlin des Amphitryo, Mutter des Hercules (durch Jupiter) und des Iphiclus (durch Amphitryo).
Alcyon (Halc.), ŏnis, *f.* [ἀλκυών] (Poet.) der Eisvogel (siehe alcedo). Dav. **Alcyŏnĕus** (ἀλκυόνειος) *adj.* zum Eisvogel gehörig, und subst. **-nēum**, ob. **-nium**, ii, *n.* (medicamen) eine Art Meerschaum, als Mittel gegen Flecken im Gesicht gebraucht.
Alcyŏne ob. **Halcyŏne**, es, *f.* [= Ἀλκυόνη] Tochter des Aeolus, Gemahlin des Ceyx, stürzte sich, als Ceyx durch einen Schiffbruch ertrunken war, aus Verzweiflung ins Meer, worauf beide von der Thetis in Eisvögel verwandelt wurden (nach Anderen war diese Verwandlung eine Strafe ihres übermüthigen Betragens).
Alĕa, ae, *f.* (ā) 1) das Würfelspiel und überhaupt das Glücksspiel, Hazardspiel. 2) *trop.* = das Wagniß, das Ungefähr, der Zufall, das Risico, überhaupt das Ungewisse: rem in aleam dare, committere riskiren, aufs Spiel setzen; a. belli tuta est man kann ruhig einen Krieg riskiren; in dubiam aleam rei alicujus ire das ungewisse Spiel um eine Sache wagen; (Poet.) opus plenum periculosae aleae voll gefährlicher Wagnisse, wobei Vieles riskirt wird.
Aleātor, ōris, *m.* (ā) [alea] der Würfelspieler, Hazardspieler.
Aleātŏrius, *adj.* (ā) [aleator] zum Spieler gehörig, Spieler-, damnum Verlust im Spiel; forum a. calfecimus (Spät.) = wir haben tüchtig gespielt.
Alec (auch Hal.), ēcis, *n.* (ā) u. **Alex**, ēcis, *m.* ob. *f.* (ā) die Fischlake.

Alecto

Alecto (us), f. (ä) eine der drei Furien.

Alēii campi [τὸ Ἀλήϊον πεδίον], eine flache Gegend in Cilicien, wo nach der Sage Bellerophon in seinem Wahnsinn herumirrte (ἀλάομαι).

Alēmanni (ob. **Alam.**), ōrum, m. pl. (ä) Name eines germanischen Völkervereins.

Aleo, ōnis, m. (ä) (Poet., selten), siehe aleator.

Ales, ĭtis (ä) [ala] (Poet. u. Spät.), I. adj. geflügelt; hiervon trop. = schnell, ventus. II. subst., m. u. f. ein Vogel (vgl. volucris; meist in höherem Styl und von einem größeren Vogel, vgl. avis); bes. in der Auguralsprache von einem Vogel, der durch seinen Flug ein Zeichen giebt (vgl. oscines). Hiervon cum bona a. mit glücklicher Vorbedeutung.

Alesco, — — 3. (ä) [alo] (Vorklaff.) heranwachsen, gedeihen.

Alēsia, ae, f. (ä) Stadt in Gallien.

Aletrĭum, ii, n. Stadt in Latium. Davon a) **Aletrīnensis**, is, m. ein Einwohner von Al. b) **Aletrīnas**, ātis, adj. und subst. **Aletrīnātes**, ium, die Einwohner von Al.

Aleuas, ae, m. (ä) [Ἀλευᾶς] ein Nachkomme des Hercules, der in Larissa in Thessalien herrschte und Stammvater eines mächtigen Herrschergeschlechts (**Aleuādae**, ārum) wurde.

Alexander, dri, m. (ä) [Ἀλέξανδρος] häufig vorkommender Männername: am bekanntesten sind: 1) Sohn des Priamus, gewöhnlich Paris genannt. 2) Al. Tyrann von Pherä in Thessalien um's J. 360 v. Chr. 3) mehrere Könige von Epirus. 4) mehrere Könige von Macedonien, bes. Al. der Große.

Alexandrĭa, ob. **-ēa**, ae, f. (ä) [Ἀλεξάνδρεια] Name mehrerer Städte: 1) Al. in Niederägypten, das heutige Alexandrien. 2) Al. Troas ob. bloß Troas, südlich von Troja an der Küste. 3) Al. Ariōn im Lande der Arier. 4) Al. in Syrien. 5) Al. ad Caucasum, in der Gegend vom heutigen Kabul. 6) Al. ultima am Jaxartes in Sogdiana. — Davon abgeleitet **Alexandrīnus**, adj. zu Al. gehörig, subst. -ini, ōrum, die Einwohner von Al.

Alfēnus, i, m. (P. A. Varus) angesehener Jurist unter Augustus.

Alfius, ii, m. römischer Familienname: 1) C. A., Freund des Cicero. 2) ein berüchtigter Wucherer zu Rom.

Alga, ae, f. Meergras, Seetang.

Algeo, lsi, — 2. frieren, Kälte empfinden (vgl. frigeo).

Algesco, lsi, — 3. [algeo] (Vorklaff.) sich erkälten.

Algĭdum, i, n. Städtchen auf dem Berge Algidus.

Algĭdus, adj. [algeo] (Poet.) kalt, eiskalt.

Algĭdus, i, f. (sc. mons) Berg in Latium. Davon Algidus, adj., terra.

Algor, ōris, m. und (Vorklaff.) **-gus**, us, m. [algeo] die Empfindung des Frostes, das Frieren (die Kälte subject, vgl. frigus).

Aliās, adv. (ä) [alius] 1) von der Zeit, zu einer anderen Zeit, ein anderes Mal: nunquam a. zu keiner anderen Zeit; a. — a. ein Mal — ein anderes Mal, bald — bald; a. aliud, aliter u. s. w., bald das Eine, bald das Andere, das eine Mal so, das andere Mal

anders; saepe a. bei vielen anderen Gelegenheiten; semper a. sonst immer; non a. zu keiner anderen Zeit. 2) (Nachkl.) vom Orte, anderswo, anderwärts. 3) (Spät.) = alioquin, sonst, unter anderen Umständen. 4) (Spät.) non a. quam in keiner anderen Beziehung, in keinem anderen Falle.

Alĭbī, adv. (ä) [alius] 1) anderswo, an einem anderen Orte; von Personen, = bei einem Anderen, insbes. häufig von Schriftstellern, a. invenies bei Anderen; a. — a. an einem Orte — an einem anderen, hier — dort; alius a. der Eine hier, der Andere dort; a. atque a. (Plin.) bald hier, bald dort. 2) in anderen Sachen ob. Fällen, bei anderen Gelegenheiten: nec spes fuit a. quam in pace man baute auf nichts Anderes Hoffnung, als auf den Frieden.

Alĭca, ae, f. (ä), 1) eine Getreideart, Spelt. 2) a) die daraus bereiteten Graupen u. Grütze. b) ein daraus bereiteter Trank.

Alĭcārius, adj. (ä) [alica] zum Spelt gehörig: trop. reliquiae aa. (Pl.) = schlechte Weibsbilder, gemeine Dirnen.

Alic-ŭbi, adv. (ä) [aliquis] (selten) irgendwo; hic a. irgend in der Nähe.

Alĭc-unde, adv. (ä) [aliquis] irgendwoher; auch von Personen und Sachen, pecuniam sumere a. von irgend Jmd.; a. nobis objicitur labor von irgend einer Sache.

Alid, siehe Alis.

*Alīdensia, (a) sc. vestimenta, Kleider aus der Stadt Aliba ob. Alinda in Carien, ist unsichere Lesart Lucr. 4, 1126.

Aliēnātĭo, ōnis, f. (ä) die Entfremdung, nämlich: 1) die Entäußerung, das Weggeben einer Sache von sich an einen Anderen. 2) trop. a) die Entfernung seiner selbst von einem Anderen, der Abfall, die Feindschaft, feindliche ob. ungünstige Stimmung: tua a. me alienatio ad impios cives. b) (Spät.) Geistesabwesenheit, Bewußtlosigkeit.

Aliēnĭ-gĕna, ae, m. (ä) [gigno] ein Ausländer, Fremder. 2) adj. **-us**, a (Lucr.) verschiedenartig. b) (Spät.) fremd, ausländisch.

Aliēno, 1. (ä) [aliēnus] entfremden, fremd machen, 1) Etwas einem Anderen gehörig machen: nunquam tu me alienabis quin noster siem (Pl.) du sollst mich nicht zu Einem machen, der einem Anderen und mit unserem eigenen Hause gehört. Hiervon A) entäußern, veräußern, verkaufen, an einen Anderen abtreten, domum, rem a se. B) = entfernen, abhalten u. dgl.: a. occisos wegschaffen; mulier alienata est a se entfernt: a. aliquem = zurückdrängen (von der Bewerbung), zurückhalten. 2) trop. A) = abspenstig-, abtrünnig machen, abgeneigt ob. ungünstig machen, aliquem (mentem, animum alicuius) ab aliquo ob. alicui; insulae alienatae die abtrünnigen J.; non alienatus vultu (Tac.) keine Spur von Ungnade im Gesicht zeigend. B) a. mentem alicuius ob. alicui Jmds Verstand verrücken, wahnsinnig machen: alienatus mente, sensibus des Verstandes, der Sinne nicht Herr; animo a sensu alienato gleichf. gefühllos (gegen den Schmerz); alienatus ad libidinem animo

Alienus — **Aliqui** 89

unter sich vor Begier. C) alienari a re Widerwillen gegen Etwas haben, es scheuen.
Aliēnus, *adj.* mit *comp.* u. *sup.* (ă) [alius]
1) fremd = einem Anderen gehörig, pecuniā
a. locupletari; odit virtutem a. die Tugend bei
Anderen; aes a. Schulden; alieno Marte pugnabant benutzten eine Art zu kämpfen, die sonst
Anderen gehörte (von Reitern, die zu Fuß kämpfen mußten); largiri ex alieno von dem
Eigenthum Anderer; *trop.* Epicurus in physicis plane est a. von einem Anderen abhängig,
unselbstständig. 2) im Gegens. der Verwandtschaft
ob. Freundschaft, fremd, nicht verwandt,
nicht befreundet, homo; auch = ausländisch.
3) *trop.* A) einer Sache fremd, mit ihr unbekannt, a. ab re (auch in re) aliqua und
selten) a. consilii dem Plane fremd. B) = unangemessen, nicht übereinstimmend, unschicklich, re ob. a re, selten (Spät.) rei alicui ob. alicuius. C) = unbequem, ungünstig, unschicklich, locus, tempus. D) = abgeneigt, abhold, unfreundlich gestimmt: animus
a. ab aliquo, selten alicui.
Aliger, ĕra, ĕrum, *adj.* (ă) [ala-gero]
(Poet.) geflügelt.
Alimentārius, *adj.* (ă) [alimentum] zur
Nahrung gehörig, Nahrungs-, lex von der
Austheilung von Lebensmitteln an arme Bürger.
Alimentum, i, n. (ă) [alo] 1) Nahrung,
Nahrungsmittel. 2) insbes. [= dem gr. θρέ-
πτρον] die Unterhaltung der Eltern von Seiten
der Kinder als eine Wiedervergeltung der ihnen
in der Kindheit geleisteten Unterhaltung.
Alimōnia, ae, f. und -nium, ii, n. (ă)
(beides Vorklassisch u. Spät.) [alo] die Ernährung, der Unterhalt.
Alio, *adv.* (ă) [alius] 1) anderswohin,
nach einem anderen Orte; a. quo nach irgend
einem anderen Orte. 2) uneigtl., zu einer anderen Person ob. Sache: orationem a. conferre auf etwas Anderes lenken; hoc a. spectat
hat auf etwas Anderes Beziehung; nusquam a.
natus zu nichts Anderem, für keinen anderen
Zweck geboren. 3) a. — a. zu der einen Seite
— zu der anderen; a. atque a. nach verschiedenen Seiten; alius a. der Eine zu dieser, der Andere zu jener Seite.
Alioqui ob. (mit euphonist. n) **Alioquin**,
adv. (ă) 1) sonst, in anderer Hinsicht, übrigens, triumphatum est de illis, a. victoria mitis
fuit. 2) an und für sich, auch ohnedies,
überhaupt: a. speciosus, et a. — et sowohl
überhaupt — als sonst = abgesehen davon, — als.
3) sonst = anderen Falls, im entgegengesetzten
Falle: brevitas concedenda est, si caussa per-
mittet; a.
Aliorsum ob. -**sus** (selten) zusammengezogen aus aliovorsum [alius-verto] *adv.* (ă) 1)
anderswohin, nach einem anderen Orte hin.
2) *trop.* accipere aliquid a. in einem anderen
Sinne, in anderer Absicht.
Alipes, ĕdis, *adj.* (ă) [ala-pes] (Poet.) mit
geflügelten Füßen, Mercurius; *trop.* =
schnell, equus, *subst.* a. = ein Pferd.
Alipilus, i, m. (ă) [ala-pilus] (Spät.) ein
„Achselhaarzupfer", Sklave, der die Haare unter
den Achseln wegnahm.
Aliptes, ae, m. (ă) [ἀλείπτης] Einsalber,

derjenige (ein Sklave), der die Badenden salbte
und frottirte.
Aliquā, *adv.* (ă) [aliquis, *abl. sing. fem.*]
1) auf irgend einem Wege. 2) *trop.* auf
irgend eine Weise.
Aliquam-diu, *adv.* (ă) 1) eine Zeit lang,
eine (ziemlich) Weile; oft mit folg. deinde,
postea, donec u. s. w. 2) (Spät.) bei Ortsan-
gaben, eine Strecke weit.
Aliquam-multi, ae, a, *adj.* im *plur.*
(zweifelh. außer bei sehr Spät.) ziemlich viel,
eine nicht geringe Anzahl.
Aliquando, *adv.* (ă) [aliquis] 1) jemals,
einst, irgend einmal, sowohl von der Vorzeit als
von der Zukunft: a. illucescet ille dies; a.
tempus libertatis fuit; häuf. si a. wenn jemals.
Hiervon insbes. = endlich einmal, von einer
Sache, die mit einer gewissen Ungeduld erwartet
wird ob. die jedenfalls früher erwartet worden
war: collegi me a.; häuf. mit dem verstärken-
den tandem verbunden: tandem a. Catilinam
ex urbe ejecimus. 2) = bisweilen, manchmal (seltner als dasjenige, wovon nonnunquam
ob. interdum gesagt wird): quidam homines et
te nonnunquam a me alienarunt et me a.
immutarunt tibi. Bei Spät. auch doppelt in
entgegengesetzten Gliedern = bald — bald.
*****Aliquantillum**, i, n. (ă) (*Pl.*, zweifelh.),
deminut. von Aliquantum.
Aliquantisper, *adv.* (ă) (Vorklassisch u.
Spät.) eine Zeit lang, eine Weile.
Aliquantŭlus, *adj.* (ă) [*deminut.* von ali-
quantus] klein, wenig. Oefter *subst.* n. *sing.*
-tulum, i, n. ein Bischen, ein Wenig.
Aliquantus, *adj.* (ă) [aliquis] ziemlich,
einiger und nicht ganz unbedeutend, nicht gering,
numerus, spatium, timor. Meist als *subst.*
-tum, i, n. mit einem *genit.*, Etwas, ein nicht
Unbedeutendes, nicht Wenig, pecuniae, agri,
negotii. Hiervon häuf. als *adv.* aa. Etwas, ziemlich, nicht wenig. a) -tum (a. tumidus, oratio
regis eum a. movit rührte ihn nicht wenig); b)
-to, bei Comparativen ob. Wörtern mit compa-
rativischer Bed. (a. prius, amplius, crudelior;
a. ante; post).
Aliquā-tĕnus, *adv.* (ă) 1) bis zu einem
gewissen Punkte ob. Orte. 2) bis auf
einen gewissen Grad, in gewisser Beziehung.
Aliqui (abject.) und -**quis** (meist subst.,
doch auch abject.), qua (*Lucr.* -quae) (subst.
u. abject.), quid (subst.) und quod (abject.)
[alius-qui], *Pron. indef.* (ă) irgend ein, -eine,
-eines, irgend Jemand (von einer einzelnen
unbestimmten Person ob. Sache, vgl. quis, quidam, quisquam): aliqui sensus, casus aliquis;
aliquod magnum malum, aliquis vestrum ob.
ex vobis, aliquid negotii; si aliquis statt si
quis, wo auf das Pron. ein besonderer Nachdruck
gelegt wird. Insbes. A) bei Zahlenangaben zur
Bez. des Ungefähren „einige", „an": viginti
aa. annos einige zwanzig Jahre. B) = (Jmb.
ob.) etwas Bedeutendes, Großes, etwas Rechtes
u. s. w.: se aliquid esse putant glauben etw.
Großes zu sein; esse aliquem ob. aliquid Viel
gelten; nunc dicis aliquid jetzt sagst du Etwas,
das Bedeutung hat. C) mit vorherrschender Bed.
des alius = ein anderer: ira aut a. perturbatio. D) mit anderen Wörtern verbunden: unus

a. ein einzelner, alius a. (Com.) irgend ein Anderer; sine a. accessione virtutis wenn nicht eine Zugabe von Tugend hinzukömmt; (Poet.) aliquis eam evocato es rufe Jemand von Euch sie heraus, exoriare aliquis ultor (wo der noch unbestimmte Rächer angeredet wird).
  Aliquō, *adv.* (ä) [aliquis] irgendwohin, nach irgend einem Orte, abire, a. rus eum abduxit irgendwohin auf das Land.
  Aliquot, *adj. indecl.* (ä) einige, eine ziemliche Anzahl (vgl. nonnulli), homines, epistolae.
  Aliquŏties ob. **-tiens**, *adv.* (ä) [aliquot] *adv. num.* einige Male, mehr als einmal.
  Aliquō-versum, *adv.* (ä) (*Pl.*) nach irgend einer Seite hin.
  Alis, alid, veralt. statt Alius, aliud.
  Aliter, *adv.* (ä) [alius] 1) anders, auf andere Weise (mit folg. atque, ac, quam): haud a. = ganz auf dieselbe Weise, ebenso; non a. nisi ob. quam ut auf keine andere Weise, unter keiner anderen Bedingung; a. res est die Sache verhält sich anders; a. — a. auf die eine Weise — auf die andere; alius a. der Eine so, der Andere so. 2) sonst, = alioqui 3, unter anderen Umständen, in anderen Fällen.
  Ali-ŭbi, *adv.* (ä) (Spät., selten), = Alibi, welches daraus zusammengezogen ist.
  Ali-unde, *adv.* (ä) anderswoher, von einem anderen Orte ob. Gegenstande her: venire a.; hoc pendet a. hängt von etwas Anderem ab; mutuari, capere a. von einem Anderen; a. alio von hier nach dort, von dort nach hier.
  Alius, a, ud, *adj.* (ä) [verw. mit ἄλλος] 1) einzeln, ein anderer (unter Mehreren, vgl. alter). Gewöhnlich folgt darauf als, atque ob. ac, wo eine Negation beigefügt ist häuf. nisi ob. quam, selten praeter, bei Poet. auch *abl.* (wie bei einem Comparativ, aliusillo als er). Insbes.: nihil aliud quam (ohne Verbindung mit dem übrigen Satze) = tantum, modo „nur": lictor n. a. q. prohibetur wird nur verhindert; ebenso quid aliud quam admonemus was thun wir anderes als daß wir ermahnen? 2) doppelt (im Gegensatze) der eine — der andere, im *plur.* die einen — die anderen. Hiervon A) die durch Contraction entstandene sehr häufige Verbindung von einem doppelten alius in demselben Satze: alius alio tempore dixit Einer zu einer Zeit, ein Anderer zu anderer; alius alii subsidium ferunt sie entsetzen sich gegenseitig, alius alio more vivunt sie leben Jeder auf seine Weise. B) alius ex alio, super ob. post alium Einer nach dem Anderen. C) a. atque a. ob. (Spät.) a. aliusque bald dieser, bald jener, verschiedene; alio atque alio loco. 3) = verschieden: davon alium facere verwandeln, alium fieri ein Anderer werden, sich verwandeln; in alia omnia ire (transire, discedere) einer ganz anderen Meinung beitreten (also = den anderen Vorschlag u. dgl. mißbilligen, verwerfen). 4) (= reliquus, ceteri) übrig: a. multitudo; a. superbia sein Uebermuth bei anderen Gelegenheiten; a. desperatio salutis die Aufgebung jedes anderen Heilmittels. 5) (selten) = alter, der eine von Zweien: duo Romani a. super alium.
  Alīus-mŏdi, *adj.* (ä) (selten) von anderer Art, res a. est.
  Al-lābor etc. 3. *dep.* heran schlüpfen,

-fließen, -gelangen: humor a. extrinsecus, anguis a. ex occulto; (Poet.) a. oris zu den Küsten (von einem Schiffe), sagitta a. viro trifft, fama a. aures gelangt zu den Ohren.
  Al-lăbōro, 1. (Poet.) sich noch dazu anstrengen; a. aliquid rei alicui sich Mühe geben, noch Etwas zu einer Sache hinzufügen.
  Al-lacrimo, 1. (Poet. u. Nachkl., selten) dabei weinen.
  Allapsus, us, *m.* [allabor] (Poet. u. Spät. selten) das Herangleiten, serpentis.
  Al-latro, 1. (meist Spät.) anbellen, nur *trop.* a) = mit gellender Stimme scheltend anfahren, heftig angreifen, aliquem. b) vom Meere = anbrausen.
  *****Allaudābĭlis**, e, *adj.* (zweifelh. Lesart, *Pl.*) [allaudo] lobenswerth.
  *****Al-laudo**, 1. (*Pl.*) stark loben, rem.
  *****Alleotātio**, ōnis, *f.* [allecto] (Spät., zwfl.) die Anlockung (Andere schreiben allectio).
  Allecto, 1. [allicio] anlocken, aliquem ad agrum colendum.
  Allēgātio, ōnis, *f.* (allēgo) die Absendung einer Person als Unterhändler, Bote u. dgl.
  Allēgātus, us, *m.* [allēgo] = allegatio, nur (*Pl.*) im *abl. sing.*, a meo venit von mir gesendet d. i. angestellt.
  Al-lēgo, 1. Imb. in irgend einem Auftrage (als Bote, Unterhändler ob. dgl.) absenden (vgl. mitto; nur in Privatsachen, vgl. lego): a. amicos, aliquem ad negotium; a. aliquem alicui ob. ad aliquem zu Jmb.; allegati alicuius = Gesandte, Boten. Hierv. (Com.) Jmb. zu Etwas (bes. einer Betrügerei) anstellen, abrichten. 2) (Spät.) Etwas anführen, sich auf Etwas berufen, Etwas geltend machen, erwähnen, exemplum, merita sua, se primum ab Alexandro petitum esse.
  Al-lĕgo etc. 3. dazu (zu mir ob. zu einem Collegium) wählen, aliquem; a. octo praetoribus duos; a. aliquem in senatum, inter patricios.
  Allēgŏria, ae, *f.* [ἀλληγορία] (Spät.), die Allegorie, anschauliche Darstellung einer Sache unter einem sinnlichen Bilde.
  *****Allēvāmentum**, i, *n.* [allēvo] das Erleichterungsmittel.
  Allēvātio, ōnis, *f.* [allēvo], (Spät.) das Emporheben, humerorum. 2, *trop.* die Erleichterung.
  Al-lĕvo, 1. 1) (meist Spät.) eigtl., emporheben, aufheben, pollicem, allevatus re aliqua sich mittelst einer Sache aufhebend, sich auf sie stützend. 2) leichter machen, erleichtern, onus. Hiervon *trop.*, von der Erleichterung körperlicher ob. geistiger Beschwerden. A) (von der Person) = Jmb. ermuntern, erheitern, ihm Erleichterung verschaffen, aliquem; häuf. *pass.* = sich erholen. B) von der Beschwerde) erleichtern, mildern, lindern, sollicitudines suas; notae allevatae gemilderte Ehrenstrafen. C) = helfen, unterstützen, „heben."
  *****Allex**, īcis, *m.* (*Pl.*) die große Zehe; *trop.* a. viri Duodezmännchen, Zwerglein.
  Allia (ob. **Alia**), ae, *f.* Flüßchen in Latium. Davon **Alliensis**, e, *adj.* pugna die Niederlage der Römer 330 v. Chr.

Alliātum, i. *n.* [allium] (*Pl.*) das Knoblauchgericht (eine Speise der Armen).
Allicē-făcio etc. 3. (Spät., selten) = allicio.
Allĭcĭo, exi, ectum, 3. [lacio] anlocken, einladen, gewinnen, aliquem ad se, multorum opes ad misericordiam; a. benevolentiam alicuius sich verschaffen; magnes a. ferrum ziehet an.
Allīdo, isi, isum, 3. [ad-laedo] anstoßen, Etwas gegen Etwas anschlagen, -stoßen, -werfen: a. aliquid trabi an den Balken; allidi ad scopulos (von einem Schiffe) gegen einen Felsen anlaufen; davon a. virtutem mit der Tugend zu Schaden kommen, und Servius allisus est ist zu Schaden gekommen, hat Schiffbruch gelitten.
Allĭfae, ārum, *f. pl.* Stadt in Samnium. Dav. **Allĭfānus**, *adj.*, *subst.* a) -āni, ōrum, *m. pl.* die Einwohner von A.; b) -āna, ōrum, *n. pl.* (pocula) zu A. gefertigte Trinkgeschirre.
Allĭgātĭo, ōnis, *f.* [alligo] das Anbinden.
Allĭgātor, ōris, *m.* [alligo] der Anbinder.
Al-lĭgo, 1. 1) anbinden, aliquem ad palum. 2) überh. binden, festbinden festhalten; ancora a. navem; alligatus = ein Sklave; lac alligatum geronnene Milch. Hiervon A) = fesseln, verwickeln, festhalten, hemmen: impedire et a.; calculus alligatus der nicht mehr gezogen werden darf; trop. a. se scelere ob. (Com.) furti sich eines Verbrechens, des Diebstahls schuldig machen. B) = verpflichten, binden, aliquem jurejurando, stipulatione; lex a. omnes. C) a. verba lege quadam an eine gewisse Regel binden, nach ihr beschränken. 3) umbinden, umwickeln, verbinden, caput, vulnus.
Al-lĭno, lēvi, lĭtum, 3. anschmieren, anstreichen, anstechen, rei alicui colorem, atrum signum versibus incomptis; a. alteri vitia sua gleichs. ankleben d. h. durch Berührung ob. Bekanntschaft mittheilen.
Allium, ii, *n.* der Knoblauch.
Allŏbrox, ŏgis, *m.* ein Allobroger, aus den in Gallia Lugdunensis wohnenden Volk Allobroges. Davon **Allobrŏgĭcus**, *adj.*
Allŏcūtĭo, ōnis, *f.* [alloquor] (Poet. u. Spät.) das Anreden, die Ansprache, bes. die tröstende u. s. w. (f. alloquor).
Allŏquĭum, ii, *n.* [alloquor] (meist Spät.) die (ermunternde, tröstende u. s. w.) Anrede, Ansprache, insbes. = die Ermunterung, der Trost.
Al-lŏquor etc. 3. *dep.* (meist Poet. u. Spät.) anreden, ansprechen, bes. ermunternd, tröstend, bittend ob. dgl., daher a. oft durch eines von diesen Wörtern übersetzt werden kann: a. aliquem; a. deos antrufen.
Allūbesco — — 3. [lubet] *impers.* (Vorklassisch) es fängt an zu gefallen, anfangen Wohlgefallen an Etwas zu finden.
Al-lūceo, xi — 2. (Vorklassisch u. Spät.) anleuchten, dazu leuchten, alicui; *trop.* nequidquam tibi fortuna faculam lucrificam allucere vult = daß dir eine Gelegenheit zum Gewinn dargeboten sein soll (wo Andere ohne Nothwendigkeit dem Wort die active Bed. „anstecken" geben).
Allūdĭo, 1. [alludo] (*Pl.*) mit Jmb. schäkern, tosen.

Al-lūdo etc. 3. 1) bei ob. mit Jmb. ob. Etwas spielen, schäkern, scherzen, tosen, alicui ob. ad aliquem; alludens dixit er sagte es im Scherz; nec plura alludens ohne weiter dabei zu scherzen. 2) Hiervon (Spät.) = scherzend sich auf Etwas beziehen, eine scherzende Anwendung auf Etwas machen: Phidias versibus Homeri egregio dicto a. 2) uneigtl. A) von unpersönlichen Gegenständen, = sich leise und gleichs. scherzend heranbewegen: mare a. litori spült-, plätschert an das Ufer; transit. (Poet.) fluctus alludunt aliquid ad pedes alicuius hinspülen. B) *trop.* (Spät.) a. sapientiae der Weisheit nahekommen; alludentia spei nostrae das unserer Hoffnung Naheliegende.
Al-luo, lui — 3. anspülen, bespülen: fluvius a. urbem.
Allŭvĭes, ei, *f.* [alluo] die Anspülung, das Austreten eines Gewässers; *concr.* das ausgetretene Wasser.
Allŭvĭo, ōnis, *f.* [alluo] *term. t.* die Anschwemmung von Erde (durch Anspülung mittelst des Stroms ob. der Wellen).
Almo, ōnis, *m.* ein kleiner Fluß bei Rom, der in die Tiber fällt.
Almus, *adj.* [alo] nährend, Nahrung gebend, davon = wohlthätig, segenspendend, hold, Ceres, vitis, sol, Venus, Musae.
Alneus, *adj.* [alnus] aus Erlenholz, erlen-.
Alnus, i. *f.* die Erle; (Poet.) = ein Schiff.
Alo, ălui, altum u. (Spät.) ălĭtum, 3. (ă) nähren, ernähren, groß und stark machen (mit Bezug auf die Entwickelung und das Gedeihen, vgl. nutrio), hominem; terra a. arbores; *trop.* a. spem alicuius, luxuriam der Üppigkeit Nahrung geben; a. exercitum unterhalten; a. aliquem = Jmds Macht vermehren.
Aloë, es, *f.* (ă) [ἀλόη] die Aloe, eine Pflanze.
Alŏeus, ĕi ob. ĕos, *m.* [Ἀλωεύς] ein Gigant, Gemahl der Iphimedia, die mit dem Neptun zwei Riesensöhne, Otus und Ephialtes, gebar, welche nach dem Gemahl der Mutter **Alŏīdae**, ārum, *m.* genannt wurden. Sie wurden vom Apollo getödtet, als sie den Himmel erstürmen wollten.
Alŏgĭa, ae, *f.* (ă) [ἀλογία] (Spät.) die Ungereimtheit, Albernheit.
Alpes, ium, (Poet. auch im *sing.* -is, is) *f.* die Alpen. Davon A) **Alpīcus**, *adj.* B) **Alpīnus**, *adj.*; davon a) *subst.* -īni, ōrum, *m. pl.* die Alpenvölker. b) *trop.* Spottname eines schwülstigen Dichters.
Alphēsĭboea, ae, *f.* [Ἀλφεσίβοια] Tochter des Phegeus, Gemahlin des Alcmäon.
Alphēus, ei, *m.* [Ἀλφειός] Fluß im Peloponnes. Der Flußgott A. verliebte sich in die Nymphe Arethusa und verfolgte sie, als sie in eine Quelle verwandelt worden war, unter dem Meere nach der Insel Ortygia bei Syracus. Davon abgel. 1) **Alphēĭas**, ădis, *f.* Beiname der Arethusa. 2) **Alphēus**, *adj.*
Alsĭum, ii, *n.* Stadt in Etrurien. Davon abgel. **Alsiensis**, e, *adj.*; als *subst.* Alsiense, is, *n.* das Landgut des Pompejus zu A.
Alsus (u. *Lucr.*) *Alsius, *adj.* [algeo] kühlend, kühl.
Altārĭa, *n. pl.* (der *sing.*, mit unsicherem

Alte — Alumnus

nomin., nur bei Spät.) 1) der Auffatz auf dem Altar, auf welchem die dazu bestimmten Theile des Opferthiers verbrannt wurden (vgl. ara). 2) überh. = ara, der Altar, bes. ein prächtiger Hochaltar.

Alte, *adv.* mit *comp.* u. *sup.* [altus] 1) hoch; *trop.* erhaben. 2) tief; *trop.* a. petere weit herholen, expedire von Anfang erzählen.

Alter, ĕra, ĕrum (*genit.* regelm. altērīus, auch altĕrīus), *adj.* 1) der eine, von Zweien (vgl. alius), der andere. Häufig im Gegensatz des handelnden Subjects, = der „Nächste", jeder Andere; a. — a. der eine — der andere; im *plur.* von Mehreren ob. von zwei Parteien; oft = entgegengesetzt, a. factio, pars die Gegenpartei. Bisweilen fehlt das eine a., bisweilen steht statt dessen hic, ille, ob. ein Subst. 2) als Zahlwort = secundus, der zweite: a. vicesimus dies der 22ste Tag. Hierv. A) unus et (atque) a. und unus alterque, a) der eine und der andere = zwei, dies. b) von einer unbestimmten Menge, einer und ein anderer = etliche. B) alterum tantum doppelt so Viel, noch einmal so Viel: altero tanto maior doppelt so groß. C) bei Subst. zur Bezeichnung einer vollständigen Aehnlichkeit, ein zweiter, a. parens, a. Verres; ebenso a. ego mein zweites Ich, a. idem ein zweites Selbst. 3) = alteruter: non uterque nec sed a.; sine alteris vestrum; a. consulum.

Altercātio, ōnis, *f.* [altercor] 1) der heftige Wortwechsel, der Zank, Streit, Disput; insbesondere in der Rhet., s. altercor 2.

Altercātor, ōris, *m.* [altercor] (Spät.) der Streiter vor Gericht.

Altercor, 1. *depon.* (*Ter.* auch -oo, 1.) [alter] einen Wortwechsel führen, disputiren, mit Worten streiten, cum aliquo; aa. inter se. Insbes. in der Rhet., mit dem Gegner vor Gericht streiten.

Alterne, *adv.* [alternus] (Spät.) abwechselnd.

Alterno, 1. [alternus] (Poet. u. Spät.) 1. *trans.* Etwas das Eine mit dem Anderen, abwechselnd thun, mit Etwas abwechseln: a. vices; a. cibum das eine (Junge) nach dem andern füttern; auch a. cum re. 2) *intrans.* zwischen zwei Entschlüssen schwanken, alternanti haec sententia potior visa est etc. während er bald an jenes bald an dieses dachte.

Alternus, *adj.* [alter] einer um den andern, abwechselnd: a. pede terram quatere von Tanzenden (Poet.); aa. trabes et saxa nach einer bestimmten Ordnung abwechselnd; aa. sermones = Dialog; aa. paene vincula fast bei jedem zweiten Wort; a. metus = gegenseitige Furcht; aa. versus Wechselgesang, aber bes. häufig = mit Hexametern und Pentametern abwechselnd, d. h. elegische; aa. judices rejicere von der Verwerfung einer gewissen Zahl von den gewählten Richtern, welche dem Kläger und dem Beklagten, jedem einmal nach seiner Tour, zustand. Hiervon alternis (*sc.* vicibus) als *adv.*, abwechselnd, canere.

Alter-ŭter, alterutra, alterutrum (*genit.* alterutrius u. s. w.; selten werden beide Wörter declinirt), *adj.* einer von beiden, irgendwelcher (gleichviel, ober unbestimmt, welcher): ne a. alterutri praeoccupet.

Althaea, ae, *f.* ['Ἀλθαία] Mutter des Meleager, an dessen Tod sie Schuld ward.

*****Altĭ-cinctus**, *adj.* (Poet.) hoch geschürzt ob. gegürtet.

Altĭlis, e, *adj.* [alo] (meist Poet. u. Spät.) gemästet, Mast-, fett; insbes. als *subst.* (*sc.* avis), *f.* = ein gemästetes Geflügel, Masthuhn. Hiervon (*Pl.*) *trop.* dos a. reiche Mitgift.

Altĭ-sŏnus, *adj.* (Poet.) 1) von der Höhe herab tönend (= donnernd), Jupiter. 2) *trop.* von einem Dichter, hochtönend = erhaben.

Altĭ-tŏnans, tis, *adj.* (Poet.) hoch herabdonnernd.

Altĭtūdo, ĭnis, *f.* [altus] 1) die Höhe, montis. 2) *trop.* die Höhe = Erhabenheit, animi, fortunae. 3) die Tiefe. Hiervon *trop.* a. animi von einem Menschen, dessen wahre Stimmung und Gesinnung nicht leicht erkannt wird, Unergründlichkeit: oft von einer die wahre Gemüthsstimmung verbergenden Heiterkeit; auch in tadelnder Bedeutung = Versteckheit.

*****Altiusoŭlus**, *adj.* [*deminut.* von altus] etwas hoch.

Altĭ-vŏlans, tis, *adj.* (Poet.) hochfliegend.

Altor, ōris, *m.* u. -trix, ĭcis, *f.* [alo] der Ernährer, die Ernährerin; bes. terra altrix Mutterland, leonum wo Löwen sich aufhalten.

Altrinsĕcus, *adv.* [alter] (*Pl.* u. Nachkl.) zur anderen Seite, auf der anderen Seite.

*****Altrō-vorsum**, *adv.* (*Pl.*) zur anderen Seite.

Altus, *adj.* mit *comp.* u. *sup.* (von alo = groß geworden durch Nahrung) 1) von unten nach oben gesehen, hoch (vgl. celsus, sublimis), mons, arbor, domus. Hiervon A) *trop.* a) = erhaben, a. dignitatis (u. dgl.) gradus; a. animus hoch strebend; (Poet.) Caesar, Jupiter a. = erhaben, majestätisch. b) von der Stimme, = klar, hell. B) *subst.* altum, i, *n.* die Höhe, bes. (Poet.) vom Himmel, in a., ex a. 2) von oben nach unten gesehen, tief, mare, vulnus, radix tiefgehend. Hiervon A) *trop.* von Allem was innerlich und tief sitzt, a. quies, somnus „tiefer" Schlaf, ebenso a. silentium. b) = verstockt, dissimulatio. c) = tiefsinnig, unergründlich, animus (vgl. altitudo 3.) B) alto ob. ex alto repetere in der Rede weit zurückgehen, in einer Sache weit ausholen. C) *subst.* altum, i, *n.* die Tiefe, das tiefe Meer, die hohe See, provehi in altum, jactari in alto. 3) (Poet.) von dem was tief in die Zeit zurückgeht ob. dem Entfernten, = uralt, gens.

Alūcinātĭo, ōnis, *f.* (ā) [alucinor] (Spät.) gedankenloses Reden, Faselei.

Alūcinor (richtiger als all. ober hall.). (a) eigtl. im Sinne herumfahren, d. h. ins Blaue hinein reden, =denken, faseln, träumen, aliquid; scherzend: epistolae interdum a. debent keinen bestimmten Gang der Gedanken verfolgen, von dem Einen zum Anderen springen.

Alumnus, i, *m.* u. -a, ae, *f.* (ā) [alo] der

Aluntium — **Amathus** — 43

Pflegesohn, die Pflegetochter, der Zögling, alicuius. Häufig (Poet.) mit einem *genit.* der Gegend od. des Orts, wo Jmd. geboren od. aufgewachsen ist: a. Italiae; a. legionum der im Lager aufgewachsen ist, sutrinae tabernae von einem Schusterlehrling; *trop.* a. Platonis = Schüler.

Aluntium, ii, *n.* (ä) [᾿Αλούντιον] Stadt auf der Nordküste Siciliens. Davon abg. **Aluntīnus**, *adj.*, und *subst.* -ĭni, ōrum, *m. pl.* die Einwohner von Al.

Alūta, ae, *f.* (ä) 1) Alaunleder, fein zubereitetes und sehr geschmeidiges Leder. 2) von Sachen, die aus Alaunleder gefertigt sind: A) ein Schuhriemen. B) ein Schuh. C) ein Beutel. D) ein Schönpflästerchen.

Alveārium, ii, *n.* (Spät. auch **Alveāre**, is, *n.* 1) der Bienenkorb. 2) eine Sammlung von Bienenkörben, der Bienenstand.

Alveŏlus, i, *m. deminut.* von Alveus, was man sehe.

Alveus, i, *m.* eine bauchartige, längliche Höhlung od. Vertiefung, dah. 1) eine Mulde, Wanne, muldenförmig ausgehöhltes Gefäß. 2) die unterste Höhlung eines Schiffs, der Schiffsbauch, dah. a) = ein Nachen, kleiner Kahn; b) = ein Schiff. 3) ein mit einem Rande versehenes Spielbrett, daher zur Bezeichnung des Würfelspiels. 4) ein Wasserbecken, Badewanne od. Baffin. 5) ein Flußbett, altus a.

Alvus, i, *f.* 1) der Bauch, Unterleib (der Magen als Kanal für die Nahrungsmittel gedacht, vgl. venter): purgare, exonerare a. = abführen. Davon A) zur Bezeichnung der Excremente: dejicere alvum abführen (eigtl. a. inferiorem, denn alvum superiorem dejicere heißt vomiren). B) = venter. C) = uterus der Mutterleib. 2) ein Bienenkorb.

Alyattes, is ob. ei, *m.* (ä) [᾿Αλυάττης] König von Lydien, Vater des Cröfus.

Amābĭlis, e, *adj.* mit *comp.* u. *sup.* (ä) [amo] liebenswürdig; carmen a. angenehmes, schönes Gedicht.

Amābĭlĭtas, ātis, *f.* (ä) [amabilis] Vorklassisch u. Spät.) die Liebenswürdigkeit.

Amābĭlĭter, *adv.* mit *comp.* u. *sup.* (ä) [amabilis] 1) liebenswürdig. 2) liebevoll, a. in aliquem cogitare.

Amalthēa, ae, *f.* (ä) [᾿Αμάλθεια] 1) die Ziege, die den Jupiter als Kind auf Creta säugte; oder eine Nymphe, die den Jupiter schützte. Davon **Amalthea**, ae, *f.* ob. -thēum, i, *n.* A) wahrscheinlich ein Heiligthum der Am. in der Nähe von Atticus's epirotischem Landgute. B) ein ähnliches Heiligthum auf Cicero's arpinatischem Landgute. 2) eine Sibylle.

᾿**Amandātĭo**, ōnis, *f.* (ä) [amando] das Fortsenden, Entfernen.

A-mando, 1. (ä) fortschicken, (von sich) entfernen (mit dem Nebenbegriff der Verachtung ob. des Unwillens), aliquem in ultimas terras.

Amans, tis, *adj.* mit *comp.* u. *sup.* (ä) (*particip.* von amo] 1) liebend, der Jmd. ob. etwas liebt und schätzt, patriae, veritatis; *subst.* ein Freund von Jmd., alicuius, amantissimus tui dein sehr ergebener Freund; *absol.* = ein Liebender. 2) von Sachen, liebevoll, verba, nomen.

Amanter, *adv.* mit *comp.* u. *sup.* (ä) [amans] liebevoll, liebreich, freundlich.

Amantĭa, ae, *f.* (ä) [᾿Αμαντία] Stadt im griechischen Jllyrien. Davon abgel. **Amantĭāni** ob. -tĭni, ōrum (auch -ntes, ium), *m. pl.* die Einwohner von Am.

Amānuensis, is, *m.* (ä) [a-manus] (Spät.) ein Schreiber, Secretair.

Amānus, i, *m.* (ä) [᾿Αμανός] ein Zweig des Taurusgebirges, der Cilicien von Syrien scheidet. Davon 1) **Amānĭcus**, *adj.* (Pylae Amanicae hieß der eine von den Pässen zwischen Syrien und Cilicien). 2) **Amānienses**, ium, *m. pl.* die Bewohner von Am.

Amārācĭnus, *adj.* (ä) [amaracus] aus Majoran; oleum ob. unguentum a. u. bloß **Amaracinum**, i, *n.* das Majoranöl, die Majoransalbe, eine beliebte Parfümerie.

Amārăcus, i, *comm.* ob. -cum, i, *n.* [ἀμάρακος] der Majoran, eine Blume.

Amārantus, i, *m.* (ä) [ἀμάραντος] eine Pflanze, der Tausendschön, Amarant.

Amāre, *adv.* mit *comp.* u. *sup.* (ä) [amarus] bitter, nur *trop.* = herbe, verletzend, erbittert.

*****Amārĭtĭes**, ei, *f.* (ä) (Poet.) [amarus] = amaritudo 1.

Amārĭtūdo, ĭnis, *f.* (ä) [amarus] (Vorklassisch u. Spät.) 1) die Bitterkeit, der bittere Geschmack. 2) *trop.* A) die Bitterkeit des Gemüths, die bittere Stimmung, die Erbitterung. B) das Verletzende, Widerwärtige einer Sache ob. Person, carminum. C) die Unannehmlichkeit, vocis.

Amāror, ōris, *m.* (ä) [amarus] (Poet.) = amaritudo 1.

Amārus, *adj.* mit *comp.* u. *sup.* (ä) 1) bitter, widerlich für den Geschmack (oppos. dulcis, vgl. acerbus), latex, sapor; auch uneigtl. = unangenehm für den Geruch u. s. w. 2) *trop.* (meist Poet.) A) unangenehm, widerwärtig; *subst.* amara, ōrum, *n. pl.* = Widerwärtigkeiten. B) vom Gemüthe, reizbar, heftig, grollsüchtig, mulier. C) von der Rede, beißend, verletzend, kränkend.

Amāryntis, Idis, *f.* (ä) [᾿Αμαρυνθία] Beiname der Diana von einer kleinen Stadt **Amārynthus** [᾿Αμάρυνθος] auf Euböa, wo sie einen Tempel hatte.

Amāsēnus, i, *m.* (ä) Fluß in Latium.

Amāsĭa, ae, *f.* (ä) [᾿Αμάσεια], Stadt in Pontus, Geburtsort des Strabo.

Amāsĭus, ii, *m.* (amo] (Poet. u. Spät.) der Geliebte, Buhle (ein unedles Wort).

Amastris, is, *f.* (ä) [᾿Αμαστρις] Stadt in Paphlagonien. Dav. abgel. **Amastrĭācus**, *adj.*, und **Amastrĭāni**, ōrum, *m. pl.* (ä) die Einwohner von A.

Amāta, ae, *f.* (ä) Gemahlin des latinischen Königs Latinus, zu welchem Aeneas kam.

Amāthūs, untis, (ä) [᾿Αμαθοῦς], 1) *m.* ein Heros, Gründer der Stadt Am. 2) Stadt auf Cypern mit einem Tempel der Venus, die daß. **Amāthūsĭa** (ä) [᾿Αμαθουσία] hieß. Davon **Amāthūsĭācus**, *adj.* (ä).

Amātio, ōnis, *f.* (ă) [amo] (*Pl.*) das Lieben, der Liebeshandel.

Amātor, ōris, *m.* (ă) [amo] ein Liebhaber, 1) in gutem Sinne, der Freund, Verehrer von Etwas od. Jmd., sapientiae, urbis; a. meus. 2) in üblem Sinne, der Buhle, Liebhaber, a. alicuius, und allg., ohne Angabe des Gegenstandes, ein Wollüstling, der sinnlichen Liebe Ergebener.

***Amātoroŭlus**, i, *m.* (ă) (*Pl.*) *deminut.* von Amator.

Amātōrie, *adv.* (ă) [amator] verliebt; epistola a. scripta Liebesbrief.

Amātōrius, *adj.* (ă) [amator] zum Liebhaber (des weiblichen Geschlechts) gehörig, verliebt, galant, Liebes= (in üblem Sinne), sermo, voluptas; *subst.* -ium, ii, *n.* ein Liebestrank.

Amātrix, īcis, *f.* (ă) [amo] (Poet.) die Buhlin, das Liebchen.

Amāzon, ŏnis, *f.* (ă) [Ἀμαζών] eine Amazone: die Amazonen waren ein mythisches kriegerisches Frauenvolk, welches der Sage nach an der nördlichen Küste von Kleinasien um den Fluß Thermodon wohnte. Davon abgel.: 1) **Amāzŏnĭcus** ob. **-nius** [Ἀμαζονικός, -ος], *adj.* (ă); A. vir = Hippolytus, Sohn des Theseus von einer Amazone. 2) **Amāzŏnis**, ĭdis, *f.* (ă) [Ἀμαζονίς] (Poet.) = Amazon.

Ambactus, i, *m.* [Keltisches Wort] der Vasall, Dienstmann.

Amb (am, an) [ἀμφί] eine unzertrennbare Partikel, die in Zusammensetzungen um, herum bedeutet.

Amb-ăd-ĕdo, ēdi, — 3. (*Pl.*) rings betreffen.

Ambāges, um, *f. pl.* (im *sing.* nur der *abl.* -ge) [ambigo] (meist Poet. u. Spät.) 1) der Umweg, Irrgang, krumme und vielfach verschlungene Weg ob. Gang, tecti (des Labyrinths), itinerum. 2) *trop.* A) von der Rede, a) Umschweif, weitläufiges Reden, insbef. = Ausflucht: mitte a. laß alle Ausflüchte, Umschweife fahren! b) dunkle und räthselhafte Rede, Räthsel. B) auf Handlungen übertragen, geheimnißvolles und räthselhaftes Betragen: tacitae aa. symbolische Handlungen, per aa. durch sinnbildliche Andeutungen.

Amb-ĕdo etc. 3. (Poet. u. Spät.) ringsum anfressen, zernagen, mensas, herbas.

Ambiāni, ōrum, *n. pl.* Küstenvolk in Gallia Belgica.

Ambĭgo, — — 3. [amb-ago] eigtl. Etwas nach zwei Seiten hin treiben, davon 1) (*Tac.*) sich um einen Ort herumtreiben, um einen Ort herumgehen, patriam. 2) Etwas bezweifeln ob. bestreiten, über Etwas zweierlei ob. entgegengesetzter Meinung sein, streiten, bisputiren, de re, quale sit illud; causa, res ambigitur es sind von der Sache zwei verschiedene Meinungen, man streitet sich über die Sache. Hiervon = richten, streiten überh., bef. vor Gericht, cum aliquo. 3) schwanken, unschlüssig, unentschieden sein, de re, quid faciendum sit.

Ambĭgue, *adv.* [ambiguus] 1) zweideutig. 2) schwankend, ungewiß.

Ambĭgŭĭtas, ātis, *f.* [ambiguus] die Zweideutigkeit, der Doppelsinn.

Ambĭguus, *adj.* [ambigo] eigtl. nach beiden Seiten getrieben, geführt, dah. 1) zwischen Zweien schwankend, nach zwei Seiten sich hinneigend: ambiguo inter marem et feminam sexu von einem Zwitter; aa. viri von den Centauren; Proteus a. der sich verwandelnde, Salamis ein anderes S. von gleichem Namen; ambiguus pudoris et metus (*Tac.*) zwischen Schaam und Furcht schwankend. 2) überhaupt schwankend = unschlüssig: (*Tac.*) ambiguus futuri über die Zukunft ungewiß, imperandi eb er als Kaiser befehlen wollte. 3) unsicher, unzuverlässig, schwankend, fides, domus; res aa. mißliche Umstände; rex haud a. der ganz sicher König werden würde. 4) von der Rede u. dgl., zweideutig, dunkel, doppelsinnig.

Ambĭo, 4. [amb-eo] 1) (meist Poet. u. Spät.) um Etwas herumgehen: lunae cursus a. terram; hierv. = umgehen, mare a. terram; von einem Künstler, a. clipeum auro einfassen. 2) gew. in einer gewissen Absicht um Jmd. herumgehen, bes. bittend, suchend u. dergl. (vgl. ambulo, circumeo), und hiervon A) *term. t.* von denjenigen, die in Rom sich um ein Amt bewarben, herumgehen um die Bürger um ihre Stimmen bei der Wahl angehen, sich durch Aufmerksamkeit aller Art bei Jmd. um seine Gunst und Stimme bewerben: a. populum, tribus, singulos ex senatu. B) (Poet. u. Spät.) überh. bei Jmd. um Etwas anhalten, Jmd. bittend angehen, anrufen, aliquem, deos; ambiuntur plurium nuptiis mehrere Väter wünschen ihre Töchter mit ihnen zu verheirathen; es folgt euch ein Objectsatz mit ut, ne, quo u. s. w., selten ein *infin.* C) (*Pl.*) a. magistratum sich um ein Amt bewerben.

Ambĭtĭo, ōnis, *f.* [ambio] 1) das Herumgehen der Candidaten in Rom, um sich Stimmen zu verschaffen u. f. w. (f. ambio), die Bewerbung um Aemter (von einer erlaubten und gesetzlichen Bewerbung, vgl. ambitus): quid loquar de nostris aa., de cupiditate honorum. Hierv. (Spät.) = inständiges Bitten, aegro obtinere aliquid magnā a. 2) das Streben Anderen zu gefallen, Gunst zu gewinnen dadurch, daß man Anderen Aufmerksamkeit erzeigt, Etwas zu Gefallen thut, schmeichelt u. bergl., die Gunstsucht, Gefallsucht, das Buhlen um die Gunst der Menge; oft kann es durch Schmeichelei, Ansehung der Person, Parteilichkeit übersetzt werden; magna ambitione Platonem Syracusas deduxit mit einem auf Aufsehen berechneten Glanze. 3) der Ehrgeiz, die Eitelkeit: a. mala, a. et honorum contentio.

Ambĭtĭōse, *adv.* mit *comp.* u. *sup.* [ambitiosus] 1) ehrsüchtig, aus Ehrgeiz. 2) mit Gefallsucht, so daß man auf Gewinnung der Gunst Jmds ob. des Publicums rechnet.

Ambĭtĭōsus, *adj.* (ambitio) 1) (Poet. u. Spät.) herumgehend um Etwas, es umgebend, umschlingend: fluvius a. sich schlängelnd, puella a. Jmd. umschlingend; (Poet.) aa. ornamenta üppige (das Bild von auslaufenden Ranken u. dergl. hergenommen). 2) gefallsüchtig, um Gunst buhlend, einschmeichelnd, eitel;

Ambitus   **Amicio**   45

ita est a. ut omnes quotidie persalutet; a. in aliquem gegen Jmb., von einer aus Gefallsucht entstandenen Herablassung; (Poet.) esse a. pro aliquo schmeichelnde Fürsprache für Jmd. einlegen. Hierv. preces aa. inständige, einschmeichelnde; sententia a. (aus Gefallsucht) parteiisch; domus a. glänzend, pulchritudo Aufsehen machende. 3) von Sachen und abstracten Begriffen, prahlend, eitel, ehrgeizig, auf Gewinnung von Gunst ob. Ansehen berechnet und angelegt: aa. rogationes durch welche man die Leute gewinnen will, amicitiae bei welchen man nur Gunst und Vortheil sucht.

Ambĭtus, us, m. [ambio] 1) der Umlauf, die kreisförmige Bewegung um Etwas: luna currit breviore a. quam sol; trop. a. seculorum Kreislauf, Verlauf. 2) der Umkreis, Umfang, Rand: castra lato a., folia serrato a.; a. aedium = der nächste Raum um das Haus herum. 3) trop. A) der Umschweif, Umweg in der Rede: facere multos aa. circa unam rem. B) a. verborum oder bloß a. = die Periode. 4) gesetzwidrige Bewerbung um Ehrenstellen durch Bestechung u. dergl. (vgl. ambitio): accusare aliquem ambitūs; effusae ambitūs largitiones. 5) (Spät.) die Prunksucht, Eitelkeit, Affectation.

Ambĭvărēti, ōrum, m. pl. eine gallische Völkerschaft in der Nähe der Ambarren.

Ambĭvărīti, ōrum, m. pl. eine gallische Völkerschaft an der Maas (in der Gegend von Breda).

Ambivius Turpio, ein Schauspieler zu Rom, Zeitgenosse des Terenz, in dessen Stücken er auftrat.

Ambo, ae, o, adj. pl. [gr. ἄμφω] beide (zusammen, vereinigt, vgl. uterque): a. fessi estis; diligo ambos.

Ambrăcĭa, ae, f. [Ἀμπρακία] Stadt an der südlichen Grenze von Epirus. Davon abgeleitet 1) **Ambrăcĭensis,** e, adj., u. subst. -enses, ium, m. pl. die Einwohner von A. 2) **Ambrăcĭas,** ădis, f. adj. (Poet.) terra. 3) **Ambrăcĭōtes,** ae, m. [Ἀμπρακιώτης] der aus A. Gebürtige. 4) **Ambrăcĭus,** adj., namentlich sinus die jetzige Bucht von Arta.

Ambrŏnes, num m. pl. ein keltischer Volksstamm.

Ambrŏsius, adj. [ἀμβρόσιος] (Poet.) zu den Göttern gehörend, göttlich, comae. Hiervon subst. **Ambrŏsia,** ae, f. [ἀμβροσία] (Poet.) Ambrosia, 1) = Speise der Götter. 2) = Salbe der Götter.

Ambrўsus, i, f. [Ἄμβρυσος] Stadt in Phocis.

Ambŭbāja, ae, f. [syrisches Wort] (Poet. u. Spät.) eine syrische Flötenspielerin.

Ambŭlācrum, i, n. [ambulo] (Vorkl. u. Spät.) = ambulatio 2.

Ambŭlātĭo, ōnis, f. [ambulo] 1) das Auf- und Abgehen, das Spazieren, der Spaziergang. 2) eine (gewöhnlich bedeckte oder mit Bäumen bepflanzte) Promenade, Spaziergang in der Nähe des Hauses.

Ambŭlātiuncŭla, ae, f. deminut. von ambulatio.

Ambŭlo, are. 1) intrans. herumgehen (ohne bestimmten Zweck, meist zum Vergnügen und mit einer gewissen Ungenirtheit, Behäglich-

keit ob. Eitelkeit, vgl. ambio), spazieren: milites ambulando bellum confecerunt durch bloßes Spazieren, gemächliches Marschiren. Hiervon A) überhaupt = gehen, reisen, sich begeben: quo ambulas tu? B) Insbef. si recte ambulaverit is wenn er tüchtig aufgetreten, zugegangen ist; superbus ambula trete, schreite stolz hervor; (Com.) bene ambula glückliche Reise! Nilus a. (Spät.) fließt. Auch mit einer Angabe der zurückgelegten Strecke, a. tria millia passuum. 2) transit. mit einem accus. des Raumes, über oder auf welchem Jmd geht, bina millia passuum; (Poet.) a. maria über die Meere hinspazieren.

Amb-ūro etc. 3. 1) ringsum sengen, anstecken: ambustus tamen evasit. Hiervon a) artus ambusti vi frigoris vom Froste angegriffen. b) subst. **Ambustum,** i, n. = der Brandschaden. 2) verbrennen, corpora mortuorum. 3) trop. particip. ambustus = hart mitgenommen, der aus einer Noth ob. Gefahr nur so berausgekommen ist, daß er dadurch doch an Gesundheit, Vermögen, Ruf ob. dergl. Schaden gelitten hat, verletzt: qui collegae damnatione et sua prope ambustus evaserat.

***Amb-ustŭlātus,** adj. (Pl.) ringsum verbrannt.

Amellus i, m. (ä) die Sternblume.

A-mens, tis, adj. mit comp. u. sup. (ā) nicht bei Sinnen, sinnlos, außer sich, seines Verstandes nicht mächtig (wegen einer Gemüthsbewegung, vgl. insanus): amens errore, invidia; auch von abstracten Gegenständen, a. consilium, furor.

Amentātus, adj. (ā) [amentum] mit einem Schwungriemen versehen, hasta; trop. zur Bezeichnung triftiger Beweisgründe.

Amentia, ae, f. (ā) [amens] die Sinnlosigkeit, unsinnige und leidenschaftliche Gemüthsstimmung oder Betragen.

Amentum, i, n. (ā) [verwandt mit apiscor, aptus] ein Riemen, insbes. ein Schwungriemen, an einer Lanze; auch = ein Schuhriemen.

Amĕrĭa, ae, f. (ā) Stadt in Umbrien. Davon abgeleitet **Amĕrīnus,** adj. (ā).

Amĕrĭōla, ae, f. (ā) Stadt im Sabinerlande.

Ames, itis, m. (ā) eine gabelförmige Stange, auf welcher ein Netz zum Vogelfang befestigt wird.

Amestrātus, i, f. (ä) [Ἀμηστρατος] Stadt auf der Nordküste Siciliens. Davon abgeleitet **Amestrātīnus,** adj., u. subst. -tīni, ōrum, m. pl. (ä) die Einwohner von Am.

Amĕthystĭnus, adj. (ä) [amethystus] amethystfarben; subst. -na, ōrum, n. pl. (vestimenta) amethystfarbene Kleider.

Amĕthystus, i, f. (ä) [ἀμέθυστος] der Amethyst, ein violetter Edelstein.

Amfractus, f. anfractus.

Amīca, f. unter amicus.

Amīce (Pl. auch **-cĭter**), adv. (ā) [amicus] freundschaftlich; a. vitae menschenfreundlich.

Amĭcĭo (icui ob. ixi, beides ungebräuchlich), ictum, 4. (ă) [am-jacio] eigtl. umwerfen, umhüllen, a. se ob. pass. amiciri, sich umwerfen, sich mit einem Oberkleide bekleiden (vgl. vestio): amictus pallio, togā. Hiervon a) simulacrum amiciebatur veste wurde — bekleidet. b) amictus nube umhüllt wie von einem

Kleide. 2) *trop.* nur im *pass.*: loca amicta nive von Schnee bedeckt; arbor a. vitibus von Reben dicht umschlungen; quidquid chartis amicitur ineptis mit — umwickelt wird.

Amiciter, siehe amice.

Amicitia, ae, *f.* u. (*Lucr.*) -es, ei, *f.* (ä) [amicus] die Freundschaft: est mihi amicitia ober sum in amicitia cum illo ich stehe in freundschaftlicher Verbindung mit ihm, bin sein Freund; contrahere, jungere, facere amicitiam Freundschaft eingehen; häufig von Völkern oder Staaten = Freundschaftsbündniß, freundliches Verhältniß.

Amictus, us, *m.* (ä) [amicio] 1) die Art das Oberkleid umzuwerfen: imitari amictum alicujus. 2) das Oberkleid, Obergewand, Mantel (vgl. vestis). 3) (Poet.) *trop.* a) Kleidung, Gewand überhaupt. b) Alles was einen Gegenstand umhüllt oder umgiebt: a nebulae dicht umhüllender Nebel; coeli a. die umgebende Luft.

Amicŭla, ae, *f.* (ä) *deminut.* von amica, *f.* amicus.

Amicŭlum, i, *n.* (ä) [amicio] das Oberkleid, der Mantel.

Amicŭlus, i, *m.* (ä) *deminut.* von amicus.

Amīcus, (ä) [amo] I. *adj.* mit *comp.* u. *sup.* befreundet, freundschaftlich, geneigt, wohlwollend u. dergl., homo, animus; homo mihi (doch auch meus, alicujus) amicissimus mein bester Freund; sus amica luto das dem Koth liebt. Hiervon (Poet.) a) von Sachen und unpersönlichen Begriffen, günstig, vortheilhaft, ventus, sidus. b) amicum mihi est es ist mir lieb. II. *subst.* 1) -us, i, *m.* der Freund: a. alicujus, meus; bes. bei Spät. häufig aa. regis = Hofleute, Vertraute. 2) -a, ae, *f.* A) (selten) die Freundin. B) die Maitresse, Dirne, Geliebte (in unedler Bedeutung).

***A-migro**, 1. (ä) (zweifelh.) von irgendwo fortziehen, wandern, Roman.

Aminaeus, -nēus, -nius, *adj.* (ä) nur in der Verbindung vinum Am., der Wein aus einer Gegend in dem picentischen Gebiete.

Amīsia, ae, *f.* oder -zius, ii, *m.* (ä) 1) Fluß des nördlichen Germaniens, jetzt die Ems. 2) Ort am Ausflusse der Ems.

Amissio, ōnis, *f.* (ä) [amitto] das Verlieren, der Verlust (ein unfreiwilliger, vgl. jactura), rei alicujus.

***Amissus**, us, *m.* (ä) = amissio.

Amīsus, i, *f.* (ä) [Ἀμισός] ob. **-sum**, i, *n.* Stadt in Pontus. Davon **Amisēni**, ōrum, *m. pl.* (u) die Einwohner von Am.

Amita, ae, *f.* (ä) die Tante = des Vaters Schwester (vgl. matertera).

Amiternum, i, *n.* (u) Stadt im Sabinerlande. Davon abgel. **Amiternīnus**, *adj.* (u) *subst.* **-nīni**, ōrum, *m. pl.* die Einwohner von Am.

A-mitto etc. 3. (ä) 1) (Vorklassisch) von sich fortschicken, aliquem. 2) von sich gehen, -kommen lassen, fahren lassen, loslassen: a. filium a se, hostem sauciume manibus, aliquem e conspectu, praedam ex oculis et manibus. Hierv. *trop.* a. occasionem, tempus unbenutzt vorbeigehen lassen; a. fidem sein Wort brechen, sacramentum amittitur wird

ungültig, aufgehoben; a. spem aufgeben. 3) verlieren (so daß die Sache nicht länger in meinem Besitz ist, vgl. perdo): a. pecuniam; Decius amisit vitam at non perdidit hat das Leben verloren aber nicht unnütz weggeworfen; a. litem den Proceß verlieren.

Ammon (Hammon), ōnis, *m.* [Ἄμμων] ägyptische und libysche Gottheit, später in Griechenland und Rom als Ζεύς Ἀ., Jupiter A., verehrt, dargestellt als Widder oder als Mann mit einem Widderkopf.

***Amnicŏla**, ae, *m.* [amnis-colo] (Poet.) am Strome heimisch, salix.

***Amnicŭlus**, i, *m. deminut.* von amnis.

Amnis, is, *m.* 1) ein Strom, ein breiter und tiefer Fluß (vgl. fluvius); (Poet.) von jedem fließenden Gewässer, bes. einem schnellströmenden, = Fluß: secundo, adverso a. stromabwärts, stromaufwärts. 2) (Poet.) = Wasser ob. Flüssigkeit überh.

Amo, 1. (ä) 1) lieben (aus Neigung, mit dem Grundbegriffe des Gefühls und der Leidenschaft, vgl. diligo): a. uxorem, filium, patriam; a. literas, otium schätzen, gern haben. Bes. von der Liebe zwischen Personen beider Geschlechter, in eblem und unedlem Sinne; absol. filius meus a. = hat Liebeshändel. Insbes. A) (Com.) ita (sic) me dii (bene) ament ob. amabunt so wahr mir Gott helfe, wahrhaftig! (gew. folgt ein Satz mit ut „als" u. f. w.); auch grüßent dii te ament „grüß dich Gott!" B) (Converf.) amo te de (in) illa re ich bin dir um jener Sache willen sehr verbunden, vielen Dank schuldig, auch amo te quod illud fecisti; a. amorem tuum ich freue mich über deine Liebe. C) (Converf.) amabo te ob. bloß amabo, bei Fragen u. Bitten, ich bitte, sei fo gut! (bisweilen folgt ein ne ob. ut). D) (meist Poet. u. Spät.) = pflegen, aliquid facere; auch = wünschen, gern haben wollen: ira hoc fieri amat wünscht Solches gethan.

Amoene, *adv.* (ä) [amoenus] (Vorkl. und Spät.) ergötzlich, anmuthig.

Amoenĭtas, ātis, *f.* (ä) [amoenus] 1) von Localitäten, Naturschönheit, schöne u. reizende Lage, litorum. 2) (Vorklassisch u. Spät.) die Ergötzlichkeit: a. vitae das vergnügliche, üppige Leben. 3) (*Pl.*) als kosende Anrede, mea a. meine Süße!

Amoenus, *adj.* mit *comp.* u. *sup.* (ä) 1) häufig von Localitäten, reizend, schön (object.), an und für sich, vgl. dulcis: latebrae dulces die Jmb. schön vorkommen, aa. die es wirklich sind; locus, ora. 2) (meist Spät.) von anderen Sachen, ergötzlich, vergnüglich, den Sinnen angenehm, ingenium, fructus; cultus amoenior gar zu eleganter, gesuchter Anzug.

A-mōlior, 4. *depon.* (ä) 1) mit Anstrengung und Mühe fortbewegen, -schaffen, bei Seite schaffen, entfernen, aliquem, omnia e medio; a. se sich fortmachen, „packen". 2) *trop.* a. periculum abwenden; a. nomen alicuius übergehen, keine Rücksicht darauf nehmen; a. crimen widerlegen, abwerfen.

Amōmum, i, *n.* (ä) [ἄμωμον] eine Gewürzstaude, aus welcher Balsam bereitet wurde.

Amor, ōris, *m.* (ä) [amo] 1) die Liebe (das Subst. zum Verbum amo, dessen Begriff in diefern liegt, vgl. caritas): a. in (erga) me; a. patriae, literarum. Insbef. von der Liebe zwischen Personen beider Geschlechter, in edlem und unedlem Sinne; auch im *plur.* est mihi in amoribus sb. amore ich liebe ihn. Hiervon A) = der geliebte Gegenstand, der ob. die Geliebte: Roscius amores tui; addicere amores suos seine Geliebte als Eigenthum einem Anderen zuerkennen. B) personif. = der Liebesgott. 2) trop. die heftige Begierde, Lust zu Etwas, die Sucht: a. habendi; (Poet.) amor est cognoscere ich habe Lust zu erfahren. 3) ein Liebesmittel, = hippomanes, was man sehe.

Amorgus, i, *f.* (ā) ['Άμοργος] eine der thracischen Inseln im Archipelagus.

Amōtio, ōnis, *f.* (ā) [amoveo] die Entfernung.

A-mŏveo etc. 2. (ā) fortbewegen, »schaffen, entfernen (oft von etwas Unangenehmem od. Lästigem: a. aliquem ex aliquo loco, scripta Livii ex bibliothecis; a. se sich wegbegeben; (Poet.) a. boves = entwenden, stehlen; (Spät.) a. aliquem in insulam verbannen. Hierv. trop.: a. socordiam ex pectore, metum entfernen, molestiam beseitigen, culpam a se von sich wälzen; a. sensum doloris a sententia dicenda auf das Urtheil nicht einwirken lassen; quod aetas amovet (*Lucr.*) mit sich fortnimmt.

Amphiāraus, i, *m.* ['Αμφιάραος] Gemahl der Eriphyle, Herrscher zu Argos, zugleich Seher und Traumdeuter. Auf dem Zuge der sieben Fürsten gegen Theben wurde er von der Erde verschlungen.

Amphibŏlīa, ae, *f.* [αμφιβολία] die Zweideutigkeit, Doppelsinnigkeit.

Amphibrăchys, yos, *m.* [αμφίβραχυς ◡–◡] in der Metrik der Versfuß ◡–◡.

Amphictyŏnes, num, *m. pl.* [αμφιχτύονες] Verbindungen zu religiösen mehr als zu politischen Zwecken von benachbarten Völkerschaften in Griechenland: die wichtigsten waren der Bund bei Delphi u. den Thermopylen.

Amphilŏchi, ōrum, *m. pl.* ['Αμφίλοχοι] ein Volksstamm in Acarnanien; das Land hieß **Amphilŏchia**, ae, *f.* ['Αμφιλοχία], der Hauptort **Argos Amphilŏchicum** ['Άργος τὸ 'Αμφιλοχικόν].

Amphilŏchus, i, *m.* ['Αμφίλοχος] Sohn des Amphiaraus, Gründer von Argos Amphilochicum.

Amphimăcer, cri, *m.* [αμφίμακρος] der Versfuß –◡–.

Amphīon, ōnis, *m.* ['Αμφίων] Sohn des Jupiter und der Antiope, Bruder des Zethus, Gemahl der Niobe. Er legte die Burg zu Theben an, indem die Felsen und Bäume von selbst den Zaubertönen der Lyra Amphions folgten. Davon **Amphīonius**, *adj.*

Amphipŏlis, is, *f.* ['Αμφίπολις] Stadt in Macedonien. Davon abgel. **Amphīpŏlītānus**, *adj.*

Amphissa, ae, *f.* ['Άμφισσα] Hauptstadt im Lande der Locri Ozolä. Davon **Amphissius**, *adj.*

Amphitheatrum, i, *n.* [αμφιθέατρον] ein Amphitheater, ein ringsumlaufender Schauplatz für Fechter- und Thierkämpfe, mit terrassenförmig aufsteigenden Sitzen u. s. w.

Amphitrīte, es, *f.* ['Αμφιτρίτη] Tochter des Nereus, Gemahlin des Neptun, Göttin des Meeres; (Poet.) zur Bezeichnung des Meeres.

Amphitryo, ōnis, *f.* ['Αμφιτρύων] Sohn des Alceus, König von Tiryns, Gemahl der Alcmene.

Amphŏra, ae, *f.* [= dem griech. αμφορεύς] 1) ein Gefäß, meist aus Thon und mit zwei Henkeln, zum Aufbewahren des Weins u. s. w., der Krug. 2) ein Maaß A) für Flüssigkeiten, = 2 urnae ob. 8 congii, also etwa = 28 Kannen. B) zur Bestimmung der Größe eines Schiffes (insofern eine a. 80 Pfund wiegen sollte).

Amphrysus, i, *f.* ['Αμφρυσος] Küstenfluß in Thessalien, an welchem Apollo die Heerden des Königs Admetus geweidet haben soll. Davon abgel. **Amphrysius**, *adj.*, = apollinisch.

Ample, *adv.* mit *comp.* u. *sup.* [amplus] 1) reichlich, überflüssig. 2) auf glänzende und würdevolle Weise, erhaben, würdevoll. NB. Vom *comp.* amplius f. unten.

Am-plector etc. 3. *depon.* eigtl. sich um Etwas flechten, 1) umschlingen, umarmen, umfassen (weniger stark als complector), aliquem. Insbef. A) a. aliquem ob. aliquid amore, benevolentia u. dergl. mit Liebe, Wohlwollen umfassen, und dah. bloß a. = lieben, hoch halten, Viel auf Etwas halten: a. artem sich einer Kunst befleißigen; a. plebem zu gewinnen streben; a. rempublicam sich des Staats annehmen. 2) umfassen, umgeben, umschließen: a. locum muminento; murus a. urbem. Hiervon trop. A) mit dem Geiste umfassen = bedenken, überlegen, erwägen: a. aliquid consilio, cogitationem toto pectore. B) zusammenfassen, argumentum verbis, omnes res per scripturam. C) unter Etwas mit aufnehmen, »begreifen: a. aliquid virtutis nomine; sententia illa omnes crudelitatis amplectitur begreift in sich.

Amplexo (selt.) u. **-xor**, *depon.* 1. [amplector], verstärkte Form von amplector sowohl eigtl. als trop.

Amplexus, us, *m.* [amplector] (meist Poet. u. Spät.) 1) das Umschlingen, Umfassen, z. B. von einer Schlange, vom Meere, das die Erde umgiebt. 2) die Umarmung, dare a.; petere aliquem amplexu Imb. umarmen wollen.

Ampliātio, ōnis, *f.* [amplio] die Hinausschiebung einer Rechtssache, Vertagung des richterlichen Spruchs, f. amplio 2.

Amplificātio, ōnis, *f.* [amplifico] die Erweiterung, Vergrößerung; insbef. von dem Redner, die vergrößernde u. hervorhebende Darstellung.

Amplificātor, ōris, *m.* [amplifico] der Erweiterer, Vermehrer, dignitatis tuae.

***Amplifice**, *adv.* [amplificus] (Poet.) prächtig.

Amplifico, 1. [amplus-facio] erweitern, vergrößern, mehren, ausdehnen, urbem, auctoritatem; a. sonum verstärken; a. aliquem honore Imbs Ehre vermehren. Insbef. von einem Redner, a. rem = in ein helleres Licht setzen, größer machen (sowohl um die Sache zu loben als um sie zu tadeln).

Amplio, 1. [amplus] 1) (Poet. u. Spät.) erweitern, vergrößern, vermehren. 2) *term. t.* den richterlichen Spruch auf einen anderen

48 **Amplitudo** — **An**

Termin (mittelst der Formel „amplius" pronunciare, f. Amplius) verschieben, vertagen: a. aliquem ob. caussam alicuius.

Amplĭtūdo, ĭnis, *f.* 1) großer Umfang, Weite, Größe, urbis, simulacri. 2) *trop.* A) die Größe = Großartigkeit, Erhabenheit, Herrlichkeit u. dergl.: a. animi, rerum gestarum. B) das Ansehen, die Würde, Hoheit: splendor et a., in illo est summa a.; a. orationis Würde und Fülle.

Amplius, *comp.* vom *adv.* ample, wird substantivisch gebraucht, bes. von der Ausdehnung im Raume und in der Zeit, = mehr, weiter, länger, namentlich bei Zahlangaben (die verschiedenen dabei vorkommenden Constructionen werden in der Grammatik erklärt): a. sunt sex menses es sind mehr als 6 Monate; duas a. horas ibi fuit mehr als zwei Stunden; a. horis quatuor pugnabant; auch a. quam tres judices; häufig mit einer Negation, duo haud a. millia; non a. nicht länger. Hiervon A) quid a. was mehr? alia a. = noch, dazu, ohnedies; hoc ob. eo a. mehr als dieses = ohnedies. B) nihil a. bloß dieses, nichts weiter; bei Spät. häufig nihil a. quam, nec quidquam a. quam elliptisch, ohne eigenes Verbum, = bloß: illum nihil a. quam „monuit Jenen ermahnte er bloß (that nichts Anderes als ihn zu ermahnen); nec quidquam a. quam muscas captavit that Nichts als Fliegen fangen, war bloß damit beschäftigt, Fliegen zu fangen. C) *term t.* in der Rechtssprache, a) non (nihil) a. petere nichts Weiteres verlangen, seine weiteren Ansprüche machen. b) „a." pronuntiare, vom Richter, wenn die Sache ihm nicht klar ist und er sie deßwegen vertagt, f. amplio 2.

Amplus, *adj.* mit *comp.* u. *sup.* 1) weit, geräumig, groß, domus, res; (Poet.) ter a. dreileibig. 2) viel, groß, bedeutend, ansehnlich, reichlich, divitiae, pecunia, dona; aa. negotia weitläufige; hiervon amplius Mehr, a. obsidum mehr Geißel. Hiervon a) (Poet.) = stark, heftig, morbus, ira, spes. b) von einem Redner, orator a. der mit Würde und Fülle spricht. 3) *trop.* (zur Bezeichnung der Weise, auf welche Etwas Anderen erscheint) a) dem Auge schön, glänzend, prächtig, herrlich, res gestae, triumphus, funus; amplum mihi est es ist mir ehrenvoll. b) von Personen, ansehnlich, hochstehend, berühmt, ausgezeichnet, homo, familia, genus; amplissimus ordo vom Senate, und so oft als ein Ehrentitel im öffentlichen Leben.

Ampulla, ae, *f.* ein kolbenförmiges Gefäß mit engem Halse und weitem Bauche, bes. zum Aufbewahren des Weins ob. der Salbe, Flasche, Krug; *trop.* (Poet.) zur Bezeichnung zierlicher und hochtrabender Rede.

***Ampullārius**, ii, *m.* [ampulla] (*Pl.*, zweifelh.) der Flaschenmacher.

***Ampullor**, *depon.* 1. [ampulla] *trop.* eine hochtrabende u. zierliche Sprache führen (siehe ampulla).

Ampŭtātio, ōnis, *f.* [amputo] 1) das Abschneiden, Beschneiden von Reisern, sarmentorum. 2) (Spät.) meton., die abgeschnittenen Reiser selbst.

Am-pŭto, 1. 1) ringsum abschneiden, ramos. Hiervon A) überhaupt abschneiden, abhauen, manus, humeros, caput. B) *trop.* = wegnehmen, entfernen, errorem. 2) beschneiden, vitem. Hiervon *trop.* a. colloquia abkürzen, numerum legionum verminbern; amputata loqui in abgebrochenen Sätzen.

Ampӯcus, i, m. ['Ἄμπυκος] 1) Sohn des Jupiter, Priester der Ceres. 2) ein Lapithe, Vater des Sehers Mopsus. Davon abgeleitet **Ampӯcĭdēs**, ae, m. Sohn des A. = Mopsus.

Amsancti lacus, ein durch seine mephitischen Ausdünstungen bekannter See im Lande der Hirpiner.

Amūlius, ii, m. (ā) Bruder des Numitor, König von Alba Longa.

Amurca, ae, *f.* (ā) [= dem griech. ἀμόργη] (Poet. u. Spät.) der Oelschaum, die beim Auspressen der Oliven von ihnen herabfließende wässerichte Flüssigkeit.

Amussis, is, *f.* (ă) (Vorklaff. u. Spät.) ein Lineal, Richtscheit der Zimmerleute und Maurer. Davon ad a. und in einem Worte geschrieben als *adv.* **ădāmussim** oder **exāmussim** genau, vollständig.

***Amussĭto**, 1. (ă) [amussis] (*Pl.*) nach der Richtschnur, b. h. genau einrichten.

Amӯclae, ārum, *f. pl.* ['Ἀμύκλαι] 1) Stadt in Lakonien, Heimath der Dioskuren, der Helena und Clytämnestra. Davon abgel. **Amӯclaeus**, *adj.* (Poet.) = spartanisch überhaupt. 2) alte Stadt in Latium; tacitae A., weil das nach häufiger Beunruhigung durch falsche Gerüchte über das Anrücken der Feinde gegebene Gesetz, daß Niemand mehr von herannahenden Feinden sprechen dürfte, die Ueberrumpelung der Stadt herbeiführte.

Amӯclĭdēs, ae, *m.* der männliche Nachkomme des Amyclas, Erbauers von Amyclä 1, d. h. sein Sohn Hippolytus.

Amӯcus, i, m. (ā) ['Ἄμυκος] Sohn des Neptunus, König in Bithynien.

Amӯdon, ōnis, *f.* (ā) ['Ἀμυδών] Ort in Macedonien.

Amygdăla, ae, *f.* und **-lum**, i, *n.* (ă) [ἀμυγδάλη, -ον] 1) die Mandel, der Mandelkern. 2) der Mandelbaum.

Amӯmōnē, es, *f.* (ā) ['Ἀμυμώνη] Tochter des Danaus, Geliebte des Neptun (bei Lerna).

Amyntas, ae, *m.* (ā) ['Ἀμύντας] Name mehrerer macedonischer Könige, nach welchem Philippus **Amyntĭădēs**, ae, *m.* genannt wird.

Amyntor, ŏris, *m.* (ā) ['Ἀμύντωρ] König der Dolopen, Vater des Phönix, der deßwegen **Amyntŏrĭdēs**, ae, *m.* heißt.

Amystis, ĭdis, *f.* (ă) [ἄμυστις] (Poet.) das Leeren des Bechers in einem Zuge, zur Bezeichnung begierigen Trinkens.

Amӯthāon, ōnis, *m.* (ā) ['Ἀμυθάων] Vater des Melampus u. Bias. Davon abgel. **Amӯthāŏnius**, *adj.* (ā).

An (ăn), *conj.* 1) in disjunctiven Fragesätzen, zu Anfang des zweiten (britten u. f. w.) Satzes, sowohl in directer als in indirecter Rede, ober: utrum superbiam eius primum memorem an crudelitatem? Vosne L. Domitium an L. Domitius vos deseruit? sortientur an non ober nicht? nescio, gratulerne tibi an timeam; bei Poet. bisweilen an — an in beiden Frageglicdern. 2) in (wenigstens scheinbar, mit nicht ausdrücklich hinzugefügtem zweiten

Glied) eingliedrigen Fragesätzen: A) in Fragesätzen, die sich ergänzend und bestätigend der vorhergehenden Rede anschließen (so daß der Sinn der immer auf ein vorhergehendes, nicht ausgedrücktes aber in Gedanken leicht hinzuzufügendes Glied zurückgeführt wird), wenn man fragt, was sonst (wo das Vorhergehende verneint oder bezweifelt wird) oder denn (wenn es bestätigt werden soll) der Fall sein wird, oder wenn man selbst der Frage die Antwort (oder eine Vermuthung darüber) in der Form einer neuen Frage hinzufügt: an hoc non dixisti? an me haec dictarum fuisse censes glaubst du denn, ich werde dieses gesagt haben? Oft bei Doppelfragen, die eine Schlußfolge enthalten: an vero P. Scipio Tib. Gracchum privatus interfecit, Catilinam vero nos consules perferemus? B) nach haud scio, nescio, dubito (dubium et incertum est), bisweilen auch nach anderen Ausdrücken, die eine Ungewißheit bezeichnen, ob nicht, ob nicht vielleicht, so daß die ganze Phrase eine Vermuthung, daß Etwas sei, bezeichnet = vielleicht: nescio an melius patientiam dicere possim ich könnte vielleicht richtiger Geduld sagen; dubito an Venusiam tendam ob ich nicht nach V. eilen soll; dubito an turpe non sit es wird vielleicht nicht schimpflich sein; haud scio an ne opus quidem sit es ist vielleicht nicht einmal nöthig. C) (Poet. u. Spät.) in abhängigen Fragesätzen, = num, ob: nescio an profecturus sim ob ich reisen werde; opus nescio an superabile, magnum certe ein Werk, von dem ich nicht weiß, ob es ausführbar ist, jedenfalls ein schwieriges; deswegen sagen jene Schriftsteller oft nescio an ullus, quidquam, wo Cicero an nullus, nihil sagt. D) bisweilen elliptisch, ohne ein Verbum der Frage ob, des Zweifels, zur Bezeichnung einer Ungewißheit und eines Schwankens zwischen zwei Vorstellungen: quum ei Simonides an quis alius polliceretur (der Satz ist affirmativ eingeleitet, dann aber wird eingeschoben an u. s. a.) „ober war es vielleicht ein Anderer"? So bes. bei Spät., = sive, vel, und in der Verbindung mit jener Partikel: sive fatali vecordia, an — ratus ob. weil er meinte.

*Anăces, cum, m. pl. (ä) [ἄνακες statt ἄνακτες] die Herrscher, Name der Dioskuren.

Anăcharsis, idis, m. (ä) [᾿Ανάχαρσις] ein Scythe, der zu Solons Zeit eine Reise durch Griechenland machte.

Anacreon, ontis, m. (ä) [᾿Ανακρέων] berühmter griechischer lyrischer Dichter, geb. im J. 559 v. Chr. Davon abgel. Anacreontĭus u. -tēus, adj. [᾿Ανακρεόντειος].

Anactōrium, ii, n. (ä) [᾿Ανακτόριον] Vorgebirge in Acarnanien.

Anădēma, ătis, n. (ä) [ἀνάδημα] (Vorklassisch) das Kopfband, Stirnband.

Anagnia, ae, f. (ä) [᾿Ανάγνια] alte Stadt in Latium, Hauptstadt der Herniker. Davon abgel. Anagnīnus, adj., u. subst. -īni, ōrum, m. pl. die Einwohner von A.

Anagnostes, ae, m. (ă) [ἀναγνώστης] der Vorleser (ein Sklave).

Anăleota, ae, m. (ä) [ἀναλέγω] (Poet. u. Spät.) der Brockensammler, Sklave der die Ueberbleibsel von der Mahlzeit und das auf den Boden Gefallene wegzuräumen hatte (die Erklärung ist jedoch zweifelhaft).

Anălŏgĭa, ae, f. (ä) [ἀναλογία] (Spät.) das gleiche Verhältniß, Gleichförmigkeit, in der Wortbildung, im Styl u. s. w., Analogie.

Anancaeum, i, n. (ä) [ἀναγκαῖον] (Vorklassisch) das „Unumgängliche", ein großer Becher, der beim Wetttrinken geleert werden mußte.

Anăpaestus, adj. (ä) [ἀνάπαιστος, eigtl. zurückgeschlagen] A) -us, a) pes, der Versfuß ⌣ ⌣ —, der Anapäst; b) versus, ein aus Anapästen bestehender Vers. Beide Subst. fehlen bisweilen und das Adj. An. steht als Subst. in derselben Bedeutung. B) -um, i, n. a) ein anapästischer Vers. b) ein Gedicht in anapästischen Versen.

Anăphe, es, f. (ä) [᾿Ανάφη] eine der sporatischen Inseln.

Anăpus, i, ob. -pis, is, m. (ä) [῎Αναπος] Fluß in Sicilien.

Anartes, tum, m. pl. (ä) eine Völkerschaft in Dacien.

Anas, ae, m. (ä) Fluß in Hispanien, jetzt Guadiana.

Anas, ătis, f. (ă) die Ente.

Anătĭcŭla, ae, f. (ä) deminut. von anas; trop. (Pl.) als schmeichelnde Anrede, „mein Püppchen".

Anătīnus, adj. (ä) [anas] zur Ente gehörig, Enten-.

Anătŏcismus, i, m. (ä) [ἀνατοκισμός] Zins auf Zins.

Anaxăgŏras, ae, m. (ä) [᾿Αναξαγόρας] griechischer Philosoph aus der ionischen Schule, ums J. 500 v. Chr., Freund des Perikles.

Anaxarchus, i, m. [᾿Ανάξαρχος] griechischer Philosoph aus Abdera, Anhänger des Democritus, Zeitgenosse Alexanders des Großen.

Anaximander, dri, m. (ä) [᾿Αναξίμανδρος] griechischer Philosoph aus der ionischen Schule, ums J. 550 v. Chr.

Anaximēnes, is, m. (ä) [᾿Αναξιμένης] griechischer Philosoph aus der ionischen Schule, Schüler des Anaximander, ums Jahr 500 v. Chr.

Anceps, cĭpĭtis, adj. [am-caput] 1) (Poet.) doppelköpfig, Janus; trop. von einem Berge mit zwei Gipfeln. 2) zur Bezeichnung einer Richtung nach zwei verschiedenen Seiten, „zweiseitig", daher es oft durch doppelt u. dgl. übersetzt wird (vgl. duplex): a. securis zweischneidig, bestia aa. von doppelter Natur (die Amphibien); proelium, pugna, acies a. Kampf u. s. w. von zwei Seiten, an zwei Stellen; periculum, terror a. von zwei Seiten herkommend; tela aa. von beiden Seiten her geworfen, munimenta nach beiden Seiten gelehrt. 3) trop. A) unentschieden, schwankend, ungewiß, zweifelhaft, fortuna, casus; ancipiti Marte pugnare so daß der Ausgang (der Sieg) unentschieden ist, ebenso proelium a. B) unzuverlässig, unsicher, fides. C) zweideutig, doppelsinnig, oraculum; sententia, jus a. das zum Vortheil beider Parteien gedeutet werden kann. D) mißlich, bedenklich, gefährlich, via, locus; esse in ancipiti in mißlicher Lage.

Anchĭălos, i, f. [᾿Αγχίαλος] kleine Stadt in Thracien am Euxinus.

Ingerslev, lat.-deutsches Schulwörterbuch.

Anchises, ae, m. [Ἀγχίσης] Sohn des Capys und der Themis (Tochter des trojanischen Königs Ilus), Herrscher zu Dardanus, Vater des Aeneas. Davon abgeleitet: a) **Anchisēus**, adj. b) **Anchisiădes**, ae, m. Sohn des Ä., = Aeneas.

Ancīle, is, n. ein kleiner, länglich runder Schild, insbes. der heilige Schild, der unter der Regierung Numa's vom Himmel herabgefallen sein sollte und nachher (nebst 11 nachgemachten) als ein Heiligthum in Rom aufbewahrt wurde.

Ancilla, ae, f. die Magd, Dienerin, Sklavin.

Ancillāriŏlus, i, m. [ancilla] (Spät.) der Mädchenjäger.

Ancillāris, e, adj. [ancilla] Mägden gehörig, sklavisch, artificium.

Ancillŭla, ae, f. deminut. von ancilla.

Ancĭpes (Pl.), veralt. Form statt anceps.

*****Ancīsus**, particip. von einem sonst ungebräuchlichen Verb. ancido [am-caedo] (Lucr.) ringsum abgeschnitten.

Ancon, ōnis, f. [Ἀγκών] u. **Ancōna**, ae, f. Stadt in Italien am adriatischen Meere, jetzt Ancona. Dav. **Ancōnĭtānus**, adj.

Ancŏra, ae, f. (verw. mit ἄγκυρα) der Schiffsanker, Anker: ancoram jacere werfen, tollere lichten, in ancoris consistere (navem tenere) vor A. liegen, ad a. stare dasselbe.

Ancŏrāle, is, n. [ancora] das Ankertau.

*****Ancŏrārius**, adj. [ancora] zum Anker gehörig, Anker-, funis.

Ancȳra, ae, f. [Ἄγκυρα] Hauptstadt in Galatien. Davon abgel. **Ancyrānus**, adj.

Andăbăta, ae, f. eine Art Gladiatoren, deren Helme keine Oeffnung vor den Augen hatten und die also wie Blinde kämpften.

Andēgāvi, ōrum, od. **Andes**, ium, m. pl. gallische Völkerschaft an der untern Loire.

Andes, is, m. Dorf in der Nähe von Mantua, Geburtsort des Virgil.

Andria, ae, f., siehe Andros.

Andriscus, i, m. [Ἀνδρίσκος] ein Sklave, der sich für einen Sohn des macedonischen Königs Perseus ausgab und einen Krieg gegen Rom führte, bis er als Gefangener im Triumph nach Rom geführt wurde.

Androclus, i, od. **-cles**, is, m. [Ἄνδροκλος] ein Sklave, der lange Zeit in der Wüste mit einem Löwen zusammenlebte und von diesem später wiedererkannt wurde, als er im Circus mit ihm kämpfen sollte.

Andrŏgeus, i, m. [Ἀνδρόγεως] Sohn des Minos und der Pasiphaë, der in Athen ermordet wurde.

Andrŏgynus, i, m. u. **-gȳne**, es, f. Mannweib, Zwitter, Hermaphrodit.

Andrŏmăche, es, f. [Ἀνδρομάχη] Tochter des Eetion, Gemahlin des Hector, nach dessen Tode Gefangene des Pyrrhus, später von ihm mit Helenus, des Hector Bruder, vermählt.

Andrŏmĕda, ae, f. [Ἀνδρομέδη] Tochter des äthiopischen Königs Cepheus und der Cassiopea. Einem Seeungeheuer zur Beute ausgesetzt, wurde sie von Perseus gerettet.

Andrŏnīcus, i, m. [Ἀνδρόνικος] Männername: am bekanntesten ist T. Livius A., durch die Eroberung Tarents gefangen und dann

Sklave bei einem Livius, der erste dramatische Dichter bei den Römern.

Andros, i, f. [ἡ Ἄνδρος] die nördlichste Insel der Cykladen. Davon abgel. **Andrius**, adj.; eine Comödie des Terenz hieß Andria, die Andrierinn, das Mädchen aus A.

Anellus, i, m. (Poet.) (ā) deminut. von anulus.

Anēthum, i, n. [ἄνηθον] (ü) eine wohlriechende Pflanze, Dill.

Anfractus, us, m. [am-frango] 1) die Biegung, Krümmung; bes. häufig von Krümmungen eines Wegs od. dgl., viarum, montium; a. annuus od. solis Kreislauf. 2) trop. A) von der Rede, der Umschweif, die Weitläufigkeit: circuitio et a. B) (Spät.) bes. vom Rechtswesen, die krummen Wege, Krümmungen, die der Sachwalter gehen muß: a. juris.

Angina, ae, f. [ango] (Vorklassisch u. Spät.) die Halsbräune, Halsentzündung, die Beengung im Halse.

Angiportus, us, m. od. **-tum**, i, n. ein enges Gäßchen, enger Gang.

Angītia, ae, f. altitalische Göttin, später zur Schwester der Medea gemacht.

Angli, ōrum, m. pl. ein swevisches Volksstamm.

Ango, uxi (selten), — 3. (verw. mit ἄγχω) 1) (Poet.) zusammendrücken, besonders den Hals = würgen. 2) trop. Ind. das Herz zuschnüren, bekommen machen, ängstigen, beunruhigen, quälen, aliquem, animum alicuius; insbef. angere se animi (Pl.) oder häufiger angi (animo, selten animi), sich ängstigen, beunruhigen u. s. w., re aliqua, de re aliqua wegen einer Sache; auch mit einem abhängigen Fragesatz, einem accus. c. infin., mit der Conj. quod.

Angor, ōris, m. [ango] 1) die Beengung, das Zusammendrücken der Kehle: aestus et a. quälende Hitze. 2) trop. die Angst, Unruhe, Kummer, pro aliquo; confici angoribus von Unmuth, Kummer verzehrt werden.

Angrivārii, ōrum, m. pl. germanische Völkerschaft an der Weser.

Anguicŏmus, adj. [anguis-coma] (Poet.) schlangenhaarig.

*****Anguicŭlus**, i, m. deminut. von anguis.

Anguĭ-fer, ĕra, ĕrum, adj. [anguis-fero] (Poet.) schlangentragend.

*****Anguigĕna**, ae, m. [anguis-gigno] (Poet.) von Schlangen erzeugt.

Anguilla, ae, f. [anguis] der Aal.

Anguĭmănus [anguis-manus], adj. (Lucr.) schlangenhändig (vom Elephanten, wegen der Gelenkigkeit des Rüssels).

Anguĭneus od. **-guīnus**, adj. [anguis] zur Schlange gehörig, Schlangen-.

Anguĭpes, ĕdis [anguis-pes], adj. (Poet.) schlangenfüßig.

Anguis, is, m. u. f. die Schlange; als Sternbild = Draco, der Drache.

Anguĭtĕnens, tis, m. [anguis-teneo] (Poet.) der Schlangenhälter.

Angŭlāris, e (Vorklassisch u. Spät.) u. *-lātus, adj. [angulus] eckig.

Angŭlus, i, m. 1) die Ecke, der Winkel; a. saxi Ecke, Spitze; insbef. der mathematische Winkel. 2) der Winkel = entlegener und einsamer Ort, gew. mit dem Nebenbegriff der Verachtung.

Anguste, *adv.* mit *comp.* u. *sup.* [angustus] 1) eng, knapp, sedere; continere aliquem a. auf einen kleinen Raum beschränkt. 2) von der Zahl und der Menge, knapp = spärlich, kärglich: frumentum angustius provenerat. 3) von der Rede, kurz, gedrängt.

Angustiae, ārum, *f. pl.* (sehr selten im *sing.* **-ia,** ae, *f.*) [angustus] 1) der enge Raum od. Ort, die Enge; häufig mit einem *genit.*: aa. itineris, locorum von engen Pässen. 2) *trop.* A) von der Zeit, die Kürze, Beschränktheit, temporis. B) von Vermögensumständen u. dgl., beschränkte Mittel, Mangel, Noth, aa. aerarii, rei frumentariae geringer Vorrath an Getreide. C) von andern Verhältnissen, Verlegenheit, Schwierigkeit, Mißlichkeit: res erat in his aa. D) vom Gemüthe, Engherzigkeit, Kleinlichkeit, animi. E) von wissenschaftlichen Untersuchungen u. dgl., Spitzfindigkeit, verborum. F) von der Rede, Kürze und Einfachheit.

*****Angusticlāvius,** *adj.* [angustus-clavus] (Spät.) mit einem schmalen Purpurstreif an der Tunica, = ein Kriegstribun aus dem plebejischen Stande (vgl. laticlavius).

Angusto, 1. [angustus] (Poet. u. Spät.) eng machen, verengen, domum; *trop.* = beschränken, gaudia.

Angustus, *adj.* mit *comp.* u. *sup.* [ango] 1) vom Raum, eng, schmal, knapp, via, pons, cella; davon spiritus a. kurzer Athem. 2) *trop.* A) in angustum concludere, deducere u. f. w. beschränken, animi perturbationes zügeln. B) (Poet.) von der Zeit, kurz, dies. C) von Vermögensumständen u. dergl., beschränkt, dürftig, arm, knapp, fortuna, mensa, res frumentaria; a. pauperies. D) von anderen Lebensverhältnissen = mißlich, ungünstig u. dgl.: res aa. üble Lage, fides geschwächter Credit; *subst.* angustum, i, n. = mißliche Lage, Verlegenheit, Noth. E) vom Gemüthe, engherzig, niedrig, kleinlich, kleinmüthig, animus. F) von wissenschaftlichen Untersuchungen u. dgl., spitzfindig, kleinlich, concertationes. G) von der Rede, kurz, bündig, gedrängt, oratio.

Anhēlĭtus, us, *m.* [anhelo] 1) das Keuchen, Schnauben, der kurze Athem; aa. moventur (wenn man zu geschwinde geht). 2) (Poet. u. Spät.) der Athem, die Luft, welche man ein- und ausathmet: aridus a. venit ab ore. 3) die Ausdünstung, der Dampf, terrae.

Anhēlo, 1. [am-halo] 1) *intrans.* stark athmen, keuchen, schnauben: a. ex imis palmonibus; taurus a. sub vomere; (Poet.) ignis a. bröstnit, braust; inopia anhelans, "schreiende" Noth. 2) *transit.* hervorschnauben, keuchend hervorbringen, verba; *trop.* u. *scelus* = eifrig und ausschließlich an ein Verbrechen denken.

Anhēlus, *adj.* [anhelo] (Poet.) 1) keuchend, schnaubend, equi, senes obdrüstig. 2) das Keuchen verursachend, cursus, sitis, febris.

Anicius (ä) römischer Geschlechtsname. Davon **Aniciānus,** *adj.* (ä) von einem A. her-

rührend ob. erfunden: vinum A. von dem Consulatsjahre des L. A. Gallus (160 v. Chr.).

Anicŭla, ae, *f.* (ä) *deminut.* von anus, ein altes Weibchen.

Anien, f. Anio.

Anigros, i, *m.* (ü) ["Ανιγρος] kleiner Fluß in Elis.

Anīlis, e, *adj.* (ä) [anus] alten Weibern eigen, altweibermäßig, altmütterlich: passus aa. des alten Weibes Schritte; oft in spottendem Sinne, ineptiae, superstitiones aa.

*****Anīlĭtas,** ātis, *f.* · (ä) [anilis] (Poet.) hohes Frauenalter.

*****Anīlĭter,** *adv.* (ä) [anilis] nach alter Weiber Art.

Anima, ae, *f.* (ä) 1) (Poet.) der Lufthauch, Luftzug, Wind: aa. impellunt vela. 2) die Luft als Naturelement (vgl. coelum). 3) der Athem, die eingeathmete Luft (*concr.*, vgl. spiritus): continere a. den Athem zurückhalten, ducere ziehen. 4) das physische Lebensprincip, der Lebenshauch, die Lebenskraft, die Seele physiologisch, als Princip der thierischen Existenz (vgl. animus). Davon A) = das Leben: adimere alicui animam; animam agere in den letzten Zügen liegen, efflare, edere u. s. w. aushauchen; *proverb.* animam debet = er ist sehr verschuldet. B) (Poet. u. Spät.) ein belebtes Wesen: egregiae aa. "edle Seelen". C) häufig von den Seelen der Verstorbenen, den Schatten in der Unterwelt: piae aa. D) als eine liebreiche Anrede, a. mea (carissima) "mein Herz", "meine Seele". 5) bisweilen von der vernünftigen Seele des Menschen, = animus.

Anĭmadversĭo, ōnis, *f.* (ä) [animadverto] 1) die Aufmerksamkeit, das Achtgeben, die Achtsamkeit: a. et diligentia; quaestio et a. Untersuchung. 2) die Beobachtung, die Bemerkung, insbes. eine tadelnde Bemerkung = Tadel, effugere animadversionem. Hiervon 3) die Strafe: a. alicujus die von Jmd. auferlegte; so a. censoria und Censorum, siehe diese Worte.

*****Anĭmadversor,** ōris, *m.* (ä) [animadverto] der Wahrnehmer.

Anĭmadverto, ti, sum, 3. (ä) [für animum adverto, siehe diese Worte] 1) die Aufmerksamkeit auf Etwas hinwenden, Acht geben, aufmerken, rem aliquam, quid factum sit. 2) bemerken, wahrnehmen, beobachten, sehen, puerum dormientem, aliquid ex re aliqua, quid existimandum sit, se alicui placere. 3) Insbes. tadelnd u. mißbilligend wahrnehmen, a) rügen, res in qua nihil displicere, nihil animadverti possit; b) ahnden, strafen: a. rem eine Sache, in aliquem Jmb. strafen; res animadvertenda etwas Strafwürdiges.

Animal, ālis. *n.* (ä) [animalis] ein lebendes Geschöpf, Thier (in der weitesten Bedeutung, auch vom Menschen, vgl. bestia u. f. w.).

Anĭmālis, e, *adj.* (ä) [anima] 1) luftig, aus Luft bestehend, natura. 2) lebendig, belebt, mit (thierischem) Leben begabt: exemplum a. das lebendige Original.

Animans, tis, (ä) [anima] I. *adj.* lebendig. II. *subst. m., f.* und *n.* ein lebendes Geschöpf, Thier (auch von einem Vernunft-

4*

wesen wie dem Menschen, häufiger aber diesem entgegengesetzt, vgl. bestia u. s. w.).
*Animātio, ōnis, f. (ä) [animo] ein lebendes Geschöpf (abstr. statt des concr.).
Animātus [particip. von animo], adj. (ä) 1) lebend, belebt (oppos. inanimatus). 2) mit einem adv. ob. dgl., gesinnt, gestimmt, bene (male) a. in aliquem; quemadmodum sis a., nescio. 3) (Vorklass. u. Spät.) muthig, miles; infirme a. mit schwachem Muth.
Animo, 1. (ä) 1) [anima] beleben, beseelen; (Poet.) a. guttas in angues (leblose) Tropfen in (lebendige) Schlangen verwandeln. 2) [animus] mit einem adv., Jmd. mit einer gewissen Gesinnung erfüllen, stimmen (s. animatus), pueri sic animantur.
Animōse, adv. (ä) [animosus 2.] muthig, herzhaft, beherzt.
Animōsus, adj. (ä) 1) [anima] A) lebend, voll Leben, signa wie lebendige aussehend. B) stark wehend, Eurus, ventus (Andere erklären „ungestüm", „heftig" nach 2). 2) [animus] mit comp. u. sup. muthig, keck, herzhaft, dreist, vir; a. et fortis; (Poet.) a. guttura laqueo ligavit schnürte sich die kecke Kehle zusammen; (Poet.) animosus re aliqua stolz über Etwas.
Animŭla, ae, f. (ä) deminut. von anima.
Animŭlus, i, n. (ä) deminut. von animus.
Animus, i, m. (ä) [anima] 1) das geistige Lebensprincip, die Seele (psychologisch, als Princip der moralischen Persönlichkeit, vergl. anima): homo constat ex a. et corpore; doch auch aa. bestiarum die geistigen Fähigkeiten, Instincte der Thiere. 2) die vernünftige Seele des Menschen, der Inbegriff aller geistigen Fähigkeiten (vgl. mens). Insbes. A) von dem Willen, Vorsatz, Sinn: in animo habeo ob. in animo mihi est ich habe im Sinne; hoc animo in dieser Absicht; (Poet.) animus fert ob. est ich habe im Sinne; induco in animum ober induco animum ich entschließe mich, bringe über meinen Sinn. B) a) = Herz, Gemüth: ex a. amare von Herzen; animus irā commotus; anxius animi; dare alicui animum Jmd. sein Herz schenken; als schmeichelnde Anrede, mi a. „mein Herz". b) = Charakter, Gemüthsart: a. pusillus, mollis. c) von mehr speciellen Gemüthszuständen ob. Gefühlen: α) a. fortis, magnus Muth; a. bono, forti, magno esse gutes Muths sein (animi magni esse einen muthigen Charakter besitzen); insbes. im plur. = Muth (addere, facere alicui animos Jmd. Muth einflößen), ob. = Uebermuth, Stolz, Anmaßung (spiritus et aa. alicuius). β) = heftiger Zorn, vincere a. γ) = Lust, Neigung, indulgere, obsequi animo seine Lust befriedigen; animi caussa (gratia) zum Vergnügen, aus bloßer Laune. d) Gesinnung, Stimmung gegen Jmd., hoc animo in illum sum; bono a. in guter Absicht, ab optimo a. factum est in der besten Meinung. C) = Geist, die Seele als denkend und urtheilend (= mens): cogito cum ob. in animo, auch bloß animo; advertere, appellere, attendere a. den Geist (auf Etwas) richten. Insbes. von dem Gedächtniß, dem Bewußtsein u. s. w. (animus eum reliquit er verlor die Besinnung. D) (meist Pl.) = An-

sicht, Meinung: meo quidem a., ut meus est a. nach meiner Meinung. 3) (Poet. u. Spät.) = anima 4. Leben, Lebenskraft.
Anio' (ältere aber seltene Form Anien), ēnis, m. (ä) Fluß in Latium, der an Tibur vorbeifloß und in den Tiber mündete. Davon abgel. Aniensis, e, u. Aniēnus, adj.
Anna Perenna, eine römische Göttin, der Sage nach ursp. die Schwester der Dido, die zum Aeneas nach Italien gezogen sein sollte.
Annālis, e, adj. [annus] das Jahr (die Jahre) betreffend, Jahres-: lex a. das Gesetz, welches das Alter vorschrieb, in welchem jete Ehrenstelle erlangt werden konnte. Davon subst. Annāles, ium, m. pl. (libri) Jahrbücher, chronologisch geordnete Verzeichnisse der Ereignisse des Jahres; bes. aa. maximi, welche der Pontifex Marimus bis zur Zeit der Gracchen für jedes Jahr verfassen mußte und dann in seinem Hause als Jedermann zugänglich aufstellte (vgl. Album). Im sing. kommt es nur von einem einzelnen Buche z. B. von den Annalen des Ennius vor.
An-nāto, 1. (Vorklassisch u. Spät.) 1) hinzuschwimmen, insulae. 2) dabei schwimmen, lateri alicuius.
An-ne, conj. = An 1.
An-necto etc. 3. anknüpfen, anbinden, aliquid ad rem ob. rei alicui.
*Annexus, us, m. (annecto) (Spät.) die Anknüpfung, Verbindung.
Anniceriī, ōrum, m. pl. ['Αννικέριοι] eine philosophische Secte, Zweig der cyrenaischen, nach ihrem Stifter Anniceris genannt.
Annicŭlus, adj. [annus] nur ein Jahr alt, virgo.
An-nitor etc. 3. depon. 1) sich anstemmen, anstützen, anlehnen, rei ob. ad rem. 2) trop. sich viele Mühe geben, sich anstrengen für Etwas: paululum a.; a. pro re aliqua, de triumpho nach dem Triumph betrifft; häufig mit folgendem ut, auch a. ad aliquid obtinendum.
Annius, römischer Geschlechtsname; am bekanntesten ist T. A. Milo, der Freund Cicero's, Gegner u. später Mörder des P. Clodius, deswegen nach Massilia verbannt, wo er umkam. Davon Anniānus, adj.
Anniversārius, adj. [annus-verto] alljährlich, jedes Jahr wiederkommend, sich wiederholend, sacra.
An-no, 1. 1) hinzuschwimmen, navem, terrae, ad litus; trop. von Waaren, die seewärts nach einem Orte gebracht werden. 2) neben Jmd. schwimmen, alicui.
An-non, conj. = an non (getrennt geschrieben) oder nicht, s. An.
Annōna, ae, f. [annus] 1) der jährliche Ertrag, bes. von Getreide, aber auch überhaupt von Naturalien: a. vini, salaria. 2) das Getreide und überh. Nahrungsmittel, fast immer doch mit Rücksicht auf den Preis ob. Ertrag: a. pretium non habet; vilitas annonae; subsidia annonae; *a. aliarum rerum (oppos. frumenti) = Vorrath. 3) der Preis des Getreides u. überh. der Nahrungsmittel: a. nihil mutavit der Preis ist ganz derselbe; a. est gravis die Preise sind hoch; levare (laxare) annonam die Preise herabsetzen, die Theuerung ver-

Annosus — **Antecedo** 53

mindern, *trop.* vilis amicorum est a. Freunde kannen wohlfeil erworben werden.

Annōsus, *adj.* [annus] (Poet. u. Spät.) bejahrt, alt, anus, vinum.

Annŏtātio, ōnis, *f.* [annoto] (Spät.) die Bemerkung, Anmerkung.

Annŏtātor, ōris, *m.* (annoto) (Spät.) der Bemerker, der eine Bemerkung macht.

Annŏtīnus [annus], *adj.* (sest.) vorjährig.

An-nŏto, 1. (Spät.) bemerken, anmerken, aliquid. 2) beobachten, wahrnehmen. 3) litora annotantur piscibus zeichnen sich aus, sind bekannt durch.

An-nŭmĕro, 1. 1) zuzählen, alicui argentum; *trop.* a. literas einzeln aussprechen. 2) hinzuzählen, -rechnen: a. aliquem tertium illis duobus (*dat.*); (Poet.) annumerari cum vivis, inter servos, in grege unter der Menge mit hinzugerechnet werden.

Annŭlus, a. S. für anulus.

An-nŭo, ui, — 3. 1) *intrans.* zunicken, alicui. 2) *transit.* A) Jmd. Beifall ob. Zustimmung zunicken, beifallen, zustimmen, genehmigen u. dgl.: a. alicui petenti; ille imperat, ego a. nicke zum Zeichen, daß ich gehorchen werde, dah. = Ja sagen, zugestehen; (Poet.) a. coeptis alicuius = gelingen lassen, fördern, promissis in Erfüllung gehen lassen. 3) überhaupt zusagen, versprechen, alicui aliquid; a. se venturum esse; a. nutum numenque suum alicui (Poet.) seinen Schutz Jmd. zusagen. 4) durch Nicken ob. Winken bezeichnen, aliquem. 5) (Spät.) aussagen, falsa.

Annus, i, *m.* 1) das Jahr; anno ineunte im Anfang des Jahrs, exeunte, extremo am Schluß des Jahrs. Insbes. A) a. meus (*term. t.*) das erste Jahr, in welchem ich (nach der lex annalis) mich um eine gewisse Ehrenstelle bewerben darf. B) anno, a) (meist *Pl.*) = vorm Jahr, voriges Jahr. b) = ein ganzes Jahr hindurch, unterhalb eines ganzen Jahrs. c) (Spät.) = in einem Jahre, bis anno (Klass. bis in anno). C) annum, ein volles Jahr, ein Jahr lang. D) ad annum übers Jahr, künftiges Jahr. E) in annum für ein Jahr. 2) *trop.* A) (Spät.) expectare a. = den Ertrag des Jahrs. B) (Poet.) = Alter: a. integer rugis.

An-nūto, 1. (*Pl.*) = Annuo 1.

Annuus [annus], *adj.* 1) ein Jahr dauernd, jährig, imperium; ut simus aa. ein Jahr (in der Provinz) uns aufhalten. 2) alle Jahre wiederkehrend, jährlich, commutationes, labor. Davon *subst.* (Spät.) **Annuum,** i, *n.* der Jahrgehalt, accipere a.

Anquīro, sivi, sītum, 3. [am-quaero] 1) ringsum suchen, nachsuchen, aliquem. 2) untersuchen, nachforschen (indem man sich nach allen Seiten umsieht, vgl. inquiro): mens semper aliquid a. aut agit. Insbes. in Rechtssachen, a) eine gerichtliche Untersuchung anstellen, de perduellione, de morte alicuius. b) anklagen, aliquem capite ob. capitis.

Ansa, ae, *f.* der Griff (an welchem man Etwas faßt), der Henkel, die Handhabe eines Kruges ob. dergl. 2) *trop.* die Veranlassung, Gelegenheit zu Etwas: ansam dare reprehensionis ob. alicui ad reprehendendum; a. controversiarum.

Ansātus [ansa], *adj.* mit Griffen oder Henkeln versehen; *trop.* homo a. der beide Arme in die Seiten stemmt.

Anser, ĕris, *m.* 1) die Gans. 2) Eigenname eines Dichters, dessen Gönner der Triumvir Antonius war.

Ante, I. *adv.,* 1) im Raume, A) vorn, voran: fluvius a tergo, a. velut ripa. B) (sehr selt.) vorwärts, non a. sed retro ingredi. 2) in der Zeit, vor, zuvor, vorher: multis annis a..; multo a. lange vorher; decem diebus a. (auch decem a. diebus, zweifelh. a. decem diebus) ob. decimo die a. (auch decimo a. die) 10 Tage vorher (vor einem bezeichneten Zeitpunct), bisweilen = his decem diebus vor 10 Tagen (von jetzt an gerechnet, = abhinc); anno a. quam mortuus est ein Jahr vor seinem Tode. — II. *praep.* mit *accus.* 1) im Raume, vor, a. pedes, aedes meas. Hiervon *trop.* zur Bezeichnung eines Vorzugs, vor: quem a. me diligo höher als mich selbst; a. alios mehr als Andere; bes. a. omnia: α) = vor Allem, vorzüglich; β) (*Quinctil.*) bei Aufzählungen, = zuerst. 2) in der Zeit, vor, vorher: a. lucem; a. Socratem vor Sokrates Zeiten; a. hoc factum ehe dieses geschah, a. aedilitatem früher als ich Aedil wurde; a. omnia ehe irgend etwas Anderes geschieht; a. tempus vor der (rechten ob. gesetzmäßigen) Zeit; a. diem vor der (vom Schicksal) bestimmten Zeit; a. hunc diem nunquam (Com.) bisher nie; a. diem quintum Kalendas Apriles = am 28. März (s. die Gramm.); auch ex (von) und in (auf) a. diem etc., indem die ganze Formel als ein Wort behandelt wurde. Insbes. bei der Angabe eines Abstandes in der Zeit: a. decem dies ob. a. decimum diem (auch decimum a. diem) zehn Tage früher (von einem gewissen Zeitpunct an gerechnet); a. (hos) centum annos vor 100 Jahren (von dem jetzigen Augenblick an gerechnet); a. decem dies quam venit zehn Tage ehe er kam.

Anteā, *adv.* [ante] 1) vorher, früher, vordem (von einer anderen, angegebenen ob. angedeuteten Zeit ob. Begebenheit an gerechnet, vgl antehac): hac victoria elatus, quum a. semper audax fuisset etc. 2) = antehac: hunc videbant a., nuno praesentem vident etc. 3) antea quam selten = antequam.

Ante-ambŭlo, ōnis, *m.* [ambulo] (Spät.) der Vorläufer, ein Diener, der voranging, um seinem Herrn Platz zu machen.

Ante-cānis, is, *m.* der kleine Hund, ein Sternbild.

Ante-cāpio etc. 3. 1) voraus nehmen, -kriegen: informatio rei animo antecapta eine im Voraus gefaßte (mitgeborne) Vorstellung; a. omnia luxu vor der Zeit sich verschaffen. 2) vorwegnehmen = im Voraus besetzen, pontem, ob. = thun, ea quae bello usui sunt. 3) einer Zeit zuvorkommen, Etwas nicht abwarten: a. noctem nicht abwarten, ebenso sitim, famem = durch zu frühen Genuß zuvorkommen; a. tempus legatorum vor der Ankunft der Gesandten seine Maßregeln nehmen.

Ante-cēdo etc. 3. 1) vom Raum und der Zeit, vorangehen: a. legiones, Brutus me biduo antecessit kam mir zwei Tage zuvor, gewann mir einen Vorsprung von 2 Tagen ab; haec res illi rei a. 2) *trop.* Jmd. in einer

Sache den Vorrang abgewinnen, übertreffen, alicui ob. aliquem; a. aliquem scientiā rei alicuius, in militia. Auch absol. = sich auszeichnen, honore et aetate.

Antĕ-cello, lui, — 3. eigtl. hervorragen, davon sich vor Jmd. auszeichnen, Jmd. übertreffen, alicui und (meist Spät.) aliquem re aliqua; auch absol. a. humanitate sich auszeichnen.

Antĕcessio, ōnis, *f.* [antecedo] 1) das Vorausgehen. 2) die vorausgehende und wirkende Ursache.

Antĕ-cessor, ōris, *m.* [antecedo] (Spät.) der Vorgänger, im *plur.* von einer Kriegsmacht, der Vortrab, = antecursores.

Antĕcessus, us, *m.* [antecedo] (Spät.) nur in der Verbindung in antecessum, als *adv.*, im Voraus, vorher.

Antĕ-cursor, ōris, *m.* der Vorläufer, als militärischer *term. t.* im *plur.* der Vortrab.

Ante-eo etc. 4. 1) voran=, vorher gehen: lictores aa.; a. aliquem. 2) *trop.* A) Jmd. übertreffen, vorangehen, über Jmd. ob. Etwas stehen: virtus a. omnibus rebus, Sulpicius iis aetate a. ist älter als sie; a. aliquem sapientiā, anteiri ab aliquo. B) (Spät.) a) zuvorkommen, damnationem. b) sich widersetzen, auctoritati parentis. c) absol. sich auszeichnen, =hervorthun, re aliqua.

Antĕ-fĕro etc. 3. 1) (Spät.) voran tragen, imagines (bei einer Leichenfeier; a. gressum (Poet.) vorangehen. 2) *trop.* A) vorziehen, höher stellen, aliquem alicui. B) vorausnehmen, sich voraus womit befassen, a. aliquid consilio voraus bedenken.

Antĕ-fixus [eigtl. *particip.* von einem sonst ungebr. antefigo] an Etwas vorn befestigt, angenagelt. Hiervon *subst.* **Antefixa**, ōrum, *n. pl.* kleine Verzierungen, Bilder, Statuen u. dergl., an den Gesimsen ob. Dachrinnen der Häuser ob. Tempel angebracht.

Antegrĕdior, gressus, 3. *depon.* [antegradior] vorangehen: stella a. solem; causae antegressae vorhergehend.

*** Antĕ-hăbeo**, 2. (Spät.) vorziehen, aliquem alicui.

Antĕ-hac, *adv.* vor dieser Zeit, früher, vorher (von der jetzigen Zeit an gerechnet, vgl. antea): quum a. tum hodie. 2) (selten) = antea: et saepe a. fidem prodiderat.

Anteĭdeā (*Pl.*) veraltet für Antea.

*** Antĕ-lŏgium**, ii, *n.* [λόγος] (*Pl.*) der Prolog.

Antĕ-lūcānus, *adj.* [lux] was vor Tage geschieht, vor Tageslicht, tempus, industria; coena a. die ganze Nacht bis vor Tagesanbruch dauernd.

Antĕ-mĕrĭdiānus, *adj.* vormittägig, ambulatio.

Antĕ-mitto etc. 3. (sehr selten) vorausschicken, milites.

Antemnae, ārum, *f. pl.* alte sabinische Stadt. Davon **Antemnātes**, um, *m. pl.* die Einwohner von A.

*** Antĕ-moenio**, — — 4. [munio] (*Pl.*, zwfl.) mit einer Schutzmauer versehen.

Antenna, ae, *f.* die Segelstange, Raa.

Antēnor, ŏris, *m.* ['Αντήνωρ] vornehmer Trojaner, der nach dem Fall Troja's der Sage zufolge mit einer Schaar Trojaner nach Italien ging und dort die Stadt Patavium gründete.

Ante-occŭpātĭo, **Ante-occŭpo** werden jetzt getrennt geschrieben.

Antĕ-pes, ĕdis, *m.* (Poet.) nur im *plur.* 1) die Vorderfüße. 2) = anteambulones.

Antĕ-pīlāni, ōrum, *m. pl.* die vor den Pilanis (d. h. den Triariern) in der Schlachtordnung Stehenden = die Hastati u. Principes.

Antĕ-pōno etc. 3. voran setzen, =stellen: a. locos equitum sedilibus plebis die Plätze der Ritter vor den Sitzen der Plebs anbringen; insbef. a. alicui prandium zum Essen vorsetzen. 2) vorziehen, den Vorzug geben, aliquem alicui, amicitiam omnibus rebus höher stellen.

*** Antĕ-pŏtens**, tis, *adj.* (*Pl.*) überaus reichlich mit Etwas versehen, gaudiis.

Antĕ-quam, *adv.* (oft so getrennt, daß ante in dem ersten Satze steht) ehe, eher als, bevor; bisweilen (Poet.) wird pleonastisch ein prius noch zu dem Satze, in welchem ante steht, hinzugefügt, bisweilen steht quam voran (laurum, quam venit, ante vides). Uebrigens siehe die Grammatik.

Antĕrōs, ōtis, *m.* ['Αντέρως] der rächende Gott verschmähter Liebe.

Antes, ium, *m. pl.* die Reihen der Weinstöcke.

Antĕ-signāni, ōrum, *m. pl.* [signum] wahrsch. ein Corps ausgewählter Truppen, die vor den Fahnen standen und in der Schlacht diese schützen sollten; davon *trop.* im *sing.* = ein Vorkämpfer, Anführer.

Ante-sto, stĕti, —. 1. eigtl. vornan stehen, daher *trop.* übertreffen, alicui ob. (selten) aliquem aliqua re; absol. = sich auszeichnen, re aliqua.

An-testor, 1. *depon.* [vermuthl. = Antetestor] als Zeugen herbeirufen (namentlich, wenn der Beklagte sich weigerte, dem Kläger vor Gericht zu folgen), aliquem.

Antĕ-vĕnĭo etc. 4. 1) vorankommen, zuvorkommen, exercitum, aliquem, auch (*Pl.*) tempori huic. 2) *trop.* a) nobilitatem antevenire dem Adel vorangehen, d. i. den Ablichen (bei der Bewerbung um Ehrenstellen) vorgezogen werden; ubi beneficia multum antevenere wenn Wohlthaten jene (früher angegebene) Grenze weit überschreiten. b) zuvorkommen = begegnen, vereiteln, consilia hostium. c) übertreffen, omnibus rebus.

Antĕ-verto etc. 3. *Pl.* auch *depon.* -tor, 3. 1) absol. vorangehen. 2) *trop.* A) Etwas vor einer anderen Sache betreiben, zuerst vornehmen, a. aliquid omnibus rebus (consiliis) vor allen anderen Sachen. B) = zuvorkommen, damnationem.

Anthēdon, ōnis, *f.* ['Ανθηδών] Hafenstadt in Böotien.

Antĭcăto, ōnis, *m.* [ἀντί-Cato] eine von J. Cäsar verfaßte Gegenschrift gegen Cicero's Schrift Cato.

Antĭcĭpātĭo, ōnis, *f.* [anticipo] die vor (irgend einer Mittheilung ob. Unterricht) gefaßte Vorstellung von einer Sache (vgl. antecapio), deorum von den Göttern.

Antĭcĭpo, 1. [ante-capio] 1) vorausnehmen: id est anticipatum mentibus nostris

Anticlea — **Antisthenes** — 55

l= anticipatio, eine angeborne Vorstellung); a. molestiam rei alicuius sich betrüben ehe die Ursache noch da ist; a. mortem sich tödten ehe etwas (Anderes) geschieht; a. viam früher zurücklegen. 2) (Vorkl. u. Spät.) zuvorkommen, früher kommen.

Anticlēa, ae, *f.* ['Ἀντίκλεια] Gemahlin des Laërtes, Mutter des Ulysses.

Anticus, *adj.* [ante] der vordere, pars (von der Zeit gebraucht wird es antiquus geschrieben; vgl. antiquus 3).

Anticȳra, ae, *f.* ['Ἀντίκυρα ob. -κιῤῥα], Name zweier Städte, in Phocis (Cirrha gegenüber, dah. der Name) und in Thessalien; in beider Umgebung wuchs viel Nießwurz, helleborus, welche als Heilmittel besonders gegen Wahnsinn benutzt wurde.

Antidea, Antideo, Antidhac, Vorklassisch statt Antea, Anteo, Antehac.

Antidōtum, i, *n.* [ἀντίδοτον] (Spät.) das Gegengift.

Antigŏne, es, *f.* ['Ἀντιγόνη] 1) Tochter des Oedipus und der Jocaste; weil sie den Leichnam des Polineikes begraben hatte, wurde sie auf Creons Befehl zum Tode geführt und entleibte sich selbst. 2) Tochter des Königs Laomedon von Troja.

Antigŏnēa, ae, *f.* ['Ἀντιγόνεια] 1) Stadt in Epirus. 2) Stadt in Macedonien. Davon abgel. **Antigŏnensis,** *adj.* u. *subst.* -enses, ium, *m. pl.* die Einwohner von A.

Antigŏnus, i, *m.* ['Ἀντίγονος] Name mehrerer syrischen und macedonischen Könige; der Erste war der berühmte General Alexanders, der in der Schlacht bei Ipsus (301 v. Chr.) das Leben verlor.

Antilibānus, i, *m.* ['Ἀντιλίβανος] Gebirge in Syrien, dem Libanon gegenüber.

Antilŏchus, i, *m.* ['Ἀντίλοχος] Sohn des Nestor, im Kampfe vor Troja vom Memnon ob. Paris getödtet.

Antimăchus, i, *m.* ['Ἀντίμαχος] griechischer Dichter, Zeitgenosse des Plato.

Antinŏmia, ae, *f.* [ἀντινομία] (Spät.) der Widerstreit der Gesetze.

Antinous, i, *m.* ['Ἀντίνοος] einer der Freier der Penelope.

Antiŏchia, ae, *f.* ['Ἀντιόχεια] 1) Stadt in Syrien am Orontes, Hauptstadt und Sitz der Könige. 2) Stadt in Carien. 3) Stadt in Margiana. — Davon abgel. **Antiŏchensis,** e, selten **-chinus** *adj.*, u. *subst.* **-chenses,** ium, *m. pl.,* die Einwohner von A.

Antiŏchus, i, *m.* ['Ἀντίοχος] 1) Name einer Menge syrischer Könige; am bekanntesten sind A. d. 3te, der Große, und A. d. 4te Epiphanes. 2) Name einiger Könige von Commagene. 3) A. aus Ascalon, academischer Philosoph, Lehrer des Cicero zu Athen. — Davon abgeleitet **Antiŏchensis, -chēnus** ob. **-chinus,** *adj.*

Antiŏpa, ae, *f.* ['Ἀντιόπη] Mutter des Amphion und Zethus: die Dirce, Gemahlin ihres Oheims Lycus, behandelte sie grausam, was später ihre Söhne rächten.

Antipăter, tri, *m.* ['Ἀντίπατρος] 1) General Philipps und Alexanders von Macedonien, König in Macedonien, Vater des Cassander. 2) Name mehrerer griechischer Philosophen: A) aus Cyrene, Schüler des Aristippus. B) aus Tarsus,

Stoiker, Lehrer des Panätius. C) aus Tyrus, Stoiker, Freund des jüngern Cato.

Antiphātes, ae, *m.* ['Ἀντιφάτης] 1) König der Lästrygonen, der mehrere von den Gefährten des Ulysses tödtete und verzehrte. 2) Sohn des Sarpedon, Gefährte des Aeneas.

Antiquārius, ii, *m.* — und -a, ae, *f.* [antiquus] ein Liebhaber von alten Wörtern und Redensarten, Schriften u. dgl., Alterthümler, -rin.

Antique, *adv.* [antiquus] (Poet. u. Spät.) alterthümlich, nach alter Weise.

Antiquĭtas, ātis, *f.* die alte Zeit, das Alterthum: ab ultima a. repertere; a. obscura. Hiervon meton. A) = die Menschen der alten Zeit: a. errabat in multis. B) = die Ereignisse, der Zustand der alten Zeit, die Geschichte des Alterthums: terenda est omnis a.; peritissimus antiquitatis; *plur.* antiquitates rerum divinarum et humanarum hieß ein antiquarisches Werk von dem älteren Cato. 2) *trop.* = alterthümliche gute Sitte, Redlichkeit, Altbiederkeit, vir gravissimae antiquitatis.

Antiquĭtus, *adv.* [antiquus] 1) von alter Zeit her: pertinacia jam inde a. insitus (so wird oft inde beigefügt). 2) in alter Zeit, ehedem: tectum a. constitutum.

Antiquo, 1. [antiquus] *term. t.* (eigtl. Etwas beim Alten bleiben lassen und dah. das Neue verwerfen), verwerfen, nicht annehmen, legem, rogationem.

Antiquus, *adj.* mit *comp.* u. *sup.* [ante; vgl. anticus] 1) eigtl. was voran ist, voran geht; *posit.* nur in der älteren Form anticus, f. Dieses Wort, sonst nur im *comp.* u. *sup., trop.* = wichtiger, wichtigst, angelegentlicher, -lichst, heiliger, ehrwürdiger, immer mit dem Verb. habere ob. esse mit einem Dativ: laus ei antiquior fuit quam regnum; bes. in den Redensarten longe antiquissimum reor, nihil mihi antiquius est ob. nihil antiquius habeo ich halte Nichts für heiliger, wichtiger. 2) alt = was zur Vorzeit gehört, was vorher gewesen ist und nicht mehr zur Gegenwart gehört (*oppos.* novus, vgl. vetus), vorig: a. concordia, patria; aa. scriptores insofern sie vor langer Zeit gelebt haben; a. homo ein Mann in alter Zeit; antiqui die Alten; antiquum obtinere (Com.) beim Alten bleiben, bei seiner alten Weise (zu sprechen ob. zu handeln) bleiben. Hiervon A) = alterthümlich, alt mit dem Nebenbegriff des Unschuldigen, Biedern, Einfachen: a. virtus, officium; homines aa. Menschen von dem alten ehrlichen Schlage. B) (Poet.) = senex alt von Jahren. 3) = vetus, was lange gewesen ist, ilex, hospes.

Anti-sŏphista ob. **-stes,** ae, *m.* [ἀντισοφιστής] (Spät.) ein sophistischer Gegner, Gegensophist.

Antistes, ĭtis, *m.* u. *f.* [antesto] Vorsteher, -rin, immer = der Tempelvorsteher, die -rin, Aufseher (-rin) eines Tempels und des Gottesdienstes in diesem; daher = Oberpriester, -rin, Jovis, sacri; *trop.* a. artis = Meister.

Antissa, ae, *f.* ['Ἄντισσα] Hafenstadt auf der Insel Lesbos.

Antisthĕnes, is, *m.* ['Ἀντισθένης] Stifter der cynischen Philosophensecte, Schüler des Socrates.

[illegible], ae. *f.* [illegible] = [illegible] *f.* [illegible]

[illegible] [illegible]

Antōnĭānus, [illegible]

[illegible] [illegible]

[illegible] — [illegible] **[illegible]**, *adj.*

[illegible], ae. *f.* [illegible] (Spät.) [illegible] gebraucht.

Antron, ōnis, *f.* [illegible] Stadt in Thessalien.

Antrum, i. *n.* [gr. ἄντρον] [illegible] die Höhle, Grotte.

Anūbis, is, *m.* (ā) ein ägyptischer Gott, verehrt in der Gestalt eines Hundes.

Anŭlārius, ii. *m.* (ā) [anulus] 1) *adj.* zu einem Ring gehörig, Ring-. 2) *subst.* der Ringmacher.

Anŭlātus, *adj.* (ā) [anulus] (Nachkl.) mit einem Ring versehen.

Anŭlus, i, *m.* (ā) [anus] 1) der Ring = Fingerring: jus anulorum = die Ritterwürde (weil zur Zeit der Republik nur die Ritter in Rom goldene Ringe tragen durften). 2) (Spät.) überhaupt der Ring, z. B. in einer Kette, u. von ringförmigen Gegenständen.

Anus, i, *m.* (ā) *1) *Pl.* [illegible] der Ring = Fußschelle. 2) der [illegible], Mündung des Mastdarms.

Anus, us, *f.* (ā) ein altes [illegible] verheirathet oder ledig [illegible] (aus dem Begriff des Spottes), bisweilen [illegible] der matrona [illegible] und = alt.

Anxie, *adv.* [anxius] ängstlich.

Anxiĕtas, ātis, *f.* und [illegible] [illegible] īnis, *f.* [anxius] die [illegible] [illegible] len = angor, Angst, Furcht; auch = ängstliche Sorgfalt, Genauigkeit.

Anxĭfer, era, ĕrum, *adj.* [anxius-fero] (Poet.) angsterregend.

Anxĭtūdo, inis, *f.* (selten) = dem gewöhnlichen anxietas.

[illegible], *adj.* [illegible]

[illegible], [illegible]

[illegible], i. *m.* [gr. [illegible]] [illegible] *pl.* [illegible]]) der [illegible] **Aōnia**, ae. *f.* [Ἀονία] = Böotien. 2) **Aōnides**, um, *f. pl.* die Musen als auf [illegible] 3) **Aŏnius** [illegible] *adj.* = böotisch: A. vir = Hercules, [illegible] = Bacchus, aquae = Aganippe, [illegible]

[illegible], [gr. [illegible]] 1) *m.* [illegible] 2) *f.* Stadt in [illegible]

Aōus, i. *m.* [Ἀῷος] Fluß in Illyrien.

Apăge, [gr. ἄπαγε] ein Imperativ, der [illegible] in der Conversationssprache) [illegible] gebraucht wird = [illegible] weg [illegible], theils mit dem accus. [illegible] a. istas sorores fort mit diesen Schwestern! oder mit dem pron. te fort [illegible] a. te a me, aber auch [illegible] absol. a. hinc, a. a me.

Apămēa, ae. *f.* (ā) [Ἀπάμεια] 1) Stadt in [illegible] 2) Stadt in [illegible] 3) Stadt in [illegible] Davon abgeleitet A) **Apămēi**, ōrum, *m. pl.* (Spät.) die Einwohner von A. in [illegible] B) **Apămensis**, e, u. -mēnus, *adj.* [illegible]

[illegible], ae, *m.* (ā) [gr. ἀφηλιώτης] [illegible] der Ostwind.

Apella, ae, *m.* [illegible] Name mehrerer römischer [illegible]: Judaeus A. wird als Bezeichnung eines [illegible] gebraucht.

Apelles, [illegible] *m.* (ā) [Ἀπελλῆς] berühmter griechischer Maler, Zeitgenosse Alexanders des Großen.

[illegible], ae, *m.* [Ap.-[illegible]] (Poet.) [illegible]

[illegible], ae. *m.* [Ap.-gigno] (Poet.) [illegible] Thybris.

[illegible], *m.* das Apenninengebirge in Italien.

[illegible], *m.* der [illegible]

[illegible], [illegible], *m. pl.* ein Volksstamm in [illegible] [illegible], ae. *f.* hieß das von ihnen [illegible]

Apĕrio, [illegible] 4. (ā) 1) die Decke von [illegible] aufdecken, entblößen, a. [illegible] caput, quasdam partes [illegible] = sichtbar machen, [illegible] a. terram; terra pro- [illegible] 3) offenbaren, verrathen, zeigen [illegible] bringen, bekannt machen: a. [illegible] conjurationem; a. quis [illegible] angeben, melden: a. [illegible] machen; insbes. a. se ob. aperiri = sich in seiner wahren Gestalt zeigen. 2) etwas Geschlossenes aufmachen, öffnen, januam, oculos, epistolam, testamentum, fontes philosophiae. Hiervon A) a. iter, viam öffnen, anbahnen. B) *trop.* a) (Poet.) a. annum = anfangen, a. ludum eine Schule eröffnen, stiften. b) = zugänglich machen, den Weg zu einer Stelle öffnen, Syriam, novas gentes; hiervon a. pecuniam = zur Disposition stellen, disponibel machen.

Aperte, *adv.* mit *comp.* u. *sup.* (ä) 1) offen = in offenem Felde, vincere. 2) = offenbar. 3) = geradeaus, deutlich, loqui.

*Aperto, 1. (ä) [apertus] (*Pl.*) ganz entblößen, brachium.

Apertus, *adj.* mit *comp.* u. *sup.* (ä) [*particip.* von aperio] 1) unbedeckt, navis a. ohne Verdeck; (Poet.) coelum a. klar, wolkenlos. 2) offen = unbedeckt ob. unverschlossen, frei: locus a. et propatulus; a. aditus, campus; regio aperta alicui Imb. zugänglich; latus a. in der Kriegssprache = ungedeckt, unbeschützt. Häufig *subst.* -tum, i, *n.* ein offener, freier Raum (*oppos.* ein wegen Gebüsch ob. Hügel nicht leicht übersehbarer Platz): castra ponere in a., fugere per a. 3) *trop.* A) offen = offenbar, offenkundig, ersichtlich, simultates, latrocinium; esse in aperto augenscheinlich sein; quis apertior in judicium adductus mehr offenbar schuldig. B) deutlich, narratio; scriptor a. klar, leicht verständlich. C) vom Charakter, offen = offenherzig, unverstellt, animus a. et simplex; ironisch von Imb., der sein Laster frech zur Schau trägt.

Apex, icis, *m.* (ä) die äußerste dünne Spitze eines Gegenstandes, insbes. die an der Spitze der weißen Priestermütze (der Flamines) befindliche Ruthe, dah. *meton.* 1) = die spitze Priestermütze der Flamines, namentlich des Flamen Dialis. 2) überh. jede hohe Mütze ob. Kopfbedeckung, Hut, namentl. die Tiara, das Diadem asiatischer Fürsten; *trop.* a. senectatis est auctoritas höchste Zierde, „Krone." 3) (Poet. u. Spät.) = Spitze, Gipfel, spitziges Ende, a. arboris, montis; a. flammae äußerstes Ende, „Zunge." 4) (Spät.) das Zeichen eines langen Vocals.

Aphareus [Ἀφαρεύς] König in Messenien, Vater des *Idas* und Lynceus.

Apheliotes (ä) [ἀφηλιώτης], siehe Apeliotes.

Aphractus, i, *f.* (ä) [ἄφρακτος sc. ναῦς] ein Schiff ohne Verdeck (navis aperta).

Aphrodisia, ōrum, *n. pl.* (ä) [τὰ Ἀφροδίσια] (*Pl.*) das Fest der Aphrodite oder Venus.

Aphrodisias, ădis, *f.* [Ἀφροδισιάς] Name mehrerer nach Aphrodite oder Venus benannter Oerter: 1) Stadt in Karien; davon abgel. **Aphrōdisienses**, ium, *m. pl.* die Einwohner von A. 2) Stadt in Cilicien.

Apiārium, ii, *n.* (ă) [apis] das Bienenhaus, der Bienenstand.

Apiārius, ii, *m.* (ă) [apis] der Bienenvater.

*Apicātus, *adj.* (ă) [apex] (Poet.) mit einer Priestermütze geschmückt.

Apicius, ii, *m.* (ă) (M. Gabius A.) ein bekannter Feinschmecker und Verschwender unter Augustus und Tiberius. Davon abgel. **Apiciārius** und -cius, *adj.*

Apicŭla, ae, *f.* (ă) *deminut.* von apis.

Apidānus, i, *m.* (ă) [Ἀπιδανός] Fluß in Thessalien.

Apion, ōnis, *m.* (ă) [Ἀπίων] 1) Zuname des Ptolemäus, Königs von Cyrene. 2) griechischer Grammatiker mit dem Beinamen Plistonius, Zeitgenosse des Tiberius.

Apis, is, *m.* (ă) [Ἆπις] der heilige Stier bei den Aegyptern.

Apis, is, *f.* (ă) die Biene.

Apiscor, aptus, 3. *depon.* (ă) (meist Vorklass. u. Spät., sonst adipiscor), eigtl. etwas an sich knüpfen, 1) bis zu einem Orte gelangen, «reichen, mare. 2) erreichen, durch Mühe und Streben erwerben, «erlangen, laudem, finem bonorum; auch (*Tac.*) a. dominationis.

Apium, ii, *n.* (ă) der Eppich (eine Pflanzengattung, zu welcher u. a. unsere Sellerie, Petersilie u. dergl. gehören), von den Bienen bes. geliebt und wegen des starken Geruchs häufig zu Kränzen benutzt.

Aplustre, is, *n.* [vergl. ἄφλαστον] (Poet.) das gebogene Hintertheil des Schiffes mit seinen Verzierungen, (Fahnen, Bändern u. dergl.), der „Spiegel."

Apoclēti, ōrum, *m. pl.* (ă) [ἀπόκλητοι] „die Abgerufenen", ein beständiger Ausschuß des Rathes bei den Aetoliern.

Apodytērium, ii, *n.* (ă) [ἀποδυτήριον] das Auskleidezimmer in den Bädern.

*Apolactiso (ă), 1. (*Pl.*) [ἀπολακτίζω] mit den Fersen von sich stoßen = verachten.

Apollo, ĭnis, *m.* (ă) [Ἀπόλλων] Apollo, Sohn des Jupiter und der Latona, Bruder der Diana, Gott des Bogenschießens, der höheren geistigen Thätigkeit (der Weissagung, der Poesie und Musik, der Heilkunde), später erst Sonnengott und dann mit ähnlichen Gottheiten der barbarischen Völkern verwechselt (so z. B. bei Curtius mit dem phönizischen Baal). Davon abgel. 1) **Apollināris**, e, *adj.* zum A. gehörig, dem A. geweihet, laurea, sacrum. 2) **Apollineus**, *adj.* zum A. gehörig, des A.: vates A. = Orpheus, proles A. = Aesculap, mater A. = Latona, urbs A. = Delos. 3) urbs magna Apollinis Stadt in Oberägypten; promontorium Apollinis Vorgebirge an der Nordküste Africa's.

Apollodōrus, i, *m.* [Ἀπολλόδωρος] 1) Akademischer Philosoph. 2) Rhetor aus Pergamum, Lehrer des jungen Octavius (des nachherigen Kaisers) in der Rhetorik. 3) Grammatiker aus Athen, ums J. 140 n. Chr., Verfasser einer Sammlung der Mythen, die unter dem Namen Βιβλιοθήκη noch vorhanden ist.

Apollōnia, ae, *f.* [Ἀπολλωνία] 1) Städtchen der Locri Ozolä. 2) Stadt in Illyrien. 3) Stadt in Thracien. 4) Stadt in Macedonien. Davon abgel. 1) **Apollōniātes**, ae, *m.* (ă) der aus A. gebürtige; *plur.* (auch -tes, ium) die Einwohner von A. 2) **Apollōniensis**, e, *adj.*, *subst.* -enses, ium, *m. pl.* die Einwohner von A.

Apollōnis, ĭdis, *f.* (ă) [Ἀπολλωνίς] Stadt in Lydien. Davon abgel. **Apollōnidienses**, ium, *m. pl.* die Einwohner von A.

Apollōnius, ii, m. ['Ἀπολλώνιος] 1) aus Alabanta, griechischer Rhetor. 2) A. Molo, Cicero's Lehrer in der Beredtsamkeit. 3) A. Rhodius, griechischer Dichter, Verfasser der Argonautica.

Apŏlŏgo, (ä), 1. [vergl. ἀπολέγω] (Spät.) verwerfen, verschmähen.

Apŏlŏgus, i, m. (ä) [ἀπόλογος] die Erzählung; insbes. = die äsopische Fabel.

Apōnus, i, m. (ä) [gr. ἄπονος schmerzenwehrtreibend], gew. Aponi fons Heilquelle unweit Patus.

Apŏphŏrēta, ōrum, n. pl. (ü) [ἀποφόρητα] (Spät.) Geschenke, welche die Gäste, bes. an den Saturnalien, empfingen und mit sich nach Hause brachten.

Apŏproēgmĕna, ōrum, n. pl. (ü) [ἀποπροηγμένα] das Zurückgewiesene, das Verwerfliche (nur in der philosophischen Sprache der Stoiker, lat. von Cicero übersetzt rejecta ob. remota).

Apŏsiōpēsis, is, f. (ü) [ἀποσιώπησις] (Gen.) rhet. Figur, das Verschweigen = das Abbrechen mitten in der Rede (reinlat. reticentia).

*__Aposphrăgisma__, ătis, n. (ü) [ἀποσφράγισμα] (Spät.) das in Siegelringe eingeschnittene Bild.

Apostrŏphe, es, f. (ä) [ἀποστροφή] die Abwendung, eine Redefigur, womit man sich von demjenigen, den man bisher hauptsächlich vor Augen hatte, an eine dritte Person kehrt, namentlich von dem Richter zum Kläger.

Apŏthēca, ae, f. (ä) [ἀποθήκη] jede Vorrathskammer, insbes. das Weinlager.

Appărāte, adv. [apparatus] mit großen Zurüstungen, prächtig.

Appărātio, ōnis, f. [apparo] 1) die Zubereitung, insbes. die prächtige und weitläufige Zurüstung, munerum popularium. 2) a. et artificiosa diligentia = Vorbereitung (des Redners).

Appărātus, us, m. [apparo] 1) die Zubereitung, Zurüstung in abstr., das Anstaltmachen für Etwas: a. belli, sacrorum; non cessare ab a. operum. 2) die Zurüstung in concr. = die zubereiteten und angeordneten Gegenstände, die Anstalten, der Apparat (Werkzeuge, Maschinen u. dgl.): a. oppugnandarum urbium Belagerungsapparat; in reliquo eius a. etiam scrinium = Hausgeräth; a. auxiliorum von den gesammelten Hülfstruppen; a. vani timoris Anstalten zur Einflößung eines eitlen Schreckens. 3) insbes. prächtige Zurüstung = Pracht, Glanz, Prunk: a. regius, magnificus; a. ludorum venationumque.

Appărātus [particip. von apparo], adj. mit comp. u. sup. 1) von Personen, vorbereitet, gerüstet. 2) von Sachen, wohl ausgerüstet, wohl versehen, domus. Hierv. a) prächtig, glänzend, ludi. b) von der Rede, gesucht, gekünstelt, studirt.

Ap-pāreo, 2. 1) zum Vorschein kommen, erscheinen, sich zeigen, daß überhaupt sichtbar sein (schwächer als emineo): ille nusquam a.; a. alicui sich Jmd. zeigen, von Jmd. gesehen werden. 2) trop. ersichtlich = offenkundig sein, sich kund geben, einleuchten u. dgl.: res illa a. etiam caeco, caussa a. plebi, bes. häufig impers. apparet es leuchtet ein, es ist klar, quid tu feceris, cum victum iri; selt. person. mit einem infin. membra aa. data esse. Hiervon: labores nostri non aa. = werden nicht erkannt, finden nicht Anerkennung; ratio a. die Rechnung ist richtig, „schlägt zu"; (Com.) promissa aa. = werden erfüllt. 3) term. t. einer Magistratsperson als öffentlicher Diener ob. Gehülfe aufwarten, dienen, zu Gebote stehen, alicui, auch a. quaestioni bei einer gerichtlichen Untersuchung; hiervon in einer Gesetzformel sacerdotes apparento diis = sollen den Göttern Sühnopfer bringen.

*__Ap-pārĭo__, ——3. (Lucr.) dazu erwerben, aliquid.

Appārĭtio, ōnis, f. [appareo] 1) die Aufwartung=, der Dienst bei einer Magistratsperson, der Unterbeamtendienst. 2) concr. = apparitores („die Dienerschaft").

Appārĭtor, ōris, m. [appareo] der öffentliche Diener bei einer Magistratsperson, Unterbeamte, Staatsdiener.

Ap-păro, 1. zubereiten, zurüsten, anordnen, bereit machen, coenam, nuptias, ludos; a bellum sich zum Kriege rüsten, alles Nöthige für den Krieg herbeischaffen; a. iter den Weg bahnen, aggerem anlegen, arma herbeischaffen; a. crimina in aliquem Anklagepuncte gegen Jmd. hervorzubringen suchen, auxilium alicui verschaffen. Selten: a. facere aliquid (Spät.) sich anschicken Etwas zu thun; absol. a. = (Pl.) sich in Bereitschaft setzen; (Pl.) a. ut faciam ob. me facere aliquid sich anschicken.

Appellātio, ōnis, f. 1) die Anrede, das Ansprechen. 2) term. t. die Berufung ob. Appellation, die Anrufung einer höheren oder gleichstehenden Autorität, besonders der Volkstribunen, wenn Jmd. meinte, daß ihm Unrecht geschah: a. tribunorum an die Tribunen. 3) die Benennung, der Name, Titel: a. inanis; aa. regum venales erant die Königstitel. 4) term. t. a) die Aussprache, literarum. b) = das Substantiv.

Appellātor, ōris, m. [appello] der Appellant (f. provocatio 2.).

Appellĭto, 1. [appello] (Spät.) wiederholt nennen, rem.

Appello, 1. 1) anreden, ansprechen: a. aliquem aspere, benigne; appellatus est ab iis sie wandten sich an ihn. Hiervon A) bittend ob. begehrend Jmd. anreden = anrufen, bitten, anflehen, deos, senatam; a. aliquem ut etc. B) Jmd. zu Etwas auffordern, ihm einen Vorschlag ob. Antrag machen, a. aliquem de scelere zu einem Verbrechen, auch mit folg. ut. C) in der Gerichtssprache, eine obrigkeitliche Person um Beistand anrufen, zu ihr appelliren, tribunos, collegium; a. tribunos a praetore von dem Prätor an die Tribunen appelliren. D) mahnend angehen, Jmd. um Etwas mahnen, aliquem de pecuniā ob. (Spät.) bloß pecuniā; daher (Spät.) a. mercedem = fordern. E) anklagen, belangen, aliquem de proditione. 2) nennen, benennen, eine Person oder Sache mit einem Namen bezeichnen: a. aliquem falso nomine, aliquem patrem. Hiervon A) erwähnen, namentlich anführen, illos hoc loco, auctores bei Namen angeben.

Appello — Appono

B) bezeichnen: a. aliquem nutu et significatione. 3) aussprechen, literas, nomen nennen.

Ap-pello, pŭli, pulsum, 3. heran-, hinzutreiben, -bewegen, -bringen: a. boves ad litora, turres ad opera Caesaris; (Poet.) me appulit oris vestris; a. aliquem ad arbitrum vor den Schiedsrichter führen (= sich zu stellen nöthigen). Hiervon A) insbef. a. navem (selten, Spät., auch nave) und absolut appello et. appellor, auch (Spät.) navis appellit und appellitur, landen, ad ripam, huc; pater a. ad idem litus. B) (Com.) trop. a) a. animum ad scribendum, ad uxorem seine Gedanken auf Etwas richten, an Etwas zu denken anfangen. b) Jmd. in eine Lage oder zu einer That bringen, aliquem ad mortem, ad damnum, Jmd. den Tod, einen Verlust verursachen.

*Appendĭcŭla, ae, *f.* deminut. von appendix.

Appendix, ĭcis, *f.* [appendo] 1) (Spät.) der Anhang, Etwas das einer Sache angehängt wird. 2) der Anhang = die Beilage, Zugabe zu einer Hauptsache: corpus est a. animi; Carpentani cum aa. Olcadum mit den ihnen beigefügten Hülfstruppen von den Olc.

Ap-pendo, ndi, nsum, 3. zuwägen, alicui aliquid; *trop.* a. verba non numerare = mehr den Inhalt und die Kraft der Worte als ihre Zahl berücksichtigen.

Appētens, tis [*particip.* von appeto], *adj.* mit *comp.* u. *sup.* trachtend-, strebend-, begierig nach Etwas, rei alicujus; insbef. = geldbegierig.

Appētenter, *adv.* [appetens] (selten) begierig.

Appētentia, ae, *f.* [appeto] (selten) das Verlangen, Trachten nach Etwas, rei alicujus.

Appetītio, ōnis, *f.* [appeto] *1) das Greifen nach Etwas: triplex a. 2) heftiges Verlangen-, Streben nach Etwas, die Begierde, alieni, principatus; überhaupt = das Begehrungsvermögen. 3) (Spät.) insbef. = die Eßbegierde, Appetit.

Appetītus, us, *m.* [appeto] 1) = appetitio 2. 2) überhaupt die Leidenschaft, Begierde: efficiendum est ut aa. rationi obediant.

Ap-pěto etc. 3. 1) (selten) an Etwas hin streben, -gehen, sich bewegen: mare a. terram bringt sich an das Land; urbs crescebat munitionibus alia atque alia loca appetendo indem sie mit den Gebäuden immer an andere (neue) Stellen sich heranzog, hervorbewegte. Hiervon, absolut und daher *intrans.*, von der Zeit und von Begebenheiten, die zu einer bestimmten Zeit eintreffen und so einen Zeitpunct bezeichnen, heranNahen, sich nähern: dies septimus a., consularia comitia. 2) feindlich auf Jmd. losgehen, angreifen: a. humerum gladio, vitam filii ferro atque insidiis. 3) Etwas zu fassen streben, nach Etwas greifen, aliquem, placentam, a. manum osculis die Hand greifen um sie zu küssen, appetor = die Leute greifen nach meiner Hand um sie zu küssen. 4) leidenschaftlich Etwas verlangen, nach Etwas eifrig trachten, -streben, bona, amicitiam alicujus; (selten) mit einem *infin.*, animus a agere aliquid.

Appia, ae, *f.* Stadt in Phrygien. Davon abgeleitet **Appiānus**, *adj.*, und *subst.* -āni, ōrum, *m. pl.* die Einwohner von A.

Appias, s. Appius.

*Appiĕtas, ātis, *f.* [Appius] scherzhaft gebildetes Wort, die Rücksicht auf das appische Geschlecht.

Ap-pingo etc. 3. dazu malen: a. delphinum silvis auf einer Malerei neben einem Walde einen D. malen.

Appius, römischer Vorname bes. in dem Claudischen Geschlechte; nach dem App. Claudius Caecus, Censor 312 v. Chr., wurde die via Appia genannt, die berühmte Heerstraße, die von Rom nach Capua ging und seit dem Kaiser Trajan von dort bis nach Brundisium; ebenso eine Wasserleitung, aqua Appia. Davon abgeleitet 1) **Appiānus**, *adj.* 2) **Appias**, ādis, *f.* a) Statue einer Nymphe bei der Fontäne der aqua Appia. b) Appiades deae Statuen beim Tempel der Venus, nicht weit von jener Fontäne. c) Beiname der Minerva, den Cicero ihr giebt.

Ap-plaudo etc. 3. 1) (Poet.) Etwas an Etwas anschlagen, anklatschen: a. corpus palmis den Körper mit den flachen Händen schlagen. 2) Jmd. Beifall zuklatschen, alicui.

*Applausor, ōris, *m.* [applaudo] (Spät.) der Beifall klatscht.

Applicātio, ōnis, *f.* [applico] 1) das Anschließen, die Anknüpfung: a. animi die Hinneigung, Neigung mit Jmd. Freundschaft zu schließen. 2) von dem Anschließen eines Clienten an einen Patron, daher jus applicationis das hieraus entstehende Rechtsverhältniß (namentlich das Recht zu erben).

Ap-plico, cāvi oder (öfter) cui, cātum oder cītum, 1. 1) Etwas an Etwas fügen, -legen, -bringen, -schließen, -thun: a. se ad arbores, humeros ad saxa anlehnen, stützen, auch a. se tranco. Hiervon elephanti applicantur -corporibus drängen sich dicht an einander; a. castra flumini das Lager dicht am Flusse aufschlagen, cornu sinistrum ad urbem hart an die Stadt aufstellen; a. se alicui sich Jmd. als Begleiter anschließen, a. se ad flammam nahe an die Flamme hintreten, a. boves huc hierhin treiben; quis te nostris applicat oris (Poet.) treibt dich an unsere Küsten. Insbef. a. navem oder absolut a. und *pass.* applicari landen, anlanden, terrae, ad terram, (Poet.) in terram; auch von dem Schiffe = landen, anlaufen, quocumque litore naves aa. 2) *trop.* A) hinzufügen, Etwas mit Etwas vereinigen, voluptatem ad honestatem, verba verbis. B) (sich) an Jmd. anschließen oder auf Etwas legen, a. se ob. animum ad aliquem, ad familiaritatem, societatem alicujus, Freundschaft, einen Bund mit Jmd. machen; a. se ad convivia, ad philosophiam. C) (Spät.) a. alicui crimina aufbürden.

Ap-plōro, 1. (Poet. u. Spät.) gegen Jmd. klagen, jammern, alicui.

Ap-pōno etc. 3. 1) Etwas zu Etwas hinsetzen, -stellen, -legen: a. machinam; a.

[illegible]

Ap-[illegible] etc. [illegible]

Ap-[illegible] [illegible]

Ap-[illegible] etc. 1. [illegible] fordern, [illegible]

Ap[illegible], adv. [illegible] bequem, ge[illegible]

Ap-[illegible], ōnis, f. [appono] (Spät.) das [illegible]

Ap[illegible], adj. mit comp. u. sup. [appono] 1) vom Orte, nahe an Etwas gelegen: reg. a. mari. 2) bequem, geeignet, passend, brauchbar: argumentatio [illegible] ad judicationem, mensis a. ad agendum. 3) (Spät.) geneigt, sich neigend, zu Etwas, juri, iniquo. 4. [illegible] -tum, i, n. in der Gramm. = das Beiwort, Adjectiv.

Ap-pōtus, adj. (Vorklass. u. Spät.) sehr betrunken.

Ap-prĕcor, depon. 1. (Poet.) zu Jmd. beten, Jmd. anflehen, deos.

Ap-prĕhendo etc. 3. greifen, anfassen, aliquem manu mit der Hand, aber a. aliquem pallio ihn beim Mantel fassen; a. furem = festhalten. Hiervon trop. a) in der Rede Etwas anfassen = erwähnen, zu besprechen anfangen. b) a. aliquid caute et cum judicio angreifen, behandeln. c) = sich bemächtigen, Hispanias.

Apprīme, adv. [von einem veralt. adj. apprimus] (meist Vorklass. u. Spät.) vorzüglich, gar sehr: a. nobilis, utilis.

Apprīmo, pressi, pressum, 3. [ad-premo] (Spät.) andrücken, carnes ad ossa, scutum pectori.

Apprŏbātio, ōnis, f. [approbo] 1) die Billigung, Gutheißung, der Beifall: a. popularis: movere aa. hominum allgemeinen Beifall gewinnen. 2) der Beweis, die Bestätigung durch Beweise: hoc non eget a.

Apprŏbātor, ōris, m. [approbo] (selten) der Billiger, der Etwas seinen Beifall giebt.

Apprŏbe, adv. [ad-probe] (Vorklass.) vollkommen.

Ap-prŏbo, 1. 1) billigen, genehmigen, mit Etwas zufrieden sein: a. sententiam [illegible] jus, aliquid magno clamore; [illegible] daß die Götter [illegible] [illegible] gebe [illegible] = [illegible] 2) beweisen, nachweisen, [illegible] a. aliquem [illegible] a [illegible]

[illegible] daß es Beifall gewinnt, [illegible] a. opus das von ihm gefertigt [illegible] [illegible]

*Ap-[illegible] etc. 3. noch dazu ver-[illegible]

Ap-[illegible], 1. 1) beschleunigen, opus, [illegible] a. portas intrare sich beeilen [illegible] [illegible] hineinzugehen. 2) intrans. ei-[illegible]

Ap[illegible]quātio, ōnis, f. [appropinquo] die [illegible] in der Zeit, das nahe Be-[illegible], mortis.

Ap-prŏpinquo, 1. sich nähern, nahe [illegible], ad portam, illi loco; von der Zeit = nahe bevorstehen, vor der Hand [illegible], hiems, dies comitiorum. Hiervon is a. primis ordinibus ist den höchsten Centurionen-[illegible] nahe; illi poena, nobis libertas a. steht bevor; qui jam appropinquat ut videat der nahe daran ist zu sehen.

Ap-pugno, 1. (Tac.) angreifen, bestürmen, castellum, castra.

Appūlia etc., s. Apūlia etc.

Appulsus, us, m. [appello], eigtl. das Antreiben, 1) die Annäherung: pars terrae appulsu solis exarsit. 2) das Anlanden, die Landung, litorum am Ufer.

Apricātio, ōnis, f. [apricor] das Sich-Sonnen, der Aufenthalt im Sonnenschein.

Aprĭcĭtas, ātis, f. [apricus] (Spät.) die durch das adj. apricus bezeichnete Eigenschaft, die Sonnigkeit, Sonnenwärme.

Aprĭcor, depon. 1. [apricus] sich sonnen, im Sonnenschein sich aufhalten.

Aprĭcus, adj. [aperio] eigtl. offen, daher dem Sonnenschein offen, sonnig, von der Sonne beschienen und erwärmt, locus, hortus, campus. Hiervon (Poet.) arbor, flos a. die Sonnenwärme liebend; dies a. (Spät.) heiter, von den Sonnenstrahlen erwärmt; flatus aa. warme Lufthauche; trop. proferre in apricum ans Tageslicht bringen, bekannt machen.

Aprīlis, adj. zum Monat April gehörig, kalendae, idus; oft. subst. -is, is, m. (sc. mensis) der Monat April.

Aprōnius, römischer Geschlechtsname: 1) Qu. A., ein Helfershelfer des Verres. 2) L. A. unter Augustus, Statthalter in Africa und später in Germanien.

Aprugnus, adj. [aper] (Vorklass. u. Spät.) zum Eber gehörig.

Aps, Apscedo, Apsolvo, Apsum etc. a. S. für Abs, Abscedo, Absolvo, Absum.

Apstŭli a. S. für abstuli, siehe Aufero.

Apte, adv. mit comp. u. sup. [aptus] 1) genau angefügt, genau anschließend, a. cohaerere, pileum a. capiti reponere. 2) angemessen, passend, [illegible]; a. ad aliquid.

Apto, 1. [aptus] (meist Poet. u. Spät.) 1) anpassen [illegible], anlegen, vincula [illegible], sagittam nervo; a. ensem dextrae das Schwert mit der rechten Hand fest [illegible], a. fila [illegible] citharae den Gesang [illegible] an die [illegible] der Saiten knüpfen. 2) [illegible] machen [illegible]: a. arma pugnae [illegible] ad pugnam; a. se armis sich bereit machen die Waffen zu ergreifen, sich rüsten, [illegible] machen;

a. se sich bereit machen. Hiervon trop. passend», geeignet machen, nach Etwas einrichten, orationem locis; aptatus ad aliquid nach Etwas eingerichtet, auf Etwas berechnet.
Aptus, *particip.* von einem sonst ungebräuchlichen Verb. apo od. apio [ἅπτω], I. als *particip.* 1) an Etwas angefügt, geheftet, gebunden: aa. oscula derbe, angedrückte; gladius e lacunari setā equinā aptus an einem Pferdehaar von der Decke herabhängend; (Poet.) a. terrae (mit Wurzeln) an dem Boden hangend. 2) *trop.* A) angeknüpft, verbunden, causas alias ex aliis aptas. B) abhängend, abhängig von Etwas: vita a. est ex virtute beruhet auf der Tugend. C) (Poet.) = mit Etwas versehen, ausgerüstet: aptus pennis geflügelt, coelum a. stellis besetzt mit —. II. *adj.* mit *comp.* u. *sup.* 1) zusammengefügt, zusammenhängend, verbunden: dissolvere apta; est, im Gegensatze zu dissolutus (regellos), ist a. = an eine Regel gebunden, geregelt; van der Rede bezeichnet es eine richtige und harmonische Verbindung der Einzelnheiten: oratio a. abgerundet, rhythmisch. 2) passend, sich anfügend, calcei aa. ad pedem; häufiger *trop.* = geeignet, geschickt, angemessen (eigtl. mittelst einer äusseren Einwirkung auf den Gegenstand, vgl. idoneus): exercitus a. den Umständen angemessen, tempus zweckmäßig gewählt; locus a. ad excurrendum; res apta illi aetati; a. qui illud loquatur geeignet jenes zu sagen; *aptus in aliquid, (Poet.) a. facere illud geeignet jenes zu thun.
Apŭd (ält. Form Aput), *praep.* mit *accus.* (ä) bezeichnet die Nähe bes. bei Personen und in einem Zustande von Ruhe, während ad eine (vorübergehende) Bewegung voraussetzt (vgl. noch peues, in). 1) von Personen, bei: esse a. aliquem. Insbes. A) a. aliquem im Hause Jmds, a. me domi. B) = vor, in Gegenwart von (bes. einer Person, welche dann die entscheidende, richtende Gewalt hat): dicere a. judices, verba facere a. senatum; queri a. aliquem; (*Tac.*) sacrificare a. deos (gleichsam vor den Augen der Götter) den Göttern opfern. C) von mehreren Personen, in deren Mitte, unter welchen Etwas geschieht, bei: a. nostros justitia culta est. D) in anderen Verhältnissen, geistig, bei: gratiam consequi a. aliquem. E) von einem Schriftsteller = in dessen Schriften, bei: a. Xenophontem Cyrus haec dicit. F) (*Com.*) esse a. se bei sich sein, bei Besinnung sein, bei vollem Verstande sein. G) bisweilen = in mit *abl.* (fuit a. eum magnus purus civilis usus). 2) vom Orte, bei, an, nahe bei: a. ignem esse, morari a. oppidum; bisweilen bei Spät. = in mit *abl.* „in", a. urbem, civitas a. Asiam, a. insulam. 3) (Vorklass., selten) nach einem Orte hin (bei Verbis der Bewegung) eo a. hunc vicinum.
Apulēius, i, *m.* (ă) römischer Geschlechtsname: am bekanntesten ist L. A. Saturninus, Demagog zu Marius Zeit, auf Befehl des Senats getödtet.
Apūlĭa (od. App.), ae, *f.* (ā) Landschaft in Unteritalien. Davon abgel. **Apūlĭcus** und **Apŭlus** (ā), *adj.*; *subst.* -li, ōrum, *m. pl.* die Einwohner von A.

Aput, f. Apud.
Aqua, ae, *f.* (ă) das Wasser; insbes. (Poet.) = das Meer (aquā zur See), von einem See (a. Albana), einem Flusse (a. Tusca = die Tiber); a. pluvialis der Regen, augur aquae der Regen verkündet. Insbes. A) (Poet.) aquam praebere = Jmb. bewirthen. B) *proverb.* (*Pl.*) aquam alicui aspergere einem Ohnmächtigen mit Wasser besprißen, *trop.* = Jmb. Muth einflößen. C) bes. vom Wasser in der Wasserubr (Clepsydra), die zum Abmessen der Zeit bei gerichtlichen Verhandlungen gebraucht wurde, dah. a) (Spät.) aquam dare (den Sachwaltern) eine gewisse Zeit zum Reden gewähren. b) (Spät.) aquam perdere die Zeit verlieren, nicht benutzen. c) aqua (mihi) haeret = ich stocke, bin in Verlegenheit. D) a. intercus = die Wassersucht. 2) *plur.* aquae ein Gesundheitsbrunnen, Heilquelle, Bad.
Aquaeductus, us, *m.* (ă) (ob. richtiger getrennt geschrieben aquae ductus) 1) eine Wasserleitung. 2) das Recht, Wasser irgendwohin oder durch zu leiten.
Aquălĭŏŭlus, i, *m.* (ă) [*deminut.* von aqualis] (Spät.) der Magen, Unterleib.
Aqualis, is, *m.* oder *f.* (ā) (Vorklass.) [eigtl. *adj.*, zum Wasser gehörig, *sc.* urceus ob. hama] der Wassereimer, Waschnapf.
Aquarius (ā) [aqua] 1) *adj.* zum Wasser gehörig, Wasser», vas. 2) *subst.* -ius, ii, *m.* A) (Spät.) der Wasserträger. B) der Vorsteher der Wasserleitungen, der Röhrenmeister. C) ein Sternbild, der Wassermann.
Aquātĭcus, *adj.* (ā) [aqua] (Poet. u. Spät.) 1) zum Wasser gehörig, Wasser», avis. 2) wässerig, feucht, Notus; aquatica *n. pl.* feuchte Stellen.
Aquātĭlis, e, *adj.* (ā) [aqua] 1) zum Wasser gehörig, im Wasser befindlich, Wasser», bestia. 2) (Spät.) wässerig, wasserartig, succus.
Aquātĭo, ōnis, *f.* (ā) [aquor] 1) das Wasserholen (bes. von Soldaten im Lager). 2) (Spät.) a) der Ort, woher das Wasser geholt wird, die Tränke. b) die Lache.
Aquātor, ōris, *m.* (ā) [aquor] der Wasserholer, nur im *plur.* und als *milit. term. t.*
Aquĭla, ae, *f.* (ă) 1) der Adler. 2) der Adler als Hauptfeldzeichen einer römischen Legion (vgl. signum); daher bisweilen = eine Legion: erat acies tredecim aquilis constituta. 3) (*Tac.*) Verzierungen in Adlergestalt an dem Frontispiz eines Tempels.
Aquilēia, ae, *f.* (ā) Stadt in Venetien in Oberitalien. Dav. **Aquilējensis**, e, *adj.*, u. -enses, ium, *m. pl.* die Bewohner von A.
Aquĭ-lex, ĕgis, *m.* (ă) [aqua-lego] (Vorklass. u. Spät.) der Wassermeister, Brunnengräber, der sich auf das Auffinden von Wasserquellen und die Anlegung der Brunnen versteht.
Aquĭlĭfer, ĕri, *m.* (ă) [aquila-fero] der Adlerträger, Fahnenträger.
Aquĭlīnus, *adj.* (ă) [aquila] (Vorklass.) zum Adler gehörig, Adler».
Aquillius (od. **Aquilius**), ii, *m.* (ă) römischer Geschlechtsname: am bekanntesten ist C. A. Gallus, ein Freund des Cicero, gelehrter Jurist.

Aquĭlo, ōnis, m. (ă) 1) der Nordwind; auch als mythische Person = Boreas. 2) meton. = der Norden.

Aquĭlōnāris, e, adj. (ā) (selt.) [aquilo] nördlich.

Aquĭlōnius, adj. (ā) [aquilo] 1) (Spät.) nördlich. 2) (Poet.) vom Aquilo (personificirt) stammend.

Aquĭlus, adj. (ă) (Vorklass. u. Spät.) schwärzlich, dunkelfarbig.

Aquīnum, i, n. (ă) Stadt der Volsker in Latium, bekannt durch ihre Purpurfärbereien. Davon abgeleitet **Aquīnas**, ātis, adj. (ā).

Aquītānia, ae, f. (ā) Landschaft des südlichen Galliens. **Aquītānus**, adj. zu A. gehörig, subst. -tāni, ōrum, m. pl. die Einwohner von A.

Aquor, depon. 1. (ă) [aqua] 1) milit. term. t. Wasser holen. 2) (Poet. u. Spät.) Wasser einsaugen (von den Bienen), trinken.

Aquōsus, adj. (ă) [aqua] wasserreich, wässerig, feucht.

Aquŭla, ae, f. (ă) deminut. von aqua.

Ara, ae, f. (ă) 1) jede Erhöhung (aus Steinen, Erde, Rasen od. dergl.) mit platter Oberfläche, besonders eine Erhöhung zum religiösen Gebrauche, ein Altar (vgl. altaria); solche fanden sich in Tempeln, auf öffentlichen Plätzen und fast in jedem Privathause: daher aa. et foci zur Bezeichnung des Hauses als Heimath der Familie. 2) weil die Schutzsuchenden gewöhnlich nach den Altären sich begaben und sich neben (oder auf) sie setzten, bezeichnet es den Zufluchtsort, Schutz: confugere ad a.; a. sociorum; a. tribunatus, legum. 3) meton. a) ein steinernes Denkmal. b) (Poet.) a. sepulcri von dem Scheiterhaufen. 4) ein Sternbild an der südlichen Hemisphäre.

*__Arăbarches__, ae, m. (ă) lesen Einige statt Alabarches, welches man sehe.

Arăbia, ae, f. (ă) ['Ἀραβία] das Land Arabien. Davon abgeleitet **Arăbĭcus** (ā) und (Poet.) -bius od. -bus, adj. arabisch. — **Arabs**, ăbis, m. (ă) der Araber; (Poet.) palmiferi Arabes = Arabien.

Arăbītae, ārum, m. pl. (ā) Volk in Gedrosien.

Arăbus, 1) adj. (ă) f. Arabia. 2) subst. -us, i, m. (ă) Fluß in Gedrosien.

Arachne, es, f. (ă) ['Ἀράχνη] eine griechische Jungfrau, die von der Minerva in eine Spinne verwandelt wurde.

Arăchōsia, ae, f. (ă) Landschaft in Asien, zwischen Drangiana und dem Indusflusse gelegen. Die Einwohner heißen **Arachōsii**.

Arachthus, i, m. (ă) ['Ἄραχθος] Fluß in Epirus.

Arăcynthus, i, m. (ă) ['Ἀράκυνθος] Gebirge zwischen Böotien u. Attica.

Arădus, i, f. (ă) ['Ἄραδος oder] phönicische Inselstadt. Davon abgel. **Arădius**, adj. (ă).

Arănea, ae, f. (ă), bei Poet. u. Spät. auch -neus, i, m. 1) die Spinne. 2) das Spinngewebe.

*__Arăneŏla__, ae, f. (ă) und *neŏlus, i, m. deminut. von aranes, -us.

Arăneōsus, adj. (ă) [aranea] 1) (Poet.) voll Spinngewebe. 2) (Spät.) dem Spinngewebe ähnlich.

Arāneus, I) adj. (ă) [aranea] zur Spinne gehörig; davon subst. -neum, i, n. das Spinngewebe. II) subst., f. Aranea.

Arar od. **Arăris**, is, m. (ă) Fluß in Gallien, jetzt Saone.

Arātio, ōnis, f. (ă) [aro] 1) das Pflügen und davon überhaupt der Ackerbau. 2) meton. das Pflugland, der gepflügte Acker; im plur. insbesondere von den verpachteten Staatsländereien (agri publici).

*__Arātiuncŭla__, ae, f. (ă) (Pl.) deminut. von aratio.

Arātor, ōris, m. (ă) [aro] der Pflüger; bos a. der Pflugochse. 2) überhaupt der Landmann, Ackerbauer; häufig im plur. insbes. von den Pächtern der Staatsländereien.

Arātrum, i, n. (ă) [aro] der Pflug.

Arātus, i, m. (ă) ['Ἄρατος] 1) griechischer Dichter aus der alexandrinischen Zeit, Verfasser eines astronomischen Gedichtes Φαινόμενα, von welchem Cicero in seiner Jugend eine noch vorhandene Uebersetzung verfaßte. 2) aus Sicyon, Haupt des achäischen Bundes.

Araxes, is, m. (ă) ['Ἀράξης] 1) Fluß in Armenien, der mit dem Cyrus vereinigt in das caspische Meer sich ergießt: jetzt Aras. 2) Fluß in Persis, in der Nähe von Persepolis.

Arbēla, ōrum, n. pl. ['Ἄρβηλα] Stadt in Assyrien, bekannt durch die Schlacht 331 vor Chr.

Arbĭter, tri, m. [ar = ad-bito) 1) der hinzugeht, um bei einer Sache anwesend zu sein. der Anwesende, Augenzeuge, Mitwissende u. dergl.: ejicere aa.; arbitris remotis, sine aa. unter vier Augen. 2) der hinzugeht, um eine Sache zu entscheiden, ein Schiedsrichter, Richter, der nach subjectiven Ansichten und nach Recht und Billigkeit, nicht eben positiven Rechtsbestimmungen und geschriebenen Gesetzen zufolge, urtheilt (oppos. judex): ire ad a.; capere aliquem a. Nachher wurde im Sprachgebrauche der Unterschied zwischen arb. und judex mehr schwankend. Hiervon: A) außerhalb der Gerichtssprache, überhaupt der Richter, a. pugnae, a. inter Academiam et Zenonem. B) der Vermittler, Streitschlichter; a. concordiae. C) (Poet. u. Spät.) der Herrscher, Herr: Augustus a. imperii; a. bibendi Vorsteher des Trinkgelages; Notus a. maris Beherrscher des Meeres (insofern er es nach Gefallen aufwühlt). D) von Stellen, die durch ihre Lage Etwas beherrschen, d. h. Aussicht darüber gewähren: locus a. maris. E) Eurystheus a. irae Junonis Vollzieher.

*__Arbĭtra__, ae, f. [arbiter] (Poet.) die Zeugin, Mitwisserin.

*__Arbĭtrārĭo__, adv. [arbitrarius] (Pl.) ungewiß, unentschieden.

Arbĭtrārĭus, adj. [arbiter] (Pl. u. Spät.) auf Willkür oder Imds Willen beruhend, davon unentschieden.

Arbĭtrātus, us, m. [arbiter] 1) das Gutdünken, Gutachten, Willkür, Belieben, fast immer im abl. sing. mit einem genit. od. einem pron. poss., a. meo, tuo, alicujus. Insbef. ejus arbitratu de pace agitur mit ihm als Bevollmächtigten; dedere se in alicujus arbitratum zur Behandlung nach Imds Gutdünken, ihm auf Gnade und Ungnade sich ergeben. 2) die Auf-

Arbitrium — **Archelaus** 63

sicht, Verwaltung, Leitung, educari arbitratu alicujus.

Arbitrium, ii, n. [arbiter] 1) (spät. Poet.) die Anwesenheit, die Gegenwart Jmds bei Etwas. 2) der Spruch des Schiedsrichters, schiedsrichterliche Entscheidung (s. arbiter 2.): aa., quibus additur „ex fide bona"; a. rei uxoriae in einer Heirathssache. Hiervon überhaupt = Ausspruch, Urtheil, Entscheidung: vestrum a., vestra existimatio valebit; res ab opinionis arbitrio sejunctae die nicht nach subjectiven Ansichten entschieden werden; a. auris Urtheil. 3) die Macht, Herrschaft, Gewalt: venire, dare se in arbitrium alicujus, a. rei alicujus die Macht über eine Sache zu entscheiden; esse arbitrii sui sein eigner Herr sein; a. mortis, muneris freie Wahl. 4) aa. funeris die Kosten bei einer Leichenfeier, insofern sie in Gebühren od. dergl. bestanden, die an die betreffenden Unterbeamten zu entrichten waren und nach den Vermögensumständen Jedermanns verschieden (nach Billigkeit) geschätzt und bestimmt wurden.

Arbitror, depon. 1. (Vorklass. auch -tro, l.) [arbiter] 1) (Vorklass. u. Spät.) beobachten, behorchen, erspähen, dicta nostra. 2) term. t. von Zeugen, aussagen, angeben. 3) überhaupt meinen, dafür halten, glauben, annehmen: a. te scelestum, id bellum celeriter confici posse. 4) (Pl.) a. alicui Jmb. Glauben schenken. — NB. Das Verbum wird bisweilen auch als pass., in den entsprechenden Bedeutungen, gebraucht.

Arbor, ŏris, f. (Poet. auch -os) 1) der Baum. 2) (meist Poet.) von verschiedenen aus Holz gemachten Gegenständen, z. B. einem Mastbaum, einem Ruder, einem Schiff u. dergl.; a. infelix ein unfruchtbarer Baum, als Galgen benutzt.

Arborārius, adj. [arbor] (Spät.) zu einem Baum gehörig, Baum-.

Arborĕus, adj. [arbor] (Poet. u. Spät.) zu einem Baum gehörig, was aus einem Baum gemacht ist od. einem Baume ähnlich ist, Baum-, frondes, telum; cornua aa.

Arbuscŭla, ae, f. deminut. von arbor.

Arbustum, i, n. [aus arbosetum, arboretum von arbor] 1) der Ort, wo Bäume gepflanzt sind, die Baumpflanzung, der Baumgarten, bes. von Bäumen, an welchen Reben angebunden wurden (vgl. vinea). 2) (Poet.) das Gebüsch, Gehölz (meist im plur.).

Arbustus, adj. [arbor] mit Bäumen bepflanzt, ager.

Arbūtĕus, adj. [arbutus] zum Erdbeerbaum gehörig, vom Erdbeerbaume.

Arbŭtum, i, n. 1) die Frucht des Erdbeerbaumes. 2) (Poet.) = arbutus.

Arbŭtus, i, f. der Erdbeerbaum.

Arca, ae, f. 1) der Kasten, eine Kiste, Lade, worin Etwas verwahrt od. eingeschlossen wird. Insbes. A) eine Geldkiste: solvere ex a. = contant bezahlen; confidito arcae (meae) verlasse dich auf meine Casse, d. h. mein Bezahlungsvermögen. B) ein Sarg. 2) trop. ein kleines und enges Gefängniß, conjicere aliquem in arcam.

Arcădia, ae, f. [Ἀρκαδία] Arcadien, die mittlere Landschaft des Peloponnes. Hierzu gehören: 1) **Arcădĭcus** od. -dius [Ἀρκαδικός od. -άδιος] adj. arcadisch: dea A. = Carmenta; virgo A. = Arethusa; dens A. = Pan; aper A. der Erymanthische Eber; juvenis A. = ein einfältiger Mensch (wegen der Einfachheit und Ungebildetheit der Arcader). 2) **Arcas,** ădis m. [Ἀρκάς] A) mythischer Stammvater der Arcader, Sohn des Jupiter und der Callisto, nach seinem Tode als Gestirn (der Bärenhüter, Arctophylax) an den Himmel versetzt. B) ein Arcadier, Bewohner von Arcadien, davon **Arcădes,** dum, m. pl. [Ἀρκάδες] die Arcadier. C) als Subst. appell. ob. Adj. juvenis A., arcadisch; tyrannus A. = Lycaon.

Arcae, ārum, f. pl., Stadt der Volsker in Latium. Hierv. **Arcānus,** adj. und -num, i, n. sc. rus, ein dem Q. Cicero gehöriges Gut.

Arcāno, adv. [arcanus] heimlich.

Arcānus, adj. [arca] geheim, heimlich, verborgen (bes. von Sachen, die aus religiösen Gründen heimlich gehalten werden als etwas Heiliges): aa. consilia, sacra. Hiervon a) (Poet.) = verschwiegen, der Etwas heimlich hält, nox, homo. b) subst. -num, i, n. ein Geheimniß.

Arceo, cui, — 2. [verwandt mit dem griech. εἴργω] eigtl. einhegen, mit hemmenden Schranken umgeben. 1) einschließen, zusammenhalten, beschränken: a. flumen (durch Dämme u. dgl.); alvus arcet quod accepit. 2) den Zutritt wehren, abhalten, abwehren, entfernt halten, hostium copias, injurias; a. aliquem a templo, ab injuria; auch mit dem bloßen abl., a. aliquem aditu, sacris. Hiervon (Poet. u. Spät.): a. plagam sedere verhindern, a. aliquem morbo, classem aquilonibus = vor Etwas bewahren, schützen; (Poet.) a. aliquid alicui Etwas von Jmd. abwehren.

Arcěsĭlas, ae, m. [Ἀρκεσίλας] griechischer Philosoph, Stifter der mittleren Academie, ums Jahr 300 v. Chr.

Arcessītor, ōris, m. [arcesso] (Spät.) der Herbeiholer.

Arcessītus, us, m. [arcesso] die Herbeiholung, nur im abl. sing., a. tuo von dir herbeigeholt.

Arcesso ob. **Accerso,** īvi, ītum, 3. [adcieo ob. ad-cedo] 1) herbeiholen, -kommen lassen, -rufen (von lebenden Wesen, die sich selbst bewegen können, vgl. peto): a. aliquem, illum ad me; trop. a. somnum, quietem = zum Schlaf, zur Ruhe einladen, bewirken; bisweilen = peto von leblosen Gegenständen, = herbeiholen, mitnehmen, mitbringen, librum, vinum. 2) von abstracten Gegenständen = herleiten, nehmen, holen u. dgl.: comoedia a. res ex medio; res illa orationi splendorem arcessit giebt, verschafft; hiervon particip. arcessitus als adj. = gesucht, gekünstelt, dictum, jocus. 3) vor Gericht holen, anklagen, belangen, aliquem judicio ob. crimine; a. eum capitis, majestatis.

Arche, es, f. [ἀρχή] eine der vier Musen bei Cic. nat. D. 3, 21.

Archĕlāus, ae, m. [Ἀρχέλαος] 1) Philosoph aus Milet, Schüler des Anaxagoras. 2) König von Macedonien seit 413 v. Chr., Freund des Euripides. 3) Feldherr des Mithridates. 4) Sohn des U. 3., Schwiegersohn des ägyptischen

Königs Ptolemäus Auletes. 5) Enkel des A. 4., König von Capadocien seit 34 v. Chr., später vom Tiberius nach Rom gelaßt, wo er starb (17 nach Chr.).

Archetypus [ἀρχέτυπος] *adj.* (Poet.) zuerst gebildet, original; davon. *subst.* -pum, i, n. das Original.

Archias, ae, m. [Ἀρχίας] 1) der durch Cicero's Vertheidigungsrede bekannte griechische Dichter L. Licinius A. 2) ein Tischler zu Rom; davon **Archiacus**, *adj.*, von dem L. A. herrührend.

Archilochus, i, m. [Ἀρχίλοχος] griechischer Dichter aus Paros, Urheber der Jamben ums J. 680 v. Chr. Dav. **Archilochius**, *adj.*; *trop.* = beißend, scharf.

Archimagirus, i, m. [ἀρχιμάγειρος] (Spät.) der Oberkoch.

Archimedes, is, m. [Ἀρχιμήδης] berühmter griechischer Mathematiker und Mechaniker, getödtet bei der Eroberung seiner Vaterstadt Syracus 312 v. Chr.

Archimimus, i, m. [ἀρχίμιμος] der Vorsteher der Mimen (s. Mimus).

Archipirata, ae, m. [ἀρχιπειρατής] der Seeräuberanführer.

Architecton, ōnis, m. [ἀρχιτέκτων] (Pl.) 1) = architectus. 2) *trop.* der Erz=Ränkeschmied, der listige Betrüger.

Architectonice, es, f. [ἀρχιτεκτονική], siehe Architectura.

Architector, *depon.* 1. [architectus] 1) erbauen, bauen. 2) *trop.* bereiten, schaffen (durch Kunst, Mühe u. dgl.), voluptates.

Architectura, ae, f. und (Spät.) -tectōnice, es, f. [ἀρχιτεκτονική] die Baukunst.

Architectus, i, m. (latinisirte Form von Architecton) 1) der Baumeister. 2) *trop.* der Urheber, Erfinder, Schöpfer, vitae beatae, mundi.

Archōn, ontis, m. [Ἄρχων], der Archont, obrigkeitliche Person zu Athen.

Archytas, ae, m. [Ἀρχύτας] griechischer Philosoph aus der pythagoreischen Schule ums Jahr 380 v. Chr.

Arcitenens, tis, m. [arcus-teneo] (Poet.) 1) der Bogenführende (= Apollo). 2) als Gestirn, der Bogenschütze.

Arctophylax, ácis, m. [ἀρκτοφύλαξ] der Bärenhüter, ein Gestirn, s. Arctos.

Arctos (selten -us), i, f. [ἄρκτος] 1) eigtl. „der Bär", Name eines doppelten Sternbildes am Nordpol, des großen und des kleinen Bären. Beide Gestirne wurden auch unter der Form eines Wagens (plaustra, der Carlswagen) gedacht, so daß die 5 von den 7 Sternen, aus welchen jedes bestand, den Wagen ausmachten, die 2 die Ochsen (triones): daß. heißen sie bei den Dichtern auch septentrio maior u. minor (bei Virgil gemini triones), ebenso wie ursa maior und minor. Wenn das größere Sternbild als Bär gedacht wird, heißt das kleinere Arctophylax, „der Bärenhüter" (dasselbe bedeutete Arcturus = Ἀρκτοῦρος, später aber wurde dieser Name nur von einem Stern erster Größe in dem Arctophylax gebraucht); wenn es als Wagen gedacht wird, heißt dieses Bootes, = βοώτης, „der Ochsentreiber". Beide Sternbilder wurden übrigens in Verbindung mit den Sagen von Arcas und Callisto gebracht, indem sie in den großen, er in den kleinen Bär verwandelt wurde: deswegen kommen von Arctos verschiedene aus Arcadien entlehnte Benennungen vor (Maenalia, Erymanthis, Lycaonia). 2) (Poet.) A) der Nordpol. B) = der Norden. C) die Nacht.

Arctōus, *adj.* [ἀρκτῷος] (Poet.) nördlich.

Arctūrus, i, m. f. Arctos.

Arcuātus ot. **Arquātus**, *adj.* [eigtl. *particip.* von einem sonst wenig gebräuchlichen Verb. arcuo, 1., trümmen, von arcus) 1) bogenförmig, wie ein Bogen gekrümmt, currus. 2) (f. arcus 2. A.): morbus a. die Gelbsucht; (homo) arquatus ein Gelbsüchtiger.

Arcula, ae, f. *deminut.* von arca.

*****Arculārius**, ii, m. [arcula] (Pl.) der Verfertiger von Kästchen.

Arcus, us, m. 1) der Bogen. 2) *trop.* (meist Poet.) A) der Regenbogen, a. pluvius. B) der Triumphbogen. C) der Schwibbogen an einem Gebäude. D) überh. eine bogenförmige Krümmung, Wölbung, z. B. von einer Welle, einer Schlange, einem Meerbusen; insbes. = der Bogen eines Kreises.

Ardea, ae, f. der Reiher (ein Vogel).

Ardea, ae, f. Stadt der Rutuler in Latium. Davon abgel. 1) **Ardeas**, ātis, *adj.*; *subst.* -ātes, tium, m. pl. die Einwohner von A. 2) **Ardeātinus**, *adj.* zu A. gehörig.

Ardelio, ōnis, m. (selten, Poet.) der geschäftige Müßiggänger.

Ardens, tis, *adj.* mit *comp.* u. *sup.* [*particip.* von ardeo] brennend, sol, tempus brennend heiß; (Poet.) vinum a. feurig; *trop.* = heftig, leidenschaftlich, feurig, oratio, orator; a. studium, oculi aa. funkelnd.

Ardenter *adv.* mit *comp.* u. *sup.* [ardens] brennend, heftig, leidenschaftlich.

Ardeo, rsi, rsum, 2. 1) brennen, in Brand sein (vgl. candeo und flagro): domus a.; lapides aa. sind glühend. 2) *trop.* A) oculi aa. funkeln, glühen. fauces aa. siti brennen vor Durst. B) häufig von heftigen Leidenschaften und Gemüthsbewegungen; a. amore, irā, dolore, cupiditate; animus a. ad ulciscendum, (Poet. u. Spät.) a. in arma, in caedem heftig verlangen, brennen vor Begierde nach, auch a. scire brennen vor Verlangen zu wissen. Insbes. (Poet.) = vor Liebe brennen, a. in aliquo, in aliquā ob. (selten) a. aliquam entbrannt sein in Liebe für. C) Africa a. bello die Kriegsflamme lodert in A.; Gallia a. ist in heftiger Gährung; conjuratio a. wird heftig betrieben. D) is a. invidiā ist Gegenstand eines brennenden Hasses.

Ardesco, arsi, — 3. [ardeo] (Poet.) 1) entbrennen, in Brand gerathen. 2) uneigtl. a) undae aa. fulminis ignibus blitzen, leuchten; pugio a. in mucronem wird blitzend scharf gemacht. b) von heftigen Gemüthsbewegungen und Leidenschaften, entbrennen, auflodern, in iras.

Ardor, ōris, m. [ardeo] 1) der Brand, die Gluth (vgl. fervor), die Flamme: a. flammae; a. coeli von einem feurigen Meteor. 2) *trop.* a) a. oculorum, vultus, das Blitzen, Funkeln. b) häufig zur Bezeichnung heftiger Gemüthsbewegung und glühender Leidenschaft, Hef=

Arduenna — **Argilla** 65

tigkeit, „Gluth", „Feuer" u. dgl.: a. cupiditatum, animi; (Poet.) a. edendi heftige Eßbegierde; a. armorum Hitze des Kampfs. Insbef. (Poet. und Spät.) = Liebesgluth: a. virginis brennende Liebe zu der Jungfrau; a. meus, ultimus mihi ardor = Gegenstand der Liebe, Geliebte.

Arduenna, ae, f. (sc. silva) der Ardennerwald.

Ardus (Pl.) statt aridus.

Arduus, adj. 1) steil, jäh, via, mons; subst. (meist Poet. u. Spät.) **Arduum**, i, n. eine steile Anhöhe, Stelle. Hiervon überh. (Poet.) = hoch, emporragend, cedrus, aether, sidera. 2) trop. A) schwer zu bewältigen, schwierig, mühevoll, opus, res aa. et difficiles. B) lästig, unangenehm, mißlich: res aa. Unglücksfälle, schwierige Lage.

Area, ae, f. (ü) überh. ein leerer u. freier Platz. Insbef. A) ein freier Grund zum Bauen, der Bauplatz. B) freier Platz, a) zwischen den Gebäuden = Hofraum, ob. b) außerhalb aber doch in der Nähe des Hauses = Dreschtenne. C) ein freier Platz zu körperlichen Uebungen und Spielen, Spielplatz, Tummelplatz, Kampfplatz; trop. haec est a. digna animo meo. D) (Poet.) = die Laufbahn, trop. a. vitae. E) (Pl.) der Vogelheerd.

Arĕ-făcio etc. 3. (ä) (Vorklaff, Poet. und Spät.) trocknen, rem.

Arĕlas, ātis, f. u. -lāte, is, n. (ä) Stadt in Gallia narbonensis, jetzt Arles. Davon abgel. **Arĕlātensis**, e, adj.; subst. -tenses, ium, m. pl. (ä) die Einwohner von A.

Arēna, ae, f. (ü) 1) Sand: a. mollis, bibula; bei Poet. u. Spät. oft im plur.; proverb. semina mandare arenae = etwas Unnützes anfangen. 2) ein sandiger Ort, a. aliqua; namentl. (meist Poet. u. Spät.) A) eine Sandwüste. B) ein Meeresufer, Gestade. C) der mit Sand belegte Kampfplatz im Amphitheater: mittere aliquem in arenam auf dem K. auftreten lassen, ebenso dare se in a. Hierv. von jedem Schauplatze irgend einer Wirksamkeit oder eines Kampfes, Kampfplatz, Tummelplatz, Italia est a. belli civilis.

Arēnăcum, i, n. (ä) Castell der Bataver in Gallia Belgica.

Arēnāriae, ārum, f. pl. (ä) [eigtl. adj. von arena, sc. fodinae] die Sandgruben.

Arēnōsus, adj. (ä) [arena] (Poet. u. Spät.) sandig = voll Sand.

Areo, ui, — 2. (ä) trocken sein, tellus a; fauces aa. siti, (Poet.) auch sitis arens lechzender Durst.

Areŏla, ae, f. (ä) deminut. von area.

Areŏpăgus, i, m. (ä) [Ἄρειος πάγος] 1) ein dem Mars geheiligter Hügel in Athen. 2) der oberste Gerichtshof (früher zugleich eine Behörde) zu Athen, der seine Sitzungen auf jenem Hügel hielt. Davon abgeleitet **Areŏpăgītae**, ārum, m. pl. (ä) [Ἀρεοπαγῖται] die Mitglieder des Areopagus, und hiervon **Areŏpăgīticus**, adj. (ä).

Areos, is, m. (ä) [Ἄρης] (Pl.) der Kriegsgott. = Mars.

Aresco, — — 3. [areo] (ä) trocken werden, trocknen.

Arētălŏgus, i, m. (ü) [ἀρεταλόγος] (Spät.) der Tugendschwätzer, Spaßmacher, philosophirender Schmarotzer.

Arētho, ōnis (auch -thon, ntis), m. (ä) [Ἄρεθων] Fluß in Epirus, gewöhnlich Arachtus genannt, siehe dieses Wort.

Arēthūsa, ae, f. (ü) [Ἀρέθουσα] Quelle auf der bei Syracus gelegenen Insel Ortygia: nach dem Mythus war sie eine Nereide, die von Alpheus verfolgt sich hierhin begab, s. Alpheus. Davon abgeleitet *Arĕthūsis, Idis, als adj., Syracusae A.

*Arēus, adj. (ä) [Ἄρειος] (Spät.) zum Gott Ares (siehe dieses Wort) gehörig: judicium A. = Areopagus.

Arganthōnius, ii, m. [Ἀργανθώνιος] König in Tartessus, der ein sehr hohes Alter erreicht haben soll.

Arganthus, i, m. [Ἀργάνθωνον ὄρος] Gebirge in Bithynien.

Argēi, ōrum, m. pl. 1) gewisse Plätze in Rom, wo an bestimmten Tagen heilige Gebräuche verrichtet wurden. 2) Menschenfiguren aus Binsen, die jährlich am 15ten Mai durch Vestalinnen und Priester von dem pons sublicius in die Tiber hinabgestürzt wurden (wahrscheinlich als Stellvertreter früherer Menschenopfer).

Argentārius, adj. [argentum] 1) (Spät.) zum Silber gehörig, Silber-, a. metallum ein Silberbergwerk. 2) zum Gelde gehörig, Geld-: inopia a. Geldverlegenheit; mensa a. der Wechslertisch. Hiervon subst. A) -ius, ii, m. der Wechsler, Banquier. B) -ia, ae, f. a) sc. taberna, die Wechslerbude, der Wechslerladen; b) sc. ars, das Wechslergeschäft, facere a. b. W. treiben; c) sc. fodina, die Silbergrube.

Argentātus, adj. [argentum] versilbert, b. mit Silber versehen, = beschlagen, geschmückt u. s. w.: miles a. dessen Schild mit Silber beschlagen ist; trop. (Pl.) querimonia a. eine Klage, mit welcher Geld zugleich dargebracht wird.

*Argenteŏlus, adj. (Pl.) deminut. von argenteus.

Argenteus, adj. [argentum] 1) was aus Silber ist, silbern, vas. 2) uneigtl. A) (Com.) was aus Geld ist: amica a. = verkauft; salus a. (ein Gruß aus Geld) = Geld. B) statt argentatus, mit Silber geschmückt, scena, acies. C) (Poet. u. Spät.) silberweiß, anser, fons a. „krystallklar". 3) flumen Arg. ob. bloß **Argenteus**, i, m. ein Fluß in Gallien, jetzt Argens.

Argenti-exterĕbrōnĭdes, ae, m. [exterebro] (Pl.) scherzhaft gebildetes Wort, Gelderpresser.

Argentum, i, n. [ἄργυρος] 1) Silber: a. factum et signatum verarbeitetes und gemünztes Silber; infectum a. unverarbeitetes, Silberbarren. 2) aus Silber gemachte Gegenstände: A) silbernes Geschirr, Gefäße u. s. w. B) (zweifelh. schon u. Pl.) Silbergeld und daher überhaupt Geld: numerare a. 3) a. vivum das Quecksilber.

Argi, siehe Argos.

Argīlētum, i, n. ein Stadttheil in Rom. Davon **Argīlĕtānus**, adj.

Argilla, ae, f. der Thon, die Thonerde.

Ingerslev, lat.-deutsches Schulwörterbuch. 5

Arginūsae, ārum, f. pl. [Ἀργινοῦσσαι] drei kleine Inseln an der Küste von Aeolis, bekannt durch die Schlacht 406 v. Chr.

Argo, us, f. [Ἀργώ] das Schiff, auf welchem die **Argŏnautae**, ārum, m. pl. [ναῦται] ob. die von Jason angeführten griechischen Helden nach Colchis fuhren, um von dort das goldene Vließ zu holen.

Argos, n. [Ἄργος] nur im nom. u. accus., im genit. -ōrum, im dat. u. abl. -is (wie von einem nom. Argi), bedeutet ursprünglich eine Ebene; der Name wurde bes. von drei Orten gebraucht: 1) A. Achaicum, bei Homer (und bisweilen Späteren) = a) die nordöstliche Landschaft des Peloponnes, nachher gewöhnlich Argolis genannt. b) die Hauptstadt in jener Landschaft, Hauptort für den Cultus der Juno. c) der ganze Peloponnes (oft oppos. Hellas). 2) A. Amphilochicum Stadt in Acarnanien. 3) A. Pelasgicum, Stadt in Thessalien. — Davon abgel. 1) **Argēus** [Ἀργεῖος] u. **Argīvus**, adj. argivisch, daher (Poet.) überhaupt für griechisch: augur A. = Amphiaraus: colonus A. vom Arg. Tiburnus, Gründer von Tibur; subst. -gīvi, ōrum, m. pl. = die Griechen. 2) **Argŏlis** [Ἀργολίς] A) adj. = Argeus. B) subst. -lis, ĭdis, f. die Landschaft Argolis (s. Argos 1. a.). Davon **Argŏlĭcus** [Ἀργολικός], adj. argolisch, daher (Poet.) überhaupt für griechisch. 3) **Argus** (Pl.), adj. = Argeus.

Argūmentātio, ōnis, f. [argumentor] die Beweisführung, die Schlußfolge.

Argūmentor, depon. 1. [argumentum] 1. intrans. A) Beweise anführen, in tali causa. B) einen Schluß machen, folgern, de voluntate alicujus. 2) transit. Etwas als einen Beweisgrund anführen, aliquid, multa.

Argūmentōsus, adj. (Spät.) [argumentum] inhaltreich, reich an Materie und Stoff.

Argūmentum, i, n. [arguo] 1) das Zeichen, Kennzeichen, Merkmal: a. animi laeti, amoris. 2) der Beweisgrund, Beweis, rei alicujus; multis aa. docere deos esse; hoc est documento bient zum B. Hierv. = der Schluß, die Folgerung, Syllogismus: concludere a. einen Schluß machen, a. ratione conclusum die Schlußfolge. 3) der Stoff, Materie, Inhalt, Gegenstand einer Schrift ob. dergl.: a. tragoediae, comoediae, carminis, illius epistolae; a. scribendi ob. ad scribendum zum Schreiben; fabulam argumento serere ein dramatisches Dichterwerk mit einem zusammenhängenden Stoff verfassen; fabulae sine a. inhaltlose, ohne Gehalt. Hiervon A) von Darstellungen der Malerkunst u. dergl., das Sujet (a. tabulae). B) (Poet.) = ein dramatisches Gedicht, Stück: describi argumento in einem Lustspiel.

Arguo, ui, — 3. 1) (Poet.) kund geben, zu erkennen geben, zeigen, verrathen, charakterisiren: timor a. animos degeneres; virtus arguitur malis zeigt sich im Unglück. 2) anklagen, beschuldigen, belangen (ursprünglich mit dem Nebenbegriff des Erfolges durch die Ueberführung des Beklagten, vgl. accuso u. f. w.): a. aliquem coram; a. aliquem criminis, cum hoc (ob. hujus rei) crimine, illum matrem occidisse (pass. arguor hoc fecisse); (Spät.) a. aliquem ut tyrannum; bisweilen (meist Spät.) auch a. culpam alicujus. Hiervon A) = tadeln, vorwerfen, rügen, pudorem quorundam, aliquid fieri. B) = widerlegen als falsch erweisen, aliquid, selten aliquem; usus a. legem erweist daß ein Gesetz schlecht ist.

Argus, i, m. [Ἄργος] im Mythus der hundertäugige Wächter der Jo (als Kuh), den Mercur auf Jupiters Befehl tödtete.

Argūte, adv. [argutus] 1) geistreich, scharfsinnig. 2) spitzfindig, schlau.

Argūtiae, ārum, f. [argutus] (nur bei Spät. im sing.) 1) das Ausdrucksvolle einer Sache, das Sprechende, Lebendige an Etwas, dasjenige an einer Sache, das einen starken Eindruck macht: a. vultus (von einer Malerei) lebhafter Ausdruck; a. oculorum, digitorum lebhaftes und ausdrucksvolles Fingerspiel; (Poet.) auch von dem Gesange der Nachtigall, von der Geschwätzigkeit u. m. dergl. 2) geistig: A) lobend = Scharfsinn, Witz, treffende und geistreiche Reden und Worte. B) tadelnd = Spitzfindigkeit, Schlauheit.

Argūtor, depon. 1. (Vorkl. auch -to, 1.) [argutus] (Vorklaff. u. Poet.) laut und viel schwatzen.

Argūtŭlus, adj. deminut. von argutus.

Argūtus, adj. mit comp. u. sup. [arguo] 1) ausdrucksvoll, deutlich Etwas kund gebend, zeigend, = verrathend: aa. oculi, manus (von der Gesticulation, bes. eines Redners); a. solea (Poet.) die Form des Fußes deutlich zeigend (d. i. passend, gut anschließend, nett); a. caput equi (wegen des lebhaften Blicks und der Beweglichkeit); a. omen, exta deutliche Wahrzeichen gebend, bedeutsam. 2) von einem durchdringenden, scharfen oder bezeichnenden Laut, durchdringend, gellend, a. serra „schreiend", pfeifend, ilex säuselnd, avis laut singend, chorda tönend, forum lärmend. Hiervon trop. A) von Dichtern (von denen man in allen Sprachen sagt, daß sie „singen", wenn sie dichten), Tibullus a. singend. B) homo a. der viel spricht, geschwätzig; literas aa. ausführlicher, umständlicher Brief. C) (Spät.) von dem Geruch = scharf. 3) von geistigen Eigenschaften, A) scharfsinnig, geistreich, orator, auch, bes. von der Rede, = witzig ob. zierlich, dicta, sententia. B) schlau, listig, meretrix.

Argyraspĭdes, dum, m. pl. [Ἀργυράσπιδες] Soldaten mit silbernen Schilden.

Argyrippa, ae, f. f. Arpi.

Aria, ae, f. (ä) eine der östlichen Provinzen des persischen Reichs, jetzt Afghanistan. Davon 1) **Arii**, die Einwohner von A. 2) **Ariāna**, ae, f. (ä) Collectivname der östlichen Provinzen von Persien.

Ariadna, ae (auch -e, es), f. (ä) [Ἀριάδνη] Tochter des Minos und der Pasiphaë; sie half dem Theseus aus dem Labyrinthe, wurde aber von diesem ihren Geliebten auf Naxos verlassen und dort vom Bacchus gefunden, der sie zu seiner Gemahlin machte.

Arīcia, ae, f. (ä) alte Stadt in Latium mit einem berühmten Hain und Tempel der Diana. Davon **Arīcīnus**, adj. (a).

Ariditas   **Armamentarium**   67

Ariditas, ātis, *f.* (ă) [aridus] (Spät.) die Trockenheit, Dürre.
Aridŭlus, *adj. deminut.* (ă) von aridus.
Aridus, *adj.* mit comp. u. sup. (ă) [areo] 1) trocken, (innerlich, durch und durch, vgl. siccus), campus, folia; argentum a. (*Pl.*) scherzh. im Gegensatze zu mulieres uvidae; *subst.* -dum, i, n. das Trockene (subducere naves in a.); (Poet.) a. sitis, febris; sonus, fragor a. wie bei trocknem Holze, das zerbrochen wird (= krackend, knisternd). 2) *trop.* A) = mager, ohne Fleisch od. Saft, crura. B) = knapp, dürftig, cibus, victus. C) von der Rede, mager, trocken = ohne Fülle und Schönheit, oratio, auch rhetor a. D) puer a. = roh, unwissend. E) (Com.) = aus dem Nichts herauszupressen ist, geizig, homo.
Aries, ětis, *m.* (ă) 1) der Widder. 2) der Mauerbrecher (Belagerungsmaschine bei den Römern): a. murum percussit. 3) der Querbalken zum Stützen, die Strebe, Stütze.
Arietinus, *adj.* (ă) [aries] zu einem Widder gehörig, Widder-; *trop.* responsum a. ein Dilemma, wo in beiden Fällen etwas Schlimmes bevorsteht, zweideutig.
Arieto, 1. (ă) [aries] (Poet. u. Spät.) 1) wie ein Widder stoßen, Etwas heftig anstoßen, aliquem, aedes = anklopfen; auch a. in aliquem; a. arma inter se die Waffen heftig gegen einander anstoßen. 2) *trop.* A) (Poet.) a. in portas anstürmen. B) (Spät.) a. animum alicuius beunruhigen, quälen.
Arimaspi, ōrum, *m. pl.* (ă) [*Ἀριμασποί*] mythisches Volk in Scythien.
Ariminum, i, *n.* (ă) Stadt u. Fluß in Umbrien, jetzt Rimini. Davon **Ariminensis**, e, *adj.* (ă).
Ariobarzānes, is, *m.* (ă) [*Ἀριοβαρζάνης*] Name eines persischen Satrapen u. einiger Könige von Cappadocien.
Ariolor, a. S. für Hariolor.
Arion, ŏnis, *m.* (ă) [*Ἀρίων*] 1) griechischer Dichter und Citherspieler aus Lesbos, ums Jahr 600 v. Chr. Auf einer Seereise von der Schiffsmannschaft ins Meer geworfen, wurde er der Sage nach von einem Delphin gerettet. 2) ein von Neptun dem Adrastus geschenktes, mit Sprache und Seherkunde begabtes Pferd, daher vocalis A.
Arīovistus, i, *m.* Fürst der Germanen, von Cäsar besiegt.
Arisba, ae, *f.* (ă) [*Ἀρίσβη*] Stadt in Troas.
Arista, ae, *f.* (ă) 1) die Spitze an der Aehre, die Granne. 2) überh. die Aehre.
Aristaeus, i, *m.* (ă) [*Ἀρισταῖος*] ein alter griechischer Heros, Sohn des Uranus und der Gäa (oder des Apollo u. der Cyrene), der die Bienenpflege, Viehzucht u. M. bei den Menschen eingeführt haben sollte.
Aristarchus, i, *m.* (ă) [*Ἀρίσταρχος*] berühmter alexandrinischer Grammatiker, der sich bes. mit Homers Gedichten beschäftigte.
Aristīdes, is, *m.* (ă) [*Ἀριστείδης*] 1) der als Gerechte bekannte Athenienser, Zeitgenoffe des Themistokles. 2) späterer griechischer erotischer Dichter.
Aristippus, i, *m.* (ă) [*Ἀρίστιππος*] griechischer Philosoph, Schüler des Sokrates, Stifter der cyrenaischen Schule.
Aristius (ă) **Fuscus**, gelehrter Römer, Dichter, Freund des Horaz.
Aristo, ōnis, *m.* (ă) [*Ἀρίστων*] 1) aus Chios ums J. 275 v. Chr., Schüler des Zeno, skeptischer Philosoph. 2) Peripatetiker aus Ceos ums J. 226 v. Chr.
Aristodēmus, i, *m.* (ă) [*Ἀριστόδημος*] 1) Anführer der Messenier im ersten Kriege gegen Sparta. 2) Tyrann von Cumä in Campanien ums J. 500 v. Chr.
Aristogīto, ōnis, *m.* (ă) [*Ἀριστογείτων*] ein athenienfischer Jüngling, der mit seinem Freund Harmodius den Hipparchus, Sohn des Pisistratus, tödtete.
Aristolŏchia, ae, *f.* (ă) [*ἀριστολοχία*] eine Pflanze, die als eine die Geburt erleichternde gebraucht wurde.
Aristomăche, es, *f.* (ă) [*Ἀριστομάχη*] Schwester des Dion, Gemahlin Dionysius des älteren.
Aristomĕnes, is, *m.* (ă) [*Ἀριστομένης*] Anführer der Messenier im zweiten Kriege gegen die Spartaner.
Aristŏphănes, is, *m.* (ă) [*Ἀριστοφάνης*] 1) Athenienser, berühmter Dichter der alten Comödie, Zeitgenosse des Sokrates. Davon **Aristophanēus**, *adj.* (ă). 2) aus Byzanz, alexandrinischer Grammatiker, Lehrer des Aristarch.
Aristotĕles, is, *m.* (ă) [*Ἀριστοτέλης*], berühmter Philosoph, Lehrer Alexanders, Schüler des Plato, Stifter der peripatetischen Schule.
Aristoxĕnus, i, *m.* (ă) [*Ἀριστόξενος*] Philosoph, Schüler des Aristoteles.
Aristus, i, *m.* (ă) [*Ἄριστος*] akademischer Philosoph zu Athen, Freund des Cicero, Lehrer des Brutus.
Arithmĕtĭcus (ă) [*ἀριθμητικός*], *adj.* zur Rechenkunst gehörig; davon *subst.* 1) -ca, ōrum, *n. pl.* und (Spät.) -ca, ae, *f.* oder -ce, es, *f.* die Rechenkunst, Arithmetik.
Aritūdo, ĭnis, *f.* (ă) [aridus] (Vorklaff.) = ariditas.
Arma, ōrum, *n. pl.* 1) Werkzeug, Geräthe: aa. Cerealia Geräthe zum Stoßen des Getreides und zum Brodbacken; häufig vom Takelwerk, Segelwerk eines Schiffes; auch von Geräthschaften zum Ackerbau, von Flügeln u. m. dergl. 2) = Waffen, theils zur Vertheidigung, als Schild, Panzer u. dergl., theils zum Angriff, bes. diejenigen, womit man in der Nähe kämpft, als Schwert, Keule u. dergl. (oppos. tela): esse in armis unter Waffen sein, vocare ad aa., deponere aa.; aa. ac tela; häufig bildlich aa. prudentiae u. dergl. Hiervon *trop.* A) = Krieg: aa. externa, pia, anniversaria jedes Jahr erneuert; res ad aa. spectat es sieht nach einem Kriege aus; aa. inferre dem Krieg beginnen; ferri in ua. in den Kampf sich stürzen. B) = Krieger, Bewaffnete: liberemus aa. Romana.
Armamaxa, ae, *f.* [*ἁρμάμαξα*] (Spät.) ein bedeckter persischer Reisewagen.
Armamenta, ōrum, *n. pl.* [arma] Geräthe, insbes. von Schiffen das Takelwerk, Segelwerk.
Armamentārium, ii, *n.* [armamentum] das Zeughaus, Arsenal.

5*

Armariŏlum, i, *n. deminut.* von armarium.

Armārium, ii, *n.* [arma] der Schrank zum Aufbewahren von Speisen, Kleidern, Büchern u. s. w.

Armātūra, ae, *f.* [armo] 1) die Bewaffnung, die Rüstung: a. varia, levis. 2) = die bewaffneten Soldaten, fast nur in der Verbindung levis a. die leichtbewaffneten Truppen (nie z. B. haec, illa a.).

Armātus, *adj.* mit *sup.* [*particip.* von armo] bewaffnet; häufig im *plur.* als *subst.* armati die Bewaffneten.

Armātus, us, *m.* = armatura (nur im *abl. sing.*).

Armĕnia, ae, *f.* [*Ἀρμενία*] die Landschaft Armenien im nordöstlichen Theile von Kleinasien. Davon **Armĕnius**, *adj.* armenisch.

Armentālis, e, *adj.* [armentum] (Poet. u. Spät.) zum Pflugvieh gehörig, equa.

Armentārius, ii, *m.* [armentum] (Vorklaff. u. Poet.) der Rinderhirt.

Armentum, i, *n.* [aro?] das Großvieh, Thiere, die zum Pflügen gebraucht werden, bes. das Rindvieh (vgl. pecus; collectiv vom großen Vieh überhaupt, vgl. jumentum). Hiervon A) (Poet.) quina aa. fünf Stücke Rindvieh. B) von andern großen Thieren, namentlich Pferden, = Heerde, Schaar, a. equorum boumque.

Armĭfer, ĕra, ĕrum, *adj.* [arma-fero] (Poet.) waffentragend, daher = kriegerisch.

Armĭger, ĕra, ĕrum, (Poet.) *adj.* 1) waffentragend. 2) *subst.* -ger, -gĕri, *m.* u. -gĕra, ae, *f.* der Waffenträger, die -rin, *trop.* der Helfershelfer.

Armilla, ae, *f.* [armus] das Armband, Bracelet.

Armillātus, *adj.* [armilla] 1) mit einem Armbande geschmückt. *2) (Poet.) canis a. mit einem Halsbande versehen (Andere erklären mit dem Armband der Herrin als Schmuck um den Hals).

Armilustrum, ii, *n.* [arma-lustrum] ein Platz in Rom, wo einmal im Jahre ein Opfer dargebracht wurde und die Waffen gesühnt, geweiht wurden.

Armĭnius, ii, *m.* Fürst der Cherusker, der den Varus schlug ums Jahr 9 n. Chr.

Armĭ-pŏtens, tis, *adj.* (Poet.) waffenmächtig, kriegerisch (von Mars, Diana).

Armĭ-sŏnus, *adj.* (Poet.) waffentönend.

Armo, 1. [arma] 1) ausrüsten, mit dem Nöthigen versehen, navem. 2) bewaffnen, mit Waffen versehen, milites, aliquem re aliqua; a. aliquem in (contra, adversus) aliquem gegen Jmd. Hiervon *trop.* A) a. se imprudentiā alicujus = sich stärken, Vortheil ziehen; ingenium te ad omnia armat macht dich geschickt, tauglich zu Allem. B) „in Harnisch bringen", aufreizen, consules in tribunos.

Armŏrĭcus, *adj.* [kelt. Wort] am Meere liegend; civitates A. in Gallien = die heutige Bretagne und ein Theil von der Normandie.

Armus, i, *m.* 1) (selten) von Menschen (statt humerus) die Schulter, Oberarm, wo er sich dem Schulterblatt anschließt (vgl. scapula). 2) von Thieren, der Vorderbug, der obere Theil des Vorderschenkels: ex humeris armi

sunt (Poet.) bei einer Verwandlung von Mensch zum Thier.

Arnus, i, *m.* Fluß in Italien, jetzt Arno.

Aro, 1. (ā) 1) pflügen, terram. Hiervon A) quae homines arant = der Ackerbau überh., ebenso quicquid arat impiger Apulus = der Ertrag der Aecker des Ap. B) *trop.* a) (Poet.) a. aequor = durchschiffen. b) (Poet.) rugae aa. corpus durchfurchen. c) *proverb.* a. litus = semina mandare arenae, f. Arena. 2) *intrans.* Ackerbau treiben.

Arpi, ōrum, *m. pl.* Handelsstadt in Apulien, der Sage nach von Diomedes aus Argos gegründet und von ihm Ἄργος Ἵππιον genannt, woraus der Name Argyrĭpa und dann Arpi entstanden sein soll. Davon abgel. **Arpīnus**, *adj.*, u. *subst.* -ĭni, ōrum, *m. pl.*

Arpīnum, i, *n.* Stadt in Latium, Geburtsort des Cicero u. Marius. Davon abgel. **Arpīnas**, ātis, *adj.*; *subst.* a) *m.* ein aus A. Gebürtiger ob. Einwohner von A. b) *n.* ein Gut des Cicero bei A.

Arquatus, f. Arcuatus.

Arrectus, *adj.* mit *comp.* [*particip.* von arrigo] steil, plötzlich aufwärts gehend.

Ar-rēpo etc. 3. 1) herankriechen, heranschleichen, 2) *trop.* a. ad amicitiam alicujus u. (Spät.) a. animis sich allmälig Eingang verschaffen.

Arrētium (ob. **Arētium**), ii, *n.* Stadt in Etrurien, Geburtsort des Mäcenas. Davon **Arrētīnus**, *adj.*

Arrha, ae, *f.* oder häufiger **Arrhăbo**, ōnis, *m.* [urspr. ein hebräisches Wort] (Vorklaff. u. Spät.) das Angeld, Kaufgeld, das bei einem Vertrage, Kauf ob. dergl. gegebene Unterpfand (ein Theil der Kaufsumme, der vorausbezahlt wurde zur Sicherheit des Verkäufers oder Vermiethers; *oppos.* pignus ein eigentliches Pfand, das nach Beendigung des Geschäfts zurückgegeben wurde): dare aliquid arrhaboni zum Unterpfande.

Ar-rīdĕo etc. 2. 1) bei ob. zu Etwas lachen, anlächeln, alicui mit Jmd.; bes. beifällig zulächeln, alicui; a. aliquem zu Jmd. lächeln; a. aliquid über Etwas lachen. Hiervon *trop.* fortuna mihi a. lächelt mich an = ist mir günstig. 2) *trop.* gefallen, id mihi valde a.

Arrĭgo, rexi, rectum, 3. [ad-rego] 1) in die Höhe richten, gerade aufrichten, comas, aures spitzen. 2) *trop.* in Bewegung oder Spannung versetzen, erregen, aufmuntern, aliquem, aliquem alicujus Jmds Muth anfeuern; Itali arrexere animos die Italiener wurden aufmerksam, stutzten.

Arrĭpio, rĭpui, reptum, 3. [ad-rapio] 1) zu sich reißen, hastig ergreifen, -fassen, a. arma, aliquem medium Jmd. beim Leibe, aliquem barba an dem Barte; a. aliquid ad reprehendendum, a. dictum begierig ergreifen; a. cohortes schnell zu sich ziehen, a. patrem, familias e circulo medio aufgreifen; auch = packen, feindlich anfassen, aliquem. 2) *trop.* A) a. occasionem, causam, impedimentum schnell benutzen, mit Hast ergreifen; a. studia literarum eifrig auffassen, sich mit Eifer darauf legen; a. literas ob. dergl. schnell lernen; a. cognomen sich verschaffen, imperium an sich reißen, sich anmaßen. B) (Poet.) a. naves eilig an Bord gehen; a. locum sich in der Eile bemächtigen, a. terram velis schnell ans Land segeln. C) (Poet. u. Spät.) angreifen, darauf losgehen, castra; a. primores populi tadeln. D) anklagen, = vor Gericht ziehen, = in jus rapio.

Arrisio, ōnis, f. [arrideo] das Anlächeln.

*__Arrīsor__, ōris, m. [arrideo] (Spät.) der Anlächler = der Schmeichler.

Ar-rōdo etc. 3. annagen, rem.

Arrŏgans, ntis, adj. mit comp. u. sup. [particip. von arrogo] anmaßend, übermüthig.

Arrŏganter, adv. mit comp. u. sup. [arrogans] anmaßend, übermüthig.

Arrŏgantia, ae, f. [arrogans] die Anmaßung, der Uebermuth, Hochmuth.

Ar-rŏgo, 1. eigtl. dazu fordern, daher *1) a. consuli dictatorem beigeben, einen D. neben den C. setzen (dazu wählen lassen, mittelst eines Antrages, einer Anfrage beim Volke). 2) sich anmaßen, sich Etwas, das Einem nicht gehört, zueignen: a. sibi aliquid; non tantam arrogo quantum etc. 3) (Poet.) verschaffen, erwerben, alicui aliquid. *4) (Pl.) noch dazu fragen, aliquem.

*__Arrōsor__, ōris, m. [arrodo] (Spät.) der Benager.

Ars, tis, f. (eigtl. wohl die Fertigkeit Etwas zusammenzufügen, vergl. ἄρω) I. (von dem Intellectuellen): 1) die Kunst, das Handwerk, das Gewerbe, theils (nach Cicero) aa. liberales oder ingenuae (als Musik, Beredtsamkeit u. dergl.), theils illiberales ob. sordidae (die Handwerke und andere niedere Geschäfte): a. gymnastica, musica; a. mea. 2) von demjenigen, das nicht auf einer Fertigkeit, sondern auf einem Wissen beruht, die **Wissenschaft**, wissenschaftliches System: a. recondita ex multiplex; ad artem redigere, arte comprehendere aliquid in ein System, in eine wissenschaftliche Form bringen; optimae aa.; a. disserendi die Dialektik. 3) die einer Kunst oder Wissenschaft zu Grunde liegende Theorie: res facultate (in der Praxis) praeclara, arte mediocris. Hiervon = ein Lehrbuch (System*) namentlich in der Rhetorik oder Grammatik: hoc ex antiquis aa. elegit; aa. oratoriae. 4) die Kunstfertigkeit, Geschicklichkeit, Tüchtigkeit: aa. imperatoriae Eigenschaften eines Feldherrn, aa. bellicae; a. gubernandi, opus est vel arte vel diligentia. Hiervon (Poet.) = List, Kunstgriff, Betrug. 5) (Poet.) das Kunstwerk: aa. quas protulit Parrhasius. — II. (von der Sphäre der Intelligenz auf diejenige der Moral übertragen) die Eigenschaft, Denk- und Handlungsweise: a. bonae malaeque = Tugenden und Laster; malae aa. üble Gewohnheiten.

Arsāces, ae, m. [Ἀρσάκης] erster König in Parthien ums J. 250 v. Chr. Davon abgel.

Arsăcĭdae, ārum, m. pl. die Nachkommen und Nachfolger des A., poet. = die Parther.

Arsămŏsāta ob. **Armŏsāta**, ae, f. [Ἀρσαμώσατα] Festung in Großarmenien.

Arsia silva, Wald in Etrurien.

Arsĭnoē, es, f. [Ἀρσινόη] 1) Tochter des Ptolemäus Lagi und der Berenice, Gemahlin des Lysimachus und später ihres Bruders Ptolemäus Philadelphus; nach ihrem Tode wurde sie als Venus Zephyritis verehrt. 2) Tochter des Ptolemäus Auletes, Schwester der Cleopatra.

Artăbānus, i, m. [Ἀρτάβανος] 1) Anführer der Leibwache, der den persischen König Xerxes tödtete i. J. 465 v. Chr. 2) ein Arsacide, König von Parthien.

Artavasdes ob. **Artuasdes**, is, m. Name mehrerer Könige von Armenien.

Artaxāta, ōrum, n. pl. ob. -a, ae, f. Hauptstadt Großarmeniens.

Artaxerxes, is, m. [Ἀρταξέρξης] Name mehrerer Könige in Persien.

Arte, adv. mit comp. u. sup. [artus] 1) eng, dicht, zusammengedrängt. 2) trop. a) (Poet.) knapp, kärglich, habere aliquem. b) (Poet.) a. appellare aliquem Jmds Namen kurz aussprechen. c) (Spät.) dicht, fest, dormire, amare herzlich.

Artĕmīdōrus, i, m. [Ἀρτεμίδωρος] 1) aus Ephesus, ein Geograph. 2) aus Tralles, ein Ringer. 3) ein Philosoph.

Artĕmĭsia, ae, f. [Ἀρτεμισία] Königin in Carien, die ihrem Gemahl Mausolus ein prächtiges Denkmal (Mausoleum) bei Halicarnaß errichtete.

Artĕmīsium, ii, n. [Ἀρτεμίσιον] Landspitze und Flecken auf Euböa, bekannt durch die Seeschlacht 480 v. Chr.

Artēria, ae, f. (heteroll. plur. *-ia, ōrum, n. pl.) [ἀρτηρία] 1) die Luftröhre. 2) die Pulsader.

*__Arthrītĭcus__, adj. [ἀρθριτικός] an der Gicht leidend, an den Gelenken lahm.

Artĭcŭlāris, e, u. -**ārius**, adj. (Spät.) [articulus] zu den Gelenken gehörig: morbus a. die Gicht.

Artĭcŭlātim, adv. [articulus] 1) gliederweise, Stück für Stück, aliquem a. concidere. 2) trop. von der Rede, mit gehöriger Sonderung, so daß die Einzelnheiten auseinandergesetzt werden, daher deutlich.

Artĭcŭlo, 1. [articulus] (Vorklassisch und Spät.) gliedern, nach Gliedern eintheilen, daher trop. (die Rede) abtheilen, articuliren, getrennt und deutlich aussprechen.

Artĭcŭlōsus, adj. [articulus] 1) voll Gelenke oder Knoten. 2) trop. partitio a. bei welcher man (gar zu) viele kleine Unterabtheilungen macht.

Artĭcŭlus, i, m. [artus] 1) das Gelenk, der Knöchel: digiti habent ternos aa.; dolor articulorum die Gicht; molli articulo aliquem tangere leise berühren. Hiervon (Poet.) = das Glied, namentl. = ein Finger. 2) von Pflanzen u. dgl. der Knoten: seges it in articulum tritt in den Knoten. 3) trop. A) von der Rede, = Glied, Stück, Abtheilung. B) in der Gramm. = der Artikel; auch = das Pronomen. C) von der Zeit, der Zeitpunkt, Wendepunct, häuf. verbunden mit dem gen. temporis: ipso a. temporis eben in dem entscheidenden Augenblicke, u. in derselben Bedeutung bloß in ipso a.; a. rerum mearum der kritische Zeitpunkt meiner Sachen, die mißliche Lage. D) (Spät.)

von anderen Sachen, der **Abschnitt, Punct**, die Stufe: per eosdem aa. et gradus kleinere und größere Abstufungen der Ehrenstellen.

Artĭfex, ĭcis, m. [ars-facio] 1) der **Künstler, Meister** in irgend einer Kunst (vgl. opifex): a. talium operum; a. dicendi der Redner. 2) **Meister** in irgend einer anderen Sache: a. voluptatum comparandarum; auch a. in re aliqua. Häuf. als adj. A) **kunstfertig, geschickt**: homo a. rei alicuius; manus a.; a. formae die durch viele Kunst ihre Schönheit zu erhöhen weiß; (Spät.) auch esse a. ad aliquid faciendum, in jocos. B) (Poet. u. Spät.) **künstlich, mit Kunst gemacht**, bos; equus a. ein kunstfertiges, zugerittenes Pferd. 3) (meist Poet.) der **Schöpfer, Urheber, Stifter**, mundi, caedis.

Artificiālis, e, adj. [artificium] (Spät.) kunstgerecht, künstlich.

Artificiālĭter, adv. [artificialis] auf kunstgerechte Weise.

Artificiōse, adv. [artificiosus] kunstgemäß, künstlich.

Artificiōsus, adj. mit comp. u. sup. [artificium] 1) **kunstfertig, kunstreich**, rhetor. 2) **künstlich**, worauf viel Kunst verwendet wird, opus, res; si artificiosum est intelligere rhet. wenn Kunst dazu gehört zu verstehen u. s. w. 3) **kunstgemäß**, den Regeln der Kunst gemessen (opp. naturalis), genus divinandi a.

Artificium, ii, n. [artifex] 1) die **Kunstübung**, der **Betrieb einer Kunst**, das **Handwerk, Gewerbe**: aa. liberalia, sordida (z. B. das eines Barbiers); a. accusatorium. 2) die **Theorie**, das **System**: eloquentia non nata est ex a., sed artificium ex eloquentia. 3) die **Kunstfertigkeit, Geschicklichkeit, Kenntniß**: opus singulari opere artificioque confectum. 4) der **Kunstgriff**, bes. im übeln Sinne, die **List, Betrug, Schlauheit**: opus est artificio. 5) meton. das **Kunstwerk**: opera atque aa.

Arto, 1. [artus] 1) in die **Enge zusammenziehen, enger machen**, rem, angustias, 2) trop. **einengen, beschränken, schmälern**, geringer machen, omnia in honoribus.

Artocrĕas, ătis, n. [ἀρτόκρεας] (Spät.) ein Gericht aus Brod und Fleisch.

Artŏlăgănus, i, m. [ἀρτολάγανον] ein Brodkuchen.

*****Artopta**, ae, f. [ἀρτόπτη] (Vorklassisch) eine Pfanne zum Brodbacken.

Artus, us, m. (gewöhnl. im plur., nur bei Spät. im sing.) 1) die **Zusammenfügung der Glieder**, das **Gelenk**; dolor artuum die Gicht; trop. nervi et aa. sapientiae = **Kraft, Stärke**. 2) (Poet.) zur Bez. der **Glieder, Gliedmaßen** = membrum.

Artus (richtiger als **Arctus**), adj. mit comp. u. sup. [verw. mit dem griech. ἄρω] eigtl. zusammengedrängt, -gezwängt, -geschnürt, daher 1) **eng, knapp, beschränkt**: aa. vincula, laquei, fauces; a. toga enge, faltenlose; a. theatrum, convivium, wo der Platz beschränkt ist, wo die Leute dicht an einander zusammengedrängt werden; subst. Artum die Enge, in arto haerere an einer engen Stelle. 2) trop. A) somnus a. tief, tenebrae aa. (Spät.) dicke Finsterniß. B) a. spes, gering, beschränkt, petitio mit geringer Aussicht zum gewünschten Erfolg, commeatus knapp, beschränkt; res aa. mißliche, dürftige Lage; res est in arto steht schlecht, man ist in Verlegenheit.

Arŭla, ae, f. (ā) deminut. von ara.

*****Arundĭ-fer**, ĕra, ĕrum, adj. (ă) [fero] (Poet.) rohrtragend.

Arundĭnētum, i, n. (ă) [arundo] (Vorklass. u. Spät.) das Rohrgebüsch.

Arundĭneus, adj. (ă) [arundo] (Poet. u. Spät.) was aus Rohr ist, Rohr-; trop. (Poet.) carmen a. ein Hirtengedicht.

*****Arundĭnōsus**, adj. (ă) (Poet.) schilfreich.

Arundo, ĭnis, f. (ă) 1) das **Rohr**, (das längere und stärkere, vgl. calamus und canna), 2) (meist Poet.) von verschiedenen aus Rohr verfertigten Sachen: A) die **Rohrpfeife, Hirtenpfeife**. B) die **Angelruthe**. C) die **Leimruthe zum Vogelfang**. D) der **Schaft eines Pfeils**, daher ein **Pfeil**, a. haeret lateri. E) das **Schreibrohr**, die **Schreibfeder**; trop. tristis a. = **Styl**. F) der **Kamm**, das Blatt an einer Webe. G) das **Steckenpferd**. H) der **Stock zum Prügeln**. I) ein **Rohr zum Abkehren** des Spinngewebe. K) **Schienen**, welche die Chirurgen schadhaften Körpertheilen anlegen.

Aruspex, s. S. für Haruspex.

Arvāles fratres [arvum] ein Collegium von 12 Priestern, von Romulus gestiftet; sie zogen am 15ten Mai um die Felder der Stadt herum und brachten ein Opfer.

Arverni, ōrum, m. pl. gallisches Volk in Aquitanien.

Arvīna, ae, f. (Poet.) das **Fett, Speck**.

Arvus, adj. [aro] gepflügt ob. zum Pflügen bestimmt, **Pflug-**, ager; so ist das Wort äußerst selten, dagegen häufig als subst. **Arvum**, i, n. das **Pflugland, Ackerland, Saatfeld** (vgl. ager). Hiervon (Poet.) überhaupt = **Gegend, Feld**, auch z. B. von Grasfeldern; aa. Neptunia = das Meer; tenere a. das Ufer erreichen.

Arx, cis, f. 1) die **Burg**, die **Festung**, befestigte **Anhöhe** oder **Spitze einer Anhöhe**, namentlich die befestigte Oberstadt im Gegensatz der niederen Theile der Stadt. Hiervon A) (Poet.) a. coeli die **Himmelsburg**, aa. igneae, aethereae = der **Himmel** als oberster Theil des Weltalls. B) trop. = ein **Ort**, der **Schutz** und **Sicherheit** gewährt = die **Zuflucht, Schutzwehr, Zufluchtsort**: Roma est a. omnium gentium. 2) (meist Poet. u. Spät.) A) weil Burgen gewöhnlich auf erhabenen Stellen angelegt sind, die **Anhöhe**, der **Berggipfel**, die **Spitze**: a. Parnassi, aa. Alpium. B) von hohen, großen Gebäuden, Tempeln u. dergl., das **Schloß**; hiervon (Spät.) trop. = **Macht, Herrschaft**: cupidi arcium. C) proverb. facere arcem e cloaca „einen Elephanten aus einer Mücke machen" = sehr übertreiben, auf eine Kleinigkeit viel Gewicht legen.

As, assis, m. 1) ein **Pfund** (Ez.). 2) eine römische **Kupfermünze**, ursprünglich ein Pfund wiegend, deren Gehalt aber allmälig bis zu $\frac{1}{24}$ von einem Pfund vermindert wurde; ad a. = bis auf den letzten Heller. Der As wurde in 12 unciae getheilt, und für diese Theile hatte man besondere Namen; uncia = $\frac{1}{12}$; sextans =

Ascalaphus — Asia

$1/_8$ ($^2/_{12}$); quadrans = $1/_4$ ($^3/_{12}$); triens = $1/_3$ ($^4/_{12}$); quincunx = $^5/_{12}$; semis = $1/_2$ ($^6/_{12}$); septunx = $^7/_{12}$; (bes ſtatt be-is = binae partes assis) = $^2/_3$ ($^8/_{12}$); dodrans = $^3/_4$ ($^9/_{12}$); dextans = $^5/_6$ ($^{10}/_{12}$); deunx = $^{11}/_{12}$. 3) Ferner wurde das Wort As so gebraucht, daß es das Ganze, die Einheit bedeutete im Gegenſatz der Theile, die durch jene Namen der Zwölftheile vom As bezeichnet wurden; so namentlich bei Erbſchaften und anderen Geldgeſchäften, als Längenmaß = jugerum ob. pes, auch bei anderen Sachen: heres ex asse der Univerſalerbe; heres ex dodrante der drei Viertheile erbt; viritim diviserunt terna jugera et septonces (3$^7/_{12}$ jugera für Jeden); ſenus ex triente factum erat bessibus war von $1/_3$ auf $^2/_3$ geſtiegen:

Ascălăphus, i, m. [Ἀσκάλαφος] Sohn des Acheron, von der Proſerpina in einen Uhu verwandelt.

Ascănius, ii, m. Sohn des Aeneas und der Cruſa (ob. der Lavinia).

Ascendo, ndi, nsum, 3. [ad-scando] 1) intrans. emporſteigen, zu ob. in Etwas hinaufſteigen, in coelum, in navem an Bord gehn; a. in contionem auftreten (auf die Rednerbühne); auch (ſelten) mit der praep. ad. Hierv. A) trop. = ſich erheben, ſteigen, zu Etwas emporkommen, in summum locum civitatis, ad majora, ad honores. B) absolut, ohne Angabe des Orts wohin, = emporſteigen, protegere suos ascendentes. 2) transit. erſteigen, beſteigen, murum, equum; mons erat ascendendus.

Ascensio, ōnis, f. [ascendo] 1) das Hinaufſteigen. 2) der Aufſchwung in der Rede, a. oratorum.

Ascensus, us, m. [ascendo] 1) das Hinaufſteigen: tentare aa. an mehreren Stellen hinaufzuſteigen verſuchen; daher mit einem gen. des Beſteigen, templi aditus et a.; superare fastigia tecti ascensu (Poet.) emporſteigen auf. Hiervon trop. das Emporkommen, Steigen, das Erreichen von etwas Höherem, ad honoris gradum. 2) concr. der Aufgang, der Weg, auf welchem man irgendwohin ſteigt, arduus a.; trop. in virtute sunt multi aa. Stufen.

Ascia, ae, f. 1) die Zimmerart (vgl. securis). 2) die Mauerkelle.

Asciburgium, ii, n. Stadt in Gallia Belgica am Niederrhein.

Ascio, 4. [ad-scio] (Poet. u. Spät.) zu ſich aufnehmen, = annehmen, socios, aliquem per adoptionem.

A(ad)-sciseo etc. 3. 1) dazu aufnehmen, einem, annehmen, aliquem socium als Bürger, Bundesgenoſſen; a. aliquem in civitatem in die Bürgerſchaft, inter patricios, ad foedus; a. oppidum sibi ſich zum Bundesgenoſſen machen; (Poet.) superis (dat.) ascitus unter die Götter aufgenommen. Hiervon A) ſich Etwas aneignen, an- oder aufnehmen, ſich verſchaffen, amicitiam, consuetudinem, leges, sacra a Graecis; a. nova verba in die Sprache aufnehmen. B) = ſich Etwas anmaßen, prudentiam sibi a. C) ascitus = fremd, „geborgt". D) quae sunt prima ascita naturā = prima naturae, ſ. Primus. 2) = billigen, gutheißen, legem, aliquid.

Asclēpiădes, ae, m. [Ἀσκληπιάδης] 1) ein berühmter Arzt und zugleich Rhetor aus Pruſa in Bithynien. 2) ein Philoſoph (blind) aus Eretria. 3) ein griechiſcher Dichter, Urheber des metrum Asclepiadeum.

Ascŏpēra, ae, f. [ἀσκοπήρα] (Spät.) eine lederne Reiſetaſche.

Ascra, ae, f. [Ἄσκρα] Städtchen in Böotien. Heimath des Heſiodos. Davon **Ascraeus** [Ἀσκραῖος] adj.; poeta (senex) A. = Heſiodus; hiervon (Poet.) a) = heſiodeiſch, carmen A.; b) = helitoniſch, fons.

A(ad)-scrībo etc. 3. 1) dazu ſchreiben, ſchreibend hinzufügen, aliquid; a. nomen emptioni, aliquid in legem als eine Zulage beifügen; a. diem in literis das Datum im Briefe beifügen; a. alicui salutem in dem Briefe einen Gruß beifügen; a., illum perisse; a. alicui aliquem heredem Jmd. Einem als Miterben beigeben, a. alicui legatum (Spät.) Jmd. Etwas durch eine einem Teſtamente beigefügte ſchriftliche Beſtimmung vermachen; a. aliquid marmori als eine Inſchrift hinzufügen. Insbeſ. als politiſcher term. t., a. aliquem civitati ob. in civitatem Jmd. als Bürger in die Liſte der Bürger einſchreiben; ebenſo a. colonos Venusiam als Coloniſten, die nach V. geführt werden ſollen. 2) zu irgend einer Gemeinſchaft beizählen, mitrechnen, wozu zählen: a. aliquem (in) ad numerum priorum; ascribi ordinibus deorum unter die Götter aufgenommen werden, rogavit eos, ut se tertium ad amicitiam ascriberent daß ſie ihn als den dritten Freund ſich beizählen möchten, ebenſo utinam tertius vobis amicus ascriberer; a. poetas Satyris. 3) trop. A) Jmd. Etwas anrechnen, zuſchreiben, beimeſſen, alicui aliquid. B) (Poet.) a. illud exemplum sibi auf ſich anwenden, beziehen; dies ascriptus poenae zur Strafe beſtimmt.

Ascripticius, adj. [ascribo] der in die Liſte eingeſchrieben iſt, enrollirt, civis.

*****Ascriptio**, ōnis, f. [ascribo] das ſchriftliche Hinzufügen, concr. die Beiſchrift.

Ascriptīvus, adj. [ascribo] (Pl.) dazugeſchrieben = überzählig eingetragen.

Ascriptor, ōris, m. [ascribo] der durch das Beiſchreiben ſeines Namens Etwas billigt, der Billiger, legis.

Ascŭlum, i, n. 1) A. Picenum, Hauptſtadt der Picentiner. Davon **Asculānus**, adj.: triumphus A. des Cn. Pompejus, der im Bürgerkriege A. erobert hatte. 2) A. Apulum, Stadt in Apulien.

Asella, ae, f. u. -lus, i, m. deminut. von Asina u. Asinus.

Asia, ae, f. (ä) [Ἀσία] Aſien, 1) = der Erdtheil Aſien. 2) = die Halbinſel Kleinaſien; biew. ſpeciell vom Reiche Pergamus oder von Troas. 3) die römiſche Provinz Aſien, die weſtlichen Küſtenländer von Kleinaſien. — Hiervon abgeleitet 1) **Asiăgĕnes**, is, m. (ä) [Ἀσιαγένης] Beiname des L. Scipio (ſ. Asiaticus), „der in Aſien Geborene." 2) **Asiānus** (ä) [Ἀσιανός], zur Provinz Aſia gehörig. Hiervon subst. **Asiāni**, ōrum, m. pl. A) die Einwohner der Provinz A. B) die Generalpächter (publicani) in A. C) die Redner, welche die den Aſiaten eigenthümliche (ſchwülſtige und üppige)

Siegesweise befolgten. Dah. das *adv.* **Asiāne** (ā) nach der Art der asiatischen Redner. 3) **Asiāticus** (ā) [*Ἀσιατικός*], *adj.* asiatisch; bellum A. der Krieg in A., d. h. mit Mithridates; oratores aa. = Asiani. C) Insbes. war A. Beiname des L. Corn. Scipio, der den syrischen König Antiochus besiegte. 4) **Asius** (ŭ) [*Ἄσιος*] *adj.* (Poet.) = Asiaticus.

Asĭlus, i, *m.* (ă) (veralt.) die Bremse.

Asĭna, ae, *f.* (ă) die Eselin.

Asināríus, ii, *m.* (ā) [asinus] (Vorklassisch) zum Esel gehörig, mola; *subst.* -**ărius**, ii, *m.* der Eseltreiber.

Asĭnīnus, *adj.* (ā) [asinus] vom Esel, Esels-, stercus, pullus.

Asĭnius, ii, *m.* (ă) Name eines römischen Geschlechts, zu welchem namentlich der C. As. Pollio gehörte, ein Anhänger des J. Cäsar und später des Augustus; er gründete die erste öffentliche Bibliothek in Rom und hat sich einen Namen als Dichter, Geschichtsschreiber und Kritiker erworben.

Asĭnus, i, *m.* (ă) der Esel; *trop.* als schimpfende Benennung eines einfältigen Menschen.

Asōpus, i, *m.* (ā) [*Ἀσωπός*] 1) Fluß in Böotien; als Flußgott Sohn des Oceanus und der Thetis, Vater der Aegina, Evadne, Eubös, also Großvater des Aeacus. Davon abgeleitet A) **Asōpĭădes**, ae, *m.* (ā) [*Ἀσωπιάδης*] männlicher Nachkomme des A., = Aeacus. B) **Asōpis**, ĭdis, *f.* (ā) [*Ἀσωπίς*] weibliche Nachkomme des A., a) = Aegina. b) = Evadne. c) = die Insel Euböa. 2) Fluß in Phthiotis.

Asōtus, i, *m.* (ā) [*ἄσωτος*] ein Schwelger, eine liederliche Person.

Aspărăgus, i, *m.* [*ἀσπάραγος*] der Spargel.

Aspāsĭa, ae, *f.* [*Ἀσπασία*] 1) griechische Hetäre, Geliebte des Perikles. 2) Geliebte des jüngern Cyrus.

Aspectābĭlis, e, *adj.* [aspecto] (selten) sichtbar.

A(ad)-specto, 1. 1) mit Ehrfurcht, Staunen, Erwartung u. dergl. anschauen, anblicken, aliquem. 2) *trop.* (Poet. u. Spät.) von Localitäten, gegen einen Ort hin zu liegen, gegenüber liegen: Britannia a. Hispaniam.

Aspectus, us, *m.* (aspicio) 1) *act.* A) das Hinsehen, der Hinblick: vitare aspectum hominum es vermeiden, daß die Menschen Einen sehen; uno a. bei Einer Betrachtung; praeclarus ad a. herrlich anzusehen. Davon = der Blick, Anblick, convertere a. ad aliquem. B) die Sehkraft, der Gesichtssinn, das Gesicht: amittere a.; cadere sub aspectum sichtbar sein. 2) *pass.* A) das Erscheinen, das Sichtbarsein: ä. siderum Aufgang, a. alicuius. B) das Aussehen, die äußere Erscheinung, jucundus a. pomorum.

As(abs)-pello, pŭli, pulsum, 3. wegtreiben, aliquem; a. metum verjagen.

Aspendus, i, *f.* [*Ἄσπενδος*] Stadt in Pamphylien. Dav. **Aspendius**, *adj.* u. -dii, ōrum, *m. pl.* die Einwohner von A.

Asper, ĕra, ĕrum, *adj.* mit *comp.* u. *sup.* 1) rauh (für den Gefühlsinn), holperig, uneben, lingua, locus, saxa; (Poet.) mare a. stürmisch, aufgeregt, barba, sentes stechend; (Poet.) von Gefäßen u. dgl. mit erhabener Arbeit, oratér; numus a. neu, noch nicht (durch den Gebrauch) abgeglättet. Hiervon *subst.* **Asperum**, i, *n.* (Spät.) ein unebener Ort; aspera maris = mare asperum. 2) uneigtl. und zum Theil *trop.*, A) (für den Geschmack od. Geruch rauh) scharf, herb, beißend, stark, sapor, odor. B) (rauh für das Gehör) hart, grob, pronunciatio. C) von der Rede, hart, holperig, uneben, compositio, oratio. D) von Eigenschaften des Gemüths od. des Charakters, rauh, barsch, trotzig, ob. hart, grausam, streng u. dgl.: a. et durus, a. et iniquus; asper cladibus (Poet.) erbittert über die Niederlagen; a. alicui (Poet.) gegen Jmb.; a. ad condiciones pacis der die Friedensbedingungen trotzig (barsch) abweist; doctrina a. streng, hart; gens a. kriegerisch; anguis, taurus a. (Poet.) wild, gefährlich, graus; odium a. heftiger, bitterer Haß. E) von Sachen, mißlich, schwierig, drückend, res, bellum, pugna; multa aa. viele Widerwärtigkeiten. F) von der Rede, bitter, kränkend, „stachelnd,“ facetiae aa.

Aspĕre, *adv.* mit *comp.* u. *sup.* [asper] 1) rauh, holperig. 2) hart, barsch, streng; a. agere harte Maßregeln ergreifen. 3) von der Rede, bitter, kränkend.

Aspergo, rsi, rsum, 3. [ad-spargo] 1) hinspritzen, hinstreuen, auf Etwas spritzen, -streuen, guttam flori; auch a. pigmenta in tabula. Hiervon *trop.* A) a. alicui notam Jmb. einen Schandfleck anhängen, molestiam alicui Jmb. einige Beschwerde verursachen. B) hinzufügen, beimischen, comitatem severitati; a. sales orationi die Rede mit Witz würzen; hoc aspersi bieses habe ich (gelegentlich) hinzugefügt. 2) Etwas mit Etwas besprißen, bestreuen, terram sanguine; a. aliquid mendaciunculis kleine Unwahrheiten hier und da anbringen. Hiervon *trop.* A) = beflecken, beschmutzen, beschimpfen, aliquem infamiā, contumeliā Jmb. eine Beleidigung zufügen. B) a. aures gemitu (Spät.) einen Klagelaut vor des Königs Ohren kommen lassen.

Aspergo, ĭnis, *f.* [aspergo] (meist Poet.) 1) das Hinspritzen, aquarum. 2) *meton.* die hingespritzte Feuchtigkeit selbst: salsa a. des Meerwasser, das an einem Felsen hinaufsprißt wird; a. nimborum = der Regen.

Aspĕrĭtas, ātis, *f.* [asper] 1) die Rauhheit, Unebenheit, viarum, locorum. 2) *trop.* A) = Rauhheit für den Geschmack, vini. B) = Rauhheit für das Gehör, a. vocis. C) a. hiemis Rauhheit, Strenge. D) in sittlicher Beziehung, die Rauhheit, Härte, Barschheit, Strenge, a. Stoicorum, a. agrestis. E) von der Rede, Rauhheit, Bitterkeit, das Kränkende u. Verletzende. F) von Schicksalen u. dergl., die Mißlichkeit, Gefährlichkeit, Schwierigkeit, rerum, belli; davon bes. im *plur. concr.* = die Gefahren, Widerwärtigkeiten.

Aspernābĭlis, e, *adj.* [aspernor] (Spät.) verächtlich.

Aspernātio, ōnis, *f.* [aspernor] das Verschmähen, das verächtliche Abweisen; (Spät.) a. naturales der natürliche Widerwillen.

Aspernor, *dep.* 1. [sperno] 1) von sich mit Verachtung abweisen, verschmähen, geringschätzen verwerfen (thätlich, vgl. sperno);

a. pacem, preces alicuius, condicionem, hanc proscriptionem; a. patriam = verleugnen; (Spät.) a. facere aliquid Etwas zu thun sich mit Verachtung weigern. 2) (selten) Etwas von einem Anderen abweisen, entfernen, dii furorem alicuius a templis suis aa.

Aspĕro, 1. (asper) (Poet. u. Spät.) 1) uneben machen, undas stürmisch aufwühlen. 2) wetzen, schärfen, sagittas, pugionem. 3) trop. reizen, aufreizen, aliquem; a. crimina bitterer, ärger machen (opp. lenire).

Aspersio, ōnis, f. [aspergo] das Hinspritzen, Anspritzen, aquae.

Asphaltītes, ae, m. (lacus) [Ἀσφαλτίτης] das todte Meer in Palästina.

Aspĭcĭo, exi, ectum, 3. [ad-specio] 1) nach ob. auf Etwas hinsehen, Etwas ansehen, anblicken, aliquem, templum, auch (Vorklass.) a. ad locum, ad aliquem, huc. Hiervon insbes. A) = mit Ehrfurcht ob. Bewunderung ansehen: milites aa. Chabriam. B) = dreist ins Gesicht sehen = nicht fürchten, Boeotii antea Lacedaemonios a. non ausi sunt. C) insbes. helfend hinsehen = berücksichtigen, helfen, aliquem. D) untersuchend nach Etwas hinsehen, nachsehen, zusehen, opus, Boeotiam; a. res sociorum untersuchen. Daher = mit dem geistigen Auge nachsehen, bedenken, erwägen, insbes. imper. aspice siehe zu, bedenke; Ej trop. von Localitäten, gegen eine Gegend hin liegen, Aussicht dazu haben, terra a. meridiem. 2) inch. Etwas erblicken, einer Sache ansichtig werden, aliquem; trop. a. lucem das Tageslicht = geboren werden.

Aspīrātĭo, ōnis, f. (aspiro) 1) das Anhauchen, Anwehen, a. aëris. Hiervon in der Gramm. = das Aussprechen eines Buchstaben mit einem Hauch (H), der Anhauch, die Aspiration. 2) die Ausdünstung, terrae.

A(as)-spīro, 1. I. intrans. 1) zu- ob. hinhauchen, hinwehen, daher zu- ob. hinwehen (meist Poet.): aura a. ad illum locum; daher in der Gramm. a. consonantibus mit einem Hauch aussprechen, aspiriren. Hiervon A) tibia a. choris begleitet die Chöre. B) flos a. duftet (zu Jmd.) hin. 2) (selten) athmen, pulmones aa. 3) trop. A) begünstigen, unterstützen, alicui. B) irgendwohin zu gelangen streben, sich Etwas nähern: a. ad aliquem Jmd. nahe zu kommen streben; a. aliquo irgendwohin streben; a. in curiam, in campum in den Senat, auf ein Feld hin zu gelangen streben, ebenso ad pecuniam alicuius. Hiervon C) überh. nach Etwas verlangen, ad rem und rei alicui. II. transit. (Poet. u. Spät.) 1) zuhauchen, zuwehen: a. alicui ventos Jmd. einen Wind anhauchen lassen. 2) trop. einflößen, eingeben, alicui amorem.

Aspis, ĭdis, f. [ἀσπίς] die Natter, Viper.

*****Asportātĭo**, ōnis, f. [asporto] das Hinwegführen, die Wegschaffung.

As(abs)-porto, 1. wegführen, -bringen, -schaffen, res suas Salamina; a. hominem rauben, fortführen.

Asprētum, i, n. [asper] (selt.) ein unebener, holperiger Ort.

Assărăcus, i, m. [Ἀσσάρακος] Sohn des Tros, Vater des Capys und Großvater des Anchises.

Assecla ob. **Assēcŭla**, ae, m. [assequor] der Jmd. (einem Mächtigeren) immer nachgeht u. sich schmarotzend anschließt, der Nachtreter, Anhänger (vgl. assectator, sectator).

Assectātĭo, ōnis, f. [assector] das beständige Begleiten (s. assectator).

Assectātor, ōris, m. [assector] der beständige Begleiter, der in Jmds Gefolge ist, um ihm dadurch ehrfurchtsvolle ob. freundliche Aufmerksamkeit zu zeigen (also als Client, Freund u. dgl.; vgl. assecla). Davon A) überh. Anhänger, a. illius philosophiae. B) (Spät.) der einer Sache stets nachgeht, nach ihr strebt, a. rei alicuius.

As(ad)-sector, dep. 1. Jmd. beständig folgen, begleiten, von seinem Gefolge, seiner Begleitung sein (s. assectator), aliquem; häuf. von Clienten und Freunden, die ihren Candidaten begleiteten.

Assensĭo, ōnis, f. [assentior] das Beipflichten, die Zustimmung, der Beifall; oft in philos. Abhandl. = das Fürwahrhalten einer Sache: aut a. tollenda oder man kann Nichts für wahr halten.

Assensor, ōris, m. [assentio] der Beipflichter, Zustimmer.

Assensus, us, m. [assentior] = Assensio; (Poet. vom Wiederhall des Tons, Echo.

Assentātĭo, ōnis, f. [assentor] das schmeichelnde Zustimmen u. Beipflichten, die Schmeichelei.

Assentātĭuncŭla, ae, f. deminut. von assentatio.

Assentātor, ōris, m. u. -trix, īcis, f. [assentor] der (die) überall Beipflichtende, der (die) immer Jmd. zustimmt, um sich einzuschmeicheln, der Schmeichler, die Schmeichlerin.

*****Assentātōrĭe**, adv. [assentator] nach Art der Schmeichler, schmeichlerisch.

As(ad)-sentĭor, sensus, 4. dep., selten **As-sentĭo** etc. 4. mit Jmd. einig sein, Jmd. zustimmen, beipflichten, beifallen (vgl. assentior), alicui und verbis alicuius, sententiae alicui; assensum est ei man pflichtete seiner Meinung bei; a. alicui aliquid Jmd. in einer Sache beipflichten; assensa das was man für wahr hält, was zugestanden ist.

Assentor, dep. 1. [assentior] immer und überall sich mit Jmd. einig erklären, Jmd. in Allem beipflichten, beistimmen, und so schmeicheln (vgl. assentior, assentator, auch blandior, adulor), alicui, hominibus omnia in Allem.

As(ad)-sĕquor etc. 3. dep. 1) folgend zu Jmd. ob. Etwas gelangen, also einholen, erreichen, aliquem in itinere. 2) trop. A) erreichen, erlangen (durch Bestrebung, vgl. nanciscor u. dgl.), immortalitatem, magistratus. B) Jmd. in irgend einer Sache erreichen, gleichkommen, aliquem, auch merita alicuius. C) einsehen, verstehen, begreifen, aliquid, cogitationem alicuius; a. aliquid conjectura errathen.

Asser, ĕris, m. ein Pfahl, (dünner) Balken, eine Stange, insbes. zum Tragen einer Sänfte, Tragstange.

As(ad)-sĕro, sēvi, sĭtum, 3. (Vorklaff. u. Poet.) daneben säen, -pflanzen, arborem.

As(ad)-sĕro, rui, rtum, 3. eigentl. dazu reihen, -fügen, daher 1) zueignen, aneignen, für Jmb. od. sich Etwas (als Eigenthum) behaupten: a. sibi dominationem, nomen sapientis, laudes alienas auf — Anspruch machen; assere me coelo (Poet.) erkläre mich dem Himmel zu gehören, d. h. mache mich sicher (durch deine Erklärung), daß ich von göttlichem Ursprung bin. Hiervon A) als *term. t.* in der Gerichtssprache, officiell Jmb. für eine gewisse Lage, einen Stand als ihm gehörend behaupten, erklären, daß er dieses oder jenes rechtlich sei, nämlich: a. aliquem in libertatem (auch in ingenuitatem, bei Vorklaff. auch liberali causa) = frei erklären, behaupten, daß er ein Freier sei, und a. aliquem in servitutem behaupten, daß er rechtlich Sklave sei. Bisw. ward manu hinzugefügt (d. h. durch Auflegung der Hand); bei Poet. u. Spät. auch abs. a. = in libertatem a., und zwar überh. = in Freiheit setzen (a. pisces hosce bei *Pl.*). B) (= a. in libertatem) befreien, beschützen, sicher stellen, aliquem ab injuria, dignitatem alicuius. 2) (Spät.) behaupten, versichern.

Assertio, ōnis, *f.* [assero 2.] (Spät.) die gerichtliche Behauptung, daß Jmb. ein Freier sei.

Assertor, ōris, *m.* [assero] 1) der Etwas für sich als sein Eigenthum behauptet, auf Etwas Anspruch macht, puellae. 2) der vor Gericht die Freiheit einer Person behauptet, welche nicht selbst ihre Sache führen kann (eines Sklaven, jungen Mädchens u. dgl.). Hiervon 3) *trop.* (Poet. u. Spät.) der Befreier, Beschützer.

As(ad)-servio, 4. nebenbei dienen = unterstützen, contentioni vocis.

As(ad)-servo, 1. 1) sorgfältig bewahren, verwahren, tabulas. 2) beobachten, bewachen, arcem, von Personen bewachen, in Haft halten, festhalten, aliquem domi suae.

*****Assessio**, ōnis, *f.* [assideo] das Sitzen bei Jmb. (um ihn zu trösten).

Assessor, ōris, *m.* [assideo] der Beisitzer, Gehülfe im Amt, bes. im Gericht (dergleichen die Prätoren, Statthalter, Richter sich oft wählten).

*****Assessus**, us, *m.* [assideo] (Poet.) = Assessio.

Assēvĕranter, *adv.* mit *comp.* [assevero] ernstlich versichernd.

Assēvĕrātio, ōnis, *f.* [assevero] 1) die ernste Behauptung. 2) (*Tac.*) der Ernst, die Strenge. 3) in der Gramm. das Betheuerungswort, die betheuernde Interjection.

Assēvĕro, 1. [ad-severus] 1) *intrans.* ernstlich reden ob. verfahren, nicht scherzen (opp. jocor.). 2) *transit.* A) ernstlich behaupten, bestimmt versichern, aliquid (auch de re aliqua), se ab aliquo esse destitutam. B) *trop.* (*Tac.*) a) von Sachen = beweisen, bestätigen, huec as. originem Germanicam. b) a. gravitatem den Schein von Ernst und Strenge behaupten.

As(ad)-sicco, 1. (Spät.) ganz trocknen, abtrocknen, rem, lacrimas.

As(ad)-sĭdeo, sēdi, sessum, 2. bei Jmb. oder Etwas sitzen, alicui, apud aliquos, in schola; insbesondere = vor Gericht Beisitzer, Gehülfe sein. Hiervon A) helfend neben Jmb. sein, beistehen, helfen, assistiren, alicui, consuli unterstützen, aegroto warten; in derselben Beb. a. valetudini bei Jmb. in seiner Krankheit (Spät.). B) bei ob. vor einem Orte sich aufhalten, bes. in feindlicher Absicht = belagern, moenibus (*dat.*) und prope moenia, auch (Poet. u. Spät.) a. urbem. C) (Spät.) = beständig mit Etwas sich beschäftigen, in Etwas beharrlich sein, tota vita a. literis. D) (Poet.) = ähnlich sein, nahe stehen, a. insano von der Tollheit nicht fern sein.

As(ad)-sīdo, sēdi, sessum, 3. 1) sich (neben Jmb. ob. einander) niedersetzen, sich niederlassen: a. in sella, apud aliquem und (selten) a. aliquem; a. humi; aves aa.; orator a. setzt sich nieder; nos aa. in bibliotheca.

Assĭdue (selten -o), *adv.* mit *sup.* [assiduus 1.] beständig, fortwährend, häufig.

Assĭdŭĭtas, ātis, *f.* [assiduus] 1) die beständige Gegenwart, fleißige Anwesenheit bei oder vor Jmb., um ihm Höflichkeit oder Ehrfurcht zu bezeigen, ihm zu helfen oder zu gefallen, also besonders von Clienten u. dgl., a. amicorum, advocatorum, aber auch a. medici sorgfältige Pflege, fleißiger Besuch; häufig insbes. die Aufwartung der Amtscandidaten, wenn sie dem Volke sich oft zeigen mußten und um seine Gunst sich bewarben. 2) von Personen, die ausdauernde Wirksamkeit, Beharrlichkeit: perficere aliquid assiduitate, consilio, diligentia. 3) von Sachen, die Häufigkeit, das oftmalige Wiederkommen, das ununterbrochene Vorhandensein einer Sache: a. molestiarum die häufigen Widerwärtigkeiten, epistolarum ununterbrochener Briefwechsel, dicendi häufige Uebung im Reden.

Assĭdŭus, *adj.* mit *comp.* u. *sup.* [assideo] 1) der sich irgendwo (bei Jmb. oder Etwas) fortwährend aufhält, beständig gegenwärtig: Romae fuit assiduus; boni assiduique domini die viel zu Hause sind; flamen Jovi assiduus der den Jupiter verehrt. 2) von Personen, fleißig, beharrlich, thätig, anhaltend, agricola; flagitator a. unablässig, hostis unaufhörlich angreifend, unermüdlich. 3) von Sachen, fortwährend, ununterbrochen, beständig, imber, opera, libido.

Assĭdŭus, i, *m.* [as-do?] ein Steuerzahlender, Steuerpflichtiger, ein Bürger, der Eigenthum hat, wovon er Steuer erlegt (also = locuples, f. d. W.); so nannte Servius Tullius die übrigen Bürger im Gegensatz der proletarii.

Assignātio, ōnis, *f.* [assigno] die Anweisung, die Austheilung durch Anweisung, agrorum.

As(ad)-signo, 1. 1) anweisen, durch Anweisung zutheilen, alicui aliquid; häufig von der Austheilung von Staatsländereien an Colonisten ob. A. Hiervon A) = übertragen, anweisen, bestimmen, alicui aliquid faciendum. B) *trop.* a. aliquem famae (Spät.) darauf anweisen, sich rühmlich bekannt zu machen. C) a. aliquid auditori (Spät.) einprägen, als etwas Hauptsächliches mittheilen. 2) *trop.* zuschreiben, Jmb. Etwas als Schuld ob. Verdienst beimessen, anrechnen, aliquid non homini sed tempori.

Assĭlĭo, ĭlui, — 4. [ad-salio] zu Etwas

Assimilis   **Assus**   75

hinzuspringen, springend irgendwohin kommen: a. moenibus = anstürmen, angreifen; aqua a. (Poet.) spült heran; trop. a. ad aliud genus orationis hastig übergehen.

As(ad)-sĭmĭlis, e, *adj.* (meist Poet.) sehr ähnlich, alicui, sui sich selbst.

Assĭmŭlātĭo, ōnis, *f.* [assimulo] (Spät.) eigtl. das Aehnlichmachen, 1) die Aehnlichkeit. 2) in der Rhet., das verstellte Sich-Nähern des Redners an die Meinung der Zuhörer.

As(ad)-sĭmŭlo, 1. Etwas dem Anderen ähnlich machen (häufig im *particip.* assimulatus = ähnlich, alicui): a. deos in speciem oris humani die Götter an Gestalt den Menschen ähnlich machen. Hiervon A) in den Gedanken ähnlich machen, vergleichen, grandia parvis, formam Britanniae scutulae oblongae. B) verstellter Weise nachahmen, vorgeben, erheucheln, sich den Schein geben (= simulo): a. anum (Poet.) die Gestalt eines alten Weibes annehmen; a. se amicum, laetum; a. se insanire; a. quasi, exeam (Com.); *part.* assimulatus verstellt, erheuchelt.

Assis = axis, welches man sehe.

As(ad)-sisto, stĭti, — 3. sich dabei stellen, dabei hintreten, ad fores, in publico, contra hostes; (Poet. u. Spät.) a. rei alicui, tribunali vor dem Gerichte erscheinen. Hierv. a) *trop.* (Spät.) = beistehen, unterstützen, bes. vor Gericht. b) = zu stehen kommen, talus recte a. steht aufrecht.

As(ad)-sŏleo, — — 2. nur in der 3ten Pers. *sing.* u. *plur.* gebräuchlich, pflegen; gewöhnlich sein; meist *impers.*, ut assolet wie es zu geschehen pflegt.

As(ad)-sŏno, — — 1. (Poet., selten) dabei- od. damit tönen, lauten, alicui.

Assūdasco, — — 3. [ad-sudo] (zweifelhafte Lesart bei Pl.) zu schwitzen anfangen.

Assŭē-făcĭo etc. 3. [assuesco] Jmd. an Etwas gewöhnen, aliquem aliqua re und (selten) rei alicui ob. * ad rem aliquam; a. aliquem facere aliquid Jmd. Etwas zu thun gewöhnen.

As(ad)-suesco etc. 3. 1) *transit.* Jmd. an Etwas gewöhnen, mentem pluribus, Armenios in hoc genus servitutis (so nur bei Poet. u. Spät., häufig aber das *part.* assuetus, s. d. W.). 2) *intrans.* sich an Etwas gewöhnen, re aliqua, rei alicui ob. ad rem; assuetus facere aliquid; (Poet.) a. bella sich an Krieg gewöhnen; häufig assuevi = ich habe mich gewöhnt, pflege.

Assuētūdo, ĭnis, *f.* [assuesco] die Angewöhnung, mali an das Unglück; a. mulieris = vertraulicher Umgang mit.

Assuētus, *adj.* mit *comp.* [*particip.* von assuesco] 1) an Etwas gewöhnt, re aliqua, rei alicui, ad (in) rem aliquam, facere aliquid; (sehr pass.) assuetus invia in unwegsame Stellen gewöhnt. 2) woran man (Jmd.) gewöhnt ist, angewöhnt, gewöhnlich, bekannt, locus, ars; Gallici tumultus assueti; motus corporum suae quisque genti assueti.

*****As-sūgo** etc. 3. (*Lucr.*) an sich saugen.

Assŭla, ae, *f.* [assis] ein Spänchen, Splitter von Holz; (Pl.) assulas facere foribus die Thüre in Stücke schlagen.

Assŭlātim, *adv.* [assula] (Vorklaff.) splitterweise.

Assulto, 1. [assilio] (Spät.) heranspringen, heftig heranfahren; insbes. = feindlich heranstürmen, bestürmen, castris (dat.), latera exercitus gegen — anstürmen.

Assultus, us, *m.* [assilio] (Poet. u. Spät.) das Heranspringen = Anrennen, Anlauf.

As(ad)-sum, affui, adesse, 1) dabei sein, gegenwärtig sein: a. coram persönlich, ante portam, in tabernaculo; a. rei alicui bei einer Sache gegenwärtig sein, namentlich als Zeuge, ihr beiwohnen; a. scribendo, f. scribo; a. alicui (Poet.) Jmd. begleiten, bei ihm sein. Hiervon A) von der Zeit, Ereignissen u. dergl., vor der Hand sein, da sein (in der Zeit), dies, occasio a.; morbus, tempestas a. ist da. B) a. animo Acht geben auf Etwas, aufmerksam sein, oder = Geistesgegenwart haben. C) erscheinen, sich einfinden, kommen, ex Africa, hic; (Poet.) huc ades komm hierher; hostes aa. werden gleich hier sein. 2) mit seiner Thätigkeit und namentlich seiner Unterstützung dasein, beistehen, unterstützen, helfen, insbes. = vor Gericht beistehen, vertheidigen, alicui und rebus alicujus; a. in causa aliqua.

As(ad)-sūmo etc. 3. 1) zu sich nehmen, aufnehmen, annehmen, cibum, sacra Cereris, uxorem; a. aliquos in societatem; a. sibi laudem ex re aliqua sich verschaffen, erwerben. Davon bisweilen in tadelndem Sinne = sich herausnehmen, anmaßen, aliquid sibi. 2) dazu d. h. zu etwas Anderem nehmen, hinzunehmen, aliquos alicui, socios; nihil laudi nostrae assumptum est unser Ruhm ist nicht vermehrt worden. Hiervon A) *philos. term. t.* = den Untersatz in einem Syllogismus beifügen. B) in der Gramm. verba assumpta. a) die Beiwörter. b) tropische Ausdrücke.

Assumptĭo, ōnis, *f.* [assumo] 1) die Annahme, bes. die billigende A., Willigung. 2) der Untersatz in einem Syllogismus.

Assumptīvus, *adj.* [assumo] *jurid. term. t.*, causa a. eine Sache, in welcher die Vertheidigungsgründe von äußeren Umständen hergeholt werden.

*****As(ad)-suo**, — — 3. (Poet. u. Spät.) annähen, anstücken, pannum.

As(ad)-surgo etc. 3. sich in die Höhe richten, -aufrichten, aufstehen, sowohl von Liegenden als von Sitzenden: resupinare regem assurgentem; adjuvare se manibus in assurgendo. Hiervon A) ventus a. entsteht, erhebt sich, stella a. steht auf; collis a. erhebt sich, steigt empor, Delos a. Cynthio monte. B) (Poet.) assurgere dextrâ = die rechte Hand heben. C) *trop.* von dem Geiste und der Rede, sich heben, einen höheren Schwung nehmen. D) insbes. von dem Krankenlager aufstehen. E) a. alicui aus Höflichkeit vor Jmd. aufstehen, dah. *trop.* (Poet.) weichen, Jmd. den Vorzug einräumen.

Assus, *adj.* 1) trocken, die sonst gewöhnlich daseiende Feuchtigkeit entbehrend: a. femina ob. nutrix eine Kinderwärterin, die bloß wartet, nicht säugt; a. sol das Genießen der Sonnenwärme (das „Sonnenbad") ohne vorhergehende Salbung; a. sudatio Schwitzbad (ohne Wasser) und hiervon als *subst.* Assa, ōrum, *n. pl.* = die

76 Assyria   Astus

Stube zum Schwitzbaden; *trop.* a. vox ohne Instrumentalmusik. 2) (Spät.) geröstet, gebraten (weil dazu kein Wasser und keine Sauce gebraucht wurde, *oppos.* elixus), cibus; *subst.* assum vitulinum Kalbsbraten.

Assȳria, ae, f. [᾿Ασσυρία] Assyrien, Landschaft in Asien am oberen Tigris, mit der Hauptstadt Ninive, jetzt „Kurdistan"; im weiteren Sinne von dem alten assyrischen Reich. Hierher gehört: 1) **Assȳrius** [᾿Ασσύριος] *adj.*, assyrisch; *Poet.* auch überh. = vorderasiatisch. 2) **Assȳrii**, ōrum, m. pl. die Assyrier.

Ast, ältere Form st. At.

Asta, ae, f. 1) Stadt in Ligurien, jetzt Asti. 2) Stadt in Hispania, unweit Gades. Davon **Astensis**, e, *adj.*

Astāpa, ae, f. Stadt in Hispania Baetica.

Astarto, ēs, f. [᾿Αστάρτη] phönicisch-syrische Naturgöttin.

Astĕria, ae, f. [᾿Αστερίη] Tochter des Titanen Cöus und der Phöbe, wurde, da sie vor Jupiter floh, in eine Wachtel verwandelt und ins Meer gestürzt; an der Stelle entstand die Insel Delos.

*** A(ad)-sterno** etc. 3., nur im *pass.* in medialer Bedeutung: sich daneben hinstrecken, sepulcro.

Astĭpŭlātio, ōnis, f. [astipulor] 1) die Beipflichtung, Beistimmung; a. vocis. 2) die Einrichtung der Stimme nach dem Sinne der Worte.

Astĭpŭlātor, ōris, m. [astipulor] 1) *term. t.* der bei einer astipulatio (s. b. W.) Jmb. der durch beisteht, daß er, von dem einen stipulator hinzugezogen, das diesem (von der Gegenpartei) gegebene Versprechen auch sich geben (auf sich übertragen) läßt, um erforderlichen Falls jenes (ob. seiner Erben) Rechte als Zeuge ob. Rechtsbeistand vertheidigen zu können. 2) *trop.* der Beipflichter überh., der Jmds Meinung beistimmt, a. Stoicorum.

A(ad)-stĭpŭlor, *dep.* 1. *term. t.* das bei Astipulator 1. Angegebene vornehmen. 2) *trop.* beistimmen, beipflichten, alicui.

Astĭtuo, ui, ūtum, 3. [ad-statuo] (Vorklass. u. Spät.) daneben stellen, aliquem ad lectum.

A(ad)-sto, stĭti, — 1. 1) dabei stehen, dastehen: a. ante ostium, in ripa, ad tumulum; (Poet. u. Spät.) a. alicui bei Jmb. 2) *trop.* (Poet.) a) finis a. mortalibus steht bevor. b) a. alicui Jmb. beistehen. c) squamae a. stehen aufrecht. d) astante ope barbarica während — noch bestand.

Astraea, ae, f. [᾿Αστραία] Göttin der Gerechtigkeit, die nach dem goldenen Zeitalter das Menschengeschlecht verließ und als Sternbild („die Jungfrau") an den Himmel versetzt wurde.

Astraeus, i, m. [᾿Αστραῖος] Sohn des Titanen Crios, Gemahl der Aurora, mit welcher er die Winde zeugte.

A(ad)-strĕpo, — — 3. (Spät.) 1) *intrans.* dabei-, dazu ertönen, -lärmen, mare, vulgus a.; insbef. = mit Beifall lärmen, Beifall zurufen. 2) *transit.* A) (Spät.) Jmb. Etwas zurufen, eadem daffelbe (wie die Uebrigen), daß. = einstimmen in Etwas, den Ruf wiederholen. B) mit einem Ruf erfüllen, betäuben, aures principis.

Astricte, *adv.* [astringo] 1) angezogen, straff. 2) *trop.* von der Rede, bündig, kurz.

Astriotus, *adj.* [*part.* von astrictus] 1) angezogen, straff: soccus a. angebunden, geschnürt; corpora aa. (*Tac.*) zur Bezeichnung einer sehnigen und kraftvollen Magerkeit; limen a. verschlossene Thür. 2) *trop.* A) (Spät.) knapp, sparsam. B) von der Rede, gedrängt, bündig, kurz. C) s. Astringo 2.

A(ad)-stringo etc. 3. 1) fest anbinden, anschnüren, aliquem ad columnam, daher zusammenschnüren, -ziehen, fauces, vincula; oft von der Kälte u. dergl. zusammenziehen, gefrieren machen, glacies astricta ventis (von einem Eiszapfen); frigus a. corpus macht starr. (bes. im particip. astrictus): astringi jurejurando, religione, an einen Eid, eine religiöse Verpflichtung, sacris 'an gewisse gottesdienstliche Handlungen, voluptatibus von der Wollust sich fesseln lassen, maioribus mit wichtigeren Sachen beschäftigt sein, lege an das Gesetz. C) se scelere u. (Vorklaff.) furti sich schuldig machen. D) = beschränken, luxuria. E) zusammendrängen, luxuriantia.

Astrŏlŏgia, ae, f. [ἀστρολογία] die Sternkunde, Astronomie.

Astrŏlŏgus, i, m. [ἀστρολόγος] 1) der Sternkundige, Astronom. 2) der Sterndeuter, Astrolog.

Astrŏnŏmia, ae, f. [ἀστρονομία] (Spät.) = Astrologia.

Astrum, i, n. [ἄστρον] (Poet. und in höherer Prosa) jeder große und leuchtende Himmelskörper, Gestirn (vgl. stella, sidus); bisw. auch = Sternbild, Constellation. Hiervon *trop.* tollere ad aa. zum Himmel erheben = stark loben; sic itur ad aa. (Poet.) so gelangt man zu unsterblichem Ruhm; decidere ex aa. = seinen großen Ruhm verlieren.

A(ad)-struo etc. 3. 1) hinzubauen, novum aedificium veteri. 2) (Poet. u. Spät.) *trop.* A) hinzufügen, mit Etwas vereinigen: a. animum formae, hanc laudem ceteris. B) Etwas zu Etwas hinzurechnen, dazu mitrechnen, aliquem priorum aetati. 3) zubauend mit Etwas versehen, contignationem latercolo; *trop.* a. aliquos falsis criminibus damit ausrüsten.

Astu, *indecl. n.* [ἄστυ] die Stadt (insbef. von Athen): venire in (ad) a.

A(ad)-stŭpeo, — —. (Poet. u. Spät.) bei Etwas staunen, rei alicui.

Astūra, ae, f. Fluß in Latium, mit einem gleichnamigen Städtchen. 2) Fluß in Hisp. Tarrac., Nebenfluß des Durius.

Astūria, ae, f. nordwestliche Landschaft in Spanien. Dazu geh. 1) **Astūres**, um, m. pl. der *sing.* Astur ist selten), die Bewohner von A. 2) **Astŭrĭcus**, *adj.* 3) **Asturco**, ōnis m. ein asturisches Pferd, Zelter.

Asturco, siehe Asturia.

Astus, us, m. die List = der listige An

Astute — **Athenio** 77

schlag, listige Handlung (vgl. astutia), meist im *abl. sing.*
Astūtē, *adv.* mit comp. u. sup. [astutus] listig, schlau.
Astūtia, ae, *f.* [astutus] die List = Schlauheit, Listigkeit (vgl. astus). 2) (*Pl.*) = astus: aa. meae Ränke.
Astūtus, *adj.* mit comp. u. sup. [astus] schlau, listig (gew. in tadelndem Sinne), verschlagen, homo, ratio, sollertia.
Astyăges, is, *m.* [Ἀστυάγης] König von Medien, Großvater des Cyrus.
Astyănax, actis, *m.* [Ἀστυάναξ] Sohn des Hector und der Andromache.
Astypălaea, ae, *f.* [Ἀστυπάλαια] sporadische Insel in der Nähe von Creta. Davon 1) **-laeius**, *adj.* 2) **-laeenses**, ium, *m. pl.* die Einwohner von A.
Asylum, i, *n.* (ä) [ἄσυλον] die Freistätte, der Zufluchtsort für Schutzflehende, aperire a.
Asymbŏlus, *adj.* (ä) [ἀσύμβολος] (vorklassisch) der keinen Beitrag (zur Zeche) giebt (trinkl. immunis).
At (veralt. ast) [verw. mit ἀτάρ], adversative Conjunct., allein, aber. 1) bei der Hinzufügung eines neuen und entgegengesetzten Gedankens, also zur Bez. eines factischen und reellen Gegensatzes: brevis a natura nobis vita data est, at memoria bene redditae vitae sempiterna. Hiervon A) wo man in eigenem od. Unterer Namen einen Einwurf macht, = „je, aber", „allein", „jedoch" (= „hiergegen würde ich aber einwenden", oder „allein, könnte Imd. sagen"); nicht selten wird dann noch enim nachgesetzt, um den Grund des durch at angedeuteten aber nicht ausgedrückten Satzes anzugeben (= „gegen dieses kann man aber noch Etwas sagen, denn" u. s. w., ob.: „allein dieses ist doch nicht ganz richtig, denn" u. s. w.). B) nach einräumenden Sätzen und Ausdrücken, = so doch, aber doch, doch wenigstens, wo das Vorhergehende beschränkt wird: res si non splendidae at tolerabiles; atque ei, etsi nequaquam parem illius ingenio, at pro nostro tamen studio meritam gratiam referemus. 2) zur Anknüpfung eines verschiedenen wenn auch nicht ganz entgegengesetzten Gedankens: so beim Uebergange zu einem neuen Abschnitt einer Erzählung oder Schilderung. Insbes. A) bei einem affectvollen Ausruf, wo ein Erstaunen, Unwille u. dgl. bezeichnet wird, bes. mit der Frageform: at, per deos immortales, quid est quod dici possit? at quem hominem tu tantā injuriā affecisti? una oppugnat mater: at quae mater? B) bei Wünschen und Verwünschungen, Drohungen u. s. w.: at te Jupiter diique omnes perdant! at tibi dii bene faciant omnes! at ego tibi oculum excutiam tuum!
Atăbŭlus, i, *m.* (ä) ein brennend heißer Südostwind in Apulien, der Sirocco.
Atălanta, ae, *f.* (ä) [Ἀταλάντη] 1) eine Arcadierin, Tochter des Jasos und der Clymene, berühmte Jägerin (auch Theilnehmerin an der Jagd zu Calydon). 2) eine kleine Insel in dem opuntischen Meerbusen.
Atat od. **Attat**, und mehrmals wiederholt **Attatae**, **Attătătae** [ἀτταταῖ] *interj.* (Com.) ein Ausruf des Erstaunens, der Freude, der Ermunterung u. s. w., ih! ha! ah! ja ja!
Atăvus, i, *m.* (ä) [avus] der Großvater des Urgroßvaters, der Vater des Urgroßvaters (vgl. abavus); (Poet.) überhaupt einer der Vorfahren.
Atax, ăcis, *m.* (ä) Küstenfluß in Gallia Narbon.; davon **Atăcīnus**, *adj.* (colonia A. = Narbo Martius, jetzt Narbonne); *subst.* -cīni, ōrum, *m. pl.* die Einwohner von A.
Atella, ae, *f.* (ä) alte Stadt der Osker in Campanien. Davon 1) **Atellānus**, *adj.* (ä); namentlich fabula A. ob. bloß At. eine von A. nach Rom frühzeitig verpflanzte und später in Rom einheimische Art von Volksdrama, Posse. 2) *subst.* A) **Atellāni**, ōrum, *m. pl.* die Einwohner von A. B) **Atellānus**, i, *m.* (ä) der Atellanenschauspieler. 3) **Atellānĭcus** od. **-nius**, *adj.* (ä) zu einem Atellanenstück gehörig.
Ater, tra, trum, *adj.* (ä) 1) dunkelfarbig, dunkel, glanzlos schwarz (vgl. niger), carbo, nox; nubes, spelunca a., nemus a.; (Poet.) von dem stürmisch aufgeregten Meere; lictores aa. die schwarzbekleideten Bedienten bei Leichenbegängnissen. 2) trop. (meist Poet.) zur Bez. des Unglücklichen, Unheimlichen, Unheilbringenden, finster, traurig, unglücklich u. dgl., mors, cura, serpens; namentlich von Allem, was zum Tode ob. dem Todtenreiche gehört: dies aa. (unheilbringend, unglücklich) hießen die Tage, an welchen ein Unglück den Staat betroffen hatte; a. versus, deus boshaft, giftig.
Aternum, i, *n.* (ä) eine an der Mündung des ins adriatische Meer sich ergießenden Flusses **Aternus** (i, *m.*) liegende Stadt.
Ateste, is, *n.* (ä) Stadt in Italien im Lande der Veneter; davon **-stīni**, ōrum, *m. pl.* (ä) die Einwohner von A.
Athămānia, ae, *f.* (ä) [Ἀθαμανία] Landschaft im südlichen Epirus. Dazu geh. A) **Athămānes**, num, *m. pl.* (ä) [Ἀθαμᾶνες] die Einwohner von der Landschaft A. B) **-mānis**, ĭdis, *f.* die Athamanierinn. C) **-mānus**, *adj.*
Athămas, antis, *m.* (ä) [Ἀθάμας], Sohn des Aeolus, Enkel des Hellen, Gemahl der Nephele, mit welcher er zwei Kinder, Phrixus und Helle, zeugte; später der Ino, Tochter des Cadmus, mit welcher er zwei Söhne, Melicertes und Learchus, zeugte. Davon abgel. **Athămantēus** [Ἀθαμαντεῖος] *adj.* (ä) (Spät.) 2) **-ntiădes**, ae, *m.* Sohn des A., = Melicertes ob. Palämon. 3) **-ntis**, ĭdis, *f.* Tochter des A., = Helle.
Athanagia, ae, *f.* Stadt in Hispania Tarrac.
Athēnae, ārum, *f. pl.* [Ἀθῆναι] Athen, die berühmte Hauptstadt von Attica. Davon abgel. **Athēnaeus** (ä) [Ἀθηναῖος] (Vorklass.) u. **Athēniensis**, *adj.* (ä) athenienfisch; *subst.* -enses, ium, *m. pl.* die Athenienser.
Athēnaeum, i, *n.* [Ἀθήναιον] (Spät.) 1) wissenschaftliche Anstalt zu Rom, gegründet vom Kaiser Hadrian. 2) ein Castell in Athamanien.
Athēnio, ōnis, *m.* (ä) [Ἀθηνίων] ein sicilischer Hirt, Anführer der empörten Sklaven im zweiten Sklavenkriege; spottweise gebraucht Cicero

den Namen vom E. Clodius, weil er die Sklaven in Rom aufwiegelte.

Athēnŏdōrus, i, m. [Ἀθηνόδωρος] griechischer Philosoph aus der stoischen Schule zu Augusts Zeit, Schüler des Panätius.

Athĕsis, is, m. (ä) Fluß in Rhätien und Oberitalien, jetzt Adige od. Etsch.

Athlēta, ae, m. [ἀθλητής] ein Athlet, Wettkämpfer, Wettringer in den öffentlichen Spielen der Griechen.

Athlētĭce, adv. [athleticus] (Pl.) nach Art der Athleten, rüstig.

Athlētĭcus, adj. [ἀθλητικός] (Vorklaff. u. Spät.) zum Wettringer gehörig, athletisch, ars, cibus; davon *subst.* -ca, ae, f. die Kunst der Athleten, Athletik.

Athos (Atho), ōis, od. **Athon**, ōnis, m. [Ἄθως] der Berg Athos an der Ostküste von Macedonien.

Atīna, ae, f. (ä) Stadt in Latium. Davon **Atīnas**, ātis, adj. u. subst. -ātes, ium, m. pl. (ä) die Einwohner von A.

Atīnius, römischer Geschlechtsname (C. A. Labeo u. A.), wovon das adj. **Atīnius**.

Atintānĭa, ae, f. Landschaft in Illyrien.

Atlas, antis, m. [Ἄτλας] 1) in der Geographie ein hohes Gebirge in Mauretanien. 2) im Mythus ein Sohn des Japetus und der Clymene, vom Perseus vermittelst des Medusenhaupts in den Berg Atlas verwandelt; mit der Pleione zeugte er die sieben Plejaden (unter denen Maja war); außer diesen waren die Hyaden, die Hesperiden und Calypso seine Töchter. Davon abgeleitet 1) **Atlantēus**, adj. zum Atlas (als Berg od. als Person) gehörig. 2) **Atlantĭădes**, ae, m. ein männlicher Nachkomme des A. a) = Mercurius. b) = Hermaphroditus, Sohn des Mercur. 3) **Atlantĭcus**, adj.: mare A. 4) **Atlantis**, idis, f. weibliche Nachkomme des A. a) = Electra, eine der Plejaden, b) Calypso; im *plur.* von den Plejaden und Hyaden.

Atŏmus (ä) [ἄτομος] 1) adj. (Spät.) untheilbar. 2) -mus, i, f. ein untheilbares, unendlich kleines Urkörperchen, Urbestandtheil.

Atque, f. ac.

Atquī, adverf. conj., 1) zur Anknüpfung eines Einwurfs od. einer Behauptung des Gegentheils, aber doch, gleichwohl aber, und doch: o rem, inquis, difficilem et inexplicabilem: a. explicanda est. Bisweilen ironisch, so daß dadurch eine Bestätigung des Vorhergehenden hinzugefügt wird, = ja freilich, »allerdings«: me improbitatis patrocinium suscipere vultis: a. id tibi, inquit, verendum est etc. 2) in der Schlußfolge zur Anknüpfung des Untersatzes: nun aber: quod si virtutes sunt pares, paria etiam vitia esse necesse est; a. pares esse virtutes facile perspicitur: ergo etc.

Atrāmentum, i, n. [ater] jede schwarze Flüssigkeit, Schwärze, insbes. = Tinte; auch = schwarze Farbe, schwarzer Firniß, namentlich sutorium a., Schusterschwärze (Vitriolwasser).

Atrātus, adj. (ä) [ater] 1) geschwärzt, schwarz gemacht, fluvius a. sanguine. 2) schwarz gekleidet, der Trauer wegen.

Atrātus, i, m. kleiner Fluß bei Rom.

Atrax, ăcis, m. [Ἄτραξ] 1) Fluß in Aetolien. Davon a) **Atrăces**, cum, m. pl. die Anwohner des A. b) -ācius, adj. 2) Stadt in Thessalien. Davon **Atrăcīdes**, ae, m. und -ăcis, idis, f. = der Thessalier, die Thessalierin.

Atrĕbas, ātis, m. ein Mann aus der in Gallia Belg. wohnhaften Völkerschaft **Atrĕbātes**, tum.

Atreus, ei, m. [Ἀτρεύς] König von Mycene, Sohn des Pelops, Bruder des Thyestes. Seine Söhne waren Agamemnon und Menelaus. Davon **Atrīdes** (od. -da), ae, m. [Ἀτρείδης] Sohn des At., Agamemnon od. Menelaus.

Atriensis, is, m. [atrium] (eigtl. ein adj., zum atrium gehörig) der Aufseher des Atrium, „Haushofmeister" (ein Sklave).

Atriŏlum, i, n. deminut. von atrium.

*Atrītas, ātis, f. [ater] (Pl.) die Schwärze.

Atrĭum, ii, n. der vorderste (am Eingange nächste) und größte bedeckte (also vom cavaedium zu unterscheidende) Saal im römischen Hause. Im atrium befanden sich der lectus genialis, die imagines u. s. w.; hier empfing man Besuche, namentlich von den Clienten, die ihre Aufwartung machten u. s. w. Auch in Tempeln und anderen öffentlichen Gebäuden fanden sich entsprechende Säle (so a. Vestae).

Atrōcĭtas, ātis, f. [atrox] 1) die Gräßlichkeit, Schrecklichkeit, das Scheußliche, Empörende einer Sache. 2) die Härte, Strenge, Barschheit, daher Wildheit, Grausamkeit, animi, verborum.

Atrōcĭter, adv. mit comp. u. sup. [atrox] gräßlich, hart, rauh; a. accipere aliquid (Tac.) mit Unwillen Etwas ertragen.

Atrox, ŏcis, adj. mit comp. u. sup. [ater] (in geistiger Rücksicht finster, schwarz) 1) gräßlich, abscheulich, furchtbar, res, facinus, bellum. 2) hart, strenge, wild, grausam, grimmig, trotzig u. dgl.; a. imperium, responsum, oratio heftig, aufgeregt, drohend; odium a. bitterer Haß, pugna blutig, a. animus Catonis trotzig.

Atta, ae, m. römischer Beiname: C. Quinctius A. war ein römischer Bühnendichter ums J. 120 v. Chr.

Attactus, us, m. [attingo] sehr selten und nur im abl. sing., die Berührung.

Attăgēn, ēnis, m. [ἀτταγήν] das Haselhuhn.

Attălĭa od. -lēa, ae, f. [Ἀττάλεια] 1) Stadt in Pamphylien. 2) Stadt in Mysien. Davon **Attălenses**, ium, m. pl. die Einwohner von A.

Attălus, i, m. [Ἄτταλος] griechischer Eigenname: 1) Oheim der mit Philipp von Macedonien vermählten Cleopatra, Feind des Alexander. 2) ein General Alexanders. 3) unter den drei Königen von Pergamus, die diesen Namen führten, ist Att. der 3te am bekanntesten; er setzte die Römer als Erben seines Reiches und seiner Schätze ein. Davon A) **Attălĭcus**, adj.; auch = pergamenisch überhaupt od. = sehr glänzend und reich, condiciones Vermögensumstände wie des A. B) **Attălis**, idis, f. [Ἀτταλίς] eine nach dem König A. genannte Zunft in Athen.

At-tămen, conj. (selten) doch aber: richtiger als zwei Worte geschrieben, und zwar fast immer so, daß ein Wort dazwischen kommt; oder es ist ac tamen zu lesen.

At(ad)-tāmino, 1. (Nachfl.) eigtl. anrühren, antasten, trop. a. virginem schänken.

*Attemperāte, *adv.* [attempero] (Bortlafffch) angepaßt, zur rechten Zeit u. Stelle.

At(ad)-tempĕro, 1. (Spät.) anfügen, anpassen, aliquid sibi.

At(ad)-tendo, di, tum. 3. 1) (selten) nach irgend einer Richtung spannen, arcum, daher überhaupt irgendwohin richten. 2) a. animum (-mos) ob. bloß a. = den Sinn, den Geist, die Aufmerksamkeit auf Etwas richten, entweder = denken, sinnen an Etwas, ob. = Achtung geben, aufmerksam sein: a. animum ad cavendum; a. animum quid velis (auf was du wünschest); attendite geht Achtung, merkt auf! attendere aliquid i. aliquem auf Etwas, Jmd. Achtung geben, auf Etwas, Jmd. hören; (selten) a. de re u. (Spät.) rei alicui. Insbef. (Spät.) = sich auf Etwas legen, mit Etwas beschäftigen, rei alicui.

Attente, *adv.* mit comp. u. sup. [attentus] mit gespannter Aufmerksamkeit, aufmerksam.

Attentio, ōnis, *f.* [attendo] (selten) eigtl. das Hinspannen auf Etwas, a. animi ob. bloß a. die Aufmerksamkeit, das Achtunggeben.

At-tento, 1. Etwas antasten um es zu versuchen, 1) versuchen, probiren, defectionem. 2) *trop.* A) a. Capuam zum Abfall zu verleiten suchen, fidem alicuius zu erschüttern versuchen. B) erforschen, aliquem. C) (Poet. u. Spät.) angreifen, aliquem.

Attentus, *adj.* mit comp. u. sup. [attendo] 1) auf Etwas gespannt, aufmerksam, auditor. 2) auf seinen Vortheil und Erwerb gespannt, erwerbsam, strebsam, und, in tadelndem Sinne, knapp, geizig, knauserig, vita, paterfamilias; homo a. ad rem der auf das Geld hält.

Attĕnuāte, *adv.* [attenuatus] von der Rede, mager, schmucklos, einfach.

Attĕnuātio, ōnis, *f.* [attenuo] (Spät.) die Verminderung, Schwächung; a. verborum einfacher, schmuckloser Styl.

Attenuatus, *adj.* [particip. von attenuo] 1) geschwächt, schwach, fortuna, vox. 2) *trop.* von der Rede, A) (Spät.) = mager, schmucklos. B) = verkürzt, kurz. C) = überfeinert, gesucht.

Attĕnuo, 1. [ad-tenuo] 1) dünner und kleiner machen; sortes sua sponte attenuatae von sich selbst eingeschrumpft, kleiner geworden. 2) *trop.* A) schwächen, vermindern, verringern, legionem proeliis, opes suas, vires; a. bellum weniger gefährlich ob. bedrutsam machen; (Poet.) a. curas mildern, a. aliquem in eine niedrigere Lage versetzen; a. virtutem herabsetzen, herabwürdigen; vox attenuata gedämpft ob. in den Discant übergehend.

At(ad)-tĕro etc. 3. 1) an Etwas reiben, anreiben, caudam, a. se rei alicui; bef. abreiben, abnutzen, rem aliquam; areae attritae (Poet.) Sandkörner, welche das über sie hinströmende Wasser gegen einander rollt und treibt. 2) *trop.* A) = aufreiben, vermindern, schwächen, verletzen u. dgl., exercitum, pudorem; a. Italiam verwüsten, publicani aa. eos saugen sie aus, plagen sie; a. vires, manus ermuden. B) (Spät) frons attrita = schamlose, freche Stirn.

At(ad)-testor, 1. *dep.* (Spät.) bezeugen, bestätigen, aliquid; fulmina attestata (term. t.) Blitze, welche das durch frühere Blitze Verkündete bestätigen.

At(ad)-texo etc. 3. eigtl. anweben, 1) dazu flechten, loricas ex cratibus. 2) *trop.* hinzufügen, anreihen, partem ad aliquid.

Atthis (Attis), idis, *f.* [*Ἀτθίς*] 1) = Attica. 2) = eine Athenerin; daher (Spät.) = eine Schwalbe (s. Procne) ob. eine Nachtigall (s. Philomela). 3) eine Freundin der Sappho.

Attĭca, ae, *f.* [*Ἀττική*] 1) Attica, bekannte Landschaft in Griechenland. 2) Tochter des M. Pomponius Atticus.

Attĭce, *adv.* [Atticus], auf attische Weise.

Atticisso, 1. [*ἀττικίζω*] (Pl.) attisch reden, die Sprache der Attiker nachahmen.

Attĭcus [*Ἀττικός*], *adj.* attisch, zur Landschaft A. oder zu deren Bewohnern, den Atheniensern, gehörig, oft = fein, gebildet; *subst.* Attĭci, ōru.v, *m. pl.* die Bewohner von A. ob. insbef. die attischen Redner. Als Beiname bef. von dem T. Pomponius, Cicero's Freund.

Attĭlius, römischer Geschlechtsname. 1) A. Regulus Anführer in dem ersten punischen Kriege. 2) C. A. Serranus ein Gegner des Cicero. 3) ein älterer römischer Dichter.

Attĭneo, tinui, tentum, 2. [ad-teneo] I. *transit.* dabei halten und überhaupt halten, pallam. Hierv. a) festhalten, zurückhalten, aliquem, manum alicuius; b) *trop.* a. aliquem spe pacis hinhalten. 2) (Vorklass. u. Spät.) behaupten, innehaben, ripam Danubii. II. *intr.* 1) von Localitäten, sich erstrecken, reichen, Scythae aa. ad Tanaim. 2) *trop.* irgendwohin gehören, Etwas angehen, fast immer in der 3ten Pers. sing.: a) hoc (id, res, quid) a. ad me, ad agrum colendum; a. rem (zur Sache). b) (Spät.) mit einem *acc.*, betreffen, custodiam religionis. c) *absol.* hoc a., häuf. nihil ob. non a. es nützt, hilft, es ist passend, es kommt (nichts) darauf an, es liegt (nichts) daran, te hoc facere, illud fieri; quid a. was nützt es (illud facere jenes zu thun)?

Attingo, attigi, attactum, 3. [ad-tango] 1) berühren, anrühren, rem; aries a. muros. Hiervon A) feindlich berühren: puerum ne attingas; a. aliquem bello angreifen. B) a. herbam = fressen. C) = einen Ort betreten, an ihn gelangen, domum, montem. D) an einen Ort gränzen, stoßen, regionem. 2) *trop.* A) cura, voluptas a. me entsteht bei mir; labor non a. deum kann bei einem Gott nicht Statt finden. B) angehen, betreffen, causa haec te non a. C) in der Rede berühren, erwähnen, aliquid. D) Etwas unternehmen, sich mit Etwas befassen, literas Graecas, poeticam, forum (die öffentlichen Geschäfte). E) zu Etwas gehören, naturam humanam; a. aliquem necessitudine mit Jmd. in enger Verbindung stehen. F) in der Beschaffenheit nahekommen, Jmd. naheßehen, aliquem, solium Jovis (Poet.)

Attis, ſ. Atys.

Attius ob. **Accius,** römiſcher Geſchlechtsname: 1) A. Naevius, ein Augur, der unter der Regierung des Tarquinius Priscus ſeine Untrüglichkeit durch ein Wunder bewies. 2) A) berühmter tragiſcher Dichter aus der vorklaſſiſchen Periode. 3) T. A. Labienus, Legat des Cäſar im Gallien, ſpäter Anhänger des Pompejus, fiel in der Schlacht bei Munda. 4) P. A. Varus, Anhänger des Pompejus, wurde in Afrika von dem Curio geſchlagen und fiel in der Schlacht bei Munda.

At(ad)-tollo, — — 3. 1) emporheben, in die Höhe richten, aufheben, manus ad coelum; a. jacentem aufhelfen; (Poet.) anguis a. iras richtet ſich wüthend auf; hiervon von Gebäuden u. dgl. = aufrichten, aufführen, turrim, arcem (in die Höhe bauen). 2) heben, erheben, aufrichten, animos; insbeſ. = in Bezug auf Macht, Anſehen u. dgl. erheben, rempublicam, daher = vergrößern, loben, rem aliquam triumphi insignibus auszeichnen; a. cuncta in maius durch die Rede größer machen; orator attollitur supra modum sermonis erhebt ſeine Stimme über den gewöhnlichen Geſprächston.

At(ad)-tondeo, ndi, nsum, 2. 1) anſcheeren, beſchneiden, vitem; (Poet.) capellas aa. virgulta benagen. 2) *trop.* A) = vermindern, herabſetzen, laudem alicuius. B) (Com.) a) = prellen; b) = prügeln.

Attŏnĭtus, *adj.* (particip. von attono) eigtl. „angedonnert", vom Donner betäubt, immer *trop.* 1) betäubt, beſtürzt, erſtaunt, beſinnungslos, re aliqua durch Etwas. 2) von der Macht einer Gottheit erfüllt ob. ergriffen, begeiſtert.

At(ad)-tŏno etc. 1. (Poet.) eigtl. „andonnern", daher *trop.* betäuben, beſinnungslos machen, verwirren, mentem alicuius.

*****At(ad)-torqueo,** — — 2. hinzu ſchwingen, jaculum.

*****Attractus,** *adj.* im *comp.* [*part.* von attraho], (Spät.) angezogen, finſter, frons.

At(ad)-traho etc. 3. 1) heranziehen, Etwas irgendwohin ziehen, aliquem Romam, ad se; *trop.* ea (causa) me ad hoc negotium hat mich zu — bewogen, veranlaßt. 2) an ſich ziehen, herbeiziehen, arcum, animam, lora.

Attrectātĭo, ōnis, *f.* (Spät.) [attrecto] 1) das Berühren, Betaſten. 2) in der Rhetorik, Benennung der Wörter, die ein Zuſammenfaſſen mehrerer Einzelnheiten bezeichnen.

*****Attrectātus,** us, *m.* [attrecto] (alt. Poet.) = attrectatio.

Attrecto, 1. [ad-tracto] 1) berühren, betaſten, rem aliquam. 2) *trop.* A) ſich Etwas zueignen, nach Etwas trachten, gazas regias. B) ſich mit Etwas befaſſen.

*****At(ad)-trĕpĭdo,** 1. herbeitrippeln.

At(ad)-trĭbuo etc. 3. 1) zuertheilen, zutheilen, anweiſen, verleihen, alicui aliquid, servis equos; a. cohortibus locum ad hibernandum, illis agros urbesque als Aufenthalt anweiſen. Insbeſ. A) Imd. Etwas zur Beſorgung, Verwaltung u. ſ. w. zutheilen; attribuit nos trucidandos Cethego, illis curam rei alicuius; ſo beſ. = unter Imds Befehl ſtellen, a. alicui legiones, praefectis equites. B) = unterwerfen, einverleiben, Suessiones Remis, insulas Rhodiis. C) senae horae in orbem operi attributae ſunt werden auf die Arbeit verwendet. D) a. legi orationem dem Geſetz eine Rede in den Mund legen, das Geſetz redend einführen. E) = geben, zutheilen, ſchenken überhaupt: pudor quem mihi natura attribuit. 2) *term. t.* in Geldſachen, anweiſen, mittelſt einer Anweiſung durch einen Anderen auszahlen laſſen, pecuniam, aliquid ex aerario. Hiervon a. aliquem Imd. zur Bezahlung zuertheilen, d. h. auf Imb. anweiſen: attributus meus (mihi) derjenige, auf welchen mir Geld angewieſen worden iſt. 3) beigeben, beigeſellen, alicui aliquos. 4) (ſelten) hinzufügen, rem ad aliquid. 5) zuſchreiben, beimeſſen, alicui causam calamitatis. 6) als Abgabe auflegen. 7) rhet. u. gramm. *term. t.* attributum esse rei = zu einer Sache mit gehören, unter ſie mit begriffen ſein (als Prädicat ob. Attribut).

Attrĭbūtĭo, ōnis, *f.* [attribuo] 1) die Anweiſung einer Geldſumme. 2) Gramm. das Prädicat ob. Attribut.

Attrītus, us, *m.* [attero] (Spät.) das Anreiben an Etwas.

Atўpus, *adj.* (ü) [*ἄτυπος*] (Vorklaſſiſch) undeutlich redend, der die Sylben mehr laßt als ausſpricht.

Atys (Athys, Attis), yos, *m.* [*Ἄτυς, Ἄτθυς, Ἄττις*] 1) ein phrygiſcher Hirt, den die Göttin Cybele liebte, ſpäter aber raſend machte, ſo daß er ſich ſelbſt entmannte. 2) Sohn des Herkules und der Omphale, Stammvater der lydiſchen Könige.

Au oder **Hau,** *interj.* (Com.) ih! ha ha ach!

Auceps, cŭpis, *m.* [avis-capio] 1) der Vogelfänger. 2) *trop.* der eifrig und emſig nach Etwas jagt: peritissimus a. voluptatum ſehr kundig und erfahren in dem Ausfindigmachen und Verſchaffen ſinnlicher Luſt; a. syllabarum ein „Sylbenſtecher", der Sachwalter, der nur den Buchſtaben des Geſetzes urgirt, um daraus Vortheile für ſich und ſeine Clienten zu ziehen; ne quis auceps sermoni nostro sit daß Niemand uns behorche.

*****Auctārĭum,** ii, *n.* [augeo] (Vorklaſſ.) die vergrößernde Zulage zum Maaß, die Zugabe.

*****Auctĭfĭcus,** *adj.* [auctus-facio] (*Lucr.*) vermehrend, das Wachsthum fördernd.

Auctĭo, ōnis, *f.* [augeo] eigtl. Vermehrung, 1) die Verſteigerung, Auction: proponere, proscribere a. bekannt machen, facere halten. 2) das Auctionsgut, das zu verſteigernde Gut.

Auctĭōnārĭus, *adj.* [auctio] zur Verſteigerung gehörig, Auctions-, tabulae aa. Verzeichniſſe der zu verkaufenden Sachen.

Auctĭōnor, *dep.* 1. [auctio] Auction halten.

Auctĭto, 1. [augeo] (Spät.) ſtark vermehren, vergrößern, aliquid.

Aucto, 1. [augeo] (Vorklaſſ. u. Poet.) ſtark vermehren, vergrößern, aliquid; *trop.* a. aliquem spe Imb. größere (glänzendere) Hoffnung geben.

Auctor, ōris, *m.* [augeo] (wird auch von Weibern gebraucht) 1) A) der Urheber, vulneris, facinoris, beneficii der Wohlthäter; a. teli (Poet.) der den Spieß geworfen hat. B) der

Stifter, a. nobilitatis tuae, a. gentis ob. originis, bisw. auch bloß a., Stammvater. C) (Poet. u. Spät.) der Gründer, Anleger, Erbauer, urbis, operis, domus. D) häuf. der Verfasser einer Schrift, der Schriftsteller (meist doch von historischen Schriftstellern, so daß die unter Nr. 3. angeführte Bed. noch darin mehr oder weniger deutlich liegt): a. rerum Romanarum der Roms Geschichte geschrieben hat; legere, evolvere auctorem = die Schrift des Verfassers. 2) derjenige, auf dessen Rath ob. Antrieb Etwas geschieht, der Anrather, Anstifter, Beförderer, der zu Etwas Aufmunternde u. s. w.: a. sum pacis ich rathe zum Frieden, ebenso aliquid faciendi; vehementer a. tibi sum ut absis ich rathe Dir sehr, daß u. f. w.; is a. erat in re restituendo; bes. me (te, illo) auctore auf meinen (deinen, seinen) Rath, auctoribus qui aderant auf den Rath der Anwesenden. *Hierv. term. t.* A) von einer Person a. legis α) (selt.) = lator legis, derjenige, der einen Gesetzvorschlag zuerst macht. β) (= suasor legis, aber stärker) derjenige der mit seinem ganzen Einfluß einen Gesetzvorschlag unterstützt und empfiehlt; ebenso a. deditionis u. dergl. B) α) vom Senate, der Bestätiger, der Etwas bestätigte und dadurch gültig machte (nach der älteren Verfassung der Republik), a. legis, auch judiciorum; daher häufig beim Livius patres aa. fiunt die Senatoren stimmen bei und bestätigen (den vom Volke gesetzten Beschluß). β) a. consilii publici von demjenigen Senator, dessen wirkliches in der betreffenden Sache ob. überh. entscheidendes Gewicht hat im Senat (der Leiter, Tonangeber).

3) der Gewährsmann, Berichterstatter, die Autorität: Fabium auctorem habeo; a. levis, gravis; quidam aa. sunt, male pugnatum esse Einige berichten, daß u. s. w.; a. sumus, tutam illam fore wir stehen dafür ein, daß u. s. w.; certis aa. illud comperi aus sichern Quellen; (Poet. u. Spät.) überh. = Verkündiger, Erzähler, graculus a. pluviae, avis a. lucis (vom Hahn); — 4) der Lehrer, Anleiter: versari in philosophia illo a. unter seiner Leitung die Philosophie studiren; (Poet.) a. naturae Lehrer der Naturkunde, a. dicendi Lehrer der Redekunst. — 5) derjenige, der in irgend einer Sache als Muster, Beispiel, Autorität gilt, der Vorgänger u. dergl.: unum cedo auctorem facti tui nenne mir einen Einzigen, der früher das gethan hat, was du jetzt; Cato omnium virtutum a. — 6) der Wortführer, Vorfechter, Repräsentant Anderer: a. societatis, querelarum alicuius.

7) term. t. in der Geschäftssprache A) der Verkäufer, insofern er dafür stehen muß, daß er an das zu Verkaufende wirkliches Eigenthumsrecht hat und der Käufer also sicher sein wird, das Gekaufte behalten zu können; daß. malus a. der sein Eigenthumsrecht nicht beweisen kann. B) der Vormund, Curator für Mündel u. Frauenzimmer, die vor Gericht und in Geldsachen nicht selbständig verfahren konnten: feminam nihil agere decet sine a. C) nuptiarum aa. bei Beilröhnissen, der Zeuge, Gewährsleister bei der Unterzeichnung des Ehecontracts: nubit nullis aa. ohne Zeugen, Gewährsmänner.

Auctōrāmentum, i, *n.* [auctoro] 1) das wogegen man sich zu irgend einem Dienst oder einer Leistung verpflichtet hat (als Gladiator, Soldat u. dergl.), der Lohn, Sold, die Miethe: a. servitutis. 2) (Spät.) der Contract, Dienstcontract.

Auctōrĭtas, ātis, *f.* [auctor] 1) (selten) das Hervorbringen, die Erfindung, Veranlassung einer Sache: a. rumoris; a. et inventio. — 2) das Beispiel, Muster, die Autorität: repudiare omnium superiorum auctoritatem; dare a.; a. maiorum das von den Vorfahren gegebene Beispiel. — 3) der Rath, das Anrathen, Antreiben, die Aufmunterung: valuit eius auctoritas man folgte seinem Rath; a. eius mihi vivit ich folge seinem Rath noch nach seinem Tode; per a. illarum civitatum durch die Vermittelung jener Staaten; defugio auctoritatem consulatus mei will nicht erlauben, daß das unter meinem Consulat Geschehene meinem Einflusse zugeschrieben werden darf. 4) gewichtige Ansicht, Meinung: defendere a. suam.

5) der Wille, Befehl, Beschluß, die Willenserklärung: consilium et a. eorum qui scripserunt; conferre se ad (ob. sequi) a. alicuius. Insbes. A) senatus a. = die Bestätigung des Senats, durch welche erst die Gesetze und überh. die öffentlichen Beschlüsse des Volks ob. der Magistrate volle Gültigkeit erhielten, sowohl insofern dieses in der älteren Zeit wirklich Statt fand, als insofern es später eine bloße Formalität wurde. Daher heißt es bald a) der Wille, contra a. senatus; bald b) Senatsdecret, = senatus consultum: vetus senatus a. de Bacchanalibus, ex a. senatus; bald c) ein Senatsbeschluß, der durch die Intercession der Tribunen oder auf andere Weise ungültig gemacht und also nicht zu einem Senatsdecret (senatus consultum) geworden war, sondern nur zu einer Aeußerung von des Senats Seite, Erklärung, Gutachten: si quis intercedat senatus consulto, contentus ero auctoritate. B) a. populi Wille, Beschluß des Volks, ebenso a. collegii (pontificum).

6) die Macht, Gewalt, die man von Rechtswegen hat: a. legum ferendarum. 7) von Sachen, das Gewicht, die Bedeutung, Wichtigkeit: antiqua verba plus auctoritatis habent; preces habent a.; a. vetustatis das Gewicht, das eine Sache hat, weil sie alt ist; a. huius loci dieser ehrwürdige, erhabene Ort; a. formae Würde des Aussehens. — 8) von Personen, das Ansehen, der Einfluß, die Würde, Autorität: a. imperatoria; afferre, facere a. geben, verschaffen; philosophi summa auctoritate; legem confirmare auctoritate alicuius dadurch, daß man ihn als Autorität anführt; tribuere amicis a.

9) die Glaubwürdigkeit, Gültigkeit, Zuverlässigkeit: a. est in illo testimonio; a. somniorum tollitur. — 10) dasjenige, das einer Sache Zuverlässigkeit und Gültigkeit giebt: A) das Actenstück, Papier, Document: aa. publicae; aa. civitatum. B) der Name einer Person, insofern sie einer Sache Glaubwürdigkeit verleiht, die Autorität: contemnis aa. Insbes. aa. praescriptae, die Namen derjenigen Senatoren, die bei der Abfassung eines Senatsbeschlusses gegenwärtig waren und deren Namen dann auf

dem Papier angefügt wurden. — 11) das Eigenthumsrecht (als Autorität gegen jeden Andern, der auf den Gegenstand Anspruch machen möchte): lex usum et a. fundi jubet esse biennium; adversus hostem aeterna a. = ein Fremder kann nie durch den Nießbrauch einer Sache ein Eigenthumsrecht daran erlangen.

Auctōro, 1. [auctor] (meist Spät.) a. se od. pass. auctoror sich verpflichten, zu Etwas verdingen, namentlich von einem Gladiator. Hierv. (Spät.) = bereiten, verschaffen, alicui victoriam, sibi mortem.

Auctumnālis, e, adj. [auctumnus] zum Herbst gehörig. Herbst-, rosa, frigus, imber.

Auctumnus, [auctus, augeo] 1) subst. i, m. der Herbst, Spätherbst (wie Zeit des Ueberflusses u. der Fülle), pomifer. 2) adj. (Poet. u. Spät.) = auctumnalis.

Auctus, adj. mit comp. [particip. von augeo] vermehrt, vergrößert: auctior majestas größere Würde; socii honore auctiores durch größere Ehre ausgezeichnet.

Auctus, us, m. [augeo] die Vermehrung, Vergrößerung, Zunahme, das Wachsthum, corporis, arboris; a. fluminis das Anschwellen.

Aucŭpium, ii, n. [auceps] 1) der Vogelfang. Hiervon trop. = das emsige Jagen, Greifen, Streben nach Etwas: a. verborum Wortklauberei, Sylbenstecherei; hoc novum est a. (Com.) das ist eine neue Art Geld zu verdienen; facere a. auribus (Com.) = horchen. 2) (Poet. u. Spät.) der Fang von Vögeln, die gefangenen Vögel.

Aucŭpor, depon. u. (Vorklassisch) -po, 1. [auceps] 1) Vögel fangen, auf den Vogelfang gehen. 2) trop. auf Etwas Jagd machen, nach Etwas jagen, streben, auf Etwas lauern: a. occasionem, favorem populi, absentiam alicuius.

Audācia, ae, f. [audax] die Kühnheit: a) in gutem Sinne, = Muth, Keckheit; spes salutis est in a.; audacia verbis datur eine kühne Ausdrucksweise ist erlaubt. b) in üblem Sinne = Verwegenheit, Tollkühnheit, a. impudens; aa. verwegene Thaten.

Audācter, contr. aus der vorklassischen Form **Audācĭter**, adv. mit comp. u. sup. [audax] kühn, dreist, muthig, verwegen.

Audācŭlus, adj. deminut. von Audax (selten, Spät.)

Audax, ācis, adj. mit comp. u. sup. [audeo] kühn, theils lobend = muthig, keck, unerschrocken, theils und am häufigsten tadelnd = verwegen, tollkühn, vermessen: a. et amens, a. et protervus; a. ad id facinus; (Poet.) a. omnia perpeti kühn genug, um Alles auszuhalten, a. proeliis zum Kampf; a. viribus suis im Vertrauen auf seine Stärke. Auch (Poet. u. Spät.) von Sachen und abstracten Begriffen, a. facinus, consilium, spes; a. paupertas (Poet.) dreist machend; verba aa. von der Kühnheit in der Anwendung von Bildern, Tropen u. dergl.

Audens, tis, adj. mit comp. [particip. von audeo] (Poet. u. Spät.) kühn, dreist.

Audenter, adv. mit comp. [audens] (Spät.), kühn, dreist, verwegen.

Audentia, ae, f. [audens] die Kühnheit, Dreistigkeit, der Muth; auch von der Kühnheit im Gebrauch von Redensarten, Tropen u. f. w.

Audeo, ausus sum. — 2. (alt. Fut. Conjunct. ausim), ausim, wagen, sich erdreisten, sich unterstehen u. dgl., tantam rem; res est audenda; a. dicere; (*Pl.*) non a. quin. Auch ohne hinzugefügtes Object = kühn sein, Muth haben, sich muthig betragen; a. contra aliquem, longius a. (Tac.) sich länger hervorwagen; a. in proelia (Poet.) Muth zum Kampfe haben.

Audiens, adj., f. Audio. 4.

Audientia, ae, f. [audiens] die Aufmerksamkeit auf Jmd., das Gehör, welches man Jmd. giebt, fast nur in der Verb. facere a. sibi ob. orationi Aufmerksamkeit verschaffen.

Audio, 4. 1) hören, durch das Gehör vernehmen (vgl. ausculto), daher erfahren, Etwas sagen hören: a. strepitum; a. aliquid ex (ub, selten de) aliquo von Jmd.; audio, eum mortuum esse; audimus man sagt uns; nemo eum querentem audivit hat ihn klagen hören; saepe ex eo audivi quum diceret ich habe ihn oft sagen hören, auch a. regem, caussam esse belli ich höre den König sagen, daß u. s. w.; audivi, majores hoc dixisse ich habe erfahren, daß u. s. w.; Camillus auditus eos terruit das Hören des C. schreckte sie. Auch a. aliquid de aliquo Etwas Jmd. betreffend hören, aliquid in aliquem Etwas (eine Anklage, einen Vorwurf) gegen Jmd. hören, (Poet.) a. pugnas von Kämpfen. Insbes. in der Conversationssprache: A) audi höre, gieb Acht! B) audin' = audisne (hörst du?) wenn man Jmd. zu Etwas antreiben will. 2) anhören, zuhören, Etwas seine Aufmerksamkeit schenken, aliquem u. aliquid. Insbes. A) von dem Schüler, der den Lehrer hört = seinen Unterricht genießt. B) vom Richter, von Etwas reden hören = eine Untersuchung anstellen, de ambitu, Jmd. verhören, servum cras audiam. C) rex audivit de pace ließ sich die Friedensbedingungen vortragen. D) = erhören: dii aa. preces meas; a. aliquem Jmds Bitte erhören. 3) billigend anhören, Etwas billigen, beistimmen, zugestehen, aliquid u. aliquem. Hiervon abs. audio = ja das läßt sich hören, das lasse ich mir gefallen; non audio davon will ich nichts einräumen, das gebe ich nicht zu. 4) gehorchend anhören, gehorchen, folgen, aliquem, aliquem, istam sapientiam; currus non a. habenas (Poet.). Hiervon als adj. audiens gehorsam, dicto audientem esse alicui Jmd. gehorchen. 5) intrans. einen Ruf haben, als irgend Einer ob. Etwas sich nennen hören, für Etwas gehalten werden, gelten: häufig bene, male a. einen guten, bösen Ruf haben; (Poet.) si curas esse quod audis wenn du strebst das zu sein, wofür du gewöhnlich giltst, rex audio ich höre mich König nennen, auch Jane a. und a. fodisse es wird von mir gesagt, daß ich u. s. w. 6) (Spät.) im pass. von einem fehlenden Worte, dabei verstanden werden.

Audĭtio, ōnis, f. [audio] 1) das Anhören, Zuhören, fabellarum aa. 2) Hiervon meton. a) = das was man hört, Vorlesung u. vergl. b) das Hörensagen, Gerede, Gerücht: fictas aa.; auditione et fama aliquid accipere.

Audĭtor, ōris, m. [audio] 1) der Zuhörer. 2) der beständige Zuhörer = Schüler, Jünger.

Audĭtōrium, ii, n. [audio] (Spät.) 1) der Hörsaal, die Schule. 2) der Inbegriff der Zuhörer, das Auditorium.

Audītus   **Augusta**   83

Audītus, us, m. [audio] 1) (**Spät.**) das Hören, **Anhören**: brevis a.; acc pi plurium audita von Mehreren gehört werden. Hiervon = Hörensagen, Gerücht: a. prior animos occupaverat. 2) das Gehör = der Gehörsinn.

Aufĕro, abstŭli, ablātum, auferre, 3. [abfero] 1) hinwegtragen, -führen, -bringen: a. rem ab janua, multa domum suam, plura de medio; a. se (**Konvers.**) sich weg begeben, sich fortmachen. Insbes. A) (meist **Poet.**) im pass. von Sachen oder Personen, die von den Wellen, dem Winde, auf Flügeln u. s. w. fortgerissen, fortgeführt werden: auferri pennis, vento secundo. B) trop. hinreißen, von dem vorgesetzten Ziele, dem bestimmten Weg weg-, abziehen, verleiten, fortreißen u. dgl.: ne aliorum consilia te auferant. C) trop. dahinraffen = vernichten, verzehren u. dgl.: mors cita eum a., ignis a. urbem. — 2) hinwegnehmen, Jmd. Etwas nehmen, entreißen, rauben: a. pecuniam de aerario, alicui imperium, spem, somnum; a. alicui fugam Jmd. die Flucht unmöglich machen; a. alicui caput abhauen. Hierv. A) (**Spät.**) = trennen, sondern, a. Europam Asiae. B) (**Konvers.**) häufig *imper.* aufer = fort mit, laß bleiben, höre auf mit: a. nugas; a. me vultu terrere. — 3) mit sich forttragen als Etwas, das man erworben, gewonnen, sich zugezogen u. s. w. hat, = erlangen, erreichen, gewinnen: a. responsum ab aliquo; a. pretium, praemium; a. ut etc. es dahin bringen, daß x.; nunquam id inultum auferet et soll des nicht ungestraft gethan haben, ebenso haud sic auferet das soll ihm nicht so hingehen (vgl. fero). Hiervon a. aliquid ex re aliqua = einsehen, verstehen.

Aufidēna, ae, f. Stadt in Samnium. Davon -nātes, tum, m. pl. die Einwohner von A.

Aufidius, ii, m. Name eines römischen Geschlechts, aus welchem am bekanntesten sind: 1) Cn. A., Prätor 108 v. Chr., im hohen Alter blind. 2) M. A. Lurco, Volkstribun 61 v. Chr., Zeuge gegen den von Cicero vertheidigten Flaccus. 3) Auf. Bassus, römischer Geschichtschreiber unter Augustus. Davon **Aufidiānus**, *adj.*

Aufidus, i, m. Fluß in Apulien, jetzt Ofanto.

Au(ab)-fŭgio etc. 3. davon fliehen, entfliehen, hinc; (**Poet.**, zweifelh.). a. blanditias, aspectum patris vor — fliehen.

Auge, es. f. [Αὐγη] 1) eine der Horen. 2) Tochter des Aleus, vom Hercules Mutter des Telephus.

Augeo, xi, ctum, 2. [verw. mit dem gr. αὐξω] 1) vermehren, vergrößern, größer machen, erhöhen u. dgl., possessiones, classem, dolorem alicui, benevolentiam, animum alicujus, suspicionem; a. numerum coelestium (**Poet.**) = unter die Götter aufgenommen werden. Hiervon, trop., in der Rede größer machen = verherrlichen, loben, preisen, munus suum, aliquid verbis od. laudando; metus a. omnia in maius macht größer als es wirklich ist, übertreibt. 2) a. aliquem aliqua re Jmd. mit Etwas reichlich versehen, bereichern, überhäufen, beglücken u. s. w.: a. aliquem divitiis, scientia; a. aliquem benevolentia, honore Jmd. viel Wohlwollen, große Ehre schenken. Häuf. *pass.* durch Etwas beglückt werden, es erhalten,

filiolā, spoliis; auch (**Com.**) ironisch = durch Etwas heimgesucht werden, maerore, damno augeri. Hiervon A) a. aliquem Jmb. mächtiger, reicher u. s. w. machen, ihn heben, befördern, a. atque ornare, a. et adjuvare; a. se für sich selbst sorgen. B) (**Poet.**) a. aram, deum durch Opfer verherrlichen. 3) (zweifelh.) *intrans.* wachsen, zunehmen.

Augesco, — — 3. sich vermehren, wachsen, zunehmen: mare et terra, semen, aegritudo, licentia a.

Augīas (-gēas), ae, m. [Αὐγείας] König in Elis, dessen Stall, in welchem 3000 Ochsen in 30 Jahren gestanden hatten, vom Hercules an einem Tage gereinigt wurde.

Augmen, ĭnis, *n.* u. **-mentum**, i, *n.* [augeo] (**Vorklassisch** u. **Spät.**) die Zunahme, das Wachsthum, corporis.

Augur, ŭris, m. 1) der Zeichendeuter, Vogeldeuter, der bes. die aus dem Fluge, dem Geschrei od. dem Fressen gewisser Vögel entnommenen Wahrzeichen deutete, der Augur (vgl. auspex). Die A. bildeten ein Priestercollegium. 2) *comm.* (**Poet.**) überhaupt der Weissager, die Weissagerin, der Seher, die Seherin: a. imaginis nocturnae Auslegger einer nächtlichen Erscheinung; annosa cornix augur aquae den Regen verkündend.

Augurālis, e, *adj.* [augur] zu einem Augur gehörig, Auguren-, jus; coena a. Gastmahl, welches ein antretender Augur seinen künftigen Collegen gab. Hiervon *subst.* **-āle**, is, *n.* (**Spät.**) A) der Ort am Feldherrnzelte im Lager, wo die Auspicien genommen wurden. B) der Augurenstab (= lituus).

Augurātio, ōnis, f. [auguror] die Weissagung.

Augurāto, *adv.* [auguro] nach Beobachtung der Wahrzeichen.

Augurātus, us, m. [augur] das Amt eines Augurs.

Augurium, ii, *n.* 1) die Beobachtung und Deutung der Wahrzeichen, agere. 2) das Wahrzeichen: capere, dare, accipere a. 3) überhaupt jede Weissagung, Prophezeihung, a. rerum futurarum. Hiervon A) die Ahnung, das Vorgefühl: inhaeret in mentibus quasi a. seculorum futurorum. B) (**Poet.**) die Sehergabe, Weissagekunst, Apollo ei dedit a.

Augurius, *adj.* [augur] (selten) = Auguralis.

Auguro, 1. 1) (in einem alten Gesetz) durch Wahrzeichen erforschen u. deuten, salutem populi. 2) nach Beobachtung der Wahrzeichen weihen, locum. 3) = Auguror. 4) (Pt.) spähen, sorgfältig nachsehen.

Auguror, *dep.* 1. 1) *intrans.* das Amt eines Augurs verrichten, Wahrzeichen beobachten und deuten. 2) *transit.* A) nach Beobachtung der Wahrzeichen verkündigen, prophezeihen, wahrsagen, res futuras, annos belli Troiani. B) überhaupt prophezeihen, weissagen, vorhersagen, alicui mortem, quid ille facturus sit. C) ahnen, vermuthen, voraussehen, im Voraus fühlen, aliquid mente (conjecturā).

Augusta, ae, f. (*fem.* von augustus) in

6*

Augustalis

der Kaiserzeit Ehrentitel der Frau (auch Schwester, Mutter oder Tochter) des Kaisers, „kaiserliche Majestät." 2) Name mehrerer Städte, z. B. A. Taurinorum = Turin.

Augustālis, e, *adj.* [Augustus] zum Kaiser Augustus gehörig, den Kaiser betreffend, namentlich sodales (sacerdotes) Augustales ein dem A. zu Ehren vom Tiberius eingesetztes Collegium von 25 Priestern.

Auguste, *adv.* mit *comp.* [augustus] ehrfurchtsvoll.

Augustus, *adj.* [augeo?], hehr, heilig, ehrwürdig, erhaben, majestätisch, locus, templum, initia urbis, habitus. Hiervon *subst.* Augustus, i, *m.* Ehrenname des C. Octavianus Cäsar seit seiner Alleinherrschaft.

Aula, ae, *f.* [gr. αὐλή] 1) (meist Poet.) der Vorhof, Hof, a. pastoris Gehege für das Vieh. 2) (Poet.) = atrium: lectus genialis in a. est. 3) das Schloß, der Palast, Königshof: a. invidenda, vivere in a. am Hofe. Hiervon. *trop.* A) die fürstliche Würde, potiri aulā, auctoritas aulae. B) der Hof = die Hofleute: a. in enm prona.

Aulaeum, i, *n.* [verw. mit dem gr. αὐλαία] überhaupt ein zierlich gesticktes od. gewirktes Tuch, 1) der Vorhang, namentl. im Theater: a. tollitur „geht herab" (nach unserer Einrichtung) am Ende des Stücks, premitur „geht auf" (nach unserer Einrichtung) am Anfange des Stücks. 2) der Teppich, die Decke an Stühlen, Sophas u. dgl.; auch als eine Art Baldachin, ein unter der Decke ausgespanntes Tuch (zum Verhüten, daß der Staub herabfiel): coenae sine aa. 3) (Spät. Poet.) ein Oberkleid.

Aulerci, ōrum, *m. pl.* Völkerschaft im nördlichen Gallien.

Aulētes, ae, *m.* [αὐλητής] der Flötenspieler, Beiname des aus Aegypten vertriebenen Königs Ptolemäus.

Aulĭcus, *adj.* [aula] zum Hof gehörig, Hof-; *subst.* -ici, ōrum, *m. pl.* die Hofleute.

Aulis, idis, *f.* [Αὐλίς] Seestatt in Böotien, wo die Griechen sich zum Zuge gegen Troja versammelten, und wo Iphigenia geopfert wurde.

Auloedus, i, *m.* [αὐλῳδός] der Flötenspieler.

Aulon, ōnis, *m.* ein Berg unweit Tarent, berühmt durch seinen Wein.

Aulŭla, ae, *f.* (Spät.) das Töpfchen. Dav. **Aulŭlāria**, ae, *f.* Name einer Comödie des Plautus, so benannt nach dem Geldtopf eines geizigen Alten.

Aura, ae, *f.* [gr. αὔρα] 1) (meist Poet.) die Luft in leiser Bewegung, der Lufthauch, sanfte Luftzug: aër frequentius habet a. quam ventos; omnes aa. me terrent. Davon *trop.* A) a. rumoris, honoris, spei u. dgl. wird gesagt zur Bezeichnung des Geringen und Wenigen od. der Unsicherheit von den genannten Gegenständen; captare a. libertatis nach einem schwachen Schein, einer schwachen Hoffnung von Freiheit jagen. B) insbes. a. popularis od. bloß a. = Volksgunst: ferri aurā vom Streben nach Volksgunst getrieben werden. 2) (Poet.) überhaupt = Wind, a. rapida, stridens. 3) (Poet. u. Spät.) = die Luft: discedere in auras; ducere od. carpere a. = athmen, vesci aurā die Lebens-

Auriger

luft genießen = leben. Insbes. A) in (ad) auras assurgere, aliquid erigere in die Höhe, empor. B) venire ad (in) aa. die Oberwelt (im Gegensatz der Unterwelt). C) = das Tageslicht, *trop.* die Oeffentlichkeit, ferre aliquid sub auras bekannt machen, ans Licht bringen. 4) (Poet.) A) der Glanz, a. auri. B) der Laut, Schall, a. puellae clamantis. C) der Duft, die Ausdünstung: dulcis a. spiravit crinibus.

Aurārius, *adj.* [aurum] (Vorklaßisch u. Spät.) zum Gold gehörig, Gold-, negotium. Hiervon *subst.* -ria, ae, *f.* (*sc.* fodina) die Goldgrube.

Aurātūra, ae, *f.* [auratus] (Spät., zwstspr.) die Vergoldung.

Aurātus, *adj.* [aurum] mit Gold versehen, überzogen, vergoldet, vestis, tectum; miles a. mit goldenem oder vergoldetem Schilde; tempora aa. mit einem goldenen Helm bedeckt, sinus a. mit einer goldenen Spange geziert. 2) (Poet.) = aureus. 3) (Spät.) goldfarbig.

Aurēlius, Name eines römischen Geschlechts, aus welchem die Familie der Cottae die wichtigste war: Caius A. C., Freund des Volkstribuns M. Livius Drusus, Consul 75 v. Chr., berühmt als Redner; er wird vom Cicero in den Büchern de oratore und in dem 3ten Buche de natura deorum redend eingeführt.

Aureŏlus, *adj. deminut.* von Aureus.

Aureus, *adj.* [aurum] 1) was aus Gold ist, golden, patera, corona; a. numus od. *subst.* aureus, i, *m.* eine Goldmünze, an Werth = 25 silbernen Denaren od. 100 sestertii (etwa ein Ducaten); (Poet.) vis a. die Kraft Alles in Gold zu verwandeln. 2) = auratus: templum, sella a. 3) (Poet.) goldfarbig, strahlend wie Gold: a. color ignis, luna, sol, coma. 4) *trop.* = prächtig, herrlich, schön, reizend, vortrefflich, porticus, littus, Venus, mores, dicta.

Auricŏmus, *adj.* [aurum-coma] (Poet.) eigtl. goldhaarig: a. fetus arboris mit goldenem Laube.

Aurĭcŭla, ae, *f.* [*deminut.* von auris] das Ohrläppchen: pervellere alicui auriculam Jmd. an etw. Erinnern. Hierv. überh. das Ohr: avidi auricularum, siehe Avidus.

Aurĭfer, ěra, ěrum, *adj.* [aurum-fero] (Poet. u. Spät.) 1) Gold mit sich führend, flavius. 2) Gold hervorbringend, terra a.; arbor a. goldene Früchte tragend.

Aurĭfex, icis, *m.* [aurum-facio] der Goldarbeiter, Goldschmied.

Auri-fōdīna, ae, *f.* (Spät.) die Goldgrube.

Auriga, ae, *m.* [von einem veralteten Wort aurea, das einst an den Ohren der Pferde befestigten Zügel bedeutete, und ago] der Wagenlenker, der Kutscher, (Poet.) auch von einem Weibe, soror a.; insbes. von denjenigen, die bei den Spielen am Wettfahren Theil nahmen, der Wettfahrer.

Aurigārĭus, ii, *m.* (Spät.) = Auriga.

Aurigātĭo, ōnis, *f.* [aurigo] (Spät.) das Wagenlenken = Wettfahren.

Aurigĕna, ae, *m.* [aurum-gignō] (Poet.) der Goldgeborene (vom Perseus, s. d. Art.)

Aurĭger, ěra, ěrum [aurum-gigno] *adj.* (Poet.) Gold an sich tragend.

Aurigo   **Austerus**   85

Aurīgo, 1. [siehe auriga] (Spät.) den Wagen lenken = wettfahren.

Auris, is, *f.* 1) das Ohr: erigere, arrigere aa. die Ohren spitzen = genau nachhorchen; adhibere (admovere, praebere, dare) alicui a. Jmd. Gehör geben, ihn anhören; in auribus (*Tuc.* auch apud aures) alicuius so das et Jmd. hört; in aurem sb. in aure dicere (loqui) alicui aliquid Jmd. Etwas ins Ohr sagen, ebenso admonere ad aurem Jmd. leise mahnen, erinnern; aurem vellere alicui Jmd. am Ohre zupfen = erinnern, mahnen; servire ob. aliquid dare auribus alicuius Jmd. zu Willen reden, das sagen was er gern hört; *prov. trop.* dormire in utramque (ob. dextram) a. = sorglos, unbekümmert sein. Die sagt man von den Ohren der Zuhörer, was eigentlich die Fähigkeiten oder die Stimmung und den sonstigen augenblicklichen Zustand ihres Geistes betrifft: aa. hebetes, acutae, amicae, defessae. 2) (Poet.) das Streichbrett am Pfluge.

Aurītŭlus, *adj.* [*deminut.* von Auritus] (Spät. Poet.) das Langohr, der Esel.

Aurītus, *adj.* [auris] 1) mit Ohren versehen = langobrig, asinus, lepus. 2) *trop.* A) (Poet.) = aufmerksam zuhörend, horchend, quercus. B) testis a. der Etwas nur gehört, nicht gesehen hat. 3) (*Plin.*) ohrensörmig.

Aurōra, ae, *f.* 1) die Morgenröthe, das erste Tageslicht, der Tagesanbruch: primā aurorā ob. ad primam a. bei der ersten Morgendämmerung. 2) Personificirt = die Göttin der Morgenröthe ('Ηώς), Tochter des Hyperion, Gattin des Tithonus, Mutter des Memnon. 3) (Poet.) = der Osten, das Morgenland und die dort wohnenden Völker.

Aurum, i, *n.* 1) das Gold; *prov.* montes auri polliceri „goldene Berge versprechen". 2) (Poet.) A) = allerlei aus Gold gemachte Sachen, goldene Geräthe (insbes. Becher, Ketten, Ringe, namentlich Gelb. B) zur Bezeichnung von Goldfarbigen, Goldschimmernden: spicas nitido flaventes auro.

Auruncī, ōrum, *m. pl.* = Ausones, w. m. s.

Auscŭlor, **Auscŭlum**, s. S. für Osculor, Osculum etc.

Auscultātĭo, ōnis, *f.* [ausculto] 1) (Spät.) das Hören auf Etwas, das Horchen. 2) (Vorklassisch) das Gehorchen.

Auscultātor, ōris, *m.* [ausculto] 1) der Zuhörer. 2) (Spät.) der Gehorcher.

Ausculto, 1. [verw. mit οὖς, auris] 1) auf Etwas ab. Jmd. hören, zuhören, anhören (vgl. audio): a. et animum adverto; a. aliquem. Hiervon A) (*Pl.*) auf Etwas horchen, lauschen, erlauschen, omnia haec, quid is habeat sermonis. B) (*Pl.*) anhören = glauben, Glauben schenken, crimina. 2) auf das hören, was Jmd. sagt = gehorchen, alicui; auscultabitur = es soll geschehen.

Auser, eris, *m.* Fluß in Etrurien.

Ausētānī, ōrum, *m. pl.* Völkerschaft im nordöstlichen Spanien.

Ausim, siehe audeo.

Ausōnes, num, *m. pl.* die Ausonen, Ureinwohner von Mittel- und Unteritalien. Davon 1) **Ausŏna**, ae, *f.* Stadt der Ausonen, in der Nähe von Minturnä. 2) **Ausŏnĭa**, ae, *f.* das Land der Ausonen. 3) **Ausŏnĭdae**, ārum, *m. pl.* (Poet.) a) die Einwohner von Ausonien. b) die Einwohner Italiens. 4) **Ausŏnis**, ĭdis, u. -ōnius, *adj.* ausonisch, Poet. = italisch oder römisch überhaupt.

Auspex, ĭcis, *m. comm.* [avis-specio] 1) der Vogelschauer (ältere Form statt des später ausschließlich gebräuchlichen augur). 2) weil bei allen wichtigen Unternehmungen zuerst Wahrzeichen beobachtet wurden, (Poet.) der Anführer, Leiter, Lenker, Vorsteher: diis auspicibus unter der Götter Führung, Teucro a. mit T. als Anführer. 3) *term. t.* die Person, welche mit der Abschließung einer Ehe und Feststellung des Heirathscontracts zu thun hatte, der Ehestifter.

Auspicāto, *adv.* [auspico] 1) nach Beobachtung der Wahrzeichen geheiligt. 2) mit günstiger Vorbedeutung = zur glücklichen Stunde: domum a. ingredi; haud a. huc me attuli.

Auspicātus, *adj.* mit comp. u. *sup.* [*particip.* von auspico] 1) geweiht, durch Beobachtung der Wahrzeichen geheiligt. 2) günstig, glücklich, omina; bellum male a. mit ungünstiger Vorbedeutung angefangen, unglücklich.

Auspicĭum, ii, *n.* [auspex] 1) *abstr.* A) die Beobachtung der Wahrzeichen von Vögeln, die Vogelschau (vgl. augurium): mittere pullarium in a. B) = das Recht, die Befugniß, Auspicien anzustellen (ob. anstellen zu lassen): habere aa. Hiervon, da jenes Recht im Frieden jede Magistratsperson, im Kriege nur der Oberbefehlshaber hatte, a) = Oberbefehl, Commando: auspicio, häufiger auspiciis meis (tuis, Caesaris) unter meinem Commando. b) (Poet.) überhaupt = Herrschaft, Macht: populum hunc regamus aa. paribus. 2) *concr.* das Wahrzeichen von Vögeln, das Auspicium: a. optimum, felix; facere a. das Zeichen geben, *trop.* = Orakel, Befehl geben; *trop.* (Spät.) Einleitung, Anfang, aa. belli.

Auspĭco, 1. [auspex] 1. (Vorklassisch u. Spät.) 1) *intrans.* Vogelschau halten, die Wahrzeichen beobachten, rei alicui (rei alicuius caussa ober super re aliqua) wegen einer Sache. 2) (Vorklassisch) als Wahrzeichen annehmen, -betrachten, mustelam. 3) siehe auspicatus.

Auspĭcor, *dep.* 1. [auspex] 1) = auspico 1. 2) Etwas feierlich und um der guten Vorbedeutung willen beginnen. 3) überhaupt anfangen, beginnen, militiam, cantare.

Auster, stri, *m.* 1) der Südwind. 2) der Süden, partes austri.

Austēre, *adv.* [austerus] *trop.* ernst, streng.

Austērĭtas, ātis, *f.* [austerus] (Spät.) 1) das Herbe, der bittere und herbe Geschmack, vini. 2) von dem Geruch, scharf. 3) von der Farbe, dunkel. 3) *trop.* die Strenge, der düstere Ernst, magistri.

Austērus, *adj.* [gr. αὐστηρός] 1) (Spät.) die Zunge zusammenziehend, herb, scharf, bitter, vinum, gustus. Hiervon A) von dem Geruch, scharf. B) von der Farbe, dunkel. 2) *trop.* düster, ernst, streng (im Gegensatze des Ueppigen und Weichlichen), einfach, mos, vir. Hiervon A) von der Rede u. dgl., ernsthaft, trocken, ohne Munterkeit ob. Zierlichkeit, poëma B) beschwerlich, hart, labor, curatio.

Austrālis, e, und (Poet. u. Spät.) **Austrīnus**, adj. [auster] südlich.

Ausum, i, n. [particip. von audeo] (Poet. u. Spät.) das Wagniß, das Unternehmen.

Aut, disjunct. Conj. 1) einfach, oder, zur Sonderung zweier wesentlich verschiedenen Begriffe, also von einem objectiven und reellen Unterschied (vgl. vel, sive); vita a. mors. Insbes. A) (häufig nach einer Negation) wenn zu dem Vorhergehenden etwas noch Größeres und Stärkeres hinzugefügt wird, = oder vielmehr, oder sogar: non multum a. omnino nihil. B) wenn dem Vorhergehenden etwas Geringeres und Schwächeres hinzugefügt wird, = oder doch, oder wenigstens: nunquam a. raro. C) im Gegensatz zu einer angedeuteten (nicht vollständig ausgedrückten) Bedingung = oder auch, sonst, widrigenfalls: audendum est aliquid universis, a. omnia singulis patienda; effodiuntur bulbi ante ver, a. deteriores fiunt. 2) doppelt bezeichnet es ebenfalls einen Gegensatz, in welchem das Eine das Andere ausschließt, entweder — oder: a. vivam a. moriar. Bei Poet. wird auch verbunden aut — vel od. ve. 3) Insbes. nach einer Negation: A) wenn eine Negation vorausgeht und zu zwei verbundenen Begriffen gehört, kann das zweite Glied durch aut (statt durch Wiederholung der Negation) angeknüpft werden: neque enim mari venturam a. ea parte virium dimicaturum hostem credebant. B) die Negation steht ganz voran, und beide negirten Begriffe werden durch a. — angeknüpft: consciorum nemo a. latuit a. fugit. C) (Poet.) bei der Anknüpfung eines neuen negativen Satzes findet sich neque — a. statt neque — neque: neque ego fugam speravi, nec conjugis praetendi taedas, a. haec in foedera veni.

Autem, adverſ. Conj., aber, bezeichnet nicht einen objectiven und factiſchen Gegenſatz, ſondern knüpft etwas Anderes und Verſchiedenes (ſo daß der Gegenſatz nur in der formellen Verſchiedenheit liegt) an, oft bloß eine Fortſetzung des Vorhergehenden, eine Bemerkung darüber u. ſ. w. (vgl. at, sed, verum). Es ſteht daher autem insbeſ. A) zur Bezeichnung eines Uebergangs (wo es oft durch „und", „ferner", „nun" u. dergl. überſetzt werden kann). B) zur Einführung eines als Parentheſe hinzugefügten Gedankens. C) bei affectvollen Fragen: quem te a. deum nominem? ob. in einer Frage die eine Berichtigung des Vorhergehenden andeutet (= dico sage ich): quid de republica fiat; fiat a.? vero etiam quid futurum sit. D) wo ein Wort aus dem Vorhergehenden wiederholt wird, beſ. mit Affect: nunc quod agitur agamus; agitur a., liberine vivamus an mortem obeamus. E) = atqui, zur Anknüpfung des zweiten Gliedes in einer Schlußfolge. F).(Poet.) bisweilen werden in affectvollen Fragen sed u. a. verbunden: sed quid ego haec a. nequidquam ingrata revolvo? G) bisweilen bei Interjectionen: heia a., eoce a.

Authepsa, ae, f. [αὐθέψης] der „Selbſtkocher", eine Kochmaſchine.

Autogrăphus, adj. [αὐτόγραφος] (Spät.) mit eigener Hand geſchrieben.

Autŏlўcus, i, m. [Αὐτόλυκος] Sohn des Mercur, Vater der Anticlea; meton. = ein liſtiger Dieb, Betrüger.

Automătus, adj. [αὐτόματος] (Spät.) freiwillig, aus eigenem Antriebe handelnd; davon subst. -tum, i, n. eine ſich ſelbſt bewegende Maſchine, der Automat.

Automĕdon, ontis, m. [Ἀυτομέδων] Wagenlenker des Achilles; meton. = ein ſchnellfahrender Wagenlenker.

Autŭmo, 1. [aio?] (Vorklaſſ. u. Spät.) sagen, behaupten, nennen, daher = im Geiſte behaupten, meinen, omnes istas res, te istic esse.

Autŏnoe, es, f. [Αὐτονόη] Tochter des Cadmus, Mutter des Actdon. Davon **Autŏnoēĭus**, adj.

Auxiliāris, e, u. (ſelten) **-ārius**, adj. 1) zur Hülfe dienlich, helfend, unterſtützend, carmen (von einer Zauberformel), undae; beſ. cohortes, equites u. dergl. aa. Hülfstruppen, auch subst. bloß **auxiliares**, ium. Hierv. 2) (Tac.) zu den Hülfstruppen gehörig, stipendia.

Auxiliātor, ōris, m. [auxilior] (Spät.) der Helfer, Beiſtand.

*****Auxiliātus**, us, m. [auxilior] (Lucr.) die Hülfe.

Auxilior, depon. 1. [auxilium] helfen, beiſtehen (= auxilium fero; es ſetzt einen Bedrängten voraus wie juvo einen Strebenden), alicui; auch (Poet. u. Spät.) gegen Etwas helfen, abhelfen, morbo.

Auxilĭum, ii, n. [augeo] 1) die Hülfe, der Beiſtand, die Unterſtützung: auxilium alicui ferre Jmd. Hülfe leiſten, petere a. ab aliquo verlangen, esse alicui auxilio Jmd. helfen; a. Romanum, elephantorum die Hülfe, die von den Römern, von den Elephanten geleiſtet wurde; magna aa. große Hülfsmittel, Hülfsquellen. 2) plur. Hülfstruppen, gewöhnlich von den Bundesgenoſſen und leichter bewaffneten Truppen, im Gegenſatz der Legionen. 3) (ſelten) überhaupt Kriegsmacht, Truppen, infirmis aa. proficisci.

Auxĭmum, i, n. Stadt in Picenum; davon **-mātes**, tum, m. pl. die Einwohner von A.

Auxĭtis, veraltet ſt. auxeritis von augeo.

Avāre, adv. mit comp. u. sup. (ā) [avarus] habſüchtig, geizig, mit Gewinnſucht.

Avārĭcum, i, n. (ā) Hauptſtadt der Bituriges in Gallien, jetzt Bourges.

Avārĭter, adv. (ā) Vorklaſſ. für avare.

Avārĭtĭa, ae, (Vorklaſſ. auch **-ĭes**, ei), f. (ā) die Habſucht, Geldgier, Geiz: a. est injuriosa appetitio alienorum; omnes aa. alle Arten von Habſucht; meton. a. gloriae Ehrgeiz.

Avārus, adj. mit comp. u. sup. (ā) [verw. mit aveo] habſüchtig, geldgierig, geizig, homo; avarus pecuniae publicae begierig nach dem öffentlichen Gelde; (Poet.) auch überhaupt begierig, laudis nach Ruhm; mare, venter a. unerſättlich, immer mehr (neue Opfer) verlangend.

A-vĕho, etc. 3. (ă) wegführen, -bringen, aliquem e patria, equites in Aegyptum; pass. avehor wegreiten, -wegfahren, -ſegeln.

A-vello, etc. 3. (ă) 1) abreißen, losreißen, abnehmen, poma ex arbore, simulacrum e templo. 2) trop. = gewaltsam trennen, entfernen, aliquem de complexu alicuius; a. aliquem ab errore aus einem Irrthum herausbringen.

Avēna, ae, f. (ā) 1) der Hafer. 2) (Poet. u. Spät.) überh. der Halm; davon eine Rohrflöte, Hirtenflöte: structis aa. cantare.

Aventīcum, i, n. Hauptstadt der Helvetier (in der Nähe von Murten).

Aventīnus, i, m. (mons) ob. -num, i, n. einer der sieben Hügel Roms; es steht auch als *adj.*, jugum A., Diana A. weil sie dort einen Tempel hatte.

1. (Aveo) 2. (ā) defect. Verbum = wohl u. munter sein, von welchem nur der *imper.* ave, aveto u. der *infin.* avere gebräuchlich sind, und zwar als Grußformel A) bei der Ankunft. = Heil dir! sei gegrüßt! guten Tag! jubeo te avere ich grüße dich. B) beim Abschiede = lebe wohl! gehab dich wohl.

2. Aveo, — — 2. (ā) heftig und ungeduldig nach Etwas verlangen, sehr begierig sein; valde a. scire; a. (Poet.) aliquid; (Poet.) refrenare fluvios aventes die weiter zu strömen verlangenden Flüsse.

Avernus, i, m. (ā) [ἄορνος vogellos] (vollständig lacus Averni ob., als *adj.*, 1. Avernus) ein See in einer vulcanischen Gegend in Campanien unweit Cumä, dessen Ausdünstungen so mephitisch waren, daß die Vögel nicht über den See fliegen konnten (daher der Name). Hierher setzte die Sage den Eingang zur Unterwelt. Davon 1) **Avernus** als *adj.* a) den See Av. betreffend, loca A. die Gegend um den See. b) die Unterwelt betreffend: Juno A. = Proserpine; loca A. die Unterwelt. 2) **Avernālis**, e, *adj.* zum See Av. gehörig.

Averrunco, 1. [averto?] (ā) *term. t.* in der Religionssprache (sonst veraltet), abwenden, abwehren, entfernen, calamitates, iram deorum, prodigia.

Averruncus, i, m. (ā) [vergl. averrunco] (Spät.) die Böses abwehrende Gottheit.

Aversābilis, e, *adj.* (ā) [aversor] (*Lucr.*) abscheulich.

Aversātio, ōnis, f. (ā) [aversor] (Spät.) die Verabscheuung, der Abscheu.

Aversio, ōnis, f. (ā) [averto] 1) das Abwenden, nur in der adverbialen Verbindung ex a. abgewandt, rücklings, aliquem jugulare. 2) *rhet.* Figur, das Streben den Zuhörer von dem Gegenwärtigen abzulenken.

°Aversor, ōris, m. (ā) [averto] der Entwender, pecuniae publicae.

Aversor, depon. 1. (ā) 1) sich aus Unwillen, Verachtung ob. dergl. abwenden, auf die Seite wenden. 2) trop. sich von Jmb. oder Etwas wegwenden = verschmähen, von sich abweisen, zurückweisen, filium, preces, crimina.

Aversus, *adj.* mit (Spät.) *comp.* (ā) [averto] 1) mit dem Gesichte abgewandt, den Rücken zukehrend, abgekehrt: vulnerare aliquem aversum hinten, im Rücken, aggredi nostros aa.; trahere aliquem a. Jmb. rücklings schleppen; *subst.* -sa, ōrum, n. *pl.*: aa. urbis der hintere Theil der Stadt, insulae der entgegengesetzte Theil der Insel. 2) trop. ungünstig, abgeneigt, feindselig: deus a.; a. ab aliquo gegen Jmb., a. a vero, (Poet. u. Spät.) auch aversus rei alicui; voluntas a. Feindschaft; amici aa. uneinige.

A-verto etc. 3. (ā) 1) hinwegwenden, abwenden, von Etwas wegkehren, -lenken u. dergl.: a. flumen ableiten; a. iter ab Arari seinen Marsch vom A. weglenken, a. se ab itinere = einen anderen Weg nehmen; a. hostem (in fugam) in die Flucht jagen, a. barbaros a castris fortjagen, zurücktreiben. Hiervon: a. castra ob. oculos militum in se die Aufmerksamkeit von einem Anderen abwenden und auf sich hinwenden; is a. Hannibalem in Hispaniam stimmt dafür, daß H. nach Spanien geschickt werde. 2) trop. A) entwenden, unterschlagen, praedam, pecuniam publicam. B) Jmb. von Etwas abziehen, abwenden, zurückhalten, aliquem ab incepto, a pietate, a spe; auster a. me a tanta infamia wendete mich ab von einer so schimpflichen Sache; a. aliquem ab amicitia alicuius oder ab aliquo von der Freundschaft ob. dem Bündnisse mit Jmb. abbringen, daher == abgeneigt-, abwendig machen, animum alicuius a se, animos Galliae zum Abfall bewegen. C) = abwehren, abhalten, entfernt halten, pestem ab aliquo, bellum, periculum. 3) *intrans.* und so auch *pass.*, sich ab-, hinwegwenden: prora a. (Poet.) brecht ab. Hiervon (Poet.) scheuen, von Etwas sich mit Scheu abkehren, equus avertitur fontes.

Avia, ae, f. (ā) [avus] (Vorklaff. u. Spät.) die Großmutter.

Aviārius, ii, m. (ā) [avis] zu Vögeln gehörig, Vogel-, rete. Hiervon *subst.* 1) -ius, ii, m. der Vogelwärter. 2) -ium, ii, n. das Vogelhaus, Vogelzimmer; (Poet.) ein Ort im Walde, wo (wilde) Vögel sich aufhalten.

Avicŭla, ae, f. (ā) *deminut.* von avis.

Avĭde, *adv.* mit *comp.* u. *sup.* (ā) [avidus] begierig, mit heftiger Begierde.

Aviditas, ātis, f. (ā) heftiges und leidenschaftliches Verlangen, die Begierde, Sucht nach Etwas, pecuniae, legendi. Insbef. A) = avaritia, Habsucht, Geldgier. B) = Eßlust, Appetit.

Avidus, *adj.* mit *comp.* u. *sup.* (ā) [aveo 2.] 1) heftig und ungeduldig verlangend, begierig, divitiarum, belli gerendi, laudis; (Poet.) avidus cognoscere begierig zu erfahren; (selten) a. in novas res, in direptiones, ad pugnam; (Spät.) a. subitis begierig nach unerwarteten Vortheilen; (*Lucr.*, zweifels.) humanum genus est a. auricularum an den Ohren d. i. wünscht immer etwas Neues zu hören (Andere schreiben dort miraculorum). 2) Insbef. A) überhaupt nach Genuß begierig, unersättlich, libido, amor, oculi. B) = avarus, habsüchtig, geldgierig. C) nach Speise begierig, hungrig; Poet. = verschlingend, mare, ignis verzehrend. D) = blutdurstig, leo.

Avis, is, f. (ā) 1) der Vogel (vgl. ales). 2) weil Wahrzeichen hauptsächlich aus dem Fluge u. s. w. der Vögel genommen wurden, = Vorbedeutung, Wahrzeichen: a. bona, mala.

Avitus, *adj.* (ā) [avus] zum Großvater gehörig, großväterlich.

Avius, *adj.* (ā) [a-via] 1) von dem Wege abliegend, einsam, abgelegen, locus, virgulta, itinera wenig betreten; loca avia commeatibus von der Zufuhr entfernt; häufig *subst.* **avium**, ii, *n., gew. im pl.*, abgelegene Orte, nemorum einsame Wälder, oceani entlegene Theile des Oceans. 2) *trop.* homo a. sich vom (rechten) Wege verirrend; animus a. irrend, rathlos.

Avocāmentum, i, *n.* (ā) [avoco] (Spät.) was von der Trauer abruft, abwendet = Zerstreuungsmittel, Trost.

Avocātio, ōnis, *f.* (ā) [avoco] das Abrufen = 1) das Sich-Abziehen von der Trauer (einer Arbeit), die Zerstreuung. 2) die Störung, *sine a.*

A-vŏco, 1. (ā) 1) abberufen, wegrufen, partem exercitus ad bellum, pubem Albanam in arcem, senatum in prata Flaminia. 2) Jmd. von Etwas abziehen, abbringen, von Etwas abzustehen bewegen: a. aliquem a societate, a proeliis, a rebus gerendis. 2) *trop.* = zerstreuen, erheitern (durch Arbeit oder Vergnügen), animum.

A-vŏlo, 1. (ā) weg-, davonfliegen; *trop.* davoneilen, von Zuständen = schnell aufhören, vergehen.

Avuncŭlus, i, *m.* (ā) 1) der Oheim am Bruder der Mutter. Hiervon a. magnus (bisweilen maior) Bruder der Großmutter, der Großoheim. 2) (Spät.) A) der Schwestermann der Mutter. B) = a. magnus.

Avus, i, *m.* (ā) 1) der Großvater. 2) = proavus der Urgroßvater. 2) (Poet.) der Vorfahr überhaupt.

Axĕnus (od. **Axīnus**), *adj.* [ἄξενος] (Poet.) ungastlich: Pontus a. wurde in der ältesten Zeit das schwarze Meer genannt, während es später P. Euxīnus (der gastliche) hieß.

*****Axicia**, ae, *f.* [seco] (Pl., zweifelh.) eine Scheere.

Axicŭlus, i, *m. deminut.* von Axis (3).

Axilla, ae, *f. deminut.* von ala, die Achselhöhle.

Axis, is, *m.* 1) die Achse am Wagen; daher (Poet.) = ein Wagen. 2) die Weltachse. Hiervon (Poet.) a) = der Pol, insbes. der Nordpol. b) = der Himmel überhaupt: nudo sub aetheris axe unter offenem Himmel. c) = Himmelsgegend, a. borĕus der Norden. 3) (in dieser Bed. wird auch **Assis** geschrieben), eine Diele, ein Brett.

Axius, ii, *m.* [Ἄξιος] Fluß in Macedonien, jetzt Wardari.

Axōna, ae, *f.* Fluß im nördlichen Gallien, jetzt Aisne.

B.

Babae, *interj.* [βαβαί] (Com. u. Spät.) ein Ausruf der Verwunderung od. Freude, Potztausend! ei der Kukuk!

Babylo, ōnis, *m.* [Babylon] (Com.) der Babylonier = ein luxuriöser Mensch.

Babylon, ōnis, *f.* [Βαβυλών] die Hauptstadt Babyloniens am Euphrat. Davon

1) **Babylōnia**, ae, *f.* das Land B. an den vereinigten Flüssen Euphrat u. Tigris.

2) **Babylōnicus** od. (Pl.) -iensis, e, ob. **-ius**, *adj.* babylonisch; *subst.* a) **Babylōnii**, ōrum, *m. pl.* die Einwohner von Babylonien. b) **Babylōnica**, ōrum, *n. pl.* babylonische Stoffe oder Decken.

Bacca (od. **Bāca**), ae, *f.* 1) eine Beere, jede beerenförmige Frucht, bes. häufig bacca olivae u. daher b. allein = die Olive, Oelbeere. 2) überhaupt die Baumfrucht, bb. arborum. 3) (Poet.) = die Perle.

Baccar, āris, *n.* auch **Baccāris**, is, *f.* [βάκκαρις] (Poet. u. Spät.) eine Pflanze mit wohlriechender Wurzel, woraus ein Oel bereitet wurde ("Celtischer Baldrian").

Baccātus, *adj.* [bacca] (Poet.) mit Perlen geschmückt.

Bacoha, ae, *f.* [Βάκχη] eine schwärmende Frau im Gefolge des Bacchus, Bacchantin.

Bacchābundus, *adj.* [bacchor] (Spät.) auf bacchantische Weise schwärmend.

Bacchānal, ālis, *n.* [Bacchus] 1) ein dem Bacchus geweihter Ort. 2) gewöhnlich im *plur.* **-ālia**, ium ob. ōrum, das Bacchusfest.

Bacchānālis, e, *adj.* [Bacchus] (Spät.) zum Bacchus gehörig.

Bacchātio, onis, *f.* [bacchor] das bacchantische Schwärmen u. Lärmen.

Bacchēius od. **-chēus** und **-chīcus**, *adj.* [Βακχεῖος], zum Bacchus gehörig, bacchisch.

Bacchiădae, ārum, *m. pl.* [Βακχιάδαι] die Nachkommen des Herakliden Bacchis, eine alte mächtige Familie zu Korinth.

Bacchis, ĭdis, *f.* [Βακχίς] (Poet.) = Baccha.

Bacchius, *adj.* [Bacchus] (Spät.) bacchisch, besonders b. pes der Versfuß – – ⏑ oder ⏑ – –.

Bacchor, *dep.* 1. [Bacchus] 1) (Poet. u. Spät.) das Bacchusfest begehen. 2) auf Art der Bacchantinnen schwärmen, toben, lärmen, ungestümes Entzücken, heftigen Zorn u. dgl. äußern: b. in vestra caede, in tanta voluptate; (Poet.) b. per urbem tobend durch die Stadt rennen, ventus b. wüthet; insbes. von leidenschaftlichem Reden, schwärmendem Schreien u. dgl., b. Evoe Evoe schreien, b. carmen (Poet.) mit wilder Begeisterung dichten; (Poet.) bacchata jugis Naxos auf dessen Bergen das Bacchusfest gehalten worden ist.

Bacchus, i, *m.* [Βάκχος] der jugendliche Gott des Weins und daher der Civilisation und der Begeisterung. Sohn des Zeus u. der Semele.

3) trop. (Poet.) a) = der Weinstock. b) = der Wein.

Baccifer, ĕra, ĕrum [bacca-fero] (Poet. u. Spät.) beerentragend, insbes. Oliven tragend.

Bacēnis, is, f. waldige Gebirgsgegend in Germanien, der westliche Theil des heutigen Thüringerwaldes.

*****Baccŏlus**, adj. soll Augustus statt stultus gesagt haben.

Bacillum, i, n. deminut. von baculum.

Bactra, ōrum, n. pl. [Βάκτρα] die Hauptstadt der Bactrer, jetzt Balk. Davon 1) **Bactri**, ōrum, m. pl. (Wortlaff.) die Einwohner von B. oder Bactriana. 2) **Bactriānus**, adj. zu B. gehörig, namentlich regio (terra) B., u. subst. bloß **Bactriana**, ae, f. das Land der Bactrer, das heutige Balk; subst. -iāni, ōrum, m. pl. die Einwohner von Bactra oder Bactriana. 3) **Bactrus**, i, m. Fluß bei Bactra, jetzt Balk.

Baculum, i, n. selten -us, i, m. ein Stock (zum Stützen, vgl. scipio u. fustis).

Badia, ae, f. Stadt in Spanien, jetzt Badajoz.

Badiso od. **Badisso**, 1. [βαδίζω.] (Pl.) gehen, schreiten.

Baduhennae lucus (Tac.) ein Wald im Lande der Friesen.

Baebius, Name eines römischen Geschlechtes: C. B. Sulca, Volkstribun 111 v. Chr., wurde vom Jugurtha bestochen.

Baecŭla, ae, f. Stadt in Spanien, jetzt Baylen.

Baetis, is, m. Hauptfluß im südlichen Spanien, jetzt Guadalquivir. Davon **Baetĭcus**, adj.: provincia B. ungefähr = das jetzige Andalusien.

Bagaudae, ārum, m. pl. (Spät.) Benennung des Landvolkes in Gallien, das unter dem Kaiser Diocletian einen Aufstand machte.

Bagōus, i, oder **Bagōas**, ae, m. Name mehrerer persischen Eunuchen; daher (Poet.) appell. = ein Frauenwächter.

Bagrāda, ae, m. Fluß im Gebiet von Carthago.

Bajae, ārum, f. pl. Stadt mit berühmten warmen Bädern an der Seeküste von Campanien, dadurch zugleich Sitz der Ueppigkeit und Genußsucht der reichen Römer. Davon **Bajānus**, adj.

Bajulo, 1. (Poet.) etwas Schweres tragen, eine Last tragen (vgl. fero u. f. w.), sarcinas; auch absol., non didici b.

Bajŭlus, i, m. [bajulo] der Lastträger, Träger.

Balaena, ae, f. der Wallfisch.

Balănus, i, f. [βάλανος] (Poet. u. Spät.) 1) die Eichel. 2) die Dattel. 3) die Behennuß, aus deren Kern ein Oel gepreßt wurde. 4) eine Art Seemuschel, die Meereichel.

Balatro, ōnis, m. [verwandt mit blatero] (Poet., Wortlaff. u. Spät.) der Spaßmacher, Bajaz, daher ein Taugenichts.

Balātus, us, m. [balo] das Blöken; exercere b. blöken.

Balbe, adv. [balbus] stammelnd.

Balbus, adj. stammelnd (als dauernde Eigenschaft, vgl. blaesus), homo, os pueri; (Poet.) bb. verba.

Balbūtio, 4. [balbus] 1) intrans. stammeln; trop. = undeutlich und verworren reden, de re aliqua. 2) transit. hervorstammeln, stammelnd aussprechen, Scaurum den Namen S.; trop. Etwas undeutlich und verworren sagen, pauca.

Baleāris, e, adj. balearisch. A) insulae bb., die bal. Inseln im Mittelmeere (Majorca u. Minorca), auch terra b. B) zu den bal. Inseln gehörig, funditor aus den bal. Inseln; subst. -āres, ium, m. pl. die Einwohner der bal. Inseln, berühmt als Schleuderer. Davon **Baleārĭcus**, adj. = Balearis.

Balineae, **Balineum**, s. Balneae, Balneum.

*****Baliŏlus**, adj. (Pl., zweifl.) kastanienbraun.

Ballio, ōnis, m. ein Kuppler im Pseudolus des Plautus.

Ballista od. **Balista**, ae, f. [βάλλω] 1) eine Wurfmaschine, Schleudermaschine, womit im Kriege Steine u. dergl. geschleudert wurden. 2) (Pl.) dasjenige, was mit einer solchen Maschine geschleudert wurde, das Wurfgeschoß.

Ballistārĭum, ii, n. (Pl.) = ballista 2.

Ballux, ūcis, f. [spanisches Wort] (Spät.) Goldstaub.

Balneae od. **Balineae**, ārum, f. pl. des Badehaus, die Badeanstalt, Vereinigung von mehreren Bädern (vgl. balneum), publicae, meae.

Balneārius, adj. [balneum] zu einem Bad gehörig, Bade=: fur b. der in den Bädern stiehlt; subst. -āria, ōrum, n. pl. das Bad = die Badestube.

Balneātor, ōris, m. [balneum] der Bademeister.

Balneŏlum, i, n. deminut. von balneum.

Balneum od. **Balineum**, i, n. [gr. βαλανεῖον] ein Bad, eine einfache Vorrichtung zum Baden (vgl. balneae).

Balo, 1. blöken.

Balsāmum, i, n. [βάλσαμον] (Poet. u. Spät.) 1) der Balsam. 2) der Balsambaum.

Baltĕus, i, m. selten -um, i, n. eigtl. der Rand, Bord, die Einfassung, daher der Gürtel, der Gurt, namentlich der Gürtel zum Tragen des Schwertes, das Wehrgehenk, und der Gürtel der Frauen.

Bambālio, ōnis, m. der "Stammler", Beiname des M. Fulvius, Vaters der Fulvia (der Gemahlin des Antonius).

Bandūsĭa, ae, f. Quelle in der Nähe von Venusia, der Geburtsstadt des Horaz.

Bantia, ae, f. Stadt in Apulien; davon -tīnus, adj. subst. -tīni, ōrum, m. pl. die Einwohner von B.

Baptae, ārum, m. pl. [βάπται] (Spät.) eigtl. die Täufer, Priester der thracischen Göttin Cotytto.

Baptistērĭum, ii, n. [βαπτιστήριον] (Spät.) Baffin (zum Baden und Schwimmen) in den Badehäusern.

Bărăthrum, i, n. [βάραθρον] (meist Poet.) der Schlund, Abgrund, die Tiefe; trop.

im Scherz vom Magen, b. macelli von einem sehr gefräßigen Menschen.

*Barathrus, i, m. [βάραθρος] (*Lucr.*, Andere lesen balatro) ein nichtswürdiger Mensch.

Barba, ae, f. der Bart (an Menschen und Thieren); pascere b. den Bart wachsen lassen.

Barbāre, adv. [barbarus] 1) ausländisch, fremd: b. vertere = latine (in dem Munde eines Griechen). 2) roh, ungebildet, loqui b.

Barbāria, ae, f. u. (meist Poet. u. Spät.) -ies, iēi, f. [barbarus] 1) das Ausland im Gegensatze von Griechenland oder Rom, die Fremde. 2) *trop.* zur Bezeichnung der geistigen Beschaffenheit des Auslandes, Mangel an Bildung und Gesittung, intellectuell, = Unwissenheit, moralisch, = Wildheit, Rohheit.

Barbăricus, adj. [βαρβαρικός] (Poet. u. Spät.) zu einem barbarus gehörig, ausländisch, fremd, f. barbarus.

Barbărismus, i, m. [βαρβαρισμός] (Spät.) das Sprechen wie ein Ausländer, der Sprachfehler.

Barbărus, adj. mit comp. [βάρβαρος] 1) ausländisch, fremd, bes. *subst.* -us, i, m. ein Fremder, Ausländer im Gegensatze der Griechen und Römer; in barbarum (*Tac.*) *adverbial* = auf Art der Ausländer. 2) *meton.* der die geistigen Eigenschaften der Ausländer besitzt, a) intellectuell, ungebildet, ungeschliffen, roh, inhumanus b. b) moralisch, = wild, grausam, roh, consuetudo immanis so b.

Barbātŭlus, adj. *deminut.* von barbatus.

Barbātus, adj. [barba] bärtig, mit Bart versehen, bene b. mit langem Bart; läger (Poet.) = alt; häufig barbati von den Römern in der alten Zeit, ehe es Sitte wurde, den Bart zu scheeren.

Barbĭger, ĕra, ĕrum, adj. [barba-gero] (*Lucr.*) = barbatus.

Barbĭtos, i (findet sich jedoch nur im *nomin.*, *accus.* u. *voc.*), m. u. f. [βάρβιτος] (Spät.) die Laute, Leier.

Barbŭla, ae, f. *deminut.* von barba.

Barcas, ae, m. Stammvater der Familie in Carthago, zu welcher Hasdrubal, Hannibal u. s. w. gehörten; davon **Barcīnus**, adj.

Barce, es, ob. -oa, ae, f. [Βάρκη] Stadt in Cyrenaica; davon **Barcaei**, ōrum, m. pl. die Bewohner der Gegend von B., ein Nomadenstamm.

Barcĭno, ōnis, f. Stadt im nördlichen Spanien, jetzt Barcelona.

Bardaei oder **Vardaei**, ōrum, m. pl. ein Volk in Illyrien. Davon **Bardaïcus**, adj.; calceus b. eine Art Filzstiefel, welche die Centurionen brauchten, daher (Poet.) = ein Centurio.

Bardus, adj. [verw. mit dem gr. βραδύς?] (selten) stumpfsinnig, langsamen Begriffes, einfältig (vgl. stupidus, brutus u. dergl.).

Bardўlis, is, m. [Βάρδυλις] ein illyrischer Usurpator.

Bargūsii, ōrum, m. pl. Völkerschaft im nordöstlichen Spanien.

Bargyliae, ārum, f. pl. [Βαργύλια] Stadt in Carien. Davon 1) **Bargўlētae**, ārum, m. pl. die Einwohner von B. 2) -**lĭcĭus**, adj.

Bāris, ĭdis, f. [βᾶρις] ein kleines ägyptisches Ruderschiff.

Barītus, us, m. (Spät.) Feldgeschrei, Kriegsgesang der Germanen.

Bārĭum, ii, n. Hafenplatz in Apulien, jetzt Bari.

Bāro, ōnis, m. eine einfältige Person, der Tropf, Klotz.

Barrus, i, m. [indisches Wort] (Poet. u. Spät.) der Elephant.

Bascanda, ae, f. [britannisches Wort] eine große Kumme, Spülnapf.

Bāsĭātĭo, ōnis, f. [basio] (Poet.) das Küssen.

Bāsĭātor, ōris, m. [basio] (Spät.) der Küsser.

Basilĭce, adv. [basilicus] (Vorklass.) königlich, = prächtig, glänzend.

Basilĭcus [βασιλικός] 1) adj. (Vorklass.) königlich, prächtig. 2) *subst.* A) -us, i, m. *sc.* jactus, = jactus Venereus der glücklichste Wurf (f. Venus). B) -ca, ae, f. [βασιλική *sc.* οἰκία od. στοά] ein öffentliches Prachtgebäude mit doppelten Hallen u. s. w., Säulenhalle.

Bāsĭo, 1. küssen (f. basium), aliquam.

Băsis, is, f. [βάσις] das Fußstück, Fußgestell, der Fuß an Säulen, Gebäuden u. dergl., statuae; b. villae der Sockel, die Grundmauer; b. trianguli die Grundlinie.

Bāsĭum, ii, n. (Poet.) ein Kuß (ein verliebter, vgl. osculum, suavium).

Bassānĭa, ae, f. Stadt in Illyrien. Davon -**nitae**, ārum, m. pl. die Einwohner von B.

Bassăreus, ei, m. [Βασσαρεύς, wahrsch. von βασσάρα der Fuchs, mit dessen Fell die thracischen Bacchantinnen sich bekleideten] Beiname des Bacchus. Davon 1) -**rĭcus**, adj. = bacchisch. 2) -**ris**, ĭdis, f. eine Bacchantin.

Bastarnae, ārum, m. pl. germanische Völkerschaft in Galizien, Ukraine u. s. w.

Bastŭli, ōrum, m. pl. Völkerschaft im südlichen Spanien.

*Bat (Pl.) ein spottweise gebildetes Wort oder Laut ohne Bedeutung.

Bătāvi, ōrum, m. pl. eine ursprünglich celtische Völkerschaft, die in Holland (zwischen dem nördlichsten Arme des Rheins und der Maas, auf der insula Batavorum) wohnte.

Băthyllus, i, m. [Βάθυλλος] 1) ein von Anacreon geliebter Knabe. 2) ein Freigelassener des Mäcenas, der mit seinem Zeitgenossen und Rival Pylades die Pantomimik zu Rom einführte.

Bătillum, i, n. (meist Poet. u. Spät.) 1) die Schaufel. 2) (?) eine Kohlen-, Räucherpfanne.

Bătĭŏla, ae, f. (Pl.) ein kleines Trinkgeschirr, Becher.

Battis, ĭdis, f. [Βαττίς] Geliebte des Dichters Philetas.

Battus, i, m. [Βάττος] 1) ein Minyer aus Thera, Gründer von Cyrene in Libyen. Davon **Battĭădes**, ae, m. [Βαττιάδης] Nach-

Batulum — **Belua**

tromme des B. = der Dichter Callimachus, ein Cyrenäer. 2) ein Hirt des Neleus.
Batŭlum, i, n. Stadt in Campanien.
Batuo, ui, — 3. (Poet. u. Spät.) schlagen, klopfen, aliquem; b. cum aliquo sich mit Imb. schlagen.
*****Baubor,** — depon. 1. (Lucr.) vom Hunde, bellen.
Baucis, ĭdis, f. die Frau des alten Philemon in Phrygien; zu diesen Eheleuten kam Jupiter in menschlicher Gestalt und wurde von ihnen gastlich empfangen.
Bauli, ōrum, m. pl. [Βαῦλοι, von βοὸς αὐλή, weil Hercules dort die Rinder des Geryon unterbrachte] Ort in Campanien.
Bavius, ii, m. ein schlechter Dichter zur Zeit des Virgil.
Baxea, ae, f. (Vortlaff. u. Spät.) eine Art Schuh.
Bdellium, ii, n. (gr. βδέλλιον) 1) die Weinpalme. 2) das wohlriechende Harz dieses Baumes; trop. (Pl.) als schmeichelnde Anrede, in b. tu Süße!
Beāte, adv. mit comp. u. sup. [beatus] glücklich, glückselig; b. implere vollständig.
Beatĭtas, ātis, f. u. **Beātitūdo,** ĭnis, f. [beatus] (beide Wörter von Cicero versuchsweise neu gebildet, sonst aber nicht von ihm gebraucht) die Glückseligkeit.
Beātus, adj. mit comp. u. sup. [beo] glücklich, selig, glücklich (der sich in allen Beziehungen glücklich fühlt, vgl. felix, fortunatus u. s. w.); (Poet.) beatus parvo (= contentus) mit Wenigem zufrieden, genügsam; das neutr. als subst. = die Glückseligkeit, ipsum b. 2) reich, begütert, wohlhabend, homo, civitas. 3) (Poet.) von Sachen, herrlich, prächtig, reich, gaza, rura fruchtbar (gesegnete Felder).
Bebryces, cum, m. pl. [Βέβρυκες] alte Völkerschaft in Bithynien. Davon **Bebrycius,** adj.
Beccus, i, m. [gallisches Wort] der Schnabel des Hahns (franz. le bec).
Bedriăcum, i, n. Städtchen in Oberitalien, bekannt von der Schlacht, in welcher der Kaiser Otho fiel. Davon **-ăcensis,** e, adj.
Belgae, ārum, m. pl. die Belger, Völkerschaft, die im nördlichen Gallien wohnte. Davon 1) **Belgĭcus,** adj. 2) **Belgium,** ii, n. ein Theil von Gallia Belgica.
Bellāria, ōrum, n. pl. [bellus] (Com. u. Spät.) Dessert, Naschwerk (Früchte, Nüsse, Backwerk, süße Weine u. dergl.).
Bellātor, ōris, m. [bello] 1) der Krieger, Kriegsmann (aus innerem Berufe, daher mit dem Nebenbegriffe des Muthes und der Kraft, vgl. miles). 2) (Poet. u. Spät.) adj. kriegerisch, streitbar, muthig, homo, equus, trop. ensis; b. deus der Kriegsgott.
Bellatōrius, adj. [bellator] (selten, Spät.) zum Kriege gehörig; stilus b. streitender, polemischer Styl.
Bellātrix, īcis, f. [bello] als adj. kriegerisch, streitbar, diva (Minerva), Roma, belua (der Elephant); iracundia b.
*****Bellătŭlus,** adj. deminut. [bellus] hübsch.
Belle, adv. mit sup. [bellus] hübsch, fein, artig, köstlich u. dergl., scribere, na-

vigare sehr angenehm, negare höflich, aliquid ferre sehr ruhig; b. curiosus hübsch neugierig. Insbes. A) als Beifallsruf, köstlich! schön! B) vom Befinden, b. esse, habere ob. se habere sich wohl befinden.
Bellĕrŏphon, ntis, m. ob. -ontes, ae, m. [Βελλεροφῶν ob. -φόντης] Sohn des Glaucus (Königs von Corinth), erlegte das Ungeheuer Chimära (nach der spätern Sage mit Hülfe des geflügelten Pferdes Pegasus).
Bellĭcōsus [bellicus] adj. mit comp. u. sup. den Krieg liebend, kriegerisch, kampfbegierig, gens, natio, provincia; annus b. worin Krieg geführt wird.
Bellĭcus, adj. [bellum] 1) zum Kriege gehörig, Krieges-, b. res das Kriegswesen, gloria b. Kriegsruhm. Davon subst: bellicum (sc. signum) das Signal, immer in der Verbindung bellicum canere das Signal geben, zum Aufbruch oder zum Angriff blasen. 2) (Poet.) = bellicosus.
Belliger, ěra, ěrum, adj. [bellum-gero] (Poet.) kriegführend, streitbar.
Belligĕro, 1. [bellum-gero] Krieg führen, streiten, cum aliquo, adversus hostes.
Belli-pŏtens, ntis, adj. (Poet.) mächtig im Kriege.
Bello, 1. [bellum] Krieg führen, streiten, kriegen, cum aliquo, pro aliquo, adversus aliquem; b. hoc bellum diesen Krieg führen; (Poet.) = kämpfen überhaupt.
Bellŏcassi, ōrum, m. pl. Völkerschaft an der Seine in Gallien.
Bellōna, ae, f. [bellum] die Kriegsgöttin, Schwester und Begleiterin des Mars.
Bellŏvăci, ōrum, m. pl. Völkerschaft im nördlichen Gallien (in der Gegend des heutigen Beauvais).
Bellŭlus, adj. (Pl.) deminut. von bellus.
Bellum, i, n. [aus dem veralt. Duellum, also eigtl. ein Kampf zwischen Zweien] der Krieg; bellum gerere den Krieg führen, ducere, trahere in die Länge ziehen, conficere beendigen; b. civile der Bürgerkrieg, Macedonicum mit den Macedoniern, regium (selt. regis) mit dem Könige (Mithridates). Asiaticum in Asien; bello Latinorum zur Zeit des Krieges gegen die L.; bello suo defungi mit seinem Antheil am Kriege fertig werden; bisweilen im Gegensatz einer einzelnen Schlacht, non proelio modo sed bello victus erat. Insbes. A) adverbial belli (selten bello ob. in bello) im Kriege, im Felde, im Gegensatz von domi (im Frieden, in friedlichen Angelegenheiten): belli domique, et domi et domi. B) (meist Poet.) = proelium. C) trop. b. Tribunicium Kampf mit den Tribunen; bellum indicere philosophiae.
Bellus [contrah. aus benulus für bonus?], adj. mit sup. hübsch, fein, artig, allerliebst, köstlich u. dergl. (es bezeichnet eine niedere Art von Schönheit, vgl. pulcher u. s. w., gehört auch meist der Conversationssprache), puella, locus, epistola, vinum. Hiervon sao bellus revertare gesund und munter; bisw. vom Betragen = gefällig, charmant, galant u. s. w.
Belŭa ob. **Bellua,** ae, f. ein großes und schwerfälliges Thier (vgl. animal, bestia

u. f. w.), bef. von Elephanten, Löwen, Wallfischen u. dergl.; bisweilen überhaupt = Thier; natura hominis pecudibus reliquisque bb. antecedit.
Bēluātus, *adj.* [belua] (*Pl.*) mit Thieren (d. h. Thierfiguren) versehen.
Bēluōsus, *adj.* [belua] (*Poet.*) reich an großen Thieren, Oceanus.
Bēlus, i, m. 1) uralter König von Babylon. 2) eine indische Gottheit. 3) König in Aegypten, Vater des Danaus und des Aegyptus. Davon a) **Bēlīdes**, a, m. Nachkomme des B. b) **Bēlīdes**, um, *f. pl.* = die Töchter des Danaus. 4) Vater der Dido.
Bĕnĕ, *adv.* mit comp. melius u. sup. optime [bonus] 1) mit Verben wohl, gut: ager b. cultus; b. habitare. Besondere Verbindungen: A) b. dicere (ob. benedicere) a) gut = richtig reden, qui optime dicunt die vorzüglichsten Redner. b) (*Pl.*) Worte von guter Vorbedeutung gebrauchen (= εὐφημεῖν). c) b. dicere alicui Gutes von Jmd. sagen = ihn loben, auch absolut. Davon bene dictum (auch benedictum) = Lob, Ruhm. B) b. facere: a) Etwas richtig, gut thun: b. fecit qui transegerit es war gut, daß er die Sache zu Ende brachte. b) bene facis, fecisti (häufig in der Conversationssprache) = „vortrefflich", „sehr gut", „ich danke"; ebenso b. factum. c) b. facere (auch in einem Worte benefacere) alicui ob. erga aliquem Jmd. wohlthun, Wohlthaten erweisen; daher *particip.* benefacta, ōrum, *n. pl.* (richtiger doch getrennt geschrieben). α) = gute und edle Thaten, Handlungen. β) (selten, Poet.) Wohlthaten (= beneficia). — C) bene est, habet, agitur es steht wohl, es steht gut, illi mit ihm, aliqua re in Beziehung auf Etwas, d. h. mit Etwas wohl versehen sein, von Etwas genug haben; b. habent tibi principia der Anfang ist gut. D) b. vocas (*Pl.*) du ladest mich sehr höflich ein = ich danke sehr. — E) b. emere = wohlfeil, b. vendere = theuer. — F) b. sperare gute Hoffnung hegen, b. polliceri gute Verheißungen machen. G) b. ambula (*Pl.*) glückliche Reise! — H) von der Zeit, eben recht, zur gelegenen Zeit, venire. — 2) mit Adjectiven und Adverbien, sehr, tüchtig, überaus, recht: b. magna caterva, b. mane; (*Poet.*) non b. nicht ganz, kaum. — 3) (*Poet.*) elliptisch beim Zutrinken, b. te, illum oder tibi, illi auf dein Wohl, auf dein Wohlsein.
*Bĕnĕdīce [bene-dico], *adv.* (*Pl.*) freundlich redend.
Bĕnĕdīco, Bĕnĕdictum, siehe bene 1. A.
Bĕnĕfăcio, siehe bene 1. B.
Bĕnĕficentia, ae, *f.* [beneficus] die Wohlthätigkeit, Guttthätigkeit.
Bĕnĕficiārius, *adj.* [beneficium] 1) (Spät.) zur Wohlthat gehörig, res b. = die Wohlthat. 2) *term. t.* (miles) b. ein begünstigter Soldat, d. h. der durch Begünstigung des Befehlshabers (also z. B. der Ehre wegen, zum Lohn u. f. w.) von gewissen härteren u. weniger ansehnlichen Arbeiten im Lager (als Wasserholen, Schanzenwerfen u. dergl.) befreit ist.
Bĕnĕficium, ii, *n.* [bene-facio] 1) die Wohlthat, Gunstbezeugung, der Dienst (aus eigenem Antriebe geleistet und von Jmd. der wenigstens in dieser Beziehung höher steht, vgl. officium); accipere b.; b. in aliquem conferre etc. ausüben gegen Jmd. Insbes. der *abl. sing.* = durch Vermittelung, Bemühung von Jmd., mittelst Etwas: tuo b. durch deine Hülfe, sortium b. durch das Loos, longissimae aetatis b. weil er so lange gelebt hatte. 2) im Staatsleben = Begünstigung, Auszeichnung, Ehrenbezeugung, Beförderung u. dergl. (vom Volke, Senate oder einer Magistratsperson ausgehend): bb. populi häufig von den Ehrenstellen zu Rom: cooptatio collegiorum ad populi b. transferebatur statt der Aufnahme durch die Collegen wurde die Wahl jetzt von der Gunst des Volkes abhängig; in beneficiis ad aerarium deferri in das im Staatsarchive aufbewahrte Verzeichniß solcher aufgenommen werden, welche als Wohlverdiente eine Auszeichnung (durch eine Geldzahlung) hoffen konnten.
Bĕnĕfĭcus, *adj.* mit comp. -entior und sup. -entissimus [bene-facio] guttthätig, wohlthätig.
Bĕnĕventum, i, *n.* Stadt der Hirpiner in Samnium. Davon -ntānus, *adj.*
Bĕnĕvŏle, *adv.* mit comp. -entius und sup. -entissime [benevolus] wohlwollend, mit Wohlwollen.
Bĕnĕvŏlens, ntis, *adj.* [bene-volo] (Com.) = benevolus, was man sehe.
Bĕnĕvŏlentia, ae, *f.* [benevolens] das Wohlwollen, erga aliquem; praestare b. alicui ob. erga aliquem.
Bĕnĕvŏlus, *adj.* mit comp. -entior und sup. -entissimus [bene-volo] wohlwollend, gewogen, günstig, alicui und erga aliquem.
Bĕnignē, *adv.* [benignus] gütig, sowohl in der Gesinnung = freundlich, wohlwollend, als in der That = guttthätig, wohlthät g. Insbes. A) b. polliceri gute Versprechen geben, again mit Wohlwollen, arma capere willig. B) = reichlich, commeatum b. advehere, b. aliquid praebere. C) b. facere alicui = bene facere. D) b. dicis ob., in der Conversation, bloß b. als eine Höflichkeitsformel, mit welcher man für etwas Angebotenes dankt, = ich danke sehr! Sie sind sehr gütig! sehr verbunden! sowohl wenn man das Dargebotene empfängt („danke Ja"), als (häufig) wenn man es abschlägt („danke Nein").
Bĕnignĭtas, ātis, *f.* [benignus] die Güte, A) in der Gesinnung in dem äußeren Betragen, = die Gutmüthigkeit, die Freundlichkeit, das Wohlwollen. B) in der That, = die Wohlthätigkeit, Gefälligkeit.
Bĕnignus, *adj.* mit comp. u. sup. [bene] gütig, A) in der Gesinnung oder im äußeren Betragen, = gutmüthig, freundlich, wohlwollend. B) in der That, = wohlthätig, gefällig, freigebig. Hiervon a) (Poet.) b. vini somnique wein- und schlaftrunken. b) (*Pl.*) verschwenderisch. c) (Poet. u. Spät.) von leblosen Gegenständen = reichlich ob. ergiebig, fruchtbar, reichlich spendend, daps, ager, materia, vena; sermo b. ein langes Gespräch.
Beo, 1. (Poet.) beglücken, glücklich machen, sehr erfreuen, aliquem; hoc me beat; (Conversat.) hoc es. beasti me = das (was du gesagt oder gethan hast) freut mich sehr! b. se vino sich etwas zu Gute thun am Wein; b. Latium divite lingua bereichern.
Bĕrĕcyntae, ārum, ob. -ntes, tum, m.

pl. [Βερεκύντες, -τες] Völkerschaft in Phrygien. Dazu gehört: 1) **Berecyntius**, *adj.* (Poet.) A) = phrygisch: mater B. = Cybele. B) = zur Cybele gehörig. 2) **Berecyntiades**, ae, m. (Poet.) der aus B. ist.

Berenice (od. **Beronica**), es, *f.* [Βερενίκη] I. weiblicher Name; am bekanntesten sind: 1) die Gemahlin des ägyptischen Königs Ptolemäus Euergetes, deren schönes Haar nach den Dichtern unter die Sterne versetzt wurde. Davon **-nīceus**, *adj.* 2) Tochter des jüdischen Königs Agrippa I., die nach Rom geführt und Titus' Geliebte wurde. II. verschiedene Städte (in Cyrenaica, Arabien) führten den Namen B.

Bergomum, i, *n.* Stadt in Oberitalien, jetzt Bergamo.

Beroea, ae, *f.* [Βέροια] Stadt in Macedonien. Davon **Beroeaeus**, i, m. ein Einwohner von B.

Beryllus, i, *m.* [βήρυλλος] (Spät.) der Beryll, ein aus Indien kommender grüner Edelstein.

Berytus, i, *f.* [griech. Βηρυτός] Stadt in Phönicien, jetzt Beiruth.

Bes, siehe as.

Bessi, ōrum, *m. pl.* Völkerschaft in Thracien.

Bestia, ae, *f.* das Thier (als vernunftloses, der Sprache ermangelndes Geschöpf, vgl. animal, belua, fera); b. fera ein Raubthier. Insbes. (später) von einem zum öffentlichen Kampfe mit Fechtern oder Verbrechern bestimmten Raubthiere, daher ad bestias mittere, condemnare zum Kampfe mit wilden Thieren hingeben, verurtheilen.

Bestiarius [bestia], 1) *adj.* die Thiere betreffend, Thier-, ludus. 2) *subst.* -ius, ii, *m.* der Thierkämpfer, der an den öffentlichen Schauspielen mit wilden Thieren kämpft.

Bestiola, ae, *f. deminut.* von bestia.

Beta, ae, *f.* ein Gartengewächs, die Beete, Mangold.

Beto od. **Bito**, — — 3. [verw. mit eo, *fairn*] (Vorklass.) gehen.

Betula, ae, *f.* die Birke.

Bias, antis, *m.* [Βίας] aus Priene, einer der sieben Weisen in Griechenland, Zeitgenosse des Crösus.

Bibliopōla, ae, *m.* [βιβλιοπώλης] (Spät.) der Buchhändler.

Bibliothēca, ae, *f.* [βιβλιοθήκη] die Bibliothek: a) = der Büchersaal oder Bücherschrank. b) = die Büchersammlung.

Bibo, bibi, — (statt des *sup.* gebraucht man potum) 3. 1) trinken (aus Durst und zur Befriedigung eines natürlichen Bedürfnisses, vgl. poto): b. vinum, b. ex fonte, (Poet.) b. uvam, pocula; dare (ministrare) alicui bibere Jmd. bei Tafel den Trank reichen, eingießen (von einem Bedienten). Besondere Verbindungen (bei Poet. u. in der Converf.): A) pro summo b. (Pl.) sehr rüftig und hastig trinken. B) bibe si bibis (Pl.) trink nur zu! C) b. mandata so lange trinken, bis man seinen Auftrag vergessen hat. D) b. nomen alicuius so viel Gläser trinken als der Name Jmds Buchstaben enthält. E) b. flumen aus einem Flusse trinken = neben ihm wohnen. F) (Poet. u. Spät.) von leblosen Gegenständen, = einsaugen, einziehen, amphora b. fumum, hasta b. cruorem. 2) *trop.* b. sanguinem alicuius = heftig nach Etwas verlangen, begierig nach Etwas sein; b. aure pugnas die Erzählungen von Kämpfen begierig, aufmerksam anhören.

Bibracte, is, *n.* Stadt der Aeduer in Gallien, jetzt Autun.

Bibrax, actis, *f.* Stadt der Remer in Gallien, jetzt Bièvre.

Bibrōci, ōrum, *m. pl.* Völkerschaft in Britannien.

Bibūlus, *adj.* [bibo] (Poet. u. Spät.) 1) gern trinkend, vini. 2) von leblosen Gegenständen, die Feuchtigkeit leicht und stark einsaugend, trocken, arena, favilla; talaria bb. welche die Flüssigkeit eingesogen haben = nasse.

Biceps, cipitis, *adj.* [bis-caput] zweiköpfig; (Poet.) mit zwei Gipfeln.

Biclīnium, ii, *n.* [bis-κλίνη] (Pl.) ein Speisesopha für zwei Personen.

Bi-color, ōris, *adj.* (Poet. u. Spät.) zweifarbig.

*** Bi-corniger**, ĕra, ĕrum, *adj.* [cornugero] vom Gott Bacchus, der Zweihörnige.

Bi-cornis, e, *adj.* (cornu) (Poet. u. Spät.) zweihörnig, caper, Fauni, luna (der Halbmond); metom. Rhenus b. mit zwei Mündungen, furca mit zwei Gabeln.

Bicorpor, ŏris, *adj.* [bis-corpus] (Vorklaff.) zweileibig.

Bi-dens, tis, 1) *adj.* (Poet. u. Spät.) zweizähnig, agnus, *trop.* ancora zweizackig. 2) *subst.* A) *m.* ein Karst mit zwei krummen eisernen Zinken. B) *f.* ein Opferthier, bes. ein Schaf, das beide Zahnreihen vollständig hat; (selten) überhaupt = Schaf.

Bidental, ālis, *n.* [bidens] ein vom Blitz getroffener und dann durch das Opfern eines bidens geführter Ort; ein solcher wurde durch eine Einhegung gegen Entheiligung gesichert, vgl. puteal.

Bidis, is. *f.* Städtchen auf Sicilien. Davon 1) **Bidensis**, e, *adj.* 2) **Bidini**, ōrum, *m. pl.* die Einwohner von B.

Biduus [bis-dies], 1) *adj.* zweitägig, tempus. 2) *subst.* **Biduum**, i, *n.* ein Zeitraum von zwei Tagen.

Biennis, e, *adj.* [bis-annus] zweijährig = zwei Jahre dauernd.

Biennium, ii, *n.* [bis-annus] ein Zeitraum von zwei Jahren.

Bifariam, *adv.* [bis] nach zwei Seiten hin, in zwei Theile, doppelt, dividere, distribuere; duo b. proelia wo an zwei Stellen gekämpft wurde.

Bifer, ĕra, ĕrum, *adj.* [bis-fero] (Poet. u. Spät.) zweimal (des Jahres Frucht) tragend.

Bifidus, *adj.* [bis-findo] (Poet. u. Spät.) in zwei Theile gespalten, getheilt, arbor.

Biforis, e, [*adj.*] [bis-fores] (Poet.) zweiflügelig, mit zwei Thüröffnungen; *trop.* tibia dat cantum b. durch zwei verschiedene Oeffnungen d. h. in wechselnden (bald hohen, bald tiefen) Accorden.

*** Bi-formātus**, *adj.* (alt Poet.) = Biformis, e, *adj.* [bis-forma] zweigestaltig.

Bi-frons, tis, adj. (selten, Poet.) doppelstirnig = mit zwei Gesichtern, Janus.

Bifurcus, adj. [bis-furca] zweizackig, zweizinkig, mit zwei Gabeln, vallus.

Bigae, ārum, f. pl. (nur bei Spät. im sing. -ga, ae (contr. für bijugae aus bis u. jugum) das Zweigespann, zwei einem Wagen vorgespannte Zugthiere; jungere bb. vorspannen.

Bigātus [bigae], adj. nur von Silbermünzen, mit dem Zeichen eines Zweigespanns geprägt, argentum; daher subst. -tus, i, m. (sc. numus) eine solche Silbermünze, ein Denar.

Bigerra, ae, f. Stadt im südöstlichen Spanien.

Bigerriōnes, num, m. pl. gallische Völkerschaft in Aquitanien.

Bijŭgis, e, u. -gus, adj. [bis-jugum] (Poet.) 1) zweispännig, currus; certamen b. Wettfahren mit einem Zweigespann. 2) leones bb. zwei zusammen vorgespannte Löwen; subst. -gum, i, n, und -gi, ōrum, m. pl. das Zweigespann.

Bilbĭlis, 1) f. Stadt im nordöstlichen Spanien. 2) m. Fluß (an welchem die gleichnamige Stadt lag), der in den Ebro mündete.

*****Bi-libra**, ae, f. zwei Pfund.

Bilibris, e, adj. [bis-libra] (Poet. u. Spät.) was zwei Pfund wiegt ob. hält, zweipfündig, mullus, cornu.

Bilinguis, e, adj. [bis-lingua] 1) (Pl.) zweizüngig. 2) (Poet. u. Spät.) trop. A.) doppelzüngig, falsch, heuchlerisch. B) der zwei Sprachen redet.

Bilis, is, f. 1) die Galle, am häufigsten an Menschen (vgl. fel). 2) trop. A) = Zorn, Unwille. B) atra ob. nigra b. a) = Schwermuth, Trübsinn. b) = Wahnsinn, Raserei.

*****Bilix**, īcis, adj. [bis-licium] (Poet.) zweifädig, aus zwei Fäden bestehend.

*****Bilustris**, e, adj. [bis-lustrum] (Poet.) zwei Lustren d. h. 10 Jahre dauernd.

Bimāris, e, adj. [bis-mare] (Poet.) an zwei Meeren liegend, Corinthus.

*****Bi-marītus**, adj. mit zwei Frauen verheirathet.

*****Bi-māter**, tris, m. (Poet.) der zwei Mütter hat (vom Bacchus).

Bimembris, e, adj. [bis-membrum] (Poet.) mit zwei Arten Glieder, zweigliederig (insbes. von den Centauren).

Bimestris, e, adj. [bis-mensis] zweimonatlich, consulatus das zwei Monate dauert, stipendium für zwei Monate, porcus zwei Monate alt.

Bimŭlus, adj. deminut. von bimus.

Bimus, adj. [bis] 1) zwei Jahre alt, zweijährig; legio b. die zwei Jahre gedient hat. *2) trop. sententia b. = ein Votum das dahin geht, daß die Statthalterschaft Imds für zwei Jahre verlängert werden soll.

Bingium, ii, n. Stadt im belgischen Gallien, dem heutigen Bingen gegenüber.

Bīni, ae, a (bei Lucr. auch im sing.) [bis] adj. num. distr. 1) je Zwei, cum bb. vestimentis exierunt. 2) bei Pluralien = zwei: bb. castra, bb. millia; bb. litterae zwei Briefe (duae litterae = zwei Buchstaben). 3) in der Multiplication, bis bina zwei Mal zwei. 4) von gepaarten Sachen, bb. boves ein Paar Ochsen; daher im sing., binum corpus, supellex doppelt.

Binoctium, ii, n. [bis-nox] (Spät.) eine Zeit von zwei Nächten.

Bion, ōnis, m. [Βίων] 1) cyrenaischer Philosoph im J. 280 v. Chr., bekannt durch seinen beißenden Witz. Davon **Biōnēus**, adj. 2) ein bucolischer Dichter im J. 250 v. Chr.

Bipalmis, e, adj. [bis-palma] (Spät.) zwei Spannen lang ob. breit.

Bipartior ob. **Bipertior**, dep. 4. [bispartior] sich in zwei Theile theilen, fast nur im particip. bipartitus in zwei Theile geschieden.

Bipartīto, adv. [bipartitus, siehe bipartior] in zwei Theilen, zwiefach, in zwei Abtheilungen, classem b. distribuere, signa b. inferre.

Bipătens, tis, adj. [bis-pateo] (Poet.) doppelt offenstehend = mit beiden Thürflügeln geöffnet, porta, tectum.

Bipĕdālis, e, adj. [bis-pes] zwei Fuß lang, breit ob. dick, trabs, fenestra.

Bipenni-fer, ĕra, ĕrum, adj. (Poet.) eine zweischneidige Art tragend.

Bipennis, e, adj. [bis-penna] 1) (Spät., selten) zweiflügelig, mit zwei Flügeln, insectum. 2) (selten) zweischneidig; davon 3) subst. -nis, is, f. sc. securis (Poet. u. Spät.) eine zweischneidige Art, Doppelart; crebrae bb. häufige Hiebe mit der Art.

Bi-pes, ĕdis, adj. (Poet. u. Spät.) zweifüßig.

Birēmis, adj. [bis-remus] 1) zweiruderig, mit zwei Rudern, scapha. 2) subst. -is, is, f. (sc. navis) ein Schiff mit zwei Reihen Ruderbänke.

Bis, adv. num. zwei Mal. b. in die im Verlauf eines Tages, b. die täglich; b. bina zwei Mal zwei; (Poet.) b. mille zweitausend, b. centum corpora zweihundert Personen; b. tantum ob. tanto quam zwei Mal soviel als —; prov. b. ad eundem (sc. lapidem offendere) zwei Mal denselben Fehler begehen.

Bisaltae, ārum, m. pl. [Βισάλται] Völkerschaft in Thracien.

Bisaltis, ĭdis, f. [Βισαλτίς] = die Tochter des Bisaltes (Sohns der Sonne u. der Erde) = die Theophane.

Bisanthe, es, f. [Βισάνθη] thracische Stadt an der Propontis.

Bistŏnes, num, m. pl. [Βίστονες] Völkerschaft in Thracien. Davon 1) **Bistŏnis**, ĭdis, f. = die Thracierin b.) die thracische Bacchantin; auch adj. B. ales = Procne, f. b. Art. 2) **Bistŏnius**, adj. a) bistonisch. b) = thracisch überhaupt.

*****Bisuloï-lingua**, ae, m. (Pl.) eigtl. mit zweigespaltener Zunge; trop. der doppelzüngige Mensch, der Heuchler.

Bi-sulcus, adj. (Poet. u. Spät.) zweigespalten, in zwei Theile (eigtl. Furchen) getheilt; subst. -oum, i, n. sc. animal ein Thier mit zweigespaltenen Klauen.

Bithȳni, ōrum, m. pl. [Βιθυνοί] die Bewohner der von ihnen benannten Landschaft Bithynien. Dazu gehört 1) **Bithȳnia**, ae, f. [Βιθυνία] nordwestliche Landschaft in Asien zwischen der Propontis und dem schwarzen Meere.

2) **Bĭthȳnĭeus**, später auch **-nĭus**, Poet. **-nus**, adj. 3) **Bĭthȳnĭs**, ĭdis, f. (Poet.) die Bithynierin.
Bito, s. Beto.
Bĭto, ōnis, m. [Βίτων] Sohn einer argivischen Priesterin, der mit seinem Bruder Cleobis für ihre kindliche Liebe gegen die Mutter von den Göttern durch einen frühen und sanften Tod belohnt wurde.
Bĭtūmen, ĭnis, n. (Poet. u. Spät.) das Erdpech, Erdharz, der Asphalt.
Bĭtūmĭneus, adj. [Bitumen] (Poet.) aus Erdpech.
Bĭtŭrĭges, gum, m. pl. Völkerschaft im aquitanischen Gallien.
Bĭvĭus, adj. [bis-via] (Poet.) doppelwegig, fauces die einen doppelten Eingang bilden. Davon subst. **-ium**, ii, n. der Doppelweg.
Blaesus, adj. [βλαισός] (Poet.) lispelnd, stotternd, os, lingua (meist von einem temporären Zustande, vgl. blandus).
Blanda, ae, f. 1) Stadt in Lucanien. 2) Stadt in Hispania Tarraconensis.
Blande, adv. mit comp. u. sup. lieblosend, einschmeichlerisch; bl. flectere cardinem sanft u. behutsam.
Blandĭ-dĭcus, adj. (Pl.) schmeichlerisch redend.
Blandĭ-lŏquentĭa, ae, f. [loquor] (alt. Poet.) einschmeichelndes Reden.
Blandĭ-lŏquentŭlus, adj. [loquor] (Pl.) schmeichlerisch-, süß redend.
Blandĭ-lŏquus, adj. [loquor (Poet.) schmeichlerisch-, süß redend.
Blandīmentum, i, n. [blandior] 1) einschmeichelndes Betragen u. Reden, Liebkosung, Schmeichelrede u. b.; bb. muliebria. 2) trop. lockende, reizende, einnehmende Eigenschaft oder Sache, der Reiz, die Annehmlichkeit o. dergl.; b. vitae; expellere famem sine bb. ohne Leckereien, Gewürze.
Blandĭor, depon. 4. [blandus] 1) lieblosen, durch süße Worte, sanftes Anschmiegen u. dergl. Jmb. sich angenehm zu machen streben, sich einschmeichlerisch betragen, schön thun (vgl. adulor); b. alicui; columbae bb. inter se; blandita est patri ut etc. hat unter Liebkosungen den Vater, daß u. s. w. 2) trop. von solchen Gegenständen, reizen, locken, gefallen: inertia b., voluptas b. sensibus; fortuna b. coeptis begünstigt.
Blandĭter, adv. (Vorklaff.) = blande.
Blandĭtĭa, ae, f. [blandus] 1) einschmeichelndes Reden (so meist im plur.) u. Betragen, Schmeichelei, Liebkosung, bb. muliebres, puerorum. 2) trop. der Reiz, lockende und reizende Annehmlichkeit, bb. voluptatum.
Blandītim, adv. [blandior] (Lucr., zweifelh.) liebkosend.
Blandus, adj. mit comp. u. sup. 1) sich einschmeichelnd, liebkosend, schönthuend, homo, femina, amicus; voluptates dominae bl. 2) von Sachen, lockend, reizend, einnehmend, verführerisch, angenehm, verba, amor, otium, preces, querela.
Blătĕro, 1. (Vorklaff., Poet. u. Spät.) plappern, schwatzen, faseln.

*Blătĕro, ōnis, m. [blatero] (Spät.) der Schwätzer.
Blătĭo, — — 4. (Pl.) = blatero.
1. **Blatta**, ae, f. ein das Licht scheuendes Insect, bes. die Schabe.
2. **Blatta**, ae, f. (Spät.) der geronnene Saft der Purpurschnecke, der Purpur.
Blattārĭus, adj. [blatta 1.] (S.-ät.) dunkel.
Blattĕus, adj. [blatta 2.] (Spät.) purpurfarbig.
Blĕmyae, ārum, ob. **-myes**, um, m. pl. eine fabelhafte äthiopische Völkerschaft.
Blennus, i, m. [βλεννός] (Pl.) der Tropf, Einfaltspinsel.
Blĭtĕus, adj. [blitum] (Vorklaff.) geschmacklos, daher albern, fade.
Blĭtum, i, n. [βλίτον] (Vorklaff. u. Spät.) ein an und für sich geschmackloses Küchengewächs, vielleicht Spinat.
Boārĭus, adj. [bos] zu Ochsen gehörig, Ochsen-, forum der Ochsenmarkt.
Bocchar, ăris, m. 1) ein König von Mauretanien zur Zeit des zweiten punischen Kriegs. 2) ein Befehlshaber des Syphar. 3) (Poet.) appell. = ein Afrikaner.
Bocchus, i, m. 1) ein König von Mauretanien zur Zeit des Jugurtha. 2) (Poet.) eine ihm zu Ehren mit seinem Namen benannte Pflanze.
Bŏdŏtrĭa, ae, f. Meerbusen an der Ostküste Britanniens, jetzt Firth of Forth.
Boebe, es, f. [Βοίβη] Flecken in der thessalischen Landschaft Pelasgiotis. Davon **Boebēis**, ĭdis, f. [Βοιβηΐς λίμνη] der See, an welchem die Stadt B. lag; weil Minerva in ihm die Füße gebadet hatte, heißt er bei einem Dichter heilig.
Boeŏtarches, ae, m. [Βοιωτάρχης] der höchste Magistrat in Böotien.
Boeŏti, ōrum, m. pl. [Βοιωτοί] die Böotier, die Bewohner der Landschaft Böotien. Dazu gehören: 1) **Boeōtĭa** [Βοιωτία] auch (Spät.) **-tis**, ĭdis, f. Böotien, Landschaft in Griechenland. 2) **Boeōtĭus** [Βοιώτιος], auch (Spät.) **-tĭous**, und **-tus**, adj.; davon subst. **Boeōtĭi**, ōrum. m. pl. = Boeoti.
Boëthus, i, m. [Βοηθός] 1) ein stoischer Philosoph. 2) ein griechischer Künstler ums J. 370 v. Chr.
Boihēmum, s. Boji.
Bŏia, ae, f. (meist im plur.) [bos] (Pl.) der Halsriemen, die Halsfessel.
Boji, ōrum, m. pl. celtische Völkerschaft in Oberitalien und Germanien bis in das jetzige Böhmen, das nach ihnen **Boihēmum** oder **Bojohēmum** (richtiger als Bojemum) genannt worden sein soll.
Bōla, ae, f. ob. **Bōlae**, ārum, f. pl. Stadt der Aequer in Latium. Davon **Bōlānus**, adj. und subst. **-āni**, ōrum, m. pl.
Bōlētus, i, m. [gr. βωλίτης] (Vorklaff. u. Spät.) eine Art Pilze, der Champignon.
Bōlus, i, m. [βόλος] 1) (Vorklaff. u. Spät.) der Wurf: a) mit Würfeln, b) mit dem Fischernetz; trop. bolo aliquem tangere ob. multare Jmb. einen Verlust verursachen. 2) meton. = der Fang, das Gefangene, emere b., trop. = Gewinn, Vortheil.

Bōlus, i, m. [βῶλος] eigtl. eine Erdscholle, davon ein Bissen, *trop.* = Vortheil, Gewinn.

Bombax, *interj.* [βομβάξ] (*Pl.*) bezeichnet ein ironisches Erstaunen, Potz Wetter! Ei der Tausend!

Bombŏmāchĭdes, ae, m. [βόμβος-μάχομαι] „Brummenkämpfer", komischer Name eines prahlerischen Soldaten.

Bombus, i, m. [βόμβος] (*Poet.* u. *Spät.*) dumpfer und tiefer Laut, das Summen, Brummen, apum, cornuum.

Bombȳcĭnus, *adj.* [bombyx] (*Poet.* u. *Spät.*) seiden, aus Seide.

Bombyx, ȳcis, m. [βόμβυξ] (*Poet.* u. *Spät.*) 1) der Seidenwurm. 2) die Seide.

Bŏmilcar, āris, m. 1) carthaginiensischer Feldherr, Zeitgenoß des Agathocles. 2) ein Vertrauter des Jugurtha.

Bona Dea, eine Göttin, die von den römischen Frauen verehrt wurde; bei ihrem Feste, das jährlich am 1sten Mai in des einen Consuls Hause gefeiert wurde, durfte kein Mann gegenwärtig sein.

Bŏnĭtas, ātis, f. [bonus] die gute Beschaffenheit einer Sache, Güte. 1) von materiellen Gegenständen, = Vorzüglichkeit, Vortrefflichkeit, b. praediorum, aquae, vocis. 2) von Personen, a) b. ingenii, gute natürliche Anlage. b) von dem Charakter, Güte, Gutmüthigkeit, Redlichkeit, Rechtschaffenheit; fides et b. alicuius; naturalis b. Herzensgüte; b. erga aliquem.

Bonna, ae, f. Stadt am Rhein, jetzt Bonn.

Bŏnōnĭa, ae, f. Stadt in Gallia cisalpina, jetzt Bologna. Davon **Bŏnōnĭensis**, e, *adj.*

Bŏnum, i, n. [*neutr.* von bonus] *sing.* A) ein Gut, das Gute: summum b. oder finis bonorum das höchste Gut. B) = Vortheil, Nutzen, Wohl, Glück; est mihi bono ich habe Vortheil davon; b. publicum das Staatswohl. 2) *plur.* A) Güter, Vermögen, Reichthum: bb. patria; esse in bonis im Besitz der Güter sein.

Bŏnus, *adj.* mit *comp.* melior u. *sup.* optimus, gut, 1) von der physischen Beschaffenheit und äußern Umständen, ager, vinum, valetudo; numus b. = ächt, aetas b. = die Jugend. Insbes. A) = reichlich, groß: bona pars ein „guter Theil", b. copia. B) (*Converf.*) wohlhabend, süffisant in Geldsachen; daher b. nomen ein zuverlässiger Schuldner (s. nomen). C) von der Geburt, vornehm, edel, b. genus; namentlich bb. viri ob. optimus quisque (bisw. optimi) = optimates die Vornehmen, Aristokraten (bei Cicero gewöhnlich = die Patrioten). D) его bonae, a) = glückliche, gute Umstände: in bonis tuis rebus während du es gut hast. b) (= τὰ ἀγαθὰ) leckere Speisen, Delicatessen. — 2) von moralischen Eigenschaften und abstracten Gegenständen: dux, defensor, poeta b. = tüchtig, geschickt, wacker, brav, ebenso pace belloque bonus; (*Poet.*) melior = stärker, überlegen, pugnā melior = Sieger im Kampf; (S. at.) melior furandi tüchtiger im Stehlen. Insbes. A) = ehrlich, zuverlässig, socii bb. B) bono animo esse a) ob. b. animum hubere bei gutem Muth = getrost sein. b) in aliquem gegen Imd. wohlgesinnt sein. C) bono animo aliquid facere in guter Absicht, mit redlichem Sinn Etwas thun. D) rechtschaffen, redlich, b. vir; so auch *abf.* boni die Guten; bisw. im *vocat.* ironisch bono vir mein guter Mann! E) in politischer Beziehung boni = die Wohlgesinnten, die Patrioten. F) (*Sall.*) = tapfer, *opp.* ignavus. G) bb. dicta gute Einfälle, Witze. H) bonā veniā ob. cum bona veniā tuā (eius) mit deiner (seiner) gütigen Erlaubniß. — 3) mit Rücksicht auf a) Imd., für welchen Imd ob. Etwas gut ist, = wohlwollend, geneigt, günstig, vortheilhaft, alicui u. in (erga) aliquem; b) Etwas, wozu eine Sache gut ist, = dienlich, nützlich, bequem, ad aliquid ob. rei alicui. Insbes. bb. verba (*Poet.*) in der Religionssprache, Worte von günstiger Vorbedeutung; davon (*Ter.*) bb. verba, quaeso, ironisch = denke doch Besseres von mir. c) boni consulere aliquid, s. consulo.

Boo, 1. [verw. mit βοάω] (Vorklassisch u. *Poet.*) laut ertönen, = wiederhallen.

Boŏtes, ae, m. [βοώτης], s. Arctos.

Bŏra, ae, m. ein Berg in Macedonien.

Bŏrĕas, ae, m. [βορέας] (meist *Poet.*) der Nordwind; (*Poet.*) = der Norden; als mythische Person Bewohner einer Berghöhle in Thracien, Vater des Zethus und Calais.

Bŏrĕus [βόρειος] *adj.* (*Poet.*) zum Nordwind gehörig, nördlich.

Bŏrysthĕnes, is, m. [Βορυσθένης] Fluß in Sarmatien, jetzt Dniepr. Davon *abgel.* 1) **Bŏrysthĕnīdae**, ob. -nĭtae, ārum, m. *pl.* die Anwohner des Borysthenes. 2) -nis, ĭdis, f. Stadt am Borysthenes. 3) -nius, *adj.*

Bōs, ŏvis [verw. mit βοῦς], 1) m. der Ochse, f. die Kuh. Insbes. A) bb. mortui scherzweise = eine aus Rindsleder gemachte Peitsche. B) *prov.* bovi imponere clitellas = Imb. einen Auftrag geben, zu dem er nicht geschickt ist. 2) ein Seefisch.

Bospŏrus (ob. **Bosphŏrus**) i, m. [Βόσπορος] „die Kuhfurt", zufolge der Sage von Io und ihren Irrfahrten 1) B. Thracius = die Straße von Konstantinopel. 2) B. Cimmerius die Straße von Feodosia oder Kaffa, an der Krimm. — Davon **Bospŏrānus** u. (*Poet.*) -reus zum B. gehörig; davon *subst.* **Bospŏrāni**, orum, m. *pl.* die Anwohner des (cimmerischen) B.

Bŏtŭlārĭus, ii, m. [botulus] (*Spät.*) der Wurstmacher.

Bŏtŭlus, i, m. (*Spät.*) die Wurst.

Bŏviānum, i, n. Stadt in Samnium.

Bŏvillae, ārum, f. *pl.* 1) Städtchen in Latium; davon **-lānus**, *adj.* 2) Städtchen in der Gegend von Arpium; davon **-lānus**, *adj.*

Bŏvillus, *adj.* (Vorklaff.) = bubulus, welches man sehe.

Brăbeuta, ae, m. [βραβευτής] der Vorsteher öffentlicher Kampfspiele, Kampfrichter.

Brācae ob. **Braccae**, ārum, f. *pl.* (selten im *sing.*) Hosen, Beinkleider, die bei fremden Völkern, nicht bei den Römern, gebräuchlich waren.

Brācātus, *adj.* [bracae] 1) mit Hosen bekleidet, davon 2) a) überhaupt = fremd, ausländisch, nationes, miles; b) Gallia b.

Bracchium — **Bructeri** — 97

= Transalpina (ob. speciell G. Narbonensis), Frankreich; cognatio b. Verwandtschaft mit Leuten aus Gall. b.
Bracchium etc., a. S. für Brachium etc.
Brăchiālis, e, adj. [brachium] (Vorklaff. u. Spät.) zum Arm gehörig, Arm-; nervus b.; crassitudo b. Armsdicke.
Brāchiŏlum, i, n. deminut. von brachium.
Brăphium, ii, n. 1) der Unterarm (von der Hand ab bis zum Ellnbogen, vgl. lacertus): bb. et lacerti. 2) überhaupt der Arm. Proverb. a) levi b. aliquid agere Etwas oberflächlich und nachlässig behandeln. b) molli b. aliquem objurgare sanft, glimpflich Jmd. Vorwürfe machen. c) dirigere b. contra torrentem gegen den Strom schwimmen. d) praebere bb. sceleri = unterstützen, fördern. 3) (meist Poet.) von Allem, was mit Armen Aehnlichkeit hat: A) die Scheeren des Krebses u. dergl. B) die Aeste an Bäumen. C) ein Meeresarm. D) ein Seitenzweig von Gebirgen. E) eine Segelstange, intendere brachium velis. F) ein Arm oder Seitenzweig von Belagerungs- oder Befestigungswerken, gewöhnlich zur Verbindung zweier Puncte, eine Communicationslinie, brachium muro. injangere.
Bractea, ae, f. (Poet. u. Spät.) eine dünne Metallplatte, Metallblech (vgl. lamina), bes. Goldblättchen.
Bracteātus, adj. [bractea] (Spät.) eigtl. mit Goldblech belegt, trop. a) leo b. mit goldgelber Mähne. b) felicitas b. geschminktes, falsches Glück.
Bracteŏla, ae, f. deminut. von bractea.
Branchus, i, m. [Βράγχος] Sohn oder Liebling des Apollo, Stammvater der Branchidae, ārum, m. pl. Diener und Priester im Tempel des Apollo zu Didyma im Gebiete von Milet.
Brassica, ae, f. der Kohl.
Brennus, i, m. 1) Anführer der senonischen Gallier, der 390 v. Chr. Rom eroberte. 2) Anführer des gallischen Heerhaufens, der im J. 278 n. Chr. Macedonien verheerte und in Griechenland bis nach Delphi vordrang.
Breuni, ōrum, m. pl. Völkerschaft in Rhätien.
Brĕviārium, ii, n. [brevis] (Spät.) eine kurze Uebersicht, kurzer Auszug, kurzes Verzeichniß, rationum, officiorum; b. imperii kurze statistische Uebersicht.
Brĕvicŭlus, adj. deminut. von brevis.
****Brĕvi-lŏquens**, tis, adj. [loquor] kurz- oder wenig redend, sich kurz fassend.
Brĕvio, 1. [brevis] (Spät.) abkürzen, verkürzen, versus, cervices; hiervon b. syllabam = kurz aussprechen.
Brĕvis, e, adj. mit comp. u. sup. kurz (von der Natur her, vgl. curtus): 1) im Raume, von der Ausdehnung A) in die Länge oder Weite, kurz, klein, schmal a. dergl., via, iter, aqua schmal, vitae curriculum; librum in breve cogere (Poet.) in einen engen Raum zusammendrücken. B) in die Höhe, = niedrig, klein, mons, homo. C) (Poet.) in die Tiefe, flach, seicht, nicht tief, puteus, vadum; davon subst. brevia, ium, n. pl. Untiefen, Sandbänke, seichte Stellen. D) (Poet.) überhaupt = klein, ge-

ring, unbedeutend, caput, mus, trop. impensa, coena. E) trop. indem der räumliche Begriff auf abstracte Gegenstände übertragen wurde, a) von der Rede, kurz = gedrängt, kurz gefaßt, narratio, sententia. b) von dem Redenden, kurz = sich kurz fassend, brevem fieri in scribendo. c) brevi aliquid comprehendere, perscribere u. dergl., kurz, mit wenigen Worten. d) *breve faciam ich werde es kurz machen, mich kurz fassen. e) in breve cogere kurz zusammenfassen. 2) in der Zeit, kurz = kurzdauernd, tempus, dolor; rosa b. bald welkend. Insbes. A) brevi tempore (spatio) und in b. tempore (spatio), auch brevi oder in brevi in (binnen) kurzer Zeit, in Kurzem: de itinere ipsi brevi tempore judicabitis; brevi ante quam kurz ehe. *B) ad breve für eine kurze Zeit. C) syllaba b. eine kurze Sylbe.
Brĕvĭtas, ātis, f. [brevis] die Kürze, 1) (selten) = Kleinheit, geringe Größe, b. corporis; b. Gallorum niedriger Wuchs; b. freti Engheit. 2) in der Zeit, diei. Hiervon b. syllabarum von der Sylbenmessung. 3) trop. von der Rede, die Kürze = Gedrängtheit.
Brĕviter, adv. mit comp. u. sup. [brevis] kurz, selten vom Raume, gewöhnl. von der Kürze im Ausdrucke (= in der Kürze, mit wenig Worten) oder in der Sylbenmessung.
Briăreus, ei, m. [Βριαρεύς] Sohn des Uranus und der Gäa, von den Menschen Aegaeon genannt, einer von den Hundertarmigen (Centimani); nach Anderen ein Gigant mit 100 Leibern.
Brigantes, tum, m. pl. mächtige Völkerschaft im nördlichen England. Davon **Brigantĭcus**, adj.
Brigantia, ae, f. ob.-tium, ii, n. 1) Städtchen im östlichen Frankreich, jetzt Briançon. 2) Stadt am Bodensee, jetzt Bregenz. Davon **Brigantīnus**, adj., namentlich lacus Br. = der Bodensee.
Brimo, us, f. [Βριμώ] (Poet.) die „Schreckliche", Beiname der Hecate.
Briniātes, tum, m. pl. Völkerschaft in Ligurien.
Brisēïs, īdis, f. [Βρισηΐς] Tochter des Priesters Brises, Kriegsgefangene und Geliebte des Achilles.
Britannia, ae, f. Großbritannien, England und Schottland. Dazu geh. 1) **Britannicus** und -tannus, adj., subst. Britanni, ōrum, m. pl. die Bewohner von B. 2) **Brīto**, ōnis, m. (Spät.) A) der Britanner. B) der Bretagner in Frankreich. 3) **Britannicus**, i, m. Sohn des Kaisers Claudius und seiner ersten Gemahlin Messalina, vom Nero durch Gift getödtet.
Brixellum, i, n. Städtchen in Oberitalien.
Brixia, ae, f. Stadt in Oberitalien, jetzt Brescia. Davon **Brixiānus**, adj.
Brŏgĭtarus, i, m. Schwiegersohn des Königs Dejotarus.
Brŏmius, ii, n. [βρόμιος] der Lärmende, Beiname des Bacchus.
Bructĕri, ōrum, m. pl. germanische Völkerschaft im nordwestlichen Teutschland. Davon **Bructĕrus**, adj.

Ingerslev, Lat.-deutsches Schulwörterbuch.

Brūma, ae, f. [contrah. aus brevissima sc. dies] 1) der kürzeste Tag im Jahre, die Wintersonnenwende. 2) (meist Poet.) überhaupt der Winter; per b. im Winter.

Brūmālis, e, adj. [bruma] 1) zur Wintersonnenwende gehörig. 2) überhaupt winterlich.

Brundĭsĭum, ii, n. Stadt in Calabrien am Meere gelegen, von welcher die Ueberfahrt nach Griechenland und dem Orient geschah. Davon **Brundĭsīnus,** adj., u. subst. -sīni, ōrum, m. pl. die Einwohner von B.

Brūtĭdĭus, ii, m. (Niger) römischer Geschichtschreiber zur Zeit des Tiberius.

Bruttĭi, ōrum, m. pl. die Bruttier, die Bewohner des südlichsten Theils von Italien; sehr oft meton. = das Land der Br., esse in Bruttiis. Davon **Bruttĭānus** u. **Bruttĭus,** adj.

Brūtus, I. adj. (Poet. u. selten) 1) schwer, schwerfällig, unbeweglich, pondus, tellus. 2) trop. stumpf, träg, gefühllos, vernunftlos, animal. II. Beiname einer römischen Familie in der gens Junia, weil der Stammvater desselben Lucius J. B., um der Grausamkeit des Tarquinius Superbus zu entgehen, sich albern gestellt hatte; er befreite später Rom von der Königsherrschaft. Ferner sind bekannt Marcus J. B., Schwestersohn des Cato Uticensis, Liebling, später Mörder des Cäsar, Freund des Cicero, berühmt auch als Redner und Philosoph, und Decius J. B., der nach Cäsars Tode gegen den Antonius kämpfte. Hiervon (Spät.) -tiānus, adj.

Būbassus, i, f. [Βούβασσος] Stadt in Carien. Davon -bāsis, Idis, f., und -ssius, adj.

Būbastis, is, f. [Βούβαστις] ägyptische Göttin, oft mit der Diana verwechselt.

Būbīle, is, n. [bos] der Ochsenstall, Kuhstall.

Būbo, ōnis, m. der Uhu.

Būbulcĭtor, depon. 1. [bubulcus] (Vorklass. u. Spät.) Ochsentreiber-, Rinderhirt sein.

Būbulcus, i, m. [bos] 1) der Ochsentreiber, der mit Ochsen pflügt. 2) (Spät.) der Rinderhirt.

Būbŭlus, adj. [bos] zum Ochsen gehörig, Ochsen-, caro; coria bb. Riemen aus Ochsenleder.

*****Būcaeda,** ae, m. [bos-caedo] (Pl.) mit Ochsenriemen gepeitscht.

Bucca, ae, f. die (beim Reden, Essen u. f. w.) aufgeblasene und vollgestopfte Backe. Hiervon A) loqui u. vergl. quidquid in buccam venit Alles was Einem einfällt. B) von Personen, deren Backen aufgeblasen sind: a) der Hornbläser; b) der Schmatzer; c) der Schreier (von einem schlechten Sachwalter, der mit lauter Stimme viele Worte ohne gewichtige Gründe redet). C) = der Mundbissen.

Bucco, ōnis, m. [bucca] (Vorklass. und Spät.) comische Person in der alten Volkscomödie, der leere Schwätzer, „Bajaz".

Buccŭla, ae, f. [deminut. von bucca] 1) (Spät.) die Backe, das Maul. 2) an dem Helm, ein Visir od. Backenstück.

*****Buccŭlentus,** adj. [buccula] (Pl.) mit großen und aufgeblasenen Backen.

Būcĕphălas, ae, m. [βουκεφάλας] „der Ochsenköpfige", Lieblingspferd Alexanders des Großen, dem zu Ehren eine von Alexander am Hydaspes gebaute Stadt **Būcĕphăla,** ōrum, n. pl. genannt wurde.

Būcĕrus od. **-ŏrĭus,** adj. [βούκερως] (Poet.) mit Ochsenhörnern.

Būcĭna od. **Buccĭna,** ae, f. [bucca?] ein schneckenförmig gewundenes Horn (vgl. taba), namentlich A) das Hirtenhorn; B) das Kriegshorn, die kurze Trompete (womit das Signal zur Ablösung der Wachen u. f. w. gegeben wurde): b. canit es wird geblasen; daher ad tertiam b. bei der dritten Nachtwache.

Būcĭnātor (Bucc.), ōris, m. [bucina] der Hornbläser; trop. b. existimationis meae der Verkünder, Auspofauner.

Būcĭno (Bucc.), 1. [bucina] (Spät.) auf dem Horne blasen, das Zeichen geben.

Būcŏlĭcus, adj. [βουκολικός] (Poet. u. Spät.) zu den Hirten gehörig, Hirten-, ländlich, poëma. Hierv. subst. **Būcŏlĭca,** ōrum, n. pl. Hirtengedichte.

Būcŭlus, i, m. u. -la, ae, f. [bos] der junge Ochse, die junge Kuh.

Būfo, ōnis, m. die Kröte.

Bulbus, i, m. [βολβός] 1) die Zwiebel, der knollige Wurzel an Blumen. 2) als Gartengewächs, die Zwiebel, der Knoblauch.

Būleutērium, ii, n. [βουλευτήριον] das Rathhaus.

Bulla, ae, f. ein schwellender und dadurch sich rundender Gegenstand, 1) (Poet. u. Spät.) die Wasserblase. 2) der Buckel, Knopf an Thüren, Gürteln u. f. w. 3) eine (gewöhnlich goldene) Kapsel, welche von tuscischen Königen u. römischen Triumphatoren, später von vornehmen Knaben, als Amulet sich auf die Brust herabhängend getragen wurde; daher bullā dignus = kindisch.

Bullātus, adj. [bulla] (Poet. u. Spät.) 1) (Poet.) trop. leer wie eine Blase, nugae (zweifelh. Lesart). 2) eine (goldene) Kapsel (am Halse) tragend, puer.

Bullĭo, 4. [bulla] (Spät.) Blasen werfen, sprudeln.

Bullis, Idis, f. Stadt und Landschaft in Illyrien. Davon Bullidenses oder -lienses, ium, auch Bulliōnes, num, u. -līni, ōrum, m. pl. die Einwohner von B.

Būmastus, adj. [βούμαστος] (Poet. u. Spät.) eigentlich kuhbrüstig d. h. mit großen Brüsten; subst. (sc. vitis) Rebe mit großen (schwellenden) Trauben.

Būpălus, i, m. [Βούπαλος] Bildhauer aus Chios.

*****Būra,** ae, f. = **Būris,** is, m. das Krummholz am Pfluge.

Burdĭgāla, ae, f. Stadt in Aquitanien, jetzt Bordeaux. Davon **-lensis,** e, adj.

Burgundĭōnes, num, m. pl. germanische Völkerschaft auf beiden Seiten der Oder.

Būri od. **Būrii,** ōrum, m. pl. Völkerschaft im nordöstlichen Germanien.

Būsĭris, idis, m. König in Aegypten, der die Fremden, welche in sein Land kamen, opferte.

Bustĭrăpus, i, m. [bustum-rapio] (*Pl.*) der die Grabmäler beraubt (Scheltwort).

Bustuārius, ii, m. [bustum] zur Leichenbrandstätte gehörig: gladiator b. der in den am Grabe veranstalteten Spielen kämpft.

Bustum, i, n. [buro = uro] der Ort, wo die Leiche verbrannt und beerdigt wurde, die Leichenbrandstätte; daher überhaupt (meist Poet.) die Grabstätte, das Grabmal, Grab. Hiervon *trop.* vivum b. von dem Magen eines menschenfressenden Thieres; b. nati vom Tereus, der seinen eigenen Sohn gegessen hatte; Philippi bb. civilia weil dort so viele Bürger gefallen und begraben waren; b. reipublicae von Jmd. der den Staat umstürzt, b. legum von einem Orte, wo die Gesetze vernichtet worden waren.

Buthrōtum, i, n. [*Βουθρωτόν*] Stadt in Epirus, Corcyra gegenüber, jetzt Butrinto. Davon -tius, *adj.*, u. *subst.* -tii, ōrum, m. *pl.* die Einwohner von B.

Butrōtus, i, m. Fluß in Bruttium bei Locri Epizephyrii.

Buxentum, i, n. Stadt in Lucanien.

*****Buxĭfer**, ĕra, ĕrum, *adj.* [buxus-fero] (Poet.) Buchsbaum tragend.

Buxum, i, n. 1) das Buchsbaumholz; daher von verschiedenen aus B. gemachten Gegenständen (einem Kreisel, Kamm, einer Schreibtafel u. dergl.). 2) (selten) = buxus.

Buxus, i, *f.* 1) der Buchsbaum. 2) = buxum; b) Berecynthia eine aus B. gemachte phrygische Flöte.

Byblis, ĭdis, *f.* [*Βυβλίς*] Tochter des Miletus, verliebte sich in ihren Bruder und wurde in eine Quelle verwandelt.

Byrsa, ae, *f.* die Citadelle von Carthago.

Byssācium, ii, n. Landschaft in Africa propria.

Byzantium, ii, n. [*Βυζάντιον*] Byzanz, das heutige Constantinopel. Davon -tius, *adj.*, und -tii, ōrum, m. *pl.* die Einwohner von B.

C.

Căballus, i, m. (Poet. u. Spät.) eine in der Volkssprache gebräuchliche aber weniger edle Benennung des Pferdes, der Klepper, Gaul.

Cabillōnum, i, n. Stadt in Gallien am Arar, jetzt Châlons sur Saône.

Cabīri, ōrum, m. *pl.* [*Κάβειροι*] mythische, von den Pelasgern bes. auf Lemnos und Samothrace verehrte Gottheiten, die bald mit den Dioskuren, bald mit den Corybanten, bald mit den thmäischen Penaten verwechselt wurden.

Căchinnātĭo, ōnis, *f.* [cachinno] (selt.) das Lachen aus vollem Halse.

Căchinno, 1. aus vollem Halse lachen, laut auflachen.

Căchinnus, i, m. das ausgelassene, laute Gelächter, tollere, edere c. ein schallendes Gelächter aufschlagen, effundi in c. in — ausbrechen.

Căco, 1. 1) *intrans.* kacken. 2) *transit.* A) kackend von sich geben, odorem. B) bekacken, kackend besudeln, charta cacata = höchst schlecht.

Cacoēthes (*indecl.*) n. [*κακόηθες*] (Spät.) die bösartige Krankheit.

Căcŏzēlĭa, ae, *f.* [*κακοζηλία*] (Spät.) die fehlerhafte Nachahmung.

Căcŏzēlus, *adj.* [*κακόζηλος*] (Spät.) der fehlerhaft Nachahmende.

Căcŭla, ae, m. (Vorkl.) ein Soldaten-(Officier-)aufwärter im Felde.

Căcūmen, ĭnis, n. [verwandt mit acumen] 1) die Spitze, der Gipfel, das äußerste spitze Ende eines Gegenstandes (vgl. culmen, fastigium), montis, arboris, rami. 2) *trop.* (*Lucr.*) Ziel, höchster Grad einer Sache, ad summum c. venire.

Căcūmĭno, 1. [cacumen] (Poet. u. Spät., selten) zuspitzen (oben), aures.

Căcus, i, m. Räuber in Italien, wegen des Diebstahls einiger von Geryons Ochsen von Hercules getödtet.

Cădāver, ĕris, n. [cado] 1) ein todter Körper von einem Menschen ob. Thiere, Leichnam (von der widerlichen Seite betrachtet == Aas, vgl. corpus mortuum), c. Clodii cruentum. 2) *trop.* a) als Schimpfwort, „Aas" = ein verächtlicher Mensch. b) cc. oppidorum Ruinen, Trümmer.

*****Cădāvĕrōsus**, *adj.* [cadaver] (Com.) leichenhaft, facies.

Cadmus, i, m. [*Κάδμος*] 1) Sohn des phönicischen Königs Agenor, Gemahl der Harmonia; seine vom Jupiter geraubte Schwester Europa suchend kam er nach Böotien und gründete dort Cadmea, die Burg des später erbauten Thebens. Davon A) **Cadmēis**, ĭdis, *f. adj.*, zum C. gehörig, davon (Poet.) = thebanisch überhaupt; *subst.* = eine Tochter des Cadmus. B) **Cadmēĭus** und **Cadmēus**, *adj.* cadmeisch und (Poet.) = thebanisch; *subst.* **Cadmēa**, ae, *f.* die Burg von Theben. — 2) ein Logograph aus Milet. 3) ein Henker zur Zeit des Horaz.

Cădo, cĕcĭdi, cāsum, 3. überh. fallen, 1) eigtl., A) herabfallen von einem höheren zu einem niedrigeren Puncte (meist Poet.), in der Prosa öfter die Zusammensetzungen, stürzen (von dem vollendeten Fall, vgl. labor): c. a summo, de coelo, ex equo, in aquam; arma de manibus civium impiorum delapsa ceciderunt. Insbes. a) sol c. (Poet. u. Spät.) geht unter, ebenso dies c. b) flumen c. in mare mündet. c) folia cc. fallen ab. B) von einer aufrechten Stellung in eine liegende fallen: prolapsus cecidit; montes cc. sinken, stürzen hernieder. Hiervon insbes. = sterbend fallen, sterben, getödtet werden, bes. im Kriege: c. in acie; (Poet.)' c. ab aliquo von Jmds Hand; hostia c. = wird geschlachtet; (Convers.) von einem Weibe, sich hingeben. — 2) *trop.* A) unwillkührlich in Etwas hineinkommen, «gerathen, einer Sache unterworfen werden u. dergl.: c. in morbum erkranken, in conspectum geschen werden, sub sensus unter die Sinne wahr-

7*

genommen werden; c. ad servitia in die Hände der Sklaven kommen, in potestatem ob. sub imperium alicuius; res c. in cogitationem, in offensionem, suspicionem alicuius wird Gegenstand der Gedanken u. s. w. Jmd. Hiervon B) von der Zeit, treffen, eintreffen, in tempus alienissimum: hoc c. in adventum tuum trifft mit deiner Ankunft zusammen; numi cc. in eum diem sind auf jenen Termin fällig. C) zu Etwas passen, sich schicken, bei Jmd. Statt finden u. dergl.: aegritudo non c. in sapientem findet nicht Statt bei dem Weisen; mentiri non c. in virum bonum kann bei einem rechtschaffenen Manne nicht gedacht werden; hoc c. sub eandem rationem gehört unter dieselbe Kategorie. D) = sich ereignen, sich zutragen, eintreffen, davon begegnen, widerfahren, zufallen u. dergl.: hoc mihi c. peropportune; cecidit mihi ut etc.; omnia honesta a te mihi cc. werden mir von deiner Seite zu Theil; res aliter c. fiel anders aus; quorsum hoc cecidit welchen Ausgang hatte dieses? vota cc. (Poet.) = werden erfüllt; res in (ad) irritum ob. in cassum (auch irrita) c. schlägt fehl, es wird Nichts aus der Sache. E) = sich verlieren, sich vermindern, abnehmen, sinken u. dergl., ira, vires, laus; ventus c. legt sich; cado animo ob. animus mihi cadit der Muth sinkt mir; pretium c. der Preis sinkt. Hiervon a) c. causā ob. formulā den Proceß verlieren. b) fabula cadit das Stück fällt durch = wird ausgepfiffen. — 3) term. t. von Wörtern oder Sylben, endigen, ablauten, ausgehen, in hanc literam mit diesem Buchstaben, in longiores syllabas; oratio numerose c. hat am Schluß des Satzes einen rhythmischen, wohlklingenden Tonfall.

Cădūceātor, ōris, m. [caduceus] ein im Kriege zum Feinde abgeschickter Herold, Parlementār.

Cădūceus, ei, m. ob. -ceum, ei, n. der Heroldsstab.

Cădūcĭfer, ĕri, m. [caduceus-fero] (Poet.) den Heroldsstab tragend, Beiname des Merkur.

Cădūcus, adj. [cado] 1) (meist Poet.) gefallen, niedergefallen ob. niederstürzt, folia, fulmen; trop. caducus bello gefallen im Kriege = getödtet; lignum c. in caput domini das beinahe auf des Herrn Kopf fiel. 2) zum Fallen geneigt, leicht fallend, abfällig: flos c.; vitis naturā est c.; trop. juvenis c. (Poet.) zu einem frühen Tode bestimmt. 3) trop. vergänglich, eitel, nichtig, res humanae, spes, tempus. 4) term. t. hereditas, possessio c. ledig, zu welcher kein Erbe ob. Eigenthümer sich findet.

Cădurci, ōrum, m. pl. gallische Völkerschaft in Aquitanien. Davon **Cădurcus** adj., und subst. -cum, i, n. eine bei den Cad. verfertigte leinene Decke, meton. = ein mit solcher Decke geschmücktes Bett.

Cădus, i, m. [griech. κάδος] (Poet. u. Spät.) ein großer irdener Krug zum Aufheben bes. des Weins, auch des Oels, Honigs u. f. w.

Cădūsii, ōrum, m. pl. Völkerschaft an der Südwestseite des caspischen Meers.

*Caecĭgĕnus, adj. [caecus-gigno] (Lucr.) blindgeboren.

Caecĭlĭus, Name eines römischen Geschlechtes, aus welchem die Familie der Metelli die bekannteste ist: 1) Q. C. M. Macedonicus eroberte Macedonien 146 v. Chr. 2) Q. C. M. Celer war Prätor unter dem Consulate Cicero's. 3) Q. C. M. Nepos, Bruder des Q. C. M. Celer, ein Gegner des Cicero. 4) Q. C. M. Numidicus führte den Krieg gegen Jugurtha mit großem Ruhme, mußte aber den Oberbefehl an C. Marius abgeben. 5) Q. C. M. Creticus eroberte als Consul die Insel Creta und bezwang die Seeräuber daselbst, woraus einige Eifersucht zwischen ihm und seinem Zeitgenossen Pompejus entstand. — Außer diesen ist Caec. Statius zu merken, ein Comödiendichter, Zeitgenosse des Ennius.

Caecĭtas, ātis, f. [caecus] die Blindheit, trop. animi c.

Caeco, 1. [caecus] 1) (selten, Poet. u. Spät.) blind machen, blenden, sol c. 2) trop. A) verblenden, mentem; caecatus libidine. B) oratio caecata dunkel, zweideutig.

Caecŭbum, i, m. ein durch edlen Wein berühmter Ort im südlichen Latium. Davon -bus, adj.

Caecus, adj. mit comp. 1) act. der nicht sehen kann: A) blind, catulus; corpus c. der blinde Theil des Körpers, d. i. der Rücken. B) trop. a) geistig blind, verblendet, mens c.; praeceps et c. fertur; caecus crudelitate; c. ad belli artes der sich auf Kriegslist nicht versteht. b) von der Leidenschaft selbst, c. timiditas, timor. c) exsecratio c. wobei man zwischen Unschuldigen und Schuldigen keinen Unterschied macht, vor Leidenschaft blind ist. 2) pass. was nicht gesehen werden kann: A) versteckt, verborgen, unsichtbar, fores, fossa, venenum; ictus c. wenn man nicht sieht, woher der Schlag kömmt; hiervon meton. murmur (u. dergl.) c. undeutlich, von dem man nicht hört, woher es kömmt. B) unsicher, ungewiß, unbekannt, causa, fata, eventus; crimen c. unerweislich; ignes caeci in nubibus ohne bestimmtes Ziel dahinfahrend. C) *(Pl.) caecā die emere aliquid auf Credit bis zu einem unbestimmten Termin. 3) neutr. wobei ob. worin man nicht sieht, dunkel, finster, unburchsichtig, nox, tenebrae, domus. 4) trop. (wie im Deutschen z. B. „blinder Lärm") eitel, leer, erfolglos, ignes, exsecratio.

Caedes, is, f. [caedo] 1) (selten, Spät.) das Fällen, Hauen, ligni. 2) das Tödten, sowohl von einem Einzelnen = der Todtschlag, der Mord, als von Mehreren = das Niedermachen, Gemetzel, Blutbad (bes. im Kriege): c. privatorum; magnam civium c. facere, edere ein großes Blutbad unter den Bürgern anrichten; (selten) caedere caedem in aliquem = Jmd. tödten; auch von Thieren, c. ferarum. Hiervon trop. (Poet. u. Spät.) A) acervi caedis Haufen von Leichnamen. B) = das durch Morden vergossene Blut, madere caede.

Caedo, cĕcīdi, caesum, 3. 1) fällen, zum Fallen bringen, umhauen, abhauen, zerhauen: c. arbores, silvam; c. frondes, comam; c. murum, montes; toga apte caesa gut zugeschnitten. 2) = tödten, todtschlagen, hominem; bes. in der Kriegssprache, sowohl von dem einzelnen Feinde, = fällen, niederhauen, als von dem feindlichen Heere = niedermachen, hostes; auch von Thieren = schlachten, gregem, hostias. 3) überhaupt an Etwas schlagen, hauen, klopfen: c. silicem rostro, aliquem pugnis mit den Fäusten; c. aliquem verberibus (virgis), auch absol. c. = peitschen; *proverb.* c. stimulos pugnis = durch unnützen Widerstand das Uebel vergrößern; *trop.* caedi testibus = durch die Zeugen in Verlegenheit gebracht werden. 4) (Conversf.) c. sermones plaudern, gemüthlich zusammen sprechen. 5) c. pignora, siehe pignus. 6) *particip.* caesa, n. *pl.* A) ruta c. oder ruta et c., juristischer *term. t.*, eigtl. Alles was auf einem Grundstücke ausgegraben (ruo) und gefällt (caedo) ist und vom Besitzer beim Verkauf zurückgehalten wird, daher überhaupt = bewegliches Gut, Geräthe, Mobilien u. dergl. B) *proverb.* inter caesa et porrecta eigtl. zwischen dem Schlachten der Opferthiere u. dem Auseinanderlegen der Eingeweide auf dem Altar, = in der Zwischenzeit, während man mit Etwas beschäftigt ist, also = zur ungelegenen Zeit.

Caelāmen, inis, n. [caelo] (Poet. u. Spät., selten) die erhabene Arbeit.

Caelātor, ōris, m. [caelo] der Künstler in erhabener Arbeit, Ciseleur, Toreut.

Caelātūra, ae, f. [caelo] (Spät.) 1) das Ausschneiden erhabener Arbeit in Metall oder dergl., die Ciselirung, Toreutik. 2) *trop.* die erhabene Arbeit selbst, die Figuren, cc. attritae.

Caelebs (ob. **Coelebs**), ĭbis, *adj.* unverheirathet (sowohl von einem Wittwer als von einem Junggesellen). Hiervon (Poet.) A) vita, lectus c. einsam, ehelos. B) platanus c. an welchem keine Rebe hinaufgezogen (und gleichsam mit ihm vermählt) ist.

Caeles, **Caelestis**, siehe Coeles, Coelestis.

Caelibātus, us, m. [caelebs] die Ehelosigkeit.

Caelo, 1. [caelum 1.] 1) ciseliren, in erhabener Arbeit in Metall ausführen (stechen, später auch gießen), schnitzen, vasa; aurum caelatum mit erhabenen Figuren; c. fortia facta in auro durch Ciselirung in Gold ausbilden, ebenso c. flumina auro; (Poet.) von ähnlicher Arbeit in anderen Stoffen z. B. Holz. 2) *trop.* (Poet. u. Spät.) von anderen Kunstwerken, = hervorbringen, ausführen, velamina, opus novem Musis caelatum.

Caelum, i, n. der Meißel, Grabstichel des Ciseleurs.

Caelum (Himmel) u. s. w., siehe Coelum.

Caementum, i, n. [statt caedimentum aus caedo] Bruchstein, roher Stein, wie er aus den Steinbrüchen kömmt.

Caena, a. S. für Coena.

Caeneus, ei, m. [Καινεύς] ein Thessalier, der Sage nach als Mädchen geboren u. dann Caenis genannt.

Caenīna, ae, f. Stadt in Latium. Davon -inenses, ium, m. *pl.* die Einwohner von C.

Caenum, siehe Coenum.

Caepa, ae, f. u. -pe, n. (nur im nom. u. acc.) die Zwiebel.

Caere, *indecl.* n., Stadt in Etrurien, wovon das *adj.* Caeres, ĭtis ob. ētis; siehe Caerites.

Caerimōnia (auch Cēr.), ae, f. 1) die Ehrwürdigkeit, Heiligkeit, legationis. 2) die heilige Scheu, Ehrfurcht vor Etwas, Verehrung: metus et c. deorum; summa religione et c. sacra conficere. 3) die heilige Handlung, der religiöse Gebrauch u. Sitte, Ceremonie: sacra et cc., cc. peregrinae; cc. sepulcrorum die bei Grabstätten stattfinden; virginitas aliaeque cc. (von den Vestalinnen) andere religiöse Bestimmungen.

Caerites ob. **Caerētes**, m. *pl.* die Einwohner der Stadt Cäre, s. Caere. Nach dem gallischen Kriege war zuerst mit ihnen hospitium geschlossen; später aber, als sie abfielen, wurden sie römische Bürger sine suffragio, daher der Name später einen civis sine suffragio überhaupt bezeichnet, und in tabulas Caeritum oder (als *adj.*) Caerites referri ist = Bürger ohne politische Rechte (d. i. Stimmrecht und Recht zu Ehrenstellen) werden; caerite cerâ dignus würdig unter die Aerarien versetzt zu werden.

*****Caerŭleātus**, *adj.* [caeruleus] (Spät.) = Caeruleus, mit dunkelblauer Farbe bemalt.

Caerŭleus und (Poet.) **Caerŭlus**, *adj.* 1) dunkelblau (wie der Himmel u. das Meer), mare, pontus, cc. campi die Meeresfläche; *subst.* Caerŭla, ōrum, n. *pl.* die blaue Meeresfläche, verrunt cc., caerula mundi der blaue Himmel. Hiervon A) von Gegenständen die zum Meere gehören, dii, currus Neptuni. B) von anderen dunkelblauen Gegenständen, serpens, oculi. 2) (Poet.) überhaupt dunkelfarbig, schwarz, vittae, equi Plutonis, mors, imber; c. quercus, prata dunkelgrün.

Caesar, ăris, m. Name einer berühmten Familie in der gens Iulia. Am bekanntesten sind 1) Lucius I. C. als Anhänger des Marius und Cinna vom Fimbria getödtet. 2) Caius I. C. Strabo, Bruder des Lucius I. C., bekannt als Redner, getödtet zugleich mit seinem Bruder. 3) Caius I. C. der Dictator, bekannt aus der Geschichte. — Sein Verwandter Octavianus, der nachherige Kaiser, nahm den Namen Caesar an, und später führten die Kaiser alle den Beinamen C. mit dem Titel Augustus, bis unter Hadrian der Unterschied auftam, daß der regierende Kaiser Caesar Augustus benannt wurde, der designirte Thronfolger bloß Caesar. Hiervon abgeleitet A) **Caesāreus**, *adj.* a) vom Dictator C. J. Cäsar herrührend. b) (Spät.) kaiserlich. B) **Caesāriānus**, *adj.* a) den Dictator C. J. Cäsar betreffend; *subst.* -iāni, orum, m. *pl.* die Anhänger des Cäsar im Bürgerkriege. b) kaiserlich. C) **Caesāriensis**, e, *adj.* Beiname mehrerer Ortschaften, namentlich Mauretania C. D) **Caesārīnus**, *adj.* zum Dictator C. J. C. gehörig.

Caesar-augusta, ae, f. Stadt im nordöstlichen Spanien, jetzt Saragossa.

Caesarēa, ae, f. [Καισάρεια], Name mehrerer Städte; die bekanntesten waren 1) C. ad Argaeum, Hauptstadt in Cappadocien. 2) C. Palaestinae, am Meere, von Herodes durch mehrere Paläste verschönert. 3) C. Mauretaniae, am Meere.

Caesāriātus, *adj.* [caesaries] (Vorklasse u. Spät.) stark behaart.

Caesăriēs, ei, *f.* (meist Poet.) starkes und herabhängendes Haupthaar (vgl. coma u. capillus); (Poet.) c. barbae langer Bart.

Caesēna, ae, *f.* Stadt in Gallia Cispadana.

Caesennius, Name einer römischen Familie.

Caesia Silva, ein Wald im nordwestlichen Deutschland.

***Caesĭcius,** adj. (Pl.) dicht gewebt (nach Andern bläulich).

Caesim, *adverb.* [caedo] 1) hiebweise, mit Hieben, petere hostem. 2) *trop.* von der Rede, abgebrochen, mit einzelnen Worten.

Caesius, *adj.* (selten) blau, blaugrau (nur von den Augen); virgo c. blauäugig.

Caeso (Kaeso), ōnis, *m.* römischer Familienname bes. in dem Fabischen Geschlechte.

Caesōnius, römischer Familienname; Milonia C. war eine Geliebte und später Gemahlin des Kaisers Caligula, die durch einen Liebestrank an seinem Wahnsinn Schuld geworden sein soll.

Caespes, ĭtis, *m.* [caedo] der ausgeschnittene Rasen, das Rasenstück; daher (Poet.) von Gegenständen, die aus Rasen bestehen, a) = ein Altar, b) = eine Hütte, c) = ein Stück grünes Feld.

Caestus ob. **Cestus,** us, *m.* ein mit eisernen ob. bleiernen Kugeln versehener lederner Riemen (ob. Handschuh), den die Faustkämpfer um die Hände wickelten, um die Schläge zu verstärken.

Caīcus, i, *m.* [Κάϊκος] Fluß in Mysien.

Cajus (Poet. Cāĭus), **Caja,** römischer Vorname. Davon **Cajānus,** *adj.*, insbes. = den Kaiser Cajus Caligula betreffend.

Cajēta, ae, *f.* 1) die Amme des Aeneas. 2) Vorgebirge und Stadt auf der Grenze von Latium und Campanien, wo nach der Sage die Amme des Aeneas begraben war; jetzt Gaëta. Davon -tānus, *adj.*

Călăbria, ae, *f.* die südöstlichste Halbinsel von Italien. Dazu gehört **Călăber,** bra, brum, *adj.*, u. *subst.* -bri, ōrum, *m. pl.* die Bewohner von C.

Calacta, ae, *f.* Stadt an der Nordküste Siciliens. Davon **-actīnus,** *adj. u. subst.* **-actīni,** ōrum, *m. pl.* die Einwohner von C.

Călăgŭris, is, *f.* 1) Name zweier Städte in Spanien. Davon **-gurītāni,** ōrum, *m. pl.* die Einwohner von C.

Călăis, is, *m.* [Κάλαϊς] geflügelter Sohn des Boreas, der mit seinem Bruder Zethes an dem Argonautenzuge Theil nahm und die Harpyien vertrieb.

Călămis, ĭdis, *m.* [Κάλαμις] berühmter griechischer Bildhauer zur Zeit des Phidias.

Călămister, stri, *m.* (Vorklaff. u. Spät. auch **-strum,** i, *n.*) [calamus] 1) ein langes, röhrförmiges Brenneisen um die Haare zu träufeln. 2) *pl. trop.* von der Rede, zur Bezeichnung vieler Schmuck, Künstelei, Schnörkelei.

Călămistrātus, *adj.* [calamister] mit dem Brenneisen gekräufelt (Zeichen eines weibischen Betragens), homo, coma.

Călămĭtas, ātis, *f.* [nach Einigen von calamus, urspr. = Wetterschaden am Getreide, Unheil durch Mißwachs; verw. mit incolumis

Schaden, Unheil, Unglück, Elend: accipere c. leiden, esse in magnā c.; c. fructuum Mißwachs; bei den Historikern häufig = Kriegsunglück, Niederlage: proeliis et calamitatibus fracti; accidit illa c. apud Leuctra.

Călămĭtōse, *adv.* [calamitosus] unglücklich.

Călămĭtōsus, *adj.* mit comp. u. sup. [calamitas] reich an Niederlagen und Verlusten, 1) *act.* Unheil und Schaden verursachend, verderblich, unheilbringend, schädlich, tempestas, bellum. 2) *pass.* a) großem Schaden ausgesetzt, locus, agri, vectigal coelo ac loco calamitosum. b) Schaden leidend, unglücklich, elend.

Călămus, i, *m.* [griech. κάλαμος] 1) das Rohr (überhaupt, vgl. arundo u. canna; als ein hohler Körper, vgl. culmus). 2) Hiervon A) das Schreibrohr, die Schreibfeder. B) (Poet.) die Rohrflöte. C) (Poet.) der Rohrpfeil. D) (Poet.) die Angelruthe. E) (Poet. u. Spät.) die Leimruthe zum Vogelfang. F) (Poet. und Spät.) überhaupt der Stengel, Halm. G) (Spät.) das Pfropfreis.

Călānus, i, *m.* ein indischer Philosoph (Gymnosophist), der eine Zeitlang sich bei Alexander dem Großen aufhielt.

Călăthiscus, i, *m. deminut.* von calathus.

Călăthus, i, *m.* [κάλαθος] (Poet. u. Spät.) 1) ein geflochtener Korb, in welchen Blumen, Früchte, Wolle u. dergl. gelegt wurden. 2) ein korbförmiges Gefäß aus Holz ob. Metall, Napf, Schale.

Călātia, ae, *f.* Stadt in Campanien. Davon **Călātīnus,** *adj. u. subst.* **-tīni,** ōrum, *m. pl.* die Bewohner von C.

Călātor, ōris, *m.* (Poet. u. Spät.) eigtl. der Ausrufer, Diener, insbes. der Priesterdiener.

Călaurēa, ae, *f.* [Καλαύρεια] Insel im saronischen Meerbusen.

Calcar, āris, *n.* [calx] (meist im *pl.*) der Sporn: subdere, addere (equo) calcaria (dem Pferd) die Sporen geben, *trop.* = antreiben, ebenso uti cc.

Calceāmentum, i, *n.* ob. (Spät.) **-āmen,** ĭnis, *n.* u. (Spät.) **-ātus,** us, *m.* [calceus] die Fußbekleidung, das Schuhwerk.

Calceārium, ii, *n.* [calceus] (Spät.) das Geld zu Schuhen, Schuhgeld.

Calceātus, us, *m.* [calceo], siehe Calceamentum.

Calceo, 1. [calceus] mit Schuhen versehen, bestuhen, pedes, se, mulas; gew. im *part.* calceatus beschuht.

Calceŏlārius, ii, *m.* [calceolus] (Pl.) der Schuster.

Calceŏlus, i, *m. deminut.* von Calceus.

Calceus, i, *m.* der etwas auf das Bein hinaufgehende Schuh, Halbstiefel (vgl. solea): c. habilis et aptus ad pedem. Insbes. A) calceos poscere = nach Tische aufstehen, weil die Römer die Schuhe ablegten, wenn sie sich zu Tische legten. B) calceos mutare = Senator werden, weil die Senatoren eine eigne Art Schuhe trugen.

Calchas, antis, *m.* [Κάλχας] griechischer Weißager vor Troja.

Calcitro, 1. [calx] 1) hinten- mit den

Füßen ausschlagen; (Poet.) von einem Sterbenden, zappeln. 2) *trop.* widerstreben, Widerstand leisten.

Calcĭtro, ōnis, m. [calx] (Vorklass.) Jmd. der heftig anklopft.

Calco, 1. [calx] 1) auf Etwas treten, viperam; c. uvam celtern, terram feststampfen. 2) (Poet.) betreten, besuchen, viam, litora. 3) *trop.* a) mit Füßen treten, niedertreten, unterdrücken, gentem, libertatem. b) (Poet. u. Spät.) höhnen, verspotten.

Calcŭlus, i, m. [calx 2] 1) kleiner glatter Stein (vgl. lapis, scrupulus). 2) insbef. A) der Stein in dem Brettspiele, das duodecim scripta hieß. B) der Stein auf dem Rechenbrette, daher *trop.* = Rechnung, Berechnung: calculos subducere die Rechnung aufmachen, das Ganze zusammenrechnen; vocare aliquid ad cc. Etwas einer Berechnung unterwerfen, aliquem sich mit Jmd. berechnen. C) in der älteren Zeit der Stein bei der Votirung, Votirstein, weiß, um Beifall oder Freisprechung zu bezeichnen, schwarz, zur Bezeichnung des Gegentheils; daher *proverb.* album calculum rei alicui adjicere = beifallen. D) der Stein in der Urinblase.

Caldārius [statt calidarius aus calidus], (Spät.) zum Aufwärmen gehörig, Wärme = cella c. od. *subst.* -dārium, ii, n. das Warmbadezimmer, Schwitzbad.

Caldor, ōris, m. [caleo] (Vorklass. u. Spät.) die Wärme.

Caldus (Conversf.) = calidus.

Călēdōnia, ae, f. das nordwestliche Hochland in Schottland.

Călĕ-făcio (ob. Calfi) etc. 3. [caleo] 1) wärmen, aufwärmen, warm machen, corpus. 2) *trop.* A) Jmd. warm halten = beunruhigen, plagen, derb zusetzen. B) (Poet.) in leidenschaftliche Hitze versetzen, aufregen, aufreizen, corda. C) (Spät.) emsig Etwas betreiben, c. forum aleatorium leidenschaftlich spielen.

Călĕ-facto, 1. [caleo-facio] (Selten, Poet. u. Spät.) wärmen, *trop.* c. aliquem virgis tüchtig durchpeitschen.

Calendae (auch Kal. geschrieben) -ārum, f. pl. [calo] der erste Tag in jedem Monat, cc. Januariae, Apriles; cc. tristes weil an diesen Tagen (monatlich) die Zinsen bezahlt wurden; *prov.* solvere ad Graecas cc. = nie, „am Ende der Welt" (weil die Griechen diese Benennung der Tage nicht kannten).

Călendārium, ii, n. [calendae] (Spät.) das Schuldbuch des Debitors, Verzeichniß der an den ersten Monatstagen verfallenden Zinsen ausgeliehener Kapitalien.

Călĕo, ui - 2. warm-, heiß sein (vgl. aestuo): ignis c., arae cc. turo. 2) *trop.* A) von geistiger Hitze, der Leidenschaft u. s. w., erhitzt-, aufgeregt-, entbrannt sein, feurig-, hitzig sein, glühen: Romani cc. ab recenti pugna, animi cc. spe; c. studio, irā u. dergl., c. in dicendo reden mit Wärme; omnes cc. Alle sind voll Eifer; bef. von der Liebesgluth, c. feminā von Liebe zu einem Weib entbrannt sein, verliebt sein; c. ad lucrum (Poet.) den Gewinn mit brennender Begierde suchen. Auch absolut = in unruhiger Spannung sein, den Kopf voll haben. B) von abstracten Gegenständen, mit großem Eifer betrieben-, behandelt werden, judicia cc., crimen c. = wird viel besprochen; res satis c. ist zur Ausführung reif. C) = noch frisch und neu sein, res, rumor.

Cāles, is, ob. *pl.* ium, f. Stadt in Campanien, berühmt durch trefflichen Wein. Davon **Călēnus,** *adj.*

Călesco, lui - 3. [caleo] warm werden; *trop.* (Poet.) von einer Leidenschaft, bef. Liebe, erglühen, zu brennen anfangen, c. flammā propiore.

*****Călĭde,** *adv.* [calidus] (Vorklass. u. Spät.) *trop.* bißig, feurig, dicere.

Călĭdus oder (Vorklaff., Poet. und Spät.) **Caldus,** *adj.* mit *comp.* u. *sup.* 1) warm, heiß, fons, vapor. Hiervon *subst.* A) (Spät.) **Calda** ob. **Călĭda,** ae, f. (sc. aqua) warmes Wasser. B) **Caldum** ob. **Călĭdum,** i, n. Warmes, ein warmes Getränk, Mischung von Wein und heißem Wasser. 2) *trop.* feurig, hitzig, leidenschaftlich, heftig, equus, homo; c. redemptor emsig, eifrig; c. consilium ein in der Hitze des Augenblicks gefaßter Entschluß, daher = unüberlegt, unbesonnen. Hierv. (Vorklaff.) = frisch, in der Eile herbeigeschafft, pecunia, mendacium frischgebackene Lüge.

Călĭendrum, i, n. (selten, Poet.) eine Art hohe Frisur bei den römischen Damen (falsches Haar, Haartour).

Călĭga, ae, f. 1) lederner Halbstiefel, den bef. die Soldaten trugen, Soldatenstiefel. 2) *trop.* zur Bezeichnung des Kriegsdienstes: c. Marium dimisit M. ist vom Kriegsdienste frei geworden.

Călĭgātus, *adj.* [caligae] (Spät.) Halbstiefel tragend, gestiefelt, daher *subst.* = ein gemeiner Soldat.

Călĭgĭnōsus, *adj.* mit *sup.* [caligo] nebelig, dunstig, daher = dunkel, finster, coelum, tenebrae, nox.

Călīgo, ĭnis, f. 1) (meist Poet. u. Spät.) Nebel, Dunst: humida c. exhalatur a terra. 2) durch Nebel u. Dünste hervorgebrachte Dunkelheit, Finsterniß (stärker als tenebrae): c. et tenebrae. Hiervon A) offundere caliginem oculis alicujus Jmd. schwindeln machen. B) *trop.* a) inducere c. alicui = Jmd. verdunkeln. b) geistiges Dunkel, = Unwissenheit, Geistesverwirrung u. dergl., c. mentis; offundere c. animis. c) = trübe und unglückliche Umstände, c. illorum temporum.

Călīgo, 1. [caligo] A) in Dunkel gehüllt-, = dunkel sein, lucus; nubes, fenestra c.; oculi cc. es wird Einem dunkel vor den Augen. Hierv. von Personen, im Finstern tappen = geistig nicht sehen können, der rechten Einsicht ermangeln; c. ad videndum quid sit quod vitam beatam efficiat; *proverb.* c. in sole am hellen Tage im Finstern tappen = bei der größten Klarheit Nichts verstehen.

Călĭgŭla, ae, f. *deminut.* von caliga; bef. als Beiname des Kaisers Cajus C.

Călix, ĭcis, m. [verw. mit dem gr. κύλιξ] 1) der Becher, der Pocal; secundi cc. volle. 2) (Vorklaff. u. Poet.) die Schüffel, Topf.

Calleo, ui, - 2. [callum 2] 1) *intrans.* A) (Vorklaff. u. Spät.) dichthäutig sein, Schwielen haben (durch viele Arbeit u. dgl.): costae cc. plagis. B) stumpf und gefühllos sein („eine dicke Haut haben"). C) (meist Vorklaff. u. Spät.) (durch Erfahrung und Uebung) gewitzigt sein, klug-, erfahren, gescheit sein: omnes homines cc. ad quaestum suum; c. in re aliqua, c. usu rei alicujus. 2) *transit.* durch Erfahrung ob. Uebung) Etwas kennen, verstehen, wissen: c. urbanas res, illam artem; (selten) c. facere aliquid, c. (ich weiß) quo pacto id fieri soleat.

Callicrătĭdas, ae, *m.* [Καλλικρατίδας] Anführer der Spartaner, der in der Schlacht bei den arginusischen Inseln gegen die Athenienser das Leben verlor.

Callĭde, *adv.* mit *comp.* u. *sup.* [callidus] 1) klug, einsichtsvoll, geschickt; (Com.) c. aliquid intelligere = sehr gut, recht gut. 2) schlau, listig.

Callĭdĭtas, ātis, *f.* [callidus] das Gewitztsein, die Klugheit, 1) im guten Sinne die Klugheit, Einsicht, die geistige Gewandtheit, c. et celeritas ingenii. 2) im üblen Sinne, die Verschmitztheit, Verschlagenheit, Schlauheit; *pl.* cc. alicujus Ränke, schlaue Kunstgriffe.

Callĭdus, *adj.* [calleo] gewitzigt, durch Erfahrung und Uebung klug: 1) im guten Sinne, A) von Personen, klug, erfahren, gescheit, einsichtsvoll, c. in re aliqua, ad suum quaestum; (Poet. u. Spät.) c. rei alicujus in Etwas; (Poet.) c. condere zum Verbergen. B) von Sachen, sinnreich, fein ausgedacht, artificium, inventum. 2) im üblen Sinne, schlau, verschmitzt, verschlagen, c. et subdolus, c. et versutus; c. ad fraudem, in disputando; auch von Sachen, c. dolus, cunctatio.

Callĭmăchus, i, *m.* [Καλλίμαχος] berühmter griechischer Dichter ums J. 250 v. Chr.

Callĭŏpe, es, ob. -pēa, ae, *f.* [Καλλιόπη, -πεια] eine der Musen, Göttin der epischen Poesie.

Callĭpho, ōnis, ob. **-phon**, ontis, *m.* [Καλλιφῶν] griechischer Philosoph.

Callĭpŏlis, is, *f.* [Καλλίπολις] Name mehrerer griechischer Städte; bes. St. in dem thracischen Chersones, jetzt Gallipoli.

Callis, is, *m.* (selten *f.*) schmaler Fußsteg über Berge und durch Wälder, bes. für das Vieh, der Bergpfad (vgl. trames u. semita).

Callisthĕnes, is, *m.* [Καλλισθένης] griechischer Philosoph, Jugendfreund Alexanders des Großen, der ihn doch hinrichten ließ.

Callisto, us, *f.* [Καλλιστώ] Tochter des arcadischen Königs Lycaon, durch Jupiter Mutter des Arcas, von Juno in eine Bärin verwandelt, später als die ursa major an den Himmel versetzt.

Callōsus, *adj.* [callum] (Poet. u. Spät.) dickhäutig, harthäutig, oliva, ovum, cutis bic· ob. hart.

Callum, i, *n.* 1) die verhärtete, dicke Haut, die Schwiele, c. solorum. Hiervon A) (Vorklaff. u. Spät.) hartes Fleisch, c. aprugnum vom Eber. B) (Plin.) harte Haut, Rinde gewisser Früchte, c. pirorum. C) harte Rinde an der Erde, terrae. 2) *trop.* zur Bezeichnung geistiger Stumpfheit, Gefühlslosigkeit: callum obducere (inducere, ducere) animo alicujus gefühllos machen, abstumpfen, aber dolori, stomacho Jmd. gegen

den Schmerz, den Aerger gefühllos machen, bewirken, daß der Schmerz weniger gefühlt wird.

Călo, 1. (Spät.) eigtl. ausrufen, nur als *term. t.* A) c. nonas vom Pontifex, der in der ältesten Zeit an den calendis bekannt machte, wie viele Tage bis zu den nächsten nonae waren. B) comitia calata (zusammenrufen von den Priestern), eine eigene Art von comitia curiata (vielleicht auch von centuriata), an welchen die Pontifices den Vorsitz hatten, und wo theils gewisse Priester (der rex sacrorum und die flamines) geweiht wurden, theils gewisse Familiensachen (namentlich die detestationes sacrorum und die Testamente) sanctionirt wurden.

Călo, ōnis, *m.* der Troßknecht, Kriegsknecht, der mit der Bagage zu thun hat (vgl. lixa); hiervon überhaupt der Knecht, Diener.

Călor, ōris, *m.* [caleo] 1) die Wärme, Hitze, bes. = die Sommerwärme (mediis cc. mitten im heißen Sommer), die Fieberhitze, c. vitalis, die Lebenswärme. 2) *trop.* (Poet. u. Spät.) vom Gemüth, leidenschaftliche Aufregung, Feuer, Eifer, c. cogitationis, dicendi; trahere c. = verliebt werden, im *pl.* = Liebe, Liebeshändel.

Calpe, es, *f.* [Κάλπη] hoher Berg an der Meerenge von Gibraltar, eine der sogenannten Säulen des Hercules.

Calpurnius, Name eines römischen Geschlechtes, aus welchem die Familie der Pisones die wichtigste war: 1) C. P. Frugi, Cicero's Schwiegersohn und treuer Freund, starb noch jung. 2) Lucius C. P. Caesōnīnus, Schwiegervater des Cäsar, Consul 58 v. Chr. und als solcher Cicero's Gegner. 3) Cneius C. P., der unter dem Tiberius der Nachfolger des Germanicus in Asien wurde und wahrscheinlicherweise diesen da vergiftete. — C. Bestia ließ sich als Consul vom Jugurtha bestechen. — Marcus C. Bibulus, Cäsars Gegner und College in fast allen Ehrenstellen.

Caltha, ae, *f.* (Poet. u. Spät.) eine gelbliche, starkriechende Blume, „Ringelblume" (?).

*****Calthŭla**, ae, *f.* [caltha] (*Pl.*) gelbes Frauenkleid.

Călumnia, ae, *f.* [calvor] 1) *term. t.* in Rechtssachen, Chicane, namentlich durch Verdrehung des Rechts und ränkevolle Auslegung = A) falsche Anklage, Cabale: c. et malitiosa juris interpretatio; jurare calumniam schwören, daß man nicht aus Cabale anklage. B) die eine solche Cabale betreffende Rechtssache: effugere c.; afferre c. ad pontifices; ferre c. = für einen falschen Ankläger erklärt werden. 2) übertraupt A) Cabale, Kunstgriff, Chicane: calumniā dicendi tempus eximere aus Chicane so lange zu reden fortfahren, bis die Zeit (der Senatsversammlung) aus ist. B) falscher und unbegründeter Vorwand: c. religionis ein solcher aus religiösen Bedenklichkeiten entnommener Vorwand. C) Sophisterei, sophistische Auslegung, Raisonnement u. vergl.: c. Arcesilae, adhibere c. D) *trop.* c. timoris die aus übertriebener Besorgniß entstandene unbillige Anklage seiner selbst, Selbstkicane; ebenso nimia contra se c. übertriebene Strenge in der Beurtheilung seiner selbst (s. calumniator 2. u. calumnior 2. C.)

Calumniator — Campester

Călumniātor, ōris, *m.* [calumnior] 1) *term. t.*, Jmd der eine falsche und auf Cabale gegründete Anklage vorbringt, der Chicaneur, Rechtsverdreher: c. sequitur scriptum (hängt sich am Buchstaben fest), bonus judex voluntatem scriptoris defendit. 2) (Spät.) c. sui der seine eigene Arbeit gar zu strenge beurtheilt.

Călumnior, *dep.* 1. 1) *intrans.* vor Gericht Cabalen schmieden, das Recht verdrehen, eine falsche Anklage vorbringen: aperte ludificari et c.; calumniabar ipse ich erfand selbst gegen mich eine unverdiente und unbillige Anklage (d. h. dachte mir, was vielleicht Andere ungerechter Weise gegen mich sagen würden). 2) *transit.* A) c. aliquem aus Chicane und ungerecht Jmd. anklagen. B) auf sophistische Weise angreifen, tadeln, aliquem, festinationem alicujus. C) (Spät.) c. se seine eigene Arbeit mit allzu großer Strenge beurtheilen.

Calva, ae, *f.* [calvus] der (kahle) Hirnschädel.

Calvēna, ae, *m.* [calvus] erdichteter Name für den kahlköpfigen C. Matius, Freund des Cäsar.

Calvīsius, Name eines römischen Geschlechtes.

Calvĭties, ei, *f.* (Spät.) [calvus] die Kahlheit.

Calvĭtĭum, ii, *n.* [calvus] die kahle Stelle des Kopfes, die Glatze.

Calvor, — — 3. *dep.* 1) (XII tabb.) *intrans.* von Jmd., der vor Gericht gerufen sich nicht stellen will, Ausflüchte gebraucht, um nicht mitzufolgen. 2) (Vorklaff.) *trans.* durch Ausbleiben täuschen, aliquem.

Calvus, *adj.* kahl, haarlos.

Calx, cis, *f.* (selten *m.*) 1) (Vorklaff.) das Steinchen im Brettspiel = calculus. 2) der Kalkstein, Kalk; (Spät.) c. viva ungelöschter, macerata od. exstincta gelöschter; coquero c. brennen. 3) weil in älterer Zeit der Endpunct auf der Rennbahn mit Kalk (später mit Kreide) bezeichnet wurde, *trop.* das Ziel, Ende einer Rennbahn, ad c. pervenire; ad carceres a c. revocari vom Ende zum Anfange zurückkehren.

Calx, cis, *f.* (selten *m.*) 1) die Ferse, sowohl von Menschen als von Thieren; remittere c. od. calcibus (aliquem) petere hinten (nach Jmb.) ausschlagen. *Proverb.* a) pugnis et calcibus mit Händen und Füßen. b) (Com.) adversus stimulum calces (sc. jactare) durch unnützen Widerstand das Uebel verschlimmern.

Călȳcadnus, i, *m.* [Καλύκαδνος] Fluß und Vorgebirge in Cilicien.

Călȳdōn, ōnis, *f.* [Καλυδών] Hauptstadt in Aetolien, berühmt durch die dort angestellte große Jagd (siehe Meleager). Davon: 1) **Călȳdōnis,** *adj. u. subst.* **-is,** ĭdis, *f.* = Deianira, Tochter des Königs Oeneus zu C. 2) **Călȳdōnius,** *adj.*: C. heros = Meleager, amnis = Achelous, regna des Diomedes Reich in Unteritalien.

Călymne, es, *f.* [Κάλυμνα] Insel des karischen Meeres, unweit Rhodus.

Călypso, us, u. (selten) -ōnis, *f.* (= Καλυψώ) Nymphe auf der Insel Ogygia, Tochter des Atlas, welche den Ulysses sieben Jahre bei sich festhielt.

Călyx, ȳcis, *m.* [gr. κάλυξ] (Spät.) die äußere Kruste, Schaale, Hülle, an Nüssen u. dgl., Schaalthieren u. s. w.

Cămărīna, ae, *f.* [Καμάρινα] Stadt auf der Südwestküste Siciliens.

Cambūnii montes Grenzgebirge zwischen Thessalien und Macedonien.

Cambȳses, is, *m.* [Καμβύσης] 1) Vater des älteren Cyrus, Gemahl der Mandane. 2) Sohn und Nachfolger des Cyrus.

Cămella, ae, *f.* (Poet. u. Spät.) eine Art Becher.

Cămēlŏpardălis, is, *f.* [καμηλοπάρδαλις] die Giraffe.

Cămēlus, i, *m.* [κάμηλος] das Kameel.

Cămēna, ae, *f.* [statt casmena, carmena, aus cano] italische Nymphe, Göttin des Gesanges; den Namen übertrugen die Römer später auf die griechischen Musen; daher camena bei Poeten = ein Gedicht, prima c.

Cămĕra od. **Cămăra,** ae, *f.* [gr. καμάρα] 1) die Wölbung, gewölbte Decke. 2) (Spät.) ein mit gewölbtem Deck (od. Bretterdach) versehenes Schiff bei den Pontiern.

Cămēria, ae, *f.* sabinische Stadt in Latium. Davon **-rīnus,** *adj.*

Cămĕrīnum, i, *n.* Stadt in Umbrien. Davon **Cămers,** tis, *adj.,* u. *subst.* **-rtes,** ium, die Einwohner von C. Hiervon wieder **Cămertīnus,** *adj.*

Cămillus, i, *m.* eigtl. ein aus unbescholtener Ehe entsprossener, freigeborener Knabe, der beim Opferdienst namentlich des Flamen Dialis gebraucht wurde, ein Opferknabe; daher (durch Mißbrauch) bei einem Poet. mures cc. = Mäusejungen.

Cămillus, i, *m.* Familienname in der gens Furia; am bekanntesten ist der Fur. Cam., der Veji eroberte und die Gallier besiegte.

Cămīnus, i, *m.* [gr. κάμινος] der Ofen (rein lat. fornax), theils = Schmelzofen oder Schmiedeesse, theils zum Heizen der Stube, das Kamin.

Cămīrus, i, *m.* [Κάμειρος] 1) *m.* Heros aus Rhodus, Gründer der gleichnamigen Stadt. 2) *f.* Stadt auf Rhodus.

Campānia, ae, *f.* blühende und gesegnete Landschaft in Mittelitalien, südlich von Latium. Davon **Campānus** und (Vorklaff.) **-ānĭous,** *adj.*; morbus C. eine Art Warzen im Gesicht, welche dort häufig waren; *subst.* **-āni,** ōrum, *m. pl.* die Bewohner von C.

Campe, es, *f.* [gr. καμπή] die Krümmung; daher (Pl.) *trop.* = die Ausflucht.

Campester, stris, stre, *adj.* [campus] 1) zur Ebene und zum offenen Felde gehörig, urbs, locus (flach); iter c. auch die Ebene, Scythae cc. die auf Ebenen wohnen, hostis c. auf der Ebene kämpfend; *n. pl.* **campestria,** ium, (Spät.) flache Land, die Ebene. 2) insbef. zum Marsfelde (campus Martius) gehörig, also A) = die Comitien betreffend: certamen c., gratia c., quaestus c. Geld, das die Leute von den Amtsbewerbern erhielten. B) die körperlichen Uebungen betreffend (proelia, exercitationes cc.). Davon **Campestre,** is, *n.* (sc. velamentum) eine Art Schurz od. Gürtel, um den Unterleib zu bedecken, welchen die Römer in der ältesten Zeit unter der Toga trugen (später trat die Tunica an seine Stelle), und der nachher bei den körperlichen Uebungen von den übrigens nackten Theilnehmern gebraucht wurde.

Campus, i, m. 1) die Ebene, freie und offene Fläche, das Blachfeld (im Gegensatz von Wäldern und Hügeln (vgl. ager und planicies); (Poet.) von jeder anderen Fläche, als der Meeresfläche (caerulei cc.), der Oberfläche eines Hügels u. s. w. 2) insbes. = das Marsfeld, campus Martius, eine Ebene an der Tiber, die ursprünglich im Besitz der Tarquinier war, aber nach ihrer Vertreibung Staatseigenthum und dem Mars geweiht wurde. Hier wurden die Centuriatcomitien gehalten (der Name campus M. wird oft zur Bezeichnung dieser gebraucht). Ferner war diese Ebene der Spiel- und Uebungsplatz der römischen Jugend, und die hier stattfindenden Uebungen und Spiele wurden oft durch den Namen campus M. bezeichnet. Hiervon 3) trop. = der Spielraum, Tummelplatz für irgend eine Thätigkeit, „Feld": ex hoc c. aequitatis; c. honoris et gloriae; hic tantus c. dieses so weite Feld.

Cămŭlŏdūnum, i, n. Stadt in Britannien, jetzt Colchester.

Cămūrus, adj. (Poet., sehr selten) einwärts gekrümmt, cornu.

Cāmus, i, m. [καμός, κημός] (Vorklass., zweifelh.) der Maulkorb.

Cănăce, es, f. [Κανάκη] Tochter des Aeolus, die mit ihrem Bruder Macareus Blutschande beging.

Cănālis, is, m., selten (Vorklass. u. Spät.) f. die Röhre, Rinne, insbes. die Wasserröhre, Wasserrinne, Canal.

Cancelli, ōrum, m. pl. das Gitter, die Schranken, fori, theatri; trop. die Schranken, Grenzen überhaupt.

Cancer, cri (Vorklass. -ceris), m. 1) der Krebs; oft (Poet.) = das Sternbild des Krebses, und daher a) Hitze, b) die Südgegend. 2) der Krebs als Krankheit.

Candāvia, ae, f. Gebirgsgegend in Illyrien.

Candē-făcio etc. 3. [candeo] (Vorklass. u. Spät.) 1) glänzend weiß machen, argentum. 2) glühend machen.

Candēla, ae, f. [candeo] 1) (Spät.) das Licht aus Wachs oder Talg (in der späteren Zeit weit weniger gebraucht als Lampen). * 2) (zweifelh.) eine mit Wachs überzogene Schnur.

Candēlabrum, i, n. [candela] der Leuchter, gewöhnlich = der Lampenträger, Candelaber.

Candeo, ui, — 2. 1) glänzend weiß sein, ebur, humeri. 2) glühend sein, ferrum.

Candesco, dui, — 3. [candeo] (Poet.) 1) glänzend weiß-, sehr klar werden, aër. 2) glühend werden, ferrum.

*****Candĭdātōrius**, adj. [candidatus] zum Candidaten gehörig.

Candĭdātus, adj. [candidus] 1) (Vorklass. u. Spät.) weißgekleidet. 2) subst. -us, i, m. der sich um eine Ehrenstelle in Rom bewirbt, der Amtsbewerber, Candidat (weil ein solcher eine glänzende weiße Toga trug) c. consularis, aedilicius und (Spät.) c. consulatus, aedilitatis der sich um das Consulat, das Aedilenamt bewirbt; cc. principis hießen in der Kaiserzeit die vom Kaiser ernannten Quästoren, die ihre Rescripte u. s. w. verlasen. Hiervon (Spät.) trop. Imd der eifrig nach Etwas strebt, oder auf Etwas Anspruch machen kann, c. eloquentiae Atticae, c. immortalitatis.

Candĭde, adv. [candidus] 1) glänzend weiß. 2) trop. aufrichtig, ehrlich.

Candĭdŭlus, adj. deminut. von candidus.

Candĭdus, adj. mit comp. u. sup. [candeo] 1) glänzend weiß, schneeweiß (vgl. albus), stella, nix, humeri, barba, populus (Pappel), toga. Hiervon 2) A) (Poet.) = schön, reizend überhaupt, Dido, Bacchus. B) (Poet.) Favonius c. helle und klare Luft gebend. C) = candidatus, turba c. weißgekleidet. 3) trop. von Allem, was rein und unbefleckt ist, A) von der Stimme, rein, hell. B) von der Rede, lichtvoll, ungekünstelt, purum et quasi quoddam c. dicendi genus; auch (Spät.) orator c. C) (meist Poet.) von der Gesinnung und dem Charakter, rein, lauter, aufrichtig, redlich, unparteiisch u. dergl., ingenium, judex. D) von Lebensverhältnissen, fröhlich, heiter, glücklich, convivium, pax.

Candor, ōris, m. [candeo] 1) die glänzend weiße Farbe, Weiße, Helle, der helle Glanz, c. solis, coeli, nivis; daher = Schönheit überhaupt, corporis, equi. 2) trop. A) von der Rede, Schönheit, Glanz, fucatus c. et rubor; auch = Einfachheit, Natürlichkeit. B) (Poet. u. Spät.) von dem Charakter, Redlichkeit, Aufrichtigkeit, c. animi, veritas et c.

Cāneo, — 2. [canus] (Poet. u. Spät.) grau, weißgrau sein, cinis, senectus c.

Cānēphŏros, i, f. [κανηφόρος] korbtragende; insbes. pl. meist. von athenientischen Jungfrauen, die an verschiedenen Festen Körbe mit heiligen Gegenständen auf den Köpfen trugen.

Cānesco, — 3. [caneo] (Poet. u. Spät.) grau werden, daher alt werden; trop. oratio c.

Cangi, ōrum, m. pl. Völkerschaft im westlichen Britannien.

Cānĭcŭla, ae, f. [canis] 1) deminut. von canis in den Bedeutungen Nr. 1. 3. 4. (eigtl. und trop.) 2) der Hundsstern.

Cānĭdĭa, ae, f. eine Hetäre, in den späteren Jahren von Horaz bitter verspottet.

Cānĭdĭus, Name eines römischen Geschlechts: Publius C. Crassus, im Dienste des Lepidus, aber Anhänger des Antonius, nach der Schlacht bei Actium auf Octavians Befehl hingerichtet.

Cānĭnĭus, Name eines römischen Geschlechts: Caius C. Rebilus, Legat Cäsars in Gallien, Consul für einige Stunden (weil am 31sten December 45 v. Chr. gewählt).

Cānīnus, adj. [canis] zum Hunde gehörig, Hunds-, hündisch (eigtl. u. trop.).

Cănis, is, comm. 1) der Hund; proverb. cane peius et angue vitare aliquid = am stärksten fliehen. Hiervon trop. a) als Schimpfwort gegen einen Menschen, besonders um Unverschämtheit zu bezeichnen. b) verächtlich = Anhänger, „Creatur": canibus suis multa opus esse dixit. 2) c. maior et minor zwei Sternbilder, der letzte im Mythus = der Hund der Erigone. 3) der Seehund; (Poet.) mythisch von den Hunden der Scylla. 4) (Poet.) im Würfelspiele der unglücklichste Wurf (f. tesserae u. talus).

Cānistrum, i, n. (aber fast immer im plur.)

aus Rohr geflochtener Korb, besonders zum religiösen Gebrauch bei Opferungen.

Cānĭties, ei, f. (nur der nomin., acc. u. abl. kommen vor) (Poet. u. Spät.) 1) die graue Farbe, Grauheit bes. vom Haare. 2) A) graues Haar, caniciem pulvere foedare. B) = hohes Alter.

Canna, ae, f. [gr. κάννα] (Poet. u. Spät.) ein kleines und dünnes Rohr, Schilf (vergl. calamus, arundo). Hieron A) = eine Rohrflöte. B) eine Art kleiner Fahrzeuge, Gondel.

Cannăbīnus, adj. [cannabis] aus Hanf, hänfen, Hanf=.

Cannăbis, is, f. [gr. κάνναβις] der Hanf.

Cannae, ārum, f. pl. Stadt in Apulien, bekannt durch die Niederlage der Römer 216 vor Chr. Davon **Cannensis**, e, adj.

Canninĕfātes, tum, m. pl. batavische Völkerschaft.

Căno, cecĭni, cantum, 3. überhaupt = melodische und harmonische Töne von sich geben, nämlich I. intrans. 1) mit der Stimme, A) von Menschen, singen: c. voce; festum celebrare canendo; c. de re aliqua; von einem Redner = in singendem Tone reden. B) von Thieren, die den Naturlaut von sich geben, volucres, aves cc. singen, corvus c. schreit, gallus c. kräht, ranae cc. quaken. 2) mit einem Instrumente, A) von Menschen der die Töne hervorlockt, spielen, c. fidibus, tibiā auf der Cither, Flöte spielen. B) vom Instrumente selbst, ertönen, tibia modulate c.; hiervon (selten) symphonia c. wird gespielt, und signum (classicum) c. das Signal ertönt, wird gegeben (siehe II. 4.). — II. transit. 1) mit den verwandten Objecten carmen, versus, verba, singen, spielen, auch bisweilen = dichten. 2) mit anderen Objecten, singen = singend darstellen, oder besingen, im Gesänge ob. Gedichte behandeln: ipse praecepta canam; haec canebam; c. Dianam, laudem alicujus. 3) weil die Orakelsprüche in Versen gegeben wurden, verkünden, weissagen, prophezeien, vates c. aliquid fore; dii haec cc. 4) term. t. in der Militärsprache, A) c. bellicum, classicum oder signum, signa, auch absol., Hoß c., auf Horn oder Trompete blasen = zum Angriff blasen, = das Signal geben: tubicines signa canere jussit; classicum cani jubet. B) c. receptui zum Rückzuge blasen, Signal geben; auch ohne bestimmtes Subject, receptui canit es wird zum Rückzuge Signal gegeben; (Poet.) canit receptus iussos dasselbe.

Cănōpus, i, m. [griech. Κάνωβος] Stadt in Unterägypten, der Sage nach gegründet von den Spartanern zu Ehren des dort verstorbenen gleichnamigen Steuermannes des Menelaus; metonym. = Aegypten. Davon 1) **Cănōpēus** ob. **pīus**, adj. 2) **Cănōpītae**, ārum, m. pl. die Einwohner von C.

Cănor, ōris, m. [cano] (Poet. u. Spät.) der Gesang, Ton, Klang, die Melodie, cygni, lyrae.

Cănōrus, adj. [canor] wohltönend, klangreich, melodisch, harmonisch, vox Sirenum; bezogen von einem Redner (oppos. vox languens) als ein Fehler, singende Stimme. 2) melodische Töne hervorbringend, chorus, turba c. die Hornbläser, orator c. dessen Vortrag einen rhyth-

mischen und wohlklingenden Tonfall hat; (Poet.) Triton c. der blasende, aves cc. die singenden, fides c. laut tönend, aes c. (= tuba) schallend.

Cantabria, ae, f. das nördliche Spanien. Dazu gehört 1) **Cantăber**, bri, m. ein Cantabrer, Bewohner von C. 2) -**brĭous**, adj.

Cantāmen, ĭnis, n. [canto] (Poet.) das Zauberlied, die Zauberformel.

Cantĕrīnus, adj. [canterius] (Vorklaff. u. Spät.) zum Wallach=, Pferde gehörig, Pferde=.

Cantĕrius (ob. **Cantherius**), ii, m. 1) ein verschnittener Hengst, Wallach. Hiervon A) proverb. „minime, sis, canterium in fossam" sc. dejice = mache doch nicht etwas so Verkehrtes.

Canthăris, ĭdis, f. [κανθαρίς] die spanische Fliege.

Canthărus, i, m. [κάνθαρος] (Poet.) ein großes Trinkgeschirr mit weitem Bauch u. Henkeln, aus welchem man den Wein in die kleineren Becher goß, die Kanne, der Humpen.

Canthus, i, m. [κάνθος] (Spät.) die eiserne Radschiene, der Beschlag am Rade.

Cantĭcum, i, n. [cano] 1) das Lied, der Gesang: rhetorum epilogus paene c. von einer singenden Aussprache. 2) (eine Art Zwieschenact in der römischen Comödie) eine Monodie, Einzelgesang, d. h. Abschnitt, Monolog, der von Flötenspiel begleitet gesangartig vorgetragen wurde, so daß neben dem Sänger (cantor) der eigentliche Schauspieler (comoedus) stand und den Gesang jenes mit Tanz und Gesticulationen begleitete.

Cantilēna, ae, f. [canto] altes und abgedroschenes Lied, die Leierei, Volkslied.

Cantio, ōnis, f. [cano] 1) (Vorklaff. und Spät.) der Gesang, das Lied. 2) das Zauberlied, die Zauberformel.

Cantĭto, 1. [canto] oft und wiederholt singen, c. carmen; c. cum aliquo.

Cantĭum, ii, n. die südöstliche Landschaft in Britannien, jetzt Kent.

*Cantiuncŭla, ae, f. deminut. von cantio.

Canto, 1. [cano] (überhaupt = cano) I. intrans. A) von Menschen, singen, c. ad chordarum usum; hiervon zur Bezeichnung der singenden Aussprache eines Redners als Fehler, si legis, cantas. B) von Thieren (selten) galli cc. krähen, aves singen. 2) spielen, tibiā die Flöte. 3) (Poet.) ertönen, tibia c. 4) term. t. Zauberformeln hersagen, incipe c. — II. transit. 1) singen, c. carmen. 2) besingen, singend ob. dichtend verherrlichen, c. Caesarem, proelia; (Poet.) c. convivia = bei Gastmählern singen, das Gastmahl durch seinen Gesang erheitern. Hiervon insbef. (Spät.) vom Schauspieler, der eine Rolle giebt, hersagen, „spielen", c. Nioben, tragoedias. 3) (Com.) voraussagen, verkünden, prophezeien, vera; davon = einschärfen, ermahnen: haec dies noctesque tibi canto, ut caveas etc. 4) term. t. A) bezaubern, durch Zauber zwingen, herbas, lunam. B) hervorzaubern, durch Zauber herzwingen, umbram.

Cantor, ōris, m. [cano] 1) Jmb. der spielt oder singt, der Sänger oder Tonkünstler. Insbef. vom Sänger in einem Schauspiel (siehe canticum), auch = der Chorsänger. 2) trop.

Cantrix

A) der Ableierer, der Etwas gedankenlos und gleichsam singend hersagt, c. formularum. B) der Nachbeter = unvernünftige und sklavische Anpreiser, c. Euphorionis.

Cantrix, īcis, *f.* [cano] (Vorklass.) die Tonkünstlerin oder Sängerin.

Cantus, us, *m.* [cano] 1) der Gesang, Geschrei, oder die Musik, der Ton, das Lied ob. Spiel: c. avium, symphoniae, tibiae; c. vocum et nervorum Vocal- und Instrumentalmusik: c. galli das Krähen des Hahns. 2) (Poet.) A) das Zauberlied, der Zaubergesang: cantus e curru lunam deducit. B) die Weissagung, die Prophezeihung.

Cănŭlēius, Name eines römischen Geschlechts: ein Mann aus diesem war Urheber des Gesetzes, wodurch die Plebejer das connubium erhielten.

Cānus, *adj.* grau, weißgrau, lupus, nix, aristae. Häufig von grauen Haaren, cc. capilli; daher *subst.* **Cāni**, ōrum, *m. pl.* graues Haar, sogar mit einem *adj.*, cc. falsi, rari; (Poet.) c. senectus grauhaarig, c. amator alt.

Cănŭsium, ii, *n.* Stadt in Apulien, berühmt durch ihre röthliche Wolle. Davon **Cănŭsīnus**, *adj.*, zu C. gehörig, *subst.* a) -us, i, *m.* ein Einwohner von C.; b) -a, ae, *f.* (*sc.* vestis) ein Kleid aus jener Wolle. Hiervon **Cănŭsīnātus**, *adj.* (Spät.) der ein solches Kleid trägt.

Căpācĭtas, ātis, *f.* [capax] die Geräumigkeit, Weite, uteri; davon = großer Raum, si c. quaedam in animo est.

Căpănēus, ei, *m.* [Καπανεύς] einer der sieben Fürsten, die Theben angriffen, vom Jupiter mit dem Blitz erschlagen.

Căpax, ācis [capio], *adj.* mit *comp.* und *sup.* fassungsfähig, 1) (Poet. u. Spät.) geräumig, weit von Umfang, domus, urna, pharetra; mit einem *genit.* circus c. populi, homo c. cibi vinique der — fassen-, räumen kann. 2) *trop.* empfänglich für Etwas, fähig oder tauglich zu Etwas: animus c. ad praecepta; häufig mit einem Genitiv, animal c. mentis altioris ein Geschöpf, das geeignet war höhere geistige Anlagen zu empfangen b. i.: der Mensch; c. imperii, invidiae, consilii; aures cc. die Vieles empfangen können, leicht empfangen.

*Căpēdo, ĭnis, *f.* eine einfache Opferschale.

*Căpēduncŭla, ae, *f. deminut.* von capedo.

Căpella, ae, *f. deminut.* von capra.

Căpēnas, ae, *f.* Stadt in Etrurien. Davon **Căpēnas**, ātis, *adj.*, u. *subst.* **-ātes**, ium, *m. pl.* die Einwohner von C.

Căpēna porta, ein Hauptthor an der Mauer des alten Roms, angeblich so genannt, weil es nach Capua führte.

Căper, pri, *m.* 1) der Ziegenbock. 2) (Poet.) *meton.* der stinkende Schweiß unter den Achseln, der „Bocksgeruch".

Căpēro, 1. (Vorklass. u. Spät.) 1) *transit.* runzeln, zusammenziehen, frontem. 2) *intrans.* gerunzelt sein, frons c.

Căpesso, sivi, sītum, 3. [capio] 1) Etwas eifrig greifen, packen, cibum (von Thieren), arma. 2) von einer Thätigkeit, Etwas mit Eifer ergreifen, -übernehmen, anfassen,

Capio

-betreiben, sich annehmen, an Etwas gehen u. dergl.: c. fugam die Flucht ergreifen, partem pugnae, imperium, magistratus; c. rempublicam mit den Staatsangelegenheiten sich beschäftigen (vergl. accedo ad remp.); c. inimicitias anfangen, stiften; c. meliora, curas imperii, provinciam die Verwaltung der Provinz. 3) nach einem Orte hin streben, irgendwohin zu kommen verlangen, -streben, eilen, c. locum; animus c. superiora; c. Italiam. 4) A) (Com.) c. se in (ad) locum aliquem sich nach einem Orte hin begeben, *trop.* ad vitam aliquam zu irgend einer Lebensweise sich hinwenden. B) (Poet.) = erreichen, einholen, aliquem.

Căphārēus, ei, *m.* [Καφαρεύς] eine felsige Landspitze an der südlichen Küste von der Insel Euböa.

Căpillāmentum, i, *n.* [capillus] (Spät.) das Haar, bes. = falsches Haar, Perrücke.

Căpillātus, *adj.* mit *comp.* [capillus] behaart, mit Haaren bewachsen, bene c.

Căpillor, *dep.* 1. [capillus] (Spät.) behaart sein.

Căpillus, i, *m.* 1) das Haupthaar (vgl. crinis und coma, caesaries), sowohl im *sing.* als *collect.* (o. compositus, delibutus) als im *plur.* in derselben Bedeutung, indem dann capillus das einzelne Kopfhaar bedeutete. 2) sowohl im *sing.* (coll.) als im *plur.*, a) das Barthaar, adurere c. den Bart; b) (Poet. u. Spät.) das Haar der Thiere.

Capio, cēpi, captum, 3. 1) nehmen, fassen, greifen (meistens mit dem Nebenbegriffe der Bestnahme und der Erreichung einiger Gewalt über die Sache): c. arma, aliquid manu ob. in manum; c. cibum Speise zu sich nehmen. Hiervon von abstracten Gegenständen, c. exemplum de aliquo, c. consilium einen Entschluß fassen, occasionem ergreifen, c. prospectum die Aussicht genießen, von einer hohen Stelle weit hinausschauen. — 2) (mit dem Nebenbegriffe einer Absicht) nehmen, wählen: c. aliquem judicem, locum castris zum Lager; (Poet.) aves cc. terras wählen sich Plätze auf dem Erdboden. Insbes. *term. t.* von der Wahl priesterlicher Personen, c. aliquam (virginem) Vestalem, aliquem flaminem, u. dergl.; ebenso c. tabernaculum, templum (siehe diese Wörter).

3) (mit dem Nebenbegriffe der Gewalt) A) von lebenden Wesen = fangen, gefangen nehmen, von Thieren erbeuten, erjagen, erlegen, von leblosen Gegenständen = erobern, einnehmen, wegnehmen: c. aliquem (bei *Pl.* auch *trop.* = überführten), legiones; c. pisces, avem; c. urbem, classem; c. oppidum de, ab oder ex hostibus den Feinden eine Stadt wegnehmen. Hiervon = besitzen (so daß der Feind keinen Zutritt zum Orte bekommen kann), locum. B) *trop.* a) *pass.* capi α) vom Körper, an dem freien Gebrauche eines Gliedes gehindert werden, an einem Gliede gelähmt-, geschwächt werden: omnibus membris captus; altero oculo capitur er wird blind an dem einen Auge. β) vom Verstande, in den Verbindungen mente captus an der Vernunft gelähmt = verrückt, u. (selten) viri velut mente capta gleichsam wahnsinnig. b) vom Gemüth überhaupt, einnehmen,

fesseln, gewinnen, im übeln Sinne = be= thören, verleiten, bestricken u. dergl.: pictura nos c.; is humanitate sua me c.; am häufigsten im *pass.* capi dulcedine vocis, voluptate, amore. c) von Zuständen und Stimmungen, = sich Jmds bemeistern, Jmd. befallen: libido, metus u. s. w. c. aliquem bemächtigt sich Jmds, wandelt ihn an, satietas eum c. er wird (einer Sache) satt, oblivio rei alicuius me c. ich vergesse; aber umgekehrt sagte man auch: capio desiderium ex aliquo ich vermisse Jmd., c. satietatem eius ich werde seiner satt, c. laetitiam ex illa re ich habe Freude daran; (selten) = überraschen, plötzlich über Jmd. kommen, periculum me c.

4) räumlich, in sich aufnehmen, fassen: domus eos non c., Italia amentiam eius non c. (ist nicht groß genug für). Hiervon *trop.* A) von Verstande, fassen, begreifen, verstehen, mens eorum hoc non c. B) = zu Etwas geschickt und brauchbar sein: angustiae pectoris tui non cc. tantam personam dein kleinlicher Sinn kann die hohe Bedeutung von einem so großen Charakter nicht fassen, ist ihm nicht gewachsen. — 5) (bes. von Schiffen) einen Ort erreichen, zu ihm gelangen, c. insulam, portum; (selten) = capesso irgendwohin eilen, zu gelangen streben, c. montes proximos fugā. — 6) von einer Thätigkeit, übernehmen, auf sich nehmen, antreten u. dergl., rem publicam, honores (= capesso). = 7) empfangen, bekommen, erhalten, consulatum, nomen ex re aliqua, detrimentum leiden; c. fructum rei alicuius ob. ex re aliqua Früchte aus Etwas ernten; häufig von Einkünften und dem Ertrage einer Sache, ex his praediis centena sestertia c. hat er jährlich eine Einnahme von 100 S.; testamento aliquid c. = erben, ebenso c. aliquid ex hereditate.

Căpis, ĭdis, *f.* (selten) eine mit einem Henkel versehene, bes. beim Opfern gebrauchte Schale.

Căpistro, 2. [capistrum] halftern, an eine Halfter binden, bovem.

Căpistrum, i, *n.* die Halfter, *trop.* c. maritale das eheliche Joch.

Căpĭtāl, ālis, *n.* [caput] *term. t.* ein Verbrechen, welches den Verlust des Lebens, entweder des physischen ob. des bürgerlichen (siehe caput 2. A. b.) herbeiführt, ein Capitalverbrechen, fast nur in Verbindung mit dem Verbum esse: praesidio decedere apud Romanos c. est.

Căpĭtālis, e, *adj.* mit *comp.* [caput] 1) das Leben betreffend, wobei das Leben (das physische oder das bürgerliche, siehe caput 2. A. b.) verloren wird oder verloren werden kann: A) (Vorklass. u. Spät.) periculum c. Lebensgefahr, morbus c. lebensgefährliche Krankheit. B) *term. t.* res (oder fraus u. dergl.) c. = capital: vindices rerum capitalium; ebenso poena, supplicium c. Strafe, durch welche der schuldige physisch ob. bürgerlich todt wurde, dher. = „Lebensstrafe". Hiervon *subst.* -tāle, is, *n.* = capital. C) = äußerst gefährlich, dem Leben ob. der bürgerlichen Existenz drohend: inimicus c. Todfeind, oratio c. staatsgefährlich, odium c. tödtlich. 2) (selten) vorzüglich in seiner Art, Haupt=, ingenium, scriptor.

Căpĭto, ōnis, *m.* [caput] der einen großen Kopf hat, Großkopf.

Căpĭtōlĭum, ii, *n.* [caput] der höchste Gipfel des mons Capitolinus (eines der sieben Hügel Roms) mit dem darauf befindlichen Haupttempel des Jupiter, an welchem zugleich Kapellen der Juno und der Minerva waren, also die Burg mit dem Tempel, die Tempelburg; daher wird später der Name appellativ = prächtige Burg gebraucht. Davon **Căpĭtōlīnus**, *adj.* clivus; ludi, certamen C. dem capitolinischen Jupiter zu Ehren.

Căpĭtŭlātim, [capitulum] *adv.* (selten) dem Hauptinhalte nach, kurz.

Căpĭtŭlum, i, *n.* [caput] *deminut.* (Vorklass. u. Spät.) ein kleiner Kopf, Köpfchen; davon (Kom.) als kosende Anrede = Mensch, lepidissimum c.

Cappădŏcĭa, ae, *f.* [Καππαδοκία] Landschaft in Kleinasien. Dazu gehört 1) **Cappădox**, ŏcis, *m.* [= Καππάδοξ] der Bewohner von C. 2) -dŏcius, *adj.*

Cappăris, is, *f.* [κάππαρις] die Kaperstaude oder die Kaper (die Frucht).

Capra, ae, *f.* [caper] 1) die Ziege, Geiß. 2) = caprea. 3) *trop.* A) (Spät.) ein Mensch mit struppigem Haar. B) (Poet.) der Bocksgeruch, stinkender Schweiß unter den Achseln. C) ein Stern. D) Caprae oder Capreae palus die Stelle in Rom, wo Romulus verschwand.

Caprĕa, ae, *f.* (Poet. u. Spät.) eine wilde Ziege, das Reh (vgl. auch Capra. 3. D.).

Caprĕae, arum, *f.* reizende Insel an der campanischen Küste, wo Tiberius seine letzten sieben Jahre lebte; jetzt **Capri**.

Caprĕŏlus, i, *m.* [caper] 1) eine Art wilder Ziegen, die Gemse. 2) *term. t.* in der Architektur, gew. im *plur.* „Streber", Stützenträger, Strebebänder.

Capricornus, i, *m.* [caper-cornu] (Poet.) der Steinbock, ein Gestirn.

Caprī-fĭcus, i, *f.* (Poet. u. Spät.) 1) der wilde Feigenbaum. 2) die Frucht des wilden Feigenbaumes.

Caprĭgĕnus, *adj.* (caper-gigno) (Poet.) von Ziegen stammend, Ziegen=, pecus.

Caprĭmulgus, i, *m.* [capra-mulgeo] (Poet. u. Spät.) der Ziegenmelker = der Hirt.

Caprīnus, *adj.* [caper] zu den Ziegen gehörig; *proverb.* de lana c. rixari = (über des Kaisers Bart) über Kleinigkeiten sich zanken.

Caprĭ-pes, ĕdis, *m.* ziegenfüßig, bocksfüßig, Satyri.

Capsa, ae, *f.* ein Kasten, Kapsel (bes. zur Aufbewahrung von Büchern u. Documenten.)

Capsa, ae, *f.* Stadt in Byzacium in Afrika. Davon **Capsenses**, ium, *m. pl.* die Einwohner von C.

Capsārius, ii, *m.* [capsa] (Spät.) der Kastenträger, ein Sklave, der den Söhnen vornehmer Familien, wenn sie in die Schule gingen, ihre Bücher, Schreibmaterialien u. dergl. nachtrug.

Capsŭla, ae, *f. deminut.* von capsa; homo. totus de c. = übertrieben geputzt, Stutzer („frisch aus dem Laden").

Captātĭo, ōnis, *f.* [capto] 1) das eifrige Greifen, Haschen, Trachten nach Etwas, verborum, testamenti. 2) in der Fechtersprache *term. t.*, die Tinte.

Captātor, oris, m. [capto] der eifrig nach Etwas Haschende, Trachtende, Jagende, c. aurae popularis; insbef. der nach Erbschaften Jagende, der Erbschleicher.

Captio, ōnis, f. [capio] eigtl. das Greifen, Fangen, nur *trop.* 1) der Kniff, Betrug, nihil in re captionis est. Hierv. = Schaden, Nachtheil, res est mihi captioni. 2) insbef. in der Dialectik, der Trugschluß, das Sophisma, verfängliche und täuschende Rede, inducere se in c., discutere c.

*****Captiōse**, *adv.* [captiosus] verfänglich, sophistisch.

Captiōsus, *adj.* mit *comp.* u. *sup.* [captio] 1) betrügerisch, täuschend, societas; hiervon = nachtheilig, gefährlich. 2) in der Dialectik, verfänglich, sophistisch, täuschend, probabilitas, interrogationes.

Captiuncŭla, ae, f. [*deminut.* von captio] 1) der Knoten, die Schwierigkeit. 2) = captio 2.

Captīvĭtas, ātis, f. [captivus] (Spät.) 1) von lebenden Wesen, die Gefangenschaft. 2) von Städten und Ländern, der Zustand der Eroberung, das Eingenommensein, urbium.

Captīvus, *adj.* [capio] 1) von lebenden Wesen, A) Personen, gefangen, insbef. kriegsgefangen, so häufig *subst.* = der Gefangene; (Poet.) cc. corpora = die Beute an Menschen und Thieren, die Gefangenen; (Poet.) = zu einem Gefangenen gehörig, c. cruor das Blut der Kriegsgefangenen, cc. lacerti. B) (Poet. u. Spät.) auch von Thieren = erbeutet, erlegt, cc. pisces. 2) von leblosen Gegenständen, erbeutet, erobert, genommen, naves, agri; *trop.* mens c. eingenommen.

Capto, 1. [capio] 1) (Poet. u. Spät.) eifrig nach Etwas greifen, = haschen, jagen: Tantalus c. aquam; e. auram naribus u. hiervon *trop.* c. auram libertatis begierig jeden Umstand beobachten, aus welchem einige Hoffnung von Freiheit geschöpft werden könnte; c. sonitum aure aufzufassen streben = eifrig nachhorchen, c. sermonem = behorchen. 2) *trop.* A) eifrig nach Etwas streben, trachten, jagen, zu erlangen sich bemühen: c. misericordiam, brevitatem; c. occasionem zu finden streben; c. sermonem (Poet.) einzuleiten, anzufangen suchen; (Poet. u. Spät.) c. laedere aliquem streben, variis ominibus c. an etc. auszuforschen streben ob u. s. w. B) Jmd. ob. Etwas zu fangen=, zu fassen=, zu kriegen=, einzunehmen=, zu gewinnen streben: c. aliquem, hostem insidiis, gentem Boeotorum; auch absol., duo reges c. inter se streben gegenseitig sich zu fangen, ebenso (Pl.) c. cum aliquo durch listige und schlaue Rede Jmd. zu fangen suchen. Hiervon A) (Pl.) c. aliquem impudicitiae = zu überführen suchen. B) insbef. häufig = auf Erbschaften Jagd machen, c. testamenta senum, aliquem.

Captūra, ae, f. [capio] (Spät.) 1) der Fang, von Thieren, sowohl *abstr.* = das Fangen, als *concr.* = das Gefangene. 2) verächtlich, der Gewinn, Lohn.

Captus, us, m. [capio] 1) (selten, Spät.) das Greifen, der Griff, digitorum mit den Fingern. 2) das Vermögen Etwas zu fassen, die Empfänglichkeit = solche Beschaffenheit einer Sache, daß ein gewisses Anderes auf sie bezogen werden und ihr als Prädicat beigelegt werden, an ihr Statt haben kann (nicht = Einsicht), nur in der Verbindung ut est c.: Geta non malus, ut est captus servorum soweit dieses (das non malus) bei einem Sclaven stattfinden kann; Graeci prudentes satis, ut est captus hominum soweit diese Eigenschaft (prudentia) den Menschen überhaupt beigelegt werden kann.

Capua, ae, f. die Hauptstadt Campaniens.

Capŭlāris, e, *adj.* [capulus] (Vorklass.) zum Sarge gehörig, homo c. ein abgelebter Greis.

Capŭlus, i, m. [capio] 1) (Vorklass.) der Sarg; capuli decus = homo capularis. 2) der Griff, die Handhabe, bef. am Schwerte.

Caput, pĭtis, n. 1) der Kopf an Menschen und Thieren: c. aperire entblößen, den Hut abnehmen, operire bedecken, den Hut aufsetzen; capita conferre die Köpfe zusammenstecken = sich heimlich besprechen; esse supra c. von einer drohenden Gefahr; per c. pedesque über Hals und Kopf; *proverb.* nec c. nec pedes weder Anfang noch Ende; *trop.* (Poet.) = Verstand. Hiervon A) von Sachen, der Kopf = die Spitze, Kuppe, das Oberste, Aeußerste: c. tigni, papaveris, jecoris (in der Auguralsprache); von Flüssen u. Gewässern theils = Ursprung, Quelle, theils (selt.) = Mündung, Ausfluß. B) (der Theil statt des Ganzen) = Mensch, Person, Thier: c. innoxium, ridiculum, liberum; cc. vilissima, ignota; c. hoc = ich, c. tuum = du; trecenos numos in capita conferre für jede Person. — 2) *trop.* A) = das Leben, nämlich a) = das physische Leben: capitis periculum adire Lebensgefahr, capitis aliquem accusare Jmd. auf Leben und Tod anklagen, ebenso damnare, absolve u. s. w.; tergo ac capite puniri. b) = das bürgerliche Leben, die Summe aller Rechte des Individuums in Bezug auf Freiheit, Bürgerschaft und Familie: capitis iudicium; capitis deminutio Verlust ob. Beschränkung der bürgerlichen u. s. w. Rechte (eine solche cap. deminutio war maxima, wenn alle drei Arten von Rechten, minima, wenn nur gewisse persönliche Rechte verloren wurden); mulier illa capite se deminuit hat (durch Verheirathung) die Rechte der Familie, zu welcher sie früher gehörte, verloren; capite deminutus und (Poet.) capitis minor der seine bürgerlichen Rechte verloren hat. B) = das Wichtigste, Vorzüglichste in einer Sache, a) von Personen, die Hauptperson, das Haupt, der Vorsteher u. dergl.: qui capita rerum erant; c. nominis Latini; c. rei alicuius faciendae; capita conjurationis virgis caesi sunt. b) von Sachen, die Hauptsache, der Hauptpunct, Haupttheil; c. patrimonii; jus nigrum erat coenae; c. est nosse rempublicam; ebenso c. oratoris est etc. Hauptpflicht; c. literarum Hauptinhalt; c. Epicuri Hauptgrundsatz. c) von Orten, = Hauptstadt oder Hauptpunct: Thebae c. totius Graeciae; Praeneste c. belli c. die Hauptst. d) von Schriften, = Hauptabschnitt, Kapitel: a primo c. legis usque ad extremum. e) vom Gelde, das Kapital, die Hauptsumme (im Gegensatz der Zinsen): de c. deducere quod usuris pernumeratum est.

Capys, yos, m. [Κάπυς] 1) Vater des Anchises. 2) Gefährte des Aeneas. 3) König in Alba. 4) König in Capua.

Car, siehe Caria.

Carālis ob. **Călāris**, is, f. Stadt in Sardinien, jetzt Cagliari. Davon **Cărălĭtānus**, adj. u. subst. -āni, örum, m. pl. die Einwohner von C.

Carbāseus und (Poet.) -**sus**, adj. [carbasus] aus feiner spanischer Leinwand.

Carbāsus, i, f. (Poet. u. Spät.) 1) feiner spanischer Flachs. 2) Sachen, die aus c. verfertigt sind, feine spanische Leinwand, namentlich im heterogenen pl. -sa, örum, n. pl. = a) Kleidungsstücke, b) Segel, c) Vorhänge unter die Decke oder über das Theater gespannt.

*Carbātīna (ob. Carpātĭna), ae, f. (Poet.) eine Art Bauernschuhe.

Carbo, ōnis, m. die Kohle, sowohl glühend als erloschen; trop. a) proverb. invenire c. pro thesauro in seiner Erwartung getäuscht werden. b) wegen der schwarzen Farbe, zur Bezeichnung des Unglücklichen oder Ungünstigen: notare aliquid carbone = als etwas Trauriges oder Schlechtes bezeichnen; carbones elogiorum höhnende Inschriften.

Carbōnārius, ii, m. [carbo] (Vorklass. u. Spät.) der Kohlenbrenner.

Carbuncŭlus, i, m. deminut. von carbo die kleine Kohle.

Carcer, ĕris, m. 1) der Kerker, das Gefängniß; trop. A) = die Verbrecher im Kerker, effudisti carcerem in me. B) als Schimpfwort, „Schurke". 2) pl. (nur bei Poet. im sing.) die eingehegten Räume an der Rennbahn, aus welchen die Pferde und Wagen beim Anfange des Wettrennens und Wettfahrens herausgelassen wurden, die Schranken, exire e cc.; trop. = der Anfang einer Thätigkeit cc. eines Zustandes: a calce (vom Ende) revocare ad cc.

*Carcerārius, adj. [carcer] zum Kerker gehörig: quaestus c. der Gewinn, den man sich als Kerkermeister macht.

Carchēdŏnius, adj. [Καρχηδόνιος] (Vorklass. u. Spät.) karthaginiensisch.

Carchēsium, ii, n. [καρχήσιον] (Poet.) ein mit Henkeln versehenes Trinkgeschirr, das in der Mitte schmaler war als an beiden Enden.

Carcinōma, ătis, n. [καρκίνωμα] (Poet.) = das trinlat. cancer 2., der Krebs als Krankheit; trop. von einem unverbesserlichen Menschen.

*Cardăces, cum, m. pl. eine Art persischer Soldaten.

Cardia, ae, f. Stadt auf dem thracischen Chersonesus. Davon **Cardiānus**, adj.

Cardĭăcus, adj. [καρδιακός] 1) (Spät.) sc. morbus, die Magenkrankheit. 2) sc. homo an der Magenkrankheit leidend.

Cardo, ĭnis, m. 1) die Thürangel. 2) der Wendepunct, Grenzpunct, die Grenzlinie: promontorium illud in medio velut c. fuit; c. coeli = der Nordpol, quattuor cc. mundi die vier Weltgegenden; c. anni = das Sommersolstitium. Hiervon (Poet. u. Spät.) = das, um welches die Sache sich dreht, der Hauptpunct, die Hauptsache, der Wendepunct: c. litium;

haud tanto rerum cardine cessabit in einem so entscheidenden Zeitpuncte.

Carduus, i, m. (Poet. u. Spät.) die Distel.

Cāre, adv. mit comp. u. sup. [carus] theuer, emere; carius aestimare höher anschlagen.

Cārectum, i, n. [carex] (Poet. u. Spät.) ein Ort voll Riedgras.

Cāreo, 2. 1) ohne Etwas sein, es nicht haben, sowohl von angenehmen Sachen = ermangeln, von Etwas entblößt sein, als von unangenehmen = von Etwas frei sein: animus c. sensu; c. loquendi facultate; c. febri, dolore, suspicione, vitiis. Hiervon = sich freiwillig einer Sache enthalten oder von einem Orte sich entfernt halten: c. vino, Pompeius c. foro; c. patria außer dem Vaterlande sein. 2) (vergl. Cic. Tusc. 1. 36, 87 ff.) mit dem Nebenbegriffe der Empfindung der Abwesenheit einer Sache, eine Sache entbehren, ermangeln, vermissen (doch nur von etwas Wünschenswerthem, vgl. egeo): c. consuetudine amicorum, commodis omnibus, libertate; (Vorklaß.) c. alicuius und c. id quod ames.

Cārex, ĭcis, f. (Poet. u. Spät.) das Riedgras.

Cāria, ae, f. [Καρία] Carien, Landschaft im Südwesten Kleinasiens. Dazu gehört 1) Car, āris, m. [Κάρ] ein Carier, ein Mann aus dem Volke der Cāres, ium, m. pl. 2) **Cărĭcus**, adj.; hiervon subst. **Cărĭca**, ae, f. sc. ficus eine Art trockener Feigen.

Cārĭes, ēi, f. (Poet. u. Spät.) die Morschheit, Fäulniß.

Cărīna, ae, f. 1) der Schiffskiel; (Poet.) trop. = das Schiff. 2) pl. Carinae, ārum, f. pl. hieß ein Quartier der Stadt Rom.

*Cărīnārius, ii, m. [κήρινος = κήρινος] (Pl.) der wachsgelb färbt, der Gelbfärber.

Cărĭōsus, adj. [caries] (Poet. u. Spät.) morsch, faul, mürbe, palmula, dentes.

Cārĭtas, ātis, f. [carus] 1) die Theuerkeit, das Theuersein, der hohe Preis, c. annonae, vini; daher absol. = die Theuerung: quum est c; annus est in summa c. 2) trop. A) pass. das Werthsein, die Hochschätzung u. Liebe, die Jmd genießt: succedere tantae caritati Hieronis dem so hochgeschätzten H. nachfolgen. B) act. die innige, zärtliche, aus Hochschätzung entspringende Liebe (die Liebe ohne alles sinnliche Verlangen, nie von der Geschlechtsliebe, vgl. amor): c. quae est inter natos et parentes; sehr oft mit einem genit. object., c. patriae (auch c. erga aliquem), bisweilen auch mit einem genit. subj.: credo vos caritatem civium concupisse.

Carmēlus, i, m. 1) Gebirge in Galiläa. 2) Berg und Stadt bei Hebron in Palästina.

Carmen, ĭnis, n. [verw. mit cano] 1) der Gesang, Musik, Spiel, Ton, Laut: canere c., cc. concordant nervis; c. lyrae, citharae; tibia effundit c.; c. ferale bubonis das Geschrei der Eule. 2) das Gedicht, die Poesie, Verse (vgl. poema), c. epicum, c. tragicum, Saliorum cc. die religiösen Lieder der S.; c. funebre Leichengesang, famosum Spottgedicht, Snobes. A) = lyrische Dichtung: carmine tu gaudes, hic delectatur iambis. *B) (Lucr.) „Gesang" = Theil (Buch) eines größern Gedichts,

primo c. C) = eine in Versen abgefaßte Inschrift, tumulo addere c. 3) (meist Poet.) die Weissagung, Prophezeiung, der Orakelspruch: c. in libris Sibyllinis inventum. 4) (Poet. u. Spät.) *pl.* der Zaubergesang, die Zauberformel. 5) Religions- ob. Gesetzesformel (weil solche in der ältesten Zeit in Versen abgefaßt waren): lex horrendi carminis; c. rogationis.

Carmentis, is, ober **-ta**, ae, *f.* [carmen, cano] die Weissagerin, in der Mythologie die Mutter des Evander, die mit ihm aus Arkadien nach Latium gekommen war und nachher als weissagende und heilende Göttin verehrt wurde. Davon **Carmentālis**, *adj.* insbes. a) c. porta, ein Thor des alten Roms, von dessen zwei Durchgangsbogen der eine nach der Niederlage der Fabier im Kriege gegen Veji die porta scelerata genannt wurde. b) **-tālia**, ium, *n. pl.* das Fest der E.

Carmo, ōnis, *m.* Stadt im nördlichen Spanien. Davon **-ōnenses**, ium, *m. pl.* die Bewohner von E.

Carna, ae, *f.* eine Schutzgottheit der Thürschwelle, früher Carne genannt.

Carnārium, ii, *n.* [caro] (Vorklass. u. Spät.) 1) der Fleischhaken. 2) die Fleischkammer, Speisekammer.

Carneādes, is, *m.* [Καρνεάδης] griechischer Philosoph, Stifter der dritten Academie". Davon **Carneādēus** ober **-dīus**, *adj.*

Carnifex (ober **Carnŭfex**), ĭcis, *m.* [carofacio] der Henker, Scharfrichter (der die Strafen an gemeinen Verbrechern, Sklaven und Fremden vollzog, auch die Folterung und Stäupung u. dergl. auf Befehl der Obrigkeit ausführte); *trop.* = Peiniger, böser Geist, civium, ober als Schimpfwort „Schurke", „Niederträchtiger".

Carnifĭcīna (ob. **Carnŭfĭcīna**), ae, *f.* [carnifex] 1) das Henkeramt, facere c. Henker sein. 2) die Folterkammer, ductus in ergastulum et c. 3) die Folter, Marter, Tortur, subire quamvis .c. Hiervon *trop.* von geistiger Qual = Kummer, Gram.

Carnifĭco, 1. [carnifex] (selten) hinrichten, köpfen, aliquem.

Carnis, is, *f.* zweifelh. Nebenform von Caro.

Carnōsus, *adj.* [caro] (Spät.) 1) fleischig. 2) fleischähnlich.

Carnŭfex, s. E. für carnifex.

Carnūtes, um, ob. **-ti**, ōrum, *m. pl.* Völkerschaft in Gallien in der Gegend des heutigen Orleans.

Căro, nis, *f.* 1) Fleisch; auch meton. von dem Fleische an Früchten und Holz. 2) *trop.* A) c. putida als Schimpfwort, von einem Menschen. B) von der Rede, = weichliche Fülle ohne die gehörige Kraft.

***Căro**, — — 3. (Vorklassisch) krämpeln, lanam.

Carpăthus, i, *f.* [Κάρπαδος] Insel zwischen Creta und Rhodus im karpathischen Meere. Davon **-thius**, *adj.*

Carpătīna, s. Carbătĭna.

Carpentum, i, *n.* ein zweiräderiger Wagen (Stadtwagen) bes. von Damen gebraucht (vgl. essedum, plaustrum u. s. w).

Carpētāni, ōrum, ob. **-pēsii**, ōrum, *m. pl.* Völkerschaft in Spanien; ihr Land hieß **Carpētānia**, ae, *f.*

Carpo, psi, ptum, 3. rupfweise, in kleinen Theilen, nehmen, wegnehmen u. dergl.: 1) mit der Hand, pflücken, abpflücken, abreißen, poma, herbas, folia de (ex, ab) arbore und (Poet.) bloß arbore. 2) von Thieren, bes. den von Pflanzen sich nährenden rupfen, abrupfen, fressen, equi cc. gramen (herbas), c. escam (von Raubvögeln); bisweilen von Menschen, c. leporem. 3) (Poet.) überhaupt abreißen, abnehmen, c. setas, coronam ex collo; c. lanam, vellera = spinnen. 4) *trop.* überhaupt = mit einiger Eile ob. allmälig, theilweise, nehmen: A) c. oscula küssen, aliquid ex his libris Etwas herausnehmen, ziehen, c. paucos ad poenam wählen, herausnehmen. B) (Poet.) = zubringen, genießen, verleben, aetatem, auras vitales, gaudia. C) (Poet.) = zurücklegen, betreten, durchziehen, an — hinwandeln: viam, iter, mare u. dergl., c. prata fugā über die Wiesen hin fliehen, c. terram pedibus, pontum remis, aëra alis. D) theilen, zerstückeln, zerlegen, exercitum in multas partes, c. fluvium (durch Kanäle), c. cibum tranchiren. E) mit feindlicher Bedeutung a) (meist Poet. u. Spät.) verzehren, entkräften, schwächen, vires, corpus; carpi igni (von einer leidenschaftlichen Liebe), curā. b) in der Kriegssprache = beunruhigen, unaufhörlich angreifen, durch wiederholte kleine Angriffe necken, hostis c. vires Romanas; bes. so c. novissimos ob. novissimum agmen. c) mit Worten angreifen, = tadeln, herabsetzen, aliquem maledico dente; c. recte facta, carpi militum vocibus.

Carptim, *adv.* [carpo] theilweise, stückweise, in kleinen Theilen, res Romanas c. perscribere. Daher A) = an verschiedenen Stellen, hostes c. aggrodi. B) zu verschiedenen Zeiten, dimissi sunt c. et singuli.

***Carptor**, ōris, *m.* [carpo] (Spät. Poet.) der Tranchier.

Carrūca, ae, *f.* (Spät.) eine Art vierräderiger Wagen.

Carrus, i, *m.* (Spät.) **-um**, i, *n.* ein vierräderiger Transportwagen.

Carseŏli, ōrum, *m. pl.* Stadt in Latium. Davon **-lānus**, *adj.*

Carsulae, ārum, *f. pl.* Stadt in Umbrien. Davon **-lānum**, i, *n.* ein Gut bei C.

Cartēja, ae, *f.* 1) alte Stadt im südlichen Spanien. Davon **-tējānus** u. **-tējensis**, *adj.* 2) Stadt im nordöstlichen Spanien.

Carthāgo, ĭnis, *f.* 1) die berühmte Stadt C. in Afrika, zerstört 146 v. Chr. 2) C. nova, Stadt im südöstlichen Spanien, jetzt Carthagena. Davon **Carthāginiensis**, e, *adj.* u. *subst.* **-enses**, ium, *m. pl.* die Bewohner der Stadt C. u. überhaupt = das carthaginiensische Volk.

Cartĭlāgo, ĭnis, *f.* (Spät.) der Knorpel am thierischen Körper.

Căruncŭla, ae, *f.* [caro] ein kleines Stückchen Fleisch.

Cārus, *adj.* mit comp. u. sup. 1) theuer

= hoch im Preise, pluris, annōna, sogar ist die Einem viel Geld kostet; (Pl.) res cara ad trecentis minis hat 300 Minen gekostet. 3) theuer = hochgeschätzt, geliebt (zufolge einer Anerkennung des hohen Werthes, f. caritas), parentes, liberi; quae me mihi cariora sunt; aliquem c. habere; (Pl.) cum caris meis mit „meinen Lieben". Bisweilen (Poet.) wirt carus, wie beim Homer φίλος, einem Substantivum so beigefügt, daß es eigentlich nur an die Stelle des pron. poss. tritt: c. genitrix.

Cārus, i, m. römischer Männername: 1) ein Dichter des augusteischen Zeitalters. 2) ein römischer Kaiser 282 n. Chr.

Carventum, i, n. Stadt in Latium; davon **-tānus**, adj.

Cāryae, ārum, f. pl. [gr. Καρύαι] Flecken in Laconien mit einem Tempel der Diana.

Cāryōta, ae, f. [gr. καρυωτις] (Spät.) eine Art Dattel.

Cārystos, i, f. [Κάρυστος] 1) Stadt auf der Südküste von Euböa. Davon **-stĭus** od. **-stius**, adj., von diesem subst. **-stii**, ōrum, a. pl. die Einwohner von C. 2) Stadt in Ligurien.

Cāsa, ae, f. die Hütte, Baracke, das Häuschen; proverb. ita fugias ne praeter casam fliehe nicht so eilend und unbesonnen, daß du an dem besten Zufluchtsorte vorbeiläufst.

Cascus, adj. (veralt.) uralt.

Cāseus, i, m. der Käse; (Com.) als schmeichelnde Anrede, „mein Schatz!"

Cāsia, ae, f. [κασία] (Poet. u. Spät.) 1) der wilde Zimmt. 2) eine wohlriechende Staudenart, Zeiland.

Cāsilīnum, i, n. Stadt in Campanien. Davon **-nātes**, um, u. **-nenses**, ium, m. pl. die Einwohner von C.

Cāsīna, ae, f. Name einer der Comödien des Plautus.

Cāsīnum, i, n. Stadt in Latium. Davon **-nas**, ātis, adj.

Cāso (ob. casso), — — 1. [cado] (Pl.) fallen wollen, wanken.

Caspĕria, ae, f. Städtchen der Sabiner.

Caspium mare das kaspische Meer. Dazu gehören 1) **Caspius**, adj. zum kaspischen Meere gehörig, subst. **-spii**, ōrum, m. pl. die Anwohner des kaspischen Meeres. 2) **Caspiāni**, ōrum, m. pl. = Caspii.

Cassander, dri, m. [Κάσσανδρος] Sohn des Antipater, König von Macedonien.

Cassandra, ae, f. [Κασσάνδρα] Tochter des Priamus und der Hecuba, mit der Weissagungsgabe vom Apollo beschenkt, so aber, daß Niemand ihren Prophezeiungen Glauben schenkte. Bei der Einnahme Troja's wurde sie vom Ajax (Ilius) geschändet; sie fiel darauf dem Agamemnon als Beute zu und wurde in Mycenä von der Clytämnestra getödtet.

*Casso, adv. [cassus] vergeblich, erfolglos.

Cassus, ium, m. pl. (nur bei Poet. u. Spät. im sing., und zwar nur der acc. -em und das abl. -e) des Jägergarn, Netz: ponere, tendere cc. Hiervon A) (Poet.) = das Spinnengewebe. B) trop. = Nachstellungen.

Ingerslev, lat.-deutsches Schulwörterbuch.

Cassĭda, ae, f. (Poet.) = cassis.

Cassiŏpē, es, f. [Κασσιόπη] 1) Gemahlin des Cepheus, Mutter der Andromeda (siehe das Wort), später als Gestirn an den Himmel versetzt. 2) Stadt auf Corcyra.

Cassis, idis, f. 1) ein Helm aus Metall (vergl. galea). 2) (Poet. u. Spät.) = Krieg, patiens pelagi et cassidis.

Cassis, is, m., f. Cassus.

Cassius, Name eines römischen Geschlechts, aus welchem am bekanntesten sind: 1) die Familie der Longini: A) L. C. Ravilla, bekannt als sehr strenger und gerechter Richter, daher sprichwörtlich judex **Cassiānus** ein Richter wie C. B) Lucius C., als Consul 107 v. Chr. von den Helvetiern besiegt und getödtet; davon bellum Cassianum. C) Caius C. L., der Mörder Cäsar's; daher partes Cassianae die Partei des C. und Brutus. D) Caius C. L. berühmter Rechtsgelehrter unter Tiberius; davon schola Cassiana. 2) C. Parmensis (aus Parma), ein Dichter zur Zeit des Horaz.

Casso, siehe caso.

Cassus, adj. [careo?] 1) eigtl. (Poet. u. Spät.), hohl, leer, nux, canna. Hiervon mit einem genit. od. ablat., Etwas ermangelnd, entbehrend, beraubt, corpus c. animā, ensis c. luminis; cassus lumine = todt. 2) trop. eitel, leer, unwahr, unnütz, c. copia verborum, c. quiddam. Insbes. als adv. in cassum od. incassum = vergeblich, erfolglos, zu keinem Nutzen.

Castālĭa, ae, f. [Κασταλία] eine dem Apollo und den Musen geweihte Quelle am Parnaß, nahe bei Delphi. Davon **Castālĭus**, adj.; arbor C. = der Lorbeerbaum, umbra C. den die Lorbeerbäume hervorbringen, antrum die Orakelhöhle zu Delphi.

Castănĕa, ae, f. [κάστανον] der Kastanienbaum. 2) die Kastanie, die Kastanienuuß.

Caste, adv. mit comp. u. sup. [castus] rein, unbefleckt. Insbes. A) = keusch, züchtig. B) = fromm, religiös: c. deos colere mit frommem Sinne, gewissenhaft; pure ac c.

Castellānus, adj. [castellum] zu einem Castell gehörig: *1) triumphi cc. wegen eroberter Castelle. 2) subst. **-āni**, ōrum, m. pl. die Bewohner eines Castells oder einer hochliegenden Stadt.

Castellātim, adv. [castellum] (selt.) castellweise = auf einzelne Puncte.

Castellum, i, n. [demin. von castrum] ein Castell, Fort, Festung, Schanze. Hiervon A) (Poet.) auf einer Anhöhe gelegene Wohnung. B) trop. = Schutzwehr, Zuflucht: tribunal Appii fuit c. omnium scelerum.

*Castŏrĭa, ae, f. (Pl.) ein Theil des Schiffsraums.

*Castĭgābĭlis, e, adj. [castigo] (Pl.) strafwürdig, zur Züchtigung sich eignend, culpa.

Castĭgātĭo, ōnis, f. [castigo] 1) die Zurechtweisung, sowohl durch Worte = Tadel, Verweis, als bes. durch That = Züchtigung, Strafe. 2) Inordnunghaltung der Pflanzen, strenge Behandlung, wodurch sie gleichsam gezüchtigt und in dem zu üppigen Wachsen beschränkt werden, namentlich das Beschneiden.

8

Castigātor, ōris, m. [castigo] der Züchtiger = der Tadler, minorum der Jüngeren, c. lacrimarum; davon (Spät.) = der Jmb. zu knapp hält, ihn sehr beschränkt.

*****Castīgātōrius,** adj. [castigator] (Spät.) zurechtweisend.

Castigo, 1. 1) zurechtweisen, züchtigen, sowohl durch Worte = tadeln, als durch That = strafen; c. aliquem dictis, aliquem in illa re, segnitiem hominum; c. pueros non verbis solum sed etiam verberibus. 2) (Poet. u. Spät.) verbessern, corrigiren, carmen. 3) beschränken, zügeln, in gewissen Schranken halten, zwingen, plebem, animi dolorem; c. equum frenis; davon *particip.* castigatus als *adj.* = zusammengehalten, beschränkt.

Castimōnia, ae, f. [castus] 1) die körperliche Reinheit, das Freisein von aller Befleckung, wie es bei religiösen Handlungen erforderlich war, c. corporis. 2) die sittliche Reinheit, Sittlichkeit, gravitas et c.

Castĭtas, ātis, f. [castus] 1) (Spät.) überhaupt die Sittlichkeit, Sittenreinheit, vitae. 2) die Keuschheit.

Castor, ōris, m. [Κάστωρ] Sohn des spartanischen Königs Tyndareus und der Leda, Bruder des Pollur; beide Brüder führten den Namen die Dioskuren, siehe das Wort.

Castor, ōris, m. [κάστωρ] (reinlat. Über) der Biber.

Castōreum, i, n. [castor] das Bibergeil.

Castrensis, e; adj. [castra] zum Lager gehörig, Lager-, ratio, consilium; exsilium c. = unaufhörlicher Kriegsdienst; corona c. als Belohnung dessen, der zuerst ins feindliche Lager eingedrungen war.

Castro, 1. 1) castriren, verschneiden, entmannen. 2) von Pflanzen, der Triebkraft berauben, abschneiden, arbores auslichten. 3) von anderen Sachen, abschneiden, verstümmeln, caudam. 4) *trop.* = schwächen, entkräften (ein von Cicero getadelter Ausdruck).

Castrum, i, n. I. *sing.* (seltener als castellum) ein Castell, Fort, Waffenplatz, Festung. II. *pl.* ein Lager, Kriegslager: cc. stativa Standlager, das man für längere Zeit bezog, theils cc. aestiva Sommerlager, theils hiberna Winterlager, Winterquartier; cc. navalia oder nautica ein Lager auf dem Ufer zur Deckung der Schiffe, die dort vor Anker lagen oder (gewöhnlich) aufs Land gezogen waren, so daß das Lager auch diese umschloß; cc. metari das Lager abstecken, facere, ponere, collocare schlagen; cc. movere aufbrechen, promovere vorrücken, removere zurückmarschiren. Hiervon A) zur Bezeichnung des Kriegs, Kriegsdienstes, uti castris, habere usum in castris; *trop.* a) zur Bezeichnung einer Partei, conjecimus nos in Epicuri castra. b) (Poet.) cerea c. vom Bienenstock. B) = Caserne, namentlich der Prätorianer in der Stadt. C) weil auf dem Marsche in der Regel jeden Abend ein Lager geschlagen wurde, = Tagemarsch: secundis cc. eo pervenit.

Castŭlo, ōnis, m. Stadt im tarraconensischen Spanien. Davon **-nensis, e,** *adj.* u. *subst.* **-nenses, ium,** m. *pl.* die Einwohner von C.

Castus, adj. mit comp. u. sup. 1) überhaupt moralisch rein, lauter, unbefleckt, vita, mens; homo c. ac non cupidus = uneigennützig, rechtlich; castus a culpa, a cruore rein von, unbefleckt von. 2) insbes. keusch, züchtig, virgo, vultus. 3) in religiöser Beziehung: A) von Personen, fromm, gottesfürchtig, sacerdos. B) von Sachen, heilig, geweiht, festum, donum, lucus.

Căsŭla, ae, f. (Spät.) *deminut.* von casa.

Cāsus, us, m. [cado] 1) eigtl. der Fall, das Fallen, nämlich: A) = das Herabfallen, nivis. B) = das Umfallen: graviore casu decidunt turres altae. 2) *trop.* A) in moralischer Beziehung = der Fehltritt, Fall, adolescentia vix sine aliquo c. illis viis insistore potest. B) was sich unerwartet ereignet, das Ereigniß, der Fall, Zufall: novi cc. temporum, cc. bellorum welche die Kriege mit sich führten; res casum aliquem recipit ist mit einiger Gefahr verbunden, man riskirt Etwas babei; in aleam tanti casus se regnumque dare sich und das Reich auf ein so unsicheres Spiel setzen. Insbes. häufig der *abl.* **casu** als *adv.* zufällig, von Ungefähr: sive c. sive consilio deorum; accidit c. ut etc. · D) = Gelegenheit: fortuna illi casum praeclari facinoris dedit (den Fall, daß er eine glänzende That ausführen konnte). E) gewöhnlich in der Verbindung mit einem *adj.*, unglückliches Ereigniß od. Schicksal, Unglück: doleo casum civitatis, c. gravis; davon = Untergang, Tod, Fall, c. Gracchorum, urbis. F) (Poet.) das Sich-Neigen, c. hiemis Ende. G) in der Grammatik, der Beugefall, **Casus:** c. rectus; cc. conversi = obliqui die übrigen Casus außer dem Nominativus und Vocativus; c. genitivus.

Cătăbathmos, i, m. [Καταβαθμός] Gegend zwischen Aegypten und Libyen.

Cătădrŏmus, i, m. [κατάδρομος] (Spät.) ein schräg gespanntes Seil.

Cătădūpa, ōrum, n. pl. [κατάδουπα] die Nilkatarakten an der Grenze von Aethiopien.

*****Cătăgĕlăsĭmus,** adj. [καταγελάσιμος] (Pl.) zum Gespötte dienend.

Cătāmītus, i, m. [verderbt aus Ganymedes] lateinischer Name des Ganymedes (siehe d. Artikel).

Cătaŏnia, ae, f. [Καταονία] Landschaft in Cappadocien.

Cătăphractes, ae, m. [καταφράκτης] (Spät.) ein mit eisernen Schuppen besetzter Panzer.

Cătăphractus, adj. [κατάφρακτος] gepanzert.

Cătăpulta, ae, f. [καταπέλτης] 1) eine Kriegsmaschine, womit große Pfeile, Lanzen u. dergl. geschleudert wurden (vgl. ballista), Wurfmaschine. 2) (Pl.) das Geschoß, das geschleudert wurde.

Cătăpultārius, adj. [catapulta] (Pl.) mit der Wurfmaschine abgeschossen.

Cătăracta (alt. **Catarrhacta), ae,** f. alt. **-es,** ae, m. [καταράκτης ob. καταρράκτης] 1) (Spät.) ein Wasserfall, insbef. von den Wasserfällen des Nil. 2) das Fallgitter, Schutzgatter. 3) die Schleuse.

Catascŏpus, i, m. [κατάσκοπος] (reinlat. navigium speculatorium) Spionirschiff.

Catasta, ae, f. (corrumpirt aus dem gr. κατάστασις] (Poet. u. Spät.) ein Gerüst, auf welchem die Sklaven zum Verkauf ausgestellt wurden.

Cāte, adv. [catus] (Vorkl. u. Poet.) klug, gescheit, schlau.

Catēja, ae, f. (Poet. u. Spät.) eine Art Wurfkeule der Germanen und Kelten.

Catella, ae, f. und -lus, i, m. [deminut. von catulus] ein kleiner Hund, Hündchen; trop. als schmeichelnde Anrede.

Catella, ae, f. [deminut. von catena] eine kleine Kette.

Catēna, ae, f. die Kette, Fessel (aus Metall; vgl. vinculum): conjicere aliquem in catenas, injicere alicui catenas, in catenis aliquem Romam mittere; trop. cc. legum. 2) (Lucr.) kettenförmige Reihe: catenas ludunt tanzen in Ketten, Reihen.

Catēnārius, adj. [catena] (Spät.) zu Ketten gehörig, Ketten=, canis.

Catēnātus, adj. [catena; eigtl. particip. eines Verbums cateno I.] 1) gekettet, gefesselt, janitor (vom Cerberus). 2) versus c. ex pluribus syllabis eng verbunden.

Caterva, ae, f. die Schaar, der Trupp, Haufe, comitum. Hiervon insbes. A) die Schauspielertruppe. B) in der Militairsprache, die Truppe, Truppenabtheilung, häuf. von barbarischen Kriegerschaaren im Gegensatze der römischen Legionen.

Catervārius, adj. [caterva] (Spät.) zu einer Schaar gehörig: pugiles cc. truppenweise kämpfend.

Catervātim, adv. [caterva] schaarenweise.

Cathĕdra, ae, f. [καθέδρα] (Poet. u. Spät.) 1) der Sessel, Armsessel; insbes. = der Lehrstuhl, das Katheder. 2) der Tragsessel.

Cathĕdrārius, ii, m. [cathedra] (Spät.) zum Armsessel gehörig, philosophus vom Lehrstuhl herab docirend.

Catilīna, ae, m. (Lucius Sergius) Anstifter der bekannten Verschwörung in Rom.

*__Catillo__, 1. [catillus] (Vorklaff.) die Teller lecken.

Catillus, i, m. deminut. von catinus.

Catillus, i, m. Sohn des Amphiaraus, der mit seinen Brüdern Corais und Tiburtus aus Argos nach Italien zog und dort Tibur gründete.

Catina, ae, f. Stadt auf Sicilien, jetzt Catania. Davon -nensis, e, adj., u. subst. -nenses, ium, m. pl. die Einwohner von C.

Catīnus, i, m. Napf, Pfanne, Schüssel.

Catius, ii, m. ein epicuräischer Philosoph ums Jahr 50 v. Chr. — Davon -tiānus, adj.

Cato, ōnis, m. römischer Familienname in der gens Porcia; die bekanntesten waren: 1) Marcus P. C. major oder Censorius, ein rechtschaffener aber strenger Mann, zu seiner Zeit (234—146) ein eifriger Verfechter der altrömischen Disciplin und Gegner aller Neuerungen. Feind Carthago's. 2) Marcus P. C. Uticensis, Urenkel des Vorigen, wie jener ein Anhänger des Alten, daher eifriger Republikaner und Gegner des Cäsar; im Bürgerkriege mit diesem nahm er sich in Utica das Leben 46 v. Chr. Hiervon

1) **Catōniānus**, adj. 2) **Catōnīni**, ōrum, m. pl. die Anhänger des Cato.

Catōnium, ii, n. [κάτω] (veralt.; bei Cic. Fam. 7, 21, 1 zweifelh.) die Unterwelt.

Catŭlīnus, adj. [catulus] zu jungen Hunden gehörig, Hunde=, caro.

Catullus, i, m. (Q. Valerius) römischer melischer Dichter, geboren 87 v. Chr. Davon -liānus, adj.

Catŭlus, i, m. [canis] 1) der junge Hund. 2) überhaupt das Junge eines anderen Thieres (eines Schweins, eines Löwen, einer Katze).

Catus, adj. (meist Vorklaff.) klug, gescheit, bald im guten Sinne = verständig, einsichtsvoll (c. et prudens, c. jaculari zum Schleudern), bald im üblen Sinne = listig, schlau, c. et callidus; (Poet.) c. consilium.

Caucăsus, i, m. hohe Gebirgskette in Asien, Caucasus. Davon -sius, adj.

Cauda (auch **Cōda**), ae, f. der Schwanz; trop. A) caudam jactare populo oder caudam obterere wedeln, schmeicheln. B) (Poet. u. Spät.) c. trahere = die Narrenkappe tragen, zum Spott sein.

Caudex ob. **Cōdex**, ĭcis, m. 1) der Baumstamm, Stamm. Davon A) der Strafblock, an welchen Jmd. gebunden wird. B) als Schimpfwort, der „Kloz". 2) (nur in der Form codex) weil die Alten ursprünglich auf hölzernen mit Wachs überzogenen Tafeln oder Brettern schrieben, ein Buch, eine Schrift (vgl. volumen). Insbes. = Rechnungsbuch, Hauptbuch über Einnahme und Ausgabe, referre in c.

*__Caudicālis__, e, adj. [caudex] (Pl.) zum Baumstamme gehörig, Holz=, provincia das Holzspalten.

Caudium, ii, n. Stadt in Samnium. Davon **Caudīnus**, adj.; furculae ob. fauces Caudinae heißen die in der Nähe von C. befindlichen Pässe, in welchen die römischen Truppen unter das Joch zu gehen gezwungen wurden 321 v. Chr.

Caulae, ārum, f. pl. [cavus] 1) (Lucr.) die Höhlung, Oeffnung, corporis. 2) der Pferch, der Schaafstall.

Caulĭcŭlus, i, m. deminut. von caulis.

Caulis, is, m. [verw. mit dem gr. καυλός] der Stengel, Stiel, insbes. der Kohlstengel, der Kohl.

Caulon, ōnis, m. [Καυλών] ob. **Caulōnia**, ae, f. Stadt in Bruttium.

Caunus, i, f. [Καῦνος] Stadt in Carien. Davon **Cauneus** ob. -ius, adj., u. subst. -nei (nii), ōrum, m. pl. die Einwohner von C.

Caupo (ob. **Cōpo**), ōnis, m. der Höker, Krämer, Schenkwirth.

Caupōna, ae, f. [caupo] der Kleinhandel, bes. die Schenkwirthschaft, die Schenke, das Wirthshaus, die Schenkwirthschaft.

Caupōnius, adj. [caupona] (Vorklaff. u. Spät.) zur Schenke gehörig.

*__Caupōnor__, depon. 1. [caupona] (Vorklaff.) Handel mit Etwas treiben, verhökern, bellum.

*__Caupōnŭla__, ae, f. deminut. von caupona.

Caurus ob. **Cōrus**, i, m. der Nordwestwind; auch als adj. ventus c.

8*

Causa ob. [zu Cicero's Zeit u. noch später gew.] **Caussa,** ae, *f.* 1) die Ursache, der Grund, die Veranlassung: c. belli, objurgandi; (Poet.) quae fuit c. consurgere zum Aufstehen; (selten) haec justa c. est ad objurgandum; c. veniendi fuit ut (ne, ut ne) damit, daß; haec (nulla) est c. (ebenso multae sunt cc.) cur (quare, quamobrem, propter quam, quod, selten ut) aliquid fiat die Ursache warum (daß) Etwas geschieht; hoc mihi dedit c. explicandae philosophiae veranlaßte mich, die Philosophie darzustellen; justam c. afferre cur gültigen Grund anführen warum; in c. esse Schuld ob. Ursache sein. Insbes. A) *abl.* causā um — willen, wegen (zur Bezeichnung des Zweckes, des Künftigen, selten von einer schon gegenwärtigen Ursache): voluptatum adipiscendarum c., honoris tui c.; tuā, vestrā c., vielleicht auch tui, vestri c.; ejus c. cupio (volo) ich bin ihm sehr ergeben, debeo ich bin ihm verbunden. Selten dem Subst. oder Pron. vorangesetzt, c. sacrorum, c. meā. B) = Grund, der von Jmd. angeführt wird: nec erit justior non veniendi morbi c. quam mortis eine aus Krankheit entnommene Entschuldigung des Nichtkommens wird nicht gültiger geachtet werden als eine vom Tode entnommene; accipere c. eine Entschuldigung, einen angegebenen Grund für gültig annehmen. Hiervon, von einer vorgegebenen Ursache = Vorwand, Vorgeben, bes. per c. unter dem Vorwande (supplementi equitatusque cogendi daß er Recruten und Reiter sammeln wollte); bei Spät. sogar c. absol. = eine Krankheit (die Jmd. an Etwas verhindert und ihm dafür eine gültige Entschuldigung giebt). C) (Com.) nihil causae ob. nullam causam dico qnin ich habe Nichts dagegen daß; cum (non sine) c. nicht ohne Ursache, aus gutem Grunde.

2) die Sache, nämlich A) in der Rechtssprache, der Proceß, die Rechtssache: c. privata, publica, c. capitis; agere causam einen Proceß führen, obtinere gewinnen, perdere verlieren = causā cadere; c. dicere sowohl von dem Sachhabenden selbst (oft = reum esse angeklagt sein) als von seinem Sachwalter, also seine oder eines Anderen Sache führen, reden; causam alicujus ob. pro aliquo dicere Jmd. vor Gericht vertheidigen, ebenso causae dictio; quod causam facit die eigentliche Rechtsfrage in der Sache. Hiervon B) überhaupt Sache, die man unterstützt oder verfechtet, die Partei, das Interesse: nemini in illa c. studio concessit; inclinatus in causam plebis; causam foederis egit (vgl. A.) er sprach für den Tractat. C) = der Auftrag, das Geschäft, dare alicui causam, qui missi erant super eadem c. D) = äußere Lage, Verhältniß, Umstände: in eadem c. fuit Cato, in meliore c. erat R. E) = Freundschaftsverhältniß, Verbindung: omnes cc. (Veranlassungen zur Freundschaft) et necessitudines mihi cum illo intercedebant; ratio et c. mihi est cum illo.

Causārius, *adj.* [causa] 1) sc. miles Soldat, der Krankheit oder Verstümmelung als Ursache angeben kann, warum er vom Kriegsdienste enthoben sein muß (siehe causa I. B.)

dienstunfähig. 2) (Spät.) das Einem Grund zur Entschuldigung giebt, schwächlich, kränklich, corpus, partes.

Causia, ae, *f.* [καυσία] (Vorklass. u. Spät.) ein weißer breitkrämpiger Hut.

Causidicus, i, *m.* [causa-dico] der Sachwalter, Advocat (gew. verächtlich, von Jmd., der für Geld redet.

Causificor, *depon.* 1. [causa-facio] (selten, Vorklass. und Spät.) einen Grund vorschützen, angeben.

Causor, *depon.* 1. [causa] (meist Spät.) als Vorwand angeben, vorschützen, valetudinem; c. se consulere velle, equos corrumpi; c. quod illo non sit secutus.

Caussa u. s. w., siehe causa u. s. w.

Causŭla, ae, *f. deminut.* von causa.

Caute, *adv.* mit *comp.* u. *sup.* [cautus] 1) vorsichtig, behutsam. 2) Insbes. = mit gehöriger Sicherstellung und Caution; scriptum c. ut etc. mit der sicherstellenden Bestimmung, daß u. s. w.

Cautes, is, *f.* der rauhe spitzige Fels, der Felsen (vgl. saxum, scopulus).

Cautim, *adv.* [caveo] (Vorklass. = caute I.

Cautio, ōnis, *f.* [caveo] 1) das Bestreben sich in Acht zu nehmen, die Vorsicht, Behutsamkeit: hujus rei una est c., ne die einzige Art, sich in dieser Sache in Acht zu nehmen, ist, daß nicht u. f. w.; c. et diligentia. Insbes. A) (Com.) (mihi) cautio est ich muß mich in Acht nehmen; mea cautio est dafür muß ich sorgen (daß Etwas nicht geschieht). B) res multas cc. habent es ist in der Sache Vieles, wovor man sich hüten muß; quae non habent cautionem Sachen, bei welchen keine Vorsicht angewendet werden kann (die man auf den Ausgang ankommen lassen muß); alter erat locus cautionis das Zweite, wovor man sich hüten mußte. 2) *term. t.* A) die Vorsichtsregeln und der Beistand (Formeln u. dergl.), welche die Rechtskundigen ihren Clienten gaben: praescriptionum cautionumque praeceptio. B) die Sicherheit, Gewährleistung, die man für sich oder Andere stellt, und zwar a) schriftlich = Verschreibung, Obligation: est in c. es steht in der Sicherheitsurkunde; c. chirographi. b) = mündliche Versicherung, omni cautione devincire aliquem.

Cautor, ōris, *m.* [caveo] 1. (*Pl.*) der sich in Acht nimmt. 2) der Abwehrer, c. alieni periculi.

Cautus, *adj.* mit *comp.* u. *sup.* (caveo) 1) *pass.* gesichert, sicher gestellt: numi ex sichere Schuldner geliehen, res erat ei cautior sein Vermögen war sicherer angebracht. 2) *act.* vorsichtig, behutsam: c. in periculis, in scribendo; c. ad (adversus, erga) rem aliquam; (Poet.) c. assumere dignos im Aufnehmen würdiger Personen.

Cavaedium, siehe cavus.

Căvĕa, ae, *f.* [cavus] 1) ein Gehege, Behältniß für wilde Thiere, c. ferarum, apum = der Bienenstock. 2) derjenige Theil des Theaters, in welchem die Zuschauer waren, der Zuschauerplatz, das Parterre, aus terrassenförmigen Sitzreihen bestehend: c. ima oder prima der Platz der Vornehmern; c. summa ober ultima, „Gallerie". Hierv. überhaupt = das Theater.

Căveo, cāvi, cautum, 2. 1) sich hüten, sich in Acht nehmen, auf seiner Hut sein: faciet nisi caveo; c. periculum, aliquem vor Gefahr, ver Jmb., cavenda est gloriae cupiditas man muß sich vor Ehrgeiz hüten; c. a te, ab insidiis (vor dir, vor Nachstellungen), auch (Pl.) a. aliquo, malo vor Jmb., vor einem Uebel; caveo ne decipiar, cavendum tibi est ne bellum oriatur; häufig zur Umschreibung eines Verbots, cave ne rem minuas, und öfter cave credas, facias glaube nicht, thue nicht, c. te fratrum misereatur fühle kein Mitleid mit deinen Brüdern. Hiervon c. ut aliquid fiat dafür sorgen, daß Etwas geschehe, ut ne daß es nicht geschehe; selten c. facere aliquid sich hüten Etwas zu thun. 2) zum Besten Jmds besorgen sein, für Jmd. Sorge tragen, ihn sichern, Etwas von ihm abwehren, c. alicui, (Spät.) c. securitati; cautum tibi volo ich wünsche dich gesichert. Hiervon term. t. in der geschäftlichen und juristischen Sprache A) sich Sicherheit geben lassen, sich Gewährleistung verschaffen, ab aliquo von Jmd. B) als Rechtsbeistand Jmd. durch Rath u. Anweisung (zur Feststellung der Cautionsformulare) Sicherheit verschaffen, c. in jure. C) Jmd. Bürgschaft geben, Caution stellen, ihn sichern, alicui; ei non satis cautum videbatur; obsidibus (durch Geiseln) de pecunia cavent. D) durch ein Gesetz oder Testament verordnen, bestimmen, festſstellen: cautum est lege oder in legibus ne etc.; agri de quibus cautum est; c. alicui heredi zum Vortheil eines Erben bestimmen.

Căverna, ae, f. [cavus] meist im pl., die Höhlung, Höhle, Grotte, torrae. Hiervon A) vom Schiffsraume. B) von dem hohlen Bauche des hölzernen Pferdes vor Troja. C) (Poet.) c. coeli das Himmelsgewölbe.

Căvilla, ae, f. (selten, Vorklaff. u. Spät.) der neckende Scherz, das Sticheln.

Căvillātio, ōnis, f. [cavillor] 1) das neckende ob. stichelnde Scherzen, das Aufziehen. 2) (Spät.) die Sophisterei, Wortklauberei, das sophistische Gerede.

Căvillātor, ōris, m. [cavillor] 1) der Necker, Wortklauber, Stichler. 2) (Spät.) der Sophist.

Căvillātrix, īcis, f. [cavillor] (Quinct.) conclusio c. (als adj.) sophistisch. 2) die Sophistik.

Căvillor, depon. 1. [cavilla] 1) intrans. neckenden ob. stichelnden Scherz treiben, cum aliquo, et jocor. 2) transit. mit Jmd. neckenden Scherz treiben, Jmd. necken, aufziehen, auf Jmd. ob. Etwas sticheln u. dergl., tribunos, hanc artem; in eo, grave esse amiculum neckend sagen, daß u. s. w. 3) absol. Sophismen anwenden, Auswege suchen.

Căvillŭla, ae, f. (Pl.) deminut. von Cavilla.

Căvo, 1. [cavus] hohl machen, aushöhlen, lapidem; (Poet.) c. parmam gladio durchbohren, c. tegmina capitum = hohl bilden, verfertigen.

Cāvus, adj. hohl, gehöhlt, gewölbt, concha, vallis, truncus, nubes (insofern die Wolke Etwas umſchließt, daher mit demselben Bilde c. umbra); (Poet.) cc. flumina in ausgehöhlten Betten laufend. Hiervon subst. **Căvum**, i, a. und (selten) **Căvus**, i, m. die Höhlung, das Loch; insbef. Cavum aedium ob. Cavaedium, ii, n. der innere von den Gebäuden umgebene Hof, Hofraum, in dessen Mitte das impluvium war (verschieden vom atrium).

Caystros, i, m. [Καΰστρος] Fluß in Jonien, der bei Ephesus in das Meer fiel.

Cĕ, eine untrennbare demonstrative Partikel, die, dem Stamme angehängt, die Pronom. hic (ſtatt hi-ce, beswegen huinsce, hisce u. ſ. w.), illic u. ſ. w., die Adverb. hic, hinc, sic, tunc u. m. bildete; wenn dazu das Fragewörtchen ne gefügt wurde, entstanden die Formen hicine, sicine (nicht hiccine, siccine).

Cĕa ob. **Cīa**, ae, f. auch **Ceos** (accus. Ceo) [Κέως] Insel unter den Cycladen. Davon **Cēus**, adj.; neniae C. des Simonides Gedichte, weil S. aus Ceos gebürtig war; subst. **Cēi**, ōrum, m. pl. die Einwohner von C.

Cĕbenna, ae, m. (mons) Gebirge in Gallien, jetzt die Sevennen.

Cecrops, ŏpis, m. [Κέκροψ] der älteste König in Attica, im Mythus halb Mensch, halb Schlange, daher geminus. Davon 1) **Cecrŏpĭdes**, ae, m. [Κεκροπίδης] männlicher Nachkomme des C. a) = Theseus; b) appell. = Athener von altem Adel. c) pl. -dae, ārum, = die Athenienſer. 2) **Cecrŏpis**, ĭdis, f. [Κεκροπίς] a) weiblicher Nachkomme des C., insbef. = Tochter des C. oder des Pandion. b) = Athenienserin. c) als adj. attiſch, terra C. 3) **Cecrŏpius** [Κεκρόπιος] adj. a) cecropiſch, arx, und davon **Cecrōpia**, ae, f. die von C. erbaute Burg zu Athen. b) = attiſch, athenienſiſch.

Cēdo, cessi, cessum, 3. 1) intrans. gehen, sich bewegen. A) (Vorklaff., selten) eigtl., c. ex transverso quasi cancer seitwärts gehen. B) = irgendwohin gelangen, gehen, übergehen, a) (Vorklaff.) miles ob. c. geht dahin. b) trop. (Vorklaff.) hoc c. ad factum kommt zur Vollstreckung, Ausführung. c) (Spät.) omnes cc. in unum werden einig. d) c. in aliquid zu Etwas werden, in Etwas übergehen, injuria ei c. in gloriam; c. in proverbium; c. in praedam alicuius die Beute Jmds werden. e) als Eigenthum zu Jmd. kommen, ihm zu Theil werden, zufallen: is quaestus huic c.; potentia Pompeii in Caesarem c.; hiervon = widerfahren, begegnen, quae captae urbi cc. C) = von irgendwoher kommen; a) eigtl. weggehen, -ziehen, -reisen: succus c. de corpore; c. ex ingrata patria, c. Italia; häufig von Truppen, c. loco, de oppido, ex acie. b) c. vitā ob. e vita = ſterben. c) tempus c. verläuft, entflieht. d) res c. memoriā entfällt (= wird vergessen), pudor c. ex pectore verschwindet. e) c. (alicui) possessione, bonis, von — abſtehen, abtreten. f) (Spät.) c. foro ſeine Zahlungen einstellen, bankerott werden. D) trop. von einer Thätigkeit ob. einem Unternehmen, Fortgang haben, von der Hand gehen, gelingen: haec si prospere ob. prospera cc. — E)

(Spät.) c. pro re aliqua für **Etwas gehen**, gehalten werden, gelten, einer Sache gleichgestellt werden.

2) *intrans.* weichen, alicui: A) = der Uebermacht weichen, sich fügen, aus dem Wege gehen, fortunae. B) = dem Range, dem Vorzuge nach nachstehen: immortalitate diis cedimus, auch c. alicui in re aliqua. C) dem Willen Jmds weichen = sich fügen, nachgeben, auctoritati alicuius, alicui blandienti; c. legibus = aus Ehrfurcht gegen die Gesetze in die Verbannung gehen; c. reipublicae = um des Staates willen Etwas ertragen; c. pudori sich in seinen Handlungen von dem Ehrgefühl leiten lassen.

3) (zweifelh. außer bei Spät.) *transit.* Jmd. Etwas einräumen, zugestehen, abtreten, hosti victoriam, multa multis de jure suo; plebes cessit ut etc.

Cĕdo, *pl.* (veraltet) Cette wird als ein *imper.* gebraucht = gieb her, her mit: A) (Com.) eigtl.: c. mihi pateram reiche mir die Schale; c. dextram, codloem, tabulas; c. senem schaffe den Alten herbei! B) = laß hören! heraus mit! sage mir! c. istuc tuum consilium, c. unum auctorem facti tui; c. quid faciam, c. qui sit ordo somniorum; bisweilen bloß um die Aufmerksamkeit auf Etwas zu lenken: c. mihi leges Atticas laßt uns einmal die Gesetze hören.

Cedrus, i. *f.* [κέδρος] eine Art Ceder (die Ceder-Wachholder), die ein sehr feines, vor Fäulniß bewahrendes Del liefert. 2) meton. A) das Cedernholz. B) das Cedernöl: carmina cedro digna = der Unsterblichkeit würdig.

Cēlaenae, ārum, *f. pl.* [Κελαιναί] Stadt in Großphrygien.

Cĕlaeno, us, *f.* [Κελαινώ] 1) eine der Plejaden. 2) eine der Harpyen; daher appell. (Poet.) = ein raubsüchtiges Weib.

Cĕlĕber (selten -bris), bris, e, *adj.* mit *comp.* (sehr selten) u. *sup.* 1) wo Viele häufig kommen oder versammelt sind, stark besucht, daher volkreich, bevölkert oder zahlreich: c. locus, portus, oraculum; c. hominum conventus, urbs, forum. Hiervon = von vielen Zusammenkommenden gefeiert, feierlich, dies festus, funus, triumphus. 2) (selten) häufig, verba. 3) (meist Poet. u. Spät.) viel besprochen, fast immer mit Bewunderung (vgl. famosus), daher = berühmt, bekannt: Daedalus celeber ingenio; c. in hoc genere; nomen e.

Cĕlĕbrātio, ōnis, *f.* [celebro] 1) der zahlreiche Besuch, die Gesellschaft, hominum coetus et cc. 2) die zahlreiche Zusammenkunft zu einer Festlichkeit, das feierliche Begehen durch eine versammelte Menge, c. ludorum.

Cĕlĕbrātus, *adj.* mit *comp.* u. *sup.* [*particip.* von celebro] 1) zahlreich besucht, forum. 2) durch zahlreiche Theilnahme verherrlicht, feierlich, dies. 3) verbreitet, gebräuchlich, res. 4) berühmt, gepriesen.

Cĕlĕbrītas, ātis, *f.* [celeber] 1) das starke Besucht-Sein, die Belebtheit, loci, viae. 2) der zahlreiche Besuch, der starke Zulauf, der Andrang: c. virorum ac mulierum, totius Graeciae; c. supremi diei ein feierliches und durch zahlreiches Gefolge ausgezeichnetes Leichenbegängniß. 3) (selten) die Häufigkeit, periculorum. 4) = die Berühmtheit, der große Name, c. ac nomen, c. sermonis hominum.

Cĕlĕbro, 1. [celeber] 1) zahlreich besuchen, oft ob. zahlreich nach einem Orte hinkommen: c. silvas, viam, dōmum, iter. Hiervon A) bei einer Feierlichkeit zahlreich gegenwärtig sein, durch zahlreiche Gegenwart feiern: c. triumphum, supplicationem, nuptias, exsequias. B) eine Sache veranlassen, zu welcher die Leute zusammenkommen, feiern, mit Feierlichkeit veranstalten, funus alicujus. C) = ehren, Einem Ehre beweisen, aliquem funere publico. D) c. aliquid aliqua re Etwas mit Etwas gleichsam erfüllen (eigtl. Etwas mit Etwas häufig besuchen): c. ripas carmine, aures alicuius novis nominibus; c. litora ludis die Spiele auf der Küste feierlich begehen; convivium celebratur omnium laetitia et sermone Freude und geselliges Gespräch herrscht am Gastmahle. 2) von einer Thätigkeit, die häufig angewendet wird, häufig Etwas thun, -betreiben, -anwenden, -sagen: c. et recolere artem; celebratur genus illud mortis kommt oft vor, c. jurisdictionem; c. cum aliquo seria et jocaoft treiben, häufig an — Theil nehmen. 3) oft erwähnen, bekannt machen, rem; nuntii literaeque celebrant, Murenam consulem esse factum. Insbes. = lobend besprechen, rühmen, aliquem literis suis, nomen alicuius (Poet.); c. virum lyrā besingen, c. epulas cantu verherrlichen.

Cĕlĕlātes, tum, *m. pl.* ligurischer Volksstamm südlich vom Padus.

Cĕlenna, ae, *f.* Stadt in Campanien.

Cĕler, ĕris, e, *adj.* mit *comp.* und *sup.* schnell, rasch, eilend, sagitta, curriculum, ventus, cerva; auch von abstr. Gegenständen, oratio, victoria; homo c. rasch zum Handeln; cc. consilia rasche, entschlossene Maßregeln, bisweilen tadelnd = übereilt; (Poet.) c. irasci zum Zürnen.

Cĕlĕre, *adv.* (*Pl.*) = celeriter.

Cĕlĕres, rum, *m. pl.* alter Name der römischen Ritter, bes. insofern sie den Königen als Schatzwache dienten, equites (ursprünglich drei centuriae).

Cĕlĕri-pes, ĕdis *adj.* (selt.) schnellfüßig.

Cĕlĕrĭtas, ātis, *f.* [celer] die Schnelligkeit, Raschheit: c. et vis equorum, c. dicendi ob. in dicendo, ad discendum; c. veneni schnelle Wirkung; c. animorum, consilii Geistesgegenwart.

Cĕlĕrĭter, *adverb.* mit *comp.* u. *sup.* [celer] schnell, rasch.

*****Cĕlĕriuscŭle**, *adverb.* [*deminut.*, celeriter] ein wenig schneller.

Cĕlĕro, 1. [celer] (Poet. u. Spät.) 1) schnell machen, beschleunigen, fugam, iter; c. imperium alicuius schnell ausführen. 2) (selten) *intrans.* eilen.

Cĕletrum, i, n. Stadt in Macedonien.

Cĕleus, i, m. [Κελεός] mythischer König in Eleusis, der die Göttin Ceres gastfreundlich aufnahm und dafür von ihr den Ackerbau und die Mysterien lernte.

Cella, ae, *f.* ein Behältniß, Kammer:

A) die Vorrathskammer zum Aufbewahren von Getreide, Früchten u. dergl., c. vinaria, olearia; daher emere u. f. w. aliquid in cellam = für die Haushaltung. B) der Behälter für Thiere: c. anserum Gänsestall, columbarum Taubenschlag; auch von einem Bienenkorbe. C) das Stübchen, Kämmerchen, besonders für Sklaven. D) in Tempeln, der Theil des Tempels, in welchem die Bildsäule des Gottes stand, die Capelle, c. Jovis.

Cellārius, *adj*. [cella] (Vorklass. u. Spät.) zur Vorrathskammer gehörig; daher *subst*. -ius, ii, *m*. der Aufseher der Vorrathskammer, Kellermeister.

Cellŭla, ae, *f. deminut*. von cella.

Cēlo, 1. 1) Jmd. in Unwissenheit von Etwas erhalten, Etwas Jmd. verhehlen: c. vos illud, te sermonem Appii; c. illum de insidiis, auch *absol*. c. aliquem Jmd. durch Verheimlichung hintergehen, ihm Nichts sagen; *pass*. nur mit einem *pron*. im *neutr*., celor illud (Com.), sonst celor de re aliqua, de maximis rebus a fratre celatus. 2) Etwas heimlich halten, verheimlichen, verbergen (aus subjectiven Gründen, vgl. occulto etc.), tantum gaudium, sententiam, aurum terrā; c. aliquem Jmd. verborgen halten, verstecken.

Cēlox, ōcis, *f*. [ursprünglich ein *adj*. sc. navis, verwandt mit celer] ein schnellsegelndes Schiff; *trop. proverb*. (Pl.) a) ne mihi hanc operam celocem corbitam date = thut nicht langsam was geschwinde geschehen soll; b) dic mihi unde onustam celocem agere to praedicem wo du deine Ladung eingenommen hast = dich voll getrunken hast.

Celsĭtūdo, ĭnis, *f*. [celsus] (Spät.) hohe und emporgerichtete Haltung, corporis.

Celsus, *adj*. mit *comp*. u. *sup*. [aus dem ungebräuchlichen cello, eigtl. = emporgetrieben] 1) hoch, in die Höhe gerichtet, emporragend (vgl. altus, sublimis), mons, status oratoris, iugressus, turris. 2) *trop*. A) von der Gesinnung, a) lobend = hochherzig, erhaben, animus, homo. b) tadelnd = hochmüthig, stolz. B) vom Range und dergl., vornehm, erhaben, sedes dignitatis.

Celtae, ārum, *m. pl*. die Celten, Volksstamm, der namentlich in Gallien und Spanien wohnte. Davon **Celtĭcus**, *adj*.

Celtĭbēria, ae, *f*. ein Theil des nördlichen und mittleren Spaniens. Dazu gehören 1) **Celtĭber**, ĕri, *m*. ein Celtiberer, auch als *adj*. 2) **Celtĭbērĭcus**, *adj*.

Cēna u. f. w., a. S. für Coena u. f. w.

Cēnaeum, i, *n*. [Κηναῖον ἄκρον] nordwestliche Spitze Euböa's. Davon **-naeus**, *adj*.

Cenchreae, ārum, *f. pl*. [Κεγχρέαι] die Hafenstadt Corinths am saronischen Meerbusen.

Cēnŏmāni, ōrum, *m. pl*. celtische Völkerschaft in Gallien.

Censeo, sui, sum, 2. 1) schätzen, abschätzen, beurtheilen, rem, ista praedia; censeri re aliqua (Spät.) nach Etwas geschätzt werden, seinen Werth durch Etwas gewinnen. 2) public. *term. t*. A) das Vermögen eines römischen Bürgers (besonders das Grundeigenthum und unsere res mancipi) schätzen und danach, wie nach Stand und Alter, ihn auf die Verzeichnisse der Bürger in eine gewisse Klasse eintragen, was mit Bezug auf die Ausschreibung zum Kriegsdienste, auf die Ausübung des Stimmrechts in den Volksversammlungen und in älterer Zeit auf das Steuerwesen durch die Censoren geschah: c. aliquem; ducenta millia capitum censa sunt; haec classis censetur XI millibus aeris die Bürger dieser Klasse müssen 11000 asses jeder besitzen; census equestrem summam nummorum dessen Vermögen auf das für die Ritter bestimmte Minimum geschätzt wird; capite censi hießen die Bürger, die gar kein oder so gut wie gar kein Vermögen hatten, und die auf den Bürgerverzeichnissen nur nach den Köpfen aufgeführt wurden; legem censui censendo dicere die Formel bestimmen, nach welcher die Angabe geschehen sollte. B) sein Vermögen auf die Verzeichnisse eintragen lassen, behufs des Census angeben: suntne ista praedia censui censendo? in qua tribu ista praedia censuisti? 3) dafür halten, meinen, der Meinung sein, für richtig oder dienlich halten (nach Erwägung der Umstände oder Gründe, also gewöhnlich von einer Meinung, die man auf gegebene Veranlassung, mit einiger Befugniß oder Autorität äußert, vgl. opinor, puto u. f. w.); quid censetis? surgendum censeo; c. aequum esse. Hiervon 4) *term. t*. bei einer Berathung, bes. im Senate, A) von dem einzelnen Senator, dafür stimmen, seine Meinung aussprechen, sich dafür erklären: plerique cc. ut noctu iter faceret; c. accessas copias daß du die Truppen herbeiholst; c. captivos esse reddendos; (selten) c. eruptionem für einen Ausfall stimmen. B) von dem ganzen Senate, bestimmen, beschließen, verordnen: quae patres cc.; senatus c. eos ab armis decedere, ut Aeduos defenderet, comitia non esse exspectanda sed dictatorem dici; (Spät.) c. alicui triumphum.

Censio, ōnis, *f*. [censeo] (Vorklass. u. Spät.) 1) die Schätzung, Abschätzung, insbes. = census 1. 2) die Züchtigung, Strafe; c. bubula (Pl.) die Peitschenstrafe.

Censor, ōris, *m*. [censeo] der Censor, römischer Magistrat, dessen Obliegenheiten waren: 1) die Besorgung des Census, siehe censeo 2. A.; 2) die Aufsicht über die öffentliche Sittlichkeit, mit der Befugniß Ehrenstrafen aufzulegen; 3) die Veraccordirung der öffentlichen Bauten und Anlagen und die Verpachtungen der Staatseinkünfte. Hiervon *trop*. = ein strenger Richter ob. Kritiker.

Censōrius, *adj*. [censor] 1) zum Censor gehörig, Censor-, auctoritas, nota, animadversio; c. lex der Pacht- oder Licitationscontract, auch eine Verordnung eines Censors; tabulae cc. die Verzeichnisse der Censoren, edictum c. 2) homo c. der Censor gewesen ist. 3) *trop*. streng, gravitas.

Censūra, ae, *f*. [censor] 1) das Censoramt, die Censorwürde, gerere c. bekleiden, Censor sein; c. eius gravis fuit er verwaltete das Censoramt mit Strenge. 2) (Poet. u. Spät.) strenge Prüfung u. Beurtheilung, Tadel, vivorum; facere c. de re aliqua.

Census, us, *m*. [censeo] 1) die Schätzung, Würdigung; als *public. term. t*. die Abschätung des Vermögens eines römischen Bürgers und die damit verbundene Eintragung seines Namens in die Bürgerverzeichnisse u. s. w., siehe censeo 1. A.: agĕre, habēre, facĕre, censēre c. den Censum halten. Hiervon A) = die Angabe des Vermögens zum Census, auctŏre c. B) = Zählung überhaupt: Helvetiorum qui redierunt, censu habito, repertus est numerus centum et decem. C) = die Steuer, die Imb. aufgelegt wird: octuplicato censu eum aerarium fecerunt. D) 1) die Censorliste, das Verzeichniß der Bürger u. s. w., in censum referre. 2) das abgeschätzte und für den Census in die Verzeichnisse eingetragene Vermögen, c. equester, tertiae classis. 3) (meist Poet. u. Spät.) überhaupt Vermögen, Besitz. c. exiguus, homo sine c.

Centaurus, i, m. [Κένταυρος] ein Centaur: die Centauren, in der Mythe Söhne des Irion und einer Wolke, sind bei Homer ein rohes Gebirgsvolk in Thessalien; später hießen sie doppelgestaltige Ungeheuer, halb Menschen halb Pferde. Davon **Centaurēus**, adj.; hierv. subst. -ēum, i, n. Tausendgüldenkraut.

Contēni, ae, a, pl. adj. num. distr. [centum] je hundert; bei Poet. u. Spät. auch = hundertfach, hundertmal vorhanden, arbor.

Centēsĭmus (auch centēsŭmus, centesumus gesetzt.) adj. num. ord. [centum] der hundertste. Davon subst. -ma, ae, f. sc. pars, der hundertste Theil (als eine Abgabe), ein Procent; im pl. von den Zinsen, ein Procent monatlich, also nach unserer Rechnung 12 Procent jährlich.

*****Centĭceps**, cĭpĭtis, adj. [centum-caput] (Poet.) hundertköpfig.

Centies ob. -tiens, adv. [centum] hundertmal.

Centi-mānus, adj. (Poet.) hunderthändig.

Cento, ōnis, m. ein aus Lappen ob. Lumpen zusammengefügter Rock; prov. centones alicui sarcire = Imb. Lügen aufbinden.

Centrōnes, um, m. pl. gallische Völkerschaft.

Centum, adj. num. card. hundert; (Poet.) von einer unbestimmten großen Zahl, = sehr viele.

Centum Cellae, arum, f. pl. Hafenstadt in Etrurien.

Centum-gĕmĭnus, adj. (Poet.) hundertfältig (von dem hundertarmigen Briareus).

Centum-pondium, ii, n. [pondo] (Vorklass.) ein Gewicht von 100 Pfund.

Centumvĭrālis, e, adj. zu den Centumvirn (siehe d. Wort) gehörig, judicium; causa c. von den C. abgeurtheilt.

Centum-vĭri, ōrum, m. pl. (vir) die Hundertmänner, ein jährlich gewähltes, aus 105 Männern bestehendes Richtercollegium, welches in Privatsachen (bes. das alte römische Eigenthumsrecht und Erbschaftsangelegenheiten betreffend) entschied.

Centunculus, i, m. dimin. von Cento.

Centuplex, īcis, adj. [centum] (Pl.) hundertfältig.

Centŭria, ae, f. [centum] ursprünglich eine Abtheilung von Hundert; daher 1) in dem Kriegswesen, $\frac{1}{60}$ einer Legion ($\frac{1}{2}$ eines Manipels, $\frac{1}{3}$ einer Cohorte), eine Centurie (ursprüngl. aus 100 Mann bestehend): tres cc. equitum (= voleram). 2) eine der 193 oder 194, den fünf Klassen untergeordneten und auf diese vertheilten, Abtheilungen der römischen Bürger, in welche diese eingetheilt waren behufs der Abstimmung in den nach ihnen benannten Centuriatkomitien, indem jede Klasse eine gewisse Zahl Centurien hatte (siehe Classis). Später, aber ungewiß wann und wie, wurde die Centurieneintheilung mit der Tribuseintheilung in Verbindung gebracht, indem jede Tribus zwei Centurien einschloß: cunctis cc. renunciatus est consul; centurias non expiere die zur Wahl nöthige Zahl von Stimmen nicht erlangen.

Centŭrĭātim, adv. [centuria] centurienweise, milites c. producti, populus c. vocatus.

Centŭrĭātus, us, m. [centurio 2.] das Centurionenamt, die Würde, Stelle eines Centurio.

*****Centŭrĭātus**, us, m. [centurio 1.] (zuweilen.) die Eintheilung in Centurien.

Centŭrĭo, 1. [centuria] in Centurien eintheilen, A) vom Heere, c. juventutem, pedites centuriati; adv. = Centurien bilden. B) vom Volke, nur im particip. centuriatus: comitia cc. in welchen nach Centurien (siehe centuria) gestimmt wurde; lex c. in den Centuriatkomitien angenommen.

Centŭrĭo, ōnis, m. [centuria] der Anführer einer Centurie, Centurio (Officier verschiedener Grade).

Centŭrĭōnātus, us, m. [centurio 2.] (Spät.) 1) = centuriatus. 2) Prüfung der Centurionen, die Centurionenwahl.

Centŭrĭpae, ārum, f. pl., auch — pa, ōrum, n. pl., alte Stadt auf Sicilien. Davon -pīnus, adj.

Centussis, is, m. [centum—as] (Spät.) hundert Asse.

Coos, siehe Cea.

Cēpa, siehe Caepa.

Cĕphallēnĭa, ae, f. [Κεφαλληνία] die größte der ionischen Inseln, jetzt Cephalonia. Dazu gehören **Cĕphallēnes**, um, m. pl. die Bewohner von C.

Cĕphăloedĭa, is, f., ob. -loedium, ii, n. [Κεφαλοιδίς, -οίδιον] Stadt auf der Nordküste Siciliens. Davon -loeditānus, adj., und subst. -loedĭtāni, ōrum, m. pl. die Einwohner von C.

Cĕphălus, i, m. [Κέφαλος] Sohn des Mercur und der Herse, Gemahl der Procris, aber Geliebter der Aurora.

Cēpheus, ei ob. eos, m. [Κηφεύς] König in Aethiopien, Gemahl der Cassiope und Vater der Andromeda, zuletzt unter die Gestirne versetzt. Davon **Cēphēĭus** ob. **Cēphēus**, adj. zum C. gehörig, daher (Poet.) = äthiopisch.

Cēphīsus ob. -phissus, i, m. [Κηφισός] 1) Fluß in Phocis. Davon A) **Cēphīsius**, adj., aber subst. m. der Sephifier = Narcissus. B) **Cēphīsĭa**, idis, adj. 2) Fluß in Attica. Davon **Cēphīsias**, adis, adj.

Cēra, ae, f. (verw. mit κηρός) das Wachs. Daher A) die mit Wachs überzogene hölzerne

Tafel zum Schreiben, die Wachstafel, Schreibtafel. Hiervon a) ein Blatt, Seite eines Buches ꝛc. vergl. b) jeder schriftliche Aufsatz, z. B. ein Testament, Brief, Verzeichniß („cerā Caerito digā"). D) das Wachssiegel. C) (Poet.) das Wachsbild = imago, was man sehe.

Cĕrāmīcus, i, m. [κεραμεικός der Topfmarkt] Name zweier Plätze inner- und außerhalb Athens.

*Cĕrārĭa, ae, [cera] (Pl., zweifelh., Andere schreiben toraria) die Wachskerzenverfertigerin.

*Cĕrārĭum, ii, n. [cera] „Wachsgeld", Gebühren für verbrauchtes Wachs.

Cĕrastes, ae ob. is, m. [κεράστης, gehörnt] die Hornschlange; im pl. = eine der Sage nach gehörnte Völkerschaft auf Cypern.

Cĕrăsus, i f. [κέρασος] 1) der Kirschbaum. 2) die Kirsche.

Cĕrăsus, untis, f. [Κερασοῦς] Stadt in Pontus, von wo die Kirschen nach Europa gebracht wurden.

*Cĕrătīna, ae, f. [κερατίνη, von κέρας] (Spät.) der „Hornschluß", Trugschluß von den Hörnern („Was du nicht verloren hast, das hast du; du hast Hörner nicht verloren, also hast du Hörner").

Cĕrātus, adj. [cera] mit Wachs versehen, tabula eine Wachstafel, pennae mit Wachs befestigt.

Cĕraunĭi montes ob. bloß Cĕraunĭa, ōrum, n. pl. [Κεραύνια ὄρη], auch Acrŏcĕraunĭa, ōrum, n. pl. (dieses bedeutet eigentl. ein Vorgebirge unter jenen Bergen) ein der epirotischen Küste entlang laufendes felsiges Gebirge.

Cerbĕrus, i, m. [Κέρβερος] der vielköpfige Hund, der den Eingang zur Unterwelt bewacht. Davon -bĕreus, adj.

Cercētĭus, ii, m. Berg in Thessalien.

Cercĭna, ae, f. [Κέρκινα] Insel an der africanischen Küste.

Cercĭnĭum, ii, n. Stadt in Thessalien.

Cercōpes, pum, m. pl. räuberische Völkerschaft auf der Insel Pithecusa, von Jupiter in Affen verwandelt.

Cercŏpĭthēcus, i, m. [κερκοπίθηκος] (Spät.) ein geschwänzter Affe.

Cercūrus, i, m. [κέρκουρος] eine Art leichter schnellsegelnder Schiffe.

Cerdo, ōnis, m. (spät. Poet.) ein Handwerker, Arbeiter.

Cĕrĕbellum, i, n. demin. von Cerebrum.

Cĕrĕbrōsus, adj. [cerebrum] (Poet.) hirnwütig, A) = verrückt, geistesverworren; B) = auffahrend, jähzornig.

Cĕrĕbrum, i, n. 1) das Gehirn; excutere alicui cerebrum Jmd. den Verstand vertüchten; cerebrum bis uritur = sie sind äußerst erbittert; 2) trop. (Poet.) A) = Verstand. B) = Zorn.

Cĕres, ĕris, f. Tochter des Saturnus und der Rhea, Schwester des Jupiter u. s. w., Mutter der Proserpina, Göttin des Ackerbaus und daher der Civilisation: besonders wurde sie in den Mysterien verehrt, namentlich in Athen und Eleusis, daher (Poet.) = Getreide, Brod u. dergl. Davon Cĕrĕālis, e, adj. zur Ceres (daher auch = zum Getreide) gehörig: munera ꝛc. = Brod, arma ꝛc. die Geräthe, die zum Bereiten des Brods erforderlich waren; insbes. Cĕrĕālĭa, ium, n. pl. das Ceresfest.

Cēreus, adj. [cera] wächsern, aus Wachs, Wachs-, imago. Davon A) (Poet.) = wachsfarbig. B) (Poet.) = zart, fein, brachla; trop. = leicht biegsam, beweglich (cereus in vitium flecti so daß er leicht zum Laster gebogen werden kann). C) subst. -us, i, m. (sc. funis) ein Wachslicht, Wachskerze.

Cĕrĭmōnĭa, f. Caerimonia.

Cĕrintha, ae, f. [κηρίνθη] eine Pflanze, Wachsblume.

Cērĭnus, adj. [cera] (Vorklass. u. Spät.) wachsgelb; davon Cērĭna, ōrum, n. pl. ein wachsgelbes Kleid.

Cerno, crēvi, crētum (in den Bedeutungen 2. A. und B. ohne perf. u. sup.), 3. (stammv. mit κρίνω) 1) eigtl. (selten, Poet. u. Prosa) scheiden, namentlich sieben, farinam cribro ob. per cribrum. 2) trop. A) mit den Augen unterscheiden, sehen, wahrnehmen: c. aliquid oculis, ex hoc loco Cumanum tuum non c. Hiervon c. aliquem Jmd. ansehen = auf Jmd. Rücksicht nehmen. B) mit den Augen des Geistes unterscheiden, erkennen, wahrnehmen, sehen: c. aliquid animo, c. rem actam; nemo satis c., cui imperium permittat. Hiervon pass. cerni re aliqua ob. in (selten ex) re aliqua in Etwas sich zeigen, durch ob. in Etwas erkannt werden. C) etwas Streitiges entscheiden, sors id c. Inobef. a) (selten, Vorklass. u. Poet.) durch Kampf entscheiden, streiten: c. vitam um das Leben kämpfen, ebenso de victoria; c. certamen. b) (Vorklass. u. Poet.) sich für Etwas entscheiden, Etwas beschließen, bestimmen, c. facere aliquid; quodcunque senatus c. D) term. t., c. hereditatem aliquam ob. alicuius beschließen und erklären, daß man eine Erbschaft antreten will, sie annehmen; daher auch = die Erbschaft antreten.

Cernŭlo, 1. (selten, Spät.) [cernuus] auf den Kopf hinstürzen, aliquem.

Cernŭus, adj. (Vorklass. u. Poet.) kopfüberstürzend, sich nach vorn überschlagend.

Cērōma, ătis, n. [κήρωμα] (Spät.) 1) eine von den Ringern häufig gebrauchte Wachssalbe. 2) der Ringerplatz, Kampfplatz.

Cērōmātĭcus, adj. [ceroma] (spät. Poet.) mit Wachssalbe bestrichen.

Cerrītus, adj. (Poet.) verrückt, toll.

Certāmen, ĭnis, n. [certo] das Kampf, in welchem die Streitenden wetteifern und gleichsam die Kräfte prüfen, ein Wettkampf, Wettstreit, sowohl freundschaftlich als feindselig, daher A) im Spielen, in der Musik, Poesie u. dergl., c. citharoedorum, equestre, luctandi im Ringen; trop. c. Stoicorum et Peripateticorum Disput; c. honoris, eloquentiae (von dem ersten Range in der Beredtsamkeit), auch c. de re aliqua; c. inter eos fuit utrum etc. sie stritten sich ob u. s. w. B) im Kriege = Streit, Waffenkampf, inire, conserere, serere c.; pugnatum est vario c. mit wechselndem Glücke; res venit ad c. es kam zum Kampfe.

Certātim, adv. [certo] wetteifernd, um die Wette, turrere.

Certātĭo, ōnis, f. [certo] das Wettkämpfen, daher der Wettkampf, Wettstreit:

est mihi c. cum aliquo; certatio multae öffentliche Verhandlung, Disput, über eine zu verhängende Geldstrafe.

Certe, *adv.* [certus] 1) sicher, bestimmt, zuverlässig, gewiß, aliquid scire; c. statuere, videre. 2) bekräftigend, gewiß, sicherlich, sicher, in der That: c. illud eveniet; addit quae c. vera sunt. Hiervon A) in bestätigenden Antworten, gewiß, allerdings, ja freilich, ja gewiß: estne ipsus annon est? c. est; auch ohne vorhergehende Frage: „at dignitatem non habet docere;" c., si quasi in ludo. B) mit einiger Beschränkung bestätigend, doch gewiß, ja doch, doch wenigstens; res fortasse verae, c. graves; si non (minus) etc., at c. so doch, ebenso c. tamen ob. tamen c.; si non in capite, c. quidem in te est.

Certo, *adv.* [certus] bei den Com. ganz = dem häufigern certe, nur nicht in der Bedeutung 2, B.; sonst fast nur in Verbindung mit den Verben scio, comperio u. dergl., mit Gewißheit, sicher, gewiß: exspecto aliquid quasi c. futurum.

Certo, 1. [*frequent.* von cerno] 1) einen Wettstreit kämpfen, -streiten, wetteifern: c. ingenio cum aliquo; certamus beneficiis inter nos; c. cum civibus de virtute; c. vino et joco; nautae cc., quis potissimum gubernet; (Poet.) c. alicui mit Imb. 2) mit Worten ob. vor Gericht streiten, disputiren ob. seine Sache vor Gericht führen: c. maledictis, oratione cum aliquo (de aliqua re); (Poet.) c. urbem lite vor Gericht um den Besitz einer Stadt streiten. 3) im Kriege streiten, kämpfen (fast immer doch so, daß der Begriff eines Wettstreits nicht ganz verschwindet): c. cum hostibus pro salute; c. bello (acie) de re. 4) (Poet. u. Spät.) sich für Etwas eifrig bestreben, wetteifern um Etwas zu thun: c. vincere, c. aliquem tollere laudibus.

Certus, *adj.* mit *comp.* u. *sup.* [cerno 1] (nach cerno 2. c.) A) beschlossen, entschieden, nur in der Verbindung certum (Com. auch certa res) est (mihi) aliquid facere es ist mein fester Entschluß. B) (Poet. u. Spät.) zu Etwas entschlossen, der einen Entschluß gefaßt hat, eundi, fugae ob. c. mori zu sterben. 2) wovon keine Ungewißheit stattfindet, gewiß, sicher, ausgemacht: c. res; certum mihi est ich weiß gewiß; habere aliquid certum ob. pro certo für sicher ansehen; pro certo negare, dicere, affirmare als gewiß, als zuverlässig; (Poet.) certum als *adv.* = certe; (Pl.) certum facere alicui Imb. Gewißheit verschaffen. 3) wovon eine Bestimmung getroffen ist, bestimmt, festgesetzt, gewiß: dies c., c. statumque vectigal, c. limites; certa maris (Tac.) die regelmäßig wechselnden Bewegungen des Meeres. Hiervon bisweilen = quidam, von einer bestimmten Person oder Sache, auf deren nähere Angabe es sonst nicht ankommt: habet certos sui studiosos, auch (Spät.) certae quaedam leges. 4) worauf man sich verlassen kann, dessen man sicher ist, sicher, gewiß, zuverlässig, wahrhaftig u. dergl. A) von Personen, amicus c.; cc. homines, quibus recte literas dem; dimittere certos; c. Apollo (Poet.) untrüglich. B) von Sachen: c. fructus, c. jus; hasta c. sicher treffend; c. spes; haec

sunt cc. et clara. b) der keinen Zweifel und keine Ungewißheit hegt, der seiner Sache gewiß ist, sicher, a) (Spät.) c. rei alicujus ob. de re aliqua einer Sache gewiß. b) häufig in der Verbindung facere aliquem certiorem (Poet. und Spät., auch certum) rei alicuius ob. (häufiger) de re aliqua Imb. von Etwas benachrichtigen, ihm Kenntniß von Etwas geben: auch faciam te certiorem, quid egerim; eum certiorem fecit, Helvetios abisse; ut de his rebus a me certior fias.

Cĕrŭla, ae, *f. deminut.* von cera; c. miniata eine Art Röthelstift, womit die Alten fehlerhafte Stellen in Büchern anzustreichen pflegten.

Cērussa, ae, *f.* das Bleiweiß.

Cērussātus, *adj.* [cerussa] mit Bleiweiß angestrichen, geschminkt.

Cerva, ae, *f.* die Hirschkuh; (Poet.) überhaupt = Hirsch.

Cervical, ālis, *n.* [cervix] (Spät.) das Kopfkissen.

Cervīcŭla, ae, *f. deminut.* von cervix.

Cervīnus, *adj.* [cervus] zum Hirsche gehörig, Hirsch-, pelles.

Cervix, īcis, *f.* (in der klassischen Prosa nur im *pl.*) der Nacken: frangere cervices alicui Imb. den Hals brechen, ihn quälen. Hiervon *trop.* A) mit dem Bilde eines Joches oder einer Last, woburch Imb. sich gedrückt ob. geplagt fühlt: esse in cervicibus alicuius Imb. auf dem Nacken sein, zur Bezeichnung einer Verfolgung ob. einer zu großen und gefährlichen Nähe, bellum est in cervicibus steht bevor; depellere aliquem ob. aliquid de cervicibus amici seinem Freund Imb. ob. Etwas vom Halse schaffen, ihn davon befreien. B) dare cervices crudelitati sich Imbs Grausamkeit (als Opfer) willig unterwerfen, sich gefallen lassen. C) homo tantis cervicibus von so großer Dreistigkeit.

Cervus, i, *m.* 1) der Hirsch. 2) in der Militärsprache, eine gabelförmige Stange zum Abwehren der Feinde, spanischer Reiter.

Cespes, siehe Caespes.

Cessātio, ōnis, *f.* [cesso] 1) (Pl.) das Zögern: non datur c. es darf nicht länger gezögert werden. 2) das Nachlassen, die Unthätigkeit, der Müßiggang: Epicurus nihil cessatione melius existimat.

Cessātor, ōris, *m.* [cesso] ein Zögerer, Saumseliger, Nichtsthuer.

Cessim, *adv.* [cedo] (Spät.) zurück, rückwärts, sori, ire.

Cessio, ōnis, *f.* [cedo] c. in jure als juristischer *term. t.*, das Abtreten eines Besitzes und Uebertragung auf einen Andern.

Cesso, 1. [cedo] 1) zögern, säumen (meist aus Trägheit oder Unthätigkeit, vgl. cunctor): c. eum adire; paulum si cessassem, eum domi invenissem. Insbes. (häufig bei Com.) fragend (cesso? quid cesso? quid cessas? zögere ich (du)? warum zögere ich?) mit einem *infin.* als eine Ermunterung seiner selbst oder eines Andern, daß Etwas gleich gethan werde. 2) unthätig-, müßig sein, Nichts thun, feiern; daher versäumen, bleiben lassen (immer tadelnd): c. in opere suo; nihil cessatum est ab apparatu operum; nullum tempus cessabat a novae cladis spectaculo war von — lebig, zu jeder Stunde sah man ein neues Unglück; non cessas de nobis detrahere du hörst nicht auf uns herabzusetzen. Hiervon A) mit einem *abl.* = es an Etwas fehlen lassen: ea non c. muliebri audaciā; c. officio seine Pflicht nicht erfüllen. B) (Poet.) cessata arva die man hat brach liegen lassen, tempora wo man Nichts gethan hat, versäumte. C) von leblosen Sachen = ruhen, opus, pedes cc.; (Poet.) cessatum ducere curam die Sorgen zur Ruhe bringen; arae cc. = auf den Altären werden keine Opfer gebracht; honor c. die Ehrenstelle ist ledig; ager c. liegt brach. *D) (Poet.) = vaco, c. rei alicui sich mit einer Sache beschäftigen. 3) (Spät.) sich zu stellen zögern = ausbleiben, bes. vor dem Gerichte; daher von Sachen = fehlen, nicht vorhanden sein. 4) (Poet. u. Spät.) einen Fehltritt begehen, fehlen, irren.

Cestrosphendŏne, es, *f.* [κεστροσφενδόνη] eine Wurfmaschine, womit Steine geschleudert wurden.

Cestus, f. Caestus.

Cētārius, *adj.* [cetus] (Poet.) zu den Seefischen gehörig, nur als *subst.*: A) -ius, ii, *m.* ein Fischhändler. 2) -ia, ae, *f.* und -ium, ii, *n.* ein Fischteich (d. h. ein Teich an der Küste, mit dem Meere in Verbindung stehend, in welchem sich die Fische, bes. die Thunfische, zu gewissen Zeiten versammelten und dann in Menge gefangen wurden).

Cētĕrŏquin oder -qui, *adv.* übrigens, im Uebrigen, sonst.

Cētĕr(us), a, um, *adj.* 1) *sing.* (selten; der *nom. masc.* kömmt gar nicht vor) der übrige, der andere (als Gegensatz zu einer anderen, vorher oder nachher genannten Sache ob. Person, vergl. reliquus), meist mit Collectiven verbunden: c. exercitus, c. regium cultum; c. Graecia, c. eius audacia. Hiervon adverbial de cetero übrigens. 2) *pl.* die übrigen, die anderen, homines, res; praeter ceteros, inter cetera; am Schlusse einer Aufzählung ceteri (ae, a) ob. ceterique und cetera = und so weiter. 3) als *adv.* A) Ceterum a) übrigens, im Uebrigen, sonst: ego me, praeterquam quod sine te, c. satis commode oblectabam; nicht selten als bloße Uebergangspartikel. b) (meist Spät.) gewöhnlich im Gegensatz zu einem quidem oder zu einer Negation, aber, doch, gleichwohl: non consulibus, c. dictatori legiones tradiderunt. B) Cetera in anderen Beziehungen, im Uebrigen, übrigens, sonst.

Cēthēgus, i, *m.* Name einer römischen Familie in der gens Cornelia. Am bekanntesten ist Caius Cornelius C., Mitverschworener des Catilina.

Cētra, ae, *f.* ein kurzer spanischer Schild.

Cētrātus, *adj.* [cetra] einen kurzen spanischen Schild tragend.

Cētus, i, *m. pl.* cētē, *n.* [κῆτος] (Poet. u. Spät.) ein großes Seethier, insbesondere ein Walfisch, Seehund u. s. w.

Ceu, *adv.* oder *conj.* [vielleicht aus ce-ve wie neu ex ne-ve] vergleichende Partikel (Poet. u. Spät.) 1) so wie, ganz wie, gleich wie, bes. häufig in poetischen Vergleichungen: pars vertere terga, c. quondam potiere rates; te mis fugit c. fumus in auras; auch verbunden mit quum oder si wie wenn. 2) = quasi, als wie, gleichsam als ob: c. cetera nusquam bella forent.

Cĕyx, ȳcis, *m.* [Κήϋξ] König zu Trachis, Gemahl der Alcyone, siehe dieses Wort.

Chaerōnēa, ae, *f.* [Χαιρώνεια] Stadt in Böotien, bekannt durch die Schlacht 338 v. Chr.

Chalcēdon, ŏnis, *f.* [Χαλκηδών] Stadt in Bithynien. Davon **-dŏnius**, *adj.*

Chalcioecus, i, *f.* [Χαλκίοικος] „mit ehernem Hause oder Tempel", Beiname der Minerva.

Chalcis, ĭdis, *f.* [Χαλκίς] Name vieler Städte, von denen die bekannteste auf Euböa lag. Davon 1) **-īdensis**, e, und (selt.) **-īdicus**, *adj.*, arx = Cumä als eine Colonie von Ch.; u. *subst.* **-īdenses**, ium, *m. pl.* die Einwohner von Ch.

Chaldaea, ae, *f.* [Χαλδαία] der südliche Theil von Babylonien. Dazu gehörig: **Chaldaeus** oder (selten) **-daïcus**, *adj.*, u. *subst.* **-daei**, ōrum, *m. pl.* die Bewohner von Ch., als Sterndeuter und Wahrsager bekannt, daher Chaldaeus überhaupt = ein Astrolog, Wahrsager.

Chălybes, bum, *m. pl.* [Χάλυβες] 1) Völkerschaft in Pontus. 2) Völkerschaft in Spanien.

Chălybs, ȳbis, *m.* [χάλυψ] (Poet. u. Spät.) der Stahl.

Chălybs, ȳbis, *m.* [Χάλυψ] Fluß in Spanien, dessen Wasser man die Eigenschaft zulegte das Eisen zu härten.

Chāmāvi, ōrum, *m. pl.* Völkerschaft in dem nordwestlichen Deutschland.

Chāŏnes, num, *m. pl.* [Χάονες] Völkerschaft in Epirus. Davon 1) **Chāŏnia**, ae, *f.* [Χαονία] die Landschaft der Chaonier. 2) **Chāŏnis**, ĭdis, und **Chāŏnius**, *adj.* chaonisch, davon überhaupt = epirotisch, namentlich auch = dodonisch, zu dem in Chaonien liegenden Orakel Dodona gehörig.

Chaos (nur im *nom.* und *acc. sing.*), *n.* [= χάος] (Poet. u. Spät.) 1) der leere grenzenlose Raum als Reich der Finsterniß, daher A) = die Finsterniß, B) = die Unterwelt, 2) die form- u. gestaltlose Urmasse, aus welcher die Welt durch die Sonderung der Elemente gebildet wurde.

Chara, ae, *f.* eine unbekannte Wurzel.

Chăris, ĭtos, *f.* [Χάρις] griechischer Name einer Huldgöttin, siehe Gratia.

Chărīstia, ōrum, *m. pl.* [τὰ χαρίστια] (Poet. u. Spät.) ein Familienfest, das jährlich am 20. Februar zur fröhlichen Geselligkeit und auch zur Beilegung von Familienzwistigkeiten gefeiert wurde.

Charmădas, ae, *m.* [Χαρμάδας] griechischer Philosoph aus der academischen Schule.

Chăron, ontis, *m.* [Χάρων] Sohn des Erebos und der Nacht, Fährmann in der Unterwelt.

Chărondas, ae, *m.* [Χαρώνδας] Gesetzgeber auf Sicilien ums J. 650 v. Chr.

Charta, ae, *f.* 1) ein Blatt von der Papyrusstaude, daher = Papier; ch. dentata geglättet. 2) *trop.* das beschriebene Papier = das Geschriebene, Schrift, Brief, Buch, Ge-

Chartula — **Chorus**

dicht u. bergl. 3) (Spät.) eine dünne Platte, ch. plumbea.

Chartŭla, ae, *f. deminut.* von charta.

Charybdis, is, *f.* [Χάρυβδις] ein gefährlicher Strudel in der sicilischen Meerenge; *trop.* für etwas Gefährliches, Verderbliches.

Chasuāri, ōrum, *m. pl.* germanische Völkerschaft am Niederrhein.

Chatti oder **Catti**, ōrum, *m. pl.* germanische Völkerschaft im heutigen Hessen. Dazu als *adj.* **Chattus**, chattisch.

Chauci, ōrum, *m. pl.* Völkerschaft an der nordwestlichen Küste von Deutschland. Davon **Chaucius**, *adj.*

Chēlae, ārum, *f. pl.* [χηλαί] die Scheeren gewisser Thiere, und in der Astronomie = die Scheeren des Scorpions (des Gestirns).

Chēlĭdōniae insulae [Χελιδόνιαι νῆσοι] die „Schwalbeninseln", drei (oder fünf) kleine Inseln, dem promontorium Chelidonium in Lycien gegenüber.

Chĕlydrus, i, *m.* [χέλυδρος] (Poet.) eine größtentheils im Wasser lebende Schlange, die Schildkrötenschlange.

Chĕlys, *accus.* -yn, *voc.* -y [χέλυς] 1) (später Poet.) die Schildkröte. 2) die ursprünglich aus der Schale der Schildkröte gemachte Lyra (siehe testudo).

Cheragra = chiragra.

Cherrŏnēsus oder **Chersŏnēsus**, i, *f.* [χερρόνησος oder χερσόνησος] 1) eine Halbinsel, A) Ch. Taurica, die Krimm. B) Ch. Thracica (oft bloß Ch.) die Halbinsel am Hellespont (jetzt Halbinsel von Galipoli). Davon **-ōnenses**, ium, *m. pl.* die Bewohner von Ch. 2) ein Vorgebirge in Argolis.

Cherusci, ōrum, *m. pl.* germanische Völkerschaft am südlichen Harzgebirge.

Chiliarchus, i, *m.* [χιλίαρχος] ob. -cha, ae, *m.* [= -χης] 1) ein Kriegshauptmann über 1000 Mann, Oberster. 2) bei den Persern der höchste Würdenträger nächst dem Könige, der „Premierminister".

Chilo, ōnis, *m.* [Χίλων] ein Lacedämonier, einer der sieben Weisen Griechenlands.

Chĭmaera, ae, *f.* [Χίμαιρα] ein fabelhaftes, vielgestaltiges, feuerspeiendes Ungeheuer in Lycien, vom Bellerophon getödtet.

*Chĭmaerĭ-fer, ěra, ěrum, *adj.* (Poet.) das Ungeheuer Chimära erzeugend, Lycia.

Chiŏne, es, *f.* [Χιόνη] 1) Tochter des Dädalion, vom Mercur Mutter des Autolycus, von der Diana erschossen. 2) Mutter des Eumolpus, daher dieser **Chiŏnĭdes**, ae, *m.* heißt.

Chios oder **Chius**, ii, *f.* [Χίος] blühende und fruchtbare Insel des ägäischen Meeres, der asiatischen Küste gegenüber. Dav. **Chius** [Χῖος], *adj.* und *subst.* a) Chii, ōrum, *m. pl.* die Bewohner von Ch.; b) Chia, ōrum, *m. pl.* feines Gewebe von Ch.

Chiragra, ae, *f.* [χειράγρα] (Poet. u. Spät.) die Handgicht.

Chīrogrăphum, i, *n.* [χειρόγραφον] 1) die eigene Handschrift, = Hand: neque utar signo meo neque ch. 2) das mit eigener Hand Geschriebene: credidi chirographis ejus; so a) = eigenhändiger Brief, b)

(Spät.) = eigenhändige Verschreibung, Obligation.

Chiron, ōnis, *f.* [Χείρων] ein durch Gerechtigkeit und Weisheit ausgezeichneter Centaur, Sohn des Saturn und der Philyra, Lehrer verschiedener Heroen, namentlich des Achilles.

Chirŏnŏmia, ae, *f.* [χειρονομία] (Spät.) die Gesticulation oder kunstgerechte Bewegung der Hände und Arme während des Vortrages, die Pantomimik.

Chirŏnŏmus, i, *m.* ob. -nomōn u. -ntis, *m.* [χειρονόμος ob. -νομῶν] (Spät.) der die durch chironomia bezeichnete Kunst versteht, der Pantomime.

Chirurgia, ae, *f.* [χειρουργία] die Wundarzneikunst, Chirurgie.

Chlămȳdātus, *adj.* mit einer chlamys bekleidet.

Chlămys, ўdis, *f.* [χλαμύς] ein weites wollenes Oberkleid der griechischen Männer, Kriegsmantel oder Staatsmantel (getragen z. B. von den Personen in den tragischen Chören, auch auf Reisen, bisweilen von Weibern und Kindern).

Chlōris, ĭdis, *f.* [Χλωρίς] die „Grünende", Göttin der Blumen = Flora.

Choaspes, is, *m.* [Χοάσπης] 1) Fluß in Susiana in Persien, von dessen Wasser die persischen Könige immer einen Vorrath mit sich führten. 2) Fluß in Indien.

Choerĭlus, i, *m.* [Χοιρίλος] 1) ein epischer Dichter aus Samos, ums J. 450 v. Chr. 2) ein dramatischer Dichter zu Athen ums Jahr 480 v. Chr. 3) ein griechischer Dichter zur Zeit Alexanders des Großen.

Chŏrāgium, ii, *n.* [χοράγιον oder -γία, chorus] die Ausrüstung mit dem Nöthigen) eines Chors; davon *trop.* = prächtige Zurüstung überhaupt.

Chŏrāgus, i, *m.* [χοραγός] 1) (Com.) der Chorausrüster, der Alles zur Ausstattung des Chors auf eigene Kosten besorgt. 2) (Spät.) der das Nöthige für eine Feierlichkeit auf eigene Kosten herbeischafft.

Chŏraules oder -la, ae, *m.* [χοραύλης] (Poet. u. Spät.) der zum Chortanze die Flöte bläst, der Chorflötist.

Chorda, ae, *f.* [χορδή] die Darmsaite an einem musikalischen Instrumente, impellere ch. anschlagen; (Pl.) ch. tenditur tibi = Strick.

Chordus ob. (vielleicht richtiger) **Cordus**, *adj.* (Vorklass. u. Spät.) spät gewachsen oder geboren, das die Mutter lange im Leibe getragen hat.

Chŏrēa (bisweilen **Chŏrĕa**), ae, *f.* [χορεία] (Poet.) der Chortanz, Rundtanz.

Chŏrēus [χορεῖος], *adj. sc.* pes, in der Metrik der später trochaeus genannte Versfuß (– ◡).

Chŏrŏcĭthărista, ae, *m.* [χοροκιθαριστής] (Spät.) der den Chortanz mit dem Citherspiel begleitende Citherspieler.

Chors, siehe Cohors.

Chŏrus, i, *m.* [χορός] 1) (Poet.) der Chortanz, Rundtanz, Reigen: exercere, agitare ch. aufführen; *trop.* von der regelmäßigen Bewegung der Sterne. 2) die tanzende und singende Schaar, der Tanzchor, insbes. vom Chor

in der Tragödie; *trop.* eb. Pleiadum die Sternen-
schaar der Pl. 3) *trop.* Schaar, Trupp über-
haupt: cb. juventutis, poetarum.
Chremes, ētis, *m.* Name eines geizigen
Alten in den Comödien des Terenz.
Chrīa, ae, *f.* [χρεία] (Spät.) in der Rhe-
torik, eine Sentenz, Gemeinplatz nebst dessen wei-
terer logischer Ausführung.
Chrȳsas, ae, *m.* Fluß auf Sicilien.
Chrȳses, ae, *m.* [Χρύσης] Priester des
Apollo aus der Stadt Chryse (es, *f.*) in Troas.
Davon Chrȳsēĭs, ĭdis, *f.* Tochter des Chr.,
von den Griechen vor Troja geraubt und dem
Agamemnon als Beute zugetheilt, = Asty-
ome.
Chrȳsippus, i, *m.* [Χρύσιππος] ein be-
rühmter stoischer Philosoph ums J. 220 v. Chr.
Davon -ppēus, *adj.*
Chrȳsŏgŏnus, i, *m.* [Χρυσόγονος] Frei-
gelaffener des L. Sulla.
Cĭbārius, *adj.* [cibus] 1) zur Speise ge-
hörig: res c.; uva c. die nur gegessen werden
kann, aus welcher kein Wein gepreßt wird. Hierv.
Cibaria, ōrum, *n. pl.* Speise, Nahrungs-
mittel, Lebensmittel, Futter, Nahrung für
Menschen und Vieh: praebere, dare alicui ci-
baria. Insbes. A) = Ration für die Sol-
daten: cc. duorum mensium Proviant für zwei
Monate. B) = Deputatgetreide und sonstiger
Lebensbedarf, der den Provinzialmagistraten von
Staatswegen geliefert wurde. 2) zur täglichen
Speise gehörig, ordinär, gering, insbes. panis
c. Schwarzbrod.
Cĭbātus, us, *m.* [cibo] (Vorkläff. u. Spät.)
Speise, Kost, Unterhalt.
Cĭbo, 1. [cibus] (Spät.) füttern, (Thieren)
Nahrung geben.
Cĭbōrium, ii, *n.* (Poet.) eigtl. eine ägyp-
tische Bohne, davon eine Art Becher von der
Form einer Bohne.
Cibus, i, *m.* Speise, Kost, Nahrung,
Nahrungsmittel überhaupt (bes. von Menschen,
vgl. esca), cibum capere, sumere genießen, zu
sich nehmen; *trop.* c. furoris, mali was die
Wuth, das Uebel nährt.
Cĭbȳra, ae, *f.* [Κιβύρα] reiche Fabrikstadt
in Phrygien. Davon 1) -rāta, ae, *m.* ein Mann
aus C. 2) -rātĭcus, *adj.*
Cĭcāda, ae, *f.* (Poet. u. Spät.) die Baum-
grille, Cicade; *trop.* zur Bezeichnung des Sommers.
Cĭcātrīcōsus, *adj.* [cicatrix] (Vorkläff. u.
Spät.) voller Narben, narbig; *trop.* von
einer bald hier bald dort gefeilten Schrift.
Cĭcātrīx, īcis, *f.* die Narbe: c. adversa
vorn, = adverso corpore excepta; *trap.* c.
reipublicae obducta, Wunde"; ducere ob. inducere cicatricem von dem Heilmittel = heilen,
von der Wunde = geheilt werden, vernarben.
Cĭccus, i, *m.* [κίκκος] (Vorkläff.) eigtl.
das Kerngehäuse im Granatapfel, daher *trop.* non
c. nicht das Geringste.
Cĭcer, ĕris, *n.* (Poet. u. Spät.) die Kicher-
erbse.
Cĭcĕro, ōnis, *m.* Beiname in der gens Tul-
lia; am bekanntesten ist der große Redner und
Staatsmann Marcus T. C., geboren zu Arpinum
106 v. Chr., gestorben 43 v. Chr., sein Bruder
Quintus T. C.; beide hatten gleichnamige Söhne.
Davon Cĭcĕrōnĭānus, *adj.*
Cĭchōrium, ii, *n.* ob. -rēum, ei, *n.* [κι-
χώριον] (Poet. u. Spät.) eine Pflanze, En-
divie oder Cichorie.
Cĭcĭlendrum und **Cĭcĭmandrum**, i, *n.*
(Pl.) fingirte Namen für Gewürz.
Cĭcōnia, ae, *f.* der Storch.
Cĭcur, ŭris, *adj.* zahm, bestia.
Cĭcūta, ae, *f.* der Schierling, bes. die-
jenige Art, aus deren Saft man Gift bereitete;
daher (Poet.) die aus einem Schierlingstengel ge-
machte Hirtenpfeife.
Cĭcūta, ae, *m.* Name eines Wucherers bei
Horaz.
Cĭdāris, is, *f.* (persisches Wort) (Spät.) ein
Diadem, Kopfschmuck der persischen Könige.
Cĭeo, civi, citum, 2. auch (selten, Vorkläff.
u. Spät.) Cio, — — 4. [stammverw. mit κίω,
κινέω] 1) in Bewegung setzen, bewegen,
antegen: natura omnia c.; orbis semper eodem
modo ciebatur; c. mare, aequora aufwühlen,
ebenso (Poet.) c. coelum tonitru. Hierv. *term.
t.* erctum ciere eine Erbschaft theilen (wobei
jeder Theil an seine Stelle kömmt). 2) (meist
Poet. u. Spät.) mit Andeutung des Ortes, wohin Etwas bewegt wird, A) herbeiführen,
-holen, -rufen: c. milites a subsidiis, viros
ad se, Vitellius c. Germanos in nos. B) in-
bes. zu Hülfe ob. zum Zeugniß rufen, anrufen: c. Manes nocturnos; non homines
tantum sed foedera et deos c. (gleichsam be-
berufen als Zeugen). C) rufen, namentlich angeben, nennen: magna voce animam supremum cient (den Namen rufen bei einer Leichenfeier), c. nomen utriusque; posse ciere patrem
angeben, nennen (= seine freie Geburt beweisen
können); triumphum nomine cieo = ich rufe
io triumphe. 3) eine Leidenschaft, ein Gefühl
u. dergl. in Bewegung setzen, erregen, anregen, hervorbringen, veranlassen oder
anrichten, bewirken u. dergl.: c. motus illos,
proelium, seditionem, stragem; c. lacrimas
vergießen, varias voces, singultus ausstoßen.
Cĭlĭcĭa, ae, *f.* [Κιλικία] Cilicien, südliche
Küstenlandschaft in Kleinasien. Dazu gehört 1)
Cĭlix, icis, *m.* [Κίλιξ] der Cilicier, einer der
Bewohner von C. 2) **Cĭlĭcĭensis**, e, *adj.* 3)
Cĭlĭcĭus, *adj.*; davon *subst.* Cilicium, ii, *n.*
ein aus cilicischen Ziegenhaaren verfertigter Teppich, Decke, von Soldaten und Seeleuten gebraucht. 4) **Cĭlissa**, ae, *f. adj.* (nur im *fem.*,
entsprechend dem *masc.* Cilix).
Cĭlnius, Name eines ursprünglich etruskischen
Geschlechtes, aus welchem namentlich Cajus C.
Maecenas, der berühmte Günstling August's und
Beschützer der Wissenschaften und der Dichter, bekannt ist.
Cimber, bri, *m.* der Cimbrer, ein Mann
aus dem nordgermanischen Volke der Cimbri,
ōrum, *m. pl.*, die zuletzt vom Marius besiegt
wurden.
Cīmex, ĭcis, *m.* (Poet. u. Spät.) die Wanze;
trop. als Schimpfname.
Cīmĭnĭus, i, *m.*, ob. Ciminius lacus, See
in Etrurien.
Cimmĕrĭi, ōrum, *m. pl.* [Κιμμέριοι] 1)
in der Sage ein Volk im äußersten Westen, in

Nebel und Finsterniß gehüllt. 2) in der geschichtlichen Zeit ein Volk um das asowsche Meer her wohnend.

Cimōlus, i, f. [Κίμωλος] eine der cycladischen Inseln.

Cimon, ōnis, m. [Κίμων] berühmter athenischer Feldherr, Sohn des Miltiades.

Cinaedicus, adj. [cinaedus] (Vorklaff.) wollüstig.

Cinaedus, i, m. [κίναιδος] ein Wollüstling; auch als adj.

Cincinnātus, adj. [cincinnus] mit gekräuseltem Haar, gelockt.

Cincinnus, i, m. [κίκιννος] 1) das gekräuselte Haar, die künstliche Haarlocke (vgl. cirrus). 2) trop. von der Rede, Schnörkelei im Ausdrucke, zu künstliche Sprache, poetae aut oratoris cc.

*****Cincticŭlus**, i, m. (Pl.) deminut.) von cinctus 3.

Cinctūra, ae, f. [cingo] (Spät.) die Gürtung, Art die Toga zu gürten.

Cinctus, us, m. [cingo] 1) die Art, auf welche man sich gürtet, fast immer c. Gabinus eine eigene Art die Toga zu tragen, welche namentlich bei religiösen Feierlichkeiten gebraucht wurde. 2) ein von den älteren Römern statt der späteren Tunica getragenes Unterkleid, vielleicht = campestre, was man sehe. — 3) (Spät.) der Gurt, der Gürtel.

Cinctūtus, adj. [cinctus 2.] (Poet.) der einen cinctus (siehe dieses Wort Bedeutung 2.) trägt; daher zur Bezeichnung der älteren Römer, oc. Cethegi.

Cineas, ae, m. [Κινέας] ein Thessalier im Dienste des epirotischen Königs Pyrrhus.

*****Cĭnĕfactus**, adj. [cinis-factus] (Lucr.) zu Asche geworden.

Cĭnĕrārius, adj. [cinis] (Poet. u. Spät.) eigtl. zur Asche gehörig; als subst. -ius, ii, m. ein Sklave, der die zum Kräuseln der Haare nöthigen Eisen in glühender Asche heiß macht, der Haarkräusler.

Cinga, ae, f. Nebenfluß des Iberus im nördlichen Spanien.

Cingĕtŏrix, ĭgis, m. 1) Fürst der Treviver in Gallien. 2) Fürst in Britannien.

Cingo, nxi, nctum, 3. 1) vom Körper, umgürten, d. h. Etwas mit einem Gürtel, als Etwas als einen Gürtel um etwas Anderes umlegen: c. latus ense; häufig im pass. medial sich umgürten, zonā, armis, gladio, auch (Poet.) cingor ferrum; alte cinctus mit hoch aufgeschürzten Kleidern, doch auch vestis ale cincta. Hiervon c. caput floribus bekränzen, comas vittā umbinden. 2) von Localitäten, mit Etwas rings herum umgeben, einschließen: c. domum porticu; mare c. insulam; häufig in der Kriegssprache, c. castra vallo = befestigen, c. urbem obsidione einschließen, umzingeln; trop. Sicilia cincta periculis von allen Seiten bedroht. 3) (meist Poet. u. Spät.) von Personen, Jmd. begleitend umgeben, zur Seite gehen, aliquem.

Cingŭlum, i, n. (Poet. auch -la, ae, f.) ein Gürtel, Gurt, wie bes. die Weiber sie trugen; hiervon a) = Bauchgurt der Thiere; b) in der Nebenform -lus, i, m. = Erdgürtel, Zone, c. terrae.

Cingŭlum, i, n. Bergstadt im Gebiete Picenum; davon -lānus, adj.

*****Cĭnĭflo**, ōnis, m. [cinis-flo] (Poet.) = cinerarius, was man sehe.

Cĭnis, ĕris, m. Asche. Hierv. A) proverb. illud cinerem non quaeritat (Com.) dies erheischt keine Asche um damit blank gemacht zu werden (weil die Asche zum Scheuern der Gefäße gebraucht wurde). B) von der Asche verbrannter Leichname, sowohl im sing. als (Poet.) im plur.: dummodo absolvar cinis (Poet.) als Leiche = nach meinem Tode; post. c. nach der Verbrennung der Leiche. C) trop. von Ruinen einer Stadt u. dergl., patriae c. D) trop. fieri cinerem = vernichtet werden; in fumum et c. vertere = Alles verschwenden, verzehren.

Cinna, ae, m. römischer Familienname bes. in der gens Cornelia; am bekanntesten sind: 1) Lucius C. C., der Genosse des Marius; davon **Cinnānus**, adj. u. subst. **Cinnāni**, ōrum, m. pl. die Anhänger des C. 2) Lucius C. C., Sohn des Nro. 1., einer der Mörder Cäsar's. 3) Lucius ob. Cn. C. C., Sohn des Nro. 2., zweimal vom August begnadigt. — 4) C. Helvius Cinna, ein römischer Dichter, Freund des Catull.

Cinnămōmum oder **Cinnămum**, i, n. (Poet.) der Zimmet; trop. (Pl.) als Schmeichelwort.

Cinyps, ȳpis, m. Fluß in Nordafrica. Dav. **Cinȳphius**, adj. (Poet.) = nordafricanisch überhaupt.

Cinȳras, ae, m. [Κινύρας] ein cyprischer Heros, Priester der paphischen Venus, Vater des Adonis u. der Myrrha. Davon **-rēius**, adj.

Cios ob. **Chius**, ii, f. [Κίος] Stadt in Bithynien. Davon **Ciāni**, ōrum, m. pl. die Einwohner von C.

Cippus, i, m. 1) viereckige Spitzsäule bes. auf Begräbnißplätzen, ein Leichenstein. 2) im plur. ein aus mehrern spitzen Pfählen gebildetes Pallisadenwerk.

Circa (jüngere, vor August's Zeit sehr seltene Nebenform von circum) I. adv. im Raume, ringsum, umher, in der Nähe: gramen c., montes qui c. sunt. Häufig (bes. beim Livius) wird c. mit einem Substantiv unmittelbar verbunden, als wäre es ein Adjectiv oder als fände qui est, qui sunt u. dergl. dabei: multarum c. civitatum vieler umherliegenden Staaten, peragrare c. saltus die nahen Gebirgsgegenden, agros c. vastavit die naheliegenden Felder, c. omnia hostium erant die ganze umliegende Gegend; verstärkend c. undique von allen Seiten her, frumento c. undique ex agris convecto von allen umliegenden Gegenden.

II. praep. mit accus. 1) im Raume, A) um, c. eam sunt plurimi luci, ligna contulerunt c. casam eam. Hierv. von der Umgebung (den Begleitern, Zuhörern und dergl.) einer Person, omnes c. eum. B) um — her, in der Nähe von, nahe bei, c. domum auream habitare; daher als eine weniger genaue Ortsbestimmung (beinahe = in), sedem capere c. Lesbum insulam. C) umher — um ob. hin, literae c. praefectos missae, legatos c. vicinas gentes misit; ire c. domos. — 2) in der Zeit, um, gegen, ungefähr an: c. eandem horam, c. Pompeii aetatem, c. Ciceronem um die Zeit Cicero's. —

3) bei Zahlen, gegen, an die, um, c. quingentos Romanorum ceciderunt. — 4) (Spät.) in Ansehung, in Beziehung auf, bezüglich, betreffend: dissensio c. verba in Beziehung auf die Wörter; negligentior c. deos; disputatam est c. hoc; omnia ordinare c. successorem. (Die Bedeutungen Nro. 2. 3. u. 4. sind der Form circa eigenthümlich.)

*Circāmoerium, ii, n. der Platz um die Mauer, ein, wie es scheint, von Livius (1. 44) nach der Analogie von postmoerium gebildetes, aber sonst nicht gebräuchliches Wort.

Circe, es, f. [Κίρκη] berühmte Zauberin, Tochter des Helios und der Perse; sie wohnte auf der insula Aeaea, wo Ulysses zu ihr kam, ein Jahr sich bei ihr aufhielt und mit ihr einen Sohn Telegonus erzeugte.

Circēji, ōrum, m. pl. Vorgebirge und Stadt in Latium, der Sage nach von Circe gegründet. Davon Circējensis, e, adj. u. subst. -ses, ium, m. pl. die Einwohner von Circeji.

Circensis, e, adj. [circus] zur Rennbahn (siehe circus) gehörig; namentlich ludi circenses und in derselben Bedeutung absol. Circenses.

Circĭno, 1. [circinus] (Poet. u. Spät.) kreisförmig bilden, rund machen, c. ramos in orbem in einen Kreis biegen, krümmen; c. auras in einem Kreise durchfliegen.

Circĭnus, i, m. [circus] der Zirkel als Instrument.

Circĭter, [circum] I. adv. A) bei Zahlen, um, bei, ungefähr: mons c. mille passuum suberat, c. tertia pars celata est. B) in der Zeit, ungefähr, rediit c. meridie. — II. praep.. mit acc. *A) (Pl.) im Raume, um, in der Nähe von, c. haec loca. B) in der Zeit, um, gegen, ungefähr bei: c. meridiem, c. Kalendas.

Circĭus, ii, m. (Vorklass. u. Spät.) ein in Gallien häufiger scharfer Nordwestwind.

Circuĭtio ob. Circumĭtio, ōnis, f. [circumeo] das Herumgehen, 1) in der Militärsprache die Runde, das Nachsehen der Wachen u. s. w. 2) trop. von der Rede, der Umschweif, das indirecte Verfahren; et anfractus.

Circuĭtus ob. Circumĭtus, us, m. [circumeo] das Herumgehen, 1) eigtl. der Umlauf, das Umkreisen: c. solis; c. orbis Kreislauf; c. totius Siciliae das Umherreisen durch ganz S. Hiervon = der Umweg: longo (brevi) c. easdem regiones petere. 2) der Umfang, Umkreis: magnitudo circuitus; in circuitu ringsum, an allen Seiten. 3) in der Rhetorik a) eine Periode, longior c. b) = circuitio 2.

*Circulātim, adv. [circulor] (Spät.) gesellschaftsweise, in Versammlungen.

Circulātor, ōris, m. [circulor] 1) (Spät.) der Umherläufer = Marktschreier, Gaukler. 2) c. auctionum vielleicht = Jmd. der in allen Versteigerungen umherläuft und die dort angekauften Waaren wieder vertrödelt.

Circulātōrius, adj. [circulator] (Spät.) marktschreierisch.

Circŭlor, depon. 1. [circulus] 1) mit Anderen in einen Kreis zusammentreten.

2) (Spät.) von Marktschreiern, Leute um sich versammeln.

Circŭlus, i, m. [circus] 1) der Kreis, die Zirkellinie; davon = Kreisbahn eines Sterns, cc. stellarum. 2) trop. A) (Poet. u. Spät.) ein kreisförmiger Körper, Ring, Reif, Glied einer Kette. B) gesellschaftlicher Kreis, Versammlung, Gesellschaft, per fora et cc., in conviviis et cc.

Circum (vgl. circa) I. adv. ringsumher, ringsum: opera quae c. erant; portis c. omnibus (vgl. circa) instant; verstärkt c. undique (Poet. u. Spät.) oder verbunden circumundique von überall umher, von ob. an allen Seiten, ringsum.

II. praep. mit accus., im Raume. A) um, ringsum: terra se convertit c. axem suum; häufig so, daß (wie nicht selten bei dem deutschen „um") nicht eben an ein vollständiges Umgeben von allen Seiten gedacht wird, sondern nur an ein theilweises von einer oder mehreren Seiten: capilli c. caput, flores c. flumen, fremere c. claustra. Bisw. wird c. seinem Casus nachgesetzt, hunc c. B) = in der Nähe von, in der Gegend von, um: c. haec loca commorabor, urbes quae c. Capuam sunt. C) umher zu, umher bei (also zur Bezeichnung einer Bewegung nicht um einen bestimmten Mittelpunkt, sondern nach mehreren Punkten hin): errare c. villas, pueros dimisit c. amicos, legatio c. Insulas missa. D) von Personen, die Jmd. als Begleiter, Freunde u. dergl. umgeben, um: qui c. eum sunt; formosos homines c. pedes habere (selten) = als begleitende Sklaven (pedisseqoos).

Circumactus, us, m. [circumago] (Spät.) die Umdrehung, coeli.

Circumactus, adj. [particip. von circumago] eigtl. umgedreht, gebogen, krumm, litus.

Circum-ăgo etc. 3. 1) herumführen, bewegen, drehen: c. suovetaurilia agrum (Vorklass.).; c. mancipium (Spät.) = circumverto, was man sehe; häufig im pass. medial = sich herumbewegen: annus solstitiali orbe circumagitur vollendet seinen durch die Sonnenwenden bestimmten Kreislauf; aestas, annus circumagitur (selten circumagit se) verläuft, läuft ab; trop. hic orbis circumagitur dieses ist der Kreislauf der Sachen. 2) umdrehen, umwenden, umkehren, equum; c. signa oder agmen mit dem Heere umlenken, sich nach einer andern Seite wenden, ventus se c. fregit, ebenso fortuna circumagitur. 3) trop. c. et flectere aliquem Jmb. auf andere Gedanken bringen: c. genus humanum in se (Spät.) auf seine Seite bringen; pass. circumagi = sich herumtreiben, und circumagi rumoribus vulgi sich durch das Gerede der Menge zu dieser und jener Seite (diesem und jenem Entschluß) treiben lassen; ebenso circumagi alieni animi momentis.

Circum-ăro, 1. umpflügen, agrum.

Circum-caesūra, ae, f. (Lucr., zweifelh.) der äußere Umriß, membrorum.

Circum-cĭdo, cĭdo, cīsum, 3. [caedo] 1) ringsum beschneiden, -abschneiden, arbores, gemmam, caespitem gladio. 2) trop. A) beschneiden = vermindern, beschrän-

fen, tilgen, sumptum, multitudinem. B) be=
schneiten = wegnehmen, c. et amputo aliquid.
Circum-circa, *adv.* (selten) ringsher=
um, um und um, regiones c. prospicere.
Circumcise, *adv.* [circumcisus] (Spät.)
von der Rede, kurz, trocken.
Circumcisus, *adj.* [particip. von circum-
cido] 1) abschüssig, jäh, locus, aditus. 2)
trop. beschränkt, von der Rede, abgekürzt,
kurz.
Circum-clūdo, ūsi, ūsum, 3. [claudo]
ringsum einschließen, aliquem re aliqua.
Circum-cŏlo etc. 3. (selten) ringsum
— wohnen, sinum maris.
Circum-curro, — — 3. (Spät.) rings=
herum laufen; *trop.* ars circumcurrens sich
nach allen Seiten verbreitend.
Circum-curso, 1. (Vorkläuf. u. Poet.)
ringsherum laufen, hac illac; c. aliquem
zu Jmd., omnia nach allen Seiten.
Circum-do, dědi, dătum, 1. 1) Etwas
um Etwas legen, =stellen, =setzen u. vergl.
c. brachia collo, ignes tectis, exercitum castris hostium, milites sibi; auch ohne beigefüg=
ten Dativ, c. custodias, sarmenta ignesque;
c. munitiones, opera ringsherum aufführen,
praeter castra hostium. 2) Etwas mit Etwas
umgeben, umringen, umschließen, c. oppidum fossā valloque, collum filo, urbem
muro; regio circumdata insulis.
Circum-dūco etc. 3. 1) herumführen,
ziehen, =bewegen: c. exercitum per iuvia,
aliquem vicatim; (selten) mit doppeltem accus.,
c. istum has aedes; auch von leblosen Gegen=
ständen, c. aratrum, flumen. Hiervon absol.,
vom Feldherrn, c. (sc. exercitum, vergl. duco
1, B. a.) herummarschiren, praeter castra hostium. 2) *trop.* A) (Pl.) täuschen, anfüh=
ren, hinters Licht führen, c. aliquem argento. B) von der Rede, ausdehnen, in die
Länge ziehen, unum sensum longiore ambitu.
C) von der Silbenmessung, gedehnt aussprech=
chen, mit dem Circumflex betonen.
Circumductio, ōnis, *f.* [circumduco]
das Herumführen, *trop.* a) (Vorkläuf.) c. argenti
Betrugerei. b) (Spät.) *trop.* die gedehnte Ein=
leitung eines Gedankens, eine längere Pe=
riode.
*Circumductum, i, n. [eigtl. part. von
circumduco] (Spät.) versuchte Übersetzung des
griechischen περίοδος, die Periode.
*Circumductus, us, m. [circumduco]
das Herumführen, davon = Umfang einer
Figur.
Circum-ĕo (selten circueo), ii (selten īvi),
ĭtum, 4. 1) herumgehen, um—gehen,
aras; häufig absol. = umhergehen, c. per
hortum einen Umweg durch den Garten machen.
Hiervon A) umgeben, einschließen, urbem
muro. B) häufig in der Militärsprache =
umzingeln, umringen, einschließen, um=
gehen u. dergl.: circumiri multitudine, ab
equitatu; cohortes cc. sinistrum cornu. C) Jmd.
als Begleiter u. s. w. umgeben, aliquem. D) (Spät.)
= umgehen, nicht nennen, nomen aliquius.
2) zu—umher gehen, =reifen u. s. w. (vgl.
circum 2.), c. praedia, omnes insulas bereifen.

c. urbem in der Stadt umhergehen; auch absol.
c. per familias. Insbes. A) bittend eh. er=
munternd umhergehen, von dem Einen
zum Anderen gehen: c. plebem; c. veteranos
ut acta Caesaris sanciant; c. aciem atque
obsecrar militas. B) in der Militärsprache,
die Runde machen, inspiciren, c. vigilias.
3) *trop.* A) (Com.) hintergehen, täuschen,
prellen, aliquem. B) mit Worten umgehen =
umschreiben, multas res.
*Circum-ĕquito, 1. umreiten, moenia.
Circum-fĕro etc. 3. 1) herumtragen,
=bringen, lyram in convivio, infantem per
templa, oculos huc atque illuc; sol circum-
fertur läuft um, vollendet ihren Kreislauf;
(Poet.) ter eos circumtulit undā trug dreimal
Wasser um sie und reinigte sie dadurch in
religiöser Beziehung, und (Pl.) c. aliquam pro
cerritā als wahnsinnig reinigen, sühnen. 2)
trop. (meist Poet. u. Spät.) A) rings herum
verbreiten, zu Mehreren und weiter ausbrei=
ten, c. ignes circa omnia templa, bellum
passim. B) ausbreiten = weiter be=
kannt machen, factum alicuius.
Circum-flecto etc. 3. (Poet., selten) 1)
umbeugen, c. longos cursus umlenken. 2)
(Spät.) in der Grammatik, eine Silbe lang be=
tonen, „circumflectiren".
Circum-flo, 1. (selten) umwehen, aliquem, circumflari a ventis invidiae.
Circum-fluo etc. 3. 1) umfließen,
fließend umgeben, Maeander c. Cariam; *trop.*
(Spät.) secundae res vos cc. umströmen, um=
geben in Fülle. 2) *intrans.* überfließen,
überströmen: A) = im Ueberfluß=, in
reichlicher Fülle vorhanden sein, copiae
circumfluentes reichlich, überflüssig, oratio cir-
cumfluens üppig, überreich. B) = Ueberfluß
an Etwas haben, mit Etwas reichlich ver=
sehen sein: c. gloriā, omnibus copiis, exercitu colonorum.
Circumfluus, *adj.* [circumfluo] (Poet. u.
Spät.) 1) umfließend, humor. 2) umflos=
sen, umströmt, insula, urbs circumflua
Ponto.
Circum-fŏdio etc. 3. (Vorkläuf. u. Spät.)
umgraben, arborem.
Circumforāneus, *adj.* [circum-forum]
1) am Markte befindlich: aes c. Geld von
den Wechslern geborgt, deren Buden auf dem
Forum waren. 2) auf Märkten herumzie=
hend, pharmacopola.
*Circum-fremo etc. 3. (Spät.) (mit den
Flügeln) umrauschen, umschwirren, aves
c. nidos.
Circum-fundo etc. 3. 1) eigtl., von flüs=
sigen Sachen, umgießen = Etwas um etwas
Anderes gießen, mare urbi circumfusum, und
= Etwas mit etwas Anderem umgießen, aliquem ob. aliquid re aliqua: terra mari circumfusa umströmt, c. mortuum cerā übergie=
ßen; (Poet.) c. aliquem amictu nebulae um=
geben, einhüllen mit. Häufig im *pass.* medial
= um Etwas strömen, es umgeben u. dergl.,
Tigris circumfunditur urbi umströmt, spiritus
nobis circumfusus die uns umgebende Luft.
Hiervon = umgehen, aer circumfundit terram. 2) von nicht flüssigen Sachen: A) *pass.*

oder (selten) c. se, a) sich um Etwas verbreiten, -strömen: c. juveni (Poet.) sich umschlingend anschmiegen; hostes cc. ex reliquis partibus strömen umher, cc. obviis (dat.) sich um die Begegnenden drängen, auch (Spät.) circumfundi turmas Julianas; trop. molestiae, voluptates circumfusae die umgebenden, gegenwärtigen. b) von Etwas umgeben-, umrings-, eingeschlossen sein, hostium conversu, Cato circumfusus Stoicorum libris. *B) (Tac.) act. in derselben Bed. wie pass., eques c. die Reiterei strömte ringsheran, umzingelte (sie).

*Circum-gěmo etc. 3. (Poet.) um Etwas brummen, ursus c. ovile.

Circum-gesto, 1. (selten) herumtragen, epistolam.

Circum-grědior, gressus, depon. 3. [gradior] um Etwas herumschreiten, umgeben, terga hostium, Syriam.

Circumīcio, siehe Circumjicio.

*Circum-injicio etc. 3. ringsum aufwerfen, vallum.

Circumītio u. s. w., siehe Circuitio u. s. w.

Circum-jăceo, — — 2. ringsum liegen, quae cc. Europae (dat.); (Spät.) circumjacentia = die umstehenden Worte.

Circumjectus, us, m. [circumjicio] (selten) 1) das Umfassen, Umschlingen: aether terram tenero c. amplectitur. 2) die Umgebung (als Localität), arx munitur c. arduo.

Circumjectus, adj. [particip. von circumjicio] 1) von Localitäten, umliegend, nahe. 2) (Spät.) c. oratio dabeistehend.

Circumjĭcio (ältere Schreibart circumicio), jēci, jectum, 3. [jacio] 1) Etwas um Etwas werfen, -stellen, -setzen, -legen, multitudinem hostium moenibus; c. vallum ringsum aufführen; anguis circumjectus suit vectem hatte sich um die Hebestange geschlungen. 2) umgeben, umschließen, planicies circumjecta saltibus; animus extremitatem coeli rotundo ambitu c.

Circum-latro, 1. (Spät.) um Jmb. bellen, aliquem.

Circum-ligo, 1. umbinden, a) Etwas um Jmb., alicui aliquid. b) Jmb. mit Etwas umschlingen, aliquem aliqua re.

Circum-lĭno, — lĭtum, 3. (selten -llĭnio, 4.) 1) (Poet. u. Spät.) umschmieren, umstreichen, Etwas an Etwas schmieren, -kleben, alicui aliquid. 2) beschmieren, bestreichen, aliquid re aliqua; häufig im particip. circumlitus, mortui cc. cerā, saxa cc. musco mit Moos bekleidet.

Circumlĭtio, ōnis, f. [circumlino] (Spät.) das Anstreichen, Auftragen der Farben u. d.

Circumlŏcūtio, ōnis, f. [loquor] (Spät.) die Umschreibung.

*Circum-lūcens, tis, particip. (Spät.) ringsumher leuchtend.

Circum-luo, — — 3. (selten) umspülen, insulam.

*Circum-lustro, 1. (Lucr.) in der Tmesis, ringsum beleuchten.

*Circumlŭvio, ōnis, f. [circumluo] die Umspülung d. i. die durch Eindringen des Einwassers bewirkte allmälige Absonderung und Umspülung eines Stückchen Landes, das auf diese Weise eine Insel wird.

Circum-mitto etc. 3. rings umher schicken, legatos in omnes partes; auch = auf einem Umwege herumschicken, copias jugo über das Gebirgsjoch.

Circum-mūnio (ob. -moenio), 4. ringsum mit Festungswerken u. dgl. umgeben, umschließen: c. urbem operibus ringsum befestigen, hostem einschließen.

Circummūnītio, ōnis, f. [circummunio] die Einschließung mit Festungswerken, Umschanzung.

Circum-nāvigo, 1. (Spät.) umschiffen, sinum.

Circum-pădānus, adj. um den Po (Padus) befindlich.

Circum-pendeo etc. 2. (Poet. u. Spät.) ringsum hangen.

*Circum-plaudo etc. 2. (Poet.) ringsum mit Händeklatschen empfangen, aliquem.

Circum-plector, plexus, depon. 3. (Vorklass. u. selten -to, 3.) umschlingen, umgeben, collum alicujus, collem operibus; c. pharetram auro mit Gold einfassen.

Circum-plĭco, 1. umwickeln, umschlingen, aliquem re aliqua, auch *vectem circumplicat anguis schlingt sich um die Hebestange.

Circum-pōno etc. 3. (Poet. u. Spät.) Etwas um Etwas herumstellen, -legen, aliquos sellae suae, nemus stagno.

*Circum-pŏtātio, ōnis, f. das Trinken in die Runde.

Circum-rētio, 4. von allen Seiten umgarnen, umstricken, aliquem fraude.

Circum-rōdo etc. 3. ringsum benagen, escam; trop. circumrodi dente Theonino von der Verleumdung angegriffen werden.

Circum-saepio, siehe Circumsepio.

*Circum-scindo etc. 3. ringsum (die Kleider um Jmb.) zerreißen, c. et spoliare.

Circum-scrĭbo etc. 3. 1) eigtl. umritzen, einen Kreis um Etwas beschreiben, c. orbem; c. lineas extremas umbrae, aber auch c. aliquem virgulā mit dem Stocke einen Kreis um Jmb. beschreiben. 2) trop. A) abgrenzen, die Grenzen einer Sache bestimmen, begrenzen: c. curriculum, spatium vitae terminis quibusdam, locum habitandi alicui. B) = beschreiben, definiren, bestimmen, c. aliquid verbis. C) = beschränken, einschränken, hemmen, im Gebrauche der Freiheit oder der Thätigkeit hindern: c. hoc genus oratorum uno genere auf Eins beschränken; bes. term. t., senatus c. magistratum beschränkt eine Magistratsperson in der Ausübung ihrer Amtsgewalt, weist sie in die gehörigen Schranken zurück; c. adolescentem den Jüngling in gemessenem Zwange halten. D) betrügen, täuschen, insbes. bevortheilen, um sein Geld bringen, fratrem, aliquem pecuniā. E) c. facinus jocosis verbis bemänteln; c. testamentum u. bergl. umgehen, dem wahren Inhalt des T. umgehen. F) befestigen, nicht berücksichtigen, sententias, tempus.

Circumscrĭpte, adv. [circumscriptus]

mit gehöriger Abgrenzung, c. numeroseque dicere.

Circumscriptio, ōnis, f. [circumscribo] 1) die Beschreibung eines Kreises um Etwas. 2) die Begrenzung, der Umriß, Umfang, terrae, temporis. 3) c. verborum eine Periode. 4) Betrug in Geldsachen, Bevortheilung, adolescentium.

Circumscriptor, ōris, m. [circumscribo, 2, D.] der Betrüger, Bevortheiler.

Circumscriptus, adj. mit comp. [particip. von circumscribo] 1) beschränkt, begrenzt. 2) in der Rhetorik, gehörig umgrenzt, "abgerundet", verborum ambitus (Periode).

Circum-sĕco etc. 1. ringsum schneiden, beschneiden, ungula.

Circum-sĕdeo etc. 2. 1) um Jmd. ob. Etwas herumsitzen, aliquem. 2) insbes. feindlich umgeben, umzingeln, umlagern, urbem omnibus copiis; trop. circumsessus muliebribus blanditiis bestürmt von.

Circum-sēpio etc. 4. umzäunen, umgeben, umringen, corpus armatis, locum parietibus.

*__Circumsessio__, ōnis, f. [circumsedeo] das Umzingeln = Umlagerung.

Circum-sīdo, — — 3. sich (feindlich) um Etwas lagern, -stellen, umzingeln, urbem.

Circum-sĭlio, — — 4. [salio] (Poet.) umherhüpfen.

Circum-sisto, stĕti, — 3. um Etwas oder Jmb. sich stellen, -sammeln, Jmb. (in Menge) umstellen, umringen, aliquem, curiam; ab omnibus civitatibus circumsisti; insbes. feindlich umstellen, bedrängen, plures paucos cc., c. urbem.

Circum-sŏno, 1. 1) intrans. von Etwas ringsum ertönen, erschallen, locus c. ululatibus. 2) transit. (wegen der praep.) umrauschen, umschallen: clamor c. hostem; (Poet.) circumsonor armis Waffenlärm umgiebt mich; (Poet.) c. murum armis den Waffenlärm um die Mauer rauschen machen.

*__Circum-sŏnus__, adj. (Poet.) ringsum ertönend.

Circumspectatrix, īcis, f. [circumspecto] (Vorklaff. u. Spät.) die ringsum schaut, Umherschauerin.

Circumspecte, adv. mit comp. [circumspectus] (Spät.) umsichtig, vorsichtig.

Circumspectio, ōnis, f. [circumspicio] die Umsicht, das umsichtige Erwägen.

Circum-specto, 1. ein verstärktes circumspicio, 1) intrans. aufmerksam und vorsichtig um sich schauen. 2) transit. sich vorsichtig oder erwartungsvoll nach Etwas umsehen, auf Etwas warten, lauern, an Etwas denken: c. omnia, ora principum; trop. im Geiste sich umsehen, c. tempus defectionis, fugam (Gelegenheit zur Flucht); alius alium circumspectant der Eine nach dem Andern; c. aliquem = sich nach Hülfe von Jmd. umsehen.

Circumspectus, us, m. [circumspicio] 1) das Umsichsehen, Umherblicken: in omnes partes est c. man kann nach allen Seiten frei herumblicken. 2) trop. die Betrachtung, Erwägung, aliarum rerum.

Circumspectus, adj. mit comp. u. sup. [circumspicio] (Poet. u. Spät.) 1) umsichtig erwogen, -überlegt, interrogatio, judicium. 2) umsichtig, besonnen, vorsichtig, homo. 3) (Spät.) ausgezeichnet, honor.

Circum-spĭcio, exi, ectum, 3. 1) intrans. sich umsehen, rings umher schauen: c. haesitat, von Jmb. der verlegen und unentschlossen ist; daher trop. = Vorsicht gebrauchen, circumspiciendum est ut etc. 2) transit. A) (selt. u. zweifelh.) sich umsehend erblicken, rem aliquam. B) ringsum besehen, -betrachten, situm urbis, cornua (die Flügel des Heeres), amictum alicujus. C) trop. a) erwägen, bedenken, überlegen, aliquid animo, quid faciendum sit; c. se einen Blick auf sich werfen, erwägen wie oder in welcher Lage man sei. b) sich nach Etwas umsehen = nach Etwas verlangen, suchen, auxilia, lectum, aliquem.

Circumstantia, ae, f. [circumsto] (Spät.) 1) das Umstehen, Umgeben, hostium, aëris. 2) der Umstand, die Beschaffenheit.

Circum-sto, stĕti, — 1. umherstehen, um Etwas stehen, stehend umgeben: circumstantes die Umstehenden; c. senatum. Insbef. = feindlich umstehen, umringen, tribunal, u. trop. fata nos cc. drohen von allen Seiten, duo bella cc. urbem.

Circum-strĕpo etc. 3. (Spät.) 1) umrauschen, umlärmen, aliquem; circumstrepi clamore. 2) (Tac.) ringsum rufen, aliquid.

Circum-strŭo etc. 3. (Spät.) umbauen, lacum juxta Tiberim = ringsum mit Sitzen für Zuschauer versehen.

Circum-surgens, entis, particip. [surgo] (Spät.) sich ringsum erhebend.

*__Circum-tentus__, particip. [tendo] (Pl.) ringsum bespannt, elephantus c. corio mit einer Haut.

*__Circum-tĕro__ etc. 3. (Poet.) ringsum reiben; trop. = dicht umstehen, aliquem.

*__Circum-textus__, particip. [texo] (Poet.) umwoben, velamen c. acantho mit einem ringsum gewebten ac. versehen.

Circum-tŏno etc. 1. (Poet.) eigtl. umbonnern = umbrausen, umrauschen, Nereus c. orbem; trop. Bellona eum c. = er ist verrückt wie ein Bellonapriester.

Circum-tonsus, particip. [tondeo] (Spät.) ringsum geschoren; trop. oratio c. = gar zu künstlich ausgearbeitet.

Circum-vādo etc. 3. umgehen = ringsum anfallen, aliquem, naves; trop. terror c. aciem überfällt von allen Seiten her.

Circum-vāgus, adj. (selten, Poet.) umherschweifend, sich in einem Kreise bewegend.

Circum-vallo, 1. ringsum mit einem Walle umgeben, einschließen, belagern, urbem, hostes.

Circumvectio, ōnis, f. [circumveho], (selten) 1) das Herumführen (von Waaren), portorium circumvectionis. 2) der Umlauf, solis.

Circum-vecto, 1., nur pass. (als Medium) zu Etwas herumfahren, oppida, oras; trop. (Poet.) c. singula beschreibend und erzählend durchgehen.

Circum-vĕhor, vectus, 3. (pass.) um
oder zu Etwas herumfahren, -reiten,
-segeln (curru, equo, navi); c. in terras ultimas, ad agrum Romanum; e. collibus um
die Hügel herum; c. promontorium um das
Vorgebirge. In derselben Bedeutung *Circum-
vĕhens, tis, particip., umsegelnd, zu Schiffe
herumfahrend, Peloponnesum.

*Circum-vēlo, 1. (Poet.) umschleiern.

Circum-vĕnio etc. 4. 1) umringen,
umgeben: planicies circumventa collibus;
Rhenus c. insulam umfließt. 2) feindlich
umringen, umzingeln, einschließen, nostros,
moenia exercitu. 3) trop. A) in Gefahr
oder Verlegenheit bringen, umstricken,
drängen, unterdrücken, stürzen u. dergl.;
häufig im pass., circumvēniri falsis criminibus, testimonio, judicio oder per judicium
durch ein ungerechtes Urtheil, innocens c. pecuniā durch eine Verurtheilung von bestochenen
Richtern.

Circumversio, ōnis, f. [circumverto]
(Spät.) die Umdrehung.

Circum-versor, 1. pass. (Vorklass. u.
(Spät.) sich herumdrehen.

Circum-verto etc. 3. (selten, Poet. u.
Spät.)- 1) umdrehen, umwenden, e. c.
mancipium = freigeben (weil es zu den herkömmlichen Gebräuchen gehörte, daß der Herr den
Sklaven, den er freigeben wollte, bei der rechten
Hand faßte und in einem Kreise herumführte).
Insbes. pass. (als Medium) sich herumdrehen, rota, und rotula c. axem drehet sich um
die Achse. 2) trop. (Pl., zweif.) c. aliquem argento Imd. um Geld betrügen.

Circum-vestio, 4. (selten, Poet. u. Spät.)
ringsum bekleiden; trop. c. se dictis „um-
panzern".

Circum-vincio etc. 4. (Vorklass. u. Spät.)
rings umbinden, aliquid re aliqua.

*Circum-vīso etc. 3. (Pl.) ringsumher
ansehen, omnes.

Circum-vŏlĭto, 1. (Poet. u. Spät.) umflattern, florem; trop. umhereilen.

Circum-vŏlo, 1. (Poet. u. Spät.) 1) um-
fliegen, umflattern, aliquem. 2) umher
zu Etwas fahren, ordines.

Circum-volvo 3. (Poet. u. Spät.) herumwälzen, rollen: sol circumvolvitur annum vollendet ihren jährlichen Kreislauf.

Circus, i, m. 1) (selten) die Zirkellinie,
der Kreis (häufiger circulus). 2) eine Rennbahn, deren mehrere in Rom waren, unter
welchen die ansehnlichste C. maximus, vom Tarquinius Priscus erbaut. Von dem einem Ende
zum anderen lief eine gegen 6 Fuß hohe und
20 Fuß breite Mauer, spina, an deren beiden
Enden je 3 Spitzsäulen, metae, standen; um
diese mußten die Wettfahrenden sieben Male
herumfahren, ehe der Preis ertheilt wurde. Außer
diesem C. waren der C. Flaminius und der C.
Florae die größten.

Ciris, is, f. [κεῖρις] (Poet.) ein Meervogel,
in welchen die Scylla, Tochter des Nisus, verwandelt wurde.

Cirrha, ae, f. [κίῤῥα] die Hafenstadt von
Delphi. Davon **Cirrhaeus**, adj.

Cirrus, i, m. 1) der Haarbüschel, die Haarlocke (natürliche, vgl. cincinnus). 2) trop.
(Spät.) a) der Federbuschel am Kopfe der Vögel.
b) Franzen an den Kleidern.

Cirta, ae, f. Stadt in Numidien, jetzt
Constantineh. Davon -tenses, ium, m. pl.
die Einwohner von C.

Cis, praep. mit accus. 1) im Raume,
diesseits, c. Taurum, Rhenum. 2) (Vorklass.) in der Zeit, binnen, innerhalb, c.
paucos dies.

Cis-alpīnus, adj. diesseits der Alpen
gelegen ob. wohnend.

Cīsium, ii, n. ein leichter zweiräderiger
Wagen, Cabriolet.

Cispius mons, einer der beiden den mons
Esquilinus in Rom bildenden Hügel.

*Cis-rhēnānus, adj. [Rhenus] diesseits
des Rheins wohnend.

Cisseus, ei, m. [Κισσεύς] König von Thracien, nach einem späteren Mythus Vater der
Hecuba, die daher Cissēis, idis, f. heißt.

Cista, ae, f. [κίστη] die Kiste, der Kasten zu Kleidern, Büchern u. dergl., aus Holz
ob. Flechtwerk, gelegt bei den Römern
bei religiösen (mystischen) Feierlichkeiten heilige
Gegenstände von dazu angewiesenen Personen
getragen wurden. b) die Kasten, in welche bei
der Abstimmung in den Comitien die Stimmtafeln gelegt wurden.

Cistella, ae, f. deminut. von cista.

*Cistellātrix, īcis, f. [cistella] (Pl.)
Sklavin, die das Geld- oder Schmuckkästchen der
Herrin aufbewahrte.

Cistellŭla, ae, f. (Pl.) deminut. von cistella.

Cisterna, ae, f. (Vorklass. u. Spät.) der
unterirdische Wasserbehälter, Cisterne.

Cisternīnus, adj. [cisterna] (Spät.) zu
einer Cisterne gehörig, Cisternen-.

Cistŏphŏrus, i, m. [κιστοφόρος] eine
asiatische Münze (= 4 Drachmen), deren Gepräge eine bacchische cista war.

Cistŭla, ae, f. deminut. von cista.

Citāte, adv. [citatus] (Spät., nur im comp.
u. sup.) schnell, eilends.

Citātus, adj. mit comp. u. sup. [particip.
von cito] in schnelle Bewegung gesetzt, schnell,
eilend: c. gradu ire; equo c. im Galop,
agmo c. schnell marschirend; trop. homo c.
= rasch, rüstig, von einem Redner und seinem
Vortrag = rasch, heftig, erregt.

Citĕrior, us, comp. mit dem (seltenen)
superl. **cĭtĭmus** (der posit. citer ist vorklassisch u. selten) [cis] 1) diesseitig, diesseits
gelegen, Gallia c. diesseits der Alpen. 2) A)
im Raume, näher, nächst. B) in der Zeit,
näher liegend, später, ut ad haec citi-
riora veniam. C) (Spät.) geringer, kürzer,
poena.

Cithaeron, ōnis, m. [Κιθαιρών] Gebirge
in Böotien.

Cithăra, ae, f. [κιθάρα] die Cither;
(Poet.) = das Citherspiel.

Cithărista, ae, m. [κιθαριστής] der Citherspieler.

Cithăristria, ae, f. [κιθαρίστρια] (Vorklass. u. Spät.) die Citherspielerin.

*Cĭthărĭzo, 1. [κιθαρίζω] die Cither
spielen.

**Citharoedicus, ** adj. [κιθαρῳδικός] (Spät.) zu einem citharoedus gehörig.

**Citharoedus, ** i, m. [κιθαρῳδός] der die Cither spielt und dazu singt.

**Citium, ** ii, n. [Κίτιον] 1) alte Stadt auf Cypern. Davon **Citiensis, ** e, ob. Citiēus, adj., u. subst. -ienses, ium, ob. -iēi, orum, m. pl. die Einwohner von C. 2) Stadt in Macedonien.

**Cito, ** adv. mit comp. u. sup. [citus] 1) schnell, rasch, progredi; dicto citius schneller als man es sagen kann. 2) bald, binnen ob. in kurzer Zeit: c. veniam: dies me citius defecerit quam etc. eher; (Poet.) citius supremo die vor dem Tode. Hiervon citius = potius, eher, vielmehr: c. hoc faciam quam ut etc. 3) mit einer Negation, non (haud, nullus) c. nicht leicht, neque aptiorem cito alium dixerim: non tam c. eum rhetorem dixisses quam πολιτικόν nicht so sehr.

**Cito, ** 1. [cieo] ·1) (ausgenommen das particip. citatus als adj., nur Poet. und Spät.) in starke Bewegung setzen, schnell bewegen, ‑treiben u. s. w.: c. gradum beschleunigen, c. hastam werfen; trop. c. motum hervorbringen, bewirken. 2) mit Andeutung des Orts, wohin Etwas bewegt wird, herkommen lassen, rufen (gewöhnlich von Amtswegen oder doch in Berufsgeschäften, vgl. voco), aufrufen: c. senatum, patres in curiam, juvenes ad nomina danda. Insbes. A) vor Gericht vorladen, herbeirufen (die Richter ob. die Streitenden, um zu erfahren, ob sie da sind); hiervon = anklagen: c. aliquem reum capitis. B) als Zeugen oder als Gewährsmann Jmd. anführen, sich auf ihn berufen, aliquem testem (auctorem) rei alicuius, auch in rem; daher überhaupt = anführen, nennen, aliquem. 3) (selten) c. paeanem absingen, c. io Bacche rufen.

**Citrā, ** I. adv. mit dem comp. (selten, Spät.) citerius, 1) diesseits, auf dieser Seite: urbs est c.; nec c. nec ultra; davon tela c. cadebant fielen innerhalb des Zieles, errichten das Ziel (die Feinde) nicht; paucis c. passibus ei occurrit wenige Schritte, ehe er nach seinem Bestimmungsorte kam. 2) comp. (Poet. u. Spät.) a) in der Zeit, eher, c. quam cupias; c. debito eher als er sollte. b) c. quam debuit weniger als er sollte. — II. praep. mit acc. 1) diesseits: quae sunt c. Rhenum; omnes c. flumen elicere die diesseits des Flusses sind. Hiervon, von dem, was noch innerhalb einer gewissen Grenze ist, vor, innerhalb: non a postrema syllaba c. tertiam nicht vor der drittletzten Silbe; auch (Poet.) virtus non est c. genus steht nicht zurück vor, nicht unter, peccavi c. scelus ich habe gefehlt, doch nicht bis zum Begehen eines Verbrechens. 2) (Poet. und Spät.) in der Zeit, vor, c. tempora Trojana. 3) (Spät.) ohne, außer, ausgenommen, abgesehen von: c. virtutem vir bonus intelligi non potest; hoc ei c. fidem non fuit man schenkte ihm hierin Glauben; c. spectaculorum dies auch außer an den Tagen, wo Schauspiele gegeben wurden; c. magnitudinem ausgenommen in Rücksicht auf die Größe.

**Citreus, ** adj. [citrus] aus dem Holze des citrus (siehe dieses Wort) gemacht.

Citrō [cis], adv. nach diesseits, stets in Verbindung mit ultro, nämlich u. citroque, auch u. et. c., u. ac c., u. c. hieher — dorthin, vorwärts und zurück, nach beiden Seiten: u. c. commeare, sermones habere (vom Gespräche); u. c. obsides dare gegenseitig.

**Citrus, ** i, f. (Spät.) ein africanischer Baum, aus dessen wohlriechendem Holz kostbare Möbeln verfertigt wurden. 2) der Orangenbaum (im weiteren Sinn).

**Citus, ** adj. mit comp. u. sup. [particip. von cieo] (meist Poet.) in schnelle Bewegung gesetzt, daher schnell, rasch, eilend, incessus, pes, legiones schnell marschirend; somnus citus abiit, ite citi hurtig.

**Civicus, ** adj. [civis] (außer in der Verbindung corona c. meist Poet.) bürgerlich, zu einem Bürger gehörig, Bürger-; corona c. „Bürgerkranz", Belohnung für denjenigen, der einen Mitbürger im Kampfe vom Tode rettete.

**Civīlis, ** e, adj. mit comp. u. sup. [civis] 1) zu einem Bürger ob. den Bürgern gehörig, bürgerlich, Bürger-: c. bellum, victoria; jus c. unter den Bürgern eines Staates gültiges Recht, das Civilrecht, Privatrecht. Hiervon = was die Gesammtheit der Bürger, den Staat betrifft, politisch, Staats-: c. scientia = Politik, cc. quaestiones, officia; vir c. ein Staatsmann, Politiker. 2) einem Bürger angemessen, schicklich, sermo, animus patriotisch. 3) (Spät.) höflich, leutselig, herablassend: quid civilius Augusto?

**Civīlis, ** is, m. (Claudius) Anführer der Bataver in dem Aufstande gegen Rom 69 n. Chr.

**Civīlitas, ** ātis, f. [civilis] (Spät.) 1) die Politik, Staatswissenschaft. 2) die Leutseligkeit, Herablassung.

**Civīliter, ** adv. mit comp. u. sup. [civilis] 1) bürgerlich = wie es sich dem Bürger geziemt. 2) (Spät.) leutselig, herablassend.

**Civis, ** is, comm. 1) der Bürger, die Bürgerin. Hiervon insbes. A) = Mitbürger, ‑rin, c. meus, tuus. B) rex imperat civibus suis Unterthanen.

**Civitas, ** ātis, f. [civis] 1) der Zustand und die ganze Stellung eines Bürgers, das Bürgerrecht, namentlich das römische: c. Romana; adipisci, amittere c.; dare alicui civitatem, retinere c.; auch jus civitatis die aus der Bürgerstellung entspringenden Rechte. 2) die zu einer Gemeinde vereinigte Bürgerschaft, die Gesammtheit der Bürger (mit Ausschließung Anderer, vgl. populus), daher der Staat und, was in älterer Zeit meistens gleichbedeutend war, die Stadt (als Inbegriff sämmtlicher Bürger = die Stadtgemeinde, vgl. urbs): c. augetur magnitudine urbis, c. stabat in foro; condere c.; c. Rhodiorum, administrare c.; bisweilen = populus das Volk. 3) (Spät.) = urbs, der Inbegriff sämmtlicher Wohnungen der Bürger: incendere c., errare per totam c.

**Clades, ** is, f. 1) der Schaden, Verlust,

das Unglück (z. B. eine Pest, ein plötzlicher Sterbefall, eine Plünderung u. dergl.): c. captae urbis; c. belli vom Kriege verursacht; c. dextrae manus Verlust der rechten Hand; (Poet.) Scipiones clades Libyae Urheber des Falls Libyens. Insbes. = Kriegsunglück, Niederlage: cladem alicui afferre (inferre) beibringen, facere verursachen, accipere erleiden.

Clam, I. adv. heimlich, insgeheim, verstohlen: c. peperit uxor; nec id c. esse potuit konnte nicht unbekannt sein; (Pl.) c. mihi est es ist mir unbekannt. II. (meist Com. u. Spät.) praep. mit abl. od. accus. ohne (Jmds) Wissen, heimlich vor Jmd.: c. me, te, illo; c. matrem; c. me est es ist mir unbekannt; me c. habuit es hat es vor mir geheim gehalten.

Clāmātor, ōris, m. [clamo] der Schreier (von einem schlechten Redner).

*****Clāmĭtātĭo**, ōnis, f. [clamito] (Pl.) das Schreien.

Clāmĭto, 1. [clamo] stark und' laut schreien, -rufen: c. ad arma; c. se esse liberam; c. aliquid Etwas, alicui zu Jmb.; *c. aliquem (Pl.) Jmd. rufen; trop. hoc c. calliditatem = zeigt deutlich.

Clāmo, 1. 1) absol. schreien, rufen: tumultuantur et cc.; c. de uxoris interitu laut rufend klagen. Hiervon (Poet.) überhaupt von jedem durchdringenden Schall und Getöse, z. B. dem Rauschen des Wassers, dem Schreien der Thiere. 2) transit. rufen, ausrufen, insbes. anrufen, herbeirufen u. dgl.: c. aliquid, aliquem deum; c. triumphum; omnes cc., hoc indigne factum esse; omnes cc.: „tua culpa est"; c. fidem hominum anrufen; trop. tabulae illae cc. = zeigen deutlich, erklären bestimmt.

Clāmor, ōris, m. [clamo] der laute Ruf, das Geschrei (Poet. auch von Thieren): edere clamorem ausstoßen, tollere erheben; c. consensusque = Beifallsruf; an anderen Stellen ist c. = feindliches Zurufen; trop. (Poet.) von leblosen Gegenständen = Lärm, Geräusch, saxa dedere c.

*****Clāmōse**, adv. [clamosus] (Spät.) schreiend, mit lautem Geschrei.

Clāmōsus, adj. [clamor] 1) schreiend, altercator. 2) mit Geschrei geschehend, actio. 3) mit Geschrei erfüllt, urbs.

Clancŭlum (deminut. von clam) (Com.) I. adv. heimlich, im Geheimen, c. noctu venit. II. *praep. mit accus., ohne — Wissen, c. patres.

Clandestīno, adv. [clandestinus] (Vorklassisch) heimlich, im Geheimen.

Clandestīnus, adj. [clam] heimlich, versteckt, geheim, nuptiae, introitus, consilia.

Clangor, ōris, m. [clango] der Schall, Ton, das Geschrei, c. tubarum Schmettern; c. avium (entweder durch Geschrei oder durch Anschlagen der Flügel), Harpyiae quatiunt alas magnis cc.

Clānis, is, m. Fluß in Etrurien.

Clāre [clarus] adv. mit comp. u. sup. 1) hell, klar, deutlich, videre, fulgere. 2) laut, recitare. 3) deutlich, klar, aliquid ostendere. 4) trop. clarius explendescere glänzender.

Clāreo, —— 2. [clarus] (Poet.) 1) hell-, glänzend sein, leuchten. 2) trop. A) deutlich-, einleuchtend sein. B) berühmt sein, glänzen, fama c.

Clāresco, rui, — 3. [clareo] (Poet. u. Spät.) 1) hell werden, zu leuchten anfangen, dies c. 2) trop. A) für das Gehör klar werden, ertönen, deutlich gehört werden, sonitus armorum c. B) geistig, deutlich werden, einleuchten, aliud ex alio c. C) berühmt werden, magno facinore.

Clārĭgātĭo, ōnis, f. [clarigo] die laute und feierliche Forderung des Ersatzes und der Genugthuung (als vorläufiger Act vor der Kriegserklärung), welche der Fetialis vor dem Anfange der Feindseligkeiten auf herkömmliche Weise ausführte. Hiervon (*) = die Genugthuungsforderung und Pfändung wegen eines Menschen, der sich an einem ihm durch einen Vertrag verbotenen Orte finden läßt, c. alicujus.

*****Clārĭgo**, 1. [clarus] (Spät.) laut und feierlich den Ersatz fordern, siehe clarigatio.

Clārĭ-sŏnus, adj. (Poet.) helltönend.

Clārĭtas, ātis, f. [clarus] 1) (Spät.) die Helle, das Hellsein, der Glanz, sidus illud est tantae claritatis. 2) trop. A) für das Gehör, Deutlichkeit, Klarheit, vocis. B) (Spät.) geistig, die Deutlichkeit, Verständlichkeit, orationis. C) die Berühmtheit, das Ansehen, der Glanz, c. tua, c. generis.

Clārĭtūdo, ĭnis, f. [clarus] (Vorkl. u. Spät.) = claritas 1. u. 2. C.

Clāro, 1. [clarus] (Poet.) 1) erhellen, glänzend machen. 2) trop. A) geistig klar machen, erklären, deutlich machen, animi naturam versibus. B) berühmt machen, aliquem.

*****Clāror**, ōris, m. [clareo] (Pl.) die Helle, Helligkeit.

Clāros, i, f. [Κλάρος] Stadt in Jonien mit einem Tempel und Orakel des Apollo. Davon **Clārĭus**, adj.

Clārus, adj. mit comp. u. sup. 1) hell, klar, leuchtend, fulmen, lux; corona clara auro. 2) trop. A) für das Gehör, laut, hell, deutlich, vox, clamor. B) geistig, klar, deutlich, verständlich, offenbar: res c.; consilia tua luce sunt clariora. C) berühmt, ausgezeichnet, glänzend: virtus clara posteris erit; c. re aliqua durch Etwas, (Spät.) c. in literis, auch (selten) c. ex (ab) re aliqua oder ob rem aliquam. Insbes. a) im sup. als ehrendes Prädicat jedem ausgezeichneten Manne beigelegt, vir fortissimus et c., c. Pompeius. b) (selten) als ein an sich unbestimmter Ausdruck, tadelnd = berüchtigt: c. superbiā luxuriāque bekannt wegen.

Classĭārĭus, adj. [classis] zur Flotte gehörig, fast nur im pl. classiarii sc. milites oder nautae, die Seesoldaten, Seeleute, die Flottenmannschaft.

*****Classĭcŭla**, ae, f. deminut. von classis.

Classĭcus, adj. [classis] 1) (nach classis 1.) A) eine der römischen Bürgerklassen betreffend. B) insbef. classici = diejenigen, die zu der ersten Klasse gehörten, daher trop. (Spät.) = vorzüglich, mustergültig, klassisch, poeta. 2) (nach classis 2.) A) zur Land- oder Seemacht gehörig; so nur als subst. **Classicum**, ii, n. ein durch die Trompete gegebenes Signal, Feldzeichen: classicum cecinit erscholl, ertönte; classicum cani ob. canere jubet er läßt das Zeichen geben, läßt blasen; classico ad contionem vocat. B) insbef. zur Seemacht gehörig, Flotten-, miles, certamen; classici = classiarii.

Classis, is, f. 1) eine der vom Servius Tullius, behufs der Besteuerung, des Kriegsdienstes und der Abstimmung, nach dem Vermögen bestimmten Klassen der römischen Bürger; bisweilen insbef. von der ersten Klasse; trop. philosophus ille quintae classis esse videtur vom niedrigsten Range. Davon (Spät.) überhaupt = Klasse, Abtheilung, servorum, puerorum. 2) A) (Vorklaff. u. Poet.) die Landmacht, das Heer. B) die Seemacht, Kriegsflotte mit der darauf befindlichen Mannschaft u. s. w.: comparare, ornare, instruere c. herbeischaffen, ausrüsten; cetera classis fugerunt; c. ibi stetit „lag" dort; nomen dare in classem sich zum Kriegsdienste auf der Flotte einschreiben lassen, sich melden.

Clastidium, ii, n. Städtchen in Gallia cisalpina.

Cläterna, ae, f. Städtchen in Gallia cisalpina.

Clathri, ōrum, m. pl. Poet. auch -thra, ōrum, n. pl. [κλῆθρα] (Poet. u. Spät.) das Gitter, bef. an Thierkäfigen.

Clathrātus [clathri] (Vorklaff. u. Spät.) mit Gitter versehen; fenestra.

Claudeo, — — 2. ob. Claudo, — — sum, 3. [claudus] (selten) 1) lahm fein, hinken. 2) trop. schwanken, mangelhaft-, unvollkommen fein.

Claudicātio, ōnis, f. [claudico] das Hinken.

Claudico, 1. [claudus] 1) hinken, lahm fein, ex vulnere. Hiervon (Lucr.) von leblosen Gegenständen, die zu der einen Seite sich neigen. 2) trop. mangelhaft- oder unvollkommen fein, schwanken: oratio c.; c. in officio aliquo unvollständig erfüllen; aliquid c. in nostra oratione.

Claudius ob. (in einigen Zweigen gebräuchliche Nebenform) **Clōdius**, Name eines römischen Geschlechts, aus welchem die Familien der Appii, Pulchri, der Nerones und der Marcelli die wichtigsten waren. A) **Appii**: der bekannteste ist App. Cl. Caecus, der als Censor 312 v. Chr. den Appischen Weg und eine Wasserleitung anlegte. B) **Pulchri**: Publius Clodius P., der bekannte Gegner Cicero's, zulezt von Milo getödtet. C) **Nerones**: Tiberius Cl. N., Anhänger des Cäsar und des Antonius, nachher mit Octavian versöhnt, welchem er seine (schwangere) Gemahlin Livia abtrat, Vater zweier Söhne (Tiberius, nachher Kaiser, und Drusus, Vater des Kaisers Claudius). D) a) **Marcelli**: Marcus Cl. M. eroberte Syracus 212 v. Chr., b) Caius Cl. M., Gemahl der Octavia, Schwester des Octavian, mit welcher er einen Sohn, Marcus Cl. M., hatte, der von Augustus adoptirt und mit dessen Tochter Julia verheirathet wurde, aber ziemlich jung starb 23 v. Chr. Davon abgeleitet **Claudiānus** ob. **Claudius** (auch Clodianus, Clodius) (selten, Spät., Claudiālis, e), adj. zu einem Cl. gehörig, claubisch.

Claudo, f. claudeo.

Claudo (auch, bef. Poet. u. Spät., **Clōdo** ob. **Clūdo**), si, sum, 3. 1) schließen, zumachen, verschließen, domum, portas alicui, aures; c. aures ad vocem; c. sanguinem stillen, fugam hosti abschneiden; (Poet.) c. animam alicui = quälen, ersticken. 2) (meist Poet. u. Spät.) schließen = enden, epistolam, opus, bellum; häufig c. agmen den Zug schließen = die Nachhut bilden. Hiervon = begrenzen, schließend nachfolgen, aliquos a tergo; c. lustrum = dem häufigern condere l. (siehe lustrum). 3) (statt der compos. includo, concludo) einschließen, umschließen, umgeben: c. urbem muro ob. obsidione, rivum ripis, adversarios locorum angustiis; c. aliquem in curia ob. in curiam. Hiervon trop. c. sententias numeris dem oratorischen Rhythmus gemäß abschließen und einrichten; oratio clausa rhythmische, c. verba pedibus in Verse bringen.

Claudus, adj. 1) lahm, hinkend, altero pede an dem einen Fuße; pes a.; daher trop. navis c. ein Schiff, das die Ruder an der einen Seite verloren hat. 2) (Poet. u. Spät.) trop. unvollständig, mangelhaft, unsicher, schwankend: pars clauda officii tui; carmina clauda altero pede in welchem der eine Vers länger ist als der vorhergehende = elegische; clausula c. unrhythmisch.

Claustrum, i, n. (doch faft immer im pl.) [claudo] die Vorrichtung zum Schließen, 1) der Riegel, das Schloß an einer Thür: cc. revellere, laxare u. s. w.; trop. = Schranken, Bande, Hindernisse, die Imb. im Wege stehen: refregi ista nobilitatis cc. von einem Neuadeligen, der zuerst von seiner Familie eine curulische Würde erlangt; (Poet.) effringere cc. naturae die Geheimnisse der Natur entschleiern; versus tua fregerunt cc. = sind unter das Publicum gebracht worden; rumpere cc. (auf der Rennbahn) die Schranken durchbrechen. 2) uneigtl. A) (Poet.) cc. urbis das Thor; cc. Aegypti = ein Damm. B) **Behältniß**, verschlossener Raum oder Ort: pinea cc. (Poet.) das hölzerne Pferd vor Troja. C) in der Militairsprache, Alles, was den Eingang zu einem Orte verdeckt, die Vormauer, das Bollwerk, die Schutzwehr, der „Schlüffel" zu einer Gegend oder Stadt: cc. Aegypti, cc. montium von einem engen Passe.

Clausūla, ae, f. [claudo] der Schluß, das Ende, fabulae, epistolae; insbef. in der Rhetorik der Ausgang, der Schlußsatz einer Periode.

Clausus (felt. **Clūsus**), adj. [part. von claudo] verschlossen, homo, heimlich, consilia clausa habere. Hierv. ob. subst. **Clausum**, i, n. [particip. von claudo] (Poet. u. Spät.) ein verschlossener Ort, Verschluß, Behältniß.

Clāva, ae, *f.* der Knüttel, die Keule; auch eine militärische Uebungswaffe (Lanze oder Schwert), womit junge Menschen sich im Fechten gegen einen Pfahl übten.

*****Clāvārium**, ii, *n.* [clavus] (Spät.) das Schuhnagelgeld (eine Spende an die Soldaten).

*****Clāvātor**, ōris, *m.* (Pl.) der Träger der militärischen Uebungswaffe, siehe clava.

Clāvicŭla, ae, *f.* [clavis] kleine Ranke, Gäbelchen, womit eine Rebe sich um den Pfahl schlingt.

Clāvĭger, eri, *m.* (Poet.) [gero] I. [clava] der Keulenträger (Hercules). II. [clavis] der Schlüsselträger (Janus).

Clāvis, is, *f.* [= dem gr. κλείς] der Schlüssel, portae, horrei; c. adulterina falscher Schlüssel; esse sub c. verschlossen sein; adimere uxori claves = sich von seiner Frau scheiden.

Clāvus, i, *m.* 1) der Nagel; clavum anni movere = den Anfang des Jahres rechnen, weil die Römer in älterer Zeit die Jahre durch Nägel bezeichneten, welche der höchste Magistrat an den Idus des Septembers in die Wand der Zelle des Capitolinischen Jupiter einschlug. *Hierv. prov.* a) clavo clavum ejicere ein Uebel mit einem anderen vertreiben. b) c. trabalis, adamantinus zur Bez. einer Nothwendigkeit, einer festen Bestimmung. 2) uneigtl. von Gegenständen ähnlicher Form: A) ein Steuerruder; *trop.* tenere clavum reipublicae. B) ein Purpurstreifen an der Tunica, latus u. angustus c., siehe angusticlavius u. laticlavius; bisweilen steht c. latus = tunica laticlavia, c. angustus = tunica angusticlavia.

Clazŏmĕnae, ārum, *f.* [Κλαζομέναι] Stadt in Jonien. Davon **-mēnius**, *adj.*

Cleanthes, is, *m.* [Κλεάνθης] stoischer Philosoph, 260 v. Chr., Schüler und Nachfolger des Zeno.

Clēmens, tis, *adj.* mit *comp.* u. *sup.* 1) (Poet. u. Spät.) von der Luft, dem Winde u. dergl., ruhig, mild, gelinde, flumen, mare. 2) von dem Gemüthszustande und dem Charakter, mild, sanft, sanftmüthig, glimpflich, und insbes., gegen Geringere (vgl. mansuetus), nachsichtig, gnädig, schonend, homo, ingenium, rex; c. in disputando; judex c. ab innocentia; c. castigatio, sententia; rumor c. weniger beunruhigend.

Clēmenter, *adv.* mit *comp.* u. *sup.* [clemens] 1) mild, gelinde. Hiervon von Localitäten, sanft, allmälig: jugum c. editum. 2) sanft, mild, insbes. nachsichtig, gnädig, aliquid facere, aliquem tractare; exercitum c. ducere ohne Plünderung; aliquid c. ferre ruhig, gelassen.

Clēmentia, ae, *f.* [clemens] 1) (Spät.) von der Witterung, die Milde, Gelindigkeit, c. coeli. 2) die Milde, Nachsicht, Schonung, Gnade, lenitas et c.

Cleŏbis, is, *m.* siehe Bito.

Cleombrŏtus, i, *m.* [Κλεόμβροτος] 1) Heerführer der Lacedämonier in der Schlacht bei Leuctra 371 v. Chr. 2) ein griechischer Jüngling, der, nachdem er das Buch Plato's von der Unsterblichkeit der Seele gelesen hatte, von der Stadtmauer sich herabstürzte und so seinem Leben ein Ende machte.

Cleōn, ontis, *m.* [Κλέων] 1) athenientischer Demagog, Nachfolger des Perikles. 2) ein Rhetor aus Halicarnaß.

Cleōnae, ārum, *f. pl.* [Κλεωναί] 1) Stadt zwischen Corinth und Argos. 2) Stadt in Chalcidice am Athos.

Cleŏpatra, ae, *f.* [Κλεοπάτρα] 1) Tochter des Philipp von Macedonien und der Olympias, Gemahlin des epirotischen Königs Alexander, später des Perdiccas. 2) Aegyptische Königin, Tochter des Ptolemäus Auletes, bekannt aus der Geschichte.

Clēpo, psi, ptum, 3. [verw. mit dem gr. κλέπτω] (Vortlass.) stehlen, ignem.

Clepsydra, ae, *f.* [κλεψύδρα] eine Art Wasseruhr, ein Gefäß mit einer sehr engen trichterförmigen Oeffnung, durch welche das Wasser tropfenweise aus dem Gefäße herausfloß: eine solche Clepsydra wurde in Athen und in der Kaiserzeit in Rom (früher dort nur bei Declamationsübungen) gebraucht, um die kürzere oder längere Zeit zu bestimmen, in welcher jeder Redner sprechen durfte: davon dare c. die Erlaubniß geben zum Sprechen, ebenso petere c.; cras ad clepsydram [*sc.* dicemus = cras declamabimus.

*****Clepta**, ae, *m.* [κλέπτης] (Pl.) ein Dieb.

*****Clērūmĕnoe**, [κληρούμενοι] (Pl.) die Loosenden, Name eines griechischen Lustspiels des Diphilus.

Cliens, ntis, *m.* 1) in Rom ein Client, a) in der ältesten Zeit ein Vasall, Höriger, der in einem (ursprünglich wohl durch kriegerische Ereignisse begründeten) gezwungenen Abhängigkeitsverhältnisse zu einem (patricischen) Herrn (patronus) stand; b) später überhaupt ein Geringerer, Aermerer, der als „Schützling", „Schutzbefohlener" in einem freiwilligen und durch gegenseitigen Nutzen gestärkten untergeordneten Verhältnisse zu einem Mächtigeren oder Reicheren (patronus) stand. Auch ganze Völkerschaften oder Provinzen wählten sich einen Patron in Rom und hießen seine Clienten. 2) außer dem römischen Staate, ein Vasall, Dienstmann, Höriger (auch ein ganzes Volk), der unter der Botmäßigkeit und dem Schutze eines Anderen (auch eines Volkes) steht.

Clienta, ae, *f.* [cliens] (Poet.) die Clientin, die Schutzbefohlene.

Clientēla, ae, *f.* [cliens] die Clientel, das zwischen einem Clienten und seinem Patron bestehende Verhältniß, siehe cliens; daher überhaupt Schutz, Schutzgenossenschaft: conferre se in fidem et c. alicuius sich unter Imds Cl. begeben, esse in alicuius clientela et fide. 2) (meist Spät. und im *pl.*) der Inbegriff der Clienten, sämmtliche Clienten, die unter Imds Schutz stehen, cc. amplissimae.

*****Clientŭlus**, i, *m.* (Tac.) [*deminut.* von cliens].

*****Clīnāmen**, ĭnis, *n.* (ungebräuchlich clino = κλίνω] (Lucr.) das Neigen.

Clīnātus, *adj.* [*particip.* des ungebräuchlichen clino = κλίνω] (Poet.) geneigt = sich neigend.

Clipeātus, *adj.* [clipeus] mit einem

clipeus (siehe d. Wort) versehen, schildtragend, miles.

Clĭpeus, i, m. (bisweilen auch -eum, i, n.) 1) ein runder aus Erz gemachter oder mit Erz belegter Schild (vgl. scutum, parma u. dergl.); *proverb.* sumere c. post vulnera = Etwas zu spät thun. 2) *trop.* von Gegenständen, die eine ähnliche Form haben, A) das Himmelsgewölbe. B) die Sonnenscheibe. C) ein auf einer schildförmigen Fläche dargestelltes Brustbild.

Clisthĕnes, is, m. [Κλεισθένης] älterer athen. Staatsmann und Redner.

Clītarchus, i, m. [Κλείταρχος] griechischer Geschichtschreiber im Gefolge Alexanders des Großen.

Clītellae, ārum, f. pl. der Saumsattel, Packsattel für lasttragende Thiere, besonders Esel.

Clītellārius [clitellae], *adj.* zum Packsattel gehörig; *trop.* (*Pl.*) homines cc. die sich Alles gefallen lassen, sklavisch gebuldig.

Clīternum, i, n. Stadt der Aequer; davon -ninus, *adj.* u. *subst.* -nini, ōrum, m. pl. die Einwohner von Cl.

Clītor, ōris, m. ob. **Clītŏrium**, ii, n. [Κλείτωρ] Stadt im nördlichen Arkadien; davon **Clītŏrius**, *adj.*

Clĭtumnus, i, m. Flüßchen in Umbrien.

Clītus, i, m. [Κλεῖτος] Feldherr und Freund Alexanders des Großen, von diesem getödtet.

Clīvōsus, *adj.* (Poet. u. Spät.) [clivus] hügelig, steil, locus, trames.

Clīvus, i, m. der Hügel, die Anhöhe, c. Capitolinus; c. mollis sanft sich neigend ob. emporsteigend, arduus steil; c. mensae von einem schräg stehenden Tische; *proverb.* sudamus in imo c. = wir haben noch viele Hindernisse zu überwinden.

Cloāca, ae, f. ein unterirdischer Canal zur Ableitung des Unflaths und des Regenwassers; agere, ducere c. anlegen; *trop.* (*Pl.*) von dem Bauche eines Trunkenboldes.

Clōdius, siehe Claudius.

Clōdĭco, siehe Claudico.

Clōdo, siehe Claudo.

Cloelius, Name eines albanischen, später römischen Geschlechtes.

Clōtho, us, f. [Κλωθώ] die „Spinnende", eine der drei Parzen.

Cluācĭna (Cloācĭna), ae, f. Beiname der Venus, die „Reinigende" (Ursprung des Namens ungewiß).

Clūdo, siehe Claudo.

Cluens u. s. w. s. S. für cliens u. s. w.

Clueo, — 1. (verw. mit gr. κλύω) (Dorklass. u. Spät.) sich als Etwas genannt, „erwähnt hören, Etwas heißen, genannt werden, von Etwas den Ruf haben: vir meus victor c.; c. aliquid fecisse man sagt von mir, daß ich Etwas gethan habe, ebenso c. esse miserrimus; c. victoriā den Ruhm des Sieges haben, ebenso c. gloriā mit Ruhm genannt werden.

Cluīlius, siehe Cloelius.

Clūnis, is, m. (selten f.) der Hinterbacken, die Hinterkeule (an Menschen und Thieren).

Clūpea, ae, f. ob. -peae, ārum, f. pl. Stadt und Vorgebirge in Byzacium.

Clūpeus, a. S. für clipeus.

*Clūrīnus, *adj.* (ungebräuchlich clura, etw Affe] (*Pl.*) zu einem Affen gehörig, Affen-.

Clūsium, ii, n. Stadt in Etrurien. Davon -sinus, *adj.* u. *subst.* -sini, ōrum, m. pl. die Einwohner von Cl.

Clūsius, ii, m. [cludo] Beiname des Janus, „der Schließende".

Clūsus, siehe Clausus.

Clūvia, ae, f. Stadt in Samnium.

Clūviānus, *adj.* 1) zur Stadt Cluvia gehörig. 2) zu Einem aus dem Geschlechte Cluvius gehörig.

Clymĕne, es, f. [Κλυμένη] Tochter des Oceanus, Gemahlin des Japetus. 2) Tochter des Merops, Mutter des Phaëthon.

Clyster, ēris, m. [κλυστήρ] (Spät.) 1) das Klystier. 2) die Klystierspritze.

Clytaemnestra, ae, f. [Κλυταιμνήστρα] Tochter des Tyndareus und der Leda, Gemahlin des Agamemnon, Mutter des Orestes, von diesem getödtet, weil sie den Gatten ermordet hatte.

Cnidus ob. **Gnidus**, i, f. [Κνίδος] Seestadt in Carien, berühmt durch den Cultus der Venus. Davon **Onidius**, *adj.*

Cnōsos u. s. w., f. Gnosos.

Co-ăcervātĭo, ōnis, f. [coacervo] das Zusammenhäufen.

Co-ăcervo, 1. zusammenhäufen, aufhäufen, pecuniam, cadavera; c. agros zusammenkaufen; coacervati luctus (Poet.) auf einander folgende Sterbefälle.

Co-ăcesco, cui, — 3. 1) völlig sauer werden. 2) *trop.* verwildern, unsittlich werden.

Coactĭo, ōnis, f. [cogo] (Spät.) die Eincassirung von Geld, argentarias cc. facere das Geld (bei Versteigerungen) eintreiben.

Coacto, 1. [cogo] (*Lucr.*) zwingen, aliquem facere aliquid.

Coactor, ōris, m. [cogo] 1) der Eincassirer, Eintreiber von Geld bei einer Versteigerung. 2) (*Tac.*) cc. agminis die den Zug schließen, die Nachhut. 3) (Spät.) der Nöthiger, der zu Etwas zwingt.

*Coactum, i, n. [cogo] (selten) eine Art Filz, dichte Matratze ob. Teppich.

Coactus, us, m. [cogo] der Zwang, nur im *abl. sing.*: c. meo fecit er that es von mir gezwungen, c. civitatis vom Staate genöthigt.

Co-aedĭfĭco, 1. bebauen, locum.

Co-aequālis, e, *adj.* (Spät.) gleichalterig; fast nur *subst.* -les, ium, m. pl. Cameraden, Genossen.

Co-aequo, 1. 1) eben-, gleich machen, montes. 2) an Würde, Ansehen ob. dergl. gleichmachen, gleichstellen, gratiam omnium, omnia ad libidines suas.

Coagmentātĭo, ōnis, f. [coagmento] die Zusammenfügung, Verbindung.

Coagmento, 1. [coagmentum] zusammenfügen, -kleben, -leimen, rem aliquam; *trop.* c. verba unmittelbar verbinden; c. pacem den Frieden schließen.

Coagmentum, i, n. [cogo] (*concr.*) die

Suge, bie Zusammenfügung, nahe Verbindung, lapidum.

Coagŭlum, i, n. [cogo] das Zusammenfügungsmittel, bes. das Lab, die geronnene Milch oder milchähnliche Flüssigkeit, die sich in dem Magen junger wiederkäuender Thiere findet und zum Gerinnenmachen der Milch gebraucht wird; trop. c. amoris „Band" der Liebe.

Co-ālesco, lui, lĭtum, 3. 1) in dieser Bed. wird jetzt vielfach **Coŏlesco** geschrieben) zusammenwachsen, saxa cc. calce werden verbunden, vulnus c. zieht sich wieder zusammen. Daher trop. A) = sich genau verbinden, -vereinigen, verschmelzen: multitudo c. in corpus unius populi schmilzt zusammen; voces cc. ex duobus quasi corporibus werden zusammengesetzt. B) condiciones pacis coalescentes über welche man im Begriff war sich zu einigen; regnum c. erhält sich (das Bild von einer Wunde genommen). 2) Wurzel fassen und emporwachsen: ilex inter saxa c.; daher trop. (Spät.) auctoritas Galbae coaluit hat Festigkeit gewonnen, ist eingewurzelt, und particip. coalitus = erstarkt, befestigt.

Co-angusto, 1. (meist Spät.) zusammenfassen, einengen, legem beschränken.

Co-arguo etc. 3. 1) Etwas, bes. etwas Böses, offen darlegen, vollständig beweisen, zeigen, verrathen u. dergl. perfidiam, mendacium alicujus, crimen certis suspicionibus; auch mit einem accus. c. inf. (Poet.) c. aures domini verrathen. 2) anklagen und überführen, Jmd. überzeugend beschuldigen, aliquem avaritiae; literas illum cc. 3) widerlegend als falsch erweisen: usus c. legem beweist, daß das Gesetz schlecht sei.

Coartātio, ōnis, f. [coarto] (selten) das Zusammendrängen, -engen, militum.

Co-arto, 1. 1) zusammendrängen, zusammenpressen, einengen u. dergl., hostes; coartatus in oppido eingeschlossen in der Stadt; fauces cc. viam machen den Weg eng; c. sibi fauces (Poet.) = sich quälen. 2) trop. A) abkürzen, verkürzen, consulatum alicujus. B) von der Rede, zusammendrängen, plura in unum librum.

Coaxo, 1. (Naturlaut der Frösche) quaken.

***Coccinātus**, adj. [coccum] (Spät.) in Scharlach gekleidet.

Coccĭneus oder -nus, adj. [coccum] scharlachfarben.

Coccum, i, n. [κόκκος] 1) ein Insect auf einer gewissen Art Eiche, aus welchem die Scharlachfarbe bereitet wird, der Kermes. 2) die Scharlachfarbe. 3) scharlachfarbenes Tuch, Kleid.

Cochlea (ob. **Coclea**), ae, f. die Schnecke.

Cochlear, āris, n., seltener auch **-āre**, is, (Spät.) 1) ein Löffel. 2) (-ārium) ein Schneckenbehältniß, wo die Schnecken aufbewahrt und gefüttert werden.

Coclea, Coclear, s. S. für Cochlea, Cochlear.

Cŏcles, ĭtis, adj. 1) (selten) einäugig. 2) Beiname des Horatius C.

Coctĭlis, e, adj. [coquo] (Poet. u. Spät.) gebrannt, laterculus.

Cōcus = **Coquus**.

Cōcȳtus, i, m. [Κώκυτος, der Jammerstrom"] mythischer Fluß der Unterwelt.

Cōdēta, ae, f. [coda = cauda] ein mit Rannenkraut (das einem Pferdeschwanz ähnlich sieht) bewachsener Ort in der Nähe Roms.

Codex, siehe caudex.

Cōdĭcillus, i, m. [codex] 1) (Vorklaff.) eigtl., ein kleiner Stamm, Holzkloß. 2) pl. die Schreibtafel, aus dünnen hölzernen mit Wachs überzogenen Blättern. Hiervon A) ein Billet, Handschreiben, kurzer und in der Eile geschriebener Brief (vgl. epistola). B) (Spät.) überhaupt jeder kürzere schriftliche Aufsatz, namentlich a) eine Supplik, Bittschrift. b) ein kaiserliches Rescript, Cabinetsordre. c) ein in der Form eines Schreibens an den Erben verfaßter Zusatz zu einem Testamente, eine einzelne testamentarische Disposition.

Cōdrus, i, m. [Κόδρος] 1) der letzte König zu Athen. 2) ein schlechter Dichter, Zeitgenosse und Gegner des Virgil.

Coela (ōrum, n. pl.) Euboea [τὰ κοῖλα τῆς Εὐβοίας] eine eingebogene Küstengegend auf Euböa.

Coelēsyria, ae, f. [ἡ κοίλη Συρία] das hohle Syrien", Landschaft zwischen dem Libanon und Antilibanon.

Coelebs, siehe caelebs.

Coeles oder **Caeles**, ĭtis, adj. [coelum] (Poet.) himmlisch, regna; insbes. subst. -ĭtes, m. pl. die Himmlischen = die Götter (selten im sing. = ein Gott).

Coelestis ob. **Caelestis**, e, adj. [coelum] himmlisch, zum Himmel gehörig oder vom Himmel kommend, Himmel-; c. aqua = der Regen, arcus = der Regenbogen, cc. astra, prodigia; coelestia Veränderungen oder Ereignisse am Himmel (oft = Wahrzeichen). subst. **Coelestes**, ium, m. pl. = die Götter, insbes. die Götter der Oberwelt. Hiervon A) häufig = göttlich, von den Göttern herrührend ob. die Götter betreffend, stirps, auxilium, nectar. B) trop. (mit sup.) ausgezeichnet, trefflich, außerordentlich, vorzüglich, legiones, ingenium, opus; vir c. in dicendo.

Coeli-cŏla, ae, f. [colo] (Poet.) der Himmelsbewohner = der Gott.

Coeli-fer, ĕra, ĕrum, adj. [fero] (Poet.) den Himmel tragend, Atlas.

Coelimontium, ii, n. die Region der Stadt Rom um den Cölischen Hügel; davon -montānus, adj.

***Coeli-pŏtens**, tis, adj. (Pl.) mächtig im Himmel.

Coelius mons, einer der sieben Hügel Roms.

Coelius, Name eines römischen Geschlechtes. Bekannt sind: 1) Cajus C. Caldus, Zeitgenosse des Redners L. Crassus, bekannt als Redner. 2) Lucius C. Antipater, römischer Annalist, Zeitgenosse der Gracchen. 3) Marcus C. Rufus, wissenschaftlich gebildeter Mann, Freund des Cicero und von ihm in einer noch vorhandenen Rede vertheidigt, später Anhänger des Cäsar.

Coelum ob. **Caelum**, i, n. (pl. -li, Poet. u. selten) 1) der Himmel: fulmina jaciuntur de coelo; de c. tangi, ici, percuti von einem

Blitze getroffen werden; de c. servare Zeichen vom Himmel beobachten: coelo albente bei Tagesanbruch; *proverb.* a) quid si c. ruat = deine Furcht ist unbegründet; b) toto c. errare gar sehr irren. 2) uneigentlich A) zur Bezeichnung dessen, was zu den Göttern gehört, der Himmel als Wohnsitz der Götter: de c. delapsus (missus) von den Göttern geschickt; assere me coelo, siehe assero; hiervon insbes. zur Bezeichnung der Unsterblichkeit, coelum alicui decernitur. B) zur Bezeichnung des Erhabenen und Ausgezeichneten: *trop.* efferre (ferre), tollere aliquem in (ad) coelum Jmb. lobend erheben, sehr preisen; de c. detrahere aliquem = Jmb. seines hohen Ruhms berauben: in coelo sum oder coelum attingo = ich bin überaus glücklich. C) = die Luft, Atmosphäre oder Witterung, c. salubre, hibernum; coeli gravitas. D) der Himmelsstrich, die Himmelsgegend: c. sub quo natus sum.

Coelus, i, *m.* der Himmel personificirt, Sohn des Aether und des Dies, Vater des Saturnus (griechisch Οὐρανός).

Co-ĕmo, ēmi, emptum, 3. zusammenkaufen, auskaufen, aliquid.

Coëmptio, ōnis, *f.* [coëmo] eigtl. der Zusammenkauf, bes. eine durch einen fingirten aber mit Beobachtung bestimmter Formalitäten vorgenommenen Kaufact gestiftete vollgültige römische Ehe. Oft war eine solche nur eine Scheinehe, die gleich wieder durch manumissio aufgehoben wurde; eine solche wurde vorzüglich mit Greisen eingegangen, gewöhnlich damit die Frau von der tutela, in welcher sie sonst war, und von gewissen ihr lästigen sacris gentiliciis befreit werden möchte: beides erlosch nämlich durch jenen Scheinkauf.

Coëmptionālis (*Pl.* compt.), e, *adj.* [coëmptio]: senes cc. werden alte Sclaven genannt, die wegen ihres geringen Werthes beim Verkaufe besonders mit anderen Sclaven als Zugabe oder Anhängsel zusammengeschlagen wurden.

Coena (auch **Cēna, Caena**), ae, *f.* die Hauptmahlzeit bei den Römern, in älterer Zeit ohne Zweifel gegen Mittag, später um 4 oder 5 Uhr Nachmittags: apparare, facere, coquere c.; ad c. invitare (vocare); ire, venire ad c.; inter (Spät. auch super) coenam während der Mahlzeit, bei Tische. Davon (Spät.) a) = der Gang, die Schüssel bei der Mahlzeit, c. prima, altera, tertia. b) = die Speisegesellschaft. c) = der Speisesaal.

Coenācŭlum, i, *n.* [coeno] Stübchen in dem obersten Stockwerke, Dachstübchen (ursprünglich als Speisestube gebraucht, später bes. Wohnung der Armen).

Coenātīcus, *adj.* [coena] (*Pl.*) zur Mahlzeit gehörig: spes c. Hoffnung eine Mahlzeit zu erhalten.

Coenātio, ōnis, *f.* [coeno] (Spät.) eine Speisestube.

Coenātiuncŭla, ae, *f. demin. v.* Coenatio.

Coenĭto, 1. [coeno] oft speisen, zu speisen pflegen.

Coeno, 1. [coena] 1) *intrans.* Mahlzeit halten, speisen, apud aliquem, cum aliquo; daher *particip.* coenatus der gegessen hat. 2) *transit.* (Poet. und Spät.) essen, verzehren, aprum; *trop.* (Vorklaff.) c. magnum malum (statt der Mahlzeit), nox coenata durchgeschmaust; (Poet.) c. flagitium bei Tafel darstellen.

Coenōsus, *adj.* [coenum] (Poet.) kothig, voller Koth.

Coenŭla, ae, *f. demin.* von coena.

Coenum (auch **Cenum**), i, *n.* der Koth Schmutz, Unflath (stets mit dem Begriffe des Ekelhaften, vgl. lutum und limus); *trop.* zur Bezeichnung der Verachtung: c. plebejum, volvi in tenebris et c. = niedriger und beträchtlicher Stand; auch als Schimpfwort, o coenum! du schmutziger Kerl!

Co-eo, ii, itum, 4. I. *intrans.* 1) (meist Poet. u. Spät.) zusammengehen, -kommen, sich versammeln, Pharsaliam, in porticum Liviae; (Poet.) vix decem verba nobis coierunt wir wechselten kaum zehn Worte; viri cc. inter se um zu kämpfen. 2) zu einem Ganzen sich sammeln, sich vereinigen, -verbinden: A) eigtl., von lebenden Wesen, a) multitudo illa c. in populos; milites cc. inter se sammeln sich, schließen sich zusammen. b) insbes., von Thieren, sich begatten, aries c. cum ove. B) von leblosen Gegenständen (Poet. u. Spät.) lac c. gerinnt, ebenso sanguis, vulnus c. schließt sich, heilt, digiti cc. wachsen zusammen, labra cc. schließen sich. 3) zu einem gewissen Zwecke sich vereinigen, verbinden, übereinkommen, cum aliquo, de aliqua re; duodecim adolescentes inter se cc. verschworen sich; (Spät.) c. in societatem ein Bündniß eingehen, (Poet.) dextrae cc. in foedera man gab sich die Hände zur Bestätigung des Bündnisses. Hiervon II. *transit.* eingehen, schließen, societatem rei alionjus oder de re aliqua von Etwas, foedus cum aliquo mit Jmb.

Coepi (ptus), isse, *verb. defect.* (Vorklaff. Coepio, coepĕre, Spät. Coeptūrus), I. *act.*, *tempora praeterita*, 1) angefangen-, unternommen haben, regelmäßig nur mit einem *infin. act.* ob. fieri (c. dicere, c. diligens esse), bei Poet. u. Spät. auch mit einem *infin. pass.* und einem *acc.* (bes. vor einem *pron. n.*: coepit pugnari man fing an zu kämpfen; c. iter, c. aliquid); bisweilen coepi allein = coepi dicere. 2) (mit Spät.) *intrans.* angefangen haben = seinen Anfang genommen haben, angegangen sein: silentium c. trat ein, pugna c. fing an; jurgium c. ab illo rührt von ihm her. II. *pass.* coeptus sum fing an, begann, fast immer mit einem *infin. pass.*: bello premi coepti sunt, lapides jaci coepti sunt, consuli coepti sumus; cum eo agi coeptum est; *bav. particip.* coeptus angefangen, unternommen, bellum cum Antiocho coeptum, und *subst.* **Coeptum**, i, *n.* ein angefangenes Werk, Unternehmen: audax c., bene c. gutes Unternehmen.

Coepto, 1. [coepi] 1) *transit.* eifrig anfangen, -unternehmen, facere aliquid; (Vorklaff. u. Spät.) c. seditionem, insidias. 2) (Spät.) *intrans.* anfangen = seinen Anfang nehmen, conjuratio c.

*****Coeptus**, us, *m.* [coepi] zweifelhaft, der Anfang.

*****Co-epŭlōnus**, i, *m.* [epulo] (*Pl.*) der Mitspeiser.

Coërceo, cui, cĭtum, 2. (arceo) 1) inner-

Coërcitio

halbgewisser Schranken zusammenhalten, zwingen, einschließen, amnem ripis, capillos vittā; c. hostes intra muros; c. vitem am Weinstock (durch Beschneiden) kurz halten, seinen gar zu üppigen Wuchs hemmen. 2) *trop.* in seine Schranken weisen, beschränken, zügeln, bändigen, cupiditates, temeritatem alicujus, socios atque cives, seditionem; c. aliquem ab effuso studio zurückhalten. Hiervon = züchtigen, strafen, c. aliquem verberibus.

Coërcĭtĭo, ōnis, *f.* [coërceo] (meist Spät.) das In-Schranken-Halten, daher **A)** = die Züchtigung, Bestrafung, errantium, servorum. **B)** = das Zwangsmittel, damnum aliamque c. militibus inhibere. **C)** = das Recht od. die Macht zu bestrafen ob. Gewalt zu gebrauchen (bef. von obrigkeitlichen Personen, wenn man ihnen Gehorsam versagte): c. alicujus ob. in aliquem.

*Coërcĭtor, ōris, *m.* (Spät.) der in Ordnung hält.

Coerŭleus u. s. w., siehe Caerŭleus u. s. w.

Coetus, us, *m.* [statt coitus von coeo] 1) (*Pl.*) das Zusammenkommen, die Zusammenkunft, primo c. 2) (Vorklaff. und Spät.) die Verbindung, Vereinigung, c. animi et corporis. 3) die Versammlung, Gesellschaft, der Kreis: c. conciliumque; c. hominum, deorum die Genossenschaft; habere c. eine Versammlung halten, dimittere aufheben.

Coeus, i, *m.* [Κοῖος] ein Titane, Vater der Latona.

*Co-exercĭtātus, *adj.* (Spät.) zusammen eingeübt.

Cōgĭtābĭlis, e, *adj.* [cogito] (Spät.) denkbar.

Cōgĭtātē, *adv.* [cogito] mit Ueberlegung, mit reiflicher Erwägung.

Cōgĭtātĭo, ōnis, *f.* der Gedanke, 1) *abstr.* = das Denken, Nachdenken, die Erwägung, Ueberlegung: c. acerrima et attentissima; percipere, complecti aliquid cogitatione Etwas denken, sich vorstellen. 2) *concr.* das Gedachte, theils = Vorstellung, Meinung, Vorsatz, Entwurf, Plan: c. rei alicujus der Gedanke an Etwas; injicere alicui cogitationem; habere c. argenti auf Geld denken; multae c. versantur in animo meo; suscipere c. de re aliqua. 3) die Denkkraft, das Denkvermögen, ratio et c.

Cōgĭto, 1. [co-agito] 1) denken, an Etwas denken, = nachdenken, überlegen, nachsinnen, selten = ausdenken, ausfinnen: c. aliquid, de re aliqua, quid faciam; c. secum animo (selten in ob. cum animo) sich; callide c.; cogitata eloqui non potuit sine Schranken, des, woran er gedacht hatte. 2) (selten) *intrans.* denken = eine Gesinnung hegen: male (bene, sapienter, humaniter) c. adversus (in) aliquem, auch de aliquo. 3) gedenken = gesonnen sein, im Sinne haben, Willens sein, aliquid facere, res novas, proscriptiones, und c. de re aliqua; (Poet.) quid `cogitat was führt er im Schilde? Hiervon *subst.* **Cōgĭtā-tum**, i, *n.* der Vorsatz, Entwurf, Plan, pericere c.

Cognātĭo, ōnis, *f.* [co-nascor] 1) *abstr.* die Verwandtschaft durch Geburt: c. est

Cognosco

mihi cum aliquo; c. deorum mit den Göttern; *trop.* c. studiorum et artium, numerus non habet c. cum oratione Uebereinstimmung, Aehnlichkeit. 2) *concr.* die Verwandtschaft = die Verwandten, tota c.

Cognātus [co-nascor] *adj.* 1) verwandt durch Geburt, blutsverwandt (sowohl von väterlicher als mütterlicher Seite, vergl. agnatus, auch consanguineus): is mihi est c.; *subst.* = der Verwandte, c. alicuius, multi cc. 2) *trop.* **A)** von Sachen, die Verwandten gehören, rogi, corpora; überhaupt von Allem, was mit Etwas genau zusammengehört. **B)** = übereinstimmend, ähnlich: deus mundo formam sibi cognatam dedit.

Cognĭtĭo, ōnis, *f.* [cognosco] 1) das Kennenlernen einer Sache, die Bekanntschaft mit Etwas: aliquem cognitione et hospitio dignum judicare. 2) die Erkenntniß, das Erkennen, die Kenntniß: c. contemplatioque naturae; hoc facilem c. habet ist leicht zu erkennen; cc. deorum innatae Begriffe von den Göttern. 2) (Com.) die Wiedererkennung, inde c. facta est. 3) *term. t.* gerichtliche Untersuchung (bef. eine extraordinäre, nicht von den gewöhnlichen Richtern): c. magistratuum durch die Magistratspersonen; c. caedis, rerum capitalium; c. inter patrem et filium, de ejusmodi criminibus.

Cognĭtor, ōris, *m.* [cognosco] *term. t.* der Kenner, 1) = der Identitätszeuge (Zeuge, der bestätigt, daß Jmd. derjenige ist, für welchen er sich ausgiebt). 2) der Rechtsanwalt, Vertreter in einem Processe, gewöhnlich für einen Gegenwärtigen (vgl. procurator), der aus irgend einem Grunde nicht selbst vor Gericht erscheinen kann: c. juris alicuius; cognitorem fieri pro aliquo, in litem; auctor et c. sententiae.

Cognĭtūra, ae, *f.* [cognosco] (Spät.) das Geschäft des Staatsanwalts, namentlich das Ausfindigmachen und die gerichtliche Verfolgung der Staatsdebitoren.

Cognĭtus, *adj.* mit (Poet.) *comp.* und *sup.* [*part.* von cognosco] bekannt, gekannt, bewährt.

Cognōmen, ĭnis, *n.* [co-nomen] 1) der Zuname, theils = Familienname (als Cicero, Scipio u. dergl.), theils = Beiname, den Jmd. wegen einer That, einer auffallenden Eigenschaft oder dergl. erhielt (als Africanus, Sapiens u. dergl.). 2) (Poet. u. Spät.) überhaupt der Name.

Cognōmentum, i, *n.* (Vorklaff. u. Spät.) = Cognomen.

Cognōmĭnis, e, *adj.* [cognomen] (Poet. u. Spät.) gleichnamig, der denselben Namen hat, wie Jmd. alicui ob. alicujus.

Cognōmĭno, 1. [cognomen] (meist Spät.) mit einem Zu- oder Beinamen belegen, Jmd. einen Zunamen geben, c. aliquem Thurinum; verba cognominata Synonymen.

Co-gnosco, nōvi, nĭtum, 3. 1) kennen lernen, erkennen, wahrnehmen, erfahren, vernehmen, sowohl durch die äußeren Sinne (das oft = sehen, hören u. s. w.) als durch den Verstand: c. regiones, naturam rerum, aliquem ex libris alicujus; c. miserias sociorum, c. de salute Marcelli; c. aliquid ex (ab) aliquo; c.

quis illud fecerit, eum abisse. Hiervon A) insbef. c. librum, Demosthenem u. vergl. sich mit = bekannt machen, lesen. B) particip. cognitus, als adj. bekannt, re aliqua durch Etwas. 2) A) wiedererkennen, faciem alicujus. B) als das Seinige, als sich gehörend erkennen, res suas. 3) untersuchen, numerum militum. Insbef. als term. t. A) vom Richter ob. Magistrate, doch auch vom Redner, eine Rechtssache untersuchen, sich mit ihr bekannt machen: c. caussam, c. de agro Campano. B) in der Militärsprache, = recognoscire, auskundschaften, c. qualis sit natura montis.

Cōgo, coēgi, coactum, 3. [co-ago] 1) zusammentreiben, -bringen, -führen, -sammeln, vereinigen: c. pecudes, multitudinem hominum; c. naves, exercitum in unum locum zusammenziehen, senatum berufen, versammeln; c. aliquem in senatum sich einzufinden nöthigen, herbeiholen, kommen lassen; c. hostes in obsidionem den Feind auf einen Ort zusammentreiben (sich einzuschließen nöthigen), so daß er belagert werden kann. Hiervon A) c. aliquem in classem zum Seedienste „pressen". B) = hineindrängen, -treiben, navem in portum, oves in stabulum. C) c. agmen den Zug beschließen, die Nachhut bilten, bisweilen vom Anführer = das Heer geschlossen halten. D) (Poet.) = dicht machen, verdichten, mella. E) c. pecuniam u. dgl. auftreiben, herbeischaffen, ob. eintreiben, eincaffiren. F) c. aliquem in ordinem = Jmb. beschränken, innerhalb gewisser Schranken einzwängen, im Zaume halten, und c. se ipsum in ordinem = sich demüthig anstellen. G) trop. = beschränken, zusammenzwingen: c. potestatem alicujus in spatium anni, jus civile in certa genera; Italia cogitur in angustias verengt sich. 2) zwingen, nöthigen, aliquem facere ob. ut faciat aliquid, feltner aliquid faciendum (nicht mit einem subst. c. ad pugnam); c. aliquem in deditionem; hoc (id, illud) te cogo zwinge dich dieses zu thun, ebenso hoc cogeris. Hiervon particip. coactus als adj. = erzwungen, durch Zwang herbeigeführt, auspicium, scelus; lacrimae geheuchelte. 3) (felt.) schließen, folgern, aliquid ita esse.

Cohaerentia, ae, f. [cohaereo] (felt.) der Zusammenhang, mundi.

Co-haereo etc. 2. zusammenhangen, A) mit etwas Anderem, cum re ob. (Poet. und Spät.) rei alicui; haec c. inter se; trop. = innig verbunden sein, in sich selbst, in seinen Theilen: mundus apte c., oratio non c. Hierv. trop. a) hoc non c. paßt nicht zusammen, reimt sich nicht. b) = bestehen, homo ille c. non potest.

*Cohaerenter, adv. [cohaereo] (Spät.) ununterbrochen.

Co-haeresco, haesi — 3. (felten) sich zusammenhängen, verwachsen.

Co-hēres, ēdis, comm. der Miterbe.

Cohībeo, 2. [co-habeo] 1) zusammenhalten: c. crines nodo, in sich halten, -enthalten, einschließen: terra c. semen; c. aliquid in se. 3) festhalten, zurückhalten, ventos in antro, catenae cc. aliquem; c. bellum = nicht angreifen und dadurch den Krieg anfangen wollen, (Poet.) c. tibias nicht spielen wollen; hiervon = enthalten, zurückhalten, manus, libidines ab re aliqua. 4) im Zaume halten, zügeln, bezähmen, bändigen, cupiditatem, iracundiam; procurator c. provinciam (Spät.) verwaltet; (felten) c. aliquem quominus aliquid faciat verhindern, abhalten.

Co-hōnesto, 1. in Gemeinschaft (mit Anderen) ehren, = zu Ehre bringen, -verherrlichen, exsequias alicujus; c. mortem suam virtute tapfer kämpfend fallen.

Co-horresco, rui — 2. zusammenschaudern (vor Furcht oder Fieber).

Cohors, tis, f. 1) (auch Chors ob. Cors geschrieben) ein eingezäunter Ort, Gehege, Hofraum für Vieh und Geflügel. 2) term. t. A) eine Abtheilung der römischen Kriegsmacht, 1/10 einer Legion, enthaltend 3 manipuli = 6 centuriae, eine Cohorte: cc. sociae, alariae und bisweilen abfol. cc. (oppos. legiones) = die Truppen der Bundesgenoffen; c. praetoria die Leibwache des Feldherrn. B) das Gefolge des Stattthalters, theils Unterbeamte, theils Freunde, die mit ihm in die Provinz zogen. 3) (Poet. u. Spät.) überhaupt der Haufe, die Schaar.

Cohortātio, ōnis, f. [cohortor] die Aufmunterung = der anfeuernde Zuspruch, das Anfeuern, militum.

Co-hortor, dep. 1) anmahnen, ermuntern, insbes. vom Anführer = die Soldaten zur Tapferkeit antreiben: c. milites ad proelium, aliquem ad aliquid faciendum, auch mit folgendem ut ob. ne.

Co-inquīno, 1. (Poet. u. Spät.) besudeln, beschmutzen, aliquem stercore, trop. c. se scelere.

Coïtio, ōnis, f. [coeo] *1) (Ter.) die Zusammenkunft. 2) die Verbindung in üblem Sinne = das Complott: c. tribunorum, candidatorum, per t.

Coïtus, us, n. [coeo] 1) (Spät.) das Zusammengehen, die Verbindung, amnium, syllabarum. 2) die Begattung.

Cōlaphus, i, m. [κόλαφος] (Poet. u. Spät.) ein Faustschlag (vertig. alapa).

Cōlax, ācis, m. [κόλαξ] (Com.) der Schmeichler, Titel eines Lustspiels des Menander u. des Plautus.

Colchis, ĭdis, f. [Κολχίς, ίδος] die durch den Argonautenzug und die Medea in den Sagen berühmte Landschaft Asiens am schwarzen Meere. Davon 1) Colchus, adj. zu C. gehörig: subst. Colchi, ōrum, m. pl. die Bewohner von C., hiervon 2) Colchicus, adj. = Colchus. 3) Colchis, ĭdis, adj. (Poet.) = Colchus, subst. die Colchierin = die Medea.

Cōliphium, ii, n. (Vorll. u. Poet.) eine Art sehr nahrhafter Speise für die Armen.

*Collābasco, — — 3. [labo] (Pl.) nur trop. = schwanken.

Col-lăbefacto, 1. (Poet.) zum Wanken bringen, onus.

Col-lăbefīo etc. 1) zum Fallen gebracht werden, wankend gemacht werden, zusammenstürzen, -fallen: navis c. fickt; trop. c. ab aliquo = von Jmb. gestürzt werden, seine Stellung u. f. w. verlieren. 2) (Poet.) flüffig werden, schmelzen.

Collabor   **Colligo**   141

Col-lābor (conl.) etc. 3. *depon.* zusammenfallen, =stürzen, bes. von Gebäuden und dergl.: aedes cc. ruinā; auch von Personen = ohnmächtig zusammensinken; *trop.* c. in corruptelam suam verfallen.

*Col-lăcĕrātus, *particip.* (*Tac.*) gänzlich zerrissen, zerfleischt.

*Collacrĭmātĭo, ōnis, *f.* [collacrimo] das starke Weinen bei Etwas.

Col-lacrĭmo, 1. 1) *intrans.* mit oder bei Etwas weinen. 2) *transit.* beweinen, casum suum.

Collacteus, i, *m.*, und -a, ae, *f.* [con-lac] (Spät.) der Milchbruder, die Milchschwester.

Collar (e), is, *n.* (ungebräuchlich im *nom. sing.*) [collum] (Vorklass.) das Halsband, die Halskette.

Collātĭa, ae, *f.* alte Stadt der Sabiner, in der Nähe von Rom.' Davon -tīnus, *adj.*, und subst. -tīni, ōrum, *m. pl.* die Einw. von C.

Collātīcĭus, *adj.* [confero] (Spät.) zusammengebracht, von verschiedenen Seiten her entlehnt: sepultura c. durch zusammengebrachtes Geld bewerkstelligt.

Collātĭo, ōnis, *f.* [confero] 1) das Zusammentragen: c. signorum = die Schlacht, der Kampf; c. malitiarum (*Pl.*) Vereinigung. 2) die Zusammenstellung, Vergleichung, c. rerum inter se, hiervon c. rationis = Analogie. 3) das Zusammenschießen von Geld, der Beitrag, die Beisteuer, facere c. in rem aliquam. 4) die Uebertragung, rei alicuius.

*Collātīvus, *adj.* [confero] (*Pl.*) venter c. in welchen alles Mögliche zusammengetragen wird.

Collātor, ōris, *m.* [confero] (Vorklass. und Spät.) der Beitragende, der eine Beisteuer zu Etwas giebt, symbolarum.

*Col-latro, 1. (Spät.) eigtl. stark anbellen, *trop.* c. philosophiam = schmähen.

Collaudātĭo, ōnis, *f.* [collaudo] (selten) die Belobung, alicuius.

Col-laudo, 1. lobpreisen, stark loben, aliquem, clementiam alicuius.

*Col-laxo, 1. (*Lucr.*) erweitern, lockern, rem.

Collecta, ae, *f.* [eigtl. *particip.* von colligo 2., *sc.* pecunia] zusammengetragenes Geld, die Beisteuer, Beitrag an Geld.

Collectāneus, *adj.* [collectus von colligo 2.] zusammengelesen: dicta cc. Sammlung witziger Einfälle.

Collectīcĭus, *adj.* [colligo 2.] zusammengelesen: exercitus c. zusammengerafft, nicht ordentlich ausgeschrieben.

Collectĭo, ōnis, *f.* [colligo 2.] 1) das Zusammenlesen, Aufsammeln, membrorum. 2) bes. t. in der Rhetorik, kurze Wiederholung, Recapitulation. 3) (Spät.) der Schluß, Syllogismus. 4) die Anhäufung verdorbener Säfte, das Geschwür.

Collectīvus, *adj.* [colligo 2.] (Spät.) 1) angesammelt, humor. 2) zu einem Vernunftschlusse gehörig.

*Collectus, us, *m.* [colligo] (*Lucr.*, zwfh.) die Ansammlung, aquae.

Collēga, ae, *m.* [con-lego] 1) der mit mir Gewählte, = der Amtsgenosse, Col-

lege: c. esse alicuius ob. alicui; habere aliquem c. in praetura in der Prätur, regni in der Königswürde. 2) (Vorklass. u. Spät.) der Kamerad, Genosse, Gehülfe.

Collēgĭum, ii, *n.* [collega] 1) *abstr.* die Amtsgenossenschaft, Amtsgemeinschaft: homo per tot cc. expertus durch die Genossenschaft in so vielen Aemtern. 2) *concr.* die durch gemeinschaftliches Amt, Auftrag oder Gewerbe verbundenen Personen, das Collegium oder die Zunft, Corporation, Innung, Gilde: c. tribunorum plebis, praetorum, augurum; c. mercatorum, fabrorum; pronunciant pro c. = ex collegii sententia von Collegii wegen, in des Collegii Namen.

Collēgo, a. S. für colligo (3).

Col-lēvo, 1. (Spät.) glätten, abglätten, rem.

Col-lībertus, i, *m.* der Mitfreigelassene.

Col-lĭbet (ob. **Collŭbet**) etc. 2. *impers.* es beliebt, es gefällt, mihi aliquid facere; si quid c.; collibitum est mihi.

Collīdo, īsi, īsum, 3. [laedo] 1) zusammenstoßen, =schlagen, =drücken: navigia cc. inter se; c. dentes; c. manus = klatschen; amnis uterque colliditur beide Flüsse fließen zusammen, vereinigen sich. Hiervon = zerschlagen, zerstoßen, aliquid. 2) (Poet. u. Spät.) *trop.* Etwas in feindliche Berührung mit Etwas bringen, entzweien (fast immer *pass.*): Graecia collisa barbariae; duo reipublicae capita inter se collisa; leges colliduntur.

Collĭgātĭo, ōnis, *f.* [colligo 1] die Verbindung, Vereinigung, operis, omnium causarum.

Col-lĭgo, 1. 1) zusammenbinden, manus. 2) *trop.* A) verbinden, vereinigen, homines inter se; c. sententias verbis = dem Sage rhythmischen Wohlklang geben; c. multa uno libro zusammenfassen. B) = zurückhalten, hemmen, impetum Antonii; c. Brutum in Graecia bewirken, daß Brutus in Griechenland bleibt.

Collĭgo, lēgi, lectum, 3. [con-lego] 1) sammeln, zusammenlesen, =bringen, =führen, sowohl Sachen (c. flores, capillos nodo ob. in nodum aufbinden, c. vasa von den Soldaten beim Aufbruche, zusammenpacken) als von Personen (exercitus collectus ex senibus zusammengerafft; c. reliquos ex fuga; milites cc. orbem schließen sich in einen Kreis; milites co. se sammeln sich). 2) A) zusammenstellen, a) in der Rede zusammenfassen, zusammen erwähnen, aufzählen u. dergl., c. omnes causas, tot bella civilia. b) im Geiste zusammenfassen, zusammen erwägen, überlegen, bedenken, berechnen u. dergl.: c. maximarum civitatum veteres calamitates. c) Etwas schließen, folgern, sich durch einen Vernunftschluß ein Urtheil von Etwas bilden, aliquid; paucitatem hostium inde c.; ex eo c. quam sis occupatus. B) sich erwerben, gewinnen, erlangen, bonam rumorem, benevolentiam civium; c. invidiam ex re aliqua sich Ungunst zuziehen. C) c. sitim durstig werden, frigus sich erkälten, kalt werden, rabiem (iras) wüthend werden. D) von Zahlen, ausmachen, zählen, ambitus c. ducentos pedes. E) zusammennehmen, =ziehen, equos, hastas protentas. 3) *trop.* c. se über animum, mentem, sich sammeln, =fassen, wieder zur Besinnung kommen, Muth od. dergl. bekommen, ex maximo timore. 4) (Poet. und Spät.) zusammenziehen, verkürzen, concentriren: anguis c. se; c. se in tenues umbras; c. se in arma sich so zusammendrücken u. kleiner machen, daß man vom Schilde bedeckt ist.

Col-līneo, 1. (selten) 1) gerade richten, in gerader, wahrer Richtung absenden, hastam aliquo. 2) das Ziel treffen.

Col-lĭno, lēvi, lĭtum, 3. (Poet. u. Spät.) bestreichen, beschmieren, tabulas cerā, crines pulvere.

Collīnus, *adj.* [collis] zum Hügel gehörig: porta c. ein Thor des alten Roms am quirinalischen Hügel, daher herbae cc. (Poet.) am collinischen Thore wachsend.

Col-liquĕfăcio etc. 3., nur im *part. pass.* colliquefactus flüssig gemacht.

Collis, is, *m.* der Hügel, die Anhöhe.

*Collīsio, ōnis, *f.*, [collido] (Spät.) das Zusammenstoßen = die Quetschung.

Collŏcātio, ōnis, *f.* [colloco] 1) das Hinstellen, verborum Anordnung, die Wortstellung, c. siderum Stellung. 2) c. filiae die Verheirathung.

Col-lŏco, 1. 1) hinstellen, =setzen, =legen: c. rem in mensā, aliquem in navi, in sede, c. legiones in illis locis; c. classem Miseni, cohortes Puteolis; (Wortlass.) c. aliquem in arborem; absol. c. praesidia, columnas, impedimenta auf seinen Platz bringen, res ordnen; c. insidias alicui einen Hinterhalt legen. Hierv. A) c. se Athenis sich niederlassen, Wohnung nehmen; c. aliquem (hospitem) apud aliquem einlogiren. B) einsetzen, in einen Besitz, in eine Lage u. dgl., aliquem in patrimonio suo, in amplissimo statu. C)=anwenden, anlegen und dergl. c. omne studium in doctrina; c. adolescentiam in voluptatibus seine ganze Jugendzeit mit sinnlichen Genüssen zubringen. D) c. se in re aliqua = sich mit einer Sache ausschließlich befassen, sich mit ihr viel abgeben. E) satis in libris prioribus de illa re collocavi (*Tac.*) ich habe — gehandelt, geschrieben. 2) c. pecuniam u. dergl. A) Geld unterbringen, anlegen: c. dotem in illo fundo, magnas pecunias in illa provincia; *trop.* c. beneficium apud aliquem gleichsam auf Zinsen geben. B) = anwenden, verwenden, patrimonium suum in patriae salute. 3) verheirathen, einen Mann bringen, c. filiam alicui, in matrimonio; c. sorores nuptum in alias civitates.

Col-lŏcŭplēto, 1. (selten) 1) bereichern, aliquem. 2) *trop.* ausschmücken.

Collŏcūtio, ōnis, *f.* [colloquor] (selten) die Unterredung.

Collŏquium, ii, *n.* [colloquor] die Unterredung, das Gespräch (gewöhnlich ein zu einem bestimmten Zwecke verabredetes, vgl. sermo): c. alicuius oder cum aliquo; venire in oder ad c.

Col-lŏquor, *depon.* 3. sich besprechen, sich unterreden (gewöhnlich in Geschäften und zufolge einer Verabredung, vgl. sermocinor und confabulor), cum aliquo, duces cc. inter se

de multis rebus; *c. rem Etwas besprechen; (Pl.) c. aliquem mit Jmb. sprechen.

Collŭbet, a. S. für collibet.

Collŭbus, a. S. für collybus.

Col-lūceo, — — 2. leuchten, glänzen, von allen Seiten erleuchtet sein, ignis, poculum c.; sol c. mundo für die Welt; acies c. flammis, mare c. a sole.

Colluctātio, ōnis, *f.* [colluctor] (Spät.) das Ringen, Kämpfen; *trop.* c. cum verbis zur Bezeichnung einer schweren Aussprache.

Col-luctor, *depon.* 1. (Spät.) ringen, kämpfen.

Col-lūdo etc. 3. 1) mit Jmb. spielen, cum aliquo und (Poet.) c. paribus mit Seinesgleichen. 2) *trop.* unter einer Decke mit Jmb. spielen, ein geheimes Einverständniß unterhalten.

Collum, i, *n.* (Wortlass. auch =us, i, *m.*) der Hals an Menschen und Thieren (*trop.* auch der Hals an einer Flasche u. dergl.); invadere in collum Jmb. um den Hals fallen (auch petere collum amplexu); (Com.) actum est de c. meo es kostet mir den Hals, meinen Kopf; torquere (obtorquere, obstringere) collum alicui (*term. t.*) Jmb. ergreifen und gewaltsam vor Gericht schleppen.

Col-luo etc. 3. (Poet. u. Spät.) abspülen, ausspülen, dentes aquā.

Collus, siehe collum.

Collūsio, ōnis, *f.* [colludo] geheimes u. trügerisches Einverständniß (vgl. colludo), cum aliquo.

Collūsor, ōris, *m.* [colludo] der Spielkamerad.

Col-lustro, 1. 1) von allen Seiten beleuchten, sol c. omnia. 2) von allen Seiten besehen, mustern, omnia oculis.

*Collŭtŭlo (Andere schreiben Collŭtĭto), 1. [lutum] (Pl.) besudeln, *trop.* beflecken, aliquem.

Collŭvio, ōnis, und (Spät.) -vies, ei, *f.* [con-luo] die zusammengespülte Masse, der Zusammenfluß allerlei Unraths, meist *trop.* die gemischte und schmutzige Menge, „Abschaum“, „Hefe“; c. omnis generis animantium, omnium scelerum; c. gentium wenn zwischen Patriciern und Plebejern Ehe stattfinden sollte; c. Drusi der den Drusus begleitende Pöbelschwarm.

Collybus od. Collŭbus, i, *m.* [κόλλυβος] das Aufgeld, Agio bei Wechselgeschäften; dah. *trop.* = Wechselgeschäft.

*Collyra, ae, *f.* [κολλύρα] (Pl.) eine Art Backwerk, Brot, das man in die Brühe einzuschneiden pflegte.

*Collyricus, *adj.* [collyra] (Pl.) jus c. die Brotsuppe, Brotbrühe.

Collyrium, ii, *n.* [κολλύριον] (Poet. u. Spät.) eine Art Augensalbe.

Cŏlo, cŏlui, cultum, 3. 1) *trans.* ein Feld bauen, bearbeiten, bestellen, agrum; absol. (Wortl. u. Poet.) Ackerbau treiben; von Pflanzen, warten, pflegen, ziehen, vitem, poma. 2) an einem Orte viel verweilen, A) bewohnen, has terras, urbem, Rheni ripam; häufig von Göttern, die vorzugsweise an irgend einem Orte sich aufhalten und daher diesen vorzüglich zu lieben und zu beschützen gedacht wurden (vergl. 3. A. und B.): dii qui hanc urbem cc.

(meist Spät.) *intrans.* wohnen, c. circa utramque ripam; daher colentes = die Bewohner. 3) *trop.* A) für Jmd. ob. Etwas Sorge tragen, Jmd. zu nützen oder helfen streben, auf Etwas Sorgfalt verwenden: c. aliquem, dii cc. genus humanum; auch = pflegen, befördern, consociationem generis humani. B) Jemandem Achtung und Aufmerksamkeit zeigen, ihn verehren, ehren (sowohl Götter als Menschen, um sie für sich zu gewinnen, vgl. veneror und observo): ille me c.; auch c. domum eius, frater illam civitatem c.; deos veneror et c. C) viel und sorgfältig mit Etwas sich beschäftigen, es treiben, betreiben, sich für Etwas bemühen: c. quaestum; c. virtutem, justitiam ausüben; c. amicitiam Freundschaft pflegen, unterhalten; c. vitam inopem ein dürftiges Leben führen, servitutem Sclave sein, munus mit einem Amte bekleidet sein. D) (Poet. u. Spät.) bilden, ausbilden, pectus. E) schmücken, zieren, lacertos auro, capillos pflegen, corpus.

Cŏlo, 1. (Spät.) seihen, vinum.

Cŏlŏcāsia, ae, *f.* [κολοκασία] (Poet. u. Spät.) die „indische Wasserrose", Pflanze, welche die egyptische Bohne trägt.

Cŏlon oder **Cōlum**, i. n. [κῶλον] ein Glied = Theil eines Verses oder eines Gedichts.

Cŏlōna, ae, *f.* [colo]. (Poet.) die Landwirthin, Bäuerin.

Cŏlōnae, ārum, *f. pl.* [Κολωναί] Stadt in Troas.

Cŏlōnia, ae, *f.* [colo] 1) (Pl.) der Landbesitz, das Landgut; scherzhaft c. mularum der Aufenthaltsort der Maulesel = die Mühle. 2) die Pflanzstadt, Colonie, Stadt, in welcher eine gewisse Zahl aus der Mutterstadt, namentlich aus Rom, ausgewanderter Bürger sich niedergelassen haben: collocare c. in aliquo loco; mittere aliquos in coloniam. 3) die Personen, welche nach einer Pflanzstadt geschickt werden, die Pflanzer, Colonisten: deducere coloniam eigtl. von dem Capitolium herab führen (siehe die Handbücher über die römischen Alterthümer), mittere c. aliquo irgendwohin.

Cŏlōnĭcus, *adj.* [colonus] 1) (Vorklass.) zur Landwirthschaft gehörig. 2) zu einer Colonie gehörig, cohors.

Cŏlōnus, i, *m.* [colo] 1) der Ackerbauer, Landmann. 2) der Colonist = Bewohner einer Pflanzstadt (siehe Colonia): ascribere aliquem colonum in die Verzeichnisse der Colonisten einschreiben. 3) (Poet.) überhaupt der Bewohner, Einwohner.

Cŏlōnus, i, *m.* [Κολωνός] ein Demos in Attika; davon -nēus, *adj.*

Cŏlŏphon, ōnis, *f.* [Κολοφών] Stadt in Jonien. Davon **-ōnĭus**, *adj.*, u. *subst.* **-ōnii**, ōrum, *m. pl.* die Einwohner von C.

Cŏlor (Vorklass. und Spät. auch os), ōris, *m.* 1) die Farbe; häufig insbes. von der Gesichtsfarbe, dem Teint des Menschen, c. suavis, verecundus; colorem mutare die Farbe wechseln, perdere bleich werden; [...] *mulĭebris (Pl.)* von dem [...] ich es weiß aber schwarz ist; [...]

bekannt; (Poet.) insbes. = schöne Gesichtsfarbe. 2) *trop.* A) äußere Beschaffenheit, Lage, Verfassung: c. et species pristina civitatis; omnis eum decuit color; häufig von der Rede = Anstrich, Colorit: c. orationis; c. urbanitatis; ducere c. eine „Farbe" annehmen. B) insbes. von einem vortheilhaften Aeußern, a) = Glanz, Schönheit: nullus argento color est nisi etc. b) von der Rede = lebhaftes Colorit, Schmuck; flos et c. c) (Spät.) die Beschönigung, Entschuldigung, dio aliquem c.

Cŏlōro, 1. [color] 1) färben, corpora; insbes. = röthlich oder braun färben: quum in sole ambulo, fit ut colorer werde ich braun. Davon *particip.* coloratus als *adj.* gefärbt, arcus c. der Regenbogen, *trop.* = geschminkt, auf den Schein berechnet, c. et fictus. 2) *trop.* A) einer Sache einen Anstrich, eine Farbe geben, c. orationem urbanitate quadam. B) (Spät.) beschönigen, rem falso nomine.

Cŏlos, siehe color.

Cŏlossae, ārum, *f. pl.* [Κολοσσαί] Stadt in Phrygien.

Cŏlossēros, ōtis, *m.* [κολοσσ-έρως] Benennung eines großen schönen Mannes, der „Riesenliebliche".

Cŏlossēus, *adj.* [colossus] (Spät.)- colossal, riesengroß, statua.

Cŏlossus, i, *m.* [κολοσσός] ein Coloß, Statue in übermenschlicher Größe.

Cŏlostra, ae, *f.* (Vorklaff. u. Spät.) 1) die erste Milch in den Brüsten der Thiere nach der Geburt. 2) (Pl.) eine liebkosende Anrede, „mein Engel!"

Cŏluber, bri, *m.* (Poet.) u. **Cŏlubra**, ae, *f.* (Poet. u. Spät.) eine kleine Schlange; *proverb.* (wegen des Schlangenhaars der Furien ob. der Medusa) quas tu vides colubras = bist du wahnsinnig?

Cŏlubrĭfer, ěra, ěrum, *adj.* (coluber-fero) (Poet.) schlangentragend (von der Medusa).

Cŏlubrīnus, *adj.* [coluber] (Vorklaff. u. Spät.) schlangenartig = schlau, listig.

Cŏlum, i, *n.* der Seihkorb, Durchschlag.

Cŏlum, siehe colon.

Cŏlumba, ae, *f.* die Taube; (Pl.) als liebkosende Anrede.

***Cŏlumbar**, āris, *n.* [columba] (Pl.) eine Art Halsfessel für die Sklaven (so genannt wegen der Aehnlichkeit mit der Oeffnung des Taubenschlags).

Cŏlumbārium, ii, *n.* [columba] das Taubenbehältniß, der Taubenschlag.

Cŏlumbārius, ii, *m.* [columba] (Vorklaff.) der Taubenwärter.

Cŏlumbīnus, *adj.* [columba] zu einer Taube gehörig, Tauben-, ovum.

***Cŏlumbor**, *depon.* 1. [columba] (Spät.) wie Tauben sich schnäbeln, küssen.

***Cŏlumbŭlus**, i, *m.* [columba] *deminut.* von columbus.

Cŏlumbus, i, *m.* der Tauber, auch überhaupt = eine Taube.

Cŏlumella, ae, *f. deminut.* von columna.

Cŏlumella, ae, *m.*, L. Junius Moderatus, [...] römischer Schriftsteller [...] Zeitgenosse [...] Nero.

144 Columis — Comitatus

Gegenstand: 1) (Poet.) die Spitze, der Gipfel, auch der Giebel eines Gebäudes: c. villae; Phrygiae cc. hervorragende Bergspitzen. Hiervon trop. c. amicorum der vorzüglichste Freund; c. audaciae Uebermaaß, Ausbund von Dreistigkeit. 2) der Pfeiler zum Stützen, die Stütze, aber bes. von Personen = Stütze, vorzüglicher Helfer und Unterstützer: c. reipublicae, rerum mearum.

*Cŏlŭmis, c, adj. (Pl., zweifelh.) = incolumis.

Cŏlumna, ae, f. 1) eine Säule, bes. zur Verzierung eines Gebäudes (vgl. pila); trop. columnam mento suo suffulsit (Pl.) = hat die Hand unter das Kinn gestützt. Insbes. c. Maenia, eine Säule auf dem forum Romanum, an welcher die Triumviri capitales über gemeine Verbrecher und böse Schuldner Gericht hielten: daher adhaerescere (pervenire) ad c. = als eine schlechte Person bestraft werden. 2) von säulenförmigen Gegenständen: A) = eine Wasserhose. B) (Poet.) = der Himmel als Kuppel. C) trop. = die Stütze, der Helfer.

Cŏlumnārĭum, ii, n. [columna] die Säulensteuer, Abgabe für die Säulen in den Gebäuden.

*Cŏlumnārius, ii, m. [columna] ein an der columna Maenia (siehe columna 1.) zu verurtheilender Verbrecher, = eine schlechte Person.

Cŏlumnātus, adj. [columna] durch Säulen gestützt; scherzh. (Pl.) os c. von Jmd., der das Kinn mit der Hand stützt.

Cŏlurnus, adj. [durch Versetzung statt coralnus von corulus = corylus (Poet.)] haseln, aus Haselholz.

Cōlus, us, [auch abl. sing. -lo, acc. pl. los] f. (selten m.) der Spinnrocken; *(Poet.) = der gesponnene Faden.

Cŏma, ae, f. [verw. mit κόμη] 1) das Haupthaar der Menschen, bes. als der natürliche Schmuck des Kopfes betrachtet (vgl. crinis, capillus, caesaries): u. s. w., homo, odorata; pectere, componere, ponere comam kämmen, ordnen. 2) (Poet.) A) an Thieren, a) das Haupthaar; b) die Mähne. B) an Pflanzen, die Laub, die Blätter u. dergl. C) = Wolle und was die Wolle ähnlich ist. D) = Lichtstrahlen.

Cŏmans, tis, adj. [coma] (Poet. u. Spät.) behaart, colla equorum; galea c. mit einem Federbusch versehen; stella c. = ein Comet; narcissus c. belaubt.

Cŏmarchus, i, m. [κώμαρχος] (Pl.) der Dorfvorsteher, Schultheiß.

Cŏmātus, adj. [coma] = comans.

Com-bĭbo etc. 3. 1) intrans. (selten) in Gesellschaft trinken. 2) transit. gänzlich austrinken, = aussaugen, succos, venenum corpore; ara c. cruorem; trop. c. artes gründlich erlernen.

Combĭbo, ōnis, m. [com-bibo] (selten) ein Trinkgenosse.

Com-būro, bussi, bustum, 3. [con-uro] 1) völlig verbrennen, naves. 2) trop. (Poet.) comburi aliquā von Liebe zu einem Weibe entbrannt sein; c. diem (Pl.) mit Schmausen zubringen (das Bild von einer Leiche hergenommen); c. aliquem judicio stürzen, schwer verurtheilen.

Com-ĕdo, ēdi, ēsum (selten estum), 3. 1) aufessen, verzehren, coenam, panem. 2) trop. A) c. se sich vor Kummer, Trauer u. dergl. ver-

zehren, aufreiben. B) c. aliquem oculis gleichsam verschlucken = gierig nach Etwas verlangen, sehr begierig anschauen. C) durch Schwelgerei verprassen, durchbringen, numos, patrimonium; daher (Spät.) c. aliquem = das Vermögen Jmds durchbringen.

Cōmes, itis, comm. [con-eo?] 1) der Mitgehende, Begleiter (-in), Gefährte (-in). Gesellschafter (-in): c. esse alicujus oder alicui; comitem se praebere illius furoris oder alicui in re aliqua facienda; nemo tantae virtuti comes est = nimmt sich ihrer an; auch von leblosen Gegenständen, gloria mortis c., eloquentia pacis c. 2) insbes. A) (Spät.) = Erzieher, Lehrer, Sklave, der einen Knaben immer begleitete (paedagogus). B) = Client, der den Vornehmeren begleitete, namentlich wenn er nach dem Forum ging oder auf's Land reiste. C) pl. a) das Gefolge, die Suite von Fremden, Gelehrten, jungen Männern u. s. w., die oft den Statthalter in die Provinz begleiteten, um sich da für die Geschäfte auszubilden oder das Leben zu genießen. b) (Spät.) die Suite des Kaisers, der Hof.

Cŏmessum, a. S. für comēsum von comedo.

Cŏmētes, ae, m. [κομήτης] der Comet, Haarstern.

Cŏmĭcē, adv. [comicus] comisch, nach Art der Comödie.

Cŏmĭcus, adj. [κωμικός] zur Comödie gehörig, comisch, Comödien-, artificium, res c. der Stoff der Comödie, adolescens c. der in einer Comödie vorkommt. Hiervon subst. Cŏmĭcus, i, m. A) (Pl.) ein comischer Schauspieler, Schauspieler der Comödie. B) ein comischer Dichter, Comödiendichter.

Cŏmĭnus, siehe Comminus.

Cōmis, e, adj. mit comp. u. sup. leutselig, zuvorkommend, freundlich, herablassend u. s. w., homo, animus, sermo, hospitium; c. erga ob. in aliquem; auch = fein, gebildet.

Cōmissābundus, adj. [comissor] lustig und tobend umherschwärmend (siehe Comissor).

Cōmissātĭo, ōnis, f. [comissor] das lustige und tobende Umherschwärmen und das damit verbundene Gelage (siehe Comissor).

Cōmissātor, ōris, m. [comissor] der Umherschwärmer, der Theilnehmer an einem lustigen Umzuge und damit verbundenen Gelage (siehe Comissor).

Cōmissor, depon. 1. [verw. mit κωμάζω] bei einem Gelage lustig und lärmend (mit Gesang, Musik u. dergl.) auf den Straßen umherziehen, um darauf bei Einem aus der Gesellschaft einzukehren und das Trinkgelage fortzusetzen; daher comissatum ire ad aliquem und (Poet.) c. in domum alicujus.

Cōmĭtas, ātis, f. [comis] die Leutseligkeit, Freundlichkeit, Zuvorkommenheit, Herablassung: c. et facilitas, c. in socios Milde.

Cŏmĭtātus, us, m. [comes] 1) abstr. das Begleiten: societas et c. alicujus; comitatu equitum von den Reitern begleitet. 2) concr. die Begleitung = die begleitende Menge, das Gefolge: c. civium optimorum aus den besten Bürgern bestehend; trop. tantus virtutum c. Verrin. Insbes. a) (Spät.) die Suite des Kaisers, der Hof. b) Gesellschaft von Reisenden, der Zug, Convoi, die Caravane u. vergl., magnus c.; erat in illo c.

Cōmĭter, *adv.* mit *sup.* [comis] leutselig, freundlich.

Cōmĭtĭālis, e, *adj.* [comitia] zu den Comitien gehörig: dies c. an welchem Comitien gehalten werden durften; homines cc. die sich immer bei den Comitien herumtreiben und ihre Stimmen verkaufen; morbus c. (Spät.) = die fallende Sucht, Epilepsie, weil ein solcher Krankheitsfall an einem dies comitialis, als ein besonders unglückliches Zeichen, bewirkte, daß die Comitien aufgehoben wurden.

Cōmĭtĭātus, us, *m.* [comitia] die Volksversammlung an den Comitien, habere c.

Cōmĭtĭum, ii, *n.* [con-eo] I. *sing.* der Ort in der Nähe vom Forum (bisweilen auch als ein Theil von diesem betrachtet, während die curia hostilia ihn von dem eigentlichen Forum schied), wo in älterer Zeit die Volksversammlungen gehalten wurden, d. h. die Curien sich versammelten. 2) *pl.* **Cōmĭtĭa,** ōrum, die förmliche und von der betreffenden Magistratsperson zusammengerufene und gehaltene Versammlung des römischen Volks, um in öffentlichen Angelegenheiten Beschlüsse zu fassen (vgl. contio): cc. curiata, centuriata, tributa (siehe diese Wörter und die Handbücher der römischen Alterthümer); comitia habere (facere) halten (von der vorsitzenden Magistratsperson), indicere ob. edicere ansagen, bestimmen; cc. consularia. (auch consulum ob. consulibus creandis) zur Wahl der Consuln, cc. legis ferendae um ein Gesetz zu geben; cc. Flavii = auf welchen Flavius gewählt zu werden hofft. Hiervon A) bisweilen = Wahl bei andern Völkern. B) (Pl.) cc. fiunt de capite meo es wird Gericht gehalten, geurtheilt.

Cōmĭtor, *depon.* 1. (Poet. u. Spät. auch -to, 1. und daraus comitor als *pass.*) [comes] begleiten, mit folgen, sich als Begleiter anschließen (aus eigenem Interesse, vgl. deduco und prosequor): c. patrem, triumphum; (selten) hoc c. illi rei folgt mit dieser Sache; magna comitante caterva von einer großen Schaar begleitet; insbes. = einem Verstorbenen zur Bestattung folgen, c. aliquem. Hiervon *particip.*-comitatus *pass.* begleitet, aliquo von Jmd.; parum (bene) mit einem geringen (großen) Gefolge; als *adj.* im *comp.* uno puero comitatior von einem Sclaven mehr begleitet.

Comma, ătis, *n.* [κόμμα] (Spät.) der Abschnitt, das Glied einer Periode (rein lat. incisum ob. incisio.

Com-măcŭlo, 1. beflecken, besudeln, aram sanguine, *trop.* se scelere.

Commāgēne, es, *f.* [Κομμαγηνή] Landschaft im nördlichen Syrien. Davon -gēnus, *adj.*, und *subst.* -gēni, ōrum, *m. pl.* die Bewohner von C.

Com-mănĭpŭlāris, is, *m.* (Spät.) der zu demselben Manipel gehört.

*Com-mărītus, i, *m.* (Pl.) der Mitehemann, der eine Frau mit einem Anderen gemeinschaftlich hat.

Commĕātus, us, *m.* [commeo] 1) das Gehen und Kommen, der Ab- u. Zugang, c. est alicui, Verkehr. 2) der Urlaub, die Erlaubniß auf bestimmte Zeit sich von seinem Posten zu entfernen, bes. von Soldaten: dare alicui commeatum und mittere aliquem in commeatum Jmb. permittiren, beurlauben; sine ullo c. ohne je Urlaub zu nehmen; satis liberi cc. erant es wurde leicht Urlaub gegeben, adesse ad diem commeatus an dem Tage, wo der Urlaub ausläuft. 3) der Transport, Zug, die Sendung, Caravane, Verein von zusammen Ziehenden: mittere c. in Africam; exercitum duobus cc. transportare. 4) häufig im *pl.* die Zufuhr, der Proviant, Lebensmittel: convehere, afferre c.; prohiberi commeatu; cc. maritimi Zufuhr zur See. 5) (Pl.) *meton.* der Durchgang, Weg.

Com-mĕdĭtor, *depon.* 1. (selten) sich Etwas sorgfältig einprägen, locos. 2) (*Lucr.*) nachahmend wiedergeben.

Com-mĕmĭni, isse, *verb. defect.* vollständig und genau erinnern, hominem, aliquid, te hoc dicere; non c. dicere ich habe vergessen zu sagen; c. Poenice verstehe noch die punische Sprache.

Commĕmŏrābĭlis, e, *adj.* [commemoro] erwähnenswerth, denkwürdig.

Commĕmŏrātĭo, ōnis, *f.* [commemoro] die Erinnerung an Etwas durch Worte, das Erwähnen, antiquitatis; is fuit in assidua commemoratione omnibus omnium flagitiorum Alle erwähnten immer seine Schandthaten.

Com-mĕmŏro, 1. 1) (selten) in seine Erinnerung zurückrufen, einer Sache gedenken: c. vesperi quid hodie dixerim überdenke wieder. 2) bei einem Anderen Etwas in Erinnerung bringen, Jmd. an Etwas erinnern, amicitiam, cognitionem. 3) erwähnen, besprechen, einer Sache gedenken (von einer schon bekannten Sache, vgl. mentionem facio): c. caussas rei alicuius, jucunditatem illius, selten c. de re aliqua; c. eum venisse daß er gekommen ist.

Commendābĭlis, e, *adj.* [commendo] (selten) empfehlenswerth.

Commendātĭcĭus, *adj.* [commendo] empfehlend, literae, tabulae Empfehlungsschreiben.

Commendātĭo, ōnis, *f.* [commendo] 1) die Empfehlung, mea c.; c. tui von dir; ponere (dicere) voluptatem in prima commendatione naturae den Genuß als dasjenige bezeichnen, welchem die Natur uns zuerst nachzustreben anweist. 2) das Empfehlende, empfehlende Sache oder Eigenschaft: prima haec est c.; tanta erat c. oris, ingenii u. vergl. etwas so Empfehlendes lag in seinem Gesichte u. s. w.

Commendātor, ōris, *m.*, u. -trix, īcis, *f.* [commendo] der Empfehler, die Empfehlerin.

Commendātus [*particip.* von commendo] *adj.* mit *comp.* u. *sup.* empfohlen (siehe Commendo), dav. beliebt, gefällig.

Com-mendo, 1. [con-mando] 1) anvertrauen, übergeben, empfehlen, aliquid ob. aliquem alicui; c. aliquid literis = schreiben (als ein Geheimniß); c. aliquid immortalitati unsterblich machen; c. aliquid memoriae wendig lernen, dem Gedächtnisse einprägen insbef. empfehlen = beliebt, angenehm machen, einer Sache Gunst und Freundschaft

curationi commoda sunt der Genesung günstig. 3) von Personen und ihrem Betragen, gefügig, artig, zuvorkommend, gefällig, alicui gegen Jmd., mores cc.
Commoenio, a. S. für Communio.
Com-mōlior, *depon.* 4. (Vorklaff.) in Bewegung setzen, bewegen, *trop.* unternehmen, dolum.
Commŏnē-făcio etc. 3. Jmd. nachdrücklich erinnern, mahnen, ihm Etwas zu Gemüthe führen: c. quae dicta sint, Augustum illud dixisse; illi eum cc. ut abeat; c. illos beneficii mei; (zweifelh.) c. istius turpem praeturam bringe in Erinnerung.
Com-mŏneo, 2. = commonefacio: c. aliquem rei alicuius, de re aliqua, auch aliquid; c. te quam sit hoc utile, ut oder ne illud facias; c. aliquid (Spät.) in Erinnerung bringen.
Commŏnĭtio, ōnis, *f.* [commoneo] (Spät.) die Erinnerung, Mahnung.
Com-monstro, 1. zeigen, weisen, anweisen, viam alicui, viam quam quaeris.
Commŏrātio, ōnis, *f.* [commoror] das Verweilen, Zögern; insbef. in der Rhetorik das Verweilen bei einem Gegenstande.
Com-mordeo — sum, 2. (Spät.) stark beißen, aliquem.
Com-mŏrior etc. 3. *depon.* (Vorklaff. u. Spät.) mit Jmd. sterben, cum aliquo.
Com-mŏror, 1. *depon.* 1) *intrans.* sich aufhalten, verweilen (für einige Zeit, vgl. maneo; vgl. auch cunctor, haesito, habito), Romae, apud aliquem; paulisper c. dum etc.; c. in diponenda toga sich wobei aufhalten; *trop.* vom Redner = bei demselben Gegenstande stehen bleiben, verweilen, in eadem sententia. 2) (Pl.) *transit.* aufhalten, aliquem, se.
Commōtio, ōnis, *f.* [commoveo] die Bewegung, nur *trop.* a) c. animi und bloß c. Gemüthsbewegung; b) = die Erregung, das Erregen, jucunditatis.
*Commōtiunculla, ae, f. [deminut. von commotio] = kleiner Fieberanfall.
Commōtus, *adj.* mit *comp.* [*particip.* von commoveo] heftig, feurig, aufgeregt. 2) unsicher, schwankend.
Com-mŏveo etc. 2. 1) in Bewegung setzen, stark bewegen, theils von der Stelle ab (= wegführen, =treiben, =rücken u. dergl.), theils auf der Stelle selbst (= erschüttern, erregen, aufwühlen u. dergl.): c. castra ex eo loco (ebenso aciem) verrücken, mit dem Heere aufbrechen; c. hostem zum Weichen bringen; non c. se domo sich nicht vom Haufe rühren; si una litera commovetur von seinem Platze genommen wird; c. sacra die heiligen Gegenstände herumtragen; c. columnas fortschaffen; nullus numus commovetur es wird nicht das geringste Geldgeschäft unternommen; venti cc. mare wühlen das Meer auf; c. dormientem wecken. 2) *trop.* A) *pass.*, aus dem Gleichgewichte gebracht werden, körperlich oder geistig, = krank oder verrückt werden, mens c.; commotus = verrückt. B) Jmd. in heftige Gemüthsbewegung versetzen, also = heftig bewegen, beunruhigen, einen star-

ken Eindruck auf Jmd. machen, erschüttern, reizen u. dergl.; bef. im *pass.* und am häufigsten im *particip.* commotus, c. spe, gaudio, amore fraterno, alicuius atrocitate; graviter commotus sum in illa (Com.) ich bin verliebt geworden. C) eine Gemüthsbewegung, eine Stimmung, ein Gefühl erregen, bewirken, dolorem, miserationem, odium in aliquem; auch bisweilen c. memoriam rei alicuius Etwas in Erinnerung bringen; c. bellum, c. multorum studia anregen.
Commūnĭcātio, ōnis, *f.* [communico] die Mittheilung, das Gemeinschaftlichmachen: c. consilii, civitatis; c. sermonis mihi tecum esse solet Gespräch; in der Rhetorik eine Redefigur, vermittelst welcher der Redner sich an die Zuhörer wendet und sie gleichsam mit sich zu Rathe zieht.
Commūnĭco, 1. u. *-or, depon.* 1. [communis] 1) gemeinschaftlich machen, aliquid huic et illi ob. inter aliquos; c. causam suam cum servis mit den Sklaven gemeinschaftliche Sache zu haben meinen, seine Sache mit derjenigen der Sklaven vermischen; bef. im *pass.* aliquid mihi cum aliquo (ob. inter nos) communicatur ob. communicatum est ich habe Etwas mit Jmd. gemein. 2) Etwas mit Jmd. theilen, sowohl gebend als empfangend: A) gebend, = mittheilen, aliquid cum aliquo, c. auch cc. aliquid inter se sie theilen sich Etwas gegenseitig mit, und bloß cc. in derselben Bedeutung; *(Pl.)* c. aliquem mensā suā feines Tisches theilhaftig machen: c. consilia cum aliquo mit Jmd. berathschlagen. B) empfangend, = an Etwas Theil nehmen, Antheil haben, theilen, inimicitias cum aliquo. 3) gleichmäßig verbinden, pecuniam cum dote.
Com-mūnio, 4. 1) stark befestigen, castra. 2) *trop.* bestärken, kräftigen, auctoritatem alicuius.
Commūnio, ōnis, *f.* [communis] 1) die Gemeinschaft, gemeinschaftliches Theilhaben an Etwas: c. literarum et vocis gemeinschaftliche Schrift und Sprache; c. sanguinis Verwandtschaft.
Commūnis, e, *adj.* mit *comp.* u. *sup.* 1) gemeinschaftlich, gemein, allgemein: hoc mihi est cum illo commune, hoc illis (auch illorum) oder inter illos commune est; vita c. das tägliche Leben, das Leben, wie es unter den Menschen überhaupt ist; cc. tempora Zeitumstände, die Alle betreffen; c. mens der allgemeine Menschenverstand; cc. loca öffentliche Plätze oder Oerter, auch locus c. = die Unterwelt; loci cc. Gemeinplätze in der Philosophie oder Rhetorik; c. exordium Anfang, der zu der Rede beider Parteien passen kann. Hiervon A) *subst.* **Commūne**, is, s. das Gemeinwesen, die Gemeinde, Commune, der Staat, c. Siciliae, vexare c. Milyadum. B) in commune: a) für Alle, zum gemeinschaftlichen Besten: consulere oder conferre aliquid in c.; metuere in c. um das Ganze besorgt sein. b) (Spät.) im Allgemeinen, überhaupt, disputare de re. c) in c. vocare honores gemeinschaftlich (für Patricier und Plebejer) machen. d) (Spät.) als Zuruf „mit die Hälfte"!

Communitas — **Comparo** — 149

„halb Parti"! — 2) von Personen, umgänglich, theilnehmend, leutselig, herablassend, infimis gegen die Geringsten.

Commūnĭtas, ātis, *f.* [communis] die Gemeinschaft, der gemeinsame Zustand oder gemeinsame Lage, Verhältniß: nulli deo cum homine est c.; c. omnium rerum inter eos est; c. et societas generis humani. Hiervon altera pars honestatis est communitatis betrifft die Gesammtheit der Menschen, ebenso officia quae ducuntur ex c.; c. civilis.

Commūnĭter, *adv.* [communis] 1) auf gemeinschaftliche Art, gemeinschaftlich. 2) im Allgemeinen, überhaupt.

***Com-murmŭror**, *depon.* 1. zusammen murmeln, secum.

Commūtābĭlis, e, *adj.* [commuto] veränderlich.

***Commūtātē**, *adv.* [commuto] auf veränderte Weise.

Commūtātio, ōnis, *f.* u. (*Lucr.*) -tātus, us, *m.* 1) die Veränderung, Abwechselung, das Wechseln, morum, temporum; crebrae aestuum cc. 3) in der Rhetorik eine Redefigur, doppelte Antithese.

Com-mūto, 1. 1) verändern, umwandeln, aliquid ex vero in falsum; c. animos umstimmen. 2) tauschen, vertauschen, austauschen, wechseln, captivos, nomina inter se; c. fidem pecuniā seine Treue für Geld weggeben, c. mortem vitā tauschend für das Leben gewinnen (vgl. muto). Hiervon (Com.) c. verba cum aliquo Worte mit Jmd. wechseln = mit ihm sprechen.

Cōmo, mpsi, mptum, 3. 1) (*Lucr.*) zusammenfetzen, -fügen, aliquid ex pluribus rebus. 2) das Haar zierlich ordnen, glatt streichen, frisiren, comas; puer comptus mit zierlich frisirtem Haar. 3) (Poet. u. Spät.) überhaupt ordnen, zurechtlegen, putzen, vestem, corpus (siehe comptus).

Cōmoedia, ae, *f.* [κωμῳδία] die Comödie, das Lustspiel.

***Cōmoedĭce**, *adv.* [comoedia] (*Pl.*) wie in der Comödie.

Cōmoedus [κωμῳδός] 1) *adj.* (Poet.) zur Comödie gehörig, Comödien-. 2) *subst.*, i, *m.* der comische Schauspieler.

Cōmōsus, *adj.* [coma] (Spät.) stark behaart.

Com-pācīscor, pactus, *od.* (richtiger) **Compĕcīscor**, pectus, *depon.* 3. mit Jmd. einen Vertrag schließen, Etwas verabreden, cum aliquo. Hiervon als *adv.* compacto od. de (ex) compacto (meist Spät.) verabredetermaßen.

Compactio, ōnis, *f.* [compingo] die Zusammenfügung.

Compactus, *adj.* [particip. von compingo] (Vorkl. u. Spät.) eigtl. dicht zusammengefügt, untersetzt, gedrungen, stark, crura, corpus.

Compāges, is, oder (Poet. u. Spät.) -go, inis, *f.* [compingo] die Zusammenfügung, Fuge.

Com-par (od. conpar), āris, I. *adj.* (meist Poet. u. Spät.) völlig gleich im Verhältniß zu einander, connubium, postulatio.

II. *subst.*, comm. 1) (Poet.) der Genosse, Kamerad, College; insbes. = die Ehehälfte. *2) eine Redefigur, vermittelst welcher mehrere Glieder einer Periode gleiche Silbenzahl haben.

Compārābĭlis, e, *adj.* [comparo] (selten) vergleichbar.

***Compărātē**, *adv.* [comparo] vergleichsweise, mit Vergleichung.

Compărātio, ōnis, *f.* [comparo I.] 1) die Zusammenstellung, gleiche Stellung, solis etc. ad eandem inter se c. conversio zu derselben Stellung gegen einander. Insbes. die Z. zu einem Wettstreite od. einer Vergleichung, daher es oft durch eins dieser Wörter übersetzt wird: c. rerum, orationis suae cum scriptis alienis; sub (de, ex, ad) c. rei alicuius mit einer Sache verglichen, in Vergleichung mit: haec habent c. können verglichen werden. 2) *trop.* die Uebereinkunft, der Vergleich: häufig insbes. eine Uebereinkunft zwischen Collegen, betreffend die Theilung der Geschäfte oder der Provinzen. 3) in der Rhetorik c. criminis vergleichende Darstellung eines Verbrechens mit einer edlen Handlung, wegen deren ersteres begangen wurde. — II. [comparo 2.] 1) die Zubereitung, Zurüstung, veneni, belli; c. criminis das Herbeischaffen aller Aufklärungen und Thatsachen, um eine Anklage zu beweisen. 2) das Anschaffen, Herbeischaffen, die Erwerbung, testium, voluptatis.

Compărātīvus, *adj.* [comparo I.] 1) zur Vergleichung gehörig, vergleichend. 2) (Gramm.) gradus c. od. absol. c. der Comparativ; comparativa Wörter im Comparativ.

Com-parco, parsi (od. -perco), persi) — 3. (selten, Com.) 1) zusammensparen, aliquid. 2) ablassen, facere aliquid.

Com-pāreo, ui, — 2. erscheinen, sichtbar sein, daher = noch vorhanden sein: servi qui non cc.; signa omnia cc.; ratio non c. stimmt nicht.

1. Compăro, 1. [compar] 1) zusammenpaaren, in gleiches Verhältniß zusammenstellen, verbinden, quaedam inter se, aliquid cum re aliqua; priore consulatu comparati Collegen in dem ersten Consulate, ebenso male comparati von Collegen, die nicht zusammenpassen. Insbes. = zum Kampfe ob. Wettstreite zusammenstellen: c. gladiatores, aliquem cum aliquo ob. (Spät.) alicui; c. certationem (Spät.) 2) vergleichen, utilia inter se, aliquid cum re aliqua und (selten) rei alicui. Insbes. A) Etwas mit Etwas gleichstellen, neben Etwas stellen, neminem tibi aut anteposui aut etiam comparavi. B) = vergleichend nachweisen ob. ausfinden, quum c., quanto plures illa re deleti sint. 3) *term. t.* von Collegen, in Betreff der Theilung der Geschäfte ob. der Provinzen übereinkommen, sich einigen, durch Uebereinkunft bestimmen: consules inter se provincias comparaverunt theilten unter sich zufolge einer Uebereinkunft; cc. inter se ut alter etc. ob. uter Capuam obsideret.

2. Compăro, 1. [com-paro] 1) bereiten, zubereiten, zurüsten, einrichten u. dergl.: c. dolum ad capiendos hostes, auxilium adversus aliquem; c. iter ob. se ad iter sich zur Reise bereiten; häufig von Kriegsrüstungen, c. bellum sich zum Kriege rüsten, Alles für den Krieg rüsten, c. copias, classem ausrüsten; (Poet.) c. facere aliquid Etwas zu thun sich bereiten; comparatum est naturā, lege, more maiorum eingerichtet, bestimmt, herkömmlich u. dergl., quam inique comparatum est wie unbillig ist es in der Welt eingerichtet! 2) verschaffen, herbeischaffen, erwerben, anschaffen: c. navem; c. gloriam, amicitias sich verschaffen; (selten) c. sibi ob. alicui aliquid; c. supellectilem ob. dergl. = laufen.

Com-pasco, — pastum, 3. zusammenweiden.

Com-pascuus, *adj.* (selt.) zum gemeinschaftlichen Weiden geeignet, ager.

Compēciscor, s. S. für compaciscor.

Compēdio, 4. [compes] (Vorklaff. und Spät.) fesseln, aliquem.

Compellātio, ōnis, *f.* [compello 1.] das Anreden, bes. das scheltende und heftige Anreden = das Ausschelten, laute Vorwürfe.

Compello, 1. 1) (meist Poet. u. Spät.) anreden, ansprechen, daher nennen, rufen, aliquem nomine, hominem blande; si ego hac imagine compellor wenn dieses Bild auf mich Anwendung haben soll. 2) heftig und scheltend anreden, schelten, Jmd. laute und heftige Vorwürfe machen, mit einem Schimpfnamen nennen: pro cunctatore eum segnem ec. 3) anklagen, beschuldigen, aliquem crimine aliquo ob. lege aliqua.

Com-pello, pŭli, pulsum, 3. 1) zusammentreiben, armentum in speluncam, hostes intra muros. 2) überhaupt irgendwohin treiben, jagen, hinnöthigen, hostes in fugam, Pompeium domum suam, aliquem in angustias; c. bellum Athenas den Krieg nach A. hinspielen (Poet.) c. aliquem gregi zur Heerde. 3) (meist Poet. u. Spät.) trop. zu Etwas (einer That, einem Beschlusse) treiben, -bringen, -bewegen, -nöthigen: c. aliquem ad deditionem, ad cavendum; (selten) c. aliquem in eundem metum, ut aliquid faciat und (Spät.) facere aliquid.

Compendiārius, *adj.* [compendium] auf Ersparniß berechnet, daher kurz (nur von einem Wege, via c.; daher (Spät.) *subst.* -ĭa, ae, *f.*, u. -ĭum, ii, *n.* der kurze Weg, Richtweg.

Compendium, ii, *n.* [com-pendo] die Ersparniß, insbes. an Zeit und Arbeit: c. ligni an Holz; compendii facere aliquid Etwas sparen, ersparen. Hiervon A) der Vortheil, Profit (der durch Ersparniß gewonnene, vgl. lucrum und quaestus), c.; servire privato compendio. B) = die Abkürzung, die Kürze: c. docendi (*Quinctil.*) eine kürzere Lehrmethode; compendio in kurzer Zeit, eine Weile; verba conferre ad c. kurz fassen; facere verba compendii die Worte abkürzen; facere compendium rei alicuius an Etwas sparen, pulsandi mit dem Prügeln nachlassen. Insbes. c. viae und absol. c. ein kurzer Weg, Richtweg, maris über das Meer.

Compensātio, ōnis, *f.* [compenso] das gleiche Abwägen, die Ausgleichung, uti aliqua c.; c. mercium der Waarentausch, Tauschhandel.

Com-penso, 1. eigtl. zusammen wägen, 1) gegen einander abwägen, abwägend gleichstellen, ausgleichen, ersetzen: c. bona cum vitiis, laetitiam cum doloribus; summi labores magnā compensati sunt gloriā; c. vitium vel facultate vel copiā. 2) (spät. Poet.) ersparen, iter.

Comperco, s. S. für comparco.

Compĕrendĭnātĭo, ōnis, *f.* (Spät.) und -tus, us, m. [comperendino] die Vertagung des richterlichen Spruches bis auf den drittnächsten Tag.

Compĕrendino, 1. [comperendinus] 1) den richterlichen Spruch in einer Rechtssache bis auf den drittnächsten Tag ansetzen und daher die Parteien auf diesen Tag vorladen, reum. 2) von der Partei, verlangen daß die Rechtssache auf den drittnächsten Tag angesetzt werden soll.

Compĕrendĭnus, *adj.* [com-perendie] übermorgig, *sc.* dies (Spät.) der drittnächste Tag als Rechtstermin.

Compĕrĭo (selten -pĕrĭor, *depon.*), pĕri, pertum, 4. genau erfahren, in sichere Kenntniß bringen, bestimmte Nachricht über Etwas erhalten: c. aliquid, auch de re aliqua; c. te illud fecisse; c. aliquid ex aliquo. Hiervon A) *pass.* comperior man erfährt von mir, illud fecisse daß ich Jenes gethan habe, c. me ab hoc falli es wird bekannt, daß ich von ihm getäuscht werde. B) *particip.* compertus als *adj.* a) = bekannt, gewiß u. dergl.: compertum mihi est ob. c. habeo ich weiß gewiß; pro comperto habeo sehe für gewiß an. b) compertus flagitii, stupri u. dergl. eines Vergehens überführt, bei Etwas ertappt.

Com-pes, ĕdis, *f.* (nur im *pl.* und im *abl. sing.*) die Fußfessel, gewöhnlich eine hölzerne, die Beinschelle, der Fußklotz, daher = Fesseln überhaupt, *trop.* cc. corporis; fluvius nivali compede vinctus (Poet.) = durch das fesselnde Eis.

Compesco, scui, — 3. (Poet. u. Spät.) 1) einzwängen, durch Zwang zusammenhalten, auf einen gewissen Raum beschränken: c. Geryonem tristi undā (Poet.); häufig von Pflanzen, daher = beschneiden, vitem, ramos fluentes, luxuriantia. 2) *trop.* im Zaume halten, bändigen, beschränken, bezähmen, equum, legiones, clamorem, mare; (Com.) c. aliquid facere = nachlassen.

Compĕtītor, ōris, m., und -trix, īcis, *f.* [competo] der Mitbewerber zu einem Amte, die Mitbewerberin.

Com-pĕto etc. 3. (meist Spät.) 1) *intrans.* A) (selten) zusammengehen, -kommen, -treffen: viae cc., cacumina cc. in unum. B) *trop.* a) in der Zeit, zusammentreffen, sich treffen: res aliqua c. rei alicui ob. cum re aliqua stößt mit Etwas zusammen, c. in diem auf den Tag treffen; si ita c. wenn es so trifft. b) von andern Sachen, passen, mit Etwas übereinstimmen, Etwas entsprechen: al loci situs ita c., corpus non c. tanto eius animo; aetas c. stimmt, paßt. Hiervon actio non c. in eum eine Klage gegen ihn ist nicht

befugt, es steht (dir) nicht zu eine Klage gegen ihn zu erheben. c) zu Etwas tüchtig, fähig sein: animus vix c. ad arma capienda; c. linguā, oculis zu gebrauchen fähig sein. 2) (selten) auf Etwas zusammen losgehen, cc. unam locum.
*Compīlātio, ōnis, f. [compilo] das Zusammenraffen, Plündern.
Compīlo, 1. 1) (Pl.) zusammenraffen, c. quidquid domi. 2) zusammenraffend plündern, berauben, aliquem, oppidum, provinciam; c. templa omnibus ornamentis die Tempel aller Zierrathe berauben.
Compingo, pēgi, pactum, 3. [compango] 1) zusammenschlagen, zusammenfügen, aedificia, navem tabulis. 2) irgendwohin hineintreiben, einschließen, verstecken, aliquem in carcerem, in vincula, se in Apuliam.
Compĭtālīcius, adj. [compitalia] zu den Compitalien (s. das folgende Wort) gehörig, dies, ludi.
Compĭtālis, e, adj. [compitum] zum Scheidewege gehörig; davon Compĭtālia, ium ob. iōrum, n. pl. jährliches Fest für die Laren, welches auf den Scheidewegen gefeiert wurde.
Compĭtum, i, n. [competo] der Ort, wo zwei (oder mehrere) Wege zusammentreffen, der Scheideweg.
Com-plăceo, cui oder citus sum, 2. (Vorklass. und Spät.) gefallen, alicui.
Com-plāno, 1. (Spät.) eben machen, ebnen, terram; c. domum niederreißen; trop. c. dura erträglich machen.
Com-plector, plexus, 3. depon. eigtl. sich mit Etwas zusammenflechten, -schlingen, 1) umschlingen, umarmen, umfassen, umgeben: c. aliquid manibus, aliquem medium (Jmds Leib); c. dextram alicuius mit seinen beiden Händen fassen; cc. inter se sie umarmen sich; c. urbem obsidione, belagern. 2) trop. umfassen, fassen: A) = einbegreifen, in sich fassen, aliquid; im partic. in passiver Bed. hoc uno maleficio omnia scelera complexa esse videntur; c. aliquos ad suum scelus mitnehmen, unter — einbefassen. B) in der Rede ob. der Darstellung zusammenfassen, ausdrücken: c. omnia unā comprehensione, sententiam paucis verbis; c. aliquid oratione, illo libro. Daher = eine Schlußfolge machen. C) Etwas mit dem Geiste oder dem Gedächtnisse umfassen = fassen, begreifen, verstehen ob. erinnern, c. aliquid mente, cogitatione, animo, memoriā, und bisweilen absol. (ohne diese Ablat.) in derselben Bedeutung. D) mit dem Herzen umfassen, c. aliquem benevolentiā, amore gegen Jmd. Wohlwollen, Liebe fühlen, studio ihm Interesse zeigen, beneficio ihm Wohlthaten beweisen; daher absol. c. aliquem = Jmd. lieben, c. philosophiam mit Eifer treiben. E) = sich Etwas aneignen, erlangen, in Besitz nehmen, quum animus complexus est idoneam naturam.
Complēmentum, i, n. [compleo] das Ausfüllungs- und Ergänzungsmittel.
Com-pleo, ēvi, ētum, 3. 1) füllen, ausfüllen, favos melle, omnia cadaveribus, se cibo et potione; (selten) c. urbem ararum,

carcer mercatorum completus; c. paginam vollschreiben; c. murum besetzen, naves oder classem sociis (auch absol.) bemannen. 2) trop. A) c. omnia clamoribus, atria fremitu. B) illa res c. exercitum omni copiā versieht reichlich. C) c. aliquem spe; c. omnia terrore ac fugā allenthalben Schrecken und Flucht hervorbringen; (Pl.) c. aliquem erroris et dementiae. D) = vollständig machen, vollenden, has res; haec cc. vitam beatam; c. summam promissi erfüllen. E) von einem Zeitraum, füllen = zurücklegen, vollständig verleben, c. centum annos, sua fata, tempora materna (die Zeit der Schwangerschaft).
Complexio, ōnis, f. [complector] 1) die Zusammenschlingung, daher die Verbindung, atomorum c. inter se; c. bonorum der Verein, der Inbegriff; c. verborum mira = Ausdruck. 2) term. t. A) c. verborum die Periode. B) die Conclusion, Schlußfolge. C) das Dilemma. D) (Quinct.) die Zusammenziehung zweier Silben in eine (Phaethon statt Phaëthon).
Complexus, us, m. [complector] die Umschlingung, Umarmung: mundus qui omnia complexu suo coërcet; venire in complexum alicuius in Jmds Arme eilen, sich von Jmd. umarmen lassen; ferre alicui complexum Jmd. umarmen wollen, tenere aliquem complexu suo Jmd. umarmen; homines do c. tuo deine Lieblinge. Hiervon a) c. coeli Umfang. b) im feindlichen Sinne, = Kampf, Handgemenge: venire in c. alicuius Jmds gleichsam habhaft werden, mit ihm einen Kampf anfangen. 2) trop. (Quinct.) von der Rede, die Verbindung, brevis c. verborum; vitium est in c.
Com-plĭco, cui (selten cāvi), cātum, 1. zusammenfalten, -wickeln, -legen, rudentem, epistolam; notio complicata eine nicht recht entwickelte, unklare Vorstellung.
Com-plōdo, si, sum, 3. [plaudo] (Spät.) klatschend zusammenschlagen, manus.
Complōrātio, ōnis, f. und -tus, us, m. [comploro] das gemeinschaftliche laute Beklagen und Weinen, alicuius über Jmds Tod.
Com-plōro, 1. gemeinschaftlich und laut beklagen, beweinen, desertos penates, vivos mortuosque; respublica est desperata et complorata = völlig aufgegeben.
Com-plūres, a (selten u. meist Vorklass. -ia), adj. mehrere = verschiedene, etliche, nicht wenige (nie als wirklicher Comparativus mit folg. quam, vergl. plures): cc. mulieres, oc. loca; complures hostium.
Complūries, [complures] adv. (Vorklass.) mehrmals.
Complūscŭli, [complures] adj. pl. (Vorklass. u. Spät.) ziemlich viele.
Complūvium, ii, n. [com-pluo] der viereckige unbedeckte Raum in der Mitte des cavaedium (s. cavus), in welchem das von den Dächern herabfließende Regenwasser sich in ein dort befindliches Bassin sammelte, = impluvium.
Com-pōno etc. 3. zusammensetzen, I. überhaupt ohne irgend einen Nebenbegriff, zusammensetzen, -stellen, -legen, re—

Gegenstand: 1) (Poet.) die Spitze, der Gipfel, auch der Giebel eines Gebäudes: c. villae; Phrygiae cc. hervorragende Bergsitzen. Hiervon trop. c. amicorum der vorzüglichste Freund; c. audaciae Uebermaaß, Ausbund von Dreistigkeit. 2) der Pfeiler zum Stützen, die Stütze, aber bes. von Personen = Stütze, vorzüglicher Helfer und Unterstützer: c. reipublicae, rerum mearum.

*Cŏlŭmis, e, adj. (Pl., zweifelh.) = incolumis.

Cŏlumna, ae, f. 1) eine Säule, bes. zur Verzierung eines Gebäudes (vgl. pila); trop. columnam mento suo suffulsit (Pl.) = hat die Hand unter das Kinn gestützt. Insbes. c. Maenia, eine Säule auf dem forum Romanum, an welcher die Triumviri capitales über gemeine Verbrecher und böse Schuldner Gericht hielten: daher adhaerescere (pervenire) ad c. = als eine schlechte Person bestraft werden. 2) von säulenförmigen Gegenständen: A) = eine Wasserhose. B) (Poet.) = der Himmel als Kuppel. C) trop. = die Stütze, der Helfer.

Cŏlumnārĭum, ii, n. [columna] die Säulensteuer, Abgabe für die Säulen in den Gebäuden.

*Cŏlumnārĭus, ii, m. [columna] ein an der columna Maenia (siehe columna 1.) zu verurtheilender Verbrecher, = eine schlechte Person.

Cŏlumnātus, adj. [columna] durch Säulen gestützt; scherzh. (Pl.) os c. von Jmb., der das Kinn mit der Hand stützt.

Cŏlurnus, adj. [durch Versetzung statt corulnus von corulus = corylus] (Poet.) haseln, aus Haselholz.

Cŏlus, us, [auch abl. sing. -lo, acc. pl. los] f. (selten m.) der Spinnrocken; *(Poet.) = der gesponnene Faden.

Cŏma, ae, f. [verw. mit κόμη] 1) das Haupthaar der Menschen, bes. als der natürliche Schmuck des Kopfes betrachtet (vgl. crinis, capillus, caesaries): c. flava, odorata; pectere, componere, ponere comam kämmen, ordnen. 2) (Poet.) A) an Thieren, a) das Haupthaar; b) die Mähne. B) an Pflanzen, das Laub, die Blätter u. dergl. C) = Wolle und was der Wolle ähnlich ist. D) = Lichtstrahlen.

Cŏmans, tis, adj. [coma] (Poet. u. Spät.) behaart, colla equorum; galea c. mit einem Federbusch versehen; stella c. = ein Comet; narcissus c. belaubt.

Cŏmarchus, i, m. [κώμαρχος] (Pl.) der Dorfvorsteher, Schultheiß.

Cŏmātus, adj. [coma] = comans.

Com-bĭbo etc. 3. 1) intrans. (selten) in Gesellschaft trinken. 2) transit. gänzlich austrinken, = aussaugen, succos, venenum corpore; ara c. cruorem; trop. c. artes gründlich erlernen.

Combĭbo, ōnis, m. [com-bibo] (selten) ein Trinkgenosse.

Com-būro, bussi, bustum, 3. [con-uro] 1) völlig verbrennen, naves. 2) trop. (Poet.) comburi aliqua von Liebe zu einem Weibe entbrannt sein; c. diem (Pl.) mit Schmausen zubringen (das Bild von einer Leiche hergenommen); c. aliquem judicio stürzen, vernichten.

Com-ĕdo, ēdi, ēsum (selten estum), 3. 1) aufessen, verzehren, coenam, panem. 2) trop. A) c. se sich vor Kummer, Trauer u. dergl. ver-

zehren, aufreiben. B) c. aliquem oculis gleichsam verschlucken = gierig nach Etwas verlangen, sehr begierig anschauen. C) durch Schwelgerei verprassen, durchbringen, numos, patrimonium; daher (Spät.) c. aliquem = das Vermögen Jmds durchbringen.

Cŏmes, ĭtis, comm. [con-eo?] 1) der Mitgehende, Begleiter (-in), Gefährte (-in), Gesellschafter (-in): c. esse alicujus oder alicui; comitem se praebere illius furoris oder alicui in re aliqua facienda; nemo tantae virtuti comes est = nimmt sich ihrer an; auch von leblosen Gegenständen, gloria mortis c., eloquentia pacis c. 2) insbes. A) (Spät.) = Erzieher, Lehrer, Sklave, der einen Knaben immer begleitete (paedagogus). B) = Client, der den Vornehmeren begleitete, namentlich wenn er nach dem Forum ging oder auf's Land reiste. C) pl. a) das Gefolge, die Suite von Fremden, Gelehrten, jungen Männern u. s. w., die oft den Statthalter in die Provinz begleiteten, um sich da für die Geschäfte auszubilden oder das Leben zu genießen. b) (Spät.) die Suite des Kaisers, der Hof.

Cŏmessum, a. S. für comēsum von comedo.

Cŏmētes, ae, m. [κομήτης] der Comet, Haarstern.

Cŏmĭce, adv. [comicus] comisch, nach Art der Comödie.

Cŏmĭcus, adj. [κωμικός] zur Comödie gehörig, comisch, Comödien=, artificium, res c. der Stoff der Comödie, adolescens c. der in einer Comödie vorkommt. Hiervon subst. Cŏmĭcus, i, m. A) (Pl.) ein comischer Schauspieler, Schauspieler der Comödie. B) ein comischer Dichter, Comödiendichter.

Cŏmĭnus, siehe Comminus.

Cŏmis, e, adj. mit comp. u. sup. leutselig, zuvorkommend, freundlich, herablassend u. s. w., homo, animus, sermo, hospitium; c. erga od. in aliquem; auch=fein, gebildet.

Cŏmissăbundus, adj. [comissor] lustig und tobend umherschwärmend (siehe Comissor).

Cŏmissātĭo, ōnis, f. [comissor] das lustige und tobende Umherschwärmen und das damit verbundene Gelage (siehe Comissor).

Cŏmissātor, ōris, m. [comissor] der Umherschwärmer, der Theilnehmer an einem lustigen Umzuge und damit verbundene Gelage (siehe Comissor).

Cŏmissor, depon. 1. [verw. mit κωμάζω] bei einem Gelage lustig und lärmend (mit Gesang, Musik u. dergl.) auf den Straßen umherziehen, um darauf bei Einem aus der Gesellschaft einzukehren und das Trinkgelage fortzusetzen; daher comissatum ire ad aliquem und (Poet.) c. in domum alicujus.

Cŏmĭtas, ātis, f. [comis] die Leutseligkeit, Freundlichkeit, Zuvorkommenheit, Herablassung: c. et facilitas, c. in socios Milde.

Cŏmĭtātus, us, m. [comes] 1) abstr. das Begleiten: societas et c. alicujus; comitatu equitum a suis et a Reitern begleitet. 2) concr. die Begleitung = die begleitende Menge, das Gefolge: c. civium optimorum aus den besten Bürgern bestehend; trop. tantus virtutum c. Verein. Insbes. a) (Spät.) die Suite des Kaisers, der Hof. b) Gesellschaft von Reisenden, der Zug, Convoi, die Caravane u. dergl., magnus c.; erat in illo c.

Cōmĭter, *adv.* mit *sup.* [comis] leutselig, freundlich.

Cōmĭtĭālis, e, *adj.* [comitia] zu den Comitien gehörig: dies c. an welchem Comitien gehalten werden durften; homines cc. die sich immer bei den Comitien herumtreiben und ihre Stimmen verkaufen; morbus c. (Spät.) = die fallende Sucht, Epilepsie, weil ein solcher Krankheitsfall an einem dies comitialis, als ein besonders unglückliches Zeichen, bewirkte, daß die Comitien aufgehoben wurden.

Cōmĭtĭātus, us, m. [comitia] die Volksversammlung an den Comitien, habere c.

Cōmĭtĭum, ii, *n.* [con-eo] I. *sing.* der Ort in der Nähe vom Forum (bisweilen auch als ein Theil von diesem betrachtet, während die curia hostilia ihn von dem eigentlichen Forum schied), wo in älterer Zeit die Volksversammlungen gehalten wurden, d. h. die Curien sich versammelten. 2) *pl.* **Cōmĭtĭa**, ōrum, die förmliche und von der betreffenden Magistratsperson zusammengerufene und gehaltene Versammlung des römischen Volks, um in öffentlichen Angelegenheiten Beschlüsse zu fassen (vgl. contio): cc. curiata, centuriata, tributa (siehe diese Wörter und die Handbücher der römischen Alterthümer; comitia habere (facere) halten (von der vorsitzenden Magistratsperson), indicere ob. edicere ansagen, bestimmen; cc. consularia (auch consulum ob. consulibus creandis) zur Wahl der Consuln, cc. legis ferendae um ein Gesetz zu geben; cc. Flavii == auf welchen Flavius gewählt zu werden hofft. Hiervon A) bisweilen = Wahl bei anderen Völkern. B) (*Pl.*) cc. sunt de capite meo es wird Gericht gehalten, geurtheilt.

Cōmĭtor, *depon.* 1. (Poet. u. Spät. auch -to, 1. und daraus comitor als *pass.*) [comes] begleiten, mit folgen, sich als Begleiter anschließen (aus eigenem Interesse, vgl. deduco und prosequor): c. patrem, triumphum; (selten) hoc c. illi rei folgt mit dieser Sache; magna comitante caterva von einem großen Schwar begleitet; insbes. = einem Verstorbenen zur Bestattung folgen, c. aliquem. Hiervon *particip.*-comitatus *pass.* begleitet, aliquo von Jmd.; parum (bene) mit einem geringen (großen) Gefolge; als *adj.* im *comp.* uno puero comitatior von einem Sclaven mehr begleitet.

Comma, ătis, *n.* [κόμμα] (Spät.) der Abschnitt, das Glied einer Periode (rein lat. incisum ob. incisio.

Com-măcŭlo, 1. beflecken, besudeln, aram sanguine, *trop.* se scelere.

Commăgēne, es, *f.* [Κομμαγηνή] Landschaft im nördlichen Syrien. Davon **-gēnus**, *adj.*, und *subst.* **-gēni**, ōrum, *m. pl.* die Bewohner von C.

Com-mănĭpŭlāris, is, *m.* (Spät.) der zu demselben Manipel gehört.

Com-mărītus, i, m. (*Pl.*) der Mitehemann, der eine Frau mit einem Anderen gemeinschaftlich hat.

Commĕātus, us, m. [commeo] 1) das Gehen und Kommen, der Ab= u. Zugang, c. est alicui, Verkehr. 2) der Urlaub, die Erlaubniß auf bestimmte Zeit sich von seinem Posten zu entfernen, bes. von Soldaten: dare alicui commeatum und mittere aliquem in commeatum Jmb. permittiren, beurlauben; sine ullo c. ohne je Urlaub zu nehmen; satis liberi cc. erant es wurde leicht Urlaub gegeben, adesse ad diem commeatus an dem Tage, wo der Urlaub ausläuft. 3) der Transport, Zug, die Sendung, Caravane, Verein von zusammen Ziehenden: mittere c. in Africam; exercitum duobus cc. transportare. 4) häufig im *pl.* die Zufuhr, der Proviant, Lebensmittel: convehere, afferre c.; prohiberi commeatu; cc. maritimi Zufuhr zur See. 5) (*Pl.*) meton. der Durchgang, Weg.

Com-mĕdĭtor, *depon.* 1. (selten) sich Etwas sorgfältig einprägen, locos. 2) (*Lucr.*) nachahmend wiedergeben.

Com-mĕmĭni, isse, *verb. defect.* vollständig und genau erinnern, hominem, aliquid, te hoc dicere; non c. dicere ich habe vergessen zu sagen; c. Poenice verstehe noch die punische Sprache.

Commĕmŏrăbĭlis, e, *adj.* [commemoro] erwähnenswerth, denkwürdig.

Commĕmŏrātĭo, ōnis, *f.* [commemoro] die Erinnerung an Etwas durch Worte, das Erwähnen, antiquitatis; is fuit in assidua commemoratione omnibus omnium flagitiorum Alle erwähnten immer seine Schandthaten.

Com-mĕmŏro, 1. 1) (selten) in seine Erinnerung zurückrufen, einer Sache gedenken: c. vesperi quid hodie dixerim überdenke wieder. 2) bei einem Anderen Etwas in Erinnerung bringen, Jmd. an Etwas erinnern, amicitiam, cognitionem. 3) erwähnen, besprechen, einer Sache gedenken (von einer schon bekannten Sache, vgl. mentionem facio): c. caussas rei alicuius, jucunditatem illius; selten c. de re aliqua; c. eum venisse daß er gekommen ist.

Commendăbĭlis, e, *adj.* [commendo] (selten) empfehlenswerth.

Commendātĭcĭus, *adj.* [commendo] empfehlend, literae, tabulae Empfehlungsschreiben.

Commendātĭo, ōnis, *f.* [commendo] 1) die Empfehlung, mea c.; c. tui von dir; ponere (dicere) voluptatem in prima commendatione naturae den Genuß als dasjenige bezeichnen, welchem die Natur uns zuerst nachzustreben anweist. 2) das Empfehlende, die empfehlende Sache oder Eigenschaft: prima haec est c.; tanta erat c. oris, ingenii u. dergl. etwas so Empfehlendes lag in seinem Gesichte u. s. w.

Commendātor, ōris, m., u. **-trix**, īcis, *f.* [commendo] der Empfehler, die Empfehlerin.

Commendātus [*particip.* von commendo] *adj.* mit *comp.* u. *sup.* empfohlen (siehe Commendo), dav. beliebt, gefällig.

Commendo, 1. [con-mando] 1) anvertrauen, übergeben, empfehlen, aliquid ob. aliquem alicui; c. aliquid literis = schreiben (als ein Geheimniß); c. aliquem immortalitati unsterblich machen; c. aliquid memoriae auswendig lernen, dem Gedächtnisse einprägen. 2) insbes. empfehlen = beliebt=, angenehm machen, einer Sache Gunst und freundliche Aufs

146   Commentariŏlum

nehme verschaffen: vox c. eloquentiam; Mucii domus c. illum; auctoritas tua c. illum librum; habere aliquid ob. aliquem commendatissimum Etwas ob. Jmd. sich sehr empfohlen sein lassen = hochschätzen, mit besonderer Sorgfalt beachten.

Commentăriŏlum, i, n. *deminut.* von commentarium.

Commentārius, ii, m. u. (selten) **-ium,** ii, n. [commentor] 1) (selten) das Journal, Notizbuch: cc. diurni Tagebuch. 2) meist *pl.*, eine nur skizzirte und kunstlos abgefaßte Schrift, Denkschrift, Tagebuch, Memoiren: cc. Caesaris. 3) ein Rechtsprotocoll. 4) (Spät.) A) Notizen, gesammelte Beispiele u. vergl. B) ein Commentar = fortlaufende Erklärung.

Commentātio, onis, f. [commentor] 1) sorgfältiges Ueberdenken, Studium, fleißige Vorbereitung und Uebung, c. et meditatio; philosophorum vita est c. mortis zum Tode. 2) (Spät.) eine Abhandlung, c. de re aliqua.

Commentīcius, *adj.* [comminiscor] ausgedacht, erfunden, nämlich: A) = neu erfunden, neu, nomina nova et cc. B) fingirt, ideal, civitas Platonis. C) erlogen, erdichtet, crimen.

Commentor, *depon.* 1. [comminiscor] 1) überdenken, reiflich erwägen, nachdenken, aliquid ob. de re aliqua, quid faciendum sit; auch absol. cc. inter se. Hiervon insbes. = sich zum Reden üben, vorbereiten, und mit einem acc. mit Vorbereitung ausarbeiten, orationem in reum; *particip.* commentatus *pass.* worauf man sich vorbereitet hat. *2) (*Pl.*) ersinnen, ausdenken, aliquid. 3) etwas Gedachtes schriftlich oder mündlich darstellen, entwerfen, zur Uebung vortragen, aliquid. 4) (Spät.) grammatisch erklären, carmina. 5) (zweifelh.) *act.* (Pl.) -to, 1., c. ora in's Gesicht schlagen (vergl. Conscribo 4. B).

*****Commentor,** ōris, m. [comminiscor] (Poet.) der Erfinder.

Commentum, i, n. [comminiscor] 1) die Erdichtung, Lüge: c. opinionum = opiniones fictae. 2) die Erfindung. *3) (Poet.) der Plan, Anschlag. -

Com-meo, 1. 1) rasch ob. häufig gehen, wandern, reisen, kommen, bes. hin und her, hinüber und herüber; häufig c. ultro et citro; mercatores cc. ad Gallos, (*Pl.*) c. viam scrupulosam einen steinigen Weg wandern. 2) nach einem Orte häufig gehen, -kommen, in urbem, ad aliquem.

Commercium, ii, n. [con-merx] 1) der Handel, Handelsverkehr, Waarenumsatz. 2) das Recht zum Kaufen und Verkaufen, das Handelsrecht, Kaufrecht: c. istarum rerum cum Graecis non est; c. equorum Recht Pferde zu kaufen. Insbes. *term. t.* die Befugniß, dem römischen Rechte gemäß Eigenthum zu erwerben, zu gebrauchen und zu besitzen. 3) Verkehr, Verbindung, Umgang: habero c. cum Musis; c. linguae Sprachverkehr = einander verstehen und deswegen mit einander sprechen können (von zwei Völkern); c. sermonis Gespräch, Unterredung; (Spät.) c. belli Kriegsverkehr (Loslassung der Gefange-

Commiseresco

nen, Waffenstillstand u. dgl.) 4) (Poet. u. Spät.) fleischlicher Umgang.

Com-mercor, *depon.* 1. (Vorklassisch u. Sall.) zusammenkaufen, captivos.

Com-mĕrĕo, 2. (Vorklass. u. Spät. auch -eor, itus, 2. *depon.*) 1) verdienen, poenam. 2) verschulden, begehen, sich einer Sache schuldig machen, noxiam; c. culpam in se; c. aliquid mali in se auf sich ziehen.

Com-mētior etc. 4. 1) ausmessen, omnes porticus. 2) *trop.* vergleichen, negotium cum tempore.

Commēto, 1. [commeo] (Vorklass., doch zweifelh.) häufig irgendwo gehen.

*****Commigrātĭo,** ōnis, f. [commigro] (Spät.) das Wandern.

Com-migro, 1. wandern, irgendwohin ziehen, Romam, huc habitatum.

Commilitium, ii, n. [con-miles] (Spät.) die Kriegskameradschaft; (Poet.) überhaupt Genossenschaft, studiorum.

Commīlĭto, ōnis, m. [con-miles] der Kriegskamerad, Mitkämpfer.

*****Com-milito,** 1. (Spät.) Kriegskamerad sein, mitstreiten.

Comminātĭo, ōnis, f. [comminor] die Drohung.

Com-mingo etc. 3. (Poet.) bepissen, daher beflecken, rem re aliqua.

Comminiscor, mentus, *depon.* 3. [mens] 1) erdenken, aussinnen, (gewöhnlich in trügerischer Absicht, vgl. excogito), erdichten, mendacium, deos nihil agentes; c. quid agam. 2) (Spät.) erfinden, aussinnen, alias artes, vectigal. 3) *particip.* commentus (*pass.*) erdichtet.

Com-mĭnor, *depon.* 1. drohen, androhen, alicui malum; absol. cc. inter se; c. alicui cuspide mit der Lanze.

Com-minuo etc. 3. Etwas klein machen: 1) in kleine Theile zerschlagen, -zerbrechen, Etwas zermalmen, zertrümmern, statuam, fores. 2) *trop.* A) vermindern, verkleinern, aliquid. B) schwächen, entkräften, hostem, opes civitatis, vires ingenii; comminutum esse re familiari in seinen Vermögensumständen heruntergekommen sein; comminui lacrimis (Poet.) durch Thränen erweicht werden; c. officium übertreten.

Commĭnus (auch **Cōmĭnus**), *adv.* [con-manus] 1) in der Militärsprache, handgemein, Mann gegen Mann, in der Nähe (im Gegensatze des Kampfes mit Wurfspießen und Pfeilen): c. pugnare, signa conferre, manus conserere; c. aliquem vulnerare. Hiervon *trop.* (meist Poet.) von der Jagd, von jedem Streit: c. ad aliquem accedere Jmd. auf den Leib rücken. 2) (Spät.) überhaupt in der Nähe, nahe bei, persönlich, agmen c. visum.

Com-misceo etc. 2. zusammenmischen, vermischen, amurcam cum vino, servos cum ingenuis; *trop.* c. consilium cum aliquo gemeinschaftlichen Plan mit Jmd. haben: (Poet. u. Spät.) c. rem re aliqua u. vielleicht rem rei alicui mit Etwas.

Commisĕrātĭo, ōnis, f. [commiseror] die Bejammerung, nur von einem Redner = das Bestreben Mitleid zu erwecken.

Com-misĕresco, — — 3. u. *impers.* commiserescit me (Vorklaff.) ich fühle Mitleid, alicujus mit Jmb.

Com-miséror, *depon*. 1. bedauern, beklagen (mit Worten, vgl. commiseresco), aliquem; in der Rhetorik absol., Mitleid zu erregen streben (vom Redner).

Commissio, ōnis, *f.* [committo] 1) das Zusammengehen-Lassen (zum Kampfe) c. ludorum das Abhalten der Kampfspiele; davon = der Wettkampf. 2) (Spät.) die zu einem literarischen Wettstreite verfaßte Rede oder Abhandlung, die Preisrede, Prunkrede.

Commissum, i, *n.* [committo, *particip.*] 1) das anvertraute Geheimniß. 2) das Vergehen, die Schuld: turpe ob. turpiter c. 3) *term. t.* (Spät.) die Confiscation oder das confiscirte Gut.

Commissūra, ae, *f.* [committo] die Verbindung, Zusammenfügung, digitorum, *trop.* verborum.

**Com-mītigo, 1. (Com.) weich-, mürbe machen (durch Schlagen), caput alicujus.

Com-mitto etc. 3. 1) zusammen führen ob. -gehen lassen, vereinigen, verbinden, munimenta inter se; cc. dextram dextrae sich die Hände geben; c. opera, moenia bauend zusammenfügen; (Poet.) c. manus Teucris mit den T. handgemein werden, delphinum caudas utero commissa luporum Delphinenschwänze mit einem Wolfsleibe vereinigend. 2) insbes. zum Kampfe ob. Wettstreite zusammenbringen, kämpfen lassen, sowohl Menschen als Thiere: c. pugiles Latinos cum Graecis; c. et comparare zusammenstellen; c. se hosti aequo certamine sich in einen gleichen Kampf (in eine ordentliche Schlacht) mit dem Feinde einlassen. 3) anfangen, veranstalten, „liefern", proelium, pugnam cum aliquo, bellum, ebenso obsidionem, spectaculum; (Spät., selten) absol. c. = kämpfen; auch c. judicium das Gericht halten, die Richter zusammentreten lassen.

4) etwas Unerlaubtes begehen, verüben, thun, aliquid in aliquem, scelus, flagitium, caedem. Hiervon A) c. in (contra) legem (selten c. lege aliqua) gegen das Gesetz sündigen, es übertreten. B) mit folgendem ut, auch (Poet. u. Spät.) cur (quare) ob. einem *infin.*, Schuld haben, bewirken, es dahin kommen lassen daß: non c. ut tibi insanire videar, ut morte multandus sim. C) verschulden, durch ein Versehen sich zuziehen, poenam, multam. D) *pass.* als ein Pfand ob. dergl. verwirkt werden, anheimfallen: hereditas illi Veneri commissa est; fiducia commissa verloren, verdorben. — 5) übergeben, anvertrauen, überlassen, hingeben: c. se fidei ob. in fidem alicujus; c. alicui salutem suam, rem difficilem; auch absol. c. alicui (die Sache) Jmb. anheimgeben; commisi ei ut videret is gab ihm den Auftrag, daß; c. se periculo sich einer Gefahr aussetzen. Hiervon a) = mit einiger Gefahr Jmd. ob. Etwas in Etwas hineinführen, hineinlassen, sich ob. Etwas an Etwas wagen: c. se itineri sich auf die Reise begeben, in aciem sich in die Schlachtordnung sich wagen, ebenso c. se in conclave, in senatum in den Senat zu kommen sich erdreisten. b) es auf Etwas ankommen lassen: c. rem in discrimen (in casum ancipitis eventus) auf den ungewissen Ausgang ankommen lassen, es zu einer Entscheidung kommen lassen; c. rem in aciem es auf eine Schlacht ankommen lassen.

Commōde, *adv.* mit *comp.* u. *sup.* [commodus] 1) gehörig, gut, vollständig, saltare, dicere. 2) passend, angemessen, dicere, vivere. 3) gerade recht = zur gelegenen Zeit. 4) verbindlich, höflich.

Commŏdĭtas, ātis, *f.* [commodus] 1) die gehörige Beschaffenheit, die Angemessenheit, Paßlichkeit einer Sache, die Schicklichkeit, das rechte Maaß, c. membrorum die Proportion; aetas obstat commoditati bewirkt, daß ich nicht völlig gut reden kann; c. orationis der angemessene Vortrag. 2) die Bequemlichkeit, Erleichterung, der Vortheil, Nutzen: amicitia multas habet cc.; percipere commoditatem ex bestiis. 3) (Poet.) die Gefälligkeit, Zuvorkommenheit, Nachsicht, c. patris; (Pl.) als schmeichelnde Anrede, mea c. meine Süße!

Commŏdo, 1. [commodus] 1) (Vorklaff.) Etwas bequem machen, -einrichten, aliquid. 2) Jmd. Etwas anbequemen, zu Gefallen ob. zum Dienste thun, ihm mit Etwas dienen: c. alicui re aliqua ob. in re aliqua; quaecunque ei commodasti was du ihm zu Gefallen gethan hast. 3) Jmd. Etwas schenken, zukommen lassen, hergeben ob. (häufig) zum Gebrauche oder zur Bequemlichkeit leihen (= zur temporären Benutzung überlassen, vgl. mutuum do): c. hosti aquam, moritoro manum richten, veniam peccatis; c. aliis vires meas, aedes ad nuptias.

Commŏdo, *adv.* [commodus] (Vorklaff. u. Spät.) nach Bequemlichkeit, beliebig.

Commŏdŭle u. = **dŭlum**, *adv.* [*deminut.* von commodo] (Pl.) nach Bequemlichkeit.

Commŏdum, *adv.* [commodus] 1) zur gelegenen Zeit, gerade recht, c. domum veni. 2) eben, gerade: c. discesseras heri quum Titus venit.

Commŏdum, i, *n.* [*neutr.* von commodus] 1) die Bequemlichkeit; häufig commodo meo, tuo (auch ex c. ob. per c.) nach (gemäß) meiner, deiner Bequemlichkeit; quod commodo tuo fieri possit soweit es geschehen kann ohne dich zu geniren; copias per c. exponere in aller Muße, legere ex c. gemächlich. 2) der Vortheil, Nutzen, das Gute: häufig im *pl.* cc. vitde, pacis; insbes. von solchen Gütern, die als Belohnung für geleistete Dienste Jmb. zufallen, daher = Einkünfte, cc. veteranorum. Hiervon commodo ob. per commodum reipublicae ohne Nachtheil für den Staat, mit dem Staatswohle übereinstimmend. *3) = commodatum, ein geliehenes Gut, eine Anleihe. 4) (Spät.) die Vergünstigung, das Privilegium, Vorrecht.

Commŏdus, *adj.* mit *comp.* u. *sup.* [commodus] das rechte Maaß habend: 1) (meist Vorklaff.) vollständig, ganz, gehörig, talentum, viginti minae; c. statura hoher Wuchs, capillus c. lang. 2) bequem, passend, geeignet, daher angemessen, günstig u. bergl., iter, anni tempus; lex c. alicui; valetudo c. gute Gesundheit; commodum est ei es ist ihm bequem, gefällt ihm; literae cc. de aliqua re allatae sunt gute Nachrichten enthaltend; omnia

10*

curationi commoda sunt der Genesung günstig. 3) von Personen und ihrem Betragen, gefügig, artig, zuvorkommend, gefällig, alicui gegen Jmd., mores cc.

Commoenio, a. S. für Communio.

Com-mōlior, *depon.* 4. (Vorklass.) in Bewegung setzen, bewegen, *trop.* unternehmen, dolum.

Commŏnĕ-făcio etc. 3. Jmd. nachdrücklich erinnern, mahnen, ihm Etwas zu Gemüthe führen: c. quae dicta sint, Augustum illud dixisse; illi eum cc. ut abeat; c. illos beneficii mei; (zweifelh.) c. istius turpem praeturam bringe in Erinnerung.

Com-mŏneo, 2. = commonefacio: c. aliquem rei alicuius, de re aliqua, auch aliquid; c. te quam sit hoc utile, ut oder ne illud facias; c. aliquid (Spät.) in Erinnerung bringen.

Commŏnĭtio, ōnis, *f.* [commoneo] (Spät.) die Erinnerung, Mahnung.

Com-monstro, 1. zeigen, weisen, anweisen, viam alicui, viam quam quaeris.

Commŏrātio, ōnis, *f.* [commoror] das Verweilen, Zögern; insbef. in der Rhetorik das Verweilen bei einem Gegenstande.

Com-mordeo, — sum, 2. (Spät.) stark beißen, aliquem.

Com-mŏrior etc. 3. *depon.* (Vorklass. u. Spät.) mit Jmd. sterben, cum aliquo.

Com-mŏror, 1. *depon.* 1) *intrans.* sich aufhalten, verweilen (für einige Zeit, vgl. maneo; vgl. auch cunctor, haesito, habito), Romae, apud aliquem; paulisper c. dum etc.; c. in disponenda toga sich wobei aufhalten; *trop.* vom Redner = bei demselben Gegenstande stehen bleiben, verweilen, in eadem sententia. 2) (*Pl.*) *transit.* aufhalten, aliquem, se.

Commōtio, ōnis, *f.* [commoveo] die Bewegung, nur *trop.* a) c. animi und bloß c. Gemüthsbewegung; b) = die Erregung, das Erregen, jucunditatis.

*****Commōtiuncŭla**, ae, *f.* [deminut. von commotio] = kleiner Fieberanfall.

Commōtus, *adj.* mit comp. [particip. von commoveo] heftig, feurig, aufgeregt. 2) unsicher, schwankend.

Com-mŏveo etc. 2. 1) in Bewegung setzen, stark bewegen, theils von der Stelle ab (= wegführen, -treiben, rücken u. dergl.), theils auf der Stelle selbst (= erschüttern, erregen, aufwühlen u. dergl.): c. castra ex eo loco (ebenso aciem) vorrücken, mit dem Heere aufbrechen; c. hostem zum Weichen bringen; non c. se domo sich nicht vom Hause rühren; si una litera commovetur von seinem Platze genommen wird; c. sacra die heiligen Gegenstände herumtragen; c. columnas fortschaffen; nullus numus commovetur es wird nicht das geringste Geldgeschäft unternommen; venti cc. mare wühlen das Meer auf; c. dormientem wecken. 2) *trop.* A) *pass.*, aus dem Gleichgewichte gebracht werden, körperlich oder geistig, = krank oder verrückt werden, mens c.; commotus = verrückt. B) Jmd. in heftige Gemüthsbewegung versetzen, also = heftig bewegen, beunruhigen, einen starken Eindruck auf Jmd. machen, erschüttern, reizen u. dergl.; bes. im *pass.* und am häufigsten im *particip.* commotus, c. spe, gaudio, amore fraterno, alicuius atrocitate; graviter commotus heftig erbittert; commotus sum in illa (Com.) ich bin verliebt geworden. C) eine Gemüthsbewegung, eine Stimmung, ein Gefühl erregen, bewirken, dolorem, miserationem, odium in aliquem; auch bisweilen c. memoriam rei alicuius Etwas in Erinnerung bringen; c. bellum, c. multorum studia anregen.

Commūnĭcātio, ōnis, *f.* [communico] die Mittheilung, das Gemeinschaftlichmachen: c. consilii, civitatis; c. sermonis mihi tecum esse solet Gespräch; in der Rhetorik eine Redefigur, vermittelst welcher der Redner sich an die Zuhörer wendet und sie gleichsam mit sich zu Rathe zieht.

Commūnĭco, 1. u. *-cor, depon.* 1. [communis) 1) gemeinschaftlich machen, aliquid huic et illi ob. inter aliquos; c. causam suam cum servis mit den Sklaven gemeinschaftliche Sache zu haben meinen, seine Sache mit derjenigen der Sklaven vermischen; bes. im *pass.* aliquid mihi cum aliquo (ob. inter nos) communicatur ob. communicatum est ich habe Etwas mit Jmd. gemein. 2) Etwas mit Jmd. theilen, sowohl gebend als empfangend: A) gebend, = mittheilen, aliquid cum aliquo, auch cc. aliquid inter se sie theilen sich Etwas gegenseitig mit, und bloß cc. in derselben Bedeutung; *(Pl.)* c. aliquem mensā suā seines Tisches theilhaftig machen; c. consilia cum aliquo mit Jmd. berathschlagen. B) empfangend, = an Etwas Theil nehmen, Antheil haben, theilen, inimicitias cum aliquo. 3) gleichmäßig verbinden, pecuniam cum dote.

Com-mūnio, 4. 1) stark befestigen, castra. 2) *trop.* bestärken, kräftigen, auctoritatem alicuius.

Commūnio, ōnis, *f.* [communis] 1) die Gemeinschaft, gemeinschaftliches Theilhaben an Etwas: c. literarum et vocis gemeinschaftliche Schrift und Sprache; c. sanguinis Verwandtschaft.

Commūnis, e, *adj.* mit comp. u. *sup.* 1) gemeinschaftlich, gemein, allgemein: hoc mihi est cum illo commune, hoc illis (auch illorum) oder inter illos commune est; vita c. das tägliche Leben, das Leben, wie es unter den Menschen überhaupt ist; cc. tempora Zeitumstände, die Alle betreffen; c. mens der allgemeine Menschenverstand; cc. loca öffentliche Plätze oder Oerter, auch locus c. = die Unterwelt; loci cc. Gemeinplätze in der Philosophie oder Rhetorik; c. exordium Anfang, der zu der Rede beider Parteien passen kann. Hiervon A) *subst.* **Commūne**, is, n. das Gemeinwesen, die Gemeinde, Commune, der Staat, c. Siciliae, vexare c. Milyadum. B) in commune: a) für Alle, zum gemeinschaftlichen Besten: consulere oder conferre aliquid in c.; metuere in c. um das Ganze besorgt sein. b) (Spät.) im Allgemeinen, überhaupt, disputare de re. c) in c. vocare honores gemeinschaftlich (für Patricier und Plebejer) machen. d) (Spät.) als Zuruf „mir die Hälfte"!

Communitas   **Comparo**   149

„halb Pari"! — 2) von Personen, umgänglich, theilnehmend, leutselig, herablassend, infimis gegen die Geringsten.
Commūnĭtas, ātis, f. [communis] die Gemeinschaft, der gemeinsame Zustand oder gemeinsame Lage, Verhältniß: nulli deo cum homine est c.; c. omnium rerum inter eos est; c. et societas generis humani. Hiervon altera pars honestatis est communitatis betrifft die Gesammtheit der Menschen, ebenso officia quae ducuntur ex c.; c. civilis.
Commūnĭter, adv. [communis] 1) auf gemeinschaftliche Art, gemeinschaftlich. 2) im Allgemeinen, überhaupt.
*Com-murmŭror, depon. 1. zusammen murmeln, secum.
Commūtābĭlis, e, adj. [commuto] veränderlich.
*Commūtātē, adv. [commuto] auf veränderte Weise.
Commūtātĭo, ōnis, f. u. (Lucr.) -tātus, us, m. 1) die Veränderung, Abwechselung, das Wechseln, morum, temporum; crebrae aestuum cc. 3) in der Rhetorik eine Redefigur, doppelte Antithese.
Com-mūto, 1. 1) verändern, umwandeln, aliquid ex vero in falsum; c. animos umstimmen. 2) tauschen, vertauschen, austauschen, wechseln, captivos, nomina inter se; c. fidem pecuniâ seine Treue für Geld weggeben, c. mortem vitâ tauschend für das Leben gewinnen (vgl. muto). Hiervon (Com.) c. verba cum aliquo Worte mit Jmd. wechseln = mit ihm sprechen.
Cōmo, mpsi, mptum, 3. 1) (Lucr.) zusammensetzen, -fügen, aliquid ex pluribus rebus. 2) das Haar zierlich ordnen, -glatt streichen, frisiren, comas; puer comptus mit zierlich frisirtem Haar. 3) (Poet. u. Spät.) überhaupt ordnen, zurechtlegen, putzen, vestem, corpus (siehe comptus).
Cōmoedĭa, ae, f. [κωμῳδία] die Comödie, das Lustspiel.
*Cōmoedĭcē, adv. [comoedia] (Pl.) wie in der Comödie.
Cōmoedus [κωμῳδός] 1) adj. (Poet.) zur Comödie gehörig, Comödien-. 2) subst., i, m. der comische Schauspieler.
Cōmōsus, adj. [coma] (Spät.) stark behaart.
Com-păcīscor, pactus, ob. (richtiger) **Com-pĕcīscor**, pectus, depon. 3. mit Jmd. einen Vertrag schließen, Etwas verabreden, cum aliquo. Hiervon als adv. compacto ob. de (ex) compacto (meist Spät.) verabredetermaßen.
Compactĭo, ōnis, f. [compingo] die Zusammenfügung.
Compactus, adj. [particip. von compingo] (Vorkl. u. Spät.) eigtl. dicht zusammengefügt, untersetzt, gedrungen, stark, crura, corpus.
Compāges, is, oder Poet. u. Spät.) -go, inis, f. [compingo] die Zusammenfügung, Fuge.
Com-par (ob. conpar), ăris, I. adj. (meist Poet. u. Spät.) völlig gleich im Verhältniß zu einander, connubium, postulatio.

II. subst., comm. 1) (Poet.) der Genoße, Kamerad, College; insbes. = die Ehehälfte. *2) eine Redefigur, vermittelst welcher mehrere Glieder einer Periode gleiche Silbenzahl haben.
Compărābĭlis, e, adj. [comparo] (selten) vergleichbar.
*Compărātē, adv. [comparo] vergleichsweise, mit Vergleichung.
Compărātĭo, ōnis, f. I. [comparo 1.] 1) die Zusammenstellung, gleiche Stellung, solis etc. ad eandem inter se c. conversio zu derselben Stellung gegen einander. Insbef. die Z. zu einem Wettstreite ob. einer Vergleichung, daher es oft durch eins dieser Wörter übersetzt wird: c. rerum, orationis suae cum scriptis alienis; sub (de, ex, ad) c. rei alicuius mit einer Sache vergleichen, in Vergleichung mit: haec habent c. können verglichen werden. 2) trop. die Uebereinkunft, der Vergleich: häufig insbef. eine Uebereinkunft zwischen Collegen, betreffend die Theilung der Geschäfte oder der Provinzen. 3) in der Rhetorik c. criminis vergleichende Darstellung eines Verbrechens mit einer edlen Handlung, wegen deren ersteres begangen wurde. — II. [comparo 2.] 1) die Zubereitung, Zurüstung, veneni, belli; c. criminis das Herbeischaffen aller Aufklärungen und Thatsachen, um eine Anklage zu beweisen. 2) das Anschaffen, Herbeischaffen, die Erwerbung, testium, voluptatis.
Compărātīvus, adj. [comparo I.] 1) zur Vergleichung gehörig, vergleichend. 2) (Gramm.) gradus c. ob. absol. c. der Comparativ; comparativa Wörter im Comparativ.
Com-paro, parsi (ob. -perco), persi) — 3. (selten, Com.) 1) zusammensparen, aliquid. 2) ablassen, facere aliquid.
Com-pāreo, ui, — 2. erscheinen, sichtbar sein, daher = noch vorhanden sein: servi qui non cc.; signa omnia cc.; ratio non c. stimmt nicht.
1. Compăro, 1. [compar] 1) zusammenpaaren, in gleiches Verhältniß zusammenstellen, verbinden, quaedam inter se, aliquid cum re aliqua; priore consulatu comparati Collegen in dem ersten Consulate, ebenso male comparati von Collegen, die nicht zusammenpaßen. Insbef. = zum Kampfe ob. Wettstreite zusammenstellen: c. gladiatores, aliquem cum aliquo ob. (Spät.) alicui; c. certationem (Spät.) 2) vergleichen, utilia inter se, aliquid cum re aliqua und (selten) rei alicui. Insbef. A) Etwas mit Etwas gleichstellen, neben Etwas stellen, neminem tibi aut anteposui aut etiam comparavi. B) = vergleichend nachweisen ob. ausfinden, quum c., quanto plures illa re deleti sint. 3) term. t. von Collegen, in Betreff der Theilung der Geschäfte ob. der Provinzen übereinkommen, sich einigen, durch Uebereinkunft bestimmen: consules inter se provincias comparaverunt theilten unter sich zufolge einer Uebereinkunft; cc. inter se ut alter etc. ob. uter Capuam obsideret.
2. Compăro, 1. [com-paro] 1) bereiten, zubereiten, zurüsten, einrichten u. vergl.: c. dolum ad capiendos hostes, auxilium ad-

versus aliquem; c. iter ob. se ad iter sich zur Reise bereiten; häufig von Kriegsrüstungen, c. bellum sich zum Kriege rüsten, Alles für den Krieg rüsten, c. copias, classem aerüsten; (Poet.) c. facere aliquid Etwas zu thun sich bereiten; comparatum est naturā, lege, more maiorum eingerichtet, bestimmt, herkömmlich u. dergl., quam inique comparatum est wie unbillig ist es in der Welt eingerichtet! 2) verschaffen, herbeischaffen, erwerben, anschaffen: c. navem; c. gloriam, amicitias sich verschaffen; (selten) c. sibi ob. alicui aliquid; c. supellectilem ob. dergl. = kaufen.

Com-pasco, — pastum, 3. zusammen weiden.

Com-pascuus, adj. (selt.) zum gemeinschaftlichen Weiden geeignet, ager.

Compēciscor, a. S. für compaciscor.

Compēdio, 4. [compes] (Vorklass. und Spät.) fesseln, aliquem.

Compellātio, ōnis, f. [compello 1.] das Anreden, bes. das scheltende und heftige Anreden = das Ausschelten, laute Vorwürfe.

Compello, 1. 1) (meist Poet. u. Spät.) anreden, ansprechen, daher nennen, rufen, aliquem nomine, hominem blande; si ego hac imagine compellor wenn dieses Bild auf mich Anwendung haben soll. 2) heftig und scheltend anreden, schelten, Jmd. laute u. heftige Vorwürfe machen, mit einem Schimpfnamen nennen: pro cunctatore eum segnem cc. 3) anklagen, beschuldigen, aliquem crimine aliquo ob. lege aliqua.

Com-pello, pŭli, pulsum, 3. 1) zusammentreiben, armentum in speluncam, hostes intra muros. 2) überhaupt irgendwohin treiben, -jagen, hinnöthigen, hostes in fugam, Pompeium domum suam, aliquem in angustias; c. bellum Athenas den Krieg nach A. hinspielen; (Poet.) c. aliquem gregi zur Heerde. 3) (meist Poet. u. Spät.) trop. zu Etwas (einer That, einem Beschlusse) treiben, -bringen, -bewegen, -nöthigen: c. aliquem ad deditionem, ad cavendum; (selten) c. aliquem in eundem metum, ut aliquid faciat und (Spät.) facere aliquid.

Compendiārius, adj. [compendium] auf Ersparniß berechnet, daher kurz (nur von einem Wege, via c.; daher (Spät.) subst. -ia, ae, f., u. -ium, ii, n. der kurze Weg, Richtweg.

Compendium, ii, n. [com-pendo] die Ersparniß, insbef. an Zeit und Arbeit: c. ligni an Holz; compendii facere aliquid Etwas sparen, ersparen. Hiervon A) der Vortheil, Profit (der durch Ersparniß gewonnene, vgl. lucrum que quaestus), lovo c.; servire privato compendio. B) = die Abkürzung, die Kürze: c. docendi (Quinctil.) eine kürzere Lehrmethode; compendio in kurzer Zeit, eine Weile; verba conferre ad c. kurz fassen; facere verba compendii die Worte abkürzen; facere compendium rei alicujus an Etwas sparen, pulsandi mit dem Prügeln nachlassen. Insbef. c. viae und absol. c. ein kurzer Weg, Richtweg, maris über das Meer.

Compensātio, ōnis, f. [compenso] das gleiche Abwägen, die Ausgleichung, uti aliqua c.; c. mercium der Waarentausch, Tauschhandel.

Com-penso, 1. eigtl. zusammen wägen, 1) gegen einander abwägen, abwägend gleichstellen, ausgleichen, ersetzen: c. bona cum vitiis, laetitiam cum doloribus; summi labores magnā compensati sunt gloriā; c. vitium vel facultate vel copiā. 2) (Spät. Poet.) ersparen, iter.

Comperco, a. S. für comparco.

Comperendinātio, ōnis, f. (Spät.) und **-tus**, us, m. [comperendino] die Vertagung des richterlichen Spruches bis auf den drittnächsten Tag.

Comperendino, 1. [comperendinus] 1) den richterlichen Spruch in einer Rechtssache bis auf den drittnächsten Tag ansetzen und daher die Parteien auf diesen Tag vorladen, reum. 2) von der Partei, verlangen daß die Rechtssache auf den drittnächsten Tag angesetzt werden soll.

Comperendinus, adj. [com-perendie] übermorgig, sc. dies (Spät.) der drittnächste Tag als Rechtstermin.

Compĕrio (selten -pĕrior, depon.), pĕri, pertum, 4. genau erfahren, in sichere Kenntniß bringen, bestimmte Nachricht über Etwas erhalten: c. aliquid, auch de re aliqua; c. te illud fecisse; c. aliquid ex aliquo. Hiervon A) pass. comperior man erfährt von mir, illud fecisse daß ich Jenes gethan habe, c. me ab hoc falli es wird bekannt, daß ich von ihm getäuscht werde. B) particip. Compertus als adj. a) = bekannt, gewiß u. bergl.: compertum mihi est ob. c. habeo ich weiß gewiß; pro comperto habeo sehe für gewiß an. b) compertus flagitii, stupri u. dergl. eines Vergehens überführt, bei Etwas ertappt.

Com-pes, ēdis, f. (nur im pl. und im abl. sing.) die Fußfessel, gewöhnlich eine hölzerne, die Beinschelle, der Fußblok; daher = Fesseln überhaupt, trop. cc. corporis; fluvius nivali compede vinctus (Poet.) = durch das fesselnde Eis.

Compesco, scui, — 3. (Poet. u. Spät.) 1) einzwängen, durch Zwang zusammenhalten, auf einen gewissen Raum beschränken: c. Geryonem tristi undā (Poet.); häufig von Pflanzen, daher = beschneiden, vitem, ramos fluentes, luxuriantia. 2) trop. im Zaume halten, bändigen, beschränken, bezähmen, equum, legiones, clamorem, mare; (Com.) c. aliquid facere = nachlassen.

Competītor, ōris, m., und **-trix**, īcis, f. [competo] der Mitbewerber zu einem Amte, die Mitbewerberin.

Com-pĕto etc. 3. (meist Spät.) 1) intrans. A) (selten) zusammengehen, -kommen, -treffen: viae cc., cacumina cc. in unum. B) trop. a) in der Zeit, zusammentreffen, sich treffen: res aliqua c. rei alicui ob. cum re aliqua stößt mit Etwas zusammen; c. in diem auf den Tag treffen; si ita c. wenn es so trifft. b) von andern Sachen, passen, mit Etwas übereinstimmen, Etwas entsprechen: si loci situs ita c., corpus non c. tanto eius animo; aetas c. stimmt, paßt. Hiervon actio non c. in eum eine Klage gegen ihn ist nicht befugt, es steht (dir) nicht zu eine Klage gegen ihn zu erheben. c) zu Etwas tüchtig, fähig sein: animus vix c. ad arma capienda; c. linguā, oculis zu gebrauchen fähig sein. 2) (selten) auf Etwas zusammen losgehen, cc. unum locum.

*Compīlātio, ōnis, f. [compilo] das Zusammenraffen, Plündern.

Compīlo, 1. 1) (Pt.) zusammenraffen, c. quidquid domi. 2) zusammenraffend plündern, berauben, aliquem, oppidum, provinciam; c. templa omnibus ornamentis die Tempel aller Zierrathe berauben.

Compingo, pēgi, pactum, 3. [compango] 1) zusammenschlagen, zusammenfügen, aedificia, navem tabulis. 2) irgendwohin hineintreiben, einschließen, verstecken, aliquem in carcerem, in vincula, se in Apuliam.

Compītālīcius, adj. [compitalia] zu den Compitalien (s. das folgende Wort) gehörig, dies, ludi.

Compītālis, e, adj. [compitum] zum Scheidewege gehörig; davon Compītālia, ium ob. iōrum, n. pl. jährliches Fest für die Laren, welches auf den Scheidewegen gefeiert wurde.

Compītum, i, n. [competo] der Ort, wo zwei (oder mehrere) Wege zusammentreffen, der Scheideweg.

Com-plăceo, cui oder citus sum, 2. (Vorklass. und Spät.) gefallen, alicui.

Com-plāno, 1. (Spät.) eben machen, ebnen, terram; c. domum niederreißen; trop. c. dura erträglich machen.

Com-plector, plexus, 3. depon. eigtl. sich mit Etwas zusammenflechten, -schlingen, 1) umschlingen, umarmen, umfassen, umgeben: c. aliquid manibus, aliquem medium (Jmds Leib); c. dextram alicujus mit seinen beiden Händen fassen; cc. inter se sie umarmen sich; c. urbem obsidione, belagern. 2) trop. umfassen, fassen: A) = einbegreifen, in sich fassen, aliquid; das partic. in passiver Bed. hoc uno maleficio omnia scelera complexa esse videntur; c. aliquos ad suum scelus mitnehmen, unter — einbefassen. B) in der Rede ob. der Darstellung zusammenfassen, ausdrücken: c. omnia unā comprehensione, sententiam paucis verbis; c. aliquid oratione, illo libro. Daher = eine Schlußfolge machen. C) Etwas mit dem Geiste oder dem Gedächtnisse umfassen = fassen, begreifen, verstehen ob. erinnern, c. aliquid mente, cogitatione, animo, memoriā, cc. bisweilen absol. (ohne diese Ablat.) in derselben Bedeutung. D) mit dem Herzen umfassen, c. aliquem benevolentiā, amore gegen Jmd. Wohlwollen, Liebe fühlen, studio ihm Interesse zeigen, beneficio ihm Wohlthaten beweisen; das absol. c. aliquem = Jmd. lieben, c. philosophiam mit Eifer treiben. E) = sich Etwas aneignen, erlangen, in Besitz nehmen, quum animus complexus est idoneam naturam.

Complēmentum, i, n. [compleo] das Ausfüllungs- und Ergänzungsmittel.

Com-pleo, ēvi, ētum, 3. 1) füllen, ausfüllen, favos melle, omnia cadaveribus, se cibo et potione; (selten) c. urbem ararum, carcer mercatorum completus; c. paginam vollschreiben; c. murum besetzen, naves oder classem sociis (auch absol.) bemannen. 2) trop. A) c. omnia clamoribus, atria fremitu. B) illa res c. exercitum omni copiā versieht reichlich. C) c. aliquem spe; c. omnia terrore ac fugā allenthalben Schrecken und Flucht hervorbringen; (Pt.) c. aliquem erroris et dementiae. D) = vollständig machen, vollenden, has res; haec cc. vitam beatam; c. summam promissi erfüllen. E) von einem Zeitraum, füllen = zurücklegen, vollständig verleben, c. centum annos, sua fata, tempora materna (die Zeit der Schwangerschaft).

Complexio, ōnis, f. [complector] 1) die Zusammenschlingung, daher die Verbindung, atomorum c. inter se; c. bonorum der Verein, der Inbegriff; c. verborum mira = Ausdruck. 2) term. t. A) c. verborum die Periode. B) die Conclusion, Schlußfolge. C) das Dilemma. D) (Quinct.) die Zusammenziehung zweier Silben in eine (Phaethon statt Phaëthon).

Complexus, us, m. [complector] die Umschlingung, Umarmung: mundus qui omnia complexu suo coërcet; venire in complexum alicujus in Jmds Arme eilen, sich von Jmd. umarmen lassen; ferre alicui complexum Jmd. umarmen wollen, tenere aliquem complexu suo Jmd. umarmen; homines do c. tuo deine Lieblinge. Hiervon a) c. coeli Umfang. b) im feindlichen Sinne, = Kampf, Handgemenge: venire in c. alicuius Jmds gleichsam habhaft werden, mit ihm einen Kampf anfangen. 2) trop. (Quinct.) von der Rede, die Verbindung, brevis c. verborum; vitium est in c.

Com-plĭco, cui (selten cāvi), cātum, 1. zusammenfalten, -wickeln, -legen, rudentem, epistolam; notio complicata eine nicht recht entwickelte, unklare Vorstellung.

Com-plōdo, si, sum, 3. [plaudo] (Spät.) klatschend zusammenschlagen, manus.

Complōrātio, ōnis, f. und -tus, us, m. [comploro] das gemeinschaftliche laute Beklagen und Weinen, alicuius über Jmds Tod.

Com-plōro, 1. gemeinschaftlich und laut beklagen, beweinen, desertos penates, vivos mortuosque; respublica est desperata et complorata = völlig aufgegeben.

Com-plūres, a (selten u. meist Vorklass. -ia), adj. mehrere = verschiedene, etliche, nicht wenige (nie als wirklicher Comparativus mit folg. quam, vergl. plures): cc. mulieres, cc. locs; complures hostium.

Complūrĭes, [complures] adv. (Vorklass.) mehrmals.

Complusculi, [complures] adj. pl. (Vorklass. u. Spät.) ziemlich viele.

Complūvium, ii; n. [com-pluo] der viereckige unbedeckte Raum in der Mitte des. cavaedium (s. cavus), in welchem das von den Dächern herabfließende Regenwasser sich in ein dort befindliches Bassin sammelte, = impluvium.

Com-pōno etc. 3. zusammensetzen, I. überhaupt ohne irgend einen Nebenbegriff, zusammensetzen, -stellen, -legen, res suas,

lignum, frondem. Hiervon = verbinden, vereinigen, aliquid cum re aliqua ov. (meist Poet.) rei alicui. II. mit besonderen Nebenbegriffen: A) mit dem Begriff einer Verbindung zu einem Ganzen: 1) zusammenfügen, bilden, zu Stande bringen, bereiten u. dgl.: genus humanum compositum est ex animo et corpore; c. urbem, templa anlegen; c. pacem cum aliquo stiften, schließen, ebenso c. gratiam inter aliquos. Insbes. von schriftlichen Erzeugnissen = verfassen, schreiben, librum, leges, senatus consultum, carmina; c. tempora Iliaca (Spät.) besingen, beschreiben. 2) meist Poet.) ersinnen, ausdenken, erdichten, heucheln, insidias in aliquem, mendacia. 3) verabreden, in Gemeinschaft bestimmen, -festsetzen, aliquid cum aliquo oder illi inter se cc. diem rei gerendae (consilium); daher ex composito (selten bloß composito) verabredetermaßen; bisweilen c. consilia = mit sich selbst über seine Beschlüsse auf's Reine kommen.
B) mit dem Nebenbegriff des Ordnens: 1) ordnen, zurechtlegen, -stellen, capillos, togam, cohortes, verba; agmine composito in dichtgeschlossenem, geordnetem Zuge, ebenso pugna c. in geschlossenen Reihen; c. vultum das Gesicht in (die rechten) Falten legen; c. verba künstlich ordnen; (Poet.) c. se sich schmücken, c. se spondā sich zurechtlegen, c. mortuum toro zur Schau-, auf das Paradebett legen. 2) bei Seite legen = aufbewahren, verwahren, opes. 3) (Poet. u. Spät.) bestatten, beisetzen, mortuum, cinerem et ossa alicuius. 4) (Spät.) von Etwas nach Etwas einrichten, abpassen, für Etwas geeignet machen: c. gestum ad similitudinem saltationis, omnia ad voluptatem multitudinis; compositus in arrogantiam der sich danach einrichtet, Uebermuth zu zeigen, in dissimulationem sui servili veste compositus als Sclave verkleidet, um unbekannt zu sein, compositus in securitatem Sorglosigkeit heuchelnd. 5) von einem Streit u. dergl., beilegen, ausgleichen, litem inter aliquos, seditionem, bellum; componitur es wird ein Vergleich gemacht. 6) (Poet.) von Personen, beruhigen, zur Ordnung und Ruhe zurückführen, beschwichtigen, aussöhnen, Asiam, socios, aliquem cum aliquo.
C) mit dem Nebenbegriff eines Kampfs oder Wettstreits, 1) eigtl., bes. von Gladiatoren, zum Kampf zusammenstellen, gegen einander stellen, paaren, c. aliquos inter se. 2) vergleichend zusammenstellen, vergleichen, dicta cum factis, (Poet.) homines diis. 3) bei einer gerichtlichen Untersuchung zusammenstellen, confrontiren.

Com-porto, 1. zusammentragen, -bringen, -führen, frumentum ex tota Asia.

Compos, ōtis, [com-potis] adj. 1) einer Sache mächtig, der Etwas in seiner Gewalt hat, animi, mentis, sui; (selten) compos corpore et animo. 2) einer Sache theilhaftig, im Besitz von Etwas, der Etwas genießt u. dergl. c. patriae, libertatis, rationis; (selten) compos praedā ingenti. Hiervon compos culpae u. dergl. (Vorklass. u. Spät.) schuldig an Etwas, c. voti der seinen Wunsch erfüllt sieht.

Compŏsĭte, adv. [compositus] 1) geordnet, regelmäßig, dicere. 2) ruhig, gelassen.

Compŏsĭtĭo, ōnis, f. [compono] 1) die Zusammensetzung, membrorum; c. juris Abfassung; c. disciplinae Zusammenhang. 2) die Einrichtung, Anordnung, magistratuum; insbes. c. verborum von einer rhythmischen Verbindung und Anordnung der Worte, der Periodenbau, richtige Wort- und Satzstellung. 3) die Beilegung eines Streites, der Vergleich, Aussöhnung, servare cives per c. 4) die Zusammenstellung zum Kampf, insbes. das Paaren der Gladiatoren.

Compŏsĭtor, ōris, m. [compono] der Anordner, anni; c. operis Verfasser.

Compŏsĭtūra, ae, f. [compono] (Vorklass.) = compositio, cc. oculorum Fugen.

Compŏsĭtus, adj. mit comp. u. sup. [particip. von compono] 1) zusammengesetzt (oppos. simplex), verba. 2) (Spät.) erdichtet, erlogen, crimen. 3) geordnet, regelmäßig, wohl eingerichtet, zierlich, pugna, literae, orator; (Spät.) c. ad aliquid ob. rei alicui zu Etwas geeignet, passend. 4) (Spät.) ruhig, gelassen, leidenschaftslos, affectus, actio; aetas c. gesetzt.

Compŏtātĭo, ōnis, f. [com-poto] die Trinkgesellschaft (Uebersetzung des griechischen συμπόσιον).

Compŏtĭo, 4. [compos] (Vorklass. u. Spät.) theilhaft machen, aliquem re aliqua ob. rei alicuius. Hierv. pass. = Etwas erlangen, bekommen.

Com-pŏtor, ōris, m. u. (Vorkl. u. Spät.) -trix, īcis, f. der Mittrinker, Saufbruder, die Mittrinkerin.

*Compransor, ōris, m. [com-prandeo] der Mitschmauser.

Comprĕcātĭo, ōnis, f. [comprecor] (selt.) das Anflehen, Anrufen einer Gottheit.

Com-prĕcor, depon. 1. (Vorkl. u. Poet.) eine Gottheit anflehen, anrufen, deos, fidem coelestinm; auch c. Jovi, u. absol. = flehen, beten.

Com-prĕhendo ob. -prendo etc. 3. 1) zusammenfassen, umfassen, fassen, aliquid; c. aliquem = umarmen. Hiervon trop. A) mit den Sinnen Etwas auffassen, wahrnehmen, c. aliquid sensibus. B) mit dem Geiste Etwas umfassen = begreifen, verstehen, wissen, sich erinnern u. dergl.: c. aliquid scientiā, cogitatione, animo, mente, memoriā (auch absol. ohne diese Wörter). C) mit einem Gefühl oder einer Aeußerung desselben umfassen: c. aliquem amicitiā Freundschaft gegen Jmd. fühlen, omnibus officiis alle möglichen Dienste ihm erweisen. D) in der Rede oder der Schrift umfassen, darstellen, ausdrücken, begreifen, eandem rem pluribus verbis, aliquid brevi ob. breviter; c. aliquid numero = zählen. 2) (indem der Begriff der Präposition ganz oder beinahe ganz verschwindet) greifen, ergreifen, aliquid manu. Insbes. A) feindlich Jmb. ob. Etwas greifen, fangen, festnehmen, arretiren: c. conjuratos; c. naves, vehicula Beschlag auf — legen. B) vom Feuer, ignis c. robora ergreift das Eichenholz, domus compre-

Comprehensibilis　　　　Concedo　153

henditur igni wird vom Feuer ergriffen, aber auch casa comprehendit ignem fängt Feuer. C) ein Verbrechen entdecken (also nur mit abstracten Subst., vgl. deprehendo), facinus, rem. Hiervon (Poet.) = deprehendo, den Verbrecher ertappen, furem.
Comprehensibilis, e, *adj.* [comprehendo] (ein zur Uebersetzung des griech. καταληπτος wahrsch. von Cicero gebildetes Wort) faßlich. A) = mit den Sinnen ergreiflich, was mit den Sinnen bemerkt werden kann, foramen c. sensibus sichtbar. B) mit dem Geiste ergreiflich = begreiflich, verständlich.
Comprehensio, ōnis, *f.* [comprehendo] 1) das Greifen mit den Händen, bah. = Ergreifen, sontiam = Arretirung. 2) *trop.*, A) von der Rede, a) die Zusammenfassung, Verknüpfung, consequentium rerum cum primis conjunctio et c.; daher die periodische Abschließung, der Bau, universa c. et species orationis. b) die Periode, der Satz: c. verborum; c. numerose cadit. B) geistig, a) *abstr.* das Begreifen. b) *concr.* der Begriff.
Compresse, [comprimo] *adv.* mit *comp.* gedrängt, kurz, loqui.
Compressio, ōnis, *f.* [comprimo] das Zusammendrücken, bah. a) die Umarmung, b) *trop.* die gedrängte Kürze in der Rede.
Compressus, us, *m.* (nur im *abl. sing.*) [comprimo] = compressio.
Comprimo, pressi, pressum, 3. [com-premo] 1) zusammendrücken, zusammenpressen, digitos, corpora inter se; c. ordines dichter machen; *proverb.* compressis manibus sedere die Hände in den Schooß legen. Hiervon c. aliquam = beschlafen, vi nothzüchtigen. 2) zurückhalten, anhalten, dämpfen, unterdrücken, hemmen u. dergl.: c. animam, manum; c. vocem, seditionem, audaciam et furorem alicuius; (selten) c. aliquem; (Vorklaff.) c. se u. vix comprimo me quin in eum involem; c. frumentum = nicht ausgeben. 3) = geheim halten, verhehlen, verschweigen, delicta, famam rei alicuius.
*****Comprobatio**, ōnis, *f.* [comprobo] die Billigung.
*****Comprobator**, ōris, *m.* [comprobo] der Billiger.
Com-probo, 1. 1) Etwas völlig billigen, ihm seinen vollen Beifall schenken, es gut und richtig erklären, legem, sententiam, factum alicuius; c. numen deorum an die Macht der Götter glauben, sie erkennen. 2) Etwas Andern als wahr, richtig u. s. w. darthun, beweisen, erklären, Etwas bestätigen: fortuna c. hominis consilium bewies, daß der Plan richtig war; c. rem aliquam testimonio suo.
Compromissum, i, *n.* [compromitto] gegenseitiges Versprechen, *f.* compromitto.
Com-promitto etc. 3. juridischer *term. t.* sich gegenseitig bei Festsetzung einer gewissen Geldbuße verfprechen, die Entscheidung einer Rechtsstreitigkeit auf den Spruch eines arbiter entnehmen zu lassen.
Compsa, ae, *f.* Stadt der Hirpiner in Samnium. Davon -āni, ōrum, *m. pl.* die Einwohner von C.
Comptus, *adj.* und *adv.* -e, *f.* como.

Comptus, us, *m.* [como] (Vorklaff.) der Haarschmuck, die Frisur.
Com-pungo, nxi, nctum, 3. stechen, überall hin stechen, aliquem dolore; compunctus notis Threiciis = gebrandmarkt ob. tättowirt; c. carmina notis (zweifelh.) mit Zeichen des Tadels hier und da anstreichen; *trop.* colores qui cc. aciem des Gesicht (die Augen) angreifen; ipsi se cc. acuminibus = bringen sich selbst in Verlegenheit.
Computatio, ōnis, *f.* [computo] (Spät.) das Zusammenrechnen, die Berechnung; insbef. die ängstliche, = Knauferei.
*****Computator**, ōris, *m.* [computo] (Spät.) der Berechner.
Com-puto, 1. zusammenrechnen, berechnen, überschlagen, annos, latitudinem Asiae; c. rationem rei alicuius eine Sache berechnen; (Poet.) facies tua c. annos zeigt deutlich dein Alter; c. literas = langsam aussprechen; *absol.* = seinen Vortheil berechnen.
Com-putresco, trui — 3. (Vorklaff. und Spät.) verfaulen.
Cōmum, i, *n.* Stadt in Oberitalien am lacus Larius, jetzt Como. Dav. **-ensis**, e, *adj.* und *subst.* **-enses**, ium, *m. pl.* die Einwohner von C.
Cōnāmen, ĭnis, *n.* [conor] (Poet.) 1) die Anstrengung, Bemühung; summit c, eundi strengt sich an um zu gehen. *2) die Stütze.
Cōnāta, ōrum, *n. pl.* [*particip.* von conor] das Unternehmen, Wagniß.
Cōnātio, ōnis, *f.* [conor] (Spät.) die Unternehmung, Bestrebung.
Cōnātus, us, *m.* [conor] 1) der Versuch, das Unternehmen; conatum capere ad erumpendum einen Versuch machen; conatus resistendi Widerstandsversuch; repressi nefarios tuos cc. 2) die Bemühung, Anstrengung: magno conatu facere aliquid. Hiervon = Trieb: belluae habent c. ad pastus capessendos.
Con-cāco, 1. (Spät.) bekaken.
Con-caedes, ium, *f. pl.* (Spät.) der Verhau, eine Menge neben einander gefällter Bäume.
Con-cālefacio etc. 3. ganz erwärmen, aliquid.
*****Con-caleo**, — 2. (Vorklaff.) sehr warm sein.
Con-calesco, lui, — 3. sehr warm werden, sich erhitzen: corpora nostra cc. ardore animi; *trop.* (Som.) vor Liebe erglühen.
Con-callesco, lui, — 3. eigentlich harte Hautschwielen bekommen, daher *trop.* 1) stumpf und gefühllos werden. 2) gewitzigt-, klug werden: animus c. usu.
Con-cāmero, 1. (Spät.) wölben, templum.
Concānus, i, *m.* ein Mann aus der wilden Völkerschaft der Concani in Spanien.
Con-castigo, 1. (Vorklaff. u. Spät.) stark züchtigen, aliquem.
Con-cāvo, 1. (Poet. u. Spät.) höhlen, krumm ob. hohl machen, brachia.
Con-cāvus, *adj.* hohl, gewölbt, gekrümmt, spelunca, vallis; cc. brachia cancri gegen einander gekrümmt, unda c. aufwallend.
Con-cēdo etc. 3. I. *intrans.* 1) von einer Stelle irgendwohin fortgehen, gehen, sich be-

geben, ab aliquo, trans Rhenum, Argos habitatum. Hierv. A) = fliehen, in Capitolium, ex Italiā aus J. B) in Etwas gerathen, kommen, zu Etwas übergehen: c. in paucorum ditionem; c. in deditionem sich übergeben, in matrimonium eine Ehe eingehen; c. in condiciones, sententiam die Bedingungen annehmen, einer Ansicht beitreten. C) (*Tac.*) c. vitā oder bloß c. = sterben. 2) der Uebermacht ob. überhaupt der Ueberlegenheit weichen, aus dem Wege gehen: c. injuriae, dolor c. medicinae; c. naturae = sterben. 3) bezüglich Rang, Ansehen u. dergl. weichen, nachstehen, den Vorrang zugestehen, vor Jmd. zurücktreten: c. majestati illius viri, c. alicui re aliqua (auch de ob. in re aliqua). 4) dem Willen Jmds weichen = sich fügen, nachgeben, willfahren, gehorchen, matri suae; senatus c. postulationi meae. 5) vergeben, verzeihen, entschuldigen, alicui, temere dicto.
II. *transit.* 1) einräumen, zugestehen, gestatten u. dergl., Jmd. Etwas haben-, thun-, sagen- u. s. w. lassen: c. amicis quidquid velint, Atheniensibus principatum, id tempus quieti; c. Siciliam abtreten; c. tibi ut de hoc loquaris; (*Poet.* u. *Spät.*) c. aliquid facere, conceditur hoc uti et ist erlaubt. 2) einräumen = eine Behauptung zugeben: c. eos esse mortuos, doch auch (mit Beibehaltung des unter 1. angeführten Begriffs) c. ut animus ne intereat; haec conceduntur esse facta man giebt zu, daß dieses geschehen ist. 3) = condono. A) Etwas um Jmds Willen opfern, aufgeben, = von Etwas abstehen: c. amicitias meas, tibi petitionem meam. B) Jmd. Etwas hingehen lassen, verzeihen, alicui peccata. Hiervon c. alicui aliquem Jmd. um Jmds willen verzeihen, c. aliquem senatui; c. peccata liberorum misericordiae parentum, aus Mitleid mit den Eltern den Kindern ihre Versehen verzeihen.

Con-oělebro, 1. = ein verstärktes Celebro, was man sehe.

Concentio, ōnis, *f.* [concino] (selten) gemeinschaftlicher Gesang.

Con-centŭrio, 1. (*Pl.*) in Centurien versammeln, daher *trop.* zusammenhäufen u. dergl., sycophantias ob. metum in corde.

Concentus, us, *m.* [concino] 1) der zusammenstimmende Gesang ob. Musik, der Einklang, die Harmonie, harmonische Musik, c. vocis lyraeque; insbes. (*Spät.*) = einstimmiger Beifallsruf im Theater. Hiervon *meton.* = der zusammensingende Chor ob. zusammenspielende Trupp. 2) *trop.* die Uebereinstimmung, Einigkeit, geistige Harmonie, actionum omnium, doctrinarum; c. noster gutes Verhältniß, Einigkeit.

Conceptăcŭlum, i, *n.* [concepto von concipio] (*Spät.*) das Behältniß, Ort wo man Etwas aufnimmt und bewahrt.

Conceptio, ōnis, *f.* [concipio] eigtl. das Zusammenfassen, daher 1) die Empfängniß des Weibes. 2) die Abfassung juristischer Formeln, judiciorum privatorum in civilen Rechtssachen.

Conceptus, us, *m.* [concipio] eigtl. das Zusammenfassen, Auffassen; daher A) die Empfängniß des Weibes. Hiervon (*Spät.*) = die Leibesfrucht selbst. B) c. camini das Auf-

kommen der Feuersbrunst in einem Ofen. C) c. aquarum das Zusammenströmen, Ansammeln von Gewässern.

Concerpo, —, ptum, 3. [con-carpo] 1) zerpflücken, zerreißen, epistolam. 2) *trop.* Jmd. schelten, durchhecheln, aliquem.

Concertătio, ōnis, *f.* [concerto] der Wettstreit, daher überh. der Streit, Kampf, insbes. der Wortstreit, Disput: jejuna c. verborum.

*****Concertātīvus**, *adj.* [concerto] (Spät.) zum Streite gehörig: accusatio c. = die Contraklage.

*****Concertātor**, ōris, *m.* [concerto] (*Tac.*) der Streiter = Nebenbuhler.

*****Concertātōrius**, [concertator] *adj.* zum Wortkampf gehörig.

Con-certo, 1. 1) wetteifern, daher kämpfen, streiten, proelio. 2) insbes. mit Worten streiten, einen Wortkampf führen, disputiren, cum aliquo de re aliqua; quae concertata sunt dasjenige worüber gestritten worden ist.

Concessio, ōnis, *f.* [concedo] das Zugestehen, Einräumen, die Erlaubniß.

Con-cesso, 1. (Vortläuf. u. Spät.) aufhören, nachlassen, loqui zu sprechen.

Concessus, us, *m.* [concedo] nur im *abl. sing.*, mit — Erlaubniß, Zugeständniß, tuo, deorum.

Concha, ae, *f.* [κόγχη] 1) die Muschel: oc. unionum Perlenmuscheln. 2) Hierv. A) (Poet.) insbes. die Purpurschnecke. B) die Perlenmuschel oder die Perle. C) die Muschelschale. D) Gegenstände von der Form einer Muschelschale, z. B. ein Oelfläschchen, ein Salbenbüchschen, Salzfäßchen u. dergl.

Conchis, is, *f.* (Spät. Poet.) eine Art Bohne.

Conchīta, ae, *m.* [κογχίτης] (*Pl.*) der Muschelsammler.

Conchŭla, ae, *f.* (Spät.) *deminut.* von concha.

Conchӯliātus, *adj.* [conchylium] 1) purpurfarben, vestis. 2) (Spät.) in Purpur gekleidet.

Conchӯlium, ii, *n.* [κογχύλιον] 1) das Schaltthier überhaupt. 2) insbes. die Auster. 3) eine Art Purpurschnecke. Davon A) der Purpur, die Purpurfarbe. B) Purpurkleider.

Concĭdo, ĭdi, — 3. [con-cado] 1) zusammen- ob. niederfallen, stürzen, domus c.; ille c. in fimo, sub onere. 2) krank-, verwundet- oder todt zur Erde fallen, "fallen" bes. im Kampfe: illi cc. mutuis ictibus, multi cc. in proelio; hostia c. ante aras wird geschlachtet. 3) *trop.* = gänzlich sinken, »gestürzt werden, sich verlieren, »vermindern, jede Kraft oder allen Werth verlieren, venti cc. die Winde legen sich; domus ejus c. ging zu Grunde, fiel, ebenso Carthago c., Phocion c. uno crimine; concido animo ob. animus (mihi) concidit ich verliere den Muth; senatus auctoritas c. verliert sich, sinkt, nomina artificum cc. verlieren ihr Ansehen, fides ejus c. sein Credit sinkt; bellum c. ist zu Ende gebracht.

Concīdo, īdi, īsum, 3. [con-caedo] 1) zusammenhauen, zerhauen, durchhauen, li-

Concieo — **Concino**

gna, naves; ager concisus fossis durchschnitten, ebenso itinera concisa unterbrochen. 2) im Kriege niederhauen, fällen, hostes. 3) zerhauen = durchprügeln, peitschen, aliquem virgis. 4) trop. A) von der Rede u. dergl. zerstückeln, in kleine Theile auflösen, sententias, numeros. B) durch Wort ob. That zu Boden schlagen, zu Grunde richten, vernichten, auctoritatem senatus, aliquem; c. aliquem totis voluminibus = gänzlich zu widerlegen streben; (Pl.) c. aliquem articulatim = völlig täuschen.

Con-cieo, īvi, ĭtum, 2. auch **-io, -ītum**, 4. (meist Poet. u. Spät.) 1) zusammen herbeikommen lassen, -treiben, -bringen, -führen, sammeln, multitudinem ad se, exercitum ex tota insula. 2) (indem der Begriff der Präposition verschwindet) in Bewegung setzen, aufregen, erschüttern, treiben u. dergl.; amnis concitus imbribus; tela concita geworfen, saxa concita tormento geschleudert. 3) trop. A) Jmb. in leidenschaftliche Stimmung setzen, aufregen, aufreizen, plebem contionibus, hostem; concitus cupidine, irā leidenschaftlich bewegt von; concitus in aliquem (Spät.) gegen Jmb. aufgebracht; concitus divino motu von einer Gottheit angetrieben, begeistert. B) eine Leidenschaft, Thätigkeit ob. einen Zustand erregen, erzeugen, veranlassen, seditionem, tantum mali, varios motus animorum, bellum.

Conciliābŭlum, i, n. [concilio] der Versammlungsplatz, bes. zum Handelsverkehr ob. Rechtsverhandlungen, der Marktplatz; c. damni (Pl.) von einem Bordell.

Conciliātĭo, ōnis, f. [concilio] 1) das Zusammenbringen, die Verbindung, Vereinigung, c. et consociatio generis humani. Hierv. trop. a) (die Vereinigung in der Gesinnung), das Gewinnen der Gemüther für sich ob. etwas Anderes: conciliationis causa; hoc valet ad c. b) = die Geneigtheit zu Etwas: prima est hominis c. ad ea quae sunt secundum naturam. c) Empfehlung, c. naturae. 2) die Erwerbung, Erwirkung, gratiae.

Conciliātor, ōris, m. [concilio] eigtl. der Zusammenbringer, davon der Urheber, Vermittler, nuptiarum, proditionis.

*****Conciliātrīcŭla**, ae, f. deminut. von conciliatrix.

Conciliātrix, īcis, f. eigtl. die Zusammenbringerin, 1) die Urheberin, Stifterin, oratio est c. societatis humanae. 2) die Unterhändlerin bei einer Ehe ober einer Liebschaft, Kupplerin.

*****Conciliātūra**, ae, f. [concilio] (Spät.) die Kuppelei.

Conciliātus, us, m. [concilio] (Lucr.) nur im abl. sing., Verbindung, Vereinigung.

Conciliātus, adj. mit comp. u. sup. [particip. von concilio] 1) beliebt, alicui bei Jmb. 2) (Spät.) einer Sache ergeben, zu Etwas geneigt, voluptati.

Concilĭo, 1. [cieo?] 1) (Vorklass. u. Spät.) verbinden, vereinigen, corpora. 2) trop. A) in der Gesinnung vereinigen, befreunden, geneigt u. freundlichgesinnt machen, günstig stimmen, gewinnen, aliquos inter se und aliquem alicui; auch bisweilen absol. = für sich gewinnen, günstig stimmen, judicem, animos hominum; nihil est accommodatius ad conciliandum (Spät.) mehr geeignet die Gemüther zu gewinnen. Hiervon = empfehlen (Jmb. Etwas ans Herz bringen), quas res primas natura conciliavit. B) durch Vereinigung stiften, pacem, nuptias. 3) verschaffen, herschaffen, erwirken, alicui aliquid; c. alicui servum (täuflich), pecuniam durch List ob. auf andere Weise. Insbes. c. alicui mulierem durch Werbung ob. (häufiger) durch Kuppelei Jmb. ein Mädchen als Braut ob. als Buhlin verschaffen, daher = werben ob. = kuppeln. 4) sich erwerben, -bereiten, zu Stande bringen, erzeugen: c. sibi amorem ab omnibus, famam eloquentiae, favorem ad vulgum, odium.

Concilĭum, ii, n. [cieo?] 1) (meist Vorklass.) die Vereinigung, Verbindung; hoc c. mihi tecum manebit Band, Verbindungsmittel. 2) die Zusammenkunft, sowohl abstr. = das Zusammenkommen (Camenarum ibi cum Egeria cc. erant), als concr. — die Versammlung (bes. eine, zu welcher man gekommen ist, um Jmb. sprechen zu hören ob. dergl., vgl. consilium, contio, comitia); c. deorum, esse in uno c.; habere c. eine Versammlung halten, convocare, dimittere c.; esse concilii Mitglied einer Versammlung sein. Oft insbes. = Landtag, Volksversammlung u. dergl.

Concinnē, adj. [concinnus] 1) kunstgerecht, zierlich, fein. 2) gefällig.

Concinnĭtas, ātis, f. [concinnus] passende u. kunstgerechte Verbindung, Schönheit, Harmonie: insbes. c. verborum, sententiarum eine durch kunstgerechte und geschmackvolle Verbindung und Stellung der Worte und Sätze bewirkte Zierlichkeit und Schönheit des Styls, die abgerundete Form.

*****Concinnĭtūdo**, ĭnis, f. [concinnus] der Redeschmuck.

Concinno, 1. [concinnus] (Vorklass. und Spät.) 1) gehörig u. kunstgerecht zusammenfügen, ordnen, zurecht legen, pallam; c. ingenium richtig ausbilden. 2) bewirken, verursachen, erzeugen: consuetudo c. amorem; vis venti c. hiatum. 3) (Pl.) Jmb. zu Etwas machen, c. aliquem insanum; c. uxorem lacrimantem zum Weinen bringen.

Concinnus, adj. mit comp. eigtl. = gehörig und kunstgerecht zusammengefügt, 1) nett, hübsch, zierlich, facies, insula; heluo c. elegant, nach der Mode. 2) insbes. von der Rede u. dergl., den Regeln der Kunst und des Geschmacks gemäß gebildet und abgerundet, geschmackvoll, zierlich, harmonisch, gefällig, treffend u. dergl., genus orationis, sententiae; c. reditus ad rem geschickt, behend; auch von Personen, c. in brevitate respondendi treffend. 3) (Poet.) gefällig, angenehm, geeignet, alicui; ut concinnum est (Pl.) wie es bequem ist.

Concĭno, ĭnui, entum, 3. I. intrans. 1) zusammen singen. 2) von musikalischen Instrumenten, A) c. tragoedo contionanti (mit der Flöte) begleiten. B) von mehreren Instrumenten, zusammen ertönen, erschallen, tubae, cornua cc. C) trop. übereinstimmen, harmoniren, cum aliquo, cc. inter se. II. transit. gemeinschaftlich einstimmen, ertönen las-

fen, aliquid. Hiervon A) = preisen, besingen, aliquem, laudes alicuius. B) c. omen (Poet.) durch sein Geschrei ein Wahrzeichen geben.
Concio, siehe **Contio.**
Concipilo, 1. [concipio] (Vorklaff.) ergreifen, aliquem.
Concipio, cēpi, ceptum, 3. [capio] 1) zusammenfassen, auffassen, in sich aufnehmen, ergreifen, fassen: vas c. aquam; c. ventum veste auffangen; c. ignem, flammam Feuer fangen, (Poet.) trop. = vor Liebe erglühen, verliebt werden. 2) vom Weibe, empfangen = schwanger werden, ex aliquo durch Jmb., auch c. aliquem ex (de) aliquo ein Kind mit Jmb. zeugen; davon (Poet.) concepta crimina = die durch ein Vergehen erzeugte Leibesfrucht, und *subst.* **Conceptum,** i, n. das Empfangene = die Leibesfrucht. 3) trop. A) (Pt.) c. aliquid oculis Etwas sehen. B) c. mente, animo, auch absol. c., a) sich Etwas vorstellen, an Etwas denken, Etwas in Gedanken haben, magnitudinem hominis, lucos ibi esse; c. imaginem sich eine Vorstellung bilden. b) = verstehen, begreifen, fassen, aliquid, quam fatigati simus. C) eine Leidenschaft, ein Gefühl, einen Plan in sich aufnehmen, fassen, empfangen und dergl. a) = fassen, zu empfinden ob. nähren anfangen, aufkommen lassen, daß. hegen, empfinden, fühlen, iram, amorem, spem (auch c. aliquid spe Etwas hoffen); c. tantam cupiditatem auribus durch die Ohren. b) aus- hecken, daß. sich zu Schulden kommen lassen, begehen, fraudem; c. scelus in se; (Spät.) c. aliquid facere beschließen. D) in Worte zusammenfassen, a) in bestimmten Ausdrücken abfassen, die Formel zu Etwas aufsetzen, wörtlich ausdrücken ob. schriftlich auffetzen, vadimonium, jusjurandum, foedus. b) Etwas feierlich und in bestimmter Form ankündigen, ansagen, ferias Latinas, auspicia, bellum.
*****Concise,** adv. [concisus] (Spät.) zerstückelt, detaillirt.
*****Concisio,** ōnis, f. [concido] die Zerstückelung der Sätze in ihre einzelnen Glieder.
Concisura, ae, f. [concido] (Spät.) 1) die Vertheilung, aquarum. 2) (?) die Ritze.
Concisus, adj. [particip. von concido] abgebrochen, kurz, sententiae, disputationes.
*****Concitamentum,** i, n. [concito] (Spät.) das Aufregungsmittel.
Concitate, adv. mit comp. [concitatus] *1) schnell, 2) heftig, leidenschaftlich.
Concitatio, ōnis, f. [concito] 1) die rasche Bewegung, remorum. 2) die Aufregung, der Tumult, Auflauf, plebei c. contra patres. 3) die Aufregung des Gemüths, leidenschaftliche Heftigkeit, animi, vehementiores cc. animorum.
Concitator, ōris, m. der Erreger, Aufwiegler, belli, turbarum.
Concitatus, adj. mit comp. u. sup. [particip. von concito] 1) rasch, schnell sich bewegend, eilend, equus, conversio coeli. 2) trop. aufgeregt, heftig, pater, affectus.
Con-cĭto, 1. 1) rasch u. heftig bewegen, -treiben, -jagen: c. classem remis; c. equum anspornen, antreiben, cc. equos adversos fie galoppirten gegen einander; c. tela rasch absenden;

c. se in fugam sich eilends auf die Flucht begeben. 2) trop. A) anregen, aufreizen, antreiben, Jmb. zu irgend einer leidenschaftlichen Stimmung ob. That bewegen: c. judicem ad fortiter judicandum, multitudinem ad arma; c. aliquem in (adversus) aliquem; c. animos; häufig concitatus irā, dolore u. dergl. B) eine leidenschaftliche Stimmung ob. Thätigkeit erregen, erzeugen, bewirken, veranlassen, seditionem ac discordiam, lacrimas totius populi, invidiam, odium.
Concitor, ōris, m. [concieo] (selten) = concitator.
Conclāmātio, ōnis, f. [conclamo] das vereinte laute Rufen von Mehreren, c. totius exercitus.
*****Con-clāmĭto,** 1. (Pl.) laut rufen.
Con-clāmo, 1. 1) zusammen-, auf ein Mal rufen: cc. victoriam; vos cc. patriam a me esse conservatam; conclamantibus omnibus; insbes. conclamatum est ad arma; c. vasa (= ut vasa colligantur) u. bloß c. den Befehl geben, daß die Soldaten ihre Geräthe zusammenpacken sollen, damit man den Marsch beginnen könne, also = das Zeichen zum Aufbruch geben. 2) (Poet.) zusammenrufen, herbeirufen, socios. 3) von einem Einzelnen, laut und heftig rufen, ausrufen: c. Italiam! caupo c., aliquem esse mortuum, quid ad se venirent; c. deos (Spät.) anrufen. 4) Insbes. c. aliquem (mortuum), klagend einen Verstorbenen mehrmals beim Namen rufen (was bei den Römern bis zur vollendeten Bestattung Sitte war); hiervon conclamatum est ist vorbei, post conclamata suprema nach vollendeter Erweisung der letzten Ehre.
Conclāve, is, n. [con-clavis] ein „Verschluß", ein (verschließbares) Zimmer, Gemach.
Con-clūdo, ūsi, ūsum, 3. [claudo] 1) einschließen, einsperren, bestias, uxorem, aliquem in cellam; (Com.) ut ab illa excludar, huc concludar damit ich an der Ehe mit jener verhindert und zur Ehe mit dieser gezwungen werde; mare conclusum vom Lande umgeben; urbs c. portum begrenzt. 2) trop. A) zusammenfassen, einbefassen: c. multa uno volumine; c. omnia judicia in hanc unam formulam, jus civile in angustum locum beschränken. B) = schließen, vollenden, epistolam; facinus summa crudelitate perfectum et conclusum. C) in der Rhetorik abschließen, abrunden, der Rede rhythmischen Fall u. Rundung geben, sententias, c. ordinem verborum alia terminatione. D) philosoph. term. t. schließen, einen Schluß machen, folgern, beweisen u. dergl.: hoc modo c., summum malum esse dolorem; in derselben Bedeutung c. argumentum, rationem; quatuor sunt capita quae concludant nihil esse etc. es sind vier Hauptsätze, aus denen man folgert u. s. w.; argumenta ratione concludentia Beweise, die eine Schlußfolge bilden, enthalten.
*****Conclūse,** adv. [concludo] rhythmisch abgeschlossen, abgerundet, dicere.
Conclūsio, ōnis, f. [concludo] 1) die Einschließung, insbes. = Belagerung; 2) der Schluß, das Ende, muneris tui; insbes. der Schluß, Ausgang einer Rede; c. orationis

et quasi peroratio. 3) die rhythmische Anordnung, das rhythmisch Abgerundete (f. concludo 2. C.), verborum, sententiarum. 4) der Schluß, = die Schlußfolge, der Schlußsatz, die Conclusion; in derselben Bedeutung c. rationis.

Conclūsiuncŭla, ae, f. deminut. von conclusio.

Con-coenātio, ōnis, f. (selten, als Uebersetzung des griech. σύνδειπνον, vergl. compotatio = συμπόσιον) die Speisegesellschaft.

Con-cŏlor, ōris, adj. (Poet. u. Spät.) gleichfarbig, von gleicher Farbe mit etwas Anderem, alicui.

*Con-cŏmĭtātus, adj. (Pl.) begleitet.

*Con-cŏpŭlo, 1. (Lucr.) verbinden.

Con-cŏquo etc. 3. 1) (selten) zusammenkochen, odores wohlriechende Sachen. 2) weich machen, daher insbes. im Magen verarbeiten = verdauen, cibum. 3) trop. *A) c. se (Pl.) sich ärgern, abmühen. B) = ertragen, ausstehen, dulden, famem, aliquem senatorem. C) Etwas reiflich überlegen, bedenken, aliquid; c. clandestina consilia ausbrüten. D) sich Etwas (etwas Gehörtes u. dergl.) völlig aneignen, verstehen lernen, aliquid.

Concordia, ae, f. [concors] I. die Eintracht, Einigkeit, Harmonie, Uebereinstimmung (der Gemüther, von inneren Verhältnissen, vgl. pax u. otium): c. equestris unter den Rittern, omnium ordinum zwischen allen Ständen; confirmare e. cum aliquo, ebenso jam vos redistis in concordiam; aspernari concordiam die Einigkeit mit Jmd. verschmähen. Hiervon (Poet.) = intimer Freund. II. als Eigenname: 1) die Göttin der Eintracht, die in Rom mehrere Heiligthümer hatte. 2) Beiname des Kaisers Vitellius.

Concordo, 1. [concors] einig sein, harmoniren, übereinstimmen: fratres cc., tu c. cum illa; animi opiniones judiciaque cc., sermo c. cum vita; (Poet.) carmina cc. nervis, stimmen mit.

Concordĭter, adv. mit comp. u. sup. [concors] einträchtig, einig.

Concors, dis, adj. mit comp. u. sup. [concor] einig, einträchtig, übereinstimmend, harmonirend (f. concordia): fratres cc., civitas c.; regnum iis fuit non solum commune sed etiam c. sie besaßen die Königswürde nicht bloß in Gemeinschaft, sondern auch in Eintracht; amicitia c.; concordi sono (Poet.) einstimmig.

Con-crēdo etc. (Wortfl. -duo, dui) 3. anvertrauen, übergeben, alicui aliquid; (Pl.) c. aliquem alicui in custodiam.

Con-cremo, 1. völlig verbrennen, vivos, urbem.

Con-crĕpo etc. 1. 1) intrans. stark tönen, rauschen, schnarren: arma cc. dröhnen (indem sie gegen einander geschlagen werden), und multitudo c. armis schlägt die Waffen dröhnend gegen einander; (Com.) fores, ostium c. es wird an die Thür geschlagen (von innen, zum Zeichen, daß Jmd hervorkommen und die Thür alfo — nach außen — geöffnet werden wird, welches bei den älteren Griechen Sitte gewesen sein soll); c. digitis mit den Fingern schnalzen. 2. (Poet.) trans. ertönen lassen, aera.

Con-cresco etc. 3. eigtl. zusammenwachsen, daher sich verdichten, gerinnen, erstarren u. dergl.: lac c., aqua c. nive, sanguis c. frigore; (Poet.) ora cc. rigido rostro der Mund wird in einen starren Schnabel verwandelt. 2) entstehen (bef. durch Verdichtung), sich bilden, re aliqua aus Etwas; ebenso das particip. concretus neutral, c. esse ex re aliqua (inde) aus Etwas zusammengesetzt, entstanden sein.

Concrētio, ōnis, f. [concresco] das Zusammenwachsen, die Verdichtung, corporum, individuorum; c. mortalis Materie, materielle Beschaffenheit, wie bei sterblichen Wesen.

Concrētus, adj. mit comp. (particip. von concresco) 1) zusammengewachsen, zusammengesetzt; crines cc. sanguine zusammenklebend. 2) verdichtet, dicht, geronnen, aër, corpora, humor, lac; (Poet.) dolor c. = thränenlos.

*Con-crīmĭnor, depon. 1. (Pl.) Klage führen, flagen.

*Con-crŭcio, 1. (Lucr.) stark peinigen, aliquem.

Concŭbīna, ae, f. [concubo] die Concubine, Beischläferin, Frau, die mit Jmd. im Concubinat lebt, siehe concubinatus (vgl. pellex); bisweilen überhaupt = Buhlerin.

Concŭbīnātus, us, m. [concubo] das (gesetzlich erlaubte) außereheliche aber doch auf Geschlechtsverbindung beruhende Zusammenleben zweier Personen verschiedenen Geschlechts, das Concubinat. Hiervon überhaupt = Ehebruch, buhlerischer Umgang.

Concŭbīnus, i, m. [concubo] (Spät.) ein Mann, der im Concubinat lebt, siehe concubinatus.

Concŭbĭtus, us, m. [concubo] 1) (Poet.) das Zusammenliegen auf Sophas (am Tische). 2) der Beischlaf.

Concŭbius, adj. [concumbo] 1) nox c. derjenige Theil der Nacht, in welchem man sich zum Schlafen niederlegt, der Anfang der Nacht. 2) neutr. sing. concubium, A) c. noctis = nox c. B) (Wortflaff. u. Spät.) = concubitus.

Con-cŭbo etc. 1. intrans. mit Jmd. Beischlaf halten.

Concŭlco, 1. [calco] 1) eigtl. (selten) niedertreten, zusammentreten. 2) trop. A) feindlich niedertreten = unter die Füße treten, mißhandeln, aliquem, Italiam. B) verschmähen, vernichten, lauream.

Concumbo, bui, bĭtum, 3. [concubo] *1) sich zusammen niederlegen, boves. 2) sich bei Jmd. zum Beischlaf legen, cum aliqua, alicui.

Con-cŭpiens, tis, adj. [particip. von cupio] (Wortflaff. u. Spät.) stark begehrend, nach Etwas begierig, regni.

Concŭpisco, pīvi ob. pii, pītum, 3. [cupio] eifrig Etwas wünschen, -begehren, heftig nach Etwas trachten, villam; nihil sibi c.; c. prodire in scenam.

*Con-cūro, 1. (Pl.) gehörig besorgen, aliquid.

*Con-curro, curri, cursum, 3. intrans. 1) zusammenlaufen, -strömen, -eilen: c. tota Italia, multi cc. in Capitolium, milites cc. ad arma; (Poet.) c. alicui gegen Jmd. anlaufen; trop. = confugio seine Zuflucht

nehmen, ad aliquem. 2) mit **Etwas zu-sammenlaufen, -stoßen, -treffen**: naves, nubes cc. ventis; (Poet.) dextra c. laevae = man klatscht Beifall; literae, voces cc. aspere. 3) zum **Kampf zusammenlaufen, in Streit gerathen, kämpfen**: cc. magno clamore, utrimque concurritur; equites cc. inter se; c. cum aliquo und (meist Poet.) alicui. 4) *trop.* von **Ereignissen, Umständen, Gründen, zusammentreffen, -stoßen, sich vereinigen, zugleich stattfinden u. dergl.**: multa cc.; optabile est ut illa omnia cc.; nomina cc. = **die Zahlungstermine treffen auf denselben Tag ein.** 5) (Spät.) os ei c. er kann (vor Blödigkeit) die Lippen nicht von einander kriegen (d. h. **Nichts sagen**), ebenso labra cc. *6) (Poet.) palma quadrigae c. alicui trifft mit Jmd. zusammen d. h. wird ihm zu Theil.
Concursātio, ōnis, *f.* [concurso] 1) das **Zusammenlaufen, -strömen,** populi. 2) das **Aneinanderrennen, -stoßen,** aliorum in alios incidentium c. *3) das **Zusammentreffen, der regelmäßige Umlauf,** somniorum. 4) das **Hin- und Herlaufen, -reisen, -gehen**: hujus cc.; c. regis ab Demetriade nunc Lamiam nunc Chalcidem; c. decemviralis = **das Bereisen der Provinzen.** Hiervon (Spät.) A) insbes. **das Plänkeln der leichtbewaffneten Truppen.** B) c. mentis = **Schwanken.**
Concursātor, ōris, *m.* [concurso] (nur von Soldaten) **der Umherplänkelnde, der Plänkler,** pedes vagus et c.
Concursio, ōnis, *f.* [concurro] 1) das **Zusammentreffen, -stoßen,** stellarum, crebrae cc. vocalium. 2) **eine** rhetor. **Figur, Wiederholung derselben Worte.**
Con-curso, 1. 1) (Vorklass.) **zusammenlaufen, -treffen.** 2) **hin- und her laufen, -eilen, -reisen,** armati cc., cc. circum tabernas; insbesondere von **Soldaten, herumstreifen, umherplänkeln.** 3) **umher zulaufen, -ziehen, -reisen,** domos, omnium lectos.
Concursus, us, *m.* [concurro] 1) das **Zusammenlaufen, -strömen, insbes. der Auflauf**: cc. fiunt ex agris, c. hominum in forum ex tota urbe fit. 2) das **Zusammentreffen, -stoßen,** navium, verborum, vocalium; c. calamitatum **gleichzeitiges Eintreffen,** c. studiorum das **Zusammenwirken.** 3) insbes. das **feindliche Zusammentreffen, der Kampf, Angriff,** utriusque exercitus, auch c. proelii. 4) (Spät.) c. oris das **Sichschließen des Mundes** (f. concurro 5.).
Concussio, ōnis, *f.* (Spät.) und (Vorklass. u. Spät.) -us, us, *m.* (dieses doch nur im *abl. sing.*) die **Erschütterung, das Schütteln.**
Concutio, ussi, ussum, 3. [quatio] 1) (Poet. u. Spät.) **zusammenschlagen,** cavas manus. 2) **heftig schütteln, erschüttern,** caput; urbs concutitur terrae motu. Hiervon = **schleudern,** tela lacertis. 3) *trop.* A) **erschüttern = schwächen, zerrütten,** rempublicam, opes Lacedaemoniorum, Hannibalem. B) das **Gemüth erschüttern = erschrecken, ängstigen, in heftige Unruhe versetzen**: id factum primo populares conjurationis concussit; c. animum alicuius. Hier-

von C) überhaupt **leidenschaftlich aufregen.** D) (Poet. u. Spät.) **aufrütteln = zur Thätigkeit antreiben, in Bewegung setzen.**
Condālium, ii, *n.* [κονδάλιον] (*Pl.*) ein **kleiner Ring, den Sklaven trugen.**
Con-děcet, — — 2. *impers.* (Vorklass.) es **geziemt sich,** illud te c., c. te aliquid facere.
Con-decōro, 1. (Vorklass. u. Spät.) **sorgfältig ausschmücken, zieren,** ludos scenicos.
*Condemnātor, ōris, *m.* [condemno] (*Tac.*) der Jmds **Verurtheilung bewirkt, der Ankläger.**
Condemno, 1. [damno] 1) **verurtheilen, zu einer Strafe verdammen,** aliquem judicio turpissimo; c. aliquem sceleris wegen eines **Verbrechens,** eodem crimine (auch de ambitu **wegen Amtserschleichung**); c. aliquem poena capitali, ad bestias und (Spät.) in antliam. 2) durch eine **Anklage Jmds Verurtheilung bewirken, ihn verurtheilt kriegen**: eum majestatis reum fecit et condemnavit; bisweilen fast = **anklagen, beschuldigen.** Hiervon 3) **tadeln, laut mißbilligen,** factum alicuius, aber auch c. aliquem inertiae **Jmd. der Unthätigkeit wegen tadeln, ihn der Unthätigkeit beschuldigen.**
Con-denso, 1. (Poet. u. Spät.) und (Vorklass.) **-denseo**, — — 2. (condensus) **dicht machen, verdichten,** aciem; oves cc. se **drängen sich zusammen.**
Con-donsus, *adj.* (meist Poet.) **sehr dicht, dicht zusammengedrängt.**
Condĭcio, ōnis, *f.* [condico] (Andere schreiben weniger richtig **Conditio** aus condo, also eigtl. **Zusammenstellung,** wonach die **Bedeutungen** folgendermaßen geordnet werden müßten: 4, 3, 1, 2) 1) die **Verabredung, Uebereinkunft, der Vertrag**: privata sunt nulla naturā, sed aut veteri occupatione aut condicione; arma ponere condicione zufolge einer **Capitulation, eines Vertrages.** 2) Insbes. der **Heirathsvertrag, die Heirath, Partie**: accipere aliam c.; quaerere condicionem filiae für seine **Tochter; vollständig** c. uxoria: bisweilen im unedlen **Sinne = Liebschaft, Liebesverhältniß.** Hiervon *concr.* von der **Person,** mit welcher eine solche **Verbindung stattfindet,** = **Gatte, Gattin** (Octaviam condicionem ei detulit **bot ihm D. zur Gemahlin an**) ob. **Buhle, Buhlin.** 3) die **Bedingung, der Vorschlag, das Anerbieten u. dgl.**: Caesar fert illam c. ut (ne) etc.; eā condicione nati sumus omnes; eā c. si (selten) etc. unter der **Bedingung wenn (daß)**; venire ad c. alicuius, uti condicione alicuius **Jmds Vorschlag annehmen,** respuere c.; cc. pacis conveniunt **man wird einig über die Friedensbedingungen;** (selten) sub his cc. unter diesen **Bedingungen,** ebenso pax fit in illas cc.; ex qua c. (selten) unter welcher **Bedingung;** c. pecuniae **Anerbieten von Geld.** 4) die **äußere Lage, Verfassung, das Verhältniß, der Zustand**: c. infima est servorum, c. humana der **Menschen überhaupt,** pro condicione cuiusque; uti pari c. = **gleiche Rechte haben;** c. vivendi, vitae, **Art, Weise;** c. locorum, litium **Beschaffenheit.**
Con-dĭco etc. 3. 1) **gemeinschaftlich**

verabreben, in Etwas übereinkommen, Etwas gemeinschaftlich festsetzen: c. aliquid alicui, c. inducias. Insbef. c. alicui coenam sb. ad c. (auch absol. c. alicui) sich bei Jmd. zu Gast laden, sagen, daß man bei ihm speisen will (vgl. promittere ad c., was eine Einladung voraussetzt); daher coena subita et condicta einfache Mahlzeit, ohne große Vorbereitungen.

Con-dīgnē, *adv.* (Vorklaff. u. Spät.) würdig, gebührend, passend.

Con-dīgnus, *adj.* (Vorklaff. u. Spät.) ganz würdig, aliquo Jmd.

Condīmentum, i, *n.* [condio] das Gewürz, die Würze, cibi. Hiervon *trop.* was das Angenehme einer Sache erhöht oder das Unangenehme mildert, facetiae omnium sermonum c.; optimum aerumnae c. est animus aequus Linderungsmittel.

Condĭo, 4. [condo?] 1) einmachen, einlegen, oleas, corna. 2) würzen, künstlich und lecker zubereiten, geschmackvoll machen, coenam, herbas; c. unguenta wohlriechend machen. Hiervon c. mortuos = balsamiren. 3) *trop.* A) würzen = schmücken, zieren, angenehm machen, orationem; etiam vitia naturae studio atque artificio quodam malitiae condire. B) = mildern, lindern, tristitiam temporum.

Condiscĭpŭlātus, us, *m.* [condiscipulus] (selten) die Schulkameradschaft, Mitschülerschaft.

Con-discĭpŭlus, i, *m.* der Mitschüler, Schulkamerade.

Con-disco etc. 3. vollständig u. sorgfältig lernen, aliquid, qui pecuniae fructus sit; c. facere aliquid.

Condĭtĭo, ōnis, *f.* [condio] das Einmachen, Würzen, ciborum.

Condĭtĭo, ōnis, *f.* [condo] die Zusammenlegung = Aufbewahrung, frugum.

Condĭtĭo, a. S. für Condicio.

Condītīvus, *adj.* [condo] (Vorklaff. u. Spät.) 1) zum Einlegen-, Einmachen geeignet. 2) *subst.* -um, i, *n.* ein Grab.

Condĭtor, ōris, *m.* [condo] der Stifter, Anleger, Gründer, Urheber, Anordner, regni, legum, urbis, arcis Romanae, totius negotii.

Condĭtōrium, ii, *n.* [condo] (Spät.) 1) der Sarg ob. die Aschenurne. 2) das Grabmal.

Condĭtūra, ae, *f.* [condio] (Spät.) 1) das Einmachen. 2) das Würzen, die leckere Zubereitung.

Condĭtus, *adj.* mit *comp.* [*particip.* von condio] gewürzt, daher *trop.* von der Rede, zierlich, geschmückt.

Con-do, dĭdi, dĭtum, 3. [do] eigtl. zusammenbringen, -setzen u. s. w. 1) zu einem Ganzen zusammenfügen, A) von einer Stadt, einem Staat, Zustande u. dergl., stiften, gründen, anlegen, erbauen u. dergl.: c. urbem, regnum, aram; (Poet. u. Spät.) c. genus humanum, gentem Romanam, auream seeula Urheber zu — sein, — den Anfang geben; conduntur illo loco sie setzen sich da sest, lassen sich da nieder. B) von Schriften

u. dergl., verfassen, abfassen, schreiben, dichten, carmen, historiam; u. praecepta medendi, acta Caesaris, laudes alicuius darstellen, erzählen, besingen. 2) mit dem Begriffe der Sorgfalt: A) Etwas zurechtlegen, zur Aufbewahrung hinlegen, verwahren, aufheben, pecuniam, frumentum proprio horreo; c. cineres in urnas, c. aliquem in carcerem ins Gefängniß werfen; literas publicas in aerario conditas habere. B) (Def. u. Poet.) = condio einmachen. C) beisetzen, begraben, mortuos, aliquem sepulcro. D) (Poet.) eine Zeit zurücklegen, vollbringen, schließen, diem cantando. Hiervon *term. t.* c. lustrum das mit dem Census verbundene Reinigungsfest schließen, vollenden, s. lustrum. 3) (Poet. u. Spät.) mit dem Begriff des Heimlichen, verstecken, verbergen, verheimlichen, ensem; c. se in viscera terrae, sub lectum; nubes cc. lunam hüllen den Mond ein; c. gladium = in die Scheide stecken. Hiervon (Poet.) = tief einstechen, -stoßen: c. ensem in pectus ob. pectore, auch c. telum pectore (vgl. abdo).

Condŏcĕ-făcio etc. 3. lehren, abrichten, einüben, milites, bellnas; c. animum ut etc. dahin anleiten, daß u. s. w.

Con-dŏcĕo etc. 2. (Vorklaff.) lehren, einüben, abrichten, milites uti equo frenato; aliquid mihi condoctum est, und davon *particip.* als *adj.* im *comp.* condoctior sum quam etc. ich bin besser eingeübt, als u. s. w.

Con-dŏlesco, lui, — 3. [doleo] heftigen Schmerz fühlen (körperlich oder geistig), stark leiden: caput mihi c. ich habe starkes Kopfweh; is ne condoluisse quidem unquam videtur.

*Condōnātĭo, ōnis, *f.* [condono] das Verschenken.

Con-dōno, 1. 1) verschenken, schenkend völlig übergeben, -überlassen, alicui aliquid. Hiervon A) = Jmd. eine Schuld schenken, erlassen, pecunias creditoribus und (Vorklaff.) aliquem argentum. B) übergeben = preisgeben, aliquid potentiae alicuius, aliquem cruci. 2) *trop.* A) Etwas um Jmds willen aufgeben, aufopfern, zum Opfer bringen, inimicitias reipublicae, dolorem suum voluntati alicuius; c. vitam suam reipublicae. B) Jmd. Etwas verzeihen, vergeben, alicui crimen, scelus. C) um Jmds willen Jmd. ob. Etwas ungestraft lassen, c. tibi filium verzeihe meinem Sohn um deinetwillen, ebenso c. unum tot Claudiis deprecantibus.

Con-dormio, 4. (Vorkl. u. Spät.) und **Condormisco**, ivi, 3. (Vorklaff.) völlig einschlafen.

Condūcĭbĭlis, e, *adj.* mit *comp.* [conduco] (Vorklaff. u. Spät.) nützlich, zuträglich, consilium c. ad eam rem.

Con-dūco etc. 3. 1) zusammenführen, -ziehen, sammeln, auxilium, exercitum in unum locum, virgines. Hiervon (meist Poet.) = vereinigen, verbinden, partes in unum; c. nubila, corticem = durch Zusammenlegung bilden. 2) durch Pacht oder Miethe an sich bringen (oppos. loco): A) miethen, domum, consulem vestrum ad caedem faciendam; c. milites; (Poet.) c. pecuniam borgen. Hiervon *subst.* a) -ti, ōrum, m. pl. Miethstruppen, Söldlinge; b) -tum, i, n. das Gemiethete, bef. = gemiethete Wohnung, Haus. B) pachten, vectigalia, portorium. C) gegen eine zu erhaltende Summe Etwas (eine Arbeit, einen Bau, eine Lieferung) übernehmen: c. statuam faciendam, c. ea praebenda quae exercitui opus erant. 3) *intrans.* (nur in der dritten Person *sing.* u. *plur.*) beitragen, nützen, helfen: illud tibi c., c. ad vitae dignitatem; (Wörtlaß. u. Spät.) c. in rem tuam, in rempublicam.

Conducticius, *adj.* [conduco] gemiethet, Mieths-, exercitus.

Conductio, ōnis, *f.* [conduco] 1) die Zusammenziehung, Vereinigung. 2) das Miethen, die Pacht, fundi.

Conductor, ōris, m. [conduco] 1) der Miether, Pächter. 2) der Uebernehmer, Entrepreneur.

Conduplicātio, ōnis, *f.* [conduplico] (selten) die Verdoppelung: davon A) (Com.) = Umarmung. B) rhet. Figur, Wiederholung deßelben Worts zu Anfang des folgenden Satzes.

Con-duplico, 1) (Wörtlaß.) verdoppeln, divitias; (Com.) cc. corpora =. sie umarmen sich.

*****Con-dūro**, 1. (*Lucr.*) erhärten, ferrum.

*****Condus**, i, m. [condo] der Aufheber: c. promus = der Haushofmeister, derjenige, der die Speisen aufbewahrt.

Cōnecto u. s. w., s. Connecto.

Con-fābŭlor, 1. (*depon.*) (Wörtlaß.) 1) zusammen plaudern, -schwatzen, cum aliquo. 2) über Etwas plaudern, Etwas besprechen, aliquid cum aliquo.

Confarreātio, ōnis, *f.* [confarreo] die ältere und strengere Art der römischen Eheverbindung, bei welcher, außer anderen Gebräuchen, ein Opferkuchen (aus far) theils den Göttern geopfert, theils von dem Brautpaare getheilt und genoßen wurde, und zwar in Gegenwart des Pontifer Maximus, des Flamen Dialis, eines Priesterdieners und zehn Zeugen.

Confarreo, 1. [far] (Spät.) durch eine confarreatio als Eheleute verbinden, aliquos; c. matrimonium durch eine c. stiften.

*****Con-fātālis**, e, *adj.* zugleich durch das Schicksal bestimmt.

Confectio, ōnis, *f.* [conficio] die Verfertigung, Anfertigung, Vollendung, libri, belli; c. materiae, Anschaffung, tributi Eintreibung. 2) c. cibi das Zerkauen. 3) c. valetudinis Schwächung.

Confector, ōris, m. [conficio] 1) der Verfertiger, Beendiger, Vollbringer, negotii, belli. 2) der Verzehrer, Vernichter, ignis c. omnium rerum.

Confercio, —, tum, 4. zusammenstopfen, -pressen, dicht an einander drängen, naves.

Con-fĕro etc. 3. I. den Begriff der Präposition behaltend, 1) überhaupt zusammenführen, -bringen, versammeln, ligna circa casam, sarcinas in unum locum. 2) Geld u. dergl. zusammentragen, gemeinschaftlich hergeben, beitragen, pecuniam, tributa quotannis, sextantes in capita, munera alicui. Hiervon *trop. intrans.* (Spät.) beitragen, nützen, dienen, rei alicui ob. ad rem aliquam zu Etwas. 3) vereinigend zusammenbringen, -ziehen, -stellen u. dergl., sammeln, Etwas gemeinschaftlich machen u. dergl.: c. vires in unum, aquae collatae; c. pedem, gradum mit Jmb. gehen (vgl. Nr. 4); c. capita die Köpfe zusammenstecken zu geheimer Berathschlagung ob. dergl.; c. sermones cum aliquo sich mit Jmb. besprechen, consilia Rath pflegen. Hiervon A) conferunt sollicitudines suas inter se ob. bloß cc. injurias theilen sich mit, besprechen, auch absol. conferunt inter se ob. bloß cc. sie besprechen sich, unterhalten sich. 4) Insbef. = feindlich zusammenbringen: c. signa, arma cum aliquo und inter se kämpfen, signis collatis in der Schlacht, in einem regelmäßigen Treffen; c. manus ob. manum (dextram) in Handgemenge gerathen; c. pedem cum pede Mann gegen Mann kämpfen; ebenso pede collato pugnare, auch c. gradum cum aliquo; (Poet.) c. certamen pugnae und c. cum aliquo mit Jmb. kämpfen; c. lites por Gericht streiten. 5) vergleichen, vergleichend zusammenstellen, aliquid cum re aliqua ober alicui rei, auch c. utriusque vitam inter se. 6) (Wörtlaß., Poet. u. Spät.) zusammenfassen, -ziehen, aliquid in pauca verba, in duos versus. — NB. c. legem = simul ferre (Liv. 4, 9) ist verdorben.

II. Den Begriff der Präposition aufgebend, 1) Etwas irgendwohin tragen, -bringen, omnia sua in oppidum, legiones in mediam aciem stellen, führen; c. iter aliquo den Marsch, die Reise irgendwohin richten. Hiervon häufig c. se sich begeben, Laodiceam, ad Tissaphernem, in fugam. 2) (Poet.) verwandeln, se in bellum, corpus in volucrem. 3) *trop.* A) Etwas zu ob. auf Etwas ob. Jmb. hinführen, hinwenden, richten, überführen u. dergl.: c. orationem ad misericordiam seinen Worten eine auf Erregung des Mitleids berechnete Wendung geben, suspicionem in aliquem den Verdacht auf Jmb. wälzen; c. spem salutis ad clementiam victoris seine Hoffnung auf Errettung auf die Milde des Siegers bauen; c. se ad amicitiam alicuius Freundschaft mit Jmb. eingehen, ad studium scribendi sich auf schriftstellerische Thätigkeit werfen, mit dem Schreiben sich zu beschäftigen anfangen; c. beneficia in aliquem Jmb. Wohlthaten erweisen, ebenso (Spät.) c. praemia alicui zukommen laßen; c. rem ad aliquem ob. curam rei alicuius in aliquem übertragen; c. species hominum in deos in seinen Vorstellungen die menschliche Gestalt auf die Götter übertragen. B) anwenden, verwenden, praedam in monumenta deorum, omne studium ad gloriam alicuius celebrandam, omnes curas in rempublicam. C) zu Jmb. als Urheber Etwas hinführen, Jmb. Etwas zulegen, zuschreiben, zur Last legen: multa in illum conferuntur; c. sua vitia in senectutem, culpam in aliquem. D) verschieben, aufschieben, iter in posterum diem.

Confertim, *adv.* [confercio] gedrängt, dicht.

Confertus, *adj.* mit *comp.* u. *sup.* [particip. von confercio] 1) zusammengedrängt, dicht an einander stehend u. f. w., milites, equi, multitudo. 2) vollgepfropft, voll: omnia sunt completa et cc.; liber c. voluptatibus, templa cc. ingenti turba virorum erfüllt von.

*****Confervĕ-făcio**, — — 3. (*Lucr.*) glühend machen.

Con-fervesco, bui, — 3. [ferveo] (Poet. u. Spät.) zu sieden anfangen, erglühen, *trop.* ira mea c.

Confessio, ōnis, *f.* [confiteor] das Bekenntniß, Geständniß, errati sui; ea erat c., Romam caput rerum esse dadurch gab man (stillschweigend) zu. daß u. f. w.

Confessus, *adj.* [particip. von confiteor in passiver Bedeutung] allgemein zugestanden = unzweifelhaft, ausgemacht, gewiß; davon (Spät.) est in confesso es ist eine von Allen zugestandene Wahrheit, venire in confessum unzweifelhaft werden.

Confestim, *adv.* unverzüglich, gleich, unmittelbar nachher: c. aut ex intervallo aliquid consequi.

Conficiens, tis, *adj.* mit *sup.* [particip. von conficio] bewirkend, Etwas zu Stande bringend: conficientia bonorum corporis diejenigem Dinge, die die körperlichen Güter bewirken; civitas conficientissima literarum im Schreiben sehr fleißig, Alles genau aufschreibend.

Conficio, fēci, fectum, 3. [facio] 1) verfertigen, vollenden, zu Stande bringen, ausführen: c. vestem, librum schreiben, verfassen; c. bellum, proelium zu Ende bringen, beendigen, tertiam partem itineris zurücklegen; c. caedem, illas res ausführen, sacra, comitia zu Ende bringen, halten. Hiervon A) *absol.* c. cum aliquo ein Geschäft mit Jmd. abmachen, abschließen. B) = bewirken, hervorbringen, verursachen, pacem, motum animi, sollicitudines alicui; c. alicui reditum auswirken. C) eine Zeit zurücklegen, vollends zubringen, centum annos, adolescentiam in voluptatibus; vita confecta zu Ende gebracht, verlebt. D) philosoph. *term. t* folgern, schließen, fast immer im *pass.*, conficitur ex re aliqua es folgt. 2) es mit Jmd. oder Etwas abmachen, völlig vernichten, entkräften, überwinden u. dergl.: c. hominem = tödten; häufig im *pass.* confici dolore, cruciatu, aetate vc — verzehrt, mitgenommen werden, auch *absol.* confici = sich grämen; c. aliquem vulneribus tödtlich verwunden; milites confecti geschwächt, entkräftet; c. provinciam, Athenienses ganz unterjochen. Hiervon A) = zerkauen, zermalmen, cibum, u. davon = verzehren, essen, pavonem. B) = verbrauchen, durchbringen, pecuniam, patrimonium. C) ignis c. silvam verzehrt. 3) aufbringen, verschaffen, auftreiben, exercitum, magnam pecuniam ex illa re; c. legitima suffragia die nöthige Anzahl Stimmen erhalten, ebenso c. centurias.

*****Confictio**, ōnis, *f.* [confingo] die Erdichtung.

Confidens, tis, *adj.* mit *comp.* u. *sup.* [particip. von confido] selbstvertrauend, keck; häufig im üblen Sinne = verwegen, vermessen.

Confidenter, *adv.* [confidens] vertrauensvoll, zuverlässig, häufig im üblen Sinne = verwegen, frech.

Confidentia, ae, *f.* [confidens] 1) (Com.) festes Vertrauen. 2) das Selbstvertrauen, häufig = Frechheit, Unverschämtheit, Dreistigkeit, c. et temeritas.

*****Confidenti-lŏquus**, *adj.* im *comp.* [loquor] (*Pl.*) dreist redend.

Con-fido etc. 3. auf Etwas fest vertrauen, sich ganz verlassen (auf eine Kraft, ein Vermögen, Hülfe ob. dergl., vgl. fidem habeo u. credo), Etwas zuversichtlich glauben: c. illo duce, naturā loci, illo senatusconsulto; c. vestrae virtuti, alicui, arcae tuae; c. de salute urbis ruhig, getröst sein, was die Errettung der Stadt betrifft; c. te valere ich hoffe ganz bestimmt.

Con-fīgo etc. 3. 1) zusammenheften, -fügen, transtra clavis ferreis. 2) durchbohren, aliquem sagittis; *trop.* confixus ejus sententiis gelähmt, unthätig gemacht.

*****Con-findo** etc. 3. (Poet.) zerspalten, aër c. pontum furcht, wühlt auf.

Con-fingo etc. 3. 1) (Spät.) zusammensetzend bilden, nidos. 2) *trop.* erdichten, erdenken, dolum, causam aliquam; c. lacrimas dolis (Com.) Thränen heucheln, verstellt weinen.

Con-finis, e, *adj.* 1) zusammengrenzend, an einander grenzend, benachbart (von Feldern und Gegenden, vgl. vicinus), ager c.; hi erant confines Senonibus (*dat.*). 2) *trop.* (Poet. u. Spät.) nahe kommend, ähnlich, verwandt, carmina cc. studio vestro (*dat.*), auch c. ejus generis mit dieser Art.

Confinium, ii, *n.* [con-finis] 1) *concr.* die Stelle ob. Gegend, wo die Grenzen zweier Landstriche zusammenfallen, Grenze, Grenzscheide: c. Lycaoniae et Pamphyliae. 2) *abstr.* das Zusammengrenzen, die Grenzgemeinschaft, vicinitates et cc. 3) *trop.* was zwischen zwei nahe liegenden Sachen die Mitte hält, den Unterschied macht, geringer Zwischenraum, Abstand: in quam arto salutis exitiique fuerimus confinio auf einen wie engen Scheideweg zwischen Rettung und Untergang wir uns befunden haben, sed feste wir zwischen geschwankt haben; mediocritas posita est in c. boni malique liegt in der Mitte zwischen.

Con-flo, — fieri, (Vorklaff. u. Spät.) statt conficior, siehe conficio.

*****Confirmāte**, *adv.* [confirmatus] kräftig.

Confirmātio, ōnis, *f.* [confirmo] 1) die Befestigung, Stärkung, libertatis; häufig insbes. die Befestigung eines schwankenden, muthlosen und kummervollen Sinnes = die Beruhigung, der Trost u. dergl. 2) die Behauptung, Betheuerung, perfugae c. 3) in der Rhetorik, die Beweisführung.

*****Confirmātor**, ōris, *m.* [confirmo] eigtl. der Befestiger, c. pecuniae der Gewährleister.

Confirmātus, *adj.* mit *comp.* [particip. von confirmo] 1) muthig, beherzt. *2) zuverlässig, sicher.

Con-fīrmo, 1. ſtärken, kräftigen, befeſtigen, nervos, dentes; c. valetudinem ob. ſe geneſen; c. conjurationem, regnum Persarum. Insbeſ. häufig *trop.* A) Jmbs Geſinnung ob. Muth befeſtigen, ihn wohlgeſinnt ob. muthig und beherzt machen: c. animum alicujus, milites ad pugnandum; confirma te faſſe Muth! B) (ſelten) in der Treue befeſtigen, beſtärken, homines, insulas bene animatas. 2) eine Behauptung ob. dergl. bekräftigen, beweiſen, locum istum; c. nostra argumentis ac rationibus, deinde contraria refutare. 3) verſichern, betheuern, aliquid; c. talem eloquentiam existere potuisse; c. jurejurando, se iter tutum daturam esse.

*Con-firmĭtas, ātis, *f.* (*Pl.*) die ſtarre Feſtigkeit, Halsſtarrigkeit.

Confiscātio, ōnis, *f.* [confisco] (Spät.) die Einziehung des Vermögens, Confiscation.

Con-fisco, 1. (fiscus) (Spät.) 1) in die Privatkaſſe eincaſſiren, pecuniam. 2) confisciren, in die Staatskaſſe einziehen, bona alicujus und in derſelben Bedeutung aliquem.

*Confisio, ōnis, *f.* [confido] das Vertrauen.

Confĭteor, fessus, *depon.* 2. (fateor] 1) bekennen, eingeſtehen (einen Fehler ober jedenfalls Etwas, das man früher leugnete ober geheim hielt, alſo zufolge eines phyſiſchen ober moraliſchen Zwanges, vgl. profiteor): c. peccatum, errorem meum, amorem; c. de maleficio; c. se victum, se ab aliquo cupisse laudari. 2) (Poet. u. Spät.) auch von lebloſen Gegenſtänden, deutlich zeigen, zu erkennen geben, offenbaren: c. iram vultu, inscientiam suam; analogia c., verba varie formari; (Poet.) se c. ſich verrathen.

Conflagrātio, ōnis, *f.* [conflagro] (Spät., ſelten) das Verbrennen.

Con-flagro, 1. 1) *intrans.* aufbrennen, ganz in Flammen aufgehen, classis c. incendio praedonum: *trop.* c. incendio irae = einen brennenden Zorn hegen, aber auch c. incendio invidiae ob. bloß c. invidiā Gegenſtand eines brennenden Haſſes ſein. 2) (ſehr ſelt.) *transit.* verbrennen, urbem.

Conflictātio, ōnis, *f.* [conflicto] eigtl. das Zuſammenſchlagen, davon = Kampf, Streit, pugnae.

Conflictio, ōnis, *f.* [confligo] 1) das Zuſammenſchlagen, der Zuſammenſtoß, duorum corporum inter se. 2) *trop.* der Kampf, Streit, cum adversario.

Conflicto, (ſelten) u. -or, *depon.* 1. [confligo] eigtl. ſtark zuſammenſchlagen, davon 1) *intrans.* ſtreiten, ſich herumſchlagen, cum aliquo, cum malo. 2) *trop. transit.* A) im *act.* niederſchlagen, zerrütten, rempublicam. B) im *pass.* conflictari aliqua re von Etwas beunruhigt, gequält=, heimgeſucht=, verfolgt werden, mit Etwas zu kämpfen haben: c. durā fortunā, morbo, iniquissimis verbis, crimine, foeda hieme; (Com.) cum ejusmodi ingeniis c. verlehren (und gegen die daraus entſtandenen Verſuchungen zu kämpfen haben).

Conflictus, us, *m.* [confligo] das Zuſammenſchlagen, der Zuſammenſtoß.

Con-flīgo, xi, ctum, 3. 1) *trans.* a) (Vorklaſſ.) zuſammenſchlagen, =ſtoßen, corpora. *b) *trop.* vergleichen, aliquid cum re aliqua. 2) *intrans.* kämpfen, ſtreiten, cum hoste, contra conspirationem hostium, adversus classem Rhodiorum; (Poet.) hiemes cc. aestatibus; häufig vom Kampf in der Rede und vor Gericht.

Con-flo, 1. eigtl. zuſammenblaſen, =wehen, 1) durch Blaſen anfachen, ignem; häufig *trop.* von feuerähnlichen Gegenſtänden, namentlich Leidenſchaften und leidenſchaftlichen Thätigkeiten, = anſtiften, erregen, erzeugen u. dergl., bellum, discordiam, tumultum, invidiam. 2) zuſammenbringen, =ſchaffen und davon überhaupt hervorbringen, bewirken, erzeugen, verurſachen u. dergl., exercitum, pecuniam, injuriam novo scelere, crimen in se, periculum alicui; c. aes alienum Schulden machen. Hiervon *trop.* = erdichten, ausſinnen, mendacium, judicia. 3) von Metallen, ſchmelzen, einſchmelzen, argentum, argenteas statuas; (Poet.) falces conflantur in enses werden durch Einſchmelzen in Schwerter verwandelt, zu Schwertern umgeſchmolzen. Hiervon *trop.*: una ex duabus naturis conflata videtur vereint, zuſammengeſetzt; consensus paene conflatus gleichſam zuſammengeſchmolzen = innig, vollſtändig.

Confluens, tis, häufiger -entes, ium, *m.* [eigtl. *particip.* von confluo] der Zuſammenfluß zweier Flüſſe = der Ort, wo ſie zuſammenfließen; insbeſ. als Eigenname = das heutige Coblenz.

Con-fluo, — — 3. zuſammenfließen (von Flüſſen u. dergl.): amnes vasti cc. in Phasin; flumen illud c. cum Rheno; a confluente Rhodano von der Stelle an, wo die Rhone (mit der Saone) zuſammenfließt. 2) *trop.* von nicht flüſſigen Gegenſtänden, beſ. von einer Menge Menſchen u. dergl., zuſammenſtrömen, =laufen, =kommen: multi cc. Athenas, plures cc. ad haec studia vereinigen ſich mit Eifer; *trop.* laus, honor c. ad illos ſtrömt ihnen zu = wird ihnen reichlich zu Theil.

Con-fŏdio etc. 3. 1) (Vorklaſſ. u. Spät.) umgraben, überall graben, hortum. 2) durchbohren, durchſtechen, hominem. Hiervon *trop.* = vernichten, zu Boden ſchlagen, aliquem judiciis; c. aliquid notis (Spät.) durchſtreichen.

Conformātio, ōnis, *f.* [conformo] 1) die Bildung, Geſtalt, Geſtaltung, Beſchaffenheit einer Sache: c. oris et corporis, theatri, c. verborum richtige Anordnung, Wortfügung. Hiervon c. animi ob. bloß c. = Vorſtellung. 2) in der Rhetorik, die Redefigur.

Con-formo, 1. bilden, geſtalten, harmoniſch und kunſtgerecht einrichten: mundus a natura conformatus; natura nos ad majora quaedam conformavit; c. animum suum, mores.

*Confossus, *adj.* mit *comp.* [*particip.* von confodio] (*Pl.*) durchbohrt.

Con-fragōsus, *adj.* [confringo] 1) uneben, holperig, locus, via. 2) (Vorklaſſ. u. Spät.) *trop.* ſchwierig, verwickelt, condicio, argumentum.

Con-frĭco etc. 1) (Vorklaſſ. u. Spät.) ſtark reiben, einreiben, faciem sibi; **trop.*

c. genua von einem Flehenden, der Jmds Kniee umschlingt, = lange bitten.

Confringo, frēgi, fractum, 3. [frango] zerbrechen, entzwei brechen, tegulas, digitos. Hiervon trop. A) (Pl.) c. tesseram = die Freundschaft mit Jmd. aufheben, die Treue brechen. B) c. consilia alicuius vernichten. C) c. rem = verschwenden, verthun.

Con-fŭgio etc. 3. irgendwohin fliehen, seine Zuflucht nehmen, ad aliquem, in naves, ad tuam fidem, ad opem judicum, in tuam misericordiam.

Confŭgium, ii, n. [confugio] der Zufluchtsort, die Zuflucht.

Con-fulgeo, — — 3. (selten, Vortlauf.) stark glänzen.

Con-fundo etc. 3. 1) zusammengießen, -schütten, vermischen, aliquid cum re aliqua, u. (Poet.) rei alicui; c. cruorem in fossam ganz in die Grube gießen; trop. c. aliquid in totam orationem in die ganze Rede einmischen, über die ganze Rede verbreiten. 2) vermischen = vereinigen, verbinden, utrumque, vera cum falsis, duos populos in unum; rusticus confusus urbano. Hiervon pass.: oratio confusa a pluribus von Mehreren gemeinschaftlich verfaßt; sermones confunduntur in unum das Gespräch ward allgemein; c. proelio cum aliquo einen Kampf mit Jmd. bestehen. 3) mit dem Begriff der Unordnung, vermengen, verwirren, in Unordnung bringen, in einander werfen, signa et ordines peditum et equitum, notas, jura gentium; (Poet.) c. foedus verletzen, stören. Hiervon trop. = verwirren, aus der Fassung bringen, animos audientium, aliquem dicentem.

Confūse, adv. [confusus] ohne Ordnung, verwirrt, loqui; c. et permixte.

Confūsio, ōnis, f. [confundo] eigtl. das Zusammengießen. 1) die genaue Verbindung, Vereinigung, virtutum. 2) die Vermischung = Verwirrung, Vermengung, temporum, suffragiorum, populi.

Confūsus, adj. mit comp. [particip. von confundo] in Verwirrung gebracht, unordentlich, verwirrt, turba, clamor, oratio; trop. = aus der Fassung gebracht, animus (homo) confusus irā, pudore u. dergl.

***Confūtātio,** ōnis, f. [confuto] die Widerlegung.

Confūto, 1. 1) niederschlagen, dämpfen, zurückhalten, maximos dolores, audaciam alicujus. 2) trop. durch die Rede niederschlagen, Jmd. den Mund stopfen ob. Etwas widerlegen: c. senem iratum, argumenta Stoicorum.

Con-gĕlo, 1. [gelu] 1) transit. gefrieren machen, pruinas. Davon überhaupt verdichten, verhärten, gerinnen= ob. steif werden machen, lac; (Poet.) c. serpentem in lapidem in harten Stein verwandeln. 2) intrans. gefrieren, fluvius. Davon = sich verdichten, -erhärten; trop. amicus noster otio congelavit ist unthätig=, stumpf geworden.

***Congēmĭnātĭo,** ōnis, f. [congemino] (Pl.) eigtl. die Verdoppelung, scherzend = die Umarmung.

Con-gĕmĭno, 1. (Poet.) verdoppeln, c. ictus crebros ensibus mit den Schwertern wiederholte Hiebe geben, und c. securim in derselben Bedeutung.

Con-gĕmo etc. 3. 1) zusammen=, gemeinschaftlich seufzen, omnis senatus c. 2) laut und stark seufzen; insbef. (Poet.) über Jmds Tod seufzen.

Conger, gri, m. der Meeraal.

Congĕrĭes, ei, f. [congero] (Poet. u. Spät.) ein Haufen, eine Masse (unordentlich zusammengeworfen und ohne bestimmte Form, vgl. acervus und strues), ramorum, armorum.

Con-gĕro etc. 3. 1) zusammentragen, =sammeln, =häufen, arma, opes, omnia in vas; c. saxa in caput alicujus, ebenso hastas, scuta alicui auf Jmd.; trop. c. omnia ornamenta in aliquem, beneficia, maledicta in fratrem; (Poet.) c. aram arboribus zusammentragend bilden. Hiervon in der Rede zusammenfassen, =nehmen, sammeln, nomina multorum, argumenta, dicta; c. orationem ex multis zusammensetzen. 2) Etwas auf Jmd. übertragen (bef. in Menge), Jmd. Etwas beilegen, beimessen, zuschreiben: c. causas rei alicujus in aliquem, laudes alicui.

Congĕro, ōnis, m. [congero] (Pl.) ein Dieb.

Con-gerro, ōnis, m. [gerrae] (Pl.) der Possengefährte, der mit Jmd. gemeinschaftlich Spaß treibt.

Congesticius, adj. [congero] (selten) zusammengehäuft.

Congestus, us, m. [congero] 1) das Zusammentragen, =häufen. 2) (Vortlauf. u. Spät.) eine Masse, ein Haufen, lapidum.

Congĭālis, e, adj. [congius] (Vortlauf. u. Spät.) einen Congius enthaltend.

Congĭārĭum, ii, n. [congius] (eigtl. ein adj., sc. donum) eine unter das Volk von Magistratspersonen oder überhaupt von Großen vertheilte Spende, ufspr. aus Lebensmitteln und so, daß Jeder einen congius erhielt, später auch in Gelde: gewöhnlich von einer Gabe an das Volk, im Gegensatz des Donativum an die Soldaten, doch auch von einem unter diese vertheilten Douceur.

Congĭus, ii, m. ein römisches Maaß flüssiger Waare, enthaltend 6 sextarii = 1/2 einer amphora.

Con-glăcĭo, 1. 1) transit. (Poet. u. Spät.) gefrieren machen, aquam. 2) intrans. befrieren, zu Eis werden, aqua. Hiervon trop. tribunatus ei conglaciat er verbleibt unthätig in seinem Tribunate.

***Con-glisco,** — — 3. (Pl.) emporwachsen.

Conglŏbātĭo, ōnis, f. [conglobo] (Spät.) das Zusammenhäufen.

Con-glŏbo, 1. [globus] 1) zusammenballen, abrunden, kugelförmig bilden, mare, terram in se, astra. 2) trop. zusammenschaaren, =häufen, aliquos, milites in unum locum, se in templa.

Con-glŏmĕro, 1. zusammenknäueln, =wickeln, =winden, aliquid.

Conglūtĭnātĭo, ōnis, f. [conglutino] das Zusammenleimen, trop. c. verborum die Zusammenfügung.

Con-glūtĭno, 1. 1) zusammenleimen, -kleben, favos inter se. 2) *trop.* eng verbinden, fest zusammenknüpfen, knüpfen, amicitias, rem dissolutam, voluntates suas consuetudine; natura hominem conglutinavit bildete durch Zusammensetzung. 3) *trop.* (*Pl.*) Etwas ausfinnen, erfinden.

*Congraeco, 1. [graecor] durch griechische Üppigkeit verprassen.

*Congrātŭlātĭo, ōnis, *f.* [congratulor] (Spät.) der Glückwunsch.

Con-grātŭlor, *depon.* 1. (selten) vereinigt oder mit Eifer glückwünschen, libertatem restitutam zur Wiederherstellung der Freiheit.

Congrĕdĭor, gressus, *depon.* 3. [gradior] zusammengehen, -kommen, -treffen: A) überhaupt ohne feindliche Absicht, c. cum aliquo, luna c. cum sole, auch *absol.* B) feindlich zusammengehen = kämpfen, streiten, cum aliquo, cum hostibus; *c. contra Caesarem; (*Poet.* u. *Spät.*) c. alicui; *trop.* von einem Streit mit Worten, vor Gericht.

*Congrĕgābĭlis, e, *adj.* [congrego] Trieb zur Geselligkeit habend, gesellig: examina apum sunt cc.

Congrĕgātĭo, ōnis, *f.* [congrego] das Zusammenschaaren, = das Zusammenleben, Verbindung, hominum; *trop.* (Spät.) c. argumentorum, rerum, criminum die Vereinigung, Häufung.

Con-grĕgo, 1. [grex] 1) zu einer Heerde versammeln, zusammenschaaren: ferae cc. se ad amnes; animalia congregantur schaaren sich zusammen. 2) überhaupt sammeln, vereinigen, homines dispersos in unum locum; congregamus nos cum aequalibus; *trop.* (Spät.) c. verba, argumenta.

Congressĭo, ōnis, *f.* [congredior] (selten) die Zusammenkunft: cc. familiarum Verbindungen. 2) (Spät.) = congressus 2.

Congressus, us, *m.* [congredior] 1) die Zusammenkunft, bes. die gesellige, die Unterredung mit Jmd., geselliges Zusammenleben. 2) das feindliche Zusammentreffen, -stoßen, der Kampf, Streit. 3) (*Lucr.*) cc. materiae Verbindung.

Congruens, tis, *adj.* mit *comp.* u. *sup.* [*particip.* von congruo] übereinstimmend, 1) mit etwas Anderem, angemessen: actio c. menti, gestus c. cum sententiis; c. est (Spät.) es schickt sich. 2) mit sich selbst, gleichförmig, einstimmig, ceteris membris aequalis et c., clamor c.

Congruenter, *adv.* [congruens] mit etwas Anderem übereinstimmend, naturae; daher passend, angemessen.

Congruentĭa, ae, *f.* [congruens] (Spät.) 1) die Uebereinstimmung, Harmonie. 2) die Symmetrie, Proportion.

Congrŭo, ui, – 3. 1) (selten) zusammentreffen, -kommen, -stoßen: stellae, guttae cc. inter se; dies cc. ad eandem metam solis unde ortae sunt treffen ein auf u. s. w. 2) *trop.* A) dem Wesen nach mit Etwas übereinstimmen, passen, harmoniren, stimmen, entsprechen: quae dicuntur cc. cum causa; illae res cc. inter se; sermo c. inter omnes die Aussage Aller stimmt überein; non omni causae congruit unum orationis genus. B) der Gesinnung ob. Meinung nach stimmen, harmoniren, einig sein, illi cc. inter se; c. alicui. C) der Zeit nach passen, stimmen: tempus c. ad id ipsum, menses cc. cum solis lunaeque ratione.

Congruus, *adj.* (Vorklaff. u. Spät.) = congruens.

Cōnĭcĭo, f. Conjicio.

Cōnĭfer u. **Cōnĭger**, ĕra, ĕrum, *adj.* [conus-fero u. gero] (*Poet.*) zapfentragend.

Cōnĭtor, **Cōnīveo**, a. S. für Connitor, Conniveo.

Conjectānĕa, ōrum, *n. pl.* [conjicio] (Spät.) das Notizenbuch, Titel von Schriften vermischten Inhalts.

Conjectātĭo, ōnis, *f.* [conjecto] (Spät.) die Vermuthung.

Conjectĭo, ōnis; *f.* [conjicio] 1) das Werfen nach einem Ziele, telorum. 2) die muthmaßliche Deutung, die Vermuthung, somniorum.

Conjecto, 1. [conjicio] 1) (selten, Spät.) zusammenwerfen, -bringen, -tragen, cibos ad coenam. 2) *trop.* vermuthen, muthmaßen, muthmaßen schließen (f. conjicio I. 2. B.): c. rem eventu, valetudinem ex eo quod etc.; conjectantes iter den Weg errathend, nach Vermuthungen marschirend. Hiervon = muthmaßend und deutend wahrsagen, prophezeien.

Conjector, ōris, *m.* u. (*Pl.*) *-trix*, īcis, *f.* [conjicio] (*Pl.*) der Deuter, insbes. der Traumdeuter, Wahrsager, die *-in.

Conjectūra, ae, *f.* [conjicio] 1) die Muthmaßung, Vermuthung, der muthmaßliche Schluß: conjecturam facere (capere) de ob. ex re aliqua, auch bloß re aliqua aus Etwas einen Schluß machen; conjectura aliquid assequi Etwas errathen; si qua est conjectura mentis divinae wenn man überhaupt über das geistige Wesen der Gottheit Etwas durch Muthmaßung errathen kann. 2) insbes. die muthmaßliche Erklärung, Deutung, bes. von Träumen, die Wahrsagung, Prophezeiung.

Conjectūrālis, e, *adj.* [conjectura] zur Vermuthungs-, Muthmaßung gehörig, causa.

Conjectus, us, *m.* [conjicio] 1) den Begriff der Präposition beibehaltend, A) das Zusammenwerfen, das Werfen nach einem Orte hin, lapidum. B) (*Lucr.*) die Verbindung, materiei. C) (*Lucr.*) die Masse, der Haufen. 2) den Begriff der Präposition aufgebend, das Hinwerfen, Werfen, Abschießen u. dergl., teli; venire ad c. teli in die Schußweite kommen; c. oculorum in aliquem Hinblick, *trop.* c. animorum in aliquem und c. rationis ad veritatem das Hinwenden.

Conjĭcĭo, jēci, jectam, 3. [jacio] I. den Begriff der Präposition behaltend: 1) (selten) zusammenwerfen, -bringen, -tragen, sarcinas in medium. 2) *trop.* A) (Vorklaff.) c. verba u. absol. c. cum aliquo Worte zusammenbringen = mit Jmd. disputiren, vor Gericht streiten. B) (die Kennzeichen ober Thatsachen zusammenstellend) vermuthen, muthmaßen, schließen, daher errathen, aliquid,

Conjugalis — Connexus 165

eum ibi fuisse; callide c. de futuris. Hiervon c. somnium deuten, und überhaupt = etwas Künftiges wahrsagen, prophezeien: c. quae tempestas impendeat, aegrotum e morbo evasurum esse.
II. Die Bedeutung der Präposition aufgebend, Etwas irgendwohin werfen, bringen, stoßen, treiben, führen u. dergl.: c. aliquem in carcerem, hostem in fugam, navem in portum, cultrum in guttura in die Kehle stoßen. Hiervon A) c. se sich eilend begeben, sich stürzen, in fugam, in paludem; c. se in pedes (Com.) zu gehen anfangen. B) Jmb. ob. Etwas in irgend eine Lage, einen Zustand, eine Stimmung u. dergl. bringen: c. aliquem in morbum Jmb. krank machen, in laetitiam, in terrorem in Freude, in Schrecken versetzen; c. rempublicam in perturbationes, aliquem in periculum stürzen. C) c. maledicta in aliquem ausstoßen; c. culpam, crimen in aliquem ober aliquid auf Jmd. oder Etwas wälzen; c. legem in illam tabulam hinschreiben; c. vocem „hinwerfen", fallen lassen; petitiones tuae ita conjectae so gerichtete Angriffe (das Bild von einer Lanze hergenommen); c. pecuniam in aliquid auf Etwas verwenden, verschwenden; c. se mente ac voluntate in versum sich mit großem Eifer auf das Dichten werfen; e. se in noctem sich in die Nacht hinauswagen.

Conjŭgālis, e, *adj.* [conjux] (Spät.) ehelich.

Conjŭgātio, ōnis, *f.* [conjugo] eigtl. Zusammenjochung, *trop.* in der Rhetorik etymologische Verwandtschaft der Wörter.

***Conjŭgātor**, ōris, *m.* [conjugo] (Poet.) der Verbinder, Vereiniger: c. amoris der Chegott.

Conjŭgĭālis, e, *adj.* [conjugium] ehelich.
Conjŭgium, ii, *n.* [jugum] *1) (*Lucr.*) die Verbindung, corporis et animae. 2) die eheliche Verbindung, Ehe (als bloß physische Verbindung, vgl. connubium); auch von Thieren = Geschlechtsverbindung. Hiervon (Poet.) A) die Begattung. B) der Gatte oder die Gattin, auch = die Geliebte, die Liebschaft. C) im *pl.* = ein Paar, von Thieren.

Con-jŭgo, 1. (selten) zusammenjochen = zusammenpaaren, verbinden, amicitiam knüpfen, verba conjugata stammverwandte.

Conjuncte, *adv.* mit *comp.* u. *sup.* [conjunctus] 1) verbunden, in Verbindung, zugleich: c. re verboque risus movetur; c. cum reliquis rebus nostra contexere; c. elatum aliquid bedingungsweise, an eine Bedingung geknüpft. 2) in naher Verbindung, freundschaftlich, vivere cum aliquo.

Conjunctim, *adv.* [conjungo] vereint, auf Einmal, in Gemeinschaft, petere auxilium.

Conjunctio, ōnis, *f.* [conjungo] 1) die Verbindung, Vereinigung, hominum; c. mentis cum externis mentibus = Sympathie; c. vicinitatis auf Nachbarschaft beruhend. 2) Insbes. A) = eheliche Verbindung, Ehe. B) = Verwandtschaft. C) = Freundschaft. D) in der Grammatik eine Verbindungspartikel, Conjunction.

Conjunctus, *adj.* mit *comp.* u. *sup.* [par-

ticip. von conjungo] 1) angrenzend, benachbart, terra c. Cappadociae. 2) durch Ehe, Verwandtschaft oder Freundschaft mit Jmb. verbunden, c. cum aliquo oder alicui. 3) *trop.* A) mit etwas verwandt = übereinstimmend, ihm angemessen u. s. w.: nihil c. cum virtute; justitia c. intelligentiae. B) constantia c. gemeinschaftlich, einstimmig. C) *subst.* -tum, i, *n.* (*Lucr.*) die nothwendige u. wesentliche Eigenschaft einer Sache.

Con-jungo etc. 3. verbinden, vereinigen, cohortes illas cum exercitu, eam epistolam cum hac, *trop.* c. illum cum laude deorum lobe ihn gleich den Göttern; c. dextram dextrae, tecta muro portaeque ganz nahe an — bauen, castra muro unmittelbar an der Mauer das Lager schlagen, c. noctem diei den Tag und die folgende Nacht hindurch marschiren, c. arma finitimis sich mit den Truppen der Nachbarn vereinigen; c. boves vorspannen, vocales in der Aussprache zusammenschleifen; bellum conjungunt sie führen den Krieg gemeinschaftlich; (Spät.) c. consulatum, abstinentiam cibi ununterbrochen fortsetzen; conjunctus ex duplici genere zusammengesetzt. Insbes. A) durch Ehe oder Liebe verbinden, aliquam secum (ob. sibi) matrimonio. B) durch Verwandtschaft oder Freundschaft vereinigen, aliquem secum affinitate, multos sibi.

Conjūrātio, ōnis, *f.* [conjuro] 1) das Zusammenschwören = die gemeinsame eidliche Verpflichtung; davon (Spät.) die Vereinigung, die Verbindung, c. urbana die Vereinigung von Bürgern. 2) im üblen Sinne, die Verschwörung (vgl. conspiratio), das Complot. Hiervon meton. = die Genossenschaft der Verschwornen, die Verschwernen: nemo extra istam c. perditorum hominum.

Con-jūro, 1. 1) (selten) überhaupt zusammen schwören, unter sich schwören, gemeinschaftlich sich durch Eid verpflichten: omnes juniores cc.; cc., sese non abituros esse; quos consul conjuratos habebat durch gemeinschaftlichen Eid verpflichtet. Hiervon *trop.* = zusammen stimmen, sich vereinigen, alterius altera poscit opem res et conjurat amice. 2) im üblen Sinne, sich verschwören, ein Complot, eine Verschwörung bilden: cc. inter se; c. cum aliquo, in omnia facinora, contra rempublicam; conjurant ut urbem incendant, de interficiendo Pompejo, patriam incendere; conjurati = die Verschwornen.

Conjux ob. **Conjunx**, ŭgis, *comm.* [jugum] 1) *f.* die Gattin (edlerer Ausdruck als uxor); (Poet.) auch = Braut, Geliebte, Liebschaft. 2) (Poet.) *m.* der Gatte.

Conl. Die so anfangenden Wörter siehe unter Coll.....

Con-necto etc. 3. 1) zusammenknüpfen, genau verbinden, vereinigen, crines, omnia inter se, amicitiam cum voluptate; c. filiam discrimini patris (Spät.) die Tochter in die Gefahr des Vaters verwickeln; illud connectitur ex pluribus wird durch eine Verbindung von mehreren (Gegenständen) gebildet. 2) zu einer Schlußfolge verknüpfen, schließen, aliquid.

Connexio, ōnis, *f.* [connecto] (Spät.) *philos. term. t.*, die Schlußfolge, Conclusion.

Connexus, *adj.* mit *comp.* [particip. von

connecto] 1) mit Etwas verknüpft, eng verbunden, zusammenhängend; c. alicui per affinitatem mit Jmb. verschwägert; dies his funeribus connexi auf — folgend. 2) subst. -um, i, n. die Conclusion, Schlußfolge.

Connexus, us, m. [connecto] (Vorklaff. u. Spät.) die Zusammenknüpfung Verbindung.

Con-nītor etc. depon. 3. 1) intrans. sich fest an oder auf Etwas stemmen, -stützen, taurus connixus valido corpore; ratio connixa per se. Insbes. = die Hände ob. Füße gegen den Boden stemmen, um aufzustehen: infantes cc. ut se erigant; c. ad surgendum (von einem Verwundeten oder Ermüdeten). 2) sich aufstemmend nach einem höheren Puncte emporarbeiten, hinaufklimmen, in summum jugum, in altam arborem. 3) trop. sich anstrengen, eifrig sich bemühen: c. invadere hostem; omnibus copiis c. seine ganze Macht aufbieten; quantum animo conniti potes, quantum labore contendere, tantum fac ut efficias. 4) (Poet.) gebären.

Connīveo, nivi oder nixi (beides selten), — 2. 1) (Spät.) sich schließen, cava contrahuntur et cc. 2) insbes. von den Augen, sich schließen oder geschlossen sein, und vom Menschen die Augen schließen (beides vor Schlaf, Furcht, Scham u. dergl.): oculis somno conniventibus; conniveo somno, ad fulgura. Hiervon (Poet.) von der Sonne u. dergl. sich verfinstern. 3) trop. A) schlummern = unthätig sein, virtus sopita c. B) ein Auge zudrücken, Nachsicht haben, „durch die Finger sehen", in re aliqua, in hominum sceleribus.

Connūbiālis, e, adj. [connubium] (Poet.) ehelich.

Connūbium (ob. Cōnūb.), ii, n. [nubo] 1) eine gesetzmäßige, vollgültige römische Ehe (von der rechtlichen Seite und als bürgerliches Institut, vgl. cunjugium). 2) das Recht, eine solche Ehe zu stiften, das Cherecht: c. non est plebi et patribus eine im juridischen Sinne vollgültige Ehe kann zwischen zwei Personen nicht stattfinden, wenn die eine plebejischen, die andere patricischen Standes ist. 3) (Poet.) = conjugium 2.

Cŏnōn, ōnis, m. [Κόνων] 1) athenienstischer Feldherr. 2) Astronom aus Samos zur Zeit des Ptolemäus Philadelphus.

Cōnōpēum, ei, ob. -pīum, ii, n. [κωνωπεῖον] (Poet.) ein Mückennetz, Netz zum Abwehren der Mücken, wie es bes. bei den Aegyptiern gebräuchlich war.

Cōnor, depon. 1. versuchen, unternehmen, streben, an Etwas sich wagen: c. aliquid, tantam rem; c. facere aliquid; prius cogitare consuevit quam conari. Hiervon **Cōnāta**, ōrum, n. pl. das Unternehmen, Wagniß, der Versuch, perficere cc.

Conp. Die so anfangenden Wörter, wie conpar, conpello, conpesco u. s. w. siehe unter Comp.

*****Conquassātio**, ōnis, f. [conquasso] die starke Erschütterung.

Con-quasso, 1. stark erschüttern, terram; trop. mens conquassatur, exterae nationes illius anni furore conquassatae beunruhigt, omnes provinciae conquassatae sunt zerrüttet.

Con-quĕror etc. depon. 3. laut klagen, sich heftig beschweren über Etwas, adversam fortunam, injuriam dictatoris; c. apud te de istius improbitate; (Spät.) in senatu conquestum est man klagte, es wurde Beschwerde geführt; (Poet. u. Spät.) c. aliquid fieri daß Etwas geschieht.

Conquestio, ōnis, f. [conqueror] laute Klage, Beschwerde.

Conquestus, us, m. [conqueror] nur im abl. sing., = Conquestio.

Con-quiesco etc. 3. 1) ruhen, in Ruhe sein, Ruhe finden: c. ante iter confectum, ex omnibus molestiis ausruhen; häufig = schlafen, c. meridie. 2) trop. A) = unthätig sein, still stehen, darnieder liegen u. dergl.: navigatio c.; sica, vectigal c. B) häufig von der Ruhe des Gemüthes u. Geistes, Ruhe gewinnen, animus c.; non pati aliquem conquiescere Jmb. keine Ruhe lassen; insbes. = sich durch Etwas befriedigt oder beruhigt finden; c. in illis studiis, in amore tuo.

Conquīnisco, — — 3. (Vorklaff.) sich bücken, -niederkauern.

Conquīro, sivi, sītum, 3. 1) zusammensuchen, -schaffen, -bringen, allenthalben her auftreiben, naves, socios, dona, vetera exempla. 2) überall und eifrig aufsuchen, nachsuchen, aliquem; c. scelus Gelegenheit zu einem Verbrechen suchen.

Conquīsīte, adv. [conquisitus] (Vorklaff. u. Spät.) auf gesuchte, gewählte Weise.

Conquīsītio, ōnis, f. [conquiro] das Zusammensuchen, Auftreiben, Nachsuchen, pecuniarum, sacrorum. Hiervon insbes. die Aushebung, Werbung von Soldaten.

Conquīsītor, ōris, m. [conquiro] 1) der Werber, Truppenaushebber. Insbes. (Pl.) conquistor geschrieben, der „Claqueur", der dafür sorgt, daß geklascht wird.

Conquīsītus, adj. mit. sup. [particip. von conquiro] ausgesucht, ausgewählt, epulae.

Consālūtātio, ōnis, f. [consaluto] die gleichzeitige Begrüßung Mehrerer.

Con-sălūto, 1. von Mehreren, gleichzeitig begrüßen, aliquem; cc. inter se fie begrüßen sich gegenseitig; utrumque regem sua multitudo c.; legati eum cc. dictatorem grüßen ihn als Dictator.

Consănesco, nui, — 3 [sanus] selten, genesen, heilen.

Con-sanguīneus, adj. blutsverwandt, verwandt: am häufigsten von Geschwistern und was zu diesen gehört oder von diesen stammt, umbrae; daher subst. -us, i, m. u. -a, ae, f. der Bruder, die Schwester; doch auch, bef. im pl., von Verwandten überhaupt.

Consanguīnitās, ātis, f. [consanguineus] die Blutsverwandtschaft.

Con-saucio, 1. stark verwunden, aliquem.

Con-scĕlĕrātus, adj. mit sup. mit Verbrechen befleckt, frevelhaft, verbrecherisch, homo, vultus, mens.

Con-scĕlĕro, 1. mit einem Verbrechen beflecken, aures paternas.

Conscendo, di, sum, 3. [scando] besteigen, auf- oder in Etwas steigen: c. vallum, tribunal, montes, equos. Insbef. c. navem, auch in navem und absol. c. ein Schiff besteigen, an Bord gehen, sich einschiffen, a Brundisio, c. Tarento um von B., T. abzusegeln (also = „zu B., T."), in Siciliam um nach Sicilien zu segeln, „nach S."; (Poet.) c. classem daffelbe, u. c. aequor navibus unter Segel gehen; trop. c. usque ad praeturam sich zu — emporschwingen, ebenf. (Poet.) c. laudis carmen.

*Conscensio, ōnis, f. [conscendo] das Hineinsteigen, in naves Einschiffung.

Conscientia, ae, f. [conscio] 1) das Mitwissen, die Mitwissenschaft mit Anderen, die Theilnahme an der Kunde von Etwas: c. hominum, unius liberti; dagegen asciscere aliquem in conscientiam facinoris Jmd. der Kunde von einem Verbrechen theilhaftig machen, ebenfo c. conjurationis das Mitwissen von der Verschwörung. Hiervon * = der Kreis der mitwissenden Personen: quia nomem meum in conscientia istius facti audivit? 2) das Mitwissen mit sich selbst. A) das Bewußtsein, Gefühl, amissae fortunae, suae infirmitatis; (selten) c. de culpa, quid absit virium; bisweilen insbef. = Selbstbewußtsein, Selbstgefühl; sine hac c. ohne diese Ueberzeugung. B) das Bewußtsein der eigenen Handlungen u. f. w., das Gewissen, bona, recta (gutes Gewissen), mala (böses Gewissen); suae quemque malae cogitationes et conscientiae animi terrent; in conscientiam ducere aliquid Etwas als Zeichen eines bösen Gewissens betrachten.

Con-scindo etc. 3. zerreißen; vestem; c. aliquem capillo Jmd. die Haare zerraufen, trop. c. aliquem = herunterreißen, mit Tadel überhäufen, c. aliquem sibilis auspeifen.

*Con-scio, — — 4. (Poet.) sich bewußt fein, nil sibi c.

Con-scisco etc. 3. 1) (selten) gemeinschaftlich beschließen, -annehmen, bellum. 2) c. aliquid sibi, auch in se und absol., sich Etwas zusprechen = sich Etwas zufügen, -geben, Etwas auf sich laden: c. (sibi) mortem sich den Tod geben, exsilium (fugam) sich in die Verbannung begeben; c. facinus in se eine Unthat auf sich laden = begehen.

Conscius, adj. [con-scio] 1) mit einem Anderen um Etwas wissend, mitwissend, bef. subst. der Mitwisser, die Mitwisserin, Theilnehmer, Vertraute u. dergl.: c. alicui facinoris mit Jmd. von einem Verbrechen, aber auch c. facinori, mendacio alicujus; c. mihi fuit in privatis rebus, de illis rebus; conscius quae gerantur von dem was da vorgeht. 2) mit sich selbst Etwas wissend, sich bewußt, selbstbewußt: c. sibi alicujus injuriae; mens c. recti ein gutes Gewissen; (Lucr.), mens sibi conscia recti, conscius sibi in re turpi; c. sum, me nunquam vitae nimis cupidum fuisse ich weiß mit mir selbst, bin mir bewußt, das u. f. w., ebenso conscius quam inimicum habeam Caesarem.

*Con-screor, depon. 1. (Pl.) sich stark räuspern.

*Conscribillo, 1. (Poet.) deminut. = Conscribo 4. B.

Con-scrIbo etc. 3. eigtl. zusammenschreiben, 1) (selten) mit einem Anderen zugleich schreiben, cum aliquo ad aliquem. 2) daher: auf eine gemeinschaftliche Liste schreibend zusammenrufen, sammeln, namentlich c. milites, legiones ausheben, einrolliren und = zu einer gewissen Abtheilung ob. dergl. auswählen, einrolliren, c. tres centurias; c. populum wird von demjenigen gesagt, welcher die Leute sammelte und in gewisse Abtheilungen eintheilte, um Geld an sie auszutheilen. Hiervon insbef. Patres Conscripti statt Patres et C., „Väter und Ausgeschriebene, Erwählte" (d. h. die älteren Senatoren u. die ungefähr 510 v. Chr. in den Senat aufgenommenen Vornehmsten von den Rittern), die gewöhnliche Anrede an sämmtliche Senatoren, daher (Poet.) Conscriptus, i, m. = der Senator. 3) schreibend zusammensetzen verfassen, schreiben, librum, legem, epistolam; c. de his artibus. 4) A) (Poet.) vollschreiben, mensam vino, epistolam lacrimis. B) (Vortlaff.) scherzw., = prügeln, peitschen (vgl. scribo 1.).

Conscriptio, ōnis, f. [conscribo] das Zusammenschreiben, die schriftliche Abfassung; falsae cc. quaestionum Verfälschung der Verhörsprotokolle.

Con-seco etc. 1. (Poet. u. Spät.) 1) zerschneiden, membra fratris. 2) beschneiden, surculos.

Consecrātio, ōnis, f. [consecro] die Weihe, Heiligung, capitis alicujus (siehe consecro 1.); (Spät.) = die Apotheose der Kaiser.

Consecro, 1. [sacro] 1) Etwas weihen, heilig machen (eine Sache überhaupt, indem man sie dem profanen Gebrauche entzieht und ihr eine religiöse Bestimmung oder Beschaffenheit giebt, vgl. dedico und inauguro); c. totam Siciliam Cereri, aedem Jovi; c. origines suas sich selbst eine göttliche Herkunft beilegen, ars deorum inventioni consecrata dadurch geheiligt, daß ihre Erfindung den Göttern beigelegt wird; c. caput alicujus Jmd. als künftiges Opfer dem Untergange weihen = ihn verfluchen; c. bona alicujus den Göttern weihen, zum heiligen Gebrauche bestimmen, c. veterem Carthaginem für heiligen Boden erklären (so daß die früheren Besitzer ihn nie wieder erhalten konnten); trop. c. se patriae aufopfern, certis sententiis sich an gewisse Ansichten unbedingt binden. 2) für einen Gott erklären, in einen Gottheit erheben, aliquem. 3) trop. c. aliquid immortalitati und absol. c. verewigen, unsterblich machen: c. rem memoriā ac literis, auch c. memoriam rei alicujus.

Consectārius, adj. [consector] folgerecht, aus etwas Anderem folgend; davon subst. -ia, ōrum, n. pl. Schlußfolgen, Folgesätze.

Consectātio, ōnis, f. [consector] (zweifelh.) eifriges Trachten und Streben nach Etwas.

*Consectātrix, īcis, f. [consector] die eifrig nach Etwas strebt, die Anhängerin, libido c. voluptatis.

*Consectio, ōnis, f. [conseco] das Zerschneiden.

Con-sector, depon. 1. 1) stets mitfolgen, eifrig und fortwährend begleiten, aliquem; c.

rivulos sich an — halten. Hiervon *trop.* c. verba sich an die Worte halten; c. plura (in der Rede) mehrere Einzelnheiten aufzählen; c. aliquid imitando nachahmen. 2) eifrig nach Etwas trachten, -streben, sich einer Sache befleißigen, opes et potentiam, ubertatem orationis. 3) verfolgen, nachsetzen, hostes, lupum.

Consĕcūtio, ōnis, *f.* [consequor] 1) die Folge = Wirkung: ipsa detractio molestiae consecutionem voluptatis habet hat einen Genuß zur Folge. 2) in der Rhetorik die gehörige Verbindung der Worte, richtige Aufeinanderfolge.

Con-sĕnesco, nui, — 3. 1) alt werden, altern, in patria sua; haud ulla carina consenuit (Poet.) = alle Schiffe sind untergegangen. 2) *trop.* A) schwach-, kraftlos-, hinfällig werden, sich verlieren, abnehmen: homo ille c. prae maerore; illius partis auctores cc. verlieren ihr Ansehen, ebenso leges cc.; vires cc.; invidia c., omnia illis cc.; nomen c. kommt ab. B) (Spät.) lange oder gar zu lange bei Etwas verweilen, in re aliqua.

Consensio, ōnis, *f.* [consentio] die Uebereinstimmung, Einigkeit, übereinstimmende Ansicht, Entschluß u. s. w.: singularis omnium c. in me tuendo; tanta universae Galliae consensio fuit libertatis vindicandae daß man die Freiheit vertheidigen wollte; c. scelerata von einer Verschwörung, multorum von Vielen, auch *concr.* = die Genossenschaft der Verschwornen; *trop.* von leblosen Gegenständen, c. naturae Harmonie.

Consensus, us, *m.* = consensio; häufig im *abl. sing.* adverbial = nach einstimmigem Beschluß, einstimmig, aliquid facere.

Consentāneus, *adj.* [consentio] mit Etwas stimmend, übereinstimmend, zu Etwas passend, cum re aliqua oder rei alicui; c. sibi est mit sich selbst gleich, consequent. Häufig *impers.* consentaneum est es ist natürlich, angemessen, vernünftig: tibi c. est illud facere; *c. est ut ille uná sit (Pl.).

Consentes dii hießen bei den alten Römern die 12 obersten Götter, vielleicht = die Rathgebenden (consulo).

Consentia, ae, *f.* Stadt in Bruttium in Unteritalien; davon -Inus, *adj.* und *subst.* -Ini, ōrum, *m. pl.* die Einwohner von C.

Con-sentio etc. 4. 1) von Personen, A) (*Lucr.*) zugleich empfinden. B) einig sein, übereinstimmen, einstimmig Etwas meinen, -behaupten, -beschließen u. dergl.: c. cum aliquo ob. alicui mit Jmb.; cc. inter se; cc. de re, arma esse capienda wir sind einig, daß u. f. w.; cc. ad benevolentiam erga aliquem wir sind einig, stimmen überein in Bezug auf Wohlwollen gegen Jmb.; ad rempublicam conservandam darin daß wir den Staat retten wollen; consensum est in eam rem man wurde darüber einig; senatus c. bellum stimmt auch für den Krieg; cc. sibi sich selbst gleich, consequent sein. C) sich vereinigen, meist im üblen Sinne = sich verschwören, ad urbem incendendam, auch cc. aliquid facere und ut faciant aliquid. 2) von leblosen Gegenständen, übereinstimmen, stimmen, passen, harmoniren, rei alicui und cum re aliqua mit Etwas;

omnes partes corporis cc. inter se; ratio nostra c.

Con-sōpio, — ptum, 4. umzäunen, agrum, locum; hiervon *subst.* Conseptum, i, *n.* die Umzäunung, das Gehege.

Consĕquens, tis, *adj.* [*particip.* von consequor] folgend, = entsprechend, angemessen, folgerecht; c. est es ist eine natürliche Folge. Hiervon *subst.* Consequens, tis, *n.* die Folgerung, Schlußfolge.

Consĕquentia und (Vorklass. u. Spät.) -quia, ae, *f.* [consequor] die Folge, Aufeinanderfolge, eventorum; auch = Folgerung.

Con-sĕquor etc. *depon.* 3. 1) unmittelbar nachfolgen, -gehen, -kommen, gleich auf Etwas folgen u. s. w.: A) überhaupt, c. eum usque ad fores; dies, annus consequens nächstfolgend; c. aliquem aetate im Alter auf Jmb. folgen; has tam prosperas res consecuta est subita mutatio. B) = verfolgen, nachsetzen, copias reliquas. C) als einem Vorbilde oder Muster nachfolgen, Etwas nachahmen, befolgen, aliquem, morem. D) einer vorhergehenden Ursache als Wirkung folgen: illud ex hoc natura consequitur; magna invidia hoc dictum consecuta est die Folge dieser Worte wurde heftiger Unwille. E) durch logische Conclusion aus Etwas folgen: vides quae res quamque rem consequatur was aus Jedem gefolgert werden kann. 2) nachfolgend erreichen: A) = einholen, aliquem. B) = erlangen, erstreben, gloriam, fructum amplissimum ex vestro judicio; c. ut ob. ne daß ob. daß nicht u. f. w.; c. aliquid dicendo durch Reden Etwas erreichen, aber c. aliquid in dicendo im Reden einige Tüchtigkeit, Vorzüglichkeit erlangen. C) = gleichkommen, in irgend einer Eigenschaft erreichen, aliquem aliqua re. D) mit dem Geiste erreichen = begreifen, einsehen, erkennen, similitudinem veri, omnes illorum conatus; c. aliquid conjectura Etwas errathen, memoria erinnern. E) mit Worten erreichen = Etwas vollständig ausdrücken, aliquid, laudes ejus verbis. F) (selten) von Sachen, Jmb. zu Theil werden, treffen: tanta prosperitas illum est c.; incommoda nos cc.

Con-sĕro, sēvi, situm, 3. 1) besäen, bepflanzen, agros; ager consitus arbustis; *trop.* (Poet.) consitus mentem caligine mit Blindheit geschlagen, consitus senectute belaben mit. 2) (Poet.) säen, pflanzen, pomum, arborem.

Con-sĕro, sĕrui, sertum, 3. 1) (meist Poet. u. Spät.) zusammenreihen, -fügen, -setzen; c. loricam hamis zusammenflechten; c. sermones sich besprechen; c. diem nocti = eine Thätigkeit ununterbrochen Tag und Nacht fortsetzen, exodia consertа fabulis Atellanis mit den At. verknüpft. 2) feindlich zusammenbringen, sehr oft c. manum ob. manus im Handgemenge kämpfen, cum aliquo; cc. manus inter se; ebenso c. pugnam, proelium das Treffen anfangen, handgemein werden; auch c. bellum den Krieg beginnen; selten absol., in derselben Bedeutung, navis conserta ein Schiff, das in den Kampf mit einem anderen schon verwickelt ist; conserebant (zweifelh.) artes inter se versuchten gegen einander. Hiervon als juristischer *term. t.* ex jūre = te manum oder manu consertum voco id lebe bid vor Geridt um bort unfern Streit zu führen, forderte bid auf zum Rreebiten (der Ausdruck war aus gewiffen in der Geridtsverhandlung üblichen Gebräuchen hergenommen).

*Conserte, *adv.* [consero 2.] zufammenhangend, in Verbindung.

Con-serva, ae, *f.* die Mitfflavin, Mitdienerin.

Conservātio, ōnis, *f.* [conservo] die Erhaltung, Bewahrung, Aufbewahrung, bonorum, frugum; c. aequabilitatis Aufrechthaltung, decoris Beobachtung.

Conservātor, ōris, *m.* [conservo] der Erhalter, Bewahrer, Erretter, die *rin:* natura c. sui.

*Con-servītium, ii, *n.* (*Pl.*) die Dienftgenoffenfchaft.

Con-servo, 1. Etwas im unverfehrten Zuftande erhalten, bewahren (vgl. observo): c. exercitum, rem familiarem; c. hostes am Leben erhalten, fchonen, leges beobachten, fidem aber jusjurandum bewahren, halten; c. inducias halten, nicht verlesen.

*Conservŭla, ae, *f. deminut.* von Conserva.

Con-servus, i, *m.* der Mitfflave.

Consessor, ōris, *m.* [considō] der „Mitfiger", der beim Gaftmahle oder vor Geridt neben Jmb. figt, der Nachbar.

Consessus, us, *m.* [considō] das Zufammenfigen, davon die Verfammlung (im Geridte, beim Schaufpiele u. f. w.).

Considĕranter, *adv.* [partic. von considero] (Spät., felt.) bedäcdtig, befonnen.

Considĕrāte, *adv.* mit *comp.* u. *sup.* [consideratus] bedäcdtig, mit Ueberlegung.

Considĕrātio, ōnis, *f.* [considero] die Betrachtung, Erwägung.

Considĕrātus, *adj.* mit *comp.* und *sup.* [particip. von considero] 1) von Sachen, reiflich überlegt, „bedacht, erwogen, consilium, factum, tarditas. 2) von Perfonen, bedachtfam, behutfam, befonnen, homo.

Consīdĕro, 1. 1) genau befehen, = anfchauen, betrachten, argentum, aliquem, (Poet.) num exciderit ferrum. 2) geiftig betrachten, reiflich überlegen, „bedenken, erwägen (um fid eine Anficht über die Sache zu bilden, vergl. contemplor, delibero): c. vitam meam, (felten) de re aliqua; c. quid agam; considerandum est ne temere desperemus, ut aliquid fiat.

Con-sīdo, ēdi ob. (felten) īdi, essum, 3. *intrans.* 1) fid niederfesen, „niederlaffen, befonders von Mehreren, die fich zufammen niederlaffen, hic in umbra, in illo caespite: (Poet.) c. transtris ob. (den) Ruderbänken. Hiervon 2) insbef. zur Berathung ob. Befprechung fid niederfesen: c. ad jus dicendum, judices cc. in reum um den Angeflagten zu richten. 3) von einem Heere, fid auffellen, Pofto faffen, fid lagern, in illo loco, trans flumen. 4) dauernd fid niederlaffen, Wohnfig nehmen, Antii, hoc loco. 5) fid fenten, berabfinten, terra, Alpes, urbe. 6) *trop.* A) aliquid c. in mente ift eingewurzelt; c. in otio fid der Mufe ergeben; c. in ea mediocritate etc. bei — ftehen bleiben; nomen utri-usque in praetura consedit Beider Ruhm hörte mit der Quäftur auf, nahm nach diefer nicht mehr zu. B) fid verlieren, geringer werden, aufhören, furor, terror; c. luctu in Trauer verfinten.

Consignātio, ōnis, *f.* [consigno] (Spät., felten) ein fchriftlicher Beweis, Document.

Con-signo, 1. 1) verfiegeln, befiegeln, epistolam, tabulas; (Spät.) c. tabellas dōtis ob. c. dotem den die Mitgift betreffenden Contract auffegen und befiegeln. Hiervon *trop.* = beftätigen, befcheinigen, verbürgen, auctoritates suas, antiquitas tot monumentis consignata. 2) auszeichnen, auffchreiben, notiren, aliquid literis, fundos publicis commentariis; *trop.* notiones in animis quasi consignatae.

Con-silesco, lui, — 3. (Vorflaff. u. Spät.) fchweigen, fill fein.

Consiliārius, *adj.* [consilium] rathgebend, berathend, amicus, senatus; häufig *subst.* -ius, ii, *m.* der Rathgeber; davon von einem Beifiger vor Gericht, von einem Augur als mitfundig der Rathfchläge der Götter, c. Jovis.

Consiliātor, ōris, *m.* [consilior] (Spät.) der Rathgeber.

Consilior, *depon.* 1. [consilium] Rath pflegen, berathfchlagen, überlegen, cum aliquo, auch absol.

Consilium, ii, *n.* 1) die Berathfchlagung, gemeinfame Ueberlegung: interesse arcanis cc.; conferre cc. et sermones cum aliquo fid mit Jmb. berathen und befprechen; in consilium ferre aliquid Etwas zum Gegenftande der Berathung machen; quasi consilii res ait ait wenn die Sache noch Gegenftand einer Berathung fein fönne; hoc majoris consilii est erfordert genauere Berathung; magna cc. verfantur in senatu. Insbef. von Richtern, ire in c. zur Berathung und darauf folgenden Abftimmung fchreiten, dagegen vom Prätor mittere in c. die Richter zur Berathung u. f. w. fchreiten laffen. 2) die berathende Verfammlung (vgl. concilium), der Rath; convocare „habere c.; publicum c. häufig vom Senate, dagegen von Richtern qui ex senatu delecti estis in hoc c.; oft insbef. der Kriegsrath, auch c. castrense. 3) der Rath, den man Jmb. giebt: dare alicui consilium, juvare aliquem consilio; facere aliquid de c. alicujus auf Jmds Rath. 4) der Entfdhlus, der Plan, die Mafregel, die Abficht, der Vorfag: c. callidum, repentinum; eo c. ut etc. in der Abficht, mit dem Plan, das u. f. w.; condilium capio abeundi ob. abire, profectionis, ut abeam, c. est ita facere et ift (mein) Plan fo zu handeln; (felten) A) *abl.* consilio mit Abficht, abfichtlich. B) = ein gefcheiter Plan im Kriege, die Kriegsliff. 5) die Klugheit, Einficht, Befonnenheit, Fähigkeit felbft das Nöthige einzufehen ob. fid zu rathen: majore studio quam consilio; vir magni consilii, amittere c.; magni consilii est quid aetati credendum sit et es gehört viele Einfidt dazu, um zu entfcheiden, was u. f. w.

Con-simīlis, e, *adj.* völlig ähnlich, alicui; c. quasi etc, c. atque ego (Vorflaff.).

Consipio, — — 3. [sapio] (felten) bei Befinnung fein ob. bleiben.

Con-sisto, stĭti, stĭtum, 3. I. *intrans.* 1) sich hinstellen, in muro, ante domum, ad mensam. Insbes. (selten) c. cum aliquo sich zum Gespräch mit Jmd. hinstellen. 2) (mit dem Begriff einer aufhörenden Bewegung) still stehen, stehen bleiben: cogunt viatorem consistere. Insbes. von einem Kriegsheere u. dergl. Halt machen, Stand halten, stehen (im Gegensatz der Flucht, Unordnung oder des Marsches): utraque acies c., c. a fuga nach der Flucht; non pati consistere hostes; navis c. bleibt liegen. 3) *trop.* A) verbleiben, zurückbleiben: is c. in ordine equestri = sucht nicht höher zu kommen. B) bei Etwas stehen bleiben = sich darauf beschränken, ibi poena c. C) stocken, aufhören, still stehen, administratio belli. D) irgendwo oder bei Etwas sich aufhalten, verweilen, ibi, in uno nomine. E) fest stehen, sich behaupten, bestehen: c. in dicendo = seine Rede durchführen, in causis forensibus; nullo judice consistere ille potest nicht verurtheilt werden, seine Sache gewinnen. Insbes. c. linguā den vollen Gebrauch der Zunge haben, mente ruhig, bei sich sein; consilium consistit ein fester Entschluß ist gefaßt. *F) einig sein, übereinstimmen, c. verbis cum aliquo. 4) stattfinden, da sein, vorhanden sein: summa inter nos officia cc.; bini oratores vix singulis aetatibus consistere possunt. 5) in ob. aus Etwas bestehen, auf Etwas beruhen: victus eorum in lacte c.; bonum omne c. in honestate, salus optimi cujusque c. in illo; (Vorklaff. u. Spät.) c. ex re aliqua und in re aliqua; (Spät.) omnis quaestio c. circa res personasque, inter utile et honestum. — II. *transit.* (Vorklaff. zweifelh.) fest stellen, vitam.

*Consĭtĭo, ōnis, *f.* [consero 1.] die Besäung, Bepflanzung.

Consĭtor, ōris, *m.* [consero 1.] (Poet.) der Säer, Pflanzer.

*Consĭtūra, ae, *f.* = consitio.

Con-sobrīnus, i, *m.* und -a, ae, *f.* 1) Geschwisterkind von mütterlicher Seite, Kind der Mutterschwester. 2) überhaupt Geschwisterkind. 3) (Spät.) überhaupt der Verwandte.

Con-sŏcer, ĕri, *m.* (Spät.) der Mitschwiegervater.

Consŏcĭātĭo, ōnis, *f.* [consocio] die Verbindung, Vereinigung.

Consŏcĭātus, *adj.* mit *sup.* [*particip.* von consocio] gemeinschaftlich, voluntas innig verbunden.

Con-sŏcio, 1. gemeinschaftlich machen, theilen, sich zu Etwas mit Jmd. vereinigen, c. omnia cum aliquo, consilia cum amico; cc. regnum sie bestimmen, daß sie gemeinschaftlich regieren werden; c. injuriam cum aliquo mit Jmd. zugleich ausüben, usum rei cum aliquo mit Jmd. theilen; consociati cum aliquo oder inter se verbunden, res consociata verabredet.

Consōlābĭlis, e, *adj.* [consolor] tröstbar, der getröstet werden kann, dolor.

Consōlātĭo, ōnis, *f.* [consolor] 1) der Trost, die Tröstung, tröstender Zuspruch, malorum, dolorum im Unglücke, gegen den Schmerz, ebenso timoris. 2) die Trostrede, Trostschrift.

Consōlātor, ōris, *m.* [consolor] der Tröster.

Consōlātŏrĭus, *adj.* [consolator] tröstend, literae cc. Trostbrief.

Con-sōlor, *depon.* 1. 1) trösten, aliquem de ob. in re aliqua; c. se re aliqua mit Etwas. 2) c. aliquid Etwas durch Trost lindern, mildern, Jmb. wegen Etwas trösten, dolorem, desiderium, brevitatem vitae.

*Con-somnio, 1. (*Pl.*) im Traume Etwas aussinnen, aliquid.

Consŏnans, tis, *adj.* [*particip.* von consono] mitlautend, fast nur als *subst. f. sc.* litera, der Mitlauter, Consonant.

Con-sŏno etc. 1. 1) mit etwas Anderem zugleich lauten, *ertönen, tibiae; apes cc. summen; clamor consonans einstimmig. Hiervon in der Rhetorik, A) im Einklang stehen, harmonisch sein. B) von mehreren Worten, gleich ablauten. 2) *trop.* (Spät.) übereinstimmen, harmoniren, alicui in re aliqua.

Con-sŏnus, *adj.* 1) zusammenlautend, harmonisch, clangor. 2) *trop.* in Einklang stehend, übereinstimmend.

Con-sōpio, 4. völlig einschläfern, aliquem; *trop.* (Spät.) c. legem außer Kraft setzen.

Con-sors, tis, *adj.* 1) mit einem Anderen an einem noch ungetheilten Vermögen Antheil habend, bes. von Geschwistern oder Verwandten, die eine Erbschaft theilen sollen; tres fratres cc. Hiervon (Poet.) *subst.* = Bruder oder Schwester, bisweilen Verwandte überhaupt, auch als *adj.* geschwisterlich, cc. pectora (von zwei Schwestern), sanguis c. das Blut zweier Brüder. 2) A) theilhaftig, an Etwas gleichen Antheil habend (ohne dieses selbst bewirkt zu haben, vgl. socius, particeps); *subst.* der Theilnehmer an Etwas, der Gefährte, c. laboris; c. mecum illorum temporum, in furtis; c. Romuli Mitregent. B) (Poet.) gemeinschaftlich, tecta cc.

Consortĭo, ōnis, *f.* und (meist Spät.) -ium, ii, *n.* die Genossenschaft, Gemeinschaft, rei alicujus an Etwas.

Conspectus, us, *m.* [conspicio] 1) das Ansichtigwerden, Erblicken, Anblick, das Angesicht: cadere in conspectum sichtbar werden oder sein, esse in conspectu alicujus von Jmd. gesehen werden können, venire und hergl. in conspectum alicujus Jmd. vor die Augen kommen, von Jmd. gesehen werden können; abire e c. alicujus aus den Augen h. h. aus der Nähe Jmds. weggehen; in conspectu alicujus Angesichts Jmds.; quo longissime conspectum oculorum ferebant so weit sie mit den Augen reichen d. i. sehen konnten; c. est in Capitolium man hat Aussicht nach dem C. Hiervon A) *pass.* (selten) das Sichtbarwerden, c. meus; conspectu suo restituit proelium (dadurch, daß man ihn sah). B) das Aussehen, c. illustrior. 2) *trop.* der geistige Blick, die Betrachtung, c. naturae; bellum aliud erat in conspectu er hatte die Aussicht auf einen anderen Krieg; haec ne in conspecta quidem relinquuntur kommen nicht einmal in Betracht, werden nicht bemerkt.

Conspectus — **Consterno** 171

Conspectus, *adj. mit comp. [particip. von conspicio]* 1) ſichtbar, res c. alicui. 2) auffallend, ausgezeichnet, in die Augen fallend.

Conspergo, si, sum, 3. *[spargo]* 1) beſpritzen, beſprengen, aras sanguine, aliquem lacrimis; *trop.* c. orationem verborum quasi floribus, hilaritate übergießen, hier und da ſchmücken, auch (Poet.) c. prata floribus. 3) (Vorklaff. u. Spät.) hinſpritzen, hinſprengen, vinum, auch abſol. = Waſſer ſprengen.

Conspiciendus, *adj. [gerund.* von conspicio] ſehenswerth, auffällig, ausgezeichnet.

Con-spĭcio, exi, ectum, 3. 1) nach Etwas hinſehen, hinſchauen, den Blick auf Etwas richten: c. sursum in coelum. Hiervon *trop.* a) (ſelten) erwägen, quid sit verum, betrachten. b) (ſelten) von Localitäten, Ausſicht gegen Etwas haben, ſich gegen Etwas wenden: signum illud c. ortum solis. 2) erblicken, anſichtig werden, gewahr werden, locum, aliquem; c. calones flumen transisse, c. milites egredientes. Hierv. *trop. (Pl.)* = einſehen. 3) ins Auge faſſen, anſchauen, anſehen, aliquem. Insbeſ. *pass.* mit Bewunderung angeſehen werden, in die Augen fallen, ſich auszeichnen (ſiehe conspiciendus).

Conspĭcor, *depon.* 1. [conspicio] erblicken, anſichtig werden, aliquem, c. illam geminos pueros peperisse.

Conspĭcuus, *adj. [conspicio]* (Poet. u. Spät.) 1) in die Augen fallend, ſichtbar, signum, acies. 2) *trop.* auffallend, ausgezeichnet, anſehnlich, re aliqua durch Etwas.

Conspirāte, *adv.*, nur im *comp.* [conspiratus 1.] (Nachkl.) einmüthig.

Conspirātĭo, ōnis, *f.* [conspiro 1.] eigtl. das Zuſammenblaſen, 1) der Einklang, daher *trop.* die Einigkeit, das feſte Zuſammenhalten, c. omnium bonorum. 2) im üblen Sinne, die Verſchwörung, Zuſammenrottung.

Conspirātus, *adj.* [conspiro 1.] (Spät.) verſchworen, ſiehe Conspiro 1.

Conspirātus, zuſammengedrängt, ſiehe Conspiro 2.

Con-spīro, 1. 1) (Poet., ſelten) zuſammen blaſen, -ertönen, cornua cc. 2) *trop.* A) von Sachen, zuſammenſtimmen, harmoniren, im Einklange ſein, rerum cognatio conspirans; conatus multorum cc. vereinigen ſich. B) von Perſonen, der Geſinnung nach zuſammenſtimmen, einig ſein, ſich vereinigen, feſt zuſammenhalten, cum aliquo, populus Romanus e. ad liberandam rempublicam; im üblen Sinne, ſich verſchwören, zuſammenrotten, in eadem alicujus, ad res novas, ut adoriamur senatum. Hiervon *partic.* conspiratus als *adj.*, wie conjuratus, im *plur.* die Verſchwornen.

Con-spīro, 1. [spira] eigtl. zuſammenwinden; im *part.* conspiratus als *adj.* (ſonſt nur Nachkl.) zuſammengedrängt, milites, *trop.* exempla cc. in unum.

Con-sponsor, ōris, *m.* der Mitbürge.

Con-spŭo, — ūtum, 3. beſpeien, beſpuden, aliquem; *trop.* (unedler von Horaz verſpotteter Ausdruck) Jupiter c. Alpes nive beſtruit, bedeckt.

Con-spurco, 1. (Vorklaff. u. Spät.) beſudeln, aliquem.

Con-spŭto, 1. beſpeien, beſpucken, aliquem.

Con-stăbĭlio, 4. (Vorklaff.) ſtützen, befeſtigen, rem suam ſeine Umſtände.

Constans, tis, *adj. mit comp. und sup. [particip. von consto]* 1) ſtätig, feſt, feſt ſtehend, unbeweglich, daß. unabänderlich, regelmäßig u. dergl.: natura mellis est constantior ſäher; c. cursus, vultus; c. fides, pax zuverläſſig. 2) von Sachen, gleichförmig, mit ſich ſelbſt übereinſtimmend; oratio c. vom Anfange bis zum Ende gleich gut gehalten, ſich gleich, c. fama allgemeine Sage; memoria hujus anni parum constans est die Berichte über dieſes Jahr ſind abweichend; sibi constantior mehr conſequent. 3) von Perſonen, ſtandhaft, charakterfeſt, conſequent, der nach feſten Grundſätzen handelt, ausdauernd, auch = beſonnen, geſetzt, homo; inimicus c. hartnäckig; is fuit omnium constantissimus er war ein ſehr beſonnener Mann.

Constanter, *adv. mit comp. u. sup.* [constans] 1) ſtätig, unwandelbar, regelmäßig: c. pugnare; res humanae aequabilius et constantius se haberent würden mehr Stätigkeit haben. 2) von Sachen, gleichmäßig, übereinſtimmend, c. nuntiaverunt. 3) von Perſonen, conſequent, ſtandhaft, mit Ausdauer, mit Feſtigkeit, agere, dolorem ferre.

Constantĭa, ae, *f.* [constans] 1) die Beſtigkeit, Stätigkeit, Beſtändigkeit, Unabänderlichkeit: c. vocis et vultus; c. stellarum, coelestium regelmäßige Bewegung, unabänderlicher Gang; c. dictorum conventorumque der getroffenen Uebereinkünfte. 2) von Sachen, die Gleichmäßigkeit, Uebereinſtimmung, dictorum, inter augures; perpetuitas et c. 3) von Perſonen, die Beharrlichkeit, Conſequenz, Charakterfeſtigkeit, Beſtändigkeit, Ausdauer, oder die Beſonnenheit, Ruhe: c. Romana; c. animi; c. oppugnandi Beharrlichkeit im Belagern.

Consternātĭo, ōnis, *f.* [consterno 1.] 1) das Scheuwerden, z. B. equorum, davon die Beſtürzung, der Schrecken; c. et pavor mentis. 2) (meiſt Spät.) die leidenſchaftliche Aufregung, der Aufruhr, das leidenſchaftliche Benehmen.

Consterno, 1. [consterno?] 1) ſcheu machen, ſcheuchen, equi consternantur werden ſcheu; davon in Beſtürzung und Schrecken verſetzen, ſcheuchen, aliquem, hostes in fugam mit Schrecken in die Flucht jagen; consternari fugā foedā in ſchimpflicher Flucht fortgejagt werden. 2) in wilde und leidenſchaftliche Bewegung verſetzen, aufregen, aufhetzen u. dergl., conjuratos ad arma; sic sunt animo consternati ut etc.; mulieres consternatae.

Con-sterno etc. 3. 1) mit einer Decke belegen, bedecken, beſtreuen: c. tabernacula cespitibus, terram corporibus; frumentum c. vias liegt auf den Wegen hin; *trop.* c. mare navibus „mit Schiffen bedeckt", von ſehr zahlreichen Flotten. Hiervon navis constrata ein Schiff mit Verdeck; constrata pontium die Brüken, die gleichsam ein Verdeck über das Meer bildeten. 2) (selten) niederwerfen, niederschlagen, statuas.

Con-stīpo, 1. zusammendrängen, hostes sub ipso vallo.

Con-stĭtuo, ui, ūtum, 3. [statuo] 1) stellen, hinstellen, hinsetzen, -legen: c. taurum ante aram in litore; häufig in der Militärsprache = aufstellen, legiones intra silvas, cohortes in fronte. Insbes. mit dem Begriffe einer gehemmten Bewegung, c. agmen ob. signa das Heer Halt machen lassen; c. naves in alto (auf hoher See), litore aperto = vor Anker legen; bildlich oratio constituitur macht Halt. Hiervon trop. A) c. sibi aliquid ante oculos sich Etwas vor Augen halten. B) c. plebem in agris publicis auffällig machen in —, als Besitzer dort einsetzen, ubi Caesar eos c. ihnen Wohnsitze anwies. C) = feststellen: c. inscitiam alicujus = leiten, stützen; c. majestatem alicujus befestigen, sichern. 2) errichten, anlegen, bauen u. dergl., castella, aedem, urbem, domicilium sibi sich einen Wohnsitz aufschlagen. Hiervon trop. gründen, stiften, veranstalten, bereiten, zuwegebringen, judicium, concordiam; c. amicitiam cum aliquo Freundschaft machen, schließen; c. sibi malum ein Uebel über sich bringen; c. accusationem (vom Kläger) Alles vorbereiten, sich verschaffen, was zur Unterstützung der Klage gehört; utilitas c. amicitiam begründet; c. testes verschaffen. 3) einrichten, ordnen, rempublicam, rem familiarem; c. potestatem decemviralem errichten, einrichten; c. aliquem regem zum König einsetzen, machen. 4) bestimmen, festsetzen, diem colloquio; c. singulis finem imperii anweisen; nondum satis constitui ich bin noch nicht ganz mit mir selbst einig geworden; c. aliquid verum esse als gewiß annehmen. Hiervon häufig = verabreden, übereinkommen, c. cum aliquo, auch alicui, und cc. inter se; c. diem, se illuc esse venturum; constituunt, quo die praesto sint. 5) beschließen, abire oder ut abeam.

Constĭtūtio, ōnis, f. [constituo] 1) die Einrichtung, Anordnung, religionum der heiligen Gebräuche. 2) die Beschaffenheit, der Zustand, corporis, c. firma. 3) (Spät.) concr. die Verfügung, Verordnung, das Gesetz. 4) die Bestimmung, Festsetzung, summi boni; (Spät.) per oc. auf bestimmte Weise.

Constĭtūtor, ōris, m. [constituo] (Spät.) der Anordner.

Constĭtūtum, i, n. [constituo] 1) (Spät.) die Verordnung, Verfügung. 2) die Verabredung, der Accord, facere c.; habere c. cum aliquo; ad c. nach der verabredeten Stelle, zum Rendezvous.

Con-sto, stĭti, stātum, 1. 1) (Vorklass.) stillstehen, homines. 2) feststehen, fest und unverändert bleiben, bestehen, verbleiben: acies c. bleibt in Ordnung, pugna iis c. fie fahren fort in Ordnung zu kämpfen; color (ei) non c. er wechselte die Farbe; c. mente sui ner selbst mächtig, bei Sinnen sein, c. oculis (auribus) seine Augen (Ohren) fortwährend auf einen Gegenstand gerichtet haben; numerus legionum c. ist unverändert, noch vollständig; fides ceteris constitit die Uebrigen verblieben treu; (Poet.) cuncta cc. coelo sereno Alles ist ruhig und unverändert. 2) mit Etwas übereinstimmen, zu Etwas passen, oratio c. cum re. Insbes. A) c. sibi sich selbst gleich bleiben, consequent sein; c. humanitati suae seiner Humanität treu bleiben, sich nicht weniger human als früher zeigen. B) ratio c. die Rechnung stimmt, trop. (ohne Bezug auf das Rechnungswesen) = es trifft zu, es ist richtig. 3) von Ereignissen, Nachrichten u. dergl., gewiß und sicher sein, bekannt sein, feststehen: et factum et nomen c.; insbes. impers. constat inter omnes (eum esse doctissimum) Alle sind einig, c. omnibus Alle wissen bestimmt; constat apud animum ob. mihi ich bin mit mir selbst einig, constat mihi aliquid facere ich bin fest entschlossen. 4) (selten) da sein, existiren: antiquissimi quorum scripta cc. 5) in oder aus Etwas bestehen, auf Etwas beruhen: homo c. ex animo et corpore; virtus c. ex hominibus tuendis geht auf — aus: victoria c. in (selten) legionum virtute; (Poet. u. Spät.) c. re aliqua. — 6) zu stehen kommen, kosten: illa res c. quadringentis millibus, magno kömmt theuer, kostet viel; hoc gratis c. dieses erhält (man) umsonst, auch c. tanti es kostet so viel; trop. tanto detrimento illa victoria c. wurde mit so großem Verluste erkauft.

Constrictus, adj. mit comp. [particip. von constringo] (Spät.) zusammengezogen, davon = beschränkt, folium klein, arbor beschnitten.

Con-stringo etc. 3. 1) zusammenschnüren, -binden, -ziehen, sarcinam, manus alicui. 2) binden, fesseln, aliquem. 3) trop. A) = beschränken, in Schranken halten, zwingen, aliquem; c. scelus; c. fidem religione die Zusage durch eine religiöse Verpflichtung noch bindender machen; constrictus necessitate durch Nothwendigkeit gebunden. B) von der Rede, kurz zusammenfassen, sententiam aptis verbis; oratio constricta.

Constructĭo, ōnis, f. [construo] 1) die Zusammenfügung, Bildung durch Zusammenfügung: c. lapidum; c. hominis Erschaffung, theatri Erbauung. 2) in der Rhetorik c. verborum die passende Verbindung.

Con-struo etc. 3. 1) zusammenfügen, zusammenhäufen, acervos numorum, multas res; (Poet.) mensae constructae dapibus mit Gerichten voll besetzt. 2) zusammenfügend bilden, -bauen, erbauen, mundum, navem, nidum.

***Constuprātor,** ōris, m. [constupro] der Schänder.

Con-stupro, 1. durch Unzucht schänden, virginem; trop. judicium constupratum in welchem die Richter durch Zusagen liederlicher Zusammenkünfte bestochen waren.

Con-suādeo, — — 2. (Pl.) Jmb. Etwas anrathen, alicui aliquid.

***Consuāsor,** ōris, m. [consuadeo] der Rathgeber.

Con-sūdo, 1. (Vorklass., selten) stark schwitzen.

Consuē-făcio etc. 3. (selten) Jmb. an Etwas gewöhnen, aliquem facere (Com. auch ut ob. ne faciat) aliquid.

Con-suesco etc. 3. 1) *transit.* (selten, poet. u. Spät.) Jmd. (an Etwas) gewöhnen, brachia. 2) *intrans.* sich an Etwas gewöhnen, facere aliquid, selten (Spät.) ad rem, rei alicui und re aliqua; insbes. c. cum aliquo oder aliqua mit Jmd. verliebten Umgang haben, in einem vertrauten Verhältnisse stehen. Häufig *perf.* consuevi = ich pflege, aliquid facere, sicuti in sacris fieri consuevit wie es zu geschehen pflegt.

*Consuētio, ōnis, *f.* [consuesco] (*Pl.*) verliebter Umgang.

Consuētūdo, inis, *f.* [consuetus] die Gewohnheit, Sitte, der Gebrauch, vivendi, victus; c. majorum Herkommen, ad nostram c. nach unseren Sitten; res venit in consuetudinem wird Sitte; habere c. rei alicujus Uebung, Praxis in Etwas haben; ex od. pro c., auch bloß consuetudine, der Sitte, dem Gebrauche nach; est haec c. ut etc. insbes. häufig c. loquendi und bloß c. = der Sprachgebrauch. 2) täglicher und vertrauter Umgang: habere, jungere (anfangen) c. cum aliquo und cc. cum multis; c. epistolarum der Briefwechsel, die Correspondenz; bisweilen (Poet. u. Spät.) insbes. = das Liebesverhältniß, c. stupri ein liederliches.

Consuētus, *adj.* [*particip.* von consuesco] 1) (nach consuesco 1.) an Etwas gewöhnt, rei alicui, dicere. 2) (nach consuesco 2.) an das Jmd gewöhnt ist, gewöhnlich, angewöhnt, antrum, amor.

Consul, ŭlis, *m.* [verwandt mit consulo] ein Consul, eine der zwei höchsten Magistratspersonen in der römischen Republik (über das Nähere siehe die Lehrbücher der römischen Alterthümer). Insbes.: c. suffectus im Lauf des Jahres an eines Anderen Stelle gewählt; c. designatus für das nächste Jahr gewählt (also in der Zwischenzeit zwischen der Wahl und dem Amtsantritt). Hiervon A) = pro consule, der Statthalter einer Provinz (eigtl. also eine Ungenauigkeit im Ausdruck). B) (Spät.) die höchste obrigkeitliche Person in anderen Städten.

Consulāris, e, *adj.* [consul] zu einem Consul gehörig, Consuls-, officium, imperium, insignia; lex e. von einem Consul vorgeschlagen, comitia cc. zur Wahl eines Consuls; aetas c. das Jmd erreicht haben mußte um Consul zu werden; vir c. od bloß c. a) ein Mann, der Consul gewesen ist; b) (Spät.) in der Kaiserzeit ein Legat, der vom Kaiser als Statthalter in eine Provinz geschickt wurde.

*Consulāriter, *adv.* [consularis] wie es einem Consul geziemt.

Consulātus, us, *m.* [consul] das Consulat, das Amt oder die Amtszeit eines Consuls: petere c.; toto suo c. somnium non vidit.

Consŭlo, lui, ltum, 3. [verwandt mit consul] L *intrans.* 1) sich berathen, Rath halten, berathschlagen, erwägen, de salute publica; c. in medium oder in commune, in publicum über das allgemeine Beste, das Wohl des Staates oder der Gesammtheit; (Poet.) curia consulens vom Senate. 2) durch Rathschläge u. dgl. für Jmd. sorgen, ihm helfen, Rath schaffen: c. alicui, parti civium, famae, saluti alicujus; c. receptui sibi sich einen Rückzug sichern; c. ut

ob. ne aliquid fiat. Hiervon c. irae, timori dem Zorn, der Furcht folgen. 3) beschließen, Maaßregeln treffen, handeln: ne quid gravius consulas; gewöhnlich mit einem *adv.,* c. gravius de perfugis, crudeliter in victos die Ueberwundenen grausam behandeln. II. *transit.* 1) befragen, um Rath fragen, zu Rathe ziehen: c. aliquem, de re aliqua oder quid faciendum sit, auch (Converf.) c. aliquem aliquid über Etwas; c. senatam, populum = eine Erklärung von — begehren. Häufig c. oraculum, exta, deos, und c. aliquem de jure civili, daher qui consuluntur = die Rechtskundigen. 2) Etwas erwägen, überlegen, über Etwas berathschlagen, aliquid, rem delatam. 3) (Com.) c. alicui aliquid Jmd. Etwas anrathen. 4) c. aliquid boni Etwas gut aufnehmen, zum Besten erklären, mit Etwas zufrieden sein.

Consultātio, ōnis, *f.* [consulto] 1) die Berathschlagung, Erwägung: res venit in c. wird Gegenstand einer B. 2) die berathende Anfrage: respondere consultationi alicujus. 3) in der Rhetorik A) die zur Uebung angestellte Untersuchung über einen supponirten Rechtsfall. B) ein allgemeiner Rechtsfall. 4) *meton.* der Gegenstand, worüber berathschlagt oder angefragt wird.

*Consultātor, ōris, *m.* [consulto] (Spät.) der Jmd. um Rath fragt.

Consultē (selten) *adv.* [consultus] mit Ueberlegung, auf wohlerwogene Weise.

Consulto, *adv.* [consultus] nach Berathung = absichtlich, vorsätzlich.

Consulto, 1. [consulo] 1) Rath pflegen, berathschlagen, erwägen: c. aliquid, conducat id necne; c. de officio, super re aliqua, in commune ob. medium über das allgemeine Beste. 2) (selten) c. alicui für Jmb. sorgen; (Com.) istuc sarculum consultabit wird helfen. 3) (Vorklaff., Poet. u. Spät.) um Rath fragen, befragen, aliquem.

Consultor, ōris, *m.* [consulo] 1) (selten) der Rathgeber. 2) der um Rath fragt, der Befrager.

Consultrix, īcis, *f.* [consulo] die Besorgerin, die Etwas verschafft, natura c. et provida omnium utilitatum opportunitatumque.

Consultum, i, *n.* [consulo] 1) der Rathschluß, Beschluß ob. die Maaßregel, der Plan, Rath: virorum fortium facta et cc.; magna cc. große Entwürfe; mollia cc. Insbef. senatus c. ein Senatsdecret, -beschluß. 2) (Poet.) = Orakelspruch, petere c.

Consultus, *adj.* mit *comp.* u. *sup.* [*particip.* von consulo] 1) berathen, überlegt, erwogen, consilium bene c.; omnia cc. et exquisita ad nos deferunt. 2) eigtl. befragt über Etwas, daher (weil man in der Regel nur die Kundigen befragt) einer Sache kundig, erfahren in, insbes. juris consultus ob. bloß c. = rechtskundig, häufig als *subst.* der Rechtsgelehrte.

Con-sum (nur in den Formen Consuturum, confore) (Vorklaff.) sein, geschehen.

Consummābilis, e, *adj.* (Spät.) [consummo] der Vervollkommnung fähig, perfectibel.

Consummātio, ōnis, *f.* [consummo] (Spät.) 1) das Zusammenfassen unter Eins,

Consummatus — Contemplatio

daher das Zusammenrechnen, die Summirung. 2) die Vollendung, die Erreichung des Höhepuncts einer Sache.
Consummātus, *adj.* [*particip.* von consummo] (Spät.) vollendet, vollkommen ausgebildet.
Consummo, 1. [summa] meist (Poet. u Spät.) 1) (selten) zusammenfassen, zusammenrechnen; *trop.* gloria belli in ejus decus nomenque velut consummata auf — zusammengebrängt, vereinigt. 2) vollenden, vollführen, vollbringen, rem aliquam, sacrum. Hiervon *trop.* vollkommen machen, zur Vollkommenheit bringen, artem; ne se consummatos putent sich für vollkommen halten.
Con-sūmo etc. 3. 1) als Essen zu sich nehmen, verzehren, aufzehren, frumentum, cibum. 2) verzehren, A) = aufbrauchen, verbrauchen, durchbringen, verprassen, pecuniam, bona paterna. B) = vernichten, fortunas sociorum; häufig vom Feuer, aedes consumuntur incendio. Hiervon a) von Krankheiten u. bergl., aufreiben, schwächen, mitnehmen und daher = ums Leben bringen: si vis aliqua morbi me c. hinwegrafft; häufig *pass.* consumi morbo, inediā, lacrimis. b) vermindern, schwächen, gratiam, vires. c) metus c. vocem erstickt. d) (Poet.) c. mare et terras vergebens überall Zuflucht suchen. 3) gebrauchen, verbrauchen, auf Etwas verwenden: c operam, laborem in re aliqua, studium in armis; c. pecuniam in agrorum emptionibus; (selten, Poet.) c. ubera in natos erschöpfen. Insbes. von der Zeit, zubringen, verwenden, dies decem in his rebus. Hiervon a) oft = unnütz verbrauchen, verlieren, diem epulando, per discordiam; c. bona ingenii. b) (Spät.) consumpsisse = Etwas bis auf die Hefen genossen haben, Nichts mehr übrig lassen, ignominiam.
Consumptio, ōnis, *f.* [consumo] (selten) 1) das Verzehren. 2) das Anwenden.
Consumptor, ōris, *m.* [consumo] (selten) 1) der Verzehrer, Zerstörer, ignis c. omnium. 2) adjectivisch = verschwenderisch.
Con-suo etc. 3. zusammenflicken, tunicam. Hiervon *trop.* a) (*Pl.*) c. dolos = Kniffe ausdenken, Ränke schmieden (wegen eines Wortspiels mit tunicis consutis). b) c. alicui os (Spät.) = Jmb. das Reden untersagen.
Con-surgo etc. 3. 1) von Mehreren, sich zusammen erheben, zugleich aufstehen, senatus, triarii cc.; nos in venerationem tui cc. 2) von einem Einzelnen, aufstehen, sich aufraffen: consul c.; (Poet.) aër, mare c. wird erregt, binae quercus cc. ragen in die Höhe. 3) insbes. zu irgend einer Thätigkeit (bes. einer feindlichen) sich erheben, ad bellum, ad res novas; *trop.* venti cc. cc., heben sich, bellum c. entsteht, ira cc. entbrennt.
Consurrectio, ōnis, *f.* [consurgo] das vereinte Aufstehen (aus Höflichkeit u. dgl.).
Consus, i, *m.* [condo?] eine altrömische männliche Gottheit (vielleicht Gott der geheimen Berathschlagung), später mit dem Neptunus verwechselt. Ihm zu Ehren wurde das Fest Consuālia, ium, *n. pl.* gefeiert, namentlich durch Wettfahren.

*Con-sŭsurro, 1. (*Pl.*) mit Jmd. zusammen zischeln.
*Contăbē-făcio etc. 3. (Vorklass.) nach und nach hinschwinden machen.
Con-tăbesco, bui, — 3. hinschwinden, sich abzehren.
Contăbŭlātio, ōnis, *f.* [contabulo] die Zusammenfügung von Brettern, die Bretterdecke, das Stockwerk.
Contăbŭlo, 1. [tabula] mit Brettern belegen, -versehen, turrim, und c. murum turribus mit aus mehreren Stockwerken bestehenden Thürmen versehen; (Poet.) c. mare molibus mit Brücken, die gleichsam einen Bretterboden bilden, belegen.
Contactus, us, *m.* [contingo] 1)(Poet. u. Spät.) die Berührung, terrae. 2) die Ansteckung: morbus contactu vulgatus; *trop.* von einer moralischen Ansteckung, schlechtem Beispiel u. bergl.
Contāges, is, *f.* [contingo] (*Lucr.*) die Berührung.
Contāgio, ōnis, *f.* und (Poet. u. Spät.) -ium, ii, *n.* [contingo] 1) die Berührung, der unmittelbare Zusammenhang. Hiervon = Verbindung, unmittelbare Einwirkung, c. naturae; quae potest c. ex infinito intervallo ad lunam pertinere? 2) die Ansteckung, morbi; bes. *trop.* von geistiger, moralischer oder religiöser Befleckung, lasterhaftem Verkehr u. Theilnahme an etwas Schlechtem, böses Beispiel u. bergl., c. sceleris, criminis, imitandi belli; (Poet.) c. lucri ansteckende Gewinnsucht; c. invasit, traxit populos die Ansteckung, das Verderbniß breitete sich über die Völker aus.
Contāmĭnātus, *adj.* mit *sup.* [*particip.* von contamino] schuldbefleckt, schändlich; insbes. = lustbefleckt.
Contāmĭno, 1. [tango?] 1) verunreinigen, besudeln, aliquam, aliquem urina. Hiervon *trop.* beflecken, se maleficio, mentem omni scelere; c. gaudium aegritudine stören. 2) (Com.) durch unzulässige Benutzung entstalten, „plündern", „mißhandeln", poeta c. multas Graecas fabulas, dum paucas Latinas facit.
*Contechnor, *depon.* 1. [techna] (*Pl.*) etwas Ränkevolles aussinnen, aliquid.
Con-tĕgo etc. 3. 1) becken, zudecken, bedecken, capita scutis, corpus humo, omnia nebulā; insbes. c. corpus sepulcro u. dgl. begraben. 2) *trop.* A) = schützen: contectus fide clientium. B) verwahren, unterbringen, arma. C) verbergen, verfehlen, libidines fronte et supercilio, injuriam.
Con-tĕmĕro, 1. (Poet.) beflecken, verunreinigen, locum aliquem.
Con-temno etc. 3. verachten (gewöhnlich = nicht fürchten, trotzen, vgl. sperno, despicio u. f. w.): c. pericula, mortem, deos, auch voluptatem, res humanas, aliquem; (Poet.) non c. coronari; oft non contemnendus = ansehnlich, tüchtig u. f. w.; (Poet.) arbores cc. ventos widerstehen, trotzen.
Contemplātio, ōnis, *f.* [contemplor] 1) das Beschauen, die Betrachtung mit den Augen. 2) *trop.* die geistige Betrachtung, Anschauung. 3) (Spät.) die Rücksicht auf Etwas.

Contemplativus   **Contestor**   175

*Contemplātīvus, *adj.* [contemplor] (Spät) betrachtend.

Contemplātor, ōris, m. [contemplor] (selten) der Beschauer, Betrachter, coeli ac deorum.

Contemplātus, us, m. [contemplor] nur im *abl. sing.* 1) (Poet.) die Betrachtung. 2) (Spät) die Rücksicht.

Contemplor, *depon.* 1. (Vorklass. u. Spät. auch -o, 1.) [templum] beschauen, betrachten, aufmerksam und genau ansehen (um sich dem dadurch erregten Gefühle, gewöhnlich von Gefurcht oder Wohlbehagen, zu ergeben, vgl. considero, delibero): c. aliquem, coelestia, pulchritudinem rerum; *trop.* c. aliquid animo, totam causam.

Contemptim, *adv.* mit *comp.* -tius [contemno] mit Verachtung, geringschätzend, superbe et c., barbari c. vagabantur.

Contemptio, ōnis, *f.* [contemno] die Verachtung, Nichtachtung, mortis, deorum, pecuniae, Geringschätzung; venire in contemptionem alicui Gegenstand der Verachtung Jmds werden.

Contamptor, ōris, m. u. (Poet. u. Spät.) -trix, īcis, *f.* [contemno] der Verächter, die -rin, deorum, divitiarum; animus c. voller Verachtung.

Contemptus, *adj.* mit *comp.* und *sup.* [*particip.* von contemno] verachtet, verächtlich.

Contemptus, us, m. [contemno] die Verachtung, Geringschätzung, hominum; esse alicui contemptui von Jmd. verachtet sein, contemptu laborare allgemein verachtet sein.

Con-tendo, ndi, ntum, 3. 1) (meist Poet.) spannen, straff anziehen, arcum, vincula. Hiervon (Poet.) c. sagittam, hastam abschießen, werfen. 2) *trop.* spannen = anstrengen, vires, nervos in illo onere; (Poet.) c. animum in curas; (Pl.) c. cursum mit angestrengter Eile laufen. 3) sich mit Etwas anstrengen, sich mit Eifer und Anstrengung an Etwas machen, mit Etwas sich bemühen, eilen: c. naves conscendere, proficisci, ire; c. aliquid mit Etwas, (Vorklass.) auch c. causam eifrig betreiben; c. remis angestrengt rudern. 4) eilen, eilig ziehen, =marschiren, Romam, in Italiam, ad nostra castra; *trop.* nach Etwas eifrig streben, es eifrig zu erlangen suchen, für Etwas sich bemühen, c. ad summam laudem, ad salutem; hierv. als *transit.* c. aliquid, is magistratus summā ambitione a populo contenditur. 5) (Etwas von einem Andern zu erlangen streben =) Etwas begehren, dringend verlangen, Jmd. um Etwas bitten: c. aliquid ab aliquo; c. ut ob. ne etc. 6) behaupten, bestimmt versichern, illud, aliquid esse falsum. 7) (mit hervortretendem Begriff der Präposition) zusammenspannen, -halten um den Unterschied zu sehen, vergleichen, gegen einander halten: c. duas leges, suam rationem cum aliena, (Poet.) c. rem rei alicui. Hiervon 8) wetteifern, kämpfen, streiten: c. cum aliquo, contra ob. adversus aliquem, (Poet.) alicui; auch von einem Wort- ob. Rechtsstreit, ea. inter se de re aliqua; c. proelio, magis virtute quam dolo. Hiervon bei

einer Versteigerung = um die Wette bieten, aufbieten.

Contente, *adv.* mit *comp.* u. *sup.* [contentus 1.] angestrengt, eifrig, mit Anstrengung, dicere, pugnare.

Contente, *adv.* [contentus 2.] (Vorklass.) eingezogen, knapp.

Contentio, ōnis, *f.* [contendo] 1) die Spannung, Anstrengung, vocis, animi. Hierv. = Steigerung, leidenschaftliche Heftigkeit, Erbitterung u. dgl., animi, orationis, c. disputationis beim Disputiren. 2) das eifrige Streben nach Etwas, honorum. 3) der Vergleichung, hominum, causarum; facere c. anstellen. 4) der Wettstreit, der Kampf, Streit (mit Waffen ob. Worten): c. proeliorum, c. cum aliquo de re aliqua. Insbes. bei *Cic.* steht c. allein, im Gegens. des sermo, von der Art Rede u. Vortrag, die in Rechtssachen, in der Volksversammlung, im Senate u. dergl. gebraucht wird, also = "Streitrede", Rede die Jmd hält, um sich Etwas zu erkämpfen ob. doch in dem obwaltenden Streite zu siegen (Andere führen es auf Bedeutung 1. hin und übersetzen es "angestrengte, eifrige, pathetische ob. dergl. Rede".)

Contentiōsus, *adj.* [contentio] (Spät.) streitsüchtig, hartnäckig.

Contentus, *adj.* mit (Spät.) *comp.* u. *sup.* [contendo] 1) gespannt, straff. 2) angestrengt, eifrig.

Contentus, *adj.* [contineo] (eigtl. zusammengehalten, rücksichtlich seines Verlangens auf Etwas beschränkt), zufrieden, begnügt mit Etwas, nicht mehr verlangt: c. re aliqua mit Etwas; (Poet. u. Spät.) c. dicere, aliquid facere, hostes sustinuisse die Feinde aufgehalten zu haben.

*Contĕrĕbrŏmius, *adj.* (Pl.) [contero-Bromus] vom Bacchus durchwandert (Libyen).

Con-termĭnus, *adj.* (Poet. u. Spät.) zusammengrenzend, angrenzend: Aethiopia c. Aegypto, quercus c. tiliae nahe an einer Linde stehend; als *subst.* -na, ōrum, *n. pl.* die benachbarten Gegenden, Scythiae von Scythien.

Con-tĕro etc. 3. 1) (selten) zerreiben, zerbröckeln, cornua cervi, radicem in pulverem. 2) durch häufigen Gebrauch aufreiben, A) aufreiben, abnutzen, hart mitnehmen, boves, tres corios bubulos in tergo alicujus; *trop.* c. viam oft betreten; c. librum legendo häufig lesen; proverbium vetustate contritum alt und häufig gebraucht; c. se in re aliqua sich sehr anstrengen. B) von der Zeit, zubringen, aetatem in litibus, diem cursando. C) *trop.* c. operam anwenden, häufig = unnütz anwenden, vergeuden; c. injurias oblivione aus dem Gedächtniß verwischen, vergessen; c. atque contemnere aliquid gänzlich verachten.

Con-terreo etc. 2. heftig schrecken, einschüchtern, in Schrecken setzen, aliquem ob. animos re aliqua.

Contestātio, ōnis, *f.* [contestor] 1) (Spät.) das Anrufen zum Zeugen. 2) das Beschwören bei den Göttern, das inständige Bitten.

Con-testor, *depon.* 1. 1) zu Zeugen rufen, als Zeuge herbeirufen, deos hominesque. 2) *term. t.* c. litem einen Proceß durch Herbeirufung der Zeugen einleiten, indem die Parteien erklärten, sich in den Proceß einlaffen zu wollen. Davon *pass.* virtus contestata erprobt, bewährt.

Con-texo etc. 3. 1) zusammenweben, -flechten, villos ovium. 2) zusammenfügen, -setzen, zusammensetzend bilden, erbauen, navem, equum trabibus aus Balken; c. orationem, librum verfassen. Hiervon *trop.* a) crimen erdichten. b) = fortsetzen, fortspinnen, hoc carmen longius, c. interrupta. 3) verflechten, verknüpfen, verbinden: c. extrema cum primis; aetas hominis superiorum aetate contexitur wird in Verbindung gesetzt; (Poet.) c. animum corpori; verba contexta im Zusammenhange verbunden.

*Contexte, *adverb.* [contextus] im Zusammenhange.

Contextus, *adj. [particip.* von contexo] in sich verbunden, zusammenhängend.

Contextus, us, *m.* [contexo] 1) die Zusammenfügung. 2) der Zusammenhang, die Verbindung, litterarum; in c. operis im Verlaufe des Werkes.

Conticesco, ticui, — 3. [taceo] verstummen, schweigen, nachdem man gesprochen hat (vgl. taceo): c. de re aliqua; lyra c. (Poet.), ebenso *trop.* actiones tribuniciae, tumultus, judicia, literae forenses cc. = aufhören, nicht länger fortgesetzt werden.

Conticinium, ii, *n.* [conticesco] (Wortklass.) die Zeit, wo Alles verstummt, die erste Nachtzeit.

Contignātio, ōnis, *f.* [contigno] das Gebält, Getäfel, Stockwerk.

Contigno, 1. [tignum] aus Balken zusammenfügen, mit Balken belegen, aliquid.

Contiguus, *adj.* [contingo] eigentl. anrührend, d. h. 1) anstoßend, angrenzend, dómus cc.; c. alicui Jmd. nahe. 2) (Poet.) contiguus hastae mit der Lanze erreichbar.

Continens, tis, *adj.* mit *comp. u. sup.* [*particip.* von contineo] 1) (nach contineo I.) zusammenhängend: A) mit einem anderen Gegenstande. a) im Raume, angrenzend, anstoßend, benachbart: praedia cc. huic fundo; Syria c. cum Cilicia. b) in der Zeit (selten), dies cc. die darauf folgenden Tage. c) *trop.* mit Etwas gleich verknüpft, auf Etwas unmittelbar folgend: ipsum malum continens fuit timori. B) mit sich selbst: a) im Raume, zusammenhangend, ununterbrochen, ripa, agmen; insbef. c. terra und als *subst.* allein c. (f.) das feste Land, der Continent. b) in der Zeit, ununterbrochen, unaufhörlich, fortdauernd, labor omnium dierum, bella. 2) nach contineo 3. B), enthaltsam, mäßig, uneigennützig. 3) (nach contineo 4.), in der Rhetorik, als *subst.* (n.) das worauf Etwas beruht, die Hauptsache, continens causae.

Continenter, *adv.* mit *sup.* [continens] 1) zusammenhängend: A) (selten) im Raume, in ununterbrochener Reihe, sedere. B) in der Zeit, ununterbrochen, unabläffig, pugnare. 2) enthaltsam, vivere.

Continentia, ae, *f.* [continens] *1) (Spät.) das Zurückhalten. 2) das Sichimzaumhalten = die Enthaltsamkeit, Mäßigung, Selbstbeherrschung, Uneigennützigkeit

u. dergl., c. et modestia, c. animi; c. in victu.

Contineo, īnui, entum, 2. [teneo] 1) zusammenhalten, -fassen: mundus c. omnia complexu suo; c. vitem levi nodo; pars urbis, mari disjuncta, ponte continetur wird durch eine Brücke verbunden. Hiervon: A) c. exercitum = nicht vertheilen, merces = nicht austheilen. B) im *pass.* a) von Localitäten, von Etwas umschlossen-, umgeben-, begrenzt sein: vicus c. montibus, pars Galliae Garumnā flumine c. b) *trop.* cognatione quadam inter se illae artes cc. find durch eine Art von Verwandtschaft verbunden. 2) = in einem gewissen Zustande erhalten, halten, erhalten, bewahren: c. rempublicam, aliquem in fide, in officio, in armis. 3) zurückhalten, festhalten, halten: c. milites sub pellibus, copias in castris, ora equorum frēnis; c. animam den Athem; cc. se moenibus, intra silvam; c. se domi, ruri, in studiis sich — halten, vom Hause u. s. w. nicht weichen; im Kriege c. aliquem == eingeschlossen halten. Hiervon *trop.* A) im Zaume halten, bändigen, mäßigen, beschränken: c. Etruriam metu; c. cupiditates, risum, vocem schweigen. B) von Etwas abhalten, zurückhalten: c. animum a libidine, se ab assentiendo, suos a proelio; c. se in aliqua libidine sich beherrschen; vix me contineo ob. continere (auch *me continere nequeo) quin etc. (Com.) ich kann mich kaum enthalten u. s. w. C) Etwas bei sich zurückhalten = verschweigen, dicta. 4) in sich enthalten, begreifen, fassen: omnia, quae gignuntur, continent vim caloris in se; mons c. reliquam spatium nimmt den übrigen Raum ein. Insbef. illud c. causam darauf beruht die Sache, und so bef. im *pass.* contineri re aliqua auf Etwas beruhen, in Etwas bestehen: dii non nervis ac venis cc., artes quae cc. conjecturā. 5) (Wortklass. u. Spät.) *intrans.* sich zusammenhalten = zusammenhängen; commeatus c. utroque nach beiden Seiten hin ist ein zusammenhängender Durchgang.

Contingo, tigi, tactum, 3. [tango] I. *transit.* 1) berühren c. undas pede; (Poet.) c. cibum ore und davon c. allein = kosten, genießen, granum. Hiervon c. dextram alicujus Jmds Hand ergreifen; *trop.* c. aliquem cognatione mit Jmd. verwandt sein. 2) *trop.* A) an Etwas grenzen, -stoßen: Helvetii cc. fines Arvernorum, turris c. vallam; milites, trabes cc. inter se stehen=, sind dicht an einander; (Poet.) hoc c. solium Jovis erreicht beinahe, c. deos propius den Göttern näher stehen. B) (meist Poet.) = erreichen, irgendwohin gelangen, Italiam; vox mea nullum mortalem c.; c. avem sagittā mit dem Pfeil treffen. C) *particip.* contactus = befleckt, berunreinigt, angesteckt (vgl. contagio cc.): civitas contacta regiā praedā (durch ihre Theilnahme an der Beute); Galli cc. eo scelere; civitas c. rabie juvenum; dies religione contactus flussbeladen (vom dies Alliensis). 3) *trop.* betreffen, angehen, mit Jmd. oder Etwas in Berührung stehen: haec consultatio nihil c. Romanos; suspicio c. eum trifft ihn, cura me c. entsteht bei mir. II. *intrans.* meist *impers.*, begegnen, widerfahren, sich ereignen, gewöhnlich von etwas Glücklichem, daher = zu Theil werden (vgl. accidit, evenit); tot commoda mihi ce.; c. mihi id facere = es gelingt mir; hoc contingere debet oratori ut etc.; servitus c. alicui wird sein Loos.

Con-tingo (ob. -guo), — — 3. (Poet.) benehen, befeuchten, oras circum pocula melle; c. lac sale besprengen, bestreuen.

Continuātio, ōnis, f. [continuo] 1) die ununterbrochene Fortsetzung, Folge, das Fortdauern, der Zusammenhang: c. laborum, imbrium, rerum, causarum. 2) in der Rhetorik, eine Periode.

Continuĭtas, ātis, f. [continuus] 1) (Spät.) die unmittelbare Verbindung, der Zusammenhang. 2) (Vorklass.) die ununterbrochene Fortdauer.

Continuo, 1. [continuus] zusammenhangend machen, aneinanderreihen: 1) im Raume, unmittelbar aneinanderfügen, -verbinden, vereinigen: aër mari continuatur et junctus est; c. aedificia moenibus Gebäude unmittelbar an der Stadtmauer aufführen; c. domos dicht an einander reihen; c. agros, fundos mehrere unmittelbar an einander anstoßende Grundstücke erwerben. Hiervon c. verba = zu einer Periode zusammenfügen. 2) in der Zeit, ununterbrochen fortsetzen, unmittelbar auf einander folgen lassen: c. totos dies theatro mehrere Tage nach einander im Theater zubringen; discordia continuatur paci folgt sogleich auf den Frieden. Insbes. a) c. magistratum von einer Magistratsperson, sein Amt auch das folgende Jahr fortbehalten, aber b) c. alicui magistratum vom Volke ob. Senate, Jmd. sein bisheriges Amt verlängern und auch auf das folgende Jahr geben; auch praeturam ei continuavit gab ihm die Prätur unmittelbar nach der Aedilität.

Continuo, adv. [continuus] 1) unverzüglich, sofort, auf der Stelle; c. agere; deinde aedilis factus est, c. praetor gleich darauf, unmittelbar darnach. Hiervon insbes. bei der Angabe des aus Etwas Folgenden, verbunden mit einer Negation oder einer Frage, (= „nicht gleich", „darum nicht sogleich"): non c. sum sicarius daraus folgt nicht sogleich (ohne Weiteres), daß ich ein Mörder sei. 2) (Spät.) ununterbrochen, fortdauernd.

Continuus, adj. [contineo] 1) im Raume, in sich selbst zusammenhangend, fortlaufend, c. agri, montes (eine Reihe von Bergen); flamma per continua serpens durch die nächst anstoßenden Gegenstände, (Poet.) c. terrae ex die Erde stoßend. 2) in der Zeit, ununterbrechen, unmittelbar auf einander folgend, tot anni, dies decem cc. nach einander; bella cc., labor c. unaufhörlich. Hiervon homo c. der Etwas unaufhörlich thut, (Spät.) continuus principis der den Fürsten unablässig begleitet; oratio c. zusammenhangend.

Contio (st. Conventio) 1) eine von einem Magistrat (im Felde von dem Befehlshaber) berufene Versammlung des Volks oder der Soldaten, deren Zweck war, die Versammelten von Etwas zu benachrichtigen, eine Angelegenheit vorläufig zu debattiren oder eine gewisse Ansicht und Stimmung in Bezug auf dieselbe zu bewirken

(vgl. concilium, comitia): habere, convocare c., convocare populum ad (in) c., prodire in c.; c. militum, c. togata et urbana; escendere in contionem die Rednerbühne in einer Versammlung besteigen. 2) die Rede, der Vortrag in einer Volksversammlung: legi c. tuam; habere c. gravem in Caesarem; Thucydides melior contionibus vorzüglicher betreffend die in seine historische Schrift eingestreuten Reden; dare alicui contionem Jmd. die Erlaubniß geben in einer Versammlung zu sprechen.

Contiōnăbundus, adj. [contionor] vor einer Volksversammlung redend; als part. mit einem Obj. c. hoc dieses wie vor einer Volksversammlung sprechend.

Contiōnālis, e, und (selten) **-ārius**, adj. [contio] zur Volksversammlung gehörig, genus dicendi, officium; senex c. der sich stets in den Volksversammlungen herumtreibt, um die Menge aufzuwiegeln.

*****Contiōnātor**, ōris, m. [contionor] ein Volksredner im üblen Sinne, Demagog.

Contiōnor, depon. 1. [contio] 1) in eine Versammlung vereinigt sein, eine Versammlung bilden. 2) vor einer Volksversammlung reden, adversus aliquem, pro tribunali, apud milites; *contionor, me non esse siturum etc. sage in einer vor einer Versammlung gehaltenen Rede; daher 3) überhaupt = laut aussagen, rufen.

Contiuncŭla, ae, f. deminut. von contio.

*****Con-tollo**, — — 3. (Vorklass.) statt confero, was man sehe; c. gradum (aliquo) sich irgendwohin begeben.

*****Con-tŏnat**, impers. (Pl.) es donnert stark.

Con-torqueo 2. 1) herumdrehen, -winden, -bewegen: c. membra quocumque placet, c. globum; c. navem, sursum drehen, lenken; c. brachium schwingen. 2) schwingend schleudern, telum in aliquem. 3) trop. A) von kräftiger und lebhafter Rede, c. verba eine schwungvolle Rede führen. B) c. auditorem ad severitatem oder dgl., den Zuhörer, selbst gegen dessen Willen, zur Strenge führen. C) von spitzfindigen und künstlichen Schlußfolgen; diende cc. et ita concludunt sie machen einen Seitensprung.

Contorte, adv. mit comp. [contortus] verschroben, gekünstelt, dicere.

Contortio, ōnis, f. [contorqueo] 1) das Schwingen, dextrae. 2) trop. die Verschlingung = Verschrobenheit, cc. orationis verschrobene Redensarten und Ausdrücke.

*****Contortor**, ōris, m. [contorqueo] (Com.) der Verdreher, legum.

*****Contortŭlus**, adj. deminut. von Contortus, was man sehe.

*****Contortuplicātus**, adj. [contortus-plico] (Pl.) auf künstliche Weise zusammengesetzt und verwickelt.

Contortus, adj. [particip. von contorqueo] 1) trop. oratio c. schwungvoll, kraftvoll. 2) verschroben, künstlich, gezwungen, res, σόφισμα.

Contra, I. adv. 1) im Raume, gegenüber,

auf der entgegengesetzten Seite: omnia c. circaque; templa vides c.; astitit c.; aspicere aliquem c. oculis gerade vor seinen Augen. 2) von Handlungen und Verhältnissen. A) (Poet.) zur Bezeichnung des Gegenseitigen, andererseits, dagegen: quae me amat, quam c. amo. B) zur Bezeichnung eines Gegensatzes, dagegen, hingegen, im Gegentheil: ut hi miseri, sic c. illi beati; cognoscere quid boni utrisque esset, quid c. der entgegengesetzten Art; c. atque (ob. ac) ille dixerat anders als er gesagt hatte, im Gegensatze zu dem, was er gesagt hatte, ebenso: senatus c. quam ipse censuerat ad vestitum rediit während er früher für das Gegentheil sich erklärt hatte. Insbef. (Com.) zur Bez. des gleichen Werthes: auro mihi c. constat filius ist dem Golde gleich an Werth, non auro carus est c. er ist nicht mit Geld zu bezahlen (mit Gold aufzuwiegen). C) von einem feindlichen Gegensatze, entgegen, gegen, pugnare, resistere. — II. praep. mit accus. 1) im Raume, gegenüber: regiones quae sunt c. Gallias. 2) gegen, wider (fast immer von einem feindlichen Gegenüberstehen, Widerstande, vgl. erga, adversus): c. vim fluminis gegen den Strom, c. naturam, spem; c. ea dagegen, hingegen; pugnare, disputare c. aliquem; hoc est c. me dieses spricht gegen mich, ist zu meinem Schaden. NB. bisweilen ist c. dem pronom. relat. nachgesetzt, bei Poet. u. Spät. auch seinem subst.

*Contracte [contractus] adv., nur im comp. (Spät.) beschränkt, knapp.

*Contractiuncŭla, ae, f. deminut. von Contractio, was man sehe.

Contractio, ōnis, f. [contraho] 1) das Zusammenziehen, digitorum; c. frontis Runzeln. 2) trop. A) die Abkürzung, Kürze, orationis, hujus paginae; c. syllabae das Aussprechen einer Sylbe als kurz. B) c. animi die Kleinmüthigkeit, der Trübsinn.

Contractus, adj. mit comp. [particip. von contraho] beschränkt, knapp, locus, fretum eng; oratio c. kurz; (Poet.) paupertas c. beschränkt und daher den Menschen gleichsam beschränkend; mihi parcam et contractus legam eingezogen.

Contractus, us, m. [contraho] (Vorklass. u. Spät.) 1) das Zusammenziehen. 2) die Verhandlung, der Beginn eines Geschäftes. 3) die Uebereinkunft, der Contract.

Contrā-dico etc. 3. (Spät.) widersprechen, alicui und precibus alicujus.

Contrādictio, ōnis, f. [contradico] (Spät.) der Widerspruch, die Gegenrede.

Con-trăho etc. 3. zusammenziehen: 1) Etwas auf einen kleineren Raum zusammenziehen, beschränken: c. membra, collum (oppos. tendere), se, digitos; c. vela die Segel einziehen, c. castra. Hiervon A) = verkürzen, abkürzen, verkleinern, orationem, tempora dicendi; luna c. orbem = nimmt ab. B) c. frontem die Stirn runzeln, c. supercilia. C) (Spät.) c. lac gerinnen machen, cicatricem verharrschen machen. D) trop. a) c. appetitus u. dergl. bändigen, beschränken. b) c. animum kleinmüthig werden, in Trübsinn versinken; contrahi re aliqua über Etwas betrübt, kleinmüthig werden; c. aliquem tristitia quadam ängstigen,

herabdrücken. 2) eine Mehrheit auf eine Stelle zusammenziehen, versammeln: c. classem, exercitum, cohortes ex ultimis regionibus, omnia in unum; c. libros sammeln. 3) A) verursachen, bewirken, herbeiführen, alicui negotia, bellum Saguntinis cum Carthaginiensibus, auch (Pf.) bellum inter aliquos. B) sich Etwas zuziehen, über sich Etwas bringen: c. aes alienum, damnum, morbum, certamen; c. sibi negotium. Insbef. c. nefas eine Sünde begehen; hiervon porca heredi contracta eine Sau, die der Erbe als Sühnopfer einer Schuld darzubringen verpflichtet ist. 4) ein Geschäft oder einen Accord mit Jmd., bef. in Geldsachen, abschließen, contrahiren: c. rem, rationem, negotium cum aliquo; res contractae eingegangene Contracte, abgeschlossene Geldgeschäfte; auch absol. c. cum aliquo Geschäfte mit Jmd. haben, mit Jmd. verkehren.

Contrā-pōno etc. 3. (Spät.) entgegensetzen; daher subst. contrapositum der Gegensatz.

Contrārie, adv. [contrarius] entgegengesetzt, gegensätzlich.

Contrārius, adj. [contra] 1) im Raume, gegenüber liegend, entgegengesetzt, collis; tellus c. Phrygiae. 2) in andern Verhältnissen, entgegengesetzt (stärker als diversus): oc. studia, casus; disputare in partes oc. für und gegen; quinqueremes cc. die einander auf der Fahrt begegnen; vitium c. illi virtuti (Spät.); vitiositas c. est hujus virtutis; orationes inter se contrariae; auch mit ac oder atque: contrarium decernebat ac paulo ante decreverat das Gegentheil dessen, was u. f. w. Insbef. e contrario adverbial, hingegen, im Gegentheil. 3) (Poet. u. Spät.) feindlich, schädlich, alicui; exta oc. ungünstige Wahrzeichen gebend.

*Contrectābĭlĭter, adv. [contrecto] (Lucr.) mit sanfter Berührung.

Contrectātio, ōnis, f. [contrecto] die Betastung.

Contrecto, 1. [tracto] 1) betasten, befühlen, rem, vulnus; trop. pudicitia contrectata gekränkt; c. librum manibus = häufig in die Hände nehmen und lesen. 2) trop. durchgehen, untersuchen: c. aliquid mente an Etwas denken; corpus oculis contrectandum praebere (Tac.).

Contrĕmisco, mui, — 3. [contremo] 1) stark zu zittern anfangen: c. tota mente atque omnibus artubus. 2) mit einem accus., vor Jmd. oder Etwas zittern, aliquem, injurias.

Con-trĕmo, — — 3. (Vorklass.) stark zittern, -beben.

Con-trĭbuo, etc. 3. 1) bei einer Theilung mit etwas Anderem zusammenschlagen und verbinden: c. aliquos cum his oder (selten) his (dat.); c. milites in unam cohortem; quae contributae erant ad Megalopolin condendam vereinigt, verbunden. 2) vertheilen, zutheilen, aliquid alicui. 3) beitragen, zusammenschicken, aliquid.

Con-tristo, 1. [tristis] 1) traurig machen, betrüben, aliquem. 2) (Poet. u. Spät.) von der Luft u. dergl., verdüstern, trübe machen, coelum, colores.

Contrōversia, ae, *f.* [contra-verto] die Streitigkeit, der Streit, insbes. der Rechtsstreit oder der wissenschaftliche Disput: c. rei familiaris über einen Besitz; c. mihi est oder habeo c. de re aliqua; vocari (venire) in controversiam streitig (Gegenstand eines Streites) werden, adducere (deducere) in controversiam streitig machen; dirimere (componere) c. den Streit beilegen, endigen; sine c. als *adv.* unstreitig, ohne Widerrede; non est c. quin illud fecerit Niemand widerspricht, daß u. s. w.

Contrōversiōsus, *adj.* [controversia] (selten) sehr streitig.

Contrōversus, *adj.* [contra-verto] *pass.* streitig, worüber gestritten wird, res, auspicium.

Con-trūcīdo, 1. zusammenhauen, in Stücke hauen, niederhauen, plebem, tauros, *trop.* rempublicam vernichten.

Con-trūdo etc. 3. 1) (Vorklass.) zusammenstoßen, nubes in unum. 2) irgendwohin stoßen, aliquos in balneas, equum in flumen.

Con-trunco, 1. (Vorklass. u. Spät.) zerschlagen, in Stücken hauen, aliquem; c. cibum = verzehren.

Contubernālis, is, *comm.* [contabernium] Jmd. der im contubernium (siehe d. Wort) lebt, der Zeltcamerad, Zeltgenoß, Gefährte im Kriege, davon überhaupt Gefährte, fortwährender Gesellschafter, Camerad; scherzend (*Pl.*) crucibus contubernalem dari getreuzigt werden.

Contubernium, ii, *n.* [con-taberna] 1) die Zeltcameradschaft, die Zeltgenoffenschaft, sowohl zwischen Soldaten überhaupt, als insbes. zur Bezeichnung des näheren Verhältniffes zwischen einem Feldherrn oder Statthalter und einem jungen Mann, der ihn in den Krieg oder doch in die Provinz begleitete, um sich dort unter seiner Leitung auszubilden, indem er an seiner Seite und in seiner nächsten Umgebung war: necessitudo contubernii; c. patris mit seinem Vater. 2) Hiervon *trop.* A) das Zusammenleben, der nähere Umgang, die Gesellschaft überhaupt. B) die Ehe der Sclaven. C) die wilde Ehe überhaupt, das Concubinat. D) die Wohnungsgemeinschaft der Thiere. 3) das gemeinschaftliche Zelt, die gemeinschaftliche Baracke: deponere arma in c. Hiervon überhaupt = die gemeinschaftliche Wohnung, namentlich eines Sclavenpaares.

Con-tueor etc. *depon.* 2. (Vorklaff. auch -tuor, — 3. *depon.*) 1) beschauen, genau besehen, aliquid; c. longinqua weit hinaus in die Ferne schauen. Hiervon *trop.* = vor Augen haben, bedenken, propositum. 2) erblicken, ansichtig werden, aliquid; id novum c. das ist mir ein neuer Anblick.

Contuĭtus, ob. **-tūtus**, us, *m.* [contueor] nur im *abl. sing.* (Vorklaff. u. Spät.) das Betrachten, aufmerksame Ansehen.

Contumācia, ae, *f.* [contumax] 1) der Trotz, die Trotzigkeit, Widerspenstigkeit, Halsstarrigkeit, der Stolz (gegen einen höher Stehenden, vgl. superbia): c. et arrogantia; c. ac superbia oraculorum, responsi; selten lobend, c. libera.

Contumāciter, *adv.* mit *comp.* [contumax] trotzig, halsstarrig.

Contŭmax, ācis, *adj.* mit *comp.* u. *sup.* [verw. mit tumeo] trotzig, halsstarrig, unbeugsam, widerspenstig, stolz: c. animus, homo; c. in aliquem und (Spät.) c. alicui gegen Jmd., adversus tormenta; *trop.* lima c. (Poet.) nicht nachgebend = hart.

Contumēlia, ae, *f.* *1) der Stoß, das Ungemach, die Gewalt: naves ex robore factae ad quamvis vim et contumeliam perferendam. 2) die Beschimpfung, Beleidigung, schimpfliche Mißhandlung, der Schimpf (die That, wodurch Jmd. beleidigt wird, vgl. offensio; die c. betrifft die persönliche Ehre, vgl. ignominia): accipere c. leiden, imponere (facere, dicere) alicui contumeliam objacere c. in aliquem Jmd. eine Beleidigung zufügen; contumeliā oder per contumeliam auf höhnende Weise, mit Schimpf; accipere aliquid in contumeliam Etwas als eine Beschimpfung aufnehmen.

Contumēliōse, *adv.* mit *comp.* u. *sup.* [contumeliosus] schmählich, schimpflich.

Contumēliōsus, *adj.* mit *comp.* u. *sup.* [contumelia] schimpflich, schmählich, beschimpfend, dictum, literae cc. in aliquem, auch c. alicui gegen Jmd.; homo c. schmähend, schimpflich redend.

Con-tŭmŭlo, 1. 1) (Spät.) hügelförmig anhäufen, stragulum. 2) (Poet.) begraben, aliquem.

Con-tundo, tŭdi, tūsum, 3. 1) zerschlagen, zerstoßen, zermalmen, zerquetschen, radices, aliquem fustibus; grando c. vites beschädigt. 2) zermalmen = vernichten, vollends überwinden, bändigen, niederschlagen: c. audaciam alicujus, feroces populos, Hannibalem, calumniam.

Conturbātĭo, ōnis, *f.* [conturbo] die Verwirrung, insbes. = die Geistesverwirrung, Unruhe.

Conturbātus, *adj.* mit *comp.* [*particip.* von conturbo] verwirrt, unruhig, c. in scribendo.

Con-turbo, 1. 1) verwirren, in Verwirrung und Unordnung bringen, rempublicam, ordines hostium. Hiervon c. rationem oder rationes und häuf. absol. c. seine Geldsachen in Unordnung bringen, Bankerott machen, und *trop.* c. alicui rationes (Com.) = Jmd. das Concept verrücken, ihn in Verlegenheit setzen. 2) *trop.* A) c. aliquem Jmd. ängstigen, beunruhigen. B) rathlos und unentschieden machen, animos.

Contus, i, *m.* [κοντός] (Poet. u. Spät.) eine Stange, bes. als Schiffsgeräth, auch als Spieß.

Cōnus, i, *m.* [κῶνος] der Kegel; daher von kegelförmigen Gegenständen, namentlich = die metallene Erhöhung am Helme, in welche der Helmbusch eingesenkt war.

***Con-vădor**, *depon.* 1. (Pl.) eigtl. auf einen gewiff. Termin Jmd. vor Gericht laden, aliquem, nur *trop.* = ein Stelldichein geben.

Con-vălesco, lui, — 3. 1) erstarken = gesund und stark werden, von einem Kranken oder doch Schwachen, genesen: c. ex morbo, de vulnere; *trop.* rami languentes cc. gewinnen wieder Stärke und Frische; annona c. das

Getreide fing wieder zu gedeihen an. 2) überhaupt erstarken = stärker und kräftiger werden, an Kraft und Stärke zunehmen: ignis c.; *trop.* Milo c. gewinnt mehr Ansehen und Macht, opinio c. befestigt sich, mala cc. nehmen zu.

Con-vallis, is, *f.* ein rings von Bergen eingeschlossenes Thal.

***Convāso**, 1. [vas] (Wortklass.) zusammenpacken, einpacken, aliquid.

Con-vecto, 1. (Poet. u. Spät.) zusammenfahren, -bringen, praedas.

Con-vector, ōris, m. (selten) der Mitpassagier, Mitreisende zur See.

Con-vĕho etc. 3. zusammenfahren, -bringen, -tragen, frumentum in castra, materiam lintribus in insulam.

Con-vello etc. 3. 1) losreißen, von seinem Platze oder seiner Lage aus- oder aufreißen: c. saxa, limina tectorum, (Poet.) c. silvam ab humo; c. simulacrum ex sede sua et auferre; c. turrim niederreißen; *trop.* aliquid convellitur = der Besitz einer Sache wird gestört. Hiervon term. t. c. signa die Fahnen aus der Erde aufreißen = aufbrechen und marschiren. 2) (Poet. u. Spät.) zerreißen, zerstückeln: c. dapes avido dente, gleichsam vomere (von dem Pflügenden); c. mare remis von dem Rudernden. 3) *trop.* zerstören, erschüttern, wankend machen, untergraben u. dergl.: c. rempublicam, judicia, fidem legionum, opinionem, auxilia reipublicae, c. pectus alicujus verbis; convelli discordiā durch Zwiespalt beunruhigt werden. 4) (Spät.) *particip.* **Convulsus** als *adj.*, an Zuckungen leidend, krampfhaft latus.

Convēnae, ārum, *comm. pl.* (der *sing.* äußerst selten und nur bei Nachklass.) *1) (Pl.) zusammenkommend, facere amantes convenas inter se den Liebenden eine Zusammenkunft verschaffen. 2) zusammengelaufenes Volk, bes. = Fremdlinge: cc. et feri barbari.

Convĕniens, tis, *adj.* mit *comp.* und *sup.* [*particip.* von convenio] 1) einig, einstimmig, übereinstimmend, harmonirend, propinqui, amici, uxor. 2) mit Etwas übereinstimmend, passend, ihm angemessen, schicklich, rei alicui und (selten) ad rem aliquam, cum re aliqua (Wortklass. u. Spät.) oder cc. inter se.

Convĕnienter, *adv.* mit *comp.* und *sup.* [conveniens] übereinstimmend, angemessen: c. naturae vivere.

Convĕnientia, ae, *f.* [conveniens] die Uebereinstimmung, Harmonie: c. naturae cum extis; c. rerum, partium.

Con-vĕnio etc. 4. 1) *intrans.* zusammenkommen, sich zusammen einfinden, -versammeln u. dergl.: milites cc. ex provincia, tota Italia c. ad hoc judicium, omnes cc. in unum locum. Insbes. A) civitates quae cc. in id forum die rücksichtlich der Jurisdiction zu jener Kreisstadt gehören (siehe conventus 2.). B) uxor c. in manum (alicujus) kommt durch Heirath in (des Mannes) Gewalt (siehe manus.) C) *trop.* causae cc. stoßen zusammen, vereinigen sich; (*Pl.*) multa munera cc. ab amatoribus treffen zusammen, werden gleichzeitig geschenkt. 2) *transit.* mit Jmd. zusammenkommen um ihn zu sprechen ob. dergl., Jmd. treffen, angehen, bef. = anreden, aliquem; conventus nou sum ab eo er hat mit mir nicht gesprochen; se conveniri non vult er will mit Niemand sprechen. 3) *intrans.* einig sein: c. cum aliquo, convenimus inter nos. Auch *impers.* convenit mihi bene cum eo ob. c. inter nos wir stehen in gutem Vernehmen mit einander. 4) *intrans.* res c. ob. *impers.* convenit man ist über eine Sache einig, es wird gemeinschaftlich angenommen, beschlossen u. dergl.: hoc mihi tecum c. ich bin mit dir über dieses einig; judex inter eos c. sie sind einig über die Wahl des Richters; pax c. der Frieden ist geschlossen; condiciones, signa cc. sind verabredet, uti convenerat der Verabredung gemäß; mihi cum illo c. ut in castris meis esset; inter omnes c., per consules reliqua esse perfecta Alle waren darin einig, daß u. s. w. 5) zu Etwas passen; cothurnus c. ad pedem. Am meisten *trop.* A) res c. paßt zu Etwas, stimmt mit Etwas, geziemt-, gebührt sich: illud in hunc ordinem c. kann auf diesen Stand angewendet werden, von ihm gesagt werden; haec suspicio c. in illum fällt natürlich auf ihn, ebenso haec contumelia c. ad maximam partem civium trifft; hoc c. cum oratione illius; illud c. laudi tuae; c. ad numum (von einer Rechnung) es stimmt bis auf einen Heller; (*Pl.*) aliam aetatem aliud factum c. B) insbes. *impers.* convenit es paßt sich, geziemt sich, schickt sich: c. illud dicere, c. imperatorem talia facere; non c. nobis animum submittere es schickt sich nicht für uns; qui c. ut etc.; est tibi tantae curae quantae c.

Conventicĭus, *adj.* [convenio] auf Zusammenkommen beruhend: *a) (Pl.) c. ex patribus (zweifelh.) von mehreren zusammentreffenden Vätern herrührend; *b) subst.* -ium, ii, n. Geld, welches die Bürger (in Athen) erhielten, um (in die Volksversammlung) zusammen zu kommen, = τὸ ἐκκλησιαστικόν.

Conventicŭlum, i, n. [convenio] 1) die Zusammenkunft, die Versammlung, hominum. 2) (Spät.) der Versammlungsort.

Conventio, ōnis, *f.* [convenio] (selten) eigtl. die Zusammenkunft, daher = conventum.

Conventum, i, n. [convenio] die Uebereinkunft, Verabredung, der Vertrag: stare conventio die Uebereinkunft halten; häufig in der Verbindung pactum c. (wahrscheinlich statt pactum et c., siehe Pactum).

Conventus, us, m. [convenio] 1) die Zusammenkunft, Versammlung (eine freiwillige, meist zur Berathung, zu einer religiösen Feier, zum Disputiren, Unterricht oder dergl., seltner zur geselligen Erheiterung: vergl. theils coetus, theils concilium, contio, comitia). 2) insbes. A) die in einer gewissen bestimmten Kreisstadt gehaltene Gerichtsversammlung einer Provinz, „Landtag", Versammlung der Provinzbewohner zu einem Gerichte, wenn nämlich der Statthalter, gewöhnlich im Winter, umherreiste und an gewissen Tagen sich in einer solchen Stadt einfand, um in den Processen, welche aus dem zu jeder solchen Stadt gehörenden Jurisdictionskreise an ihn gelangten, Recht zu sprechen: agere c. eine solche Gerichts-

Converbero — Convoco — 181

Verſammlung halten. B) (ſelten) die Kreisſtadt, wo die Verſammlung gehalten wurde, nebſt dem dazu gehörenden Bezirke. C) die in einer Provinz ſich aufhaltende Corporation römiſcher Bürger, aus deren Mitte der Statthalter in gewiſſen Fällen die Richter wählte. 3) (ſelten) = Conventum.

Con-verbĕro, 1. (Spät.) 1) ſtark ſchlagen, faciem. 2) *trop.* züchtigen, vitia.

Con-verro etc. 3. 1) zuſammenkehren, *trop.* zuſammenſcharren, hereditates omnium. 2) auskehren, kehrend reinigen, stabulum; *trop.* (Com.) is me totum cum pulvisculo c. prügelt mich durch.

Conversātio, ōnis, *f.* [converso] (Spät.) 1) der häufige Umgang-, Verkehr mit Jmd., cum viris, hominum mit den Leuten. *2) der häufige Gebrauch, das Vorkommen.

Conversio, ōnis, *f.* [converto] 1) die Umdrehung, coeli. 2) der Kreislauf, die periodiſche Rückkehr, mensium. 3) *trop.* die Umlehrung, Umwandlung, c. et perturbatio rerum. 4) in der Rhetorik, A) die Uebertragung von einer Art Rede in eine andere, z.B. aus der Poeſie in die Proſa. B) die Wiederholung deſſelben Wortes am Schluſſe des Satzes. C) die periodiſche Abrundung.

*Con-verso, 1. herumdrehen, -bewegen, animus se c.

Con-versor, *depon.* 1. (Spät.) ſich irgendwo aufhalten, leben, beſ. in Geſellſchaft mit Anderen, vobiscum, alicui mit Euch, mit Jmd.; *subst.* conversans der mit Jmd. zuſammenlebt, der Geſellſchafter.

Con-verto, ti, sum, 3. 1) umkehren, umdrehen, umwenden, manum; terra c. se circa axem suum; c. iter in provinciam; c. signa von Soldaten = den Rücken kehren, fliehen. Hiervon = machen, daß Jmd. ſich umkehrt und irgendwohin wendet: c. multitudinem ob. se ad aliquem; illa vox Herculem c. machte ihn ſich umkehren; c. se domum ſich — begeben. Hierv. *trop.* A) die Aufmerkſamkeit oder Augen Jmds auf Etwas hinlenken, -wenden, -richten: c. oculos, animos hominum in aliquem, in se und bloß c. animum (oculos) alicujus oder c. aliquem Jmds Aufmerkſamkeit (Augen) auf ſich hinwenden, lenken. B) überführen, übertragen, lenken, c. orationem in increpandam ejus fugam, risum in aliquem. C) = anwenden, verwenden, eas copias ad patriae salutem. D) c. se ad philosophos ſeine Zuflucht nehmen; c. se ad pacem ſich für den Frieden bemühen. E) c. aliquid ad se oder in rem suam ſich zueignen, ſich Vortheil aus Etwas machen. 2) wenden = verwandeln, verändern, se in hirundinem, crimen in laudem. Hiervon A) c. castra castris Lager mit Lager wechſeln = immerfort marſchiren. B) c. rempublicam in Unordnung bringen. C) *trop.* = überſetzen, orationes e Graeco, aliquid in Latinum. 3) (ſelten) *intrans.* ſich irgendwohin wenden, umkehren, ad pedites. Hiervon = zu Etwas ſich wenden, umſchlagen, mit Etwas endigen: imperium regium c. in superbiam; hoc illi c. in bonam.

*Con-vertor, 3. *depon.* (Pl.) = converto.

Con-vestio, 4. (meiſt *trop.*) bekleiden,

bedecken, umgeben, prata herbis; (Poet.) sol c. omnia luce.

Convexus, *adj.* [conveho] gewölbt, gerundet, convex, coelum, cornua; das *n.*, beſ. im *pl.*, als *subst.* die Wölbung, gewölbartige Rundung, coeli, nemorum. 2) (Poet.) abſchüſſig, ſteil herablaufend, vallis, iter, vertex c. ad aequora.

Conviciātor, ōris, *m.* [convicior] (ſelten) der Schmäher, Läſterer.

Convicior, *depon.* 1. [convicium] ſchelten, ſchimpfen, heftige Vorwürfe machen, alicui.

Conviciŏlum, i, *n. deminut.* von convicium.

Convicium, ii, *n.* 1) das heftige, laute Geſchrei oder Getön: clamor et c. bei einem Gaſtmahl, c. ranarum; auch von Einem, *trop.* c. veritatis; efflagitare convicio durch unaufhörliches Mahnen. Insbeſ. = A) mißbilligendes Rufen, lauter Widerſpruch, senatus. B) das laute Zanken: aures convicio defessae das Zanken vor Gericht. 2) häufig der laute, heftige Tadel, die Schmähung, das Schimpfwort: consectari aliquem conviciis; justissimum meum c. Hiervon *trop.* a) c. tacitum cogitationis Tadel. b) (Pl.) = der Gegenſtand des Tadels, die ſchimpfliche Perſon, pascere aliquem c. Jmd. ſich zur Schande ernähren.

Conviotio, ōnis, *f.* [convivo] das Zuſammenleben: domesticae cc. das Hausperſonal.

Convictor, ōris, *m.* [convivo] der Geſellſchafter, tägliche Tiſchgenoß.

Convictus, us, *m.* [convivo] 1) geſelliges Zuſammenleben, geſelliger Umgang, humanus. 2) (ſelten) = Convivium.

Con-vinco etc. 3. eigtl. ganz überwinden, davon 1) Jmd. einer Schuld u. dergl. überführen: c. aliquem negligentiae, repetundarum, auch tantis criminibus, in pari peccato; mores ipsius illum cc.; c. te oder convinceris aliquid dixisse daß du Etwas geſagt haſt. 2) als wahr darthun = beweiſen, inauditum facinus, avaritiam. 3) als falſch darthun = widerlegen, poetarum portenta.

*Con-vinotio, ōnis, *f.* [vincio] (Quinct.) die Verbindungspartikel.

Con-viso, — — 3. (Poet.) beſuchen = genau beſchauen, omnia oculis.

Conviva, ae, *comm.* [convivo] der Gaſt, Tiſchgenoſſe, alicujus.

Convivālis, e, *adj.* [conviva] zum Gaſtmahl gehörig, oblectatio.

Convivātor, ōris, *m.* [convivor] der ein Gaſtmahl giebt, der „Wirth".

Convivium, ii, *n.* [convivo] 1) das Gaſtmahl, die Geſellſchaft (vgl. epulae u. epulum). 2) (Poet. u. Spät.) die Tiſchgeſellſchaft, die Gäſte: repente c. conticuit.

Con-vivo etc. 3. (Spät.) 1) zuſammen leben, avaro mit einem Geizigen. 2) (ſelten) = Convivor.

Convivor, *depon.* 1. [conviva] gemeinſchaftliche Mahlzeit halten, zuſammen eſſen und trinken.

Con-vŏco, 1. 1) zuſammenrufen, verſammeln, populum, senatum, homines in societatem vitae vereinigen. 2) (ſelten) von einem Einzelnen, herbei-, hervorrufen, aliquem in nostram contionem.

Con-vŏlo, 1. zusammenfliegen, -eilen, -fahren, populus; cc. ad sellas consulum.

Con-vŏlūto, 1. (selten) nur im pass. als Medium, sich herumwälzen, -treiben.

Con-volvo etc. 3. 1) zusammenrollen, serpens c. terga. Hiervon trop. (Spät.) c. verba zusammenhäufen; ruina belli illius Gallograeciam convolvit verwickelte mit, zog nach sich. 2) umwickeln, testudo convoluta omnibus rebus.

Con-vŏmo etc. 3. bespeien, mensas.

Con-vulnĕro, 1. (Spät.) stark verwunden, aliquem.

Convulsus, siehe Convello.

Coŏlesco wird von Einigen geschrieben statt Coälesco, was man sehe.

Co-ŏpĕrio (zsgzn. **Cŏpĕrio**) etc. 4. ganz bedecken: tenebrae cc. montem; c. tribunum lapidibus steinigen; häufig particip. coopertus bedeckt, trop. versunken in Etwas, sceleribus, senoribus.

Cooptātĭo, ōnis, f. [coopto] die Aufnahme von Collegen, davon überhaupt die Wahl zu einem Amt u. dergl.: c. collegiorum; c. censoria, c. in Patres.

Co-opto, 1. durch Wahl in ein Collegium aufnehmen, Jmb. zum Collegen in einem Amte ob. Stande wählen: c. senatores, tribunos plebis; c. sibi collegam, c. aliquem in amplissimum ordinem.

Co-ŏrior etc. depon. 4. 1) entstehen, aufkommen: ignis, bellum, risus omnium c. 2) insbes. von etwas Feindlichem, von Personen, sich erheben, losbrechen, oder von Sachen, ausbrechen, auskommen: in pugnam, tribuni co. in illum, in rogationes nostras gegen unsere Vorschläge, c. ad bellum; insidiae, seditio c.

Coortus, us, m. [coorior] (Lucr.) das Aufkommen, Entstehen.

Cōpa, ae, f. [verwandt mit caupo] (Poet.) die Schenkwirthin, die gew. auch als Tänzerin u. s. w. die Leute in der Schenke ergötzte.

Cōpae, ārum, f. pl. [Κῶπαι] alte Stadt in Böotien, nach welcher der See **Cōpais,** ĭdis, f. seinen Namen hatte.

Cōpĕrĭo, siehe Cooperio.

Cōphĭnus, i, m. [κόφινος] (Spät.) ein Korb.

Cōpĭa, ae, f. [co-ops] 1) der Vorrath, Ueberfluß, die Fülle, Menge, frugum, omnium librorum; magna latronum c.; c. narium (Poet.) Fülle wohlriechender Blumen. Insbes. A) von der Rede, die Fülle, der Reichthum des Ausdrucks, auch c. verborum, dicendi; c. rerum Reichthum an Stoff, Inhalt. B) = das Vermögen, die Mittel, der Wohlstand, Reichthum: cc. domesticae, Gallorum; contulerunt copias suas in illam provinciam sie haben ihre Geldmittel in jener Provinz angebracht. Hiervon ejurare bonam c. = sich zahlungsunfähig erklären, Bankerott machen. C) häufig, fast immer im pl., die Mannschaft, Truppen: cc. magnae, exiguae, tantae (aber nicht multae, paucae u. dergl.); magnitudo copiarum die Menge der Truppen. 2) das Vermögen = die Fähigkeit, Möglichkeit, die Macht zu Etwas: facere (dare) alicui copiam consilii sui seinen Rath Jmb. anbieten, aliquid faciendi Jmb. es möglich machen Etwas zu thun, z. B. amicitiae jungendae (Vorklaff. auch ut etc.); copia erat Romanis somni, dimicandi; (Vorklaff.) c. est molliter vivere; copiam Jugurthae habere = den Jugurtha in seiner Gewalt haben. Insbes. ex c. rerum ob. bloß ex c. (selt. pro c.) unter den dargebotenen Möglichkeiten, nach dem, was möglich war, „den Umständen nach".

*****Cōpĭŏlae,** ārum, f. pl. [copiae] eine kleine Anzahl Truppen.

Cōpĭōse, adv. mit comp. u. sup. [copiosus] 1) in großer Fülle, reichlich. 2) insbes. von der Rede, wortreich, beredt, dicere, causas defendere.

Cōpĭōsus, adj. mit comp. u. sup. [copia] 1) (selten, Spät.) reichlich = in reicher Fülle vorhanden, liquor, supellex verborum. 2) reichlich mit Etwas versehen, an Etwas reich, re aliqua; *locus c. a frumento; insbes. = reich, wohlhabend, homo, provincia. 3) von der Rede, wortreich, beredt, ausführlich: homo c. ad dicendum; orator c., oratio c.; c. in eloquendo.

Cōpis, is (der nom. kommt nicht vor), adj. [verw. mit copia] (Vorklaff.) reich, mit Etwas wohl versehen.

Cŏpis, ĭdis, f. [κοπίς] (Spät.) ein kurzer Säbel.

Coprea, ae, f. [von dem griech. κόπρος Schmutz] (Spät.) der „Schmutzkerl", von einem Possenreißer.

Cōpŭla, ae, f. Alles was zusammenfügt, ein Band, Strick, Riemen; bei Cäsar (sonst nur Vorklaff., Poet. u. Spät.) vielleicht von Hafen, womit Schiffe zusammengehalten wurden. Hiervon trop. von den Banden der Liebe, Freundschaft, der Ehre u. s. w.

Cōpŭlātĭo, ōnis, f. [copulo] die Verknüpfung, enge Verbindung, atomorum, verborum inter se.

Cōpŭlātus, adj. mit comp. [particip. von copulo] verbunden, verknüpft: cc. pervenimus wir kamen zugleich; nihil est copulatius in Nichts zeigt sich eine engere Verbindung.

Cōpŭlo, 1. verbinden, verknüpfen, vereinigen, verba, voluntates suas; c. concordiam Einigkeit stiften; c. honestatem cum voluptate, haec inter se; naturae copulatum = natürlich.

*****Cŏqua,** ae, f. [coquo] (Pl.) die Köchin.

Cŏquĭno, 1. [coquo] (Pl.) kochen.

Cŏquĭnus, adj. [coquo] (Vorklaff. u. Spät.) zum Kochen gehörig.

Cŏquo, xi, ctum, 3. 1) gar machen, weich und reif machen, zeitigen: sol c. uvas; poma cocta et matura; von den gegessenen Speisen, omnia cocta et confecta zersetzt, aufgelöst; c. aurum schmelzen. 2) kochen, kochend bereiten, cibum, coenam. 3) durch Hitze bereiten, brennen, dörren, lateres, laterculos, carbonem; c. panem backen, sol c. glebas trocknet; agger coctus aus gebrannten Steinen gebaut. 4) trop. A) an Etwas denken, ersinnen, „ausbrüten", consilia secreto, bellum. B) (Vorklaff. u. Spät.) ängstigen, quälen, cura quae te c.

Coquus oder **Cŏcus, i,** m. [coquo] der Koch.

Cor, rdis, n. 1) das Herz (physisch und materiell): nullum animal potest esse sine c. 2) (mit Ausnahme der Redensart cordi esse nur bei Poet. u. Spät.) trop. A) (Poet.) = Person, Mensch: fortissima cc. B) Herz = Gemüth, Gefühl, Seele: tremere corde, cura excessit cc. Insbef. cordi est mihi (tibi, homini) es liegt mir (dir, Jmd.) am Herzen, ist mir lieb, werth: cordi tibi est illud facere, nos subigi; auch (Spät.) cordi habere aliquid sich Etwas angelegen sein lassen. C) = Verstand, Einsicht, Sinn: quantum ego corde meo conspicio; volutavi eam rem in c. meo (Pl.)

Cŏra, ae, f. Stadt der Volsker in Latium. Davon -āni, ōrum, m. pl. die Einwohner von C.

Cŏrălium ob. **Cūrălium, ii,** n. [κοράλιον, κουράλιον] die rothe Koralle.

Cŏrallī, ōrum, m. pl. Volk in Mösien am schwarzen Meere.

Cōram [statt cooram aus con-os, ōris], I. adv. 1) objectiv, d. h. in Bezug auf die Person, vor deren Augen (in deren Gegenwart) Etwas geschieht, in der Gegenwart, im Angesicht: dicere c. aliquid aliquo praesente; c. aliquem arguere während er anwesend ist; ut veni c. 2) subjectiv, in Bezug auf die Person, die bei Etwas handelnd gegenwärtig ist, persönlich, in eigener Person, gegenwärtig: c. adesse, c. perspicit quae ex nunciis cognoverat; c. aliquid tecum agam. II. praep. mit abl., in Jmds Gegenwart, vor, angesichts: c. genero meo, judicibus; bisweilen (meist Spät.) seinem Substantivum nachgesetzt, Diomedonte c.

Cŏrax, ācis, m. [κόραξ] (Spät.) 1) der Rabe (rein lat. corvus). 2) Name eines griechischen Rhetors aus Syracus.

Corbis, is, f. (selten m.) der Korb.

Corbīta, ae, f. [corbis] ein langsam fahrendes Lastschiff: daher (Pl.) operam celocem, ne corbitam mihi date helft mir schnell, nicht langsam.

Corbŭla, ae, f. deminut. von corbis.

Corbŭlo, ōnis, m. römischer Beiname; bekannt ist Cn. Domitius C., Schwager des Kaisers Caligula, berühmter Feldherr, unter Nero's Regierung verurtheilt, worauf er sich selbst tödtete.

Corcŭlum, i, n. [deminut. von cor] 1) das Herzchen. 2) trop. A) ein Liebkosungswort, „mein Herz". B) Beiname des Scipio Nasica wegen seiner Klugheit.

Corcȳra, ae, f. [Κέρχυρα] Insel im ionischen Meere, jetzt Corfu. Davon -rāeus, adj.

Cordātē, adv. [cordatus] (Vorklass.) verständig, gescheit.

Cordātus, adj. [cor] (Vorklass. u. Spät.) verständig, gescheit.

Cordax, ācis, m. [κόρδαξ] 1) (Spät.) ein üppiger Tanz, insbef. derjenige des Chors in der alten attischen Comödie. 2) trop. Aristoteles nannte den Versfuß Trochäus so wegen seiner hüpfenden Bewegung.

Cordōlium, ii, n. (cor-doleo) (Vorklass. u. Spät.) das Herzleid.

Cordŭba, ae, f. Stadt in Hispania Baetica, jetzt **Cordova**. Davon **Cordŭbensis, e,** adj. u. subst. -enses, ium, m. pl. die Einwohner von C.

Corfīnium, ii, n. alte Hauptstadt der Peligner in Samnium. Davon -iensis, e, adj. u. subst. -es, ium, m. pl. die Einwohner von C.

Cōria, ae, f. Beiname der vierten Minerva bei den Arcadiern.

Coriandrum, i, n. der Coriander (officinelle Pflanze).

Coriārius [corium], adj. zum Leder gehörig; subst. -ius, ii, m. der Fellbereiter, Gerber.

Cŏrinna, ae, f. [Κόριννα] 1) griechische Dichterin aus Tanagra in Böotien, Zeitgenossin des Pindar. 2) fingirter Name einer Geliebten des Ovid.

Cŏrinthus, i, f. [Κόρινθος] Korinth, Stadt im Peloponnes, berühmt namentlich wegen der dort aufgehäuften Kunstschätze, daher captiva C. eine zur Beute gemachte Menge Kunstsachen. Davon A) **Cŏrinthius,** adj. und subst. -ii, ōrum, m. pl. die Einwohner von K. B) **Cŏrinthiăcus** (selten) und (Pl. u. Spät.) **-thiensis, e,** adj. C) **Cŏrinthiārius, ii,** m. (Spät.) Liebhaber von Gefäßen von korinthischem Erze.

Cŏriōli, ōrum, m. pl. Stadt der Volsker in Latium; davon **-lānus,** adj., namentlich als Beiname des T. Manlius, und subst. **-lāni, ōrum,** m. pl. die Einwohner von C.

Cŏrium, ii, n. 1) das Fell, die Haut der Thiere (die dickere u. härtere, vgl. pellis): (Com.) corium alicui concidere Jmb. peitschen. 2) das Leder (grobes und dickes, vgl. aluta). Hiervon = lederne Gegenstände, namentlich ein lederner Schlauch, ein Riemen und eine Peitsche von Leder. 3) von Pflanzen = die Rinde, Bast, Schale.

Cornēlius, Name eines der berühmtesten u. mächtigsten Geschlechter Roms. Die bekanntesten Familien und Personen aus diesem Geschlechte sind: A) **Cethegi.** 1) Cajus C. Ceth., Mitverschworner des Catilina. — B) **Cinnae.** 2) Lucius C. Cinna, Gegner Sulla's, Consul 87 v. Chr., zuletzt von seinen Soldaten getödtet. Eine Tochter von ihm, Cornelia, war mit Julius Cäsar verheirathet. — C) **Dŏlăbellae.** 3) Publius C. Dol., Schwiegersohn des Cicero, Anhänger des Cäsar und später des Antonius. D) **Lentŭli.** 4) Publius C. Lent. Sura, Mitverschworner Catilina's, im J. 62 v. Chr. nebst den übrigen hingerichtet. 5) Publius C. Lent. Spinther, Consul 57 v. Chr.; als solcher arbeitete er für die Rückkehr Cicero's aus dem Exil. — E) **Scīpiōnes.** 6) Publius C. Sc., Consul 218 v. Chr., wurde von Hannibal am Ticinus 218 v. Chr. geschlagen; nachher ging er mit seinem Bruder Cnejus nach Spanien, wo die Brüder eine Zeit lang mit glänzendem Glücke kämpften, bis sie beide 212 v. Chr. fielen. 7) Publius C. Sc. Africanus major, Sohn des Nr. 6, der Besieger Hannibal's und Carthago's. Eine Tochter von ihm, die eine „Cornelia", war mit Tib. Sempronius Gracchus verheirathet und durch ihn Mutter der beiden Gracchen. 8) Lucius C. Sc., Asiaticus, Bruder des Nr. 7, besiegte Antiochus den Großen von Syrien bei Magnesia 190. 9) Publius C. Sc. Aemilianus Africanus minor, Sohn des L. Aemilius Paulus und Adoptivsohn des ältesten

Sohns des Nr. 7, eroberte Carthago und Numantia. Obgleich er mit einer Schwester der Gracchen verheirathet war, erklärte er sich doch laut gegen diese, wodurch er den Haß der Volkspartei auf sich zog: eines Morgens wurde er in seinem Bette todt gefunden (183 v. Chr.). 10) **Publius C. Sc. Nasica Serapio**, Widersacher der Gracchen. — F) **Sullae**. 11) **Lucius C. S. Felix**, der aus der Geschichte bekannte Dictator u. Gegner des Marius. 12) **Faustus C. S.**, Sohn des Nr. 11, Anhänger des Pompejus. 13) **Publius C. S.**, Brudersohn des Nr. 11, von Cicero in einer Rede vertheidigt. — G) **Balbi**. 14) **Lucius C. B.** major aus Gades, Freund des Cäsar, im Anfange auch des Pompejus, der nebst Cicero ihn vertheidigte, als er der Anmaßung des Bürgerrechts beschuldigt war. — H) **Galli**. 15) **Cajus C. G.**, Günstling des Kaisers August; als er später in Ungnade fiel, gab er sich selbst den Tod. Er war als elegischer und lyrischer Dichter bekannt, seine Gedichte sind aber verloren.

Corneŏlus, *adj., deminut.* von corneus 2.
Corneus, *adj.* [cornus] (Poet.) aus Cornellkirschholz.
Corneus, *adj.* [cornu] 1) aus Horn, hörnern, rostrum. 2) (Spät.) hornartig, a) der Masse nach, trocken = fest wie Horn. b) der Farbe nach, hornfarbig.
Cornĭcen, ĭnis, *m.* [cornu-cano] der Hornbläser, Hornist.
Cornĭcŭla, ae, *f. deminut.* von cornix.
Cornĭcŭlārius, ii, *m.* [corniculum] (Spät.) ein Soldat, der ein corniculum erhalten hat und dadurch vom gewöhnlichen Dienste befreit und zu einer höheren Stelle aufgerückt war, der Gefreite.
Cornĭcŭlum, i, *n.* [*deminut.* von cornu] ein Hörnchen, vermuthlich eine hornförmige Zierde des Helms als Geschenk an Soldaten für bewiesenes Wohlverhalten.
Cornĭcŭlum, i, *n.* alte Stadt in Latium; davon -lānus, *adj.*
Cornĭger, ĕra, ĕrum, *adj.* [cornu-gero] Hörner tragend, gehörnt.
Cornĭ-pes, ĕdis, *adj.* mit Horn b. h. Huf an den Füßen versehen, behuft.
Cornix, īcis, *f.* die Krähe; *proverb*. cornicum oculos configere selbst den Scharfsichtigsten täuschen (auch elliptisch cornici oculum).
Cornu, us, *n.* (selten u. Poet. -um, i, *n.*) 1) ein Horn an Ochsen, Hirschen, Widdern u. s. w. Hiervon A) von verschiedenen Gegenständen, welche die Form eines Hornes haben: a) im *pl.* die Spitzen, „Hörner", des Halbmonds. b) der Arm eines Flusses. c) eine Landzunge, Spitze einer Küste, bes. die einen Hafen bildet. d) das Ende einer Segelstange. e) der oberste Theil eines Helms, der Helmbusch. f) das Ende, der Knopf des Stäbchens, um welches Bücherrollen gewickelt wurden. g) die gekrümmte Seite eines Bogens, einer Cither. h) der Flügel eines aufgestellten Heeres, dextrum, sinistrum c. i) das Ende, die Spitze, der Flügel eines Orts, namentlich die Spitze eines Berges. B) (Poet.) *trop.* als Sinnbild der Kraft und der Stärke, bes. zum Widerstand angewendet: cornua addere pauperi. 2) das Horn als Stoff z. B. der Hörner und Hufe.

Hiervon = Gegenstände aus Horn: a) (Poet.) der Bogen. b) das Horn als musikalisches Instrument, Blashorn. c) die hörnerne Laterne. d) der hörnerne Trichter. e) das hörnerne Oelfläschchen.
Cornum, i, *n.* die Cornelkirsche.
Cornus, i, *f.* der Cornelkirschbaum. Hiervon (Poet.) = ein aus Cornelkirschholz gemachter Wurfspieß.
Cornūtus, *adj.* [cornu] gehörnt, mit Hörnern versehen.
Corōlla, ae, *f. deminut.* von corona.
Corollārium, ii, *n.* [corolla] 1) ein aus künstlichen (ursprünglich vielleicht natürlichen) Blumen verfertigtes Kränzchen als Geschenk an Schauspieler u. A., daher überhaupt 2) ein Geschenk, Präsent, Douceur: discedere sine c.
Corōna, ae, *f.* I. 1) der Kranz, Blumenkranz, namentlich als Schmuck bei fröhlichen, doch auch bei ernsten und feierlichen, Gelegenheiten; auch häufig als Kampfpreis und Ehrenlohn, namentlich von den Kränzen, die besonders den Soldaten als Belohnung geschenkt wurden (o. castrensis, navalis, civica, siehe die Lehrbücher der römischen Alterthümer); sub c. vendere Kriegsgefangene als Sklaven verkaufen (weil ihnen Kränze aufgesetzt wurden). 2) *trop.* von kranzförmigen Gegenständen: A) der Rand, Kreis, die Einfassung einer Sache. B) der Kreis, oder die Versammlung von Menschen, namentlich von Zuhörern bei Gerichtsverhandlungen oder Reden: dicere causam maximā coronā vor einer zahlreichen Versammlung; coronae aliquid dandum man muß Etwas um der anwesenden Menge willen thun. C) bei einer Belagerung, a) die Belagerungslinie, die Circumvallationswerke, womit eine belagerte Stadt umringt wird. b) = das belagernde Heer: urbem coronā cingere umlagern, capere durch Belagerung erobern. *c) = die Truppen, die zur Vertheidigung um die Stadt herum (auf ob. vor der Mauer) aufgestellt werden: coronā vallum defendere. — II. als Gestirn, A) die nördliche Krone, dem Mythus nach der an den Himmel versetzte Kranz der Ariadne, daher (Poet.) Gnossia und Cressa. B) die südliche Krone.
Corōnārius, *adj.* [corona] zum Kranze gehörig; insbes. aurum c. ein Geschenk an Geld, welches die Provinzbewohner einem siegreichen Feldherrn darbrachten, ursprünglich zur Anschaffung eines goldenen Kranzes, später zur beliebigen Anwendung.
Corōne, es, *f.* [Κορώνη] Stadt in Messene; davon -naeus, *adj.*, namentlich sinus Coronaeus, der jetzige Golfo di Coron.
Corōnēa, ae, *f.* [Κορώνεια] Stadt in Böotien; davon -naeus und -nensis, e, *adj.* und *subst.* -naei, ōrum, *m. pl.* die Einwohner von ihr.
Corōneus, ei, *m.* [Κορωνεύς] Vater der Coronis, König in Phocis.
Corōnis, ĭdis, *f.* [Κορωνίς] 1) Tochter des Coroneus, von Minerva in eine Krähe verwandelt. 2) Tochter des Lapithen Phlegyas, durch Apollo Mutter des Aesculap.
Corōno, 1. [corona] 1) bekränzen, mit

Corporalis — **Corrumpo**

einem Kranze versehen: c. postes; c. pocula, crateras (wie es bei Gastmählern Sitte war); weil der Kranz häufig als Kampfpreis geschenkt wurde, sagte man z. B. coronatus de oratoribus (Spät.) als Sieger im Wettstreite der Redner, coronari Olympia (Poet.) bei den olympischen Spielen als Sieger bekränzt werden. 2) (Poet.) trop. umgeben, umringen: silva c. aquas; c. aditum custode ringsum besetzen.

Corpŏrālis, e, adj. [corpus] (Spät.) körperlich, zum Körper gehörig.

Corpŏreus, adj. [corpus] 1) körperlich, a) = was Körper hat, natura, omne quod natum est. b) = was zum Körper gehört, an ihm sich findet, res. 2) (Poet. u. Spät.) insbef. = aus Fleisch bestehend, humerus Pelopis (oppos. eburneus), dapes.

Corpŭlentus, adj. mit comp. [corpus] (Vorklass. u. Spät.) wohlbeleibt, corpulent.

Corpus, ŏris, n. 1) der Körper, Leib, sowohl der thierische als der menschliche: animus et c. Insbef. A) = das Fleisch am Körper: ossa subjecta corpori; facere c. corpulent werden, amittere mager werden. B) = ein lebloser Körper, Leichnam. C) (Poet.) = der Schatten, die Seele eines Verstorbenen. D) (Poet.) = der Rumpf im Gegensatze des Kopfes. 2) umschreibend = die Person, das Individuum: vile atque infame c.; liberum c. in servitutem addicere; (Poet.) delecta virûm corpora. 3) die leblose Substanz, Masse überhaupt: cc. individua die Atome: c. terrae, aquae. 4) trop. A) = der Hauptbestandtheil, das Wesentliche einer Sache, c. eloquentiae der Kern, das Mark. B) ein geordnetes Ganze, eine Gesammtheit, Körperschaft u. dergl.: c. civitatis die Gesammtheit der Bürger, reipublicae der Staatskörper; coalescere in unius populi corpus; regem sui corporis creari voluerunt aus ihrem Stande; corpori valido (von einem Heere) deerat dux; auch von einer Schrift, einem ganzen und zusammenhängenden Werke, c. omnis juris Romani Sammlung.

Corpuscŭlum, i, n. deminut.-von corpus.

Cor-rādo etc. 3. zusammenkratzen, daher zusammenscharren, pecuniam; trop. c. fidem aufbringen, mühsam verschaffen.

Correctio, ōnis, f. [corrigo] 1) die Zurechtweisung, Verbesserung, veteris Academiae, morum. ~2) in der Rhetorik, eine Redefigur, wenn man ein Wort durch Hinzufügung eines stärkeren verbessert.

Corrector, ōris, m. [corrigo] der Verbesserer, Zurechtweiser, legum, nostrae civitatis; c. asperitatis; c. Bestius der immer Andere zurechtweisen und bessern wollte, der Sittenprediger.

Cor-rēpo etc. 3. zusammenkriechen, daher (in Menge) sich nach einem Ort hinschleichen, in navem, trop. c. in dumeta = sich in Spitzfindigkeiten verwickeln; (Poet.) membra cc. pavore fahren zusammen.

Correpte, adv. mit comp. [corripio] (Poet. u. Spät.) kurz.

Correptĭo, ōnis, f. [corripio] (Spät.) 1) das Ergreifen, Fassen. 2) die Verkürzung, kurze Aussprache, syllabae.

Correptor, ōris, m. [corripio] (Spät.) der Tadler.

*****Cor-rīdeo** etc. 2. (Lucr.) lächeln.

Corrĭgĭa, ae, f. [corrigo] der Schuhriemen.

Corrĭgo, rexi, rectum, 3. [con-rego] 1) etwas Gekrümmtes gerade machen, gerade richten, digitum. 2) trop. Etwas berichtigen, verbessern, wieder gut machen (stärker als emendo), ob. Jmd. zurechtweisen, zur Ordnung bringen, verbessern: c. errorem alicujus, mores, orationem; c. adolescentem; ipsa re corrigi durch die Erfahrung eines Bessern belehrt werden; c. fastos in Ordnung bringen.

Corrĭpĭo, rĭpui, reptum, 3. [rapio] 1) eifrig und heftig ergreifen, fassen, hominem, lora manu. Hiervon c. corpus ex stratis (Poet.) von dem Lager aufspringen; c. se aliquo irgendwohin eilen. 2) mit Gewalt an sich reißen, rauben, sich einer Sache bemächtigen, bona alicujus; c. pecunias undique zusammenraffen, «plündern. 3) trop. A) vom Feuer, Krankheiten u. dergl., ergreifen, fassen, überfallen, dahinraffen: flamma c. tabulas, corripi morbo, morte subitā; hiervon von Leidenschaften und Gemüthsbewegungen, hinreißen, correptus amore, cupidine. B) anpacken = tadeln, „herunterreißen", ausschelten, daher (Tac.) = anklagen, aliquem und aliquid dictis. C) zusammenziehen, abkürzen, verba, impensas vermindern, beschränken, syllabam kurz aussprechen. Insbef. c. viam, spatium (gleichsam an sich zusammenraffen) schnell auf dem Wege hineilen, den Raum eilends zurücklegen; c. gradum den Gang beschleunigen.

Corrīvātĭo, ōnis, f. [corrivo] (Spät.) das Zusammenleiten des Wassers in ein Becken.

Cor-rīvo, 1. [rivus] (Spät.) das Wasser an einen Ort zusammenleiten, venas aquarum.

Cor-rōbŏro, 1. stärken, kräftigen, stark machen, bestärken: c. militem opere assiduo; c. audaciam, virtutem alicujus; aetas corroborata das reife, stärkere Alter; quum jam se corroboravisset als er schon größer und stärker geworden war.

Cor-rōdo etc. 3. annagen, benagen, mures cc. librum.

Cor-rōgo, 1. zusammenbitten = bittend versammeln, «zusammenbringen, necessarios suos, auxilia a sociis; c. vela ex navibus von allen Schiffen begehren.

*****Corrōsīvus**, adj. [corrodo] (Spät.) zernagende Kraft habend, medicamenta.

Cor-rŏtundo, 1. (Spät.) abrunden, rund machen, corpus.

Cor-rūgo, 1. runzeln, runzelig machen; trop. ne sordida mappa nares tibi corruget = dir Widerwillen, Ekel verursachen.

Cor-rumpo etc. 3. eigtl. ganz zerbrechen, 1) vernichten, zerstören, zu Grunde richten, verderben: c. frumentum incendio, domum et se igni; c. ungues dentibus (Poet.) zernagen; catena c. manus beschädigt; c. spem, libertatem. Hiervon A) = schwächen, entkräften, übel mitnehmen: equi corrupti macie; c. res familiares verarmen. B) = verlieren, vereiteln, unnütz machen, diem alicui machen, daß der Tag für Ihnb. verloren geht; c. occasionem, opportunitatem unbenutzt vorbeigehen lassen; quodcunque addebatur subsidio, id corruptum timore fugientium ging verloren. 2) von Sachen, verderben, = verschlechtern, schlechter machen, aquam, mores civitatis, orationem. 3) von Personen, verführen, verderben, adolescentem, milites; insbef. = bestechen, erkaufen, c. aliquem pecuniâ, largitione, auch absol. c. milites ut fugiant. 4) von Sachen, verfälschen, verdrehen, tabulas publicas, famam; c. nomina (durch unrichtige Aussprache oder andere Fehler). Hiervon = schänden, entehren, nobilitatem.

Cor-ruo, ui, 3. 1) (Vorklass. u. Poet.) *transit.* zusammenstürzen, -werfen, -scharren, rerum summam, divitias; *trop.* in s Verderben stürzen, aliquem. 2) *intrans.* A) in sich selbst zusammenstürzen, zu Boden stürzen, sedes, arbor c. Hiervon *trop.* = zu Grunde gehen, fallen, tu et omnes mei cc.; opes Lacedaemoniorum cc.; risu c. vor Lachen „sterben". B) mit Anderen zum Kampfe zusammenstürzen, in Kampf gerathen, accipitres inter se cc.; longe violentius semper ex necessitate quam ex virtute corruitur heftiger ist der Kampf, den die Nothwendigkeit, als derjenige, den die Tapferkeit erzeugt.

Corrupte, *adv.* mit *comp.* [corruptus] verdorben: c. judicare falsch, in Folge der Bestechung: c. pronunciare verkehrt; corruptius habiti (von Sklaven) in schlechterer Zucht.

Corruptēla, ae, *f.* [corrumpo] die Verderbniß, Verführung, Verschlechterung; depravatus corruptelâ; cc. et adulteria; c. malae consuetudinis (*subj.*) aus schlechter Gewohnheit entspringend, aber c. mulierum (*obj.*) Verführung von Weibern. Hiervon (Com.) = corruptor.

Corruptio, ōnis, *f.* [corrumpo] (selten) die Verderbniß, verdorbene Beschaffenheit: morbus est c. corporis; c. opinionum Verkehrtheit.

Corruptor, ōris, *m.* und (Spät.) **-trix**, īcis, *f.* der Verderber, Verführer, die -in, civium.

Corruptus, *adj.* mit *comp.* u. *sup.* [particip.* von corrumpo] verdorben, verführt, verkehrt.

Corsica, ae, *f.* oder **Corsis**, ĭdis, *f.* die Insel Corsica im Mittelmeere. Davon *adj.* **Corsus** und (Poet.) **Corsicus**.

Cortex, ĭcis, *m.* (selten *f.*) die äußere Rinde, Schale an Bäumen, Pflanzen und Früchten (z. B. Nüssen); insbef. die Rinde des Korkbaumes, der Kork, zu Stöpseln und beim Schwimmenlernen gebraucht; daher *proverb.* nare sine c. = der Aufsicht nicht mehr bedürfen.

Corticeus, *adj.* [cortex] aus Rinde gemacht, insbef. aus Kork gemacht.

Cortina, ae, *f.* ein Kessel; insbef. (Poet.) der Dreifuß der Pythia im Tempel des Apollo zu Delphi, daher = das Orakel.

Cortōna, ae, *f.* Stadt in Etrurien; davon **-nensis**, e, *adj.* und *subst.* **-nenses**, ium, *m. pl.* die Einwohner von C.

Cŏrusco, 1. 1) *trans.* (meist Poet.) schnell hin und her bewegen, schwingen, werfen, linguas, frontem, telum. Hiervon 2) *intrans.* A) sich schnell bewegen u. s. w.: agni cc. stoßen mit den Hörnern; apes pennis cc. fahren hervor; arbor c. schwankt heftig, zittert. B) schimmern, blinken, flamma.

Cŏruscus, *adj.* (Poet.) 1) zitternd, schwankend, sich stark bewegend, silva; c. prae tremore. 2) schimmernd, blinkend, funkelnd, ignis, lumina, radii solis.

Corvus, i, *m.* der Rabe; hiervon (wegen der Aehnlichkeit mit dem gekrümmten Schnabel des Raben) eine Art Enterhaken, Stange mit einem Widerhaken.

Cŏrўbantes, ium, *m. pl.* Priester der Göttin Cybele, oft mit den Curetes verwechselt; bei den Festen der Göttin schwärmten sie in orgiastischer Wuth unter betäubender Musik bewaffnet umher und verwundeten einander.

Cŏrўcius, *adj.* [Κωρύκιος] 1) zu einer auf dem Parnaßgebirge befindlichen, den Nymphen und dem Pan geweihten Grotte (τὸ Κωρύκιον ἄντρον) gehörig. Davon **Cŏrўcīdes** Nymphae, Töchter des Plistus. 2) siehe Corycus.

Cŏrўcus, i, *m.* [Κώρυκος] 1) Vorgebirge und Stadt in Cilicien, mit einer Felsenhöhle, die im Mythus vom Typhon genannt wurde. Davon **-ycius**, *adj.* 2) Vorgebirge in Jonien.

*****Cŏrўcus**, i, [κώρυκος] ein mit Sand, Feigenkörnern u. W. gefüllter Sack, an welchem die Athleten ihre Kräfte übten.

*****Cŏrȳlētum**, i, *n.* [corylus] (Poet.) ein Haselgebüsch.

Cŏrȳlus, i, *f.* die Haselstaude.

*****Cŏrymbĭfer**, ĕra, ĕrum, *adj.* [corymbus-fero] (Poet.) Epitheton des Bacchus, Epheutrauben tragend.

Cŏrymbus, i, *m.* [κόρυμβος] der Fruchtbüschel-, die Blüthentraube des Epheu und ähnlicher Gewächse.

*****Cŏryphaeus**, i, *m.* [κορυφαῖος] der Anführer, das Haupt.

Cŏrȳthus, i, 1) *f.* Stadt in Etrurien, später Cortōna genannt. 2) *m.* der Gründer dieser Stadt.

Cŏrȳtus, i, *m.* (Poet.) der Köcher.

Cos, ōtis, *f.* [statt cautes] 1) jeder harte Stein, Kieselstein. 2) insbef. der Wetzstein.

Cos ob. **Cōus** (Cŏus), Coi, *f.* [Κῶς, Κόως] kleine Insel an der Küste von Carien, bekannt durch den Dienst des Aesculap (in dessen Tempel die berühmte Venus Anadyomene des Apelles war, der deßwegen auch Cous heißt) und durch Webereien leichter und durchsichtiger Stoffe (vestis Coa u. Coa, ōrum, *n. pl.*). Davon **Cōus**, *adj.*; *subst.* **-um**, i, *n.* coischer Wein.

Cōsa (Cossa), ae, 1) *f.* ob. **-ae**, ārum, *f. pl.* alte Stadt in Etrurien. Davon **-sānus**, *adj.* u. *subst.* **-sāni**, ōrum, *m. pl.* die Einwohner von C. 2) Stadt in Lucanien.

*****Cosmēta**, ae, *m.* [κοσμητής] (Poet.) ein Sklave, der für die Garderobe und den Schmuck der Herrin sorgte.

*****Cosmoe**, ōrum, *m. pl.* [Κόσμοι] eine Staatsbehörde der Cretenser.

Cosmus, i, *m.* (spät. (Poet.) ein Parfümeriefabrikant in Rom.

Cossus, Name einer Familie in dem Cornelischen Geschlechte.

Cossūra ob. **Cōsȳra**, ae, *f.* [Κόσσουρα] kleine Insel zwischen Sicilien und Africa.

Costa, ae, *f.* die Rippe; daher im *plur.* = die Seite, Wand, aeni, navis.

Costum, i, *n.* [κόστος] (Poet. u. Spät.) ein indischer Strauch, aus welchem Salbe verfertigt wurde.

Cōthurnātus, *adj.* [oothurnus] (Poet. u. Spät.) den Kothurn tragend, daher = tragisch, erhaben, zur Tragödie gehörig, sermo, dea.

Cōthurnus, i, *m.* [κόθορνος] der hohe, den ganzen Fuß bedeckende griechische Schuh oder Halbstiefel (mit dicker Sohle und hohen Absätzen), der auf der Jagd, aber bes. von den tragischen Schauspielern gebraucht wurde; daher *trop.* A) = die Tragödie. B) = tragisches Sujet. C) = tragischer, erhabener Styl.

Cottăbus, i, *m.* [κότταβος] ein bei den Griechen übliches gesellschaftliches Spiel: es gab verschiedene Arten davon; die Hauptsache war aber, daß man einen Rest ungemischten Weines so aus einem Becher auf ein zu diesem Zwecke aufgehängtes metallenes Becken hinwarf, daß der Wein mit einem klatschenden Schalle darauf fiel; aus der Beschaffenheit dieses Schalles zog man eine Vorbedeutung über die Liebe eines Mädchens, das man nannte oder an welches man dachte. Daher scherzend = Schlag, bubuli oc. (*Pl.*)

Cottāna, ōrum, *n. pl.* [syrisches Wort] (Spät.) eine Art syrischer Feigen.

Cottius, Name zweier, über verschiedene Völkerschaften in den von ihnen benannten Cottischen Alpen herrschenden Könige zur Zeit der ersten Kaiser in Rom.

Cōturnix, īcis, *f.* die Wachtel; *trop.* als kosende Anrede (*Pl.*), „mein Hühnchen".

Cōtys, yis, *m.* [Κότυς] ob. **Cōtus**, i, *m.* Name mehrerer thracischer Fürsten.

Cōtytto, us, *f.* [Κοτυττώ] eine ursprünglich thracische Gottheit, deren Dienst (Cotyttia, ōrum, *n. pl.*) mit argen Ausschweifungen verbunden war.

*****Cŏvīnārius**, ii, *m.* (oovinus) (Spät.) der Sichelwagenkämpfer.

Cŏvīnus, i, *m.* 1) der mit Sicheln besetzte Streitwagen bei den Celten, der Sichelwagen. 2) ein römischer Reisewagen.

Coxa, ae, *f.* (Spät.) die Hüfte.

Coxendix, īcis, *f.* [coxa] das Hüftbein, der Hüftknochen.

Crabra aqua, eine Wasserleitung, die von Tusculum bis in den Tiber reichte.

Crabro, ōnis, *m.* die Horniße; *proverb.* irritare oc. = Leute beleidigen, welche es gefährlich ist anzugreifen.

Crăgus, i, *m.* [Κράγος] Gebirge in Lycien, wo nach Einigen die Chimära hauste.

Crambe, es, *f.* [κράμβη] Kohl (reinlat. brassica); *proverb.* c. repetita („aufgewärmt") = etwas gar, zu oft Wiederholtes.

Cranaus, i, *m.* [Κραναός] attischer Heros, des Cecrops Schwiegersohn und Nachfolger in der Regierung.

Cranii, ōrum, *m. pl.* [Κράνιοι] Städtchen auf der Insel Cephalonia; auch = die Einwohner von C.

Crănōn, ōnis, *f.* [Κραννών] Stadt in Thessalien; davon **-ōnius**, *adj.*

Crantor, ŏris, *m.* [Κράντωρ] 1) Waffenträger des Peleus. 2) berühmter academischer Philosoph ums Jahr 320 v. Chr.

Crăpŭla, ae, *f.* [κραιπάλη] der Weinrausch, Weintaumel, Schwerheit des Kopfes in Folge des Trinkens.

*****Crăpŭlārius**, *adj.* (*Pl.*) zum Weinrausche gehörig.

Crās, *adv.* morgen; c. mane morgen früh; c. est festum. Hiervon (Poet.) meton. überhaupt = künftig: quid sit futurum c., fuge quaerere.

Crasse, *adv.* mit comp. 1) dicht, dick. 2) *trop.* a) grob, unklar, gemmae nitent c. b) undeutlich, unklar, c. aliquid intelligere. c) roh, plump: poëma c. compositum.

Crassi-pes, ĕdis, *comm.* Dickfuß, Beiname in der gens Furia.

Crassitūdo, ĭnis, *f.* [crassus] 1) die Dicke: c. parietum; claves digiti pollicis crassitudine. 2) das Dicke, die dicke Materie.

Crassus, *adj.* mit comp. u. sup. 1) dick, stark, homo, filum; nucleus sex digitos crassus. 2) dicht, dick, grob (*oppos.* tenuis, rarus, liquidus u. dergl.), aër, nebula, toga, unguentum. Hiervon a) ager c. fett, ebenso turdus c.; aquae cc. (Poet.) trübes unreines Wasser (von einem angeschwollenen Strome). b) c. infortunium = derbe Prügel. c) *trop.* zur Bezeichnung geistiger Plumpheit und Mangels an Bildung: c. Minerva = plumpe, rohe Weisheit.

Crassus, Name einer Familie in dem Licinischen Geschlechte, siehe Licinius. Davon **Crassiānus**, *adj.* zum Triumvir L. L. Crassus gehörig.

Crastīnus, *adj.* [cras] morgend, zum morgenden Tag gehörig: c. dies, lux; in crastinum auf morgen; (Spät.) crastino als *adv.* = cras; (Vorklaff. u. Spät.) die crastini morgen. 2) (Spät.) = künftig überhaupt.

Crătaeis, ĭdis, *f.* [Κραταιίς] eine Nymphe, Mutter der Scylla.

Crātēr, ēris, *m.* (Poet. u. Spät.) und **Crātēra**, ae, *f.* [κρατήρ, κρητήρ] 1) ein großes Gefäß, in welchem der Wein mit Wasser vermischt wurde, das Mischgefäß, die Bowle. 2) übertr. A) ein Oelgefäß. B) ein Wasserbecken, Bassin. C) die Oeffnung eines Vulcans, der Krater. D) ein Sternbild, der Becher. E) Meerbusen bei Bajä.

Crātĕrus, i, *m.* [Κρατερός] 1) ein Heerführer Alexanders des Großen. 2) ein berühmter Arzt zur Zeit des Cicero.

Crătes, ētis, *m.* [Κράτης] 1) ein attischer Comödiendichter ums Jahr 449 v. Chr. 2) ein Philosoph aus Theben, der cynischen Schule verwandt. 3) ein academischer Philosoph aus Athen, Schüler des Polemo. 4) C. Mallōtes (= aus der Stadt Mallus in Cilicien gebürtig), berühmter Grammatiker am pergamenischen Hofe, Zeitgenosse des Aristarch.

Crātes, is, *f.* aber fast immer im *pl.*, Flechtwerk, geflochtene Zweige und Weiden, Geflechte, Faschinen, bes. wie sie im Kriege gebraucht wurden. Hiervon übertragen c. spinae Gefüge, pectoris; c. favorum Honigwaben.

Crāthis, ĭdis, *m.* [Κρᾶθις] Fluß bei Thurii, zwischen Lucanien und Bruttium.

Crătīnus, i, *m.* [Κρατῖνος] Dichter der alten attischen Comödie, Zeitgenosse des Aristophanes.

Crătippus, i, *m.* [Κράτιππος] peripatetischer Philosoph zu Athen, Lehrer des jüngeren Cicero.

Creātio, ōnis, *f.* [creo] (selten) die Erwählung, Wahl, magistratuum.

Creātor, ōris, *m.* [creo] (selten) der Schöpfer, Erzeuger, mundi; Romulus c. hujus urbis, Gründer.

Creātrix, īcis, *f.* [creo] (Poet.) die Erzeugerin, Urheberin, natura c. rerum; diva c. Mutter.

Crēber, bra, brum, *adj.* mit *comp.* u. *sup.* 1) im Raume, dicht, dicht neben einander stehend, auf einander folgend; daher zahlreich: aedificia cc.; cc. ignes Feuer an Feuer, vigiliae cc.; arbores cc., (Poet.) auch silva c. Hiervon a) = dicht mit Etwas besetzt oder gefüllt, lucus c. arundinibus. b) *trop.* = gedrängt voll von Etwas: Thucydides c. rerum frequentiā reich an Inhalt; c. sententiis an Gedanken, Sentenzen; Africus c. procellis. 2) in der Zeit, häufig wiederholt, in kurzen Zwischenräumen wiederkehrend: excursiones, gemitus, amplexus, literae cc.; c. esse in re aliqua = Etwas häufig besprechen oder betreiben.

Crēbresco, brui (auch -besco, bui geschrieben), — 3. [creber] (Poet. u. Spät.) häufig werden, überhand nehmen, in kurzen Zwischenräumen sich wiederholen, ventus, bellum, seditio; *impers.* crebrescit es wird in weitem Kreise bekannt.

Crēbrĭtas, ātis, *f.* [creber] die Dichtheit, Gedrängtheit, Häufigkeit, literarum; c. sententiarum gedrängte Fülle.

Crēbro, *adv.* mit *comp.* u. *sup.* [creber] häufig wiederholt, dicht hintereinander, immer von Neuem.

Crēdĭbĭlis, e, *adj.* [credo] glaublich, narratio, suspicio; credibile dictu; fortior credibili (Poet.) unglaublich tapfer, majora credibili Größeres als man glauben sollte.

Crēdĭbĭlĭter, *adv.* mit *comp.* [credibilis] glaublich, auf glaubliche Weise.

Crēdĭtor, ōris, *m.* [credo] der Gläubiger, dem man Geld schuldig ist.

Crēdĭtum, i, *n.* (Sall. u. Spät.) das Darlehn, die Schuld.

Crēdo, dĭdi, dĭtum, 3. 1) anvertrauen, vertrauen, übergeben, vitam et fortunas alicui, arma militi, omnia consilia alicui; c. se ventis (womit der Begriff der Gefahr ausgedrückt wird), ebenso pugnae sich ins Treffen wagen; c. arcana libris in Büchern niederschreiben. Hiervon insbes. = Geld anvertrauen, borgen, darleihen, alicui pecuniam. 2) *intrans.* Jmd. trauen, auf Jmd. vertrauen, Zutrauen setzen (mit Rücksicht auf den Sinn und Willen des Betreffenden, vergl. confido): c. alicui, praesenti fortunae, virtuti militum. 3) Jmd. bei seiner Aussage u. vergl. trauen, ihm glauben, Glauben beimessen: c. alicui aliquid Jmd. in Etwas glauben, auch de re aliqua und aliquid esse factum; (Poet.) credor statt creditur mihi man glaubt mir. Auch ohne Angabe desjenigen, dem man Glauben beimißt, etwas Erzähltes, Behauptetes u. vergl. glauben: homines cc. id quod volunt; c. aliquid de aliquo. Insbes. mihi crede (selten crede mihi) glaube mir, ein eingeschalteter Ausdruck der freundlichen Betheuerung ob. Ermahnung. 4) (meist Poet. u. Spät.) überhaupt meinen, dafür halten (fast immer doch mit einiger Rücksicht auf die Autorität eines Anderen, vgl. puto, existimo u. f. w.): c. aliquem esse sapientem; creditus est optime dixisse man meinte von ihm, er hätte sehr gut gesprochen. 5) Insbes. A) credo (nur in dieser Form) wird oft, ohne Verbindung mit dem Vorhergehenden oder Nachfolgenden, als ein freundlicher oder ironischer Ausdruck der subjectiven Ansicht des Redenden eingeschaltet: denke ich, sollte ich meinen, ich denke gar, vermuthlich wohl. B) crederes zur Angabe einer Ansicht, die sich bei Jedem, der nicht besserem Bescheide wüßte, leicht entwickeln würde: du würdest glauben, man hätte glauben sollen: moesti, crederes victos, in castra redeunt.

Crēdŭlĭtas, ātis, *f.* [credulus] die Leichtgläubigkeit.

Crēdŭlus, *adj.* [credo] 1) leichtgläubig, der leicht Jmd. ob. Etwas Glauben schenkt: improvidus et c.; (Poet.) c. alicui der Einem leicht und unvorsichtig glaubt, c. in vitium der an einen Fehltritt leicht glaubt, armenta ec. arglos, keine Gefahr ahnend. Hiervon (Spät.) convivia cc. trauliche. 2) (*Tac.*) dem man leicht glaubt, fama.

Crĕmĕra, ae, *f.* Fluß in Etrurien; davon **-rensis,** e, *adj.*

Cremo, 1. verbrennen, brennen (fast immer von der Person, die Etwas brennen läßt, selten vom Feuer, vgl. uro): c. libros, urbem incendio; häufig vom Verbrennen der Opfer oder Leichname.

Cremōna, ae, *f.* Stadt in Oberitalien am Po. Davon **-nensis,** e, *adj.* u. *subst.* **-nenses,** ium, *m. pl.* die Einwohner von C.

Cremōnis jugum, ein Theil der penninischen Alpen, jetzt der Grimsel.

Cremor, ōris, *m.* (Vorklaff., Poet. u. Spät.) dicker Saft, Schleim.

Creo, 1. 1) erschaffen, hervorbringen, omnes res, genus humanum; insbes. c. liberos Kinder zeugen, daher (Poet.) creatus aliquo oder aliquā Sohn von ꝛc. 2) verursachen, erzeugen, bereiten, errorem, seditionem; c. alicui voluptatem, lites. 3) eine Behörde durch Wahl machen, erwählen, ernennen, aliquem consulem, eos censores, ducem bello gerendo.

Creo oder **Creon,** ontis, *m.* [Κρέων] 1) Bruder der Jocaste, Regent in Theben nach der Verbannung des Oedipus. 2) König von Korinth, der seine Tochter Creusa dem Jason verlobte, aber zugleich mit ihr durch die Zauberkünste der Medea umkam. 3) der Regent zu Theben während der Abwesenheit Amphitryons.

*****Crĕpax,** ācis, *adj.* [crepo] (Spät.) knarrend, rauschend, lärmend, mola.

Crēper, ĕra, ĕrum, *adj.* (Vorklaff.) dunkel, dämmerig, daher *trop.* ungewiß, zweifelhaft, certamen, oraculum.

Crĕpĭda, ae, *f.* [verw. mit dem gr. κρηπίς] die Sohle, Sandale (im Ganzen = solea); *proverb.* ne sutor ultra c. Schuster bleib bei deinem Leisten!

Crĕpĭdārĭus, *adj.* [crepida] zur Sohle gehörig; sutor c. der Sandalenmacher; cultellus c. der Schustertnelf.

Crĕpĭdātus, *adj.* [crepida] Sandalen tragend; fabula c. eine Art lateinischer Tragödie.

Crĕpīdo, ĭnis, *f.* [verw. mit dem gr. κρηπίς] 1) der gemauerte Grund, der Sockel, die Basis. 2) die erhöhete Einfassung, der Rand; insbef. der erhöhete und gemauerte Ufer-damm, Quai: c. saxi steinern; c. magnae molis.

Crĕpĭdŭla, ae, *f. deminut.* von crepida.

Crĕpĭtācillum, i, n. (Vorklaff.) *deminut.* von crepitaculum.

Crĕpĭtācŭlum, i, n. [crepito] (Spät.) die Kinderklapper.

Crĕpĭto, 1. [crepo] (Poet. und Spät.) stark rasseln, klappern, rauschen, (vgl. strepo): flamma c.; enses cc. duris incudibus, nimbi cc. multa grandine; c. rostro; intestina cc. der Bauch knurrt (vor Hunger).

Crĕpĭtus, us, m. [crepo] 1) das Rasseln, Klappern, Knarren, Klatschen, Rauschen u. dergl., armorum, pedum, cardinum, dentium, tibiarum, alarum. 2) insbef. c. ventris ob. bloß c. die laute Blähung.

Crĕpo, ui, itum, 1. 1) *intrans.* rasseln, klappern, klatschen, rauschen, knarren: fores, dentes, catenae, pedes, lapides cc.; c. digitis mit den Fingern schnippen. Insbef. = eine laute Blähung von sich geben; (Poet.) remi cc. brechen krachend. 2) *transit.* (Poet.) A) Etwas rauschend ertönen lassen, laetum sonum = durch Händeklatschen Beifall und Freude ausdrücken. B) Etwas immer im Munde führen, laut und wiederholentlich von Etwas sprechen, immunda dicta; c. sulcos et vineta nur von — sprechen, militiam.

Crĕpundĭa, ōrum, n. pl. [crepo] die Klapper. A) die Kinderklapper. B) ein klapperndes musikalisches Instrument.

Crĕpuscŭlum, i, n. [creper] die Dämmerung, das Zwielicht, fast immer = die Abenddämmerung; (Poet.) = Dämmerung, Dunkelheit überhaupt.

Crĕs, **Crĕsĭus**, **Cressa**, siehe Creta.

Cresco, ēvi, ētum, 3. 1) (Poet.) hervorwachsen, -kommen, entstehen: quaecunque e terra cc.; bes. häufig *particip.* cretus als *adj.* entsprungen, entsprossen, geboren, mortali semine, Fauno nymphāque, Trojano a sanguine. 2) am häufigsten von etwas schon Vorhandenem, wachsen (der Größe, Menge, dem Umfange u. f. w. nach zunehmen): homo, luna, Nilus c.; in ejus domo crevit wuchs er auf; crines cc. in frontem wachsen bis zur Stirn; c. in longitudinem in die Länge wachsen; amici cc. wachsen in der Zahl. Hiervon A) (Poet. u. Spät.) von hohen Gegenständen, sich erheben: petra c. in sublime fastigium. B) *trop.* von abstracten Gegenständen, zunehmen, wachsen: opes Atheniensium cc., licentia, inopia omnium c. 3) Insbef. von Personen und Staaten, an Ansehen und Macht wachsen, mächtiger und einflußreicher werden: c. in curia; c. ex oder de aliquo durch Jmds Sturz.

Crēta, ae, oder **Crētē**, es, *f.* [Κρήτη] die Insel Kreta im Mittelmeere. Davon 1) **Crēs**, ētis, m. [Κρής] der Bewohner von Kreta, der Kreter. 2) **Cressa**, ae, *f.* (Poet.) die Kreterin, z. B. Ariadne; häufiger als *adj.* kretisch, c. pharetra, herba, nota mit Kreide gemacht; c. corona der Kranz der Kreterin Ariabne; bos c. = Pasiphae. 3) **Crēsĭus** (Poet.), **Crētaeus** (Poet.), *Crētānus (Pl.)*, **Crētensis**, e (davon *subst.* -enses, ium, m. pl. die Bewohner von Kreta, die Kretenser), **Crētĭcus** (Poet. und Spät.) u. *Crētis*, ĭdis, (Poet.) *adj.* kretisch, kretensisch.

Crēta, ae, *f.* [Creta 1.] kretensische Erde, b. h. die Kreide oder eine kreideartige feine weiße Thonart, die zu verschiedenen Zwecken gebraucht wurde, namentlich zum Siegeln (siehe Cretula), zum Schminken u. dgl. Wegen der weißen Farbe bedeutete die Kreide symbolisch etwas Glückliches und Erfreuliches, daher: (Pl.) creta est profecto horum omnium oratio die Rede aller dieser Menschen macht Einen froh und ruhig; notare aliquid cretā als Etwas Günstiges anmerken. Bei Spät. steht c. statt calx zur Bez. des Ziels in der Rennbahn.

Crētātus, *adj.* [creta 2.] mit Kreide bestrichen.

Crētaeus, *adj.* [creta 2.] (*Lucr.*) thönern.

Crētheus, ei, m. [Κρηθεύς] Sohn des Aeolus, Vater des Aeson, also Großvater des Jason. Davon 1) **Crēthēĭus**, *adj.*; virgo C. = Helle, proles C. = Phryxus. 2) **Crēthĭdes**, ae, m. der Nachkomme von C., = Jason.

Crētĭo, ōnis, *f.* [cerno] *term. t.* 1) die förmliche und in Gegenwart von Zeugen abgegebene Erklärung, eine Erbschaft antreten zu wollen, welche Erklärung binnen einer bestimmten Frist (gewöhnlich 60 oder 100 Tage) erfolgen mußte. 2) anberaumte Frist.

Crētōsus, *adj.* [creta 2.] reich an Kreide.

Crētŭla, ae, *f.* [*deminut.* von creta 2.] die Siegelerde.

Creūsa, ae, *f.* [Κρέουσα] 1) Tochter des Königs Creon zu Korinth, mit Jason verlobt, kam durch Medea ums Leben. 2) Gemahlin des Aeneas, Tochter des Priamus. 3) Hafenstadt in Böotien.

Cribro, 1. [cribrum] durchsieben, aliquid.

Cribrum, i, n. [verwandt mit cerno aus dem Stamme Cer, Cre] das Sieb; *proverb.* imbrem in cribrum gerere = etwas Vergebliches unternehmen.

Crīmen, ĭnis, n. [verw. mit cerno, κρίνω] 1) Anklage, Beschuldigung, der Vorwurf: c. falsum; sermones pleni criminum in aliquem; c. maleficii (*obj.*) wegen einer begangenen Missethat aber auch c. invidiae (*subj.*) die aus Neid entstandene Anklage; hoc crimine est damnatus; crimini dare alicui aliquid Jmd. Etwas zum Vorwurfe machen, esse crimini zum Vorwurfe gereichen, esse in crimine angeklagt werben; inferre, intendere alicui crimen und intendere c. in aliquem eine Anklage gegen Jmd. vorbringen, ihn beschuldigen; crimen defendere, propulsare abwenden, Jmd. gegen eine Beschuldigung vertheidigen. Hiervon Grund und Veranlassung zu einer Beschuldigung, posteritatis crimen eris eine Schande der Nachwelt; (Poet.) c. belli Vorwand. 2) das Verbrechen, Vergehen, wegen welches Jmd. angeklagt werden kann ob. wird: c. et scelus, fateri c. Hiervon (Poet.) a) = eine Abbildung lasterhafter Auftritte und Verbrechen: nullo crimine tum paries pictus erat. b) die Veranlassung, Ursache eines Vergehens, c. amoris; c. sum ich bin Ursache des Verbrechens.

Crimĭnātĭo, ōnis, f. [criminor] die Beschuldigung, Anklage (aus unedlen Beweggründen, vgl. accusatio).

Crimĭnātor, ōris, m. [criminor] (Vorklass. u. Spät.) der Beschuldiger, Ankläger.

Crimĭnor, depon. 1. (Vorklass. auch -no, 1.) [crimen] 1) beschuldigen, anklagen, anschwärzen (siehe criminatio): c. aliquem apud populum, auch (Vorklass. u. Spät.) alicui vor Jmd. 2) über Etwas klagen, ·Beschwerde führen, Etwas zum Vorwurf machen: c. potentiam alicujus, aliquid de illa tribu; c. amicitiam ab aliquo violatam esse.

Crimĭnōse, adv. mit comp. u. sup. [criminosus] anschwärzend, beschuldigend, auf eine zur Beschuldigung dienende Weise: c. aliquid dicere.

Crimĭnōsus, adj. mit comp. und sup. [crimen] Anschuldigungen enthaltend oder vorbringend, zur Anschwärzung dienend, anschwärzend; res c.; ne id mihi oder in me criminosum esse possit; oratio c., homo c. Beschuldigungen machend.

Crimissus, i, m. [Κριμισσός] Fluß an der Südwestküste Siciliens.

Crīnālis, e, adj. (crinis] (Poet.) zum Haare gehörig, Haar-, vitta; hiervon subst. -āle, is, n. die Haarnadel. b) corpus c. mit haarähnlichen Fangarmen versehen (von dem Polypen).

Crīnis, is, m. das Haar des Menschen, gewöhnlich das Haupthaar, doch auch überhaupt (vgl. capillus, coma u. s. w.); oft im sing. collect. = das Haupthaar. Hiervon meton. A) der Schweif eines Cometen. B) die Fangarme des Polypen.

Crīnītus, adj. [crinis] behaart, langhaarig, mit langem Haare versehen: puella c. schöngelockt, galea crinita jubâ; stella c. ein Comet.

*Crĭsis, is, f. [κρίσις] (Spät.) die Entscheidung, die entscheidende Wendung, Krisis.

*Crispĭsulcans, ntis, adj. [crispus-sulco] (alt. Poet.) in zitternder-, schlängelnder Bewegung furchend.

Crispo, 1. [crispus] (Poet. u. Spät.) 1) träufeln, kraus machen, capillum; c. tellurem apio mit krauser Petersilie besetzen. 2) in zitternde Bewegung setzen, schwingen, binas hastas.

Crispŭlus, adj. (Spät.) demin. von crispus.

Crispus, adj. (Vorklass., Poet. u. Spät.) 1) kraus, gekräuselt, juba. 2) krausköpfig, mit krausem Haare. 3) trop. von der Rede, gekünstelt. 4) uneben, runzelig, paries. 5) in wellenförmiger Bewegung, zitternd, geschwungen.

Crissa, ae, f. [Κρίσσα] Stadt in Phocis; davon -saeus, adj.

Crista, ae, f. 1) der Kamm am Kopfe der Thiere, bes. gewisser Thiere; proverb. cc. ei surgunt er wird übermüthig. 2) der Helmbusch, Federbusch.

Cristātus, adj. [crista] mit einem Kamm ob. Federbusch versehen, ales; cassis c. pennis.

Critĭās, ae, m. [Κριτίας] einer der dreißig Tyrannen in Athen.

Critĭcus, i, m. [κριτικός] der Kunstrichter, Kritiker.

Crĭto, ōnis, m. [Κρίτων] reicher Athener, Freund des Socrates.

Critŏlāus, i, m. [Κριτόλαος] 1) peripatetischer Philosoph ums J. 155 v. Chr. 2) Feldherr der Achäer.

Croceus, adj. (crocus) 1) zum Safran gehörig, Safran-. 2) safrangelb.

Croĕĭnus, adj. [κρόκινος, croceus] = croceus. Hiervon subst. **Crocĭnum**, i, n. (Poet.) Safranöl; trop. als Schmeichelwort.

Crocĭo, 4. [verw. mit dem gr. κρώζω] (Vorklass. und Spät.) wie ein Rabe schreien.

Crŏcŏdīlīna, ae, f. [κροκοδειλίνη] (Spät.) der „Krokodilschluß", eine Art Trugschluß.

Crŏcŏdīlus, i, m. [κροκόδειλος] das Krokodil.

Crŏcōta, ae, f. (crocus) ein safranfarbiges Prachtkleid für Damen.

*Crŏcōtārĭus, adj. (crocota) (Pl.) zur crocota gehörig, infector c. der Saftankleidfärber.

Crŏcum, i, n. und -cus, i, m. [κρόκος] der Safran. Hiervon A) = die Safranfarbe. B) fabula perambulat crocum = wird auf die Bühne gebracht, wird gespielt, weil man, des Wohlgeruches wegen, die Bühne mit Safranessenz besprengte.

Croesus, i, m. [Κροῖσος] der bekannte reiche und mächtige König von Lydien, den Cyrus überwand; daher appell. = ein sehr reicher Mann.

Crommyacris, ĭdis, f. [gr. Κρομμύου ἄκρος] Vorgebirge auf Cypern.

Crŏmyŏn ob. **Cremmyon**, ōnis, f. [= Κρομμύων, Κρόμμυ.] Flecken in Megaris.

Crŏtālistrĭa, ae, f. [von dem gr. κροταλίζω, siehe crotalum] (Poet.) die Castagnettentänzerin.

Crŏtălum, i, n. [κρόταλον] die Castagnette.

Crŏto, ōnis, comm., selten **Crŏtōna**, ae, f. [Κρότων] Stadt an der Ostküste von Bruttium, Aufenthaltsort des Pythagoras. Davon A) -niātes, ae, m. [Κροτωνιάτης] der aus C. Gebürtige. B) -niensis, e, adj. u. subst. -enses, ium, m. pl. die Einwohner von C.

Crŭcĭābĭlis, e, adj. [crucio] (Nachklass.) jämmerlich, martervoll.

*Crŭcĭābĭlĭtas, ātis, f. [cruciabilis] (Pl.) die Quel, Marter.

Crŭciābĭlĭter, *adv.* [cruciabilis] (Vorkl. u. Spät.) auf marteroolle Art.

Crŭciāmentum, i, *n.* [crucio] die Marter, Qual.

Crŭciārius, *adj.* [crux] (Spät.) zur Qual gehörig, gekreuzigt.

Crŭciātus, us, *m.* [crucio] die Marter, Qual, insbes. = qualvolle Hinrichtung; *trop.* cum tuo c. haec dicis zu deinem eigenen Unglücke, abi in malum c. geh' zum Henker.

Crŭcio, 1. [crux] eigtl. ans Kreuz schlagen, peinigen, quälen, aliquem, legatos omnibus suppliciis. Auch geistig: officii deliberatio me c.; ipse se c. aegritudine; (Com.) crucior = ich ärgere mich, härme mich ab, istud wegen dieses, me lapidem non habere daß ich keinen Stein habe.

*Crŭcĭsălus, *adj.* [crux-salio] (Pl.) scherzhaft nach Chrysalus gebildeter Name, der Kreuztänzer.

Crūdēlis, e, *adj.* mit *comp.* u. *sup.* [crudus] gefühllos, hart, graufam, homo, mens; c. in aliquem u. (Poet.) alicui gegen Jmd. Hiervon A) = wobei Graufamkeit obwaltet, poena, sententia; bellum, consilia. B) = schrecklich, wobei man an etwas Graufames denken muß, crudelissimum nomen tyranni; funus c. traurig.

Crūdēlĭtas, ātis, *f.* [crudelis] die Härte, Graufamkeit, Unbarmherzigkeit.

Crūdēlĭter, *adv.* mit *comp.* u. *sup.* [crudelis] hart, graufam, unbarmherzig.

Crūdesco, — — 3. [crudus] (Poet. und Spät.) ärger und heftiger werden, zunehmen, morbus, ira.

Crūdĭtas, ātis, *f.* [crudus] eigtl. die Unverdaulichkeit, davon die Ueberfüllung des Magens, der Mangel an Verdauung; von Pflanzen = der Ueberfluß an Nahrungsäften.

Crūdus, *adj.* mit *comp.* (cruor) 1) (selten) blutig, blutend, von Blut triefend (vergl. sanguineus), exta, caro; (Poet.) c. vulnus. 2) unverdaut, cibus; hiervon lectio c. nicht recht verstanden ob. angeeignet. 3) der nicht verdaut hat, mit noch vollem Magen. 4) *trop.* A) unreif, pomum. Hiervon (Poet.) a) zu jung, noch nicht einer Sache gewachsen, puella cruda marito noch nicht mannbar. b) frisch, jung, amor. B) (Poet.) noch kraftvoll, rüstig, senectus. C) roh, unbearbeitet, solum, cestus aus rohem Leder gemacht; cortex c. Hiervon versus c. rauh, ungefeilt; auch von einer rauhen Stimme. D) hart, gefühllos, graufam, vir, bellum. E) roh = ungeschliffen, ungebildet.

Cruente, *adv.* mit *comp.* u. *sup.* (Spät.) [cruentus] blutig.

Cruento, 1. [cruentus] 1) blutig machen, mit Blut besprißen, beflecken, gladium, dextras; *trop.* haec oratio te lacerat et c. 2) (Spät.) roth färben, vestem; luna se c. zeigt sich blutroth. 3) (Poet.) überhaupt beflecken.

Cruentus, *adj.* mit (Spät.) *comp.* u. *sup.* [cruor] 1) Blut an sich habend, blutig, blutbespritzt, cadaver, gladius, vestis; *trop.* zur Bezeichnung des Blutvergießens, epistola vom Blute handelnd, pax Blut mit sich führend, victoria durch vieles Blut gewonnen. 2) blutdürftig, graufam, hostis. 3) (Poet.) blutroth.

Crŭmēna (ob. **Crŭmīna**), ae, *f.* der (gewöhnlich am Halse hangende) Geldbeutel; c. deficit die Casse ist leer.

Cruor, ōris, *m.* das Blut (wie es aus einer Wunde ob. dergl. fließt, außerhalb des Körpers, vgl. sanguis); ostendere cruorem inimici quam recentissimum; bisweilen (Poet.) im *pl.*; *trop.* = Blutvergießen, Tödtung, avidus cruoris. 2) (Lucr.) = sanguis das Blut in den Adern.

*Cruppellārius, ii, *m.* [celtisches Wort] (Tac.) eine Art gehanrischer Fechter.

Cruptoricis villa, Ort bei den Friesen im nördlichen Germanien.

*Crūrĭcrĕpĭda, ae, *m.* [crus-crepo] (Pl.) dem die Schienbeine von Schlägen klatschen.

*Crūrĭfrăgius, *adj.* [crus-frango] (Pl.) dem die Schienbeine zerbrochen werden.

Crus, ūris, *n.* der Schenkel, das Schienbein; an Pflanzen (Spät.) der untere Theil des Stammes.

Crusta, ae, *f.* 1) die Rinde, Schale, Kruste, panis, piscium (die Schuppen), ulcerum; c. fluminis die Eisdecke. 2) an Wänden, das eingelegte Werk von Gyps ob. Marmor, die Stuccatur, Musivarbeit; an Kunstgegenständen, die halberhabene Arbeit, *trop.* von einem täuschenden Aeußern, dem Scheine.

Crustŭlārius, ii, *m.* [crustulum] (Spät.) der Kuchenbäcker.

Crustŭlum, i, *n. deminut.* von crustum.

Crustum, i, *n.* [Nebenform von crusta] Backwerk, Kuchen.

Crustŭmĕria, ae, *f.* ob. -rium, ii, *n.* auch -rdi, ōrum, *m. pl.* und **Crustŭmium**, ii, *n.* alte Stadt der Sabiner in Latium. Davon A) -minus oder (Poet.) -mius, *adj.* und -mini, ōrum, *m. pl.* die Einwohner von s.

Crux, ŭcis, *f.* 1) das Kreuz: perire in c.; tollere, suffigere in crucem kreuzigen; (Com.) als Schimpfwort „du Galgenvogel!" 2) *trop.* (Com.) Qual, Marter, Unglück, Verderben: abstrahere aliquem in malam c.; abi in malam c. (auch bloß in malam c.! ob. in crucem!) geh' zum Henker! quae te mala crux agitat welch ein Henker plagt dich? mala c. ein Plagegeist.

Crypta, ae, *f.* [κρύπτη] (Spät.) das unterirdische Gewölbe, der unterirdische Gang, die Gruft.

Crypto-portĭcus, us, *f.* [κρυπτός-p.] (Spät.) der bedeckte unterirdische Gang.

Crystallĭnus, *adj.* [κρυστάλλινος] (Spät.) aus Krystall gemacht, krystallen; *subst.* -ĭna, ōrum, *n. pl.* Krystallgefäße.

Crystallum, i, *n.* [gr. κρύσταλλος] 1) der Krystall; (Poet.) von krystallenen Sachen. 2) -lus, i, *f.* ein dem Krystall an Glanz ähnlicher Edelstein an einem Ringe.

Ctēsĭas, ae, *m.* [Κτησίας] griechischer Geschichtschreiber aus Carien, der sich lange Zeit als Arzt am perfischen Hofe aufhielt.

Ctēsĭphon, ontis, [Κτησιφῶν] 1) m, athenienfischer Staatsmann, Freund des Demosthenes. 2) *f.* Stadt in Assyrien am östlichen Ufer des Tigris.

Cŭbĭcŭlāris, e, *adj.* [cubiculum] zum Schlafzimmer gehörig.

Cŭbĭcŭlārĭus, *adj.* = cubicularis; *subst.* -ārĭus, ii, *m.* der Kammerdiener.

*****Cŭbĭcŭlātus**, *adj.* [cubiculum] mit Zimmern versehen.

Cŭbĭcŭlum, i, *n.* [cubo] 1) ein Schlafzimmer, auch überhaupt ein (mit einem lectus versehenes) Wohnzimmer. 2) (Spät.) erhöheter Sitz des Kaisers im Theater.

Cŭbīle, is, *n.* [cubo] das Lager, die Lagerstätte, sowohl der Menschen als der Thiere; *trop.* c. istius bleibender Aufenthaltsort, rechte Heimath.

Cŭbĭtal, ālis, *n.* [cubo] (Poet.) das Lehnkissen, Schlafkissen.

Cŭbĭtālis, e, *adj.* [cubitus] eine Elle lang.

*****Cŭbĭtissim**, [cubo] *adv.* (Pl., zweifelh.) liegend.

Cŭbĭto, 1. [cubo] oft liegen, zu liegen pflegen, humi.

Cŭbĭtum, i, *n.* [cubo] 1) der Ellbogen; davon = Krümmung, c. orae. 2) die Elle.

Cŭbĭtus, us, *m.* [cubo] (Vorkl. u. Spät.) 1) das Liegen. 2) das Lager.

Cŭbo, bui, bĭtum, 1. liegen (meist in schräger Lage und um zu ruhen, vergl. jaceo, situm esse); c. in lecto, in lectica. Insbes. (nach dem Zusammenhange) A) schlafen liegen, abire cubitum zu Bette gehen. B) zu Tische liegen. C) krank darnieder liegen. D) Ustica cubans schräg liegend, sich senkend.

Cŭbus, i, *m.* (verw. mit dem gr. κύβος) 1) der Würfel. 2) die Kubikzahl.

Cŭcullus, i, *m.* (Spät.) die Hülle, A) des Kopfes = die am Kleide befestigte Kappe, der Capuchon; B) einer Waare, die Düte.

Cŭcŭlus, i, *m.* der Kuckuk; *trop.* als Schimpfwort von einfältigen oder trägen Personen.

Cŭcŭmis, ĕris ob. is, *m.* die Gurke.

Cŭcurbĭta, ae, *f.* 1) der Kürbis. 2) der Schröpfkopf.

Cūdo, (di, sum), 3. 1) schlagen, klopfen, fabas ausklopfen; *trop.* istaec in me cudetur faba (Com.) dies werde ich ausbaden müssen. 2) Insbes. ein Metall schlagend bereiten, verfertigen, von Münzen, schlagen, prägen: c. anulum, argentum, aera eherne Statuen machen, numos; *trop.* c. tenebras alicui (Pl.) verursachen.

Cŭicuimŏdi statt Cujuscujusmŏdi [quisquis-modus] wird als ein *indecl. adj.* ob. *pron. indef.* gebraucht, von welcher Art auch, wie immer beschaffen.

Cujas, ātis, ob. unzusammengezogen **Cujātis** [quis], *pron. interr.* (Vorklass. u. Spät.) welchem Lande oder Volke angehörig, aus welchem Volke?

Cujus, a, um (veraltet) 1) *pron. poss. interr.* [quis] wem gehörig? wessen? bisweilen mit dem fragenden Wörtchen nam zusammengesetzt, cujanam vox? 2) *pron. rel.* [qui] welchem gehörend, wessen.

Cujusdam-mŏdi [quidam-modus] wird als ein *indecl. adj.* gebraucht = von einer gewissen Art, richtiger aber getrennt als zwei Worte geschrieben.

Cujus-mŏdi, wird als ein *indecl. adj.* oder *pron.* gebraucht, 1) [quis] als *interr.*, von welcher Art und Beschaffenheit, wie beschaffen? 2) [qui] als *relat.*, von der Art wie, ein solcher wie.

Cujusque-mŏdi [quisque-modus] wird als ein *indecl. adj.* oder *pron. indef.* gebraucht = von jeder Art und Beschaffenheit, jeder ohne Unterschied: cum navibus c. triginta; multa c. proferre; c. genus hominum.

Culcĭta, ae, *f.* eine Matratze, ein Polster; *trop.* scherzhaft (Pl.) gladium culcitam faciam ich werde mich in mein Schwert stürzen, mich tödten.

*****Culcĭtella**, ae, *f.* (Pl.) *deminut.* von Culcita.

Cŭlĕus, i, *m.* und -um, i, *n.* [κουλεός ion. = κολεός] 1) ein lederner Sack, Schlauch zum Aufbewahren des Weins u. A. 2) (Vorklaff.) ein Maaß von Flüssigkeiten, 20 amphorae enthaltend.

Cūlex, ĭcis, *m.* die Mücke; *trop.* und zwar als *f.* = eine lästige Person, die Einem immer nachläuft.

Culīna, ae, *f.* die Küche; auch vielleicht von einer transportablen Küche, einem tragbaren Herde; *trop.* = Essen, praebere culinam.

Culmen, ĭnis, *n.* (meist Poet. und Spät.) der höchste Punkt einer Sache (einer aufgerichteten, nicht nothwendig einer spitzigen, verwandt mit columen, columna; vgl. cacumen), der Gipfel: cc. Alpium, c. summum hominis der Scheitel; c. tecti der First, der Gipfel des Daches; *trop.* fortunae, omnium rerum, das Aeußerste, der Höhepunkt von einer Sache.

Culmus, i, *m.* der Halm, bes. des Getreides, der Strohhalm (mit Beziehung auf die schlanke Höhe, vgl. calamus).

Culpa, ae, *f.* 1) die Schuld, Verschuldung, daher (seltner) = das Vergehen, Versehen, der Fehler, Fehltritt (nicht immer ein absichtlicher, auch oft ein bloßes Versehen gegen die Klugheit oder Vorsicht, vgl. delictum, maleficium u. vergl.); c. delicti die Schuld an dem Versehen, c. amicitiae gegen die Freundschaft; hoc factum est culpá meá; is est in culpa er ist Schuld daran oder (überhaupt) er ist schuldig, ebenso invenire aliquem in culpa Jmd. schuldig finden; ponere aliquid in culpa Etwas für strafbar halten; culpa est in eo ob. penes eum die Schuld liegt an ihm; sustinere culpam rei alicujus die Schuld einer Sache tragen, für den Urheber gehalten werden; conferre, transferre in aliquem culpam (rei alicujus) auf Jmd. die Schuld von Etwas wälzen; culpa est in facto meo, non scelus; *trop.* (Poet.) = der schuldige Gegenstand, Urheber eines Unglücks.

Culpātus, *adj.* [culpa] (Poet. und Spät.) schuldbeladen, schuldig, tadelnswerth.

*****Culpĭto**, 1. (Pl.) = culpo.

Culpo, 1. [culpa] als schuldig oder fehlerhaft tadeln, = anklagen, tadeln, mißbilligen, aliquem, faciem deae, versus duros; (Poet.) c. aquas dem Wasser die Schuld geben.

Culte, *adv.* mit *comp.* [cultus] (Spät.) geschmückt, geputzt; insbes. von der Rede, zierlich, gewählt, mit Schmuck.

Cultellus, i, *m. deminut.* von culter.

Culter, tri, *m.* ein Messer; *proverb.* linquere aliquem sub c. Jmb. in der größten Gefahr stecken lassen.

Cultio, ōnis, *m.* [colo], c. agri, siehe Agricultio.

Cultor, ōris, *m.* [colo] 1) der Bearbeiter, Anbauer; c. agrorum, vitis der Pflanzer, c. pecoris der Pfleger, Hüter. 2) insbes. der Landmann, Ackerbauer: liberis cc. bello absumptis. 3) der Bewohner, Einwohner, ejus terrae; populus frequens cultoribus. 4) *trop.* der Pfleger, Verehrer, Freund, Liebhaber von Etwas: c. bonorum der es mit den Patrioten hält, c. imperii Romani, veritatis; c. deorum Anbeter, Verehrer; c. amicitiae.

*__Cultrārius__, ii, *m.* [culter] (Spät.) der Opferschlächter.

Cultrix, īcis, *f.* [cultor, colo] 1) die Pflegerin. 2) die Bewohnerin.

Cultūra, ae, *f.* [colo] 1) die Bearbeitung, Pflege, der Anbau, agelli, vitis. 2) der Ackerbau, das Landwesen. 3) *trop.* A) das Bilden, Ausbilden, philosophia est animi c. *B) (Poet.) c. potentis amici der ehrfurchtsvolle Verkehr mit, das Hofmachen.

Cultus, *adj.* mit *comp.* u. *sup.* [*partícip.* von colo] 1) bearbeitet, angebaut, locus, ager. 2) geschmückt, zierlich, elegant. 3) *trop.* gebildet, fein.

Cultus, us, *m.* [colo] 1) (selten) die Bearbeitung, der Anbau, agrorum der Äcker, aber agricolarum durch die Landleute. 2) die Pflege, Abwartung, corporis; oves ali non possunt sine c. hominum. 3) *trop.* A) die Bildung, Ausbildung: c. sanus; genus hominum malo culta corruptum schlechte Erziehung. B) die Verehrung, Anbetung, deorum. C) häufig die äußere Lebensart, Lebenseinrichtung (insofern sie auf die Verfeinerung des Lebens gerichtet ist, im Gegensatze des Naturzustandes; es wird sehr oft im Gegensatze zu victus gebraucht, und bezieht sich dann auf die Kleidung, die Wohnung, die Hausgeräthe und übrige häusliche Einrichtung, während bei victus hauptsächlich an die Nahrungsmittel gedacht wird): c. humanus civilisque; c. liberalis, agrestis; regius victus et c.; c. vestitusque; filiorum multus pueritiae c. prächtige Hofhaltung und häusliche Einrichtung für die Söhne. Hiervon a) im üblen Sinne = die Üppigkeit, Lasterhaftigkeit: c. ac desidia imperatoris. b) (Spät.) Zierlichkeit in der Rede. c) insbes. die Kleidung, Tracht, der feine elegante und zierliche (doch auch so, daß z. B. Waffen u. sonstiger Schmuck darunter einbegriffen wird, vgl. vestis, amictus): c. militaris, Gabinus.

Cŭlullus, i, *m.* (Poet.) ein großer gehenkelter Becher, Humpen.

Cŭlus, i, *m.* der Hintere.

Cum, *praep.* mit dem abl. [stammverw. mit ξύν], mit, 1) von einer Begleitung überhaupt: abii c. illo; esse c. aliquo mit Jmb. zusammen, bei Jmb. sein. 2) bei Worten, die eine Verbindung, Vereinigung, Gemeinschaft u. dergl. bezeichnen. 3) bei Worten, die eine Handlung oder Thätigkeit bezeichnen, bei welcher man in ein (freundschaftliches) Verhältniß zu Jmb. tritt, als verhandeln, übereinkommen, übereinstimmen, kämpfen, streiten u. dergl.: agere, convenire, consentire, pugnare, disputare c. aliquo; facere c. aliquo es mit Jmb. halten. 4) insbes. zur Bezeichnung einer Verbindung, sammt (= et); deßwegen hat ein so durch cum mit einem anderen Substantivum verbundenes Subject häufig das Prädicat im *pl.*: dux c. aliquot principibus capiuntur. 5) zur Bezeichnung der Gleichzeitigkeit: c. occasu solis venit; exiit c. nunciis zur selben Zeit wie die Botschafter. 6) zur Bezeichnung dessen, was bei Jmb. gefunden wird, womit er versehen-, begabt ist: porcus c. capite humano, onerariae naves c. commeatu; esse c. telo bewaffnet sein; Romam venire c. febri; esse c. imperio den Befehl haben. 7) zur Bezeichnung der Umstände, Verhältnisse u. s. w., die bei Etwas stattbaben, also z. B. von Folgen, Wirkungen u. s. w., so daß oft ein Adverbialbegriff ausgedrückt wird (oft kann es durch zu übersetzt werden): c. magna calamitate reipublicae id fecit; complexus eum est c. multis lacrimis unter vielen Thränen; c. magno studio id fecit; c. maximo clamore involant; honeste, id est c. virtute, vivere; castra locavit c. gravi edicto unter Bekanntmachung eines strengen Befehles; auditi sunt c. silentio, facere aliquid c. cura. Insbes. A) c. diis volentibus, „mit Gott", in Gottes Namen. B) (meist Spät.) c. eo quod oder ut (ne) mit dem Vorbehalte, unter der Bedingung, Beschränkung. 8) (Poet. und Spät.) zur Bezeichnung eines Werkzeuges, Mittels: mare c. gurgite suo recipit flumen; lingere rem c. linguā. — NB. Den persönlichen *pron.* me, te, se, nobis, vobis und oft dem *pron. rel.* (quo, :qua, quibus) wird die *praep.* angehängt (mecum, vobiscum, quibuscum).

Cūmae, ārum, *f. pl.* [gr. Κύμη] alte Stadt in Campanien, Colonie der Chalcidenser von Euböa. Davon 1) -**maeus**, *adj.* (Poet.); cc. anni so viele Jahre wie die Cumäische Sibylle lebte, = ein hohes Alter. 2) -**mānus**, *adj.* u. *subst.* A) -**mānī**, ōrum, *f. pl.* die Einwohner von C. B) -**mānum**, i, *n.* a) das cumanische Gebiet. b) ein Gut Cicero's in der Nähe von C.

*__Cūmātĭle__, is, *n.* [verw. mit dem gr. κῦμα] (*Pl.*) ein meerblaues Kleid.

Cumba, siehe Cymba.

Cŭmĕra, ae, *f.* (Poet.) der Kasten, Behälter zur Aufbewahrung des Getreides.

Cŭminum, i, *n.* der Kümmel.

Cum-primis, *adv.* (selten, wird richtiger getrennt geschrieben) unter den Ersten, besonders, vorzüglich.

Cumque oder **Cunque**, *adv.* bezeichnet eine Allgemeinheit: 1) allein (selten, Poet.), zu jeder beliebigen Zeit, wann auch immer, oder auf jede beliebige Weise, wie auch immer: mihi c. salve rite vocanti; quae demant c. dolorem. 2) häufig mit qui, qualis, quot, ubi, quoties u. s. w. zusammengesetzt, siehe quicunque u. s. w.

Cŭmŭlātē, *adv.* mit *comp.* u. *sup.* [cumulatus] reichlich, in vollem Maaße.

Cŭmŭlātus, *adv.* mit *comp.* u. *sup.* [*partícip.* von cumulo] 1) vermehrt, vergrößert,

2) vollständig, vollkommen. 3) (Pl.) einer Sache voll, c. scelerum.

Cŭmŭlo, 1. [cumulus] 1) (Poet. u. Spät.) in einen Haufen bringen, häufen, aufschichten, aufthürmen, arenas, arma in acervum; aliud super aliud cumulatur funus die Sterbefälle folgen unmittelbar und in großer Zahl auf einander; *trop.* c. benefacta in aliquem Wohlthaten auf Jmd. häufen, c. religiones animis viele und starke religiöse Bedenklichkeiten den Gemüthern einflößen. 2) mit einem Haufen versehen, hoch anfüllen, überfüllen, überschütten mit Etwas: c. fossas corporibus, altaria donis; *trop.* c. aliquem voluptatibus, honoribus überhäufen; orator omni laude cumulatus mit allen Lobenswerthen Eigenschaften vollständig begabt; Graecorum natio cumulata est hoc vitio dieser Fehler ist bei der griechischen Nation überaus herrschend. 3) (gleichsam den Haufen größer machen) vergrößern, vermehren; c. scelus alio scelere, aes alienum usuris. 4) (gleichsam dem Haufen den Gipfel aufsetzen, ihn bis zum Gipfel bringen) vollständig machen, einer Sache die Krone aufsetzen: c. gaudium; summum bonum cumulatur ex integritate corporis et ex mentis ratione.

Cŭmŭlus, i, m. 1) der Haufe, die aufgethürmte Masse (der Grundbegriff ist die Errichtung in die Höhe, vgl. acervus und strues): c. armorum, corporum caesorum, arenae; (Poet.) von einer aufgethürmten Wassermasse, hohen Welle. 2) was den Haufen schließt u. vervollständigt, der Gipfel, die Krone, davon = der Zuwachs, die Zugabe: velut c. accedere ad aliquid; accedit magnus c. commendationis tuae deine Empfehlung, welche die Sache vollständig macht; res accedit in cumulum kommt hinzu als der Culminationspunct der Sache; pro mercedis c. als das Höchste und Vervollständigende des Lohnes; eloquentia cumulum affert illorum laudibus setzt ihren glänzenden Eigenschaften die Krone auf.

Cŭnābŭla, ōrum, *n. pl.* [cunae] die Wiege. Davon A) = das Lager junger Thiere, auch das Nest. B) Geburtsort, erste Heimath.

Cŭnae, ārum, *f. pl.* = cunabula; *trop.* zur Bezeichnung der ersten Kindheit oder Lebenszeit.

Cunctābundus, *adj.* [cunctor] zögernd, zaudernd.

Cunctans, tis, *adj.* mit *comp.* und *sup.* [*particip.* von cunctor] zögernd, zaudernd, langsam.

Cunctanter, *adv.* mit *comp.* [cunctans] zaudernd, zögernd.

Cunctātĭo, ōnis, *f.* [cunctor] das Zögern, Zaudern.

Cunctātor, ōris, *m.* [cunctor] der Zögerer, Zauderer, der sich immer bedenkt und nie handelt; bisweilen ohne tadelnde Bedeutung = der Bedächtige.

Cunctor, *depon.* 1. (Vorklaff. auch -to, 1.) zögern, zaudern, anstehen, sich stets bedenken ohne zum Handeln sich entschließen zu können (fast immer mit tadelnder Bedeutung, vgl. moror): bellum Fabius gessit cunctando; c. diutius in vita; selten mit einem *infinit.*, non c.

profiteri ich trage kein Bedenken zu erklären; vos cc. quid faciatis ihr seid unschlüssig, ebenso non c. quin etc.

Cunctus, *adj.* [zusammengezogen aus conjunctus] gesammt, sämmtlich, ganz, meist im *pl.* sämmtliche, alle (zusammen und vereint, *oppos.* dispersi; vgl. omnes und universi): c. senatus, orbis terrarum, Gallia; cc. viri capti sunt, cc. maria; cuncta procedunt ei Alles gelingt ihm; (Poet. u. Spät.) cuncti hominum, cuncta terrarum.

*****Cŭneātim**, *adv.* [cuneus] keilförmig.

Cŭnĕo, 1. (Spät.) [cuneus] 1) verkeilen, mit Keilen versehen, lapis c. latera inclinata; *trop.* c. orationem durch Eingeschobenes spalten. 2) keilförmig zuspitzen: terra se e. in diversos angulos.

Cŭnĕŏlus, i, m. *deminut.* von cuneus.

Cŭneus, i, m. der Keil; an einem Schiffe Blöcke, womit das Gebälk zusammengehalten wird. Davon A) die keilförmige Schlachtordnung; cc. militum Abtheilungen, Schaaren. B) die keilförmig gestellten Sitzreihen der Zuschauer im Theater: res notuit cunctis cc. wurde sämmtlichen Zuschauern bekannt.

*****Cŭnĭcŭlōsus**, *adj.* [cuniculus] (Poet.) mit Höhlen erfüllt (Andere erklären reich an Kaninchen).

Cŭnĭcŭlus, i, m. 1) das Kaninchen. 2) der unterirdische Gang, die Höhle, insbes. die Mine (bei Belagerungen).

Cunīcus, a. S. für Cynicus.

Cunque, siehe Cumque.

Cūpa, ae, *f.* die Tonne, Kufe.

*****Cŭpēdĭa** (oder Cupp.), ae, *f.* (verwandt mit cupio) die Naschhaftigkeit.

Cŭpēdĭa (oder Cupp.), ōrum, *n. pl.* und **-dĭae**, ārum, *f. pl.* (Vorklaff. und Spät.) Näschereien, Delicatessen.

Cŭpēdĭnārius, ii, m. [cupedia] (Com. u. Spät.) der Bereiter von Näschereien.

Cŭpēdo, inis, *f.* (Vorkl.) = Cupido.

*****Cŭpes** (oder Cupp.), is, *m.* (Vorklaff.) das Leckermaul.

Cŭpĭde, *adv.* mit *comp.* und *sup.* [cupidus] begierig, auf leidenschaftliche Weise; insbes. = parteiisch.

Cŭpĭdĭneus, *adj.* [cupido] (Poet.) zum Liebesgott gehörig.

Cŭpĭdĭtas, ātis, *f.* [cupidus] die Begierde, das Verlangen, bes. das heftige und leidenschaftliche, die Leidenschaft: c. veri videndi, pecuniae, coercere omnes cc. Insbes. A) = Liebesverlangen. B) Geldgier, Habsucht. C) von Richtern, Zeugen und dergl., leidenschaftliche Neigung für die eine Partei, Parteilichkeit.

Cŭpīdo, ĭnis, *f.* und (Poet.) m. (cupio) (Nebenform zu cupiditas, meist bei den Dichtern und Geschichtschreibern gebräuchlich, fast immer mit Angabe des Gegenstandes) die heftige Begierde, das heftige und leidenschaftliche Verlangen, gloriae, urbis condendae; siehe cupiditas. Insbes. häufig = Liebesverlangen, c. visae virginis, davon als *nom. propr.* **Cŭpīdo**, ĭnis, m. der Liebesgott, = Amor, Sohn der Venus.

Cŭpĭdus, *adj.* mit *comp.* und *sup.* [cupio]

begierig, leidenschaftlich verlangend und begehrend: c. bellandi, pacis, auri; obtigit mihi illud cupido optantique meinem Verlangen und Wunsche gemäß; (Poet.) cupidus mori den Tod wünschend. Insbes. A) voll Liebesverlangen, verliebt. B) = geldgierig, habsüchtig. C) parteiisch, judex iratus et c.

Cŭpiens, tis, adj. mit comp. u. sup. [particip. von cupio] verlangend, begehrend, rei alicujus; cupientissimā plebe dem heißen Wunsch des Volkes gemäß.

Cŭpienter, adv. [cupiens] (Vorklaff.) begierig.

Cŭpio, īvi ob. ii, ītum, 3. 1) wünschen, verlangen, begehren, gern Etwas haben wollen (es bezeichnet die Neigung und den Begriff eines Willens oder der ausdrücklichen Aeußerung des Wunsches in Gedanken oder Worten, vgl. volo, opto): c. nuptias, novas res; c. emori; c. te tua virtute frui daß du — genießen mögest; c. perspici daß es sichtbar werden möge; (Vorklaff. u. Spät.) mit einem particip., c. te conventum mit dir zu sprechen; selten c. ut etc. 2) Insbes. c. alicui oder alicujus causa Alles für Jmd. wünschen, Jmd. gewogen und günstig sein, sich für Jmd. interessiren: quem suā causā cupere ac debere intelligebat von dem er sah, daß es ihm ergeben und verbunden war.

Cŭpītor, ōris, m. [cupio] (selten, Spät.) der Begehrer, matrimonii.

Cuppedia etc., siehe Cupedia etc.

Cupressētum, i, n. [cupressus] der Cypressenhain.

Cupresseus und **-sinus**, adj. [cupressus] aus Cypressenholz, Cypressen-.

*Cupressĭfer, ěra, ěrum, adj. [c.-fero] (Poet.) Cypressen tragend.

Cupressus, i, f. (im abl. sing. bisweilen -u und im acc. plur. -us), auch (Poet.) Cypărissus, i, f. [κυπάρισσος] die Cypresse; (Poet.) von einem cypressenen Kästchen.

Cur (Vorkl. Quor), adv. [aus quare; nach Anderen aus cui rei] weshalb, warum: 1) relativ: duae sunt causae c., id satis magnum est argumentum c. etc.; non est c. es ist kein Grund warum; quid est c.? primum illud reprehendo et accuso, c. etc. 2) interrogativ: c. eam perdis? c. non? quaero c. hoc feceris.

Cūra, ae, f. 1) die Sorge. A) = die Fürsorge, sorgfältige Bemühung, Sorgfalt: magna cum c. aliquid facere; omni cura rempublicam administrare; curam ponere, consumere etc. in re aliqua anwenden. B) mit einem genit. = die Besorgung, Fürsorge, Leitung und Verwaltung einer Sache, die Pflege eines Gegenstandes: difficilis est c. rerum alienarum; c. corporis; curam gerere rei alicujus und (selten) de re aliqua für Etwas Sorge tragen. Insbes. a) die Verwaltung, Aufsicht, Leitung eines Staatsgeschäftes, das Amt, Geschäft: c. rerum publicarum, annonae, viarum. b) (Spät.) die ärztliche Pflege, Heilung. c) (Poet. u. Spät.) eine schriftliche Arbeit, Schrift. d) (Poet.) = der Hüter, Wärter. C) häufig res mihi curae est ich trage für die Sache Sorge, lasse mir die Sache angelegen sein, bin auf Etwas bedacht; mihi curae est eligere ich bin auf das Wählen bedacht; auch curae aliquid habere für Etwas Sorge tragen. D) (Poet.) Gegenstand der Sorgfalt, Person oder Sache für welche man Sorge trägt, mea maxima c. 2) die Sorge = Besorgniß, Unruhe, Kummer: confectus curā; magna c. et sollicitudo; (Pl.) cura est quid nunciet ich bin besorgt wegen dessen, was er melden möge. Insbes. häufig = Liebespein, Liebe, und (Poet.) = die Person, welche die Liebesqual verursacht, der oder die Geliebte.

*Cūrābĭlis, e, adj. [curo] (Poet.) der zu befürchten ist, Sorge schaffend (Andere erklären die Stelle anders).

Cūrālium, siehe coralium.

Cūrāte, adv. [curatus] (Spät.) mit Sorgfalt, sorgfältig.

Cūrātĭo, ōnis, f. [cura] das Sorgen um Etwas, die Sorgfalt, sorgfältige Bemühung, Besorgung, Wartung, Pflege: c. et administratio rerum, adhibere curationem corporis; quid tibi hanc rem curatio est (Pl.) was hast du dich um diese Angelegenheit zu kümmern? Insbes. A) die Verwaltung, Leitung eines Staatsgeschäftes und dergl. B) die ärztliche Pflege, Heilart, Cur.

Cūrātor, ōris, m. (alte Form coerator) [curo] der für Etwas Sorge trägt, der Besorger, Aufseher, Vorsteher: c. negotiorum, Capitolii reficiendi, viae Flaminiae, auch c. muris reficiendis des Wiederaufbaues der Mauern. Hiervon c. apum, c. gallinarius Wärter. 2) insbes. (Poet. u. Spät.) der Vormund (eines Unmündigen, Blödsinnigen u. dergl.).

*Cūrātūra, ae, f. [curo] (Com.) die Besorgung.

Cūrātus, adj. mit comp. u. sup. [particip. von curo] 1) gepflegt, gewartet. 2) (Spät.) sorgfältig, angelegentlich.

Curcŭlio, ōnis, m. der Kornwurm.

*Curcŭlĭuncŭlus, i, m. deminut. von curculio; trop. zur Bezeichnung einer geringfügigen Sache.

Cūres, ium, f. 1) die Hauptstadt der Sabiner. 2) meton. die Einwohner von Cures. Davon **-rensis**, e, adj. u. subst. -renses, ium, m. pl. die Einwohner von C.

Cūrētes, tum, m. pl. [Κουρῆτες] die Priester Rhea's auf Kreta, die an ihren Festen Waffentänze unter tobendem Lärme aufführten. Sie wurden oft mit den Corybanten (siehe das Wort) verwechselt.

Cūria, ae, f. 1) eine Curie, eine der 30 Abtheilungen, in welche die ältesten römischen Bürger (die Patricier) aus alter Zeit her getheilt waren. ¹/₁₀ von jeder der 3 ältesten Tribus. Jede solche Curie hatte ihren Curio, d. h. Vorsteher, der die gemeinschaftlichen Angelegenheiten der Curie, namentlich den Gottesdienst, verwaltete und besorgte. 2) der Versammlungsort einer Curie, der Platz oder das Gebäude, wo eine solche Curie sich versammelte und unter Anderem ihren gemeinschaftlichen Gottesdienst hielt. 3) Hiervon A) ein Gebäude für Senatsversammlungen zu Rom („Rathhaus"), deren es mehrere in Rom gab, z. B. Hostilia; auch = ein Gebäude in anderen Städten, in welchem der Rath dieser

Städte sich versammelte. B) die Senatsversammlung, der Senat: frequens c.; auch von einer Rathsversammlung in anderen Städten.

Cŭriālis, e, *adj.* [curia] zu derselben Curie gehörig, *subst.* = Mitbürger.

Cŭriātim, *adv.* [curia] curienweise.

Cŭriātii, ōrum, *m. pl.* ein albanisches Geschlecht, aus welchem 666 v. Chr. drei Brüder gegen die 3 Horatii der Römer kämpften.

Cŭriātus, *adj.* [curia] zu den Curien gehörig: comitia cc. die Comitien, in denen nach den Curien gestimmt wurde (die ältesten, ursprünglich einzigen Comitien, an welchen nur die Patricier Theil nahmen, deren Bedeutung aber sich mit den Vorrechten der Patricier verlor); lex c. ein in diesen Comitien angenommenes Gesetz.

Cŭrio, ōnis, *m.,* siehe Curia; der Vorsteher sämmtlicher Curien hieß c. maximus.

*****Cŭrio,** ōnis, *m.* [cura] (*Pl.*) scherzhaft gebildetes Wort, von Kummer abgezehrt.

Cŭriōse, *adv.* mit *comp.* und *sup.* [curiosus] 1) sorgfältig, genau; hiervon = gekünstelt, affectirt. 2) wißbegierig, neugierig.

Cŭriōsĭtas, atis, *f.* [curiosus] die Wißbegierde, Neugierde.

Cŭriōsus, *adj.* mit *comp.* und *sup.* [cura] 1) A) sorgfältig, sorgsam, eifrig sich befleißigend: c. ad investigandum; ut est ille in omni historia curiosus. B) tadelnd, der sich gar zu viel um die Sachen Anderer bekümmert, gar zu eifrig, "geschäftig. 2) eifrig bestrebt um zu wissen, theils lobend = sorgfältig nachforschend, wißbegierig, theils tadelnd = neugierig. *3) (*Pl.*) von Sorgen abgezehrt, mager.

Cŭris, (*Poet.*) bedeutete in der Sprache der alten Sabiner eine Lanze.

*****Cŭrius,** *adj.* [cura] (*Pl.* zweifelh.) kummervoll.

Cŭrius, Name eines plebejischen römischen Geschlechts: am bekanntesten sind Manius C. Dentatus, der den Pyrrhus mehrere Male schlug, und Quintus C., Theilnehmer an der Verschwörung Catilina's. Davon **Cŭriānus,** *adj.*

Cŭro, 1. [cura] 1) für Etwas sorgen, Sorge tragen, Etwas besorgen: c. negotia aliena, coenam; c. alicui aliquid Jmb. Etwas (käuflich) verschaffen; (Vorklaff. u. Spät.) c. huic rei; c. ut illud fiat, ne quid ei desit; c. senciat daß er fühle; häufig cura ut valeas lebe wohl! Insbef. A) c. aliquid faciendum Etwas thun lassen: c. naves aedificandas, fratrem interficiendum. B) pflegen, warten, corpus, pellem, cutem, se. C) ein Staatsgeschäft besorgen, verwalten, lenken: c. bellum, legiones, auch absolut c. = anführen, den Befehl haben. D) heilen, curiren, aegrum. E) eine Leiche für die Bestattung besorgen, zurechtmachen, c. cadaver, corpus. F) c. prodigium, omen führen. G) ein Geldgeschäft besorgen, Jmb. Etwas zahlen oder zahlen lassen, alicui pecuniam. 2) sich um Jmb. oder Etwas kümmern, sich Etwas angelegen sein lassen: c. aliquem, injurias sociorum; c. preces die Bitte erhören; de emendo nil curat denkt nicht an das Kaufen; quae nec docti legere cc. lesen mögen: quod cures proprium fecisse zu deinem Eigenthum machen möchtest; c. esse quod audio (*Poet.*)

streben; (Converf.) ne cures oder aliud (alia) cura sei deßwegen unbekümmert.

Curriculum, i, *n.* [curro] 1) (Vorklaff.) der Lauf: c. celere, facere c.; hiervon der *abl.* curriculo bei den Com. als ein *adverb.* schnell, eilends. 2) Insbef. der Wettlauf. 3) die Laufbahn, Rennbahn, fast immer *trop.,* c. vivendi, mentis, variorum sermonum. 4) (Spät.) der Wagen beim Wettfahren und überhaupt der Wagen.

Curro, cucurri, cursum, 3. laufen, per vias, ad aliquem; (Poet.) sol c., rota c.; *trop.* insula c. per crines schlängelt sich, rubor c. per ora breitet sich aus; *trop.* oratio, versus, numeri cc. „fließen". Bisweilen steht es mit einem homogenen *accus.,* c. stadium, iter, campum über die Ebene laufen, den Weg zurücklegen; *trop.* eosdem cursus c. denselben Weg einschlagen = dieselben Maaßregeln ergreifen. Hiervon von jeder schnellen Bewegung, eilen, fahren, reiten, bef. segeln, mercator c. ad Indos, c. trans mare, auch amnes cc., oratio c.

Currus, us, *m.* der Wagen (überhaupt, vgl. plaustrum, carpentum, essedum u. f. w.). Insbef. = der Triumphbogen und daher *trop.* = der Triumph (quem ego currum conferam?). 2) *trop.* *A) (Poet.) = die Pferde vor dem Wagen (wie bei Homer οἱ ἵπποι = der Wagen). B) der mit Rädern versehene Pflug. C) „Fahrzeug" = Schiff.

Cursim, *adv.* [curro] eilends, schnell, dicere, currere.

Cursĭto (Poet. u. Spät.) und **Curso,** 1. [curro] oft- oder hin und her laufen, huc illuc, ab aliquo ad aliquem; uneigtl. = um die Wette fahren auf der Rennbahn.

Cursor, ōris, *m.* [curro] 1) der Läufer, Sklave, der vor dem Wagen eines vornehmen Herrn lief, Vorläufer. 2) der Eilbote. 3) der Wettläufer, (Poet.) auch = der Wettfahrer.

Cursūra, ae, *f.* [curro] (Vorklaff.) das Laufen.

Cursus, us, *m.* [curro] 1) der Lauf: superare aliquem cursu; magno c. im Sturmschritte. Hiervon überhaupt = schnelle Bewegung zu Pferde, zu Wagen u. s. w., die Fahrt, Reise, der Weg, insbef. zu Schiffe = der Cours, c. solis, stellarum; c. per mare, dirigere c. aliquo den Cours irgendwohin richten, tenere den Cours halten, *oppos.* cursu excuti aus dem Cours kommen, exspectare cursum auf guten Wind warten; esse in c., im Gange, in der Fahrt sein. 2) *trop.* = Lauf, Gang, Richtung u. dergl.: c. rerum der Lauf der Begebenheiten; in eodem c. fuimus in denselben Verhältnissen, in eo c. sumus in dieser Lage; c. vivendi Lebensbahn, "richtung; c. vitae est brevis die Bahn; c. continuus proeliorum Reihe.

Curtius, Name eines römischen Geschlechts: am bekanntesten sind 1) Marcus C., der sich der Sage nach im J. 362 v. Chr. freiwillig in einen zu Rom entstandenen Abgrund stürzte. 2) Quintus C. Rufus, römischer Geschichtschreiber ums J. 70 nach Chr., Verfasser der Geschichte Alexanders des Großen.

Curto, 1. [curtus] (Poet. u. Spät.) kürzen, abkürzen, verstümmeln, rem.

Curtus, adj. kurz = abgekürzt, verstümmelt, vas; Judaei cc. beschnittene; *trop.* unvollständig, sententia, res Vermögen.

Cŭrūlis, e, adj. [currus] zum Wagen gehörig. Wagen-, triumphus c. weil bei ihm der Feldherr auf einem Wagen fuhr, im Gegensatze der ovatio; equi cc. vermuthlich ein Viergespann, das auf öffentliche Kosten für die circensischen Spiele angeschafft wurde. Insbef. sella c. (Poet. ebur c.) der aus Etrurien entlehnte, mit Elfenbein eingelegte Amtsseffel, dessen sich die vornehmsten Magistratspersonen in Rom bedienten; daher = des Amtssesseffels theilhaftig, aedilitas.

Curvāmen, inis, n. [curvo] (Poet.) die Krümmung, Wölbung.

Curvātūra, ae, f. [curvo] (Poet. u. Spät.) die Krümmung, Wölbung, sowohl *abstr.* als *concr.*, rotae, camerae.

Curvo, 1. [curvus] (Poet. u. Spät.) krümmen, runden, biegen, cornua, ingentem arcum; *trop.* preces cc. aliquem biegen, bewegen.

Curvus, adj. (Poet.) krumm, gekrümmt (überhaupt, vgl. uncus, pandus), gerundet, gewölbt, falx, arator, anus, lyra, litus.

Cuspis, idis, f. 1) die Spitze, das spitze Ende, hastae, vomeris. 2) der Spieß, Wurfspieß. 3) uneigtl. A) (Spät.) = der Bratspieß. B) der Dreizack des Neptun. C) der Stachel der Biene und des Scorpions.

Custōdia, ae, f. [custos] 1) die Bewachung = Aufsicht, Bewahrung, Hut, Obhut: c. pastoris, tradere alicui aliquid in custodiam; c. ignis, urbis, navium; agitare c. (Pl.) Wache halten. Hiervon A) = die bewachenden Personen, die Wache, der Wachtposten: transire non poterat propter cc. B) = der Sicherheitsplatz, Schutzort, Schutzposten urbs est c. mea. 2) die Bewachung = das Aufpassen, der Gewahrsam (mit dem Begriffe der Beschränkung der persönlichen Freiheit und ungehinderten Bewegung): tradere alicui custodiam alicujus; c. libera Hausarrest. Hiervon A) der Bewahrungsort, das Gefängniß, der Arrest. B) (Spät.) = die Gefangenen, Arrestanten.

Custōdio, 1. [custos] 1) bewachen, bewahren, hüten, provinciam, corpus, domum; c. templum ab (vor) Hannibale; c. pudorem; c. aliquid memoriā im Gedächtnisse aufbewahren, literis schriftlich aufbewahren; c. modum beobachten, praecepta beachten, folgen; (Spät.) c. ut (ne) darüber wachen daß u. f. w. 2) verwahren, zurückhalten, epistolam. 3) gefangen halten, als Gefangenen bewachen.

Custōdīte, adv. mit comp. [custodio] (selten, Spät.) vorsichtig, behutsam.

Custos, ōdis, comm. der Wächter, Hüter, Aufseher u. vergl., die -rin: c. corporis der Trabant: c. portae der Thürhüter, gregis der Hirt; oft = der Bewacher, Beschützer: dii cc. et conservatores hujus urbis, sapientia est c. totius hominis; selten von einem beschränkenden und einzwängenden Wächter, Aufseher: te sub c. saevo tenebo; *trop.* (Poet.) c. telorum der Köcher.

Cŭtĭcŭla, ae, f. deminut. von cutis.

Cŭtis, is, f. die Haut (feiner und weicher als corium, pellis), meist an Menschen; *trop.* a) curare c. seinen Körper pflegen. b) c. virtutis, eloquentiae die Oberfläche, der äußere Schein.

Cyāne, es, f. [Κυανή] Quelle bei Syracus; nach dem Mythus war eine Nymphe C. aus Kummer über Proserpina's Entführung in diese Quelle verwandelt worden.

Cyăneae, ārum, f. pl. [gr. [Κυάνεαι] zwei kleine Felseninseln am Eingang in den Pontus Eurinus.

*Cyăthisso, 1. [κυαθίζω] (Pl.) die Becher füllen.

Cyăthus, i, m. [κύαθος] 1) ein Schöpfgefäß (cisförmig, an einer Stange befestigt, ähnlich unserem „Punschlöffel"), mit welchem der Wein aus dem crater geschöpft und in die Becher gegossen wurde; daher uneigtl. = Becher. 2) ein Maß für flüssige und trockene Sachen, $1/_{12}$ eines Sextarius.

Cybaeus, i, m. [κύβη, cupa] einer Tonne ähnlich, bauchig; *subst.* -baea, ae, f. eine Art Transportschiff.

Cybēbe, es, f. [Κυβήβη] Nebenform des Namens der Göttin Cybele. w. m. f.

Cybēle, es (Poet. auch i), **f.** [Κυβέλη] 1) phrygische und überhaupt vorderasiatische Göttin, gewöhnlich die große Göttermutter genannt, oft mit der Rhea und der Ops identificirt; ihre Priester waren die Corybanten. Davon -lēius, *adj.* 2) mythischer Berg in Phrygien, Sitz des Cultus der Göttin C.

Cybiōsactes, ae, m. [κυβιοσάκτης] (Spät.) der Thunfischhändler (siehe cybium).

Cybistra, ōrum, n. pl. [Κύβιστρα] Stadt in Cappadocien.

Cybium, ii, n. [κύβιον] 1) der Thunfisch. 2) ein aus eingesalzenen Stücken des Thunfisches bereitetes Gericht.

Cyclădes, dum, f. pl. [Κυκλάδες] die Cycladen, Gruppe von Inseln im ägäischen Meere.

Cyclădātus, adj. (Spät.) bekleidet mit einer cyclas, siehe dieses Wort.

Cyclas, ădis, f. [κυκλάς] eigtl. *adj.* = zirkelförmig, daher (sc. vestis) das „Rundkleid", ein mit ringsum laufender Garnirung versehenes Staatskleid der römischen Damen (eine elegante Art Tunica).

Cyclicus, adj. [κυκλικός] eigtl. zum Kreise gehörig; cyclici poetae hießen die griechischen Epiker zur Zeit des Homer oder unmittelbar nach derselben, die in ihren Gedichten den ganzen trojischen Sagenkreis behandelten (siehe die Handbücher der Literaturgeschichte).

Cyclops, ōpis, m. [Κύκλωψ] eigtl. „Rundauge" d. h. der Cyclop. Die Cyclopen sind bei Homer wilde, menschenfressende Riesen mit einem Auge in der Stirn, auf Sicilien lebend. Bei Hesiodus sind sie Söhne des Uranus und der Gäa, von dem Vater in den Tartarus versetzt, aber vom Jupiter befreit, weßhalb sie ihm den Blitz verfertigten. Später machte man sie zu Gehülfen des Vulcan und versetzte sie in den Schooß der feuerspeienden Berge, besonders des Aetna. Davon -ōpius *adj.*

Cycnus, siehe Cygnus.

Cydnus, i, m. [Κύδνος] Fluß in Cilicien.

Cўdōnia, ae, f. [Κυδωνία] ob. Cȳdon, ōnis, f. Stadt auf der Nordküste von Creta. Davon 1) Cȳdon, ōnis, m. der Einwohner von C. 2) Cȳdōniātae, ārum, m. pl. [Κυδωνιᾶται] die Einwohner von C. 3) Cȳdōnius [Κυδώνιος] oder -nēus [-νειος] adj., Poet. häufig = cretensisch.
Cygnēlus, adj. zum Böotier Cygnus gehörig: Tempe c. in Böotien liegend.
Cygnēus, adj. [κύκνειος] zum Schwan gehörig, Schwanen-, vox, pluma.
Cygnus, i, m. [κύκνος] 1) der Schwan. 2) als nom. propr. A) König von Ligurien, Verwandter Phaëthons, in einen Schwan verwandelt. B) Sohn des Neptun und der Calyce, ebenfalls in einen Schwan verwandelt.
Cylindrus, i, m. [κύλινδρος] der Cylinder, die Walze; davon von mehreren cylinderförmigen Gegenständen.
Cyllēne, es u. ae, f. [Κυλλήνη] 1) Berg in Arkadien, dem Mercur heilig. Davon A) Cyllēnius, adj. zum Berge C. oder zu dem auf d. C. geborenen Mercur gehörig: proles c. = Cephalus (Sohn des Mercur und der Creusa). B) Cyllēnēus u. (f.) -nis, ĭdis, Nebenformen zu Cyllenius. 2) Stadt in Elis.
Cȳlon, ōnis, m. [Κύλων] ein Athener, der nach der Alleinherrschaft strebte, dessen Anhänger aber um 612 v. Chr. an dem Altare der Athene getödtet wurden. Davon -ōnius, adj.
Cymba od. Cumba, ae, f. [κύμβη] der Nachen, kleiner Kahn.
Cymbălum, i, n. die Cymbel, hohles beckenförmiges Instrument aus Erz: man schlug je zwei solche gegen einander und brachte dadurch einen schallenden Ton hervor.
Cymbium, ii, n. [κυμβίον von κύμβη] ein kleines nachenförmiges Trinkgefäß.
Cyme, ae, f. [Κύμη] Stadt in Aeolis. Davon -maeus, [κυμαῖος] adj. und subst. -maei, ōrum, m. pl. die Einwohner von C. 2) = Cumae, siehe diesen Artikel. Dav. -maeus, adj.
Cynaegīrus, i, m. [Κυναίγειρος] ein Athener, der sich in der Schlacht bei Marathon durch wüthende Tapferkeit auszeichnete.
*Cynĭce, adv. [cynicus] (Pl.) auf cynische Weise.
Cynĭcus, adj. [κυνικός] eigtl. hündisch, zur cynischen Philosophie gehörig, häufig subst. -cus, i, m. der cynische Philosoph.
Cynŏcĕphălus, i, m. [κυνοκέφαλος] der hundsköpfige Affe.
Cynŏsarges, is, n. [Κυνόσαργες] ein Gymnasium in der Nähe Athens.
Cynoscĕphălae, ārum, f. [Κυνὸς κεφαλαί] die „Hundsköpfe", zwei Hügel in Thessalien, bekannt durch die Schlacht 197 v. Chr.
Cynŏsūra, ae, f. [Κυνὸς οὐρά, der Hundeschwanz] das Nordpolgestirn, der kleine Bär. Davon -ris, ĭdis, f. als adj.
Cynŏsūrae, ārum, f. pl. [Κυνὸς οὐρά] Vorgebirge in Attica.

Cynthus, i, m. [Κύνθος] Berg auf Delos, Geburtsort des Apollo und der Diana. Davon -thius, adj.
Cynus, i, f. [Κῦνος] Stadt und Vorgebirge im opuntischen Locris.
Cȳparissiae, ārum, f. pl. (Spät.) eine Art feuriger Meteore.
Cyparissus, siehe Cupressus.
Cyprus, i, f. [Κύπρος] die Insel Cypern. Davon Cyprius, adj. und subst. A) -ia, ae, f. = Venus. B) -ii, ōrum, m. pl. die Bewohner von C.
Cypsĕlus, i, m. [Κύψελος] berühmter Alleinherrscher zu Corinth. Davon -lĭdes, ae, m. der männliche Nachkomme des C.
Cyrēne, es, f. oder -nae, ārum, f. pl. [Κυρήνη] 1) berühmte griechische Colonie in Nordafrica. Davon A) Cyrēnaïcus, adj., u. subst. A) -ca, ae, f. das Gebiet der Stadt C. B) -ci, ōrum, m. pl. a) die Bewohner von Cyrenaica. b) die Anhänger der cyrenaischen Philosophie, deren Stifter Aristipp war. C) Cyrēnaeus [Κυρηναῖος], adj. u. subst. -naei, orum, m. pl. die Anhänger der cyrenaischen Philosophie. — 2) Mutter des Aristäus von Apollo.
Cyrnus, i, f. [Κύρνος] (Poet. u. Spät.) die Insel Corsica; davon -neus, adj.
Cyrtaei od. Cyrtii, ōrum, m. pl. [Κύρτιοι] kriegerisches Volk in Persien.
Cȳrus, i, m. [Κῦρος] 1) der Stifter des persischen Reiches. 2) der jüngere C., Bruder des Artaxerxes Mnemon; als er diesen vom Throne zu stürzen versuchte, fiel er in der Schlacht bei Cunara 401 v. Chr.
Cyssus, i, f. [Κύσσος] Hafenstadt in Ionien.
Cȳtae, ārum, f. pl. [Κύται od. Κυταία] Stadt in Colchis, Geburtsort der Medea. Davon 1) Cȳtaeis, ĭdis, f. [Κυταιίς] = Medea. 2) Cȳtaeus [Κυταῖος] adj., oft (Poet.) = colchisch. 3) Cȳtaine, es, f. [Κυταίνη] = die Medea.
Cythēra, ōrum, n. pl. [Κύθηρα] Insel an der Südspitze von Laconien, der Venus heilig, jetzt Cerigo. Davon (Poet.) -riăcus, und -rēius, adj. zur Insel C. gehörig, gewöhnlich = der Venus heilig; subst. -rēia, ae, f. [-ρεια] = Venus. 2) -rēa, ae, f. und -rēïs, ĭdis, f. [-ρηίς] = die Venus; hiervon wieder -rēïas, ădis, f. [-ρηιάς] zur Venus gehörig.
Cythēris, ĭdis, f. [Κυθηρίς] Buhlerin des Triumvir Antonius, der deßwegen von Cicero spottweise Cȳthērius genannt wird.
Cythnos, i, f. [Κύθνος] Insel im ägäischen Meere.
Cytĭsus, i, f. und -sum, i, n. [κύτισος] eine Kleeart, Schneckenklee.
Cytōrus, i, m. [Κύτωρος] Berg in Paphlagonien, reich an Buchsbaum. Davon -riăcus, adj.; pecten c. = aus Buchsbaum gemacht.
Cyzĭcus, i, f. [Κύζικος] Stadt an der Propontis. Davon -oēnus, adj. und subst. -cēni, ōrum, m. pl. die Einwohner von C.

D.

Dācia, ae, f. die Landschaft Dacien (das östliche Ungarn, Siebenbürgen, die Walachei). Hierzu gehören: 1) **Dāci**, ōrum, m. pl. die Dacier, Bewohner von D. 2) **-cicus**, adj.

Dactylicus, adj. [δακτυλικός] daktylisch, numerus, pes.

Dactylus, i, m. [δάκτυλος eigtl. der Finger] 1) in der Metrik, der Versfuß −⌣⌣. 2) (Spät.) A) die Dattel. B) eine Art Muschel. C) eine Traubenart. D) ein Edelstein.

Dactyli Idaei [δάκτυλοι Ἰδαῖοι] uralte Dämonen, welche die Sage gewöhnlich nach Phrygien als Priester der Cybele versetzte.

Daedălus, i, m. [Δαίδαλος] berühmter Künstler in der griechischen Urzeit, Zeitgenosse des Minos und Theseus, Erbauer des Labyrinths auf Creta. Davon 1) **-lēus** und **-lēus**, adj.; iter D. der Weg durch das Labyrinth. 2) (Poet.) **-lus**, adj. = kunstvoll oder kunstreich, mit Kunst geziert od. schaffend.

Dahae, ārum, m. pl. scythische Völkerschaft jenseits des kaspischen Meeres.

Dalmătia, ae, f. [Δαλματία] die Landschaft Dalmatien längs dem adriatischen Meere. Hierzu gehören: 1) **Dalmătae**, ārum, m. pl. die Bewohner von D. 2) **-ticus**, adj.

Damascus, i, f. [Δαμασκός] die berühmte Stadt Damask in Syrien. Davon **-scēnus**, adj.

Damāsippus, Lucius, ein Römer, ließ als Prätor 82 v. Chr. auf des Marius Befehl eine Menge vornehmer Römer von der Partei Sulla's hinrichten.

Dāma, ae, f. der Dammhirsch oder die Gemse.

Damnas, adj. indecl. [veraltet statt damnatus] (Spät.) verpflichtet, siehe damno.

Damnātio, ōnis, f. [damno] die Verurtheilung, Verdammung; damnatio acerbissima dd.; d. ambitūs wegen Amtserschleichung.

Damnātōrius, adj. [vom ungebr. damnator von damno] verurtheilend, judicium.

Damnātus, adj. mit comp. [particip. von damno] verurtheilt = verurtheilungswürdig, verworfen, verbrecherisch.

*****Damnificus** und *****Damnigĕrŭlus**, adj. [damnum-facio und gero] (Pl.) Schaden verursachend, schädlich.

Damno, 1. 1) zu einer Strafe, bes. einer Geldstrafe verurtheilen, daher überhaupt verurtheilen, verdammen, schuldig erklären: d. reum; d. aliquem furti des Diebstahls wegen, ambitūs, auch crimine ambitus und illo crimine; d. aliquem de majestate, de vi. Die Strafe wird so bezeichnet: d. aliquem capite, pecuniā, ob. capitis, pecuniae, auch ad bestias, in metalla; (selten) causa judicata et damnata in welcher der Angeklagte verurtheilt worden ist. Hiervon A) außerhalb der Gerichtssprache, Jmd. an Etwas schuldig erklären, wegen Etwas tadeln: d. aliquem stultitiae. B) (Poet.) zu Etwas verdammen = Etwas übergeben, anheimgeben, weihen, aliquem morti. C) verwerfen, mißbilligen, ea quae non intelligas. 2) Jmd. zu Etwas verpflichten, a) durch ein Testament: damnatus aliquid dare. b) damnari voti (selten voto) eigtl. zur Erfüllung seines in Verbindung mit einer Bitte gethanen Gelübdes verpflichtet werden = seinen Wunsch erfüllt sehen; *(Poet.) auch activ, damnabis tu quoque votis quum bu wirst von den Menschen angeflehet werden und durch Erhören ihrer Bitten sie „zur Erfüllung ihrer Gelübde verpflichten". 4) (selten) vom Ankläger, die Verurtheilung Jmds bewirken: is eum sua lege damnavit.

*****Damnōse**, adv. [damnosus] (Poet.) so daß Geldverlust daraus entsteht: d. bibere tüchtig, so daß wir den Wirth ruiniren.

Damnōsus, adj. [damnum] 1) Verlust und Schaden bringend, schädlich, libido, bellum; Venus d. die vielen Aufwand fordert. *2) (Pl.) Schaden (Verlust) leidend, ruinirt. 3) (Poet. u. Spät.) der sich selbst ruinirt, verschwenderisch.

Damnum, i, n. 1) Verlust, Schaden (bes. am Vermögen, aber ein selbstverschuldeter, vgl. detrimentum): accipere, facere, contrahere d. Schaden leiden; damno duarum cohortium mit dem Verluste von zwei Cohorten. Hiervon (Poet.) A) = das Verlorene: volat circa dd. sua. B) die Person, welche einen Verlust bewirkt (von einer Buhlerin). 2) insbes., term. t. die Geldstrafe, Buße.

Dāmŏclēs, is, m. [Δαμοκλῆς] Höfling des älteren Dionysius von Syracus.

Dāmon, ōnis, m. [Δάμων] 1) ein Pythagoräer, Freund des Phintias. 2) ein berühmter Musiker aus Athen.

Dănăē, es, f. [Δανάη] Tochter des Acrisius, Mutter des Perseus vom Jupiter. Davon **-nāēius**, adj.; Persis D. weil Perseus bisweilen zum Stammvater der Perser gemacht wurde.

Dănaus, i, m. [Δαναός] Sohn des Belus, Bruder des Aegyptus; er floh mit seinen 50 Töchtern nach Argos. Seine Töchter mußten in der Unterwelt, weil sie ihre Gatten getödtet hatten, ewig Wasser in ein Gefäß mit durchlöchertem Boden gießen. Davon 1) **Dănăi**, ōrum, m. pl. [Δαναοί] beim Homer und anderen Dichtern eine gemeinschaftliche Benennung der Griechen. B) **Dănăĭdae**, ārum, m. pl. (Poet.) = die Griechen. C) **Dănăĭdes**, dum, f. pl. [Δαναΐδες] die Töchter des D., siehe oben. D) **Dănăus**, adj.; subst. **-nai**, ōrum, m. pl., siehe oben.

Dandări, ōrum, ob. **Dandărĭdae**, ārum, m. pl. [gr. Δανδάριοι] scythische Völkerschaft an der Nordküste des schwarzen Meeres.

Dănista, ae, m. [δανειστής] (Pl.) der Geldverleiher, Wucherer.

*****Dănisticus**, adj. [δανειστικός] (Pl.) zum Geldverleiher gehörig.

Danit, Danunt (Pl.) verlängerte Formen für dat, dant von Do.

Dānŭbĭus, ii, m. [*Δανούβιος*] die Donau.

Daphne, es, f. [*δάφνη*] 1) Tochter des Flußgottes Asopus, vom Apollo geliebt, aber in einen Lorbeerbaum verwandelt. 2) Flecken in Syrien, dem Apollo heilig. Davon **-nenses**, ium, m. pl. die Einwohner von D.

Daphnis, ĭdis, m. [*Δάφνις*] ein mythischer Hirtenjüngling in Sicilien, Sohn des Mercur und einer Nymphe, „Erfinder des sicilischen Hirtengedichts".

Dăpĭno, 1. [daps] (Pl.) als Mahl auftragen, auf den Tisch setzen.

Daps, dăpis, f. (meist Poet. und fast immer im pl.) 1) ein Opfermahl, Festmahl auf religiöse Veranlassung. 2) überhaupt ein reichliches und prächtiges Mahl, gute Speise, Essen.

Dapsĭlis, e, adj. [daps] (Vorklass. u. Spät.) reichlich, glänzend, kostbar, sumptus, lectus.

Dardănus, i, m. [*Δάρδανος*] Sohn des Jupiter und der Electra aus Arcadien, Ahnherr des trojanischen Herrscherstammes und durch Aeneas der Römer. Davon 1) **-nĭdes**, ae, m. [-νίδης] der männliche Nachkomme des D.; insbes. = Aeneas, im pl. = die Trojaner; auch abjectivisch = trojanisch, pastores D. 2) **-nis**, ĭdis, f. [-νίς] der weibliche Nachkomme des D., = die Trojanerin, namentlich = die Creusa. 3) **-nĭus** [-νιος], adj. oft = trojanisch. Hiervon subst. **-nĭa**, ae, f. A) die Stadt D. am Hellespont, gegründet von Dardanus. B) (Poet.) = Troja. C) Landschaft in Obermösien, dem heutigen Serbien. 4) **-nus**, adj. poetisch = trojanisch; subst. **-nĭ**, ōrum, m. pl. die Bewohner der Landschaft Dardania (3. C.).

Dăres, ētis, m. [*Δάρης*] 1) ein Gefährte des Aeneas. 2) D. Phrygius ein späterer griechischer Schriftsteller.

Dărēus oder **Dārĭus**, i, m. [*Δαρεῖος*] Name mehrerer persischer Könige.

*****Dătārĭus**, adj. [do] (Pl.) zum Geben gehörig.

Dătātim, adv. [do] (Vorklass.) wechselseitig gebend: pilā ludere d.

Dătĭo, ōnis, f. [do] (selten) 1) das Geben, die Handlung zu geben, signi, legum. 2) das Recht zu geben, Etwas zu entäußern, d. est tibi.

Dătis, is, m. [*Δᾶτις*] Feldherr des persischen Königs Darius Hystaspis.

Dătīvus, adj. [do] (Spät.), casus oder bloß d., der Dativ.

Dăto, 1. [do] (Vorklass. u. Spät.) geben, hingeben, rem.

Dător, ōris, m. [do] (Vorklass. u. Spät.) der Geber; beim Ballspiele derjenige, der dem Spielenden den Ball zuwirft.

*****Dătus**, us, m. [do] (Pl.) das Geben; nur im abl. sing. meo d. von mir gegeben.

Daulis, ĭdis, f. [*Δαυλίς*] Stadt in Phocis. Davon **-lĭus**, adj. und **-lĭas**, ădis, f. = Procne.

Daunus, i, m. mythischer König in einem Theile Apuliens, Vater oder Ahnherr des Turnus. Davon a) **-nĭus**, adj., heros = Turnus, gens die Rutuler. b) *****-nĭas**, ădis, f. = Apulien.

Dāvus, i, m. Name römischer Sklaven in den Comödien.

Dē, praep. mit dem abl., bezeichnet ursprünglich das Weggehen, Sichentfernen eines Gegenstandes oder einer Person von einem Puncte, an welchen er geknüpft war od. wo er doch sich befunden hat (vgl. ab und ex), von, von — weg, von — ab: 1) im Raume, von, von — weg: anulum detrahere de digito, dejicere se de muro. Hiervon A) bei Wörtern, die ein Abgehen, eine Wegnahme, Sonderung u. dergl. bezeichnen: emere, quaerere u. dergl., aliquid de aliquo; ebenso audire de aliquo, vox exaudita de domo vom Hause. B) zur Angabe der Stelle, woher Etwas genommen wird ob. Imb tömmt als von seinem gewöhnlichen Aufenthaltsorte ob. Tummelplatze: von — her: caupo de via Latina, homo de schola, nescio qui de circo maximo (ein Athlet, Wettkämpfer); hiervon (Poet.) zur Bezeichnung des Ursprungs, genetrix mihi est de Priami gente. C) zur Bezeichnung des Punctes, von wo aus Etwas geschieht, eine Thätigkeit ausgeht: de tribunali eum citari jussit; agere aliquid de insidiis (vom Hinterhalte aus); onus pependit de collo viri vom Halse herab. 2) in der Zeit, A) zur Angabe des unmittelbar Nachfolgenden, unmittelbar nach: non bonus est somnus de prandio (wenn man eben von der Mahlzeit kömmt); hiervon die die von Tage zu Tage = Tage, von einem Tage zum andern. B) bes. in der Verbindung mit den Wörtern nocte, vigilia, luce, die, mense, bei Angabe des Zeitpunctes, von welchem ab Etwas seinen Anfang nimmt, daher bisweilen überhaupt zur Angabe der Zeit, um welche, zu welcher Etwas geschieht: de tertia vigilia profectus est; latrones surgunt de nocte, potare de die, navigare de mense Decembri. 3) bei der Angabe eines Ganzen, aus welchem Etwas als ein Theil genommen wird, von: de decem fundis tres nobilissimi, poeta de populo. Hiervon A) umschreibend statt des Genitivs: aliquam partem de istius impudentia reticebo; cetera de genere hoc. B) bei Angabe der Mittel, aus welchen ein Aufwand bestritten wird: dare u. s. w. de suo, alieno aus dem Eigenthum Anderer. C) Bei Angabe des Stoffes, aus welchem Etwas gemacht ist: signum factum de marmore; ebenso carcer de templo fit. 4) bei Angabe der Ursache, von welcher Etwas ausgeht, aus: hac de causa; (Poet.) mater est de me von mir. 5) bei Angabe einer Richtschnur, eines Maaßstabes, nach, zufolge: de mea sententia, de meo consilio, exemplo. 6) bei Angabe des Gegenstandes einer Thätigkeit, von, betreffend: loqui de re aliqua. Hiervon A) zur Angabe einer Beziehung, anlangend, rücksichtlich, in Bezug auf, betreffend: bonum servare de re; de Dionysio admiratus sum; de me autem suscipe paulisper meas partes. 7) mit einem Adjectiv zur Bezeichnung eines Adverbialbegriffes, de integro, de improviso, siehe diese Wörter.

Dĕa, ae, f. die Göttin: (Poet.) dd. triplices die Parzen, aber dd. triplices poenarum die Furien; d. siderea die Nacht, dd. novem die Musen.

De-albo, 1. überweißen, übertünchen, columnas (vgl. fidelia).

*****Deambŭlātĭo**, ōnis, f. [deambulo] (Com.) das Spazieren.

Deambŭlo — **Decemplex**   201

De-ambŭlo, 1. spazieren gehen, sich Bewegung machen.

De-āmo, 1. (Com.) heftig verliebt in Jmd. sein, aliquam; auch d. aliquid großen Gefallen an Etwas finden, Etwas gern sehen, deamo te = ich danke dir sehr.

De-armo, 1. (selt.) entwaffnen, exercitum.

De-artuo, 1. [artus] (Pl.) eigtl. gliederweise zerreißen, trop. = ruiniren, aliquem, zu Grunde richten, opes.

*****De-ascio**, 1. [ascia] (Pl.) eigtl. mit der Art glätten, trop. = „abschälen", Jmd. prellen, durch Betrug ruiniren, senem.

De-aurātus, adj. (Spät.) vergoldet.

Dē-bacchor, depon. 1. (Poet.) heftig schwärmen, rasen, ignis.

Dēbellātor, ōris, m. [debello] (Poet.) der Besieger.

Dē-bello, 1. 1) intrans. den Krieg zu Ende führen, dem Kriege ein Ende machen, cum aliquo; häufig impers. 2) transit. (Poet. u. Spät.) A) auskämpfen, zu Ende bringen, rixam. B) völlig besiegen, aliquem.

Dēbeo, 2. [de-habeo, Etwas von Jmd. haben, weshalb Vorklaff. debibeo geschrieben] 1) Geld u. dergl. schuldig sein, schulden, alicui pecuniam, frumentum; proverb. animam debere (Com.) in hohem Grade verschuldet sein. Hiervon (Poet.) von Sachen, die bes. vom Schicksale bestimmt oder zum Gegenstande einer Verpflichtung gemacht sind: regnum Italiae ei debetur; fatis debitus dem Tode geweiht; d. alicui ludibrium Jmd. ein Spielwerk darbieten müssen = zum Spiele dienen. 2) überhaupt schulden = zu Etwas verpflichtet, verbunden sein: d. alicui gratiam, patriae hoc munus; d. opus vom Tagelöhner; communis fides quae omnibus debetur. 3) mit einem infinit. Etwas zu thun verpflichtet sein, müssen (von einer moralischen Nothwendigkeit, einer Pflicht, nur bei Poet. bisweilen = necesse est von einer äußeren Nothwendigkeit, als cibus d. omnia integrare): d. hoc facere, d. condemnari. 4) schulden = Jmd. Etwas zu danken haben, Etwas verdanken: d. ei hanc laudem, multum illi. Hiervon absol. Jmd. verbunden und dankbar sein, gegen Jmd. Verbindlichkeit haben, alicui oder alicujus causa (vgl. Cupio 2.).

Dēbĭlis, adj. mit comp. [de-habilis] gelähmt, gebrechlich, schwach, entnervt (von der physischen Kraft, nur trop. vom Geist; vgl. imbecillis): d. senex, manus; debilis pede; trop. d. hac parte animi, praetura manca atque e.

Dēbĭlĭtas, ātis, f. (debilis) die Lahmheit, Gebrechlichkeit, Entkraftung.

Dēbĭlĭtātio, ōnis, f. [debilito] die Lähmung, Verstümmelung, Schwächung, pedum, trop. animi.

Dēbĭlĭto, 1. [debilis] 1) lähmen, gebrechlich machen, entkräften, schwächen, aliquem, membra alicujus; (Poet.) hiems d. mare bricht die Wellen gegen die Felsen. 2) trop. = muthlos und niedergeschlagen machen: homo afflictus, debilitatus, moerens; d. animum, spem alicujus.

Dēbĭtio, ōnis, f. [debeo] (selten) das Schulden, Schuldigsein, pecuniae.

Dēbĭtor, ōris, m. [debeo] 1) der Schuldner. 2) (Poet. u. Spät.) der Jmd. Etwas verdankt, zu danken hat.

Dēbĭtum, i, n. [particip. von debeo] 1) die Schuld, das Schuldige, solvere d. 2) (Spät.) die Schuldigkeit, Verpflichtung.

Dē-blătěro, 1. (Vorklaff. u. Spät.) ausplaudern, alicui aliquid.

Dē-canto, 1. 1) absingen = singend vortragen, miserabiles elegos; gewöhnlich mit dem Begriffe des Bekannten und Abgenutzten = ableiern, bis zum Ueberdruß wiederholen, pervulgata praecepta, omnes causas. 2) absol. zu Ende singen und bewegen zu singen aufhören; jam dd.

Dē-cēdo etc. 3. 1) weggehen, fortgehen, inde, ex Italia, de altera parte agri; d. Numidiā. Insbef. A) in der Militärsprache, von einem Orte abmarschiren, abziehen, de colle. B) term. t. von Magistratspersonen, namentlich Statthaltern, die nach vollendeter Amtszeit aus ihrer Provinz abgehen: d. ex oder de provincia, auch bloß de provinciā; d. Romam ad triumphum. C) trop. a) von Etwas abstehen, abweichen, officio, de sententia, auch de officiis, selten d. a superioribus decretis. b) auf Etwas verzichten, es aufgeben, de bonis suis, de ob. ex jure suo, auch jure suo. D) d. de via von dem rechten Wege abgehen, -abkommen. 2) d. de via (auch bloß viā oder in via) alicui aus Achtung ob. Abscheu Jmd. aus dem Wege gehen, ausweichen. Hiervon trop. (Poet.) = vor Jmd. weichen, zurückstehen, alicui; mella non dd. Hymetto der Honig steht dem hymettischen nicht nach. 3) vergehen: A) von lebenden Wesen = sterben. B) von abstracten Gegenständen, weggehen = aufhören, verschwinden, sich verlieren, ablassen: nobis timor d.; tantum virium tibi d. (du verlierst), ebenso aliquantum honoris iis d.; aestus, febris, invidia d.; cura d. patribus. 4) (Spät.) = cedo, ablaufen, von Statten gehen; res prospere d.

Dĕcělĕa, ae, f. [Δεκέλεια] Flecken in Attika an der Grenze von Böotien.

*****Dē-cello**, — — 3. (Lucr., zwsth., Andere schreiben depellere) abweichen.

Dĕcem, adj. num. card., zehn; insbef. d. primi (bisweilen Decemprimi geschrieben (die zehn ersten Rathsherren in den Municipien und Colonien.

Dĕcember, bris, [decem] adj. zum 10ten d. h. letzten Monate des römischen Jahres, welches ursprünglich mit dem 1sten März anfing, dann = zum 12ten Monate gehörig, mensis, oft ohne dieses Wort = der Monat December; ebenso Kalendae, Nonae, Idus Decembres.

*****Dĕcemjŭgis**, e, adj. [d.-jugum] (Spät.) zehnspännig, wird als subst. masc. gebraucht (sc. currus) ein zehnspänniger Wagen.

Dĕcempĕda, ae, f. [d.-pes] ein Maaß, eine Meßstange von 10 Fuß zum Messen des Feldes.

*****Dĕcempĕdātor**, ōris, m. [decempeda] der Feldmesser.

*****Dĕcemplex**, ĭcis, adj. [d.-plico] zehnfältig.

Děcem-scalmus, *adj.* mit 10 Ruderhölzern.

Děcem-vir, i, *m.* Mitglied eines Collegiums von Zehn, ein „Decemvir", häufig im *pl.* die Zehnmänner: dd. legibus scribendis, sacris faciundis, namentlich: 1) dd. legibus scribendis, die 303 — 305 zu Rom bestehende außerordentliche Obrigkeit, von der die Gesetze der zwölf Tafeln herrührten. 2) dd. litibus judicandis, welche in gewissen privaten Rechtssachen dem Gerichte vorstanden.

Děcemvirālis, e, *adj.* [decemvir] die Decemvirn betreffend, Decemviral=.

Děcemvirātus, us, *m.* [decemvir] das Amt und die Würde eines Decemvirn, das Decemvirat.

Děcennis, e, *adj.* [decem-annus] (Spät.) zehnjährig, obsidio, bellum.

Děcens, *adj.* mit *comp.* u. *sup.* [particip. von decet] 1) schicklich, anständig, geziemend, amictus, ornatus. 2) hübsch, anmuthig, lieblich, facies, homo, Gratiae.

Děcenter, *adv.* mit *comp.* u. *sup.* [decens] auf passende=, geziemende Weise, mit Anstand.

Děcentĭa, ae, *f.* [decens] (selt.) die Schicklichkeit, der Anstand.

*****Děceptor**, ōris, *m.* [decipio] (spät. Poet.) der Betrüger.

Děcēris, idis, *f.* [gr. δεκήρης] (Spät., zweifelh.) ein zehnruderiges Schiff.

Dē-cerno etc. 3. 1) *term. t.* von einem Richter, Magistrate, insbes. dem Senate, überhaupt einer Autorität, durch ein Decret entscheiden, =bestimmen, =verordnen: Verres jam inter eos decreverat; senatus d. provinciam alicui bestimmt für Jmd., ebenso d. alicui honores, statuas ertheilt, bewilligt als Ehrenlohn; d. supplicium esse sumendum. Hiervon A) in einem Decrete erklären: senatus d., meā operā patefactam esse conjurationem. B) von dem einzelnen Senator ob. Beisitzer, an der Abfassung eines Decrets Theil nehmen, für Etwas stimmen, =sich erklären: Crassus tres legatos d., is d. Lentulum in vincula esse conjiciendum. 2) übereinstimmend entscheiden, bestimmen, zum Abschluß bringen, rem dubiam. Hiervon A) = urtheilen, eine bestimmte Meinung haben, als gewiß annehmen: d. duo talenta esse satis; hierzu gehört d. aliquid esse faciendum = d. aliquid facere (nach Nr. 1.). B) = behaupten; purgare ea quae inimici dd. 3) kämpfend entscheiden: A) d. pugnam, proelium, selten d. de bello entscheiden, zu einem entscheidenden Ausgange bringen. B) *intrans.* den Kampf entscheiden, bis zum Ende kämpfen, entscheidend kämpfen und bisweilen überhaupt kämpfen: d. armis, acie; ob. cornibus inter se. Häufig von einem Rechtsstreite: d. capite alicujus, uno judicio de omnibus fortunis; expetenda magis est decernendi ratio (Entscheidung durch Rechtsgründe), quam decertandi fortitudo. 4) häufig mit Rücksicht auf eigene Thätigkeit, beschließen, den Entschluß fassen: d. aliquid facere; certum, atque decretum est es ist fest beschlossen.

Děcerpo, psi, ptnm, 3. [de-carpo] 1) ab=

pflücken, pflücken, poma, flores. 2) überhaupt wegnehmen, davon nehmen: animus humanus ex mente divina decerptus. Hiervon *trop.* (Spät.) A) = einernten, genießen, fructum ex re aliqua. B) vernichten, tantas spes.

*****Děcertātio**, ōnis, *f.* [decerto] die Entscheidung durch Kampf, omnium rerum.

Dē-certo, 1. einen entscheidenden Kampf kämpfen, mit Waffen die Entscheidung herbeiführen, bis zur Entscheidung kämpfen, daher überhaupt kämpfen, streiten; d. proelio eine entscheidende Schlacht liefern, ebenso manu, ferro; d. cum aliquo, (Poet.) d. alicui; *trop.* von einem Rechtsstreite, Wertstreite ob. vergl.

Děcessio, ōnis, *f.* [decedo] 1) der Abgang, Fortgang, bes. einer Magistratsperson aus der von ihr verwalteten Provinz. 2) der Abgang = die Abnahme, Verminderung, der Verlust: d. de summa, d. capitis.

Děcessor, ōris, *m.* [decedo] (selten) eigtl. der Abgeher, daher der Amtsvorgänger (bes. in der Provinz).

Děcessus, us, *m.* [decedo] = decessio; d. aestns die Ebbe; d. amicorum = Tod.

Děcet, cuit, — 2. wird in der 3ten Person *sing.* und (seltener) *pl.* gebraucht, erst von physischen Gegenständen = kleiden, anstehen, dann von abstracten und in moralischer Beziehung = es schickt sich, geziemet sich, es ist passend: haec vestis me d., te lanae dd., videre quid deceat; oratorem minime irasci d.; d. illud facere; ita ut vos d.; (Vortlaff., selten) mit dem *dat.* d. generi nostro.

Děcĭdo, ĭdi, — 3. [de-cado] von einem höheren Puncte herabfallen, ex equo in terram. Hiervon A) insbef. (Poet.) = im Kampfe fallen, sterben. B) *trop.* a) d. a ob. de spe und bloß d. spe in einer Hoffnung getäuscht werden. b) d. in fraudem, d. in einer schlechten That verleitet werden; d. ad angustias rei familiaris in Geldverlegenheit gerathen, herabsinken. c) fallen = unglücklich werden: d. perdidā amicorum. d) (Poet.) d. pectore alicujus aus dem Herzen Jmds verschwinden = ganz vergessen werden.

Děcīdo, īdi, īsum, 3. [de-caedo] 1) abhauen, collum, acrem, *trop.* (*Pl.*) de tragulam = einen Angriff abschlagen. 2) *trop.* entscheiden, zu Ende bringen, abmachen, schlichten, rem, negotia, quaestionem. Hiervon *absol.* = einen Streit entscheiden, eine Uebereinkunft treffen, sich mit Jmd. abfinden, cum aliquo, de re aliqua; d. ternis medimnis so daß drei M. gegeben werden sollen.

Děcĭes, *adv. num.* [decem] zehnmal.

Děcĭmānus ob. **Děcŭmānus**, *adj.* [decimus] zum Zehnten gehörig: 1) zum Zehnten als Abgabe gehörig, Zehnten=, ager d. aus dessen Ertrag der Zehnte gegeben wird, frumentum d das als Zehnte geliefert wird. Hiervon *subst.* **-nus**, i, *m.* der Zehntpächter, und (wahrscheinlich scherzweise gebildet). **-na**, ae, *f.* die Frau eines Zehntpächters. 2) A) zur zehnten Cohorte gehörig, milites; porta d. das hintere von dem Feinde abgelehrte Hauptthor des römischen Lagers (wahrscheinlich weil dort die zehnte Cohorte der Legion gelagert haben mag).

B) (selten) zur zehnten Legion gehörig, milites. 3) (Vorklaff.) = außerordentlich groß.
Dĕcĭmo, 1. [decimus] (Spät.) „decimiren", d. h. jeden zehnten Mann am Leben strafen, milites recusantes.
Dĕcĭmus ob. (ältere Form) **Dĕcŭmus**, adj. num. ordin. [decem], der zehnte, hiervon A) **Dĕcĭmum**, adv., das zehnte Mal. B) **Dĕcŭma** (selten Decima), ae, f. (sc. pars) der zehnte Theil, der Zehnte: a) als Opfer ob. Gabe an die Götter. b) als ein dem Volke gebrachtes öffentliches Geschenk: prandia in semitis decumae nomine. c) als Abgabe, meist im plur., $\frac{1}{10}$ vom Getreide, $\frac{1}{5}$ von anderen Früchten. d) als Erbtheil.
Dĕcĭpĭo, cēpi, ceptum, 3. [de-capio] eigtl. wegfangen, -nehmen, berücken, hintergehen, täuschen, aliquem; deceptus aliqua re, per colloquium, in prima spe. Hiervon (Poet.) a) = fallo, Jmb. entgehen, von ihm nicht bemerkt werden: vitia amicae amatorem dd.; insidiae a tergo dd. der Hinterhalt wurde nicht bemerkt, entging seiner Aufmerksamkeit. b) decipi laborum seine Mühseligkeiten vergessen. c) d. diem, noctem unbemerkt verfließen machen.
Dĕcĭsĭo, ōnis, f. [decīdo] das Abhauen, nur trop. die Entscheidung, der Vergleich.
Dĕcĭus, Name eines römischen Geschlechts. Bekannt sind drei Männer mit dem Namen Publius D. Mus, die sich durch freiwillige Devotion dem Tode für das Vaterland weihten.
Dĕclāmātĭo, ōnis, f. [declamo] 1) abstr. die Redeübung, Uebung im oratorischen Vortrage (durch Reden in fingirten oder zur Uebung wieder aufgenommenen Sachen unter Anleitung eines Lehrers). 2) concr. A) die zur Uebung ausgearbeitete Rede, entweder des Schülers, welche dann der Lehrer beurtheilt und verbessert, oder des Lehrers, die dem Schüler als Muster geliefert wurde, also die „Uebungsrede" oder „Musterrede". B) das Thema, der Vorwurf einer solchen Uebung. 3) heftiges und lautes Gerede, contendere vulgari d.
Dĕclāmātor, ōris, m. [declamo] der sich im Reden übt, der Redekünstler.
Dĕclāmātōrĭus, adj. [declamator] zur Redeübung gehörig.
Dĕclāmĭto, 1. = ein verstärktes declamo, welches man sehe.
Dē-clāmo, 1. eigtl. laut hersagen, vortragen, 1) sich im rednerischen Vortrage, in der Redekunst üben (siehe declamatio), einen Vortrag halten, declamiren: Demosthenes ad fluctum declamare solebat; selten transit. d. causas zur Uebung in Sachen reden. 2) von einem Redner, heftig und laut reden, poltern: vehementer d. contra aliquem.
Dĕclārātĭo, ōnis, f. [declaro] die Offenbarung, Erklärung, Darlegung: d. animi tui, amoris.
*****Dĕclārātor**, ōris, m. [declaro] (Spät.) der Verkündiger, Erklärer.
Dē-clāro, 1. 1) klar, deutlich machen, zeigen, bezeichnen, navem alicui, trop. an den Tag legen, zu erkennen geben, darthun, bef. durch Worte = deutlich machen, ausdrücklich bezeichnen: d. aliquid, (epistola) d. summam benevolentiam; hoc verbum La-
tine idem d. bedeutet; hoc declarat, merito eum illud fecisse und quanti me facias. 2) term. t. bei der Wahl einer Magistratsperson, öffentlich und laut erklären, ausrufen, aliquem consulem.
Dĕclīnātĭo, ōnis, f. [declino] 1) das Biegen, Abbiegen, die Neigung, corporis; hiervon = die Abweichung von der Bahn. Insbes. = die Neigung der Erde gegen die Pole, daher = die Weltgegend, das Klima. 2) trop. die Ungeneigtheit zu Etwas, die Scheu, Abneigung, Vermeidung einer Sache, d. laboris. 3) in der Rhetorik, die Abweichung vom Thema. 4) in der Grammatik term. t. A) die Biegung = Abänderung in der Form eines Wortes überhaupt, sowohl die Declination als Conjugation u. s. w. B) (Spät.) die Declination.
Dē-clīno, 1. [lat. Form des gr. κλίνω] 1) abbiegen, abneigen, ablenken, abwenden, agmen inde, se extra viam; (Poet.) d. lumina somno schließen. Hiervon trop. A) Jmb. von Etwas abbringen, ablenken, abwenden: mulier declinata ab aliarum ingenio abweichend; d. verborum figuras; aetas declinata hohes Alter. B) gramm. term. t. die Form eines Wortes biegen, abändern (siehe declinatio). 2) intrans. von irgendwo abweichen, abgehen, sich abneigen, ablenken, de via; trop. d. a proposito, a religione officii; oratio inde d.; d. in pejus; bellum d. in Italiam neigt nach Italien. Hiervon 3) mit einem accus., von Etwas abbiegen, Etwas scheuen, vermeiden, vitia, invidiam.
Dĕclīvis, e, adj. [de-clivus] stammverw. mit declino] bergabwärts gehend, abhängig, schräg (von oben herab gesehen, vgl. acclivis), locus, collis; subst. neutr. -ve oder im pl. -via, die abhängige Stelle, der Abhang.
*****Dĕclīvĭtas**, ātis, f. [declivis] die schräge Lage, die Schrägheit.
Dĕcoctor, ōris, m. [decoquo] eigtl. der Abkocher, trop. der Verschwender, Bankerottirer.
Dĕcollo, 1. [collum] (Spät.) enthaupten, aliquem.
Dē-cōlo, 1. (Vorklaff.) eigtl. durchsickern, trop. vergehen, fehlschlagen, spes.
Dē-cŏlor, ōris, m. (Poet. u. Spät.) was seine natürliche Farbe verloren hat, entfärbt, entstellt: Rhenus d. sanguine getrübt; Indus d. von der Sonne gebräunt; (Poet.) ausgeartet, häßlich.
*****Dĕcŏlōrātĭo**, ōnis, f. [decoloro] die Entfärbung, Entstellung.
Dĕ-cŏlōro, 1. (Poet. u. Spät.) der natürlichen Farbe berauben, entfärben, entstellen, caedes dd. mare; trop. beflecken, besudeln.
*****Dē-condo**, — — 3. (Spät.) abseits irgendwohin thun, „begraben", alios in ventrem belluae.
Dē-cŏquo etc. 3. 1) abkochen, garkochen, olus. Hiervon A) particip. als subst. a) Decocta, ae, f., sc. aqua, (Spät.) abgekochtes und wieder abgekühltes Wasser. b) Decoctum, i, n. (Spät.) als Arznei, ein Decoct, eine Mixtur. B) trop. suavitas decocta (von der Rede) weichliche Lieblichkeit. 2) einkochen lassen,

durch Kochen vermindern oder verschwinden machen: d. aquam in quartam partem; pars quarta argenti decocta erat war durch Schmelzen verloren, war eingeschmolzen worden. Hiervon *trop.* a) verzehren, verbrauchen, materiam. b) absol. sein Vermögen durchbringen, = verschwenden, Bankerott machen.

Děcor, ōris, *m.* [decet] (Poet. u. Spät.) 1) die Schicklichkeit, der Anstand. 2) die Schönheit, Anmuth, dare alicui suum d.

Děcōrē, *adv.* [decorus] 1) geziemend, schicklich. 2) anmuthig, stattlich.

Děcōro, 1. [decus] 1) schmücken, zieren, urbem monumentis, templa novo saxo. 2) *trop.* verherrlichen, ehren, rempublicam, aliquem honoribus maximis.

Děcōrōsus, *adj.* (zwfth.) [decus] zierlich, schön.

Děcōrus, *adj.* [decor] 1) schicklich, geziemend, passend: ducibus tum decorum erat ipsis pugnam capessere; res ad ornatum decora. Hiervon *subst.* -rum, i, *n.* das Schickliche, Passende, die Schicklichkeit, der Anstand. 2) (meist Poet. u. Spät.) zierlich, stattlich, schön, reizend; hiervon decorus re aliqua mit Etwas geschmückt.

Děcrěpǐtus, *adj.* sehr alt, abgelebt, senex, bestiola.

Dē-cresco etc. 3. abnehmen, sich vermindern, kleiner werden, luna, aequora, greges dd.; oratio d. ad levissima sinkt herab; (Poet.) cornua dd. = verschwinden.

Děcrētōrǐus, *adj.* [decerno] (Spät.) zur Entscheidung gehörig, entscheidend, dies, arma.

Děcrētum, i, *n.* [decerno] 1) der Beschluß = das Decret einer öffentlichen Autorität (vgl. consilium): d. senatus, Druidarum. 2) von den Philosophen, der Lehrsatz, Grundsatz, die Ansicht, id habebant d. Academici.

Dē-cǔbo, 1. (Vorklass.) von einem Ort entfernt liegen.

Dē-culpātus, *adj.* (Spät.) verwerflich, tadelnswerth.

Děcǔmānus, siehe Decimanus.

*Děcǔmātes, ium, *pl.*, *adj.*, agri dd. (Tac.) von denen der Zehnte als Tribut bezahlt wurde.

Dē-cumbo, cǔbui, cǔbitum, 3. [cubo] 1) sich niederlegen, super lectum und in lecto. 2) insbesondere von einem überwundenen Gladiator, zu Boden fallen, sinken.

Děcǔmus, *a. S.* für Decimus.

Děcǔria, ae, *f.* [decem] 1) eine Abtheilung von Zehn, bisweilen ungenau von etwas größeren oder kleineren Abtheilungen. Ursprünglich hatte jede der drei alten patricischen Tribus 10 curiae, jede curia hatte 10 gentes, und jeder gens entsprach ein eques und ein senator: für jede curia gab es also eine Abtheilung von 10 equites, d. h. eine decuria equitum, und eine Abtheilung von 10 senatores, d. h. eine decuria senatorum; es gab folglich ebenso viele (30) decuriae von Rittern und von Senatoren als es curiae gab von (patricischen) Bürgern. In dem späteren Heerwesen hatte die zu jeder Legion gehörige Reiterei 10 turmae, jede turma 3 decuriae; es gab folglich bei jeder Legion 30 dd. equitum. 2) überhaupt Classe, Abtheilung, nicht immer genau von Zehn: dd. judicum, scribarum u. bergl.

*Děcǔriātio, ōnis, *f.* und (zweifelh.) *-tus, us, *m.* [decurio 1.] die Abtheilung nach Decurien.

Děcǔrio, 1. [decuria] in Abtheilungen, ursprünglich von Zehn, theilen, homines; insbes. von Personen, welche die Leute in größeren oder kleineren Abtheilungen sammelten um sie zu bestechen.

Děcǔrio, ōnis, *m.* [decuria] 1) ein Vorsteher einer Decurie, in den verschiedenen Bedeutungen dieses Wortes, namentlich im Kriegswesen (der „Wachtmeister"); davon überhaupt = der Vorsteher. 2) Insbes. hießen Decuriones die Magistratspersonen oder Rathsherren in den Municipien und Colonien.

*Děcǔriōnātus, us, *m.* [decurio] (Spät.) das Amt eines Decurio (in der Bed. 2).

Dē-curro, curri oder cǔcurri, cursum, 3. I. *intrans.* 1) herablaufen, ex ob. de arce, hiervon hereabeilen, sich eilends herab bewegen, häufig von Truppen = eilends herab marschiren, ex loco superiore; fluvius d. in mare. 2) überhaupt irgendwohin laufen, eilen, insbes. eilends reisen, segeln u. bergl.: d. ad milites cohortandos, piscis d. ad hamum, navis illuc d., d. in spatio auf der Bahn. Insbes. A) von militärischen Schauspielen, die bei festlichen Gelegenheiten, namentlich zur Ehre eines Verstorbenen, aufgeführt wurden, Evolutionen machen, manövriren, einen Waffenlauf anstellen: decursum est in armis. B) *trop.* a) zu Etwas (bef. einem Ausgange u. bergl.) kommen: decurritur in leniorem sententiam; omnium sententiae eo dd. gingen darauf aus; eo decursum est ut man kam zu dem Resultate, das Ende der Sache wurde, daß. b) historia membratim d. läuft fort, rhythmi dd. bewegen sich fort. c) = seine Zuflucht nehmen, ad istam hortationem, ad preces. II. *transit.* durchlaufen, septem millia passuum, spatium. Hiervon *trop.* a) = zurücklegen, vollenden, spatium vitae; vitam; d. honores (die Bahn der Ehrenstellen durchlaufen) alle Ehrenstellen bekleiden. b) durchgehen, abhandeln: quae breviter a te decursa sunt.

Děcursio, ōnis, *f.* [decurro] 1) das Herablaufen, der herabgehende Lauf, aquae; d. planiciei der Abhang, die abhängige Lage. 2) der Marsch, Waffenlauf, bef. der zur Uebung angestellte, das Manöver, die Evolution (siehe Decurro).

Děcursus, us, *m.* [decurro] 1) = Decursio 1. 2) = Decursio 2. 3) der Ablauf = das Laufen zu Ende: destitit ante d. Hiervon *trop.* d. temporis mei Verlauf, Vollendung meiner Zeit, d. h. meiner Laufbahn; d. honorum allmälige Bekleidung aller Ehrenstellen.

Dē-curto, 1. abkürzen, verstümmeln, radicem, *trop.* von der Rede.

Děcus, ōris, *n.* [decet] 1) die Zierde, der Schmuck: d. fanorum, d. et ornamentum senectutis; d. regium = das Diadem: d. superimpositum capiti der Hut; (Poet.) Maecenas d. equitum, d. virginum = der (die) vorzüglichste unter Mehreren. Hiervon a) = Ruhm,

Decussis — **Deduco** — 205

Ehre: sustinere d. et dignitatem civitatis; verum d. est in virtute. b) mea, publica dd. = ruhmvolle Thaten. c) d. muliebre die Keuschheit. 2) die Schicklichkeit, Sittlichkeit, Tugend: d. et virtus; conservare honestatem et d.

Děcussis, is, m. [decem-as] (Spät.) 1) (selten) zehn Asse. 2) die Zahl zehn. 3) zwei kreuzweise gelegte Linien, weil das römische Ziffernzeichen für 10 ein X war.

Děcusso, 1. [decussis] kreuzweise in der Form eines X abtheilen.

Děcŭtio, cussi, cussum, 3. [de-quatio] (meist Poet. u. Spät.) herabschütteln, herabwerfen, abschlagen, olivas, summa papavera, muros ariete; d. Gracchum Capitolio (Spät.) vom C. herab vertreiben.

Dē-děcet etc. 2., nur in der 3ten Person sing. und pl. gebräuchlich, übel anstehen, -kleiden, nicht passen, -geziemen: dominam dd. motae comae; si quid d.; oratorem non d. simulare.

Dē-děcŏro, 1. entstellen, schänden, entehren, beschämen, urbis auctoritatem; illi non dd. judicium tuum d. se; d. se flagitiis.

Dē-děcŏrus, adj. (Vorklass. u. Spät.) entehrend, schändend, beschämend.

Dē-děcus, ŏris, n. die Schande, A) concr. = das Entehrende, was eine Person oder Sache schändet, beschämt: d. naturae als Schimpfwort vom Esel; so von den Eselsohren des Midas. Insbes. trop. = die Schändlichkeit, Schandthat, entehrende Handlung: admittere d., nullo d. admittere. B) abstr. = die Entehrung, Entwürdigung, Beschämung: d. et contumelia, vitam amittere per d. auf eine entehrende Weise.

Dēdicātio, ōnis, f. [dedico] die Weihung, aedis.

Dē-dĭco, 1. 1) (Vorklass. u. Spät.) melden, berichten, anzeigen, aliquid. 2) (selten) beim Census angeben, haec praedia d. in censu. 3) weihen (einem bestimmten Gotte, als ihm heilig, vgl. consecro), widmen: d. aedem Saturno, auch Saturni; davon (Poet.) d. Junonem der Juno einen Tempel weihen, Apollo dedicatus dem ein Tempel geweihet worden ist. Hiervon (Spät.) A) überhaupt für irgend einen Zweck bestimmen, widmen, urbem memoriae equi, libros huic operi. B) durch den ersten Gebrauch einweihen, thermas. C) Jmb. eine Schrift dediciren (klass. inscribo), alicui librum.

Dēdignātĭo, ōnis, f. [dedignor] (Spät.) die Verschmähung, Weigerung.

Dē-dignor, depon. 1. (Poet. u. Spät.) verschmähen, verwerfen, abweisen, maritum; d. aliquid facere.

Dē-disco etc. 3. verlernen, etwas Erlerntes vergessen, haec verba; d. loqui.

Dēdĭtīcĭus, adj. [dedo] der sich durch Capitulation auf Gnade und Ungnade ergeben hat oder ergiebt.

Dēdĭtīo, ōnis, f. [dedo] militär. term. t. die Uebergabe, Capitulation: agere de d.; venire, recipere aliquos in deditionem; facere deditionem hosti und ad hostem: ungewöhnlich mittere deditionem ad aliquem (Spät.) durch Botschaft Jmb. seine Uebergabe an ihn anzeigen.

Dēdĭtus, adj. mit comp. u. sup. [dedo] einer Person oder Sache ergeben, ihr nachhangend oder sich ihrer ausschließlich befleißigend: d. literis, ventri ac somno, (Poet.) auch deditus in re aliqua: d. alicui gewogen, ergeben; d. eo mit der Aufmerksamkeit darauf gespannt.

Dē-do, dĭdi, dĭtum, 3. 1) Etwas ganz in Jmbs Gewalt oder Besitz hingeben (vgl. trado), völlig übergeben, überlassen, preisgeben: d. aliquem oder aliquid alicui, ad supplicium, ad necem und (Poet.) morti. Insbes. = dem Feinde ausliefern, -übergeben, d. aliquos oder se hosti; dediderunt se consuli in arbitrium dicionemque populi Romani. 2) trop. überhaupt Etwas oder sich einer Sache oder Person völlig hingeben, aufopfern, widmen, übergeben u. dergl.: d. se (animum) doctrinae, ad literas sich den Wissenschaften ganz widmen, d. se ad audiendum sich ausschließlich auf das Hören legen, d. se studio alicui sich einer Beschäftigung ganz widmen, ihr seine ganze Zeit und Kraft schenken; d. se alicui oder amicitiae alicujus sich Jmb. ganz anschließen. Hiervon d. operam rei alicui viele Mühe auf Etwas verwenden, hiher dedita opera geflissentlich, absichtlich. *3) (Lucr.) d. manus = do manus, siehe manus.

Dē-dŏceo etc. 2. verlernen machen, etwas Erlerntes vergessen machen: d. aliquem geometriam; (Poet.) d. populum falsis vocibus uti abgewöhnen; d. judicem den Richter eines Besseren belehren, besser aufklären.

Dē-dŏleo, 2. (Poet.) bis zum Ende leiden, seinen Kummer enden.

Dē-dŏlo, 1. (Vorklass. u. Spät.) glatt hauen, arborem; trop. (Com.) abprügeln.

Dē-dūco etc. 3. 1) herab- oder überhaupt von irgend einer Stelle wegführen, -ziehen, -bringen: d. pedes de lecto, lunam coelo, aliquem ex ultimis gentibus; d. aliquem ad consulem, impedimenta in proximum collem. Insbes. A) häufig von Truppen, führen, marschiren lassen, exercitum ex his regionibus, milites in hiberna. B) d. coloniam eine C. führen ("herabführen", weil der Zug vom Capitolium herab seinen Ausgang nahm): d. coloniam Capuam nach C., auch Aquileja colonia (siehe dieses Wort) deducta est wurde gegründet. C) von leblosen Gegenständen, herab- oder abwegführen, ziehen, nehmen: d. manum ad ventrem, brachia, supercilia, vela, tiaram abnehmen. Insbes. a) d. navem in Schiff in See gehen lassen (entweder = vom Stapel laufen lassen oder bloß vom Ufer ins Meer ziehen). b) d. aquam das Wasser leiten. D) wie von einer Summe abziehen: d. aliquid de summa, de capite; deducta (sc. pecunia) der Abzug. E) (Poet. u. Spät.) = ableiten, originem ab aliquo, nomen inde. F) = entziehen, cibum. G) Jmb. von Etwas abbringen, abziehen, aliquem de fide, ab humanitate. H) trop. ohne Angabe der Sache, von welcher man Jmb. abbringt, a) Jmb. oder Etwas zu Etwas bringen, -führen, -bewegen: d.

aliquem ad misericordiam, rem ad arma, aliquem in periculum, in societatem belli; d. aliquem prétio verleiten, und *d. aliquem ut etc. dazu bewegen daß u. f. w. b) eo (huc, in eum locum) rem d. bringe es dazu, daß u. f. w. 2) (Poet. u. Spät.) von dem Spinnenden oder Webenden, den Faden fortführen, fortspinnen, d. filum; trop. von einer Schrift u. dergl. ausspinnen = kunstvoll bearbeiten, verfassen: d. carmen, mille die versus. — 3) Jnsbef., Jmd. begleitend irgendwohin führen, geleiten (bef. als Zeichen der Hochachtung oder Freundschaft, vgl. comitor, prosequor u. dergl.): d. aliquem domum, de domo. Jnsbef. A) d. adolescentem ad aliquem bei einem (älteren) Manne einführen und empfehlen, damit er sich durch den lehrreichen Umgang mit diesem ausbilde. B) d. aliquam alicui oder ad aliquem eine Braut (aus dem väterlichen Haufe) zum Manne führen; oft auch im unedlen Sinne ein Weib (eine Buhlerin) Jmd. zuführen. — 4) term. t. d. aliquem de fundo Jmd. aus einem Besitzthum vertreiben, d. h. eine symbolische Handlung vornehmen, durch welche derjenige, der ein Grundstück im Besitze hatte, in Gegenwart von Zeugen denjenigen, der auf das Grundstück Anspruch machte, von diesem gewaltsam abführte und dadurch, indem er sich als Eigenthümer erklärte, jenem das Recht gab, eine Klage gegen ihn zu erheben.

Dēductio, ōnis, f. [deduco] 1) das Hinführen, Abführen; d. militum in oppida Einquartierung. 2) die Ableitung, aquae. 3) der Abzug, das vermindernde Abziehen. 4) die Abführung einer Colonie, Uebersiedelung; d. oppidi Gründung. 5) die Vertreibung von einem Besitze, siehe deduco 4. *6) d. rationis die Weiterführung einer Folgerung, Beweisführung.

Dēductor, ōris, m. [deduco] (selten) der Begleiter.

Dēductus, adj. [particip. von deduco] 1) (Spät.) einwärts gebogen, nasus. 2) (Vorklaff. u. Poet.) schwach, gedämpft, vox, carmen.

De-erro, 1. sich verirren, auf Abwege gerathen; trop. d. a vero.

Dēfaeco, 1. [de-faex] (Vorklaff. u. Spät.) von den Hefen reinigen, davon überhaupt reinigen, abklären, aliquid, se; trop. nunc mihi defaecatum est jetzt ist es mir klar, animus defaecatus heiter, ungetrübt.

Dēfāmātus, adj. mit sup. [de-fama] (Spät.) verrufen, berüchtigt.

Dēfātīgātio, ōnis, f. [defatigo] die Ermüdung, Abmattung.

Dēfātīgo, 1. ganz ermüden, abmatten, aliquos assiduo labore; häufig pass. ermüden = müde werden, ermatten; d. deos precibus mit Bitten beschweren.

Dēfectio, ōnis, f. [deficio] 1) der Abfall, die Abtrünnigkeit (in politischer Beziehung), ab aliquo. 2) das Abnehmen, Schwinden einer Sache, der beginnende Mangel: d. virium die Ohnmacht; d. animi die Muthlosigkeit, bei Spät. auch bloß d. in derselben Bedeutung; d. solis, lunae Sonnen-, Mondfinsterniß. 3) (Grammatik) die Ellipse.

Dēfector, ōris, m. [deficio] (Spät.) der Abtrünnige, Abfallende.

Dēfectus, us, m. [deficio] = defectio.

Dēfectus, adj. mit sup. [particip. von deficio] (Spät.) entkräftet, geschwächt.

Dē-fendo, ndi, nsum, 3. 1) abstoßen, abwenden, abwehren, abhalten, entfernt halten: d. hostem, vim, plebis injurias, pericula, hunc furorem; d. crimen eine Anklage zurückweisen, ablehnen; (selten) d. aliquid ab aliquo und (Poet.) alicui. 2) vertheidigen, beschützen (gegen eine schon da seiende Gefahr, vgl. tueor): d. aliquem, oppidum; d. se ab injuriis, Gallias ab injuriis alicujus, contra vim: häufig = vor Gericht vertheidigen, d. aliquem apud judices, aliquem de ambitu. Hiervon A) Etwas verfechten, für Etwas kämpfen, -arbeiten: id maxime d. ut etc. B) behaupten, durchführen, locum suum, officium, actoris partes; bef. = zu beweisen suchen, eine Ansicht äußern und vertheidigen: verissime defenditur, nunquam aequitatem ab utilitate sejungi posse; d. rem; d. cur hoc non ita sit. C) Etwas zu seiner Vertheidigung anführen, behaupten, aliquid; d., nihil ex his sponte susceptum esse.

Dēfensio, ōnis, f. [defendo] 1) die Abwehr, Ablehnung, sceleris, criminis. 2) die Vertheidigung, urbis, bef. in Rede u. Schrift, d. alicujus, dignitatis tuae. Hiervon (Spät.) meton. die geschriebene Vertheidigung, Vertheidigungsrede ob. *schrift.

Dēfensito, und (Poet. u. Spät.) -so, 1. [defendo] (selten) eifrig vertheidigen, schützen, moenia; d. causas sehr oft in Rechtssachen als Anwalt sprechen.

Dēfensor, ōris, m. [defendo] 1) der Abwehrer, Abwender, necis. 2) der Vertheidiger, Beschützer, urbis, juris.

Dē-fero etc. 3. 1) eigtl. herabführen, -bringen, amnis d. limum; hiervon überhaupt Etwas von einem Orte irgendwohin bringen, -führen, -tragen: d. epistolam ad Ciceronem, ornamenta mea in aerarium, aliquem domum. Jnsbef. A) von Etwas, das Jmd. gegen seinen Willen oder doch gegen seine Absicht irgendwohin führt: fuga regem eo d.; meist im pass., Germani ad castra Caesaris delati waren nach dem Lager Cäsars gekommen; häufiger von einem Schiffe ob. dergl., das durch die Gewalt des Windes oder der Strömung aus seinem Cours gebracht wird und nach einem anderen Orte gelangt, als es bestimmt war: naves cursum non tenuere et longius delatae aestu etc. B) (Spät.) Waaren auf den Markt bringen, feil bieten. 2) Jmd. Etwas anbieten, antragen, davon ertheilen, übertragen, geben (bef. Etwas, das von ihm besorgt oder verwaltet werden soll), d. aliquid ad aliquem. 3) Jmd. eine Nachricht u. dergl. überbringen, Etwas melden, berichten, vorbringen, hinterbringen (vgl. refero), d. aliquid ad aliquem, rem ad senatum. Hiervon A) d. nomen alicujus (bisweilen alicui, mit Spät. auch d. aliquem) Jmd. als Angeklagten bei dem Prätor melden, Jmd. angeben, anklagen, de parricidio; (Spät.) d. reos ad praetorem u. deferri majestatis. B) d. aliquid ad aerarium oder bloß d. aliquid in das Staatsarchiv niederlegen. C) d. aliquem ad aerarium in beneficiis Imb. dem Staate zu künftiger Belohnung (mit Geld aus der Staatskasse) empfehlen.

Dē-fervesco, fervi und (Spät.) ferbui, — 3. eigentl. aussieden, *trop.* von Leidenschaften u. dergl. austoben, ausbrausen, zu brausen aufhören, ira, adolescentia, studia hominum dd.

Dēfĕtiscor, fessus, *depon.* 3. [de-fatiscor] ermüden, ermatten, erschlaffen; am häufigsten im *particip.* **Dēfessus**, als *adj.* müde, ermattet (f. fessus), miles, aures dd. cervicio.

Dēficio, fēci, fectum, 3. [de-facio] eigtl. (sich) von Etwas los machen, 1) sich von einer Verbindung oder Gemeinschaft losreißen, von Imd. oder Etwas abfallen, abtrünnig werden: d. a rege, ab amicitia populi Romani; d. ad aliquem von Imd. abfallend zur Partei Imds übergehen; *trop.* d. a virtute, a se sich selbst untreu werden. 2) zu fehlen anfangen, schwinden, ausgehen, nicht mehr ausreichen, fehlen: A) absol. vires, pecunia d., memoria d. schlägt fehl, täuscht; d. animo den Muth verlieren, bisweilen bloß d. in derselben Bedeutung; d. pugnando im Kampfe nachlassen, ihn schlaff betreiben; multi bellis defecerant waren geschwächt worden; luna, sol d. wird verfinstert; (Spät.) in hac voce defecit mit diesem Worte starb er. B) mit Hinzufügung desjenigen, für welchen Etwas ausgeht, fehlt u. dergl., Imd. ausgehen, gebrechen, ihn verlassen, im Stiche lassen, aliquem: vires, dies, tela no dd., deficior re et gebricht mir an Etwas; (Poet.) non me deficiet rogitare ich werde nicht aufhören zu fragen; vielleicht auch (selten) d. alicui.

Dē-figo etc. 3. 1) herabschlagen, -bohren, fest stellen, asseres in terra, arborem terrae. 2) hineinbohren, -fügen, -stoßen, -befestigen: d. telum in corpore consulis, ensem jugulo; sidera defixa coelo (Poet.) 2) *trop.* A) Etwas auf eine Sache eifrig und fest richten, -hinwenden, -heften, d. oculos in aliquam rem, omnes curas in salute reipublicae. B) d. aliquid in mente einprägen; d. flagitia sua in oculis omnium vor den Augen aller Menschen zeigen; defixus in cogitatione vertieft. C) vor Erstaunen, Schrecken u. dergl. unbeweglich machen, starr festhalten, festbannen: silentium eos d.; pavor omnium animos d. *D) von einem Augur, Etwas als unabänderlich und fest verkündigen, bestimmen. E) (Poet. u. Spät.) = verwünschen (weil dabei oft das Bild des Betreffenden mit Nadeln durchstochen wurde).

Dē-fingo etc. 3. (Vorklass. u. Poet.). abformen, aliquid.

Dē-finio, 4. 1) abgrenzen, begrenzen, mit Grenzen einfassen, agrum; orbis qui aspectum nostrum d. der Gesichtskreis. Hiervon *trop.* A) pirata non est perduellium nomine definitus gehört nicht unter. B) = bestimmen, festsetzen, genau bezeichnen: d. modum vitae tuae, d. potestatem in quinquennium, d. annos, tempns adeundi; unum hoc d. erkläre ich; definitum est (Pl.) es ist beschlossen. C) = innerhalb gewisser Schranken halten, beschränken: oratio iis viris definietur wird sich auf diejenige Männer beschränken. D) eine Sache durch Angabe ihrer wesentlichen Kennzeichen erklären, definiren, fortitudinem sic. 2) (selten) beendigen, schließen, orationem.

Dēfinite, *adv.* [definitus] bestimmt, deutlich.

Dēfinitio, ōnis, *f.* [definio] 1) die Begrenzung, Bestimmung, bestimmte Angabe, temporum. 2) die Definition (f. definio 1. D.).

Dēfinitīvus, *adj.* [definio] bestimmend, zur Begriffsbestimmung gehörig.

Dēfinītus, *adj.* [*particip.* von definio] bestimmt, deutlich.

Dē-fīo, fieri, *verb. def.* [passive Form von deficio] (meist Vorklass.) nur in der dritten Person *sing.* und *plur.*, ausgehen, fehlen, = deficio 2. A. u. B., alicui Jemandem.

Dēflagrātio, ōnis, *f.* [deflagro] das Verbrennen, coeli; *trop.* überhaupt der Untergang.

Dē-flagro, 1. 1) verbrennen, durch Feuer verzehrt werden, templum d.; *trop.* = zu Grunde gehen, vernichtet werden. Hiervon im *particip.* deflagrātus als *adj.* A) (Vorklass.) verbrannt, durch Feuer verzehrt; B) *trop.* vernichtet, imperium. 2) *trop.* zu brennen aufhören, ausbrennen, austoben, ira.

Dē-flecto etc. 3. I. *transit.* 1) herabbeugen, -ramum. 2) abbeugen, nach einer anderen Seite hin beugen, -lenken, ablenken, d. amnes in alium cursum ableiten; d. novam viam in einer neuen Richtung, seitwärts, anlegen. 3) *trop.* einer Sache eine andere Richtung geben, von Etwas ablenken, -wenden, -führen, -bringen: pravitas aliqua eum de via d.; d. sententiam a proposito; d. rem ad verba = den wahren Sinn durch Urgiren der Buchstaben verdrehen; d. factum in illos Jenen die Schuld der That aufwälzen. Hiervon = verdrehen, verwandeln, sententiam, virtutem in vitia. II. *intrans.* abbiegen, abweichen, de via, in Tuscos; *trop.* consuetudo d. de spatio, d. a veritate.

Dē-fleo etc. 2. 1) *trans.* beweinen, aliquem, illos casus. 2) *intrans.* stark weinen.

***Dēflētio**, ōnis, *f.* [defleo] (Poet.) das heftige Weinen.

Dē-flexus, us, *m.* [deflecto] (Spät.) die Ablenkung.

Dēfloccātus, *adj.* [de-floccus] (Pl.) *trop.* = fahl.

Dē-flōresco, rui, 3. abblühen, verblühen, *trop.* abnehmen, seine Frische und seinen Reiz verlieren, animi deliciae dd.

Dē-fluo etc. 3. 1) herabfließen, flumen de monte, fiamma d. ex Aetna monte. 2) von nicht flüssigen Sachen, herabsinken, -gleiten, -sich bewegen, -fallen: coronae dd., homo d. equo ob. ex equo, ad terram; (Poet.) d. secundo amni stromabwärts fließen, -schwimmen; vestis d. ad pedes wallt herab. 3) *trop.* A) unus tribunus d. ist abgefallen, abtrünnig geworden. B) von Etwas zu etwas Anderem nach und nach übergehen: d. a necessariis artibus ad elegantiora; (Spät.)

Defodio — **Dehonestamentum**

adolescentes dd. a Seneca weichen ab; familia haec ab illis d. stammt ab, kömmt her. 4) **abfliessen**, = zu fliessen aufhören, amnis; hiervon *trop.* aufhören, verschwinden, sich verlieren, vires; salutatio defluxit die Morgenbesuche sind vorbei; numerus Saturnius defluxit (Poet.) kam ausser Gebrauch, wurde nicht mehr gebraucht.

Dē-fŏdĭo etc. 3. 1) vergraben, niedergraben, cotem in comitio, signum in terram, stipitem in agro; *trop.* (Spät.) d. se sich verbergen. 2) (selten) in die Tiefe hinab graben, scrobem. 3) (Poet. u. Spät.) in Etwas graben, aufgraben, terram; d. oculos, crura austratzen, zerfleischen.

Dē-formātĭo, ōnis, *f.* [deformo] die Entstellung, Verunstaltung, Beschimpfung, majestatis.

Dēformis, e, *adj.* mit comp. u. sup. [deforma] 1) missgestaltet, ungestaltet, daher hässlich, der ein anderes und hässliches Aussehen bekommen hat (vgl. foedus, turpis), homo, motus, urbs d. incendiis, agmen d. von einem entwaffneten und unter das Joch getriebenen Heere; oratio d. mihi beschämend, schimpflich; *trop.* d. haesitatio, obsequium. *2) (Poet.) formlos, gestaltlos, anima.

Dēformĭtas, ātis, *f.* [deformis] die Missgestalt, Hässlichkeit, das entstellte Aussehen, corporis, *trop.* d. animi.

Dēformĭter, *adv.* [deformis] (Spät.) hässlich, entstellt, schimpflich.

Dē-formo, 1. 1) abformen, abbilden, in eine gewisse Form bringen, locum, marmora. 2) in eine andere und entstellte Form bringen, entstellen, verunstalten: macies d. vultum; deformatus corpore, parietes nudi et deformati. Hiervon *trop.* in ein ungünstiges Licht stellen, entehren, schänden, aliquem, victoriam clade.

Dē-fraudo, 1. betrügen, bevortheilen, aliquem aliqua re oder (selten) aliquid um Etwas; *trop.* d. genium suum jedem Genusse entsagen, sich Nichts zu Gute thun.

*Dē-frēnātus, *adj.* (Poet.) zügellos.

Dē-frĭco etc. 1. abreiben, einreiben, dentem, membra; (Poet.) durchhecheln, mit beissendem Spotte geisseln, urbem sale multo.

Dēfrĭngo, frēgi, fractum, 3. [frango] 1) abbrechen, losbrechen, ramum, ferrum ab hasta. 2) zerbrechen, brechen, crura alicui.

Dēfrŭtum, i, *n.* [= defervitum von defervesco] der eingekochte Most, Mostsaft.

*Dē-fŭat, (Pl.) Zwsst. veralt. = desit, siehe Desum.

Dē-fŭgĭo etc. 3. *1) *intrans.* davonfliehen, hinfliehen, totum sinistrum cornu eo d. 2) *trans.* scheuen, vermeiden, bes. = sich einer Person oder Sache entziehen, um nicht eine Verpflichtung gegen sie zu erfüllen: d. patriam, eam disputationem, inimicitias; d. auctoritatem rei alicujus sich der Verantwortlichkeit für eine Sache entziehen, indem man leugnet, Schuld daran zu sein, in der Sache keine Autorität sein wollen.

Dē-fundo etc. 3. (Poet. u. Spät.) herabgiessen, ausgiessen, aquam, fruges Italiae über Italien; häufig von Libationen, d. merum.

Dē-fungor etc. *depon.* 3. ein Geschäft, gewöhnlich ein unangenehmes, zu Ende bringen, besorgen, sich einer Sache entledigen, mit ihr fertig werden, bello, proelio; honoribus defunctus der alle Ehrenstellen bekleidet hat; d. periculis, malis, morbo überstehen; civitas d. consulis fato, perpaucis funeribus, levi poena kömmt mit — durch, wird mit — der Sache (Gefahr) los; häufiger (Poet. u. Spät.) d. vitâ, suis temporibus, terrâ, aber auch d. morte suâ u. absol. d. = sterben; (Spät.) d. oraculo erfüllen, parvo ausrichten; defunctus sum (Com.) fertig, im Reinen sein.

Dē-gĕner, ĕris, *adj.* [genus] (Poet. u. Spät.) 1) aus der Art schlagend, ausgeartet, aquila, homo, arundo. 2) moralisch ausgeartet, entartet, schlecht, seiner Abkunft unwürdig, animus, preces; (Poet.) degener animi, d. artis patriae, von der väterlichen Kunst.

Dē-gĕnĕro, 1. [degener] 1) *intrans.* aus der Art schlagen, ausgeartet, moralisch entartet sein: frumenta dd.; illi dd. a parentibus, a gravitate paterna, ad artes theatrales. 2) *trans.* (Poet. u. Spät.) entarten machen, insbes. (Poet.) durch Entartung beschimpfen, beflecken, aliquem, palmas.

Dē-gĕro, — — 3. (Vorklass. u. Spät.) forttragen, ornamenta sua ad meretrices.

Dē-glūbo etc. 3. (Vorklass. u. Spät.) schinden, der Haut berauben, aliquem.

Dēgo, dēgi, — 3. [de-ago] eine Zeit zubringen, verleben, aetatem, vitam; (Spät.) auch *abstr.* = leben.

*Dē-grandĭnat, 1. *verb. impers.* (Poet.) es hagelt zu Ende.

Dē-grăvo, 1. 1) herabdrücken, erdrücken (von einer Last ob. bergl.): unda d. caput meum. 2) *trop.* hostes dd. cornu circumventum überwältigen, belästigen, lassitudo illos d. beschwert, ist ihnen hinderlich.

Dē-grĕdĭor, gressus, *depon.* 3. [de-gradior] 1) herabschreiten, =gehen, =marschiren, monte, ex arce, in campum; eques ad pedem d. steigt vom Pferde und kämpft zu Fuss. 2) (Spät.) weg=, abgehen.

Dēgressĭo, siehe digressio.

Dē-grunnĭo, 4. (Spät.) stark grunzen.

Dē-gusto, 1. 1) von Etwas kosten, novas fruges. 2) (Poet.) leicht berühren, streifen, ignis d. ligna umzüngelt. 3) *trop.* A) leicht und oberflächlich behandeln, materiam. B) versuchen, mit Etwas Bekanntschaft machen, literas, hanc vitam.

Dē-hinc (bei Dichtern oft durch Synäresis einsilbig), *adv.* (Poet u. Spät.) 1) im Raume, von hier ab. Hiervon A) von einer Reihenfolge, hiernach. B) (selten, Com.) zur Bezeichnung eines Causalverhältnisses, daher. 2) in der Zeit, A) von jetzt an. B) von da an, seitdem. C) hierauf, dann, nachher, d. profectus est. 3) in der Aufzählung, nach vorhergehendem primum, zweitens.

Dēhĭbeo, Vorklass. = Debeo.

Dē-hisco, — — 3. (meist Poet. u. Spät.) sich von einander thun, aufklaffen, sich spalten.

Dēhŏnestāmentum, 1, *n.* [dehonesto]

Dehonesto — Delectus

(Spät.) das Verunstaltende, Entehrende, Beschimpfende, der Schimpf, corporis, amicitiarum.

De-hŏnesto, 1. (meist Spät.) verunstalten, entehren, beschimpfen, schänden, famam suam, bonas artes.

De-hortor, *depon.* 1. abrathen, abmahnen, Jmd. durch Rath von Etwas abzuhalten suchen, aliquem ab aliqua re.

Dēiănīra, ae, *f.* [*Δηιάνειρα*] Tochter des Oeneus, Gemahlin des Hercules.

Dēïdamīa, ae, *f.* [*Δηιδάμεια*] Tochter des Königs Lycomedes von Scyros, durch Achilles Mutter des Pyrrhus.

Dein, (selten) *adv.* = Deinde.

Deinceps, *adv.* [dein-capio] in ununterbrochener Reihenfolge, nacheinander, nach der Reihe, sowohl im Raume (trunci d. constituti), als in der Zeit (reliqui d. dies) und von einer Reihenfolge (ut d., qui accubabant, canerent); d. interreges die auf einander folgenden interreges. Bisweilen steht es in der Aufzählung = ferner, weiter.

De-inde, *adv.* 1) im Raum (selten) von da an, von dort ab. 2) in der Zeit (so am häufigsten) danach, darauf. 3) von einer Reihenfolge, bes. in der Aufzählung mehrerer Gegenstände, alsdann, ferner, weiter, bes. häufig nach vorhergehendem primum = zweitens, bisweilen auch bei den folgenden Gliedern (= drittens u. s. w.) und mehrmals wiederholt.

Dēïphŏbē, es, *f.* [*Δηιφόβη*] Tochter des Glaucus.

Dēïphŏbus, i, *m.* [*Δηίφοβος*] Sohn des Priamus und der Hecuba, Gemahl der Helena nach des Paris Tode.

Dējectio, ōnis, *f.* [dejicio] (sehr selten) 1) (Spät.) das Herabwerfen, d. alvi der Stuhlgang. 2) die Vertreibung aus einem Besitzthum 3) (Spät., zweifelh.) d. animi die Muthlosigkeit.

Dejectus, us, *m.* [dejicio] 1) das Herabwerfen, -stürzen, arborum: 2) aquae der Wasserfall. 2) die Abschüssigkeit, der Abhang, collis.

Dejectus, *adj.* [particip.] von dejicio (selten) 1) niedrig, locus. 2) *trop.* (Poet.) muthlos.

Dejēro, s. Dejuro.

Dejĭcio, jēci, jectum, 3. [de-jacio] 1) herabwerfen, -stürzen, aliquem de saxo in inferiorem locum, aliquem equo; venti se dejiciunt a montibus fahren herab; bes. von Gegenständen, die bisher aufrecht standen, umstürzen, turrim, signa; (Poet.) einen höher gelegenen Ort erobern, arcem. Hiervon A) (meist Poet.) zu Boden schlagen, tödten, aliquem. B) einer Sache eine Richtung abwärts geben: d. lacrimas Thränen vergießen, vultum die Augen niederschlagen, (Poet.) dejectus oculos mit niedergeschlagenen Augen. C) *trop.* Jmd. des Besitzes einer Sache oder der Aussicht auf Erlangen einer Sache berauben, bewirken, daß Jmd. eine Sache nicht erlangt: d. aliquem sedilitate, honore ob. de honore; häufig *pass.* dejectus spe illa als er jene Hoffnung hatte aufgeben müssen, dejectus opinione trium legionum als er seiner Erwartung von drei Legionen entsagen mußte; (Poet.) dejecta conjuge tanto die einen solchen Gatten verloren hat; auch *absol.* d. aliquem Jmb. „stürzen". 2) von einem Orte wegtreiben, verjagen, vertreiben, hostes muro, exercitum hostium ex tot castellis, praesidium loco munito. Hiervon A) aus einem Besitze vertreiben, verdrängen, aliquem. B) *trop.* abwenden, entfernen, beseitigen, vitia a se, multum mali de humana condicione; d. aliquem de sententia Jmb. von seiner Ansicht abbringen, abstehen machen. C) d. oculos ab (de) aliquo abwenden. D) d. naves die Schiffe aus ihrem Cours verschlagen.

Dējŏtărus, i, *m.* 1) König von Klein-Armenien, Tetrarch von Galatien zur Zeit des Cäsar, von Cicero in einer Rede vertheidigt. 2) dessen Sohn.

*Dē-jungo etc. (Pl.) trennen, amantes.

Dē-jūro ob. -jēro, 1. (Vorklass., Poet. u. Spät.) schwören.

*Dē-jŭvo, — — 1. (Pl.) zu helfen aufhören.

Dē-lābor etc. 3. 1) herabfallen, -sinken, -kommen, de coelo, ex equo, ab excelsa fenestra, in mare, per auras. 2) *trop.* A) plura genera ab his delapsa sunt stammen von ihnen ab. B) in Etwas hinein gerathen, -kommen (gewöhnlich unwillkürlich und von dem rechten Wege ab): a sapientium familiaritatibus ad vulgares amicitias oratio nostra d. geht unvermerkt über; in istum sermonem d. darauf gerathen von jener Sache zu sprechen; d. in morbum in eine Krankheit fallen, in vitium servile verfallen, ad aequitatem nach und nach zur Billigkeit übergehen.

*Dē-lāmentor, *depon.* 1. (Poet.) heftig beklagen, bejammern, aliquem.

Dē-lasso, 1. (selten, Vorklass. u. Spät.) völlig ermüden, abmatten, aliquem.

Dēlātio, ōnis, *f.* [defero] das Angeben, die Anklage, bes. d. nominis alicujus.

Dēlātor, ōris, *m.* [defero] (Spät.) der Angeber, Denunciant, d. legis Papiae Jmds, der das pap. Gesetz verletzt hat, ebenso d. majestatis der verletzten Majestät.

Dēlectābĭlis, e, *adj.* [delecto] (Spät.) ergötzlich, angenehm, cibus.

Dēlectāmentum, i, *n.* [delecto] (selten) das Ergötzende, die Kurzweil.

Dēlectātio, ōnis, *f.* [delecto] die Ergötzung, Ergötzlichkeit, Lust: d. audiendi vom Hören, conviviorum an Gastmählern; habere d. mit sich führen, verschaffen.

Dēlecto, 1. [deliciae] ergötzen, vergnügen, erfreuen, Jmb. einen angenehmen Genuß verschaffen: ista sapientiae fama me d.; d. otium suum aliqua re sich in seiner Muße mit Etwas ergötzen. Häufig im *pass.* an Etwas Freude oder Gefallen finden, sich an Etwas ergötzen, imperio, carminibus, in re aliqua; (Poet.) bonus vir dici delector es ist mir angenehm, ein braver Mann genannt zu werden.

Dēlectus, us, *m.* [deligo] 1) die Auswahl, Wahl; verborum, rerum delectum habere, tenere (Spät. agere) eine Wahl treffen, einen Unterschied zwischen — machen, ebenso beneficiorum acceptorum d. habendus est; sine ullo d. 2) Insbef. militärischer *term. t.,* die Auswahl von Soldaten, die Aushebung,

210 Delegatio   Deliquesco

Recrutirung: habere (Spät. auch agere) d.; d. superbissimus mit großer Willkürlichkeit und Strenge gehalten; d. provincialis in der Provinz. Hiervon bisweilen (Spät.) = die ausgehobene Mannschaft, octo millia ex d. Britannico.

Dēlēgātio, ōnis, *f.* [delego] die Anweisung zur Bezahlung.

Dē-lēgo, 1. 1) Jmb. an einen Ort oder eine Person hinschicken, anweisen, aliquem in carcerem, alicui fautores. 2) überweisen, übertragen, übergeben, zuweisen, infantem ancillae, officium alicui; d. obsidionem in curam collegae, rem ad senatum; d. illos ad hunc librum verweisen. 3) in Geldsachen, Jmb. zur Bezahlung einer Summe anweisen: delegavi tibi fratrem ich habe dir meinen Bruder als Bezahler meiner Schuld angewiesen, d. h. dir eine Anweisung auf meinen Bruder gegeben; absol. delegabo ei werde ihm Geld auszahlen lassen. 4) Etwas (eine Schuld ob. ein Verdienst) auf Jmb. übertragen, ihm zuschreiben: d. alicui crimen aliquod, d. decus rei bene gestae ad aliquem.

Dēlēnīfĭcus, *adj.* [delenio-facio] (Vorklass. u. Spät.) besänftigend, daher einnehmend, einschmeichelnd.

Dēlēnīmentum, i, *n.* [delenio] 1) das Erleichterungsmittel, Beschwichtigungsmittel, vitae, curarum. 2) das Lockungsmittel, die einnehmende und gewinnende Beschaffenheit, vitiorum.

Dē-lēnio, 4. besänftigen, beschwichtigen, daher einnehmen, gewinnen, bezaubern, aliquem blanditiis voluptatum, animos hominum.

* **Dēlēnītor**, ōris, *m.* [delenio] der Jmb. gewinnt, einnimmt: orator debet esse d. judicis.

Dēleo, ēvi, ētum, 2. auslöschen, tilgen (etwas Geschriebenes u. dergl.), daher vertilgen, vernichten, zerstören: d. literas, stigmata; d. urbes, Graeciam, hostes, memoriam rei alicujus.

* **Dēlībāmentum**, i, *n.* [delibo] (Spät.) der bei einer Libation vergossene Wein.

Dēlībĕrābundus, *adj.* [delibero] (selten) in tiefem Nachdenken begriffen.

Dēlībĕrātio, ōnis, *f.* [delibero] die Erwägung, Ueberlegung, Berathschlagung: habere d.; d. consilii capiendi des Beschlusses, der gefaßt werden muß.

Dēlībĕrātīvus, *adj.* [delibero] zur Erwägung gehörig.

* **Dēlībĕrātor**, ōris, *m.* [delibero] der Ueberleger, Erwäger.

Dēlībĕrātus, *adj. mit comp.* [*part.* von delibero] bestimmt, beschlossen, ausgemacht.

Dēlībĕro, 1. [de-libra] eigtl. abwägen, daher 1) erwägen (um einen Beschluß zu fassen, vgl. considero), überlegen, berathschlagen, rem aliquam und de re aliqua; d. utrum — an etc.; d. cum aliquo; spatium deliberandi Zeit sich zu bedenken, zur Ueberlegung. 2) *intrans.* ein Orakel befragen. 3) nach Ueberlegung beschließen, bestimmen: statuerat et deliberaverat non adesse; so insbef. *particip.* deliberatus, siehe dieses Wort.

Dē-lībo, 1. 1) etwas Weniges von einer Sache abnehmen, in kleinen Theilen hinwegnehmen, kosten: d. parvam partem humoris. Hiervon A) *trop.* d. flosculos ex oratione pflücken; d. animos ex universa mente divina als einen Theil entnehmen; d. novum honorem kosten, d. oscula natae die Tochter sanft berührend küssen. B) insbef. vermindernd wegnehmen, aliquid de laude alicujus. Hiervon 2) einer Sache Abbruch thun, sie schmälern: d. pudicitiam verletzen, nomen alicujus schmälern.

Dēlībro, 1. [de-liber] 1) abrinden, abschälen, arborem. 2) (Vorklass.) *trop.* hinwegnehmen.

Dēlībūtus, *adj.* (*part.* eines sonst ungebräuchl. Verb. delibuo) bestrichen, gesalbt, luto, unguentis; *trop.* (Com.) delibutus gaudio vor Freude trunken.

Dēlĭcātē, *adv. mit comp.* [delicatus] 1) reizend, angenehm, schön. 2) sinnlich, üppig, wollüstig.

Dēlĭcātus, *adj. mit comp. u. sup.* [deliciae] 1) ohne tadelnde Bedeutung A) den Sinnen gefallend, reizend, angenehm, fein, elegant, d. litus, hortuli, comitatus ancillarum puerorumque; merces dd. Luruswaaren. B) (Spät.) fein, zart, puella, ovas. 2) häufig in tadelndem Sinne, A) sinnlich, üppig, wollüstig, adolescens, juventus d. et libidinosa. B) (Vorklass. u. Spät.) verweichlicht, verzärtelt, schlaff. C) (Vorklass. u. Spät.) wählerisch, ekel, verwöhnt, homo, aures.

Dēlĭcĭae, ārum, *f. pl.* (Vorklass. u. Spät.) auch *sing.* -ia, ae, *f.* und -ium, ii, *n.* [delacio] 1) ergötzliche und feine Sachen, was sinnlichen Genuß giebt, die Ergötzlichkeit, Lust, das Vergnügen, esse alicui in deliciis Jmds Liebling sein, ebenso habere aliquem in dd.; oft in tadelndem Sinne = Ueppigkeit, Wollust; auch = Eleganz, Luxus in der häuslichen Einrichtung, (Com.) delicias facere Possen treiben; ecce aliae equitum dd. Liebhabereien. 2) *trop.* von Personen, der Liebling, die Lust Jmds.

Dēlĭcĭŏlae, ārum, *f. pl. deminut.* von deliciae.

Dēlĭco, siehe Deliquo.

Dēlĭctum, i, *n.* [delinquo] das Vergehen, der Fehltritt.

Dēlĭgo, lēgi, lectum, 3. [de-lego] auslesen, auswählen, illos ex civitate in senatum, aliquem ad rem conficiendam.

Dē-lĭgo, 1. binden, festbinden, befestigen, naves ad ancoras; d. vulnus verbinden.

Dē-lingo, — — (Vorklass. u. Spät.) ablecken; *proverb.* (Poet.) d. salem von magerer Kost leben.

Delinimentum, Delinio, s. S. für Delenimentum, Delenio.

Dē-linquo etc. 3. sich vergehen, versehen, in seiner Pflicht fehlen: d. in vita, in bello; d. aliquid in Etwas, auch (Spät.) flagitia quae ille d. begangen hatte; d. in re aliqua (von der Rede) in einem Ausdrucke fehlen; (Poet.) d. in aliqua in einem Liebesverhältnisse mit Einer stehen.

Dē-līquesco, līcui, — 3. schmelzen, zerschmelzen, zerfließen, nix d.; *trop.* = sich schwach und weichlich zeigen.

Dēlĭquĭum, ii, *n.* [delinquo] (Vorkl. u. Spät.) das Fehlen, Mangeln; d. solis die Sonnenfinsterniß; est mihi deliquio libertatis apud te ich verliere bei dir die Freiheit.

Dē-lĭquo (ob. -līco), 1. 1) (Vorklass. u. Spät.) abklären, vinum u. bergl. 2) *trop.* erklären, deutlich machen, aliquid.

*Dēlĭquus (ob. Dēlĭcuus), *adj.* [delinquo] (*Pl.*) fehlend.

Dēlīrāmentum, i, *n.* [deliro] (Vorklass. u. Spät.) albernes Geschwätz, Possen, loqui dd.

Dēlīrātĭo, ōnis, *f.* [deliro] der Übermutz, die Verrücktheit.

Dēlīro, 1. [delirus] irre-, verrückt sein.

Dēlīrus, *adj.* [de-lira] eigtl. von der Furche abweichend, d. h. irre, verrückt, wahnwitzig.

Dēlĭtesco, tui, — 3. [de-lateo] sich verbergen, -verstecken, hostes dd. in silvis; *trop.* sich hinter Etwas oder Jmb. stecken, um eine Decke oder einen Vorwand zu haben: d. in alicujus auctoritate, in dolo malo.

*Dē-lītigo, 1. (Poet.) sich abzanken, poltern.

Dēlītisco, a. S. für Delitesco.

Dēlos, i, *f.* [*Δῆλος*] Insel des ägäischen Meeres, Geburtsort des Apollo und der Diana. Davon 1) **Dēlĭus**, *adj.*; vates d. Apollo, folia dd. = der Lorbeer; *subst.* **Dēlĭum**, ii, *n.* [*Δήλιον*] kleine Stadt in Böotien, mit einem in Gestalt des delischen erbauten Tempel des Apollo. 2) **Dēlĭăcus**, *adj.*

Delphi, orum, *m. pl.* [*Δελφοί*] 1) Stadt und Orakel des Apollo in Phocis. Davon -phīcus [*δελφικός*], *adj.* 2) die Bewohner von Delphi.

Delphīnus, i, u. -phīn, īnis, *m.* [*δελφίς*] der Delphin, Tümmler.

Delta, ae, *f.* [*Δέλτα*] 1) Name des vierten Buchstaben in dem griechischen Alphabet. 2) *trop.* der untere von den Armen des Nil eingeschlossene Theil Niederägyptens, das Nildelta.

Dēlūbrum, i, *n.* (meist bei Poet. und in höherer Prosa) ein Tempel, Heiligthum.

Dē-luctor, *depon.* 1. u. -to, 1. (*Pl.*) ringen, kämpfen, cum leone, *trop.* d. aerumnis.

*Dē-lūdĭfĭco, 1. (*Pl.*) foppen, hintergehen, aliquem.

Dē-lūdo etc. 3. mit Jmb. sein Spiel haben, ihn zum Besten haben, täuschen, d. aliquem dolis; *trop.* terra d. arantes, spes me d. täuscht.

Dēlumbis, e, *adj.* [de-lumbus] (Spät.) lendenlahm, *trop.* kraftlos.

Dēlumbo, 1. [delumbis] 1) (Spät.) lendenlahm machen, quadrupedem. 2) *trop.* entnerven, schwächen, sententias.

Dēmădēs, is, *m.* [*Δημάδης*] athenienfischer Redner zur Zeit des Demosthenes.

*Dē-mădesco, dui, — 3. (Poet.) feucht werden.

Dē-mando, 1. 1) anvertrauen, überweisen, übertragen, aliquid alicui. 2) d. aliquem in proximam civitatem in Sicherheit nach — bringen, ebenso d. conjuges insulis nach den Inseln hin.

Dē-māno, 1. (Poet. u. Spät., aber zweifelh.) herabfließen.

Dēmārātus, i, *m.* [*Δημάρατος*] 1) Vater des Tarquinius Priscus zu Rom, von Korinth nach Tarquinii ausgewandert. 2) König von Sparta, als Verbannter am Hofe des Xerxes lebend.

Dēmarchus, i, *m.* [*δήμαρχος*] (Vorklass. u. Nachkl.) der Vorsteher eines Demos in Attika, der Demarch.

Dē-mens, tis, *adj.* mit *comp.* geistesabwesend, kopflos, stärker = wahnsinnig, verrückt, homo; (Poet.) dd. somnia, manus, crepitus.

Dēmensum, siehe demetior.

Dēmenter, *adv.* [demens] (selten) unsinnig, unbesonnen.

Dēmentĭa, ae, *f.* [demens] die Geistesabwesenheit, Kopflosigkeit, stärker = der Wahnsinn, die Verrücktheit.

Dēmentĭo, —. 4. [demens] (Vorklaff. u. Nachkl.) verrückt-, irre sein.

Dē-mĕrĕo etc. 2. 1. (selten, Vorklaff. u. Spät.) verdienen, pecuniam. 2) gewöhnlich -reor, itus, *depon.* 2. sich um Jmb. Verdienst erwerben, ihn sich verbunden und ergeben machen, gewinnen, aliquem, tam potentem civitatem.

Dē-mergo etc. 3. hinabsenken, versenken, untertauchen: d. dapes in alvum, d. navem, corpus; d. plebem in fossas in Gräben hinabsteigen nöthigen (zur Arbeit in — zwingen). Hiervon *trop.* = erdrücken, niederdrücken, aliquem; patria demersa, plebs demersa est aere alieno.

Dē-mētĭor. *depon.* 4. abmessen, zumessen, aliquid. Hiervon als *subst.* **Dēmensum**, i, *n.* (Com.) das einem Sklaven zu seinem Unterhalte zugemessene Getreide, die „Ration", das „Deputat".

Dē-mĕto etc. 3. abmähen, abschneiden, segetes, fructus, auch d. agros das Getreide auf den Äckern; (Poet.) d. flores pflücken, caput ense abschlagen.

Dē-mētor, a. S. für Dimetor.

Dēmētrĭas, ădis, *f.* [*Δημητριάς*] Stadt in Theffalien, früher Pagasae genannt; Demetrius Poliorcetes führte neue Ansiedler nach ihr und nannte sie nach seinem Namen.

Dēmētrĭus, ii, *m.* [*Δημήτριος*] griechischer Männername. Am bekanntesten sind: 1) D. Poliorcetes [*Πολιορκητής*, der Belagerer], Sohn des Königs von Macedonien Antigonus I. 2) D. Phalereus, berühmter Redner, Schüler des Theophrast. 3) D. Magnes, Zeitgenosse des Cicero, Geschichtschreiber u. Philosoph. 4) ein cynischer Philosoph zur Zeit der ersten römischen Kaiser. 5) ein comischer Schauspieler.

*Dēmĭgrātĭo, ōnis, *f.* [demigro] die Auswanderung.

Dē-mĭgro, 1. hinwegwandern, wegziehen, weggehen, auswandern, ex agris in urbem; d. hinc ex hominum vita sterben; *trop.* non d. de statu suo sich von seiner Stellung nicht vertreiben lassen.

Dē-mĭnŭo etc. 3. 1) mit der Sache als Object, durch deren Hinwegnahme etwas Anderes vermindert wird, vermindernd hinwegneh-

Deminutio — Demoror

men, Etwas von einem Gegenstande wegnehmen: d. quinque numos de una mina, aliquid de mea in eum benevolentia, ex regia potestate (oft, aber ungenau, wird es an solchen Stellen durch „vermindern" mit verändertem Object übersetzt). 2) mit der Sache als Object, von welcher Etwas hinweggenommen wird, vermindern, verkleinern durch die Wegnahme von Etwas (vgl. diminuo): d. copias, inopia d. vires militum; d. dignitatem, potentiam alicujus schmälern, schwächen. Insbes. d. se ob. deminui capite seine bürgerlichen Rechte verlieren ob. eine Verminderung derselben erleiden.

Dēmĭnūtĭo, ōnis, f. [deminuo] die Verminderung, Verkleinerung, Schmälerung, civium, vectigalium; tanta d. fit de imperio; d. provinciae die Abkürzung der Amtszeit in der Provinz; d. mentis (Spät.) die Geistesverwirrung; d. capitis der Verlust oder die Beschränkung, Schmälerung der bürgerlichen Rechte, s. caput; in der Grammatik = die Verkleinerungsform, Deminutivform; in der Rhetorik die verkleinernde Darstellung.

Dē-mīror, depon. 1. sich über Etwas sehr verwundern (gewöhnlich mit tadelndem Begriffe, vgl. miror, admiror): d. audaciam illorum, eos hoc sperasse; demiror quid sit (Com.) es soll mich wundern = ich bin sehr begierig zu wissen, was es sei.

Dēmisse, adv. mit comp. u. sup. [demissus] 1) niedrig, d. volare. 2) trop. A) bescheiden, demüthig. B) muthlos, kleinmüthig.

*****Dēmissīcius,** adj. [demitto] (Pl.) herabhangend (vom Kleide).

Dēmissĭo, ōnis, f. [demitto] *1) das Herablassen, storiarum. *2) trop. d. animi die Niedergeschlagenheit.

Dēmissus, adj. mit comp. u. sup. [particip. von demitto] 1) herabgesenkt, herabgebogen, caput. 2) niedrig, tiefliegend, locus. 3) trop. A) bescheiden, schlicht, anspruchlos. B) niedergeschlagen, muthlos, demüthig. C) vox d. leise. D) in dürftiger Lage lebend, dürftig, schlicht.

*****Dē-mītĭgo,** 1. mildern, besänftigen, aliquem.

Dē-mitto etc. 3. 1) herabschicken, =gehen lassen, =werfen, =bringen, =setzen, =legen, =senken: d. imbrem coelo, tunicam usque ad talos, sublicam in terram, nummum in loculos; d. antennas, arma; (Poet.) d. aliquem neci, Stygiae nocti in den Tod, in die stygische Nacht; d. puteum alte (Poet.) tief in die Erde graben, d. agmen in vallem, equites in inferiorem campum herabführen, herab marschiren lassen; d. aliquem in carcerem ins Gefängniß werfen, d. se in Ciliciam nach C. herab reisen; d. se oder caput sich bücken; d. equum in flumen, in cavam viam herabtreiben; d. oculos, vultum niederschlagen. 2) Hiervon trop. a) demissus ab aliquo (Poet.) abstammend; demissus de coelo vom Himmel herabgekommen (von einem großen und auf übernatürliche Weise geschenkten Gute); proverb. demissis manibus fugere (Com.) = in großer Eile. b) d. aliquid in pectus suum einprägen. c) d. se in res turbulentas, in causam, eo sich in Etwas

hineinwagen, auf etwas Mißliches einlassen, fortuna me d. in eum casum hat mich in — hineingebracht. d) d. se ad minora, ad servilem patientiam sich herablassen. e) d. animum den Muth verlieren, niedergeschlagen werden.

Dēmiurgus, i, m. [δημιουργός] die höchste Magistratsperson in einigen griechischen Staaten.

Dēmo, mpsi, mptum, 3. [de-emo] hinwegnehmen (ohne den Begriff einer Gewaltthat ob. Rechtsverletzung, vgl. aufero, adimo u. bergl.): d. secures de fascibus; (Poet.) d. fetus ex arbore, juga bobus; d. soleas, vincula abnehmen; trop. d. necessitudinem alicui, sollicitudinem; aliquid demptum est ex dignitate populi; per se, dempto auctore auch ohne Rücksicht auf den Urheber.

Dēmŏcrĭtus, i, m. [Δημόκριτος] berühmter Philosoph aus Abdera 460—340 v. Chr.; er lehrte u. A., daß die Welt aus den Atomen entstanden ist. Davon -tīcus u. -tēus ob. -tīus, adj. u. subst. a) -tii, ōrum, m. pl. die Anhänger, Schüler des D. b) -tēa, ōrum, n. pl. die Lehre des D.

Dē-mōlĭor, depon. 4. niederreißen, herabreißen, statuam, parietem, domum. Hiervon trop. a) zerstören, zu Grunde richten, jus. b) (Spät.) abwälzen, entfernen, culpam a se.

Dēmōlītĭo, ōnis, f. [demolior] das Niederreißen.

Dēmonstrātĭo, ōnis, f. [demonstro] 1) das Nachweisen, Nachzeigen, die genaue Darstellung; auch im pl. 2) die lobende, verherrlichende Redegattung, das lobende Nachweisen der Vorzüge Jmds.

Dēmonstrātīvus, adj. [demonstro] eigtl. nachweisend, daher insbes. die Vorzüge Jmds nachweisend, lobend, verherrlichend, genus orationis. Hiervon subst. -tīva, ae, f. = genus orationis.

Dēmonstrātor, ōris, m. [demonstro] der Bezeichner, Darsteller.

Dē-monstro, 1. 1) nachweisen, anweisen, zeigen, bezeichnen: d. figuram digito, hominem alicui. 2) in der Rede oder Schrift nachweisen, A) = erzählen, angeben, nennen, alicui rem, aliquid scripto; causae quas supra demonstravi; d. te id cogitasse, quid illud sit. B) barthun, zeigen, darlegen, illum esse felicissimum.

Dēmŏphoon, ontis, m. [Δημοφόων] Sohn des Theseus u. der Phädra.

Dē-mordeo etc. 2 (Spät.) abbeißen, ungnes.

Dē-mŏrĭor etc. depon. 3. 1) absterben, wegsterben (es wird dabei an eine Gesellschaft, Familie oder dergl. gedacht, welcher Jmd. durch den Tod entrissen wird, vgl. morior u. s. w.): familiares nostri dd. 2) trop. A) (Com.) potatio d. geht verloren, geht (mir) ab. B) d. aliquam in Jmd. sterblich verliebt sein.

Dē-mŏror, depon. 1. 1) (selten, Vorklass. u. Spät.) intrans. sich aufhalten, zögern. 2) transit. aufhalten, verzögern, aliquem, novissimum agmen; (Poet.) d. Teucros armis vom Kampfe abhalten, d. austros die Südwinde gleichsam warten lassen, d. h. bewirken, daß sie unbenutzt bleiben; d. annos bie Jahre aufhalten = ihnen nicht folgen b. h. nicht sterben.

Dēmosthĕnes, is, m. [Δημοσθένης] 1) Athenienfischer Felbherr, Zeitgenosse des Alcibiabes. 2) der berühmte Athenienfische Redner.

Dē-mŏvĕo etc. 2. hinwegbewegen, =bringen, =schaffen, aliquem de loco, hostes gradu; d. oculos ab aliquo abwenden; insbes. d. aliquem = aus einem Besitze verdrängen. Hiervon trop. d. aliquem gradu Jmb. aus seiner Stellung vertreiben, Pompejus vestri facti praejudicio demotus zum Weichen gebracht; d. hunc ab illorum causa zum Abfalle bewegen; d. odium ab aliquo von Jmb. abwenden, entfernen; d. animum de statu aus der Fassung bringen.

*Dē-mūgītus, adj. [particip. eines sonst nicht vorkommenden Verbum de-mugio] (Poet.) mit Gebrüll erfüllt.

Dē-mulcĕo, — lctum, 2. streicheln, caput alicui, trop. (Spät.) durch Liebkosung gewinnen, aliquem.

Dēmum, adv. bezeichnet, daß Etwas (ein Fall, Verhältniß u. f. w.) nur nach bem Eintreten eines anderen Falles oder Verhältnisses Statt finden wirb, und entspricht bem deutschen erst d. h. nicht früher; es schließt sich immer an ein unmittelbar vorhergehenbes oder nur durch tonlose Wörter getrenntes Wort an, und steht bef. nach Zeitadverbien: nunc d. jetzt erst, ebenso tum ober tunc d.; post d. erst später, modo d. erst neulich, ibi d. bamals zuerst; ille d., ibi d.; id d. das erst, = nur das (Nichts von dem früher Genannten). Bisweilen steht es baher wie tandem bei Angabe einer Sache, bie früher erwartet oder boch gewünscht wurde.

*Dē-murmŭro, 1. (Poet.) hermurmeln, carmen.

Dē-mūto, 1. (Vorflaff. u. Spät.) 1) transit. ändern, abändern (oft = zum Schlechten verändern, vgl. muto und immuto); d. orationem suam, ingenium. 2) (Pl.) intrans. eine Aenberung eintreten lassen (in irgend einer Sache), sich verändern.

Dēnārĭus, ii, m. [deni]; 1) eigtl. ein adj. = zu Zehn gehörig. 2) (sc. numus) ber Denar, eine römische Silbermünze, ursprünglich = 10, bann = 16 asses, an Werth einer attischen Drachme gleich (= 5½ gute Groschen); trop. solvere ad d. bis auf ben letzten Heller.

Dē-narro, 1. (Vorfl. u. Poet.) erzählen, alicui aliquid.

*Dēnāso, 1.[de-nasus] ber Nase berauben, os alicui.

*Dē-nāto, 1. (Poet.) hinabschwimmen.

Dē-nĕgo, 1. 1) (selten) abläugnen, verneinen, datum esse quod datum est. 2) rein abschlagen, burchaus verweigern (Jmb. Etwas von ihm Erwünschtes oder Ersehtes, vergl. nego), alicui aliquid; (Poet.) d. facere aliquid sich weigern.

Dēni, ae, a, adj. num. distr. im pl. [decem] 1) je zehn: uxores habent deni inter se communes; adduxerunt denos ad colloquium. 2) (Poet. u. Spät.) mit advv. multipl. = zehn, bis dd., ter dd.

Dēnĭcālis, e, adj. [de-nex] zum Tob gehörig, Todes=: feriae dd. das Todtenfest, Reinigungsfest ber Familie zu Ehren eines Verstorbenen.

Dēnīque, adv. 1) (selten) bann, barauf, hierauf: ille imperat reliquis civitatibus obsides, d. ei rei constituit diem, huc omnes convenire jubet; quid d. agitis was thut Ihr jetzt? 2) von ber Zeit, zuletzt, am Ende = postremo: quo evasurum hoc d. est? Hiervon A) bisweilen = tandem endlich einmal, endlich doch, zur Bezeichnung bes lange Erwarteten und Zögernden: hoc ex tuis literis d. cognovi. B) bef. mit Zeitabverbien = demum, erst, gerade, eben, nunc d., tum d., ebenso is d. 3) Häufig in ber Aufzählung mehrerer Gegenstände am Schluffe ber Reihenfolge, endlich, schließlich, zuletzt. 4) wo bas Vorhergehende burch bie Hinzufügung eines allgemeineren oder stärkeren Begriffes erweitert wird, ja, überhaupt, kurz, mit einem Worte: pernegabo, perjurabo d.; video te fodere aut arare aut aliquid facere d.; vitavi d. culpam höchstens. Hiervon = wenigstens, ebenfalls boch: nostros praesidia deducturos aut d. indiligentius servaturos crediderunt. 5) (Spät.) wo man ein einzelnes Factum einführt, = ja sogar, ja noch mehr (also doch eine Steigerung bezeichnend).

Dēnōmĭnātĭo, ōnis, f. [denomino] bie uneigentliche Benennung einer Sache, Metonymie.

Dē-nōmĭno, 1. (Poet. u. Spät.) nach Etwas benennen, aliquem hinc.

*Dē-normo, 1. [norma] (Poet.) unregelmäßig machen, agrum.

Dē-nŏto, 1. 1) bezeichnen, kenntlich machen, rem; d. aliquem necandum. 2) beutlich unterscheiden, =erkennen, rem.

Dens, tis, m. 1) ber Zahn, dd. adversi bie Vorberzähne; d. Indus, Libycus, Numida (Poet.) = das Elfenbein; proverb. albis dd. deridere aliquem (Pl.) stark auslachen; trop. d. niger, invidus u. bgl. zur Bezeichnung bes Neibes, vergl. Theon. 2) von Sachen, welche bie Form eines Zahnes haben, Spitze, Zacken, Zinke, Haken u. bergl.: dd. aratri, pectinis, serrae.

Dense, adv. mit comp. u. sup. [densus] 1) bicht. 2) in ber Zeit, häufig.

Denseletae, ārum, m. pl. Volk im nördlichen Thracien.

Denseo, — — 2. u. häufig **Denso**, —ātum, 1. [densus] verbichten, bicht machen, bicht an einander stellen: d. ignem, catervas, ordines; d. scuta super scuta auf einander häufen, (Poet.) hastilia auf einander folgen laffen; trop. d. orationem (Spät.) bie Rebe gebrängt machen; (Poet.) tenebrae densantur wird bicht, coelum densetur wird getrübt, dunkel.

Densĭtas, ātis, f. [densus] (Spät.) bie Dichtheit, Gebrängenheit.

Densus, adj. mit comp. u. sup. 1) bicht (aus bicht an einander stehenden Theilen bestehend, vgl. crassus u. spissus; ber Gegensatz ist rarus): d. silva, agmen, aër, nimbus, corpus. Hierv. trop. von ber Rebe, zusammengebrängt, bünbig: Thucydides d. et brevis. 2) (Poet.) von ben Bestandtheilen eines Ganzen selbst, A) bicht = bicht aneinander stehend, =gefügt: dd. frutices, comae, hostes. B) in ber Zeit, bicht auf einander folgend, häufig wiederholt, häufig, plagae, amores.

Dentālia, ium, n. pl. [dens] das Pflughaupt, der Scharbaum, daher meton. = der Pflug.

Dentātus, adj. [dens] 1) mit Zähnen versehen, puella, davon mit Zacken, Zinken u. s. w. versehen, serra; trop. (Poet.) = beißend, frigus, ignis. *2) mit einem Zahne geglättet, charta.

***Dentifrangĭbŭlus**, i, m. u. -lum, i, n. [dens-frango] (Pl.) Zahnbrecher, die Zähne ausbrechend, scherzhaft von den Fäusten.

***Dentĭlēgus**, adj. [dens-lego] (Pl.) seine (ausgeschlagenen) Zähne auffammelnd.

Dentio, 4. [dens] 1) (Spät.) Zähne bekommen, zahnen (von Kindern). 2) (Pl.) dentes dd. thun weh, jucken vor Hunger.

Dē-nūbo etc. 3. (Poet. u. Spät.) (aus dem Hause der Eltern) sich verheirathen (vom Frauenzimmer), in domum ejus.

Dē-nūdo, 1. 1) entblößen, nackt machen, aliquem, ossa. 2) trop. A) offenbaren, consilium suum alicui. B) plündern, aliquem.

Dēnuntĭātĭo, ōnis, f. [denuntio] die Ankündigung, Verkündigung, Anzeige, victoriae, belli, periculi Androhung; d. testimonii die Aufforderung dazu, ein Zeugniß abzulegen; d. Catilinae = Befehl, Aufferderung; d. accusatoris = Anzeige, Beschuldigung.

Dē-nuntĭo, 1. 1) ankündigen, verkündigen, anzeigen, erklären, sagen lassen u. dergl.: d. alicui aliquid, bellum populo Romano; d. collegam cum hoste pugnasse, quid sentias; denuntio tibi ut ad me scribas forderte dich auf, ne saltum illum transeas befehle, ebenso d. manus abstinenti. Insbes. A) von Wahrzeichen u. dergl.: prodigia Caesari caedem dd. B) d. alicui testimonium Imd. auffordern, Zeugniß abzulegen.

Dēnŭo, adv. [de-novo] von Neuem (meist Converf.): 1) mit dem Begriffe einer Wiederherstellung = de integro: urbes subversas d. condidit. 2) von einer wiederholten Sache = rursus wieder, abermals: dixi equidem sed dicam d. 3) (Com.) mit dem Begriffe eines Gegensatzes, wieder: aperi —, continuo operito d. mache dann wieder gleich zu.

Dēnus, adj. num. ordin. [decem] (Poet. u. Spät.) singul. zu Deni, der zehnte.

Dĕŏis, ĭdis, f. [Δηωΐς] (Poet.) die Tochter der Deo (Δηώ = Ceres), d. i. die Proserpina.

Dĕŏĭus, adj. (Poet.) zur Deo (= Ceres) gehörig.

De-ŏnĕro, 1. entladen, entlasten, navem; trop. d. aliquid ex illius invidia wegnehmen.

Deorsum, adv. [de-vorsum = versum] 1) abwärts, ferri; sursum d. auf und nieder. 2) (Vorklaff.) zur Bezeichnung der Lage, in welcher Etwas bereits ist, unten, unterhalb.

De-oscŭlor, depon. 1. 1) (Vorklaff.) stark küssen, aliquam. 2) trop. (Spät.) sehr loben.

Dē-pācīscor (ob. -pĕc.) etc. depon. 3. 1) sich ausbedingen, abdingen: d. partem cum illo, sibi tria praedia. 2) absol. einen Vertrag-, Vergleich abschließen, cum ali-

quo; morte d. cupio = ich wünsche den Tod sterbe gern.

Dē-pango, — pactum, 3. (Vorklaff. und Spät.) abwärts einschlagen, einsetzen, trop. terminus vitae depactus festgesetzt.

***Dē-parcus**, adj. (Spät.) sehr sparsam knauserig.

Dē-pasco etc. 3. 1) vom Hirten, abweiden lassen, saltum. 2) pass. -scor, pastus, 3. als depon. A) vom Vieh, abweiden, segetes. Hiervon B) uneigtl. a) überhaupt abfressen, verzehren: serpens d. miseros artus; altaria depasta von welchem die Opferfleisch verzehret worden ist. b) trop. a) febris d. artus verzehrt, magert ab. β) = hinwegnehmen, entfernen, luxuriem d. stilo.

Dēpēcīscor, a. S. für Depaciscor.

Dē-pecto, — xum, 3. (Poet. und Spät.) herabkämmen, crines; trop. d. aliquem = durchprügeln.

Dēpĕcŭlātor, ōris, m. [depeculor] der Plünderer, Räuber fremden, bes. öffentlichen, Eigenthumes.

Dē-pĕcŭlor, depon. 1. fremdes Eigenthum rauben, plündern, berauben: d. templum omni argento; trop. d. laudem familiae tuae herabsetzen, schmälern.

Dē-pello, pŭli, pulsum, 3. 1) herab- ob. hinweg-, fortstoßen, -treiben, -jagen, vertreiben, verdrängen: d. aliquem equo, simulacra deorum depulsa (= dejecta); d. aliquem rectā viā, anseres de Falerno. Insbes. a) von Feinden u. dergl., d. hostem totā Siciliā, praesidia barbarorum ex his regionibus. b) d. puerum a matre, lacte einen Säugling entwöhnen. 2) trop. abhalten, abwehren, von Etwas abbringen, entfernen: d. omnes molestias; d. turpitudinem ab alique, (Poet. und Spät.) pericula alicui; d. aliquem sententiā, a superioribus consiliis von — abbringen, abstehen machen: d. aliquem spe der Hoffnung berauben; non d. aliquem dictis quin etc. durch Worte Imd. nicht davon abbringen, daß u. s. w., aber d. aliquid dictis (Lucr.) von sich abweisen = abläugnen, d. falsas auditiones widerlegen, (zwöth., Andere schreiben decellere).

Dē-pendĕo, — — 2. 1) herabhangen, pugio d. a cervicibus, galea d. ramis. 2) trop. A) (Poet.) von Etwas abhangen, auf Etwas beruhen: d. a die veniente. B) von Wörtern, abstammen, hergeleitet sein.

Dē-pendo, di, sum, 3. eigtl. abwägen, bezahlen, alicui aliquid; d. rei publicae poenas die Strafe erleiden, die man durch sein Betragen in Beziehung auf den Staat verdient hat, dem Staate büßen.

Dē-perdo etc. 3. 1) zu Grunde richten, verderben, nur im particip. Deperditus (als adj.) verloren, zu Grunde gerichtet, inopiā; deperditus aliquā ob. amore alicujus in Imb. zum Sterben verliebt sein. 2) verlieren, bona et honestatem, paucos ex suis, aliquid de existimatione sua.

Dē-pĕrĕo etc. 4. 1) zu Grunde gehen, verloren gehen, umkommen: naves, exercitus, homo d. 2) trop. (meist Com. u. Spät.) sterblich verliebt sein in Imd., aliquam ob. amore alicujus.

Dēpĭlo, 1. [pilus] (Spät.) der Haare oder Federn berauben, rupfen, perdicem.

Dē-pingo etc. 3. 1) malen, abmalen, imaginem, pugnam Marathoniam. 2) *trop.* mit Worten (in der Rede od. der Schrift) darstellen, schildern, beschreiben, aliquem, vitam alicujus. *3) (Spät.) sticken, mit Stickereien versehen.

Dē-plango etc. 3. (Poet.) bejammern, beklagen, aliquem.

***Dēplexus**, *particip.* eines sonst ungebräuchlichen Verbums de-plector, (*Lucr.*) sich abwärts schlingend.

***Dēplōrăbundus**, *adj.* [deploro] (*Pl.*) klagend, heftig weinend.

Dēplōrātio, ōnis, *f.* [deploro] (Spät.) das Beweinen, Bejammern.

Dē-plōro, 1. 1) *intrans.* heftig weinen, klagen, jammern, de re aliqua. 2) *transit.* beweinen, beklagen, bejammern, aliquid, multa de illo klagend äußern. Hiervon = als verloren beweinen, für verloren halten, aufgeben, legiones, spem, nomen Romanum.

Dē-pluit, — — 3. (nur in der 3. Person *sing.*) (Poet.) es regnet herab, lapis.

Dē-pōlio, 4. (Vorklaff. u. Spät.) abglätten, im Scherz dorsum alicujus virgis.

Dē-pōno etc. 3. 1) nieder-, herablegen, -setzen, -stellen, -bringen: d. arma, plantas sulcis pflanzen, coronam in aram, caput in gremio alicujus; d. librum de manibus; d. exercitum in terram ans Land setzen, ausschiffen; *trop.* (*Pl.*) d. aliquem vino zu Boden trinken. 2) zur Aufbewahrung, Aufsicht Etwas niederlegen, in Verwahrung geben, in Sicherheit bringen, verwahren: d. rem, obsides apud eos, pecuniam in templo, omnia sua in silvas; *trop.* = anvertrauen, rem in amicorum fide. 3) ablegen, fahren lassen, aufgeben, contentionem, invidiam, consilium adeundae Syriae, dictaturam, imperium. Hierv. = auf Etwas verzichten, keinen Anspruch machen, nicht danach streben, d. triumphum, provinciam. 4) *particip.* Depositus = sterbend, im Sterben liegend, ob. = gestorben (weil man die neulich Gestorbenen ob. die noch im Sterben Liegenden aus dem Bette auf die Erde zu legen pflegte), parens; *trop.* reipublicae pars d. aufgegeben, im verzweifelten Zustande.

Dēpŏpŭlātio, ōnis, *f.* [depopulor] die Verheerung, Plünderung.

Dē-pŏpŭlor, *depon.* 1. (Vorklaff. u. Spät. auch -lo, 1.) verheeren, plündern, agros, multas urbes.

Dē-porto, 1. 1) hinweg-, forttragen, -bringen, -führen, -schaffen: d. frumentum in castra; naves quae exercitum deportaverunt; ebenso d. victorem exercitum; d. triumphum, gloriam ex illis gentibus erwerben, gewinnen, davon tragen; d. aliquid ex provincia mit sich führen. 2) (Spät.) nach einem entfernten Orte verbannen, "deportiren" (mit Verlust der Bürgerrechte, vgl. relego).

Dē-posco etc. 3. 1) dringend fordern, als ein Recht verlangen, unum imperatorem, aliquid; d. sibi has partes, consulatum. 2) Insbef. A) Jmd. ausfordern = ausgeliefert fordern, die Auslieferung Jmds verlangen: d. aliquem ad mortem und (Spät.) morti, ad poenam. B) zum Kampfe herausfordern.

Dēpŏsĭtio, ōnis, *f.* [depono] (Nachklaff.) eigtl. das Niederlegen, in der Rhetorik das Absetzen am Schlusse einer Periode.

Dē-praedor, *depon.* 1. (zweifelh.) ausplündern, agros.

¿*Dēprāvātē, *adv.* [depravatus, *particip.* von depravo] verkehrt.

Dēprāvātio, ōnis, *f.* [depravo] die Verdrehung, Verzerrung, Entstellung, Verunstaltung, oris; *trop.* animi, verbi, consuetudinum, Verschlechterung.

Dē-prāvo, 1. verdrehen, verzerren, entstellen, verschlechtern, oculos, rem; d. puerum indulgentiā, mores verderben; seducere ac d. verführen.

***Dēprĕcābundus**, *adj.* [deprecor] (Spät.) eifrig bittend.

Dēprĕcātio, ōnis, *f.* [deprecor] 1) die abwehrende Bitte, Bitte um Abwendung eines Uebels, d. periculi. 2) die Abbitte ob. Fürbitte, Bitte um Verzeihung: d. facti illius. 3) die Verwünschung: d. deorum die von Verwünschungen begleitete Bitte.

Dēprĕcātor, ōris, *m.* [deprecor] 1) der durch Bitten Etwas abwenden will, der Abbitter, miserarum; d. sui, der um Verzeihung bittet. 2) der Fürbitter, Fürsprecher, pro aliquo, salutis meae.

Dē-prĕcor, *depon.* 1. 1) Etwas "wegbitten" = durch Bitten von sich abzuwehren suchen, um Befreiung von Etwas bitten: d. justam querimoniam, mortem. 2) Jmd. inständig-, flehentlich (um Etwas) bitten, anflehen (bes. wo es sich um Abwendung eines Uebels ob. dergl. handelt): d. aliquem ne festinet. 3) um Etwas flehentlich bitten, Etwas erflehen, erbitten: d. ut ob. ne aliquid fiat; unum hoc deprecor ne putetis etc. Hierv. = durch Bitten zu erhalten ob. retten suchen, was in irgend einer Gefahr ist, a) d. multorum vitam ab aliquo, pacem. b) d. aliquem a civibus die Verzeihung, Begnadigung Jmds von den Bürgern erstehen, sein Leben durch Bitten retten. *4) um Verzeihung bittend als Entschuldigung sagen, erklären: legati dd., regem scelere Jugurthae lapsum esse. *5) verwünschen, Böses über Jmd. wünschen.

Dē-prĕhendo etc. 3. 1) ergreifen, fassen, fangen, festhalten: d. aliquem in ipso fluminis vado, partem legatorum, onerarias naves; (Poet.) flamina deprensa ventis zurückgehalten, aufgehalten. 2) Jmd. antreffen, überraschen, ertappen, bei Etwas (gewöhnlich etwas Bösem) finden (von der Person, vgl. comprehendo): d. aliquem in maximo scelere, hostes sine duce, serpentem in via; häufig vom Sturm u. dergl., der ein Schiff überfällt, überrascht. Hiervon *trop.* in Verlegenheit bringen, in die Enge treiben, häufig im *pass.*: deprehensus negare non potuit. 3) (= comprehendo) finden, entdecken, bemerken, wahrnehmen, erfahren, sehen u. dgl., facinus, venenum, falsas gemmas; lector aliquid d.; (selten) d. aliquos mitti.

Dēprĕhensio, ōnis, *f.* [deprehendo] (Nachklaff.) das Vorfinden, die Entdeckung, veneni.

Dēpresse, *adv. mit comp.* [depressus] (Spät.) niedrig, tief.

Dēpressus, *adj. mit comp.* [*particip.* von deprimo] 1) niedrig, niedrig gelegen, locus. 2) von der Rede, niedrig, schlecht. 3) von der Stimme, gedämpft.

Dē-prĭmo, pressi, pressum, 3. [premo] 1) herabdrücken, eindrücken, einsenken: onus d. me; d. aratrum in terram; (Poet.) d. aliquem Jmd. niederstrecken. Hiervon A) d. navem in den Grund bohren, versenken. B) tief herab gehen lassen, in die Erde tief versenken, tief graben: d. fossam; locus duodecim pedes humi depressus, saxum in mirandam altitudinem depressum tiefliegend, tiefgehend. 2) *trop.* niederdrücken, unterdrücken, veritatem, aliquem, preces alicujus zum Schweigen bringen.

*****Dēproelians**, *particip.* eines sonst ungebräuchlichen Verbums de-proelior, (Poet.) heftig kämpfend.

Dē-prōmo etc. 3. hervornehmen, -langen, -schaffen (einen aus dem Gewahrsam), pecuniam ex aerario, *trop.* argumenta ex his locis herbeiholen.

Dē-prŏpĕro, 1. (Vorklass. u. Poet.) 1) *intrans.* eilen. 2) *transit.* sich mit Etwas beeilen, sacrificare; d. coronas, eilends herbeischaffen.

Depso, psui; pstum, 3. kneten, farinam, corium gerben.

Dē-pŭdet etc. 2. *impers.* (Poet. u. Spät.) *1) es macht Jmd. sich schämen*: d. me hoc facere ich schäme mich dieses zu thun. 2) es macht daß Jmd. aufhört sich zu schämen: d. aliquid facere ich höre auf mich zu schämen, Etwas zu thun.

Dē-pugno, 1. bis zur Entscheidung kämpfen, den Streit zum Ende führen, heftig kämpfen: d. acie instructa, cum aliquo; (Pl.) d. proelium die Schlacht auskämpfen.

Dēpulsio, ōnis, *f.* [de-pello] 1) das Abwehren, Abwenden, mali, servitutis; insbef. die Abweisung ob. Abwälzung einer Schuld von Jmd. 2) d. luminum das Herabfallen ob. Abprallen, Zurückprallen der Lichtstrahlen.

*****De-pulso**, 1. (Pl.) wegstoßen, aliquem.

*****Depulsor**, ōris, *m.* (depello) (selten) der Abwehrer, Abwender, dominatus.

Dē-purgo, 1. (Vorklass. u. Spät.) reinigen, pisces.

Dē-pŭto, 1. (Vorklass. u. Spät.) abschneiden, beschneiden, malleolum, vineam.

Dē-pŭto, 1. (Vorklass. u. Spät.) = puto, für Etwas halten, -rechnen, schätzen, meinen: d. suam operam parvi pretii, aliquem hominem, aliquid in lucro zum Vortheil rechnen, als Vortheil betrachten.

Dē-rādo etc. 3. (Vorklass. u. Spät.) abschaben, abreiben, abscheeren: d. capillum ex capite ob. d. caput das Haar: margo derasus cunctis kahl.

Derbe, es, *f.* [Δέρβη] Stadt in Lykaonien. Davon **Derbētes**, is, *m.* ein Mann aus D.

Dercĕtis, is, ob. -to, us, *f.* [δερκετώ] syrische Göttin, mit der Aphrodite verglichen, unter der Gestalt eines Fisches verehrt.

*****Dērēlictio**, ōnis, *f.* [derelinquo] das Verlassen = die Vernachlässigung, Hintansetzung.

Dē-rĕlinquo etc. 3. 1) ganz verlassen, im Stiche lassen, aufgeben, dah. vernachlässigen (vgl. relinquo): d. aliquem, orationes; naves derelictae ab aestu; res desertae ac derelictae; derelictus ab aliquo vernachlässigt, mit Gleichgültigkeit behandelt. 2) (Spät.) hinterlassen, zurücklassen, praesidium in arce.

Dē-rĕpente, *adv.* (Vorklaff. u. Spät.) urplötzlich.

Dē-rĕpo etc. 3. (Spät.) herabkriechen.

Dē-rīdĕo etc. 2. auslachen, spotten, verspotten, aliquem, dictam.

Dērīdĭcŭlus, *adj.* [derideo] (Poet. u. Spät.) sehr lächerlich, daher *subst.* **Deridiculum**, i, *n.* der Gegenstand des Spottes, das Gespötte: deridiculo esse zum Gespötte dienen; ad dd. zur Kurzweil.

Dē-rĭgesco, gui, — 3. (Poet.) ganz erstarren.

Dērĭgo schreiben Einige statt Dirigo, w. m. f.

Dērĭpĭo, ipui, eptum, 3. [rapio] niederreißen, ab-, los-, fort-, entreißen: d. aliquem de ara, vestem a pectore, pellem leoni; d. lunam coelo (Poet.) herabziehen; *trop.* d. tantum de alicujus auctoritate Jmds Ansehen so sehr schmälern.

Dērīsor, ōris, *m.* [derideo] (Poet. u. Spät.) der Spötter, Spottvogel, Satiriker, auch = der Lustigmacher, Spaßvogel, d. imi lecti vom scurra.

Dērīsus, us, *m.* [derideo] (Spät.) die Verspottung, der Spott.

Dērīvātĭo, ōnis, *f.* [derivo] 1) die Ableitung, fluminum. 2) in der Rhetorik, die Abstufung, beschönigende Verwechselung verwandter Begriffe (z. B. fortis statt temerarius).

Dērīvo, 1. [de-rivus] ableiten, herleiten, aquam ex flumine. Hiervon *trop.* d. cogitationem in Asiam auf A. lenken, culpam in aliquem überführen, wälzen; in der Grammatik ein Wort aus einem anderen herleiten (nicht von den Sprachforschern, sondern nur von den ursprünglichen Wortbildnern).

Dērŏgātĭo, ōnis, *f.* [derogo] die theilweise Abschaffung d. h. die Beschränkung eines Gesetzes.

*****Dē-rŏgĭto**, 1. (Pl.) (gwssh.) wiederholentlich fragen, aliquid nach Etwas.

Dē-rŏgo, 1. eigtl. abfordern, daher 1) vermindernd entnehmen, hinwegnehmen, entziehen: d. aliquid de honestate, ex aequitate; häufig d. alicui aliquid, bef. fidem = Jmd. Glauben versagen, nicht beimessen. 2) d. legi oder aliquid de lege ein Gesetz theilweise abschaffen, beschränken.

Dērōsus, *particip.* des sonst ungebräuchlichen de-rodo, abgenagt.

Dertōna, ae, *f.* Stadt in Ligurien.

Dēruncĭno, 1. [de-runcina] (Pl.) abhobeln; *trop.* d. aliquem Jmd. hintergehen.

Dē-rŭo etc. 3. herabstürzen, -werfen: hiems d. squam; *trop.* d. cumulum de laudibus alicujus Jmd. seinen größten Ruhm entziehen.

Dēruptus, *adj.* mit comp. [*particip.* des

Desaevio   **Desidero**   217

ungebräuchlichen derumpo] eigentl. abgebrochen, jäh, steil, ripa; derupta (n. *pl.*) abschüssige Stellen.

Dē-saevio, 4. (Poet. und Spät.) heftig wüthen, hiems d.

Dē-salto, 1. (Spät.) tanzen, tanzend aufführen, canticum.

Dēscendo, di, sum, 3. [de-scando] 1) herabsteigen, -gehen, -kommen: d. ex equis, de rostris; d. ad naves, ad mare, in campum (weil man dann von höher liegenden Orten dahin kömmt), ebenso d. in forum weil der Markt zwischen zwei Hügeln lag; exercitus d. in planiciem marschirt herab; ferrum alte d. in corpus drang tief hinein, ebenso *trop.* verbum d. in pectus machte Eindruck, injuria d. altius ging zum Herzen, machte einen tiefen Eindruck. Hiervon mehr allgemein: exercitus d. in proelium, in aciem, geht in den Kampf, fängt die Schlacht an. 2) *trop.* A) vox d. finst. B) aliquid d. in aures judicis wird der Prüfung eines Kunstrichters unterworfen. C) sich auf Etwas (etwas Unwürdiges oder Unangenehmes) einlassen, zu Etwas herablassen, sich Etwas gefallen lassen u. dergl.: d. ad vim et arma, ad accusandum; d. ad praemia frontis urbanae sich übertreben, den Vortheilen nachzustreben, welche die Dreistigkeit und Unbescheidenheit oft erlangt. D) d. ab antiquis (Spät.) den Alten nachstehen.

Dēscensio, ōnis, *f.* (Spät.) und **-sus**, us, m. [descendo] 1) das Herabsteigen. Hiervon *concr.* der abwärtsführende Weg, difficilis d. *2) (nur -sio) (Spät.) eine Vertiefung im Bade.

Dē-scisco etc. 3. 1) abfallen, abtrünnig werden (von Jmds Sache, Partei): d. a Latinis ad Romanos von den L. zu den Römern übergehen. 2) *trop.* abweichen, sich entfernen, a veritate, a pristina causa; d. ad saevitiam entarten, verfallen: d. a vita aus dem Leben scheiden, sterben.

Dē-scrībo etc. 3. 1) einen Abriß von Etwas machen, abzeichnen, formas geometricas. 2) beschreiben, in Wort oder Schrift darstellen, schildern; d. mores hominum, aliquem latronem Jmd. als Räuber; selten mit einem *accus. c. infin.* 3) eintheilen, vertheilen, annum in duodecim menses, populum censu nach dem Vermögen. 4) ertheilen, zutheilen, anweisen, bestimmen: d. bona comitibus suis unter — vertheilen, duodena jugera in singulos homines; d. civitatibus pecunias den einzelnen Staaten die zu leistende Geldsumme auferlegen; d. jura die Rechte des Einzelnen nach seinen Verhältnissen bestimmen, das Rechtswesen ordnen. 5) abschreiben, copiren, librum; (zweifelh.) cantus descripti vocum sonis nach den Tönen der Stimmen notirt, bezeichnet d. h. in Noten gesetzt.

****Dēscripte**, *adv.* [descriptus] geordnet, mit gehöriger Eintheilung.

Dēscriptio, ōnis, *f.* [describo] 1) der Abriß, die Abzeichnung, coeli. 2) die Beschreibung, Schilderung. 3) die Eintheilung, Vertheilung, populi, rerum fugiendarum expetendarumque. 4) die Einrichtung, Anordnung, d. civitatis, aedificandi der Bauplan.

Dēscriptus, *adj.* [*partic.* von describo] geordnet, gehörig vertheilt, -eingerichtet, -bestimmt.

Dē-sĕco etc. 1. abschneiden, abhauen, partes ex toto, segetem, collum.

Dē-sĕro, rui, rtum, 3. eigtl. aus der Reihe (series) gehen, also verlassen = sich aus der Verbindung mit Jmd. oder Mehreren losreißen (wo ein inneres Verhältniß stattfindet, vgl. relinquo, destituo u. dergl.), d. aliquem. Insbes. sehr oft = gegen seine Pflicht verlassen: a) = destituo im Stiche lassen, d. amicam. b) von Soldaten, d. exercitum desertiren. c) d. officium seine Pflicht versäumen, rempublicam seine Pflicht gegen den Staat nicht erfüllen, d. sacra vernachlässigen. d) d. jus suum aufgeben. e) d. vadimonium (siehe dieses Wort). f) (Poet.) poena d. antecedentem scelestum holt nicht ein, läßt entschlüpfen.

****Dēsertio**, ōnis, *f.* [desero] (sehr zweifelh.) die Vernachlässigung, Hintansetzung, juris.

Dēsertor, ōris, m. [desero] der Verläßt, vernachlässigt, amicorum, insbes. der Deserteur.

Dēsertus, *adj.* mit *comp.* u. *sup.* [*particip.* von desero] 1) öde, verlassen, unbewohnt, locus; daher (Poet. u. Spät.) Deserta, ōrum, *n. pl.* Wüsten, öde Gegenden. 2) einsam = allein stehend, arbores; reditus d. um den Niemand sich bekümmert, von Niemandem bemerkt.

Dē-servio, 4. eifrig dienen, sehr ergeben, unterthänig sein, alicui; d. corpori ein Sklave des Körpers sein, studiis sich eifrig auf die Studien legen.

Dēses, idis, *adj.* (der *nom. sing.* scheint nicht vorzukommen) [desideo], müßig daniederstehend, müßig, unthätig, träge, homo, res Romana, vita.

****Dē-sicco**, 1. (Pl.) abtrocknen, vasa.

Dēsĭdeo, sēdi, — 2. [de-sedeo] (selten) eigtl. danieder sitzen, d. h. = unthätig irgendwo verweilen, unthätig sein, die Hände in den Schooß legen: d. totum diem, in discrimine sociorum.

Dēsĭdĕrābĭlis, e, *adj.* mit *comp.* [desidero] wünschenswerth, des Verlangens würdig.

Dēsĭdĕrātio, ōnis, *f.* [desidero] (selten) das Verlangen, der Wunsch.

Dēsĭdĕrium, ii, *n.* [desidero] 1) das vermissende Verlangen, die Sehnsucht nach Etwas (was man früher gehabt hat und jetzt nicht mehr hat), d. rerum mihi carissimarum; hiervon oft = das Vermissen, desiderium ejus ferre non possum den Verlust desselben. 2) d. naturale od. corporis das natürliche Bedürfniß. 3) (Spät.) der Wunsch, die Bitte, das Verlangen, ferre d. militum ad Caesarem.

Dēsĭdĕro, 1. 1) verlangen, wünschen, sich nach Etwas sehnen: d. aliquem, vires adolescentis; d. aliquid ad me importari daß Etwas u. s. w. Hiervon d. aliquid ab aliquo Etwas von Jmd. begehren, fordern, verlangen, auch haec dc. longiorem orationem. 2) vermissen, hiervon verlieren, verloren gehen sehen: d. ducentos milites in hoc proelio; nulla omnino navis desiderata est.

Dēsĭdia, ae, *f.* [deses] 1) *(Poet.) das Müßigsitzen, davon 2) der Müßiggang, die Unthätigkeit, das Nichtsthun.

*__Dēsĭdĭăbŭlum__, i, *n.* [desideo] (*Pl.*) der Faullenzerort, Ort wo man in Müßiggang lebt.

*__Dēsĭdĭōse__, *adv.* [desidiosus] müßig, träge.

Dēsĭdĭōsus, *adj.* mit *comp.* und *sup.* 1) unthätig, müßig, otium, homo. 2) unthätig machend, erschlaffend, delectatio, ars, illecebrae.

Dē-sīdo etc. 3. herabsinken, sich senken, terra d.; *trop.* mores dd. verfallen, neigen sich zum Verfall.

Dēsignātĭo, ōnis, *f.* [designo] 1) die Bezeichnung, Angabe. 2) die Einrichtung, Anordnung, operis; auch = die Wahl, Bestimmung zu einer Amtswürde, d. consulatus zum Consulate, d. annua.

Dēsignātor, ōris, *m.* [designo] der Bezeichner, Anordner; insbes. a) der Anweiser der Plätze im Theater. b) der Besorger der Leichenbegängnisse. c) der Aufseher öffentlicher Kampfspiele.

Dē-signo, 1. (eigtl. das Siegel einer Sache abnehmen und sie an das Tageslicht bringen) 1) bezeichnen, angeben: d. urbem sulco den Platz der künftigen Stadt durch eine Furche bezeichnen, d. locum circo für eine Rennbahn. Hiervon *trop.* A) d. aliquid verbis; d. aliquid oculis mit den Augen merken. B) haec dd. nimiam luxuriam dieses verräth. C) (Poet.) entsiegeln, eröffnen: quid non ebrietas d.? 2) anordnen, einrichten: d. et constituo aliquid. Insbes. consul (auch quaestor u. s. w.) designatus der für das künftige Jahr erwählte C., so genannt bis zu seinem Amtsantritt; *trop.* designatus reipublicae (von einem noch ungeborenen Kinde) der künftige Bürger.

Dē-sĭlio, ĭlui, ultum, 4. [salio] herabspringen, de navibus, ex navi, ab equo, e scapha in terram; *trop.* imitator in artum wagt sich in eine schwierige Sache hinein.

Dē-sĭno etc. 3. 1) mit Etwas aufhören, es unterlassen, davon ablassen: d. facere aliquid; selten d. rem, re aliqua und (Poet.) durch einen Gräcismus d. querelarum; orationes legi desitae sunt man hat aufgehört Reden zu lesen, ebenso *impers.* desitum est disputari man hat unterlassen. 2) nachlassen, aufhören, ein Ende nehmen, bellum, imbres. Hiervon a) (Poet.) d. in piscem sich in eine Fischgestalt enden. b) von einer Periode, similiter d. gleichen Ausgang haben.

Dēsĭpiens, tis, *adj.* [*part.* von desipio] wahnsinnig, albern.

*__Dēsĭpientia__, ae, *f.* [desipio] (*Lucr.*) der Wahnsinn.

Dēsĭpio, — — 3. [de-sapio] unsinnig sein ob. handeln, sinnlos sein.

Dē-sisto, stĭti, stĭtum, 3. 1) von Etwas abstehen, ablassen, Etwas unterlassen, fahren lassen: d. itinere, consilio; d. de sententia, a defensione; (Poet.) d. pugnae; (Pl.) non d. quin etc. 2) (Poet.) aufhören, sonus d., auch d. facere aliquid.

Dēsōlo, 1. [de-solus] (Poet. u. Spät.) verlassen, einsam lassen, agros; meist im *particip.* desolatus verlassen, öde, unbewohnt, homo, locus, d. servilibus ministeriis von aller Bedienung verlassen.

De-specto, 1. 1) von oben herab sehen, terras auf die Erde; *trop.* von einem Orte = „beherrschen", regionem. 2) (*Tac.*) verachten, geringschätzen.

Despectus, *adj.* mit *sup.* [*partic.* von despicio] verachtet.

Despectus, us, *m.* [despicio] 1) die Aussicht von oben auf eine Tiefe herab, in mare auf das Meer. 2) die Verachtung, despectui esse verachtet sein.

*__Despēranter__, *adv.* [desperans von despero] hoffnungslos, ohne Hoffnung.

Despērātĭo, ōnis, *f.* [despero] die Hoffnungslosigkeit, das Aufgeben der Hoffnung, das Verzweifeln, omnium rerum; esse in d., adducere ad d. zur — bringen.

Despērātus, *adj.* mit *comp.* u. *sup.* [*particip.* von despero] von dem man alle Hoffnung aufgegeben hat, hoffnungslos, verzweifelt, aufgegeben, homo, respublica.

De-spēro, 1. die Hoffnung aufgeben, verzweifeln, Etwas aufgeben: d. de re aliqua; d. pacem, rebus desperatis als man jede Hoffnung aufgegeben hatte, in einer verzweifelten Lage, d. campestria loca nicht länger hoffen die Ebene zu erreichen; d. saluti suae, oppido; non d. fore aliquem.

*__Despĭcātĭo__, ōnis, *f.* [ungebr. despicor] die Verachtung.

Despĭcātus, us, *m.* [ungebr. despicor] die Verachtung, aber nur im *dat. sing.* despicatui esse verachtet sein, habere verachten.

Despĭcātus, *adj.* mit *sup.* [*particip.* des ungebräuchlichen despicor in passiver Bed.] verachtet, geringschätzt, habere aliquem d. Jmd. verachten.

Despĭcientia, ae, *f.* [despicio] die Verachtung, Geringschätzung, rerum humanarum.

Despĭcĭo, exi, ectum, 3. [de-specio] *1)* von Etwas wegsehen, die Augen abwenden, simul atque ille d. 2) von oben herab sehen, medios in agros, varias gentes auf verschiedene Völkerschaften, d. mare. 3) *trop.* verachten, geringschätzen (vgl. contemno, sperno): d. omnes, legionem propter paucitatem, munus.

*__De-spŏlĭātor__, ōris, *m.* [despolio] (*Pl.*) der Plünderer.

Dē-spŏlĭo, 1. plündern, völlig ausplündern, berauben, templum; d. aliquem armis.

De-spondeo, ndi, nsum, 2. 1) förmlich versprechen, zusagen, Jmd. Etwas verbürgen: d. alicui aliquid, Romanis imperium; d. sibi hortos, consulatum sichere Rechnung auf Etwas machen, sich Etwas bedingen; spes despondetur tuo anno man setzt die Hoffnung auf dein Jahr. Insbes. 2) häufig d. filiam alicui (auch in familiam tam nobilem in eine so vornehme Familie hinein) seine Tochter Jmd. verloben, sie mit Jmd. verloben, d. aliquam sibi sich mit einem Mädchen verloben. 3) *trop.* d. animum den Muth verlieren, verzagen.

De-sponso, 1. [despondeo] (Spät., selten) = despondeo 2.

De-spūmo, 1. (Poet. u. Spät.) 1) *trans.*

abſchäumen, aquam. 2) *intrans.* ju ſchäu=
men aufhören.
 De-spuo, — — 3. 1) ausſpeien, in locum; insbeſ. nach einem myſtiſchen Gebrauche,
drei Mal ſpeien, um eine Zauberei abzuwehren.
2) *trop.* verabſcheuen, verſchmähen, aliquid, preces, voluptates.
 Dē-squāmo, 1. [squama] (Vorklaſſ. und
Spät.) abſchuppen, die Schuppen abnehmen,
piscem; davon überhaupt abrinden, abſchä=
len, abreiben, reinigen, corticem, vestem.
 Dē-sterto etc. 3. (Spät. Poet.) ausſchnar=
chen, austräumen.
 Destillātio, ōnis, *f.* [destillo] (Spät.) das
Herabträufeln, davon der Abfluß, insbeſ. =
der Schnupfen, Katarrh.
 Dē-stillo, 1. (Poet. u. Spät.) herabträu=
feln; (Poet.) tempora (die Schläfen) dd. nardo
triefen von N.
 Destinātio, ōnis, *f.* [destino] 1) die Beſtimmung, Feſtſetzung. 2) (Spät.) der Vorſatz. Entſchluß.
 Destino, 1. 1) befeſtigen, binden, feſtbinden, antennas ad malos, naves ancoris
vor Anker legen. 2) beſtimmen, feſtſetzen,
d. aliquid alicui Etwas für Jmd., aliquem
consulem Jmd. zum Conſul (in Gedanken oder
in der That); d. aliquem rei alicui ob. ad rem
ju Etwas; insbeſ. beſchließen, d. facere aliquid, (ſelten) d. me aliquid facturum; desti-
natum est mihi abire es iſt von mir feſt be-
ſchloſſen. Hiervon A) *part. neutr. als substant.*
 Destinātum, i, *n.* das vorgeſetzte Ziel, Ab-
ſicht, Plan, Vorſatz; beſ. destinato ob. ex destinato als *adv.* gefliſſentlich, mit Vorſatz. B)
d. locum ſich einen Punct als Ziel beſtimmen,
nach Etwas zielen; destinata ferire das Ziel
treffen. D) d. servam eine Sklavin ſich zum Kaufe
auserſehen.
 Destĭtuo, ui, ūtum, 3. [de-statuo] 1)
Etwas irgendwo hinſtellen, hinführen: d. aliquem ante tribunal, in medio, cohortes extra
vallum. 2) Jmd., der Hülfe oder dergl. nöthig
hat, verlaſſen (vergl. relinquo, desero), im
Stiche laſſen, aliquem. 2) *trop.* A) (Poet.)
betrügen, d. aliquem mercede um den Lohn.
B) täuſchen, d. spem die Erwartung nicht erfüllen, und umgekehrt spes me d., destituto
spe. C) ventus eum d. = hörte auf gegen
ſeinen Wunſch. D) (Poet.) d. fugam mit der
Flucht inne halten.
 Destitūtio, ōnis, *f.* [destituo] (ſelten) 1)
das Im=Stich=Laſſen. 2) die Täuſchung,
der Betrug.
 Destitūtus, *adj.* [partic. von destituo]
verlaſſen = entblößt, beraubt, omni spe, a
re familiari; *absol.* hülflos, verlaſſen.
 Destricte, -ctus ſchreiben Einige ſtatt Di-
stricte, -ctus, w. m. ſ.
 Destrictus, *adj.* mit *comp.* [partic. von
destringo] (Spät.), eigtl. gezückt, *trop.* a) ſcharf,
ſtreng, censura; b) entſchieden, beſtimmt,
testimonium.
 De-stringo etc. 3. 1) abziehen, wegnehmen, abſtreifen, tunicam a pectore, *trop.*
aliquid bonis von — hinwegnehmen. Hiervon
abhauen, abſchneiden, frondem, avenam.
2) häufig d. gladium, securim und dergl. das

Schwert ziehen, „blank ziehen". 3) ſtreifen,
leicht und oberflächlich berühren: d. pectus
sagittā, aequora alis (von einem Vogel). Hiervon insbeſ. von Badenden, = abreiben. 4) *trop.*
mit Worten angreifen, durchhecheln, aliquem carmine, contumeliā.
 Destructio, ōnis, *f.* [destruo 1.] (Spät.)
das Niederreißen eines Gebäudes oder dergl.,
murorum; *trop.* sententiarum die Entkräftung,
Umſtoßung.
 De-struo etc. 3. 1) niederreißen (ein
Gebäude oder dergl.), templum. 2) *trop.* zu
Grunde richten, vernichten, entkräften, hominem, jus; d. orationem den Eindruck der
Rede vermindern, hostes ſchwächen.
 Dē-sub, *praep.* (Spät., ſelt.) unter — weg,
unter, d. Alpibus.
 Dē-sŭbĭto, *adv.* (meiſt Vorklaſſ.) urplötz-
lich.
 *****Dēsūdasco,** — — 3. [desudo] (*Pl.*)
ſtark ſchwitzen.
 Dē-sūdo, 1. eigtl. ſtark ſchwitzen, *trop.* ſich
abmühen, anſtrengen, in re aliqua mit Et-
was.
 Dē-sue-fio etc. *pass.* [suesco] entwöhnt
werden, a re.
 Dē-suesco, — .— 3. (Vorklaſſ. u. ſelten,
außer im *particip.* desuetus) entwöhnen, abgewöhnen, aliquem.
 Dēsuētūdo, ĭnis, *f.* [desuetus] die Unge-
wohntheit, das Entwöhntſein, armorum
von dem Gebrauche der Waffen.
 Dēsuētus, *adj.* [particip. von desuesco]
1) von der Perſon, von Etwas entwöhnt, von
Etwas abgewöhnt, der an Etwas nicht länger
gewöhnt iſt, corda dd., d. bello von dem
Kriege. 2) *pass.* von der Sache, ungewöhnlich, von der Jmd entwöhnt iſt, arma,
res, verba.
 Desultor, ōris, *m.* [desilio] der „Abſprin-
ger", Kunſtreiter, der die Fertigkeit beſitzt, im
vollen Laufe von dem einen Pferde auf das andere zu ſpringen; *trop.* = eine unbeſtändige Perſon, d. amoris in der Liebe.
 Dēsultōrius, *adj.* [desultor] zu einem
desultor gehörig.
 *****Dēsultūra,** ae, *f.* [desilio] (*Pl.*) das Her-
abſpringen.
 Dē-sum etc. 1) nicht da ſein, abweſend
ſein, fehlen (ſo daß man vermißt wird, vergl.
absum): omnia dd. es fehlt an Allem, aliquid
mihi d. ich vermiſſe Etwas, ebenſo rosae dd.
epulis; hoc unum d. ad pristinam Caesaris
fortunam; tibi nullum officium a me d. es
hat an ſeiner Gefälligkeit von meiner Seite gegen dich gefehlt; multum ei d. quominus daran
daß u. ſ. w. 2) mit ſeiner Thätigkeit und beſ.
ſeiner Hülfe nicht gegenwärtig ſein, Jmd. ſeinen
Beiſtand, ſeine Fürſorge entziehen, ihm
nicht helfen, nicht beiſtehen, ihn vernachläſſigen: d. alicui, reipublicae, saluti communi; d. sibi ſich ſelbſt im Lichte ſtehen, ſeinen
eigenen Intereſſen ſchaden; d. negotio ſich einer
Sache nicht annehmen, officio ſeine Pflicht verſäumen, nicht erfüllen; d. dolori alicujus gleichgültig gegen den Schmerz Jmds ſein, ihn nicht
rächen; d. occasioni, tempori unbenutzt laſſen.

Dē-sūmo etc. 3. herausnehmen, daher sich auserlesen, wählen, sibi aliquid.

Dē-süper, *adv.* (fast nur Poet. u. Spät.) von oben her.

Dē-surgo, — — 3. (selten, Poet.) von Etwas aufstehen, coenā.

Dē-tĕgo etc. 3. 1) abdecken, enthüllen, entblößen, domum, faciem, ensem; detectus caput (Poet.) mit entblößtem Kopfe. 2) *trop.* verrathen, offenbaren, consilium, culpam latentem.

Dē-tendo, — sum, 3. abspannen, „abbrechen", tabernacula.

Dē-tergeo etc. 2. 1) (mit der Feuchtigkeit, dem Schmutze als Object) abwischen = hinwegwischen, lacrimas, sudorem. Hiervon a) abstreifen, abreißen, pinnas, remos. b) (Poet.) d. nubila, sidera verjagen, vertreiben. 2) (mit dem zu reinigenden ob. zu trocknenden Gegenstande als Object) trocknen, abwischend reinigen, d. labra, frontem, cloacas reinigen, *trop.* d. mensam völlig leeren.

Dētĕrior, *adj.* im *comp.* mit dem *sup.* deterrimus, geringer, weniger gut, schlechter (vgl. pejor), mores, cibus, homo; deterior peditatu schwächer.

Dētĕrius, *adv.* im *comp.* [deterior] geringer, weniger gut, schlechter.

Dētermĭnātĭo, ōnis, *f.* [determino] die Abgrenzung, das Ende, der Schluß.

Dē-termĭno, 1. abgrenzen, begrenzen, bestimmen, regiones, imaginem templi in solo; d. Asiam Phrygiā Phrygien als die Grenze Asiens bezeichnen.

Dē-tĕro etc. 3. (Poet. u. Spät.) 1) abreiben, zerreiben: catena d. collum, via d. pedes; (*Pl.*) d. calces alicui Jmb. „die Fersen abtreten"; d. frumentum das Getreide ausreiben ober austreten lassen. 2) *trop.* vermindern, herabsetzen, schwächen, laudes Caesaris, ferociam militum.

Dē-terreo, 2. 1) Jmb. von Etwas abschrecken, zurückschrecken, davon abhalten, abbringen, von Etwas abstehen machen: d. adolescentes a discendi studio, aliquem de sententia; d. eos ne frumentum conferant, te quominus id disputes; deterreor illud commemorare; *absol.* d. aliquem; nunquam me deterrebis quin nie wirst du mich von der Ueberzeugung abbringen, daß u. s. w. 2) abwehren, fern halten, vim.

Dētestābĭlĭs, e, *adj.* mit *comp.* [detestor] verwünschenswerth, abscheulich, ⸗ scelus; omen d. unglückliches, schreckliches.

Dētestātĭo, ōnis, *f.* [detestor] die Verwünschung, Verfluchung, hominum; (Spät.) *term. t.* d. sacrorum die feierliche Lossagung von den sacris der gens und dadurch von der gens selbst.

Dē-testor, *depon.* 1. 1) durch Bitten und Vorstellungen Etwas von sich ober Anderen fern halten, abwehren, ablehnen, abbringen, gegen Etwas sich verwahren, protestiren: d. iustam querimoniam a se, memoriam rei alicujus; dii hoc omen dd. abwenden; d. dictum sich dagegen verwahren, Etwas gesagt zu haben. 2) von sich wegwünschen, Jmb. verwünschen, verfluchen, aliquem; hiervon = herab-

scheuen, bellum. 3) Böses über Jmb. herab wünschen: d. pericula in caput alicujus.

Dē-texo etc. 3. 1) (selten) fertig weben, telam; daher (Poet.) fertig flechten, fiscellam vimine junci. 2) *trop.* vollenden, fertig machen, aliquid.

Dētĭneo, tĭnui, tentum, 2. [de-teneo] Jmb. von Etwas abhalten, abziehen, abbringen, aliquem ab incepto, de negotio. 2) zurückhalten, festhalten, aliquem ruri ober apud villam, fugientem pede apprehenso am Weitergehen hindern; d. novissimos proelio, tempestates dd. naves; (Poet.) d. iter den Marsch aufhalten. 3) *trop.* beschäftigen, fesseln: d. mentes hominum, oculos; detineri in alienis negotiis. 4) a) (Spät.) d. se das Leben fristen, sich hinhalten. b) d. locum, inne haben. c) d. regnum, pecuniam vorenthalten. d) d. tempus ausfüllen, in Beschlag nehmen.

Dē-tondeo, tondi, tonsum, 2. abscheeren, abschneiden, crines, auch d. oves; frondes detonsae arboribus (Poet.) = wegen der Kälte abgefallen.

Dē-tŏno etc. 1. (Poet. u. Spät.) 1) von oben herab donnern; *trop.* von einem Angriffe im Kriege, „wie ein Gewitter losbrechen". 2) abdonnern = zu donnern aufhören.

Dē-torqueo etc. 2. 1) wegbrechen, wegwenden, abdrehen, cervices, proram ad undas; hiervon *trop.* a) abwenden, ablenken, animum a virtute, se ad aliud; d. verba = derivare. 2) verrenken, membra, *trop.* in der Rede ob. bgl., verdrehen, verba, recte facta, aliquid in pejus.

Dētractĭo, ōnis, *f.* [detraho] 1) die Hinwegnahme, Entziehung, alieni; d. doloris die Befreiung vom Schmerz. 2) d. cibi bes Larixen. 3) (Spät.) in der Rhetorik, die Hinweglassung, Ellipse.

*Dētractor, ōris, *m.* [detraho] (*Tac.*) der Tabler, Herabsetzer.

*Dētractus, us, *m.* [detraho] (Spät.) = Detractio 1.

Dē-traho etc. 3. 1) herabziehen, ⸗bringen, ⸗führen: d. aliquem equo, triumphantem de curru; d. hostem. in aequum certamen den Feind von den Anhöhen auf die Ebene herabziehen machen, wo der Kampf gleich sein wird; *trop.* d. majestatem regum ad medium auf eine mit anderen Menschen gemeinschaftliche Stufe erniedrigen. 2) von irgendwo wegziehen, ⸗bringen, ⸗führen, abgehn machen: d. Hannibalem ex Italia von J. weg bringen; d. aliquem ex Gallia Jmb. selbst gegen seinen Wunsch aus G. weg bringen. 3) Jmb. Etwas abziehen, entziehen, entreißen, wegnehmen: d. alicui vestem; d. alicui commoda, militi scutum; d. alicui fidem seinen Glauben beimessen, honorem debitum versagen. 4) von einer Summe abziehen, binas quinquagesimas de tota summa. Hiervon A) vermindernd wegnehmen und dadurch etwas Anderes schmälern, verringern: d. aliquid de benevolentia sua, aliquantum sibi de facultate. B) = herabsetzen, verkleinern: d. de aliquo, de rebus gestis; detrahendi causa. C) hoc multum ei d. schabete ihm sehr, gerichte ihm zum Nachtheile. 5) ohne Angabe der Stelle,

Detrectatio   **Devexus**   221

wovon Etwas weggeführt wird, irgendwohin ziehen, führen: d. naves ad terram, aliquem in judicium anklagen.

Dētrectātio, ōnis, *f.* [detrecto] die Verweigerung, Ablehnung, militiae.

Dētrectātor, ōris, *m.* [detrecto] der Herabsetzer, Verkleinerer, laudum suarum.

Dētrecto, 1. [de-tracto] 1) ablehnen, verweigern, militiam; d. imperata dem Befehle zu gehorchen, dominationem die Herrschaft zu ertragen. 2) herabsetzen, verkleinern, bonos, laudes alicujus.

*****Dētrīmentōsus,** i, *adj.* [detrimentum] schädlich, Verlust mitführend.

Dētrīmentum, i, *n.* [detero] der Abbruch, Verlust, Schaden (der von einem Anderen verursacht wird, vgl. damnum): capere, accipere, facere d. erleiden, afferre, importare verursachen.

Detrītus, *adj.* [particip. von detero] (Spät.) abgerieben, alltäglich, gewöhnlich.

Dē-trūdo etc. 3. 1) herabstoßen, drängen, =treiben: d. quosdam in mare, naves scopulo vom Felsen; d. servum in pistrinum (ad molas) zur Strafe in — herabsetzen; d. hostes aus ihrer Stellung vertreiben. 2) *trop.* A) mit Gewalt aus einem Besitze verdrängen, aliquem de agro. B) Jmb. von ob. zu Etwas treiben, =bringen, =bewegen: d. aliquem de sententia abbringen, a primo ordine in secundum herabsetzen; d. aliquem in luctus, in paupertatem in Trauer, in Armuth versetzen; necessitas nos ad aliquid d. nöthigt uns Etwas zu unternehmen oder dergl. C) machen, daß Etwas aufgeschoben wird, hinziehen, comitia in adventum Caesaris. D) absolut d. aliquem verhindern, daß Jmb ein Amt, um welches er sich bewirbt, erlangt, verdrängen.

Dē-trunco, 1. 1) (Poet.) abhauen, vom Stamme der Rumpfe hauen, superiorem partem arboris, caput. 2) der äußeren Theile (der Zweige, Glieder) berauben, = stutzen, verstümmeln: d. arbores, corpora.

Dē-turbo, 1. 1) niederreißen, über den Haufen werfen, herabwerfen, =stürzen, aedificium, statuam; d. tegulas de tecto. 2) herab= ob. forttreiben, =jagen, verdrängen, nostros de vallo, hostes ex praesidio. Hiervon *trop.* = berauben, d. aliquem de fortunis omnibus, ex magna spe.

Dē-turpo, 1. (selten, Spät.) häßlich machen, entstellen, aliquem.

Deucălion, ōnis, *m.* [Δευκαλίων] Sohn des Prometheus und der Klymene, Herrscher zu Phthia in Thessalien, Gemahl der Pyrrha. Hierv.

Deucălionēus, *adj.*

*****De-ungo** etc. (Pl., zwsth., Andere schreiben dort devincio) salben, *trop.* d. se vino sich berauschen.

Deunx, cis, *m.* [de-uncia] = $^{11}/_{12}$, f. As.

De-ūro etc. 3. abbrennen, verbrennen, oppidum, frumentum; *meton.* hiems d. arbores verletzt, beschädigt; auch (Poet.) von giftigem Schlangenhauche.

Deus, i, *m.* 1) ein Gott, bisweilen auch von einer weiblichen Gottheit. Insbef. di meliora oder melius (*sc.* velint, ferant, was bisweilen hinzugefügt wird) Gott bewahre! das wolle Gott nicht! dii te ament Gott grüße dich! ita me dii ament (amabunt) so wahr mir Gott helfe! si diis placet (ironisch) so Gott will = so weit geht es, man sollte es kaum glauben. 2) *trop.* = ein ausgezeichneter oder überaus glücklicher Mensch, d. sum si hoc ita est (Com.).

*****De-ūtor** etc. *depon.* 3. verbrauchen, mißhandeln, aliquo.

Dē-vasto, 1. verheeren, verwüsten, fines, Marsos zu Grunde richten.

Dē-věho etc. 3. 1) herabführen, =schaffen, =bringen: Tiberis d. frumentum es wird Getreide auf dem Tiber stromabwärts gebracht; so häufig *pass.* devehor stromabwärts segeln, Rheno auf dem Rheine. 2) hinwegführen, =bringen, =schaffen, legionem equis zu Pferde, frumentum in Galliam; häufig *pass.* devehor überhaupt segeln, Veliam, *trop.* d. ad aliquid zu Etwas kommen.

Dē-vello etc. 3. (selten, Vorklaff. u. Spät.) abrupfen, plumas.

*****Dē-vēlo,** 1. (Poet.) entschleiern, enthüllen, ora sorori.

Dē-věněror, *depon.* 1. (Poet.) verehren, anbeten, deos. 2) (Spät.) durch Bitten abwenden, somnia.

Dē-věnio etc. 4. 1) irgendwohin kommen, anlangen, ad legionem decimam, in eum locum; (Poet.) d. locum nach einem Orte. 2) *trop.* d. ad juris studium zum Rechtsstudium übergehen; d. in medium certamen eintreffen, gerathen.

Dē-verběro, 1. (Com. u. Spät.) abprügeln, *trop.* = tüchtig hintergehen, =prellen, aliquem.

Dē-versor, *depon.* 1. [deverto] vom Wege sich abwenden = auf der Reise einkehren, sich als Gast oder Reisender einquartieren, daher logirten, d. apud aliquem, in illa domo; *trop.* d. in negotio turpi (Spät.) sich mit — befassen.

*****Dēversor,** ōris, *m.* [deverto] der Gast, Einkehrende.

Dēversōriŏlum, i, *n. deminut.* von deversorium.

Dēversōrius, *adj.* [deversor] zum Einkehren=, Logis gehörig, taberna d. Gaststube ob. Gasthaus, Herberge; insbef. als *subst.*

Deversorium, ii, *n.* das Gasthaus, Herberge, Logis, wo man auf der Reise einkehrt (vgl. hospitium, caupona).

Dēvertĭcŭlum, i, *n.* [deverto] 1) der Seiten=, Seitenweg; *trop.* der Abweg, die Abschweifung in der Rede. 2) = Deversorium; *trop.* mit tadelnder Bedeutung, der Schlupfwinkel, Zufluchtsort.

Dē-verto (selten), ti, sum, 3. und **Dē-vertor** (häufig), sus (selten), *depon.* 3. 1) sich von Etwas ablenken, =abwenden, abgehen: d. vico; *trop.* d. ad artes magicas sich auf — einlassen, mit — sich zu beschäftigen anfangen; von der Rede, = abschweifen, von der Sache abgehen. 2) Insbef. (vom Wege abbrehen, um zu Jmb. ob. irgendwohin zu kommen) einkehren, Logis nehmen, ad aliquem, in villam suam, Massiliam.

Dēvexĭtas, ātis, *f.* [devexus] (Spät.) die Abdachung, abschüssige Lage.

Dē-vexus, *adj.* [de-veho] 1) sich abwärts neigend, schräg, abschüssig: lucus a

Palatii radice in novam viam devexus sich neigend; *trop.* (Spät.) ire per devexum = leicht geübt werden. 2) sich abwärts bewegend, amnis, fließend, sol sinkend. *Hierv. trop.* actas d. sinkenden, d. h. hohes Alter; aetas a diuturnis laboribus devexa ad otium zur Ruhe sich neigend, Ruhe verlangend.

Dē-vincio etc. 4. 1) festbinden, anbinden, leonem. 2) umbinden, tempora lauro. 3) *trop.* verbinden, verknüpfen, fesseln, verpflichten u. dergl.: d. verba comprehensione zu einer Periode verbunden; d. homines societate reipublicae; d. se cupiditate sich von einer Begierde fesseln lassen; d. se affinitate cum aliquo durch Bande der Verwandtschaft sich mit Jmd. verbinden; d. homines benevolentiâ, d. animos gewinnen, fesseln; d. sibi aliquem sich Jmd. verbunden machen; d. aliquem jurejurando verpflichten; devinctus studiis den Studien ergeben; d. membra sopore (Poet.) einschlummern.

Dē-vinco etc. 3. völlig überwinden, Galliam; bonum publicum devictum est gratiâ das Wohl des Staats hat vor persönlichen Rücksichten zurückstehen müssen; (Poet.) bella devicta siegreich geführte Kriege.

Dēvinctus, *adj.* mit comp. [*particip.* von devincio] (selten) ergeben, rei alicui.

***Dēvītātio**, ōnis, *f.* [devito] das Vermeiden.

Dē-vīto, 1: vermeiden, entgehen, procellam, dolorem.

Dēvius, *adj.* [de-via] 1) vom Wege seitwärts liegend, außer der Straße liegend, oppidum; iter d. ein Seitenweg; davon = einsam und seitwärts wohnend, gens, homo; d. avis die Eule. 2) vom Wege abgehend, = sich verirrend. *Hiervon trop.* = verkehrt, thöricht, homo, res. 3) (Poet.) = unzugänglich, limen.

Dē-vŏco, 1. 1) herab- oder von irgendwo wegrufen, abrufen: d. nostros a tumulo, ex praesidiis, aliquem de provincia. 2) mit Angabe der Stelle, nach welcher hin Jmd. gerufen wird, irgendwohin rufen: d. deos ad auxilium, aliquem in judicium; *hiervon* = locken, zu sich einladen, aliquem. 3) *trop.* d. aliquem ab instituto cursu abziehen, philosophiam e coelo herabführen, fortunas suas in dubium aufs Spiel setzen; d. mortales ad perniciem (Spät.) ins Verderben locken.

Dē-vŏlo, 1. herabfliegen, *trop.* herab- oder forteilen, -fahren, de tribunali, in torum; d. ab afflicta amicitia ad florentem übergehen.

Dē-volvo etc. 3. herabwälzen, -rollen, saxa, corpora in humum; (Poet.) d. verba strömen lassen, d. tonitrua. *Hiervon* A) (*Pl.*) d. aliquem vitâ des Lebens berauben, B) häufig *pass.* devolvi herabfahren, -stürzen: torrens d. monte; *trop.* d. ad inanem spem, ad egestatem herabsinken, -kommen.

Dē-vŏro, 1. 1) verschlingen, hinabschlucken, lapidem; hiatus terrae d. aliquid. 2) *trop.* A) d. aliquid spe, oculis mit der Hoffnung-, den Augen verschlingen = begierig erwarten, -ansehen. B) d. librum = begierig und eilends durchlesen. C) vom Vermögen und dergl., verbrauchen, verzehren, pecuniam, hominem Jmds Vermögen. Hiervon (Poet. u. Spät.) entkräften, vernichten, arma vestra dd. vos. D) d. orationem begierig anhören (s. A.); aber oratio ejus a multitudine devorabatur wurde unverbaut verschluckt, d. h. wurde gehört, ohne daß man sie recht verstand oder ihre Schönheit recht fühlte. E) d. partem verborum in der Aussprache verschlucken = nicht deutlich aussprechen. F) (*Pl*) d. nomen = vergessen. G) d. molestias, stultitias hominum hinunterschlucken = stillschweigend ertragen.

***Dēvortium**, ii, *n.* [deverto] (Spät.) die Abgelegenheit, dd. itinerum Abwege, abgelegene Wege.

Dēvōtio, onis, *f.* [devoveo] 1) das Gelübde einer Gabe als Opfer, die Weihung, d. vitae Deciorum. 2) feierliche und öffentliche Weihung zu den unterirdischen Göttern = Verwünschung. 3) die Verwünschungsformel, Zauberformel.

Dēvōto, 1. [devoveo] (Vorklass. u. Spät.) ein verstärktes devoveo, welches man sehe.

Dēvōtus, *adj.* [*particip.* von devoveo] 1) (Poet. u. Spät.) den unterirdischen Göttern geweiht, geheiligt, daher = verflucht, unselig, heillos. 2) treu ergeben, alicui; d. vino das Trinken liebend, ebenso d. scenae. *Hiervon subst.* **Dēvōtus**, i, *m.* ein getreuer Anhänger, der „Getreue", cum omnibus suis devotis.

Dē-vŏveo etc. 2. 1) einer Gottheit Etwas als Gabe geloben, -weihen (bes. als Opfergabe, also auch = dem Tode weihen): d. filiam Dianae; de se diis oder diis d. se sich dem Tode weihen. Insbes. als ein Sühnopfer den unterirdischen Göttern zum Untergange weihen, verfluchen, verwünschen, aliquem, suas artes. 2) (selten) Etwas (bef. sich selbst) einer Sache weihen, widmen, ganz hingeben: d. se amicitiae alicujus; vobis hanc animam devoveo. 3) (Poet.) verzaubern, verhexen, aliquem carminibus.

Dextans, tis, *m.* [de-sextans, eigtl. wo ein sextans fehlt] (Vorkl. u. Spät.) = $^{10}/_{12}$. f. As.

***Dextella**, ae, *f. deminut.* von dextra, f. Dexter 1. A.

Dexter, tra, trum ob. těra, těrum, *adj.* mit *comp.* u. *sup.* (dextimus) 1) recht (oppos. linī), der zur rechten Seite sich befindet, nach der rechten Seite sich bewegt oder von der rechten Seite kommt: d. manus, cornu (Flügel), pars; abiit d. (Poet.) zur rechten Seite. Insbes. A) Dextra, ae, *f.* a) (*sc.* manus) die rechte Hand. *Hiervon trop.* = die Zusage, das feierliche Versprechen, und daher = die Freundschaft, der Bund: mittere dextras, foedere dextram, renovare dextras. b) (*sc.* pars) die rechte Seite: dextrā rechts, zur rechten Seite, a d. von der rechten Seite her. 2) *trop.* (nach 1. A. a.) A) geschickt, gewandt: hoc ita dexter egit. B) passend, bequem, tempus d. C) (Poet. und Spät.) glücklich, günstig, omen, numen.

Dextěrĭtas, ātis, *f.* [dexter] (selten) Geschicklichkeit, Gewandtheit, auch = gewandtes und angenehmes Betragen.

Dextre oder **Dextěre**, *adv.* mit comp. [dexter] geschickt, gewandt.

Dextrorsum oder -sus, auch uncontrahirt

Dextrō-versum, *adv.* nach der rechten Seite hin, abire, salutare.

Dĭa, ae, *f.* [*Δία*] 1) Insel an der Küste von Creta. 2) alter Name der Insel Naxos.

*****Diăbathrārius,** ii, m. (*Pl.*) der Verfertiger von Diabathrum (siehe dieses Wort).

Diăbathrum, i, n. [*διάβαθρον*] eine Art leichter Schuhe.

Diablintes, tum, m. *pl.* Völkerstamm in Gallia Lugdunensis.

Diădēma, ătis, n. [*διάδημα*] die Binde an dem Turban der persischen Könige, das Diadem, der königliche Kopfschmuck.

Diaeta, ae, *f.* [*δίαιτα*] 1) die Diät = von dem Arzte vorgeschriebene Lebensweise (in physischer Hinsicht). 2) (Spät.) a) die Wohnung, b) das Zimmer, die Stube.

Diălectĭce, *adv.* [dialecticus] dialektisch, nach Art der Dialektiker.

Diălectĭcus, *adj.* [*διαλεκτικός*] zum Disputiren gehörig, dialektisch, disputationes. Davon *subst.* A) -ous, i, m. der Dialektiker, der sich auf die Dialektik legt. B) -ca, ae, oder -ce, es, *f.* die Dialectik, derjenige Zweig der Philosophie, der die Lehre von Begriffen, Beweisen u. dergl. mittheilte, und überhaupt die Kunst wissenschaftlich zu disputiren lehrte, die Logik. C) -ca, ōrum, n. *pl.* dialektische Erörterungen od. Uebungen, Dialektik.

*****Diălectos,** i, *f.* [*διάλεκτος*] (Spät.) die Mundart, der Dialect.

Diālis, e, *adj.* [Dis] zum Jupiter gehörig: flamen d. Jupiters Priester, apex d. die Mütze, welche dieser Priester trug.

Diălŏgus, i, m. [*διάλογος*] das philosophische Gespräch, der Dialog.

Diāna (bisw. **Dĭāna**) ae, *f.* Tochter des Jupiter und der Latona, Schwester des Apollo, Göttin der Jagd, des Mondes und (als Hecate) der nächtlichen Zaubereien. Hiervon **Diānĭus,** *adj.*, und *subst.* -ium, ii, n. A) ein Tempel der Diana. B) ein Vorgebirge in Spanien. C) eine Insel im tyrrhenischen Meere.

*****Diănŏme,** es, *f.* [*διανομή*] (Spät.) Andere lesen an jener Stelle **Diămoeria,** es, *f.* [*διαμοιρία*] die Vertheilung (von Geld).

Diārĭum, ii, n. [dies] 1) die tägliche Kost, Ration der Soldaten, Gefangenen, Sklaven. 2) (Spät.) das Tagebuch.

Dĭbăphus [*δίβαφος*] *adj.* zweimal eingetaucht, =gefärbt; *subst.* = das mit purpurnen Streifen besetzte Staatskleid der römischen Magistratspersonen, daher cogitat dibaphum denkt daran, ein Staatsamt zu erlangen.

Dĭca, ae, *f.* [*δίκη*] die Rechtssache, der Proceß (nur wo von Griechen und griechischen Verhältnissen die Rede ist): scribere (impingere) alicui dicam gegen Jmd. einen Proceß einleiten; sortiri dicas durch Loosung die Richter für eine Rechtssache wählen.

Dĭcācĭtas, ātis, *f.* [dicax] das Sticheln, der beißende Witz, die Witzelei.

Dĭcācŭlus, *adj.* [*deminut.* von dicax] (Vortlaff.) witzeind, satirisch, beißend witzig.

Dĭcaearchus, i, m. [*Δικαίαρχος*] peripatetischer Philosoph, Schüler des Aristoteles.

*****Dĭcātĭo,** ōnis, *f.* [dico] die Aufnahme in eine andere Bürgerschaft.

Dĭcax, ācis, *adj.* mit *comp.* u. *sup.* [dĭco] beißend witzig, satirisch, witzelnd, stachelich, homo, poëma.

Dĭchŏrēus, i, m. [*διχόρειος*] der Doppelchoreus = Doppeltrochäus.

Dĭcĭo, ōnis, *f.* (richtiger als **Dĭtĭo**; der *nom. sing.* kommt nicht vor) [dico], die Herrschaft, Gewalt, Macht, Botmäßigkeit: haec regio fuit dicionis regiae stand unter der — des Königs, facere regionem dicionis suae unter seine — bringen, (Spät.) regionem illam dicioni ejus adjecit; häufig tradere (redigere) aliquid in dicionem alicujus unter die — Jmds bringen, ebenso venire (concedere) in dicionem alicujus; auch erant in amicitiam dicionemque populi Romani unter der H. x.; esse sub imperio et dicione alicujus, auch in dicione alicujus.

Dĭcis, alleinstehender Genitiv in der Verbindung dicis causa, der Form wegen, zum Schein, um der Form zu genügen.

Dĭco, 1. 1) weihen, heiligen, aram, donum Jovi. Hiervon A) d. aliquem deum, inter deos für einen Gott erklären, unter die Götter aufnehmen. B) = durch den ersten Gebrauch weihen, aquilam. 2) überhaupt Etwas einer Person oder Sache widmen = ganz opfern, vollständig hingeben: d. tibi totum diem, alicui operam, Maecenati librum bedicirem; d. se Remis in clientelam; d. se alii civitati ob. in aliam civitatem sich als Bürger in eine andere Stadt aufnehmen lassen; d. se alicui sich einem ganz hingeben.

Dĭco, xi, ctum, 3. *I. transit.* 1) sagen, alicui aliquid; d. mendacium; d. patrem abiisse, quid acciderit; is quem dixi der genannte, erwähnte; dicunt, dicitur man sagt, es heißt; diceris hic habitare man sagt, du wohnst hier; dicto citius schneller, als es gesagt werden kann = sehr eilends, gleich; *proverb.* dictum factum gesagt, gethan = ohne Verzug. Insbef. A) = bejahen (*oppos.* negare), versichern, behaupten. B) = erzählen. C) = verkündigen, voraussagen, fata, sortes. D) = warnen, ermahnen: d. tibi ne illud facias; tibi dico „ich sage es dir" (wenn man Jmb. Etwas noch einmal einschärft). 2) aussprechen, literam Rho. 3) sprechen, hersagen, vortragen: d. orationem eine Rede halten, versus d. Insbef. A) d. causam eine Rede für eine Sache halten, seine oder eines Anderen Sache vor Gericht vertheidigen (also sowohl von dem Angeklagten als von seinem Anwalte). B) causam nullam (ob. haud) d. ich kann Nichts einwenden. D) jus d. das Urtheil sprechen. 4) (Poet.) beschreiben, schildern, besingen, laudes Phoebi, bella, coelestes. 5) nennen, benennen, aliquem patrem. 6) ernennen, aliquem dictatorem, magistrum equitum (nur mit diesen beiden Wörtern), (Poet.) arbitrum bibendi. 7) bestimmen, festsetzen, diem nuptiis, leges pacis; hiervon = versprechen. *II. intrans.* oder *absol.* (vgl. loquor): 1) überhaupt sprechen, de re aliqua, de absentibus severe contumelioseque. 2) = eine Rede=, einen einstudirten und kunstmäßig vorbereiteten Vortrag halten, pro aliquo, contra aliquem.

Dĭcrŏtus, [*δίκροτος*] *adj.* zweiruderig,

nur *subst.* -ta, ae, *f.* (*sc.* navis) und -tum, i, *n.* (*sc.* navigium) ein zweiruderiges Schiff.

Dictamnus, i, *f.* oder -num, i, *n.* ein besonders an dem Berge Dicte auf Creta wachsendes Kraut, Diptam, das bei Verwundungen gebraucht wurde.

Dictāta, ōrum, *n. pl.* siehe Dicto (2. und 3.).

Dictātor, ōris, *m.* [dicto] der **Dictator,** 1) die höchste Magistratsperson in verschiedenen Städten Italiens. 2) zu Rom eine außerordentliche obrigkeitliche Person, die bei besonderen Gelegenheiten, namentlich, wenn der Staat in Gefahr war, auf höchstens sechs Monate erwählt wurde und eine fast unbeschränkte Gewalt hatte.

Dictātōrius, *adj.* [dictator] zum Dictator gehörig: juvenis d. = der Sohn eines Dictators.

*****Dictātrix,** īcis, *f.* [dictator] (*Pl.*) eigtl. Dictatorin, scherzhaft = unumschränkte Gebieterin.

Dictātūra, ae, *f.* [dictator] 1) die Dictatur, die Würde eines Dictators. *2) an einer Stelle bei *Sueton.* bezeichnet es, mittelst eines Wortspiels, zugleich das Dictiren.

Dicte, es, *f.* [Δίκτη] ein Berg auf Creta. Davon -taeus, *adj.* (Poet.) = cretensisch: rex D. = Minos, auch = Jupiter.

Dictio, ōnis, *f.* [dico] 1) das Sagen, Aussprechen, sententiae; d. testimonii, Ablegung des Zeugnisses. 2) das Reden, das Halten einer Rede, die Rede, der Vortrag: dd. discipulorum Uebungsreden: dd. subitae, extemporales aus dem Stegreife gehalten. 3) die Art zu reden, Ausdrucksweise, Art des Vortrags. 4) d. causae die Vertheidigung. 5) (selten) die Vorherverkündigung, der Spruch eines Orakels. 6) (Spät.) das Gespräch, die Unterhaltung: semota d.

Dictĭto, 1. [dīco] 1) oft und mit Nachdruck sagen, zu wiederholten Malen behaupten, aliquid, agros esse meos. *2) d. causas oft Processe führen.

Dicto, 1. [dĭco] 1) oft und viel vortragen, -hersagen, orationem, nomina. 2) häufig einem Nachschreibenden vorsagen, dictiren, alicui aliquid; *particip.* als *subst.* **dictāta,** ōrum, *n. pl.* = Lection, Aufgabe, Lehre. Hiervon, weil es immer mehr bei den Römern Sitte wurde, Sclaven oder Anderen zu dictiren, statt selbst zu schreiben, = anfertigen, verfassen, aufsetzen, librum, carmina, testamentum, actionem eine Klageschrift. 3) (Spät.) vorschreiben, befehlen: quod natura d. Hiervon das *particip.* als *Subst.* **dictāta,** ōrum, *n. pl.* = die Vorschrift, Lehre.

Dictum, i, *n.* [*particip.* von dīco] das Gesagte, die Aeußerung, das Wort: d. ridiculum; superbe, facete d. Insbes. A) = der Spruch, die Sentenz, d. Catonis. B) = der Witz, witziger Einfall, das Bonmot. C) = die Vorschrift, der Befehl, dicto parere, audientem esse. D) (Poet.) = die Dichtung, das Gedicht, Ennii d. E) (Poet.) die Weissagung.

Dictynna, ae, *f.* [Δίκτυννα] Beiname der Diana als Jagdgöttin. Davon **-naeus,** *adj.* a) D. mons ein Vorgebirge auf Creta; b) -um, i, *n.* ein Tempel der Diana bei Sparta.

Dido, us ob. ōnis, *f.* Gründerin und Königin von Carthago, Schwester des Pygmalion, Gemahlin des Sichäus, später Geliebte des Aeneas; auch Elisa genannt.

Dido, ĭdi, ĭtum, 3. [dis-do] (Vortlass., Poet. u. Spät.) vertheilen, austheilen, cibum in venas; fama didita per populos verbreitet.

Dī-dūco etc. 3. 1) auseinanderziehen, -dehnen, -sperren, davon trennen, theilen u. bergl.: d. digitos, nubes; d. rictum risu aufsperren, weit öffnen; d. flumina in rivos theilen. Hiervon *trop.* diduci ab amicis getrennt=, entfernt werden; civitas diducta bello civili in Parteien getheilt, ebenso ultio senatum in studia diduxit; d. verba in der Aussprache trennen; animus re aliqua diductus zerstreut; d. assem in partes theilen; d. matrimonia auflösen, argumenta auseinandersetzen. 2) insbes. von Truppen einer Schlachtordnung u. bergl., auseinanderziehen, trennen, ausdehnen, nostras naves, aciem in cornua; bisweilen = gar zu sehr erweitern, zersplittern, copias.

Didy̆mēon, ōnis, *n.* [Διδυμεῖον] Heiligthum des Apollo bei Jonien.

Diēcŭla, ae, *f.* *deminut.* von dies.

Diērectus, *adj.* (*Pl.*) (vermuthlich statt dis-erectus von dis-erigo, also = emporgehoben und mit gespreizten Armen aufgehängt = gekreuzigt; nach Anderen von διάῤῥηκτος, also = zerbrochen, verstümmelt) fast nur in der Verbindung abi (i, recede) hinc dierectus ob. -te, und, zu einem Frauenzimmer gesagt, -ta, geh zum Henker.

Dies, ēi (veralt. e. u. i) *m.* u. (doch nur im *sing.* und bei guten Prosaikern nur in den Bedeutungen 2. u. 3.) *f.* 1) der Tag, postero d.; tres dd. continui; d. festus. Bes. Verbindungen a) diem ex die exspectare von dem einen Tage zum anderen, ebenso diem de die differre. b) in dies singulos ob. bloß in dies für jeden Tag, täglich, in dd. majores progressus facere; (Poet.) mutabilis in diem. c) rogare aliquid in diem auf einen Tag, dagegen in dies vivere in den Tag hinein, unbekümmert um die Zukunft. Insbes. A) der Tag = die Tageszeit, als ein Zeitabschnitt: bis die ob. in die zweimal des Tages, die ac nocte in einem Tage und einer Nacht; diem noctemque, und dies noctesque Tag und Nacht = ununterbrochen. B) d. meus = mein Geburts= oder Sterbetag (f. C.). C) d. supremus der Sterbetag, obire d. supremum (auch suum), und bloß obire d. sterben. D) zur Bezeichnung dessen, was an einem Tag ob. d. animos Romanis refecit. 2) (gewöhnlich *f.*) der zu Etwas festgesetzte, bestimmte Tag, der Termin: a) = der Rechtstermin: d. stata, constituta, diem dare, dicere festsetzen; diem dicere alicui Jmd. vor Gericht laben; diem obire an dem bestimmten Tage vor Gericht erscheinen, den Termin innehalten. b) = der Bezahlungstermin: d. pecuniae der Zahltag; diem prodicere verlängern, diem ex die dicere von einem Tage zum anderen hinziehen; d. stipendii der Zahlungstag des Geldes. c) d. inducīarum der letzte Tag des Waffenstillstandes. 3) überhaupt = Zeit: brevis d. ad conveniendum edicta; malum quod praesens fuerat in diem abiit für die Zukunft. Hiervon = die Frist, der Aufschub, bes. rücksichtlich einer Zahlung ob. vergl. (vergl. 2. b.), postulare exiguam d. 4) (Poet.) = das Tageslicht: videre d. = geboren werden. 5) (Spät.) = die Witterung, tranquillus d.

Diespiter, tris, m. [*Δἰς πατήρ*] andere Form des Namens Jupiter.

Diffāmo, 1. [dis-fama] (Poet. u. Spät.) unter die Leute bringen, ruchbar machen, in (bösen) Ruf bringen, adulterium, aliquem probroso carmine verlästern.

Differens, tis, n. (Spät.) und -tia, ae, f. nebst (Vorklass. u. Spät.) -teritas, ātis, f. [differo] die Verschiedenheit, der Unterschied, naturarum, dd. sermonis Graeci.

Dif-fĕro, distŭli, dilātum, 3. I. *transit.* 1) auseinandertragen, -bringen, -führen, davon trennen, zerstreuen u. dergl.: d. arbores aus der Baumschule herausnehmen und weitläufiger pflanzen, verpflanzen; ventus d. ignem verbreitet, vis Africi d. classem. 2) (meist Vorklass. u. Spät.) durch die Rede ob. das Gerücht ausbreiten, bekannt machen, bes. im tadelnden Sinne, verschreien: d. famam; d. aliquid sermonibus; d. libertatem male populo commissam, me eam tibi dedisse; d. aliquem rumoribus. 3) (Vorklass.) beunruhigen, quälen, dictis suis aliquem d. verblüffen; meist im *pass.* differri clamore, amore istius. 4) aufschieben, den Anfang, einer Sache bis auf eine entferntere Zeit verschieben (vgl. profero, procrastino): d. rem, iter in praesentia, reliqua in posterum; d. horam, tempus; hierv. d. aliquem Etwas für Jmd. verschieben, ihn hinhalten, in aliud tempus, ad finem muneris verweisen.

II. *intrans.* (so ohne *perf.* u. *sup.*) verschieden sein, sich unterscheiden: illi naturis dd.; hoc illi a nobis differunt; quid hic ab illo differt? haec cogitatione inter se dd.; (selten) occasio differt cum tempore ist verschieben von, (Poet. u. Spät.) sermo d. sermoni. Häufig *impers.* differt: aliquid d. es ist einiger Unterschied, nihil d. es ist kein Unterschied, inter privatum et magistratum; quid d., illi an mihi dones was ist daran gelegen, welchen Unterschied macht es?

Differtus, adj. [*particip.* eines sonst ungebräuchlichen Verbums differcio, dis-farcio] eigtl. nach verschiedenen Seiten vollgepfropft, d. h. gefüllt, wimmelnd, provincia d. exactoribus, forum d. von Menschen erfüllt.

Difficĭle, adv. (selten) = difficulter.

Difficĭlis, e, adj. mit comp. u. sup. (difficillimus) [dis-facilis] 1) schwierig, schwer, beschwerlich, iter, tempus mihi d.; res est difficilis facta ob. ad eloquendum. Hiervon = mißlich, gefährlich, res, tempus reipublicae. 2) vom Charakter, schwer zu behandeln oder zu befriedigen, eigensinnig, mürrisch, unerbittlich, unbeugsam: D. ac morosus, senex nec d. nec inhumanus; Penelope d. procis, pater d. in liberos.

Ingerslev, lat.-deutsches Schulwörterbuch.

Difficĭliter, adv. (selten) = difficulter.

Difficultas, ātis, f. [difficilis] 1) die Schwierigkeit, Beschwerlichkeit, loci, rerum, navigandi des Segelns; hiervon = Mißlichkeit, mißliche u. gefährliche Beschaffenheit ob. Lage, d. domestica = d. nummaria Geldverlegenheit; d. navium, rei frumentariae, annonae Schwierigkeit — zu erlangen, Mangel an. *2) der Eigensinn, das eigensinnige Betragen.

Difficulter, adv. mit comp. (-cilius) u. sup. (-cillime) schwierig, mit Mühe, beschwerlich.

Diffīdens, tis, adj. [*particip.* von diffido] (Spät.) mißtrauisch.

Diffīdenter, adv. mit comp. [diffidens] ohne Vertrauen, ängstlich.

Diffīdentia, ae, f. [diffidens] der Mangel an Vertrauen, das Mißtrauen, die Verzagtheit: d. causae in seine Sache, copiarum.

Dif-fīdo, fisus sum, 3. kein Vertrauen haben, einer Person ob. Sache mißtrauen = sich nicht auf sie verlassen, an ihr verzweifeln: d. sibi, huic sententiae, saluti communi, suis rebus; (Spät.) d. occasione, paucitate suorum; d. me illud invenire posse; jacet ille et d. giebt alle Hoffnung auf.

Dif-findo etc. 3. 1) spalten, zerspalten, saxum, terram, *trop.* d. portas öffnen, conjunctionem auflösen. 2) *term. t.* d. diem die gegenwärtige Gerichtsverhandlung aufheben und die Sache auf einen künftigen Tag verschieben.

Dif-fingo etc. 3. (Poet.) umbilden, aliquid.

Diffĭtĕor, — *depon.* 2. [dis-fateor] in Abrede stellen, läugnen, se aliquid fecisse; d. opus sich weigern ein Werk zu übernehmen.

Dif-flo, 1. (Vorklass. u. Nachkl.) auseinanderblasen, legiones.

Dif-fluo, — 3. 1) zerfließen, auseinanderfließen, nach verschiedenen Seiten fließen: Rhenus d. in plures partes, (Poet.) d. sudore triefen. Hiervon (Vorklass. u. Spät.) = auseinander fallen, sich auflösen, verschwinden: acervus d. löst sich auf, juga montium dd. versinken, vires dd. nehmen ab. 2) *trop.* von Personen, die vor Ueppigkeit und Uebermaaß an Genüssen gleichsam zerfließen, verweichlicht werden, erschlaffen, in Etwas „schwimmen": d. luxuriā schwelgen, deliciis, otio; auch von einer gar zu weitläufigen ob. unzusammenhängenden Rede.

Diffringo, — fractum, 3. (Vorklass. u. Spät.) zertrechen, crura.

Dif-fŭgĭo etc. 3. nach verschiedenen Seiten fliehen, auseinanderstieben, sich zerstreuen: dd. metu perterriti, Numidae dd. e castris Scipionis; dd. in vicos passim suos.

*Diffŭgĭum, ii, n. [diffugio] (Spät.) das Auseinanderfliehen.

Dif-fundo etc. 3. 1) von fließenden Sachen, nach verschiedenen Seiten hin gießen, auseinandergießen, -fließen lassen: glacies liquefacta se d. zerfließt; freta diffunduntur (Poet.) breiten sich aus; d. vina aus dem größeren Fasse in mehrere kleine abziehen. 2) überhaupt ausbreiten, verbreiten, zerstreuen: d. comam, equitem in campis; am häufigsten

15

im *pass.* fich verbreiten, ausbreiten, lux d. coelo, rami arboris dd. 3) *trop.* erweitern, ausdehnen, ausbreiten: d. vim suam; benevolentia, laus longe lateque diffusa; (Poet.) d. bella longum in aevum bis auf ferne Zeiten berühmt machen, d. aliquid in ora virûm befannt machen. 4) *trop.* erheitern, erfreuen, vultum, animos, *pass.* diffundi fich erheitern, ergößen.
Diffūse, *adv.* mit *comp.* [diffusus] 1) verbreitet, zerftreut. 2) weitläufig.
*****Diffusĭlis**, e, *adj.* [diffundo] (*Lucr.*) fich ausdehnend, aether.
*****Diffusio**, ōnis, *f.* [diffundo] (Spät.) die Erheiterung, animi Heiterfeit.
Diffūsus, *adj.* mit *comp.* [diffundo] 1) ausgedehnt, fich weit erftrectend, planicies, platanus d. ramis, scena; sus d. did. 2) *trop.* weitläufig, weitfchweifig, opus.
Digamma, ătis, *n.* und -mon, i, *n.* [δίγαμμα, -ον] der äolifche Buchftabe Digamma, deffen Zeichen F war; im Lateinifchen entfpricht ihm oft F oder V. Hiervon fcherzhaft bei *Cic.* novi D. tuum = dein Einnahmebuch, deffen Titel war Fundorum reditus.
Digentia, ae, *f.* ein Bach in der Nähe des fabinifchen Guts des Horaz.
Di-gĕro etc. 3. 1) (Poet. u. Spät.) auseinandertragen, -bringen, -führen, trennen, nubes, nimbos. Hiervon A) theilen, Nilus digestus in septem cornua. B) dentes dd. cibum zermalmen. C) vom Magen, d. cibum verdauen. 2) eintheilen, vertheilen: d. omne jus civile in genera; d. argumenta in digitos an den Fingern herzählen; d. mala per omnes, mala per omnes annos. 3) ordnen, in Ordnung bringen, bibliothecam, tabulas accepti.
Digestio, ōnis, *f.* [digero] 1) die geordnete Eintheilung ob. Vertheilung. 2) die Verdauung.
Digitŭlus, i, *m. deminut.* von digitus.
Digitus, i, *m.* 1) ein Finger. Befond. Verbindungen: A) attingere aliquem digito fanft berühren; attingere coelum digito überaus glücflich fein. B) computare digitis, numerare per digitos, digerere in digitos an den Fingern abzählen: res venit ad dd. wird ausgerechnet, novi dd. tuos = deine Fertigfeit im Rechnen. C) concrepare digitis mit den Fingern fchnalzen, ebenfo percussio digitorum. D) intendere digitum ad aliquid Etwas mit dem Finger zeigen, monstrari digitis = von den Leuten viel befprochen werden, berühmt fein. E) liceri digito ob. tollere digitum bei einer Verfteigerung (den Finger emporhebend) bieten. F) loqui digitis (Poet.) durch Gefticulation reden; digiti loquuntur cum voce vom Saitenfpiele. G) *proverb.* percoquere aliquid in digitis (*Pl.*) = etwas Unmögliches verfuchen. H) ne digitum quidem porrigere = fich nicht die geringfte Mühe geben, ebenfo proferre d. fich rühren, Etwas unternehmen. 2) die Zehe, Fußzehe, summis dd. ambulare auf den Spitzen der Zehen = fehr leife. 3) der Finger als Maaß, ein Sechzehntel eines Fußes; d. transversus ob. bloß d. die Fingersbreite; *trop.* d. transversum non discedit ab illa re er weicht feinen Finger breit von diefer Sache ab.
Di-glădior, *depon.* 1. mit dem Schwerte

fämpfen, ftreiten (gewöhnlich mit dem Begriffe des Haffes oder der Erbitterung, vgl. dimico; cum aliquo; dd. inter se; *trop.* = mit Worten ftreiten, heftig disputiren.
Dignātio, ōnis, *f.* [dignor] (Spät.) 1) *act.* die Würdigung, das Anerkennen Jmds, die Achtung, die man vor Jmd. hegt, vivere in summa d. regis. 2) *pass.* die Achtung, die man genießt, das Anfehen, die Geltung.
Digne, *adv.* mit *comp.* [dignus] 1) würdig, nach Würdigfeit. 2) (*Pl.*) anftändig.
Dignĭtas, ātis, *f.* [dignus] 1) (relat.) die Würdigfeit zu Etwas, das Verdienen einer Sache: d. consularis zur Confularwürde; petit praeturam, nec d. neo gratia ei deest; 2) (abfol.) die Würde, Würdigfeit: A) in Bezug auf das Aeußere a) von Sachen, = anfehnliches und impofantes Aeußere, hohe Schönheit, Anfehnlichfeit, domûs. b) von Perfonen, würdevolles und majeftätifches Aeußere, corporis; „venustas est muliebris, d. virilis". B) in Bezug auf das Innere, von Perfonen und Sachen, = Verdienft, fittliche Würde, Vortrefflichfeit, agere cum d. C) in Bezug auf äußere Verhältniffe, = Anfehen, angefehener und geehrter Name, erhabene Stellung, Rang: d. equestris, personarum, retinere d., pervenire ad summam d. D) insbef. = die amtliche Würde, Ehrenftelle, das Amt, d. imperatoria, regia.
Dignor, *depon.* 1. (Vorflaff. u. Poet. auch -o, 1. weshalb dignor auch in paffiver Bed. gebraucht wird = würdig gehalten werden) [dignus] (Poet. u. Spät.) Jmd. zu Etwas ob. überhaupt würdig halten: d. aliquem re aliqua; d. aliquem filium, virum Jmd. würdig achten, fein Sohn, fein Gatte zu heißen. 2) würdigen = feiner würdig achten, wollen, für richtig oder anftändig halten: d. illud facere; häufig von höher ftehenden oder mächtigeren Perfonen = geruhen.
Di-gnosco, nōvi, nōtum, 3, [di-nosco] (Poet. u. Spät.) Etwas in feiner Verfchiedenheit von Anderem erfennen, unterfcheidend erfennen, unterfcheiden: d. dominum ac servum, civem hoste ob. ab hoste von einem Feinde; d. aliquid sapore.
Dignus, *adj.* mit *comp.* u. *sup.*, würdig, werth, gewöhnlich mit Hinzufügung deffen, wozu Jmd. ob. Etwas würdig ift: dignus laude, otio; res digna memoriâ würdig erinnert zu werden: res dignissima omnium cognitione die von Allen gefannt zu fein verdient; dignus est qui hoc impetret et verdient diefes zu erlangen, homines dd. quibuscum disseratur würdig, daß man mit ihnen abhandelt; (Poet. u. Spät.) d. amari, ob. ut aliquid faciam, dignum dictu; (Vorflaff. u. Spät.) dignus salutis; (Vorflaff.) quid dignus sim was ich verdiene. Hiervon = paffend, angemeffen, geziemend, zufommend: hoc d. est auribus tuis; quid quoque dignum sit; praemia dd., poena verdient; dignum est illud facere; illis credi dignius erat; ut dignum wie es geziemt.
Digrĕdior, gressus, *depon.* 3. [di-gradior] 1) auseinandergehen, fich trennen, daher fortgehen, fich entfernen: utrique dd.; d. ab aliquo, ex eo loco, in urbem, domum. 2) *trop.* von Etwas abweichen, abgehen,

Digressio — **Dimensio** 227

officio, ab eo quod proposui; insbef. in der Rede abschweifen, von der eigentlichen Sache abgehen.

Digressio, ōnis, f. ob. -us, us, m. [digredior] 1) das Auseinandergehen, das Sich-Trennen, Weggehen, die Abreise, d. noster. 2) (Andere schreiben in dieser Bed. degressio) trop. die Abschweifung der Rede von der Sache auf einen anderen Gegenstand, die Digression, d. a proposita oratione. 3) (Spät.) das Abgehen vom rechten Wege.

*****Dijūdicātio**, ōnis, f. [dijudico] die Beurtheilung, Entscheidung.

Di-jūdico, 1. 1) entscheidend zwischen mehreren Dingen aburtheilen, entscheiden, urtheilen, controversias, uter utri anteferendus sit; trop. d. belli fortunam. 2) unterscheiden, recta ac prava, vera a falsis, inter has sententias.

Dijuncte u. **-tus**, f. Disjuncte u. -tus.

Di-lābor etc. depon. 3. 1) auseinanderfallen, sich auflösen, -trennen, bes. von fließenden Sachen = zerfließen: aedes, cadaver, glacies (schmilzt), nebula; trop. von Personen, bes. von Soldaten, auseinandergehen, sich zerstreuen: exercitus d., milites dilapsi a signis in oppida. 2) in Verfall gerathen, vergehen, zu Grunde gehen, verschwinden, monumenta, navis vetustate d., corpora dl.; trop. respublica, res familiaris d.; tempus d. verläuft, vectigalia publica dd.; gerathen in Unordnung, curae dd. verschwinden; res memoriā d. wird vergessen.

Di-lăcĕro, 1. zerreißen, zerfleischen, canes dd. dominum; trop. respublica, animus dilaceratur; d. opes verprassen, vergeuden.

Di-lănio, 1. zerfleischen, zerreißen: canes dd. corpus alicujus.

Dilăpĭdo, 1. [dis-lapis] (Vorklaff.) eigtl. wie Steine auseinanderwerfen, trop. d. pecuniam verschleudern, vergeuden.

Di-largior, depon. 4. reichlich verschenken, austheilen, pecuniam illis.

Dilātio, ōnis, f. [differo] die Aufschiebung, Verzögerung, der Aufschub, temporis, comitiorum; haec res nullam d. recipit (patitur) verträgt.

Dilāto, 1. [dis-latus] ausbreiten, ausdehnen, erweitern, manum, fundum; trop. d. orationem, literas gedehnt aussprechen, d. aliquid weitläufig darstellen.

*****Dilātor**, ōris, m. [differo] (Poet.) der Aufschieber, Verzögerer.

*****Di-laudo**, 1. (zweifelh.) sehr loben, aliquem.

Dilectus, us, m. [diligo] schreiben Einige statt **Delectus**, us, m., w. m. f.

Diligens, tis, adj. mit comp. u. sup. [particip. von diligo] 1) achtsam, sorgfältig in Etwas, sich einer Sache beflissigend, pünctlich, aufmerksam" (von Personen, vgl. accuratus): homo d.; d. in rebus omnibus, ut te custodiendum; d. omnis societatis, veritatis eifrig für, sich — befleißigend; (selten) d. equis assignandis im Anweisen, Vertheilen der Pferde. Hiervon uneigtl. von Sachen (doch nur solchen, bei welchen die Thätigkeit einer Person angedeutet wird), scriptura, stilus, literae sorgfältig,

mit Sorgfalt behandelt. 2) Insbef. in Bezug auf die Haushaltung, wirthschaftlich, haushälterisch, sparsam: homo frugi ac d., parcus ac d.

Diligenter, adv. mit comp. u. sup. [diligens] achtsam, sorgfältig, genau.

Diligentia, ae, f. [diligens] 1) die Achtsamkeit, Pünctlichkeit, Aufmerksamkeit, Umsicht, Sorgfalt d. sacrorum (selten) Sorge für; d. nimium sollicita gar zu ängstliche Vorsicht. 2) insbef., in Bezug auf das Vermögen und das Hauswesen, die Wirthschaftlichkeit, Sparsamkeit.

Diligo, lexi, lectum, 3. [dis-lego] (eigtl. unter Mehreren erwählen), lieben (aus Hochachtung und zufolge der Anerkennung des hohen Werthes des Gegenstandes, vgl. amo), schätzen, hochachten: d. aliquem, auch observantiam tuam, diligentiam et benevolentiam hominis; (Spät.) abies d. montes „liebt" d. h. wächst gern auf Bergen. NB. Einige schreiben überall Diligo statt Deligo.

*****Dilōrĭco**, 1. [dis-lorica] (ein Kleid) zerreißen, tunicam.

Di-lūceo, — — 2. licht sein, trop. deutlich sein, fraus.

Dilūcesco, luxi, — 3. [diluceo] licht zu sein-, hervorzuscheinen anfangen, dies; gewöhnlich impers. dilucescit es fängt an Tag zu werden, es tagt.

Dilūcĭde, adv. mit comp. [dilucidus] 1) licht, hell. 2) trop. deutlich.

*****Dilūcĭdo**, 1. [dilucidus] licht machen, trop. deutlich machen, rem.

Di-lūcĭdus, adj. mit comp. 1) hell, licht, leuchtend, smaragdus. 2) trop. klar, deutlich, oratio, verba.

Dilūcŭlum, i, n. [dis-lux] die Morgendämmerung, der Anbruch des Tages.

*****Dilūdium**, ii, n. [dis-ludo] (Poet.) eigtl. die Rastzeit der Gladiatoren zwischen den Tagen, wo sie fechten mußten, daher der Aufschub.

Di-luo, ui, ūtum, 3. 1) zerspülen, auseinanderspülen, -waschen, durch Feuchtigkeit auflösen, aqua d. lateres; d. tellurem sanguine feuchten; d. vulnus aceto waschen. 2) verdünnen, vinum, favos lacte. 3) trop. entkräften, schwächen, davon entfernen, wegnehmen, aufheben u. vergl.: d. omnes molestias, curam, alicujus auctoritatem, invidiam aliqua cavillatione. Insbef. d. crimen eine Beschuldigung entkräften, zurückweisen, widerlegen, ebenso d. confirmationem adversarii u. vergl. *4) trop. (Pl.) erklären.

Dilŭvies, em, f. u. **-vium**, ii, m. (Poet. u. Spät.) die Ueberschwemmung, Wasserfluth, trop. das Verderben, Unglück.

*****Dilūvio**, 1. (diluvies) (Lucr.) überschwemmen.

Dimăchae, ārum, m. pl. [διμάχαι] (Spät.) die Doppelkämpfer, eine sowohl zu Pferde als zu Fuße kämpfende Art Soldaten bei den Macedoniern.

Di-māno, 1. auseinanderfließen, trop. sich ausbreiten.

*****Dimensio**, ōnis, f. [dimetior] die Ausmessung.

15*

Di-mētior etc. *depon.* 4. vermeffen, ausmeffen, abmeffen, coelum, syllabas.

Di-mēto, 1. u. -tor, *depon.* 1. abmeffend abgrenzen, abfteden, locum castris, cursus siderum.

Dīmĭcātio, ōnis, *f.* [dimico] der Waffenkampf, daher der Kampf, Streit überhaupt: d. pro patria; d. universae rei = d. universae die Hauptfchlacht; d. proelii in der Schlacht; d. vitae, capitis um das Leben, wo es das Leben gilt. *Hieron. trop.* = Ringen, Kämpfen, eifriges Streben überhaupt, d. famae für die Ehre, fortunarum wo das Vermögen auf dem Spiele fteht.

Dī-mĭco, 1. (*Poet. -cui), 1) mit Waffen kämpfen, fechten (vgl. pugno, digladior und dergl.): d. acie, armis cum aliquo ob. adversus aliquem, pro legibus. Hiervon 2) überhaupt für Etwas kämpfen, ftreiten, eifrig arbeiten ob. fich anftrengen, nach Etwas ringen: competitores dd.; d. de vita (gloria) u. f. w. um Etwas, das aufs Spiel gefetzt, in Gefahr ift, zu erlangen oder bewahren, ebenfo d. de liberis; de summa rerum dimicatur das Ganze fteht auf dem Spiele, es ift auf das Aeußerfte gekommen; d. de repulsa der Gefahr des Durchfallens ausgefetzt fein.

Dīmĭdĭātus, *adj.* [*part.* eines fonft ungebräuchlichen Verbums dimidio von dimidius] halbirt, in zwei Hälften getheilt, zur Hälfte, halb (Beiwort des Ganzen, vgl. dimidius), homo, (*Pl.*) procumbunt dd. mit dem halben Körper. 2) = dimidius, halb, mensis, porcus d.

Dīmĭdĭus, *adj.* [dis-medius, in der Mitte getheilt] halb (vom Theile, vgl. dimidiatus), 1) bei den älteren Schriftftellern nur mit dem *subst.* pars verbunden, die Hälfte, das Halbe. 2) bei neueren Schriftftellern auch mit anderen Subft. (= dimidiatus), d. crus, vultus das halbe Bein, Geficht; dimidiae Patrum, dimidia plebis est er gehört halb den Patriciern, halb den Plebejern (von einem in gemifchter Ehe Gebornen). Insbef. dimidium, ii, n. die Hälfte; d. militum, pecuniae; dimidio major um die Hälfte größer.

Dī-mĭnŭo, — — 3. (Com.) zerfchlagen, zerfpalten, caput alicui.

Dīmissĭo, ōnis, *f.* [dimitto] 1) das Schiden nach verfchiedenen Seiten, Wegfenden, liberorum. 2) die Entlaffung, Verabfchiedung, remigum, propugnatorum.

*Dīmissus, us, m. [dimitto] (fehr zweifelh.) das Aufgeben einer Sache, dimissui esse aufgegeben werden.

Dī-mitto etc. 3. 1) nach verfchiedenen Seiten hin fchicken, ringsum fchicken: d. literas per omnes provincias, certos homines circum regiones, nuncios in omnes partes; d. oculos in omnes partes nach allen Seiten herumbliden. 2) eine Mehrheit auseinandergehen laffen: d. senatum auflöfen, convivium aufheben, bef. d. exercitum u. dergl. entlaffen; d. matrimonium aufheben. 3) von fich fortgehen laffen, -fortfchicken, fahren laffen, verabfchieden, entlaffen: d. aliquem; d. aliquem impunitum e manibus; d. uxorem fich von feiner Frau fcheiden, ebenfo d. aliquam e matrimonio; d. creditorem = (durch Be-

zahlung) befriedigen. 2) von Sachen, Etwas fahren laffen, mit Etwas aufhören, es unterlaffen, aufgeben: d. oppugnationem, imperium, curam rei alicujus; d. jus suum von feinem Rechte abftehen, d. occasionem, tempus, facultatem rei alicujus unbenutzt laffen, d. omnem spem aufgeben; d. Italiam, provinciam, triumphum, aufgeben, nicht mehr daran denken; d. praedam speratam e manibus; d. fabulas nicht länger von Fabeln fprechen; d. alieni tributa nachgeben; d. iracundiam suam reipublicae um des Staates willen feinen Zorn fahren laffen; d. aliquid = vergeffen.

Dī-mŏvĕo etc. 2. 1) nach verfchiedenen Seiten hin bewegen, trennen, theilen, parietes, propinquos obstantes; d. terram aratro furchen; d. undas von dem Schwimmenden. 2) fortbewegen, -treiben, vertreiben, entfernen: d. gelidam umbram, turbam; multitudo se d.; *trop.* spes societatis d. equites a plebe trennt, ftimmt — ungünftig gegen das Voll.

Dindỹmus, i, m. u. (*Poet.*) -ma, ōrum, *n. pl.* [Δίνδυμα] ein Berg in Phrygien, der Göttin Cybele heilig. Davon **Dindymēne**, es, *f.* = die Cybele.

Dīnŭmĕrātĭo, ōnis, *f.* [dinumero] die Herzählung, Aufzählung, dierum ac noctium.

Dī-nŭmĕro, 1. 1) herzählen, aufzählen, rechnen, stellas, annos, syllabas. 2) (Com.) auszahlen, argentum.

Dĭōbŏlārĭs, e, *adj.* [διώβολον] (Vorfl.) für zwei Obolen verkäuflich.

Dĭŏchārēs, is, m. [Διοχάρης] ein Freigelaffener des Cäfar. Davon **-chărinus**, *adj.*

Dĭōdōrus, i, m. [Διόδωρος] 1) D. mit dem Beinamen Κρόνος, berühmter Dialectiker zur Zeit der Ptolemäer. 2) ein peripatetifcher Philofoph, 100 J. v. Chr. 3) D. Siculus, griechifcher Hiftoriker zur Zeit des Auguft.

Dĭōdōtus, i, m. [Διόδοτος] ftoifcher Philofoph, Lehrer des Cicero.

Dĭoecēsĭs, is, *f.* [διοίκησις] der Bezirk, Kreis.

Dĭoecētes, ae, m. [διοικητής] der Verwalter der königlichen Einkünfte, Finanzdirector.

Dĭŏgĕnēs, is, m. [Διογένης] 1) D. Apolloniates, Philofoph aus der ionifchen Schule, Zeitgenoffe des Anaxagoras. 2) D. Babylonius, ftoifcher Philofoph, als Gefandter nebft Carneades u. Critolaus in Rom 155 v. Chr. 3) D. Cynicus, der bekanntefte unter den cynifchen Philofophen, Zeitgenoffe des Alexander. 4) D. Laërtius, Grammatiker zu Athen, ums Jahr 150 v. Chr. 5) ein Freund des M. Cölius Rufus.

Dĭŏmēdēs, is, m. [Διομήδης] 1) Sohn des Tydeus, Königs von Aetolien, einer der berühmteften griechifchen Helden vor Troja; nach der Zerftörung Troja's ging er nach Unteritalien und gründete dort die Stadt Arpi. Davon **-dēus**, *adj.*; insulae Diomedeae eine Infelgruppe an der Küfte von Apulien; campi D. die Gegend um Cannä u. Arpi; aves D. Vögel auf den Infeln des D., der Sage nach feine verwandelten Gefährten. 2) graufamer König in Thracien, zuletzt von Hercules getödtet.

Dion, ōnis, m. [Δίων] vornehmer Syracufaner, Schwager der beiden Dionyfius.

Diōne, es, f. [Διώνη] 1) Tochter des Oceanus u. der Thetys, Mutter der Venus. 2) (Poet.) = Venus. Davon **-naeus**, adj.; Caesar D. als Nachkomme des Aeneas, des Sohnes der Venus; antrum d. der Venus heilig.

Diōnȳsius, ii, m. [Διονύσιος] 1) Name zweier Herrscher von Syracus, der ältere und der jüngere D. 2) in der Literaturgeschichte sind bekannt: A) D. Philosoph aus Heraclea, Schüler des Zeno. B) D. aus Halicarnassus, griechischer Geschichtschreiber. C) D. Periegētes, griechischer Geograph zur Zeit des August. D) D. Magnes, asianischer Rhetor, Zeitgenosse des Cicero. E) ein gelehrter Sklave des Cicero, Lehrer seiner Kinder. F) ein anderer Sklave des Cicero, sein Vorleser (anagnostes).

Diōnȳsus, i, m. [Διόνυσος] = Bacchus. Davon **-sius**, adj.

Dioscūri, ōrum, m. pl. [Διός κοῦροι] die Diosturen d. h. Castor u. Pollux.

*****Diōta**, ae, f. [διώτη] (Poet.) ein zweihenkliges Gefäß, Weinkrug.

Diphĭlus, i, m. [Δίφιλος] 1) griechischer Comödiendichter aus Sinope, von Plautus und Terenz nachgeahmt. 2) ein Architect zu Rom.

Diplōma, ătis, n. [δίπλωμα] (eigtl. ein doppelt gefalteter Brief) 1) ein officielles Empfehlungsschreiben von dem Senate für Jmd., der nach der Provinz reiste. 2) (Spät.) in der Kaiserzeit ein von einer Magistratsperson ausgefertigtes Schreiben, Actenstück, das eine Begünstigung für Jmd. enthielt, ein Diplom.

Dipȳlon, i, n. [δίπυλον] ein Thor zu Athen, das nach der Akademie führte.

Dircē, es, f. [Δίρκη] Gemahlin des Lycus, Königs von Theben; sie wurde von Amphion und Zethus in die nach ihr benannte Quelle geworfen (oder in die Quelle verwandelt). Davon **-caeus**, adj. (Poet.) = thebanisch, böotisch (cygnus D. = Pindar).

Dirēcte u. **-to**, adv. mit comp. [directus] 1) gerade, in gerader Richtung, navigare. 2) trop. geradezu, reinaus, dicere.

Dirēctio, ōnis, f. [dirigo] (Spät.) die Richtung, Hinneigung.

Dirēctus, adj. [particip. von dirigo] gerade, sowohl horizontal = in gerader Richtung gehend, als vertical = senkrecht, gerade emporgehend, steil: d. aes tubae, iter; tigna dd. ad perpendiculum; locus ex utraque parte directas gerade abwärtslaufend; d. via ad laudem; oratio d. wenn Jmd selbst redend eingeführt wird, verba dd. gerade, ohne Umschweife; ratio d. gerade durchgehend, strenge.

*****Dirēmptio**, ōnis, f. u. *****-tus**, us, m. [dirimo] die Trennung.

Direptio, ōnis, f. [diripio] die Plünderung, oppidi.

Direptor, ōris, m. [diripio] der Plünderer.

Dirĭbeo, — ĭtum, 2. [dis-habeo] 1) term. t., die bei der Abstimmung in einen gemeinschaftlichen Kasten gelegten Stimmtafeln nach ihren verschiedenen Aufschriften auseinandersondern und ordnen: d. tabellas, suffragia, sententias; 2) trop. (Spät.) austheilen, vertheilen, gentes et regna.

Dirĭbĭtio, ōnis, f. [diribeo] term. t. das Auseinandersondern der Stimmtafeln, f. diribeo.

Dirĭbĭtor, ōris, m. [diribeo] term. t. der Sonderer der Stimmtafeln.

Dirĭbĭtōrium, ii, n. [diribeo] (Spät.) der Ort, wo die Stimmtafeln gesondert wurden.

Dirĭgo, rexi, rectum, 3. [dis-rego] 1) Etwas in gerader Richtung aufstellen, gerade stellen: d. aciem, naves ante portum; d. vicos in gerader Linie, regelmäßig erbauen. 2) nach einem gewissen Ziele hin richten, lenken: d. cursum ad litora, iter ad Mutinam, hastam in aliquem (Poet. alicui); abstr. d. sagittas abschießen, spicula werfen; (Poet.) d. vulnera (= die verwundenden Geschosse); d. aciem oculorum ad aliquem, trop. d. orationem ob. cogitationes ad aliquid hinwenden, richten. Hierv. intrans. nach einem Ziele streben, sich richten, ad veritatem. 3) trop. Etwas nach Etwas einrichten, bestimmen: d. orationem ad exempla, se ad id quod est optimum, vitam ad certam rationis normam; d. regiones lituo abgrenzen; d. omnia voluptate, utilitatem honestate nach — bestimmen, abmessen.

Dirĭmo, ēmi, emptum, 3. [dis-emo] 1) auseinandernehmen, trennen, theilen, corpus; urbs flumine dirempta. 2) trop. unterbrechen, stören, aufheben, vernichten und dergl.: d. proelium, nuptias, amicitiam, colloquium, comitia; d. tempus einen Aufschub bewirken; d. consilium vernichten, ebenso auspicium nichtig machen; insbes. d. litem, controversias schlichten.

Dirĭpio, rĭpui, reptum, 3. [dis-rapio] 1) (Poet.) auseinanderreißen, zerreißen, membra alicujus; diripi equis. 2) plündern, verheeren (so daß Jeder das Seinige fortführt, bes. also von einer Plünderung durch Kriegsfeinde, und zwar so, daß eine Stadt, ein Haus, ein Eigenthum u. dgl. das Object ist, oder man doch an ein Solches denkt; vgl. spolio, populor u. dergl.): d. bona alicujus, urbem, castra, provincias; selten d. hostes u. dergl. (= bona hostium]. 3) (Poet. und Spät.) wegnehmen, entführen, dapes. 4) (Spät.) trop. gleichsam nach verschiedenen Seiten reißen = sich streitig machen, sich um Etwas reißen: urbes dd. Homerum, pueri dd. talos.

Dirĭtas, ătis, f. [dirus] die Gräulichkeit, Schrecklichkeit, diei, ominis; si qua invecta d. = schreckliches Unglück; von Personen = Grausamkeit, grausige Härte.

Di- ob. **Dis-rumpo** etc. 3. 1) zerreißen, zerbrechen, zerschlagen: venti dd. nubem; d. alicui caput; homo diruptus einen Bruch habend („gebrechlich"). Hierv. trop. d. se, siehe 2. B. 2) A) trennen, stören, aufheben, auflösen: d. amicitiam, societatem generis humani. B) pass. medial, vor Zorn, Aerger und dergl. bersten, zerplatzen, zerspringen: d. dolore, invidiā; auch absol. dirumpuntur, unum omnia posse sie ärgern sich heftig darüber, daß Jmd u. s. w.; so auch *d. se in derselben Bedeutung.

Di-ruo etc. 3. 1) auseinanderreißen, niederreißen, zerstören, vernichten: d. urbem, muros; d. agmina (Poet.) auseinander sprengen; trop. d. Bacchanalia aufheben. Hiervon miles aere dirutus dem zur Strafe der Sold entzogen ist; auch überhaupt homo dirutus verschuldet, bankerott.

*Dirúptio, ōnis, f. [dirumpo] (Spät.) das Zerreißen.

Dīrus, adj. mit comp. u. sup. (meist Poet. u. Spät.) 1) gräulich, grausig, furchtbar, Unglück bringend oder verkündend, verderblich: d. omen, somnia, tempus, exsecrationes, dapes. Insbef. Dirae, ārum, f. pl. A) unheilvolle Anzeichen, Unglück verkündende Wahrzeichen, obnunciatio dirarum. B) Verwünschungen: diras imprecari alicui. C) (Poet.) personificirt = die Furien. 2) von Personen und ihrem Charakter, schrecklich, hart und grausam, dea, noverca, (Poet.) serpens; davon d. bellum, venena, sollicitudo.

Dīs, itis, m. ursprünglich Name der Gottheit überhaupt, später insbef. vom Pluto, auch vom Jupiter.

Dīs, adj., s. Dives.

Dis, untrennbare Partikel, die in der Zusammensetzung den Begriff einer Trennung oder Entfernung giebt („zer-", „auseinander-").

*Dis-calceātus, adj. (Spät.) unbeschuhet, ohne Schuhe.

*Dis-cāveo etc. 2. (Pl.) sich sehr hüten, malo vor einem Unglücke.

Dis-cēdo etc. 3. 1) auseinandergehen, sich trennen: populus d.; Numidae dd. in duas partes; terra d. spaltet sich. Hiervon trop. a) term. t. von Abstimmenden bei Senatsverhandlungen u. dgl., d. in alicujus sententiam der Meinung Jmds beitreten, sich seinem Votum anschließen (s. Discessio); d. in alia omnia sich für die ganz entgegengesetzte Ansicht erklären. (Spät.) divisio altera in tres partes d. zerfällt. 2) weggehen, fortgehen, sich entfernen: d. ab aliquo, ex contione; d. in silvas, ex castris domum; d. cubitum zu Bette gehen. Insbef. A) von einem Heere oder dgl., abziehen, marschiren: d. a Georgovia, ex iis locis cum classe; d. ab signis die Schlachtordnung verlassen; d. ab armis die Waffen niederlegen. B) sich von der Verbindung mit Jmd. losmachen, von Jmd. abfallen, ihn verlassen u. dgl.: d. ab amicis, milites dd. a duce; uxor d. a D. scheidet sich von D., verläßt ihn. C) aus Etwas (einem Unternehmen, Verhältniß, einer Gefahr oder dgl.) auf irgend eine Art davonkommen, wegkommen (als Sieger od. Besiegter, mit Verlust od. Gewinn u. s. w.): victor is d. ab hoste; aequo Marte d. cum Volscis (aus dem Kampfe mit den V.); sine detrimento d.; tanta injuria impunita d. geht ungestraft ab. 3) trop. A) von Etwas abgehen, abweichen, sich entfernen, verlassen: d. a fide et justitia, a naturae statu; d. a sua sententia, ab oppugnatione castrorum aufgeben, von — abstehen; d. ex (a) vita sterben; d. a re = von der Sache abschweifen (redend oder schreibend). B) = verschwinden, vergehen: sollicitudines dd.; memoria illius rei nunquam discedet ex animo meo. C) d. ab aliquo Jmd. ausnehmen, in der Verbindung: quum (si) ab illo discesseris Jenen ausgenommen, quum a fraterno amore discessi wenn ich die Liebe eines Bruders ausnehme.

Disceptātio, ōnis, f. [discepto] 1) die

Erörterung, die Debatte, Discussion, der ruhige und freundliche Wortstreit (um die Wahrheit oder das Recht in einer Sache zu ermitteln, vgl. contentio, altercatio u. dergl.), d. cum aliquo; auch d. juris, judiciorum vor Gericht. 2) die richterliche Entscheidung, der Spruch.

Disceptātor, ōris, m. und -trix, icis, f. [discepto] der Entscheider, Schiedsrichter, die -in, severus d., juris d.

Discepto, 1. (dis-capto] 1) von den Parteien, erörtern, debattiren, discutiren, über eine streitige Sache verhandeln (ohne Zorn und Bitterkeit, vgl. altercor, contendo u. dergl.): d. de crimine, de publico jure, de agro, selten d. controversias; trop. fortuna populi Romani in uno proelio d. steht auf dem Spiele, wird entschieden. 2) vom Richter, durch Urtheil entscheiden, ins Reine bringen: d. aliquid, controversias; d. inter aliquos.

Dis-cerno etc. 3. 1) absondern, nach Grenzen trennen: mons d. fines eorum; d. Lusitaniam a Baetica; hiervon häufig particip. discretus als adj. = abgesondert, getrennt, einsam liegend. 2) unterscheidend sondern, unterscheiden (vgl. distinguo): d. jus et injuriam, verum a falso, quid sit ejusdem generis.

Discerpo, psi, ptum, 3. [dis-carpo] 1) zerstückeln, zerpflücken, zerreißen, aliquem, aurum in parvas partes; animus discerpi non potest zertheilt werden. 2) trop. A) zersplittend vernichten. B) in der Rede zerstückeln. C) (Poet.) d. aliquem dictis Jmd. herunterreißen, bitter tadeln.

Discessio, ōnis, f. [discedo] 1) das Auseinandergehen: A) term. t. die Abstimmung der Senatoren mittelst Abtretens auf die eine oder die andere Seite, den verschiedenen Meinungen gemäß: facere d., senatus consultum factum est per d. B) (Com.) die Ehescheidung. C) (Spät.) die Trennung in Parteien. 2) (selten, Spät.) das Fortgehen, militum der Abmarsch.

Discessus, us, m. [discedo] 1) das Auseinandergehen, die Trennung; d. coeli des Wetterleuchten. 2) das Weggehen, die Entfernung, Abreise: d. latronis; d. militum Abmarsch; d. e vita = der Tod.

Discidium, ii, n. [discindo] 1) das Auseinanderreißen, Zerreißen, nubis; d. corporis et animae Trennung. Hiervon d. tuam deine Abwesenheit. 2) trop. die Trennung derjenigen, die durch ein geistiges Band verbunden sind, a) von Sachen = Aufhebung, Auflösung, affinitatum; b) von Personen, Entzweiung, Zwietracht, Uneinigkeit, amicorum, d. ac dissensio; oft = die Ehescheidung, die Auflösung der Ehe.

Discīdo, — — 3. [dis-caedo] (Lucr.) zerhauen, caudam serpentis.

Discinotus, f. discingo.

Di-scindo etc. 3. zerreißen, zerspalten, vestem; vis venti d. nubem zersplittert; d. cotem novaculā zerschneiden; oratio discissa inter respondentem et interrogantem getheilt (= ein Dialog).

Dis-cingo etc. 3. 1) losgürten, aufgürten, tunicam; homo dis:inctus mit aufgelöſter Tunica; (Poet.) d. Afros entwaffnen. 2) *trop.* A) is in sinu est, neque discingor = ich laſſe ihn nicht fahren, vernachläſſige ihn nicht. B) d. ingenium (Spät.) entnerven, verweichlichen. C) *particip.* Discinctus als *adj.* leichtſinnig, liederlich.

Disciplīna, ae, *f.* [disco] 1) der Unterricht, der empfangen oder gegeben wird, die Unterweiſung, Lehre: disciplinae causa multi ad eos concurrunt um Unterricht zu erhalten; tradere aliquem alicui in disciplinam um von ihm unterrichtet zu werden, in die Lehre geben; res quarum disciplina est die gelehrt werden können; d. parentum Erziehung; disciplinae aliis esse Anderen zum Muſter dienen. — 2) Was durch Unterricht gelehrt und mitgetheilt wird, die Lehre: praecepta et instituta et d. Insbef. A) die Wiſſenſchaft: d. juris civilis die Rechtswiſſenſchaft, militaris Kriegswiſſenſchaft; d. dicendi die Redekunſt. d. omnis honesti justique die Moral. B) das Syſtem, Lehrgebäude, illa d. philosophiae, d. Stoicorum. C) die Kenntniß, Gelehrſamkeit: homo summo ingenio et d. 3) die durch Unterricht u. ſ. w. hervorgebrachte Zucht, Einrichtung, Ordnung, Gewohnheit, Uebung und dergl.: d. militaris kriegeriſche, domestica (familiae) häusliche Zucht; d. navalis Uebung und gute Dreſſur der Seeleute: d. reipublicae Einrichtung, Verfaſſung, Herkommen, (Com.) d. est illis, mala malarum d. Sitte; imitari alicujus mores et d. Charaktet und Sitten.

Discipŭla, ae, *f.* (Poet. u. Spät.) [disco] die Schülerin.

Discipŭlus, i, *m.* [disco] der Schüler, auch (*Pl.*) = der Lehrburſch.

Disclūdo, si, sum, 3. [dis-claudo] von einander abſchließen, ſondern, trennen: d. illa tigna auseinander, in gehöriger Entfernung halten; mons d. Arvernos ab Helviis; (Poet.) (solum coepit) discludere Nerea ponto in der Tiefe einſchließen und dadurch (von ſich) trennen; (Poet.) d. turres ſpalten, d. morsus roboris das feſthaltende (beißende) Eichenholz öffnen; d. aliquid locis an verſchiedenen Stellen anbringen.

Disco, dĭdĭci, — 3. lernen, kennen lernen, erfahren: d. artem ab aliquo, literas apud aliquem; d. causam ex aliquo ſich mit der Sache bekannt machen (vom Anwalt); d. illum abisse, quemadmodum haec facta sint; discendi causa, d. ab aliquo.

Discoŏbŏlus, i, *m.* [δισκοβόλος] (Spät.) der Discuswerfer.

Dis-cŏlor, ōris, *adj.* 1) verſchiedenfarbig, von anderer Farbe, signa; (Poet.) vestis d. satis meis deſſen Farbe mit meinem Schickſale nicht ſtimmt. 2) (Poet. u. Spät.) bunt. 3) *trop.* (Poet.) verſchieden, ungleich der äußeren Beſchaffenheit nach (vgl. dispar), alicui.

*****Dis-condŭco**, — — 3. (*Pl.*) ſchaden, huic rei.

Dis-convĕnio, — — 4. (Poet.) nicht übereinſtimmen, nicht paſſen, =harmoniren: animus d.; *impers.* eo d. inter me et te darin ſind wir uneinig.

*****Discordābĭlis**, e, *adj.* [discordo] (*Pl.*) nicht übereinſtimmend.

Discordĭa, ae, *f.* [discors] die Uneinigkeit, Zwietracht, der Streit, davon das Nichtübereinſtimmen, hominum, rerum, principiorum; (Poet.) von einem Mädchen = der Zankapfel, Gegenſtand des Streites.

*****Discordĭōsus**, *adj.* [discordia] (ſelten) zur Zwietracht geneigt, uneinig.

Discordo, 1. [discors] uneinig ſein, in Zwietracht=, Streit ſein, davon überhaupt nicht übereinſtimmen, verſchieden ſein, ſich unterſcheiden: illi dd. inter se; d. cum aliquo; vox d. ab oratione.

Discors, dis, *adj.* [dis-cor] 1) uneinig, ſtreitend, homines, civitas secum d.; d. sibi (Poet.) mit ſich ſelbſt. 2) von Sachen, nicht übereinſtimmend, unharmoniſch: voces inter se dd.; symphonia d. 3) (Spät.) ungleich, verſchieden, ſich unterſcheidend: homines discordes moribus et linguis; (Poet.) fetus d. zweigeſtaltet; (Spät.) aestus marini tempore dd. zu verſchiedenen Zeiten eintretend.

Discrĕpantĭa, ae, *f.* [discrepo] die Disharmonie, Verſchiedenartigkeit, der Widerſpruch, verborum, scripti et voluntatis.

Discrĕpātĭo, ōnis, *f.* [discrepo] falſche Lesart für discrepantia.

Dis-crĕpĭto, 1. (*Lucr.*) ganz verſchieden ſein.

Dis-crĕpo, ui, — 1. 1) von muſikaliſchen Inſtrumenten, verſchieden=, disharmoniſch tönen, nicht ſtimmen: tibiae dd. 2) verſchieden ſein, nicht übereinſtimmen, abweichen: confidere discrepat a timendo; honestas et utilitas verbo inter se dd.; facta ejus dd. cum dictis; tres duces dd. ſind uneinig; (Poet.) d. rei alicui. 3) (Poet. u. Spät.) A) res d. iſt Gegenſtand verſchiedener Anſichten, iſt ſtreitig: causa d. man iſt über die Urſache uneinig. B) *impers.* discrepat man iſt uneins, es wird geſtritten: d. de illa re; nec d., quin is dictator fuerit es wird nicht beſtritten, daß; d. inter scriptores rerum die Geſchichtsſchreiber ſind nicht einig, ſind verſchiedener Anſichten.

Discrībo, Discriptio u. ſ. w. ſchreiben Einige ſtatt Describo u. ſ. w. in der Bed. 2. (eintheilen, vertheilen).

Discrīmen, ĭnis, *n.* [discerno] 1) der trennende Zwiſchenraum, die Scheidelinie, der Abſtand: duo maria (bei Corinth) pertenui discrimine (die Landzunge) separantur; dentium die Oeffnungen zwiſchen den Zähnen, dd. comae die Abtheilungen im Haare. 2) *trop.* der Unterſchied, rerum, recti pravique. 3) *trop.* (inſofern eine Verſchiedenheit oft die Entſcheidung einer Sache beſtimmt), der entſcheidende Punct oder Augenblick, der Wendepunct, der kritiſche Moment, die Entſcheidung, endlich, was daraus oft folgt oder zum Theil darin liegt, die Gefahr, das Riſico: d. belli; versatur (est) in discrimine utrum etc. es ſoll jetzt entſchieden werden, ob u. ſ. w.; res venit in discrimen, agere (deducere, committere) rem in d. zur Entſcheidung kommen laſſen, die Kriſis herbeiführen; d. vitae, capitis; d. periculi der entſcheidende Augenblick in der Gefahr, der höchſte Punct der Gefahr; esse in

summo d.; adduci in discrimen veteris fortunae ristiren zu verstehen.
Discrīmĭno, 1. [discrimen] (selten) absondern, trennen, Etruriam; *trop.* unterscheiden, dissimilia inter se.
Dis-crŭcio, 1. martern, quälen, plagen, aliquem. Insbef. d. se oder discruciari sich quälen, d. h. sich ärgern, ängstigen: d. amore, animi im Gemüthe.
***Discŭbĭtus,** us. m. [discumbo] (Spät.) das Sich-zu-Tische-Legen.
Discumbo, cŭbui, cŭbĭtum, 3. [dis-cubo] 1) von Mehreren, sich auf verschiedenen Plätzen zu Tische legen, omnes dd. 2) (selten) von einem Einzelnen, doch immer so, daß an Mehrere, die dasselbe thun, zugleich gedacht wird. 3) (selten) sich zu Bette legen, ire discubitum schlafen gehen.
Dis-cŭpio etc. 3. (selten) heftig wünschen.
Dis-curro, cŭcurri ob. curri, cursum, 3. nach verschiedenen Seiten laufen, zerstreut umherlaufen, sich zerstreuen: plebs d. tota urbe, milites d. in omnes partes castrorum; Nilus d. in septem ora theilt sich; fama d. breitet sich aus.
Discursātio, ōnis, *f.* [discurso] (Spät.) das Umherlaufen.
Dis-curso, 1. (Spät.) eilig umherlaufen, hin und her laufen.
Discursus, us, m. [discurro] das Auseinanderlaufen, das Sichzerstreuen, Hin- und Herlaufen, militum; *trop.* (Spät.) d. venarum, telorum Umherfliegen.
Discus, i, m. [δίσκος] die Wurfscheibe, runde metallene Scheibe, womit nach einem Ziele geworfen wurde.
Discŭtio, cussi, cussum, 3. [dis-quatio] 1) zerschlagen, entzweischlagen, zermalmen, columnam, caput, murum; d. niveum einander werfen, nach beiden Seiten schaffen. 2) auseinanderjagen, zerstreuen, sprengen, vertreiben, illos coetus, caliginem; sol d. nebulam. 3) *trop.* vernichten, vereiteln, aufheben, unterdrücken u. dergl., somnium, periculum abwehren, diceptationem; res est discussa aus der Sache wurde Nichts.
Diserte u. (Vorklass.) -tim, *adv.* mit comp. u. sup. [disertus] 1) beredt, in wohlgeordneter Rede. 2) deutlich, bestimmt.
Disertus, *adj.* mit comp. u. sup. [dissero] 1) der gut spricht, der seine Gedanken leicht und gut ausdrückt, wohlredend (vgl. eloquens, das etwas mehr ausdrückt; bisweilen auch = eloquens beredt), homo, orator. 2) auf die Rede selbst übertragen, wohl auseinandergesetzt, beredt, davon auch = deutlich, ausführlich: oratio d. beredter Vortrag, historia schön geschrieben, epistola ausführlich, verba klare und deutliche.
Disjecto, 1. [dis-jacto] (*Lucr.*) auseinanderwerfen, zerstreuen, mare d. antennas.
***Disjectus,** us, m. [disjicio] (*Lucr.*) die Zerstreuung.
Disjectus, *adj.* [particip. von disjicio] zerstreut: urbs disjecta spatio weitläufig.
Disjĭcio, jēci, jectum, 3. [dis-jacio] 1) auseinanderwerfen, -streiben, -jagen, zer-

streuen: d. membra, nubes, naves passim; d. phalangem hostium zersprengen; (Poet.) disjecta comas mit fliegendem Haare. 2) *trop.* zerstören, vernichten: d. arcem a fundamentis, statuas; d. pecuniam verschleudern, pacem stören, consilia ducis, exspectationem rei alicujus vernichten.
Disjunote, *adv.* mit comp. u. sup. [disjunctus] getrennt.
Disjunctio, ōnis, *f.* [disjungo] 1) die Sonderung, Trennung, meorum von den Meinigen; *trop.* die Verschiedenheit, d. animorum. 2) *term. t.* a) in der Rhetorik, die Aufführung mehrerer Sätze ohne Verbindungspartikel. b) in der Logik, die disjunctive Schlußform, die Entgegensetzung zweier oder mehrerer Sätze (wie durch „entweder" — „oder").
Disjunctus, *adj.* mit comp. u. sup. [particip. von disjungo] 1) gesondert, entlegen. 2) unterschieden, verschieden. 3) entgegengesetzt. 4) abgebrochen; orator d. der in kurzen, abgebrochenen Sätzen spricht.
Dis-jungo etc. 3. 1) auseinanderschirren, lösen, losbinden; d. boves' losspannen. 2) sondern, trennen, entfernen: flumen illud d. regnum Jugurthae Bocchique, Cappadociam ab Armenia. Häufig *trop.* = in der Gesinnung u. dergl. Jmb. von Jmd. oder Etwas entfernen, entfremden: d. aliquem ab aliquo bewirken, daß er von Jmd. abfällt, ab alicujus amicitia; d. populum a senatu das gute Vernehmen — stören; d. se a corpore sich vom Körper losreißen, frei machen.
***Dispălesco, — — 3. [dispalor] (*Pl.*) sich verbreiten = bekannt werden.
Dis-pălor, 1. *depon.* (selten) sich zerstreuen, zerstreut umherschweifen.
Dis-pando, — sum, 3. (Vorklass. auch -pendo ob. -penno) (Vorklass. u. Spät.) ausspannen, ausbreiten, ausdehnen, hominem, vestes in sole.
Dis-par, ăris, *adj.* ungleich, verschieden (dem Wesen und der inneren Beschaffenheit nach, vgl. discolor), mores, fortuna; proelium d. wo verschiedene Waffengattungen (z. B. Fußvolk und Reiterei) gegen einander kämpfen; fistula d. aus ungleichen Theilen zusammengesetzt, ebenso avena; d. alicui von Jmb. (selten), d. sui sich selbst ungleich.
Dis-părĭlis, e, *adj.* (selten) = dispar.
Dis-păro, 1. trennen = auseinander bringen, trennen, absondern, aliquos; d. eos alium aliā trennend hin und her schicken hiervon *subst.* **Dispărātum,** i, n., in der Rhetorik, der gerade Gegensatz.
Dispectus, us, m. [dispicio] (Spät.) die allseitige Betrachtung, Erwägung.
Dis-pello, pŭli, pulsum, 3. auseinandertreiben, zerstreuen, aliquos, d. umbras, caliginem verjagen.
Dispendium, ii, n. [pendo, vgl. dispenso] (Poet. u. Spät.) die Geldausgabe, der Aufwand, Verlust: sine damno d.; d. morae (Poet.) Zeitaufwand; facere d. einen Verlust leiden.
Dispensātio, ōnis, *f.* *1) die Vertheilung, inopiae eines geringen Vorraths. 2) die Verwaltung, Bewirthschaftung, aerarii,

Dispensator   **Disputo**   233

pecuniae, annonae. 3) das Amt eines Verwalters, Intendanten, regia das Schatzmeisteramt bei dem Könige.
Dispensātor, ōris, m. [dispenso] (meist S. ät.) der Hausverwalter, Intendant, bes. der Caſſirer, Schatzmeiſter.
Dis-penso, 1. eigtl. auswägend vertheilen, 1) austheilen, vertheilen, numos auszahlen. 2) vertheilen, eintheilen, ordnen: d. fontem inter incolas; d. annum; d. laetitiam nach und nach mittheilen; d. victoriam Alles vor und nach dem Siege (Alles, was damit in Verbindung ſteht) ordnen. 3) verwalten, bewirthſchaften, bef. von Geldſachen, res domesticas, pecuniam.
****Dis-percŭtio**, — — 3. (Pl.) zerſchlagen, cerebrum.
****Disperdĭtio**, ōnis, f. [disperdo] die Vernichtung. Andere leſen in derſelben Bed. Dispersio, was ſonſt auch nicht vorkommt.
Dis-perdo etc. 3. völlig zu Grunde richten, vernichten, verderben, possessiones suas, aliquem, pecuniam verſchwenden.
Dis-pereo etc. 4. völlig zu Grunde gehen, vernichtet werden, umkommen: fundus, pecunia d.; (Poet.) labores tui dd. ſind unnütz; vestis d. multo sanguine wird verdorben. Insbef. (Converſ.) a) disperii ich bin verloren! es iſt aus mit mir! b) bei einer Betheuerung dispeream si (nisi) ich will ſterben, wenn (wenn nicht).
Dispergo, si, sum, 3. [dis-spargo] hier- und dahin ſtreuen, ausſtreuen, zerſtreuen; d. fimum, membra fratris; milites dispersi; d. illos tota acie vertheilte ſie auf die ganze Schlachtlinie; trop. bellum longe lateque dispersum verbreitet, der an vielen verſchiedenen Stellen geführt wird; vulgus d. verbreitet das Gerücht; d. membratim vertheilen; terra dispergitur vicis ob. vicatim iſt in Dorfſchaften eingetheilt; quae sunt dispersa (oppos. conclusa artibus) ohne Regel und Ordnung hingeworfen.
Disperse und (Vorklaſſ. u. Spät.) -sim, adv. [dispergo] zerſtreut, vereinzelt.
Dispersio, ſiehe Disperditio.
Dispertio, 4. und *-tior, depon. 4. [dispartio] 1) vertheilen, exercitum per oppida, equites in utramque latus, tirones inter legiones; mihi officium tecum ita dispertitum est. 2) austheilen, zuertheilen, pecuniam judicibus, cibum servis, oppida tribunis. 3) eintheilen, rem quadrifariam.
Dispĭcio, spexi, spectum, 3. [dis-specio] (eigtl. die Augen öffnen und nach verſchiedenen Seiten ſehen, bef. von Solchen, die früher nicht haben ſehen können): 1) meiſt intrans. zu ſehen anfangen, die Gegenſtände zu unterſcheiden beginnen: d. non possum ich kann gar Nichts vor mir ſehen; ut primum dispexit ſobald er (nach einer Ohnmacht) die Augen öffnete; catuli dd. Selten transit. d. rem erblicken, wahrnehmen. 2) ſich umſehen, um ſich ſchauen: dispice (Pl.). 3) trop. A) durchſchauen, erkennen, deutlich einſehen, bemerken, mentem principis, verum, insidiatorem et petitum insidiis unterſcheiden. B) erwägen, bedenken, in Betracht nehmen, res Romanas.
****Displicentia**, ae, f. [displiceo] (Spät.) das Mißfallen.

Displĭceo, cui, cĭtum, 2. [dis-placeo] mißfallen: haec res mihi d.; d. sibi a) = mit ſich ſelbſt unzufrieden und mißvergnügt ſein; b) betrübt-, verſtimmt ſein.
Displōdo, — sum, 3. [dis-plaudo] (Vorklaſſ., Poet. u. Nachkl.) auseinanderberſten machen, zerſprengen, vesiculam, templa coeli.
Di-spŏlio ſchreiben Einige ſtatt Despolio.
Dis-pōno etc. 3. auseinanderſetzen, hier- und dahin ſtellen, nach verſchiedenen Seiten hin ſtellen, -legen, -ſetzen, aufſtellen, daher überhaupt vertheilen, ordnen, eintheilen, gehörig einrichten: d. libros; d. disjecta membra in ordinem, enses per herbam, capillos; bef. häufig von Soldaten u. dergl., aufſtellen, vertheilen, d. custodias, cohortes, tormenta in muris; (Poet.) d. corpora bilden; d. urbem versu beſchreiben; d. diem die Geſchäfte des Tages ordnen; d. suum cuique munus zutheilen.
. **Dispŏsĭte**, adv. mit comp. [dispositus] in gehöriger Ordnung.
Dispŏsĭtio, ōnis, f. [dispono] die regelmäßige Vertheilung, Eintheilung, Anordnung, planmäßige Aufſtellung.
Dispŏsĭtūra, ae, f. [dispono] (Lucr.) = Dispositio.
Dispŏsĭtus, us, m. [dispono] (Spät.) = Dispositio.
Dispŏsĭtus, adj. mit comp. [particip. von dispono] wohl geordnet, gehörig eingerichtet, -vertheilt; vir d. mit geordnetem Vortrage.
Dis-pŭdet — 2. impers. (Vorklaſſ.) ein verſtärktes pudet: d. me ich ſchäme mich ſehr.
Dis-pungo, nxi, nctum, 3. (Spät.) eigtl. durch Puncte unterſcheiden, davon 1) eine Rechnung durchgehend die Einnahme und die Ausgabe vergleichen, ſo daß die Balance ſichtbar wird: d. rationes acceptorum et expensorum; trop. dispunge vitae tuae dies unterſuche. 2) (Spät.) Abwechſelung in eine Sache bringen, ausgleichen: d. intervalla negotiorum oti die Zwiſchenzeiten, wo man von Staatsgeſchäften frei iſt, der wiſſenſchaftlichen Muße widmen.
****Dispŭtābĭlis**, e, adj. [disputo] (Spät.) worüber ſich Gründe für und gegen anführen laſſen, ſtreitig.
Dispŭtātio, ōnis, f. [disputo] (ſelten) die Berechnung, forma agri venit in d. 2) die in dialogiſcher Form unternommene Erörterung, Unterſuchung einer Sache, auch concr. = die Abhandlung: instituere d. de re aliqua, habere d. in utramque partem.
Dispŭtātiuncŭla, ae, f. demin. von disputatio.
Dispŭtātor, ōris, m. [disputo] der in dialogiſcher Form eine Sache erörtert, der Disputator, daher = der Denker, Forſcher überhaupt.
Dispŭtātrix, īcis, f. [disputo] (Spät.) das Femininum von disputator, was man ſehe; als Subſtantiv Ueberſetzung des griechiſchen διαλεκτική = das claſſiſche Dialectica, man ſehe.
Dis-pŭto, 1. 1) (Pl.) berechnen, ins Einzelne berechnen, d. rationem cum

bringen. 2) in dialogischer Form eine Sache mit einem wirklichen oder gedachten Gegner mittelst Aufstellung der Gründe für und gegen erörtern, daher überhaupt untersuchen, abhandeln, auseinandersetzen: d. de omni re in contrarias partes; d. in eam sententiam ut etc.; d. aliquid, haec, multa; (Pl.) d. rem vortragen, darstellen.

*Disquiro, — — 3. [dis-quaero] (Poet.) untersuchen.

Disquisītio, ōnis, f. [disquiro] die Untersuchung, insbes. vor Gericht.

Dis-rumpo, siehe Di-rumpo.

Dis-sĕco etc. 1. (Spät.) zerschneiden, ranas, aliquem serrā zersägen.

Dis-sēmino, 1. aussäen, ausstreuen, aliquid; trop. ausbreiten, malum.

Dissensio, ōnis, f. und (Poet.) -sus, us, m. [dissentio] 1) von Personen, die Meinungsverschiedenheit, Uneinigkeit, der Streit, d. civilis, ordinum; oft im plur. 2) von Sachen, die Nichtübereinstimmung, der Widerspruch, utilium cum honestis.

*Dissentāneus, adj. [dissentio] (selten) nicht übereinstimmend, alicui rei mit Etwas.

Dis-sentio etc. 4. 1) von Personen, uneinig sein, streiten, in der Ansicht oder der Gesinnung abweichen: d. ab aliquo; illi inter se dd.; (Spät.) d. cum aliquo; (Poet.) d. condicionibus (dat.); bisweilen absolut = feindlich gesinnt sein. 2) von Sachen, nicht übereinstimmen, verschieden sein, abweichen: affectio a se dissentiens; verba d. ab animo die Worte streiten gegen den Sinn, die Absicht; (Spät.) vita d. orationi; voluntas d. cum scripto.

Dis-saepio etc. 4. abzäunen, durch einen Zaun ob. dergl. absondern, trennen, aliquid.

Disseptum, i, n. [dissepio] (Poet.) die Scheidewand.

Disserēnascit, āvit, — 3. impers. [disserenus] es wird helles Wetter, der Himmel heitert sich auf.

Dis-sero, — sĭtum, 3. (Vorklass. u. Spät.) aussäen, ausstreuen, semina; pars animae per totum corpus dissita verbreitet.

Dis-sero, sĕrui, sertum, 3. *1) an verschiedenen Stellen=, hier und da setzen, taleas mediocribus intermissis spatiis. 2) trop. auseinandersetzen, erörtern, entwickeln, abhandeln, Etwas besprechen, vortragen (der Begriff eines Disputs und der Bekämpfung der Gründe des Gegners tritt nicht so hervor wie bei disputo): d. aliquid, haec pluribus verbis, subtilius; d. de immortalitate, quale sit illud, rem esse veram; und absol. d. cum aliquo sich mit Jmd. besprechen, d. in contrarias partes die Gründe für und gegen anführend erörtern.

*Dis-serpo, — — 3. (Lucr.) sich nach und nach leise verbreiten.

Dissertātio, ōnis, f. [disserto] (Spät) die Erörterung, Untersuchung, Abhandlung.

Disserto, 1. (Vorklass. u. Spät.) = ein verstärktes Dissero 2., was man sehe.

Dis-sĭdeo, sēdi, sessum, 2. 1) (selten, Poet. und Spät.) a) eine entgegengesetzte Richtung annehmen; toga d. sitzt schief, hat sich verzogen. b) entlegen=, getrennt sein, Hypanis d. Eridano liegt fern von. 2) trop. A) von Personen, uneinig sein, in Zwiespalt sein, der Ansicht oder der Gesinnung nach abweichen: d. cum aliquo oder ab aliquo, (Poet.) d. alicui; illi dd. inter se; (Spät.) hostis d. in Arminium et Segestem theilt sich in zwei Parteien, des A. und des S. B) von Sachen, verschieden=, ungleich sein, nicht übereinstimmen, abweichen: nostra non dd. a Peripateticis; scriptum d. a sententia.

Dissĭdium falsche Leseart statt discidium.

Dissĭlio, lui, — 4. [dis-salio] (Poet. u. Spät.) auseinanderspringen, zerspringen, sich trennen, glacies, uva; terra d. spaltet sich; d. risu vor Lachen bersten; trop. gratia d. das gute Verhältniß wurde gestört.

Dis-similis, e, adj. mit comp. und sup. unähnlich: d. tui oder tibi dir; dd. inter se; hoc est non d. atque ire dem Gehen nicht unähnlich, ebenso d. ac si quis als wenn Jmd.

Dissimĭlĭter, adv. [dissimilis] unähnlich, auf verschiedene Weise.

Dissimĭlĭtūdo, ĭnis, f. [dissimilis] die Unähnlichkeit, Verschiedenheit.

Dissimŭlanter, adv. [dissimulo] ins geheim, versteckt; non d. unverhohlen, offen.

*Dissimŭlantia, ae, f. [dissimulo] die Verstellung.

Dissimŭlātio, ōnis, f. [dissimulo] 1) das Unkenntlichmachen, sui. 2) die Verheimlichung, Verhehlung, Verstellung; insbes. = die Ironie.

Dissimŭlātor, ōris, m. [dissimulo] der Verhehler, der die Wirklichkeit verheimlicht, der sich in Etwas verstellt.

Dis-simŭlo, 1. eigtl. unähnlich machen, 1) so thun (sich stellen) als ob Etwas nicht sei, was doch ist, daher verbergen, verhehlen, verheimlichen: d. aliquid, odium suum; d. se illi rei operam dedisse; d. quis illud fecerit; (Pl.) d. quasi 'eos non videam; (Poet.) d. se = eine andere Gestalt annehmen, seine wirkliche Gestalt unter einer fremden verbergen, d. deum seine göttliche Gestalt ablegen, verhehlen, daß man ein Gott ist, Achilles dissimulatus virum bei dem er verheimlicht wurde, daß er ein Mann sei. 3) (Spät.) bisweilen = vernachlässigen, nicht beachten, =berücksichtigen, consulatum alicujus, consonantes in der Aussprache übergehen.

*Dissipābilis, e, adj. [dissipo] zerstreubar.

Dissĭpātio, ōnis, f. [dissipo] die Zerstreuung, civium; d. praedae die Zerstreuung der Beute (durch die plündernden Soldaten) b. h. die Plünderung; d. corporum individuorum die Auflösung, Zertheilung; in der Rhetorik die Zergliederung eines Begriffes.

Dis-sĭpo (ältere Form -sūpo), 1. 1) auseinanderwerfen, zerstreuen, ausstreuen: d. cumulos stercoris, membra fratris; d. hostes zersprengen; fuga dissipata bei welcher man nach allen Seiten hin flieht; homines dissipati ohne gesellschaftliche Verbindung lebend. 2) trop. A) zerstören, vernichten, reliquias reipublicae; animus non dissipatur wird nicht zertheilt und vernichtet; d. rem familiarem dissipare verschleudern, d. curas verjagen. B) d. sermones u. dergl. verbreiten. C) von der Rede: ea quae dissipata sunt (oppos. conclusa artibus) ungeordnet und unverbunden, daher orator dissipatus der ohne gehörige Ordnung und Verbindung spricht.

Dissociābilis, e, adj. [dissocio] (Poet. u. Spät.) unvereinbar, res; oceanus d. das Weltmeer, das nicht länger wie früher mit den übrigen Bestandtheilen der Welt vermengt werden konnte (Andere erklären es dort ohne Nothwendigkeit activ trennend.)

Dissociātio, ōnis, f. [dissocio] (Spät.) die Trennung.

Dis-socio, 1. 1) eigtl. (Poet.) trennen, scheiden, montes dissociantur valle opaca. 2) in der Gesinnung trennen, uneinig oder einander fremd machen, veruneinen, entfremden: d. homines, animos civium; d. disertos a doctis unterscheiden; d. amicitias auflösen, stören.

Dissŏlūbĭlis, e, adj. [dissolvo] (selten) auflösbar.

Dissŏlūtē, adv. [dissolutus] aufgelöst, 1) ohne Verbindungspartikeln. 2) nachlässig, ohne Energie. 3) leichtsinnig.

Dissŏlūtio, ōnis, f. [dissolvo] 1) die Auflösung, navis die Auseinandergehen; d. naturae der Tod. 2) trop. A) die Vernichtung, Aufhebung, legum, judiciorum. B) die Widerlegung, criminum. C) in der Rhetorik, die Weglassung der Verbindungspartikeln. D) die Nachlässigkeit, der Mangel an Energie, Leichtsinn, remissio animi ac d.

Dissŏlūtus, adj. mit comp. u. sup. [particip. von dissolvo] aufgelöst, nur trop. 1) los, ungebunden; alterum genus orationis est nimis d.; haec dd. nobis esse non debent an keine Regel gebunden. 2) A) leichtsinnig, nachlässig, gleichgültig, schlaff: d. in tantis reipublicae periculis, in re familiari. B) leichtfertig, zügellos, ausschweifend, verdorben, adolescens, mores.

Dis-solvo etc. 3. eigtl. auseinanderlösen, 1) etwas Zusammengefügtes auflösen, in Theile zerlegen, nodos, navem, animam; navis dissolvitur geht auseinander. Hiervon d. aes schmelzen, resinam flüssig machen. 2) trop. A) vernichten, aufheben, amicitias, leges, rempublicam, disciplinam. B) widerlegen, durch Beweise eine Behauptung entkräften, d. interrogationes, Erucii crimina (machen, daß sie in Nichts zerfallen). C) (Com.) losgeben, frei machen, aliquem; dissolvo me ich habe mich expedirt, bin fertig; dissolve me mache mich fertig = sage mir's. D) bezahlen, pecuniam, multam, aes alienum. Hiervon vom Schuldner selbst dissolvi = seine Schulden bezahlen und dadurch von ihnen befreit werden.

Dis-sŏno etc. 1. (Spät.) verworren, mißtönen, trop. verschieden sein, nicht übereinstimmen.

Dis-sŏnus, adj. (meist Poet. u. Spät.) 1) verschieden tönend, verworren, mißtönend, disharmonisch, clamor, voces. 2) trop. nicht übereinstimmend, abweichend, verschieden: gentes dd. sermone; nihil dissonum erat ab Romana re.

*****Dis-sors**, tis, adj. (Poet.) woran Niemand Theil hat.

Dis-suādeo etc. 2. abrathen, widerrathen, gegen Etwas sprechen: d. legem; d. de captivis redimendis, ne legem accipiatis; (Spät.) d. inire societatem.

Dissuāsio, ōnis, f. [dissuadeo] das Widerrathen, Abrathen, legis.

Dissuāsor, ōris, m. [dissuadeo] der Widerrather.

*****Dis-suāvior**, depon. 1. zerküssen, tüchtig küssen, oculos alicujus.

Dissulto, 1. [dissilio] (Poet. u. Spät.) auseinanderspringen, zerspringen, crepitus d. verbreitet sich nach allen Seiten.

Dis-suo, — ūtum, 3. eigtl. etwas Genähtes auftrennen. 1) öffnen, auseinandermachen, sinum. 2) trop. d. amicitias allmälig auflösen.

Dissupo, a. S. für Dissipo.

Dis-taedet, — — 2. impers. (Com.) es bringt zum Ueberdruß, d. me ich bin (der Sache) sehr überdrüssig, tui.

Distantia, ae, f. [disto] *1) (Spät.) der Abstand, die Entfernung. 2) trop. die Verschiedenheit, der Unterschied, tanta est inter eos morum d.

Dis-tendo (Vorklass. auch **-tenno**), di, tum (selten sum), 3. 1) auseinander (nach verschiedenen Seiten) spannen, ausspannen, ausdehnen, ausstrecken: d. aliquem in currus, d. brachia, rictum; d. aciem. Hiervon (Poet.) füllend spannen = ganz anfüllen: d. cellas nectare. 2) trop. nach verschiedenen Seiten hin ziehen, halten, theilen, zerstreuen: d. curas hominum, animos schwankend erhalten; insbef. d. copias hostium an mehreren Puncten zugleich beschäftigen.

Distentus, adv. mit comp. [particip. von distendo] ausgespannt = ganz angefüllt.

Distentus, adj. mit sup. [particip. von distineo] vielfach beschäftigt, aufgehalten, multis negotiis.

Dis-termino, 1. (Poet. u. Spät.) abgrenzen, trennen, auseinanderscheiden, intervallum d. binas stellas.

Distichon, i, n. [δίστιχον] (Spät.) ein aus zwei Versen bestehendes Gedicht.

*****Di-stimŭlo**, 1. (Pl.) eigtl. zerstechen, zerspornen, trop. zu Grunde richten, bona.

Distincte, adv. [distinctus] mit gehöriger Sonderung, deutlich bestimmt, klar, dicere.

Distinctio, ōnis, f. [distinguo] 1) die Sonderung, Unterscheidung, harum rerum d. est facilis. 2) der Unterschied: quae est d. inter illa? 3) in der Rhetorik a) abwechselnder Gebrauch desselben Wortes in verschiedenen Casus u. f. w. b) die Sonderung und Unterscheidung verwandter Begriffe. c) die Gegenüberstellung entgegengesetzter Gedanken. d) der Einschnitt in der Rede, die Pause. 4) das Geschieden-Sein, die Geschiedenheit, der einen Gegenstand unter mehreren unterscheidende und auszeichnende Glanz: solis, lunae siderumque omnium d.

Distinctus, ūs, m. [distinguo] (Spät.) = distinctio 4.: d. pennarum verschiedenfarbige glänzende Federn.

Distinctus, adj. mit comp. [particip. von distinguo] 1) gehörig gesondert, abgetheilt: habere dd. gradus dignitatis; vitae genus d. ordentlich eingerichtet. Hiervon oratio, sermo d. mit gehöriger Ordnung und Sonderung, ordentlich und klar, deutlich, und orator d. dessen Rede jene Eigenschaften besitzt. 2) (Spät.) getrennt, entlegen: Hesiodus circa 120 annos ab Homeri aetate distinctus. 3) mannigfaltig, abwechselnd, Romana acies distinctior (vgl. auch distinguo 2.).

Distineo, tinui, tentum, 2. [dis-teneo] 1) auseinanderhalten, trennen, scheiden: tigna distinentur duabus tibiis; Isthmus d. freta. 2) trop. A) nach verschiedenen Richtungen hinhalten, -ziehen, theilen: duae factiones dd. senatum; distineor maximis negotiis, distineor dolore es thut mir auf beiden Seiten weh, ein doppelter (entgegengesetzter) Schmerz ergreift mich. B) an mehreren Stellen beschäftigen und dadurch an der Concentrirung und dem vollen Gebrauche seiner Kräfte hindern, „verringeln", „theilen", „zerstreuen" u. dergl., aufhalten, zurückhalten, copias hostium, manum, regem ancipiti bello; mit sächlichem Objecte, verhindern, aufhalten, pacem. Insbes. pass.: distineri novis legibus; d. quo minus illud faciam ich werde verhindert jenes zu thun.

Di-stinguo etc. 3. 1) durch Kennzeichen (eigtl. mit einem spitzigen Instrumente punctirend, stinguo) unterscheiden (vgl. discerno), sondern, trennen: d. oratorum genera aetatibus nach den Zeitaltern; d. vera a falsis, (Poet.) vero falsum das Unwahre von der Wahrheit; in der Rhetorik = gehörig abtheilen, versum, vocem. 2) leuchtende oder überhaupt in die Augen fallende Kennzeichen oder Gegenstände hier und da an einer Sache anbringend sie mannigfaltig verzieren, ausschmücken: coelum distinctum stellis, poculum d. gemmis; trop. d. orationem verborum et sententiarum insignibus.

Di-sto, — — 1. 1) auseinander stehen, getrennt-, entfernt sein: A) im Raume, trabes inter se binos pedes dd., auch d. ab aliquo; (Poet.) tanto d. Phrygiā ist so weit von Chr. entfernt. B) in der Zeit: quantum Codrus d. ab Inacho ein wie großer Zeitraum zwischen C. und I. liegt; illi non multum dd. aetate. 2) trop. der Beschaffenheit und dem Wesen nach getrennt sein, verschieden sein, sich unterscheiden: illi dd. inter se; d. ab aliqua re u. (Poet.) alicui oder alieni rei; impers. d. es ist ein Unterschied.

Dis-torqueo etc. 2. 1) auseinanderdrehen, verdrehen, verzerren, os, oculos. 2) (Spät.) martern, quälen, aliquem; trop. repulsa eum d.

Distortio, ōnis, f. [distorqueo] die Verdrehung, Verzerrung, membrorum.

Distortus, adj. mit comp. u. sup. [particip. von distorqueo] verdreht, verrenkt, homo mit verrenkten Gliedern, verwachsen, Krüppel; trop. genus dicendi d. verschroben.

Distractio, ōnis, f. [distraho] 1) (Spät.) das Auseinanderziehen, die Zertrennung, membrorum. 2) die Trennung, Auflösung, Theilung, animi corporisque. Hierv. trop. a) die Uneinigkeit, der Zwiespalt: d. nobis est cum tyrannis. b) (Pl.) die Störung, Vernichtung, harum voluptatum.

Distractus, adj. mit comp. u. sup. [particip. von distraho] 1) getheilt, getrennt. 2) trop. an mehreren Stellen zugleich beschäftigt, zerstreut.

Dis-traho etc. 3. 1) auseinanderziehen, nach verschiedenen Seiten zerren, zerreißen: d. vallum, corpus alicujus; d. aciem erweitern, saxa sprengen, (Poet.) genas zerfleischen; trop. (Spät.) distrahi famā in üblen Ruf kommen. Hiervon trop. A) (Spät.) einzeln verkaufen, -losschlagen, zerstückeln, agros, bona. B) d. voces zwei Worte in der Aussprache nicht zusammenziehen, mit dem Hiatus aussprechen. C) trennen, naturā cohaerentia. D) aufheben, auflösen, matrimonium, societatem; d. controversias schlichten; d. rem eine Sache hintertreiben. E) entzweien, in Uneinigkeit bringen, Caesarem et Pompejum, collegia; häufig pass. distrahi cum aliquo mit Jmd. zerfallen. F) nach verschiedenen Richtungen, in Bezug auf Beschäftigung oder Neigung, Jmds Geist hinziehen, ihn schwankend machen, theilen, „zerstreuen": d. aliquem oder animum alicujus; d. industriam oratoris in plura studia. 2) von Etwas oder Jmd. abziehen, losreißen: necessitas illum a me d.; trop. trennen, unterscheiden, sapientiam a voluptate, d. aliquem ab aliquo entfremden, ihre Herzen trennen.

Dis-tribuo etc. 3. 1) vertheilen, austheilen, Numidas in hiberna, milites in legiones; d. naves legatis; (selten) = eine Leistung auf Mehrere vertheilen, d. aliquid civitatibus. 2) eintheilen, populum in partes duas, pueros in classes.

Distribūtē, adv. [distribuo] mit gehöriger Vertheilung, in richtiger Ordnung.

Distributio, ōnis, f. [distribuo] die Vertheilung, Eintheilung, criminum, coeli.

Districtus, adj. [particip. von distringo] nach verschiedenen Seiten hin gezogen. 1) (Lucr.) rabies d. fletschende Wuth. 2) trop. a) vielfältig beschäftigt u. s. w., siehe distringo. b) (Spät.) streng, eifrig, accusator.

Di-stringo etc. 3. 1) (Poet.) auseinanderziehen, nach verschiedenen Seiten hin spannen: der Bedeutung nach districti pendent radiis rotarum. (Lucr.) rabies districta, sieh Districtus. 2) trop. Jmds Sinn, Aufmerksamkeit oder Thätigkeit nach verschiedenen Seiten hin ziehen, an mehreren Stellen beschäftigen, „theilen", zerstreuen u. dergl.: d. Romanos oppugnatione plurium civitatum; multitudo liberorum d. animum; districti ancipiti contentione mit den Kräften durch — getheilt; districtus mihi videris widerstreitende Gefühle scheinen mir in deiner Seele zu kämpfen.

*Dis-trunco, 1. (****) abhauen, verstümmeln, aliquem.

*Disturbātio, (disturba) die Zerstörung.

Dis-turbo, 1. 1) auseinander in Unordnung jagen, -treiben, contionem. 2) zerstören, zertrümmern, domum, opera. Hiervon *trop.* aufheben, vernichten, societatem, concordiam stören, legem, judicia; d. rem hintertreiben.

Disyllăbus, *adj.* [δισύλλαβος] (Spät.) zweisylbig.

Ditesco, — — 3. [dives] (Poet.) reich werden.

Dithyrambĭcus, *adj.* [διθυραμβικός] zum Dithyrambus gehörig.

Dithyrambus, i, *m.* [διθύραμβος] der Dithyrambus, ein lyrisches Gedicht in hohem und begeistertem Stil, ursprünglich = ein Hymnus an Bacchus, später auch zu Ehren anderer Götter.

Ditio, f. Dicio.

Dĭto, 1. [dives] (meist Poet. u. Spät.) bereichern, reich machen, aliquem.

Diu, *adv.* mit *comp.* -ūtius, u. *sup.* -ūtissime [dies] 1) (Vorklass. u. Spät.) bei Tage, noctu et d. 2) lange, lange Zeit hindurch, eine geraume Zeit: d. multumque, saepe et d.; d. ego illum cruciabo; ille vult d. vivere; non diutius nicht länger; nec d. hic fui ich bin lange nicht hier gewesen, es ist lange seit ich hier war. 3) (Converf.) schon vor langer Zeit, schon seit lange (von demjenigen, das lange gedauert hat; vgl. pridem, dudum): huc migravit jam d. 4. (Spät.) im Raume, weit, in weiter Strecke.

Diurnus, *adj.* [dies] 1) zu einem Tage gehörig, einen Tag dauernd und jeden Tag wiederkehrend, Tages=, täglich, cibus, victus, merces. Insbef. acta diurna, siehe Acta. Hierv. A) als *subst.* -num, i, *n.* a) die tägliche Ration an Lebensmitteln. b) das Tagebuch, Journal. B) -na, ōrum, *n. pl.* a) das Journal. b) = acta diurna. 2) (oppos. nocturnus) zum Tage gehörig, was am Tage geschieht, Tages=: labores dd.; (Poet.) lumen d. des Tageslicht, stella d. der Morgenstern, currus d. der Sonnenwagen.

*****Diutĭne,** *adv.* [diutinus] (Pl.) lange.

Diutĭnus, *adj.* seltnere Form statt Diuturnus, was man sehe.

*****Diuturne,** *adv.* (zweifelh.) lange dauernd.

Diuturnĭtas, ātis, *f.* [diuturnus] die lange Dauer, temporis, pacis, belli, reipublicae; d. memoriae.

Diuturnus, *adj.* [diu] lange dauernd, anhaltend, obsidio, molestia, bellum; non potes esse d. du wirst nicht lange bestehen können; (Poet.) filia me diuturnior länger lebend als ich.

Di-vărico, 1. (selten) auseinandersprei[zen], [ver]ren, hominem.

Di-vello etc. 3. 1) auseinanderreißen, gewaltsam trennen, zerreißen: d. res a natura copulatas; d. corpus. Hiervon = wigreißen, entreißen, liberos a parentum complexu. 2) *trop.* d. amicitias, affinitates; d. aliquem ab aliquo von [...] = das [...]

terbrechen, stören; vix divelli a re sich nur mit Mühe von Etwas losreißen.

Di-vendo etc. 3. einzeln verkaufen, stücken, bona, praedam.

Di-verběro, 1. (Poet. u. Spät.) auseinanderschlagen, zerschlagen, trennen, spalten, auras sagittā, umbras ferro.

Diverbium, ii, *n.* [dis-verbum] der Dialog im Schauspiele.

Diverse, *adv.* mit *comp.* u. *sup.* [diversus] 1) im Raume, nach entgegengesetzten oder verschiedenen Richtungen hin, auf entgegengesetzten oder verschiedenen Seiten: legionarii d. tendebant; curae animum meum d. trahunt; corpora d. jacebant. 2) *trop.* verschieden, auf verschiedene Weise.

Diversĭtas, ātis, *f.* [diversus] (Spät.) 1) der Gegensatz, nach Ansicht, Gesinnung u. dgl., Widerspruch: mira d. naturae; d. inter exercitum et imperatorem; d. auctorum abweichende Ansichten. 2) die Verschiedenheit, der Unterschied, ciborum, linguae.

Diversus, *adj.* mit *comp.* u. *sup.* [diverto] 1) in entgegengesetzter Richtung gekehrt, -gehend, nach zwei entgegengesetzten Seiten hin gewendet: aciem diversam in duas partes constituere; iter d.; consules dd. abiere jeder nach seiner Seite hin; cur diversus abis? (Poet.) diversi stabant mit abgekehrten Gesichtern, dd. fenestrae einander gegenüber liegend. Hiervon A) *trop.* entgegengesetzt: duo dd. vitia (avaritia et luxuria); dd. mores; d. rei alicui. Insbef. der Meinung oder der Gesinnung nach entgegengesetzt, feindlich: d. factio, acies; regio ab aliquo diversa, transferre invidiam in diversum auf die Gegenpartei. B) unschlüssig, unstät: diversus animi; metu et invidiā d. agitur. C) *adverbial,* ex diverso auf der entgegengesetzten Seite. 2) nach mehreren verschiedenen Seiten hin gewendet, nach verschiedener Richtung gekehrt, von einander getrennt, jeder besonders u. dergl.: ex dd. Alpibus von verschiedenen Theilen der Alpen; proelium d. wo an verschiedenen Stellen gekämpft wird; fuga d. zerstreut, wo Jeder für sich flieht; diversi haec audistis Jeder für sich, Jeder allein; diversi gerunt bellum an verschiedenen Stellen. Hiervon *trop.* ganz verschieden, abweichend; d. ab aliquo, (Poet. u. Spät.) alicui rei; mala inter se dd.

Di-verto etc. 3. (Spät.) 1) auseinandergehen, matrimonium, uxor d. ab aliquo scheidet sich. 2) verschieden-, unähnlich sein, alicui von Jmd. (NB. Einige schreiben noch Diverto etc. an vielen Stellen, wo richtiger Deverto etc. geschrieben wird).

Dives, ĭtis (kürzere Form, bef. bei Poet. u. Spät., ist Dis, dītis, und das *n.* Dīte), *adj.* mit *comp.* u. *sup.* 1) reich (im Ueberflusse besitzend, vgl. locuples, opulentus), homo; quum cognomine tum copiis dives sowohl dem Namen als (wirklich) dem Vermögen nach reich, d. donis durch Gaben. Insbef. (Poet. u. Spät.) reich an Etwas, dives numis, pecore und dives pecoris, opum. 2) übertragen, von Sachen, A) = prächtig, kostbar, mensa; ramus d. von einem goldenen Aste. B) = fruchtbar, ager. C) = mit Reichthümern, Kostbarkeiten,

Vorrath erfüllt; d. Achaja, Capua; lingua d. = Beredtsamkeit oder reicher, blühender Vortrag; spes d. schön, epistola viel versprechend.

Di-vexo, 1. 1) auseinanderschleppen, -zerren, zerreißen, reliquias meas; divexare agros civium unter sich theilen. 2) (Spät.) quälen, beunruhigen, aliquem.

Divĭdia, ae, f. [divido] (Vorklass.) 1) die Zwietracht, Uneinigkeit. 2) der Kummer, Aerger, die Sorge.

Divĭdo, isi, isum, 3. [verwandt mit duo; oder von dis und dem Stamme vid, woraus Viduus u. f. w.] 1) Etwas in zwei oder mehrere Theile trennen, theilen: d. rem; d. verba am Ende der Zeile abtheilen, trennen; d. aliquem securi durchhauen; d. muros durchbrechen, frontem ferro spaltern, trop. d. animum nunc huc nunc illuc bald zu diesem bald zu jenem Entschlusse hinneigen; haec res consensum nostrum d. stört unsere Einigkeit, macht uns uneinig. 2) eintheilen, abtheilen, bona tripartito, annum ex aequo, Galliam in partes duas. Hiervon A) (Poet.) d. praemia, factum cum aliquo mit Imb. theilen. B) term. t. d. sententiam die einzelnen Puncte, aus welchen ein Vorschlag oder ein Votum besteht, scheiden, damit über jeden für sich gestimmt werden kann. 3) vertheilen, austheilen, agros, bona viritim; d. praedam militibus, aber auch inter singulos milites; d. exercitum in civitates, Romanos in custodiam civitatium verlegen, vertheilen. Hiervon (Spät.) = zum Verkaufe ausgeben: d. praedam ad licitationem versteigern; (Poet.) d. carmina citharā = spielen (gleichsam austheilen, hören lassen). 4) trennen, scheiden: flumen Rhenum d. agrum Helvetium a Germanis; (Poet.) gemma d. aurum von einem in Gold eingefaßten Edelsteine. Hiervon trop. d. legem bonam a mala unterscheiden. B) dividi ab uxore sich scheiden.

Divĭduus, adj. [divido] 1) theilbar. 2) (Poet. u. Spät.) getheilt, getrennt, munus, arma; luna d. der Halbmond; aqua d. in zwei Armen fließend.

Divinātio, ōnis, f. [divino] 1) das Vorausshen der Zukunft, die Sehergabe, die Weissagung. d. est praesensio et scientia rerum futurarum; hiervon überhaupt = höhere Eingebung, Offenbarung. 2) term. t. die Untersuchung, wem von mehreren Anklägern, die sich angemeldet haben, die Klage am besten anvertraut werden kann.

Divīne, adv. mit comp. [divinus] auf göttliche Weise, daher 1) durch göttliche Macht. 2) durch göttliche Eingebung. 3) vortrefflich, herrlich.

Divīnĭtas, ātis, f. [divinus] 1) die Göttlichkeit, die göttliche Natur, das göttliche Wesen. 2) trop. = die Vortrefflichkeit, Herrlichkeit.

Divīnĭtus, adv. [divinus] 1) so daß Etwas von einer Gottheit herrührt, durch oder von einem Gotte, a) = durch göttliche Fügung: Tiberis super ripas d. effusus; si id d. accidit. b) = durch göttliche Eingebung, scire aliquid d. 2) trop. = vortrefflich, schön, herrlich, aliquid dicere.

Divīno, 1. [divinus] etwas Künftiges vorausehen, ahnen (mittelst göttlicher Eingebung, vgl. praesagio, auguror u. f. w.), davon = vorhersagen: nihil boni d. animus; d. futura; d. quid acciderit, de exitu.

Divīnus, adj. mit comp. u. sup. [divus] 1) göttlich, was von den Göttern oder einem Gotte kömmt, ihnen zukömmt, gehört, sie betrifft u. f. w.: animi hominum sunt dd. sind göttlichen Ursprungs; dona dd. für die Götter sich eignend; res d. oder im pl. res dd. = der Gottesdienst, die Opferung, aber im Gegensatze von res humanae die Lehre von Gott, dem Ursprunge der Welt u. f. w. 2) voll göttlicher Eingebung, die Zukunft voraussehend, -ahnend, weissagend, inspirirt: appropinquante morte animus est multo divinior; (Poet.) vates d. begeistert, d. futuri die Zukunft ahnend; auch subst. Divinus ein Wahrsager. 3) trop. = vortrefflich, herrlich, übermenschlich, ingenium, homo, orator, fides.

Divīsio, ōnis, f. [divido] 1) die Theilung, Eintheilung, bef. in der Logik oder Rhetorik. 2) die Vertheilung, Austheilung, agrorum.

Divīsor, ōris, m. [divido] der Vertheiler; insbef. der Vertheiler von Geschenken, von Leuten, die sich von den Amtscandidaten miethen ließen, um zur Bestechung Geld unter die Wähler zu vertheilen.

Divīsus, adj. mit comp. [particip. von divido] getheilt.

Divīsus, us, m. [divido], nur im dat. sing.: = divisio 2.: esse d. vertheilt werden.

Divĭtiae, ārum, f. pl. [dives] der Reichthum; templum inclutam divitiis durch seine Schätze, Kostbarkeiten. Hiervon trop. dd. soli Fruchtbarkeit; dd. ingenii, in oratione Crassi divitias perspexi Fülle, Reichthum an Gedanken und Worten.

Divŏdūrum, i, n. Stadt in Gallien, jetzt Metz.

Divortium, ii, n. [diverto] 1) der Ort, wo ein Weg, Fluß od. dergl. sich nach zwei verschiedenen Richtungen theilt, der Scheidepunkt, die Scheidelinie: d. itinerum; artissimo d. inter Europam et Asiam von der sie trennenden Straße; d. aquarum die Wasserscheide. 2) trop. A) dd. doctrinarum facta sunt die Systeme haben sich getrennt. B) die Ehescheidung, facere d. cum aliqua sich von einer Frau scheiden.

Divulgātus, adj. mit sup. [particip. von divulgo] allgemein-, weit verbreitet; magistratus levissimus et d. gemein.

Di-vulgo, 1. unter die Leute bringen, allgemein bekannt machen, veröffentlichen, ausbreiten, librum; d. rem sermonibus, opinionem in Macedoniam.

Divus ob. **Dius** (deus) (meist Poet. u. Spät.) 1) selten als adj. = divinus, göttlich, trop. vortrefflich, außerordentlich. 2) häufig als subst. A) **Divus,** i, m. der Gott, **Diva,** ae, f. die Göttin. B) **Divum,** i, n. der freie Himmel, das Freie.

Do, dĕdi, dătum, 1. [stammverw. mit δίδωμι] 1) Etwas irgendwohin bringen, -bewegen, -setzen, -legen: d. aliquem ad terram zu Boden werfen, in carcerem werfen; d. illos Luceriam schicken; dies insequens d. hostem in conspectum zeigte den Feind, d. se in conspectum erscheinen, sichtbar werden; d. hostes in fugam in die Flucht jagen; d. vela die Segel aufziehen, unter Segel gehen; d. se fugae oder in fugam, in viam sich auf die Flucht, auf den Weg begeben; d. se in pedes (*Pl.*) sich auf die Beine machen, fliehen; d. alicui terga Jmd. den Rücken zukehren, vor ihm fliehen; d. se populo sich dem Volke zeigen; librum foras herausgeben, unter die Leute bringen; = von sich geben, d. cantum fingen, d. dictum eine Äußerung machen, d. colorem strahlen; d. calculum ziehen; *trop.* d. se in sermones sich in ein Gespräch einlassen, ein Gespräch anfangen, in quamcunque partem me do nach welcher Seite ich mich wende. Hiervon A) d. manus als Ueberwundener die Hände hervorstrecken, um sich die Fesseln anlegen zu lassen, daher = sich überwunden und gefangen erklären, und überhaupt = sich fügen, nachgeben. B) von einem Schauspiele u. dergl., = aufführen lassen, „geben": d. fabulam *sc.* populo (vgl. doceo) aufführen lassen, d. munus gladiatorium. C) d. alicui aliquid laudi, vitio u. dergl., Jmd. Etwas zum Ruhm, zur Last legen, rechnen.

2) verursachen, bewirken, machen: d. alicui dolorem, vulnera, damnum; (Com.) d. impetum machen, finem laborum das Ende herbeiführen; d. finem bibendi zu trinken aufhören; d. alicui spem Jmd. Hoffnung machen, „geben"; d. ingentem fugam stragemque anrichten; d. saltum einen Sprung machen.

3) geben, in den mannigfaltigen und verschiedenen Anwendungen dieses Wortes: A) = schenken, als Gabe überlassen, alicui praemium, pecuniam, facultatem aliquid faciendi, bonum consilium, veniam. B) = einräumen, zugestehen, bes. in einem Dispute, aliquid alicui; hoc tibi do; dasne, mortem esse malum? C) = übergeben, in die Hände geben, liefern: d. alicui literas ad fratrem Jmd. einen an den Bruder geschriebenen Brief zur Besorgung übergeben, daher d. literas ad aliquem = an Jmd. schreiben; d. urbem excidio die Stadt verwüsten lassen. D) = zufolge einer Nöthigung oder Aufforderung leisten, bezahlen u. dergl.: d. (alicui) poenas (rei alicujus) eigtl. (an Jmd.) eine Buße bezahlen, daher von Jmd. bestraft werden (wegen einer Sache). E) = auf Etwas verwenden: d. operam rei alicui (ut oder ne quid fiat) sich einer Sache befleißigen, d. noctem operi. F) d. verba alicui Jmd. täuschen, hinter das Licht führen. G) *trop.* a) Etwas einer Sache widmen, ganz hingeben: d. se jucunditati, studiis; d. se regibus, populo Alles um der Könige, des Volkes willen thun, ihnen in Allem dienen. b) d. se sich fügen. c) d. aliquid alicui oder rei alicui Etwas um Jmds oder einer Sache willen thun; hoc famae do, do hoc illi; aliquid coronae d. um der Zuhörer willen thun; da hunc populo verzeihe ihm um des Volkes willen, dem Volke zu Gefallen; auch = Jmd. in Etwas Glauben schenken, trauen: auctoribus hoc dedi.

4) in der Rede, angeben, nennen: cur hoc factum sit, paucis dabo; da mihi nunc (Com.) sage mir jetzt, d. diem colloquio bestimmen. Hiervon A) d. nomina sich zum Kriegsdienst einschreiben lassen, melden. B) d. vindicias Recht sprechen, siehe vindiciae.

Dŏceo, cui, ctum, 2. [stammverw. mit *διδάσκω*] 1) lehren, unterrichten, unterweisen: d. aliquem literas, *pass.* doctus militiam im Kriegswesen unterrichtet; d. aliquem canere, docendus Graece loqui; d. aliquem fidibus die Cither spielen, equo reiten, armis die Waffen gebrauchen. 2) = benachrichtigen, Jmd. in Kenntniß von Etwas setzen, belehren, sagen: d. aliquem de re aliqua, qui vir R. fuerit. 3) ohne Angabe der Person, die den Unterricht empfängt, lehren = vortragen, munus scribendi; d. illud fieri non posse zeigen, nachweisen. Insbes. a) d. causam = dem Anwalte oder den Richtern die Beschaffenheit der Sache auseinandersetzen, entwickeln. b) absol. = Vortrag halten, lehren, docet is apud me, Romae. 4) d. fabulam vom Verfasser eines Schauspiels, ein Schauspiel mit den Schauspielern einüben, einstudiren um es darnach auf die Bühne zu bringen, aufführen lassen.

Dochmius, ii, m. [δόχμιος] ein Versfuß (⏑—⏑).

Dŏcĭlis, e, *adj. mit comp. u. sup.* [doceo] der leicht und willig lernt, gelehrig, bellua (der Elephant); d. ad agriculturam; (Schr.) docilis Latino sermone der die lateinische Sprache leicht lernt; (Poet.) d. fandi, modorum; (Poet.) capilli dd. biegsame, die leicht eine Form annehmen.

Dŏcĭlĭtas, ātis, *f.* [docilis] die Gelehrigkeit, Gefügigkeit.

Docte, *adv. mit comp. u. sup.* [doctus] 1) gelehrt, geschickt. 2) (*Pl.*) klug, gescheit.

Doctor, ōris, m. [doceo] der Lehrer (meist mit Beziehung auf den Lehrgegenstand, vgl. praeceptor, magister), rhetoricus.

Doctrīna, ae, *f.* [doceo] 1) der Unterricht, die Unterweisung (häufig im Gegensatze von natura). 1) die (durch Unterricht mitgetheilte) Gelehrsamkeit, die Kenntnisse und *concr.* die Lehre, Wissenschaft: d. ac literae; studia doctrinae gelehrte Studien; Graecae dd.; d. liberalis; d. dicendi die Rhetorik; subtilior quaedam d. Theorie. Insbes. = die durch die Philosophie angenommenen Grundsätze: illud non doctrinā fecit sed naturā.

Doctus, *adj. mit comp. u. sup.* [*particip.* von doceo] 1) als *particip.* von doceo: doctā prece blandus (Poet.), in einem (vom Dichter) gelehrten Gebete stehend. 2) A) wo von einer Wissenschaft u. dergl. die Rede ist, gelehrt, gebildet, homo; Latine der Latein versteht, ebenso doctus literis Latinis, d. fidibus der das Citherspiel versteht, (Poet.) doctus juris des Rechts kundig, d. ad malitiam. B) wo an eine Kunst und Fertigkeit gedacht wird, fertig, geschickt, geübt: d. puella (von einer Sängerin); dd. manus, brachia; (Poet.) doctus fandi im Reden, canere im Singen. 3) (Poet.) klug, gescheit.

Dŏcŭmentum, i, n. (Vorklass. auch -men, ĭnis, n.) [doceo] überhaupt Alles, was zur Lehre dienen kann, also = Lehre, belehrendes oder warnendes Beispiel, Warnung oder Beweis, Probe, Kennzeichen, Muster u. dergl.: P. Rutilius nostris hominibus documentum fuit probitatis; dare documentum fidei, eloquentiae; omnis exempli dd. allerlei belehrende Beispiele; documento hoc est (dieses zeigt, lehrt), quantum in bello fortuna possit (wie Viel u. s. w.), und haec quoque persipici (daß u. s. w.); ruinae Sagunti documentum illis erunt; ne quis fidei Romanae confidat; ego documento ero utrum — an an mir wird es sich zeigen.

Dōdōna, ae, f. [Δωδώνη] Stadt in Epirus, berühmt durch ein sehr altes und heiliges Orakel des Jupiter. Davon Dōdōnaeus, u. (Poet.) Dōdōnis, idis (nur f.), adj.

Dōdrans, tis, m. [de-quadrans] drei Viertel eines Ganzen, siehe As; als Längenmaaß = ¾ eines Fußes, 9 Zoll.

*Dōdrantārius, adj. [dodrans] zum Dodrans gehörig, tabulae, dd. Schuldbücher über den Wucher.

Dogma, ătis, n. [δόγμα] ein philosophischer Lehrsatz.

Dŏlābella, ae, m. 1) deminut. von dolabra. 2) römischer Familienname in der gens Cornelia: am bekanntesten ist Publius Corn D., Schwiegersohn des Cicero, der dritte Gemahl Tullia's. Er wurde vom Cassius in Laodicea belagert und gab sich da selbst den Tod.

Dŏlābra, ae, f. [dolo] die Hacke, Brechart, die z. B. von Landleuten und von Soldaten bei Belagerungen gebraucht wird.

Dŏlens, tis, adj. mit comp. [particip. von doleo] schmerzlich.

Dŏlenter, adv. mit comp. [doleo] mit Schmerz, auf schmerzliche Weise.

Dŏleo, 2. 1) körperlich, A) vom Subjecte (sehr selten) Schmerz fühlen; d. oculis Augenschmerzen haben. B) von einem Theil des Körpers, schmerzen, weh thun: pes, oculi dd.; caput mihi d.; impers. mihi dolet quum vapulo es schmerzt mich. 2) geistig, A) von dem Subjecte, Schmerzen über Etwas fühlen, trauern, betrübt sein (bezeichnet nur das Gefühl selbst, vgl. moereo und lugeo): d. casum alicujus; doleo me ab illo superari; d. laude aliena; d. de Hortensio, ex commutatione rerum wegen H., über die Veränderung der Sachen; d. quod illis rebus frui non licet, quia angeris. B) (meist Conversat.) von Sachen, schmerzen, leid thun, betrüben: hoc mihi dolet, nihil cuiquam dolet; *(Poet.) aura me d.

*Dŏliāris, e, adj. [dolium] zum Fasse gehörig: anus d. (Pl.) dick wie eine Tonne (Andere lesen dort diobolaris).

Dŏliŏlum, i, n. deminut. von dolium.

Dŏlium, ii, n. ein Faß, bes. ein Weinfaß (zuerst aus Thon gemacht, später aus Holz), in welchem man den jungen Wein gähren und abliefen ließ.

Dŏlo, 1. [dolo] 1) mit der Art bearbeiten, behauen, zuhauen, taleas; d. scyphum caelo ausschneiden; dolatus e robore (Poet.). 2) trop. A) d. aliquem fuste durchprügeln. B) (Pl.) d. dolum austenken, Ränke schmieden. C) vom Stile, d. opus (oppos. perpolire) gleichsam grob abhobeln, dem Werke nur die erste und unvollständige Bearbeitung geben.

Dŏlo ob. -lon, ōnis, m. [δόλων] 1) (Poet. u. Spät.) ein mit einer scharfen eisernen Spitze versehener Stock, der Stockdegen, eine Art Dolch; davon (Poet.) = der Stachel einer Fliege. 2) ein kleines Schiffsegel, das Vordersegel.

Dŏlo, ōnis (im accus. sing. auch Dolum), m. [Δόλων] ein trojanischer Kundschafter.

Dŏlŏpes, pum, m. pl. [Δόλοπες] Völkerstamm in Thessalien, später am Pindus und zu Epirus gerechnet. Davon Dŏlŏpia, ae, f. das Land der D.

Dŏlor, ōris, m. [doleo] 1) eigtl. der körperliche Schmerz, Pein, Qual, d. corporis, d. articulorum die Gicht. 2) (mit und ohne animi) geistiger Schmerz, = Kummer, Betrübniß (vgl. moeror, luctus), Aerger, Verdruß, Zorn, Unwille u. dergl.: d. animi; capere (accipere, percipere) d. ex re aliqua Schmerzen fühlen, leiden, ebenso affici dolore; esse in dolore betrübt sein; hoc est mihi dolori dieses schmerzt mich; d. injuriae über eine Beleidigung. 3) (Poet.) = die Ursache, Veranlassung zum Schmerze; d. ille referri non debet.

Dŏlōse, adv. [dolosus] trugvoll, trügerisch.

Dŏlōsus, adj. [dolus] (meist Poet.) trugvoll, trügerisch, mulier, vulpes; cinis d. täuschend.

Dŏlus, i, m. die List, der Kunstgriff und bes. (mit hervorsehendem Begriffe des Widerrechtlichen und Unmoralischen) der Betrug, die Hinterlist, Arglist (in weicher Bedeutung besonders in der älteren Sprache als juridischer term. t. d. malus gesagt wurde = absichtliche und böswillige Täuschung). Hiervon (Poet. u. Spät.) = das, wodurch man Jmd. hintergeht, das Mittel der List: deludere dolos den Netzen entgehen, subterranei dd. unterirdische verdeckte Gänge.

Dŏmābĭlis, e, adj. [domo] (Poet.) bezähmbar, der gezähmt werden kann.

Dŏmātor, ōris, m. (Poet.), Nebenform von Domitor w. m. f.

*Dŏmesticātim, adv. [domesticus] (Spät.), in Privathäusern, zu Hause.

Dŏmestĭcus, adj. [domus] häuslich, 1) = zum Hause gehörig, häuslich, Haus-: parietes dd.; vestis d. Kleidung, die nur im Hause gebraucht wird, sententia die nur im Hause geäußert wird, (Poet.) domesticus otior zu Hause. 2) = zur Familie, zum Hauswesen gehörig, Familien-: luctus d. Familientrauer, praecepta dd. häusliche Erziehung; usus d. gesellschaftlicher Verkehr im Schoofe der Familie; homo d. Familienglied oder Hausfreund, praedo d. ein Räuber aus der eigenen Familie. Hiervon Dŏmestĭcī, ōrum, m. pl. die Glieder einer Familie oder eines Hausstandes, daher = a) die Familie, b) das Hausgesinde. 3) im Gegensatze des Oeffentlichen, des Fremden oder Ausländischen: a) = privat, d. = eigen, eigenthümlich: d. copia rei frumentariae; d. judicium atque animi conscientia; res dd. die eigenen, häuslichen Angelegenheiten; literae dd. die private Correspondenz. b) = einheimisch, heimathlich, inländisch u. vergl.: mos d., bellum d. Bürgerkrieg; dd. insidiae; externa libentius recordor quam domestica als Begebenheiten aus der Geschichte unseres eigenen Volks.

Dŏmĭcĭlĭum, ii, n. [domus] die Wohnung, der Wohnsitz, das Haus, trop. d. imperii et gloriae „Sitz".

Dŏmĭna, ae, f. [domus] 1) (Vorklass. u. Spät.) die Hausfrau als Gebieterin des Hauses, im Verhältnisse zu dem Hausgesinde, die Herrin (vgl. hera, materfamilias). 2) überhaupt = die Herrscherin, Herrin, Gebieterin: haec una virtus est omnium d. et regina. Insbes. A) (Spät.) eine Dame aus der kaiserlichen Familie. B) (Poet.) schmeichelnde und kosende Benennung einer Geliebten, selten einer Ehefrau.

Dŏmĭnātĭo, ōnis, f. [dominor] 1) die Beherrschung, Herrschaft, gewöhnlich mit dem Begriffe der Allein- und der Zwangsherrschaft, der Willkür: d. Cinnae, d. superba, impotens; d. judiciorum oder in judiciis unumschränkte Gewalt über (von dem übergroßen Ansehen und Einflusse eines Advocaten.) 2) (Spät.) concr. im pl. = die Herrscher.

*****Dŏmĭnātor**, ōris, m. und **-trix**, īcis, f. [dominor] der Beherrscher, die Beherrscherin.

Dŏmĭnātus, us, m. [dominor] = dominatio; trop. d. cupiditatum.

Dŏmĭnĭcus, adj. [dominus] (Vorklass. u. Spät.) zum Herrn gehörig, Herren-.

Dŏmĭnĭum, ii, n. [dominus] 1) (sehr selten u. zweifelh.) das Gastmahl. 2) (Spät.) die Gewalt über eine Sache, das Eigenthumsrecht. 3) (Spät.) die Herrschaft = der Herr.

Dŏmĭnor, depon. 1. [dominus] herrschen, Herr sein, gebieten, sehr oft mit einem gehässigen Begriffe = eine Zwangsherrschaft ausüben, tyrannisiren, den Herrn spielen: d. Carthagine, in urbe; d. inter aliquos; d. in adversarios über, d. in capite fortunisque hominum dasselbe. Hiervon trop. = den meisten Einfluß haben, am meisten gelten: dominatur d. maxime in libero populo; d. in judiciis (siehe dominatio); (Poet.) lolium et avenae dd. haben Ueberhand. *2) (Vorklass.) pass. beherrscht werden.

Dŏmĭnus, i, m. [domus] 1) der Hausherr, der Eigenthümer als Herr und Gebieter im Hause, daher überhaupt der Eigenthümer, Besitzer (vgl. herus): quae imperavit dominus; d. aedium, praediorum; auch (Pl.) vom Sohne des Herrn „der junge Herr". 2) überhaupt der Herr, Herrscher, Gebieter (oft, wo es von einem politischen Verhältnisse gebraucht wird, zufolge der republicanischen Gesinnung der Römer mit einem gehässigen Nebenbegriff = Zwangsherr, Despot): dii omnium rerum dd.; d. omnium gentium, legum; d. factionum (Spät.) der Anführer. Hiervon A) der Aufsteller ob. Vorsteher einer Sache, z. B. eines Schauspiels, einer Versteigerung; insbef. d. convivii (epuli) und bisweilen bloß d. von demjenigen, der ein Gastmahl giebt, = der „Wirth". B) (Spät.) der Kaiserzeit = der Kaiser. C) (Spät.) überhaupt als eine höfliche Anrede, „mein Herr",

"der Herr". D) als schmeichelnde oder kosende Benennung eines Geliebten. 3) (Poet.) als adj. zum Herrn gehörig, Herren-: dd. manus, torus d. des Herrn Lager.

*****Dŏmĭporta**, ae, f. [domus-porto] (Vorklass.) die Hausträgerin, poetische Benennung der Schnecke.

Dŏmĭtĭānus, ii, m. (vollständig Titus Flavius D. Augustus), römischer Kaiser, Sohn des Vespasian, Bruder des Titus.

Dŏmĭtĭus, Name eines römischen Geschlechtes, aus welchem zwei Familien am bekanntesten sind: 1) Ahenobarbi („Rothbärte"): von diesen war a) Cn. D. Ah. Allobrogicus (Besieger der All.) Consul 122; b) Cn. D. Ah. war zuerst nebst seinem Vater (Lucius D. Ah.) ein Gegner Cäsars und focht gegen ihn bei Pharsalus, versöhnte sich aber mit ihm, vereinigte sich später mit Brutus und Cassius, dann mit Antonius, und ging endlich zum Octavian über. c) Lucius D. Ah., Sohn des Vorigen, war unter August Feldherr in Germanien; mit seiner Frau Antonia (Tochter des Triumvir Antonius) hatte er einen Sohn Cnejus D. Ah., der mit Agrippina (des Germanicus Tochter) vermählt war und Vater des römischen Kaisers Nero wurde. 2) Calvini: von diesen war Cnejus D. C. ein Anhänger des Cäsar, den Dejotarus freundlich empfing. — Außer diesen ist noch Cn. D. Corbulo, Schwager des Caligula, als tapferer Feldherr bekannt. — Dav. Domitius als adj.

Dŏmĭto, 1. [domo] (selten, Poet. u. Spät.) = ein verstärktes Domo.

Dŏmĭtor, ōris, m. [domo] 1) der Bezähmer, Bändiger: d. equorum der Bereiter. 2) trop. der Besieger, Bezwinger, Ueberwältiger, Persarum, Trojae.

Dŏmĭtrix, īcis, f. [domo] (Poet. u. Spät.) die Bändigerin.

*****Dŏmĭtus**, (Spät.) -us, m. [domo] die Zähmung, Bändigung, quadrupedum.

Dŏmo, mui, mĭtum, 1. 1) zähmen, bändigen, equos. 2) trop. bezwingen, bändigen, besiegen, überwinden, aliquem, gentes bello; (Poet.) Venus, cura illum d. beherrscht; d. uvam praelo pressen, aliquid undis kochen, weich machen, d. invidiam, libidines.

Dŏmus, us, u. (Com. u. als adv., siehe unten) i, stammverw. mit δόμος, f. 1) das Haus (als Wohnung, Heimath und Sitz der Familie, vgl. aedes), ampla; in domo im Hause; in domo aliqua, casta; in d. sua (selten), in domo ejus; venit in nostram domum; fugiebant in dd. et tecta; nec ab d. quidquam venit; excivit eos ex d. — Häufig sind die Adverbialformen: A) domi zu Hause, im Hause: d. fuit, d. se tenere; d. meae, tuae, nostrae, bei mir, dir, uns zu Hause, in meinem u. s. w. Hause, ebenso d. alienae im Hause eines Anderen, auch d. Caesaris im Hause des C., bei C. zu Hause, d. istius. Insbes. d. habeo aliquid = habe Etwas selbst in hinlänglichem Maße, brauche es nicht anderswoher zu holen. B) domum nach Hause, ins Haus: proficisci d.; venit d. meam, regiam, Roscii in mein, des Königs, des R. Haus, venit domos nostras in unsere Häuser. Insbes. trop. abducere aliquem d. = Imd. (von einem

Anberen abjiehen unb) ju fich (auf feine Seite) ziehen. C) domo, a) von Hause, aus bem Hause, proficisci d.; trop. d. afferre = wohl vorbereitet (auf eine Rede) von Hause kommen, d. doctus = felbft flug genug, d. solvere aus eigenen Mitteln bezahlen. b) (selten) = domi. — 2) (Poet.) jebe Art Aufenthaltsort, z. B. eine Grotte, bie Höhle eines Thiers, bas Grab u. f. w. — 3) bas Baterland, bie Heimath: baher häufig domi, domum, domo = in dem Baterlande, nach bem Baterlande, aus bem Baterlande, unb sehr häufig domi (im Gegensatze von foris, belli, militiae) = in bürgerlichen unb friedlichen Angelegenheiten, im Frieden (im Gegensate von „im Kriege"). — 4) bas Haus = bie Hausgenoffenschaft, bie Familie: tota d. nostra te salutat. Hiervon von ben Philosophen = bie Secte. 5) bas Haus = bas Hauswesen: regere domum ratione. — NB. Seltene Formen sind im dat. sing. domo, im abl. sing. domu; ber accus. plur. heißt domos, seltener domus, ber genit. plur. domuum unb häufiger domorum.

*Dŏnābĭlis, e, adj. [dono] (Pl.) würdig beschenkt zu werden.

Dŏnārĭum, ii, n. [donum] 1) (Poet.) ber Ort in ober an einem Tempel, wo heilige Gaben aufbewahrt wurden. (Poet.) ber Tempel ober ber Altar. 2) das Weihgeschenk, bie Tempelgabe.

Dŏnātĭo, ōnis, f. [dono] bie Schenkung, Gabe, bonorum; constituere d.

Dŏnātīvum, i, n. [dono] (Spät.) ein kaiserliches Geldgeschenk an bie Soldaten (vgl. congiarium).

Dŏnātor, ōris, m. [dono] (Spät.) ber Geber, Schenker.

Dŏnax, ācis, m. [δόναξ] (Spät.) 1) eine Art Rohr. 2) ein Fisch.

Dōnĕc (Vorklaff. Dōnĭcum), conjunct. 1) (meist Poet. u. Spät.) von zwei gleichzeitigen Handlungen, während, so lange als: d. eris felix, multos numerabis amicos. 2) von zwei auf einander folgenben Handlungen, bis baß, so lange bis: haud desinam, d. perfecero hoc. Oft mit vorhergehendem usque, usque adeo (eo), eo usque, in tantum fo lange bis, bis auf bie Zeit ba; nach einer Verneinung kann es bisweilen burch „ehe" überfeßt werben: me attrectare nefas, d. me abluero.

Dōno, 1. [donum] 1) geben, schenken, alicui aliquid. Insbef. A) = fahren laffen, aufgeben, opfern: d. inimicitias suas reipublicie bem Staate zum Opfer bringen, um des Staates willen fahren laffen. B) = jemandem Etwas Verzicht leisten: d. alicui aes alienum, mercedes habitationum annuas conductoribus; d. alicui poenam; d. causam alicui Jmb. ben Proceß „erfparen". C) Jmb. zu Liebe Etwas ob. Jmb. ungestraft laffen unb verzeihen, bem Thäter bie Strafe erlaffen (statt bes häufigeren condono): donabo culpam precibus vestris um Eurer Bitten willen werde ich das Vergehen verzeihen; d. patrem filio, damnatum populo Romano. 2) Jmb. mit Etwas beschenken: d. aliquem re aliqua; (selten, Vorklaff.) d. aliquem aliquid.

Dōnum, i, n. bie Gabe, bas Geschent (überhaupt, vgl. munus): mittunt certatim dd. et munera; dare aliquid dono zum Geschenke; dd. suprema (ultima) bie leßte Ehre, bie einem Verstorbenen durch Tobtenopfer u. bergl. erwiesen wurde; insbef. = eine Gabe an bie Götter, ein Opfer.

Dŏnūsa, ae, f. [gr. Δονουσία] Insel im ägäischen Meere, unter ben Kaisern ein Verbannungsort.

Dōres, rum, m. [Δωριεῖς] bie Dorier, ein Hauptstamm ber Griechen. Davon 1) Dōrĭcus [Δωρικός] adj. dorisch, Poet. = griechisch überhaupt; hiervon adv. Dōrĭce. 2) Dōrĭenses, ium, m. pl. (Spät.) = Dores. 3) Dōrĭs, ĭdis, f. [Δωρίς] A) als adj. borisch. B) Landschaft a) in Nordgriechenland am Oeta, Ursiß bes borischen Stammes; b) in Kleinasien an ber Südküste von Carien. 3) (Poet.) Dōrĭus, adj.

Dōris, idis, f. [Δωρίς] Tochter bes Oceanus unb ber Thetys, mit ihrem Bruder Nereus vermählt unb von ihm Mutter ber 50 Nereides ober Dōrides.

Dormĭo, 4. schlafen; ire dormitum zu Bette gehen; (Poet.) d. horam, hiemem schlafend zubringen. Hiervon trop. A) = unthätig, still sein; pessuli illi dd. B) = sorglos, unbekümmert sein. C) = todt sein.

*Dormītātor, ōris, m. [dormito] (Pl.) ber Träumer, Phantast.

Dormĭto, 1. [dormio] 1) schläfrig sein, einschlafen wollen; bisweilen = schlafen. 2) trop. A) (Poet.) lucerna d. ist bem Erlöschen nahe. B) unthätig, gebankenlos, stumpffinnig sein, faseln, träumerisch handeln: interdum bonus d. Homerus; sapientia dormitans et oscitans.

Dormītōrĭus, adj. [dormio] (Spät.) zum Schlafen gehörig: subst. -tōrium, ii, n. ein Schlafzimmer.

Dorsum, i, n. (Vorklaff. auch *Dorsus, us, m.) 1) ber Rücken (in horizontaler Lage gebacht, als oberster und erhabener Theil bes Körpers, also eigtl. vom Rücken der Thiere, vgl. tergum; selten vom Rücken des Menschen). 2) trop. von Gegenständen, bie an Gestalt und Lage bem Rücken eines Thieres ähnlich find, z. B. ein Bergkamm, ein langgestreckter Felsen. d. Apennini, d. jugi, d. in mari in hervorragender Grund.

Dŏrȳlaeum, i, n. [Δορύλαιον] Stadt in Phrygien; davon Dōrȳlenses, ium, m. pl. bie Einwohner von D.

Dŏrȳphŏros, i, m. [δορυφόρος] ber Lanzenträger (berühmte Statue des Polyklet).

Dōs, ōtis, f. bie Mitgabe bei ber Hochzeit, bie Mitgift. 2) (Poet. u. Spät.) trop. a) die Gabe = zierende ob. schätzbare Eigenschaft, Zierde: d. ingenii; d. naturae; ille est d. loci zierde. b) bie Gabe überhaupt.

Dossennus ober Dorsennus, i, m. (Fabius D.) 1) ein Atellanendichter. 2) eine comische Person in ben Atellanen ober römischen Volkscomödien.

Dōtālis, e, adj. [dos] zur Mitgift gehörig, als Mitgift mitgebracht (von ber Frau) ober empfangen (vom Manne), ager, servus.

Dōtātus, adj. mit sup. [particip. von doto] 1) reichlich ausgestattet, uxor. 2) reichlich mit Etwas versehen, begabt, puella dotatissima formā.

Dōto, 1. [dos] aussteuern, reichlich mit Mitgift ausstatten, filiam.

Drachma (Dorfl. auch **Drāchŭma**) ae, f. [δραχμή] die Drachme, 1) eine griechische Münze, ungefähr vom Werthe eines römischen Denarius. 2) als Gewicht der 8te Theil einer uncia.

Drăco, ōnis, m. [δράκων] 1) eine Schlangenart, die zum Theil in vornehmen Häusern von Damen als Lieblingsthier und Spielzeug gehalten wurde; (Poet.) überhaupt = Schlange, Drache. Hiervon (Spät.) A) = ein schlangenförmiges Gefäß. B) ein Gestirn. 2) nom. propr., der Gesetzgeber Athens.

*****Drăcŏnĭgĕna**, ae, comm. [draco-gigno] (Poet.) der schlangengeborene, urbs d. = Theben.

Drancae ob. **Drangae**, ārum, m. pl. Völkerschaft im Innern des persischen Reiches.

*****Drăpĕta**, ae, m. [δραπέτης] (Pl.) der Deserteur, bes. = ein entlaufener Sklave.

Drĕpănum, i, n. oder **-na**, ōrum, n. pl. [Δρέπανον, -να] Stadt auf der Westküste Siciliens, jetzt Trapani. Davon **Drĕpănītānus**, adj. u. subst. **-āni**, ōrum, m. pl. die Einwohner von D.

Drŏmas, ădis, m. [δρομάς] (Spät.), in der Verbindung d. camelus, das Dromedar.

Drŏmos, i, m. [δρόμος] die Rennbahn, bei. eine Ebene bei Sparta.

Druentia, ae, f. Fluß in Gallien, jetzt Durance.

Druĭdae, arum, oder **-des**, dum, m. pl. die Druiden, Priester der alten Celten in Gallien und Britannien.

Drūsus, i, m. Familienname in der gens Livia und der Claudia: 1) Livii: A) Marcus L. D. Volkstribun 122 v. Chr. und Gegner des C. Gracchus. B) Marcus L. D., Sohn des Vorigen, Volkstribun 91 v. Chr., gab zum Theil Veranlassung zum Bundesgenossenkriege. Er wurde 91 v. Chr. in seinem Atrium von unbekannter Hand getödtet. 2) Claudii: A) Cl. Nero Dr., gewöhnlich bloß Drusus genannt, Stiefsohn des Augustus und Bruder des Tiberius, starb nach glänzenden Feldzügen in Germanien 9 n. Chr. B) D. Caesar, einziger Sohn des Tiberius, vom Sejan durch Gift getödtet.

Dryas, ădis, f. [Δρυάς] (Poet.) eine Baumob. Waldnymphe.

Dryŏpes, pum, m. pl. [Δρύοπες] Volksstamm in Epirus.

Duālis, e, adj. [duo] (Spät.) zu zweien gehörig, zwei enthaltend, numerus.

Dŭbie, adv. [dubius] zweifelhaft, ungewiß, häufig mit einer Negation, non, haud d. = unstreitig, ganz gewiß, sicher.

Dŭbĭĕtas, ātis, f. [dubius] (Nachkl.) der Zweifel.

Dŭbis, is, m. Fluß in Gallien, jetzt Doubs.

Dŭbĭtābĭlis, e, adj. [dubito] (Poet.) zweifelhaft.

Dŭbĭtanter, adv. [dubito] *1) zweifelnd. 2) zaudernd.

Dŭbĭtātio, ōnis, f. [dubito] 1) das Schwanken in der Meinung und dem Urtheile, der Zweifel, die Ungewißheit: afferre d. verursachen, tollere d. aufheben; sine ulla d. = ganz gewiß; d. rei alicujus in einer Sache, auch d. de omnibus rebus; d. quale illud sit, faciendumne sit hoc; hic locus nihil habet dubitationis über diesen Punct ist kein Zweifel, daß u. s. w. Bisweilen = die Erwägung, Ueberlegung, d. indigna homine. 2) das Schwanken in dem Entschlusse, das Bedenken, die Unschlüssigkeit, das Zaudern: inter d. et moras senatūs; nullā interpositā dubitatione und sine ulla d. ohne irgend ein Bedenken.

Dŭbĭto, 1. [dubius] eigtl. nach zwei Seiten gehen, 1) in der Ansicht und dem Urtheile schwanken, zweifeln, ungewiß sein: ne dubita; d. de voluntate tua; d. aliquid über Etwas und (Poet.) d. patrem, auctorem über den Vater; d. quid faciam, quid agendum putem; d. utrum sit melius; non d. quin venturus sit daß er kommen werde, ebenso cave dubites quin etc.; selten (meist Spät.) non d. fore plerosque. Hiervon A) = erwägen: restat ut hoc dubitemus. B) trop. intrans. = schwanken, unsicher sein: fortuna, fama d. 2) (am häufigsten mit einer Negation) im Entschlusse schwanken, sich bedenken, Bedenken tragen, unschlüssig sein, Anstand nehmen, facere aliquid; (selten) non dubitabo quin ei omnia credam.

Dŭbĭus, adj. [verw. mit duo] 1) (sehr selten) nach zwei Seiten sich bewegend, fluvius. 2) im Geiste nach zwei Seiten sich neigend, schwankend: A) act. der über Etwas ungewiß ist, a) in seiner Ansicht schwankend, zweifelnd, ungewiß, animus d.; d. sum, quid verum sit; non d. quin etc.; minime dubius, patres bellum jussuros esse gar nicht zweifelnd, daß u. s. w. (selten); dubius animi, ebenso sententiae; (Poet.) dubius salutis, vitae an der Rettung, der Erhaltung des Lebens zweifelnd. b) in seinem Entschlusse schwankend, unbestimmt, schwankend: Jugurtha d. et haesitans; dubius quid faciam; dubius consilii im Entschlusse. B) pass. worüber man ungewiß und zweifelnd ist, zweifelhaft, unentschieden, ungewiß, unbestimmt: d. jus, victoria, verba; socii dd. von unzuverlässiger Treue; (Poet.) lux d. die Morgendämmerung, nox die Abenddämmerung, coelum d. umwölkt. Insbes. das neutr. Dubium fast als subst. = Zweifel: a) de Pompeji exitu nunquam mihi dubium fuit habe ich nie Zweifel gehegt; non est d. quin uxorem nolit filius es ist kein Zweifel daran, daß u. s. w. b) (Poet. u. Spät.) d. wird bisweilen allein, ohne Hinzufügung eines Verbums, als eine Art Adverbium in den Satz eingeschoben: quo postquam dubium pius an sceleratus Orestes venerat Orestes, von dem es zweifelhaft war, ob er die kindliche Pflicht erfüllt oder ein Verbrechen begangen hatte. c) dubium habere aliquid Etwas bezweifeln, für ungewiß halten: d. habeo quid ille possit; ebenso in dubium vocare in Zweifel ziehn oder ungewiß machen. d) in dubio ponere aliquid Etwas für zweifelhaft halten; in dubio esse unsicher, ungewiß sein. c) sine dubio ohne Zweifel = unstreitig, ganz gewiß, sicher; bisweilen (meist Spät.) mit einer adversativen Conjunction in dem folgenden Satze = freilich, allerdings. f) (selten) procul dubio = sine d. — 3) (meist Poet.) bedenklich, mißlich, gefährlich, schwierig, res,

bringen. 2) in bialogischer Form eine Sache mit einem wirklichen ober gebachten Gegner mittelft Aufstellung der Gründe für und gegen erörtern, baher überhaupt untersuchen, abhandeln, auseinanderseten: d. de omni re in contrarias partes; d. in eam sententiam ut etc.; d. aliquid, haec, multa; (Pl.) d. rem vortragen, darftellen.
*Disquīro, — — 3. [dis-quaero] (Poet.) untersuchen.
Disquīsītio, ōnis, f. [disquiro] die Untersuchung, insbef. vor Gericht.
Dis-rumpo, fiehe Di-rumpo.
Dis-sēco etc. 1. (Spät.) zerschneiben, ranas, aliquem serrā zersägen.
Dis-sēmīno, 1. ausfäen, ausftreuen, aliquid; trop. ausbreiten, malum.
Dissensĭo, ōnis, f. und (Poet.) -sus, us, m. [dissentio] 1) von Personen, die Meinungsverschiedenheit, Uneinigkeit, der Streit, d. civilis, ordinum; oft im plur. 2) von Sachen, die Nichtübereinſtimmung, der Widerspruch, utilium cum honestis.
*Dissentānĕus, adj. [dissentio] (felten) nicht übereinſtimmend, alicui rei mit Etwas.
Dis-sentĭo etc. 4. 1) von Perſonen, uneinig ſein, ſtreiten, in der Anſicht ober der Gefinnung abweichen: d. ab aliquo; illi inter se dd.; (Spät.) d. cum aliquo; (Poet.) d. condicionibus (dat.); bisweilen abſolut == feindlich gefinnt ſein. 2) von Sachen, nicht übereinftimmen, verſchieden ſein, abweichen: affectio a se dissentiens; verba dd. ab animo, die Worte ſtreiten gegen den Sinn, die Abficht; (Spät.) vita d. orationi; voluntas d. cum scripto.
Dis-sēpĭo etc. 4. abzäunen, burch einen Zaun ob. dergl. abſondern, trennen, aliquid.
Disseptum, i, n. [dissepio] (Poet.) die Scheidewand.
Dissērēnascit, āvit, — 3. impers. [disserenus] es wird helles Wetter, der Himmel heitert ſich auf.
Dis-sĕro, — sĭtum, 3. (Vorklaff. u. Spät.) ausfäen, ausſtreuen, semina; pars animae per totum corpus dissita verbreitet.
Dis-sĕro, sĕrui, sertum, 3. *1) an verſchiedenen Stellen*, hier und ba ſeten, taleas mediocribus intermissis spatiis. 2) trop. auseinanderseten, erörtern, entwickeln, abhandeln, Etwas besprechen, vortragen (ber Begriff eines Diſputs ob. Beſämpfung der Gründe des Gegners tritt nicht ſo hervor wie bei disputo): d. aliquid, haec pluribus verbis, subtilius, d. de immortalitate, quale sit illud, rem esse veram; und abſol. d. cum aliquo ſich mit Jmb. besprechen, d. in contrarias partes die Gründe für und gegen anführend erörtern.
*Dis-serpo, — — 3. (Lucr.) ſich nach und nach leiſe verbreiten.
Dissertātĭo, ōnis, f. [disserto] (Spät) die Erörterung, Unterſuchung, Abhandlung.
Disserto, 1. (Vorklaff. u. Spät.) == ein verſtärktes Dissero 2., was man ſehe.
Dis-sīdĕo, sēdi, sessum, 2. 1) (felten, Poet. und Spät.) a) eine entgegengeſete Richtung annehmen; toga d. ſitzt ſchief, hat ſich verzogen. b) entlegen*, gettennt ſein, Hypanis d. Eridano liegt fern von. 2) trop. A) von Perſonen, uneinig ſein, in Zwieſpalt ſein, der Anſicht oder der Geſinnung nach abweichen: d. cum aliquo oder ab aliquo, (Poet.) d. alicui; illi dd. inter se; (Spät.) hostis d. in Arminium et Segestem theilt ſich in zwei Parteien, des A. und des S. B) von Sachen, verſchieden*, ungleich ſein, nicht übereinſtimmen, abweichen: nostra non dd. a Peripateticis; scriptum d. a sententis.
Dissĭdĭum falſche Leſeart ſtatt discidium.
Dissĭlĭo, lui, — 4. [dis-salio] (Poet. u. Spät.) auseinanderſpringen, zerſpringen, ſich trennen, glacies, uva; terra d. ſpaltet ſich; d. risu vor Lachen berſten; trop. gratia d. das gute Verhältniß wurde geſtört.
Dis-sĭmĭlis, e, adj. mit comp. und sup. unähnlich: d. tui oder tibi vir; dd. inter se; hoc est non d. atque ire dem Gehen nicht unähnlich, ebenfo ac si quis als wenn Jmb.
Dissĭmĭlĭter, adv. [dissimilis] unähnlich, auf verſchiebene Weiſe.
Dissĭmĭlĭtūdo, ĭnis, f. [dissimilis] bie Unähnlichteit, Verſchiedenheit.
Dissĭmŭlanter, adv. [dissimulo] ins geheim, verſteckt; non d. unverhohlen, offen.
*Dissĭmŭlantĭa, ae, f. [dissimulo] bie Verſtellung.
Dissĭmŭlātĭo, ōnis, f. [dissimulo] 1) das Unkenntlichmachen, sui. 2) die Verheimlichung, Verhehlung, Verſtellung; insbeſ. == bie Jronie.
Dissĭmŭlātor, ōris, m. [dissimulo] der Verhehler, der die Wirklichteit verheimlicht, der ſich in Etwas verſtellt.
Dis-sĭmŭlo, 1. eigtl. unähnlich machen, 1) fo thun (ſich ſtellen) als ob Etwas nicht ſei, was doch iſt, baher verbergen, verhehlen, verheimlichen: d. aliquid, odium suum; d. se illi rei operam dedisse; d. quis illud fecerit; (Pl.) d. quasi 'eos non videam; (Poet.) d. se == eine andere Geſtalt annehmen, ſeine wirkliche Geſtalt unter einer fremden verbergen, d. deum ſeine göttliche Geſtalt ablegen, verhehlen, daß man ein Gott iſt, Achilles disimulatus virum bei dem es verheimlicht wurde, daß er ein Mann ſei. 3) (Spät.) bisweilen == vernachläſſigen, nicht beachten, *berückſichtigen, consulatum alicujus, consonantes in ber Ausſprache übergehen.
*Dissĭpābĭlis, e, adj. [dissipo] zerſtreubar.
Dissĭpātĭo, ōnis, f. [dissipo] die Zerſtreuung, civium; d. praedae die Zerſtreuung der Beute (durch die plündernden Soldaten) d. h. bie Plünderung, Zertheilung; d. corporum individuorum die Auflöſung, Zertheilung; in der Rhetorit bie Zerglieberung eines Begriffes.
Dis-sĭpo (ältere Form -sūpo), 1. 1) auseinanderwerfen, zerſtreuen, ausſtreuen: d. cumulos stercoris, membra fratris; d. hostes zerſprengen; fuga dissipata bei welcher man nach allen Seiten hin flieht; homines dissipati ohne geſellſchaftliche Verbinbung lebend. 2) trop. A) zerſtören, vernichten, reliquias

Dissociabilis **Distinctio** 235

reipublicae; animus non dissipatur wird nicht zertheilt und vernichtet; d. rem familiarem verschleudern; d. curas verjagen. B) d. sermones u. dergl. verbreiten. C) von der Rede: ea quae dissipata sunt (*oppos.* conclusa artibus) ungeordnet und unverbunden, daher orator dissipatus der ohne gehörige Ordnung und Verbindung spricht.
Dissŏciăbĭlis, e, *adj.* [dissocio] (Poet. u. Spät.) unvereinbar, res; oceanus d. das Weltmeer, das nicht länger wie früher mit den übrigen Bestandtheilen der Welt vermengt werden konnte (Andere erklären es dort ohne Nothwendigkeit activ trennend.)
Dissŏciātĭo, ōnis, *f.* [dissocio] (Spät.) die Trennung.
Dis-sŏcĭo, 1. 1) eigtl. (Poet.) trennen, scheiden, montes dissociantur valle opaca. 2) in der Gesinnung trennen, uneinig oder einander fremd machen, veruneinen, entfremden: d. homines, animos civium; d. disertos a doctis unterscheiden; d. amicitias auflösen, stören.
Dissŏlŭbĭlis, e, *adj.* [dissolvo] (selten) auflösbar.
Dissŏlūtē, *adv.* [dissolutus] aufgelöst, 1) ohne Verbindungspartikeln. 2) nachlässig, ohne Energie. 3) leichtsinnig.
Dissŏlūtĭo, ōnis, *f.* [dissolvo] 1) die Auflösung, navis das Auseinandergehen; d. naturae der Tod. 2) *trop.* A) die Vernichtung, Aufhebung, legum, judiciorum. B) die Widerlegung, criminum. C) in der Rhetorik, die Weglassung der Verbindungspartikeln. D) die Nachlässigkeit, der Mangel an Energie, Leichtsinn, remissio animi ac d.
Dissŏlūtus, *adj.* mit *comp.* u. *sup.* [*particip.* von dissolvo] aufgelöst, nur *trop.* 1) los, ungebunden; alterum genus orationis est nimis d.; haec dd. nobis esse non debent an keine Regel gebunden. 2) A) leichtsinnig, nachlässig, gleichgültig, schlaff: d. in tantis reipublicae periculis, in re familiari. B) leichtfertig, zügellos, ausschweifend, verdorben, adolescens, mores.
Dis-solvo etc. 3. eigtl. auseinanderlösen, 1) etwas Zusammengefügtes auflösen, in Theile zerlegen, nodos, navem, animam; navis dissolvitur geht auseinander. Hiervon d. aes schmelzen, resinam flüssig machen. 2) *trop.* A) vernichten, aufheben, stören, amicitias, leges, rempublicam, disciplinam. B) widerlegen, durch Beweise eine Behauptung entkräften, d. interrogationes, Erucii crimina (machen, daß sie in Nichts zerfallen). C) (Com.) losgeben, frei machen, entledigen; dissolvi me ich habe mich expedirt, bin fertig: dissolve me mache mich fertig = sage mir's. D) bezahlen, pecuniam, multam, aes alienum. Hiervon vom Schuldner selbst dissolvi = seine Schulden bezahlen und dadurch von ihnen befreit werden.
Dis-sŏno etc. 1. (Spät.) verworren, mißtönen, *trop.* verschieden sein, nicht übereinstimmen.
Dis-sŏnus, *adj.* (meist Poet. u. Spät.) 1) verschieden tönend, verworren, mißtönend, disharmonisch, clamor, voces. 2) *trop.* nicht übereinstimmend, abweichend, verschieden: gentes dd. sermone; nihil dissonum erat ab Romana re.
*****Dis-sors**, tis, *adj.* (Poet.) woran Niemand Theil hat.
Dis-suādĕo etc. 2. abrathen, widerrathen, gegen Etwas sprechen: d. legem; d. de captivis redimendis, ne legem acciplatis; (Spät.) d. inire societatem.
Dissuāsĭo, ōnis, *f.* [dissuadeo] das Widerrathen, Abrathen, legis.
Dissuāsor, ōris, *m.* [dissuadeo] der Widerrather.
*****Dis-suāvĭor**, *depon.* 1. zerküssen, tüchtig küssen, oculos alicujus.
Dissulto, 1. [dissilio] (Poet. u. Spät.) auseinanderspringen, zerspringen, crepitus d. verbreitet sich nach allen Seiten.
Dis-sŭo, — ūtum, 3. eigtl. etwas Genähtes auftrennen. 1) öffnen, auseinandermachen, sinum. 2) *trop.* d. amicitias allmälig auflösen.
Dissŭpo, a. S. für Dissipo.
Dis-taedet, — 2. *impers.* (Com.) es bringt zum Ueberdruß, d. me ich bin (der Sache) sehr überdrüssig, tui.
Distantĭa, ae, *f.* [disto] *1) (Spät.) der Abstand, die Entfernung. 2) *trop.* die Verschiedenheit, der Unterschied, tanta est inter eos morum d.
Dis-tendo (Vorklaff. auch -tenno), di, tum (selten sum), 3. 1) auseinander (nach verschiedenen Seiten) spannen, ausspannen, ausdehnen, ausstrecken: d. aliquem in curru, d. brachia, rictum; d. aciem. Hiervon (Poet.) füllend spannen = ganz anfüllen: d. cellas nectare. 2) *trop.* nach verschiedenen Seiten hin ziehen, halten, theilen, zerstreuen: d. curas hominum, animos schwankend erhalten; insbef. d. copias hostium an mehreren Puncten zugleich beschäftigen.
Distentus, *adv.* mit *comp.* [*particip.* von distendo] ausgespannt = ganz angefüllt.
Distentus, *adj.* mit *sup.* [*particip.* von distineo] vielfach beschäftigt, aufgehalten, multis negotiis.
Dis-termĭno, 1. (Poet. u. Spät.) abgrenzen, trennen, auseinanderscheiden, intervallum d. binas stellas.
Distĭchon, i, *n.* [δίστιχον] (Spät.) ein aus zwei Versen bestehendes Gedicht.
*****Di-stĭmŭlo**, 1. (Pl.) eigtl. zerstechen, zerspornen, *trop.* zu Grunde richten, bona.
Distincte, *adv.* [distinctus] mit gehöriger Sonderung, deutlich bestimmt, klar, dicere.
Distinctĭo, ōnis, *f.* [distinguo] 1) die Sonderung, Unterscheidung, harum rerum d. est facilis. 2) der Unterschied: quae d. inter illa? 3) in der Rhetorik a) abwechselnder Gebrauch desselben Wortes in verschiedenen Casus u. s. w. b) die Sonderung und Unterscheidung verwandter Begriffe. c) die Gegenüberstellung entgegengesetzter Gedanken. d) der Einschnitt in der Rede, die Pause. 4) das Geschieden-Sein, die Geschiedenheit, der einen Gegenstand unter mehreren unterscheidende und auszeichnende Glanz: solis, lunae siderumque omnium d.

*Distinctus, us, m. [distinguo] (Spät.) = distinctio 4.: d. pennarum verschiedenfarbige glänzende Federn.

Distinctus, *adj.* mit *comp.* [*particip.* von distinguo] 1) gehörig gesondert, »abgetheilt: habere dd. gradus dignitatis; vitae genus d. ordentlich eingerichtet. Hiervon oratio, sermo d. mit gehöriger Ordnung und Sonderung, ordentlich und klar, deutlich, und orator d. dessen Rede jene Eigenschaften besitzt. 2) (Spät.) getrennt, entlegen: Hesiodus circa 120 annos ab Homeri aetate distinctus. 3) mannigfaltig, abwechselnd, Romana acies distinctior (vgl. auch distinguo 2.).

Distineo, tinui, tentum, 2. [dis-teneo] 1) auseinanderhalten, trennen, scheiden: tigna distinentur duabus fibulis; Isthmus d. freta. 2) *trop.* A) nach verschiedenen Richtungen hinhalten, »ziehen, theilen: duae factiones dd. senatum; distineor maximis negotiis, distineor dolore es thut mir auf beiden Seiten weh, ein doppelter (entgegengesetzter) Schmerz ergreift mich. B) an mehreren Stellen beschäftigen und dadurch an der Concentrirung und dem vollen Gebrauche seiner Kräfte hindern, „vereinzeln", „theilen", „zerstreuen" u. vergl., aufhalten, zurückhalten, copias hostium, manum, regem ancipiti bello; mit sächlichem Objecte, verhindern, aufhalten, pacem. Insbes. *pass.*: distineri novis legibus; d. quo minus illud faciam ich werde verhindert jenes zu thun.

Di-stinguo etc. 3. 1) durch Kennzeichen (eigtl. mit einem spitzigen Instrumente punctirend, stinguo) unterscheiden (vgl. discerno), sondern, trennen: d. oratorum genera aetatibus nach den Zeitaltern; d. vera a falsis, (Poet.) vero falsum das Unwahre von der Wahrheit; in der Rhetorik = gehörig abtheilen, versum, vocem. 2) leuchtende oder überhaupt in die Augen fallende Kennzeichen oder Gegenstände hier und da an einer Sache anbringend sie mannigfaltig verzieren, ausschmücken: coelum distinctum stellis, poculum d. gemmis; *trop.* d. orationem verborum et sententiarum insignibus.

Di-sto, — — 1. 1) auseinander stehen, getrennt«, entfernt sein: A) im Raume, trabes inter se binos pedes dd., auch d. ab aliquo; (Poet.) tanto d. Phrygiä ist so weit von Phr. entfernt. B) in der Zeit: quantum Codrus d. ab Inacho ein wie großer Zeitraum zwischen C. und J. liegt; illi non multum dd. aetate. 2) *trop.* der Beschaffenheit mit dem Wesen nach getrennt sein, verschieden sein, sich unterscheiden: illi dd. inter se; d. ab aliqua re u. (Poet.) alicui oder alicui rei; *impers.* d. es ist ein Unterschied.

Dis-torqueo etc. 2. 1) auseinanderdrehen, verdrehen, verzerren, os, oculos. 2) (Spät.) martern, quälen, aliquem; *trop.* repulsa eum d.

Distortio, ōnis, *f.* [distorqueo] die Verdrehung, Verzerrung, membrorum.

Distortus, *adj.* mit *comp.* u. *sup.* [*particip.* von distorqueo] verdreht, verrenkt, homo mit verrenkten Gliedern, verwachsen, Krüppel; *trop.* genus dicendi d. verschroben.

Distractio, ōnis, *f.* [distraho] 1) (Spät.) das Auseinanderziehen, die Zerrenkung, membrorum. 2) die Trennung, Auflösung, Theilung, animi corporisque. Hiervon *trop.* a) die Uneinigkeit, der Zwiespalt: d. nobis est cum tyrannis. b) (Pl.) die Störung, Vernichtung, harum voluptatum.

Distractus, *adj.* mit *comp.* u. *sup.* [*particip.* von distraho] 1) getheilt, getrennt. 2) *trop.* an mehreren Stellen zugleich beschäftigt, zerstreut.

Dis-traho etc. 3. 1) auseinanderziehen, nach verschiedenen Seiten zerren, zerreißen: d. vallum, corpus alicujus; d. aciem erweitern, saxa sprengen, (Poet.) genas zerkratzen; *trop.* (Spät.) distrahi famā in üblen Ruf kommen. Hiervon *trop.* A) (Spät.) einzeln verkaufen, »loschlagen, zerstückeln, agros, bona. B) d. voces zwei Worte in der Aussprache nicht zusammenziehen, mit dem Hiatus aussprechen. C) trennen, naturā cohaerentia. D) aufheben, auflösen, matrimonium, societatem; d. controversias schlichten; d. rem eine Sache hintertreiben. E) entzweien, in Uneinigkeit bringen, Caesarem et Pompejum, collegia; häufig *pass.* distrahi cum aliquo mit Jmb. zerfallen. F) nach verschiedenen Richtungen, in Bezug auf Beschäftigung oder Neigung, Jmds Geist hinziehen, ihn schwankend machen, theilen, „zerstreuen": d. aliquem oder animum alicujus; d. industriam oratoris in plura studia. 2) von Etwas oder Jmb. abziehen, losreißen: necessitas illum a me d.; *trop.* trennen, unterscheiden, sapientiam a voluptate, d. aliquem ab aliquo entfremden, ihre Herzen trennen.

Dis-tribuo etc. 3. 1) vertheilen, austheilen, Numidas in hiberna, milites in legiones; d. naves legatis; (selten) = eine Leistung auf Mehrere vertheilen, d. aliquid civitatibus. 2) eintheilen, populum in partes duas, pueros in classes.

Distribūtē, *adv.* [distribuo] mit gehöriger Vertheilung, in richtiger Ordnung.

Distribūtio, ōnis, *f.* [distribuo] die Vertheilung, Eintheilung, criminum, coeli.

Districtus, *adj.* [*particip.* von distringo] nach verschiedenen Seiten hin gezogen. 1) (Lucr.) rabies d. fletschende Wuth. 2) *trop.* a) vielfältig beschäftigt u. s. w., siehe distringo. b) (Spät.) streng, eifrig, accusator.

Di-stringo etc. 3. 1) (Poet.) auseinanderziehen, nach verschiedenen Seiten hin spannen: districti pendent radiis rotarum; (Lucr.) rabies districta, siehe Districtus. 2) *trop.* Jmds Sinn, Aufmerksamkeit oder Thätigkeit nach verschiedenen Seiten hin ziehen, an mehreren Stellen beschäftigen, „theilen", zerstreuen u. vergl.: d. Romanos oppugnatione plurium civitatum; multitudo liberorum d. animum; districti ancipiti contentione mit den Kräften durch — getheilt; districtus mihi videris widerstreitende Gefühle scheinen mir in deiner Seele zu kämpfen.

*Dis-trunco, 1. (Pl.) zerhauen, verstümmeln, aliquem.

*Disturbātio, ōnis, *f.* [disturbo] die Zerstörung.

Dis-turbo, 1. 1) auseinander in Unordnung jagen, =treiben, contionem. 2) zerstören, zertrümmern, domum, opera. Hiervon trop. aufheben, vernichten, societatem, concordiam stören, legem, judicia; d. rem hintertreiben.

Disyllăbus, adj. [δισύλλαβος] (Spät.) zweisylbig.

Ditesco, — — 3. [dives] (Poet.) reich werden.

Dithyrambĭcus, adj. [διθυραμβικός] zum Dithyrambus gehörig.

Dithyrambus, i, m. [διθύραμβος] der Dithyrambus, ein lyrisches Gedicht in hohem und begeistertem Stil, ursprünglich = ein Hymnus an Bacchus, später auch zu Ehren anderer Götter.

Ditio, s. Dicio.

Dito, 1. [dives] (meist Poet. u. Spät.) bereichern, reich machen, aliquem.

Diu, adv. mit comp. -ūtius, u. sup. -ūtissime [dies] 1) (Vorklass. u. Spät.) bei Tage, noctu et d. 2) lange, lange Zeit hindurch, eine geraume Zeit: d. multumque, saepe et d.; d. ego illum cruciabo; ille vult d. vivere; non diutius nicht länger; nec d. hic fui ich bin lange nicht hier gewesen, es ist lange seit ich hier war. 3) (Conver.) schon vor langer Zeit, schon seit lange (von demjenigen, das lange gedauert hat; vgl. pridem, dudum): huc migravit jam d. 4. (Spät.) im Raume, weit, in weiter Strecke.

Diurnus, adj. [dies] 1) zu einem Tage gehörig, einen Tag dauernd und jeden Tag wiederkehrend, Tages=, täglich, cibus, victus, merces. Insbes. acta diurna, siehe Acta. Hierv. A) als subst. -num, i, n. a) die tägliche Ration an Lebensmitteln. b) das Tagebuch, Journal. B) -na, ōrum, n. pl. a) das Journal. b) = acta diurna. 2) (oppos. nocturnus) zum Tage gehörig, was am Tage geschieht, Tages=: labores dd.; (Poet.) lumen d. das Tageslicht, stella d. der Morgenstern, currus d. der Sonnenwagen.

*****Diūtĭne,** adv. [diutinus] (Pl.) lange.

Diūtĭnus, adj. seltnere Form statt Diuturnus, was man sehe.

*****Diūturne,** adv. (zweifelh.) lange dauernd.

Diūturnĭtas, ātis, f. [diuturnus] die lange Dauer, temporis, pacis, belli, reipublicae; d. memoriae.

Diūturnus, adj. [diu] lange dauernd, anhaltend, obsidio, molestia, bellum; non potes esse d. du wirst nicht lange bestehen können; (Poet.) filia me diuturnior länger lebend als ich.

Di-varĭco, 1. (selten) auseinanderspreizen, =zerren, hominem.

Di-vello etc. 3. 1) auseinanderreißen, gewaltsam trennen, zerreißen: d. res a natura copulatas; d. corpus. Hiervon = wegreißen, entreißen, liberos a parentum complexa. 2) trop. d. amicitiam, affinitatem aufheben, trennen; d. aliquem ab aliquo in der Gesinnung von Jmd. losreißen = das gute Einverständniß zwischen ihnen stören; d. commoda vivium von demjenigen, der Einige auf Kosten Anderer begünstigt; d. somnum unterbrechen, stören; vix divelli a re sich nur mit Mühe von Etwas losreißen.

Di-vendo etc. 3. einzeln verkaufen, stücken, bona, praedam.

Di-verbĕro, 1. (Poet. u. Spät.) auseinanderschlagen, zerschlagen, trennen, spalten, auras sagittā, umbras ferro.

Diverbium, ii, n. [dis-verbum] der Dialog im Schauspiele.

Diverse, adv. mit comp. u. sup. [diversus] 1) im Raume, nach entgegengesetzten oder verschiedenen Richtungen hin, auf entgegengesetzten oder verschiedenen Seiten: legionarii d. tendebant; curae animum meum d. trahunt; corpora d. jacebant. 2) trop. verschieben, auf verschiedene Weise.

Diversĭtas, ātis, f. [diversus] (Spät.) 1) der Gegensatz, nach Ansicht, Gesinnung u. dgl., Widerspruch: mira d. naturae; d. inter exercitum et imperatorem; d. auctorum abweichende Ansichten. 2) die Verschiedenheit, der Unterschied, ciborum, linguae.

Diversus, adj. mit comp. u. sup. [diverto] 1) in entgegengesetzter Richtung gekehrt, -gehend, nach zwei entgegengesetzten Seiten hin gewendet: aciem diversam in duas partes constituere; iter d.; consules dd. abiere jeder nach seiner Seite hin; cur diversus abis? (Poet.) diversi flebant mit abgekehrten Gesichtern, dd. fenestrae einander gegenüber liegend. Hiervon A) trop. entgegengesetzt: duo dd. vitia (avaritia et luxuria); dd. mores; d. rei alicui. Insbes. der Meinung oder der Gesinnung nach entgegengesetzt, feindlich: d. factio, acies; regio ab aliquo diversa, transferre invidiam in diversum auf die Gegenpartei. B) unschlüssig, unstät: diversus animi; motu et invidiā d. agitur. C) adverbial, ex diverso auf der entgegengesetzten Seite. 2) nach mehreren verschiedenen Seiten hin gewendet, nach verschiedener Richtung gekehrt, von einander getrennt, jeder besonders u. dergl.: ex dd. Alpibus von verschiedenen Theilen der Alpen; proelium d. wo an verschiedenen Stellen gekämpft wird; fuga d. zerstreut, wo Jeder für sich flieht; diversi haec audistis jeder für sich, Jeder allein; diversi gerunt bellum an verschiedenen Stellen. Hiervon trop. ganz verschieben, abweichend, d. ab aliquo, (Poet. u. Spät.) alicui rei; mala inter se dd.

Di-verto etc. 3. (Spät.) 1) auseinandergehen, matrimonium, uxor d. ab aliquo scheidet sich. 2) verschieben=, unähnlich sein, alicui von Jmd. (NB. Einige schreiben noch Diverto etc. an vielen Stellen, wo richtiger Deverto etc. geschrieben wird).

Dives, ĭtis (kürzere Form, bes. bei Poet. u. Spät., ist Dis, ditis, und das n. Dite), adj. mit comp. u. sup. 1) reich (im Ueberflusse besitzend, vgl. locuples, opulentus), homo; quum cognomine tum copiis dives sowohl dem Namen als (wirklich) dem Vermögen nach reich, d. donis durch Gaben. Insbes. (Poet. u. Spät.) reich an Etwas, dives numis, pecore und dives pecoris, opum. 2) übertragen, von Sachen, A) = prächtig, kostbar, mensa; ramus d. von einem goldenen Aste. B) = fruchtbar, ager. C) = mit Reichthümern, Kostbarkeiten,

Vorrath erfüllt; d. Achaja, Capua; lingua d. = Beredtsamkeit oder reicher, blühender Vortrag; spes d. schön, epistola viel versprechend.
Di-vexo, 1. 1) auseinanderschleppen, -zerren, zerreißen, reliquias meas; divexare agros civium unter sich theilen. 2) (Spät.) quälen, beunruhigen, aliquem.
Dividia, ae, f. [divido] (Vorklass.) 1) die Zwietracht, Uneinigkeit. 2) der Kummer, Aerger, die Sorge.
Divido, īsi, īsum, 3. [verwandt mit duo; oder von dis und dem Stamme vid, woraus Viduus u. s. w.] 1) Etwas in zwei oder mehrere Theile trennen, theilen: d. rem; d. verba am Ende der Zeile abtheilen, trennen; d. aliquem securi durchhauen; d. muros durchbrechen, frontem ferro spalten; trop. d. animum nunc huc nunc illuc bald zu diesem bald zu jenem Entschlusse hinneigen; haec res consensum nostrum d. stört unsere Einigkeit, macht uns uneinig. 2) eintheilen, abtheilen, bona tripartito, annum ex aequo, Galliam in partes duas. Hiervon A) (Poet.) d. praemia, factum cum aliquo mit Imb. theilen. B) term. t. d. sententiam die einzelnen Puncte, aus welchen ein Vorschlag oder ein Votum besteht, scheiden, damit über jeden für sich gestimmt werden kann. 3) vertheilen, austheilen, agros, bona viritim; d. praedam militibus, aber auch inter singulos milites; d. exercitum in civitates, Romanos in custodiam civitatium verlegen, vertheilen. (Spät.) = zum Verkaufe ausgeben: d. praedam ad licitationem versteigern; (Poet.) d. carmina citharā = spielen (gleichsam austheilen, hören lassen). 4) trennen, scheiden: flumen Rhenum d. agrum Helvetium a Germanis; (Poet.) gemma d. aurum von einem in Gold eingefaßten Edelsteine. Hiervon trop. d. legem bonam a mala unterscheiden. B) dividi ab uxore sich scheiden.
Dividuus, adj. [divido] 1) theilbar. 2) (Poet. u. Spät.) getheilt, getrennt, munus, arma; luna d. der Halbmond; aqua d. in zwei Armen fließend.
Divinātio, ōnis, f. [divino] 1) das Vorausseshen der Zukunft, die Sehergabe, die Weissagung: d. est praesensio et scientia rerum futurarum; hiervon überhaupt = höhere Eingebung, Offenbarung. 2) term. t. die Untersuchung, wem von mehreren Anklägern, sich angemeldet haben, die Klage am besten anvertraut werden kann.
Divīne, adv. mit comp. [divinus] auf göttliche Weise, daher 1) durch göttliche Macht. 2) durch göttliche Eingebung. 3) vortrefflich, herrlich.
Divīnĭtas, ātis, f. [divinus] 1) die Göttlichkeit, die göttliche Natur, das göttliche Wesen. 2) trop. = die Vortrefflichkeit, Herrlichkeit.
Divīnĭtus, adv. (divinus) 1) so daß Etwas von einer Gottheit herrührt, durch oder von einem Gotte, a) = durch göttliche Fügung: Tiberis super ripas d. effusus; si id d. accidit. b) = durch göttliche Eingebung, scire aliquid d. 2) trop. = vortrefflich, schön, herrlich, aliquid dicere.

Divīno, 1. [divinus] etwas Künftiges vorausschen, ahnen (mittelst göttlicher Eingebung, vgl. praesagio, auguror u. s. w.), davon = vorhersagen: nihil boni d. animus; d. futura; d. quid acciderit, de exitu.
Divīnus, adj. mit comp. u. sup. [divus] 1) göttlich, was von den Göttern oder einem Gotte kömmt, ihnen zukömmt, gehört, sie betrifft u. s. w.: animi hominum sunt dd. sind göttlichen Ursprungs; dona dd. für die Götter sich eignend; res d. oder im pl. res dd. = der Gottesdienst, die Opferung, aber im Gegensatze von res humanae die Lehre von Gott, dem Ursprunge der Welt u. s. w. 2) voll göttlicher Eingebung, die Zukunft vorausschend, -ahnend, weissagend, inspirirt: appropinquante morte animus est multo divinior; (Poet.) vates d. begeistert, d. futuri die Zukunft ahnend; auch subst. Divinus ein Wahrsager. 3) trop. = vortrefflich, herrlich, übermenschlich, ingenium, homo, orator, fides.
Divīsio, ōnis, f. [divido] 1) die Theilung, Eintheilung, bes. in der Logik oder Rhetorik. 2) die Vertheilung, Austheilung, agrorum.
Divīsor, ōris, m. [divido] der Vertheiler; insbef. der Vertheiler von Geschenken, von Leuten, die sich von den Amtscandidaten mietheten ließen, um zur Bestechung Geld unter die Wähler zu vertheilen.
Divīsus, adj. mit comp. [particip. von divido] getheilt.
Divīsus, us, m. [divido], nur im dat. sing.: = divisio 2.: esse d. vertheilt werden.
Divĭtiae, ārum, f. pl. [dives] der Reichthum; templum inclutum divitiis durch seine Schätze, Kostbarkeiten. Hiervon trop. dd. soli Fruchtbarkeit; dd. ingenii, in oratione Crassi divitias perspexi Fülle, Reichthum an Gedanken und Worten.
Divŏdūrum, i, n. Stadt in Gallien, jetzt Metz.
Divortium, ii, n. [diverto] 1) der Ort, wo ein Weg, Fluß od. dergl. sich nach zwei verschiedenen Richtungen theilt, der Scheidepunkt, die Scheidelinie: d. itinerum; artissimo d. inter Europam et Asiam von der sie trennenden Straße; d. aquarum die Wasserscheide. 2) trop. A) dd. doctrinarum facta sunt die Systeme haben sich getrennt. B) die Ehescheidung, facere d. cum aliqua sich von einer Frau scheiden.
Divulgātus, adj. mit sup. [particip. von divulgo] allgemein, weit verbreitet; magistratus levissimus et d. gemein.
Di-vulgo, 1. unter die Leute bringen, allgemein bekannt machen, veröffentlichen, ausbreiten, librum; d. rem sermonibus, opinionem in Macedoniam.
Divus od. **Dius** [deus] (meist Poet. u. Spät.) 1) selten als adj. = divinus, göttlich, trop. vortrefflich, außerordentlich. 2) Häufig als subst. A) **Divus**, i, m. der Gott, **Diva**, ae, f. die Göttin. B) **Divum**, i, n. der freie Himmel, das Freie.
Do, dědi, dătum, 1. [stammverw. mit δίδωμι] 1) Etwas irgendwohin bringen, -bewegen, -setzen, -legen: d. aliquem ad terram

zu Boden werfen, in carcerem werfen; d. illos Luceriam schicken; dies insequens d. hostem in conspectum zeigte den Feind, d. se in conspectum erscheinen, sichtbar werden; d. hostes in fugam in die Flucht jagen; d. vela die Segel aufziehen, unter Segel gehen; d. se fugae oder in fugam, in viam sich auf die Flucht, auf den Weg begeben; d. se in pedes (Pl.) sich auf die Beine machen, fliehen; d. alicui terga Jmd. den Rücken zukehren, vor ihm fliehen; d. se populo sich dem Volke zeigen; d. librum foras herausgeben, unter die Leute bringen; = von sich geben, d. cantum fingen, d. dictum eine Aeußerung machen, d. colorem strahlen; d. calculum ziehen; trop. d. se in sermonem sich in ein Gespräch einlassen, ein Gespräch anfangen, in quamcunque partem me do nach welcher Seite ich mich wende. Hiervon A) d. manus als Ueberwundener die Hände hervorstrecken, um sich die Fesseln anlegen zu lassen, daher = sich überwunden und gefangen erklären, und überhaupt = sich fügen, nachgeben. B) von einem Schauspiele u. dergl., = aufführen lassen, „geben": d. fabulam sc. populo (vgl. doceo) aufführen lassen, d. munus gladiatorium. C) d. alicui aliquid laudi, vitio u. dergl., Jmd. Etwas zum Ruhm, zur Last legen, rechnen.

2) verursachen, bewirken, machen: d. alicui dolorem, vulnera, damnum; (Com.) impetum machen, finem laborum das Ende herbeiführen, d. finem bibendi zu trinken aufhören; d. alicui spem Jmd. Hoffnung machen, „geben"; d. ingentem fugam stragemque anrichten; d. saltum einen Sprung machen.

3) geben, in den mannigfaltigen und verschiedenen Anwendungen dieses Wortes: A) = schenken, als Gabe überlassen, alicui praemium, pecuniam, facultatem aliquid faciendi, bonum consilium, veniam. B) = einräumen, zugestehen, bes. in einem Dispute, aliquid alicui; hoc tibi do; dasne, mortem esse malum? C) = übergeben, in die Hände geben, liefern: d. alicui literas ad fratrem Jmd. einen an den Bruder geschriebenen Brief zur Besorgung übergeben, daher d. literas ad aliquem = an Jmd. schreiben, d. urbem excidio die Stadt verwüsten lassen. D) = zufolge einer Nöthigung oder Aufforderung leisten, bezahlen u. dergl.: d. (alicui) poenas (rei alicujus) eigtl. (an Jmd.) eine Buße bezahlen, daher von Jmd. bestraft werden (wegen einer Sache). E) = auf Etwas verwenden: d. operam rei alicui (nt oder ne quid fiat) sich einer Sache befleißigen, d. noctem operi. F) d. verba alicui Jmd. täuschen, hinter das Licht führen. G) trop. a) Etwas einer Sache widmen, ganz hingeben: d. se jucunditati, studiis; d. se regibus, populo Alles um der Könige, des Volkes willen thun, ihnen in Allem dienen. b) d. se sich fügen. c) d. aliquid alicui oder rei alicui Etwas um Jmds oder einer Sache willen thun; hoc famae do, do hoc illi; aliquid coronae d. um der Zuhörer willen thun; da hunc populo verzeihe ihm um des Volkes willen, dem Volke zu Gefallen; auch = Jmd. in Etwas Glauben schenken, trauen: auctoribus hoc dedi.

4) in der Rede, angeben, nennen: cur hoc factum sit, paucis dabo; da mihi nunc (Com.) sage mir jetzt, d. diem colloquio bestimmen. Hiervon A) d. nomina sich zum Kriegsdienst einschreiben lassen, melden. B) d. vindicias Recht sprechen, siehe vindiciae.

Dŏcĕo, cui, ctum, 2. [stammverw. mit δι-δάσκω] 1) lehren, unterrichten, unterweisen: d. aliquem literas, pass. doctus militiam im Kriegswesen unterrichtet; d. aliquem canere, docendus Graece loqui; d. aliquem fidibus die Cither spielen, equo reiten, armis die Waffen gebrauchen. 2) = benachrichtigen, Jmd. in Kenntniß von Etwas setzen, belehren, sagen: d. aliquem de re aliqua, qui vir R. fuerit. 3) ohne Angabe der Person, die den Unterricht empfängt, lehren = vortragen, munus scribendi; d. illud fieri non posse zeigen, nachweisen. Insbes. a) causam = dem Anwalte oder den Richtern die Beschaffenheit der Sache auseinandersetzen, entwickeln. b) absol. = Vortrag halten, lehren, docet is apud me, Romae. 4) d. fabulam vom Verfasser eines Schauspiels, ein Schauspiel mit den Schauspielern einüben, einstudiren um es darnach auf die Bühne zu bringen, aufführen lassen.

Dŏchmius, ii, m. [δόχμιος] ein Versfuß (⏑ − − ⏑ −).

Dŏcĭlis, e, adj. mit comp. u. sup. [doceo] der leicht und willig lernt, gelehrig, bellua (der Elephant); d. ad agriculturam; (Spät.) docilis Latino sermone der die lateinische Sprache leicht lernt; (Poet.) d. fandi, modorum; (Poet.) capilli dd. biegsame, die leicht eine Form annehmen.

Dŏcĭlĭtas, ātis, f. [docilis] die Gelehrigkeit, Gefügigkeit.

Dŏctē, adv. mit comp. u. sup. [doctus] 1) gelehrt, geschickt. 2) (Pl.) klug, gescheit.

Doctor, ōris, m. [doceo] der Lehrer (meist mit Beziehung auf den Lehrgegenstand, vgl. praeceptor, magister), rhetoricus.

Doctrīna, ae, f. [doceo] 1) der Unterricht, die Unterweisung (häufig im Gegensatze von natura). 1) die (durch Unterricht mitgetheilte) Gelehrsamkeit, die Kenntnisse und concr. die Lehre, Wissenschaft: d. uc literae; studia doctrinae gelehrte Studien; Graecae dd.; d. liberalis; d. dicendi die Rhetorik; subtilior quaedam d. Theorie. Insbef. = die durch die Philosophie angenommenen Grundsätze: illud non doctrinā fecit sed naturā.

Doctus, adj. mit comp. u. sup. [particip. von doceo] 1) als particip. von doceo: doctā prece blandus (Poet.) in einem (vom Dichter) gelehrten Gebete flehend. 2) A) wo von einer Wissenschaft u. dergl. die Rede ist, gelehrt, gebildet, homo; Latine d. der Latein versteht, ebenso doctus literis Latinis, d. fidibus der das Citherspiel versteht; (Poet.) doctus juris des Rechts kundig, d. ad malitiam. B) wo an eine Kunst und Fertigkeit gedacht wird, fertig, geschickt, geübt: d. puella (von einer Sängerin); dd. manus, brachia; (Poet.) doctus fandi im Reden, canere im Singen. 3) (Poet.) klug, gescheit.

240 Documentum — Domesticus

Dŏcŭmentum, i, n. (Vorschlag. auch -men, inis, n.) [doceo] überhaupt Alles, was zur Lehre dienen kann, also = Lehre, belehrendes oder warnendes Beispiel, Warnung oder Beweis, Probe, Kennzeichen, Muster u. dergl.: P. Rutilius nostris hominibus docoumentum fuit probitatis; dare documentum fidei, eloquentiae; omnis exempli dd. allerlei belehrende Beispiele; documento hoc est (dieses zeigt, lehrt), quantum in bello fortuna possit (wie viel u. f. w.), und haec quoque persipici (daß u. f. w.); ruinae Sagunti documentum illis erunt; ne quis fidei Romanae confidat; ego documento ero utrum — an an mir wird es sich zeigen.

Dŏdōna, ae, f. [Δωδώνη] Stadt in Epirus, berühmt durch ein sehr altes und heiliges Orakel des Jupiter. Davon **Dōdōnaeus,** u. (Poet.) **Dōdōnis,** idis (nur f.), adj.

Dōdrans, tis, m. [de-quadrans] drei Viertel eines Ganzen, siehe As; als Längenmaaß = ³/₄ eines Fußes, 9 Zoll.

*****Dōdrantārius,** adj. [dodrans] zum Dodrans gehörig, tabulae, dd. Schuldbücher über den Wucher.

Dogma, ătis, n. [δόγμα] ein philosophischer Lehrsatz.

Dŏlăbella, ae, m. 1) deminut. von dolabra. 2) römischer Familienname in der gens Cornelia: am bekanntesten ist Publius Corn D., Schwiegersohn des Cicero, der dritte Gemahl Tullia's. Er wurde vom Cassius in Laodicea belagert und gab sich da selbst den Tod.

Dōlābra, ae, f. [dolo] die Hacke, Brechart, die z. B. von Landleuten und von Soldaten bei Belagerungen gebraucht wurde.

Dŏlens, tis, adj. mit comp. [particip. von doleo] schmerzlich.

Dŏlenter, adv. mit comp. [doleo] mit Schmerz, auf schmerzliche Weise.

Dŏleo, 2. 1) körperlich, (sehr selten) Schmerz fühlen; d. oculis Augenschmerzen haben. B) von einem Theil des Körpers, schmerzen, weh thun: pes, oculi dd.; caput mihi d.; impers. mihi dolet quum vapulo es schmerzt mich. 2) geistig, A) von dem Subjecte, Schmerzen über Etwas fühlen, trauern, betrübt sein (bezeichnet nur das Gefühl selbst, vgl. moeror und lugeo): d. casum alicujus; doleo me ab illo superari; d. laude aliena; d. de Hortensio, ex commutatione rerum wegen H., über die Veränderung der Sachen; d. quod illis rebus frui non licet, quia angeris. B) (meist Converf.) von Sachen, schmerzen, leid thun, betrüben: hoc mihi dolet, nihil cuiquam dolet; *(Poet.) aura me d.

*****Dōlāris,** e, adj. [dolium] zum Fasse gehörig: anus d. (Pl.) dick wie eine Tonne (Andere lesen dort diobolaris).

Dōliŏlum, i, n. deminut. von dolium.

Dōlium, ii, n. ein Faß, bes. ein Weinfaß (zuerst aus Thon gemacht, später aus Holz), in welchem man den jungen Wein gähren und abhefen ließ.

Dŏlo, 1. [dolo] 1) mit der Art bearbeiten, behauen, zuhauen, taleas; d. scyphum caelo ausschneiden; dolatus e robore (Poet.) 2) trop. A) d. aliquem fuste durchprügeln. B) (Pl.) d. dolum ausdenken, Ränke schmieden. C) vom Stile,

d. opus (oppos. perpolire) gleichsam grob abhobeln, dem Werke nur die erste und unvollständige Bearbeitung geben.

Dŏlo ob. **-lon,** ōnis, m. [δόλων] 1) (Poet. u. Spät.) ein mit einer scharfen eisernen Spitze versehener Stock, der Stockdegen, eine Art Dolch; davon (Poet.) = der Stachel einer Fliege. 2) ein kleines Schiffsegel, das Vorbersegel.

Dŏlo, ōnis (im accus. sing. auch Dolum), m. [δόλων] ein trojanischer Kundschafter.

Dŏlŏpes, pum, m. pl. [Δόλοπες] Völkerstamm in Thessalien, später am Pindus und zu Epirus gerechnet. Davon **Dŏlŏpia,** ae, f. das Land der D.

Dŏlor, ōris, m. [doleo] 1) eigtl. der körperliche Schmerz, Pein, Qual, d. corporis, d. articulorum die Gicht. 2) (mit und ohne animi) geistiger Schmerz, = Kummer, Betrübniß (vgl. moeror, luctus), Aerger, Verdruß, Zorn, Unwille u. dergl.: d. animi; capere (accipere, percipere) d. ex re aliqua Schmerzen fühlen, leiden, ebenso affici dolore; esse in dolore betrübt sein; hoc est mihi dolori dieses schmerzt mich; d. injuriae über eine Beleidigung. 3) (Poet.) = die Ursache, Veranlassung zum Schmerze; d. ille referri non debet.

Dŏlōse, adv. [dolosus] trugvoll, trügerisch.

Dŏlōsus, adj. [dolus] (meist Poet.) trugvoll, trügerisch, mulier, vulpes; cinis d. täuschend.

Dŏlus, i, m. die List, der Kunstgriff und bes. (mit hervorsehendem Begriffe des Widerrechtlichen und Unmoralischen) der Betrug, die Hinterlist, Arglist (in welcher Bedeutung besonders in der älteren Sprache als juridisches term. t. d. malus gesagt wurde = absichtliche und böswillige Täuschung). Hiervon (Poet. u. Spät.) = das, wodurch man Jmd. hintergeht, das Mittel zur List: deludere dolos den Netzen entgehen, subterranei dd. unterirdische verdeckte Gänge.

Dŏmābĭlis, e, adj. [domo] (Poet.) bezähmbar, der gezähmt werden kann.

Dŏmātor, ōris, m. (Poet.), Nebenform von Domitor w. m. f.

*****Dŏmesticātim,** adv. [domesticus](Spät.), in Privathäusern, zu Hause.

Dŏmestĭcus, adj. [domus] häuslich, 1) = zum Hause gehörig, häuslich, Haus-: parietes dd.; vestis d. Kleidung, die zu Hause gebraucht wird, sententia die nur im Hause geäußert wird, (Poet.) domesticus otior zu Hause. 2) = zur Familie-, zum Hauswesen gehörig, Familien-: luctus d. Familientrauer, praecepta d. häusliche Erziehung; usus d. gesellschaftlicher Verkehr im Schooße der Familie; homo d. Familienglied oder Hausfreund, praedo d. ein Räuber aus der eigenen Familie. Hiervon **Domestici,** ōrum, m. pl. die Glieder einer Familie oder eines Hausstandes, daher = a) die Familie, b) das Hausgesinde. 3) im Gegensatze des Oeffentlichen, des Fremden oder Ausländischen: a) = privat. eigen, eigenthümlich: d. copia rei frumentariae; d. judicium atque animi conscientia; res dd. die eigenen, häuslichen Angelegenheiten; literas dd. die private Correspondenz. b) = ein heimisch, heimathlich, inländisch u. dergl.: mos d., bellum d. Bürgerkrieg; dd. insidiae; externa libentius recordor quam domestica als Begebenheiten aus der Geschichte unserer eigenen Volks.

Dŏmĭcĭlĭum, ii, n. [domus] die Wohnung, der Wohnsitz, das Haus, trop. d. imperii et gloriae „Sitz".

Dŏmĭna, ae, f. [domus] 1) (Vorklass. u. Spät.) die Hausfrau als Gebieterin des Hauses, im Verhältnisse zu dem Hausgesinde, die Herrin (vgl. hera, materfamilias). 2) überhaupt = die Herrscherin, Herrin, Gebieterin: haec una virtus est omnium d. et regina. Insbes. A) (Spät.) eine Dame aus der kaiserlichen Familie. B) (Poet.) schmeichelnde und lobende Benennung einer Geliebten, selten einer Ehefrau.

Dŏmĭnātĭo, ōnis, f. [dominor] 1) die Beherrschung, Herrschaft, gewöhnlich mit dem Begriffe der Allein- und der Zwangsherrschaft, der Willkür: d. Cinnae, d. superba, impotens; d. judiciorum oder in judiciis unumschränkte Gewalt über (von dem übergroßen Ansehen und Einflusse eines Advocaten). 2) (Spät.) concr. im pl. = die Herrscher.

*__Dŏmĭnātor__, ōris, m. und -trix, īcis, f. [dominor] der Beherrscher, die Beherrscherin.

Dŏmĭnātus, us, m. [dominor] = dominatio; trop. d. cupiditatum.

Dŏmĭnĭcus, adj. [dominus] (Vorklass. u. Spät.) zum Herrn gehörig, Herren-.

Dŏmĭnĭum, ii, n. [dominus] 1) (sehr selten u. zweifelh.) das Gastmahl. 2) (Spät.) die Gewalt über eine Sache, das Eigenthumsrecht. 3) (Spät.) die Herrschaft = der Herr.

Dŏmĭnor, depon. 1. [dominus] herrschen, Herr sein, gebieten, sehr oft mit einem gehässigen Begriffe = eine Zwangsherrschaft ausüben, tyrannisiren, den Herrn spielen: d. Carthagine, in urbe; d. inter aliquos; d. in capite adversarios über; d. in capite fortunisque hominum dasselbe. Hiervon trop. = den meisten Einfluß haben, am meisten gelten: eloquentia d. maxime in libero populo; d. in judiciis (siehe dominatio); (Poet.) lolium et avenae dd. haben Ueberhand. *2) (Vorklass.) pass. beherrscht werden.

Dŏmĭnus, i, m. [domus] 1) der Hausherr, der Eigenthümer als Herr und Gebieter im Hause, daher überhaupt der Eigenthümer, Besitzer (vgl. herus): quae imperavit dominus; d. aedium, praediorum; auch (Pl.) vom Sohne des Herrn, „der junge Herr". 2) überhaupt der Herr, Herrscher, Gebieter (oft, wo es von einem politischen Verhältnisse gebraucht wird, zufolge der republicanischen Gesinnung der Römer mit einem gehässigen Nebenbegriff = Zwangsherr, Despot): dii omnium rerum dd.; d. omnium gentium, d. legum; d. factionum (Spät.) der Anführer. Hiervon A) der Anstellen od. Vorsteher einer Sache, z. B. eines Schauspiels, einer Versteigerung; insbes. d. convivii (epuli) und bisweilen bloß d. von demjenigen, der ein Gastmahl giebt = der „Wirth". B) (Spät.) in der Kaiserzeit = der Kaiser. C) (Spät.) überhaupt als eine höfliche Anrede, „mein Herr",

Ingerslev, lat.-deutsches Schulwörterbuch.

„der Herr". D) als schmeichelnde oder losende Benennung eines Geliebten. 3) (Poet.) als adj. zum Herrn gehörig, Herren-: dd. manus, torus d. des Herrn Lager.

*__Dŏmĭporta__, ae, f. [domus-porto] (Vorklass.) die Hausträgerin, poetische Benennung der Schnecke.

Dŏmĭtĭānus, ii, m. (vollständig Titus Flavius D. Augustus), römischer Kaiser, Sohn des Vespasian, Bruder des Titus.

Dŏmĭtĭus, Name eines römischen Geschlechtes, aus welchem zwei Familien am bekanntesten sind: 1) Ahenobarbi („Rothbärte"): von diesen war a) Cn. D. Ah. Allobrogicus (Besieger der All.) Consul 122; b) Cn. D. Ah. war zuerst nebst seinem Vater (Lucius D. Ah.) ein Gegner Cäsars und focht gegen ihn bei Pharsalus, versöhnte sich aber mit ihm, vereinigte sich später mit Brutus und Cassius, dann mit Antonius, und ging endlich zum Octavian über. c) Lucius D. Ah., Sohn des Vorigen, war unter August Feldherr in Germanien; mit seiner Frau Antonia (Tochter des Triumvir Antonius) hatte er einen Sohn Cnejus D. Ah., der mit Agrippina (des Germanicus Tochter) vermählt war und Vater des römischen Kaisers Nero wurde. 2) Calvini: von diesen war Cnejus D. C. ein Anhänger des Cäsar, den Dejotarus freundlich empfing. — Außer diesen ist noch Cn. D. Corbŭlo, Schwager des Caligula, als tapferer Feldherr bekannt. — Dav. **Dŏmĭtĭus** als adj.

Dŏmĭto, 1. [domo] (selten, Poet. u. Spät.) = ein verstärktes Domo.

Dŏmĭtor, ōris, m. [domo] 1) der Bezähmer, Bändiger: d. equorum der Bereiter. 2) trop. der Besieger, Bezwinger, Ueberwältiger, Persarum, Trojae.

Dŏmĭtrix, īcis, f. [domo] (Poet. u. Spät.) die Bändigerin.

*__Dŏmĭtus__, (Spät.) -us, m. [domo] die Zähmung, Bändigung, quadrupedum.

Dŏmo, mui, mitum, 1. 1) zähmen, bändigen, equos. 2) trop. bezwingen, bändigen, besiegen, überwinden, aliquem, gentes bello; (Poet.) Venus, cura illum d. beherrscht; uvam praelo pressen, aliquid undis kochen, weich machen, d. invidiam, libidines.

Dŏmus, us, u. (Com. u. als adv., siehe unten) i, stammverw. mit δόμος, f. 1) das Haus (als Wohnung, Heimath und Sitz der Familie, vgl. aedes), ampla; in domo im Hause; in domo aliqua, casta; in d. sua (selten), in domo aliqua; venit in nostram domum; fugiebant in dd. et tecta; nec ab d. quidquam venit; excivit eos ex d. — Häufig sind die Adverbialformen: A) domi zu Hause, im Hause: d. fuit, d. se tenere; d. meae, tuae, nostrae, sei mir, dir, uns zu Hause, in meinem u. s. w. Hause, ebenso d. alienae im Hause eines Anderen, auch d. Caesaris im Hause des C., bei C. zu Hause, d. istius. Insbes. d. habeo aliquid = habe Etwas selbst in hinlänglichem Maaße, brauche es nicht anderswoher zu holen. B) domum nach Hause, ins Haus: proficisci d.; venit d. meam, regiam, Roscii in meo, des Königs, des R. Haus, venit domos nostras in unsere Häuser. Insbes. trop. abducere aliquem d. = Imb. (von einem

Dŏcŭmentum, i, *n.* (Vorklass. auch -men, inis, n.) [doceo] überhaupt Alles, was zur Lehre dienen kann, also = Lehre, belehrendes oder warnendes Beispiel, Warnung oder Beweis, Probe, Kennzeichen, Muster u. dergl.: P. Rutilius nostris hominibus documentum fuit probitatis; dare documentum fidei, eloquentiae; omnis exempli dd. allerlei belehrende Beispiele; documento hoc est (dieses zeigt, lehrt), quantum in bello fortuna possit (wie viel u. f. w.), und haec quoque persipici (daß u. f. w.); ruinae Sagunti documentum illis erunt; ne quis fidei Romanae confidat; ego documento ero utrum — an an mir wird es sich zeigen.

Dōdōna, ae, *f.* [*Δωδώνη*] Stadt in Epirus, berühmt durch ein sehr altes und heiliges Orakel des Jupiter. Davon **Dōdōnaeus,** u. (Poet.) **Dōdōnis, idis** (nur *f.*), *adj.*

Dōdrans, tis, m. [de-quadrans] drei Viertel eines Ganzen, siehe As; als Längenmaaß = ³/₄ eines Fußes, 9 Zoll.

*****Dōdrantārius, adj.** [dodrans] zum Dodrans gehörig, tabulae, dd. Schuldbücher über den Wucher.

Dogma, ătis, *n.* [*δόγμα*] ein philosophischer Lehrsatz.

Dŏlābella, ae, m. 1) *deminut.* von dolabra. 2) römischer Familienname in der gens Cornelia: am bekanntesten ist Publius Corn D., Schwiegersohn des Cicero, der dritte Gemahl Tullia's. Er wurde vom Cassius in Laodicea belagert und gab sich da selbst den Tod.

Dŏlābra, ae, *f.* [dolo] die Hacke, Brechart, die z. B. von Landleuten und von Soldaten bei Belagerungen gebraucht wurde.

Dŏlens, tis, *adj.* mit *comp.* [*particip.* von doleo] schmerzlich.

Dŏlenter, *adv.* mit *comp.* [doleo] mit Schmerz, auf schmerzliche Weise.

Dŏleo, 2. 1) körperlich, A) vom Subjecte (sehr selten) Schmerz fühlen; d. oculis Augenschmerzen haben. B) von einem Theil des Körpers, schmerzen, weh thun: pes, oculi dd.; caput mihi d.; *impers.* mihi dolet quum vapulo es schmerzt mich. 2) geistig, A) von dem Subjecte, Schmerzen über Etwas fühlen, trauern, betrübt sein (bezeichnet nur das Gefühl selbst, vgl. moereo und lugeo): d. casum alicujus; doleo me ab illo superari; de laude aliena; d. de Hortensio, ex commutatione rerum wegen H., über die Veränderung der Sachen; d. quod illis rebus frui non licet, quia angeris. B) (meist Conversat.) von Sachen, schmerzen, leid thun, betrüben: hoc mihi dolet, nihil cuiquam dolet; *(Poet.)* aura me d.

*****Dōliāris, e,** *adj.* [dolium] zum Fasse gehörig: anus d. (Pl.) dick wie eine Tonne (Andere lesen dort diobolaris).

Dōliŏlum, i, *n.* *deminut.* von dolium.

Dōlium, ii, *n.* ein Faß, bes. ein Weinfaß (zuerst aus Thon gemacht, später aus Holz), in welchem man den jungen Wein gähren und abhefen ließ.

Dŏlo, 1. [dolo] 1) mit der Art bearbeiten, behauen, zuhauen, taleas; d. scyphum caelo ausschnelden; dolatus e robore (Poet.). 2) *trop.* A) d. aliquem faste durchprügeln. B) (Pl.) d. dolum austenken, Ränke schmieden. C) vom Stile,

d. opus (*oppos.* perpolire) gleichsam grob abhobeln, dem Werke nur die erste und unvollständige Bearbeitung geben.

Dŏlo ob. **-lon, ōnis, m.** [*δόλων*] 1) (Poet. u. Spät.) ein mit einer scharfen eisernen Spitze versehener Stock, der Stockdegen, eine Art Dolch; davon (Poet.) = der Stachel einer Fliege. 2) ein kleines Schiffssegel, das Vordersegel.

Dŏlo, ōnis (im *accus. sing.* auch Dolum), m. [*δόλων*] ein trojanischer Kundschafter.

Dŏlōpes, pum, *m. pl.* [*Δόλοπες*] Völkerstamm in Thessalien, später am Pindus und zu Epirus gerechnet. Davon **Dŏlŏpia, ae,** *f.* das Land der D.

Dŏlor, ōris, m. [doleo] 1) eigtl. der körperliche Schmerz, Pein, Qual, d. corporis, d. articulorum die Gicht. 2) (mit und ohne animi) geistiger Schmerz. = Kummer, Betrübniß (vgl. moeror, luctus), Aerger, Verdruß, Zorn, Unwille u. dergl.: d. animi; capere (accipere, percipere) d. ex re aliqua Schmerzen fühlen, leiden, ebenso affici dolore; esse in dolore betrübt sein; hoc est mihi dolori dieses schmerzt mich; d. injuriae über eine Beleidigung. 3) (Poet.) = die Ursache, Veranlassung zum Schmerze; d. illo referri non debet.

Dŏlōse, *adv.* [dolosus] trugvoll, trügerisch.

Dŏlōsus, *adj.* [dolus] (meist Poet.) trugvoll, trügerisch, mulier, vulpes; cinis d. täuschend.

Dŏlus, i, m. die List, der Kunstgriff und bes. (mit hervorsehendem Begriffe des Widerrechtlichen und Unmoralischen) der Betrug, die Hinterlist, Arglist (in welcher Bedeutung besonders in der älteren Sprache als juristischer *term. t.* d. malus gesagt wurde = absichtliche und böswillige Täuschung). Hiervon (Poet. u. Spät.) = das, wodurch man Jmd. hintergeht, das Mittel zur List: deludere dolos den Netzen entgehen, subterranei d. unterirdische verdeckte Gänge.

Dŏmābĭlis, e, *adj.* [domo] (Poet.) bezähmbar, der gezähmt werden kann.

Dŏmātor, ōris, m. (Poet.), Nebenform von Domitor w. m. f.

*****Dŏmestĭcātim,** *adv.* [domesticus] (Spät.), in Privathäusern, zu Hause.

Dŏmestĭcus, *adj.* [domus] häuslich, 1) = zum Hause gehörig, häuslich, Haus-: parietes dd.; vestis d. Kleidung, die zu Hause gebraucht wird, sententia die nur im Hause geäußert wird, (Poet.) domesticus otior zu Hause. 2) = zur Familie, zum Hauswesen gehörig, Familien-: luctus d. Familientrauer, praecepta dd. häusliche Erziehung; usus d. gesellschaftlicher Verkehr im Schooße der Familie; homo d. Familienglied oder Hausfreund, praedo d. ein Räuber aus der eigenen Familie. Hiervon **Domestici, ōrum,** *m. pl.* die Glieder einer Familie oder eines Hausstandes, daher = a) die Familie, b) das Hausgesinde. 3) im Gegensatze des Oeffentlichen, des Fremden oder Ausländischen: a) = privat. eigen, eigenthümlich: d. copia rei frumentariae; d. judicium atque animi conscientia; res dd. die eigenen, häuslichen Angelegenheiten; literae dd. die private Correspondenz. b) = einheimisch, heimathlich, inländisch u. dergl.: mos d., bellum d. Bürgerkrieg; dd. insidiae; externa, libentius recordor quam domestica als Begebenheiten aus der Geschichte unseres eigenen Volks.

Dŏmĭcĭlĭum, ii, n. [domus] die Wohnung, der Wohnsitz, das Haus, trop. d. imperii et gloriae „Sitz".

Dŏmĭna, ae, f. [domus] 1) (Vorklass. u. Spät.) die Hausfrau als Gebieterin des Hauses, im Verhältnisse zu dem Hausgesinde, die Herrin (vgl. hera, materfamilias). 2) überhaupt = die Herrscherin, Herrin, Gebieterin: haec una virtus est omnium d. et regina. Insbes. A) (Spät.) eine Dame aus der kaiserlichen Familie. B) (Poet.) schmeichelnde und kosende Benennung einer Geliebten, selten einer Ehefrau.

Dŏmĭnātĭo, ōnis, f. [dominor] 1) die Beherrschung, Herrschaft, gewöhnlich mit dem Begriffe der Allein- und der Zwangsherrschaft, der Willkür: d. Cinnae, d. superba, impotens; d. judiciorum oder in judiciis unumschränkte Gewalt über (von dem übergroßen Ansehen und Einflusse eines Advocaten). 2) (Spät.) concr. im pl. = die Herrscher.

*Dŏmĭnātŏr, ōris, m. und -trix, icis, f. [dominor] der Beherrscher, die Beherrscherin.

Dŏmĭnātus, us, m. [dominor] = dominatio; trop. d. cupiditatum.

Dŏmĭnĭcus, adj. [dominus] (Vorklass. u. Spät.) zum Herrn gehörig, Herren-.

Dŏmĭnĭum, ii, n. [dominus] 1) (sehr selten u. zweifelh.) das Gastmahl. 2) (Spät.) die Gewalt über eine Sache, das Eigenthumsrecht. 3) (Spät.) die Herrschaft = der Herr.

Dŏmĭnor, depon. 1. [dominus] herrschen, Herr sein, gebieten, sehr oft mit einem gehässigen Begriffe = eine Zwangsherrschaft ausüben, tyrannisiren, den Herrn spielen: d. Carthagine, in urbe; d. inter aliquos; d. in adversarios über, d. in capite fortunisque hominum dasselbe. Hiervon trop. = den meisten Einfluß haben, am meisten gelten: eloquentia d. maxime in libero populo; d. in judiciis (siehe dominatio); (Poet.) lolium et avenae dd. haben Ueberhand. *2) (Vorklass.) pass. beherrscht werden.

Dŏmĭnus, i, m. [domus] 1) der Hausherr, der Eigenthümer als Herr und Gebieter im Hause, daher überhaupt der Eigenthümer, Besitzer (vgl. herus): quae imperavit domino; d. aedium, praediorum; auch (Pl.) vom Sohne des Herrn, „der junge Herr". 2) überhaupt der Herr, Herrscher, Gebieter (oft, wo es von einem politischen Verhältnisse gebraucht wird, zufolge der republicanischen Gesinnung der Römer mit einem gehässigen Nebenbegriff = Zwangsherr, Despot): dii omnium rerum dd.; d. omnium gentium, d. legum; d. factionum (Spät.) der Anführer. Hiervon A) der Ansteller od. Vorsteher einer Sache, z. B. eines Schauspieles, einer Versteigerung; insbef. d. convivii (epuli) und bisweilen bloß d. von demjenigen, der ein Gastmahl giebt, = der „Wirth". B) (Spät.) in der Kaiserzeit = der Kaiser. C) (Spät.) überhaupt als eine höfliche Anrede, „mein Herr",

Ingerslev, lat.-deutsches Schulwörterbuch.

„der Herr". D) als schmeichelnde oder kosende Benennung eines Geliebten. 3) (Poet.) als adj. zum Herrn gehörig, Herren-: dd. manus, torus d. des Herrn Lager.

*Dŏmĭporta, ae, f. [domus-porto] (Vorklaff.) die Hausträgerin, poetische Benennung der Schnecke.

Dŏmĭtĭānus, ii, m. (vollständig Titus Flavius D. Augustus), römischer Kaiser, Sohn des Vespasian, Bruder des Titus.

Dŏmĭtĭus, Name eines römischen Geschlechtes, aus welchem zwei Familien am bekanntesten sind: 1) Ahenobarbi („Rothbärte"): von diesen war a) Cn. D. Ah. Allobrogicus (Besieger der All.) Consul 122; b) Cn. D. Ah. war zuerst nebst seinem Vater (Lucius D. Ah.) ein Gegner Cäsars und focht gegen ihn bei Pharsalus, versöhnte sich aber mit ihm, vereinigte sich später mit Brutus und Cassius, dann mit Antonius, und ging endlich zum Octavian über. c) Lucius D. Ah., Sohn des Vorigen, war unter August Feldherr in Germanien; mit seiner Frau Antonia (Tochter des Triumvir Antonius) hatte er einen Sohn Cnejus D. Ah., der mit Agrippina (des Germanicus Tochter) vermählt war und Vater des römischen Kaisers Nero wurde. 2) Calvini: von diesen war Cnejus D. C. ein Anhänger des Cäsar, den Dejotarus freundlich empfing. — Außer diesen ist noch Cn. D. Corbulo, Schwager des Caligula, als tapferer Feldherr bekannt. — Dav. **Dŏmĭtĭus** als adj.

Dŏmĭto, 1. [domo] (selten, Poet. u. Spät.) = ein verstärktes Domo.

Dŏmĭtor, ōris, m. [domo] 1) der Bezähmer, Bändiger: d. equorum der Bereiter. 2) trop. der Besieger, Bezwinger, Ueberwältiger, Persarum, Trojae.

Dŏmĭtrix, icis, f. [domo] (Poet. u. Spät.) die Bändigerin.

*Dŏmĭtus, (Spät.) -us, m. [domo] die Zähmung, Bändigung, quadrupedum.

Dŏmo, mui, mĭtum, 1. 1) zähmen, bändigen, equos. 2) trop. bezwingen, bändigen, besiegen, überwinden, aliquem, gentes bello; (Poet.) Venus, cura illam d. beherrscht; d. uvam praelo pressen, aliquid undis kochen, weich machen, d. invidiam, libidines.

Dŏmus, us, u. (Com. u. als adv., siehe unten) i, stammverw. mit δόμος, f. 1) das Haus (als Wohnung, Heimath und Sitz der Familie, vgl. aedes), ampla; in domo im Hause; in domo aliqua, casta; in d. sua (selten), in domo ejus; venit in nostram domum; fugiebant in dd. et tecta; nec ab d. quidquam venit; excivit eos ex d. — Häufig sind die Adverbialformen: A) domi zu Hause, im Hause: d. fuit, d. se tenere; d. meae, tuae, nostrae, bei mir, bir, uns zu Hause, in meinem u. s. w. Hause, ebenso d. alienae im Hause eines Anderen, auch d. Caesaris im Hause des C., bei C. zu Hause, d. istius. Insbef. d. habeo aliquid = habe Etwas selbst in hinlänglichem Maaße, brauche es nicht anderswoher zu holen. B) domum nach Hause, ins Haus: proficisci d.; venit d. meam, regiam, Roscii in mein, ihr Königs, des R. Haus, venit domos nostras in unsere Häuser. Insbef. trop. abducere aliquem d. = Jmb. (von einem

16

Donabilis — Dotatus

Anderen abziehen und) zu sich (auf seine Seite) ziehen. C) domo, a) von Hause, aus dem Hause, proficisci d.; trop. d. afferre = wohl vorbereitet (auf eine Rede) von Hause kommen, d. doctus = selbst klug genug, d. solvere aus eigenen Mitteln bezahlen. b) (selten) = domi. — 2) (Poet.) jede Art Aufenthaltsort, z. B. eine Grotte, die Höhle eines Thiers, das Grab u. s. w. — 3) das Vaterland, die Heimath: daher häufig domi, domum, domo = in dem Vaterlande, nach dem Vaterlande, aus dem Vaterlande, und sehr häufig domi (im Gegensatze von foris, belli, militiae) = in bürgerlichen und friedlichen Angelegenheiten, im Frieden (im Gegensatze von „im Kriege"). — 4) das Haus = die Hausgenossenschaft, die Familie: tota d. nostra te salutat. Hiervon von den Philosophen = die Secte. 5) das Haus = das Hauswesen: regere domum ratione. — NB. Seltene Formen sind im *dat. sing.* domo, im *abl. sing.* domu; der *accus. plur.* heißt domos, seltener domus, der *genit. plur.* domuum und häufiger domorum.

*Dönäbilis, e, *adj.* [dono] (*Pl.*) würdig beschenkt zu werden.

Dönärium, ii, *n.* [donum] 1) (Poet.) der Ort in oder an einem Tempel, wo heilige Gaben aufbewahrt wurden. (Poet.) der Tempel oder der Altar. 2) das Weihgeschenk, die Tempelgabe.

Dönätio, önis, *f.* [dono] die Schenkung, Gabe, bonorum; constituere d.

Dönätivum, i, *n.* [dono] (Spät.) ein kaiserliches Geldgeschenk an die Soldaten (vgl. congiarium).

Dönätor, öris, *m.* [dono] (Spät.) der Geber, Schenker.

Dönax, äcis, *m.* [δόναξ] (Spät.) 1) eine Art Rohr. 2) ein Fisch.

Dönëc (Vorklass. **Dönïcum**), *conjunct.* 1) (meist Poet. u. Spät.) von zwei gleichzeitigen Handlungen, während, so lange als: d. eris felix, multos numerabis amicos. 2) von zwei auf einander folgenden Handlungen, bis daß, so lange bis: haud desinam, d. perfecero hoc. Oft mit vorhergehendem usque, usque adeo (eo), eo usque, in tantum so lange bis, bis auf die Zeit da; nach einer Verneinung kann es bisweilen durch „ehe" übersetzt werden: me attrectare nefas, d. me abluero.

Döno, 1. [donum] 1) geben, schenken, alicui aliquid. Insbef. A) = fahren lassen, aufgeben, opfern: d. inimicitias suas reipublicae dem Staate zum Opfer bringen, um des Staates willen fahren lassen. B) = erlassen, auf Etwas Verzicht leisten: d. alicui aes alienum, mercedes habitationum annuas conductoribus; d. alicui poenam; d. causam alicui Jmd. den Proceß „erfparen". C) Jmd. zu Liebe Etwas ob. Jmd. ungestraft lassen und verzeihen, dem Thäter die Strafe erlassen (statt des häufigeren condono): donabo culpam precibus vestris um Eurer Bitten willen werde ich das Vergehen verzeihen; d. patrem filio, damnatum populo Romano. 2) Jmd. mit Etwas beschenken: d. aliquem re aliqua; (selten, Vorklass.) d. aliquem aliquid.

Dönum, i, *n.* die Gabe, das Geschenk

(überhaupt, vgl. munus): mittunt certatim dd. et munera; dare aliquid dono zum Geschenke; dd. suprema (ultima) die letzte Ehre, die einem Verstorbenen durch Todtenopfer u. dergl. erwiesen wurde; insbef. = eine Gabe an die Götter, ein Opfer.

Dönüsa, ae, *f.* [gr. Δονουσία] Insel im ägäischen Meere, unter den Kaisern ein Verbannungsort.

Döres, rum, *m.* [Δωριεῖς] die Dorier, ein Hauptstamm der Griechen. Davon 1) **Döricus** [Δωρικός] *adj.* dorisch, Poet. = griechisch überhaupt; hiervon *adv.* **Dörice**. 2) **Dörienses**, ium, *m. pl.* (Spät.) = Dores. 3) **Döris**, idis, *f.* [Δωρίς] A) als *adj.* dorisch. B) Landschaft a) in Nordgriechenland am Oeta, Ursitz des dorischen Stammes; b) in Kleinasien an der Südküste von Carien. 3) (Poet.) **Dörius**, *adj.*

Döris, idis, *f.* [Δωρίς] Tochter des Oceanus und der Thetys, mit ihrem Bruder Nereus vermählt und von ihm Mutter der 50 Nereiden oder **Dörïdes**.

Dormio, 4. schlafen; ire dormitum zu Bette gehen; (Poet.) d. horam, hiemem schlafend zubringen. Hiervon *trop.* A) = unthätig, still sein; pessuli illi dd. B) = sorglos, unbekümmert sein. C) = todt sein.

*Dormïtätor, öris, *m.* [dormito] (*Pl.*) der Träumer, Phantast.

Dormïto, 1. [dormio] 1) schläfrig sein, einschlafen wollen; bisweilen = schlafen. 2) *trop.* A) (Poet.) lucerna d. ist dem Erlöschen nahe. B) unthätig, gedankenlos, stumpfsinnig sein, faseln, träumerisch handeln: interdum bonus d. Homerus; sapientia dormitans et oscitans.

Dormïtörïus, *adj.* [dormio] (Spät.) zum Schlafen gehörig: *subst.* **-törium**, ii, *n.* ein Schlafzimmer.

Dorsum, i, *n.* (Vorklass. auch ***Dorsus**, us, *m.*) 1) der Rücken (in horizontaler Lage gedacht, als oberster und erhabener Theil des Körpers, also eigtl. vom Rücken der Thiere, vgl. tergum; selten vom Rücken des Menschen). 2) *trop.* von Gegenständen, die an Gestalt und Lage dem Rücken eines Thieres ähnlich sind, z. B. ein Bergkamm, ein langgestreckter Felsen, d. Apennini, d. jugi, d. in mari ein hervorragender Grund.

Döryläeum, i, *n.* [Δορύλαιον] Stadt in Phrygien; davon **Döryläenses**, ium, *m. pl.* die Einwohner von D.

Döryphöros, i, *m.* [δορυφόρος] der Lanzenträger (berühmte Statue des Polyklet).

Dös, ötis, *f.* die Mitgabe bei der Hochzeit, die Mitgift. 2) (Poet. u. Spät.) *trop.* a) die Gabe = zierende ob. schätzbare Eigenschaft, Zierde: dd. ingenii; d. naturae; ille est d. loci Zierde. b) die Gabe überhaupt.

Dossennus oder **Dorsennus**, i, *m.* (Fabius D.) 1) ein Atellanendichter. 2) eine comische Person in den Atellanen oder römischen Volkscomödien.

Dötälis, e, *adj.* [dos] zur Mitgift gehörig, als Mitgift mitgebracht (von der Frau) oder empfangen (vom Manne), ager, servus.

Dötätus, *adj.* mit *sup.* [*particip.* von doto] 1) reichlich ausgestattet, uxor. 2) reichlich mit Etwas versehen, begabt, puella dotatissima formā.

Doto, 1. [dos] aussteuern, reichlich mit Mitgift ausstatten, filiam.

Drachma (Gortl. auch **Drāchŭma**) ae, f. [δραχμή] die Drachme, 1) eine griechische Münze, ungefähr vom Werthe eines römischen Denarius. 2) als Gewicht der 8te Theil einer uncia.

Drăco, ōnis, m. [δράκων] 1) eine Schlangenart, die zum Theil in vornehmen Häusern von Damen als Lieblingsthier und Spielzeug gehalten wurde; (Poet.) überhaupt = Schlange, Drache. Hiervon (Spät.) A) = ein schlangenförmiges Gefäß. B) ein Gestirn. 2) nom. propr., der Gesetzgeber Athens.

* **Drăcŏnĭgĕna**, ae, comm. [draco-gigno] (Poet.) der schlangengeborene, urbs d. = Theben.

Drancae ob. **Drangae**, ārum, m. pl. Völkerschaft im Innern des persischen Reiches.

* **Drăpĕta**, ae, m. [δραπέτης] (Pl.) der Deserteur, bes. = ein entlaufener Sclave.

Drĕpănum, i, n. ober -na, ōrum, n. pl. [Δρέπανον, -να] Stadt auf der Westküste Siciliens, jetzt Trapani. Davon **Drĕpănĭtānus**, adj. u. subst. -āni, ōrum, m. pl. die Einwohner von D.

Drŏmas, ădis, m. [δρομάς] (Spät.), in der Verbindung d. camelus, das Dromedar.

Drŏmos, i, m. [δρόμος] die Rennbahn, bes. eine Ebene bei Sparta.

Druentia, ae, f. Fluß in Gallien, jetzt Durance.

Druidae, arum, ober -des, dum, m. pl. die Druiden, Priester der alten Celten in Gallien und Britannien.

Drūsus, i, m. Familienname in der gens Livia und der Claudia: 1) Livii: A) Marcus L. D. Volkstribun 122 v. Chr. und Gegner des C. Gracchus. B) Marcus L. D., Sohn des Vorigen, Volkstribun 91 v. Chr., gab zum Theil Veranlassung zum Bundesgenossenkriege. Er wurde 91 v. Chr. in seinem Atrium von einer unbekannter Hand getödtet. 2) Claudii: A) Cl. Nero Dr., gewöhnlich bloß Drusus genannt, Stiefsohn des Augustus und Bruder des Tiberius, starb nach glänzenden Feldzügen in Germanien 9 n. Chr. B) D. Caesar, einziger Sohn des Tiberius, vom Sejan durch Gift getödtet.

Dryas, ădis, f. [Δρυάς] (Poet.) eine Baum- ob. Waldnymphe.

Dryŏpes, pum, m. pl. [Δρύοπες] Volksstamm in Epirus.

Duālis, e, adj. [duo] (Spät.) zu zweien gehörig, zwei enthaltend, numerus.

Dŭbie, adv. [dubius] zweifelhaft, ungewiß; insbes. häufig mit einer Negation, non, haud d. = unstreitig, ganz gewiß, sicher.

Dŭbiĕtas, ātis, f. [dubius] (Nachkl.) der Zweifel.

Dŭbis, is, m. Fluß in Gallien, jetzt Doubs.

Dŭbĭtābĭlis, e, adj. [dubito] (Poet.) zweifelhaft.

Dŭbĭtanter, adv. [dubito] *1) zweifelnd. 2) zaubernd.

Dŭbĭtātio, ōnis, f. [dubito] 1) das Schwanken in der Meinung und dem Urtheile, der Zweifel, die Ungewißheit: afferre d. verursachen, tollere d. aufheben; sine ulla d. = ganz gewiß; d. rei alicujus in einer Sache, auch d. de omnibus rebus; d. quale illud sit, faciendumne sit hoc; hic locus nihil habet dubitationis über diesen Punct ist kein Zweifel, daß u. s. w. Bisweilen = die Erwägung, Ueberlegung, d. indigna homine. 2) das Schwanken in dem Entschlusse, das Bedenken, die Unschlüssigkeit, das Zaudern: inter d. et moras senatūs; nullā interpositā dubitatione und sine ulla d. ohne irgend ein Bedenken.

Dŭbĭto, 1. [dubius] eigtl. nach zwei Seiten gehen, 1) in der Ansicht und dem Urtheile schwanken, zweifeln, ungewiß sein: ne dubita; d. de voluntate tua; d. aliquid über Etwas und (Poet.) d. patrem, auctorem über den Vater; d. quid faciam, quid agendum putem; d. utrum sit melius; non d. quin venturus sit daß er kommen werde, ebenso cave dubites quin etc.; selten (meist Spät.) non d. fore plerosque. Hiervon A) = erwägen: restat ut hoc dubitemus. B) trop. intrans. = schwanken, unsicher sein: fortuna, fama d. 2) (am häufigsten mit einer Negation) im Entschlusse schwanken, sich bedenken, Bedenken tragen, unschlüssig sein, Anstand nehmen, facere aliquid; (selten) non dubitabo quin ei omnia credam.

Dŭbĭus, adj. [verw. mit duo] 1) (sehr selten) nach zwei Seiten sich bewegend, fluvius. 2) im Geiste nach zwei Seiten sich neigend, schwankend: A) act. der über Etwas ungewiß ist, a) in seiner Ansicht schwankend, zweifelnd, ungewiß, animus d.; d. sum, quid verum sit; non d. quin etc.; minime dubius, patres bellum jussuros esse gar nicht zweifelnd, daß u. s. w. (selten); dubius animi, ebenso sententiae; (Poet.) dubius salutis, vitae an der Rettung, der Erhaltung des Lebens zweifelnd. b) in seinem Entschlusse schwankend, unbestimmt, schwankend: Jugurtha d. et haesitans; dubius quid faciam; dubius consilii im Entschlusse. B) pass. worüber man ungewiß und zweifelhaft ist, zweifelhaft, unentschieden, ungewiß, unbestimmt: d. jus, victoria, verba; socii dd. von unzuverlässiger Treue; (Poet.) lux d. die Morgendämmerung, nox die Abenddämmerung, coelum d. umwölkt. Insbes. ad neutr. **Dubium** fast als subst. = Zweifel: a) de Pompeji exitu nunquam mihi dubium fuit habe ich nie Zweifel gehegt; non est d. quin uxorem nolit filius es ist kein Zweifel daran, daß u. s. w. b) (Poet. u. Spät.) d. wird bisweilen allein, ohne Hinzufügung eines Verbums, als eine Art Adverbium in den Satz eingeschoben: quo postquam dubium pius es sceleratus Orestes venerat Orestes, bei dem es zweifelhaft war, ob er die kindliche Pflicht erfüllt ober ein Verbrechen begangen hatte. c) dubium habere aliquid Etwas bezweifeln, für ungewiß halten: d. habeo quid ille possit; ebenso in dubium vocare in Zweifel ziehen ober ungewiß machen. d) in dubio ponere aliquid Etwas für zweifelhaft halten; in dubio esse unsicher, ungewiß sein. c) sine dubio ohne Zweifel = unstreitig, ganz gewiß, sicher; bisweilen (meist Spät.) mit einer adversativen Conjunction in dem folgenden Satze = freilich, allerdings. f) (selten) procul dubio = sine d. — 3) (meist Poet.) bedenklich, mißlich, gefährlich, schwierig, res,

tempora; mons dubius ascensu. So auch bas
neutr. Dubium als *subst.*: in dubium venire
in Gefahr kommen, devocare bringen, esse in
dubio in Gefahr sein; aeger dubius ein gefährlich Kranker. *4) (Poet.) coena d. aus vielen
Gerichten bestehend, wo man nicht weiß, was man
am liebsten wählen soll (die Erklärung ist unsicher).

Dŭcātus, us, m. [dux] (Spät.) die An-
führerstelle, das militärische Commando.

Dŭce, siehe Duco.

Dŭcēnārius, *adj.* (Spät.) [duceni] zu
zweihundert gehörig, zweihundert enthaltend
oder dergl.: pondera dd. 200 Pfund Gewicht;
judices dd. die 200 sestertia im Vermögen besaßen und in unbedeutenden Sachen richteten;
procuratores dd. die 200 sestertia an Gehalt
bezogen.

Dŭcēni, ae, a, *adj. num. distr.* [ducenti]
je zweihundert.

Dŭcentēsĭmus, *adj. num. ord.* [ducenti]
der zweihundertste; ducentesima, ae, *f.* (*sc.*
pars) = ein halbes Procent (als Abgabe).

Dŭcenti, ae, a, *adj. num. card.* [duo-cen-
tum] zweihundert; uneigtl. (Poet.) von jeder
großen Zahl.

Dŭcenties, *adv. num. card.* [ducenti]
zweihundertmal.

Dŭco, xi, ctum, 3 (*imperat.* duc und *Pl.*
duce) [dux] 1) Jmd. oder Etwas irgendwohin
führen, ziehen, bringen, leiten: d. aliquem
intro, secum in castra, aquam per fundum
alicujus. Insbes. A) d. aliquem ad mortem
und bloß d. aliquem = Jmd. zum Tode, zur
Hinrichtung führen; d. aliquem in vincula. —
B) häufig in der Militärsprache, d. cohortes ad
eam partem munitionum, reliquas copias contra Labienum. Hiervon a) (häufig bei *Liv.*)
absol. = die Truppen führen, mit dem Heere
„ziehen", marschiren: Tullus contra hostes
d., Fabius imis montibus d. b) = anführen, befehlen: d. exercitum; d. primum pilum, ordines = Centurion sein. Selten =
vorausgehend führen, und hiervon *intrans.* (Spät.)
= voraus marschiren. c) überhaupt anführen =
an der Spitze stehen, der Erste sein: d. familiam, ebenso d. classem discipulorum. C)
(Converf.) d. se = sich fortbewegen, weggehen.
D) d. aliquam uxorem, mit ob. ohne das Wort
domum, eine Frau nach Hause führen, heirathen, ebenso d. aliquam in matrimonium und
absol. d. uxorem sich verheirathen. E) d. spiritum, animam den Athem ziehen, athmen; (Poet.)
d. poculum leeren, Bacchum u. dergl. trinken;
d. remos rudern, ubera saugen, lanas spinnen,
davon *trop.* d. versus, carmen „spinnen",
verfassen; d. ilia stöhnen; d. os das Gesicht verdrehen; (selten) equus, navis d. aliquem trägt
(statt des häufigern vehit). F) absolut wie
illa Romam d. führt nach Rom. G) mit dem
Begriffe der Hervorbringung: aufführen, bilden, machen, hervorbringen, veranstalten
u. dergl.: d. parietem, fossam, vivos vultus
de aere; d. funus, choros aufführen, d. alicui
alapam geben („ziehen"). H) (Poet.) annehmen, empfangen, notam, colorem, cicatricem,
nomen. I) (Poet.) d. aliquem sorte durchs
Loos erwählen.

2) *trop.* A) leiten, führen, bewegen,
locken u. dergl.: quo quemque ducit voluntas;
oratio tua me d. ad credendum; fabulae ducere solent animos einnehmen, fesseln, so bef.
pass. duci re aliqua von Etwas eingenommen
sein, angezogen werden: ducitur illorum literis
et urbanitate. B) (Poet.) d. aliquem Jmd. anführen, betrügen. C) von der Zeit, a) = hinausziehen, in die Länge ziehen, verzögern, bellum, eam rem longius; auch d. tempus und
d. aliquem die Zeit für Jmd. hinausziehen, ihn
hinhalten. b) (selten, Poet.) eine Zeit verleben,
zubringen, aetatem in literis. D) rechnen,
anschlagen, in Rechnung bringen: quoniam
tria millia medimnûm duximus. Hiervon a)
d. rationem (über Jmds Wohl oder Vortheil
eine Berechnung machen) = auf Jmds. oder Etwas Rücksicht nehmen, Etwas oder Jmds. bedenken, aratorum non minus quam populi,
officii non commodi; d. suam rationem sich
selbst bedenken, auf seinen eigenen Vortheil Rücksicht nehmen. b) überhaupt für Etwas halten,
rechnen, ansehen, schätzen: d. aliquid parvi,
pro nihilo, haec pro falsis; d. aliquem in
numero hostium, eos loco affinium als Feinde,
Verwandte betrachten; d. illos idoneos; vectigalia nervos esse reipublicae ducimus; d. aliquid honori zur Ehre rechnen, d. aliquem despicatui = verachten.

Ductĭlis, e, *adj.* [duco] (Spät.) was sich
ziehen läßt, ziehbar.

Ductim, *adv.* [duco] (Vorklaff. u. Spät.)
zugweise, invergere in se liquores in langen
Zügen trinken.

Ductĭto, 1. [duco] (*Pl.*) 1) wegführen,
aliquem. 2) heirathen, aliquam. 3) *trop.*
anführen, betrügen, aliquem.

Ducto, 1. [duco] (meist Vorklaff. u. Spät.)
1) führen, exercitum per loca saltuosa; d.
restim (*Pl.*) das Seil führen im Tanze, d. h.
den Tanz anführen, ebenso d. equites anführen.
Insbes. a) anführen, befehligen, exercitum. b)
= eine Concubine mit sich heimführen. 2) *trop.*
täuschen, anführen, aliquem. *3) rechnen,
halten, pro nihilo.

Ductor, oris, m. [duco] der Führer,
Anführer, bef. eines Heeres, d. exercitus, leonum.

Ductus, us, m. [duco] 1) das Ziehen,
die Leitung: aquae d. die Wasserleitung. Hiervon d. muri Aufführung in gedehnter Linie. 2)
der Zug, literarum; oris der Gesichtszug. 3)
(gew. im *abl. sing.*) die Anführung, das Commando: rem optime gessit suo ducta. 4) *trop.*
von der Rede: A) (Spät.) der Zusammenhang,
die fortlaufende Verbindung, der „Faden" z. B.
in einem Schauspiele. B) die Periode.

Dūdum, *adv.* [diu-dum] 1) von einer längeren Zeit, schon lange, schon eine Weile,
längst: d. hoc tibi dixi; d. circumrodo quod
devorandum est. Insbes. a) häufig in der Verbindung jam d. (auch verbunden geschrieben)
schon lange, und haud d. vor nicht langer Zeit,
vor einer Weile. b) quam d. seit wie lange?
2) von einer kürzeren Zeit, vor einer Weile,
vor kurzer Zeit, neulich, so eben: ego sum
ille quem tu d. esse ajebas; id quod tibi d.
videbatur; (*Pl.*) ut (quum) d. hinc abii eben

als ich von hier ging. Hiervon a) = vorher, früher, und im Gegensatze zur Gegenwart = schon vorher. b) = schon: mane d.

Duellātor, Duellĭous, Duellum (Poet.) ursprüngliche Formen für Bellator, Bellicus, Bellum, welche man sehe.

Duīlius, ii, Name eines römischen Geschlechts, aus welchem Cajus D., der 261 v. Chr. die Carthager zur See überwand, am bekanntesten ist.

Duim etc., Vorklass. für Dem etc. von Do.

Dulce, adv. [eigtl. neutr. des adj. dulcis] (Poet.) = Dulciter.

Dulcēdo, ĭnis, f. [dulcis] 1) die Süßigkeit, vini. 2) trop. die Lieblichkeit, Annehmlichkeit, der Liebreiz, die reizende und einnehmende Beschaffenheit: d. honoris et pecuniae, amoris; d. plebejos creandi.

Dulcesco, — — 3. [dulcis] süß werden, uva.

Dulcicŭlus, adj. deminut. von dulcis.

*****Dulcĭfer**, ĕra, ĕrum, adj. [dulcis-fero] (Vorklass.) Süßigkeit enthaltend.

Dulcis, e, adj. mit comp. u. sup. 1) süß, angenehm von Geschmack (vgl. suavis), mel, pomum, uva, sapor; aqua d. süßes Wasser; subst. dulce etwas Süßes. 2) trop. A) angenehm, lieblich, reizend (es bezeichnet das subjective Wohlgefallen an einer Sache, vgl. amoenus u. dergl.): d. carmen, orator, nomen libertatis; d. fortuna (Poet.) günstig. B) von Verhältnissen der Liebe oder Freundschaft, lieb, theuer, der liebevoll, freundlich, zärtlich: d. amicus, liberi de.; oft in der Anrede, dulcissime frater, dulce decus meum.

Dulcĭter, adv. mit comp. u. sup. [Dulcis] süß, angenehm, lieblich.

Dulcĭtūdo, ĭnis, f. [dulcis] (selten, zweifelh.) = dulcedo.

Dulgibīni, ōrum, m. pl. germanische Völkerschaft an der Weser.

*****Dūlĭce**, adv. [δουλικῶς] (Pl.) nach Art eines Sklaven.

Dūlĭchĭum, ii, n. oder -ia, ae, f. [Δουλίχιον] Insel, südöstlich von Ithaca, zum Reiche des Ulysses gehörig. Davon -lichius, adj.

Dum, I. conjunct. 1) von zwei gleichzeitigen Handlungen, während oder (wenn der Begriff einer Veranlassung hinzukömmt) indem: häufig mit dem Präsens (dum haec geruntur, Caesari nunciatum est), aber auch mit dem Perf. und Imperf. Oft kann es durch so lange als übersetzt werden: hoc feci d. licuit; milites quievere d. urbis vires inspicerent (die Absicht wird dadurch bezeichnet); oft ist der Begriff „so lange" noch durch tamdiu, tantisper, tantum, modo ausgedrückt; bisweilen steht es im Gegensatze zu postea, deinde, nunc. 2) von zwei auf einander folgenden Handlungen, bis, so lange bis: ea mansit in condicione d. judices rejecti sunt (bloße Angabe des Zeitpunctes, bis zu welchem); sic opus omne contexitur, d. justa muri altitudo expleatur (wo zugleich die Absicht oder die leitende Vorstellung angegeben ist); expecto d. ille venit bis er kömmt, d. ille veniat daß er kommen möge. 3) als Bedingungspartikel, wenn nur, wofern nur, nur daß: oderint d. metuant; d. ob

rem (sit) wenn es nur Vortheil bringt; es wird verstärkt durch modo (dummodo), bisweilen wird noch tamen hinzugefügt; dum — ne, dummodo ne wenn nur nicht, nur daß nicht. II. adv. enklitisch anderen Worten angehängt: 1) nondum noch nicht, vixdum kaum noch, nihildum noch Nichts. 2) (Converf.) verstärkend bei Imperativen und Interjectionen: agedum wohlan denn! agitedum! tacedum schweige doch! cedodum gieb doch her! ehodum höre doch! adesdum sei ob. bleibe doch.

Dūmētum, i, n. [dumus] ein mit dornigem Gestrüppe bewachsener Ort, das Dorngebüsch, die Dornhecke; trop. dd. Stoicorum Spitzfindigkeiten, schwierige Untersuchungen.

Dum-mŏdo, conjunct., siehe dum.

Dūmōsus, adj. [dumus] (Poet. u. Spät.) mit dornigem Gestrüppe bewachsen.

Dumtaxat ob. **Duntaxat**, adv. 1) nur, bloß, lediglich (nie im Bezug auf ein Verbum): potestatem habere d. annuam; peditata d. procul ad speciem utitur. 2) wenigstens, zum mindesten: expectari te video d. ad Nonas Majas; in jure civili d. ad hoc instructi sumus. 3) insoweit, insofern: hoc recte d.

Dūmus, i, m. ein niederer, dicht verwachsener und borniger Strauch, der Dornstrauch, das Gestrüpp (vgl. vepres, sentis).

*****Dūnămis**, is, f. [latinisirte Form des gr. δύναμις] (Pl.) die Menge, Masse (reinlat. vis).

Duo, ae, o, adj. num. card. zwei.

Duŏ-dĕcies [duodecim] adv. num. zwölfmal.

Duŏdĕcim [duo-decem] adj. num. card. zwölf.

Duŏdĕcĭmus, adj. num. ord. [duodecim] der zwölfte.

Duŏdēni, ae, a, adj. num. distr. [duodecim] je zwölf.

Duŏ-dē-nōnāginta, adj. num. card. achtundachtzig.

Duŏ-de-octōginta, adj. num. card. achtundsiebzig.

Duŏ-dē-quadrāgēsĭmus, adj. num. ord. der achtunddreißigste.

Duŏ-dē-quadrāginta, adj. num. card. achtunddreißig.

Duŏ-dē-quinquāgēsĭmus, adj. num. ord. der achtundvierzigste.

Duŏ-dē-quinquāginta, adj. num. card. achtundvierzig.

Duŏ-dē-sexāgēsĭmus, adj. num. ord. der achtundfunfzigste.

Duŏ-dē-tricēsĭmus, adj. num. ord. der achtundzwanzigste.

Duŏ-dē-tricies, adv. num. card. achtundzwanzigmal.

Duŏ-dē-trīginta, adj. num. card. achtundzwanzig.

Duŏ-dē-vīcēni, ae, a, adj. num. distr. je achtzehn.

Duŏ-dē-vīcēsĭmus, adj. num. ord. der achtzehnte.

Duŏ-dē-vīginti, adj. num. card. achtzehn.

Duŏ-et-vīcēsĭmāni, ōrum, m. pl. die Soldaten der 22sten Legion.

Duŏ-et-vīcēsĭmus, *adj. num. ord.* (Vorklaff. u. Spät.) der zweiundzwanzigſte.

Duplex, ĭcis, *adj.* [duo-plico] 1) (eigtl. in zwei gefaltet, =zuſammengelegt) doppelt, zweifältig, wovon Zwei da ſind (vgl. anceps, duplus): d. pars, fossa; tabellae dd. aus zwei Blättern beſtehend. 2) A) (Poet. u. Spät.) in zwei Theile getheilt, geſpalten, aus zwei Theilen beſtehend, folium, lex. B) (Poet.) = ambo, dd. palmae. C) = dick, grob, pannus, amiculum. D) (Spät.) = duplus, doppelt ſo groß, =viel: d. frumentum doppelte Ration, ebenſo d. stipendium. 3) *trop.* A) (Poet.) doppelzüngig, falſch, Ulysses. B) (Spät.) zweideutig, verba.

Duplĭcārĭus, ii, *m.* [duplex] ein Soldat, der zur Belohnung doppelte Löhnung und Ration erhält.

Duplĭcātĭo, ōnis, *f.* [duplico] (Spät.) die Verdoppelung.

Duplĭcĭter, *adv.* [duplex] zweifach, doppelt.

Duplĭco, 1. [duplex] 1) (Poet. u. Spät.) Etwas ſo zuſammenbiegen, daß es doppelt liegt u. ſ. w., doppelt zuſammenfalten: d. poplitem, corpus; d. virum ſich zuſammenkrümmen machen. 2) verdoppeln, doppelt ſo groß machen, numerum obsidum. Hiervon d. verbum a) = im Wort wiederholen, zweimal ſetzen; b) = durch Zuſammenſetzung bilden. 3) überhaupt vergrößern, vermehren, flumina, curam, opinionem de se.

Duplus, *adj.* [duo] doppelt = noch einmal ſo viel, =groß (vgl. duplex): d. pecunia, d. intervallum. Hiervon A) **Duplum**, i, *n.* das Doppelte: furem condemnare dupli. B) **Dupla**, ae, *f.* (Vorklaff. u. Spät.) *sc.* pecunia der doppelte Preis.

Dŭpondĭārĭus, *adj.* [dupondius] (Spät.) einen dupondius werth.

Dŭpondĭus, ii, *m.* oder -dĭum, ii, *n.* [duo-pondo] = 2 asses, 1) als Münze, ein Zweiaßſtück. 2) als Längenmaß, zwei Fuß.

Dūrābĭlis, e, *adj.* [duro] (Poet. u. Spät.) dauerhaft, ausdauernd.

Dūrācĭnus, *adj.* [durus-acinus] (Spät.) hartlich, mit harter Haut, uva.

Dūrāmen, ĭnis, *n.* [duro] (Poet. u. Spät.) das Gehärtete, die harte Maſſe, d. aquarum = Eis.

Dūrāmentum, i, *n.* [duro] (Spät.) 1) = duramen. 2) *trop.* die Dauerhaftigkeit, Feſtigkeit.

Dūrātĕus, *adj.* [δουράτεος] (Vorklaff.) aus Brettern gemacht, hölzern.

Dūre und **Dūrĭter**, *adv. mit comp.* und *sup.* [durus] 1) hart (für das Gefühl). 2) *trop.* A) für das Gehör oder den äſthetiſchen Geſchmack, rauh, hart, plump, bäueriſch; in der Kunſt u. bergl. = ſteif, ungefällig. B) in Bezug auf die Lebensweiſe, ſtreng, abgehärtet. C) in Bezug auf das Betragen gegen Andere, ſtreng, hart, gefühllos.

Dūresco, rui, – 3. [durus] hart werden, ſich verhärten; articulus d. wird ſteif, ungeſchmeidig; *trop.* d. in lectione Gracchorum verſtocken.

***Dureta**, ae, *f.* [ſpaniſches Wort] (Spät.) eine hölzerne Badewanne.

Dūrĭter, ſiehe Dure.

***Dūrĭtas**, ātis, *f.* [durus] *trop.* die Härte, Unfreundlichkeit.

Dūrĭtĭa, ae, und (Poet. und Spät.) -tĭes, ēi, *f.* [durus] 1) die Härte, saxi, ferri; d. alvi (ventris) die Hartleibigkeit. 2) *trop.* A) die Abhärtung, das Abgehärtetſein des Körpers, abgehärtete Lebensweiſe, Enthaltſamkeit: d. et patientia. B) = die Gefühlloſigkeit, Strenge, Grauſamkeit u. dergl.: d. animi. C) = der Druck, die drückende Laſt, das Drückende, d. imperii, legum, operum, coeli. D) (Spät.) d. oris Unverſchämtheit.

Dūrĭus, ii, *m.* Fluß in Spanien, jetzt Douro.

Dūrĭuscŭlus, *adj. deminut.* von durus.

Dūro, 1. [durus] I. *transit.* 1) härten, hart machen, coria, ferrum ictibus; vitia durantur ſetzen ſich feſt, werden unheilbar. 2) *trop.* A) abhärten, ſtark und abgehärtet machen, an Strapazen und Leiden gewöhnen: d. humeros ad vulnera, exercitum crebris expeditionibus. B) (ſelten) abſtumpfen, unempfindlich und ſtumpf machen: d. aliquem ad plagas. C) ſich gegen Etwas abhärten, hart machen = aushalten, ertragen, quemvis laborem. — II. *intrans.* *1) (Poet.) hart ſein: solum coepit d. 2) *trop.* A) abgehärtet ſein, ausdauern, aushalten: nequeo d. in aedibus; nequeo d. quin herum meum accusem. B) dauern, währen, ferner beſtehen, fortdauern: d. per omne aevum, corpus non d. post mortem; iracundia d. adhuc; (Tac.) qui dd. usque ad nostram aetatem leben. C) (Spät.) hart=, gefühllos=, ſtumpfſinnig ſein.

Dūrŏcortŏrum, i, *n.* Stadt in Gallien, jetzt Rheims.

Dūrus, *adj.* mit *comp.* und *sup.* 1) hart für das Gefühl, ferrum. Hiervon *trop.* a) (für den Geſchmack) herb, vinum. b) (für das Gehör) ſcharf, rauh, ſchwerfällig; davon (für die Ausſprache) hart, rauh. 2) *trop.* A) (im Gegenſatze des Gebildeten) = roh, ungeſchliffen, ungebildet: homo ut vitā sic oratione durus. B) = abgehärtet, ſtark, kräftig, von ſtrengen Sitten, Spartiatae, Hannibal, (Poet.) juvenci. C) (im Gegenſatze des Milden und Sanften) hart, ſtreng, unbeugſam, gefühllos: d. judex, gens, d. et ferreus. D) os d. unverſchämt. E) von Sachen, a) = drückend, beſchwerlich, läſtig, servitus, lex, labor, fames. b) = unfreundlich, ungünſtig, fortuna, condicio. c) = mißlich, gefährlich u. dgl., res, morbus, via. d) von Werken der Kunſt oder der Wiſſenſchaft, hart = ſteif, ungefällig, unbehülflich, signum, poeta, versus.

Duumvĭrātus, us, *m.* [duumviri] die Würde der Duumviren, ſiehe Duumviri.

Duumvĭri, ōrum, *m. pl.* [duo-vir] die Zweimänner, eine aus zwei Männern beſtehende Behörde oder Commiſſion für einen beſtimmten Auftrag: 1) zu Rom: A) dd. capitales oder perduellionis, die in gewiſſen Fällen ein Verbrechen unterſuchen und richten ſollten: ſie werden in der Königszeit und einmal ſpäter erwähnt. B) dd. navales beſorgten die Ausrüstung der Kriegsschiffe. C) dd. aedi faciendae besorgten den Bau eines Tempels. D) dd. sacrorum oder sacris faciendis oder Sibyllini hatten die Aufsicht über die sibyllinischen Bücher: später bestand die Behörde aus 10, zuletzt 15 Personen. 2) in den Municipien und Colonieen waren dd. (juri dicundo) die höchsten Magistratspersonen.

Dux, ŭcis, comm. [duco] 1) der Führer, Leiter, Wegweiser, die =in, d. itineris. Hiervon überhaupt = der an der Spitze steht, bei einer Handlung oder Unternehmung der Leiter ist: d. facti; diis ducibus unter den Göttern Führung, ebenso naturā d. wenn die Natur den Weg zeigt. 2) insbes. der Führer einer Truppenabtheilung, der Anführer, Befehlshaber (überhaupt, deßwegen auch von einem Untergene-

ral, vgl. imperator). Hiervon a) (Poet.) = der Anführer, Führer überhaupt, d. gregis. b) (Poet.) = der Kaiser.

Dȳmas, antis, m. [Δύμας] Vater der Hecuba, die deßwegen **Dȳmantis**, ĭdis, heißt.

Dȳme, es, f. oder **Dȳmae**, ārum, f. pl. [Δύμη] Stadt in Achaja. Davon **Dȳmaeus**, adj. und subst. -i, ōrum, m. pl. die Einwohner von D.

*Dȳnămis schreiben Einige statt Dunamis.

Dȳnastes, ae, m. [δυνάστης] der Machthaber, Herrscher, Gebieter.

Dyrrhăchĭum, ii, n. [Δυρράχιον] Stadt in Illyrien, früher Epidamnus genannt, jetzt Durazzo. Davon **Dyrrhăchĭni**, ōrum, m. pl. die Einwohner von D.

E.

E (nur vor Consonanten) oder **Ex** (vor Vocalen und Consonanten), praep. mit abl., bezeichnet das Herausgehen aus dem Innern eines Gegenstandes (oppos. in, vgl. ab), aus: 1) im Raume, aus, aus — heraus, hervor: egredi e portu, ejicere aliquem e civitate; abire e medio oft = excedere e vita sterben. Hiervon A) von — herab: desilire ex equo. B) bisweilen = aus — hervor: eminere e mari, collis ex planicie editus. C) zur Bezeichnung des Ortes, von wo aus Etwas geschieht, von — aus, ab: ex cruce Italiam cernere; ex hoc loco verba fecisti; pugnare ex equo, ex loco superiore; ebenso causam dicere ex vinculis während man im Gefängniß sitzt, ex itinere, ex fuga = auf dem Marsche, der Flucht. D) zur Angabe des Ortes, wo Etwas her kömmt, aus: negotiator ex Africa, Epicuraei e Graecia, puer ex aula.

2) in anderen Verhältnissen, wo ein Ausgehen von Etwas bezeichnet wird: A) bei den Verben „nehmen, empfangen, hören, erfahren, lernen, hoffen" u. dergl., von, aus: agrum ex hostibus capere; tollere solem ex mundo; fructus capere ex otio; quaerere aliquid ex aliquo; intellexi ex tuis literis. B) zur Angabe der Mehrheit oder des Ganzen, woraus Etwas genommen wird oder wovon es einen Theil ausmacht, von, aus, unter: e civitate in senatum delecti; munera ex illa summa dantur; homo ex numero disertorum; unus ex illis decemviris; acerrimus ex omnibus. So auch vir ex eodem studio demselben Studium sich widmend, miles ex primo hastato zur ersten Abtheilung (Manipel) der hastati gehörig. C) (selten) bei der Angabe des Stoffes, aus welchem Etwas gemacht ist oder besteht: statua ex aere facta; vas ex una gemma. Auch (Vortlass. u. Spät.) von den Bestandtheilen, woraus ein Trunk od. dergl. bereitet wird, resina ex melle. D) bei der Angabe der Ursache, Veranlassung, Quelle, des Ursprungs u. dergl., von, durch, wegen u. dergl.: civitas commota ex aere alieno,

morbi vulgantur ex gravitate loci; ex tam propinquis castris weil das Lager so nahe war; ex quo fit woraus folgt; gravida est e Pamphilo (von P.), ebenso peperit e Pamphilo, nasci ex aliquo Jmd. zum Vater haben. Bisweilen ohne Verbum: non minor ex hostibus clades. Insbes. von demjenigen, nach welchem Etwas benannt wird: cui postea Africano cognomen ex virtute fuit. E) bei der Angabe einer Verwandlung, eines Uebergangs aus einem Zustande u. dergl. in einen anderen, von, aus: dii ex hominibus facti; ex nitido fit rusticus. F) zur Bezeichnung der Regel, nach welcher Etwas geschieht, nach, zufolge, gemäß: ex mea (senatus) sententia, dagegen ex sententia nach Wunsch, auf erwünschte Weise; ex senatus consulto, e virtute, ex sua libidine, e communi utilitate. G) e re tua (mea, ejus) ob. ex usu tuo (meo, ejus) zu deinem Nutzen, dir zum Besten; e re publica zum Besten des Staates, dem öffentlichen Wohl gemäß; non ex usu nostro est ist uns nicht zuträglich; ex nullius injuria ohne Beeinträchtigung Jmds.

3) in der Zeit. A) zur Angabe des Zeitpunctes, von welchem ab Etwas durch eine Zeit dauert, von — an, seit: ex eo die quo etc.; motum ex Metello consule civicum tractas (Poet.). Seltener bei der Angabe einer Zeit in der Zukunft, Romae vereor ne ex Kalendis Januariis magni tumultus sint. B) = gleich nach, unmittelbar auf, sogleich nach. Cotta ex consulatu profectus est in Galliam; vilitas annonae repente ex summa inopia et caritate rei frumentariae consecuta est; so aliud ex alio das Eine nach dem Anderen, diem ex die exspectare den einen Tag nach dem anderen.

4) zur Bildung verschiedener Adverbialausdrücke, mit Adjectiven (ex improviso, ex aperto, ex aequo; e contrario, ex adverso) und Substantiven (ex parte, e vestigio, ex industria und mehrere dergl.): siehe diese Verbindungen unter den beigefügten Wörtern.

Eā, *adv.* [eigtl. *abl. sing. f. des pronom.* is] 1) (sc. viā) auf dem Wege, da. 2) (sc. causā) (*Pl.*) deswegen, deshalb.

Eādem, *adv.* (eigtl. *abl. sing. f.* des *pronom.* idem] *sc.* viā, 1) auf demselben Wege, eben da. 2) (*Pl.*) zu derselben Zeit.

Eā-propter, (Com.) = propterea.

Eā-tĕnus, *adv.*, von einer Grenze, die Etwas nicht überschreitet, soweit, bis soweit, insofern: verba persequens e. ut ea non abhorreant a more nostro; auch mit folgendem ne: hoc civile e. exercuerunt quoad etc.

Ebĕnus, i, m. (ē) [ἔβενος] (Poet. u. Spät.) das Ebenholz.

E-bĭbo etc. 3. (ē) 1) austrinken, aliquid, poculum leeren. 2) *trop.* A) (Poet.) fretum e. amnes nimmt in sich auf. B) (*Pl.*) e. imperium trinkend vergessen. C) (Poet.) heres e. haec verzehrt durch Trinken, verschleudert.

***E-bĭto,** — — 3. (ē) (*Pl.*) ausgehen.

E-blandior, *depon.* 4. (ē) durch Schmeicheln erlangen, = Jmd. entlocken, erschmeicheln, omnia, unum diem; 2) (Spät.) überhaupt hervorlocken, fecunditatem; *pass.* suffragia eblandita durch Schmeichelei erworben.

Ebŏra, ae, *f.* Stadt in Spanien.

Ebŏreus, *adj.* (ē) [ebur] (Spät.) = eburneus.

Ebrĭĕtas, ātis, *f.* (ē) [ebrius] der Rausch, die Trunkenheit (jedoch im mildernden Sinne, halb entschuldigend, vgl. vinolentia, temulentia): quid non e. resignat.

Ebrĭŏlus, *adj.* (ē) (*Pl.*) *deminut.* von ebrius.

***Ebrĭōsĭtas,** ātis, *f.* (ē) [ebriosus] die Trunksucht.

Ebrĭōsus, *adj.* mit comp. (ē) [ebrius] trunksüchtig (von der Neigung und Gewohnheit, vgl. ebrius]; *subst.* der Trunkenbold.

Ebrius, *adj.* (ē) 1) berauscht, trunken (bezeichnet einen temporären Zustand, vgl. ebriosus), homo; (Poet.) ee. vestigia, verba Spuren, Worte eines Trunkenen, e. nox in welcher man sich betrunken hat. Hiervon (Poet.) *trop.* ebrius dulci fortuna berauscht, trunken vom Glück; ocelli ee. liebestrunkene Augen. 2) = der so viel getrunken hat als er mag: satur atque e.; davon (Poet.) ebrius sanguine civium von — gesättigt. 3) (Poet.) = reichlich, üppig, coena.

E-bullio, 4. (ē) eigtl. aufwallen, aufsprudeln, davon *trop.* A) = virtutes mit Etwas um sich werfen, mit Etwas prahlen. B) e. animam den Geist aufgeben.

Ebŭlum, i, n. (ē) (Poet. und Spät.) der Niederholunder (Baum).

Ebur, ŏris, *n.* (ē) 1) das Elfenbein. Hiervon = ein aus Elfenbein gemachter Gegenstand, so = eine Flöte, eine Degenscheide, der Curulsessel der Magistratspersonen. 2) (Poet.) = der Elephant.

Ebŭrātus, *adj.* (ē) (Vorklass.) mit Elfenbein ausgelegt.

***Eburneŏlus,** *adj.* (ē) *deminut.* von eburneus.

Eburneus und **-nus,** *adj.* (ē) [ebur] elfenbeinern, statua, porta; dentes ee. die Zähne des Elephanten; (Poet.) ensis e. mit elfenbeinernem Griffe. Hiervon *trop.* = weiß u. glatt wie Elfenbein, digiti, brachia.

Ebŭrōnes, num, *m. pl.* (ē) germanische Völkerschaft im belgischen Gallien.

Ebūsus, i, *f.* (ē) die größere der pithyusischen Inseln im Mittelmeere, jetzt Iviza.

E-castor, [demonstrative Partikel e, vergl. ecce] bei Castor, wahrhaftig (siehe Castor).

Ecbatana, ōrum, *n. pl.* Hauptstadt von Medien.

Ecce, [aus den zwei demonstrativen Partikeln ec oder e und ce] *adv.* bezeichnet eine verstärkte Hindeutung auf einen Gegenstand, auf welchen man die Aufmerksamkeit lenken will, siehe, siehe da. 1) von etwas Anwesendem: e. video senem, quem quaero; e. mihi obviam venit; (Converf.) e. me stehe hier bin ich, ebenso e. odium meum. 2) von etwas Unerwartetem und Ueberraschendem: e. tibi consul, praetor nova edicta proponunt; e. ad me venit homo; e. autem repente abiit: e. tibi nuncius be kömmt dir plötzlich die Nachricht, ebenso e. tuae literae; e. me nullum senem (*Pl.*) siehe da bin ich verloren. 3) in der Conversationssprache wurde e. häufig mit den nachstehenden Formen der *pronom.* is, ille, iste zu einem Worte verbunden: *nomin.* ecca, eccilla, eccillud; *accus.* eccum, eccam, eccillum, eccillam, eccistam, und *pl.* eccos, siehe ihn, sie, jene u. s. w.

Eccĕre oder **Eccĕre,** (ē) [e-Ceres, vgl. ecastor] (Com.) bei der Ceres (betheuernd oder austrufend).

***Eccheuma,** ătis, *n.* [ἔκχυμα] (*Pl.*) der Guß, die Fluth.

Ecdĭcus, i, *m.* [ἔκδικος] = cognitor civitatis der Staatsanwalt.

Ecf......, siehe Eff......

Echidna, ae, *f.* (ē) [ἔχιδνα] (Poet.) 1) die Otter, Viper, als Attribut der Furien. 2) als *nom. prop.* A) ein Ungeheuer der Unterwelt, halb Jungfrau, halb Schlange, Mutter der lernäischen Schlange, des Cerberus u. m. B) E. Lernaea die lernäische Schlange. Hiervon **Echidnaeus,** *adj.*

Echinădes, dum, *f. pl.* (ē) [Ἐχινάδες] Gruppe von fünf Inseln im ionischen Meere vor der Mündung des Achelous.

Echīnus, i, *m.* (ē) [ἐχῖνος] 1) der Igel, gewöhnlich der Meerigel. 2) ein eherner Spülnapf.

Echĭon, ŏnis, *m.* (ē) [Ἐχίων] 1) einer der übriggebliebenen Sparten (d. h. der aus den von Cadmus gesäten Drachenzähnen erwachsenen Heroen), Gemahl der Agave, Vater des Pentheus. Davon A) **Echīŏnīdes,** ae, *m.* (ē) Nachkomme des C. = Pentheus. B) **Echīŏnius,** *adj.* (Poet.) = thebanisch. — 2) Sohn des Mercurius, ein Argonaut und Theilnehmer an der calydonischen Jagd. Davon **Echīŏnius,** *adj.* 3) ein berühmter griechischer Maler.

Echo, us, *f.* (e) [ἠχώ] (Poet.) das Echo, der Wiederhall; (Poet.) als *nom. prop.* eine Nymphe.

Eclipsis, is, *f.* [ἔκλειψις] (Spät.) eigtl. das Ausbleiben, o. solis, lunae (auch ohne diese Worte) die Sonnen=, Mondfinsterniß.

Eclŏga, ae, *f.* [ἐκλογή] (Vorklass. u. Spät.), die Auswahl, das ausgewählte Stück, bef. ein kurzes Gedicht.

Eclogarius **Edo** 249

***Eclogărĭus**, *adj.* [ecloga] zur Auswahl gehörig, davon *subst.* **Eclogārĭi**, ōrum, *m. pl.* (= loci electi) ausgewählte Stücke oder Stellen einer Schrift.

Ec-quando, *adv. indefin.* jemals, wohl jemals, in einer affectvollen, bes. indignirten Frage: e. te rationem factorum tuorum redditurum putasti? mit angehängtem ne: ecquandone (hoc agitur) nisi admirationibus maximis?

Ec-qui (meist *adj.*) oder **Ecquis** (*subst.* und bisweilen *adj.*), **Ec-quae** oder -a, **Ec-quid** (*subst.*) oder **Ec-quod** *adj.* (*pronom. indefinit.* in einer affectvollen, bes. indignirten Frage, (ob) Jemand? wohl Jemand? wohl irgend Einer? e. seditio unquam fuit? heus e. hic est ist hier Jmd.? Bisweilen wird es durch die enklitische Partikel nam verstärkt (ecquisnam, ecquinam u. s. w.). Insbes. als *adv.* A) ecquid (wie numquid) als stark betonte Fragepartikel, sowohl in directen als in indirecten Fragen: e. audis hörst du? e. placeant me rogas du fragst, ob sie gefallen. B) (Vorklass.) ecqui (alter *abl.*) irgendwie? auf irgend eine Weise? C) ecquo irgendwohin.

Ectўpus, *adj.* [ἔκτυπος] (Spät.) nach einer Form abgedrückt, == in erhabener Arbeit.

Edācĭtas, ātis, *f.* (ē) [edax] die Gefräßigkeit.

Edax, ācis, *adj.* (ē) [ĕdo] 1) gefräßig. 2) *trop.* verzehrend, vernichtend, ignis; tempus e. rerum.

***Edento**, 1. (ē) [e-dens] (Vorklass. und Nachkl.) der Zähne berauben, zahnlos machen, malas alicui Jmd. die Zähne ausschlagen.

Edentŭlus, *adj.* (ē) [e-dens] (Vorklass.) zahnlos, vetula; *trop.* == sehr alt, vinum.

Edĕ-pol (ĕ) [ĕ-Pollux] beim Pollux! == fürwahr, wahrhaftig.

E-dīco etc. 3. (ē) 1) heraus (unter die Leute sagen, offen und deutlich aussagen, daher == öffentlich bekannt machen, verkündigen, rein heraus sagen: e. vobis, nostrum esse illum herilem filium; ut tu scrire possis, e. tibi; pro contione edixit, praedam militum fore. 2) von Behörden u. dergl., ansagen, veröffentlichen, bekannt machen, bestimmen, befehlen, verordnen u. dergl.: e. delectum, senatum (eine Senatsversammlung), e. diem comitiis und exercitui ad conveniendum; edixit ne quis injussu suo pugnaret, ut omnes adessent.

Edictĭo, ōnis, *f.* (ē) [edico] (*Pl.*) die Bekanntmachung, der Befehl.

Edicto, 1. (ē) [edico] (*Pl.*) == edico.

Edictum, i, *n.* (ē) [eigtl. *particip. v.* edico] 1) *term. t.* eine officielle Bekanntmachung einer römischen Magistratsperson, eine Verordnung, ein Edict; insbes. die Bekanntmachung des Prätors, in welcher er unmittelbar nach seinem Amtsantritte die Grundsätze und Hauptregeln angab, nach denen er sein Amt zu verwalten gedachte (also insbes. Regeln für die Jurisdiction). 2) (Com.) überhaupt der Befehl.

E-dīsco etc. 3. (ē) 1) auswendig lernen, libellum, Demosthenem; e. aliquid ad verbum wörtlich. 2) (meist Poet.) überhaupt lernen, erlernen, studiren, linguas duas; (Poet.) edidici == ich weiß.

E-dissĕro etc. 3. (ē) auseinandersetzen, ausführlich und in das Einzelne gehend entwickeln, vortragen, erzählen, beschreiben und dergl.: e. haec, viam gerendi belli; e. qui finis fuerit familiae; subtilior in edisserendo.

Edisserto, 1. (ē) [edissero] (selten) == edissero.

Edĭtĭcĭus, [ĕdo] *adj.* (ē) nur in der Verb. judices ee., auch editi, die vom Ankläger vorgeschlagenen Richter.

Edĭtĭo, ōnis, *f.* (ē) [ĕdo] 1) (Spät.) die Herausgabe einer Schrift, auch (concr.) == die Ausgabe, die herausgegebene Schrift. 2) der Bericht, die Angabe z. B. eines Schriftstellers. Insbes. als *term. t.* e. tribuum der Vorschlag, die Angabe des Anklägers von denjenigen Tribus, aus welchen die Richter gewählt werden sollten, vgl. editicius.

Edĭtus, *adj.* mit *comp.* u. *sup.* (ē) [ĕdo] erhaben, emporragend (über die umgebende Fläche; es steht nur von natürlicher Höhe), hoch (vgl. altus, celsus u. f. w.), locus, collis.

E-do, dĭdi, dĭtum, 3. (ē) 1) herausbringen, -führen, -schaffen, ausgeben, von sich geben: e. urinam sein Wasser abschlagen; e. animam den Geist aushauchen, vitam aufgeben, verlieren; e. clamorem, voces von sich geben; e. se foras (Pl.) sich hinaus begeben; flumen editur in mare fällt, fließt. 2) etwas Neues in die Welt hinausbringen, A) == gebären oder zeugen: e. partum oder aliquem partu, Latona geminos e.; häufig *particip.* editus geboren, in lucem an das Weltlicht: terra e. innumeras species bringt hervor. B) von anderen Sachen, hervorbringen, veranlassen, bewirken, anrichten, machen u. dergl.: e. tumultum, caedem; e. scelus begehen, ludos geben, ebenso spectaculum; e. pugnam den Kampf liefern; e. exempla statuiren, in aliquem. Hiervon == leisten, operam annuam, operam in caede alicujus. C) eine Schrift herausgeben, veröffentlichen, librum. 3) eine Mittheilung, Erklärung, einen Bericht u. dergl. von sich geben, bekannt machen, melden, angeben, erklären, nennen u. dergl.: e. quid gestum sit; e. legum capita; e. nomen patrium; e. Pythagoram auctorem den P. als Gewährsmann nennen; e. hostium consilia verrathen, imperia öffentlich bekannt machen, ebenso quid fieri velim; e. tribus, judices editi, siehe editio und editicius; e. diem bestimmen, ebenso aliud tempus ac locum; (Poet.) e. arma besingen; e. oraculum einen Orakelspruch geben. Hiervon e. opinionem in vulgus ausbreiten, e. (aliquid) in vulgus (Etwas) ausstreuen. 4) (Poet.) in die Höhe bringen: e. corpus in equum sich auf das Pferd schwingen.

Edo, ēdi, ēsum, 3. (von den Formen esse, essem u. f. w. siehe die Gramm.) [stammverw. mit *ἔδω*] (ē) essen (von Menschen: der Hauptbegriff ist das Verzehren, *ngl.* vescor), selten von Thieren == fressen, aliquid; pulli nolunt esse. Insbes. A) *proverb.* a) e. de patella == die Religionsgebräuche geringschätzen, gottlos sein. b) e. pugnos (*Pl.*) die Fäuste schmecken == Prügel bekommen. B) *trop.* a) e. bona verprassen. b) e. sermonem verschlingen == begierig anhören. 2) (Poet.) verzehren, zernagen, vernichten: robigo e. culmos, lentus vapor e. carinas; *trop.* si quid est animum den Geist nagt.

E-dŏceo etc. 2. (ē) 1) mit der Person als Object, A) Jmb. völlig belehren, unterrichten, aliquem; e. aliquem aliquid, Jmb. Etwas lehren, ebenso e. aliquem mala facinoris; edoctus artes belli in der Kriegswissenschaft wohl unterrichtet, edoctus deos esse der gelernt hat, daß es Götter giebt; edoctus cladibus durch Unfälle belehrt; edoctus erat in illa disciplina; ratio nos edocuit ut videremus hat uns einzusehen gelehrt. B) Jmb. vollständig von Etwas benachrichtigen, in Kenntniß setzen: e. senatum de eodem von demselben; cuncta edocta der Alles erfahren hat. 2) mit der Sache als Object, Etwas vollständig lehren, mittheilen, berichten, vortragen: e. omnia ordine, quid fieri velim; e. praecepta parentis.

E-dŏlo, 1. (ē) *1. (Spät.) zubauen, zubauend bilden, lingulas. 2) *trop.* ausarbeiten, vollenden, quod jusseras.

E-dŏmo etc. 1. (ē) (Poet. u. Spät.) völlig bezähmen, bändigen, bezwingen, orbem terrarum; (Poet.) *trop.* e. vitiosam naturam.

Edōni, ōrum, *m. pl.* (ē) ['Hδωνοί] thracische Völkerschaft in der Nähe des Strymon, bekannt bes. als Bacchusverehrer. Davon 1) **Edōnus**, *adj.* (ē), 2) **Edōnis**, ĭdis, *f.* (ē) a) als *adj.* = thracisch. b) die Bacchantin.

E-dormio, 4. (ē) 1) ausschlafen, bes. von Trunkenen; daher mit einem Object, durch Schlafen vertreiben, crapulam. 2) (Spät.) verschlafen, tempus. 3) (Poet.) e. Ilionam wirklich schlafen, während man die Rolle der Il. spielen sollte.

Edormisco, — — 3. (ē) (Com.) = edormio.

Edŭcātio, ōnis, *f.* (ē) [edūco] 1) von Thieren und Pflanzen, die Ernährung, Aufziehung, bestiarum, pomorum. 2) die Erziehung, e. doctrinaque puerillis.

Edŭcātor, ōris, *m.* (ē) [edūco] der Erzieher, zuerst von dem Vater oder Pflegevater, dann auch vom paedagogus oder Hofmeister.

Edŭcātrix, īcis, *f.* (ē) [edūco] die Ernährerin, Erzieherin.

Edŭco, 1. (ē) [edūco] 1) (Poet. u. Spät.) in physischer Beziehung, bes. von Thieren und Pflanzen, ernähren, aufziehen, groß ziehen: ager e. herbas hervorbringen, ebenso tractus ille e. apros; imber e. flores giebt den Blumen Wachsthum; (Poet.) e. senectam alicujus Jmd. im hohen Alter unterhalten. 2) in geistiger Beziehung, erziehen: e. aliquem pudice usque ad adolescentiam; homo bene educatus; *trop.* e. oratorem bilden, eloquentiam entwickeln, ihr Wachsthum und Kraft geben.

E-dūco etc. 3. (ē) 1) herausführen, »ziehen, »leiten u. dergl.: e. mulierem domo secum; e. gladium e vagina; e. sortem ein Loos ziehen, und in derselben Bedeutung e. aliquem ex urna das Loos Jmds; e. lacum das Wasser aus einem See leiten; e. se foras (Com.) sich hinausbegeben, e. se multitudini (Spät.) sich der Menge entziehen. Insbef. A) Truppen herausführen, mit Truppen herausmarschiren, »ziehen: e. cohortes, e. copias e castris, adversus hostes; hiervon absol. vom Feldherrn = ausziehen, ausmarschiren: Caesar ex hibernis eduxit. B) e. navem ex portu aus dem Hafen laufen lassen. C) insbef. von einer nach der Provinz reisenden Magistratsperson, mit sich führen, e. aliquem in provinciam. D) e. aliquem (ex domo) in jus, ad consules, auch bloß e. Jmd. vor Gericht laden. — 2) Hiervon A) (Poet.) gebären, hervorbringen, aliquem; aura verna e. colores. B) ernähren, aufziehen, erziehen, = educare. C) von den Vögeln, ausbrüten, pullos. — 3) (Com.) austrinken, leeren, vinum. 4) in die Höhe ziehen, heben, aulaea. Hiervon A) in die Höhe bauen, aufführen, errichten: e. turrim sub astra, aram coelo gegen den Himmel. B) *trop.* e. aliquem ad superas auras, ad astra durch Lobsprüche erheben, rühmen. 5) (Poet. u. Spät.) von der Zeit, zubringen, verleben, annos.

Edūlis, e, *adj.* (ē) [ĕdo] (Poet. u. Spät.) eßbar, caprea; fast immer im *pl. neutr.* = Eßwaaren, Speisen.

E-dūro, 1. (ē) (Spät.) ausdauern, fortdauern, fulgor solis.

E-dūrus, *adj.* (ē) (Poet.) sehr hart.

Ef-farcio oder **Effercio**, — fertum, 4. vollstopfen, ganz füllen: e. intervalla saxis; e. se sich mit Essen füllen, ganz satt essen.

Effātum, i, *n.* [*particip.* von effor] 1) der Ausspruch, die Prophezeiung, vatum ee. 2) der Satz, Ausspruch, die Behauptung.

Effectio, ōnis, *f.* [efficio] 1) die Ausübung, artis. *2) die wirkende Ursache.

*Effectīvus, *adj.* [efficio] (Spät.) zur Ausübung gehörig, praktisch, ars.

Effector, ōris, *m.* [efficio] der Hervorbringer, Schöpfer: deus e. mundi.

Effectrix, īcis, *f.* [efficio] die Hervorbringerin, Schöpferin: pecunia e. multarum voluptatum.

Effectus, us, *m.* [efficio] 1) die Ausführung, Verrichtung, operis; opera erant in effectu waren im Begriffe vollführt zu werden, ventum erat ad e. operis man wollte eben das Werk vollführen; aestas extrahitur sine ullo e. ohne daß Etwas ausgerichtet wird; e. spei Verwirklichung. 2) die Wirkung, der Erfolg, eloquentiae e.

Effēmĭnātē, *adv.* [effeminatus] (Spät.) weibisch, unmännlich, weichlich.

Effēmĭnātus, *adj.* mit comp. u. sup. [*particip.* von effemino] weibisch, verweichlicht, weichlich, homo opinio, languor.

Effēmĭno, 1. [ex-femina] 1) zu einem Weibe machen, aëra. 2) *trop.* weibisch machen, verweichlichen, verzärteln, schwächen; corpus animumque virilem, animos, homines, vocem.

Effērātus, *adj.* mit comp. u. sup. [*particip.* von effero 2.] verwildert, wild, gens, mores.

Effercio, siehe Effarcio.

Ef-fĕro, extŭli, ēlātum, efferre, 3. 1) heraustragen, »bringen, »führen: tela ex aedibus, aurum foras, frumentum ab Ilerda; e. mucronem, gladium latere; e. pedem sich wegbegeben; e. arma, vexilla oder signa a castris, extra fines, mit den Waffen, den Fahnen abziehen; cursus (impetus) eum longius extulit führte ihn weiter, riß ihn hin.

Hiervon *trop.* A) (einen Todten aus dem Hause nach dem Grabmal hinaustragen), begraben, bestatten, aliquem; populus illum e. ließ ihn (auf seine Kosten) begraben. B) von dem Boden, hervorbringen, tragen, Ertrag geben: ager e. fructus uberiores; aetates singulae singula genera dicendi extulerunt. C) aussprechen, ausdrücken, sagen, verba, graves sententias inconditis verbis. D) *trop.* austragen, bekannt machen, veröffentlichen: e. vocem alicujus in vulgus, clandestina consilia; insbef. efferre in album. E) hinreißen, dolor me e.; am häufigsten im *pass.*, sich von einer Leidenschaft ob. dergl. hinreißen, antreiben lassen, efferri dolore, odio, cupiditate, incredibili gaudio. — 2) in die Höhe tragen, -bringen, -führen, emporheben u. dergl.: e. aliquos in murum; e. manum, malleum alte; e. aliquem supra leges heben, höher stellen, ad summum imperium erheben. (Poet.) Creta elata mari aus dem Meere emportragend. Hiervon A) e. se sich erheben, hervorstehen, aufkommen, virtus se e., Athenis primum orator se e. B) e. se ober *pass.* efferri sich in seinen Gedanken erheben = stolz, übermüthig sein, sich brüsten: e. se audaciâ, scelere; bef. *particip.* elatus stolz, illa re auf Jenes. C) in der Rede erheben, preisen, rühmen, aliquem laudibus, aliquid verbis. D) e. aliquem pecuniâ et honore durch — hoch erheben, belohnen. . 3) (Vorklaff., zweifelh.) bis zum Ende ertragen, aushalten, malum patiendo.

Effero, 1. [ex-ferus] wild machen, verwildern, speciem oris ein verwildertes Aussehen geben; terra efferatur immanitate beluarum verwildert, wird unwirthbar. Hiervon *trop.* e. animos wild und hart machen; ea caedes e. Thebanos ad exsecrabile odium Romanorum erbitterte, machte sie wüthend; efferatus irâ wüthend; e. gentes abhärten; dux ipse e. milites machte sie noch wilder.

Effertus, *adj.* mit *comp.* [*particip.* von effarcio] (*Pl.*) vollgestopft, erfüllt: effertus fame sehr hungrig; hereditas e. reich, groß.

Ef-fĕrus, *adj.* (Poet.) sehr wild, roh, juventus, facta.

Ef-fervesco, fervi —, 3. siedend aufwallen, aufbrausen: aqua e. subditis ignibus; meist *trop.* von Gemüthsbewegungen u. dergl., homines quaestu ee.; verba effervescentia.

Ef-fervo, — —. 3. (Poet.) siedend aufwallen, aufbrausen: *trop.* vermes ee. kommen in großer Menge hervor.

Ef-fētus (ober -foetus), *adj.* 1) (Poet. u. Spät.) was geboren hat. 2) durch vieles Gebären geschwächt, davon überhaupt entkräftet, geschwächt, erschöpft, corpus, taurus; (Poet.) vires ee. erschöpfte Kräfte, senectus effeta veri für die Wahrheit abgestumpft, leichtgläubig.

*****Efficācĭtas,** ātis, *f.* [efficax] die Wirksamkeit, Thätigkeit.

Efficācĭter, *adv.* mit *comp. u. sup.* [efficax] (Spät.) wirksam, auf wirksame Art, mit Erfolg.

Efficax, ācis, *adj.* mit *comp. u. sup.* [efficio] wirksam, thätig, das Etwas ausrichtet, homo; ad muliebre ingenium preces ee. sunt üben vielen Einfluß auf; frutex e. contra sagittarum ictus.

*****Efficienter,** *adv.* [efficio] mit Wirkung, so daß die Sache einen Erfolg hat.

Efficientia, ae, *f.* [efficio] die Wirksamkeit, Thätigkeit, solis, naturalis.

Efficio, fēci, fectum, 3. [ex-facio] 1) ausführen, ausrichten, zu Stande bringen, durchsetzen, bewirken u. dergl., davon = vollenden, machen, einrichten u. dergl.: e. magnas rerum commutationes; e. ut ille cadat, (selten) mit ne, (Vorklaff. u. Spät.) mit quominus; e. pontem, turres bauen; sphaeram bilden, machen; e. tantos progressus machen; e. unam legionem ex duabus; auch (selten) = Imb. ob. Etwas zu Etwas machen, e. aliquem consulem, murus montem e. arcem, exercitum confirmatiorem, e. homines immani corporum magnitudine macht sie zu Menschen von ungeheurer Körpergröße. Hiervon A) = verschaffen, alicui manus, mulierem homini. B) e. aliquid ab aliquo Etwas von Imb. auswirken. 2) von einem Acker ob. dergl., tragen, hervorbringen, einbringen, ager ille plurimum e.; hiervon = gebären. 3) von Zahlen u. dergl. ausmachen, machen: ea tributa vix quod satis est efficiunt; quae computatio efficit vicies quater centena millia passuum. 4) beweisen, barthun: hoc e., deos esse mortales; ex quo efficitur hieraus folgt (mit folgendem *acc. c. infinit.*, bisweilen auch ut ob. ne).

Effigies, ei, *f.* (Vorklaff. auch -ia, ae, *f.*) [effingo] das Abbild, Ebenbild, der Abdruck, vollständiges und entsprechendes Bild (bef. ein plastisches und durch Nachbildung hervorgebrachtes Kunstwerk, vgl. imago, simulacrum u. s. w.): e. Veneris. Hiervon A) *trop.* bef. von einem Bilde, das in der Phantasie geschaffen oder in Worten bargestellt wird: e. nostrarum virtutum summis ingeniis expressa; effigies rerum notat res ipsas (in der Mnemonik); Cyrus ille scriptus ad e. justi imperii um darin das Ideal einer vollkommenen Regierung darzustellen; perfectae eloquentiae speciem animo videmus, effigiem quaerimus auribus das Ideal schwebt unserer Seele vor, wir wünschen jetzt es in der Wirklichkeit den Zuhörern nachbildend darzustellen. B) (Poet. u. Spät.) überhaupt ein Bild, Abbild.

Ef-fingo etc. 3. 1) durch Nachbildung bilden oder formen, künstlich nachbilden, darstellen, abbilden: e. aliquid; e. pulchritudinem Veneris nachbildend barstellen; e. casus alicujus (Poet.) in einem Kunstwerke barstellen; e. lineamenta oris nachbilden, nachahmen; ebenso e. aliquid imitando, e. mores hominum in ore in der Nachbildung barstellen. 2) *trop.* in Worten barstellen, schildern, beschreiben, oratorem. 3) (selten) auswischen, abwischen, sanguinem. *4) (Poet.) zurecht legen (ober streicheln), manus.

Efflăgĭtātĭo, ōnis, *f.* und (nur im *abl. sing.*) *-tātus, us, *m.* [efflagito] das inständige, eifrige Verlangen, Fordern.

Ef-flāgito, 1. inständig und eifrig ver-

Efflictim

langen, -fordern, begehren, libros, misericordiam alicujus anrufen; e. ut ad me venias.

Efflictim, *adv.* [effligo] (Vorklaff. u. Spät.) zum Sterben, nur *trop.* e. amare (deperire) heftig verliebt sein.

Ef-flīgo, etc. 3. (Vorklaff. u. Spät.) todt schlagen, aliquem.

Ef-flo, 1. 1) ausblasen, aushauchen, ignes ore, pulverem; (Poet.) e. colorem verlieren; insbes. e. animam (Poet. extremum halitum) den Geist aushauchen, aufgeben, und in derselben Bedeutung absol. (Poet.) abjicit efflantem den Sterbenden; quod moriens efflavit (Spät.) sterbend sagte. 2) *intrans.* (Lucr.) hervorblasen, -sprudeln, flamma.

Ef-flōresco, rui, — 3. emporblühen, hervorkeimen, entstehen, nur *trop.* adolescentia e. ingenii laudibus, utilitas ex amicitia.

Ef-fluo, xi, — 3. 1) herausfließen, -strömen: amnis e. in Oceannm, vita e. cum sanguine; (Poet.) aura e. 2) von nicht flüssigen Gegenständen, herausfallen, -gleiten, entfallen, entschlüpfen: capilli ee. fallen aus, urnae ee. manibus; aër e. huc et illuc verbreitet sich. 3) *trop.* A) verschwinden, vergehen, sich verlieren: notae caedis, memoria rei alicujus e.; aestas, aetas e. verläuft. Häufig von Etwas, das aus dem Gedächtnisse oder den Gedanken Jmds entschwindet: antequam ex animo tuo plane effluo ganz von dir vergessen werde; mens ei e. = er vergißt, was er sagen will. B) = unter die Leute kommen, bekannt werden.

Efflŭvium, ii, *n.* [effluo] (Spät.) der Ausfluß, e. lacus.

*__Effōco__, 1. (zweifelh.) [ex-fauces] (Spät.) erwürgen, aliquem.

Ef-fōdio etc. 3. 1) herausgraben, aufgraben (Etwas aus demjenigen, in welchem es bisher war): e. ferrum, aurum; e. carbones e sepulcris; e. signum. Hiervon e. oculos (Poet.) lumen) alicui Jmd. die Augen ausstechen; e. viscera (Poet.) = die Leibesfrucht abtreiben. 2) graben = grabend bilden, latebras, portum, lacum. 3) umgraben, umwühlen, terram; e. montem durchgraben; *trop.* e. domos durchwühlen, durchsuchen.

Ef-for (diese 1ste Person des praes. kömmt nicht vor; meist im *particip. praet.* und im *fut.*) aussagen, -aussprechen (ein archaistisch-religiöser Ausdruck, deßhalb meist bei Poet.): e. aliquid, carmen. 2) weihen, für Etwas bestimmen: e. templum; locus templo effatus (*pass.*) für einen Tempel bestimmt. *3) eine Behauptung aufstellen, einen Satz aussprechen, aliquid; davon effatum, siehe oben.

Effractārius, ii, *m.* [effringo] (Spät.) ein Dieb, der die Thüren erbricht.

Effrēnāte, *adv.* mit *comp.* [effrenatus] zügellos, unbändig, ungezügelt.

*__Effrēnātio__, ōnis, *f.* [effreno] die Zügellosigkeit.

Effrēnātus, *adj.* mit *comp.* u. *sup.* [*particip.* des ungebräuchlichen effreno] zügellos, entzügelt, unbändig, ungezähmt: homo secundis rebus effrenatus; cupiditas, libertas e.; multitudo e.

Effrēnus, *adj.* [ex-frenum] 1) zaumlos,

Effundo

ohne Zügel, equus. 2) (Poet.) *trop.* = effrenatus.

Ef-frĭco etc. 1. (Spät.) abreiben, rubiginem alicui.

Effringo, frēgi, fractum, 3. [ex-frango] 1) herausbrechen, cardines foribus. 2) aufbrechen, erbrechen, cistam, fores, januam, carcerem. Hiervon e. cerebrum zerschmettern.

Ef-fŭgio etc. 3. 1) *intrans.* entfliehen, entkommen, ex urbe. 2) *transit.* vermeiden, entgehen, entfliehen, entrinnen, mortem, equitatum Caesaris; haec morte effugiuntur. Hiervon res me effugit eine Sache entgeht mir = wird nicht von mir beachtet, bemerkt; nihil te e.; nullius rei cura eos e.

Effŭgium, ii, *n.* [effugio] 1) die Flucht, das Entfliehen: navem nullam habuerunt ad e.; (Poet.) ob nostra ee. 2) das Mittel zur Flucht. 3) der Weg zur Flucht, der Ausweg: insidere effugia die — besetzen.

Ef-fulgeo etc. 2. hervorleuchten, -glänzen: lux e.; ductores ee. zeichnen sich aus; e. audaciā sich durch Kühnheit bemerkbar machen.

Effultus, *adj.* [*particip.* des ungebräuchlichen ef-fulcio] (Poet.) auf Etwas gestützt, liegend, e. stratis.

Ef-fundo etc. 3. 1) ausgießen, lacrimas; flumen e. se (oder effunditar) in mare ergießt sich; mare effunditur strömt über, Tiberis effusus super ripas über seine Ufer getreten. 2) von nicht flüssigen Gegenständen: in Menge herauswerfen, -führen, -bringen, -schicken, -senden: e. tela, saccos numorum, auxilia castris; e. primum impetum den ersten Anlauf machen; studium certaminis e. equitatum machte die Reiterei herausströmen. Insbes. e. se der *pass.* effundi herausströmen, in großer Menge herauseilen: equitatus noster se ex castris e.; incendium effunditur verbreitet sich; vox effunditur die Rede strömt. Hiervon A) equus corruit et consulem supra caput e. warf ihn ab; e. aliquem in mare stürzen. B) e. comae effusae fliegende, aufgelöste Haare; e. habenas den Pferden die Zügel schießen lassen; e. sinum togae loslassen, die Toga wieder entfalten. C) in Menge hervorbringen, tragen: segetes fecundae ee. herbas inimicissimas frugibus. 3) *trop.* A) e. iram in aliquem ausschütten, ergießen; e. honores in großer Menge austheilen. B) dem Munde u. dergl. entströmen lassen, hervorführen, von sich geben, ausstoßen: e. tales voces, questus pectore; e. omnia quae sentio ohne Vorbehalt mittheilen. C) Vermögen, Geld u. dergl., verschwenden, patrimonium; e. aerarium erschöpfen. D) vergeuden, unnütz anwenden, vires, supremum auxilium. E) verlieren, fahren lassen: e. gratiam alicujus verscherzen; e. animam, vitam aufgeben. F) e. se ob. *pass.* effundi a) sich in irgend einer Sache (bes. einer Leidenschaft) die Zügel schießen lassen, sich gehen lassen: in libidine effundi zügellos sein, alles Maaß überschreiten. b) sich einer Sache (bes. einer Leidenschaft u. dergl.) ganz hingeben, völlig überlassen, ganz nachhängen: e. in tantam licentiam, in amorem e.; sich einem Zustand ob. dergl. ganz hingeben, in ihn sich ergießen: e. in jocos, in risum ausgelassen scherzen, lachen.

Effūse, *adv.* mit *comp.* u. *sup.* [effusus] 1) zerstreut, ohne Ordnung, weit und breit, ire, fugere, praedari. 2) verschwenderisch, reichlich, donare, vivere. 3) übermäßig, ausgelassen, heftig, exsultare, amare; effusius dicere etwas weitschweifig; effusius exceptus mit übertriebenem Beifall.

Effūsio, ōnis, *f.* [effundo] 1) das Ausgießen, Ausschütten, aquae. 2) das Herausströmen, hominum ee. ex oppidis. 3) die Verschwendung: e. imitatur liberalitatem; e. pecuniarum. 4) die Ausgelassenheit, e. animi in laetitia.

Effūsus, *adj.* mit *comp.* u. *sup.* [*particip.* von effundo] 1) weit ausgebreitet, ausgedehnt, weit, mare, loca; hiervon = hingestreckt, corpus. Hiervon A) = zerstreut, hostes; agmen e. unordentlich. B) = schlaff, habenae. C) e. caedes das Tödten nach allen Seiten. 2) verschwenderisch, e. in largitione. 3) übermäßig, übertrieben, zügellos, laetitia; e. cursus gestreckter, wilder Lauf.

Effūtio, 4. [ex-futio (verw. mit fundo) ungebräuchlich, vgl. futilis] herausschwatzen, verschwatzen, aliquid, leves versus.

E-gelĭdus, *adj.* (ē) (gleichsam „entkältet", lau, lüftig, „überschlagen," potio, ventus.

Egens, tis, *adj.* mit *comp.* u. *sup.* (ē) [*particip.* von egeo] dürftig, arm (vgl. egenus) homo.

Egēnus, *adj.* (ē) [egeo] (meist Vorklass., Poet. u. Spät.) 1) Mangel an Etwas habend, einer Sache bedürftig, ermangelnd: e. omnium rerum; (Spät.) egenus commeatu. 2) absol. (Poet.) dürftig, mißlich, ärmlich, in rebus egenis.

Egeo, ui, — 2. (ē) 1) einer Sache bedürftig sein, sie nöthig haben: e. re aliqua, consilio, copiis; magnum est opus egetque exercitatione non parva fortbert; e. auxilii, custodis; (Vorklaff.) e. aliquid Etwas nöthig haben. Hiervon a) (Poet.) = verlangen, wünschen, e. plausoris. b) absol. = darben, in Dürftigkeit leben nunquam te sinam egere aut mendicare. 2) (selten) = careo, entbehren, Etwas nicht haben, mangeln: is semper auctoritate eguit.

* **Egēria**, ae, *f.* (ē) eine italische weissagende Nymphe, von welcher der König Numa Rathschläge erhielt.

E-gĕro etc. 3. (ē) 1) heraustragen, -führen, -bringen, -schaffen: e. praedam ex hostium tectis, humanas opes a Vejis; e. bona in tributum fortschleppen. Hiervon (Poet. u. Spät.) a) = von sich geben: e. animam aushauchen, aquam vomitu ausspeien, ebenso e. dapes; e. sanguinem vergießen, verlieren. b) in der Rede oder Schrift herausbringen: e. querelas ausstoßen, sermones hervorholen. c) = vertreiben, verjagen: e. dolorem, gravitas coeli e. populos vertreiben. d) (Poet.) (= effero I. 1. A.) zu Grabe tragen: Phoebus castra Dorica e. avidis rogis (nach anderen dort = leeren).

Egestas, ātis, *f.* (ē) [egeo] 1) die Armuth, Dürftigkeit (subject. vgl. das schwächere paupertas): e. ac mendicitas; *trop.* e. patrii sermonis, linguae. 2) der Mangel an Etwas, e. frumenti, pabuli.

Egestio, ōnis, *f.* u. **-us**, us, m. (ē) [egero] (selten, Spät.) das Herausführen, Wegschaffen, cadaverum; e. ventris der Stuhlgang; e. opum Verschwendung.

*****E-gigno** etc. (*Lucr.*) hervorbringen; im *pass.* (von Zweigen) hervorsprossen.

Ego (ĕ), me, mihi, *plur.* nos etc., *pron. pers.* ich; egomet, mihimet, nobismet ipsis ich selbst, mir selbst, uns selbst, (Vorklass.) in derselben Bedeutung mepte, mihipte; quid mihi Celsus agit was macht mir C.? ad me in mein Haus hinein, bei mir zu Hause; a me solvi aus eigenen Mitteln.

Egrĕdior, gressus, 3. (ē) *depon.* [e-gradior] 1) *intrans.* A) eigtl. herausgehen, -kommen: e. ex urbe; egredimur a nobis foras; e. Romā; e. hinc, foras, extra portam. Insbes. von Truppen-u. bergl., e. castris, ad proelium herausmarschiren, -rücken; e. navi ob. in terram ans Land gehen, landen; e. e portu absegeln. B) hinaufgehen, -steigen: e. ad summum montis, in tumulum; e. altius. C) *trop.* abschweifen, abgehen, a proposito von der Sache. 2) *transit.* A) über Etwas hinausgehen, eine Grenze u. bergl. überschreiten: e. munitiones, fines. Hiervon (Spät.) aus Etwas herausgehen, e. urbem, portum. B) *trop.* e. modum, fortunam hominis überschreiten; e relationem, *term. t.* von einem Senator, bei Abgebung seines Votums die zur Berathung vorgelegte Sache überschreiten und von etwas Anderem sprechen; egressus quintum annum über 5 Jahre alt.

Egregie, *adv.* (ē) [egregius] 1) vorzüglich, ausnehmend, vor Anderen. 2) vortrefflich, ausgezeichnet, glänzend. 3) als Zeichen des Beifalls, brav! gut!

Egregĭus, *adj.* (ē) [e-grex, eigtl. aus der Heerde auserlesen], auserlesen, vorzüglich, ausgezeichnet, außerordentlich u. bergl., forma, laus, civis, victoria; egregius bello im Kriege; egregius animi von Gesinnung. 2) (Spät.) rühmlich, ehrenvoll: si mihi egregium esset te accipere; egregium publicum die Ehre des Staates.

Egressio, ōnis, *f.* (ē) [egredior] (Spät.) das Herausgehen, *trop.* die Abschweifung der Rede von der eigentlichen Sache, die Digression.

Egressus, us, m. (ē) [egredior] 1) *abstr.* das Herausgehen, das Weggehen, der Fortgang: e. vester; rarus egressu der selten ausgeht. Insbes. A) (Poet. u. Spät.) adhaerere egressibus, videt egressus = die Herausgehenden. B) = das Anslandgehen, die Landung: optimus tibi erat e. C) *trop.* = egressio. 2) *concr.* (Poet. u. Spät.) der Ausgang, obsidere omnes ee.; e. fluminis die Mündung.

*****E-gurgĭto**, 1. (ē) [e-gurges] (*Pl.*) eigtl. aus der Kehle herauswerfen, *trop.* = verschwenden, ausschütten, argentum domo.

Ehem, *interj.* (Vorklass. u. Spät.) ein Ausruf der freudigen Ueberraschung, ih! ha! sieh da!

Eheu, *interj.* (Poet.) Ausruf der Klage, des Schmerzes, o! ach!

Eho, *interj.* (Com.) Ausruf Jmds. der schimpft, befiehlt, mit Zorn fragt u. bergl., he! he ba! he du! hörst! Verstärkt **Ehodum**.

Eia ob. **Heia**, *interj.* 1) Ausruf der Freude

und Verwunderung, ei! ih! ei der tausend! 2) aufmunternd, hei nun! frisch auf!

E-jăcŭlor, *depon.* 1. und -lo, 1. (Poet. u. Spät.) herauswerfen, hervorschleudern, aquas.

Ejectāmentum, i, *n.* [ejecto] (Spät.) der Auswurf, cetera ee. maris.

Ejectio, onis, *f.* [ejicio] das Herauswerfen: mors et e. die Verbannung.

Ejecto, 1. [e-jacto] (Poet.) herauswerfen, hervorschleudern, aquas.

*****Ejectus,** us, *m.* [ejicio] (Vorkl.) das Herauswerfen, -stoßen, animae Athmen.

Ejĕrātio, Ejĕro, siehe Ejuratio, Ejuro.

Ejĭcio, jēci, jectum, 3. [e-jacio] 1) herauswerfen, -jagen, -treiben, -stoßen: e. aliquem ex oppido, de senatu, finibus, aedibus foras; e. aliquem in exilium verbannen; e. linguam ausstrecken; e. sanguinem ausspeien; *trop.* e. curam, memoriam rei alicujus ex animo verjagen, vertreiben; e. stirpes superstitionis ausrotten; e. vocem, gemitum u. dergl. ausstoßen. Insbes. A) e. se e navi in terram, in agros sich stürzen, eilen. B) e. navem a) ein Schiff ans Land laufen lassen, landen, in terram, eo dorthin. b) gewöhnlich, ein Schiff stranden machen; fast immer im *pass.* navis (classis) ejicitur ad insulam, in litora strandet. Hiervon C) gleichfalls im *pass.*, von der Person, ans Land geworfen werden, bes. *particip.* ejectus von einem Schiffbrüchigen od. Ertrunkenen, der von den Wellen ans Land geworfen wird. 2) *trop.* verwerfen, mißbilligen, rationem Stoicorum; bes. von Schauspielern, Rednern u. dergl. = „auspfeifen", „auszischen", zum Abtreten nöthigen.

Ejŭlātio, ōnis, *f.* (ē) und **-tus,** us, *m.* [ejulo] das Heulen, Wehklagen.

Ejŭlo, 1. (ē) heulen, wehklagen.

Ejŭrātio (ob. **Ejĕrātio**), ōnis, *f.* (ē) [ejuro] (Spät.) eigtl. das Abschwören, das feierliche Entsagen einer Sache: e. spei das Aufgeben; consulum e. Amtsentfagung.

Ejūro (ē) ob. **Ejĕro,** (ē) 1. abschwören, durch eidliche Erklärung entsagen und von sich abweisen: 1) *term. t.* A) e. forum ob. judicem iniquum sibi als unbillig verwerfen, dagegen protestiren, feierlich erklären, daß man sich einem — nicht unterwerfen will. B) e. bonam copiam sein Vermögen abschwören = sich bankerott erklären. C) (Spät.) e. magistratum, imperium sich von einem Amte feierlich losfagen (ihm entfagen), unter Ablegung des Eides, daß man es den Gesetzen gemäß verwaltet hat. 2) (Spät.) überhaupt Etwas von sich ablehnen, ihm entfagen, es verleugnen: e. nomen patriae, patrem, liberos; e. patriam = für immer verlassen.

Ejusdem-mŏdi [idem-modus] wird als ein *adj.* gebraucht, von derfelben Art, Beschaffenheit.

Ejus-mŏdi [is-modus] wird als ein *adj.* gebraucht, von der Art, so beschaffen, solcher.

E-lābor etc. *depon.* 3. (ē) I. *intrans.* 1) herausgleiten, -schlüpfen, unvermerkt entschlüpfen, entkommen, entfliehen u. dergl.: serpens e.; animi ee. corporibus; gladius (*trop.* causa) ei e. e manibus; artus in pravum elapsi verrenkte (Spät.). Hiervon *trop.* A) libri illi mihi elapsi sunt sind gegen meinen Willen unter die Leute gekommen, veröffentlicht worden; animus ejus Bacchidi elabitur B. verliert sein Herz; res e. memoriā alicujus entschwindet. B) entwischen, entkommen, entfliehen, ex proelio, (Poet.) de caede, telis; e. inter tumultum; *trop.* e. ex tot criminibus. C) verschwinden, vergehen, sich verlieren, spes, assensio illa e. D) (felt.) e. in servitutem in — zuletzt gerathen. 2) (Poet.) emporsteigen, sich emporheben: ignes e. in frondes altas. II. *transit.* (Spät.) entfliehen, entgehen, pugnam.

*****Elăbōrātio, ōnis,** *f.* (ē) [elaboro] die Ausarbeitung.

Elăbōrātus, *adj.* [*particip.* von elaboro] -bestreben (mit vorherrschendem Begriffe der Absicht und der Bestrebung, vgl. laboro): e. ut prosim illis; e. in re aliqua; elten (Spät.) e. in aliquid. 2) *transit.* A) mit Fleiß bearbeiten, betreiben, rem aliquam, caussam; e. artem, eloquentiam ausbilden. B) (Spät. und Spät.) mit Mühe und Anstrengung erwerben, verschaffen: imperium a parentibus elaboratum; e. somnum bewirken.

*****E-lāmentābilis,** e, *adj.* (ē) sehr kläglich.

E-languesco, gui, — 3. (ē) erschlaffen; von Personen = gleichgültig werden, von Sachen = nachläffig betrieben werden.

Elāte, *adv.* mit *comp.* (ē) [elatus] 1) erhaben, e. et ample loqui. 2) stolz.

Elātĕus oder **-tēĭus,** *adj.* (ē) von Elatus gezeugt (von Cäneus, siehe dieses Wort).

Elātio, ōnis, *f.* (ē) [effero] die Erhebung, und *trop.* A) die Erhebung, das Erhabensein, animi magnitudo et e.; e. orationis Erhabenheit. B) das Fortgeriffenwerden, die leidenschaftliche Bewegung, gestientis animi voluptaria e.

*****E-latro,** 1. (ē) (Poet.) herausbellen = eifrig sagen, aliquid.

Elātus, *adj.* mit *comp.* (ā) [*particip.* von effero] 1) erhaben, hoch, locus. 2) *trop.* A) erhaben, animus. B) stolz, siehe effero II. 2. c.

E-lāvo etc. 1. (ē) (Vorkl. u. Spät.) 1) *transit.* auswaschen, rein waschen. 2) (Pl.) *intrans.* e. bonis (das Bild von Schiffbrüchigen genommen) sein Vermögen verlieren.

Elea, ae, *f.* (ē) [Ἐλέα] Stadt in Unteritalien, Geburtsort des Parmenides u. Zeno, rein lateinisch Velia genannt. Hierv. 1) **Eleātes,** ae, *m.* (ē) [Ἐλεάτης], = Eleate = Zeno. 2) **Eleātĭcus,** *adj.* (ē) [Ἐλεατικός].

Elĕcebra, ae, *f.* (ē) [elicio] (Pl.) die Herauslockerin = die den Leuten Geld entlockt.

Electe, *adv.* mit *comp.* (ē) [electus] (felt.) mit Wahl.

*****Electilis,** e, *adj.* (ē) [eligo] (Pl.) auserlesen.

Electio, ōnis, *f.* (ē) [eligo] die sorgfältige Wahl, Auswahl.

*****Electo,** 1. (ē) [eligo] (Pl.) = eligo.

Electo — **Elinguis** 255

Elécto, 1. (ē) [elicio] (*Pl.*) auslocken, entlocken, aliquid (ein Geheimniß).

*****Elector**, ōris, m. (ē) (Spät.) der Auswähler.

Eléctra, ae, *f.* (ē) [*Ἠλέκτρα*] 1) Tochter des Atlas und der Pleione, vom Jupiter Mutter des Jasius und des Dardanus. 2) Tochter des Agamemnon und der Clytämnestra, Schwester des Orestes.

Eléctrum, i, *n.* (ē) [*ἤλεκτρον*] (Poet. und Spät.) 1) der Bernstein. 2) ein dem Bernstein ähnliches durch Vermischung bereitetes Metall.

Eléctrus, i, *m.* lateinische Form des Namens Electryon.

Electryon, ōnis, *m.* Vater der Alcmene.

Eléctus, *adj.* mit *comp.* u. *sup.* (ē) [*particip.* von eligo] auserlesen, gewählt.

Élégans, tis, *adj.* mit *comp.* u. *sup.* (ē) [eligo] 1) (Vorklaff.) im tadelnden Sinne, wählerisch, ekel, homo. 2) im guten Sinne, A) von Personen, die gut zu wählen verstehen, geschmackvoll, fein, zierlich, elegant; häufig von demjenigen, der in seinem Urtheile oder seiner Rede die rechte Wahl zu treffen weiß (= scharfsinnig, einsichtsvoll): homo in omni judicio elegantissimus. B) von Sachen, was auf einer richtigen Wahl beruht, geschmackvoll, schön, fein, nett, niedlich, genus dicendi, ars, epistola.

Éléganter, *adv.* (ē) 1) gewählt, mit umsichtiger Wahl, loca capere. 2) geschmackvoll, fein, zierlich, artig, geschickt, vitam agere, saltare; dicere pro aliquo accurate et e.

Élégantia, ae, *f.* (ē) (elegans) *1) (Pl.)* von einer Person, der wählerische Sinn, die Wähligkeit: metuo ne ejus elegantia meam speciem spernat. 2) die feine Wahl, die Feinheit, Schönheit, Eleganz, Zierlichkeit: e. vitae, morum, verborum Latinorum; von Schriftstellern u. dergl. bisweilen = der Scharfsinn, der Geschmack: e. Socraticorum; tuorum scriptorum subtilitas et e.

Élégi, ōrum, *m. pl.* (ē) [*ἔλεγος*] elegische Verse (Hexameter mit Pentametern abwechselnd), Elegieen.

Élégia, ae, *f.* (ē) [*ἐλεγεία*] (Poet. und Spät.) eine Elegie, ein Gedicht in elegischen Versen.

Éleménta, ōrum, *n. pl.* (ē) (und bei Spät. im *sing.*) 1) die Grundstoffe, Elemente. 2) häufig die Anfangsgründe, Grundlehren einer Wissenschaft oder Kunst, ee. puerorum, e. loquendi im Sprechen. Hiervon A) (Spät.) das Alphabet. B) (Poet.) = der Anfang überhaupt, prima ee. Romae.

Éleméntárius, *adj.* (ē) [elementum] (selten, Spät.) zu den Anfangsgründen gehörig: senex e. ein alter Mann, der noch erst bei den Anfangsgründen steht.

Élénchus, i, *m.* (ē) [*ἔλεγχος*] (Spät.) 1) (zweifelh.) das Inhaltsverzeichniß. 2) ein Ohrgehänge, Ohrgeschmeide.

Éléphantíne, es, *f.* (ē) [*Ἐλεφαντίνη*] Insel im Nil in Oberägypten.

Éléphas, antis, *m.* u. -**phantus**, i, *m.* (ē) [*ἐλέφας*] 1) der Elephant. 2) (Poet.) das Elfenbein, = ebur. 3) = elephantiasis.

Éleusin od. -**sis**, inis, *f.* (ē) [*Ἐλευσίν* oder -*σίν*] Stadt in Attica, berühmt durch den Cultus der Ceres und die ihr zu Ehren dort gefeierten Mysterien. Davon - **Eleusinius** oder -**sinus**, *adj.*; *subst.* **Eleusinia**, ōrum, *n. pl.* [*τὰ Ἐλευσίνια*] das Ceresfest, die Mysterien.

Eleuthéria, ōrum, *n. pl.* (ē) (= τὰ Ἐλευθέρια) (*Pl.*) das Befreiungsfest, ein Fest, das nach den Perserkriegen jährlich bei Plataeä dem *Ζεὺς Ἐλευθέριος* (Juppiter liberator) zu Ehren gefeiert wurde.

Eleuthéró-ollíces, cum, *m. pl.* (ē) [*Ἐλευθερο*-Cilix] die freien Cilicier, Völkerschaft in Cilicien.

Élévátio, ōnis, *f.* (ē) [elevo] (Spät.) die Verkleinerung (als rhetorische Figur) = verkleinernde Darstellung, Verhöhnung.

É-lěvo, 1. (ē) 1) aufheben, emporheben, contabulationem, (Poet.) aura e. preces führt —fort, sie werden vergeblich. 2) *trop.* A) erleichtern, weniger beschwerlich und lästig machen, aegritudinem. B) vermindern, schwächen, entkräften u. dergl.: e. auctoritatem alicujus, perspicuitatem; e. res gestas, aliquem herabsetzen, verkleinern; e. adversarium (von einem Redner) den Eindruck von den Worten des Gegners schwächen; index elevatur seine Glaubwürdigkeit wird geringer, geschwächt.

Élício, licui, lícitum, 3. (ē) [e- ungebräuchlich lacio] heraus-, hervorlocken, durch Schmeicheleien oder andere Künste Etwas aus oder von einem Orte herausbringen, herauskommen machen, entlocken: e. aliquem foras, hostes ex paludibus, aliquem in proelium; e. ut fateatur bewirken; e. ferrum e cavernis terrae herausschaffen, vocem e faucibus alicujus; e. sanguinem, lacrimas fließen machen; e. literas ab aliquo Jmd. dazu bringen, daß er einen Brief schreibt, ebenso e. querelas, verbum ex aliquo. Insbef. e. Jovem, manes und dergl., durch magische Mittel herzaubern, bannen, ebenso e. pluviam, fulmina herabzaubern.

Élicius, *adj.* (ē) [elicio] Beiname des Jupiter, als desjenigen, von welchem die Wahrzeichen (bes. durch Blitze) herbeigewünscht werden.

Élído, īsi, īsum, 3. (ē) [e-laedo] 1) herausschlagen, -stoßen, -treiben: e. aurigam curru, ignem velut e silice; e. vocem ausstoßen, magnas voces „herdonnern", laut ausfagen; e. literas in der Aussprache ausstoßen (durch Elision): e. morbum vertreiben. 2) zerschlagen, zerschmettern, zermalmen, caput alicujus, talos alicui, naves, angues; *trop.* e. nervos virtutis, elidi aegritudine erdrückt werden.

Éligo, lēgi, lectum, 3. (ē) [e-lego] 1) sorgfältig auswählen, eine Wahl treffen (oppos. den ersten besten nehmen, vgl. lego u. f. w.): e. rem aliquam, minima ex malis; elige de illis quem velis. 2) ausrupfen, auszupfen, herbas, *trop.* (zweifelh.) nervos conjurationis, stirpes aegritudinis.

Élímíno, 1. (ē) [e-limen] (Poet., selten) über die Schwelle bringen: e. dicta ausplaudern; e. gradus sich aus dem Hause begeben.

É-límo, 1. (ē) ausfeilen, nur *trop.* = kunstvoll ausarbeiten, catenas, bes. von Geisteswerken, e. aliquid die letzte Hand an Etwas legen.

Élinguis, e, *adj.* (ē) [e-lingua] eigtl. zungenlos, stumm, sprachlos, homo, curia; *trop.* = unberedt.

Elinguo — Emancipatio

*Elinguo, 1. (ē) [elinguis] (*Pl.*) der Zunge berauben, aliquem.

Elis (dorisch Alis), Idis, *f.* (ē) [Ἦλις] Landschaft im westlichen Peloponnes. Davon **Elēus** od. **Elīus** (ē) (dorisch beim *Pl.* Alius) u. (Poet.) im *fem.* **Elias,** *adj.* eleisch; *subst.* **Elēi** oder **Elii,** ōrum, *m. pl.* die Einwohner von E.

Elisio, ōnis, *f.* (ē) [elido] (Spät.) das Herausstoßen, Auspressen, lacrimae.

Elissa, ae, *f.* (ē) = Dido.

Elixus, *adj.* (ē) (Poet. u. Spät.) gekocht, gesotten.

Ellipsis, is, *f.* [ἔλλειψις] (Spät.) rhetor. *term. t.*, die Auslassung eines Wortes, Ellipse.

E-lŏco, 1. (ē) verpachten, verdingen, fundum; gens Judaica elocata est ist zinsbar gemacht, so daß die Abgaben von ihr verpachtet werden.

Elŏcūtio, ōnis, *f.* (ē) [eloquor] rhetor. *term. t.*, der rednerische Ausdruck, die Einkleidung der Gedanken in Worte, die Darstellung, der Stil.

Elŏcūtōrius, *adj.* (ē) [eloquor] (Spät.) zum Ausdruck gehörig, nur *subst.* elocutoria, ae, *f. sc.* ars, als Uebersetzung von ῥητορική, die Redekunst.

*Elŏcūtrix, īcis, *f.* (ē) [eloquor] (Spät.) als Uebersetzung von ῥητορική, die Redekunst.

Elŏgium, ii, *n.* (ē) [von dem. gr. λόγος] 1) eine Sentenz, kurzer Spruch; e. Solonis. 2) die Inschrift, Aufschrift, bes. = Grabschrift: ee. monumentorum. 3) eine kurze Angabe, Notiz, A) in einem Testamente, bes. wegen einer Enterbung. B) in Criminalsachen, das Protocoll oder die kurze Angabe des Verbrechens, des Namens, der Strafe u. dergl.

Elŏquens, tis, *adj.* mit *comp.* u. *sup.* (ē) [*particip.* von eloquor] beredt, der alle für den vollkommenen Redner nöthigen Kenntnisse und persönlichen Eigenschaften besitzt (vgl. disertus, facundus).

Elŏquenter, *adv.* mit *comp.* und *sup.* (ē) (der Positivus kömmt jedoch nicht vor) beredt, mit schönem und würdigem Ausdruck.

Elŏquentia, ae, *f.* [eloquens] (ē) die Beredtsamkeit (siehe eloquens).

Elŏquium, ii, *n.* (ē) [eloquor] (Poet. und Spät.) die Beredtsamkeit, die hohe und beredte Sprache.

E-lŏquor etc. *depon.* 3. (ē) 1) aussagen, frei aussprechen, ausdrücken: e. rem ut facta est; eloquere, obsecro sage doch Alles rein heraus. 2) absol. seine Gedanken ausdrücken, einen Vortrag halten, reden, ornate et copiose.

Elōrus, i, *m.* (ē) [Ἔλωρος] Fluß u. Stadt auf der Ostküste Siciliens. Davon 1) **Elorius,** *adj.* 2) **Elorini,** ōrum, *m. pl.* die Einwohner von E.

Elpēnor, ŏris, *m.* [Ἐλπήνωρ] Gefährte des Ulysses, der durch einen Fall vom Dache des Hauses der Circe das Leben verlor.

E-lūceo etc. 2. (ē) 1) hervorleuchten, glänzen, circulus e. inter flammas. 2) *trop.* in die Augen fallen, bemerkbar sein, sich zeigen: scintilla ingenii jam in puero e.; eloquentia ejus maxima Spartae e.; hoc decorum quod e. in vita; insbes. = glänzen, sich auszeichnen, virtutibus durch Tugenden.

E-luctor, *depon.* 1. (ē) 1) *intrans.* sich hervorbringen, mit Mühe hervorbringen, aqua e. 2) *transit.* durch Mühe und Kampf sich aus Etwas herausarbeiten, Etwas überwinden, illas difficultates, tam validas manus.

E-lūcubro, 1. und -bror, *depon.* 1. (ē) bei Lichte des Nachts ausarbeiten, epistolam; *trop.* überhaupt mit Fleiß und Anstrengung ausarbeiten.

E-lūdo etc. 3. (ē) *1) herausspülen, fluctus e. 2) von einem Gladiator, im Fechten ausweichen, auspariren. Hiervon A) täuschen, täuschend entgehen, ausweichen, aliquem. B) vereiteln, zu entgehen suchen, vim legis, pugnam; e. bellum quiete, quietem bello von Jmd., der plötzlich den Krieg und den Frieden anfing und wieder damit aufhörte, so daß aus beiden nie etwas Rechtes wurde; e. legationem, rogationem fruchtlos machen, e. fidem miraculis den Glauben schwächen, entziehen; e. indicia entkräften. C) verspotten, höhnen, necken, zum Besten haben, aliquem. 3) (Poet.) durch Spiel Jmd. Etwas abgewinnen: e. aliquem anulum; e. palmas tuas entreiße dir.

E-lūgeo etc. 2. (ē) um Jmd. austrauern, zu Ende trauern, aliquem; auch absol. = austrauern.

Elumbis, e, *adj.* (ē) [lumbus] (Spät.) eigentl. lendenlahm, *trop.* (von einem Redner) kraftlos, schleppend.

E-luo etc. 3. (ē) 1) abwaschen, auswaschen, ausspülen: e. patinas, corpus; e. maculas vestium, colorem. Hiervon *trop.* = tilgen, vertilgen, entfernen u. dergl.: e. crimen, amara curarum; e. amicitiam nach und nach aufheben. 2) (*Pl.*) sein Vermögen verprassen, sich aller Habe los machen, Alles vergeuden.

Elūtus, *adj.* (ē) [*particip.* von eluo] (Poet. u. Spät.) wässerig, saft- und kraftlos.

Elūvies, ei, *f.* und -vio, ōnis, *f.* (ē) [eluo] 1) (Poet. u. Spät.) der Abfluß der Unreinigkeiten. 2) die Ueberschwemmung, das Austreten des Wassers. 3) (Spät.) der durch einen reißenden Wasserstrom hervorgebrachte Erdschlund, Abgrund.

Elymais, ĭdis, *f.* (ē) [Ἐλυμαΐς] Provinz im westlichen Persien. Davon **-maeus,** *adj.*, und *subst.* **-maei,** orum, *m. pl.* die Einwohner von El.

Elysii, ōrum, *m. pl.* Völkerschaft im östlichen Germanien.

Elysium, ii, *n.* (ē) [τὸ Ἠλύσιον πεδίον] der Wohnsitz der Seligen, die elysäischen Gefilde, das Elysium. Davon **Elysius,** *adj.*

Em, *interj.* ꝛ. hem.

*E-mācěrātus, *adj.* (ē) [macero] (Spät.) ausgemergelt.

Emācĭtas, ātis, *f.* (ē) [emax] (Spät.) die Kauflust, Kaufbegierde.

Emancĭpātio, ōnis, *f.* (ē) [emancipo] (Spät.) 1) die förmliche Entlassung eines Sohnes aus der väterlichen Gewalt (vermittelst eines drei Mal wiederholten fingirten Verkaufs). 2) überhaupt die förmliche Losgebung einer Sache aus seiner Gewalt.

E-mancĭpo, 1. (ē) 1) einen Sohn aus der väterlichen Gewalt entlassen und dadurch für selbstständig erklären (siehe emancipatio). 2) überhaupt eine Person oder Sache aus Jmds Gewalt in diejenige eines Anderen übergeben, als Eigenthum abtreten, verkaufen, entlassen, überlassen: e. filium in adoptionem alicui; e. praedia paterna, agrum. 3) *trop.* ganz übergeben, e. se alicui; emancipatus feminae der Sklave eines Weibes.

*****Emanco**, 1. (ē) [e-mancus] (Spät.) verstümmeln, aliquem.

E-māno, 1. (ā) 1) herausfließen, ausströmen, fons. 2) *trop.* A) hervorgehen, entspringen, entstehen: alio ex fonte praeceptores dicendi ee.; Academia recentior hinc e. B) sich verbreiten, bekannt werden, unter die Leute kommen, exire et in vulgus e.

Emāthia, ae, *f.* [Ἠμαθία] Landschaft in Macedonien. Hiervon a) = Macedonien. b) = das angrenzende Thessalien. Davon **Emathis**, idis, *f.* und **-thius**, *adj.* = macedonisch ob. thessalisch; **Emathides** = die Pieriden.

E-mātūresco, rui, — 3. (ē) (Poet. und Spät.) 1) völlig reif werden, segetes. *2) *trop.* gemildert werden, ira Caesaris.

Emax, ācis, *adj.* (ē) [emo] kaufbegierig.

Emblēma, ātis, *n.* [ἔμβλημα] 1) eingelegte Arbeit, daher *trop.* = das Einschiebsel in eine Rede. 2) Hiervon A) angefügte Zierrath (an Geschirren) in erhabener Arbeit. B) die Mosaik.

Embolĭum, ii, *n.* [ἐμβόλιον] das Zwischenspiel zwischen den Acten eines Stücks, vielleicht eine Art Ballet.

Emendābĭlis, e, *adj.* (ē) [emendo] verbesserlich, error.

Emendātē, *adv.* (ē) [emendatus] fehlerfrei, vollkommen richtig.

Emendātĭo, ōnis, *f.* (ē) [emendo] die Verbesserung.

Emendātor, ōris, *m.* (ē) [emendo] der Verbesserer.

Emendātrix, īcis, *f.* (ē) [emendo] die Verbesserin.

Emendātus, *adj.* mit comp. und sup. (ē) [*particip.* von emendo] fehlerfrei, vollkommen.

E-mendĭco, 1. (ē) [mendicus] (Spät.) erbetteln, mihi aliquid.

Emendo, 1. (ē) [e-mendum] Etwas von Fehlern frei machen, verbessern, berichtigen (schwächer als corrigo): e. librum, vitia adolescentiae, legem; (Spät.) e. dolores capitis, tussim heilen.

E-mentĭor, *depon.* 4. (ē) etwas Unwahres ersinnen, erlügen, erdichten, vorgeben: e. aliquid in aliquem; e. se beneficio obstrictum esse; e. auspicia. Dav. *particip.* -ementitus als *pass.* erlogen, erdichtet.

E-mercor, *depon.* 1. (ē) (Spät.) erkaufen, sich erhandeln, rem.

E-mēreo etc. 2. und **-or**, *depon.* 2. (ē) 1) sich Etwas verdienen, durch Verdienst erwerben, aliquid mali, pecuniam. 2) (Poet.) sich um Jmd. verdient machen, Verdienste erwerben, aliquem; emeritus ein verdienter Mann. 3) bes. in der Militärsprache, ausdienen, bis zu Ende dienen, den Dienst vollenden: e. stipendia, annuas operas; esse emeritis stipendiis pass. ausgedient haben. Hiervon *subst.* **Emerĭtus**, i, *m.* ein ausgedienter Soldat, ein Veteran; (Poet.) von einer Sache, die ihre Dienste gethan hat, so lange gedient hat, als es bestimmt ob. möglich war, daher oft = alt; abgebraucht, equus, aratrum e.; rogus e. ausgebrannt.

E-mergo etc. 3. (ē) 1) *transit.* auftauchen machen: e. se oder emergi auftauchen, herauf- oder emporkommen, ex illis malis. Insbes. *particip.* emersus der aufgetaucht, hervorgekommen ist: equus e. ex palude, *trop.* homo e. ex coeno aus dem Koth (= dem Laster), nox e. beginnende. 2) *intrans.* A) auftauchen, aus Etwas emporkommen, zum Vorschein kommen, ex aqua, de paludibus; piscis e. sub glebis; stella e. B) aus Etwas herausob. hervorkommen: e. ex saltibus in campos; e. ex patrio regno; flos e. e caule; auch e. in locum aliquem = entkommen. Hiervon C) *trop.* a) aus Etwas sich herauf- ob. herausarbeiten, bes. aus einer mißlichen Lage, Sache, einer Gefahr u. dergl.: e. ex mendicitate, ex peculatus judicio los werden, befreit werden; e. et in bonam frugem recipio mache mich von früheren schlechten Gewohnheiten los u. dergl.; civitates emerserunt haben sich erholt, sind in eine bessere Lage gekommen; leges ee. kommen wieder zur Geltung. b) entstehen, bella ee. c) sich zeigen, zum Vorschein kommen, amor e.; ex quo emergit quale sit illud hieraus erhellt.

*****Emetĭca**, ae, *f.* (ē) [ἐμετική] (zweifelh.) das Erbrechen: facere e. sich zum Erbrechen bringen (bes. um wieder essen zu können).

E-metĭor etc. 4. (ē) 1) (Spät.) ausmessen, spatium. 2) *trop.* A) zurücklegen, einen Raum durchwandern, terras; (Spät.) G. quinque principes annis septuaginta tribus e. überlebte. B) zutheilen, zukommen lassen, alicui aliquid.

*****E-mēto** etc. 3. (ē) (Poet.) abmähen, e. frumentum.

E-mĭco, cui, cātum, 1. (ē) heraus-, hervorspringen, -fahren, plötzlich hervorleuchten: fulgura e., flamma e. ex monte; e. saltu in currum auf den Wagen emporspringen. Hiervon *trop.* pavor e. verräth sich; e. magnitudine rerum sich auszeichnen; verbum aliquod e. als ein glänzender Punct hier und da hervorkommen.

E-migro, 1. (ē) ausziehen, auswandern, hinc, ex illa domo, e vita.

Emĭnens, tis, *adj.* mit comp. u. sup. (ē) [*particip.* von emineo] 1) hervorragend, hochliegend. 2) *trop.* ausgezeichnet.

Eminentĭa, ae, *f.* (ē) [eminens] (selten) das Hervorragen, davon der hervorragende und in die Augen springende Theil, von einer Malerei = die Lichtpartie.

E-mĭneo etc. 2. (ē) 1) hervorragen, hervortreten: terra e. mari, stipites ee. ex terra; ferrum e. per costas; hasta e. in partes ambas; jugum e. in mare. 2) A) hervortreten, = sichtbar sein, sich zeigen: quod absconditur ibi, eo magis e. et apparet; vox e. (Poet.) wird deutlich gehört; e. ex gratulando (Pl.) gleichsam aus der Fluth von Glückwünschenden hervortauchen. B) sich auszeichnen, vor den Uebrigen glänzend hervorragen, regia potestas.

Eminus, *adv.* (ē) [e-manus] von der Hand weg (*oppos.* comminus), von fern, in der Ferne, bes. als militär. *term. t.* vom Kampfe mit Wurfgeschossen, Spießen u. dergl.: e. pugnare; auch bei anderen Ausdrücken, e. opem ferre, faces e. jacere.

*****E-mīror**, *depon.* 1. (ē) (selten, Poet.) sich stark über Etwas verwundern.

Emissārium, ii, *n.* (ē) [emitto] der Abzugscanal.

Emissārius, ii, *m.* (ē) [emitto] 1) der zum Spioniren oder zur Besorgung eines Geschäftes von Jmd. Ausgeschickte (fast immer in bösem Sinne) = der Spion, Agent ob. dergl. 2) (Oekon.) ein junger Schößling an einer Pflanze.

*****Emissīcius**, *adj.* (ē) [emitto] (*Pl.*) zum Spähen ausgeschickt = spähend (vgl. emissarius 1.), oculi.

Emissio, ōnis, *f.* (ē) [emitto] 1) das Herausschicken = das Werfen, der Wurf, telorum. 2) das Herauslassen, das Entlassen, anguis.

*****Emissus**, us, *m.* (ē) [emitto] (Wortklaff.) das Herauslassen, Herausschicken.

E-mitto etc. 3. (ē) 1) herausschicken, fortschicken, aussenden: e. equites in hostem, cohortes ex statione. Hiervon e. hastam werfen, sagittas abschießen; fulmina schleudern; e. sculeum in hominem von einem stechenden Insecte; (Spät.) e. librum herausgeben, e. se herausfahren; e. vocem ausstoßen, hören lassen. 2) gehen-, fahren lassen, entlassen, loslassen, laufen, gehen lassen: e. aliquem ex urbe, ex vinculis; e. aquam ex lacu herausfließen lassen; e. scutum manu fahren lassen; e. animam aufgeben, aushauchen; e. aliquem ex obsidione frei abziehen lassen; *trop.* e. aliquid e manibus Etwas sich entschlüpfen lassen. Insbes. manu e. aliquem und bloß e. aliquem (Wortklaff. und Spät.) = manumitto, was man sehe.

Emo, ēmi, emptum, 3. (ĕ) 1) kaufen, durch Kauf erwerben (der Hauptbegriff ist die Anschaffung der Sache, vgl. mercor): e. puellam ab aliquo, aliquid de praeda; quanti eam emisti für wie viel, um welchen Preis? tribus minis eam emi für drei Minen; magno, parvo e. *theuer*, wohlfeil kaufen, ebenso male (care) und bene e. theuer — wohlfeil; ex empto = dem Kaufcontracte zufolge. 2) *trop.* erkaufen = sich für Geld verschaffen, namentlich durch Bestechung: e. sententias judicum, percussorem in aliquem; e. aliquem beneficiis gewinnen, immortalitatem morte sich verschaffen.

*****E-mŏdĕror**, *depon.* 1. (Poet.) (ē) etmäßigen, dolorem verbis = austoben lassen.

*****E-mŏdŭlor**, *depon.* 1. (ē) (Poet.) besingen, Musam.

Emolīmentum, i, *n.* (ē) [emolior] (Andere schreiben molimentum ob. emolumentum) die Mühe, mühevolle Ausführung.

E-mōlior, *depon.* 4. (ē) (Wortklaff. u. Spät.) 1) herausbewegen, e. freta aufwühlen. 2) vollbringen, aliquid.

E-mollio, 4. (ē) 1) weich machen, erweichen, humor e. fundas. 2) *trop.* a) mildern, bilben, mores. b) verweichlichen, schwächen, exercitum.

Emolūmentum (auch **Emolimentum**), i, *n.* (ē) [emolo] der Vortheil, Nutzen, Gewinn, den man aus einer Sache zieht: e. victoriae, belli, den der Sieg, Krieg giebt.

*****E-mŏneo** etc. 2. (ē) ermahnen, aliquem.

E-mŏrior etc. *depon.* 3. (ē) 1) absterben, dahinsterben, fame, per virtutem e. 2) *trop.* ganz verschwinden, vergehen: laus eorum e. non potest, spes e.

*****Emortuālis**, e, *adj.* (ē) [emorior] (*Pl.*) zum Sterben gehörig.

E-mŏveo etc. 2. (ē) herausbringen, -schaffen, bei Seite schaffen, entfernen, vertreiben: e. multitudinem e foro, milites aedificiis; e. postes cardine aus den Angeln reißen, e. muros erschüttern; (Poet.) e. curas verjagen, pontum aufwühlen; e. aliquem senatu = moveo, was man sehe.

Empĕdŏcles, is, *m.* [Ἐμπεδοκλῆς] griechischer Philosoph aus Agrigentum ums Jahr 440 v. Chr. Davon **Empĕdŏclēus**, *adj.*

Emphăsis, is, *f.* [ἔμφασις] (Spät.) der rhetorische Nachdruck, die Kraft des Ausdrucks.

Empīrĭcus, *adj.* [ἐμπειρικός] zur Erfahrung gehörig: *subst.* -icus, i, *m.* ein Arzt, dessen Curmethode auf der Erfahrung beruht.

Empŏrĭum, ii, *n.* [ἐμπόριον] der Handelsplatz, Marktplatz.

Emptio, ōnis, *f.* [emo] der Kauf, facere e.

Emptĭto, 1. [emo] (Spät., selten) erkaufen, eifrig kaufen, rem.

Emptor, ōris, *m.* [emo] der Käufer, rei alicujus.

E-mūgio, 4. (ē) (Poet. u. Spät.) herausbrüllen, aliquid.

E-mulgeo etc. 2. (ē) (Poet. u. Spät.) ausmelken, abmelken; *trop.* = erschöpfen, paludem.

*****Emunctĭo**, ōnis, *f.* (ē) [emungo] (Spät.) das Ausschnäuzen.

E-mungo etc. 3. (ē) 1) (Poet. u. Spät.) e. se ob. emungi sich ausschnäuzen; uneigtl. (*Pl.*) emungor oculos ex capite mir werden die Augen ausgeschlagen. 2) *trop.* (Converf.) A) homo emunctae naris mit „einer feinen Nase" = von großem Scharffinne, d. h. witzig, scharffinnig. B) (Com.) e. aliquem argento und bloß e. aliquem um Geld prellen, bevortheilen.

E-mūnio, 4. (ē) 1) aufbauen, in die Höhe bauen, murum supra ceteras modum altitudinis. 2) stark befestigen, locum; e. postes obice verwahren, sichern, zumachen; e. vites ab injuria pecoris schützen. 3) (Spät.) e. paludes, silvas einen Weg durch die Sümpfe, die Wälder bauen, anlegen (siehe munio).

*****Emūtātĭo**, ōnis, *f.* (ē) [emuto] (Spät.) die Veränderung = die veränderte Darstellung.

Ē-mūto, 1. (ē) (Spät.) verändern = in anderer Form darstellen, rem.

Ēn, *interject.* (ēn) siehl sieh das da ist (finb)! 1) wo man mit Lebhaftigkeit und Affect auf einen unerwarteten oder merkwürdigen Gegenstand, Umstand u. dergl. aufmerksam macht: e. Priamus sieh hier ist P.; e. causa cur; e. ego hier bin ich! Consul, e., inquit, hic est; e. cui committas da siehst du, wem du es anvertraust; auch e. causam cur etc., e. quatuor aras; in castris e. meis fama mortis meae exspectata est. 2) bei Fragen, A) um die Aufmerksamkeit Jmds zu erwecken: e. quid agis? B) häufig zur Bezeichnung des Erstaunens oder Affectes: e. quid ago? e. quid agam? e. unquam aspiciam te werde ich wohl je? 3) (Poet.) bei Imperativen zur Verstärkung der Aufforderung, aufs wohlan! e. accipe! e. age segnes rumpe moras!

Ēnarrābĭlis, e, *adj.* (ē) [enarro] (Poet. u. Spät.) erzählbar = darstellbar, das in Worten geschildert werden kann, motus, foeditas.

Ēnarrātĭo, ōnis, *f.* (ē) [enarro] (Spät.) 1) die Erklärung, Auslegung. 2) die Aufzählung, syllabarum.

Ē-narro, 1. (ē) 1) bis zu Ende und vollständig, erschöpfend erzählen, rem aliquam. 2) (Spät.) erklären, auslegen.

Ē-nascor, *depon.* 3. (ē) hervorwachsen, entstehen, dentes ex mento ee.; laurus e.; insula medio alveo e.

Ē-nāto, 1. (ē) 1) (Poet. u. Spät.) aus Etwas herausschwimmen, schwimmend hervorkommen. 2) *trop.* sich durchschlagen, -helfen, aus einer schwierigen oder mißlichen Lage.

Ē-nāvĭgo, 1. (ē) 1) *intrans.* herausfegeln, Rhodum nach Rh. 2) (Poet. u. Spät.) *transit.* durchsegeln, befahren, undam.

Encĕlădus, i, *m.* [Ἐγκέλαδος] ein Gigant, den Jupiter unter dem Aetna begrub.

Endo, *praep.* alte Form = in. Ebenso in den Zusammensetzungen Endogredior u. s. w. = Ingredior u. s. w.

Endrŏmis, idis, *f.* [ἐνδρομίς] (spät. Poet.) ein wollener Mantel oder Ueberwurf, in welchen man sich bes. nach den gymnastischen Uebungen einhüllte, um sich nicht zu erkälten.

Endўmĭon, ōnis, *m.* [Ἐνδυμίων] ein schöner Jüngling in Carien: die Mondgöttin (Diana) verliebte sich in ihn und stieg vom Himmel herab, um ihn zu küssen, während er auf dem Berge Latmus schlief.

Ē-nĕco (auch **Enĭco**), cui (Vorklaff. cāvi), ctum, 1. (mit Ausnahme des Participiums enectus nur Vorklaff. u. Spät.) 1) völlig tödten, erwürgen, ersticken (siehe neco): puer e. ambos angues; uneigtl. enectus siti, fame u. dergl. = verschmachtend, fast sterbend. 2) *trop.* (Converf.) fast zu Tode quälen, fast umbringen, e. aliquem rogando, jurgio.

Ēnervātus, *adj.* (ē) [*particip.* von enervo] entnervt, entkräftet, homo verweichlicht, orator kraftlos.

Ē-nervis, e, *adj.* (ē) [e-nervus] (Spät.) kraftlos, schwach, ohnmächtig, homo; *trop.* compositio, orator e. matt.

Ēnervo, 1. (ē) [enervis] entnerven, entkräften, schwächen, verweichlichen: senectus me e.; e. animos.

Engŏnăsi, [(ὁ) ἐν γόνασι] der Knieende, ein Sternbild der nördlichen Halbkugel, bei den Neueren Hercules genannt.

Enguĭon, i, *n.* [Ἐγγύιον] Stadt auf Sicilien. Davon **Enguīnus**, *adj.*

Enĭm, *conj.* (ē) (immer einem oder bisweilen mehreren Worten nachgesetzt) 1) bei Angabe des Grundes zu einer vorausgehenden Aussage oder Behauptung, denn: mihi omne tempus est ad meos libros vacuum; nunquam e. sunt occupati. 2) zur Erklärung, Vervollständigung ob. näheren Bezeichnung des Vorhergehenden, nämlich: primum mihi dicendum est de genere belli, deinde etc.; genus est e. belli ejusmodi etc. 3) Sehr häufig ist der Satz, dessen Begründung durch enim gegeben wird, nicht ausdrücklich beigefügt, sondern muß aus dem Zusammenhange in Gedanken ergänzt werden. So: haec vos, si Philippus in Italiam transmiserit, quietura aut mansura in fide creditis? Manserunt *enim* Punico postea bello. Nunquam isti populi — a nobis non deficient; durch die Worte manserunt — bello wird ironisch der Grund angegeben, warum Einige meinten, jene Völker würden treu bleiben. Quum Critias respondisset in agro ambulanti ramulum adductum, ut remissus esset, in oculum suum recidisse, tum Socrates, non *enim* paruisti mihi revocanti etc.; es muß ergänzt werden: es kann nicht befremden, daß Solches dir begegnet ist, denn u. s. w. A. Di me perdant si bibi. B. qui jam? A. quia *enim* absorbui weil ich nämlich u. s. w. An solchen Stellen kann enim oft durch allerdings, fürwahr, sicherlich übersetzt werden (namentlich in der Verbindung mit Fragewörtern, quid e. u. dergl.), aber diese Bedeutung einer einfachen Bekräftigung hat das Wort selbst nicht. Bisweilen ist jener zu ergänzende Satz durch at ob. sed angedeutet.

Enĭm-vēro, *adv.* (ē) fürwahr, in der That, freilich, aber freilich; oft in der Antwort, ironisch oder indignirt: e. illud ferendum non est.

Enīpeus, ei und eos, *m.* (ē) [Ἐνιπεύς] 1) Fluß in Thessaliotis; als Flußgott Gemahl der Tyro, die mit Neptun die Söhne Pelias und Neleus zeugte. 2) Fluß in Pieria (in Thessalien).

Ē-nĭtĕo, tui, — 2. und **Ē-nĭtesco**, tui, — 3. (ē) 1) (Poet. u. Spät.) hervorglänzen, -strahlen, campus, coelum, oculi. 2) *trop.* sich hervorthun, -auszeichnen: virtus e. in bello; oratio alicujus e.; auch = zum Vorschein kommen, sich zeigen.

Ē-nītor etc. *depon.* (ē) 3. I. *intrans.* 1) mit Anstrengung sich heraus- oder emporarbeiten, per adversos fluctus, per angustias et ingruentem multitudinem; in verticem montis. 2) *trop.* sich anstrengen, -bemühen, eifrig nach Etwas streben: e. ut (ne) illud fiat: e. pro aliquo, in re aliqua, ad dicendum; e. aliquid; selten e. facere aliquid. II. *transit.* 1) durch Anstrengung aus sich hervorbringen = gebären, puerum, partus plures mehrere Kinder. 2) (Spät.) ersteigen

gen, erklimmen, Alpes, aggerem. 3) erstreben, ausrichten, efficere aliquid et e.
Enixe, *adv.* mit *comp.* u. *sup.* (ē) [enixus] angestrengt, angelegentlich.
Enixus, *adj.* mit *comp.* (ē) [*particip* von enitor] angestrengt, eifrig.
Enna (Henna), ae, *f.* Stadt in der Mitte Siciliens, mit einem Tempel der Ceres, wo nach der Sage Pluto die Proserpina raubte. Davon **Ennaeus** (Poet.) und **Ennensis**, e, *adj.*; davon *subst.* **Ennenses**, ium, *m. pl.* die Einwohner von E.
Ennius, ii, *m.* alter römischer Dichter, aus Rudiä in Calabrien gebürtig, ums Jahr 239 v. Chr. Davon **Enniānus**, *adj.*
Ennŏsigaeus, i, *m.* [Ἐννοσίγαιος] (spät. Poet.) der Erderschütterer = Neptun.
E-no, 1. (ē) 1) heraus- oder hinwegschwimmen, schwimmend entkommen: e. e concha, in terram. Hiervon Poet. = wegfliegen, hindurchfliegen.
Enōdāte, *adv.* mit *comp.* (ē) [enodatus] ohne Schwierigkeiten, ausführlich, deutlich.
Enōdātio, ōnis, *f.* (ē) [enodo] die Auflösung eines Knotens; *trop.* = die Entwickelung einer schwierigen Sache.
Enōdātus, *adj.* (ē) [*particip.* von enodo] deutlich, praecepta.
Enōdis, e, *adj.* (ē) [e-nodus] (Poet. u. Spät.) knotenlos, glatt; *trop.* geschmeidig, leicht, glatt, elegi.
Enōdo, 1. [enodis] „entknoten", 1) von Knoten frei machen, vitem. 2) *trop.* von der Rede, deutlich machen, erklären, aufklären, nomina.
Enormis, e, *adj.* (ē) [e-norma] 1) außer der gewöhnlichen Regel, unregelmäßig, toga, versus. 2) ungeheuer groß, unmäßig, corpus, gladius, loquacitas.
Enormĭtas, ātis, *f.* (ē) [enormis] (Spät.) 1) die Unregelmäßigkeit. 2) die ungeheure Größe.
Enormīter, *adv.* (ē) [enormis] (Spät.) unregelmäßig.
E-nōtesco, tui, — 3. (ē) (Spät.) bekannt werden, unter die Leute kommen.
Ens, tis, *n.* [sum] (Spät.) das Seiende, ein Ding, τὸ ὄν.
Ensĭcŭlus, i, *m. deminut.* von ensis.
*****Ensĭfer** ob. -ger, ēra, ĕrum, *adj.* [ensis-fero, gero] (Poet.) schwerttragend.
Ensis, is, *m.* (Poet.) das Schwert.
Entella, ae, *f.* Stadt auf Sicilien. Davon **Entellāni**, ōrum, *m. pl.* die Einwohner von E.
Enthȳmēma, ătis, *n.* [ἐνθύμημα] 1) die Meinung, Betrachtung (reinlat. commentatio). 2) rhetor. term. t. die Schlußfolge aus dem Entgegengesetzten.
E-nūbo etc. 3. (ē) vom Weibe, wegheirathen, sich aus dem väterlichen Hause (filia e.) oder aus seinem Stande heraus verheirathen (e. e patribus durch Heirath aus dem patricischen in den plebejischen Stand übergehen).
Enucleāte, *adv.* (ē) [enucleatus] deutlich und genau, schlicht.
Enucleātus, *adj.* (ē) [*particip.* von enucleo] deutlich und schlicht, bündig: e. genus dicendi; suffragia ee. offen und aus lauteren Beweggründen gegebene (*oppos.* eblandita).
Enucleo, 1. (ē) [e-nucleus] eigtl. „entkernen", von dem Kerne befreien, *trop.* = deutlich machen, erklären, ausführlich darstellen, aliquid.
Enŭmĕrātio, ōnis, *f.* (ē) [enumero] 1) die Aufzählung, Herzählung, malorum. 2) rhetor. term. t. die kurze Wiederholung, Recapitulation.
E-nŭmĕro, 1. (ē) 1) herzählen, in der Rede aufzählen, aufrechnen, victorias, proelia; e. quae sit et quam sollers descriptio partium. 2) durch Zählen herausbringen, berechnen, ausrechnen, dies.
Enuntiātio, ōnis, *f.* (ē) [enuntio] 1) die Aussage, der Satz. 2) (Spät.) die Angabe, der Ausdruck in Worten, e. rei propositae.
*****Enuntiātīvus**, *adj.* (ē) [enuntio] (Spät.) zur Aussage gehörig.
*****Enuntiātrix**, īcis, *f.* (ē) [enuntio] (Spät.; Andere schreiben nuntiatrix) eigtl. die Aussagerin: ars e. die Kunst sich auszudrücken, = rhetorice.
*****Enuntiātum**, i, *n.* (ē) [enuntio] Ausspruch, Satz.
E-nuntio, 1. (ē) 1) (gleichsam herausvertündigen =) angeben, verrathen, ausplaudernd mittheilen: e. sociorum consilia adversariis, quid factum sit. 2) überhaupt aussagen, mit Worten angeben, ausdrücken, sagen: e. rem eandem verbo inflexo; e. sententias breviter; e. literas aussprechen.
*****Enuptio**, ōnis, *f.* (ē) [enubo] das Herausheirathen (siehe enubo).
E-nutrio, 4. (ē) (Poet. u. Spät.) ernähren, nähren, puerum; e. platanum aufziehen.
Eo, īvi ob. ii, ĭtum, īre [stammverw. mit εἶμι] 1) gehen, in der umfassendsten Bedeutung dieses Wortes von jeder Bewegung überhaupt, = sich begeben: ire domum, ad aliquem; ire alicui subsidio Jmb. zu Hülfe kommen; ire pedibus zu Fuße oder zu Lande gehen, im Gegensatze von ire equis (Poet. in equis) zu Pferde gehen = reiten oder navibus (auch cum classe) zu Schiffe, ire curru (Poet. in rheda) zu Wagen, fahren. Insbef. a) ire dormitum zu Bette gehen, ire exsequias zur Leiche gehen. b) (Com.) i in malam rem, in crucem giebe zum Henker. c) mit einem verwandten *acc.*: ire vias novas = in unbekannten Gegenden reisen, ire reditque viam geht hin und zurück, ire viam longam. d) ire in, contra, adversus (ad) hostem auf Jmb. losgehen, ihn angreifen, ebenso ire in Capitolium. Hiervon uneigtl. A) (Poet.) = fließen, strömen: sanguis it naribus, sudor it per artus, ebenso Euphrates jam mollior undis it. B) trabs it sinkt, telum it fliegt. C) *term. t.* pedibus ire (oder bloß ire) in sententiam alicujus bei der Abstimmung im Senate der Meinung Jmds beitreten, in eandem sententiam derselben Meinung beitreten, ire in alia omnia für das ganz Entgegengesetzte stimmen. 2) *trop.* A) von einer Veränderung in dem bisherigen Verhältnisse oder Zustande; sanguis it in succos geht in Säfte über, verwandelt sich; ire in

rixam in Streit gerathen, in lacrimas zu weinen anfangen. B) (Poet.) rumor it per urbes verbreitet sich, clamor it coelo steigt zum Himmel; (Spät.) circulus it per collum läuft um den Hals herum. C) = weggehen, verschwinden: homo paullatim it vergeht, tempus it verläuft. D) (Spät.) von einer Waare ob. dergl., abgehen = Käufer finden, haec res it tot nummis. E) von einem Fortkommen: res melius it geht besser, ire in melius besser werden. F) bei der Angabe einer Absicht und eines Vorhabens: ire in suffragium zur Abstimmung schreiten, zu stimmen anfangen, in poenas zum Strafen schreiten, ad arma (saga) zu den Waffen greifen, in caedem sich an das Tödten machen. Insbef. häufig mit dem supin. eines Verbi = im Begriffe sein, daran gehen, wollen: ire prohibitum aliquid Etwas zu verhindern streben, ire ultum injurias rächen wollen, streben; hiervon die Verbindung des *infin. pass.* ire mit einem *supin.* zur Bildung des *infin. fut. pass.* (amatum iri werden geliebt werden). G) der Imperativus i nebst dem Präsens Conjunctivus eas, eat (Poet.) wird ironisch oder indignirt gebraucht, wo man Jmb. auffordert, Etwas zu thun, wovon man hinlänglich andeutet, daß es unmöglich, unvernünftig oder überhaupt verwerflich sein würde es zu thun: i nunc et versus tecum meditare sonoros (geh jetzt, wenn du kannst u. s. w.)

Eo, [ia] I. *adv.* 1) im Raume, dahin, dazu: eo abiit; statuit legionarios milites eo (b. h. in equos, die kurz vorher genannt sind) imponere auf sie zu sehen. 2) Hiervon A) in der Zeit = bis zu der Zeit, so lange, eo usque. B) = bis zu dem Grade, dem Puncte: eo rem deduxit so weit brachte er die Sache; eo consuetudinis venit er brachte es bis zu einer solchen Gewohnheit oder Fertigkeit, ebenso eo usque desperationis eos adduxit. 3) zur Bezeichnung einer Zulage, noch dazu: eo accessit ut etc. 4) *trop.* zur Bezeichnung der Absicht und des Zweckes, = in der Absicht, zu dem Ende: eo scripsi ut etc.; eo illum ad te misi ut etc. — II. *abl. sing. neutr.* des Pronomens (adverb.) A) deswegen, deshalb: frater venit, eo vereor ne etc. B) bei Comparativen, desto, siehe is.

Eōdem, *adv.* [idem] eben dahin, nach demselben Orte hin, venire.

Eōs (nur im nomin.) [Ἠώς] (Poet.) die Morgenröthe.

Eŏus, *adj.* [ἠῷος] (Poet.) 1) zum Morgen gehörig. 2) = östlich, zum Osten gehörig oder vom Osten kommend, equi, mare. 3) *subst. m.* A) [ἠῷος *sc.* ἀστήρ] der Morgenstern. B) der Morgenländer.

Epāminondas, ae, *m.* [Ἐπαμεινώνδας] thebanischer Feldherr, gest. 362 v. Chr.

Ephēbus, i, *m.* (ĕ) [ἔφηβος] ein Jüngling, vom 16ten bis zum 20sten Jahre.

Ephēmĕris, ĭdis, *f.* (ĕ) [ἐφημερίς] ein Journal, Tagebuch bes. über tägliche Ausgaben.

Ephĕsus, i, *f.* (ĕ) [Ἔφεσος] berühmte ionische Stadt in Kleinasien. Davon **Ephēsius**, *adj.*, u. *subst.* -sii, ōrum, *m. pl.* die Einwohner von E.

Ephialtes, ae, *m.* [Ἐφιάλτης] 1) einer

der Aloiden, siehe Aloeus. 2) der Grieche, der den Persern bei Thermopylä den Weg über das Gebirge zeigte.

*****Ephippiātus**, *adj.* (ĕ) [ephippium] ein ephippium gebrauchend, eques.

Ephippium, ii, *n.* (ĕ) [ἐφίππιον] meist im *pl.*, die Reitdecke, weiche Pferdedecke.

Ephŏrus, i, *m.* (ĕ) [ἔφορος] (eigtl. der Aufseher), eine Magistratsperson bei den Spartanern.

Ephyra, ae, *f.* (ĕ) [Ἔφυρα] 1) eine Meernymphe. 2) der alte Name von Corinth. Davon **Ephyraeus** oder **-rēius**, *adj.*

Epĭbāta, ae, *m.* (ĕ) [ἐπιβάτης] (Spät.) ein Schiffssoldat.

Epicharmus, i, *m.* (ĕ) [Ἐπίχαρμος] ein griechischer Comödiendichter, der bes. die dorisch-sicilische Comödie ausbildete.

Epichīrēma, ătis, *n.* (ĕ) [ἐπιχείρημα] (Spät.) eine Art Schlußfolge.

Epichўsis, is, *f.* (ĕ) [ἐπίχυσις] (Vorklaff.) ein Gefäß zum Eingießen.

*****Epiŏpus**, *adj.* (ĕ) [ἐπίκωπος] mit Rudern versehen.

Epicrătēs, (ĕ) [ἐπικρατής] 1) der Uebermächtige (Name, den Cicero scherzend dem Pompejus giebt. 2) [Ἐπικράτης] ein Philosoph oder Rhetor zu Athen.

Epicrŏcum, i, *n.* (ĕ) [ἐπίκροκον] (Vorklaff.) 1) ein feines und durchsichtiges Frauenkleid. 2) (*Pl.*) *trop.* scherzend, als *adj.* -cus, dünn (von einer Suppe).

Epicūrus, i, *m.* (ĕ) [Ἐπίκουρος] griechischer Philosoph, Stifter der epicureischen Philosophie, geboren zu Samos 342 v. Chr. Davon **Epicūrēus**, *adj.*, und *subst.* -rei, ōrum, *m. pl.* a) die Anhänger der Lehre des Epicur; b) (Spät.) = Wollüstlinge.

Epĭcus, *adj.* (ĕ) [ἐπικός; siehe epos] zum Heldengedichte gehörig, episch.

Epidamnus, i. *f.* (ĕ) [Ἐπίδαμνος] Stadt in Illyrien, später Dyrrhachium, jetzt Durazzo genannt. Davon **Epidamnensis**, e, und **-damnius**, *adj.*

Epidaphne, es, *f.* (ĕ) [Ἐπιδάφνη] eine Vorstadt in Antiochia.

Epidaurus, i, *f.* (ĕ) [Ἐπίδαυρος] 1) Stadt in Dalmatien, jetzt Ragusa. 2) E. Limēra, Stadt in Laconien am argolischen Meerbusen. 3) Stadt in Argolis, berühmt durch den Tempel des Aesculap. Davon **Epidaurius**, *adj.*, und *subst.* -rii, ōrum, *m. pl.* die Einwohner von E.

Epigŏni, ōrum, *m. pl.* (ĕ) [ἐπίγονοι] die Nachgebornen, die sieben Söhne der vor Theben gefallenen sieben Helden, davon Name einer lateinischen Tragödie des Attius, der gleichnamigen griechischen des Aeschylus nachgebildet.

Epigramma, ătis, *n.* (ĕ) [ἐπίγραμμα] 1) die Inschrift, Aufschrift. 2) ein kurzes Gedicht, Epigramm.

Epigri, ōrum, *m. pl.* (ĕ) (Spät., zweifelh.) hölzerne Nägel.

Epilŏgus, i, *m.* (ĕ) [ἐπίλογος] der Schluß einer Rede, Epilog.

Epimĕnĭdes, is, *m.* (ĕ) [Ἐπιμενίδης] berühmter Wahrsager u. Dichter aus Creta, ungefähr 596 v. Chr.

Epimētheus, ei, m. (ĕ) [Ἐπομηθεύς] Bruder des Prometheus, Gemahl der Pandora und Vater der Pyrrha, die deswegen **Epimēthis**, idis, f. (ĕ) heißt.

*****Epinīcia**, ōrum, n. pl. (ĕ) [ἐπινίκια] (Spät.) Siegeslieder.

Epiphănēa, ae, f. (ĕ) [Ἐπιφάνεια] Stadt in Cilicien.

Epiphōnēma, ătis, n. (ĕ) [ἐπιφώνημα] (Spät.) der Zuruf, Ausruf.

Epirhēdium, ii, n. (ĕ) [ἐπί-rheda] (Spät.) der Riemen, an dem das Pferd den Wagen zieht, der Zugriemen.

Epīrus, i, f. (ĕ) [Ἤπειρος] westliche Landschaft Griechenlands. Davon 1) **Epirensis**, e, und **-rōtĭcus**, adj. (ĕ). 2) **Epirōtes**, ae, m. (ĕ) [Ἠπειρώτης] der Epirote, im plur. die Bewohner von Ep.

Epistŏla, ae, f. [ἐπιστολή] 1) die Sendung, Lieferung, das Zuschicken: venio nunc ad literas tuas, quas pluribus epistolis accepi. 2) gewöhnlich der Brief als Zuschrift oder Sendschreiben (das an einen weiter Entfernten geschickt wird (vgl. literae und codicilli): epistolam dare schreiben, reddere abliefern. Bei Spät. steht der plur., wie litterae, auch von einem Briefe.

*****Epistŏlium**, ii, n. (ĕ) [ἐπιστόλιον] (Poet.) ein kleiner Brief.

*****Epistŏmium**, ii, n. (ĕ) [ἐπιστόμιον] (Spät.) was in die Mündung gesteckt wird, der Hahn, Zapfen (Andere lesen Epitonium, ii, n. [ἐπιτόνιον] in derselben Bedeutung.

Epistŭla, a. S. für Epistola.

Epĭthălămium, ii, n. (ĕ) [ἐπιθαλάμιον] (Spät.) das Brautlied, Hochzeitslied.

Epĭtăphium, ii, n. (ĕ) [ἐπιτάφιον] die Leichenrede.

*****Epĭthēca**, ae, f. (ĕ) [ἐπιθήκη] (Pl.) der Zusatz.

Epĭthěton, i, n. (ĕ) [ἐπίθετον] (Spät.) das Beiwort.

*****Epĭtŏgium**, ii, n. (ĕ) [ἐπί-toga] (Spät.) ein über die Toga geworfenes Oberkleid.

Epitōma, ae, od. **-me**, es, f. (ĕ) [ἐπιτομή] der Auszug.

Epitŏnium, (ĕ) siehe Epistomium.

Epityrum, i, n. (ĕ) [ἐπίτυρον] (Vorklaff. u. Spät.) ein aus eingemachten Oliven bereitetes Gericht.

Epōdos, i, m. (ĕ) [ἐπῳδός] (Spät.) eine Art lyrischer Gedichte, vom Archilochus erfunden und vom Horaz bei den Römern eingeführt, Epode.

Epōna, ae, f. (ĕ) (Spät.) die Göttin der Esel und Pferde, Stallgöttin.

*****Epops**, ŏpis, m. (ĕ) [ἔποψ] (Poet.) der Wiedehopf (rein lat. upupa).

Epos (nur im nom. u. accus.), n. (ĕ) [ἔπος] (Poet.) ein Heldengedicht.

E-pōto etc. 1. (ĕ) (mit Ausnahme des particip. **ēpōtus**, welches gewöhnlich active Bedeutung hat, nur bei Spät.) austrinken, venenum, poculum leeren; trop. (Poet.) = aussaugen, verschlingen, sol e. humores.

Epulae, (ĕ) siehe Epulum.

Epŭlāris, e, adj. (ĕ) [epulum] zum Gastmahle gehörig, accubitio.

Epŭlātio, ōnis, f. (ĕ) [epulor] (Vorklaff. u. Spät.) das Speisen, Schmausen.

Epŭlo, ōnis, f. (ĕ) [epulo] plur. triumviri oder septemviri epp. ein aus drei, später sieben Männern bestehendes Collegium zu Rom, welches die mit den öffentlichen Spielen (bes. ludi magni) verbundenen feierlichen Mahlzeiten besorgte.

Epŭlor, depon. 1. (ĕ) 1) intrans. an einer Mahlzeit Theil nehmen, speisen, schmausen, e. cum matre: publice e. an einem öffentlichen Gastmahle. 2) (Poet. u. Spät.) transit. essen, pullos.

Epŭlum, i, n. (ĕ) 1) im sing., ein prächtiges öffentliches Gastmahl, Festmahl (zum religiösen Zweck und bei feierlichen Gelegenheiten veranstaltet): dare populo Romano e. 2) im pl. **Epŭlae**, ārum, f. A) die Mahlzeit, bes. das private Gastmahl, Mahl, der Schmaus: inter epulas bei Tische. Hiervon a) = die Gerichte, Speisen: mensa exquisitissimis epulis onerata. b) trop. ein „Schmaus" für die Augen, den Geist u. s. w.: dare epulas oculis alicujus; ee. bonarum cogitationum. B) (selten) = epulum.

Equa, ae, f. (ĕ) die Stute.

Equārius, adj. (ĕ) [equus] (Spät.) zu den Pferden gehörig, Pferde-.

Eques, ĭtis, m. (ĕ) [equus] 1) der Reiter, A) = Jmd. der zu Pferde ist, der Reitende: ille eques sex dierum spatio longitudinem Italiae transcurrit er durchreis't zu Pferde. B) = der Soldat zu Pferde, der Cavallerist: ee. peditesque und ee. virique Reiterei u. Fußvolk. Häufig eques collect. = equites: is e. optimus fuit in Graecia; equitem ad pedes deducere die Reiter von den Pferden steigen und zu Fuße kämpfen lassen. 2) der Ritter, ein Mann aus dem römischen Ritterstande (über diesen siehe die Lehrbücher der römischen Alterthümer); so oft collect. eques = equites.

Equester, stris, stre (ĕ) (vielleicht auch -stris, e) adj. [eques] 1) zu einem Reiter gehörig: statua e. eine Reiterstatue. 2) zur Reiterei gehörig, arma; proelium e. das Reitertreffen, militia der Kriegsdienst in der Cavallerie; terror e. von der Reiterei bewirkt. 3) zum Ritter ob. Ritterstande gehörig, Ritter-: ordo e., census e. das Vermögen, welches ein Ritter haben mußte (siehe die Handbücher der römischen Alterthümer); **equestria**, ium, n. (Spät.) die besonderen Sitze der Ritter im römischen Theater.

Equĭdem, adv. (ĕ) [aus der demonstr. Partikel e ob. ec u. quidem, vgl. ecastor; nach Anderen weniger richtig statt ego quidem], als bekräftigende Partikel 1) dem Pron. ego ob. einem Verbum in der ersten Person sing. beigefügt, so daß diese Person hervorgehoben wird, = ich meinerseits, ich meines Theils, ich in der That (nur so wird das Wort vom Cicero gebraucht): nolim e.; sum e. a te lacessitus. 2) überhaupt bekräftigend, Verben in andern Personen beigefügt, in der That, fürwahr, allerdings, freilich: e. nos jamdudum te accusamus; e. si scis tute etc.; e. innumerabiles mihi videntur, insanit hic e.; es wird bisweilen durch certe, edepol u. dergl. verstärkt: e. edepol liberalis est; e. ecastor vigilo.

Equile ... **Erichthonius** 263

Equīle, is, n. (ē) [equus] (Vorklaff. u. Spät.) der Pferdestall.

Equīnus, adj. (ē) [equus] zum Pferde gehörig, Pferde-.

Equīria, ōrum, n. pl. (ē) [equus] (Poet. u. Vorkl.) ein zu Ehren des Mars gefeiertes Fest mit Pferderennen.

Equīso, ōnis, m. (ē) [equus] (Vorkl. und Spät.) der Reitknecht.

*****Equitābĭlis**, e, adj. (ē) [equito] (Spät.) bereitbar = für Reiterei tauglich, planicies.

Equitātus, us, m. (ē) [equito] 1) (Spät.) das Reiten: atteri et aduri equitatu. 2) [eques] A) die Reiterei; auch im pl. B) die Ritterschaft.

Equĭto 1. (ē) [eques] 1) intrans. reiten, quum ille in nostro exercitu e. sich herumtummelte; (Poet.) flamma, Eurus e. stürmte hervor. 2) (Spät.) transit. über Etwas hin reiten, e. flumen glacie.

Equŭleus (ō) ob. **Ecŭleus**, i, m. (ē) [deminut. von equus] 1) ein junges Pferd, Füllen. 2) eine Foltermaschine von der Gestalt eines Pferdes, hölzernes Pferd.

Equŭlus, i, m. (ē) = Equuleus 1.

Equus, i, m. (ē) das Pferd (überhaupt, vgl. caballus, mannus). Insbes. vom Pferde im Kriegsdienste, merere equo in der Cavallerie Dienst thun. Hiervon A) proverb. equis viris (equis virisque, viris equisque) = mit aller Macht, aus allen Kräften. B) e. ligneus von dem trojanischen hölzernen Pferde. C) (Poet.) equus bipes = das Seepferd; e. fluviatilis das Flußpferd. D) (Poet.) eine Belagerungsmaschine.

Era, e. S. für Hera.

*****E-rādīcĭtus**, adv. (ē) (Pl.) von der Wurzel aus, mit Stumpf u. Stiel.

Erādīco, 1. (ē) [e-radix] (Vorklaff.) 1) mit der Wurzel ausreißen. 2) trop. zu Grunde richten, verderben; scherzend (Pl.) e. hominum aures re aliqua voll schwatzen.

E-rādo etc. 3. (ē) (Vorklaff., Poet. u. Spät.) 1) auskratzen, abkratzen, terram, e. genas rastrin, glatt machen; e. aliquem den Namen Jmds auf einer Liste ausstreichen. 2) vertilgen, wegschaffen, vitia, vestigia rei alicujus.

Erăna, ae, f. (ē) [Ἔρανα] Flecken in Cilicien.

Erănus, i, m. (ē) [ἔρανος] (Spät.) eigtl. ein Schmaus auf gemeinschaftliche Kosten, davon eine Art Armencasse ob. Armencollecte.

Erăsīnus, i, m. (ē) [Ἐρασῖνος] Fluß in Argolis.

Erăto, us, f. (ē) [Ἐρατώ] die Muse der erotischen Poesie.

Erătosthĕnes, is, m. (ē) [Ἐρατοσθένης] berühmter griechischer Mathematiker u. Geograph (276 — 196 v. Chr.).

Ercisco, **Erctum**, f. Hercisco, Herctum.

Erĕbĕus, adj. (ē) [Erebus] (Poet.) zur Unterwelt gehörig, unterirdisch.

Erĕbus, i, m. (ē) [Ἔρεβος] 1) die Gottheit der Finsterniß, Sohn des Chaos. 2) (Poet.) die Unterwelt, das Reich der Todten.

Erechtheus, ei, m. (ē) [Ἐρεχθεύς] 1) König von Athen, Sohn des Vulcan, Pflegesohn der Minerva, Vater des Pandion. Davon A) **Erechthĕus**, adj. B) **Erechthĭdae**, ārum, m. pl. die Nachkommen des E. = die Athener. C) **Erechthis**, ĭdis, f. die Tochter des E. 2) Enkel des Nr. 1, Sohn des Pandion.

Erectus, adj. mit comp. (ē) [particip. von erigo] 1) aufgerichtet, aufrecht stehend, incessus, prora; orator e. (tabelnd) sich hoch tragend. 2) trop. A) erhaben, erhaben denkend, hochherzig, animus, ingenium, homo. B) aufmerksam, auf die Sache gespannt, eifrig, judex; civitas erecta exspectatione in gespannter Erwartung; vos ee. ad libertatem recuperandam voll Eifer. C) muthig, muthvoll, animus.

E-repo etc. 3. (ē) 1) intrans. A) (Vorklaff.) hervorkriechen, sub terra. B) hinaufkriechen = sich emporarbeiten. 2) transit. (Poet.) A) über Etwas hinkriechen, durchkriechen, agrum. B) erklettern, montem.

*****Ereptio**, ōnis, f. (ē) [eripio] das Entreißen.

*****E-repto** (ē) 1. (Spät.) hervorkriechen = langsam hervorkommen.

Ereptor, ōris, m. (ē) [eripio] der Entreißer, bonorum.

Eretria, ae, f. (ē) [Ἐρέτρια] Stadt auf der Insel Euböa. Davon 1) **Eretrius** oder **Eretriensis**, e, adj. (ē) u. subst. -enses, ium, m. pl. die Einwohner von E. 2) **Eretrĭăci** ob. -trĭci, orum, m. pl. (ē) die Anhänger der Philosophie des aus E. gebürtigen Philosophen Menedemus.

Erētum, i, n. (ē) fabinische Stadt am Tiber; davon -tānus, adj.

Ergā, praep. mit dem accus. 1) (Vorklaff., selten) im Raume, gegenüber, aliquem. 2) von der Gesinnung u. dem Benehmen, gegen: A) von freundlicher Gesinnung: benevolus e. aliquem; benevolentia e. meam salutem; bei Vorklaff. oft seinem Casus nachgesetzt, me e. B) (Vorklaff. u. Spät.) von feindlicher Gesinnung (wo klassisch contra ob. adversus gebraucht wird): malus e. me fuit; odium, crudelitas e. nobiles. C) (Spät.) = in Bezug auf, betreffend, rücksichtlich: anxii e. Sejanum, diligentia e. pecuniam alienam.

Ergastŭlum, i, n. [von dem griech. ἐργάζομαι] 1) die Zwangs-Arbeitsanstalt, das Arbeitshaus, worin Sklaven und zuweilen Schuldner zu harter Arbeit eingesperrt wurden. 2) meton. die Sträflinge in einem Arbeitshause.

Ergō (selten Ergŏ in der Bedeutung 2.) 1) (veraltet) als subst., wie causā, gratiā, mit einem genit., wegen, um — willen: hujus rei e.; virtutis e.; funeris e. 2) als adv. folglich, deßhalb, also; (Vorklaff. u. Spät.) pleonastisch e. igitur u. itaque e. A) in allgemeinen bekräftigenden ob. verneinenden Aussagen. B) in Fragen, die eine Schlußfolge enthalten, = denn, also: e. illi hoc intelligunt, ego non intelligo? cur me e. interrogas? bei Imperativen (also, denn): tace e.; intro e. abeant! D) wie igitur, zur Wiederaufnahme der durch eine Parenthese unterbrochenen Rede.

Erichto, us, f. (ē) [Ἐριχθώ] eine thessalische Zauberin, die Pompejus befragte.

Erichthŏnius, ii, m. (ē) [Ἐριχθόνιος] 1) attischer Heros, = Erechtheus 1. 2) König in Troja, Sohn des Dardanus, Vater des Tros.

264 Ericius — Error

Davon **Erichthŏnius**, *adj.* (Poet.) = trojanisch.

Ericius, ii, m. (ē) 1) der Igel. 2) ein spanischer Reiter, starker mit Eisenspitzen besetzter Balken.

Eridănus, i, m. (ē) [Ἠριδανός] 1) mythischer Name des Flusses Padus. 2) ein Gestirn.

Erĭgo, rexi, rectum, 3. (ĕ) [e-rego] 1) aufrichten, errichten, in die Höhe richten, aufrechtstellen; e. arborem, scalas ad murum, hastas; e. digitum, oculos heben; e. aciem in clivum hinaufrücken lassen; natura hominem erexit hat dem Menschen eine aufgerichtete Gestalt (einen aufrechten Gang) gegeben. Hiervon a) errichten = aufführen, in die Höhe bauen, turrim, villas, aram. b) (Poet.) e. aliquem = ihn aus dem Schlafe wecken. c) erigere se ob. erigi sich erheben, aufstehen; fumus erigitur (Poet.) steigt empor. d) (Poet.) Charybdis e. aquam wirft in die Höhe. 2) *trop.* geistig aufrichten ob. erregen: a) e. rempublicam, provinciam = zu neuem Muthe u. neuer Kraft erheben, erwecken, anfeuern u. dgl., ebenso e. aliquem ad spem, cupiditatem Jmb. Hoffnung, Begierde einflößen; e. animum ob. se = neuen Muth fassen („sich aufraffen," ermuthigen), e. se in spem Hoffnung fassen. b) e. mentes, aures = aufmerksam werden; haec res senatum erexit erweckte den Senat zu gespannter Aufmerksamkeit; ebenso auditor erigitur ob. erigit se.

Erĭgŏne, es, *f.* (ē) [Ἠριγόνη] Tochter des Athener Icarus, vom Bacchus geliebt und von ihm als Gestirn (Virgo) an den Himmel versetzt. Davon -gonēius, *adj.*

Erigŏnus, i, m. (ĕ) [Ἐργύων] Fluß in Macedonien.

Erinnys, yos, *f.* (ĕ) [Ἐριννύς] (Poet.) = Furia, was man sehe.

Eriphyla, ae, *f.* ob. -le, es, *f.* (ĕ) [Ἐριφύλη] Gemahlin des Amphiaraus, welche für ein vom Polynices erhaltenes Halsband ihren Gemahl verrieth, und deßhalb später von ihrem Sohne Alcmäon getödtet wurde.

Erĭpĭo, rĭpui, reptum, 3. (ē) [e-rapio] 1) herausreißen, heraus- oder abreißen, reißend führen, -ziehen u. dergl.: e. ensem vaginā, torrem ab igni, aliquem e manibus alicujus, aliquem domo; e. aliquid ab aliquo; (Poet.) e. fugam eilend fliehen. Hiervon A) aus einer Gefahr, einem Uebel herausreißen, befreien, entreißen: e. aliquem ob. se ex media morte, a miseria, auch e. aliquem (se) hosti, leto, flammis, se ex manibus militum; eripuit se ne causam diceret entzog sich der Führung des Prozesses, der Vertheidigung. B) (Poet.) Jmb. eine Behauptung entreißen: illis eripies mihi eriperes, sidera coelo lucere durch jene Worte könntest du mir die Wahrheit entreißen, daß u. s. w. = mich selbst an der offenbarsten Sache zweifeln machen. 2) Jmb. Etwas entreißen, benehmen, rauben, entziehen: e. alicui spem, errorem, timorem.

E-rōdo etc. 3. (ō) (Spät.) abnagen, zerfressen, frondem.

Erŏgātĭo, ōnis, *f.* (ē) [erogo] die Verausgabung, Auszahlung, pecuniae.

*E-rŏgĭto, 1. (ĕ) (Pl.) ausfragen, fragen, ex aliquo.

E-rŏgo, 1. (ē) verausgaben, ausgeben, auszahlen (eigtl. nach vorhergehender Anfrage an das Volk, also von öffentlichem Gelde, dann auch von privater Verausgabung überhaupt): e. pecuniam ex aerario; e. pecuniam in sumptum; (Spät.) e. pecuniam in aliquem Jmb. Geld zutheilen.

Errābundus, *adj.* [erro] (selten) umherirrend, umherschweifend (als temporärer Zustand, vergl. erraticus): ee. illi domos suas pervagabantur.

Errātĭcus, *adj.* (selten) umherirrend, umherschweifend (als dauernde Eigenschaft, vgl. errabundus), homo; stellae ee. die Planeten; von Pflanzen = wild wachsend; vitis serpens multiplici lapsu et erratico unbestimmt, nach allen Seiten gehend.

Errātĭo, ōnis, *f.* [erro] das Umherirren, Umherschweifen, die Verirrung.

*Errātor, oris, m. [erro] (Poet.) der Umherirrer, umherirrend.

Errātum, i, n. [*particip.* von erro] 1) der Irrthum; illud de Flavio commune est e. 2) der Fehler, Fehltritt: nullum ob totius vitae non dicam vitium sed e.

Errātus, us, m. [erro] (Poet. und Spät.) = erratio.

Erro, 1. 1) sich verirren, von dem rechten Wege abkommen, auf einem Wege sein ob. auf ihn gerathen: monstrare erranti viam. Insbes. A) sich von der Wahrheit oder Wirklichkeit verirren, irren, im Irrthume sein: e. vehementer; erras si id credis; e. in illa re, in alteram partem, auch illud errasti in diesem Puncte, (Poet.) e. tempora in der Zeitrechnung; erratur man irrt. B) in moralischer Rücksicht sich verirren, fehlen, einen Fehltritt machen: rex erravit et lapsus est. 2) umherirren, -schweifen, -streifen (entweder unfreiwillig, weil man den rechten Weg nicht kennt, ob. planlos, weil man keine bestimmte Richtung ob. Stelle gewählt hat; vgl. vagor und palor): vagus et exsul erravit; e. per lucos; stellae quae errantes et quasi vagae nominantur die Planeten. Hiervon A) (Poet.) capilli ee. fliegen umher, lumina ee. die Augen schweifen unstät umher, ignis e. verbreitet sich. B) (Poet.) terrae erratae durchirrte.. C) *trop.* a) oratio e. geht von dem Einen zum Anderen; opinio errans schwankend. b) (Poet.) honor tuus e. ist ungewiß; erro quid faciam (Pl.) ich bin ungewiß.

Erro, ōnis, m. [erro] (Poet. u. Spät.) der Umherstreicher, Landstreicher, Vagabond.

Error, ōris, m. [erro] 1) das Abweichen vom rechten Wege, die Verirrung: reduxit me ex e. in viam; errore deferri in locum aliquem; (Poet.) e. inextricabilis vom Labyrinth, wo man sich verirrte; insbes. *trop.* = der Irrthum, die irrthümliche und falsche Ansicht, der Wahn: inducere aliquem in errorem, eripere alicui errorem; errore duci in einem Irrthume befangen sein; e. mentis die Verstandesverwirrung, aber e. veri der Irrthum in Bezug auf die Wahrheit, locorum auf die Localitäten, errore viarum weil man auf den Wegen sich verirrte. 2) das Umherirren, Umherstreifen: e. ac dissipatio civium. Hiervon A) (Poet.) von den Krümmungen eines Flusses. B) *trop.* die Ungewißheit, der Zweifel: sequitur alius e., Cursorne Papirius an etc.

E-rŭbesco, bui, — 3. (ē) roth werden, erröthen; insbef. aus Scham erröthen = sich schämen, sich scheuen: e. re aliqua, in re aliqua, propter aliquid über Etwas; e. loqui zu sprechen sich schämen; (Poet. u. Spät.) e. rem aliquam sich über eine Sache schämen, amor erubescendus deſſen man sich schämen muß; e. jura supplicis ehren.

Erūca, ae, f. (ē) (Poet. u. Spät.) 1) die Raupe. 2) eine Art Kohl.

E-ructo, 1. (ē) 1) ausrülpfen, ausfpeien, saniem; trop. e. sermonibus caedem bonorum im Munde führen, verlauten laſſen. 2) (Poet. u. Spät.) überhaupt auswerfen, von sich geben: flumen e. arenam, Tartarus e. aestum.

Erŭdĭo, 4. (ē) [e-radis] aus der Rohheit u. Unwissenheit herausbringen, also unterrichten, lehren, ausbilden: e. et docere studiosos; e. aliquem arte aliqua, in jure civili; (Poet.) e. facere aliquid, qua arte illi capi possint leſtren; literae me ee. de omni re publica der Brief giebt mir Aufklärung, setzt mich au fait.

Erŭdīte, adv. mit comp. u. sup. (ē) [eruditus] gelehrt, gebildet.

Erŭdītĭo, ōnis, f. (ē) [erudio] 1) (selten) der Unterricht. 2) die gelehrte Bildung, Gelehrsamkeit, Kenntnisse: e. atque doctrina.

*__Erŭdītrix__, ĭcis, f. (ē) [erudio] (Spät.) die Lehrerin.

Erŭdītus, adj. mit comp. u. sup. (ē) [particip. von erudio] gebildet, gelehrt, kenntnißreich, homo, orator; luxus e. geschmackvoll, fein; oculi ee. Kenneraugen, manus e. geübt, geschickt, aures gebildet; oratio e. nach den Regeln der Kunſt ausgearbeitet (oppos. popularis).

E-rumpo etc. 3. (ē) 1) transit. hervor- oder herausbrechen laſſen, herauswerfen; ignis eruptus faucibus; e. se foras hervorſtürzen. Hiervon trop. = ausschütten, auslaſſen, gaudium, iram in aliquem. 2) intrans. hervor- oder herausbrechen, -ſtürzen, -fahren, mit Ungeſtüm hervoreilen: e. portis, ex castris, inter tela hostium, per hostes; risus, vox e. Hiervon trop. A) odium, iracundia e. in aliquem bricht plötzlich los gegen Jmd., ergießt sich über Jmd.; e. ad jurgia in Schimpfworte losbrechen. B) plötzlich zu Etwas übergehen, einen gewiſſen Ausgang gewinnen u. vergl.: res e. ad seditionem, in perniciem omnium endigt mit; nescio quorsus haec ee. welchen Ausgang diefes haben wird; omnia quae cogitata sunt in hoc tempus erumpunt trifft ein, kömmt zum Ausbruch.

E-ruo etc. 3. (ē) 1) heraus- ob. hervorgraben, -werfen, -ſcharren: e. aurum terrâ, mortuum aufgraben; e. segetem a radicibus aufreißen; e. alicui oculos Jmd. die Augen ausreißen; (Spät.) e. sepulcra aufgraben, (Poet.) e. aquam remis aufwühlen. 2) trop. a) aufſtöbern, ausfindig machen, entdecken, argumenta, veritatem. b) = befreien, entreißen, aliquem difficultate numaria. 3) (Poet. u. Spät.) von Grund aus zerſtören, urbem; e. regnum umſtürzen.

Eruptĭo, ōnis, f. (ē) [erumpo] das Hervor- oder Herausbrechen, der Ausbruch, sanguinis. Insbef. in der Kriegsſprache = der Ausfall: facere e.; e. in provinciam ein Einfall aus einer anderen Gegend in die Provinz.

Erus, a. S. für Herus.

Ervum, i, n. [ὄροβος] eine Art Wicke.

Erȳmanthus, i, m. (ē) ['Ερύμανθος] 1) Gebirge in Arcadien, wo Hercules den Eber erlegte. Davon **Erymanthĭs**, ĭdis, f. (ē) (Poet.) und **-thĭus**, adj. 2) Fluß auf der Grenze von Elis.

Erȳsichthon, ōnis, m. (ē) ['Ερυσίχθων] thessalischer Prinz, der in einem der Ceres geheiligten Haine Bäume fällte, und deßhalb von ihr mit einem so wüthenden Hunger gestraft wurde, daß er zuletzt sich selbst verzehrte.

Erythrae, ārum, f. pl. (ē) ['Ερυθραί] 1) Stadt in Böotien. 2) Stadt in Aetolien. 3) eine der zwölf ionischen Städte in Kleinaſien. Davon **Erythraeus**, adj. u. subst. **-thraei**, ōrum, m. pl. die Einwohner von E.

Erythraeum mare, ἡ ἐρυθρὰ θάλασσα (mare rubrum), das arabische Meer, bisweilen in engerer Bedeutung = der arabische Meerbusen oder das rothe Meer.

Eryx, ȳcis, m. (ē) ['Ερυξ] Berg nebst einer gleichnamigen Stadt auf der Westküſte Siciliens, der Venus geheiligt; der Berg heißt auch **Eryous** mons. Davon **Erȳcīnus**, adj. (ē).

Esca, ae, f. [ĕdo] die Speiſe, das Eſſen (ein bereitetes und künſtliches, vergl. cibus): dii nec escis nec potionibus vescuntur; häufig = der Köder, die Lockspeiſe.

Escārĭus, adj. [esca] (Poet. u. Spät.) zur Speiſe gehörig; trop. = als Lockspeiſe dienend. lockend.

Escit, **Escunt**, = erit, erunt vom Verb. sum, veraltet.

Escendo, di, sum, 3. [e-scando] 1) intrans. A herausſteigen, e. navi = ans Land gehen. B) hinauf-, emporſteigen, ex imo ad summum, in rotam, häufig in rostra, in tribunal; e. Delphos nach D. hinaufreiſen. 2) transit. erſteigen, erklimmen, e. tribunal, vehiculum, navem beſteigen.

*__Escensus__, us, m. (ē) [escendo] (Tac.) die Ersteigung, das Hinaufſteigen.

Escŭlentus, adj. [esca] 1) eßbar, frusta, animalia. 2) voller Speiſe, os.

Esĭto, 1. (ē) [ĕdo] (Vorklaſſ. u. Spät.) zu eſſen pflegen, escas, sues.

Esquĭlĭae, ārum, f. pl. [ſtatt Exquiliae ob exsequiae?] der größte unter den ſieben Hügeln Roms, mit vielen Begräbnißplätzen (daher vielleicht der Name). Davon **Esquĭlĭus** oder **-līnus** ist falsche Lesart Liv. 1, 48), adj.; ee. alites Raubvögel.

Essĕdārĭus, ii, m. [essedum] der Wagenkämpfer, sowohl im Kriege als in den Kampfspielen.

Essĕdum, i, n. [*pl. **-dae**, ārum, f.] ein gallischer zweirädriger Streitwagen; später bei den Römern als Prachtwagen oder Reiſewagen.

Essentĭa, ae, f. [sum] (Spät.) das Weſen, Sein einer Sache (Uebersetzung des griechiſchen οὐσία).

*__Estrix__, ĭcis, f. [ĕdo] (Pl.) die Freſſerin.

Esuriālis, e, *adj.* (ē) [esuries] (*Pl.*) zum Hungern gehörig: feriae ee. Hungersferien.

*****Esuries**, ei, *f.* (ē) [ēdo] das Hungern.

Esurio, 4. (ē) [ēdo] 1) zu essen verlangen, hungrig sein. Hiervon = Hunger leiden, hungern: nostri e. consueverunt. 2) *trop.* als *transit.* = Etwas heftig verlangen, nach Etwas begierig sein, aurum; nil ibi quod nobis esuriatur erit wonach ich begierig sein werde.

Esurio, ōnis, (ē) *m.* [esurio] (Wortlaff. u. Spät.) ein Hungerer.

Esurītio, ōnis, *f.* (ē) [esurio] (Poet. u. Nachklaff.) das Hungern, der Hunger.

Et, *conj.* 1) als allgemeine Verbindungspartikel, und (wobei beide Glieder als für sich bestehend und nebengeordnet betrachtet werden, vgl. que). Hierher gehört das verdoppelte et—et, sowohl — als, wodurch beide Glieder hervorgehoben werden. Statt dieses findet man auch: a) que—et zur Verknüpfung einzelner Worte (nicht Sätze): legatique et tribuni. b) et—que bei einer weniger genauen Verknüpfung zweier Sätze. c) die Verknüpfung eines verneinenden und eines bekräftigenden Ausdrucks wird durch neque—et und et—neque bezeichnet, wo man am bequemsten so übersetzt, als wenn statt neque gebraucht wäre et non; et certa nec longa calamitas; nec miror et gaudeo, id factum esse; quia et consul aberat nec facile erat nuncium mittere. Gehört die Negation nur zu einem einzelnen Worte, wird et non gebraucht. 2) Insbef. A) bisweilen wird durch et ein stärkerer oder umfassenderer Ausdruck beigefügt, so daß et so viel ist als und zwar, und sogar: laudat, et saepe, virtutem; parvae res et eae tenues; errabas et vehementer errabas. B) bei vergleichenden, eine Aehnlichkeit oder Unähnlichkeit bezeichnenden Ausdrücken, als par, idem, similis, aeque, steht oft et = ac, atque u. dergl., wo et durch als, wie übersetzt werden kann: nisi aeque amicos et nosmetipsos amemus; non alia causa aequitatis est in uno servo et in pluribus. C) et quidem wird in dem Dispute gebraucht, wo man dem Gegner zwar die Richtigkeit des von ihm eben Gesagten einräumt, aber es zugleich als Etwas bezeichnet, das nur wenig Gewicht oder Bedeutsamkeit hat. D) (meist Poet. u. Spät.) bisweilen dient et zur Verknüpfung zweier auf einander folgenden Begebenheiten: dixit et extemplo abiit; vix prima inceperat aetas, et pater jubebat als, ehe; nec longum tempus, et ingens abiit arbo.. E) (Poet. u. Spät.) nach einem *imperat.* bezeichnet et oft, was dann geschehen wird, wenn die durch den Imperativ angegebene Bedingung erfüllt ist: dic — et magnus mihi eris Apollo. F) eine emphatische Frage einleitend: et quisquam praeterea numen Junonis adoret? et sunt qui de Appia via querantur? 3)(meist Poet. u. Spät.) = etiam, auch, und auch, und sogar; et alii multi; probe et ille; et illud videndum, quanto magis homines mala fugiant. 4) wo ein Gedanke zuerst negativ und darauf positiv ausgedrückt wird, wird im Deutschen gewöhnlich sondern gesagt: nihil habent haec proni et supera semper petunt; tamen animo non deficiam, et id, quod suscepi, quoad potero, perseram.

Et-ēnim, *conj.* 1) zur Begründung ob. Erläuterung des Vorhergehenden, benn, nämlich, = enim, was man sehe. 2) bekräftigend und in der Entwickelung fortschreitend, allerdings, ferner, und in der That. NB. Es steht regelmäßig am Anfange des Satzes, nur bei Poet. u. Spät. wird es einem oder zweien Worten nachgesetzt.

Eteocles, is (ob. eos), *m.* (ē) [Ἐτεοκλῆς] Sohn des Oedipus und der Jocaste, Bruder des Polynices.

Etēsiae, ārum, *m. pl.* (ē) [ἐτησίαι, *sc. ἄνεμοι*] die jährlich (um die Hundstage) 40 Tage wehenden Winde "Passatwinde"; (*Lucr.*) als *adj.* etesia flabra Aquilonum.

Ethice, es, *f.* (ē) [ἠθική] (Spät.) die Moralphilosophie (reinlat. disciplina morum).

Ethicus, *adj.* (ē) [ἠθικός] (Spät.) sittlich, moralisch.

Ethōlōgia, ae, *f.* (ē) [ἠθολογία] (Spät.) die Charakterschilderung.

*****Ethōlōgus**, i, *m.* (ē) [ἠθολόγος] Einer, der zum Spaß die Sitten und Gebehrden Imbs darstellt, der Possenreißer.

Etiam, *conj.* (ē) [et-jam] 1) zur Anknüpfung eines hinzukommenden Begriffs, auch, noch: aliae e. dicendi virtutes; unum e. vos rogo, ut etc. 2) zur Anknüpfung eines steigernden und gewichtvollern Begriffs, ja auch, sogar, selbst: haec omnes sapientes summa, quidam e. sola bona esse dixerunt; quin e. ja sogar. Hierv. häufig bei Comparativen, noch: majores e. difficultates orientur. 3) in bekräftigenden Antworten, ja freilich, ja, allerdings, so ist's: *Jupp.* numquid vis? *Alc.* e., ut mox venias. 4) in vertraulicher Sprache, A) bei Imperativen verstärkend, doch, ja doch: circumspice e. B) bei Fragen, wo entweder eine Indignation ausgedrückt wird (e. clamas schreist du noch obendrein?) oder ein Befehl bezeichnet wird (et e. vigilas bist du wach? = erwache doch; e. aperis? = öffne doch bie Thür! e. taces schweigst du? = schweige doch). 5) von der Zeit, A) zur Bezeichnung einer Fortdauer und Fortsetzung, noch, noch immer: quum iste e. cubaret, hic in cubiculum introductus est; non satis me pernosti e. du kennst mich noch nicht recht; hunc ego nunquam videram e. diesen hatte ich noch nie gesehen. B) zur Bezeichnung einer Wiederholung, in der Verbindung etiam atque etiam, wiederholentlich, nachdrücklich, sorgfältig u. dergl., discere, multa affirmare, aliquid reputare, hoc te e. atque e. rogo.

Etiam-nunc oder (selten) **-num**, *adv.* (ē) 1) noch jetzt, jetzt noch, in diesem Augenblick (also mit Bezug auf die Gegenwart, vgl. etiamtum): vos cunctamini e.; e. mulier intus est? nullus e. noch Niemand. 2) = etiamtum, was man sehe: epistolam illam Balbo, quam e. in provincia esset, misi. 3) (Spät.) = etiam, auch, noch.

Etiam-si, *concessive conj.*, (ē) wenn auch, wenn gleich, obgleich: ista veritas, e. jucunda non est, mihi tamen grata est; hunc librum, e. minus nostra commendatione, tuo tamen nomine divulgari necesse est (so bisweilen ohne eigenes Verbum).

Etiam-tum ob. -tunc, *adv.* (ē) damals noch, noch bann, noch (mit Bezug auf einen Zeitmoment in der Vergangenheit, vgl. etiamnum): e. vita hominum sine cupiditate agebatur; omnes e. retinebant illum Pericli succum.

Etrūria, ae, *f.* die Landschaft Etrurien in Italien. Davon **Etruscus**, *adj.* u. *subst.* -sci, ōrum, *m.* die Bewohner von E.

Et-si, concessive *conj.* 1) in einem concessiven Bedingungssatze mit daran geknüpftem Hauptsatze, obgleich, wenn auch, ungeachtet: e. abest maturitas aetatis, jam tamen etc.; e. scio ego, tamen etc.; superbiae e. serae non leves tamen venient poenae (ohne eigenes Verbum). 2) ohne Nachsatz, selbstständig eine beschränkende Bemerkung oder eine Berichtigung des Vorhergehenden anknüpfend, wiewohl, jedoch (= dem häufigeren quamquam): habet enim res deliberationem: e. ex magna parte tibi assentior. Do poenas temeritatis meae; e. quae fuit temeritas?

Etymŏlŏgĭa, ae, *f.* (ē) [ἐτυμολογία] die Lehre von der Ableitung eines Wortes, Etymologie.

Eu [εὖ] *interj.* (Poet.) zur Bezeichnung von Freude und Zufriedenheit, schön! brav! Auch verstärkt **Euge** [εὖγε] (Com.) herrlich, vortrefflich!

Euadne, es, *f.* [Εὐάδνη] die Gemahlin des Capaneus, eines der Sieben vor Theben: sie verbrannte sich nebst dem Leichnam des Gatten.

Euan, *m.* [Εὐάν, ein Jubelruf der Bacchantinnen] ein Beiname des Bacchus (vgl. Evoe). Davon (Poet.) **euans**, tis, *particip.* Euan rufend, jubelnd, von den Bacchantinnen, und *transit.* orgia euantes unter dem Rufe „Evan" das Bacchusfest feiernd.

Euander, dri, *m.* [Εὔανδρος] Sohn des Mercur und einer arcadischen Nymphe (bei den Römern Carmenta genannt), welcher ungefähr 60 Jahre vor dem trojanischen Kriege eine Colonie aus Pallantium in Arcadien nach Italien führte und am palatinischen Berge eine Stadt baute. Davon **Euandrius**, *adj.*

Euax, *interj.* (Pl.) ein Ausruf des freudigen Erstaunens, juchhei!

Euboea, ae, *f.* [Εὔβοια] Insel im ägäischen Meere, an der Küste von Böotien, jetzt Negroponte. Davon **Euboïcus**, *adj.* 1) euböisch. 2) von Städten u. f. w., die an der Küste Böotiens lagen, Euböa gegenüber, Anthedon E., litus E. von Aulis. 3) = cumäisch, weil die Stadt Cumä in Italien eine Colonie von Euböa war: carmen E. Weissagung der cumäischen Sibylle.

Euclīdes, is, *m.* [Εὐκλείδης] 1) Philosoph aus Megara, Haupt der megarischen Schule. 2) berühmter Mathematiker, geb. 308 v. Chr.

Euēnus, i, *m.* [Εὔηνος] König von Aetolien, Vater der Marpessa, die, vom Apollo und dem sterblichen Idas geliebt, diesen vorzog. Davon **Eueninus**, *adj.* (ē).

Euias, ādis, *f.* [Εὐιάς; Evan, Eyius] (Poet.) die Bacchantin.

Euius, ii, *m.* [εὖιος] Beiname des Bacchus.

Eumĕnĭdes, dum, *f. pl.* [Εὐμενίδες] die Wohlwollenden*, euphemistischer Name der Furien.

Eumolpus, i, *m.* [Εὔμολπος] ein Thracier, Stifter der eleusinischen Mysterien und Priester der Ceres. Davon **Eumolpĭdae**, ārum, *m. pl.* [Εὐμολπίδαι] angesehene priesterliche Familie in Athen.

Eunūchus, i, *m.* [εὐνοῦχος] der Verschnittene, Castrat.

Euoe, (zweisylbig) [εὐοῖ], *interj.*, ein Ausruf beim Bacchusfest.

Euphorbus, i, *m.* [Εὔφορβος] ein Trojaner, dessen Seele Pythagoras durch die Seelenwanderung erhalten zu haben behauptete.

Euphŏrĭo, ōnis, *m.* [Εὐφορίων] griechischer Dichter und Grammatiker aus Chalcis auf Euböa, geb. ums Jahr 276 v. Chr.

Euphrānor, ŏris, *m.* [Εὐφράνωρ] berühmter Maler und Erzgiesser aus Corinth ums Jahr 350 v. Chr.

Euphrātes, is, *m.* [Εὐφράτης] 1) der Fluss Euphrat in Asien. 2) ein stoischer Philosoph, Freund des jüngern Plinius.

Eupŏlis, ĭdis, *m.* [Εὔπολις] athenienfischer Comödiendichter ums Jahr 430 v. Chr.

Euripides, is, *m.* [Εὐριπίδης] berühmter griechischer Tragiker zu Athen, geb. 480 v. Chr. Davon **Euripidēus**, *adj.*

Euripus, is, *m.* [εὔριπος] 1) eine Meerenge, Strasse: bes. als nom. propr. die Meerenge zwischen der Insel Euböa u. dem festen Lande. 2) der gemachte Wassergraben, Canal, bes. ein Canal, der um die Rennbahn zu Rom herumlief.

Eurōpa, ae, (oder -pe, es) *f.* [Εὐρώπη] 1) die Tochter des Agenor, Königs in Phönicien, vom Jupiter nach Creta entführt und Mutter der Minos und Sarpedon. 2) der nach ihr benannte Welttheil Europa. Davon **Eurōpaeus**, *adj.* a) zu Europa gehörig; b) europäisch.

Eurōtas, ae, *m.* [Εὐρώτας] der Hauptfluss in Laconien.

Eurōus, *adj.* [Eurus] (Poet.) zum Südostwind gehörig = östlich, morgenlich.

Eurus, i, *m.* [Εὖρος] (Poet. u. Spät.) 1) der Südostwind. 2) (Poet.) a) = der Osten. b) = jeder Wind.

Eurydĭce, es, *f.* [Εὐρυδίκη] 1) die Gemahlin des Orpheus. 2) die Gemahlin des Acrisius. 3) die Gemahlin des Nestor. 4) die Gemahlin des Creon.

Eurymĭdes, ae, *m.* [Εὐρυμίδης] der Sohn des Eurymus = der Seher Telemus.

Eurynŏme, es, *f.* [Εὐρυνόμη] Tochter des Oceanus u. der Thetys, Mutter der Leucothea.

Eurypўlus, i, *m.* [Εὐρύπυλος] 1) Sohn des Hercules, König auf der Insel Cos. Davon **Eurypўlis**, ĭdis, *adj.* (Poet.) = coisch. 2) Sohn des Euämon aus Thessalien, griechischer Streiter vor Troja.

Eurystheus, ei, *m.* [Εὐρυσθεύς] Sohn des Sthenelus, Königs von Mycenä, Enkel des Perseus und Vetter des Hercules.

Eurўtus, i (oder -tion, ōnis), *m.* [Εὔρυτος] König in Oechalia auf Euböa, Vater der Iole, die dewegen **Eurўtis**, ĭdis, *f.* heisst.

***Euschēme**, *adv.* [εὐσχήμως] (Pl.) anständig, artig.

Euterpe, es, *f.* [Εὐτέρπη] die Muse der Tonkunst.

Euträpělus, i, *m.* [εὐτράπελος] „der Lustige", Beiname des P. Volumnius, Gesellschafter des Antonius.

Euträpius, ii, *m.,* Flavius, römischer Geschichtschreiber, ums Jahr 320 n. Chr.

Euxīnus, *adj.* [εὔξεινος] eigtl. der gastliche, Beiname des schwarzen Meeres: gewöhnl. e. pontus, auch mare, aquae, litus u. s. w.

E-vādo etc. 3. (ē) I. *intrans.* 1) heraus-, hervorgehen, -kommen: e. extra vallum, ex balneis; e. in terram ans Land steigen, landen; evasit ante ora parentum (Poet.) kam vor die Augen der Eltern hin; e. ex puteo. Insbf. = aus einer Gefahr oder Noth herauskommen, entkommen, entrinnen, ex manibus hostium, periculo, per tela hostium. 2) herauf-, emporkommen, -steigen, -klimmen: e. ad fastigia, in muros auf die Mauer hinauf, in ardua in die Höhe. 3) *trop.* A) von Sachen, irgendwie ablaufen, ausfallen, einen Ausgang haben, zu einem gewissen Resultate kommen: nescio quorsum (ober quo) haec evasura sint; pestilentia e. in longos morbos endigt mit langwierigen Krankheiten. B) von Personen (eigtl. als Etwas herauskommen), Etwas (bes. durch innere Entwickelung) werden und sich als Solches zeigen: evasit juvenis indolis regiae; e. orator. C) in Erfüllung gehen, eintreffen: evasit id quod somniavimus. II. *transit.* (meist Poet. u. Spät.) 1) nach I. 1.) durch einen Raum kommen, ihn zurücklegen, passiren: e. saltum, media castra, angustias. 2) (nach I. 2.) ersteigen, erklimmen, altos gradus, ardua. 3) (nach I. 1.) entgehen, entrinnen, e. flammam, aliquem.

Evāgīno, 1. (ē) [vagina] (Nachklaff.) aus der Scheide ziehen, gladium.

E-vāgor, *depon.* 1. (ē) 1) *intrans.* ausschweifen, sich verbreiten; bes. von Truppen u. dergl. = eine Seitenbewegung machen, spatium ad evagandum; Nilus e. tritt aus; *trop.* appetitus ee. longius schweifen aus, orator e. kömmt von der Sache ab: vis morbi e. per aliquos verbreitet sich über. 2) (Poet.) *transit.* überschreiten, ordinem.

E-vălesco, lui, — 3. (ē) (Poet. u. Spät.) 1) *intrans.* erstarken, an Stärke zunehmen, rami, res e. in tumultum erwuchs bis zu einem Tumulte. Hiervon *trop.* nomen e. wird im Gebrauche vorherrschend. 2) *transit.* vermögen, im Stande sein, facere aliquid.

E-vănesco, nui, — 3. (ē) (Poet. u. Spät.) verschwinden, sich verlieren, vergehen: e. ex oculis in auram; aquae ee. verdünsten; *trop.* sententia eorum e. = hat keine Anhänger mehr, Hortensius evanuit hat sich zurückgezogen, hat fein Ansehen verloren: spes e., dolor e. nimmt ab; vinum e. verliert feine Kraft, bellum e. wird matt, wird mit weniger Kraft geführt; liber e. ist verloren.

Evănīdus, *adj.* (ē) [evanesco] (Poet. u. Spät.) hinschwindend, sich verlierend, matt.

E-vasto, 1. (ē) völlig verwüsten, öde und leer machen, omnia.

Eveho etc. 3. (ē) 1) herausführen, -bringen, -schaffen; e. signa ex fanis, naves in altum. Hiervon *pass.* A) evehi equo, curru, navi heraustreiten, -fahren, -segeln, . e. mari Aegaeo aus dem ägäischen Meere, ad regem, in hostes, e. insulam nach der Insel hin: e. os amnis aus der Mündung heraus. B) *trop.* fama evecta insulas über die Inseln verbreitet; evectus spe hingerissen; evehi longius (in der Rede) vom Thema abkommen, inconsultius evehi zu weit gehen. 2) hinauf- oder emporführen, -bringen, -schaffen, aliquem ad aethera (*trop.*). Hiervon A) evehi curru, equo hinauffahren, -reiten. B) *trop.* heben, erheben, hominem ad deos, aliquos ad consulatum; opes evectae supra modum privatum das Maaß eines Privatmannes übersteigend.

E-vello etc. 3. (ē) 1) heraus- ob. heraufreißen, capillos, dentes, signa, linguam. 2) *trop.* entreißen, benehmen, vernichten u. bergl.: e. alicui opinionem, suspicionem, scrupulum ex animo; e. consules ex fastis die Namen der Consuln austilgen.

E-věnio etc. 4. (ē) 1) (selten, Poet. u. Spät.) heraus-, hervorkommen, res mersa e.; e. Capuam nach C. gelangen. 2) *trop.* A) sich ereignen, zutragen, eintreffen, geschehen u. mit einem *dat.* = widerfahren, begegnen, zufallen, zu Theil werden (bes. von einem erwarteten Erfolge eines vorhergehenden Ereignisses, sowohl einem glücklichen als einem unglücklichen; vgl. accido u. contingo): timebam ne evenirent ea quae acciderunt; quod saepius e.; pax e. kömmt zu Stande, wird geschlossen; evenit ut iter mihi esset; nihil mihi improviso e.; illi haec provincia e.; (selten) idem in literas meas e. ist mit meinem Briefe eingetroffen; omnia prospera inde evenient daraus wird allerlei Glückliches erfolgen. 3) ausfallen, einen Ausgang haben: haec bene ac feliciter (ob. secunda) ei eveniunt fällt gut und glücklich aus für ihn, ebenso pugna adversa ei e. fiel ungünstig aus; hoc male, ex sententia e.; quo (quorsum) ista blanda eveniunt welcher wird der Ausgang dieser schmeichelnden Rede sein?

E-ventĭlo, 1. (ē) (Spät.) ausschwingen = durch Schwingen reinigen, aëra, frumentum.

Eventum, i. *n.* (ē) (evenio) 1) das Ereigniß, die Begebenheit. 2) (gewöhnlich im *pl.*) der Ausgang, Erfolg, das Resultat.

Eventus, us, *m.* (ē) (evenio) 1) das Schicksal = Begegniß, Ereigniß: quemvis e. ferre; e. patriae, rerum. 2) der Ausgang, der Erfolg, pugnae, diei, orationis; ee. qui sequuntur; semper ad e. festinat an das Ende.

E-verbĕro, 1. (ē) (Poet. u. Spät.) 1) ausschlagen — austreiben, in Bewegung setzen; e. spiritum cursu; *trop.* e. animum alicujus reizen. 2) heftig schlagen, -peitschen, oculos alicujus, clipeum alis, mare remis.

* **E-vergo** etc. 3. hinausneigen = ausfließen lassen, mons e. rivos.

Everrīcŭlum, i, *n.* (ē) [everro] (das Ausfegewerkzeug, das womit man ausfegt) 1) das Zuggarn, die Wate. 2) *trop.* judicium de dolo malo. e. malitiarum omnium womit man allen boshaften Betrug verscheucht; e. in provincia fuit (vom Verres) = Ausplünderer.

E-verro etc. 3. (ē) 1) ausfegen, stercus

ex aede. 2) fegend reinigen, stabulum. Hiervon *trop.* = plündern, fanum.

Eversio, ōnis, *f.* (ē) [everto] 1) das Umwerfen, columnae. 2) *trop.* a) die Zerstörung, templorum. b) die Umwälzung, Vernichtung, reipublicae, omnis vitae, e. rei familiaris Zerrüttung. c) (Spät.) die Vertreibung aus einem Besitzthum.

Eversor, ōris, *m.* (ē) [everto] *trop.* a) der Zerstörer, Vernichter, Carthaginis, civitatis, Umwälzer.

E-verto etc. 3. (ē) 1) (Poet., Vorklaff. u. Spät.) umdrehen, verdrehen, cervices. 2) umwerfen, über den Haufen werfen, umstürzen, navem, statuam, currum; e. aequora ventis aufwühlen. 3) Hiervon *trop.* A) zerstören, vernichten, urbem. B) umstoßen, vernichten, nichtig machen, amicitiam, leges, definitionem. C) e. aliquem Jmd. stürzen; superior annus e. aratores hat die Ackerbauer ruinirt. 3) aus einem Besitzthum vertreiben: e. aliquem bonis, fortunis omnibus.

E-vestīgātus, *adj.* (ē) [eigtl. *particip.*] (Poet. u. Spät.) aufgespürt, erspäht.

Evĭdens, tis, *adj.* mit *comp.* u. *sup.* (ē) [e-video] augenscheinlich, offenbar, einleuchtend, deutlich, res, argumentum, prodigium.

Evĭdenter, *adv.* mit *comp.* u. *sup.* (ē) [evidens] sichtlich, augenscheinlich, einleuchtend, deutlich.

Evidentĭa, ae, *f.* (ē) [evidens] (selten) die Augenscheinlichkeit, bes. = die plastische u. lebendige Darstellung in der Rede.

E-vĭgĭlo, 1. (ē) I. *intrans.* 1) erwachen. 2) wachen, wachend sein. 3) *trop.* u. anhaltend und eifrig sich bemühen, -arbeiten, curae meae ee. in re aliqua. b) evigilatum nobis est wir für unsere Person haben ausgesorgt, sorgen nicht mehr. II. *transit.* 1) durchwachen, noctem. 2) mühsam u. durch anhaltenden Fleiß ausarbeiten, libros; e. consilium durch sorgfältige Erwägung ausfindig machen.

E-vīlesco, lui, — 3. (ē) (Spät.) gering u. unbedeutend-, werthlos werden, pericula.

E-vincio etc. 4. (ē) (Poet. u. Spät.) umbinden, caput diademate; (Poet.) evincta suras cothurno, hostes evincti brachia mit auf den Rücken (ob. über einander) gebundenen Armen.

E-vinco etc. 3. (ē) (meist Poet. u. Spät.) 1) ganz besiegen, -überwinden, Haeduos; e. somnum bekämpfen, miles e. omnia überwindet alle Hindernisse, Schwierigkeiten; (Poet.) rogus evictus wovon die Seele sich losgerungen hat, platanus e. ulmos vertreibt. Hiervon A) über Etwas hinaustragen, -treten, aequora, arbor e. nemus. B) *trop.* = überreden, bewegen, erweichen u. dergl., bes. im *pass.*, sich bewegen u. s. w. lassen, evinci lacrimis, precibus ad miserationem. C) die Ueberhand gewinnen über Etwas, es besiegen: e. dolorem, miseratio e. superbiam insitam. 2) Etwas gegen einen Widerstand durchsehen, bewirken: evicerunt ut Camillus crearetur. 3) (Poet.) beweisen.

*****E-vĭŏlo,** 1. (Poet., zweifelh.) gewaltsam erzwingen, aliquid.

Evīro, 1. (ē) [e-vir] entmannen.

Eviscĕro, 1. (ē) [e-viscera] der Eingeweide berauben, ausweiden, daher = zerfleischen, columbam.

Evītābĭlis, e, (ē) *adj.* [evito 1.] (Poet. u. Spät.) vermeidbar.

Evītātĭo, ōnis, *f.* (ē) [evito] (Spät.) das Vermeiden, malorum.

E-vīto, 1. (ē), vermeiden, entgehen, metam rotis, dolorem, suspicionem.

Evīto, 1. (ē) [e-vita] (veraltet) aus dem Leben schaffen, tödten, e. vitam alicui dem Leben Jmds ein Ende machen.

Evŏcātĭo, ōnis, *f.* (ē) [evoco] das Herausz, Hervorrufen: e. inferûm das Bannen: insbes. der Aufruf zum Kriegsdienst, vgl. evoco.

*****Evŏcātor,** ōris, *m.* (ē) [evoco] der Aufrufer zu den Waffen, Aufwiegler.

E-vŏco, 1. (ē) 1) heraus-, hervorrufen: e. aliquem foras, e curia. Insbes. a) e. nostros ad pugnam herausfordern. b) e. deos die Götter einer belagerten Stadt herausrufen, sie jene zu verlaßen auffordern. 2) zu sich herrufen, = entbieten, vor sich berufen, -laden, vorladen, -herbeizitieren u. dergl.: e. principes civitatis ad se, legiones ex hibernis. Insbes. = zum Kriegsdienste aufrufen, aufbieten: e. nobilissimum et fortissimum quemque ex omnibus civitatibus, multos spe praedae: hiervon Evocati = ausgediente Soldaten, welche, unter sehr bringenden Umständen aufgefordert wurden, freiwillig Kriegsdienste zu nehmen. 3) *trop.* hervorrufen, hervorlocken, auftegen, reizen: probitas praemiorum mercedibus evocata; misericordia nullius oratione evocata; e. alicui risum, lacrimas entlocken, iram alicujus reizen.

E-vŏlo, 1. (ē) 1) heraus-, hervorfliegen, aquila e. ex quercu. Hiervon = heraus-, hervorfahren, -eilen: hostes ee. e silva; e. ex carcere, ex urbe rus; *trop.* e. ex alicujus severitate entgehen (aus dem Bereich der Strenge herausfahren); oratio sic e. ut etc. (von Jmd., der sehr geschwinde spricht). 2) *trop.* hoher steigen, = sich erheben, is e. altius schwingt sich empor.

*****Evŏlūtĭo,** ōnis, *f.* (ē) [evolvo] das Aufschlagen, d. h. Lesen, poetarum.

E-volvo etc. (ē) 3. 1) heraus-, hervorwälzen, -rollen; flumen terram proruam in mare evolvit; e. silvas (Poet.) auffegen; evolvere se ob. medial evolvi sich heraus-, hervorwälzen, -rollen: flumen e. se in mare, evolvuntur per humum sie wälzen sich. Hiervon A) e. vestem entfalten, auseinanderschlagen, serpens evolvitur entfaltet ihre Knoten. B) e. librum (poetas) zum Lesen aufschlagen, daher = lesen. C) (Poet.) *trop.* (= die Spindel drehen), abspinnen, Parcae fusos meos ee., daher = bestimmen, dii hoc ee. 2) (Poet. u. Spät.) emporwälzen, e. se; fumus evolutus emporsteigend. 3) *trop.* A) entwickeln, deutlich machen, notionem animi. B) (Poet.) überlegen, aliquid. C) auseinandersetzen, darstellen, erzählen, schildern u. dergl.: e. causas belli, naturam rerum, seriem fati. D) e. aliquem ex praeda, sede, patria verdrängen, vertreiben, bonis berauben; evolutus illis tegumentis entblößt von, beraubt.

E) e. se ex his turbis sich herauswickeln, -bringen.
E-vŏmo etc. 3. (ē) ausspeien, speiend von sich geben: urbs e. pestem entlebigt sich eines verderblichen Menschen; *trop.* e. iram, virus acerbitatis in aliquem ausschütten, ergießen; e. pecuniam devoratam wieder von sich geben; Aetna e. nocturnas flammas.
E-vulgo, 1. (ē) unter die Leute bringen, veröffentlichen, rem; e. pudorem preisgeben.
*****Evulsio**, ōnis, *f.* (ē) [evello] das Herausreißen, dentium.
Ex-ācerbo, 1. bitter machen, *trop.* = erbittern, aufbringen, e animos irā.
Exactio, ōnis, *f.* [exigo] 1) die Austreibung, Vertreibung, regum. 2) die Eintreibung, Einforderung, pecuniarum. 3) die Besteuerung, die Steuer, die Abgabe, publica; ee. capitum die Kopfsteuer.
Exactor, ōris, m. [exigo] 1) der Herausjager, Vertreiber, regum. 2) der Eintreiber, Eincassirer; davon e. promissorum der Mahner an die Erfüllung. 3) der Aufseher, Beaufsichtiger, Handhaber einer Sache, disciplinae; e. supplicii der für die Execution der Strafe sorgt; e. sermonis, recte loquendi der Kritiker, der strenge auf — hält.
Exactus, *adj.* mit *comp.* u. *sup.* [*particip.* von exigo] (Poet. u. Spät.) genau, pünktlich, fides, cura; (Poet.) exactior artis in der Kunst.
Ex-ācuo etc. 3. schärfen, wetzen, zuspitzen, anspornen u. s. w., ein verstärktes acuo, was man sehe.
Ex-adversum ob. -sus, I. *adv.* gegenüber: e. est fabrica; ea sita fuit e.; auch mit einem *dat.*, e. ei loco. II. *praep.* mit *accus.*, gegenüber, e. eum locum, classem e. Athenas constituere.
*****Exaedificātio**, ōnis, *f.* [exaedifico] die Erbauung, *trop.* e. historiae Ausarbeitung.
Ex-aedīfico, 1. 1) erbauen, fertig bauen, domos, oppidum. Hiervon *trop.* vollenden, opus. *2) (Pl.) aus dem Hause werfen, e. aliquem ex aedibus.
Exaequātio, ōnis, *f.* [exaequo] (selt.) die Gleichmachung, Gleichstellung.
Ex-aequo, 1. 1) in sich selbst gleich machen, ebenen, planiciem; *trop.* e. vitam ad unam regulam gleichmäßig einrichten. 2) mit Etwas gleich machen, ebenen, tumulos tumulis. 3) *trop.* der inneren Beschaffenheit (dem Werthe, Gange ob. dergl.) nach gleich machen, gleich stellen, auf gleiche Stufe stellen, Jmd. neben Jmd. stellen: e. aliquem (se) cum aliquo ob. alicui; e. libertatem, periculum für Alle gleich machen; e. facta dictis die Ereignisse in einer entsprechenden u. würdigen Sprache darstellen. 4) einer Sache oder Person gleich kommen, auf gleicher Stufe mit ihr stehen, sie erreichen, aliquem.
Ex-aestuo, 1. 1) *intrans.* aufwallen, aufbrausen, mare, Aetna. 2) erglühen, sehr heiß sein: Aegyptus e. calore solis; homo e. wird erhitzt; *trop.* mens e. irā. 2) *transit.* (Vortlaff.) terra e. hos aestus läßt ausströmen.
Exaggerātio, ōnis, *f.* [exaggero] 1) die Aufhäufung. Davon *trop.* e. animi die Erhebung des Gemüths, erhabene Stimmung. 2) (Spät.) die Vergrößerung einer Sache durch die Rede.
Ex-aggĕro, 1. 1) (selten) hoch aufhäufen, magnas opes; *trop.* e. mortem morti Todesfall auf Todesfall folgen lassen. 2) durch Anhäufung erhöhen, aufdämmen, planiciem; e. illud spatium maris auffüllen. 3) *trop.* A) vermehren, vergrößern, rem familiarem; e. aliquem honoribus (Spät.) überschütten. B) durch Worte erheben, vergrößern, wo es nach den Umständen verschieden übersetzt wird: stärker hervorheben — rühmen, verherrlichen — übertreiben: e. artem oratione, virtutem verbis; oratio alta et exaggerata; e. injuriam.
*****Exăgĭtātor**, ōris, m. [exagito] der Tadler.
Ex-ăgĭto, 1. 1) (Poet.) heraus-, hervorjagen, -treiben, leporem. 2) *trop.* A) beunruhigen, quälen, verfolgen, aliquem injuriis; e. rempublicam in Unruhe setzen. B) heftig angreifen in der Rede, tadeln, durchhecheln, aliquem, fraudes alicujus. C) im guten Sinne, aufrütteln, wecken, aliquem, im bösen aufreizen, aufwiegeln, vulgum. D) einen Affect u. dergl. erregen, erwecken, moerorem, furores.
Exăgōge, es, *f.* [ἐξαγωγή] (*Pl.*) die Ausfuhr, der Transport von Waaren.
Ex-albesco etc. 3. weiß werden, *trop.* erbleichen.
Exāmen, ĭnis, *n.* (st. exagimen von exigo) 1) der Schwarm, die herausziehende Menge, apum, juvenum; davon (meist Poet. u. Spät.) der Haufe, die Schaar überhaupt, e. puerorum, servorum, piscium. 2) (nach exigo 3.) (Poet.) was zur Abwägung, Prüfung dient: A) das Züngelein an der Wage. B) die Untersuchung, Prüfung.
Exāmĭno, 1. [examen] 1) (Vorklaff.) *intrans.* als Schwarm ausgehen, schwärmen, apes. 2) *transit.* A) abwägen, aliquid ad certum pondus; rem non artificis staterā sed quadam populari trutinā; terra examinata paribus ponderibus im Gleichgewichte gehalten. B) *trop.* untersuchen, prüfen, judex e. aliquid.
*****Ex-amplexor**, *dep.* 1. ganz umarmen.
Examussim, *s.* Amussis.
Exanolo, *s.* Exantlo.
Exănĭmālis, e, *adj.* [anima] (*Pl.*) 1) todt. 2) tödtlich, cura.
Exănĭmātio, ōnis, *f.* [exanimo] das Außeratembringen, *trop.* das Entsetzen, der heftige Schrecken.
Exănĭmis, e, und (meist Poet. u. Spät. und im *pl.*) **Exănĭmus**, *adj.* [anima] athemlos = entseelt, todt, corpus, ob. entsetzt, halbtodt vor Schrecken, angstvoll u. dergl., exanima metu uxor; exanimus vicem alicujus wegen des Schicksals Jmbs.
Exănĭmo, 1. [exanimis] 1) außer Athem bringen, nur im *pass.* athemlos werden, außer Athem kommen, milites ee. cursu; currit exanimatus. 2) tödten, aliquem; häufig im *pass.* = sterben. 3) *trop.* A) außer sich bringen, der Fassung und der Ruhe berauben, ängstigen, betäuben u. dergl.: e. aliquem metu; metus e. illam miseram; häufig im *pass.* B) im *pass.*, die Kraft verlieren: vinum exani-

matur verdampft, verba exanimata kraftlos verhauchend.

Exantlo [antlia; Andere schreiben Exanclo, verwandt mit ancilla] 1. (veralt. u. Poet.) 1) ausschöpfen, e. vinum austrinken. 2) trop. dulden, aushalten, ertragen, labores, multa aspera.

Ex-ardesco etc. 3. 1) entbrennen, sich entzünden, materies; trop. solus pro patria e. = geopfert werden. 2) trop. A) von einer Leidenschaft u. dergl. ergriffen werden, e. irâ, amore heftig aufgeregt werden; e. ad spem, in seditionem; infestius e. ergrimmen; animi ee. werden entflammt. B) mit Heftigkeit anfangen, = entstehen, durch Schreibtafel proelium, seditio, ira; benevolentia e. C) tempus illud e. war hitzig, ergrimmt. D) pretia ee. (Spät.) steigen.

Ex-āresco etc. 3. 1) vollkommen trocken werden, vertrocknen, vestimenta, fontes, amnes, lacrimae ee. versiegen. 2) trop. verschwinden, vergehen, sich verlieren, vetus urbanitas, opinio e.

Ex-armo, 1. (Spät.) entwaffnen, der Waffen berauben, cohortes. 2) e. navem abtakeln. 3) trop. entkräften, unschädlich machen, aliquem, accusationem.

Ex-aro, 1. 1) heraus- ob. hervorpflügen, pflügend herausschaffen, radices, sepulcra. Hiervon = durch Ackerbau herausbringen ob. gewinnen, erpflügen, tantum frumenti. 2) pflügen, bauen, agrum. 3) (mit dem Griffel die wächserne Schreibtafel durchfurchend) schriftlich entwerfen, concipiren, verfassen, schreiben, brum, binos codicillos.

*__Exasciātus__, adj. [ascis] (Pl.) eigtl. mit der Zimmerart behauen, trop. hoc opus est exasciato das muß ausgeführt (ob. ausfindig gemacht) werden, opus.

Ex-aspēro, 1. 1) rauh und uneben machen, cutem; e. mare fluctibus aufwühlen. 2) trop. A) wild u. roh machen, nur im pass., gens exasperata verwildert. B) verschlimmern, e. morbum, rem verbis schlimmer darstellen. C) aufreizen, erbittern, aliquem, animos.

Ex-auctōro, 1. von der Verpflichtung zum Kriegsdienste losgeben, entlassen, verabschieden, aliquem; oft von schimpflicher Verabschiedung, = cassiren.

Ex-audio, 4. 1) aus der Ferne hören, milites clamorem ee.; maxima voce, ut omnes e. possint, dicam; aliquantum progressus hinnitum e.; illnd exanditur gelangt zu (unseren) Ohren. 2) = audio in der Bedeutung 1. 2. 3., s. audio.

Ex-augeo etc. 2. (Com. selten) sehr vermehren, opinionem.

*__Ex-augurātio__, ōnis, f. die Ausweihung = die Aufhebung der Weihung eines Ortes.

Ex-augŭro, 1. (selten) ausweihen = die Weihung eines Ortes aufheben, ihn dem gewöhnlichen Gebrauche, als nicht länger heilig, wiedergeben, fanum.

*__Ex-auspĭco__, 1. (Pl.) mit günstigen Wahrzeichen ausziehen (?), ex vinculis.

*__Exballisto__, 1. [ballista, aber wegen eines Wortspiels mit dem Namen Ballio] (Pl.) herausjagen wie mit einer Wurfmaschine (ob. überlisten, überwinden), Ballionem.

Exbibo, s. Ebibo.

Ex-caeco, 1. 1) völlig blind machen, aliquem. 2) (Poet.) einen Canal, eine Röhre u. dergl. verstopfen.

Ex-calceo, 1. (Spät.) entschuhen, der Schuhe entledigen, pedem; excalceatus ohne Schuhe; bes. von einem tragischen Schauspieler = die Cothurne ablegen, und als Subst. excalceāti (oppos. cothurnati) = die Mimen.

*__Excandescentia__, ae, f. [excandesco] das auffahrende Wesen, der Jähzorn.

Ex-candesco etc. 3. 1) (Vorklass. u. Spät.) erglühen, glühend werden, pilae vitreae, ignis. 2) trop. A) von einem Affecte u. dergl., entbrennen, ira. B) von einer Person, die in Affect geräth, vor Zorn u. dergl. entbrennen, entflammt werden: subito ille e. in fratrem.

Ex-canto, 1. (Poet. u. Spät.) heraus-, hervorzaubern, durch Zauberei herauf- ob. hervorbringen, -locken: e. puellas clausas; e. fruges aus dem Acker eines Anderen auf den seinigen herüberzaubern, e. sidera herabzaubern.

Ex-carnifĭco, 1. 1) zerfleischen, grausam tödten, aliquem. 2) trop. martern, geistig auf die Folter spannen.

Ex-cavo, 1. aushöhlen, trullam.

Ex-cēdo etc. 3. I. intrans. 1) herausgehen, weggehen, sich entfernen: ex isto loco, ex pugna, ex Italia; e. pugnâ, loco, oppido, Galliâ, Arimino; e. ex tenebris in lucem; (Spät.) e. ad deos aus der Zahl der Menschen in diejenige der Götter versetzt werden. 2) Insbes. A) e. e vita, e medio, auch e. vitâ u. bloß e. = sterben. B) trop. aus einem bisherigen Zustande in Etwas jenseits der Grenze desselben liegendes übergehen: e. ex ephebis aus dem Jünglingsalter treten; res e. ad patres verbreitet sich auch zu den Patriciern; res e. in magnum certamen ging zuletzt in — über, schlug zu — aus; e. ad enarrandum, in fabellam von dem eigentlichen Thema abschweifend übergehen; illa clades magnitudine excessit ging über die früheren hinaus, zeichnete sich aus; cura, cupiditas e. e corde schwindet, ebenso res e. ex memoria = wird vergessen; haec ee. in eum annum fällt noch in jenes Jahr. C) e. possessione abtreten. — II. transit. (nicht bei den älteren Schriftstellern), überschreiten: A) verlassen, räumen, urbem, curiam. B) trop. über ein gewisses Maaß hinausgehen, es überschreiten, übersteigen: statura ejus justum modum e.; e. summam trium millium; e. modum, fastigium equestre; e. aliquem eloquentiâ übertreffen; illa res fidem e. ist unglaublich; libertas non ultra vocem e. ging nicht weiter als zur Rede; absol. Fabius e. ging (über den ersten Vorschlag) hinaus.

Excellens, tis, adj. mit comp. u. sup. [particip. von excello] 1) (Spät., selten) eigtl. hervorragend, erhaben, locus. 2) trop. vorzüglich, vortrefflich, ausgezeichnet, außerordentlich, homo, natura, studium, pulchritudo, triumphus.

Excellenter, adv. mit comp. [excellens] vorzüglich, vortrefflich.

Excellentia, ae, f. [excellens] die Vorzüglichkeit, Vortrefflichkeit, auch im pl.; e.

animi, picturae, aber mit einem *gen. obj.* e. reliquarum bestiarum Vorzug vor.

Ex-cello, lui, — 3. [von dem ungebräuchlichen cello, in die Höhe treiben], eigtl. emporragen. 1) (Vorklaff. u. Spät.) sich erheben: tumulus e.; solet hominibus rebus secundis animus e. atque superbia crescere. 2) über Andere sich hervorthun, vor Anderen sich auszeichnen, =hervorragen (gewöhnlich im lobenden Sinne): e. inter omnes, auch super ceteros; e. alicui vor Jmb.; e. animi magnitudine, ingenio, dignitate durch Seelengröße u. s. w., e. in illis jocis, in hac arte in dieser Kunst; selten e. vitiis u. dergl.

Excelse, *adv.* mit *comp.* u. *sup.* [excelsus] 1) (Spät.) in die Höhe, .scandere. 2) florere e. im höchsten Grade. 3) erhaben, dicere.

Excelsitas, ātis, *f.* [excelsus] (Spät.) 1) die Höhe, montium. 2) die Erhabenheit, animi.

Excelsus, *adj.* mit *comp.* u. *sup.* 1) erhaben, hoch, emporragend (über Andere, vgl. celsus u. altus), mons, statua; in excelso esse in der Höhe, in excelsum emicare in die Höhe, empor. 2) *trop.* erhaben, von der Gesinnung, animus, homo; dem Range, der Würde nach ausgezeichnet, locus, fastigium; in excelso (vitam agere u. dergl.) auf einem hohen Posten, in einer hohen Würde; orator o. dem Stile nach erhaben.

Exceptio, ōnis, *f.* [excipio] 1) die Ausnahme, beschränkende und ausnehmende Bedingung: sunt in lege duae ee.; sine ulla e. 2) *term. t.* die gerichtliche Einwendung, der Protest der Beklagten gegen die Angaben oder Ansprüche des Klägers: dare alicui exceptionem Jmb. eine Einrede gestatten.

*****Exceptiuncula**, ae, *f.* (Spät.) *deminut.* von exceptio.

Excepto, 1. [excipio] (selten) 1) herausnehmen, mullos ex piscina. 2) heraufnehmen, a sociis sublevatus murum ascendit, et eos rursus exceptans in murum extulit; (Poet.) e. auras auffangen.

Ex-cerno etc. 3. aussondern, ausscheiden, trennen, Saguntinos ex numero captorum, e. turbam forensem.

Excerpo, psi, ptum, 3. [ex-carpo] *1) (Poet.) herausnehmen, semina pomis. 2) *trop.* auslesen, ausziehen, auswählen: e. ex malis si quid inest boni; e. nomina (aus den Listen); insbes. = Bemerkungen u. dergl. aus einer Schrift sich auszeichnen, excerpiren: e. verba ex libro, nunquam legit quod non e.; e. id quod inter omnes convenit hervorheben. 3) ausscheidend hinwegnehmen, aussondern, streichen u. dergl., e. aliquid de illo numero; ego me illorum numero e.; (Spät.) e. se consuetudini hominum sich entziehen, davon losreißen.

Excessus, us, *m.* (excedo) 1) der Fortgang, aber nur *trop.* = der Abgang aus dem Leben, der Tod: e. e vita, e. vitae u. (Spät.) bloß e. 2) *trop.* (Spät.) die Abweichung. A) in der Rede, von dem eigentlichen Thema, die Digression. *B) im Leben, von den Rechten, e. a pudore.

Excētra, ae, *f.* die Schlange, *trop.* von einem boshaften Weibe.

Excidium, ii, *n.* u. (Vorklaff.) **-dio**, ōnis, *f.* [statt exscidium, von exscindo] (meist Spät.) die Zerstörung, Vernichtung, bes. von Gebäuden u. dergl.: e. urbis, castelli, gentis.

Excido, cĭdi, — 3. [cado] 1) herausod. herabfallen: animal e. ex utero; gladius e. de manibus illorum; (Poet.) e. navi, equo vom Pferde; dentes ee.; e. in flumen (aus dem Schiffe) in den Fluß fallen, ebenso sagitta e. in pedem fällt (aus dem Köcher) auf den Fuß; sors e. das Loos kömmt heraus, ebenso nomen e. sorte. 2) *trop.* A) entfallen, unwillkürlich herauskommen, entschlüpfen: vox e. ore, ebenso scelus, nefas e. ore (Poet.) ein Verbrechen wird (von Jmb.) ausgesprochen; liber e. mihi kömmt ohne mein Wissen heraus. B) einen Ausgang haben, irgendwie ausfallen, mit Etwas endigen: libertas e. in vitium geht zuletzt in ein Laster über; versus e. in breves syllabas gehen aus. C) von Jmb. abkommen, verschwinden, vergehen, aufhören: res, luctus e., memoria rei alicujus e. Insbes. e. de memoria, ex animo, ex animis hominum = vergessen werben, pacis mentio e. ex omnium animis Niemand dachte mehr an den Frieden; ebenso illa res (cogitatio illius rei) mihi e. ging mir aus dem Sinne; *impers.* non excidit mihi, me hoc scripsisse ich habe nicht vergessen; dagegen (Spät.) *act.* excidens = der vergißt. D) (Poet. u. Spät.) a) um Etwas kommen, einer Sache verlustig gehen: e. regno, e. formula (= cadere causa) den Proceß verlieren. b) verfehlen, nicht erreichen, uxore, magnis ausis.

Excīdo, cīdi, cīsum, 3. [ex-caedo] 1) aushauen, =schneiden, abhauen: e. lapides e terra, columnas rupibus; e. arbores fällen; e. alicui linguam; e. virilitatem ob. se verschnelden. 2) aushauen = durch Aushauen aushöhlen, rupem, ob. machen, bereiten, viam inter montes, obeliscum. 3) *trop.* A) herausnehmen, entfernen, tempus illud ex animo, aliquem numero civium streichen. B) zerstören, zertrümmern, vernichten, domos, urbem, auch agrum, exercitum.

Ex-cieo ob. (und zwar, außer im *praes. ind.*, gewöhnlich) **Excio**, ivi, ītum u. ĭtum 4. (selten 2.) 1) heraus=, hervorkommen machen, herausrufen, =bringen, =schaffen, =jagen, =treiben; illa res consulem ex urbe e.; e. aliquem Romā herrufen, ebenso praeco e. homines; e. suem latebris, animas sepulcris hervorbannen; e. aliquem foras aus dem Hause hervorrufen; e. hostem ad pugnandum hervorlocken; so bef. = Soldaten, Colonisten u. dergl. zum Aufbruch bringen, in Bewegung setzen, um in den Krieg, zum Auswandern u. dergl. sich zu begeben (e sedibus exciri aus ihren Wohnsitzen sich erheben, e. Antiochum in Graeciam herbeiloken, e. auxilia e Germania berufen); e. alicui lacrimas entlocken. 2) *trop.* A) Jmb. aus einer ruhigen Lage zu einer Gemüthsbewegung, einer Thätigkeit u. dgl. bewegen, vermögen, veranlassen, aufregen, reizen, erwecken, aufrütteln u. dergl.: juventus largitionibus excita; ea caedes e. Bructeros;

Excipio — Excrementum 273

sonitus ignotus eum e.; insbef. e. aliquem somno ob. ex somno aus dem Schlafe aufwecken; Thyias commotis excita sacris in leidenschaftliche Bewegung verfetzt; conscientia mentem excitam vastabat sein beunruhigtes Gemüth. B) einen Zustand u. dergl. erregen, verursachen, tumultum, terrorem.

Excĭpio, cēpi, ceptum, 3. [capio] 1) (selten) herausnehmen, telum ex vulnere auzziehen, pisces ex mari auffischen. 2) ausnehmen, eine Ausnahme machen mit: e. hos homines, neminem de antiquis; illis exceptis jene ausgenommen. Hiervon = die Bedingung machen, als Bedingung festsetzen: lex e. ut (ne) liceret. 3) auffangen, aufnehmen, sanguinem paterā, hominem labentem, filiorum extremum spiritum; e. se in pedes vom Pferde herabspringen; e. corpus clipeo stützen, ebenso corpus poplitibus exceptam auf ruhend. Hiervon A) wegfangen, gefangen nehmen, fugientes, servos in pabulatione; trop. e laudem, voluntates hominum sich erwerben. B) auffangen, überfallen, angreifen (bes. lauernd auf Jmd.): Orestes e. incautum, ebenso e. caprum insidiis. C) aufnehmen, empfangen, bes. einen Gast, auch eine Sache, etwas Gutes ob. Böses (vgl. accipio, nanciscor u. dergl.): e. aliquem beherbergen; e. aliquem epulis bewirthen; campus, patria eum e. nimmt ihn auf: e. telum, vulnera von dem Spieße getroffen werden, eine Wunde empfangen; e. dolores, pericula über sich nehmen, sich unterwerfen; e. iram hostium capite den Zorn der Feinde über sein Haupt sich ergießen lassen. Hiervon = Etwas in einem bestimmten Sinne aufnehmen, auffassen, auslegen: e. sententiam alicujus gravius atque ipse sensisset. C) = widerstehen, aushalten: quae (sublicae) omnem vim fluminis exciperent; e. impetum hostium. D) (Poet.) porticus e. Arcton liegt gegen den Norden. E) = mit dem Gehöre auffangen = vernehmen, hören: e. illas voces, sermones eorum; e., legem parari, daß ein Gesetzvorschlag vorbereitet wird. F) = auf Etwas folgen (der Zeit ob. der Reihe nach), sich an Etwas anschließen: stomachos e. linguam; pestilens aestas e. tristem hiemem; abs. turbulentior inde annus e. folgt. G) fortsetzen (gleichsam von Anderen empfangend, e. pugnam. H) begegnen, treffen: eventus (casus) aliquis me e.; bellum grave eum e.

Excĭtātus, adj. mit comp. u. sup. [particip. von excito] lebhaft, heftig, stark, clamor, sonus, odor.

Ex-cĭto, 1. 1) heraus-, heraufjagen, -treiben: e. aliquem de spectaculis aufstehen heißen, e. feras aculeato; vox illa me foras e. (Pl.) lockte mich aus dem Hause heraus, e. aliquem a coena wegrufen; trop. e. memoriam caram alicui hervorrufen; e. aliquem e somno, dormientem plötzlich erwecken; e. reum, testes u. dergl. aufrufen, hervortreten auffordern; e. aliquem ab inferis von den Todten auferstehen machen: absol. e. aliquem aufstehen machen; e. vapores macht Dünste sich erheben. 2) in die Höhe sich bewegen machen. Insbef. A) = errichten, aufrichten, erbauen, sich erheben lassen, e. turrim, aras,

tumulum alicui; sarmenta excitantur culturā schießen in die Höhe. B) e. ignem, incendium auflodern machen, anlegen, anfachen. C) verursachen, erwecken, bewirken, suspicionem, iram, risus, amores, tantas laudes. D) trop. excitata fortuna aufgerichtetes, nicht gebeugtes Glück (oppos. inclinata). E) geistig aufrichten = kräftigen, ermuntern, beruhigen, senatum, jacentem amici animum. 3) trop. zu irgend einer Thätigkeit erwecken, antreiben, aufregen, anreizen: e. aliquem ad virtutem, illos ad audiendum; e. hominum studia ad nostras utilitates die Theilnahme der Menschen erregen.

Exclāmātĭo, ōnis, f. [exclamo] der Ausruf.

Ex-clāmo, 1. 1) absol. laut rufen, schreien: e. vehementius; contiones ee. brechen in ein Beifallgeschrei aus; femur e. (Poet.) knackt laut. 2) Etwas ausrufen, laut rufen: hic e., eum sibi esse sodalem; e. ut bono animo sint; e. aliquid = laut vortragen; e. aliquem Jmds Namen laut rufen.

Exclūdo, si, sum, 3. [ex-claudo] 1) ausschließen, nicht zulassen: e. aliquem ab aliquo, ab acie, trop. ab hereditate. Hiervon trop. A) ausschließen = von Etwas fern halten, entfernen, nicht mitnehmen: e. aliquem a republica. B) = verhindern, abschneiden u. dergl., e. aliquem a re frumentaria, excludi anni tempore a navigatione, gleichfalls excludi tempore; e. cupiditatem, jurgia, actiones verhindern, nicht gestatten. C) (Spät.) trennen, Euphrates e. Armeniam a Cappadocia. 2) A) (Com.) ausschlagen, oculum alicui. B) ausbrüten, pullos.

Exclūsĭo, ōnis, f. [excludo] (selten, Vorklass. u. Spät.) das Ausschließen.

*Exclūsus, adj. im sup. [particip. von excludo] (Pl.) ausgeschlossen.

Excōgĭtātĭo, ōnis, f. [excogito] das Ausdenken, Aussinnen.

Excōgĭtātus, adj. mit sup. [particip. von excogito] ausgesucht, vorzüglich.

Ex-cōgĭto, 1. ausdenken, aussinnen, ausfindig machen, multa ad ornatum locorum.

Ex-cŏlo etc. 3. 1) (selten, Poet. u. Spät.) sorgfältig bearbeiten, vineas, lanam, sein spinnen. 2) trop. A) (Spät.) schmücken, verschönern, urbem, funus armis. B) ausbilden, verfeinern, veredeln: e. animos doctrinā, e. vitam; exculti sumus ex agresti vita ad humanitatem. C) (Poet.) verehren, anbeten, aliquem, deos. D) (Spät.) sorgfältig pflegen, bearbeiten, agrum. E) (Spät.) mit Etwas ausrüsten.

Ex-cŏquo etc. 3. 1) herauskochen, -schmelzen, vitium metallis. 2) abkochen, glebas melle. 3) schmelzen, ferrum. 4) ausbrennen, -dörren, sol e. terram; e. arenas in vitrum; trop. ancillam exocctam reddam ausgedörrt = ganz mager. 5) trop. A) (Com.) e. malum alicui aussinnen, ausbrüten. B) e. mentem alicujus quälen, beängstigen.

Excors, dis, adj. [ex-cor] ohne Verstand, einfältig, dumm.

Excrēmentum, i, n. [excerno] (Spät.) was durch Aussonderung vom Körper abgeht,

Ingerslev, lat.-deutsches Schulwörterbuch. 18

häufig = die Excremente; e. oris der Speichel, narium der Nasenschleim.

Ex-cresco etc. 3. (Vorklaff. u. Spät.) heraus-, hervor-, emporwachsen: arbor e.; caro excreverat in dextero ejus latere ein Gewächs hatte sich gebildet. Hiervon trop. = über das Maaß zunehmen, überhand nehmen, luxus, prooemii longitudo.

Excrētus, adj. [excresco] (selten, Poet.) herangewachsen, groß.

Excrŭciābĭlis, e, adj. [excrucio] (Pl.) der gepeinigt zu werden verdient.

Ex-crŭcio, 1. 1) stark foltern, -martern, aliquem; trop. (Pl.) e. diem liederlich hinbringen. 2) trop. = abquälen, beunruhigen, ängstigen u. dergl.: meae miseriae me ee.; tu illam excrucias animi im Geiste; id ego excrucior ich bin in Angst über dieses.

*****Excŭbātio**, ōnis, f. [excubo] (Spät.) das Wachehalten.

Excŭbĭae, ārum, f. pl. [excubo] *1) (Pl.) das Liegen außer dem Hause. 2) die Wache = das Wachen, Wachehalten von Soldaten u. dergl.: tristes ee.; agere ee. alicui um Jmb. zu schützen. 3) die Wache = der Wachtposten: transire ee.; ee. vigilum, custodum.

Excŭbĭtor, ōris, m. [excubo] der Wächter, im pl. = die Wache, der Wachtposten.

*****Excŭbĭtus**, us, m. [excubo] (Spät.) die Wache = das Wachehalten.

Ex-cŭbo etc. 1. (selten, Spät.) außerhalb (des Hauses, der Stadt u. s. w.) liegen, armati ee. in agro. 2) Wache halten, Wache haben, auf der Wache sein: legiones ee. in armis (bewaffnet), per muros, naves ee. ad portum. Hiervon 3) trop. wachen = wachsam sein, Acht geben, besorgt sein: e. super über die Arbeit, pro aliquo e. et vigilare; sapiens e. animo ist auf seiner Hut; cura e. ist munter und wach, lebhaft.

Ex-cŭdo etc. 3. 1) herausschlagen, -treiben: e. scintillam silice. 2) ausbrüten, pullos. 3) (Poet.) schlagend bereiten = schmieden, schlagen, aera; hiervon trop. überhaupt mit Kunst verfertigen, bilden, ceras, e. librum u. dergleich. verfassen, schreiben.

Exculco, 1. [ex-calco] (selten) 1) heraustreten, trop. furfures e. ex dominis meis. 2) festtreten, terram.

Ex-cūrātus, adj. [particip. von einem sonst ungebr. Verbum ex-curo] (Pl.) sorgfältig gepflegt; victus e. sehr gut, mit Sorgfalt gewählt.

Ex-curro, cŭcurri (selten curri), [cursum] 3. I. intrans. 1) heraus-, hervorlaufen, -eilen, -fahren: aliquis e. foras, in publicum; e. in Pompejanum eine Ausflucht, einen Abstecher nach dem P. machen; sons e. ex cacumine montis entspringt; (Pl.) e. in malam crucem zum Henker gehen. 2) Insbes. A) in der Militärsprache, hervorbrechen, einen Ausfall machen, omnibus portis, ex Africa, in agros Romanos. B) trop. a) hervorlaufen = hervorragen, sich hervorstrecken: peninsula e. ab intimo sinu, promontorium e. in altum. b) oratio e. longius verbreitet sich, schweift ab; campus in quo virtus e. possit sich tummeln, sich zeigen: oratio e. cum sententia hält gleichen Schritt mit dem Gedanken, kömmt aus mit dem Gedanken. II. transit. A) durchlaufen, spatium. B) (Spät.) in der Rede übergehen.

*****Excursātio**, ōnis, f. [excurso] (Spät.) der Ausfall, Angriff.

Excursio, ōnis, f. [excurro] 1) das Heraus-, Hervorlaufen: e. oratoris rara esse debet der Redner darf nicht zu oft von seinem Platze hervorlaufen; ee. longissimae Ausflüchte; trop. e. sit ex narratione eine Digression, Abschweifung von dem eigentlichen Thema. 2) Insbes. in der Militärsprache der Streifzug, der Ausfall oder Einfall (je nachdem an den terminus a quo an den terminus ad quem gedacht wird): nostri crebras ee. ex oppido faciebant; una e. equitatus; trop. e. orationis der erste Anfang.

Excursor, ōris, m. [excurro] in der Militärsprache, der Ausläufer zum Spioniren, der Plänkler.

Excursus, us, m. [excurro] (meist Spät.) = excursio.

Excūsābĭlis, e, adj. mit comp. [excuso] der zu entschuldigen ist, error.

Excūsāte, adv. mit comp. [excusatus] entschuldigt, mit Entschuldigung.

Excūsātio, ōnis, f. [excuso] die Entschuldigung: accipere e. alicujus annehmen, haec tibi dant justam e.; e. intermissionis literarum, injuriae Entschuldigung wegen der Unterbrechung des Briefwechsels, gleichfalls e. cur aliquid factum sit Entschuldigung, daß Etwas geschehen sei, e. quominus adesset Entschuldigung, daß er nicht gegenwärtig war; hingegen e. inopiae, valetudinis, aetatis (wo der genit. die Sache angiebt, aus welcher der Entschuldigungsgrund genommen wird) Entschuldigung aus dem Mangel, dem Gesundheitszustande, dem Alter hergenommen.

Excūsātus, adj. mit comp. u. sup. [part. von excuso] (Spät.) entschuldigt, gerechtfertigt.

Excuso, 1. [ex-causa] 1) entschuldigen, rechtfertigen: e. aliquem, alicui oder apud aliquem bei Jmd., e. se in (de) re aliqua alicui oder apud aliquem sich bei Jmb. wegen einer Sache e.; volo me excusatum alicui; excusor morbi causa man entschuldigt mich wegen Krankheit; excusabo ei paucitatem literarum tuarum ich werde dich bei ihm wegen der Seltenheit deiner Briefe entschuldigen: Terentius e. Titium quod eum brachium fregisse diceret entschuldigte den T. damit, daß er sagte u. s. w., gleichfalls Libo e. Bibulum quod is inimicitias cum C. habebat damit, daß er — hatte. Hiervon (Spät.) excusari rei alicui = einer Sache entgehen, von ihr sich losmachen. 2) Etwas als Entschuldigungsgrund anführen, sich mit Etwas entschuldigen: e. morbum, inopiam; (Spät.) excusarunt, se ebrios id fecisse daß sie es in der Trunkenheit gethan hätten.

*****Excŭsor**, ōris, m. [excudo] (Spät.) der Schmied, Kupferschmied.

Excusse, adv. [excussus] (Spät.) eigtl. straff, trop. = heftig.

Excussus, adj. [particip. von excutio] ausgestreckt, straff, lacertus.

Excŭtio, cussi, cussum, 3. [ex-quatio] 1) heraus-, herabschütteln: e. multa illa in terram, e. ignem de crinibus, pulverem. Hiervon A) aus-, abwerfen, -schleudern: e. ancoram e nave, e. jugum abschütteln, e. telum, poculum è navibus, gubernatorem e navi, equus e. rectorem. B) (Poet. u. Spät.) herausschlagen, -treiben: e. alicui oculum; e. alicui lacrimas, risum, sudorem abnöthigen, auspressen, entlocken; e. feras cubilibus herausjagen, excuti somno (Poet.) aus dem Schlafe aufgejagt werden; e. ignem, imbrem (von Wolken u. dergl.) ausschütten, von sich geben; e. hostem oppidis vertreiben, excussus patriâ verbannt; e. se sich wegbegeben. C) ausschütteln um zu durchsuchen, pallium, aliquem (= vestem alicujus). D) e. lacertum ausstrecken, rudentem aufwickeln. 2) hinabwerfen, -schlagen, e. aliquem equo, excussus equo vom Pferde gestürzt. 3) *trop.* A) verjagen, verscheuchen, entfernen: e. omnes illas delicias, metum corde; e. alicui opinionem benehmen; e. alicui studia de manibus entreißen; excussus propriis negotiis (Poet.) von — ausgeschlossen, ausgestoßen; (Poet.) e. aliquem sceptris der Königsgewalt berauben, navis excussa magistro (aus welchem der Steuermann herabgestürzt ist) beraubt. B) untersuchen, erforschen (vgl. 1. C.), rem, locum.

Exdorsuo, 1. [ex-dorsum] (Vorklass. u. Spät.) eigtl. vom Rücken entblößen, = entgräten, die stärkeren Gräten herausnehmen, piscem.

Exĕco, Exequor etc., *s. S. für* Exseco, Exsequor etc.

Ex-ĕdo etc. 3. 1) aufessen, ganz verzehren, frumentum; daher überhaupt verzehren, zernagen u. dergl.: argentum vivum (das Quecksilber) e. vasa, situs e. monumenta; arbor exesa ein hohler Baum, (Poet.) e. urbem zerstören; (Com.) e. aliquem = das Vermögen Jmds durchbringen. 2) *trop.* verzehren = zernagen, entkräften, aegritudo (cura) e. animum.

Exedra, ae, *f.* [ἐξέδρα] eine mit Sitzen versehene halbrunde Erweiterung der Säulengänge, wo besonders Philosophen mit ihren Zuhörern sich unterhielten; daher überhaupt = Conversationssaal, Disputirhalle.

Exedrium, ii, *n.* [ἐξέδριον] *deminut.* von exedra.

Exemplar (Vorklaff. auch **-āre**), āris, *n.* [exemplum] (was der Art ist, daß es vorzugsweise gewählt werden kann, um zu zeigen, wie etwas Anderes ist), 1) das Vorbild, Modell, Muster: e. propositum ad imitandum; siue ullo certo e. formaque reipublicae dissero; e. vitae morumque respicere das Vorbild betrachten, welches das Leben und die Sitten geben; ad e. primi libri nach dem im ersten Buche aufgestellten Muster; referre aliquid ut e. als ein Musterbeispiel. 2) die Abschrift, Copie: e. literarum tuarum; liber in exemplaria traductus von welchem Abschriften genommen sind. Hiervon A) das Exemplar eines Buches oder einer Malerei. B) das Abbild, Ebenbild, sui seiner selbst; e. ingenii ejus ein Werk, das von seinem Geiste ein Ebenbild giebt, das Gepräge davon trägt.

Exemplum, i, *n.* [statt exempulum von eximo] (was aus einer Menge gleichartiger Dinge herausgenommen werden kann, damit daran ihre gemeinschaftlichen Eigenschaften erkannt werden können): 1) das Beispiel, die Probe: exempla sumere ex numero illorum; confirmas illud exemplo quod affers; e. crudelitatis von Grausamkeit; exemplo Titii nach dem B. des T.; fecit illud pessimo exemplo so daß er dadurch ein sehr schlechtes Beispiel gab; exempli causa paucos nominavit beispielsweise, exempli causa illud nomen in aliquot libris invenerant um ein Beispiel anzuführen, exempli causa eum nominavi um ein Beispiel zu nennen, exempli gratia illud proposui. Insbef. A) = belehrendes oder warnendes Beispiel: ee. haec pro documentis habenda sunt; clades eorum exemplo fuit; triste e. erimus; magna ee. casuum humanorum aus den menschlichen Schicksalen genommen; edere e. ein Beispiel geben, e. statuere in aliquem ein Beispiel statuiren; omnia belli ee. eduntur (fiunt) in eum et erfährt alle Schrecken des Krieges; supplicium exempli parum memoris legum humanarum eine Hinrichtung, die ein Beispiel gab von der Vernachläffigung der Gesetze der Menschlichkeit. Hiervon B) bisweilen (Spät.) = die Strafe: omne magnum e. habet aliquid ex iniquo; mereri novissima ee. die äußersten Strafen. C) = Verfahren, Benehmen, Herkommen, Sitte: more et exemplo populi Romani; uno omnes e. vivunt; quaestionem habuit eodem e. quo etc. D) von einer Schrift od. dgl., Inhalt, Ausdruck, Formulat: literae allatae sunt hoc e.; testamentum duplex sed eodem e. 2) = exemplar, das Muster, Vorbild, Beispiel zur Nachahmung: e. innocentiae, proponere e. ad imitandum; capere (petere) ex aliquo exemplum probitatis etc. ein Beispiel an Jmd. nehmen. 3) das Abbild, Ebenbild, Portrait, oder die Abschrift, Copie, e. alicujus; pingere e.

Exentĕro, 1. [verw. mit dem gr. ἔντερα, ἐξεντερίζω] (Vorklaff. u. Spät.) 1) ausweiden, die Eingeweide heraus nehmen, leporem. 2) *trop.* A) leeren, marsupium alicujus. B) martern, aliquem.

Ex-ĕo etc. 4. I. *intrans.* 1) herausgehen, -kommen, weggehen, -ziehen: e. ex urbe, e patria, de cubiculo, ab aliquo aus Jmds Hause od. dergl.; e. portâ, domo; e. de navi ans Land gehen; e. in solitudinem, in provinciam (aus Rom) in die Wüste, die Provinz ziehen, e. in terram ans Land gehen; e. ad aliquem von Hause nach Jmd. hingehen; mea sors e. kömmt heraus; Nilus e. fließt aus, mündet; folia ee. in angulos endigen sich in, vox e. in illam literam geht auf jenen Buchstaben aus. Insbef. A) von Truppen, ins Feld ziehen, e. ad pugnam, exeunt paludati. B) e. de (ex) vita sterben. C) e. e ludo alicujus ausgehen von. D) von Pflanzen: semina ee. kommen aus der Erde hervor, folia ee. a radice schlagen aus. E) nihil tale e. ex ore ejus kömmt aus seinem Munde heraus, wird von ihm gehört. F) *trop.* e. ex aere alieno aus seinen Schulden heraus-

häufig = die Excremente; e. oris der Speichel, narium der Nasenschleim.

Ex-cresco etc. 3. (Vorklass. u. Spät.) heraus=, hervor=, emporwachsen: arbor e.; caro excreverat in dextero ejus latere ein Gewächs hatte sich gebildet. Hiervon trop. = über das Maaß zunehmen, überhand nehmen, luxus, prooemii longitudo.

Excrētus, adj. [excresco] (selten, Poet.) herangewachsen, groß.

Excrŭciābĭlis, e, adj. [excrucio] (Pl.) der gepeinigt zu werden verdient.

Ex-crŭcio, 1. 1) stark foltern, =martern, aliquem; trop. (Pl.) e. diem liederlich hinbringen. 2) trop. = abquälen, beunruhigen, ängstigen u. dergl.: meae miseriae me ee.; tu illam excrucias animi im Geiste; id ego excrucior ich bin in Angst über dieses.

*****Excŭbātĭo**, ōnis, f. [excubo] (Spät.) das Wachehalten.

Excŭbĭae, ārum, f. pl. [excubo] *1) (Pl.) das Liegen außer dem Hause. 2) die Wache = das Wachen, Wachehalten von Soldaten u. dergl.: tristes ee.; agere ee. alicui um Jmd. zu schützen. 3) die Wache = der Wachtposten: transire ee.; ee. vigilum, custodum.

Excŭbĭtor, ōris, m. [excubo] der Wächter, im pl. = die Wache, der Wachtposten.

*****Excŭbĭtus**, us, m. [excubo] (Spät.) die Wache = das Wachehalten.

Ex-cŭbo etc. 1. (selten, Poet.) 1) außerhalb (des Hauses, der Stadt u. s. w.) liegen, armati ee. in agro. 2) Wache halten, Wache haben, auf der Wache sein: legiones e. in armis (bewaffnet), per muros, naves ee. ad portum. Hiervon 3) trop. wachen = wachsam sein, Acht geben, besorgt sein: e. ad opus über die Arbeit, pro aliquo e. et vigilare; sapiens e. animo ist auf seiner Hut; cura e. ist munter und wach, lebhaft.

Ex-cūdo etc. 3. 1) herausschlagen, =treiben: e. scintillam silice. 2) ausbrüten, pullos. 3) (Poet.) schlagend bereiten = schmieden, schlagen, aera; hiervon trop. überhaupt mit Kunst verfertigen, bilden, ceras, e. librum u. vergleich. verfassen, schreiben.

Excŭlco, 1. [ex-calco] (selten) 1) herausstreten, trop. surfures e. ex dominis meis. 2) festtreten, terram.

Ex-cūrātus, adj. [particip. von einem sonst ungebr. Verbum ex-curo] (Pl.) sorgfältig gepflegt; victus e. sehr gut, mit Sorgfalt gewählt.

Ex-curro, cŭcurri (selten curri), [cursum] 3. I. intrans. 1) heraus=, hervorlaufen, =eilen, =fahren: aliquis e. foras, in publicum; e. in Pompejanum eine Ausflucht, einen Abstecher nach dem P. machen; bes. e. ex cacumine montis entspringt; (Pl.) e. in malam crucem zum Henker gehen. 2) Insbef. A) in der Militärsprache, hervorbrechen, einen Ausfall machen, omnibus portis, ex Africa, in agros Romanos. B) trop. a) hervorlaufen = hervorragen, sich hervorstrecken: peninsula e. ab intimo sinu, promontorium e. in altum. b) oratio e. longius verbreitet sich, schweift ab; campus in quo virtus e. possit sich tummeln, sich zeigen: oratio e. cum sententia hält gleichen Schritt mit dem Gedanken, kömmt aus mit dem Gedanken. II. transit. A) durchlaufen, spatium. B) (Spät.) in der Rede übergeben.

*****Excursātĭo**, ōnis, f. [excurso] (Spät.) der Ausfall, Angriff.

Excursio, ōnis, f. [excurro] 1) das Heraus=, Hervorlaufen: e. oratoris rara esse debet der Redner darf nicht zu oft von seinem Platze hervorlaufen; ee. longissimae Ausflüchte; trop. e. fit ex narratione eine Digression, Abschweifung von dem eigentlichen Thema. 2) Insbef. in der Militärsprache der Streifzug, der Ausfall oder Einfall (je nachdem an den terminus a quo oder an den terminus ad quem gedacht wird): nostri crebras ee. ex oppido faciebant; una e. equitatus; trop. e. orationis der erste Anfang.

Excursor, ōris, m. [excurro] in der Militärsprache, der Ausläufer zum Spioniren, der Plänkler.

Excursus, us, m. [excurro] (meist Spät.) = excursio.

Excūsābĭlis, e, adj. mit comp. [excuso] der zu entschuldigen ist, error.

Excūsātē, adv. mit comp. [excusatus] entschuldigt, mit Entschuldigung.

Excūsātĭo, ōnis, f. [excuso] die Entschuldigung: accipere e. alicujus annehmen, haec tibi dant justam e.; e. intermissionis literarum, injuriae Entschuldigung wegen der Unterbrechung des Briefwechsels, gleichfalls e. cur aliquid factum sit Entschuldigung, daß Etwas geschehen sei, e. quominus adesset Entschuldigung, daß er nicht gegenwärtig war; dagegen e. inopiae, valetudinis, aetatis (wo der genit. die Sache angicht, aus welcher der Entschuldigungsgrund genommen wird) Entschuldigung aus dem Mangel, dem Gesundheitszustande, dem Alter hergenommen.

Excūsātus, adj. mit comp. u. sup. [part. von excuso] (Spät.) entschuldigt, gerechtfertigt.

Excūso, 1. [ex-causa] 1) entschuldigen, rechtfertigen: e. aliquem, alicui oder apud aliquem bei Jmd., e. se in (de) re aliqua alicui oder apud aliquem sich bei Jmd. wegen einer Sache e.; volo me excusatum alicui; excusor morbi causa man entschuldigt mich wegen Krankheit; excusabo ei paucitatem literarum tuarum ich werde dich bei ihm wegen der Seltenheit deiner Briefe entschuldigen: Terentius e. Titium quod eum brachium fregisse diceret entschuldigte den T. damit, daß er sagte u. s. w., gleichfalls Libo e. Bibulum quod is inimicitias cum C. habebat damit, daß er — hatte. Hiervon (Spät.) excusari rei alicui = einer Sache entgehen, von ihr sich losmachen. 2) Etwas als Entschuldigungsgrund anführen, sich mit Etwas entschuldigen: e. morbum, inopiam; (Spät.) excusarunt, se ebrios id fecisse daß sie es in der Trunkenheit gethan hätten.

*****Excūsor**, ōris, m. [excudo] (Spät.) der Schmied, Kupferschmied.

Excusse, adv. [excussus] (Spät.) eigtl. straff, trop. = heftig.

Excussus, adj. [particip. von excutio] ausgestreckt, straff, lacertus.

Excŭtio, cussi, cussum, 3. [ex-quatio] 1) heraus-, herabschütteln: e. multa illa in terram, e. ignem de crinibus, pulverem. Hiervon A) aus-, abwerfen, -schleudern: e. ancoram e nave, e. jugum abschütteln, e. telum, poculum t navibus, gubernatorem e. navi, equus e. rectorem. B) (Poet. u. Spät.) herausschlagen, -treiben: e. alicui oculum; e. alicui lacrimas, risum, sudorem abnöthigen, auspressen, entlocken; e. feras cubilibus herausjagen, excuti somno (Poet.) aus dem Schlafe aufgejagt werden; e. ignem, imbrem (von Wolken u. dergl.) ausschütten, von sich geben; e. hostem oppidis vertreiben, excussus patriā verbannt; e. se sich wegbegeben. C) ausschütten um zu durchsuchen, pallium, aliquem (= vestem alicujus). D) e. lacertum ausstrecken, rudentem aufwickeln. 2) hinabwerfen, -schlagen, e. aliquem equo, excussus equo vom Pferde gestürzt. 3) trop. A) verjagen, verscheuchen, entfernen: e. omnes illas delicias, metum corde; e. alicui opinionem benehmen; e. alicui studia de manibus entreißen; excussus propriis negotiis (Poet.) von — ausgeschlossen, ausgestoßen, (Poet.) e. aliquem sceptris der Königsgewalt berauben, navis excussa magistro (aus welchem der Steuermann herabgestürzt ist) beraubt. B) untersuchen, erforschen (vgl. 1. C.), rem, locum.

Exdorsuo, 1. [ex-dorsum] (Vorklaff. u. Spät.) eigtl. vom Rücken entblößen, = entgräten, die stärkeren Gräten herausnehmen, piscem.

Exĕco, Exequor etc., s. S. für Exseco, Exsequor etc.

Ex-ĕdo etc. 3. 1) aufessen, ganz verzehren, frumentum; daher überhaupt verzehren, zernagen u. dergl.: argentum vivum (das Quecksilber) e. vasa, situs e. monumenta; arbor exesa ein hohler Baum, (Poet.) e. urbem zerstören (Som.) e. aliquem = das Vermögen Jmds durchbringen. 2) trop. verzehren = zernagen, entkräften, aegritudo (cura) e. animum.

Exedra, ae, f. [ἐξέδρα] eine mit Sitzen versehene halbrunde Erweiterung der Säulengänge, wo besonders Philosophen mit ihren Zuhörern sich unterhielten; daher überhaupt = Conversationssaal, Disputirhalle.

Exedrium, ii, n. [ἐξέδριον] deminut. von exedra.

Exemplar (Vorklaff. auch -āre), āris, n. [exemplum] (was der Art ist, daß es vorzugsweise gewählt werden kann, um zu zeigen, wie etwas Anderes ist), 1) das Vorbild, Modell, Muster: e. propositum ad imitandum; sine ullo certo e. formaque reipublicae dissero; e. vitae morumque respicere das Vorbild betrachten, welches das Leben und die Sitten geben; ad e. primi libri nach dem im ersten Buche aufgestellten Muster; referre aliquid ut e. als ein Musterbeispiel. 2) die Abschrift, Copie: e. literarum tuarum; liber in exemplaria traductus von welchem Abschriften genommen sind. Hiervon A) das Exemplar eines Buches oder einer Malerei. B) das Abbild, Ebenbild, sui seiner selbst; e. ingenii ejus ein Werk, das von seinem Geiste ein Ebenbild giebt, das Gepräge davon trägt.

Exemplum, i, n. [statt exempulum von eximo] (was aus einer Menge gleichartiger Dinge herausgenommen werden kann, damit daran ihre gemeinschaftlichen Eigenschaften erkannt werden können): 1) das Beispiel, die Probe: exempla sumere ex numero illorum; confirmas illud exemplo quod affers; e. crudelitatis von Grausamkeit; exemplo Titii nach dem B. des T.; fecit illud pessimo exemplo so daß er dadurch ein sehr schlechtes Beispiel gab; exempli causa paucos nominavit beispielsweise, exempli causa illud nomen in aliquot libris invenerant um ein Beispiel anzuführen, exempli causa eum nominavi um ein Beispiel zu nennen, exempli gratia illud proposui. Insbef. A) = belehrendes oder warnendes Beispiel: ee. haec pro documentis habenda sunt; clades eorum exemplo fuit; triste e. erimus; magna ee. casuum humanorum aus den menschlichen Schicksalen genommen; edere e. ein Beispiel geben, e. statuere in aliquem ein Beispiel statuiren; omnia belli ee. eduntur (fiunt) in eum er erfährt alle Schrecken des Krieges; supplicium exempli parum memoris legum humanarum eine Hinrichtung, die ein Beispiel gab von der Vernachlässigung der Gesetze der Menschlichkeit. Hiervon B) bisweilen (Spät.) = die Strafe: omne magnum e. habet aliquid ex iniquo; mereri novissima ee. die äußersten Strafen. C) = Verfahren, Benehmen, Herkommen, Sitte: more et exemplo populi Romani; uno omnes e. vivunt; quaestionem habuit eodem e. quo etc. D) von einer Schrift ob. dgl., Inhalt, Ausdruck, Formular: literae allatae sunt hoc e.; testamentum duplex sed eodem e. 2) = exemplar, das Muster, Vorbild, Beispiel zur Nachahmung: e. innocentiae, proponere e. ad imitandum; capere (petere) ex aliquo exemplum probitatis etc. ein Beispiel an Jmd. nehmen. 3) das Abbild, Ebenbild, Portrait, oder die Abschrift, Copie, e. alicujus; pingere e.

Exentĕro, 1. [verw. mit dem gr. ἔντερα, ἐξεντερίζω] (Vorklaff. u. Spät.) 1) ausweiden, die Eingeweide heraus nehmen, leporem. 2) trop. A) leeren, marsupium alicujus. B) martern, aliquem.

Ex-eo etc. 4. I. intrans. 1) herausgehen, -kommen, weggehen, -ziehen: ex urbe, e patria, de cubiculo, ab aliquo aus Jmds Hause ob. dergl.; e. portā, domo; e. de navi ans Land gehen; e. in solitudinem, in provinciam (aus Rom) in die Wüste, die Provinz ziehen, e. in terram ans Land gehen; e. ad aliquem von Hause nach Jmb. hingehen; mea sors e. kömmt heraus; Nilus e. fließt aus, mündet; folia ee. in angulos endigen sich in, vox e. in illam literam geht auf jenen Buchstaben aus. Insbef. A) von Truppen, ins Feld ziehen, e. ad pugnam, exeunt paludati. B) e. de (ex) vita sterben. C) e. e ludo alicujus ausgehen von. D) von Pflanzen: semina ee. kommen aus der Erde hervor, folia ee. a radice schlagen aus. E) nihil tale e. ex ore ejus kömmt aus seinem Munde heraus, wird von ihm gehört. F) trop. e. ex aere alieno aus seinen Schulden heraus-

18*

kommen. G) liber ita e. fällt so aus, ist nach der Vollendung ein solches, ebenso urceus e. kömmt heraus. H) (Poet. u. Spät.) e. ad auras, in coelum, sich erheben, emporsteigen. 2) trop. A) opinio e. verbreitet sich, oratio mea e. (e. in vulgus) kömmt unter die Leute, wird veröffentlicht. B) e. ex (de) potestate suae selbst nicht mächtig sein, den Verstand verlieren. C) (Spät.) res e. ex (a) memoria entschwindet aus dem Gedächtnisse, wird vergessen. D) von der Zeit, ablaufen, zu Ende gehen: dies induciarum exiit ist vorüber, exeunte anno am Schlusse des Jahres. E) (Poet. u. Spät.) sich erstrecken; vita vestra e. supra mille annos; e. in laudes Caesaris abschweifen zu Etwas. F) (Spät.) in der Gramm., sich endigen, in litteram s. — II. transit. (Poet. u. Spät.) 1) überschreiten, über Etwas hinausgehen, limen, vallis illas; trop. e. modum. 2) entgehen, odorem, tela.

Exerceo, cui, cĭtum, 2. [arceo? ἔργον?] 1) (meist Poet. und Spät.) in steter Bewegung halten, nicht ruhen lassen, unaufhörlich beschäftigen, in Athem halten: e. servos, equos in campo herumtummeln, apes exercentur fliegen herum, und labor e. apes, corpora exercita motu; pugnos in te exercebo. Hiervon A) = bearbeiten, umwühlen, terram, vineas bauen, undas aufwühlen. B) trop. a) beunruhigen, plagen, quälen, aliquem; ambitio e. animos hominum; exerceri poenis = gestraft werden; exerceri de re aliqua über Etwas sich ängstigen. b) casus in quibus me fortuna exercuit mich herumgetummelt hat. c) (Poet.) e. aliquem odio verfolgen. 2) anhaltend beschäftigen und üben: e. aliquem (animi vim, ingenium, aetatem illam) re aliqua ob, in re aliqua in Etwas, ad rem aliquam zu einem gewissen Zwecke (Etwas erreichen, leisten oder aushalten zu können). Hiervon e. se ob. im pass. exerceri und (doch nur im praes. particip. und im gerund.) absol. exercere sich üben: e. genere pugnae, saliendo, in venando; gymnasia adamamus exercendi consuetudine; ludicra exercendi Körperübungen. 3) ausüben, treiben, sich viel mit Etwas beschäftigen: e. artem, jus civile, judicium, quaestionem anstellen; e. vectigalia die Staatseinkünfte pachten und verwalten; e. avaritiam in aliquem, crudelitatem in aliquo zeigen, ausüben, gleichfalls e. gratiam in illa re die Gunst gelten lassen; e. inimicitias cum aliquo in feindseligem Verhältnisse mit Jmd. stehen; e. victoriam foede in captis benutzen; (Poet.) e. arma Waffen tragen, e. ferrum bearbeiten; (Poet.) e. cantus singen, balatum blöken, amores lieben, Liebesverhältnisse unterhalten; (Poet.) e. choros aufführen, e. nomen patrium führen, archivos feiern, palaestras Leibesübungen anstellen, laeva via e. poenas malorum führt zu der Stelle, wo die Bösen gestraft werden.

Exercĭtāte, adv. im comp. u. sup. [exercitatus] (Spät.) geübt, mit Uebung.

Exercĭtātio, ōnis, f. 1) [exercito] die Uebung, dicendi im Reden, e. superiorum pugnarum die in den früheren Treffen gewonnene Uebung. 2) die Ausübung, virtutum.

Exercĭtātor, ōris, m. (Spät.) der Jmd. in Etwas übt, Lehrmeister in einer Sache.

*****Exercĭtātrix**, īcis, f. [exercito] die Jmd. übt, d. h. = die Gymnastik.

Exercĭtātus, adj. mit comp. u. sup. [particip. von exercito] 1) geübt, e. in re aliqua. 2) beunruhigt.

Exercĭtĭum, ii, n. [exerceo]. (Spät.) die Uebung.

Exercĭto, 1. [exerceo] (selten außer im particip. exercitatus) üben, aliquem cursu.

Exercĭtor, ōris, m. [exerceo] (Vorklass. u. Spät.) der Jmd. in Etwas übt, Lehrmeister.

Exercĭtus, us, m. [exerceo] *1) (Pl.) die Uebung, e. gymnasticus. *2) (Pl.) die Unruhe, Qual. 3) die geübte Mannschaft, das Kriegsheer, die Armee (überhaupt, vgl. acies, agmen): parare, conscribere u. s. w. e.; bisweilen insbes. = die Landmacht im Gegensatze der Flotte oder = das Fußvolk im Gegensatze der Reiterei (e. equitatusque). Hiervon (Poet.) = die Schaar, der Schwarm überhaupt.

*****Exĕsor**, ōris, m. [exedo] (Lucr.) der Verzehrer, aestus (die Fluth) e. murorum.

Exhālātĭo, ōnis, f. [exhalo] die Ausdünstung, terrae.

Ex-hālo, 1. 1) ausdünsten, aushauchen, nebulam. Hiervon e. crapulam, vinum den Rausch verdunsten, nüchtern werden; (Poet.) Aetna e. flammam wirft, speiet aus, e. animum (vitam) den Geist aufgeben. 2) intrans. (Poet.) dampfen, vapore.

Ex-haurĭo etc. 4. 1) ausschöpfen, bevon austrinken, aquam, sentinam, vinum. 2) von nicht flüssigen Gegenständen, heraus-, heraufschöpfen, -werfen, -graben u. dgl.: e. humum manibus, terram, und überhaupt heraus-, hinwegnehmen, -führen u. dgl.: e. omnem pecuniam ex aerario, praedam ex fortunis publicanorum plündern, ebenso e. opes urbium; e. sibi spiritum, vitam sich das Leben nehmen; e. alicui amorem, dolorem benehmen; aes alienum exhauritur die Schulden werden gedeckt. 2) schöpfend oder trinkend ausleeren, ausschöpfen: e. sentinam navis (den unteren Schiffsraum), poculum. Hiervon A) überhaupt erschöpfen, leeren, aerarium; e. agros, tecta ganz ausplündern; trop. e. homines sumptu, plebem impensis, e. vires, facultates, amicorum benignitatem. B) zu Ende bringen, vollenden, ganz überstehen, durchführen: e. labores, pericula, bella; poenarum satis est exhaustum (Poet.) es ist jetzt Strafe genug genommen. Hiervon e. noctem zubringen; e. mandata vollführen.

Exhērēdātĭo, ōnis, f. [exheredo] (Spät.) die Enterbung.

Exhērēdo, 1. [exheres] enterben, aliquem.

Ex-hēres, ēdis, adj. enterbt: filius est e. bonorum paternorum; (Pl.) facere aliquem exheredem vitae suae Jmd. das Leben rauben.

Exhĭbĕo, 2. [ex-habeo] (eigtl. heraus- ob. hervorhalten) 1) herhalten, hergeben, herbeischaffen, herstellen, verabfolgen lassen und dergl.: e. aliquem erscheinen lassen, z. B. vor Gericht; e. tabulas; e. omnia integra, quadringentos senatores ad ferrum; (Poet.) e. sonos von sich geben. 2) trop. A) darstellen, zeigen, sehen lassen: quorum virtus e. solidum decus; e. linguam parentis et führte dieselbe Sprache wie der Vater, e. faciem patris war dem Vater ähnlich; e. humanitatem, liberalitatem, zeigen, ausüben. B) (= das häufigere praebeo) mit einem *adj.* u. dergl. in *appos.*: e. se supplicem sich als Schutzflehenden zeigen, e. se nudum, adorandum omnibus. Hiervon e. virum fortem (den Leuten einen tapferen Mann darstellen) = sich tapfer zeigen, ebenso e. ducem Graeciae als Anführer Griechenlands auftreten, (Poet.) e. Pallada sich als P. zeigen. C) verursachen, verschaffen, alicui curam, negotia; (Poet.) e. vias tutas die Wege sicher machen, rem salvam e. D) (Spät.) e. Scythas alimentis unterhalten.

Ex-hĭlăro, 1. (selten) aufheitern, fröhlich machen, aliquem, servitutem suam.

Ex-horresco etc. 3. 1) *intrans.* aufschaudern, davon sich entsetzen, metu aus Furcht, in re aliqua über Etwas. 2) (Poet.) *transit.* vor Etwas schaudern, vultus amicos.

Exhortātĭo, ōnis, *f.* [exhortor] die Aufmunterung, Ermunterung; (Spät.) e. studiorum zum Studiren.

*****Exhortātīvus,** *adj.* [exhortor] (Spät.) aufmunternd.

Ex-hortor, *depon.* 1. ermahnen, aufmuntern, anfeuern: e. aliquem in hostes gegen den Feind, in arma die Waffen zu ergreifen; e. aliquem in illam spem, ad ultionem; (Spät.) e. te illud facias ob. ut illud f.; *trop.* e. virtutes anregen = die Menschen zur Tugend ermahnen.

Exicco, a. S. für **Exsicco.**

Exigno, a. S. für **Exsigno.**

Exĭgo, ēgi, actum, 3. [ex-ago] 1) heraustreiben, wegtreiben, -jagen: e. cervam e montibus, aliquem domo; e. reges die Königsfamilie vertreiben; (Spät.) e. aliquem vitā = tödten. Hiervon A) (Poet.) überhaupt treiben, stoßen u. dergl.: e. gladium in aliquem Jmd. das Schwert in den Leib stoßen; e. tela in aliquem werfen. B) Hebras e. aquas ergießt ins Meer. C) e. uxorem verstoßen, auch e. virum a se. 2) *trop.* A) e. fabulam u. dergl. auszischen, verwerfen. B) fordernd verlangen (bes. als eine Schuld und einem Rechtsverhältnisse zufolge, vgl. posco, flagito), jusjurandum, mercedem, equitatum a civitatibus; e. viam die Anlegung einer Straße. Insbef. = Geld eintaffiren, beitreiben, pecuniam; e. poenam ab (de, ex) aliquo Jmd. strafen; (Borklaff.) mille drachmae quas exigor um die ich gemahnt werde. C) eine Waare (ausführen und) verkaufen, fructus. D) (Poet. u. Spät.) e. aliquid ab aliquo Jmd. um Etwas fragen. E) durch Fragen und Untersuchung erfahren, referre exacta das Ergebniß. 3) prüfen, untersuchen, beurtheilen: e. columnas ad perpendiculum; e. aliquid ad nostras leges; nonnisi aure exiguntur quae fiunt per sonos; insbef. e. opus publicum (von Censoren u. dgl., welche untersuchen, ob ein von Staats wegen verdungener Bau gebührend ausgeführt oder unterhalten worden ist), sarta tecta. 4) (Poet. u. Spät.) vollführen, beendigen, vollbringen, monumentum, versus; (Poet.) dies exegit mediam horam der Mittag war vorüber; Phoebus spatiosius e. aestivos ignes macht die heißen Sommertage länger. Hiervon A) von der Zeit, zubringen, verleben, aetatem, vitam; exacta aetate im hohen Alter. B) ausmachen, bestimmen, nondum satis exactum est gewiß. C) aushalten, erdulden, aerumnam. D) (Spät.) einrichten, abmessen, rem ad aliquid nach Etwas. 5) verhandeln, berathen, davon abmachen, endlich beschließen, rem und de re. Hiervon = erwägen, überlegen, aliquid.

Exĭgue ober **-um,** *adv.* [exiguus] knapp, spärlich, wenig: e. sumptum praebere, e. frumentum dierum decem habuit kaum; e. et exiliter ad calculos revocare kleinlich; e. dicere, scribere kurz, mit wenigen Worten.

Exĭgŭĭtas, ātis, *f.* [exiguus] die Knappheit, Kleinheit (an Maaß und Zahl), Wenigkeit, Geringheit, Dürftigkeit: e. castrorum, pellium, copiarum, temporis Kürze, fisci Mangel.

Exĭgŭus, *adj.* mit *sup.* (Poet.) [exigo] knapp, klein, gering, spärlich, beschränkt an Zahl, Größe u. dergl.: e. spatium, mus; ee. castra, fines; e. tempus, pars anni kurz; homo corporis exigui von kleinem Wuchse; e. toga eng, knapp; exiguum campi ein kleiner Theil von der Ebene.

Exīlis, e, *adj.* mit *comp.* u. *sup.* 1) dünn, dürr, mager, schmächtig, klein, winzig: membra ee.; e. femur, corpus; solum e. mager, unfruchtbar; domus e. kärglich, arm; (Poet.) via e. kurz; *trop.* e. oratio, genus dicendi, trocken, mager; sidus e. (Spät.) schwachleuchtend. 2) (Pl.) omnium e. et inanis aegritudinum ee mangelnd = frei von.

Exīlĭtas, ātis, *f.* [exilis] die Dünne, davon *trop.* die Magerkeit, Dürftigkeit, bes. in der Rede.

Exīlĭter, *adv.* [exilis] mager, trocken, scribere.

Exīlium, a. S. für **Exsilium.**

Exīmĭe, *adv.* [eximius] ausnehmend, außerordentlich.

Exīmĭus, *adj.* [eximo] 1) ausgenommen = was als eine Ausnahme aus der übrigen Menge herausgenommen wird: tu mihi unus e. es; neminem e. habeo. 2) ausnehmend, außerordentlich, vortrefflich: bos e. auserlesen; homo e. et praestans; singularis et e.; e. ingenium, gloria, pulchritudo.

Exĭmo, ēmi, emptum, 3. [ex-emo] 1) heraus-, hinwegnehmen: e. medullam e caule; e. telum; e. diem ex mense; e. aliquem de (ex) reis aus der Zahl der Angeklagten; (Poet.) e. aliquem numero beatorum nicht mit unter die Glücklichen rechnen; *trop.* e. rem miraculo machen, daß die Sache nicht wunderbar ist. 2) *trop.* A) wegnehmen, benehmen, entfernen: e. alicui curas; e. id quod te angebat. B) befreien, losmachen: e. urbem (ex) obsidione, aliquem ex vinculis, agrum de vectigalibus; e. aliquem crimine freisprechen; (Spät.) e. aliquem supplicio, morti freigeben, von der Strafe, dem Tode befreien. C) e. tempus eine Zeit hinziehen, rauben, mit Etwas zubringen, so daß Jmd. dadurch an Etwas verhindert wird: e. diem dicendo so lange zu reden fortfahren, daß die zur Faſſung eines Entſchluſſes beſtimmte Zeit dadurch verläuft; ea res diem exemit nahm den ganzen Tag hin.

Ex-ĭnānĭo, 4. ausleeren, leer machen, navem, castra; e. civitatem, agros ganz ausplündern, entblößen, ebenſo e. amatorem; e. aciem durch Dünne ſchwächen.

Ex-inde und abgekürzt **Exin**, adv. 1) (ſelten, Vorklaſſ. u. Spät.) im Raume, von da, von da her. 2) von einer (localen) Reihe, darauf: auxiliares in fronte, post quos sagittarii, dein quatuor legiones, e. totidem aliae legiones. 3) in der Aufzählung oder Reihenfolge von Thatſachen u. vergl., alsdann, nächſtdem: corruptionem militum, e. adulterium Poppaeae, postremum mollitiam corporis objectavit. 4) in der Zeit, A) hierauf, dann. B) (Spät.) ſeitdem, von jener Zeit an: hunc morem e. gens universa tenet. 5) (Vorklaſſ.) zur Bezeichnung der Norm, nach welcher Etwas geſchieht, danach, in dem Maaße: ut fama est homini, exin solet pecuniam invenire; exinde ut pabuli facultas est je nachdem man Futter hat.

Existĭmātĭo, ōnis, f. [existimo] das Urtheil, die Meinung von einer Sache (nach vorhergehender Betrachtung und Schätzung, vergl. aestimatio): ee. et judicia hominum; vir optimus omnium existimatione. 2) Insbeſ. die gute Meinung, welche die Leute von Jmd. haben, der gute Ruf, Name, die Achtung: violavi e. tuam, ebenſo oppugnare, laedere, offendere existimationem alicujus; facere aliquid contra e. alicujus. Hiervon = Credit, e. debitorum.

Existĭmātor, ōris, m. [existimo] der Beurtheiler, Urtheiler, der über eine Sache eine Meinung hat.

Existĭmo, 1. [ex-aestimo] 1) (meiſt Vorklaſſ. u. Spät.) eine Sache ſchätzen, anſchlagen: e. aliquid flocci, magni. 2) meinen, der Anſicht ſein, dafür halten (nach vorhergehender Betrachtung und Schätzung, vergl. aestimo): ut Cicero e., ut vulgo existimatur; existimo eum avarum, Titus honestus existimatur; e. hos oratores fuisse maximos, haec disciplina in Britannia reperta esse existimatur; hoc in probro existimatur wird für eine Schande gehalten. 3) = entſcheiden, urtheilen, beurtheilen: e. ex eventu de consilio alicujus; existimabitis qualis illa deditio facta sit; nunc vos existimate, utrum crudelior an avarior sit; auch de illis scriptoribus e. non possumus. Hiervon (Spät.) existimari jubet a medicis befiehlt den Aerzten ein Gutachten abzugeben.

Existo, a. S. für Exsisto.

Exĭtĭābĭlis u. **Exĭtĭālis**, e, adj. [exitium] zum Untergange gereichend, verderblich, bellum, discordiae.

*__Exĭtĭo__, ōnis, f. [exeo] (Pl.) das Herausgehen.

Exĭtĭōsus, adj. mit comp. [exitium] = exitiabilis.

Exĭtĭum, ii, n. [exeo] 1) der Untergang, das Verderben, die Zerſtörung, urbis, orbis terrarum; ego tibi exitio fui; auch im plur., omnia ee. alle, jede Art Verderben; extrema exitiorum exitus letzte und ſchließliche Unglücksfälle. 2) (ſelten) e. vitae Ende des Lebens (= exitus).

Exĭtus, us, m. [exeo] 1) das Herausgehen, Herausziehen, der Ausgang: exitum sibi parare; asservare singulorum exitus Acht geben, wenn die Einzelnen herausgehen. 2) der Ausgang = der Ort (Weg), durch welchen man herausgeht: angustus portarum e. durch das Thor, e. paludis aus dem Sumpfe. 3) trop. A) der Schluß, das Ende, orationis, anni, oppugnationis; ad e. perducere aliquid; e. vitae das Lebensende; consulatus meus est in exitu iſt am Ende, läuft eben aus. Insbeſ. = Lebensende, Tod: e. humanus; boni bonos ee. habent. B) der Ausgang = der Erfolg, das Reſultat, Schickſal: eventus et e. rerum; haec meliores habebunt ee.

Ex-lex, ēgis, adj. geſetzlos, vom Geſetz entbunden: tu unus es e.

Exlīdo, (Com.), ſ. Elido.

*__Ex-obsecro__, 1. (Pl.) inſtändig bitten.

*__Exŏcŭlo__, 1. [ex-oculus] (Vorklaſſ.) der Augen berauben, e. caput alicui.

Exŏdĭum, ii, n. [ἐξόδιον] (eigtl. der Ausgang, Schluß) comiſches und luſtiges Nachſpiel zu einem Schauſpiele.

Ex-ŏlesco, ēvi, ētum, 3. 1) (Spät.) verwachſen, ausarten. 2) trop. vergehen, verſchwinden, ſich verlieren, aus der Gewohnheit-, der Mode kommen, veralten: vetustissima disciplina e.; favor patris, is dolor, rumor e.; amictus Graeci ee.

Exŏlētus, adj. [exolesco] 1) (zur Unzucht erwachſen) liederlich, gemein, scortum, beſ. = der Buhlknabe. 2) veraltet, außer Gebrauch und Mode gekommen, verſchwunden, mos, voces; odium exoletum vetustate.

Ex-ŏnĕro, 1. 1) entlaſten, entladen, einer Ladung oder Laſt entledigen: e. navem, ventrem; trop. e. civitatem metu von Furcht befreien, e. conscientiam erleichtern, e. animum sollicitudine. 2) ausladen = etwas Läſtiges wegſchaffen, fortſchaffen, -bringen: e. eum ex hoc agro, multitudinem in proximas terras fortführend ſich entledigen; trop. e. aliquid in aures alicujus anvertrauen, pars laborum exonerari wird hinweggenommen.

Exopsecro, a. S. für Exobsecro.

Exoptābĭlis, e, adj. [exopto] (Vorklaſſ. u. Poet.) wünſchenswerth.

Exoptātus, adj. mit comp. u. sup. [particip. von exopto] erwünſcht, angenehm, lieb.

Ex-opto, 1. 1) (Vorklaſſ., ſelten) auswählen: exopta id quod maxime vis tibi evenire. 2) ſehr wünſchen, herbeiwünſchen, rem aliquam, pestem alicui; e. videre aliquem, se laudari; e. ut hoc tibi sit laudi.

Exŏrābĭlis, e, adj. [exoro] erbittlich, der durch Bitten ſich erweichen und bewegen läßt, homo, ira.

Exŏrābŭlum, i, n. [exoro] (Vorklaſſ. u. Spät.) das Mittel zum Erbitten.

*__Exŏrātor__, ōris, m. [exoro] (Com.) der Erbitter.

Ex-ordĭor etc. depon. 4. Etwas, insbeſ. ein Gewerbe und dergl., anfangen, anheben, beginnen, pertexere quod exorsus sis; e. faciaus, bellum, tragoediam, causam; e. dicere; e. ab adversarii dicto; e. parricidia ab illo mit Jenem; ita e. Hiervon *part.* exorsus *pass.* als *adj.* angefangen, und (Poet.) *subst.* **ex-orsa,** örum, *n. pl.* a) Beginnen, Anfang. b) Einleitung.

Exordium, ii, *n.* [exordior] der Anfang (eigtl. eines Gewebes), Beginn: e. hujus mali; ducere (capere) e. rei alicujus a re aliqua eine Sache mit Etwas anfangen; auch (Poet. u. Spät.) im *pl.* Insbef. der Anfang einer Rede oder Schrift, die Einleitung: e. est principium orationis; exordio nugatorio uti.

Ex-ŏrior etc. *depon.* 4. 1) aufstehen, sich erheben: sol, stella e. geht auf, davon (Poet.) exoriens die Morgensonne; servus e. qui etc. ein Sklave — tritt als Ankläger auf. Hiervon *trop.* a) ex altera parte e. Antipatri ratio erhebt sich als Gegnerin, ebenso lex Julia e. kömmt von der anderen Seite. b) ego nunc paulum e. erhole mich, kriege neuen Muth. 2) entstehen, aufkommen, eintreten: tot bella ee., nulla mora e., aliqua offensio e.; honestum quod ex virtute e. das von der Tugend ausgeht; a M. haec omnia sunt exorta ist alles dieses gekommen; repente rex e. trat plötzlich auf als König, = wurde König, ebenso is — nobis Sulla e. wird für uns ein zweiter Sulla.

Exornātio, ōnis, *f.* [exorno] die Ausschmückung, Verzierung, bef. *trop.* vom Schmucke der Rede; als *rhetor.* Figur = die Ausführung des Gegenstandes mit Gründen.

*****Exornātor,** ōris, *m.* [exorno] der Ausschmücker, rerum.

Ex-orno, 1. 1) mit allem Nöthigen reichlich versehen, vollständig ausrüsten: e. classem; e. vicinitatem armis. Hiervon = anordnen, anrichten, nuptias (Pl.); *absol.* satis providenter pro rei natura e. Maaßregeln treffen. 2) ausschmücken, ausziehren, putzen: e. domum, aliquem veste regia; *trop.* e. Graeciam praestantissimis artibus, illustrare et e. orationem. Hiervon *trop.* = preisen, verherrlichen, philosophiam. 3) (Vorklaff.) aufstellen, sich verschaffen (in böser Absicht), hominem qui illud faciat.

Ex-ōro, 1. 1) Jmd. erbitten = durch Bitten bewegen, =überreden: e. aliquem; neque eum e., ut pejeret; sine te exorari laß dich bewegen; (Poet.) carmina ee. (Poet.) versöhnen; e. populum das Volk um Gnade bitten; (Spät.) e. aliquem a re aliqua von Etwas durch Bitten zurückhalten, abbringen. 2) Vorklaff. u. Poet.) Etwas erbitten = durch Bitten erlangen, sich verschaffen: e. aliquid, rem ab aliquo, eos aliquid.

*****Exorsus,** us, *m.* [exordior] = exordium. **Exorsus,** *adj.,* siehe exordior. **Exortus,** us, *m.* [exorior] = ortus. **Ex-os,** ossis, *adj.* (Vorklaff. u. Spät.) knochenlos.

Ex-osoŭlor, *depon.* 1. (Spät.) abküssen, sehr küssen.

Exosso, 1. [ex-os] (Poet.) der Knochen oder der Gräten berauben; piscem; *trop.* pectus exossatum biegsam.

Exostra, ae, *f.* [ἐξώστρα] eine Drehmaschine im Theater, durch welche der Hintergrund der Bühne den Zuschauern zugewandt wurde, so daß sie in diese hineinschauen konnten; *trop.* in e. = vor Aller Augen, offenbar.

Ex-ōsus, *particip.* (Poet. u. Spät.) 1) hassend, Trojanos. 2) verhaßt, alicui.

Exōtěrĭcus, *adj.* [ἐξωτερικός] (Spät.; bei *Cicer.* griechisch geschrieben) zum Aeußerlichen gehörig, libri ee. welche nur die Allen zugängliche, populäre philosophische Wissenschaft mittheilen.

Exōtĭcus, *adj.* [ἐξωτικός] (Vorklaff. u. Spät.) ausländisch, fremd, vinum, unguenta; Graecia e. Großgriechenland; *subst.* exoticum ein ausländisches Gewand.

Ex-pallesco etc. 3. (Poet. u. Spät.) erblassen; *trop.* e. rem sich vor Etwas scheuen.

*****Expalliātus,** *adj.* [ex-pallium] (Pl.) seines Mantels beraubt.

Ex-pallĭdus, *adj.* (selten, Spät.) sehr bleich.

Ex-palpo, 1. oder -palpor, *depon.* 1. (Vorklaff.) erschmeicheln = durch Liebkosungen entlocken, aliquid ab aliquo.

Ex-pando etc. 3. (Poet. u. Spät.) auseinanderbreiten, ausspannen, vestes supra fontem; e. alas; e. fores weit öffnen; Nilus expanditur tritt aus. Hiervon *trop.* = entwickeln, darlegen, auseinandersetzen, e. rerum naturam dictis.

*****Expăpillātus,** *adj.* [ex-papilla] (Pl., zweifelh.) bis an die Brust entblößt, brachium.

*****Ex-patro,** 1. (Poet.) vergeuden.

Ex-păvěfăcio etc. 3. (Spät., selten) in Schrecken setzen, scheu machen, aliquem.

Ex-păvesco etc. 3. (meist Poet. u. Spät.) sehr angst werden, sich sehr entsetzen: e. ad rem aliquam, auch e. ensem, insidias vor dem Schwerte u. f. w.

Expecto, *a. S. für* Exspecto.

Expectŏro, 1. [ex-pectus] (Vorklaff.) aus der Brust verjagen: pavor mihi omnem sapientiam e. ex animo.

*****Expěcŭliātus,** *adj.* [ex-peculium] (Pl.) seines gesammelten Vermögens beraubt.

Expědĭo, 4. [ex-pes] (eigtl. die Füße aus Etwas herauswickeln, losmachen) 1) loswickeln, losmachen, losbinden, herauswinden: e. nodum; e. se ex laqueis. Hiervon = aus einer Schwierigkeit oder Gefahr herausbringen, retten, befreien, durchhelfen u. dergl.: e. aliquem ab omni occupatione, se ex turba; e. se crimine; (Poet.) e. aliquem per acuta belli, expedior per hostes bahne mir einen Weg. Hiervon e. iter fugae, aditum sich bahnen, verschaffen. 2) heraus=, hervorholen, =nehmen, bereit machen, zurecht machen, zuwegebringen u. dergl.: e. virgas, secures; e. tela equosque, naves; e. pecuniam, merces; e. se ad proelium sich fertig machen, und (Spät.) *absol.* e. = sich zum Kampfe rüsten. Hiervon A) (Poet.) e. jaculum werfen. B) in Ordnung bringen, ordnen, zu Stande bringen (so daß die Schwierigkeiten und Verlegenheiten entfernt oder doch erleichtert werden): e. negotia; e. rem frumentariam Alles in Bezug auf das Getreidewesen ordnen; e. nomina sua seine Schulden bezahlen; e. consilia sua seine Pläne vollführen; e. salutem für seine Wohlfahrt sorgen.

3) (Poet. u. Spät.) von der Rede auseinandersetzen, entwickeln, berichten, erzählen: e. pauca multis, originem illorum. 4) *impers.* expedit es ist zuträglich, dienlich, es nützt: aliis aliud e.; mihi e. salvam esse rempublicam; e. cedere; (Spät.) e. ut singulae civitates suas leges habeant; e. mihi ne hoc facias.

Expedīte, *adv.* mit comp. u. sup. [expeditus] leicht, beweglich, geschwind.

Expedītio, ōnis, *f.* [expedio] 1) (Rhetorik) a) die Abfertigung, beseitigende Behandlung. b) die Auseinandersetzung. 2) der Kriegszug, die Expedition im Felde: in expeditionem ire, aliquos mittere, exercitum ducere.

Expedītus, *adj.* mit comp. u. sup. [particip. von expedio] eigtl. losgemacht, ungehindert, 1) von Personen, ungehindert, fertig, bereit: ut ille e. in Galliam proficisceretur (ungehindert durch Geschäfte); occurrit ei Clodius e. kampfbereit; homo e. ein rüstiger Mann, auch = ohne Gepäck; e. ad caedem, ad dicendum rasch, rüstig. Insbes. in der Militärsprache: milites (copiae, exercitus) ee. a) = leicht bewaffnete Truppen; b) = ohne Gepäck; c) = schlagfertig. 2) von Sachen = frei von Hindernissen oder Schwierigkeiten: locus e. vortheilhaft, bequem; via, reditus e. leicht; pecunia e. das zur Hand ist; nomen e. Verschreibung die leicht bezahlt wird, = sicher, ebenso fides e., victoria; coena, e. die ohne viele Mühe verschafft wird: oratio e. leicht fließend; in expedito habere in Bereitschaft haben.

Ex-pello, pŭli, pulsum, 3. heraus-, weg-, forttreiben, -jagen, -stoßen: e. naves ab litore in altum vom Ufer in die hohe See stoßen (laufen lassen), naves in ripam expulsae verschlagen; e. pecus; e. aliquem ex urbe, patria; e. aliquem domo sua, regno, hostes finibus; e. aliquem in exsilium, u. in derselben Bedeutung bloß e. uxorem verstoßen; (Poet.) e. sagittam arcu abschießen; se in auras ans Licht der Welt kommen = geboren werden. Hiervon trop. a) e. aliquem potestate, possessione der Gewalt, des Besitzes berauben, e. aliquem vitā Jmd. das Leben rauben, e. vitam (animam) sich das Leben nehmen. b) e. quietem, somnos stören; e. curas, spem verjagen, omnem dubitationem entfernen.

Ex-pendo, ndi, nsum, 3. 1) (selten, Poet.) wägen, abwägen, rem; *trop.* gradus expensus abgemessen. Hiervon A) (*Pl.*) gegen einander aufwägen, hominem auro. B) im Geiste abwägen, erwägen, schätzen, prüfen, beurtheilen: e. argumenta causarum; cives non numerandi sed expendendi müssen nicht nach ihrer Zahl, sondern nach ihrem Gewichte und ihrer Geltung geschätzt werden; e. haec arte aliqua, meritis nach Verdiensten; e. quid quemque deceat; e. testem prüfen. 2) Geld zur Auszahlung abwägen, davon ausbezahlen, bezahlen, ausgeben: e. numos alicui, viginti talenta in illos sumptus. Hiervon A) (Poet. u. Spät.) e. poenas eine Strafe erleiden, und e. scelus ein Verbrechen büßen. B) Insbes. *particip.* als *subst.* expensum = die Ausgabe: ratio accepti et expensi Rechnung über Einnahme und Ausgabe. Hiervon ferre alicui aliquid expensum Etwas (in sein Cassenbuch) als an Jmd. ausbezahlt eintragen, aufführen, ihm Etwas anschreiben (Gegensatz acceptum ferre aliquid, siehe accipio); bisweilen überhaupt = bezahlen, geben oder leihen: hanc pecuniam tibi expensam tuli, und hiervon, von anderen Sachen, = übergeben, alicui legionem.

Expergē-făcio etc. 3. 1) aus dem Schlafe wecken, aliquem, davon überhaupt erwecken, ermuntern, in Bewegung setzen (nach vorhergehender Ruhe oder Sicherheit): tumultus e. Italiam. 2) (Vorklass.) gleichsam ins Leben rufen, a) e. melos spielen. b) e. scelus begehen.

Expergīscor, perrectus, *depon.* 3. [expergo] aus dem Schlafe erwachen: si dormis, expergiscere. Hiervon *trop.* = zu neuer Thätigkeit, neuem Leben erwachen: nobilitas e.; cessatum adhuc est, nunc expergiscere.

Ex-pergo, — gĭtum. 3. (Vorklass. u. Spät.) aufwecken, erwecken: nec quisquam expergitus exstat von den Todten erweckt; *trop.* e. animos juvenum.

Experiens, tis, *adj.* mit sup. [*particip.* von experior] unternehmend, thätig, der sein Möglichstes versucht, homo fortis et e., promptus et e.

Experientia, ae, *f.* [experiens] 1) der Versuch, die Probe, patrimonii amplificandi sein Vermögen zu vermehren. 2) (Spät.) die Erfahrung, Uebung, Kenntniß, vir longā e.

Experīmentum, i, *n.* [experior] die Probe, der Versuch: experimentis cognitum erat; ut plebs e. daret, an etc. Gelegenheit zu erfahren; ipse primus e. veneni fuit der Erste, an welchem die Wirkung des Giftes versucht wurde. Hiervon a) die Erfahrung, rerum; b) der Erfahrungsbeweis: hoc maximum e. est, vetustate tolli hanc vim der stärkste Beweis dafür, daß u. s. w.

Ex-pĕrior, pertus, 4. 1) prüfen, versuchen (theils um Etwas zu erfahren, kennen zu lernen, = eine Probe mit etwas anstellen, Jmd. auf die Probe stellen; theils um das Gelingen einer Sache zu versuchen = den Versuch machen, Etwas versuchsweise unternehmen; vgl. tento, conor): e. vim veneni in aliquo; e. insidias feliciter, eandem belli fortunam; e. jus suum sein Recht geltend zu machen suchen; e. se seine Kräfte versuchen; e. omnia (alle Mittel) de pace, nolunt e. id quod se assequi posse diffidunt; e. aliquem; e. quantum illi audeant; experiendo magis quam discendo cognovi; saepe experti id efficere nequiverunt trotz mehrerer Versuche; e. libertatem = benutzen, genießen. Insbes. *particip.* experiens und expertus (siehe beide Wörter). 2) durch Erfahrung kennen lernen, erfahren, erproben, erleben u. dergl.: jam antea expertus sum, parum fidei miseris esse; expertus sum aliquot graves valetudines; expertus sum id ita esse, expertus id scio ich weiß es aus Erfahrung. 3) seine Kräfte versuchen, mit Jmd. sich messen, amor mecum e. Hiervon in der Gerichtssprache, mit Jmd. rechten, gerichtlich verfahren: e. cum aliquo, de tantis injuriis.

Expers, tis, *adj.* [ex-pars] untheilhaft = ohne Theil an Etwas, e. imperii, periculorum; überhaupt = Etwas ermangelnd, von Etwas entblößt oder befreit: e. rationis vernunftlos, laboris frei von Arbeit; e. eruditionis ohne Bildung, literarum unbelesen; e. veritatis in dem keine Wahrheit wohnt, e. legum gesetzlos, den Gesetzen trotzend; vinum e. maris nicht mit Salzwasser vermischt. Bei *Sall.* u. Vorklaff. auch mit dem *abl.*, e. domo ohne Heimath, metu furchtlos, fortunis ohne Vermögen.

Expertus, *adj.* mit *sup.* [*particip.* von experior] 1) in Etwas versucht = erfahren, aus Erfahrung Etwas kennend: miles e. belli, homines ee. servitutis. 2) *pass.* versucht = erprobt, durch Erfahrung bekannt: homo e. per omnia, saevitia e.

Expes, *a.* S. für Exspes.

Expetesso oder -petisso, — — 3. [expeto] (*Pl.*) 1) verlangen = fordern, bitten, aliquid ab aliquo. 2) sehnsüchtig wünschen, begehren, verlangen, artem, pulchritudinem alicujus.

Ex-peto etc. 3. I. *intrans.* (selten) irgendwohin trachten, *gehen: mare e. medium terrae locum strebt nach dem Mittelpunkt der Welt hin. Hiervon A) Jmd. widerfahren, ihn treffen: omnes clades hujus belli in eum ee.; illius maledicta in hunc ee.; in servitute multa iniqua ee. eintreffen. B) (*Pl.*) id aetatem expetit = dauert in der Erinnerung fort, so lange seit Betreffende lebt. II. *trans.* 1) verlangen = fordern, bitten, auxilium ab aliquo, poenas sanguinis (auch in aliquem) Jmd. bestrafen; e. jus ab aliquo sein Recht fordern. 2) begehren, verlangen = wünschen: e. pecuniam, vitam beatam; e. vitam alicujus Jmd. nach dem Leben trachten; (Poet.) scire expetis; expeto te conventum ich wünsche dich zu treffen.

Expiatio, ōnis, *f.* [expio] die Ausführung, Sühne scelerum.

Expilatio, ōnis, *f.* [expilo] die Ausplünderung.

Expilator, ōris, *m.* [expilo] der Ausplünderer.

Expilo, 1. ausplündern (unter sonst friedlichen Verhältnissen, also vermittelst ungerechter Gewalt, vgl. spolio, populor), socios, aerarium.

Ex-pingo etc. 3. ausmalen, bemalen, genas (schminken); *trop.* in der Rede, a) verschönern, b) genau schildern, regiones et oras.

Ex-pio, 1) Etwas oder Jmd., der mit Blutschuld befleckt ist, sühnen, ausführen, entsündigen: e. scelus, aliquem; e. quae violata sunt die geschehene Verletzung des Heiligen; cruor nondum expiatus; e. scelus in aliquem = an Jmd. rächen; e. forum u. dergl. reinigend sühnen. 2) etwas Geschehenes sühnen = büßen, wieder gut machen, abbüßen, e. scelus supplicio; incommodum expiatur virtute eorum wird ersetzt. Hiervon = die bösen Folgen von Etwas abwenden, es unschädlich machen, e. prodigium, vocem nocturnam. 3) (selten) versöhnen = durch Sühne besänftigen, mortuorum manes.

Ex-piscor, *depon.* 1. herausfischen, *trop.* = herausbringen, erfragen, omnia ab illo.

*__Explanābilis__, e, *adj.* [explano] (Spät.) deutlich, vox.

Explānāte, *adv.* mit *comp.* [explanatus] deutlich.

Explānātio, ōnis, *f.* [explano] das Ausebenen, = 1) die Auslegung, Erklärung, Deutung, aequitatis, sententiae. 2) (Spät.) a) die Verdeutlichung, b) die deutliche Aussprache, literarum.

*__Explānātor__, ōris, *m.* [explano] der Ausleger, Erklärer, legis.

*__Explānātus__, *adj.* [*particip.* von explano] deutlich.

Ex-plāno, 1. eigtl. ausebenen, *1) (Spät.) flach ausbreiten, corticem. 2) *trop.* entwickeln, auslegen, erklären, deutlich machen: e. rem, pauca de illa re, aliquid conjectura.

Explēmentum, i, *n.* [expleo] (Vorklaff. u. Spät.) das Ausfüllungsmittel: 1) = die Nahrung, Speise, das Futter. 2) von der Rede, ein Zusatz.

Ex-pleo, ēvi, ētum, 2. 1) ausfüllen, anfüllen, voll machen: e. fossam aggere; e. rimas vollstopfen; milites ee. munitionem besetzen vollständig; e. ceras voll schreiben. Hiervon A) = sättigen, bovem frondibus. B) von Begierden u. dergl., sättigen, befriedigen, stillen: e. cupiditatem, odium suum oder alicujus, avaritiam pecuniā; e. sitim, animum suum seine Lust; e. aliquem Jmds Begierde befriedigen. C) e. locum einen Platz einnehmen, ausfüllen. 2) vollständig machen, voll-, vollzählig machen, daher = vollkommen machen, vollständig zu Ende bringen, *ausführen: e. numerum, legiones, exercitum; e. summam, numerum die (gehörige) Zahl ausmachen, e. justam altitudinem erreichen; e. quinque orbes (Poet.) durchlaufen. Hiervon A) *term. t.* non e. tribus, centurias die gehörige Anzahl der Stimmen bei der Abstimmung nicht erhalten. B) e. condemnationem (hinzukommend) die Zahl der Richter vollständig machen und dadurch bewirken, daß die Verurtheilung zu Stande kommen kann. C) e. sententias mollioribus numeris die Sätze vollenden. D) e. munus, officium, erfüllen. E) von der Zeit, zu Ende leben, „füllen", vitam, ducentos annos. 3) (die Stelle ausfüllen, welche etwas jetzt Verlorenes früher einnahm) = ersetzen: e. id quod deperierat; e. id quod utrique defuit; e. damna wieder gut machen.

*__Explētio__, ōnis, *f.* [expleo] die Befriedigung.

Explētus, *adj.* [*particip.* von expleo] vollständig, vollkommen.

*__Explicate__, *adv.* [explicatus] deutlich.

Explicātio, ōnis, *f.* [explico] *1) die Entfaltung, das Auseinanderfalten, rudentis. 2) die Entwickelung, Erklärung, Deutung, fabularum.

Explicātor, ōris, *m.* [explico] der Erklärer, Ausleger, Darsteller.

*__Explicātrix__, icis, *f.* [explico] die Erklärerin, Darstellerin, oratoria vis dicendi, e. orationis perpetuae welche den zusammenhangenden Vortrag lehrt und entwickelt.

Explicātus, us, *m.* [explico] (selten) = explicatio.

Explicatus

Explicātus oder **Explicĭtus**, *adj.* mit *comp. u. sup.* 1) geordnet, provincia. 2) deutlich, klar.

Ex-plĭco, cāvi oder cui, cātum oder cĭtum, 1. 1) auseinanderfalten, entfalten, entwickeln, auseinanderrollen, -breiten u. dergl.: e. velum, vestem, pennas; serpens e. orbes; e. volumen (librum) aufschlagen; e. agmen confusum ordnen, ebenso e. capillum; e. frontem aufheitern. 2) *trop.* etwas Verwickeltes oder Schwieriges in Ordnung oder aufs Reine bringen: e. negotia alicujus, rem frumentariam; e. onus eine Steuer beischaffen; e. nomen eine Schuld abtragen; e. reliquum consilium ausführen, gehörig vollbringen, e. rem zur Entscheidung und Vollführung bringen; e. captiones sich aus — heraushelfen; e. iter zurücklegen. Hiervon = retten, befreien: e. Siciliam multis cinctam periculis, e. se. 3) ausbreiten, ausdehnen, entfalten: e. aciem, cohortes, ordines, weiter gedehnt und auf einem größeren Raume aufstellen; e. forum größer machen; e. rem lucro sein Vermögen vermehren. 4) in der Rede oder Schrift entwickeln, auseinandersetzen, erklären, erzählen, deuten u. dergl.: e. vitam illius, aliquid apertissime; e. de omni animi perturbatione abhandeln.

Ex-plōdo, si, sum, 3. [plaudo] 1) klatschend vertreiben, ausklatschen, auspochen (einen Schauspieler u. dergl.); exsibilo et e. aliquem. 2) A) (Vorklaff. u. Spät.) verjagen, vertreiben. B) mit Verachtung verwerfen, mißbilligen, illam sententiam, hoc genus divinationis.

Explōrāte, *adv.* [exploratus] mit Gewißheit, zuverlässig.

Explōrātio, ōnis, *f.* [exploro] (Spät.) die Erforschung, das Auskundschaften.

Explōrātor, ōris *m.* [exploro] 1) der Erforscher, Untersucher. 2) *insbes.* als *milit. term. t.* der Kundschafter (der unverhohlen zum Recognosciren ausgeschickt wird, vgl. speculator); e. viae (Spät.) ein Vorläufer oder Vorreiter, der dem Kaiser vorauseilte um dafür zu sorgen, daß Nichts auf der Straße die Reise des Kaisers hinderte.

Explōrātōrius, *adj.* [explorator] (Spät.) zum Kundschaften gehörig. Kundschafter: corona e. ein für solchen Dienst geschenkter Kranz.

Explōrātus, *adj.* mit *comp. u. sup.* [particip. von exploro] gewiß, sicher, zuverlässig: e. spes, victoria; consulatus ei exploratus visus est; de hoc mihi exploratum est ita esse ich weiß gewiß; exploratum oder pro explorato habere für gewiß halten oder = bestimmt wissen; literae exploratae a timore Sicherheit gewährend vor.

Explōro, 1. 1) erforschen, untersuchen, prüfen, versuchen, über etwas Gewißheit zu erlangen suchen: e. ambitum Africae; e. idoneum locum castris; e., qui homines inhabitent; e. animum regis; e. de voluntate alicujus; e. portam (ob das Thor stark ist); (Poet.) fumus e. robora prüft, ob er in — hineindringen kann. 2) *Insbes.* als *milit. term. t.* erspähen, auskundschaften, ausspähen (f explorator): e. itinera, Africam, hostium consilia; e. qua commode transire possit.

Exposco

Explōsio, ōnis, *f.* [explodo] das Ausklatschen, Auspochen.

Ex-pōlio, 4. 1) abpoliren, abglätten, e. libellum pumice. 2) *trop.* ausbilden, verfeinern, die letzte Hand an Etwas legen: Plato Dionem omnibus literis e.; homo omni vita excultus et expolitus; e. orationem vollkommen ausarbeiten; ab omni parte natura expolivit hat vollkommen gemacht.

Expōlĭtio, ōnis, *f.* [expolio] 1) das Abglätten, Abputzen, Abpoliren, parietum; e. urbana das — des Hauses in der Stadt. 2) *trop.* von der Rede, die Ausschmückung, Verschönerung.

Expōlītus, *adj.* mit *comp. u. sup.* 1) polirt, abgeglättet, blank, dens. 2) *trop.* ausgeschmückt, verfeinert, villa zierlich, homo gebildet.

Ex-pōno etc. 3. (Vorklaff. *perf.* expŏsīvi, *part.* expostus) 1) aussetzen, heraussetzen, -stellen u. dergl.: e. vasa; e. apparatum in porticibus zur Schau aufstellen. *Insbes.* A) von Kindern, die ausgesetzt werden, damit sie ihren Tod finden: e. infantem ad necem. B) aus dem Schiffe hinaussetzen, ausschiffen, ausladen, ans Land setzen: e. milites ex navibus, in terram, auch in Africa, in litore; e. frumentum. C) e. pecuniam alicui eine Geldsumme auf Anforderung zu bezahlen versprechen, Jmd. zur Disposition stellen. D) = bloßstellen, preisgeben: e. exercitum hosti, provincias barbaris; locus expositus ad pericula classium externarum den von fremden Flotten herrührenden Gefahren ausgesetzt. E) (*Pl.*) e. aliquem = aus dem Hause jagen. 2) *trop.* aufstellen, offen darstellen, A) e. rem ante oculos, in oculis conspectuque omnium vor Augen legen; e. vitam suam ad imitandum juventuti als ein Muster vorstellen; e. praemia aussetzen. B) in der Rede oder Schrift auseinandersetzen, entwickeln, erklären, schildern, darstellen, vortragen u. dergl.: e. rationem illius operis, rem pluribus verbis; e. narrationem; e. aliquid multitudini, absol. e. de re aliqua verhandeln, reden; e. quid senatus censuerit. C) = darthun, beweisen; expone, animos remanere post mortem. D) = definiren: e. summum bonum vacuitatem doloris.

Ex-porrigo etc. 3. (Vorklaff. u. Spät.) ausdehnen, ausstrecken, verbreiten: e. equites in longitudinem, e. munitiones; e. frontem glätten, erheitern.

Exportātio, ōnis, *f.* [exporto] 1) die Ausfuhr, mercium. *2*) (Spät.) die Verbannung.

Ex-porto, 1. 1) heraustragen, -schaffen, -führen: e. omnia sua, aurum ex Italia; (Poet.) Juppiter e. Europam entführte, trug hinweg, e. corpora mortuorum bestatten. 2) = verbannen, aliquem in ultimas terras.

Ex-posco etc. 3. 1) bringend und inständig verlangen, -fordern, erflehen: e. signum proelii; e. misericordiam; e. victoriam a diis und e. aliquid deos die Götter um Etwas inständig bitten. 2) *Insbes.* e. aliquem oder e. aliquem dedi Jmd. ausgeliefert verlangen.

*Expŏsĭte, adv. [expositus] (Spät.) deutlich.

*Expŏsĭtīcĭus, adj. [expono] (Pl.) ausgesetzt, puella.

Expŏsĭtĭo, ōnis, f. [expono] 1) die Aussetzung eines Kindes, infantis. 2) trop. die Auseinandersetzung, Entwickelung, Darstellung, Darlegung: e. summi boni die Definition.

Expŏsĭtus, adj. [particip. von ͑expono] (Poet. u. Spät.) 1) Allen zugänglich; homo e. = herablassend. 2) alltäglich, gemein.

Expōstŭlātĭo, ōnis, f. [expostulo] 1) (Spät.) die dringende Anforderung. 2) das Sichbeschweren, die Beschwerde: quum esset e. facta; ee. cum aliquo über Jmb.

Ex-postŭlo, 1. 1) (meist. Spät.) = exposco 1. u. 2. 2) sich beschweren, Beschwerde führen, Jmb. zur Rede stellen, mit ihm rechten, e. cum aliquo; e. injuriam cum aliquo sich bei Jmb. über ein trübtes Unrecht beschweren, auch e. cum aliquo de re aliqua; e. quia oder cur hoc feceris; e. aliquid esse factum daß Etwas geschehen ist.

Expōtus, a. S. für Epotus, siehe ēpoto.

Expresse, adv. [expressus] 1) ausdrucksvoll, bezeichnend, dicere. 2) deutlich, efferre literam e.

Expressus, adj. mit comp. [particip. von exprimo] 1) ausgedrückt, ausgeprägt, sichtbar: species deorum nihil habet concreti, nihil expressi, nihil eminentis; literae e. deutlich geschrieben; infans expressus omnibus membris ausgebildet. 2) trop. A) von Abbildungen, Statuen u. dergl., ausgedrückt, anschaulich, deutlich; e. imago; signa ee. (oppos. adumbrata); ee. indicia, vestigia. B) von der Aussprache: verba sint ee. deutlich, aber auch in tadelndem Sinne literae non erant ee. wurden nicht mit affectirter Deutlichkeit herausgepreßt.

Exprĭmo, pressi, pressum, 3. [premo] 1) herausdrücken, herauspressen, A) mit dem Gegenstande als Object, der aus etwas Anderem herausgedrückt wird: e. vinum palmis, sudorem de corpore. Hiervon trop. a) in der Aussprache kräftig hervorstoßen, deutlich aussprechen, verba, literas; lingua e. sermonem. b) = Jmb. Etwas abnöthigen, abzwingen, durch physische oder moralische Gewalt Etwas aus Jmb. herausbringen: e. vocem; e. alicui confessionem, pecuniam; eum in jus duxi, expressi ut negaret etc. nöthigte ihn zu läugnen. B) mit dem Gegenstande als Object, aus welchem Etwas herausgedrückt wird: e. spongiam, folia rosae. 2) (meist Poet. u. Spät.) abbilden, abformen, ausdrücken, vollständig darstellen, wiedergeben: e. effigiem, Herculem, venatorem; vestis e. artus zeigt deutlich. Hiervon trop. filius ille e. vitam patris giebt in seinem Leben ein Ebenbild von dem Leben des Vaters; e. aliquid imitando oder imitatione nachahmen, nachbilden darstellen. 3) trop. in der Rede oder Schrift ausdrücken, schildern, anschaulich machen, beschreiben, darstellen: e. rem, illam speciem versibus; e. bellum; e. non possum, quanto sim gaudio affectus. Hiervon = übersetzen, nachbildend ausdrücken: e. aliquid Latine; e. verbum verbo wörtlich übersetzen; e. aliquid ad verbum de Graecis wiedergeben. 4) emportreiben, -bringen, in die Höhe steigen machen: e. aliquid tormentis in altum; quotidianus agger expresserat turres.

Exprŏbrātĭo, ōnis, f. [exprobro] das Vorwerfen, der Vorwurf.

Exprŏbrātor, ōris, m. u. *-trix, īcis, f. [exprobro] (Spät.) der Vorwerfer, Vorrücker, die -in.

Exprŏbro, 1. [ex-probrum] Jmb. Etwas vorwerfen, vorrücken (mit dem Begriffe persönlichen Tadels, vgl. objicio): e. aliquid, officia sua, virtutem suam mit Vorwurf daran erinnern; e. alicui vitia, auch e. alicui de muliere; consules ee., nihilo plus sanitatis in curia quam in foro esse werfen (ihnen) tadelnd vor, daß u. s. w.

Ex-prōmo etc. 3. 1) hervor-, hervornehmen, -holen; e. omnem supplicii apparatum; e. voces (Poet.) hören lassen. 2) trop. A) zeigen, an den Tag legen, äußern: e. varios sensus; e. crudelitatem suam in aliquo, vim eloquentiae in illa causa; e. se alicui hilarissimum convivam (Pl.) sich als — zeigen. B) in der Rede an den Tag geben, eröffnen, äußern, mit Etwas hervortreten, Etwas nennen, sagen u. dergl.: e. omnia sua occulta offenbaren; e. sententiam; expromit, in agro suo repertum esse specum etc. er eröffnet, daß u. s. w., ebenso e. quid sentias.

*Exprōmptus, adj. [particip. von expromo] (Com.) fertig, bereit.

Expugnābĭlis, e, adj. [expugno] (selten) einnehmbar, überwindlich.

*Expugnantĭor, adj. im comp. [particip. von expugno] (Poet.; Andere schreiben expugnacior comp. von einem sonst nicht vorkommenden adj. expugnax) eigtl. mehr bestegend, = wirksamer, kräftiger, herba.

Expugnātĭo, ōnis, f. [expugno] die Erstürmung, die Einnahme bes. durch Erstürmung, urbis, castrorum; ee. nocturnae aedium.

Expugnātor, ōris, m. [expugno] der Eroberer, urbis; trop. der Besieger, Ueberwinder, pudicitiae.

Ex-pugno, 1. 1) erobern, bes. = erstürmen, mit Sturm einnehmen, e. urbem, castellum, aedes; doch auch e. urbem obsidione; e. navem sich des Schiffes bemächtigen. Hiervon a) trop. sich etwas erringen, erzwingen: e. sibi legationem mit vieler Mühe sich verschaffen; e. ut dies tollantur es mit Mühe durchsetzen; e. ab hero pecuniam (Pl.) Geld erpressen, ihm abnöthigen, e. fenus die Befreiung von Zinsen erzwingen. b) Euphrates e. montem durchbricht. 2) überwinden, besiegen, aliquos; e. inclusos moenibus zur Uebergabe zwingen, ebenso fames e. obsessos (so überhaupt häufig von denjenigen, die zugleich von einem Ort verjagt werden sollen). Hiervon trop. A) e. pertinaciam alicujus, pudicitiam, animum sapientis besiegen, bezwingen; expugnatus precibus überredet, besiegt. B) e. quaestiones = hintertreiben.

*Expulsĭo, ōnis, f. [expello] die Vertreibung.

Expulsor, ōris, m. [expello] (selten) der Vertreiber, tyranni.

Expultrix, ĭcis, *f.* [expello] die Vertreiberin.

Ex-pungo, nxi, nctum, 3. (Vorllaff. u. Spät.) eigtl. auspunctiren, d. h. punctirend ausstreichen, tilgen, auslöschen (aus einer Liste): e. nomen. Hiervon a) e. manipulum verabschieden, entlassen, ebenso e. decurias (judicium) die Namen der Gestorbenen oder Untüchtigen ausstreichen. b) e. aliquem (Poet.) = entfernen. c) e. munus munere ausgleichen.

Expurgātio, ōnis, *f.* [expurgo] (Pl.) die Rechtfertigung, Entschuldigung.

Expurgo, 1. 1) reinigen, säubern, lepras, sordida ulcera; *trop.* e. sermonem; e. aliquem (Poet.) = heilen. 2) *trop.* rechtfertigen, entschuldigen, se alicui; e. consilium publicum.

*****Ex-pūtesco**, — — 3. (Pl.) verfaulen.

Ex-pūto, 1. 1) (Spät.) beschneiden, vitem. 2) *A) (Pl.)* überdenken, erwägen, rem. *B) ergründen, ausdenken: quid enim a tanta gloria avocarit, exputare non possum.

Exquiliae, f. Esquiliae.

Exquīro (Pl. auch -aero), sīvi, sītum, 3. [quaero] eigtl. heraussuchen, 1) nach Etwas sich sorgfältig erkundigen, fragen, erforschen u. dergl.: e. causas illius rei ex te; nihil certi a te exquiram; e. quid peccatum sit; e. sententias, iter. Insbes. a) = peinlich fragen, durch die Tortur erfragen, e. de aliquo. *b) (Pl.) e. aliquem Jmd. ausfragen. 2) unterfuchen, erforschen, verum, facta alicujus. 3) ergründen, erfinnen, ausfuchen, honores alicui, fallacias. 4) verlangen, erwarten, aliquid ab aliquo.

Exquīsīte, *adv.* mit comp. u. sup. [exquisitus] sorgfältig, vorzüglich, besonders.

Exquīsītus, *adj.* mit comp. u. sup. [particip.* von exquiro] ausgesucht, davon vorzüglich, außerordentlich, vortrefflich: e. ingenium, ars, magister, supplicium, verba; nimis e. gar zu gefucht.

*****Ex-sacrīfīco**, 1. (alt. Poet.) opfern.

*****Ex-saevio**, 4. austoben.

Ex-sanguis, e, *adj.* 1) blutlos (vermitelft Krankheit, Wunden, Schrecken u. dergl.): umbrae ee. (von den Verstorbenen), ebenso mortui ee.; genae ee., vultes e. leichenblaß. Hiervon *trop.* = kraftlos, matt, von Schrecken u. dergl. betäubt: oratio e. ohne Kraft und Leben. 2) (Poet.) blutlos und bleich machend, cuminum.

Ex-sarcio (ob. sercio) etc. 4. (selten) ausflicken, ausbessern, nur *trop.* = erseßen, erstatten, sumptum, aliquid aliis rebus.

Ex-sātio, 1. 1) völlig sättigen, aliquem cibo. 2) *trop.* völlig befriedigen, zufrieden stellen: mors noxiorum saevitiam eorum non e.; exsatiatus clade domus.

*****Exsātūrābilis**, e, *adj.* [exsaturo] (Poet.) ersättlich.

Ex-sātūro, 1. = exsatio.

Exscendo, a. S. für Escendo.

Exscensio, ōnis, *f.* [exscendo] das Ans-Land-Gehen aus einem Schiffe, die Landung.

Ex-scindo etc. 3. (Poet. u. Spät.) 1) herausschneiden, -reißen, glebas aratro. 2) zerstören, ausrotten, zu Grunde richten, urbem, gentem, causas belli.

Ex-screo, 1. (Poet. u. Spät.) ausräuspern, aushusten, pituitam; auch absol. sich räuspern.

Ex-scrībo etc. 3. 1) abschreiben, ausschreiben, tabulas, duos versus ex comoedia. 2) abzeichnen, eine Malerei copiren, imaginem; davon *trop.* durch vollständige Aehnlichkeit Etwas wiedergeben = völlig ähnlich sein; e. aliquem similitudine. 3) aufschreiben, aufzeichnen, nomina.

Ex-sculpo etc. 3. 1) (Vorllaff.) herausgraben, ausgraben, terram, foramina; *trop.* e. verum ex aliquo herauspressen. 2) ausschnitzen, ausmeißeln, aliquid e quercu quod videatur simile simulacri; e. signum ex molari lapide. *3) hinwegschnitzen = austraßen, auslöschen, versum.

Ex-sĕco etc. 1. 1) herausschneiden, abschneiden, linguam; e. fundum armarii, e. vitiosas partes. Hiervon *trop.* e. quinas mercedes capiti den fünffachen Gewinn aus dem Capital herausbringen; exsectus honoribus beraubt. 2) entmannen, aliquem.

Exsecrābilis, e, *adj.* mit comp. [exsecreor] 1) verfluchenswerth, abscheulich, res, solum. 2) eine Verwünschung enthaltend, verfluchend, carmen. Hiervon odium e. tödtlicher, wüthender Haß.

Exsecrātio, ōnis, *f.* [exsecror] 1) die Verwünschung, Verfluchung. 2) der mit Verwünschungen (für den Fall der Verleßung des Eides) verbundene Schwur.

Exsecrātus, *adj.* mit sup. [particip. von exsecror] verwünscht, verflucht.

Exsecror, *depon.* 1. 1) verwünschen, verfluchen, aliquem, consilia alicujus; auch e. in aliquem Verwünschungen gegen Jmd. ausstoßen. Hiervon = aliquem verflucht wünschen, e. ut aliquid fiat. *2) (Poet.) feierlich schwören (f. exsecratio 2.).

Exsectio, ōnis, *f.* [exseco] das Ausschneiden, linguae.

Exsĕcūtio, ōnis, *f.* [exsequor] (Spät.) die Vollführung, Vollendung, negotii. Hiervon a) e. Syriae = Verwaltung. b) = Durchführung, erschöpfende Behandlung.

Exsĕcūtor, ōris, *m.* [exsequor] (Spät.) 1) der Vollführer, Vollstrecker. 2) der Rächer, offensarum.

Exsĕquens, *adj.* mit sup. [particip. von exsequor] (Spät.) nachstrebend, nachforschend, rei alicujus.

Exsĕquiae, ārum, *f. pl.* [exsequor] 1) das feierliche Leichenbegängniß, der Leichenzug (vgl. funus und pompa): ire exsequias (alicui) zur Leiche (zum Leichenbegängniß Jmds) gehen; prosequi exsequias funeris im Leichenzuge mitgehen; carere justis exsequiarum. 2) (Spät.) die Leiche, die irdischen Ueberreste Jmds, sepelire ee. alicujus.

Exsĕquiālis, e, *adj.* [exsequiae] (Poet., selt.) zur Leichenfeier gehörig.

Ex-sĕquor etc. *depon.* 3. 1) (selten) bis ans Ende folgen, heraus folgen, aliquem; insbef. = zum Grabe geleiten, aliquem, funus; *trop.* 2) e. fatum, e. cladem et fugam

Exsero   **Exspes**   285

alicujus wie bei einer Leichenfeier folgen. 3) vollführen, ausführen, vollziehen, vollstrecken, iter, incepta, negotium, imperium, scelus; e. mortem = sich selbst den Tod geben. Hiervon A) in Gedanken durchgehen = ersinnen, durch Erwägung ermitteln, erforschen; e. aliquid cogitando; si animus humanus omnia e. potest. B) durch Fragen ermitteln, erforschen: e. aliquid quaerendo. C) mit Worten ausführen = vollständig erzählen, entwickeln, beschreiben, aliquid verbis, haec copiosius; e. nomen angeben. D) e. jus suum sein Recht geltend machen, behaupten. 3) vor Gericht verfolgen, rächen, strafen, injurias, jura violata; vielleicht auch e. aliquem. 4) (*Pl.*) ertragen, erdulden, egestatem, aerumnam.

Ex-sĕro, rui, rtum, 3. 1) herausthun, hervorstrecken: e. linguam; e. ensem ziehen; e. humeros entblößen; e. caput ponto, brachia aquis; infans e. se kömmt hervor. 2) *trop.* (*Spät.*) zeigen, offenbaren, an den Tag legen: e. secreta mentis verrathen; e. principem sich als Fürst zeigen.

Exserto, 1. [exsero] (Poet. u. Spät.) hervorstrecken, ora.

Ex-sībīlo, 1. 1) hervorzischen, dirum quiddam. 2) auspfeifen, durch Zischen fortjagen (einen Schauspieler u. dergl.), aliquem.

Ex-sicco, 1. 1) austrocknen, trocknen, sulcos, arbores; *trop. part.* exsiccatus (von der Rede) trocken. 2) ausleeren, lagenas, (Poet.) vina austrinken.

Exsĭco, *a. S.* für exseco.

Ex-signo, 1. (selt.) aufzeichnen, aufschreiben, notiren, aliquid.

Exsĭlĭo, ĭui, — 4. [ex-salio] 1) heraus-, hervorspringen, foras, domos herauseilen; lux, ignis e. kömmt plötzlich hervor. 2) aufspringen, emporspringen, de sella; e. gaudio vor Freude hüpfen.

Exsīlium ob. **Exīlium**, ii, n. [ex-solum] 1) die Verbannung, der freiwillige ob. gezwungene Aufenthalt außer dem Vaterlande (überhaupt, vgl. relegatio). 2) (Poet. u. Spät.) der Aufenthaltsort in dem Exil, der Verbannungsort, egredi exsilium. *3) (*Tac.*) im *pl.* = die Landflüchtigen.

Ex-sisto etc. 3. 1) hervorstehen, -treten, -kommen (über Etwas, über welches man früher nicht hervorragte, also von einer Bewegung, vgl. exsto): cornu e. a media fronte; equus submersus e. taucht herauf; e. ex latebris; *trop.* vox e. ab aede kömmt heraus (wird gehört) aus dem Tempel. 2) *trop.* A) entstehen, aufkommen: avaritia e. ex luxuria. B) zum Vorschein kommen, sich zeigen, erscheinen: talis eloquentia in nemine e.; e. crudelis in aliquem.

Ex-solvo (Vorklass. auch **Exsŏluo**) etc. 3. 1) (Poet. u. Spät.) auflösen, lösen, losbinden, restim, pugionem a latere; e. brachia (venas) ferro (sich ob. Jmb.) die Adern öffnen, zur Ader lassen; e. se corpore = sterben; alvus exsoluta der Durchfall, ignis e. glaciem schmilzt; *trop.* e. famem, metum verjagen. 2) *trop.* A) losmachen, befreien, aliquem curis, poenâ, aere alieno; e. populum religione. B) e. obsidionem aufheben. C) bezahlen, pretium, aliquid alicui, nomina sua feine Schuldverschreibungen. Hiervon a) e. gratiam, beneficia vergelten, wieder erweisen. b) e. poenas leiden. D) e. fidem, promissa sein Versprechen erfüllen, sein Wort halten; e. votum erfüllen. *E) (*Lucr.*) e. quare etc. erklären.

Exsomnis, e, *adj.* [ex-somnus] (Poet. u. Spät.) schlaflos.

Ex-sorbeo, bui, — 2. 1) ausschlürfen, einsaugen, trinken, sanguinem, ova. 2) *trop.* e. difficultates „einschlucken" = bis ans Ende ertragen; e. praedas verschlingen = an sich ziehen; e. tristitiam alicui (Poet.) benehmen, animam alicujus (*Pl.*) Jmb. das Leben nehmen.

Ex-sors, tis, *adj.* 1) ohne Loos-, Antheil an Etwas, einer Sache nicht theilhaftig, rei alicujus; (Poet.) e. secandi nicht schneidend, der nicht schneiden kann. 2) (Poet.) dem Loose nicht unterworfen, der außer der Verloosung ist: ducent Aeneae equum exsortem: honor e. außerordentliche, besondere.

Ex-spātior, *depon.* 1. (Poet. u. Spät.) den angewiesenen Raum überschreiten, von der Bahn abschweifen, equi ee. Hiervon: flumen e. tritt aus, arbor e. breitet seine Zweige weit aus; *trop.* in irgend einer Sache von dem rechten Wege abgehen, zu weit gehen.

Exspectātĭo, ōnis, *f.* [exspecto] die Erwartung, rei alicujus ob. de re; exspectationem alicui movere (dare, afferre) bei Jmb. eine Erwartung erregen, wecken; decipere ee. die Erwartungen täuschen; facere exspectationem sui von sich eine Erwartung erregen; exspectatio fit man erwartet; praeter e. gegen die Erwartung. Insbes. habere exspectationem ob. esse in exspectatione. A) von Sachen = Gegenstand einer Erwartung sein, erwartet werden. B) von Personen a) = eine Erwartung hegen, erwarten: in magna e. sum. b) (Spät.) in e. esse = auf sich warten lassen.

Exspectātus, *adj.* mit *comp.* u. *sup.* [*particip.* von exspecto] erwartet, oft = erwünscht; carus omnibusque e. venies; exspectati ad summam dignitatem von denen man erwarten konnte, daß sie zu den höchsten Ehrenstellen gelangen würden.

Ex-specto, 1. (eigtl. nach Etwas hinaussehen) 1) erwarten, vermuthen, Etwas entgegensehen (Gutes ob. Böses, also = hoffen ob. fürchten): e. adventum hostium, aliquid ab aliquo; e. mortem. 2) auf Etwas harren, es abwarten, ihm entgegenharren: e. eventum pugnae; e. dum (bis) veniat mater; exspectabant si nostri transirent (ob, darauf daß); e. quid velis; homines ee. ut consul comitia haberet harrten darauf daß, exspector ut veniam man wartet darauf, daß ich komme; (Poet.) e. coenantes = darauf harren, daß sie mit dem Essen fertig werden. 3) (Poet.) A) = moror verweilen, sich aufhalten, Carthagine. B) = maneo, bevorstehen, mors me e. 2) = verlangen, fordern, nöthig haben; oleae non e. falcem.

Exspergo, — sum, 3. [ex-spargo] (Poet.) 1) ausstreuen, verbreiten, aliquid. 2) (zweifelh.) besprützen, limina sanie.

Ex-spes, *adj.* (Poet. u. Spät.) nur im *nomin. sing.*, hoffnungslos.

Exspīrātio, ōnis, f. [exspiro] die Ausdünstung, terrae.

Ex-spīro, 1. 1) herausblasen, aushauchen, auras, flammam pectore. Insbef. e. animam den Geist aushauchen, davon abfol. = sterben; trop. libertas e. erlischt. 2) intrans. herausfahren, hervorkommen, ventus, ignis.

Ex-splendesco, ndui, — 3. (Spät.) hervorleuchten, -schimmern, -glänzen. Hiervon trop. a) sich hervorthun. b) sich zeigen, animi dotes ee.

Ex-spŏlio, 1. 1) ausplündern, plündern, domos et fana; e. honorem Caesaris dem C. alle Ehre rauben. 2) Zmb. einer Sache berauben, aliquem provinciā.

*****Exsprētus**, [particip. des sonst ungebräuchlichen ex-sperno] (Pl., zweifelh.), verschmäht.

Ex-spuo etc. 3. 1) intrans. ausspeien, in mare. 2) trans. herausspeien, linguam; trop. von sich geben, mare e. aliquem spült ihn auf, e. miseriam verbannen.

Ex-sterno, 1. (selten, Poet.) heftig erschrecken, sehr entsetzen, betäuben, aliquem.

Ex-stillo, 1. (Vorklass. u. Spät.) 1. heraustriefen, amurca. 2) von einer Feuchtigkeit triefen, oculi.

*****Ex-stimŭlātor**, ōris, m. [extimulo] (Tac.) der Aufhetzer, Anreizer, rebellionis.

Ex-stimŭlo, 1. (Poet. u. Spät.) 1) stacheln, aufstacheln, aliquem. 2) trop. aufwiegeln, anreizen, antegen, virum, animos: e. fata beschleunigen.

Exstinctio, ōnis, f. [exstinguo] die Vernichtung.

Exstinctor, ōris, m. [exstinguo] 1) der Auslöscher, incendii. 2) der Vernichter, Vertilger, domus regiae, e. conjurationis Unterbrücker.

Ex-stinguo etc. 3. 1) auslöschen, gänzlich löschen, ignem, sitim. 2) vernichten, aufheben, unterdrücken, vertilgen: e. salutem alicujus, nomen illius, bellum civile; e. iram, gratiam, potentiam alicujus; e. aliquem Imb. tödten, u. exstingui morbo, vulnere u. dergl. sterben. Insbes. e. aquam machen, daß das Wasser verschwindet, austrocknen, ebenso e. mammas, succum.

Exstirpo, 1. [ex-stirps] mit dem Stumpfe und der Wurzel ausrotten, arborem; trop. e. vitia, humanitatem ex animis.

Ex-sto, stĭti, stătum, 1. 1) hervorstehen, -ragen (bezeichnet die bleibende Lage, vgl. exsisto): e. capite ex aqua; ferrum e. de pectore. 2) vorhanden sein, da sein, so daß es gesehen ob. bemerkt wird, sich zeigen, sich sehen lassen: vestigia ee.; liber, epistolae ee. man hat ein Buch, Briefe; ejus in me meritum e. er hat mir einen Dienst erwiesen; officium oculorum e. findet Statt; memoria (ejus rei) e. die Erinnerung daran lebt noch fort.

Exstructio, ōnis, f. [exstruo] die Aufführung, Erbauung.

Ex-struo etc. 3. 1) (Poet.) aufschichten, aufeinander häufen, aufhäufen; e. montes, rogum, acervum, aggerem. Hiervon a) mit Etwas schichtweise erhöhen, reichlich besetzen,

ausstatten u. dergl., (Poet.) e. mensas epulis (dapibus) mit einer aufgethürmten Menge Speisen besetzen, ebenso e. focum lignis. b) trop. e. animo altitudinem excellentiamque virtutis lasse — vor deinem Geiste in seiner ganzen Herrlichkeit dastehen. 2) errichten, erbauen, in die Höhe bauen, villam, sepulcrum. Hervon a) e. mare Gebäude ins Meer hinaus aufführen. b) trop. e. disciplinam ein Lehrgebäude aufführen.

*****Ex-succus**, adj. (Spät.) saftlos, trop. = matt, trocken.

Ex-sūdo, 1. 1) intrans. ausschwitzen. 2) transit. A) ausschwitzen, succum. B) über Etwas schwitzen = es mit Mühe extragen, unternehmen ob. vollenden, labores, certamen; e. causas mühevolle Sachen führen.

Ex-sūgo etc. 3. u. (Vorklaff.) -geo — — 2. (Poet. u. Spät.) aussaugen, sanguinem alicui.

Exsul ob. **Exul**, is, comm. [ex-solum] verbannt, ausgewandert, außer dem Vaterlande lebend (freiwillig ob. gezwungen, siehe exilium): vivere exsulem; e. patriae vom Vaterlande, domo von der Heimath; (Poet.) e. mentis der Besinnung beraubt.

*****Exsŭlātio**, ōnis, f. [exsulo] (Spät.) das Verbanntsein, das Leben in der Verbannung.

Exsŭlo, 1. [exsul] verbannt sein, in der Verbannung leben: abire (ire) exsulatum das Vaterland verlassen und in das Exil gehen, trop. pecunia abit e. geht weg, verschwindet; e. domo nicht nach Hause kommen dürfen.

Exsultābundus, adj. [exsulto] (Spät.) vor Freude hüpfend, frohlocend.

Exsultans, adj. mit sup., [particip. von exsulto] (Spät.) 1) hüpfend: verbum e. aus lauter kurzen Sylben bestehend. 2) ausgelassen, maaßlos: (oratores illi) pro compositis fiunt exsultantes.

*****Exsultanter**, adv. im comp. [exsultans] aufspringend, nur trop. = ausgelassen.

Exsultātio, ōnis, f. u. *-tantia, ae, f. [exsulto] (Spät.) 1) das Aufspringen, Hüpfen. 2) trop. die Ausgelassenheit, das Frohlocken.

*****Exsultim**, adv. [exsilio] (Poet.) emporspringend, hüpfend.

Exsulto, 1. [exsilio] 1) häufig und stark aufspringen, -hüpfen: tauri ee. in herba; equi, fluctus ee. 2) trop. A) sich dem Schwunge des Geistes ob. der Rede überlassen, sich frei bewegen, -tummeln: oratio e., Demosthenes e. audacius in illis; exsultans verborum audaciā. B) von heftigen Gemüthsbewegungen, leidenschaftlichem Betragen u. dergl., heftig und ausgelassen sein: furor e. Insbes. a) = übermüthig, voll Selbstvertrauen sein: rex e. insolentiā. b) ausgelassen vor Freude sein, aufjauchzen, frohlocken, laetitiā e. Freude, victoriā wegen des Sieges, in ruinis alicujus beim Untergange Jmds.

*****Exsŭpĕrābĭlis**, e, adj. [exsupero] (Poet.) was hinauf gebracht werden kann, saxum (Sisyphi).

Exsŭpĕrantia, ae, f. [exsupero] die Vorzüglichkeit, das Hervorragen, virtutis.

Exsŭpĕrātio, ōnis, f. [exsupero] rhetor. Figur, die Uebertreibung.

Ex-sŭpĕro, 1. 1) sich über Etwas erheben, emporragen: jubae ee. undas ragen über die Wellen empor; absol. flamma e. erhebt sich über dem Hause, schlägt hoch auf. Hiervon = übersteigen, über Etwas gehen: e. jugum, amnem überschreiten. 2) trop. übergehen, übertreffen in irgend einer Eigenschaft: e. aliquem impudentiā. Hiervon A) überwinden, besiegen, aliquem; id e. Jovem übersteigt selbst Jupiters Macht, selbst Jupiter kann das nicht ändern. B) (Spät.) überleben, aliquem.

Ex-surdo, 1. [surdus] (Poet. u. Spät.) taub machen, aurem; trop. e. palatum abstumpfen.

Ex-surgo etc. 3. sich aufrichten, = in die Höhe richten, sich erheben, aufstehen: e. a genibus (Pl.); acies e. in collem zieht sich die Anhöhe hinan. Hiervon trop.: Roma e. aedificiis erhebt sich größer als vorher; e. adversus aliquem sich feindlich gegen Jmd. erheben; insbes. = sich erholen, wieder zu Kräften und Ansehen kommen, res publica e.

*****Exsuscĭtatĭo,** ōnis, f. [exsuscito] die Erregung der Aufmerksamkeit.

Ex-suscĭto, 1. 1) einen Schlafenden auftreiben, aufwecken, aliquem. 2) trop. A) e. flammam, ignis e. incendium anfachen, erregen. B) geistig wecken, erregen, animum.

Exta, ōrum, n. pl. die Eingeweide (die edleren Theile derselben in dem oberen Körper, vgl. viscera, intestina) von Thieren; insbes. von Eingeweiden der Opferthiere, aus denen geweissagt wurde.

Ex-tābesco etc. 3. gänzlich schwinden, trop. sich verlieren, abnehmen.

*****Extāris,** e, adj. [exta] (Pl.) zu Eingeweiden gehörig: olla e. zum Kochen der Eingeweide gebräuchlich.

Extemplo, auch (Vorklaff.) **Extempŭlo,** adv. alsbald, auf der Stelle, sogleich, unverzüglich: e. occidit; postqnam introiit, e. morbum ejus cognovi; auch (Pl.) quum e. = sobald als.

Extempŏrālis, e, adj. [ex tempore, siehe tempus] was aus dem Stegreife geschieht, insbes. zum unvorbereiteten Vortrage gehörig, aus dem Stegreife gesprochen, »gehalten u. s. w., extemporirt: oratio e.; facultas (dicendi) e. die Fähigkeit aus dem Stegreife zu sprechen; e. audacia, successus im Extemporiren.

*****Extempŏrālĭtas,** ātis, f. (Spät.) die Eigenschaft, aus dem Stegreifs einen Vortrag halten zu können.

Ex-tendo, ndi, ntum, ob. nsum, 3. 1) ausspannen, ausstrecken, ausdehnen, ausbreiten: e. brachium, digitos, cornua aciei; e. agros vergrößern, ignis extenditur verbreitet sich. Hiervon 2) trop. a) e. nomen, famam, (Poet.) virtutem factis verbreiten, ausdehnen; e. spem in Africam quoque ausdehnen, sich erstrecken lassen; cupiditas longius extenditur streckt sich länger. b) (Poet.) e. aliquem arenā (der Länge nach) auf dem Kampfplatze hinstrecken; extenditur hingestreckt liegen. c) e. pugnam ad noctem fortsetzen; e. consulatum, tempus epularum verlängern.

Extensus, adj. mit comp. u. sup. [particip. von extendo] ausgedehnt, weitläufig, manus, castra.

Extento, 1. [extendo] (Vorklaff. u. Spät.) stark ausstrecken, ausdehnen, nervos.

Ex-tento, 1. (Pl.) versuchen, prüfen, vires.

Extĕnŭātĭo, ōnis, f. [extenuo] 1) das Verdünnen. 2) in der Rhetorik, die verkleinernde Darstellung (μείωσις, oppos. exageratio) durch die Anwendung eines schwächeren Ausdrucks.

Extĕnŭātus, adj. mit sup. [particip. von extenuo] 1) verdünnt. 2) klein, gering, schwach.

Ex-tĕnŭo, 1. 1) verdünnen, dünn machen, daher klein machen: e. lignum, aciem; sortes extenuatae kleiner geworden; e. cibum zerkauen. 2) trop. vermindern, verkleinern, herabsetzen, schmälern: e. sumptus, spem, famam; e. censum sein Vermögen zu niedrig angeben; e. crimen schwächen, molestias lindern.

Exter ob. **Extĕrus** (der nom. sing. m. kömmt gar nicht vor), tĕra, tĕrum, adj. [ex] außen befindlich, d. h. auswärtig, ausländisch (fast immer im pl., meist von Personen und zur Bezeichnung eines geistigen Verhältnisses, einer Stimmung u. dergl., vgl. externus): ee. gentes, nationes, civitates; exteri Fremde, Ausländer; (Poet.) e. via, res von außen kommend. Hiervon

I. comp. **Extĕrior,** us, äußer, äußerlich, außerhalb befindlich, collis, munitiones; hostis e. im Gegensatze derjenigen, die innerhalb der Mauern sind.

II. sup. A) **Extrēmus,** 1) im Raume, der äußerste, oppidum, finis; e. pars epistolae der letzte Theil; in e. epistola, e. libro und in e. libro im letzten Theile (am Schlusse) des Briefes, des Buches, ebenso ee. fines, e. Cappadocia das Aeußerste von C., doch auch extremum mundi das Aeußerste von der Welt, ad extremum bis ans Ende, extrema agminis der letzte Theil der Schaar; (Poet.) ee. Indi am äußersten Ende der Erde wohnend = fern. 2) in der Zeit, der letzte: mensis e., e. finis vitae; manus e. non accessit operi die letzte Hand ist an das Werk nicht gelegt worden; e. hiems der letzte Theil des Winters, auch extremum aestatis; reservatus ad extremum bis zum Schlusse, bis auf das Letzte. Hiervon a) extremum als adv. das letzte Mal, zum letzten Male. b) ad extremum zuletzt. 3) zur Bezeichnung des Grades in einer Eigenschaft, der äußerste, größte, höchste u. dergl.: e. fames; in ee. suis rebus in der äußersten Noth, Gefahr; descendere ad extrema zu den äußersten Maßregeln greifen, perventum erat ad extrema zum Aeußersten, ebenso extrema pati; ad extremum im höchsten Grade. b) insbes. = der schlechteste, verächtlichste, latro, ingenium. — B) **Extĭmus** (selten) = extremus 1.

Ex-tĕrĕbro, 1. (selten) 1) ausbohren, aliquid ex re aliqua. 2) trop. erzwingen.

Ex-tergeo etc. 2. abwischen, abtrocknen, aera, baxeas; trop. e. fanum ausplündern.

Ex-termĭno, 1. 1) über die Grenze treiben, fortjagen, insbes. = verbannen, e. aliquem urbe. 2) *trop.* entfernen, wegschaffen, aufheben, auctoritatem senatus e civitate, e. quaestiones illas fern halten.

Externus, *adj.* [ex] 1) außerhalb befindlich, von außen kommend, äußerer, äußerlich, zum Aeußeren gehörig: visio e., pulsus e., commoda oder bona ee. 2) mit Bezug auf die Familie oder den Staat, der außerhalb ist, ausländisch, auswärtig, fremd (bezeichnet nur das locale, äußere Verhältniß, sowohl von Personen als von Sachen, vgl. exter); ee. auxilia von Fremden herrührend; externa libentius recordor fremden Völkern entnommene Beispiele; (Poet.) amor e. = Liebe zu einem Fremden; (Spät.) moliri externa = Feindseligkeiten.

Ex-tĕro etc. 3. 1) Etwas aus einem Gegenstande heraustreiben, -drücken, -treten: e. grana ex spicis; e. rubigiñem ferro reibend entfernen; (Poet.) e. ignem durch Reiben entzünden. 2) Etwas zerreiben, zertreten, zermalmen u. dergl.: e. nives; e. messem austretend dreschen; e. cibum verdauen. Hiervon *trop.* homo extritus pondere zerquetscht; lima e. opus zerreibt.

Ex-terreo etc. 2. aufschrecken, aufscheuchen, sehr entsetzen, aliquem, milites repentino impetu; (Poet.) anguis exterritus aestu betäubt.

*****Ex-texo** etc. 3. (*Pl.*) eigtl. abweben, *trop.* ausbeuteln = Jmd. um all sein Geld bringen, aliquem.

Ex-timesco, mui, — 3. wegen Etwas in Furcht gerathen, sich vor Etwas sehr fürchten, periculum; absol. e. werden scheu.

Extispex, icis, m. [exta-specio] der Eingeweideschauer, der aus den Eingeweiden der Opferthiere weissagt.

*****Exstispicium,** ii, n. [exstispex] die Eingeweideschau, das Weissagen aus den Eingeweiden der Opferthiere.

Ex-tollo, — — 3. 1) emporheben, erheben, caput, aliquem in murum; hiervon = in die Höhe bauen, erhöhen, fundamentum. 2) *trop.* A) in Worten erheben, preisen, rühmen: e. aliquem laudibus, aliquem in (ad) coelum; e. aliquid in majus übertreiben. B) e. aliquem ob. animum alicujus Jmd. muthig ob. übermüthig machen, ihn aufrichten; e. se ob. caput wieder Muth fassen, den Geist erheben. C) zu größerer Würde oder Macht erheben, Jmd. erhöhen, fortuna e. aliquem. D) (Vorklaff.) verschieben, res serias in alium diem.

Ex-torqueo etc. 2. 1) herauswinden, -drehen, entwinden, arma (sicam) e (de) manibus alicujus ob. alicui. 2) ein Glied gewaltsam verrenken, ausrenken, bes. durch die Tortur: lacerare et e. aliquem. 3) *trop.* entreißen, erpressen, erzwingen, durch Ueberredung, Bitte ob. Hartnäckigkeit Etwas Jmd. abnöthigen: e. pecuniam a Caesare, cognitionem ex animis; e. humanitatem alicujus Jmd. dazu bringen, daß er seiner Humanität untreu wird; e. ut fateatur bewirken, daß er gesteht; e. alicui errorem Jmd. einen Irrthum benehmen.

Extorris, e, *adj.* [ex-terra?] (aus dem Lande) vertrieben, landflüchtig: e. ab solo patrio; e. patriā, domo, agris von dem Vaterlande, dem Hause u. f. w.

*****Extortor,** ōris, m. [extorqueo] (Com.) der Erpresser, bonorum.

Extrā [ex; vielleicht = exterā sc. parte I. *adv.* 1) außen, außerhalb, auswendig: quaedam bona et in corpore et e.; excedere e. 2) e. quam außer wenn. *3) (Spät.) außerdem, überdies: debeo ei aliquid e. II. *praep.* mit acc. 1) außerhalb, außer: e. muros, portam, provinciam; e. causam, modum, ordinem; e. periculum esse; e. conjurationem ohne Theilnahme an der Verschwörung; e. jocum ohne Scherz; exire e. fines. 2) ausgenommen außer: e. ducem reliqui rapaces; e. illa vocem cave mittas.

Extraho etc. 3. 1) herausziehen, telum e. vulnere. Hiervon A) herausführen, herausgehen machen: e. copias e tabernaculis, in aciem; e. aliquem vi in publicum hervorschleppen; *trop.* e. aliquid in lucem an das Tageslicht bringen. B) losmachen, befreien, entreißen, aliquem ex periculo. C) benehmen, entfernen, vertilgen, errorem, religionem ex animis hominum. 2) in die Länge ziehen, hinziehen: e. rem dicendo, -e. bellum in tertium annum verlängern; e. diem, aestatem hinbringen, mit Etwas zubringen, e. somnum in diem bis an den Tag schlafen. Hiervon e. aliquem = Jmd. hinhalten, eine Sache für Jmd. hinziehen.

Extrāneus, *adj.* [extra] (meist Spät.) 1) außen befindlich, äußerlich, res, ornamenta von außen kommend. 2) fremd, auswärtig, häufig extranei fremde.

Extra-ordinārius, *adj.* außerordentlich, was außer der Regel u. Ordnung geschieht, außergewöhnlich: pecuniae ee. nicht aus den gewöhnlichen Einnahmen herrührend; ee. cohortes aus auserlesenen Soldaten bestehend; e. imperium, honor.

Extrārius, *adj.* [extra] 1) äußerlich, außerhalb befindlich, der äußere, res, lux. 2) fremd, nicht verwandt, homo.

Extrēmitas, ātis, f. [extremus] das Aeußerste, das Ende, die Grenze, der Umkreis: e. regionum; e. mundi, circuli, globi; in der Mathematik = die Fläche.

Extrēmus, siehe exter.

Ex-trīdo, 1. (*Pl.*) auch -cor, depon. 1.) [ex-tricae] 1) herauswickeln, etwas Verwickeltes mit einiger Schwierigkeit herauswinden: e. cervam plagis. 2) *trop.* A) zuwege bringen, auftreiben, mercedem; nihil e. de aliquo gar keine Nachricht verschaffen. B) aufs Reine bringen, in Ordnung bringen, solutionem.

Extrinsĕcus, *adv.* [extra] 1) von außen her: e. alicunde quaerere aliquid; metus belli e. imminentis. 2) an der Außenseite, äußerlich, columna e. inaurata. 3) (Spät.) außerdem.

Ex-trūdo etc. 3. herausstoßen, -treiben, -drängen, mit Gewalt entfernen: e. aliquem domo, foras; e. mare zurückdrängen (durch Anlegung von Dämmen ob. Gebäuden); e. aliquem (in viam) fortjagen, zum Fortgehen bringen, sich ihn vom Halse schaffen; e. merces eine Waare los werden.

*****Extumē-făcio** etc. 3. (Vorklaff., zweif.) aufschwellen machen.

*****Ex-tŭmeo,** — — 2. (*Pl.*) aufschwellen.

Ex-tundo, tŭdi, tūsum, 3. 1) Etwas aus

einer Sache herausschlagen, mit Mühe Etwas aus einer Sache hervorbringen: A) durch Schläge mit dem Hammer u. dergl. bilden, verfertigen (= caelare): e. ancilia; e. librum mühselig verfassen. B) (Poet.) zuwege bringen, bereiten: quis nobis hanc artem extudit? e. alicui honorem verschaffen. C) mit Mühe erlangen, durchsetzen, e. alicui aliquid Jmd. durch Bitten u. s. w. Etwas abnöthigen, abpressen. D) vertreiben, hervortreiben, e. fastidia. E) (Spät.) zerschlagen, frontem alicui.

Ex-turbo, 1. 1) mit Gewalt und Verwirrung heraustreiben, -treiben, wegjagen: e. aliquem domo, hominem civitate; e. dentes et oculos alicui (Pl.) ausschlagen. 2) trop. e. aliquem ex possessionibus, plebem ex agris vertreiben; e. aliquem ex numero bonorum ausschließen; (Poet.) e. animas = tödten; e. mentem den Geist stören, Jmd. der Fassung berauben; e. spem pacis benehmen, aegritudinem ex animo verjagen.

Exūbĕrans, adj. [particip. von exubero] (Spät.) überflüssig.

Ex-ūbĕro, 1. [uber] (Poet. u. Spät.) A) reichlich hervorquellen, -kommen, im Ueberfluß sich zeigen: amnis e.; eloquentia e. ex multis artibus strömt hervor. B) Ueberfluß an Etwas haben, an Etwas reich sein: annus e. pomis.

Exul, a. S. für Exsul.

Exulcĕrātio, ōnis, f. [exulcero] (Spät.) das Schwären, Vereitern, trop. die Erneuerung und Vergrößerung des Schmerzes.

Ex-ulcĕro, 1. 1) zum Schwären bringen, schwären machen, cicatricem. 2) trop. a) verschlimmern, in eine noch gefährlichere Lage bringen, ea quae sanare nequeas; e. dolorem; res exulceratae ab ipso rege von dem Könige selbst auf einen mißlichen Punct gebracht. b) e. animum alicujus „verwunden", verletzen, Jmd. erbittern, e. gratiam das gute Verhältniß stören.

Exulto etc., a. S. für Exsulto etc.

Ex-ŭlŭlo, 1. (Poet.) heulen, aufheulen. Insbes. particip. exululatus a) act. der geheult hat. b) pass. mit Heulen angerufen, dea.

Ex-undo, 1. (Poet. und Spät.) 1) herausquellen, hervorströmen, reichlich hervorkommen: cruor e., trunco, trop. eloquentia e. ex pluribus artibus sprudelt hervor. 2) austreten, überwallen, überströmen, fons; vi tempestatum in adversa litora e. an das entgegengesetzte Ufer angeschwemmt werden; trop. eo detracto quod exundat überströmt, zu viel ist.

Ex-ungo etc. 3. (Pl.) durch Salben verthun; in derselben Bedeutung auch im particip. pass. exunctus.

Exuo, ui, ūtum, 3. (Poet.) 1) herausziehen, hervorziehen, ensem e. vagina, telum ex vulnere. Hiervon trop. e. se ex monstris seine abenteuerliche Gestalt ablegen; e. se ex laqueis sich aus einer Schwierigkeit losmachen; e. se ex jugo das Joch abschütteln; e. hominem ex homine jedes menschliche Gefühl ablegen; (Poet.) e. lacertos zeigen, entblößen. 2) abnehmen, nämlich: A) Jmd. Etwas abnehmen, benehmen: e. alicui clipeum, trop. e. alicui aliquid ex animo Jmd. von einer Meinung ob. dergl. abbringen. B) ablegen, sich abnehmen, von sich legen: e. pharetram humero, vestem, alas, e. sibi vincula. Hiervon trop. e. antiquos mores, omnem humanitatem (vgl. 1.), cupidinem; e. jugum ob. servitutem abschütteln (vgl. 1.); (Spät.) e. pacem stören, amicitiam aufheben; e. promissa, fidem brechen; (Poet.) e. animam aufgeben; (Spät.) e. magistrum entfernen, sich vom Halse schaffen. 3) entkleiden, e. aliquem veste, hiervon überhaupt entblößen, berauben: e. hostem castris, aliquem avitis bonis; e. se agro paterno sich entäußern; absol. Lepidus exutus von Allem entblößt; (Poet.) exuitur cornua, annos verliert, legt ab.

Exupero, a. S. für Exsupero.

*Ex-urgeo, — — 2. ausdrücken, penicillum.

Ex-ūro etc. 3. 1) (Poet.) herausbrennen: scelus alicui exuritur igne. 2) verbrennen, völlig abbrennen, einäschern, classem, villas. Hiervon trop. (Poet.) e. deos zur Liebe entflammen; sitis me e. ein brennender Durst quält mich; cura me e. martert mich. 3) (Poet. u. Spät.) vertrocknen, austrocknen, sol e. agros, e. paludem. 4) (Spät.) verzehren, venenum e. ferrum.

Exustio, ōnis, f. [exuro] 1) das Verbrennen. *2) (Spät.) die austrocknende Hitze, solis.

Exūviae, ārum, f. pl. [exuo] was man sich oder einem Anderen abgezogen, abgenommen hat, insbes. A) = die abgezogene Haut der Thiere, namentlich der Schlangen. B) ee. capitis (verticis) = das Haar. C) ee. bubulae (Pl.) Riemen aus Rindsleder. D) die Kleidung. E) die Rüstung, die Waffen, häufig von der einem besiegten Feinde abgenommenen Rüstung als Beute. F) ee. navium eroberte Schiffsschnäbel. G) (Pl.) proverb. facere ee. sich selbst Alles versagen, um es auf Andere zu verwenden.

F.

Făba, ae, f. die Bohne; proverb. istaec in me cudetur f. (Pl.) das werde ich ausbaden müssen; trop. von Sachen, welche die Form einer Bohne haben.

Făbāceus ob. -cius, **Făbālis,** e, und **Făbārius,** adj. zur Bohne gehörig, von Bohnen, Bohnen-; davon subst. **Fabalia,** ium, n. pl. die Bohnenstengel.

Făbella, ae, f. deminut. von fabula.

Făber, bri, m. der in harten Stoffen (Holz, Metall, Stein) arbeitende Künstler ob. Handwerker, also = der Zimmermann, Tischler, Schmied u. Steinhauer: f. lignarius der Zimmermann, aerarius der Kupferschmied; (Poet.) f. eboris, aeris; im *plur.* oft überhaupt = die Handwerker.

Făber, bra, brum, *adj.* (Poet. u. Spät.) künstlich, geschickt.

Făbius, Name eines alten und mächtigen römischen Geschlechtes, aus welchem die bekanntesten Männer sind: 1) Quintus F. Pictor, zu Anfang des zweiten punischen Krieges, römischer Annalist. 2) Quintus F. Maximus Cunctator, bekannt aus der Geschichte. 3) Q. F. Maximus Allobrogicus, Consul 121 v. Chr., Ueberwinder der Allobroger. 4) M. F. Quinctilianus, berühmter Rhetoriker, siehe Quinctilianus.

Fabre, *adv.* [faber] künstlich, geschickt, hiervon fabre factus ob. verbunden geschrieben als *adj.* fabrefactus künstlich verarbeitet, geschickt gemacht.

Fabrĭca, ae, *f.* [faber] 1) die Werkstätte eines faber: exadversum est f. 2) die Kunst, das Handwerk eines in harten Stoffen arbeitenden Künstlers: f. aeraria; pictura et f. ceteraeque artes. 3) die künstliche Verarbeitung, geschickte Einrichtung, Bildung u. vergl.: f. aeris et ferri; f. membrorum nostrorum; f. consectionis materia die Kunst das Holz zu zerschneiden. Hiervon *trop.* (Com.) der Kunstgriff, die List.

Fabrĭcātĭo, ōnis, *f.* [fabricor] die künstliche Verfertigung, Bildung, der Bau: f. hominis, aedificiorum.

Fabrĭcātor, ōris, m. [fabricor] der kunstfertige Bildner, der geschickte Verfertiger, operis, mundi Schöpfer; dolor f. leti Ursache des Todes.

Fabrĭcĭus, Name eines römischen Geschlechtes, aus welchem Cajus F. Luscinus sich in den Kriegen gegen König Pyrrhus durch seine Tapferkeit und strenge Redlichkeit auszeichnete.

Fabrĭcor, *depon.* 1. (Poet. u. Spät. auch -oo, 1.) [faber] 1) künstlich ob harten Stoffen verfertigen, zimmern, schmieden u. vergl.: f. signa, naves, gladium. 2) überhaupt anfertigen, bilden, machen: natura fabricata est sensus nostros mentemque et totam constructionem hominis; f. verba. Hiervon *trop.* = Etwas, bef. etwas Böses, aussinnen, ausbrüten, dolum.

Fabrīlis, e, *adj.* [faber] zum faber gehörig, von dem in harten Stoffen arbeitenden Künstler gebraucht, scalprum; erratum f.; *subst.* fabrilia, ium, *n. pl.* Handwerksgeräthe.

*****Făbŭla,** ae, *f.* (*Pl.*) *deminut.* von faba.

Făbŭla, ae, *f.* [for] 1) (meist Poet. u. Spät.) eine Sage, Erzählung, Geschichte: additur fabulae etc. der Sage wird noch hinzugefügt, daß u. s. w.; non fabula est f. 2) das Gerede, das Gespräch der Leute: habes fabulas urbis; fabulam fieri, in fabulis esse zum Gerede dienen; fabula est man sagt, es geht das Gerede. Hiervon (Com.) wie das deutsche „Geschichte" = Begebenheit, Ereigniß: quae haec f. est. 3) Insbef. die erdichtete, auf Wirklichkeit nicht beruhende Erzählung, die Fabel, Erdichtung: num me cogis etiam fabulis credere? fictae ff.; non fabula rumor ille fuit; daher = die äsopische Fabel, Allego-

rie: f. de membris humanis; (Poet.) als *adj.* fabulae manes = fabulosi; (Com.) fabulae leeres Gerede! 4) ein Gedicht, nämlich A) bef. ein dramatisches Gedicht, ein Schauspiel, Drama, „Stück": docere f.; dare f.; f. stat ob. cadit. B) ein Gedicht überhaupt, z. B. (Hor.) von der Ilias.

*****Făbŭlāris,** e, *adj.* [fabula] (Spät.) zu den Sagen angehörig, Sagen=, historia.

Făbŭlātor, ōris, *m.* [fabulor] (Spät.) 1) der Erzähler. 2) der Fabeldichter.

Făbŭlor, *depon.* 1. (Vorklaff. auch -lo, 1.) [fabula] (meist Poet. u. Spät.) plaudern, schwatzen, sich unterhalten (von einer zwangfreien und gemächlichen, zum Zeitvertreib angestellten Unterhaltung, vgl. loquor, dico, garrio u. vergl.): f. cum aliquo; fabulantur inter se; f. alicui aperte Imb. rein heraus sagen; f. alia von anderen Gegenständen; homines ff., filiam mihi inventam esse die Leute reden davon, daß u. s. w.

Făbŭlōsus, *adj.* mit *comp.* u. *sup.* [fabula] fabelhaft, a) wovon viele Sagen oder Fabeln da sind, was in den Sagen vorkommt, behandelt wird u. s. w., daher = märchenhaft, unglaublich, Atlas, Hydaspes; palumbes ff. b) an Sagen reich, carmina Graecorum, antiquitas.

Făcesso, sīvi, sītum, 3, [facio] 1) (Poet.) machen, ausrichten, vollbringen, jocos, jussa. 2) bef. von etwas Unangenehmem, bereiten, schaffen, verursachen, alicui negotia, periculum. 3) entfernen, unterlassen, dictum; hiervon *intrans.* = sich fortmachen, sich entfernen, weggehen, oft gehässig = sich packen; f. ex urbe; facesse hinc Tarquinios begieb dich von hier nach T.

Făcētē, *adv.* mit *comp.* u. *sup.* [facetus] 1) anmuthig, artig. 2) witzig, launig, drollig.

Făcētiae, ārum, *f. pl.* (Vorklaff. u. Spät. auch *sing.* -tia, ae, *f.*) [facetus] feiner und munterer Witz, lustiger und witziger Scherz, heitere und gebildete Einfälle u. vergl. (vgl. dicacitas, cavillatio, sales): „sales in dicendo multum valent, quorum duo sunt genera, unum facetiarum, alterum dicacitatis. Utetur orator utroque: sed altero in narrando aliquid venuste, altero in jaciendo mittendoque ridiculo" (Cic.); asperae ff. 2) (Com.) a) Anmuth, Schönheit. b) kluges Benehmen, ein kluger Streich, facere ff.

Făcētus, *adj.* mit *comp.* u. *sup.* 1) (Vorklaff. u. Spät.) wohlgestaltet, hübsch, zierlich, pes. 2) (Poet.) von dem Aeußern oder dem Betragen, niedlich, anmuthig, ober fein, zierlich, artig: f. mulier, vir f. et magnificus; f. tunicis subductis der für einen Modeherrn gelten will dadurch, daß er u. s. w. 3) von der Rede, fein, witzig, launig, scherzhaft, homo f. et urbanus, genus jocandi f.

Făcĭes, ei, *f.* [wahrscheinlich von facio] 1) die Gestalt, äußere Bildung, der Körperbau u. vergl., alicujus. Hiervon A) das äußere Ansehen, Aussehen, der Anblick, die Gestalt: f. arboris, vehiculi; turba insignis sordibus et facie reorum; haec f. Trojae, quum caperetur, erat; facies urbis immutata erat;

in montis faciem so daß — wie ein Berg auf-
fah; legatus secum attulerat faciem senatus
repräsentirte den Senat; ad istam f. est morbus so sieht die Krankheit aus = solcher Art
ist die Krankheit. B) (*Tac.*) der Schein im
Gegensatze der Wirklichkeit, facie consilii publici.
C) = Art, Gattung: plures eloquentiae ff.
2) das menschliche Gesicht, Antlitz (überhaupt,
vgl. os u. vultus): facies homini tantum, ceteris os aut rostra (*Plin.*); in f. vultuque
inerat vecordia; f. egregia, liberalis; nosse
aliquem de f. von Angesicht.

Făcĭle, *adv.* mit *comp.* u. *sup.* [eigtl. *n.*
von facilis] 1) leicht, ohne Mühe, ohne Schwierigkeit: f. aliquid ediscere, aliquem superare.
2) zur Verstärkung eines einen hohen Grad bezeichnenden Ausdruckes, weit, unbedenklich,
ohne Widerrede, aller-: f. princeps, vir totius
Graeciae f. doctissimus; so auch bei Verben,
die ein Uebertreffen bezeichnen: Thucydides dicendi artificio f. vicit omnes. 3) non (haud)
f. nicht leicht = schwerlich, kaum (eine gemilderte Form der Verneinung): non f. in ullo
majori diligentiam cognovi. 4) willig,
gern: f. hoc patior das gebe ich gern zu. 5)
(meist Vorklaff. u. Spät.) angenehm, wohl,
bequem, vivere, agitare; nusquam facilius
sum; animadvertit copias suas non f. diduci
posse nicht sicher.

Făcĭlis, e, *adj.* mit *comp.* u. *sup.* [facio]
eigtl. thunlich, 1) leicht = was man leicht
thun kann (vgl. levis), mit keiner Mühe oder
Schwierigkeit verbunden, res, causa, ascensus,
defensio; victus f. leicht zu erlangen, favor f.
leicht zu gewinnen, (Poet.) f. somnus in den
Jmb. leicht fällt; (Poet.) gens f. victu im Ueberfluß und ohne Sorgen lebend, illud erat f. ad
credendum, hoc erat f. dictu leicht zu glauben, zu sagen; häufig facile est hoc intelligere
es ist leicht dieses zu verstehen: auch (meist Poet.
u. Spät.) mit einem *infin.*, facilis corrumpi
leicht zu bestechen; pons facillimae custodiae
leicht zu bewachen; res est in (ex, de) facili
ist leicht. Hiervon A) was zu Etwas leicht benutzt werden kann, bequem: campus facilis
operi wo die Belagerungswerke leicht aufgeführt
werden können, divisui leicht zu theilen. B) von
Personen, der sich zu Etwas leicht bewegen läßt,
bereitwillig, willig: f. bello = kriegslustig.
2) von einer Person, die mit Leichtigkeit und
Fertigkeit Etwas ausführt, fertig, gewandt:
f. et expeditus ad dicendum, facilis sermone
Graeco; faciles victu die ein bequemes Leben
führen, den Lebensunterhalt leicht finden. 3) von
dem Charakter, freundlich, willfährig, nachgebend, gefällig, oder, von Fürsten u. dergl.,
leutselig, nachsichtig, zugänglich, herablassend, mild, gnädig: benignus et f., lenis et
f.; f. in hominibus audiendis admittendisque;
mores ff.; dii ff. in tua vota (Poet.). 4) vom
Schicksale u. dergl., günstig, glücklich, fortunae, res.

Făcĭlĭtas, ātis, *f.* [facilis] 1) die Leichtigkeit, a) (Spät.) als Eigenschaft dessen, was
sich leicht thun, behandeln läßt, soli. b) als Eigenschaft dessen, der willig oder leicht Etwas thut,
= die Geneigtheit od. Fertigkeit: f. audendi.
Insbes. f. aetatis puerilis = Gelehrigkeit, Leich-

tigkeit im Auffassen, f. oris die leichte Aussprache;
auch = die Geläufigkeit im Vortrage, Leichtigkeit
im Ausdrucke, f. extemporalis. 2) die Freundlichkeit, Gefälligkeit, Zuvorkommenheit,
oder, von Vornehmen, die Leutseligkeit, Um-
gänglichkeit, Herablassung: comitas et f., f. et
humanitas; f. sermonis. *3) (Spät.) der Leichtsinn.

Făcĭlĭter, *adv.* [facilis] eine von Quinc-
tilian getadelte Nebenform von facile.

Făcĭnŏrōsus, *adj.* [facinus] verbrecherisch, voller Schandthaten, homo, vita.

Făcĭnus, ŏris, *n.* [facio] die auffallende u.
bedeutungsvolle, wichtige That (vgl. factum,
scelus u. dergl.): f. praeclarissimum, pulcherrimum; f. nefarium, f. inauditum et singulare.
Hiervon insbes. A) die verbrecherische und gewaltige That, die Unthat, Schandthat: scelus et f.,
committere (patrare, facere) f.; hiervon (Poet.)
von einem Giftbecher als Werkzeug einer Unthat.
B) (*Pl.*) = das Ding, die Sache.

Făcĭo, fēci, factum, 3. I. *transit.* 1) machen,
in der weitesten Bedeutung dieses umfassenden
Wortes: A) = verfertigen, bauen, bilden, schaffen,
bereiten u. dergl.: f. materiam, aedem, vas; f.
castra das Lager schlagen; f. exercitum, manum,
classem herbeischaffen, aufbringen. B) = vollführen, ausführen, verrichten, vornehmen, begehen
u. dergl.: f. initium, gradum, iter (eine Reise);
f. incursionem; f. inducias, pacem schließen;
f. injuriam zufügen; f. proelium liefern, bellum
anfangen, promissum erfüllen, stipendia Kriegsdienst thun; f. verbum ein Wort sagen, f. verba
reden; f. modum das Maaß bestimmen, f. periculum einen Versuch machen. C) = verursachen,
erregen, hervorrufen, bewirken, einflößen u. dergl.:
f. admirationem rei alicujus, ebenso f. desiderium, suspicionem, metum, spem, odium vitae;
f. perniciem alicui. D) = Jmb. Etwas verschaffen, verursachen, geben u. dergl.: f. sibi magnas
opes; f. alicui potestatem (copiam) dicendi
die Gelegenheit, Erlaubniß zum Sprechen Jmb.
geben; f. alicui negotia Schwierigkeiten verursachen; f. alicui transitum den Durchweg gestatten; f. sibi viam sich einen Weg bahnen, alicui securitatem verschaffen; f. alicui suavium
(*Pl.*) einen Kuß geben. E) f. jacturam ein
Opfer bringen, einen Verlust leiden, ebenso f.
damnum, detrimentum, naufragium, „leiden".
F) f. alicui gratiam rei alicujus Jmd. Etwas
nachgeben, ersparen, mit ihm Nachsicht haben.
G) (Spät.) = zurücklegen, duo stadia. H) (Spät.)
eine Zeit zubringen, leben, paucos dies unā.

2) = bewirken, für Etwas Sorge tragen,
mit folgendem ut, ne oder bloßem Conjunctiv:
faciam ut mei semper meminerit; fac ne
quid aliud dicas = sage nichts Anderes; (Poet.)
fecisti me cernere letum nati du hast mich
sehen lassen. 3) Jmd. od. Etwas zu Etwas
machen: f. judicem iratum, filiam heredem,
illos consules; populus eos f. qui etc. wählt
diejenigen. Ebenso f. aliquid dicionis (potestatis) suae (sui imperii) Etwas unter seine
Herrschaft bringen; f. aliquid sui muneris fordern, daß Etwas als aus seiner Schenkung allein
herrührend angesehen werden soll; f. terram suam
sich unterwerfen, aliquem suum zu seinem Freunde
machen. 4) achten, schätzen: f. aliquem magni

hoch, pluris höher; nihilo eum f., parum id f. gering, wenig; aliter nos faciunt quam aequum est beurtheilen uns.
b) in der Rede ob. Schrift einführen, darstellen, „lassen": Xenophon facit Socratem dicentem; Homerus Herculem ab Ulixe conveniri fecit. 6) vorgeben, sich anstellen: facio me alias res agere. Hiervon = annehmen, „setzen": faciamus, deos non esse, insbef. der imper. fac „gesetzt": fac animos non remanere post mortem. 7) ein Geschäft ob. dergl. treiben, sich mit ihm beschäftigen: f. mercaturam, haruspicinam. 8) bes. Verbindungen: A) f. sacra ob. rem divinam ein Opfer darbringen, anstellen, pro civibus, u. davon absol. = opfern, f. deo einem Gotte, und (Poet.) f. bovem eine Kuh opfern. B) quid faciam (facias u. s. w.) hoc homine, ob. huic homini und (selten) de meis rebus was soll ich mit — thun?
II. absol. oder *intrans*. 1) mit Adverbien oder ähnlichen Ausdrücken, thun, sich betragen, irgendwie handeln: bene fecit S. qui abiit S. hat richtig gehandelt, daß er fortgegangen ist; f. imperite; facere non possum quin scribam ich kann nicht umhin zu schreiben. 2) f. cum ob. ab aliquo es mit Jmd. halten, auf Jmds Seite-, Partei sein, *oppos*. f. contra aliquem: cum illo Lentulus f.; veritas f. cum illo; illud nihilo magis ab adversariis quam ab nobis facit spricht nicht mehr zum Vortheile der Gegner als zum unsrigen; (Poet.) hinc faciunt sie halten es mit uns. 3) (Poet. u. Spät.) zu Etwas dienen, nützen, helfen, passen, ad talem formam non f. iste locus; dura corona non f. capiti meo; hoc idem facit illi quod etc. dieses nützt ihm gerade so viel als u. s. w.

*Facteon [φακτέον von facio] eine scherzhafte vom Cicero gebildete halb griechische Form (statt faciendum) = man muß schätzen: non flocci illos consulatus f.

Factio, ōnis, f. [facio] 1) (selten) das Machen, Thun, Handeln: quae haec f. est (*Pl.*) was ist das für ein Verfahren? testamenti f. = das Recht, ein Testament zu machen. 2) A) (Vorklass.) die Verbindung im Privatleben durch Verwandtschaft ob. Bekanntschaft, die Verwandtschaft: neque nos tanta factione quantā tu sumus wir haben nicht so viele Verwandte. B) häufig die Verbindung im öffentlichen Leben, der politische Anhang, die politische Partei: in singulis domibus ff. sunt; oft mit dem Begriffe der Gehässigkeit, der drückenden und anmaßenden Uebermacht, z. B. derjenigen der 30 Tyrannen in Athen: haec inter bonos amicitia, inter malos f. est; per vim et f. durch Gewalt und Parteieinfluß. Insbef. bisweilen von Zuschauern im Theater, die für einen Schauspieler ob. ein Schauspiel Partei nahmen. C) eine Abtheilung der Wettfahrer auf der Rennbahn zu Rom.

Factiōsus, *adj*. mit *comp*. u. *sup*. [factio] der einen Anhang hat, mächtig, oder nach einem Anhange strebt, parteisüchtig, unruhig: homo potens et f.; tyrannis f. Oligarchie; (*Pl.*) factiosus linguā mächtig mit der Zunge.

Factito, 1. [facio] Etwas häufig und gewöhnlich machen, aliquid, versus, simulacra; f. inducias einen Waffenstillstand schließen.

2) Jmd. zu Etwas machen, f. aliquem heredem. 3) von einem Geschäfte, einer Thätigkeit u. dergl., treiben, gewöhnlich ausüben, aus Etwas ein Metier machen, medicinam.

Facto, 1. [facio]. (*Pl.*) = factito.

Factor, ōris, m. [facio] (Vorklaff.) eigtl. der Macher; (*Pl.*) f. pilae derjenige, der den Ball schlägt („macht").

Factum, i, n. [*particip*. von facio] das Gethane, die That, Handlung (vgl. facinus), sowohl als *particip*. mit Adverbien verbunden, bene, male, egregie f. (eine gute, schlechte, glänzende That), als auch *subst*. mit Adjectiven, bonum, malum, egregium f.; illius, meum f.; illustria ff. Insbef. a) bonum factum als die eine glückliche Vorbedeutung enthaltende Eingangsformel obrigkeitlicher Befehle und Edicte, zu gutem Glück! in Gottes Namen! b) (Poet.) ff. boum = ἔργα βοῶν gepflügte Aecker.

Factus, *adj*. mit *comp*. [*particip*. von facio] 1) gemacht: factins nihilo facit (*Pl.*) er macht (es) deswegen nicht mehr gethan (als es schon ist). 2) verarbeitet, argentum; *trop*. oratio f. ausgearbeitet.

Făcŭla, ae, f. *deminut*. von fax.

Făcultas, ātis, f. [verw. mit facio] 1) die Möglichkeit, Thunlichkeit, davon die Gelegenheit, das Vermögen: dare alicui facultatem aliquid faciendi; reliquis fugae facultas datur; nonnunquam nobis datur f. ut etc.; res habet f. ist thunlich, ebenso si facultas erit wenn es möglich wird, und quoad facultas feret; multae ff. mihi dabantur viele Gelegenheiten, bei welchen (es) mir möglich war; consideremus ceteras ff. die übrigen Umstände, welche die Sache möglich oder leicht machten; f. talium sumptuum das Vermögen, solchen Aufwand zu tragen. Hiervon = die Fähigkeit, Gewandtheit, Geschicklichkeit: f. dicendi; ingenii ff. die geistigen Gaben; bisweilen f. allein = f. dicendi die Rednergabe, das Rednertalent, so f. extemporalis (siehe das Wort). 2) der Vorrath, die hinlängliche Menge: f. numorum, navium; hiervon häufig im *plur*. = die Mittel, das Vermögen, die Vermögensumstände: tuae me ff. sustinent; mutant ff. et commoda sie leisten sich gegenseitig Hülfe durch ihr Vermögen; f. Italiae Hülfsquellen.

Făcunde, *adv*. mit *sup*. [facundus] in leichter und gefälliger Sprache, fließend.

Făcundia, ae, f. [facundus] (nicht bei Cicero, wie auch nicht die verwandten Wörter) die Wohlredenheit, Redefertigkeit, das leicht und geläufig Reden (vgl. eloquentia): f. Graeca, Latina.

*Făcunditas, ātis, f. (*Pl.*) = facundia.

Făcundus, *adj*. mit *comp*. u. *sup*. [for] (nicht bei Cicero u. Cäsar) wohlredend, redefertig, der leicht und geläufig spricht (vgl. disertus und eloquens), homo; auch oratio, dictum f. in welcher diese Eigenschaft sich zeigt.

Faecŭla, ae, f. [*deminut*. von faex] das Weinsteinsalz.

Faesŭlae, ārum, f. pl. Stadt in Etrurien. Davon -lānus, *adj*. und *subst*. -lāni, ōrum, m. pl. die Einwohner von F.

Faex, cis, f. 1) der Bodensatz gegohrener Flüssigkeiten, die Hefe: poti faece tenus cadi.

Hiervon ungleich. A) = faecula. B) die Brühe, dicker Saft von eingemachten Sachen. C) der Niederschlag, die Reste trockner Gegenstände, z. B. f. salis. 2) *trop.* = das Schlechteste und Niedrigste einer Sache: f. populi der gemeinste Pöbel; tu quidem de f. hauris sprichst nur von den Schlechtesten (Rednern).

Fāgeus, Fāgīneus oder **Fāgīnus,** *adj.* [fagus] zur Buche gehörig oder von Buchen, buchen, glans, materia, poculum.

Fāgus, i, *f.* [griech. φηγός] die Buche.

Fāla, ae, *f.* (Vorklass. u. Spät.) ein Gerüst, A) bei Belagerungen, eine Art Thurm, aus welchem Geschosse auf die Mauer geworfen wurden; hiervon *proverb.* subire sub f. (*Pl.*) = sich in eine große Gefahr wagen. B) eine der sieben hölzernen Säulen an der spina in dem circus maximus zu Rom.

Fălărĭca, ae, *f.* (bisweilen Phalarica geschrieben) 1) ein gewaltiger, langer Speer, doch aus der Hand geworfen. 2) ein Brandpfeil, langes mit Werg, Pech u. dergl. umwundenes Wurfgeschoß, das aus einer catapulta auf die feindlichen Werke oder das feindliche Lager geschleudert wurde.

Falcārius, ii, *m.* [falx] der Sichelmacher.

Falcātus, *adj.* [falx] 1) mit Sicheln versehen, mit Sensen besetzt, currus. 2) sichelförmig, ensis, cauda.

Falcĭdius, Name eines römischen Geschlechtes: ein Cajus F. war zur Zeit Cicero's Volkstribun.

Falcĭfer, ĕra, ĕrum, *adj.* [falx-fero] (Poet.) sichelführend, häufig vom Saturn.

Fălērii, ōrum, *m. pl.* Stadt in Etrurien; Hauptort der etrurischen Völkerschaft **Fălisci,** ōrum, *m. pl.*; die Stadt hieß auch und zwar eigtl. Falisci. Davon **Faliscus,** *adj.*

Fălernus ager ein durch seinen trefflichen Wein berühmtes Gebiet in Campanien am Fuße des Berges Massicus; davon Falernum vinum (vitis, uva u. dergl.) und *subst.* Falernum der falernische Wein.

Fallācia, ae, *f.* [fallax] (meist im *pl.*, nur bei Poet. u. Spät. im *sing.*) die Betrügerei, die Intrigue, List, die Ränke: fraudes et ff., per dolum et ff.

*****Fallăci-lŏquus,** *adj.* [loquor] (Vorklass.) betrügerisch redend.

Fallācĭter, *adv.* mit *sup.* [fallax] betrügerisch, ränkevoll.

Fallax, ācis, *adj.* [fallo] betrügerisch, täuschend, treulos, ränkevoll, homo; auch von Sachen und abstracten Gegenständen f. spes, arva ff. wenn Mißwachs eintritt und die Saat den Erwartungen nicht entspricht, ebenso herbae ff.; interrogationes ff.; (Spät.) fallax amicitiae treulos gegen einen Freund, der Freundschaft untreu.

Fallo, fĕfelli, falsum, 3. 1) täuschen, betrügen, hinter das Licht führen: f. aliquem omni fraude et perfidia; spes eum f. er erlangte nicht, was er hoffte, aber is f. spem, opinionem = er entspricht nicht der von ihm gehegten Hoffnung; nisi omnia me fallunt, nisi quid me fallit und *pass.* nisi fallor wenn ich nicht irre; ebenso id (ea res) me fallit ich irre hierin, sententia me fefellit ich irrte mich; fallor ich irre; ea res me falsum non habuit dieses täuschte mich nicht. Insbes. = treulos in Bezug auf ein Versprechen oder eine Verpflichtung handeln, verletzen, übertreten: f. fidem, promissum, jusjurandum brechen, nicht halten; f. deos testes treulos handeln, obgleich die Götter als Zeugen herbeigerufen worden sind: „si sciens fallo" (Formel der Schwörenden) wenn ich wissend meinen Eid breche; (Poet.) f. mandata nicht vollziehen, vernachlässigen. 2) entgehen = von Jmd. unbemerkt sein, oder ihm unbekannt sein, f. aliquem; fefellerunt custodes wurden von der Wache nicht bemerkt; nec veniens fefellit Tusculanum ducem der tuskische Anführer sah ihn kommen; hoc me non f. Auch *absol.* per biennium fefellerat war in zwei Jahren nicht bemerkt worden; (Poet.) qui natus moriensque fefellit der bei seiner Geburt und bei seinem Tode unbemerkt geblieben ist. Häufig *impers.* non me fallit, in lege nulla esse ejusmodi capita ich weiß recht gut; (ungewöhnlich) neque Caesarem fefellit quin etc.; (Vorklass.) non me fallit animi. 3) (Poet. u. Spät.) machen, daß eine Zeit, die verläuft, oder etwas Unangenehmes, das ertragen wird, nicht bemerkt wird: f. horas sermonibus die Stunden durch Gespräche unbemerkt verstreichen machen, verkürzen, ebenso f. noctes; f. curam, dolores = mildern; labor f. curas, laborem machts, daß man den Kummer, die Mühe vergißt. 4) (Poet.) f. faciem alicujus = betrügerisch annehmen; f. terga lupo sich unter der Gestalt eines Wolfes verbergen.

Falsārius, *adj.* [falsus] (Spät.) der Fälscher, Verfälscher eines Testamentes.

False, siehe Falso.

*****Falsi-dĭcus,** *adj.* [dico] (*Pl.*) falsch redend.

*****Falsi-fĭcus,** *adj.* [facio] (*Pl.* zweifelhaft) falsch handelnd.

*****Falsi-jūrius,** *adj.* [juro] (*Pl.* zweifelhaft) falsch schwörend.

*****Falsi-lŏquus,** *adj.* [loquor] (*Pl.* zweifelh.) falsch redend.

*****Falsĭmōnia,** ae, *f.* [falsus] (*Pl.*) der Betrug.

*****Falsi-pārens,** tis, *adj.* (Poet.) einen erdichteten Vater habend.

Falso (Vorklass. auch **False**) *adv.* [falsus] fälschlich, A) unwahr, lügenhaft ob. irrthümlich, mit Unwahrheit, unrichtig: f. memoriae proditum est, f. dicebatur vivere; auch *allein,* als unvollwertiger Satz: in talibus rebus aliud utile aliud honestum videri solet: falso = dies ist aber unrichtig. B) = ohne Grund, unverdient, vituperari, queri.

Falsus mit *sup.* [fallo] falsch, 1) = unwahr, unrichtig, mit der Wahrheit und Wirklichkeit nicht stimmend, unzuverlässig, fama, nuncius, appellatio, argumentum. Häufig *subst.* **Falsum,** i, *n.* das Falsche, Unwahre. 2) = der Unwahrheit sagt, sowohl wissend (= lügenhaft, verstellt, heuchlerisch u. dergl.) als gegen seinen Willen = irrend: f. vates, homo, und *subst.* falsus = der Lügner oder der Betrüger; f. es du irrst. 3) = erdichtet, vorgeblich, nachgemacht u. dergl., literae, lis; f. Simois (Poet.) nach dem wirklichen S. genannt. 4) =

Facteon

hoch, pluris höher; nihilo eum f., parum id f. gering, wenig; aliter nos faciunt quam aequum est beurtheilen uns.
5) in der Rede ob. Schrift einführen, darstellen, „lassen": Xenophon facit Socratem dicentem; Homerus Herculem ab Ulixe conveniri fecit. 6) vorgeben, sich anstellen: facio me alias res agere. Hiervon = annehmen, „setzen": faciamus, deos non esse, insbef. der *imper.* fac „gesetzt": fac animos non remanere post mortem. 7) ein Geschäft od. dergl. treiben, sich mit ihm beschäftigen: f. mercaturam, haruspicinam. 8) bes. Verbindungen: A) f. sacra ob. rem divinam ein Opfer darbringen, anstellen, pro civibus, u. davon absol. = opfern, f. deo einem Gotte, und (Poet.) f. bovem eine Kuh opfern. B) quid faciam (facias u. s. w.) hoc homine, ob. huic homini und (selten) de meis rebus was soll ich mit — thun?
II. absol. oder *intrans.* 1) mit Adverbien oder ähnlichen Ausdrücken, thun, sich betragen, irgendwie handeln: bene fecit S. qui abiit S. hat richtig gehandelt, daß er fortgegangen ist; f. imperite, facere non possum quin scribam ich kann nicht umhin zu schreiben. 2) f. cum ob. ab aliquo es mit Jmd. halten, auf Jmds Seite-, Partei sein, *oppos.* f. contra aliquem: cum illo Lentulus f.; veritas f. cum illo; illud nihilo magis ab adversariis quam ab nobis facit spricht nicht mehr zum Vortheile der Gegner als zum unfrigen; (Poet.) faciunt sie halten es mit uns. 3) (Poet. u. Spät.) zu Etwas dienen, nützen, helfen, passen, ad talem formam non f. iste locus; dura corona non f. capiti meo; hoc idem facit illi quod etc. dieses nützt ihm gerade so viel als u. s. w.

*Facteon [φακτέον von facio] eine scherzhafte vom Cicero gebildete halb griechische Form (statt faciendum) = man muß schätzen: non flocci illos consulatus f.

Factio, ōnis, *f.* [facio] 1) (selten) das Machen, Thun, Handeln: quae haec f. est (Pl.) was ist das für ein Verfahren? testamenti f. = das Recht, ein Testament zu machen. 2) A) (Vorklaff.) die Verbindung im Privatleben durch Verwandtschaft od. Bekanntschaft, die Verwandtschaft: neque nos tanta factione quantā tu sumus wir haben nicht so viele Verwandte. B) häufig die Verbindung im öffentlichen Leben, der politische Anhang, die politische Partei: in singulis domibus ff. sunt; oft mit dem Begriffe der Gehässigkeit, der drückenden und anmaßenden Uebermacht, z.B. derjenigen der 30 Tyrannen in Athen: haec inter bonos amicitia, inter malos f. est; per vim et f. durch Gewalt und Parteieinfluß. Insbef. bisweilen von Zuschauern im Theater, die für einen Schauspieler ob. ein Schauspiel Partei nahmen. C) eine Abtheilung der Wettfahrer auf der Rennbahn zu Rom.

Factiōsus, *adj.* mit comp. u. sup. [factio], der einen Anhang hat, mächtig, oder nach einem Anhange strebt, parteisüchtig, unruhig: homo potens et f.; tyrannis f. Oligarchie; (Pl.) factiosus linguā mächtig mit der Zunge.

Factĭto, 1. [facio] 1) Etwas häufig und gewöhnlich machen, aliquid, versus, simulacra; f. inducias einen Waffenstillstand schließen.

Faex

2) Jmd. zu Etwas machen, f. aliquem heredem. 3) von einem Geschäfte, einer Thätigkeit u. dergl., treiben, gewöhnlich ausüben, aus Etwas ein Metier machen, medicinam.

Facto, 1. [facio] (Pl.) = factito.

Factor, ōris, *m.* [facio] (Vorklaff.) eigtl. der Macher; (Pl.) f. pilae derjenige, der den Ball schlägt („macht").

Factum, i, *n.* [*particip.* von facio] das Gethane, die That, Handlung (vgl. facinus), sowohl als *particip.* mit Adverbien verbunden, bene, male, egregie f. (eine gute, schlechte, glänzende That), als auch *subst.* mit Adjectiven, bonum, malum, egregium f.; illius, meum f.; illustria ff. Insbef. a) bonum factum als die eine glückliche Vorbedeutung enthaltende Eingangsformel obrigkeitlicher Befehle und Edicte, zu gutem Glück! in Gottes Namen! b) (Poet.) ff. boum = ἔργα βοῶν gepflügte Aecker.

Factus, *adj.* mit comp. [*particip.* von facio] 1) gemacht: factius nihilo facit (Pl.) et macht (es) deswegen nicht mehr gethan (als es schon ist). 2) verarbeitet, argentum; *trop.* oratio f. ausgearbeitet.

Facŭla, ae, *f. deminut.* von fax.

Facultas, ātis, *f.* [verw. mit facio] 1) die Möglichkeit, Thunlichkeit, davon die Gelegenheit, das Vermögen: dare alicui facultatem aliquid faciendi; reliquis fugae facultas datur; nonnunquam nobis datur f. ut etc.; res habet f. ist thunlich, ebenso si facultas erit wenn es möglich wird, und quoad facultas feret; multae ff. mihi dabantur viele Gelegenheiten, bei welchen (es) mir möglich war; consideremus ceteras ff. die übrigen Umstände, welche die Sache möglich oder leicht machten; f. talium sumptuum das Vermögen, solchen Aufwand zu tragen. Hiervon = die Fähigkeit, Gewandtheit, Geschicklichkeit: f. dicendi; ingenii ff. die geistigen Gaben; bisweilen f. allein = dicendi die Rednergabe, das Rednertalent, so f. extemporalis (siehe das Wort). 2) der Vorrath, die hinlängliche Menge: f. numorum, navium; hiervon häufig im *plur.* = die Mittel, das Vermögen, die Vermögensumstände: tuae me ff. sustinent; mutant ff. et commoda sie leisten sich gegenseitig Hülfe durch ihr Vermögen; ff. Italiae Hülfsquellen.

Facunde, *adv.* mit sup. [facundus] in leichter und gefälliger Sprache, fließend.

Facundia, ae, *f.* [facundus] (nicht bei Cicero, wie auch nicht die verwandten Wörter) die Wohlredenheit, Redefertigkeit, das leicht und geläufig Reden (vgl. eloquentia): f. Graeca, Latina.

*Facundĭtas, ātis, *f.* (Pl.) = facundia.

Facundus, *adj.* mit comp. u. sup. [for] (nicht bei Cicero u. Cäsar) wohlredend, redefertig, der leicht und geläufig spricht (vgl. disertus und eloquens), homo; auch oratio, dictum f. in welcher diese Eigenschaft sich zeigt.

Faecŭla, ae, *f.* [*deminut.* von faex] das Weinsteinsalz.

Faesŭlae, ārum, *f. pl.* Stadt in Etrurien. Davon -lānus, *adj.* und *subst.* -lāni, ōrum, *m. pl.* die Einwohner von F.

Faex, cis, *f.* 1) der Bodensatz gegohrener Flüssigkeiten, die Hefe: poti faece tenus cadi.

Fageus — **Falsus** 293

Hiervon uneigtl. A) = faecula. B) die Brühe, dicker Saft von eingemachten Sachen. C) der Niederschlag, die Reste trockner Gegenstände, z. B. f. salis. 2) *trop.* = das Schlechteste und Niedrigste einer Sache: f. populi der gemeinste Pöbel; tu quidem de f. hauris sprichst nur von den Schlechtesten (Rednern).

Fāgeus, Fāgineus oder **Fāgīnus**, *adj.* [fagus] zur Buche gehörig oder von Buchen, buchen, glans, materia, poculum.

Fāgus, i, *f.* [griech. φηγός] die Buche.

Fāla, ae, *f.* (Vorklaff. u. Spät.) ein Gerüst, A) bei Belagerungen, eine Art Thurm, aus welchem Geschosse auf die Mauer geworfen wurden; hiervon *proverb.* subire sub f. (*Pl.*) = sich in eine große Gefahr wagen. B) eine der sieben hölzernen Säulen an der spina in dem circus maximus zu Rom.

Fălărĭca, ae, *f.* (bisweilen Phalarica geschrieben) 1) ein gewaltiger, langer Speer, doch aus der Hand geworfen. 2) ein Brandpfeil, langes mit Werg, Pech u. dergl. umwundenes Wurfgeschoß, das aus einer catapulta auf die feindlichen Werke oder das feindliche Lager geschleudert wurde.

Falcārius, ii, *m.* [falx] der Sichelmacher.

Falcātus, *adj.* [falx] 1) mit Sicheln versehen, mit Sensen besetzt, currus. 2) sichelförmig, ensis, cauda.

Falcĭdius, Name eines römischen Geschlechtes: ein Cajus F. war zur Zeit Cicero's Volkstribun.

Falcĭfer, ĕra, ĕrum, *adj.* [falx-fero] (Poet.) sichelführend, häufig vom Saturn.

Fălērii, ōrum, *m. pl.* Stadt in Etrurien, Hauptort der etruskischen Völkerschaft **Fălĭsci**, ōrum, *m. pl.*; die Stadt hieß auch und zwar eigtl. Falisci. Davon **Faliscus**, *adj.*

Fălernus ager ein durch seinen trefflichen Wein berühmtes Gebiet in Campanien am Fuße des Berges Massicus; davon Falernum vinum (vitis, uva u. dergl.) und *subst.* Falernum der falernische Wein.

Fallācĭa, ae, *f.* [fallax] (meist im *pl.*, nur bei Poet. u. Spät. im *sing.*) die Betrügerei, die Intrigue, List, die Ränke: fraudes et ff., per dolum et ff.

*****Fallācĭ-loquus**, *adj.* [loquor] (Vorklaff.) betrügerisch redend.

Fallācĭter, *adv.* mit *sup.* [fallax] betrügerisch, ränkevoll.

Fallax, ācis, *adj.* [fallo] betrügerisch, täuschend, treulos, ränkevoll, homo; auch von Sachen und abstracten Gegenständen f. spes, arva ff. wenn Mißwachs eintritt und die Saat den Erwartungen nicht entspricht, ebenso herbae ff.; interrogationes ff.; (Spät.) fallax amicitiae treulos gegen einen Freund, der Freundschaft untreu.

Fallo, fefelli, falsum, 3. 1) täuschen, betrügen, hinter das Licht führen: f. aliquem omni fraude et perfidia; spes eum f. er erlangte nicht, was er hoffte, aber is f. spem, opinionem = er entspricht nicht der von ihm gehegten Hoffnung; nisi omnia me fallunt, nisi quid me fallit und *pass.* nisi fallor wenn ich nicht irre; ebenso id (ea res) me fallit ich irre hierin, sententia me fefellit ich irrte mich; fallor ich irre; ea res me falsum non habuit dieses täuschte mich nicht. Insbes. = treulos in Bezug auf ein Versprechen oder eine Verpflichtung handeln, verletzen, übertreten: f. fidem, promissum, jusjurandum brechen, nicht halten; f. deos testes treulos handeln, obgleich die Götter als Zeugen herbeigerufen worden sind: „si sciens fallo" (Formel der Schwörenden) wenn ich wissend meinen Eid breche; (Poet.) f. mandata nicht vollziehen, vernachlässigen. 2) entgehen = von Jmd. unbemerkt sein, oder ihm unbekannt sein, f. aliquem; fefellerunt custodes wurden von der Wache nicht bemerkt; nec veniens fefellit Tusculanum ducem der tuskische Anführer sah ihn kommen; hoc me non f. Auch *abs.* per biennium fefellerat war in zwei Jahren nicht bemerkt worden; (Poet.) qui natus moriensque fefellit der bei seiner Geburt und bei seinem Tode unbemerkt geblieben ist. Häufig *impers.* non me fallit, in lege nulla esse ejusmodi capita ich weiß recht gut; (ungewöhnlich) neque Caesarem fefellit quin etc.; (Vorklaff.) non me fallit animi. 3) (Poet. u. Spät.) machen, daß eine Zeit, die verläuft, oder etwas Unangenehmes, das ertragen wird, nicht bemerkt wird: f. horas sermonibus die Stunden durch Gespräche unbemerkt verstreichen machen, verkürzen, ebenso f. noctes; f. curam, dolores = mildern; labor f. curas, laborem macht, daß man den Kummer, die Mühe vergißt. 4) (Poet.) f. faciem alicujus = betrügerisch annehmen; f. terga lupo sich unter der Gestalt eines Wolfes verbergen.

Falsārius, *adj.* [falsus] (Spät.) der Fälscher, Verfälscher eines Testamentes.

False, siehe Falso.

*****Falsi-dicus**, *adj.* [dico] (*Pl.*) falsch redend.

*****Falsi-ficus**, *adj.* [facio] (*Pl.* zweifelhaft) falsch handelnd.

*****Falsi-jūrius**, *adj.* [juro] (*Pl.* zweifelhaft) falsch schwörend.

*****Falsi-lŏquus**, *adj.* [loquor] (*Pl.* zweifelh.) falsch redend.

*****Falsimōnĭa**, ae, *f.* [falsus] (*Pl.*) der Betrug.

*****Falsi-părens**, tis, *adj.* (Poet.) einen erdichteten Vater habend.

Falso (Vorklaff. auch **False**) *adv.* [falsus] fälschlich, A) unwahr, lügenhaft ob. irrthümlich, mit Unwahrheit, unrichtig: f. memoriae proditum est, f. dicebatur vivere; auch allein, als unvollendeter Satz: in talibus rebus aliud utile aliud honestum videri solet: falso = dies ist aber unrichtig. B) = ohne Grund, unverdient, vituperari, queri.

Falsus mit *sup.* [fallo] falsch, 1) = unwahr, unrichtig, mit der Wahrheit und Wirklichkeit nicht stimmend, unzuverlässig, fama, nuncius, appellatio, argumentum. Häufig *subst.* **Falsum**, i, *n.* das Falsche, Unwahre. 2) = der Unwahrheit sagt, sowohl wissend (= lügenhaft, verstellt, heuchlerisch u. dergl.) als gegen seinen Willen = irrend: f. vates, homo, und *subst.* falsus = der Lügner oder der Betrüger; f. es du irrst. 3) = erdichtet, vorgeblich, nachgemacht u. dergl., literae, lis; f. Simois (Poet.) nach dem wirklichen S. genannt. 4) =

unbegründet, leer, unverdient, spes, terrores, opprobria, honor.

Falx, cis, f. die Sichel, Sense; f. muralis große auf einer langen und starken Stange befestigte Sichel, mit welcher man bei Belagerungen theils die Mauerzinnen u. s. w. herabriß, theils die Vertheidiger auf der Mauer verstümmelte.

Fāma, ae, f. (verw. mit fari, φήμη) 1) das Gerücht, die Sage, das Gerede der Leute, die Tradition: a Brundisio nulla adhuc f. venerat; f. est (tenet, fert) das Gerücht geht, nunciat berichtet; f. de re aliqua, bisweilen auch rei alicujus von Etwas; fama percrebuit, illum a Caesare obsideri. 2) = die öffentliche Meinung, die Volksstimme: f. popularis, f. et opinio hominum, f. forensis. Insbes. = der Ruf eines Menschen, sehr selten (Poet.) vom üblen Rufe, der bösen Nachrede, gewöhnlich = der gute Ruf, der gute Name, der Ruhm u. dergl.: f. et existimatio alicujus; f. ejus agitur sein Ruf steht auf dem Spiele; f. dicendi, eloquentiae der Ruf der Beredtsamkeit; quaerere f. sich einen Ruf verschaffen; damnum famae; pertinet hoc ad f. populi Romani Ruhm.

*****Fāmātus,** adj. [fama] (zweifelhaft)- berüchtigt.

Fămēlĭcus, adj. [fames] (Vorklass. u. Spät.) verhungert, hungrig.

Fămēs, is, f. (der abl. sing. ist famē) 1) der Hunger (überhaupt, vgl. inedia, esuries): confectus (enectus) fame. Hiervon a) von einem Volke oder doch einer Mehrheit = die Hungersnoth, f. est in Asia. b) = die Armuth, rejicere aliquem ad f. 2) trop. A) (Poet.) heftige Begierde, leidenschaftliches Verlangen nach Etwas, auri, majorum nach Etwas Größerem. B) von der Rede = Trockenheit, Magerkeit, Dürftigkeit im Ausdruck, jejunitas ac f.

*****Fāmĭgĕrātĭo,** ōnis, f. [fama-gero] (Pl.) das Austragen, Bekanntmachen.

*****Fāmĭgĕrātor,** ōris, m. [fama-gero] (Pl.) der Austräger, der Etwas durch das Gerücht bekannt macht.

Fāmĭgĕrātus, adj. [fama-gero] (Spät.) durch das Gerücht bekannt, in Ruf gebracht.

Famĭlĭa, ae, f. (in der Verbindung mit pater, mater u. s. w. auch im genit. as) (verwandt mit famulus) 1) die Gesammtheit der unter Ihnds Dache lebenden Personen, die Hausgenossenschaft, nämlich A) das Gesinde, die Dienerschaft: emere f.; tot ff. elegantissimae; armare f. seine Sklaven. Hiervon auch = die leibeigenen Vasallen: Martis f. diejenigen, die zum Tempel des Mars gehörten, ebenso f. Orgetorigis, ad decem millia hominum. B) der ganze Hausstand, das Haus, a) (selten) in Bezug auf das Vermögen und den Besitz: hercisco f. (siehe hercisco). b) in Bezug auf die Personen, die Familie: so in den Verbindungen paterfamilias, oder -liae, materfamilias oder -liae, selten filius f. und filia f., der Familienvater, Hausvater, die Hausmutter u. s. w. (in diesen Zusammensetzungen wird das erste Wort regelmäßig declinirt, der genit. familias bleibt unverändert). 2) zur Bezeichnung einer weiteren Verwandtschaft, die Familie als Unterabtheilung eines Geschlechtes, welche durch das cognomen eines Römers bezeichnet wurde: vetus et illustris f.; Sulla gentis patriciae nobilis fuit, familiâ prope jam exstinctâ (nämlich Cnejus Cornelius Sulla = Cnejus aus dem cornelischen Geschlechte und der Familie der Sullae). Bisweilen steht f. ungenau statt gens: f. Junia, Claudia. 4) trop. a) eine Truppe Fechter oder Schauspieler: f. gladiatorum. b) eine philosophische Secte. f. tota Peripateticorum. Hiervon ducere f. = an der Spitze stehen, der Erste sein.

Famĭlĭāris, e, adj. mit comp. u. sup. [familia] 1) (Vorklass. u. Spät.) zum Gesinde gehörig; subst. = der Bediente. 2) zum Hause, Hauswesen gehörig: focus f. der Hausherd; negotia ff. Insbes. res f. das Hauswesen, gewöhnlich in Bezug auf den Besitz, = das Vermögen, die Besitzthümer, ebenso copiae ff. 3) zur Familie gehörig, Familien-, häuslich: funus, moeror f. 4) trop. A) von Personen, mit dem Hause und der Familie wohl bekannt, vertraut, insbes. als subst. der vertraute Freund, der Vertraute: amicus f.; homo mihi familiarissimus; f. meus, ejus. B) von Sachen, vertraulich, freundschaftlich, epistola, sermones; jura ff. die Rechte der Freundschaft. Hiervon = wohl bekannt, angewöhnt, irgendwo gleichsam zu Hause: haec ars f. est Italiae, vox illa auribus meis f. est, ebenso von einem Schriftsteller Demosthenes mihi est familiarior ich bin mit D. vertrauter, genauer bekannt. 5) in der Lehre der haruspices bezeichnet f. diejenigen Theile (des Opferthieres), welche auf das Vaterland sich (im Heimische (im Gegensatze des Fremden und Ausländischen) hindeuteten.

Famĭlĭārĭtas, ātis, f. [familiaris] 1) die vertraute Bekanntschaft, der vertraute Umgang, die Vertraulichkeit, Freundschaft: cum illo mihi est (intercedit) summa f. et consuetudo ich stehe mit ihm in dem vertrautesten Freundschaftsverhältnisse; delector familiaritate Virginii; im pl. von der Freundschaft mit Mehreren. *2) (Spät.) im pl. = die Freunde, Bekannten: omnes amicitias et ff. afflixit.

Famĭlĭārĭter, adv. mit comp. u. sup. [familiaris] vertraut, freundschaftlich, arridere; f. ferre mortem alicujus freundschaftlichen Antheil nehmen an, odio es nimis f. mit deinem gar zu vertraulichen Betragen.

Fāmōsus, adj. [fama] 1) (Poet. u. Spät.) berühmt, rühmlich, urbs, victoria. 2) berüchtigt, homo, mulier. 3) (Poet. u. Spät.) ehrenrührig, höhnend, carmen, libelli.

Fămŭlāris, e, adj. [famulus] (selten) zum Sklaven gehörig, Bedienten-, vestis.

Fămŭlātus, us, m. [famulor] (selten) die Dienstbarkeit, Knechtschaft: esse in f.

Fămŭlor, depon. 1. [famulus] (selt.) dienstbar sein, Sklave sein, alicui.

Fămŭlus, i, m. und **-la,** ae, f. verwandt mit familia) der Sklave, die Sklavin (als Mitglied des Hausstandes, also das patriarchalische Verhältniß bezeichnend, vgl. servus, mancipium u. s. w.) der (die) Bediente: f. alicujus; trop. si virtus famula fortunae est. Hiervon (Poet.) als adj. = dienstbar, unterthänig: tradiderat famulas jam tibi Rhenus aquas.

Fānātĭcus, adj. [vergl. fanum] 1) von einer Gottheit begeistert, rasend, besessen: f.

Galli die Priester der Cybele, furor f. 2) überhaupt rasend, unsinnig, außer sich: philosophisti superstitiosi et paene ff.; f. cursus, error.

Fandum, i, n. [*gerund.* von for] (Poet.) was gesagt werden muß = Recht, Gebührliches, Pflichtmäßiges.

Fannius, Name eines römischen Geschlechtes: Cajus F. hieß sowohl ein Geschichtschreiber als ein Redner zur Zeit des jüngern Africanus, ebenso ein jüngerer Geschichtschreiber zur Zeit des jüngeren Plinius.

Fānum, i, n. [for] der durch Hersagung einer Weihformel geweihte Ort, das Heiligthum, insbes. = der Tempel (vgl. templum, nedes u. dergl.): ff. atque delubra, templa ac ff.; f. Dianae.

Far, farris, n. der Spelt (eine Art Weizen); bisweilen = Getreide oder Mehl überhaupt.

Farcīmen, ĭnis, n. [farcio] (Vorklaff. u. Spät.) die Wurst.

Farcio, rsi, rtum, 4. 1) voll stopfen, füllen, pulvinam rosā; edaces et se ultra quam capiunt farcientes. Hiervon A) = mästen, gallinas. B) *trop.* anfüllen; fartus re aliqua. 2) (Spät.) Etwas in etwas Anderes hineinstopfen, pannos in os alicujus. Hiervon *particip.* als *subst.* **Fartum**, i, n., auch -tus, us, m. das Hineingestopfte, das Füllsel: scherzhaft (*Pl.*) f. vestis = der Körper.

Farfărus oder **Farfĕrus**, i, m. ein Gewächs, der Huflattich.

Fărīna, ae, f. [far] das Mehl; uneigtl. (Poet. u. Spät.) von anderen Gegenständen, die wie Mehl aussehen, f. marmoris Marmorstaub; *trop.* nostrae farinae von unserer Art.

Fărīnārius, *adj.* zum Mehl gehörig, Mehl-.

Farrāgo, ĭnis, f. [far] 1) das Mengekorn, Mengefutter für das Vieh. 2) *trop.* *A) die bunte Mischung, das Allerlei, der vermischte Inhalt, libri. *B) die Bagatelle.

Farrātus, *adj.* [far] (Poet.) aus Getreide gemacht, omnia ff. Mehlspeisen.

Fartor, ōris, m. [farcio] (Poet.) der Wurstmacher.

Fartum, siehe farcio.

Fas, n. [*verw.* mit for] (nur im *nom.* und *acc. sing.*) 1) was den göttlichen Gesetzen gemäß ist (sowohl solchen, die in ausdrücklichen religiösen Vorschriften oder Andeutungen enthalten waren, als solchen, die durch das sittliche Gefühl jedes Menschen als ein ihm einwohnendes Gesetz bezeichnet wurden), also das göttliche Recht, =Gesetz, die Pflicht und der Wille der Götter, die göttlichen Satzungen (im Gegensatze von jus): jus ac f. omne delere menschliche und göttliche Gesetze unter die Füße treten; contra f., auspicia, religiones; nihil quod aut per naturam f. sit aut per leges liceat. Hiervon A) überhaupt recht, billig, pflichtmäßig, erlaubt: huic legi abrogari non f. est; si hoc est f. dictu; leporem gustare f. non putant; ultra f. (Poet.) mehr als recht ist. B) (Spät.) ungenau = jus, Recht: f. gentium, patriae, armorum. 2) von den Göttern bestimmt, der Wille der Götter: non est f., Germanos superare; si cadere f. (Poet.) daß ich fallen werde.

Fascia, ae, f. eine Binde, ein breites Band oder Streifen Zeug, A) zum Umwinden a) kranker Körpertheile, b) der Beine und Füße zum Schutze gegen die Kälte oder um die Haut zu schützen (solches gebrauchten jedoch nur verweichlichte Personen). B) von den Frauenzimmern zum Unterbinden des Busens, Busenband. C) um den Kopf gebunden, = Diadem, Turban. D) als Wickelbänder für kleine Kinder. E) f. lecti das Kissenband.

*****Fasciātim**, *adv.* [fascis] bündelweise (von *Quinctil.* gebildet).

Fasciŏŭlus, i, m. *deminut.* von fascis.

Fascĭnātĭo, ōnis, f. [fascino] (Spät.) die Beherung.

Fascĭno, 1. [*verw.* mit dem gr. βασκαίνω] (Poet. u. Spät.) behexen, aliquem.

Fascĭnum, i, n. 1) die Beherung. 2) das männliche Glied.

Fascĭŏla, ae, f. *deminut.* von fascia.

Fascis, is, m. 1) (*sing.*) (Poet. u. Spät.) das Bündel, Packet, lignorum. 2) *pl.*, insbes. die Ruthenbündel (mit einem Beil in der Mitte), welche die Lictoren den höchsten Magistratspersonen vorantrugen, theils zur Vollziehung der ausgesprochenen Strafen, theils als symbolisches Zeichen ihrer Gewalt und ihres Rechtes zum Strafen: demere secures de ff. den Magistratspersonen das Recht nehmen, selbst Todesurtheile zu fällen und zu exequiren; demittere (submittere) fasces alicui aus Achtung vor Jmd. senken, *trop.* = Jmd. weichen; ff. laureati nach einem Siege, versi umgekehrt (bei einem Leichenbegängniß). Hiervon *trop.* zur Bezeichnung der höchsten Ehrenstellen, namentlich des Consulats: dare alicui ff.

Fasti, siehe fastus.

Fastidĭo, 4. (verwandt mit affatim) 1) Ueberdruß an Etwas empfinden, sich vor Etwas ekeln, Ekel und Widerwillen fühlen, aliquid. 2) *trop.* geistig vor Etwas Ekel fühlen, Etwas verschmähen, geringschätzen, höhnisch verwerfen, zurückweisen: f. rem aliquam, preces alicujus, omnes duces; f. aliquid facere; illi ff., se inspici vertragen nicht, betrachtet zu werden, ebenso plebs fastidire coepit, munus vulgatum a civibus isse in socios es mit Widerwillen ansgesehen, sich berüber zu schämen; f. in recte factis unzufrieden sein, ungünstig urtheilen, (Vorklaff.) is mei f. er verachtet mich.

Fastidĭōse, *adv.* mit *comp.* [fastidiosus] 1) wählerisch, mit prüfendem Ekel: f. recipior in coelum nach strenger Prüfung; f. judicare. 2) vornehm, stolz. 3) voll Ueberdruß, ärgerlich.

Fastidĭōsus, *adj.* mit *comp.* u. *sup.* [fastidium] 1) (Vorklaff.) ekel, wählerisch, homo, vacca. 2) *trop.* wählerisch = schwer zu befriedigen, mäkelnd, davon vornehm, stolz: f. in causis recipiendis; f. in pares gegen seines Gleichen; aestimator f. der zu hoch anschlägt. Hiervon mit einem *gen. obj.* = verschmähend, f. literarum Latinarum. 3) (Poet.) Ekel erregend, copia.

Fastidĭum, ii, n. [verwandt mit affatim] 1) der Ekel, Widerwillen und Abneigung gegen einen Genuß (aus Uebersättigung und Ueberdruß entstanden, vgl. taedium): cibi satietas et f. 2) *trop.* A) der geistige Widerwille und Unlust, die Abneigung, Verachtung, Geringschätzung u. dergl.: hoc est delicatissimi fastidii verräth einen sehr verwöhnten Geschmack; f. rerum domesticarum Geringschätzung des Einheimischen; esse in fastidio verachtet sein; auch im *pl.*, ferre ff. alicujus. B) das Vornehmthun, der schnöde Stolz, f. et arrogantia, f. et contumacia.

Fastigium, ii, *n.* 1) der Giebel, die Giebelspitze eines Hauses: utilitatem templi fastigii dignitas consecuta est. 2) überhaupt der höchste Theil einer Sache, der Gipfel, die Spitze: colles pari altitudinis fastigio oppidum cingebant mit Gipfeln von gleicher Höhe; opus nondum aquae fastigium aequabat erreichte noch nicht die Oberfläche des Wassers. Hiervon *(Poet.) = die Tiefe, scrobis. 3) die Senkung, Abdachung: ab oppido declivis locus tenui fastigio vergebat, ebenso leni, molli f. mit geringer, allmäliger Senkung. 4) *trop.* A) der Höhepunct, die höchste Stufe: stare in summo f. eloquentiae; poesis ab Homero tantum f. accepit Höhe; summa rerum ff. (Poet.) die Hauptpuncte der Begebenheiten. B) die Würde, Lage, Stellung, Stufe, auf welcher Jmd steht in Bezug auf Rang, Stand u. s. w.: dictaturae f. semper altius fuit; f. consulare; curatio altior suo fastigio ein Geschäft, das für seine Stellung zu hoch war; f. humanum die Stellung eines Menschen, die menschlichen Zustände; cives ejusdem fastigii desselben Standes; privatum f. die Stellung eines Privatmannes.

Fastigo, 1. 1) als *verb. finit.* selten und nur bei Spät., zuspitzen, folia. 2) *particip.* fastigatus schräg, abhängig, collis, testudo.

Fastus [verw. mit for], 1) *adj.* an welchem gesprochen werden darf, dies fasti die Tage, an welchen der Prätor Recht sprechen durfte. 2) *subst.* **Fasti**, örum, *m. pl.* das Verzeichniß der dies fasti. Dieses für das ganze öffentliche Leben sehr wichtige Verzeichniß war lange nur den Patriciern bekannt, bis Cn. Flaccus es 305 v. Chr. veröffentlichte. Als diese Verzeichnisse nach und nach erweitert worden waren, enthielten sie einen vollständigen Kalender mit Angabe der Feste u. m. dergl.: corrigere ff., referre aliquid in ff., tollere diem de ff. suis. Nach diesem Kalender hat Ovid sein Gedicht Fasti (Festkalender) benannt. Außer diesen fasti hatte man später die ff. Capitolini od. consulares, Verzeichnisse der höchsten Magistratspersonen für jedes Jahr von 508 v. Chr. bis 354 n. Chr.; ff. triumphales waren Verzeichnisse derjenigen, die einen Triumph gehalten hatten.

Fastus, us, *m.* [verwandt mit fastidium etc.] (Poet. u. Spät.) der schnöde Stolz, die stolze Verachtung, die Sprödigkeit; bei Poet. auch im *pl.*

Fātālis, e, *adj.* [fatum] zum Schicksal gehörig. 1) vom Schicksal bestimmt, herrührend, verhängt: f. necessitas, casus; ff. anni, mors f.; consulatus meus f. est ad salutem reipublicae; deae ff. die Schicksalsgöttinnen (die Parzen); hora, dies f. = die Todesstunde, -tag. 2) weissagerisch, libri, carmina. 3) (Poet. u. Spät.) verhängnißvoll, insbes.

= verderblich, unheilschwanger, tödtlich, telum, signum.

Fātālĭter, *adv.* [fatalis] dem Verhängniß gemäß, verhängnißvoll.

Fāteor, fassus, *depon.* 2. 1) gestehen, bekennen, nicht leugnen: f. verum, paupertatem; bisweilen f. de re aliqua ein Bekenntniß machen von Etwas; f. se peccavisse. Hiervon (Poet.) = verrathen, zeigen, iram vultu, se suasque flammas. 2) überhaupt erklären, behaupten, erwähnen, fidem alicujus, patrem fuisse innocentem.; hiervon (Quinct.) fatendi modus = der Indicativ.

*****Fātĭcănus** u. *****Fātĭcĭnus**, *adj.* [fatumcano] (Poet.) weissagerisch.

Fātīdĭcus, *adj.* [fatum-dico] (Poet.) weissagend, prophetisch, vates, os.

Fātĭfer, ēra, ĕrum [fatum-fero] *adj.* (Poet.) todbringend.

Fātĭgātĭo, ōnis, *f.* [fatigo] die Ermüdung, equorum.

Fātīgo, 1. 1) ermüden, abmühen, abhetzen, abtreiben, abtummeln: f. aliquem, equos, cervos jaculo; f. membra, dentem in dente; milites fatigati aestu ac labore. 2) *trop.* von jeder anhaltenden Thätigkeit, wodurch man Jmd. heftig zusetzt, ihm keine Ruhe läßt, ihn heimsucht, beunruhigt u. dergl.: f. aliquem precibus (votis), auch bloß f. aliquem (deos) de re aliqua mit Bitten bestürmen; f. aliquem verbis zurechtweisen, vinculis, carcere strafen, züchtigen; f. se, animum anstrengen; secundae res animos fatigant wirken unaufhörlich auf das Gemüth ein; (Poet.) f. mare coelumque in Bewegung setzen, aufrühren, f. silvas durchjagen, f. dextram osculis abküssen, f. diem noctemque remigio Tag und Nacht rudern, f. socios antreiben, f. noctem de aliquo sich die ganze Nacht hindurch mit Besorgnissen um Jmd. quälen; f. aliquem dolis Jmd. unaufhörlich hintergehen.

Fātĭlŏquus, *adj.* [fatum-loquor] (selten) schicksalverkündend, weissagend.

Fātisco, — — 3., Vorklass. **Fātiscor**, — *depon.* 3. (Poet. u. Spät.) 1) auseinandergehen, Risse bekommen, navis, janua. 2) *trop.* ermatten, erschlaffen, geschwächt werden, exercitus, seditio.

Fātuĭtas, ātis, *f.* [fatuus] die Albernheit, Dummheit.

Fātum, i, *n.* [for] eigtl. das Gesprochene, der Ausspruch, 1) *pl.* die Weissagung, die Verkündigung der Bestimmungen des Schicksals: ff. Sibyllina; ex fatis quae Vejentes scripta habebant. 2) das Schicksal = die einmal bestimmte unabänderliche Weltordnung: necessitas fati; fatum est ordo seriesque rerum, quum causa causae nexa rem ex se gignat (*Cic.*); implere ff. machen, daß die Bestimmungen des Schicksals in Erfüllung gehen. Hiervon uneigtl.: (Poet.) A) das Schicksal als von den Göttern abhängig, der Wille eines Gottes: f. Jovis, ff. deûm. B) = dasjenige, was des Schicksal Jmdn bestimmt: sagittae Herculis fuere fatum Trojae. C) *pl.* personif. = die Schicksalsgöttinnen, die Parzen. 3) das Schicksal einer Person oder Sache, bes. als voraus bestimmt und nothwendig, das Verhängniß, die

Bestimmung: suo quisque fato natus est; fato meo fit ut etc.; (Poet.) auch im *pl.*, ff. mea, acerba. Insbef. = unglückliches Schicksal, Unglück, Tod, Untergang: f. aliquod ü: impendet; fato cedere, concedere, fungi, auch fatum obire = sterben, proferre ff. das Leben verlängern; f. extremum reipublicae venit; *trop.* duo reipublicae ff. zwei für den Staat verderbliche Personen.

Fătŭor, *depon.* 1. [fatuus] (Nachkl.) begeistert sein.

Fătŭus, *adj.* albern, einfältig, blödsinnig: f. et amens, monitor non f.; (Poet.) von Speisen = fade, geschmacklos.

Fătŭus, i, *m.* anderer Name des weissagenden Waldgottes Faunus, auch **Fātua**, ae, *f.* = Fauna.

Fauces, ium, *f. pl.* (Poet. auch der *abl. sing.* fauce) 1) der obere enge Theil des Schlundes, davon meton. der Schlund, die Kehle: summum gulae vocantur ff.; sitis tenet (urget) ff.; (Poet.) fauce improba incitatus = Heißhunger. Hiervon *trop.* eripere aliquem ex ff. alicujus (eines Mörders, Feindes u. dergl.), urbem ex ff. belli = der äußersten Kriegsgefahr. 2) (Poet.) der Hals, die Kehle auswendig: prehendere ff. alicui, secare ff.; *proverb.* faucibus teneor (premor) das Messer sitzt mir an der Kehle. 3) *trop.* A) ein enger Paß, Eingang, die Schlucht: ff. portae, saltus, specus, ff. portus enger Einlauf; ff. montis der Krater eines Vulcans; Corinthus sita in ff. Graeciae Landenge; (Poet.) von den Schranken im Circus. B) (Poet.) der Schlund, die Kluft, terrae ff.

Fauna, ae, *f.* Gemahlin oder Schwester des Faunus; auch Fatua genannt.

Faunus, i, *m.* mythischer König von Latium, Vater des Latinus. Nach seinem Tode wurde er als weissagender Waldgott verehrt und mit dem griechischen Pan vermengt; er erzeugte mit der Fauna mehrere Fauni.

Fauste, *adverb.* [faustus] glücklich, günstig.

***Faustĭtas**, ātis, *f.* [faustus] (Poet.) der glückliche Zustand, das Glück (als Göttin).

Faustŭlus, i, *m.* in der Sage der Hirt, der die ausgesetzten Kinder Romulus und Remus rettete.

Faustus, i, *m.* (verw. mit faveo) 1) *adj.* eigtl. begünstigend, günstig = glücklich, Glück bringend, gesegnet, erfreulich (vgl. felix; es bezieht sich auf die Gnade der Götter, vgl. prosper): f. omen, illa ff. huic urbi; quod bonum, faustum, felix, fortunatum sit! dies f. 2) römischer Beiname, den unter Anderen ein Sohn des Dictators Sulla führte, so wie eine Tochter Fausta hieß.

Fautor (veraltet auch **Făvĭtor**), ōris, *m.* und **-trix**, īcis, *f.* [faveo] der Gönner, Begünstiger, Beförderer, Beschützer u. s. w., die -rin: f. dignitatis alicujus; studiosi et ff. victoriae illius die ihm den Sieg wünschten; f. nobilitatis Anhänger des Adels, der auf der Seite der Adeligen steht; (selten) fautorem esse accusationi der Anklage guten Fortgang wünschen, für sie gestimmt sein.

Făveo, fāvi, fautum, 2. 1) günstig-, gewogen-, geneigt sein, davon begünstigen, befördern: f. alicui, dignitati ejus; favetur ei man ist ihm günstig; non plus patriae quam gloriae alicujus f. zu nützen streben; f. sententiae alicujus beistimmen, rebus alicujus es mit Jmd. halten. 2) absol.: judices ut faveant rogamus; Phoebe, fave seii uns gnädig. Insbef. A) = seinen Beifall äußern: clamor qualis ex insperato faventium esse solet. B) *term. t.* bei Opfern und anderen religiösen Handlungen, f. linguâ der guten Vorbedeutung willen auf seine Reden achten, vor Allem, was eine üble Vorbedeutung enthalten könnte; sich hüten, deßhalb entweder = nur Reden von guter Vorbedeutung führen (= dicere bona verba), oder = ganz schweigen; gewöhnlich favete linguis als Aufforderung an die Anwesenden; favete linguis animisque enthaltet euch ungeziemender Worte und Gedanken.

Făvilla, ae, *f.* (Poet. u. Spät.) die Loderasche, glühende Asche (vgl. cinis); *trop.* (Poet.) = Zündstoff, Quelle, Ursprung.

Făvōnĭus, ii, *m.* der Westwind, der in Italien durch sein Wehen bes. im Februar den Anfang des Frühlings bezeichnete.

Făvŏr, ōris, *m.* [faveo] die Gunst, Begünstigung, der Beifall: f. populi des Volkes Gunst, dagegen (Spät.) f. partium für seine Partei. Häufig = die Aeußerung der Gunst, die Beifallsbezeigung bei Schauspielen u. dergl.: f. audientium petitur.

Făvōrābĭlis, e, *adj.* mit *comp.* [favor] (Spät.) 1) begünstigt, beliebt, angenehm, oratio, homo; reditum ejus oratio fecerat favorabilem zu einem Gegenstande des Wohlwollens und der Zufriedenheit. 2) Gunst verschaffend, einnehmend.

Făvōrābĭlĭter, *adv.* [favorabilis] (Spät.) mit Beifall.

Făvus, i, *m.* die Honigscheibe.

Fax, ācis, *f.* 1) die Fackel, überhaupt ein Span von Kienholz oder anderem harzigen Holze: comparare f. ad inflammandam urbem; extinguere f. löschen. Da es Sitte war, bei Hochzeiten die Braut des Abends mit Fackeln (ff. nuptiales, maritae bei Poet.) nach dem Hause des Bräutigams zu begleiten, und gleichfalls, wenigstens in der älteren Zeit, bei Leichenbegängnissen Fackeln zu gebrauchen, so wird f. bisweilen zur Bezeichnung von Hochzeit und Leichenbegängniß gebraucht: inter utramque facem viximus insignes. 2) *trop.* A) vom Leuchten der Himmelskörper ob. Meteore: Phoebi f.; f. noctiluca die Mondscheibe; ff. per coelum lapsae Sternschnuppen; coelestes, nocturnae ff. B) von Allem, was eine Wirkung hervorbringt, die derjenigen des Feuers ähnlich ist, bes. was die Leidenschaften, Begierden u. dergl. entzündet: ff. dicendi eine feurige Beredtsamkeit, leidenschaftlicher und feuriger Vortrag, dagegen verborum quasdam faces admovere alicui = drohende Worte gegen Jmd. gebrauchen; faces addere (subdere) alicui ob. animo alicujus = Jmd. anreizen; faces incendiorum, belli = die Ueheber des Brandes, des Krieges, aber faces praeferre bello (Poet.) = die Fackel des Krieges anzünden; f. mutua (Poet.) = gegenseitiger Liebesbrand; dolorum ff. brennende

Schmerzen; corporum facibus inflammamur ad cupiditates.

Faxim, Faxo, veraltet = fecerim, fecero von Facio.

Febrĭcĭto, 1. [febris] (Spät.) Fieber haben.

Febrĭcŭla, ae, f. deminut. von febris.

Febrĭcŭlōsus, adj. [febris (Poet. u. Spät.) 1) an Fieber leidend. 2) fieberhaft.

Febris, is, f. das Fieber; auch im pl., ff. tertianae.

Februus, adj. (veralt.) reinigend, sühnend. Davon 1) **Februa**, ōrum, n. pl. ein Reinigungs- und Sühnfest, das jährlich im Monat Februar gefeiert wurde. 2) **Februārius**, adj. zum Reinigungsfest gehörig, Kalendae, Nonae, Idus, gewöhnlich F. sc. mensis der Monat Februar.

Fēcunde, adv. [fecundus] (Spät.) fruchtbar, reichlich.

Fēcundĭtas, ātis, f. [fecundus] 1) die Fruchtbarkeit, mulieris, agrorum. 2) (Spät.) die große Anzahl, die Fülle.

Fēcundo, 1. [fecundus] (Poet. u. Spät.) fruchtbar machen, Aegyptum.

Fēcundus, adj. mit comp. und sup. [verwandt mit fetus u. f. w.] 1) fruchtbar, ergiebig, zum Tragen von Saat oder zum Gebären geeignet (meist jedoch von lebenden Geschöpfen; vgl. fertilis): f. uxor, sus, terra; segetes ff. 2) (Poet. u. Spät.) befruchtend, fruchtbar machend, Nilus; dextrae fecundae verbera die die Fruchtbarkeit der Frauen befördernden Riemenschläge der luperci. 3) uneigtl. A) reich an Etwas, voll von Etwas: terra f. alimentorum, amor f. melle et felle; secula ff. culpae. Hiervon absol. = voll, calices, fons. B) reichlich, was reichlich vorhanden ist, zahlreich, häufig, f. questus viel. C) von der Fülle und dem Reichthum des Geistes, der Rede u. dergl.: Pericles uber et f. fuit, ingenium f.

Fel, fellis, n. die Galle (gewöhnlich von Thieren, vergl. bilis). Hiervon a) (Poet.) = Gift, f. vipereum. b) trop. zur Bezeichnung von Haß, Feindschaft, Bitterkeit.

Fēles (selten -lis), is, f. die Katze; bisweilen uneigtl. = der Marder; trop. (Pl.) f. virginaria = der Mädchenräuber.

Fēlīcĭtas, ātis, f. [felix] 1) (Spät.) die Fruchtbarkeit, Ergiebigkeit, Babyloniae. 2) das Glück, der glückliche Zustand oder Erfolg, die glückliche Lage: summa, incredibilis f.; f. rerum gestarum in den ausgeführten Thaten; auch im pl. incredibiles ff.

Fēlīcĭter, adv. mit comp. und sup. 1) fruchtbar, reichlich. 2) glücklich. Insbes. als Zuruf, Glück zu! f. velim! f. quod agis! f. patruo Heil dem Onkel!

Fēlix, īcis, adj. mit comp. u. sup. [verwandt mit fetus und dergl.] 1) (selten) fruchtbar, ergiebig, arbor, regio. 2) (meist Poet.) glückbringend, Glück bringend ob. weissagend: quod bonum, f., faustum sit! omen f.; o dea, sis f.! (Poet.) beglückend, gnädig, günstig. 3) glücklich, von Personen = beglückt, glückselig, von Thaten u. dergl. = gut von Statten gehend, glücklich vollbracht u. f. w. (seditio, militia); Sulla omnium felicissimus; ab (rücksichtlich) omni laude felicior; f. in te retinendo, se-

cula ff.; (Poet. u. Spät.) felix cerebri in Bezug auf Gehirn = reich an Verstand; (Poet.) felicior ferrum armare veneno was das = betrifft.

Fēmen, siehe femur.

*****Fēmella**, ae, f. deminut. von femina.

Fēmĭna, ae, f. 1) von Menschen, das Weib (in physischer Beziehung, als die Gebärende, vgl. mulier): clari viri et ff.; et mares deos et feminas esse dicitis; (Poet.) als adj. = weiblich, turba f. 2) von Thieren, das Weibchen: bestiarum aliae mares, aliae ff. sunt; sus f.; porcus f. = porca. 3) (Spät.) auch von Pflanzen u. s. w.

*****Fēmĭnālĭa**, ium, n. pl. [femen] (Spät.) Binden um die Oberschenkel (zum Schutze gegen Kälte von Weichlingen getragen), etwa = Unterhosen.

*****Fēmĭnātus**, (Poet., zweifelh.) [femina], adj. (particip.) entmannt = verweichlicht.

Fēmĭneus, adj. [femina] (Poet. u. Spät.) 1) weiblich, einem Weibe gehörig, Weiber-, labor, vox; Marte femineo cadere von der Hand eines Weibes fallen; amor f. die Liebe zu einem Weibe; poena f. an einem Weibe vollzogen. 2) weibisch, pectus.

Fēmĭnīnus, adj. [femina] (Spät.) in der Grammatik, zum weiblichen Geschlechte gehörig.

Fĕmur, ŏris und (von einem ungebräuchlichen nom. femen) ĭnis, n. der Oberschenkel, das Dickbein.

Fēnebris, e, adj. [fenus] die Zinsen betreffend, Zinsen-, lex; pecunia f. gegen Zinsen ausgeliehen, res f. das Schuldenwesen.

Fēnērātĭo, ōnis, f. [feneror] das Ausleihen gegen Zinsen, der Wucher.

Fēnērātō, adv. [feneror] (Pl.) gegen Zinsen, mit Zinsen.

Fēnērātor, ōris, m. und (Spät.) -trix, īcis, f. [feneror] der (die) Geld gegen Zinsen leiht, der Geldverleiher oder im üblen Sinne der Wucherer, bie -rin.

*****Fēnērātōrĭus**, adj. [fenerator] (Spät.) wuchernd.

Fēneror, depon. 1. u. (Vorklaff. u. Spät.) **Fēnero**, 1. [fenus] 1) gegen Zinsen ausleihen, pecunias. 2) trop. A) beneficium u. dergl. mit einer Wohlthat wuchern = in der Erwartung reichlicher Vergeltung ausüben: beneficium feneratum (Com.) eine Wohlthat, die sich gut gelohnt hat, indem sie reichlich vergolten worden ist, und überhaupt f. alicui aliquid = vergelten, reichlich erstatten. B) mittheilen, geben: sol lumen suum ceteris sideribus f.; ff. sibi mortes = sie tödteten sich gegenseitig. C) = durch Wucher aussaugen, provincia.

Fēnestra, ae, f. 1) die Oeffnung in der Mauer, Fensteröffnung, durch welche Licht und Luft in das Haus hineinkommen konnte (ursprünglich mit hölzernen Laden ob. mit Verhängen verwahrt, erst später mit Glas): ff. bifores; ff. patulae geöffnet, junctae verschlossen; dare f. eine Oeffnung machen. 2) trop. (Vorklaff. u. Spät.) a) die Oeffnung, das Loch überhaupt. b) = die Gelegenheit, patefacere f. ad nequitiam den Weg bahnen.

*****Fēneus**, adj. [fenum] aus Heu.

Fēnĭcŭlārĭus, adj. [feniculum] zum Fenchel gehörig, Fenchel=; campus f. zur Bezeichnung von dem nördlichen Spanien, weil dort eine an Fenchel sehr reiche flache Gegend war.

Fēnĭcŭlum, i, n. der Fenchel.

Fēnīlia, ium, n. pl. [fenum] der Heuboden.

Fēnum (oder **Foenum**), i, n. das Heu; proverb. fenum esse Heu essen = ein Dummkopf (ein „dummer Ochse") sein, und habet fenum in cornu er ist so gut wie toll (weil man stößigen Ochsen Heu auf die Hörner band).

Fēnus, ŏris, n. 1) die Zinsen, Interessen, der Wucher (als Gewinn des Darleihers), während usura die Zinsen bezeichnet als Abgabe des Schuldners für die Nutzung des Capitals: f. grande, iniquum; pecuniam iis dedit fenori borgte ihnen Geld gegen Zinsen, ebenso pecuniam fenore accipere; trop. terra reddit quod accepit plerumque majore cum f. Bisweilen = die durch die Zinsen anwachsende Schuldenlast. 2) (selten) das gegen Zinsen ausgeliehene Capital.

*****Fēnuscŭlum**, i, n. (Pl.) deminut. von fenus.

Fērācĭter, adv. nur im comp. [ferax] fruchtbarer, ergiebiger.

Fērālis, e, adj. zu den Todten=, den Leichen gehörig, Todten=, Leichen=, carmen, munera, cupressus; dies f., tempus f. der Tag (der 19te Februar), an welchem **Feralia**, ium, n. pl. das jährliche Todtenfest, gefeiert wurde. 2) (Poet. u. Spät.) todbringend, verderblich, schrecklich, bellum, dona.

Fērax, ācis, adj. mit comp. u. sup. [fero] fruchtbar, ergiebig, was reichlichen Ertrag geben kann (vgl. fertilis), ager, Sardinia, (Poet.) planta; (meist Poet. u. Spät.) mit einem gen. oder abl.: terra f. arborum, Cereris an Bäumen, an Getreide, f. oleo; locus f. in philosophia inhaltsreich, was vielen Stoff zum Abhandeln giebt, ingenium f.

Fercŭlum, i, n. [fero] 1) eine Trage, Bahre, ein Traggerüst, auf welchem bei feierlichen Aufzügen die Bilder der Götter u. A. getragen wurden: ff. pomparum. 2) (Poet. u. Spät.) bei Tische, der Gang, das Anrichten von Speisen, die Schüssel, das Gericht: multa ff. supererant.

Fērē, adv. 1) beinahe, etwa, ungefähr (zur Bezeichnung sowohl dessen, was unter, als dessen, was über eine gewisse Größe oder Angabe ist, vgl. paene): f. abhinc annos quindecim; meus f. aequalis; tota f. castra; semper f.; haec f. dieses ungefähr. 2) mit einer Negation und zwar immer dieser nachgesetzt = eben, gerade, leicht u. dergl.: nihil aut non f. eben nicht viel, nicht sehr Viel; in illis non f. labitur nicht leicht ebenso non f. quisquam schwerlich Jmd., quod non f. contigit nisi etc. 3) meistens, in der Regel, gewöhnlich, im Allgemeinen u. dergl.: fit f. ut etc.; ut sunt f. domicilia Gallorum; qui timet his adversa, f. miratur eodem pacto etc.; bisweilen verstärkt durch plerumque.

Fērentārius, ii, m. [fero] 1) ein leicht bewaffneter Soldat, Wurfschütze („qui ea arma habebant quae ferrentur." Varr.) Die ff. standen auf den Flügeln und machten gewöhnlich den Anfang der Schlacht. 2) trop. (Pl.) amicus f. geschwind helfend.

Fērentīnum, i, n. 1) Stadt der Herniker in Latium. Davon A) **-tīnus**, adj.; aqua F. eine Quelle in der Nähe von F.; subst. **-tina**, ae, f. eine in der Nähe von F. verehrte Göttin. B) **-tīnas**, adj. und subst. **-tīnātes**, tum, m. pl. die Einwohner von F. 2) kleine Stadt in Etrurien; davon **-tīnī**, ōrum, m. pl. die Einwohner von F.

Fēretrius, ii, m. Beiname des Jupiter als desjenigen, dem die spolia dargebracht [fero] und geweiht wurden, oder der die Feinde geschlagen [ferio] hatte.

Fēretrum, ii, n. [fero, φέρετρον] (Poet.) eine Trage, Bahre, insbes. eine Leichenbahre.

Fēriae, ārum, f. pl. Feiertage, Ruhetage, Festtage (siehe festus), an welchen keine Gerichtsverhandlungen stattfinden durften und überhaupt die Geschäfte ruhten; sie waren theils öffentliche, theils private (daher einzelnen Familien eigenthümlich). Jene, gewöhnlich mit gottesdienstlichen Handlungen verbunden, waren theils statae, theils conceptivae, theils imperativae (siehe übrigens die Handbücher der römischen Alterthümer), endlich nundinae (siehe dieses Wort); (Poet.) longae ff. = Frieden, trop. ff. esuriales (Pl.) Hungerfest.

Fērīnus, adj. [ferus] zu wilden Thieren gehörig, forma, vox; caedes f. das Tödten von Wildpret; caro f. oder bloß ferina das Fleisch vom Wildpret.

Fērĭo, — — 4. 1) schlagen, stoßen, hauen (überhaupt, vgl. caedo, ico, verbero u. dergl.): f. murum ariete; f. frontem sich vor die Stirn schlagen, ebenso f. femur, pectora; (Spät.) serpens f. sticht; f. mare (Spät.) = rudern; arcus non semper f. quod minatur trifft, sol radiis f. montes trifft; (Poet.) clamor f. aethera steigt bis zum Aether empor; f. sidera vertice sich bis zu den Sternen erheben; aliquid f. oculos, aurem, animum = afficiren, Eindruck auf — machen, den Augen u. s. w. begegnen; f. uvas pede treten. 2) insbes. A) tödtlich schlagen u. b. w., tödten, hostem; f. aliquem securi enthaupten. B) = schlachten, porcum, agnum. Hiervon, weil bei solchen Gelegenheiten ein Opferthier geschlachtet wurde: C) eine Uebereinkunft u. dergl. schließen, machen, f. foedus. D) (Spät.) f. asses u. dergl. münzen, prägen. E) (Poet.) einen Ton u. dgl. anschlagen, vocem; f. verba palato hervorbringen. 3) (Com. u. Spät.) Jmd. um Etwas prellen, f. aliquem munere Jmd. noch eine Gabe entlocken.

Fērĭor, dep. 1. [feriae] (fast nur im praet. feriatus sum etc.) Feiertag halten, feiern, davon ruhen, müßig=, unthätig sein. (Poet.) male f. zur Unzeit Freudenfest halten; f. ab illis studiis; dies feriatus der Feiertag.

Fērĭtas, ātis, f. [ferus] die Wildheit, die wilde Natur, Rohheit (vgl. saevitia): f. et inhumanitas; homines dissipatos ex f. ad justitiam et mansuetudinem transducere; f. tauri, leonis.

Ferme, adv. (häufig bei den Com. u. Liv.) = fere.

Fermento, 1. [fermentum] (Spät.) 1)

machen daß Etwas gährt, gewöhnlich im *pass.* = aufgähren, gähren. 2) *trop.* locker machen, terram.

Fermentum, i, *n.* [statt fervimentum von ferveo] 1) (Spät.) der Sauerteig. 2) (Spät.) was überhaupt die Erde locker macht, Auflockerungsmittel. 3) (Poet.) ein aus Gerste bereitetes Getränk, Bier. 4) *trop.* (Poet.) Aufwallung des Gemüths, aufbrausender Zorn; uxor mea nunc in f. est; istud f. = Ursache zu zürnen.

Fĕro, tŭli, lātum, 3. [Stammverw. mit φέρω] I. tragen (Etwas als eine Last tragen, vgl. gero), onus, cadaver; ferri lecticā. Insbef. A) von einem schwangern Weibe oder Weibchen, unter seinem Herzen tragen, mit — schwanger sein: f. puerum conceptum; f. ventrem schwanger sein. 2) f. nomen, cognomen aliquod ob. alicujus einen Namen tragen; f. alienam personam eine fremde Rolle spielen. 3) *trop.* = ertragen, erdulden, aushalten (etwas Unangenehmes und Lästiges, vgl. patior): f. injurias, laborem; f. aliquem; f. aliquid toleranter, clementer, animo aequo sich Etwas gefallen lassen, es ruhig hinnehmen, f. aliquid libenter sich es gern gefallen lassen, Nichts dagegen haben; f. aliquid aegre ob. inique (iniquo animo) Etwas übel nehmen, darüber mißvergnügt sein, darüber trauern oder sich ärgern. Hiervon f. impetum hostium u. dergl. = aufnehmen, widerstehen.

II. Etwas irgendwohin tragen, -bringen, -führen: 1) überhaupt: f. faces in Capitolium; ira Romanos per mediam hostium aciem tulit; (Poet.) f. pedem (gradus vagos) aliquo = gehen; f. alicui luctum erregen, verursachen; f. pestem a suis aversam in hostem überführen; f. signa von Soldaten = irgendwohin marschiren, aufbrechen; f. alicui osculum, complexum Jmb. küssen, umarmen wollen; f. alicui tributum darbringen, entrichten, f. sacra manibus = Opfergaben darbringen. Insbef. A) f. se aliquo sich irgendwohin begeben: f. se obviam ob. obvium alicui Jmb. entgegengehen, begegnen, extra portam. B) *pass.* von demjenigen, was durch eine höhere Gewalt (ein Naturgesetz ob. dergl.) irgendwohin geführt wird, = eilen, stürzen, gehen, sinken u. dergl.: moribundus fertur in hostem stürzt, f. navi segeln; omnia feruntur in terram streben (wegen der Gesetze der Schwere) nach der Erde; flumen fertur fließt, *trop.* oratio fertur strömt. Hiervon *trop.* = von Etwas hingerissen, fortgerissen werden, ferri cupiditate, crudelitate, scelere. C) absol.: ventus fert in illam partem, bläst nach jener Seite; (Poet.) ventus ferens günstiger Wind, vestigia illo ff. die Spuren führen dorthin; (Poet. u. Spät.) animus fert (illo, illud facere) mein Sinn steht dahin, ich habe Lust dieses zu thun. D) *trop.* = erheben, emporheben: f. aliquid laudibus, aliquem in coelum = sehr rühmen; f. aliquid in majus Etwas übertreiben.

2) von einem Ertrage, tragen, = hervorbringen: terra f. fruges; *trop.* haec aetas prima oratorem tulit. 3) herbeibringen, herbeiführen, vor Aller Augen vorbringen, A) = zeigen, darlegen u. dergl.: f. dolorem, laetitiam aperte; neque id obscure tulit; insbef. prae se f. = offen zeigen, erklären, offen darlegen, aliquid, se illud fecisse. B) f. legem, rogationem einen Gesetzvorschlag einbringen, ein Gesetz vorschlagen; tulit ad populum at etc. machte an das Volk den Vorschlag, daß u. f. w.; nihil de judicio tulit. C) f. suffragium bei den Comitien seine Stimme abgeben, stimmen; f. sententiam stimmen (von den Richtern, auch, aber sehr selten, von einem Senator und von dem ganzen Volke, und dann = bestimmen, seinen Willen erklären). D) f. (alicui) judicem (vom Kläger), eigtl. (dem Angeklagten) einen Richter vorschlagen = ihn verklagen: judicem illi tulit, ni vindicias — dedisset rief ihn vor Gericht und verpflichtete sich vor einem Richter, über dessen Wahl beide Parteien sich einigten, zu beweisen, daß er u. f. w.

4) schriftlich oder mündlich vorbringen, erzählen, erwähnen, behaupten u. dergl.: f. aliquid sermonibus; se quisque belli ducem potiorem. f. erklärt sich für u. f. w. Hiervon A) = angeben, nennen, für Etwas ausgeben u. dergl.: Mercurium omnium artium inventorem ferunt; ejus scripta quaedam feruntur man nennt; libri feruntur sub meo nomine „gehen", sind im Umlaufe. B) ferunt (homines) man sagt, erzählt sich: ff. Xenocratem respondisse etc.; homo omnium, ut ferebant, acerrimus; ebenso *pass.* in Sicilia locus esse fertur es heißt, daß u. f. w., illi urbem cepisse feruntur von ihnen heißt es, daß sie die Stadt erobert haben. — 5) im Rechnungswesen, ins Hausbuch eintragen (= refero), siehe accipio und expendo: f. alicui aliquid expensum, acceptum als an Jmb. ausbezahlt oder von ihm empfangen eintragen. — 6) von abstracten Substantiven, mit sich bringen, erheischen, fordern: ita ejus periculi rationes ff.; natura f. ut etc.; tempora reipublicae ita ff.

III. von irgendwoher tragen, -bringen, -führen, 1) überhaupt A) signa f. aus dem Lager marschiren. B) aliquid ab altero tacitum f. = Etwas so thun, daß der Andere dazu schweigt, es thun, ohne daß der Andere Etwas dazu sagt: ne id quidem tacitum a Turno tuli nicht einmal dazu hat Turnus (mir gegenüber) geschwiegen; ut tacitum illud feras = damit du dieses thun könntest, ohne daß ich dagegen protestire. Häufig insbef. A) gewaltsam und als eine Beute wegführen, bef. in der Verbindung f. et ago Beute machen (indem f. auf die leblosen Gegenstände sich bezieht, ago auf die Menschen und die Thiere), f. ago res plebis plündern, und in derselben Bedeutung f. plebem, aetas nostra f. führt mit sich fort. B) Etwas als Lohn, Gewinn, Besitz ob. dergl. mit sich davontragen, davon = gewinnen, erlangen, erhalten: f. fructum ex aliqua re; f. praemium, pretium sceleris; f. palmas, victoriam; f. suffragia, ebenso centuriam, tribum u. f. w. die Stimme einer Centurie, einer Tribus erhalten; f. responsum ab aliquo erhalten, empfangen; f. repulsam = durchfallen bei der Bewerbung; *f. calumniam = für einen falschen Ankläger erklärt werden.

Fĕrōcia, ae, *f.* [ferox] der wilde und trotzige Muth, Trotz: f. juvenum; Romana

Ferocitas **Fervesco** 801

virtus et f.; gewöhnlich in tadelndem Sinne = die Wildheit, der Uebermuth.

Ferōcĭtas, ātis, f. [ferox] = ferocia.

Ferōcĭter, adv. mit comp. u. sup. [ferox] 1) muthig, herzhaft. 2) wild, trotzig, übermüthig.

Ferōnĭa, ae, f. sabinische Gottheit, dem Tellus verwandt.

Ferox, ōcis, adj. mit comp. u. sup. [feras] was einem wilden Thiere ähnlich ist, wild in geistiger Beziehung: 1) gewöhnlich in tadelndem Sinne, wild, trotzig, unbändig, übermüthig, verwegen. ungestüm: victoria eos feroces et impotentiores reddidit; animus, ingenium f.; Medea f., (Poet.) leo f.; ferox viribus, formâ trotzig im Vertrauen auf, stolz wegen; (Spät.) ferox linguae trotzig in der Rede, scelerum dreist zur Verübung von Verbrechen. 2) (selten) ohne tadelnde Bedeutung, muthig, herzhaft, kampflustig, Roma, miles; f. adversus pericula.

Ferrāmenta, ōrum, n. pl. (sehr selten im sing. -tum, i, n.) [ferrum] Geräthe aus Eisen ob. mit Eisen beschlagen: ff. agrestia.

Ferrārĭus, adj. [ferrum] zum Eisen gehörig, Eisen-: faber f. der Schmied, metalla das Eisenbergwerk, officina die Schmiede, aqua zum Löschen des glühenden Eisens. Davon substant. **Ferrārĭa**, ae, f. die Eisengrube.

*****Ferrātĭlis**, e, adj. [ferrum] (Pl.) mit Eisen versehen (von einem gefesselten Sklaven).

Ferrātus, adj. [ferrum] mit Eisen versehen, -beschlagen, -bedeckt, hasta, postis; agmina ff. bewaffnete, servi ff. gefesselte; (Spät.) aqua f. eisenhaltig.

Ferreus, adj. [ferrum] 1) eisern, aus Eisen, furca, clavus; (Poet.) imber f. von einer großen Menge Wurfspieße, seges f. telorum junge Bäume, die aus in die Erde gepflanzten Lanzen emporgewachsen waren. 2) (Spät.) eisenartig, color. 3) trop. A) = hart, gefühllos, grausam: durus et f., homo f. B) fest, stark, unerschütterlich, vox, corpus. C) (Poet.) somnus f. = der Tod. D) os f. = unverschämt, frech.

*****Ferrĭcrĕpĭnus**, adj. [ferrum-crepo] (Pl.) von Eisen klirrend, insulae ff. = die Strafanstalt für Sklaven (ergastula).

*****Ferrĭtērĭum**, ii, n. [ferrum-tero] (Pl.) das „Eisenreibwerk", Ort, wo man das Eisen (die eisernen Ketten) gegen einander reibt, = ergastulum.

*****Ferrītĕrus**, i, m. [ferrum-tero] (Pl.) der Eisenreiber = der gefesselte Sklave.

*****Ferrĭtrĭbax**, ăcis, f. [ferrum-tero] (Pl.) = ferriterus.

Ferrūgĭneus und *-gĭnus, adj. [ferrugo] (Poet.) 1) eisenrostfarbig, daher überhaupt dunkelfarbig, pallium, cymba des Kahn Charons. 2) (Spät.) eisenartig, sapor.

Ferrūgo, ĭnis, f. [ferrum] 1) der Eisenrost. 2) trop. meton. die rostbraune Farbe, dunkle Farbe: so von Allem, was zur Unterwelt gehört; manus ferrugine tincta von der Göttin des Reiches.

Ferrum, i, n. das Eisen; hiervon = ein eiserner Gegenstand, bes. eiserne Geräthe, z. B. ein Beil, Pflug, Schreibgriffel, bes. eine Waffe (Schwert, Spieß, Dolch u. dergl.); ferro ignique, mit Feuer und Schwert, wird oft zur Bezeichnung der feindlichen Gewalt, der Verwüstung u. dergl. gebraucht.

Ferrūmen, ĭnis, n. [ferrum] 1) der Kitt. *2) = ferrugo i.

Ferrūmĭno, 1. [ferrumen] (Vorklass. u. Spät.) zusammenkitten, verlöthen, genau verbinden: f. fracturas, muros bitumine; (Pl.) illi ff. labra labellis von zwei sich Küssenden.

Fertĭlis, e, adj. mit comp. u. sup. [fero] 1) fruchtbar, ergiebig (was Vieles hervorbringt, vgl. ferax und fructuosus; von der Erde, Natur u. dergl., vgl. fecundus): f. ager, Africa, annus, herba; ager fertilis aliorum fructuum, tellus f. pecoris fruchtbar-, reich an; (Spät.) ager f. arboribus reich an Bäumen. 2) (Poet. u. Spät.) fruchtbar machend, befruchtend, Nilus, dea (die Ceres).

Fertĭlĭtas, ātis, f. [fertilis] die Fruchtbarkeit, Ergiebigkeit (siehe fertilis), agrorum, olearum; (Poet.) auch von lebenden Wesen, f. Rheae.

Fertĭlĭter, adv. [fertilis] (Spät.) fruchtbar.

*****Fertus**, adj. [fero] (Vorklass.) fruchtbar.

Fĕrŭla, ae, f. 1) das Pfriemenkraut. 2) = dünnes Gezweig überhaupt; davon die Ruthe zur Bestrafung gebraucht.

Fĕrus, adj. 1) wild (oppos. cicur, mansuetus zahm), nicht gezähmt: bestiae aut cicures aut ff.; ff. arbores, fructus; loca ff. = unangebaut. Hiervon subst. A) **Fĕra**, ae, f. a) ein wildes Thier, ein Stück Wild, (Poet.) überh. ein Thier. b) (Spät.) das Fleisch von wilden Thieren, Wildpret, = ferina. B) **Fĕrus**, i, m. (Poet.) = fera a). 2) trop. von den Sitten und dem Charakter, A) wild, grausam, hart, heftig, homo; immanis et f., barbarus ac f.; (Poet.) hiems, diluvies schrecklich. B) roh, ungeschliffen, stumpf: vita agrestis et f.; victus f. thierische Lebensart.

Fervĕ-făcĭo etc. 3. glühend-, siedend heiß machen, picem, jaculum.

Fervens, tis, adj. mit comp. u. sup. [particip. von ferveo] 1) siedend heiß, glühend: aqua f.; (Poet.) vulnus f. noch ganz warm. 2) trop. hitzig, animus; latrones ff. erhitzt.

Ferventer, adv. mit comp. u. sup. [fervens] hitzig, heftig.

Fervĕo, ferbui ob. fervi, — 2. u. (Poet., selten) **Fervo**, — — 3. 1) sieden, kochen, glühend heiß sein, glühen: aqua f.; rota f. 2) (Poet.) in unruhiger und wallender Bewegung sein, wallen, brausen: mare f., omnia ff. vento; examina (apum) ff. wimmeln hervor, classis f. ist in unruhiger Bewegung, opus f. wird von der Menge sehr emsig betrieben, Leucas f. Marte der Kampf braust um f.; trop. fervet immensusque ruit profundo Pindarus ore (das Bild von einem brausenden Strome auf den hochbegeisterten Dichter übertragen). 3) trop. von leidenschaftlicher Aufwallung, „glühen", „brausen": pectus f. avaritia, animus f. ab ira.

Fervesco, — — 3. [ferveo] (Vorklass. u.

Spät.) siedend-, glühend heiß werden, sich erhitzen u. s. w.

Fervĭdus, *adj.* mit *comp.* u. *sup.* [ferveo] 1) glühend heiß, brennend, wallend, aestus, ignis, vina, pars mundi. 2) *trop.* brennend = hitzig, feurig, leidenschaftlich, juvenis, ingenium, genus dicendi; fervidus irâ, spe.

Fervor, ōris, *m.* [ferveo] 1) die siedende Hitze, das Glühen, f. solis; davon das Wallen, Brausen, maris; f. accedit capiti von Imb., der sich berauscht, aber auch caput incensum fervore = Fieberhitze. 2) *trop.* = die Leidenschaft, Hitze, brennend heißer Zorn, Haß, Liebe u. dergl., f. concitatioque animi, aetatis.

Fescennia, ae, *f.* Stadt in Etrurien, bekannt durch die nach der Stadt benannten Gesänge oder neckenden Spottlieder. Davon Fescennīnus, *adj.*, licentia F., versus F.

Fessus, *adj.* [fatiscor] matt, müde, schlaff, abgespannt: Romani ff. itinere atque opere castrorum et proelio; fessus inediâ, plorando, (Poet.) f. annis, aetate; fessus bello des Krieges müde, sessi rerum erschöpft von Mühseligkeiten; corpus fessum vulnere; f. aetas Altersschwäche, artus ff. schwache, kranke, navis f. altes und unbrauchbares.

*****Festinābundus**, *adj.* [festino] (Spät.) eilend, eilfertig.

Festīnanter, *adv.* mit *comp.* [festino] eilends, in der Eile, geschwind.

Festīnātio, ōnis, *f.* [festino] die Hast, die Eile, Eilfertigkeit: celeritas et f.; epistola plena festinationis in großer Eile geschrieben; auch im *pl.*

*****Festīnāto**, *adv.* [festino] eilends.

Festīno, 1. 1) *intrans.* eilen, hasten, eilig irgendwohin gehen: quo festinas? *trop.* oratio f. ad factum ejus singulare. 2) *transit.* Etwas beeilen, beschleunigen, sich mit Etwas beeilen, es hastig und eilfertig thun (stärker als propero, daher oft mit tadelnder Bedeutung): festino migrare, componere lites; f. aliquid; (Poet.) f. fugam eilends fliehen, f. poenam mit der Strafe eilen, zu strafen sich beeilen; f. mortem in se sich schleunig den Tod geben; virgines non festinantur (Tac.) = werden nicht früh verheirathet.

Festīnus, *adj.* [festino] (Poet.) eilend, hastend.

Festīve, *adv.* mit *sup.* [festivus] 1) artig, launig. 2) vergnüglich, lustig.

Festīvitas, ātis, *f.* [festivus] 1) (Com.) die Annehmlichkeit, Vergnüglichkeit, Heiterkeit, Anmuth u. dergl.; daher als eine liebkosende Anrede, mea f. meine Süße! patris mei f. = angenehme Güte, gemüthliche Gefälligkeit. 2) in der Rede, heitere Laune, launiger und heiterer Witz: f. et facetiae, f. et lepor; auch im *pl.*

Festīvus, *adj.* mit *comp.* u. *sup.* [festus] 1) (Vorklass. u. Spät.) zur festlichen Freude gehörig, daher heiter, vergnüglich, lustig, angenehm u. dergl., ludi, locus, convivium. 2) von der Rede, launig, witzig, artig, jovial. 3) von Personen a) hübsch, niedlich, fein, artig, femina, filius; copia f. ein „hübscher

Vorrath". b) gemüthlich, herzig, pater, puer.

Festūca, ae, *f.* 1) der Grashalm. 2) die Ruthe oder das Stäbchen, womit der Prätor bei der Freilassung den Sklaven berührte.

Festus, *adj.* [verwandt mit feriae, welches Wort die Festtage als Ruhetage bezeichnet, während solemnia das Feierliche, festi dies das Erfreuliche an ihnen bezeichnet], festlich, feierlich, zu der religiösen Feier gehörig: dies f., (Poet.) f. lux, tempus; f. clamor, dapes, licentia das Geschrei u. s. w. an einem Festtage. Hiervon (Poet.) *subst.* **Festum**, i, *n.* das Fest, der Festtag, die Festlichkeit.

Fētiālis, is, *adj.* zur Aufrechterhaltung des allgemeinen Völkerrechts gehörig, zu den Fetialen gehörig, jus f., legatus f. Gewöhnlich als *subst.* **Fētiāles**, ium, *m. pl.* ein Collegium von Priestern zu Rom, welche unter religiösen Ceremonien Friedensschlüsse, Waffenstillstände, Bündnisse, Kriegserklärungen u. dergl. vollzogen und heiligten.

Fētūra, ae, *f.* [fetus] (Poet. u. Spät.) 1) die Zeugung, Fortpflanzung der Geschlechter, f. humana. 2) die junge Zucht, die Jungen; *trop.* von jungen Weinstöcken, von der Hervorbringung einer Schrift.

Fētus, *adj.* [verwandt mit fecundus] 1) von Thieren (vgl. gravidus und praegnans) trächtig, schwanger, pecus. 2) *trop.* fruchtbar, ergiebig, reich an Etwas: terra f. frugibus, regio f. pomis; (Poet.) loca feta furentibus austris von — oft heimgesucht; praecordia ff. irâ erfüllt von Zorn. 3) (Poet.) die geboren oder gehegt hat: lupa f. (die Wölfin, die den Romulus und Remus säugte).

Fētus, us, *m.* [verwandt mit fecundus] 1) das Zeugen, Gebären, von Thieren das „Hecken", „Werfen": f. et educatio; *trop.* auch von Pflanzen, die Erzeugung, f. terrae. 2) die Jungen, die Brut, Zucht, von Menschen die Kinder, Abkömmlinge, von Bäumen das Erzeugniß, der Ertrag: bestiae procreant multiplices ff.; ff. quos Germania parturit (Poet.). Hiervon *trop.* oratorum f. uberrimus fuit es entstand damals eine große Menge Redner; ex quo triplex animi f. existet (von den drei Haupttheilen der Philosophie).

Fex, *a.* S. für Faex.

Fi, *interj.* (Pl.) pfui!

Fiber, bri, *m.* der Biber.

Fibra, ae, *f.* die Faser an Pflanzen, an Theilen des menschlichen Körpers, bes. an der Leber: jecur in quatuor ff. dividitur; deßwegen oft, wo es sich von den aus den Eingeweiden hergenommenen Wahrzeichen handelt. 2) (Poet. u. Spät.) überhaupt die Eingeweide, caesorum boum ff. crematae.

Fibrēnus, i, *m.* ein Fluß in Latium unweit Arpinum.

Fibŭla, ae, *f.* [statt figibula von figo?] Alles, womit man zwei Dinge zusammenheftet oder -hält, eine Schnalle, Spange, Heftel, Nabel, Klammer: f. coërcet vestem; trabes binis utrimque ff. distinebantur.

Ficēdŭla, ae, *f.* [ficus] die Feigenschnepfe. Vielleicht hiervon der erdichtete Name **Ficedulenses**, ium, *m. pl.* bei *Pl.*

Ficte, *adv.* [fictus] zum Schein, erdichteter Weise.

Fictĭlis, e, *adj.* [fingo] aus Thon gebildet, thönern, irden, vas, figura; *subst.* **Fictĭle**, is, *n.* ein irdenes Geschirr.

Fictio, ōnis, *f.* [fingo] (Spät.) 1) die Bildung, hominis, vocum; f. nominis (Grammatik) die Umbildung, Umwandlung. 2) die Erdichtung. 3) rhetor. *term. t.* der erdichtete Fall, die Fiction.

Fictor, ōris, *m.* u. *-trix, icis, f.* [fingo] 1) der Bildner, die »in, der aus Thon, Holz u. dgl. Etwas bildet und schafft: pictores fictoresque Maler und Erzgießer nebst Bildhauern u. dergl.; *trop.* f. legum Schöpfer, Urheber; vitae f. der Ordner. *2)* (Poet.) der Erdichter, fandi = der täuschende Redner.

*****Fictrix**, icis, *f.* [fingo] die Bildnerin, Gestalterin.

Fictūra, ae, *f.* [fingo] (Vorklass. u. Spät.) die Bildung, Schöpfung.

Fictus, *adj.* [*particip.* von fingo] 1) erdichtet, verstellt, erheuchelt, res, amor; f. et simulatus. 2) (Spät.) von Personen, falsch, heuchlerisch, homo f. et astutus.

Ficŭla, ae, *f. deminut.* von ficus.

Ficŭlea, ae, *f.* sabinische Stadt in Latium. Davon **-lensis**, e, *adj.* und **-lenses**, ium, *m. pl.* die Einwohner von F.

Ficulneus und **-culnus**, *adj.* [ficus] von Feigenholz, Feigen-, lignum.

Ficus, i und us, *f.* 1) der Feigenbaum. 2) die Feige: prima f. (die erste reife Feige) wird zur Bezeichnung des angehenden Herbstes, als der wärmsten Jahreszeit in Rom, gebraucht. 3) meton. die Feigwarze.

Fide, *adv.* mit *sup.* [fidus] getreu, ergeben.

Fidei-commissum, i, *n.* (Spät.) ein Vermächtniß, testamentarische Disposition, nach welcher eine Erbschaft Jmd. übergeben wird in der Absicht und mit der Bedingung, daß er sie einem Anderen nach einer gewissen Zeitfrist überlassen soll.

Fidēlia, ae, *f.* ein irdenes Gefäß, ein Topf; insbes. das Kalkgefäß der Tüncher, daher *proverb.* duo parietes de eadem f. dealbare (Pl.) = „mit einer Klappe zwei Fliegen schlagen".

Fidēlis, e, *adj.* [fides] 1) treu, zuverlässig, ehrlich, aufrichtig (von der Gesinnung, als moralische Eigenschaft, vgl. fidus): f. socius, conjux, amicitia, consilium, cura; ff. lacrimae aufrichtige, von Herzen kommende; fidelis alicui ob. in aliquem gegen Jmd., ebenso *f. in amicis im Verhältnisse zu den Freunden; fideles tui substantivisch, deine Getreuen. 2) von Sachen, zuverlässig, sicher, fest, dauerhaft, tüchtig u. dergl.: f. navis, portus, doctrina.

Fidēlitas, ātis, *f.* [fidelis] die Treue, Gewissenhaftigkeit, Zuverlässigkeit (von Personen; vgl. fides): f. amicorum.

Fidēliter, *adv.* mit *comp.* u. *sup.* [fidelis] 1) getreu, ehrlich. 2) zuverlässig, recht, gehörig.

Fidēnae, ārum, *f. pl.* (selten *sing.* -na, ae, *f.*) alte sabinische Stadt in Latium, schon zu den Zeiten des Horaz verödet. Davon **Fidēnas**, ātis, *adj.* u. *subst.* **-nātes**, tium, *m. pl.* die Einwohner von F.

Fidens, ntis, *adj.* [*particip.* von fido] getrost, beherzt, muthig.

Fidenter, *adv.* mit *comp.* [fidens] mit Zuversicht, getrost.

Fidentia, ae, *f.* [fidens] (selten) das Selbstvertrauen, die Zuversicht, der getroste Muth: f. est firma animi confisio.

Fidentia, ae, *f.* Stadt in Gallia cispadana. Davon **-ntini**, ōrum, *m. pl.* die Einwohner von F.

Fides, ei, *f.* 1) das Vertrauen, Zutrauen, der Glaube: fidem habere (tribuere, adjungere) alicui Jmd. Vertrauen, Glauben schenken, ihm trauen, ebenso defensioni alicujus, verbis tuis; oratio fidem facit bewirkt Vertrauen, macht, daß man (dem Redenden) Glauben schenkt; auribus vestris fidem non facit oratio mea Ihr glaubt meiner Rede nicht, wenn Ihr sie höret (d. h. Ihr müßt mit eigenen Augen sehen, um überzeugt zu werden); tibi fidem faciemus (auch nobis fides erit apud te), nos ea suadere quae etc. wir werden dich überzeugen, glauben machen, daß u. s. w.; abrogare alicui fidem rei alicujus Jmd. in einer Sache keinen Glauben schenken. Hiervon A) in Geldsachen = der Credit: fides concidit schwankt, sinkt, fides angustior beschränkt, schwach; pecuniam mutuam sumere fide amicorum auf seiner Freunde Namen Geld borgen. 2) die das Vertrauen erzeugende und gewinnende Eigenschaft, A) von Personen, die Treue, Ehrlichkeit, Redlichkeit, Zuverlässigkeit, Gewissenhaftigkeit, Aufrichtigkeit; von Sachen, die Zuverlässigkeit, Glaubwürdigkeit, Wahrheit, Gewißheit u. dergl.: a) justitia in rebus creditis nominatur fides; cum fide ehrlich, redlich; f. erga aliquem; manere in fide treu bleiben; praestare alicui fidem. b) f. tabularum (der Documente, Acten), oraculorum; fides penes auctores erit die Gewährsmänner (die Schriftsteller, die hier Quellen sind) mögen für die Wahrheit der Sache stehen. B) Insbes.: a) ad (in) fidem rei alicujus zum Beweis der Sache; sum fides vocis (Poet.) ich bin der Beweis von; tum manifesta fides (erat) = dann war die Wahrheit der Sache offenbar, handgreiflich. b) f. induciarum u. dergl., Heiligkeit, Unverletzlichkeit. c) = die Erfüllung, der Erfolg: dictis addere fidem (Poet.) die Worte in Erfüllung gehen lassen; verba sequitur fides; verba sine fide rerum ohne von wirklichen Handlungen begleitet zu werden. d) *term. t.* fide bona oder ex f. b. auf Treue und Glauben, ehrlich, mit redlichem Sinne: f. emere. 3) die das Vertrauen erzeugende Versicherung, das Versprechen, die Zusage, das gegebene Wort, die Verpflichtung, Garantie u. s. w.: dare alicui fidem de re aliqua; dant fidem inter se; fidem reliquis interponere; liberare, exsolvere (exonerare) f. suam sein Versprechen halten, sein Wort einlösen, *oppos.* fallere (mutare, violare) fidem; fidem obstringere (sein Wort verpfänden; manere in fide sein Wort halten. Hiervon insbes. 4) die Zusage von Schutz = die persönliche Sicherheit, das sichere Geleit: fidem publicam jussu senatus ei dedit; fide publicâ jussus est dicere gegen persönliche im Namen des Staats verbürgte Sicherheit, ebenso interposita fide publica; fide accepta a legatis, vim abfuturam die Zusage, daß keine Gewaltthätigkeit verübt werden sollte. Hiervon 5) der Schutz, der getreue Beistand, die Hülfe, Schonung, Gnade u. dergl.: tradere (permittere) se oder venire in fidem alicujus = sich auf Gnade oder Ungnade an Jmd. ergeben; haec urbs est in f. meâ steht unter meinem Schutze; sequi fidem alicujus um den Schutz Jmds sich bewerben; obsecro f. vestram rufe Euren Schutz an, ebenso implorare fidem deûm hominumque; Di, vestram fidem! schützende Götter! um Gotteswillen! pro deûm atque hominum fidem im Namen der schützenden Götter! um der Götter willen!

Fīdes, ium, *f. pl.* (Poet. auch im *sing.* **Fides**, is, *f.*) das Saiteninstrument, Saitenspiel, die Cither, Lyra: ff. et tibiae; canere fidibus auf der Cither spielen, moderari fidem (Poet.) = canere fidibus.

Fĭdĭcen, ĭnis, *m.* [fides-cano] 1) der Citherspieler. 2) (Poet.) = der lyrische Dichter.

Fĭdĭcĭna, ae, *f.* [fides-cano] die Citherspielerin.

*****Fĭdĭcĭnus**, *adj.* [fidicen] (*Pl.*) zum Citherspieler gehörig. ludus.

Fĭdĭcŭla, ae, *f.* [fides] 1) *deminut.* von fides. 2) *pl.* (Spät.) ein aus mehreren Saiten oder Stricken gebildetes Folterwerkzeug.

Fīdĭus, ii, *m.* [fides] Beiname des höchsten Gottes oder Jupiters als Gottes der Treue, = der *Ζεὺς Πίστιος* der Griechen und der sabinische Gott Sancus; stets in der Verbindung deus (vermuthlich statt Dius = Jupiter, divus) f. oder me-dius-fidius, eine Betheuerungsformel, welche, da auch Hercules nach den älteren italienischen Sagen jenem Gott Sancus entsprach = mehercules gebraucht wurde (me ist eine betheuernde Partikel), also = in der That, bei Gott!

Fīdo, fisus sum, — 3. [verwandt mit fides] Vertrauen in Etwas setzen, trauen, vertrauen, sich auf Etwas verlassen (auf eine Kraft, Fähigkeit, Hülfe u. dergl.; vgl. credo): f. sibi, nocti; f. duce, cursu, prudentiâ; (Poet.) fidis te manare du glaubst zuversichtlich, daß u. s. w.

Fĭdūcĭa, ae, *f.* [fido] 1) das Vertrauen, der Glaube, die vertrauensvolle Zuversicht (vgl. fidentia, confidentia): habere fiduciam rerum suarum Vertrauen zu seinen eigenen Angelegenheiten, hoc certam salutis fiduciam praebet macht, daß wir unserer Rettung mit Zuversicht entgegensehen können; fiduciâ alicujus im Vertrauen auf Jmd., ebenso formae auf seine Schönheit; (Com.) mea f. das Vertrauen zu mir; manus minimae fiduciae derjenige Theil des Heeres, auf welchen man am wenigsten bauen konnte. 2) das Vertrauen auf eigene Kraft, der Muth, das Selbstvertrauen: afferre alicui fidem Jmd. — einflößen. *3) (*Pl.*) die Ehrlichkeit. 4) juristischer *term. t.* A) die Ueberlassung einer Sache auf Treue und Glauben: per fiduciae rationem fraudare aliquem; judicium fiduciae in einem Rechtshandel wegen Nichtherausgabe des anvertrauten Eigenthumes. B) das hypothekarisch anvertraute Eigenthum, das (in Form eines Scheinverkaufes) anvertraute Gut, das Depositum: accipere f. ab aliquo, committere fiduciam alicui. C) die ein hypothekarisch anvertrautes Eigenthum betreffende Rechtssache: in f.

Fĭdūcĭārĭus, *adj.* [fiducia] auf Treue und Glauben anvertraut (siehe fiducia 4.), davon überhaupt zum interimistischen Besitze übergeben: opera f. ein Amt, das Jmd. auf eine Zeit anvertraut ist (als der Oberbefehl einem Untergeneral).

Fīdus, *adj.* mit *comp.* u. *sup.* [verw. mit fido, fides] 1) treu (meist als eine natürliche Eigenschaft, vgl. fidelis), aufrichtig, zuverlässig, amicus, uxor, interpres; familiaritates ff., custodia f.; fidus alicui gegen Jmd. 2) (Poet. u. Spät.) von Sachen, zuverlässig, sicher, spes, pons; statio male fida carinis.

Figlīnus oder unzusammengezogen **Figŭlīnus**, *adj.* [figulus] zum Töpfer gehörig. Töpfer-. Hiervon *subst.* A) **Figlīna**, ae, *f.* a) das Töpferhandwerk, b) die Töpferwerkstätte. B) **Figlīnum**, i, *n.* ein irdenes Geschirr.

Fīgo, xi, xum, 3. 1) Etwas in od. an Etwas heften, fügen, befestigen, schlagen, -setzen u. dergl.: f. palum in parietem; f. mucronem in cive einbohren; f. crucem aufrichten, clavum einschlagen; (Poet.) f. spicula pectore alicujus in Jmds Brust, f. vestigia = treten; f. arma parietibus, postibus (auch ad postes) an den Wänden, Thürpfosten befestigen, aufhängen; f. aliquem cruci oder in cruce ans Kreuz schlagen; (Poet.) oscula f. küssen, f. vultus (oculos) in aliquo, in terram die Augen auf Jmd. heften, richten. Hiervon f. tabulas, legem zur Bekanntmachung öffentlich anschlagen; f. senatus consultum aere publico (Tac.) eingraben. 2) Hiervon A) durchstechen, durchbohren, f. aliquem telo; *trop.* f. aliquem maledictis mit Schmähungen Jmd. durchziehen. B) irgendwo festhalten, feststellen u. dergl., f. cogitationes suas in re aliqua seine Gedanken unabläßig auf Etwas richten; malum se f. schlägt Wurzel; f. dicta animis einprägen; f. sedem, domos seinen Wohnsitz aufschlagen. C) f. modum rei alicui einer Sache Grenzen setzen.

Figŭlus, i, *m.* [fingo] der Töpfer.

Fĭgūra, ae, *f.* [fingo] 1) die Gestalt, Figur (indifferent, in mathematischer Beziehung, insofern sie bestimmte Umrisse hat, vgl. forma, species), die Bildung, Form: animantium forma et f.; f. humana, muliebris; f. navium, lapidis. Insbes. (Vorklass.) der Schatten eines Verstorbenen. 2) *trop.* die Beschaffenheit, Art, Weise: f. orationis, dicendi, ingenii; (Poet.) mille ff. pereundi Todesarten. 3) *term. t.* in der Grammatik, die Wortform, Form: alia nomina quinque ff. habent = fünf Casus. 4) in der Rhetorik = Redefigur.

Fĭgūrātĭo, ōnis, *f.* [figuro] (Spät.) 1) die Bildung, Gestalt. 2) die Einbildung.

Fĭgūro, 1. [figura] 1) gestalten, bilden, formen, mundum, caseos; davon *trop.* = bilden, lehren, os pueri. 2) *trop.* A) sich

Filatim   **Finis**   305

vorstellen, einbilden, f. sibi iram talem. B) in der Rhetorif, mit Redefiguren und Bildern ausschmücken, f. orationem translatis verbis; davon figuratus von der Rede = bildlich, figürlich.

*Filātim, *adv.* [filum] (*Lucr.*) fadenweise.

Filia, ae, *f*. (im *dat.* u. *abl. plur.* sowohl filiis als filiabus) die Tochter; (Poet.) pinus f. silvae.

Filicātus, *adj.* [filix] mit Farnkraut versehen, nur uneigtl.: patera f. mit Figuren in der Gestalt von Farnkrautblättern an den Rändern besetzt.

Filiŏla, ae, *f. deminut.* von filia.
Filiŏlus, i, *m. deminut.* von filius.
Filius, ii, *m.* der Sohn; *proverb.* a) terrae f. = ein Mensch unbekannter Herkunft, daher = gering, unbedeutend. b) f. fortunae oder albae gallinae = Glückskind.

Filix, ĭcis, *f.* das Farnkraut.

Filum, i, *n.* 1) der Faden (aus Leinen, Wolle u. s. w.) in einem Gewebe oder etwas Gesponnenem: ff. cerea = der Docht, velamina filo pleno = grobes Zeug. Hiervon A) insbef. = eine um den obersten Theil der Priestermütze gewundene wollene Binde: caput velatum filo. B) *proverb.* pendēre filo (tenui) = auf dem Spiele stehen, in großer Gefahr schweben. 2) *trop.* A) (Poet. u. Spät.) die Gestalt, Form, Bildung, der äußere Umriß: scitum f. mulieris; f. formaque solis. B) von der Rede, die Art der Behandlung oder Darstellung, der Ausdruck, die Manier: tenue argumentandi f.; oratores illi erant paulo uberiore filo; aliud quoddam f. orationis tuae.

Fimbria, siehe Flaccus.

Fimbriae, ārum, *f. pl.* Franſen, Fasern; ff. cincinnorum die äußersten krausen Spitzen der Haarlocken.

Fimbriātus, *adj.* [ſimbriae] mit Franſen, Troddeln besetzt; capillus f. kraus.

Fimus, i, *m.* der Mist als Dünger, der Dünger (vgl. stercus u. dergl.).

Findo, fĭdi, fissum, 3. spalten (= nach seinem natürlichen Gefüge in zwei Theile trennen, vgl. scindere), theilen, sprengen: f. lignum; ungulae fissae; (Poet.) f. terram = pflügen, carina f. mare; (Poet.) dies hic f. mensem theilt, via finditur cuneis wird durch Spalten gebahnt. Bisweilen im *pass.* medial = ſich theilen, bersten: lingua finditur in duas partes; (Poet.) cor meum finditur berſtet.

Fingo, nxi, ctum, 3. 1) bilden, formen, gestalten, bildend schaffen, verfertigen, machen, bereiten u. dergl.: volucres ff. nidos; vis aliqua est quae fingit hominem; (Poet.) f. carmina, versus verfaſſen, dichten. Hiervon insbef. A) bilden = einrichten, einer Sache eine gewiſſe Gestalt und Beschaffenheit geben: nulla res magis f. animum; orator f. animos lenft, beherrscht; f. se ad rem aliquam oder ex re aliqua ſich nach Etwas einrichten, fügen; hiervon f. vultum = verstellen, eine erheuchelte Miene annehmen. B) von den Erzeugniſſen der bildenden Kunst, abbilden, in einem Kunstwerf darstellen: f. aliquid ex (in) cera; f. aliquem (oft *oppos.* pingo) vom Bildhauer, ars fingendi die Bildhauerkunst. C) (Poet.) ordnen, einrichten, zurechtmachen, ſchmücken u. dergl.: f. comas; f. se alicui um Jmds willen ſich putzen; f. vitem pntando durch gehöriges Auspuzen dem Weinſtocke ein hübſches Ansehen geben. D) (ſelten) Jmd. zu Etwas machen: natura te finxit hominem magnum; fortuna Sinonem non mendacem finget (Poet.). E) durch Unterricht bilden, lehren: f. oratorem; (Poet.) f. equum eā ire lehrt das Pferd da zu gehen. — 2) *trop.* A) ſich Etwas vorstellen, einbilden, denken, Etwas annehmen; f. sibi aliquid cogitatione (animo), ebenſo f. sibi aliquid opinionis errore irrthümlich; f. aliquem ita voluptatibus deditum; finge, aliquem nunc fieri sapientem ſtelle dir vor, ſetze. B) erſinnen, ausdenken, ausfindig machen, fallacias; f. aliquid ex eventis aus den Ereigniſſen Etwas errathen, folgern. C) = erdichten, aliquid, crimina in aliquem.

Finiens, tis, *m.* [*particip.* von finio] (*sc.* orbis) der begrenzende (Kreis), d. h. der Gesichtsfreis, Horizont.

Finio, 4. (finis) 1) begrenzen, abgrenzen, als Grenze od. in Grenzen einſchließen: Rhenus f. imperium populi Romani; lingua finita est dentibus; an potest cupiditas finiri kann der Begierde eine Grenze geſetzt werden? Daher überhaupt = beſchränken, zügeln, innerhalb gewiſſer Grenzen halten, cupiditates, censuram. 2) = definio: A) festſetzen, bestimmen, modum rei alicui, locum in quo dimicandum sit; f. tempus alicui; de pecunia finitur ne etc. es wird beſtimmt, daß u. ſ. w. B) erklären, definiren rhetorice varie finitur. 3) beendigen, beſchließen, einer Sache ein Ende machen: f. bellum, laborem, vitam; sententias finiuntur his verbis endigen ſich, und insbef. *particip.* finitus in der Rhetorif = gehörig auslautend. 4) (Poet. u. Spät.) *intrans.* enden, aufhören, A) = bis ans Ende reden, ausreden = zu reden aufhören: ut semel finiam. B) = ſterben: finiit anno aetatis vicesimo, *pass.* finior morbo in derſelben Bedeutung.

Finis, is, *m.* (ſelten *f.*) 1) die Grenze (die natürliche, vgl. terminus): ad extremum Galliae finem; ambigere de ff.; fines regere, terminare beſtimmen, proferre, propagare vorrücken, erweitern, facere absetzen; quem ad f. so weit als, oder fragend, wie weit? Hiervon A) von abſtracten Gegenſtänden = das Maaß, die rechte Grenze: transire modum et f.; f. ingenii. B) von der Zeit = Grenze Punct u. dergl.: ad eum f. so lange; quem ad f. wie lange? C) im *pl.* = Gebiet, Land, Diſtrict: iter facere in fines Santonum, populari alienos ff.; auch von Privaten = Felder, Landbesitzungen: pellere dominos finibus. D) (ſelten) der *abl.* fine oder fini wird als eine *praep.* mit dem *genit.* gebraucht = bis an: pectoris f. — 2) das Ende, der Schluß: f. atque exitus infamiae; finem facere scribendi, auch maledictis, injuriis (*dat.*) dem Schreiben, den Schmähungen ein Ende machen, damit aufhören; finem afferre vitae = ſich tödten. Hiervon insbef. A) (Poet. u. Spät.) =

Ingerslev, lat.-deutsches Schulwörterbuch.   20

das Ende des Lebens, der Tod: septem sunt menses a. s. Neronis. B) der Zweck, das Ziel, die Bestimmung: omnes artes habent f. aliquem propositum; ad eum f. zu diesem Zwecke. C) (der Schluß einer aufsteigenden Reihe) das Höchste, Größte: „licebit finem dicere pro ultimo, extremo" (Cic.); ff. bonorum das höchste Gut; f. honorum est consulatus. 3) (Spät.) = finitio u. definitio, die Erklärung, Definition.

Finite, *adv.* [finio] *1) mit Beschränkung, mäßig, f. avarus erit. 2) (Nachkl.) speciell, bestimmt.

Finitimus (älter **Finitumus**), *adj.* [finis] 1) angrenzend, benachbart (von Gegenden und Gebieten, vgl. vicinus): Galli sunt finitimi Belgis; provincia f.; bellum f. Krieg mit den angrenzenden Völkern; *subst.* finitimi, *m. pl.* die Nachbarn. 2) *trop.* angrenzend an Etwas = in Verbindung mit Etwas stehend, ihm verwandt oder sehr ähnlich: metus est f. aegritudini; poeta est f. oratori; absol. ea quae propinqua et ff. videntur.

Finitio, ōnis, *f.* [finis] 1) die Begrenzung. 2) (Spät.) die Bestimmung, Regel. 3) die Erklärung, Definition.

Finitivus, *adj.* [finio] (Spät.) bestimmend.

Finitor, ōris, *m.* [finio] der Begrenzer, = 1) der Grenzenbestimmer, Feldmesser. 2) f. circulus = der Horizont.

Fio, factus sum, fieri, *pass.* von facio in den verschiedenen Bedeutungen dieses Wortes (siehe facio), also = gemacht, gethan, geschätzt werden, bes. = werden, geschehen u. dergl.: consul fio werde zum Consul gemacht; nomen fit loco der Ort erhält einen Namen; plurimi fieri hoch geschätzt werden; pro populo fit es wird für das Volk geopfert. Insbes. fit es geschieht; fieri potest es ist möglich, fieri non potest ut es ist unmöglich, daß; ita fit ut so geschieht es, daß, hieraus ist die Folge, daß; ut fit wie es zu gehen pflegt; fiat (Kom.) möge es geschehen! quid illo (de illo) fiet was soll aus ihm werden? quid eo factum esset wenn ihm ein Unglück begegnet wäre; Pompejo melius factam est es ist besser geworden mit dem P., der P. befindet sich besser.

*****Firmāmen**, ĭnis, *n.* (Poet.) u. **Firmāmentum**, i, *n.* [firmo] 1) was einer Sache Stärke giebt, was sie unterstützt, das Befestigungsmittel, die Stütze: tigna quae firmamento esse possint; am häufigsten *trop.*: ordo ille (civium) est f. ceterorum; f. dignitatis, legionem illam firmamentum adduxit als Verstärkung; duo egregia ff. reipublicae, auspicia et senatus. 2) insbes. = der Stützpunkt einer Behauptung, der Hauptbeweis, Hauptpunkt.

Firmātor, ōris, *m.* [firmo] (Spät., selten) der Befestiger.

Firme od. **Firmiter**, *adv.* mit comp. u. *sup.* [firmus] 1) fest, mit Festigkeit, insistere. 2) *trop.* fest, bestimmt, sicher, f. aliquid comprehendere, f. asseverare.

Firmitas, ātis, *f.* u. **Firmitūdo**, ĭnis, *f.* [firmus] die Festigkeit, Stärke, Dauerhaftigkeit (siehe firmus): f. materiae, corporis, navium; f. vocis. Oft *trop.* die Standhaftigkeit, Ausdauer, Kraft; f. animi, f. et constantia; ea amicitia non satis habet firmitatis.

Firmo, 1. [firmus] 1) fest und stark machen, stärken, befestigen: f. corpora cibo, dentes. Oft *trop.* A) = befestigen, dauerhaft machen, imperium, pacem, amicitiam; f. memoriam. B) in einer gewissen Gesinnung befestigen, bekräftigen: f. illos obsidibus. 2) *trop.* a) eine Erklärung, Behauptung u. dergl. bekräftigen, gewiß machen, versichern: f. aliquid jurejurando; f. fidem ein Versprechen; (Vorklaff. u. Spät.) f., se imperata facturum esse erklären, daß man u. f. w. b) beweisen, darthun.

Firmum, i, *n.* Stadt im Picenischen, davon -mānus, *adj.*

Firmus, *adj.* mit comp. u. sup. 1) stark, fest (bes. zum Widerstehen und Aushalten, vgl. validus; sowohl von lebenden Wesen, als von leblosen Gegenständen, vgl. fortis), kräftig: f. vinculum, sera, corpus. Hiervon = mit Etwas wohl versehen, in irgend einer Beziehung tüchtig, stark: firmus ab equitatu; populus, civitas f., cohortes ff. = stark, vollzählig u. dergl.; ager non f. pascere nicht im Stande (mich) zu unterhalten. 2) *trop.* in geistiger Beziehung, von der Stärke der Gesinnung, der Kenntniß u. dergl. = zuverlässig, treu, fest, sicher, unerschütterlich u. dergl.: argumentum, praeceptum, spes f.; ff. literae ein Brief, der sichere Nachricht enthält, f. candidatus der bestimmte Hoffnung auf den Erfolg hat; amicus f. zuverlässig, treu.

Fiscālis, e, *adj.* [fiscus] (Spät.) zum Fiscus gehörig: calumniae ff. Denunciationen, wegen Defraudation des Fiscus.

Fiscella, ae, *f. deminut.* von fiscina.

Fiscina, ae, *f.* [fiscus] der aus Binsen, Ruthen u. dergl. geflochtene Korb zum Aufnehmen von Obst, zum Käseformen u. dergl.

Fiscus, i, *m.* 1) (selten) = fiscina. 2) die Geldkasse, und zwar insbes. A) die Staatskasse, = aerarium. B) (Spät.) in der Kaiserzeit die kaiserliche Privatkasse, im Gegensatze von aerarium.

Fissilis, e, *adj.* [findo] (Poet. u. Spät.) 1) spaltbar, robur f. cuneis. 2) gespalten, caput.

*****Fissio**, ōnis, *f.* [findo] das Spalten, Zertheilen.

Fissum, i, *n.* [*particip.* von findo] nur in der Sprache der Haruspices, f. jecoris, ein Spalt, eine Ritze in der Leber.

Fistūca, ae, *f.* ein Werkzeug zum Einrammen, die Ramme, der Schlägel.

Fistūco, 1. [fistuca] einrammen, einschlagen, fundamenta.

Fistŭla, ae, *f.* 1) die Röhre, z.B. Wasserröhre, die Speise- und die Luftröhre im menschlichen Körper; daher auch = der hohle Rohrstengel. 2) die aus mehreren Röhren künstlich zusammengesetzte Rohrpfeife, Hirtenpfeife (σύριγξ). 3) das Schreibrohr = die Schreibfeder. 4) eine Art Geschwür, die Fistel. 5) f. sutoria die Pfrieme. 6) f. farraria eine Art Handmühle.

*****Fistŭlātor**, ōris, *m.* [fistula] der Pfeifer.

Fistulātus, *adj.* [fistula] (Spät.) mit Röhren versehen.

Fistulōsus, *adj.* [fistula] (Spät.) mit Röhren-, Löchern versehen, löcherig, porös, terra, caseus, lapis.

Fixus, *adj.* [particip. von figo] befestigt, fest, bleibend. Hierv. *trop.* a) bestimmt, unabänderlich: decretum f.; fixum est es ist fest beschlossen. b) (Poet.) *act.* unerschütterlich, fest, fixus manebat.

*****Flăbelli-fĕra**, ae, *f.* [fero] (Pl.) die Fächerträgerin (Sclavin).

*****Flăbellŭlum**, i, *n.* (Com.) *deminut.* von flabellum.

Flăbellum, i, *n.* [eigtl. *deminut.* von flabrum] der Fächer.

*****Flăbĭlis**, e, *adj.* [flo] gleichsam „wehbar", luftartig, nihil f. aut igneum.

Flăbra, ōrum, *n. pl.* [flo] (Poet.) das Blasen, Wehen, ventorum, austri; *meton.* = der Wind.

Flacceo, — — 2. [flaccus] welk sein, *trop.* matt-, kraftlos sein; Messala f. treibt die Sache (die Bewerbung) ohne Eifer.

Flaccesco, — — 3. 1) welk werden, verwelken. 2) *trop.* erschlaffen, ermatten, oratio.

Flaccĭdus, *adj.* mit comp. [flacceo] (Vorklaff. u. Spät.) 1) welk, schlaff, schlotterig, velum. 2) *trop.* schwach, turbo.

Flaccus, *adj.* welk, schlaff, aures; homo f. schlaff herabhängende Ohren habend.

Flaccus, Beiname in mehreren römischen Geschlechtern, namentlich in der gens Fulvia, Horatia, Valeria.

Flăgello, 1. [flagellum] geißeln, peitschen, schlagen, aliquem; leo f. arborem caudā.

Flăgellum, i, *n.* [deminut. von flagrum] 1) die Peitsche, Geißel, Ruthe: caedi flagellis gecheißelt werden; auch = die Peitsche zum Antreiben der Wagen- oder Reitpferde; *trop.* von dem bösen Gewissen. 2) der Schößling, Setzling an Weinstöcken, Bäumen u. dergl. 3) (Poet.) der Riemen an einem Wurfspieße. 4) von den Armen der Meerpolypen.

Flăgĭtātio, ōnis, *f.* [flagito] das dringende Begehren, Verlangen, die Mahnung: auch im *pl.*, crebrae ff. populi.

Flăgĭtātor, ōris, *m.* [flagito] der dringende Begehrer, Forderer, der Mahner, bes. um Geld: f. triumphi.

Flăgĭtiōse, *adv.* mit comp. u. sup. [flagitiosus] schändlich, schmählich, mit Schande.

Flăgĭtiōsus, *adj.* mit comp. u. sup. [flagitium] schändlich, schmachvoll, lasterhaft, ausschweifend u. dergl., homo, facinus, libido, vita; f. fama (Spät.).

Flăgĭtium, ii, *n.* 1) die Schandthat, die Schändlichkeit, schmachvolle u. lasterhafte That, das Laster u. dergl. (vgl. scelus u. dergl.): stupra et ff.; effeminatus flagitiis; facere, committere, dicere f.; f. est illud facere; f. rei militaris schimpfliches Benehmen im Kriege. Hiervon (Com.) als Schimpfwort, f. hominis der Schandmensch! 2) die aus Schandthaten u. s. w. entspringende Schande, der Schimpf: neque gloriā movemini neque flagitio; demere imperio flagitium den Schimpf von dem Staate wegnehmen.

Flăgĭto, 1. 1) bringend und ungestüm verlangen, -fordern (vgl. posco, exigo, peto); f. aliquem frumentum oder frumentum ab aliquo; f. aliquid; f. aliquem Jmd. mahnen (Etwas von Jmd. mit Heftigkeit fordern); stipendium flagitatur der Sold wird gefordert; promissa tua a te flagito das, was du versprochen hast; semper flagitavi ut convocaremur. Hiervon 2) insbef. A) = erheischen, nothwendig machen: quae tempus f., quid studia a te flagitent. B) zu wissen, zu hören verlangen: f. crimen, nomen. C) (Spät.) vor Gericht fordern, aliquem.

Flagrans, tis, *adj.* mit comp. u. sup. [particip. von flagro] 1) brennend, aestus, davon heiß, genae. 2) (Poet.) von der Farbe, feurig, glänzend. 3) *trop.* heiß, brennend, leidenschaftlich u. dergl.: ff. oscula; f. cupiditas; homo f. eifrig, hitzig; multitudo, comitia ff. unruhig, tumultus f. wild.

Flagranter, *adv.* mit comp. u. sup. [flagrans] (Spät.) brennend = heftig, begierig.

Flagrantia, ae, *f.* [flagrans] das Brennen, die Gluth, montis, *trop.* = glühende Liebe; (Pl.) f. flagitii als Schimpfwort, der nach Schandthaten brennende Mensch, „die Lasterbrunst!"

*****Flagritrība**, ae, -*f.* [flagrum-τρίβω] (Pl.) der Geißelreiber, d. h. der Sclave, an dem die Peitsche abgenutzt wird, der immer gepeitscht wird.

Flagro, 1. (stammverw. mit φλέγω) stark brennen, lodern, in Flammen stehen (stärker als ardeo): navis f.; (Poet.) arae ff., telum flagrans der Blitz. 2) *trop.* A) von einer Leidenschaft ob. dergl. entbrannt sein, glühen, brennen: f. desiderio urbis, amore literarum, libidine; (Poet.) f. aliquā und amor flagrans aliquam von Liebe zu Einer glühen. B) libertas f. (Spät.) der Freiheitssinn war noch feurig; ut cujusque studium flagrabat; vitia libidinis ff. in illo. C) von einer mit Leidenschaft getriebenen Sache erfüllt sein, an ihr leiden: consules ff. invidiā sind Gegenstände eines brennenden Hasses; f. infamiā; convivia ff. stupris et flagitiis bei den Gelagen geht es wild her mit u. f. w.; Italia f. bello J. ist der Schauplatz eines wüthenden Krieges.

Flagrum, i, *n.* die Geißel, Peitsche: gymnasium flagri (Pl.) ein Sclave, auf dessen Rücken die Peitsche häufig geübt wird.

Flāmen, ĭnis, *n.* [flo] (Poet.) 1) das Wehen, Blasen, Boreae; ferunt sua ff. classem günstiger Wind. 2) das Blasen, tibiae.

Flāmen, ĭnis, *m.* der Priester einer bestimmten Gottheit; der wichtigste war f. Dialis der Jupiters-Priester.

Flāmĭnĭca, ae, *f.* [flamen] die Frau des Flamen Dialis, welche ihm in seinen Geschäften beistand und großes Ansehen genoß.

Flāmĭnĭus, *adj.* [flamen] zu einem Flamen gehörig. Davon *subst.* A) -nĭum, ii, *n.* die Würde, das Amt eines Flamen. B) -nĭa, ae, *f.* das Wohnhaus des Flamen.

Flāmĭnĭus, Name eines römischen Geschlechtes, aus welchem der bekannteste ist Cajus Fl.,

das Ende des Lebens, der Tod: septem sunt menses a. f. Neronis. B) der Zweck, das Ziel, die Bestimmung: omnes artes habent f. aliquem propositum; ad eum f. zu diesem Zwecke. C) (der Schluß einer aufsteigenden Reihe) das Höchste, Größte: „licebit finem dicere pro ultimo, extremo" (Cic.); ff. bonorum das höchste Gut; f. honorum est consulatus. 3) (Spät.) = finitio u. definitio, die Erklärung, Definition.

Finite, adv. [finio] *1) mit Beschränkung, mäßig, f. avarus erit. 2) (Nachkl.) speciell, bestimmt.

Finitimus (älter **Finitumus**), adj. [finis] 1) angrenzend, benachbart (von Gegenden und Gebieten, vgl. vicinus): Galli sunt finitimi Belgis; provincia f.; bellum f. Krieg mit den angrenzenden Völkern; subst. finitimi, m. pl. die Nachbarn. 2) trop. angrenzend an Etwas = in Verbindung mit Etwas stehend, ihm verwandt oder sehr ähnlich: motus est f. aegritudini; poeta est f. oratori; absol. ea quae propinqua et ff. videntur.

Finitio, ōnis, f. [finis] 1) die Begrenzung. 2) (Spät.) die Bestimmung, Regel. 3) die Erklärung, Definition.

Finitīvus, adj. [finio] (Spät.) bestimmend.

Finitor, ōris, m. [finio] der Begrenzer, = 1) der Grenzenbestimmer, Feldmesser. 2) f. circulus = der Horizont.

Fio, factus sum, fieri, pass. von facio in den verschiedenen Bedeutungen dieses Wortes (siehe facio), also = gemacht-, gethan-, geschätzt werden, bes. = werden, geschehen u. dergl.: consul fio werde zum Consul gemacht; nomen fit loco der Ort erhält einen Namen; plurimi fieri hoch geschätzt werden; pro populo fit es wird für das Volk geopfert. Insbes. fit es geschieht; fieri potest es ist möglich, fieri non potest ut es ist unmöglich, daß; ita fit ut so geschieht es, daß, hieraus ist die Folge, daß; ut fit wie es zu gehen pflegt; fiat (Com.) möge es geschehen! quid illo (de illo) fiet was soll aus ihm werden? si quid eo factum esset wenn ihm ein Unglück begegnet wäre; Pompejo melius factum est es ist besser geworden mit dem P., der P. befindet sich besser.

*****Firmāmen**, ĭnis, n. (Poet.) u. **Firmamentum**, i, n. [firmo] 1) was einer Sache Stärke giebt, was sie unterstützt, das Befestigungsmittel, die Stütze: tigna quae firmamento esse possint; am häufigsten trop.: ordo ille (civium) est f. ceterorum; f. dignitatis; legionem illam firmamentum adduxit als Verstärkung; duo egregia ff. reipublicae, auspicia et senatus. 2) insbes. = der Stützpunct einer Behauptung, der Hauptbeweis, Hauptpunct.

Firmātor, ōris, m. [firmo] (Spät., selten) der Befestiger.

Firme ob. **Firmĭter**, adv. mit comp. u. sup. [firmus] 1) fest, mit Festigkeit, insistere. 2) trop. fest, bestimmt, sicher, f. aliquid comprehendere, f. asseverare.

Firmĭtas, ātis, f. u. **Firmĭtūdo**, ĭnis, f. [firmus] die Festigkeit, Stärke, Dauerhaftigkeit (siehe firmus): f. materiae, corporis, navium; f. vocis. Oft trop. die Standhaftigkeit, Ausdauer, Kraft; f. animi, f. et constantia; ea amicitia non satis habet firmitatis.

Firmo, 1. [firmus] 1) fest und stark machen, stärken, befestigen: f. corpora cibo, dentes. Oft trop. A) = befestigen, dauerhaft machen, imperium, pacem, amicitiam; f. memoriam. B) in einer gewissen Gesinnung befestigen, bekräftigen: f. illos obsidibus. 2) trop. a) eine Erklärung, Behauptung u. dergl. bekräftigen, gewiß machen, versichern: f. aliquid jurejurando; f. fidem ein Versprechen; (Vorklaff. u. Spät.) f., se imperata facturum esse erklären, daß man u. f. w. b) beweisen, darthun.

Firmum, i, n. Stadt im Picenischen, davon -mānus, adj.

Firmus, adj. mit comp. u. sup. 1) stark, fest (bes. zum Widerstehen und Aushalten, vgl. validus; sowohl von lebenden Wesen, als von leblosen Gegenständen, vgl. fortis), kräftig: f. vinculum, sera, corpus. Hiervon = mit Etwas wohl versehen, in irgend einer Beziehung tüchtig, stark: firmus ab equitatu; populus, civitas f., cohortes ff. = stark, vollzählig u. dergl.; ager non f. pascere nicht im Stande (mich) zu unterhalten. 2) trop. in geistiger Beziehung, von der Stärke der Gesinnung, der Kenntniß ob. dergl. = zuverlässig, treu, fest, sicher, unerschütterlich u. dergl.: argumentum, praeceptum, spes f.; ff. literae ein Brief, der sichere Nachricht enthält, f. candidatus der bestimmten Hoffnung auf den Erfolg hat; amicus f. zuverlässig, treu.

Fiscālis, e, adj. [fiscus] (Spät.) zum fiscus gehörig: calumniae ff. Denunciationen, wegen Defraudation des Fiscus.

Fiscella, ae, f. deminut. von fiscina.

Fiscīna, ae, f. [fiscus] der aus Binsen, Ruthen u. dergl. geflochtene Korb zum Aufnehmen von Obst, zum Käseformen u. dergl.

Fiscus, i, m. 1) (selten) = fiscina. 2) die Geldkasse, und zwar insbes. A) die Staatskasse, = aerarium. B) (Spät.) in der Kaiserzeit die kaiserliche Privatkasse, im Gegensatze von aerarium.

Fissĭlis, e, adj. [findo] (Poet. u. Spät.) 1) spaltbar, robur f. cuneis. 2) gespalten, caput.

*****Fissio**, ōnis, f. [findo] das Spalten, Zertheilen.

Fissum, i, n. [particip. von findo] nur in der Sprache der Haruspices, f. jecoris, ein Spalt, eine Ritze in der Leber.

Fistūca, ae, f. ein Werkzeug zum Einrammen, die Ramme, der Schlägel.

Fistūco, 1. [fistuca] einrammen, einschlagen, fundamenta.

Fistŭla, ae, f. 1) die Röhre, z. B. Wasserröhre, die Speise- und die Luftröhre im menschlichen Körper; daher auch = der hohle Rohrstengel. 2) die aus mehreren Röhren künstlich zusammengesetzte Rohrpfeife, Hirtenpfeife (σύριγξ). 3) das Schreibrohr = die Schreibfeder. 4) eine Art Geschwür, die Fistel. 5) f. sutoria die Pfrieme. 6) f. farraria eine Art Handmühle.

*****Fistulātor**, ōris, m. [fistula] der Pfeifer.

Fistulātus, *adj.* [fistula] (Spät.) mit Röhren versehen.

Fistulōsus, *adj.* [fistula] (Spät.) mit Röhren=, Löchern versehen, löcherig, porös, terra, caseus, lapis.

Fixus, *adj.* [particip. von figo] befestigt, fest, bleibend. Hierv. trop. a) bestimmt, unabänderlich: decretum f.; fixum est et ist fest beschlossen. b) (Poet.) act. unerschütterlich, fest, fixus manebat.

***Flābellī-fĕra**, ae, *f.* [fero] (Pl.) die Fächerträgerin (Sklavin).

***Flābellŭlum**, i, n. (Com.) *deminut.* von flabellum.

Flābellum, i, n. [eigtl. deminut. von flabrum] der Fächer.

***Flābĭlis**, e, *adj.* [flo] gleichsam „wehbar", luftartig, nihil f. aut igneum.

Flābra, ōrum, n. pl. [flo] (Poet.) das Blasen, Wehen, ventorum, austri; meton. = der Wind.

Flaccĕo, — — 2. [flaccus] welt sein, *trop.* matt=, kraftlos sein; Messala f. treibt die Sache (die Bewerbung) ohne Eifer.

Flaccesco, — — 3. 1) welk werden, verwelken. 2) *trop.* erschlaffen, ermatten, oratio.

Flaccĭdus, *adj.* mit comp. [flacceo] (Vorklass. u. Spät.) 1) welk, schlaff, schlotterig, velum. 2) *trop.* schwach, turbo.

Flaccus, *adj.* welk, schlaff, aures; homo f. schlaff herabhängende Ohren habend.

Flaccus, Beiname in mehreren römischen Geschlechtern, namentlich in der gens Fulvia, Horatia, Valeria.

Flăgello, 1. [flagellum] geißeln, peitschen, schlagen, aliquem; leo f. arborem caudā.

Flăgellum, i, n. [deminut. von flagrum] 1) die Peitsche, Geißel, Ruthe; flagellis gegeißelt werden; auch = die Peitsche zum Antreiben der Wagen= oder Reitpferde; trop. von dem bösen Gewissen. 2) der Schößling, Sehling an Weinstöcken, Bäumen u. dergl. 3) (Poet.) der Riemen an einem Wurfspieße. 4) von den Armen der Meerpolypen.

Flăgĭtātĭo, ōnis, *f.* [flagito] das bringende Begehren, Verlangen, die Mahnung: auch im pl., crebrae ff. populi.

Flăgĭtātor, ōris, m. [flagito] der bringende Begehrer, Forderer, der Mahner, bes. um Geld: f. triumphi.

Flăgĭtĭōse, *adv.* mit comp. u. sup. [flagitiosus] schändlich, schmählich, mit Schande.

Flăgĭtĭōsus, *adj.* mit comp. u. sup. [flagitium] schändlich, schmachvoll, lasterhaft, ausschweifend u. dergl., homo, facinus, libido, vita; f. fama (Spät.).

Flăgĭtĭum, ii, n. 1) die Schandthat, die Schändlichkeit, schmachvolle u. lasterhafte That, das Laster u. dergl. (vgl. scelus u. dergl.): stupra et ff.; effeminatus flagitiis; facere, committere, dicere f.; f. est illud facere; f. rei militaris schimpfliches Benehmen im Kriege. Hiervon (Com.) als Schimpfwort, f. hominis der Schandmensch! 2) die aus Schandthaten u. f. w. entspringende Schande, der Schimpf: neque gloriā movemini neque flagitio; demere imperio flagitium den Schimpf von dem Staate wegnehmen.

Flăgĭto, 1. 1) bringend und ungestüm verlangen, =fordern (vgl. posco, exigo, peto); f. aliquem frumentum oder frumentum ab aliquo; f. aliquid; f. aliquem Jmd. mahnen (Etwas von Jmd. mit Heftigkeit fordern); stipendium flagitatur der Sold wird gefordert; promissa tua a te flagito das, was du versprochen hast; semper flagitavi ut convocaremur. Hiervon 2) insbes. A) = erheischen, nothwendig machen: quae tempus f., quid studia a te flagitent. B) zu wissen, zu hören verlangen: f. crimen, nomen. C) (Spät.) vor Gericht fordern, aliquem.

Flagrans, tis, *adj.* mit comp. u. sup. [particip. von flagro] 1) brennend, aestus, davon heiß, genae. 2) (Poet.) von der Farbe, feurig, glänzend. 3) *trop.* heiß, brennend, leidenschaftlich u. dergl.: ff. oscula; f. cupiditas; homo f. eifrig, hitzig; multitudo, comitia ff. unruhig, tumultus f. wild.

Flagranter, *adv.* mit comp. u. sup. [flagrans] (Spät.) brennend = heftig, begierig.

Flagrantia, ae, *f.* [flagrans] das Brennen, die Gluth, montis, *trop.* = glühende Liebe; (Pl.) f. flagitii als Schimpfwort, der nach Schandthaten brennende Mensch, „die Lasterbrunst!"

***Flagritrība**, ae, *.f.* [flagrum-τρίβω] (Pl.) der Geißelreiber, d. h. der Sklave, an dem die Peitsche abgenutzt wird, der immer gepeitscht wird.

Flagro, 1. (Stammverw. mit φλέγω) stark brennen, lodern, in Flammen stehen (stärker als ardeo): navis f.; (Poet.) arae ff., telum flagrans der Blitz. 2) *trop.* A) von einer Leidenschaft ob. dergl. entbrannt sein, glühen, brennen: f. desiderio urbis, amore literarum, libidine; (Poet.) f. aliquā und amor flagrans aliquam von Liebe zu Einer glühen; B) libertas f. (Spät.) der Freiheitssinn war noch feurig; ut cujusque studium flagrabat; vitia libidinis ff. in illo. C) von einer mit Leidenschaft getriebenen Sache erfüllt sein, an ihr leiden: consules ff. invidiā sind Gegenstände eines brennenden Hasses; f. infamiā; convivia ff. stupris et flagitiis bei den Gelagen geht es wild her mit u. f. w.; Italia f. bello J. ist der Schauplatz eines wüthenden Krieges.

Flagrum, i, n. die Geißel, Peitsche: gymnasium flagri (Pl.) ein Sklave, auf dessen Rücken die Peitsche häufig geübt wird.

Flāmen, ĭnis, n. [flo] (Poet.) 1) das Wehen, Blasen, Boreae; ferunt sua ff. classem günstiger Wind. 2) das Blasen, tibiae.

Flāmen, ĭnis, m. der Priester einer bestimmten Gottheit; der wichtigste war f. Dialis der Jupiters-Priester.

Flāmĭnĭca, ae, *f.* [flamen] die Frau des Flamen Dialis, welche ihm in seinen Geschäften beistand und großes Ansehen genoß.

Flāmĭnĭus, *adj.* [flamen] zu einem Flamen gehörig. Davon subst. A) **-nium**, ii, n. die Würde, das Amt eines Flamen. B) **-nia**, ae, *f.* das Wohnhaus des Flamen.

Flāmĭnĭus, Name eines römischen Geschlechtes, aus welchem der bekannteste ist Cajus Fl., der als Consul in der Schlacht bei dem See Trasimenus 217 v. Chr. fiel.

Flamma, ae, f. 1) die Flamme, das lodernde Feuer: concipere f. Feuer fangen; f. effunditur verbreitet sich; solis f. (Poet.); inter ff. zwischen den leuchtenden (und nach dem Glauben der Alten feurigen) Himmelskörpern. 2) trop. A) (Poet.) = ein leidenschaftlich brennender Blick, das Feuer der Augen. B) von dem Feuer der Leidenschaften und Affecte, bes. der Liebe: f. amoris turpissimi; (Poet.) f. melior Liebe zu einem würdigeren Gegenstande; vis et quasi f. oratoria; invidiae f. C) f. belli civilis; (Poet.) f. gulae, der Heißhunger; eripuit se flammā = aus der drohenden Gefahr.

*__Flammeārius__, ii, m. [flammeum] (Pl.) der Verfertiger von Brautschleiern.

Flammeŏlum, i, n. deminut. von flammeum.

*__Flammesco__, — — 3. (Poet.) sich entzünden, feurig werden.

Flammeus, adj. [flamma] 1) flammend, feurig, stellaes; (Poet.) lumina ff. (Augen). 2) von der Farbe, feuerroth. Hiervon subst. **Flammeum**, i, n. der feuerfarbige Brautschleier, den die Braut bei der Hochzeit trug; hiervon: ea conterit ff. = sie verheirathet sich mehrere Male.

Flammĭfer, ĕra, ĕrum, adj. [flammafero] feuertragend = brennend, flammend, crinis, Olympus.

Flammo, 1. [flamma] 1) (Poet.) intrans. flammen, lodern (nur im praes. particip.), acervus, lumina. 2) (Poet. u. Spät.) transit. A) entzünden, entflammen, aliquid. B) verbrennen, Phaëthon flammatus. C) trop. entflammen = erhitzen, aufregen, arrogantia f. omnes; f. exercitum erbittern, cor flammatum empört.

Flammŭla, ae, f. deminut. von flamma.

Flātus, us, m. [flo] 1) das Blasen, Wehen des Windes; trop. prosper f. fortunae. 2) das Blasen = A) das Ausstoßen des Athems, das Athmen. B) das Schnauben der Pferde. C) das Blasen auf die Flöte. 3) trop. (Poet.) = die Aufgeblasenheit, der Stolz.

Flāveo, — — 2. [flavus] (Poet.) goldgelb-, gelblich roth-, blond sein.

Flāvesco, — — 3. [flavus] (Poet.) goldgelb u. s. w. werden.

Flāvĭna, ae, f. Stadt in Etrurien. Davon Flavinus, adj.

Flāvĭus, Name eines römischen Geschlechtes, aus welchem die bekanntesten Männer sind: 1) Cnejus Fl., Schreiber des Appius Claudius Cajus, welcher ums Jahr 304 v. Chr. zum großen Mißvergnügen der Patricier die fasti (siehe das Wort), bisher nur den Patriciern bekannt, nebst den legis actiones (die hergebrachten unumgänglichen Formeln bei der Proceßführung) bekannt machte. 2) Cajus Fl. Fimbria, ein Anhänger des Marius und Cinna; er wurde vom Sulla in Pergamum eingeschlossen und nahm sich dort das Leben. 3) der Kaiser Fl. Vespasianus, seine Söhne Titus und Domitianus. — Hiervon A) **Flāviālis**, e, adj., sc. flamen ein Eigenpriester des Fl. Geschlechts. B) **Flaviānus**, adj.

Flāvus, adj. goldgelb, röthlich gelb, von Menschen blond (vgl. fulvus): f. mel, aurum, crines; Ceres f. blondgelockt, Tiberis f.

Flēbĭlis, e, adj. [fleo] 1) pass. was beweint werden kann, beweinenswerth, beklagenswerth, traurig, species, vigilia; f. mihi für mich. 2) act. A) (Poet., selten) Thränen verursachend, was Jmd. weinen macht, ultor. B) weinend, klagend, kläglich, sponsa, vox, gemitus; moeror est aegritudo f.

Flēbĭlĭter und (Poet.) -le, adv. [flebilis] kläglich, klagend.

Flecto, xi, xum, 3. I. transit. 1) biegen, beugen, umbeugen, krümmen, winden, drehen: f. ramum, membra; f. vultus ad aliquem; (Poet.) f. arcum spannen: crines flexi kraus, mare flexum = ein Meerbusen; f. se ob. pass. flecti sich nach einer Seite hin wenden, auch (Poet.) flecti in gyrum sich winden, drehen, flecti in anguem = in eine sich windende Schlange verwandelt werden. Hiervon A) = lenken, richten: f. currum, equum, cursus; f. viam, iter irgendwohin seinen Weg, Cours lenken, nehmen (ad urbem, in Capitolium, Demetriadem). B) einer Sache eine andere Richtung geben, trop. = verändern, umwandeln. lenken u. dergl.: f. iter; f. cantus, vocem, naturam suam; f. fata. B) von Etwas abbringen: spes eum a proposito f.; f. mentem suam ab alio ad alium wenden. C) insbef. von der Stimmung und Gesinnung = bewegen, rühren, beugen, besiegen u. dergl.: f. animos hominum (durch Vorstellungen u. dergl., oppos. frango animos), f. deos. D) versus flectitur in Tiberium wird auf T. hingedeutet. 2) term. t. von einem Schiffe, umsegeln, um Etwas herum kommen: f. promontorium; hiervon = entgehen, viam. 3) (Spät.) in der Grammatik A) bilden, formen, verba de Graeco. B) f. syllabam circumflectiren. II. (meist Spät.) intrans. sich irgendwohin wenden, ziehen, marschiren u. dergl.: ex Gabino in colles Tusculanos f.; trop. f. ad providentiam sapientiamque sich zu — wenden, in ambitionem.

Flēmĭna, num, n. pl. (Pl. u. Spät.) die durch Blutanhäufung gebildete Geschwulst um die Knöchel.

Fleo, ēvi, ētum, 2. 1) intrans. weinen, aus Schmerz u. Kummer Thränen vergießen (vgl. lacrimo, ploro): f. de re aliqua; fletur man weint. Hiervon trop. A) (Poet.) von Gegenständen, die eine Feuchtigkeit von sich geben, triefen, träufeln: ebur f. in templis, und *fletus sanguine von Blut triefend. B) (Spät.) von Pferden, kläglich wiehern. 2) (Poet. u. Spät.) transit. = defleo, beweinen, weinend beklagen: f. aliquem, necem filii; f. catellam sibi raptam darüber klagen, daß u. s. w.; fletus beweint; f. amorem weinend darstellen.

Flētus, us, m. [fleo] das Weinen, Klagen: ff. mulierum; f. g-mirusque; ducere ff. aus der Brust stöhnend klagen.

Flēvo, ōnis, m. See im nördlichen Holland, jetzt der Zuydersee.

Flēvum castellum, Castell der Frisii im nordwestlichen Germanien, unweit der Mündung der Ems in den Dollart.

Flex-ănimus, adj. (Poet.) 1) herzrührend. 2) gerührt im Herzen.

Flexībĭlis, e, *adj.* [flecto] 1) biegsam, geschmeidig, arcus, materia; f. genus vocis (*oppos.* durus). 2) *trop.* A) lenksam, was sich lenken und biegen läßt, oratio. B) = unbeständig.

Flexĭlis, e, *adj.* [flecto] (Poet. und Spät.) 1) biegsam, cornu. 2) gebogen, gekrümmt, sinus, comae ff. gekräuselt.

*****Flexĭ-lŏquus,** *adj.* [flexus-loquor] zweideutig redend, oraculum.

Flexĭo, ōnis, *f.* [flecto] 1) die Biegung, Krümmung, laterum. 2) A) die Krümmung des Weges, *trop.* = Ausflüchte. B) von der Stimme, die Modulation, Veränderung: f. vocis, f. in cantu.

*****Flexī-pes, ĕdis,** *adj.* (Poet.) krummfüßig.

Flexŭōsus, *adj.* mit *sup.* voll Krümmungen, gewunden, iter.

Flexūra, ae, *f.* [flecto] (Vorklass. u. Spät.) 1) die Biegung, Krümmung, laterum, vicorum. 2) in der Grammatik, die Beugung eines Wortes, Declination.

Flexus, us, *m.* [flecto] 1) die Biegung, Krümmung, viae; (Poet.) ff. brumales die Wintersonnenwende. 2) insbes. die Umbiegung, Umwendung auf der Rennbahn um das Rennziel (meta) herum. Hiervon A) = die Wendung, der Uebergang zu einem anderen Zustande u. dergl.: ff. rerum publicarum; hic quasi aetatis f. Uebergangspunct; si infinitus forensium rerum labor aetatis flexu constitisset mit dem Uebergange ins Greisenalter; auctumni flexu gegen das Ende des Herbstes. B) (Spät.) von der Rede, die künstliche Wendung, Veränderung, Abwechselung: mille ff. et artes. C) von der Stimme, die Modulation, Variation: aliquid dicere flexu; ille f. decet misericordiam. D) in der Grammatik, die Ableitung, Beugung.

Flictus, us, *m.* [ungebräuchlich fligo, siehe affligo, configo] (Poet.) das Aneinanderschlagen.

Flo, 1. 1) *intrans.* blasen, wehen, ventus f.; von einer Person, blasen, Luft aus dem Munde stoßen (simul flare sorbereque haud facile est). 2) tibia f. (Poet.) wird geblasen, ertönt. 3) (Poet. u. Spät.) *transit.* A) heraus-, hervorblasen, pulverem, animam von sich stoßen. B) tibia flatur wird geblasen. *C) trop.* f. magna = aufgeblasen reden, hochtrabende Rede führen. D) von Metallen, schmelzen, gießen, prägen, aes; pecunia flata.

Floccus, i, *m.* 1) die Flocke, Faser der Wolle u. dergl. 2) *trop.* die Bagatelle, die Kleinigkeit, fast nur in der Verbindung non flocci facio (existimo, pendo) illum (eam rem u. s. w.) achte für Nichts, kümmere mich nicht im Geringsten um (Vorklass. auch ohne die Negation = gering achten: famam flocci fecit kümmerte sich nicht um seinen Ruf).

Flōra, ae, *f.* die Göttin der Blumen, Frühlingsgöttin. Davon **Flōrĭus** (Spät.) u. **Flōrālis, e,** *adj.*; *subst.* **Floralia, ium,** *n. pl.* das Fest der Göttin Flora.

Flōrens, tis, *adj.* mit *comp.* u. *sup.* [*particip.* von floreo] blühend an Macht, Ansehen, Reichthum u. s. w., im Wohlstande, daher = mächtig, ansehnlich, vorzüglich u. dergl.

Flōrentia, ae, *f.* Stadt in Etrurien, jetzt Florenz. Dav. **Flōrentīnus,** *adj.*, u. *subst.* -tīni, ōrum, *m. pl.* die Einwohner von F.

Flōreo, ui, — 2. [flos] 1) blühen, in der Blüthe stehen, segetes, vinea, arbor. Hiervon A) (Poet. u. Spät.) vom Weine, schäumen. B) (Vorklass.) von Etwas voll sein, prangen, überströmen: mare f. navibus; urbs f. puerorum. 2) *trop.* blühen, in einer blühenden Lage sein, = angesehen-, mächtig-, wohlhabend- u. dergl. sein: f. ille in patria, in curia; f. auctoritate, laudibus, honore viel Ansehen u. s. w. besitzen; f. virtute, f. praeter ceteros sich auszeichnen, hervorthun; f. in re militari großes Ansehen genießen. Auch von Sachen: Graecia f. opibus, gloriâ, eorum auctoritas maxime f.; meus adventus f. incredibili hominum multitudine et gratulatione ward durch — ausgezeichnet und verherrlicht.

Flōresco, — — 3. [floreo] 1) zu blühen anfangen, arbusta. 2) *trop.* = in eine blühende Lage kommen (siehe floreo): homo ille eloquentiâ f. fängt an durch Beredtsamkeit zu glänzen.

Flōreus, *adj.* [flos] (Poet.) 1) was aus Blumen ist, Blumen-, corona, serta. 2) blumig, blumenreich, pratum.

*****Flōrĭdŭlus,** *adj.* (Poet.) *deminut.* von floridus.

Flōrĭdus, *adj.* [flos] 1) (Poet.) was aus Blumen ist, Blumen-, serta. 2) (Poet.) blumig, blumenreich, pratum. 3) (Spät.) von der Farbe, lebhaft, glänzend. B) *trop.* blühend, a) jugendlich, frisch, puella. b) von der Rede, „blühend", oratio; orator f. der eine blühende Sprache führt.

*****Flōrĭfer, ĕra, ĕrum,** *adj.* [flos-fero] (Poet.) blumentragend.

*****Flōrĭlĕgus,** *adj.* [flos-lego] (Poet.) blumensammelnd.

Flos, ōris, *m.* 1) die Blume, Blüthe. Hiervon A) (Poet.) = Blumensaft, Honig: apis ingerit flores alveo. B) f. genae, f. juvenilis oder bloß f. die ersten zarten Barthaare. 2) *trop.* A) das Oberste, die Spitze einer Sache: f. flammae. B) = das Beste, Vorzüglichste einer Sache, f. vini, olei. Insbes. a) von Gegenständen oder Personen, die in ihrer Art die vorzüglichsten sind, überhaupt der vorzüglichste Theil einer Sache, die „Blüthe", „Zierde", „Krone", der „Kern" u. dergl.: f. civium, nobilitatis, populi, juventutis der „Kern"; provincia illa f. Italiae est; f. dignitatis ausgezeichnete Würde, vitae f. rühmliches Leben; f. aetatis (juventae) das blühende Alter, Jugendalter, f. virium das kraftvollste Alter; in primo f. exstingui im blühenden Alter. b) vom Schmuck der Rede (= flosculus): oratio sit conspersa verborum sententiarumque floribus.

Flosculus, i, *m. deminut.* von flos; insbes. *trop.* von der Rede, Blumen-Schmuck, zierliche und verschönernte Ausdrücke: omni ex genere orationis flosculos carpam.

*****Fluctĭfrăgus,** *adj.* [fluctus - frango] (*Lucr.*) wellenbrechend.

Fluctĭ-sŏnus, *adj.*' (Poet.) von Wellen rauschend.

Flucto, 1. (*Lucr.*, zweifelh.) = fluito.

Fluctuātio, ōnis, *f.* [fluctuo] 1) die unruhige Bewegung, corporis. 2) *trop.* das Schwanken in der Seele, die Unbestimmtheit.

Fluctuo, 1. oder **Fluctuor**, *depon.* 1. 1) sich wellenförmig bewegen, wallen, wogen, davon hin- und hertreiben bes. auf dem Wasser: mare f.; navis f. in salo; Delos diu fluctuata auf dem Meere umhertreibend, fluctuantes = die mit den Wellen umhertreibenden (Leichen); bildlich acies f. schwankt (bei dem Angriffe anstürmender Feinde). 2) *trop.* A) im Entschlusse schwanken, unschlüssig-, zweifelhaft-, ungewiß sein: animus f.; ille f. animo; f. magnis curis; f. in aliqua re; f. inter spem metumque. B) = aufgeregt-, heftig bewegt sein.

Fluctuōsus, *adj.* [fluctus] (selten, Vorklaff. u. Spät.) wogend, unruhig, mare.

Fluctus, us, *m.* [fluo] 1) (*Lucr.*) (*abstr.*) die wogende oder strömende Bewegung, das Wogen, die Strömung: f. aquae; jactari in dubio f. 2) (*concr.*) die wogende Wassermasse, die Woge (in Bewegung und in Verbindung mit mehreren, vgl. unda): f. frangitur saxo, operiri fluctu; declamare ad f. längs dem Ufer des wogenden Meeres: häufig im *pl.*, maximi ff. excitantur. Hiervon (Poet.) = Wasser, bes. Meerwasser, das Meer überhaupt. 3) *trop.* = unruhiger und unsicherer Zustand: f. et tempestas populi, rerum f. So häufig zur Bezeichnung von Schwierigkeiten, Mühseligkeiten, Gefahren: ff. civiles im politischen Leben; jactari populi fluctibus von den wechselnden und stürmischen Regungen des Volkes; auch von Leidenschaften u. dergl., ff. irarum. 4) (*Lucr.*) die Ausströmung, odorum.

*****Fluentisŏnus**, *adj.* [fluenta-sonus] (Poet.) von Wellen rauschend.

Fluenta, ōrum, *n. pl.* [fluo] (Poet. u. Spät.) fließendes Gewässer, Strom, ff. Xanthi, Tiberis.

Fluidus, *adj.* (meist Poet. u. Spät.) 1) fließend, liquor, cruor. 2) *trop.* A) niederhängend, wallend, vestis. B) schlaff, kraftlos, weich, locker, corpora, frondes. *C) (Poet.) erschlaffend, calor.

Fluito, 1. 1) auf dem Wasser hin u. her treiben, -schwimmen, navis f. in alto. 2) wallen, flackern, fliegen, schwanken u. dergl.: vela ff. theastro; lora ff. hängen schlaff; vestis fluitans herabwallend. 3) *trop.* a) überschwanken, schwanken, sich umhertreiben, milites ff.; b) ungewiß, unbestimmt sein, "schweben": f. animo, spe dubiae horae.

Flūmen, ĭnis, *n.* [fluo] 1) (meist Poet.) die fließende Wassermasse, die Strömung: Cocytus errans flumine languido; auch im *pl.* = Wasser überhaupt: f. fontis, ff. limosa von einem Sumpfe. 2) ein Fluß (so daß hauptsächlich an die Bewegung des Wassers gedacht wird, vgl. fluvius und amnis): f. fluit per urbem; f. Rhodanus; secundo flumine stromabwärts, adverso f. stromaufwärts. Hiervon A) uneigtl. von anderen strömenden Gegenständen, z. B. Regen, Thränen, vergossenem Blute u. dergl. B) *trop.* von der Rede, "Strom", "Fluß": f. orationis, verborum.

Flūmentāna porta [flumen] ein Thor der Stadt Rom an der Tiber, welches von der Stadt auf das Marsfeld führte.

Flūmineus, *adj.* [flumen] zu einem Flusse gehörig, Fluß-, aqua, volucres.

Fluo, xi, — 3. 1) fließen (insofern Etwas sich dadurch vorwärts bewegt, vgl. mano), flumen f. per urbem; sanguis, sudor f.; unda f. capillis von den Haaren. Hiervon A) (Poet.) von anderen Sachen, die wie Flüssigkeiten „strömen", „fließen", „sich ergießen", „wallen" u. dergl.: odores ff. a certis rebus strömen aus, sestus f. e lapide strömt hervor; comae fluentes herabwallende, vestis fluens herniederwallend, fliegend, rami ff. verbreiten sich weit. B) *trop.* hervorkommen, sich ergießen, strömen, herkommen, herrühren u. dergl.: oratio ejus libere f.; haec ex eodem fonte ff., nomen f. ex Graeco stammt aus dem Griechischen her; doctrina ejus longe lateque fluxit verbreitete sich; tempora tarde ff. verlaufen; res ff. ad voluntatem nostram gehen (laufen ab) nach unserem Wunsch; res f. ad interregnum man kommt nach und nach zu einem Interregnum. C) *trop.* = unstät und planlos fortgehen, ne oratio fluat et vagetur. 2) von einem Gegenstande, der viel von einer Flüssigkeit hat und sie von sich giebt, von Etwas triefen, fließen: membra fluunt sudore; f. cruore „in Blut schwimmen"; buccae fluentes von Salben oder Schminke triefend. 3) gleiten, sinken, entsinken, entfallen oder auseinander fallen, sich auflösen: arma ff. de manibus; membra dissolvuntur et ff. Hiervon *trop.* a) (Poet.) sich ausbreiten, rami ff. b) zerfließen = erschlaffen, sich auflösen oder entschwinden, vergehen, sich verlieren: liquescere en f. mollitiā; cetera nascuntur, occidunt, fluunt; voluptas corporis f.; labor ille f. ist ohne Halt, respublica fluens haltlos; (Poet.) spes f. verliert sich.

*****Flŭto**, 1. (Vorklaff.) = fluito.

Flŭviālis, e, und **Flŭviātĭlis**, e, *adj.* [fluvius] zu einem Flusse gehörig, Fluß-, testudo.

Flŭvĭdus, *adj.* [fluo] (*Lucr.*) = fluidus.

Flŭvĭus, ii, *m.* [fluo] = flumen (siehe dieses Wort, nur daß fluvius überhaupt seltener ist, nicht *trop.* gebraucht wird, und nicht bes. die Strömung oder Richtung des Wassers bezeichnet, so daß man z. B. nicht secundo ob. adverse fluvio sagen kann).

Fluxio (Andere schreiben Fluctio), ōnis, *f.* und (Spät.) **Fluxus**, us, *m.* [fluo] die Strömung, das Fließen, aquarum, sanguinis f. e naribus.

Fluxus, *adj.* [fluo] 1) (Spät.) fließend. 2) (Spät.) wallend, herabwallend, fliegend, locker, weit u. dergl., crinis, amictus, arma. Hiervon schlaff, schlaff herabhängend, habenae. 3) *trop.* A) hinfällig, schwach, pars muri, corpora. B) schwach, kraftlos, haltlos, animus, dux, mens senis fluxa alterschwach. C) vergänglich, unsicher, schwach, res humanae, auctoritas, fides, gloria; studia ff. von kurzdauerndem Erfolge.

Fŏcāle, is, *n.* [statt faucale von fauces] (Poet.) eine Halsbinde, Halstuch (von kranken oder verzärtelten Personen gebraucht).

Focillo, 1. [foculus] (Spät.) vermittelst der Wärme erfrischen, aufwärmen, erquicken, aliquem, trop. f. societatem ernenern.

Focŭlus, i, m. deminut. von focus.

Focus, i, m. [verwandt mit foveo] die Feuerstätte des Hauses, der Herd; daher bezeichnet es oft das ganze Haus, die Familie, das häusliche Eigenthum u. s. w.: exturbat eum patriis focis; ager habitatus quinque focis von fünf Familien. Hiervon A) = ein Scheiterhaufen. B) = ein Brandaltar.

Fodĭco, 1. [fodio] (eigtl. graben, davon 1) stoßen, stechen, f. latus alicui. 2) trop. = quälen, kränken, animum.

Fodĭo, fōdi, fossum, 3. 1) graben, umgraben: f. in campo; f. fundum, arva; (Poet.) f. murum = untergraben. Hiervon graben = grabend hervorbringen: f. puteum, fossam. 2) heraus-, hervorgraben, argentum, gypsum e terra. 3) stechen, durchstechen, durchbohren, guttura alicujus cultro, hostem pugione; f. aliquem stimulis (Com.) = Jmb. in die Seite stoßen; f. oculos ausstechen, trop. dolor f. sticht, schmerzt.

Foecundus etc., a. S. für Fecundus etc.

Foede, adv. mit comp. u. sup. [foedus 1.] garstig, scheußlich, trop. schmählich.

Foederātus, adj. [foedus 2.] verbunden, alliirt.

*Foedĭfrăgus, adj. [foedus 2.-frango] (Poet.) bundbrüchig.

Foedĭtas, ātis, f. [foedus 1.] 1) die Garstigkeit, Scheußlichkeit, das garstige Aussehen, odoris, vestitus, cicatricum. 2) trop. die moralische Garstigkeit, Abscheulichkeit, Gräulichkeit, depravatio et f. animi.

Foedo, 1. [foedus 1.] (meist Poet. u. Spät.) 1) garstig u. scheußlich machen, beschmutzen, besudeln, verunstalten: Harpyiae omnia foedant contactu suo; f. vultum alicujus cinere entstellen; (Poet.) f. aliquem ferro, hostium copias verwunden, durch Wunden entstellen, tödten; agri foedantur werden verwüstet. 2) trop. schänden, entehren, beflecken, gloriam, merita sua; adventus tuus f. Romam; annus foedatus cladibus zu einem Trauerjahre gemacht.

Foedus, adj. mit comp. u. sup. garstig, scheußlich, abscheulich (einem natürlichen Gefühle widerstreitend, vgl. deformis und turpis): f. homo, vulnus, locus; tempestas f. furchtbar, pestilentia foeda pecori verwüstend, verderblich. So auch von abstracten Gegenständen, bef. in moralischer Beziehung, vitium, luxuria, exitus judicii; illo tyranno nihil foedius; facinus, bellum f.; mors f.; condiciones ff. schmählich.

Foedus, ĕris, n. der Vertrag, die Uebereinkunft, das Bündniß, der Bund (zu gemeinschaftlicher Sicherstellung und Ordnung der gegenseitigen Verhältnisse, auf einem förmlichen Abschlusse beruhend; vgl. societas): A) in Beziehung auf das öffentliche Leben, von Staaten und Völkerschaften: pax et f., amicitia et f., societas et f.; nulla societas optimis civibus cum importunissimo hoste foedere ullo confirmari potest; contra f. B) auch im privaten Leben: facere f. cum aliquo; f. amoris, amicitiae, hospitii; (Poet.)/ f. thalami die Ehe; (Poet.) f. naturae = Gesetz.

Foenum, s. S. für Fenum.

Foenus, s. S. für Fenus.

Foeteo, — — 2. stinken; trop. (Pl.) oratio tua mihi f. ekelt mich an.

Foetĭdus, adj. [foeteo] stinkend, anima, corpus.

Foetor, ōris, m. [foeteo] der Gestank, üble Geruch; trop. = die Widrigkeit.

Folĭātus, adj. [folium] (Poet. u. Spät.) 1) blätterig. 2) Hiervon subst. **Folĭātum**, i, n. (sc. unguentum) eine aus den Blättern der Narde (siehe nardus) bereitete Salbe.

Folĭum, i, n. das Blatt; f. Sibyllae (Poet.) = ein (auf Blätter geschriebenes) Orakel der Sibylla.

Follĭcŭlus, i, m. [deminut. von follis] 1) ein kleiner lederner Sack, Schlauch. 2) ein Windball (mit Luft gefüllter Ball aus Leder oder einer Blase, ähnlich unserm Federballe). 3) (Vortlaff. u. Spät.) überhaupt die Hülse, der Balg, die Haut der Hülsenfrüchte, der Getreidekörner u. dergl.: f. grani, spicae.

Follis, is, m. 1) der Blasebalg. 2) = folliculus 2. 3) (Spät.) ein lederner Geldsack, Beutel. 4) trop. von aufgeblasenen Backen: hinc immensa cavi spirant mendacia folles.

*Follĭtim, adv. [follis 3.] (Pl.) geldsackweise, beutelweise.

Fōmenta, ōrum, n. pl. (vielleicht nie im sing.) [statt fovimenta von foveo] 1) der Umschlag, bes. der warme: nulla ff. vulneribus = der Verband; curarum ff. frigida (Poet.) „die kalten Umschläge, welche die Sorgen (um Geld u. dergl.) deinem Herzen anlegen" (und es dadurch erstarren machen). 2) trop. ein Linderungs-, Besänftigungsmittel: solatia et ff. malorum; adhibere ff. animis militaribus.

Fōmes, ĭtis, m. [foveo] (Poet. u. Spät.) der Zunder, überhaupt Alles, was auf ähnliche Weise zum Zünden gebraucht werden kann; trop. f. ingenii (Spät.).

Fons, tis, m. 1) die Quelle; hiervon (Poet.) = das Quellwasser und überhaupt Wasser: ferre ignem et f. 2) trop. = der Ursprung, Anfang, Urheber, die Ursache u. dergl.: f. maledicti; hic est f. movendi; Socrates f. philosophorum; Cilicia f. belli; is f. hujus mali fuit.

Fontānus, adj. [fons] (Poet. u. Spät.) zu einer Quelle gehörig, Quell-, aqua.

Fontejus, Name eines römischen Geschlechtes: der Marcus F., während Sulla's Alleinherrschaft Legat in Spanien, dann in Macedonien, später Prätor in Gallien, wurde der Erpressungen angeklagt, aber, von Cicero vertheidigt, freigesprochen.

Fontĭcŭlus, i, m. deminut. von fons.

For (in dieser ersten Person jedoch ungebräuchlich), fatus, depon. 1. (veraltet u. poetisch; siehe noch Fas, Fatum) 1) (selten) sprechen = articulirte Laute, Worte hervorbringen (vgl. loquor, dico): quum puer jam per aetatem fari posset. 2) (Poet.) überhaupt sagen, sprechen, reden (meist bei Poet. u. im höheren Stil): f. aliquid; fare sage. Hiervon A) = besingen, Tarpejum nemus. B) = weißagen.

Forābĭlis, e, *adj.* [foro] (Poet.) durchbohrbar, durchdringlich.

Forāmen, ĭnis, *n.* [foro] das Loch, die kleine (eigtl. durch Bohren gemachte) Oeffnung: f. parietum; ff. illa quae patent ad animum a corpore die (präsumtiven) Wege (Oeffnungen, Röhren), auf welchen gleichsam die sinnlichen Wahrnehmungen von den äußeren Sinnen nach der Seele verpflanzt werden.

Forās, *adv.* nach außen, heraus, hinaus (vgl. foris): exire f., ejicere aliquem aedibus f.; so häufig = aus dem Hause, bisweilen aber auch = aus der Stadt, portis se f. ejiciunt; *trop.* peccatum tuum elatum est f. ist unter die Leute gekommen, ist bekannt geworden, dare f. bekannt machen.

Forceps, cĭpis, *m.* und *f.* die Zange: *trop.* was an Gestalt einer Zange ähnlich ist, z. B. eine Art von Schlachtordnung.

Fordus, *adj.* [fero] trächtig (wird nur von Kühen gesagt und scheint nur in der Volks- oder Opfersprache gebräuchlich gewesen zu sein), bos.

Fŏre, *infin.* und **Fŏrem**, es etc. *imperf. conj.*, Nebenformen zum Verbum esse, jenes statt futurum esse, dieses statt essem etc. Verbindungen wie facturos fore, si quid posset fore, finden sich nur bei Spät.

Forensis, e, *adj.* [forum] zum Markte (und was auf dem Markte vorgeht, siehe forum) gehörig: oratio (dictio, genus dicendi) f. bei Verhandlungen mit dem Volke oder insbes. in Gerichtsverhandlungen üblich; opera f. bef. die Thätigkeit als Redner oder Anwalt; res, negotia ff. theils die Gerichtssachen und öffentlichen Staatsverhandlungen, theils Geldsachen (siehe forum 2.); vestitus f. Kleidung die beim Ausgehen angelegt wird, Staatskleidung, ebenso als *subst.* forensia, ium, *n. pl.*; turba, factio f. müßige, sich auf dem Markteum herumtreibende Leute.

Forentum, i, *n.* Stadt in Apulien; davon **-tani**, ōrum, *m. pl.* die Einwohner von F.

Fŏrĭca, ae, *f.* (Spät. u. Poet.) der Backhof.

Fŏris, *adv.* 1) draußen, außen, außerhalb eines gewissen Ortes (vgl. foras); esse f. Insbes A) häufig = außerhalb des Hauses, nicht zu Hause (*oppos.* domi): coenare f. B) = außerhalb der Stadt oder eines anderen Ortes: intra vallum et f. C) häufig = im Felde, im Lager, im Kriege (*oppos.* domi): parvi sunt f. arma nisi est consilium domi. D) vom Auslande und dem Verhältnisse zu diesem, im Gegensatze zum Vaterlande und den inneren Angelegenheiten: ita et domi dignitas et f. auctoritas retinebitur. 2) von außen her: quae f. ad eum deferuntur.

Fŏris, is, *f.* (weit häufiger jedoch im *pl.* Fores, ium) die Thür, sowohl des einzelnen Gemaches als des ganzen Hauses (= die hölzerne Thür, welche die Oeffnung verschließt, vgl. ostium, janua); insbes. die Doppelthür, Flügelthür (an gewöhnlichen Gebäuden, valvae an Prachtgebäuden). Hierv. = Thür, Eingang, Zugang überh., ff. coeli, antri.

Forma, ae, *f.* (verw. mit dem gr. μορφή) die Form, Gestalt, Figur (meist von der ästhetischen Seite betrachtet, in Beziehung auf Schönheit, Bedeutung, Ansehen u. dergl., vgl. figura): f. animantium omnium, humana; f. agri, urbis; quae species formae sit wie seine Gestalt aussieht. Hiervon A) insbef. = die schöne Gestalt, die Schönheit: virgines forma excellente; f. muliebris. B) = die Abbildung u. dergl.: ff. virorum clarissimorum; describere formas in arenis Figuren. C) *trop.* geistig, die Form, das Bild einer Sache, das als eine Vorstellung im Geiste aufgefaßt oder gebildet wird, der Entwurf, Abriß: f. et notio viri boni; f. communium temporum. D) Form, Einrichtung, Beschaffenheit u. dergl., f. reipublicae, rei. 2) (Poet. u. Spät.) die Form, wonach Etwas gebildet wird, das Modell, die Form, der Stempel, denarius publicae formae; f. sutoris der Leisten. 3) die Art, Gattung: generis illius sunt duae ff.; ff. scelerum (Poet.).

Formālis, e, *adj.* [forma] (Spät.) an eine gewisse Form gebunden, förmlich, epistola.

*****Formāmentum**, i, *n.* [formo] (Vorklaff.) die Bildung, Gestalt.

Formātio, ōnis, *f.* [formo] (Spät.) die Gestaltung, Bildung.

Formātor, ōris, *m.* [formo] der Bildner, Gestalter, universi, *trop.* morum, ingeniorum.

Formātūra, ae, *f.* [formo] (Vorklaff.) die Gestaltung, die Bildung.

Formiae, ārum, *f. pl.* Stadt in Latium, bekannt durch ihren trefflichen Weinbau. Davon **Formiānus**, *adj.*, *subst.* **-iāni**, ōrum, *m. pl.* die Einwohner von F.

Formīca, ae, *f.* die Ameise.

*****Formīcīnus**, *adj.* [formica] (Pl.) zur Ameise gehörig, Ameisen-, gradus = tribbelnd.

Formīdābĭlis, e, *adj.* [formido] (Poet. u. Spät.) furchtbar, gräulich.

Formīdo, 1. sich sehr fürchten, vor Etwas grauen, schaudern (vgl. timeo, metuo): f. aliquem, aliquid, ebenso f. iracundiam alicujus; formidatus gefürchtet (Poet. alicui von Jmb.), davon aquae formidatae die Wasserscheu; formidandus fürchtbar; (Poet.) f. illi credere nicht wagen, f. ne hic illud credat fürchten, besorgt sein.

Formīdo, ĭnis, *f.* [formido] 1) die heftige Furcht, das Grauen, die Angst (vgl. terror, metus, timor): f. mortis; existunt inde saepe ff. 2) (Poet. u. Spät.) das Schreckbild, die Scheuche, namentlich zum Verscheuchen des Wildes und der Vögel, die Federlappen u. dergl.

Formīdŏlōse, *adv.* [formidolosus] furchtbar, grausenhaft.

Formīdŏlōsus, *adj.* [formido] 1) furchterregend, furchtbar, grausenhaft, gräulich, locus, fera, tempora. 2) (Vorklaff. u. Spät.) furchtsam, sich scheuend, scheu, homo, equus; (Spät.) f. hostium vor dem Feinde.

Formo, 1. [forma] formen, gestalten, einer Sache eine gewisse Gestalt und Form geben, einrichten u. dergl.: f. materiam, capillos, ceram; von abstracten Gegenständen, = bilden, ausbilden oder einrichten u. dergl.: f. orationem multo stilo, eloquentiam; f. studia alicujus lenken; f. consuetudinem. Hiervon: f. se in mores alicujus sich nach Jmds Sitten einrichten, ihnen fügen; formatus in admirationem der sich die Miene giebt Etwas zu bewundern. 2) = verfertigen, machen, schaffen, hervorbringen: f. classem bauen, librum schreiben; f novam personam.

Formōse, *adv.* mit *comp.* u. *sup.* [formosus] (Spät.) schön.

Formōsĭtas, ātis, *f.* [formosus] (selten) die Schönheit der Gestalt.

Formōsus, *adj.* mit *comp.* u. *sup.* [forma] wohlgestaltet, schön (bezeichnet die regelmäßige und schöne Gestalt; daher bes. von männlicher Schönheit, vgl. pulcher, venustus u. f. w.): f. homo, f. virgo; (Poet.) f. bos, arma, anni tempus, pecus.

Formŭla, ae, *f.* [eigtl. *deminut.* von forma] *1)* (*Pl.*) die Schönheit. 2) die Regel, Vorschrift, Anordnung, vorgeschriebene u. bestimmte Beschaffenheit: f. quaedam constituenda est; f. dicendi, consuetudinis nostrae. Insbef. A) die Satzung, Vorschrift bei einem Vertrage oder überhaupt einer öffentlichen Verhandlung, coll. = der Vertrag: milites paratos habere ex f. dem Bundesvertrage gemäß; restituere aliquos in antiquam f. juris ac dicionis agrum; referre aliquos in sociorum formulam unter die Bundesgenossen aufnehmen; f. censendi die bei dem Census zu befolgende Regel, Tarif; dicere formulas Vorschriften festsetzen. B) die bestimmte und hergebrachte Regel für gerichtliche Verhandlungen (in Bezug auf die Behandlungsart, die dabei zu gebrauchenden Ausdrücke u. f. w.), die Formel, Formular: f. stipulationum ac judiciorum, testamentorum, sponsionis. C) = die Gerichtssache, der Proceß: cadere oder excidere formulā seine Sache verlieren.

*****Formŭlārĭus,** ii, *m.* [formula] (Spät.) der nur um die rechtlichen Formeln sich bekümmert, der Formeljäger, Formulist.

Fornăcālis, e, *adj.* [fornax] (Poet.) zum Ofen gehörig; davon *subst.* **Fornăcālĭa,** ium, *n. pl.* das Fest der Ofengöttin.

*****Fornācŭla,** ae, *f.* (Poet.) *deminut.* von fornax.

Fornax, ācis, *f.* ein Ofen (vgl. furnus), f. calcaria der Kalkofen, aeraria der Schmelzofen; (Poet.) f. Aetnae; auch personificirt = die Göttin der Oefen.

Fornĭcātĭo, ōnis, *f.* [ungebräuchlich fornico aus fornix] (Spät.) die Wölbung, der Bogen.

Fornĭcātus, *adj.* [*particip.* des ungebräuchlichen fornico aus fornix] gewölbt.

Fornix, ĭcis, *f.* 1) die Wölbung, der Bogen; f. Fabii (oder Fabius) ein vom D. Fabius Mar. Allobrogicus erbauter Triumphbogen. Hiervon = der bedeckte Weg, das bedeckte und gewölbte Ausfallsthor in einer Festung. 2) ein unterirdisches Gewölbe als gemeine Kneipe, Bordell.

Fŏro, 1. (Vorklaff. u. Spät.) bohren, durchbohren, arborem, aures; *trop.* animus foratus ein Geist, der Nichts bewahrt ob. festhält.

Fors, tis, *f.* [sero?] nur im *nom.* u. *abl. sing.* I. als *subst.* der Zufall, das Ungefähr, Schicksal (vgl. fortuna): fors tulit führte es mit sich; fors se dare visa est imperii recuperandi durch Zufall schien eine Gelegenheit da zu sein; forte quadam divinitus; fors fuit es begab sich; (*Lucr.*) fors (est) illud reperiri posse es ist möglich daß; (*Com.*) fors fuat pol möge es geschehen! Bisweilen personificirt Fors = die Göttin des Zufalls. II. als *adv.* 1) (Poet.) *nomin.* fors = fortasse. 2) *abl.* forte: A) zufälligerweise, durch Zufall, von Ungefähr (im Gegensatze dessen, was, mit Absicht nach Vorbedacht und planweise geschieht, meist tonlos; vgl. casu, fortuito): f. temere; seu f. seu tentandi causa; quum casu iis diebus decedens e provincia Puteolos f. venissem; erat f. brumae tempus es war eben, per eos dies f. gerade in tiefen Tagen; häufig verstärkend f. fortunā bef. von einem glücklichen Zufall. 2) mit den Conjunctionen si, nisi, ne verbunden, zur Bezeichnung des Ungewissen und Unbestimmten, vielleicht, etwa (enklitisch); vergl. fortasse und forsitan): si quis vestrum f. miratur; insbef. ironisch, bei Annahme des Gegentheils, des Unwahrscheinlichen, „wenn nicht etwa", „es sei denn etwa" u. vergl., Erucii criminatio tota dissoluta est, nisi f. exspectatis.

Forsan, *adv.* (meist Poet. u. Spät.) zusammengezogen aus forsitan.

*****Forsit,** *adv.* (Poet.) verfürzt aus forsitan.

Forsĭtan, *adv.* [fors-sit-an] möglicherweise, vielleicht (mehr zweifelnd und unbestimmt als fortasse, deshalb gewöhnlich mit dem *conjunct.*, vgl. auch forte).

*****Fortan,** *adv.* (zweifelh.) = forsitan.

Fortasse, *adv.* (Poet. u. Spät. auch -assis), *adverb.* [forte-an-sit?] 1) vielleicht (und nicht unwahrscheinlich, vgl. forsitan und forte, deßwegen gewöhnlich mit dem *indic.*), f. dices. Insbef. A) (Conversat.) allein, in der Antwort: Sy. hui, tardus es. *Ch.* fortasse. B) (Com.) mit einem infinitivischen Satze, kann sein: f. te illum mirari coquum es ist möglich, daß du u. f. w. B) bei Zahlen = etwa, ungefähr: elegit triginta f. versus.

Fortĭcŭlus, *adj. deminut.* von fortis.

Fortis, e, *adj.* mit *comp.* u. *sup.* 1) in physischem Sinne, stark, kräftig, rüstig, aushaltend, homo, equus; selten von leblosen Gegenständen = dauerhaft u. vergl., lignum, vincula; stomachus f. Hiervon = mächtig, bekreutend, einflußreich, familia f. 2) von geistiger Stärke, keck, tapfer, unerschrocken, muthig, energisch u. vergl.; f. et constans vir; ff. et animosi; vir ad pericula fortis bei den Gefahren keck begegnet; fortis ad sanguinem civilem zum Vergießen von Bürgerblut; f. contra audaciam; f. in aliquo gegen Jmd., im Verhältnisse zu Jmd.; (Poet.) f. spernere keck zum Verachten. Auch von Sachen, in denen sich Muth u. vergl. offenbart; f. animus, cupiditas, factum; sententiae ff.; f. genus dicendi.

Fortĭtūdo, ĭnis, *f.* [fortis] 1) (sehr selten) die körperliche Stärke, Körperkraft. 2) die Keckheit, Tapferkeit, Unerschrockenheit, Beherztheit.

Fortĭter, *adv.* mit *comp.* u. *sup.* [fortis] 1) stark, tüchtig, astringere, lora attrahere. 2) muthig, tapfer, energisch; hiervon fortiter curari durch kräftige Mittel geheilt werden.

Fortŭīto u. **-ĭtu,** *adv.* [fortuitus] zufälliger Weise, von Ungefähr (mit Nachdruck, vgl. forte).

Fortŭītus, *adv.* [fors] zufällig: subita et f. oratio ohne Vorbereitung u. auf zufällige Veranlassung gehalten; f. caespes (Poet.) der erste beste.

Fortūna, ae, *f.* [fors] 1) das **Schicksal, Glück** (das in die Angelegenheiten der Menschen eingreift, nicht eben planlos, sondern nach Gunst oder Ungunst; vgl. fors, fatum): f. est domina rerum externarum et ad corpus pertinentium; eadem vobis est f. belli patienda; auch im *pl.,* omnes laudant ff. meas mein **Glück;** f. erat potentioris war auf des Mächtigeren Seite. Insbef. f. secunda = das **glückliche Schicksal, das Glück,** f. adversa das **Unglück, Mißgeschick;** oft werden diese Beiwörter nicht ausdrücklich hinzugefügt, sondern der Zusammenhang muß zeigen, welches von beiden gemeint ist: illis magnis viris non solum propter virtutem sed etiam propter fortunam saepius imperia mandata sunt. Auch personificirt = die **Glücksgöttin,** Fortuna, die in Italien bes. zu Antium und Präneste Heiligthümer hatte. 2) = die **äußere Lage,** Insb. **Schicksal, Umstände** bes. in Beziehung auf Vermögen, Würde u. dergl.; est infima f. servorum; homines omnis fortunae ac loci jedes Standes und jeder Geburt; superior fuit ordine, inferior fortunā an Vermögen; Darius oneratus fortunae suae apparatibus seiner hohen Würde. Insbef., meist im *pl.,* = **Vermögen, Güter, Besitzungen:** adimere alicui fortunas bonasque; omnibus sociorum fortunis consumptis.

*Fortūnātē, *adv.* [fortunatus] **glücklich.**

Fortūnātus, *adj.* mit comp. u. sup. [fortuna, oder *particip.* von fortuno] 1) **beglückt, glücklich,** mit den äußeren Gaben des Glückes versehen (vgl. felix u. s. w.), homo, respublica, urbs. 2) insbef. = **vermögend, reich,** homo.

Fortūno, 1. [fortuna] **glücklich machen, beglücken, Glück und Segen zu Etwas geben:** f. aliquid alicui; dii tibi ff. horam schenken dir eine glückliche Stunde.

Forŭli, ōrum, *m. pl.* [forus] (Spät.) der **Bücherschrank, das Bücherbrett.**

Forŭli, ōrum, *m. pl.* **Städtchen im Sabinerlande.**

Fŏrum, i, *n.* *1) (veraltet) der **Platz vor einem Grabe.** 2) der **Markt** = der öffentliche Platz in einer Stadt, und namentlich in Rom. A) f. Romanum, der ein längliches Viereck bildende Platz zwischen dem capitolinischen und dem palatinischen Hügel, umgeben von öffentlichen Gebäuden, Säulengängen, Buden und Tischen der Wechsler. Hiervon a) als **Marktplatz oder Handelsplatz,** Ort für das Kaufen und Verkaufen: scisti uti foro tuo (Com.) = du hast die Gelegenheit, die Umstände zu benutzen gewußt. b) als **Platz,** wo die Wechsler ihrem Geschäfte oblagen und wo überhaupt alle wichtigen Geldangelegenheiten betrieben wurden: haec ratio pecuniarum quae Romae et in foro versatur; sublata erat de f. fides; Postumium jam pridem in foro non habemus = P. ist bankerott, = cessit de foro und (*Pl.*) foro mersus est; in foro versari Geldgeschäfte treiben. c) als **Platz,** wo Gerichtsverhandlungen und Processe geführt und überhaupt öffentliche Angelegenheiten verhandelt, namentlich Reden an das Volk von den rostris gehalten wurden: forum attingere anfangen mit Staatssachen sich zu beschäftigen; agere f. Gericht halten, indicere f. einen Gerichtstag ankündigen; studia fori et civilium artium. B)

Außer diesem vorzugsweise sogenannten **Markte** waren in Rom andere, z. B. f. boarium der **Rindermarkt,** olitorium der **Gemüsemarkt;** f. Augusti. 3) Außerhalb Rom: A) ein **Handelsplatz, Marktplatz:** oppidum nomine Varga, forum rerum venalium maxime celebratum. Hiervon die Namen vieler Städte in Italien und den Provinzen, z. B. f. Appii, f. Julii u. a. B) die **Gerichts-** ob. **Kreisstadt** einer Provinz, Stadt, in welcher der Statthalter zu gewissen Zeiten Gericht hielt, also der Mittelpunct einer Jurisdiction: ne quis extra suum f. vadimonium promittere cogeretur.

Fŏrus, i, *m.* gewöhnlich im *pl.* (und nur Vorklaff. im *sing.*), 1) die **Schiffsgänge,** schmale Gänge oder Zwischenräume zwischen den Ruderbänken auf einem Schiffe: alii malos scandunt, alii per foros cursant. 2) die durch Gänge abgetheilten Sitze im **Schauspielhause** oder auf dem Circus, die **Zuschauerbänke, Reihensitze:** spectacula sibi quisque fecerunt: fori appellati. Hiervon 3) (Spät.) das **Gartenbeet,** die Rabatte. 4) (Poet.) die **Zellen der Bienen.** 5) (Spät.) das **Spielbrett.**

Fŏsi, ōrum. *m. pl.* **Völkerschaft im nordwestlichen Deutschland.**

Fossa, ae, *f.* [fodio] der **Graben,** insbef. zur Befestigung einer Stadt oder eines Lagers. Hierv. (Poet. u. Spät.) a) = ein **Canal, Flußbett;** b) die **Furche.** c) eine **Grube,** ein **Loch.**

Fossĭo, ōnis, *f.* [fodio] das **Graben.**

Fossor, ōris, *m.* [fodio] der **Gräber, Landmann;** *trop.* = eine **rohe Person, Bauer.**

Fossŭla, ae, *f. deminut.* von Fossa.

Fossūra, ae, *f.* [fodio] (Spät.) das **Graben.**

Fŏvea, ae, *f.* [fodio] die **Grube,** insbef. die **Fallgrube** zum Einfangen wilder **Thiere.**

Fŏveo, fovi, fotum, 2. 1) mit einer angenehmen und erquickenden Wärme **wärmen, erwärmen, erquicken, erfrischen** u. dgl. (vgl. calefacio): sol f.; aves ff. pullos pennis suis. Hiervon 2) A) von kranken Körpertheilen, **bähen,** zur Stärkung bes. mit lauem Wasser baden: f. genus calido aceto, vulnus lymphā. B) = **zärtlich und liebkosend umfassen, festhalten, liebkosen:** Dido f. puerum gremio hält ihn liebkosend auf ihrem Schooße; f. aliquem amplexu molli Jmd. zärtlich umarmen. C) f. castra im Lager verweilen, ebenso f. larem im Hause; f. humum auf dem Boden liegen bleiben. D) f. hiemem luxu den Winter in Ueppigkeit zubringen. E) Jmd. **hegen und pflegen,** sich seiner zärtlich und sorgfältig annehmen, davon = **begünstigen, unterstützen und überhaupt geneigt sein, fördern:** f. aliquem; f. aliquem plausu Jmd. durch Beifallklatschen sein Wohlwollen äußern; f. voluntatem alicujus, studia hominum **schmeicheln;** f. partem (rem) alicujus es mit Jmd. halten, bei seiner Partei sein; (Poet.) f. aliquid fieri beabsichtigen, danach streben. E) = **unterhalten,** bellum f. et alo.

Fractus, *adj.* mit comp. u. sup. [*particip.* von frango] **gebrochen,** davon = **kraftlos, schwach, matt,** pronunciatio, genus dicendi.

Frāga, ōrum, *n. pl.* die **Erdbeeren.**

Frăgĭlis, e, *adj.* mit comp. [frango] 1) **zerbrechlich, bröcklich, spröde,** cadus, ramus; (Poet.) aquae ff. = **Eis.** 2) überhaupt hin-

Fragilitas — Fraus

fällig, vergänglich, schwach, corpus; res humanae sunt ff. et caducae; (Poet.) ff. anni das schwache Alter. 3) (Poet.) von dem Laute, der durch Brechen eines harten Gegenstandes hervorgebracht wird, knatternd, prasselnd u. dergl. (fragor): f. sonitus chartarum das knatternde Geräusch von Papier, lauri fragiles Lorberäste, die im Feuer prasseln; manus ff. increpuere pollicibus (indem man mit den Fingern knackt).

Fragilitas, ätis, *f.* [fragilis] 1) die Zerbrechlichkeit, Sprödigkeit. 2) *trop.* die Vergänglichkeit, Hinfälligkeit.

Fragmen, inis, *n.* (Poet. u. Spät.) und **Fragmentum**, i, *n.* [frango] (beide sehr selten im *sing.*) ein abgebrochenes Stück, Bruchstück, Trümmer: ff. remorum, navigii; taedae et ff. = Späne.

Frägor, öris, *m.* [verw. mit frango] 1) (*Lucr.*) das Brechen, Zerbrechen. 2) (meist Poet. u. Spät.) das Knattern, Prasseln, Geräusch: f. tectorum quae diruebantur; subito f. intonuit = der Donner.

Frägösus, *adj.* [fragor] (Poet. u. Spät.) 1) (*Lucr.*) zerbrechlich, spröde. 2) uneben; davon *trop.* von der Rede, uneben, ungleich, unzusammenhängend, oratio f. et interrupta. 3) viel Getöse machend, rauschend, torrens.

*****Fragrantia**, ae, *f.* [fragro] (Spät.) der Geruch.

Fragro, 1. (Poet. und Spät.) nach Etwas stark riechen, fast immer = angenehm riechen = duften: f. unguento nach Salbe; nil fragrat es giebt keinen Geruch von sich.

Frägum, i. *n.* nur im *plur.* f. fraga.

Framea, ae, *f.* [germanisches Wort] (Spät.) ein germanischer Wurfspieß.

Frango, frēgi, fractum, 3. (Stammverw. mit ῥήγνυμι) 1) brechen, zerbrechen (etwas Steifes und Hartes, vgl. rumpo): f. hastam, anulum aureum; f. crus ein Bein brechen; f. navem Schiffbruch leiden, navis frangitur das Schiff zerschellt, man leidet Schiffbruch; f. januam, fores zerschmettern; f. patinam zerschlagen; (Poet.) f. glebas, granum dentibus, fruges zermalmen, zerquetschen; f. gulam alicujus laqueo und f. cervices alicui Jmd. die Kehle zuschnüren, ihm „den Hals brechen"; (Poet.) saxum f. fluctus = die Wellen brechen sich an dem Felsen; uneigtl. f. carcerem = aus dem Gefängnisse ausbrechen. 2) *trop.* Jmds Muth, Kraft, Entschluß oder die Heftigkeit einer Leidenschaft u. dergl. brechen: A) brechen = entmuthigen: f. animum alicujus ob. aliquem; frangi metu. B) brechen = schwächen, entkräften, entmuthigen, lähmen u. dergl.: hostes fracti metu. = f. verliert sich; f. sententiam alicujus der Ansicht Jmds allen Erfolg und Einfluß nehmen. C) brechen = bändigen, bezähmen, überwinden, zurückhalten u. dergl.: f. dolorem; haec res f. concitationem animorum; f. furorem et petulantiam alicujus; f. se selbst bezwingen, beherrschen. D) brechen = vernichten, consilium alicujus. E) brechen = verletzen, fidem sein gegebenes Wort, foedus, mandata nicht gehörig ausrichten. F) = bewegen, rühren, erschüttern u. dergl.: frangi dolore, misericordia; te ut ulla res frangat!

Frāter, tris, *m.* 1) der Bruder, f. geminus der Zwillingsbruder, f. germanus. 2) uneigtl. A) der nähere Verwandte überhaupt, bes. f. patruelis der Vetter. B) *trop.* = ein vertrauter und lieber Freund. Davon a) als freundliche Anrede an einen Fremden („Herr Bruder"). b) im *pl.* von Nationen, welche der römische Senat durch diesen Ehrentitel als mit Rom sehr genau verbunden bezeichnen wollte: Aedui a senatu fratres appellati. c) (Poet.) von gleichartigen Sachen, z. B. Büchern.

Fraterculus, i. *m. deminut.* von frater.

Fräterne, *adv.* [fraternus] 1) brüderlich, auf brüderliche Weise. 2) *trop.* herzlich, freundlich.

Fräternitas, ätis, *f.* [fraternus] (Spät., selten) die Brüderlichkeit, Brüderschaft.

Fräternus, *adj.* [frater] 1) brüderlich, zu einem Bruder (ob. Brüdern) gehörig, von — kommend, Brüdern gehörig, Bruder=: amor f. brüderliche Liebe; hereditas f. die Erbschaft von einem Bruder; f. nex Brudermord. 2) uneigtl. A) (Poet.) zu nahen Verwandten überhaupt gehörig. B) *trop.* wie es unter Brüdern zugeht, vertraut, freundlich, herzlich.

Fratricīda, ae, *m.* [frater-caedo] (selt.) der Brudermörder.

*****Fraudassim**, (*Pl.*) für fraudaverim, *perf. conj.* von fraudo.

Fraudātio, ōnis, *f.* [fraudo] die Uebervortheilung, das Betrügen, heri gegen den Herrn verübt.

Fraudātor, ōris, *m.* [fraudo] der Betrüger.

Fraudo, 1. [fraus] 1) übervortheilen, betrügen (durch Treulosigkeit und Ränke, stets ein stark und unbedingt tadelnder Ausdruck, vgl. decipio, fallo, impono u. dergl.): f. aliquem; f. aliquem aliqua re Jmd. bei Etwas bevortheilen, ihm Etwas entziehen, vorenthalten oder nehmen, was ihm zukommt; f. milites praedā, aliquem triumpho, se victu. 2) durch Uebervortheilung Etwas entziehen, unterschlagen, schmälern u. dergl.: f. stipendium militum; restituere fraudata; f. nuptias nicht gewähren.

Fraudulentia, ae, *f.* [fraudulentus] (*Pl.* zweifelh.) die Neigung zum Betrügen, der betrügliche Sinn.

Fraudulentus, *adj.* mit *sup.* [fraus] betrügerisch, ränkevoll, homo, venditio, gestus.

Fraus, dis, *f.* 1) der Betrug, die Uebervortheilung, Hinterlist u. dergl.: f. ac dolus; perspicere f. alicujus; bestiae cibum ad fraudem suam positum plerumque aspernantur die um sie zu bestricken (fangen) hingesetzte Speise; fraudem facere legi, senatus consulto durch Täuschung umgehen und so ungestraft verletzen; sine f.; fraude concordiae durch verstellte und trügerische Eintracht. Hiervon *trop.* = ein trügerischer, hinterlistiger Mensch, ein Betrüger: fur, fugitivus, fraus populi. 2) *pass.* = das Betrogen=, Getäuschtwerden, die Täuschung, der Irrthum: illicere, deducere aliquem in fraudem, ebenso incidere, delabi in fraudem. 3) überhaupt die böse That, das Verbrechen, die Sünde: admittere f. capitalem; ff. inexpiabiles. 4) der durch Betrug oder Irrthum erzeugte Schaden, Nachtheil: id mihi fraudem tulit;

häufig fraudi non erit illi secessio, non venisse es soll ihm zu keinem Schaden gereichen, gerechnet werden, soll ihm nicht schaden (kann auch nach 3. übersetzt werden: es soll ihm nicht als Verbrechen angerechnet werden); sine mea fraude populique Romani ohne Schaden für mich oder das Volk; ut, qui ante certam diem transisset, sine fraude esset es sollte ungestraft bleiben.

*Frausus sim, (Pl.) alte Form des perf. conj. (für fraudaverim) von fraudo: ne quam fraudem frausus siet daß er keinen Betrug begangen habe.

Fraxineus ob. *Fraxinus, adj. [fraxinus] was aus Eschenholz ist, Eschen-, hasta.

Fraxinus, i, f. die Esche; (Poet.) = ein Gegenstand (bes. ein Wurfspieß) aus Eschenholz.

Fregellae, ārum, f. pl. Stadt in Latium. Davon -llānus, adj., und subst. -llāni, orum, m. pl. die Einwohner von F.

Fremebundus, adj. [fremo] (Poet.) rauschend, brausend, lärmend; navis f., grex elephantorum f.; Achilles f. schnaubend.

Fremitus, us, m. [fremo] das Rauschen, Brausen, Schnauben, Summen, Brummen (von Thieren), bes. einer Menge Menschen, die unter einander reden, das Murmeln, Murren: f. maris; f. armorum Waffengeklirr; f. clamorque hominum; f. castrorum; f. senatus ortus man fing an im Senate unter einander zu reden; dein f. increbuit, postea clamor etc. = das leise Reden unter einander, das Gemurmel; f. equorum Schnauben, tigris Geheul; (Poet.) vom Donner.

Fremo, ui, itum, 3. 1) intrans. rauschen, brausen, summen, lärmen, brummen, insbes. von einer Menschenmenge, unter einander reden, murmeln oder laut zusammen rufen: ventus, mare f.; leo, lupus f. brüllt, heult; equus f. schnaubt; omnes magno clamore ff. riefen laut zwischen einander; cuncti Dardanidae simul ore ff. gaben unter einander redend und laut rufend ihre Zustimmung zu erkennen; fremant omnes licet wenn auch Alle mißvergnügt dabei murren. 2) transit. eifrig und wiederholt sagen, rufen (bes. von Mehreren, die unter einander reden): (Poet.) f. arma nach Waffen rufen; omnes eadem ff. sagen dasselbe; Arrius consulatum sibi ereptum f. spricht immer davon, daß u. s. w.

Fremor, ōris, m. [fremo] (Poet. u. Spät. selt.) = fremitus.

Frenator, ōris, m. [freno] (Spät.) der Zügler, Bändiger.

Frenatus, adj. [frenum] mit einem Zaum versehen, equus aufgezäumt (oppos. infrenus), davon eques f. mit aufgezäumtem Pferde.

Frendo, — fresum ob. fressum, 3. (auch frendeo, — — 2.) mit den Zähnen knirschen, homo, leo; auch f. dentibus. Hiervon (Spät.) f., aliquid fieri erbittert darüber sein daß Etwas geschehe.

Freno, 1. [frenum] 1) (Poet.) mit einem Zaum versehen, aufzäumen, equos; f. ora cervi capistris, f. colla draconum. 2) trop. zügeln, bändigen, zurückhalten u. dergl.: hiems f. cursus aquarum; f. voluptates, furores alicujus, impetum scribendi; f. gentes domitas beherrschen.

Frentāni, ōrum, m. pl. Völkerschaft auf der Ostküste Italiens. Davon -Anus, adj.

Frēnum, i, n. (häufig im pl. und dann bisweilen freni) 1) der Zaum, das Gebiß (vgl. habena): recipere f. gezäumt werden, sich zäumen lassen; dare f. die Zügel schießen lassen; inhibere (ducere) ff. anziehen; mordere f. trop. = Widerstand leisten. 2) trop. von jeder Sache, wodurch Etwas oder Jmd. zurückgehalten, gebändigt, beherrscht, an Etwas verhindert wird, „Schranke", „Zügel": Mutinam illi exsultanti tanquam frenos furoris injecit als Schranke seiner Wuth; capere ff. imperii die Zügel der Herrschaft; adhibere alteri calcaria, alteri frenos den Einen anspornen, den Andern zurückhalten.

Frequens, tis, adj. mit comp. u. sup. (synon. mit creber, doch so, daß dieses oft eine tadelnde Bedeutung von dem zu Vielen hat, frequens gewöhnlich eine lobende): 1) von Personen, der irgendwo häufig ist oder dahin kommt, oder der Etwas häufig thut: erat ille Romae frequens; Kaeso f. ad signa fuit; f. auditor Platonis fleißiger; frequens te audivi oft. 2) von Sachen, was oft geschieht, häufig, wiederholt, davon gewöhnlich, gebräuchlich, allgemein: ff. pocula, literae; verbum apud alios f.; f. fama; (Spät.) est illud f. ut etc. 3) was in reichlicher Fülle da ist, zahlreich, in Masse anwesend, -versammelt, -sich einfindend: ff. cives atque socii; senatus f. convenit vollzählig, res delata est ad frequentiores bis auf eine zahlreichere Versammlung; ff. fuimus viele. 4) von Gegenständen, die mit Etwas stark erfüllt sind, gedrängt voll, reichlich versehen, zahlreich besucht u. dergl. a) absol. f. theatrum von Zuschauern erfüllt; terra, urbs f. bevölkert, bewohnt, volkreich, via f. stark besucht, convivium zahlreiche Gesellschaft. b) von Etwas erfüllt u. s. w.: urbs f. tectis dicht bebaut; loca frequentia aedificiis wo viele Gebäude sich finden; Nilus f. feris, terra f. colubris wo viele Thiere, Schlangen sich finden; *(Tac.) mons silvae talis frequens secundusque mit solchen Bäumen besetzt.

Frequentātio, ōnis, f. [frequento] der häufige Gebrauch, die Häufung, verborum, argumentorum.

Frequenter, adv. mit comp. u. sup. [frequens] 1) zahlreich, in Menge. 2) oft, häufig.

Frequentia, ae, f. [frequens] 1) die häufige Anwesenheit (von Personen), die Häufigkeit: quotidiana amicorum assiduitas et f.; de epistolarum f. nihil te accuso. 2) die zahlreiche Versammlung oder Gegenwart, die große Zahl, Menge: f. hominum, vulgi; magna f. et consessus vester; magna f. rerum (von einem Schriftsteller) = Inhaltsreichthum.

Frequento, 1. [frequens] 1) häufig besuchen, oft zu Jmd. oder nach einem Orte kommen: f. aliquem, domum alicujus. 2) Etwas oft thun, -unternehmen, gebrauchen u. dergl.: f. verbi translationem; exempla frequentata apud Graecos häufig gegebene Bei-

Fretensis   Frons   317

Spiele; nec ideo conjugia frequentabantur wurden häufig. 3) zahlreich versammeln: hic dies scribas ad aerarium frequentavit; f. multa zusammenhäufen. 4) mit einer Menge erfüllen, stark besetzen, bevölkern u. dergl., urbs frequentatur; f. solitudinem Italiae; f. Italiam colonis.

***Frētensis**, e, *adj.* [fretum] zur Meerenge gehörig; siehe fretum.

Frētum, i, *n.* die Meerenge, der Sund, die Straße: f. maris nostri et Oceani die Straße von Gibraltar; oft insbes. = die Meerenge von Sicilien (auch f. Siciliae ob. Siciliense ob. mare fretense). 2) (Poet.) das Meer überhaupt. 3) (*Lucr.* u. Spät.) die Wallung, Gluth, aetatis ff.

Frētus, us, *m.* (selt.) = Fretum.

Frētus, *adj.* *1) (*Lucr.*) gestützt: res stant ff. pondere. 2) *trop.* auf Etwas vertrauend, bauend, durch Etwas gestützt = geholfen: f. diis, auxilio vestro; f. viribus suis, ingenio.

Frĭco, cui, ctum und cātum, 1. reiben, abreiben: f. corpus oleo, senem frottiren; f. costas arbore an einem Baume; *proverb.* (*Pl.*) f. genua = häufig auf den Knieen liegen.

Frĭgē-facto, 1. (*Pl.*) kalt machen, os.

Frĭgeo, xi, — 2. [frigus] 1) kalt sein (*oppos.* caleo, objectiv, vgl. algeo): manus f. 2) *trop.* A) schlaff=, unthätig sein, stocken u. dergl.: omnia consilia ff. = richten Nichts aus; judicia ff. werden ohne Eifer betrieben, oratio f. stockt; homo ille valde f. B) mit Kälte behandelt=, aufgenommen=, gesehen werden, in Ungunst=, mißfällig sein, unbeachtet bleiben: tibicen ille f. ad populum; plane jam frigeo; friget patronus Antonius; prima contio Pompeji frigebat wurde kalt aufgenommen.

Frĭgĕro, 1. [frigus] (Poet.) kühlen, durch Kühle erfrischen, specum.

Frĭgesco, — — 3. kalt werden, *trop.* schlaff=, unthätig oder kaltsinnig werden, anfangen sich zu verlieren (siehe frigeo).

Frĭgĭdārius, *adj.* [frigidus] (Spät.) zur Kühle gehörig: cella f. oder *subst.* **Frĭgĭdārium**, ii, *n.* das Kühlzimmer im Bade.

*Frĭgĭdē-facto, 1. (*Pl.*) Andere schreiben frigefacto) = frigefacto.

Frĭgĭdē, *adv.* mit *comp.* u. *sup.* [frigidus] kalt, nur *trop.* A) lässig, matt. B) frostig = ohne Feuer, trivial.

Frĭgĭdŭlus, *adj.* (Poet.) *deminut.* von frigidus.

Frĭgĭdus, *adj.* mit *comp.* u. *sup.* [frigeo] 1) kalt, kühl [vgl. das stärkere algidus], fons, locus, coelum, A) frigida *sc.* aqua kaltes Wasser; *proverb.* aquam frigidam subdole suffundere = Jmd. verleumden. B) (Poet.) von der Kälte als Wirkung des Todes oder der Furcht: f. cymba Stygia; f. mors; membra ff. von einem Lichscham; = horror kalter Schauer. 2) ohne Feuer und Leben, kalt, stumpf, matt, ohne Eifer: lentus in dicendo et paene f.; literae ff. et inconstantes inhaltslos; frigidus Aetnam insiluit (Poet.) kaltblütig. 3) *trop.* in geistiger Beziehung, frostig, matt, fade, trivial, calumniae, sententiae, jocus, homo, solatium.

Frīgo, xi, ctum (oder xum), 3. rösten, braten; fabas, cicer.

Frīgus, ŏris, *n.* 1) die Kälte (objectiv, vgl. algor, schwächer als gelu): f. opacum die Kühle im Schatten; propter ff. wegen des kalten Klimas; f. inhabitabile (Poet.) kalte Gegenden. Insbes. (Poet.) A) die Winterkälte = der Winter: non aestate, non frigore. B) die Kälte des Todes: membra solvuntur frigore. C) der kalte Schauer wegen Furcht: membra Aeneae solvuntur frigore. 2) *trop.* A) = die Unthätigkeit, Lässigkeit, Schlaffheit. B) (Poet. u. Spät.) der kalte und gleichgültige Empfang, die Ungunst, Ungnade: notus is est Tiberii et amicitiā et frigore; imperitia interdum affert f.

Frĭgūtio oder **Frĭngūtio**, — — 4. (Vorklass. und Spät.) eigentlich zwitschern (von Vögeln), davon undeutlich reden, stottern, lallen.

Frio, 1. (Vorklass. u. Spät.) zermalmen, zerbrechen, glebas.

Frīsii, ōrum, *m. pl.* Völkerschaft im nordwestlichen Germanien, die Friesen.

Frĭtilla, ae, *f.* ein aus Getreide bereiteter Opferbrei.

Frĭtillus, i, *m.* der Würfelbecher.

Frīvŏlus, *adj.* (verw. mit frio) (meist Spät.) 1) zerbrechlich, schwach, schlecht: frivola (*n. pl.*) ärmlicher und zerbrechlicher Hausrath. 2) *trop.* armselig, werthlos, unbedeutend, fade, abgeschmackt: f. jocus, sermo; f. auspicium, causa, origo.

Frondātor, ōris, *m.* [ungebr. frondo von frons] (Poet. u. Spät.) der Laubscheerer.

Frondeo, — — 2. [frons] belaubt sein, grünen, ramus f.; nemus f. nigra ilice.

Frondesco, — — 3. [frondeo] Laub bekommen, belaubt werden.

Frondeus, *adj.* [frons] (Poet. und Spät.) 1) von oder aus Laub, corona; tecta ff. bes. von den Blättern eines Baumes gebildete Dach. 2) belaubt, blätterig, nemus.

Frondĭfer, ĕra, ĕrum, *adj.* [frons-fero] (Vorklass.) laubtragend, nemus.

Frondōsus, *adj.* (meist Poet.) laubreich, mons, ramus.

Frons, dis, *f.* das Laub, Laubwerk: f. populea; collis laetus frondibus mit laubreichen Bäumen bewachsen; (Poet.) von einem Kranze aus belaubten Zweigen.

Frons, tis, *f.* (selt. *m.*) 1) die Stirn (bes. an Menschen, doch auch an Thieren): contrahere, adducere frontem runzeln, remittere, explicare f. entfalten, aufheitern; ferire frontem sich vor die Stirn schlagen. 2) die Stirn und überhaupt das Gesicht als die Gesinnung, die Stimmung u. s. w. des Geistes bezeichnend: fera f. et vultus; fronte occultare sententiam; f. laeta, sollicita. Insbes. bezeichnend A) die Schaam, Sittsamkeit. B) die Frechheit, Dreistigkeit: f. proterva; f. urbana die bei den Städtebewohnern gewöhnliche Dreistigkeit. C) der Schein, das Aeußere, die äußere Beschaffenheit: sed utrum fronte an mente ei studeat, dubitatur; f. prima decipit multos. 3) die Vorderseite einer Sache, die Fronte, Façade eines Gebäudes u. dergl.: f. aedium, parietum, navium; collis frontem leviter fastigatus an der vor

häufig fraudi non erit illi secessio, non venisse es soll ihm zu keinem Schaden gereichen, gerechnet werden, soll ihm nicht schaden (kann auch nach 3. übersetzt werden: es soll ihm nicht als Verbrechen angerechnet werden); sine mea fraude populique Romani ohne Schaden für mich oder das Volk; ut, qui ante certam diem transisset, sine fraude esset es sollte ungestraft bleiben.

*Frausus sim, (Pl.) alte Form des perf. conj. (für fraudaverim) von fraudo: ne quam fraudem frausus siet daß er keinen Betrug begangen habe.

Fraxineus od. *Fraxinus, adj. [fraxinus] was aus Eschenholz ist, Eschen-, hasta.

Fraxinus, i, f. die Esche; (Poet.) = ein Gegenstand (bes. ein Wurfspieß) aus Eschenholz.

Frēgellae, ārum, f. pl. Stadt in Latium. Davon -llānus, adj., und subst. -llāni, orum, m. pl. die Einwohner von F.

Fremēbundus, adj. [fremo] (Poet.) rauschend, brausend, lärmend; navis f., grex elephantorum f.; Achilles f. schnaubend.

Fremitus, us, m. [fremo] das Rauschen, Brausen, Schnauben, Summen, Brummen (von Thieren), bes. einer Menge Menschen, die unter einander reden, das Murmeln, Murren: f. maris; f. armorum Waffengeklirr; f. equorum; f. clamorque hominum; f. castrorum; f. senatus ortus man fing an im Senate unter einander zu reden; dein f. increbuit, postea clamor etc. = das leise Reden unter einander, das Gemurmel; f. equorum Schnauben, tigris Geheul; (Poet.) vom Donner.

Fremo, ui, itum, 3. 1) intrans. rauschen, brausen, summen, lärmen, brummen, insbes. von einer Menschenmenge, unter einander reden, murmeln oder laut zusammen rufen: ventus, mare f.; leo, lupus f. brüllt, heult; equus f. schnaubt; omnes magno clamore ff. riefen laut zwischen einander; cuncti Dardanidae simul ore ff. gaben unter einander redend und laut rufend ihre Zustimmung zu erkennen; fremant omnes licet wenn auch Alle mißvergnügt dabei murren. 2) transit. eifrig und wiederholt sagen, rufen (bes. von Mehreren, die unter einander reden): (Poet.) f. arma nach Waffen rufen; omnes eadem ff. sagen dasselbe; Arrius consulatum sibi ereptum f. spricht immer davon, daß u. s. w.

Fremor, ōris, m. [fremo] (Poet. u. Spät., selt.) = fremitus.

Frēnātor, ōris, m. [freno] (Spät.) der Zügler, Bändiger.

Frēnātus, adj. [frenum] mit einem Zaum versehen, equus aufgezäumt (oppos. infrenus), davon eques f. mit aufgezäumtem Pferde.

Frendo, — fresum od. fressum, 3. (auch frendeo, — — 2.) mit den Zähnen knirschen, homo, leo; auch f. dentibus. Hiervon (Spät.) f., aliquid fieri erbittert darüber sein daß Etwas geschehe.

Frēno, 1. [frenum] 1) (Poet.) mit einem Zaum versehen, aufzäumen, equos; f. ora cervi capistris, f. colla draconum. 2) trop. zügeln, bändigen, zurückhalten u. dergl.: hiems f. cursus aquarum; f. voluptates, furores alicujus, impetum scribendi; f. gentes domitas beherrschen.

Frentāni, ōrum, m. pl. Völkerschaft auf der Ostküste Italiens. Davon -ānus, adj.

Frēnum, i, n. (häufig im pl. und dann bisweilen freni) 1) der Zaum, das Gebiß (vgl. habena): recipere f. gezäumt werden, sich zäumen lassen; dare f. die Zügel schießen lassen; inhibere (ducere) ff. anziehen; mordere f. trop. = Widerstand leisten. 2) trop. von jeder Sache, wodurch Etwas oder Jmd. zurückgehalten, gebändigt, beherrscht, an Etwas verhindert wird, „Schranke", „Zügel": Mutinam illi exsultanti tanquam frenos furoris injecit als Schranke seiner Wuth; capere ff. imperii die Zügel der Herrschaft; adhibere alteri calcaria, alteri frenos den Einen anspornen, den Andern zurückhalten.

Frēquens, tis, adj. mit comp. u. sup. (synon. mit creber, doch so, daß dieses oft eine tadelnde Bedeutung von dem zu Vielen hat, frequens gewöhnlich eine lobende): 1) von Personen, der irgendwo häufig ist oder dahin kommt, oder der Etwas häufig thut: erat ille Romae frequens; Kaeso f. ad signa fuit; f. auditor Platonis fleißiger; frequens te audivi oft. 2) von Sachen, was oft geschieht, häufig, wiederholt, davon gewöhnlich, gebräuchlich, allgemein: ff. pocula, literae; verbum apud alios f.; f. fama; (Spät.) est illud f. ut etc. 3) was in reichlicher Fülle da ist, zahlreich, in Masse anwesend, -versammelt, -sich einfindend: ff. cives atque socii; senatus f. convenit vollzählig, res delata est ad frequentiores bis auf eine zahlreichere Versammlung; ff. fuimus viele. 4) von Gegenständen, die mit Etwas stark erfüllt sind, gedrängt voll, reichlich versehen, zahlreich besucht u. dergl. a) absol. f. theatrum von Zuschauern erfüllt; terra, urbs f. bevölkert, bewohnt, volkreich, via f. stark besucht, convivium zahlreiche Gesellschaft. b) von Etwas erfüllt u. s. w.: urbs f. tectis dicht bebaut; loca frequentia aedificiis wo viele Gebäude sich finden; Nilus f. feris, terra f. colubris wo viele Thiere, Schlangen sich finden; *(Tac.) mons silvae talis frequens secundusque mit solchen Bäumen besetzt.

Frēquentātio, ōnis, f. [frequento] der häufige Gebrauch, die Häufung, verborum, argumentorum.

Frēquenter, adv. mit comp. u. sup. [frequens] 1) zahlreich, in Menge. 2) oft, häufig.

Frēquentia, ae, f. [frequens] 1) die häufige Anwesenheit (von Personen), die Häufigkeit: quotidiana amicorum assiduitas et f.; de epistolarum f. nihil te accuso. 2) die zahlreiche Versammlung oder Gegenwart, die große Zahl, Menge: f. hominum, vulgi; magna f. et consessus vester; magna f. rerum (von einem Schriftsteller) = Inhaltsreichthum.

Frēquento, 1. [frequens] 1) häufig besuchen, oft zu Jmd. oder nach einem Orte kommen: f. aliquem, domum alicujus. 2) Etwas oft thun, -unternehmen, gebrauchen u. dergl.: f. verbi translationem; exempla frequentata apud Graecos häufig gegebene Beifpiele; nec ideo conjugia frequentabantur wurden häufig. 3) zahlreich verfammeln: hic dies scribas ad aerarium frequentavit; f. multa zufammenhäufen. 4) mit einer Menge erfüllen, ftark befeßen, bevölkern u. dergl., urbs frequentatur; f. solitudinem Italiae; f. Italiam colonis.

*Frētensis, e, adj. [fretum] zur Meerenge gehörig; fiehe fretum.

Fretum, i, n. die Meerenge, der Sund, die Straße: f. maris nostri et Oceani die Straße von Gibraltar; oft insbef. = die Meerenge von Sicilien (auch f. Siciliae ob. Siciliense ob. mare fretense). 2) (Poet.) das Meer überhaupt. 3) (Lucr. u. Spät.) die Wallung, Gluth, aetatis ff.

Frētus, us, m. (felt.) = Fretum.

Frētus, adj. *1) (Lucr.) geftüßt: res stant ff. pondere. 2) trop. auf Etwas vertrauend, bauend, durch Etwas geftüßt = geholfen: f. diis, auxilio vestro; f. viribus suis, ingenio.

Frico, cui, ctum und cātum, 1. reiben, abreiben: f. corpus oleo, senem frottiren; f. costas arbore an einem Baume; proverb. (Pl.) f. genua = häufig auf den Knieen liegen.

Frigē-facto, 1. (Pl.) falt machen, os.

Frigeo, xi, — 2. [frigus] 1) kalt fein (oppos. caleo, objectiv, vgl. algeo): manus f. 2) trop. A) ſchlaff-, unthätig fein, ftocken u. dergl.: omnia consilia ff. = richten Nichts aus; judicia ff. werden ohne Eifer betrieben, oratio f. ftockt; homo ille valde f. B) mit Kälte behandelt-, aufgenommen-, geſehen werden, in Ungunſt-, mißfällig fein, unbeachtet bleiben: tibicen ille f. ad populum; plane jam frigeo; friget patronus Antonius; prima contio Pompeji frigebat wurde falt aufgenommen.

Frigĕro, 1. [frigus] (Poet.) kühlen, durch Kühle erfriſchen, specum.

Frigesco, — — 3. kalt werden, trop. ſchlaff-, unthätig oder faltfinnig werden, anfangen fich zu verlieren (fiehe frigeo).

Frigidārius, adj. [frigidus] (Spät.) zur Kühle gehörig: cella f. oder subst. Frigidārium, ii, n. das Kühlzimmer im Bade.

*Frīgidē-facto, 1. (Pl.; Andere ſchreiben frigefacto) = frigefacto.

Frigidē, adv. mit comp. u. sup. [frigidus] falt, nur trop. A) läffig, matt. B) froftig = ohne Feuer, trivial.

Frigidŭlus, adj. (Poet.) deminut. von frigidus.

Frigidus, adj. mit comp. u. sup. [frigeo] 1) kalt, kühl [vgl. das ſtärkere algidus], fons, locus, coelum. Insbef. A) frigida sc. aqua kaltes Waffer; proverb. aquam frigidam subdole suffundere = Jmd. verleumden. B) (Poet.) von der Kälte als Wirkung des Todes oder der Furcht: f. cymba Stygia; f. mors; membra ff. von einem Leichnam; f. horror kalter Schauer. 2) ohne Feuer und Leben, kalt, ſtumpf, matt, ohne Eifer: lentus in dicendo et paene f.; literae ff. et inconstantes inhaltslos; frigidus Aetnam insiluit (Poet.) kaltblütig. 3) trop. in geiſtiger Beziehung, froftig, matt, fade, trivial, calumniae, sententiae, jocus, homo, solatium.

Frīgo, xi, ctum (ober xum), 3. röften, braten; fabas, cicer.

Frīgus, ŏris, n. 1) die Kälte (objectiv, vgl. algor, ſchwächer als gelu): f. opacum die Kühle im Schatten; propter ff. wegen des kalten Klimas; f. inhabitabile (Poet.) kalte Gegenden. Insbef. (Poet.) A) die Winterkälte = der Winter: non aestate, non frigore. B) die Kälte des Todes: membra solvuntur frigore. C) der kalte Schauer wegen Furcht: membra Aeneae solvuntur frigore. 2) trop. A) = die Unthätigkeit, Läſſigkeit, Schlaffheit. B) (Poet. u. Spät.) der falte und gleichgültige Empfang, die Ungunſt, Ungnade: notus is est Tiberii et amicitiā et frigore; imperitia interdum affert f.

Frīgūtio oder Fringūtio, — — 4. (Vorklaſſ. und Spät.) eigentlich zwitſchern (von Vögeln), davon undeutlich reden, ftottern, lallen.

Frio, 1. (Vorklaſſ. u. Spät.) zermalmen, zerbrechen, glebas.

Frisii, ŏrum, m. pl. Völkerſchaft im nordweſtlichen Germanien, die Friſen.

Fritilla, ae, f. ein aus Getreide bereiteter Opferbrei.

Fritillus, i, m. der Würfelbecher.

Frivŏlus, adj. [verw. mit frio] (meiſt Spät.) 1) zerbrechlich, ſchwach, ſchlecht: frivola (n. pl.) ärmlicher und zerbrechlicher Hausrath. 2) trop. armſelig, werthlos, unbedeutend, fade, abgeſchmackt: f. jocus, sermo; f. auspicium, causa, origo.

Frondātor, ŏris, m. [ungebr. frondo von frons] (Spät. u. Spät.) der Laubſcheerer.

Frondeo, — — 2. [frons] belaubt fein, grünen, ramus f.; nemus f. nigra ilice.

Frondesco, — — 3. [frondeo] Laub bekommen, belaubt werden.

Frondeus, adj. [frons] (Poet. und Spät.) 1) von oder aus Laub, corona; tecta ff. das von den Blättern eines Baumes gebildete Dach. 2) belaubt, blätterig, nemus.

Frondĭfer, ĕra, ĕrum, adj. [frons-fero] (Vorklaſſ.) laubtragend, nemus.

Frondōsus, adj. (meiſt Poet.) laubreich, mons, ramus.

Frons, dis, f. das Laub, Laubwerf: f. populea; collis laetus frondibus mit laubreichen Bäumen bewachſen; (Poet.) von einem Kranze aus belaubten Zweigen.

Frons, tis, f. (felt. m.) 1) die Stirn (beſ. an Menſchen, doch auch an Thieren): contrahere, adducere frontem runzeln, remittere, explicare f. entfalten, aufheitern; ferire frontem ſich vor die Stirn ſchlagen. 2) die Stirn und überhaupt das Gesicht als die Gesinnung, die Stimmung u. ſ. w. des Geiſtes bezeichnend: sera f. et vultus; fronte occultare sententiam; f. laeta, sollicita. Insbef. bezeichnend A) die Schaam, Sittſamkeit. B) die Frechheit, Dreiſtigkeit: f. proterva; f. urbana die bei den Städtebewohnern gewöhnliche Dreiſtigkeit. C) der Schein, das Aeußere, die äußere Beſchaffenheit: sed utrum fronte an mente sit studeat, dubitatur; f. prima decipit multos. 3) die Vorderſeite einer Sache, die Fronte, Façade eines Gebäudes u. dergl.: f. aedium, parietum, navium; collis frontem leviter fastigatus an der vorderen Seite; unâ f. contra hostem castra muniunt; aequa fronte ad pugnam procedere in gerader Schlachtlinie; dextrâ f. auf der rechten Seite der Fronte, d. h. auf dem rechten Flügel; häufig a fronte von vorne. Hiervon A) der Rand einer Bücherrolle. B) bei der Messung der Aecker, die Breite, mille pedes in fronte.

Frontālia, ium, n. pl. [frons] der Stirnschmuck der Pferde.

Fronto, ōnis, adj. [frons] (selten) breitstirnig, equus.

Fructuārius, adj. [fructus] fruchttragend; ager f. von dem ein jährlicher Fruchtzins bezahlt werden muß, Ertrag bringend.

Fructuōsus, adj. [fructus] 1) fruchttragend, fruchtbar, einträglich, was Ertrag an Früchten oder Geld giebt (vgl. ferax, fertilis): ager quamvis fertilis (von der Natur) sine cultura fructuosus esse (wirklichen Ertrag bringen) non potest; orationes ff. 2) trop. nützlich, förderlich, wohlthätig: haec virtus multis fructuosa est.

Fructus, us, m. [fruor] 1) (selten) abstract, die Nutzung, Nutznießung einer Sache: meus f. est prior ich habe das Recht auf die erste Nutzung, den ersten Genuß: f. voluptatum; capere f. oculis ex usu alicujus eine Augenweide. 2) concr. die Erzeugnisse der Erde, die Frucht, der Ertrag (überhaupt, an Getreide u. Früchten, vgl. fruges, frumentum): frugum reliquorumque fructuum perceptio; demetere et percipere f.; illi fructibus suis solvant mit ihren Producten, ebenso vectigal agri Campani fructibus varium esse non solet giebt gewöhnlich denselben Ertrag. Hierv. A) der Gewinn, die Ausbeute, der Ertrag eines Besitzthumes, eines Capitals u. s. w.: f. illorum praediorum; ff. pecuniae die Zinsen; f. unius anni der Gewinn, die Einkünfte; oves edunt f. geben einen Ertrag. B) der Nutzen, Vortheil, die Frucht: fructum et utilitatem capere (ferre) ex re aliqua oder rei alicujus von Etwas Vortheil haben, die Frucht ernten; . f. vitae superioris was durch Imds früheres Leben gewonnen ist.

Frūgālior, lissimus, comp. u. sup. zu dem als adj. gebrauchten Worte frugi, siehe den Artitel Frugis.

Frūgālitas, ātis, f. [ungebräuchlich frugalis, siehe frugalior] die Wirthschaftlichkeit, Sparsamkeit, Einfachheit, Ordnungsliebe, davon überhaupt die Biederkeit, Rechtschaffenheit: bonam valetudinem maxime praestat frugalitas; f. id est modestia et temperantia.

Frūgāliter, adv. (siehe frugalior) 1) wirthschaftlich. 2) bieder, brav.

Frūgifer, ěra, ěrum u. (Vortlaff.) **Frūgiferens**, tis, adj. [fruges-fero] fruchttragend, Ertrag gebend, fruchtbar, ager, cedrus; messis f. (Poet.); trop. philosophia f.

***Frūgilegus**, adj. [fruges-lego] (Poet.) Früchte sammelnd, formica.

***Frūgipărus**, adj. [fruges-pario] (Vortlaff.) fruchterzeugend.

Frūgis (genit.), gi, gem, ge, im pl. fruges, gum etc. f. (der nom., wahrscheinlich frux, scheint nie in Gebrauch gewesen zu sein) [verw. mit fruor] I. sing. 1) genit., accus. u. abl. A) (selten) = pl. fruges 1., Feldfrucht (siehe fruges): non omnem f. nicht jede Kornart; (Poet.) von Baumfrüchten. B) trop. = pl. fruges 2.: pervenire ad aliquam f. zu einigem Werthe gelangen; (Poet.) expertia frugis das Gehaltlose. C) ad frugem oder ad bonam f. zu einem guten und anständigen Betragen, se recipere (redire), compellere aliquem. 2) der dat. frugi (zum Nutzen) wird als ein adj. gebraucht (vgl. frugalior) = wirthschaftlich, sparsam, mäßig, davon häufig = bieder, brav, rechtschaffen, sittlich: homo f. et temperans; vita f. et severa; bisweilen mit beigefügtem bonae (homo permodestus et bonae f.). II. pl. (häufig) 1) die Feldfrucht, sowohl Getreide als Hülsenfrucht (vgl. frumentum, fructus). 2) trop. der Nutzen, Werth, die Wirkung, Frucht: ff. industriae.

Frūmentārius, adj. [frumentum] 1) zum Getreide gehörig, Getreide-: res f. das Getreidewesen: loca, provinciae ff. kornreich; lex f. betreffend die Vertheilung des Getreides; largitio f. reichliche Austheilung von Getreide, navis f. des Kornschiff. 2) als subst. -rius, ii, m. der Getreidehändler.

Frūmentātio, ōnis, f. [frumentor] 1) militär. term. t. das Getreideholen, die Proviantirung. 2) (Spät.) die Getreidespende.

Frūmentātor, ōris, m. [frumentor] militär. term. t. der Getreideholer, Soldat, der ausgeschickt wird, um Getreide herbeizuschaffen.

Frūmentor, depon. 1. [frumentum] militär. term. t. Getreide herbeischaffen, Proviant holen: pabulor et f.

Frūmentum, i, n. [statt frugimentum aus: fruges] Getreide (in engerer Bedeutung, insoweit es aus Aehren kömmt, vgl. fruges, fructus, legumen, seges): f. ex agris comportatur; ff. in agris matura non erant.

Frūnīscor, nītus, depon. 3. (Vortlaff.) = fruor.

Fruor, ītus oder ctus (beides selten), depon. 3. 1) genießen, einen Genuß, ein Behagen oder eine Befriedigung haben an einer Sache (vgl. utor): Hannibal, quum victoria uti posset, frui maluit; tu voluptate fruere, ego utor, tu illam summum bonum putas, ego nec bonum; f. vitā, omnibus commodis; f. aliquo den Umgang Imds genießen, mit Imd. umgehen; (Vortlaff.) f. rem, ingenium, aber gut klassisch im gerund.: sapientia non solum paranda sed etiam fruenda nobis est. 2) juristisch. term. t. den Nießbrauch von Etwas haben, den Nutzen von Etwas ziehen: filius certis fundis frui solitus erat; locare agrum fruendum den Ertrag eines Ackers verpachten.

***Frustillātim**, adv. [frustillum, deminut. von frustum] (Pl.) stückchenweise.

Frustra, adv. [verwandt mit fraus] 1) vergeblich, umsonst, erfolglos (subject., mit Beziehung auf die Person, die in ihrer Erwartung getäuscht wird, vgl. nequidquam): f. laboratum est; non ipse dictator f. ero; nullum telum f. missum est. 2) irrthümlich, im Irrthum, irrig, getäuschter Weise: f. esse irren; ut illi f. sint bamit jene getäuscht werden; f. ductare, habere aliquem Imd. täuschen, foppen. 3) ohne Grund, grundlos, ohne Zweck: f. judices addere solent etc.; nec f., nam etc. und zwar nicht ohne Grund, denn u. f. w.; f. credere.

*Frustrāmen, ĭnis, n. [frustror] (*Lucr.*) (zweifelh.) die Täuschung.

Frustrātio, ōnis, f. [frustror] die Täuschung eines Glaubens, einer Erwartung und dergl., so daß Jmd. Etwas umsonst gethan hat, das Hinhalten, Zumbestenhaben und dergl.: injicere frustrationem einen Irrthum erzeugen; deferri frustrationibus durch leere Vorspiegelungen hingehalten werden; frustratio iis dolorem attulit ihre getäuschte Erwartung machte ihnen Kummer; grana ciceris in acum continuo et sine f. inserere ohne den Zweck zu verhehlen.

*Frustrātus, us, m. [frustror] (*Pl.*) = frustratio: frustratui habere aliquem Jmd. täuschen.

Frustror, depon. 1. u. (Vorklass. u. Spät.) -stro, 1. [frustra] 1) (Spät.) machen, daß Etwas vergeblich wird, erfolglos machen, vereiteln, f. laborem; rami arborum frustrantur ictus; inceptus clamor f. hiantes das Geschrei erstirbt im offenen Munde. 2) täuschen, hintergehen, foppen: f. alios, spem mercantium; spes eum f.

*Frustŭlentus, adj. [frustulum, *deminut.* von frustum] (*Pl.*) voller Stückchen.

Frustum, i, n. 1) ein Stück, bes. von Brod ob. Essen, ein Bissen: f. panis; (*Pl.*) frustum pueri du Stück von einem Jungen!

Frŭtex, ĭcis, m. 1) der Strauch, die Staude, im *pl.* das Gesträuch: f. lupini, ff. olerum. 2) (Spät.) der untere Theil eines Baumstammes. 3) *trop.* als Schimpfwort, der „Klotz", Dummkopf.

Frŭticētum, i, n. [frutex] (Poet. u. Spät.) das Gesträuch, Gebüsch.

Frŭtĭco, 1. und -cor, depon. 1. Zweige hervortreiben, staubig ob. buschig werden, ausschlagen: arbor f.; (Poet.) pilus f. wächst hervor.

Frŭtĭcōsus, adj. [frutex] (Poet. u. Spät.) 1) voller Gebüsch und Gesträuch. 2) voll junger Zweige, staubig ob. buschig, arbor.

Fū, *interj.* (*Pl.*) Ausdruck des Widerwillens, pfui!

Fuam etc., veraltet statt sim etc., von Sum.

Fūcātus, adj. mit (Spät.) *comp.* [*particip.* von fuco] gefärbt, geschminkt, davon *trop.* aufgeputzt, verfälscht, falsch: f. et simulatus; f. nitor, candor.

*Fūcĭnus, adj. [fucus] (Spät.) mit Orseille gefärbt.

Fūcĭnus lacus, der größte See im südlichen Italien, jetzt Lago di Celano.

Fūco, 1. [fucus] färben, tabulas colore; insbes. zur Verschönerung färben = schminken, aufschminken, auspuzen.

Fūcōsus, adj. [fucus] eigtl. geschminkt, *trop.* verfälscht, unecht, amicitia, vicinitas f. unzuverlässig, verstellt; merx aufgeputzt.

Fūcus, i, m. [φῦκος] 1) die Orseille, rothes Farbenmaterial aus einer an den Meeresklippen wachsenden Steinflechte. 2) überhaupt die rothe Farbe ob. rothe Schminke. Hiervon 3) *trop.* = falscher Aufputz und Glanz im Gegensatze des Innern, der äußere Schein, die Verstellung, Falschheit, „Schminke" u. f. w.: color venustatis non fuco illitus sed sanguine diffusus (bildlich von der Rede); sine f. ac fallaciis; fucum facere alicui Jmd. täuschen. 4) ein röthliches Harz oder eine Wachsmasse, womit die Bienen den Eingang zum Bienenstocke verstopfen.

Fūcus, 1, m. die Brutbiene, Drohne.

Fūfĭdĭus, Name eines römischen Geschlechtes; davon *adj.* Fūfĭdĭānus.

Fūfĭus, Name eines römischen Geschlechtes; bekannt ist nur Quintus F. Catenus, Haupturheber der Freisprechung des P. Clodius, nachdem er das Fest der bona dea entheiligt hatte; später Anhänger des Cäsar und des Antonius.

Fŭga, ae, f. [verwandt mit φυγή] 1) die Flucht, das Fliehen: dare, conferre, conjicere se in fugam sich auf die Flucht begeben; capere, petere f. die Flucht nehmen; facere f. = die Flucht Jmds bewirken, aber auch = fliehen; conjicere, impellere hostes in fugam in die Flucht jagen; fuga explicari non potuit man konnte sich auf der Flucht nicht verbreiten, ausdehnen; fuga ab urbe turpis; claudere alicui fugam Jmd. die Flucht abschneiden; (Poet.) im *pl.* ff. celeres. Insbes. = die Flucht aus dem Vaterlande, die Verbannung, Landflüchtigkeit, exilium et f. u. (Poet.) = Aufenthaltsort in der Verbannung. 2) *trop.* A) das Bestreben Etwas zu vermeiden, das Fliehen, die Scheu vor Etwas: f. laborum et dolorum. B) die Möglichkeit zu fliehen, Weg ob. Mittel Etwas zu vermeiden, zu entkommen: si alia fuga honoris non esset; quaere fugam morbi. C) (Poet.) der rasche Lauf, die schnelle Fahrt, die Schnelligkeit: exspectet facilem f. ventosque ferentes; f. temporum. Hiervon dare fugam a) = (Jmd.) rasche Fahrt geben. b) = eilig fliehen.

*Fŭgācĭus, *comp.* eines sonst nicht vorkommenden *adv.* fŭgācĭter, [fugax] flüchtig = fliehend, mit Flucht, bellum gerere.

Fŭgax, ācis, adj. mit *comp.* u. *sup.* [fugio] 1) der leicht und häufig flieht, flüchtig, zum Fliehen geneigt: vir, hostis = feige; (Poet. u. Spät.) mit einem *genit.*, f. gloriae, der den Ruhm flieht; (Poet.) Pholoe f. = die Freier fliehende, spröde. 2) (Poet.) eilend, schnell dahinlaufend, ventus, lympha, anni. Hiervon *trop.* flüchtig = vergänglich: haec sunt brevia, fugacia, caduca.

Fŭgĭo, fūgi, fŭgĭtum, 3. [verw. mit φεύγω] I. *intrans.* 1) fliehen, davonfliehen, zu entfliehen, entkommen suchen: f. Troja von Tr., f. Uticam nach U.; servus f. entläuft; fugit memoriā es entschwindet dem Gedächtnisse, wird vergessen; omne animal fugit a quibusdam hat Scheu vor gewissen Gegenständen. 2) entfliehen, entkommen: qui ex ipsa caede fugerunt. 3) enteilen, rasch dahineilen, fortteilen, -fahren, -laufen u. s. w.: nubes ff.; pinus fugiens das davonsegelnde Schiff; penna fugiens eilend, rivus schnell laufend. Hiervon *trop.* entschwinden, vergehen: color, vires, tempus f.; poma ff. verlieren ihre Frische, rosa fugiens welkende, vinum fugiens durch das Alter seine Herbe verlierend, abfallend; oculi fugientes von einem Sterbenden.

II. *transit.* 1) vor Jmd. ob. Etwas fliehen,

es meiden, ihm zu entgehen suchen: f. aliquem, campum; (Poet.) f. patriam aus dem Vaterlande fliehen; f. laborem, culpam, vituperationem alicujus, nuptias, mortem; f. ignominiam; semper fugienda est injuria. Hierv. A) (Poet.) = sich hüten, Etwas unterlassen: f. illud suspicari, credere; fuge quaerere frage nicht. B) Etwas nicht mögen, verwerfen, sich verbitten: f. judicem illum; f. judicium senatus; Proserpina nullam caput fugit schlägt — aus, weigert sich — zu empfangen. 2) entfliehen, entgehen, Quirinus f. Acheronta (Poet.). Häufig trop. nulla res f. scientiam ejus = er kennt Alles; res f. aciem = ist nicht sichtbar; insbef. res (id u. tergi.) me fugit = es ist mir unbekannt, entgeht mir, ist von mir unbeachtet: haec ratio f. senatum; me non fugit (ich weiß recht gut), quam difficile sit illud; ei rei fugerat me rescribere ich hatte vergessen, darauf zu antworten.

Fŭgĭtīvus, adj. [fugio] flüchtig, entflohen, entlaufen, servus, canis; f. a domino vom Herrn, (Spät.) f. finium suorum regnique von seinem Gebiete und Reiche; trop. (Com.) argentum hoc f. dieses Geld, das so schwer zu haben ist. Hiervon insbef. subst. **Fŭgĭtīvus**, i, m. a) der entlaufene Sklave; bisweilen als Schimpfwort. b) der entlaufene Soldat, Deserteur.

Fŭgĭto, 1. [fugio] 1) intrans. eilend fliehen. 2) transit. meiden, scheuen, zu entgehen suchen, aliquem; is te et oculos tuos f.; illi quaestionem fugitant. Hiervon (Poet.) Etwas zu thun sich scheuen, unterlassen: f. facere aliquid.

*****Fŭgĭtor**, ōris, m. [fugio] (Pl.) der Davonläufer, Flüchtling.

Fŭgo, 1. [fuga] in die Flucht schlagen, fliehen machen, vertreiben: f. hostes, equitatum, ducem alterum; Musa mea me f. (Ovid.) hat meine Verbannung bewirkt; (Poet.) hoc f. audacem poetam schreckt ab, (Poet.) f. multos a proposito studendi.

*****Fulcīmen**, ĭnis, n. [fulcio] (Poet.) die Stütze, der Pfeiler.

Fulcio, lsi, ltum, 4. 1) durch Stützen aufrecht halten, stützen, unterstützen: f. porticum; vitis nisi fulta est, fertur ad terram; fultus molli pede auf — stehend, fultus tellure, pulvino auf — ruhend. 2) trop. A) (Poet. u. Spät.) befestigen stärken: f. stomachum cibo; postes fulti obice verwahrt, gesichert. B) helfen, unterstützen, aufrechthalten u. dergl.: f. amicum labantem; Lycurgus fultus et munitus hoc consilio; his fultus societatibus.

Fulcrum, i, n. [fulcio] 1) die Stütze des Bettes oder Sophas, die Bettstelle. 2) (Poet.) meton. das Bett, der Sopha.

Fulgeo, lsi, — 2. (Poet. auch **Fulgo**, — 3.) 1) blitzen: si fulserit, si tonnerit; Jove fulgente wenn es blitzt; trop. von einem leidenschaftlichen und glänzenden Vortrage. 2) glänzen, schimmern, strahlen, leuchten (von starker und blitzender Farbe, vgl. splendeo, niteo u. vergl.): castra ff. signis; tecta fulgentia ebore et auro; micantes fulsere gladii. Hiervon trop. strahlen, glänzen = sich hervorthun: indoles virtutis f. in adolescente.

Fulgētrum, i, n. [fulgeo] (Spät.) das Wetterleuchten.

Fulgĭdus, adj. [fulgeo] (Poet.) glänzend, schimmernd.

Fulgĭnia, ae, f. Stadt in Umbrien. Davon **Fulgīnas**, ātis, adj. und subst. **-ātes**, tum, m. pl. die Einwohner von F.

Fulgor, ōris, m. [fulgeo] 1) (Poet.) = fulgur: cernimus f. ante quam tonitrum accipimus. 2) der leuchtende Glanz, der helle Schimmer: f. armorum, ferri, solis; (Poet.) im pl. von dem Glanze mehrerer Geräthe; f. Jovis = glänzender Stern. 3) trop. (Poet. u. Spät.) der Glanz = Ruhm, Auszeichnung.

Fulgur, ŭris, n. [fulgeo] 1) der Blitz, insofern er leuchtet, das Wetterleuchten (vgl. fulmen): coeli ff.; consultus de f. 2) (Poet.) = fulmen: ff. summos feriunt montes; condere f. den von dem Blitze getroffenen Gegenstand (ob. Erdstück) begraben (eine religiöse Handlung), wo dann ein bidental wurde. 3) (Vorklass., Poet. u. Spät.) = fulgor: f. solis, flammai.

*****Fulgūrālis**, e, adj. [fulgur] zum Blitze gehörig: libri ff. welche die in den Blitzen enthaltenen Wahrzeichen erklärten.

Fulgŭrātor, ōris, m. [fulguro] der Blitzdeuter, ein Priester, der die in den Blitzen enthaltenen Wahrzeichen deutet und sühnt.

Fulgŭrio, 4. [fulgur] (Vorklass. u. Spät., selten) mit dem Blitze treffen: arbores fulguritae.

Fulgŭro, 1. [fulgur] (selten) blitzen: Jove tonante, fulgurante; trop. (Spät.) vis eloquentiae f.

Fŭlĭca, ae, f. das Bläßhuhn, ein Wasservogel.

Fūlīgo, ĭnis, f. 1) der Ruß. 2) (Spät.) die Schminkschwärze.

Fullo, ōnis, m. der Walker, Tuchbereiter.

Fullōnĭcus, adj. [fullo] zum Walker gehörig; davon subst. **Fullōnĭca**, ae, f. a) sc. ars, die Walkerei = das Walkerhandwerk; b) sc. officina die Walkerei = Walkerwerkstatt.

Fullōnĭus, adj. [fullo] (Vorklass. u. Spät.) = fullonicus; (Pl.) fructus f. mihi potandus est = ich werde mich mit Füßen treten (oder prügeln) lassen müssen (zweifelh.).

Fulmen, ĭnis, n. [fulgeo] 1) der Blitz, insofern er einschlägt (vgl. fulgur), der Blitzstrahl: deflagrare ictu fulminis; emittere f. 2) trop. Alles, was auf eine außerordentliche ob. erschreckende Weise trifft. darniederschlägt u. s. w., was plötzlich und mit Kraft hervortritt, contemnere ff. fortunae die Schläge des Schicksals; ff. verborum meorum; metus tanti fulminis vor einem so großen und plötzlichen Unglücke; duo ff. belli von den beiden Scipionen; apri f. habent in dentibus vernichtende Kraft; f. dictatorium die jeden Widerstand darniederschlagende Gewalt des Dictators.

Fulmenta, ae, f. [fulcio] (Vorklass.) 1) die Stütze. 2) der Absatz am Schuhe.

Fulmĭneus, adj. [fulmen] (Poet.) 1) zum Blitze gehörig: ignis, ictus f. vom Blitze. 2) trop. wie ein Blitz zerschmetternd, niederschlagend, tödtend, Menestheus, dextra, dentes apri.

Fulmĭno, 1. [fulmen] (Poet. u. Spät.) 1)

intrans. blitzen, den Blitz schleudern: fulminat :es blitzt; Jupiter f.; *trop.* Caesar f. bello schlägt wie ein Blitz drein. 2) *transit.* (selten) mit dem Blitze schlagen, fulminatus vom Blitze getroffen.

Fultūra, ae, *f.* [fulcio] (Poet. u. Spät.) die Stütze; *trop.* das stärkende Mittel, die Stärkung: f. stomacho ruenti.

Fulvius, Name eines römischen Geschlechtes, aus welchem folgende Personen am bekanntesten sind: A) Flacci. 1) Marcus F. Fl., Consul 125 v. Chr., war in den Gracchischen Unruhen ein Anhänger der Volkspartei und wurde zugleich mit dem C. Gracchus getödtet. B) Nobiliores. 2) Marcus F. Nob. Consul 189 v. Chr., Freund des Ennius, der ihn, als er in seine Provinz Aetolien reiste, begleitete. D) Bombaliones. 3) die bekannte Fulvia, die erst mit dem P. Clodius, dann mit dem C. Curio (siehe Scribonius Nr. 2), endlich mit dem Triumvir M. Antonius vermählt war, mit welchem sie zwei Söhne hatte, so wie mit dem Clodius eine Tochter. Sie war des Cicero unversöhnliche Feindin; auch gegen den Octavian war sie feindselig gesinnt.

Fulvus, *adj.* (meist Poet.) rothgelb, dunkelgelb (bezeichnet eine dunklere Farbe als flavus), leo, aurum, color vini; f. nuncia Jovis der Regenbogen.

Fūmeus, *adj.* [fumus] (Poet.) rauchig, voll Rauch.

Fūmĭdus, *adj.* [fumus] (Poet. u. Spät.) 1) rauchend, dampfend, Rauch von sich gebend, fax, altaria, amnis. 2) mit Rauch erfüllt, rauchig, tectum. 3) uneigtl. A) = rauchfarbig. B) nach Rauch riechend.

Fūmĭfer, ĕra, ĕrum, *adj.* [fumus-fero] (Poet.) Rauch bringend, rauchend.

*Fūmĭfĭco, 1. [fumus-facio] (*Pl.*) räuchern, Rauch machen.

Fūmĭfĭcus, *adj.* [fumus-facio] (Poet.) Rauch machend, rauchend.

Fūmĭgo, *adj.* [fumus-ago] (Spät.) I. *transit.* räuchern, durchräuchern, rem. II. *intrans.* rauchen, dampfen.

Fūmo, 1. [fumus] rauchen, dampfen: loca ff. sulphure; altaria ff. donis; campi ff. pulvere sind in eine Staubwolke gehüllt.

Fūmōsus, *adj.* [fumus] voll Rauch, 1) rauchend, flamma. 2) beräuchert, eingeräuchert, paries; imagines ff. die Bilder der Ahnen, weil sie neben dem Herde aufbewahrt wurden; vinum f. weil der Wein eine Zeitlang in einer „Rauchkammer" lag, um durch den Rauch milder zu werden.

Fūmus, i, *m.* der Rauch, Dampf, Brotem: significationem facere fumo; ff. incendiorum conspiciebantur; *trop.* vertere aliquid in fumum et cinerem „in Rauch aufgehen lassen" = Alles durchbringen.

Fūnālis, e, *adj.* [funis] zum Seile gehörig: equus f. das Beipferd, das an der Leine zieht (nicht am Joche); cereus f. die Wachsfackel. Davon *subst.* **Fūnāle**, is, *n.* 1) der Strick an der Schleuder. 2) die Wachsfackel. 3) (Poet.) der Kronleuchter, Candelaber.

Fūnambŭlus, i, *m.* [funis-ambulo] (Vorklaff. u. Spät.) der Seiltänzer.

Functio, ōnis, *f.* [fungor] die Verrichtung, Vollbringung, laboris.

Funda, ae, *f.* [verw. mit fundo 2.] 1) die Schleuder. 2) (Poet.) das Wurfnetz. 3) (Spät.) die Vertiefung an einem Ringe, in welche der Stein eingefaßt ist.

Fundāmen, ĭnis, *n.* (Poet.) u. **Fundāmentum**, i, *n.* [fundo 1.] 1) der Grund, die Grundlage, eines Gebäudes u. dergl. (der von Menschenhänden und mit Kunst gelegte Grund, vgl. solum, fundus): A) eigtl. (meist im *pl.*) fundamenta urbi (auch novae domūs) agere, jacere, locare den Grund legen. B) *trop.* fides est f. justitiae; f. philosophiae; ff. jacere pacis, salutis.

*Fundātor, ōris, *m.* [fundo 1.] (Poet.) der Gründer, Stifter, urbis.

Fundi, ōrum, *m. pl.* Seestadt in Latium. Davon **Fundānus**, *adj.* und *subst.* -āni, ōrum, *m. pl.* die Einwohner von F.

Fundĭto, 1. [fundo 2.] (Vorklaff. u. Spät.) hinschütten = hinschleudern, globos; *trop.* f. verba ausschütten, dem Munde entströmen lassen.

Fundĭtor, ōris, *m.* [fundo 2.; funda] der Schleuderer.

Fundĭtus, *adv.* [fundus] 1) von Grund aus, daher *trop.* = völlig, ganz und gar, gänzlich: templum f. destructum; Carthaginem f. tollere; haec amicitia f. evertunt. 2) (*Lucr.*) im Grunde = in der Tiefe, unten: limus subsedit f.

Fundo, 1. [fundus] 1) (Poet.) mit einem Boden versehen: navis optime erat fundata; robora fundatura naves das Eichenholz, das den Boden der Schiffe bilden sollte. 2) (Poet.) befestigen, fest machen: ancora f. naves. 3) *trop.* gründen, A) (meist Poet.) = anlegen, erbauen, sedem, arcem. B) = begründen, befestigen, für die Dauer versichern: haec ff. imperium; f. rempublicam, libertatem, opes suas; pecunia fundata villis in — sicher angelegt.

Fundo, fūdi, fūsum, 3. 1) eigtl. von flüssigen Sachen, gießen, fließen lassen: f. vinum e patera, in aras, inter cornua; f. lacrimas vergießen; imber fusus procellis den der Sturm ergießt; medial, cruor funditur das Blut fließt. Hiervon A) (Poet. u. Spät.) Metalle fließend machen, schmelzen, f. ferrum. B) (Poet.) benetzen, mit einer Flüssigkeit begießen, f. aliquid lacte. 2) von nicht flüssigen Sachen: A) ausschütten, in Menge auswerfen, ausstreuen, ausbreiten u. dergl.: vitis in omnes partes funditur breitet sich aus; f. segetem desectam in Tiberim; f. picem aliasque res in Menge herabwerfen (von Belagerten); maculae quas incuria fudit gleichsam hingeworfen hat. Hiervon a) = herabwallen lassen, crines, vestem. b) *trop.* von abstracten Gegenständen: f. famam verbreiten; oratio funditur (ob. orator se fundit) latius oder dergl. verbreitet sich; id quod latissime funditur was das Meiste umfaßt, sich am weitesten erstreckt. B) in Menge von sich geben, erzeugen, hervorbringen: terra f. fruges et alia; ova ff. fetum; f. aliquem ex utero oder bloß (Poet.) f. aliquem = gebären. Hiervon *trop.* insbes. von der Rede, Worte ob. dergl. dem

Munde entströmen lassen, hören lassen, s. sonos inanes, versus, preces, querelas. C) = zerstreuen, aus dem Felde schlagen, vertreiben u. dergl., überhaupt besiegen: so häufig beim *Liv.* fundit fugatque: hostes caedere, fundere atque fugare; eas omnes copias uno proelio fusae fugataeque sunt; s. hostes de collibus. D) auf den Boden hinstrecken, darniederstrecken, fällen: s. aliquem humi; fusus humi auf der Erde hingestreckt liegend.

Fundus, i, m. 1) der Boden, Grund (von einem Gefäße, Schranke, Wasser u. dergl.; vgl. fundamentum: s. armarii, Aetnae, maris; (Poet.) vertere res Phrygiae fundo = funditus von Grunde aus, völlig umstürzen. 2) das Grundstück, Landgut (die Aecker nebst den darauf befindlichen Gebäuden, doch so daß hauptsächlich an jene gedacht wird: vgl. ager, praedium, villa): mulieres exornatae fundis (*Pl.*) mit Juwelen von dem Werthe eines Landgutes. 3) juristisch. *term. t.* fundum esse (fieri) rei alicujus eine Sache bestätigen, genehmigen, autorisiren.

Fūnĕbris, e, *adj.* [funus] 1) ein Leichenbegängniß betreffend, Leichen=, pompa, oratio, faces. 2) (Poet. u. Spät.) verderblich, tödtlich, todbringend, bellum; sacra ff. = ein Menschenopfer.

Fūnĕreus, *adj.* [funus] (Poet.) = funebris.

Fūnĕro, 1. [funus] (Poet. u. Spät.) 1) feierlich beerdigen, mit ordentlichem u. feierlichem Leichenbegängnisse bestatten (vgl. sepelio, humo), aliquem. 2) tödten, aliquem.

Fūnesto, 1. [funestus] (selten) durch Mord oder überhaupt Blutvergießen beflecken, in religiöser Beziehung verunreinigen: s. aras humanis hostiis, contionem contagione carnificis.

Fūnestus, *adj.* mit *comp.* u. *sup.* [funus] 1) durch Blutvergießen befleckt, in religiöser Beziehung verunreinigt durch Mord (oder überhaupt durch die Anwesenheit einer Leiche): s. manus; reddere agros ff.; familia s. wegen eines Todesfalles in Trauer versetzt; annales ff. mit Nachrichten von Todesfällen erfüllt. 2) Tod=, Unglück=, Verderben bringend, verderblich, unselig, mörderisch u. dergl., ignis, scelus, dies; nox s. nobis für uns.

*****Funginus**, *adj.* [fungus] (*Pl.*) von Pilzen, Pilz=.

Fungor, ctus, *depon.* 3. 1) mit Etwas zu thun haben, sich beschäftigen, Etwas verrichten, besorgen, ausführen, vollbringen u. dergl.: s. militia Kriegsdienst thun, sacris opfern; s. officio rhetoris, virtutis munere erfüllen; s. consulatu u. dergl. bekleiden, verwalten, s. magnificentissima aedilitate das Aetilenamt mit großem Glanze verwalten; (Poet. u. Spät.) s. periculis bestehen, more folgen, caede alicujus = Imb. tödten, dapibus = essen, morte (fato) = sterben, s. voto erfüllen, virtute ausüben, ter functus aevo der drei Menschenalter gelebt hat; muneris fungendi causa um seine Obliegenheit zu erfüllen, bei Vorklass. u. Spät. auch außerhalb des Gerundivs mit *accus.*: s. officium, munus, s. diem = sterben; (*Lucr.*) s. malum Theil haben an, (auch *absol.* = leiden, eine Einwirkung empfangen). 2) Insbes. von der Vollziehung einer Leistung, leisten, entrichten: quid eum muneris nomine fungi ac sustineres vultis? s. duplici numero militum, s. eo sumptu.

Fungōsus, *adj.* mit *comp.* [fungus] schwammig, schwammartig.

Fungus, i, m. 1) der Schwamm, Morchel; *trop.* = der Dummkopf, „Pilz". 2) (Poet.) eine Lichtschnuppe, ein leuchtendes Meteor.

Fūnĭcŭlus, i, m. *deminut.* von funis.

Fūnis, is, m. das Seil, Tau, der Strick (gewöhnlich länger und dicker als restis; vgl. auch rudens u. a.): ingredi per s. „auf dem Seile tanzen"; *proverb.* u. *trop.* ducere funem = Anführer sein, *oppos.* sequi s. = einem Anderen folgen.

Fūnus, ĕris, n. 1) das ganze Leichenbegängniß, die Bestattung und der Leichenzug u. dergl. (vgl. exsequiae, pompa): merces funeris ac sepulturae; s. ducitur der Leichenzug geht u. s. w.; facere funus filio das Leichenbegängniß eines Sohnes veranstalten, celebrare s., operam dare funeri, venire in funus an einem Leichenbegängnisse Theil nehmen, einer Leiche folgen; efferri funere begraben werden; ducere funus an der Spitze des Leichenzuges gehen; edictum de ff., tria ff. si concurrant; paterno funeri justa solvere seinem Vater die letzte Ehre erweisen; (Poet.) sub ipsum s. = wenn der Tod nahe ist. 2) (Poet.) die Leiche: arena teget s. meum. 3) der Tod, bes. der gewaltsame Tod = Todtschlag, Mord; davon = Untergang, Verderben: crudele s., Turnus edit ff. mordet; parare funus imperio; ff. reipublicae von verderblichen Personen.

Fur, fūris, *comm.* der Dieb, die Diebin; als Schimpfwort überhaupt = Schurke, Schlingel.

Fūrācĭter, *adv.* mit *sup.* [furax] diebisch.

Fūrax, ācis, *adj.* mit *comp.* u. *sup.* [fur] diebisch.

Furca, ae, f. 1) die zweizackige Gabel. 2) von Gegenständen, welche die Form einer zweizackigen Gabel haben, A) eine gabelförmige Stütze (einer Bank, einer Rebe u. m.). B) ein Strafwerkzeug, das in Gestalt eines A zusammengefügt auf den Nacken des zu Bestrafenden (gewöhnlich eines Sklaven) gelegt wurde und von ihm getragen werden mußte, während seine Hände an die beiden Enden gebunden waren. C) der Galgen. D) (Spät.) ein enger Paß.

Furcĭfer, ĕri, m. [furca-fero] eine Person (gewöhnlich ein Sklave), die eine furca (2. B.) trägt, davon als Schimpfwort = Schurke, Schlingel.

Furcilla, ae, f. *deminut.* von furcula.

*****Furcillo**, 1. [furcilla] (*Pl.*) stützen (siehe furca 2. A.), fidem alicujus.

Furcŭla, ae, f. *deminut.* von furca.

Fūrens, tis, *adj.* mit *comp.* [*particip.* von furo] wüthend, rasend.

*****Fūrenter**, *adv.* [furens] wüthend.

Furfur, uris, m. die Kleie: *trop.* = die Schuppen auf der Haut.

Furfŭreus, *adj.* [furfur] (Spät.) aus Kleie gemacht, Kleien=.

Fŭria, ae, f. [furo] (sehr selten im *sing.*) 1) eine der drei Rachegöttinnen, welche un-

Furialis natürliche Verbrechen bestraften, bes. solche, die der Arm der menschlichen Gerechtigkeit aus irgend einem Grunde nicht erreichen konnte: Furiae agitant terrentque eos qui etc.; Furiae hominis, sceleris die einen Menschen, ein Verbrechen verfolgen, aber Furiae patrum, fraternae die den an Eltern, an einem Bruder verübten Frevel rächen. 2) Hierv. überhaupt von Wesen (bes. fabelhaften, doch auch von Menschen), die Unglück u. Verderben über Andere bringen, „Plagegeister" u. dergl., so von den Harpyien; illa F. religionum = wüthender Störer (vom Clodius). 3) (Poet. u. Spät.) appellativ = die Wuth, Raserei, wüthende Leidenschaft: concipere ff. in — gerathen, ob ff. Ajacis wüthende Unthat; ff. muliebres eines Weibes wüthende Reden.

Furiālis, e, adj. [furia] (meist Poet.) 1) zu den Furien gehörig, furienmäßig, incessus. 2) = wüthend, gräßlich, schrecklich, vox, caedes, mensa Atrei; arma ff. von den Waffen der Bacchantinnen. 3) (Poet.) in Raserei versetzend, vestis.

*__Furiāliter__, adv. (Poet.) furienmäßig, wüthend.

Furibundus, adj. [furo] 1) wüthend. 2) begeistert, praedictiones.

Furina, ae, f. eine Göttin bei den Römern, deren Wesen unbekannt ist.

*__Furīnus__, adj. [fur] (Pl.) zu Dieben gehörig, Diebs-.

Furio, 1. [furia] (Poet.) wüthend machen, in Raserei versetzen, equas; ignis furiatus wüthend, heftig.

Furiōse, adv. [furiosus] wüthend, rasend.

Furiōsus, adj. mit comp. u. sup. [furia] eigentlich von den Furien besessen (vgl. furialis), = wüthend, rasend, unsinnig, homo; mulier furiosa scelere; f. cupiditas, amor, inceptum; (Poet.) tibia f. = in begeisterte Wuth versetzend, begeisternd.

Furius, Name eines römischen Geschlechtes, wovon bekannt sind: 1) Marcus F. Camillus, der Ueberwinter der Gallier 390 v. Chr. 2) Aulus F. Antias ein Dichter und Freund des Q. Catulus, ungefähr 100 v. Chr. 3) Marcus F. Bibaculus, ein ziemlich mittelmäßiger Dichter zur Zeit des Cicero. 4) F. Crassipes, zweiter Gemahl der Tullia, Tochter des Cicero. — Davon **Furius**, adj.

Furnārius, adj. [furnus] zum Backofen gehörig, nur als subst. **Furnaria**, ae, f. die Bäckerei = das Bäckergewerbe.

Furnus, i, m. der Backofen (vgl. fornax); bisweilen als Wärmeort von Frierenden benutzt.

Furo, — — 3. wüthen, rasen (wegen Krankheit oder bes. wegen heftiger Leidenschaft, siehe furor): qui valetudinis morbo furunt et melancholici dicuntur; G. iratus f. luctu filii; f. dolore, f. adversus aliquem; (Poet.) f. aliquâ heftig verliebt sein; Clodius f., se ab illo vexatum esse ist wüthend darüber, daß u. s. w.; (Poet.) furit reperire rasct zu finden = sucht mit wüthender Heftigkeit; f. illum furorem an jener Wuth leiden; trop. aether f. mugitibus; impetus Aetnae, fiamma, ardor edendi furit. Insbes. = begeistert sein, schwärmen.

Furor, ōris, m. [furo] 1) die Wuth, Raserei = blinde und wüthende Leidenschaft, fieberhafte und gewaltige Gemüthsbewegung, als Zorn, Begierde u. dergl. (vgl. amentia, insania u. dergl.): f. et insania; f. et amentia; (Poet.) ut tibi sim furor = Ursache zur Wuth, f. coeli ac maris Aufruhr, Toben. 2) die schwärmende Begeisterung eines Dichters, Wahrsagers u. dergl.: praesagitio, quae inest in animis, si acrius exarsit, furor appellatur; sine f. magnus poeta esse non potest; fatidici ff.

Furor, depon. I. [fur] stehlen, heimlich entwenden, -wegnehmen, pecuniam ex templo; venire ad furandum. Hiervon (Poet.) f. oculos labori entziehen, f. speciem Bacchi durch List annehmen, f. vultus veste verhüllen; f. civitatem erschleichen; absol. (Spät.) melior furandi quam bello tuchtiger in Ränken, in listigen Auswegen, als im offenen Kriege.

Furtificus, adj. [furtum-facio] (Pl.) diebisch, Diebstahl begehend.

Furtim, adv. [fur] diebischer Weise, nur trop. = verstohlen, unvermerkt, insgeheim: f. proficisci; senatusconsultum f. factum est; f. magis quam bello mehr durch heimliche Einfälle, als durch offenen Krieg.

Furtive, adv. [furtivus] (Poet. u. Spät.) verstohlen, heimlich.

Furtivus, adj. [furtum] 1) gestohlen, lana, virgo. 2) verstohlen, heimlich, geheim, ob. erschlichen, untergeschoben: f. iter, expeditio, usus; mens verstekte Gesinnung, f. libertas heimlich geschenkt, victoria f. erschlichener Sieg; ff. viri = geheime Liebhaber, Buhler.

Furtum, i, n. [fur] 1) der Diebstahl: f. apertum; furtum facere rei alicujus Etwas stehlen. 2) der gestohlene Gegenstand, das Gestohlene: ff. illa Syracusis erant exportata. 3) trop. von einer Sache, die geheim gehalten und mit List ausgeführt wird, die List, der listige Streich, oder im tadelnden Sinne = der Betrug, die Hinterlist: abscondere fugam furto; furto jocoso condere heißt es vom Mercur, als er schon in der Wiege seine Meisterschaft im scherzhaften Stehlen zeigte. Insbes. häufig A) von der im Kriege angewendeten List, der Streich: vincere furto non proelio. B) = geheime Liebschaft, heimliche Zusammenkunft der Liebenden: ff. Jovis.

Furunculus, i, m. deminut. von fur.

Furvus, adj. (Poet. u. Spät.) dunkelfarbig, dunkel, finster, postes, antra (in der Unterwelt), ebenso f. Proserpina; trop. dies f. schrecklich.

Fuscina, ae, f. die dreizackige Gabel, insbes. der Dreizack des Neptun.

Fusco, 1. [fuscus] (Poet.) dunkelfarbig machen, dunkel oder schwarz färben, rem; inertia f. dentes bewirkt, daß sie schwarz werden.

Fuscus, adj. mit (Spät.) comp. 1) dunkelfarbig, dunkel, schwärzlich, purpura, cornix; nox fuscis alis. 2) von der Stimme, dumpf, heiser, vox.

Fuse, adv. mit comp. [fusus] weit, trop. weitläufig, ausführlich.

Fusilis, e, adj. [fundo] geschmolzen, flüssig, aurum, argilla.

Fūsio, ōnis, f. [fundo] das Vergießen, der Guß, Ausguß: mundus est f. animi dei „Ausströmung".

Fustis, is, m. der Prügel, Knüttel, dicke Stock bes. zum Prügeln (vgl. baculum, ferula): fusti aliquem percutere prügeln (siehe Fustuarium).

*****Fustĭtŭdĭnus**, adj. [fustis-tundo] (Pl.) „stockprügelnd" = wo Jmd. (ein Sklave) mit dem Knüttel geprügelt wird.

Fustuārium, ii, n. [fustis] das Todtprügeln (Strafe bes. für Soldaten): legiones, quae consules reliquerunt, fustuarium meruerunt.

Fūsus, i, m. die Spindel.

Fūsus, adj. mit comp. [particip. von fundo] 1) gegossen, hingegossen, siehe fundo, davon weit hingestreckt, ausgedehnt, campus; toga f. weit, corpora ff. breite, gewaltige. 2) trop. von der Rede oder Schrift, ausführlich,

reich, umfassend, narratio, genus sermonis; ff. sumus in disputationibus; materia, locus f. ein umfassender, reichlichen Stoff gebender Moment.

*****Fūtātim**, adv. [fundo] (Pl.) eigtl. mit Guß. = häufig, viel.

*****Fūtĭle**, adv. [futilis] (Pl.) eitel, unnütz

Fūtĭlis, e, adj. [fundo] 1) was seinen Inhalt leicht vergießt, ausschüttet, verliert, vas; canes ff. die den Koth leicht fallen lassen: (Poet.) glacies f. zerbrechlich, Einen leicht durchfallen lassend. 2) trop. unzuverlässig, eitel, vergeblich, werthlos, schlecht, nichtig u. dergl.: f. servus, auctor, sententia, alacritas, laetitia, lingua.

*****Fūtĭlĭtas**, ātis, f. [futilis] die Nichtigkeit = das leere und unnütze Geschwätz.

Fŭtūrus, adj. [particip. von sum] künftig; subst. **futurum**, i, n. ob. pl. **-ra**, ōrum, n. die Zukunft.

G.

Găbăli, ōrum, m. pl. Völkerschaft im südöstlichen Gallien.

Găbii, ōrum, m. pl. alte Stadt in Latium, die nach hartem Kampfe von Tarquinius Superbus erobert wurde. Davon **Găbīnus** (Spät. auch **-biensis**, e), adj., und subst. **-bīni**, ōrum, m. pl. die Einwohner von G.

Găbīnius, Name eines römischen Geschlechtes; Aulus G. bewirkte als Volkstribun 67 v. Chr. durch seinen Gesetzvorschlag (lex Gabinia), daß der Oberbefehl gegen die Seeräuber dem Pompejus übergeben wurde, und ward im folgenden Jahre durch Cicero's Unterstützung Legat des Pompejus in Asien. Als Consul 59 v. Chr. that er als Verbündeter des Clodius Nichts, um die Verbannung des Cicero zu verhindern, wurde später wegen mehrerer Verbrechen angeklagt, worauf er ins Exil ging. Vom Cäsar zurückgerufen, starb er 48 v. Chr.

Gădes, ium, f. pl. phönicische Pflanzstadt im südwestlichen Spanien, jetzt Cadix. Davon **Gădītānus**, adj., und subst. **-ani**, ōrum, m. pl. die Einwohner von G.

Gaesum, i, n. [gallisches Wort] ein langer, schwerer Wurfspieß bei den Galliern.

Gaetūlia, ae, f. Landschaft im nordwestlichen Africa. Dazu gehört A) **Gaetūlus**, adj.; (Poet.) = libysch, africanisch überhaupt. B) **Gaetūli**, ōrum, m. pl. die Bewohner von G. C) (Spät.) **Gaetūlĭcus**, adj.

Gălaesus, i, m. Fluß in Unteritalien in der Gegend von Tarent.

Gălātae, ārum, m. pl. [Γαλάται] celtische Völkerschaft in Phrygien. Davon A) **Gălātia**, ae, f. die von den Galatern besetzte und nach ihnen benannte Landschaft in Kleinasien, auch Gallograecia genannt. B) **Gălātĭcus**, adj.

Gălātēa, ae, f. [Γαλάτεια] Meernymphe, Tochter des Nereus und der Thetis, vom Cyclopen Polyphem geliebt.

Galba, ae, f. [gallisches Wort] 1) ein kleiner Wurm. 2) ein sehr fetter Mensch, Schmerbauch.

*****Galbăneus**, adj. [galbanum] (Poet.) was aus Galban ist.

Galbănum, i, n. (Spät.) eine Art Gummi aus Syrien, Mutterharz, Galban.

Galbănus, adj. [galbanum] nach Anderr: von dem ungebräuchlichen galbus = gelb, 1) gelblich; subst. **Galbana** (ōrum, n. pl., sc. vestimenta, oder ae, f. sing., sc. vestis) ein gelbliches Frauenkleid; daher trop. (spät. Poet.) = weichlich.

Galbeum, i, n. eine Art Armbinde (als Schmuck oder in Krankheitsfällen).

Gălea, ae, f. der Helm (gewöhnlich ein lederner, vgl. cassis).

Gălĕātus, adj. [galea] einen Helm tragend, behelmt; subst. = der behelmte Krieger.

*****Gălĕōtae**, ārum, m. pl. [Γαλεώται] hießen in Sicilien die Ausleger der Wahrzeichen.

Gălērĭcŭlum, i, n. deminut. von galerum.

Gălērītus, adj. [galerum] (Poet. u. Spät.) mit einer Kappe, Haube bedeckt; avis g. die Haubenlerche.

Gălērum, i, n. oder **-rus**, i, m. [verwandt mit galea] 1) eine helmartige Mütze oder Kappe aus rohem Fell, welche von Priestern gebraucht wurde, auch von Kriegern, Landleuten u. A. 2) eine Art Perrücke.

Gallĭlaea, ae, f. Landschaft im nördlichen Palästina. Davon **Găllĭlaei**, ōrum, m. pl. die Bewohner von G.

Galla, ae, f. der Gallapfel.

1. **Galli**, ōrum, m. pl. celtische Völkerschaft, die hauptsächlich im jetzigen Frankreich wohnend, sich von dort nach Oberitalien (und nach Kleinasien, siehe Galatae) verbreitete. Im sing. **Gallus**, i, m. ein Gallier, **Galla**, ae, f. eine Gallierin. Davon 1) **Gallia**, ae, f. das Land der Gallier, nämlich G. cisalpina ob. citerior Ober-

Italien, G. transalpina ob. ulterior das jetzige Frankreich, nebst G. Belgica das jetzige Belgien und Holland bis an den Rhein. 2) **Gallĭcus**, *adj.* gallisch; ager G. oder provincia G. ein Theil von Umbrien; *subst.* **Gallĭca**, ae, *f.* ein gallischer Schuh. 3) **Gallĭcānus**, *adj.* zur römischen Provinz Gallia (in Oberitalien, ager Gallicus) gehörig: legiones gg.; *subst.* -**āni**, ōrum, *m. pl.* die Einwohner von G.

2. Galli, ōrum, *m. pl.*, siehe Gallus 4.

Gallia, ae, *n.*, siehe Galli 1.

Gallĭcānus, siehe Galli 1.

Gallĭcus, 1) siehe Galli 1. 2) siehe Gallus 3. u. 4.

Galli-iambus, (oder **Galliambus**), i, *m.* [Gallus 4.] (Spät.) das Lied der Cybelepriester.

Gallīna, ae, *f.* [gallus] die Henne, das Huhn; *trop.* als schmeichelnde Anrede, „mein Hühnchen"! *proverb.* gallinae albae filius ein Glückskind.

Gallīnāceus, *adj.* [gallina] zu Hühnern gehörig, Hühner-: gallus g. der Hühnerhahn, Haushahn.

Gallīnārius, *adj.* zu Hühnern gehörig, Hühner-, vas; davon *subst.* **Gallīnārius**, ii, *m.* der Hühnerwärter; als *adj. propr.*, silva G. ein Wald in Campanien.

Gallĭus, Name eines römischen Geschlechtes; ein Quintus G. wurde des ambitus beschuldigt und von Cicero vertheidigt.

Gallo-graeci, ōrum, *m. pl.* = Galatae, ebenso Gallograecia = Galatia.

1. **Gallus**, i, *m.* der Hahn; *proverb.* gallus in sterquilinio suo plurimum potest Jeder ist Herr in seinem Hause.

2. **Gallus**, i, *m.* der Gallier, siehe Galli.

3. **Gallus**, i, *m.* ein Fluß in Phrygien, dessen Wasser nach der Sage die Trinkenden wüthend machte. Hiervon **Gallĭcus**, *adj.* (Poet.) = phrygisch, trojanisch.

4. **Gallus**, i, *m.* ein Priester der Cybele, gewöhnlich im *pl.* Galli. Hiervon **Gallĭcus**, *adj.* zu den Cybelepriestern gehörig; uneigtl. auch = zu den Isispriestern gehörig.

5. **Gallus**, römischer Beiname in mehreren Geschlechtern (Aelia, Cornelia, Sulpicia), welche man sehe.

*****Gămēlĭo**, ōnis, *m.* [γαμηλιών] lateinische Form des Namens des siebenten attischen Monats (Ende Januar und Anfang Februar).

Gānĕa, ae, *f.* (Vorklass. auch **-eum**, i, *n.*) 1) die Garküche, Kneipe als Sitz der Schlemmerei und Liederlichkeit (vgl. caupona, popina, deversorium). 2) *meton.* die Schmauserei, Völlerei, epulae et sumptus et ganea; vinum, g., latrocinia.

Gānĕo, ōnis, *m.* [ganea] der Schlemmer, Schwelger.

Gangărĭdae, ārum, *m. pl.* Völkerschaft am unteren Ganges in Indien.

Ganges, is, *m.* der Fluß Ganges in Indien. Davon **Gangēticus** und im *f.* **Gangētis**, idis, *adj.*

Gannĭo, 4. belfern, klaffen, bellen (vgl. latro), von Hunden; *trop.* von Menschen = zanken, toben, lärmen, laut von Etwas sprechen: quid ille gannit? quid vult?

Gannītus, us, *m.* [gannio] (Poet.) das Belfern, Klaffen (von Hunden); *trop.* von Menschen = lautes und zankendes Gerede.

Gănymēdes, is, *m.* [Γανυμήδης] Sohn des trojanischen Königs Tros, welchen Jupiter durch einen Adler nach dem Himmel entführte und statt der Hebe zu seinem Mundschenk machte.

Găramantes, tum, *m. pl.* Volk im nördlichen Africa (im jetzigen Fezzan). Davon **Găramantĭcus** und im *f.* **Găramantis**, idis, *adj.*; Poet. = africanisch überhaupt.

Gargānus, i, *m.* ein waldreiches Vorgebirge in Apulien. Davon **Gargānus** als *adj.*

Gargăphĭe, es, *f.* [Γαργαφία] ein Thal nebst Quelle in der Nähe von Plataeä in Böotien.

Gargăra, ōrum, *n. pl.* [τὰ Γάργαρα] der obere Theil des Berges Ida in Mysien, mit einem gleichnamigen Thale.

Gargettus, i, *m.* [Γαργηττός] Ortschaft in Attica, aus welcher der Philosoph Epicurus war, weshalb er Gargettius heißt.

Gargĭlĭus, Name eines römischen Geschlechtes.

Garĭtes, tum, *m. pl.* Völkerschaft in Aquitanien.

Garrĭo, 4. [verw. mit γηρύω] eigtl. von dem Naturlaute der Frösche, Vögel u. dgl., daher von Menschen = schwatzen, plaudern (aus bloßer Geschwätzigkeit, vgl. hariolor u. dgl.): g. quidlibet, fabellas; uneigtl. g. libros, plura = schreiben; garris tu faselst.

Garrŭlĭtas, ātis, *f.* [garrulus] die Geschwätzigkeit, Schwatzhaftigkeit.

Garrŭlus, *adj.* (garrio) 1) geschwätzig, schwatzhaft: percontatorem fugito, nam garrulus idem est; lingua g.; hora g. die Plauderstunde, Stunde, die verplaudert wird. 2) von Thieren oder Sachen, deren Geschrei ob. Geräusch fortwährend gehört wird: g. cornix, cantus lusciniae, fistula, rivus, lyra.

Gărum, i, *n.* [γάρον] eine bei den Römern sehr geschätzte Brühe aus kleinen marinirten Fischen, Fischsauce.

Gărumna, ae, *f.* Fluß in Frankreich, jetzt Garonne.

Gărumni, ōrum, *m. pl.* Völkerschaft in Gallien längs der Garumna.

Gaudĕo, gāvīsus, 2. sich freuen, froh sein, Freude empfinden (im Herzen, vgl. laetor); g. illa re (correctione, aequitate, sorte mea), (Poet.) g. in funere, in puero, auch gaudeo gaudia tua, freue mich über das, was dich freut, und g. aliquid über Etwas; g. eum natum esse darüber, daß u. s. w., auch mit folgendem quod, (Poet. u. Spät.) mit folgendem *infinit.* (g. videre), mit si, quum oder quia (gaudeo quum te video, quia vos tranquillos audio); absol. gaudeo mihi was mich selbst betrifft, für meinen Theil. Insbes. A) (Poet. und Spät.) = gern mögen, lieben: stilus g. secreto; myrrha g. rastris. B) g. in sinu (tacito) ob. in se sich im Stillen freuen, bisweilen mit dem Begriffe einer Schadenfreude = ins Fäustchen lachen. *C) (Poet.) (statt salvere = χαίρειν) als Begrüßungsformel: musa refer Celso gaudere bringe dem C. meinen Gruß.

Gaudĭum, ii, *n.* [gaudeo] 1) die Freude,

Fūsio, ōnis, *f.* [fundo] das Vergießen, der Guß, Ausguß: mundus est f. animi dei „Ausströmung".

Fustis, is, *m.* der Prügel, Knüttel, dicke Stock bes. zum Prügeln (vgl. baculum, ferula): fusti aliquem percutere prügeln (siehe Fustuarium).

*****Fustītūdĭnus**, *adj.* [fustis-tundo] (*Pl.*) „stockprügelnd" = wo Jmd. (ein Sklave) mit dem Knüttel geprügelt wird.

Fustuārĭum, ii, *n.* [fustis] das Todtprügeln (Strafe bes. für Soldaten): legiones, quae consules reliquerunt, fustuarium meruerunt.

Fūsus, i, *m.* die Spindel.

Fūsus, *adj.* mit *comp.* [*particip.* von fundo] 1) gegossen, hingegossen, siehe fundo, davon weit hingestreckt, ausgedehnt, campus; toga f. weit, corpora ff. breite, gewaltige. 2) *trop.* von der Rede oder Schrift, ausführlich, reich, umfassend, narratio, genus sermonis; ff. sumus in disputationibus; materia, locus f. ein umfassender, reichlichen Stoff gebender Moment.

*****Fūtātim**, *adv.* [fundo] (*Pl.*) eigtl. mit Guß, = häufig, viel.

*****Fūtĭle**, *adv.* [futilis] (*Pl.*) eitel, unnütz

Fūtĭlis, e, *adj.* [fundo] 1) was seinen Inhalt leicht vergießt, ausschüttet, verliert, vas; canes ff. die den Koth leicht fallen lassen: (Poet.) glacies f. zerbrechlich, Einen leicht durchfallen lassend. 2) *trop.* unzuverlässig, eitel, vergeblich, werthlos, schlecht, nichtig u. dergl.: f. servus, auctor, sententia, alacritas, laetitia, lingua.

*****Fūtĭlĭtas**, ātis, *f.* [futilis] die Nichtigkeit = das leere und unnütze Geschwätz.

Fŭtūrus, *adj.* [*particip.* von sum] künftig; *subst.* **futurum**, i, *n. ob. pl.* **-ra**, ōrum, *n.* die Zukunft.

G.

Găbāli, ōrum, *m. pl.* Völkerschaft im südöstlichen Gallien.

Găbĭi, ōrum, *m. pl.* alte Stadt in Latium, die nach hartem Kampfe von Tarquinius Superbus erobert wurde. Davon **Găbīnus** (Spät. auch **-biensis**, e), *adj.*, und *subst.* **-bini**, ōrum, *m. pl.* die Einwohner von G.

Găbīnius, Name eines römischen Geschlechtes; Aulus G. bewirkte als Volkstribun 67 v. Chr. durch seinen Gesetzvorschlag (lex Gabinia), daß der Oberbefehl gegen die Seeräuber dem Pompejus übergeben wurde, und ward im folgenden Jahre durch Cicero's Unterstützung Legat des Pompejus in Asien. Als Consul 59 v. Chr. that er als Verbündeter des Clodius Nichts, um die Verbannung des Cicero zu verhindern, wurde später wegen mehrerer Verbrechen angeklagt, worauf er ins Exil ging. Vom Cäsar zurückgerufen, starb er 48 v. Chr.

Gādes, ium, *f. pl.* phönicische Pflanzstadt im südwestlichen Spanien, jetzt Cadiz. Davon **Gādītānus**, *adj.*, und *subst.* **-ani**, ōrum, *m. pl.* die Einwohner von G.

Gaesum, i, *n.* (gallisches Wort) ein langer, schwerer Wurfspieß bei den Galliern.

Gaetūlĭa, ae, *f.* Landschaft im nordwestlichen Africa. Dazu gehört A) **Gaetūlus**, *adj.*; (Poet.) = libysch, africanisch überhaupt. B) **Gaetūli**, ōrum, *m. pl.* die Bewohner von G. C) (Spät.) **Gaetūlĭcus**, *adj.*

Gălaesus, i, *m.* Fluß in Unteritalien in der Gegend von Tarent.

Gălătae, ārum, *m. pl.* [Γαλάται] celtische Völkerschaft in Phrygien. Davon A) **Gălătĭa**, ae, *f.* die von den Galatern besetzte und nach ihnen benannte Landschaft in Kleinasien, auch Gallograecia genannt. B) **Gălătĭcus**, *adj.*

Gălătēa, ae, *f.* [Γαλάτεια] Meernymphe, Tochter des Nereus und der Thetis, vom Cyclopen Polyphem geliebt.

Galba, ae, *f.* (gallisches Wort) 1) ein kleiner Wurm. 2) ein sehr fetter Mensch, Schmerbauch.

*****Galbăneus**, *adj.* [galbanum] (Poet.) was aus Galban ist.

Galbănum, i, *n.* (Spät.) eine Art Gummi aus Syrien, Mutterharz, Galban.

Galbănus, *adj.* [galbanum] nach Anderr: von dem ungebräuchlichen galbus = gelb, 1) gelblich; *subst.* **Galbana** (ōrum, *n. pl., sc.* vestimenta, oder *sc., f. sing., sc.* vestis) ein gelbliches Frauenkleid; daher *trop.* (spät. Poet.) = weichlich.

Galbeum, i, *n.* eine Art Armbinde (als Schmuck oder in Krankheitsfällen).

Gălea, ae, *f.* der Helm (gewöhnlich ein lederner, vgl. cassis).

Gălĕātus, *adj.* [galea] einen Helm tragend, behelmt; *subst.* = der behelmte Krieger.

*****Gălĕōtae**, ārum, *m. pl.* [Γαλεῶται] hießen in Sicilien die Ausleger der Wahrzeichen.

Gălērĭcŭlum, i, *n. deminut.* von galerum.

Gălērītus, *adj.* [galerum] (Poet. u. Spät.) mit einer Kappe, Haube bedeckt; avis g. die Haubenlerche.

Gălērum, i, *n. oder* **-rus**, i, *m.* (verwandt mit galea) 1) eine helmartige Mütze oder Kappe aus rohem Fell, welche von Priestern gebraucht wurde, auch von Kriegern, Landleuten u. A. 2) eine Art Perrücke.

Gălĭlaea, ae, *f.* Landschaft im nördlichen Palästina. Davon **Gălĭlaei**, ōrum, *m. pl.* die Bewohner von G.

Galla, ae, *f.* der Gallapfel.

1. **Galli**, ōrum, *m. pl.* celtische Völkerschaft, die, hauptsächlich im jetzigen Frankreich wohnend, sich von dort nach Oberitalien (und nach Kleinasien, siehe Galatae) verbreitete. Im *sing.* **Gallus**, i, *m.* ein Gallier, **Galla**, ae, *f.* eine Gallierin. Davon 1) **Gallia**, ae, *f.* das Land der Gallier, nämlich G. cisalpina ob. citerior Ober-

Galli — Gaudium 325

Italien, G. transalpina ob. ulterior das jetzige Frankreich, nebst G. Belgica das jetzige Belgien und Holland bis an den Rhein. 2) **Gallicus**, *adj.* gallisch; ager G.' oder provincia G. ein Theil von Umbrien; *subst.* **Gallica, ae,** *f.* ein gallischer Schuh. 3) **Gallicānus,** *adj.* zur römischen Provinz Gallia (in Oberitalien, ager Gallicus) gehörig: legiones gg.; *subst.* -āni, ōrum, *m. pl.* die Einwohner von G.

2. **Galli,** ōrum, *m. pl.*, siehe Gallus 4.

Gallia, ae, *n.,* siehe Galli 1.

Gallicānus, siehe Galli 1.

Gallicus, 1) siehe Galli 1. 2) siehe Gallus 3. u. 4.

Galli-iambus, (oder **Galliambus**,) i, *m.* [Gallus 4.] (Spät.) das Lied der Cybelepriester.

Gallīna, ae, *f.* [gallus] die Henne, das Huhn; *trop.* als schmeichelnde Anrede, „mein Hühnchen"! *proverb.* gallinae albae filius ein Glückskind.

Gallināceus, *adj.* [gallina] zu Hühnern gehörig, Hühner=; gallus g. der Hühnerhahn, Haushahn.

Gallinārius, *adj.* zu Hühnern gehörig, Hühner=, vas; davon *subst.* **Gallinārius,** ii, *m.* der Hühnerwärter; als *adj. propr.,* silva·G. ein Wald in Campanien.

Gallius, Name eines römischen Geschlechtes; ein Quintus G. wurde des ambitus beschuldigt und von Cicero vertheidigt.

Gallo-graeci, ōrum, *m. pl.* = Galatae, ebenso Gallograecia = Galatia.

1. **Gallus,** i, *m.* der Hahn; *proverb.* gallus in sterquilinio suo plurimum potest Jeder ist Herr in seinem Hause.

2. **Gallus,** i, *m.* der Gallier, siehe Galli.

3. **Gallus,** i, *m.* ein Fluß in Phrygien, dessen Wasser nach der Sage die Trinkenden wüthend machte. Hiervon **Gallicus,** *adj.* (Poet.) = phrygisch, trojanisch.

4. **Gallus,** i, *m.* ein Priester der Cybele, gewöhnlich im *pl.* Galli. Hiervon **Gallicus**, *adj.* zu den Cybelepriestern gehörig; uneigtl. auch = zu den Isispriestern gehörig.

5. **Gallus,** römischer Beiname in mehreren Geschlechtern (Aelia, Cornelia, Sulpicia), welche man sehe.

****Gamēlio,** ōnis, *m.* [γαμηλιων] lateinische Form des Namens des siebenten attischen Monats (Ende Januar und Anfang Februar).

Gānea, ae, *f.* (Vorklaff. auch -eum, i, *n.*) 1) die Garküche, Kneipe als Sitz der Schlemmerei und Liederlichkeit (vgl. caupona, popina, deversorium). 2) *meton.* die Schmauserei, Völlerei; epulae et sumptus et ganea; vinum, g., latrocinia.

Gāneo, ōnis, *m.* [ganea] der Schlemmer, Schwelger.

Gangāridae, ārum, *m. pl.* Völkerschaft am unteren Ganges in Indien.

Ganges, is, *m.* der Fluß Ganges in Indien. Davon **Gangētious** und im *f.* **Gangētis,** idis, *adj.*

Gannio, 4. belfern, klaffen, bellen (vgl. latro), von Hunden; *trop.* von Menschen = zanken, toben, lärmen, laut von Etwas sprechen: quid ille gannit? quid vult?

Gannītus, us, *m.* [gannio] (Poet.) das Belfern, Klaffen (von Hunden); *trop.* von Menschen = lautes und zankendes Gerede.

Ganymēdes, is, *m.* [Γανυμήδης] Sohn des trojanischen Königs Tros, welchen Jupiter durch einen Adler nach dem Himmel entführte und statt der Hebe zu seinem Mundschenk machte.

Garamantes, tum, *m. pl.* Volk im nördlichen Africa (im jetzigen Fezzan). Davon **Garamantīcus** und im *f.* **Garamantis,** idis, *adj.*; Poet. = africanisch überhaupt.

Gargānus, i, *m.* ein waldreiches Vorgebirge in Apulien. Davon **Gargānus** als *adj.*

Gargāphie, es, *f.* [Γαργαφία] ein Thal nebst Quelle in der Nähe von Plataeä in Böotien.

Gargăra, ōrum, *m. pl.* [τὰ Γάργαρα] der obere Theil des Berges Ida in Mysien, mit einem gleichnamigen Thale.

Gargettus, i, *m.* [Γαργηττός] Ortschaft in Attica, aus welcher der Philosoph Epicurus war, weshalb er Gargettius heißt.

Gargilius, Name eines römischen Geschlechtes.

Garites, tum, *m. pl.* Völkerschaft in Aquitanien.

Garrio, 4. [verw. mit γηρύω] eigtl. von dem Naturlaute der Frösche, Vögel u. dgl., daher von Menschen = schwatzen, plaudern (aus bloßer Geschwätzigkeit, vgl. hariolor u. dgl.): g. quidlibet, fabellas; uneigtl. g. libros, plura = schreiben; garris bu fafelst.

Garrūlitas, ātis, *f.* [garrulus] die Geschwätzigkeit, Schwatzhaftigkeit.

Garrŭlus, *adj.* [garrio] 1) geschwätzig, schwatzhaft: percontatorem fugito, nam garrulus idem est; lingua g.; hora g. die Plauderstunde, Stunde, die verplaudert wird. 2) von Thieren oder Sachen, deren Geschrei ob. Geräusch fortwährend gehört wird: g. cornix, cantus lusciniae, fistula, rivus, lyra.

Gārum, i, *n.* [γάρον] eine bei den Römern sehr geschätzte Brühe aus kleinen marinirten Fischen, Fischsauce.

Garumna, ae, *f.* Fluß in Frankreich, jetzt Garonne.

Garumni, ōrum, *m. pl.* Völkerschaft in Gallien längs der Garumna.

Gaudeo, gāvīsus, 2. sich freuen, froh sein, Freude empfinden (im Herzen, vgl. laetor); g. illa re (correctione, aequitate, sorte mea), (Poet.) g. in funere, in puero, auch gaudeo gaudia tua, freue mich über das, was dich freut, ob. g. aliquid über Etwas; g. eum natum esse darüber, daß u. s. w., auch mit folgendem quod, (Poet. u. Spät.) mit folgendem *infinit.* (g. videre), mit si, quum oder quia (gaudeo quum te video, quia vos tranquillos audio); absol. gaudeo mihi was mich selbst betrifft, für meinen Theil. Insbef. A) (Poet. und Spät.) = gern mögen, lieben: stilus g. secreto; myrrha g. rastris. B) g. in sinu (tacito) ob. in se sich im Stillen freuen, bisweilen mit dem Begriffe einer Schadenfreude = in Fäustchen lachen. *C) (Poet.) (statt salvere = χαίρειν) als Begrüßungsformel: musa refer Celso gaudere bringe dem C. meinen Gruß.

Gaudium, ii, *n.* [gaudeo] 1) die Freude,

326 Gaugamela

A) = die Freude im Herzen, die innere Freude, die man empfindet (vgl. laetitia): efferri gaudio, lacrimare gaudio; quibus gaudiis illi exsultabunt? gaudium superati saltus daß man über das Waldgebirge gekommen ist. B) concr. = das Vergnügen, der Genuß, den man hat, bes. von sinnlichen Freuden = körperliche Genüsse, gg. corporis Wollüste. C) (Poet.) = der Gegenstand, worüber man sich freut, und von welchem man einen Genuß hat: attingere gaudia sua manibus.

Gaugămēla, ōrum, n. pl. kleiner Ort in Assyrien, wo Alexander den Darius schlug 331 v. Chr.

Gaulus, i, m. [γαῦλος] (Vorklaff.) der Schöpfeimer.

Gaurus, i, m. Berg in Campanien, berühmt wegen seines Weines.

Gausăpa, ae, f. und -pum, i, n. oder -pe, is, n. u. -pes, is, m. [γαυσάπης] (Poet. u. Spät.) ein dickes wollenes Zeug, Fries, zu Kleidern, Decken u. dergl. gebraucht; insbef. die Tischdecke.

Gausăpătus, adj. [gausapa] (Spät.) mit gausape gekleidet.

Găza, ae, f. [persisches Wort] 1) die Schatzkammer, der Schatz des persischen Königs. 2) überhaupt Schätze, Reichthümer; bei Poet. u. Spät. auch im pl.

Găza, ae, f. Stadt im Philisterlande in Palästina.

Gĕbenna, e: S. für Cëbenna.

Gedrōsia, ae, f. Landschaft im südöstlichen Persien längs dem indischen Meere, der größte Theil des jetzigen Beludschistan; **Gedrōsi**, ōrum, m. pl. hießen die Bewohner davon.

Gedūsānus ager ein unbekanntes Gebiet in Asien.

Gēla, ae, f. [Γέλα] Stadt auf Siciliens Südküste. Davon 1) **Gēlōsus**, adj. 2) **Gēlenses** oder (Spät.) **Gēlāni** die Einwohner von G.

Gēlas, ae, m. [Γέλας] Fluß auf Sicilien bei der Stadt Gela.

*****Gĕlĭdē**, adv. [gelidus] eiskalt, trop. = frostig.

Gĕlĭdus, adj. mit comp. und sup. [gelu] eiskalt, sehr kalt (vgl. frigidus), coelum, nox, aqua, Haemus; subst. gelida, ae, f. (sc. aqua) eiskaltes Wasser. Hiervon trop. (Poet.) a) von dem durch den Tod, durch Furcht ob. dgl. Erstarrten, oder von dem, was Jmd. erstarren macht: g. mors, formido, pallor; g. sanguis; gelidus tardante senecta.

Gellius, Name eines römischen Geschlechtes; bekannt ist der Grammatiker Aulus G. aus dem zweiten Jahrhundert nach Chr.

Gĕlo, 1. [gelu] (Spät.) gefrieren machen, fluvius qui ferrum gelat; gewöhnlich im pass. = gefrieren, gelatus gefroren.

Gĕlu, us, n. (gewöhnlich findet sich jedoch nur der abl. sing.; selten sind gleichfalls Nebenformen von einem nomin. **Gĕlum**, i, n. u. der nomin. **Gelus**, m.) 1) die Eiskälte, der Frost (vgl. frigus): horrida cano bruma gelu; (Poet.) von dem Erstarren des Alters und des Todes. 2) (Poet. u. Spät.) die Eis- ob. Schneedecke, der Reif, terra informis alto g.

Gemmo

*****Gĕmĕbundus**, adj. [gemo] (Poet.) seufzend.

Gĕmellĭpăra, ae, f. [gemellus-pario] (Poet.) die Zwillinge Gebärende, Epitheton der Latona.

Gĕmellus, adj. [deminut. von geminus] (meist Poet. u. Spät.) = geminus.

Gĕmĭnātĭo, ōnis, f. [gemino] die Verdoppelung.

Gĕmĭno, 1. [geminus] 1) verdoppeln, zweifach machen: g. verba; g. decem annos (Poet.) = volle 20 Jahre alt sein; g. facinus wiederholen, zum zweiten Male begehen, ebenso geminata victoria, plausus wiederholt, consulatus zwei Mal bekleidet; cacumina geminata von gleicher Höhe. 2) (Poet. u. Spät.) zusammenpaaren, paaren, zwei Dinge vereinigen: g. serpentes avibus; legionum castra geminantur zwei Legionen werden in ein Lager gebracht. *3) (Lucr.) intrans. doppelt sein.

Gĕmĭnus, adj. 1) der Geburt nach doppelt, zu gleicher Zeit entstanden, -geboren, Zwillings-: gg. fratres, sorores; g. ovum die Zwillingseier Leda's. Hiervon subst. im pl. **gĕmĭni**, ōrum, m. = Zwillinge; oft von dem so genannten Sternbilde. 2) überhaupt doppelt, zweifach, beide (doch so, daß der Begriff der paarweisen Verbindung und der Gleichheit der vorherrschende bleibt, während bei duplex die Zweiheit und die Unterscheidung hervorgehoben wird); ex unis mihi geminas fecisti nuptias; g. nomen; gg. portae, nares, pedes. Hiervon A) (Poet.) Chiron g. doppelgestaltet. B) trop. = sehr ähnlich, ganz gleich, g. audacia; gg. poma; illud est g. consiliis ejus entspricht ganz.

Gĕmĭtus, us, m. [gemo] 1) das Seufzen, der Seufzer: luctus et g., fletus et g.; edere, dare, ejicere g. ausstoßen; (Poet.) = Aerger, Schmerz, Betrübniß. 2) (Poet.) von Thieren, das Brüllen, Heulen, von Sachen, das Dröhnen, Getöse, caverna dedere g.

Gemma, ae, f. 1) die Knospe, das Auge an einer Pflanze z. B. von einem Weinstocke: ineunte vere existit ea quae g. dicitur. 2) der Edelstein: g. aut margarita. Hiervon A) ein aus Edelsteinen gemachter Gegenstand, z. B. ein Becher (bibere ex g.). B) ein Siegelring (imprimere epistolam gemmā). C) (Poet.) eine Perle. D) die Augen des Pfauenschweifes.

Gemmātus, adj. [gemma] mit Edelsteinen besetzt.

Gemmeus, adj. [gemma] 1) aus Edelsteinen. 2) mit Edelsteinen (oder mit Gegenständen, welche diesen an Farbe oder Form ähnlich sind, siehe gemma) besetzt: g. jugum, cauda pavonis; insbef. = wie von Edelsteinen schimmernd, Euripus, prata gg. blumengeschmückt"; rotunditas g. dem Edelsteine an Gestalt ähnlich.

Gemmĭfer, ēra, ērum, adj. [gemma-fero] (Poet. u. Spät.) Edelsteine mit sich führend, Ganges; mare g. = reich an Perlen (siehe gemma 2. C.).

Gemmo, 1. [gemma] 1) Knospen-, Augen hervortreiben, -ansetzen, vitis g. 2) mit Edelsteinen (oder was diesen an Form und Glanz ähnlich ist, siehe gemma) besetzt sein (nur im

Gemmula — Genius

praes. particip.): sceptra gemmantia; herbae gemmantes rore recenti „voll Thauperlen".

Gemmŭla, ae, *f. deminut.* von gemma.

Gĕmo, ui, ĭtum, 3. 1) *intrans.* A) stöhnen, seufzen (meist als willkürlicher Klagelaut, um der beklommenen Brust Luft zu machen, vgl. suspiro): quum diu occulte suspirassent, postea jam gemere coeperunt; gemo desiderio tui; noctua g. (Poet.) schreit klagend. B) von leblosen Gegenständen, dröhnen, sausen, brausen, knacken, knarren: mare, navis, malus, gubernaculum g. 2) *transit.* über Etwas seufzen, beseufzen, aliquid; hic status gemitur man beklagt diesen Zustand; gemis te paucis ostendi barüber, daß u. s. w.

Gĕmōniae, ārum, *f. pl.* (sc. scalae) eine zum Tiber führende Treppe am Abhange des Aventinischen Hügels in Rom, zu welchem die Leichname der im Gefängnisse erdrosselten Verbrecher geschleppt wurden, um von da in den Tiber geworfen zu werden.

Gēna, ae, *f.* (gewöhnlich im *pl.*) die Wange (eigtl. der obere Theil derselben, unterhalb der Augen; es ist seltner als mala und am gebräuchlichsten bei den Poeten). (Poet.) für die Augen: exustaeque tuae mox, Polypheme, genae.

Gĕnăbum, i, *n.* Stadt in Frankreich, später civitas Aurelianorum genannt, jetzt Orleans. Davon **Gĕnăbensis,** e, *adj.*, und *subst.* **-enses,** ium, *m. pl.* die Einwohner von G.

Gĕnauni, ōrum, *m. pl.* Völkerschaft in Vindelicien.

*Gĕneălŏgus, i, *m.* [γενεαλόγος] (Spät.) der Verfasser eines Geschlechtsregisters, der Genealog.

Gĕner, ĕri, *m.* [verwandt mit genus, gigno] 1) der Schwiegersohn, Eidam. 2) uneigtl. A) der Verlobte der Tochter. B) = progener.

Gĕnērālis, e, *adj.* [genus] 1) zum Geschlechte, zur Gattung gehörig, z. B. von Kennzeichen einer ganzen Gattung von Thieren. 2) allgemein, zum Ganzen gehörig: g. quaestio; g. decorum (oppos. aliud huic subjectum).

Gĕnērālĭter, *adv.* [generalis] (selten) im Allgemeinen.

*Gĕnērasco, — — 3. [genus] (Lucr.) erzeugt werden, entstehen.

Gĕnērātim, *adv.* [genus] 1) nach Gattungen, Arten, Geschlechtern, klassenweise: g. secla propagant (Lucr.); Caesar omnibus g. gratias egit, civibus Romanis quod etc., Hispanis quod etc., Gaditanis quod etc.; Germani g. copias suas constituunt nach den einzelnen Völkerschaften; ne omnia g. sacra omnesque percenseam deos. 2) überhaupt, im Allgemeinen: quid ego de ceteris civium Romanorum suppliciis singillatim potius quam g. atque universe loquar?

Gĕnērātor, ōris, *m.* [genero] (selten) der Erzeuger, Schöpfer; nosse gg. suos fine Stammväter.

Gĕnēro, 1. [genus] zeugen, erzeugen, davon erschaffen, hervorbringen (in eigentlicher Bed., gew. nur vom Manne, vgl. pario, gigno; es ist ein mehr gewähltes, dem höheren Stile gehöriges Wort als jene): deus g. hominem: ita generati a natura sumus; populus Romanus a Marte generatus abstammend; auch von den Erzeugnissen des Geistes: ipse (orator) aliquid generabit et component.

Gĕnĕrōse, *adv.* mit *comp.* [generosus] auf hochherzige Art, heldenmüthig.

Gĕnĕrōsus, *adj.* mit *comp. u. sup.* [genus] 1) edel = edel von Geburt, adelich, virgo, stirps. 2) von Thieren, Pflanzen und überhaupt unpersönlichen Gegenständen, von edler Race oder Art, vortrefflich, „edel", sus, equus, vinum, obsequium. 3) *trop.* von edler Gesinnung, edel, edelmüthig, hochherzig: rex g. ac potens; g. virtus, animus, simplicitas.

Gĕnĕsis, is, *f.* [γένεσις] (Spät.) 1) die Geburt. 2) die Constellation bei der Geburt, die „Nativität".

Gĕnĕtīvus, a. C. für Genitivus.

Gĕnĕtrix (selten **Genitrix**), ĭcis, *f.* [gigno] (Poet. u. Spät.) 1) die Zeugerin, die Mutter; g. Aeneadum Stammmutter. 2) *trop.* = die Hervorbringerin, Erzeugerin: Ceres g. frugum; Aegyptus g. vitiorum.

Gĕnēva, ae, *f.* Stadt der Allobroger in Gallien, jetzt Genf, Genève.

Gĕniālis, e, *adj.* [genius] 1) zum Genius (ob. bes. zur Zeugung gehörig (siehe genius): lectus g. das Ehebett (dem genius geweiht); praeda g. (Poet.) = junge Mädchen, die geraubt werden, um zu Ehefrauen gemacht zu werden. 2) ergötzlich, erfreuend, wonnevoll, fröhlich, festlich, festum, dies, rus, litus.

Gĕniālĭter, *adv.* [genialis] (Poet. u. Spät.) ergötzlich, fröhlich.

Gĕnĭcŭlātus, *adj.* [geniculum] mit Knoten versehen, knotig (von Pflanzen), culmus, arundo.

Gĕnĭcŭlum, i, *n.* [deminut. von genu] eigtl. das Kniechen, davon der Knoten an den Halmen des Getreides.

Gĕnista, ae, *f.* die Pflanze Genst, Ginster.

Gĕnĭtābĭlis, e, *adj.* [gigno] (Vorklass. u. Spät.) zur Zeugung gehörig, fruchtbar, aura.

Gĕnĭtālis, e, *adj.* [geno, gigno] (Poet. u. Spät.) zur Zeugung oder Geburt gehörig: quatuor corpora gg. die vier Elemente, Grundstoffe; dies g. Geburtstag; partes gg. oder membra gg. die Geburtstheile.

*Gĕnĭtālĭter, *adv.* [genitalis] (Lucr.) auf eine die Zeugung fördernde Weise, zeugend.

Gĕnĭtīvus, *adj.* [gigno] (Poet. u. Spät.) 1) von der Geburt herrührend: imago g. angeboren, nota g. das Muttermaal. 2) in der Grammatik, (casus) g. der Genitiv.

Gĕnĭtor, ōris, *m.* [geno, gigno] (Poet.) 1) der Erzeuger = Vater, Jupiter g. deorum. 2) *trop.* der Schöpfer, Urheber: Neptunus g. profundi; g. vitiorum; g. usus (Poet.) der schaffende Sprachgebrauch.

Gĕnĭtūra, ae, *f.* [gigno] (Spät.) 1) die Zeugung, Geburt. 2) die Nativität, Constellation bei der Geburt.

Gĕnĭus, ii, *m.* [geno, gigno] [γίγνομαι] 1) (eigtl. „der Leben erzeugende") nach dem römischen Volksglauben ein geistiges (göttliches) Wesen, das als ein zweites geistiges Ich neben dem körperlichen („ein geistiger Doppelgänger") bes. den Menschen, doch auch z. B. Orte, Staaten, vom Anfang des Lebens (welches es als eine Personification des zeugenden Princips hervorrief) bis zu dessen Ende begleitete (wonach es zum Reiche des Lichtes zurückkehrte oder als Lar fortlebte) und des Menschen Freuden und Sorgen theilte. Besonders an Geburtstagen, bei Hochzeiten und anderen festlichen Gelegenheiten opferte man seinem Genius; unter seinem Schutze stand bes. Alles, was die Familie im engeren Sinne betraf, Geburten u. dergl. (vergl. genialis). Ihm war froher Lebensgenuß ebenso erwünscht als dem Menschen selbst, an dessen fröhliche Existenz seine eigene gebunden war; deßwegen sagte man: indulgere (bona multa facere) genio = sich gütlich thun, sich das Leben durch frohen Genuß erheitern; dagegen defraudare genium oder belligerare cum g. suo sich selbst das Nöthige abzwacken, sich den Lebensgenuß verkümmern. 2) trop. der Gönner, der Geber des Wohllebens. 3) (selten, Spät.) das Talent, Genie.

Geno, siehe gigno.

Gens, tis, *f.* [geno, gigno] 1) im engeren Sinne, ein Verein mehrerer, durch gemeinschaftliche Herkunft, Stamm und besondere Religionsgebräuche verbundener Familien zu Rom (ursprünglich nur von Patriciern), ein Geschlecht (also ein politischer Begriff, vergl. genus): g. Tarquiniorum, häufiger gens Julia, Cornelia u. s. w.; homo gentis patriciae. Hiervon A) patres majorum gentium von den älteren Senatoren abstammend, minorum gentium deren Familien erst durch den Tarquinius Priscus in den Senat gelangt waren; davon übertragen dii minorum gentium die Götter zweiten Ranges. B) (Poet.) = Abkömmling: Aeneas gens deûm. C) (Poet. u. Spät.) von Thieren, die Art, Gattung: haec g. von den Füchsen. 2) ein Volk, eine Völkerschaft, der Volksstamm (mit Beziehung auf die Herkunft und Nationalität, vgl. populus, auch natio): g. Sabina, gg. Transalpinae; g. Allobrogum; häufig ubi, ubicumque, nusquam, longe gentium wo u. s. w. in aller Welt. Hiervon *A) humana das Menschengeschlecht. B) (Spät.) von fremden Völkern im Gegensatze der Römer. C) (selten) = die Landschaft (wie das gr. δῆμος): Cataonia, quae gens jacet supra Ciliciam.

Gentīcus, *adj.* [gens] (selten, Spät.) einer Nation eigen, national, mos.

Gentilīcius, *adj.* [gens] 1) zu einem Geschlechte gehörig, Geschlechts-, sacrificia ɡg. 2) (Spät., selten) zu einem Volke gehörig, Volks-.

Gentīlis, e, *adj.* [gens] 1) (nach gens 1.) A) (selten) zu einem gewissen Geschlechte gehörig: nomen g.; capillo erat submissus, quod gentile in illo videbatur. B) zu demselben Geschlechte gehörig; manus g. von den Fabiern die gegen Veji gezogen; *subst.* g. tuus, g. mei die zu meinem Geschlechte Gehörigen. 2) (nach gens 2.) (Spät.) zu demselben Volke gehörig, landsmännisch, vaterländisch, solum, religio, natio; *subst.* g. alicujus Imds Landsmann.

Gentilĭtas, ātis, *f.* [gentilis] die Geschlechtsverwandtschaft, theils *abstr.* = das Gehören zu Einem Geschlechte, theils *concr.* = die zu einem Geschlechte Gehörigen: auch im *pl.*

Gĕnu, ūs, *n.* 1) das Knie: genuum junctura die Kniegelenke; genibus minor = kniend. 2) (selten) von Pflanzen = geniculum.

Gĕnua, ae, *f.* Stadt in Ligurien, jetzt Genua.

***Gĕnuālia**, ium, *n. pl.* [genu] (Poet.) das Knieband.

1. Gĕnuīnus, *adj.* [geno] 1) angeboren, natürlich, virtus. 2) (Spät.) ächt, nicht untergeschoben, fabula Plauti.

2. Gĕnuīnus, *adj.* [gena] zur Wange gehörig; dens g. der Backenzahn.

Gĕnus, ĕris, *n.* [geno, gigno, γένος] 1) die Geburt, Herkunft, der Ursprung: natus regio, nobili genere; contemnere g. alicujus. Insbes. = vornehme Herkunft, edles Geschlecht: jactare g. et inutile nomen. 2) (Poet.) der Nachkomme, Sprößling oder coll. die Nachkommen: ille est g. deorum; genus Adrasti = Diomedes, der auf mütterlicher Seite von A. abstammte; das römische Volk heißt so genus Martis. 3) das Geschlecht (als eine natürliche Verbindung von Individuen, vgl. gens), überh. die Art, Gattung, Klasse, der Stamm u. dergl.: A) von Menschen: a) überhaupt: conventus constat ex variis gg. hominum aus Menschen verschiedener Arten; alterum est g. eorum qui etc.; hoc g. hominum; häufig g. humanum ob. hominum das Menschengeschlecht; *insbes.* = Volksstamm, Völkerschaft, Volk: g. ferox; g. Numidarum, g. Romanum; hostes omnium gg. aller Völker Feinde (von den Seeräubern). B) von Thieren: varia gg. bestiarum; g. lanigerum (Poet.) = die Schaafe. C) von leblosen und abstracten Gegenständen: omne g. armorum, rerum publicarum; g. orationis, pugnae; elaborare in utroque g. in beiden Fächern; de toto hoc g. von dieser Sache überhaupt; g. dicendi Art des Vortrages, der Stil, die „Sprache"; gg. furandi Arten des Diebstahls; genus belli hoc est die Art, Beschaffenheit des Krieges ist folgende, causa ejus generis non iter Art. Insbes. a) ejus (hujus u. s. w.) generis und id (hoc u. s. w.) genus von dieser Art, Beschaffenheit: orationes aut aliquid id g.; in id g. verbis in solchen Worten. b) in omni genere in jeder Beziehung, in allen Theilen. c) = Weise, Art: alio g. auf andere Weise. d) (als Hauptabtheilung, oppos. species als Unterabtheilung) die Gattung: genus est quod — plures specie differentes partes continet. e) in der Grammatik = das Geschlecht.

Gĕnūsus, i, *m.* Fluß an der Grenze Macedoniens und Illyriens.

Geōgrăphia, ae, *f.* [γεωγραφία] die Erdbeschreibung, Geographie.

Geōmĕtres, ae, *m.* und (Spät.) -ter, tri, *m.* [γεωμέτρης] der Feldmesser, Geometer.

Geōmĕtria, ae, *f.* [γεωμετρία] die Feldmeßkunst, Geometrie.

Geōmĕtrĭcus, *adj.* [γεωμετρικός] zur Feldmeßkunst gehörig, geometrisch. Hiervon *subst.* A) -ous, i, *m.* = geometres. B) -oe, es, *f.* u. -ca, ōrum, *n. pl.* die Geometrie.

Georgĭcus, *adj.* [γεωργικός] (Spät.) zum Landbau gehörig, carmen; insbes. (Spät.) Geor-

gĭca, ōrum, *n. pl.* Titel von Virgils Gedicht vom Landbau.

Gĕraestĭcus portus, ein Hafen bei der Stadt Teos in Jonien.

Gĕraestus, i, *f.* [Γεραιστός] Stadt auf Euböa, dem Vorgebirge Sunium gegenüber.

Gergŏvĭa, ae, *f.* Stadt der Arverner in Frankreich, an der Loire.

Germălus, i, *m.* ein kleines Gebiet der Stadt Rom am unteren Theile des palatinischen Hügels.

Germānē, *adv.* [germanus 1.] (selten) aufrichtig.

Germāni, ōrum, *m. pl.* die Germanen, großer und mächtiger Volksstamm im heutigen Deutschland u. s. w. (zwischen dem Rheine, der Donau, der Weichsel und dem Meere). Davon 1) **Germānus**, *adj.* (Poet.) statt Germanicus. 2) **Germānĭa**, ae, *f.* das Land der Germanen (siehe oben). 3) **Germānĭcus**, A) *adj.* germanisch. B) als *nom. propr.* Beiname mehrerer Feldherren, die gegen die Germanen siegreich gekämpft hatten; bes. aber und zuerst hieß so der Sohn des Drusus Claudius Nero (Bruders des Tiberius und Stiefsohns des August) und der Antonia (Tochter des Triumvirs Antonius). G. wurde vom Tiberius, seinem Oheim, adoptirt und heirathete später die Tochter des Agrippa. Er führte mit glänzendem Glücke den Krieg gegen die Germanen, wurde aber von dem eifersüchtigen Tiberius zurückgerufen und nach Asien geschickt, wo er nach vielen Kränkungen von dem Cn. Piso (siehe Calpurnius Nr. 3) starb, wahrscheinlich vergiftet. C) *g. sc.* nummus eine von dem Kaiser Domitian geprägte Goldmünze. 4) **Germānĭcĭānus**, *adj.* (Spät.) in Germanien befindlich, beschäftigt, exercitus.

Germānĭtas, ātis, *f.* [germanus 1.] 1) die Verbindung zwischen Geschwistern, die Brüderschaft oder Schwesterschaft: moveat te ▪memoria germanitatis. 2) *trop.* A) die nahe Verwandtschaft zwischen Städten, die Colonieen einer Mutterstadt sind. B) die vollständige Aehnlichkeit.

Germānus, *adj.* [verw. mit germen?] 1) von Geschwistern, die dieselben Eltern (oder doch denselben Vater) haben, leiblich, recht, frater, soror. Hiervon A) *subst.* -nus, i, m. u. -na, ae, *f.* der leibliche Bruder, die leibliche Schwester. B) (Poet. u. Spät.) Geschwister betreffend, brüderlich oder schwesterlich: germanum in modum auf Bruderweise, als Bruder; caedes g. Mord der Geschwister. 2) *trop.* ächt, wahr, wirklich: illi veteres et gg. Campani; haec est mea g. patria; g. ironia.

Germāna, siehe Germani.

Germen, ĭnis, *n.* (Poet. u. Spät.) 1) der Keim, Sproß, Sprößling, die Knospe. 2) *trop.* a) (Poet.) = die Leibesfrucht, b) (Spät.) = Geschlecht, Stamm; c) (Poet.) = Ursache u. dgl.

Germĭno, 1. [germen] (Spät.) 1) *intrans.* hervorsprossen. 2) *transit.* hervorsprossen lassen, pennas.

Gĕro, gessi, gestum, 3. 1) eigtl. (meist Poet. u. Spät.) tragen (Etwas an oder mit sich tragen als sich gehörend, sein Eigenes; es bezeichnet ein innerliches Verhältniß, das des Inhabers zu seinem Eigenthum, vgl. fero, porto u. dergl.): g. ornamenta, vestem, spolia ducis hostium; g. arma vom Krieger; g. ora virginis, vulnera, vultum fortunae secundae „haben", ebenso terra in gremio g. multos lacus; g. uterum = schwanger sein. Hiervon A) (Poet.) = erzeugen, hervorbringen: terra g. fruges; illa insula Empedoclem gessit. B) (selten) irgendwohin tragen: g. saxa in muros. 2) *trop.* A) g. personam (illam, alicujus) eine Rolle spielen; ebenso (Spät.) g. aliquem Jmds Rolle spielen, sich wie Jmd. betragen, regem. B) von der Gesinnung und den Gemüthsstimmungen, = nähren, hegen, empfinden, von — sein u. dergl.: animum muliebrem von weibischem Sinne sein; g. inimicitias in Feindschaft stehen mit Jmd., g. amicitiam, odium in aliquem; gerunt iras inter se; g. cupiditatem imperii (Spät.); aliter atque animo gessit als er im Herzen dachte; fortiter animum g. bei gutem Muthe sein. C) g. se mit einem Adverbium oder adverbialen Ausdrucke, sich betragen, ▪aufführen, ▪zeigen: g. se inconsulte, summisse; quonam modo nos gerimus? g. se pro cive sich als Bürger betrachten und betragen, sich für einen Bürger ausgeben. Hiervon (Sall.) durch ein Zeugma: g. se et exercitum more majorum der Sitte der Vorfahren gemäß sich betragen und das Heer anführen, ebenso me et milites juxta geram ich werde — ganz gleich behandeln. D) (selt.) g. aliquid prae se = das häufigere ferre aliquid prae se offen an den Tag legen, zeigen. E) ausführen, verrichten, besorgen, verwalten u. dergl.: g. omnia illa, rem, negotium; g. rem publicam = den Staat verwalten oder = einer öffentlichen Angelegenheit vorstehen, auch bloß res g. = öffentliche Angelegenheiten verwalten, im Gegensatz des Privatlebens; g. rem suam seinen Privatgeschäften, bes. Geldgeschäften, obliegen. Insbes. a) ein Amt bekleiden, verwalten, g. consulatum, illud munus. b) rem, negotium bene g. eine Sache glücklich ausführen, male unglücklich (davon bisweilen absol. prospere g. = rem prospere g.); bes. vom Feldherrn, jenes = glücklich kämpfen, fliegen, dieses = unglücklich kämpfen, eine Niederlage oder Schlappe erleiden. c) g. bellum Krieg führen oder haben (nur von dem Staate, dem Fürsten oder Feldherrn, siehe die Grundbedeutung von gero unter 1.), cum aliquo, adversus (in) aliquem gegen Jmd., doch auch cum aliquo = mit Jmd. vereint; pacem an bellum geram ob ich Frieden oder Krieg habe (durch ein Zeugma). — F) rem g. eine That ausführen, res gestae Thaten oder Begebenheiten; dum haec geruntur während dieses vor sich geht, his rebus gestis nachdem dieses geschehen war; res gladio geritur man kämpft mit dem Schwerte (= es ist zum Handgemenge gekommen). — G) g. morem alicui sich nach Jmd. fügen, ihm willfährig sein: utrique s me in illa re mos est gestus. 3) (selten) von der Zeit, verbringen, verleben, aetatem. Hiervon (Spät.) statt ago, mit annum und einem *num. card.* in dem — Jahre stehen: annum sextum g. in seinem 6ten Jahre stehend, 6 Jahre alt.

*Gĕro, ōnis, *m.* [von demselben Stamm wie gero] (Pl.) der Träger.

Gĕrōnĭum, ii, *n.* Stadt in Apulien.
Gerrae, ārum, *f. pl.* [γέρρα] eigtl. geflochtene Ruthen, davon *trop.* = Possen, leeres Gerede, Lappalien.
*****Gerro**, ōnis, *m.* [gerrae] (*Ter.*) der Possenteiber.
*****Gĕrŭlĭ-fĭgŭlus**, i, *m.* [gero-fingo] (*Pl.*) der Mitschuldige, Mithelfer, flagitii.
Gĕrŭlus, i, *m.* und **-la**, ae, *f.* [gero] (Poet. und Spät.) der Träger, die Trägerin.
Gĕryon, ōnis, *m.* ob. **Gĕryŏnes**, ae, *m.* [Γηρυων oder -όνης] ein dreileibiger Riese auf der Insel Erythea im gaditanischen Meerbusen, dem Hercules seine Rinder entführte, nachdem er ihn getödtet hatte. Davon *adj.* **-nācous**.
*****Gĕseorēta**, ae, *f.* (Spät.) ein Fahrzeug von uns unbekannter Art.
Gestāmen, ĭnis, *n.* [gesto] (Poet. u. Spät.) 1) was man an sich trägt, als Waffen, eine Last, ein Schmuck u. dergl.: clipeus magni gestamen Abantis; ista decent gg. humeros nostros. 2) das worauf man Etwas trägt, die Bahre, Trage: g. sellae.
Gestātĭo, ōnis, *f.* [gesto] (Spät.) 1) *pass.* das Getragen-, Gefahrenwerden, die Luftfahrt, Ausfahrt (als Bewegung) in einem Wagen, Tragsessel oder Boote: solitus est in g. ludere. 2) *concr.* der Weg zum Lustfahren, die Allee, Promenade u. dergl.
Gestātor, ōris, *m.* [gesto] (Spät.) 1) der Träger. 2) der der Bewegung wegen Ausgetragene, der Luftfahrende.
*****Gestātōrĭus**, *adj.* [gestator] (Spät.) zum Tragen oder Luftfahren dienlich, sella.
Gestĭcŭlātĭo, ōnis, *f.* [gesticulor] (Spät.) die pantomimische Bewegung.
Gestĭcŭlor, *depon.* 1. [gesticulus, *deminut.* von gestus] (Spät.) 1) *intrans.* pantomimische Bewegungen machen, gesticuliren. 2) *transit.* mit pantomimischen Bewegungen vortragen, pantomimisch ausdrücken, carmen.
Gestĭo, ōnis, *f.* [gero] (selten) die Ausführung, Verrichtung, negotii.
Gestĭo, 4. 1) *intrans.* durch das äußere Benehmen heftige Freude oder leidenschaftliches Verlangen ausdrücken, in der Freude oder im Verlangen ausgelassen sein, frohlocken oder vor Freude übermüthig sein: g. nimia voluptate; g. otio, secundis rebus wegen — übermüthig u. s. w. sein; laetitia gestiens ausgelassene Freude. Hiervon **trop.* = in der Rede ausschweifen. 2) *transit.* mit einem Infinitiv oder einem Objectssatze, heftig verlangen, «wünschen (und sich voraus auf die Sache freuen, vgl. cupio, opto): g. haec scire; gestio illum nihi in conspectum dari daß et mir vor die Augen kommen möge; auch *abs.* pugni mihi gestiunt (*Pl.*) die Fäuste „jucken mir" = ich habe Lust zum Prügeln, aber scapulae gg. verlangen nach Prügeln.
Gestĭto, 1. [gesto] (Vorklass. u. Spät.) oft und viel an sich tragen, anulum.
Gesto, 1. [gero] 1) tragen, an sich haben, gemmam digito. Hiervon A) *pass.* sich tragen oder führen lassen = der Bewegung wegen getragen werden, fahren, segeln u. dergl. (f. gestatio). B) *trop.* (Com.) g. aliquem in sinu = Jmd. sehr lieb haben; g. animum alicujus = genau kennen. 2) (Spät.) irgendwohin tragen, aliquid ex urbe. Hiervon (Vorklaff. u. Spät.) *trop.* als Neuigkeit u. dergl. austragen, hinterbringen, crimina, verba. 3) (Spät.) *intrans.* (wie veho) = *pass.* (1. A.) sich tragen lassen, fahren u. s. w.
*****Gestor**, ōris, *m.* [gero] (*Pl.*) der Hinterbringer von Neuigkeiten, der Austräger.
Gestus, us, *m.* [gero] 1) die Art, auf welche man den Körper trägt und hält, die Haltung, Stellung, Bewegung, novum g. et vultum capere. 2) die Geberde, Bewegung, namentlich mit den Händen (oft im Gegensatze zu motus, der Bewegung des ganzen Körpers); insbes. von dem kunstmäßigen Geberdenspiele der Schauspieler oder Redner, sowohl im *pl.* als (coll.) im *sing.*: agere g. gesticuliren; tardiore gestu uti; g. acer et. instans: gg. histrionum.
Gĕtae, ārum, *m. pl.* [Γέται] Völkerschaft im Norden des Isterflusses; selten im *sing.* **Gĕta**, ae, oder **Gĕtes**, ae, *m.*; dieses auch (Poet.) als *adj.* Davon **Gĕtĭous**, *adj.* und **-ce**, *adv.*
Gibba, ae, *f.* (Spät.) der Buckel, Höcker.
Gibber, ĕra, ĕrum, *adj.* [gibba] (Spät.) buckelig, böckerig.
Gibber, ĕris, u. **Gibbus**, i, *m.* (Spät.) der Buckel, Höcker.
Gibbērōsus, *adj.* [gibber] (Spät.) sehr buckelig.
Gĭgas, antis, *m.* [Γίγας] (gewöhnlich im *pl.*) einer der Giganten, ungeheure Riesen mit Schlangenfüßen, Söhne der Erde, welche den Himmel erstürmen wollten und deswegen vom Jupiter mit dem Blitze erschlagen wurden.
Gigno (Vorklaff. auch **Gĕno**), gĕnui, gĕnĭtum, 3. [verw. mit γεννάω, γείνομαι] 1) von lebenden Geschöpfen, zeugen, gebären (sowohl vom Manne als vom Weibe, vgl. pario, genero): Jupiter illum ex Alcumena g. mit der A.; Venus alium filium g. gebärt; g. ova Eier legen; genitus pellice for urbem Rebsweibe geboren; genitus diis, de sanguine deorum von göttlicher Herkunft. 2) von unorganischen Gegenständen, erzeugen, hervorbringen: India g. beryllos; ea quae terra g. von Pflanzen; ibi tus gignitur. 3) *trop.* überhaupt hervorbringen, erzeugen, verursachen u. dergl.: haec virtus g. amicitiam; is eloquendi copiam in hac urbe genuit ist Schöpfer der Beredtsamkeit; deus hanc urbem g. hat gegründet; odia hinc gignuntur. 4) (*Sall.* u. Spät.) *praes. particip.* im *neutr. pl.* als *intrans.*, gignentia = was wächst, Pflanzen: loca nuda gignentium von aller Vegetation entblößt.
Gilvus, *adj.* (Poet. u. Spät., selten) hellgelb.
Gingĭva, ae, *f.* das Zahnfleisch.
Glăbellus, *adj. deminut.* von glaber.
Glăber, bra, brum, *adj.* (Poet. u. Spät.) kahl, glatt = unbehaart (lit. levis): homo, colla boum; häufig *subst.*, *m.* = ein junger Sklave, dem man die Haare vom Körper abschaben oder auszupfen ließ, um ihm ein mädchenhaftes Ansehen zu geben.
Glăcĭālis, e, *adj.* [glacies] (Poet. u. Spät.) zum Eis gehörig, Eis-: regio g. eiskalt, hiems Eis erzeugend, frigus g. Eiskälte.

Glăcĭes, ei, f. 1) das Eis. 2) trop. (*Lucr.*) die Härte, Starre, g. aeris.

Glăcĭo, 1. [glacies] (Poet. u. Spät.) 1) zu Eis machen, nivem. 2) trop. hart-, steif machen, cascum.

Glădĭātor, ōris, m. [ungebräuchl. gladior von gladius, s. digladior] ein Fechter in den blutigen Kampfspielen zu Rom, welche (von den Etruskern entlehnt) bei Leichenbegängnissen und Gastmählern, dann aber als öffentliches dem Volke zur Belustigung gegebenes Schauspiel' aufgeführt wurden. Die Gladiatoren waren Sklaven (Kriegs-gefangene, Verbrecher) oder Freie, die um einen gewissen Lohn sich dazu vermietheten. Wegen der Rohheit dieser Menschen und der Verachtung, mit welcher sie betrachtet wurden, bezeichnet das Wort Glabiator oft überhaupt einen beträchtlichen Menschen ("Bandit, Schinder"). Man sagte auch gladiatores statt ludi gladiatorii; so: dare, edere gg. die Fechterspiele geben, aufführen lassen, gladiatoribus = bei den Fechterspielen.

Glădĭātōrĭus, adj. [gladiator] zu den Gladiatoren gehörig, Gladiatoren-, ludus, certamen; familia g. eine Bande, Trupp von Gladiatoren; consessus g. die Versammlung bei den Fechterspielen. Hiervon subst. **Gladiatorium**, ii, n. (auctoramentum) der Fechterlohn, der Lohn, um welchen Freie sich zu den Gladiatorenkämpfen hergaben.

*****Glădĭātūra**, ae, f. [s. gladiator] (Spät.) der Gladiatorenkampf.

Glădĭōlus, i, m. deminut. von gladius.

Glădĭus, ii, m. das Schwert (vgl. ensis). Insbes. A) trop. zur Bezeichnung von a) Mord, Todtschlag: impunitas et licentia gladiorum. b) (Spät.) Gladiatorenkampf: locare se ad g. B) proverb. a) suo sibi hunc gladio jugulo (Com.) = ich widerlege ihn mit seinen eigenen Worten; plumbeo gladio jugulari mit leichter Mühe widerlegt werden. b) (Poet.) scrutari ignem gladio zu der Thorheit noch einen Mord fügen, den Wahnsinn vollständig machen.

Glandĭfer, ēra, ĕrum, adj. [glans-fero] Eicheln tragend, quercus.

*****Glandĭōnĭda**, ae, f. u. **Glandĭum**, ii, n. [glans] (Com. u. Spät.) ein delicates Brust-ges Stück Fleisch, bes. von Schweinen.

Glans, dis, f. 1) die Eichel, Ecker. 2) eine Kugel aus Blei oder Thon, welche die Schleuderer auf die Feinde warfen.

Glārĕa, ae, f. der Kies.

Glārĕōsus, adj. [glarea] voller Kies.

Glaucōma, ătis, n. u. -ma, ae, f. [γλαύ-κωμα] (Vorklass. und Spät.) die Verdunkelung des Auges, der Staar; proverb. objicere alicui glaucoma ob oculos Jmd. Etwas vorspiegeln, ihn täuschen.

Glaucus, adj. [γλαυκός] (Poet. u. Spät.) blau, blaugrau, undae, salix, oculi.

Glaucus, i, m. [Γλαῦκος] 1) ein wahrsagender Meergott, Glauci chorus die Nereiden. 2) ein Sohn des Sisyphus, der von seinen eigenen Pferden zerrissen wurde.

Glēba, ae, f.·1) die Erdscholle, der Erdkloß, das Stückchen Erde: vertere gg. (vom Pflüger); injicere alicui glebam = begraben; (Poet.) überhaupt = Erde, Erdboden, bes. fruchtbarer Boden, uber glebae. 2) das Klümpchen,

Stückchen, Bißchen von anderen Sachen, g. picis, marmoris.

Glēbŭla, ae, f. deminut. von gleba.

Glēsum ob. **Glessum**, i, n. [germanisches Wort] der Bernstein.

Glis, īris, m. die Haselmaus.

Glisco, — — 3. (meist Poet. u. Spät.) unvermerkt zunehmen, -wachsen, um sich greifen, an Stärke gewinnen, ignis; trop. seditio, laetitia, furor g.; multitudo g wird vermehrt, nimmt zu, von Personen = an Reichthum, Ansehen u. dergl. zunehmen.

Glŏbōsus, adj. [globus] kugelrund.

Glŏbus, i, m. der kugelrunde Körper, die Kugel (populärer Ausdruck von einer Kugel überhaupt, vergl. sphaera): g. terrae, gg. stellarum; globi animadversi in coelo Feuerkugeln am Himmel; hiervon (Poet.) gg. flammarum Feuermassen, g. sanguinis der Blutstrom. 2) eine zusammengedrängte Menschenmasse, der dichte Haufe, gg. militum; in tabelndem Sinne = Verbindung, Clique: g. conjurationis, nobilitatis.

Glōcĭo, — — 4. (Spät.) Naturlaut der Henne, gluden.

Glŏmĕrāmen, ĭnis, n. [glomero] (Vorklass.) der zusammengerollte Körper, die Kugel.

Glŏmĕro, 1. [glomus] (Poet. u. Spät.) 1) zu einem Knäuel zusammenrollen, knäuelartig zusammenwickeln, kugelförmig runden: g. lanam in orbes; deus terram g. hat — kugelförmig gebildet; equus g. gressus superbos wirft stolz die Vorderschenkel in Bogen, trottirt stolz. 2) Etwas wie einen Knäuel zusammenhäufen, in Menge und massenhaft zusammendrängen: cervi gg. agmina; legiones glomerantur in testudinem; g. manum einen Trupp sammeln; clades seclis glomerata horridis (Poet.) aufgehäuft, zusammengehäuft.

Glŏmus, ŏris, n. (vielleicht auch -mus, i, m.) [ursp. = globus] (selten, Poet. u. Spät.) der Knäuel, Klumpen, das Kügelchen.

Glōrĭa, ae, f. 1) der Ruhm, die Ehre (= der ehrende Ruf, vgl. honor): excellens ejus g. in re militari; esse in magna g.; gloria fortitudinis wegen Tapferkeit, ebenso g. rei militaris Kriegsruhm, g. rerum gestarum wegen ausgeführter Thaten. Hiervon a) (Vorklass. u. Spät.) im pl. = rühmliche Eigenschaften ob. Thaten: veteres Gallorum gloriae, gg. meretricum. b) (Poet.) = die Zierde, Ehre: taurus gloria armenti. 2) bisweilen = das Streben nach Ruhm, die Ruhmsucht, der Ehrgeiz: ostentatio et g.; moriar, ni, quae tua est gloria, puto te malle a Caesare consuli quam inaurari. Hierv. = Prahlerei, homo plenus gloriarum.

*****Glōrĭābundus**, adj. [glorior] (Spät.) sich rühmend, prahlend.

Glōrĭātĭo, ōnis, f. [glorior] das Sich-Rühmen, das Prahlen: vita beata digna est gloriatione ist es werth, daß man sich damit rühmt.

Glōrĭōla, ae, f. deminut. von gloria.

Glōrĭor, depon. 1. [gloria] sich wegen Etwas rühmen, mit Etwas prahlen, großthun, auf Etwas stolz sein: g. illis rebus, vic-

toriā; g. de divitiis suis, de aliquo (als seinem Landsmanne); g. in re aliqua in Bezug auf Etwas; is g., se omnes provincias et rühmt sich, daß er u. s. w.; g. aliquid (haec glorians hiermit sich rühmend), und vita beata glorianda est ist eine Sache, womit man sich rühmen soll; licet mihi apud te gloriari vor dir.
Glōriōse, *adv*. [gloriosus] 1) rühmlich, mit Ruhm. 2) ruhmredig, prahlerisch.
Glōriōsus, *adj*. mit comp. u. sup. [glorior] 1) rühmlich, ruhmvoll, factum, mors, consilium. 2) ruhmredig, prahlerisch, großsprecherisch, miles, ostentatio, philosophia; animus g. ehrgeizig.
Glossēma, ătis, *n*. [γλώσσημα] (Spät.) ein veraltetes oder fremdes Wort, das einer Erklärung bedarf.
Glūbo, psi, ptum, 3. (Vorklass. u. Poet.) abschälen, ramos.
Glūten, ĭnis, *n*. der Leim.
*******Glūtĭnātor**, ōris, *m*. [glutino] der Zusammenleimer (der Blätter der Bücher, ohngefähr = Buchbinder).
Glūtĭno, 1. [gluten] zusammenleimen, chartas, davon *trop*. überhaupt machen, daß Etwas sich fest zusammenschließt.
Glūtio, 4. (Spät.) verschlingen, epulas.
Glȳcĕra, ae, *f*. [Γλυκέρα] griechischer Frauenname; so von einer Geliebten des Horaz und einer Geliebten des Tibull.
*******Glȳcon**, ōnis, *m*. [Γλύκων] 1. ein berühmter Athlet. 2) ein Arzt. 3) ein Rhetor.
Gnārus (Vorklass. auch **Gnārŭris**, e), *adj*. [verw. mit nosco, γιγνώσκω] 1) einer Sache kundig, von Etwas Kenntniß habend: gnarus loci, temporum sub Nerone, armorum; ille gnarus fuit, quibus etc. er wußte, durch welche u. s. w., ebenso satis gnarus, jam in Thessalia regem esse da er wohl wußte, daß der König in Th. war. 2) (Tac.) *pass*. = notus, bekannt: palus g.; hoc mihi gnarum erat.
Gnātho, ōnis, *m*. Name eines Schmarotzers in einer Comödie (Eunuchus des Terenz; daher zur Bez. eines Schmarotzers überhaupt. Davon **Gnathōnĭci**, ōrum, *m*. gleichsam die Jünger des Gn. = die Schmarotzer.
Gnātia, ae, *f*. in der Volkssprache st. Egnatia, Hafenstadt in Apulien.
Gnātus, s. Natus.
Gnāvus, s. navus.
Gnīdus, s. Cnidus.
Gnōmon, ŏnis, *m*. [γνώμων] (Spät.) der Zeiger an der Sonnenuhr.
Gnōsus (Gnossus), i, *f*. [Κνωσός] alte Stadt Creta's, Residenz des Minos. Davon 1) **Gnōsĭăcus**, *adj*. (Poet.); auch = cretisch. 2) **Gnōsĭas**, ădis, *f*. *adj*. (Poet.); auch = cretisch, *subst*. = Ariadne. 3) **Gnosis**, idis, *f*. *adj*. (Poet.); auch = cretisch. *subst*. = Ariadne. 4) **Gnōsĭus**, *adj*.; Poet. = cretisch, *subst*. im *fem*. = Ariadne, im *pl*. *m*. die Einwohner von G.
Gōbĭus, ii, *m*. ob. -bio, ōnis, *m*. [κωβιός] der Gründling (Fisch).
Gomphi, ōrum, *m*. *pl*. [Γόμφοι] feste Stadt in Thessalien.
Gordaei (Gordyaei) montes ein Gebirge in Großarmenien. Davon **Gordiaei** od. **Gordueni**, ōrum, *m*. *pl*. die Bewohner von jenem Gebirge, die heutigen Kurden.
Gordium, ii, *n*. [Γόρδιον] alte Hauptstadt in Phrygien (s. Gordius).
Gordius, ii, *m*. [Γόρδιος] mythischer König von Großphrygien; von ihm war der gordische Knoten geknüpft, von welchem die Sage ging, daß derjenige, der ihn löste, Herrscher Asiens werden sollte.
Gorge, es, *f*. [Γοργή] Tochter des Oeneus, in einen Vogel verwandelt.
Gorgias, ae, *m*. [Γοργίας] griechischer Sophist aus Sicilien, Zeitgenosse des Sokrates.
Gorgo, ŏnis ob. us, *f*. [Γοργώ], gewöhnlich im *pl*. **Gorgŏnes**, drei Töchter des Phorcys und der Ceto, die, im äußersten Westen am Oceanus wohnend, als geflügelte und schlangenhaarige Jungfrauen geschildert werden; die zwei ältesten, Stheno und Euryale, waren unsterblich, Medusa (die gewöhnlich vorzugsweise Gorgo heißt) sterblich: auf sie allein wird zum Theil obige Schilderung ihrer Gestalt zurückgeführt. Durch den Anblick Medusa's wurde Jeder in einen Stein verwandelt: Perseus hieb ihr den Kopf ab und Minerva setzte diesen darauf in ihren Schild. — Davon **Gorgŏneus**, *adj*.: equus G. = der Pegasus, der aus dem Blute der enthaupteten Medusa entsprang; lacus G. die durch den Hufschlag des Pegasus entsprungene Quelle Hippocrene.
Gortȳna, ae, *f*. [Γόρτυνα] Stadt auf der Insel Creta. Davon **Gortȳnius** ob. (Poet.) **-niăcus**, *adj*. Poet. = cretisch.
Gōthi, ōrum (früher Gothōnes, num), *m*. *pl*. die Gothen, Völkerschaft des nördlichen Germaniens.
*******Gothini**, ōrum, *m*. *pl*. Völkerschaft in der Gegend vom heutigen Krakau.
Grăbātus, i, *m*. [κράβατος] ein niedriges und einfaches Ruhebett, Feldbett, Lager.
Gracchus, f. Sempronius. Davon **Gracchānus**, *adj*. zu den Gr. gehörig.
Grăcĭlis, e (Vorklass. bisweilen auch im *f*. -la), *adj*. mit comp. u. sup. 1) schmal, dünn, fein, bald in lobendem Sinne = schlank, bald in tadelndem = schmächtig, mager (f. gracilitas): g. puella, equus, arbor, coma, rima. 2) *trop*. A) (Spät.) = knapp, dürftig, mager, ager, vindemiae. B) (Poet. u. Spät.) von der Rede u. dergl., einfach, schlicht, schmucklos, sermo, materia. C) vox g. fein.
Grăcĭlĭtas, ātis, *f*. [gracilis] 1) die Schlankheit, in tadelndem Sinne die Schmächtigkeit, Magerkeit (mit Bezug auf die dadurch bewirkte Gestalt, vgl. macies), kleine und schlanke Gestalt, corporis, crurum; consectari gracilitates crurum (von einem Bildhauer). 2) *trop*. von der Rede, die Schlichtheit, Einfachheit, Schmucklosigkeit der Rede: g. narrationis, g. Lysiaca.
Grăcŭlus, i, *m*. die Dohle.
Grădārĭus, *adj*. [gradus] (Vorklass. u. Spät.) Schritt vor Schritt gehend, daher *trop*. von der Rede = langsam, bedächtig.
Grădātim, *adv*. [gradus] 1) Schritt vor Schritt, schrittweise, g. aliquo pervenire. 2) *trop*. = nach und nach (von einem willkürlichen Fortschreiten einer Person oder eines per-

fonifizirten Gegenstandes, vgl. pedetentim u. paulatim): g. aliquid addere.

Grădātĭo, ōnis, f. [gradus] eine rhetor. Figur, die stufenweise Steigerung (gr. κλῖμαξ).

Grădātus, adj. [gradus] (Spät.) stufenweise abgetheilt.

Grădĭor, gressus, depon. 3. [gradus] Schritte machen, insbes. mit ruhigen und regelmäßigen Schritten gehen = schreiten (vgl. eo, incedo, ingredior), davon überhaupt = gehen: alia animalia serpunt, alia gradiuntur; fidenti animo hic g. ad mortem; trop. nubes g. bewegt sich.

Grădīvus, adj. [gradior] der Vorschreitende, Beiname des Gottes Mars (die Ableitung und Bedeutung ist jedoch nicht ganz sicher).

Grădus, us, m. 1) der Schritt (object., der Schritt an sich, vgl. gressus; es kann, wie dieses, nur von einem sich Bewegenden gesagt werden, vgl. passus): gradum facere einen Schritt thun, gradum inferre in hostes gegen die Feinde anrücken, gradum conferre = zum Handgemenge kommen: gradu suspenso, quieto; g. citato, pleno g. im Eilmarsch; gradum addere (Poet. celerare) seinen Gang beschleunigen, eilend gehen; trop. gradum facere ex aedilitate ad censuram von der Aedilität unmittelbar zur Censur übergehen. 2) von Fechtern und Kriegern, die angenommene Stellung, der Standpunct: in suo quisque gradu obnixi; gradu moveri, dejici bes. trop. = von seiner früheren vortheilhaften Lage verdrängt werden, von seinem Entschlusse ab=, außer Fassung gebracht werden. 3) meton. die Stufe, Staffel einer Treppe oder die Sprosse einer Leiter; am häufigsten im pl. = die Treppe, Leiter überhaupt: niti gradibus sich hinauf arbeiten. Hiervon A) (Spät.) im pl. die stufenartig aufsteigenden Sitzreihen für die Zuschauer im Theater u. dergl. B) stufenartige Reihe der Haarflechte, Flechtreihe. C) trop. der Grad, die Stufe der Würde, des Alters, der Verwandtschaft u. s. w.: g. aetatis; omnes honorum gg.; pervenire ad altiorem g. zu einer höheren Würde; temporum gg.; sunt plures gg. societatis humanae; g. sonorum.

Graecānĭcus, Graece, s. Graeci.

Graeci, ōrum, m. pl. [Γραικοί] die Griechen. Hierzu gehört 1) **Graecus**, adj. griechisch, subst. m. der Grieche. Hiervon A) **Graece**, adv. griechisch, loqui; g. nescire das Griechische nicht verstehen. B) **Graecisso**, 1. intrans. [γραικίζω] (Pl.) die Griechen nachahmen, griechisch agiren. C) **Graecor**, depon. 1. (Poet.) auf griechische Weise leben, die Griechen nachahmen. D) **Graecŭlus**, adj. deminut. = gracus mit dem Nebenbegriffe des Verächtlichen und Unbedeutenden; so auch subst. das Griechlein. — 2) **Graecia**, ae, f. das Land der Griechen [bei den Griechen selbst ἡ Ἑλλάς], Griechenland, theils A) das eigentliche Griechenland, theils B) Magna G. Unteritalien, oder richtiger die vielen dort angelegten griechischen Colonien, auch (Pl.) G. exotica und (scherzhaft) G. parva genannt. — 3) **Graecānĭcus**, adj. (Vorklass. u. Spät.) von den Griechen stammend oder nach Art der Griechen gemacht, lebend ob. dergl., den Griechen ähnlich.

Graecia, Graecisso, Graecus, Graecānĭcus, f. Graeci.

Graecor, f. Graeci.

Graecostăsis, is, f. [γραικόστασις] ein Gebäude in Rom, in der Nähe der Curie und des Comitium, wo in der älteren Zeit griechische und andere fremde Gesandte empfangen wurden und sich aufhielten, um auf die Entscheidungen des Senats zu warten.

Graecus, Graecŭlus, f. Graeci.

Graji, ōrum, m. pl. ältere und meist poetische Form für Graeci, die Griechen. Davon **Grajus**, adj. = graecus.

Grajoceli, ōrum, m. pl. gallische Völkerschaft um den Mont Cenis.

Grajŭgĕna, ae, m. [Grajus-gigno] (Poet.) ein Grieche von Geburt.

Grāmen, ĭnis, n. das Gras: g. molle, g. campi; herba graminis der Grasstengel, =stroh, das Kraut; auch im pl. (Poet.) = Pflanze, Kraut überhaupt.

Grāmĭnĕus, adj. [gramen] was aus Gras oder mit Gras besetzt ist, Gras=, campus; g. corona obsidionalis ein Kranz, der von Belagerten demjenigen geschenkt wurde, der sie aus der Belagerung errettet hatte (militärische Ehrenbezeigung); hasta g. aus Bambusrohr.

*****Grammătĭce**, adv. [grammaticus] (Spät.) nach den Regeln der Sprachlehre, grammatisch.

Grammătĭcus, adj. [γραμματικός] zur Sprachwissenschaft=, Philologie gehörig: ars g.; tribus gg. die Zünfte der Grammatiker (Kritiker, Philologen). Hiervon subst. A) **Grammătĭcus**, i, m. der Sprachkundige, als Erklärer und Kunstrichter älterer, bes. poetischer Schriftwerke, der Philolog, Kritiker, „Grammatiker". B) **Grammătĭca**, ae, f. (selten) =ca, ōrum, n. pl., die Sprachwissenschaft, Philologie, die Wissenschaft der Grammatiker (f. oben).

*****Grammătista**, ae, m. [γραμματιστής] (Spät.) der Sprachlehrer, bes. = Elementarlehrer (auf einer niedrigeren Stufe stehend als der Grammaticus).

Grānārĭa, ōrum, n. pl. [granum] der Kornboden, Kornspeicher.

Grānātus, adj. [granum (Spät.) mit Körnern versehen: malum g. u. subst. granatum, i, n. der Granatapfel.

Grandaevus, adj. [grandis-aevum] (Poet.) u. Spät.) hochbejahrt, alt, pater, apes.

Grandesco, — — 3. [grandis] (Poet. u. Spät.) groß werden, wachsen.

*****Grandĭcŭlus**, adj. (Pl.) deminut. von grandis.

Grandĭlŏquus, adj. [grandis-loquor] 1) in großartigem Stil redend, feierlich redend. 2) in tadelndem Sinne = großsprecherisch, prahlend, Stoicus.

Grandĭnat, — — 1. [grando] impers. (Spät.) es hagelt.

Grandis, e, adj. mit comp. u. sup. 1) eigtl. groß der Ausdehnung nach, stark, von großem Umfange, bedeutend, voll (vgl. magnus, amplus); membra gg.; g. vas, epistola; coena g. reichlich; g. pecunia, aes alienum. 2) bes. von Personen, der Höhe nach groß, erwachsen, puer, auch ilex g. hoch. Davon überhaupt alt: grandis natu bejahrt, grandior

natu älter, und vom Alter selbst aetas grandior das höhere Alter. 3) von abstracten Gegenständen: A) von der Rede, erhaben, kräftig: g. et robustum dicendi genus; gg. sententiae; ebenso vom Redner selbst, orator grandis verbis; pro grandibus fiunt tumidi. B) von anderen Sachen = groß, bedeutend, gewaltig u. dergl., vox, vitium, certamen, ingenium.
*Grandiscăpius, *adj.* [grandis-scapus] (Spät.) großstämmig.
Grandĭtas, ātis, *f.* [grandis] (selten) eigtl. die Größe, *trop.* die Erhabenheit, Kräftigkeit der Rede.
Grandĭter, *adv.* [grandis] (Poet. u. Spät., selten) stark, gewaltig, *trop.* erhaben.
Grandiuscŭlus, *adj. deminut.* von grandis, (Com.) ziemlich herangewachsen.
Grando, ĭnis, *f.* der Hagel; *g.* saxea Hagel von Steinen; auch im *pl.*
Grānīcus, i, m. [Γρανικός] Fluß in Mysien, bekannt durch die Schlacht 334 v. Chr.
*Grānĭfer, ĕra, ĕrum, *adj.* [granum-fero] (Poet.) Körner tragend (von der Ameise).
Grānum, i, *n.* ein Korn, Kern, bes. des Getreides: g. tritici, uvae, salis, piperis.
Grăphiārĭus, *adj.* [graphium] (Spät.) zum Schreibgriffel gehörig; theca g. = Grăphiārĭum, ii, *n.* das Griffelfutteral.
Grăphĭce, *adv.* [graphicus] (Vorklaff.) malerisch = sehr fein, schön.
Grăphĭcus, *adj.* [γραφικός] (Vorklaff. u. Spät.) eigtl. zum Zeichnen gehörig, malerisch, davon *trop.* a) fein, nett. b) von Personen, geschickt, fein, kunstvoll, homo, servus.
Grăphĭum, ii, *n.* [γραφίον] (Poet. u. Spät.) der Schreibgriffel.
Grassātor, ōris, *m.* [grassor] der Herumschwärmer (siehe grassor), auch = der Wegelagerer, Straßenräuber: gg. et sicarii.
*Grassātūra, ae, *f.* [grassor] (Spät.) das nächtliche Herumschwärmen = die Begelagerung.
Grassor, *depon.* 1. [gradior] 1) (selten) gehen, vorschreiten: g. ad gloriam virtutis viā. Insbes. = sich herumtreiben (bes. des Nachts auf den Straßen), herumschwärmen und allerlei Unfug, aus Muthwillen oder Bosheit, verüben (vgl. das unschuldigere comisor). 2) *trop.* A) auf irgend eine Weise, mit irgend einem Betragen (welches durch ein Adverbium ob. ein Substantivum, auch ein *gerund.* im *abl.* angegeben wird) verfahren, handeln, sich benehmen: g. jure, non vi den Weg des Rechts, nicht der Gewalt verfolgen; iisdem artibus, veneno, dolo anwenden, gebrauchen; g. obsequio Gehorsam zeigen; superbe avareque in provincia grassatus est betrug sich; illi grassantur assentando multitudini. B) insbes. hart und feindlich gegen Jmd. verfahren, auf ihn losgehen, in aliquem; g. in possessionem agri publici den Besitz angreifen; g. adversus deos.
Grāte, *adv.* mit *comp.* u. *sup.* [gratus] 1) mit Vergnügen, gern. 2) dankbar.
Grātes, tibus, *f. pl.* (der *genit.* u. *dat.* kommen nicht vor) = gratia in der Bedeutung 4. (bes. B.), was man sehe; es ist ein feierlicheres und nur im höheren Stil gebräuchliches Wort: g. ago, habeo u. s. w.
Grātĭa, ae, *f.* [gratus] 1) (Poet. u. Spät.)

die Liebenswürdigkeit, Anmuth, Schönheit, der Liebreiz und dergl.: g. corporis; plenus est jucunditatis et gratiae; g. dicendi. Hiervon als *nom. propr.* Grātĭae, ārum, *f. pl.* [Χάριτες] die Grazien, Huldgöttinnen, Töchter des Zeus und der Eurynome, gewöhnlich drei (Euphrosyne, Aglaja, Thalia), Göttinnen der Sitte und der Anmuth, bes. der durch Sitte und Schönheitssinn geregelten und veredelten geselligen Freude der Menschen. 2) die Gunst, die man genießt, die Gunst bei Jmd., das Beliebtsein (also object., vgl. favor): floreo hospitiis et gratiā; in hac summa tua g. et potentia da du so beliebt und einflußreich bist; multum posse gratiā in großer Gunst stehen; inire gratiam ab aliquo, ad plebem bei Jmd., bei der Menge in Gunst kommen; ponere aliquem in gratia apud aliquem in Gunst bei Jmd. bringen, sequi gratiam alicujus um Jmds Gunst sich bewerben. Hiervon A) = das gute Vernehmen, das freundschaftliche Verhältniß: redire in gratiam cum aliquo sich mit Jmd. versöhnen; restituere aliquem in bonam gratiam alicujus oder cum aliquo wieder in — mit Jmd. bringen; mihi cum illo est gratia ich stehe mit ihm in freundschaftlichem Verhältnisse. B) cum gratia ob. cum bona g. in Güte, gutwillig. C) oft = politisches Ansehen, Einfluß, Gunst bei der Menge. — 3) (selten) die Gunst, die man erweist (subject. = favor); die Gunstbezeugung, Willfahrung, Gefälligkeit, der angenehme Dienst, der Gefallen, und stärker = die Gnade: peto a te hanc g.: gratia apud eos vim aequi tenuit = die Parteilichkeit; in gratiam alicujus aliquid facere Jmd. Etwas zu Gefallen thun, um seinen Wunsch zu erfüllen, aber in praeteritam judicii gratiam wegen der beim Urtheilsspruche bewiesenen Gefälligkeit. Hiervon gratiam alicui facere rei alicujus Jmd. Etwas schenken = ihn von Etwas freilassen oder ihm Etwas vergeben, aber auch gratiam dicendi facere = Erlaubniß zum Sprechen geben. — 4) der Dank wegen einer Gunstbezeugung oder Gefälligkeit, nämlich: A) a) gratiam (selten gratias) alicui habere Jmd. Dank wissen, ihm dankbar sein, pro re aliqua; ebenso (Com.) tibi est gratia ich danke den Göttern, tam gratia est = ich danke (ablehnend). b) gratiam (von Mehreren auch gratias) alicui referre (persolvere, reddere) mit der That danken, vergelten, seine Dankbarkeit mit der That darlegen, pro re aliqua; cumulate mihi gratias refers; praeclaram tibi ille gratiam refert. B) gratias agere alicui seinen Dank in Worten ausdrücken, Jmd. danken, Dank sagen, pro meritis. — 5) Besondere Verbindungen A) *abl. sing.* gratiā mit dem Genitiv eines Substantiv oder dem entsprechenden Ablativ eines pronomen possessivum (= causā, was man sehe), wegen, um — willen, zu Gunsten, zu Liebe einer Sache: alicujus g., nuptiarum g., hereditatis g.; recuperandae dignitatis g. um seine Würde wieder zu erlangen (bei *Quinctil.* steht es bisweilen vor dem *genit.*); meā, tuā, nostrā g.; (selten) quā g. warum? B) *abl. pl.* gratiis (so nur Vorklaff.) oder gewöhnlich grātīs geschrieben als *adv.*, eigtl. um Dank, d. h. unentgeltlich, umsonst: facere aliquid g.; g.

male audire ohne Veranlassung dazu gegeben zu haben; virtutem g. amare. ohne Ausssicht auf Gewinn; habitare g. frei.

Grātificātio, ōnis, f. [gratificor] das Zu-Gefallen-Thun, die Gefälligkeit.

Grātificor, depon. 1. [gratus-facio] Jmd. Etwas zu Gefallen thun, ihm willfahren, sich gefällig zeigen, Jmd. Etwas schenken b. h. opfern, preisgeben, ihm zu Gunsten fahren lassen: g. alicui, odiis alicujus; g. alicui aliquid; gratificantur populo et sua et aliena, potentiae paucorum decus et libertatem opfern.

Grātiōsus, adj. mit comp. u. sup. [gratia] 1) Gunst genießend, beliebt, begünstigt (bes. von Personen, vgl. gratus), homo; gratiosus alicui und apud aliquem; causa est apud te gratiosior quam vultus trägt mehr dazu bei, dich günstig zu stimmen. *2) aus Gunst oder Gefälligkeit gegeben, missio Entlassung vom Kriegsdienste. *3) Gunst erweisend, gefällig: g. in dando et concedendo loco.

Grātis, siehe gratia 5. B.

Grātor, depon. 1. [grates] (meist Poet. u. Spät.) = gratulor, was man sehe.

Grātuīto, adv. [gratuitus] 1) unentgeltlich, umsonst. 2) (Spät.) = ohne Ursache, ohne Weiteres.

Grātuītus, adj. [gratia 5. B.] was ohne Bezahlung-, Lohn-, Vortheil geschieht, unentgeltlich: g. opera, egestio cadaverum nicht bezahlt; liberalitas, amicitia g. uneigennützig; comitia gg. wo die Stimmen nicht erkauft sind, ebenso suffragia gg.; pecunia g. wovon keine Zinsen bezahlt werden; furor g. von sich selbst und ohne besondere Veranlassung entstehend (im Gegensatze der durch Anreizung erregten Wuth); ne praeterita parricidia gg. essent umsonst, vergebens vollbracht.

Grātulābundus, adj. [gratulor] glückwünschend, alicui.

Grātulātio, ōnis, f. [gratulor] 1) die Freudenbezeigung, der Glückwunsch: g. laudis nostrae tua dein Glückwunsch zu meinem Ruhme, ebenso g. alicui wegen jenes Tages; hiervon = Frohlocken, Jubelgeschrei, summā cum civium g. 2) insbes. ein religiöses Dankfest u. Freudenfest wegen einer für den Staat glücklichen und erfreulichen Begebenheit: facere g. ad omnia deorum templa; decernere alicui gratulationem conservatae reipublicae Jmd. zur Ehre ein Freudenfest anordnen, weil er den Staat gerettet hat.

Grātulor, depon. 1. [gratus] 1) seine Freude bezeigen, zu erkennen geben, Jmd. zu Etwas Glück wünschen, seine freudige Theilnahme an Etwas ausdrücken: veniunt gratulatum; g. alicui; impii cives gg. inter se; gratulor tibi de statu tuo; g. alicui victoriam, libertatem recuperatam; (selten) g. tibi in illa re, pro tali ingenio; gratulor tibi quod abes, auch (Poet.) zu abesse dazu, daß du abwesend bist, u. (eos) reduces ihnen zur Rückkehr. 2) meist (Vorklass.) freudig danken, bes. den Göttern: g. diis; g. illi dolori.

Grātus, adj. mit comp. u. sup. 1) (Poet.) angenehm, reizend, liebenswürdig: facies g., conviva g., dies g. 2) Dank verdienend, dankenswerth, schätzbar, davon beliebt, angenehm, willkommen (bei älteren Schriftstellern nur von Sachen, vgl. carus): ista veritas etiamsi jucunda non est, mihi tamen g. est; supplicia illorum diis grata sunt; gratus eram ich war beliebt, so auch vates diis g. Häufig gratum alicui aliquid facere Jmd. einen Gefallen erweisen, nihil mihi gratius facere potes du kannst mir keine größere Gefälligkeit erweisen. 2) (selten) Dank erregend, -findend, mit Dankbarkeit aufgenommen: tyrannum occidere gratum est; tum quam gratum esse potuit, (facere) nolui. 3) dankbar, Dankbarkeit fühlend und erweisend: g. esse erga aliquem; gratum se praestare; gratā memoriā aliquem persequi Jmd. mit Dankbarkeit gedenken; animus g. Dankbarkeit.

*Grāvastellus, i, m. (Pl.) (die Etymologie ungewiß, zum Theil auch die Bedeutung) der Graukopf.

Grāvāte und **-tim**, adv. [gravor] mit Umständen, ungern: haud g. ohne Schwierigkeiten zu machen, willig (f. gravor).

*Grāvēdinōsus, adj. [gravedo] am Schnupfen leidend, schnupfig.

Grāvēdo, ĭnis, f. [gravis] die Schwere der Glieder, bes. des Kopfes = der Schnupfen, das Eingenommensein des Kopfes.

Grāvĕ-ŏlens, tis, adj. (Poet.) starkriechend, bes. = übelriechend.

Grāvĕŏlentia, ae, f. [graveolens] (Spät.) der üble Geruch, Gestank.

Grāvesco, — —. 3. [gravis] (Poet. u. Spät.) schwer werden; insbes. = schwanger werden; (Poet.) nemus omne g. fetu beladet sich mit Früchten. 2) trop. schlimmer werden, sich verschlimmern, zunehmen: furor, publica mala gg.

Grāvidĭtas, ātis, f. [gravidus] die Schwangerschaft.

Grāvido, 1. [gravis] (selten) eigtl. beschweren, davon schwängern, aliquam, trop. terra gravidata seminibus befruchtet.

Grāvidus, adj. [gravis] 1) schwanger (von Menschen, von Thieren (selten) trächtig (vgl. fetus): gravida ex aliquo von Jmd., gravida puero mit einem Knaben; facere aliquam gravidam; subst. (Pl.) gravida ein schwangeres Weib. 2) trop. (Poet.) voll (von Etwas), beladen (mit Etwas), angefüllt, fruchtbar u. dergl., nubes, aristae, manus, ubera; tempestas g. est fulminibus, pharetra g. sagittis.

Grāvis, e, adj. mit comp. und sup. 1) schwer, gewichtig, corpus, onus, navis; aes g. schweres, vollhaltiges Geld; argentum g. ungeprägt; cibus g. schwer im Magen liegend = unverdaulich. Hiervon A) = beladen, belastet mit Etwas, erfüllt von Etwas: naves graves spoliis; agmen grave praedā; trop. gravis morbo, vulnere, aetate, vino et somno = von — beschwert, beladen, wegen — schwerfällig, ungelenk. B) (Poet. u. Spät.) = schwanger, sacerdos gravis Marte vom Mars. C) = hoch, bedeutend u. dergl., pretium, annona, fenus g. D) beschwerend, belästigend, davon a) vom Geruche, unangenehm, lästig, odor, hircus in alis. b) mit Beziehung auf die Gesundheit, ungesund, schädlich, gefährlich, coelum, anni tempus, locus. E) von Tönen und Lauten, dumpf, tief (Baß=, *oppos.* acutus = Sopran=): vocem recipere ab acutissimo sono usque ad gravissimum; syllaba g. unbetont. 2) *trop.* von abstracten Gegenständen und Eigenschaften: A) in tadelndem Sinne: a) schwer = lästig, beschwerlich, drückend, unangenehm, labor, fortuna; hoc mihi est grave; grave est in populum Romanum: filius mihi gravior erit gefährlicher. b) = heftig, hart, gewaltig, bedeutend, bellum, edictum, supplicium, adversarius. B) in lobendem Sinne (*oppos.* levis): a) = gewichtvoll, bedeutend, causa, res; civitas g. et opulenta; haec mihi gravissima sunt ad spem etc. dieses wiegt am meisten bei mir zur Erregung der Hoffnung, daß u. s. w. b) = kräftig, nachdrücklich, was Eindruck macht, erhaben: oratio, sententia. c) = angesehen, geschätzt, ehrwürdig: homo gravis aetate et meritis; g. auctoritas alicujus. d) = zuverlässig, glaubwürdig, testis, auctor. e) = gesetzt, fest von Charakter, ernst, der nach festen Grundsätzen handelt und sich nicht von flüchtigen Eindrücken bestimmen läßt (*oppos.* levis): homo bonus et g., vir moderatus et g.

Graviscae, ārum, *f. pl.* oder **-ca**, ae, *f.* Stadt in Etrurien. Davon **-cānus**, *adj.*

Grăvĭtas, ātis, *f.* [gravis] 1) die Schwere, das schwere Gewicht, armorum, navium Schwerfälligkeit. Hierv. A) die krankhafte Schwere des Körpers, das Beschwertsein, die Schwerfälligkeit, Mattheit, corporis, membrorum, linguae Beschwerlichkeit. B) (Poet.) die Schwangerschaft. C) g. annonae Höhe, die Theuerung. D) vom Geruche, die Unbehaglichkeit, Widrigkeit, odoris, animae der üble Geruch. E) die Ungesundheit, Schädlichkeit, coeli. 2) *trop.* A) die Größe, Beschwerlichkeit, belli. B) die Ansehnlichkeit, Bedeutsamkeit: g. et amplitudo civitatis. C) die Würde, Kraft, der Nachdruck, Ernst, imperii; lepos mixtus gravitate in dicendo; gravitatis severitatisque personam non appetivi. D) die Gewichtigkeit, das Würdevolle, Erhabene, sententiae, verborum. E) die Festigkeit, Bedachtsamkeit, Besonnenheit, Charakterstärke u. dergl., f. gravis 2, B, e.: g. Lacedaemoniorum.

Grăvĭter, *adv.* mit comp. u. sup. [gravis] 1) schwer, mit Gewicht, cadere. Hiervon A) beschwert = unwohl, g. se habere. B) vom Tone, dumpf, tief, sonare. C) schwer = heftig, gewaltig, ferire aliquem. 2) *trop.* A) in tadelndem Sinne, a) heftig, stark, aegrotare, dolere. b) mit Verdruß, unangenehm, aliquid accipere, ferre. c) hart, streng, decernere de aliquo, in aliquem dicere; gravius vindicare in aliquem. B) im lobenden Sinne, gewichtig, nachdrücklich, eindringlich, dicere, aliquid tractare.

Grăvo, 1. [gravis] 1) (Poet. u. Spät.) beladen, mit einer Last beschweren: g. aliquem sarcinis; poma gg. ramos. Hiervon *trop.* A) belästigen, drücken, beschweren, officium hoc me g. B) verschlimmern, noch drückender machen, fortunam alicujus. 2) als *verb. depon.*

Grăvor, 1. eigtl. sich von Etwas beschwert fühlen oder schwer an Etwas gehen, daher A) Umstände=, Schwierigkeiten machen, Bedenken tragen, sich weigern: primo gravari coepit; non gravatus ohne Weigerung; non gravor illud facere; g. aquam = ungern geben. B) Poet. u. Spät.) = ungern Etwas ertragen: Pegasus g. Bellerophontem vertrug nicht gern.

Grĕgālis, e, *adj.* [grex] 1) zur Heerde gehörig, Heerd=: equi. 2) *trop.* A) *subst.* im *pl.* = Cameraden, Bekannte. B) zum großen Haufen gehörig, gemein, von ordinärer Art, poma; sagulum g. der Mantel eines gemeinen Soldaten.

Grĕgārius, *adj.* [grex] = gregalis; insbes. miles g. der gemeine Soldat.

Grĕgātim, *adv.* [grex] 1) heerdenweise. 2) schaarenweise, haufenweise.

Grĕmium, ii, *n.* 1) der Schooß: sedere in g. alicujus. 2) *trop.* = die Mitte, das Innere als ein Ort, wo Jmd. ob. Etwas Pflege, Ruhe ob. Sicherheit findet (vgl. sinus): abstrahi e sinu gremioque patriae; impositus in gremio nostro = unserer Sorgfalt übertragen; hoc in vestris gg. pono übergebe es in Eure Hand; ad g. praeceptoris in der Nähe des leitenden Lehrers.

Gressus, us, *m.* [gradior] (Poet.) der Gang (überhaupt, vgl. ingressus, incessus), der Schritt, den Jmd. macht (subjectiv, vgl. gradus): ferre g. gehen, inferre g. hineingehen, recipere g. zurückgehen.

Grex, ĕgis, *m.* (Vorklass. auch *f.*) 1) die Heerde (gewöhnlich von Schafen und kleineren Thieren im Gegensatze von armentum, doch auch von Rindern, g. armenti). 2) *trop.* die Schaar, der Haufe, die Gesellschaft von Menschen, die mit einander zusammenleben u. umgehen, „Trupp", „Club": g. amicorum, philosophorum, daher z. B. von einem Trupp Schauspieler; scribe hunc tui gregis nimm diesen in dein Gefolge auf; grege facto (militärischer Ausdruck) in geschlossener Schaar; in grege annumerari unter den gemeinen Haufen mitgerechnet werden.

Grunnio, 4. von Schweinen, grunzen.

Grunnītus, us, *m.* [grunnio] das Grunzen.

Grus, nis, *f.* der Kranich.

Grȳnĭa, ae, *f.* [Γρύνεια] Stadt in Aeolis mit einem Apollotempel. Davon **-nēus**, *adj.*

Gryps, yphis, *m.* [γρύψ] (Poet. u. Spät.) fabelhafter Vogel, der Greif.

***Grȳpus**, *adj.* [γρυπός] (Spät.) der Krummnasige.

Gŭbernācŭlum, i, *n.* [guberno] 1) das Steuerruder. 2) *trop.* (nur *pl.*) zur Bezeichnung der Lenkung, Leitung, Regierung einer Sache: tenere (sedere und accedere ad) g. oder gg. reipublicae, vitae u. dergl.

Gŭbernātĭo, ōnis, *f.* [guberno] 1) das Steuern eines Schiffes. 2) *trop.* die Lenkung, Leitung, Regierung einer Sache, g. imperii, tantarum rerum.

Gŭbernātor, ōris, *m.* u. **-trix**, īcis, *f.* [guberno] 1) der Steuermann. 2) *trop.* der Lenker, Leiter, Regierer, die =in, civitatis.

Gŭberno, 1. 1) ein Schiff steuern: g. navem mari tranquillo; ars gubernandi. 2) *trop.* lenken, leiten, regieren, rempublicam, civitates.

Gubernum   **Gyrus**   337

Gŭbernum, i, n. (Vorklaff.) = gubernaculum.

Gŭgerni, ōrum, m. pl. Völkerschaft im nordwestlichen Germanien.

Gŭla, ae, f. die Speiseröhre, Kehle, der Schlund (nur von Menschen und bes. so, daß an den Geschmack einer Sache gedacht wird, vgl. guttur): g. constat nervo et carne; gulam frangere laqueo Jmd. die Kehle zuschnüren. Häufig trop. zur Bezeichnung von Eßbegierde, Leckerhaftigkeit u. dergl.: irritamenta gulae; explere g. alicujus; homo sordidae gulae.

Gŭlōsus, adj. [gula] (Spät.) gefräßig, leckerhaft: oculis quoque ille est gulosus; fictile g. ein leckere Speisen enthaltendes irdenes Gefäß.

*****Gŭmia,** ae, f. (Vorklaff.) der Fresser, das Leckermaul.

Gummi, n. indecl. (Spät.) das Gummi.

Gurdus, adj. [spanisches Wort] dumm, tölpelhaft.

Gurges, ĭtis, m. 1) die kreisförmige und heftige Strömung in einem Flusse, die Rapide, der Strudel, Wirbel, und die an solchen Stellen oft durch den Strudel entstandene Tiefe (im Gegensatze von vadum; immer von einem fließenden oder doch bewegten Gewässer; vgl. vortex, vorago). Hiervon (Poet.) = See, Wasser überhaupt. 2) trop. zur Bezeichnung einer Sache, die Etwas verschlingt und vernichtet, der „Abgrund", „Schlund": gg. vitiorum; profundere aliquid in profundissimum libidinum suarum gurgitem; so von einem lasterhaften und verschwenderischen Menschen, g. atque heluo, g. ac vorago patrimonii.

Gurgustĭdōnii campi [gurgustium] (Pl.) scherzhaft gleichsam die „Kneipenfelder".

Gurgustĭum, ii, n. eine kleine Hütte, Schoppen.

Gustātōrium, ii, n. [gustatio] die Schüssel mit dem Vorgerichte.

Gustātus, us, m. [gusto] 1) der Geschmackssinn, Geschmack: gustatus genera eorum, quibus vescimur, sentire debet; habere g. verae, laudis = zu unterscheiden verstehen. 2) der Geschmack einer Sache (= sapor): pomorum g. jucundus est.

Gusto, 1. 1) Etwas oder von Etwas kosten, schmecken, ein Wenig von Etwas genießen (vgl. sapio): g. aquam, anserem et leporem; g. de potione; oft absol. ein Wenig essen, eine kleine Mahlzeit zu sich nehmen: cubans gustabam. 2) trop. genießen, kosten, einer Sache theilhaftig werden: g. partem voluptatis, sanguinem civilem; g. praecepta empfangen, rhetorem eine kurze Zeit hören, sermonem alicujus belauschen.

Gustus, us, m. 1) das Schmecken, Kosten, explorare epulas gustu; potio libata gustu.' Davon (Spät.) A) der Vorgeschmack, die Probe: dare alicui gustum rei alicujus. B) das Vorgericht. 2) (Spät.) (= sapor) der Geschmack, den ein Gegenstand hat; trop. sermo prae se ferens proprium quendam gustum urbis.

Gutta, ae, f. 1) der Tropfen (ein natürlicher, vgl. stilla): g. imbrium, g. sanguinis. 2) trop. A) (Vorklaff.) = ein Bißchen, Wenig, dulcedinis. B) im pl. Flecken, Puncte an Thieren und Steinen.

Guttātim, adv. [gutta] (Vorklaff. u. Spät.) tropfenweise.

Guttŭla, ae, f. (Vorklaff. u . Spät.) deminut. von Gutta.

Guttur, ŭris, n. (bei Pl. auch im accus. gutturem) die Gurgel, Kehle (sowohl von Menschen als von Thieren, vgl. gula): frangere g. alicujus Jmd. das Genick brechen; trop. vitium gutturis, magnum g. = die Gefräßigkeit.

Guttus, i, m. [gutta] ein enghalsiges Gefäß, aus welchem die Flüssigkeiten (Wein, Oel u. dergl.) tropfenweise herausflossen.

Gyăros, i, f. [Γύαρος] oder **Gyări,** ōrum, m. pl. eine der cykladischen Inseln.

Gȳges, is ob. ae, m. [Γύγης] 1) einer der Giganten oder (= Gyes) der Centimanen.- 2) lydischer König.

Gylippus, i. m. [Γύλιππος] 1) ein Geführte des Euander. 2) Feldherr der Spartaner im peloponnesischen Kriege.

Gymnăsĭarchus, i, m. oder **-ches,** ae, m. [γυμνασίαρχος oder -χης] der Vorsteher eines Gymnasiums (ein mit bedeutenden Kosten verbundenes Amt ob. Geschäft, welches in Athen die reicheren Bürger nach der Reihe übernehmen mußten).

Gymnăsium, ii, n. [γυμνάσιον] 1) ein außerhalb der griechischen Städte gelegener Platz für Leibesübungen, später ein dazu eingerichtetes Gebäude mit dazu geeigneten Anlagen (Alleen und Hainen, Spaziergängen, Ruheplätzen, Bädern u. dergl. m.), also eine Uebungsschule. 2) Weil die griechischen Philosophen für ihre Vorträge und Unterredungen am liebsten solche Oerter wählten, wo viele Leute und besonders junge Menschen zusammenkamen, bezeichnet es auch eine Lehrstelle, Schule.

Gymnasticus [γυμναστικός] (Pl.) und **Gymnicus** [γυμνικός], adj. zu Leibesübungen gehörig, gymnastisch.

Gymnŏsŏphistae, ārnm, m. pl. [γυμνοσοφισταί] nackte indische Weisen, die heutigen Braminen.

Gynaecēum ob. **-ŏīum,** ei ob. ii, n. [γυναικεῖον] bei den Griechen der innere Theil des Hauses, in welchem die Frauenzimmer wohnten, die Weiberwohnung.

Gynaecōnītis, ĭdis, f. [γυναικωνῖτις] = gynaeceum.

Gyndes, is, m. [Γύνδης] Fluß in Assyrien.

Gypso, 1. [gypsum] übergypsen, mit Gyps überziehen. Hiervon particip. **gypsātus** als adj. mit sup.: pes gypsatus das Zeichen eines zu verkaufenden Sklaven; manus gg. pflegten die Schauspieler zu haben, wenn sie Weiberrollen spielten.

Gypsum, i, n. der Gyps; (Poet.) = das Gypsbild.

Gȳrus, i, m. [γῦρος] 1) (Poet. u. Spät.) der Kreis oder die geschlängelte Linie, Windung: equi docentur variare gyros (wenn sie zugeritten werden); anguis traxit septem gg. wand sich in. 2) (Poet.) = die Reitbahn; daher trop. der Kreislauf, die Bahn, der Tummelplatz, das „Feld": dies habet angustissimum g.;

Ingerslev, lat.-deutsches Schulwörterbuch.   22

homines secundis rebus effrenati duci debent in gyrum rationis; pagina tua evecta est, praescriptos gg. Grenzen; curre gyro tuo.

Gyston, ŏnis, ob. **Gystōna**, ae, *f.* Stadt in Thessalien.
Gythēum, ei, *n.* [Γύθειον] Stadt in Laconien.

H.

Ha, *interj.* 1) ha, Ausruf der Verwunderung ob. um einer Warnung Nachdruck zu geben. 2) wiederholt ha! ha! Ausdruck des Lachens.

Häbēna, ae, *f.* [habeo] 1) (Poet.) ein Riemen, woran man Etwas hält. Davon a) = der Schuhriemen, b) = die Peitsche, Geißel. 2) meist im *pl.* der Zügel (vgl. frenum): effundere, excutere hh. die Zügel schießen lassen, ebenso (Poet.) amnes immittunt habenas fluminibus suis, und immittere hh. classi = mit vollen Segeln fahren; adducere, premere hh. anziehen. 2) (Poet.) *trop.* zur Bezeichnung von Lenkung, Leitung, Regierung.

Häbentia, ae, *f.* [habeo] (Vorklaff.) die Habseligkeit.

Häbeo, 2. 1) überhaupt haben, besitzen: h. uxorem, servos, magnas divitias; illi hh. dissimiles naturas, magnam auctoritatem, summam spem de aliquo; h. aliquid in sua potestate (auch in suam potestatem) in seiner Gewalt haben; h. aliquem secum bei sich; h. odium in aliquem Haß gegen Jemand nähren, aber h. magnam invidiam die Gegenstand großen Unwillens sein; in animo h. aliquid facere im Sinne haben; habet hoc Caesar G. hat diese Eigenschaft; virtus hoc habet hat dieses an sich; illud iniquitatem habet es liegt etwas Unbilliges in jenem; hoc difficilem habet explicationem ist schwer zu erklären; thalamus, Tartara hh. aliquem schließt ihn ein, er ist in —. Hiervon:

A) mit doppeltem accus., Jmd. ob. Etwas als Etwas haben, besitzen, an einer Person ob. Sache Etwas haben: h. aliquem collegam Jmd. zum Collegen haben; habes somnum imaginem mortis du hast an dem Schlafe ein Bild des Todes; h. patrem obvium dem Vater begegnen; reliquas civitates stipendiarias h. Insbes. a) häufig mit einem *particip. perf.* bes. der Verben, die eine Kenntniß ob. einen Entschluß bezeichnen: eum cognitum habeo ich kenne ihn genau; illud perspectum, expertum, persuasum habeo; plebem in decurias descriptam h. (durch diese Verbindung wird der Zustand bezeichnet, der das Resultat der durch das Verbum angegebenen Handlung ist). b) (Spät.) h. statuendum, respondendum u. s. w. zu bestimmen, zu antworten haben. B) = ausschließend besitzen, in seiner Gewalt haben, beherrschen: habeo Laidem, non habeor ab illa; hostis h. muros. C) = wissen, kennen ob. können: habes consilia nostra du kennst jetzt, habes sententias nostras hier hast du; nihil habeo ad te scribere, haec habui dicere, hoc pro certo affirmare habeo; habeo dicere quem etc.; non habeo quid dicam ich weiß nicht was ich sagen soll, aber non h. quod dicam ich habe nichts, das ich sagen könnte, ebenso nihil h. quod scribam. D) meist absol., Vermögen besitzen, Besitzungen haben: habet in Bruttiis er hat Güter in B.; habet et in numis et in praediis urbanis sowohl an baarem Gelde als an Häusern in der Stadt. E) Etwas an sich haben, tragen, gebrauchen, vestem; divitias honeste h. F) = mit sich bringen, erregen, erwecken: illud h. dolorem, misericordiam. G) se h. und bisweilen bloß habere sich verhalten, stehen, sich befinden, beschaffen sein u. dergl.: praeclare (male, sic) se res habet; ego me bene h.; bene habet es steht gut; beim Sall. in derselben Bedeutung sicuti pleraquo haec habentur wie das Meiste hiervon sich verhält. H) (Vorklaff.) = habito, sich aufhalten: Syracusis h.; ubi nunc habet? I) h. sibi ober secum aliquid Etwas für oder bei sich haben, behalten, hereditatem; häufig als Eheschedungsformel: istam suas res sibi habere jussit schied sich von ihr; res tuas tibi habe behalte deine Sachen für dich = sei von jetzt an von mir geschieden; scherzhaft (Com.) amor, res tuas tibi habe = ich will mit der Liebe nichts mehr zu thun haben. K) *term. t.* von einem Fechter ob. dergl.: habet ob. hoc habet er hat's = er ist verwundet.

2) halten: A) Jmd. oder Etwas an einem Orte oder in einem gewissen Zustande halten: h. urbem in obsidione, aliquem in vinculis ober in custodia (auch in custodiam); h. aliquem in magno honore (auch bloß h. aliquem magno honore) Jmd. sehr ehren, sehr in Ehren halten; h. aliquem sollicitum, mare infestum. Hiervon mit einem *adv.* = behandeln: h. aliquem bene, exercitum nimis luxuriose. B) veranstalten, thun, verrichten, vortragen u. dergl., halten: h. senatum, contionem; h. orationem, sermonem, querelam, ludos; h. iter auf dem Wege sein, reisen: h. aetatem, diem verleben. C) = erweisen, bezeigen, alicui honorem.

3) für Etwas halten, meinen, ansehen, rechnen: h. aliquem fidelem; habebatur filius ejus; h. aliquem pro amico, aliquid pro certo; h. aliquid in rebus maxime necessariis, aliquem in deorum numero, illos hostium numero unter — zählen; nefas h. aliquid facere; satis habeo hoc fecisse, videro ich halte es für hinreichend, bin damit zufrieden; aegre (graviter) aliquid h. mit Etwas mißvergnügt sein, es sehr ungern sehen. Hiervon: A) sic habeas ober habeto (aliquid) ober mit einem Objectsatze = sei überzeugt, das glaube. B) Etwas irgendwie aufnehmen, anrechnen: h. aliquid honori (laudi) als eine Ehre betrachten; h. aliquem despicatui verachten; h. aliquid religioni sich ein Gewissen aus

Etwas machen, aliquid studio sibi h. sich ein Geschäft aus Etwas machen.

Hăbĭlis, e, *adj.* mit *comp.* u. *sup.* [habeo] 1) handlich, was leicht gehanhabt werden kann, also = leicht, bequem, gefügig, geeignet, passend u. dergl.; h. gladius, currus lenksam, calceus; terra habilis frumento gerignet Getreide zu tragen; gens h. equis zum Reiten; ingenium h. ad res diversissimas.

*Hăbĭlĭtas, ātis, *f.* [habilis] (im *pl.*) die Gefügigkeit, geschickte Anlage, hh. corporis.

Hăbĭtābĭlis, e, *adj.* [habito] bewohnbar, terra.

Hăbĭtātio, ōnis, *f.* [habito] 1) die Wohnung, bona; merces habitationis die Hausmiethe. 2) (Spät.) die Hausmiethe, annua.

Hăbĭtātor, ōris, *m.* [habito] der Bewohner, mundi.

Hăbĭto, 1. [habeo] 1) (Poet.) *transit.* bewohnen, casas. 2) *intrans.* wohnen, sich gewöhnlich aufhalten; h. in illis aedibus; aves hh. in arboribus; filia h. cum patre bei ihrem Vater; h. tanti um so viel = um so große Miethe, h. triginta millibus aeris, die Miethe kostet mich 30000 Asses. *Hiervon trop.* A) = irgendwo stets sein, gleichs. zu Hause sein, in foro, in rostris = häufig als Redner hervortreten; h. in subselliis immer — sitzen, in oculis sich stets den Augen aller Welt zeigen. B) = stets bei einer Sache bleiben, sich fast immer damit beschäftigen: h. cum illis studiis, in illa ratione tractanda; insbes. = in der Rede bei Etwas verweilen.

Hăbĭtūdo, ĭnis, *f.* [habeo] (Vorklass. u. Spät.) = habitus.

*Hăbĭtūrio, — — 4. [habeo] (*Pl.*) gern Etwas haben wollen, orationem.

Hăbĭtus, *adj.* mit *comp.* und *sup.* [*particip.* von habeo] (Vorklass.) 1) mit einem *adv.* irgendwie beschaffen: equus male h.; ut patrem vidi h. = gestimmt. 2) insbes. körperlich gut gehalten, wohlbeleibt, corpulent, homo corpulentior atque habitior.

Hăbĭtus, us, *m.* [habeo] 1) die äußere körperliche Beschaffenheit, die Constitution oder das Aeußere, das Aussehen, die Haltung u. dergl. des Körpers: h. optimus; h. corporis, oris; h. brevis kleiner Wuchs. Hiervon A) überhaupt das Aussehen, die Beschaffenheit: h. illarum regionum, armorum, temporum. B) die Kleidung, Tracht (meist bei Spät.; es ist wie cultus ein weiterer Ausdruck als vestis, und umfaßt zugleich z. B. Rüstung, Waffen, Schmuck u. dergl.): h. Romanus, h. pastorum. 2) von abstracten Gegenständen, das Verhältniß, die Beschaffenheit, Natur, der Zustand: h. orationis, naturae, fortunae novae; bef. h. animorum u. dergl. = Stimmung, Gesinnung: virtus est h. animi naturae modo atque rationi consentaneus; h. rationis, virtutis = der geistige Zustand, in welchem man Vernunft, Tugend besitzt.

Hac, siehe Hic.

Hac-tĕnus, *adv.* bis hierhin, 1) im Raume, A) eigtl. (selten, Poet.) bis hierher, bis dahin, h. est illa dominum secuta. B) von einer Stelle in einer Rede oder Schrift, bis zu diesem Puncte, bis hierher, so weit: h. de amicitia loquutus sum; häuf. wo man in der Rede abbricht, um zu etwas Anderem überzugehen, gew. elliptisch: sed haec h. so viel hiervon, „das wäre denn nun das"; h. in hunc diem so weit heute. 2) (Poet. u. Spät.) in der Zeit, bis jetzt, so lange, bis zu diesem Zeitpuncte. 3) zur Bezeichnung des Zieles, des Grades, bis zu welchem Etwas geschehen kann, darf u. s. w., häufig mit quatenus correspondirend, bis zu dem Grade, in so weit, in so fern: haec artem duntaxat h. requirunt ut etc.; curandus ille est h. ne etc.

Hadria (oder **Adria**), ae, I. *f.* A) Stadt in Picenum, Geburtsort des Kaisers Hadrian. Davon **Hadriānus**, *adj.*; *subst.* der Kaiser Hadrian. B) Stadt im Venetianischen an der Küste des nach ihr benannten adriatischen Meeres, jetzt Adria. Davon a) **Hadriātĭcus** (Adr.), auch **Hadriānus**, und (Poet.) **Hadriācus**, *adj.* adriatisch, mare H. das adriatische Meer. — II. *m.* (Poet. u. Spät.) das adriatische Meer.

Hadrūmētum, (Adr.), i, *n.* Stadt in Africa propria. Davon **Hadrumetīni**, ōrum, *m. pl.* die Einwohner von H.

*Haedillus, i, *m.* *deminut.* von haedus (*trop.* als Schmeichelwort).

Haedinus, *adj.* [haedus] von jungen Ziegenböcken.

Haedui, siehe Aedui.

*Haedŭlus, i, *m.* *deminut.* von haedus.

Haedus (Hoedus), i, *m.* 1) der junge Ziegenbock, das Böckchen: tenero lascivior haedo. 2) ein Doppelgestirn im Fuhrmann.

Haemōnĭa, ae, *f.* [Αἱμονία] alter Name Thessaliens. Davon 1) **Haemōnis**, idis, *f.* (Poet.) die Thessalierin. 2) **Haemōnius**, *adj.* thessalisch, daher (weil Thessalien das Land der Zauberei war) = zauberisch, artes hh.

Haemus, i, *m.* [Αἷμος] Gebirge des nördlichen Thraciens, der Balkan.

Haereo, si, sum, 2. 1) an Etwas ob. irgendwo festhangen, -haften, -stecken, -kleben; hangen-, sitzen, stecken bleiben: h. equo ob. in equo; calceus h. in corpore; classis h. in vado, naves hh. litore; (Poet.) h. rei alicui an Etwas; h. in complexu alicujus Jmd. lange umarmt halten; haerent inter se (Poet.) sie hangen zusammen. Hiervon A) *proverb.* h. in luto ob. in salebra in Verlegenheit sein, nicht weiter kommen können; ebenso aqua h., stehe aqua. B) *trop.* a) illud h. in animo sitzt fest; h. in visceribus, medullis alicujus = immer in Jmds Gedanken sein; memoria periculi in illis haerebit sie werden die Gefahr nicht vergessen; culpa h. in te steckt bei dir; dictum aliquod haeret (*trop.* wie hasta h.) = trifft (den rechten Fleck); crimen h. in illo klebt an ihm; haesit in illis poenis = jene Strafe traf ihn endlich. b) h. in tergo ob. tergis alicujus Jmd. auf dem Nacken sitzen = ihn eifrig verfolgen. c) h. ad latus alicujus ob. alicui, apud aliquem immer bei Jmd. verweilen; h. circa libidines = stets ergeben sein; h. Athenis, circa muros urbis sich lange aufhalten. d) sich in der Rede oder Schrift bei

22*

Etwas aufhalten, stehen bleiben, in re aliqua. a) stocken: vox faucibus h.; lingua h. metu; amor h. hörte auf; negotium, res h. = gelingt nicht recht. 2) *trop.* in Verlegenheit ober Ungewißheit sein, aus Etwas nicht herausfinden können, keinen Rath wissen, schwanken, ungewiß sein: h. in tabulis publicis, in multis nominibus; h. quid dicam weiß nicht recht.

Haeresco, — — 3. [haereo] (Vorklass.) hangen-, stecken bleiben.

Haerĕsis, is u. eos, *f.* [αἵρεσις] die Lehre od. Secte, das System, die Schule eines Philosophen.

*****Haesĭtābundus**, *adj.* [haesito] (Spät.) stockend, verlegen.

*****Haesĭtantia**, ae, *f.* [haesito] das Stocken, Stottern, linguae.

Haesĭtātio, ōnis, *f.* [haesito] 1) das Stocken im Reden. 2) das Schwanken, die Unentschlossenheit, Unschlüssigkeit.

Haesĭtātor, ōris, *m.* [haesito] (Spät.) der Unentschlossene.

Haesĭto, 1. [haereo] 1) fest hangen, -stecken, -sitzen: h. in vadis; *proverb.* h. in eodem luto in derselben Verlegenheit sein. 2) *trop.* A) h. linguā stottern, stammeln. B) unschlüssig und unbestimmt sein, in Verlegenheit sein, schwanken: h. in novis rebus; non haesitans respondit ohne in Verlegenheit zu gerathen; h. in majorum institutis unbewandert, unkundig sein; h. quid respondeam weiß nicht recht, h. de re aliqua.

Halŏÿŏne, a. S. für Alcÿŏne.

Halec, Halex, siehe Alec, Alex.

Hales, ētis, *m.* Fluß in Lucanien.

Hălaesa, ae, ['Ἁλαισα] Stadt auf Sicilien. Davon **Hălaesīnus**, *adj.* u. *subst.* -sini, ōrum, *m. pl.* die Einwohner von H.

Hălaesus, i, *m.* ein Nachkomme des Agamemnon, Erbauer der Stadt Falisci.

Hăliacmon, ōnis, *m.* ['Ἁλιάκμων] Fluß in Macedonien.

Hăliaeĕtos, i, *m.* [ἁλιαίετος] der Fischadler.

Hăliartus, i, *f.* ['Ἁλίαρτος] Stadt in Böotien. Davon **Haliartii**, ōrum, *m. pl.* die Einwohner von H.

Hălĭcarnassus, i, *f.* ['Ἁλικαρνασσός] Stadt in Carien. Davon 1) **Hălĭcarnassenses**, ium, od. (Spät.) -ssi, ōrum, *m. pl.* die Einwohner von H. 2) **Hălĭcarnasseus**, ei, *m.* ['Ἁλικαρνασσεύς] aus H. gebürtig.

Hălĭcyae, ārum, *f. pl.* ['Ἁλικύαι] Stadt auf Sicilien. Davon -cyensis, e, *adj.* und *subst.* -cyenses, ium, *m. pl.* die Einwohner von H.

Hălĭtus, us, *m.* [halo] (fast nur Poet. u. Spät.) 1) der Hauch, Athem: h. oris, graveolentia halitūs; extremum halitum efflare (Poet.) 2) der Dunst, Dampf, die Ausdünstung, maris, cadi der Weindunst.

Hālo, 1. (Poet.) 1) *intrans.* A) hauchen: aurae quae de gelidis vallibus hh. B) buften, ara h. sertis recentibus. 2) *transit.* aushauchen, ausdünsten, flammas.

Hălŏphanta, ae, *m.* [ἁλοφάντης] (Com.) scherzhaft gebildet nach συκοφάντης, eigtl. der „Salzangeber" = Schurke, Halunke.

Hălūcĭnatio etc., s. Alucinatio etc.

Hălus, i, *f.* Stadt in Assyrien.

Hălys, yos, *m.* ['Ἅλυς] Fluß in Paphlagonien.

Hāma, ae, *f.* [ἅμη] (Vorklass. und Spät.) der Wassereimer.

Hāmātĭlis, e, *adj.* [hamus] mit Angeln geschehend, piscatus.

Hāmātus, *adj.* [hamus] 1) mit Haken versehen, hakig, ungues. 2) hakenförmig, gekrümmt, ensis. 3) *trop.* (Spät.) munera hh. angelnde, ködernde, eigennützige.

Hămaxăgōga, ae, *m.* [ἁμαξαγωγός] (*Pl.*) Etwas zu Wagen entführend.

Hămaxo, 1. [ἅμαξα]. (*Pl.*) an den Wagen spannen, aliquem.

Hămaxŏbii, ōrum, *m. pl.* ['Ἁμαξόβιοι] die auf Wagen Lebenden, scythisches Nomadenvolk.

Hāmilcar, āris, *m.* Name mehrerer carthaginiensischen Männer: H. Barcas, Vater des Hannibal, schloß den Frieden 241 v. Chr. und begann die Eroberung von Spanien.

Hāmĭōta, ae, *m.* [hamus] (Vorklass.) der Angler.

Hāmŭlus, i, *m.* *deminut.* von hamus.

Hāmus, i, *m.* 1) der Haken, ferreus; insbef. der Angelhaken, die Angel: pisces capiuntur hamo. 2) *trop.* A) ein hakenförmiger Gegenstand, z. B. die Krümmung eines Schwertes. B) Etwas, wodurch man Jmd. zu ködern und fangen sucht: *proverb.* hamum vorat et beißt an = läßt sich bethören; insidiatorem fugere praeroso hamo nachdem man die Geschenke genommen.

Hannĭbal, ălis, *m.* carthaginiensischer Feldherr, Hamilcars Sohn, Roms gefährlichster Feind.

Hanno, ōnis, *m.* carthaginiensischer Suffet, der ums Jahr 500 v. Chr. eine Entdeckungsreise längs der Westküste Africas unternahm.

Hăphe, es, *f.* [ἁφή] (Spät.) der Staubsand, womit die Ringer sich bestreuten; davon überh. Staub.

Hāra, ae, *f.* ein kleiner Stall für Thiere, bef. Schweine, Gänse; h. suis als Schimpfwort von einem Menschen.

Harena etc., a. S. für Arena etc.

*****Hărĭŏlātio**, ōnis, *f.* [hariolor] (Vorklass.) die Wahrsagung.

Hărĭŏlor, *depon.* 1. 1) wahrsagen. 2) (Vorklass.) faseln, albernes Zeug reden (mit einiger Prätention, vgl. garrio).

Hărĭŏlus, i, *m.* u. -la, ae, *f.* der Wahrsager, die Wahrsagerin (gewöhnlich mit einiger Verachtung).

Harmŏdĭus, ii, *m.* ['Ἁρμόδιος] athenienfischer Jüngling, der mit seinem Bruder Aristogiton wegen einer Privatbeleidigung den Tyrannen Hipparchus tödtete, worauf H. von der Leibwache niedergestoßen wurde. Später wurden beide Brüder unverdienter Maßen als die Befreier Athens verehrt.

Harmŏnĭa, ae, *f.* [ἁρμονία] I. 1) die Zusammenstimmung, der Einklang von Tönen, die Harmonie, Musik: canere ad h.; sonorum varia compositio efficit plures hh. 2) (Poet.) die Uebereinstimmung, Einigkeit.

Harpago   **Haut**   841

II. als *nom. propr.* Tochter des Mars und der Venus, Gemahlin des Cadmus.

Harpăgo, 1. [ἁρπάζω] (Pl.) rauben, aliquid.

Harpăgo, ōnis, m. [ἁρπάζω] 1) der Haken, womit man Etwas an sich reißt, insbes. der Enterhaken. 2) *trop.* (Pl.) ein räuberischer Mensch.

Harpălўce, es, f. [Ἁρπαλύκη] Tochter eines thracischen Königs.

Harpe, es, f. [ἅρπη] (Poet.) ein sichelförmiges Schwert, Krummschwert.

Harpocrătes, is, m. [Ἁρποκράτης] ägyptischer Gott, Genius des Schweigens: daher aliquem reddere H. = schweigen machen.

Harpyia, ae, f. [Ἅρπυια] eine der Harpyien, mythische Raubwesen, halb Vögel, halb Weiber, die Alles raubten oder besudelten.

Harundo etc., s. S. für Arundo etc.

Hăruspex, ĭcis, m. bei den Römern ein etrurischer Opferdeuter, Wahrsager aus den Eingeweiden der Opferthiere; (Poet.) überhaupt = der Weissager.

*****Hăruspĭca**, ae, f. [haruspex] (Pl.) die Opferdeuterin.

Hăruspĭcĭnus, *adj.* [haruspex] zum Opferdeuter gehörig. Davon *adj.* **Hăruspĭcĭna**, ae, f. [ars] die Weissagung aus Eingeweiden, die Opferdeutung.

Hăruspĭcĭum, ii, n. [haruspex] (Poet. u. Spät.) die Opferdeutung, das Wahrsagen aus den Eingeweiden der Opferthiere.

Hasdrŭbal, ălis, m. carthaginiensischer Feldherr, Bruder Hannibals, der 207 v. Chr. in einer Schlacht fiel.

Hasta, ae, f. 1) ursprünglich eine lange u. schlanke Stange, junger Baumstamm u. dgl. ein solcher als Lanzenschaft gebraucht; so h. pura nicht mit Eisen beschlagen (als Ehrengeschenk für tapfere Soldaten); h. graminea ein Bambusrohr als Lanze; h. pampinea (Poet.) der Thyrsusstab. 2) gewöhnlich eine Lanze, langer Speer (vgl. pilum, jaculum); *trop.* h. amentata = ein kräftiger Beweis, abjicere h. = den Muth verlieren. Insbes. a) Eine hasta wurde bei verschiedenen Gelegenheiten im öffentlichen Leben symbolisch gebraucht: bei Devotionen, bei den Kriegserklärungen der Fetialen, bei den Gerichtsverhandlungen der Centumvirn, bes. aber bei Versteigerungen (ursprünglich der Kriegsbeute, wo dann eine Lanze aufgepflanzt wurde, um die Stelle, wo die Versteigerung geschah, kenntlich und sichtbar zu machen), auch bei Verpachtungen: hastam ponere, vibrare eine Auction halten; eos non infinita illa h. satiavit (die Sullanischen Versteigerungen); emptio ab h., vendere aliquid sub h., hastae subjicere öffentlich versteigern. b) vor der Hochzeit wurde das Haar der Braut mit einem Spießchen geordnet und geschmückt. c) (Poet.) = Scepter.

Hastātus, *adj.* [hasta] mit Lanzen versehen, acies, currus. Insbrf. *subst.* **Hastāti**, ōrum, m. *pl.*, die Soldaten der 10 Manipeln einer Legion, welche die vorderste Reihe der dreigliederigen (vgl. principes, triarii) römischen Schlachtordnung ausmachten (also der dritte Theil einer Legion, die eine der drei Waffenarten, aus welchen sie bestand). Davon a) primus, secundus etc. h. die erste, zweite u. s. w. Abtheilung (Manipel) der hastati: ducere primum h. = Centurion der ersten Abtheilung der hh. sein; decimum ordinem hastatum mihi assignavit machte mich zum Centurion der zehnten Abtheilung der hh.; aber auch b) primus, secundus etc. h. der Centurion der ersten, zweiten Abtheilung der hh.

Hastīle, is, n. [hasta] 1) der Lanzenschaft. 2) (Poet.) A) die Lanze. B) ein schaftförmiges Holz, kleine Stange, Stütze für Bäume u. dergl.

Hau, 1) *interj.* (Com.) Ausruf der Klage od. des Schmerzes, hal aul ahl 2) f. Haud.

Haud (bei den älteren Schriftstellern auch hau ob. haut geschrieben) *adv.* nicht eben, nicht gerade, nicht (es enthält ursprünglich eine weniger bestimmte, mehr subjective Verneinung als non, ist seltener als dieses und wird in der classischen Prosa fast ausschließlich vor Adverbien, bisweilen vor Adjectiven gebraucht, nicht vor Verben, außer in der Verbindung h. scio an).

Haud-dum, *adv.* noch nicht.

Haud-quāquam, *adv.* gar nicht, keineswegs.

Haurio, hausi, haustum, 4. 1) heraufholen, schöpfen, Wasser ob. dergl. von unten heraufziehen: h. aquam de puteo; arbusta hausta a radicibus losgerissen (Poet.) b. terram aufgraben, h. suspiratus tief aufseufzen; häufig von Schriftstellern u. dergl., die aus den Schriften Anderer Etwas hernehmen; *proverb.* h. de faece = gerade das Schlechteste wählen. Hiervon A) = einschöpfen, in sich schöpfen, einschlürfen, trinken, vinum. B) (meist Poet.) überhaupt an sich ziehen, -nehmen, einziehen, in sich aufnehmen, verschlingen, verzehren: h. cineres; h. coelum, auram einathmen; urbes hauriuntur terrae motibus, arbores haustae in profundum u. equi hauriuntur gurgitibus; incendium h. cunctos verzehrt. C) *trop.* h. sumptum ex aerario aus dem Schatze hernehmen; h. voluptates kosten, genießen; h. artes lernen, sich aneignen, dolorem empfinden, laborem sich unterziehen, calamitates erdulden, ausstehen, supplicium leiden; h. lucem (Poet.) = geboren werden; h. ignem Feuer fangen, h. aliquid oculis = sehen, dicta auribus = hören, h. strepitum vernehmen; h. aliquid cogitatione an Etwas denken; h. spem animo Hoffnung schöpfen, h. praecepta empfangen. 2) (selten) vergießen, sanguinem alicujus; h. opes verthun. 3) leeren, ausleeren, poculum, pateram. Hiervon (meist Poet.) = durchbohren, ventrem alicujus; *trop.* pavor h. corda durchbringt, erfüllt.

*****Haustrum** (ob. **Austrum**), i, n. [haurio] (Lucr.) die Schöpfmaschine.

Haustus, us, m. [haurio] 1) das Schöpfen, aquae; *trop.* hh. fontis Pindarici aus dem Dichter Pindar als Quell = Nachahmung. Hiervon h. arenae das Aufwerfen. 2) das Einziehen, Verschlucken, ignis; h. coeli des Einathmens (Poet.) hh. aetherii ätherische Luft. 3) (Poet. u. Spät.) a) der Zug, Schluck: bibere exiguis hh. b) der Trunk: bibere haustus justitiae.

Haut, siehe Haud.

Haveo — Helvetii

Hăveo, a. S. für Aveo.

Heautontīmōrūmĕnos, i, m. [ἑαυτοντιμωρούμενος] „der sich selbst Plagende", Titel einer Comödie des Terenz.

Hebdŏmas, ădis, f. [ἑβδομάς] eine Zahl von sieben, namentlich von sieben Tagen: quarta h. = der 28ste Tag.

Hēbe, es, f. [Ἥβη] (Juventas) die Göttin der Jugend, Tochter des Jupiter und der Juno, Gemahlin des vergötterten Hercules.

Hēbeo, — — 2. [hebes] 1) stumpf sein, ferrum. 2) trop. (f. hebes) stumpf=, matt=, träge=, unthätig u. dergl. sein: sanguis (senum) h.; sensus h.; homines hh.

Hěbes, ětis, adj. mit comp. u. sup. 1) stumpf, nicht scharf (oppos. acer, vgl. obtusus), cornu, mucro. 2) trop. von den Sinnen und den Gegenständen, von welchen diese Eindrücke empfangen, stumpf, schwach, matt, oculi, aures, ictus, color; os h. ohne Appetit; dolor h. dumpf. B) geistig stumpf, stumpfsinnig, träge, unthätig, homo, ingenium; h. ad aliquid; spondeus videtur h. schwerfällig, langsam; exercitus h. unwillig.

Hěbesco, — — 3. [hebeo] stumpf=, matt=, schwach werden, sensus; sidera hh. erblassen; trop. acies illorum auctoritatis h.; virtus h.

Hěběto, 1. [hebes] 1) stumpf machen, hastam. 2) trop. (meist Poet.) abstumpfen, stumpf=, matt=, träge machen, schwächen, der Thätigkeit und Kraft berauben: h. oculos alicui, corpus, vires reipublicae; dies h. sidera verdunkelt, macht — erblassen.

Hebraeus, adj. hebräisch, jüdisch.

Hebrus, i, m. [Ἕβρος] Fluß in Thracien, jetzt Maritza.

Hěcăte, es, f. eine mächtige Naturgöttin, die im Himmel, auf Erden und im Meere waltet, und als solche in den mystischen Cultus aufgenommen wurde, bes. aber, von den Tragikern an, als unterirdische Göttin der Zauberei und der Schrecken des Geisterreichs verehrt wurde. Sie ward daher oft mit der Proserpina od. der Diana verwechselt. Davon (Poet.) **Hěcātēis,** ĭdis, f. u. **Hěcātēius,** adj.

Hěcăto, ōnis, m. [Ἑκάτων] stoischer Philosoph aus Rhodus, Schüler des Panätius.

Hector, ŏris, m. [Ἕκτωρ] der berühmte Sohn des Priamus und der Hecuba, Gemahl der Andromache, Anführer der Trojaner, von Achilles getödtet. Davon **Hectŏreus,** adj.

Hěcŭba, ae, f. [Ἑκάβη] Königin von Troja, Gemahlin des Priamus, Mutter des Hector und mehrerer anderer Kinder.

Hěcyra, ae, f. [ἑκυρά] die „Schwiegermutter", Name einer Comödie des Terenz.

Hěděra, ae, f. die Pflanze Epheu, Wintergrün, dem Bacchus heilig.

Hěděrāceus, adj. [hedera] aus Epheu.

*****Hěděrĭger,** ĕra, ĕrum, adj. [hedera-gero] (Poet.) Epheu tragend.

*****Hěděrōsus,** adj. [hedera] (Poet.) reich an Epheu.

*****Hēdychrum,** i, n. [ἡδύχρουν] eine wohlriechende Salbe od. eine Art Weihrauch.

Hei, interj. Ausruf der Klage oder des Schreckens, ach! wehe! ha!: h., occidi; h., vidi uxorem ach weh, da ist meine Frau! h. mihi wehe mir!

Hělēna, ae, f. [Ἑλένη] die wegen ihrer Schönheit gefeierte Tochter des Jupiter und der Leda, Gemahlin des Königs Menelaus von Sparta; durch ihre Entführung von Paris ward sie die bekannte Veranlassung des trojanischen Krieges, nach welchem sie mit Menelaus nach Sparta zurückkehrte.

Hělěnus, i, m. [Ἕλενος] Sohn des Priamus und der Hecuba, berühmt als Wahrsager. Nach der Eroberung von Troja wurde er als Kriegsgefangener vom Pyrrhus nach Epirus geführt, wo er von Pyrrhus die Andromache (welche Pyrrhus als Sclavin mit sich geführt hatte) als Ehefrau erhielt nebst der Herrschaft einer Landstrecke. Hier traf ihn der Aeneas auf seiner Fahrt.

Hēliădes, dum, f. pl. [Ἡλιάδες] die Töchter des Helios (der Sonne) und Schwestern des Phaëthon, nach dessen Tode in Pappeln verwandelt.

Hělĭcē, es, f. [ἑλίκη die Windung] 1) das Sternbild der große Bär; davon meton. = der Norden. 2) Küstenstadt in Achaja.

Hělĭcon, ōnis, m. [Ἑλικών] Berg in Böotien, Apollo und den Musen geweiht. Davon 1) **Hělĭcōniădes,** dum, f. pl. = die Musen. 2) **Hělĭcōnius,** adj.

Hēlĭŏdōrus, i, m. [Ἡλιόδωρος] 1) ein berühmter Arzt zu Juvenals Zeit. 2) ein Rhetor zu der Zeit des Horaz.

Hēlĭŏpŏlis, is, f. [Ἡλιούπολις] 1) Stadt in Cölesyrien. 2) Stadt in Unterägypten. Davon **-pŏlītae,** ārum, m. pl. die Einwohner von H.

Hellas, ădis, f. [Ἑλλάς] (Spät.) das eigentliche Griechenland (im Gegensatze vom Peloponnes).

Helle, es, f. [Ἕλλη] Tochter des böotischen Königs Athamas und der Nephele, Schwester des Phrixus. Nach ihr wurde der „Hellespont" genannt.

*****Hellěbŏrōsus,** adj. [helleborus] (Pl.) der viel Nieswurz nöthig hat, d. h. der von Sinnen ist.

Hellěbŏrus, i, m. ob. -rum, i, n. [ἑλλέβορος] die Nieswurz, bei den Alten als Heilmittel vorzüglich gegen Wahnsinn gebraucht.

Hellespontus, i, m. [Ἑλλήσποντος] „das Meer der Helle", die nach Helle (siehe diesen Art.) genannte Meerenge zwischen Europa und Asien, jetzt die Straße der Dardanellen; davon meton. = die am Hellespont gelegenen Küstenstriche. Davon **Hellespontĭăcus** (Poet.) ob. **-tīcus** (Spät.) u. **-tĭus,** adj., subst. **Hellospontĭus,** ii, m. der Anwohner des H.

Hēlops, ŏpis, m. [ἔλλοψ] ein Seefisch, vielleicht der Schwertfisch.

Hělōtes, tum, ob. **-tae,** ārum, m. pl. [Ἕλωτες ob. Εἵλωται] die Heloten, Leibeigene der Spartaner; auch **Īlōtae,** ārum geschrieben.

Hělŭo, ōnis, m. der Schwelger, Prasser (stärker als nepos); h. patrimonii der Verprasser.

Hělŭor, depon. 1. [heluo] schwelgen, prassen.

*****Helvella,** ae, f. ein kleines Küchenkraut.

Helvētii, ōrum, m. pl. Völkerschaft in der heutigen Schweiz. Davon **Helvētius** u. **-tĭus,** adj.

Helvii, ōrum, m. pl. Völkerschaft in Gallia Narbonensis. Davon **Helvĭcus**, adj.

Hem, interj. Ausruf des Erstaunens und der Ueberraschung, sowohl der erfreulichen als der unangenehmen, hm! ei! sieh doch.

Hēmĕrŏdrŏmus, i, m. [ἡμεροδρόμος] der „Tagläufer" = der Eilbote (der den ganzen Tag hindurch läuft).

**Hēmĭcillus, i, m. [ἡμίκιλλος] der Halbesel (als Schimpfwort).

Hēmĭcyclĭum, ĭi, n. und (gwfl., Spät.) *-cyclus, i, m. [ἡμικύκλιον] eigtl. der Halbkreis, davon 1) ein halbrunder Lehnfessel. 2) (Spät.) ein halbrunder Platz mit Sitzreihen für gelehrte Versammlungen.

Hēmīna, ae, f. [ἡμίνα] ein Maaß. 1) für flüssige Gegenstände = ½ sextarius. 2) von nicht flüssigen Gegenständen = ¹⁄₁₆ sextarius (¹⁄₃₂ modius).

*Hēmīnāria, ōrum, n. pl. [hemina] (Spät.) Geschenke, wovon jedes das Maaß einer hemina hält.

Hendĕcăsyllăbi, ōrum, m. pl. [= ἐνδεκασύλλαβοι] (Poet. u. Spät.) sc. versus, elfsilbige Verse.

Hēnĭŏchi, ōrum, m. pl. [Ἡνίοχοι] eigtl. die Wagenlenker, Volk in Sarmatien; davon -ŏchĭus ob. -ŏchus, adj.

Henna, siehe Enna.

*Hēpătārĭus, adj. [hepar = ἦπαρ] (Pl.) zur Leber gehörig, Leber=, morbus.

Hephaestĭo, ōnis, m. [Ἡφαιστίων] Freund Alexanders des Großen.

*Heptēris, is, f. [ἑπτήρης] ein siebenräderiges (d. h. auf jeder Seite sieben Ruderbänke habendes) Schiff.

Hĕra, ae, f. (Vorklaff. u. Poet.) die Hausfrau im Verhältniß zur Dienerschaft, also = die Herrin, Frau im Hause (vgl. domina); h. major und minor die Frau und die Tochter vom Hause. 2) (Poet.) überhaupt die Herrscherin; häufig von Göttinnen; auch = domina Geliebte.

Heraea, ae, f. [Ἡραία] Stadt in Arcadien.

Heraea, ōrum, n. pl. [ἡραῖα von Ἡρα Juno] das Junofest.

Hērāclĕa, ae, f. [Ἡράκλεια] die Herculesstadt, Name mehrerer griechischer Städte, deren bekannteste sind: 1) H. in Lucanien, Colonie von Tarent. 2) H. Pontica in Bithynien am schwarzen Meere. 3) H. Minöa auf der Südküste von Sicilien. 4) H. in Phthiotis in Thessalien, früher Trachis genannt. 5) H. Sintica in Macedonien. — Davon A) **Hērāclĕenses**, ium, m. die Einwohner von H. B) **Hērāclĕōtes**, ae, adj. u. subst. -tae, ārum, m. pl. die Einwohner von H.; hiervon -ŏtĭcus, adj.

Hērāclĕus, adj. [Ἡράκλειος] zum Hercules gehörig; subst. -um, i, n. als nom. propr. eine Stadt in Macedonien.

Hērāclītus, i, m. [Ἡράκλειτος] griechischer Philosoph aus Ephesus ums Jahr 500 v. Chr., der ionischen Schule angehörend.

Herba, ae, f. 1) (Poet.) das emporsprossende Grün, der grüne Stengel, Halm, Stroh, bes. des Grases oder des Getreides: h. graminis, frumenti; segetes moriuntur primis in herbis; proverb. messis tua adhuc in herba est = es ist noch zu früh und ungewiß für dich, die Frucht deiner Bemühungen zu ernten zu hoffen. 2) das Gras: recumbere, residere in h. 3) überhaupt die Pflanze, das Kraut.

Herbārĭus, adj. [herba] (Spät.) zu den Kräutern gehörig; hiervon subst. A) **-ārĭa**, ae, f. die Pflanzenkunde, Botanik. B) **-ārĭus**, ĭi, m. der Pflanzenkundige, Botaniker.

Herbesco, — — 3. [herba] in jungen Sprossen, Halmen, hervorsprossen.

*Herbeus, adj. [herba] (Spät.) grasgrün.

Herbĭdus, adj. [herba] grasreich, kräuterreich.

Herbĭfer, ĕra, ĕrum, adj. [herba-fero] (Poet.) Kräuter tragend, grasreich.

*Herbĭgrădus, adj. [herba-gradior] (Vorklaff.) im Grase gehend.

Herbīta, ae, f. [Ἕρβιτα] Stadt in Sicilien. Davon **Herbītensis**, e, adj. u. subst. -tenses, ium, m. pl. die Einwohner von H.

Herbōsus, adj. [herba] grasreich, kräuterreich.

Herbŭla, ae, f. deminut. von herba.

Hercisco ob. **Ercisco**, — — 3. (= herctum cisco ob. cieo) term. t. eine Erbschaft theilen: h. familiam.

Herctum ob. **Erctum**, i, n. [verwandt mit heres; vgl. hercisco] eine Erbschaft: h. ciere eine Erbschaft theilen.

Herculāneum, i, n. (die Form Herculanum ist falsch) [Ἡράκλειον] Stadt in Campanien, durch einen Ausbruch des Vesuvs 79 n. Chr. zerstört. Davon **Herculānensis**, e, u. -ānĕus, adj. u. subst. -enses, ium, m. pl. die Einwohner von H.

Hercŭles, is, m. [Ἡρακλῆς] der berühmteste griechische Heros, Sohn des Jupiter und der Alcmene, der Gemahlin des Amphitryon. Unter die Götter aufgenommen, erhielt er Hebe zur Gemahlin. — Als Betheuerungsformel gebrauchten die Römer **Hercules** u. **Hercule**, in der Conversf. oft zu **Hercle** zusammengezogen, ob. **mehercules**, **-le** = bei Gott! wahrhaftig! Bisweilen wird hercle mit anderen Partikeln, besonders Bekräftigungswörtern verbunden: sane quidem h.; minime h. vero.

Davon abgeleitet **Hercŭlĕus**, ob. (Spät.) -lānus, adj.: Trachin H. vom H. erbaut, hostis H. = Telephus, des H. Sohn, gens H. = das sabische vom H. stammende Geschlecht; arbor H. der bei dem H. heilige Pappelbaum.

Hercynĭa silva, gemeinschaftlicher Name der waldreichen Gebirge in Deutschland, vom Schwarzwald an bis an den Harz, im Norden der Donau von Westen nach Osten durch Deutschland ziehen.

Hērēdĭtārĭus, adj. [heres] 1) zu einer Erbschaft gehörig, eine Erbschaft betreffend, Erb=, lis. 2) erblich, geerbt, cognomen, imperium, bellum als Erbschaft hinterlassen.

Hērēdĭtas, ātis, f. [heres] 1) abstr. das Erben, die Erbfolge oder das Erbrecht: accipere aliquid hereditate; hereditas gloriae meae ad te venit du erbst meinen Ruhm. 2) concr. die Erbschaft, das Erbe: h. magna; hereditas mihi venit ist mir zugefallen; capere hereditatem ab aliquo erhalten, tradere ali-

Heredium — **Hestiaeotis**

oui übergeben; h. caduca, siehe caducus; proverb. h. sine sacris (*Pl.*) = großer Vortheil ohne irgend eine Mühe (mit Beziehung auf die Kosten, welche oft aus der Uebernahme der sacra des Erblassers entsprangen).

Hērēdium, ii, n. [heres] (selt.) das Erbgut, ererbte Landgut.

Hērennius, ii, m. Name eines römischen Geschlechts: ein Cajus H. war ein Freund des Cicero.

Hēres, ēdis, m. 1) der Erbe: facere (scribere, instituere) aliquem heredem Jmd. zu seinem Erben machen; heres ex asse der Universalerbe, h. ex dimidia parte Erbe der Hälfte; heres est fratri suo er ist der Erbe seines Bruders; h. secundus der nach dem Tode des Ersten, oder wenn dieser die Erbschaft nicht antreten will, Erbe wird; trop. = Nachfolger, h. laudis, artis, academiae. 2) (Poet. u. Spät.) der Nachwuchs, der Nachsproß an Pflanzen. 3) (Vorklass.) = herus der Besitzer, Herr, alicujus.

Hēri u. (Vorklass. u. Spät.) **Hēre**, *adv.* gestern; h. vesperi gestern Abend; uneigtl. (Poet.) hodie atque h. = neulich, vor Kurzem.

*****Hērifūga**, ae, m. [herus-fugio] (Poet.) den Herrn fliehend.

Hērīlis, e, *adj.* [herus u. hera] (Poet.) zu dem Hausherrn- oder der Hausfrau gehörend, des Herrn od. der Frau, filius, mensa, gressus; metus h. Furcht vor dem Herrn od. der Frau; nomen h. der Name des Herrn; peccatum h. das Vergehen der Frau.

Hērillus, i, m. [Ἥριλλος] stoischer Philosoph aus Carthago, Schüler des Zeno. Davon **Herillii**, ōrum, m. *pl.* die Schüler des H.

Hermaeum, i, n. [Ἑρμαῖον] eigtl. ein Tempel des Hermes (Mercur), davon als Eigenname: 1) Flecken in Böotien. 2) ein Gartensaal.

Hermagōras, ae, m. [Ἑρμαγόρας] ein griechischer Rhetor aus Rhodus. Davon **Hermagōrēi**, ōrum, m. *pl.* die Schüler des H.

Hermaphrodītus, i, m. [Ἑρμαφρόδιτος] (Poet. u. Spät.) der Zwitter, sowohl Mann als Weib, der Sage nach ein Sohn des Mercur (Hermes) und der Venus.

*****Hermathēna**, ae, f. [Ἑρμῆς-Ἀθηνᾶ] eine Doppelbüste des Mercur und der Minerva.

*****Hermēracles**, is, m. [Ἑρμηρακλῆς] Doppelbüste des Mercur und des Hercules.

Hermes ob. **ma**, ae, m. [Ἑρμῆς] ein Kopf, der in einen viereckigen Fußpfeiler oder in eine Säule auslief, dergleichen bes. in Athen auf den öffentlichen Plätzen und vor den Eingängen mehrerer Tempel und Privathäuser standen, Hermessäule.

Hermīnius, ii, m. Gebirge im südöstlichen Portugal.

Hermiōne, es, f. [Ἑρμιόνη] 1) Tochter des Menelaus und der Helene, mit dem Neoptolemus verheirathet (oder nach anderen Sagen nur verlobt, indem N. vor der Hochzeit vom Orestes getödtet wurde). 2) Stadt in Argolis; davon **Hermiōnĭcus**, *adj.*

Hermiōnes, num, m. *pl.* Volksstamm der Germanen, zwischen der Elbe und Weichsel.

Hermundūri, ōrum, m. *pl.* germanische Völkerschaft an der Elbe.

Hermus, i, m. [Ἕρμος] Fluß in Lydien.

Hernĭci, ōrum, m. *pl.* Völkerschaft in Latium. Davon **Hernĭcus**, *adj.*

Hēro, us, f. [Ἡρώ] Priesterin der Venus zu Sestus in Thracien, Geliebte des Leander aus Abydus.

Hērōdes, is, m. 1) H. der Große, König von Judäa. 2) Sophist aus Attica, Freund der beiden Antonine.

Hērodōtus, i, m. [Ἡρόδοτος] der berühmte griechische Geschichtschreiber, geb. 484 v. Chr.

Hērōĭcus, *adj.* [ἡρωϊκός] zu den Heroen gehörig, heroisch, tempora, aetas; carmen h. ein episches Gedicht.

Hērōīna, ae, f. [ἡρωΐνη] u. **Hērōis**, ĭdis, f. (Poet. u. Spät.) die Halbgöttin, Heldin, Heroin.

Hēros, ōis, m. [ἥρως] der Halbgott, Heros, göttlicher Mensch (dessen Vater oder Mutter eine Gottheit ist); daher = ein Held oder ausgezeichneter Mensch überhaupt, h. ille Cato.

*****Hērōus**, *adj.* [ἡρῷος] (Poet. u. Spät.) = heroicus.

Herse, es, f. [Ἕρση] Tochter des Cecrops, Geliebte des Mercur.

Hersilia, ae, f. die Gemahlin des Romulus.

Hertha, ae, f. eine altdeutsche Göttin.

Hērus (ob. **Erus**), i, m. 1) der Herr = der Hausherr, Hausvater im Verhältniß zur Dienerschaft (vgl. dominus): h. major, h. minor der alte Herr, der junge Herr (der Haushert und sein Sohn). 2) (Poet.) überhaupt der Oberherr, Beherrscher: h. proprias telluris; insbes. von den Göttern, invitis heris gegen den Willen der Götter.

Hēsiōdus, i, m. [Ἡσίοδος] berühmter griechischer Dichter, aus Cumä in Kleinasien gebürtig, aber in Astra in Böotien eingewandert. Davon **Hēsiōdēus** ob. **-dius**, *adj.*

Hēsiōne, es, ob. **-na**, ae, f. [Ἡσιόνη] Tochter des Laomedon, Königs von Troja, welche Hercules von einem Seeungeheuer rettete und dem Telamon zur Gemahlin gab.

Hespĕria, **Hespĕria**, **Hespĕrius**, f. Hesperus.

*****Hespĕrūgo**, ĭnis, f. [hesperus] (Spät.) der Abendstern.

Hespĕrus, i, m. [ἕσπερος] 1) der Abendstern. 2) (Spät.) meton. = der Westen. Davon A) **Hespĕrius**, *adj.* (Poet.) = westlich, nach Abend gelegen, litus, undae; *subst.* **Hespĕria**, ae, f. das westliche Land, Abendland, bald = Italien, bald = Spanien. B) **Hespĕris**, ĭdis, f. (Poet.) abendländisch; davon *subst.* **Hespĕrĭdes**, dum, f. Töchter des Erebos und der Nacht, welche auf einer Insel des Oceanus einen Garten mit goldenen Aepfeln bewachten.

Hesternus, *adj.* [heri] gestrig, von gestern; dies, nox; hh. reliquiae die Ueberreste von gestern, vinum h. der gestern getrunkene Wein; crines h. von gestern her noch ungeordnet; Quirites hh. neugewordene römische Bürger.

Hestiaeōtis, ĭdis, f. [Ἑστιαιῶτις] eine Landschaft Thessaliens.

Hetaeria **Hic** 345

Hetaeria, ae, f. [ἑταιρεία] (Spät.) die (religiöse) Verbrüderung.

*Hetaerice, es, f. [ἑταιρική] eine aus dem Adel gebildete Reitergarde bei den Macedoniern.

Heu (ob. **Eu**), interj. 1) Ausruf der Klage und des Schmerzes, ach! weh! o! es wird sowohl allein als mit einem Vocativ oder Accusativ verbunden gebraucht: h. Charine! h. mulier! h. me miserum! h. morbum durum; h. edepol! 2) (Pl.) Ausruf des Erstaunens und der Ueberraschung, ah! ih! h. edepol specie lepida mulierem!

*Heuretes, ae, m. [εὑρετής] (Pl.) ein erfinderischer Mensch.

Heus, interj. womit man eifrig und lebhaft Jmd. anruft, he! hörst hollah! h. Strobile! h. ubi estis? h. tu!

Hexameter, tri, m. [ἑξάμετρος] sc. versus ein sechsfüßiger Vers, Herameter.

Hexapylon, i, n. [Ἑξάπυλον] ein Thor mit sechs Eingängen zu Syracus.

Hexeris, is, f. [ἑξήρης] ein sechsruderiges Schiff.

Hiatus, us, m. [hio] 1) die Oeffnung, Kluft, der Schlund, oris, terrae; (Poet.) aliquid dignum tanto h. Etwas, das verdient, daß man um dessen willen den Mund so weit aufthut, d. h. so große Worte gebraucht, ebenso h. Sophocleus = erhabene und gewaltige Ausdrucksweise. 2) (Spät.) trop. das Gaffen nach Etwas = die Begierde nach Etwas, praemiorum. 3) (Grammatik) das Zusammentreffen zweier Vocale, der „Hiatus".

Hibernaculum, i, n. (hiberno] 1) sing. (selten, Spät.) die Winterwohnung, Winterstube. 2) pl. die Zelte im Winterlager, das Winterquartier.

Hibernia, ae, f. das jetzige Irland.

Hiberno, 1. [hibernus] überwintern, insbes. term. t. von Soldaten, im Winterquartier liegen.

Hibernus, adj. [hiems] zum Winter gehörig, winterlich, Winter-, mensis, nox; grando; annus h. (Poet.) Winterzeit, tunica h. Wintertracht, navigatio h. Schifffahrt im Winter; legio h. (Spät.) die im Winterquartier liegt; (Poet.) Alpes hh. wo strenger Winter herrscht; Neptunus, mare stürmisch; increpare hibernum (als adv.) wie ein Gewitter. Hiervon subst. **Hiberna**, ōrum, n. pl. das Winterlager, Winterquartier.

Hibiscum, i, n. [ἱβίσκος] der Eibisch (eine Pflanze).

Hibrida (Hybrida), ae, comm. der Blendling, 1) von Thieren, von zweien Thieren verschiedener Gattung gezeugt. 2) von Menschen, = das Kind eines Römers und einer Ausländerin, oder eines Freien und einer Sklavin.

Hibus, (Pl.) metapl. statt his von hic.

Hic, haec, hoc [statt hi-ce, hae-ce, ho-ce, welche Formen bei Vorklaff. noch gebräuchlich sind] pron. demonstr. dieser, diese, dieses, bezeichnet im Allgemeinen das, was im Raume, in der Zeit oder doch in der Vorstellung am nächsten ist. Bisweilen findet sich die vollständige und ursprüngliche Form hice, hujusce, hasce u. s. w., nachdrücklicher = dieser hier;

mit dem Fragworte ne heißt es denn hicine u. s. w. (nicht hiccine). Zum größeren Nachdrucke wird es bisweilen mit anderen Pronominen verbunden, als h. idem, hoc ipsum; huic illi legato, hujus istius facti, hunc talem virum. — Insbes. 1) im Gegensatze zu ille oder anderen Pronominen bezeichnet es den zuletzt genannten von zweien oder mehreren Gegenständen; oft doch auch den zuerst genannten, wenn dieser dem Sprechenden oder Schreibenden näher ist in Bezug auf Ort, Zeit oder andere Verhältnisse: cave Catoni anteponas Socratem; hujus enim (sc. Catonis) facta, illius (sc. Socratis) dicta laudantur schreibt Cicero als Römer. 2) es bezeichnet überhaupt was dem Sprechenden oder Schreibenden am nächsten ist = A) in der Zeit, a) = gegenwärtig, jetzig: haec annona unter der jetzigen Theuerung; opus vel in hac magnificentia conspiciendum selbst bei der Pracht der jetzigen Zeit; qui haec vituperare volent die jetzige Lage des Staates. b) zur Bezeichnung der letztverflossenen Zeit = von jetzt an gerechnet: his decem annis vor zehn Jahren; ante hos tres annos vor drei Jahren; hoc biennio binnen zwei Jahren von jetzt an. B) (Conversf.) von dem Sprechenden selbst „der Mann hier" = ich: huic homini parata erunt verbera mir; tu si hic sis wenn du an meiner Stelle wärst (dagegen ne tu hic fueris; von einem kurz vorher Genannten, ein solcher, an seiner Stelle möchtest du nicht sein). 3) Oft weiset es auf etwas Nachfolgendes hin: A) mit einem pron. relat. verbunden, wie is, doch mit verstärkter Hinweisung auf das Anwesende: quam quisque novit artem, in hac se exerceat. B) mit einem Objectssatze, dessen Inhalt das Pronomen hic dann im Voraus andeutet und einleitet: hoc ille videt, non esse etc.; ebenso mit folgendem quod oder quia, ut oder ne. C) häufig in der Aufzählung, oder wo Jmds Worte angeführt werden, = folgender: his verbis eum allocutus est. 4) A) hoc est „das heißt", „das ist", zur Erklärung des Vorhergehenden; honos amplissimus, hoc est consulatus. B) (Poet.) hoc erat quod etc.? war dieses die Ursache warum? war es darum, daß? C) ein neutr. sing. mit einem genit.: quid hoc hominis, negotii est was ist das für ein Mensch, für eine Sache? hoc commodi est quod etc. das Gute ist dabei, daß u. s. w.; hoc copiarum vel Truppen. D) (Vorklaff.) das neutr. hoc steht bisweilen pleonastisch als Subject bei unpersönlichen Verben: hoc lucescit es wird schon Tag. E) (Poet.) hoc = huc (siehe dieses Wort).

Hiervon wird als adv. gebildet:

1) **Hac** (abl. sing. f. von hic, sc. via) A) auf diesem Wege, hierdurch, hier: h. pater peniit. B) (Poet.) auf dieser Seite, hier: h. Jupiter stat.

2) **Hic** (verstärkend und ursprünglich hice, auch heic geschrieben), hier, auf dieser Stelle: h. assum; mit einem genit., h. viciniae hier in der Nachbarschaft, in der Nähe. Hiervon A) = bei dieser Gelegenheit, in dieser Sache, auf diesem Puncte: hic, quantum in bello fortuna possit, cognosci potuit; h. ego nunc de Macedoniae praetore nihil dicam amplius; h.

Laelius (inquit). B) in der Zeit, jetzt, in diesem Augenblicke, dann.

3) **Hinc**, A) eigtl., im Raume, von hier: h. Romam venit; trop. h. incipiam. B) = von (auf) dieser Seite: h. pudicitia pugnat, illinc stuprum; davon auch h. — h. auf dieser — auf jener Seite; h. atque h. (Poet.) auf beiden Seiten; h. et inde von verschiedenen Seiten. C) zur Bezeichnung des Ursprungs, der Herkunft und Veranlassung, hiervon, hieraus, daher: h. furta nascuntur; h. illae lacrimae daher kömmt es. D) (Spät.) in der Zeit, hernach, hierauf. E) (Poet. u. Spät.) = abhinc, was man sehe: h. ducentos annos vor zweihundert Jahren.

4) **Hnc** (davon fragend **Hūcĭne**), A) eigtl., im Raume, hieher, nach hier: pater h. me misit; mit einem genit. h. viciniae hieher in die Nachbarschaft (vgl. hic 2. A.); h. et h., häufiger h. — illuc (h. et ob. atque illuc) bald hieher, bald dorthin, biehin und dahin, currere, volare; h. usque (Spät.) bis hieher. B) in anderen Verhältnissen, hierher, hierzu, zu diesem Puncte, so weit u. dergl.: h. accedit hierzu kömmt noch, ebenso h. adde, adjice füge hierzu; h. pertinet; h. arrogantiae venerat bis auf diesen Punct der Anmaßung.

Hĭce, s. Hic.

Hĭcĭne, **haecĭne**, **hōcĭne** (richtiger als hiccine u. s. w.), ob dieser, diese, dieses, zusammengesetzt aus Hic etc. und der Fragepartikel ne.

Hĭĕmālis, e, adj. [hiems] winterlich, zum Winter gehörig; tempus; aquae hh. von winterlichen Regengüssen herrührend.

Hĭĕmo, 1. (hiems) A) den Winter zubringen, überwintern; insbes. von Soldaten = im Winterquartiere liegen: legiones hh. circa Aquilejam; mercator h. in undis. B) (Poet. u. Spät.) winterlich d. h. kalt oder stürmisch sein, mare, tempestas; impers. hiemat es ist kalt.

Hĭems, ĕmis, f. 1) der Winter: h. summa, acris strenger Winter, hieme im Winter; hieme et aestate = zu jeder Jahreszeit. 2) (meist Poet. u. Spät.) weil in den südlichen Gegenden der Winter sich am meisten darin zeigt, = regnichtes und stürmisches Wetter, Regenwetter und Sturm: imber noctem hiememque ferens. 3) (Poet.) = die Kälte (vgl. frigus): letalis h. die Todeskälte, h. amoris mutati = Gleichgültigkeit.

*****Hĭĕra**, ae, f. ein Wort unbekannter Bedeutung bei Sen. ep. 83, 4 (Andere schreiben dort moram).

Hĭĕro, ōnis, m. [Ἱέρων] Name zweier Beherrscher von Syracus: Hiero I. (477—467 v. Chr.), Gönner des Pindar, Simonides u. A.; Hiero II. (269—215 v. Chr.) war im ersten punischen Kriege Verbündeter Carthago's, dann der Römer. Davon **Hĭĕrŏnĭcus**, adj.

Hĭĕrŏ-Caesărēa, ae, f. [Ἱεροκαισάρεια] Stadt in Lydien. Davon **-ienses**, ium, m. pl. die Einwohner von H.

Hĭĕrŏnīca, ae, m. [ἱερονίκης] (Spät.) der Sieger in heiligen Kampfspielen.

Hĭĕrŏnymus, i, m. [Ἱερώνυμος] 1) Enkel Hiero's II., Beherrscher von Syracus. 2)

Hieronymus Rhodius, griechischer Philosoph aus der peripatetischen Schule, Zeitgenosse des Ptolemäus Philadelphus.

Hĭĕrŏphanta oder **tes**, ae, m. [ἱεροφάντης] ein Priester, der gottesdienstliche Gebräuche lehrt, Oberpriester.

Hĭĕrŏsŏlyma, ōrum, n. pl. und **-ma**, ae, f. [Ἱεροσόλυμα] die Stadt Jerusalem. Davon **Hĭĕrŏsŏlymārius**, adj., scherzhafter Beiname des Pompejus.

Hĭĕto, 1. [hio] (Vorklass.) den Mund aufsperren, gähnen.

Hĭlăre, adv. mit comp. [hilaris] heiter, fröhlich, vergnügt.

*****Hĭlărĭcŭlus**, adj., deminut. von Hilaris.

Hĭlăris, e, u. **-rus**, adj. mit comp. u. sup. heiter, fröhlich, aufgeräumt, (bes. als dauernde Eigenschaft, vgl. laetus): h. homo, oculi, oratio, literae.

Hĭlărĭtas, ātis, f. u. (Vorklass.) **-tūdo**, ĭnis, f. [hilaris] die Heiterkeit, Fröhlichkeit, die heitere Laune, Aufgeräumtheit; h. et laetitia; summa h. erat in eo.

*****Hĭlărĭter**, adv. [hilaris] = hilare.

Hĭlăro, 1. [hilaris] erheitern, fröhlich machen, aufmuntern, aliquem, sensus.

*****Hĭlărŭlus**, deminut. von hilarus.

Hillae, ārum, f. pl. [hira?] 1) die kleineren Därme in Thieren, daher überhaupt Eingeweide. 2) (Poet.) eine Art Würste.

Hīlum, i, n. (Vorklass.) ein Geringes, eine Bagatelle, Kleinigkeit, Wenig; fast immer mit einer Negation verbunden = nicht das Geringste: neque proficit h. und richtet nicht das Geringste aus; ohne Negation: detrahere aliquid hilum de summa. (Hiervon nihil = ne hilum).

Himella, ae, f. ein Bach im Sabinischen, der in den Tiber fällt.

Himĕra, ae, m. u. f. auch (Poet.) **-ra**, ōrum, n. pl. [Ἱμέρα] 1) Name zweier Flüsse auf Sicilien. 2) Stadt auf der Nordküste Siciliens an dem gleichnamigen Flusse. Davon **-raeus**, adj.

Hĭnc, siehe Hic.

Hinnĭo, 4. wiehern.

Hinnītus, us, m. [hinnio] das Wiehern.

Hinnŭleus, ei, m. ein männliches Hirschkalb, ein junger Hirsch.

Hinnŭlus, i, m. deminut. von hinnus.

Hinnus, i, m. ein Maulthier (von einem Pferdehengste und einer Eselin, vgl. mulus).

Hĭo, 1. 1) (Poet. u. Spät.) eigtl. klaffen, offen stehen, auseinander sein: oculi hh.; concha h.; insbes. = den Mund offen haben, gähnen. 2) trop. A) von der Rede, klaffen = nicht recht zusammenhängen, lückenhaft sein: oratio h. quum concursus vocalium accedit; loqui mutila et hiantia. B) (Poet. u. Spät.) den Mund auffsperren, a) vor Begierde nach Etwas = heftig verlangen: domus hiare ac poscere aliquid videtur; emptor hians begierig. b) vor Staunen gaffen = stutzen, staunen.

Hippăgōgus, adj. [ἱππαγωγός] sc. navis, u. (Spät.) *****Hippăgo**, ĭnis, (als adj.) ein Fahrzeug zum Transport der Pferde.

Hipparchus, i, m. [Ἵππαρχος] 1) Sohn

des Pisistratus, welcher mit seinem Bruder Hippias in Athen regierte (s. Harmodius). 2) ein griechischer Mathematiker und Astronom, ums Jahr 160 v. Chr.

Hippias, ae, m. [Ἱππίας] 1) Sohn des Pisistratus. Nach der Ermordung des Hipparchus (siehe dieses Wort) floh er zu den Persern, mit welchem er den Zug gegen Griechenland machte und in der Schlacht bei Marathon fiel.

Hippo, ōnis, m. [Ἱππών] 1) Name zweier Städte in Africa; davon **Hippōnensis**, e, adj. u. subst. -nenses, ium, m. pl. die Einwohner von H. 2) Stadt in Spanien (unweit Toledo). 3) Stadt in Bruttium.

Hippŏcentaurus, i, m. [ἱπποκένταυρος] ein fabelhaftes Geschöpf, halb Mensch, halb Pferd, s. Centaurus.

Hippŏcrătes, is, m. [Ἱπποκράτης] berühmter griechischer Arzt von der Insel Cos, ums Jahr 436 v. Chr.

Hippŏcrēne, es, f. [Ἵππου κρήνη] die "Roßquelle", Quelle am Helicon, die durch den Hufschlag des Pegasus entstanden sein sollte; sie war den Musen geheiligt.

Hippŏdăme, es, f. oder -mīa, ae, f. [Ἱπποδάμη, -δάμεια] 1) Gemahlin des Pirithous (s. dieses Wort). 2) Tochter des Oenomaus, Königs von Pisa, Gemahlin des Pelops.

Hippŏdrŏmus, i, m. [ἱππόδρομος] (Poet.) die Rennbahn für Pferde.

Hippŏlӯte, es, f. [Ἱππολύτη] 1) Königin der Amazonen; nach einer Sage erhielt Theseus sie zur Gemahlin und zeugte mit ihr den Hippolytus. 2) Gemahlin des Königs Acastus; in den Peleus verliebt, aber von ihm verschmäht, verläumdete sie ihn bei ihrem Gemahl.

Hippŏlӯtus, i, m. [Ἱππόλυτος] Sohn des Theseus (s. Hippolyte). Er wurde von seiner Stiefmutter Phädra geliebt; als er aber ihre Anträge zurückwies, verläumdete sie ihn beim Vater; auf dessen Verwünschung wurde H. von seinen Pferden zerrissen, aber einer Sage nach von Aesculap wieder ins Leben gerufen und unter dem Namen Virbius von der Diana nach Aricia gebracht und dort als Heros verehrt.

Hippŏmănes, i, n. [τὸ ἱππομανές] 1) der Brunstschleim der Stuten. 2) die Pferdemilz, ein kleines Fleischgewächs auf der Stirn des neugebornen Füllens, als Liebesmittel gebraucht.

Hippŏmĕnes, ae, m. [Ἱππομένης] Gemahl der Atalanta (s. dieses Wort).

Hippōnax, actis, m. [Ἱππῶναξ] berühmter Jambendichter aus Ephesus, ums Jahr 540 v. Chr. Davon **Hippōnactēus**, adj., trop. = beißend.

Hippŏpērae, ārum, f. pl. [ἱπποπῆραι] (Spät.) der Mantelsack eines Reitenden.

Hippŏtădes, ae, m. [Ἱπποτάδης] männlicher Nachkomme des Trojaners Hippotes, dessen Tochter Segesta Mutter des Aeolus war.

Hippŏtoxŏta, ae, m. [ἱπποτοξότης] der Bogenschütze zu Pferde.

*Hir, indecl. n. [χείρ?] (Vorklassisch) die Hand.

Hira, ae, f. (Vorklass. u. Spät.) der Leerdarm.

Hircīnus, adj. [hircus] zum Bocke gehörig, Bocks-, pellis; alao hh. stinkend (s. hircus 2. B.).

Hircōsus, adj. [hircus] (Poet. und Spät.) wie ein Bock stinkend (s. hircus 2. B.), senex.

Hircŭlus, i, m. deminut. von hircus.

Hircus, i, m. 1) der Bock, Ziegenbock. 2) trop. A) = ein schmutziger ob. geiler Mensch. B) der üble Geruch unter den Achseln, Bocksgestank.

Hirnea, ae, f. (Vorklass.) die Schenktanne.

Hirpīni, ōrum, m. pl. samnitische Völkerschaft in Unteritalien. Davon **Hirpīnus**, adj.

Hirsūtus, adj. mit comp. 1) struppig, rauh, mit Haaren u. dergl. dicht bewachsen, bestia, crura genaeque, cor; auch comae hh., barba, juba h.; vepres h.; sepes h. mit dornigem Gesträuche besetzt; imagines hh. Bilder der alten Römer aus den Zeiten, als man noch das Haupthaar und den Bart wachsen ließ. 2) trop. ungeschmückt.

Hirtus, adj. mit comp. = hirsutus; trop. roh, ungebildet, ingenium.

Hirūdo, ĭnis, f. der Blutegel.

Hirundinīnus, adj. [hirundo] zur Schwalbe gehörig, Schwalben-, nidus.

Hirundo, ĭnis, f. die Schwalbe; trop. als schmeichelnde Anrede.

Hisco, — — 3. [hio] 1) intrans. A) (Poet.) sich aufthun, -öffnen, klaffen, tellus h. B) den Mund aufthun = einen Laut von sich geben, sprechen, "mucksen": non audent h. 2) transit. (Poet.) aus dem geöffneten Munde Etwas hervorbringen, sagen, aliquid.

Hispălis, is, f. Stadt im südwestlichen Spanien, jetzt Sevilla. Davon A) **Hispălensis**, e, adj. B) **Hispălienses**, ium, m. pl. die Einwohner von H.

Hispāni, ōrum, m. pl. die Bewohner von Hispanien, die Hispaner. Davon 1) **Hispānia**, ae, f. die pyrenäische Halbinsel, Spanien und Portugal, getheilt in H. citerior oder Tarraconensis, und H. ulterior oder Lusitania und Baetica. 2) **Hispānus** (Spät.) **Hispănĭcus**, adj. zu Hispanien gehörig. 3) **Hispănĭensis**, e, adj., in Hispanien befindlich, sich aufhaltend u. dergl.: non H. natus sed Hispanus nicht von einem in Hispanien sich aufhaltenden Römer gezeugt, sondern ein eingeborner Hispanier; bellum H. der Krieg Cäsars in Hispanien; legatus H. ein sich in Hispanien aufhaltender Gesandter.

Hispĭdus, adj. (Poet. und Spät.) rauh, rauh, dicht bewachsen, von wildem und rohem Aussehen, facies, frons; agri hh. struppig.

Histŏria, ae, f. [ἱστορία] 1) (selten) die Untersuchung, Auseinandersetzung: ut est in omni h. curiosus wie er überhaupt in jeder Untersuchung die Einzelheiten sorgfältig aufsucht; si quid est in ea epistola historiā dignum was verdient, daß man es kennt, auseinandersetzt. 2) die Erzählung, hiervon a) (Com.) = Rede, Gerede: satis historiarum est! b) (Spät.) = Gegenstand der Erzählung: uti fieres nobilis historia Stadtgespräch. 3) überhaupt die Geschichte, theils = die historische Wissenschaft, theils = die Erzählung einer gewissen Reihe von

Thatsachen („die Geschichte eines Krieges", „die Geschichte Roms") und sowohl = die Geschichtsforschung als = die Geschichtschreibung: prima est historiae lex ne etc.; h. Romana; im *pl.* = die einzelnen Theile der Geschichte, scriptor historiarum, legere historias; *proverb.* (*Pl.*) scribere historiam = Etwas selbst sehen wollen, sich genau unterrichten.

*****Historice**, es, *f.* [ἱστορική] (Spät.) die Erklärung eines Schriftstellers.

Historice, *adv.* [historicus] (Spät.) geschichtlich.

Historicus, *adj.* [ἱστορικός] geschichtlich, zur Geschichte gehörig, genus Schreibart; homo h. geschichtskundig, und so *subst.* **Historicus**, i, *m.* der Historiker, sowohl = Geschichtsforscher als = Geschichtschreiber.

Histricus, *adj.* [veraltet hister = histrio] (*Pl.*) zum Schauspieler gehörig, Schauspieler: h. imperium „Theaterdirection".

Histrio, ōnis, *m.* [ursprünglich hister, etruskisches Wort] eigtl. Jmd., der mit Tanz und Flötenspiel eine Farce aufführt, daher überhaupt der Schauspieler (vergl. comoedus, tragoedus, mimus).

Histrionalis, e, *adj.* [histrio] (*Tac.*) = histricus.

*****Histrionia**, ae, *f.* [histrio] (*Pl.*) die Schauspielerkunst.

*****Hiulce**, *adv.* [hiulcus 2.] klaffend = mit häufigem Zusammenstoßen der Vocale, loqui.

Hiulco, 1. [hiulcus] (Poet.) klaffen=, sich spalten machen, terram.

Hiulcus, *adj.* [hio] 1) (Poet.) klaffend, offen: arva hh. berstend, sich spaltend. 2) *trop.* A) von der Rede, klaffend = nicht recht zusammenhängend (vom häufigen Zusammenstoßen der Vocale), h. concursus verborum. B) (*Pl.*) = nach Etwas gierig, lüstern.

Ho, *interj. a.* S. für oh!

Hodie, *adv.* [hoc-die] 1) heute: h. mane heute Morgen; h. ad vesperum bis heute Abend; nonae sextiles h. sunt es ist heute der fünfte August; jam h. noch heute. Auch von der Nachtzeit (als zum bürgerlichen Tage gehörend): illa nocte aliquis — dicet: *ubi est h. lyra? trop.* (Com.) = gleich, recht bald. 2) heut zu Tage, jetzt, in der gegenwärtigen Zeit, in unsern Tagen: locus ubi h. est illa urbs; hiervon häufig bei Spät. hodieque = hodie quoque noch, noch jetzt.

Hodiernus, *adj.* [hodie] zum heutigen Tage gehörig, heutig, edictum; h. die heute; ante h. diem vor heute; (Spät.) in hodiernum (*neutr.*) bis auf heute.

Homerus, i, *m.* [Ὅμηρος] der älteste und berühmteste griechische Dichter, insofern die unter seinem Namen auf uns gekommenen Gedichte, die Ilias und Odyssee, von ihm herrühren. Davon 1) **Homeriacus** (Poet.), **Homerius** (Spät.) und **Homericus**, *adj.* 2) **Homeromastix**, igis, *m.* [μάστιξ] der Geißeler des H., Beiname des Grammatikers Zoilus, daher = ein schmähsüchtiger Tadler überhaupt. 3) **Homeronides**, ae, *m.* (*Pl.*) der Nachahmer des H.

Homicida, ae, *comm.* [homo-caedo] der Menschentödter, Mörder, Mörderin (als allgemeiner Begriff, nie mit Beifügung eines Genitiv, der den Getödteten bezeichnet, vgl. interfector).

Homicidium, ii, *n.* [homo-caedo] (Spät.) der Todtschlag, Mord.

Homo, inis, *comm.* der Mensch (im Gegensatze zu den Göttern sowohl als den Thieren; sowohl Mann als Weib einbegreifend, vgl. mas und vir): genus hominum das Menschengeschlecht; h. adolescens, senex, histrio; nemo h. (selten); hh. Romani; si h. nata est von einem Weibe; inter hh. esse = leben; nihil hominis est er ist eine höchst unbedeutende Person, quid hoc hominis est was ist das für ein Mensch? monstrum hominis ein Ungeheuer von einem Menschen; oft im *plur.* = die Leute, die Menschen; relegare aliquem ad hh., ajunt hh. Bisweilen bezeichnet es insbes. den Menschen als vernünftiges Wesen (si homo esset, illum potius legeret), als ein Wesen mit Gefühl (si vis h. esse) oder als unvollkommenes Wesen (fateor me saepe peccasse, homo sum). Insbes. A) hh. tui = deine Anhänger; ebenso h. alicujus = der Sklave Jmds. B) paucorum hominum esse nur mit Wenigen umgehen. C) inter hh. esse a) unter den Lebenden sein, noch leben. b) mit Menschen umgehen. D) (Converf.) statt eines *pron. demonstr.* „der Mensch", „der Mann": ibi homo coepit me obsecrare etc.; hic h. = ich (vgl. hic); auch = aliquis. E) (Vorklass.) der Mann im Gegensatze von mulier: mi homo et mea mulier! *F) pl.* = Fußvolk: hh. equitesque.

Homole, es, *f.* [Ὁμόλη] Berg in Thessalien.

*****Homonyma**, orum, *n. pl.* [ὁμώνυμα] (Spät.) gleichnamige Dinge (z. B. Taurus et mons et animal).

Homullus, i, *m.*, **Homuncio**, ōnis, *m.* u. **Homunculus**, i, *m. deminut.* von homo, das Menschlein (die zwei ersten Wörter vom Individuum, im Gegensatze von anderen Menschen = eine unbedeutende Person, das letzte vom Menschen als einem schwächern Wesen im Gegensatze der Götter, das armselige Menschen).

Honestamentum, i, *n.* [honesto] (selten, Spät.) der Schmuck, die Zierde.

Honestas, ātis, *f.* [honestus] 1) die Ehre, Würde, das Ansehen: laus et h.; omnem h. amittere alle Achtung: honestatis causa = honoris causa, f. honor; ceterae ante partae hh. das bei mehreren früheren Gelegenheiten erworbene Ansehen. Hiervon *A*) omnes hh. civitatis = alle angesehene Personen, B) = die Schönheit, der Glanz: ai h. est in rebus ipsis. 2) die Tugend, Sittlichkeit, Anständigkeit u. vergl.: ubi est dignitas nisi ubi honestas? honestas sola est expetenda; h. tota his quatuor virtutibus continetur.

Honeste, *adv.* mit *comp.* u. *sup.* [honestus] 1) ehrenhaft, natus von vornehmer Herkunft. 2) ehrbar, mit Anstand, mit Ehren, tugendhaft.

Honesto, 1. [honestus] ehren = Ehre und Ansehen verschaffen, zieren, auszeichnen: h. aliquem decretis suis; h. se sanguine alicujus; pudor h. formam.

Honestus, *adj.* mit *comp.* u. *sup.* [honor]

1) Ansehen und Ehre genießend, angesehen, geachtet, ansehnlich, ehrenwerth u. dergl.: homo h. et nobilis; h. familia; honesto loco ortus von guter Familie; quia deus honestior culpae auctor erat ein Gott würde ein ansehnlicherer, vornehmerer Urheber ihrer Schuld sein. 2) was Ehre und Ansehen verdient, tugendhaft, anständig, schicklich, würdig, rühmlich, ehrenhaft: haec est h. certatio; h. convivium, homo, labor. Häufig *subst.* honestum, i, n. = die Tugend, das sittlich Gute, doch so, daß hauptsächlich an die äußere Würde und den sittlichen Anstand gedacht wird: honestum a virtute divelli non potest. 3) gut aussehend, A) = anständig im Aeußeren, schön, oratio h. die sich gut hören läßt, schönklingend; nomen h. et probabile. B) (Poet.) hübsch, wohlgestaltet, facies, homo.

Hŏnor ob. **Hŏnos**, ōris m. 1) die Ehre, die Jmd. erwiesen wird, die Ehrenbezeigung (vgl. gloria): decorari honoribus amplissimis; habere aliquem magno honore ob. in magno honore Jmd. große Ehre erweisen, esse in honore apud aliquem bei Jmd. in Ehren stehen, auch esse magno h. große Ehre genießen; habere (tribuere, praestare) alicui honorem u. afficere (augere) aliquem honore Jmd. Ehre erweisen; in honorem adducere aliquem Jmd. in Ansehen bringen; honori aliquid ducere alicui Jmd. Etwas zur Ehre anrechnen; honori ducitur illud es wird ihm für eine Ehre gehalten. Insbes. A) quem honoris causa nomino Ehren halber, in allen Ehren (eine Formel, womit man sich entschuldigt, daß man Jmd. genannt hat, ohne zu wissen, ob er genannt zu werden wünschte). B) honoris alicujus causa (bei Spät. in derselben Bedeutung in honorem alicujus) Jmd. zu Ehre, um Jmd. seine Achtung und Aufmerksamkeit zu erweisen. C) honorem praesari (dicere) im Voraus einen Ausdruck, den man gebraucht, entschuldigen, „mit Erlaubniß", „mit Ehren zu melden" sagen. 2) = die Ehrenstelle, das Ehrenamt: h. tribunicius; h. amplissimus = die Consulswürde, hh. amplissimi die höchsten Ehrenstellen überhaupt. 3) das Ehrengeschenk, A) die Belohnung, der Lohn für einen geleisteten Dienst, der Ehrensold, das Honorar: honorem habere medico den Ärzte Honorar zahlen. B) (meist Poet.) das Opfer als eine den Göttern gebrachte Ehrengabe, das Ehrenfest: honorem indicere templis; mactare hh. die Opferthiere. C) h. mortis das Leichenbegängniß. D) (Poet.) das Loblied, der Preis. — 4) (Poet.) die Schönheit, der Reiz, Schmuck: December silvis decutit honorem: laetos oculis afflavit honores.

Hŏnōrābĭlis, e, adj. [bonoro] (selten) ehrenvoll, Ehre bringend.

Hŏnōrārĭus, adj. [honor] Ehren halber geschehend, als Ehrenbezeigung dienend, Ehren-; vinum, frumentum h. als Ehrengabe geschenkt; arbiter h. Ehren halber gewählt; tumulus h. = ein Cenotaphium; docere debitum est, delectare honorarium ist Etwas, das man Ehren halber noch dazu giebt, etwas Freiwilliges. Hiervon *subst.* **Hŏnōrārĭum**, ii, n. (Spät.) das Ehrengeschenk, Douceur.

Hŏnōrātē, adv. mit comp. u. sup. [honoratus] (Spät.) mit Ehren, auf ehrenvolle Art.

Hŏnōrātus, adj. mit comp. u. sup. [honor, honoro] 1) geehrt, angesehen, in Ehre und Ansehen stehend, vir, praefectura; amici hh. die Hofleute; cani hh. die ehrwürdigen grauen Haare; Achilles h. berühmt. 2) (Poet. u. Spät.) mit einer Ehrenstelle bekleidet, der ein Ehrenamt inne hat oder gehabt hat; comae hh. das Haar einer Magistratsperson.

Hŏnōrĭfĭcē, adv. mit comp. (-centius) u. sup. (-centissime) [honorificus] ehrenvoll, mit Ehren.

Hŏnōrĭfĭcus, adj. mit comp. (-centior) u. sup. (-centissimus), ehrenvoll, Ehre u. Ansehen bringend, res, verba, hoc est h. apud Graecos; illud mihi est h.

Hŏnōrŏ, 1. [honor] ehren, beehren, mit einer Ehrenbezeigung auszeichnen, aliquem, virtutem; h. aliquem sella curuli; h. populum congiariis (Spät.) dem Volke reichliche Ehrenspenden an Lebensmitteln bringen.

Hŏnōrus, adj. [honor] (Poet. u. Spät. selten) ehrenvoll.

Hoplŏmăchus, i, m. [ὁπλομάχος] (Spät.) der schwerbewaffnete Streiter (Gladiator).

Hōra, ae, f. Name der vergötterten Hersilia (der Gemahlin des Romulus).

Hōra, ae, f. [ὥρα] 1) die Stunde (bei den Römern je nach der Jahreszeit von verschiedener Länge, indem die Römer den natürlichen Tag vom Aufgange bis zum Untergange der Sonne immer in 12 Stunden theilten, deren jede also nur zur Zeit der Nachtgleiche der wirklichen Länge einer astronomischen Stunde entsprach, während sie im Sommer länger, im Winter kürzer als diese war). Insbes. 1) in hora im Verlaufe einer Stunde; hora quarta, decima u. s. w. (vom Aufgange der Sonne gerechnet); quota hora est wie viel Uhr ist es? h. prima noctis; horae legitimae die dem Redner regelmäßig zugestandene Zeit zum Sprechen. B) h. mortis, pugnae etc. (Spät.) die Todesstunde, Kampfstunde. C) mutari in horas stündlich; vivere in horam nur an den gegenwärtigen Augenblick denken; omnium horarum homo est er ist zu jeder Stunde rüstig, aufgelegt. 2) pl. = die Uhr: mittere ad hh. (Jmd.) schicken zu sehen, wie viel Uhr es ist. 3) (Poet.) überhaupt die Zeit: atrox h. caniculae; septembres hh.; arbor omnibus hh. pomifera zu allen Jahreszeiten. 3) als nom. propr. **Hōrae**, ārum,). pl. [Ὥραι] die Horen, jungfräuliche Göttinnen der Naturordnung und der regelmäßig wiederkehrenden Jahreszeiten, Töchter des Jupiter und der Themis.

*****Hōraeum**, i, n. [ὥραῖον] (Pl.) eine Lake von eingesalzenen jungen Fischen.

Hōrātĭus, Name eines römischen Geschlechts. In der ältesten Zeit sind aus der Sage bekannt die drei Horatii, die unter dem Könige Tullus Hostilius gegen die drei Curiatii aus Alba kämpften; später der berühmte lyrische Dichter Quintus H. Flaccus, Sohn eines Freigelassenen, geb. zu Venusia 65 v. Chr., gest. 8 v. Chr., Günstling des Mäcenas und Freund des Virgil u. M.

Hordeācĕus, adj. [hordeum] aus Gerste bestehend, Gersten-, farina.

Hordeārĭus, adv. [bordeum] zur Gerste

Hordeïus

gehörig, Gersten-, aes h. „Futtergeld", eine jährliche Summe von 2000 asses, die jeder Ritter zur Unterhaltung des equus publicus erhielt, und welche viduae (Wittwen und unverheirathete Erbinnen) zahlen mußten.

*__Hordēïus__, *adj.* [hordeum] (*Pl.*) zur Gerste gehörig, Gersten-, lolligiunculae.

__Hordeum__, i, *n.* die Gerste.

__Hōria__, ae, *f.* (Vorklaff. u. Spät.) der Fischerkahn.

__Hōriŏla__, ae, *f. deminut.* von horia.

__Hornŏtĭnus__, *adj.* [hornus] heurig, frumentum.

__Hornus__, *adj.* (Poet.) = hornotinus, was man sehe.

__Hōrŏlŏgĭum__, ii, *n.* [ὡρολόγιον] die Uhr (Sonnen- oder Wasseruhr).

__Horrendus__, *adj.* [*gerund.* von horreo] (meist Poet. u. Spät.) 1) vor dem man schaudern muß, schaudervoll, entsetzlich, rabies, silva; bellua horrendum (als *adv.*) stridens. 2) ehrwürdig, Ehrfurcht erweckend, Sibylla.

__Horreo__, — — 2. 1) (meist Poet.) starren, emporstarren, starr emporstehen: setae, villi hb. in corpore; rubi, hastae hh. 2) übertragen, von dem Gegenstande, auf welchem Etwas emporstarrt, mit Etwas starren, mit etwas Emporstehendem bedeckt-, bewachsen sein, struppig sein: corpus h. setis, ager h. aristis; mare h. fluctibus wogt heftig; absol. terga horrentia suum (= horrentia setis) mit Borsten bewachsen. 3) von lebenden Wesen, deren Haut sich zusammenzieht (die „Gänsehaut"): A) (Poet.) vor Kälte zusammenschauern, frieren: calfacienda est manus illius quamvis horreo et ipse; davon possetne uno tempore florere deinde vicissim horrere terra. B) vor Schrecken schaudern, sich entsetzen, fürchten; oft *trans.*, h. illum, crudelitatem ejus vor ihm; illuc progredi horreo ich fürchte mich dahin zu gehen; h. ne aliquid fiat. Hiervon C) (Poet.) = staunen, erstaunen, aliquid über Etwas. D) = zitternd sich bewegen: seges h. ventis. 4) (Poet.) schrecklich und wild aussehen oder sein: tempestas, annus h. So vielleicht das poetische umbra horrens („schauderhafter Schatten"); vielleicht richtiger = der emporsteigende (nach 1.) oder der zitternd sich bewegende (nach 3. D.), so daß von dem Schatten des Waldes gesagt ist, was eigentlich von den Bäumen gesagt werden sollte.

__Horresco__, rui, — 3. (*inchoat.* von horreo] bezeichnet den Anfang und das Auftommen des durch horreo bezeichneten Zustandes, also = zu starren-, mit Etwas empor zu starren-, zu schauern-, zu schaudern anfangen, siehe horreo segetes hh. flabris, exercitus h. telis; puella h. zittert; h. injecto metu; h. procellas vor den Stürmen angst sein u. s. w.

__Horreum__, i, *n.* die Vorrathskammer überhaupt, die Lade, Scheune, das Magazin, der Speicher: frumentum erat in hh.; deripere amphoram horreo.

__Horrĭbĭlis__, e, *adj.* mit comp. [horreo] 1) schaudervoll, entsetzlich, schrecklich, pestis, spectaculum, sonitus. 2) (Converf.) = außerordentlich, sehr groß, vigilantia.

__Horride__, *adv.* mit comp. [horridus] rauh,

Hortor

nur *trop.* A) ohne Schmuck, einfach. B) hart, strenge, aliquem alloqui.

__Horridŭlus__, *adj. deminut.* von horridus.

__Horridus__, *adj.* mit comp. [horreo] 1) starrend, struppig, zottig, stachelig, strotzend: myrtus h. hastilibus; barba h., sus h. 2) rauh, wild, barsch, hiems, fluctus, aequora, ager unangebaut. 3) *trop.* vom Charakter und Betragen, roh, ungebildet, ungehobelt, ob. wild, streng, barsch: h. homo, Germania, vita; h. numerus Saturnius, sermo; te negligit horridus der Tölpel. 4) (meist Poet.) schauderhaft, schrecklich, aspectus, turba, proelia. 5) (Poet.) vor Kälte schauernd; bruma h. gelu eiskalt.

__Horrĭfer__, era, erum, *adj.* [horror-fero] (Poet.) 1) schaurig kalt, aura. 2) Schauder bringend, schrecklich, Frinnys, aestus.

__Horrĭfĭce__, *adv.* [horrificus] (*Lucr.*) auf schaudervolle Art; = mit heiligem Schauer.

__Horrĭfĭco__, 1. [horror-facio] (Poet. und Spät.) 1) rauh-, uneben machen, aufwühlen, venti hh. mare. 2) furchtbar machen, dignitatem alicujus. 3) absol. schrecken, Schrecken einflößen.

__Horrĭfĭcus__, *adj.* [horror-facio] (Poet. u. Spät.) Schauder erregend, furchtbar, schrecklich, letum, ruina.

__Horri-sŏnus__, *adj.* (Poet.) schauderhaft tönend, fremitus.

__Horror__, oris, *m.* [horreo] 1) (Poet. u. Spät.) das Aufstarren einer vorher glatten Oberfläche, die kräuselnde Bewegung. 2) das Zusammenfahren, A) vor Kälte, der Frostschauer. B) der Schauder, das Grausen, Entsetzen; insbes. = die religiöse Scheu, Ehrfurcht: perfusus horrore venerabundusque. 3) (Vorklaff.) der Schreck = der Schrecken erregende Gegenstand oder Eigenschaft: Scipiades, Carthaginis horror.

__Horsum__, *adv.* (huc-vorsum) (Vorklaff.) hierher, nach diesem Orte hin.

__Horta__, ae, *f.* Stadt in Etrurien. Davon __Hortīnus__, *adj.*

__Hortāmen__, inis, *n.* u. __Hortāmentum__, i, *n.* [hortor] (meist Poet. u. Spät.) das Aufmunterungsmittel, die Aufmunterung, Anregung: eventus Decii ingens h. erat ad etc.; auch im *pl.*

__Hortātĭo__, ōnis, *f.* [hortor] die Aufmunterung, Ermahnung, remigum.

__Hortātīvus__, *adj.* [hortor] (Spät.) zur Aufmunterung gehörig, aufmunternd.

__Hortātor__, ōris, *m.* [hortor] der Aufmunterer, scelerum zu Verbrechen; isto hortatore auf seine Anregung.

__Hortātrix__, icis, *f.* [hortor] (Spät.) die Aufmuntrerin; manus h. ermahnende Hand.

__Hortātus__, us, *m.* [hortor] (selten) = hortatio.

__Hortensis__, e, und *-ius*, *adj.* [hortus] (Spät.) zum Garten gehörig, Garten-.

__Hortensĭus__, Name eines römischen Geschlechts: Quintus H. Hortalus, geb. 114 v. Chr., vor dem Cicero Roms größter Redner. Davon __Hortensiānus__, *adj.*

__Hortor__, *depon.* 1. aufmuntern, ermuntern, antreiben (indem man sich unmittelbar

Hortulus — **Humanitas** 351

an Jmb. und bef. an fein Gefühl und feinen
Willen wendet, vgl. moneo): h. ad concordiam, ad reliqua accuratius persequenda;
h. aliquem ut fugiat infamiam, aliquos ne
animo deficiant, aliquem imitetur vicinum
suum; h. aliquem aliquid, pacem zum Frieden; (meist Poet. u. Spät.) h. aliquem sequi
zum Mitfolgen; h. aliquem de re aliqua (selten). Insbef. A) in der Militärsprache = die
Soldaten ermuthigen, haranguiren: pauca hor-
tatus milites nach einer kurzen anfeuernden Anrede an die Soldaten. B) von Sachen: multae
res Gallos ad hoc consilium hh.
Hortūlus, i, *m. deminut.* von hortus.
Hortus, i, *m.* 1) der Garten, sowohl der
Küchen- und Obstgarten als der Lustgarten. 2)
pl. insbef. der Lustgarten.
Hospes, ĭtis, *m.* 1) der Gastfreund, Jmd.
mit welchem man in gastfreundlicher Verbindung
steht. A) = Jmb. der als Gastfreund empfangen wird, der Gast: recipere hh.; h. meus;
h. vespertinus der des Abends kömmt. B) der
einen Gast empfängt = der Gastfreund als
Wirth: alter ad cauponam devertit, alter
ad h. 2) im Gegensatze desjenigen, der zu Hause
ist, der Fremdling, und als *adj.* fremd: h.
hujus urbis in dieser Stadt; davon *trop.* =
unbekannt mit Etwas, unbewandert: h. in
agendo im Reden; auch von einem Vorbeireisen-
den: dic, hospes, etc.
Hospĭta, ae, *f.* [eigtl. *f.* von hospitus]
wird substantivisch als *f.* zu hospes gebraucht,
die Gastfreundin, die Wirthin, die Fremde
u. s. w., siehe hospes.
Hospĭtālis, e, *adj.* mit *comp.* und *sup.*
[hospes] zum Gastfreunde gehörig, gastfreundlich, Gast-, Gastfreundes-: sedes h.,
cubiculum h. das Gastzimmer; beneficia hh.
Dienstgefälligkeiten gegen Gastfreunde, caedes h.
der Mord eines Gastfreundes; hospitalem esse
in aliquem gastfreundlich.
Hospĭtālĭtas, ātis, *f.* [hospitalis] die
Gastfreundlichkeit, Gastlichkeit.
Hospĭtālĭter, *adv.* [hospitalis] gastfreundlich, gastlich.
Hospĭtĭum, ii, *n.* [hospes] 1) die Gastfreundschaft, das Verhältniß zwischen zwei
Gastfreunten: h. eos conjungit; hospitium
mihi est cum illo und utor hospitio ejus ich
stehe in Gastfreundschaft mit ihm; facere h.
cum aliquo; jungere hh. mit Mehreren Gastfreundschaft eingehen; renunciare h. kündigen.
2) die gastliche Aufnahme, Bewirthung:
accipere aliquem hospitio agresti, munifico;
hospitium tibi praebebitur apud me; invitare
aliquem hospitio Jmb. als Gast einladen. 3)
der gastliche Ort, das Logis, Quartier bei
einem Gastfreunde (vgl. deversorium, caupona):
discedere ex h.; publicum h. vom Staate eingerichtet; deducere aliquos in hh.
Hospĭtor, *depon.* 1. [hospes] (Spät.) als
Gast irgendwo sich aufhalten; animus h. in
corpore.
Hospĭtus, *adj.* (Poet.) (nur im *f. sing.* u.
n. pl., hospita, welches jedoch auch als eine ad-
jectivische Nebenform von hospes betrachtet werden kann). 1) fremd, A) = der irgendwo ist
als Gast, avis, navis. B) = wo Jmb. ob. Etwas

als Gast ist, terra, litora. 2) gastlich, gastfreundlich: unda h. plaustris von einem ge-
frorenen und dann von Wagen befahrenen Wasser.
Hostĭa, ae, *f.* das Opferthier, Schlachtopfer: immolare (sacrificare) hostias oder
hostiis opfern; h. humana das Menschenopfer.
***Hostiātus**, *adj.* [hostia] (*Pl.*) mit Opfer-
thieren versehen.
Hostĭcus, *adj.* [hostis] (meist Poet. und
Spät.) feindlich, = zu einem Feinde gehörig,
ager, ensis; *subst.* -oum, i, *n.* das feindliche
Gebiet.
Hostīlis, e, *adj.* [hostis] 1) feindlich =
zum Feinde gehörig, terra, navis; metus h.
Furcht vor dem Feinde; bella hh. Kriege mit
auswärtigen Feinden (im Gegensatze der Bürgerkriege); condiciones hh. mit dem Feinde stipu-
lirte Bedingungen. B) = einem Feinde ange-
messen, ähnlich, feindselig: multa hh. facere,
perpeti; hostilem in modum auf Feindesart.
***Hostīlĭtas**, ātis, *f.* [hostilis] (Spät.) die
Feindseligkeit.
Hostīlĭter, *adv.* [hostilis] 1) feindlich,
feindselig.
Hostīlĭus, ii, *m.* Name eines römischen
Geschlechtes, aus welchem der dritte König (Tullus H.) war. Davon **Hostīlĭus**, *adj.*
Hostīmentum, i, *n.* [hostio] (Vorklaff.)
die Vergeltung, Gleichmachung.
Hostĭo, — — 4. (Vorklaff.) vergelten,
gleichmachen: h. contra ut merueris.
Hostis, is, *comm.* 1) (so veraltet) der
Fremde, Fremdling „status dies cum h.".
2) der Feind (b. h. ein bewaffneter und krieg-
führender Feind, zu welchem der Staat, nicht das
Individuum, in feindlichem Verhältnisse steht, vgl.
inimicus): configere cum h.; instruere legiones contra hh. Hiervon überhaupt = ein
Feind, mit wem Jmb. gleichsam in Kriegsver-
hältnissen stehend gedacht wird: h. omnium hominum von einem Seeräuber, h. diis homini-
busque von einer gottlosen Person; h. populo
Romano, h. patriae der Vaterlandsfeind, in derselben Bedeutung absol. judicare aliquem h.;
von einer Frau: uxor h. est quae etc.; (Poet.
u. Spät.) von Thieren und abstracten Gegenständen, Rhinoceros h. elephanto, facultas
dicendi ut h. veritatis invenitur. Ferner
(Poet.) a) = der Rival; b) der Gegner vor
Gericht.
Huc, **Hucine**, siehe unter hic.
Hui, *interj.*, Ausruf des Erstaunens und der
Verwunderung, ei! hui!
Hujuscĕ-mŏdi oder **Hujus-mŏdi**, wird
als *adj.* gebraucht, von der Art, derartig,
solcher: h. casus; multa h.; id erat h. ut etc.
Hūmānē, *adv.* mit *comp. u. sup.* [huma-
nus] 1) menschlich, auf menschliche Art,
loqui; h. pati ruhig, vernünftig; si qui forte
aliquid fecerunt humanius Etwas dem menschlichen Gefühl nachgegeben haben; ironisch intervalla h. commoda bequem wie das Menschliche bequem ist, d. h. nicht eben sehr bequem. 2) menschenfreundlich, leutselig. 3) gebildet, fein.
Hūmānĭtas, ātis, *f.* [humanus] 1) Alles,
wodurch der Mensch sich von den Thieren unterscheidet, die Menschlichkeit, menschliche
Natur: magnam vim habet h.; communis

humanitatis causa. Insbes. = menschliches Gefühl, menschliche Theilnahme, die Menschenfreundlichkeit: exuere omnem h. 2) die Milde, Leutseligkeit, Freundlichkeit im Betragen, die Höflichkeit, Humanität, Billigkeit: h. et mansuetudo, clementia et h., aequitas et h. 3) die höhere und feinere Bildung, Feinheit der Rede und des Betragens, gebildeter und feiner Geschmack: h. politior, studium doctrinae et humanitatis; lepos et h. launige u. gebildete Rede; capere aliquem humanitate sua.

Hūmānĭter, *adv.* [humanus] = humane; ferre aliquid h. wie ein Mensch Solches ertragen muß, d. h. gleichmüthig, gelassen.

Hūmānĭtus, *adv.* [humanus] = humane: si quid mihi h. accidisset wenn etwas Menschliches (zufolge der menschlichen Natur) mir begegnet wäre, d. h. wenn ich gestorben wäre.

Hūmānus, *adj. mit comp. u. sup.* [homo] (f. humanitas und homo) 1) menschlich, zur Menschennatur oder zu den Menschen gehörig: h. species, caput h.; hostia h. das Menschenopfer; genus h. das Menschengeschlecht; res divinae et hh.; errare est humanum; (Vorklaff.) humani = homines. 2) menschenfreundlich, mild, leutselig, freundlich, human: facilis et h., moderatus et h. 3) gebildet, fein, artig: doctus et h.

*Hūmātĭo, ōnis, *f.* [humo] die Beerdigung.

Hūmecto, 1. [humectus] (Poet. u. Spät.) 1) *trans.* befeuchten, benetzen, flumen h. campos. 2) *intrans.* feucht sein, oculi hh. sind von Thränen benetzt.

Hūmectus, *adj.* [humor] (Vorkl. u. Spät.) feucht, naß, locus.

Hūmeo, — — 2. (ob. Umeo) (Poet. u. Spät.) feucht=, naß sein: locus h. aquā; meist im *particip.* humens, tis, als *adj.* feucht, coelum, litora.

Hŭmĕrus, i, *m.* 1) die Schulter, Achsel (eigtl. vom Menschen, während armus gewöhnlich von Thieren gesagt wurde; doch werden beide bisweilen verwechselt): sagittae pendebant ab h.; ex hh. fiunt armi (bei einer Verwandlung); *trop.* sustinere tota comitia humeris suis. 2) (Spät.) uneigtl. von denjenigen Theilen anderer Gegenstände, welche an diesen ungefähr dieselbe Stelle einnehmen wie die Schulter am menschlichen Körper: Rhegium situm est in h. Italiae; hh. arborum.

Hūmesco, — — 3. [humeo] (Poet. und Spät.) feucht=, naß werden, equi hh. spumis.

*Hūmĭde, *adj.* (Pl.) feucht, von Feuchtigkeit.

*Hūmĭdŭlus, *adj. deminut.* von humidus.

Hūmĭdus (ob. Umidus), *adj. mit comp. u. sup.* [humeo] 1) feucht, naß, was Feuchtigkeit oder Wassertheile in sich hat, also mit Feuchtigkeit vermischt, vgl. udus; es bezeichnet die innere Beschaffenheit eines Körpers, vgl. madidus): terrena et humida suo pondere in terram et in mare feruntur; ligna hh., solum h.; (Poet.) h. nox, maria hh. 2) *trop.* verba hh. = wässerig, matt.

*Hūmĭfĕr, ĕra, ĕrum, *adj.* [humor-fero] (Vorklaff.) feucht.

Hŭmĭlis, e, *adj. mit comp. u. sup.* [humus] 1) niedrig, flein, arbor, cassa, homo, corpus; davon fossa h. = nicht tief. 2) *trop.* A) dem Range, Stande, Ansehen, der Geburt nach niedrig, unansehnlich: natus parentibus hh.; homo humillimus de plebe; humili loco ortus von niedriger Herkunft. B) a) von Personen, niedrig stehend an Fähigkeiten, Einfluß, Kraft u. vergl., schwach, tief stehend: homines multis rebus humiliores sunt quam bestiae stehen den Thieren nach, werden von den Thieren übertroffen. b) häufig von Sachen, dem Werthe nach tief stehend, unbedeutend, gering: res h. et contempta; nihil abjectum, nihil humile nichts Niedriges. C) von der Rede, niedrig, einfach, schmucklos: sermo demissus et h.; verba hh. et vulgaria; miscere sublimia humilibus. D) nach der Gesinnung, Gemüthsstimmung u. s. w. a) niedrig, kleinlich, animus, curae. b) demüthig, unterwürfig, animus, preces, oder tadelnd, kriechend, knechtisch, assentator. c) niedergeschlagen, kleinmüthig, animus.

Hŭmĭlĭtas, ātis, *f.* [humilis] (f. humilis) 1) die Niedrigkeit im Gegensatz der Höhe, arboris, navium. 2) *trop.* A) die Niedrigkeit der Geburt, des Ranges, Standes, h. et obscuritas, despicere humilitatem alicujus. B) die Unbedeutendheit des Ansehens, der Macht, der Würde, oder von Sachen die Geringfügigkeit. C) die Erniedrigung, Demüthigung: mors anteponenda fuit huic humilitati; descendere in h. sich herablassen. D) die Niedergeschlagenheit, Verzagtheit: metus habet humilitatem. E) das demüthige Wesen: saepe magnificentia plus proficit quam humilitas et obsecratio.

Hŭmĭlĭter, *adv. mit comp. u. sup.* [humilis] niedrig, *trop.* kleinlich, erniedrigend, demüthig.

Hŭmo, 1. [humus] mit Erde bedecken, beerdigen, daher überhaupt begraben, aliquem; militari honestoque funere aliquem h.

Hūmor, ōris, *m.* [humeo] die Feuchtigkeit, Flüssigkeit, das Naß: h. et calor qui est fusus in corpore; (Poet.) h. Bacchi der Wein, lacteus die Milch, roscidus der Thau, pluvius der Regen; h. labitur in genas Thränen.

Hŭmus, i, *f.* die zu unsern Füßen befindliche Erde (also als der niedrigste Theil der sichtbaren Welt, vgl. terra, solum, tellus), der Erdboden, das Erdreich: h. subacta, pabulum humi, propter h. volare; bisweilen = terra (humus injecta mortuos tegit die aufgeworfene Erde). Insbes. A) (Poet.) zur Bezeichnung des Niedrigen in der Rede, in Gedanken: vitare humum, deducere ad h. B) (Poet.) = terra Gegend, Land, h. Punica, Illyrica. C) als *adv.* a) humi auf der Erde, dem Boden, ob. auf die Erde, zu Boden: requiescere h., stratus h.; prosternere aliquem h. b) humo von der Erde, vom Boden, surgere.

Hyăcinthus, i, *m.* [Ὑάκινθος] 1) ein lacedämonischer Jüngling, vom Apollo geliebt, aber durch einen unglücklichen Wurf getödtet, worauf aus seinem Blute die Blume hyacinthus entsprang. Davon -thius, *adj.*, als *subst.* -ia, örum, *n. pl.* ein Fest zu Ehren des H. 2) die Blume Hyacinthe; diese ist aber nicht unsere Hyacinthe, sondern entweder eine Art Schwertlilie oder eine Art Rittersporn. Davon **Hyăcinthĭnus**, *adj.*

Hyădes, dum, *f. pl.* [Ὑάδες] die Hyaden, sieben Sterne, die den Kopf des Stieres bilden, deren Aufgang (7.—21. Mai) gewöhnlich Regen andeutete, daher pluviae. Nach der Sage waren sie Töchter des Atlas und der Pleione, Schwestern der Plejaden.

Hyaena, ae, *f.* [ὕαινα] 1) die Hyäne, das Grabthier. 2) ein Seefisch.

Hyălus, i, *m.* [ὕαλος] (Poet.) das Glas (trin. lat. vitrum).

Hyampŏlis, is, *f.* [Ὑάμπολις] Stadt in Phocis.

Hyantes, tum, *m. pl.* [Ὕαντες] alter Volksstamm in Böotien. Davon **Hyantēus** od. -tius, *adj.*, auch = böotisch.

Hyărōtis, ĭdis, *f.* [Ὑάρωτις] Fluß in Indien, Nebenfluß des Indus.

Hyas, antis, *m.* [Ὕας] Sohn des Atlas, Bruder (nach Andern Vater) der Hyaden.

Hybla, ae, *f.* [Ὕβλα] 1) Berg auf Sicilien, reich an Blumen und Bienen. Davon **Hyblaeus**. 2) Stadt am Berge H.; davon **Hyblenses**, ium, *m. pl.* die Einwohner von H.

Hydaspes, is, *m.* [Ὑδάσπης] Fluß in Indien, der in den Indus fällt.

Hydra, ae, *f.* [ὕδρα] die Wasserschlange als fabelhaftes Ungeheuer, insbes. die vielköpfige lernäische Wasserschlange, welche Hercules erschlug. Hiervon = die Wasserschlange als Gestirn.

Hydraula od. -les, ae, *m.* [ὑδραύλης] (Spät.) der Wasserorgelspieler.

Hydraulĭcus, *adj.* [ὑδραυλικός] (Spät.) zur Wasserorgel gehörig.

Hydraulus, i, *m.* [ὕδραυλος] die Wasserorgel.

Hydrēla, ae, *f.* Stadt in Carien. Davon **Hydrēlătānus**, *adj.*

Hydria, ae, *f.* [ὑδρία] ein Wasserkrug, davon überhaupt Krug, Urne z. B. zum Loosen; conjicere sortes in h.

*Hydrŏchous, i, *m.* [ὑδροχόος] (Poet.) der „Wassergießende" = das Gestirn des Wassermannes.

*Hydrŏpĭcus, *adj.* [ὑδρωπικός] (Poet.) wassersüchtig.

Hydrops, ōpis, *m.* [ὕδρωψ] (Poet. und Spät.) die Wassersucht.

Hydrus, i, *m.* [ὕδρος] (Poet.) die Wasserschlange, und daher überhaupt die Schlange: trop. (Virgilio) caderent a crinibus hydri die Schlangen würden (dem V.) aus den Haaren der Furien entfallen = der Virgil würde seinen poetischen Ton herabstimmen, keine kühne poetische Schilderungen gebrauchen.

Hydrus, untis, *f.* [Ὕδροῦς] oder **Hydruntum**, i, *n.* Stadt in Calabrien.

Hylaeus, i, *m.* [Ὑλαίος] der „Waldmann", ein Centaur, welchen die Atalanta tödtete; davon **Hylaeus**, *adj.*

Hylas, ae, *m.* [Ὕλας] ein jugendlicher Freund des Hercules, welchen die Nymphen seiner Schönheit wegen raubten.

Hyle, es, *f.* [ὕλη] (Spät.) die Materie, der Stoff.

Hyllus, i, *m.* [Ὕλλος] Sohn des Hercules und der Dejanira.

Hymen, ĕnis, *m.* [Ὑμήν] und **Hymenaeus**, i, *m.* [Ὑμέναιος] (Poet.) 1) der Gott der Hochzeiten und der Ehe. 2) das Hochzeitlied. 3) die Hochzeit.

Hymettus, i, *m.* [Ὑμηττός] Berg in Attica, berühmt durch seinen Marmor und Honig. Davon **Hymettius**, *adj.*

Hypaepa, ōrum, *n. pl.* [τὰ Ὕπαιπα] Städtchen in Lydien. Davon -pāni, ōrum, *m. pl.* die Einwohner von H.

Hypănis, is, *m.* [Ὕπανις] Fluß in Sarmatien, jetzt Bug.

Hypăsis, siehe **Hyphasis**.

Hypăta, ae, *f.* [Ὕπατα] Stadt in Thessalien. Davon **Hypătaeus** und -tensis, e, *adj.*, und *subst.* -taei, ōrum, *m. pl.* die Einwohner von H.

Hyperbaton, i, *n.* [ὑπέρβατον] (Spät.) die Wortversetzung (rhetor. Figur; reinlatein. transgressio).

Hyperbŏle, es, *f.* [ὑπερβολή] (Spät.) eine rhetor. Figur, die Uebertreibung (reinlat. superlatio ob. superjectio).

Hyperbŏrei, ōrum, *m. pl.* [Ὑπερβόρεοι] die Hyperboreer, mythisches Volk, das im äußersten Norden am Rande des Oceans als unschuldiges und von den Göttern gesegnetes Menschengeschlecht wohnte. Davon **Hyperbŏrēus**, *adj.*

Hyperĭdes, is, *m.* [Ὑπερίδη.] berühmter attischer Redner, Zeitgenosse des Demosthenes.

Hypĕrīon, ŏnis, *m.* [Ὑπερίων] 1) einer der Titanen (d. h. Sohn des Uranus und der Gäa), Gemahl der Thea und Vater des Helios (Sol, Sonne), der Selene (Luna, Mond), der Eos (Aurora, Morgenröthe). 2) (statt Ὑπεριονίων = Ὑπερ ονίδης) der Sohn des H. = der Helios, Sonnengott. — Davon A) **Hyperĭŏnĭdes**, ae, *m.* der Sohn des H. B) **Hyperĭŏnis**, ĭdis, *f.* die Tochter des H. = Aurora.

Hypermnestra, ae, *f.* [Ὑπερμνήστρα] Tochter des Danaus, welche allein unter den Schwestern (siehe Danaides) ihren Gemahl Lynceus am Leben ließ.

Hyphăsis, is, *m.* [Ὕφασις] Fluß in Indien, jetzt Bejah.

Hypŏcaustum, i, *n.* [ὑπόκαυστον] (Spät.) der hohle Raum unter dem Fußboden eines als Schwitzbad benutzten Zimmers, der durch eine Feuereinrichtung erwärmt wurde, und von welchem dann die Hitze theils durch den Fußboden, theils durch die in den Wänden angebrachten Röhren nach dem Schwitzbadezimmer (sudatio, caldarium) geleitet wurde.

Hypŏcrĭta od. -tes, ae, *m.* [ὑποκριτής] (Spät.) der Mime, der den Vortrag des eigtl. Schauspielers mit Geberdenspiel begleitete.

*Hypŏdĭdascălus, i, *m.* [ὑποδιδάσκαλος] der Unterlehrer.

Hypŏmnēma, ătis, *n.* [ὑπόμνημα] eine schriftliche Notiz, Bemerkung.

Hypŏthēca, ae, *f.* [ὑποθήκη] das Pfand, Unterpfand.

Hypsĭpўle, es, *f.* ['Υψιπύλη] Tochter des Thoas, Königs von Lemnos.

Hyrcāni, ōrum, *m.* die Bewohner von **Hyrcānia**, ae, *f.*, einer am Südrande des nach ihr benannten (mare Hyrcanium) caspischen Meeres liegenden Provinz Persiens. Dazu als *adj.* **Hyrcănus** ob. **Hyrcānius.**

Hyriē, es, *f.* ['Υρίη] Stadt in Böotien.

Hyrieus, ei, *m.* ['Υριεύς] Vater des Orion, siehe dieses Wort. Davon **Hyrīēus**, *adj.*

Hyrtăcĭdes, ae, *m.* ['Υρτακίδης] Sohn des Hyrtacus = Nisus.

Hystaspes, is, *m.* Vater des persischen Königs Darius, daher Darius Hystaspis (sc. filius).

I.

Iacchus, i, *m.* ['Ίακχος] (Poet.) Name des mystischen Bacchus, daher überhaupt = Bacchus, und meton. = der Wein.

*****Iambēus**, *adj.* [ἰάμβειος] (Poet.) jambisch.

Iambus, i, *m.* [ἴαμβος] die Jambe, A) = der jambische Versfuß (˘—). B) das jambische Gedicht.

Iamĭdae, arum, *m. pl.* ['Ἰαμίδαι] Nachkommen des Jamus, ein Wahrsagergeschlecht in Elis.

Iăpĕtus, i, *m.* ['Ἰαπετός] ein Titan, Vater des Prometheus, Epimetheus, Atlas und Menoetius. Davon **Iăpĕtĭŏnĭdes**, ae, *m.* Nachkomme des J. = Atlas.

Iăpўdes, dum, *m. pl.* Völkerschaft im nordwestlichen Illyrien. Davon 1) **Iăpyx**, ўdis, *adj.* zu den J. gehörig. 2) **Iăpўdia**, ae, *f.* das Gebiet der Japyden.

Iăpyx, ўgis, *m.* 1) Sohn des Dädalus (nach Anderen ein Bruder des Daunus, was man sehe), der eine Colonie nach Unteritalien führte und dem südöstlichen Theile davon, der Landschaft **Iăpўgia**, ae, *f.*, den Namen gab. 2) der Japygier, A) Name eines Flusses in Apulien. B) der Westnordwestwind. C) als *adj.* japygisch. — Davon a) **Iăpўgius**, *adj.* (Poet.) überhaupt = apulisch oder calabrisch. b) **Iăpўgia**, ae, *f.* die Landschaft J., siehe oben: poet. = Apulien oder Calabrien.

Iarbas, ae, *m.* ein africanischer König, Nebenbuhler des Aeneas (bei Dido). Daher **Iarbĭta**, ae, *m.* der Nachkomme des J., *poet.* = der Mauretanier oder überhaupt Africaner.

Iardănis, ĭdis, *f.* die Tochter des Jardanus = Omphale.

Iăsĭdes, ae, *m.* der Nachkomme des Jasius = Palinurus.

Iăsis, ĭdis, *f.* die Tochter des Jasius = Atalanta.

Iăsius, ii, ob. **Iăsion**, ōnis, *m.* ['Ἰάσιος, Ἰασίων] 1) Sohn des Jupiter und der Electra, Bruder des Dardanus, Günstling der Ceres. 2) König von Argos, Vater der Atalanta.

Iăson, ŏnis, *m.* ['Ἰάσων] 1) Sohn des thessalischen Königs Aeson, Anführer auf dem berühmten Zuge der Argonauten nach Colchis, von wo er die Medea mit sich führte. Davon A) **Iăsŏnĭdes**, ae, *m.* der Nachkomme des J. B) **Iăsŏnius**, *adj.* 2) ein Tyrann zu Pherä in Thessalien.

Iaspis, ĭdis, *f.* [ἴασπις] ein grüner Edelstein, der Jaspis.

Iassus, i, *f.* Stadt in Carien. Davon **Iassius**, *adj.*; *subst.* -sii, ōrum, und -senses, ium, *m. pl.* die Einwohner von J.

Iātrălipta, ae, *m.* [ἰατραλείπτης] (Spät.) der Salbenarzt, Arzt der mit Salben heilt.

Iăsўges, gum, *m. pl.* sarmatische Völkerschaft an der Donau. Davon (Poet.) **Iăsyx**, ўgis, *adj.*

Ibēres, rum, *m. pl.* (i) die Iberer I. griechischer Name der Spanier; im *sing.* Iber, ris, = der Iberer. Davon A) **Ibērus**, *adj.* (i) spanisch; pastor i. = Geryon. Hiervon *subst.* a) **Ibērus**, i, *m.* (i) der Fluß Ebro in Spanien. b) **Ibēri**, ōrum, *m. pl.* (i) = Iberes. B) **Ibēria**, ae, *f.* (i) = Spanien. C) **Ibērĭcus**, *adj.* (i) = spanisch. D) **Ibērĭna**, ae, *f.* (i) (spät. Poet.) die Spanierin. — II. Völkerschaft am Kaukasus in Asien (auch Iberi, ōrum, bewohnend die Landschaft **Ibēria**, ae, *f.* (i) = das heutige Georgien.

Ibī, *adv.* (i) [is] da, 1) eigtl., im Raume, da, daselbst, dort: i. fui; i. fortunas suas constituit nahm da seinen Wohnsitz; (Spät.) i. loci daselbst. 2) (meist Vorklass. u. Poet.) in der Zeit = dann, damals, alsdann: invocat deos, ibi continuo contonat; i. demum dann erst; illo ubi'me vidit, i. homo coepit etc., pleonastisch i. tum. 3) von anderen Verhältnissen = in dieser Sache, in diesem Puncte, bei dieser Gelegenheit: i. peccavi; i. juventutem suam exercuit hierin; subsensi illos i. esse daß Jene dabei (d. h. damit beschäftigt) waren.

Ibīdem, *adv.* (i) [ibi-dem] 1) ebendaselbst, auf derselben Stelle, eben da, i. fuerunt alii; i. loci res est auf demselben Puncte; (Pl.) = ebendahin, i. eam una traho. 2) ebendabei = bei derselben Gelegenheit, in derselben Sache: laesit in eo illum, sublevavit i.

Ibis, ĭdis, *f.* (i) [ἴβις] der Ibis, ein Wasservogel, in Aegypten der Isis heilig.

Ibўcus, i, *m.* ['Ίβυκος] griechischer lyrischer Dichter, ums Jahr 540 v. Chr.

Ioādius, ii, *m.* (i) ein berüchtigter Seeräuber.

Ioāria, ae, *f.* (i) ['Ικαρία] Insel im ägäischen Meere.

Ioārius, ii, *m.* (i) ['Ικάριος] Bruder des Tyndareus, Vater der Penelope. Davon **Ioāriōtis**, ĭdis, *f.* (i) ['Ικαριωτίς] A) die Tochter des J. = Penelope. B) *adj.* icariotisch.

Ioărus, i, *m.* (i) ['Ίκαρος] 1) (auch Ioărius) ein Athenienser, Zeitgenosse des Pandion. Als er von Hirten erschlagen worden war, erhängte seine Tochter Erigone (siehe dieses Wort) sich aus Schmerz, worauf sie beide als Gestirne an den Himmel versetzt wurden. 2) der Sohn des Dädalus; er floh mit seinem Vater von Creta, fiel aber, als er zu hoch flog und die Sonnenhitze das Wachs seiner Fittige schmolz, in das Meer, das nach ihm mare Icarium genannt wurde (der südöstliche Theil des ägäischen Meeres).

Iccirco, siehe Idcirco.

Icĕlos, i, m. (1) [griech. Ἴκελος] eigtl. der Aehnliche, Bruder des Morpheus.

Icēni, ōrum, m. Völkerschaft in Britannien.

Ichneumon, ōnis, m. [ἰχνεύμων] die Pharaonsmaus.

Ico, ici, ictum, 3. (1) treffen, davon schlagen, stoßen, hauen u. dergl.: i. femur alicujus Jmd. an den Schenkel schlagen; ictus telo, lapide; ictus fulmine oder e coelo vom Blitze getroffen. Hiervon A) weil zur Bestätigung eines Bündnisses oder Vertrages ein Opferthier getroffen, d. h. geschlachtet wurde, foedus i. ein Bündniß machen, schließen. B) trop. ictus = heftig und bes. unangenehm von einer Gemüthsbewegung oder dergl. berührt, getroffen, aufgeregt u. dergl.: ictus desiderio, metu; ictus conscientia gepeinigt, nova re, rebellione beunruhigt; caput ictum vom Wein schwerer, umnebelter Kopf.

Icon, ŏnis, f. (1) [εἰκών] (Spät.) das Ebenbild.

Icŏnicus, adj. (1) [εἰκονικός] (Spät.) zum Ebenbilde gehörig, nachgebildet, simulacrum i. in Lebensgröße gemalt.

Icŏnium, ii, n. (1) [Ἰκόνιον] Stadt in Lykaonien, jetzt Konieh.

Icterĭcus, adj. [ἰκτερικός] (Spät.) gelbsüchtig.

Ictis, idis, f. [ἰκτίς] eine Art Wiesel.

Ictus, us, m. [ico] eigtl. das Treffen, der Schlag, Stoß, Hieb, Stich und dergl.: i. gladiatoris; nec i. cominus nec conjectio telorum; i. pilorum, fulminis; i. serpentis; i. arietis mit dem Mauerbrecher;* (Poet.) ii. alarum, pennarum der Flügelschlag, remorum Ruderschlag; (Poet.) i. solis der stechende Sonnenstrahl; i. pollicis das Anschlagen der Saiten mit dem Daumen. Hiervon A) in der Musik, der Takt, Taktschlag: senos reddere ii. B) trop. „Schlag": a) i. calamitatis; hoc non habet ictum quo animum pellat das Nichts, wodurch es auf die Seele starken Eindruck machen könnte. b) (Spät.) hoc est sub ictu nostro positum so daß wir es treffen können = in unserer Gewalt; innocentia tua est sub ictu ist in Gefahr; legiones dantur (veniunt) sub ictum kommen innerhalb Schußweite = so nahe, daß man sie angreifen kann; esse extra i. = außer Gefahr. c) = Angriff, Anfall: uno ictu contendere; singulis velut ii. hella transigere Jeden in einem Anfall = auf Ein Mal, auf Einen Wurf. d) uno ictu temporis in Einem Augenblick.

Ida, ae, f. (1) [Ἴδη, Ἴδα] 1) hoher Berg in Troas, wo Paris die drei Göttinnen vor sich erscheinen sah, und Jupiter den Ganymedes raubte. Davon Idaeus, adj., pastor (hospes) = Paris, mater = Cybele, naves trojanische. 2) Berg auf Creta, auf welchem Jupiter erzogen wurde. Davon Idaeus, adj. (1).

Idălium, ii, n. (1) [Ἰδάλιον] Vorgebirge und Stadt auf der Insel Cypern, mit einem Tempel und Hain der Venus. Davon Idălius, adj. (1) (häufig von der Venus); astrum Id. der Stern Venus.

Idcirco, adv. deswegen, deshalb, darum: i. vos moneo; gewöhnlich correspondirend mit einem Causalsatze mit quia, quod (besonders — weil), auch mit si (non, si illum defendisti, i. te isti bonum civem putabunt) oder einem Absichtssatze mit ut (ne) oder mit einem relativen Pronomen.

***Idea**, ae, f. (1) [ἰδέα] (Spät.) das geistige Vorbild, Idee (bei Cic. griechisch geschrieben).

Idem, eadem, idem, pron. demonstr. (1) [is-dem] derselbe, der nämliche: i. Mithridates; i. semper vultus, in ii. causis; alter i. ein zweites Ich; ego i., tu i., hic. i. und i. hic, ebenso ille i. und i. ille; i. iste Mithridates; ii. omnes; qui i.; unus et i. ein und derselbe, eben derselbe; idem (neutr.) juris, idem consilii dasselbe Recht, derselbe Entschluß. Insbes. A) Oft wird es gebraucht, wo etwas Neues von einer schon erwähnten Person oder Sache gesagt wird, und wird durch auch, gleichfalls, zugleich übersetzt, wenn das Hinzugefügte etwas Gleichartiges und Verwandtes ist, durch doch, gleichwohl, indessen, wenn das Hinzugefügte etwas Entgegengesetztes ist und also der Gegensatz bezeichnet wird: cibus qui et suavissimus erat et i. ad concoquendum facillimus; inventi sunt multi qui vitam pro patria profundere parati essent, iidem gloriae ne minimam quidem jacturam facere vellent. B) Als Vergleichungswort mit folgendem pron. rel. oder et, ac (atque), que, ut, quam, quasi, auch (meist jedoch Poet. u. Spät.) mit folgendem cum oder einem dat.: idem non est pertinacia et perseverantia; servulus non idem est quod familia; hic eodem mecum patre genitus von demselben Vater als ich; idem facit occidenti thut dasselbe, als derjenige, der einen Menschen tödtet. — Hiervon als adv. A) Bādem auf demselben Wege, ebendaselbst. B) Bōdem, ebendahin. C) **Identĭdem** [= idem et idem, eigtl. dasselbe und dasselbe] zu wiederholten Malen, nochmals, wiederholentlich und auf dieselbe Weise, respicere, quaerere, recipere se in silvas.

Id-eo, adv. (1) deswegen, daher, deshalb; gewöhnlich verbunden mit Causalsätzen mit quod, quia, quoniam (Spät.), oder mit Absichtssätzen mit ut (ne); *auch mit quin (non quin breviter reddi responsum potuerit, i. etc. nicht weil ja u. s. w.); non si causa justa est eum oppugnandi, i. vobis quoque etc.

Idiōta, ae, m. (1) [ἰδιώτης] der unwissende Mensch, Ignorant, der Laie (im Gegensatze der Kenner einer gewissen Kunst od. dergl.).

Idiotismus, i, m. (1) [ἰδιωτισμός] (Spät.) die gemeine Sprachweise, der Idiotismus.

Idistăvius campus eine Ebene an der Weser.

Idmon, ŏnis, m. [Ἴδμων] Vater der Arachne. Davon Idmonius, adj.

Idōlon, i, n. (1) [εἴδωλον] (Spät.; bei Cic. griechisch geschrieben) das Schattenbild, Gespenst.

Idŏmĕneus, ei, m. (i) [Ἰδομενεύς] Sohn des Deucalion, Königs auf Creta, einer der Helden vor Troja.

Idŏmĕne, es, f. Stadt in Macedonien. Davon *Idŏmĕnius, adj.

Idŏnee, adv. (i) [idoneus] (selten) auf geeignete Weise, gehörig.

Idōneus, adj. (i) geeignet, bequem, passend, geschickt (durch natürliche Eigenschaften oder Umstände, nicht zufolge eines Planes oder einer Absicht, vgl. aptus). A) act. geeignet Etwas zu thun oder zu leisten, tüchtig, tauglich u. dergl.: i. ad agendum; i. ad amicitiam; (meist Poet.) idoneus arti, pugnae, idoneus vitae für das Leben; (Spät.) i. in aliquid = ad aliquid; *idoneus dignitate sua schicklich für; Laelii persona mihi idonea visa est quae de amicitia dissereret geeignet von der Freundschaft zu reden; selten mit folgendem ut, (Poet.) idoneus facere aliquid; absol. 'auctor, testis i. = gültig, zuverlässig, der Bescheid weiß und gegenwärtig gewesen ist; homines ii. zuverlässige oder würdige, imperator i. tüchtig, tempus i. bequem. B) pass. geeignet Etwas zu leiden, zu Etwas gebraucht zu werden u. dergl.: locus idoneus deversorio; nemo i. erat quem imitarere; res i. de qua quaeratur; impertire hominibus idoneis indigentibus würdigen; digni et ii. = Schuldige und solche die (es) verdient haben.

*Idos, n. indeclin. (i) [εἶδος] (Spät.) das Bild.

Idus, uum, f. pl. (i) [veraltetes Verbum iduo = divido] der Tag, der den Monat ungefähr in zwei Theile theilt, d. h. der funfzehnte in den Monaten März, Mai, Julius, October, der dreizehnte in den übrigen Monaten: res acta ante Idus; haec scripsi Idibus Octobribus; a. d. VIII Idus Januarias der 6te Januar. An den Idus wurden Zinsen erlegt, daher z. B. ruinae fortunarum tuarum impendent proximis ii.

Idūme, es, od. **Idūmaea**, ae, f. (i) Landschaft in Palästina; davon -maeus, adj.

Idȳia (dreisilbig), ae, f. (i) [Ἰδυῖα] die Mutter der Medea, Gattin des Aeetes.

Idyllium, ii, n. (i) [εἰδύλλιον] (Nachkl.) eigtl. ein kleines Bild, davon ein kurzes Gedicht darstellenden Inhalts, insbes. das Hirtengedicht, Idyll.

Igilium, ii, n. kleine Insel an der Küste von Toscana.

Igĭtur, conj. (i) also, sonach; bef. häufig in einer Schlußfolge und in Fragesätzen (in quo i. loco est?), namentlich in ironischen Fragesätzen (haec i. est tua disciplina?). Insbes. A) zur Wiederaufnahme eines unterbrochenen Gedankens, nach einer Parenthese: sunt nonnullae disciplinae quae etc., (nam qui etc.), hae disciplinae i. B) zur Resumirung einer vorhergehenden Reihe von Einzelnheiten; = kurz, mit einem Worte. C) zur speciellen Weiterführung eines nur im Allgemeinen berührten Gedankens, „also": nunc juris principia videamus; i. doctissimis viris proficisci placuit a lege etc. — Es steht gewöhnlich nach einem, bisweilen zweien oder mehreren Wörtern; aber in einer einfachen und geraten Schlußfolge, sowie in dem unter C. genannten Falle steht es auch ganz zuerst.

Ignārus (Vorklaff., **Ignārūris**, e), adj. mit sup. [in-gnarus] 1) einer Sache unkundig, mit ihr unbekannt, unerfahren, unwissend in Etwas: hujus oppidi ignarus; i. physicorum, poliendae orationis; ignari, quo essent loco; non sumus ignari, multos studiose contra esse dicturos wir wissen schon; me ignaro ohne mein Wissen. 2) (Sall., Poet. u. Spät.) pass. unbekannt, was man nicht kennt (= ignotus): i. lingua; regio hostibus ignara den Feinden unbekannt.

Ignāvē und *-viter, adv. mit comp. [ignavus] 1) träge, ohne Energie und Kraft. 2) feige, furchtsam.

Ignāvĭa, ae, f. [ignavus] 1) die Trägheit, Lässigkeit, Mangel an Energie und Kraft, bald = die Trägheit, Schlaffheit, Unthätigkeit, bald = die Feigheit, Muthlosigkeit: inertia et i., socordia et i.; aetatem agere per luxum et i.; ignavia est contraria fortitudini.

Ignāvus, adj. mit comp. u. sup. [in-gnavus = navus] lässig, kraftlos, schlaff, bald = träg, unthätig, faul, bald = feige, muthlos: i. homo; ex ignavo strenuus factus est; imbelles et ii. Hiervon (Poet. u. Spät.) von Sachen: A) nemora ii. unergiebige, nicht angebaute; palatum i. sprachlos; annus, lux i. in welchem man unthätig ist; conferunt i. stipendium bloß Geld, im Gegensatze von Soldaten in Waffen. B) =erschlaffend, träge machend, frigus, aestus.

Ignesco, — — 3. [ignis] zu Feuer werden, sich entzünden, in Brand gerathen, mundus; trop. ira u. dergl. i. entbrennt.

Igneus, adj. [ignis] 1) feurig, was aus Feuer ist, sidera; (Poet.) ii. arces der Himmel, sol, aestas i. brennend heiß, Chimaera i. feuersprühend; i. celeritas, motus eine Geschwindigkeit, Bewegung ähnlich derjenigen des Feuers; (Poet.) = feuerfarbig. 2) trop. glühend, feurig = hitzig, heftig, furor, homo.

Ignĭcŭlus, i, m. [deminut. von ignis] das Feuerchen, Flämmchen, der Funken; oft trop. = der erste Anfang, Ursprung u. dergl.: i. desiderii; virtutum ii. et semina; ii. a natura dati von den in die menschliche Seele niedergelegten Funken des göttlichen Feuers.

Ignĭfer, ĕra, ĕrum, adj. [ignis-fero] (Poet.) Feuer tragend.

*Ignĭgĕna, ae, m. [ignis-gigno] (Poet.) der Feuergeborene = Bacchus.

Ignĭpes, ĕdis, adj. (Poet.) feuerfüßig = reißend schnell.

Ignĭ-pŏtens, tis, adj. (Poet.) der Feuermächtige, Beherrscher des Feuers = Vulcan.

Ignis, is, m. 1) das Feuer; capere ignem ab igne; concipere (comprehendere) ignem Feuer fangen, in Brand gerathen; ignem facere, accendere anzünden; ignem operibus inferre, subjicere i. in Brand stecken; pluribus simul locis ignes coorti sunt; (Poet.) ii. Thessali Wachtfeuer; (Poet.) von dem Blitze, von der Sonne und den Sternen, luna inter ii. minores. 2) (Poet.) Feuerglanz, feurige Farbe, Feuerröthe, brennende Röthe: ostendere ignem suum von einem Stern; curvati ii. = der Halbmond. 3) trop. A) zur Bezeichnung des Feuers der Leidenschaften, der Gluth des Zornes und der Wuth (exarsere ignes animo), bes. aber der

Liebe (caeco carpi igne von der Gluth heimlicher Liebe verzehrt werden); hiervon (Poet.) = der geliebte Gegenstand, i. meus. B) zur Bezeichnung eines Verderben bringenden Gegenstandes, „Brand", „Brandfackel"; so von einem Kriege, vom Hannibal. C) sacer i. = die Entzündung, Rose (Krankheit).

Ignītus, *adj.* [ignis] (Spät.) feurig, glühend.

Ignōbĭlis, e, *adj.* mit *comp.* u. *sup.* [innobilis] eigentl. unkenntlich, 1) unbekannt, unberühmt, homo, magister dicendi, civitas. 2) unbekannt der Geburt nach, von niederer Geburt, niedrig, familia, vulgus, agmen; abi, ignobilis du schlechter Kerl.

Ignōbĭlĭtas, ātis, *f.* [ignobilis] 1) das Unbekanntsein, die Unberühmtheit. 2) die Niedrigkeit der Geburt, die niedere Herkunft: i. aut humilitas; i. generis.

Ignōmĭnĭa, ae, *f.* [in-nomen] eigtl. die Entziehung des guten Namens, 1) als politisch-juridischer *term. t.*, Verlust ob. Schmälerung der bürgerlichen Ehre, die Beschimpfung (in der Regel durch eine auf obrigkeitliche Gewalt gestützte bürgerliche ob. militärische Strafe, aber unabhängig von dem allgemeinen Urtheile der Menschen, auf welches infamia sich bezieht): animadversio censoris ignominia dicitur; notare (afficere) aliquem ignominiā; legionem missam fecit cum i. 2) (selten) überhaupt die Beschimpfung, die Schande, der Schimpf: i. amissarum navium der Schimpf, daß die Schiffe verloren gegangen waren; i. Senatus der dem Senat angethane Schimpf.

Ignōmĭnĭōse, *adv.* mit *comp.* [ignominiosus] (Nachkl.) schimpflich.

Ignōmĭnĭōsus, *adj.* [ignominia] 1) voll Schimpf und Schande, schimpflich, fuga, dominatio. 2) (Spät.) beschimpft, homo.

Ignōrābĭlis, e, *adj.* [ignoro] (selten) was Jmd. nicht weiß, unbekannt, homo oculis meis i. unkenntlich, literae.

Ignōrantĭa, ae, *f.* [ignoro] (meist Spät.) die Unkunde, Unbekanntschaft mit Etwas, Unwissenheit; selt. mit einem *genit.*, i. loci, discriminis, scripturae; hoc est maximum ignorantiae malum.

Ignōrātĭo, ōnis, *f.* [ignoro] das Nichtwissen, die Unkunde, Unwissenheit, locorum, juris; (selten) i. de re aliqua; excusare i. regis daß man den König nicht gekannt hat.

Ignōro, 1. [ignarus] einer Sache unkundig sein, unbekannt mit Etwas sein, Etwas nicht wissen, nicht kennen: i. patrem alicujus, causam; ignoratur man kennt ihn nicht; quis ignorat, Pompejum classe foedus? ille ignorat, quam vere id fiat; *i. de aliquo; *quis ignorat, quin tria Graecorum genera sint; ignorans hoc fecit ohne es selbst zu wissen; ignoratus evasit unbemerkt, ohne daß man ihn kannte.

*__**Ignoscens**__, tis, *adj.* mit *comp.* [particip. von ignosco] (Com.) geneigt zum Verzeihen, versöhnlich.

Ignosco, ōvi, ōtum, 3. [in-nosco] eigtl. nicht kennen = nicht kennen wollen, keine Kenntniß von Etwas nehmen, ignoriren, verzeihen, vergeben (es bezeichnet die Gemüthsstimmung, das Vergessen des begangenen Fehlers, während veniam dare die Erlassung der Strafe bezeichnet): i. alicui; ignosco omnia tibi, tibi quod ad me scribis; i. inscitiae, vitiis alicujus vergebe Jmd. seine Unwissenheit, seine Fehler, i. adolescentiae tuae ich verzeihe dir wegen deiner Jugend; (Vorklaff.) i. peccatum alicujus, istuc factum, (Poet.) dementia ignoscenda verzeihlich.

Ignōtus, *adj.* mit *comp.* u. *sup.* [in-gnotus = notus] 1) *pass.* unbekannt, fremd, homo, locus; obscurus et i.; terrae ii.; hoc misi est ignotnm; ignotus in vulgus unter den Leuten. Hiervon (Poet.) = niedrig, gering, gemein von Herkunft, mater. 2) *act.* (selten) = iguarus, unkundig, nicht kennend, unbekannt mit Etwas: aliquid ignotis notum facere.

Igŭvium, ii, *n.* Stadt in Umbrien. Davon **Igŭvīni**, ōrum ob. -vīnātes, tum, *m. pl.* die Einwohner von J.

Ilercaonenses, ium, *m. pl.* Völkerschaft im östlichen Spanien.

Ilerda, ae, *f.* (i) feste Stadt im nordöstlichen Spanien, jetzt Lerida. Davon **Ilerdenses**, ium, *m. pl.* die Einwohner von J.

Ilergētes, um, *m. pl.* Völkerschaft im nordöstlichen Spanien, deren Hauptstadt Ilerda war.

Ilex, ĭcis, *f.* (i) die Steineiche.

Ilĭa, ium, *n. pl.* (i) 1) der Unterleib zwischen den untersten Rippen und den Geschlechtstheilen, die Weichen: ducere (trahere) ilia = stöhnen, schnauben; ilia rumpuntur ei invidiā er zerplaßt vor Neid. 2) (Poet.) die Eingeweide, Gedärme (als Leckerbissen).

Ilĭa, **Ilĭădes**, **Ilĭas** (ī) u. s. w., siehe Ilium.

Ilĭcet, *adv.* (i) [ire-licet] ursprünglich ein Ausruf, womit man einer Versammlung zu erkennen gab, daß sie auseinander gehen durfte, daher 1) (Com.) man kann gehen! laßt uns gehen! geht! ilicet: quid hic conterimus operam frustra? i. in malam crucem! 2) (Com.) als Ausruf desjenigen, der eine Sache verloren giebt, es ist aus! es ist vorbei! actum est, i.; i., mandata heri perierunt. 3) (Poet.) sogleich, auf der Stelle: fugit i. ocior Euro.

Ilĭenses, ium, *m. pl.* (i) 1) Völkerschaft auf Sardinien. 2) siehe Ilium.

Ilignĕus ob. **Ilignus**, *adj.* (i) [ilex] von ober aus Steineichen, Eichen.

Ilĭon, ii. *n.* oder **Ilĭos**, ii, *f.* [Ἴλιον, Ἴλιος] und **Ilĭum**, ii, *n.* (i) poetischer Name der Hauptstadt der Trojaner, Troja. Davon 1) **Ilĭăcus**, *adj.* (i); carmen Il. über den trojanischen Krieg = die Ilias. — 2) **Ilĭădes**, ae, *m.* (i) [Ἰλιάδης] A) der Trojaner = Ganymedes. B) (siehe 5. B.) der Sohn der Ilia = Romulus ob. Remus. — 3) **Ilĭas**, ădis, *f.* (i) [Ἰλιάς] A) die Trojanerin, häufig im *pl.* B) das Gedicht des Homer, die Iliade; wegen seines großen Umfanges trop. zur Bezeichnung einer großen Menge: tanta malorum impendet Ilias. — 4) **Ilĭensis**, e, *adj.* (i); davon *subst.* -enses, ium, die Einwohner von Jlium, die Trojaner. — 5) **Ilĭus**, *adj.* (i) trojanisch. Hiervon *subst.* A) **Ilii**, ōrum, *m. pl.* (i) (*Pl.*) die Trojaner. B) **Ilĭa**, ae, *f.* (i) die Trojanerin = die Rhea Sylvia, Mutter des Romulus und des Remus.

Iliōna, ae, ob. -ne, es, *f.* (i) ['Ιλιόνη] die älteste Tochter des Priamus und der Hecuba. Eine Comödie des Pacuvius hatte den Namen J.
Iliōneus, ei, *m.* (i) 1) Sohn der Niobe. 2) ein Trojaner.
Ilios, f. Ilion.
Ilithyia, ae, *f.* (i) [Είλείθυια] die Göttin der Kreisenden, die Geburtsgöttin, reinlat. Juno Lucina.
Illā, siehe Ille.
Il-lăbĕfactus, *adj.* (Poet.) unerschüttert, *trop.* concordia.
Il-lābor etc., *depon.* 3. darauf- ob. dahineinfallen: flumen i. mari ergießt sich in´s Meer; quae accepta sunt ore, in stomachum illabuntur; *trop.* i. in animos (Poet. i. animis) sich in die Herzen Eingang verschaffen.
Il-lăbōrātus, *adj.* (Spät.) unbearbeitet, ohne Mühe gefertigt ob. dergl., terra, oratio; fructus i. die keine Mühe gekostet hat.
*****Il-lăbōro,** 1. (Tac.) an Etwas sich abmühen, aedibus.
Il-lăcessītus, *adj.* (Tac.) ungereizt, unangegriffen.
Ilac, siehe Illic.
Il-lacrĭmābĭlis, e, *adj.* (Hor.) * 1) act. durch Thränen (Klagen) kein Mitleid erregend, ohne Barmherzigkeit zu finden, „unbemitleidet" (von den Todten). * 2) durch Thränen nicht zu bewegen, unerbittlich, Pluto.
Il-lacrĭmo, 1. und -mor, *depon.* 1. 1) beweinen, über Etwas weinen, morti alicujus, malis nostris; *(Spät.) i. mortem alicujus. 2) (Poet.) von leblosen Gegenständen, von Etwas träufeln, „thränen".
Il-laesus, *adj.* (Poet. u. Spät.) unverletzt, unverwundet, corpus.
Il-laetābĭlis, e, *adj.* (Poet.) unerfreulich, traurig, ora.
*****Illăqueo,** 1. [in-laqueus] (Poet.) verstricken, aliquem.
Il-laudātus, *adj.* (Poet. u. Spät.) 1) ungelobt, ungerühmt. 2) unlöblich = schrecklich, abscheulich, Busiris.
Illautus, f. Illotus.
Ille, a, ud, *pron. demonstr.* jener, jene, jenes, weist auf einen ferneren oder ferner gedachten Gegenstand hin, im Gegensatze des hic, das einen näheren Gegenstand bezeichnet, obgleich es nicht selten durch „dieser" oder „der" übersetzt wird. Oft wird es mit anderen Pronomen verbunden (l. ipse und ipse i., huic i. legato, est idem i. tyrannus). Insbef. A) entgegengesetzt dem hic zur Bezeichnung des Entfernteren, siehe hic. B) prägn. von einem schon bekannten, berühmten Gegenstande, den es also genug ist bloß zu nennen = jener bekannte: Xenophon, Socraticus i.; Medea i.; auch Solonis illud jener bekannte Ausspruch des S. C) zur Ankündigung von etwas Folgendem, auf welches mit Nachdruck hingewiesen wird: nonne quum multa alia mirabilia tum illud inprimis etc.? Bisweilen wird es dann durch einen mit enim angeknüpften Satz näher erklärt (illa concitatio declarat etc.; negant enim sine furore etc.), bisweilen durch ein auf ein anderes Wort sich beziehendes *pron. rel.* (illa vox inhumana dicitur eorum qui etc.). Auch steht das *neutr. plur.* illa so, wo nur Eins folgt: illa palmaria quod, qui... is mundum dixerit fore sempiternum. D) mit quidem verbunden zur Hervorhebung eines Prädicats ober Attributs, wo man Etwas zugiebt (das quidem sollte dann eigtl. an das Prädicat, welches man einräumt, nicht an das *pron.* ille sich anschließen) = allerdings, freilich: philosophi, minime mali illi quidem sed etc. die allerdings nicht übelwollend sind, aber — E) hic et i. der und jener, der und der, = der eine und der andere; ebenso ille aut ille irgend einer, der und der. F) (Poet.) ex illo seit jener Zeit, seitdem. Hiervon *adv.* 1) Illā (Borklaff. u. Spät.) A) auf jenem Wege, auf jener Seite, ire. B) dort, vides eum. — 2) Illo, A) nach jenem Ort hin, dorthin, venit, accessit. B) *trop.* zu jener Sache u. dergl.; haec eodem i. pertinent.
Illĕcĕbra, ae, *f.* [illicio] die Lockung, Anreizung, lockende und reizende Eigenschaft oder Sache: virtus suis ii. hominem trahere debet; libidines suis ii. eos incendunt; i. peccandi, turpitudinis was zur Sünde, Schande lockt, aber i. juventutis die Gabe, Fähigkeit die Jugend zu verführen; *trop.* (Pl.) = eine lockende, verführende Person, der „Lockvogel".
Illĕcĕbrōsus, *adj.* mit *comp.* [illecebra] (Vor- und Nachklaff.) sehr lockend, verführerisch.
*****Illectus,** us, *m.* [illicio] (Pl.) die Lockung.
*****Il-lectus,** *adj.* (Poet.) ungelesen.
Illĕpĭde, *adv.* [illepidus] (Poet. u. Spät.) ungefällig, unfein.
Il-lĕpĭdus, *adj.* unfein, ungefällig, geschmacklos, grob, homo, deliciae.
Illex, icis, *adj.* (Stammverw. mit illicio) (Vorklaff. u. Spät.) lockend, verführerisch; auch *subst.* = der Lockvogel, Verführer.
*****Il-lex,** ēgis, *adj.* (Vorklaff.) gesetzlos, ungesetzlich (es kann jedoch an der betreffenden Stelle — Pl. Pers. 3, 3, 4 — auch = illex 1, Verführer, sein).
Illĭbātus, *adj.* [in-libo] von dem Nichts genommen ist, unvermindert, unverletzt, ungeschmälert, divitiae, imperium, gloria.
Il-lĭbĕrālis, e, *adj.* eines freien Mannes unwürdig, daher unedel, unwürdig, unanständig, niedrig, gemein, schmutzig u. dergl.: i. quaestus, facinus, jocandi genus; i. in aliquem = unhöflich, ungefällig; res i. ad cognoscendum uninteressant, unangenehm. Insbef. = knickrig, kleinlich, adjectio i.
Illĭbĕrālĭtas, ātis, *f.* (illiberalis) (selten) das eines Freien unwürdige Betragen, das kleinliche und schmutzige Benehmen, insbef. = die Knickerei, Filzigkeit.
Illĭbĕrālĭter, *adv.* (illiberalis) auf unedle, kleinliche Weise; insbef. = knickerig.
Illic, aec, oc, *pron. demonstr.* [ille-ce] (Vorklaff.) jener da, jene da, jenes da: i. homo; monstra mihi illunc; quid illuc est? mit der fragenden *Part.* ne heißt es **Illicine,** ob wohl jener da? — Hiervon *adv.* 1) **Illac,** auf jenem Wege, jener Seite, dort. 2) **Illic,** (meist Vorklaff. u. Spät.) an jenem Orte, dort; *trop.* = bei jener Sache ob. jener Person: i., ubi opus est, nihil verantur. 3) **Illinc** und

(veraltet, **Illim** von dort her, von dort, von jenem Ort, venire; *trop.* = von jener Sache, Person, von jener Seite: i. beneficium est. 4) **Illuc** u. (Com.) **Illoc**, dort hin, ire; huc et i. hierhin und dorthin, nach verschiedenen Seiten; *trop.* = zu jener Sache oder Person: haec res i. pertinet.

Illicine, siehe Illic.

Illicio, lexi, lectum, 3. [in-lacio] anlocken, verbeilocken, anreizen, gewöhnlich in üblem Sinne (vgl. allicio) = verlocken, verführen: i. aliquos ad bellum, ad proditionem; i. aliquem in fraudem; ab eo illecti sumus verleit:t, verführt.

Illicitātor, ōris, m. [in-licitor] der „Scheinbieter", „Scheinkäufer" = Jmd., der bei einer Versteigerung im Interesse des Verkaufenden zum Schein höher bietet als ein Anderer, um so diesen höher zu treiben.

Il-licĭtus, *adj.* (Spät.) unerlaubt, unzulässig. amor.

Illĭco ob. **Ilĭco**, *adv.* [in-loco?] 1) (Vorklass.) im Raume, auf dem Platze, auf der Stelle, manere, consistere. 2) in der Zeit, sogleich, auf der Stelle.

Illīdo, isi, isum, 3. [in-laedo] (Poet. und Spät.) an oder gegen Etwas anschlagen, anstoßen, antreiben u. dergl.: i. manus ad vulnus, cestus in ossa, naves in brevia; i. dentem corpori, vultum solo.

Il-lĭgo, 1. 1) anbinden, anknüpfen, an Etwas befestigen: literae in jaculo illigatae; i. aliquem in currum; i. manus post tergum; (Poet.) i. jugum tauris. Hierv. *trop.* A) binden = verbindlich machen, verpflichten, anknüpfen: magnis et multis pignoribus illigatus. B) = verbinden, vereinigen, verknüpfen: i. omnes sententiarum lepores in illo orationis genere; i. sententiam verbis. 2) *trop.* indem die Bedeutung der Präposition zurücktritt ob. ganz verschwindet, und dagegen der Begriff der gehemmten Bewegung vorherrscht, = verwickeln, hemmen, fesseln, zurückhalten: i. se et copias impeditis locis; illigatus praedā; übertragen: illigatus angustis disputationibus verwickelt.

Illim, siehe illic.

***Illimis**, e, *adj.* [in-limus] (Poet.) schlammlos.

Illino, siehe illic.

Il-lĭno, lēvi, lĭtum, 3. 1) (Poet. u. Spät.) auf Etwas aufstreichen, streichend auftragen, über Etwas ziehen: i. aurum vestibus, nivem agris; i. aliquid chartis verächtlich = schreiben. 2) mit Etwas bestreichen, überziehen, taedam pice; *trop.* venustatis color fuco illitus; donum veneno illitum in Gift getaucht.

***Il-liquĕfactus**, *particip.* geschmolzen, flüssig gemacht.

Il-litĕrātus (ob. **Illitteratus**), *adj.* mit *sup.* 1) ungelehrt, unwissend, nicht wissenschaftlich gebildet, homo. 2) von Sachen, unwissenschaftlich, ohne Gelehrsamkeit, literae, ea quae scripsi. *3) (Spät.) ungeschrieben.

Illo, siehe ille.

Illoc, siehe illic.

Il-lōtus oder **Il-lautus**, *adj.* ungewaschen, ungereinigt, schmutzig, manus, toralia; sudor i. nicht abgewaschen.

Illuc, siehe Illic.

***Il-lūceo**, — — 2. (*Pl.*) dabei leuchten, capiti tuo pix i.

Il-lūcesco, luxi, — 3. zu leuchten=, zu scheinen anfangen, hervorleuchten, hervorscheinen: sol tertio die i., nox cui illuxit dies caedis die Nacht, auf welche — folgte; bes. dies i. der Tag bricht an, und *impers.* illucescit es wird hell, der Tag bricht an; *trop.* vox consulis i. populo Romano in tantis tenebris erschien dem römischen Volke als ein wohlthätiges Licht. 2) (*Pl.*) *transit.* bescheinen, aliquem.

Il-lūdo etc., 3. 1) (Poet.) mit Etwas spielen, scherzen: i. chartis spielend, zum Scherz schreiben; palla i. talis spielt um die Knöchel. 2) in üblem Sinne, mit Jmb. ob. Etwas spielen = sein Spiel treiben, davon = spotten, verspotten, seinen Spott treiben: i. aliquem, artem; i. dignitati horum virorum, rebus humanis; i. in aliquem und (Com.) in aliquo. Hiervon A) = zu Grunde richten, verderben, pecuniae, caprese ii. frondi; paene illusi vitam filiae ich habe — fast verscherzt; pedes illusi (crapulā) = zum Stehen unfähig gemacht. B) i. mulieri schänden. C) i. corpus mortui beschimpfen.

***Illūmĭnāte**, *adv.* [illumino] lichtvoll, klar.

Illūmĭno, 1. [in-lumen] (eigtl. mit etwas Leuchtendem besetzen) erleuchten, erhellen, licht machen, sol i. lunam; gewöhnlich *trop.* aufhellen, ins Licht setzen, davon schmücken, verherrlichen: perfidia illorum horum fidem i. setzt in ein klareres Licht; i. orationem translatorum nitore zieren, glänzend machen, ebenso translatum quod tanquam stellis quibusdam illuminat orationem; Pindari os i. Thebas macht berühmt.

Illūsio, ōnis, *f.* [illudo] rhetor. Figur, die Ironie, Verspottung.

***Illustrāmentum**, i, *n.* [illustro] (Spät.) das Mittel zur Verschönerung der Rede.

***Illustrātĭo**, ōnis, *f.* [illustro] rhetor. *term. t.* die Schilderung, lebendige Darstellung.

Illustris, e, *adj.* mit *comp.* u. *sup.* [in-lux] eigtl. im Lichte befindlich. 1) erleuchtet, hell, licht, stella, nox, locus, domicilia. 2) *trop.* A) einleuchtend, deutlich, offenbar, klar: haec sunt certa et ii.; res, expositio, exemplum i. B) glänzend, ansehnlich, berühmt, orator, nomen; illustri loco natus von vornehmer Herkunft, res i. merkwürdig, auffallend; vitae ratio i. Ruhm verschaffend.

Illustrius, *adv.* im *comp.* mit *sup.* [illustris] deutlicher, klarer.

Illustro, 1. [illustris] 1) erleuchten, erhellen, sol omnia i. 2) *trop.* A) klar und deutlich machen, aufhellen, offenbaren, erklären, ins Licht setzen: i. consilia aliquorum, verum, philosophiam veterem; omnia illustrantur Alles wird offenbar, klar. B) = verschönern, orationem mit glänzenden Stellen schmücken. C) = berühmt und ansehnlich machen, verherrlichen: i. familiam suam;

hominum injuria tuam **amplitudinem** i.; i. aliquid versibus besingen.

Illŭtĭbĭlis, e, *adj.* [in-luo] (*Pl.*, zweifelh.) unauswaschbar, unvertilgbar.

Illŭvĭes, ei, *f.* [in-luo] 1) der (angespülte) Schmutz, Unflath (meist von Menschen und Thieren; vgl. situs): i. ac squalor. 2) (Spät.) die Ueberschwemmung, das Austreten, aquarum; davon *concr.* = das ausgetretene Wasser.

Illyrii, ōrum, *m. pl.* Völkerschaft im heutigen Dalmatien und Albanien. Hierzu gehören: 1) **Illyrius**, *adj.* und davon *subst.* **Illyria**, ae, *f.* (Poet.) das Land der Illyrier. 2) **Illyrĭus**, *adj.*, davon *subst.* **Illyrĭcum**, i, *n.* das Land der Illyrier. 3) **Illyris**, ĭdis, *f.* (*Ovid.*) als *adj.* illyrisch, als *subst.* = Illyricum.

Ilus, i, *m.* (ĭ) [Ἴλος] 1) Sohn des Tros, König von Troja. 2) = Iulus, Beiname des Ascanius.

Ilva, ae, *f.* Insel im toscanischen Meere, jetzt Elba.

Imăchăra, ae, *f.* Stadt auf der Ostküste Siciliens. Davon **-rensis**, e, *adj.* und *subst.* **-renses**, ium, *m. pl.* die Einwohner von J.

Imāgĭnārĭus, *adj.* (ĭ) [imago] (meist Spät.) nur den Schein habend, scheinbar, Schein-, fasces, militia.

Imāgĭnātĭo, ōnis, *f.* (ĭ) [imaginor] (Spät.) die Einbildung, Vorstellung.

Imāgĭnor, *depon.* (ĭ) 1. [imago] (Spät.) sich einbilden, sich in der Phantasie od. z. B. im Schlafe vorstellen, eloquentem, quae futura sint.

Imāgo, ĭnis, *f.* (ĭ) 1) das Bild, Ebenbild (überhaupt und oft ein natürliches, vgl. effigies und simulacrum; gewöhnlich von Werken der Malerei, während effigies vorzugsweise von Werken der Plastik gebraucht wird): ii. et statuae; i. Epicuri; epistola atque i. das Bild im Steine des Siegelringes. Insbes. A) imagines (majorum) die Brustbilder oder Wachsmasken der Vorfahren, welche die Adeligen (d. h. nobiles, siehe das Wort) zu Rom in Atrien aufstellten. Bei feierlichen Leichenzügen wurden die imagines der Leiche vorgetragen. Daher ii. famosae wegen des Rauches von dem im Atrium befindlichen Heerde; non habeo imagines ich habe keine Ahnen, dagegen homo multarum imaginum von vielen Ahnen; senatoriae ii. Bilder von Vorfahren (Ahnen), die Senatoren gewesen find; bisweilen im *sing.* — das Bild, das sich dem Gedanken oder der Phantasie darstellt oder vermittelst einer übernatürlichen Ursache dem Auge erscheint, die Gestalt, das Schattenbild, insbef. das Traumbild oder der Schatten eines Verstorbenen, auch = der Schatten, Schein, das Trugbild, die Vorspiegelung im Gegensatze der Wirklichkeit oder der Sache selbst: i. Creusae; i. et simulacrum judiciorum, umbra et i. equitis Romani; ii. somniorum; nullam i. reipublicae reliquerunt keinen Schatten; deceptus imagine decoris durch einen trüglichen Schein der Ehre. 2) *trop.* A) das Bild im Geiste, die Vorstellung, Idee, der Begriff: memoria et i. Scipionis; imagines extrinsecus in animos nostros per corpus erumpunt. B) i. servitii Etwas, das der Knechtschaft gleicht; i. temporum meorum die Abbildung, Schilderung; plurima mortis i. verschiedene Todesarten, der Tod unter verschiedenen Gestalten. C) rhetor. *term. t.* das Gleichniß, das Bild: si ego hac compellor imagine. D) (Poet.) i. vocis und *absol.* imago = das Echo.

Imāgŭnŏŭla, ae, *f.* (ĭ) (Spät.) *deminut.* von imago.

Imbēcillĭtās, ātis, *f.* [imbecillus] die Schwäche, Ohnmacht, insbef. = die Schwächlichkeit, Kränklichkeit: morbus et i. corporis; i. valetudinis Kränklichkeit; i. ejus = die Unzüßlichkeit; i. et fragilitas generis humani; häufig von geistiger Schwäche, Stumpfheit, Weichheit, i. animi, consilii.

Imbēcillĭus, *adv.* im *comp.* [imbecillus] schwach, ohne Energie.

Imbēcillus (selten und Spät. **-illis**, e), *adj.* mit *comp.* u. *sup.* (-illissimus und -illimus) schwach, theils körperlich = kraftlos oder schwächlich, kränklich, theils geistig = kraftlos, ohne Energie, theils in Beziehung auf Einfluß und Werth = ohnmächtig, unbedeutend: senex i.; imbecillus et valetudine et natura sowohl vom temporären Gesundheitszustande als von der Constitution; auch von Sachen, i. regnum, vox, suspicio; i. animus, accusator; ii. et ignari.

Imbellis, e, *adj.* [in-bellum] unkriegerisch, zum Kriege nicht tauglich oder mit dem Kriege Nichts zu thun habend: ii. timidique; i. turba Weiber und Kinder; cervus i. friedsam, ebenso lyra, cithara; Tarentum i. verweichlicht, telum i. matt, kraftlos; annus i. in welchem kein Krieg geführt wird.

Imber, bris, *m.* (verw. mit dem *gr.* ὄμβρος) 1) der heftig herabstürzende Regen, der Platzregen, Schlagregen (vgl. pluvia): erat i. maximus; maximo imbri illuc veni in einem heftigen Regen, ebenso vinctus in aëre, in imbri, auch per imbrem; i. lapidum, sanguinis etc. oder i. lapideus, sanguineus Stein-, Blutregen. Hiervon (Poet.) A) = Regenwolke, Unwetter: caeruleus i. noctem hiememque ferens. B) = Regenwasser: cisternae servandis ii.; überhaupt = Wasser oder andere Flüssigkeit z. B. Thränen. C) ferreus i. eine Menge von herabfallenden Lanzen; grandinis i. Hagelschlag.

Imberbis, e, (vielleicht auch **-bus**), *adj.* [in-barba] unbärtig, juvenis.

Im-bĭbo, etc., 3. 1) (Spät., selten) in sich trinken, einsaugen. 2) *trop.* A) einsaugen = annehmen, fassen, sich aneignen u. dergl., opinionem; tantum certamen animis imbiberant ihre Gemüther waren so erfüllt vom Streite. B) sich vornehmen, fest vorsetzen, aliquid, eos reconciliare.

Im-bĭto, — — 3. (*Pl.*) hineingehen.

Imbrex, ĭcis, *f.* (selten *m.*) [imber?] 1) der (zum Ableiten des Regens auf dem Dache angebrachte) Hohlziegel. 2) uneigtl. von verschiedenen Sachen, welche die Form eines Hohlziegels haben, z. B. die hohle Hand in einer gewissen zum Beifallklatschen geeigneten Lage.

Imbrĭcus, *adj.* [imber] (Vorklaff.) zum Regen gehörig = regnig, Regen bringend.

Imbrĭfer, ĕra, ĕrum, *adj.* [imber-fero] (Poet.) Regen bringend, regnig.

Imbros, i, *m.* [Ἴμβρος] Insel im nördl. Theile des ägäischen Meeres. Davon **Imbrius**, *adj.*

Imbuo, ui, ūtum, 3. 1) benetzen, befeuchten, vestem sanguine; gladius imbutus sanguine. Hiervon manus imbutae nece (= sanguine); testa imbuta odore illo mit jenem Geruche erfüllt, angethan. 2) *trop.* geistig, auf irgend eine Weise anthun. A) = erfüllen, anthun, in üblem Sinne = beflecken, besudeln u. dergl.: opinio deorum mentem ejus i.; religione imbutus voll religiöser Bedenklichkeit, imbutus admiratione, superstitione; bellum odio imbutum bei welchem viel Haß herrscht; i. gladium scelere, imbutus maculā sceleris; i. aures alicujus promissis; imbutus hac crudelitate, scelere nachdem er diese Grausamkeit, Unthat begangen hatte. B) = an Etwas gewöhnen, in Etwas unterrichten, durch Etwas bilden, u. dergl.: i. se studiis talibus, aliquem castrensibus stipendiis; imbutus aliquo usu der einige Erfahrung hat, certaminibus plebejis an — gewöhnt, dialecticis, literis (der die Dialectik, die Literatur kennt); i. animos ea pietate ut etc.; (Spät.) imbutus ad legem, ad officia; imbuuntur contemnere deos sic lernen. C) (Poet.) zuerst kennen lehren, beginnen, gleichsam mit Etwas einweihen: i. terras vomere zum ersten Male pflügen, ebenso i. bellum sanguine; hiervon noch i. opus, exemplum zum ersten Male versuchen, geben.

Imĭtābĭlis, e, *adj.* (i) [imitor] nachahmbar, subtilitas.

Imĭtāmen, ĭnis, *n.* (i) (Poet.) z. **Imĭtāmentum**, i, *n.* (i) (Spät.) [imitor] die Nachahmung od. das Nachgeahmte.

Imĭtātĭo, ōnis, *f.* (i) [imitor] die Nachahmung, alicujus, factorum nostrorum; i. imitationis (Spät.) die Copie einer Copie.

Imĭtātor, ōris, *m.* (i) [imitor] der Nachahmer.

Imĭtātrix, īcis, *f.* (i) [imitor] die Nachahmerin, voluptas i. boni.

Imĭtor, *depon.* 1. (i) 1) nachahmen, einer Person oder einem Gegenstande ähnlich verfahren, aliquem, aliquid; imitando aliquem effingere. 2) nachahmend darstellen, nachmachen, abbilden: i. luctum penicillo, pulchritudinem alicujus, chirographum fratris; (Poet.) i. capillos aere; i. carmina gesticulirend darstellen; i. ferrum sudibus = ersetzen.

Im-mădesco, dui, — 3. (Poet. u. Spät.) feucht-, naß werden, genae ii. lacrimis.

Immāne, *adv.* -nĭter, *adv.* [immanis] (Poet. u. Spät.) 1) ungeheuer, unmäßig. 2) schrecklich, furchtbar.

Immānis, e, *adj.* mit *comp.* u. *sup.* [in-MA, wov. magnus?] 1) ungeheuer, = außerordentlich groß, unmäßig, spelunca, poculum, praeda, magnitudo, avaritia, acta Herculis; immane quantum discrepat ist ungeheuer verschieden (vollständig z. B. immane dictu est, quanti et quam multi ad Pompejum discesserint). 2) vom Charakter, Sitten od. Gemüth ungeheuer, schrecklich, furchtbar, wild, grausam u. dergl., gens, homo, bellua, natura, facinus; vates i. (Poet.) = von Begeisterung verwildert.

Immānĭtas, ātis, *f.* [immanis] 1) (selten) die ungeheure Größe. 2) die übertriebene und ungeheure Natur, die Entsetzlichkeit, Wildheit, Rohheit, Unmenschlichkeit: feritas et i. belluae; asperitas et i. naturae; i. in animo Gefühllosigkeit, Stumpfsinn; i. ista verborum übertriebene Ausdrücke.

Im-mansuētus, *adj.* mit *comp.* u. *sup.* (Poet. u. Spät.) ungezähmt, unbändig, wild, roh, ventus, ingenium.

Im-mātūre, *adv.* (Spät.) unreif, frühzeitig.

Immātūrĭtas, ātis, *f.* [immaturus] 1) (selten) die Unzeitigkeit, Unreife. 2) *trop.* die unzeitige Thätigkeit, Eilfertigkeit.

Im-mātūrus, *adj.* 1) unreif, pirum; infans i. zu früh geboren; 2) *trop.* zu früh, frühzeitig: mors non potest esse immatura consulari; filius obiit i. in einem zarten Alter, zu früh.

Im-mĕdĭcābĭlis, e, *adj.* (Poet.) unheilbar.

Im-mĕmor, *adj.* 1) an Etwas nicht denkend, es vergessend, nicht bedenkend, nicht erinnernd: i. rerum a se gestarum; i. cibi, beneficii; in testando nepotis immemor ohne in seinem Testamente des Enkels zu gedenken; i. libertatis gleichgültig gegen die Freiheit; i. armorum an Kampf nicht denkend; i. difficultatum ohne an die bevorstehenden Schwierigkeiten zu denken; i. rerum Romanarum der römischen Geschichte unkundig; nox immemor quietis in welcher man an keine Ruhe dachte; auch ingenium, mens i.; pectus i. (Poet.) gefühllos, stumpf; (Spät.) i., eum sic nominari nicht daran denkend, daß er so hieß; (Poet.) vom Lethefusse = vergessen machend.

Im-mĕmŏrābĭlis, e, *adj.* (Vorklass.) 1) was sich nicht sagen od. beschreiben läßt, unerwähnbar, unaussprechlich, versus, spatium. 2) schweigsam.

*Im-mĕmŏrātus, *adj.* (Poet.) unerwähnt, nicht früher gesagt.

Immensĭtas, ātis, *f.* [immensus] (selten) die Unermeßlichkeit, unermeßliche Größe, camporum.

Immensus, *adj.* mit *comp.* u. *sup.* [in-metior] unermeßlich, ungeheuer groß, unübersehbar u. dergl.: i. magnitudo regionum, i. mare; i. pondus auri; *trop.* i. vorago vitiorum. Häufig als *subst.* **immensum**, i, n. das Unermeßliche: i. loci eine unermeßliche Strecke, i. altitudinis eine ungeheure Tiefe, und so *absol.* per i. proruitus in eine unermeßliche Tiefe; augere ad i. ungeheuer viel, ardet in immensum ungeheuer stark; immenso plus ungeheuer viel, immenso mercari um einen ungeheuren Preis, (Spät.) immensum quantum unermeßlich; bisweilen (Spät.) als *adv.* immensum crescere, vigere, luxus prorumpit ungeheuer, sehr stark.

Im-mĕrens, *adj.* (Poet. u. Spät.) der Etwas nicht verdient, unschuldig, dominus; immerentia quaedam einige unschädliche Sachen.

*Im-mĕrenter, *adv.* [immerens] (Spät.) unschuldig.

Im-mergo etc., 3. 1) eintauchen, in Et-

hominum injuria tuam amplitudinem i.; i. aliquid versibus besingen.

Illŭtĭbĭlis, e, *adj.* [in-luo] (*Pl.*, zweifelh.) unauswaschbar, unvertilgbar.

Illŭvĭes, ei, *f.* [in-luo] 1) der (angespülte) Schmutz, Unflath (meist von Menschen und Thieren; vgl. situs): i. ac squalor. 2) (Spät.) die Ueberschwemmung, das Austreten, aquarum; davon *concr.* = das ausgetretene Wasser.

Illȳrii, ōrum, *m. pl.* Völkerschaft im heutigen Dalmatien und Albanien. Hierzu gehören: 1) **Illȳrĭus**, *adj.* und davon *subst.* **Illȳria**, ae, *f.* (*Poet.*) das Land der Illyrier. 2) **Illȳrĭcus**, *adj.*, davon *subst.* **Illȳrĭcum**, i, *n.* das Land der Illyrier. 3) **Illȳris**, idis, *f.* (*Ovid.*) als *adj.* illyrisch, als *subst.* = Illyricum.

Ilus, i, *m.* (ῖ) [Ἶλος] 1) Sohn des Tros, König von Troja. 2) = Iulus, Beiname des Ascanius.

Ilva, ae, *f.* Insel im toscanischen Meere, jetzt Elba.

Imăchăra, ae, *f.* Stadt auf der Ostküste Siciliens. Davon **-rensis**, e, *adj.* und *subst.* **-renses**, ium, *m. pl.* die Einwohner von I.

Imāgĭnārĭus, *adj.* (ῑ) [imago] (meist Spät.) nur den Schein habend, scheinbar, Schein-, fasces, militia.

Imāgĭnātĭo, ōnis, *f.* (ῑ) [imaginor] (Spät.) die Einbildung, Vorstellung.

Imāgĭnor, *depon.* (ῑ) i. [imago] (Spät.) sich einbilden, sich in der Phantasie od. z. B. im Schlafe vorstellen, eloquentem, quae futura sint.

Imāgo, ĭnis, *f.* (ῑ) 1) das Bild, Ebenbild überhaupt und oft ein natürliches, vgl. effigies und simulacrum; gewöhnlich von Werken der Malerei, während effigies vorzugsweise von Werken der Plastik gebraucht wird): ii. et statuae; i. Epicuri; epistola atque i. das Bild im Steine des Siegelringes. Insbes. A) imagines (majorum) die Brustbilder oder Wachsmasken der Vorfahren, welche die Adeligen (d. h. nobiles, siehe das Wort) zu Rom in ihren Atrien aufstellten. Bei feierlichen Leichenzügen wurden die imagines der Leiche vorgetragen. Daher ii. fumosae wegen des Rauches von dem im Atrium befindlichen Heerde; non habeo imagines ich habe keine Ahnen, dagegen homo multarum imaginum von vielen Ahnen; senatoriae ii. Bilder von Vorfahren (Ahnen), die Senatoren gewesen sind; bisweilen im *sing.* — B) ein Bild, das sich dem Gedanken oder der Phantasie darstellt oder vermittelst einer übernatürlichen Ursache dem Auge erscheint, die Gestalt, Erscheinung, insbes. das Traumbild oder der Schatten eines Verstorbenen, auch = der Schatten, Schein, das Trugbild, die Vorspiegelung im Gegensatze der Wirklichkeit oder der Sache selbst: i. Creusae; i. et simulacrum judiciorum, umbra et i. equitis Romani; ii. somniorum; nullam i. reipublicae reliquerunt keinen Schatten; deceptus imagine decoris durch einen trüglichen Schein der Ehre. 2) *trop.* A) das Bild im Geiste, die Vorstellung, Idee, der Begriff: memoria et i. Scipionis; imagines extrinsecus in animos nostros per corpus erumpunt. B)

i. servitii Etwas, das der Knechtschaft gleicht; i. temporum meorum die Abbildung, Schilderung; plurima mortis i. verschiedene Todesarten, der Tod unter verschiedenen Gestalten. C) *rhetor. term. t.* das Gleichniß, das Bild: si ego hac compellor imagine. D) (Poet.) i. vocis und absol. imago = das Echo.

*****Imāgŭncŭla**, ae, *f.* (ῑ) (Spät.) *deminut.* von imago.

Imbēcillĭtās, ātis, *f.* [imbecillus] die Schwäche, Ohnmacht, insbes. = die Schwächlichkeit, Kränklichkeit: morbus et i. corporis; i. valetudinis Kränklichkeit; i. ejus = die Unpäßlichkeit; i. et fragilitas generis humani; häufig von geistiger Schwäche, Stumpfheit, Weichlichkeit, i. animi, consilii.

Imbēcillĭus, *adv.* im *comp.* [imbecillus] schwach, ohne Energie.

Imbēcillus (selten und Spät. **-lis**, e), *adj.* mit *comp.* u. *sup.* (-illissimus und -illimus) schwach, theils körperlich = kraftlos oder schwächlich, kränklich, theils geistig = kraftlos, ohne Energie, theils in Beziehung auf Einfluß und Werth = ohnmächtig, unbedeutend: senex i.; imbecillus et valetudine et natura sowohl vom temporären Gesundheitszustande als von der Constitution; auch von Sachen, i. regnum, vox, suspicio; i. animus, accusator; ii. et ignari.

Imbellis, e, *adj.* [in-bellum] unkriegerisch, zum Kriege nicht tauglich oder mit dem Kriege Nichts zu thun habend: i. timidique; i. turba Weiber und Kinder; cervus i. friedsam, ebenso lyra, cithara; Tarentum i. verweichlicht, telum i. matt, kraftlos; annus i. in welchem kein Krieg geführt wird.

Imber, bris, *m.* [verw. mit dem gr. ὄμβρος] 1) der heftig herabstürzende Regen, der Platzregen, Schlagregen (vgl. pluvia): erat i. maximus; maximo imbri illuc veni in einem heftigen Regen, ebenso vinctus in aëre, in imbri, auch per imbrem; i. lapidum, sanguinis etc. oder i. lapideus, sanguineus Stein-, Blutregen. Hiervon (Poet.) A) = Regenwolke, Unwetter: caeruleus i. noctem hiememque ferens. B) = Regenwasser: cisternae servandis ii.; überhaupt = Wasser oder andere Flüssigkeit z. B. Thränen. C) ferreus i. eine Menge von herabfallenden Lanzen; grandinis i. Hagelschlag.

Imberbis, e, (viell. auch **-bus**), *adj.* [inbarba] unbärtig, juvenis.

Im-bĭbo, etc. 3. 1) (Spät., selten) in sich trinken, einsaugen. 2) *trop.* A) einsaugen = annehmen, fassen, sich aneignen u. dergl., opinionem; tantum certamen animis imbiberant ihre Gemüther waren so erfüllt vom Streite. B) sich vornehmen, fest vorsetzen, aliquid, eos reconciliare.

*****Im-bĭto**, — — 3. (*Pl.*) hineingehen.

Imbrex, ĭcis, *f.* (selten *m.*) [imber?] 1) der (zum Ableiten des Regens auf dem Dache angebrachte) Hohlziegel. 2) uneigtl. von verschiedenen Sachen, welche die Form eines Hohlziegels haben, z. B. die hohle Hand in einer gewissen zum Beifallklatschen geeigneten Lage.

Imbrĭcus, *adj.* [imber] (Vorklaff.) zum Regen gehörig = regnig, Regen bringend.

Imbrifer **Immergo** 861

Imbrĭfer, ĕra, ĕrum, *adj.* [imber-fero] (Poet.) Regen bringend, regnig.

Imbros, i, *m.* ['Ίμβρος] Insel im nördl. Theile des ägäischen Meeres. Davon **Imbrius**, *adj.*

Imbuo, ui, ūtum, 3. 1) benetzen, befeuchten, vestem sanguine; gladius imbutus sanguine. Hiervon manus imbutae nece (= sanguine); testa imbuta odore illo mit jenem Geruche erfüllt, angethan. 2) *trop.* geistig, auf irgend eine Weise anthun. A) = erfüllen, anthun, in üblem Sinne = beflecken, besudeln u. dergl.: opinio deorum mentem ejus i.; religione imbutus voll religiöser Bedenklichkeit, imbutus admiratione, superstitione; bellum odio imbutum bei welchem viel Haß herrscht; i. gladium scelere', imbutus maculâ sceleris; i. aures alicujus promissis; imbutus hac crudelitate, scelere nachdem er diese Grausamkeit, Unthat begangen hatte. B) = an Etwas gewöhnen, in Etwas unterrichten, durch Etwas bilden, u. dergl.: i. se studiis talibus, aliquem castrensibus stipendiis; imbutus aliquo usu der einige Erfahrung hat, certaminibus plebejis an — gewöhnt, dialecticis, literis (der die Dialectik, die Literatur kennt); i. animos ea pietate ut etc.; (Spät.) imbutus ad legem, ad officia; imbuuntur contemnere deos sie lernen. C) (Poet.) zuerst kennen lehren, beginnen, gleichsam mit Etwas einweihen: i. terras vomere zum ersten Male pflügen, ebenso i. bellum sanguine; hiervon noch i. opus, exemplum zum ersten Male versuchen, geben.

Imĭtābĭlis, e, *adj.* (ĭ) [imitor] nachahmbar, subtilitas.

Imĭtāmen, ĭnis, *n.* (ĭ) (Poet.) *u.* **Imĭtāmentum**, i, *n.* (ĭ) (Spät.) [imitor] die Nachahmung od. das Nachgeahmte.

Imĭtātĭo, ōnis, *f.* (ĭ) [imitor] die Nachahmung, alicujus, factorum nostrorum; i. imitationis (Spät.) die Copie einer Copie.

Imĭtātor, ōris, *m.* (ĭ) [imitor] der Nachahmer.

Imĭtātrix, īcis, *f.* (ĭ) [imitor] die Nachahmerin, voluptas i. boni.

Imĭtor, *depon.* 1. (ĭ) 1) nachahmen, einer Person oder einem Gegenstande ähnlich verfahren, aliquem, aliquid; imitando aliquem effingere. 2) nachahmend darstellen, nachmachen, abbilden: i. luctum penicillo, pulchritudinem alicujus, chirographum fratris; (Poet.) i. capillos aere; i. carmina gesticulirend darstellen; i. ferrum sudibus = ersetzen.

Im-mādesco, dui, — 3. (Poet. u. Spät.) feucht=, naß werden, genae ii. lacrimis.

Immāne u. **-nĭter**, *adv.* [immanis] (Poet. u. Spät.) 1) ungeheuer, unmäßig. 2) schrecklich, furchtbar.

Immānis, e, *adj.* mit *comp.* u. *sup.* [in-MA, wov. magnus?] 1) ungeheuer, = außerordentlich groß, unmäßig, spelunca, poculum, praeda, magnitudo, avaritia, acta Herculis; immane quantum discrepat ist ungeheuer verschieden (vollständig z. B. immane dictu est, quanti et quam multi ad Pompejum discesserint). 2) vom Charakter, Sitten od. Gemüth ungeheuer, schrecklich, furchtbar, wild, grausam u. dergl., gens, homo, bellua, natura, facinus; vates i. (Poet.) = von Begeisterung verwildert.

Immānĭtas, ātis, *f.* [immanis] 1) (selten) die ungeheure Größe. 2) die übertriebene und ungeheure Natur, die Entsetzlichkeit, Wildheit, Rohheit, Unmenschlichkeit: feritas et i. belluae; asperitas et i. naturae; i. in animo Gefühllosigkeit, Stumpfsinn; i. ista verborum übertriebene Ausdrücke.

Im-mansuētus, *adj.* mit *comp.* u. *sup.* (Poet. u. Spät.) ungezähmt, unbändig, wild, roh, ventus, ingenium.

Im-mātūre, *adv.* (Spät.) unreif, frühzeitig.

Immātūrĭtas, ātis, *f.* [immaturus] 1) (selten) die Unzeitigkeit, Unreife. 2) *trop.* die unzeitige Thätigkeit, Eilfertigkeit.

Im-mātūrus, *adj.* 1) unreif, pirum; infans i. zu früh geboren; 2) *trop.* zu früh, frühzeitig: mors non potest esse immatura consulari; filius obiit i. in einem zarten Alter, zu früh.

Im-mĕdĭcābĭlis, e, *adj.* (Poet.) unheilbar.

Im-mĕmor, *adj.* 1) an Etwas nicht bendend, es vergessend, nicht bedenkend, nicht erinnernd: i. rerum a se gestarum; i. cibi, beneficii; in testando nepotis immemor ohne in seinem Testamente des Enkels zu gedenken; i. libertatis gleichgültig gegen die Freiheit; i. armorum in Kampf nicht bedenkend; i. difficultatum ohne an die bevorstehenden Schwierigkeiten zu denken; i. rerum Romanarum der römischen Geschichte unkundig; nox immemor quietis in welcher man an keine Ruhe dachte; auch ingenium, mens i.; pectus i. (Poet.) gefühllos, stumpf; (Spät.) i., eum sic nominari nicht daran denkend, daß er so hieß; (Poet.) vom Lethesflusse = vergessen machend.

Im-mĕmŏrābĭlis, e, *adj.* (Borklaff.) 1) was sich nicht sagen od. beschreiben läßt, unerwähnbar, unaussprechlich, versus, spatium. 2) schweigsam.

*Im-mĕmŏrātus, *adj.* (Poet.) unerwähnt, nicht früher gesagt.

Immensĭtas, ātis, *f.* [immensus] (selten) die Unermeßlichkeit, unermeßliche Größe, camporum.

Immensus, *adj.* mit *comp.* u. *sup.* [in-metior] unermeßlich, ungeheuer groß, unübersehbar u. dergl.: i. magnitudo regionum, i. mare; i. pondus auri; *trop.* i. vorago victorum. Häufig als *subst.* **immensum**, i, *n.* das Unermeßliche: i. loci eine unermeßliche Strecke, i. altitudinis eine ungeheure Tiefe, und so *absol.* per i. prorutus in eine unermeßliche Tiefe; augere ad i. ungeheuer viel, ardet in immensum ungeheuer stark; immenso plus ungeheuer viel, immenso mercari um einen ungeheuren Preis, (Spät.) immensum quantum unermeßlich; bisweilen (Spät.) als *adv.* immensum crescere, vigere, luxus prorumpit ungeheuer, sehr stark.

Im-mĕrens, *adj.* (Poet. u. Spät.) der Etwas nicht verdient, unschuldig, immerentia quaedam einige unschädliche Sachen.

*Immĕrenter, *adv.* [immerens] (Spät.) unschuldig.

Im-mergo etc., 3. 1) eintauchen, in Et-

Immerito

was verſenken: i. manum in aquam; (Poet.) i. nautas pelago, aliquem undā; (Spät.) i. ferrum aquae. 2) i. se ob. medial immergi sich irgendwohin und in Etwas hineinbegeben, -ſtecken, in mediam contionem, inter mucrones hostium. Hiervon trop. i. se in consuetudinem alicujus sich in Jmds Umgang einniſten, Eingang verſchaffen, studiis sich in die Studien vertiefen.

Im-mĕrĭto, adv. mit sup. unverdient; häufig non i. = mit vollem Rechte; immeritissimo ganz unverſchuldet.

Im-mĕrĭtus, adj. (meiſt Poet. u. Spät.) 1) act. der Etwas nicht verſchuldet oder verdient hat, unſchuldig, gens, locus; (Poet.) i. mori der den Tod nicht verdient hat, zu gut zum Sterben; (Pl.) subst. immerito meo ohne meine Schuld, ohne daß ich es verdient habe. 2) pass. unverdient, unverſchuldet, laus, querela.

*****Immersābĭlis**, e, adj. [in-merso] (Poet.) unverſenkbar = der ſich nicht überwältigen läßt.

*****Im-mētātus**, adj. (Poet.) unabgemeſſen.

Im-migro, 1. hineinziehen, einwandern, in hortos paternos, in locum alienum, aliquo; trop. (Pl.) i. in ingenium suum = ſein eigener Herr werden (das Bild iſt von einem Hauſe entlehnt).

Im-mĭneo, — — 2. 1) bei ob. über Etwas hervorragen, über Etwas ſich neigen, -ragen: tumulus i. urbi, coelum i. orbi, arbor i. antro; carcer i. foro, arx (ob. lacus) i. mari = ſtößt an, grenzt an, mons i. super locum (ſelten); (Poet.) luna imminente = im Mondſcheine; gestus imminens wobei man ſich gegen einen Anderen hinreigt; häufig (Poet.) von demjenigen, der im Verfolgen ſich über den Fliehenden, den er zu faſſen ob. erreichen ſtrebt, gleichſam neigt, = eifrig verfolgen, Jmd. auf den Ferſen (Nacken) ſitzen, alicui. 2) trop. A) nahe ſein, bevorſtehen; non videre quae quotidie ii. B) drohen, über Jmds Haupte ſchweben, bedrohen; Parthi ii. Ciliciae; agmen universum i.; häufig von abſtracten Gegenſtänden, periculum, bellum nobis i. droht, ſteht uns bevor. C) = eifrig nach Etwas verlangen, -trachten, -ſtreben, auf Etwas lauern, um es an ſich zu reißen: is i. in fortunas nostras, in occasionem exercitus opprimendi; (Poet.) i. huc nach dieſem trachten; i. illi potestati, defectioni Campanorum.

Im-mĭnuo etc., 3. 1) vermindern, verkürzen, copias, tempus, verbum. Hiervon = ſchmälern, verringern, wegnehmen, i. aliquid de voluptate. 2) trop. A) ſchwächen, entkräften, animum, vires, rempublicam. B) verletzen, zu Grunde richten, vernichten, ſchwächen, verkümmern: i. auctoritatem, jus, laudem alicujus; i. pudicitiam mulieris; i. pacem Bocchi hintertreiben; mens imminuta Geiſtesſchwäche, -verwirrung.

Immĭnūtĭo, ōnis, f. [imminuo] 1) die Verminderung, Verkleinerung, dignitatis, malorum. Hiervon i. criminis Widerlegung. 2) i. corporis die Verſtümmelung.

Im-misceo etc., 2. (meiſt Poet. u. Spät.) hineinmiſchen, einmiſchen, einmengen: i. aliquos corpori militum suorum; togati immixti turbae unter die Menge gemiſcht; equi-

Immo

tes ii. se peditibus. Hiervon trop. immisceri affinitatibus, i. se bello ſich in — einlaſſen; i. se colloquiis aliquorum ein Geſpräch mit Einigen anknüpfen; i. sortem regni cum rebus Romanis das Schickſal ſeines Reiches mit den Angelegenheiten der Römer verflechten; homo immixtus variis casibus ein Mann der verſchiedene Schickſale verſucht hat.

*****Im-mĭsĕrābĭlis**, e, adj. (Poet.) unbeklagt, kein Mitleid findend.

*****Im-mĭsĕrĭcordĭter**, adv. (Com.) unbarmherzig.

Im-mĭsĕrĭcors, dis, adj. (ſelten) unbarmherzig.

*****Immissĭo**, ōnis, f. [immitto] (eigtl. das Hineinlaſſen, davon) das Wachſenlaſſen, sarmentorum.

Im-mītis, e, adj. mit comp. u. sup. (meiſt Poet. u. Spät.) unſanft = barſch, ſtrenge, hart, grauſam: homo natura et moribus immitis ferreusque; i. tyrannus, mandata, oculi; ara i. wo Menſchen geopfert werden; i. caedes; i. serpens.

Im-mitto etc., 3. 1) hinein oder hinzuſchicken, -ſenden: i. servos in tecta nostra, gladiatores in forum, milites in stationes. Hiervon trop. i. aliquem in bona alicujus = in den Beſitz der Güter ſetzen; i. fugam alicui einjagen. 2) Etwas in ober auf Etwas werfen, -ſchleudern, -treiben, -ſtürzen: i. corpus in undas, pila in hostes, tigna in flumen verſenken, se in medios hostes; (Poet.) aurum fillis immittitur wird eingeſchloſſen, eingerückt. 3) hinein ob. hinzu kommen, -laufen, -fahren u. dergl. laſſen: i. equum in aliquem (im Galop gegen Jmd. reiten); furia immissa superis unter die Himmliſchen hineingerathen; i. habenas die Zügel ſchießen laſſen, rotis immissis eilend, ſchnell laufend; (Poet.) i. rudentes velis = die Segel ausſpannen. Hiervon trop. i. aliquid per imprudentiam hineinkommen d. h. geſchehen laſſen. Hiervon = frei ober wild wachſen, -hangen u. dergl. laſſen: i. vitem, barba immissa weit herabhängend. 4) trop. = auf Jmd. anhetzen, gegen ihn ſchicken, anſtiften, anſtellen: alii eum a Cicerone immissum dicebant; interfecit eum immisso tribuno militum, immissus in rempublicam.

Immō ober **Imō**, adv. 1) als Erwiderungspartikel, wenn man in der Antwort das Entgegengeſetzte von etwas Vorhergehendem behauptet (es iſt nun, daß dieſes ausdrücklich geſagt werden iſt oder aus dem Gegenſatze ſelbſt leicht verſtanden werden kann), = ja im Gegentheil, ja freilich, ober nein — vielmehr, keinesweges: Causa non bona est? imo optima; Haec quid ad me? imo ad te attinent; Domine est? i. apud Discum. Bisweilen wird es zur Verſtärkung mit edepol, hercule, vero u. dergl. verbunden. 2) Insbeſ. A) (meiſt Spät.) zur Steigerung und dadurch Berichtigung eines vorhergehenden Ausdrucks, ja vielmehr, ja ſogar, ober richtiger: Aliquid, i. multa; Vivit? i. vero etiam in senatum venit. B) (Com.) zur Bezeichnung des Unwillens oder der Verwunderung, ſieh mal! man ſehe doch! man höre nur! wahrhaſtig! „Verum vis dicam"? i. etiam narrationis incipit mihi initium. C) zur Einführung einer ganz entgegengesetzten Ansicht, i. si scias ob. audias ja wenn du nur wüßteſt oder hörteſt. D) Bisweilen ſteht es nach einem Worte: nihil i., vivit i. vigetque; quin i. u. ſ. w.

Im-mŏbĭlis, e, *adj.* mit comp. 1) unbeweglich. 2) *trop.* (Spät.) unbeweglich = unerſchütterlich, unveränderlich; (Poet.) Ausonia i. = das bisher ſich nicht hat bewegen laſſen, an dem Kriege Theil zu nehmen, bisher ſtill geſeſſen hat.

Immōbĭlĭtas, ātis, *f.* [immobilis] (Nachklaſſ.) die Unbeweglichkeit.

Im-mŏdĕrātē, *adv.* mit comp. u. *sup.* 1) ohne Regel, regellos, moveri. 2) unmäßig, zügellos, vivere.

*****Im-mŏdĕrātĭo**, ōnis, *f.* die Unmäßigkeit, der Mangel an Mäßigung.

Im-mŏdĕrātus, *adj.* mit comp. u. *sup.* was ohne Maaß iſt. 1) (Poet.) unermeßlich, aether. 2) *trop.* unmäßig, übertrieben, zügellos, das Maaß und die Grenze überſchreitend, homo, cupiditas, luxuria, potus.

Im-mŏdestē, *adv.* mit comp. unmäßig, unbeſcheiden, zügellos.

Im-mŏdestĭa, ae, *f.* (meiſt Vorklaſſ. u. Spät.) die Unmäßigkeit, das unmäßige und unbeſcheidene Betragen, die Zügelloſigkeit, Unbeſcheidenheit: i. militum (Mangel an Disciplin); i. publicanorum (in Erpreſſungen), histrionum freches Betragen.

Im-mŏdestus, *adj.* 1) unmäßig, ungemäßigt. 2) unbeſcheiden, zügellos, genus jocandi, mores; largitio i. übertrieben.

Im-mŏdĭcē, *adv.* unmäßig, übertrieben, ohne Maaß und Grenze.

Im-mŏdĭcus, *adj.* (Poet. u. Spät.) 1) unmäßig, übertrieben groß, maaßlos, frigus, rostrum; oratio i. von übertriebener Länge. 2) *trop.* das Maaß und die Grenze überſchreitend, zügellos, übertrieben, licentia, fastus; immodicus in numero augendo der die Zahl übermäßig vergrößert; immodicus lingua, verbis et dictis, und (Spät.) immodicus irae, laetitiae in Worten, Zorn, Freude.

*****Im-mŏdŭlātus**, *adj.* (Poet.) nicht wohlklingend.

Immoenis, *a.* S. für Immunis.

Immŏlātĭo, ōnis, *f.* [immolo] das Opfern.

*****Immŏlātor**, ōris, *m.* [immolo] der Opferer.

*****Immŏlītus**, *particip.* [in-molior] auf Etwas gebaut.

Immŏlo, 1. [in-mola?] eigtl. mit Opfermehl beſtreuen, davon opfern, das Opferthier ſchlachten: i. bovem ob. bove, hostias ob. hostiis; auch abſol. ein Opfer bringen, Sulla i. ante praetorium; (Poet.) = tödten.

Im-mordeo, — — 2. nur im *particip.* immorsus angebiſſen, collum; *trop.* stomachus i. derb gehetzt von ſcharfſchmeckenden Sachen.

Im-mŏrĭor etc., *depon.* 3. (Poet. u. Spät.) auf oder über Etwas ſterben: i. sorori auf dem Leichnam der Schweſter, ebenſo i. hastae; *trop.* i. studiis = ſich zu Tode arbeiten.

Im-mŏror, *depon.* 1) bei Etwas verweilen, ſich aufhalten: avis i. nido; *trop.* i. honestis cogitationibus, in re aliqua.

Im-mortālis, e, *adj.* unſterblich, animus, davon überhaupt unvergänglich, ewig, memoria et gloria, opus. Hiervon A) = ewig berühmt, von unſterblichem Ruhme, fieri i. B) (Poet.) = ſelig wie die Götter, glücklich.

Immortālĭtas, ātis, *f.* [immortalis] die Unſterblichkeit; hominum ii. die unſterbliche Natur der Menſchen. Hiervon A) = unſterblicher Ruhm: i. consequitur illam mortem. B) (Com.) = Glückſeligkeit, wie diejenige der Götter.

Im-mōtus, *adj.* (meiſt Poet. u. Spät.) 1) unbewegt, unbeweglich, arbor, sceptrum i. tenere; dies i. windſtill, arena = ungepflügt, aqua = gefroren. 2) *trop.* feſt, unverändert, unerſchütterlich, mens, fata; fixum et immotum animo mihi sedet es iſt mein feſter und unerſchütterlicher Entſchluß; nympha i. procis die ſich von den Freiern nicht bewegen läßt.

Im-mūgĭo, 4. (Poet.) dabei ob. dazu brüllen, ertöhnen, Aetna, procella.

Im-mulgeo, — — 2. (Poet. u. Spät.) hinein melken in Etwas: i. ubera labris.

Im-mundĭtĭa, ae, *f.* (Vorklaſſ. u. Spät.) die Unreinlichkeit, Unſauberkeit.

Im-mundus, *adj.* mit comp. u. *sup.* (Vorklaſſ., Poet. u. Spät.) unrein, unſauber, ſchmutzig, homo, popina, contactus; dicta ii. rohe, gemeine Reden.

*****Im-mūnĭo**, 4. (Tac.) befeſtigen, verwahren, praesidium.

Immūnis, e, *adj.* [in-munus] 1) von einem öffentlichen Pflichtdienſte oder einer Leiſtung frei, dienſtfrei oder ſteuerfrei, ager; civitas i. et libera; immunis militia, ab omni opere; auch mit einem *genit.* (ſelten), i. portoriorum, i. ceterorum nisi propulsandi hostis von Allem Anderen frei, nur nicht von der Abwehr des Feindes (dem Kampfe ſelbſt). 2) überhaupt der Nichts beiträgt, Nichts giebt: immunis placui ohne Geſchenke; virtus non est i. iſt nicht ohne Einfluß, nicht unthätig; (Poet.) terra i. keinen Ertrag gebend, ungebaut; i. operum. 3) (Poet. u. Spät.) an Etwas nicht Theil nehmend, von Etwas frei, befreit: urbs i. tanti belli; manus ii. tantae caedis = unbefleckt von, und ſo abſol. manus i. = rein, unbefleckt, ſchuldfrei; stella i. maris der in dem Meere nie untergeht; exercitus immunis tanta calamitate unberührt, nicht getroffen von einem ſo großen Unglücke; denies ii. a dolore.

Immūnĭtas, ātis, *f.* [immunis] 1) das Freiſein von öffentlichen Leiſtungen oder Pflichtdienſten: i. omnium rerum. 2) überhaupt Freiheit von Etwas, i. magni muneris.

Im-mūnītus, *adj.* 1) unbefeſtigt, castellum. 2) via i. nicht ordentlich angelegt.

Im-murmŭro, 1. (Poet. u. Spät.) dabei ob. darin murmeln, i. terrae, undis; auster i. silvis ſauſt in den Wäldern; agmen i. murrt dabei.

*****Immūtābĭlis**, e, *adj.* [immuto] (Pl.) verändert, veränderlich.

Im-mūtābĭlis, e, *adj.* unveränderlich.

*****Immūtābĭlĭtas**, ātis, *f.* [immutabilis 2.] die Unveränderlichkeit.

Immūtātio, ōnis, *f.* [immuto] die Veränderung, Vertauschung in der Rede, die Trope; insbef. = die Metonymie.

Im-mūtātus, *adj.* unverändert.

Immūtātus, *particip.* von immuto, verändert.

Immūtesco, tui, — 3. [in-mutus] (Spät.) verstummen.

Im-mūto, 1. 1) ganz verändern, umwandeln, oft in üblem Sinne = verschlechtern, animum alicujus, ordinem verborum, aliquid de institutis priorum. 2) = metonymisch gebrauchen, Ennius i. Africam pro Afris.

Imo (i), siehe Immo.

Im-pācātus, *adj.* (Poet. u. Spät.) nicht in ein friedliches Verhältniß gebracht, nicht beruhigt, nicht friedfertig, = feindselig, gens, vita.

Im-par, āris, *adj.* ungleich, ungerade (verschieden der Quantität nach, in der Ausdehnung, Zahl, Zeitdauer u. dergl., vgl. dispar): i. numerus; ii. intervalla; i. benevolentia; (Poet.) carmina imparibus facta modis elegische Verse. Insbef. A) an Kraft, Einfluß und Geltung ungleich = einer Person ob. Sache nicht gewachsen, der sich mit Jmd. nicht messen darf, schwächer oder geringer als Jmd.: i. alicui; i. dolori dem Schmerze unterliegend; i. optimatium conspirationi nicht im Stande zu widerstehen; (Poet.) facies i. nobilitate unwürdig, der Geburt nachstehend (constr. wie indignus); dagegen häufig mit dem *abl. resp.*, impar consilio et viribus an Klugheit und Stärke, ii. numero an der Zahl; impari juncta erat sie war mit einem nicht ebenbürtigen Manne verheirathet. B) (Poet.) ungleich = dem Jmd. nicht gewachsen ist, pugna, certamen; certavi imparibus mit Personen, die mir überlegen sind.

Im-părātus, *adj.* mit *sup.* unvorbereitet, mit Etwas nicht ausgerüstet oder versehen: paratus incidit in imparatos; inermis et i.; imparati sumus militibus ober a militibus.

*****Im-păriter**, *adv.* (Poet.) ungleich: versus i. juncti = elegische Verse.

Impărĭlĭtas, ātis, *f.* [im-parilis] (Spät.) die Ungleichheit.

Impartio, a. S. für impertio.

*****Im-pastus**, *adj.* (Poet.) ungefüttert = hungrig.

Impătĭbĭlis (ob. **Impĕtĭbĭlis**), e, *adj.* [in-patior] (selten) unleidlich, unerträglich, dolor, cruciatus.

Im-pătiens, tis, *adj.* mit *comp. u. sup.* 1) nicht gern aushaltend, der Etwas nicht erträgt, =leidet ob. nicht erträgen, =leiden kann, davon absolut ungeduldig: homo i. dolorum, vulneris, moeroris, remediorum; (Poet.) impatiens irae der seinen Zorn nicht beherrscht; auch von leblosen Gegenständen, cera i. caloris; navis i. gubernaculi das dem Schifferuder nicht gehorcht. 2) (selten, Spät.) unempfindlich, stumpf, gleichgültig, animus.

Impătienter, *adv.* mit *comp. u. sup.* [impatiens] ungeduldig, ungern.

Impătientia, ae, *f.* [impatiens] 1) das Nichterdulden, das Unvermögen Etwas zu ertragen, davon absol. die Ungeduld: i. frigorum, silentii; i. nauseae et molestiae navigandi; dilabi ad i. 2) (Spät.) die Unempfindlichkeit, Leidenschaftlosigkeit.

*****Im-păvĭde**, *adv.* unerschrocken.

Im-păvĭdus, *adj.* (meist Poet. u. Spät.) unerschrocken, beherzt, homo, pectora, *trop.* sonus.

Impĕdīmentum, i, *n.* [impedio] 1) das, wodurch Jmd. verwickelt und zurückgehalten (bes. an den Füßen) wird, das Hinderniß: moram et i. inferre; haec res est impedimenti loco ob. impedimento ist ein Hinderniß, legt ein Hinderniß in den Weg; hoc mihi impedimento est ad dicendum hindert mich im Reden; vicit ii. naturae die natürlichen Hindernisse. 2) im *pl.* das Gepäck, die Bagage (insofern es an dem rascheren Fortkommen hindern kann), bisweilen eines Reisenden, gewöhnlich aber als militär. *term. t.* der Soldaten, einer Armee: conferre se ad ii. et carros suos, diripere ii.

Impĕdĭo, 4. [in-pes] eigtl. die Füße verwickeln, 1) (meist Poet. u. Spät.) verwickeln, verstricken, davon überhaupt umwickeln, umgeben, umwinden: i. se in plagas; vincula ii. pedes; i. aliquem amplexu, cornua sertis; hederae ii. remos. Hiervon *trop.* von Schwierigkeiten, schwierigen und mißlichen Umständen u. dergl.: i. aliquem nuptiis Jmd. in eine Heirath hineinbringen und gleichsam verstricken; curae ii. me; absol. i. se sich in Verlegenheit bringen; i. causam alicujus verwickelt machen; exercitum eadem fortuna, quae impedierat (in Verlegenheit gebracht hatte), expedivit. Hiervon = unwegsam machen, verbauen: i. saltum munitionibus, ea quae plana sunt novo munimenti genere. 2) verhindern, hindern, hemmen, zurückhalten, abhalten: i. manum alicujus, iter, rem, magnas utilitates; impediri studio discendi, religione (durch Mißbegierde, religiöses Bedenken); i. aliquem a suo munere, a vero bonoque, i. aliquem negotiis von = abhalten; i. aliquem in suo jure; impedivit ne facerem, nulla re impedior quin id faciam, nihil impedit =quominus id facere possim; pudor i. me haec exquirere hindert mich dieses zu untersuchen; absol. nihil impedio ich verhindere (dich) nicht, meinetwegen; omnium animis impeditis da die Aufmerksamkeit Aller anderswo gefesselt war.

Impĕdītio, ōnis, *f.* [impedio] (selten) die Verhinderung.

Impĕdītus, *adj.* mit *comp. u. sup.* [*particip.* von impedio] gehindert, gehemmt, bes. als militär. *term. t.* von Soldaten, durch eine Last (namentlich das Gepäck) ob. irgend eine andere Ursache (z. B. wenn sie ihre Waffen noch nicht in Ordnung gebracht haben, wenn sie im Begriffe sind durch einen Fluß zu gehen, eine Anhöhe zu ersteigen u. dergl.) für den Augenblick zum Kampfe ungeschickt, nicht schlagfertig, aufgehalten, schwerbepackt u. dergl., *oppos.*

Impello   **Imperito**   865

expeditus: hostibus impeditis propter ea quae ferebant onera. 2) mit Schwierigkeiten verbunden, schwierig, bes. von Localitäten = unwegsam, unzugänglich, locus, navigatio, bellum; tempora i. mißliche Umstände, via, saltus i.; quid horum non impeditissimum? reich an Hindernissen.

Im-pello, puli, pulsum, 3. 1) (Poet.) an Etwas stoßen, schlagen: i. montem cuspide, aequora remis; i. auras mugitibus die Luft — in Bewegung setzen. 2) hervor= ob. fortstoßen, =treiben, =werfen, =bewegen: i. navem remis forttreiben, sagittam nervo abschießen; i. remos bewegen, (durch das Wasser) stoßen, i. arma schwingen; i. aciem zum Weichen bringen, ebenso i. aliquem in fugam in die Flucht treiben; i. aliquem in periculum, in fraudem in eine Gefahr, eine Schlinge bringen. Hiervon prägnant = Etwas den letzten Stoß geben, es umstoßen, zum Falle bringen, arborem; i. aliquem praecipitantem = einen Unglücklichen noch unglücklicher machen; ebenso i. aliquem ruentem den schon Fallenden zum Sturze bringen. 3) trop. Jmd. zu Etwas antreiben, bewegen, verleiten, reizen: i. aliquem ad scelus, ad crudelitatem, ad metum, ad illam artem; i. aliquem ut faciat aliquid, (Poet.) i. aliquem facere aliquid.

Im-pendeo, — — 2. bei Etwas hangen, überhangen: saxum i. Tantalo, gladius i. cervicibus ejus. 2) häufig trop. über Jmds Haupte schweben, drohen, bevorstehen: omnes terrores ii. in illum; poena ei i.; vidit quid sibi impenderet; tantum sceleris i. a consulibus; *(Com.) tanta mala ii. me.

Impendio, siehe impendium.

***Impendiōsus**, adj. [impendium] (Pl.) viel Aufwand machend.

Impendium, ii, n. [impendo] 1) der Aufwand, die Kosten: sine i.; facere i. Häufig im abl. sing., impendio publico mit Unkosten für den Staat; bes. = Verlust, Aufopferung, i probitatis mit Aufopferung der Rechtschaffenheit, ebenso victoria tanto i. stetit. 2) die Zinsen eines Capitals, fenus et i.) (Converf.) der abl. sing. impendio als adv. bei Comparativen = weit, viel, i. magis, i. venustius et gratius.

Im-pendo, di, sum, 3. eigtl. dazu abwägen (vergl. jedoch impensus 1.), 1) Kosten auf Etwas verwenden, aufwenden, Geld ausgeben: i. pecuniam in illas res, i. sumptum. 2) überhaupt anwenden, verwenden (z. B. Mühe, Zeit, Sorgfalt u. vergl.): i. operam, curam in aliquid, nihil sanguinis i. in socios; (Spät.) i. vitam usui alicujus, studia juvenibus erudiendis.

Im-pĕnĕtrābĭlis, e, adj. 1) undurchdringlich, silex i. ferro. 2) (Spät.) unbesiegbar, pudicitia.

Impensa, ae, f. [impendo] 1) der Aufwand, die Kosten: i. pecuniis facienda erat; facere i. in re aliqua, in rem aliquam; parcere impensae; ii. ludorum, coenarum der auf Spiele, Mahlzeiten gemachte Aufwand. 2) trop. die Aufopferung, Verwendung einer Sache auf Etwas: i. cruoris; i. operum; i. officiorum die Leistung.

Impense, adv. mit comp. u. sup. [impensus] 1) mit Kosten, kostspielig. 2) reichlich, sehr, eifrig, angelegentlich, dringend, orare, milites i. retinere mit Strenge; impensius modo = supra modum übermäßig.

***Impensus**, (Lucr.) part. eines sonst nicht vorkommenden Verbums impendo = darüber hinhängen: i. superne darüber hangend.

Impensus, adj. mit comp. u. sup. [impendo] reichlich verwendet. 1) vom Preise, theuer, hoch, pretium. Hiervon = kostspielig, Aufwand verursachend: nihil impensius est homine ingrato. 2) bedeutend, groß, heftig, stark, voluntas, cura; (Com.) impensiorem fieri cibo größer, stärker; preces impensissimae sehr dringend.

Impĕrātor, ōris, m. [impero] (Vorklaff. Induperator) 1) (meist Vorklaff.) überhaupt der Vorsteher, Anführer: i. histrionum „Schauspieldirector", bini ii. = die Consuln. 2) der Obergeneral, Feldherr (der den Krieg suis auspiciis führt, vgl. dux): aliae sunt legati partes, aliae imperatoris: alter omnia agere ad praescriptum, alter libere ad summam rerum consulere debet. Insbef. A) als ein Ehrentitel, den die Soldaten nach einem Siege dem Anführer gaben. B) (Spät.) = römischer Kaiser; auch von des Kaisers Söhnen u. dgl. = Prinz.

Impĕrātŏrius, adj. [imperator] 1) zum Feldherrn gehörig, Feldherrn=, edictum, laus, nomen; i. navis das Admiralschiff. 2) (Spät.) zum Kaiser gehörig, kaiserlich.

Impĕrātrix, īcis, f. (impero) (selten) die Gebieterin, Herrscherin.

***Imperceptus**, adj. [in-percipio] (Poet.) unerkannt, unbemerkt.

Imperco, — — 3. [in-parco] (Pl.) schonen, alicui.

***Impercussus**, adj. [in-percutio] (Poet.) nicht angestoßen, pes (leise auftretend).

***Imperdĭtus**, adj. [in-perdo] (Poet.) nicht zu Grunde gerichtet.

Im-perfectus, adj. unvollendet, unvollständig, unvollkommen: i. nec absolutus; rudis et i.; cibus i. nicht vollständig verdaut.

***Im-perfossus**, adj. [in-perfodio] (Poet.) undurchbohrt.

Impĕriōsus, adj. [imperium] 1) mächtig, gebietend, herrschend, civitas, populus; dictatura i. strenge; (Spät.) i. sibi sich selbst beherrschend. 2) im tadelnden Sinne, gebieterisch, herrisch, despotisch, tyrannisch, hart: philosophi nimis ii.; i. et impotens; familia i.; (Poet.) aequor i. stürmisch, unruhig.

Impĕrite, adv. mit comp. u. sup. [imperitus] ungeschickt, ohne Erfahrung, mit Unkunde.

Impĕrītia, ae, f. [imperitus] (meist Spät.) die Unerfahrenheit, Ungeschicklichkeit, Unkunde, Unwissenheit: i. et rusticitas; i. rerum et verborum.

Impĕrĭto, 1. [impero] meist (Vorklaff. u. Spät.) 1) befehlen, aliquid, rem aequam. 2) über Jmb. ob. Etwas zu befehlen haben, herrschen, commandiren: i. magnis gentibus, alicui; decem ii. commandiren, haben den Befehl; late i. weit und breit herrschen.

Im-pērītus, *adj.* mit *comp.* u. *sup.* unerfahren, einer Sache unkundig, in Etwas unwissend: homines ii., dicere apud indoctos imperitosque; i. juris, rerum, (Spät.) i. in verbis; auch (Spät.) von abstracten Gegenständen, i. ingenium, exordium.

Impĕrĭum, ii, *n.* [impero] 1) der Befehl, die Vorschrift, Verordnung überhaupt: administrare, exsequi i. ausführen, parere imperio gehorchen. 2) das Recht zu befehlen, die Herrschaft, Gewalt, Macht, die Regierung: i. in aliquem über Jmd., esse sub imperio alicujus; i. populi Romani; certare de i.; redigere sub imperium alicujus unter Jmds — bringen; perferre ii. Romanorum; i. domesticum im Hause, judiciorum über die Gerichte. 3) insbes. die Amtsgewalt, das Staatsamt, A) (selten) die civile (i. tribuni, ii. decemvirorum; pro i. submovere zufolge amtlicher Befugniß, von Amts wegen, davon = gebieterisch), B) häufig die militärische Amtsgewalt = der Befehl, das Commando oder die Befehlshaberwürde, die vereinte höchste civile und militärische Gewalt (wie z. B. der Consul im Felde, der Statthalter sie hatte): dare alicui imperium; i. Hispaniae; esse in oder cum i. tie — haben, summa imperii mihi defertur die höchste Gewalt wird mir übertragen; haec gesta sunt in meo i. während meiner Amtsführung; ii. et magistratus im Gegensatze = militärische und civile Ehrenstellen; gerere ii. bekleiden. Bisweilen = die Königswürde: Romulus i. accepit; (Spät.) = die Kaiserwürde. 4) (selten) im *pl.* = die Befehlenden, die Obrigkeitspersonen oder die militärischen Befehlshaber: provincia erat plena imperiorum. 5) das Reich, der Staat, bes. von dem römischen: i. hoc, nostrum; Alexander in Asia fines imperii propagavit.

*****Im-permissus**, *adj.* unerlaubt, gandia.

Impĕro, 1. 1) befehlen, verordnen, vorschreiben, gebieten, aliquid; i. alicui ut abeat, ne quid celet; (meist Spät.) i. Liviam ad se deduci; (Poet.) i. Horas jungere equos, imperor man fordert mich auf. Hiervon A) *particip.* **Imperātum**, i, *n.* der Befehl, der befohlene: facere, detrectare ii., venire ad i. auf Ordre. B) insbes. eine Leistung anordnen, und zwar a) als publicistischer und militärischer *term. t.* eine Lieferung befehlen, Jmd. Etwas auflegen, befehlen zu liefern: i. civitatibus equites, pecuniam, obsides. b) von einem Arzte, verordnen. c) i. coenam (alicui) wegen des Mittagsmahls (Jmd.) Ordre geben, Jmd. zu verschaffen befehlen; auch *absol.* domi non imperaveram ich hatte Ungefähr, bei mir gegeben. 2) über Jmd. oder Etwas herrschen, gebieten, regieren, befehlen, commandiren: i. alicui, omnibus gentibus, *trop.* i. sibi, animo, cupiditatibus beherrschen; häufig *absol.* i. in pace, domi, illo imperante unter seinem Oberbefehl, adesse (vocari) ad imperandum damit man (ihm) Ordre geben kann; nimis i. voci = anstrengen.

*****Im-perpĕtuus**, *adj.* (Spät.) nicht beständig.

*****Im-perspĭcuus**, *adj.* (Spät.) undurchsichtig = unklar, dunkel.

Im-perterrĭtus, *adj.* (Poet.) unerschroden.

Impertio, 4. (auch *-tior, *depon.* 4.) [in-partior] 1) Jmd. Etwas mittheilen, zutheilen, ihm Etwas als seinen Antheil zukommen lassen: i. alicui aliquid oder de re aliqua: i. se alicui talem qualis etc. sich so gegen Jmd. zeigen als u. s. w.; i. tempus cogitationi huic anwenden, verwenden, ebenso i. prudentiam suam ad salutem alicujus, laborem periculo suo; laus mea impertitur illi wird ihm zu Theil; i. alicui salutem Jmd. grüßen; pro his impertitis für diese Wohlthaten, Gefälligkeiten. 2) (meist Vorklaff. und Spät.) = begaben, beschenken, Jmd. einer Sache theilhaft machen: i. aliquem re aliqua; i. aliquem osculo küssen, aetatem puerilem doctrinis unterrichten.

Im-perturbātus, *adj.* (Poet. u. Spät.) ungestört, ruhig.

Im-pervĭus, *adj.* (Poet. u. Spät.) durch den kein Weg geht, unwegsam, nicht zu passiren, nicht durchzugehen, amnis, iter.

Impĕte, Impĕtis, f. impetus.

Impetrābĭlis, e, *adj.* [impetro] 1) (meist Poet. u. Spät.) erreichbar, leicht oder doch möglich zu erlangen, pax, triumphus. 2) (Vorklaff. u. Spät.) A) der Etwas leicht erreicht, auswirkt, homo. B) an dem man Etwas leicht erreicht, dies.

*****Impetrātĭo**, ōnis, *f.* [impetro] nur im *pl.*, die Erreichung.

Impetrĭo, — — 4. s. Impetro.

Impetro, 1. [in-patro] 1) (Pl.) ausführen, vollführen: incipere facilius est quam i. 2) überhaupt, durch Bitten oder Vorstellungen erreichen, erlangen, auswirken, zuwege bringen, Etwas durchsetzen und dergl.: i. aliquid, exceptionem ab aliquo; i. aliquid cum gratia, voluntate in der Güte; i. ut abire liceat, ne mihi succenseat; impetrari non potuit es konnte nicht u. s. w.; i. ab aliquo de sua et militum salute. 2) bes. in der Nebenform **Impetrĭo**, — — 4. a) durch günstige Wahrzeichen erlangen: i. magnas res avibus; impetritum est es ist erreicht, gewonnen. b) günstige Wahrzeichen erlangen: qui i. valt, hostiam rebus suis convenientem immolat.

Impĕtus, us, *m.*, auch (Vorklaff. u. Spät.) im *genit.* impetis und im *abl.* impete [inpeto] 1) die rasch vorwärtsgehende Bewegung, der schnelle Lauf, das schnelle Vorwärtsbringen, der starke Andrang, Schuß u. dergl.: maris die Strömung, coeli das Umkreisen; ii. ventorum heftiger Andrang, ebenso i. fluminis, ignis die Gewalt des Feuers. 2) *trop.* A) das heftige Verlangen, die starke Reigung, Begierde: i. imperii delendi; impetus est aliquid facere (Poet.) ich habe Lust u. s. w. B) die Heftigkeit, Leidenschaftlichkeit, der Ungestüm im Gemüthe, im Reden und Handeln: i. animi; i. benevolentiae ungestüme Anwandlung von Wohlwollen, i. dicendi in der Rede; i. belli der Ungestüm, die Heftigkeit des Krieges. Insbes. a) = rascher und oft unüberlegter Entschluß:

capere impetum regis occidendi; impetu magis quam consilio. b) der Schwung, Aufschwung im Geiste, in der Rede u. dergl.: aliter neo vis nec i. in oratione est; i. divinus = die Begeisterung. C) der Anfall, Angriff: facere i. in aliquem, sustinere i. alicujus, ebenso ferre, propulsare i. hostium; magno i. oppugnare urbem mit großem Ungestüm; ii. gladiorum.

Im-pexus, *adj.* 1) (Poet.) ungekämmt, barba. 2) (Spät.) *trop.* ungeschmückt, einfach, antiquitas.

Impie, *adv.* [impius] gottlos, ruchlos, verbrecherisch, pflichtvergessen.

Im-piĕtas, ātis, *f.* die Gottlosigkeit, Ruchlosigkeit; Pflichtvergessenheit (gegen die Götter, das Vaterland, Eltern u. dergl.), die Impietät.

Im-pĭger, gra, grum, *adj.* nicht träge, unverdrossen, rasch, rüstig, rastlos, schnell, thätig: patiens et i. in itineribus et laboribus; i. in scribendo, ad bolli labores; (Spät.) i. militiae im Kriege; ingenium i. et acre; (Poet.) i. vexare zum Mißhandeln.

Impigre, *adv.* [impiger] unverdrossen, rasch, thätig.

*****Impigrĭtas***, ātis, *f.* [impiger] Unverdrossenheit, Rüstigkeit.

Impingo, pēgi, pactum, 3. [in-pango] 1) Etwas in, an oder gegen Etwas schlagen, -stoßen, -treiben: i. pugnum in os mit der Faust Jmd. ins Gesicht schlagen; i. alicui lapidem einen Stein auf Jmd. werfen; i. se in columnam anprallen, caput parieti anstoßen; i. navem = auf den Grund laufen lassen; i. alicui compedes (*Pl.*) anlegen; i. agmina muris, hostes in vallum an — treiben, i. aliquem in carcerem werfen. 2) *trop.* i. aliquem in litem in einen Proceß verwickeln, = i. alicui dicam Jmd. einen Proceß an den Hals werfen, ebenso i. Catilinam patriae; i. alicui epistolam über den Hals schieben; i. alicui calicem aufnöthigen, ebenso res aliqua se i.

Im-pĭo, 1. (Dorkkaff., Poet. u. Spät.) mit Schuld beflecken, sündig machen: i. se erga aliquem gegen Jmd. sündigen; i. thalamos facinore.

Im-pĭus, *adj.* 1) gottlos, ruchlos, ohne Liebe, Scheu und Ehrfurcht vor dem Heiligen (als Göttern, Eltern, Vaterland u. dergl.), pflichtvergessen gegen die Götter, Eltern, das Vaterland u. s. w.: i. et sceleratus; i. erga parentes; qui affinem fortunis spoliare conatur, impium se esse fatetur; dii ii. (*Tac.*) „böse Gottheiten". 2) (Poet.) von Sachen, die mit einer gottlosen That oder einer Verruchtheit in Verbindung stehen, = verrucht, abscheulich, verderblich, grausam u. dergl., factum, venena, fama; Tartara ii. wo die Gottlosen nach dem Tode sich aufhalten. B) = schlecht („versucht schlecht"), poeta, carmen, habitatio.

Im-plăcăbĭlis, e, *adj.* unversöhnlich; i. in aliquem, praebere se implacabilem alicui gegen Jmd.

Im-plăcăbĭlĭter, *adv.* (Spät.) unversöhnlich.

Im-plăcātus, *adj.* (Poet.) unversöhnt; *trop.* gula i. ungesättigte Eßbegierde.

Im-plăcĭdus, *adj.* (Poet.) unsanft, rauh, wild.

Im-plecto, — xum, 3. (Poet. u. Spät.) fast nur im *particip.* **Implexus**, hineingeflochten, verflochten, verschlungen, dracones, capillus, manus; series i. causarum die in einander greifende Kette von Ursachen.

Im-pleo, ēvi, ētum, 2. 1) füllen, anfüllen, mit Etwas erfüllen: agmen migrantium i. viam; i. pateram vino und i. ollam denariorum. Hiervon *trop.* A) i. urbem nomine suo, aliquem spe; i. adolescentem suae temeritatis, hostes fugae et formidinis mit Etwas erfüllen = Jmd. Etwas in vollem Maaße einflößen. B) i. se sanguine u. dergl. sich mit Etwas beflecken; i. caput alicujus fustibus (*Pl.*) = durchprügeln; i. vestigia alicujus (Spät.) in Jmds Fußstapfen treten. C) (Poet. u. Spät.) = groß und voll machen, lunae nascentes ii. conchylia, modica exercitatio i. corpus. D) (Poet. u. Spät.) schwanger oder trächtig machen, aliquam. 2) = sättigen, *trop.* befriedigen: impleri veteris Bacchi (Poet.) mit altem Wein; i. aures alicujus. 3) in Beziehung auf ein Maaß, voll machen: A) ausfüllen, vollständig, vollzählig machen, ergänzen, cohortes; i. equestres facultates (Spät.) = das am Ritterzensus Fehlende zuschießen. B) von einer Zahl u. dergl. aus machen, erreichen: modius grani non i. sedecim libras. C) eine Lebenszeit vollenden, zu Ende bringen, „füllen": i. annum sexagesimum; i. finem vitae sein Leben enden. D) einen Platz ausfüllen, an Jmds Statt treten, vicem alicujus, locum principem. 4) vollbringen, vollführen, consilium seinen Plan. Davon = erfüllen, fata, spem, promissa.

Implicātio, ōnis, *f.* [implico] die Einflechtung, Verflechtung, nervorum; *trop.* i. locorum communium Einflechtung von Gemeinplätzen. 2) *trop.* die Verwickelung, Verwirrung, rei familiaris.

Implicātus, *adj.* mit *comp.* u. *sup.* [*particip.* von implico] verwickelt, verworren.

Implicīscor, — *depon.* 3. [implico] (Verklaff.) verwickelt werden, in Verwirrung gerathen.

*****Implicĭte***, *adv.* [implico] verwickelt, verworren.

*****Implicĭto***, 1. [implico] (Spät.) einwickeln, verwickeln: delphinus i. orbes varios schwimmt in mannigfaltig verschlungenen Kreisen.

Im-plĭco, 1. oder cui, cĭtum, 1. 1) hineinfalten, einwickeln, verwickeln: A) eigtl. (meist Poet.) implicari in complexum alicujus; Iulus i. se dextrae (patris) schmiegt sich an; i. acies verwickeln, unter einander verschlingen, ebenso i. orbes. B) *trop.* a) = Etwas in ein Anderes völlig hineinbringen, in das Innere einer Sache einsenken, ganz mittheilen· i. vim suam naturis hominum, ignem ossibus (das Liebesfeuer). b) = genau und unzertrennlich verbinden (gewöhnlich im *pass.*): conjuncti et implicati; voluptas penitus in omni sensu implicata insidet; res implicata re aliqua mit Etwas; haec fides etc. implicata est cum pecuniis Asiaticis et cohaeret; häufig von Verwandtschafts- oder Freundschaftsverhältnissen: i. se societate ein Bündniß eingehen: implicatus familiaritatibus nostris, consuetudine et benevolentia mit uns durch — verbunden. c) implicari morbo oder in morbum in eine Krankheit gerathen. 2) (indem der Begriff der Präposition zurücktritt) A) Etwas um einen Gegenstand schlingen, -winden: i. lacertos circa colla, brachia collo. B) häufig mit Etwas umschlingen, umwinden, umfassen: i. tempora ramo, crinem auro; i. comam laevā; impliciti laqueis umstrickt. Hiervon C) trop. a) verwickeln = verstricken, verwirren, hindern, zurückhalten u. dergl.: implicari negotiis, erroribus; i. aliquem ne etc. b) irae ii. animos eorum hält — in seinen Banden.

Implōrātio, ōnis, f. [imploro] die Anrufung, das Anflehen, deorum.

Im-plōro, ui, — 3. 1) (weinend und flehend) anflehen, A) = in seiner Noth zu Hülfe oder als Zeugen herbeirufen, anrufen, deos, aliquem; i. fidem illorum, jura libertatis sich auf — berufen; häufig i. auxilium, fidem, misericordiam alicujus, (Spät.) i. aliquem in auxilium. B) = flehentlich bitten, erflehen, i. auxilium a populo Romano; mulieres implorabant ne se in servitutem traderent.

Implūmis, e, adj. [in-pluma] (Poet. und Spät.) ungefiedert, kahl.

Impluo, ui, — 3. 1) (Spät.) intrans. und impers. hineinregnen, i. in aream; absolut, leviter i. 2) (Poet.) transit. beregnen = mit Regen benetzen, silvas; trop. (Pl.) malum i. aliquem.

Implūviātus, adj. [impluvium] (Pl.) von der Form eines impluvium = viereckig, vestis.

Implūvium, ii, n. [impluo] = compluvium.

Impoene, s. S. für Impune.

Im-pŏlīte, adv. ungeglättet, trop. = schmucklos.

Im-pŏlītus, adj. 1) nicht geglättet. 2) trop. unausgefeilt, unbearbeitet.

Im-pollūtus, adj. (Spät.) unbefleckt.

Im-pōno etc., (Vorklass. -pŏsīvi, postum) 3. 1) in-, an-, auf Etwas setzen, -legen, -stellen: i. aliquid in navem; i. aliquem in rogum, mulieres eo (= in equos) darauf, dextram in caput alicujus auf — legen; i. dominum in cervicibus hominum (biblisch); i. clitellas bovi, dona aris, pontes paludibus (Brücken über die Sümpfe schlagen), claves portis die Schlüssel in die Thüren stecken, (Poet.) i. aliquem coelo in den Himmel versetzen; i. praesidium urbi (vielleicht auch in urbe) eine Garnison in die Stadt legen; i. aliquem in praesidio auf die Wache stellen; i. colonium in agro Samnitium als eine Art von militärischer Besatzung anlegen. Insbes. = einschiffen, i. milites in naves, auch (Poet.) aliquem carinae und (Spät.) milites impositi nave, und absolut i. exercitum Brundisii. 2) trop. A) auflegen, auferlegen, alicui labores, negotium, partes illas, necessitatem, civitati leges per vim. So häufig von dem Auflegen einer Steuer oder sonst einer Leistung oder Verpflichtung: i. civitati stipendium, vectigal; i. tributum in singula capita. B) i. alicui vulnus, plagam zufügen, injuriam gegen Jmd. verüben, belli invidiam consuli aufbürden, nomen alicui beilegen, fraudi speciem juris geben; i. finem (modum) rei alicui einer Sache ein Ende machen, eine Grenze setzen; i. summam (extremam) manum rei alicui die letzte Hand anlegen; i. labem dictaturae suae anheften. C) in Etwas hineinbringen: aliquem in causam perditam. D) Jmb. in irgend eine Function einsetzen, versetzen, über Etwas setzen: i. aliquem villicum, triginta viros Atheniensibus. E) (selten) Jmd. Etwas aufbinden, ihn hinter's Licht führen, täuschen (meist als schelmische Benutzung seiner Leichtgläubigkeit, also milder als fallere u. dergl.), alicui.

Im-porto, 1) hineintragen, einführen, einbringen (bes. Waaren u. dergl. von ferneren Orten, vgl. infero, induco u. s. w.): i. vinum, commeatus in oppidum; trop. i. artes. 2) trop. mit sich bringen, verursachen, incommodum alicui, pestem, detrimenta rebus publicis; i. suspicionem, fraudem aut periculum.

Importūne, adv. [importunus] 1) (Spät.) unbequem, lästig. 2) rücksichtslos, schroff, ungestüm.

Importūnĭtas, ātis, f. [importunus] 1) (Spät.) die ungünstige Lage, loci. 2) die Rücksichtslosigkeit, Schroffheit, Barschheit, der Ungestüm, die Ungeschliffenheit: i. et inhumanitas; i. et superbia Tarquinii; i. et audacia; tanta i. inauditi sceleris.

Importūnus, adj. mit comp. u. sup. [Gegensatz von opportunus] 1) (selten) der Lage nach unbequem, ungünstig gelegen: locus i. aggeribus etc. 2) (Sall.) beschwerlich, mißlich: vi regere patriam importunum est. 3) rücksichtslos, schroff, barsch, ungestüm, zudringlich, gewaltig u. dergl.: i. et amens, i. et crudelis, hostis i.; i. natura, libido, sitis famesque argenti; i. paupertas lästig, zudringlich; importunus fasces dat adimitque (Poet.) ohne Weiteres, nach Laune.

Im-portuōsus, adj. (selten) ohne Häfen, mare.

Impos, ōtis, adj. [in-Pot, wovon potis] (Vorklass. u. Spät.) einer Sache nicht mächtig, nicht Herr, animi.

Impŏsivi, siehe Impono.

Impossibĭlis, e, adj. [in-possum] (Spät.) unmöglich.

Im-pŏtens, tis, adj. mit comp. und sup. 1) ohnmächtig = ohne Macht und Einfluß: homo infans aut i.; ad opem impotentium der Schwachen. 2) einer Sache nicht mächtig, nicht Herr: gens i. rerum suarum; i. sui ob sitim; i. laetitiae. 3) wegen eines Affectes seiner selbst nicht mächtig, A) von Personen leidenschaftlich, ungestüm, unbändig, zügellos, despotisch: homo i.; iracundus et i., ferox et i.; (Poet.) i. sperare quidlibet so daß man Alles hofft. B) von abstracten Gegenständen, = zügellos, unmäßig, übertrieben, animus, laetitia, postulatum, injuria ungeheuer.

Impŏtenter, adv. mit comp. u. sup. [impotens] 1) ohnmächtig: elephanti impoten-

Impotentia — **Impudentia** 369

tius regebantur waren fast nicht mehr zu lenken, wurden ohne Kraft gelenkt. 2) unmäßig, zügellos, despotisch.

Impŏtentia, ae, f. [impotens] *1) (Com.) die Ohnmacht = das Unvermögen, Mangel an Einfluß und Mitteln. 2) die Unbändigkeit, Zügellosigkeit, Leidenschaftlichkeit, insbes. = der Despotismus: scelera et animi i.; i. muliebris, militum.

Impraesentiārum, siehe praesentia.

Im-pransus, adj. (Poet.) der nicht gefrühstückt hat = nüchtern.

Imprĕcātio, ōnis, f. [imprecor] (Spät.) die Verwünschung.

Im-prĕcor, depon. 1. (Spät.) Jmb. Etwas anwünschen, bes. etwas Böses: i. diras alicui Jmb. verwünschen.

Impressio, ōnis, f. [imprimo] 1) (selten) das Eindrücken, der Eindruck. 2) das feindliche Eindringen, der Angriff, Anfall: facere i. in hostes. 3) trop. A) der Tactabschnitt, die Abtheilung (im oratorischen Numerus). B) von der Aussprache, die deutliche Bezeichnung, Aussprache, vocum.

Imprīmis, siehe primus.

Imprĭmo, pressi, pressum, 3. [in-premo] 1) hineindrücken, indrücken, aufdrücken: i. dentes alicui (= beißen), signa tabellis, aratrum muris (= pflügen): trop. i. aliquid in mente einprägen, memoriam publicam tabulis publicis auf — schreiben, i. dedecus reipublicae anheften, ein Schandmal aufdrücken. 2) Etwas aufdrückend abformen, abdrücken, abprägen, sigillum in cera, literam A humi, i. notas, vestigia ibi. 3) aufdrückend bezeichnen, mit einem eingedrückten Zeichen oder Stempel versehen: i. rem signo; an putamus imprimi quasi ceram animum (Eindrücke erleiden)? trop. i. omnia municipia vestigiis flagitiorum in allen M. Spuren seiner Schändlichkeiten hinterlassen.

Im-prŏbābilis, e, adj. [improbo] (Spät.) was mißbilligt werden kann, verwerflich.

Imprŏbātio, ōnis, f. [improbo] die Mißbilligung, Verwerfung.

Imprŏbe, adv. mit comp. u. sup. [improbus] 1) (Spät.) unrichtig. 2) schlecht, unredlich. 3) übermäßig, übertrieben. 4) frech, unverschämt.

Imprŏbĭtas, ātis, f. [improbus] 1) (Spät.) die schlechte Beschaffenheit. 2) die moralische Schlechtigkeit, Unredlichkeit, i. perversitasque. 3) insbes. die Unverschämtheit, i. muscae.

Im-prŏbo, 1. mißbilligen, verwerfen, tadeln, utrumque consilium; i. judicium ein Urtheil umstoßen, i. frumentum (geliefertes) Getreide verwerfen, als untauglich zurückweisen.

****Imprŏbŭlus**, adj. (Spät. Poet.) deminut. von improbus.

Im-prŏbus, adj. mit comp. u. sup. 1) (Vorklass. u. Spät.) nicht gut, von schlechter Beschaffenheit, merx. 2) moralisch schlecht, unredlich, verwerflich: homo i. et nefarius, i. et perfidiosus; (Poet.) i. te horret (als ein halb im Scherz gebrauchtes Schimpfwort) der Trotzkopf, Tölpel Auch von Sachen, testamentum i. ein ungesetzliches, schändliches T., defensio i. unredlich, böswillig. Insbes. A) = über-

mäßig, übertrieben, arg, labor anhaltende Arbeit, i. rabies ventris unersättlicher, wüthender Hunger; so absol. = hungrig, gefräßig, anser, anguis. B) = unverschämt, frech, dicta schmutzige, adulatio schamlos.

Im-prŏcērus, adj. (Spät.) unansehnlich, niedrig.

Im-prŏfessus, adj. (Spät.) 1) act. der sich nicht zu Etwas angegeben hat; so = sich nicht zum Judenthume bekennend. 2) pass. der nicht angezeigt worden ist.

****Im-promptus**, adj. nicht rasch, nicht fertig, linguā mit der Zunge.

****Im-prŏpĕrātus**, adj. (Poet.) unbeeilt, langsam, vestigia.

Im-proprius, adj. (Spät.) uneigentlich, verba.

Im-prosper, ĕra, ĕrum, adj. (Spät.) unglücklich, ungünstig.

Imprŏvĭde, adv. [improvidus] unvorsichtig.

Im-prŏvĭdus, adj. nicht vor sich sehend, daher 1) Etwas nicht voraussehend, nicht ahnend, sich nicht versehend, hostes improvidos opprimere; ii. futuri certaminis den künftigen Kampf nicht ahnend. 2) unvorsichtig, unbesorgt, homo i. et credulus, i. aetas puerorum.

Imprŏvīso, adv. [improvisus] unversehend, unvermuthet.

Im-prŏvīsus, adj. unvorausgesehen, unvermuthet, res, bellum; (Poet.) i. cunctis von Niemand vorhergesehen. Hiervon als adv. de (selten ex) improviso unversehens, unvermuthet.

Im-prūdens, tis, adj. mit comp. u. sup. 1) Etwas nicht wissend, nicht ahnend oder vermuthend: aggredi aliquem imprudentem, vulnera hostibus imprudentibus; imprudens hoc fecit wider sein Wissen, ohne selbst es zu wissen, imprudente Caesare ohne Cäsars Wissen. 2) einer Sache unkundig, in Etwas unwissend, religionis, legis; (Poet.) i. laborum mit Beschwerden unbekannt; i. maris der nie zur See gewesen ist; non imprudens, eum illud facturum esse wohl wissend, daß u. s. w. 3) (Spät.) unklug, unverständig: ex prima fronte judicare imprudentium est.

Imprūdenter, adv. mit comp. [imprudens] 1) unwissend, wider Wissen. 2) unvorsichtig, unklug.

Imprūdentia, ae, f. [imprudens] 1) die Unwissenheit, Unkunde: per i. fit es geschieht aus Unwissenheit, unwissentlich. 2) die Unvorsichtigkeit, Unklugheit, Unachtsamkeit: i. teli emissi beim Werfen des Geschosses; i. oculorum = ein unvorsichtiger Blick.

Im-pūbēr, ĕris und (Poet. u. Spät.) **Impūbis**, is, adj. 1) nicht erwachsen, nicht mannbar, unreif, filius, puer; genae ii. noch unbehaart. 2) keusch, unverheirathet.

Im-pŭdens, tis, adj. mit comp. u. sup. unverschämt, schamlos, homo, mendacium freche Lüge, literae; trop. scherzhaft i. pecunia = sehr viel („unverschämt viel") Geld.

Impŭdenter, adv. mit comp. u. sup. [impudens] unverschämt, schamlos.

Impŭdentia, ae, f. [impudens] die Schamlosigkeit, Unverschämtheit: i. atque audacia; i. scribendi im Schreiben.

Ingerslev, lat.-deutsches Schulwörterbuch. 24

Impŭdĭce, *adv.* [impudicus] (Spät.) unzüchtig.

Impŭdĭcĭtĭa, ae, *f.* [impudicus] (Vorklass. u. Spät.) die Unzüchtigkeit, Unkeuschheit.

Im-pŭdīcus, *adj.* mit *comp.* u. *sup.* 1) unzüchtig, unkeusch, homo, mulier. 2) (*Pl.*) schamlos, frech.

*****Impugnātĭo**, ōnis, *f.* [impugno] die Bestürmung.

Im-pugno, 1. angreifen, bestürmen, terga hostium, urbem; nostri acrius ii. Dev von überhaupt bekämpfen, anfämpfen, regem, morbum, bes. mit Worten, Maßregeln, Ränfen u. dergl.: i. dignitatem alicujus, sententiam.

Impulsĭo, ōnis, *f.* [impello] *1) der Stoß = die äußere Einwirkung. 2) trop.* A) der innere Antrieb, Trieb; B) als eine Redefigur, i. ad hilaritatem die Anregung zur Heiterkeit.

Impulsor, ōris, *m.* [impello] *trop.* der Antreiber, Anreger zu Etwas: profectionis meae suasor et i.; me impulsore hoc factum auf meinen Antrieb.

Impulsus, us, *m.* [impello] (fast nur im *abl. sing.*) 1) der Stoß, bef. der anregende, der Etwas in Bewegung setzt: moveri non alieno i. sed sua sponte; scutorum impulsu durch das Anstoßen der Schilder gegen einander. 2) *trop.* der Antrieb, die Anregung, meo, patris, libidinum auf meine, des Vaters, der Begierden Anregung.

Impūne, *adv.* mit *comp.* u. *sup.* [in-poena; das *adj.* impunis findet sich nur bei sehr späten Schriftstellern, in einigen Verbindungen wird aber impune fast als ein *adj.* gebraucht, siehe unten] ungestraft, ungeahndet, ohne Strafe: i. aliquem occidere; hoc mihi est i. geht mir ungestraft hin, und in derselben Bedeutung hoc i. fero; habere aliquid i. ungestraft lassen. Hiervon *trop.* = ohne Nachtheil, Schaden, ohne Gefahr, sicher: i. navigare, pasci ohne daß irgend ein Unglück eintritt.

Impūnĭtas, ātis, *f.* [impune] die Straflosigkeit, Freiheit von Strafe, Ungestraftheit: i. et licentia; i. a judicio; i. gladiorum, flagitiorum Zügellosigkeit.

Impūnīte, *adv.* [impunitus] (selten) ungestraft.

Im-pūnītus, *adj.* ungestraft, straflos, ungeahndet: injuriam dimittere inultam et i.; scelus i.; davon zügellos, ungebunden, libertas, licentia.

Impūrātus, *adj.* mit *sup.* [*particip.* von impuro] schmutzig = verächtlich, homo.

Im-pūre, *adv.* mit *sup.* unrein, *trop.* schändlich, lasterhaft.

*****Impūrĭtas**, ātis, *f.* und (*Pl.*) *-rĭtĭa, ae, *f.* [impurus] die moralische Schmutzigkeit, Lasterhaftigkeit.

Impūro, 1. [impurus] verunreinigen, besudeln, pecuniam.

Im-pūrus, *adj.* mit *comp.* u. *sup.* 1) (selten) eigtl. unrein. 2) *trop.* moralisch unrein = schmutzig, gemein, lasterhaft, schändlich: i. et impudicus, inverecundus; i. et sceleratus; mulier non i. = sittsam, ordentlich; ii. mores.

*****Imputātor**, ōris, *m.* [imputo] (Spät.) der Anrechner: i. beneficii der seine eigene Wohlthat gegen Andere hoch anschlägt.

Im-pŭtātus, *adj.* [*part.* von puto] (Poet. u. Spät.) unbeschnitten, vitis.

Im-pŭto, 1. (Spät.) anrechnen, in Rechnung bringen, insbes. Jmdm. Etwas als Verdienst oder Schuld anrechnen, zuschreiben, beilegen: i. alicui beneficium, caedem; absol. i. crimen sich ein Verdienst aus einem Verbrechen machen.

Imus, siehe inferus.

Imŭlus, *deminut.* von imus.

In, *praep.* [vergl. das gr. ἐν, εἰς = ἐνς] I. mit *abl.* zur Bezeichnung eines Seins in ob. auf Etwas: 1) im Raume, in, an, auf einer Stelle: esse in Sicilia, in urbe, in foro; sedere in solio, coronam habere in capite; ponere aliquid in mensa; *trop.* in eo loco sunt res nostrae auf diesem Puncte stehen unsere Sachen. Hiervon A) zur Bezeichnung bessen, was in, bei, an einer Person ob. Sache sich findet: Caesaris nomen obscurius erat in barbaris; erat in illo summa doctrina; in hoc homine admiror eloquentiam. B) zur Bezeichnung der Menge, zu welcher Jmd. oder Etwas gehört, unter: sapientissimus in Graecis, habere aliquid in bonis unter — rechnen. C) (Poet.) in rosa potare von Rosen umgeben. — 2) in der Zeit, A) in omni aetate zu jeder Zeit, in jedem Zeitalter; in tali tempore unter solchen Umständen, ebenso in gravissimis ejus temporibus. B) zur Bezeichnung der Zeit, in deren Verlaufe Etwas geschieht: in paucis tempestatibus; auch in pueritia, in bello, in pace; bis in die zweimal täglich. C) in tempore zur rechten Zeit. — 3) in anderen Verhältnissen, zur Bezeichnung der Umstände, eines Zustandes u. f. w., bei, in: A) in magno aere alieno bei (in) großen Schulden, in summo timore omnium während Alle sehr bange waren, in tantis tuis occupationibus da du so sehr beschäftigt bist, in tanta hominum perfidia da die Menschen so treulos sind. B) in vitio esse sehlen, Unrecht haben; res est in integro, in facili = est integra, facilis; res in eodem genere est ist von derselben Art; esse in eadem pulchritudine eben so schön sein, in eadem sententia derselben Ansicht sein; in summa quatuor im Ganzen vier; in parte zum Theil. C) überhaupt = in Betreff: hinsichtlich: idem in bono servo dici potest. So häufig bei *gerund.* = bei: in deliberando, in literis dandis beim Ueberlegen, Briefschreiben, ebenso nocere hostibus in agris vastandis durch die Verwüstung der Felder, occupatus in scribendo. D) facere aliquid in aliquo, talis fuit in illo, gegen, mit. E) in auribus alicujus vor Jmds Ohren.

II. mit dem *accus.* zur Bezeichnung einer Bewegung ob. Richtung in Etwas hinein, 1) im Raume, in, in — hinein, auf, nach: ire in illam urbem, mittere in ultimas gentes; ascendere, suspicere in coelum gegen den Himmel hinauf, confugere in aram auf den Altar hinauf; spectare, vergere in orientem nach dem Morgen hin, gegen Morgen. 2) in der Zeit, A) bei der Angabe einer Bestimmung, für, auf: petere aliquid in annum, invitare aliquem in posterum diem; in perpetuum für immer, ebenso in futurum, in praesens; praedicere in multos annos; (Spät.) in tempus für eine Zeit. B) bei der Angabe einer Zeitgrenze, bis in, bis: in multam noctem, in multam diei bis spät in die Nacht, in den Tag hinein. 3) in anderen Verhältnissen, wo der Begriff einer Richtung in Etwas hinein od. gegen Etwas hin mehr oder weniger deutlich hervortritt: A) von einem Maaß, sex pedes in longitudinem in die Länge. B) bei einer Eintheilung: dividere in tres partes in drei Theile. C) bei der Angabe einer Vertheilung, eines Verhältnisses: in singulos annos für jedes Jahr, von Jahr zu Jahr, ebenso in singulos dies oder bloß in dies täglich, mutabilis in diem für jeden Tag, sextantes in capita conferre auf jede einzelne Person. D) (meist Spät.) zur Angabe eines Zweckes, zu: uti cibo in voluptatem, legere in id certamen; in exemplum; pecunia data in rem militarem; in honorem alicujus. E) bei der Bezeichnung einer Stimmung, eines Gefühls, persönlichen Verhältnisses u. vergl., zu, gegen: amor in patriam, indulgentia in liberos; merita in patriam um das Vaterland; vim habere in aliquid Einfluß haben auf; oratio in aliquem gegen Jmd., aber hoc dicitur in philosophiam, epigramma in aliquos von, betreffend. F) disputare in utramque partem nach beiden Seiten hin, für und wider; multa dicuntur in hanc sententiam in diesem Sinne; in eas leges auf diese Bedingungen (ebenso Tac. in haec munera auf die Bedingung, daß diese Geschenke gebracht werden): senatus consultum fit in haec verba mit diesen Worten. G) servilem in modum auf sklavische Weise, in urbium modum wie Städte. H) adverbial: in universum (meist Spät.) überhaupt, im Allgemeinen; in speciem zum Schein; in tantum soviel; in incertum auf das Ungewisse hin.

III. In einigen Redensarten mit den Verben esse und habere steht in mit dem acc., während man den abl. erwarten sollte, weil dann hauptsächlich an die That od. Begebenheit gedacht ist, durch welche die Sache od. Person in die angegebene Lage gekommen ist: esse in potestatem alicujus in Jmds Gewalt sein, habere in potestatem suam in seiner Gewalt haben; habere in mentem, in conspectum; esse in usum im Gebrauche sein; habere aliquem in custodiam; habere in animum (häufiger in animo) im Sinne haben. Umgekehrt findet sich auch z. B. arma comportabantur in templo = sie wurden, nachdem sie zusammengetragen waren, im Tempel aufbewahrt.

In-accessus, *adj.* (ī) [accedo] (Poet. u. Spät.) wozu noch nicht Jmd. gekommen ist = unzugänglich: spelunca i. radiis solis wohin die Strahlen der Sonne noch nie gekommen sind.

In-ācesco, ācui, — 3. (ĭ) (Poet. u. Spät.) sauer werden; *trop.* haec tibi ii. verdrießt dich.

Ināchus, i. m. (ī) [*Ἴναχος*] Stromgott und mythischer König zu Argos, Vater der Jo. Davon 1) **Ināchius,** *adj.* (ī) (Poet.) = argivisch od. griechisch; In. juvenca, bos = Jo; heroinae Inachiae = die Danaiden als Argiverinnen. 2) **Ināchĭdes,** ae, m. (ī) männlicher Nachkomme der Ja, = Perseus und = Epaphus (Sohn der Jo). 3) **Ināchis,** ĭdis, *f.* (ĭ) als *adj.* inachisch, als *subst.* = die Tochter des Jn., Jo.

In-adf. etc., siehe In-aff. etc.
In-adp. etc., siehe Inapp. etc.
In-adsc. etc., siehe Inacc. etc.
In-adt. etc., siehe Inatt. etc.
In-adustus, *adj.* (ī) [aduro] (Poet.) unangebrannt.

In-aedĭfĭco, 1. (ī) 1) (nur im *pass.*) auf ob. in Etwas bauen: inaedificatur sacellum in domo tua, aliquid in loca publica. Hiervon *trop.* aufbürden, auflanden, nubila inaedificata aufgethürmt. 2) verbauen, mit Gebäuden erfüllen, plateas.

In-aequābĭlis, e, *adj.* (ī) 1) uneben. 2) *trop.* ungleich, unstät.
In-aequābĭlĭter, *adv.* (ī) (Vorkl. u. Spät.) ungleich.

In-aequālis, e, *adj.* mit comp. u. sup. (ĭ) (Poet. u. Spät.) 1) uneben, locus. 2) *trop.* ungleich = unstät, veränderlich, zu keiner Zeit sich selbst gleich, mare, auctumnus, procellae; tonsor i. ungeschickt, ungleich scheerend.

Inaequālĭtas, ātis, *f.* (ĭ) [inaequalis] (Vorklass. u. Spät.) die Ungleichheit, Verschiedenheit.

Inaequālĭter, *adv.* (ĭ) [inaequalis] ungleich, auf ungleiche Weise.

In-aequātus, *adj.* (ĭ) (Poet.) nicht gleich gemacht = ungleich, onus.

In-aequo, 1. (ĭ) gleich machen, stipites.

In-aestĭmābĭlis, e, *adj.* (ĭ) was sich nicht schätzen-, beurtheilen läßt: nihil tam incertum nec tam i. est quam etc.; Hiervon A) = unschätzbar, von unschätzbarem Werthe, gaudium. B) = was keinen Werth hat, werthlos.

In-aestuo, 1. (ĭ) (Poet.) *intrans.* in Etwas aufbrausen, bilis.

In-affectātus, *adj.* (ĭ) (Spät.) ungekünstelt, unaffectirt, oratio.

In-agĭtātus, *adj.* (ĭ) (Spät.) unbewegt, *trop.* = unerregt, terroribus durch Schrecknisse.

In-alpīnus, *adj.* (ĭ) auf den Alpen wohnend, gens.; *subst.* -ĭni, ōrum, *m. pl.* die Alpenbewohner.

In-amābĭlis, e, *adj.* (ĭ) (Poet. u. Spät.) unliebenswürdig = widerlich, schauerlich, verhaßt u. vergl., homo, regnum Plutonis.

In-āmāresco, rui, — 3. (ĭ) (Poet.) bitter-, unangenehm werden.

In-ambĭtĭōsus, *adj.* (ĭ) (Poet.) nicht ehrgeizig, anspruchslos.

Inambŭlātĭo, ōnis, *f.* [inambulo] (selten) das Spazierengehen.

In-ambŭlo, 1. (ĭ) auf- und abgehen, herumspazieren.

In-āmoenus, *adj.* (ĭ) (Poet.) unergötzlich, unerfreulich, regna (von der Unterwelt).

Ināniae, ārum, *f. pl.* (ĭ) [inanis] (Pl.) die Leere.

Inānĭ-lŏgus (ob. -loquus von loquor),

adj. (1) [λήγω] (*Pl.*) leeres Zeug sprechend, vergeblich redend.

*In-ănĭmans, tis, *adj.* (1) (zweifelh., Spät.) unbeseelt, leblos.

Inănĭmentum, i, *n.* (1) [inanio] (*Pl.*) die Leere.

Inănĭmus, *adj.* (1) [in-anima] unbelebt, leblos.

Inănĭo, 4. (1) [inanis] (Vorklass. u. Spät.) leer machen, locum.

Inānis, e, *adj.* mit comp. u. sup. (1) 1) leer (was voll sein sollte, also einen Tadel bezeichnend, vgl. vacuus), inhaltlos: vas i., domus nuda et i.; equus i. ohne Reiter, corpus i. ohne Leben = todt, funus i. wo die Leiche nicht da ist; umbra i. körperlos, regna ii. die Unterwelt, das Reich der Schatten. Insbes. A) redire u. dergl. i. mit leeren Händen. B) homo i. = ohne Mittel, arm. C) (Poet.) laeva i. = ohne Ringe, palea = leicht, vultus i. der Augen beraubt, lumina der Sehkraft beraubt = blind. D) mit leerem Magen, hungrig. E) (bes. *Lucr.*) als subst. Ināne, is, n. der leere Raum, das Leere. F) inanis re aliqua ob. ab re aliqua u. rei alicujus leer an Etwas = Etwas ermangelnd. 2) *trop.* A) leer = inhaltlos, nichtssagend, literae, verba, sonus vocis. B) leer = eitel, unnütz, vergeblich: o inanes nostras contentiones! cupiditates ii. C) eitel = prahlerisch, ingenium.

Inānĭtas, ātis, *f.* (1) [inanis] 1) die Leere, der leere Raum; i. oris die Höhlung. 2) *trop.* = die Nichtigkeit, Eitelkeit: circumcidere omnem i. et errorem jede leere und irrige Ansicht; versari in summa i. mit den eitelsten Sachen sich beschäftigen.

Inānĭter, *adv.* (1) [inanis] leer, *trop.* eitel, unnütz, ohne wirklichen Inhalt oder Bedeutung: poeta qui pectus meum i. angit (Poet.) durch bloße Schöpfungen der Phantasie, ohne daß eine Wirklichkeit zu Grunde liegt.

In-appărātĭo, ōnis, *f.* der Mangel an Zubereitung.

In-ărātus, *adj.* (1) (Poet.) ungepflügt, brach liegend.

In-ardesco, rsi, — 3. (Poet. u. Spät.) 1) in Brand gerathen. 2) *trop.* von einer Leidenschaft ob. dergl. entbrennen, erglühen, i. cupiditate.

In-ăresco, rui, — 3. (1) (Spät.) trocken werden, vertrocknen; *trop.* liberalitas i. nimin profusione versiegt.

*In-argūte, *adv.* (1) (Spät.) nicht scharfsinnig, geistlos.

Inărĭme, es, *f.* (1) [εἰν Ἀρίμοις] Insel im tyrrhenischen Meere, jetzt Ischia.

In-ăro, 1. (1) 1) einackern, einpflügen, fimum. 2) beackern.

In-artĭfĭcĭālis, *adj.* (1) (Spät.) nicht kunstmäßig, nicht kunstgerecht.

*In-artĭfĭcĭālĭter, *adv.* (1) (Spät.) nicht kunstmäßig, nicht nach den Regeln der Kunst.

*In-ascensus, *adj.* (1) [part. von ascendo] (Spät.) nicht bestiegen.

In-assuētus, *adj.* (1) (Poet. u. Spät.) ungewohnt = an Etwas nicht gewöhnt.

*In-attĕnŭātus, *adj.* (1) (Poet.) unvermindert, fames.

*In-audax, ācis, *adj.* (1) (Poet.) nicht kühn = verzagt, unbeherzt.

In-audĭo, 4. (1) (meist Vorklass.) hören, insbes. = eine Nachricht, ein Geheimniß erren, aliquid, de re aliqua; i. thesaurum esse domi.

In-audītus, *adj.* (1) 1) unerhört, neu und nicht früher gehört, novus et i. 2) ungehört = unverhört, dessen Vertheidigung nicht angehört wird: i. et indefensus.

In-augŭrāto, *adv.* (1) inauguro] unter Anstellung von Augurien.

In-augŭro, 1. (1) 1) *intrans.* Augurien anstellen, Wahrzeichen aus Vögeln beobachten: i., fierine possit aliquid durch Augurien erfragen, ob u. s. w. 2) *transit.* mit Anstellung von Augurien einweihen, locum, flaminem.

In-aures, ium, *f. pl.* (1) (Vorklass. u. Spät.) Ohrgehänge, Ohrringe.

In-auro, 1. (1) [in-aurum] vergolden, statuam; gew. im *particip.* inauratus, als *adj.* vergoldet: vestis inaurata (Poet.) = mit Gold durchwirkt; *trop.* = sehr reich machen, aliquem.

*Inausplcato, *adv.* (1) [inauspicatus] ohne angestellte Auspicien.

In-auspĭcātus, *adj.* (1) 1) wobei keine Auspicien angestellt worden sind, lex. 2) von ungünstiger Vorbedeutung, unglücklich, nomen.

In-ausus, *adj.* (1) [part. von audeo] (Poet. u. Spät.) ungewagt.

Incaedŭus, *adj.* [in-caedo] (Poet.) unbehauen, nicht gehauen, silva.

In-călesco, lui, — 3. 1) warm werden, heiß werden, vino vom Wein, dies i.; toga i. lacrimis (Poet.) wird von heißen Thränen benetzt. 2) *trop.* von einem Affecte erglühen, entbrennen, amore; i. deo von der Liebe zu einem Gotte entbrennen.

In-calfăcĭo etc., 3. (Poet.) erwärmen, erhitzen, culmos.

In-callĭde, *adv.* unklug, ungeschickt.

In-callĭdus, *adj.* unklug, ungeschickt, ungescheit, judex, servus.

In-candesco, dui, — 3. (Poet. u. Spät.) 1) weiß werden, terra i. pulvere. 2) heiß werden, erglühen, plumbum i.; ara i. das Feuer auf dem Altare wird angezündet.

In-cānesco, nui, — 3. (Poet.) grau-, weiß werden, unda i. spumis.

In-canto, 1. *sigtf.* dabei ob. dagegen singen, 1) (Vorklass.) eine Zauberformel hersagen, herfingen, i. malum carmen. 2) durch Zauberformeln behexen, bezaubern, aliquem; vincula incantata durch Zauberei ihrem Zwecke entsprechend gemacht.

In-cānus, *adj.* (Poet. u. Spät.) ganz grau, weißgrau, barba, *trop.* ii. secula das graue Alterthum.

Incassum, siehe cassus.

*In-castĭgātus, *adj.* (Poet.) ungezüchtigt = ungetadelt.

Incaute, *adv.* [incautus] 1) unbehutsam, sorglos. 2) unvorsichtig.

In-cautus, *adj.* 1) *act.* A) der zu einer gewissen Zeit nicht ob. weniger auf seiner Hut ist, der sich sicher glaubt, sorglos: incautus

Incedo — **Incesto** 373

oppressus est ab hoste; hic homo, i. et rusticus et Romae ignotus, facile occiditur; juvenis incautus a fraude fraterna der feine Arglist von des Bruders Seite ahnete und sich vor einer solchen deßwegen nicht in Acht nahm. B) überhau t und im Allgemeinen unvorsichtig, unbedachtsam: prudens et minime i.; i. ab rebus secundis wegen seines früheren Glückes. 2) *pass.* wovor ob. wobei man sich nicht hütet: a) = unvermuthet, unvorausgesehen, scelus. b) tenebrae ii. unsicher; iter incautum hostibus ein Weg, wegen dessen die Feinde keine Vorsichtsmaßregeln getroffen hatten, den sie nicht besetzigt ob. besetzt hatten.

In-cēdo etc., 3. 1) einhergehen, einher-schreiten, -treten (auf eine gewisse mit Bedacht gewählte Weise, bes. mit Majestät, Ernst u. dergl.: vgl. eo, vado u. f. w.): i. molliter; tibicen, dea, matrona i.; ovans victoria i.; häufig von Soldaten, weil sie in festen, abgemessenen Schritten marschiren: ii. in hostes perculsos, victor exercitus i. per urbem. —Hierv. (Vorklass. u. Spät.) *trop.* i. ad rem u. itineri et proelio sich an Etwas machen, darauf losgehen, rei zu einer Sache gehen = sie angreifen.) 2) *trop.* (fast nur im *perf.* u. *plusq.*) von Zuständen und Affecten, Jmb. befallen, überkommen, anwandeln: timor i. exercitui, cura i. patribus; cupido i illum; (Vorklass.) religio i. in te; absol. lascivia et superbia i. kommt auf, wird herrschend, tanta commutatio rerum i. traf ein.

*****In-cĕlĕbrātus**, *adj.* (Spät.) unerwähnt, nicht bekannt gemacht.

Incendiārius, *adj.* [incendium] zur Feuersbrunst gehörig, anzündend; *subst.* -ius, ii, *m.* der Brandstifter, Mordbrenner.

Incendium, ii, *n.* [incendo] 1) der Brand, die Feuersbrunst: facere, excitare, conflare i. stiften, verursachen, exstinguere i. löschen: caedes et ii. Hiervon A) (Vorklass. u. Spät.) = glühende Hitze. B) (Spät.)=leuchtender Glanz, i. siderum. C) (Poet.) = Fackel, Feuerbrand, poscere ii. 2) *trop.* A) = die große Gefahr, das Verderben: conflagrare incendio invidiae, alieni judicii zu Grunde gehen durch —; i. meum. B) = das Feuer der Affecte und Leidenschaften: ii. cupiditatum; praebere alicui incendia (Poet.) Jmb. zur Liebe entflammen.

Incendo, di, sum, 3. [in- Stamm Cand. wovon candeo] 1) in Brand stecken, anzünden (ganz, vgl. accendo): i. domum, urbem, odores, lychnum; (Poet.) i. aram das Feuer auf dem Altare anzünden. 2) (meist Poet.) leuchtend machen, erleuchten, erhellen, sol i. lunam. 3) *trop.* A) von der Person, die von einem Affecte erglühet, oder von dem auflodernden Affecte selbst, entzünden, entflammen, entbrennen = erglühen machen: i. aliquem ob. animum alicujus, cupiditatem; incensus amore ; incendi gloriā ad studia, imperator incensus ad rempublicam bene gerendam voll brennenden Eifers für; incensus ab aliquo in aliquem gereizt. B) (Poet.) i. coelum clamore gleichsam in Feuer setzen = erfüllen; i. vires mit brennendem Eifer anstrengen; *C) (Pl.) in Gefahr bringen, genus suum.

*****In-cēnsio**, ōnis, *f.* [incendo] das An-zünden, der Brand, Capitolii, delere urbem incensione.

In-census, *adj.* vom Censor nicht geschätzt, in die Listen nicht aufgenommen.

Inceptio, ōnis, *f.* [incipio] das Anfangen, Beginnen, operis.

Incepto, 1. [incipio] (Vorklass. u. Spät.) anfangen, beginnen, canere, aliquid unternehmen; prägn. i. cum aliquo sich in Streit mit Jmd. einlassen.

*****Inceptor**, ōris, *m.* [incipio] (Com.) der Anfänger, Beginner einer Sache.

Inceptum, i, *n.* u. (selten) -tus, us, *m.* [incipio] das Anfangen, Unternehmen; ab i., perficere i.

Incernĭcŭlum, i, *n.* [incerno] das Sieb, der Durchschlag.

In-cerno, — — 3. einsieben, terram.

Incēro, 1. [in-cera] (Spät.) mit Wachs überziehen; davon (Poet.) i. genua deorum viele wächserne Votivtafeln auf die Kniee der Bildsäulen der Götter legen = inbrünstig zu den Göttern flehen.

Incerto, *adv.* [incertus] (Vorklass.) ungewiß, zweifelhaft.

Incerto, 1. [incertus] (Vorklass. und Nachkl.) ungewiß, zweifelhaft machen, animum.

In-certus, *adj.* 1) *pass.* = worüber man in Ungewißheit ist, ungewiß, unbestimmt, unsicher, unzuverlässig, res, consilium, eventus; tempora ii.; incertum est num etc.; multitudo i. unbeständig; Italici incerti utrum socii an hostes essent von welchen man nicht wußte, ob sie u. s. w.; (Poet.) luna i. schwaches, unsicheres Mondlicht, crines ungeordnete, securis nicht sicher treffend. Häufig das *n.* als *subst.* das Unbestimmte: creatus in i. auf unbestimmte Zeit, vocare in incertum ungewiß machen; res est in incerto ist ungewiß; bisweilen wird incertum adverbial ob. ohne directe Verbindung mit dem übrigen Satze dazwischengesetzt: Alexander, incertum quā fide, pacem fecit. 2) *act.* = der über Etwas in Ungewißheit ist, ungewiß = zweifelhaft, schwankend, ohne bestimmte Kenntniß ob. Ansicht: plebs Romana suspensa est et i.; me incerto (Vorklass.) ohne mein Wissen; incertus quid dicam; (nicht bei *Cic.*) incertus sententiae alicujus, veri, sui über Jmds Ansicht, über die Wahrheit, über sich selbst.

Incesso, sivi, — 3. [incedo] (meist Poet. u. Spät.) auf Jmb. eindringen, los gehen, Jmb. angreifen, anfallen, aliquem jaculis saxisque; *trop.* mit Worten, Bes. uldigungen u. dergl. angreifen, i. aliquem conviciis, criminibus, i. senatum diris exsecrationibus.

Incessus, us, *m.* [incedo] 1) das Einhergehen, der Gang (bes. der majestätische u. würdevolle, siehe incedo), citus, tardus i. 2) (Tac.) A) der feindliche Anfall. *B) der Zugang, claudere ii. hostium.

Inceste, *adv.* [incestus] unrein, sündlich.

*****Incestĭficus**, *adj.* [incestum-facio] (Spät. Poet.) eine befleckende That begehend.

Incesto, 1. [incestus] (Poet. u. Spät.) moralisch ob. religiös beflecken, durch eine Schandthat ob. einen Leichnam u. dgl. verunreinigen: i. classem funere; incest. = durch Unzucht beflecken, schänden, aliquam.

Incestus, *adj.* [in-castus]. 1) moralisch u. religiös unrein, befleckt, sündlich, gottlos, homo, res. 2) insbef. = unzüchtig, unkeusch, blutschänderisch, amores, voces, sermo. Hiervon als *subst.* **Incestum**, i, *n.* die Blutschande = blutschänderische od. durch die Religion verbotene Unzucht: facere (committere) i.; ii. sororum mit seinen Schwestern, ii. virginum Vestalium.

Incestus, us, *m.* (selten) = incestum.

Inchoātus, *adj.* [*particip.* von inchoo] (nur) angefangen = unvollendet, unvollständig: res i. et rudis; i. et mancus.

Inchoo ob. **Incoho**, 1. anfangen, beginnen, unternehmen (im Gegensatze der Vollendung, vgl. ordior, incipio): absolvere eam partem statuae quae inchoata erat; i. tantas res in consulatu suo; luna inchoatur es ist Neumond; i. sermonem; (Poet.) i. aras auf dem Altare zu opfern anfangen; res quas (communis intelligentia) in animis nostris inchoavit in unvollendeter Gestalt niedergelegt hat, wozu — den Grund gelegt hat. Insbef. A) = zu entwickeln, darzustellen anfangen, philosophiam, aliquid de oratoribus. B) (Spät.) = vorzutragen anfangen, Caesar i. de etc.

Incĭdo, cĭdi, cāsum, 3. [in-cado] 1) in ob. auf Etwas fallen, »stürzen: bellua i. in foveam in eine Grube herab; caput i. arae, amnes ii. fluuini ergießen sich in; (Poet.) i. ad terram, super agmina; absol. tela ii. treffen. Hiervon = absichtlich auf Etwas hineinstürzen, i. in vallum portasque, i. portis. 2) unversehens in ober auf Etwas gerathen, »kommen, auf Jmb. stoßen, »treffen: i. in hostes, in aliquem ober alicui; i. inter caterǔas armatorum; i. in manus alicujus. Hiervon 3) *trop.* A) i. in morbum in — fallen, in amicitiam alicujus in die Freundschaft Jmds (als etwas Böses) hineingerathen, verwickelt werden; i. in mentionem rei alicujus von Ungefähr darauf kommen, von Etwas zu sprechen, ebenso i. in sermonem; incidunt in contentionem honoris sie geratḥen in einen Ehrenstreit; i. ad amplectendam amplitudinem alicujus zufällig darauf kommen, Jmds Ansehen zu befördern; id mihi in mentem i. fällt mir ein, omnia tibi occurrunt et ii. fällt dir ein; i. in Diodorum der Ansicht D's beitreten. B) von einem Zeitpuncte, in — eintreffen, einfallen: tu incidisti in illud tempus reipublicae; bella graǔissima ii. in ejus aetatem. C) von einer Begebenheit, vorfallen, sich zutragen, sich ereignen, eintreffen: saepe ii. tempora ut etc.; res atrox i.; potest incidere quaestio; potantibus mentio i. beim Trinkgelage kamen sie darauf zu sprechen; contentio i. inter ipsos; forte ita i. (ut ob. ne); i. per id tempus ut etc. D) von Zuständen, Stimmungen u. dergl., anwandeln, überkommen, überfallen: terror i. exercitui, pestilentia i. in urbem.

Incīdo, cīdi, cīsum, 3. [in-caedo] 1) einschneiden, einhauen, davon eingraben, einätzen: (Poet.) i. dentes (in eine Säge hineinschneiden); aliquid incisum est in aere, in columna aenea, in tabula; i. leges in aes; i. amores arbori. 2) zerschneiden, zertheilen, funem (»kappen"), venas alicui die Adern öff-

nen; i. pennas, vites, arbores beschneiden, verschneiden; (Poet.) marmora incisa notis mit eingegrabenen Buchstaben bezeichnet; i. faces sich Fackeln schneiden. 3) *trop.* A) unterbrechen, hemmen, poëma, sermonem; vocis genus crebro incidens oft unterbrochen, inne haltend. B) wegnehmen, benehmen, aliquid, horam, spem.

Incīlo, 1. (Vorklaff.) schelten, hart tadeln.

In-cingo etc., 3. (meist Poet. u. Spät.) umgürten, i. se ober medial incingi serpentibus; davon überhaupt umgeben, aras verbenis; incinctus pellibus.

Incĭno, — 3. [cano] (Poet. u. Spät.) 1) *intrans.* blasen. 2) *transit.* ertönen lassen, anstimmen, varios modos.

Incĭpio, cēpi, ceptum, 3. anfangen, 1) *transit.* = unternehmen, beginnen, den Anfang von ober mit Etwas machen (im Gegensatze des Aufhörens, vgl. inchoo): i. facinus, iter, bellum; quid incipiam? häufig mit einem *infin.*, i. bellum gerere; frumentum i. maturescere. Häufig = zu reden«, fingen anfangen: sic statim rex i.; i. a Jove, ab illa parte. 2) *intrans.* = den Anfang nehmen, beginnen: ver i., febricula i.

Incĭpisso, — — 3. (Pl.) = incipio.

*Incise und -sim, *adv.* [incīdo] in kurzen Sätzen ob. Gliedern, dicere.

Incisio, ōnis, *f.* und **-sum**, i, *n.* [incīdo] der Einschnitt, Abschnitt einer Periode (gr. κόμμα).

Incitāmentum, i, *n.* [incito] das Anreizungsmittel, die Anreizung, der Antrieb, periculorum was Jmb. bewegt, sich Gefahren zu unterziehen.

Incitātē, *adv.* mit comp. [incitatus] rasch, schnell, heftig.

Incitātio, ōnis, *f.* [incito] 1) das Antreiben und *pass.* = das Angetriebensein, die rasche Bewegung: sol fertur tantā i.; i. orationis rascher Fortgang. 2) *trop.* die Anregung, der innere Antrieb, das Verlangen u. dergl., mentis, animi.

Incitātus, *adj.* mit comp. u. *sup.* [*particip.* von incito] schnell, rasch, cursus.

In-cĭto, 1. 1) in schnelle und rasche Bewegung setzen, antreiben: i. equos (in Galupp setzen), naves remis rasch vorwärts treiben; i. se rasch vorwärts eilen, »stürzen, so auch medial: motus siderum incitatur wird schneller, fluvius incitatur pluvius strömt schneller wegen des Regens. Hiervon i. vitem u. dergl., durch schnellen Wachsthum emportreiben, schnell wachsen machen. 2) *trop.* erregen, aufregen, antreiben, reizen u. dergl.: i. animos, aliquem imitandi cupiditate; incitari his cohortationibus ad laborem; i. studium scribendi die Schreiblust anspornen, furor incitatus vermehrte, noch mehr erregte Wuth. Insbef. A) = begeistern: terrae vis i. Pythiam. B) feindlich aufregen, aufreizen, aufbringen, aliquem in consules; incitatus ob eam rem.

Incĭtus, *adj.* [in-cieo] (Poet.) in schnelle Bewegung gesetzt, hasta, delphinus schnell.

In-cĭtus, *adj.* (Vorkl. u. Spät.) unbewegt, unbeweglich, nur in der Redensart ad incitas redigere = in die größte Noth und Verlegen-

Incivilis — Incola 375

heit bringen (weil calces incitae im Brettspiele die Steine bezeichnete, die man nicht mehr rühren durfte).

In-cīvīlis, e, *adj.* (Nachkl.) unmanierlich, unhöflich, grob.

In-cīvīliter, *adv.* mit *comp.* [incivilis] (Spät.) 1) unmanierlich, grob. 2) ungerecht, unbillig.

*****In-clāmito**, 1. (*Pl.*) Jmd. anschreien, aliquem.

In-clāmo, 1. 1) Jmd. zurufen: i. alicui ut opem ferat fratri; i. in eum, se vidisse etc. rief ihm zu, daß er u. s. w. 2) Jmd. anrufen, herbeirufen, nach ihm rufen, comitem; si inclamaro, advola wenn ich rufe. Insbef. a) = um Hülfe anrufen, suos. b) = scheltend anrufen, schelten, aliquem.

In-clārosco, rui, — 3. (Spät.) berühmt werden; docendi genere durch die Art seines Unterrichts.

In-clēmens, tis, *adj.* (selten) unglimpflich, schonungslos, hart, dictator, verbum.

In-clēmenter, *adv.* mit *comp.* schonungslos, hart.

In-clēmentia, ae, *f.* (Poet. u. Spät.) die Unglimpflichkeit, Schonungslosigkeit, Härte.

*****Inclīnābĭlis**, e, *adj.* [inclino] (Spät.) leicht sich neigend, *trop.* in pravum.

Inclīnātio, ōnis, *f.* [inclino] 1) das Sichneigen, die Neigung, Beugung, corporis; variae ii. trepidantium. Hiervon i. vocis das Sinken der Stimme, bes. das wechselnde Steigen und Sinken. 2) *trop.* A) die Neigung, Hinneigung, Geneigtheit zu Etwas: crudelitas est i. animi ad asperiora; insbef. die wohlwollende Hinneigung, Zuneigung gegen Etwas oder Jmd., i. voluntatis, judicum i. ad nos wohlwollende Stimmung; repentina animorum i. eine plötzlich aufgekommene günstige Stimmung. B) die Wendung = der Wechsel, die Veränderung: i. fortunae; maximae ii. temporum; i. ad spem meliorem Aussicht.

Inclīnātus, *adj.* mit *comp.* [*particip.* von inclino] 1) sich neigend, geneigt; von der Stimme = gesenkt, tief. 2) *trop.* A) sinkend, abwärts gehend, fortuna, res. B) zu Etwas geneigt, Jmd. zugethan, gegen Jmd. oder Etwas günstig gestimmt: animus ad pacem inclinatior; i. ad causam alicujus, plebs i. ad Poenos.

In-clīno, 1. I. *transit.* 1) neigen, beugen, ab- oder hinlenken: i. caput in dextram partem; milites ii. se in unum locum um da durchzubrechen; sol i. se sinkt, ebenso medial dies inclinatur in pomeridianum tempus; häufig i. aciem = zum Weichen bringen; (Poet.) i. oculos schließen, aquas ad litora leiten. 2) *trop.* A) geistig, Jmds Sinn, Neigung u. dergl. irgendwohin neigen, lenken, wenden u. dergl.: i. se ad Stoicos zu der Ansicht der Stoiker sich neigen; fortuna se eo i. quo favor hominum; i. animos in illam sententiam, ad hanc causam für diese Ansicht, diese Sache günstig stimmen. B) in eine andere, bes. in eine weniger günstige Lage bringen, einer Sache eine entscheidende Wendung geben, insbef. = herabbringen, sinken machen: i. eloquentiam,

rempublicam, omnia. II. *intrans.* 1) (Poet.) sich neigen: corpora ii., sol i. geht unter. 2) weichen, acies i. 3) *trop.* zu Etwas sich neigen = geneigt sein oder für Etwas günstig gestimmt sein: i. ad voluptates; sententiae multorum ii. eo ut pugna differatur; sententia i. agmen in Thessaliam demittere; animus i. = ich bin geneigt u. s. w.

Inclĭtus, s. Inclutus.

Inclūdo, si, sum, 3. [in-claudo] 1) einschließen, einsperren: i. aliquem in carcere; i. speciem suam in clipeo anbringen; i. aliquem in carcerem, in custodias; i. aliquem carcere, castra majoribus castris; i. se Heracleae und Heracleam in H. 2) verstopfen, hemmen, zurückhalten: i. os spongiā, vocem, lacrimas. 3) *trop.* A) Etwas gleichsam in eine Form oder einen Rahmen bringen, hineinfügen: i. aliquid in omnes definitiones; i. verba versu, smaragdum auro; oratio inclusa libro quinto die im fünften Buche steht; i. orationem in epistolam als Episode einfügen. B) (Poet. u. Spät.) schließen, endigen: dies illi i. fata nobis, vespera i. actionem.

*****Inclūsio**, ōnis, *f.* [includo] die Einschließung.

Inclŭtus, Inclĭtus (besser als **Inclўtus**), [verw. mit clueo u. dem gr. κλύω, κλυτός] *adj.* mit *sup.* (meist Poet. u. Spät.) berühmt, weitbekannt, homo, justitia Numae, fama; mons inclitus magnitudine.

In-coactus, *adj.* (Spät.) nicht gezwungen, freiwillig.

In-coctus, *adj.* (Vorklaff.) ungekocht.

In-coenātus und **Incoenis**, e, *adj.* [incoena] (Vorklaff.) der nicht gespeiset hat, nüchtern, hungrig.

*****In-coeno**, 1. (Spät., sehr zweifelh.) darin speisen.

In-cōgĭtābĭlis, e, *adj.* und **In-cōgĭtans**, tis, *adj.* (Vorklaff.) unbedachtsam.

*****In-cōgĭtans**, tis, *adj.* (*Ter.*) unbedachtsam.

*****In-cōgĭtantia**, ae, *f.* [incogitans] (*Pl.*, zweifelh.) die Unbedachtsamkeit.

In-cōgĭtātus, *adj.* 1) *pass.* (Spät.) nicht überlegt, unbedacht. 2) (Vorklaff. u. Spät.) unbedachtsam.

*****In-cōgĭto**, 1. (Poet.) Etwas gegen Jmd. aussinnen, fraudem alicui.

In-cognĭtus, *adj.* unbekannt, was nicht erkannt oder untersucht worden ist, res; hoc Gallis erat i.; legem i. accipere ein Gesetz, das man noch nicht recht kennt, judicare re incognita ohne daß man die Sache recht untersucht hat; incognita veniere die Sachen, welche Niemand für sein Eigenthum erkannt hatte, wurden verkauft.

*****In-cohĭbeo**, — 2. (*Lucr.*) zusammenhalten, rem.

Incoho, siehe Inchoo.

Incŏla, ae, *comm.* [in-colo] 1) der Einwohner eines fremden Districts, der Insasse Jmd. der in einem fremden Staate wohnt (vgl. peregrinus): i. et peregrinus; Pythagorei, ii. paene nostri. 2) überhaupt der Bewohner, Einwohner: Socrates totius mundi se incolam arbitrabatur; auch von Thieren, bestiae ii. aquarum; i. Pythius der Bewohner von Pytho (d. h. Delphi) = Apollo.

In-cŏlo etc., 3. 1) *transit.* bewohnen, urbem, locum. 2) *intrans.* wohnen, trans Rhenum.

Incŏlŭmis, e, *adj.* mit *comp.* unverletzt, unversehrt, unvermindert, wohlbehalten: exercitum salvum et i. reducere;' esse i.; omnibus navibus incolumibus; incolumes a calamitate von seinem Unfalle verletzt.

Incŏlŭmĭtas, ātis, *f.* [incolumis] der unverletzte-, wohlbehaltene Zustand, die Unverletztheit, Wohlbehaltenheit, Sicherheit: „i. est salutis tuta et integra conservatio" (*Cic.*).·

In-cŏmĭtātus, *adj.* (meist Poet.) unbegleitet, ohne Begleiter, allein.

*In-commendātus, *adj.* (Poet.) nicht empfohlen = preisgegeben.

Incommŏde, *adv.* mit *comp.* u. *sup.* [incommodus] unbequem, ungelegen.

*Incommōdestĭcus, *adj.* (*Pl.*) scherzhaft gebildetes Wort statt incommodus.

Incommŏdĭtas, ātis, *f.* [incommodus] (meist Vorklass. u. Spät.) 1) die Unbequemlichkeit, Unannehmlichkeit, das Ungelegene einer Sache: i. temporis; multae ii. vieler Nachtheil. 2) die Unhöflichkeit, Ungefälligkeit, abstinere se incommoditate.

Incommŏdo, 1. [incommodus](selt.) Verdrießlichkeit verursachen, beschwerlich fallen, alicui; nihil tibi i.

Incommŏdum, i, *n.* [*neutr.* des *adj.* incommodus] 1) die Unbequemlichkeit, Unannehmlichkeit: locus ille plus habet adjumenti quam incommodi. 2) die Beschwerde, Widerwärtigkeit, der Nachtheil, Schaden: affici incommodo, accipere i. leiden, afferre i. verursachen; i. valetudinis die Unpäßlichkeit; ii. et difficultates.

In-commŏdus, *adj.* mit *comp.* u. *sup.* 1) unbequem, ungelegen, unangenehm, lästig, beschwerlich, iter, res, severitas morum; valetudo i. Unpäßlichkeit. 2) von Personen, unfreundlich, ungefällig, unhöflich, alicui gegen Jmb.; incommodus voce in Worten.

In-commūtābĭlis, e, *adj.* (selten) unveränderlich, status.

In-compărābĭlis, e, *adj.* (Spät.) unvergleichbar, sonder Gleichen, magister.

In-compertus, *adj.* nicht in Erfahrung gebracht, unbekannt.

Incompŏsĭte, *adv.* [incompositus] ohne Ordnung, unregelmäßig, dicere.

In-compŏsĭtus, *adj.* ungeordnet, unordentlich, agmen; bef. von der Rede und Schrift, ungeregelt, ungelenk, oratio, motus.

In-comprehensībĭlis, e, *adj.* (Spät.) was nicht erfaßt-, ergriffen werden kann, fast nur *trop.* A) i. in disputando nicht zu fassen, dem nicht beizukommen ist. B) unbegreiflich. C) unendlich, unbegrenzt, opus.

In-comptus, *adj.* mit *comp.* 1) (eigtl. vom Haare) ungeordnet, ungeschmückt, capillus, caput, homo. 2) *trop.* von der Rede u. dergl. kunstlos, oratio, versus.

In-concessus, *adj.* (Poet. u. Spät.) 1) unerlaubt, verboten. *2) versagt, nicht vergönnt = unmöglich.

In-concĭlĭo, 1. (Vorklaff.) 1) für sich gewinnen, aliquem. 2) Jmb. gegen einen Anderen gewinnen = ihn aufreizen, copias in se.

Inconcinnĭtas, ātis, *f.* [inconcinnus] (Spät., zweifelh.) die Ungehörigkeit, die ungeschickte Zusammenfügung, der Mangel an Zusammenhang, die Ungereimtheit, sententiarum.

In-concinnus, *adj.* eigtl. schlecht zusammenhangend und zusammengefügt = ungehörig, ungeschickt, unpassend, ungereimt, homo; asperitas agrestis et i.

In-concussus, *adj.* (Spät.) unerschüttert = ungestört, unangefochten, sicher, pax, gaudium.

Inconditē, *adv.* [inconditus] (Spät.) ungeordnet, verwirrt.

In-condĭtus, *adj.* [condo] 1) ungeordnet, ungeregelt, acies, ordo ramorum; bes. *trop.* kunstlos, regellos, roh, genus dicendi, verba, carmina; barbaria i., libertas i. 2) (Spät.) nicht begraben.

*Inconsĕquentĭa, ae, *f.* [in-consequor] (Spät.) die Nichtfolge, die ungenaue und ungehörige Aufeinanderfolge.

Inconsĭdĕrantĭa, ae, *f.* [in-considero] (zweifelh.) die Unbedachtsamkeit.

Inconsĭdĕrātē, *adv.* mit *comp.* [inconsideratus] unbesonnen, unüberlegt.

In-consĭdĕrātus, *adj.* mit *comp.* u. *sup.* 1) *pass.* nicht überlegt, nicht bedacht = übereilt, cupiditas, temeritas. 2) *act.* unbedachtsam, unbesonnen, homo.

*In-consōlābĭlis, e, *adj.* (Poet.) untröstbar = unheilbar, vulnus.

In-conspectus, *adj.* (Spät.) nicht durchschaut, unüberlegt, unbedacht, unbedachtsam.

In-constans, tis, *adj.* mit *comp.* u. *sup.* unbeständig, veränderlich, inconsequent, homo, res; literae, venti.

Inconstanter, *adv.* mit *comp.* u. *sup.* [inconstans] unbeständig, inconsequent, nicht folgerecht, loqui.

Inconstantĭa, ae, *f.* [inconstans] die Unbeständigkeit, Veränderlichkeit, der Mangel an Consequenz.

In-consultē u. -to, *adv.* mit *comp.* [inconsultus] unüberlegt.

In-consultus, *adj.* 1) nicht um Rath befragt: senatu inconsulto aliquid facere ohne den Senat befragt zu haben. *2) (Poet.) der keinen Rath empfangen hat, abire i. 3) unüberlegt, unbedachtsam: homo i. et temerarius; ratio, largitio i.

*Inconsultus, us, *m.* [in-consulo] (*Pl.*) das Nichtbefragen, nur im *sing.* inconsultu meo ohne mich befragt zu haben.

In-consumptus, *adj.* (Poet.) unverzehrt, unversehrt.

In-contămĭnātus, *adj.* unbefleckt, unbesudelt.

*In-contentus, *adj.* [contendo] nicht gespannt, fides.

In-contĭnens, tis, *adj.* 1) (Spät.) nicht bei sich zurückhaltend, nicht zurückhaltend. 2) *trop.* (Poet.) nicht sich selbst zügelnd, unenthaltsam, unmäßig, manus; i. sui.

Incontĭnenter, adv. [incontinens] (selten) unenthaltsam.

Incontinentia, ae, f. [incontinens] 1) (Spät.) das Nichtbeisichbehalten (als Unvermögen). 2) die Unenthaltsamkeit, Unmäßigkeit.

In-convĕniens, tis, adj. nicht übereinstimmend mit etwas Anderem, unähnlich, corpus.

In-cŏquo etc., 3. 1) in Etwas kochen, einkochen, cruorem herbis, radices Baccho in Wein. 2) (Poet.) färben, vellera incocta Tyrios rubores mit Purpur. 3) (spät. Poet.) trop. pectus incoctum honesto erfüllt mit.

In-corpŏrālis, e, adj. (Spät.) unkörperlich.

*__In-correctus, adj.__ (Poet.) unverbessert.

Incorrupte, adv. mit comp. [in-corruptus] unbestechen, redlich, ehrlich.

In-corruptus, adj. 1) unverdorben, unverletzt: sanguis i.; i. templum unzerstört, praeda unverminderti. 2) trop. A) unverfälscht, ächt, wahr, redlich, fides, animus; i. sensus zuverlässig, judicium richtig. B) virgo i. unbefleckt, rein. C) unbestochen oder unbestechlich, unverführt, judex.

In-crebresco oder **-besco, ui, — 3.** häufig oder stark werden, sich verbreiten, zunehmen, ventus, fama belli, mores deteriores; increbescit proverbio es wird zum Sprichwort.

*__Increbro, 1.__ [in-creber] (Pl.) Etwas häufig machen.

In-crēdĭbĭlis, e, adj. 1) unglaublich, res, voluptas; hoc i. est dictu, incredibilem in modum als adv. unglaublich. *2) (Pl.) unglaubwürdig, unzuverlässig.

Incrēdĭbĭlĭter, adv. [incredibilis] unglaublich.

In-credĭtus, adj. [part. von credo] (Spät., selten) nicht geglaubt.

In-crēdŭlus, adj. (Poet. u. Spät.) ungläubig.

__Incrēmentum, i, n.__ [incresco] 1) das Wachsthum der Pflanzen u. dergl., vitium i. 2) trop. der Zuwachs, die Zunahme, die Vermehrung: afferre i. rei alicui, esse in incremento zunehmen. 3) (Poet.) A) das, woraus Etwas wächst = der Samen. B) = der Zögling.

In-crēpĭto, 1. eigtl. dabei oder dazu rauschen, lärmen; davon laut rufen, und zwar A) (Poet.) antreiben, aufmuntern. B) schelten, heftig tadeln: i. et accusare Belgas; irridere et i.; i. aetatem über das Alter klagen. Hierv. (Spät.) = vorwerfen, vorrücken, alicui ignaviam.

In-crĕpo etc., 1. 1) intrans. rauschen, rasseln, lärmen u. dergl.: discus i., arma ii.; quidquid increpat bei dem geringsten Geräusche. Hiervon trop. sich verlauten lassen, laut werden, sich regen: suspicio, tumultus i.; si quid i. terroris. 2) transit. A) (Poet.) rauschen-, ertönen-, erschallen lassen: aura i. minas, tuba i. terribilem sonitum, i. aliquid = laut ausrufen; (Poet.) Jupiter me i. hat mich angedonnert. B) trop. a) schelten, mit Worten anfahren, filium, milites, auch i. in aliquem. b) (Spät.) beschuldigen, an-

klagen, singulos avaritiae. c) (Poet.) antreiben, bovem stimulo. d) vorwerfen, vorrücken, perfidiam alicujus; i. haec mache diese Vorwürfe; mit acc. c. inf. sage tadelnd und vorwerfend. e) (Poet.) über Etwas mit Unwillen sich beklagen, absumptum Itym.

In-cresco, ēvi, — 3. 1) in ob. an Etwas wachsen: squamae ii. cuti, trop. irae ii. animis. 2) überhaupt wachsen, zunehmen, dolor, audacia; trop. von der Rede, steigern im Ausdruck.

Incrētus, adj. [in-cerno] (Poet. u. Spät.) ungetrennt, vermischt, piper i. cum sale.

*__In-cruentātus, adj.__ (Poet.) nicht mit Blut besudelt, unblutig.

In-cruentus, adj. unblutig, proelium worin kein (oder wenig) Blut geflossen ist, miles i. rediit ohne sein Blut vergossen zu haben.

In-crusto, 1. [in-crusta] (Cortlass. u. Poet.) mit einer Kruste (Rinde) überziehen.

In-cŭbĭto, 1. (Cortlass. u. Spät.) = incubo, aliquem.

In-cŭbo etc., 1. 1) in oder auf Etwas liegen, stramentis, corticı, (Poet.) i. purpurā, auro; hasta i. humero ruhet auf. Insbes. A) in einem Tempel oder dergl. liegen, um eine Offenbarung zu erhalten: i. in fano, auch mit dem dat. fano Aesculapii; i. Jovi dem Jupiter = im Tempel Jupiters. B) (Poet.) i. ferro, gladio sich in sein Schwert stürzen. C) (auf Eiern) des Brütens wegen sitzen: gallinae ii. fetibus alienis, auch ova incubita ausgebrütet. 2) trop. A) (Pl.) an einem Orte liegen = sich da aufhalten, verbleiben, rure. B) Etwas sorgsam (geizig) bewachen: i. pecuniae, thesauris publicis im Besitz haben. C) nach dem Besitze einer Sache trachten, sie bedrohen, i. Italiae.

Inculco, 1. [in-calco] 1) eintreten, feststampfen, semen. 2) trop. A) hineinzwängen, einflicken, einmischen, verba Graeca. B) einprägen, einschärfen, aliquid memoriae judicis. C) aufdrängen, qui se auribus nostris inculcant.

In-culpātus, adj. (Poet. u. Spät.) unbescholten, untadelhaft.

Inculte, adv. mit comp. [incultus] 1) ohne Verfeinerung, roh. 2) von der Rede, kunstlos, einfach.

In-cultus, adj. 1) unangebaut, uncultivirt, ager, regio; (Poet.) i. via ungebahnt, sentes wild zusammengewachsen. 2) trop. A) ungebildet, roh, ohne Verfeinerung, ingenium; homines ii. indoctique; incultus oratione. B) ungeordnet, ungeschmückt, coma; überhaupt vernachlässigt im Aeußern, genae, homines intonsi et ii.

Incultus, us, m. [in-colo] 1) die Nichtpflege = die Vernachlässigung des Aeußern: suos honores (Ehrendenkmal) desertos esse per i. 2) die Vernachlässigung des Innern, die Nicht-Ausbildung: i. et socordia, i. et negligentia.

Incumbo, cŭbui, cŭbĭtum, 3. [in-cubo] 1) sich auf oder an Etwas legen, -beugen, stemmen: i. toro, aratro, olivae; i. in aliquem. Insbes. A) i. in gladium oder i. ferro sich in sein Schwert stürzen. B) i. in hostem ob. dergl. auf — einstürzen, losgehen. C) (Poet.) silex i.

378 Incunabula — Indago

ad amnem, laurus i. arae neigt sich über oder gegen. D) ventus i. mari, silvae = drückt darauf mit seiner ganzen Gewalt, cohors febrium i. terris bringt hinein, überfällt. E) i. fato das Schicksal beschleunigen, entscheiden. 2) trop. A) sich auf Etwas legen, sich einer Sache befleißigen, sich für Etwas anstrengen: i. in bellum, in aliquod studium, in rempublicam; i. ad ulciscendas injurias, ad laudem; (Spät.) i. huic cogitationi; i. ut etc. (selten); huc i. = ad hoc; quocunque incumbit orator zu welcher Seite er sich neigt oder welchen Eindruck er auch zu machen strebt. B) von einer Neigung und Stimmung, sich neigen: municipia ii. eodem zu derselben Ansicht, Partei, inclinatio voluntatum i. ad illum (ob. illo dahin); ebenso i. in cupiditatem geneigt sein.

Incūnābŭla, ōrum, *n. pl.* 1) die Windeln, Wickelbänder. 2) *trop.* A) = Geburtsort. B) der erste Anfang, Ursprung: reverti ad ii. sua, dicere de oratoris quasi ii.

*****In-cūrātus**, *adj.* (Poet.) ungepflegt, vulnus ungeheilt.

Incūria, ae, *f.* [in-cura] der Mangel an Sorgfalt, die Sorglosigkeit, Gleichgültigkeit, Nachlässigkeit: i. tantae rei in einer so wichtigen Sache; vitia quae fudit i. humana Unachtsamkeit.

Incūriōse, *adv.* mit *comp.* [incuriosus] ohne Sorgfalt, sorglos, nachlässig.

In-cūriōsus, *adj.* (Spät.) nachlässig, gleichgültig, sorglos, der es an Sorge für Etwas fehlen läßt: i. in capite comendo; i. proximorum seine Nächsten vernachlässigend; i. imperii proferendi gegen die Verbreitung der Herrschaft, frugibus serendis im Säen des Getreides; uneigtl. von Sachen, finis (der Schluß), historia, nachlässig (= ohne Sorgfalt geschrieben u. s. w.).

In-curro, curri (selten cŭcurri), cursum, 3. 1) gegen Etwas anrennen, in columnas; insbes. feindlich auf Jmb. oder Etwas losrennen, einherstürmen, angreifen, einen Angriff machen, in aliquem und alicui (Tac. auch i. novissimos); i. levi armaturae hostium; so häufig = einen feindlichen Einfall thun, einfallen, ea gens i. in Macedoniam. 2) *trop.* A) agri privati i. in publicum strecken sich hinein. B) anstoßen, antrennen, quis est tam Lynceus qui nusquam incurrat. C) i. oculis oder in oculos in die Augen fallen. D) in Etwas, bes. ein Uebel, gerathen, fallen, in maximam fraudem, in difficultatem, in damna; i. in reprehensiones, in odia hominum ein Gegenstand des Tadels, des Hasses werden, ebenso i. in voces in (bösen) Ruf kommen. E) angreifen = anklagen, Jmb. durchziehen, auf ihn losziehen, in tribunos. F) treffen, begegnen, bei Jmb. eintreten: casus qui in sapientem potest incurrere. G) eintreffen, vorfallen: ii. tempora quae etc.; i. in diem; aliquid i. in disputationem kömmt in einer Abhandlung vor.

Incursio, ōnis, *f.* [incurro] 1) der Zulauf, Andrang, atomorum. 2) der feindliche Einfall, Angriff, Streifzug, facere i. in fines Romanorum

In-cursĭto, 1. (Spät.) = incurso.

In-curso, 1. = ein verstärktes incurro, was man sehe, 1) (Poet.) gegen Etwas anrennen, rupibus. 2) Insbesondere A) feindlich auf Etwas od. Jmb. losrennen, einherstürmen, in aliquem, in agmen Romanorum; hiervon = angreifen, i. aliquem, agros Romanorum, agmen incursatum ab equitibus gegen welchen die Reiter anstürmten. B) i. auribus, oculis = den Ohren, Augen begegnen, in — fallen.

Incursus, us, *m.* [incurro] 1) die Zuströmung, der Andrang, fluminis. 2) der Anfall, Angriff, refugere tela et ii.

*****Incurvicervīcus**, *adj.* [incurvus-cervices] (Vorklass.) mit gekrümmtem Nacken.

*****Incurvisco** (ob. -vesco), — — 3. [incurvus] (Vorklass.) sich krümmen.

In-curvo, 1. [incurvus] krümmen, krumm machen, beugen, arcum; *trop.* niederbeugen, niederschlagen, injuria i. animum.

In-curvus, *adj.* krumm, gekrümmt (eigtl. von dem, wovon nur ein Theil gekrümmt ist), homo, statua, lituus.

Incus, ūdis, *f.* [in-cudo] der Amboß. Hiervon *trop.* a) *proverb.* eandem i. tundere immerfort dieselbe Beschäftigung treiben. b) incudi reddere versus = umarbeiten; juvenis positus in ipsa i. studiorum = noch in seiner wissenschaftlichen Bildung begriffen.

*****Incūsātio**, ōnis, *f.* [incuso] die Beschuldigung, der Tadel.

Incūso, 1. [in-causa] beschuldigen, anklagen (indem man sich unmittelbar an den Betreffenden hinwendet, nicht gerichtlich, vgl. acuso), davon stark tadeln, mit Vorwürfen angreifen: i. aliquem superbiae et luxus; i. factum alicujus; i. aliquos quod etc.; (Spät.) mortes liberorum ei incusatae sunt wurden ihm zur Last gelegt.

Incussus, us, *m.* [incutio] (Spät.) das Anschlagen, Anstoßen, armorum.

In-custōdītus, *adj.* (Poet. u. Spät.) 1) unbewacht, unverwahrt, davon nicht beobachtet, unterlassen, observatio dierum. 2) unverborgen, amor. 3) unvorsichtig.

Incūtio, cussi, cussum, 3. [in-quatio], eigtl. A) Etwas an der auf Etwas schlagen, anstoßen: i. scipionem in caput alicujus; prorae puppibus incutiebantur; i. alicui colaphum Jmb. einen Backenstreich geben. B) nach ob. auf Jmb. ob. Etwas hinschleudern, -werfen, i. faces et hastas. 2) *trop.* einjagen, einflößen, alicui terrorem, desiderium; i. alicui foedam nuncium eine üble (gleichsam schlagende) Nachricht Jmb. mittheilen: i. alicui negotium Jmb. Beschwerde machen.

Indāgātio, ōnis, *f.* [indago] das Aufspüren, Erforschen, verbi rarioris, veri.

Indāgātor, ōris, *m.* [indago] (Vorklass. u. Spät.) der Aufspürer, Erforscher.

Indāgātrix, icis, *f.* [indago] die Aufspürerin, Erforscherin.

Indāgo, 1. 1) aufspüren (von Jagdhunden), canis natus ad i. 2) *trop.* aufspüren = erforschen, aufsuchen, ausfindig machen, inusitatas vias, indicia communis exitii.

Indāgo, inis, *f.* (Poet. und Spät.) 1) die Umzingelung, Umstellung eines Waldes durch ein Netz ob, einen Kreis von Jägern: saltus cingere indagine (mit Netzen und Jägern); dah. = die feindliche Umzingelung, debellare gentem quasi indagine; *trop.* inclusi in illa poenarum indagine von allen Seiten von tausend Strafen bedroht. 2) (Spät.) die Aufsuchung, Erforschung.

Inde, *adv.* daher, davon: 1) im Raume, daher, von da: non i. venit unde mallem; i. loci von dieser Gegend, Stelle her. 2) von Personen und Sachen zur Bezeichnung des Begriffes, der in der *praepos.* ex liegt: A) tum oritur audacia, i. omnia scelera gignuntur daraus, davon. B) erant duo filii, i. majorem adoptavi, davon = von ihnen. C) = von oder auf dieser Seite, spectare, pugnare. 3) in der Zeit: A) hierauf, hiernach. B) von da, von der Zeit an. C) mit andern Zeitbestimmungen verbunden: jam i. a principio gleich von Anfang an; i. usque repetens. 4) in der Aufzählung, dann, ferner: crimina, seditiones i. ac novae leges.

In-dēbĭtus, *adj.* (Poet. u. Spät.) nicht gebührend, unverdient, praemia poscere non indebita.

In-dĕcens, tis, *adj.* mit *comp.* (Poet.) unschicklich, unanständig, häßlich, nasus, risus.

In-dĕcenter, *adv.* mit *comp.* u. *sup.* (Spät.) unschicklich, häßlich.

*****In-dĕcet**, —— 2. (Spät.) übel anstehen, alicuem.

In-declīnābĭlis, e, *adj.* (Spät.) unbeugsam, unveränderlich, animus.

In-declīnātus, *adj.* (Poet.) ungebeugt = unverändert.

Indĕcor, ŏris oder **Indĕcŏris**, e, *adj.* [in-decor] (Poet. u. Spät.) unanständig, unrühmlich, schimpflich, häßlich.

In-dĕcōre, *adv.* [indecorus] unanständig, unschicklich.

In-dĕcōrus, *adj.* unanständig, unschicklich, unschön, häßlich, gestus, visus; hoc ut turpe sic i. est.

*****In-dēfătĭgābĭlis**, e, *adj.* (Spät.) unermüdlich.

*****In-dēfătĭgātus**, *adj.* (Spät.) unermüdet.

In-dēfensus, *adj.* unvertheidigt, unbeschützt: relinquere urbem desertam et i.

In-dēfessus, *adj.* (Poet. u. Spät.) unermüdet.

In-dēflētus, *adj.* (Poet.) unbeweint.

In-dējectus, *adj.* (Poet.) nicht herabgestürzt.

In-dēlēbĭlis, e, *adj.* (Poet.) unvertilgbar.

In-dēlībātus, *adj.* (Poet.) unberührt, unverletzt, virgo, opes unverminderʈ.

In-demnātus, *adj.* [damno] ungerichtet, unverurtheilt = über den kein ordentliches Urtheil gefällt worden ist: civem i. interficere.

Indemnis, *adj.* [in-damnum] (Spät.) schadlos, verlustlos.

*****In-dēnuncĭātus**, *adj.* (Spät.) unangekündigt.

*****In-dēplōrātus**, *adj.* (Poet.) unbeweint.

*****In-dēprāvātus**, *adj.* (Spät.) unverdorben.

*****In-dēprehensus**, *adj.* (Poet.) unbemerkt, error.

*****In-dēsertus**, *adj.* (Poet.) unverlassen.

*****In-dēstrictus**, *adj.* [destringo] (Poet., zweifelh.) ungestreift = unverletzt.

*****In-dētonsus**, *adj.* (Poet.) unbeschoren.

*****In-dēvītātus**, *adj.* (Poet.) unvermieden.

Index, ĭcis, *comm.* was Etwas anzeigt, angiebt, 1) von Personen, der Anzeiger, Angeber, die ein: ii. detulerunt haec; i. venit ad eum qui nunciaret ein Bote; Janus i. belli pacisque. Insbef. = der Spion, Verräther: septus armatis ii. 2) von unpersönlichen Gegenständen: A) vox i. stultitiae eine Stimme, die Thorheit verräth, oculi ii. animi welche die Stimmung des Gemüths verrathen, annulus i. auctoris wodurch der Verfasser verrathen wird. B) digitus i. oder bloß i. der Zeigefinger. C) = der Probirstein. D) an einem Buche der Titel, an einem Gemälde oder dergl. die Aufschrift. E) (Spät.) das Verzeichniß, Register, librorum, poetarum.

Indi, ōrum, m. *pl.* die Bewohner Indiens, die Indier. Hiervon A) *sing.* **Indus**, i, m. der Indier, (Poet.) = der Aethiopier oder = der Araber. B) **India**, ae, f. das Land der Indier. C) **Indus** u. (Spät.) **Indĭous**, *adj.* indisch.

Indĭcātĭo, ōnis, f. [indico] (Vorklass. und Spät.) die Angabe des Preises, die Tare.

*****In-dīcens**, tis, *particip.* [dico] (selten) nicht sagend, nur in der Verbindung me indicente ohne daß ich es sage.

Indĭcĭum, ii, n. [index] 1) die Anzeige, Angabe, Anfündigung, Entdeckung, conjurationis; facere i. alicui = deferre i. ad aliquem an Jmd. Anzeige machen; profiteri i. erklären (Etwas) anzeigen zu wollen (bef. vor Gericht, um dadurch Strafloßigkeit zu erlangen). Hiervon A) = die Erlaubniß Etwas anzuzeigen, postulare i. B) die Belohnung der Anzeige, der Angeberlohn: edictum cum poena et i.; partem indicii accipere. b) das Kennzeichen, Merkmal, der Beweis: ii. et vestigia veneni, i. benevolentiae meae; dare, edere i.; indicio esse als Beweis dienen, huic rei, quam vere judicatum sit.

In-dĭco, 1. 1) angeben = melden, berichten (bef. in der Kürze), causam rei, aliquid; insbef. den Preis einer Sache angeben = sie taxiren, i. fundum alicui. 2) angeben = verrathen, conscios, se, rem omnem, absol. i. de conjuratione Anzeige machen. 3) anzeigen = entdecken, verrathen: vultus i. mores; i. dolorem lacrimis.

In-dīco etc., 3. ansagen, anfündigen, bestimmen, festsetzen und bekannt machen: i. concilium Bibracte, supplicationem Romae; i. diem comitiis. Insbef. A) i. exercitum ad portas am Thore sich einzufinden befehlen, beordern. B) = auflegen, alicui multam, tributum. C) i. familiaribus coenas feinen Freunden Mahlzeiten ansagen = sich bei ihnen zu Gaste laden.

Indictĭo, ōnis, f. [indīco] (Spät.) die Anfündigung, belli; insbef. die Ansage einer Steuer u. daher = die Auflage.

In-dictus, *adj.* 1) ungesagt, nicht ge-

Indicus — **Indo**

sagt: dictum reddere indictum; (Poet.) i. nostris carminibus in meinen Gedichten nicht besungen. 2) Insbes. indictā causā unverhörter Sache, d. h. ohne daß der Angeklagte oder Verurtheilte zur Vertheidigung zugelassen worden ist, ohne Verhör.

Indĭcus, siehe Indus.

Indīdem, *adv.* [inde-idem] eben daher: i. Americā gleichfalls aus A., i. ex Achaja; i. verbum duci potest von derselben Sache hergeleitet werden.

Indies, siehe dies.

In-differens, tis, *adj.* gleichgültig, keinen Unterschied machend: A) in moralischer Rücksicht == weder gut noch böse. B) (Spät.) syllaba i. bald kurz, bald lang. C) homo i. circa victum der sich um das Essen nicht bekümmert.

Indifferenter, *adv.* [indifferens] (Spät.) 1) ohne Unterschied. 2) gleichgültig.

Indigĕna, ae, *comm.* [indo == in-gigno] eingeboren, inländisch, homo, bos; i. Africae in Africa.

Indigentia, ae, *f.* [indigens] das Bedürfniß (subjectiv, das Gefühl des Bedürfenden bezeichnend, vgl. inopia). Auch als philos. *term. t.* == die Ungenügsamkeit, das unersättliche Verlangen.

Indigeo, gui, — 2. [indo == in-egeo] 1) bedürfen, nöthig haben, brauchen: i. alterius, consilii; i. aliquo Jmb. (== Jmds Hülfe) bedürfen; (Spät.) i. addiscere aliquid. Hiervon == nach Etwas verlangen, i. auri. 2) mangeln, Mangel an Etwas haben: i. pecuniā, existimationis. Hiervon *particip.* als *subst.* **Indigens,** tis, u. (Vorklass.) **Indiges,** is, ein Dürftiger.

Indĭges, ĕtis, *m.* [indo == in-gigno] (gewöhnlich im *pl.*) eingeboren, bes. == ein eingeborener Heros, der nach seinem Tode als Schutzgeist des Landes verehrt wird.

Indĭges, is, siehe indigeo.

In-digestus, *adj.* (Poet.) ungeordnet, unvertheilt.

Indignābundus und **Indignans,** tis, *adj.* [indignor] unwillig, entrüstet.

Indignātio, ōnis, *f.* [indignor] der Unwille, die Entrüstung: tanta i. senatus exarsit.

*****Indignātiuncŭla,** ae, *f.* (Spät.) *deminut.* von indignatio.

Indigne, *adv.* mit *comp.* u. *sup.* 1) unwürdig, empörend == auf unwürdige, empörende Weise, aliquem injuriā afficere. 2) unwillig, mit Unwillen, aliquid pati über Etwas entrüstet sein.

Indignĭtas, ātis, *f.* [indignus] 1) die Unwürdigkeit, Ungebührlichkeit, das Empörende einer Sache: i. accusatoris (weil er ein Sklave war), i. rei. Insbes. die unwürdige und empörende Behandlung, die Schmach: omnes ii. et molestias perferre. 2) == indignatio: tacita poterit esse nostra i.?

Indignor, *depon.* 1. Etwas für unwürdig, empörend und schändlich halten, über Etwas unwillig, entrüstet sein (aus Mißbilligung u. Verachtung; ein edlerer Ausdruck als irascor): i. haec über dieses, ebenso vicem ejus; i. quod hoc factum sit; i. aerarium expilari; (Poet.) fluvius i. pontem == verträgt nicht, indignandus Unwillen verdienend.

In-dignus, *adj.* mit *comp.* u. *sup.* 1) unwürdig, unwerth, Etwas nicht verdienend: indignus honore; indignus qui haec impetret dieses zu erlangen, auch (selten) ii. ut redimantur; (Poet.) i. referri erzählt zu werden; (Poet.) i. avorum seiner Vorfahren unwerth. Oft absol. so daß dasjenige, dessen Jmd. unwürdig ist, oder was er nicht verdient, aus dem Zusammenhange ergänzt werden muß: calamitates hominum indignorum die solche nicht verdienen, die zu gut dazu sind, ad ii. et non indoneos exemplum transferre Unschuldige bestrafen. So oft lobend == zu gut für Etwas: i. es qui illud facias zu edel, um dieses zu thun, (Poet.) circumdat vincula collo indigno der solche nicht tragen sollte. 2) == ungeziemend, unangemessen, ungeeignet: haec sunt ii. genere vestro, majestate populi Romani; non indignum videtur narrare etc. 3) *absol.* Unwillen und Entrüstung erregend, unwürdig, empörend, schändlich: i. facinus, mors; nihil illo est indignius; (Poet.) i. hiems == barsch, sehr streng; bisweilen als Ausruf i. facinus oder bloß indignum o Schande! o Schmach!

Indĭgus, *adj.* [indigeo] (Poet. u. Spät.) bedürftig, opis, auxilio der Hülfe.

In-diligens, tis, *adj.* mit *comp.* unachtsam, unsorgfältig, nachlässig: i. rei alicujus in Etwas.

Indiligenter, *adv.* mit *comp.* [indiligens] unachtsam, nachlässig.

Indiligentia, ae, *f.* [indiligens] der Mangel an Sorgfalt, die Unachtsamkeit, Vernachlässigung: i. veri im Erforschen der Wahrheit, literarum.

Indĭpiscor, deptus, *depon.* 3. (Vorklass. auch -sco, — — 3.) [indo == in-apiscor] 1) erreichen, einholen, navem; letum i. aliquem; i. multum dolorem empfinden. 2) erlangen, mercedem, divitias. 3) (Spät.) anfangen, pugnam.

In-directus, *adj.* (Spät.) indirect, nicht gerade.

*****In-direptus,** *adj.* (Spät.) ungeplündert.

In-discrētus, *adj.* (Poet. und Spät.) 1) ungetrennt, ungesondert, caput; suus cuique sanguis (== Kinder) indiscretus ungetrennlich und genau verbunden. 2) ununterschieden, ohne Unterschied, nomina, similitudo, proles; voces ii. verworrene.

In-disertus, *adj.* (selten) unberedt.

*****In-dispŏsĭte,** *adv.* [indispositus] (Spät.) unordentlich, regellos.

*****In-dispŏsĭtus,** *adj.* (Spät.) unordentlich.

In-dissŏlūbĭlis, e, *adj.* unauflöslich.

In-distinctus, *adj.* (Spät.) ununterschieden, davon ungeordnet, *trop.* undeutlich, verworren, orator.

In-dividuus, *adj.* 1) untheilbar. 2) (*Tac.*) untrennbar (von Jmd.).

In-divisus, *adj.* (Spät.) ungetheilt, gemeinschaftlich.

Indo, Endo (Vorklass.) == in.

In-do, dĭdi, dĭtum, 3. (meist Vorkl. u. Spät.),

Indocilis — Inductus 381

Etwas in-, an-, auf Etwas thun, hinein thun, -machen, -setzen, -legen: i. salem in aquam, ignem in aram, guttam in os eingießen; i. compedes servis anlegen, pontes anlegen, castella rupibus auf den Felsen anlegen, custodes beigeben; i. venenum potioni beimischen. 2) *trop.* i. alicui nomen geben, beilegen; i. hostibus alacritatem einflößen; i. novos ritus einführen.

In-dŏcĭlis, e, *adj.* 1) ungelehrig, mit Mühe ob. ungern lernend: i. et tardus; (Poet.) i. pauperiem pati der ungern lernt (nicht lernen mag) die Armuth zu ertragen. 2) (Poet. u. Spät.) ununterrichtet = unwissend, unkundig, ungebildet, genus; agricola i. coeli der Erscheinungen am Himmel unkundig; numerus i. roh. 3) *pass.* A) was beschwerlich gelehrt wird, i. usûs disciplina der langsame Unterricht durch die Uebung. B) (Poet.) nicht gelehrt = nicht gezeigt, via.

Indocte, *adv.* mit *comp.* [indoctus] (Vorkl. u. Nachkl.) ungelehrt, ungeschickt.

In-doctus, *adj.* mit *comp.* und *sup.* ununterrichtet, ungelehrt, ungebildet, roh, homo, manus, mos; (Poet.) i. ferre juga der nicht gelernt hat, indoctus pilae der das Ballspiel nicht gelernt hat; (Spät.) i. pleraque in den meisten Sachen.

Indŏlentia, ae, *f.* [in-doleo] die Freiheit von Schmerz, die Schmerzlosigkeit.

Indŏles, is, *f.* [indo-olesco?] die angeborene Beschaffenheit, die natürliche Anlage oder Eigenschaft: i. arborum, frugum pecudumque (die Besonderheiten der Arten). 2) Insbes. von der angeborenen Beschaffenheit der Menschen, die Anlage, das Naturell, die Neigung, der Charakter: adolescentes bonâ i. praediti; i. segnis, alta; i. virtutis oder ad virtutem natürliche Anlage zur Tugend.

In-dŏlesco, lui, — 3. [doleo] 1) eigtl. (Spät.) A) schmerzen, wehe thun (von Gliedern), pes i. *B)* schmerzlich empfinden, bei Etwas Schmerzen empfinden, i. tactum hominum. 2) geistig, über Etwas Schmerz und Betrübniß empfinden, -sich betrüben: i., me tam sero hoc cognoscere; (Poet.) i. aliquid und re aliqua über Etwas, vielleicht auch i. alicujus über Jmd.

In-dŏmābĭlis, e, *adj.* (Pl.) unbezähmbar.

In-dŏmĭtus, *adj.* 1) ungezähmt, ungebändigt: equus. 2) *trop.* A) unbezwungen, unüberwunden, Hercules, mors, nationes. B) ungebändigt = zügellos, wild, cupiditas, libido; mare, ventus i. = ungestüm, heftig, wild.

In-dormĭo, 4. 1) auf Etwas schlafen, i. cubili, stratis. 2) *trop.* bei Etwas schlafen = eine Sache nachlässig oder langsam behandeln: i. causae, tempori, malis gleichgültig bei — sein, i. in homine colendo.

In-dōtātus, *adj.* unausgestattet, ohne Aussteuer, soror; (Poet.) corpora ii. ohne die gewöhnlichen Todtengaben und Ehrenbezeigungen begraben; ars i. ungeschmückt, ohne besondere Empfehlung.

Indŭ, Vorklass. = in.

In-dŭbĭtābĭlis, e, *adj.* (Spät.) unzweifelhaft.

*Indŭbĭtāte, *adv.* [indubitatus] (Spät.) unbezweifelt.

In-dŭbĭtātus, *adj.* unbezweifelt, außer Zweifel.

In-dŭbĭto, 1. (Poet.) an Etwas zweifeln, viribus suis.

In-dŭbius, *adj.* (Spät.) unzweifelhaft.

In-dūco etc. 3. I. hineinführen, -leiten, -bewegen: i. oves in rura, aquam in domos, exercitum in Macedoniam; (Poet. u. Spät.) i. mare urbi. Insbes. 1) i. reos in curiam (Spät.) = vor Gericht führen; i. elephantos in circum auf den Kampfplatz führen; i. gladiatores auftreten lassen. tragoediam auf die Bühne bringen, aufführen lassen. 2) *trop.* A) einführen, einbringen: i. novos mores, seditionem in civitatem, novum verbum in linguam Latinam; auch = in die Rede oder Schrift einführen, i. novam personam, i. Tiresiam deplorantem caecitatem suam. Hiervon = einleiten, sermonem. B) *trop.* a) in sein Einnahme- und Ausgabebuch eintragen, in Rechnung bringen: i. pecuniam in rationem, alicui für Jmd. = als von ihm bezahlt; i. agrum ingenti pecunia für eine große Summe anrechnen. b) Jmb. zu Etwas anleiten, bewegen, bringen, veranlassen: i. aliquos ad bellum, ad misericordiam; i. aliquem ad credendum zum Glauben, ut mentiatur zum Lügen; i. in errorem. c) Insbef. in üblem Sinne = verleiten, aliquem spe, pretio. Hiervon d) anführen = täuschen, hinters Licht führen, socios. e) i. in animum oder bloß i. animum in seinen Sinn hineinführen, Etwas zu thun sich entschließen (bes. von etwas Wichtigem und was Ueberwindung kostet), es übernehmen: i. aliquid; i. ut illud obliviscaris, ne id aegre feras, defendere vitam ejus. II. Etwas über oder an sich oder Etwas ziehen, 1) anziehen, anlegen: i. sibi calceum, i. soleas in pedes, caestus manibus, laurum capillis. 2) Etwas über Etwas ziehen, um es zu bedecken, auf- oder über Etwas anbringen, -setzen, -legen u. dergl.: i. plumas membris, nitorem cuti, nubem coelo; i. coria super lateres, i. pontem flumini eine Brücke über den Fluß schlagen. 3) mit umgekehrter Construction, Etwas mit Etwas überziehen = bedecken, überstreichen u. dergl.: i. postem pice, scuta pellibus, (Poet.) fontes umbrâ. Hiervon A) i. solum ausfüllen, ebenen (mit einer die Unebenheiten füllenden Schicht überziehen). B) die in die Wachstafel geschriebenen Buchstaben mit Wachs überziehen = ausstreichen: i. nomina die Schuldposten, senatusconsultum = aufheben.

Inductĭo, ōnis, *f.* [induco] 1) das Einführen, Einleiten (siehe induco), aquarum; i. juvenum das Auftretenlassen auf der Bühne; i. erroris die Verleitung zum Irrthum. 2) A) i. animi der feste Entschluß, Vorsatz. B) *rhetor. term.* t. die Induction = die Beweisführung durch Anführung ähnlicher Fälle.

*Inductor, ōris, *m.* [induco] (Pl., zwfl.) der Ueberzieher, tergi = der Durchprügler.

Inductus, us, *m.* [induco] der Antrieb, nur im *abl. sing.*, alicujus persuasu et i. auf Jmbs — Antrieb.

Inducula — **Ineleganter**

*Indŭcŭla, ae, f. [induo] (Pl.) ein Frauenunterkleid.

Indugredior (Vorkl.) = ingredior.

Indulgens, tis, adj. mit comp. und sup. [particip. von indulgeo] 1) nachsichtsvoll, gnädig, gütig, freundlich, alicui u. in aliquem gegen Jmd. 2) einer Sache ergeben, zu ihr Neigung habend, aleae.

Indulgenter, adv. mit comp. u. sup. [indulgens] nachsichtsvoll, gütig, freundlich.

Indulgentia, ae, f. [indulgens] 1) die Nachsicht, Gütigkeit, Gnade, (oppos. severitas) in aliquem; trop. (Spät.) i. coeli die Milde des Klimas. 2) Insbes. die zärtliche und schonende Liebe, die Zärtlichkeit: educari in sinu et i. matris; i. fortunae Gunst.

Indulgeo, lsi, ltum, 3. 1) intrans. Nachsicht und Milde gegen Jmd. üben, gütig und gefällig behandeln, begünstigen: Caesar i. civitati Aeduorum; i. debitori. Hiervon A) in Allem zu Willen sein, willfahren, nachgeben, alicui (u. Vorkl. aliquem), ardori militum, precibus alicujus; (Poet.) i. ordinibus Platz geben, auseinander rücken, erweitern. B) für Etwas Sorge tragen, valetudini, hospitio für den Gast. C) sich einer Sache (zu sehr) ergeben, ihr sehr geneigt sein, novis amicitiis, irae, somno, eloquentiae. D) insbes. i. sibi sich sehr Vieles erlauben, seinen Lüsten nachgeben. 2) transit. (Spät.) Jmd. Etwas erlauben, gewähren, als eine Gunst bewilligen, alicui aliquid.

Induo, ui, ūtum, 3. [verw. mit dem gr. ἐνδύω] *1) (Poet.) hineingehen lassen, nur trop. i. aliquos ex facie hominum in vultus ferarum = verwandeln. 2) Insbes. refl. i. se (selten medial indui) in Etwas hinein sich begeben, sich drängen, gerathen: i. se vallis, hastis zwischen die — hinein; venti- se ii. in nubem; i. se in laqueos = sich erhängen; arbor i. se in florem fängt zu blühen an. Hiervon trop. i. se in laqueos = sich in eine Verlegenheit verwickeln, indui sua confessione durch sein eigenes Geständniß sich verstricken; auch i. se reipublicae sich mit dem Staate unzertrennlich verknüpfen; indui in poenas legum in die gesetzliche Strafe verfallen. 3) Jmd. oder sich Etwas anziehen, anlegen: i. alicui vestem, sibi torquem; i. galeam sich den Helm aufsetzen, soleas pedibus; (meist Poet.) indutus vestem der eine Kleidung angelegt hat; (Poet.) i. scalas die Leiter mit zwischen zwei Sprossen durchgestecktem Kopfe tragen, i. aures aselli Eselsohren bekommen. Hiervon trop. a) i. alicui nomen Jmd. einen Namen geben, beilegen. b) = übernehmen, munia ducis; i. personam judicis und i. proditorem die Rolle eines Richters, eines Verräthers. c) (Spät.) annehmen: i. mores Persarum, hostiles spiritus, novum ingenium. d) (Spät.) i. societatem ein Bündniß machen: i. seditionem stiften. 4) (Poet. u. Spät.) mit Etwas umgeben, bedecken, bekleiden, versehen: i. cratera coronā, arbos i. se pomis; häufig im pass. indutus veste, armis, galeā (Poet. auch galeam, siehe 3.).

Indŭpĕdio, Vorkl. = impedio.

Indŭpĕrātor, Vorkl. = imperator.

In-dūresco, rui, — 3. (Spät.) 1) hart werden. 2) trop. corpus i. härtet sich ab; milites induruerant pro Vitellio waren in ihrer Treue gegen den V. fest geworden; i. in pravum erstarren.

In-dūro, 1. (Poet. und Spät.) 1) hart machen, nivem. 2) trop. härten, stählen, animum; i. frontem eine schamlose Stirn zeigen; hostium timor induratus (est) resistendo die (zuerst) furchtsamen Feinde wurden durch den Widerstand gestählt (zum Kampfe).

Indus, 1) adj., siehe Indi. 2) subst. i, m. A) Fluß in Indien. B) Fluß in Phrygien und Carien.

*Indūsiārius, ii, m. [indusium] (Pl.) der Verfertiger von Obertuniken.

*Indūsiātus, adj. [indusium] (Vorkl.) mit einer Obertunika bekleidet.

Indūsium oder Intūsium, ii, n. [verw. mit induo] (Vorkl.) eine Obertunika (oppos. subucula).

Industria, ae, f. die Thätigkeit, Betriebsamkeit (bezeichnet die rege Bereitwilligkeit zur Uebernahme von Arbeit, vgl. diligentia), der anhaltende Fleiß: i. in agendo; ponere industriam in scribendo anwenden; i. itineris das schnelle Reisen. Insbes. adverbial de oder ex i., selten (Vorkl. u. Spät.) ob i. oder bloß industriā, mit Vorsatz, mit Fleiß, vorsätzlich.

Industrie, adv. mit comp. [industrius] betriebsam, eifrig, thätig.

Industriōse, adv. [industriosus] (Spät., selten) sehr betriebsam, eifrig.

Industriōsus, adj. (Spät., zweifelh.) = industrius.

Industrius, adj. mit (Vorkl.) comp. [industria] thätig, betriebsam, voll anhaltenden Eifers: acer et i. in rebus gerendis.

Indūtiae (richtiger als indūciae), ārum, f. pl. der Waffenstillstand, ii. biennii cum hoste erant ein Waffenstillstand auf zwei Jahre; per ii. während des Waffenstillstandes; res est in ii. ist Waffenstillstand, sumus in ii. wir haben Waffenstillstand. Hiervon trop. überhaupt = Ruhe, Stille.

Indūtus, us, m. [induo] (selten, Spät.) nur im dat. sing. das Anziehen.

*Indūviae, ārum, f. pl. [induo] (Vorkl.) der Anzug, die Kleider.

In-ebrio, 1. (i) [in-ebrius] (Spät.) 1) berauschen, trunken machen, aliquem. 2) trop. A) = sättigen, füllen. B) i. aures alicui = vollschwatzen.

Inēdia, ae, f. (i) [in-edo] das Nichtessen, das Hungern, Fasten (object., ohne Beziehung auf das Gefühl und das Befinden des Betreffenden, vgl. fames und esuries); necatus vigiliis et inedia.

*In-ēdĭtus, adj. (i) (Poet.) nicht bekannt gemacht, unbekannt.

In-efficax, ācis, adj. (i) (Spät.) unthätig, Nichts ausrichtend; vox i. verborum keine Worte hervorbringend.

*In-ĕlăbōrātus, adj. (i) (Spät.) unausgearbeitet, oratio.

In-ĕlĕgans, tis, adj. (i) (Spät.) unschön, geschmacklos, unfein.

Inĕlĕganter, adv. (i) [inelegans] *1)

Ineluctabilis

ohne richtige Wahl, ungewählt, dicere. 2) unschön, geschmacklos.

In-ēluctābĭlis, e, *adj.* (ĭ) (Poet. u. Spät.) nicht zu bewältigen, unabwendbar: i. fatum, tempus; i. servitus.

In-ēmendābĭlis, e, *adj.* (ĭ) (Spät.) unverbesserlich.

*****In-ēmŏrĭor**, — *depon.* 3. (ĭ) (Poet.) bei Etwas sterben, spectaculo.

In-emptus, *adj.* (ĭ) (Poet. u. Spät.) ungekauft.

In-ēnarrābĭlis, e, *adj.* (ĭ) unbeschreiblich, unerklärbar.

In-ēnōdābĭlis, e, *adj.* (ĭ) [in-enodo] unauflöslich, *trop.* unerklärlich.

In-eo etc., 4. (ĭ) I. *transit.* eigtl. (selten) hineingehen, in urbem, auch i. urbem; i. domum, viam einen Weg einschlagen, betreten; i. convivia zu Gastmählern kommen; *absol.* (*Pl.*) inibitur tecum man wird mit dir zugleich hineingehen. 2) *trop.* A) antreten, anfangen, bes. eine Thätigkeit u. dergl., bellum, magistratum, consulatum; inita aestate nach dem Anfang des Sommers. B) eingehen = schließen, machen, societatem, foedus, hospitium, inducias. C) i. consilium einen Plan machen, einen Entschluß fassen; i. gratiam ab aliquo oder apud aliquem sich den Dank, die Gunst Jmds erwerben; (Poet.) i. somnum einschlafen. D) i. numerum angeben, berechnen; insbes. i. rationem a) = eine Berechnung, einen Ueberschlag machen über Etwas, operarum. b) überlegen, überdenken, ersinnen: i. rationem, quemadmodum illa Romam perducatur, de commodis militum augendis, ad aliquem interficiendum; ebenso i. aestimationem eine Abschätzung machen. E) (*Pl.*) befallen, anfallen, febris i. aliquem. 3) = begatten, bespringen. — II. *intrans.* anfangen = seinen Anfang nehmen, eintreten (gewöhnlich im *particip.*): ineunte anno im Anfange des Jahres, ab ineunte aetate von der Jugend an.

Inepte, *adv.* mit *comp.* und *sup.* (ĭ) [ineptus] 1) unpassend, ungelegen, davon 2) ungereimt, verkehrt, albern.

Ineptiae, ārum, *f. pl.* (nur Com. im *sing.*) (ĭ) [ineptus] Albernheiten, Possen, Pedantereien: ii. paene aniles albernes, fast weibisches Gerede.

Ineptio, 4. (ĭ) [ineptus] (Poet.) Albernheiten reden, Possen treiben.

Ineptus, *adj.* mit *comp.* u. *sup.* (ĭ) [inaptus] 1) unpassend, unschicklich, daher 2) ungereimt, albern, pedantisch, homo, res; sine vivat ineptus der Pedant.

*****In-ēquĭtābĭlis**, e, *adj.* (ĭ) (Spät.) unbereitbar = für Reiterei unbequem.

In-ēquĭto, 1. (ĭ) auf Etwas reiten, campis.

Inermis, e, und (selten) -mus, *adj.* (ĭ) [in-arma] unbewaffnet, waffenlos, miles; *trop.* i. in philosophia in der Philosophie nicht gut gerüstet = nur mit schwachen Kenntnissen oder Gründen versehen, carmen i. (Poet.) Niemand verletzend; provincia i. ohne Truppen, unvertheidigt, senectus kinderlos.

*****In-errans**, tis, *adj.* (ĭ) nicht irrend, stella i. = der Firstern.

In-erro, 1. (ĭ) (Poet. und Spät.) 1) auf Etwas umherirren, montibus. 2) *trop.* vorschweben, memoria imaginis i. oculis; versus i. in ore wenn man nahe daran ist, den Vers in das Gedächtniß zurückzurufen.

Iners, tis, *adj.* mit *comp.* u. *sup.* (ĭ) [in-ars] 1) (selten) ohne Kunstfertigkeit und Tüchtigkeit, ungeschickt, untüchtig, homo. 2) unthätig, träg, unwirksam, homo, otium, senectus; (Poet.) i. gleba nicht angebaut, Nichts hervorbringend, aqua stehend, tempus (hora) müßig, ledig, stomachus nicht verdauend, frigus träg machend, caro matt, nicht pikant; i. nota censoria ohne Wirkung; querela i. unthätig, muthlos. Insbes. = feig, i. et imbellis, in proelia trudere inertem.

Inertia, ae, *f.* (ĭ) [iners] 1) der Mangel an Kunstfertigkeit, die Ungeschicktheit, Untüchtigkeit. 2) die Unthätigkeit, Trägheit: segnities et i.; i. laboris zur Arbeit.

In-ērūdīte, *adv.* (ĭ) [ineruditus] (Spät.) ungelehrt, ungeschickt.

In-ērūdītus, *adj.* (ĭ) ungelehrt, ungebildet, homo; voluptas i. roh.

Inesco, 1. (ĭ) [in-esca] anködern, durch Lockspeise anlocken: i. animalia cibo; *trop.* i. aliquem spe beneficii.

In-ēvĭtābĭlis, e, *adj.* (ĭ) (Spät.) unvermeidlich.

*****In-excĭtābĭlis**, e, *adj.* (ĭ) (Spät.) eigtl. unerweckbar = woraus man nicht erweckt werden kann, somnus.

*****In-excĭtus**, *adj.* (ĭ) (Poet.) unaufgejagt = ruhig.

In-excōgĭtātus, *adj.* (ĭ) (Spät.) unausgedacht.

In-excūsābĭlis, e, *adj.* (ĭ) (Poet.) nicht zu entschuldigen.

In-exercĭtātus, *adj.* (ĭ) ungeübt.

In-exhaustus, *adj.* (ĭ) (Poet. u. Spät.) unerschöpft, unerschöpflich.

In-exōrābĭlis, e, *adj.* (ĭ) unerbittlich, der nicht durch Bitten bewegt werden kann, in oder adversus aliquem, auch (Spät.) i. delictis gegen Vergehen; *trop.* i. disciplina unerbittlich streng, odium unversöhnlich.

*****In-expergefactus**, *adj.* (ĭ) (Poet.) unerwacht.

In-expertus, *adj.* (ĭ) 1) *act.* unerfahren in Etwas, mit Etwas unbekannt, der Etwas noch nicht kennt: cultura potentis amicis dulcis est inexpertis denjenigen, die die Sache nicht versucht haben; inexpertus lasciviae; i. ad contumeliam nicht gewohnt. 2) *pass.* unversucht, unprobirt, was man noch nicht durch die Erfahrung hat kennen gelernt, legiones, fides militum, navis.

In-expĭābĭlis, e, *adj.* (ĭ) 1) unsühnbar, durch keine Sühne tilgbar, religio. 2) unversöhnlich, hartnäckig, homo, bellum.

In-explēbĭlis, e, *adj.* (ĭ) unersättlich, stomachus; *trop.* cupiditas i. und mit einem *gen.* i. sanguinis.

In-explētus, *adj.* (ĭ) (Poet.) ungesättigt.

In-explĭcābĭlis, e, *adj.* (ĭ) 1) unentwickelbar, unauflöslich, unentwirrbar, vinculum, laqueus. 2) *trop.* = unüberwindlich,

884 Inexplorato

unausführbar u. dergl.: bellum i. endlos, morbus unheilbar, via ungangbar, res, legatio unausführbar, multitudo unzählig, facilitas zu keinem Resultat führend.

Inexplōrāto, *adv.* (I) [inexploratus] ohne (vorhergehende) Untersuchung, proficisci.

In-explōrātus, *adj.* (I) ununterfucht, unerfunftet, ungekannt.

In-expugnābĭlis, *adj.* (I) uneinnehmbar, unüberwindlich, arx; *trop.* homo i. unerschütterlich, fest, gramen unausrottbar, via ungangbar.

In-exspectātus, *adj.* (I) unerwartet.

In-exstinctus, *adj.* (I) unausgelöscht, ignis; *trop.* i. fames ungestillt, nomen unsterblich, libido unersättlich.

In-exsŭpĕrābĭlis, e, *adj.* (I) 1) unübersteigbar, Alpes. 2) unüberwindlich, vis fati; *trop.* unübertrefflich, bonum.

In-extrĭcābĭlis, e, *adj.* (I) (Poet. und Spät.) unentwirrbar, unlösbar, error.

In-făbre, *adv.* ohne Kunst, kunstlos, ungeschickt, vas non i. factum.

In-făbrĭcātus, *adj.* (Poet.) unbearbeitet.

In-făcēte, *adv.* (Spät.) unfein, unwitzig, plump, abgeschmackt.

In-făcētiae, ārum, *f. pl.* (Poet.) Albernheiten.

In-făcētus oder *-fĭcētus*, *adj.* unwitzig, plump, abgeschmackt, homo, dictum.

In-făcundus, *adj.* mit *comp.* unberedt, ohne Geläufigkeit der Sprache.

Infāmia, ae, *f.* [infamis] der üble Ruf, das böse Gerede, die Schande, der Schimpf (es bezeichnet das allgemeine Gerede und Urtheil der Menschen in moralischer Rücksicht, vgl. ignominia): i. et ignominia: trahere aliquid ad i. in üblen Ruf bringen; (Poet.) = das, was einen Gegenstand in üblen Ruf bringt, Cacus i. silvae; (Spät.) im *pl.*, subire ii.

Infāmis, e, *adj.* [in-fama] berüchtigt, verrufen, verschrieen, schimpflich, homo, quaestus, vita; i. re aliqua wegen Etwas.

Infāmo, 1. [infamis] 1) in üblen Ruf bringen, berüchtigt machen, injuriam alicujus, aliquem. 2) verdächtig machen, beschuldigen, aliquem temeritatis.

In-fandus, *adj.* [for] eigtl. was nicht gesagt werden darf = abscheulich, unnatürlich, gräßlich, res, dolor, mors, epulae (von Menschenfleisch).

Infans, tis, *adj.* mit *comp.* u. *sup.* [in-for] nicht sprechend, 1) stumm, der nicht reden kann, puer infans natus; (Poet.) pudor i. sprachlos. 2) der keine Geläufigkeit im Sprechen hat, unberedt, homo. 3) von einem Kinde, zart, jung, noch klein, insbes. puer i. und bloß i. ein kleines Kind; ab i. oder ii. (Spät.) von Kindheit an. Hiervon A) (Poet.) zu einem Kinde gehörig, Kindes-, os. B) kindisch, läppisch, omnia haec infantia fuerunt. C) von Sachen = neu, frisch, boletus, statua (nach Anderen = die stumme, nicht redende Statue). D) *subst.* = ein Kind im Mutterleibe.

Infantia, ae, *f.* [infans] *1)* (Vorklass.) das Unvermögen zu reden. 2) die Unbe-

Infero

redtfamkeit, der Mangel an Geläufigkeit der Sprache. 3) die Kindheit, ab i.; bisweilen *concr.* = die Kinder.

In-farcio oder **-fercio** etc., 4. 1) hineinstopfen, -füllen, salem, *trop.* verba anbringen. 2) vollstopfen, aliquid re aliqua.

In-fătĭgābĭlis, e, *adj.* (Spät.) unermüdlich.

In-fătŭo, 1. [in-fatuus] thöricht machen, bethören, aliquem.

In-faustus, *adj.* (Poet.) unglücklich, unheilbringend.

Infector, ōris, *m.* [inficio] der Färber.

Infectus, *adj.* [in-factus] 1) ungethan, ungeschehen: facta infecta Geschehenes und Ungeschehenes; omnia sint pro infecto soll als ungeschehen angesehen werden; re infecta unverrichteter Sache, pace i. ohne daß der Frieden geschlossen wurde, victoria i. ohne daß ein Sieg gewonnen wurde. 2) unbearbeitet, ungeprägt, aurum; pensa ii. unvollendet. *3) (Sall.) unausführbar, unmöglich, nihil ei infectum ratus.

In-fēcundĭtas, ātis, *f.* (Spät.) die Unfruchtbarkeit.

In-fēcundus, *adj.* (selten) unfruchtbar: ager i. arbore an Bäumen.

In-fēlīcĭtas, ātis, *f.* eigentl. die Unfruchtbarkeit, davon die Unglückseligkeit, das Unglück.

In-fēlīcĭter, *adv.* mit *comp.* u. *sup.* unglücklich.

Infēlīco, 1. [infelix] (Pl.) unglücklich machen, aliquem.

In-fēlix, īcis, *adj.* mit *comp.* u. *sup.* 1) (Poet.) unfruchtbar, arbor; tellus i. arboribus ungedeihlich für Bäume. 2) A) unglücklich, homo, patria. B) = unglückbringend, homo reipublicae infelix; arbor i. ein Baum, an welchem Missethäter aufgehängt werden = der Galgen.

Infense, *adv.* mit *comp.* [infensus] feindselig.

Infenso, 1. [infensus] (Tac.) feindlich behandeln, Armeniam angreifen; absol. feindlich sein oder handeln, diis infensantibus.

Infensus, *adj.* feindselig, erbittert, feindlich gestimmt (es bezeichnet die Stimmung und den Sinn, vgl. infestus): animus inimicus et i.; (Poet.) i. alicui gegen Jmd.; (Spät.) servitium i. gehässig, drückend, valetudo schlecht.

Infĕriae, ārum, *f. pl.* [inferus] Opfer für die Unterirdischen, Todtenopfer.

Infĕrius, *adv.* siehe infra.

Inferne, *adv.* [infernus] (Vorklass.) unten.

Infernus, *adj.* [inferus] 1) (selten) unten befindlich, der untere, pars; *subst.* **inferna**, ōrum, *n. pl.* der Unterleib. 2) insbes. unterirdisch, zur Unterwelt gehörig, dii; (Poet.) rex i. = Pluto, Juno i. = Proserpina, palus i. = Styx; hiervon inferni = inferi (siehe unter inferus).

In-fĕro etc., 3. 1) Etwas irgendwohin hineintragen, -bringen, -führen: i. aliquid domum suam, in ignem (in das Feuer werfen); i. spolia templo (*dat.*); i. pedem in aedes sich in das Haus hineinbegeben; ebenso i. se aliquo, per medios hostes mitten durch die Feinde geheu, auch agmen infertur in urbem geht, marschirt hinein; i. fontem urbi in die Stadt hineinleiten. Hiervon A) insbef. i. aliquem sepulcris = begraben. B) i. signa hosti oder in hostem Angriff machen, ebenso i. pedem und i. pugnam, gradum angreifen, auf — losgehen. C) i. se sich irgendwohin begeben, in periculum sich in Gefahr stürzen, hostibus auf die Feinde losgehen; insbef. (Pl.) = stolz einherschreiten. D) in eine Rechnung einführen, anrechnen: i. falsas rationes; i. aliquid rationibus, sumptum alicui. E) trop. a) i. sermonem ein Gespräch vorbringen, einleiten, mentionem rei alicujus eine Sache erwähnen; i. alicui timorem, spem einflößen. b) i. bellum Italiae, contra patriam Krieg anfangen gegen; absol. i. arma angreifen. c) (Poet.) i. ignem gentibus einführen = bekannt machen. d) (Pl.) i. aliquem in pauperiem in Armuth bringen. 2) (selten) auf Jmd. oder Etwas tragen, -bringen, -setzen: i. aliquem in equum; i. mensam secundam auftragen. 3) zu oder nach Etwas hintragen, -bringen: i. scalas ad murum; i. vallum usque ad stationes sich erstrecken machen. Hiervon trop. A) i. alicui injuriam zufügen, calamitatem, periculum, moram verursachen, mortem (vulnera) alicui beibringen, geben, manus et vim alicui gewaltsam Hand an Jmd. legen; i. crimen, litem alicui aufbürden, verursachen, certamen anfangen. B) (Spät.) entrichten, zahlen, tributum alicui. C) (Poet.) darbringen, opfern, cymbia, honores Anchisae. — 4) rhetor. term. t. folgern, schließen.

Infĕr(us), adj. I. posit. unten befindlich, der untere, nur gebräuchlich A) im sing. m., limen i., mare i. das toscanische Meer; B) im pl. a) m.: dii ii. die Götter der Unterwelt; insbef. als subst. Infĕri, ōrum, m. pl. die Unterirdischen, die Verstorbenen = die Unterwelt: apud (ad) ii. in der Unterwelt: excitare aliquem ab ii. b) n.: omnia supera infera Alles was oben und unten ist; loca ii.
II. comp. Infĕrior. 1) der untere, niedere, niedrigergelegene: i. locus; ferri in inferius abwärts sich bewegen; ex i. loco dicere unten, auf der Erde (nicht auf dem Tribunale, oppos. ex superiore loco). 2) trop. A) in der Zeit, später, jünger, aetate in Bezug auf das Zeitalter: erant ii. quam illorum aetas sie lebten später als jene. B) der Zahl, dem Range, der Beschaffenheit u. dergl. nach niedriger, der niedrigere, geringere: i. erat pecuniis, fortunâ, gratiâ; ii. animo weniger muthig; causa i. die schlechtere Sache; ii. numero navium er stand in der Zahl der Schiffe zurück; crudelis erga ii. gegen die Schwächeren, Niedrigeren; absol. Alexandrum inferiorem fore daß A. überwunden werden würde.
III. sup. 1) Infĭmus. A) der unterste, niedrigste, solum, radices montis; i. ara der unterste Theil des Altars; ab infimo von unten, ad infimum, nach unten. B) trop. der niedrigste dem Range, Stande u. s. w. oder dem Werthe nach, der geringste, schlechteste: i. faex populi; i. conditio; i. loco natus; preces ii. demüthigste. 2) Imus (ī). A) der niedrigste, unterste: ab ii. unguibus usque ad verticem; i. quercus der unterste Theil der Eiche; i. vox die tiefste, der Baß; suspirare ab imo tief aufseufzen; (Poet.) superi et ii. deorum. B) trop. (Poet.) in der Zeit, der letzte, mensis; ad imum zuletzt.

In-fervesco, ferbui, — 3. (Poet. u. Spät.) einkochen, einsieden.

Infesto, adv. mit comp. u. sup. [infestus] feindselig, feindlich.

Infesto, 1. [infestus] (Spät.) 1) anfeinden, unsicher machen: belluae ii. illas oras. 2) schaben, schwächen, vinum i. nervos.

Infestus, adj. mit comp. u. sup. 1) pass. beunruhigt, unsicher, Gefahren und Angriffen ausgesetzt, pars Ciliciae, senectus ejus, vita filii; via i. excursionibus hostium wegen der Einfälle der Feinde. 2) act. unsicher machend, feindselig, feindlich, angreifend (bezeichnet das feindliche Handeln, aber nur temporär, vgl. infensus und hostilis): i. alicui gegen Jmd.; i. superbiae alicujus, gens i. Romanis; häufig vom Angriffe im Kampfe, „angreifend": infestum equum admisit in illam; consistere infestis signis, infesto exercitu venire um einen Angriff zu machen; trop. scelus i., grausam, bellum i. blutig.

Infĭcētē u. s. w., siehe Infacete u. s. w.

Infĭcĭo, fēci, fectum, 3. [in-facio] Etwas mit Etwas anthun, bef. die Oberfläche eines Gegenstandes irgendwie verändern. 1) färben, Etwas bestreichen, benetzen: i. se vitro, mare sanguine; (Poet.) i. diem notâ mit einer schwarzen Marke bezeichnen, pallor i. ora. Hiervon trop. A) sapientia animum ejus non coloravit sed infecit hat seinem Geiste nur einen äußeren Anstrich gegeben. B) i. aliquem artibus bilden, unterrichten; i. animos auf die Gemüther eine gewisse Einwirkung haben. 2) vermischen, aquam re aliqua, pocula veneno. Insbef. A) (Poet.) i. pabula tabo = vergiften; furis infecta venenis giftige Schlangen an sich tragend; scelus infectum das Verbrechen, womit (sie) sich besteckt haben. B) anstecken, beflecken, verderben, animum desidiâ; infici opinionum pravitate.

In-fĭdēlis, adj. mit comp. und sup. untreu, unehrlich, unredlich, treulos, homo, socii.

Infĭdēlĭtas, ātis, f. [infidelis] die Untreue, Unredlichkeit, Treulosigkeit, Unzuverlässigkeit; auch im plur.: vide quantae sint ii. in amicitiis.

In-fĭdus, adj. ungetreu = unzuverlässig, unsicher, amicus, civitas, societas regni, (Poet.) mare.

In-fīgo etc., 3. 1) hineinheften, -bohren, -schlagen: i. taleas in terram, gladium in pectus; (Poet.) i. hastam terrae; (Poet.) sagitta infigitur arbore bleibt im Baume eingebohrt sitzen, vulnus infixum durch die eingebohrte Lanze bewirkt. 2) trop. im particip. perf. eingeprägt, befestigt: id quod infixum est in hominum cogitationibus; dolor infixus pectori; (Spät.) infixum mihi est vitandi et ist mein fester Entschluß zu meiden.

*Infĭmātĭs, is, m. [infimus; vgl. nostras, vestras] (Pl.) Jmd. aus der untersten Volksklasse.

In-findo etc., 3. (Poet.) Etwas einspalten,

einschneiden, sulcum telluri; (Poet.) i. sulcos mari bas Meer „pflügen".

Infinitas, ātis, *f.* [in-finis] die Unendlichkeit, Unbegrenztheit = die unendliche Weite, locorum; in omnem i. peregrinari den grenzenlosen Raum durchwandeln.

Infinite, *adv.* [infinitus] 1) grenzenlos, bis ins Unendliche. 2) (Spät.) unbestimmt.

*****In-finitio**, ōnis, *f.* die Unendlichkeit.

In-finītus, *adj.* 1) unendlich, unbegrenzt, spatium, imperium, spes, potestas; i. multitudo ungeheuer groß, odium grenzenlos, bellum von dem kein Ende zu sehen ist; infinito pius (Spät.) unendlich mehr. 2) unbestimmt, allgemein, ohne Beziehung auf bestimmte Personen oder Zeiten, quaestio, res.

Infirmātio, ōnis, *f.* [infirmo] (selten) 1) die Entkräftung = das Ungültigmachen, judiciorum. 2) die Widerlegung, rationis.

Infirme, *adv.* [infirmus] schwach, kraftlos; insbef. = abergläubisch, kleinmüthig.

Infirmĭtas, ātis, *f.* [infirmus] 1) die Schwäche, Entkräftung, Kraftlosigkeit, der Mangel an Kraft und Festigkeit: i. corporis; i. puerorum; insbef. (Spät.) = die Krankheit, Unpäßlichkeit. Hiervon meton. = das schwache Alter oder Geschlecht, haec. i. (Weiber und Kinder). 2) *trop.* die geistige Schwäche, der Wankelmuth, die Unbeständigkeit, Charakterlosigkeit; i. animi Muthlosigkeit.

Infirmo, 1. [infirmus] 1) schwächen, legiones. 2) *trop.* die Bedeutung oder Wirkung einer Sache schwächen, entkräften. A) = widerlegen, res tam leves, aliquid; B) schwächen, fidem testis, auctoritatem; C) ungültig machen, legem.

In-firmus, *adj.* mit comp. und sup. 1) schwach, nicht stark oder fest (ein negativer Begriff, vgl. debilis, imbecillus): i. homo, classis, valetudo; i. ad resistendum, adversus aliquem; nuptiae ii. (Com.) eine Ehe, die nicht dauerhaft sein wird, die leicht gestört wird, cautio i. unzuverlässig. Insbef. = unpäßlich, kränklich, homo, corpus. 2) *trop.* A) muthlos, zaghaft, animus tenuis et i.; hac re terrentur infirmiores weniger muthige Menschen. B) = abergläubisch. C) = unzuverlässig. D) von Sachen, ohne Gewicht, bedeutungslos, res i. ad probandum.

Infit (selten; nur in dieser Form), *verb. def.* er fängt an: i. ibi postulare; insbef. absol. = fängt zu reden an, sagt: ibi i., annum se tertium et octogesimum agere.

Infitiālis, e, *adj.* [infitias] verneinend, im Verneinen bestehend.

Infitias (besser als **Inficias**), [Stammverw. mit fateor] *accus. pl. f.*, nur in der Verbindung i. ire (meist Vorklaff. u. Spät., gewöhnlich mit einer Negation) leugnen, in Abrede stellen: non i. eo, quasdam esse materias etc.

Infitiātio, ōnis, *f.* [infitior] das Verneinen, Leugnen, bes. das Verleugnen eines erhaltenen oder anvertrauten Gegenstandes.

Infitiātor, ōris, *m.* [infitior] der Leugner, bes. einer Schuld, lentus i.

Infitior, *depon.* 1. [infitias] leugnen (aus subjectiven Gründen und Rücksicht auf eigenes Interesse, vgl. nego): i. aliquid; insbef. = eine Schuld oder überhaupt etwas Anvertrautes verleugnen: i. quod debetur, depositum.

Inflammātio, ōnis, *f.* [inflammo] 1) (Spät.) das Anzünden, die Brandstiftung. 2) (Spät.) als chirurgischer *term. t.* die Entzündung. 3) *trop.* das Entflammen, Erregen der Gemüther.

In-flammo, 1. 1) anzünden, anbrennen, in Flammen setzen, taedas, classem; vulnera inflammantur entzünden sich. 2) *trop.* entflammen, entzünden, reizen, populum in improbos; i. cupiditates, aliquem amore.

*****Inflāte**, *adv.* mit *comp.* [inflatus] aufgeblasen, a) = stolz, b) = übertrieben.

Inflātio, ōnis, *f.* [inflo] das Aufblasen, Aufschwellen: i. praecordiorum die Brustentzündung; auch = die Blähung.

Inflātus, *adj.* mit *comp.* u. *sup.* [particip. von inflo] 1) aufgeschwollen, strotzend, vestis, bucca, amnis; capilli ii. fliegend. 2) *trop.* A) aufgeblasen, stolz, übermüthig, re aliqua wegen Etwas. *B) erregt, hitzig, animus. C) von der Rede, schwülstig.

Inflātus, us, *m.* [inflo] das Blasen, das Einhauchen, *trop.* i. divinus die göttliche Eingebung.

In-flecto etc., 3. 1) beugen, krümmen, capillum; i. se, u. medial inflecti sich krümmen. 2) *trop.* A) die Stimme u. dergl. beugen, senken, moduliren, i. voces canta. B) durch Beugen ändern, senken, verändern, animum, orationem; i. magnitudinem animi vermindern; i. jus verdrehen, aliquem precibus = bewegen.

In-flētus, *adj.* unbeweint.

In-flexĭbĭlis, *adj.* (Spät.) unbeugsam, *trop.* unveränderlich.

In-flexio, ōnis, *f.* [inflecto] das Beugen.

Inflexus, us, *m.* [inflecto] (Spät.) die Beugung, Krümmung; *trop.* die Modulation der Stimme.

In-fligo etc., 3. an Etwas anschlagen, -stoßen: i. alicui securim; puppis inflicta vadis auf die Untiefen geworfen. Hiervon i. alicui vulnus schlagen, turpitudinem, detrimentum antun, verursachen.

In-flo, 1. 1) hineinblasen, aquam in os palumbi; i. verba = mit zu starkem Hauche aussprechen. 2) aufblasen = blasend aufschwellen machen, ventus i. carbasum; *trop. proverb.* i. ambas buccas alicui = eine drohende Miene gegen Jmd. annehmen. 3) in ob. auf Etwas (einem Instrumente) blasen, calamum, tibias. Hiervon A) i. sonum u. dergl. den Ton angeben. B) absol. tibicen i. fängt zu blasen an. 4) *trop.* A) stolz, aufgeblasen machen, erheben: rumor falsus i. animos; i. spem die Hoffnung erheben = stolzere Hoffnungen einflößen. B) absol. scriptor vehementius i. nimmt den Mund etwas voll.

In-fluo etc., 3. 1) hineinfließen, -strömen: fluvius i. in pontum ergießt sich; hiervon *trop.* copiae Gallorum in Italiam ii. strömen hinein. 2) *trop.* = unvermerkt und allmälig hineinkommen, sich einschleichen, sich Eingang verschaffen: i. in animos = sich Gunst erwerben; i. in aures contionis sich Gehör verschaffen; sermo Graecus i. in civitates

Infodio. Infula 367

Asiae verbreitet sich in; bonum i. illis wird
jenen zu Theil.
In-fŏdio etc., 3. hineingraben, verscharren, taleas in terram, (Poet.) corpora terrae.
Informātio, ōnis, f. [informo] die Abbildung, der Abriß, davon die Abbildung in der Seele, die Vorstellung, der Begriff, i. quaedam dei.
Informis, e, adj. [in-forma] 1) formlos, plump, was seine richtige Form nicht erlangt hat, res, alveus. 2) unförmlich, ungestaltet, häßlich, abscheulich, cadaver, facies, hiems, letum.
In-formo, 1. 1) (Poet.) bilden, gestalten, clipeum. 2) trop. A) im Geiste gestalten, von einer Sache eine Vorstellung sich bilden ob. Anderen geben, vorstellen, darstellen, entwerfen: i. deos sich eine Vorstellung von den Göttern bilden, i. oratorem ein Bild, Ideal von dem Redner entwerfen. B) durch Unterricht bilden, aetatem puerilem ad humanitatem.
*Infŏro, 1. [in-forum] (Pl.) scherzh. gebildetes Wort, auf den Markt führen = vor Gericht verklagen, aliquem.
In-fortūnātus, adj. (selten) unglücklich.
Infortūnium, ii, n. [in-fortuna] (Wortklass.) das Unglück, bef. = die Strafe, Züchtigung: habebis i. es soll dir übel bekommen.
Infrā, I. adv. mit comp. inferius, 1) unten, unterhalb: i. esse; (Poet.) inferius currere niedriger; i. scripsi unten habe ich (in dem Briefe) hinzugesetzt; insbef. absol. (Poet.) = in der Unterwelt. 2) dem Ansehen, Werthe nach, geringer: dopotere aliquem ut multum i. II. praep. mit accus. 1) unterhalb, unter: ad mare i. oppidum; i. coelum. 2) trop. A) in der Zeit = nach, später als: Homerus non i. Lycurgum erat. B) der Größe nach, unter: urst sunt magnitudine i. elephantos. C) dem Werthe, Range, Ansehen nach, unter, geringer als: eum i. homines infimos esse puto; non i. speciem illius est et steht jenem an Schönheit nicht nach; id est i. officium grammatici. D) der Zahl nach, unter, i. decem.
*Infractio, ōnis, f. [infringo] das Zerbrechen, trop. i. animi die Verzagtheit, Entmuthigung.
Infractus, adj. [particip. von infringo] eigtl. gebrochen, trop. 1) geschwächt, schwach: animus i. niedergeschlagen, oratio kleinmüthig, tributa verringert, fama verschlimmert. 2) von der Sprache, abgebrochen: infracta loqui; loquela i. (Lucr.) lallende (vgl. auch infringo 2).
In-frăgĭlis, e, adj. (Poet. u. Spät.) unzerbrechlich, trop. stark, unzerstörbar, vox.
In-frĕmo etc., 3. (Poet.) brummen, schnauben, aper.
In-frēnātus, adj. (selten) keinen Zaum gebrauchend, eques i. auf ungezäumtem Pferde reitend.
*In-frendeo, — — 2. (Poet.) knirschen, dentibus.
Infrēnis, e, u. **-nus**, adj. [in-frenum] (Poet. u. Spät.) 1) ungezäumt, keinen Zaum anhabend, equus. Hiervon trop. = ungezähmt, ungebändigt, lingua. 2) = infrenatus: Numida i.

In-frēno, 1. 1) mit einem Zaume versehen, aufzäumen, equum; (Poet.) i. currum die Pferde vor den Wagen spannen. 2) trop. hemmen, bändigen, zurückhalten, impetum, navigia, aliquem.
Infrēnus, siehe Infrēnis.
In-frēquens, tis, adj. mit comp. u. sup. 1) von Personen, der Etwas nicht häufig thut ob. irgendwohin nicht häufig kömmt: deorum cultor i. sparsam, selten, ebenso (Pl.) militia i. von einem Liebhaber, der selten Geschenke macht. 2) von Sachen, was nicht häufig gebraucht wird, selten, vocabulum, usus. 3) was in geringer Zahl anwesend ist, nicht zahlreich, senatus, copiae unvollzählig. 4) von Localitäten, wo nicht Viele kommen oder anwesend sind, nicht zahlreich besucht, = bewohnt: infrequentissima die am wenigsten bevölkerten Theile der Stadt; causa i. bei welcher nur wenige Zuhörer da sind. Hiervon mit dem abl. desjenigen, wovon nicht Viel da ist, = an Etwas nicht reich, mit Etwas nicht erfüllt: pars urbis i. aedificiis an Gebäuden arm, schwach bebaut; signa ii. armatis (auch bloß ii.) von wenigen Bewaffneten umgeben.
Infrĕquentia, ae, f. [infrequens] 1) die geringe Anzahl, senatus; i. legionum die Unvollzähligkeit. 2) (Tac.) die Einsamkeit, Verlassenheit.
In-frico etc., 1. (Spät.) einreiben, aliquid rei alicui, aber auch i. dentes die Zähne (mit Etwas) einreiben.
Infringo, frēgi, fractum, 3. [in-frango] 1) brechen, zerbrechen, abbrechen, dorem; remus infractus (durch die Strahlenbrechung im Wasser) gebrochen (aussehend); (Poet.) i. vestes zerreißen; (Poet.) i. linguam = stammeln. 2) häufig trop. = schwächen, entkräften, militum vim, res ob. conatus adversariorum; i. aliquem ob. animum alicujus niederschlagen; im pass. veritas pluribus modis infracta verfälscht, fides infracta metu wankend gemacht, testamentum infringitur wird ungültig; verborum ambitus infringitur die Periode wird matt, sinkt, numeri infringuntur der Rhythmus wird geschwächt, vox infringitur (Spät.) wird unmännlich. 3) (Poet.) Etwas (zerbrechend) an Etwas anschlagend: i. cratera alicui; i. colaphum alicui Jmd. einen Backenstreich geben.
*In-frons, dis, adj. (Poet.) unbelaubt = baumlos, ager.
In-fructuōsus, adj. (Spät.) unfruchtbar; trop. = fruchtlos, unnütz, erfolglos.
Infrūnītus, adj. [in-fruniscor] eigtl. ungenießbar, trop. = albern, einfältig, geschmacklos.
*In-fūcātus, particip. des sonst ungebräuchlichen infucare [in-fucus] geschminkt, vitium.
In-fŭla, ae, f. 1) eine Binde, ein Band; depingere in ii. Insbef. eine breite wollene Kopfbinde (Turban), welche Priester oder Schutzflehende trugen; bisweilen wurden auch die Opferthiere damit geschmückt als Zeichen ihrer religiösen Bestimmung. 2) trop. = die Zierde, der Schmuck, das Ehrenzeichen als Gegenstand

25*

388 Infulatus — Ingero

heiliger Scheu: ii. imperii = die Staatsländereien; (Spät.) esse infularum loco = in Ehren gehalten werden.

Infŭlātus, *adj.* [infulo] (Spät.) mit einer infula geschmückt (von Jmd., der wie ein Opferthier zum Tode bestimmt ist).

In-fulcio etc., 4. (Spät.) hineinstopfen, cibum; *trop.* hineinfügen, dabei anbringen, verbum.

Infundĭbŭlum, i, *n.* [infundo] der Trichter.

In-fundo etc., 3. 1) hineingießen, -fließen lassen, -schütten: i. aliquid in vas; (Poet.) mit einem *dat.*, i. vinum reticulo, i. alicui venenum = mit Gewalt aufnöthigen, ihn das Gift zu trinken zwingen; i. alicui poculum Jmd. einen Becher einschenken. Hiervon von nicht flüssigen Gegenständen: i. hordea jumentis hinschütten, vorwerfen; populus infusus circo in — hineingeströmt. 2) aufgießen, -werfen, -legen, -schütten u. dergl.: i. oleum extis, ceram tabulis; mare i. gemmas litori; i. nimbum alicui sich über Jmd. ergießen lassen; infusa humeris capillos mit auf die Schultern herabwallendem Haare. Hiervon: infusus gremio alicujus in Jmds Schooß hineingegossen, ruhend, infusus collo amantis um den Hals geschmiegt, mens infusa per artus durch das Blut in den Adern. 3) *trop.* A) i. orationem in aures alicujus in Jmds Ohren Eingang verschaffen, ebenso i. aliquid in animum einbringen machen, i. vitia in civitatem hineinbringen. B) homines infunduntur in alienum genus werden hineingemischt, kommen hinein.

In-fusco, 1. 1) dunkel an Farbe machen, bräunen, schwärzen: i. aquam atramento; 2. vellera, rufum colorem nigro. 2) *trop.* = verderben, entstellen, schlechter machen; barbaries eos infuscaverat hatte ihre Sprache verdorben; malevolentia i. vicinitatem stört; i. gloriam alicujus verdunkeln; vox infuscata undeutlich, nicht hell.

Ingaevŏnes, num, *m. pl.* Volksstamm im nordwestlichen Deutschland.

Ingauni, ōrum, *m. pl.* Volksstamm der Liguter auf der Ostseite der Alpen.

In-gĕmĭno, 1. (Poet.) 1) *transit.* verdoppeln, ictus; i. vocem wiederholen; i. Creusam ruft zu wiederholten Malen die E.; i. „me miserum" ruft wiederholentlich „Ich Unglücklicher". 2) *intrans.* sich verdoppeln, sich oft wiederholen, clamor, curae, austri ii. nehmen zu.

Ingĕmisco, mui, — 3. [ingemo] bei ob. über Etwas seufzen: i. malo alicui u. i. interitum alicujus; i. hostem eum esse judicatum darüber daß u. s. w.; auch *absol.* pueri i. dolore.

In-gĕmo, — — 3. (Poet. u. Spät.) = ingemisco; (Poet.) solum i.

In-gĕnĕro, 1. in Etwas schaffen, -hervorbringen = einpflanzen, mitgeben oder überhaupt schaffen: natura i. amorem quendam in eos qui etc.; societas quam temeravit natura; häufig *particip.* ingeneratus angeboren, frugalitas ingenerata alicui.

*Ingĕnĭātus, *adj.* [ingenium] (Vorklaff.) irgendwie von Natur beschaffen: lepide i.

Ingĕnĭōse, *adv.* [ingeniosus] geistreich, scharfsinnig, witzig.

Ingĕnĭōsus, *adj.* mit *comp.* und *sup.* [ingenium] 1) (Poet.) von Natur zu Etwas geschickt, bequem: ager i. ad segetes. 2) begabt = talentvoll, geistreich, scharfsinnig, witzig, erfinderisch u. dergl.: homo i. et sollers; res est ingeniosa dare es gehört viel Verstand zum Geben.

Ingĕnĭtus, *adj.* [in-gigno] (Spät.) (selten) angeboren.

Ingĕnĭum, ii, *n.* [in- Stamm gen, vergl. γίγνομαι, gigno] 1) (Poet. u. Spät.) die natürliche Art und Beschaffenheit, die Natur: i. loci, camporum, pomorum. 2) von Menschen. A) in Bezug auf die Moralität, der Sinn, die Gemüthsart, das Naturell, Temperament, Charakter, pium ac pudicum, inhumanum, mobile; suo i. vivere; redire ad suum i. zu seiner gewöhnlichen Manier; i. ingenii (*Pl.*) die Beschaffenheit des Charakters. B) in Bezug auf die Intelligenz, der Geist, Verstand, das Talent, Genie, der Scharfsinn, Witz u. dergl.: i. acre, tardum, acutum aut retusum; ingenii lumen, vis, celeres motus; ingenio abundare; ingenium alere, exercere, acuere; ii. hominum, ii. rudia. C) (Spät.) im *pl.* = geistreiche Menschen, Genies. D) (Spät.) die Erfindung, der kluge Einfall: id i.; exquisita ii. coenarum Erfindungen bei.

Ingens, tis, *adj.* 1) sehr groß, außerordentlich groß, bedeutend, bisweilen = ungeheuer, campus, pecunia, clamor, gloria; *trop.* i. spiritus großartig, genus i. erhaben. 2) (Poet. u. Spät.) groß in Etwas = reich an Etwas, es in hohem Grade besitzend, gewaltig, stark in Etwas: ingens famā, opibus; ingens animi stark von Geist; i. rerum der große Thaten ausgeführt hat.

Ingĕnŭe, *adv.* [ingenuus] 1) wie es einem Freigeborenen ansteht, standesmäßig, educatus. 2) edel, freimüthig, offen u. dergl.

Ingĕnŭĭtas, ātis, *f.* [ingenuus] 1) das Freigeborensein = der Stand eines freigeborenen Menschen, i. alicujus. 2) *trop.* die Sinnesart, die einem freigeborenen Manne ansteht, der Edelmuth, die Aufrichtigkeit, der offene und hochherzige Sinn (im Gegensatze des sklavischen und schmutzigen).

Ingĕnŭus, *adj.* [in- Stamm gen, vergl. γίγνομαι, gigno] 1) (Poet.) A) einheimisch, im Lande selbst hervorgebracht, tophus i. B) angeboren, natürlich, indoles, color. 2) freigeboren, von freien Aeltern geboren (vgl. liber), homo; i. est an libertina? 3) *trop.* eines freigeborenen Mannes würdig, edel, aufrichtig, offen, hochherzig, auch = gebildet, ars, vita, animus, dolor, jocus. 4) (Poet.) verzärtelt, schwach, vires.

In-gĕro etc., 3. Etwas (gewöhnlich in Menge) hinein tragen, -bringen, -schütten, -werfen, -thun u. dergl.: i. ligna foro, i. aquam anfthun, i. alicui osculum küssen, pugnos in ventrem in — stoßen, i. verbera alicui Jmd. prügeln; i. saxa in subeuntes auf — werfen; i. se aliquo (Spät.) sich hineindrängen. Hiervon *trop.*: i. alicui contumelias, dicta, i. probra in aliquem gegen Jmb. ausstoßen, Jmb. mit — überwältigen; i. aliquid coram (Jmb.) Etwas gerade in das Gesicht sagen; (Poet.) i. scelus sceleri Verbrechen auf Verbrechen häufen. 2) aufnöthigen, aufbürden, alicui aliquid.

In(gigno) etc., 3. (nur im *perf.* und im *particip.*, stehe ingenitus, gebräuchlich) in oder an Etwas hervorbringen, einpflanzen: tellus i. herbas rupibus; *trop.* natura i. hominibus cupiditatem veri videndi.

Inglōrius, *adj.* [in-gloria] unrühmlich, unberühmt, homo, vita; i. militiae im Kriege.

Inglŭvies, ei, *f.* (Poet. u. Spät.) 1) der Kropf an Vögeln. 2) *trop.* die Gefräßigkeit.

Ingrāte, *adv.* mit *comp.* u. *sup.* [ingratus] 1) ohne Annehmlichkeit, unangenehm. 2) undankbar: i. aliquid ferre Etwas mit Undank aufnehmen.

***Ingrātifĭcus**, *adj.* [ingratus-facio] (Vorklass.) undankbar.

Ingrātiis (oder vielleicht richtiger **Ingratīs**), *abl. pl.* eines sonst nicht gebräuchlichen Substantivs in-gratia = Undank, wird adverbial gebraucht = wider (Jmds) Willen: extorquere alicui aliquid invito et ii.; *amborum ii. gegen Beider Willen; ii. aliquos cogere ad pugnandum wider ihren Willen, ungern.

In-grātus, *adj.* mit *comp.* u. *sup.* 1) unangenehm, unbeliebt, labor, jocus, sapor; oratio non i. Gallis fuit. 2) nicht mit Dank erkannt, keinen Dank einbringend, danklos: si (illa) ingrata esse sciam, non committam etc.; id tibi ingratum erit du wirst keinen Dank dafür ernten. 2) undankbar, unerkenntlich, homo, animus; i. in aliquem u. dergl., (Spät.) adversus beneficia alicujus, (Poet.) i. salutis für seine Rettung; (Poet.) ager i. = unfruchtbar, der wenig trägt, ingluvies = unersättlich, oculi = die bald (das Geschehene) vergessen.

In-grăvesco, — — 3. 1) schwerer werden, an Schwere zunehmen; (Poet.) = schwanger werden. 2) *trop.* zunehmen, bes. in üblem Sinne = lästiger, drückender werden: malum, morbus i., und in derselben Bed. is i.; aetas ingravescens höheres Alter; corpora ii. defatigatione werden beschwert; annona i. der Preis des Getreides wird höher; alter quotidie i. = wird gefährlicher, mächtiger; i. falsis (Spät.) durch falsche Gerüchte in immer größere Gefahren gerathen.

In-grăvo, 1. (Poet. u. Spät.) eigtl. schwerer machen, davon *trop.* drückender und ärger machen: illa casus meos i.; *absol.* anni ii. drücken, fallen beschwerlich.

Ingrĕdior, gressus, *depon.* 3. 1) in ob. auf Etwas hineingehen, -schreiten: i. intra munitiones, in vitam, ad deos penates, (Poet.) i. castris ins Lager; i. domum illam, pontem Milvium, viam betreten. Hiervon *trop.* A) i. in spem eine Hoffnung fassen, in sermonem anfangen, nonum annum in sein neuntes Jahr treten; i. iter, consulatum antreten; i. pericula sich unterwerfen; i. vestigia alicujus in die Fußstapfen Jmds treten; i. viam aliquam vivendi betreten. B) eine Thätigkeit anfan-

gen, beginnen, sich an Etwas machen, auf — eingehen: i. orationem, disputationem, hanc rationem studiorum; i. decere, scribere aliquid; (Poet.) *absol.* i. = zu reden anfangen. 2) *intrans.* einher gehen, -schreiten: i. tardius, per nives; i. vestigiis patris in die Fußstapfen des Vaters treten.

Ingressĭo, ōnis, *f.* [ingredior] 1) das Hineingehen, der Zutritt, fori zum Markte. 2) (von der Rede) der Gang.

Ingressus, us, *m.* [ingredior] 1) (Spät.) das Hineingehen = der feindliche Einfall: excipere ii. hostiles. 2) das Einhergehen, der Gang: prohiberi ingressu; i., cursus, accubitio etc. = die Art zu gehen. 3) (Poet. u. Spät.) der Anfang, Eingang.

Ingrŭo, ui, — 3. [in-ruo] in Etwas hineinstürzen, hineinbrechen: Aeneas i. Italis; *trop.* morbus i. in aliquos befällt sie; *absol.* bellum i. bricht herein, tela ii.

Inguen, ĭnis, *n.* der vordere Theil des Leibes an den Hüften, die Dünnen, Weichen: suffodere inguina alicui; davon = die Geschlechtstheile.

Ingurgĭto, 1. [in-gurges] in einen Strudel-, eine Tiefe hineinstürzen, -tauchen: *trop.* a) i. se in flagitia in den Strudel der Laster sich tauchen, in copias alicujus in Jmds Reichthum schwelgen. b) durch übermäßiges Essen und Trinken überladen, ingenium foculis, i. se in vinum.

***In-gustātus**, *adj.* (Poet.) ungekostet = noch von Niemandem genossen.

In-hăbĭlis, e, *adj.* (i) 1) unhandlich, ungelenk, plump, schwer, navis, telum, corporum moles (von den Elephanten). 2) *trop.* ungeschickt, untauglich zu Etwas: i. studiis, labori; ii. ad consensum die sich über einen gemeinschaftlichen Plan nicht vereinigen können.

In-hăbĭtābĭlis, e, *adj.* (i) unbewohnbar.

In-hăbĭto, 1. (i) (Spät.) bewohnen, regionem; *absol.* inhabitantes die Einwohner.

In-haerĕo etc. 2. (i) 1) in ob. an Etwas hangen, -fest sitzen, -stecken, -kleben: sidera ii. sedibus suis, animi ii. corporibus; i. ad saxa; res i. in visceribus; lingua i. sitzt fest; (Poet.) canis inhaesurus der im Begriffe ist, sich festzubeißen. 2) *trop.* illa i. vultibus tuis (Poet.) hängt an deinen Zügen; (Spät.) i. alicui = immer um Jmd. sein; (Poet.) i. studiis den Studien nachhangen, sich darauf legen, i. oculis vor den Augen schweben; illud i. in mente ist eingeprägt, virtutes voluptatibus ii. sind untrennlich mit den Genüssen verbunden.

In-haeresco, — — (i) 3. in ob. an Etwas hangen-, stecken bleiben: i. in re aliqua ob. i. rei alicui; *trop.* poetae ii. in mentibus.

In-hālo, (i) 1. zuhauchen, alicui popinam den Geruch der Schenke.

Inhĭbĕo, (i) 2. [in-habeo] 1) anhalten zurückhalten, hemmen: i. frenos, equos. Insbes. A) i. remis ob. i. navem (retro) ob. bloß i. a) rückwärts rudern (ohne das Schiff zu wenden); b) weniger richtig, doch von Cicer. selbst gebraucht, = remis i. zu rudern aufhö-

ren, die Ruder still halten. B) *trop.* i. impetum victoris. C) = abhalten, i. aliquem a re aliqua. D) (Spät.) = prohibeo verhindern: inhiberi rectum agere cursum, inhiberi quominus etc. 2) = adhibeo, anwenden, gebrauchen, ausüben: i. imperium (supplicium) alicui ob. in aliquem gegen Jmb.; i. damnum aliamque coërcitionem.
*Inhĭbĭtĭo, ōnis, *f.* (i) [inhibeo] das Hemmen, i. remigium das Rückwärtsrudern.
In-hĭo, (i) 1. 1) den Mund nach oder über Etwas aufsperren: infans i. uberibus. 2) *trop.* (Poet. u. Spät.) A) = begierig Etwas anstieren, untersuchen, pectoribus reclusis. B) gierig nach Etwas trachten, aurum, hereditatem, aber auch auro, hortis. C) *absol.* = staunen, sich verwundern.
Inhŏnestē, *adv.* (i) [inhonestus] mit Unehre, schimpflich.
*Inhŏnesto, 1. (i) [inhonestus] (Poet.) entehren, beschimpfen, palmas.
In-hŏnestus, *adj. mit comp. u. sup.* (i) 1) unsittlich, unehrbar, schändlich, vita, mors, vulnus, cupiditas; bes. unansehnlich, gering, inhonestus matre ignota. 2) (Poet.) häßlich, garstig.
In-hŏnōrĭfĭcus, *adj.* (i) (Spät.) unehrenvoll.
In-hŏnōrātus, *adj. mit comp. u. sup.* (i) 1) ungeehrt, militia ruhmlos. 2) unbeschenkt, ohne Ehrengabe; societas i. unbelohnt.
Inhŏnōrus, *adj.* (i) [in-honor] (Poet.) 1) ungeehrt, ohne Ansehen. 2) häßlich; signa ii. ohne Zierden.
In-horrĕo, — 2. (i) von Etwas starren: acies i. haud secus quam vallo septa als von Schanzpfählen umgürtet.
In-horresco, rui, — 3. (i), zu starren anfangen, sich starrend emporheben: aper i. armos sträubt die Borsten empor; gallinae ii. sträuben die Federn auf; messis spicea i. campis. 2) (Poet.) zu zittern=, sich zu bewegen=, erschüttert zu werden anfangen: aer i.; veris adventus i. foliis die Blätter bewegen sich, zittern beim Annahen des Frühlings; mare i. wogt auf, unda i. kräuselt sich, erhebt sich. 3) vor Kälte oder Schrecken zusammenschaudern, davon schaudern, sich entsetzen (Siehe horreo).
In-hospĭtālis, e, *adj.* (i) (Poet. u. Spät.) ungastlich, unwirthbar.
*In-hospĭtālĭtas, ātis, *f.* (i) die Ungastlichkeit.
In-hospĭtus, *adj.* (i) (Poet.) = inhospitalis.
In-hūmānē, *adv. mit comp.* (i) unmenschlich, gegen das menschliche Gefühl.
Inhūmānĭtas, ātis, *f.* (i) [inhumanus] 1) die Unmenschlichkeit, Grausamkeit, Barbarei. 2) der Mangel an Bildung und Humanität, A) = die Unhöflichkeit, Grobheit. B) die Ungefälligkeit. C) = das mürrische Wesen. D) = die Kleinlichkeit, kleinliche Knickerei.
*Inhūmānĭter, *adv.* (i) [inhumanus] = inhumane.
In-hūmānus, *adj. mit comp. u. sup.* (i) 1) unmenschlich, grausam, barbarisch, scelus, homo. 2) der Bildung und Humanität ermangelnd, A) = unhöflich, unartig, homo, negligentia; i. Camena ungefellig. B) ungebildet, aures. C) seues ii. mürrische.
In-hŭmātus, *adj. [part.* von hūmo] (i) unbeerdigt.
In-ĭbī, *adv.* (i) 1) eben da, daselbst. 2) in der Zeit, in dem Augenblicke, auf dem Puncte, fast nur = fast, beinahe, bald: mors i. eum occupavit; i. est es ist nahe daran.
Inicio, siehe Injicio.
Inimīcē, *adv. mit comp. u. sup.* (i) [inimicus] feindselig, feindlich.
Inĭmīcĭtĭae, ārum, *f. pl.* (i) [in-amicitia] (nur bei Vorklass. u. selten im *sing.*) die Feindschaft (die private, s. inimicus), das feindliche Verhältniß: suscipere ii.; gerere, habere, exercere ii. cum aliquo Feindschaft mit Jmd. haben; sunt (intercedunt) mihi ii. cum aliquo.
Inĭmīco, 1. (i) [inimicus] (Poet.) feindselig machen, verfeinden, urbem.
Inĭmīcus, *adj. mit comp. u. sup.* (i) [in-amicus] 1) feindselig, feindlich (in Privatverhältnissen; es bezeichnet die persönliche Gemüthsstimmung, vgl. hostilis u. hostis), ungünstig gestimmt: i. alicui gegen Jmd.; *subst.* -ous, i, m. der Feind: i. alicujus, meus, und -ca, ae, *f.* die Feindin: inimicissimi ejus feine bittersten Feinde. 2) von Sachen, ungünstig, nachtheilig: omnia ei ii. sunt, odor nervis i. 3) (Poet.) = hostilis: terra i., tela ii. die Waffen der Feinde.
In-imĭtābĭlis, e, *adj.* (Spät.) unnachahmbar.
Inīque, *adv. mit comp. u. sup.* (i) [iniquus] 1) ungleich: certatio i. comparata wo die Kämpfer ungleich gepaart sind. 2) unbillig. 3) unwillig, mit Widerstreben, nicht gelassen: i. aliquid ferre über Etwas sehr mißvergnügt sein, es sehr ungern ertragen.
Inīquĭtas, ātis, *f.* (i) [iniquus] 1) die Ungleichheit, Unebenheit des Bodens. 2) die Schwierigkeit, Mißlichkeit, temporum. 3) die Unbilligkeit, Ungerechtigkeit, übertriebene Strenge und Härte, hominis, exitii; insbes. = die unbillige Forderung, obtinere ii.
Inīquus, *adj. mit comp. u. sup.* (i) [in-aequus] 1) ungleich, uneben, schief, abschüssig, locus, ascensus. 2) ungünstig, A) von Sachen, a) bes. von Localitäten: = unbequem, schwierig, locus, via, auch tempus; b) = nachtheilig, schädlich: vina ii. capiti. c) (*Pl.*) = nicht übereinstimmend, widersprechend: haec i. est comicó choragio. d) (Poet.) = übermäßig, übertrieben: sol i. übermäßig heiß, pondus gar zu groß. B) von Personen = ungünstig gestimmt, feindselig, alicui und in aliquem, auch *subst.* ii. mei meine Feinde, Gegner. 3) unbillig, ungerecht, übertrieben hart u. streng, pater, conditio. 4) unwillig, nicht gelassen: iniquo animo (= inique) aliquid pati (ferre), mori ungern.
*Initiāmenta, ōrum, *n. pl.* (i) [initio] (Spät.) die einweihende Lehre, Einweihung.
*Initĭātĭo, ōnis, *f.* (i) [initio] (Spät.) die feierliche Begehung eines geheimen Gottesdienstes zufolge einer Einweihung.
Initĭo, 1. (i) [initium] in einen geheimen Gottesdienst, bes. die Mysterien der Ceres, einweihen: i. aliquem Cereri; (Spät.)

trop. überhaupt einweihen, aliquem studiis iisdem.

Initium, ii, n. (i) [ineo] 1) ber **Eingang** = ber **Anfang**, belli, omnium rerum, facere i. dicendi; sumere (capere) i. ab re aliqua; (Spät.) = bie **Herkunft**, ii. obscure; insbef. abverbial initio im Anfange, zuerst. 2) im *pl.* A) bie ersten Bestandtheile ber Dinge, bie **Grundstoffe**, **Elemente**. B) **Elemente** = erste Lehrsätze, **Anfangsgründe** einer Wissenschaft (vgl. principia). C) ber geheime Gottesbienst, bie **Mysterien**. Hiervon (Poet.) = Geräthschaften, bie bei einem geheimen Gottesbienste gebraucht wurben.

Initus, us, m. (i) [ineo] 1) (*Lucr.*) bas **Hineinkommen**, bie **Ankunft**. 2) (*Lucr.*) ber **Anfang**. 3) (Poet. u. Spät.) bie Begattung.

Injectio, ōnis, f. [injicio] (Spät.) bas **Anlegen**, insbef. i. manus als Akt ber gewaltsamen Besitznahme (s. injicio 2.).

Injectus, us, m. [injicio] 1) (Spät.) bas **Daraufwerfen**, pulveris. 2) (*Lucr.*) bas **Hineinfügen**, i. animi in corpus.

Injĭcio, jēci, jectum, 3. [in-jacio] 1) **hineinwerfen**, -bringen, -thun, -legen: i. ignem castris; i. se in ignem, in medios hostes, morti sich in — stürzen. Hiervon *trop.* A) einflößen, beibringen, alicui timorem, religionem, mentem, alacritatem et studium. B) verursachen, bewirken, certamen, cunctationem. C) in bie Rebe einfließen lassen, äußern, aliquid; i. de re aliqua Etwas erwähnen; i. aliquid esse factum erwähnen, bemerken, äußern. 2) auf Etwas werfen, -legen, -bringen: i. pallium in aliquem, häufiger i. pallium alicui Jmb. ben Mantel überwerfen, anlegen, brachia collo bie Arme um ben Hals schlingen, pontem flumini über ben Fluß schlagen, manicas (frenos) alicui anlegen. Insbef. i. alicui manum Hand an Jmb. legen a) = Jmb. zum Stillstehen bringen. b) als symbolische Handlung, eine Sache als sein Eigenthum reclamiren und in Besitz nehmen; daher *trop.* i. manum quieti alicujus Jmbs Ruhe stören. c) = Jmb. vor Gericht laden.

*****In-jŭcunde,** adv. mit *comp.* unangenehm, unfreundlich.

*****Injŭcundĭtas,** ātis, f. [injucundus] bie **Unannehmlichkeit**.

In-jŭcundus, adj. 1) unangenehm, labor nobis i. 2) unfreundlich, streng, adversus malos.

In-jūdĭcātus, adj. (Vorklass. und Spät.) unbeurtheilt, a) ungerichtet, ohne Urtheil, homo. b) = unentschieden, res.

In-jungo etc., 3. 1) hineinfügen, tigna in asseres. 2) anfügen, hinzufügen, anschließen, aggerem muro. 3) *trop.* A) zufügen, verursachen, alicui injuriam, laborem. B) auflegen, aufbürden, alicui munus, civitatibus servitutem, onus; (Spät.) i. alicui ut aliquid faciat; i. sibi ut = beschließen.

In-jūrātus, adj. [eigtl. *particip.*, juro] ber nicht geschworen hat, unbeeibigt, jurati et ii.

Injūria, ae, f. [in-jus] 1) bas **Unrecht** = bie **Rechtsverletzung**, **Gewaltthätigkeit**: facere, inferre, imponere alicui injuriam Unrecht gegen Jmb. verüben; defendere, propulsare injuriam abwehren, accipere leiben; per i. mit Unrecht, auf ungerechte Weise. Häufig mit einem *genit.* verschiebener Art: a) i. ejus, tua das von ihm, bir verübte Unrecht. b) i. sociorum, bas gegen bie Bundesgenossen, bich verübte Unrecht; c) i. judicii bas im Urtheile liegende Unrecht, bas Ungerechte bes Urtheils; i. legatorum violatorum bas burch bie Verletzung ber Gesanbten verübte Unrecht, bas Unrecht, baß bie Gesanbten verletzt worben waren. 2) Insbef. A) im *pl.* als gerichtlicher *term. t.* = **Beleidigungen**, **Injurien**: actio injuriarum **Injurienproceß**. B) (Com.) = bie **unbillige Strenge**, **Härte**, i. paterna. C) = bas ungerecht genommene Gut, ber widerrechtliche Besitz, obtinere i. *****D) bie **Rache** wegen eines erlittenen Unrechtes. E) bie Verletzung ber Sittlichkeit, bie Entehrung eines Weibes. F) bie Verletzung, **Unbill**, ber **Schaben**: i. frigoris, temporis, oblivionis; sine agrorum i. ohne an ben Aeckern Schaben zu machen.

*****Injūrĭor,** *depon.* 1. [injuria] (Spät., zwflh.) Unrecht zufügen.

Injūriōse, adv. mit *comp.* [injuriosus] widerrechtlich, ungerecht.

Injūriōsus, adj. [injuria] 1) widerrechtlich handelnb, ungerecht, in aliquem. 2) *trop.* verletzend, schädlich, ventus, pes gewaltsam.

Injūrius ob. (zweifelh.) -jūrus, adj. [injuria] (selten) ungerecht.

In-jussus, us, m. ber **Nichtbefehl**, nur im *abl. sing.*, i. meo, alicujus, ohne meinen, Jmbs Befehl.

In-jussus, adj. [*particip.* von jubeo] (Poet.) ungeheißen = von selbst.

Injuste, adv. mit *comp.* u. *sup.* [injustus] ungerecht, widerrechtlich; i. facta ungerechte Handlungen; i. vendere zu theuer.

Injustĭtĭa, ae, f. [injustus] bie **Ungerechtigkeit**, bas ungerechte Verfahren; insbef. = bie unbillige Strenge, Härte.

In-justus, adj. mit *comp.* u. *sup.* ungerecht, A) = Unrecht verübenb ob. verüben wollenb, homo; (Poet.) i. noverca hart, grausam, deus boshaft. B) von Sachen = auf einem Unrechte beruhenb, von einem Unrechte herrührenb, onus, fenus, iracundia; regnum i. (Poet.) burch Unrecht erworben.

Inm...., siehe **Imm....**

Inl...., siehe **Ill....**

*****In-nābĭlis,** e, adj. (Poet.) worauf ob. worin man nicht schwimmen kann, unda.

In-nascor etc., *depon.* 3. in ober an Etwas geboren werben, -wachsen, -entstehen: robora ii. rupibus, hedera i. in cornibus; *trop.* avaritia mihi i., hoc in animis eorum innatum et insitum est angeboren.

In-nāto, 1. (Poet. u. Spät.) 1) hineinschwimmen, pisces ii. in concham; unda dulcis i. freto strömt hinein. 2) auf Etwas schwimmen: hominos ii. flumini (versinken nicht); (Poet.) i. undam auf bem Wasser; *trop.* innatans verborum facilitas obenauf schwimmenb, oberflächlich.

*****In-nāvĭgābĭlis,** e, adj. unbeschiffbar.

In-necto etc., 3. 1) anknüpfen, verknüpfen, zusammenknüpfen: i. palmas remis; i. comas; innecti cervicibus alicujus sich um ben

Hals Jmbs schlingen. Hiervon trop. A) i. caussas morandi eine nach der anderen vorbringen. B) innexus conscientiae alicujus = Jmds Mitwisser. C) i. fraudem olienti (Poet.) seinen Clienten bestricken. D) innexus alicui oder rei alicui mit Jmb. oder Etwas eng verbunden. 2) mit Etwas umschlingen, umwickeln, umwinden, tempora lacertis, fauces laqueo zusammenschnüren.

In-nītor etc., depon. 3. 1) sich auf ob. an Etwas stützen, -stemmen, -lehnen: i. hastae oder hastā; i. in aliquem, in cubitum; trop. salus mea i. incolumitati ejus beruht auf. 2) (Spät.) = ausgehen, sich endigen, syllaba i. in b literam.

In-no, 1. in oder auf Etwas schwimmen, aquae, (Poet.) i. fluvium; trop. classis i. mari segelt auf dem Meere, fluvius i. litori fließt auf.

In-nŏcens, tis, adj. mit comp. u. sup. 1) unschädlich, vinum, epistola. 2) unschuldig, schuldlos, überhaupt rechtschaffen, unsträflich, homo; insbes. = uneigennützig, streng redlich, praetor.

Innŏcenter, adv. mit comp. u. sup. (Spät.) [innocens] unschuldig, unsträflich, redlich.

Innŏcentia, ae, f. [innocens] 1) (Spät.) die Unschädlichkeit. 2) die Unschuld, Schuldlosigkeit, Rechtschaffenheit, Unsträflichkeit. 3) Insbes. die Uneigennützigkeit, Redlichkeit.

*Innŏcue, adv. [innocuus] (Poet.) unschädlich, vivere ohne Verletzung Anderer.

Innŏcuus, adj. [in-nocee] (Poet. u. Spät.) 1) unschädlich, herba, lupi ii. homini ohne dem Menschen zu schaden; litus i. sicher. 2) unschuldig, rechtschaffen: causae innocuae die Sachen der Unschuldigen. 3) unbeschädigt, navis.

In-nōtesco, tui, — 3. (Poet. und Spät.) bekannt werden, re aliqua durch Etwas.

In-nŏvo, 1. eigtl. erneuern, trop. i. se ad suam intemperantiam zu seiner vorigen Unmäßigkeit von Neuem zurückkehren.

Innoxie, adv. [innoxius] (Spät.) 1) unschädlich. 2) unsträflich.

In-noxius, adj. (meist Poet. u. Spät.) 1) unschädlich, animal; vulnera ii. nicht tödtlich; saltus, iter i. gefahrlos. 2) unschuldig, servus. *3) unverschuldet, unverdient, paupertas. 4) (Vortlaff. u. Spät. nebst Sall.) unbeschädigt, unverletzt.

*In-nūbĭlus, adj. (Lucr.) unbewölkt.
*Innūbis, e, adj. [in-nubes] (Spät. Poet.) wolkenlos.

In-nūbo etc., 3. in eine Familie hineinheirathen: i. thalamis vestris; ea quo (die Handschriften haben quae) innupserat die Familie, in welche sie durch Heirath hineingenommen war.

Innūbus, adj. [in-nubo] (Poet.) unverheirathet; laurus i. jungfräulich.

In-nŭmĕrābĭlis, e, adj. unzählig, zahllos.

Innŭmĕrābĭlĭtas, ātis, f. [innumerabilis] die Unzählbarkeit, unschlose Menge.

*Innŭmĕrābĭlĭter, adv. [innumerabilis] (Lucr.) unzählige Male.

*Innŭmĕrālis, e, (Lucr.) und In-nŭmĕrus, adj. (Poet. u. Spät.) = innumerabilis.

In-nuo etc., 3. zuwinken, zunicken, alicui.
In-nuptus, adj. (Poet.) unverheirathet (Vortlaff.) ii. nuptiae eine unselige Ehe, die den Namen einer Ehe nicht verdient, eine „Unehe".

In-nūtrio, 4. (Spät.) in oder bei Etwas ernähren, -erziehen: i. aliquem castris, mari, bellicis laudibus.

Ino, us, oder ōnis, f. (!) ['Ινώ] Tochter des Cadmus und der Hermione, Gemahlin des thebanischen Königs Athamas, Mutter des Learchus und des Melicertes, Stiefmutter des Phrixus und der Helle (siehe diese Artikel). Davon Inōus, adj.

*In-oblītus, adj. (!) (Poet.) nicht vergessend = eingedenk, dankbar.

*In-obrŭtus, adj. (!) (Poet.) unüberschüttet.

In-obsĕquens, adj. (!) (Spät.) ungehorsam.

In-observābĭlis, e, adj. (!) (Poet. und Spät.) unbemerklich.

In-observantia, ae, f. (!) die Unachtsamkeit, insbes. die Nichtbeobachtung der Ordnung.

In-observātus, adj. (!) (Spät.) unbeobachtet.

In-occo, 1. (!) eineggen, semen.
Inociosus, a. S. für Inotiosus.
*In-ŏdōror, depon. 1. (zwsh.) aufspüren.
In-offensus, adj. (!) (Poet. u. Spät.) 1) nicht von oder gegen Etwas gestoßen, unangestoßen, pes. 2) trop. A) ungehindert, ungestört, mare, vita. B) ununterbrochen, cursus honorum.

In-officiōsus, adj. (!) ungefällig, undienstfertig, in aliquem; insbes. testamentum i. unliebevoll, in welchem die Pietätsrücksichten vernachlässigt sind, weil die nächsten Verwandten Nichts erhalten haben.

In-ŏlens, tis, adj. [oleo] (Lucr.) nicht riechend, geruchlos.

In-ōlesco, ēvi, ĕtum, 3. (!) (Poet. und Spät.) in oder an Etwas wachsen: i. libro auf dem Baste; trop. vox i. linguae blieb an der Zunge hangen.

*In-ōmĭnātus, adj. (!) (Poet.) Uebles anzeigend = fluchbeladen, unglücklich.

*In-ŏpertus, adj. (!) (Spät.) unbedeckt.
Inōpia, ae, f. (!) [inops] der Mangel, die Mittellosigkeit: i. der Mangel an Etwas; i. argenti, rei frumentariae, occasionis, advocatorum. 2) Insbes. der Mangel an dem Nöthigen, die Noth, Armuth, hülflose Lage (objectiv, die Mittellosigkeit an und für sich, vgl. egestas und indigentia). Hiervon locorum i. Mangel an allen Bedürfnissen: trop. vom Redner = der Mangel an Gedanken und Worten, die Dürftigkeit, Magerkeit, i. et jejunia.

In-ŏpīnans, tis, adj. (!) nichts ahnend, nicht vermuthend, inopinantes eos oppressit; illo inopinante ohne daß er es vermuthete.

*In-ŏpīnanter, adv. (!) [inopinans] (Spät.) unvermuthet.

*In-ŏpīnāte (Spät.) u. *-to, adv. (!) [inopinatus] unvermuthet.

In-ŏpīnātus (!) und (Poet. und Spät.) Inŏpīnus, adj. (!) unvermuthet, unerwartet.

Inŏpiōsus, *adj.* [inopia] (*Pl.*) sehr bedürftig, consilii.

In-opportūnus, *adj.* (selten) unbequem.

In-ops, ŏpis, *adj.* (I) [in-ops, opes] Hülfe oder Hülfsmittel ermangelnd, 1) hülflos, mittellos, insbef. = arm, bedürftig: inopes relicti a duce; inopes coacti sunt ad opulentiorum auxilium confugere; vita i. armselig, aerarium i. erschöpft. 2) arm an Etwas, Etwas ermangelnd, bedürftig: i. ab amicis oder amicorum an Freunden; senatus i. consilii, via i. aquarum, homo i. mentis. 3) *trop.* A) von dem Stile und der Rede, dürftig, mager, armselig, orator, lingua Latina. B) (Poet.) animus i. kleinlich, verzagt, amor i. erfolglos.

*In-optātus, *adj.* (I) (Spät.) unerwünscht.

In-ōrātus, *adj.* (I) nicht vorgetragen, nur in der Verbindung re i. ohne die Sache vorgetragen zu haben.

In-ordinātus, *adj.* (I) (selten) ungeordnet, fast immer von Truppen = nicht in Reihe und Glied gestellt: *subst.* -tum, i, *n.* = Unordnung oder ungeordnete Lage, aliquid ex i. in ordinem redigere.

*In-ŏrior etc., (*Tac.*, zweifelh.) *intrans.* sich zeigen.

In-ornāte, *adv.* (I) schmucklos, dicere.

In-ornātus, *adj.* (I) 1) ungeschmückt. 2) *trop.* A) von der Rede, schmucklos, orator, verba. B) ungelobt, ungepriesen.

*In-ōtiōsus, *adj.* (I) (Spät.) nicht müßig, viel beschäftigt.

Inquam, inquis, — *verb. def.* ich sage, spreche: 1) bei directer Anführung der Worte Jmds, einem oder mehreren Worten nachgesetzt: Romulus, „Jupiter," i., „tuis jussus avibus etc."; selten mit einem *dat.*, i. mihi. 2) bei nachdrücklicher Wiederholung der eigenen Worte: sage ich. 3) bei Einwendungen, die erwähnt werden, mit unbestimmtem Subject (aliquis), = sagt man (er), heißt es. 4) Bisweilen steht i. überflüssig (hoc adjunxit: Pater, i., meus etc.); bisweilen wird es pleonastisch wiederholt, bisweilen fehlt es, wo es stehen sollte.

In-quies, ētis (Spät.) *adj.* = inquietus unruhig.

*Inquiētātio, ōnis, *f.* [inquieto] (Spät.) die Beunruhigung.

Inquiēto, 1. [inquietus] (Spät.) beunruhigen, aliquem.

*Inquiētūdo, ĭnis, *f.* [inquietus] (Spät.) die Unruhe.

Inquiētus, *adj.* mit (Spät.) *comp. u. sup.* unruhig, ingenium, mare erregt, wogend.

Inquilīnus [statt incolinus von incola], der irgendwo wohnt ohne Eigenthumsrecht, 1) *adj.* fremdbürtig, von ausländischer Herkunft, civis. 2) *subst.* der Miethmann, Insaffe: te inquilino, non domino.

Inquinātus, *adj.* mit *comp. u. sup.* [*particip.* von inquino] 1) beschmutzt, befleckt, schmutzig. 2) (Spät.) getüncht, gefärbt mit Etwas, davon ein wenig mit Etwas bekannt, i. litteris.

Inquino, 1. verunreinigen, beschmutzen, vestem; *trop.* beflecken, beschimpfen, amicitiam nomine criminoso, famam alterius; i. se parricidio; vita inquinata omnibus vitiis.

Inquīro, sīvi, sītum, 3. [in-quaero] 1) nach Etwas suchen, es aufsuchen, corpus alicujus, sedes; i. vitia alicujus. 2) in eine Sache eindringend untersuchen (vgl. anquiro), erforschen: i. in patrios annos; i. quid sit furere; nimium in sef. gegen sich selbst gar zu strenge sein. 3) Insbef. Aufschlüsse und Beweismittel zur Klage gegen Jmd. suchen, i. in competitores.

Inquīsītio, ōnis, *f.* [inquiro] 1) das Aufsuchen, Nachsuchen, militum; esse alicui inquisitioni (*Pl.*) von Jmd. gesucht werden müssen = nicht da sein. 2) die Untersuchung, Erforschung, veri. 3) das Aufsuchen der Aufschlüsse und Beweismittel zur Klage gegen Jmd.

Inquīsītor, ōris, *m.* [inquiro] 1) der Aufsucher, Nachspürer. 2) der Untersucher, Erforscher, rerum. 3) Insbef. der Aufsucher von Aufschlüssen und Beweismitteln zur Klage gegen Jmd.

Inr..., siehe Irr.....

Insaeptus, a. S. für Inseptus.

In-sălūbris, e, *adj.* (Spät.) ungesund = der Gesundheit nachtheilig, tempus, potus; *trop.* unzuträglich, unheilsam.

In-sălūtātus, *adj.* (Poet.) ungegrüßt.

In-sānābĭlis, *adj.* unheilbar, morbus; *trop.* contumelia i. die nicht wieder gut gemacht werden kann, ingenium i. unverbesserlich.

Insāne, *adv.* mit *comp. u. sup.* [insanus] unsinnig, toll, uneigtl. = sehr heftig, amare, esurire.

Insānia, ae, *f.* [insanus] 1) der Wahnsinn, die Tollheit, Raserei, das unsinnige Betragen; *pl.* = unsinnige Unternehmungen, tolle Streiche; (Poet.) i. belli unsinnige Begierde nach Krieg; concupiscere ad i. bis zur Raserei nach Etwas verlangen. 2) uneigtl. (fiehe insanus) A) = die poetische Begeisterung. B) = unsinnige Uebertreibung, bef. = der unsinnige Aufwand, Pracht u. dergl.: i. mensarum, villarum, libidinum in Ausschweifungen.

Insānio, 4. [insanus] toll = unsinnig sein, von Raserei und Wuth ergriffen sein, sich unsinnig betragen, bef. von Leidenschaften und Affecten (am häufigsten Liebe, Haß, Zorn und dergleichen): i. ex amore, ex injuria; (Poet.) i. amore alicujus rasend in Jmd. verliebt sein; i. in libertinas „toll sein" nach Freigelassenen = in sie verliebt sein, auf sie Jagd machen; (Poet.) i. similem errorem an einem ähnlichen Irrthume leiden, i. solemnia nach der Mode toll sein, i. seros amores vor später Liebe.

Insānĭtas, ātis, *f.* [insanus] (ein von Cicero gebildetes, sonst nicht gebräuchliches Wort) die Ungesundheit, der kränkliche Zustand.

In-sānus, *adj.* mit *comp. u. sup.* (eigtl. nicht gesund) 1) toll, wahnsinnig. 2) vor Leidenschaft (Liebe, Haß, Zorn u. dergl.) unsinnig, rasend, homo, mens, cupiditas. 3) *trop.* A) (Poet.) vates i. die begeisterte, von der Gewalt des Gottes erfüllte und daher ihrer selbst nicht mächtige (des Verstandes beraubte) Priesterin (Sibylla). B) von Sachen, a) (Poet.) procellae, fluctus ii. gewaltige, tobende; forum

i. wo es unruhig hergeht. b) = übermäßig, übertrieben, ungeheuer, mons, moles substructionum, dolor, fulgores. Hiervon das *neutr.* insanum als *adv.* = übermäßig, i. magnus.

In-săpiens, e. S. für Insipiens.

In-sătiābĭlis, e, *adj.* 1) unersättlich, cupiditas, avaritia; (Spät.) mit einem *genit.,* i. sanguinis von Blut. 2) nicht sättigend = dessen man nicht satt werden kann, varietas, pulchritudo.

Insătiābĭlĭter, *adv.* [insatiabilis] unersättlich.

*****In-sătiĕtas,** ātis, *f.* (*Pl.*) die Unersättlichkeit.

*****In-sătūrābĭlis,** e, *adj.* unersättlich.

*****In-sătūrābĭlĭter,** *adv.* unersättlich.

Inscendo, di, sum, 3. (in-scando) (Wortfloff. u. Spät.) = ascendo, hinein-, hinaufsteigen, besteigen, in currum, in lectum, in arborem; i. quadrigas, equum; absol. i. = zu Schiffe gehen.

In-scalpo, siehe Insculpo.

*****Inscensio,** ōnis, *f.* [inscendo] (*Pl.*) das Einsteigen, das Anbordgehen, in navem.

In-sciens, *adj.* 1) nicht wissend, wider Wissen, unwissend: me insciente factum est ohne daß ich es wußte; insciens fecit et id quod es, ohne es zu wissen. 2) (Com.) einfältig, albern.

Inscienter, *adv.* [insciens] (selten) einfältig, albern, facere.

Inscientia, ae, *f.* [insciens] die Unwissenheit, Unkenntniß (vgl. inscitia): i. et error; i. locorum Unkunde der Gegend, ebenso belli.

Inscĭtē, *adv.* mit *comp.* u. *sup.* [inscitus] ungeschickt, ungereimt, albern.

Inscĭtia, ae, *f.* [inscitus] 1) der Mangel an Fähigkeit, das Erlernte zu gebrauchen oder überhaupt sich verständig zu benehmen, die Ungeschicktheit, der Unverstand, verkehrte Art eine Sache zu behandeln (vgl. inscientia): i. temporis Ungeschicktheit in der Wahl der Zeit: i. rerum die Unerfahrenheit. 2) (Poet. u. Spät.) = inscientia die Unwissenheit, Unkunde: i. veri der Wahrheit, aedificandi; i. erga domum suam (*Tac.*) in seinen häuslichen Angelegenheiten.

In-scĭtus, *adj.* mit *comp.* u. *sup.* ungeschickt, unverständig, albern, verkehrt.

Inscĭus, *adj.* [in-scio] unwissend, unkundig (vgl. nescius), homo; fecit inscius er that es, ohne es zu wissen, me inscio ohne mein Wissen; i. omnium rerum und (*Pl.*) i. de re aliqua; ii. quid gereretur ohne zu wissen, was vorging.

In-scrībo etc., 3. 1) (Poet.) durch einen Riß bezeichnen, -beschreiben, pulvis inscribitur hastā. Hiervon = brandmarken. 2) in oder an Etwas schreiben: i. aliquid in statua und i. aliquid monumento (*dat.*) eine Inschrift an — setzen; *trop.* inscriptum est in fronte ejus = man sieht es ihm deutlich an. Hiervon *trop.* A) i. aliquid in animo es in sein Herz einprägen. B) i. sibi nomen sich einen Namen anmaßen; i. vitiis sapientiam den Lastern den Namen der Weisheit geben; (Poet.) i. deos sceleri die Götter als Vorwand für einen Frevel

gebrauchen, i. suam dexteram leto alicujus seiner Hand den Tod Jmds Schuld geben, als Urheber des Todes bezeichnen. 3) mit Etwas beschreiben = mit einer In- ob. Aufschrift bezeichnen, statuam, aras. Insbes. A) = einem Buche einen Titel geben: i. librum oratorem dem Buche den Titel „der Redner" geben. liber qui oeconomicus inscribitur das den Titel Oekonom führt. B) durch eine angehängte Tafel oder dergl. zum Verkauf oder zur Vermiethung anbieten: i. aedes venales; i. aliquem literatorem einen (Sklaven) als Sprachkundigen feilbieten. C) (Poet.) kenntlich machen, bezeichnen.

Inscriptio, ōnis, *f.* [inscribo] 1) die Aufschrift einer Statue u. dergl. 2) der Titel eines Buchs. 3) das Brandmarken.

In-scriptus, *adj.* (Spät.) 1) ungeschrieben, nicht geschrieben. 2) wovon Nichts geschrieben ist = (in den Gesetzen) unerwähnt.

In-sculpo etc., 3. 1) einschnitzen, eingraben, aliquid saxo, literas tabellae. 2) *trop.* einprägen, aliquid in mente.

In-sĕcābĭlis, e, *adj.* (Spät.) untheilbar.

In-sĕco etc., 1. 1) schneiden, zerschneiden, corpora mortuorum. 2) (Poet.) = in Etwas einschneidend bilden, dentes insecti pectine.

Insectātio, ōnis, *f.* [insector] 1) die Verfolgung, hostis. 2) *trop.* = die Verhöhnung, der Hohn, Tadel, die Verunglimpfung, nostri von uns.

Insectātor, ōris, *m.* [insector] der Verfolger, *trop.* der Tadler, vitiorum.

In-sector, *depon.* 1. u. (*Pl.*) -to, 1. verfolgen, angreifen: A) mit Waffen u. dergl., i. hostem telo. B) mit Worten u. dergl. = verhöhnen, tadeln, durchziehen: i. aliquem maledictis; i. audaciam alicujus.

Insectum, i, *n.* [inseco] (Spät.) ein Insect.

*****In-sĕdābĭlĭter,** *adj.* [sedo] (*Lucr.*) unstillbar = unaufhörlich.

In-sĕnesco, nui, —. 3. in oder bei Etwas alt werden = sich lange bei Etwas aufhalten, iisdem negotiis, libris.

In-sensĭlis, e, *adj.* (Vortlaff.) unempfindbar = durch die Sinne nicht erkennbar.

In-sĕpărābĭlis, e, *adj.* (Spät.) untrennbar.

*****In-septus,** *adj.* (Spät.) eingehegt = umgeben.

*****Insĕpultus,** *adj.* [*particip.* eines sonst ungebr. Verbums insepelio] (darin) begraben, *trop.* verborgen.

In-sĕpultus, *adj.* unbegraben; mors i. ohne erfolgendes Begräbniß, sepultura i. ein Begräbniß, das so gut wie keines ist = ohne die herkömmlichen Feierlichkeiten.

In-sĕquor etc., 3. 1) auf Etwas unmittelbar folgen, nachfolgen, bes. in der Zeit: i. aliquem; suspicio i. facta improborum; absol. vocalis, nox i. folgt darauf. 2) folgen, i. navem oculis; insbef. feindlich = verfolgen, angreifen, nachsetzen: i. aliquem bello betriegen, i. hostem. Hiervon = Jmb. mit Worten u. dergl. angreifen, hart tadeln, anstoßen u. dergl.: i. aliquem dictis, contumeliā; i. turpitudinem vitae. 3) A) eifrig und anhaltend fortfahren, bei Etwas bleiben, aliquid facere; i. longius die Auseinandersetzung weiter verfolgen. B) darauf bestehen, zur Absicht haben, dahin streben, ut erudiam aliquem.

In-sēro, sēvi, situm, 3. 1) einsäen, einpflanzen, einpfropfen, surculum arbori ob. in arborem; auch (Poet.) pfropfen, vitem, arbutus inseritur fetu nucis wird mit — gepfropft. 2) trop. A) einpflanzen = einprägen, eingeben: eloquentia i. novás opiniones; i. vitia. Insbef. particip. insitus = angeboren, eingewurzelt: sapientia i. in istam domum; hoc naturā est insitum; odium, opinio penitus insita, amor menti insitus. B) insitus in Calatinos in die Familie der C. aufgenommen.

In-sĕro, rui, rtum, 3. 1) hineinfügen, -stecken, -thun, collum in laqueum, rostrum lagenae, cibum alicui in os. 2) trop. hineinmischen, -bringen: i. querelas; i. deos vel minimis rebus; i. contiones operi in das Werk einflechten, aufnehmen; i. aliquem sceleri, se rei sich in eine Sache mischen; (Poet.) i. aliquem stellis unter die Sterne aufnehmen, insertus numero civium in die Zahl der Bürger aufgenommen.

Inserto, 1. [insero 2.] (Poet.) hineinfügen, dexteram clipeo.

In-servio, 4. eigtl. bei Jmb. Sklave sein, 1) (Spät., selten) dienstbar sein, als Knecht dienen, alicui. 2) trop. A) Jmb. zu Diensten=, zu Willen sein, ihm Gefälligkeit und Artigkeit erweisen, alicui und (Pl.) aliquem. B) sich nach Etwas richten, -fügen, temporibus; nihil est a me temporis causa inservitum ich habe niemals den Mantel nach dem Winde gehängt. C) einer Sache ergeben sein, sie eifrig betreiben, nach Etwas streben, honoribus, famae, suis commodis fördern.

In-sībĭlo, 1. (Poet.) hineinpfeifen, -zischen, Eurus i. pinetis.

Insĭdeo, sēdi, sessum, 2. [in-sedeo] 1) in oder auf Etwas sitzen, toro, equo. Hiervon trop. = in Etwas haften, fest sitzen, herrschen u. dergl.: res i. in animo, in sensu macht einen bleibenden Eindruck auf; desiderium mihi i. ist in meinem Herzen eingewurzelt. 2) militär. term. t., besetzt halten, inne haben, arcem, locum; viae insidentur hostium praesidiis. Hiervon = bewohnen, ea loca.

Insĭdiae, ārum, f. pl. [insideo] 1) der Hinterhalt, sowohl = die Stelle, wo einige Personen auf einen oder mehrere Feinde lauern, um ihn (sie) unerwartet und hinterlistig zu überfallen, als = die Personen, die in solcher Absicht in einem Hinterhalte sich befinden: invadere aliquem ex ii., milites collocare in ii.; collocare, disponere insidias. 2) trop. die Nachstellung, Hinterlist, der hinterlistige und heimliche Plan oder Angriff: interficere aliquem ab ii. oder per ii.; insidias struere, parare, tendere, comparare alicui (auch contra aliquem) Jmb. nachstellen; auch von Kunstgriffen eines Redners. Hiervon überhaupt = List, hinterlistiges Betragen: adhibere insidias; insidiis oder ex ii. (oppos. aperte) listig, durch List.

Insĭdĭātor, ōris, m. [insidior] 1) ein im Hinterhalte liegender (Soldat oder Bandit). 2) trop. der Nachsteller, Auflaurer.

Insĭdĭor, depon. 1. [insidiae] im Hinterhalte liegen und auf Jmb. lauern, daher trop. Jmb. nachstellen, auf ihn lauern: i. alicui; i. tempori auf eine Gelegenheit lauern, i. temporibus die Zeitumstände hinterlistig beobachten.

Insĭdĭōse, adv. mit sup. [insidiosus] hinterlistig, ränkevoll.

Insĭdĭōsus, adj. mit comp. u. sup. [insidiae] hinterlistig, ränkevoll, homo; von sächlichen Gegenständen gefährlich, betrüglich, locus, pocula.

In-sīdo etc., 3. 1) in oder auf Etwas sinken, -sich setzen, -sich niederlassen: apes i. flori; i. alicui auf Jmbs Schooß; digiti ii. membris (Poet.) lassen sich in das elastische Fleisch hineindrücken. So Capitolium insessum diris avibus worauf — sich gesetzt haben; (Poet.) i. cineres patriae auf — Wohnsitz nehmen. 2) trop. A) sich fest setzen = sitzen bleiben, bleibenden Platz nehmen: quum semen insedit in iis locis etc.; id penitus insedit in memoriā; gens ibi insedit (Poet.) ließ sich da nieder. B) (Poet.) in Besitz nehmen, sich irgendwo festsetzen, i. arces.

Insigne, siehe Insignis.

Insignio, 4. [insignis] (Poet. u. Spät.) kenntlich machen, mit einem Zeichen versehen, bezeichnen: L rem aliqua re; trop. insigniri = abstechen, sich auszeichnen; (Poet.) Io i. clipeum auro ein goldenes Bild der Jo schmückte den Schild.

Insignis, e, adj. [in-signum] ein Zeichen an sich habend, 1) mit Etwas bezeichnet, kenntlich an Etwas, abstechend oder auffallend durch Etwas: i. maculis; Phoebus i. crinibus, trop. homo i. omnibus notis turpitudinis; vestis i. besonderes, durch gewisse Kennzeichen unterschiedenes Kleid. 2) = außerordentlich, auffallend, bald lobend = ausgezeichnet, vortrefflich, bald tadelnd = ungeheuer, übermäßig, sonder Gleichen: i. virtus, studium erga aliquem; i. odium, periculum, impudentia; homo insignis facie oder debilitate aliqua corporis, auch i. ad debilitatem in Bezug auf Schwächlichkeit. — Hiervon als subst. **Insigne**, is, n. 1) das Kennzeichen, Abzeichen, Zeichen, womit Etwas bezeichnet oder geschmückt wird: i. fortunae; i. virtutis, laudis Ehrenzeichen. 2) Zeichen: quod erat insigne, eum omnibus qui copiam facere ein Beweis, Zeichen, daß u. s. w.; quod erat i. quum arma capienda essent ein Signal, Zeichen. 3) Insbef. A) = Ehrenzeichen eines Amtes oder einer Würde: ii. regia das Diadem; ii. consularia, pontificalia oder pontificum. B) i. navis eine Fahne (Flagge) oder eine Figur am Hintertheile des Schiffes. C) = Waffenzeichen, bes. am Schilde, eigene Zierrathen, welche einige Krieger oder Völker trugen.

Insignīte, adv. mit comp. [insignitus] auffallend, ausgezeichnet.

Insignĭter, adv. mit comp. [insignis] abstechend, auffallend, ausgezeichnet.

Insignītus, adj. mit comp. [particip. von insignio] 1) bezeichnet, durch Abzeichen deutlich. 2) auffallend, ausgezeichnet.

*****Insĭlia**, ium, n. (Lucr.) die Spule der Weber.

Insilio, lui (selten lii), — 4. [insalio] tr Etwas hinein oder auf Etwas hinauf springen: i. in phalangas, e navi in scaphum, in equum; (Poet. und Spät.) i. puppi (*dut.*) und tauros auf die Stiere losfprengen, i. Aetnam, undas in — hinab; *trop.* i. in malum cruciatum.

In-simul, *adv.* (Spät.) zugleich.

Insimulātio, ōnis, *f.* [insimulo] die Beschuldigung, probrorum.

In-simŭlo, 1. 1) Jmd. Etwas andichten, ihn beschuldigen, bezüchtigen, anklagen (durch ein Vorgeben, also ursprünglich = ungerecht beschuldigen, vgl. accuso, criminor): i. aliquem proditionis, repetundarum crimine, falsis criminibus; i. aliquem omnia incerta dicere daß er u. s. w., ebenso Alcibiades insimulatur mysteria enunciavisse; (Com.) facinus quod insimulas die Unthat, deren du (mich) beschuldigft, auch i. aliquid in aliquem; absol. i. aliquem durum Jmb. daß er hart sei. 2) mit dem *accus.* der Schuld, als Ankläger vorbringen, zum Gegenstande einer Anklage machen, aliquid; neque aliud quam patientia ant pudor insimulari potuit.

In-sincērus, *adj.* (Poet. u. Spät.) unrein, unlauter, falsch, verdorben.

Insinuātio, ōnis, *f.* [insinuo] rhetor. term. t. ein eindringlicher Eingang einer Rede, wodurch man die Herzen der Zuhörer zu gewinnen sucht, die „Einschmeichelung".

In-sinuo, 1. 1) in das Innere eines Gegenstandes hineinbringen, -gelangen lassen: i. ordines die Reihen der Soldaten in die Lücken der Feinde eindringen lassen; i. aestum per septa domorum hineinströmen lassen. Insbef. reflexiv i. se einbringen, sich in Etwas oder zu Jmb. Eingang verschaffen, inter equitum turmas, ad aliquem; flumen i. se inter valles; (Spät.) Tigris i. se mari ergießt sich in. 2) *trop.* A) i. se in philosophiam tief hineinbringen, eine gründliche Kenntniß der Philosophie erwerben. B) i. se in familiaritatem, consuetudinem, usum alicujus Jmds Freundschaft erwerben, in Jmds vertrauten Umgang sich einnisten. C) (Spät.) i. aliquem alicui Jmd. bei Jmd. in Gunst bringen. 3) *intrans.* (selten) = i. se, siehe oben: i. ad causam sich den Weg zu einer Sache bahnen, i. alicui sich bei Jmb. einschmeicheln.

Insipiens, tis, *adj.* mit comp. und sup. [in-sapiens] unweise, unverständig, thöricht.

Insipienter, *adv.* [insipiens] unverständig, thöricht.

Insipientia, ae, *f.* [insipiens] die Unverständigkeit, der Unverstand, die Thorheit.

In-sisto etc., 3. (eigtl.) 1) sich in oder auf Etwas hinstellen, hintreten, auftreten: i. in jugo; i. jacentibus (*dut.*) auf die Gefallenen, vestigiis alicujus in Jmds Fußstapfen treten, ebenso honoribus alicujus dieselben Ehrenstellen übernehmen; (Spät.) i. in sinistrum pedem; i. firmiter fest auftreten; absol. prave i. einen falschen Weg einschlagen. So auch *transit.* auf Etwas treten, plantam, limen, i. vestigia Schritte machen; insbes. i. iter, viam betreten, einschlagen, *trop.* i. rationem rei alicujus sich für ein gewisses Verfahren bestimmen. 2) Jmb. auf dem Fuße folgen, ihn bedrängen, verfolgen, hostibus; hiervon bellum i. moenibus bringt bis zur Mauer hin. 3) sich mit einer Sache eifrig beschäftigen, sie eifrig betreiben, i. rei alicui und in rem aliquam, auch *transit.* i. negotium, munus ein Geschäft betreiben, ihm obliegen. 4) bei Etwas beharren, damit fortfahren, flagitare, urbem oppugnare. 5) *intrans.* stehen bleiben, still stehen: paulum i.; motus stellarum ii.

Insitīcius, *adj.* [insero 1.] (Spät.) eingepfropft, *trop.* fremd, sermo.

Insitio, ōnis, *f.* [insero 1.] die Pfropfung.

Insitīvus, *adj.* [insero 1.] (Poet. u. Spät.) eingepfropft, *trop.* unächt, untergeschoben.

Insĭtor, ōris, *m.* [insero 1.] (Poet.) der Pfropfer.

In-sociābĭlis, e, *adj.* unvereinbar, unverträglich, der nicht gut in der Genossenschaft oder Gemeinschaft mit Jmb. sein kann, gens; i. alicui gegen Jmb.; regnum est i. Gemeinschaft in der Königswürde geht nicht gut an.

*****In-sōlābĭlĭter,** *adv.* (Poet.) untröstlich.

In-sŏlens, tis, *adj.* mit comp. und sup. [soleo] 1) der Etwas nicht pflegt, einer Sache ungewohnt: i. belli, ruris colendi; i. in dicendo; i. malarum artium unerfahren in, infamiae; absol. (Com.) quid tu Athenas insolens warum (kömmst du) nach A., der du hierher nicht zu kommen pflegst? 2) ungewöhnlich, übermäßig, übertrieben, laetitia. 3) (der ein Glück, das er nicht gewohnt ist, nicht ertragen kann) übermüthig, stolz, sich überhebend: i. et superbus; i. ostentatio; i. in re aliena = übermüthig und verschwenderisch.

Insŏlenter, *adv.* mit comp. u. sup. [insolens] 1) wider Gewohnheit, ungewöhnlich. 2) auffallend, übertrieben. 3) übermüthig, stolz.

Insŏlentia, ae, *f.* [insolens] 1) die Ungewohnheit einer Sache, die Unbekanntschaft mit Etwas; i. judiciorum, fori. 2) die Ungewöhnlichkeit, Neuheit einer Sache, i. loci, verborum. 3) das Uebermäßige-, Uebertriebene einer Sache, die Uebertreibung bes. im Aufwande, i. hujus seculi. 4) häufig der Uebermuth, Stolz, i. ex rebus secundis = übermüthige Verschwendung.

Insŏlesco, — — 3. [in-soleo] (selten) übermüthig werden, rebus secundis.

*****In-sŏlĭdus,** *adj.* (Poet.) undicht = schwach.

In-sŏlĭtus, *adj.* 1) act. einer Sache ungewohnt, rerum bellicarum; exercitus i. ejus tumultus und ad laborem; absol. cogo aliquem insolitum prodire gegen seine Gewohnheit. 2) *pass.* ungewöhnlich, dessen man nicht gewohnt ist, loquacitas, labor.

In-sŏlŭbĭlis, e, *adj.* (Spät.) 1) unauflöslich. 2) unbezahlbar, creditum. 3) unwiderleglich.

Insomnia, ae, *f.* [insomnis] die Schlaflosigkeit; carere insomniis feine schlaflose Nächte haben.

Insomnis, e, *adj.* [in-somnus] (Poet. u. Spät.) schlaflos, homo, nox.

Insomnĭum, ii, *n.* [in-somnus] der Traum, das Traumbild.

In-sŏno etc., 1. (Poet. u. Spät.) 1) *intrans.* dabei ertönen, sich hören lassen: caverna i. erschallt, ventus i., unda i. brauset; auch = sich räuspern. 2) *transit.* ertönen lassen, verbera; absol. i. flagello mit der Peitsche knallen, calamis auf der Rohrpfeife blasen.

In-sons, tis, *adj.* 1) unschuldig: arguere aliquem i.; probri an einer Schandthat. 2) (Poet.) unschädlich, nicht verletzend, Cerberus.

In-sŏpītus, *adj.* (Poet.) nicht eingeschläfert = schlaflos, immer wachsam, draco.

*In-sortītus, *adj.* [sortior] (Pl., zweifelh.) unverloost.

Inspectio, ōnis; *f.* [inspicio] 1) das Ansehen, die Betrachtung, agri. 2) *trop.* A) die Durchsicht, Revision, tabularum. B) die Ueberlegung, Untersuchung; davon = die Theorie.

In-specto, 1. ansehen, bei Etwas zusehen, aliquem; auch absol. me inspectante vor meinen Augen; i. per impluvium hineinsehen.

Inspectus, us, *m.* [inspicio] (Spät.) das Ansehen, Anschauen.

In-spērans, tis, *adj.* (kömmt im *nomin.* nicht vor) nicht hoffend, nicht erwartend: me insperante wider mein Erwarten, accidit mihi insperanti.

Inspērāte u. -to, (Vorklass. u. Spät.) *adv.* [insperatus] unverhofft, unerwartet.

In-spērātus, *adj.* mit *comp.* unverhofft, unvermuthet, praesidium; pecunia i.; auch von unangenehmen Dingen = unerwartet, malum.

Inspergo, si, sum, 3. [in-spargo] 1) darauf streuen, -spritzen: i. molam et vinum; i. farinam potioni hineinmischen. 2) (Vorklass. u. Spät.) bestreuen, besprengen, oleam sale.

Inspicio, exi, ectum, 3. [in-specio] 1) in oder auf Etwas hinsehen: i. in speculum, i. domos auf die Häuser herab sehen. Häufig von einem Lesenden = nachsehen, durchsehen, lesen, insbes. i. libros (Sibyllinos). 2) besichtigen, in Augenschein nehmen, beschauen, genau untersuchen: i. exta die Eingeweide der Opferthiere. Insbes. von Heerführern und Beamten = inspicieren, mustern, Revue halten über: i. arma, viros, classem, singulos milites. 3) mit dem Auge des Geistes beschauen, betrachten = untersuchen, erwägen, sich mit Etwas bekannt machen: i. ingenia Graecorum, legem; i. aliquem (seinen Charakter, seine Lebensart u. s. w.); i. res sociorum; i. quid deceat.

*Inspīco, 1. [in-spica] (Poet.) Etwas zuspitzen (so daß es einer Aehre ähnlich wird), aliquid.

In-spīro, 1. (Poet. u. Spät.) 1) *intrans.* in oder auf Etwas blasen, -wehen; aurae ii. ramis arborum; i. conchae auf einer Muschel blasen. Hiervon (Spät.) i. literae einen Buchstaben aspiriren. 2) *transit.* A) Jem. Etwas einhauchen, einblasen, venenum; i. animam homini. Gewöhnlich *trop.* a) = einflößen, eingeben, alicui amorem, iram. b) (Spät.) i. sonum fistulā einen Ton angeben.

B) begeistern, aliquem; auch überhaupt = entflammen, in Feuer setzen.

In-spŏliātus, *adj.* (Poet. u. Spät.) ungeplündert, unberaubt.

In-spuo etc., 3. in oder auf Etwas hinspeien, Etwas anspeien: i. alicui in frontem, in faciem alicujus.

In-spūto, 1. (Pl.) anspeien, aliquem.

In-stăbĭlis, e, *adj.* 1) (Poet. u. Spät.) worauf man nicht stehen kann, zum Stehen nicht geeignet, tellus, locus. 2) nicht fest stehend, ohne festen Stand, schwankend, gradus; i. ingressus wenn man eine steile Anhöhe erklimmen will; ebenso acies i., hostis i. ad conferendas manus der nicht Stand hält zum Handgemenge; arbor i. von einem durchgesägten Baume. 3) *trop.* unstät, unbeständig, motus, animus.

Instans, tis, *adj.* mit *comp.* [*particip.* von insto] 1) vor der Thür seiend, gegenwärtig, tempus. 2) dringend, eindringend, cura.

Instanter, *adv.* mit *comp.* [instans] dringend, mit Heftigkeit, dicere, petere.

Instantia, ae, *f.* [instans] (Spät.) die Eindringlichkeit = die Beharrlichkeit, das Anhalten im Bitten und Fordern.

Instar, *n. indecl.* 1) (Poet.) das äußere Ansehen, das Aeußere, die Gestalt; quantum i. in ipso est welch herrliches Aeußere, welche majestätische Gestalt! habere i. urbis wie eine Stadt aussehen. 2) das Ebenbild, Abbild, Bild: parvum i. eorum quae etc. ein geringer Schatten dessen u. s. w. 3) in Verbindung mit einem *genit.* bezeichnet i. und ad i. eine Aehnlichkeit oder Gleichheit im Ansehen, Werth, Zahl u. dgl.: equus i. montis so groß wie ein Berg; cohortes quaedam, quod i. legionis videretur, post silvam erant, so viele, daß sie wie eine Legion aussahen; obtinere i. puncti wie ein Punkt sich verhalten, aussehen; unus ille dies mihi i. immortalitatis fuit galt mir so viel als, Plato mihi est i. omnium wiegt mir Alle auf; aliquid mortis i. putare für so schlimm als den Tod halten.

Instaurātio, ōnis, *f.* [instauro] die Erneuerung (siehe instauro).

*Instaurātīvus, *adj.* [instauro] erneuert, durch erneuernde Wiederholung veranstaltet, ludi.

Instauro, 1. 1) wiederholend erneuern, erneuernd veranstalten, bes. Sachen, die zu bestimmten Zeiten und mit einer gewissen Feierlichkeit sich wiederholen: i. ludos, ferias, sacrificium. Hiervon (Poet.) = verherrlichen, i. diem donis. 2) überhaupt erneuern, bellum, caedem. Hiervon a) (Spät.) = wieder herstellen, in Stand setzen. b) (Poet.) vergelten, alicui aliquid.

In-sterno etc., 3. (meist Poet. u. Spät.) 1) Etwas als eine Decke auf einen Gegenstand legen: i. pulpita tignis. 2) mit Etwas bedecken, überdecken, belegen: i. cavernam paleā; alipedes instrati ostro mit Purpurdecken belegt; insternor humeros pelle bedecke mich an den Schultern mit einem Felle; equus instratus speciosius prächtiger gedeckt (mit prächtigeren Decken versehen), torus modice instratus mit bescheidenen, prachtlosen Decken.

Instīgātio, ōnis, *f.* [instigo] (Spät.) die Anreizung, Aufwiegelung.

*Instīgātor, ōris, m. u. ***-trix**, īcis, *f.* [instigo] (Spät.) der Anreizer, Aufwiegler, die •in.

Instīgo, 1. anreizen, aufwiegeln, aufhetzen, Romanos in Hannibalem; te instigante auf deine Anreizung.

In-stillo, 1. 1) in Etwas hineinträufeln, oleum caulibus, merum in ignem; *trop.* i. praeceptum einflüstern, leise vorbringen. 2) (Poet.) auf Etwas träufeln, guttae ii. saxa.

In-stimŭlo, 1.(Poet.) anreizen, aliquem.

Instinctor, ōris, m.° [instinguo] (Tac.) der Anreizer, sceleris zu einem Verbrechen.

Instinctus, us, *m.* [instinguo] (fast nur im *abl. sing.*) die Anreizung, der Antrieb: divinus i. göttliche Eingebung; auch = der innere Antrieb.

In-stinguo etc., 3. (meist im *particip.* instinctus) anreizen, antreiben: instinctus illis vocibus, divino spiritu.

In-stipŭlor, *depon.* 1. (*Pl.*) = stipulor.

Instĭta, ae, *f.* (Poet. u. Spät.) der Besatz, Saum an der Tunica einer römischen Dame; daher nulla i. = keine Dame.

*Instĭtio, ōnis, *f.* [insisto] das Stillstehen.

Instĭtor, ōris, m. [insto] der Krämer, Trödler, theils als Factor in einer Bude stehend, theils als Hausirer herumziehend: aqua habet ii. (Spät.) auch mit Wasser wird Handel getrieben; *trop.* i. eloquentiae (Spät.) der seine Beredtsamkeit zur Schau trägt, der Marktschreier.

Instĭtōrium, ii, *n.* [institor] (Spät.) das Gewerbe eines institor.

Instĭtuo, ui, ūtum, 3. [in-statuo] 1) eigtl. A) (Com.) hineinstellen, -bringen, argumenta in pectus Betrachtungen anstellen, aliquid in animum. B) aufstellen, stellen, aciem, arbores pflanzen. 2) errichten = aufführen, turrim, pontem. 3) errichten = anlegen, einrichten, officinam, vineam. Hiervon A) veranstalten, anstellen, einrichten, convivium, sermonem; i. delectum, actionem. B) einrichten, ordnen, vitam, aciem. C) einführen, anordnen, verordnen: i. festos dies, ludos; i. legem; i. condicionem machen; i. ut etc. die Einrichtung treffen, daß u. s. w.; multa i. viele Einrichtungen machen. D) einsetzen, aliquem heredem, tutorem. E) herbeischaffen, zu Wege bringen, veranstalten, magnum pilorum numerum; i. aliquos sibi amicos sich Einige zu Freunden machen. 4) beginnen, unternehmen, historiam, iter; bes. mit einem *infin.*, i. scribere; ut id quod institui revertar zu dem, wovon ich zu schreiben angefangen habe. 5) bestimmen, beschließen, aliquid facere. 6) unterrichten, bilden: i. aliquem ad dicendum zum Reden; i. aliquem artibus in den Wissenschaften, lyra die Cither zu spielen; i. aliquem latine loqui Latein zu sprechen.

Instĭtūtio, ōnis, *f.* [instituo] 1) die Einrichtung (abstr. = das Einrichten; vgl. institutum), die Anordnung, rerum; i. hominis natürliche Beschaffenheit. 2) das Verfahren, der Plan: ratio et i. nostra; daher = Gewohnheit. 3) der Unterricht, die Anweisung, puerilis; suscipere i. de re aliqua eine Auseinandersetzung; auch i. philosophi = System.

Instĭtūtum, i, *n.* [particip. von instituo] 1) die Einrichtung (concr. = das Eingerichtete, vgl. institutio), das Herkommen, die Sitte und Gewohnheit, bes. in Staats- und bürgerlichen Angelegenheiten: leges et ii. majorum, mos et i.; parere institutis patriae den durch altes Herkommen bestimmten Regeln folgen; ex i. dem Vertrage gemäß. 2) die Sitte, Gewohnheit, angewöhnte Lebensart, oblivisci instituti sui. 3) das Unternehmen, Vorhaben, die Absicht, der Plan, Entwurf: perficere i.; institutum vitae capere einen Plan für das Leben entwerfen; i. libri der Stoff, Plan des Buchs. 3) der Unterricht, die Anweisung; insbes. ii. philosophiae oder philosophorum, im Gegensatze von praecepta, = die mit dem Unterrichte verknüpften und ihm angepaßten praktischen Uebungen.

In-sto, stĭti, stătum, 1. 1) (Poet. u. Spät.) in oder auf Etwas stehen: i. in medio triclinio; i. jugis. Hiervon (*Pl.*) in rectam viam betreten. 2) im Raume, nahe sein: Varus i. cum tribus legionibus. 3) in der Zeit, nahe sein = bevorstehen: poena, ludi ii.; iter mihi i. ich muß bald eine Reise machen; auch (*Pl.*) exitium eum i. droht ihm, ist ihm nah; agere id quod i. sich mit demjenigen beschäftigen, was am nächsten bevorsteht. 4) *trop.* A) = feindlich nahe sein, verfolgen, hart bedrängen, zusetzen: i. fugientibus; hostes audacius ii. bringen — ein. B) eine Sache emsig betreiben, auf Etwas Mühe und Eifer verwenden, sich einer Sache mit Eifer widmen: i. operi; (Poet.) i. currum bau des Wagens, ebenso (Vorklaff.) i. mercaturam; (Com.) insta eile; i. famae seinem Ruf befördern. C) fortfahren, nicht ablassen, poscere. D) auf Etwas mit Bitten u. dergl. bringen, es unabläßig verlangen: negare alicui instanti; i. ut fiant nuptiae, i. alicui mit Forderungen auf Jem. eindringen. E) (Com.) anhaltend behaupten, aliquid esse factum.

*In-strēnue, *adv.* (Nachklaff.) nicht unternehmend = feige, mori.

In-strēnuus, *adj.* (Poet. u. Spät.) nicht unternehmend, lässig; insbes. = feige, unentschlossen, dux.

In-strĕpo etc., 3. (selten, Poet.) dabei ertönen, rasseln, knarren.

*Instructe, *adv.* im *comp.* [instructus] zubereitet = mit großen Zurüstungen.

Instructio, ōnis, *f.* [instruo] 1) (Spät.) die Einrichtung, Erbauung, balnei. 2) das Aufstellen, Ordnen, militum.

*Instructor, ōris, m. [instruo] der Einrichter, Zubereiter, convivii.

Instructus, *adj.* mit comp. u. sup. [*particip.* von instruo] 1) eingerichtet, geordnet, aufgestellt. 2) mit Etwas versehen, re aliqua. 3) unterrichtet, unterwiesen, in re civili, omnibus artibus; accusatores instructi et subornati gewonnen, gehörig im Voraus instruirt.

*Instructus, us, *m.* [instruo] Zubereitung, Rüstung, i. ornatusque.

Instrūmentum, i, n. [instruo] ber Inbegriff alles beffen, womit man verfehen fein muß, um Etwas zu thun, üben u. bergl., alfo 1) Hausgeräth, Mobilien: i. regium, i. ac supellex Verris. 2) Werkzeug, Geräthschaft aller Art: i. villae (rusticum) Ackergeräthe, ebenſo tueri arationes magno i.; i. militare Kriegswerkzeug oder Kriegsbedarf überhaupt. 3) = Kleibung, Zierrath: ii. anilia. 4) *trop.* das Hülfsmittel, Beförderungsmittel: ii. virtutis natürliche Eigenschaften, die Jmb. in ber Ausübung ber Tugend unterſtützen können; i. oratoris (dicendi) Alles (Künſte und Fertigkeit), womit ber Redner ausgerüſtet ſein muß; ii. luxuriae Mittel zur Unterhaltung ber Üppigkeit.

In-struo etc., 3. 1) hineinbauen = bauend hineinfügen: i. contabulationem in parietes. 2) errichten, erbauen, muros, aggerem. 3) ordnen, in Ordnung aufſtellen, beſ. Soldaten: i. aciem, copias; i. milites in plures ordines; i. insidias in loco aliquo einen Hinterhalt legen. 4) gehörig einrichten, anordnen, bie nöthigen Vorkehrungen zu Etwas treffen, Item, accusationem (Alles für bie Klage zuwegebringen); i. testes mit Allem ausrüſten (= ihnen Alles mittheilen, was ſie zu wiſſen brauchen); instructus ad caedem zum Morde aufgeſtellt; i. fraudem eine Hinterliſt erſinnen, einen Betrug ſpielen. 5) mit Etwas verſehen, ausrüſten: i. mensas epulis; i. socios armis; i. domum mit dem Nöthigen verſehen; i. se ad aliquid ſich rüſten, vorbereiten; i. filiam (Spät.) ausſtatten; i. bellum (wie parare bellum) Alles für ben Krieg vorbereiten, ſich zum Kriege rüſten; res quae vitam instruunt (Spät.) mit bem Nöthigen ausrüſten = verſchönern und bequem machen. Hiervon (*Pl.*) i. alicui aurum = verschaffen. 6) unterrichten, aliquem artibus.

*Insuāsum, i, n. (*Pl.*, zweifelh.) eine Art dunkle Farbe.

In-suāvis, e, *adj.* mit comp. u. *sup.* unsüß, unangenehm, unlieblich, odor, litera, homo.

Insubres, ium, m. *pl.* Völkerſchaft in Gallia Cisalpina (Norbitalien). Im *sing.* Insuber, bris, m., auch *adj.* = insubrisch.

In-sūdo, 1. (*Poet.* u. *Spät.*) bei Etwas schwitzen, libellis.

Insuēfactus, *adj.* [*particip.* des ſonſt ungebräuchlichen insue-facio] baran gewöhnt, abgerichtet, equus.

In-suesco etc., 3. 1) (*Poet.*) *transit.* Jmb. an Etwas gewöhnen: pater me i. ut etc.; ista a pueris insueti sunt baran ſind ſie gewöhnt. 2) *intrans.* ſich an Etwas gewöhnen, alicui; i. fallere.

In-suētus, *adj.* 1) *act.* einer Sache ungewohnt, ber Etwas zu thun, leiden u. ſ. w. nicht pflegt: i. laboris ber Arbeit, navigandi; i. vera audire die Wahrheit zu hören; i. operi des Werkes, der Arbeit nicht gewohnt, i. moribus illorum; i. ad onera portanda, ad tale spectaculum. 2) *pass.* beſſen Jmb. nicht gewohnt iſt, ungewöhnlich, ungewohnt, neu, iter, pabula, solitudo; fetus i. (*Poet.*) eine Mißgeburt.

Insŭla, ae, *f.* 1) eine Inſel. 2) ein (gewöhnlich mehrere Stockwerke hohes) Haus, das Wohnungen für mehrere Familien enthielt und an weniger bemittelte Leute vermiethet wurde. Ein ſolches bildete meiſtens, allein ober in Verbindung mit wenigen anderen Häuſern, bie gewöhnlich demſelben Eigenthümer gehörten, einen eigenen durch enge Gaſſen u. bergl. von anderen geſonderten Bezirk; baher der Name.

Insulānus, i, m. [insula] ber Inſelbewohner.

Insulāris, e, *adj.* (Nachklaff.) (ber Hüter eines einzeln ſtehenden Hauſes, =) ber Tempelwächter.

Insūlio, ſ. S. für Insilio.

Insulse, *adv.* mit comp. u. *sup.* [insulsus] abgeſchmackt, fade.

Insulsĭtas, ātis, *f.* [insulsus] bie Abgeſchmacktheit, Albernheit, Geſchmackloſigkeit, das Fade, villae, Graecorum.

Insulsus, *adj.* mit comp. u. *sup.* [in-salsus] 1) ungeſalzen = unſchmackhaft, cibus. 2) *trop.* abgeſchmackt, geſchmacklos, albern, fade, homo, dicta.

Insultātĭo, ōnis, *f.* [insulto] (Spät.) eigtl. das Hinanspringen, *trop.* ber Spott, die Verhöhnung.

Insulto, 1. [in-salto] 1) (Poet.) auf ober an Etwas ſpringen: i. rogo, busto auf — hinauf, aquis in — hinab; carinae ii. fluctibus hüpfen („tanzen") über bie Fluthen hin; (Com.) i. fores calcibus mit den Ferſen an die Thür ſchlagen, i. nemora (Poet.) in — hineinfahren; auch *absol.* 2) übermüthig und verſpottend behandeln, verhöhnen, ſpotten: i. alicui in calamitate; i. casibus alicujus; i. in miserias alicujus, in rempublicam; i. morte alicujus (Poet.) beim Tode Jmds ſeinen Muthwillen auslaſſen; (Spät.) i. omnium capitibus = nach Belieben ihnen mitſpielen; (Vorklaſſ. u. Spät.) mit einem *accus.*, i. segnitiem alicujus.

*Insultūra, ae, *f.* [insilio] (*Pl.*) das Hinſpringen auf Etwas.

In-sum etc., 1) in ober bei Jmb. ober Etwas ſein, ſich befinden: numi ii. in marsupio, vitium i. in moribus ſteckt im Charakter; auch mit bem *dat.*: huic virile ingenium i., audacia i. animo wohnt in ſeinem Geiſte. 2) (Poet.) auf ober an Etwas ſein: annulus i. digito, comae ii. capiti.

In-sūmo etc., 3. 1) zu Etwas nehmen, b. h. auf Etwas verwenden, anwenden: i. pecuniam (sumptus) in rem aliquam; frustra i. operam; (Spät.) i. paucos dies classi reficiendae, i. operam rei alicui ober in re facienda, i. curam ad aliquid faciendum. 2) (Spät.) an ſich nehmen, i. animum aliquid faciendi ben Entschluß faſſen.

In-sŭo etc., 3. 1) hineinnähen, aliquem in culeum; (Poet.) i. puerum femori, i. aurum vestibus = einſticken; (Poet.) insutus pelle in ein Fell gehüllt. 2) (zweifelh.) = aufbürden, reipublicae privatam impensam.

In-sŭper, I. (Vorklaſſ. u. Spät.) *praep.* mit *acc.* 1) oben auf. 2) (zweifelh.) mit *abl.* außer. II. *adv.* 1) oben drauf, oben, incumbere, castellum imponere. 2) obenbrein, noch überdies: stipendio i. imposito, aliam i. addere ignominiam.

In-sŭpĕrābĭlis, e, *adj.* 1) unübersteiglich, Alpium transitus, via ungangbar. 2) unüberwindlich, gens; i. morbus unheilbar, fatum unvermeidlich.

In-surgo etc., 3. (Poet. u. Spät.) sich aufrichten, sich erheben, aufstehen (z. B. nach einem Falle, bes. zu einer Thätigkeit, um einen Schlag, Hieb u. dergl. auszuführen): si forte prolapsus est, insurgere haud licitum; insbes. i. remis von Ruderern, die sich von den Ruderbänken erheben, um mit desto größerer Kraft die Ruder ziehen zu können: Entellus ostendit dextram insurgens (von einem Faustkämpfer). Hiervon A) aquilo i. erhebt sich, ebenso pulvis i., silva i. zeigt sich an der aufsteigenden Seite eines Hügels. B) *trop.* a) mens, poeta, oratio i. nimmt einen höheren Schwung; vox i. hebt sich. b) = mächtiger werden, höheren Einfluß erlangen, Caesar i. C) insbes. a) sich für Etwas erheben = sich für Etwas bemühen. b) sich gegen Etwas erheben, i. regnis alicujus.

In-sŭsurro, 1. einflüstern, einzischen, alicui aliquid; auch *absol.* i. familiariter in aurem vertraulich Jmd. zuflüstern.

In-tābesco, bui, 3. (Poet. u. Spät.) schmelzen, cera i. igni; davon sich verzehren, schwinden: i. videndo (vor Neid) sich verzehren.

***In-tactĭlis**, e, *adj.* (*Lucr.*) unberührbar.

In-tactus, *adj.* 1) unberührt, von Etwas noch nicht berührt: i. cervix vom Joche noch nicht berührt, saltus ungebauen ob. unbetreten; *trop.* i. Pallas die jungfräulicher virgo keusch, unschuldig. 2) insbes. häufig = unversehrt, unverletzt, unangegriffen; i. profugit; intactum aliquem dimittere; vires ii. ungeschwächt. Insbes. mit Angabe dessen, wovon Etwas ob. Jmd. nicht verletzt u. s. w. ist, = frei von u. dergl.: intactus infamiā; i. a sibilo nie ausgepfiffen; i. religione ohne Gewissensstrupel. 3) unversucht: nihil i. reliquit.

***In-tactus**, us, *m.* (*Lucr.* zweifelh.) die Unberührbarkeit.

***In-tāminātus**, *adj.* (Poet.) unbesudelt, unbefleckt, honor.

In-tectus, *adj.* (Spät.) 1) unbedeckt: homo prope i. nackt, ohne Kleider, pedes ii. ohne Sandalen. 2) *trop.* offenherzig, unversteckt.

Intĕgellus, *adj. deminut.* von integer.

Intĕger, gra, grum, *adj.* mit *comp.* u. *sup.* [in-Tag, tango] wovon Nichts genommen ob. berührt ist, unberührt, 1) ganz, unversehrt, unvermindert, ungeschmälert, unletzt: i. thesaurus, annus; exercitum i. reducere; i. valetudo ungeschwächte Gesundheit; notas i. blühende, vires ii. frische, ungeschwächte; i. ac salvus. Insbes. A) aper i. = frisch, nicht verdorben; (Poet.) fons i. rein, nicht getrübt. B) gentes ii. unangegriffene (auch ii ab aliquo von Jmd.); ji. procumbunt unverwundet. C) virgo etc. i. keusch, jungfräulich. D) die integro während der Tag noch ganz ist =

am frühen Morgen. Hiervon substantivisch: a) restituere u. dergl. in integrum in den alten Stand herstellen. b) de ob. ex integro von Neuem. 2) *trop.* A) gesund, frisch, corpus, sanguis. B) in moralischer Beziehung, unverdorben, unschuldig, unbescholten, redlich, rechtschaffen u. dergl., vir, vita, animus, testis i. ehrlich, wahrheitsliebend; (Poet) integer vitae im Leben; i. a conjuratione unschuldig (ohne Theilnahme) an. C) von einer Leidenschaft, einem Laster u. dergl. nicht berührt: adhuc i. = nicht verliebt; servare se i. unparteiisch, mens i. ruhig, unverdorben. D) in oder mit was noch Nichts vorgenommen ist: certamen, pugna i. = unausgemacht, unentschieden; res erat integra ob. in integro es war noch Nichts in der Sache vorgenommen; ei ne integrum quidem erat er hatte nicht einmal mehr freie Hand, weil er schon Etwas in der Sache vorgenommen hatte; discipulus i. der noch keinen Unterricht empfangen hat.

In-tĕgo, etc., 3. bedecken, turrem coriis.

***Intĕgrasco**, — — 3. [integer] (*Com.*) sich erneuern.

Intĕgrātio, ōnis, *f.* [integro] (*Com.*) die Erneuerung.

Intĕgre, *adv.* mit *comp.* u. *sup.* [integer] 1) (Spät.) gänzlich. 2) *trop.* A) unverdorben, richtig, rein, dicere, scribere. B) unbescholten, redlich, uneigennützig.

Intĕgrĭtas, ātis, *f.* [integer] 1) die Ganzheit, die Unversehrtheit, Unverletztheit, corporis, valetudinis Gesundheit. 2) *trop.* A) die Reinheit, Unverdorbenheit, sermonis; i. mulieris Keuschheit. B) die Unbescholtenheit, Redlichkeit, Uneigennützigkeit.

Intĕgro, 1. [integer] 1) in den alten Stand wieder herstellen, artus in pravum elapsos. Hiervon *trop.* auffrischen, erquicken: animus defessus integratur. 2) erneuern, pugnam, seditionem von Neuem anfangen.

Intĕgŭmentum, i, *n.* [intego] die Decke, Hülle. Hiervon *trop.* i. dissimulationis (die Hülle der Verstellung, d. h. welche die Verstellung ausmacht), dagegen i. flagitiorum die Jmds Schandthaten verhüllt; (*Pl.*) scherzh. i. corporis alicujus = sein beständiger Begleiter.

***Intellectio**, ōnis, *f.* [intelligo] das Verstehen.

Intellectus, us, *m.* [intelligo] 1) (Spät.) das Wahrnehmen, Empfinden durch die Sinne: i. saporum, acrimoniae = Geschmack; intellectus in cortice peritis die Sachkundigen erkennen den Baum beim Betrachten der Rinde. 2) das Verstehen, Verständniß, Begreifen: i. boni, mali des Guten, des Schlechten; capere intellectum disciplinarum verstehen, fassen; hoc caret intellectu kann nicht verstanden werden, illud habet intellectum kann verstanden werden. 3) (Spät.) = der Verstand, das Vermögen zu verstehen: nostro intellectu nach unserer Einsicht. 4) der Begriff, Sinn, die Bedeutung eines Wortes ob. dergl.: verba quaedam duos ii. habent.

Intellĕgo, s. S. für Intelligo.

Intellĭgens, tis, *adj.* [*particip.* von intelligo] 1) sich auf Etwas verstehend, kundig: vir i. dicendi; *subst.* u. *absol.* intelligentes die

Intelligenter — Intendo — 401

Sachkundigen, Kenner (in einem gewissen Fache). 2) überhaupt einsichtsvoll, verständig.
Intelligenter, *adv.* [intelligens] mit Einsicht, mit Verstand.
Intelligentia, ae, *f.* [intelligens] 1) der Verstand, das Vermögen zu fassen und zu begreifen: deus inclusit i. in animo; id quod in nostram i. cadit was von uns verstanden werden kann. 2) die Einsicht, das Verständniß, die Kenntniß, Kennerschaft: ii. omnium rerum; i. pecuniae quaerendae. Auch von dem Wahrnehmen durch die Sinne: est intelligentia quaedam, etsi vitiosa, in gustu et odoratu.
Intelligĭbĭlis, -e, *adj.* [intelligo] (Spät.) begreiflich.
Intellĭgo (ob. -lĕgo), lexi, lectum, 3. [inter-lego] 1) merken, wahrnehmen, empfinden, sehen u. bergl., meist vermittelst der äußeren Sinne: ex vultu cujusdam Ephori intellexit P., insidias sibi fieri; mihi ea irata est, video et i.; de gestu intelligo, quid respondeas; ex tuis litteris i., te aedisse etc.; ibi i. preces suas non audiri et sah, merkte; intelligor falsus esse (*Tac.*) man merkt, daß ich falsch bin; i. quid dicas ich weiß wohl. 2) einsehen, verstehen, begreifen: i. aliquid; i. quid sit deus; i. ista esse vera; i. magna ex parvis. Insbef. A) non multum in re aliqua i. nicht viele Einsicht haben, nicht viel verstehen, nihil i. keine Kenntniß haben; Catonem sua aetas non i. verstand den C. nicht zu beurtheilen. B) (Com.) intellextin' (statt intellexistine) hast du es verstanden? „verstanden"? C) intelligendi auctor ein Denker. D) bisweilen = Etwas meinen, sich denken, verstehen: sanguinem quid intelligis? hoc intelligi volo ich will darunter dieses verstanden wissen; motum illum ex aeterno intelligi convenit diese Bewegung muß als von Ewigkeit her seiend gedacht werden; vel hoc intelligant (mit folgendem accus. c. infin.) sie müssen dieses so verstehen, daß u. s. w.; ea quae non dicunt sed intelligi volunt verstanden wissen wollen.
In-tĕmĕrātus, *adj.* (Poet. u. Spät.) unverletzt, unbefleckt, fides; munera ii. novae, castra unangegriffenes, modestia unverminderte.
Intemelii, ōrum, *m. pl.* Stamm der Ligurer auf der Ostseite der Alpen; ihre Hauptstadt hieß (Albium) Intemelium.
In-tempĕrans, tis, *adj.* mit *comp. u. sup.* der sich nicht mäßigt, ohne Mäßigung, ungemäßigt, zügellos, der sich nicht beherrscht, homo, animus: i. in cupiditate rei alicujus; paulo intemperantior = etwas schonungsloses; insbef. = unenthaltsam in der Wollust, ausschweifend.
Intempĕranter, *adv.* mit *comp. u. sup.* [intemperans] ohne Mäßigung, ungemäßigt.
Intempĕrantia, ae, *f.* [intemperans] die Unmäßigkeit = ungemäßigte Beschaffenheit, der Mangel an Mäßigung und Herrschaft über die Affecte ob. Begierden: i. libidinum; militum i. Zügellosigkeit, Insubordination; i. Pausaniae = Uebermuth, Willkür: i. vini der übertriebene Genuß von, risus unmäßiges Gelächter.
*****In-tempĕrāte,** *adv.* unmäßig, vivere.

In-tempĕrātus, *adj.* 1) (Spät.) (vom Klima) nicht gemäßigt. 2) unmäßig, übertrieben, benevolentia.
Intempĕriae, ārum, *f. pl.* [in-tempero] (Vorklaff. u. Spät.) = intemperies 1. 2) *trop.* = Tollheit, Unsinn: quae te ii. tenent bist du toll?
In-tempĕries, ei, *f.* 1) von der Witterung, die ungemäßigte Beschaffenheit, eine Natur, der zufolge die Witterung gern zu dem einen oder anderen Extreme sich neigt: i. coeli = kalte und unruhige Witterung, i. aquae unmäßige Regenmenge; auch überhaupt = das Ungewitter. 2) *trop.* A) = ein Unglück. B) ungemäßigtes Betragen, amici, militum Widersetzlichkeit.
Intempestīve, *adv.* u. (Spät.) -**viter,** *adv.* [intempestivus] zur Unzeit.
In-tempestīvus, *adj.* unzeitig, ungelegen, unbequem, epistola, timores.
Intempestus, *adj.* [in-tempestas] 1) in der Verbindung i. nox die Nacht, insofern es in dieser nicht Zeit ist Etwas zu unternehmen = die tiefe, dunkle Nacht. 2) (Poet.) der Witterung wegen ungesund.
In-tendo, tendi, tentum ob. tensum, 3. 1) spannen, strecken, dehnen, arcum, nervos; i. dextram ad statuam, telo intento mit vorgestrecktem Dolche. Hiervon A) (Poet.) i. brachia tergo auf den Rücken binden, i. vincula collo an den Hals legen. B) i. longiorem fugam länger fliehen. C) tenebrae ii. se verbreitet sich. D) bespannen: i. brachia cesto, citharam nervis, sellam loris; (Poet.) i. locum sertis mit Kränzen behängen; tabernacula intenta velis mit Segeltüchern überzogen. E) (Poet.) i. sagittam (statt i. arcum) = abschießen; i. numeros nervis spielen. 2) *trop.* anspannen, anstrengen, vocem, animum, se ad firmitatem; i. officia sich anstrengen um seine Pflichten (Höflichkeitsbezeigungen) zu erfüllen. Hiervon A) vermehren, vergrößern, steigern: i. odium, formidinem; i. pretia alimentorum. B) = behaupten: i., se esse illius sororem. 3) irgendwohin mit Eifer und Anstrengung richten, zielen, Etwas eine Richtung auf irgend einen Gegenstand geben, hinwenden: i. pugnam in omnes partes; *trop.* i. aliquem ad custodiae curam aufvornen, auffordern; quoad aciem oculorum intendere possum so weit ich sehen kann. Hiervon A) i. animum in ob. ad rem, auch rei alicui (bei Spät. auch bloß i. ohne animum) seinen Fleiß, seine Gedanken und bes. seine Aufmerksamkeit auf Etwas richten, Etwas eifrig betreiben ob. daran denken, kräftig daran gehen; in derselben Bedeutung i. curam, ingenium u. bergl., auch i. se; quo animum intendis welches ist dein Plan? was hast du im Sinne? (Spät.) i. in se sich selbst betrachten. B) i. iter ob. bloß i. seinen Gang irgendwohin richten, d. h. irgendwohin ziehen, in Italiam, alicuo. C) i. ob. animo i. beabsichtigen, unternehmen, aliquid facere ob. aliquid. D) i. alicui litem, actionem einen Proceß Jmd. anhängen suchen, ebenso i. crimen in aliquem eine Beschuldigung vorbringen, i. alicui fallaciam einen Betrug zu spielen suchen; i. periculum alicui ob. in aliquem Jmd. eine Gefahr bereiten.

Ingerslev, lat.-deutsches Schulwörterbuch. 26

Intentātio, ōnis, *f.* [intento] (Spät.) das Hinstrecken gegen Etwas, digitorum.

In-tentātus, *adj.* unversucht, vacca i. jugo unberührt.

Intente, *adv.* mit comp. [intentus] 1) gespannt, mit gespannter Aufmerksamkeit. 2) angestrengt, mit Anstrengung, eifrig.

Intentio, ōnis, *f.* [intendo] 1) die Spannung, Dehnung, nervorum, aëris. 2) die Anspannung, Anstrengung, die eifrige Richtung der Seele auf Etwas, animi. Insbef. = die gespannte Aufmerksamkeit auf Etwas: i. lusus auf das Spiel. 3) (Spät.) A) = Wille, Vorhaben, Absicht: haec i. tua ut libertatem revoces. B) der Angriff, die Anklage. C) rhetor. term. t. der erste Satz im Syllogismus.

Intento, 1. [intendo] 1) gegen Etwas hin strecken, richten, manus in aliquem, gladium alicui. 2) *trop.* Jmd. Etwas drohend vorhalten, ihn mit Etwas bedrohen: i. alicui vulnera, mortem; i. arma Latinis die L. mit Krieg bedrohen; i. nomen Romanum den Namen der Römer vorhalten um Jmd. dadurch Furcht einzuflößen, ebenso i. alicui fulmen dictatorum; periculum intentatur ab re aliqua steht bevor; i. crimen eine Beschuldigung aufzubürden suchen, absol. i. = angreifen, anklagen.

Intentus, *adj.* mit comp. u. sup. [particip.* von intendo] gespannt, *trop.* auf Etwas gespannt: A) eifrig mit Etwas beschäftigt, voll Eifer: intentus operi; intentus aliquo negotio; Romani intenti festinabant; Senatus nihil sane i. B) aufmerksam mit Etwas mit Spannung Acht gebend: i. rei alicui u. in ob. ad rem aliquam. C) = angestrengt, eifrig, cura. D) oratio i. warm, feurig, disciplina i. streng; pretium i. gesteigert.

*****Intentus**, us, *m.* [intendo] das Ausstrecken.

In-tĕpeo, — — 2. (Poet.) lau sein.

In-tĕpesco, pui, — 3. (Spät.) lau werden.

Inter, *praep.* mit acc. 1) von Zweien, zwischen: mons Jura est i. Sequanos et Helvetios; emissi i. stationes hostium. Hiervon: judicare i. Marcellos et Claudios; interest i. hominem et bestiam. 2) von Mehreren, unter, inmitten: quum Hercules i. homines esset; i. multitudinem; versari i. tela hostium; i. se, i. nos = gegenseitig; adolescens i. suos nobilis unter den Seinigen, honestissimus i. suos numerabatur; disertus i. paucos (Spät.) wie nur Wenige (so daß nur Wenige mit ihm verglichen werden können); venisti i. falcarios in das Quartier der Sichelmacher, aber accusare aliquem i. sicarios des heimlichen Todschlages beschuldigen. 3) in der Zeit, A) zwischen: i. horam tertiam et quartam. B) im Verlaufe von, während: i. decem annos, i. ipsum pugnae tempus; häufig i. coenam, i. has turbas; i. haec unterdessen; i. vias unterwegs; i. omnia, i. cuncta vor Allem; i. cetera namentlich.

*****Intĕr-aestuans**, tis, *particip.* (Spät.) in Absätzen aufstoßend, stomachus.

*****Intĕrāmenta**, ōrum, *n. pl.* das Holz zum Ausbaue eines Schiffes, bes. des Bauches.

Intĕramna, ae, *f.* Stadt in Umbrien; bewohner Interamnas, ātis, *adj.*

Intĕr-āresco, — — 3. trocken werden, *trop.* versiechen.

*****Inter-bĭbo**, — — 3. (*Pl.*) austrinken, fontem.

*****Inter-bīto**, — — 3. (*Pl.*) = intereo.

Intercălāris, e, *adj.* [intercalo] zum Einschalten gehörig, Schalt-, dies, mensis; Kalendae ii. der erste Tag eines Schaltmonats.

Intercălārius, *adj.* = intercalaris.

Intercălātio, ōnis, *f.* [intercalo] das Einschalten eines Tages ob. Monats.

Inter-călo, 1. 1) (eigtl. dazwischen ausrufen = bekannt machen) einschalten; oft *impers.* intercalatur es wird (ein Tag oder Monat) eingeschaltet.

Intercăpēdo, ĭnis, *f.* [inter-capio] die Unterbrechung, der Aufschub für einige Zeit.

Inter-cēdo etc., 3. 1) dazwischen gehen, kommen: luna i. inter solem et terram; si tertius hic i. wenn ein Dritter dazukömmt. 2) *trop.* A) aegritudo i. huic gaudio kömmt in dieser Freude dazwischen; magni casus ii. treffen dazwischen ein. B) in der Zeit, dazwischen vergehen: dies, nox I. C) verhindernd dazwischentreten, a) *term. t.* von den Volkstribunen, Einspruch thun, protestiren gegen Etwas: i. rogationi; i. de re aliqua; i. pro aliquo zu Jmds Gunsten; i. quominus aliquid fiat. b) (Spät.) überhaupt sich widersetzen, verhindern: i. iniquitatibus magistratuum; i. imaginibus = abgeschafft verlangen; i. casibus abhelfen. D) sich ins Mittel schlagen, für Jmd. gut sagend vermitteln, sich verbürgen, pro aliquo; *i. magnam pecuniam pro aliquo durch seine Bürgschaft verschaffen. 2) dazwischen sein, liegen, palus i. Hiervon *trop.* von einem Verhältniß zwischen zwei Personen ob. Sachen, bestehen, stattfinden: ira i. inter eos; vetus nobis usus i. wir stehen von alter Zeit in freundschaftlichem Verkehre; amicitia, bellum i.

*****Interceptio**, ōnis, *f.* [intercipio] die Wegnahme.

Interceptor, ōris, *m.* [intercipio] der Wegnehmer, praedae; i. litis alienae der dasjenige an sich reißt, worüber Andere Proceß führen.

Intercessio, ōnis, *f.* [intercedo] 1) (Spät.) die Dazwischenkunft. 2) die Einsprache, der Protest. 3) die Vermittelung, Caution.

Intercessor, ōris, *m.* [intercedo] 1) A) der Einrede thut, der Protestirende. B) der Verhinderer, der sich Widersetzende. 2) der Vermittler, davon der Bürge.

Intercessus, us, *m.* [intercedo] (Spät.) die Dazwischenkunft.

Intercĭdo, ĭdi, īsum, 3. [inter-caedo] durchschneiden, burchstechen, zerschneiden (ein Ganzes in der Mitte, so daß der Zusammenhang unterbrochen wird): i. arundinem, venas, Isthmum durchgraben, montem durchbrechen, pontem abbrechen; jugum mediocri valle intercisum a castris getrennt. Hiervon insbef. (Spät.) i. commentarios stellenweise Einzelnes aus — entfernen.

Intercĭdo, oĭdi, — 3. 1) dazwischen fallen: nullum telum vanum i. inter arma et corpora. Hiervon *trop.* vorfallen, sich zutragen: si qua ii. 2) verloren gehen, zu Grunde gehen, inimici, libri; verba ii. kommen außer Gebrauch, hoc mihi i. ist meinem Gedächtnisse entfallen, von mir vergessen worden, ebenso memoria ejus rei i. man vergißt die Sache.

*Intercĭno, —˘ — 3. (Poet.) dazwischen singen, i. aliquid medios actus.

Intercĭpio, cēpi, ceptum, 3. 1) Etwas zwischen dem Ausgangspuncte und dem Orte seiner Bestimmung auffangen, aufnehmen, aufheben, wegnehmen: i. tela, literas, commeatum; hostes ii. magnum numerum jumentorum; a suis interceptus abgeschnitten; (Poet.) i. hastam die für einen Anderen bestimmte Lanze in seine Brust aufnehmen, von ihr getroffen werden. 2) wegnehmen, wegschnappen, entreißen, aliquid ab aliquo ob. (Poet.) alicui; i. pecunias unterschlagen. Hiervon bes. vom Tode, wegraffen: fata eum ii.; interceptus veneno; (Poet.) i. Cererem die Saat vernichten. 2) (Spät.) unterbrechen, verhindern, iter, sermonem.

Intercīse, adv. [intercīdo] unterbrochen, unzusammenhängend.

Interclūdo, ūsi, ūsum, 3. [inter-claudo] 1) verschließen, versperren, sperren, fugam, viam; i. alicui aditum, hostibus commeatum. 2) Jmd. von Etwas absperren, abschneiden, ausschließen, trennen: i. aliquem re frumentaria, commeatu, ab auxilio. Hiervon = verhindern: dolore intercludor quominus etc. 3) einschließen, einsperren: i. aliquem angustiis ob. in angustiis.

Interclūsio, ōnis, f. [intercludo] 1) die Sperrung, Hemmung, animae. 2) (Spät.) die Parenthese.

Intercŏlumnĭum, ii, n. [inter-columna] die Säulenweite = der Zwischenraum zwischen Säulen.

*Inter-concĭlio, 1. (Spät., zweifelh.) gewinnen, sich Jmd. günstig machen.

Inter-curro, curri, cursum, 3. 1) dazwischen laufen. Hiervon trop. A) dazwischen eintreffen, hinzukommen: dolor i. his exercitationibus mischt sich ein. B) vermitteln, sich ins Mittel schlagen. 2) in der Zwischenzeit irgendwohin eilen: ipse i. Vejos.

Inter-curso, 1. (Vorklass. u. Spät.) dazwischen laufen, =eilen, auch = dazwischen sein, =liegen.

Intercursus, us, m. [intercurro] (selten, nur im abl. sing.) die Dazwischenkunft, rixa sedata est i. consulum.

Inter-cus, 'ŭtis, adj. zwischen der Haut (und dem Fleische) befindlich, unter der Haut befindlich: aqua i. die Wassersucht; davon trop. (Spät.) innerlich.

Inter-dīco etc., 3. 1) Einsprache thun, verbieten, untersagen: i. ne illud facias; i. alicui aliqua re; (meist Spät.) i. alicui aliquid, feminis convivia; interdicta voluptas (Poet.) verbotener Genuß, auch gener interdici non potest socero man kann dem Schwiegervater nicht untersagen, mit dem Schwiegersohne zusammenzukommen. Insbes. i. alicui aquā et igni = förmlich verbannen, aquā et igni mihi interdicitur ich werde verbannt. 2) term. t. vom Prätor, ein Interdict ergehen lassen, einen Bescheid, eine Erklärung geben, die sich auf ein factisches Verhältniß bezieht, namentlich auf den Besitz eines Gegenstandes, bis die Sache durch Urtheil entschieden ist.

Interdictĭo, ōnis, f. [interdico] das Untersagen, Verbieten: i. finium daß Jmd. sich den Grenzen nähert, i. aquae et ignis die Verbannung.

Interdictum, i, n. [interdico] das Verbot. 2) term. t. ein Interdict, Bescheid des Prätors, siehe interdico.

Interdĭu und (Vorklass.) Interdĭus, adv. [inter-dies] bei Tage (oppos. noctu ob. nocte in der Nacht, dagegen die täglich).

Inter-do etc., 1. (Lucr.) und (Pl.) Interduo, conj. -duim, 1) vertheilen, cibus interdatus durch den Leib. 2) dafür geben: nihil i. ich gebe Nichts darum, achte es nicht.

*Interduātim, adv. (Vorkl.) = interdum.

*Inter-ductus, us, m. die Trennung der Wörter, die Interpunction.

Interdŭim, siehe Interdo.

Interdum, adv. [statt interduatim von interdo, also eigtl. vertheilend, mit Abtheilungen] 1) mitunter, manchmal (es steht in der Mitte zwischen nonnunquam etliche Male und aliquando bisweilen); i. — i.; modo — i. 2) (Spät.) = interea.

Interdŭo, siehe interdo.

Inter-ĕā, adv. 1) unterdessen (es bezeichnet eine dauernde Handlung, die einen Zeitraum ausfüllt, vgl. interim): i. tamen dum haec etc.; bei den Com. wird der genit. loci beigefügt ohne veränderte Bedeutung. 2) Bisweilen wo durch den Zusammenhang ein Gegensatz angedeutet wird, so daß es = tamen ist und durch doch übersetzt werden kann, bes. in der Verbindung quum i. während doch.

Interemptor, ōris, m. [interimo] (Spät.) = interfector, der Mörder, alicujus.

Inter-ĕo etc., 4. verloren gehen, zu Grunde gehen, zu sein aufhören, sich verlieren (stärker als pereo): literae i., navis i. naufragio; mariae stilla i. magnitudine maris; pecunia i.; sacra ii. kommen außer Gebrauch; salus urbis i.; (Com.) interii es ist mit mir aus! häufig = umkommen (durch jede Todesart, während pereo einen gewaltsamen Tod voraussetzt): interearn si etc. ich will des Todes sein, wenn u. s. w.

Inter-ĕquĭto, 1. dazwischen reiten, ordines zwischen den Reihen.

*Inter-facĭo etc., 3. (sehr zweifelh.) dazwischen aufführen, marum.

Interfātĭo, ōnis, f. [interfor] das Dazwischenreden, die Unterbrechung der (eigenen oder eines Anderen) Rede.

Interfectĭo, ōnis, f. [interficio] (sehr selt.) die Ermordung.

Interfector, ōris, m. [interficio] der Mörder (immer mit Angabe desjenigen, der getödtet wird, vgl. homicida).

Interfectrix, īcis, f. [interficio] (Spät.) die Mörderin, alicujus.

Interfĭcio, fēci, fectum, 3. [inter-facio] tödten überhaupt, (vgl. neco, jugulo, occīdo u. s. w.), aliquem; i. exercitum aufreiben, niedermetzeln; (Poet.) i. messes, fructum ver-

*Intentātio, ōnis, *f.* [intento] (Spät.) das Hinstrecken gegen Etwas, digitorum.
In-tentātus, *adj.* unversucht, vacca i. jugo unberührt.
Intente, *adv.* mit comp. [intentus] 1) gespannt, mit gespannter Aufmerksamkeit. 2) angestrengt, mit Anstrengung, eifrig.
Intentio, ōnis, *f.* [intendo] 1) die Spannung, Dehnung, nervorum, aëris. 2) die Anspannung, Anstrengung, die eifrige Richtung der Seele auf Etwas, animi. Insbes. = die gespannte Aufmerksamkeit auf Etwas: i. lusus auf das Spiel. 3) (Spät.) A) = Wille, Vorhaben, Absicht: haec i. tua ut libertatem revoces. B) der Angriff, die Anklage. C) rhetor. *term. t.* der erste Satz im Syllogismus.
Intento, 1. [intendo] 1) gegen Etwas hin strecken, -richten, manus in aliquem, gladium alicui. 2) *trop.* Jmd. Etwas drohend vorhalten, ihn mit Etwas bedrohen: i. alicui vulnera, mortem; i. arma Latinis die 2. mit Krieg bedrohen; i. nomen Romanum den Namen der Römer vorhalten um Jmd. dadurch Furcht einzuflößen, ebenso i. alicui fulmen dictatorum; periculum intentatur ab re aliqua steht bevor; i. crimen eine Beschuldigung aufzubürden suchen, absol. i. = angreifen, anklagen.
Intentus, *adj.* mit comp. u. sup. [*particip.* von intendo] gespannt, *trop.* auf Etwas gespannt: A) eifrig mit Etwas beschäftigt, voll Eifer: intentus operi; intentus aliquo negotio; Romani intenti festinabant; Senatus nihil sane i. B) aufmerksam, auf Etwas mit Spannung Acht gebend: i. rei alicui u. in ob. ad rem aliquam. C) = angestrengt, eifrig, cura. D) oratio i. warm, feurig, disciplina i. streng; pretium i. gesteigert.
*Intentus, us, *m.* [intendo] das Ausstrecken.
In-tĕpeo, — 2. (Poet.) lau sein.
In-tĕpesco, pui, — 3. (Spät.) lau werden.
Inter, *praep.* mit *acc.* 1) von Zweien, zwischen: mons Jura est i. Sequanos et Helvetios; emissi i. stationes hostium. Hiervon: judicare i. Marcellos et Claudios; interest i. hominem et bestiam. 2) von Mehreren, unter, inmitten: quum Hercules i. homines esset; i. multitudinem; versari i. tela hostium; i. se, i. nos = gegenseitig; adolescens i. suos nobilis unter den Seinigen, honestissimus i. suos numerabatur; disertus i. paucos (Spät.) wie nur Wenige (so daß nur Wenige mit ihm verglichen werden können); venisti i. falcarios in das Quartier der Sichelmacher, ad accusare aliquem i. sicarios des heimlichen Todtschlages beschuldigen. 3) in der Zeit, A) zwischen: horam tertiam et quartam. B) im Verlaufe von, während: i. decem annos, i. ipsum pugnae tempus; plus i. coenam, i. has turbas; i. haec unterdessen; i. vias unterwegs; i. omnia, i. cuncta vor Allem; i. cetera namentlich.
*Intĕr-aestuans, tis, *particip.* (Spät.) in Absätzen aufstoßend, stomachus.
*Intĕrāmenta, ōrum, *n. pl.* das Holz zum Ausbaue eines Schiffes, bes. des Bauches.

Intĕramna, ae, *f.* Stadt in Umbrien; davon Interamnas, ātis, *adj.*
Intĕr-āresco, — — 3. trocken werden, *trop.* versiechen.
Inter-bĭbo, — — 3. (Pl.) austrinken, fontem.
*Inter-bĭto, — — 3. (Pl.) = intereo.
Intercălāris, e, *adj.* [intercalo] zum Einschalten gehörig, Schalt-, dies, mensis; Kalendae ii. der erste Tag eines Schaltmonats.
Intercălārius, *adj.* = intercalaris.
Intercălātio, ōnis, *f.* [intercalo] das Einschalten eines Tages ob. Monats.
Inter-călo, 1. 1) (eigtl. dazwischen ausrufen = bekannt machen) einschalten; oft *impers.* intercalatur es wird (ein Tag oder Monat) eingeschaltet.
Intercăpēdo, ĭnis, *f.* [inter-capio] die Unterbrechung, der Aufschub für einige Zeit.
Inter-cēdo etc. 3. 1) dazwischen gehen, -kommen: luna i. inter solem et terram; si tertius hic i. wenn ein Dritter dazukömmt. 2) *trop.* A) aegritudo i. huic gaudio kömmt in dieser Freude dazwischen; magni casus ii. treffen dazwischen ein. B) in der Zeit, dazwischen vergehen: dies, nox i. C) verhindernd dazwischentreten, a) *term. t.* von den Volkstribunen, Einspruch thun, protestiren gegen Etwas: i. rogationi; i. de re aliqua; i. pro aliquo zu Jmds Gunsten; i. quominus aliquid fiat. b) (Spät.) überhaupt sich widersetzen, verhindern: i. iniquitatibus magistratuum; i. imaginibus = abgeschafft verlangen; i. casibus abhelfen. D) sich ins Mittel schlagen, für Jmd. gut sagend vermitteln, sich verbürgen, pro aliquo; *i. magnam pecuniam pro aliquo durch seine Bürgschaft verschaffen. 2) dazwischen sein, -liegen, palus i. Hiervon *trop.* von einem Verhältniß zwischen zwei Personen ob. Sachen, bestehen, stattfinden: ira i. inter eos; vetus nobis usus i. wir stehen von alter Zeit in freundschaftlichem Verkehre; amicitia, bellum i.
*Interceptio, ōnis, *f.* [intercipio] die Wegnahme.
Interceptor, ōris, *m.* [intercipio] der Wegnehmer, praedae; i. litis alienae der derjenige an sich reißt, worüber Andere Proceß führen.
Intercessio, ōnis, *f.* [intercedo] 1) (Spät.) die Dazwischenkunft. 2) die Einsprache, der Protest. 3) die Vermittelung, Caution.
Intercessor, ōris, *m.* [intercedo] 1) A) der Einrede thut, der Protestirende. B) der Verhinderer, der sich Widersetzende. 2) der Vermittler, davon der Bürge.
Intercessus, us, *m.* [intercedo] (Spät.) die Dazwischenkunft.
Intercīdo, īdi, īsum, 3. [inter-caedo] durchschneiden, durchstechen, zerschneiden (ein Ganzes in der Mitte, so daß der Zusammenhang unterbrochen wird): i. arundinem, venas, Isthmum durchgraben, montem durchbrechen, pontem abbrechen; jugum mediocri valle intercisum a castris getrennt. Hiervon *trop.* i. commentarios stellenweise Einzelnes aus — entfernen.
Intercĭdo, cĭdi, — 3. 1) dazwischen fallen: nullum telum vanum i. inter arma et corpora. Hiervon *trop.* vorfallen, sich zu-

Intercīno — Interficio 403

tragen: si qua ii. 2) verloren gehen, zu Grunde gehen, inimici, libri; verba ii. kommen außer Gebrauch, hoc mihi i. ist meinem Gedächtnisse entfallen, von mir vergessen worden, ebenso memoria ejus rei i. man vergißt die Sache.

*Intercīno, —'— 3. (Poet.) dazwischen singen, i. aliquid medios actus.

Intercĭpio, cēpi, ceptum, 3. 1) Etwas zwischen dem Ausgangspuncte und dem Orte seiner Bestimmung auffangen, aufnehmen, aufheben, wegnehmen: i. tela, literas, commeatum; hostes ii. magnum numerum jumentorum; a suis interceptus abgeschnitten; (Poet.) i. hastam die für einen Anderen bestimmte Lanze in seine Brust aufnehmen, von ihr getroffen werden. 2) wegnehmen, wegschnappen, entreißen, aliquid ab aliquo ob. (Poet.) alicui; i. pecunias unterschlagen. Hiervon bes. vom Tode, wegraffen: fata eum ii.; interceptus veneno; (Poet.) i. Cererem die Saat vernichten. 2) (Spät.) unterbrechen, verhindern, iter, sermonem.

Intercīse, adv. [intercido] unterbrochen, unzusammenhängend.

Interclūdo, ūsi, ūsum, 3. [inter-claudo] 1) verschließen, versperren, sperren, fugam, viam; i. alicui aditum, hostibus commeatum. 2) Jmb. von Etwas absperren, abschneiden, ausschließen, trennen: i. aliquem re frumentaria, commeatu, ab auxilio. Hiervon = verhindern: dolore intercludor quominus etc. 3) einschließen, einsperren: i. aliquem angustiis ob. in angustiis.

Interclūsio, ōnis, f. [intercludo] 1) die Sperrung, Hemmung, animae. 2) (Spät.) die Parenthesis.

Intercŏlumnium, ii, n. [inter-columna] die Säulenweite = der Zwischenraum zwischen Säulen.

*Inter-concĭlio, 1. (Spät., zweifelh.) gewinnen, sich Jmd. günstig machen.

Inter-curro, curri, cursum, 3. 1) dazwischen laufen. Hiervon trop. A) dazwischen eintreffen, hinzukommen: dolor i. his exercitationibus mischt sich ein. B) vermitteln, sich ins Mittel schlagen. 2) in der Zwischenzeit irgendwohin eilen: ipse i. Vejos.

Inter-curso, 1. (Vorklass. u. Spät.) dazwischen laufen, =eilen, auch = dazwischen sein, =liegen.

Intercursus, us, m. [intercurro] (selten, nur im abl. sing.) die Dazwischenkunft, rixa sedata est i. consulum.

Inter-cus, 'ūtis, adj. zwischen der Haut (und dem Fleische) befindlich, unter der Haut befindlich: aqua i. die Wassersucht; davon trop. (Spät.) innerlich.

Inter-dīco etc., 3. 1) Einsprache thun, verbieten, untersagen: i. ne illud facias; i. alicui aliqua re; (meist Spät.) i. alicui aliquid, feminis convivia; interdicta voluptas (Poet.) verbotener Genuß, auch gener interdici non potest socero man kann dem Schwiegervater nicht untersagen, mit dem Schwiegersohne zusammenzukommen. Insbes. i. alicui aquā et igni = förmlich verbannen; aquā et igni mihi interdicitur ich werde verbannt. 2) term. t. vom Prätor, ein Interdict ergehen lassen, einen Bescheid, eine Erklärung geben, die sich auf ein factisches Verhältniß bezieht, namentlich auf den Besitz eines Gegenstandes, bis die Sache durch Urtheil entschieden ist.

Interdictio, ōnis, f. [interdico] das Untersagen, Verbieten: i. finium daß Jmb. sich den Grenzen nähert, i. aquae et ignis die Verbannung.

Interdictum, i, n. [interdico] das Verbot. 2) term. t. ein Interdict, Bescheid des Prätors, siehe interdico.

Interdĭu und (Vorklass.) Interdĭus, adv. [inter-dies] bei Tage (oppos. noctu ob. nocte in der Nacht, dagegen die täglich).

Inter-do etc., 1. (Lucr.) und (Pl.) Interduo, conj. -duim, 1) vertheilen, cibus interdatus durch den Leib. 2) dafür geben: nihil i. ich gebe Nichts darum, achte es nicht.

*Interduātim, adv. (Vorkl.) = interdum.

*Inter-ductus, us, m. die Trennung der Wörter, die Interpunction.

Interduim, siehe Interdo.

Interdum, adv. [statt interduatim von interdo, also eigtl. vertheilend, mit Abtheilungen] 1) mitunter, manchmal (es steht in der Mitte zwischen nonnunquam etliche Male und aliquando bisweilen); L' — i.; modo — i. 2) (Spät.) = interea.

Interduo, siehe interdo.

Inter-ĕā, adv. 1) unterdessen (es bezeichnet eine dauernde Handlung, die einen Zeitraum ausfüllt, vgl. interim): i. tamen dum haec etc.; bei den Com. wird der genit. loci beigefügt ohne veränderte Bedeutung. 2) Bisweilen wo durch den Zusammenhang ein Gegensatz angedeutet wird, so daß es = tamen ist und durch doch übersetzt werden kann, bes. in der Verbindung quum i. während doch.

Interemptor, ōris, m. [interimo] (Spät.) = interfector, der Mörder, alicujus.

Inter-eo etc., 4. verloren gehen, zu Grunde gehen, zu sein aufhören, sich verlieren (stärker als pereo): literae ii.; navis i. naufragio; muriae stilla i. magnitudine maris; pecunia i.; sacra ii. kommen außer Gebrauch; salus urbis i.; (Com.) interii es ist mit mir aus! häufig = umkommen (durch jede Todesart, während pereo einen gewaltsamen Tod voraussetzt): interea ut etc. ich will des Todes sein, wenn u. s. w.

Inter-ĕquito, 1. dazwischen reiten, ordines zwischen den Reihen.

*Inter-fācio etc., 3. (sehr zweifelh.) dazwischen aufführen, murum.

Interfātio, ōnis, f. [interfor] das Dazwischenreden, die Unterbrechung der (eigenen oder eines Anderen) Rede.

Interfectio, ōnis, f. [interficio] (sehr selt.) die Ermordung.

Interfector, ōris, m. [interficio] der Mörder (immer mit Angabe desjenigen, der getödtet wird, vgl. homicida).

Interfectrix, īcis, f. [interficio] (Spät.) die Mörderin, alicujus.

Interfĭcio, fēci, fectum, 3. [inter-facio] tödten überhaupt, (vgl. neco, jugulo, occīdo u. s. w.), aliquem; i. exercitum aufreiben, niedermetzeln; (Poet.) i. messes, fructum ver-

26*

nichten; (Vorklaff. u. Spät.) i. aliquem vitā des Lebens berauben.
Inter-flo etc., (Vorklaff.) zu Grunde gehen, umkommen.
Inter-fluo, xi, — 3. (Vorklaff. und Spät.) dazwischenfließen: fretum i. illas urbes.
*****Inter-födio**, — — 3. (Vorklaff.) zergraben, zerstechen, pupillas.
Inter-(for), *depon.* 1. (ungebräuchlich in der ersten Person *praes. ind.*) dazwischen reden, davon Jmd. ins Wort fallen, ihn unterbrechen.
*****Inter-fügio**, — — 3. (Vorklaff.) dazwischen fliehen.
*****Inter-fulgens**, tis, *particip.* dazwischen schimmernd.
Inter-fundor, fūsus, *pass.* 3. (Poet. und Spät.) dazwischen gegossen werden: aequora interfusa Cycladas zwischen den Cycladen strömend, fluthend; maculis interfusus genas die Wangen (blutig) gefleckt.
Intěr-ĭbi, *adv.* (Vorklaff. und Spät.) = interim.
Intěrim, *adv.* [inter] 1) unterdessen (von einer momentanen Begebenheit, vergl. interea). Hiervon A) = inzwischen. B) vor der Hand, vorerst. C) bei alle dem. 2) (Spät.) = interdum.
Interĭmo, ēmi, emptum, 3. [inter-emo] dazwischen wegnehmen, aus dem Wege räumen, tödten, vernichten: i. aliquem, vitam, sensus; i. sacra aufheben.
Intĕrior, *adj.* mit *comp.* (vgl. intimus) [intra] der innere: i. pars domus; nationes ii. im Binnenlande, im Innern wohnend; epistolā interiore in der Mitte des Briefes. Hiervon A) cursus, gyrus i. = der kürzere. B) rota i. (beim Wettfahren) das nähere Rad; ebenso i. ictibus tormentorum näher, als daß die Schüsse aus den Wurfmaschinen treffen können, innerhalb der Treffweite = schußfrei, i. periculo vulneris so nahe, daß man nicht in Gefahr ist, verwundet zu werden. C) *trop.* societas, amicitia i. enger, vertrauter; timor i. tiefer eingehend; consilia ii. heimliche, vertrauliche.
Intěritio, ōnis, *f.* (selten) und **Intěritus**, us, m. [intereo] der Untergang, die Vernichtung. legum; exercitus.
Inter-jăceo, — — 2. dazwischen liegen: campus i. Tiberi ac moenibus Romanis; (Spät.) mit *accus.*, i. duas syrtes; i. inter eam et Rhodum.
Interjectio, ōnis, *f.* [interjicio] (Spät.) 1) das Dazwischenwerfen = die Einschiebung, Parenthese. 2) die Interjection.
Interjectus, us, m. [interjicio] das Dazwischenwerfen = die Dazwischenkunft; terrae; i. temporis, noctis Verlauf.
Interjĭcio oder **Inter-jăcio** etc., 3. dazwischen werfen, -legen, -stellen, einmischen: i. cohortes; nasus interjectus est oculis liegt in der Mitte zwischen. Häufig *particip.* interjectus dazwischen liegend, -stehend, -befindlich; illi ii. sunt inter philosophos et eos qui etc. stehen in der Mitte zwischen; paucis diebus interjectis nach wenigen Tagen; longo intervallo i. mit einem großen Zwischenraume.
Inter-jungo etc., 3. (selten) 1) unter einander vereinigen, -verbinden, manus. 2) (Spät.) abspannen, losspannen, equos; davon *trop. intrans.* ausruhen.
Inter-lābor etc., *depon.* 3. (Poet.) dazwischen fließen.
Inter-lĕgo etc., 3. (Poet. und Spät.) dazwischen (hier und da) ablesen, frondes.
Inter-lino etc., 3. 1) dazwischen bestreichen: i. caementa luto. 2) Urkunden u. dergl. durch Ueberschmieren einzelner Wörter, durch Ausstreichen verfälschen, tabulas.
Interlŏcūtio, ōnis, *f.* [interloquor] (Spät.) das Dazwischenreden = Widerspruch.
Inter-lŏquor etc., *depon.* 3. (Vorklaff. u. Spät.) dazwischen reden, Jmd. ins Wort fallen, alicui.
Inter-lūceo, xi, — 2. 1) dazwischen hervorscheinen, -schimmern, sol. 2) (Poet.) durchsichtig sein, acies. 3) *trop.* A) sich zeigen, sichtbar sein. B) aliquid i. inter gradus dignitatis es zeigt sich einiger Unterschied.
Interlūnium, ii, *n.* [inter-luna] (eigentl. *neutr.* eines sonst ungebräuchlichen *adj.* interlunius) (Poet. und Spät.) die Zeit des Neumondes.
Inter-luo, — — 3. dazwischen fließen: fretum i. Capreas et Surrentum.
Inter-menstruus, *adj.* was zwischen zwei Monaten ist, tempus.
In-terminātus, *adj.* unbegrenzt.
Inter-minor, *depon.* 1. (Vorklaff. u. Poet.) auch -no, 1.) drohen, androhen, alicui; i. alicui vitam das Leben Jmd. zu nehmen drohen. Hiervon = drohend verbieten; i. ne quis etc., auch cibus interminatus.
Inter-misceo etc. 2. dazwischen mischen, einmischen, dignos indignis.
Intermissio, ōnis, *f.* [intermitto] die Unterbrechung-, das Nachlassen-, Aufhören auf einige Zeit: i. operae forensis, i. epistolarum des Briefwechsels; i. fit ab actione.
Inter-mitto etc., 3. I. *transit.* 1) dazwischen kommen lassen, diem; nullum tempus i. quin keinen Tag, an welchem nicht u. s. w.; brevi tempore intermisso nach dem Verlaufe kurzer Zeit. Auch trabes intermissae paribus spatiis zwischen welchen gleich große Zwischenräume waren. 2) frei-, ledig lassen: i. reliquum tempus a labore oder ad laborem die Arbeit für den Rest der Zeit unterbrechen; gewöhnlich im *particip.*: pars intermissa a flumine wo der Fluß nicht war, loca intermissa custodiis von Wachen nicht besetzt; per intermissa = durch die Oeffnungen in der Mauer. 3) auf eine Zeit unterbrechen, unterlassen, mit Etwas aufhören (vgl. mitto, omitto, cesso): i. studia doctrinae, proelium, laborem; i. literas ei mittere; ebenso coelum i. mitescere. So bes. häufig das *particip.* intermissus unterbrochen, was aufgehört hat, ventus, libertas; mos i. außer Gebrauch gekommen, verba i. quotidiano nicht mehr im täglichen Gebrauche. II. *intrans.* auf eine Strecke-, eine Zeit unterlassen, -aufhören: qua flumen i.
Inter-mŏrior etc., *depon.* 3. hinsterben, absterben (= unvermerkt und langsam abneh-

mend sterben, vgl. morior, demorior u. s. w.), davon häufig *trop.* sich verlieren, matt-, kraftlos werden: ignis, stirps i.; bes. im *particip.* intermortuus (civitas, contio, reliquiae Catilinae, boni mores). Auch = ohnmächtig werden.

Intermundia, ōrum, *n. pl.* [inter-mundus] die Zwischenwelt = die Räume zwischen den Welten (nach Epicur's System).

*****Intermūrālis**, e, *adj.* [inter-murus] zwischen den Mauern befindlich.

Inter-nascor etc., 3. dazwischen wachsen.

Internĕcio oder **Internĭcio**, ōnis, *f.* [inter-neco] die vollständige Tödtung oder Niedermetzelung, die gänzliche Niederlage: cum magna i. improborum; bella gerere ad i., deleri, trucidari ad i. bis auf den letzten Mann; concurrere ad i. auf Leben und Tod.

Internĕcīvus, *adj.* [internecio] mörderisch, Vertilgungs-, bellum.

Inter-nĕco, — — 1. (Vorklass.) gänzlich hinmorden, vernichten, hostes.

Inter-necto, — — 3. (Poet.) verknüpfen, crinem.

Inter-nĭteo, — — 2. (Spät.) dazwischen hervorscheinen: praecipue obscuritas terrori erat; nam etiamsi qua sidera internitebant etc.

Internōdium, ii, *n.* [inter-nodus] (Poet. u. Spät.) der Raum zwischen zwei Gelenken oder Knoten.

Inter-nosco etc.; 3. dazwischen oder von einander kennen = unterscheiden: i. blandum amicum a vero; i. fures von anderen Menschen unterscheiden.

*****Inter-nuntio**, 1. von beiden Seiten Boten zu einander schicken.

Inter-nuntius, ii, *m.* und -tia, ae, *f.* der Unterhändler, Vermittler, die -in.

Internus, *adj.* [intra] (Poet. u. Spät.) 1) der innere, im Innern befindliche; mare i. das Mittelmeer. 2) = inwendig, ignis; *trop.* einheimisch, discordia, bellum.

In-tĕro etc., 3. (Vorklass. und Spät.) hineinreiben, einbrocken, aliquid potioni; *trop.* tute hoc intristi tu hast selbst die Geschichte eingeleitet, du mußt jetzt sehen, wie du damit zu Ende kömmst.

Interpellātĭo, ōnis, *f.* [interpello] 1) die Unterbrechung insbesondere einer Rede. 2) die Störung, Hinderung.

Interpellātor, ōris, *m.* [interpello] der Unterbrecher, Störer, sermonis.

Interpello, 1. 1) Jmd. in die Rede fallen, unterbrechen, aliquem. *2) Etwas als Einrede vorbringen, aliquid. 3) überhaupt hindern, stören, unterbrechen, aliquem in jure suo, victoriam jam partam; auch mit ne, quominus und (Poet.) *infin.*, i. satietatem epularum ludis mit — abwechseln lassen. 4) (Spät.) mit Bitten oder Fragen bestürmen, angehen, aliquem.

Interpŏlis, e, *adj.* (Vorklass. und Spät.) aufgestutzt, verändert, verfälscht, geschminkt, mulier.

Interpŏlo, 1. [interpolis] aufstutzen, anders gestalten: i. togam wieder auffärben; i. tabulas verfälschen; (Pl.) scherzhaft i. aliquem = durch Prügel Jmd. verunstalten, unkenntlich machen.

Inter-pōno etc., 3. 1) dazwischen setzen, -legen, -stellen: i. Numidas inter illos; i. pedites equitatui. Insbes. = in die Rede einschieben, verba, aliquid. 2) *trop.* dazwischen treten lassen. A) von der Zeit, verstreichen lassen: i. moram, spatium ad recreandos animos; triduo interposito nach Verlauf dreier Tage. B) als entscheidend, vermittelnd u. dergl. eintreten lassen, a) i. judicium, decretum eine Entscheidung abgeben, poenas bestimmen, auctoritatem suam. b) als ein Pfand einsetzen, geben: i. fidem suam in rem aliquam; i. jusjurandum einen Eid leisten. c) vorbringen, anführen, aussprechen (bes. als Grund, Einwendung u. dergl.): i. causam; gladiatores interpositi sunt als Vorwand zur Klage. d) anwenden, gebrauchen, operam, studium pro aliquo. C) einmischen, querelas; i. se bello; i. se in istam pacificationem als Vermittler sich einmischen; i. nomen alicujus in re turpi. D) hindernd dazwischen treten lassen, i. se fich widersetzen, audaciae alicujus; nihil me interpono ich habe Nichts dagegen; i. se quominus etc.

Interpŏsĭtĭo, ōnis, *f.* [interpono] 1) das Dazwischensetzen, Einrücken in die Rede, certarum personarum, auch = das Einschieben zwischen die Zeilen. 2) *term. t.* der dazwischen geschobene Satz, die Parenthesis.

Interpŏsĭtus, us, *m.* [interpono] die Dazwischenkunft, terrae zwischen Sonne und Mond.

Interpres, ĕtis, *comm.* 1) der "Zwischensprecher", Vermittler, Unterhändler, pacis, judicii corrumpendi bei der Bestechung der Richter; te interprete durch deine Vermittelung als Ehegöttin heißt Juno (Poet.) i. (harum) curarum die Urheberin der Liebesqual. 2) der Ausleger, Erklärer: i. juris = Rechtsgelehrter, coeli = Astronom; i. comitiorum heißt ein Haruspex mit Bezug auf die vorhergehenden Wahrzeichen, i. divûm der Weissager oder Priester. 3) der Uebersetzer: nec converti ut i. sed ut praetor. 4) der Dolmetscher: appellare, audire, aliquem per i.

Interprĕtātĭo, ōnis, *f.* [interpretor] die Erklärung, Auslegung, Deutung, juris, ostentorum et somniorum; nec i. facilis est die Entscheidung.

Interprĕtor, *depon.* 1. [interpres] 1) (*Pl.*) *intrans.* den Mittler abgeben, *trop.* i. memoriae alicujus dem Gedächtnisse Jmds zu Hülfe kommen. 2) *trans.* A) erklären, auslegen, deuten: i. somnia, fulgura, jus alicui. Insbes. a) = Etwas auf eine gewisse Weise verstehen, beurtheilen: i. aliquid in mitiorem partem, beneficia grate, sententiam alicujus recte; interpretabatur se jurejurando esse liberatum legte es so aus, als sei er seines Eides entbunden; pauci Agricolam i. (Spät.) verstanden, begriffen den A. b) = schließen, folgern: i. consilium ex necessitate als mit Vorsatz gethan ansehen, was aus Nothwendigkeit gethan worden ist. B) erklären, entscheiden, non i., recte an perperam illud factum sit.

Inter-prĭmo etc., 3. [premo] (Vorklaff.) zerdrücken, alicui fauces.

*****Interpunctio**, ōnis, *f.* [interpungo] die Unterscheidung, Abtheilung der Worte durch Puncte.

Inter-pungo, nxi, nctum, 3. die Worte durch Puncte unterscheiden, abtheilen. Hiervon *particip.* interpunctus gehörig abgetheilt, unterschieden, oratio; als *subst.* **Interpunctum**, i, *n.* = interpunctio.

*****Inter-quĕror** etc., 3. (zweifelh.) dazwischen klagen, Klagen einmischen: i. quod etc. daß u. f. w.

Inter-quiesco etc., 3. dazwischen- oder unterdessen ruhen.

Inter-regnum, i, *n.* die Zwischenregierung, das Zwischenreich, 1) zur Zeit der Könige, die Zeit zwischen dem Tode eines Königs und der Ernennung des Nachfolgers, in welcher von fünf Tagen zu fünf Tagen ein Senator als interrex (mit anderen Senatoren unter sich) die höchste Gewalt hatte. 2) zur Zeit der Republik, eine Zwischenzeit, wenn aus irgend einer Ursache keine Consuln da waren (sei es daß sie gestorben oder daß sie abwesend waren); um die Wahl der neuen Consuln zu leiten und provisorisch die höchste Gewalt auszuüben, wurde dann ein patricischer Senator als interrex gewählt.

Inter-rex, ēgis, *m.* der „Zwischenkönig", Reichsverweser, siehe interregnum.

In-terrĭtus, *adj.* (Poet. und Spät.) unerschrocken; i. leti ohne den Tod zu fürchten.

Interrŏgātio, ōnis, *f.* [interrogo] das Anfragen, die Befragung, oft = das Verhör, die Untersuchung, i. testium. 2) in der Rhetorik, weil die Dialectiker oft ihre Syllogismen in der Frageform vorbrachten = der Schluß, Syllogismus.

Interrŏgātiuncŭla, ae, *f. deminut.* von interrogatio.

Inter-rŏgo, 1. 1) fragen, befragen (gewöhnlich mit einer gewissen Förmlichkeit, wie von Amtswegen u. dergl., vgl. quaero): i. aliquem aliquid oder de re aliqua um Etwas; i. sententias die Senatoren um ihre Meinung befragen, sententiae interrogari coeptae sunt man fing an nach den Meinungen zu fragen, sententiam interrogatus um seine Meinung befragt. Insbef. = gerichtlich befragen = verhören, ins Verhör ziehen, testem. 2) gerichtlich belangen, anklagen: i. aliquem lege oder legibus (auch ohne dieses Wort); (Spät.) i. aliquem facti alicujus wegen einer That. 3) (Spät.) *intrans.* durch Fragen einen Syllogismus machen, Etwas folgern (siehe interrogatio 2.).

Inter-rumpo etc., 3. 1) etwas Zusammenhängendes zerbrechen: i. venas zerschneiden, pontem abbrechen. 2) *trop.* unterbrechen = stören, orationem, iter.

*****Interrupte**, *adv.* [interruptus] unterbrochen.

Interruptio, ōnis, *f.* [interrumpo] (Spät.) die Unterbrechung.

Interruptus, *adj.* [*particip.* von interrumpo] unterbrochen, gestört, voces, consue-

tudo; ignes ii. (Poet.) einzelne in Zwischenräumen erscheinende Blitze; qui terram incolunt, ita ii. sunt durch Zwischenräume getrennt.

Intersaepio, a. S. für Intersepio.

Inter-scindo etc., 3. 1) auseinanderreißen: i. pontem abbrechen, i. venas öffnen, aggerem einreißen. Hiervon = den Zusammenhang einer Sache unterbrechen, trennen, Chalcis interscinditur freto. 2) *trop.* unterbrechen, stören, laetitiam.

Inter-scrībo etc., 3. (Spät.) dazwischen schreiben.

Inter-sĕco etc., 1. (felt.) zerschneiden, res illas.

Inter-sēpio etc., 4. 1) sperren, verstopfen, foramina. 2) durch etwas Dazwischenliegendes scheiden, abschneiden: i. urbem vallo ab arce; i. alicui conspectum exercitus abeuntis.

Inter-sĕro, sēvi, sĭtum, 3. dazwischen pflanzen, vites.

Inter-sĕro, sĕrui, sertum, 3. dazwischen einfügen, oscula verbis (Poet.); i. causam vorgeben.

Inter-sisto etc., 3. (Spät.) mitten in einer Rede inne halten.

Intersĭtus, [*part.* von intersero 1.] *adj.* (Spät.) dazwischen befindlich.

Inter-spīrātio, ōnis, *f.* das Athemholen dazwischen.

Inter-stinguo etc., 3. 1) (Spät.) *particip.* interstinctus (eigtl. hier und dort durch Puncte bezeichnet) mit Etwas hin und wieder besetzt, gefleckt: facies i. medicaminibus mit hier und da angehefteten Pflastern. 2) (Vorklaff.) auslöschen, ignem.

Inter-strātus, (Spät.) *particip.* des sonst ungebr. intersterno, dazwischen gelegt.

Inter-strĕpo etc., 3. (Poet.) dazwischen kreischen, -schallen, anser.

*****Inter-stringo** etc., 3. (Pl.) zuschnüren, alicui gulam.

Inter-sum etc. 1) dazwischen sein, sich dazwischen befinden, A) im Raume: pons i. inter eos. B) in der Zeit: quadraginta anni ii. inter eos liegen zwischen ihnen. Hiervon C) *trop.* verschieden sein, sich unterscheiden, vera ii. a falsis; *τὸ νεμεσᾶν* interest τοῦ φθονεῖν (der griechischen Construction nachgebildet); (Com.) hoc dominus ac pater i. hierin unterscheidet sich ein Herr und ein Vater. 2) bei Etwas-, in Etwas gegenwärtig sein (und an ihm Antheil nehmen, vgl. assum): i. in convivio; i. negotio alicui, proelio; (Spät.) i. alicui bei Jmd. sein. 3) *impers.* interest, A) es ist in Unterschied, es unterscheidet sich: i. inter hominem et bestiam; multum, nihil i. es ist ein großer Unterschied, es ist kein Unterschied. B) es ist daran gelegen, -von Wichtigkeit, -von Interesse: i. mea, tua mir, dir, illius ihm, Ciceronis dem C.; multum, magni, maxime i. es ist sehr, daran gelegen; ad rem nihil i. es thut Nichts zur Sache; multum i., duos esse consules; i. ut (ne) illud fiat; i. qualis aditus sit.

Intertextus, (Spät.) *particip.* eines sonst nur bei Nachklaff. vorkommenden Verbums intertexo, durchwebt, vestis i. pluribus notis.

***Inter-traho** etc., 3. (*Pl.*) entziehen, puteo illi omnem animam = vollständig erschöpfen.

Intertrimentum, i, *n.* [inter-tero] 1) der Abgang durchs Abreiben, das Abgeriebene. 2) *trop.* der Verlust, Schaden, die Einbuße.

***Interturbātio**, ōnis, *f.* [interturbo] die Verwirrung, Unruhe, animi.

Inter-turbo, 1. (Com.) Verwirrung-, Unruhe anrichten.

Intervallum, i, *n.* [inter-vallus] eigtl. der Raum zwischen zwei Pallisaden, 1) der Zwischenraum, die Entfernung: sequi aliquem magno i. 2) in der Zeit, die Zwischenzeit, die Pause: dolor dat i. läßt auf einige Zeit nach; video te longo (oder ex longo) i. nach langer Zeit; datur hoc i. diese Frist; dicere intervallo mit Pausen. 3) der Unterschied, die Unähnlichkeit: quantum intervallum inter te et illum interjectum putas wie groß, glaubst du, daß der Unterschied sei?

Inter-vello etc., 3. (Spät.) dazwischen herausrupfen, -herausnehmen, -wegnehmen: barbam aut vellunt aut ii. rupfen einzelne Haare davon heraus.

Inter-vĕnio etc., 4. 1) dazwischen kommen = hinzukommen, während Etwas noch geschieht, dauert u. f. w.: vereor ne molestus interveniam; i. sermoni während des Gespräches; i. alicui Jmd. überraschen, unvermuthet zu ihm kommen: casu i. 2) *trop.* A) dazwischen eintreten und dadurch unterbrechen, stören, hindern, entgegenstehen, in die Quere kommen: nox i. proelio; i. gloriae alienae, alicui aliquid cogitanti. B) (Spät.) sich ins Mittel schlagen, den Vermittler abgeben. C) einschreiten, sein Ansehen auf irgend eine Weise geltend machen: eatenus interveniebat ne quid perperam fieret. D) eintreffen, widerfahren, sich ereignen: exigua fortuna i. sapienti.

Interventor, ōris, *m.* [intervenio] der dazwischen kommende Unterbrecher, Störer: dies vacuus ab ii. von störenden Besuchen.

Interventus, us, *m.* [intervenio] die Dazwischenkunft, lunae, noctis; *trop.* = die Vermittelung, der Beistand.

Inter-verto etc., 3. (Vorklass. und Spät.) eigtl. anderswohin wenden, lenken, 1) verändern, ingenia. 2) unterschlagen, durch Betrug auf die Seite bringen, pecuniam; i. consulatum einem Anderen entziehen und auf sich übertragen. 3) Jmd. um Etwas bringen, prellen, aliquem muliere, possessione. 4) verschwenden, durchbringen, pecuniam.

Inter-viso etc., 3. 1) nachsehen, zusehen, quid faciant coqui. 2) von Zeit zu Zeit besuchen, aliquem.

***Inter-võlito**, 1. dazwischenfliegen.

***Inter-võmo** etc., 3. (Vorklass.) dazwischen ausspeien, -ergießen, undas dulces inter salsas.

In-testābĭlis, e, *adj.* der wegen seiner Unwürdigkeit nicht als Zeuge herbeigerufen werden kann, daher abscheulich, verächtlich, ehrlos, homo, saevitia; im Doppelsinne = ohne Hoden, entmannt.

Intestāto, *adv.* [intestatus] ohne Testament gemacht zu haben, mori.

In-testātus, *adj.* 1) (Com.) nicht durch Zeugen überführt. 2) der (vor seinem Tode) kein Testament gemacht hat: mortuus est i. 3) (*Pl.*) im Doppelsinne = entmannt (ohne Hoden).

Intestīnus, *adj.* [intus] inwendig, innerlich, malum, bellum; opus i. feine eingelegte Tischlerarbeit. Insbes. als *subst.* **Intestīna**, ōrum, *n. pl.* (Vorklass. auch im *sing.*) die Eingeweide (im Unterkörper, vgl. exta, viscera), die Gedärme.

In-texo etc., 3. 1) hineinweben, -flechten: i. diversos colores picturae, purpureas notas filis. Hiervon *trop.* hineinfügen, einmischen, verflechten: venae toto corpore intextae; i. laeta tristibus; i. aliquid in causa, ridicula versibus; i. Varronem redend einführen, (Poet.) i. facta chartis auf das Papier bringen. 2) (Poet.) umwinden, umflechten, umschlingen, ulmos vitibus, hastas foliis.

Intīme, *adv.* [intimus] 1) vertraulichst, aliquo uti. 2) herzlichst, commendari.

Intĭmus, *adj.* [intra] *sup.* zu interior. 1) der innerste: in i. sacrario in dem Innersten des Heiligthums; abdidit se in i. Macedoniam in das Innerste von M. 2) *trop.* A) = tiefgehend, tiefste, i. artificium, disputatio, philosophia. B) = geheim, versteckt, consilia. C) vertraut, eng, intim, amicus, familiaritas, i. consiliis alicujus mit Jmds Absichten. Hiervon *subst.* **Intīmus**, i, *m.* der Vertraute: i. alicui Jmds, ii. mei meine Vertrauten.

In-tingo (ob. -tinguo) etc., 3. (Poet. u. Spät.) eintauchen, benetzen, calamum, faces sanguine.

In-tŏlĕrābĭlis, e, *adj.* unerträglich, unausstehlich.

In-tŏlĕrandus, *adj.* unerträglich, unausstehlich.

In-tŏlĕrans, tis, *adj.* mit *comp.* u. *sup.* 1) *act.* nicht ertragend, nicht leicht sich in Etwas findend, unduldsam: homo i. laboris, rerum secundarum der das Glück nicht zu ertragen versteht. 2) *pass.* (Poet. u. Spät.) = intolerabilis.

Intŏlĕranter, *adv.* mit *comp.* u. *sup.* [intolerans] unerträglich; i. gloriari.

Intŏlĕrantia, ae, *f.* [intolerans] 1) die Unduldsamkeit, der Andere nicht ertragende Uebermuth, der unduldsame Hochmuth, morum, regis.

In-tŏno etc., 1. I. *intrans.* donnern, pater (Jupiter) i. ab alto coelo; *trop.* = rauschen, ertönen, nemus, vox tribuni i. II. *transit.* herdonnern, laut ertönen lassen: i. aliquid mit donnernder Stimme sagen; (Poet.) hiems intonata fluctibus mit donnerndem Getöse über die Fluthen fahrend.

In-tonsus, *adj.* ungeschoren, ungestutzt, capilli, coma, deus, os; (Poet.) mons i. = waldreich, belaubt; *trop.* homo i. streng und rauh (weil die alten Römer ungeschorenen Bart und Haupthaar trugen).

In-torqueo etc., 2. 1) drehen, winden, umdrehen: i. mentem, oculos, pallium circa brachium um den Arm wickeln; i. angues capillis einflechten; i. funem flechtend machen,

flechten; *trop.* oratio intorta gebrehet, verworren. 2) drehend schleudern, schwingen, telum in hostem, hastam equo (Poet.) auf das Pferd.
Intrā, [eigtl. *abl. sing.* (*sc.* parte) des ungebr. *Adj.* inter(us), siehe interior] I. *adv.* innerhalb, inwendig. II. *praep. mit. acc.* 1) im Raume, innerhalb; esse i. parietes, i. Taurum montem; venire i. illas regiones. Hiervon zur Bezeichnung einer Einschränkung und einer Grenze: i. verba peccare (Spät.) sich versehen, doch so, daß man nicht weiter geht als zu Worten; i. nos zwischen, i. se meditari bei sich selbst; i. legem innerhalb der durch die Gesetze (für den Aufwand) bestimmten Grenzen; i. famam unter dem Gerüchte, ebenso bei einer Zahlenbestimmung, classis erat i. centum. 2) in der Zeit. A) binnen, innerhalb: i. viginti dies; i. decimum diem quam Pheras venerat nachdem er nach Ph. gekommen war. B) im Verlauf von: i. viginti annos tectum non subierat.
**Intrābīlis, e, *adj.* [intro] zugänglich.
In-tractābīlis, e, *adj.* (Poet. u. Spät.) nicht zu behandeln: homo i. rauh, ungefügig, genus i. bello unbesiegbar, locus unbewohnbar, bruma unerträglich.
In-tractātus, *adj.* unbehandelt, equus unzugeritten, scelus unversucht.
In-trōmisco, — — 3. (Spät.) u. **In-trēmo,** — — 3. (Poet. u. Spät.) erzittern, erbeben.
Intrĕpĭde, *adv.* [intrepidus] unerschrocken.
In-trĕpĭdus, *adj.* nicht erzitternd, unerschrocken, homo, vultus; hiems i. in welchem man ungestörte Ruhe genießt.
**In-trībuo etc., (Spät.) beisteuern, aliquid.
Intrīco, 1. [in-tricae] (Vortlaff.) verwickeln, in Verwirrung bringen, aliquem.
Intrinsĕcus, *adv.* [intra] (Spät.) inwendig.
In-trītus, *adj.* [tero] unabgerieben, *trop.* ungeschwächt.
Intro, *adv.* [in] 1) hinein, nach innen zu, venire i. ad aliquem. 2) (Vortlaff.) im Zustande der Ruhe, inwendig, innerlich.
Intro, 1. [in] hineingehen, in hortos, in Capitolium, ad aliquem; häufig von Frieden u. dergl. = hineinbringen: arma Romana eo ii.; i. intra praesidia. Hiervon A) *trop.* i. in rerum naturam durchschauen; i. in mentem judicis = recht verstanden werden, in familiaritatem alicujus mit Jmb. Freundschaft eingehen. B) *transit.* in Etwas hineingehen, betreten: i. portum, januam, regnum; i. mare beschiffen; *trop.* cupido gloriae i. animos wandelte — an.
Intrō-dūco etc., 3. hineinführen, einführen: i. milites, copias in fines hostium; i. philosophiam in domos; i. ambitionem in senatum Eingang verschaffen; i. consuetudinem, exemplum. Hiervon *trop.* A) in die Rede einführen, anführen, sermones suos. B) als Behauptung vorführen = behaupten, lehren.
**Intrōductio, ōnis, *f.* [introduco] das Einführen.

Intro-eo etc., 4. hineingehen: i. in urbem, ad aliquem; i. domum, curiam, urbem; i. porta durch ein Thor.
Intrō-fĕro etc., 3. hineintragen, aliquem in urbem, cibum liberis.
Intrō-grĕdior, gressus, 3. *depon.* [gradior] (Poet.) hineingehen.
Introītus, us, *m.* [introeo] 1) das Hineingehen, der Eintritt, Eingang: nocturnus i. Smyrnam in S. hinein, ebenso i. in urbem; primo i. beim ersten Eintritte; prohibere aliquem introitu. Hiervon *trop.* A) der Antritt eines Amtes ob. bergl., i. sacerdotii. B) der Eingang = Anfang, das Vorspiel: i. defensionis, operis, fabulae. 2) *concr.* der Eingang = Zugang, Weg zu einem Orte: omnes ii. praeclusi erant.
Intrō-mitto etc., 3. hineinschicken, hineinlassen, aliquem ad aliquem; i. legiones, neminem in aedes; *trop.* (Spät.) i. verba in usum einführen.
Introrsum ob. **Introrsus,** *adv.* [introversum ob. versus] 1) einwärts, nach innen zu, hinein: accipere hostes i. in castra; i. perspicere, reducere aliquid i. 2) (Poet. u. Spät.) innerlich, inwendig, i. est turpis.
Intrō-rumpo etc., 3. hineinbrechen, in aedes.
**Intrō-specto, 1. (Pl.) hineinschauen.
Intrō-spĭcio, spexi, spectum, 3. 1) hineinsehen, hineinschauen, domum; *trop.* (Spät.) = ansehen, betrachten, aliorum felicitatem aegris oculis. 2) *trop.* = untersuchen, betrachten, erwägen, mentem alicujus, in omnes reipublicae partes, in mentem suam.
Intrō-vŏco, 1. hineinrufen, aliquem ad filium.
In-trūdo etc., 3. hineinstoßen; *trop.* i. se sich aufdrängen.
Intŭbus, i, *m.* ob. **-bum, i,** *n.* die Endivie, Cichorie.
In-tueor, *depon.* 2. (Vortlaff. u. Spät. auch **Intuor,** *depon.* 3.) 1) genau auf Etwas hinsehen, es beschauen, betrachten: i. solem; i. in aliquem, huc atque illuc; insbef. = mit Bewunderung betrachten, aliquem. 2) *trop.* geistig Etwas betrachten. A) = erwägen, betrachten, aliquid. B) = Rücksicht auf Etwas nehmen, es im Auge haben, tempestatem impendentem, oratores, quid illi sentiant.
In-tŭmesco, mui, — 3. (Poet. u. Spät.) 1) aufschwellen, anschwellen, genae. 2) *trop.* A) = sich erheben, steigen, wachsen: vox i.; fluctus i., motus i. B) = aufgeblasen werden, sich überheben. C) i. alicui gegen Jmd. aufgebracht werden.
**In-tŭmŭlātus, *adj.* (Poet.) unbegraben.
Intuor, siehe Intueor.
In-turbātus, *adj.* (Spät.) unbestürzt, der seine Fassung nicht verliert.
In-turbĭdus, *adj.* (Tac.) 1) nicht beunruhigt, annus. 2) der keine Unruhe macht, ruhig, homo.
Intus, *adv.* [in] 1) (Pl.) von innen: aliquid i. proferre foras. 2) innen, inwendig, darinnen: esse i.; estne frater i. ist dein Bruder zu Hause? *(Pl.) i. domum esse zu Hause. Hiervon *trop.* = in seinem Innern, in

Intusium

seinem Herzen: i. canere = nur an seinen
Vortheil denken. 3) nach innen, hinein, deducere aliquem i.
Intusium, siehe Indusium.
In-tūtus, *adj.* 1) unbefestigt, unverwahrt, castra. 2) unsicher, unzuverlässig, amicitia.
Inŭla, ae, *f.* (ĭ) Alant, eine Pflanze.
In-ultus, *adj.* (ĭ) 1) ungerächt. A) = der sich selbst nicht gerächt hat: innltus animam amisit. B) den Andere nicht gerächt haben: imperatores suos inultos jacere sinebant. 2) ungestraft, wegen dessen seine Rache genommen worden ist: i. injuria; aliquem inultum sinere, hostes inultos abire pati; (Poet.) dum catulos ferae celent inultae ungestört, unbeunruhigt, proficiscor i. sicher.
In-umbro, 1. (ĭ) (Poet. u. Spät.) 1) beschatten, mit Schatten bedecken, locum; vespera i. der Abend bricht mit seinem Schatten ein. 2) *trop.* verdunkeln, dignitatem alicujus.
Inundātio, ōnis, *f.* (ĭ) [inundo] (Spät.) die Ueberschwemmung.
In-undo, 1. (ĭ) 1) *trans.* überschwemmen, terram; Enna inundabitur sanguine; absol. fluvius i. strömt über; *trop.* Cimbri ii. Italiam. 2) (Poet. u. Spät.) *intrans.* von Etwas überschwemmt werden, überströmen, fossa i. sanguine.
In-ungo etc., 3. (ĭ) (selten) bestreichen, besalben: inungi absol. = Augensalbe gebrauchen.
Inurbānē, *adv.* (ĭ) [inurbanus] unfein, ungebildet, geschmacklos, roh.
In-urbānus, *adj.* (ĭ) ohne Feinheit, Geschmack und Bildung, 1) unfein, geschmacklos, unwitzig, dictum, homo. 2) unhöflich, ungefällig, roh, homo, gestus, habitus.
In-urgeo etc., 2. (ĭ) (Vorklaff. und Spät.) darauf drängen, losgehen, cornibus mit den Hörnern.
In-ūro etc., 3. (ĭ) 1) einbrennen, anbrennen, notam vitulo. 2) *trop.* etwas Bleibendes, bes. etwas Uebles anheften, einprägen u. dergl. A) ein Merkmal, ein Brandmal Jmd. aufdrücken: i. alicui notam, baher auch aliquem notā; i. alicui ignominiam, famam turpitudinis. B) ein Uebel, einen Schmerz u. dergl.: i. alicui dolorem Jmd. einen brennenden Schmerz verursachen, ebenso reipublicae mala multa; i. leges nobis uns verhaßte Gesetze aufnöthigen.
Inusitātē und *-to,* *adv.* mit comp. u. sup. (ĭ) [inusitatus] ungewöhnlich.
In-ūsitātus, *adj.* mit comp. und sup. (ĭ) ungewöhnlich, ungebräuchlich.
*****In-ūsus,** us, *m.* (ĭ) (Pl., zweifelh.) der Nichtgebrauch.
In-ūtilis, e, *adj.* mit comp. und sup. (ĭ) unnütz, unbrauchbar: homo i. ad pugnam und pugnae zum Kampfe; i. ad usus civium; res est i. mihi für mich. Oft prägn. = schädlich, verderblich, civis seditiosus et i., oratio i. civitati.
Inūtilĭtas, ātis, *f.* (ĭ) [inutilis] die Unnützlichkeit, Unbrauchbarkeit, prägn. = die Schädlichkeit.
Inūtilĭter, *adv.* (ĭ) [inutilis] unnützlich, prägn. schädlich.

Invenio

Inuus, i, *m.* (ĭ) [ineo] Gott der Befruchtung der Heerden.
In-vādo etc., 3. 1) in oder auf Etwas hingehen, hineingehen, -kommen (am häufigsten feindlich und Unheil anrichtend): quocunque ignis i.; malum i. in vitam hominum; i. in collam alicujus Jmb. (stürmisch) um den Hals fallen. Hiervon (Poet.) i. viam betreten, einschlagen; i. magnum aliquid unternehmen, daran gehen. 2) insbef. feindlich darin einbringen, darauf losgehen, es angreifen, anfallen: i. in Asiam, in aliquem; i. castra, hostes. Hiervon = mit Gründen oder Worten angreifen, bef. = heftig anfahren, tadeln, anlaffen: i. aliquem minaciter, i. consules cur etc.; i. dictum alicujus. 3) sich einer Sache bemächtigen, sie gewaltsam in Besitz nehmen: i. regnum; i. in nomen Marii annehmen. 4) befallen, überfallen: terror i. hostes; avaritia i. in animos eorum; in dieser Bedeutung auch (selten) mit *dat.,* furor i. improbis.
In-vălĕo, — — 2. (Vortlaff.) stark sein.
In-vălesco, lui, — 3. stark werden, erstarken (an Macht, Umfang u. dergl.), zunehmen, überhand nehmen, mächtiger werden: res opibus i.; luxuria, amor i.; verba ii. kommen auf, werden gewöhnlich.
In-vălĭdus, *adj.* mit comp. und sup. 1) schwach = unvermögend, ohnmächtig, unwirksam, homo, exercitus; stationes ii. zu schwach besetzt, moenia ii. adversus irrumpentes nicht hinreichenden Schutz gewährende. 2) schwach wegen Krankheit, entkräftet, kränklich, i. et aeger.
Invectīcius, *adj.* [inveho] (Spät.) eingeführt, eingebracht, *trop.* gaudium i. nicht vom Herzen kommend.
Invectio, ōnis, *f.* [invĕho] 1) die Einfuhr von Waaren, rerum. 2) der heftige Angriff in Worten.
In-vĕho etc., 3. 1) einführen, einbringen, eintragen: i. pecuniam in aerarium; i. artem illis einen einführen; divitiae ii. avaritiam führen herbei, ziehen nach sich. 2) Hiervon *pass.* und das *particip.* invehens medial, A) in curru, equo, navi (auch so, daß diese Wörter nicht ausdrücklich beigefügt sind, sondern aus dem Zusammenhange ergänzt werden) = hinein fahren, -reiten, -segeln, in urbem, litori an das Ufer segeln, corpori patris über — hinfahren, per auras durch die Luft fahren; auch i. urbem in die Stadt hinein reiten, i. sinum Corinthium in die Bucht hineinsegeln; invehens curru fahrend. In derselben Bedeutung auch (eigtl. nur von der Reiterei) invehere se hinein fahren, -stürzen, -drängen. B) = auf Jmb. -losgehen, einbringen, hineinstürzen, in aliquem; hostis i.; insbes. *trop.* = mit Worten angreifen, heftig tadeln oder schelten, vehementer i. in aliquem; multa invehens in eum ihn mit vielen heftigen Worten und Vorwürfen angreifend.
*****In-vendĭbĭlis,** e, *adj.* (Pl.) unverkäuflich.
In-vĕnio etc., 4. 1) auf Etwas kommen, es antreffen, finden (gewöhnlich durch Zufall, vgl. reperio): i. aliquem domi; i. naves paratas; inveniuntur qui etc. es finden sich

410 **Inventio** — **Invidia**

Leute, die u. s. w. Häufig i. in libro, in annalibus, apud plerosque auctores u. dergl. = sehen, lesen. 2) Etwas erfahren, herausbringen, zu wissen kriegen, aliquid ex captivis. 3) entdecken, conjurationem. 4) erfinden, erdenken, ersinnen, artes, fallaciam; non i. quid faciam ich weiß nicht. 5) erlangen, sich verschaffen, erhalten, bewerkstelligen: i. gloriam ex re, veniam ab hoste, nomen ex re aliqua; (Poet.) i. mortem manu den Tod erhalten durch Feindeshand; i. laudem gewinnen; (Com.) i. infortunium von einem Unglück betroffen werden. 6) (Poet. u. Spät.) i. se = sich zurecht finden.
Inventio, ōnis, f. [invenio] die Erfindung, abstr. = das Erfinden, auch = die Erfindungsgabe.
*****Inventiuncŭla**, ae, f. (Spät.) deminut. von inventio.
Inventor, ōris, m. [invenio] der Erfinder, legis Urheber.
Inventrix, īcis, f. [invenio] die Erfinderin, Urheberin.
Inventum, i, n. [particip. von invenio] die Erfindung, concr. = das Erfundene; i. meum est; ii. Zenonis die Lehren, Ansichten Zenons.
Invēnuste, adv. [invenustus] (Spät.) ohne Anmuth, unangenehm.
In-vēnustus, adj. 1) unschön, ohne Anmuth, unangenehm; (Com.) von einem Liebhaber = nicht gefallend, unglücklich in der Liebe.
Invērēcunde, adv. [inverecundus] (Spät.) unbescheiden, schamlos.
In-vērēcundus, adj. mit sup. unbescheiden, schamlos, unverschämt, frech.
In-vergo etc., 3. (Vorklass. und Spät.) darauf gießen, vina fronti, liquores in aliquem.
Inversio, ōnis, f. [inverto] 1) die Umkehrung, verborum. 2) trop. in der Rhet. A) die Ironie. B) die Allegorie. C) die Versetzung.
Inversus, siehe Inverto.
In-verto etc., 1.) umwenden, umkehren, umdrehen, annulum; alvei navium inversi. Hiervon (Poet.) i. terram vomere = pflügen, i. mare = aufwühlen; i. vinaria umstürzen, ausleeren; Boreas i. ornos reißt um; coelum invertitur dreht sich herum, annus inversus = die Zeit um den Umschwung des Jahres, d. h. das vollendete Jahr. 2) trop. umkehren, verdrehen, zum Schlechteren verändern, umändern: i. virtutes durch Sophismen eine andere Deutung geben; i. aliquid bei Tac. = mit anderen Worten ausdrücken. Insbes. das aprt. **Inversus** als adj.: i. verba ironisch gebrauchen, auch verba inversa = der Aussprache ob. dem Sinne verdreht, umgekehrt, daher = bildlich gebraucht; mores inversi verschlechtert, verdorben; consuetudo inversa verkehrt.
*****In-vespĕrascit**, — 3. impers. es wird Abend.
Investigātio, ōnis, f. [investigo] die Aufspürung, Erforschung, veri.
Investigātor, ōris, m. [investigo] der Aufspürer, Erforscher, conjurationis.
In-vestigo, 1. 1) aufspüren, nachspüren,

erforschen, untersuchen, emsig nach Etwas suchen, captivos, causas rerum, voluptates. 2) forschend herausbringen, Etwas erfahren, ausfindig machen, aliquid, ubi ille sit; i. literas per notas scriptas bechiffriren.
In-vestio, 4. (Spät., selten) bekleiden, bedecken, porticum pictura.
In-vĕtĕrasco, āvi, ātum, 3. alt werden, bes. = irgendwo sich einnisten, sich einwurzeln: aes alienum i.; exercitus i. in Gallia; mos, opinio i. befestigt sich u. dergl.; inveteravit in nostra civitate ut etc. es ist alte Sitte geworden, daß u. s. w.; si inveteravit, actum est wenn die Sache in die Länge gezogen wird, in Vergessenheit geräth.
*****Invĕtĕrātio**, ōnis, f. [invetero] das Altwerden = die Einwurzelung von Uebeln.
Invĕtĕro, 1) [vetus] alt machen; faß nur medial inveterari = alt werden, und particip. **inveterātus** als adj. = alt, eingewurzelt, befestigt, amicitia, malum.
In-vĭcem, adv. [siehe vicis] 1) abwechselnd, wechselweise, zur Abwechselung, zur Vergeltung: timor atque ira i. sententias variabant; multis i. casibus victi victoresque; requiescat Italia, uratur i. Africa; his i. sermonibus nox traducta est. 2) (meist Spät.) gegenseitig, untereinander, auf beiden Seiten: haec i. obstant; i. diligere; flagitia i. objectaverunt.
In-victus, adj. mit sup. [vinco] unüberwunden, unbesiegt, oder unüberwindlich, unbesiegbar, imperator; gens i. armis; i. a labore, adversus gratiam, in mortem (von, gegen). Hiervon trop. defensio i. unwiderlegbar, pietas unerschütterlich; civitas sibi quaedam invicta fecerat = hatte sich selbst gewisse unübersteigbare Schranken gesetzt; (Poet.) i. ad vulnera unverwundbar.
Invĭdentia, ae, f. [invideo] (selten, philosoph. term. t.) der Neid, das Beneiden.
In-vĭdeo etc., 2. 1) (Vorklass. und Poet.) mit scheelem und hämischem Blicke ansehen, einen unheilbringenden Blick auf Etwas werfen, aliquid. 2) beneiden, Jmb. Etwas mißgönnen: i. honori alicujus Jmb. um eine Ehre beneiden, i. commodis alicujus; (selten) i. alicui in re aliqua, öfter i. alicui re aliqua, (Poet. u. Spät.) i. alicui rem aliquam Jmb. um Etwas beneiden; (Poet.) res invidenda um die Jmb. beneidet werden muß = herrlich; invidetur mihi man beneidet mich. Hiervon (Poet.) = hindern u. dergl.: multa ii., pure apparere tibi rem; cur ego invideor warum will man mir es vorenthalten, verbieten?
Invĭdĭa, ae, f. [invideo] der Neid, das Mißgönnen, die Eifersucht, der Unwille, Haß, die Mißgunst: A) act. das Beneiden, das Hassen u. s. w.: proditus est invidiā ducum. B) häufig pass. von demjenigen, der Gegenstand des Neides, des Hasses u. s. w. ist, die Gehässigkeit, esse in invidiā oder invidiam habere verhaßt sein; adducere aliquem in invidiam Jmb. zum Gegenstande des allgemeinen Unwillens machen; regnare sub alienā i. so daß ein Anderer das Gehässige davon trägt; i. decemviralis der Unwille gegen die Decemviren; auch im pl., procellae invidiarum.

Invidiōse, *adv. mit comp.* [invidiosus] neidisch, gehässig: i. aliquem criminari so daß man Haß und Unwillen gegen ihn erregt.

Invidiōsus, *adj. mit comp. u. sup.* [invidia] 1) (Poet.) neidisch, eifersüchtig, dea, alicui auf Jmb. 2) beneidet, was Neid erregt, possessio, pecunia. 3) gehässig, verhaßt, Haß und Unwillen erregend, res, homo; i. apud aliquem; hoc vobis invidiosum est erregt Haß und Unwillen gegen Euch.

Invĭdus, *adj.* [invideo] 1) *(Poet.) Jmb. scheel ansehend = zürnend: vicus i. aegris. 2) neidisch, eifersüchtig, voll Neid, laudis alicujus auf Jmds Ruhm; nox i. coeptis nostris (Poet.) ungünstig für mein Unternehmen; *subst.* invidos meos meine Neider.

In-vigĭlo, 1. (Poet. und Spät.) 1) bei oder wegen Etwas wachen, rei alicui. 2) *trop.* für Etwas wachen, auf Etwas bedacht-, wachsam sein, große Sorge auf Etwas verwenden: i. victui, pro re aliqua; i. venatui ein eifriger Jäger sein.

*****In-violābĭlis**, e, *adj.* (Lucr. u. Spät.) unverletzlich.

Inviolāte, *adv.* [inviolatus] unverletzt, unversehrt.

In-violātus, *adj.* [particip. von violo] 1) unverletzt. 2) unverletzlich.

In-visĭtātus, *adj.* [visito] nicht gesehen, alicui von Jmb.

In-viso etc., 3. 1) nach Etwas hinsehen, es nachsehen, res rusticas, domum. 2) besuchend nachsehen = besuchen, besuchend kommen, ad aliquem, Delum.

Invīsus, *adj. mit comp. u. sup.* [particip. von invideo] verhaßt, ungern gesehen, unangenehm, homo, negotium; res i. alicui.

In-vīsus, *adj.* [video] ungesehen.

Invītāmentum, i, *n.* [invito] der Anreiz, die Lockung, einladende u. lockende Eigenschaft oder Beschaffenheit.

Invītātio, ōnis, *f.* [invito] 1) die Einladung, hospitii, alicujus in Epirum. Insbes. die Einladung zum Trinken bei Tische; davon = das Schmausen, die Bewirthung. 2) *trop.* = Aufforderung, ad dolendum.

*****Invītātus**, us, *m.* (nur im *abl. sing.*) = invitatio.

Invīte, *adv. mit comp.* [invitus] ungern, wider Willen.

Invīto, 1. 1) Jmb als Gast einladen: i. aliquem ad coenam, in hospitium; i. aliquem domum oder lecto ac domo. Hiervon A) = Jmb zutrinken: i. aliquem poculis. B) i. se (Com.) sich bewirthen, sich gütlich thun, zechen und schmausen. Hiervon *trop.* i. aliquem oder se gladio Jmb. oder sich selbst tödten wollen. 2) überhaupt einladen, anreizen, locken, auffordern: i. aliquem ad audiendum, in libidinem, hostes ad deditionem; i. et allicere appetitum animi; i. assentationem Jmb. zur Schmeichelei locken; (Poet.) i. culpam Jmb. zu einem Vergehen locken; i. somnos zum Schlafen einladen.

Invītus, *adj. mit sup.* [in-volo] unwillig, Etwas nicht wollend, wider Willen, invitus hoc feci; invitissimus eum dimisi ganz wider meinen Willen; id fiet illo et me invitissimo ganz wider seinen und meinen Willen; (Poet.) ope invita ungern geleistet.

Invĭus, *adj.* [in-via] unwegsam, ungangbar, wo kein Weg ist, saltus; (Poet.) maria invia Teucris; nil virtuti invium unmöglich.

Invŏcātio, ōnis, *f.* [in-voco] (Spät.) die Anrufung.

In-vŏcātus, *adj.* [part. von voco] ungerufen, ungeladen.

In-vŏco, 1. 1) anrufen, bes. als Zeuge oder zur Hülfe herbeirufen: i. deos, fidem militum, aliquem ad fortunam communem defendendam; i. arma alicujus adversus aliquem auffordern. 2) (Vorklaff. u. Spät.) Jmb. mit einem Namen nennen, benennen: i. aliquem dominum.

*****Involātus**, us, *m.* [involo] des Fliegens, der Flug.

*****In-volĭto**, 1. (Poet.) auf Etwas hinflattern, comae ii. humeris.

In-vŏlo, 1. 1) in ob. auf Etwas hineinfliegen. 2) *trop.* feindlich auf Jmb. ob. Etwas losfahren, sich in oder auf Etwas stürzen: i. ad aliquem, alicui in oculos; i. in possessiones alicujus sich — bemächtigen. Hierv. als *transit.* = angreifen, anfallen, i. castra, aliquem; cupido i. animos befällt; (Poet.) i. aliquid = Etwas wegnehmen, sich dessen bemächtigen.

Involūcrum, i, *n.* [involvo] Etwas worin ein Gegenstand gehüllt wird, die Hülle, Decke, das Futteral; *trop.* ii. simulationum.

Involūtus, *adj. mit sup.* [particip. von involvo] verhüllt = dunkel, schwer zu verstehen, res.

In-volvo etc., 3. 1) Etwas an oder auf Etwas rollen, -wälzen: i. montem monti; (Poet.) mons i. silvas wälzt mit sich auf die Erde herab, i. orbem einen Kreis bilden. 2) A) Etwas um Etwas wickeln, -winden: i. aliquid corpori. B) Etwas mit Etwas umwickeln, umwinden, davon verhüllen, bedecken: i. sinistram sago, vulpem foeno; (Poet.) nimbi ii. diem; capite involuto mit verhülltem Kopfe; *trop.* i. se literis „sich in Bücher vergraben", iniquitas involvitur ist versteckt.

Involvŭlus, i, *m.* [involvo] (Pl.) die Wickelraupe, eine Raupe, die sich in eine Hülle von Blättern einwickelt.

In-vulgo, 1) (selten) unter die Leute bringen, bekannt machen, angeben, aliquid.

In-vulnĕrābĭlis, e, *adj.* (Spät.) unverwundbar.

*****In-vulnĕrātus**, *adj.* unverwundet.

Io! *interj.* o! ach! ha! ein Ausruf des Schmerzes und Jammers oder (bes. io triumphe!) der jubelnden Freude.

Io, us oder ōnis, *f.* ['Ιώ] Tochter des argivischen Königs Inachus, vom Jupiter geliebt, in eine Kuh verwandelt und von dem hundertäugigen Argus bewacht.

Iŏcasta, ae, *f.* ['Ιοκάστη] Gemahlin des thebanischen Königs Lajus und Mutter, später Gemahlin des Oedipus.

Iŏlāus, i, *m.* ['Ιόλαος] Sohn des Iphicles, Gefährte des Hercules.

Iolcus, i, *f.* ['Ιωλκός] Stadt in Thessalien, wo Jason das Schiff Argo erbaute.

Iŏle, es, f. [*Ἰόλη*] Tochter des Eurytus zu Oechalia, welche Hercules entführte.

Iōn, ōnis, m. [*Ἴων*] Sohn des Xuthus, mythischer Stammvater des ionischen Stammes in Griechenland.

Iōnes, num, m. pl. [*Ἴωνες*] einer der vier Hauptstämme Griechenlands. Davon 1) **Iōniăcus**, adj. (Poet.), 2) **Iōnĭcus**, adj. ionisch. 3) **Iōnius** und (Poet.) **Iōnus**, adj. fast nur in den Verbindungen I. mare u. vergl., das Meer zwischen Italien, Sicilien und Griechenland. Hiervon subst. **Iōnia**, ae, f. Landschaft in Kleinasien.

Ios, i, f. [*Ἴος*] Insel der Sporaden.

Iphias, ădis, f. (i) [*Ἰφιάς*] die Tochter des Iphis = Evadne.

Iphicrătes, is, m. [*Ἰφικράτης*] athenischer Feldherr. Davon **Iphicrătensis**, e, adj.

Iphigĕnĭa oder **Iphiănassa**, ae, f. (i) [*Ἰφιγένεια, Ἰφιάνασσα*] Tochter des Agamemnon und der Clytämnestra, welche, als sie von den Griechen in Aulis der Diana zur Sühne geopfert werden sollte, von der Göttin nach Tauris entführt und dort zu ihrer Priesterin gemacht wurde.

Iphĭnŏe, es, f. [*Ἰφινόη*] Tochter des argivischen Königs Prötus, siehe Proetus.

Ipse (Vorklaff. auch **Ipsus**), ipsa, ipsum, pron. demonstr., selber, selbst: quaeram ex i. ich werde ihn selbst fragen, ipsis non satis est ihnen selbst; ego i., tu i., ille i.; vgl. welcher selbst; Caesar i., frater i.; omnibus potius quam nobis ipsis consuluimus; non modo populo Romano sed ipse sibi condemnatus visus est; valvae ipsae se aperuerunt von selbst, von freien Stücken; ipsius domus sein eigenes Haus. Insbes. A) ipse per se oder bloß ipse = an und für sich: per se ipsa maxima est, moventur per se ipsa. B) ipse zur Bezeichnung des Hausherrn oder des Meisters, er, er selbst, ebenso ipsa zur Bezeichnung der Hausfrau: ego eo quo me ipsa misit; ipse dixit (αὐτὸς ἔφα) die bekannte Formel der Pythagoreer. C) et ipse „auch", „gleichfalls", wo dasselbe Prädicat von einem neuen Subjecte ausgesprochen wird: victor ex Aequis transiit in Volscos et ipsos bellum molientes die auch ihrerseits zum Kriege sich rüsteten; Crassus et i. tres recitatores excitavit. D) zur nachdrücklichen Hervorhebung eines Gegenstandes, = gerade, eben, just: triennio ipso major; triginta ipsi erant dies es waren gerade dreißig Tage; nunc ipsum, tum ipsum eben jetzt, gerade damals. E) bei Pl. findet sich der sup. ipsissimus: i. sum ich bin es leibhaftig, in eigener Person.

Ira, ae, f. (i) der Zorn, die Erbitterung u. s. w.: i. vulnerum, fugae wegen der Wunden, der Flucht, ebenso i. praedae amissae, dictatoris creati wegen u. s. w.; ii. suae, paternae gegen sich, gegen den Vater; plenus irarum paternarum mit dem väterlichen Zorne beladen; ii. coelestes der Zorn der Götter, humanae wie er bei Menschen sein muß; per iram (= irā incensus) aliquid feci im Zorne, zornentbrannt; res mihi est irae erregt meinen Zorn; eo irarum procedere oder dergl., soweit im Zorne. Insbes.

ira belli die erbitterte Wuth des Krieges; differre iras = die Befriedigung des Zornes, die Rache; dic aliquam iram (Poet.) irgend einen Grund zum Zürnen.

Irācunde, adv. mit sup. (i) [iracundus] jähzornig, hitzig.

Irācundia, ae, f. (i) [iracundus] 1) der Jähzorn, die Neigung zum Zorne. 2) der heftige Zorn, die Erbitterung: reprimere, remittere i. seinen Zorn dämpfen; iracundiam suam reipublicae dimittere um des Staates willen fahren lassen; inflammari iracundiā.

Irācundus, adj. mit comp. u. sup. (i) [ira] jähzornig, hitzig, leicht auffahrend, homo; i. in (adversus) aliquem; (Poet.) leo i., fulmina ii. rächende, im Zorne von Jmd. geschleuderte.

Irascor, — depon. (i) 3. [ira] zürnen, alicui, auch admonitioni wegen einer Ermahnung; i. aliquid wegen Etwas, nostram vicem wegen unseres Schicksals, auf uns; (Poet.) taurus i. in cornua drängt seine Wuth in die Hörner hinaus = kämpft mit den Hörnern.

Irāte, adv. mit comp. (i) [iratus] (Spät.) zornig, im Zorne.

Irātus, adj. mit comp. u. sup. (i) [ira] zornig, erzürnt, alicui auf Jmd.; quum iratior factus esset; (Poet.) mare i. stürmisch, aestis „wüthend", venter = hungrig.

Iris, ĭdis, f. (i) [*Ἴρις*] 1) die Göttin des Regenbogens, Tochter des Thaumas und der Electra, Botin der Götter. 2) (Spät.) der Regenbogen. 3) (Spät.) eine Pflanze, die Schwertlilie.

Irōnia, ae, f. (i) [εἰρωνεία] die verstellte Art zu reden, Ironie.

*__**Ir-rāsus**__, adj. (Vorklaff.) ungeschoren, caput.

Ir-rătiōnālis, e, adj. (Spät.) unvernünftig: usus i. mechanische Uebungen.

*__**Irraucesco**__, rausi, — 3. [in-raucus] heiser werden.

*__**Ir-rĕdīvīvus**__, adj. (Poet.) eigtl. der nicht wieder aufleben kann = unwiederherstellbar, ponticulus.

Ir-rĕlĭgātus, adj. (Poet.) unaufgebunden: irreligata comas mit unaufgebundenem Haar.

Irrĕlĭgĭōse, adv. [irreligiosus] (Spät.) gottlos, ohne Ehrfurcht.

Ir-rĕlĭgĭōsus, adj. gottlos = ohne die schuldige Ehrfurcht.

Ir-rĕmeābĭlis, e, adj. [in-remeo] (Poet.) von wo man nicht wieder zurück gehen kann, „unzurückgänglich", unda.

Ir-rĕmĕdĭābĭlis, e, adj. [in-remedium] (Spät.) 1) unheilbar. 2) trop. unversöhnlich.

Ir-rĕpărābĭlis, e, adj. (Poet. und Spät.) unwiederbringlich, unersetzlich.

Ir-rĕpertus, adj. (Poet.) ungefunden.

Ir-rēpo etc., 3. 1) in oder auf Etwas kriechen: serpens i. in (ad) aliquem, arbori auf den Baum hinauf. 2) trop. sich einschleichen, unvermerkt hineinkommen, sich Eingang verschaffen: i. in animos hominum, in testamenta locupletium; dolor i. animo (Spät.), absol. = sich als Freund einschleichen.

Ir-rĕprĕhensus, *adj.* (Poet.) untadelhaft, responsum wahr.
Ir-rĕquĭētus, *adj.* (Poet.) unruhig, rastlos.
*****Ir-rĕsectus**, *adj.* (Poet.) unbeschnitten.
*****Ir-rĕsŏlūtus**, *adj.* (Poet.) unaufgelöst.
Ir-rētio, 4. im Netze fangen, verwickeln, aliquem; *trop.* verstricken, aliquem corruptelarum illecebris, laqueis interrogationum.
*****Ir-rĕtortus**, *adj.* (Poet.) nicht zurückgedreht.
Ir-rĕvĕrens, tis, *adj.* (Spät.) unehrerbietig, ohne Ehrfurcht: i. operis keine Achtung habend für ein Werk.
*****Irrĕvĕrenter**, *adv.* [irreverens] (Spät.) unehrerbietig, ohne Ehrfurcht.
Irrĕvĕrentia, ae, *f.* [irreverens] (Spät.) Unehrerbietigkeit, Mangel an Ehrfurcht und Achtung.
Ir-rĕvŏcābĭlis, e, *adj.* (Poet. und Spät.) 1) unzurückruflich, aetas, verbum. 2) *trop.* unwiderruflich = unveränderlich, casus; animus i. unversöhnlich.
Ir-rĕvŏcātus, *adj.* (Poet.) 1) nicht wieder aufgefordert. 2) (zwsl.) unzurückruflich = der sich nicht abhalten läßt, lupus.
Ir-rĭdeo etc., 2. 1) *intrans.* lachen, spotten bei Etwas, in re aliqua. 2) *transit.* Jmb. auslachen, verspotten, verhöhnen, zum Besten haben: i. aliquem, deos.
*****Ir-rĭdĭcŭle**, *adv.* unwitzig.
Irrĭdĭcŭlum, i, *n.* [irrideo] (Vorklass.) der Gegenstand der Verspottung, das Gespötte: irridiculo habere aliquem Jmb. zum Besten haben, esse irridiculo zum Gespötte dienen.
Irrĭgātio, ōnis, *f.* [irrigo] das Bewässern.
Ir-rĭgo, 1. 1) in der Landwirthschaft, Wasser oder dergl. irgendwohin leiten: i. aquam in areas. Hiervon (Poet.) i. imbres aufgießen; *trop.* somnus i. quietem per membra verbreitet (wie einen wohlthuenden Thau) über die Glieder. 2) bewässern, Nilus i. Aegyptum; i. hortulos fontibus. Hiervon benetzen, übergießen, feuchten: cruor i. terram; ille i. genas fletu; sopor i. artus verbreitet sich (wie ein wohlthuender Thau) über die Gliedmaßen, also *trop.* = erquickt; scherzhaft (Pl.) i. aliquem plagis tüchtig abprügeln.
Irrĭguus, *adj.* [irrigo] (Poet. u. Spät.) 1) *act.* bewässernd, aquae; davon benetzend, befeuchtend. 2) *pass.* gewässert, davon benetzt, angefeuchtet.
Irrīsio, ōnis, *f.* [irrideo] die Verspottung, Verhöhnung.
Irrīsor, ōris, *m.* [irrideo] der Spötter, Verhöhner.
Irrīsus, us, *m.* [irrideo] die Verspottung, Verhöhnung: irrisui esse zum Gespötte dienen, aliquem habere zum Gespötte haben.
Irrĭtābĭlis, e, *adj.* [irrito] reizbar, der leicht zum Zorne gereizt wird, hitzig.
Irrĭtāmen, ĭnis, *n.* (Poet.) und **Irrĭtāmentum**, i, *n.* [irrito] das Reizungs-, Anreizungsmittel, was eine Leidenschaft und dergl. erregt oder überhaupt eine Sache anregt: acuere iras militum omnibus ii.; i. gulae was den Appetit reizt, invidiae was den Neid erregt; ii. pacis was zum Frieden lockt; (Poet.) opes ii. malorum Reichthümer, die (damit man zu deren Besitz gelange) zu Verbrechen anreizen.
Irrĭtātio, ōnis, *f.* [irrito] die Reizung, Anreizung, gulae, animorum; ii. conviviorum die Lockungen, Anreizungen, welche bei Gastmählern entstehen.
*****Irrĭtātor**, ōris, *m.* [irrito] (Spät.) der Anreizer.
Irrĭto, 1. 1) reizen, anreizen, bes. zum Zorne u. dergl.: i. aliquem; i. animos ad bella; i. iracundiam. 2) (Poet. u. Spät.) A) überhaupt antreiben, bewegen, reizen: i. infantiam ad discendum; haec segnius ii. animos bewegt langsamer. B) erregen, wecken, verursachen: i. cupiditatem, suspiciones, amores.
Irrĭtus, *adj.* [in-ratus] 1) ungültig, bedeutungslos, testamentum. 2) vergeblich, ohne Wirkung, unnütz, inceptum, labor, telum ohne Wirkung geworfen, donum; praeda i. keinen Vortheil bringend, lingua keinen Glauben findend; häufig *subst.* **irritum**, i, *n.*: ad (in) irritum cadere (redigi) fehlschlagen, vernichtet werden. 3) (Poet. und Spät.) von Personen, Nichts ausrichtend, Etwas vergeblich unternehmend: irritus revertitur unverrichteter Sache; auch irritus legationis durch seine Gesandtschaft Nichts ausrichtend, spei in seiner Hoffnung getäuscht.
Irrŏgātio, ōnis, *f.* [irrogo] die Auferlegung.
Ir-rŏgo, 1. eigtl. Etwas gegen Jmb. vorschlagen, daher auferlegen, zuerkennen: i. alicui multam, supplicium; i. sibi mortem sich tödten; i. plus labori mehr Fleiß verwenden.
Ir-rōro, 1. (Poet. u. Spät.) 1) *trans.* A) wie Thau aufträufeln, liquores vestibus. B) benetzen, befeuchten wie mit einem Thau: i. crinem aquis. *2) *intrans.* wie Thau auf Etwas träufeln, lacrimae ii. foliis.
*****Ir-ructo**, 1. (Pl.) hineinrülpfen, alicui in os.
Ir-rumpo etc., 3. 1) hinein brechen, -dringen, einen Einfall irgendwo hinein thun, in castra, intra tecta; (Poet.) i. portam durch das Thor hinein, pontem über die Brücke hinein, thalamo in das Gemach hinein. 2) *trop.* überhaupt eindringen: imagines ii. in animos nostros; calamitates ii. ad me; i. in patrimonium alicujus sich bemächtigen. Insbes. i. in fletum alicujus = hindern, zurückhalten wollen.
Ir-ruo, ui, — 3. 1) hinein stürzen, in mediam aciem; (Vorklass.) i. se sich hineinstürzen. 2) *trop.* a) i. in alienas possessiones sich bemächtigen. b) ne quo irruas strauchelst, Anstoß giebst; i. in odium offensionemque populi Romani gleichsam in — sich stürzen = mit aller Gewalt sich zuziehen.
Irruptio, ōnis, *f.* [irrumpo] das Einbrechen = der Einfall: facere i. in popinam.
*****Ir-ruptus**, *adj.* (Poet.) unzerrissen, copula.

Irus, i, m. [Ἶρος] ein Bettler im Hause des Ulysses zu Ithaca: sprichwörtlich = ein Bettler überhaupt.

Is, ea, id, *pron. demonstr.* er, sie, es, der, die, das: is qui derjenige, der (wo es nicht des Nachdrucks oder der Deutlichkeit wegen stehen muß, fehlt das Pronomen gewöhnlich vor qui), auch ii., si qui similes sunt; homo id aetatis von dem Alter; eas divitias putabant dieses hielten sie für Reichthum. Insbes. A) zur genaueren Entwickelung und stärkeren Hervorhebung des Vorhergehenden mit et oder que verbunden = und zwar, und das: sermo isque multus de nobis fuit; vincula eaque sempiterna. B) bisweilen wird es mit Verben der 1sten und 2ten Person verbunden: haec omnia is feci qui sodalis ejus eram ich, der ich u. s. w.; qui in proximum annum consulatum poteres, is per municipia — cucurristi der du u. s. w. C) nach vorausgegangenem Relativ wird es zur Fortsetzung der Rede gebraucht statt eines zweiten Relativs: omnes tum fere, qui —, nec eos etc. D) zur nachdrücklichen Erinnerung an ein vorhergehendes Pronomen oder Substantiv (meist wo dieses durch einen Zwischensatz von dem Prädicat getrennt worden ist): id ipsum honestum, quod etc., id efficit turpe; plebem, quae etc., eam Milo delenivit. E) zur Bezeichnung nicht einer bestimmten Person oder Sache, sondern einer Beschaffenheit und Eigenschaft = ein solcher, von der Art, so beschaffen: non is es qui glorieris du bist nicht der Mann, der prahlt. F) id est das heißt, zur Erklärung oder zur Hinzufügung einer neuen, das Vorhergehende erläuternden Benennung: mollitia animi, id est laborum et dolorum fuga; quid sonat haec vox, id est, quae res huic voci subjicitur? G) bes. Verbindungen: in id dazu, deßwegen; id prodeo (Com.) deßwegen komme ich hervor; idne estis auctores mihi (Com.) dazu rathet Ihr mir? ex eo daher.

Isaeus, i, m. (i) [Ἰσαῖος] 1) griechischer Redner aus Chalcis, Lehrer des Demosthenes. 2) ein Redner aus Assyrien, der unter Hadrian zu Rom lebte.

Isāra, ae, m. (i) Fluß in Gallien, jetzt Isère.

Isauri, ōrum, m. pl. (i) die Bewohner von **Isauria,** ae, f. Landschaft im südlich n Theile von Kleinasien. Davon **Isaurĭcus,** und (Poet.) **Isaurus,** adj.

Ischŏmăche, es, f. [Ἰσχομάχη] Gemahlin des Pirithous, sonst Hippodamia genannt.

Iselastĭcus, adj. (i) [εἰσελαστικός] (Spät.) zu einem Einzuge gehörig: certamen i. Wettkampf zur Verherrlichung eines festlichen Einzuges.

Isis, idis oder is, f. (i) [Ἶσις] ägyptische Hauptgöttin, Gemahlin des Osiris. Davon **Isĭăcus,** adj., und *subst.* -ous, i, m. ein Priester der Isis.

Ismārus, i, m., pl. **Ismāra,** ōrum, n. [Ἴσμαρος] Berg in Thracien nebst einer gleichnamigen Stadt. Davon -**mărius,** adj. (Poet.) = thracisch.

Ismēnus, i, m. [Ἰσμηνός] Fluß in Böotien bei Theben. Davon 1) **Ismēnis,** idis, f. (Poet.) = die Thebanerin. 2) **Ismēnius,** adj. (Poet.) = thebanisch.

Isocrătes, is, m. [Ἰσοκράτης] berühmter Rhetor und Redner zu Athen; nach der Schlacht bei Chäronea 338 v. Chr. nahm er sich das Leben durch den Hungertod.

Issa, ae, f. [Ἴσσα] Insel im adriatischen Meere. Davon **Issaeous,** -**saĭcus** und -**sensis,** e, *adj.,* und *subst.* -**senses,** ium, m. pl. die Bewohner von I.

Issus, i, f. [Ἰσσός] Seestadt in Cilicien, berühmt durch den Sieg Alexanders über Darius. Davon **Issĭous,** *adj.,* sinus.

Istao, *** Istao-tĕnus,** siehe Istic.

Istaevŏnes, num, m. pl. Völkerschaft im nordwestlichen Germanien.

Iste, a, ud, *pron. demonstr.* dieser, diese, dieses oder jener, jene, jenes, bezieht sich gewöhnlich auf die Person, zu welcher man redet, und was von dieser gehört (vgl. hic), so daß es oft durch „dein", „euer" übersetzt werden kann: i. oratio jene deine Rede; nunc isti doceant jene Philosophen, denen du folgst; homines ista auctoritate praediti qua vos estis; ista ipsa in dicendo facilitas eben deine Geläufigkeit im Reden. Hiervon A) oft mit dem Nebenbegriffe des Verächtlichen und Verhaßten (vielleicht ursprünglich von dem Widersacher in einer Rechtssache, zu welchem der Redner seinen Vortrag hinwendend gedacht wird; so gebraucht Cicero in den Reden gegen den Verres fast ausschließlich dieses Pronomen zur Bezeichnung des Verres): non est ista amicitia sed mercaturas dieses wird nicht Freundschaft, sondern ein Handel sein. B) zur Bezeichnung eines früher erwähnten oder genannten Gegenstandes, den man als etwas Entfernteres bezeichnet. — Hiervon **Isto,** *adv.* A) (Pl.) deßwegen, daher. B) dorthin, wo du bist. C) *trop.* dahinein = in jene Sache, admiscere aliquem.

Ister, tri, m. (auch **Hister** geschrieben) [Ἴστρος] Name der unteren Hälfte der Donau.

Istri, ōrum, m. pl. die Bewohner von **Istrien.** Davon 1) **Istria (Histria),** ae, f. Landschaft in Norditalien an der Grenze Illyriens und dem adriatischen Meere. 2) **Istrĭous,** adj. 3) **Istriāni,** ōrum, m. pl. = Istri.

Isthmus, i, m. [Ἰσθμός] i) eine Landenge, insbes. die Landenge bei Corinth. Davon **Isthmĭous** (Poet.) und **Isthmius,** adj.; subst. **Isthmia,** ōrum, n. pl. die isthmischen Kampfspiele. 2) (Poet.) = die „Meerenge" der Dardanellen.

Istic, aec, oc oder uc, *pron. demonstr.* [iste-ce] ein verstärktes iste, was man sehe: istuc considerabo das, was du da sagst; homo istuc aetatis von jenem Alter. Mit der fragenden Partikel ne heißt es isticine? ob dieser da? — Hiervon *adv.* 1) ***Istao** (Com.) auf diesem Wege. 2) ***Istao-tĕnus** (Pl.) bis zu diesem Puncte, so weit. 3) **Istio,** A) dort, an jener Stelle, wo du bist, oder die du bezeichnest. B) in jener Sache, die du erwähnst. C) *trop.* i. sum ich bin bei dir = ich gebe genau Acht. 4) ***Istim** (zwsth.) ob. **Istino,** A) von dorther, von da, wo du bist: i. loquere. B) (Pl.) davon, von dem, was du hast: dimidium mihi i. de praeda da. 5) **Istoc,** dorthin, wo du bist. 6) **Istorsum** [isto-versum] (Com.)

dahinwärts, dorthin, wo du bist. 7) **Istuc** (Com.) = istoc.
Istim, Istinc, siehe Istic.
Istius-mŏdi, wird als *adj. indecl.* gebraucht, von der Art, so beschaffen, solcher.
Isto, siehe Iste.
Istoc, Istuc, siehe Istic.
Ită, *adv* (i) [is] 1) (selten) zur Bezeichnung des Grades, so (= tam, adeo): i. accurate ut. 2) zur Bezeichnung der Art und Weise, so = auf die Weise: i. se gessit, tanquam etc.; ebenso ita — quomodo oder ut so — wie; ita est so verhält es sich; ut quisque optimus est, ita etc. in demselben Verhältnisse, wie Imd. gui ist, so u. s. w. = je besser — desto; ita constitui, fortiter esse agendam darüber wurde ich mit mir selbst einig, daß u. s. w.; itane also wirklich? ist es so? Bisweilen steht ita fast überflüssig neben einem Pronomen (quod quidem ita malo) oder vor einem Erklärungssatze. 2) Insbes. A) in der Antwort, = ja, freilich: „Mihine"? „Ita." B) betheuernd, so wahr ich wünsche, daß, so gewiß: ita vivam, ut maximos sumptus facio. C) zur Bezeichnung einer Einschränkung, nur so viel, nur mit der Beschränkung, nur unter der Bedingung: ita fama variat ut tamen etc.; ita vos irae indulgere oportet, ut potiorem irā salutem habeatis; ita admissi milites, ne senatus tamen iis daretur; ita in Etruriam transmissurus fuit S., si etc. D) non ita nicht sehr, nicht eben, nicht sonderlich: non i. multi; haud i. magna manu; non i. valde. E) bisweilen = itaque.

Itălia, ae, *f.* (i) das Land Italien. Davon 1) **Itălĭcus,** *adj.*; bellum I. der Bundesgenossenkrieg. Hiervon A) -lĭci, ōrum, *m. pl.* die Bewohner von Italien. B) -lĭca, ae, *f.* a) Bundesname der Stadt Corfinium während des Bundesgenossenkrieges. b) Stadt in Hispania Baetica; davon -lĭcenses, ium, *m. pl.* die Einwohner von Italica. 2) **Itālis,** ĭdis, *f.* (Poet.) *adj.*, *subst.* = die Italienerin. 3) **Itălĭus** (Poet.) *adj.* 4) **Itălus,** *adj.*; davon *subst.* -li, ōrum, *m. pl.* die Italiener.

Ităque, *adv.* (i) (verschieden von itá-que und so) also, daher, nun, folglich (gew. im Anfange des Satzes, bei Spät. einem Worte oder mehreren nachgesetzt); bisweilen pleonastisch i. ergo deswegen also.

Item, *adv.* (i) [is] 1) ebenso, auf gleiche Weise, gew. correspondirend mit ut, sicut, quemadmodum u. dergl.: fecisti i. ut praetores solent; non i. ceteri. 2) gleichfalls, ebenfalls, auch: secuti et i. alii; Romulus augur cum fratre Remo i. augure.

Iter, itĭnĕris, *n.* (i) [eo] 1) der Gang, den man irgendwohin macht, die Reise, insbes. von Kriegern, der Marsch: in itinere unterwegs oder auf dem Marsche, ex i. von dem Marsche ab (durch eine Seitenbewegung); parare, comparare, instituere i. sich zu einer Reise rüsten, ingredi i. antreten, facere machen (= reisen oder marschiren), conficere vollenden, intendere (maturare) beschleunigen, convertere irgendwohin wenden, habere i. aliquo eine Reise irgendwohin vorhaben. Hiervon trop. i. disputationis, sermonis, interrumpere i. amoris = Lauf, Fortgang. 2) die Reise, der Marsch als Längenmaaß: i. unius diei eine Tagereise oder Tagemarsch; quam maximis potest itineribus in Galliam contendit in so großen Tagemärschen als möglich. 3) der Weg (= die Richtung, Strecke, die zum Ziele führt, während via einen ordentlich angelegten und gebahnten Weg bezeichnet): ii. pedestria Wege zu Lande; deviis ii. proficisci in provinciam; (Poet.) i. aquae Richtung, Strom. Hiervon A) = Gasse einer Stadt: refertis itineribus agrestium turbā. B) *trop.* senectae iter, i. pronum ad honores relicturus; bes. = Ausweg, Mittel, Verfahren: duo ii. audendi; i. salutis zur Rettung; patiamur puerum ire nostris itineribus unseren Weg einschlagen = nach derselben Methode, die wir, unterrichtet werden. C) das Recht irgendwo zu gehen: dare alicui iter in provinciam, Zutritt.

Itĕrātio, ōnis, *f.* (i) [itero] die Wiederholung zum zweiten Male, die Verdoppelung.
Itĕrāto, *adv.* (i) [itero] (Spät.) abermals, noch ein Mal.
Itĕro, 1. (i) [iterum] Etwas zum zweiten Male vornehmen, -wiederholen, aliquid; i. facta sua abermals erzählen, itera mihi haec sage mir dieses noch einmal; i. pugnam von Neuem anfangen, campum zum zweiten Male pflügen, zweibrachen; (Poet.) i. januam wieder passiren, zum zweiten Male durch die Thür gehen, aequor wieder beschiffen, i. mella lapsa truncis wieder besingen, lanae iteratae muricibus zwei Mal gefärbt, u. s. w.
Itĕrum, *adv.* (i) zum zweiten Male, abermals: i. consul; primo — i. — tertio; semel iterumque = einige Mal; (Poet. u. Spät.) iterum iterumque, i. atque i. mehrmals, zu wiederholten Malen. 2) (selten) andererseits, dagegen.

Ithăca, ae, oder -ce, es, *f.* (i) [Ἰθάκη] Insel des ionischen Meeres, Reich des Ulysses. Davon **Ithăcensis,** e, und (Poet.) **Ithăcus,** *adj.*, als *subst.* insbes. = Ulysses.
Itĭdem, *adv.* (i) [item-dem] (meist Vorklass. u. Spät.) auf eben dieselbe Weise, ebenso, ebenfalls: mihi i. ut tibi mir ebenso gut als dir.
Itio, ōnis, *f.* (i) [eo] das Gehen, der Gang: ii. crebrae; obviam i., domum i.
Itius portus, ein Hafen in Gallien, Britannien gegenüber.
Ito, 1. (i) [eo] (selten) gehen, ad coenas.
Itōne, es, *f.* und -**nus,** i, *m.* (i) [Ἰτώνη, -νος] Stadt in Böotien. Davon -nius, *adj.*
Itŭraei, ōrum, *m. pl.* (i) syrischer Volksstamm, Bewohner der Landschaft Ituraea, ae, *f.* im Nordosten von Palästina.
Itus, us, *m.* (i) [eo] das Gehen, der Gang, bes. im Gegensatze von reditus = der Abgang, Fortgang, die Abreise.
Itўlus, i, *m.* (i) [Ἴτυλος] Sohn des thebanischen Königs Zethus und der Aëdon, von dieser seiner Mutter durch ein Versehen getödtet.
Itys, yos, *m.* (i) [Ἴτυς] Sohn des Tereus und der Procne, von seiner Mutter getödtet und dem Vater als Speise vorgesetzt.
Iūlĕus, *adj.* 1) zum Julius, Aeneas' Sohne, gehörig. 2) zum Julius Cäsar und dessen Familie gehörig, = Julius.

Iŭlus, i, m. Sohn des Aeneas, sonst Ascanius genannt.

Ixīon, ōnis, m. [Ἰξίων] König der Lapithen in Thessalien, Vater des Pirithous, zur Strafe wegen seines Frevels gegen Juno in der Unterwelt an ein sich herumdrehendes Rad gebunden. Davon 1) -nius, *adj.* 2) **nĭdes,** ae, m. Sohn des J., = Pirithous.

J.

Jăceo, 2. 1) liegen = darnieder liegen (im Gegensatze des aufrecht Stehenden, sowohl von lebenden als von leblosen Gegenständen; vgl. cubo, situs est): j. humi, in litore, ad pedes alicujus; j. in aqua; jacuit rupto corpore et lag da. Insbes. A) = todt, verwundet oder überwunden da liegen: j. pro patria sua; victa jacet pietas; jacent suis testibus sie sind durch ihre eigenen Zeugen zu Boden geschlagen. B) = krank liegen. C) = im Bette liegen oder überhaupt ruhen (ad quartam horam jaceo, post hanc vagor). D) (Poet.) oculi jacentes zu Boden geschlagene, abwärts gesenkte. E) (Spät.) von Localitäten, flach oder niedrig liegen: loca urbis plana et jacentia; mare jacet (Poet.) das Meer ist ruhig. Hiervon überhaupt, von Ländern u. vergl., statt situm esse, „liegen", wohnen: quae gens j. supra Ciliciam. F) (Poet.) = schlaff liegen oder hängen: crines, lora jj. G) (Poet.) canities j. mento fiht. — 2) *trop.* A) in einen Zustand u. vergl. gleichsam versunken sein: j. in moerore, amore, in silentio. B) irgendwo lange-, bes. unthätig und sertig verharren, ruhig und still sein: j. Brundisii; omnia hic jacent Alles ist still hier, es geschieht Nichts. C) niedergeschlagen-, muthlos sein: Gnejus noster totus j.; militum animi jj. D) machtlos-, ohne Ansehen und Einfluß-, ohne Aussicht, Hoffnung, Vertrauen u. vergl. sein: Caesar nunc j., pauper ubique j.; justitia j. Hiervon von Sachen = vernachlässigt-, geringgeschätzt-, hintangesetzt werden, nicht in Aufnahme kommen: ea jj. quae improbantur; beneficium j.; ars illa j. ist ins Stocken gerathen. E) nicht gebraucht werden, nicht in Anwendung kommen, nicht zum Gebrauche hervorgezogen werden: cur hoc nomen tamdiu j. in adversariis bleibt in der Klabbe stehen? pecunia j. wird nicht einträglich gemacht; verba jacentia die Jedem zu freiem Gebote stehen, allgemein zugänglich sind. F) pretia jj. stehen niedrig.

Jăcĭo, jēci, jactum, 3. 1) werfen, schleudern: j. fulmen in medium mare, materiam de muro in aggerem. Hiervon A) (Poet.) j. odorem verbreiten. B) j. scuta u. vergl. wegwerfen. C) *trop.* a) interdum j. igniculos viriles von sich werfen, j. odium verbreiten, ausstreuen. b) j. contumeliam in aliquem, probra ausstoßen; j. crimen, querelas vorbringen, verlauten lassen; j. sermones einleiten, beginnen; j. mentionem rei alicujus einer Sache Erwähnung thun; j. adulteria begehen. c) in der Rede, im Gespräche hinwerfen, Etwas äußern, erwähnen: j. aliquid und de re aliqua; inter quos sermones jecit, oportere etc. während des Gespräches äußerte er, daß u. s. w. 2) werfend Etwas bilden, legen, setzen u. vergl.: j. fundamenta urbis; j. aggerem aufwerfen, (Poet.) j. muros aufführen.

Jactans, tis, *adj.* mit *comp.* [*particip.* von jacto] prahlend, eitel, epistola, rex.

Jactanter, *adv.* mit *comp.* (Spät.) [jactans] prahlerisch.

Jactantia, ae, f. [jactans] (Spät.) die Prahlerei, das Rühmen, militaris, j. sui der Selbstruhm.

Jactātĭo, ōnis, f. [jacto] 1) das Hin- und Herwerfen, die heftige Bewegung, das Schütteln u. vergl., insbes. eines gesticulirenden Redners: j. corporis, manus; j. navis des Schiffes im Sturme; j. maritima wenn das Meer stürmisch bewegt ist. 2) *trop.* A) die Prahlerei, Eitelkeit, das Großthun j. et insolentia hominum nonnullorum; j. verborum die Großsprecherei. B) jj. animorum heftige Bewegungen. C) j. popularis das eitle Streben nach Volksgunst.

Jactātor, ōris, m. [jacto] (Spät.) der Prahler.

Jactātus, us, m. [jacto] (Poet. u. Spät.) = jactatio 1.

Jactĭto, 1. (selten) *trop.* häufig erwähnen, äußern, vorbringen: j. ridicula; j. officium rühmend erwähnen, sich damit rühmen.

Jacto, 1. [jacio] 1) oft und häufig werfen, schleudern: j. hastas, lapides in locum aliquem; (Poet.) jj. vulnera sie verwunden sich gegenseitig mit den Wurfspießen. Bisweilen insbes. = wegwerfen, arma, merces; (Poet.) j. jugum abschütteln; j. sua preisgeben. Hiervon A) (Poet.) j. lucem verbreiten. B) *trop.* in der Rede vorbringen, j. verba, preces; j. probra in aliquem, j. versus absingen; j. terrorem durch seine Reden zu verbreiten streben. 2) stark hin und her werfen, -bewegen, schütteln, schwingen (namentlich von gesticulirenden Rednern): j. brachia, cerviculam, corpus, oculos, se; jactari adversa tempestate, in mari herumgeworfen-, getummelt werden; jactari domi suae herumgestoßen-, gemißhandelt werden. Hiervon *trop.* A) jactari febri, clamore, ab aliquo geplagt-, beunruhigt werden. B) numus jactatur der Werth des Geldes schwankt, der Curs steigt und fällt. C) j. curas u. vergl. pectore „nähren". D) sich Etwas oft verlauten lassen, es immer äußern, erwähnen: j. rem in contione, j. aliquem beatum glücklich preisen; j. aliquid in condicionibus namhaft machen, ausdrücklich erwähnen; jactantur voces es wird gesagt, es werden Äußerungen gehört, daß u. s. w. E) *refl.* j. se, a) prahlen, sich rühmen,

Jactura   **Jejunus**   417

große Worte gebrauchen: j. se intolerantius in re aliqua mit Etwas, (Poet.) alicui vor Jmb. b) groß thun, sich selbstgefällig und hochmüthig betragen, sich zuversichtlich benehmen (z. B. von Rednern und Philosophen, wenn sie disputiren und sich ihrer Sache recht gewiß glauben): j. se magnificentissime; j. se in pecuniis insperatis sich übermüthig und verschwenderisch betragen, nachdem sie in den Besitz von — gekommen sind; j. se tribuniciis actionibus durch — sich große Wichtigkeit und Einfluß zu verschaffen und Aufsehen zu machen streben. c) j. se und *pass.* jactari sich in Etwas „tummeln" = sich mit Etwas eifrig beschäftigen, forensi labore, in causis. F) rühmend erwähnen = sich mit Etwas rühmen, mit Etwas prahlen: j. gratiam urbanam, nomen mit Stolz nennen; j. victoriam esse suam daß u. s. w.

Jactūra, ae, *f.* [jacto] 1) das Wegwerfen, insbes. das Ueberbordwerfen: si in mari j. est facienda. 2) die Aufopferung, insbes. von Geld, der Aufwand: provincia exhausta sumptibus et jacturis; magnam j. facere. Hiervon 3) der Verlust (ursprünglich dem man sich freiwillig unterzieht um einen größeren zu vermeiden, vgl. damnum, detrimentum), der Schaden: jacturam facere oder accipere leiden, afferre verursachen; j. rei familiaris.

Jactus, us, *m.* [jacio] 1) der Wurf, das Werfen, fulminum, teli, tesserarum; (Poet.) j. sagittae. Hiervon jactu se dare in mare sich werfen; (Spät.) j. vocis zufällige Aeußerung.

Jăcŭlābĭlis, *e, adj.* [jaculor] (Poet.) werfbar, telum.

Jăcŭlātĭo, ōnis, *f.* [jaculor] (Spät.) das Werfen; *trop.* j. verborum Hinwerfen.

Jăcŭlātor, ōris, *m.* [jaculor] der Werfer, Schleuderer; (Poet.) j. truncis evolsis der mit ausgerissenen Baumstämmen schleudert, insbes. als *militär. term. t.* der Wurfschütz, eine Art leichter Truppen.

*****Jăcŭlātrix,** īcis, *f.* [jaculor] (Poet.) die Schleuderin (von der Diana).

Jăcŭlor, depon. 1. I. *transit.* (Poet. u. Spät.) 1) werfen, schleudern: j. ignes puppibus, silicem in hostes. Hiervon j. se in tela hostium sich in — stürzen; j. verba ausstoßen, hinwerfen; j. lucem verbreiten. 2) nach Etwas werfen, =schießen, cervos; j. aëra disco „spalten". Hiervon (Poet.) *trop.* = nach Etwas trachten, =streben, j. multa. — II. *intrans.* 1) den Wurfspieß schleudern: j. in dextrum latus, totum diem. Hiervon *trop.* j. in aliquem probris, sententiis nach Jmd. zielen, auf ihn losziehen.

Jăcŭlus, *adj.* [jacio] was geworfen wird, Wurf=, rete; so nur Vorklaff. u. Spät., aber häufig als *subst.* **Jăcŭlum,** i, *n.* (sc. telum) der Wurfspieß.

Jam, *adv.* 1) schon, bereits: scio j.; a prima adolescentia; admirabatur, non j. supplicium de eo sumptum esse nicht schon; j. diu, j. dudum. 2) in der Zukunft, = bald, augenblicklich: ille quidem aut j. hic aderit aut j. adest; j. intelliges etc. Hiervon A) j. ut (Pl.) sobald (als). B) (Poet. u. Spät.) jam — jam bald — bald. C) insbes. bei Befehlen und Aufmunterungen, jetzt, nun: j. age; j.

parce; j. desine höre doch einmal auf. 3) bei einer Negation oder einer Frage mit verneinendem Sinne, = länger, mehr: non j. hic est; quid j. amplius exspectas? 4) als Uebergangspartikel, = ferner, nun, also: j. illud cujus audaciae est welche Dreistigkeit gehört ferner nicht dazu?

Jamdĭu, Jamdūdum, Jamjam (ein verstärktes jam), **Jamprīdem** werden jetzt gewöhnlich getrennt geschrieben: siehe die letzten Wörter in jenen Zusammensetzungen.

Jānīcŭlum, i, *n.* oder mons Janiculus einer der sieben Hügel Roms.

*****Jānĭgĕna,** ae, *comm.* [Janus-gigno] (Poet.) Kind des Janus.

Jānĭtor, ōris, *m.* und **-trix,** īcis, *f.* [janua] der Pförtner, Thürhüter, die =in.

Jānua, ae, *f.* (verw. mit Janus) die Hausthür, Thür (eines privaten Hauses, zunächst als Oeffnung gedacht; vgl. ostium, fores, valvae): claudere, aperire j. Hiervon A) (Poet.) der Eingang, die Oeffnung überhaupt, Ditis. B) *trop.* der Eingang der Rede = die Einleitung: alia j. ingredior in causam.

Jānuārĭus, siehe Janus.

Jānus, i, *m.* I. als *nom. propr.*, der Gott jeden Einganges und Anfanges, daher Gott des Jahres, der Zeit u. s. w.; sein Bildniß zeigte ein Doppelgesicht. II. als *nom. appell.* ein bedeckter Durchgang durch ein Thor oder von einer Straße zu der anderen; namentlich A) ein Thor (aber thorähnlicher geweihter Durchgang), durch welches dem alten Herkommen gemäß das Heer zum Kriege hinauszog (vielleicht auch vom Kriege in die Stadt hineinzog), und welches daher im Frieden verschlossen war, im Kriege offen stand (claudere janum, janus apertus). B) Es gab in Rom drei bedeckte Durchgänge (die französischen passages), die vom Markte nach Nebenstraßen führten, summus, medius (Mittelpunkt des Handelsverkehrs, daher außer Anderen die Wechsler hier ihre Buden hatten) und imus. Hiervon 1) **Jānālis,** *e, adj.* (Poet.) vom Janus erhalten. 2) **Jānuārĭus,** *adj.* dem J. gehörig, mensis der Monat Januar; Jj, Kalendae, novae, idus.

Jĕcur, ōris, oder **jĕcĭnŏris, jŏcĭnĕris,** *n.* die Leber; bei Poet. oft der Sitz der Affecte und Leidenschaften genannt.

Jĕcusculum, i, *n. deminut.* von jecur.

Jējūnē, *adv.* mit *comp.* [jejunus] nüchtern, nur *trop.* = mager, trocken (im Reden, ohne Saft und Kraft).

Jējūnĭōsus, *adj.* mit *comp.* [jejunus] (Pl.) sehr nüchtern und hungrig.

Jējūnĭtas, ātis, *f.* [jejunus] 1) (Vorklaff.) die Nüchternheit, die Leere des Magens. 2) *trop.* A) die Trockenheit, Magerkeit der Rede. B) die Unkenntniß, bonarum artium.

Jējūnĭum, ii, *n.* 1) das Fasten, die Enthaltung der Speise: instituere j. Cereri. 2) (Poet.) der Hunger, satiare jj. 3) die Magerkeit (eines Thieres).

Jējūnus, *adj.* mit *comp.* 1) nüchtern, hungrig: plebecula misera et j.; (Poet.) dentes jj.; sonus j. Geheul vor Hunger; (Poet.) = durstig (negare jejunae aquam). 2) *trop.* A) von Etwas leer, Etwas ermangelnd;

Ingerslev, lat.-deutsches Schulwörterbuch.   27

(Poet.) corpora jj. succo; aures jj. hujus generis unbekannt mit; (Poet.) j. divitiarum et imperii gierig nach. B) unfruchtbar, ager, hiervon cognitio j. unnütz. C) kleinlich, armselig, unbedeutend, animus, res gesta, ars, concertatio verborum. D) insbes. von der Rede, trocken, mager, ohne Saft und Kraft, daher nüchtern, langweilig.

Jentācŭlum, i, n. [jento] (Vorklaff. u. Spät.) das Frühstück.

Jento, 1. (Vorklaff. u. Spät.) frühstücken.

Jŏcābundus, adj. [jocor] (Spät.) scherzend.

Jŏcātio, ōnis, f. [jocor] (selten) das Scherzen.

Jŏcor, depon. 1. (Vorklaff. auch jŏco) [jocus] scherzen, schäkern, cum aliquo, de re aliqua; j. aliquid Etwas scherzend sagen.

Jŏcōse, adv. mit comp. [jocosus] scherzhaft, schalkhaft, ludere.

Jŏcōsus, adj. [jocus] scherzhaft, schalkhaft, homo, res, imago (das Echo), verba.

*** Jŏcŭlor**, depon. 1. [jocus] nur im praes. particip., scherzen = scherzend sagen, aliquid.

Jŏcŭlāris, e, und (Com.) -lārius, adj. [joculus] spaßhaft, possierlich, lächerlich.

Jŏcŭlārĭter, adv. [jocularis] (Spät.) spaßhaft, kurzweilig.

Jŏcŭlātor, ōris, m. [joculor] der Spaßmacher, Witzbold.

Jŏcŭlātōrius, adj. [joculator] scherzhaft, spaßhaft.

Jŏcŭlus, i. m. deminut. von jocus.

Jŏcus, i, m. (im pl. sowohl -i als -a) der Scherz, Spaß, bes. in Worten (vgl. ludus): agere, agitare jj. cum aliquo; joco obrŧ per jocum im Scherze; extra j. Scherz beiseite! hospes multi joci der viel Scherz treibt; dare jocum veranlaßen, movere machen, alicui Jmd. belustigen; (Poet.) — ludus Spaß, Zeitvertreib.

Jordānes, is, m. der Jordan, Hauptfluß in Palästina.

Jōta, n. indecl. der griechische Buchstabe Jota.

Jŭba, ae, f. die Mähne der Thiere; trop. von verschiedenen ähnlichen Gegenständen, einem Helmbusche, dem Kamme des Hahns oder der Schlange, dem Hauptbaar u. dergl.

Jŭba, ae, m. 1) J. I. König von Numidien, Sohn des Hiempsal, Anhänger des Pompejus. 2) J. II. Sohn des Ersten, wurde nach dem Tode des Vaters vom Cäsar nach Rom geführt, wo er eine wissenschaftliche Bildung erhielt.

Jŭbar, ăris, n. (meist Poet.) das strahlende Licht der Himmelskörper, der leuchtende und strahlende Glanz; häufig vom Sonnenlichte, exorto jubare.

Jŭbātus, adj. [juba] mit einer Mähne-, einem Kamme versehen.

Jŭbeo, jussi, jussum, 2. 1) befehlen, Jmd. Etwas heißen: j. aliquem abire, illos in hoc loco exspectare; j. illum duci, aliquid aegrotanti dari; consules jubentur exercitum scribere es wird dem C. befohlen, faciunt quod jussi sunt was man ihnen befohlen hat; mit dem befohlenen Gegenstande als Subject: locus lautiaque legatis praeberi jussa sunt man befahl, daß — den Gesandten gegeben werden sollte.

Seltener und weniger gute Verbindungen sind: j. alicui aliquid facere, alicui ne haec scribat und j. respondeat daß er antworten soll; j. ut naves Euboeam petant, consules jusserunt ne id fieret; (Pl.) jubet famulos, rem divinam apparent. Hiervon A) = aufferlegen, anbefehlen: (Spät.) j. alicui tributum; j. caedem vorschreiben, verordnen; labores jussi die vorgeschriebenen Arbeiten, ebenso mors, poena jussa die befohlene; (selten) j. aliquem aliquid. B) im milderen Sinne = auffordern, rathen, Jmd. Etwas sagen u. dergl.; j. aliquem sine cura esse; bes. in den Redensarten: j. aliquem salvere Jmd. grüßen, valere Jmd. wohl leben heißen = von ihm Abschied nehmen. 2) publicistischer term: t. bes. vom Senate und Volke, verordnen, beschließen, genehmigen: j. legem, rogationem genehmigen; j. aliquem regem, tribunum zum — wählen; j. alicui provinciam bestimmen.

Jŭcunde, adv. mit comp. u. sup. [jucundus] angenehm, erfreulich, ergötzlich: j. esse vergnügt sein, jucundius bibere mit Lust.

Jŭcundĭtas, ātis, f. [jucundus] die Annehmlichkeit, Ergötzlichkeit, vitae; dare se jucunditati dem Vergnügen, dem fröhlichen Lebensgenusse; von Personen insbes. = die heitere und joviale Laune, der Frohsinn: tanta est in homine j.; plurimae tuae jj. Gefälligkeiten, dein zuvorkommendes Betragen bei mehreren Gelegenheiten.

Jŭcundus, adj. mit comp. u. sup. [juvo] angenehm, ergötzlich, erfreulich, lieblich (dem körperlichen oder dem geistigen Sinne schmeichelnd, vgl. gratus): j. homo, ager, officia; hóc mihi est jucundum; verba audita oder ad audiendum jj.

Jūdaea, ae, f. das Land der Juden, Judäa, im weiteren Sinne = Palästina, im engeren der südliche Theil davon. Davon 1) **Jūdaeus**, adj. und subst. im pl. die Juden. 2) **Jūdaīcus**, adj.

Jūdex, ĭcis, m. [jus-dico] 1) der Richter in einer Rechtssache: habere aliquem j. de re aliqua; esse j. in aliquem über Jmd., de re aliqua über Etwas; ferre alicui judicem vorschlagen, vom Kläger: judicem ferre, ni ita sit = sich anheischig machen, vor einem Richter zu beweisen, daß es so ist; dagegen von dem Beklagten judicem dicere, se id non fecisse sich anheischig machen, vor einem Richter zu beweisen, daß man jenes nicht gethan hat, dare bestimmen, geben (vom Prätor). Insbes. j. quaestionis ein Mann, der (in der Zeit von Sulla's bis Cäsars Tod), wenn die Zahl der Prätoren im Augenblicke unzulänglich war, constituirt wurde, um in einer bestimmten Sache die Stelle des Prätors zu vertreten. 2) der Beurtheiler, Richter überhaupt.

Jūdĭcātio, ōnis, f. [judico] (selten) die gerichtliche Untersuchung, Beurtheilung, der Ausspruch, die Erklärung.

*** Jūdĭcātrix**, ĭcis, f. [judico] (Spät.) die Beurtheilerin.

Jūdĭcātus, us, m. [judico] (selten) das Richteramt.

Jūdĭciālis, e, adj. [judicium] zum Gerichte gehörig, Gerichts-, consuetudo;

Judiciarius — **Jugum** 419

annus j. das Jahr, in welchem Pompejus durch verschiedene Gesetze den Gerichten eine andere Gestalt gab.

Jūdĭcĭārĭus, *adj.* [judicium] zum Gerichte gehörig, Gerichts=, controversia, lex die bestimmt, aus welchem Stande die Richter genommen werden sollen.

Jūdĭcĭum, ii, *n.* [judex] 1) die gerichtliche Untersuchung, das Gericht: facere j. Gericht halten, exercere vorstehen, dare julassen (vom Prätor), committere j. Gericht halten (eigtl. die Richter zusammentreten lassen); accipere j. sich in eine gerichtliche Untersuchung einlassen, sie annehmen; tollere, perrumpere jj. vernichten; jj. publica, privata siehe die Lehrbücher der römischen Alterthümer; jj. legitima durch das Gesetz bestimmte. Hiervon meton. A) = der Gerichtsort, Ort wo das Gericht gehalten wird: aliquem in judicium vocare, deducere, adducere vor Gericht rufen. B) = der Proceß: habere j.; vincere judicium den Proceß gewinnen. C) sortiri j. die Richter loosen. 2) der richterliche Spruch, das Urtheil: judicium condonare potentiae alicujus den Spruch dem Wunsche eines Mächtigen gemäß einrichten. 3) überhaupt das Urtheil, die Ansicht, Meinung, Ueberzeugung, judicium facere rei alicujus ob. de re aliqua über eine Sache urtheilen (dignitatis suae, quanti quisque faciendus sit); meo j. nach meiner Ansicht; res non est mei judicii ich vermag die Sache nicht zu entscheiden, si quid est mei judicii soweit ich zu urtheilen vermag. 4) die Urtheilskraft, die Einsicht, der Scharfsinn, Geschmack u. dergl.: fama judicii mei; j. intelligens, subtile; judicio minus firmo praeditus. Hiervon = Ueberlegung: judicio aliquid facere.

Jūdĭco, 1. [judex] 1) einen richterlichen Ausspruch thun, gerichtlich erkennen, als Richter urtheilen: j. rem minime dubiam in einer gar nicht zweifelhaften Sache; j. recte et ordine; j. aliquem pecuniae non nicht bezahlten Geldes; vom Richter j. alicui perduellionem Jmd. als der p. schuldig verurtheilen. Hiervon mit der Sache als Object = richterlich entscheiden, res judicata, insbes. eine Sache, durch deren Entscheidung die Norm für ähnliche Fälle als gegeben betrachtet wird. 2) außerhalb der gerichtlichen Sphäre: A) überhaupt urtheilen, meinen, annehmen, recte, aliquid, de re aliqua; j. aliquid verum esse. B) beurtheilen, aliquem ex suo ingenio; j. aliquid pondere nach dem Gewicht schätzen, sensu oculorum. C) Jmd. für Etwas erklären, aliquem hostem, Socratem sapientissimum. D) bestimmen, beschließen: j. abesse eorum consiliis; mihi judicatum est ich habe fest beschlossen.

Jūgālis, e, *adj.* [jugum] (Poet. u. Spät.) 1) ans Joch gefügt, zusammengespannt, jumenta. 2) ehelich, vinculum, lectus.

Jūgātio, ōnis, *f.* [jugo] das Anbinden des Weinstocks an Querlatten.

Jūgērum, i, *n.* (einzelne Formen auch nach der 3ten Declination, ĕris etc., durch eine aus dem *genit. pl.* jugerûm statt jugerorum entstandene Verwechselung) ein Morgen Landes, Juchert

(240 Fuß in der Länge, 120 in der Breite). 2) (Spät.) = das griechische πλέθρον, 100 griechische oder 104 römische Fuß.

Jūgis, e, *adj.* [verwandt mit jungo?] fortdauernd, beständig, insbes. vom nicht versiegenden Wasser in Quellen oder Cisternen: j. puteus, aqua (die Bedeutung von auspicium j. bei *Cic.* Div. 2, 36, 77 ist ungewiß).

Jūglans, dis, *f.* [Jovis glans] die Wallnuß, wälsche Nuß.

Jūgo, 1. [jugum] 1) wie durch ein Joch verbinden, anjochen, insbes. = den Weinstock an Querlatten anbinden. 2) *trop.* A) verknüpfen, verbinden: virtutes inter se jugatae sunt; verba jugata gemeinschaftlichen Ursprungs. B) ehelich verbinden, aliquam alicui.

*****Jūgōsus,** *adj.* [jugum] (Poet.) gebirgig.

Jūgŭlae, ārum, *f. pl.* [jugum] drei Sterne im Gürtel des Orion.

*****Jūgŭlātio,** ōnis, *f.* [jugulo] (Spät.) das Ermorden, Erdolchen.

Jūgŭlo, 1. [jugulum] Jmdm. die Kehle abschneiden ob. durchbrüden, suem, bes. ermorden, erdolchen, tödten (bes. hinterlistig, vgl. neco, trucido u. s. w.), aliquem. 2) *trop.* = vernichten, verderben, völlig stürzen und zu Boden schlagen: j. aliquem factis decretisque, jugulari sua confessione völlig überführt werden. *Proverb.:* suo gladio jugulari durch seine eigene List gefangen werden; j. aliquem plumbeo gladio = ohne Mühe überführen, daniederschlagen.

Jūgŭlum, i, *n.* (Poet. auch **Jūgŭlus,** i, *m.*) [jugum] 1) das Schlüsselbein am Halse. 2) die Kehle; dare, praebere, offerre alicui jugulum seine Kehle Jmd. hinhalten (um sich erstechen zu lassen) = sich in Jmds Gewalt geben; petere j. Jmd. erstechen wollen, *trop.* = die Hauptsache angreifen, und so j. causae = der Hauptpunct.

Jūgum, i, *n.* [verwandt mit jungo] 1) das Joch, krummes Querholz, das auf den Hals angespannter Zugthiere gelegt wurde: imponere bestiis j., equi excutiunt j. Hiervon A) ein Gespann, Paar von Zugthieren: arare paucioribus jj.; (Poet.) flectere jj. den Wagen lenken. Hiervon *trop.* = ein Paar überhaupt, j. impiorum zwei gottlose Menschen. B) *trop.* a) zur Bezeichnung der Sklaverei und Unterwerfung, der Unterthänigkeit: j. servile; accipere, exuere j. b) zur Bezeichnung einer Verbindung und Gemeinschaft der Thätigkeit: pari jugo niti mit gleichem Eifer. Hierzu gehören die Stellen, wo das Wort eine Verbindung der Liebe, der Ehe, der Freundschaft bezeichnet: ferro j. pariter zusammen wandeln, die Mühen des Lebens zusammen ertragen; in pari j. caritatis; Venus eos aeneo jugo cogit. 2) insbes. das von drei Lanzen gebildete Joch, unter welches man zum Zeichen der Unterwerfung besiegte Feinde gehen ließ: mittere sub j., ire sub j. 3) von verschiedenen Sachen, die wie ein Joch eine Verbindung zwischen zwei Gegenständen machen oder auf einer solchen beruhen: A) die Querlatte, der Querbalken. B) ein Gestirn, die Wage. C) der Weberbaum. D) die Ruderbank. E) der zwei oder mehrere Bergspitzen verbindende Ge-

27*

Jugurtha

birgskamm: j. silvarum die waldreichen Gebirgskämme.

Jŭgurtha, ae, m. König von Numidien, von den Römern endlich unter dem C. Marius besiegt und im Triumph nach Rom geführt. Davon **Jŭgurthīnus**, adj.

Jūliānus, adj., siehe Julius.

Jūlius, Name eines alten patricischen Geschlechtes zu Rom, das seinen Ursprung vom Iulus (siehe d. Wort) herleitete. Von den dazu gehörigen Familien sind nur die Caesares zu merken; die bekanntesten Personen aus dieser sind: 1) Lucius J. C., Consul 90 v. Chr., Anhänger des Marius und als solcher nebst seinem Bruder Cajus J. 87 vom Fimbria getödtet. 2) Cajus J. C., der Dictator, geboren 100 v. Chr., gestorben 44. Sein öffentliches Leben ist aus der Geschichte bekannt: verheirathet war er dreimal, zuerst mit der Cossutia, dann mit der Cornelia, Tochter des Cinna, endlich mit der Pompeja, einer Verwandten des Cn. Pompejus. 3) der von dem Dictator C. Julius Cäsar adoptirte Octavianus wird oft Julius genannt. — Von Weibern aus diesem Geschlecht sind am bekanntesten folgende Juliae: A) eine Tochter des C. Julius Cäsar, mit dem Cn. Pompejus verheirathet. B) die berüchtigte Tochter des Kaisers Augustus: sie war zuerst mit dem Cl. Marcellus, dann mit dem M. Vipsanius Agrippa, endlich mit dem Tiberius verheirathet: wegen ihrer Ausschweifungen ward sie nach der öden Insel Pandataria, dann nach Rhegium verbannt. — Hiervon a) **Jūliānus**, adj., zum Dictator C. Julius Cäsar gehörig. b) **Jūlius**, adj.; insbef. Julius (mensis) der Monat Julius, vorher Quintilis genannt.

Jūmentum, i, n. [statt jugimentum von jungo] das Zugthier, Lastthier (das einzelne Zugthier, vgl. armentum).

Juncĕus und **-cīnus**, adj. [juncus] aus Binsen, Binsen=; trop. (Com.) virgo j. schlank und dünn wie B.

Juncōsus, adj. [juncus] voller Binsen.

Junctim, adv. [jungo] (Spät.) vereint = beisammen oder gleich hinter einander: j. gessit duos consulatus.

***Junctio**, ōnis, f. [jungo] die Verbindung.

Junctūra, ae, f. [jungo] (Poet. u. Spät.) die Verbindung, theils concr. = die verbindende Fuge, j. genuum, theils trop. j. generis die Verwandtschaft, j. verborum Zusammenfügung.

Junctus, adj. mit comp. u. sup. [particip. von jungo] verbunden, vereinigt, zusammengefügt: junctior cum exitu, junctior ponto näher; junctissimi die nächsten Angehörigen; oratio j. wohl zusammengefügt, rhythmisch; trop. — angrenzend: Italia juncta Dalmatiä, loca juncta Jano.

Juncus, i. m. die Binse.

Jungo, xi, ctum, 3. verbinden, vereinigen: j. naves; j. ligna inter se, verba; j. aliquid ad priora; j. virtutem cum eloquentia; j. se alicui mit Imd.; improbitas juncta scelere mit einem Verbrechen. Insbef. A) j. aliquam alicui mit Imd. verheirathen, aliquam secum matrimonio oder in matrimo-

Jurgium

nio ehelich mit sich verbinden, auch (Poet.) j. se oder jungi alicui Imd. heirathen. B) j. foedus, amicitiam ein Bündniß, Freundschaft stiften. C) jungunt dextras sie geben sich die Hand, oscula sie küssen sich. D) = anspannen, anschirren, equos; boves juncti ein Ochsengespann; auch currus u. dergl. junctus bespannt, equis mit Pferden. E) j. ostia, fenestras zumachen. F) j. verba zusammensetzen.

Jūniānus, adj. zu einem Junius gehörig.

Jūnipĕrus, i, f. der Wachholderstrauch.

Jūnius, Name eines patricischen und eines plebejischen Geschlechtes zu Rom; aus jenem ist Lucius J. Brutus, der erste Consul Roms, bekannt in der Geschichte, aus diesen sind folgende Männer am bekanntesten: 1) Decius J. Brutus, Legat des Jul. Cäsar in Gallien, später von ihm zum Statthalter von Gallien ernannt; nach Cäsars Tod wollte Antonius ihm diese Provinz entreissen, und im Kampfe gegen ihn kam B. um. 2) Marcus Junius Brutus, der „Befreier", Cäsars Liebling und Mörder, Freund des Cicero. 3) Decius J. Silanus, während der Verhandlungen über das Schicksal der Mitverschwornen Catilina's consul designatus. 4) D. J. Juvenalis, siehe b. Wort. — Hiervon **Jūnius** als adj., namentlich J. mensis der Monat Junius.

Jūnix, icis, f. [statt juvenix] (Vorklaff. u. Spät.) die junge Kuh, das Kalb.

Jūno, ōnis, f. Tochter des Saturnus und der Rhea, Schwester und Gemahlin des Jupiter, Königin des Himmels und als solche Göttin des Hauswesens und dessen Grundlage, der Ehe. Hiervon 1) J. inferna = die Proserpina; urbs Junonis = Argos; mea J. (Pl.) als schmeichelnde Anrede, meine Königin! und abgeleitet A) **Jūnōnālis**, e, adj. (Poet.), tempus = mensis Junius. B) **Jūnōnĭcŏla**, ae, comm. (Poet.) [colo] Verehrer der Juno. C) **Jūnōnĭgĕna**, ae, m. [gigno] (Poet.) Sohn der J. = Vulcan. D) **Jūnōnius**, adj.: J. custos = Argus, mensis Monat Juni, hospitia oder regna = Carthago, ales der Pfau, Hebe Tochter der Juno.

Jūpĭter oder **Juppĭter**, Jovis, m. [Stamm von Jovis-pater] 1) Sohn des Saturnus und der Rhea, Bruder und Gemahl der Juno, der oberste Gott der römischen Staatsreligion so wie der griechischen Götter auf dem Olympus, Beherrscher des Himmels und Oberherr der ganzen Natur so wie der übrigen Götter. 2) übertragen: A) der Planet Jupiter. B) der Himmel, die Luft: sub Jove unter freiem Himmel.

Jūrāmentum, i. n. [juro] (Spät., zweifl.) der Eid.

***Jūrandum**, i, n. [juro] (Pl.) = jusjurandum.

Jūrātor, ōris, m. [juro] (Vorklaff. u. Spät.) eigentlich der Schwörer d. h. der geschworne Richter = Abgeber eines Gutachtens als Censor.

Jūrĕ-consultus oder **Jūris-consultus**, i, m. eigentl. ein adj., ein Rechtsgelehrter (siehe consultus).

***Jūreus**, adj. [jus 2.] (Pl.) aus Brühe.

Jurgium, ii, n. [jurgo] der Zank, Wortwechsel, die Zänkerei (vgl. rixa, proelium):

Jurgo — **Juvencus** 421

j). vicīna (Poet.) unter ben Nachbarn; neotere jurgium, causam jurgii inferre Zank anfangen.

Jurgo, 1. [aus jure ago?] zanken, cum aliquo; bavon a) schelten, aliquid über Etwas. b) Proceß haben, contra aliquem.

Jūrĭdĭcĭālis, e, *adj.* [jus-dico] bas Recht betreffend, constitutio.

Jūris-consultus, siehe jureconsultus.

Jūris-dictĭo, ōnis, *f.* 1) bie Gerichts= haltung, bas Rechtsprechen in Civilsachen: con- ficere j. 2) (selt.) bie Gerichtbarkeit, bie Befugniß Recht zu sprechen, bie Jurisbiction: redigere civitates sub j. populi Romani.

Jūris-pĕrītus ober **Jūre-p.**, *adj.* mit comp. u. sup. = jurisconsultus, wirb aber jetzt gewöhnlich getrennt geschrieben.

Jūro, 1. [jus] 1) schwören, einen Schwur ablegen: juro aram tenens; j. vere (vgl. 2.). Insbes. A) j. per Jovem ober J. Jovem beim J., hiervon (Poet.) palns diis ju- randa bei welchem bie Götter schwören sollen, arae jurandae per nomen tnum bei welchen in beinem Namen geschworen werben soll, nu- mina jurata bei welchen geschworen worben ist. B) j. in verba alicujus nach ber von Jmb. vorgesagten Formel, baher = Jmb. Treue und Gehorsam schwören, ebenso j. in legem, nomen alicujus sich auf — eiblich verpflichten; *trop.* j. in verba magistri = blindlings folgen; ju- ratur tibi (Spät.) man schwört bir. C) (Poet. unb Spät.) sich verschwören, eiblich unter einanber verpflichten, in facinus. D) häufig *particip.* juratus in activer Bedeutung, ber ge= schworen hat, eiblich verpflichtet: jurato mihi crede glaube mir auf meinen Eid. 2) *transit.* Etwas schwören, Etwas eiblich versichern: j. jusjurandum pulcherrimum; j. falsum etwas Falsches; j. morbum baß man krank ist; j. se eum non esse desertarum baß man u. s. w. Insbes. A) j. aliquid in se schwö- renb über sich wünschen. B) j. calumniam ab- schwören.

Jus, jūris, *n.* 1) bas Recht = Inbegriff ber Gesetze, Rechtssaßungen unb herkömmlichen Ge- bräuche: j. naturale, humanum, gentium (bas Völkerrecht), j. civile (bas alle Bürger betrifft, bas Civilrecht): j. praetorium, Quiritium, j. divinum bie Vorschriften über bie religiösen An- gelegenheiten; j. belli; baher jura oft geratezu = Gesetze. 2) bas Recht = was mit Gesetzen, Gerechtsamen u. s. w. übereinstimmt, was gesetz= und rechtmäßig ist, Jmb. zukömmt u. s. w.: j. suum obtinere, amittere, eripere alicui; responbere j.; j. dare, reddere, dicere (Poet. loqui) Recht sprechen, durch seinen Spruch entscheiden, was Recht ist; summum j. bas strenge Recht; jure mit Recht, optimo ob. meo (tuo etc.) mit vollkommenem Rechte; j. causae bas Rechts= mäßige in ber Sache, petere j. sich Recht sprechen lassen, j. non est pugnare. 3) bas Recht = ber Anspruch, bie Befugniß Etwas zu thun, baher = bie Gewalt, Macht: j. agendi cum plebe, materia caedendae; esse sub j. ali- cujus, j. de tergo ac vita; esse sui juris un- abhängig. Insbes. *coll.* = ber Inbegriff von Rechten = bie äußere (politische u. civile) Lage, Stellung, bas Verhältniß (namentlich von ber politischen Lage ber Bundesgenossen ob. unter-

worfenen Völker bem römischen Staate gegenüber): praedium, civitas optimo j., aequissimo j.; j. civitatis, jj. muliebria. 4) bas Gericht = bie Gerichtsstelle: ire, vocare, rapi in jus.

Jus, jūris, *n.* bie Brühe, bie Sauce.

Jus-jūrandum, jūrisjurandi u. s. w., *n.* (*Pl.* auch versetzt jurandum jus) ber Eid, Schwur (bürgerliche Eid, vgl. sacramentum): j. dare, jurare ablegen, violare, negligere brechen; j. servare, jurejurando stare seinen Eib halten, teneri burch einen Eid gebunden sein; obstrin- gere civitatem jurejurando burch einen Schwur verpflichten; adigere aliquem jurejurando ober jusjurandum Jmb. schwören lassen.

Jussum, i, *n.* [*particip.* von jubeo] ber Befehl, bas Geheiß, efficere, detrectare jj. alicujus; jussis alicujus auf Jmbs Befehl.

Jussus, us, *m.* [jubeo], nur im *abl. sing.*, j. alicujus auf Jmbs Befehl.

Juste, *adv.* mit comp. u. sup. [justus] ge= recht, billig, gehörig.

***Justĭfĭcus**, *adv.* [justus-facio] (Poet.) recht thuend.

Justĭtĭa, ae, *f.* [justus] 1) bie Gerech= tigkeit; bisweilen mehr = bie Billigkeit, Güte u. bergl. 2) (Spät.) = jus 1.

Justĭtĭum, ii, *n.* [jus-sisto] bie Einstellung aller Rechtsgeschäfte, bie Gerichtsstille, ber Stillstand ber Gerichte: edicere j. anorbnen, indicere ankündigen, remittere aufheben.

Justus, *adj.* mit comp. u. sup. [jus] 1) gerecht, ber bas Recht heilig hält ob. bem Rechte gemäß ist, homo, lex; j. in socios. 2) bem Rechte gemäß = rechtmäßig, gesetzmäßig, verdient, gerecht, u. bergl.: j. poena, querela, timor gegründet, causa gültig; bellum j. bei welchem alle Förmlichkeiten und herkömmlichen Gebräuche beobachtet worten, sind, uxor burch vollgültige Ehe mit Jmb. verbunden. Hiervon = billig, mild, gelinde: servitus j. wo bie Sklaven Alles, was ihnen zukömmt, erhalten. Hiervon insbes. als *subst.* Justa, ōrum, *n. pl.* A) jj. tua bein Recht, bas was bir zukömmt, praebere servis justa was ihnen zukömmt. B) = gesetzliche ober herkömmliche Gebräuche ober Formalitäten: jj. ludorum bie Gebräuche bei ben Spielen; häufig jj. funebria ober bloß jj. bie herkömmlichen und gehörigen Feierlichkeiten und Gebräuche bei Leichenbegängnissen: conficere jj. funebria; jj. solvere funeri. 3) gehörig, richtig, recht, was mit Recht seinen Namen trägt, baher orbentlich, eigentlich, vollständig u. bergl.: j. numerus, aetas, iter, altitudo muri; j. exercitus, proelium, eloquentia; plus justo mehr als richtig war.

Jūturna, ae, *f.* Nymphe einer Quelle in Latium, Schwester bes Turnus; auch als Name ber Quelle.

Jŭvĕnālis, e, *adj.* (Poet. u. Spät.) ju= genblich (entweber indifferent ober lobend, vgl. juvenilis: Juvenalia, ium, *n. pl.* eine vom Nero gestiftete Art Spiele.

Jŭvĕnālis, is, *m.* (Decimus Junius J.) römischer Satirendichter unter bem Domitian und ben folgenden Kaisern.

Jŭvĕncus [= juvenicus], (Poet.) 1) *adj.* jung, equus. 2) *subst.* A) -cus, i, *m.* a) ein junger Stier; b) ein junger Mensch. B) -ca, ae, f. a) eine junge Kuh; b) ein junges Frauenzimmer (Mädchen oder Frau).

Jŭvĕnesco, — 3. [juvenis] (Poet. und Spät.) 1) heranwachsen. 2) wieder jung werden.

Jŭvĕnīlis, e, adj. [juvenis] jugendlich licentia, anni.

Jŭvĕnīlĭter, adv. [juvenilis] jugendlich, nach Art der Jugend.

Jŭvĕnis, e, adj. mit comp. junior (Spät. u. selten auch juvenior), 1) (Poet. und Spät.) jung, jugendlich, anni jj., ovis j. 2) *subst. comm.,* ein junger Mann, ein junges Frauenzimmer (ungefähr vom 20sten bis zum 40sten Jahre): jj. utriusque sexus.

Jŭvĕnix (sfzfgn Jūnix), īcis, f. (Vorklaff.) = juvenca, siehe Juvencus.

*****Jŭvĕnor,** depon. 1. [juvenis] sich jugendlich betragen, namentlich = jugendlich ausschweifen.

Jŭventa, ae, f. [juvenis] (meist Poet. und Spät.) die Jugend = das jugendliche Alter; daher auch = die jungen Menschen.

Jŭventas, ātis, f. [juvenis] 1) (Poet.) = juventus. 2) insbef. die Göttin der Jugend, die griechische Hebe.

Jŭventus, ūtis, f. [juvenis] die Jugend, A) = das jugendliche Alter (siehe juvenis). B) = die jungen Menschen, insbes. als militär. term. t. die junge Mannschaft: j. convenerat; j. nostra dedicit paene discendo. Sowohl adolescentes als viri können unter dem Begriff dieses Wortes eingerechnet werden; daher: erant in j. Romana adolescentes aliquot; princeps juventutis hieß zur Zeit der Republik der Ritter, dessen Name auf dem Verzeichnisse des Censors zuerst aufgeführt war, und der folglich bei der Herlesung der Namen der Ritter zuerst genannt wurde, in der Kaiserzeit der Sohn des Kaisers (der „Kronprinz").

Jŭvo, jūvi, jūtum (*particip. fut.* jŭvătūrus), 1. 1) Jmd. helfen, nützen, unterstützen (in einer Bemühung u. einem Streben, vgl. auxilium fero, subvenio u. dergl.): j. aliquem in re aliqua, hostes frumento mit Getreide; j. homines. Hiervon = fördern, befördern, j. disciplinam vitae; (Poet.) imbres jj. arva sind — nützlich; diis juvantibus mit Gottes Hülfe. 2) erfreuen, ergötzen, gefallen: fabulae te jj. Häufig *impers.* juvat es freut, es macht Vergnügen, gefällt: j. me, literas tuas tibi profuisse daß u. s. w.; j. haec facere.

Juxtā, [jungo] I. *adv.* 1) neben, dicht daneben, nahe dabei: legio quae j. constiterat; (Poet.) accedere j. nahe hinzutreten. 2) (*Sall.* und Spät.) auf gleiche Art oder in gleichem Grade, gleich viel, ebenso, ohne Unterschied: suae hostiumque vitae j. pepercit; horum ego vitam mortemque j. aestimo; j. hieme atque aestate. Daher mit einem *dat.* (selten), res parva eo j. magnis difficilis (ebenso fehr als die größeren), mit *ac* (atque), et, quam u. dergl.: j. reipublicas ac sibi consulere; j. ac si hostes adessent gleich als wenn; j. eam rem aegre passi quam quum etc.; j. mecum omnes intelligitis ebenso gut wie ich. II. *praep.* mit *acc.* 1) neben, an der Seite von, nahe bei: j. murum, Rhenum; virgo astat j. genitorem; (*Tac.*) j. libertatem = bei freien Völkern, da wo Freiheit ist. Hiervon *trop.* zur Bezeichnung der Aehnlichkeit, nahe an: j. divinam religionem fides colitur ebenso fehr wie; velocitas j. formidinem einer bangen Flucht ähnlich. 2) unmittelbar nach, nächst; j. deos in tua manu positum est; doctissimus j. Varronem. 3) (Spät.) nach, gemäß.

Juxtim, *adv.* [jungo] (Vorklaff. u. Spät.) = juxta: j. assidere.

K.

Kalendae, siehe Calendae.   **Kalo,** siehe Calo.

L.

Lăbasco, — — 3. [labor] (Vorklaff. und Spät.) 1) dem Fall drohen, schwanken, res. 2) *trop.* im Sinne schwanken, in seinem Entschlusse u. dergl. schwankend werden.

Labdācus, i. m. [Λάβδακος] König von Theben, Vater des Laius.

Lăbea, ae, f. (Vorklaff.) = labium.

Labeātes, tium, oder -tae, ārum, m. pl. Völkerschaft nördlich von Macedonien. Davon

Labeātis, idis, f. adj., terra, palus.

*****Lăbēcŭla, ae,** f. *deminut.* von labes.

Lăbĕ-făcio etc., 3. (meist Poet. u. Spät., statt des mehr klass. labefacto) 1) wankend machen, erschüttern: l. turrim, partem muri, arborem; epistola labefacta a vinculis geöffnet; l. dentes alicui losschlagen. 2) *trop.* A) zu Grunde richten, stürzen, aliquid, fidem. B) schwächen (Poet.) ignem. C) Jmd. in der Gesinnung schwankend machen, erschüttern: l. aliquem; l. classiarios (in der Treue).

Lăbĕfactātĭo, ōnis, f. [labefacto] (Spät.) *trop.* die Erschütterung.

Lăbĕ-facto, 1. 1) Etwas dem Falle nahe bringen, wankend machen, erschüttern, arborem, signum; l. alicui dentes im Munde losschlagen. 2) *trop.* A) im Bestehen

wankend und unsicher machen, daher schwä=
chen, zu Grunde richten, stürzen u. dergl.:
l. alicujus dignitatem, opinionem, fidem,
causam, Carthaginem, amicitiam, leges; l.
aliquem = seines Ansehens u. dergl. berauben.
Hiervon (Poet.) l. vitas hominum beunruhigen,
stören: l. onus ventris die Leibesfrucht abtreiben. B)
in der Gesinnung schwankend machen, aliquem.

Lăbellum, i, *n. deminut.* von labrum 1.

Lăbeo, ōnis, Name einer Familie in den
Geschlechtern der Fabii und der Antistii.

Lăbĕrius, ii, Name eines plebejischen Ge=
schlechts zu Rom.

Lābes, is (vielleicht auch ei), *f.* [labor] 1)
der Fall, Sturz: l. terrae Erdfall, agri Ein=
ken; dare l. fallen. 2) *trop.* der Sturz, = Ver=
derben, Untergang: l. ac ruina innocentiae; prima l. mali der erste verderbliche An=
fang des Uebels. Hiervon von einem Menschen,
der Unheil anrichtet: Verres l. ac pernicies
provinciae. 2) der Fleck (immer tadelnd, vgl.
macula); victima oder toga sine l.; hiervon
trop. = der Schandfleck: l. animi, seculi;
ll. conscientiae. Hiervon ein verächtlicher
und unwürdiger Mensch: coenum illud ac l.

Lăbĭa, ae, *f.* (Vorklass. u. Spät.) = labium.

Lăbĭci, ōrum, *m. pl.* und -**cum**, i, *n.*
alte Stadt in Latium. Davon -**Icānus**, *adj.*
und *subst.* A) -**Icānum**, i, *n.* ein Landgut
bei L. B) -**Icāni**, ōrum, *m. pl.* die Einwoh=
ner von L.

Lăbiēnus, Titus Allius L., Legat des Cä=
sar in Gallien, später Anhänger des Pompejus,
fiel in der Schlacht bei Munda.

*****Lăbĭōsus** (od. **Lăbĕōsus**), *adj.* [labium]
(*Lucr.*) große Lippen habend.

Lăbĭum, ii, *n.* (Vorklass. u. Spät.) = Labrum 1.; *proverb.* labiis ductare aliquem =
Jmd. verspotten.

Lăbo, 1. fallen wollen, den Fall drohen,
dem Falle nahe sein, schwanken (es be=
zeichnet die Möglichkeit und das nahe Bevorstehen
des Falles, vgl. labor, cado): murus l., naves
sine justo pondere ll.; (Poet.) litera labans
mit unsicherer Hand geschrieben. 2) *trop.* A)
unsicher oder unzuverlässig sein, unbe=
stimmt sein, schwanken, bes. in der Gesinnung
und der Treue: animi plebis ll.; labamus mu-
tamusque sententias; fides l.; memoria l.
nimmt ab. Zu Grunde gehen, sich ver=
lieren, sinken: res Trojana l., omnes reipublicae partes ll.

Lābor, lapsus, *depon.* 3. [labo] 1) da=
hin= oder darnieder fallen, =gleiten, =sin=
ken, =schlüpfen (es bezeichnet den Eintritt des
Anfangs des Falles, vgl. labo und cado), von
fließenden Gewässern, Schlangen, Vögeln und
überhaupt Allem, was sich sanft und allmälig
irgendwohin, auf oder nieder, bewegt: amnes ll. de
fontibus; folia lapsa cadunt; sidera ll., serpens l., lacrimae ll. per genas; l. per funem
ein Seile herabgleiten; domus l. fällt zusam=
men. Hiervon A) (Spät.) = entschlüpfen,
entgleiten: l. custodiā und e. manibus cu-
stodientium; res pectore l. = wird vergessen,
nicht beachtet. B) (Poet. u. Spät.) = dahin
gleiten, verfließen, aetas, tempus. C) l.

longius = zu weit von dem Gegenstande ab=
kommen. 2) *trop.* A) l. spe die Hoffnung
verlieren. B) = straucheln, fehlen, irren
(wegen Unsicherheit seines Urtheils): l. in re
aliqua, per errorem; l. consilio einen unrich=
tigen Entschluß fassen; l. verbo oder in verbo
in Bezug auf ein Wort. C) zu Grunde ge=
hen, sinken, verfallen u. dergl., mores, respublica, fides; hiervon voces ll. gehen verloren
= werden nicht gehört. D) allmälig irgend=
wohin (in irgend einen Zustand, zu irgend einem
Puncte) gerathen, bes. in etwas Uebles, = in
Etwas verfallen, versinken u. dergl.: l. in
adulationem; l. eo ut assentiar Epicuro;
misericordiā lapsus est in speciem crudelitatis.

Lăbor (veraltet -**ōs**), ōris, *m.* 1) die an=
strengende Arbeit, die Anstrengung, die
mühevolle Arbeit: l. corporis; impendere
l. rei alicui oder ad rem aliquam; res est
magni laboris erfordert viel anstrengende Mühe,
aber homo magni laboris ein Mensch, der viel
Arbeit erträgt; nullo l. ohne Mühe. Hiervon
A) = die Arbeitsamkeit, Thätigkeit: summus l. in rebus publicis privatisque. B) =
das mit Mühe ausgeführte Werk: ll. operum,
domūs; hominum oder boum ll. = angebaute
Felder (ἔργα ἀνθρώπων); l. belli Kriegsthä=
ten; auch von den Werken der Kunst. 2) die
Beschwerde, Mühe, oder die Noth, Drang=
sal; ll. viae, militiae; vidit suorum laborem
(= suôs laborantes) die Noth der Seinigen;
l. meo = in meiner Unglücksperiode. Insbes.
= a) Krankheit; b) Schmerzen; c) ll. solis
(Poet.) die Sonnenfinsterniß.

Lăbōrĭfer, ĕra, ĕrum, *adj.* [labor-fero]
(Poet.) Mühe ertragend.

Lăbōrĭōse, *adv.* mit comp. u. sup. [labo-
riosus] mit Arbeit und Mühe, mühsam;
l. jus dicere sorgfältig, mit großer Ausdauer.

Lăbōrĭōsus, *adj.* mit comp. u. sup. [la-
bor] 1) was viele Mühe und Arbeit erheischt,
mühsam, beschwerlich, opus. 2) wer viele
anstrengende Arbeit ausführt, arbeitsam, homo.
3) wer viele Noth zu bestehen hat, von Beschwer=
den überwältigt, geplagt, sich plackend: quid
nobis laboriosius?

Lăbōro, 1. [labor] I. *intrans.* 1) arbei=
ten, sich anstrengen, sich Mühe geben
(mit vorherrschendem Begriffe der Beschwerde,
vgl. elaboro). 1. ut (ne) aliquid fiat, (Poet.) l.
perspexisse um durchschaut zu haben; l. in re
aliqua, auch aliquid für Etwas, (Spät.) circa
oder in aliquid. 2) leiden, Beschwerden und
Schmerzen fühlen, geplagt werden: artus ejus
vehementer ll. er leidet an heftigen Gichtschmer=
zen; (Poet.) l. utero Geburtsschmerzen haben;
l. ex intestinis, ex pedibus (von dem Körper=
theile, an welchem man leidet), aber auch *trop.*
ex invidia, ex inscitia, ex aere alieno
(von dem Uebel, das Jmd. drückt), l. crudelitate
domestica an einer — leiden; l. odio apud
hostes verhaßt sein; (Poet.) l. in aliquo = in
Jmd. verliebt sein. 3) überhaupt sich in einer
Noth, Verlegenheit befinden, Schwierig=
keiten finden, sich nicht zu helfen wissen: succur-
rere suis laborantibus (in der Schlacht); naves
ll. ex concursu werden beschädigt; (Poet.) quer-
cetus ll. aquilonibus werden erschüttert, heftig

424 Labrum — Laco

bewegt, silvae ll. werden von Schneemassen herabgedrückt. Hiervon: luna l. von der Mondfinsterniß, trop. veritas l. wird verdunkelt. 4) sich kümmern oder bekümmern, Kummer und Sorge tragen, besorgt sein: nihil laboro nisi ut salvus sis Nichts liegt mir am Herzen, als daß du u. s. w.; l. alienis malis; non (nihil) laboro quis illud fecerit es ist mir ganz gleichgültig. II. transit. (Poet.) 1) mit Mühe verfertigen, verarbeiten, aliquid; vestes laboratae auro mit Gold durchwirkt. 2) durch angestrengte Arbeit hervorbringen, frumentum.

Labrum, i, n. [lambo] 1) die Lippe, Lefze: l. superius die Oberlippe, inferius die Unterlippe; proverb. primis (primoribus) ll. gustare (attingere) aliquid sich eine oberflächliche Kenntniß einer Sache verschaffen. 2) der Rand eines Gefäßes, eines Grabes u. dergl., dolii, fontis.

Labrum, i, n. [statt lavabulum, lavabrum von lavo] 1) ein Becken, eine Wanne zum Baden. 2) ein Gefäß zum Austreten der Trauben.

Labrusca, ae, f. (mit oder ohne Hinzufügung von vitis) eine Art wilde Rebe.

Lăbўrinthēus, adj., [= λαβυρίνθειος] zu einem Labyrinthus gehörig.

Lăbўrinthus, i, m. [λαβύρινθος] das Labyrinth, ein Gebäude mit vielen in sich verschlungenen Irrgängen: ein solches fand sich namentlich in Mittelägypten und auf Creta.

Lao, lactis, n. (Vorklaff. u. Spät. bisweilen als masc. im accuss. lactem) 1) die Milch. Hiervon A) proverb. l. gallinaceum = eine sehr seltene Sache. B) trop. a) cetera lactis erant (Poet.) = milchweiß. b) (Pl.) orationes vestrae sitae sunt in melle et lacte = sind honigsüß. 2) (Poet. u. Spät.) der weiße Saft in Gewächsen.

Lăcaena, ae, f. [λάκαινα] adj. fem. lacedämonisch, spartanisch; subst. die Lacedämonierin.

Lăcĕdaemon, ŏnis, f. [Λακεδαίμων] die Stadt Lacedämon oder Sparta. Davon **Lăcĕdaemŏnius** [Λακεδαιμόνιος] adj., und subst. -nius, ii, m. der Lacedämonier.

Lăcer, ĕra, ĕrum, adj. (meist Poet. u. Spät.) 1) zerrissen, zerfleischt, corpus, vestis; l. currus zerbrochen, domus in Unordnung gebracht. 2) (Poet.) zerreißend, morsus.

Lăcĕrātio, ōnis, f. [lacero] die Zerreißung, Zerfleischung, corporis; ll. muliebres genarum.

Lacerna, ae, f. ein dicker Oberkleid, Mantel, den die Römer über die Toga warfen, bes. auf Reisen.

Lăcernātus, adj. (Spät.) mit einer lacerna bekleidet.

Lăcĕro, l. [lacer] 1) zerreißen, zerfleischen (meist reißend, beißend, schlagend u. s. w., vgl. lanio): l. corpus alicujus morsu; l. vestem, comas; l. terga verberibus. 2) trop. A) in Worten Imb. herunterreißen, durchziehen, heftig lästern, schelten; l. aliquem, famam alicujus, carmina. B) zu Grunde richten, ruiniren, mißhandeln, socios, plebem, patriam omni scelere; moeror mo

l. quält mich. Hiervon l. bona patria, pecuniam vergeuden; l. diem unnütz zubringen, verloren gehen lassen.

Lăcerta, ae, f. die Eidechse.

Lăcertōsus, adj. [lacertus] mit kräftigem Oberarm, davon musculös, kraftvoll.

Lăcertus, i, m. 1) der muskulöse Oberarm von der Schulter bis zum Ellbogen (vgl. brachium, ulna). 2) Hiervon a) im pl. die Muskeln: corpora astricta et expressa sunt lacertis. b) überhaupt = der Arm: excutere l. schwingen; amplecti (innectere) colla lacertis mit den Armen umschlingen. c) trop. zur Bezeichnung der Kraft in der Rede: in Lysia sunt ll.; carnis plus habet, minus lacertorum.

Lăcertus, i, m. 1) = lacerta. 2) ein Seefisch.

Lăcesso, sīvi, sītum, 3. [lacio] 1) Imb. lockend oder neckend zu Etwas reizen, insbef. = zum Kampfe reizen, herausfordern, davon = angreifen, bes. neckend und ihm keine Ruhe lassend: l. aliquem ferro, maledictis schelten; l. hostes proelio ober ad proelium zum Kampfe; l. aliquem injuriā, bello zuerst ihm Unrecht zufügen, ihn bekriegen und ihn dadurch zur Vergeltung reizen, ebenso l. aliquem scripto ihm zuerst schreiben und ihn dadurch zum Rückschreiben veranlassen. Hiervon a) (Poet.) aera lacessita sole refulgent zuerst beschienen. b) (Spät.) l. aliquem capitaliter anklagen. c) l. deos precibus mit Bitten bestürmen. d) (Poet.) l. pelagus carinā sich auf das Meer wagen, ihm trotzen. e) (Spät.) l. pacem stören; f) l. aures, visum auf — Eindruck machen. — 2) von Sachen, erregen, hervorrufen, veranlassen, sermones hos, pugnam, bellum. 3) (Poet.) an Etwas schlagen: l. pectora manibus; equus l. carceres pede.

Lacetāni, ōrum, m. pl. Völkerschaft im nördlichen Spanien, in der Landschaft **Lacetānia**, ae, f. wohnhaft.

Lăchănisso, 1. [λαχανίζω] (Spät.) in der Volkssprache = langueo.

Lăchēsis, is, f. [Λάχεσις] die eine der drei Parzen.

*****Lăciădes**, ae, m. [Λακιάδης] einer aus dem lacischen Demos in Attica.

Lăcinia, ae, f. 1) der Zipfel an einem Kleide; l. togae; proverb. obtinere aliquid laciniā gleichs. am Zipfel = mit genauer Noth. 2) ein herabhängender fleischiger Theil am Vieh, die Wamme. 3) (Spät.) der schmale Strich, bes. Erdstrich.

Lăcinium, ii, n. [τὸ Λακίνιον ἄκρον] Vorgebirge in Bruttium, bei Croton, wo die Juno einen Tempel hatte. Davon **Lacinius**, adj.; diva L. = Juno.

Lăcio, ungebräuchlicher Stamm zu allicio, illicio u. s. w.

Lăco, ŏnis, m. [Λάκων] ein Laconier, Lacedämonier; pl. die Lacedämonier. Hiervon 1) **Lăcōnious** [Λακωνικός] laconisch, lacedämonisch. Hiervon subst. A) -ĭca, ae, f. die Landschaft L. im Peloponnes, deren Hauptstadt Sparta war. B) -ĭcum; i, n. a) sc. balneum die Schwitzstube in einem Badehause. b) (sc. vestimentum) ein laconisches

Lacrima — **Laetitia** — 425

Gewand. 2) **Lăcōnis**, ĭdis, *f. adj.* lacedämonisch.

Lacrĭma (ob. lacrŭma, richtiger als lacrȳma), ae, *f.* 1) die Thräne; (Poet.) dare alicui lacrimam = Jmd. beweinen, ihre in lacrimas weinen. 2) (Spät.) ausschwitzende Feuchtigkeit der Pflanzen, Safttropfen.

Lacrĭmābĭlis, e, *adj.* [lacrimor] (Poet.) was zum Beweinen ist, beweinenswerth, was Thränen hervorruft, bellum, gemitus.

*****Lacrimābundus**, *adj.* [lacrimo] weinend.

Lacrĭmo, 1. (bisweilen auch als *depon.* -mor, 1.) weinen, Thränen vergießen (aus irgend welcher Ursache, sowohl einer physischen z. B. wegen Rauch, starkriechender Sachen, als einer geistigen, d. h. irgend einer Gemüthsbewegung, erfreulicher oder trauriger; vgl. fleo, ploro): saepe l.; oculi lacrimantes; (selten) l. aliquid über Etwas, casum alicujus Jmds Schicksal beweinen. 2) (Poet. u. Spät.) vom Saft in Pflanzen, ausschwitzen, träufeln; lacrimatas (*depon.*) cortice gemmas als Thränen fallend.

Lacrĭmōsus, *adj.* [lacrima] 1) (Poet. u. Spät.) thränenvoll, oculi. 2) thränenerregend, fumus; hiervon traurig, kläglich, bellum, funus; carmen l. ein Trauergedicht. 3) (Spät.) von Saft träufelnd.

Lacrĭmŭla, ae, *f. deminut.* von lacrima.

Lactans, tis, *particip.* eines sonst nicht gebräuchlichen *verb.* lacto [lac] Milch gebend, säugend, ubera.

Lactens, tis, *particip.* eines sonst sehr seltenen *verb.* lacteo [lac] 1) saugend, infans, Romulus; hostia l. oder absolut l. ein noch saugendes Opferthier, ein Junges, das geopfert wird. 2) (Poet.) = lactans. Hiervon Saft oder Feuchtigkeit in sich enthaltend, saftig, sata; annus l. die Jahreszeit, in welcher die Pflanzen saftig sind.

Lacteŏlus, *adj. deminut.* von lacteus.

Lactes, ium, *f. pl.* (Vorklaff. u. Spät.) die Eingeweide, Gedärme: *proverb.* canem fugitivum agninis lactibus alligare = ein schwaches Mittel gegen ein großes Uebel anwenden.

Lactesco, — — 3. [lac] 1) zu Milch werden. 2) (Spät.) Milch zum Säugen bekommen, asina l.

Lacteus, *adj.* [lac] 1) was aus Milch ist, Milch-, humor l. (=lac). 2) voller Milch, ubera. 3) milchweiß, collum; circulus l. die „Milchstraße" am Himmel.

Lacto, 1. [lacio] (Vorklaff.) an sich locken, verführen, davon aufziehen, betrügen, aliquem, animos.

Lactūca, ae, *f.* der Lattich, Kopfsalat.

Lactūcŭla, ae, *f. deminut.* von lactuca.

Lăcŭātus, siehe Laqueatus.

Lăcūna, ae, *f.* (verw. mit lacus) 1) (meist Poet.) eine Vertiefung, ein Loch, bes. in welchem Wasser steht = eine Lache, ein Weiher: terra in gremio suo gerit multos lacus et multas ll.; ll. Neptuniae das Meer, ll. salsae die Meerestiefe. 2) *trop.* die Lücke (= der Mangel, Verlust, Schaden: explere l. rei familiaris; labes et quasi l. famae.

Lăcūnar, āris, *n.* [lacuna] die getäfelte Decke, Decke mit tafelförmigen Vertiefungen; *proverb.* spectare l. (Poet.) = zerstreut sein.

Lăcūno, 1. [lacuna] eigtl. vertiefen, davon = wie ein lacunar (siehe d. Wort) täfeln.

Lăcūnōsus, *adj.* [lacuna] Vertiefungen oder Lachen enthaltend, davon *trop.* lückenhaft.

Lăcus, us, *m.* 1) das größere stehende Wasser, der See (vgl. lana, stagnum, palus, u. s. w.); (Poet.) von einer Quelle oder einem Flusse. 2) ein Wasserbehältniß, künstlich angelegtes Bassin; auch = ein größeres Gefäß für Flüssigkeiten, Kübel, Wanne, bes. die Kufe, in welche man den gepreßten Wein fließen ließ.

Lăcȳdes, is, *m.* [Λακύδης] ein academischer Philosoph aus Cyrene, Schüler des Arcesilas.

Lādas, ae, *m.* [Λάδας] ein Schnellläufer Alexanders des Großen, dessen Fertigkeit im Laufen sprüchwörtlich geworden war.

Lādon, ōnis, *m.* [Λάδων] Fluß in Arcadien.

Laedo, si, sum, 3. 1) (Poet. u. Spät.) verletzen, beschädigen: lora ll. colla, hiems l. frondes; l. aliquem vulnere; l. collum = sich erhängen. 2) *trop.* verletzen, beleidigen, betrüben: l. voluntatem alicujus, aliquem; l. foedus, fidem sein Wort brechen; testis l. eum schadete ihm, zeugte gegen ihn; infortunia tua me ll. betrübt mich.

Laelius, Name eines plebejischen Geschlechtes zu Rom, aus welchem am bekanntesten sind: 1) Cajus L., Freund des älteren Africanus, Consul im J. 190 v. Chr. 2) Cajus L., Freund des jüngeren Africanus, gewöhnlich mit dem Beinamen Sapiens, Kenner und Gönner der griechischen Bildung und Literatur.

Laena, ae, *f.* (verw. mit χλαῖνα) ein gefüttertes wollenes Oberkleid, Mantel.

Lāertes, ae, *m.* [Λαέρτης] Vater des Ulysses. Davon 1) **Lāertĭădes**, ae, *m.* [= Λαερτιάδης] *patron.*, Sohn des L. = Ulysses. 2) **Lāertĭus**, *adj.*

Laesio, ōnis, *f.* [laedo] eigtl. die Verletzung, *trop.* der rednerische Angriff auf die Person des Widersachers.

Laestrȳgŏnes, num, *m. pl.* [Λαιστρυγόνες] mythische Völkerschaft in Sicilien, ursprünglich in Campanien in der Gegend von Formiä. Davon **-gŏnius**, *adj.*

Laetābĭlis, e, *udj.* [laetor] erfreulich.

*****Laetātio**, ōnis, *f.* [laetor] das Sich-Freuen, die Freude.

Laete, *adv.* mit comp. u. sup. [laetus] 1) freudig, fröhlich. 2) fruchtbar.

Laetĭfĭco, 1. [laetus-facio] 1) froh machen, erfreuen, aliquem. 2) fruchtbar machen, düngen, agros. *3) (Pl.) laetificans, *intrans.* = sich freuend, fröhlich.

Laetĭfĭcus, *adj.* [laetus-facio] (Poet.) Freude verursachend, erfreulich.

Laetĭtĭa, ae, *f.* [laetus] 1) die Freude, Fröhlichkeit (die Freude, welche sich äußert, vgl. gaudium; die Freude als temporäre Gemüthsstimmung, vgl. hilaritas): l. = voluptas; perfrui laetitia: efferri, exsultare laetitia vor Freude ausgelassen sein. 2) *trop.* (Spät.) A) = die Schönheit, Anmuth, membrorum, orationis. B) = die Fruchtbarkeit, loci. C) der Ueberfluß, pabuli.

Laetor, *depon.* 1) [laetus] sich freuen, Freude empfinden und äußern (vgl. gaudeo): l. re aliqua, de oder in re aliqua, auch aliquid über Etwas; laetor eum natum esse daß er geboren ist; non l. templo (Poet.) sich Nichts aus einem Tempel machen.

Laetus, *adj.* mit *comp.* u. *sup.* 1) froh (als temporärer Zustand, vgl. hilaris): l. et erectus, alacer et l.; l. de re aliqua; (Poet.) laetus animi im Gemüthe. Hiervon a) = zufrieden, ruhig. b) = willig, bereit, gern: laetus decreverat etc. 2) übertragen, A) (Poet. u. Spät.) = der Freude an Etwas findet, sich an Etwas ergötzt, Etwas gern hat; l. sanguine equino; l. laborum; auch mit Etwas zufrieden, sich begnügend, laetus sorte sua. B) froh machend, erfreulich, beglückend, angenehm, günstig u. s. w.: omnia erant laetiora, prodigium l. C) = einen angenehmen Eindruck auf die äußeren Sinne machend, schön, anmuthig, heiter u. dergl.: l. color; flores ll.; *trop.* l. genus dicendi heiter, frisch und lebhaft; ll. honores (Poet.) siehe honor. D) = fruchtbar, herrlich gedeihend, fett u. dergl., seges, armenta, pascua; (Poet.) laetus umbrae reich an Schatten, schattig, litus l. myrtetis mit Myrthenhainen reichlich bewachsen; *trop.* von der Rede, reiche Fülle zeigend. E) von dem Erdboden, fruchtbar, ager. F) vom Vieh = fett.

*****Laeve**, *adv.* [laevus] (Poet.) *trop.* linkisch, verkehrt.

Laevis, Laevo etc., siehe **Lēvis, Lēvo** etc.

Laevus, *adj.* 1) link (ein gewähltres und mehr poetisches Wort als sinister), manus, pes, latus; *subst.* laeva (manus) die linke Hand oder (sc. pars) die linke Seite: petere laevam oder in (ad) laevam, auch (Poet.) laevum links, zur linken Seite geben. 2) *trop.* A) linkisch, verkehrt, ungeschickt, thöricht mens; o ego laevus! tempus l. unbequem. B) in der Auguralsprache, a) nach dem Gebrauche der Römer (weil der römische Augur sich gegen Süden wandte und die Morgenseite immer die glückliche war) glücklich = glückverkündend, günstig, omen; numina ll. gnädige Götter. b) (selten) nach dem Gebrauche der Griechen, bei welchen der Schauer sich gegen Norden wandte, = unglücklich, Unglück verkündend.

Lagănum, i, *n.* [λάγανον] (Poet. u. Spät.) eine Art Kuchen aus Mehl und Oel, Plinse.

Lagēna, ae, *f.* [verw. mit aeol. λ. *αγυνος*] (Poet. u. Spät.) ein Gefäß mit engem Halse und weitem Bauche, eine Flasche, Bouteille.

Lagĕos, i, *f.* [λάγειος] (Poet. u. Spät.) eine Art Wein.

Lagoena, e. S. für Lagena.

Lagōis, idis, *f.* [λαγωίς] (Poet.) ein Vogel, vielleicht das Haselhuhn.

Lagunoŭla, ae, *f. deminut.* von lagena.

Lāis, idis, *f.* [Λαΐς] Namen zweier Hetären zu Corinth, die ältere Zeitgenossin des Aristippus, die jüngere des Apelles und des Demosthenes.

Lāius, i, *m.* [Λάϊος] König zu Theben, Sohn des Labdacus, Vater des Oedipus.

*****Lāma**, ae, *f.* (Poet.) eine Vertiefung, bes. mit Wasser angefüllt, eine Pfütze, mit Wasser angefüllter Schlund.

*****Lambēro**, 1. (Pl.) zerreißen: *proverb.* meo me ludo lamberas du zahlst mir mit gleicher Münze.

Lambo, bi, — 3. an Etwas lecken, es belecken (ohne Bezug auf die Absicht, Etwas von der Sache genießen zu wollen, vgl. lingo): l. aliquid; canis l. vulnus. Hiervon (Poet.) = leicht berühren, umflattern, ignis l. comas, lectum; von einem Flusse = bespülen.

Lāmella, ae, *f.* (Spät.) *deminut.* von lamina.

Lāmenta, ōrum, s. *pl.* das Wehklagen, Jammern, Heulen.

Lāmentābĭlis, e, *adj.* [lamentor] 1) bejammernswerth, beklagenswerth, regnum Troiae. 2) klagend, jammernd, vox.

*****Lāmentārius**, *adj.* [lamenta] (Pl.) jammererregend, täglich.

Lāmentātio, ōnis, *f.* [lamentor] das Jammern, Heulen, Klagen: l. fletusque, plangor et l.

Lāmentor, *depon.* 1. heftig und laut wehklagen, -jammern, heulen: fleo et l.; l. rem aliquam über Etwas; lamentamur, labores nostros non apparere daß u. s. w.

Lămia, ae, *f.* [λάμια] (Poet. u. Spät.) ein weibliches Gespenst, Hexe, die den Leuten das Blut aussog.

Lămia, ae, Name einer römischen Familie in dem Geschlechte der Aelii, siehe das Wort. Davon **Lāmiānus**, *adj.*

Lămia, ae, *f.* [Λάμια] Stadt in Thessalien, bekannt durch den nach ihr benannten lamischen Krieg.

Lāmĭna od. **Lamna**, ae, *f.* 1) eine dünne Schicht von Metall, Holz oder Marmor u. dergl., Platte, Blech, Blatt, Brett u. dergl.: l. plumbi, argentea; secare ossa in laminas; l. serrae das Blatt einer Säge. Hiervon insbes. A) die Schwertklinge. B) (Spät.) = eine Säge. C) die Gold- oder Silberbarre, davon (Poet.) = Geld, Münze.

Lamna, siehe Lamina.

Lampas, ădis, *f.* [λαμπάς] 1) die Fackel, Kerze, ardens, corusca; manibus tenere ll. Hiervon *proverb.*, mit Bezug auf den bei mehreren Festen gebräuchlichen Fackellauf (wobei es darauf ankam, die Fackel während des Laufens brennend zu erhalten, um sie am Schlusse der Bahn einem anderen Läufer so übergeben zu können): trado tibi lampadam = jetzt ist die Reihe an dir, nun trete ich ab, vitae l. tradere = sterben. Hiervon (Poet.) ein Leuchter. 2) *trop.* = Glanz, Schein, Schimmer: l. Phoebea das Sonnenlicht, prima l. der erste Strahl des Tages, postera l. der folgende Tag. 3) (Spät.) eine feurige Lufterscheinung.

Lampsăcum, i, *n.* oder -ous, i, *f.* [Λάμψακος] Stadt in Mysien. Davon **Lampsăcēnus**, *adj.*, und *subst.* -cēnī, ōrum, *m. pl.* die Einwohner von L.

Lāmus, i, *m.* [Λάμος] mythischer König der Lästrygonen, Erbauer der Stadt Formiä.

Lāna, ae, *f.* 1) die Wolle: lanae dedita mit der Wollarbeit emsig sich beschäftigend; *proverb.* cogitare de l. sua nur an seine Arbeit denken, gleichgültig sein gegen Alles, was sonst

Lanarius — **Lapicidina** 427

vorgeht; rixari de l. caprina um des Kaisers Bart = wegen einer Kleinigkeit. 2) (Poet.) von wollähnlichen Gegenständen, z. B. dem Flaum an gewissen Früchten und Blättern, weichen Federn, dünnen Wolken u. dergl.
Lānārius, *adj.* [lana] (Gottlaff. u. Spät.) zur Wolle gehörig, Woll=, davon *subst.* -rius, ii, *m.* der Wollarbeiter.
Lānātus, *adj.* [lana] (Poet. u. Spät.) 1) mit Wolle versehen, Wolle tragend, daher als *subst. fem.* = ein Schaaf. 2) mit wolligem Flaum versehen, malum.
Lancea, ae, *f.* [wahrscheinlich ein Wort fremden Ursprungs] eine in der Mitte mit einem Riemen versehene Lanze.
Lancino, 1. (Poet. u. Spät.) = lacero (womit es wahrscheinlich verwandt ist).
Lāneus, *adj.* [lana] 1) aus Wolle, wollen, pallium. 2) (Poet. u. Spät.) wollig, weich wie Wolle, latus.
Langōbardi, ōrum, *m. pl.* germanisches Volk an der Oder.
Langue-fācio etc., 3. matt und schlaff machen, *trop.* beruhigen, Schleichen.
Langueo, gui, — 2. 1) matt=, abge= spannt=, träg sein: l. de via; corpora ll. morbo, und so häufig von einer aus Krankheit folgenden Mattigkeit; (Poet.) flos l. ist welk. 2) *trop.* erschlafft und gleichgültig sein, ohne Eifer und Fleiß sein, daher unthätig, kraftlos sein: juventus l. nec satis in laudis cupiditate versatur; l. otio; amor l. ist kalt; senatus, omnes illi ll. zeigen keinen Eifer und keine Kraft; vox, stomachus languens schwach.
Languesco, gui, — 3. (langueo) 1) matt=, schlaff=, träg werden: l. corpore am Körper, senectute wegen des Alters; häufig = vor Krankheit matt werden; (Poet.). flos l. welkt, vinum l. wird milder, verliert seine Herbe. 2) *trop.* schlaff und gleichgültig werden, davon erschlaffen, nos ll.; studia militaria ll. fangen an nachlässig getrieben zu werden, industria l. nimmt ab.
Languide, *adv.* mit comp. [languidus] 1) matt, schwach, träg, schlaff. 2) *trop.* matt = unmännlich.
Languidūlus, *adj. deminut.* von languidus.
Languidus, *adj.* mit comp. und sup. [langueo] 1) matt, schlaff, träg, langsam u. dergl.: homines ll. vino; pecus tarda et l.; (Poet. und Spät.) ll. oculi matte, aqua langsam fließend, schwach strömend, carbasus vom Winde nur schwach gefüllt und deshalb schlaff, ignis, ventus schwach: vinum l. = mild, ohne Herbe. Bisweilen insbef. = matt vor Krankheit, unpäßlich. 2) *trop.* A) er= schlafft, gleichgültig, unthätig u. dergl., studium, milites nostri, animus. B) ent= nervt, kraftlos, senectus, homo, philoso= phus; voluptas l.
Languor, ōris, *m.* [langueo] 1) die Mat= tigkeit, Schlaffheit, Ermattung, corporis; häufig = die Mattigkeit vor Krankheit, krankhafte Schwäche: l. aquosus die erschlaffende Wasser= sucht: excusare l. sich mit Unzulänglichkeit ent= schuldigen. 2) *trop.* die geistige Schlaffheit, Un= thätigkeit, Trägheit, Mangel an Eifer und

Kraft: l. et desidia; afferre alicui languorem einflößen.
*****Lāniātio,** ōnis, *f.* (Spät.) = lania= tus.
Lāniātus, us, *m.* [lanio] die Zerflei= schung, Zerreißung.
Lānicium, ii, n. [lana] (Poet. u. Spät.) die Wolle.
Lāniēna, ae, *f.* [lanio] die Fleischbank.
Lānificium, ii, *n.* [lana-facio] (Spät.) die Wollarbeit, das Arbeiten in Wolle.
Lānificus, *adj.* [lana-facio] (Poet.) Wolle verarbeitend, spinnend u. dergl.
Lāniger, ĕra, ĕrum, *adj.* [lana-gero] (Poet.) Wolle tragend, mit Wolle bedeckt, pecus ein Schaaf; als *subst.* -ger, ĕri, *m.* ein Lamm oder ein Widder.
Lānio, 1. zerfleischen, zerreißen (bes. schneidend u. dergl., vgl. lacero), hominem, vestem; *trop.* (Poet.) l. carmen = herunter= reißen, stark tadeln; (Spät.) vitia ll. oder ver= derben.
*****Lāniōnius,** *adj.* [lanius] (Spät.) zum Fleischer gehörig, Fleischer=.
Lāni-pes, ĕdis, 1. *adj.* wollfüßig d. h. die Füße mit Wolle umwickelt habend.
Lānista, ae, *m.* der Fechtmeister, Lehr= meister der Gladiatoren; davon = Bandit. 2) *trop.* der Aufwiegler, Aufhetzer zum Kriege.
Lānius, ii, *m.* der Fleischer; insbef. = der Opferschlachter; auch = der Henker.
Lānōsus, *adj.* [lana] (Spät.) voller Wolle, wollig.
Lanterna, siehe Laterna.
Lānūgo, ĭnis, *f.* [lana] (Poet. u. Spät.) Flaum, feine und zarte Wolle an Früchten und Blättern, die ersten zarten Barthaare.
Lānŭvium, ii, *n.* uralte Stadt in Latium. Davon -vīnus, *adj.*, und *subst.* -vini, ōrum, *m. pl.* die Einwohner von L.
Lanx, cis, *f.* 1) die Schüssel, Schale, 2) insbef. die Wagschale.
·**Lāŏcoon,** ntis, *m.* [Λαοκόων] Priester des Apollo zu Troja, der gegen das Eindringen des hölzernen Pferdes warnte, aber dann von zwei Schlangen verzehrt wurde.
Lāŏdāmīa, ae, *f.* [Λαοδάμεια] Tochter des Acastus, Gemahlin des Protesilaus, dem sie freiwillig in die Unterwelt folgte.
Lāŏdĭcēa, ae, *f.* [Λαοδίκεια] Name mehrerer Städte, namentlich einer in Großphrygien und einer in Syrien. Davon 1) **Lāŏdicensis,** e, *adj.* 2) -cēni, ōrum, *m. pl.* die Einwohner von L.
Lāŏmĕdon, ontis, *m.* [Λαομέδων] König von Troja, Sohn des Ilus, Vater des Priamus und der Hesione, von Hercules getödtet. Hier= von 1) **Lāŏmĕdontēus** oder -tīus, *adj.*, (Poet. = trojanisch. 2) **Lāŏmĕdontĭădes,** ae, *m.* [Λαομεδοντιάδης] der männliche Nach= komme des L., bes. = Priamus, im *pl.* = die Trojaner.
Lăpăthum, i, *n.* oder -thus, i, *f.* [λάπαθον, -ος] der Sauerampfer.
Lăpĭcīda, ae, *m.* [lapis-caedo] der Stein= metz.
Lăpĭcīdīna, ae, *f.* [lapicida] der Stein= bruch.

Lăpĭdārius, *adj.* [lapis] (Vorklaff. und Spät.) zu den Steinen gehörig, Stein-.

Lăpĭdātĭo, ōnis, *f.* [lapido] das Steinigen, das Werfen mit Steinen: saepe vidimus ll.

Lăpĭdeus, *adj.* [lapis] 1) aus Stein oder Steinen, steinern, donum, murus, *trop.* duritia; *trop.* l. sum = vor Erstaunen wie versteinert. 2) (Spät.) = lapidosus.

Lăpĭdo, 1. [lapis] 1) (Spät.) steinigen, mit Steinen auf Jmd. oder Etwas werfen, aliquem. 2) *intrans., impers.* lapidat es regnet Steine herab; auch *pass.* lapidatum est es hat Steine geregnet.

Lăpĭdōsus, *adj.* [lapis] (Poet. u. Spät.) steinig, voller Steine, mons, ager; uneigtl. corna ll. wegen des harten Kerns; panis l. entweder = voller Steinchen oder = steinhart.

Lăpillus, i, *m. deminut.* von lapis (siehe d. Wort. unter l.).

Lăpis, ĭdis, *m.* 1) ein Stein (überhaupt und ohne Rücksicht auf die Größe oder Form, vgl. saxum, calculus u. s. w.): l. bibulus der Sandstein, Parius oder Phrygius Marmor, l. albus = ein Tisch aus weißem Marmor. 2) Insbes. A) l. (häufiger jedoch das *deminut.* lapillus) albus oder niger zur Bezeichnung der glücklichen oder unglücklichen Tage und (in älterer Zeit) bei der Abstimmung in den Comitien einer freisprechenden oder verurtheilenden Stimme. B) = der Meilenstein, dergleichen an den Heerstraßen bei je 1000 Schritten (= eine römische Meile) standen: esse ad quintum l.; intra vicesimum l. C) der Grenzstein. D) (gewöhnlich mit dem *adj.* ultimus) = der Grabstein. E) = ein Edelstein. F) ein Stein oder eine steinerne Anhöhe, auf welcher der Präco stand, wenn Sklaven verkauft wurden; daher *trop.* duo tribuni empti de l. = bestochen. 3) *trop.* A) als Schimpfwort, = „Tropf", „Klotz", quid stas, l.? nisi essem l. B) *proverb.* verberare l. = sich vergeblich bemühen; loqui lapides harte Worte gebraucht. C) jurare Jovem lapidem = einen feierlichen Eid ablegen (der Ursprung ist dunkel).

Lăpĭtha oder **-thes**, ae, *m.* [Λαπίθης] ein Mann aus dem rohen thessalischen Bergvolke der Lapithen, welche mit den Centauren Streit hatten. Davon **-thaeus** und **-thēius**, *adj.*

Lappa, ae, *f.* die Klette.

***Lapsio**, ōnis, *f.* [labor] das Gleiten, Fallen.

Lapso, 1. [labor] (Poet. und Spät.) dem Falle nahe sein, wanken, ausgleiten.

Lapsus, us, *m.* [labor] 1) jede gleitende und allmälig fortgehende Bewegung, z. B. eines rinnenden Gewässers, eines Vogels, einer Schlingpflanze, einer Schlange; (Poet.) ll. rotarum rollende Räder. 2) der Fall: sustinere se a l. 3) *trop.* das Versehen, der Fehltritt, die Irrung: multi populares ll. Irrungen im Verhältnisse zum Volke.

Lăquear, āris, *n.* (Poet. u. Spät.) = lacunar, welches man sehe.

Lăqueātus ob. **Lăcuātus**, *adj.* [laquear] (Poet. u. Spät.) mit einer getäfelten Decke versehen, tectum, templum.

Lăqueus, i, *m.* 1) ein Strick als Schlinge, eine Schlinge, bes. zum Erhängen: collum inserere in l. = sich erhängen wollen, frangere gulam alicui (sibi) laqueo Jmd. (sich) erwürgen. 2) *trop.* was Jmd. in Noth oder Verlegenheit bringt = Fallstrick, Schlinge u. dergl.: ll. judicii; bes. von spitzfindigen Fragen, Schlüssen ob. dergl., ll. interrogationum et disputationum.

Lăr, āris, *m.* 1) meist im *pl.* die Laren, römische Schutzgottheiten der Wege, des Landes u. s. w., bes. aber des Hauses, also Hausgötter, wohlthätige Geister der Verstorbenen (vgl. lemur, larva, penates): ll. domestici, privati, patrii, rustici u. s. w.; l. familiaris. 2) *trop.* = Haus, Wohnung: l. familiaris Familienwohnung, l. certus fester Wohnsitz, l. paternus das väterliche Haus; (Poet.) vom Neste eines Vogels.

Lar oder **Lars**, tis, *m.* Ehrentitel bei den Etruskern, Herr, Fürst.

Lăra oder **Lărunda**, ae, *f.* Tochter des Flußgottes Almo, wurde von Jupiter wegen ihrer Geschwätzigkeit der Zunge beraubt und in Rom als Muta oder Tacita verehrt.

Lardum, siehe laridum.

Lārentālĭa, ium, *n. pl.* Fest zu Ehren der Acca Larentia, siehe Acca.

Lārentĭa, siehe Acca.

Large, *adv.* mit *comp.* u. *sup.* [largus] reichlich, viel; senatusconsultum l. factum weitläufig.

***Largĭflŏus**, *adj.* [largus-facio] (*Lucr.*) reichlich.

Largĭflŭus, *adj.* [largus-fluo] (Vorklaff.) reichlich fließend.

Largĭlŏquus, *adj.* [large-loquor] (*Pl.*) vielredend, geschwätzig.

Largior, *depon.* 4. 1) reichlich mittheilen, freigebig und überflüssig spenden (gewöhnlich im tadelnden Sinne): l. alicui aliquid; (Spät.) l. agros in servos; insbes. = zur Bestechung spenden, bestechen: l. de alieno; corrumpere exercitum largiendo. 2) *trop.* Jmd. Etwas verleihen, schenken, zutheilen: l. alicui facultatem dicendi; l. alicui ut etc. Jmd. verstatten, daß u. s. w. Hiervon A) = einräumen, zugestehen, aliquid inertiae suae. B) i. reipublicae injurias suas Beleidigungen gegen den Staat verzeihen.

Largĭtās, ātis, *f.* [largus] 1) die Reichlichkeit, reichliche Menge, muneris. 2) die Freigebigkeit, Reichlichkeit des Gebens, terra fundit fruges cum maxima l.

Largĭter, *adv.* = large, woher man sehe; l. aquae, auri, argenti viel Wasser u. s. w.

Largītĭo, ōnis, *f.* [largior] 1) die reichliche Austheilung, das reichliche Schenken, das freigebige Spenden von Gaben, die Freigebigkeit, bes. zur Bestechung, daher bisweilen geradezu = die Bestechung: facere magnas ll.; corrumpere tribum turpi l. 2) überhaupt die Gewährung, Verleihung, Ertheilung, civitatis (des Bürgerrechts), aequitatis, beneficiorum von Wohlthaten.

Largītor, ōris, *m.* [largior] der Austheiler von reichlichen Gaben, der freigebige Spender, insbes. = der Bestecher: l. pecuniae der Geldvertheiler, ebenso l. praedae, aber l. tribus illius der jene Tribus bestochen hat.

Largitor, dēpon. 1. [largior] (*Pl.*, zw.) reichlich schenken.

Largus, *adj.* mit *comp.* u. *sup.* 1) freigebig, gern und reichlich schenkend: duo sunt genera largorum, quorum alteri prodigi, alteri liberales; (Poet.) largus operā suā der seinen Dienst rasch und willig leistet, mit seinen Bemühungen freigebig ist; (Spät.) l. promissis willig und rasch mit Versprechen, donare zum Geben; (Poet.) lingua larga = Geschwätzigkeit. 2) reichlich, überflüssig, viel, aqua, imber, odores. 3) (Poet.) reich an Etwas: largus opum.

Lārĭdum oder *contr.* **Lardum**, i, n. Schweinefleisch, Speck.

Lārīnum, i, n. Stadt in Unteritalien. Davon **Lārīnas**, ātis, *adj.* und *subst.* -ātes, um, *m. pl.* die Einwohner von L.

Lārissa, ae, *f.* [Λάρισσα] 1) Stadt in Thessalien. Davon **Lārissaeus**, *adj.* u. *subst.* -saei, ōrum (oder -senses, ium), *m. pl.* die Einwohner von L. 2) L. Cremeste Stadt in einem anderen Theile von Thessalien. 3) Stadt in Mysien. 4) eine Burg in Argos.

Lārĭus lacus See in Oberitalien, jetzt Lago di Como; auch Larium litus das Ufer dieses Sees.

Lārix, icis, *comm.* [λάριξ] der Lerchenbaum.

Larva, ae, *f.* 1) ein Gespenst, beunruhigender und störender Geist eines Verstorbenen (vgl. lar, lemur). 2) (Poet.' und Spät.) eine Maske.

Larvālis, e, *adj.* [larva] (Spät.) gespensterartig.

Larvātus, *adj.* (Vorklaff.) behext, bezaubert.

Lasānum, i, n. [λάσανον] ein Geschirr ungewisser Bestimmung.

Lascīvĭa, ae, *f.* [lascivus] 1) ohne streng tadelnde Bedeutung, die ausgelassene Lustigkeit, -Fröhlichkeit, der fröhliche Muthwille: hilaritas et l., currere per lusum et l. im Scherz; *trop.* „l. virgarum" (*Pl.*) = Imb., auf dessen Rücken der Stock oft „tanzt", die Peitsche sich gleichsam lustig macht. 2) in tadelndem Sinne: A) die Ausgelassenheit, Zügellosigkeit, maledicendi im Verleumden. B) die Ueppigkeit, Frechheit, Wollust, üppiges und wollüstiges Betragen: mulier luxuriae ac lasciviae perditae. C) (Spät.) zur Bezeichnung der üppigen und ausschweifenden, d. h. mit zu vielem Schmucke überladenen Rede.

****Lascīvĭbundus**, *adj.* [lascivio] (*Pl.*), zweifelh., Andere schreiben lixabundus = lustig spazierend, fröhlich einhergehend ausgelassen, lustig, muthwillig.

Lascīvĭo, 4. [lascivus] 1) ohne tadelnde Bedeutung, ausgelassen und lustig sein, schäkern: licet nunc l.; agnus l. fugā hüpft lustig fort. 2) im tadelnden Sinne, zügellos-, frech-, üppig sein: plebs l. magis quam saevit. Insbef. von der Rede, welche durch zu üppigen Schmuck die Grenzen überschreitet: l. rerum et verborum genere; genus dicendi quod verborum licentiā lascivit.

Lascīvus, *adj.* mit *comp.* u. *sup.* 1) ohne tadelnde Bedeutung, lustig, ausgelassen, fröhlich, heiter, schäkernd, capella, pueri, dicta; aetas decentius lasciva. 2) im tadelnden Sinne, frech, ausgelassen, zügellos, insbef. = üppig, unzüchtig, amores, puella, tabellae et signa. 3) *trop.* vitis l. sich üppig um Etwas schlängelnd oder verbreitend.

Lāser, ēris, n. (verw. mit dem gr. λάσαρον] der harzige Saft aus der Pflanze Laserpitium, = Teufelsdreck.

****Lāserpītĭfer**, ĕra, ĕrum, *adj.* (Poet.) die Pflanze Laserpitium tragend.

Lāserpītĭum, ii, n., siehe laser.

Lassĭtūdo, ĭnis, *f.* [lassus] die Abspannung, Mattigkeit, Müdigkeit; (Spät.) l. armorum, equitandi vom Gebrauche der Waffen, vom Reiten herrührend.

Lasso, 1. [lassus] (Poet. und Spät.) 1) matt-, schlaff-, müde machen, abspannen, ermüden, brachia plagis. *2) *intrans.* matt werden = nachgeben, sinken: fundamenta ll.

****Lassŭlus**, *adj.* (Poet.) *deminut.* von lassus.

Lassus, *adj.* (verwandt mit laxus) matt, abgespannt, schlaff, müde (objectiv, ohne Bezug auf das Gefühl des Betreffenden, vgl. fatigatus, fessus): lassus opere faciendo, assiduo gaudio; lassus animi geistig abgespannt; (Poet.) lassus pondus von dem Gewichte, vocare vom Rufen, viarum des Reisens müde. 2) *trop.* humus l. fructibus assiduis erschlafft; collum l. gebeugt, stomachus schwach.

Lastaurus, i, m. [λάσταυρος] (Spät.) eine liederliche Person.

Lātē, *adv.* mit *comp.* und *sup.* [latus] 1) breit, weit, vagari, longe lateque weit und breit. 2) *trop.* A) (Poet. u. Spät.) reichlich. B) ausführlich, weitläufig, loqui.

Lătēbra, ae, *f.* [lateo] (meist im *pl.*) 1) der Schlupfwinkel, Versteck, heimlicher Zufluchtsort: eripere se silvis ac ll.; impellere aliquem in fugam et latebras. Hiervon (Poet.) ll. vitae der innere, verborgene Wohnsitz des Lebens; ll. lunae = die Mondfinsterniß; ll. teli die Stelle, wo der Pfeil sich hineinbohrend gleichsam im Körper versteckt. 2) *trop.* A) = die Ausflucht, Entschuldigung: quaerere l. perjurio. B) ll. omnes suspicionum alle Umstände, in denen eine Veranlassung zum Verdacht versteckt zu liegen scheinen konnte.

****Lătēbrĭcŏla**, ae, m. [latebra-colo] (*Pl.*) Imb., der in Schlupfwinkeln d. h. in liederlichen Häusern sich aufhält, der Winkelbewohner.

****Lătēbrōse**, *adv.* [latebrosus] (*Pl.*) verborgen, l. se occultare in einem Schlupfwinkel.

Lătēbrōsus, *adj.* [latebra] voller Schlupfwinkel, via, locus. Hierv. A) pumex l. = porös. B) (*Pl.*) verborgen, loca ll. geheime liederliche Orte, Bordelle.

Lătenter, *adv.* [lateo] (selten) versteckt, heimlich.

Lătĕo, ui, — 2. (verw. mit dem griech. λανθάνω, λήθω] 1) verborgen-, versteckt sein, irgendwo „stecken": l. in occulto, in tenebris, apud aliquem; id l. in animis hominum; scelus l. inter tot flagitia. 2) *trop.* A) unbemerkt und im Stillen leben: qui bene latuit bene vixit. B) mit vorherrschendem Begriffe der aus der Verborgenheit entspringenden Sicherheit vor Gefahren, = sicher sein oder

vergl.: portus l. ist gegen die Winde geschützt; illi ll. sub umbra amicitiae populi Romani. 3) (meist Poet. u. Spät.) Imb. verborgen=, unbekannt sein, Imbs Aufmerksamkeit oder Kenntniß entgehen: res illum latet, doli Junonis non latuere fratrem; latet plerosque, sidernm ignes esse es ist den Meisten unbekannt.

Later, ĕris, m. 1) der Ziegel, Ziegelstein; *proverb.* lavare laterem = sich vergeblich bemühen. 2) (Spät.) l. aureus, argenteus die Goldbarre, Silberbarre.

*Latērāmen, ĭnis, n. [later] (*Lucr.*) etwas aus Ziegeln Verfertigtes.

Latērānus, Familienname in der gens Claudia, Sextia und Plautia.

Latercŭlus, i, m. *deminut.* von later, was man sehe. Hiervon, wegen Aehnlichkeit der Form, eine Art Kuchen, Plinse.

Latĕrensis, Beiname in der gens der Juvencii; am bekanntesten ist M. Juvencius L., Ankläger des vom Cicero vertheidigten Cn. Plancius.

Latĕricius, *adj.* [later] aus Ziegeln gemacht, Ziegel=, murus.

Laterna ob. vielleicht richtiger **Lanterna**, ae, *f.* die Laterne, Lampe.

*Laternārius, ii, m. [laterna] der Laternenträger, der die Laterne vor Imd. trägt, der Genosse.

*Latesco, — — 3. [lateo] (Poet.) sich verstecken, anfangen verborgen zu sein.

Latex, ĭcis, m. (Poet.) jede Flüssigkeit, jedes Naß, z. B. vom Wasser, Wein (l. Lyaeus), Oel (l. Palladis) u. vergl.; l. fontis Averni; cupido laticum = Durst.

Latĭālis, **Latĭar**, **Latĭāris** u. s. w., siehe Latium.

Latĭbŭlum, i, n. [lateo] = latebra, nur gewöhnlich in mehr verächtlichem Sinne; auch von der Höhle eines wilden Thieres.

Latĭclāvius, *adj.* [latus-clavus] (Spät.) mit einem breiten Purpurstreifen versehen, tunica. Hiervon *subst.* -ius, ii, m. Imb., der eine solche Kleitung trägt, b. ein Senator oder Imb. mit Senatorrang, namentlich = ein Kriegstribun aus dem Ritterstande.

Latĭfundium, ii, n. [latus-fundus] (Spät.) weitläufiger Landbesitz.

Latīne, **Latīni** u. s. w., siehe Latium.

Latĭo, ōnis, *f.* [fero] das Bringen, b. h. A) l. auxilii die Hülfeleistung. B) l. legis der Vorschlag zu einem Gesetze, das Vorschlagen. C) l. suffragii das Stimmen, Votiren, bes. = das Stimmrecht.

*Latĭtātio, ōnis, *f.* [latito] (Spät.) das Sichverstecktthalten.

Latĭto, 1. [lateo] sich versteckt halten, verborgen sein; bisweilen insbef. von Imb., der sich versteckt, um nicht vor Gericht zu erscheinen.

Latĭtūdo, ĭnis, *f.* [latus] 1) die Breite; l. possessionum der bedeutende Umfang, die Größe. 2) *trop.* A) die breite Aussprache, verborum. B) (Spät.) die Fülle=, der Reichthum des Ausdrucks.

Latĭum, ii, n. Landschaft in Italien zwischen Etrurien und Campanien, mit der Hauptstadt Rom. Uneigtl. a) = Latini: jus Latii. b) = latinitas. — Hiervon 1) **Latĭālis** (Poet. und Spät.) oder **Latĭāris**, e, *adj.* zu Latium gehörig, bes. Jupiter L. als Vorsteher des Latinerbundes; hiervon wiederum *subst.* **Latĭar**, āris, n. das Fest des Jupiter Latiaris. 2) **Latĭne**, *adv.*, latinisch, lateinisch: loqui l. lateinisch=, die lateinische Sprache sprechen, scire verstehen, vertere in's Latein übersetzen. Insbef. a) = gut lateinisch, liber l. (nicht bene l.) scriptus in gutem Latein geschrieben, male l. scriptus in schlechtem Latein. b) *trop.* = gerade heraus, offen ("Deutsch reden"), loqui l. 3) **Latĭniensis**, e, *adj.* = das häufigere Latinus; so auch *subst.* Latinienses = Latini. 4) **Latĭnĭtas**, ātis, *f.* die Eigenschaft eines Latinus, und zwar A) der reine Ausdruck in der lateinischen Sprache, die gute Latinität. B) = jus Latii, das lateinische Recht, das politische Rechtsverhältniß der Latiner (nur der latinischen Colonisten, später auch anderer Völkerschaften, die den Latinern gleichgestellt wurden) im römischen Staate, siehe die Handbücher der römischen Alterth. 5) **Latīnus**, *adj.* latinisch, lateinisch; lingua, nomen, colonia; feriae latinae oder bloß Latinae, ārum, *f. pl.* das latinische Bundesfest, an welchem dem Jupiter Latialis auf dem albanischen Berge geopfert wurde. Davon *subst.* **Latīnus**, i, m. a) der Latiner, Bewohner von Latium; im *pl.* die Latiner im eigentlichen Sinne ob. Leute, die das jus Latii hatten. b) als *nom. propr.*, König der Laurentiner, welcher den Aeneas freundlich aufnahm und seine Tochter Lavinia an ihn vermählte. 6) **Latĭus**, *adj.* (Poet.) = Latinus bisweilen = römisch.

Latmus, i, m. [Λάτμος] Berg in Carien, wo die Mondgöttin (Diana) den schlafenden Endymion küßte.

Lato, us, *f.* [Λητώ] ob. gewöhnlich in der lateinischen Form **Latōna**, ae, *f.* Tochter des Titanen Cöus u. der Phöbe, vom Jupiter Mutter des Apollo und der Diana. Davon 1) **Latōis**, ĭdis, *f.* [Λητωΐς] a) als *adj.* zur Latona gehörig. b) als *subst.* Tochter der Latona = Diana. 2) **Latōius** ob. **Letōius**, *adj.* [Λατώιος, Λητῷος] zur Latona gehörig, *subst.* = Apollo ob. Diana. 3) **Latōnĭgĕna**, ae, *comm.* Kind der Latona = Apollo oder Diana. 4) **Latōnius**, *adj.* zur Latona gehörig, *subst.* Latonia = Diana. 5) **Latōus**, *adj.* = Latoius.

Latobrĭgi, ōrum, m, *pl.* gallische Völkerschaft am Rhein.

Latōmiae, siehe Lautumiae.

Lator, ōris, m. [fero] der Bringer; legis l. der ein Gesetz vorschlägt; daher überhaupt der Antragsteller, Proponent.

Latrātor, ōris, m. [latro] 1) der Beller = der Hund. 2) (Spät.) der laute Schreier (von einem schlechten Advocaten, Kabulist).

Latrātus, us, m. [latro] das Bellen, edere ll. bellen.

Latrīna, ae, *f.* (Vorklass. und Spät.) der Abtritt, die Kloake.

Latris, ĭdis, *f.* [λάτρις] (Poet.) die Dienerin (als Eigenname).

Latro, 1. 1) bellen; (Poet.) 1) aliquem Imb. anbellen. 2) *trop.* A) = zanken,

Latro — **Laus** 431

heftig schreien, schelten, bes. von einem schlechten Advocaten. B) (Poet.) stomachus latrans vor Hunger knurrend = sehr hungrig. C) natura id sibi l. fordert mit Ungestüm. D) l. aliquem ausschelten.
Latro, ōnis, *m.* 1) (Vorklass.) der Miethsoldat, Söldner, conducere ll. 2) der bewaffnete Straßenräuber, Wegelagerer. Hierv. (Poet.) = der Jäger, (Spät.) der Mörder. 3) der Stein im Schachspiele (weil er einen Soldaten vorstellte).
Latrōcinium, ii, *n.* [latrocinor] 1) die Räuberei, Straßenräuberei: in furto aut l. comprehendi. Davon = Spitzbüberei, Ränke, furtim et per ll. 2) die Räuberbande: unus ex tanto l. *3) (Poet.) das Schachspiel.
Latrōcinor, depon. 1. [latro] 1) (Vorklass.) als Miethsoldat Dienst thun, regi beim Könige. 2) Straßenräuberei treiben, auf Raub ausgehen, impune.
*Latrunculārius, *adj.* [latrunculus] (Spät.) zum Brettspiel gehörig, tabula l. das Schachbrett.
Latrunculus, i, *m.* deminut. von latro.
Lātumiae, siehe Lautumiae.
Lātus, *adj.* mit comp. u. sup. 1) breit, flumen; fossa quindecim pedes lata; crescere in latum die Breite; (Poet.) latum incedere gespreizt, sich breit machend (mit den Händen in die Seiten gestemmt und die Ellbogen herausstehend). 2) überhaupt weit, groß, gedehnt, von großem Umfange, regnum, solitudo, ager, mare; gloria l. (Spät.) weit verbreitet. 3) trop. A) verba ll. breit ausgesprochene. B) von der Rede, breit = weitläufig, ausführlich; oratio liberior et l.; auctor latior et fusior.
Lătus, ĕris, *n.* 1) die Seite am menschlichen od. thierischen Körper: dolor lateris oder laterum Seitenstechen; artifices lateris (Spät.) Künstler in Seitenbewegungen = Ballettänzer; mutare l. sich auf eine andere Seite legen, submittere l. in herba sich ins Gras niederlegen. Hierv. A) trop. tegere latus alicui ob. alicujus = neben Jmd. gehen; dare (praebere) latus dem Gegner eine Blöße geben; latere tecto discedere mit heiler Haut davonkommen. B) zur Bezeichnung der Nähe: non discedere a l. alicujus ob. haerere (junctum esse) lateri alicujus immer um Jmd. sein; adhaerere lateri alicujus = stets Jmd. drohen; esse ab l. alicujus zu den nächsten Umgebungen Jmds gehören. C) die Seite als Sitz der Lebenskraft u. Stärke, = Brust, Lungen, firmitas lateris; dum vox ac l. praeparatur; voce magna et bonis ll. 2) local, die Seite eines Gegenstandes, die Seitenfläche, Flanke, z. B. einer Anhöhe, der Erde, eines Lagers, eines Schiffes u. dergl., insbes. = die Flanke eines Kriegsheeres: dextrum l., disponere equites ad ll.; circumvenire legiones aperto l. So häufig a (selten ex, Poet. de) l. oder ll. von der Seite her, auf der Seite. Auch als mathematischer term. t. die Seite eines Dreiecks u. dergl.
Lātuscŭlum, i, *n.* (Poet.)-deminut. von lātus.
Laudābĭlis, e, *adj.* mit comp. u. sup. [laudo] lobenswerth, preiswürdig, vita, orator, carmen.

Laudābĭlĭter, *adv.* mit comp. [laudabilis] lobenswerth, löblich.
Laudātio, ōnis, *f.* [laudo] das Loben, die Lobrede, das Lob, alicujus auf Jmd. Insbes. A) ein vor Gericht abgelegtes lobendes Zeugniß für Jmd., dare alicui laudationem. B) die Lobrede auf einen Verstorbenen, die Leichenrede, l. funebris oder bloß l. alicujus auf Jmd. C) ein von den Provinzbewohnern nach Rom geschicktes günstiges Zeugniß für den Statthalter, eine Art Dankadresse.
Laudātīvus, *adj.* [laudo] (Spät.) lobend.
Laudātor, ōris, *m.* [laudo] der Lober, Lobredner, rei alicujus. Insbes. A) der ein lobendes Zeugniß für Jmd. vor Gericht abgiebt. B) der Leichenredner.
Laudātrix, īcis, *f.* [laudo] die Lobrednerin, Anpreiserin, vitiorum.
Laudātus, *adj.* mit comp. u. sup. [particip. von laudo] (Poet. u. Spät.) belobt = preiswürdig, vortrefflich.
*Laudĭcoenus, *adj.* [laudo-coena] (Spät.) Jmd. der (um öfter eingeladen zu werden) die Mahlzeit lobt, der Mahlzeitlober.
Laudo, 1. [laus] 1) loben, preisen, rühmen, aliquem, legem. Hiervon a) l. aliquem = glücklich preisen. b) l. aliquid = Etwas anpreisen, empfehlen. 2) anführen, nennen, erwähnen (gewöhnlich lobend), aliquem auctorem, testem.
Laurea, siehe Laureus.
Laureātus, *adj.* [laurea] mit Lorbeeren bekränzt, mit einem Lorbeerkranze geschmückt: literae ll. oder bloß laureatae = Siegesnachrichten, ebenso fasces ll. nach einem Siege.
Laurentum, i, *n.* Stadt in Latium. Dav. 1) **Laurens,** tis, *adj.,* subst. -tes, ium, *m. pl.* die Einwohner von L. 2) **Laurentīnus,** *adj.*; davon -tinum, i, *n.* ein Landgut Plinius des Jüngeren. 3) **Laurentius,** *adj.* (Poet.).
Laureŏla, ae, *f. deminut.* von laurea; *proverb.* quaerere l. in mustaceo Ruhm suchen in Kleinigkeiten.
*Laurētum, i, *n.* [laurus] (Spät.) der Lorbeerwald.
Laureus, *adj.* [laurus] vom Lorbeerbaume, Lorbeer-, corona aus Lorbeerzweigen. Hiervon subst. **Laurea,** ae, *f.* a) sc. arbor, der Lorbeerbaum. b) sc. corona der Lorbeerkranz; daher trop. zur Bezeichnung des Triumphs.
*Lauricŏmus, *adj.* [laurus-coma] (Lucr.) mit Lorbeer belaubt, mons.
Lauriger, ĕra, ĕrum, *adj.* [laurus-gero] (Poet.) lorbeertragend = mit Lorbeer bekränzt.
Laurus, i, selten us, *f.* der Lorbeerbaum. Davon = der Lorbeerkranz und trop. zur Bezeichnung des Triumphs, Sieges: l. Parthica der Sieg über die P.
Laus, dis, *f.* 1) das Lob, der Ruhm, die rühmende Erwähnung: afficere aliquem laude Jmd. loben; habere laudem = Lob verdienen (de aliquo = sich rühmen können über Jmd. gefragt zu haben), aber habere laudes de aliquo Lobreden auf Jmd. halten, insbes. ll. funebres, supremae = die Leichenrede; vertere (dare) alicui aliquid laudi Jmd. Etwas für ein Lob anrechnen, ebenso hoc in tua laude pono. 2) meton. die

432 Laute — Lectisternium

löbliche Handlung, das Verdienst: abundare bellicis laudibus; gloria illarum laudum; (Poet.) dicere laudes alicujus besingen.
Laute, *adv.* mit *comp.* u. *sup.* [lautus] 1) prächtig, herrlich, elegant, splendide: vivere. 2) vortrefflich, köstlich, aliquem emungere.
Lautia, ōrum, *n. pl.* die Bewirthung, die in Rom fremden Gesandten oder vornehmen Gästen von Staats wegen gewährt wurde: praebere legatis ll.
Lautitia, ae, *f.* [lautus] die Pracht, Eleganz in Wohnung, Hausgeräthen und der ganzen häuslichen Einrichtung.
Lautŭmiae (**Lātŏmiae**, **Lātŭmiae**), ārum, *f. pl.* [λατομία] 1) (Vorklass.) der Steinbruch. 2) meton. A) ein in den Steinbrüchen eines Berges ausgehauenes Gefängniß zu Syracus. B) davon das Gefängniß zu Rom. Davon *Lautūmius, *adj.* zum Steinbruch gehörig, carcer.
Lautus, *adj.* mit *comp.* u. *sup.* [particip. von lavo = gewaschen, „das sich gewaschen hat"), 1) prächtig, herrlich, elegant, splendide, supellex, coena, epulae, vina. 2) ansehnlich, bedeutend, glänzend, patrimonium, civitas; negotium l. rühmlich; illa beneficentiae ratio est lautior sieht glänzender und vornehmer aus. Hiervon von Menschen = vornehm, galant: jam valde l. es.
Lăvātio, ōnis, *f.* [lavo] 1) abstract, das Baden, Waschen. 2) das Badegeschirr, das Bad: l. parata est.
Lăverna, ae, *f.* Schutzgöttin des Gewinnes, besonders des heimlichen, daher auch des Diebstahls u. s. w.
Lăvernium, ii, *n.* Ort in Latium, wo P. Scipio Africanus ein Gut hatte.
Lăvinia, ae, *f.* Tochter des Königs Latinus, Gemahlin des Aeneas.
Lăvinium, ii, *n.* Stadt in Latium, vom Aeneas erbaut. Davon **Lavinius** oder -nus, *adj.*, arva, litora.
Lăvo, lāvi, lautnm ob. lōtum u. lăvātum 1. (Vorklass. und Poet. auch **Lăvo**, — — 3.) 1) waschen, baden, manum. Hiervon trop. A) netzen, befeuchten, tabellas lacrimis; flumen l. locum bespült. B) (Poet.) abwaschen, wegspülen, wegwaschen, mala vino; l. peccatum suum precibus durch Bitten sein Vergehen vergessen zu machen streben. 2) *intrans.* lavo ob. lavor sich baden, sich waschen: ire lavatum; l. in fluminibus; lautus der gebadet hat (vgl. oben Lautus).
Laxāmentum, i, *n.* [laxo] 1) (Spät.) die Erweiterung, Oeffnung. 2) *trop.* A) das Nachlassen, Aufhören, dav. die Frist, Zeit zur Erholung u. dergl.: si quid laxamenti a bello esset; dare alicui laxamentum ad etc. B) die Erleichterung, Milderung: leges nihil laxamenti habent.
Laxe, *adv.* mit *comp.* u. *sup.* [laxus] 1) weit, geräumig, habitare; hiervon von der Zeit, laxius proferre diem weiter, ebenso laxius (rem curari) volo nicht auf einmal. 2) schlaff, lose, davon *trop.* zwanglos, frei, vivere.
Laxĭtas, ātis, *f.* [laxus] die Geräumigkeit, der weite Umfang, domus, loci.
Laxo, 1. [laxus] 1) erweitern, geräumig machen, dehnen, öffnen: l. manipulos, forum, custodiae laxatae weit aus einander gestellt. Hiervon in der Zeit, = verlängern, tempus; l. necessitatem dicendi longiore dierum spatio auf mehrere Tage ausdehnen. 2) öffnen, losmachen, lösen, losspannen, entfesseln: l. claustra, vincula epistolae, pedem a nodo; dolor l. vocem; l. arcum, rudentes. Hiervon *trop.* A) gleichsam ein Band lösen, etwas Bindendes entfernen, nachlassen, mäßigen, mildern: ex eo, quo astricti sumus, aliquid laxari velim; l. aliquid laboris, iram; laxatur vis morbi, pugna wird weniger heftig, nimmt ab; l. laborem, curam; l. annonam die Theurung (die Getreidepreise) erträglich machen. B) von Etwas erleichtern, l. humeros pharetrā (Poet.). Hiervon Jmb. Erleichterung oder Milderung gewähren, von Etwas erleichtern, befreien, ihn erheitern: l. animum a laboribus, se molestiis; laxatus corpore von den Fesseln des Körpers befreit. 3) *intrans.* annona l. die Getreidepreise fallen.
Laxus, *adj.* mit *comp.* u. *sup.* 1) weit, geräumig, spatium, domus, toga; agmen l. gedehnt; *trop.* laxior locus negligentiae est freierer Spielraum. Hiervon von der Zeit, lang, weit, tempus, dies. 2) offen, los, janus, compages. 3) schlaff, los, loder, habena, arcus. Hiervon *trop.* A) imperium l. zu schlaff, ohne Kraft und Strenge; annona l. niedrige Getreidepreise.
Lea, ae, *f.* (Poet.) u. **Leaena**, ae, *f.* [λέαινα] [leo] die Löwin.
Leander, dri, *m.* [Λείανδρος] junger Mann zu Abydos, siehe Hero.
Learchus, i, *m.* [Λέαρχος] Sohn des Athamas und der Jo, den sein Vater im Wahnsinne tödtete. Davon **Learchēus**, *adj.*
Lĕbădia, ae, *f.* [Λεβαδία] Stadt in Böotien.
Lĕbĕdus, i, *f.* [Λίβεδος] Stadt in Jonien.
Lĕbes, ētis, *m.* [λέβης] (Poet.) ein Kessel, großes Becken.
Lĕchaeum, i, *n.* [Λίχαιον] Hafenstadt am corinthischen Meerbusen.
Lectica, ae, *f.* 1) die Sänfte, das Tragebett, der Tragsessel, Palantin. 2) = die Leichenbahre.
Lecticārius, ii, *m.* [lectica] der Sänftenträger.
Lecticŭla, ae, *f.* 1) *deminut.* von lectica. 2) ein Ruhebett, Sopha.
Lectio, ōnis, *f.* [lĕgo] 1) (Spät.) das Auflesen, Sammeln, lapidum. 2) das Auslesen, Auswählen, die Wahl, judicum. 3) das Lesen, librorum. 4) das Vorlesen, Herlesen, versuum. Insbes. l. senatus das Verlesen der Senatoren, welches durch den Censor geschah und wodurch dieser zugleich bezeichnete, welche er als unwürdige aus der Liste gestrichen hatte, vor der princeps senatus sein sollte u. s. w.
***Lectisterniātor**, ōris, *m.* (Pl.) Jmb. der ein lectisternium (siehe diesen Art.) veranstaltet.
Lectisternium, ii, *n.* (lectus-sterno) (eigtl. das Belegen der Speisesophas) eine Göttermahlzeit, indem die Götterbilder auf Sophas und

Kiffen gelegt wurden und ihnen Speisen vorgesetzt wurden.

Lectĭto, 1. [lĕgo] 1) (Spät.) oft u. eifrig sammeln, umbilicos. 2) oft und aufmerksam lesen, libros alicujus.

*****Lectiuncŭla,** ae, *f. deminut.* von lectio.

Lector, ōris, *m.* [lĕgo] 1) der Leser. 2) der Vorleser, insbes. Sklave, der dem Herrn vorliest.

Lectŭlus, i, *m. deminut.* von lectus.

Lectus, *adj.* mit *comp.* u. *sup.* [*particip.* von lēgo] auserlesen, ausgesucht, davon überhaupt vortrefflich, ausgezeichnet, verba, equites, homo, uxor; argentum, minae ll. gute, vollwichtige Münze.

Lectus, i, *m.* 1) das Bett zum Schlafen, das Lager, Schlafbett: lecto teneri von einem Kranken, in lecto esse zu Bette liegen; insbes. von dem Ehebette, l. jugalis, genialis, *oppos.* l. caelebs das Bett eines Ehelosen. 2) das Ruhebett, der Sopha, nämlich A) = Speisesopha: sternere l., recumbere lecto. B) = Ruhebett zum Lesen oder Faulenzen. C) (Poet. u. Spät.) = Leichenbett, Paradebett.

Lēda, ae, *f.* [Λήδα] Tochter des Thestius, Gemahlin des Tyndareus, Mutter des Castor und des Pollux, der Helena und der Clytämnestra, von denen der gewöhnlichen Sage zufolge der erste und die letzte Kinder des Tyndareus waren, die zwei anderen Jupiters, der sie in der Gestalt eines Schwans besucht hatte. Davon **Lēdaeus,** *adj.*

Lēgālis, e, *adj.* [lex] (Spät.) = legitimus 2.

Lēgātārius, ii, *m.* [lĕgo] (Spät.) Jmd. der in einem Testamente bedacht ist.

Lēgātio, ōnis, *f.* [lĕgo] 1. die Gesandtschaft, und zwar 1) *abstr.* = das Amt oder das Geschäft, der Auftrag eines Gesandten, die öffentliche Sendung: suscipere l. ad civitates; officium legationis conficere; mittere aliquem in legationem; l. irrita wodurch Nichts ausgerichtet wird. Hiervon A) der Inhalt der Gesandtschaft oder der Rapport, die Antwort, welche sie zurückbringt: l. erat mitis; renunciare (referre) legationem Bericht abstatten. B) l. libera hieß die Begünstigung, die oft einem Senator ertheilt wurde, wenn er Erlaubniß erhielt, für eine gewisse Zeit außer Italien mit dem Charakter und den Rechten (z. B. daß seine Bedürfnisse ihm von den Städten unentgeltlich verabreicht werden sollten) eines Gesandten aufzutreten, ob er gleich keine öffentlichen Geschäfte hatte, sondern in Privatangelegenheiten reiste. Wenn eine solche l. libera zu einem religiösen Zwecke unternommen wurde, hieß sie l. votiva. 2) = die Gesandten, das Gesandtschaftspersonal: mittere l.; Caesar illas legationes ad se reverti jussit; princeps ejus legatiouis. — II. das Amt eines Untergenerals, die Stelle eines Legaten, obire legationem.

*****Lēgātor,** ōris, *m.* [lĕgo] (Spät.) der Erblasser.

Lēgātum, i, *n.* [*particip.* von lĕgo] das Legat, Vermächtniß, das in einem Testamente Jmd. bestimmte Geschenk.

Lēgātus, i, *m.* [*particip.* von lēgo] 1) der Gesandte. 2) der Legat, Unterfeldherr, in der ältesten Zeit nur militärischer Befehlshaber,

später auch Gehülfe in der civilen Verwaltung; legatum esse alicui bei Jmd.; l. praefectusque alicujus. 3) (Spät.) in der Kaiserzeit ein vom Kaiser ernannter Statthalter einer kaiserlichen Provinz, im Gegensatze zu den vom Senate ernannten Proconsuln und Proprätoren in denjenigen Provinzen, die „des Senates und des Volkes" hießen.

Lēgĭfer, ēra, ĕrum, *adj.* [lex-fero] (Poet.) gesetzgebend.

Lĕgio, ōnis, *f.* [lĕgo] 1) eine Legion, Corps römischer Soldaten, aus 10 Cohorten Fußvolk (ursprünglich wohl = 3000 Mann) und 300 Reitern; in der späteren Zeit scheint die Zahl der Soldaten zwischen 4200 und 6000 geschwankt zu haben. Die Legionen wurden nach der Reihenfolge der Zahlen (quarta, tertia, decima) ob. nach dem Errichter (Claudiana) oder nach einer Gottheit (Martia) benannt. 2) bisweilen von den Truppen anderer Völker = Schaar, Heer. 3) *trop.* (Pl.) = Hülfsmittel, parare ll.

Lĕgiōnārius, *adj.* [legio] zu einer Legion gehörig, milites; gewöhnlich im Gegensatze zu den Truppen der Bundesgenossen.

Lēgĭrŭpa, ae, *m.* und *-*pio, ōnis, *m.* [lex-rumpo] (Vorklass. u. Spät.) der Gesetzverletzer.

Lēgĭtĭme, *adv.* [legitimus] 1) den Gesetzen gemäß, gesetzmäßig. 2) gebührend, gehörig.

Lēgĭtĭmus, *adj.* [lex] 1) gesetzmäßig, gesetzlich, durch die Gesetze bestimmt oder den Gesetzen gemäß: l. poena, crimen, hostis (den die Gesetze zu bekämpfen erlauben), potestas; dies l. comitiis habendis; conjux, filius l. rechtmäßig schön; *subst.* legitima, ōrum, *n. pl.* die gesetzmäßigen Gebräuche, Regeln. 2) (selten) ein Gesetz betreffend, zu einem Gesetze gehörig, Gesetz-, quaestio. 3) überhaupt, gebührend, gehörig, recht, richtig, schicklich, numerus, poema, sonus.

*****Lēgiuncŭla,** ae, *f. deminut.* von legio.

Lĕgo, lēgi, lectum, 3. 1) sammeln, lesen, zusammenlesen, ossa, nuces, spolia caesorum, flores in calathos. Hiervon A) (Poet.) = stehlen, sacra deûm. B) (Poet.) aufwinden, zusammenwickeln: l. fila; l. vela eingehen. C) (Poet.) l. sermonem alicujus mit den Ohren sammeln = behorchen, belauschen; l. adversos mit den Augen sammeln = sehen. D) l. vestigia alicujus in Jmds Fußstapfen treten, Jmd. folgen. E) überhaupt, gleichsam ein einzelnen Theile eines Raumes oder einer Grenze sammeln = durch-, längs-, vorbei gehen: l. saltus durchstreifen, mare über das Meer hin segeln oder schweben, l. litus (oram) längs der Küste segeln. 2) = auslesen, aussuchen, wählen: l. judices, cives in patres zu Senatoren; vir virum legit (Poet.) wählt sich als Gegner im Zweikampfe; davon (Spät.) von der Wahl eines Collegen. 3) lesen, librum; l. apud Clitomachum Albium dixisse ich lese bei dem C., daß u. f. w.; l. poetas, sepulcra die Werke der Dichter, die Inschriften der Grabstätten; legentes die Leser. 4) vorlesen, laut herlesen, orationes et carmina; occidere aliquem legendo. Insbes. l. senatum, siehe lectio 4.

28

Lēgo, 1. Jmb. als Gesandten in öffentlichem Auftrage senden (vgl. allego); l. aliquos Romam ad senatum. Hiervon A) (Spät.) l. verba ad ducem hostium durch Gesandte sagen lassen. B) (Pl.) Jmb. von Amts wegen Etwas auftragen, l. alicui negotium. 2) Jmb. zum Legaten; Unterfeldherrn (siehe legatus 2.) machen: l. aliquem Pompejo Jmb. zum Legaten bei dem P. ernennen, l. sibi aliquem Jmb. zum Legaten nehmen. 3) durch Testament vermachen, Jmb. Etwas hinterlassen, l. alicui aliquid; l. pecuniam a filio Jmb. Etwas so vermachen, daß es von dem Sohne ausbezahlt werden soll, also durch eine Anweisung auf diesen als Haupterben (siehe Ab 3 e).

Lēgŭlĕjus, i, m. [lex] verächtliches Wort von Jmb., der sich nur auf ein pedantisches Auswendiglernen der Gesetze und ängstliches Festhalten des Buchstabens legt, der Gesetzkrämer.

Lēgūmen, inis, n. die Hülsenfrucht, insbes. die Bohne.

Lĕlĕgĕs, um, m. pl. [Λέλεγες] pelasgischer Volksstamm in Kleinasien und Griechenland. Davon **Lĕlĕgēis, ĭdis, f. u. -gējus, adj.**

Lēmannus lacus See in Helvetien, jetzt der Genfersee.

Lembus, i, m. [λέμβος] 1) kleines schnellsegelndes Schiff, Jacht. 2) ein Nachen, Kahn.

Lemma, ătis, n. [λῆμμα] (Spät.: bei Cicero wird es immer griechisch geschrieben) 1) der Stoff, die Materie einer Schrift u. dergl. 2) ein kurzes Gedicht, Epigramm. 3) die Ueberschrift eines Epigramms. 4) die Annahme in einer Schlußfolge.

Lemnĭcŏla, ae, comm. [Lemnos-colo] (Poet.) der Bewohner der Insel L. =

Lemnĭscātus, adj. mit lemniscis versehen, siehe lemnisci.

Lemniscī, ōrum, m. pl. [λημνίσκος] herabhängende farbige Bänder an Kränzen oder anderen Siegeszeichen, in der älteren Zeit aus Lindenbast oder Wolle, später aus Goldblechen; ein mit solchen Bändern geschmückter Kranz war die höchste Belohnung für einen Sieger; ingerere alicui lemniscos zuwerfen; palma lemniscata zur Bezeichnung eines glänzenden Sieges.

Lemnos, i, f. [Λῆμνος] Insel des ägäischen Meeres, in der Mythe Hauptsitz des Vulcan. Davon 1) **Lemnĭas, ădis, f.** [Λημνιάς] (Poet.) die Lemnierin. 2) **Lemniensis, e,** (Pl.) adj. 3) **Lemnĭus, adj.:** pater L. = Vulcan, turba L. die lemnischen Weiber, die ihre Männer tödteten, furtum L. des Prometheus, der dem Vulcan aus Lemnos das Feuer entwendete. Hiervon subst. **Lemnĭi, ōrum, m. pl.** die Bewohner von L.

Lĕmŏvīces, cum, m. pl. gallische Völkerschaft in Aquitanien.

Lĕmŭres, rum, m. pl. Geister der Verstorbenen überhaupt, von denen die guten als lares, Hausgötter, verehrt wurden, die bösen als nächtliche Gespenster, larvae, umherirrten: bisweilen scheint lemures gleichbedeutend mit larvae = Gespenster gebraucht worden zu sein. Ihnen zu Ehren wurde das Fest **Lĕmŭrĭa, ōrum, n. pl.** gefeiert.

Lēna, ae, f. die Kupplerin; trop. natura est sui lena buhlt gleichsam mit sich selbst, lockt an sich, vox multis lena est ist für Viele das, was die Leute anlockt.

Lēnaeus, adj. [Ληναῖος] (Poet.) zum Bacchus gehörig, bacchisch: pater l. = Bacchus, latices ll. der Wein.

Lēne, adv. [lenis] (Poet.) = leniter.

Lēnīmen, ĭnis, n. (Poet. u. Spät.) **Lēnīmentum, i, n.** [lenio] das Linderungsmittel, die Milderung.

Lēnĭo, 4. [lenis] 1) (Poet. u. Spät.) gelinder-, weicher-, ruhiger machen, mildern, tumorem, vulnera, saporem; l. alvum gelinde Oeffnung verschaffen. 2) trop. lindern, mildern, besänftigen, beschwichtigen: l. aliquem iratum und iram alicujus, desiderium; l. dolores oder dolentem beruhigen; l. seditionem, clamorem dämpfen. Insbes. (Sall.) saepius fatigatus lenitur saepius giebt nach, läßt sich überreden. 3) *(Pl.) intrans. sich besänftigen, milder werden, ira l.

Lēnis, e, adj. mit comp. u. sup. 1) (physisch) gelinde, sanft, weich u. dergl., vox, fricatio, ventus, motus; vinum l. durch Alter milde geworden: fastigium l. allmälig auffteigende Anhöhe; venenum l. langsam, stagnum ruhig fließend. 2) trop. (geistig) sanft, mild, ruhig, schonend u. dergl. homo, ingenium, verba, sententia; l. in aliquem, (Poet.) l. recludere nachgiebig zum Aufmachen.

Lēnĭtas, ātis, f. [lenis] 1) (physisch) die Gelindigkeit, Weichheit, Milde: l. vini Mangel an Herbe; l. fluminis die Langsamkeit, das ruhige Fließen, viridis l. smaragdi sanfte grüne Farbe. 2) (geistig) A) die Sanftheit, Milde, Gelassenheit: dare se ad l.; mollitia ac l. animi; l. animadvertendi im Strafen; l. legum. B) insbes. von der Rede = die Ruhe, Sanftheit.

Lēnĭter, adv. mit comp. u. sup. [lenis] 1) gelinde, sanft, langsam, allmälig. 2) mild, sanft, ruhig, gelassen.

Lēnĭtūdo, ĭnis, f. [lenis] (sehr selten) = lenitas 2.

Lēno, ōnis, m. 1) der Mädchenhändler, Kuppler. 2) trop. der Verführer, Anlocker, Anwerber; l. quidam Lentuli concursat circum tabernas ine o. angestellte Person, die den Pöbel aufwiegeln sollte; me lenone puella placet (Poet.) wegen meiner eigenen lockenden Darstellung, indem ich selbst Liebhaber an sie herangelockt habe.

Lēnōcĭnĭum, ii, n. [leno] 1) die Kuppelei, das Gewerbe eines leno: facere (prostiteri) l. sich damit beschäftigen. 2) trop. das Lockungsmittel, Reiz, durch Kunst erhöhte Reiz, die lockende Verschönerung: ll. corporum, cupiditatum; negligens omnis lenocinii; metus antecedens est l. muneris (Spät.) erhöht in den Augen Jmbs den Werth des Geschenks. Insbes. (Spät.) von der Rede = lockender und verschönernder Schmuck: addere l. orationi.

Lēnōcĭnor, depon. 1. [leno] eigtl. das Gewerbe eines leno treiben, nur trop. 1) vor Jmb. kriechend ihm schmeicheln, ihm ganz zu Willen sein, alicui. 2) (Spät.) durch Kunst zu Hülfe kommen, verschönern, empfehlen, novitas illi libro l.; necessitas illi loco lubrico l.; l. feritati arte befördern, zu Hülfe kommen.

Lēnōnius, *adj.* [leno] (Vorklaff.) zum Kuppler gehörig. Kuppler-: coenum l. als Schimpfwort („du Kupplerbrod"!).
Lens, tis, *f.* die Linse.
Lentē, *adv.* mit comp. u. sup. 1) langsam. 2) trop. gelassen, ruhig, gleichgültig, bedächtig.
Lentesco, — — 3. [lentus] (Poet. u. Spät.) 1) zäh oder klebrig werden, salix, cera. 2) trop. nachlassen, curae ll.
Lentīcŭla, ae, *f.* [deminut. von lens] 1) eine kleine Linse. 2) eine Sache von der Gestalt einer Linse, insbef. die Sommersprosse.
*****Lentīgĭnōsus**, *adj.* [lentigo] (Spät.) sommersprossig.
Lentīgo, ĭnis, *f.* [lens] 1) der kleine linsenförmige Flecken, chartae. 2) die Sommersprossen: sanare, tollere l. od. ll.
*****Lentiscĭfer**, ĕra, ĕrum, *adj.* [lentisciusfero] (Poet.) Mastirbäume tragend.
Lentiscus, i, *f.* od. -**scum**, i, *n.* der Mastirbaum.
Lentĭtūdo, ĭnis, *f.* [lentus] 1) die Langsamkeit, Schwerfälligkeit, Mangel an Rührigkeit. 2) die Schlaffheit, Unempfindlichkeit, Gleichgültigkeit: omnino non irasci interdum est lentitudinis.
Lento, 1. [lentus] (Poet.) etwas Zähes krümmen, biegen, remos in unda.
Lentŭlus, *adj. deminut.* von lentus.
Lentŭlus, römischer Familienname in der gens Cornelia.
Lentus, *adj.* mit comp. u. sup. 1) zäh, und zwar A) = biegsam, vimen, remus. B) = klebrig, wovon die Theile fest zusammenhangen, pix, gluten; tellus l. gelu von hart gefrorener Erde. C) (Poet.) ll. vincula, brachia eng und fest anschließend. D) (Poet.) unbeweglich, pondera; marmor l. die ruhige Meeresfläche. 2) trop. A) (Poet.) langsam, träge in seinen Bewegungen, amnis, asinus, ignis, carbo l. langsam brennend. B) lange anhaltend, lange dauernd, amor, militia, taedium; spes l. spät in Erfüllung gehend; lentus abest er bleibt lange weg. C) langsam-, zäh in der Rede oder That; l. in dicendo; l. initiator und scherzhaft l. negotium von einem unwilligen und langsamen Bezahler. D) ruhig, gelassen, phlegmatisch, gleichgültig: patiens et l.; esse l. in dolore suo; pectora ll. kalte, von der Liebe unbewegte Herzen; (Poet.) lentus in umbra lässig und gemächlich im Schatten hingestreckt.
*****Lēnullus**, i, *m.* (Pl.) *deminut.* von leno.
*****Lēnuncŭlus**, i, *m.* (Pl.) *deminut.* von leno.
Lēnuncŭlus, i, *m.* [ohne Zweifel statt lembunculus, *deminut.* von lembus] ein kleines Schiff oder kleiner Nachen.
Leo, ōnis, *m.* [gr. λέων] der Löwe; (Poet. u. Spät.) auch = das Gestirn des Löwen.
Leŏcŏrion, ii. *n.* [Λεωκόριον] Tempel zu Athen zu Ehren der drei Töchter des Leos (Leoides), die sich für das Vaterland geopfert hatten.
Leon, ontis, *m.* [λέων] Flecken auf Sicilien.
Leŏnātĭcum, i, *n.* zweifelh. Lesart = Leocorion.
Leōnĭdas, ae, *m.* [Λεωνίδας] 1) König von Sparta, der 480 v. Chr. im Kampfe bei Thermopylä fiel. 2) ein Lehrer des jüngeren Cicero zu Athen.
Leōnĭdes, ae, *m.* [Λεωνίδης] ein Lehrer Alexanders des Großen.
Leōnīnus, *adj.* [leo] zum Löwen gehörig, Löwen-.
Leontīni, ōrum, *m. pl.* [Λεοντίνοι] Stadt auf der Ostküste von Sicilien. Davon **Leontīnus**, *adj.* u. *subst.* -tīni, ōrum, *m. pl.* die Einwohner von L.
Leontium, ii, *f.* [Λεόντιον] athenienfische Hetäre, Geliebte des Epicur.
Lĕpas, ădis, *f.* [λεπάς] (Pl.) die Napfschnecke, eine Art Muschel.
Lĕpĭdē, *adv.* mit comp. u. sup. [lepidus] 1) artig, allerliebst, nett, herrlich, l. mihi est ich befinde mich vortrefflich; euge l. herrlich! 2) witzig, drollig, launig, l. dictum.
Lĕpĭdus, *adj.* mit comp. u. sup. [lepor] 1) (meist Converf.) artig, niedlich, allerliebst, anmuthig, homo, puella, forma, mores, facinus. 2) insbef. von der Rede, launig, fein, witzig, geistreich, unterhaltend.
Lĕpĭdus, römische Familie in der gens Aemilia.
Lĕpontii, ōrum, *m. pl.* Alpenvolk in Oberitalien.
Lĕpor od. -**os**, ōris, *m.* 1) (Vorklaff. u. Spät.) die Anmuthigkeit, Gefälligkeit: ludi habent l. 2) (Lucr.) Wollust, sinnlicher Genuß. 3) von der Rede und dem Betragen, die Feinheit und Anmuth, das heitere und gefällige Betragen, insbef. der feine und heitere Witz, die Laune, die Aufgeräumtheit (vgl. sales, dicacitas, facetiae u. f. w.): l. in jocando; facetiarum quidam l.; l. et sales.
Leptis, is, *f.* [Λέπτις] 1) Name zweier Städte in Africa, major u. minor. Davon A) **Leptīcus** u. **Leptīnus**, *adj.* B) **Leptĭtāni**, ōrum, *m.* die Einwohner von L. 2) Stadt in Spanien.
Lĕpus, ŏris, *m.* der Hase; auch (Pl.) als schmeichelnde Anrede.
Lĕpuscŭlus, i, *m. deminut.* von lepus.
Lerna, ae, *f.* [Λέρνη] See unweit Argos im Peloponnes, bekannt durch die vielköpfige Schlange, welche Hercules erschlug. Davon **Lernaeus**, *adj.*
Lesbos, i, *f.* [Λέσβος] Insel im ägäischen Meere. Davon 1) **Lesbĭăcus**, *adj.* 2) **Lesbias**, ădis, *f.* [Λεσβιάς] *adj.*; als *subst.* die Lesbierin. 3) **Lesbis**, ĭdis, *f.* [Λεσβίς] *adj.*; als *subst.* die Lesbierin. 4) **Lesbius**, *adj.*; civis L. = Alcäus, vates = Sappho. 5) **Lesbōus**, *adj.*
Lessus, im accus. -**um** (andere Formen finden sich nicht), veraltetes Wort, die Tobtenklage.
Lētālis, e, *adj.* [letum] (Poet. u. Spät.) tödtlich, todbringend, vulnus, ensis, serpens.
Lethaeus, siehe Lethe.
Lēthargĭa, ae, *f.* und -**thargus**, i, *m.* [ληθαργία, -γος] (Poet. u. Spät.) die Schlafsucht.
Lēthargĭcus, *adj.* [ληθαργικός] schlafsüchtig, an der Schlafsucht leidend.
Lēthe, es, *f.* [Λήθη] Fluß in der Unter-

Letifer

welt, aus welchem die Schatten Vergessenheit alles Vergangenen tranken. Davon **Lēthaeus**, *adj.* [*Ληϑαῖος*] zum Flusse Lethe gehörig. Hiervon A) Vergessenheit bewirkend, einschläfernd, somnus; amor l. treulose Liebe. B) zur Unterwelt gehörig, unterirdisch: ratis l. der Kahn des Charon; abrumpere vincula ll. = Imb. ins Leben zurückrufen.

Lētĭfer, ĕra, ĕrum, *adj.* [letum-fero] (Poet. u. Spät.) todbringend, tödlich; annus pestilenzialisch, locus wo die Wunde tödlich ist.

Lēto, 1. [letum] (Poet.) tödten, aliquem.

Lēto, Lētōis, siehe Lato.

Lētum, i. *n.* (meist Poet. und im höheren Styl) der Tod; (Poet.) = Untergang.

Leucădia, ae, *f.* ob. **Leucas, ădis**, *f.* [*Λευκαδία, -κάς*] Insel (ehemals Halbinsel) des ionischen Meeres. Davon **Leucădius**, *adj.*; sacra tristia peracta more Leucadio (Poet.), weil die Leucadier jedes Jahr einen Verbrecher von einem Berge ins Meer zu werfen pflegten. Hiervon *subst.* 1) **Leucădia**, ae, *f.* A) Geliebte des Varro Atacinus. B) Name eines Schauspiels des Turpilius. 2) **Leucădii**, ōrum, *m. pl.* die Bewohner von L.

Leucas, ădis, *f.* 1) = Leucadia. 2) = Leucata.

Leucaspis, ĭdis, *adj.* [*λεύκασπις*] weißbeschildet, weiße Schilde tragend.

Leucāta ob. **-tes**, ae, *m.* [*Λευκάτας*] Vorgebirge der Insel Leucadia.

Leuce, es, *f.* [*Λευκή*] 1) Name mehrerer Inseln, insbef. = Achillea (stehe diesen Art.). 2) Stadt in Laconien.

Leuci, ōrum, *m. pl.* Völkerschaft im belgischen Gallien.

Leucippus, i, *m.* [*Λεύκιππος*] 1) Vater der Phöbe und der Hilära, die von Castor und Pollux geraubt wurden. Davon **Leucippis**, ĭdis, *f.* Tochter des L. 2) griechischer Philosoph, Schüler des Eleaten Zeno.

Leucopetra, ae, *f.* [*Λευκοπέτρα*] Vorgebirge in Bruttium.

Leucophrўna, ae, *f.* [*λευκόφρυς*] mit den weißen Augenbrauen, Beiname der Diana bei den Magnesiern.

Leucōsia, ae, *f.* [*Λευκωσία*] Insel bei Paestum.

Leucōsўri, ōrum, *m. pl.* [*Λευκόσυροι*] Volk an den Ufern des Pontus Eurinus.

Leucŏthea, ae, *f.* [*Λευκοθέα*] Name der unter die Meergottheiten aufgenommenen Ino, stehe Athamas und Ino.

Leuctra, ōrum, *n. pl.* [*Λεύκτρα*] Flecken in Böotien. Davon **Leuctrĭcus**, *adj.*

Lĕvāmen, ĭnis, *n.* ob. **-mentum**, i, *n.* [levo] das Erleichterungsmittel, Linderungsmittel: l. miseriarum, tributi; mihi illa res erat levamento.

Lĕvātĭo, ōnis, *f.* [levo] 1) die Erleichterung, Linderung, aegritudinis, doloris. 2) die Verminderung, vitiorum.

Lĕvĭcŭlus, *adj. deminut.* von levis.

Lĕvĭdensis, e, *adj.* [levis] (selten, zweifelh.) gering, unbedeutend.

***Lĕvĭfĭdus**, *adj.* [levis-fides] (*Pl.*) von geringer Glaubwürdigkeit.

Lēvĭgo, 1. [lēvis] (Spät.) glätten, glatt

Levo

machen, truncum falce. 2) zu Pulver reiben, klein machen.

Lēvĭ-pes, ĕdis, *adj.* (Vorklaff. u. Poet.) leichtfüßig.

Lēvis, e, *adj.* mit *comp.* u. *sup.* [verw. mit dem gr. *λεῖος*] 1) glatt, nicht rauh, corpusculum, locus; (Poet.) sanguis l. schlüpfrig, malva auflösend; l. juventus = bartlos, senex kahl, ebenso crura, ora unbehaart. 2) *trop.* A) (Poet.) = jugendlich, fein, zart, frons, humeri. B) = geputzt, galant, vir. C) von der Rede, fließend, wohl zusammenhängend, oratio, vox.

Lĕvis, e, *adj.* mit *comp.* u. *sup.* 1) leicht, dem Gewichte nach, leicht zu tragen (vgl. facilis), pharetra, aura; (*Pl.*) levior compedibus um die Fesseln leichter = von den Fesseln befreit. Insbef. l. armatura leichte Bewaffnung und *concr.* = leichtbewaffnete Soldaten. Hiervon (Poet.): A) cibus l. leicht verdaulich. B) leicht = flüchtig, geschwind, behend, cursus, saltus, pollex; hora l. C) tactus l. sanft, strepitus l. schwach, leife. 2) *trop.* A) unbedeutend, geringfügig, klein, wenig wiegend oder geltend, dolor, periculum, causa, proelium; pecunia ei est levis gilt bei ihm wenig; haec sunt ll. ad impetum dicendi; inanis et l.; l. pauper ein geringer und armer Mensch; auditio l. loses Gerücht; in levi habere für eine Kleinigkeit achten. B) vom Charakter und der Gesinnung: a) flüchtig, leichtsinnig, wankelmüthig, unbeständig, unzuverlässig, ohne Gründlichkeit und feste Haltung, homo, judex, auctor, amicitia; spes l. eitle Hoffnung; l. ac fallax. b) = nicht streng oder ernsthaft, mild, gefällig, Musa, carmen; eo decursum est quod levissimum erat; reprehensio l. sanft, exilium erträglich.

***Lĕvĭ-somnus**, *adj.* (*Lucr.*) leicht schlafend.

Lēvĭtas, ātis, *f.* [lēvis] 1) die Glätte, speculi. 2) von der Rede: die Abgeschliffenheit, die fließende und gute Ausdrucksweise.

Lĕvĭtas, ātis, *f.* [levis] 1) die Leichtigkeit, dem Gewichte nach, armorum; davon = die Leichtigkeit in der Bewegung, die Schnelligkeit, volucris l. 2) *trop.* A) die Flüchtigkeit, Leichtfertigkeit: amatoriae ll., comicae ll. wie sie in der Comödie vorkommen. B) die Unbeständigkeit, Bränderlichkeit, der Leichtsinn, inconstantia et l., mobilitas et l., l. temere assentientium. C) die Leichtigkeit, Nichtigkeit, Unhaltbarkeit, opinionis, judiciorum.

Lĕvĭter, *adv.* mit *comp.* u. *sup.* [levis]. 1) leicht dem Gewichte nach, armati; *trop.* l. aliquid ferre nicht viel um Etwas sich kümmern. 2) unbedeutend, gering, wenig, aegrotare, eminere; ut levissime dicam um das gelindeste Wort zu gebrauchen.

Lĕvo, 1. [lĕvis] 1) (Poet.) erleichtern, leichter machen: l. colla serpentum = von dem mit Schlangen bespannten Wagen herabsteigen. l. aliquem fasce = Imb. das Bündel abnehmen. Hiervon *trop.* A) = erleichtern, lindern, leichter und erträglicher machen: l. vim morbi, injurias, suspicionem; (Poet.) l. omen weniger bedenklich machen = sühnen, abwenben. B) = herabſetzen, vermindern, ſchwächen, vectigal, foenus, laudem alicujus; multa promissa fidem ll. C) von Etwas erleichtern = befreien, aliquem onere, animos religiòne, fratrem aere alieno;.*(Pl.) l. aliquem laborum von Mühſeligkeiten. D) = aufrichten, ſtärken, erquicken, aliquem; arma deponere et l. corpora; l. aliquem auxilio = helfen. 2) emporheben, in die Höhe bringen: l. se de cespite auffſtehen; l. decus superimpositum capiti den Hut in die Luft emporführen; l. se alis emporfliegen, aura l. cygnum der Schwan hebt ſich in die Luft empor. Hiervon (Poet.) a) abnehmen, entnehmen, terga suis, vincula (manicas) alicui. b) l. ictum dextrā den Schlag auffangen, indem man mit der Hand den fallenden Gegenſtand, der ſonſt Jmb. getroffen hätte, auffängt und emporhält, d. h. länger zu fallen verhindert.

Lēvo, 1. [lēvis] glätten, politen, os, corpus; trop. von der Rede l. nimis aspera.

Lēvor, ōris; m. [lēvis] (Vortlaff. u. Spät.) = lēvitas.

Lex, ēgis, f. 1) eigtl., überhaupt ein in eine beſtimmte Formel eingekleideter Vertrag, Vorſchrift, Satzung, daher Contract oder Bedingung u. dergl.: ll. foederis; pax data est in has ll. auf dieſe Bedingungen, ſo daß Folgendes feſtgeſetzt wurde; homines ea lege nati sunt ut etc. mit der Ausſicht, Beſtimmung. Insbeſ. l. mancipii der Kaufcontract, und l. censoria der Contract, die Bedingungen bei einer vom Cenſor ausgebotenen Pachtung, Lieferung und dergl.; edicere ll. die Bedingungen bekannt machen. 2) der Geſetzvorſchlag, der Antrag zu einem Geſetze: legem ferre, rogare einen G. machen, promulgare bekannt machen, jubere genehmigen, antiquare (repudiare) ablehnen, perferre (bisweilen auch ferre) durchſetzen. 2) das Geſetz, insbeſ. (von der römiſchen Republik) das von dem Volke nach gemachtem Antrage in den Comitien angenommene Geſetz: labefactare ll. ac jura; lex est ut etc. es iſt G., daß u. ſ. w.; lege oder legibus dem Geſetze, dem G. gemäß; lege agere dem G. gemäß verfahren, a) vom Lictor = die durch das G. vorgeſchriebene Strafe vollziehen, b) überhaupt eine Sache vor Gericht verfolgen, gerichtlich klagen, = lege uti. 4) überhaupt die Regel, Vorſchrift, das Geſetz einer Kunſt, Wiſſenſchaft ob. dergl.: orationem formare ad l., obedire legi in certando; l. loci der Beſchaffenheit des Orts gemäß; sine l. unregelmäßig, unordentlich.

Lexis, is, f. [λέξις] (Vortlaff. u. Spät.) ein Wort.

Lexobii oder **Lexovii**, ōrum, m. pl. Völkerſchaft in Gallien am Ausfluſſe der Seine.

Lībāmen, ĭnis, n. (Poet. u. Spät.) = libamentum, ſiehe d. Art.

Lībāmentum, i, n. [libo] 1) was zuerſt von einer Sache genommen wird, das Probeſtück, die Erſtlinge einer Sache: ll. praedarum; trop. prima ll. ingenuarum artium; nova ll. famae carpere zuerſt dem Rufe einer Frau Abbruch thun. 2) das Opfer, das einem Gott gebracht wird, beſ. von flüſſigen Sachen, der Opferguß: prima ll. die zuerſt abgeſchnittenen und ins Feuer geworfenen Haare; oft trop. = die Erſtlinge.

*__Lībārius__, ii, m. [libum] (Spät.) der Kuchenbäcker, Kuchenverkäufer.

Lībella, ae, f. [deminut. von libra] 1) (Vortlaff. u. Spät.) die Wafferwage, Bleiwage. 2) eine kleine Silbermünze, der zehnte Theil eines Denarius, alſo im Werth der Kupfermünze as gleich. Hiervon A) zur Bezeichnung einer ſehr kleinen Geldſumme überhaupt, ein Heller, Kreuzer: ecquis ei unam l. dabit? tibi libellam argenti non credam; ad l. bis auf einen Heller = gerade, genau. *B) wie as, von einer Erbſchaft, zur Bezeichnung des Ganzen, heres ex l. Univerſalerbe (ſiehe as); nach Anderen iſt dort (Cic. Att. 7, 2, 3.) l. = der zehnte Theil von einem As, alſo heres ex l. = Erbe des zehnten Theiles der Erbſchaft.

Libellus, i, m. [deminut. von liber] 1) ein kleines Buch, eine kleine Schrift. Hiervon (Poet.) metоn. in omnibus ll. = in allen Buchläden. 2) überhaupt jeder kurze ſchriftliche Aufſatz, welcher Art er auch ſei. Insbeſ. A) ein Notizenbuch; Journal, Heft: referre aliquid in l. B) eine Bittſchrift, Supplik, Petition; hiervon (Spät.) a libellis (homo) ein Beamter, der die Bittſchriften annimmt und einregiſtrirt. C) ein Brief, Schreiben. D) eine Denkſchrift, Promemoria, Eingabe. E) das Einladungsſchreiben, Programm zu einem Schauſpiele, einer Vorleſung ob. dergl., l. gladiatorum. F) die öffentliche Bekanntmachung, der Anſchlag. G) die Schmähſchrift, Pasquill. H) die Klageſchrift, ſchriftliche Klage.

Lībens oder **Lŭbens**, tis, adj. mit comp. u. sup. [particip. von libet] 1) der Etwas gern thut, Etwas mit Vergnügen ſiehet (es wird gewöhnlich durch die Adverbien „gern", „willig", „mit Vergnügen" ausgedrückt): libens hoc facio; me lubente istud facies es wird mir ſehr lieb ſein, daß du jenes thuſt; populus Romanus hoc fecit animo lubentissimo ſehr gern. 2) (Com.) vergnügt, freudig, aliquem libentem facere.

Lībenter, adv. mit comp. u. sup. [libens] gern, mit Vergnügen, willig (vgl. sponte).

Libentia, ae, f. [libens] (Vortlaff. u. Spät.) 1) das Vergnügen, die Fröhlichkeit. 2) perſonificirt, die Göttin der Fröhlichkeit.

Libentina ob. **Lŭbentina**, ae, f. [libet] Beiname der Venus, = Göttin der ſinnlichen Luſt.

Liber, bri, m. 1) der Baſt unter der Rinde eines Baumes (vgl. cortex); trunci obducuntur libro. 2) das aus mehreren Blättern beſtehende Buch, die Schrift. Hiervon überhaupt von einem ſchriftlichen Aufſatze, und zwar insbeſ. A) = ein Brief. B) = ein Katalog, Verzeichniß. C) ein kaiſerliches Reſcript. D) häufig von Büchern religiöſen oder weiſſagerischen Inhaltes, ll. Sibyllini, Etruscorum. 3) das Buch = Abtheilung einer Schrift: tres ll. de officiis.

Lĭber, ĕri, m. [vielleicht urſprünglich = der Sohn, sing. des ſpäter nur im pl. gebräuchlichen liberi, welches man ſehe, = Κόρος] lateiniſcher Name des Bacchus, beſ. wie er in den Myſterien in Griechenland verehrt und von da nach Italien verpflanzt wurde. Hiervon (Poet.) zur Bezeichnung des Weines.

Līber, ĕra, ĕrum, *adj.* mit *comp.* u. *sup.* 1) frei überhaupt, ungehindert in seinen Handlungen u. s. w., ungebunden: sapiens semper est l.; l. et solutus; l. arbitrium, l. consuetudo peccandi; (Poet.) liber revertendi in Bezug auf die Rückkehr, dem es frei steht zurückzukehren. Hiervon insbes. A) in bürgerlicher Beziehung frei, im Gegensatze des Sklaven (vgl. ingenuus): liber est jure Quiritium; (Poet.) toga, vestis l. = toga virilis. B) in politischer Beziehung frei, von einem Volke, und zwar theils = in republikanischer Verfassung lebend, im Gegensatze des von einem Monarchen regierten, theils = unabhängig, keinem anderen Volke unterworfen. 2) von Etwas frei, ohne Etwas, A) mit Hinzufügung desjenigen, wovon man frei ist: l. ab omni sumptu, locus l. ab arbitris; l. ab observando homine perverso der Nothwendigkeit — enthoben; auch mit dem bloßen *abl.*, l. curā et angore, mens l. omnibus vitiis; (Poet.) l. laborum von Mühseligkeiten befreit. B) so daß dasjenige, wovon eine Person oder Sache frei ist, nicht ausdrücklich beigefügt ist, aber aus dem Zusammenhange oder dem Sprachgebrauche leicht ergänzt wird: locus l. frei von Besuchen, ungestört, ebenso aedes l.; res familiaris l. nicht verschuldet, mit Schulden nicht behaftet; l. lectus das Bett eines Unverheiratheten. 3) frei = worin oder wobei man (eine Person od. Sache) nicht beschränkt oder gebunden ist: (Poet.) l. aqua ungehindert fließend, campus offen, frei; quaestio l. allgemein, nicht an bestimmte Personen oder Zeiten gebunden; fenus l. wenn man so hohe Zinsen nehmen kann, wie man will, ll. mandata unbeschränkte Vollmacht, wenn keine bestimmte Vorschrift gegeben ist; otium l. ungebunden; libera fide ohne durch eine Zusage gebunden zu sein; libero mendacio uti frischweg lügen; l. custodia, legatio, siehe diese beiden Art.; liberum est mihi es steht mir frei. — 4) im tadelnden Sinne, gar zu frei = zügellos, adolescens, amor; vina ll. ausgelassenes Trinkgelage (ob. = der Wein, der die Menschen „frei", „freimüthig" macht; (Pl.) liber harum rerum in Bezug auf dieses. 5) freimüthig, freisinnig, homo, animus; l. in tuenda communi libertate.

Lībĕra, ae, *f.* [vielleicht ursprünglich = die Tochter, Κόρα, vgl. Liber, eri] lateinischer Name der Proserpina, Tochter der Ceres, wie sie in den Mysterien in Griechenland verehrt wurde und von da nach Italien herüberkam.

Lībĕrālia, ium, *n. pl.* [Liber, ēri] Fest zu Rom am 21sten März, an welchem die Jünglinge die toga virilis annahmen.

Lībĕrālis, e, *adj.* [liber] 1) (Vorklass. u. Spät.) die Freiheit Jmds betreffend, wobei es sich von einem Freien ob. von der Freiheit Jmds handelt, Freiheits=: l. judicium, liberali causā aliquem asserere vor Gericht behaupten, daß Jmd. frei sei; conjugium l. mit einem freien Weibe, nuptiae ll. unter Freien. 2) einem freien Manne geziemend, schicklich, A) = edel, anständig, ob.

hochherzig, freisinnig ob. dergl.: ll. studia, artes; doctrina l. et digna homine nobili; ingenium, mens l.; fortūna liberalior, besser, höher. B) = gütig, zuvorkommend, höflich, responsum, verba. C) = freigebig: l. et munificus, beneficia et ll.; liberalis pecuniae freigebig mit Geld, in aliquem gegen Jmd. D) reichlich, victus, viaticum. E) (Vorklass.) hübsch, nett, facies.

Lībĕrālĭtas, ātis, *f.* [liberalis] die Denk= und Handlungsweise, die einem freien Manne geziemt, also A) (selten) = die Gütigkeit, das freundliche und zuvorkommende Betragen, das Wohlwollen: homo popularis non liberalitate, ut alii, sed tristitiā etc. B) = die Freigebigkeit: l. ac benignitate. C) (Spät.) *meton.* = die Schenkung, Gabe.

Lībĕrālĭter, *adv.* mit *comp.* u. *sup.* [liberalis] auf eine dem freien Manne geziemende Weise, A) = anständig, edel. B) gütig, höflich. C) freigebig. D) reichlich, instructus.

Lībĕrātio, ōnis, *f.* [libero] 1) die Befreiung, Freimachung, mali von einem Unglück. 2) die Freisprechung vor Gericht.

Lībĕrātor, ōris, *m.* [libero] der Befreier; auch *adjectivisch*, populus l. befreiend, frei machend.

Lībĕrē, *adv.* mit *comp.* u. *sup.* [liber] 1) frei, ungebunden, ungehindert, vivere. Insbes. frei = nicht sklavisch, educare. 2) frei = freimüthig, offen. 3) (Poet.) = freiwillig.

Lībĕri, ōrum, *m. pl.* [Liber, der Sohn?] die Kinder mit Bezug auf die Eltern (vgl. puer): procreare, habere ll. Bisweilen steht es sogar von Einem Kinde.

Lībĕro, 1. [liber] frei machen, und zwar 1) Jmd., der bisher Sklave gewesen ist, frei machen, aus der Sklaverei losmachen, aliquem. 2) überhaupt frei=, los= ungebunden machen: l. linguam alicujus, fidem suam sein Wort einlösen; promissa liberantur werden ungültig und unverbindlich; l. nomina Schuldverschreibungen einlösen = die Schulden bezahlen oder reguliren; l. se ex molestiis sich aus= losmachen, aliquem ex incommodis befreien, animus liberatus a corpore aus dem Körper entlassen; *templa liberata mit freier Aussicht (nach Anderen = von Abgaben befreit); l. obsidionem aufheben. 3) befreien: l. aliquem culpā, suspicione, sollicitudine, periculo; l. se aere alieno = seine Schulden bezahlen; l. se a Venere von der Verbindlichkeit gegen die V. sich befreien = sein ihr gethanes Gelübde erfüllen, ebenso liberari voti. Insbes. l. Byzantios = von Abgaben frei machen, ebenso l. agros, emporia, aber l. vectigalia = aufheben. 4) vor Gericht freisprechen: aliquem crimine aliquo, culpae alicujus; liberatur M. Antonius, non eo consilio profectus esse wird von der Beschuldigung freigesprochen, in der Absicht gereist zu sein.

Lībertas, ātis, *f.* [liber] 1) die Freiheit, Unbeschränktheit, Ungebundenheit: l. est potestas vivendi ut velis; l. omnium rerum in Allem; l. coeli frei Aussicht, Luft. Insbes. A) die bürgerliche Freiheit des Individuums

Libertinus

im Gegensatze der Sklaverei. B) die politische Freiheit des Staates, im Gegensatze der monarchischen Staatsverfassung oder der fremden Oberherrschaft (vgl. liber). 2) (Spät.) die Freimüthigkeit, der Freisinn, ingenii; facundissima l. antiquae comoediae. 3) personificirt, die Göttin der Freiheit.

Libertīnus, *adj.* [libertus] zu einem Freigelassenen gehörig: ordo (genus) l. der Stand, die Klasse der Freigelassenen; homo l., mulier l., der, die F. Am meisten *subst.* **-us, i,** *m.* und **-a, ae,** *f.* der, die Freigelassene (im Allgemeinen den Stand und die bürgerliche Stellung des Betreffenden überhaupt bezeichnend, im Gegensatze des ingenuus und des servus; vgl. libertus.

Libertus, i, *m.* und **-ta, ae,** *f.* [liber] ursprünglich ein *adj.* = in Freiheit gesetzt, der; die Freigelassene (Imds, d. h. mit Bezug auf den vorigen Herrn, von dem er entlassen worden ist, vgl. libertinus.

Libet ob. **lŭbet**, libuit ob. libitum est, — 2. *impers.* es beliebt, es gefällt, ich (du, er) habe Lust, wünsche u. s. w.: si id tibi minus l.; faciat quod libet wozu er Lust fühlt; ut l. wie du willst; l. mihi hinc concedere; l. mihi, hoc nunc esse verum ich will, es gefällt mir, daß u. s. w.; *(Spät.)* cetera quae cuique libuissent. Hiervon *particip.* als *subst.* **libita, ōrum,** *n. pl.* (Spät.) die Gelüste, das Belieben.

Libēthra, ae, *f.* [Λείβηθρα] Quelle in Macedonien, den Musen heilig. Hiervon **Libēthrides, um,** *f. pl.* = die Musen.

Libidĭnor, *depon.* l. [libido] (Spät.) voll wollüstiger Begierde sein, geil sein.

Libidinōse, *adv.* [libidinosus] 1) wollüstig, ausschweifend. 2) willkürlich, nach Launen und Gelüsten.

Libidinōsus, *adj.* mit *comp.* u. *sup.* [libido] 1) voll sinnlicher Begierde und Lust, wollüstig, lüderlich, geil, homo, voluptas; flagitiosissimus, libidinosissimus nequissimusque. 2) willkürlich, launenhaft, muthwillig, liberatio (Freisprechung); *trop.* eloquentia l. ausschweifend.

Libīdo, ĭnis, *f.* [libet] 1) heftige Lust, -Begierde, leidenschaftliches Verlangen: l. aliquid faciendi; habere libidinem in re aliqua (conviviis et scortis, armis) Vergnügen in Etwas finden; iracundia est l. ulciscendi. 2) Insbes. die wollüstige Begierde, die sinnliche Lust, die Geilheit, Wollust: accendi libidine; l. procreandi. Hiervon *meton.* ll. = wollüstige Darstellungen durch die Kunst, bes. Malereien. 3) die Willkür, Laune, das Belieben: facere aliquid ad l.; hoc positum est in l. alius; l. judicum Parteilichkeit.

Libita, ōrum, *n. pl.* siehe libet.

Libitīna, ae, *f.* die Leichengöttin, in deren Tempel Geräthe u. s. w., die zu einem Leichenbegängnisse gehörten, aufbewahrt und Listen über die Todten geführt wurden; funera venerunt in rationem Libitinae wurden im Tempel der L. verzeichnet; ut L. vix suffloeret = so daß man kaum Alle begraben konnte; exercere L. (Spät.) die Leichenbegängnisse besorgen.

Librĭlis 439

Libitīnārius, ii, *m.* [Libitina] (Spät.) der Leichenbesorger.

Lībo, 1. [gr. λείβω] 1) ein Wenig-, bes. das Oberste von einer Sache nehmen, wegnehmen (immer leise und sanft, ohne Gewalt oder Widerstand: dies l. aliquid ab ore (Poet.) die Zeit nimmt Etwas von der Schönheit; l. gramina dentibus (Poet.) abnagen; libavit oscula filiae (Poet.) küßte sie sanft. Insbes. *trop.*: l. ex praestantissimis ingeniis excellentissima quaeque herausnehmen; facetiarum quidam lepos libandus est ex omni urbanitatis genere man muß sich Etwas von — aneignen; animos haustos et libatos a natura deorum habemus dem göttlichen Wesen entnommen. Hiervon A) = berühren, arenam pede. B) Etwas kosten, davon Etwas genießen, jecur, pocula Bacchi, flumina. C) Etwas wegnehmend vermindern, schwächen: vires; virginitas libata verletzte. 2) einem Gotte opfern, bes. flüssige Gegenstände zu Ehren eines Gottes ausgießen: l. certas fruges certasque baccas, l. frugem Cereri; l. Jovi; *trop.* l. alicui lacrimas vergießen, schenken, carmina heiligen. Hiervon (Poet.) = benetzen, altaria pateris.

Lībra, ae, *f.* 1) ein römisches Pfund, = 12 unciae (siehe As); binae ll. ponderis; l. pondo, auch l. olei. 2) die Wage, per aes et l. oder librā et aere emere = mit Beobachtung aller Formalitäten (siehe die Handbücher der römischen Alterth.). Auch = die Wage zum Nivelliren, die Bleiwage, Wasserwage: ad l. von derselben Höhe.

Lībrāmen, ĭnis, *n.* [libro] = libramentum 1.

Lībrāmentum, i, *n.* libro] 1) das, wodurch ein Gegenstand ein herabdrückendes Gewicht bekommt, und die Schwungkraft, der Schwung so vermehrt wird, das Gewicht, die Schwungkraft: l. plumbi aus Blei: ll. tormentorum an Wurfmaschinen. Hiervon (Spät.) das Gefälle des Wassers in einer Wasserleitung u. dergl. 2) *geometr. term.* t. die Fläche, die wagerechte Ebene. 3) (Spät.) das Gleichgewicht.

Lībrāriŏlum, i, *n.* (zweifelh.) *deminut.* von librarium, siehe librarius 2.

Lībrāriŏlus, i, *m. deminut.* von librarius 2.

Lībrārius, *adj.* [libra] (Spät.) 1) zu einem Pfunde gehörig, davon ein Pfund schwer. 2) *subst.* **-ia, ae,** *f.* (Poet.) die Werkmeisterin, die den spinnenden Sklavinnen die Wolle zuwägt.

Lībrārius, *adj.* -[liber] zu Büchern gehörig, Bücher-, stramentum, taberna der Buchladen, scriptor der Bücherabschreiber. Hiervon *subst.* A) **-ia, ae,** *f.* (Spät.) der Buchladen. B) **-ium, ii,** *n.* der Bücherschrank oder Bücherkasten. C) **-ius, ii,** *m.* 1) der Abschreiber, Copist, insbes. der Bücherabschreiber. 2) (Spät.) der Buchhändler.

Lībrātor, ōris, *m.* [libro] (Spät.) 1) der Abwäger, Nivellirer. 2) der Geschosse mittelst Wurfmaschinen schleudert, der Wurfschütz.

Lībrīlis, e, *adj.* [libra], nur im *neutr.* als

440 Libro — Ligamen

subst. 1) *sing.* die Wage. 2) *pl.* (Steine) von dem Gewichte eines Pfundes.

Libro, 1. [libra] 1) Etwas im Gleichgewichte schwebend halten oder bewegen: quibus ponderibus terra libretur; vela librantur a dubia aura (Poet.); Titan l. orbem paribus horis (um die Nachtgleiche). 2) in horizontaler Lage schwingen, -bewegen: l. hastam um sie desto kräftiger werfen zu können (vgl. vibro); (Poet.) aves ll. cursus oder se in aëre = fliegen; l. corpus in herba ausstrecken. 3) überhaupt schleudern, werfen, telum ab aure, cestus inter media cornua.

Libum, i, *n.* der Kuchen, insbes. der Opferkuchen.

Liburnia, ae, *f.* Landschaft in Illyrien. Davon Liburnĭcus und Liburnus, *adj.*; hiervon *subst.* -ni, ōrum, *m. pl.* die Bewohner von L., und -na oder -nĭca, ein schnellsegelndes Schiff, wie die Liburner es gebrauchten.

Libya, ae, *f.* oder Libye, es, *f.* [Λιβύη] Libyen oder Nordafrica. Davon 1) Libyous, [Λιβυκός] *adj.* 2) Libys, yos, *m.* [Λίβυς] *adj.*; davon *subst.* Libyes, um, *m. pl.* die Libyer. 3) Libyssa, ae, *f. adj.* 4) (Poet.) Libystīnus und Libystis, ĭdis, *f. adj.* 5) Libyus, *adj.* (Spät.).

Libyphoenĭces, cum, *m. pl.* [= Λιβυφοίνικες] Völkerschaft in Libyen, von Phöniziern stammend.

Licens, tis, *adj.* mit *comp.* [licet] frei, ungebunden, gewöhnlich in tadelndem Sinne = zügellos, eigenwillig, ausgelassen, frech: audax et l.; dithyrambus l. et divitior.

Licenter, *adv.* mit *comp.* [licens] frei, ungebunden, gewöhnlich in tadelndem Sinne = zügellos, frech, keck u. dergl.

Licentia, ae, *f.* [licens] 1) die Freiheit, Ungebundenheit, ludendi im Spielen; Academia dat magnam l. 2) in tadelndem Sinne, A) die Willkürlichkeit, der Eigenwille, die Freiheit, die Jmd. sich nimmt: l. poetarum, l. scribendi im Schreiben; l. intercalandi willkürliche Einschiebung. B) die Zügellosigkeit, Frechheit, Ausgelassenheit: infinita et intoleranda omnium rerum l.; militum l. Mangel an Disciplin; magna est gladiorum l. man mordet mit frecher Dreistigkeit. 3) personificirt = die Göttin der Zügellosigkeit.

Licentiōsus, *adj.* mit *comp.* u. *sup.* [licentia] (Spät.) zu frei, ausgelassen, willkürlich.

Liceo, 2. feil sein, ausgeboten werden: quanti licent horti zu welchem Preise u. s. w.

Liceor, ĭtus, *depon.* 2. vom Käufer, auf Etwas bieten, was feil ist: l. hortos; auch absol. l. contra überbieten.

Licet, licuit (auch licitum est), 2. *impers.* 1) es ist erlaubt, es steht frei: si illud non l., saltem hoc l.; (Spät.) omnia licent; l. per me meinetwegen, ich habe Nichts dagegen; l. tibi hoc facere; l. me id scire ich darf es wissen, ebenso l. eum consulem fieri daß er Consul wird; nihil dici l. es darf Nichts gesagt werden; l. mihi esse otioso es ist mir erlaubt in Ruhe zu leben, ebenso ut sibi per se liceat innocenti vitam in egestate degere; l.

esse beatis, l. incolumi abire (wo beim l. ein Dativus zu ergänzen ist); civi Romano l. esse Gaditanum (selten); l. hoc facias, l. artificium obliviscatur er darf nur seine Kunst vergessen. 2) = es ist möglich, man kann: hinc videre l.; id intelligi l. ex jure pontificio. 3) eine Einräumung einleitend wird licet scheinbar als concessive Conjunction gebraucht und durch wenn auch, obgleich, mag auch und dergl. ausgedrückt; eigtl. ist es doch auch so dasselbe Wort: l. omnia concurrant mögen alle Umstände zusammenkommen; l. omnes terrores impendeant auf alle Schrecknisse mögen mir bevorstehen; quamvis enumeres multos l. du kannst so Viele herzählen, wie du willst.

Lichas, ae, *m.* [Λίχας] Diener des Hercules.

Licinius, Name eines römischen Geschlechtes; die bekanntesten Familien und Männer aus ihm waren: A) Crassi: 1) Lucius L. Cr., der berühmte Redner, geb. 140, gest. 91 v. Chr. 2) Marcus L. Cr. Dives, der Triumvir, ein reicher aber habsüchtiger und ehrgeiziger Mann: sein öffentliches Leben ist aus der Geschichte bekannt. B) Luculli: 3) Lucius L. L. mit dem Beinamen Ponticus, ein wissenschaftlich gebildeter Mann und tapferer Feldherr, der zuerst unter Sulla in dem Bundesgenossenkriege und gegen den Mithridates kämpfte, später als Feldherr gegen diesen glänzende Siege errang. Er besaß große Reichthümer, auch Kunstsammlungen und eine Bibliothek. C) Murenae: 4) Lucius L. M. war mehrere Jahre Legat des Lucullus im Kriege gegen den Mithridat; im J. 63 v. Chr. wurde er als designirter Consul des ambitus angeklagt, aber, vom Cicero (auch Hortensius) vertheidigt, freigesprochen.

Licitātio, ōnis, *f.* [licitor] das Bieten bes. bei Auctionen: ad l. dividere an den Höchstbietenden, maxima l. das höchste Gebot.

Licitor, *depon.* 1. [liceor] (Vorklass. und Spät.) auf Etwas bieten, rem aliquam; absol. l. contra aliquem Jmd. überbieten.

Licĭtus, *adj.* [licet] (Poet. und Spät.) erlaubt.

Licium, ii, *n.* (Poet. u. Spät.) der Faden bes. in einem Gewebe.

Lictor, ōris, *m.* 1) der gewissen Magistratspersonen von Staatswegen beigegebene öffentliche Diener. Die Lictoren gingen den betreffenden obrigkeitlichen Personen (siehe die Handbücher der römischen Alterthümer) voran um ihnen Platz und Aufmerksamkeit zu verschaffen, ihre Befehle auszuführen, Strafen zu vollziehen u. f. w.; sie trugen fasces (siehe diesen Artikel) theils mit, theils ohne secures. 2) Auch einige Priester (z. B. der Flamen Dialis) und die Vestalinnen hatten Lictoren, aber ohne fasces; ebenso hatten Andere, z. B. die Anordner der Leichenbegängnisse (designatores) oder der Schauspiele, Bediente, die denselben Namen führten.

Lien, ēnis, *m.* (Vorklass. und Spät.) die Milz.

Lienōsus, *adj.* [lien] (Vorklass. u. Spät.) milzsüchtig.

Ligāmen, ĭnis, *n.* (Poet. und Spät.) und **Ligāmentum,** i, *n.* [ligo] (Spät.) 1) die Binde, der Verband. 2) das Band.

Ligarius

Ligărius, Name eines römischen Geschlechts; bekannt ist nur der vom L. Aelius Tubero wegen seiner feindseligen Stimmung gegen den Cäsar angeklagte, aber vom Cicero vertheidigte Quintus L. Davon **-riānus**, *adj.*

Liger, ĕri, *m.* Fluß in Gallien, jetzt Loire.

Lignārius, *adj.* [lignum] zum Holz gehörig; davon *subst.* **-ius**, ii, *m.* der Holzarbeiter (oder der Holzhändler).

Lignātio, ōnis, *f.* [lignor] das Holzfällen, Holzholen (siehe lignor).

Lignātor, ōris, *m.* [lignor] der Soldat oder Troßknecht, der Holz zum Lager fällt und holt.

Lignĕus, *adj.* [lignum] 1) was aus Holz ist, hölzern, pons, turris, materies; *trop.* (Pl.) l. custodia hölzerne Fesseln, salus l. Gruß, der auf eine hölzerne Schreibtafel geschrieben ward. 2) dem Holze ähnlich, holzartig, putamen; scherzhaft uxor l. mager, dürr.

Lignor, *depon.* 1. [lignum] militär. *term. t.* Holz zum Lager holen.

Lignum, i, *n.* 1) das Holz (als Stoff, vgl. arbor; insbes. als Brennholz, vgl. materia); *proverb.* ferre ll. in silvam = etwas Ueberflüssiges thun. Hiervon meton. = ein aus Holz gemachter Gegenstand. 2) das Harte an oder in einer Frucht, die Schale, der Kern.

Ligo, 1. 1) binden, festbinden (doch ohne den Begriff eines Zwanges, vgl. vincio): l. manus post terga, l. malum; l. sudarium circa collum; ligatus in glacie festgefroren. 2) umbinden, umwickeln, crus fascia; l. guttura laqueo zusammenschnüren; l. vulnera veste zubinden. 3) *trop.* vereinigen, verbinden, argumenta in catenam, aliquem cum aliquo; l. conjugia artibus magicis zusammenknüpfen, l. pacta Verträge abschließen.

Ligo, ōnis, *m.* die Hacke; (Poet.) zur Bezeichnung des Ackerbaues.

Ligŭla oder **Lingŭla**, ae, *f.* [*deminut.* von lingua] eigtl. eine kleine Zunge, davon *trop.* = 1) die Erdzunge. 2) (spät. Poet.) das dünne Ende eines Schuhriemens. 3) (Spät.) eine Art Löffel; davon als Maaß, der Löffelvoll. 4) ein kleiner Degen. 5) ein Zapfen. 6) das Mundstück auf der Flöte. 7) (Pl.) als Schimpfwort, „du Taugenichts"!

Ligŭres, rum, *m. pl.* die Ligurier, Völkerschaft im nordwestlichen Italien; der *sing.* davon ist **Ligus** (selten **Ligur**), ŭris, *m. u. f.* der Ligurier, die Ligurierin, auch oft als *adj.* = ligurisch. Davon abgeleitet 1) **Ligŭria**, ae, *f.* die von den L. bewohnte Landschaft (Genua und Nizza nebst einem Theile von Piemont). 2) **Ligustīnus**, *adj.*

Ligŭrio (**Ligurrio**), 4. [lingua?] 1) an Etwas lecken, Etwas belecken (mit dem Begriffe der Lüsternheit und Naschhaftigkeit, vergl. lambo): l. pisces semiesos. Hiervon A) nach Etwas lüstern sein, begierig nach Etwas verlangen, rem aliquam. B) (Pl.) l. aliquem = bei Jmd. schmausen. 2) *intrans.* leckerhaft sein.

*****Ligurītio**, ōnis, *f.* [ligurio] die Leckerhaftigkeit.

Ligustrum, i, *n.* (Poet.) der Hartriegel, die Rainweide, ein Strauch.

Limo 441

Lĭlium, ii, *n.* [verw. mit dem gr. λείριον] die Lilie.

Lilўbaeum, i, *n.* [Λιλύβαιον] Vorgebirge im Westen Siciliens. Davon **Lilўbaetānus** und **-bēius**, *adj.*

Līma, ae, *f.* die Feile; *trop.* zur Bezeichnung einer sorgfältigen Revision und Verbesserung einer Schrift.

*****Līmātē**, *adv.* [limatus] (nur im *comp.*) fein, elegant, genau.

*****Līmātŭlus**, *adj. deminut.* von limatus.

Līmātus, *adj.* mit *comp.* [*particip.* von limo] gefeilt, *trop.* vervollkommnet, fein, sorgfältig verbessert, elegant, gebildet, genus dicendi, scriptor, vir oratione maxime limatus.

Līmax, ăcis, *f.* (selt. *m.*) eine Art nackte Schnecke.

*****Limbŏlārius**, ii, *m.* [limbus] (Pl.) der Bordurenmacher.

Limbus, i, *m.* der Streifen, womit Etwas eingefaßt wird, der Besatz, die Bordure am Kleide, der Saum am Gewebe.

Līmen, ĭnis, *n.* 1) die Schwelle, Thürschwelle, der Queerbalken sowohl über (l. superum) als unter (l. inferum) der Thür, und hauptsächlich von dieser: attollere pedes super l.; *trop.* (Spät.) salutare aliquid a l. = nur vorübergehend berühren, nicht tiefer darauf eingehen. 2) *trop.* A) = die Thür, der Eingang überhaupt: cohibere se intra l.; interiora ll. domus; (Poet.) pandere l. die Thür öffnen. B) = Grenze: l. Apuliae; l. maris interni die Straße bei Gibraltar. C) = Haus, Wohnung: pelli limine, mutare ll.; l. sceleratum der Wohnort der Gottlosen. D) (Poet. u. Spät.) = Anfang, belli, leti. E) (Poet.) die Schranken auf der Rennbahn.

Līmes, ĭtis, *m.* 1) eigtl. der Rain, die Furche zwischen zwei Feldern oder Aeckern, daher die durch einen solchen Rain oder durch Steine u. dergl. bezeichnete Scheidelinie, Grenzlinie zwischen Feldern (mit dem Begriffe der juridisch-religiösen Heiligkeit; vergl. terminus und finis): revellis agri terminos et ultra limites clientium salis avarus. Hiervon A) (Spät.) die Grenze eines Landes, insbes. die befestigte Grenzlinie: limite acto praesidiisque promotis. B) (Poet.) = der Unterschied. 2) überhaupt der in einer bestimmten Linie gehende Weg (der schmalere und kleinere, vgl. via), der Steig, acclivis, rectus. Hiervon A) (Poet.) = a) das Flußbett, b) ein Streifen am Himmel. B) *trop.* (Poet. u. Spät.) l. iis patet ad coeli aditum; vestro l. gradior ich trete in Eure Fußstapfen; eundem l. agere denselben Weg gehen = dieselben Mittel gebrauchen.

*****Limnātis**, ĭdis, *f.* [Λιμνῆτις] (Spät.) Beiname der Diana, die Sumpfbewohnerin.

Līmo, 1. [lima] 1) feilen, gemmas. Hiervon *trop.* A) feilen = politen, glätten, genau durchsehend verbessern und schöner machen, aliquid; stilus et hoc et alia l.; l. se ad aliquid sich nach Etwas bilden. B) genau untersuchen, gründlich erforschen, veritatem in disputando. 2) uneigtl. A) abfeilen, feilend wegnehmen: plumbum limatum Bleispäne; *trop.* l. aliquid de re aliqua wegnehmen u. l. com-

442 Limo — Linum

moda alicujus annagen, vermindern. B) überhaupt reiben, cornu ad saxa wetzen; scherzhaft (Pl.) l. caput cum aliquo = küssen.

***Limo**, 1. [limus] mit Schlamm bespritzen, caput alicui.

Limōsus, *adj.* [limus] (Poet. und Spät.) schlammig.

Limpĭdus, *adj.* mit comp. u. sup. [verwandt mit lympha oder Belform von liquidus] (Poet. u. Spät.) klar, hell, vinum, aqua.

***Limŭlus**, *adj.* (Pl.) *deminut.* von limus 1.

Limus, *adj.* (Poet. und Spät.) schief fehend, schielend, oculus; limis (sc. oculis) aspicere aliquem Jmb. von der Seite ansehen.

Limus, i, *m.* der dünne Schlamm, der sich unten im Wasser ansetzt (die ihrer natürlichen Beschaffenheit zufolge weiche Masse, vgl. lutum); *trop.* l. malorum.

Limus, i, *n.* (Poet. u. Spät.) ein Schurz, Gürtel, den die Oberpriester trugen.

Limȳra, ōrum, *n. pl.* u. **-ae**, *f.* [Λίμυρα] Stadt in Lycien.

Lindus, i, *f.* [Λίνδος] Stadt auf Rhodus.

Linea (ob. **Linia**), ae, *f.* [linum] 1) der leinene Faden, die leinene Schnur. Hiervon A) die Richtschnur der Werkleute, bef. der Maurer und Zimmerleute: uti l.; ad l. oder rectā l., rectis lineis in gerader Linie, senkrecht, perpendiculär. B) (Spät.) der Faden in einem Netze. C) (Spät.) das Netz. D) die Angelschnur; *trop.* mittere l. (Pl.) Jmb. zu fangen streben. 2) die Linie, der Strich, ducere l. Hiervon insbes. A) die Grenzlinie, Grenze: transire ll.; *trop.* mors est ultima l. rerum das Ende, Ziel (das Bild von der Linie hergenommen, die auf der Rennbahn das Ende des Laufes bezeichnete); extremā l. amare von fern her, d. h. seine Geliebte nur von fern sehen. B) ein Einschnitt, Barriere, wodurch im Theater die einzelnen Sitze von einander getrennt waren. C) (Spät.) die Skizze, der Umriß, Entwurf: ducere primas ll.

Lineāmentum, i, *n.* [linea] 1) die Linie: l. est longitudo carens latitudine. 2) der Zug, Strich: afferre extrema ll. orationi abrunden, vollkommen fertig machen. 3) die Grundzüge, Contouren, Umrisse, deorum, operis; ll. corporis, bef. ll. oris die Gesichtszüge, Lineamente: figura et ll. hospitae.

Lineāris, e, *adj.* [linea] (Spät.) zu Linien gehörig, auf Linien beruhend, Linien-, ratio l. die Geometrie, probatio l. der mathematische Beweis.

Lineo, 1. [linea] (Vorklaff. u. Spät.) nach einer geraden Linie richten, nach dem Perpendikel einrichten, carinam.

Lineus, *adj.* [linum] (Poet. und Spät.) leinen, aus Lein.

Lingo, nxi, nctum, 3. (Poet. und Spät.) lecken (um Etwas zu genießen, vgl. lambo und ligurio), mel.

Lingua, ae, *f.* 1) die Zunge: prima pars linguae die Zungenspitze. Hiervon A) die Zunge als Organ der Rede, also überhaupt zur Bezeichnung der Rede: tenere, moderari l. zügeln, solvere losmachen, retundere l. alicujus Jmb. zum Schweigen bringen; l. haeret (er) weiß nicht, was er sagen soll; l. haesitans stammelnd, schwer; commercia linguae sprachliche Mittheilung, Unterredung. Insbes. a) = Beredsamkeit: l. mihi est. b) l. magna die Prahlerei, Großsprecherei. c) die Sprache, der Vortrag eines Redners, l. dives. B) (Poet.) = Laut, Schall, Ton überhaupt, volucrum. C) verschiedene Gegenstände, die eine der Zunge ähnliche Gestalt haben, z. B. eine Erhöhung und dergl. (siehe das in dieser Bedeutung häufigere ligula 2.). 2) die Sprache: l. Romana, Graeca; l. utraque = die griechische und römische Sprache; bisweilen = die Mundart, der Dialect.

***Linguārium**, ii, *n.* [lingua] (Spät.) das Zungengeld d. h. Strafe für unvorsichtiges Reden.

Lingŭla, siehe Ligula.

Lingŭlāca, ae, *f.* [lingula] 1) (Pl.) das Plappermaul. 2) eine Art Fisch.

Liniger, ĕra, ĕrum, *adj.* [linum-gero] (Poet.) Leinen tragend, in Leinen gekleidet (von der Isis und ihren Priestern).

Lino, lēvi oder līvi, lĭtum, 3. 1) beschmieren, bestreichen, überstreichen, ferrum pice; l. vinum (sc. pice) verpichen; l. faciem sich schminken. Hiervon A) (Poet.) etwas Geschriebenes überschmieren, ausstreichen, aliquid. B) bedecken, überziehen: l. tecta auro vergolden. C) *trop.* besudeln, beschimpfen, herabsetzen, facta carmine foedo. 2) (Poet.) aufschmieren, aufstreichen, medicamenta per corpora.

Linquo, līqui, — 3. (meist Poet.; statt dessen wird relinquo gebraucht) 1) Etwas irgendwo zurücklassen, bleiben lassen, lassen: l. herum in obsidione, lupos apud oves; nil intentatum l.; nil linquitur nisi es bleibt Nichts übrig als. Hiervon = überlassen, alicui aliquid; *proverb.* l. promissa procellae in den Wind reden, seine Versprechungen nicht halten. 2) verlassen, terram, urbem; (Poet.) l. lumen, vitam, animum = sterben; liquor animo oder animus me linquit ich werde ohnmächtig. Hiervon = fahren lassen, aufgeben, aliquid.

Lintĕātus, *adj.* [linteus] in Leinwand gekleidet.

*****Linteo**, ōnis, *m.* [linteus] (Pl.) der Leinweber.

Lintĕŏlum, i, *n. deminut.* von linteum.

Linter, tris, *f.* und (selten) *m.* 1) ein kleines Fahrzeug, Kahn, Nachen; *proverb.* a) loqui e l. von Jmb., der beim Sprechen mit dem Körper herüber und hinüber schaukelt. b) in liquida nat tibi linter aquā du hast jetzt eine gute Gelegenheit; navigat hinc aliā jam mihi linter aquā ich wende mich jetzt zu einem anderen Gegenstande. 2) ein kahnförmiges Geschirr, Trog, Bütte, Mulde.

Lintĕus, *adj.* [linum] aus Leinwand, leinen. Hiervon *subst.* **Linteum**, i, *n.* A) die Leinwand. B) etwas aus Leinwand Gemachtes, als ein Handtuch, Taschentuch, bef. ein Segel.

Lintrĭcŭlus, i, *m. deminut.* von linter.

Linum, i, *n.*) 1) der Flachs. 2) von verschiedenen Gegenständen, wozu der Flachs den Stoff abgiebt, = A) ein Faden, eine Schnur, insbef. die Briefe zuzubinden, oder = die Angelschnur. B) ein Seil, Tau. C) ein Segel. D) ein Garn zum Fangen oder Fischen. E) ein leinenes Tuch, Leinwand; beim Curtius = baumwollenes Tuch.

Linus, i, m. [Λίνος] ein Jüngling, Sohn des Apollo, der frühzeitig einen gewaltsamen Tod starb und zu dessen Ehren später ein Trauerfest gehalten wurde, bei welchem ein ebenso λίνος genannter Trauergesang abgesungen wurde.

Lipăra, ae, f. [Λιπάρα] die größte der nördlich von Sicilien gelegenen äolischen Inseln. Davon **Lipăraeus**, -rensis, e, und -ritānus, adj.

Lippio, 4. [lippus] triefäugig sein; trop. (Pl.) fauces ll. fame brennen, verschmachten.

Lippĭtūdo, ĭnis, f. [lippus] das Augentriefen, die Augenentzündung.

Lippus, adj. 1) (Poet.) vom Auge, triefend, oculus. 2) von der Person, triefäugig, der an Augenentzündung leidet; (Poet.) überhaupt = halb blind.

Liquĕ-făcio etc., 3. 1) flüssig machen, schmelzen, ceram, glaciem. Hiervon (Poet.) = auflösen, cibos durch Verdauung, viscera liquefacta in Fäulniß gerathene. 2) trop. schwächen, entkräften, aliquem.

Liqueo, liqui oder licui, — 2. 1) (meist Poet.) nur im particip. liquens klar-, flüssig (sein), mel, vinum, fluvius; campi liquentes die Meeresfläche. 2) trop. klar-, einleuchtend-, deutlich sein (meist in der dritten Person sing. als impers.: Illud ei non l.; l. te esse meum daß du u. f. w.; non liquet, die Sache ist (mir) nicht klar, war eine hergebrachte Formel, womit ein Richter auf dem Stimmtäfelchen erklärte, daß er über die Schuld oder Unschuld eines Angeklagten noch nicht entscheiden konnte.

Liquesco, — — 3. [liqueo] 1) flüssig werden, schmelzen, nix l. 2) trop. A (Spät.) vom Wasser, klar-werden. B) sich auflösen: corpora ll. verwesen. Hiervon = vergehen, sich vermindern, -verlieren, mens, fortuna l. C) weichlich werden, entnervt werden, mollitiā.

Liquĭdo, adv. mit comp. [liquidus] bestimmt, ausdrücklich, negare.

*****Liquĭdiuscŭlus**, adj. deminut. [liquidus] (Pl.) trop. weicher, sanfter.

Liquĭdus, adj. mit comp. u. sup. [liqueo] 1) (Poet.) flüssig, fließend (aus einander fließend, vgl. fluidus): l. moles das Meer; subst. liquidum = das Wasser; iter l. = die Luft; ll. odores Salben; l. aes geschmolzenes Erz. 2) klar, hell, durchsichtig, aqua, ignis, aether, color, nox. 3) trop. A) rein, hell, vox, vinum. B) = fließend, leicht, genus dicendi. C) (Poet.) ruhig, heiter, animus. D) ungetrübt, ungestört, unvermischt, purus et l., voluptas l. E) deutlich, gewiß, klar, oratio, auspicium. Hiervon subst. **Liquĭdum**, i, n. Gewißheit, ad l. perducere.

Liquo, 1. [liqueo] 1) flüssig machen, schmelzen, lapidem igni. 2) klären, durchseihen, vinum. Hiervon trop. = läutern (von der Rede).

Liquor, — depon. 3. 1) flüssig sein, fließen, sudor l. toto corpore. 2) trop. vergehen, sich verlieren, res.

Liquor, ōris, m. [liqueo] (meist Poet.) 1) die Flüssigkeit = flüssige Beschaffenheit. 2) die Flüssigkeit = flüssige Substanz (vom Wasser, Honig, von der Milch u. f. w.): ll. perlucidi amnium; l. mellis; auch = das Meer.

Liris, is, m. Fluß in Latium, jetzt Garigliano.

*****Liroe** (Pl.), latinisirte Form des gr. λῆρος, Possen.

Lis, ītis, f. 1) der Zank, Streit überhaupt: habere litem cum aliquo; componere l. beilegen; auch von gelehrten Streitigkeiten, Disputen. 2) insbef. die gerichtliche Streitigkeit, der Proceß: l. intendere, inferre alicui einen Proceß gegen Jmb. erheben; orare l. einen Proceß führen, obtinere gewinnen, amittere verlieren; hoc facit litem (Spät.) dies ist es, worauf der Proceß beruht. 3) term. t. der Gegenstand des Processes, die Streitsache: litem in rem suam vertere den Acker, worüber Streit war, als Richter selbst behalten. Hiervon litem dare secundum eas tabulas = jenen Documenten gemäß den Proceß entscheiden, aber secundum eam litem dare judices quae etc. die Richter wählen den Interessen desjenigen (unter den Streitenden) gemäß, der u. f. w.; aestimare litem die Geldsumme festsetzen, die von dem Verlierenden als Buße erlegt werden muß, also die Strafe bestimmen.

Lissus, i, f. oder **Lissum**, i, n. Stadt in Dalmatien.

Lĭtātio, ōnis, f. [lito] das Opfern mit günstigen Wahrzeichen, die Erlangung glücklicher Wahrzeichen.

Lĭtĕra (ob. Littĕra), ae, f. [lino] 1) im sing. u. pl. der Buchstabe: literam A humo imprimere; duae ll. zwei Buchstaben (vgl. 2. A.); ad l. buchstäblich; in literam oder literarum ordine in alphabetischer Ordnung; nescire literas nicht lesen und schreiben können; facere literam oder literas schreiben; nullam ad me l. misit er schrieb mir nicht „keine Silbe" geschrieben. Scherzhaft (Pl.) homo trium literarum = fur; literam longam (b. h. I) ex me faciam = ich werde mich aufhängen. Hiervon = Handschrift, Hand: accedit ad similitudinem literae tuae. 2) im pl. überhaupt etwas Geschriebenes, die Schrift, im schriftliche Aufsatz, Papiere überhaupt: literis tradere, mandare, illud literis non exstat. Also A) der Brief, das Schreiben (überhaupt, vgl. epistola): dare alicui literas ad aliquem; unae, binae etc. ll. ein, zwei Briefe (vgl. l.). B) öffentliche Papiere, als Protocolle, Acten, Documente, Rechnungsbücher, Verzeichnisse, Listen u. dergl.: ll. publicae; ll. societatis, publicanorum; ll. rerum decretarum. C) die schriftlichen Denkmäler, die Literatur eines Volkes, die Bücher und Schriften überhaupt (nicht von gewissen bestimmten Büchern): abest historia nostris ll.; Graecae de philosophia ll. die griechische philosophische Literatur. Insbef. = die historische oder philosophische. Insofern die Literatur ein Hauptmittel der wissenschaftlichen Bildung ist, wird das Wort oft synonym mit a)

444 Literarius **Loco**

Gelehrsamkeit, Belesenheit, wissenschaftliche Bildung, oder b) Studien, Wissenschaft oder Wissenschaften: sit mihi orator literis tinctus; erant in eo plurimae ll.; cognitio, studia literarum; nescire ll. = ohne wissenschaftliche Bildung sein.

Lĭtĕrārĭus, *adj.* [litera] (Spät.) zu den Buchstaben gehörig, ludus l. die Elementarschule.

Lĭtĕrātē, *adv.* mit comp. [literatus] 1) mit deutlichen Buchstaben, scribere. 2) gelehrt, gebildet, wissenschaftlich.

Lĭtĕrātor, ōris, m. [litera] (Poet. u. Spät.) der Sprachgelehrte, Grammatiker.

Lĭtĕrātūra, ae, f. [litera] 1) die Buchstabenschrift, das Schreiben: l. Graeca das griechische Alphabet. 2) (Spät.) die Sprachwissenschaft, Philologie.

Lĭtĕrātus, *adj.* mit comp. u. sup. [litera] 1) mit Buchstaben bezeichnet, beschrieben, urna; servus l. = gebrandmarkt. 2) mit wissenschaftlicher Bildung ausgerüstet, gelehrt, homo; servus l. der fertig schreibt, Handschreiber; otium l. worin man den Wissenschaften obliegen kann.

Lĭternum, i, n. Stadt in Campanien, unweit der Mündung des Flusses Liternus, i, m. Davon Liternus und -ninus, *adj.*

Lĭtĕrŭla, ae, f. deminut. von litera.

Lĭtĭgātor, ōris, m. [litigo] (Spät.) der Streiter, = der eine Sache vor Gericht hat, der Proceßführer.

Lĭtĭgĭōsus, *adj.* [litigium] 1) voller Streit = worin viel Streit ist, oder wo viele Processe geführt werden, disputatio, forum. 2) streitsüchtig, processüchtig, homo. 3) streitig, worüber viel gestritten wird, praedium.

Lĭtĭgĭum, ii, n. [litigo] (Pl.) = lis.

Lĭtĭgo, 1. [lis-ago] streiten, zanken, cum aliquo; insbes. = gerichtlich streiten, processiren: ll. inter se.

Lĭto, 1. 1) mit günstigen Wahrzeichen ein Opfer darbringen, günstige Wahrzeichen erlangen: sacrificare nec unquam l.; l. deo alicui; l. hostiā, animā Argolicā. Hiervon (Poet. u. Spät.) *transit.* opfern, exta, sacra, sanguinem humanum. 2) vom Opfer, gute Wahrzeichen geben: victima nulla l. 3) *trop.* a) l. aliquid dolori (Poet.) opfern, weihen; l. gaudio publico der öffentlichen Freude Genüge thun. b) l. aliquid poenā rächen, sühnen.

Lĭtŏrālĭs, e, u. -reus, *adj.* [litus] (Poet.) zum Ufer gehörig, Ufer-.

Littĕra etc., siehe Lĭtĕra etc.

Littus, siehe Lĭtus.

Lĭtūra, ae, f. [lino] 1) das Bestreichen, Beschmieren. 2) das Ueberstreichen mit Wachs auf Schreibtafeln, um so etwas schon Geschriebenes auszustreichen, also = das Ausstreichen, Corrigiren, unius nominis; nomen est in litura ist ausgestrichen. 3) (Poet.) der Flecken an einer Schrift.

Lĭtus ob. **Littus**, ōris, n. 1) das Meeresufer, der Strand (vgl. ripa, ora): *proverb.* arare l. etwas Erfolgloses thun, fundere arenas in l. etwas Ueberflüssiges thun. 2) uneigtl., A) (Spät.) der Landungsplatz. B) (Poet.) das

Ufer eines Sees oder eines Flusses. C) = die Küste: cui dedimus litus ad arandum.

Lĭtŭus, i, m. 1) der Krummstab des Augurs. 2) ein gekrümmtes Blasinstrument (zum Signalgeben im Kriege), die Zinke. *3) *trop.* = der Signalgeber, Veranlasser, Quintus frater l. profectionis meae.

Līveo, — — 2. (Poet. u. Spät.) 1) bleifarbig sein, bläulich sein, dentes ll. rubigine, brachia ll. catenis. 2) *trop.* neidisch sein, alicui Jmd. beneiden.

Līvesco, — — 3. [liveo] (Poet.) bleifarbig-, bläulich werden.

Līvĭdŭlus, *adj. deminut.* von lividus.

Līvĭdus, *adj.* mit *sup.* [liveo] 1) bleifarbig, bläulich, unda (das Wasser des Styr), dens, brachia ll. armis. 2) (Spät.) *trop.* neidisch, scheelsüchtig, homo, oblivio.

Līvius, Name eines römischen Geschlechtes, aus welchem folgende Personen am bekanntesten sind: A) Drusi: 1) Marcus L. Dr., Volkstribun 91 v. Chr., Urheber eines agrarischen Gesetzes und Veranlasser des Bundesgenossenkrieges durch den Vorschlag, daß die Bundesgenossen römisches Bürgerrecht haben sollten. Er wurde am Eingange seines Hauses getödtet, ohne daß der Mörder entdeckt wurde. 2) Livia (Drusilla), dritte Gemahlin des Augustus, zuerst mit dem Tib. Claudius Nero verheirathet und von ihm Mutter des Tiberius (nachher. Kaiser) und des Drusus. 3) Livia oder Livilla, Schwester des Drusus (Bruder des Tiberius), Schwester des Germanicus, mit dem Sohne des Tiberius, Drusus, verheirathet. B) Salinatores: 4) Marcus L. S. kämpfte gegen den Hannibal. C) Andere Livii: 5) L. Andronicus, Sklave und Freigelassener eines Livius, der erste dramatische Dichter zu Rom. 6) Titus L. Patavinus, berühmter römischer Geschichtschreiber, geb. 59 v. Chr., gest. 16 n. Chr.

Līvor, ōris, m. [liveo] 1) die bläuliche Farbe, die Bleifarbe, der bläuliche Flecken. 2) *trop.* der Neid, die Scheelsucht.

Līxa, ae, m. der Marketender (vgl. calo); *pl.* überhaupt der ganze Troß bei einer Armee von Marketendern, Aufwärtern, Köchen u. s. w.

*****Lixābundus**, siehe Lascivibundus.

Lŏcātĭo, ōnis, f. [loco] 1) (Spät.) die Stellung, Anordnung, verborum. 2) die Verpachtung, praediorum; *meton.* = der Pachtcontract, inducere l. 3) die Verdingung; l. consulum von den Consuln veranstaltet.

Lŏcātor, ōris, m. [loco] (Spät.) der Vermiether, Verpächter, Verdinger.

*****Lŏcātōrĭus**, *adj.* [locator] (zweifelh.) provincia l. wo die Betreffenden nur Vermiether sind.

*****Lŏcĭto**, 1. (Com.) = loco 2.

Lŏco, 1. [locus] 1) irgendwo stellen, legen, setzen, anbringen, unterbringen: l. milites super vallum in munimentis; l. insidias alicui, equites pro cornibus, stipendium et commeatum alicubi niederlegen. Hiervon *trop.* A) l. civitatem in alicujus fide anvertrauen; res locata in certis personis auf — beruhend, angehend; l. beneficium apud ingratos gegen — erweisen; l. operam bene anwenden; l. mentem in re auf Etwas hinwenden. B) insbes.

l. aliquam in matrimonium (auch in matrimonio) oder nuptam verheirathen, alicui mit Jmb., in luculentam familiam in eine ansehnliche Familie hinein. C) Geld auf Zinsen anlegen, ausleihen, pecuniam alicui. D) l. nomen (Poet.) Bürgschaft leisten. 2) vermiethen, l. domum; l. se ob. operam suam sich zu irgend einer Leistung gegen Lohn verpflichten. Hiervon A) = verpachten, dem Höchstbietenden übergeben, vectigalia, portorium, agrum. B) = verdingen, eine Leistung dem Wenigstfordernden übergeben, contractmäßig · in Entreprise geben: quaestores ll. eam statuam basimque faciendam; l. cibaria anseribus; l. templum Junoni, vestimenta exercitui.

Locri, ōrum, *m. pl.* [Λοκροί] 1) die Bewohner der griechischen Landschaft Locris, ĭdis, *f.* [Λοκρίς], auch **Locrenses**, ium, *m. pl.* genannt. 2) Stadt in Unteritalien, deren Einwohner **Locri**, ōrum, oder **Locrenses**, ium, *m. pl.* heißen.

Lŏcŭlāmentum, i, *n.* [loculus] (Spät.) das Behältniß, Fach, Gehäuse.

Lŏcŭlus, i, *m.* (Vorklaff., Poet. u. Spät.) 1) im *sing.* A) *deminut.* von locus, siehe diesen Artikel. B) Insbef. = der Sarg. 2) im *pl.* ein Kästchen, kleines Behältniß, Kapsel, Büchse, bes. zur Aufbewahrung von Geld u. dergl.: demittere numos in ll.; ll. stimulorum (*Pl.*) von einem Sklaven, dessen Rücken gleichsam Aufbewahrungsort der Peitsche dadurch ist, daß er oft gepeitscht wird.

Lŏcŭples, ētis, *adj.* mit *comp.* und *sup.* [locus-plenus] 1) reich an Grundstücken, begütert: „locupletes dicebant loci, hoc est agri, plenos" *Plin.* 2) überhaupt reich, wohlhabend, homo; domus l. et referta; munera ll. reichliche. Hiervon *trop.* zur Bezeichnung der Fülle und des Reichthumes des Ausdrucks: Lysias locuples orationem; Latina lingua l. 3) vollgültig, zuverlässig, glaubwürdig, auctor, testis; tabellarius l. sicher.

***Lŏcŭplētātor**, ōris, *m.* [locupleto] (Spät.) der Bereicherer.

Lŏcŭplēto, 1. [locuples] bereichern, aliquem praedā, Africam armis.

Lŏcus, i, *m.*, im *pl.* sowohl loci (einzelne Oerter für sich, deswegen bes. Stellen in Büchern, Puncte und Theile einer Abhandlung ob. Materie) als loca (Stellen im Zusammenhange, deswegen oft = die Gegend), 1) der Ort, Platz, die Stelle, l. urbis wo die Stadt liegt, Romae per omnes ll. in allen Theilen der Stadt; ea ll. jene Gegend; convenire in unum l. Insbef. a) l. superior häufig von der Rednerbühne oder dem Tribunal, daher: dicere ex l. superiore von dem Redner oder dem Richter; ex inferiore l. dicere von demjenigen, der eine Sache vor Gericht hat, ex aequo l. dicere im Senate oder in einem privaten Gespräche. B) In der Kriegssprache ist oft l. superior = der höher liegende Theil des Terrains, eine Anhöhe: pugnare ex l. superiore; iniquo l. pugnare auf ungünstigem Terrain, im Gegensatze von aequo, suo l. pugnare. C) Bisweilen wird der Genitivus loci ob. locorum pleonastisch den Adverbien ubi, quo, eodem, ibidem. ubicunque beigefügt: ad id loci oder locorum bis zu der Stelle. 2) =

Platz, wo Jmd. ist oder sein soll, Posten, Stelle: deserere l. virtutis, loco cedere; dejicere (movere, pellere u. dergl.) aliquem loco von seinem Posten vertreiben, stürzen. 3) *trop.* = Platz, Stellung in irgend einem Verhältnisse: A) in einer Reihenfolge und Ordnung: primo, secundo l. erstens, zweitens, oder = zuerst, dann; posteriori l. dicere zuletzt reden. Hierzu gehört der Ausdruck meo loco = in der mir (als Anwalt in einer Sache) zum Reden gestatteten Zeit. B) in Bezug auf Rang, Ansehen, Einfluß, Würde, auf Jmds Gunst ob. dergl., Stelle, Standpunct, Rang: ascendere in summum l. civitatis; obtinere l. suum (*oppos.* moveri loco suo); quem l. obtines apud eum? C) in Bezug auf die Geburt, der Stand, l. equester der Ritterstand; summo (nobili, obscuro, illustri, inferiore) loco natus. D) = die Lage, der Zustand, worin eine Person oder Sache ist, der Punct, auf welchem Etwas ist: res nostrae meliore loco erant; res est eo l. ober in eo l.; incidere in eum l.; is si eo l. esset in dem Falle. E) hoc (eo, quo) l. in diesem Puncte, in dieser Rücksicht. F) zur Bezeichnung des Werthes oder der Bedeutung, die man einer Sache oder Person beilegt: nullo l. numerare für Nichts rechnen; eo l. habere so beurtheilen; fratris, filii loco habere aliquem Jmd. als einen Bruder, Sohn behandeln; criminis loco putant esse sie betrachten es als ein Verbrechen. 4) Raum, Platz =Möglichkeit, Gelegenheit u. s. w.: locus est cognoscendi et ignoscendi; locum non relinquere precibus (bei *Cic.* Fam. I, 1 ist dieses = den Wunsch Jmds erfüllen, noch ehe man darum gebeten wird); dare locum suspicioni; locus est rei alicui; res habet locum findet Statt; quaerere locum seditionis oder insidiis. Hiervon = Zeit (meist Converf.): locus gaudendi; loco oder in loco zur rechten Zeit; ponere aliquid in l. gehörig anwenden; häufig (Com.) pleonastisch loci oder locorum den Adverbien inde, postea, interea beigefügt oder mit ad id, post id verbunden 5) (bes. der *pl.* loci) der Punct, Abschnitt einer Materie oder Schrift, der Theil, das Stück, die Stelle: l. philosophiae gravissimus; alter l. cautionis das zweite Stück, worauf man Acht geben mußte; consulite ei loco; perpurgatus est a me l. de finibus bonorum et malorum der Stoff, die Materie.

Lŏcusta, ae, *f.* 1) die Heuschrecke. 2) ein im Meere lebendes Schaalthier, ein Seekrebs. 3) als Eigenname, eine berüchtigte Giftmischerin zur Zeit des Nero.

Lŏcūtio (ob. **Lŏquūtio**), ōnis, *f.* [loquor] 1) das Sprechen, Reden, 2) die Aussprache, 3) (Spät.) die Redensart, Phrase.

Lōdĭcŭla, ae, *f. deminut.* von lodix.

Lōdix, ĭcis, *f.* (Spät.) die gewebte Decke, Bettuch.

Lŏgēum (**Logaeum**), i, *n.* [λογεῖον] (zweifelh.) das Archiv.

Lŏgi, ōrum, *m.* [λόγος] 1) (Vorklaff. und Spät.) die Worte, Rede. Insbef. A) (Com.) leere Worte, Possen. B) witzige Einfälle, Bonmots, Scherze. 2) Fabeln wie die des Aesop.

***Lŏgĭce**, es, *f.* und -**ca**, ōrum, *n. pl.* [λογική] die Logik.

Lŏlīgo, ĭnis, *f.* der Tintenfisch, Blackfisch.
Lōlĭguncŭla, ae, *f. deminut.* von loligo.
Lōlĭum, ii, *n.* der Lolch, Schwindelhafer.
Lollĭus, Name eines römischen Geschlechtes, aus welchem der Marcus L. Palicanus, der 26 v. Chr. siegreich gegen die Germanen kämpfte, zwei Söhne hatte; an den älteren hat Horaz zwei Briefe geschrieben.
Lōmentum, i, *n.* [lavo, statt lavimentum, laumentum] eine Art Teig (aus Bohnenmehl und Reis), durch deffen Gebrauch die römischen Damen die Frische ihrer Haut zu bewahren suchten; *trop.* = das Reinigungsmittel.
Londīnĭum, ii, *n.* Stadt in Britannien, jetzt London.
Longaevus, *adj.* [longus-aevum] (Poet.) bejahrt, hochbetagt.
Longe, *adv.* mit *comp.* u. *sup.* [longus] 1) im Raume, weit, lang: l. lateque; l. graditur mit großen Schritten. Insbef. a) weit hin, videre, procedere; l. abesse; l. gentium weit entfernt in der Welt. b) von weit her, von fern her, accurrere. c) ab urbe l. millia passuum decem in einer Entfernung von. d) l. abesse *trop.* = Nichts helfen, ab aliquo und (Poet.) alicui Jmb. Nichts nützen. ʼ2) in der Zeit, lange, weit (doch nur da, wo die Zeit von einem gewiffen Puncte aus berechnet wird): l. ante, l. prospicere futura lange voraus. 3) verstärkende Begriffe eines eine Verschiedenheit bezeichnenden Wortes, weit: l. melior, optimus; l. ante alios insignis; l. dissentire; l. diversus, aliter; l. aliquem superare. 4) ausführlich, dicere.
*****Longinque,** *adv.* [longinquus] (Spät.) weit entfernt.
Longinquĭtās, ātis, *f.* [longinquus] 1) (Spät.) die Länge, viae. 2) in der Zeit, die Langwierigkeit, die lange Dauer, morbi; aetatis l. das hohe Alter; l. exsilii. 3) die Entfernung, der weite Abstand.
Longinquus, *adj.* mit *comp.* und *sup.* [longus] 1) (Spät.) lang. 2) in der Zeit, lang, lange bauernd, vita, oppugnatio; longinquum loqui langwierig, ebenso l. est. 3) fern, entfernt liegend ob. wohnend, loci, gentes, hostes; e longinquo aus der Ferne, von Weitem; cura l. Sorge um entfernte Gegenstände. (Poet.) *neutr. pl.* longinqua weite Strecken. Hiervon A) homo l. ausländisch, fremd. B) spes l. weit aussehend; tempus l. fern.
Longĭter, *adv.* [longus] (*Lucr.*) = longe (siehe diesen Artikel).
Longitūdo, ĭnis, *f.* [longus] 1) die Länge, itineris; in oder per longitudinem, auch in longitudine in die Länge, der Länge nach. 2) in der Zeit, die Länge, lange Dauer, noctis; consulere in longitudinem weit hinaus in die Zeit.
Longiuscŭlus, *adv. deminut.* von longus.
Longŏbardi, siehe Langŏbardi.
Longŭle, *adv.* (Com.) *deminut.* von longe.
Longŭlus, *adj. deminut.* von longus.
Longūrĭus, ii, *m.* [longus] die lange Stange, Latte.
Longus, *adj.* mit *comp.* und *sup.* 1) im Raume, lang, hasta, via, epistola; navis l. = ein Kriegsschiff; fossa sex podes longa;

(Poet.) homo l. von hohem Wuchs; *trop.* manus l. weithin reichend; (Poet.) = weit, umfassend, freta, aether. 2) (Spät., selten) = longinquus 3.: militia l. in der Ferne. 3) in der Zeit, lang, langwierig, lange bauernd, mora, mensis, syllaba; negotinm l. weitläuftig; injuria l. (Poet.) weitläufig zu erzählen; (Poet.) ll. anni hohes Alter. Hiervon A) in longum ducere auf lange Zeit hinhalten: ex longo seit Langem. B) l. societas altes Bündnis. C) longum est es würde zu weitläufig sein; ne longum sit um es kurz zu machen; nihil mihi est longius = ich kann dieses kaum erwarten, ich sehne mich ungeduldig danach. D) longius facere aliquid die Sache umständlich behandeln, longus esse nolo ich mag nicht weitläufig sein. E) longus spe (Poet.) weit aussehende Hoffnungen nährend; in longius consultans für eine entfernte Zeit. F) (Poet.) longum als *adv.* = gebehnt, clamare.
Lŏquācĭtās, ātis, *f.* [loquax] die Redseligkeit, Geschwätzigkeit.
Lŏquācĭter, *adv.* mit *comp.* [loquax] redselig, geschwätzig.
*****Lŏquācŭlus,** *adj.* (*Lucr.*) *deminut.* von loquax.
Lŏquax, ācis, *adj.* [loquor] redselig, geschwätzig, homo; (Poet.) rana l. quakend, lymphae murmelnd, schwatzend, d. h. plätschernd; nidus l. mit geschwätzigen Jungen, stagna mit quakenden Fröschen; oculi ll. „sprechende" d. h. ausdrucksvolle.
Lŏquēla, ae, *f.* [loquor] (Poet.) 1) die Rede. 2) die Sprache.
Lŏquentĭa, ae, *f.* [loquor] (Spät.) die Redefertigkeit.
*****Lŏquĭtor,** *depon.* 1. (Vorklaff.) = loquor.
Lŏquor, cūtus oder quūtus, *depon.* 3. 1) *intrans.* sprechen (im ruhigen Gesprächston, wie in dem täglichen Leben, *opp.* dico): l. cum aliquo de re aliqua; l. apud oder adversus aliquem, pro aliquo; (Com.) male l. alicui übel von Jmb. sprechen; *trop.* consuetudo l., res ipsa l., oculi ll. zeigen beutlich; (Poet.) pinus loquens säuselnd. 2) *transit.* (oft mit einem verächtlichen Nebenbegriffe, vgl. dico), A) Etwas immer im Munde führen, nur von Etwas sprechen: nil nisi classes et exitus loquitur; omnia magna l. den Mund voll nehmen. B) überhaupt = erwähnen, besprechen, mera scelera, multi eum ll. nennen ihn. Hiervon (Poet.) = besingen, proelia. C) (selten) = dico, sagen, aliquid, pugnantia Widersprechendes.
*****Lōrāmentum,** i, *n.* [lorum] (Nachklaff.) der Riemen.
Lōrārĭus, ii, *m.* [lorum] (Vorklaff. u. Spät.) der Peitschenmeister, der die Sklaven peitschte.
Lōreus, *adj.* [lorum] (Vorklaff.) aus Riemen; *trop.* latera vestra lorea faciam ich werde euch durchpeitschen.
Lōrīca, ae, *f.* [lorum] 1) der Riemenpanzer, lederne Panzer (später mit Ringen oder metallenen Schuppen belegt, vgl. thorax), daher überhaupt Panzer. 2) die Brustwehr an Schanzen u. dergl. 3) das Tünchwerk an Gebäuden.

Lōrīcātus, *adj.* [lorica] mit einem Panzer versehen, gepanzert.

Lōrīpes, ēdis, *adj.* [lorum-pes] (Vorklaff. u. Spät.) krummfüßig, schleppfüßig.

Lōrum, i, *n.* 1) der Riemen. 2) verschiedene aus Riemen gemachte Gegenstände, nämlich A) ein Zügel. B) eine Peitsche, Geißel. C) ein Gürtel.

Lōtium, ii, *n.* (Spät.) der Urin.

Lōtŏphăgi, ōrum, *m. pl.* [Λωτοφάγοι] die Lotusesser, mythische Völkerschaft an der Nordküste Africas.

Lōtus, i, *f.* [λωτός] Name verschiedener Gewächse, insbef. 1) = eine Wasserlilie im Nil, der ägyptische L. 2) ein Baum, dessen Früchte die Lotophagen aßen.

Lua, ae, *f.* eine Göttin, der die erbeuteten Waffen geweiht wurden.

Lŭbens, Lŭbet, Lŭbīdo etc., siehe Libens, Libet, Libido.

Lŭbrīco, 1. [lubricus] (Spät.) glatt-, schlüpfrig machen.

Lŭbrĭcus, *adj.* 1) glatt, schlüpfrig, A) = worauf man leicht ausgleitet, locus, fastigium. B) = wegen seiner glatten Oberfläche leicht Einem entschlüpfend, exta, anguis. Hiervon (Poet. u. Spät.) a) = leicht und geschwind dahineilend, amnis; corpus l. levitate continua. b) *trop.* historia l. in fließender Sprache geschrieben; annus l. flüchtig. c) oculi (vultus) ll. verliebt, coquet (entweder = beweglich, lebhaft, oder = „schwimmend", „feucht"). 2) *trop.* A) bedenklich, gefährlich, mißlich, vitae via, aetas puerilis, defensionis ratio. B) (Poet.) falsch, betrügerisch.

Lūca, ae, *f.* Stadt in Etrurien, jetzt Lucca. Davon **Lūcensis**, e, *adj.*

Lūcāni, ōrum, *m. pl.* Völkerschaft in Unteritalien. Davon 1) **Lūcānus**, *adj.* 2) **Lūcānĭcus**, *adj.*; davon *subst.* -ica, ae, *f.* eine Art Fleischwurst. 3) **Lūca**, ae, *m.* aus Lucanien: boves Lucae nannten die Römer aus Unkunde die Elephanten, die sie zuerst im Heere des Pyrrhus in Lucanien sahen.

Lūcar, āris, *n.* (Spät.) eine öffentliche Einnahme (vielleicht das Geld aus dem Ertrage der Haine, luci), dessen Betrag zum Gehalte für die Schauspieler verwendet wurde.

Lūcellum, i, *n. deminut.* von lucrum.

Lūceo, luxi, — 2. [lux] 1) hell sein, leuchten (an und für sich und mit einem lautern Lichte, vgl. splendeo, niteo): stella, rogus l.; rubor l. in ore (Poet.); semita l. per occultos calles (Poet.) leuchtet hervor, ist sichtbar. Insbef. *impers.* lucet es ist hell, es ist Tag: nondum lucebat quum etc.; lucet hoc jetzt ist es schon Tag. 2) *trop.* A) = klar, deutlich sein: mea officia nunc lucent, res l. tam claris argumentis. B) = strahlen, hervorleuchten, ausgezeichnet sein, tota oratio.

Lūcĕres, rum, *m. pl.* die dritte der drei Tribus (Volksstämme), aus denen das römische Volk in der ältesten Zeit bestand.

Lūcĕria, ae, *f.* Stadt in Apulien. Davon **Lūcĕrīnus**, *adj.* u. *subst.* -rīni, ōrum, *m. pl.* die Einwohner von L.

Lūcerna, ae, *f.* [luceo] die Lampe: ante ll. vor der Nacht; ad extremas ll. bis spät in die Nacht; (Poet.) accedit numerus lucernis vom Trunkenen, der die Lampen doppelt sieht. Hiervon bezeichnet es meton. das, wobei Lampen benutzt werden, als nächtliche Gastmähler, Studiren bei Nacht u. s. w.

Lūcesco ob. **-cisco**, — — 3. [luceo] anfangen zu leuchten, hell werden, sol novus l.; cras Nonae ll. brechen an; insbef. *impers.* lucescit es wird Tag.

Lūcĭde, *adv.* mit *comp.* u. *sup.* [lucidus] lichtvoll, hell, klar, deutlich.

Lūcĭdus, *adj.* mit *comp.* u. *sup.* [luceo] 1) lichtvoll, hell, leuchtend, domus, amnis, sidera; (Poet.) = glänzend weiß, puella, ovis. 2) *trop.* deutlich, klar, narratio, ordo, orator.

Lūcĭfer, ĕra, ĕrum, *adj.* [lux-fero] Licht bringend, Diana, equi die Sonnenpferde; manus l. Lucinae (Poet.) = ans Licht bringend. Hiervon *subst.* **Lūcĭfer**, ĕri, *m.* der Planet Venus oder der Morgenstern; (Poet.) = Tag, tres ll.

Lūcĭfŭga, ae, *comm.* [lux-fugio] (Spät.) das Tageslicht scheuend, lichtscheu; auch = Insk. der aus Nacht Tag macht.

Lūcĭfŭgus, *adj.* = lucifuga.

Lūcīlius, Name eines römischen Geschlechtes: Quintus L. Balbus war ein Anhänger der stoischen Philosophie, Cajus L. Zeitgenosse des jüngeren Africanus, Satirendichter.

Lūcīna, ae, *f.* die Geburtsgöttin. Hiervon (Poet.) = die Geburt, das Gebären, pati L.

Lucrĕtĭlis, is, *m.* Berg im Sabinerlande.

Lucrĕtīnum, i, *n.* Landgut des Atticus in der Nähe vom Lucretilis.

Lucrĕtius, Name eines römischen Geschlechtes: bekannt ist in der ältesten Zeit der Spurius L. Tricipitinus und seine Tochter Lucretia, die vom Sextus Tarquinius geschändet wurde, und bes. der Titus L. Carus, Verfasser eines epischen Gedichtes de rerum natura.

Lucri-făcio wird jetzt gewöhnlich richtiger getrennt geschrieben, siehe lucrum.

*****Lucrĭfĭcābĭlis**, e, *adj.* [lucrum-facio] (Pl.) Gewinn bringend.

*****Lucrĭfĭcus**, *adj.* (Pl.) = lucrificabilis.

*****Lucrĭfŭga**, ae, *comm.* [lucrum-fugio] (Pl.) eigenen Gewinn fliehend.

Lucrīnus lacus, ein See an der Küste von Campanien, eigtl. ein in das Land hineinreichender Meerbusen. Hiervon **Lucrīnus** u. **Lucrīnensis**, e, *adj.*

*****Lucrĭpĕta**, ae, *comm.* [lucrum-peto] (Pl.) Gewinn suchend.

Lucror, *depon.* 1. [lucrum] 1) gewinnen, profitiren, magnam pecuniam, talentum; l. stipendium = für sich behalten; l. nomen erwerben, sich verschaffen; lucretur indicia infamiae mag er den Gewinn haben, daß nicht erwähnt werden.

Lucrōsus, *adj.* mit *comp.* u. *sup.* [lucrum] (Poet. u. Spät.) Gewinn bringend, profitabel, voluptas, fraus.

Lucrum, i, *n.* 1) der Gewinn, Vortheil, Profit: l. facere ex re aliqua gewinnen; lucro est es ist vortheilhaft; ponere, deputare in lucro als Gewinn betrachten; lucri facio aliquid Etwas gewinnen, profitiren, peconiam ab aliquo, censoriam notam ben Bortheil haben, baß man ihr entgeht; quae ille naturali bono lucri fecit wovon er — die Bortheile einerntete; de lucro vivere = durch die Gnabe Anderer leben. 2) (Poet.) = Reichthum, Gold.

*Luctāmen, ĭnis, n. [luctor] (Poet.) die Anstrengung.

Luctātio, ōnis, f. [luctor] 1) das Ringen. 2) trop. a) die Anstrengung, der Kampf, z. B. um fest zu stehen; l. spiritus. b) der Wortkampf, Disput.

Luctātor, ōris, m. [luctor] (Poet. u. Spät.) der Ringer.

Luctĭfer, ĕra, ĕrum, adj. [luctus-fero] (spät. Poet.) Trauer bringend.

Luctĭfĭcus, adj. [luctus-facio] (Poet.) Trauer bewirkend, traurig.

*Luctĭ-sŏnus, adj. (Poet.) traurig klingend.

Luctor, depon. 1. (Vorklaff. auch Lucto, 1.) 1) ringen, cum aliquo. 2) trop. A) kämpfen, cum aliquo; (Poet.) l. fluctibus (dat.) mit den Fluthen kämpfen; (Spät.) l. clementiā suā mit feiner Milde. B) sich anstrengen, abmühen, mühsam arbeiten: l. in arido solo, in turba in einer Menschenmenge, um sich Platz zu machen; (Poet.) l. compescere risum um sein Gelächter zu bekämpfen. C) oscula luctantia widerstrebend.

Luctŭōsē, adv. mit comp. [luctuosus] kläglich, jämmerlich.

Luctŭōsus, adj. mit comp. u. sup. [luctus] 1) Trauer verursachend, bringend, traurig, kläglich, dies, tempora, exsilium. 2) (Poet.) der in Trauer ist, trauervoll, leidend, Hesperia.

Luctus, us, m. [lugeo] 1) die Trauer, die in äußeren conventionellen Zeichen (in dem Anzuge, in der Vernachlässigung des Haares u. s. w.) sich äußert, also namentlich die Trauer über den Verlust einer theuren Person, hauptsächlich durch den Tod, doch auch z. B. durch das Eril u. bergl. (vgl. dolor, moeror): senatus est in l. hat Trauerkleider angelegt; luctus finitur, deponitur wird abgelegt; l. domesticus Familientrauer; luctu et caede omnia complentur. 2) bisweilen scheint das Wort weniger genau = dolor Trauer überhaupt gebraucht worden zu sein; (Poet.) levior l. geringere Veranlassung zur Trauer.

Lūcu, alter abl. von lux, siehe diesen Artifel.

Lūcŭbrātio, ōnis, f. [lucubro] 1) das Arbeiten bei Lichte, das Nachtsitzen; l. anicularum das Geschwätz alter Weiber Abends. 2) die Nachtarbeit, das bei Lichte Gemachte.

Lūcŭbrātĭuncŭla, ae, f. deminut. von lucubratio.

*Lūcŭbrātōrius, adj. [lucubro] (Spät.) zum Nachtsitzen (Nachtstudiren) dienlich.

Lūcŭbro, 1. [lux] 1) intrans. bei Lichte ober Nacht arbeiten. 2) transit. bei Lichte ober Nacht ausarbeiten, opusculum.

Lūcŭlentē ob. -ter, adv. mit comp. u. sup. [luculentus] gut, hübsch, herrlich, schön, tüchtig, calefacere, scribere; l. vendere mit Vortheil.

Lūcŭlentus, adj. [lux] 1) (selten, Poet.) lichtvoll, hell, vestibulum. 2) hübsch in seiner Art, herrlich, gut, ansehnlich, tüchtig: l. femina hübsch, facinus, legio, verba, oratio; l. plaga, divitiae, patrimonium bedeutend, ansehnlich; dies l. glücklich; auctor l. glaubwürdig, gültig, ebenso testis; caminus l. ein „tüchtiger" Ofen.

Lūcullus, i, m. Familienname in dem licinischen Geschlechte, siehe Licinius; davon Lŭcullēus u. -liānus, adj.

*Lūcŭlus, i, m. (Spät.) deminut. von lucus.

Lūcŭmo, ōnis, m. Ehrentitel der etrurischen Magnaten, die zugleich Priester waren.

Lūcus, i, m. der einer Gottheit geheiligte Hain: lucus ibi frequenti silva; (Poet.) = Wald überhaupt.

Lūdia, ae, f. [ludius] (spät. Poet.) 1) die Tänzerin. 2) uneigtl. die Geliebte eines Gladiators.

Lūdĭbrium, ii, n. 1) das Spielwerk, Spiel: debere l. ventis den Winden ein Spiel sein sollen; ll. fortunae irdische Güter, womit das Glück gleichsam spielt; ll. oculorum Blendwerk, was die Augen täuscht, ebenso aurium. Hiervon = der Gegenstand des Gespöttes, die Kurzweil; J. Brutus ductas erat Delphos, ludibrium verius quam comes. 2) das Gespött, der Hohn: habere aliquem ludibrio Jmbs spotten; per l. spottweise; ad l. alicujus ober ludibrio alicujus um Jmbn zu spotten.

Lūdĭbundus, adj. [ludo] 1) spielend, scherzend. 2) trop. = leicht, ohne Mühe Etwas thuend: l. illuc pervenisti.

Lūdĭ(cer), cra, crum, adj. (der nom. sing. m. kömmt gar nicht vor) [ludus] 1) zur Kurzweil dienend, kurzweilig, was zum Vergnügen geschieht, zu einem Spiele gehörig, exercitatio, ars, sermo, certamen. 2) Insbes. zu einem Schauspiele gehörig, Schauspielern, tibia; res l. die Schauspielerkunst oder die dramatische Poesie, das Schauspielwesen; partes ll. die Rolle in einem Schauspiele. Hiervon subst. Lūdĭcrum, i, n. ein Spiel, Schauspiel im Theater oder auf dem Circus: l. Olympiorum; ll. venandi aut exercendi zur Kurzweile angestellte Jagden oder Uebungen.

*Lūdĭ-fāccio etc., 3. (Pl.) zum Besten haben, aliquem.

*Lūdĭfĭcābĭlis, e, adj. [ludifico] (Pl.) womit man Jmbn zum Besten hat.

Lūdĭfĭcātio, ōnis, f. [ludifico] das Zumbestenhaben, die spottende Täuschung.

*Lūdĭfĭcātor, ōris, m. [ludifico] (Pl.) der Jmbn zum Besten hat.

*Lūdĭfĭcātus, us, m. (Pl.) = ludificatio.

Lūdĭfĭco, 1. [ludus-facio] zum Besten haben, bei der Nase herumziehen, täuschen, aliquem; auch absol.

Lūdĭfĭcoor, depon. 1. [ludus-facio] 1) = ludifico; l. virginem schänden. 2) durch Hinterlist vereiteln, hintertreiben, locationem priorem, ea quae hostes agerent.

Lūdĭ-mǎgister, tri, m. der Schullehrer.

Lūdius, ii, m. (die Form Lūdio, ōnis, ist wahrscheinlich falsch) [ludo] der Schauspieler (verächtlich = der Gaukler, (vgl. histrio) ober der pantomimische Tänzer; (Poet.) von einem Gladiator.

Lūdo, si, sum, 3. 1) spielen = ein eigentliches Spiel treiben: l. aleā, pilā, talis, aber auch (Poet. u. Spät.) l. aleam, par impar, Trojam; lusit consimiles lusum = er hat dasselbe gethan; l. lusum insolentem ein freches Spiel treiben. Hiervon insbes. A) häufig von körperlichen Uebungen: ludere qui nescit, campestribus abstinet armis. B) *intrans.* = in einem Schauspiele auftreten: ursi et elephanti ll. C) (Poet.) = tanzen: l. in numerum taktmäßig, in catenas Ketten bilden. D) = spielend darstellen, „agiren", bonum civem. 2) spielen = scherzen u. dergl.: ludens illud feci; (Poet.) von Fischen, Vögeln u. dergl., die sich leicht und gleichsam spielend im Waſſer oder in der Luft bewegen. Insbes. A) mit Etwas spielen = zum Zeitvertreib und Scherz sich mit Etwas beschäftigen: l. versibus incomptis, armis; l. carmina haec spielend dichten. B) (*Pl.*) spielend, d. h. vergeblich anwenden, operam. 3) zum Besten haben, verspotten, aliquem. 4) täuschen, hintergehen, aliquem.

Lūdus, i, m. [ludo] 1) das Spiel als ergötzliche Beschäftigung zum Zeitvertreib und zur Erholung (*object.*, vgl. lusus), z. B. das Ballspiel, das Würfeln, körperliche Uebungen u. dergl. Insbes. A) im *pl.* = öffentliche Schauspiele: committere ll. die Schauspiele anfangen laſſen, facere ll. veranstalten; ludis jur Zeit, wenn die Schauspiele gehalten werden, während der Schauspiele; ludi Taurilia, Consualia; ludi bini, terni u. f. w. Diese ludi waren theils scenici (im Theater, dramatische Vorstellungen), theils circenses (Wettrennen, Wettfahren, Thiergefechte u. dergl.), theils gladiatorii; bisweilen wird ludi insbes. von ll. scenici gesagt im Gegensatze zu den übrigen. B) Spiel = Zeitvertreib, Kurzweile, Spaß: per l. et negligentiam; facere ll. Spaß treiben; dare amori ludum (Poet.) der Liebe freies Spiel laſſen; dare alicui ludos Jmb. einen Spaß einräumen, aber auch = ludos alicui praebere sich vor Jmb. lächerlich machen. Insbes. (Com.): ludos facere aliquem Jmb. zum Besten haben; ille tibi ludus fuit war dir zum Gespötte; ludos aliquem dimittere höhnisch fortschicken; ludos alicui reddere (facere) Jmb. einen schönen Streich spielen; ludos facere operam seine Mühe vergeblich anwenden. C) *trop.* ein Spiel = eine Kleinigkeit, eine leichte und unbedeutende Sache: ludus est illa perdiscere; testimonium iis ludus est sie spielen mit ihrem Zeugnisse. 2) die Schule (die niedere, Kinderschule oder wo bloß Uebungen vorkommen, vgl. schola): l. literarum ob. literarius die Elementarschule: l. discendi; l. gladiatorius Fechterschule.

*****Luēla** (ob. **Luella**), ae, *f.* [luo] (*Lucr.*) die Buße, Strafe.

Lues, is, *f.* (Poet. u. Spät.) 1) die Seuche, die ansteckende und sich verbreitende Krankheit (vgl. morbus, pestilentia, aegrotatio). 2) *trop.* das Verderben, Unglück, z. B. ein Krieg, Sturm ob. dergl.

Lugdūnum, i, *n.* Stadt in Gallien, jetzt Lyon. Davon **Lugdūnensis**, e, *adj.*

Lūgeo, xi, — 2. 1) trauern = in Trauer sein (siehe luctus): senatus ll. eum hat Trauerkleider um seinetwillen angelegt. 2) überhaupt innig betrübt sein, über Etwas trauern, vitam hominum, mortem alicujus, interitum reipublicae.

Lūgubris, e, *adj.* [lugeo] 1) zur Trauer gehörig, Trauers, lamentatio, domus, cantus; ales l. (Poet.) Trauer verkündend. 2) A) Trauer bewirkend, jammervoll, bellum. B) kläglich, traurig, vox; (Poet.) lugubre canunt als *adv.* kläglich.

*****Lumbifrăgium**, ii, *n.* [lumbus-frango] (*Pl.*) der Lendenbruch.

Lumbrīcus, i, *m.* der Regenwurm, *trop.* (*Pl.*) von einem Menschen, der aus niedrigem Stande unerwartet zu hohen Ehrenstellen gelangt ist.

Lumbus, i, *m.* die Lende.

Lūmen, ĭnis, *n.* [vermuthlich statt lucimen von luceo] 1) das Licht (ursprünglich = der leuchtende Körper, der Gegenstand, der Licht giebt): luna illustratur a l. solis, aber auch luna mutuatur l. suum a sole. Hiervon insbes. A) ein Licht = Leuchte, Kerze, Fackel u. dergl.: accendere ll.; ad ll. bis Abend, sub prima ll. beim Anfange des Abends. B) (Poet.) a) = das Tageslicht, der Tag, secundo l. b) die helle Luft, coeli l. spirabile. c) das Lebenslicht, das Leben, adimere alicui lumen. C) das Augenlicht, das Auge, die Sehkraft: amittere ll. D) das Licht in oder vor Gebäuden: ll. mutantur die Aussicht wird (durch Aufbauen) verändert, obstruere luminibus alicujus das Licht verbauen, und *trop.* = Jmds Ruhm verdunkeln. E) (Spät.) das Licht in der Malerei, im Gegensatze des Schattens. 2) *trop.* A) was Licht um sich verbreitet, der Glanzpunct, Lichtpunct einer Sache, oder das Herrlichste, Beste in seiner Art, die Zierde, der Schmuck: ll. civitatis die trefflichsten Bürger; l. aliquod probitatis et virtutis glänzendes Beispiel von; ll. sententiarum, verborum glänzende Gedanken, Worte; l. consulatus sui sein Consulat, das Glanz über den Staat verbreitete. B) = Klarheit, Deutlichkeit: ordo memoriae affert l. C) = Rettung, Hülfe, l. dubiis rebus.

Lūminaria, ium, *n.pl.* [lumen] Fensterladen.

Lūminōsus, *adj.* [lumen] lichtvoll, *trop.* hervorstechend, ausgezeichnet, partes orationis.

Lūna, ae, *f.* 1) der Mond: l. plena der Vollmond; tertia, quarta l. der dritte, vierte Tag nach dem Neumonde; l. deficiens, (Poet.) laborans der verfinsterte Mond, die Mondfinsterniß; per l. im Mondenscheine. 2) (Poet. u. Spät.) A) = der Monat. B) = die Nacht. C) = die halbmondförmige Figur (ursprünglich ein C), welche die Senatoren an ihren Schuben trugen. 3) personificirt die Mondgöttin, später mit der Diana identificirt.

Lūna, ae, *f.* Stadt auf der Grenze zwischen Ligurien und Etrurien. Davon **Lūnensis**, e, *adj.* u. *subst.* **-enses**, ium, *m. pl.* die Einwohner von L.

Lūnāris, e, *adj.* [luna] 1) zum Monde

Luno

gehörig, **Mond-**, cursus. 2) (Poet.) monbförmig.

Lūno, 1. [luna] (Poet.) halbmondförmig krümmen; bef. im particip. lunatus gekrümmt, sichelförmig, halbmondförmig, cornua.

Lūnŭla, ae, *f.* (Vorklass.) *deminut.* von luna = ein Frauenschmuck.

Luo, ui, — (*fut. part.* luitūrus) 3. [eigtl. abwaschen, reinigen, verwandt mit lavo, λούω) 1) büßen, abbüßen, sühnen, Strafe für Etwas leiden, noxam pecuniā, perjurium sanguine; l. caedem piaculo. Hiervon l. pericula abwenden. 2) leiden, büßen, als Strafe bezahlen: l. poenas oder poenam (supplicium) peccati sui, pro caede; l. poenam reipublicae vom Staate oder wegen des Staates bestraft werden, gleichsam eine Buße an den Staat erlegen. Hiervon l. aes alienum eine Schuld bezahlen.

Lŭpa, ae, *f.* 1) die Wölfin. 2) eine öffentliche Buhlerin, Hure (verächtliches Wort aus der Volkssprache, vgl. scortum, meretrix).

Lŭpānar, āris, *n.* [lupa] Ort, wo öffentliche Dirnen sich aufhalten, Bordell.

Lŭpātus, *adj.* [lupus] (Poet.) mit Wolfszähnen, d. h. eisernen Stacheln in der Gestalt von Wolfszähnen, versehen; insbef. ll. frena oder freni und daher als *subst.* lupata, ōrum, *n. pl.* oder lupati, ōrum, *m. pl.* ein mit solchen Stacheln besetztes Pferdegebiß.

Lŭpercal, ālis, *n.* [lupercus] 1) eine dem Gotte Lupercus geheiligte Grotte am palatinischen Berge. 2) im *pl.* **-ālia**, ōrum oder ium, das Fest des Gottes Lupercus.

*****Lŭpercālis**, *adj.* (Spät.) zum Gotte Lupercus gehörig; sacrum L. = Lupercalia.

Lŭpercus, i, *m.* 1) römischer Name des lycäischen Pan, der "Wolfsabwehrer" [lupusarceo]. 2) ein Priester des Lupercus. Diese bestanden aus zwei, später drei Klassen; in der späteren Zeit waren auch vornehme junge Leute unter ihnen, früher waren es Hirten.

Lupia, ae, *f.* Fluß im nordwestlichen Deutschland. j. Lippe.

*****Lŭpillus**, i, *m. deminut.* von lupinus 2.

Lŭpīnus, [lupus] 1) *adj.* zum Wolfe gehörig. Wolfs-, ubera, pellis. 2) *subst.* **-us**, i, *m.* die Wolfsbohne, Feigbohne; diese wurden oft von Kindern oder auf dem Theater als Rechenpfennige oder Münze gebraucht.

Lŭpus, i, *m.* 1) der Wolf. Proverb. (Converf.) lupum auribus tenere = in großer Verlegenheit sein; lupus in fabula (sermone) = wenn man von Jmb. spricht, ist er oft am nächsten; committere ovem lupo Jmd. seinem ärgsten Feinde anvertrauen; eripere agnum lupo = etwas Schwieriges thun. 2) (Poet. u. Spät.) ein gefräßiger Raubfisch. 3) frena lupata, siehe lupatus. 4) ein eiserner Haken.

*****Lurchĭnābundus**, *adj.* [lurco] (Vorklass.) gefräßig.

Lurco, ōnis, *m.* (Vorklass. u. Spät.) der Fresser, Schlemmer.

Lŭrĭdus, *adj.* (Poet.) blaßgelb, fahl, leichenblaß (vgl. pallidus), Orcus, umbra eines Erhängten; dentes ll. schmutzige. 2) = leichenblaß machend, horror.

Lŭror, ōris, *m.* (Poet.) die Leichenblässe.

Lustrum

Luscĭnĭa, ae, *f.* ob. (selten) **-ius**, ii, *m.* die Nachtigall.

*****Luscĭnĭŏla**, ae, *f. deminut.* von luscinia.

*****Luscĭtĭōsus**, *adj.* [luscus] (Vorklass.) kurzsichtig, blödsichtig.

Luscus, *adj.* 1) einäugig. 2) (Spät. Poet.) blödsichtig.

Lūsio, ōnis, *m.* [ludo] das Spielen, pilae; discendi, non lusionis causa; delectari in l.

Lūsītānia, ae, *f.* das jetzige Portugal u. Theile des westlichen Spaniens. Davon **-tānus**, *adj. u. subst.* **-tāni**, ōrum, *m. pl.* die Bewohner von L.

Lūsĭto, 1. [ludo] (Vorkl. u. Spät.) spielen.

Lūsor, ōris, *m.* [ludo] (Poet. u. Spät.) 1) der Spieler, Jmb. der spielt, scherzt; l. tenerorum amorum der tändelnde Liebesgedichte schreibt. 2) der Spötter.

Lūsōrius, *adj.* [lusor] (Spät.) 1) zum Spiel-, Scherze gehörig, Spiel-, pila. 2) zur Kurzweil-, zum Zeitvertreibe dienlich, kurzweilig, spaßhaft, spectaculum; nomen, arma ll. die nur zum Scherze ergriffen werden.

Lustra, ōrum, *n. pl.* [luo, lavo?] 1) (Vorklass.) ein Morast, eine Pfütze. 2) der Aufenthalt der Thiere im Walde, die Waldhöhle, das Wildlager. 3) das Bordell, Hurenhaus: lustris confectus vom liederlichen Leben.

Lustrālis, e, *adj.* [lustrum] zur Reinigung-, Sühnung gehörig, sacrificium l. das Sühnopfer. 2) zum großen Reinigungsopfer in Rom gehörig, siehe lustrum 2.

Lustrātio, ōnis, *f.* [lustro] 1) die Reinigung durch Sühnopfer. 2) das Durchwandern, Durchstreifen, municipiorum; ll. ferarum das Streifen der Thiere durch die Wälder; l. solis der Lauf der Sonne.

Lustricus, *adj.* [lustrum] (Spät.) zur Reinigung gehörig: dies l. hieß der achte oder neunte Tag nach der Geburt eines Kindes, weil es dann durch ein Sühnopfer gereinigt wurde und einen Namen erhielt.

Lustro, 1. [lustrum] 1) durch ein Sühnopfer reinigen, in religiöser Beziehung rein machen: l. agrum, exercitum, senem; (Poet.) lustramur Jovi wir reinigen uns durch ein dem J. gebrachtes Sühnopfer. Hiervon 2) (siehe lustrum 2.) muſtern, exercitum. 3) genau durchgehen, daher A) (Poet.) besehen, betrachten, corpus lumine, rem oculis. Hiervon a) *trop.* l. aliquid animo bedenken, erwägen. b) = durchwandern, durchlaufen, besuchen: l. Aegyptum, stella l. signiferum orbem; (Poet.) ll. ignem equis = reiten um das Feuer herum. So auch (Poet.) sol l. omnia flammis = erleuchtet Alles, Aurora l. terras lampade Phoebea besucht die Erde mit dem Sonnenlichte (Andere erklären es an diesen Stellen geradezu durch "beleuchten", von lux); dum umbrae montibus convexa lustrabunt so lange auf den Bergen der Schatten die Schluchten besucht (d. h. so lange die Schluchten abwechselnd dunkel werden).

Lustror, *depon.* 1. [lustra] (Pl.) in Bordellen sich herumtreiben.

Lustrum, i, *n.* [luo] 1) (selten) ein Reinigungsopfer, Sühnopfer überhaupt. 2) das große Reinigungsopfer, welches alle fünf Jahre zu Rom von den Censoren am Schluße ihres Amtes für das ganze Volk dargebracht wurde in Verbindung mit dem census (siehe diesen Art.): condere (selten claudere) l. durch das hergebrachte Opfer das Fest und den Census beschließen; sub l. = gegen das Ende der Censur. 3) ein Zeitraum von 5 Jahren; davon (Poet. u. Spät.) von jedem längeren Zeiträume überhaupt.

Lūsus, us, m. [ludo] 1) das Spielen, Spiel (subjectiv, vgl. ludus), aleae, calculorum; non me offendit lusus in pueris. Auch = ein Schauspiel: l. Trojae worin Troja's Schicksal dargestellt wird. 2) die Kurzweil, der Zeitvertreib, insbes. im Gegensatze reeller Beschäftigung = die Spielerei: *trop.* iis omne fas nesaque est l. Spielwerk. 3) (Spät.) der Spott: lusum dare alicui Jmd. eine Veranlassung zum Gespötte geben = sich lächerlich machen.

Lūteŏlus, adj. *deminut.* von lūteus.

Lūtētia, ae, f. (L. Parisiorum), Stadt in Gallien, jetzt Paris.

Lŭteus, adj. [lŭtum] 1) aus Koth od. Lehm: opus l. ein Schwalbennest. 2) kothig, schmutzig, pes. 3) *trop.* verächtlich, unbedeutend, meretrix, negotium.

Lūteus, adj. [lūtum] (Poet. u. Spät.) goldgelb, safrangelb, color.

Lŭtŭlentus, adj. [lŭtum] 1) mit Koth beschmiert, voller Koth, sus, amnis. 2) *trop.* A) schmutzig, verächtlich, homo. B) vom Styl, unrein, der gehörigen Reinheit und Klarheit ermangelnd: poeta ille fluit l.

*****Lŭtŭlo**, 1. [lŭtum] (Pl.) besudeln, *trop.* = beschimpfen, aliquem.

Lŭtum, i, *n.* der Koth, Dreck (von der durch die temporäre äußere Einwirkung weich gewordenen Masse, vgl. limus). Hiervon A) der Thon, Lehm. B) (Spät.) der Staub, womit die Ringer sich bestreuten. C) *trop.* als Schimpfwort. D) *proverb.* in luto esse ob. haerere = in Verlegenheit sein.

Lūtum, i, *n.* ein Färbekraut, der Wau.

Lux, ūcis, f. 1) das Licht (eigtl. = die von einem Lichtkörper ausströmende Lichtmaße, vgl. lumen): l. solis; l. ahenea (Poet.) von einem glänzenden ehernen Panzer; (Poet.) ll. = die leuchtenden Himmelskörper. 2) Insbef. A) das Tageslicht: cum prima l.; luce orta nach Anbruch des Tages; luce ob. luci und (Vorklass.) lucu am Tage; in lucem bis zum Tage, ad l. gegen den Tag, multā l. am hohen Tage. B) der Tag, centesima l. haec est. C) (Poet.) das Lebenslicht, das Leben: luce carentes die Verstorbenen, aspicere l. = geboren werden. (Poet. u. Spät.) das Augenlicht, das Gesicht, adimere l. 3) *trop.* A) = Aufklärung, Klarheit: historia est l. veritatis. B) = Glanz, Zierde, was einen Gegenstand verherrlicht und auszeichnet: Roma l. orbis terrarum; mea l., l. Dardaniae als lobende Anrede. C) = Oeffentlichkeit, die Eigenschaft, von der Welt gesehen, gekannt und besprochen zu werden: non aspicere l. = eingezogen leben (vgl. 1. C.); in l. atque in oculis omnium (oppos. intus domique); carere l. forensi; versari in l. Asiae in Asien leben, wo man von

Allen beobachtet werden kann (oppos. latebrae Cappadociae); vocare familiam e tenebris in lucem seine Familie in Ansehen bringen. D) = Hülfe, Rettung, Heil: l. affulsit civitati, afferre reipublicae lucem.

Lŭxo, 1. (verw. mit dem gr. λοξός) (Vorklass. u. Spät.) verrenken, articulos.

*****Luxor**, depon. 1. (zweifelh., Pl.) schwelgen.

Luxŭria, ae, f. u. **-ies**, ei, f. [luxus] 1) von Pflanzen, die Geilheit, Ueppigkeit, üppige Wachsthum, segetum. 2) die Ueppigkeit, Sinnlichkeit, Schwelgerei, Unmäßigkeit, Prunksucht (subjectiv, von der Neigung und dem Temperament, vgl. luxus): l. et lascivia; l. senectuti foedissima est. Auch *trop.* von der üppigen und übergroßen Fülle der Rede.

Luxŭrĭo, 1. u. (Spät., selten) **-or**, depon. 1. [luxuria] 1) von Pflanzen, üppig sein, geilen und üppigen Wachsthum haben, seges; caules ll. in frondes; ager l. ist üppig, fruchtbar. Hiervon A) (Poet.) l. re aliqua von Etwas strotzen, Ueberfluß an Etwas haben. B) (Poet.) membra ll. schwellen in üppiger Fülle. C) *trop.* 2) von Thieren, aus übergroßem Wohlbehagen muthwillig sein, lustig umherspringen, pecus. Hiervon = in der Freude ob. in dem Genusse ausschweifen, üppig und ausschweifend sein, schwelgen, ausgelassen sein: ne animi otio ll.; multitudo l. nova libertate.

Luxŭrĭōse, adv. [luxuriosus] 1) ausgelassen, muthwillig. 2) üppig, schwelgerisch, vivere.

Luxŭrĭōsus, adj. mit comp. u. sup. [luxuria] 1) üppig wachsend, vitis, frumenta. 2) *trop.* ausschweifend. A) übertrieben, übergroß, ausgelassen, amor, laetitia. B) = üppig, wollüstig, homo, domus.

Luxus, us, m. die Pracht, Verschwendung, der übergroße Aufwand von der Lebensart, vgl. luxuria), gewöhnlich im stärker tadelnden Sinne = die Schwelgerei, Schlemmerei: l. et desidia, in vino et l.; nur selten ohne tadelnde Bedeutung = Aufwand, Glanz, l. regius.

Lyaeus [λυαῖος], 1) subst. der Löser von Sorgen = Bacchus; daher meton. = der Wein. 2) adj. zum Bacchus gehörig, latex l. der Wein.

Lўcaeus, i, m. [Λύκαιος] Berg in Arkadien, dem Jupiter und dem Pan heilig. Hiervon **Lўcaeus**, adj. zum L. gehörig, oft *subst.* = Pan.

Lўcambes, ae, *m.* [Λυκάμβης] ein Thebaner, Vater der Neobule: als L. nicht, seinem Versprechen gemäß, dem Dichter Archilochus seine Tochter geben wollte, verfolgte dieser ihn und die Tochter so arg mit seinen Spottgedichten, daß beide sich erhängten.

Lўcāon, ŏnis, m. [Λυκάων] 1) König in Arkadien, Vater der Callisto, von Jupiter in einen Wolf verwandelt. Davon A) **Lўcāŏnis**, ĭdis, f. die Tochter des L. = Callisto. B) **Lўcāŏnius**, adj. 2) Enkel des Ersteren.

Lўcāŏnes, nm, m. pl. [Λυκάονες] Völker in Kleinasien. Davon **Lўcāŏnius**, adj. und *subst.* **-nia**, ae, f. die Landschaft der L.

Lўcēum, i, *n.* [Λύκειον] 1) ein Gymna-

29*

fium zu Athen. 2) eine ähnliche Einrichtung auf Cicero's Gute bei Tusculum.

***Lychnŏbius**, ii, m. [λυχνόβιος] der bei Licht lebt = der aus Nacht Tag macht.

Lychnūchus, i, m. [λυχνοῦχος] der „Lichthalter", Lampenträger, Candelaber, Leuchter.

Lychnus (ob. **Lychīnus**), i, m. [λύχνος] die Leuchte, Lampe (= lucerna): l. pendens wie ein Kronleuchter von der Decke herabhangend.

Lўcia, ae, f. [Λυχία] Landschaft in Kleinasien. Davon **Lўcius**, adj.: hasta u. s. w. Lycia des lycischen Königs Sarpedon.

Lўcomēdes, is, m. [Λυχομήδης] König der Insel Scyros, einer späteren Sage zufolge Schwiegervater des Achilles, siehe Deidamia.

Lўcōris, ĭdis, f. eine Freigelassene, die eigentlich Cytheris hieß. Geliebte des M. Antonius (Triumvir) und des Dichters Corn. Gallus.

Lўcormas, ae, m. [Λυχόρμας] Fluß in Aetolien.

Lyctus, i, f. [Λύχτος] Stadt auf Creta. Davon Lyctius, adj. = cretensisch.

Lycurgus, i, m. [Λυχοῦργος] 1) König der Edonier in Thracien; er widersetzte sich der Verehrung des Bacchus und wurde deßwegen vom Gotte mit Raserei bestraft, in welcher er sich selbst tödtete. 2) Gesetzgeber zu Sparta. Davon **Lўcurgēus**, adj. trop. = ein strenger Richter. 3) ein Redner zu Athen.

Lycus, i, m. [Λύχος] 1) Name mehrerer Flüsse in Asien, bes. eines in Paphlagonien und eines in Phrygien. 2) Stadt in Illyrien.

Lyde, es, f. [Λύδη] Gemahlin des Dichters Antimachos aus Claros.

Lўdia, ae, f. [Λυδία] Landschaft in Kleinasien. Davon **Lўdius** u. **Lўdus**, adj. lydisch, (Poet.) = etrurisch; subst. **Lydi**, ōrum, m. pl. die Lydier, (Poet.) = die Etrurier.

Lympha, ae, f. [verwandt mit limpidus] (Poet.) reines und klares Wasser.

Lymphātĭcus u. **Lymphātus**, adj. [lympha] eigtl. „wasserscheu", daher überhaupt wahnsinnig, besinnungslos, pavor, somnia; trop. numi ll. unsinniges Geld = das durchaus aus dem Beutel heraus will. Davon (Pl.) **Lymphātĭcum**, i, n. als subst. die Wasserscheu, der Wahnsinn.

Lyncestae, ārum, m. [Λυγχησταί] Völkerschaft in Macedonien. Davon -tius, adj.

Lyncēus, ei ob. eos, m. [Λυγχεύς] 1) einer der Argonauten, berühmt durch sein scharfes Gesicht. Davon A) **Lyncēus**, adj. trop. = scharf sehend. B) **Lyncīdes**, ae, m. ein männlicher Nachkomme des L. 2) Sohn des Aegyptus, Gemahl der Hypermnestra, siehe diesen Artikel.

Lyncus, i, m. [Λύγχος] 1) König in Scythien, in einen Luchs verwandelt. 2) Hauptstadt der Lyncestae.

Lynx, cis, comm. [λύγξ] der Luchs.

Lyra, ae, f. [λύρα] die Lyra, Laute. Hiervon zur Bezeichnung der lyrischen Poesie.

Lyrcēus, i, m. eine Quelle im Peloponnes; hiervon als adj. zu jener Quelle gehörig.

Lyrĭcus, adj. [λυριχός] zur Lyra gehörig, lyrisch. Hiervon als subst. a) -ca, ōrum, n. pl. lyrische Gedichte; b) -ci, ōrum, m. pl. lyrische Dichter.

Lyristes, ae, m. [λυριστής] (Spät.) der Lautenspieler.

Lyrnēsus (-nessus), i, f. [Λυρνησός] Stadt in Troas, Geburtsort der Briseis. Davon a) **Lyrnēsis**, ĭdis, f. die Lyrneserin = Briseis. b) -nēsĭus, adj.

Lysander, dri, m. [Λύσανδρος] 1) berühmter Feldherr in Sparta. 2) ei: Ephorus zu Sparta.

Lysias, ae, m. [Λυσίας] berühmter Redner zu Athen. Davon **Lysiăcus**, adj.

Lysĭmăchia, ae, f. [Λυσιμαχία] Stadt in Thracien. Davon -chienses, ium, m. pl. die Einwohner von L.

Lysĭmăchus, i, m. [Λυσίμαχος] Feldherr Alexanders des Großen, nachher Beherrscher von Thracien.

Lysippus, i, m. [Λύσιππος] berühmter Erzgießer, Zeitgenosse Alexanders des Großen.

Lysis, is, m. [Λύσις] 1) pythagoreischer Philosoph, Lehrer des Epaminondas. 2) Fluß in Vorderasien.

M.

Măcăreus, ei ob. eos, m. [Μαχαρεύς] Sohn des Aeolus, in blutschänderischer Liebe zu seiner Schwester Cánace entbrannt. Davon -rēis, ĭdis, f. die Tochter des M.

Măcĕdŏnes, num, m. pl. [Μαχεδόνες] die Macedonier; im sing. -do, ĭnis. Davon 1) **Măcĕdŏnĭa**, ae, f. [Μαχεδονία] das Land der M., Macedonien. 2) **Măcĕdŏnĭcus**, auch -dŏniensis, e, (Vorklass.) und -dŏnĭus, (Poet.) adj.

Măcellārius, ii, m. [macellum] (Spät.) zum Fleischmarkte gehörig: taberna m. die Fleischhändlerbude. Hiervon subst. -ārius, ii, m. der Fleischwaarenhändler.

Măcellum, i, n. Ort, wo Fleischwaaren verkauft werden, der Fleischmarkt.

*Măceo, — — 2. [macer] (Pl.) mager sein.

Măcer, cra, crum, adj. mager, fleischlos, von lebenden Geschöpfen, sowohl Menschen als Thieren (vgl. strigosus), doch auch solum, ager, vinea m. = wenig ergiebig. Hiervon trop. = abgehärmt.

Măcĕria, ae, f. die Umhegung, Hecke, Mauer um einen Platz u. s. w.; auch von einem im Kriege aufgeworfenen Walle oder einer Brustwehr.

Măcĕro, 1. 1) durch Feuchtigkeit auflösen, einweichen, beizen, brassicam. 2) trop. A) körperlich, schwächen, entkräften, aliquem siti, fame. B) geistig, abgrämen, abquälen, aliquem; Phryne me m. die Liebe zu Ph. quält

Macesco   **Maeander**   453

mich; macerari oder macerare se sich quälen, ängstigen; m. exspectationem alicujus longe hinhalten.

Măcesco, — — 3. [macer] (Vorklaff. u. Spät.) mager werden.

Măchaera, ae, *f.* [μάχαιρα] (Vorklaff. u. Spät.) ein Säbel, Schwert.

Măchāon, ŏnis, m. [Μαχάων] Sohn des Aesculap, berühmter Arzt bei den Griechen vor Troja. Davon **-ŏnius**, *adj*.

Māchĭna, ae, *f.* [μηχανή] 1) überhaupt ein künstlich verfertigtes und zusammengesetztes Werk, als eine Maschine (namentlich um eine schwere Masse empor= ob. fortzubewegen, auch = Wurfmaschine im Kriege), Gerüst, Gebäude, Werkzeug und dergl. 2) *trop*. künstliches und listiges Mittel, der Kunstgriff, die List: dolus ac m.

Māchĭnāmentum, i, n. [machinor] (meist Spät.) = machina.

Māchĭnātĭo, ŏnis, *f.* [machinor] 1) die kunstmäßige Einrichtung, der Mechanismus, plaustrorum; aliquid movetur machinatione. 2) die mechanische Kunstfertigkeit: data est quibusdam bestiis m. quaedam et sollertia. 3) = machina (eigtl. und *trop*.).

Māchĭnātor, ōris, m. [machinor] 1) der Verfertiger eines künstlichen Werkes, der Maschinenbauer, Mechanicus, Architekt: m. bellicorum tormentorum. 2) *trop*. der Urheber, Anstifter, horum scelerum.

***Māchĭnātrix**, ĭcis, *f.* [machinor] (Spät.) *trop*. die Anstifterin.

Māchĭnor, depon. 1. [machina] Etwas künstlich ersinnen, =bereiten, aussindig machen, opus, insbes. etwas Böses oder Feindliches: m. aliquam astutiam, pestem in aliquem, perniciem alicui.

***Māchĭnōsus**, *adj*. [machina] (Spät.) künstlich zusammengefügt.

Măcĭes, ei, *f.* [macer] die Magerkeit, hominis, equi, auch von einem Acker und einem Gewächse = Unfruchtbarkeit; von der Rede = Trockenheit.

***Măcis**, ĭdis, *f.* (Pl.) ein (fingirtes) Gewürz.

Macresco, — — 3. [macer] = macesco.

Macrŏbii, ōrum, m. pl. [Μακρόβιοι] die "Langlebenden", Völkerschaft in Aethiopien.

***Macrŏcōlum**, i, n. [μακρόκωλον] Papier vom größten Formate, "Royalpapier".

***Mactābĭlis**, e, *adj*. [macto] (*Lucr*.) tödtlich.

***Mactātor**, ōris, m. [macto] (spät. Poet.) der Tödter, Mörder.

***Mactātus**, us, m. [macto] (*Lucr*.) das Schlachten = das Tödten.

Macte, siehe Mactus.

Macto, 1. [verwandt mit magnus, siehe mactus] eigtl. vergrößern, daher 1) beschenken, versehen und zwar A) mit etwas Gutem, = verherrlichen, beehren, insbes. einen Gott mit einer Opfergabe: m. deos manes extis puerorum. B) mit etwas Bösem versehen, Jmd. Etwas zufügen: m. aliquem infortunio, virum damno et malo. 2) (zufolge 1. A) opfern, als Opferthier schlachten, hostiam, pecudes nigras manibus. Hiervon *trop*. vernichten, tödten, umstürzen, aliquem summo supplicio, jus civitatis.

Mactus, *adj*. [verwandt mit magnus, siehe macto] 1) nur im Vocativ macte u. *pl*. macti, welche gewöhnlich in der Verbindung mit dem Verbum esse (*imperat.* u. *infinit.*), aber auch ohne ausdrückliche Hinzufügung dieses mit einem *ablat.* gebraucht werden, um einen Glückwunsch zu bezeichnen, = Glück auf! Heil (dir u. s. w.)! Wohl (dir)! m. virtute tua esto! mm. virtute milites Romani este! juberem (te) m. virtute esse ich würde dir zu deiner Tapferkeit Glück wünschen, ich würde deine Tapferkeit preisen; (Spät.) m. fortissimam civitatem! Auch absol. m. bravo! *2) (*Lucr*.) = mactatus, getroffen, geschlagen.

Măcŭla, ae, *f.* 1) der Fleck, Flecken (der bloß verändernde Fleck, der das Einfarbige bunt macht, vgl. labes, also nicht an und für sich tadelnd; oft wird es aber insbes. = der Schandfleck, labes, gebraucht): delere m., aspergere alicui maculam; concipere, suscipere m. sich einen Schandfleck anheften. 2) die Masche in einem Netze ob. dergl.

Măcŭlo, 1. [macula] 1) (Poet.) gefleckt=, bunt machen, m. telas ostro. 2) im üblen Sinne, beflecken, besudeln, terram sanguine. Hiervon *trop*. = beschimpfen, schänden, entehren und dergl.: m. lacus et nemora omni scelere, belli gloriam turpi morte.

Măcŭlōsus, *adj*. [macula] 1) gefleckt, bunt, lynx. 2) befleckt, besudelt, vestis; litera m. einen Flecken bildend. 3) *trop*. beschimpft, entehrt, schimpflich, homo, adolescentia.

Mădărus, *adj*. [μαδαρός] "der Kahle", scherzhafter Beiname des C. Matius.

Mădĕ-făcĭo etc., 3. 1) naß machen, befeuchten, benetzen (vgl. madidus): m. lanam aceto von Essig durchziehen lassen, (Poet.) m. velleres succis = färben. 2) *trop*. (Poet. und Spät.) trunken machen, aliquem.

Mădĕo, — 2. naß=, feucht sein (siehe madidus): paries m.; Persae mm. unguento triefen von Salbe; m. metu (Pl.) = vor Furcht schwitzen; (Poet.) m. caede von Blut triefen, sudor madens fließend, nix madens sole geschmolzen. Hiervon 2) (Poet.) A) weich, gar gekocht werden (namentlich weil das Fleisch dann gleichsam schwitzt). B) *trop*. trocken sein. 3) (Poet. u. Spät.) von Etwas voll sein, überströmen: simulacra mm. arte sind mit vieler Kunst gemacht, is m. sermonibus Socraticis ist von = voll gepfropft.

Mădesco, dui, — 3. [madeo] 1) naß werden. 2) weich werden.

***Mădĭde**, *adv*. [madidus] feucht, naß, *trop*. m. madere stark betrunken sein.

Mădĭdus, *adj*. 1) naß, feucht (an der Oberfläche und im Aeußeren, im Gegensatze von siccus; vgl. humidus), capilli, alae; (Poet.) madentes genae thränenbenetzt, fossae wasserreich. Hiervon 2) A) (Com.) trunken, betrunken: reddere aliquem m. B) weich, eingeweicht (von Fleischwaaren u. dergl.).

***Mădulsa**, ae, m. [madeo] (Pl.) der Betrunkene.

Maeander, dri, m. [Μαίανδρος] 1) Fluß

in Jonien, bekannt durch seine vielen Krümmungen. Daher appellativisch 2) zur Bezeichnung jeder Krümmung: A) die Krümmung und Wendung in der Rede, der Umweg, gekrümmte Weg, quaerere mm. flectionesque; in dialecticos gyros et mm. B) (Poet.) die verschlungene Einfassung eines Gewandes. Davon -drius, adj.

Maecēnas, ātis, m. eine ursprünglich aus Etrurien stammende römische Familie, aus welcher der berühmte Cajus Cilnius M., Günstling des Augustus und Beschützer des Horaz und Virgil, bekannt ist: siehe Cilnius.

Maecius, Name eines römischen Geschlechtes: der Spurius M. Tarpa, Zeitgenosse des Horaz, wird als ein feiner Kenner, besonders in Bezug auf dramatische Gedichte, genannt.

Maedi, ōrum, m. pl. thracische Völkerschaft. Davon **Maedicus**, adj.

Maelius, Name eines römischen Geschlechtes: der Spurius M. wurde 440 vor Chr. getödtet, weil er der königlichen Gewalt nachzustreben schien. Davon **Maeliānus**, adj.

Maena, ae, f. [μαίνη] ein kleiner Meerfisch, der besonders von armen Leuten gegessen wurde: trop. als Schimpfwort.

Maenălus, i, m. [Μαίναλος] oder -la, ōrum, n. pl. Gebirge in Arcadien mit einer gleichnamigen Stadt. Davon **Maenālis**, ĭdis, f. u. **Maenālius**, adj. (Poet.) = arcadisch: M. deus Pan, versus Hirtenlieder, ramus die Keule des Hercules.

Maenas, ădis, f. [Μαινάς] die „Rasende", = die Bacchantin; daher überhaupt = das von einem Gotte begeisterte (und wüthend gemachte) Weib, die Seherin.

Maenius, Name eines römischen Geschlechtes: 1) Cajus M., Consul 338 v. Chr., siegte über die Antiaten, weßhalb ihm zu Ehren eine Säule, columna Maenia, auf dem Forum errichtet wurde: an dieser wurden schlechte Sklaven und Diebe gezüchtigt und über böse Schuldner Recht gesprochen. Er soll der Erste gewesen sein, der an seinem Hause einen Balcon, Erker, anbrachte, dergleichen nach ihm Maenianum genannt wurde. 2) M. mit dem Beinamen Pantolabus (παιτόλαβος) war ein bekannter Schlemmer und Taugenichts zur Zeit des Horaz.

Maeŏnes, num, m. pl. [Μαίονες] die Bewohner von **Maeŏnia**, ae, f. einem Theile von Lydien; beide Wörter bezeichnen bei den Dichtern oft theils die Lydier und die Landschaft Lydien, theils, wegen der Sage von dem lydischen Ursprunge der Tyrrhener, die Etrurier und das Land Etrurien. Davon ferner: 1) **Maeŏnĭdes**, ae, m. [Μαιονίδης] a) der Lydier, insbes. = Homer. b) der Etrurier 2) **Maeŏnis**, ĭdis, f. [Μαιονίς] die Lydierin = Omphale oder Arachne. 3) **Maeŏnius**, [Μαιόνιος] a) lydisch, daher = homerisch, heroisch, carmen, pes. b) etrurisch; Maeonii die Etrurier.

Maeōtae, ārum, m. pl. [Μαιώται] skythisches Volk an dem asowschen Meere. Davon 1) **Maeōtĭcus**, adj. 2) **Maeōtis**, ĭdis, adj. [Μαιῶτις] (Poet.) = skythisch; insbes palus M. = das asowsche Meer. 3) **Maeōtius**, adj., tellus.

Maereo ob. **Moereo**, rui, — 2. traurig*, betrübt sein, wehmüthig trauern (so daß die Trauer sich in der Haltung und den Mienen, durch Thränen u. s. w. äußert, vgl. doleo, lugeo): m. suo incommodo m. tacitus; nihil proficitur maerendo. Hiervon transit. über Etwas trauern: m. mortem filii; m. patriam nimis tarde concidere darüber, daß u. s. w.

Maeror, ōris, m. die stille Betrübniß, die wehmüthige Trauer (als temporärer Gemüthszustand, vgl. maestitia); siehe maereo.

Maeste, adv. [maestus] (selten) traurig, wehmüthig.

*Maestĭter, adv. (Vorklass.) = maeste.

Maestĭtia, ae, f. u. (Vorklass. u. Spät.) -ĭtūdo, ĭnis, f. [maestus] die Traurigkeit, die betrübte und wehmüthige Stimmung (dauernd, vgl. maeror). in tanta m. sum.

Maestus, adj. 1) betrübt, schwermüthig, trauernd, kummervoll (von einer wehmüthigen und niedergeschlagenen Stimmung, vgl. tristis). 2) (Poet.) traurig = Trauer bezeichnend, verkündend ob. zur Trauer gehörig, Trauer-: vestis m., ara m. einem Verstorbenen zu Ehren errichtet; tectum m. wo ein Unglück eingetroffen ist; avis m. Unglück prophezeiend.

Maevius, Name eines römischen Geschlechts: ein schlechter Dichter zur Zeit des Virgil hieß so.

Māga, ae, f. [magus] (Poet.) die Zauberin (siehe magus).

Magālia, ium, n. pl. (punisches Wort) Hütten, Nomatenzelte.

Măgĭcus, adj. [magus] (Poet. u. Spät.) zur Zauberei gehörig, Zauber-, artes, arma; dii mm. die bei Zaubereien angerufen wurden.

Măgis, ĭdis, f. [μαγίς] (Poet. u. Spät.) eine Schüssel.

Magis ob. (Poet.) **Mage** [verwandt mit magnus], adv. im comp. (der posit. ist valde, magnopere u. dergl., der sup. maxime) mehr = in höherem Grade; gewöhnlich wird es mit Adjectiven und Adverbien verbunden (namentlich mit solchen, die keinen eigenen Comparativ bilden können), aber auch häufig mit Verben; oft bezieht es sich mehr auf den ganzen Satz, als auf ein einzelnes Wort. Insbes. A) etiam, longe, multo m. weit mehr. B) quo (quanto) m. — eo (tanto) m. u. (Poet.) tam m. — quam m. je mehr — desto mehr. C) magis magisque ob. m. et m. mehr und mehr, immer mehr (zur Bezeichnung der raschen Zunahme, vgl. paulatim). D) non magis quam ist dem Zusammenhange gemäß. a) wo beides bekräftigt wird, = (das Eine) ebenso sehr wie (das Andere): hoc non m. pro Lysone quam pro omnibus scripsi; b) wo beides verneint wird, = (das Eine) ebenso wenig wie (das Andere): animus qui in morbo aliquo est, non m. sanus est quam corpus etc. D) bisweilen (Poet. u. Spät.) wird es verstärkend und pleonastisch einem comp. beigefügt: m. majores nugas agit. E) (Spät.) m. minusque, m. ac minus mehr oder weniger: istud est m. minusque vitiosum pro personis dicentium. F) bisweilen ist es fast = potius (wobei das Zweite ausgeschlossen wird): milites nostri reditum m.

maturum ex iis locis quam processionem longiorem quaerebant.

Măgĭster, tri, m. [verwandt mit magnus] 1) der Vorsteher, Vorgesetzte, Chef, Director, Anführer u. dergl.: m. populi hieß in der älteren Zeit der Dictator; m. equitum Befehlshaber der Reiterei, der Amtsgehülfe des Dictators; m. sacrorum der Oberpriester; m. scripturae ob. in scriptura, m. societatis ob. in societate der Vorsteher einer Gesellschaft von Generalpächtern; pro magistro ein Vicedirector; m. gladiorum der Fechtmeister; m. elephanti der Lenker, pecoris der Hirt, navis der Steuermann; m. morum = der Censor, m. convivii, coenae der Anordner des Gastmahles. 2) der Lehrer (als Vorgesetzter und Vorsteher des Unterrichts): habere aliquem magistrum; m. artium, virtutis in den Wissenschaften, in der Tugend; stilus est optimus dicendi effector et m. 3) trop. der Tonangeber, Führer, Rathgeber, capere aliquem m. ad rem aliquam.

Măgistěrĭum, ii, n. [magister] das Amt, das Geschäft eines magister (siehe diesen Artikel), daher = Lenkung, Oberaufsicht, Unterricht, Rath u. dergl.: mm. convivii me delectant (Spät.) ich mag gern Vorsteher der Trinkgelage sein.

Măgistra, ae, f. die Vorsteherin, Lehrerin u. s. w., siehe das entsprechende magister.

Măgistrātus, us, m. [magister] 1) die Stellung eines magister, d. h. das obrigkeitliche Amt, die Würde eines öffentlichen Bediensteten zu Rom: mm. ordinarii et extraordinarii, majores et minores, curules u. s. w. (siehe die Lehrbücher der römischen Alterthümer; mm. u. imperia (verbunden) bezeichnen gewöhnlich civile und militärische Aemter ob. (was zum Theil dasselbe war) Aemter in Rom und in den Provinzen: magistratum inire (ingredi) antreten, accipere empfangen, deponere ob. magistratu abire) niederlegen, esse in magistratu ein Amt bekleiden u. s. w. 2) die obrigkeitliche Person, der Staatsbeamte, die Behörde.

Magnănĭmĭtās, ātis, f. [magnanimus] (selt.) die Hochherzigkeit, Seelengröße.

Magn-ănĭmus, adj. hochherzig, muthig, tapfer u. dergl.

Magnes, ētis, m. [μάγνης; siehe das folgende Wort] (gewöhnlich mit Hinzufügung von lapis), der Magnet.

Magnēsĭa, ae, f. [Μαγνησία] 1) Landschaft in Thessalien. 2) Stadt in Karien. 3) Stadt in Lydien. Davon A) **Magnētes,** um, m. pl. die Einwohner von M. B) **Magnēsĭus,** adj.; lapis M. (= l. magnes) der Magnet. C) **Magnessa,** ae, f. die Magnesierin (Hypsipyle). D) **Magnētarches,** ae, m. [Μαγνητάρχης] die höchste Obrigkeit der Magnesier.

Magnĭdĭcus, adj. [magnus-dico] (Vorklass.) großsprecherisch, prahlend.

Magni-făcio etc., 3. wird richtiger getrennt geschrieben, siehe beide Wörter.

Magnĭfĭcē, adv. mit comp. u. sup. [magnificus] 1) großartig, herrlich, prächtig, vortrefflich (siehe magnificus): m. dicere, vivere, consulatum gerere, laudare aliquem; 2) in tadelndem Sinne = großthuerisch, hochfahrend, hochtrabend, loqui.

Magnĭfĭcenter, adv. nur im comp. u. sup. [magnificus] = magnifice.

Magnĭfĭcentĭa, ae, f. [magnificus] die Großartigkeit, 1) von Personen, in gutem Sinne = die Hochherzigkeit, der hochherzige Sinn, in üblem Sinne = die Großthuerei, Großsprecherei: m. et despicientia rerum humanarum; oratio composita ad m. 2) von Sachen, = die großartige Ausstattung, Ansehnlichkeit, Pracht, epularum, villarum, publicorum operum; m. liberalitatis glänzende Freigebigkeit; tadelnd, verborum m. = pathetische und prächtige Worte.

Magnĭfĭco, 1. [magnificus] 1) (Vorklass.) hochschätzen, hoch halten, aliquem. 2) (Spät.) preisen, rühmend erheben.

Magnĭfĭcus, adj. mit comp. (-entior) u. sup. (-entissimus) [magnus-facio]. 1) von Personen, A) lobend, a) großartig und hochherzig handelnd oder redend, hochherzig, erhaben, hochsinnig, vir factis m. b) glänzend, ansehnlich, prachtliebend: in deorum suppliciis magnifici, domi parci. B) tadelnd (Vorklass.), großthuerisch, prahlend. 2) von Sachen, A) lobend, a) großartig, erhaben, rühmlich, glänzend, res gestae, genus dicendi, promissum. b) prächtig, glänzend, villa, funus. B) tadelnd, prahlerisch, pomphaft, hochfahrend, verba.

Magnĭlŏquentĭa, ae, f. [magniloquus] 1) lobend, die erhabene Sprache, die Erhabenheit des Ausdruckes, Homeri. 2) tadelnd, die Großsprecherei, die großen Worte.

Magnĭlŏquus, adj. [magnus-loquor] (Poet. u. Spät.) großsprecherisch, prahlend.

Magnĭtūdo, ĭnis, f. [magnus] 1) die Größe, der bedeutende räumliche Umfang: m. mundi, corporum; mm. regionum. Hiervon A) die numerische Größe, die große Menge, m. copiarum. B) die Bedeutung, Größe in anderer Beziehung = erheblich, eben: non m. frigoris Stärke, m. fluminis der hohe Wasserstand; m. dierum Länge. 2) von abstracten Gegenständen, die Größe, Bedeutsamkeit: m. periculi, beneficii, doloris, m. odii Heftigkeit, m. roboris bedeutende Kräfte; m. animi. Hiervon (Spät.) = Würde, Hoheit, imperatoria.

Magnŏpĕrĕ, adv. (statt magno opere, wie es sehr oft geschrieben wird), im comp. majore opere (ob. magis), im sup. maximopere oder maximo opere, sehr, in hohem Grade, überaus (nur bei Verben, nicht bei Adjectiven): m. desidero, peto. Hiervon insbes. A) mit einer Negation = erheblich, eben: non m. nicht eben sehr; nulla m. exspectatio est eben keine große Erwartung. B) = bringend, nachdrücklich, angelegentlich, evocare aliquem, suadere, rogare u. s. w.; edictum mihi est m. ut etc.

Magnus, adj. [stammverwandt mit dem gr. μέγας] mit comp. major u. sup. maximus, 1) groß, A) räumlich = von bedeutendem Umfange (überhaupt, vgl. ingens, amplus), domus, mons, mare, oppidum; mm. aquae der hohe Wasserstand; mare m. = erregt, stürmisch; m.

homo von hohem Wuchse, „lang". B) der Zahl oder dem Gewichte, der Bedeutsamkeit nach, = viel, zahlreich, beträchtlich, exercitus, divitiae, copia frumenti. 2) in Bezug auf abstracte Eigenschaften, groß = ansehnlich, bedeutend, vorzüglich in seiner Art, von Personen = erhaben, mächtig, hochherzig und dergl., von Gemüthsbewegungen und dergl. = stark, heftig: m. opus, res gestae, causa, periculum, eloquentia, studium; m. rex, Jupiter optimus maximus, homo propter summam nobilitatem et potentiam singularem magnus; m. infamia, gaudium, alacritas, odium. Hiervon: magnum est es ist etwas Großes; quod majus est was mehr ist; mm. verba, sermones starke (übertreibende oder prahlende) Worte: in majus celebrare, nunciare übertreiben; m. vox laute Stimme; exclamare magnum (Vorklaff. u. Spät.) laut rufen; magna loqui große Worte gebrauchen, prahlen; (Com.) magnum me faciam ich werde mich brüsten. 3) im comp. und sup. (statt des posit. wird in dieser Verbindung grandis gesagt) mit oder ohne Hinzufügung von natus (wo Jmds Alter an und für sich angegeben wird) oder natu (wo Jmds Alter mit demjenigen eines Anderen verglichen wird) = älter, ältest: A) vom Lebensalter: frater (natu) major der ältere Bruder; majores natu bisweilen = die Senatoren (vgl. B.); (Pl.) major herus der alte Herr (der Vater), im Gegensatze von minor herus der junge Herr (der Sohn). Insbes. major (quam) triginta annos natus älter als 30 Jahre, auch major triginta annis, seltener major triginta annis natus ob. natu und major triginta annorum (vgl. natus unter nascor). B) vom Zeitalter, = früher: Livius fuit major natu quam Plautus. Hiervon subst. majores, um, m. pl. die Vorfahren, Ahnen (vgl. A.). C) von der Zeit, = lang, tempus; bef. von dem Alter selbst = hoch: magno natu im hohen Alter, alt. 4) bei einer allgemeinen Angabe des Werthes oder des Preises u. dergl. stehen die Genitive magni, maximi (sehr selten majoris, statt dessen pluris) und die Ablative magno, maximo u. f. w. = hoch, theuer u. f. w. (siehe die Sprachlehren): m. emere, vendere, facere u. f. w.

Magontiăcum, i, m. Stadt in Germanien, jetzt Mainz.

Măgŭdăris, is, f. [μαγύδαρις] (Pl. u. Spät.) der Stengel (nach Anderen der Same oder der Saft) der Pflanze laserpitium.

Măgus, i, m. [μάγος] 1) der persische Priester und Gelehrte, davon = der Zauberer, Magier. 2) als adj. = magicus.

Maja, ae, f. Tochter des Atlas und der Pleione, Mutter des Mercurius.

Majālis, is, m. das verschnittene männliche Schwein, der Borg; trop. als Schimpfwort.

Majestas, ātis, f. [verwandt mit major] die Erhabenheit, Hoheit, Würde, oder die Ehrwürdigkeit, Heiligkeit, die erhabene Größe (von Göttern, Fürsten und hohen Behörden, Staaten und Völkern, namentlich dem römischen Volke u. dergl.): m. divina, consulis, patria (die heilige väterliche Gewalt); minuere majestatem populi Romani (= crimen majestatis; deminutio majestatis, condemnari majestatis; judicia majestatis) die Würde des römischen Volkes (durch einen entehrenden Vergleich, durch Feigheit ob. dergl.) verletzen; m. loci die Heiligkeit des Ortes; trop. quanta ei fuit in oratione m.! In der Kaiserzeit wurde es ungefähr wie jetzt „Majestät" gebraucht, als ehrende Benennung des Kaisers: m. tua (vom Augustus), imperatoris.

Majus, adj. Mai-, fast immer mit den Worten mensis, kalendae u. f. w. verbunden.

Majuscŭlus, adj. [demimut. von major] 1) A) etwas größer. B) etwas älter. 2) ziemlich groß, cura.

Māla, ae, f. [statt mandela von mando] 1) die Kinnbacke (eigtl. nur die obere, vgl. maxilla), Kinnlade. 2) die Wange. Backe (weniger edler Ausdruck als gena).

Mălăca, ae, f. Stadt in Spanien, jetzt Malaga.

Mălăcia, ae, f. [μαλακία] die Windstille, Meeresstille.

Mălăcisso, 1. [μαλακίζω] (Vorklaff. u. Spät.) weich- oder geschmeidig machen, aliquem.

Mălăcus, adj. [μαλακός] (Pl.) 1) weich, pallium; davon = geschmeidig, gelenkig, m. ad saltandum. 2) trop. weichlich, üppig.

Māle, adv. mit comp. pejus u. sup. pessime [malus] übel, schlecht, schlimm u. dergl., olere, facere, dicere. Insbef. A) m. loqui, dicere alicui = schelten, de aliquo Jmd. verleumden; m. audire in schlechtem Rufe stehen; m. velle alicui Jmd. übel wollen, ihm feindselig sein. B) m. habere = hart mitnehmen, hostes verfolgen, keine Ruhe lassen, aufreiben, hoc me (animum meum) m. habet verdrießt, quält mich; m. mihi (animo meo) est ich bin in schlechter Laune, aber auch m. animo fit (est) = mir ist unwohl, ich werde ohnmächtig. C) m. mecum agitur es geht mir schlecht; m. sit ei möge es ihm schlimm ergehen! D) = unglücklich, ungünstig, zum Nachtheil u. dergl.: m. vivere; rem m. gerit es geht ihm schlecht, er hat keinen Erfolg (vom Anführer im Kriege = unglücklich kämpfen, auch m. pugnare besiegt werden); res m. cadit fällt unglücklich aus; m. emere theuer, vendere mit Verlust; m. sedulus, feriatus = zur Unzeit. E) = nicht recht, nicht ganz, nicht gehörig u. dergl.; m. parens = ungehorsam, agger m. densatus nicht dicht genug angelegt, m. pertinax nur zum Schein wiederstrebend; m. sanus, gratus = insanus, ingratus; m. me continui = kaum, mit genauer Noth. F) bei Wörtern, die schon etwas Uebles ausdrücken, = stark, heftig, sehr, odisse, metuere, mulcare.

Mălĕa, ae, f. [Μαλέα, Μαλέαι] Vorgebirge im Peloponnes bei Laconien. Davon **Mălĕus**, adj.

***Mălĕ-dĭcax**, ācis, adj. (Pl.) = maledicus.

Mălĕdĭce, adv. [maledicus] schimpfend, schmähend.

Mălĕ-dĭcens, adj. [eigtl. particip.] mit comp. u. sup. (und nur in diesen klassisch), während der posit. nur bei Vorklaff. sich findet, indem maledicus an seine Stelle getreten ist), schimpfend, schmähend, verleumdend, übelredend.

Măle-dīco etc., 3. (oft getrennt geschrieben) zu ober von Jmb. übel reden, schelten, schimpfen, verleumden, alicui.

Măle-dictio, ōnis, f. (selten) das Schimpfen, Schmähen, Uebelreden.

*****Măle-dictĭto**, 1. (Pl.) schimpfen, übel von Jmb. reden, alicui.

Măle-dictum, i, n. das Schimpfwort, die Schmähung, der Hohn, conjicere mm. in aliquem.

Măle-dĭcus, adj. siehe maledicens.

Măle-făcĭo etc., 3. (gewöhnlich getrennt geschrieben) Böses zufügen, alicui.

*****Mălĕfactor**, ōris, m. [malefacio] (Pl.) der Uebelthäter.

Măle-factum, i, n. (selten) eine schlechte oder verkehrte That: beneficia male locata malefacta arbitror.

*****Mălĕfĭce**, adv. [maleficus] (Pl.) übelthuend, so daß man Schaden zufügt.

Mălĕfĭcĭum, ii, n. [male-facio] 1) die Uebelthat, böse That, das Verbrechen: committere, admittere m. eine Uebelthat begehen. 2) Insbef. A) im Gegensatze von beneficium, der zugefügte Schaden, Gewaltthätigkeit u. dergl.: prohibere aliquem ab injuria et m.; sine ullo m. provinciam iter facere. B) (Spät.) = der Betrug. C) (Spät.) = die Zauberei. 3) (Spät.) das Ungeziefer.

Mălĕfĭcus, adj. mit comp. -entior u. sup. -entissimus [male-facio] übelthuend, A) von Menschen = verbrecherisch, gottlos, verrucht, homo, vita, mores; maleficentissimi die ärgsten Verbrecher, insbef. von Zauberern u. dergl. B) (Spät.) von unpersönlichen Gegenständen, schädlich, verderblich, superstitio, animal. *C) = ungünstig, neidisch, naturam maleficam habuit.

Măle-suādus, adj. [male-suadeo] (Poet.) übel rathend, verführerisch.

Mălĕventum, i, n. älterer Name von Beneventum, was man sehe.

Măle-vŏlens, tis, adj. mit sup. [malevolo] (der posit. nur bei Vorklaff., statt dessen sagte man malevolus) übel wollend, übel gesinnt, gehäffig, abgeneigt u. dergl., alicui gegen Jmb.; m. homo, ingenium.

Mălĕvŏlentĭa, ae, f. [malevolens] das Uebelwollen, die üble Gesinnung gegen Jmb., die Abneigung, Feindschaft, der Haß.

Mălĕvŏlus, adj., siehe malevolens.

Mălĭăcus sinus, Meerbusen im Südosten Thessaliens. Davon **Māliensis**, e, u. **Mālius**, adj.

*****Mālĭfer**, ĕra, ĕrum, adj. [mālum-fero] Aepfel tragend.

Mălignē, adv. [malignus] 1) böswillig, boshaft, neidisch, loqui. 2) kärglich, knapp, knauserig, dividere, laudare. Hiervon = wenig, nicht sehr, apertus.

Mălignĭtas, ātis, f. [malignus] 1) die bösartige Natur, schlechte Beschaffenheit: naturali quadam m. desciscunt interdum semina. 2) die Bosheit, boshafte und feindselige Stimmung, der Haß, Neid, die Abneigung u. dgl. 3) die Kargheit, Knauserei, Unfreigebigkeit: m. conferendi im Beitragen, m. praedae partitae die sich in der Vertheilung der Beute gezeigt hat.

Mălignus, adj. mit comp. u. sup. 1) von schlechter Beschaffenheit, bösartig, terra m. = unfruchtbar. 2) boshaft, böse, davon mißgünstig, feindselig, neidisch u. dergl., homo, sermo. 3) (Poet.) schädlich, verderblich, leges, studia. 4) trop. karg, knauserig, gar zu sparsam: trop. m. in laudando. Hiervon = gering, klein, schmal u. dergl., m. lux, aditus.

Mălĭtĭa, ae, f. [malus] die Bosheit, Arglist, das boshafte und arglistige Verfahren, m. est versuta ac fallax nocendi ratio; fraus et m. Insbef. häufig = hinterlistiges und tückisches Verfahren in Rechtsfachen, Chikane. 2) in milderem Sinne = Schelmerei, so bisweilen im pl., mm. nostrae.

Mălĭtĭōse, adv. mit comp. [malitiosus] arglistig, hämisch, boshaft.

Mălĭtĭōsus, adj. [malitia] boshaft, hinterlistig, tückisch, betrügerisch, homo, juris interpretatio.

Mallĕŏlus, i, m. [deminut. von malleus] eigtl. das Hämmerchen, davon 1) ein junger Zweig eines Baumes, der abgeschnitten wird, um in die Erde gesetzt zu werden, ein Fächser. 2) eine Art Brandpfeil.

Mallĕus, i, m. der Hammer.

Mallos, i, f. [Μαλλός] Stadt in Cilicien. Davon **Mallōtes**, ae. m. aus M. gebürtig.

Mālo, mālui, malle [magis-volo, statt mavŏlo, wie es bei Vorklaff. oft geschrieben wird] 1) lieber wollen: m. aliquem oder aliquid lieber mögen; m. abire quam pugnare; m. te abire und m. abeas daß du fortgehst; multo m. weit lieber mögen. Bei Poet. u. Spät. steht nach m. bisweilen im abl. statt quam mit dem vorhergehenden Cafus: m. condiciones armis; bisweilen wird pleonastisch potius oder magis beigefügt. 2) Insbef. m. alicui Jmb. günstiger sein, ihm lieber Etwas gönnen: malo illi quam tibi.

Mălŏbăthron, i, n. [μαλόβαθρον] (Poet. u. Spät.) 1) eine Pflanze, aus welcher ein kostbares Salböl bereitet wurde. 2) das aus jener Pflanze bereitete Salböl.

Mālum, i, n., siehe mālus.

Mālum, i, n. [gr. μᾶλον] jede Baumfrucht, die von außen Fleisch und im Innern einen Kern hat (oppos. nux), insbef. der Apfel; proverb. ab ovo usque ad mm. vom Anfange der Mahlzeit bis zu Ende d. h. vom Anfange bis zuletzt.

Mālus, i, f. der Apfelbaum.

Mālus, i, m. 1) der Mastbaum, Mast. 2) die Stange, der Baum im Circus, an welchem die übergespannten Tücher befestigt waren.

Mălus, adj. mit comp. pejor u. sup. pessimus, was nicht ist, wie es sein sollte, schlecht, im weitesten Umfange dieses Begriffs, = böse, boshaft, oder unsittlich, verworfen, oder schädlich, verderblich, ob. unglücklich, gefährlich, oder häßlich, unangenehm, ob. untüchtig, ungeschickt u. dergl.: m. homo, conscientia, mores, civis; m. fur, lingua schlimm, aetas m. das Alter; mali in politischer Beziehung, die Uebelgesinnten; mm. gramina, herbae giftige, schädliche, m. carmen die Zauberformel, m. avis, auspicium Unglück prophezeiend; m. opinio ungünstige Meinung von Jmb., m. pugna unglücklicher Kampf, m. fortuna; m. facies, crus, häß-

Malva — **Mando**

lich, mulier non m. nicht übel = recht hübsch; sutor, poeta m. ungeschickt, falx m. stumpf, haud m. pondus kein geringes Gewicht. Hiervon als subst. **Mālum**, i, n. ein Uebel, 1) = Unglück, Noth, Leiden, Mühe u. dergl.: m. inopinatum, externum (der Krieg); malo tuo zu deinem Schaden, pessimo publico zum größten Unglück für den Staat; hoc ei malo fuit gereichte ihm zum Verderben. 2) = der zugefügte Schaden, die Strafe: minari alicui malum; coercere exercitum pudore magis quam malo; fateri non potest sine m. man kann ohne Prügel ihn nicht zum Bekennen bringen; malum erit iis (oder malum habebunt) nisi etc. sie sollen ein Unglück kriegen, wenn nicht u. s. w. 3) (Poet.) = Unthat, Laster: irritamenta malorum was zu — reizt, fama veterum malorum. 4) = Mangel, Gebrechen: mm. corporis; bona aut mm. 5) als Ausruf des Unwillens oder doch der gereizten Stimmung, zum Teufel der Henkerl in aller Welt! quae, m., est ista audacia? quid tu, m., me sequere?

Malva, ae, f. die Malve, Pflanze, welche als gelindes Abführungsmittel gebraucht wurde.

Māmertīni, ōrum, m. pl. Einwohner der Stadt Messana auf Sicilien. Davon **Māmertīnus**, adj.

Māmilla, ae, f. deminut. von mamma, wird auch als Liebkosungswort gebraucht.

Mamma, ae, f. die Brust (als die fleischige Erhöhung und Fülle, vgl. uber), bes. die weibliche, doch auch die männliche: dare puero mammam den Knaben säugen; viris ad ornatum datae sunt mammae atque barba. 2) trop. (Spät.) die Erhöhung der Rinde an den Bäumen.

*Mammeātus u. **Mammōsus** (Vorkl.) adj. [mamma] (Pl.) mit großen Brüsten.

Māmurra, ae, m. ein römischer Ritter aus Formiä, ein reicher Schlemmer, der zuerst sein Haus mit Marmor überziehen ließ.

*Mānābĭlis, e, adj. [mane] (Lucr.) eigtl. fließend, frigus m. eindringlich.

Mancĕps, cĭpis, m. [manus-capio] 1) der vermöge eines öffentlichen Kaufs, bei Versteigerungen, Verpachtungen oder Verdingungen, Etwas an sich bringt, also der Käufer, Miether, Pächter, Entrepreneur, Uebernehmer: m. rei alicujus; m. hominis nobilissimi fit Chrysogonus Käufer der Besitzungen eines vornehmen Mannes; m. operarum der Arbeitsleute in Sold nimmt, um sie mit Vortheil Anderen wieder zu überlassen; auch mm. absol. = die Generalpächter. 2) uneigtl. A) Jmd., der Leute in Sold nimmt, damit sie Beifall klatschen. B) (Pl.) der Bürge, Cautionist.

Mancīnus, Familienname in der gens Hostilia: der Consul Cajus H. M. schloß einen unrühmlichen Frieden mit den Numantinern und wurde deßwegen, als der Frieden für ungültig erklärt wurde, den Numantinern ausgeliefert.

Mancĭpātĭo, ōnis, f. und -pātus, us, m. [mancipo] (Spät.) eine bei gewissen Gelegenheiten gebräuchliche symbolische Darstellung eines Kaufs und die dadurch bezeichnete, in vollgültiges Eigenthumsrecht bedingende förmliche Uebergabe eines Gegenstandes an einen Andern (siehe die Handbücher der römischen Alterth.).

Mancĭpĭum, ii, n. (der genit. wird gewöhnlich mancipi geschrieben, bes. in der Verbindung res mancipi) 1) der förmliche Kauf einer Sache (siehe mancipatio): lex mancipii der Kaufcontract. 2) das durch einen förmlichen Kauf erworbene vollständige Eigenthumsrecht, der mit vollem Eigenthumsrechte verbundene Besitz und die unbeschränkte Gewalt über eine Person (Frau, Kind, Sklave) oder Sache: dare, accipere aliquid mancipio) Etwas als Eigenthum geben (d. h. verkaufen) oder empfangen (d. h.) kaufen; esse in mancipio alicujus (Spät.) unter Jmds Botmäßigkeit stehen; res mancipi ein Gegenstand, den man mit dem nach römischen Gesetzen allein vollgültigen Eigenthumsrecht (siehe mancipatio) besitzen konnte: von einer solchen Sache sagte man auch, daß sie jure mancipi erat. 3) ein Sklave (eigtl. ein durch förmlichen Kauf erworbener; es bezeichnet den Sklaven als Sache und Eigenthum, vgl. servus, famulus).

Mancĭpo oder **Mancŭpo**, 1. [mancep̄s] (Poet. u. Spät.; Cicero gebraucht emancipo), als Eigenthum übergeben, zu eigen geben durch eine mancipatio (siehe diesen Artikel), davon verkaufen (als juridischer term. t.): m. servos alicui; (Poet.) usus m. quaedam macht nach und nach zu (Jmds) Eigenthum; trop. mancipatus luxu et desidiae „ein Sklave" von —, ergeben.

Mancus, adj. 1) von Menschen, überhaupt gebrechlich, verstümmelt, an einem ob. mehreren Gliedern lahm: m. et debilis; davon auch = kraftlos, schwach. 2) trop. von Sachen, mangelhaft, unvollständig, virtus, praetura.

Mandātor, ōris, m. [mando 1.] (Spät.) der Etwas durch einen Anderen besorgen läßt, der Auftraggeber; insbes. = der Ansteller von falschen Anklägern.

Mandātum, i, n. [particip. von mando 1.] der Auftrag, die Commission, das Einem übergebene und anvertraute Geschäft: procurare m. besorgen, dare, accipere m., persequi, exsequi mm. vollziehen, negligere nicht vollziehen; frangere mm. (Hor. Ep. 1, 13) das anvertraute Packet zerbrechen, oder trop. = seinen Auftrag schlecht ausführen.

Mandātus, us, m. [mando 1.] nur im abl. sing., in Jmds Auftrag, zufolge Jmds Befehl oder Aufforderung: m. meo, Caesaris.

*Mandēla, ae, f. ein Flecken im Sabinischen.

Mando 1. [= in manum do?] 1) in Auftrag-, in Commission geben, Jmd. Etwas zu besorgen übertragen, auftragen: m. alicui aliquid; m. alicui, adeat (ut ne adeat) Belgas. Hiervon = Jmd. Etwas zu verfertigen übertragen, bestellen, m. vasa. 2) übergeben, überlassen, anvertrauen, alicui honorem, magistratum; (Poet.) m. hordea sulcis säen, corpus humo begraben; m. se fugae sich auf die Flucht begeben; m. aliquid memoriae, menti in das Gedächtniß, in den Sinn einprägen, literis aufschreiben; (Poet.) m. laqueum fortunae minaci = trotzen; m. fruges vetustati = alt werden lassen, lange aufheben. 3) (Spät.) sagen lassen, melden, alicui oder ad aliquem, in urbem bekannt machen lassen.

Mando, di, sum, 3. 1) kauen, cibum; (Poet.) m. humum ins Gras beißen = im Kriege

Mandra — **Mano** 459

fallen. 2) (Poet. und Spät.) effen, verzehren.

Mandra, ae, *f.* (spät. Poet.) 1) der Stall. 2) die Heerde, Viehheerde.

Mandrăgŏras, ae, *m.* [μανδραγόρας] der Alraun, eine Pflanze.

Mandūbii, ōrum, *m. pl.* Völkerschaft in Gallien.

Mandūco, 1. [manducus] (Vorklaff. und Spät.) = mando 1.

Mandūcus, i, *m.* [mando 2.] (Vorklaff.) der Fresser, insbes. eine komische Figur, der "Nußknacker", Bajazzo.

Mandūria, ae; *f.* Stadt in Unteritalien.

Māne, 1) *subst. indecl.* (im *abl. sing.* doch auch mani) der Morgen, die Morgenzeit: m. erat, dormire totum m.; vigilare ad ipsum m.; a. primo m.; a. m. diei; multo m. spät am Morgen. 2) *adv.* am Morgen, des Morgens: bene m. sehr früh am Morgen, hodie m., cras m.

Măneo, nsi, nsum, 2. 1) *intrans.* irgendwo bleiben, verbleiben, ohne den Begriff vorhergehender oder nachfolgender Bewegung (vgl. moror): m. domi, ad exercitum (als Feldherr); manetur man bleibt. Hiervon häufig = übernachten, apud aliquem. Hiervon *trop.* A) bei Etwas verharren: m. in eo quod convenit ob. dergl., ebenso. m. in officio, in fide, in condicione einen Vertrag halten, seiner Pflicht u. s. w. treu bleiben; m. sententiā. B) in der Zeit, in einer Lage ob. dergl. verbleiben: nihil semper m. suo statu; affinitas, memoria m. dauert; maneat hoc laß dieses fest stehen. C) hoc mihi manet ich behalte mich vor, bellum iis m. sie haben noch ferner Krieg, ingenia senibus mm. die Alten haben noch ihre Geisteskräfte. 2) *transit.* A) erwarten = bevorstehen (von einem Schicksal ob. dergl.: vgl. exspecto, opperior u. dergl.): qui exitus me m.? mors sua quemque m.; selten mit einem *dat.*: eadem manent matri. B) (selten) erwarten = auf Jmd. oder Etwas warten: m. aliquem domi; plausor m. aulaea bis der Vorhang aufgeht.

Mānes, ium, *m. pl.* 1) die vergötterten Seelen der Verstorbenen (vgl. lares, larvae, lemures); expiare mm. mortuorum; auch = die Seele Eines Verstorbenen, mm. Virgilii. 2) (selten) = der Leichnam: sepulcra diruta, omnium mm. nudati. 3) (Poet.) die Unterwelt ober die Götter der Unterwelt.

Mango, ōnis, *m.* (Poet. und Spät.) der Krämer, der seine Waaren aufputzt und zum Theil verfälscht, insbes. der Sklavenhändler, Menschenhändler.

Mangŏnĭcus, *adj.* [mango] (Spät.) zu einem mango gehörig.

Mănĭcae, ārum, *f. pl.* [manus] 1) lange Aermel an der Tunika, die über die Hand reichten und so zugleich unsere Handschuhe ersetzten. 2) (Poet.) das Handeisen, die Handfessel.

Mănĭcātus, *adj.* [manicae] mit Aermeln versehen, tunica.

*****Mănĭcŭla**, ae, *f. deminut.* von manus.

Mănĭfestārĭus, *adj.* (Vorklaff. u. Spät.) = manifestus.

Mănĭfeste (Spät.) u. -**sto**, *adv.* mit *comp.* und *sup.* [manifestus] handgreiflich, offenbar.

Mănĭfesto, 1. [manifestus] (Poet. und Spät.) handgreiflich und offenbar machen, deutlich an den Tag legen, zeigen, gratam voluntatem.

Mănĭfestus, *adj.* mit *comp.* u. *sup.* [manus] 1) handgreiflich, deutlich, offenbar, res, scelus. 2) (meist Poet. u. Spät.) deutliche Zeichen von Etwas gebend, Etwas verrathend: manifestus doloris, offensionis der einen Schmerz, ein Gefühl der Beleidigung deutlich verräth, vitae unverkennbare Zeichen des Lebens gebend. Hiervon = bei Etwas ergriffen, einer Sache überführt: manifestus sceleris, rerum capitalium.

Mănĭlĭus, Name eines römischen Geschlechtes; bekannt ist aus diesem der Cajus M., auf dessen Vorschlag im Jahre 66 v. Chr. Pompejus den Oberbefehl gegen den Mithridates erhielt.

Mănĭpŭlāris, e, *adj.* [manipulus] 1) zu demselben Manipel gehörig, mm. mei meine Manipelcameraden. 2) zu einem Manipel gehörig = ein gemeiner Soldat: m. judex aus den gemeinen Soldaten erwählt, imperator der früher gemeiner Soldat gewesen ist.

*****Mănĭpŭlārĭus**, *adj.* [manipularis] (Spät.) zu einem gemeinen Soldaten gehörig.

Mănĭpŭlātim, *adv.* [manipulus] 1) (Spät.) handvollweise, bündelweise. 2) manipelweise, nach Manipeln: acies m. structa.

Mănĭpŭlus, i, *m.* [manus] 1) die Handvoll, das Bündel, z. B. Heu, Stroh u. dergl. 2) militär. *term. t.* eine Abtheilung Soldaten, ein Manipel = ein Drittel von einer Cohorte, (siehe cohors) oder zwei Centurien.

Manlĭus, Name eines römischen Geschlechtes, aus welchem folgende Männer die bekanntesten sind: 1) Marcus M. Capitolinus rettete das Capitolium, als die Gallier es erstürmen wollten; später wurde er von dem tarpejischen Felsen hinabgestürzt. 2) Lucius M. Capitolinus Imperiosus; von einem Tribun angeklagt, wurde er von seinem Sohne (Nr. 3) gerettet. 3) Titus M. Imperiosus Torquatus, wie sein Vater (Nr. 2) ein Mann von strengem und hartem Charakter. Er erhielt den Namen Torq., nachdem er einen Gallier im Zweikampfe erlegt hatte; als Consul (344 v. Chr.) ließ er seinen Sohn wegen Verletzung der militärischen Disciplin hinrichten. 4) Cnejus M. Vulso schloß den Frieden mit Antiochus dem Großen, Könige von Syrien, und hielt später einen glänzenden Triumph über die Gallogriechen. — Hiervon **Manlĭānus**, *adj.*; imperia strenge Befehle (wegen Nr. 3, siehe oben).

Mannŭlus, i, *m. deminut.* von mannus.

Mannus, i, *m.* (Poet. u. Spät.) [gallisches Wort] ein kleines gallisches Pferd, leichtes Kutschpferd (vgl. equus, caballus u. s. w.); (Poet.) mm. = ein mit mm. bespannter Wagen.

*****Mannus**, i, *m.* Gott der alten Germanen, Sohn des Tuisco.

Māno, 1. 1) fließen, strömen (so daß hauptsächlich die Ab- und Ausströmung gedacht wird, vgl. fluo): cruor, lacrima m. 2) von Etwas fließen, triefen: simulacrum m. multo cruore, culter m. sanguine. Hiervon

(Poet.) als *transit.* = fließen lassen, vergießen, m. mella poetica, lacrimas. 3) *trop.* A) aus Etwas herrühren, entstehen, seinen Ursprung von Etwas haben: omnis honestas m. a partibus quatuor; peccata mm. ex vitiis. B) sich verbreiten, weiter um sich greifen: malum m. latius, rumor m. tota urbe; fidei bonae nomen m. latissime erstreckt sich sehr weit, hat einen weiten Umfang; oratio m. kömmt unter die Leute.

Mansio, ōnis, *f.* [maneo] 1) das Verbleiben, der Aufenthalt: m. Formiis der Aufenthalt zu F.; mm. diutinae Lemni auf L. 2) (Spät.) A) der Aufenthaltsort, insbes. die Herberge oder Station, Nachtlager für Menschen und Vieh, bes. öffentliche für Solche, die in Staatsgeschäften reisten. B) Station = Tagesreise: octo mansionibus ab eo monte distat regio.

Mansito, 1. (Spät.) = maneo 1.

***Manstūtor**, ōris, *m.* (*Pl.*) wahrscheinlich falsches Wort, das man gewöhnlich Beschützer [manus-tueor] erklärt.

Mansuē-făcio etc., 3. 1) Thiere zähmen, zahm machen, animalia, uros. 2) *trop.* beim Menschen, A) entwildern, aus dem Zustande der Rohheit herausbringen, homines. B) mildern, besänftigen, in eine ruhigere und freundlichere Stimmung versetzen.

Mansuesco, — — 3. [manui-suesco] zahm werden, davon *trop.* milder», sanfter werden, corda mm.; tellus m. wird reiner und besser, fructus m. wird veredelt, humor m. wird trinkbar.

Mansuēte, *adv.* [mansuetus] zahm, sanft.

Mansuētūdo, ĭnis, *f.* [mansuetus] 1) (Spät.) die Zahmheit. 2) die Milde, Sanftmuth, Freundlichkeit.

Mansuētus, *adj.* mit *comp.* u. *sup.* [manui suetus „an die Hand gewöhnt"] 1) von Thieren, zahm, gezähmt, sus. 2) *trop.* A) von Menschen, sanft, mild, freundlich, homo. B) malum m. weniger gefährlich, ira nicht gar zu heftig, litora stürmisch, wo das Landen nicht gefährlich ist.

Mantēle, is, *n.* [manus] (Poet. u. Spät.) das Handtuch zum Händewaschen bei und nach Tische; später = das Tischtuch.

Mantēlum (oder **Mantĭlum**), i, *n.* (*Pl.*) der Mantel, *trop.* die Decke, Hülle.

Mantĭca, ae, *f.* (Poet.) der Quersack.

Mantĭnēa, ae, *f.* [Μαντίνεια] Stadt in Arcadien, berühmt durch die Schlacht 362 v. Chr.

Manto, 1. (*Pl.*) = maneo 2.

Manto, us, *f.* [Μαντώ] 1) Tochter des thebanischen Weißsagers Tiresias. 2) eine weissagende italische Nymphe.

Mantua, ae, *f.* Stadt in Oberitalien, noch jetzt Mantua. Davon **-tuānus**, *adj.*

Mănŭālis, e, *adj.* [manus] (Spät.) zur Hand gehörig, Hand», lapis mit der Hand geworfen.

Mănŭbiae, ārum, *f. pl.* [manus] 1) das aus dem Verkaufe der Kriegsbeute gelöste Geld: praeda et mm. 2) (Spät.) Beute, insbes. die Kriegsbeute. 3) der Raub, ungesetzliche Gewinn, durch Gewalt erworbene Besitz.

***Mănŭbĭālis**, e, *adj.* [manubiae] (Spät.) zur Beute gehörig; pecunia m. = manubiae 1.

***Mănŭbĭārius**, *adj.* [manubiae] (*Pl.*) Beute oder Gewinn bringend, nur *trop.* amicus m. = von dem man Vortheil hat.

Mănŭbrium, ii, *n.* [manus] die Handhabe, der Griff; *proverb.* eximere alicui m. e manu = Jmd. eine Gelegenheit aus den Händen reißen.

Mănŭlea, ae, *f.* [manus] (Vorklass. und Spät.) ein langer Aermel.

***Mănŭleārius**, ii, *m.* [manulea] (*Pl.*) der Verfertiger von langen Aermeln.

Mănŭleātus, *adj.* [manulea] (Vorklass. u. Spät.) mit langen Aermeln versehen.

Mănŭmissio, ōnis, *f.* [manumitto] die Entlassung aus seiner Gewalt, die Freilassung eines Sklaven.

Mănŭ-mitto etc., 3. (auch getrennt geschrieben) einen Sklaven aus seiner Gewalt entlassen; ihn freilassen, servum.

Mănŭ-prĕtium, ii, *n.* ob. getrennt manus pretium, der Arbeitslohn, *signi* für die Verfertigung einer Statue; *trop.* m. eversae civitatis Lohn.

Mănus, us, *f.* 1) die Hand: sumere in manus, deponere de mm.; tollere m. (vor Verwunderung); manum non vertere = sich nicht die geringste Mühe geben. 2) Insbes. und zum Theil *trop.* A) esse in manibus von einem Buche = viel gelesen werden; manus afferre alicui gewaltsam Hand an Jmd. legen, aber manus afferre beneficio die Wohlthat vermindern; in manibus habere aliquem „auf den Händen tragen" = Jmd. sehr lieb haben; de m. tradere mit eigener Hand = sehr sorgfältig; per manus tradere von Hand zu Hand, von dem Einen an den Andern, aber per mm. trahere mit den Händen; inter mm. unter den Händen, aber auch = handgreiflich, offenbar; sub manu oder manum bei der Hand = sogleich, aber sub manus succedere = gelingen; manus e m. dare Hand, in Bereitschaft, esse; manus (victas) dare sich überwunden erklären, aber manum dare alicui Jmd. eine Hand reichen = ihm helfen; manibus pedibusque = aus allen Kräften; *proverb.* manus manum lavat die eine Hand wäscht die andere, plena manu laudare sehr angelegentlich, reichlich. B) die Hand als das, womit man kämpft: manu fortis persönlich tapfer, manum conserere, conferre im Handgemenge kämpfen, pugna jam venerat ad mm. es war schon zum Handgemenge gekommen; manu vincere durch physische Kraft, persönliche Tapferkeit; ferre manum in proelia (Poet.) in die Schlacht gehen, aequis manibus (Spät.) mit gleichem Vortheile. C) die Hand, als dasjenige, womit man Etwas ausrichtet, bearbeitet, bes. zur Bezeichnung der menschlichen Thätigkeit, im Gegensatze der Erzeugnisse der Natur: in manibus habere aliquid sich mit Etwas beschäftigen, res est in manibus man arbeitet jetzt an der Sache; sub m. während der Arbeit. Hiervon a) gewöhnlich im *abl. sing.* manu (satus, factus, urbs m. munita) durch Kunst, Menschenhand: oratio m. facta mit Kunst ausgearbeitet, prima, extrema m. accessit operi, die erste, letzte Hand ist an das Werk gelegt. b) = die Handschrift, m. librarii. c) der Wurf in einem Würfelspiele. d) der Hieb, Stich in der Fechtkunst. D) zur Bezeichnung einer Nähe oder Bereitschaft: esse, habere ad m. bei der Hand; esse in manibus bereit sein, gegenwärtig oder nahe bevorstehend sein. E) = Gewalt, Macht: esse in manu alicujus. 3) die Schaar, der Trupp, die Menge bes. von Kriegern, die Mannschaft, das Corps: m. conjuratorum; facere, comparare manum. 4) mm. ferreae eiserne Haken, Enterhaken. 5) uneigtl. A) = die Vorderfüße der Bären. B) der Rüssel des Elephanten.

Măpālĭa, ium, n. pl. [punisches Wort] = magalia, 1) die Baracke, Hütte. 2) das Nomadenzelt.

Mappa, ae, f. [„punisches Wort"] ein Tuch, Stück Zeug zu verschiedenem Gebrauche, insbes. A) = die Serviette. B) ein rothes Tuch, mit welchem auf dem Circus das Zeichen zur Abfahrt gegeben wurde.

Mărăthon, ōnis, m. [Μαραθών] Flecken an der Ostküste von Attica, berühmt durch die Schlacht 490 v. Chr. Davon **Mărăthōnĭus**, adj.

Mărăthos, i, f. [Μάραθος] Stadt in Phönicien. Davon **Mărăthēnus**, adj.

Marcellus, römischer Familienname, siehe Claudius. Davon 1) **Marcellia** (oder -ēa), ōrum, n. pl. ein Fest der marcellischen Familie. 2) **Marcellĭānus**, adj.

Marceo, — — 2. eigtl. welk sein, davon schlaff-, matt-, träge sein, corpus; homines m. luxuriā.

Marcesco, — — 3. [marceo] (Poet. u. Spät.) 1) welk werden, verwelken. 2) trop. schlaff-, matt-, träge werden: eques m. desidiā, vires mm. senio.

Marcĭdus, adj. [marceo] (Poet. u. Spät.) 1) welk, schlaff, flores, aures. 2) trop. schlaff, matt, entnervt, homo.

Marcĭpor, ŏris, m. (Spät.) = Marci puer, Sklave des Marcus.

Marcĭus, Name eines römischen Geschlechts; am bekanntesten sind aus diesem 1) der König Ancus M. 2) Quintus M. Philippus, Consul im J. 186 v. Chr., nachdem er den Krieg gegen Perseus von Macedonien geführt hatte. 3) Lucius M. Philippus, Anhänger des Sulla und später in den Pompejus, bekannt als Redner und wegen seiner heiteren Laune und seines Witzes.

Marcŏmanni (oder -māni), ōrum, m. pl. mächtiger zu den Sueven gehöriger Volksstamm in Germanien, der später vom Rhein und Main nach dem Lande der Bojer (dem heutigen Böhmen) zog.

Marcor, ōris, m. [marceo] (Spät.) 1) die Welkheit, Morschheit, segetis = Unfruchtbarkeit. 2) trop. die Schlaffheit, Trägheit.

Mardi, ōrum, m. pl. räuberische Völkerschaft am caspischen Meere.

Mardōnius, ii, m. Feldherr der Perser, (479 v. Chr.).

Măre, is, n. 1) das Meer (als Theil der Welt u. überhaupt, im Gegensatze der Erde, vgl. pelagus, pontus): mari zur See, bes. häufig in der Verbindung terrā marique (terra et mari) zur See. Proverb.: mare coelo miscere Himmel und Erde in Bewegung setzen, Alles versuchen und aufbieten, maria et montes polliceri „goldene Berge versprechen", fundere aquas in mare = etwas Ueberflüssiges thun. Hiervon A) (Poet.) = das Meerwasser: vinum meris expers nicht mit Seewasser vermischt. B) (Spät.) die Meerfarbe. C) (Poet.) m. aëris das Luftmeer. 2) ein Meer, ein gewisser Theil des Weltmeeres: m. superum das adriatische und ionische Meer, inferum das etrurische, externum das atlantische, nostrum ob. internum das Mittelmeer.

Mărĕa, ae, oder **Mărĕōta**, ae, f. ein See und die an ihm liegende Stadt in Unterägypten, berühmt durch den dort wachsenden Wein. Davon **Mărĕōtis**, ĭdis, und -tĭcus, adj. (Poet.) = ägyptisch.

Margărīta, ae, f. die Perle.

Margĭāna, ae, f. Landschaft in Asien am Flusse Orus.

Margĭno, 1. [margo] mit einem Rande versehen, einfassen, viam.

Margo, ĭnis, m. der Rand, Bord (als mathematische Linie gedacht, ohne Breite, vgl. ora): m. fluvii. Hiervon (Poet.) = Grenze, m. imperii.

Mărĭandyni, ōrum, m. pl. [Μαριανδυνοί] Völkerschaft in Bithynien.

Mărĭca, ae, f. eine italische Nymphe, vom Faunus Mutter des Latinus; sie hatte einen Hain und See in der Nähe der Stadt Minturnä am Flusse Liris.

Mărīnus, adj. [mare] zum Meere gehörig oder vom Meere kommend, Meer-, humor, aestus; (Poet.) casus mm. Ereignisse zur See, Venus m. aus dem Meere entstanden.

Mărisca, ae, f. 1) eine Art großer, ordinärer Feigen. 2) die Feigwarze.

Mărĭtālis, e, adj. [maritus] (Poet. und Spät.) zur Ehe gehörig, Ehe-, vestis.

*****Mărĭtātus**, adj. [marita] (Pl., zweifelhafte Lesart) zur Ehefrau gehörig.

Mărĭtĭmus ob. **-tŭmus**, adj. [mare] 1) zum Meere, zur See gehörig, See-, navis, urba, cursus; res m. das Seewesen, imperium das Commando zur See, homines mm. die Seeleute; bellum m. der Seekrieg, insbes. = der Krieg gegen die isaurischen Seeräuber; praedo m. der Seeräuber; subst. maritima, ōrum, n. pl. die Gegenden am Meere, Küstengegenden. *2) trop. (Pl.) unbeständig, veränderlich.

Mărīto, 1. (Spät.) verheirathen, vermählen, filiam, cuncti suadebant principem maritandum; lex de maritandis ordinibus. 2) von Thieren, schwängern, befruchten (immer im pass.). 3) trop. einen Baum mit einer sich an ihm hinauf schlängelnden Schlingpflanze, bes. einer Rebe, verbinden: m. ulmos Reben an die Ulmen anbinden, sich schlängeln machen; (Poet.) m. populos vitium propagine.

Mărītus, 1) adj. (meist Poet.) A) zur Ehe gehörig, ehelich, Ehe-, fax, sacra, fides; (Poet.) lex m. Gesetz von Ehen, = lex de maritandis ordinibus; domus mm. in welchen Eheleute wohnen; (Poet.) m. aliquo oder aliquā mit Jmd. verheirathet. B) von Bäumen, woran eine Schlingpflanze angebunden ift, mit einem Nebengewächse verbunden. 2) *subst.* A) **marita,** ae, *f.* (Poet.) die Ehefrau. B) **maritus,** i, *m.* a) der Ehemann; (Poet.) auch = das Männchen unter Thieren. b) (Poet.) der Bräutigam, Freier.

Mārius, Name eines römischen Geschlechtes, aus welchem der Cajus Marius, der Besieger des Jugurtha und der Cimbrer, Gegner des Sulla und Anführer der Volkspartei, am bekanntesten ist. Sein gleichnamiger Sohn, Gefährte des Vaters in dem Kampfe gegen Sulla u. f. w., starb kurz nach dem Vater. Davon **Mārius** und **Mārianus,** *adj.*

Marmărĭca, ae, *f.* [Μαρμαρική] Landschaft im westlichen Theile von Nordafrica.

Marmărĭdes, ae, *m.* [Μαρμαρίδης] aus Marmarica.

Marmor, ŏris, *n.* 1) der Marmor. Hiervon = eine aus Marmor gemachte Sache, z. B. ein Kunstwerk, mm. incisa notis. 2) (Poet.) = die glatte und glänzende Meeresfläche.

Marmŏrārĭus, *adj.* [marmor] (Spät.) zum Marmor gehörig, Marmor-, faber m. u. *subst.* bloß -rius, ii, *m.* der Arbeiter in Marmor.

Marmŏreus, *adj.* [marmor] 1) aus Marmor, marmorn, signum. 2) (Poet.) dem Marmor an Glattheit oder Weiße ähnlich, marmorglatt oder marmorweiß, cervix, brachium, palma; aequor m. die Meeresfläche.

Māro, ōnis, *m.* 1) römischer Familienname, siehe Virgilius. 2) Fluß im Peloponnes und dessen Flußgott.

Marobŏduus, i, *m.* Marbod, König der Sueven, Gegner des Arminius, der zu den Römern seine Zuflucht nahm.

Mărōnēa oder **-nia,** ae, *f.* [Μαρώνεια] 1) Stadt in Unteritalien. 2) Stadt in Thracien. Davon **Mărōnēus,** *adj.*

Marpessus, i, *f.* Flecken in Phrygien; davon **Marpessius,** *adj.*

Marpēsus oder **-pessus,** i, *f.* Berg auf der Insel Paros; davon **Marpēsius,** *adj.*

Marrŭbĭum oder **-vium,** ii, *n.* Stadt in Latium; davon **-bius,** *adj.*

Marrŭcīni, ōrum, *m. pl.* Völkerschaft auf der Küste von Latium. Davon **Marrŭcīnus,** *adj.*

Mars (alt und poetisch auch **Māvors**), tis, *m.* Sohn des Jupiter und der Juno, Bruder des Romulus und als solcher Stammvater und Nationalgott der Römer, Gott des Krieges (in der alten römischen Religion zugleich einer der dii consentes, die die Elemente beherrschten). Hiervon bezeichnet sein Name meton. A) den Krieg, Kampf, das Schlachtgetümmel: accendere Martem; Mars coecus wenn man im Finstern kämpft; M. Hectoreus der Kampf mit dem H. B) die Kampfart, Weise des Fechtens: suo M. pugnare auf seine gewohnte Weise, *oppos.* alieno M. C) der Ausgang des Kampfes, das Kriegsglück: communis M. belli; aequo M. pugnare mit gleichem Glücke, incerto, vario M. mit ungewissem, wechselndem Erfolge. D) *proverb.* suo (vestro, meo u. f. w.) M. aliquid facere auf eigene Faust, ohne fremde Hülfe. E) = Tapferkeit: si quid

patrii M. habes. F) M. forensis der Rechtsstreit. — Hiervon 1) **Martĭālis,** e, *adj.* A) zum Gotte Mars gehörig, flamen. B) zur martischen Legion gehörig, milites. 2) **Martĭcŏla,** ae, *m.* [colo] (Poet.) der Verehrer des Mars. 3) **Martĭgĕna,** ae, *comm.* [gigno] (Poet.) vom Mars erzeugt. 4) **Martius** u. (Poet.) **Māvortius,** *adj.* zum Mars gehörig, ihm heilig, von ihm herrührend u. f. w., campus, anguis, Roma. Hiervon A) (Poet.) = kriegerisch oder zum Kriege gehörig, Kriegs-, arma, vulnera im Kriege empfangen. B) *insbes.* = zum Monat März gehörig, März-, mensis, kalendae u. f. w.

Marsi, ōrum, *m. pl.* 1) Völkerschaft in Latium, bekannt als Zauberer und Schlangenbeschwörer, im Bundesgenossenkriege die eifrigsten Feinde der Römer. Davon **-sĭcus** und **-sus,** *adj.* 2) Völkerschaft im nordwestlichen Germanien.

Marsŭpĭum, ii, *n.* [μαρσύπιον] (Vorklass. u. Spät.) der Geldbeutel, die Börse.

Marsyas, ae, *m.* [Μαρσύας] 1) ein phrygischer Satyr oder Hirt, Meister im Flötenspiele: er forderte den Apollo zu einem musikalischen Wettstreite heraus, wurde aber von ihm besiegt und geschunden. Eine Statue von ihm stand auf dem Markte zu Rom; hier wurden Geschäfte abgemacht, auch Stelldichein gegeben. 2) Fluß in Phrygien, der in den Mäander fiel.

Marus, i, *m.* Fluß in Dacien, jetzt March oder Morawa.

Mās, ăris, *m.* 1) männlich = männlichen Geschlechtes, auch *subst.* der Mann (in rein physischer Beziehung, vergl. vir), das Männchen: mm. homines, mm. dii et feminae; illud pudendum praecipue in maribus; m. vitellus; auch von Pflanzen, in tilia mas et femina differunt omni modo. 2) (Poet.) = virilis männlich = männlichen Charakters, muthig, tapfer u. dergl.; male m. unmännlich.

Mascŭlīnus, *adj.* [mas] (Spät.) männlich = männlichen Geschlechtes.

Mascŭlus, *adj.* [mas] 1) männlich, männlichen Geschlechtes, infans, genus. 2) *trop.* (Poet.) A) männlich = eines Mannes würdig, muthig, kraftvoll u. dergl., proles, ingenium. B) Sappho m. mit Etwas sich beschäftigend, das sonst nur die Männer treiben (d. h. die Poesie).

Măsĭnissa, ae, *m.* König von Numidia, Großvater des Jugurtha, mit Rom gegen Carthago verbunden.

Massa, ae, *f.* der Teig, Klumpen, die Masse, picis, aeris; m. lactis coacti = Käse.

Massăgĕtae, ārum, *m. pl.* skythisches Volk am caspischen See.

Massĭcus, i, *m.* Berg zwischen Latium und Campanien, berühmt wegen seines Weines. Davon **Massĭcus,** *adj.*

Massĭlĭa, ae, *f.* alte und berühmte Stadt im südöstlichen Frankreich, jetzt Marseille. Davon **Massĭlĭānus** oder **-lĭensis,** e, *adj.* u. *subst.* **-enses,** ium, *m. pl.* die Einwohner von Massilia.

Massŭla, ae, *f. deminut.* von massa.

Massŭrĭus, ii, *m.* berühmter Rechtsgelehrter unter dem Kaiser Tiberius.

Massȳli, ōrum, m. pl. Völkerschaft in Nordafrika. Davon **Massȳlus** oder **-lius** oder **-laeus**, adj.

Mastrūca, ae, f. [sardinisches Wort] der Schafpelz; trop. (Pl.) als Schimpfwort von einem einfältigen Menschen.

Mătăra, ae, oder **Mătăris** u. **Mătĕris**, is, f. [celtisches Wort] eine Lanze, ein Wurfspieß.

Mătella, ae, f. [deminut. von matula] Geschirr für Flüssigkeiten, Topf, insbes. ein Nachttopf.

Mătellio, ōnis, m. = matella.

Māter, tris, f. [μήτηρ] 1) die Mutter: facere aliquam m. schwängern, matrem fieri de aliquo schwanger werden, matrem esse schwanger sein; mater familias (oder -iae) die Hausmutter. Hiervon trop. A) = der Stamm eines Baumes, im Gegensatze der Äste, der Zweige. B) von abstracten Gegenständen = die Urheberin, Schöpferin, Quelle: pax m. juris et religionis, luxuries est m. avaritiae. C) = eine Mutterstadt im Verhältnisse zu ihren Colonien. 2) uneigtl. wird das Wort als eine ehrende Benennung für Weiber und weibliche Wesen gebraucht und bezeichnet nicht das mütterliche Verhältniß, sondern die Würde und Majestät; so bef. von Göttinnen, Vesta m., Flora m., m. magna deorum (Cybele).

Mătercŭla, ae, f. deminut. von mater.

Mătĕria, ae, f. und **-ies**, ei, f. [mater] 1) die Materie, der Stoff, woraus Etwas gemacht ist, der Grundstoff, Hauptbestandtheil: m. rerum, ex qua et in qua sunt omnia. Auch = das Material im Gegensatze der Arbeit u. s. w.: materiam superabat opus. 2) Insbes. das Holz seiner Nutzbarkeit nach, das Bauholz, Nutzholz (vgl. lignum): „cornus non potest videri m. propter exilitatem, sed lignum"; caedere m. 3) trop. A) der Gegenstand, wovon gesprochen, geschrieben, disputirt u. s. w. wird, Stoff, Materie, Thema: m. sermonum; sumite m. aequam viribus, m. ad jocandum; m. aequitatis die Materie (der Punct) von der Billigkeit. B) = die Ursache, Quelle, Veranlassung, der Ursprung: m. omnium malorum, seditionis; quid Milo odisset Clodinm, materiem ac materiem gloriae suae? C) die Anlage, das Talent, natürliche Gabe: m. et indoles Catonis; (Poet.) pereo m. tuā = durch deinen hartnäckigen Charakter. D) (Poet.) = Vorrath, bes. an Lebensmitteln.

Mătĕriārius, adj. [materia] zum Bauholz gehörig, fabrica; subst. **-ius**, ii, m. (Pl.) der Bauholzhändler.

Mătĕriātus, adj. [materia] mit Bauholz versehen: aedes male mm. von schlechtem Bauholze.

*****Mătĕrior**, depon. 1. [materia] von Soldaten, Bauholz holen.

Mătĕris, siehe matara.

Māternus, adj. [mater] mütterlich, was zu einer Mutter gehört, von ihr herrührt u. s. w., Mutter-: mm. domus das mütterliche Erbe; (Poet.) arma mm. = von der Mutter gegeben, m. nobilitas von der Mutterseite, tempora mm. die Zeit der Schwangerschaft.

Mātertĕra, ae, f. [mater] die Schwester der Mutter, die Tante.

Mathēmătĭcus, adj. [μαθηματικός] zur Mathematik gehörig, mathematisch. Hiervon als subst. 1) **-ca**, ae, f. die Mathematik. 2) **-cus**, i, m. A) der Mathematiker. B) der Astrolog, Sterndeuter.

Mātīnus, i, m. Berg am Fuße des Garganus in Apulien. Davon **Mātīnus**, adj.

Matius, Name eines römischen Geschlechtes: ein Cnejus oder Cajus M. war als Dichter bekannt; ein Cajus M. war Freund des Cäsar und des Octavian.

Mātrālia, ium, n. pl. [mater] ein Fest, das jährlich von den Frauen in Rom zur Ehre der mater Matuta gefeiert wurde.

Mātricīda, ae, m. [mater-caedo] der Muttermörder.

*****Mātricīdium**, ii, n. [mater-caedo] der Muttermord.

Mātrīmōnium, ii, n. [verw. mit mater] 1) die Ehe, der eheliche Stand überhaupt; bei den Römern theils justum (und diese wieder nach strengeren Formen, mittelst der confarreatio oder der coemptio oder des usus, oder freier), theils injustum (zwischen Römern und ausländischen Weibern), worüber man die Handbücher der römischen Alterthümer u. dergl. nachsehe: aliquam in matrimonio habere Eine zur Frau haben, selten tenere matrimonium alicujus = Jmds Ehegattin sein; ducere, dare vb. collocare, petere aliquam in matrimonium zur Ehe nehmen, geben, begehren; operam dare matrimonio sich verheirathen. 2) (Spät.) im pl. = Ehegattinnen, Frauen.

Mātrīmus, adj. [mater] dessen Mutter noch lebt.

Mātrix, īcis, f. [mater] (Spät.) 1) von Thieren, das Mutterthier, Zuchtthier. 2) von Pflanzen, der Stamm.

Mātrōna, ae, f. [mater] eine verheirathete Frau, Gattin; gewöhnlich ehrende Benennung einer verheiratheten Frau als ehrbarer Hausfrau, die geehrte und ehrbare Ehefrau, die Matrone.

Mātrōnālis, e, adj. [matrona] zur ehrbaren Ehefrau gehörig, Matronen-, decus, stola, gravitas.

*****Matta**, ae, f. (Poet.) die Binsenmatte.

Mattĕa, ae, f. [verw. mit ματτύα] (Spät.) eine feine, delicate Speise, ein Leckerbissen.

Mătŭla, ae, f. (Pl.) 1) der Topf, insbes. der Nachttopf. 2) trop. als Schimpfwort, = der alberne Kerl.

Mātūrāte, adv. [maturo] schleunig, eilends.

*****Mātūrātio**, ōnis, f. [maturo] die Beschleunigung.

Mātūre, adv. mit comp. und sup. [maturus] zeitig, 1) = zur rechten Zeit, in gehöriger Zeit. 2) = frühzeitig, bald, schleunig.

Mātūresco, rui, – 3. [maturus] reif werden, frumentum m.; trop. virgo m. wird mannbar, partus m. wird reif zur Geburt; virtus m. entwickelt sich, erstarkt.

Mātūritas, ātis, f. [maturus] 1) die

Reife, Vollkommenheit in phyſiſcher Entwickelung, frumenti, partus. 2) die Reife und Fülle der Zeit, die rechte und gehörige Zeit und die zu dieſer eintretende Reife = völlige Entwickelung in körperlicher oder geiſtiger Beziehung: pervenire ad m., luna affert mm. gignendi; ejus rei m. nondum venit die rechte Zeit dazu; m. aetatis ad prudentiam; mm. temporum das Eintreffen der Jahreszeiten zu den rechten Zeitpuncten; m. poenae die zeitige Ausübung, der baldige Eintritt der Strafe.

Mātūro, 1. [maturus] 1) reif machen, zur Reife bringen, zeitigen, uvas. Hiervon (ſelten) = zur vollſtändigen Entwickelung bringen, reif machen, partus conceptos. 2) trop. A) Etwas zur rechten Zeit thun, bei guter Zeit verrichten, aliquid. B) beſchleunigen, beeilen (ohne Uebereilung, vergl. propero), machen, daß Etwas früher geſchieht, als es ſonſt der Fall ſein würde, mit einem *infin*. ſich beeilen: m. alicui mortem, insidias consuli, m. fugam eilends fliehen, iter ſchnell reiſen; m. proficisci zu reiſen ſich beeilen; m. venire bald kommen. 3) *intrans*. (d. h. ohne ausdrückliche Angabe desjenigen, womit man eilt) eilen, ſich beeilen: Romanus m. ne etc.; legati maturantes in Africam venerunt; maturato opus est man muß eilen.

Mātūrus, *adj*. mit *comp*. u. *sup*. (-rissimus, bisweilen -rrimus) 1) reif, wie Früchte, pomum. 2) was die gehörige Entwickelung in Bezug auf phyſiſche Eigenſchaften, Alter, Fähigkeit zu irgend Etwas erreicht hat, zu ſeiner Beſtimmung oder zu irgend einem Zwecke tauglich, reif, vollendet, tauglich: A) ovis m. zur Zucht tauglich, zum Gebären reif, virgo erwachſen, mannbar; partus m. zur Geburt reif; insbeſ. von einer Frau = hoch ſchwanger, venter, m. ex Jove; maturus militiae zum Kriegsdienſte. B) maturus aevi od. aevo = bejahrt, aetas m. das reife, kräftige Alter; centuriones mm. ausgediente, imperium m. veraltet; maturus animi reif an Verſtand. C) spes m. feſte, seditio reif zum Ausbruche, virtus vollkommene, gloria auf ſeinem Höhepuncte. 3) *trop*. A) was an der (rechten) Zeit iſt, zeitig, geeignet, gehörig, m. tempus scribendi, honores mm. zur rechten Zeit erwieſene. B) frühzeitig, zeitig, ſchleunig, baldig, decessio, hiems, judicium; (Poet.) maturior sum illo ich bin früher als er da geweſen; loca maturiora messibus wo das Getreide früher reif wird.

Mātūta, ae, *f*. alte italieniſche Göttin des Morgens, gewöhnlich mater M. genannt; in den Sagen wurde ſie ſpäter mit der griechiſchen Leucothea (ſiehe dieſen Artikel) verwechſelt.

Mātūtīnus, *adj*. [matuta, mane] zur Morgenfrühe gehörig, Morgen-, horae, frigus; (Poet.) ales m. der Hahn, equi mm. die Pferde der Aurora. Hiervon als *subst*. -num, i, *n*. (nur im *abl*.) der Morgen.

Mauri, ōrum, *m. pl*. die Mauren, Bewohner der an der Nordküſte von Africa, im Weſten von Numidien gelegenen Landſchaft **Mauritānia**, ae, *f*. (jetzt Marocco u. Fez). Davon 1) **Maurus**, *adj*. mauriſch und (Poet.) = puniſch oder africaniſch. 2) **Maurūsius**, *adj*. = Maurus, u. *subst*. -**sii**, ōrum, *m. pl*. die Mauritanier.

Mausōlus, i, *m*. ein König von Carien, dem ſeine Gemahlin Artemiſia nach ſeinem Tode ein prächtiges Grabmahl, **Mausōleum**, i, *n*. ſetzte, daher ſteht das letzte Wort appellativiſch = ein prächtiges Grabmal.

Māvors, Māvortius = Mars, Martius, ſiehe Mars.

Maxilla, ae, *f*. [*deminut*. von mala] die untere Kinnlade, Kinnbacke (vgl. mala).

Maxime (älter **Maxŭme**), *adv*. von maximus, *sup*. zu magis, 1) am meiſten, im höchſten Grade, meiſt od. ſehr viel, überaus, nos coluit m.; homines m. feri; verſtärkt durch unus, multo omnium = am allermeiſten, quam m. ſo viel als möglich; ut quisque m. — ita etc. je mehr Jmd. — deſto. 2) bei Gradationen, zur Bezeichnung des Vorzüglichſten, zuerſt, zunächſt (wonach ein deinde, secundo loco u. ſ. w. folgt). 3) zur Hervorhebung eines Begriffes, beſonders, ganz beſonders, vorzüglich: m. quod (quam u. ſ. w.); oft mit tum, nuper, auch mit is, tu u. dergl. = eben, gerade; über quum. m. ſiehe quum. 4) in der Converſationsſprache zur Bezeichnung einer zuſtimmenden Antwort, ja wohl, ja freilich, ſehr gern. 5) si m. einräumend = wenn auch, wie ſehr auch: si m. hoc placet.

Maximĭtas, ātis, *f*. [maximus] (Vorllaff.) = magnitudo.

Maximŏpere, *adv*. ſtatt Maximo opere wie es gewöhnlich geſchrieben wird (vgl. magnopere) überaus, in ſehr hohem Grade, ſehr viel.

Māzăca, ae, *f*. [Μάζακα] Hauptſtadt von Cappadocien.

Māzăces, cum, *m. pl*. Völkerſchaft in Mauritanien.

Māzăgae, ārum, *f. pl*. Stadt in Indien.

Māzŏnŏmus, i, *m*. [μαζονόμος] (ſelten) die Eſchüſſel.

Meātus, us, *m*. [meo] (Poet. und Spät.) 1) das Gehen, der Gang, meiſt jedoch *trop*. = Lauf, Bewegung und dergl., ſelten von Menſchen oder Thieren: m. solis, coeli, aquilae Flug, spiritus das Athemholen. 2) *concr*. der Weg, die Bahn: m. umbrarum; mm. Danubii Mündungen.

Mē-castor, beim Caſtor! eine beſondere von Frauenzimmern gebrauchte Betheuerung oder Schwur (vgl. mehercules u. dergl.).

Mēchănĭcus, *adj*. [μηχανικός] (Spät.) zur Mechanik gehörig, mechaniſch; *subst*. -ĭcus, i, *m*. der Mechaniker.

Mēdēa, ae, *f*. [Μήδεια] Tochter des Königs Aeetes in Kolchis, berühmt als Zauberinn, Gemahlin des Jaſon. Davon **Mēdēis**, ĭdis, *f*. *adj*., turba.

Mĕdeor, — *depon*. 2. 1) heilen, curiren, morbo, capiti, ſelten m. vulnus; ars medendi die Heilkunſt. 2) *trop*. A) abhelfen, vorbeugen, Hülfe gegen Etwas leiſten, malo, incommodis, inopiae; m. satietati lectoris; (Poet. und Spät.) m. cupiditates. B) helfen, wiederherſtellen: dies m. stultis; reipublicae afflictae.

Mēdi, ōrum, *m. pl*. [Μῆδοι] die Meder, Völkerſchaft in Aſien, poetiſch auch für Perſer, Parther, Aſſyrier; der *sing*. Medus, (Poet.)

= Perser. Davon 1) **Mēdia**, ae, *f.* [Μηδία] die von den Medern bewohnte Landschaft im jetzigen Persien. 2) **Mēdicus**, *adj.* (Poet.) = persisch od. assyrisch. 3) **Mēdus**, *adj.* = Medicus.

Mēdiastīnus, i, *m.* [medius] ein Sklave, der zu allerhand Verrichtungen gebraucht wird und Jedermann im Hause aufwarten muß, Hausknecht.

Mēdicābilis, e, *adj.* [medicor] 1) (Poet.) heilbar, amor nullis herbis m. 2) (Spät.) heilsam.

Mēdicāmen, inis, *n.* (meist Poet.) und **Mēdicāmentum**, i, *n.* [medico, medicor] überhaupt jedes Mittel zur künstlichen Hervorbringung auffallender physischer Wirkungen: 1) das Heilmittel, Medicament, die Arznei, auch insbes. = Pflaster, Salbe: uti violentia mm. Hiervon *trop.* = das Mittel, Hülfsmittel, laborum gegen Mühseligkeiten. 2) das Giftmittel, Gift. 3) (Poet.) das Zaubermittel: tantum possunt mm. 4) *trop.* künstliches Mittel zur Veränderung od. Verschönerung des Ansehens einer Sache, = a) das Färbemittel, die Farbe. b) die Schminke.

Mēdicāmentārius, *adj.* [medicamentum] zu einem Medicamentum gehörig, daher als *subst.* A) -ia, ae, *f.* (Spät.) die Arzneikunde, Pharmacie. B) -ius, ii, *m.* (Spät.) der Pharmaceut, Apotheker.

*****Mēdicātus**, us, *m.* [medico] (Poet.) das Zaubermittel.

Mēdicātus, 1) *particip.* von medico, siehe diesen Artikel. 2) *adj.* heilsam, zum Heilen dienlich.

Mēdicīna, ae, *f.* [medicus], eigtl. ein *adj.* zur Heilung gehörig, daher 1) *sc.* ars (welches Wort bisweilen hinzugefügt wird) die Heilkunst, Arzneikunst: m. est ars valetudinis; exercere (facere) m. die Heilkunst ausüben, treiben. 2) *sc.* officina (Vorklass.) die Bude, Officin eines Arztes. 3) *sc.* res das Heilmittel, Arzneimittel, die Arznei, adhibere m., dare m. Häufig *trop.* = das Mittel, Hülfsmittel, Heilmittel gegen Etwas: m. doloris, periculorum; dagegen m. consilii mei, temporis das Heilmittel, das in meinem Rathe, in der Zeit liegt.

Mēdico, 1. [medicus] (Poet. und Spät.), gewöhnlich nur im *perf. particip. pass.*, 1) = medeor. 2) zu irgend einem Zweck mit Etwas versetzen, vermischen: m. semina besprengen, benetzen. Hiervon *particip.* medicatus A) sedes m. mit Kräutersäften besprengt, potio m. = Mixtur, m. sapor aquae = mineralisch, vinum angemacht. B) somnus m. durch Zauberei verursacht. C) vergiftet. D) mortui arte mm. einbalsamirte Leichname. 3) färben, capillos.

Mēdicor, *depon.* 1. [medicus] (Poet. und Spät.) = medeor.

Mēdicus [medeor], 1) *adj.* (Poet. u. Spät.) heilsam, heilend, manus, ars, vis. 2) *subst.* i, *m.* der Arzt.

Mēdiētas, ātis, *f.* [medius] ein vom Cicero gebildetes Wort, die „Mittelheit", die Mitte.

Mēdimnum, i, *n.* oder -us, i, *m.* [gr. μέδιμνος] das Hauptmaaß für trockene Sachen bei den Griechen, Getreidemaaß, = 6 römische modii oder 2 amphorae, ein griechischer Scheffel.

Mēdiocris, e, *adj.* [medius] 1) mittelmäßig, mäßig, ziemlich, die Mitte haltend zwischen Viel und Wenig, aber gewöhnlich zu diesem sich neigend und so = unbedeutend, gering, unerheblich (in Bezug auf den Werth, die Größe und Ausdehnung, den Stand oder überhaupt verschiedene Eigenschaften; vgl. medius): m. orator, poeta; m. spatium, copiae, praemium; mediocres = Leute niederen Standes; häufig non (haud) m. = groß, ausgezeichnet. 2) seinen Wünschen und Bestrebungen nach mäßig, gemäßigt, genügsam: animus non m. hochstrebender Geist.

Mēdiocrĭtas, ātis, *f.* [mediocris] 1) die Mittelmäßigkeit, Geringheit, ingenii. 2) die Mittelstraße, das Maaß, Maaßhalten in einer Sache: m. dicendi oder in dicendo; mm. = gemäßigte Leidenschaften, mm. perturbationum.

Mēdiocrĭter, *adv.* mit *comp.* [mediocris] 1) mittelmäßig, mäßig, nur in geringem Grade. 2) gelassen, mit Maaß, aliquid ferre.

Mēdiolānum, i, *n.* Stadt in Oberitalien, jetzt Mailand. Davon **-nensis**, e, *adj.* und *subst.* **-nenses**, ium, *m. pl.* die Einwohner von M.

Mediomatrici, ōrum, *m. pl.* Volk in Gallien an der Mosel.

Mēdĭon, ōnis, Stadt in Acarnanien; davon **-ōnenses**, ium, *m. pl.* die Einwohner von M.

Mēdioxĭmus, *adj.* [medius] (Vorklass., selten) = medius.

*****Mēditābundus**, *adj.* [meditor] (Spät.) eifrig (auf Etwas) sinnend.

Mēditāmentum, i, *n.* [meditor] (Spät.) das Sinnen auf Etwas, davon = die Zubereitung, Zurüstung, belli.

Mēdĭtātē, *adv.* [meditatus] 1) überlegt, mit Vorbedacht, probra effundere absichtlich. 2) aliquid m. tenere genau kennen.

Mēdĭtātio, ōnis, *f.* [meditor] 1) das Denken, Sinnen auf Etwas, das Nachdenken über Etwas, m. futuri mali. 2) die Vorbereitung, Zurüstung zu Etwas, mortis, muneris obeundi. Hiervon 3) die Vorübung jeglicher Art, m. dicendi, m. campestris (Leibesübung); m. atque exercitatio.

Mēdĭtātus, *adj.* [*particip.* von meditor] überlegt, ausgedacht, studirt, scelus, verbum, oratio.

Mēditerrāneus, *adj.* [medius-terra] in der Mitte, d. h. dem Innern des Landes befindlich, mittelländisch, binnenländisch: m. locus, commercium, homines mm. im Innern wohnend; *subst.* **-um**, i, *n.* oder häufiger **-a**, ōrum, *n. pl.* das Binnenland.

Mēdĭtor, *depon.* 1. 1) über Etwas nachdenken, nachsinnen, Etwas überdenken, aliquid, rostra curiamque; selten m. ad rem oder de re aliqua. 2) auf Etwas sinnen, um es zu thun, mit Etwas umgehen, auf Etwas sich vorbereiten, fugam, accusationem, pestem alicui; (selten) m. ad praedam, ad dicendum; m. proficisci zu reisen gedenken; (Poet.) m. in proelia in die Schlacht zu gehen gedenken.

3) vorbereitend sich auf Etwas üben, Vor-übungen-, Vorstudien machen: Demosthenes m. in litore; meditandi causa ambulare; (Poet.) m. musam agrestem avenâ ein ländliches Lied.

Mĕdius, *adj*. [verw. mit dem gr. μέσος] 1) in der Mitte befindlich, der mittlere, mittelste und partitiv mitten-, in der Mitte von: m. pars versus, m. locus mundi, earum regionum; inter pacem et bellum medium nihil est; in medio foro mitten auf dem Markte, per mm. hostes mitten durch die Feinde, arripere aliquem m. Jmd. um den Leib fassen; m. tempus die dazwischenliegende Zeit. 2) *trop.* A) in der Zeit, (Spät.) vir m. oder aetatis mediae in den mittleren Jahren stehend. B) die Mitte- oder den Mittelweg haltend, zwischen zwei Extremen in der Mitte stehend, mäßig, mittelmäßig, ziemlich (gewöhnlich dem Viel näher stehend, als dem Wenig, vgl. mediocris), homo, oratio, ingenium, consilium. C) zu keiner von beiden Seiten sich neigend, a) = unbestimmt, zweideutig, dunkel, responsum, vocabulum. b) = keiner Partei angehörend, neutral, unparteiisch: gerere se m.; mediis consiliis stare sich neutral verhalten. c) vermittelnd, Mittler: offerre se m.; m. fratris et sororis. d) Poet., idem pacis eras mediusque belli du warst derselbe mitten im Frieden und im Kriege. D) zur Bezeichnung dessen, was eben in vollem Gange ist, jetzt eben geschieht, mitten in, -unter, während u. dergl.: in m. potione, in honore m. deorum; medium iter tenere in vollem Laufe sein. E) (Poet.) dazwischenkommend und dadurch verhindernd, schadend oder dergl.: medium occurrere störend, zur Unzeit erscheinen.

Hiervon als *subst.* **Mĕdium**, ii, *n.* 1) die Mitte, das Mittlere, Mittelste, den verschiedenen Bedeutungen des medius entsprechend: medio temporis, sedium; medio ire auf der Mittelstraße; relinquere in medio unentschieden lassen. 2) insbes. zur Bezeichnung dessen, was öffentlich und Allen zugänglich ist, was am Tage liegt oder was von Allen gesehen, besucht, gekannt u. s. w. ist: A) in medium aliquid proferre bekannt machen, venire (procedere) bekannt werden; res est in medio ist Allen bekannt oder sichtbar, öffentlich. B) prodire u. dergl. in medium öffentlich erscheinen, sich den Augen aller Welt zeigen. C) e medio recedere und dergl. aus dem Wege, bei Seite gehen; de (e) medio tollere aus dem Wege räumen, ermorden; e m. abire, excedere = sterben. D) verba e m. sumpta aus dem gemeinen Leben hergenommen, alltäglich, ebenso comoedia res e m. arcessit aus dem großen Publicum, aus dem Leben. E) vocare rem in medium vor das Publicum, vor ein öffentliches Gericht bringen. F) in medium consulere über das allgemeine Beste sich berathen, communes utilitates in medium afferre für das gemeinschaftliche Wohl sorgen, laudem conferre Allen Antheil am Ruhme gewähren; res cedit in medium wird Gemeingut, quaerere in medium zu gemeinschaftlichem Gebrauche, res in medio positae Gemeingüter, wovon Jeder nehmen kann, in medio posita das Allen zu Gebote Stehende,

rem in medium dare zu gemeinem Gebrauche überlassen.

Medius fidius, siehe Fidius.

Mĕdulla, ae, *f.* 1) das Mark in Thieren und Pflanzen. 2) *trop.* A) = das Innere, bes. des Herzens: versari in mm. litium in dem inneren Wesen und Kern der Streitsachen; (Poet.) mm. montis; haerere in mm. alicui von Jmd. herzlich geliebt sein.

Mĕdullia, ae, *f.* Städtchen in Latium. Davon **-llĭnus**, *adj.*

Mĕdullĭtus, *adv.* [medulla] (Vorklass. und Spät.) im Marke, bis aufs Mark = herzlich, innig, amare.

Mĕdus, 1) *adj.*, siehe Medi. 2) *subst.* -us, i, m. Fluß in Persien. 3) Sohn der Medea.

Mĕdūsa, ae, *f.* [Μέδουσα] eine der Gorgonen (siehe Gorgo), deren Haupt mit Schlangen statt mit Haaren besetzt war, so daß Jeder durch deffen Anblick in Stein verwandelt wurde. Perseus enthauptete sie; aus ihrem Blute entsprang der Pegasus. Davon **Mĕdūsaeus**, *adj.*: fons M. die durch den Huf des Pegasus entstandene Quelle Hippocrene.

Mĕgaera, ae, *f.* [Μέγαιρα] die Zürnende, eine der Furien.

Mĕgălēsia oder **-lensia**, ium, *n. pl.* Fest zur Ehre der Göttin Cybele, welche die große Mutter (magna mater, ἡ μεγάλη) genannt wurde.

Mĕgălŏpŏlis, is, *f.* [Μεγαλόπολις] Stadt in Arcadien. Davon 1) **-pŏlītae**, ārum, *m. pl.* die Einwohner von M. 2) **-pŏlītānus**, *adj.* und *subst.* -ni, ōrum, *m. pl.* die Einwohner von M.

Mĕgăra, ōrum, *n. pl.*, doch auch **Mĕgăra**, ae, *f.* [Μέγαρα] 1) Hauptstadt in der Landschaft Megaris. 2) Stadt auf Sicilien. Davon A) **Mĕgărensis**, e, *adj. u. subst.* **-renses**, ium, *m. pl.* die Einwohner von M. B) **Mĕgărēus**, *adj.* (Poet.). C) **Mĕgăreus**, ei ob. eos, *m.* [Μεγαρεύς] der Megarenser. D) **Mĕgărĭcus**, *adj.*; *insbes.* -rĭcī, ōrum, *m. pl.* die megarischen Philosophen, Anhänger des Euklides. E) **Mĕgărus**, *adj.*

Mĕgăreus, ei, *m.* [Μεγαρεύς] Sohn des Neptun, Vater des Hippomenes, der deswegen heros **Mĕgărēius** heißt.

Mĕgăris, ĭdis, *f.* [Μεγαρίς] 1) Landschaft in Griechenland bei Attica. 2) = Megara 2.

Mĕgistānes, num, *m. pl.* [verw. mit dem gr. μέγας] (Spät.) die Großen, Vornehmen in einem Königreiche.

Mehercule, siehe Hercules.

Mejo, — — 3. harnen, pissen (ein vulgärer und unedler Ausdruck, vgl. mingo).

Mel, mellis, *n.* [das gr. μέλι] der Honig; bei Poet. häufig im *pl.*; *proverb.* mella petere in medio flumine = vergeblich suchen. Hiervon *trop.* A) (Poet.) mm. poetica schöne Gedichte; melli mihi est es ist mir süß. B) (*Pl.*) als Liebkosungswort, m. meum meine Süße!

Melae, ārum, *f. pl.* Flecken in Samnium.

Mĕlampus, ōdis, *m.* [Μελάμπους] berühmter Weissager und Arzt.

Mĕlanchŏlĭcus, *adj.* [μελαγχολικός]. schwarzgallig, melancholisch.

Mĕlănippe, es, *f.* [Μελανίππη] Tochter

Melanthus — Memor

des Aeolus oder des Desmontes, vom Neptun Mutter des Böotos und Aeolos.

Melanthus, i, m. [Μέλανθος] 1) Fluß in Sarmatien. 2) König in Elis, dann in Athen, Vater des Codrus; davon -theus, adj.

Melanūrus, i, m. [μελάνουρος] Schwarzschwanz (ein Fisch).

Melcŭlum = melliculum, siehe diesen Artikel.

Meleager, gri, m. [Μελέαγρος] Sohn des Oeneus, Königs zu Calydon, und der Althäa, berühmt durch sein auf die große calydonische Jagd folgendes tragisches Ende. Davon **Meleagrĭdes**, dum, f. pl. nach dem Mythus Schwestern des M., die seinen Tod so lange beweinten, bis sie in Perlhühner verwandelt wurden, welche Vögel daher meleagrides heißen.

Meles, ētis, m. [Μέλης] Fluß in Jonien. Davon **Melētēus**, adj. = homerisch.

Meles oder **Melis**, is, f. ein kleines vierfüßiges Thier, wahrscheinlich der Marder.

Melibœa, ae, f. [Μελίβοια] Stadt in Thessalien, Geburtsort des Philoctet. Davon -bœus, adj.

Melicerta oder -tes, ae, m. [Μελικέρτης] Sohn der Ino und des Athamas, siehe Athamas und Ino.

Melĭcus, adj. [μελικός] (Poet. u. Spät.) 1) musikalisch. 2) lyrisch, poema. Hiervon subst. **Melĭcus**, i, m. der lyrische Dichter.

Melilōtos, i, f. ob. -ton, i, n. [μελίλωτος] eine Art Klee.

Melīnus, adj. [meles] zum Marder gehörig, subst. -na, ae, f. der Beutel aus Marderfell.

Melīnus, adj. [μήλινος, μήλον] zu Quitten gehörig, davon als subst. **Melīnum**, i, n. 1) (sc. oleum) Oel aus den Blüthen der Quitten. 2) (sc. vestimentum) ein quittengelbes Kleid.

Melīnus, adj. [mel] zum Honig gehörig, davon als subst. **Melīna**, ae, f. Honigmeth.

Melīnus, adj. zur Insel Melos gehörig, davon **Melīnum**, i, n. (Pl.) eine Art weiße Farbe.

Melior, siehe bonus.

Meliphyllum, i, n. [griech. μελίφυλλον] eine von den Bienen sehr gesuchte Pflanze.

Melissus, i, m. [Μέλισσος] 1) ein griechischer Philosoph aus Samos. 2) ein Freigelassener des Mäcenas, Bibliothekar des Augustus.

Melĭta, ae, f. [Μελίτη] Insel zwischen Sicilien und Africa. Davon -tensis, e, adj.; insbes. **Melitensia**, ium, n. pl. Kleider aus M.

Meliuscŭle, adv. deminut. [siehe bene] etwas besser, etwas besser.

Meliuscŭlus, adj. comp. [deminut. von melior] etwas besser.

Mella oder **Mela**, ae, m. Fluß in Oberitalien.

Mellicŭlum, i, n. [deminut. von mel] eigtl. ein klein wenig Honig, trop. als Liebkosungswort, meine Süße! mein Honigpüppchen.

Mellĭfer, ēra, ĕrum, adj. [mel-fero] (Poet.) Honig tragend.

*****Mellilla**, ae, f. [mel] (Pl.) als Liebkosungswort, meine Süße!

*****Mellinia**, ae, f. [mel] (Pl.) die Süßigkeit = Annehmlichkeit.

Mellītŭlus, adj. (Vorklass.) deminut. von mellitus.

Mellītus, adj. mit (Spät.) sup. [mel] 1) mit Honig bestüßt, placenta, favus. 2) honigsüß, sapor. 3) trop. (Com.) süß = lieblich, angenehm, allerliebst, oculi, suavium; mi m.

Melodūnum, i, n. Stadt in Gallien, jetzt Melun.

Melos, n. [μέλος] (Poet.) der Gesang, das Lied.

Melos, i, f. [Μῆλος] Insel des ägäischen Meeres. Davon **Melius**, adj.

Melpomĕne, es, f. [Μελπομένη] die Muse der tragischen und lyrischen Dichtkunst.

Membrāna, ae, f. [membrum] 1) die zarte Haut, welche die Glieder des animalischen Körpers bedeckt, das Häutchen; auch das Häutchen an Früchten; (Poet.) = die äußere Haut der Schlange, der Balg. 2) die zum Schreiben bereitete Haut, das Pergament. *3) (Lucr.) die Oberfläche, das Aeußere, coloris.

Membrānăceus, adj. [membrana] (Spät.) aus Haut oder Pergament bestehend.

Membrānŭla, ae, f. deminut. von membrana.

Membrātim, adv. [membrum] 1) gliederweise, von Glied zu Glied, deperdere sensum; caedere aliquem m. in Stücken. 2) stückweise, einzeln; insbes. von der Rede = in kleinen Abschnitten, Sätzen, dicere.

Membrum, i, n. 1) ein Glied des thierischen Körpers (vgl. artus). 2) trop. das Glied = der Theil eines Ganzen, z. B. eines Hauses, eines Staates; insbes. = der Abschnitt in der Rede, das Satzglied.

Memĭni, isse, verb. def. 1) sich einer Sache erinnern, ihrer gedenken, sie in der Erinnerung haben (sie nicht vergessen haben, also von einem dauernden Zustande, vgl. reminiscor und recordor): mem. m. sich recht gut erinnern; m. vivorum, hujus loci; m. beneficia; memini te narrare daß du erzähltest, summos olim fuisse viros ut mem. daß es große Männer gegeben hat; m. quanta esset hominum admiratio; memento de palla vergiß den Mantel nicht; (Poet.) m. aliquid facere daran denken, Etwas zu thun; (Poet.) m. viae = kennen, wissen. Oft ist m. dem Zusammenhange zufolge = Etwas bedenken, auf Etwas Rücksicht nehmen. 2) (selten) erwähnen, rei alicujus, de exsulibus.

Memmius, Name eines römischen Geschlechtes; ein Cajus M. war ein Freund des Cicero, und ihm dedicirte Lucretius sein Gedicht de rerum natura. Davon 1) (Lucr.) **Memmiădes**, ae, m. einer aus dem memmischen Geschlechte. 2) **Memmiānus**, adj.

Memnon, ŏnis, m. [Μέμνων] Sohn des Tithonus und der Aurora, König der Aethiopier, zog den Trojanern zu Hülfe und wurde vom Achilles getödtet; bei der Verbrennung seines Leichnames flogen aus seiner Asche Vögel empor (aves Memnoniae), die alle Jahre nach Troja zogen und dort miteinander stritten. Dab. **Memnonius**, adj., Poet. = morgenländisch.

Memor, ŏris, adj. [memini] 1) einer Sache

Memorabilis

oder Person sich erinnernd, eingedenk. Etwas im Andenken behaltend, officii, facti illorum; memor, Lucullum periisse; m. et gratus. Hiervon A) m. regni sui firmandi der baran denkt (es nicht versäumt) sein Reich zu stärken. B) absol. a) einer Wohlthat eingedenk, dankbar. b) ein gutes Gedächtniß habend: mendacem oportet esse memorem. C) von Sachen: ira, poena m. rachsüchtig, rächend; auris m. treu das Gehörte bewahrend; supplicium parum m. rerum humanarum = unmenschlich; vox memor libertatis noch das Gepräge der Freiheit tragend; cadus m. belli Marsi zur Zeit des Marserkrieges abgezogen. 2) = an Etwas erinnernd, mahnend, nota, versus; poena m. indicii; ingenium m. et Numae et Romuli Etwas sowohl vom N. als vom R. habend.

Mĕmŏrābĭlis, e, adj. mit comp. [memoro] 1) (Vorklass.) was erwähnt, erzählt werden kann, denkbar. 2) was erwähnt zu werden verdient, merkwürdig, denkwürdig, vita; auctor, virtus m. ac divina.

Mĕmŏrandus, adj. [gerund. von memoro] erwähnenswerth, merkwürdig.

*****Mĕmŏrātor**, ōris, m. [memoro] (Poet.) der Erzähler.

Mĕmŏrātus, us, m. [memoro] (Vorklass. u. Spät.) die Erwähnung, Erzählung.

Mĕmŏria, ae, f. [memor] Gedächtniß, 1) = die Erinnerungskraft, -fähigkeit: m. bona, tenacissima. 2) = das Andenken, die Erinnerung: viri digni memoriâ; revocare memoriam rei alicujus; adhibere m. nullam rei eine Sache in Vergessenheit gerathen lassen; prodere (tradere, mandare) aliquid memoriae (von einem Geschichtschreiber) Etwas erzählen, berichten; memoria arcis non excidit man vergaß nicht die Burg, m. horum abiit dieses ist vergessen worden; m. jucunda; post hominum m. so lange die Menschen sich erinnern, seit Menschen Gedenken; redeo in memoriam mecum (Com.) ich suche mir Etwas ins Gedächtniß zurückzurufen, alicujus werde Jmds eingedenk. 3) die Zeit insofern man sich ihrer erinnert: superiore, m. in älteren Zeiten, hujus memoriae philosophi die Philosophen unserer Zeit, usque ad nostram m. 4) = Ereigniß, Fall, dessen man sich erinnert: revocanda est veteris memoriae recordatio. 5) der geschichtliche Bericht, die (mündliche) Erzählung: duplex est m. de hac re. 6) die Denkschrift, Memoire.

Mĕmŏriālis, e, adj. [memoria] (Spät.) zum Gedächtnisse gehörig, Denk-: libellus m. Denkschrift, Journal.

Mĕmŏriŏla, ae, f. deminut. von memoria.

Mĕmŏriter, adv. [memor] mit gutem Gedächtnisse, so daß man Nichts übergeht oder vergißt, genau, multa narrare, aliquid colligere, respondere, meminisse, orationem habere.

Mĕmŏro, 1. [memor] (seltener als das compos. commemoro) erwähnen, in Erinnerung bringen, davon erzählen, sagen, berichten: m. aliquid, de re; m., illum alicui esse infestum; verba memorata alicui (Poet.) die von Jmd. gebrauchten Wörter.

Memphis, is od. idis, f. [*Μέμφις*] Stadt in Mittelägypten. Davon 1) **Memphītes**, ae, m., adj. 2) **Memphītious** und **-tis**, idis, adj., Poet. = ägyptisch.

Mōnae, ārum, f. pl. [*Μεναί*] Stadt auf Sicilien. Davon **Mōnaeni**, ōrum, m. pl. die Einwohner von M.

Mōnander, dri, m. [*Μένανδρος*] der Hauptdichter der neueren attischen Comödie, Muster des Terenz. Davon *****Mōnandrĕus**, adj.

Mōnāpii, ōrum, m. pl. Völkerschaft im nördlichen Gallien.

Menda, ae, f. (Poet. u. Spät.) u. **Mendum**, i, n. der Fehler, das Gebrechen: A) das körperliche Gebrechen. B) (Spät.) das Versehen in einer Schrift, der Schreibfehler.

*****Mendācĭlŏquus**, adj. im comp. [mendacium-loquor] (Pl.) lügenhaft.

*****Mendācĭŏlum** od. -ciunculum, i, n. deminut. von mendacium.

Mendācĭum, ii, n. [mendax] 1) die Unwahrheit, Lüge, dicere m. 2) trop. A) (Spät.) die täuschende Nachahmung. B) (Poet.) die Erdichtung, fiction: mm. vatum.

Mendax, ācis, adj. mit comp. und sup. [mentior] 1) lügenhaft, lügend, Unwahres sagend, homo; Carthaginienses mm. treulose; mendacissimus ein großer Lügner; (Poet.) infamia m. ungerecht, unverdient. 2) trop. A) = täuschend, betrügerisch, speculum, visum; fundus m. der weniger trägt, als man erwartete; (Poet.) = erdichtet, vergeblich, damnum, ob. = nachgemacht, pennae.

Mendes, ētis, f. Stadt in Aegypten. Davon **Mendēsĭus**, adj.

Mendīcābŭlum, i, n. [mendico] (Pl. u. Spät.) der Bettler.

*****Mendīcātĭo**, ōnis, f. [mendico] (Spät.) das Betteln, vitae um das Leben.

*****Mendīce**, adv. [mendicus] (Spät.) bettelhaft.

Mendīcĭtās, ātis, f. [mendicus] die Bettelarmuth, die größte Dürftigkeit.

Mendīco, 1. u. *-ōor, depon. 1. [mendicus] (Vorklass. und Poet.) betteln, aliquid um Etwas.

*****Mendīcŭla**, ae, f. [mendicus] (Pl.) das Bettlerkleid.

Mendĭcus, adj. 1) bettelarm, sehr dürftig, homo. 2) überhaupt armselig, elend, instrumentum; als Schimpfwort, du Lump!

Mendōse, adv. mit comp. u. sup. [mendosus] fehlerhaft, mit vielen Fehlern, scribere.

Mendōsus, adj. mit comp. u. sup. [mendum] fehlerhaft, voller Fehler, exemplar testamenti, mores, historia. 2) oft Fehler machend, häufig fehlend.

Menecles, is, m. [*Μενεκλῆς*] ein asiatischer Rhetor. Davon **-clēus**, adj.

Mĕnĕdēmus, i, m. [*Μενέδημος*] 1) eretrischer Philosoph. 2) Rhetor zur Zeit des Crassus.

Mĕnĕlāus, i, m. [*Μενέλαος*] Sohn des Atreus, Bruder des Agamemnon, Gemahl der Helena, König von Sparta. Davon 1) **Mĕnĕlāus**, adj. (Poet.). 2) **Menelai portus** Hafen und Stadt in Aegypten.

Mĕnēnius, Name eines römischen Geschlech-

Meninx — **Mentor** 469

tes: am bekanntesten ist der M. Agrippa, der die Plebejer zur Rückkehr nach Rom bewog.

Mēninx, gis, *f.* [Μῆνιγξ] kleine Insel bei Africa.

Menippus, i, *m.* [Μένιππος] 1) cynischer Philosoph voll beißenden Spottes. Davon **Menippēus**, *adj.* 2) asiatischer Redner zur Zeit Cicero's.

Menoeceus, ei, *m.* [Μενοικεύς] Sohn des thebanischen Königs Creon, der dem Vaterlande sein Leben opferte.

Menoetius, ii, *m.* [Μενοίτιος] Sohn des Actor, Vater des Patroclus. Davon **Menoetiădes**, ae, *m.* der Sohn des M. = Patroclus.

Mens, tis, *f.* 1) die Seele als denkendes und urtheilendes Wesen, der Inbegriff der höheren Geistesfähigkeiten (es steht dem animus entgegen, theils, wo animus die Seele überhaupt bezeichnet, als der Theil dem Ganzen, theils, wo animus zunächst den Willen, das Verlangen oder das Gefühl bezeichnet, als jenem coordinirter Theil), der Verstand, die Vernunft, der Geist: regnum totius animi a natura tributum est menti; animus et m. Herz und Geist; mente aliquid comprehendere (complecti u. dergl.) begreifen, fassen; adimere alicui mentem Jmd. den Verstand nehmen, captus mente blödsinnig. Insbes. = Besinnung, Vermögen den Verstand zu gebrauchen: mentis suae esse oder compotem esse bei Sinnen sein, seines Verstandes mächtig sein. 2) uneigtl. A) = Gedanke ob. Erinnerung, Andenken: venit mihi in mentem oris tui, to esse hominem es kömmt mir in die Gedanken = ich erinnere mich wieder. B) Gedanke = Absicht, Vorsatz, Plan, Sinn: ea mente in der Absicht; mihi in mente est dormire ich habe im Sinne; muta jam istam mentem; quid tibi in mentem venit was fällt dir ein? utinam tibi dii hanc mentem dent! C) = Meinung, Ansicht, longe mihi alia mens est; intelligere mentem alicujus. D) = Ueberlegung, Nachdenken: sine ulla m. E) = die Gesinnung, Stimmung: hominum mm. erga te. F) = Muth: addere m. alicui Jmd. Muth einflößen, demittere mm. den Muth fallen lassen (von Mehreren). G) Gedanke = Sorge, mm. hominum.

Mensa, ae, *f.* der Tisch überhaupt. Insbes. A) = der Speisetisch: surgere a m.; super oder apud m. am Tische, beim Essen; mittere alicui de m. Essen von seinem Tische. Hierv. a) das Gericht, der Gang bei Tische: mm. Syracusiae = üppige Mahlzeiten; m. secunda das Dessert. B) der Opfertisch. C) der Tisch der Fleischer, die Fleischbank. D) der Tisch der Wechsler, der Wechseltisch: m. publica = die Gemeindecasse, öffentliche Bank.

Mensārius, ii, *m.* [mensa] eigtl. ein *adj.*, A) der öffentliche Banquier, »Wechsler, der die Geldeinnahmen und Zahlungen der Staatscasse regulirte, die Münze probirte u. s. w. (vgl. argentarius; doch trieben die mensarii auch privatim dieselben Geschäfte wie die argentarii). B) mensarii quinqueviri und triumviri, drei oder fünf vom Senate ernannte Personen, die für einen gewissen Zeitraum gewählt wurden, um das Schuldwesen zu ordnen.

***Mensio**, ōnis, *f.* [metior] das Messen.

Mensis, is, *m.* der Monat: primo, ineunte m. im Anfange, exeunte am Schlusse des Monates.

Mensor, ōris, *m.* [metior] (Poet. u. Spät.) der Messer, bes. der Feldmesser.

Menstruālis, e, *adj.* [mensis] (Vorklaff. und Spät.) auf einen Monat berechnet, einen Monat dauernd, epulae.

Menstruus, *adj.* [mensis] 1) = menstrualis: m. vita, cibaria mm. auf einen Monat. 2) monatlich = alle Monate wiederkehrend, feriae; *subst.* menstruum, i, *n.* a) = eines Soldaten monatliche Ration an Lebensmitteln. b) m. meum meine monatliche Amtsverrichtung.

Mensŭla, ae, *f. deminut.* von mensa.

Mensūra, ae, *f.* [metior] 1) (Poet. u. Spät.) das Messen, die Messung: facere m. rei alicujus. 2) das Maaß, womit gemessen wird: majore m. reddere aliquid; m. ex aqua d. h. clepsydra; *trop.* m. aurium. 3) das Maaß als Resultat des Messens, die Länge, Breite, Umfang, Menge u. s. w.: m. aquae, itineris die Länge; dare alicui m. bibendi ein gewisses Maaß vorschreiben. Hiervon *trop.* m. legati Charakter, Würde; submittere se ad m. discentis Fassungsvermögen; implere m. nominis sui seinem Namen entsprechen; mm. verborum Quantität.

Mentha oder **Menta**, ae, *f.* die Krauseminze.

Mentio, ōnis, *f.* [memini] die Erwähnung, Erinnerung, die beiläufige Meldung, der Antrag, Vorschlag u. dergl.: mentionem facere (inferre, movere) rei alicujus ob. de re aliqua eine Sache erwähnen, auf sie zu sprechen kommen (sowohl etwas Bekanntes, als etwas Neues, vgl. commemoro); m. facere, senatum jubere etc. erwähnen, daß der Senat beschließt u. s. w.; m. mortis; incidere in mentionem rei alicujus- zufällig auf Etwas zu sprechen kommen; m. facere in senatu einen Antrag im Senate machen; serero mm. öfter erwähnen; (Com.) m. facere cum aliquo mit Jmd. sprechen.

Mentior, *depon.* 4. 1) *intrans.* Unwahres sagen (absichtlich ob. unfreiwillig), lügen, fabeln, aperte, apud aliquem, in oder de re aliqua; (Poet.) mentior nihi etc. ich will ein Lügner sein, wenn nicht u. f. w. Hiervon A) (Poet.) = dichten, erdichten: Homerus ita m. B) = zum Lügner werden = sein Wort nicht halten. C) = täuschen: frons m. 2) *transit.* A) fälschlich vorgeben, erdichten, erlügen, etwas Unwahres aussagen, tantam rem, auspicium, dolores capitis. B) (Poet. u. Spät.) sich fälschlich aneignen, den Schein einer Sache annehmen, vorspiegeln: m. originem regiae stirpis; m. juvenem das Aussehen eines Jünglings annehmen, lana mentita varios colores die verschiedene fremde Farben angenommen hat. C) (Poet.) täuschen, seges m. spem.

Mentītus, *adj.* [*particip.* von mentior] erdichtet, falsch, vorgeblich, pater, arma.

Mentor, ōris, *m.* [Μέντωρ] berühmter Künstler in getriebener Metallarbeit, ums Jahr 366 v. Chr. Davon (Poet.) meton. = Schale oder Trinkgefäß von getriebener Arbeit. Davon **-tŏreus**, *adj.*

Mentum, i, n. das Kinn von Menschen und Thieren.

Meo, 1. [verwandt mit eo] (Poet. u. Spät.) gehen = regelmäßig in einer bestimmten Bahn sich bewegen (selten von Menschen u. Thieren, vgl. eo): sol, aura m.; spiritus m.; plaustra, naves mm.

Měrăcŭlus, adj. (Vorklaff. u. Spät.) deminut. von meracus.

Měrācus, adj. mit comp. [merus] unvermischt, unverfälscht, vinum; trop. m. libertas ungeschmälert.

Mercābĭlis, e, adj. [mercor] (Poet.)- käuflich.

Mercātor, ōris, m. [mercor] der Kaufmann, Handelsmann (überhaupt ansehnlicher als caupo u. institor, weniger ansehnlich als negotiator).

*****Mercātōrĭus**, adj. [mercator] (Pl.) kaufmännisch, navis m. Kauffahrteischiff.

Mercātūra, ae, f. [mercor] 1) der Kaufhandel, die Kaufmannschaft, der Waarenhandel: facere m. (von Mehreren mm.) handeln. 2) (Pl.) die Kaufmannswaare.

Mercātus, us, m. [mercor] 1) = mercatura 1. 2) der Markt = Handelsplatz, der Jahrmarkt, die Versammlung der Käufer u. Verkäufer: m. frequens; indicere m. einen Markt bestimmen, ankündigen, habere halten. Davon m. Olympiacus die festliche Versammlung zu Ol., womit zugleich ein Markt verbunden war.

Mercēdŭla, ae, f. deminut. von merces.

Mercēnārĭus, adj. [merces] 1) für Lohn gedungen, für Geld gemiethet, bezahlt, besoldet, miles, testis = bestochen; auch von Sachen, arma mm. die man um Geld ergreift, liberalitas m. erkaufte. 2) (Poet.) vincula mm. die Fesseln, in welchen Jmds besoldetes Amt ihn hält. 3) subst. -ĭus, ii, m. der Miethling.

Merces, ēdis, f. 1) der Lohn, Sold, die Bezahlung (für eine dauernde Dienstleistung, vgl. pretium); m. ac quaestus, m. manuum; m. scenicorum (Spät.) Gehalt; häufig in tadelndem Sinne = Geld zur Bestechung: magnā m. pacisci cum aliquo; proverb. unā m. duas res assequi zwei Fliegen mit Einer Klappe schlagen. 2) überhaupt Preis, Bezahlung, Lohn: constituere m. rei alicujus; non aliā bibam m. auf keine andere Bedingung. 3) = „Lehrgeld", d. h. Strafe oder Schaden: non sine magna m.; statuere gravem m. temeritatis. 4) der Zins, die Einkünfte aus Häusern, Aeckern u. dergl. = Miethe, Pachtgeld: m. praediorum, habitationum; mm. publicanorum; auch = die Zinsen einer Geldsumme.

Mercĭmōnĭum, ii, n. [merx] (Vorklaff. u. Spät.) die Handelswaare.

Mercor, depon. 1. [merx] erhandeln, erkaufen (so daß zunächst an den Kaufact gedacht wird, vgl. emo): m. fundum ab (de) aliquo, aliquid magno pretio.

Mercŭrĭus, ii, m. der griechische Ἑρμῆς, Sohn des Jupiter und der Maja, Herold der Götter, Gott der gewandten Rede und Klugheit, der Erfindung, der List, des Handels u. s. w. Davon **Mercŭrĭālis**, e, adj. zum M. gehörig: viri mm. die Dichter als Günstlinge des M., auch Mercuriales absol. = die Handelsleute.

Merda, ae, f. Unrath ob. Koth des Leibes, Excremente.

Mēre, adv. [merus] (Pl. u. Spät.) lauter, rein, unvermischt.

Mērenda, ae, f. (Vorklaff. u. Spät.) das Vesperbrod.

*****Mĕrendārĭus**, adj. [merenda] (Spät.) (aus Mitleid) ein Vesperbrod bekommend.

Mĕreo, rui, — 2. u. **Mĕreor**, ritus, depon. 2. 1) (meist in der activen Form) verdienen = erwerben, gewinnen, numos vicenos; hic liber m. aera Sosiis bringt den S. Geld ein; von einer Frau (Pl.) m. aliquem dote = durch die Aussicht auf ihre Mitgift einen Mann sich verschaffen; (Poet.) m. vina nardo bezahlen, eintauschen; quid eos mereri velle censetis ut etc. was glaubt ihr, daß sie gewinnen wollen (d. h. wie viel meint ihr, daß sie dafür fordern werden), damit u. s. w., ebenso quid mereas ut etc. was müßte man dir wohl dafür geben, daß u. s. w. Insbef. m. stipendia ober bloß m. = Kriegsdienste thun, als Soldat dienen, equo zu Pferde, pedibus zu Fuß. 2) verdienen = würdig sein zu Etwas, sowohl Gutes als Böses (es setzt eine Thätigkeit voraus, vgl. dignus): m. laudem, praemia; m. ut (ne) praemio decorer; (Poet.) m. mori, poenas pati; si m. wenn ich es verdiene; (Poet.) Lycaon merens expendit poenas nach Verdienst, wohlverdient, vielleicht auch so poenas merentes = verdiente Strafe. Hiervon merens, tis, als adj. = schuldig. 3) (meist depon.) intrans. sich Verdienste erwerben, sich verdient machen: bene, male m. de aliquo, de republica, auch (Pl.) erga 'aliquem; (Poet.) absol. merendo durch Verdienste.

*****Mĕretrĭcĭe**, adv. [meretricius] (Pl.) nach Buhlerinnen Art.

Mĕretrĭcĭus, adj. [meretrix] zu öffentlichen Buhlerinnen gehörig, buhlerisch; davon subst. -cĭum, ii, n. das Gewerbe einer Buhlerin.

Mĕretrĭcŭla, ae, f. deminut. von meretrix.

Mĕretrix, icis, f. [mereo] die öffentliche Buhlerin, das Freudenmädchen (mit Bezug auf das Gewerbe, in bürgerlicher Rücksicht, vgl. scortum, prostibulum u. s. w.).

Mergae, ārum, f. pl. eine zweizackige Getreidegabel; trop. (Com.) mm. pugneae die Fäuste.

Merges, ĭtis, f. (Poet. u. Spät.) die Garbe.

Mergo, si, sum, 3. 1) tauchen, eintauchen, versenken: m. pullos in aquam, aves mm. se in mare; m. classem zu Grunde gehen machen; (Poet.) m. aliquem aequore; mergi aquā ober ad caput aquae versenkt oder ersäuft werden, aber mergi von einem Sterne = untergehen. 2) (meist Poet. und Spät.) überhaupt hinab- oder hinein senken, stecken: m. rostra in corpore alicujus (von zerfleischenden Hunden), m. palmitem per jugum; fluvius mergitur in Euphratem ergießt sich; (Poet.) m. aliquem funere begraben. Hiervon (Poet.) m. aliquem malis, funere acerbo, se in voluptates; mersus vino somno-

Mergus — **Meta** 471

que, secundis rebus von — überwältigt. Hiervon A) mersus foro = bankerott. B) usurae mm. sortem überſteigen, verſchlingen. C) (Spät.) potatio m. aliquem berauſcht ihn vollſtändig.

Mergus, i, m. [mergo] der Taucher, ein Waſſervogel.

Meridiālis, e, adj. [meridies] (Spät.) mittägig.

Meridiānus, adj. [meridies] 1) zum Mittag gehörig, Mittags=, tempus, somnus. 2) (Vorklaſſ. u. Spät.) zur Südſeite gehörig, ſüdlich, pars orbis, circulus der Aequator.

*__Meridiātio__, ōnis, f. [meridio] die Mittagsruhe.

Meridies, ei, f. [medius-dies] 1) der Mittag = die Mittagszeit, 2) der Mittag = die Südgegend, der Süden.

Meridio, 1. oder -ior, depon. 1. [meridies] (Poet. u. Spät.) Mittagsruhe halten, Mittags ſchlafen.

Meriōnes, ae, m. [Μηριόνης] ein Cretenſer, Wagenlenker des Idomeneus vor Troja.

Merito, adv. mit sup. [eigtl. abl. von meritum] mit Recht, nach Verdienſt, billig: m. ac jure laudari; eum meritissimo amare debemus wie er es im höchſten Grade verdient.

Merito, 1. [mereor] (ſehr ſelten) = mereo.

Meritōrius, adj. [meritum] womit man Geld verdient, wofür Geld bezahlt wird, Mieth=, Lohn=, coenaculum, rheda; m. salutatio bei der man auf Geld hofft. Hiervon subst. -tōria, ōrum, n. pl. Miethzimmer.

Meritum, i, n. [eigtl. neutr. des adj. meritus] 1) (Vorklaſſ. u. Spät.) der Lohn: Verdienſt, ſowohl = Belohnung als = Strafe. 2) das Verdienſt = das Würdigſein zu Etwas, die That oder Eigenſchaft u. vergl., wodurch man Etwas verdient hat: merito tuo, ejus wie du (er) es verdient haſt, nullo meo m. ohne daß ich es auf irgend eine Weiſe verdient habe, (Pl.) meritissimo ejus wie er es völlig verdient hat (dagegen nullo meo in eo merito nach Bedeutung 3., ohne daß ich ihm irgend etwas Gutes gethan habe). 3) das Verdienſt = die Wohlthat, die Dienſtleiſtung: dare et recipere mm.; magna sunt ejus in me mm.

Meritus, adj. mit sup. [particip. von mereo] verdient, billig, gerecht, poena, mors, fama.

Mermessus, i, f. Stadt in Phrygien. Davon -messius, adj.

Mero, ōnis, m. [merus] (Spät.) der „Weinſäufer", Spottname des Kaiſers Nero.

*__Merŏbibus__, i, m. [merus-bibo] (Pl.) unvermiſchten Wein trinkend.

Meroē, es, f. [Μερόη] große Nilinſel in Aethiopien.

Merŏpe, es, f. [Μερόπη] Tochter des Atlas, Gemahlin des Siſyphus.

Merŏps, ŏpis, m. [Μέροψ] 1) König der Aethiopier, Gemahl der Clymene, mit welcher Helios den Phaeton zeugte. 2) König der Inſel Cos, nach welchem die Coer Meropes genannt wurden.

Merŏps, ŏpis, f. [μέροψ] ein Vogel, der Bienenſpecht, Bienenwolf.

Merso, 1. [mergo] (Poet. u. Spät.) = mergo.

Merŭla, ae, f. 1) ein Vogel, die Amſel. 2) ein Fiſch, die Meeramſel. 3) Name einer Familie in der gens Cornelia.

Merus, adj. 1) unvermiſcht, beſ. vinum m. = nicht mit Waſſer vermiſcht (dergleichen nur Unmäßige zu trinken pflegten); (Poet.) unda m. nicht mit Wein vermiſcht, lac, argentum m. unverfälſcht; insbeſ. als subst. -rum, i, n. unvermiſchter Wein. Hiervon trop. A) = ächt, unverfälſcht, libertas; m. illa Graecia. B) velut ex diutina siti nimis avide meram haurientes libertatem die volle, gar zu ſtarke, übertriebene Freiheit. 2) die Ausſchließung alles Anderen bezeichnend, lauter, bloß, „rein": mu. monstra nunciat, loquuntur mm. scelera, m. bellum; mm. Sullae. 3) (ſelten, ſpät. Poet.) nackt, unbedeckt, pes.

Merx, cis, f. die Waare: (Poet.) mm. femineae = weibliche Schmuckſachen; mutare mm. Tauſchhandel treiben; haec quoque sunt in m. (Spät.) ſind feil. 2) (Pl.) eine Sache, ein Ding: haec mala est m. das iſt eine böſe Art Menſchen, aetas mala m. est ein ſchlimmes Ding.

Mesembria, ae, f. [Μεσημβρία] Stadt in Thracien am ſchwarzen Meere. Davon -briāous, adj.

Mesŏpŏtāmia, ae, f. [Μεσοποταμία] Landſchaft in Aſien zwiſchen dem Euphrat und Tigris.

Messāla, ſiehe Valerius.

Messālīna, ae, f. erſte Gemahlin des Kaiſers Claudius.

Messāna, ae, f. [Μεσσήνη] Stadt auf Sicilien, jetzt Meſſina. Davon -ānius, adj.

Messāpia, ae, f. alter Name des jetzigen Calabrien in Unteritalien. Davon -pius, adj. u. subst. -pii, ōrum, m. pl. die Bewohner von C.

Messēne, es, f. [Μεσσήνη] Hauptſtadt der Landſchaft Meſſenien im Peloponnes. Davon -ēnius, adj. u. subst. -ēnii, ōrum, m. pl. die Meſſenier.

Messis, is, f. [meto] die Ernte, 1) = das Abmähen und Einſammeln der Früchte: facere m.; sementis ac m. 2) (Poet.) = die Erntezeit: per mm. 3) (Poet. u. Spät.) = das eingeerntete oder das ſchon eingeerntete Getreide, die — Früchte. Proverb.: mm. suas urere = ſeinen eigenen Intereſſen ſchaden; adhuc tua messis in herba est dein Weizen ſoll noch blühen, d. h. du biſt noch weit vom Ziele deiner Wünſche; pro? benefactis mali messim metere für ſeine Wohlthaten Undank ernten.

Messor, ōris, m. [meto] der Mäher, Schnitter.

Messōrius, adj. [messor] zum Schnitter gehörig, Schnitter=, falx.

Met, Anhängſylbe, an die pronn. ego, tu, *mens angehängt, um das deutſche ſelbſt, eigen auszudrücken.

Mēta, ae, f. 1) jede kegelförmige Figur, Pyramide: collis in modum metae. 2) insbeſ. mm. im römiſchen Circus, die zwei Spitzſäulen an jedem Ende der spina, um deren Eine die Wettfahrenden ſiebenmal herumfahren mußten; trop. interiorem m. curru terere = in der Rede nicht abſchweifen, ſich an die Sache halten. Hiervon (Poet.) = ein Vorgebirge, eine Landspitze, um die man beim Segeln lenkt m. Pachyni. 3) trop. (Poet.) = Ziel, Ende, Grenze: m. vitae, aevi; utraque m. die beiden Endpuncte der Sonne = Morgen und Abend. 4) übertr. m. sudans ein der Meta im Circus ähnlicher Springbrunnen vor dem Amphitheater.

Metălepsis, is, f. [μετάληψις] (Spät.) eine rhetorische Figur, = transsumptio.

Metallum, i, n. [gr. μέταλλον] 1) (selten) das Metall; m. auri, aeris (doch öfter absol.); (Poet.) = Geld; (Spät.) von Mineralien überhaupt, z. B. Kreide, Schwefel. 2) das Bergwerk: m. aurarium, cretae; colere mm. Bergbau treiben; damnare in metallum, condemnare ad mm. (Spät.) zur Arbeit in den Bergwerken verurtheilen.

Metămorphōsis, is, f. [μεταμόρφωσις] (Spät.) die Verwandlung.

Metăphŏra, ae, f. [μεταφορά] (Spät.) = das klassische translatio, w. m. f.

Metaplasmus, i, m. [μεταπλασμός] (Spät.) die grammatikalische Abänderung, Unregelmäßigkeit der Formen eines Wortes.

Metăpontum, i, n. Stadt in Lucanien. Davon -tinus, adj.

Metātor, ōris, m. [metor] der Absteder, Abmesser, castrorum.

Metaurus, i, m. Fluß in Umbrien, bekannt durch die Schlacht ums Jahr 207 v. Chr.

Metellus, Name einer römischen Familie in der gens Caecilia; siehe Caecilius.

***Metĕrŏa** turba, (zweifelh.) ein Volk in der Gegend der Donau.

Methŏdĭce, es, f. [μεθοδική] (Spät.) die systematische Darstellung der Sprachlehre, die Grammatik.

Methymna, ae, f. [Μήθυμνα] Stadt auf Lesbos. Davon 1) -naeus, adj. u. subst. -naei, ōrum, m. pl. die Einwohner von M. 2) (Poet.) -nias, ădis, f. adj.

Metĭcŭlōsus, adj. [metus] (Vorklass. u. Spät.) 1) furchtsam. 2) furchtbar.

Metior, mensus, depon. 4. 1) messen, abmessen (vgl. metor), agrum, frumentum; pedes syllabis m. nach Sylben; proverb. nu-mos m. = ein steinreicher Mann sein. Hiervon A) zumessen, zutheilen, frumentum militibus. B) eintheilen, annum, versum. 2) trop. A) durchziehend messen = durchfahren, zurücklegen, aequora cursu, sacram viam. Hiervon a) (Pl.) absol. = gehen, m. gradibus militaribus. b) eine Zeit zurücklegen, diem. B) im Geiste messen, ermessen, beurtheilen, aliquid auribus mit den Ohren, omnia voluptate nach dem Genuß, ebenso m. aliquid quaestu, odium aliorum suo odio.

Metiosedum, i, n. Stadt in Gallien, jetzt Meudon.

Metius oder **Mettius**, ii, m. Oberanführer der Albaner zur Zeit des Königs Tullus Hostilius.

Meto, 1., siehe Metor.

Mēto, messui, messum, 3. 1) mähen, abmähen, abernten und absol. ernten: m. segetem, pabulum falce; (Poet.) apes mm. flores saugen die Säfte aus den Blumen, m. arva, von der Weinlese, m. vindemiam. Proverb.: ut sementem feceris ita et metes wie man's treibt, so geht's; sibi quisque ruri metit Jeder ist sich selbst der Nächste, sorgt für seinen eigenen Vortheil; mihi istic nec seritur nec metitur ich habe keinen Vortheil davon. 2) (Poet.) abschneiden, abhauen, abnehmen, barbam, lilia summa virgā. Hiervon = fällen, niedermetzeln bes. im Kriege, aliquem gladio; Orcus omnia m. = Alle müssen sterben.

Mĕto, ōnis, m. [Μέτων] berühmter athenienfischer Astronom, der zur Ausgleichung der Sonnen- und Mondbahn einen Cyclus von neunzehn Jahren erfand; daher annus Metonis scherzhaft zur Bezeichnung eines späten Termins.

Metoposcŏpus, i, m. [μετωποσκόπος] (Spät.) der „Stirnschauer" = der einem Menschen aus der Stirn die Nativität stellt.

Metor, depon. 1. (Poet. u. Spät. auch -to, 1.) [meta] 1) nach der Messung abstecken, den gemessenen Raum durch Kennzeichen bezeichnen (vgl. metior), castra, agrum, regiones. 2) (Poet.) durchwandern, locum.

Metrēta, ae, m. [μετρητής] (Vorklass. u. Spät.) das Hauptmaaß für Flüssigkeiten bei den Griechen, 1½ römische amphorae, ⅔ des attischen medimnus, nach Berliner Maaß ungefähr 33 Quart.

Metrĭcus, adj. [metrum] (Spät.) zum Maaß gehörig, insbes. zum Versmaaß, metrisch: leges mm.

Metrŏdōrus, i, m. [Μητρόδωρος] Name mehrerer griechischen Philosophen: 1) M. Lampsacenus (doch ein geborner Athener) Anhänger des Epicur. 2) M. aus Stratonice ging von Epicur zur neuen academischen Schule über. 3) M. Scepsius, Schüler des Carneades, auch als Staatsmann bekannt.

Metrum, i, n. [gr. μέτρον] (Spät.) das Maaß, insbes. das Versmaaß.

Metŭens, tis, adj. mit comp. [particip. von metuo] fürchtend, besorgt, rei alicujus vor Etwas sich fürchtend, periculi, legum.

Metŭla, ae, f. deminut. von meta.

Metŭo, ui, – 3. (beim Lucr. einmal das particip. metutus) 1) fürchten, vor Etwas oder Jmd. bange sein, und absol. sich fürchten, in Furcht sein (es bezeichnet die aus Klugheit und Vorsicht entstandene Furcht (gl. timeo, vereor): m. aliquem, supplicia ab aliquo; m. ne aliquid fiat daß Etwas geschehen möge, ut aliquis veniat daß Jmd. nicht kommen wird; m. de vita sua um sein Leben besorgt sein, alicui für Jmd., um Jmds willen; m. ab Hannibale vor Etwas, bes von H. kommen möge, sich fürchten = den H. fürchten. 2) uneigtl. A) (Poet.) vor Etwas sich fürchten. Etwas zu vermeiden suchen, Etwas nicht wagen oder nicht wollen: m. Austrum nocentem; m. aliquid reddere (von einem schlechten Bezahler); penna metuens solvi unauflöslichce, unvergängliches Gefieder, fides metuit culpari hütet sich einen Vorwurf zu verdienen. B) (Com.) mit Furcht und Ungewißheit erwarten, ungewiß sein: m. quid futurum sit, quid agam.

Metus, us, m. [metus] 1) die Furcht, Besorgniß, Angst (siehe metuo): esse in metu oder metum habere Furcht nähren, sich fürchten (vgl. unter Nr. 2.), ea res mihi est in metu erregt Furcht bei mir; concipere m. bange werden; facere alicui metum Jmb. Furcht einflößen, removere benehmen u. s. w.; m. hostium vor den Feinden, a Romanis vor den Römern (vgl. metuo ab H. unter metuo), m. regius vor dem Könige, alienus vor Anderen; auch mit ne; inter tales mm. (Furcht bei verschiedenen Gelegenheiten); (Poet.) = religiöse Ehrfurcht.' 2) der Grund-, die Veranlassung zur Furcht: ponere aliquid in metu für etwas Furchtbares halten; habere m. Furcht erregen; nullus m. in propinquo est; quantus metus mihi est, patruum venire huc salvum welch ängstigender Gedanke ist es mir, daß u. s. w.

Meus, pron. poss. [ἐμός] mein: domus m., herus m.; mei meine Verwandten oder Freunde; m. injuria das von mir verübte oder das mir zugefügte Unrecht, crimina mm. die Beschuldigungen von mir oder gegen mich; descriptio est mea ist mein Werk, kömmt von mir; simulatio non est m., mentiri non est m. ist nicht meine Sache, findet sich nicht bei mir; meum esse puto illud facere ich halte es für meine Pflicht. Insbef. A) in der Anrede (Converf.), mi mein Lieber, mea tu meine Liebe! mi homo mein Freund! Auch wenn man von Jmb. spricht, Nero m. mein Freund N. B) (Converf.) meus homo oder bloß meus, mein Mann" = die Person, von welcher ich spreche, gewöhnlich spottend. C) (vix) meus sum a) (Poet.) = ich bin (kaum) bei Sinnen, bin meiner selbst mächtig. b) = ich bin mein eigener Herr, selbstständig. c) nisi plane vollem esse m. = original. D) (Com.) m. est = ich habe ihn, er ist gefangen. *E) (Sall.) meusmet mein eigener.

Mevānia, ae, f. Stadt in Umbrien.

Mezentius, ii, m. (eigtl. wohl ein appell. = Fürst) mythischer Name eines Königs von Cäre in Etrurien, Gegners des Aeneas.

*****Mia**, ae, adj. im fem. (Lucr.) das griechische μία, eine.

Mica, ae, f. (Poet. u. Spät.) das Krümchen, Bißchen: m. panis, auri; m. saliens (Poet.) und m. salis ein Korn Salz, trop. m. salis = ein Bißchen Verstand, Witz.

Mico, cui, —ī. 1) sich zuckend ob. zitternd hin und her bewegen, zucken, zittern, zappeln: venae et arteria mm. schlagen, digiti mm. (an einer abgehauenen Hand); m. auribus von einem Pferde, linguā von einer Schlange. Insbef. m. digitis „mit den Fingern schnellen", ein bei den Römern gebräuchliches Spiel (die Finger schnell ausstrecken und Andere ihre Anzahl rathen lassen): proverb. dignus est quicum in tenebris m. = er ist ein ehrlicher Mann. 2) von einer zitternden und zuckenden Bewegung des Lichtes, schimmern, blinken, funkeln: sidus, ignis m.; oculi mm.; gladii, hastae mm.

*****Micturio**, 4. [mingo] intrans. (Poet.) harnen gehen.

Midaeum, i, n. [Μιδάϊον] alte Stadt in Phrygien. Davon -daeenses, ium, m. pl. die Einwohner von M.

Midas, ae, m. [Μίδας] mythischer König in Macedonien, der in der Urzeit mit seinem Volke nach Phrygien zog, wo sie Phrygier genannt wurden.

Migdilybs, ybis, m. [μιγδα-Λίψ] ein „vermischter Libyer" d. h. aus libyschem und tyrischem Geschlechte entsprungen, ein. Carthaginienser.

Migrātio, ōnis, f. [migro] 1) die Wanderung, das Ziehen, in illas oras. 2) trop. der Uebergang in der Bedeutung eines Wortes, der tropische Gebrauch.

Migro, 1. 1) intrans. wandern, auswandern, ziehen (es bezeichnet eine dauernde Veränderung des Aufenthaltsortes, vgl. meo): m. e fano foras, Romam, ad generum (um bei ihm zu wohnen), in tabernas; m. e (de) vita = sterben; (Poet.) voluptas m. ad aures geht auf die Ohren. über. Insbef. trop. = übergehen, sich verändern, in nigrum colorem, omnia mm. Alles verändert sich. 2) transit. A) wegbringen, fortschaffen, aliquid. B) übertreten, überschreiten, legem, jus.

Milānion, ōnis, m. [Μειλανίων] Gemahl der Atalanta.

Mīle etc., a. S. für Mille etc.

Miles, itis, comm. 1) der Soldat, Krieger. Insbef. A) oppos. eques = der Fußsoldat, Infanterist. B) im Gegensatze zum Befehlshaber, = der gemeine Soldat, oder überhaupt der persönlich Kämpfende. C) collect. miles = die Soldaten, das Heer. 2) trop. (Poet.) nova m. von einer Frau, die zum ersten Male geboren hat; m. deae = Begleiterin, zum Gefolge einer Göttin gehörig = der Soldat im Schachspiele (st. latro).

Milēsimus, a. S. für Millesimus.

Milētus, i, [Μίλητος] 1) m. Vater des Caunus und der Byblis, Erbauer der Stadt M. 2) f. reiche und mächtige Handelsstadt in Carien, Geburtsort des Thales. Hiervon A) **Milēsius**, adj. zur Stadt M. gehörig; carmina mm. = unzüchtige; subst. -sii, ōrum, m. pl. die Einwohner von M. B) **Milētis**, ĭdis, f. a) Tochter des Miletus. b) adj. zur Stadt M. gehörig: urba M. = Tomi, eine Colonie von M.

Milies ob. **Miliens**, a. S. für Millies.

Militāris, e, und (Vorkloff.) -rius, adj. [miles] zum Soldaten, zum Kriegsdienste gehörig, Soldaten-, Kriegs-, militärisch, tribunus, lex, disciplina, signa, ornatus; aetas m. des wehrpflichtige, dienstfähige Alter, via m. Heerstraße; arma mm. regelmäßige, ordentliche.

Militāriter, adv. (militaris) auf Soldaten-Art, militärisch, oratio m. incorrupta.

Militia, ae, f. [miles] 1) der Kriegszug, Feldzug, prima, transmarina. 2) der Krieg: minari m. Italiae; militiae, oppos. domi, im Felde, im Kriege; magister militiae = Feldherr. 3) der Kriegsdienst, Soldatenstand: facere m.; disciplina militiae; vacatio militiae Freilassung von. Hiervon A) (Spät.) = Offizierstelle; equestres mm. ita ordinavit. B) = die Kriegsmannschaft, Soldaten: cogere m. sammeln. C) trop. von jedem bef. mühevollen Geschäfte und Dienste: haec urbana m. respondendi, scribendi etc. *4) (Spät.) der Muth, die Keckheit, uxor virilis militiae.

*****Militiōla**, ae, f. (Spät.) deminut. von militia.

Milito, 1. [miles] Kriegsdienste thun, Soldat sein, sub signis alicujus, adversus, apud aliquem; (Poet.) bellum militatur ter

Milium — **Minime**

Krieg wird geführt. 2) *trop.* vom Dienste in anderen Verhältnissen: catulus m. in silvis thut Dienst; (Poet.) m. castris alicujus Imb. helfen.

Milium, ii, n. die Hirse, der Hirsen.

Mille, 1) *adj. indecl. num. card.* tausend, equites; m. passibus; (Poet.) bis, ter, m. zwei, drei tausend, *trop.* = viele, unzählige. 2) *subst. neutr.* mit folgendem *genit.* A) im *sing., indecl.* (doch fast nur im *nom.* u. *accus.*) ein Tausend: m. passum erant; ibi m. hominum occiditur. B) im *pl.* milia oder millia, ium, mehrere Tausende: duo, tria mm. hominum; selten ohne beigefügten Genitivus, der jedoch immer leicht zu ergänzen ist: sagittarios tria millia numero habuit. Es wurde auch distributiv gebraucht (in millia aeris singulos), da milleni ungebräuchlich war.

Millēsimus, *adj. num. ord.* [mille] der tausendste; m. usura (Spät.) eins von tausend monatlich. Hierv. als *adv.* millesimum zum tausten Male.

Milliārius, *adj.* [mille] ein Tausend von einer gewissen Art in sich enthaltend oder ausmachend, grex; ala m. aus tausend Mann bestehend, porticus tausend Fuß lang, aper tausend Pfund schwer. Hiervon *subst.* -rium, ii, n. A) ein Meilenstein, der eine Entfernung von tausend Schritten (d. h. fünftausend Fuß) oder eine römische Meile anzeigte: ad tertium m. consedit. 2) (Spät.) = eine römische Meile: fossam inchoabat longitudinis per centum sexaginta mm.

Millies, *adv. num.* [mille] tausendmal; *trop.* = unzählige Male.

Milo, ōnis, m. [Μίλων] berühmter Athlet aus Croton.

Milo, ōnis, m. römischer Familienname, siehe Annius. Davon **Milōniānus**, *adj.*

Miltiādes, is, m. [Μιλτιάδης] berühmter athenienischer Feldherr, Sieger in der Schlacht bei Marathon 490 v. Chr.

Milvīnus, *adj.* [milvus] zur Weihe-, zum Falken gehörig, plumae; *trop.* ungulae mm. zur Bezeichnung einer diebischen Natur. Hiervon *subst.* -na, ae, *f.* [sc. fames] = Heißhunger.

Milvus, i, m. (Poet. gew. dreisylbig miluus) 1) die Weihe, der Taubenfalke; *trop.* ein räuberischer Mensch. 2) ein Raubfisch.

Milyas, ădis, *f.* [Μιλυάς] District in Großphrygien.

Mima, ae, *f.* die mimische Künstlerin, Ballettänzerin, siehe Mimus.

Mimas, antis, m. [Μίμας] 1) Vorgebirge in Jonien. 2) ein Gigant.

Mimiambi, ōrum, m. *pl.* [μιμίαμβοι] (Spät.) mimische Gedichte in jambischen Versen.

Mimice, *adv.* [mimicus] (Poet.) mimisch, nach Art der Mimen (siehe mimicus).

Mimicus, *adj.* [mimus] 1) mimisch (siehe mimus). Hiervon jocus m. = übertrieben, frech, haec non debent esse mimica fartenartig 2) (Spät.) scheinbar, Schein-, currus (triumphalis).

Mimnermus, i, m. [Μίμνερμος] griechischer Elegiendichter ums Jahr 500 v. Chr.

*****Mimographus**, i, m. [μιμογράφος]

(Spät.) der Verfasser von Mimen, siehe mimus Bedeutung 2.

Mimŭla, ae, *f. deminut.* von mima.

Mimus, i, m. [μῖμος] 1) der mimische Künstler, Ballettänzer (siehe Bedeutung 2). 2) das mimische Schauspiel, eine niedrig komische, auf roher und zum Theil obscöner Nachahmung (durch Mienen, Geberden und Tanz) beruhende scenische Darstellung, theils als Lustbarkeit bei Gastmählern u. dergl., theils und hauptsächlich als theatralische Leistung, als Nachspiel zu den eigentlichen Schauspielen, eine Farce. Hiervon *trop.* zur Bezeichnung des Scheinbaren, der Heuchelei, des nur dem Namen und dem Scheine nach Bestehenden: so von einem scheinbaren, eingebildeten Triumphe; m. vitae humanae Eitelkeit.

Mĭna, ae, *f.* [gr. μνᾶ] 1) ein griechisches Gewicht, = 100 Drachmen ($^1/_{60}$ von einem Talent). 2) ein Geldwerth, Geldsumme (nicht Münze), nämlich a) eine silberne = 100 attische Drachmen oder römische Denarien, etwa 22 Thlr. Conv.-Münze. b) eine goldene = 5 silberne Minen.

Mĭna, *adj.* (Vorklass.) nur in der Verbindung m. ovis mit glattem Bauche: scherzh. (*Pl.*) mm. oves = das Geld für die verkauften Schaafe.

Mināciter, *adv.* mit *comp.* u. *sup.* [minax] drohend, mit Drohungen.

Mĭnae, ārum, *f. pl.* (verwandt mit mineo) 1) hervorragende Spitzen an Mauern, Zinnen: mm. murorum. 2) *trop.* Drohungen, drohende Worte und Geberden, sowohl von Menschen und Thieren, (Poet.) auch von leblosen Gegenständen = drohendes Aeußere: jactare mm.; nullas in fronte mm. (von einem Stiere); mm. frigoris.

Minātio, ōnis, *f.* [minor] (selten) das Drohen.

Mĭnax, ācis, *adj.* mit *comp.* u. *sup.* [minor] 1) (Poet.) emporragend, überragend, scopulus. 2) drohend, homo, pestilentia, genus dicendi, aequor.

Mincius, ii, m. Fluß bei Mantua in Oberitalien, jetzt Mincio.

Minerva, ae, *f.* römischer Name der griechischen Göttin Ἀθήνη, Tochter des Jupiter, Göttin der Weisheit, der Künste (namentlich des Webens) und Wissenschaften, auch der Kriegskunst. Hiervon A) (Poet.) = die Wollarbeit. B) *proverb.* a) pingui (crassâ) Minervâ ohne Kunst und Gelehrsamkeit, nach schlichter, kunstloser Einfalt. b) sus Minervam sc. docet wenn ein Unwissender einen Einsichtsvollen belehren will. c) invitâ Minervâ ohne natürlichen Beruf, ohne Geschick. C) **Minervae arx** od. **Minervium**, ii, n. Stadt in Calabrien mit einem Tempel der Minerva.

Mingo, nxi, nctum od. mictum, 3. harnen, sein Wasser abschlagen (edlerer Ausdruck als mejo).

*****Miniānus**, *adj.* [minium] mit Zinnober gefärbt.

Miniātŭlus, *adj.* (*deminut.* von miniatus, von minio) etwas mit Zinnober gefärbt.

Minime, *adv.* [minimus, siehe parvus] 1) zum Wenigsten, oder sehr wenig: illud m.

Minio — Minute — 475

apparet; m. mercatores saepe ad eos commeant kommen sehr selten; m. omnium ob. m. gentium zum Allerwenigsten. 2) zur verstärkten Verneinung, durchaus nicht, keinesweges.

Minio, 1. [minium] mit Zinnober färben, roth färben, Jovem.

Minister, stri, m. [manus] 1) (Poet.) der Jmd. mit Etwas an die Hand geht, Jmd. Etwas darreicht oder giebt: m. Falerni = der Mundschenk, ales m. fulminis der Adler, der dem Jupiter den Blitz reicht. 2) überhaupt der Bediente, Aufwärter, Diener (eigtl. ein freier und freiwilliger, vgl. servus u. s. w.); hiervon überhaupt der (untergeordnete) Gehülfe, Diener, Beförderer einer Sache, Assistent (vgl. adjutor): mm. imperii die Unterbeamten eines Statthalters, ebenso mm. regis; mm. legum von den Magistratspersonen; m. sermonum = Unterhändler; mm. libidinis, scelerum Helfershelfer, ebenso m. esse in maleficio; Hannibale ministro durch Hannibals Hülfe u. Rath. (Poet.) baculo m. auf einen Stock gestützt. 3) (Poet.) als adj. lumina ministra propositi die Absicht Jmds unterstützende Augen.

Ministērium, ii, n. [minister] 1) das An-die-Hand-Gehen, der Dienst, die Bedienung, Aufwartung, Hülfe: facere m. alicui Jmd. aufwarten; m. consilii Unterstützung durch seinen Rath; adhibere aliquem ad m. (bei einer Opferung); aquila demissa velut ministerio zu einer Dienstleistung (zum Darreichen einer Mütze). 2) das Geschäft, die Verrichtung, Arbeit, das Amt: m. scribarum, nauticum der Matrosendienst: mm. fabrilia; m. obsidam restituendorum der Auftrag, die Geißeln zurückzugeben; m. facinoris die Vollziehung einer Unthat. 3) die Dienerschaft, der Inbegriff der dienenden und aufwartenden Personen: conscribere magistratibus m. (d. h. lictores, viatores u. dergl.); mm. nautica = die Matrosen, die Schiffsleute.

Ministra, ae, f. [f. von minister] die Dienerin, Aufwärterin, Gehülfin.

Ministrātor, ōris, m. [ministro] (selten) = minister.

*__Ministrātrix__, īcis, f. (zweifelh.) = ministra.

Ministro, 1. 1) intrans. an die Hand gehen, dienen, aufwarten, bes. bei Tische, alicui; m. inter se; impers. ministratur majoribus poculis aufgewartet mit —, der Wein wird in — kredenzt. Hiervon, von einem Schiffe, m. velis (dat.) das Nöthige an den Segeln besorgen. 2) transit. A) mit Etwas aufwarten, Etwas reichen, cibos, alicui bibere; m. alicui faces. B) überhaupt geben, verschaffen, hergeben, alicui viros et arma, prolem; vinum verba m. C) besorgen, verrichten, ausführen, omnia timide, jussa alicujus.

Minitābundus, adj. [minitor] drohend.

Minitor, depon. 1. [minor] drohen, androhen: m. alicui Jmd., m. bellum mit Krieg, m. alicui mortem Jmd. mit dem Tode drohen, aber (vom Werkzeuge) m. alicui gladio mit dem Schwerte; (Pl.) m. se esse abiturum damit drohen, daß man fortgehen wird.

Minium, ii, n. Bergzinnober, Mennige.

Minius, ii, m. Fluß in Lusitanien, jetzt Minho.

Minor, depon. 1. [mineo, vgl. minae] 1) intrans. emporragen: duo scopuli mm. in coelum. 2) transit. drohen, androhen, alicui bellum, alicui mortem und gladio (siehe minitor). 3) (Poet.) mit Etwas drohen = prahlend versprechen, multa et praeclara.

Minos, ōis, m. [Μίνως] Sohn des Jupiter und der Europa, Gemahl der Pasiphaë (siehe diesen Artikel), König u. Gesetzgeber auf Creta, nach seinem Tode wegen seiner Gerechtigkeit Richter in der Unterwelt. Davon 1) **Minōis**, ĭdis, f. die Tochter des M., Ariadne. 2) **Minōius** od. **Minōus**, adj. (Poet.) = cretisch.

Minotaurus, i, m. [Μινώταυρος] ein menschenfressendes Ungeheuer, halb Mensch, halb Stier, Sohn der Pasiphaë und eines Stieres.

Minturnae, ārum, f. pl. Stadt in Latium an der Grenze Campaniens. Davon -**nensis**, e, adj. und subst. -**nenses**, ium, m. pl. die Einwohner von M.

Minūcius, ii, m. Name eines römischen Geschlechtes: der Quintus M. Rufus war 217 v. Chr. magister equitum unter dem Dictator Q. Fabius Maximus Cunctator.

Minuo, ui, ūtum, 3. [minor] 1) (Poet.) klein machen, -stoßen, -zerhauen: m. ligna, aliquem zermalmen. 2) vermindern, mindern, verkleinern, beschränken, imperium, rem familiarem, sumptus civitatum, molestias vitae; (Poet.) artus minuuntur (medial) werden kleiner, schrumpfen zusammen. 3) Δ) = schwächen, verringern, untergraben: m. majestatem populi Romani, religionem verletzen; m. suspicionem, opinionem bekämpfen, controversiam beilegen. B) (Poet.) weniger als früher Etwas thun, unterlassen, m. aliquid mirari. 4) intrans. sich vermindern, abnehmen: aestu minuente zur Ebbezeit.

Minus, adv., comp. zu paulum und parum [minor, siehe parvus] weniger: m. bonus; m. diu vivunt; m. placet; m. quam (atque) etc.; haud m. duo millia nicht weniger als zweitausend. Insbes. A) non (haud) m. quam (atque) = ebenso sehr als. B) quo m. = eo bei Comparativen je weniger — desto. C) quo m., siehe quominus. D) (Poet. und Spät.) m. minusque immer weniger. E) in der Antwort, nihil m. = gar nicht. F) = nicht ganz, nicht recht, nicht sonderlich: mihi m. obtemperat; m. multi; m. intellexi; si m. (ohne folgendes Verbum) wenn nicht, wo nicht. G) (Poet.) = ausgenommen: sex ceciderunt me m. uno außer mir allein.

Minuscŭlus, adj., (deminut. von minor, siehe parvus) etwas klein, villa, epistola etwas kurz.

Minūtal, ālis, n. [minuo] (spät. Poet.) ein Gericht aus kleingehackten Dingen.

Minūtātim, adv. [minutus] 1) in kleinen Stücken, klein. 2) trop. stückweise, nach und nach, einzeln: m. interrogare (indem man immer Etwas zur Frage hinzufügt), discere, addere.

Minūte, adv. mit comp. u. sup. [minutus] 1) klein, in kleine Theile. 2) kleinlich, allzu genau, aliquid tractare.

Minūtia, ae, *f.* [minutus] (Spät.) die Kleinheit = das Sein in kleinen Theilen: rodigere ad m. klein stoßen.
Minūtim, *adv.* [minuo] (Vorklaff. und Spät.) 1) in kleinen Stücken. 2) nach und nach.
Minūtio, ōnis, *f.* [minuo] (Spät.) die Verminderung.
Minūtŭlus, *adj. deminut.* von minutus.
Minūtus, *adj.* mit *comp.* u. *sup.* [*particip.* von minuo] 1) klein, gering an Umfang, puer, res; epistola, iter m. kurz. 2) geringfügig, unbedeutend, winzig, imperator, philosophus, carmen. 3) (Spät.) kleinlich, ängstlich, cura.
Minyas, ae, *m.* [Μινύας] mythischer König von Orchomenos in Böotien, Ahnherr der **Minyae**, ārum, *m. pl.* = die Argonauten. Davon 1) **Minyēias**, ădis, *f.* Tochter des M. 2) **Minyēides**, dum, *f. pl.* die Töchter des M. (siehe Alcathoe). 3) **Minyēius**, *adj.*
Mirābĭlis, e, *adj.* mit *comp.* u. *sup.* [miror] worüber man sich wundern kann, wunderbar, außerordentlich, theils = bewundernswerth, erstaunlich, theils = sonderbar, wunderlich, homo, pugnandi cupiditas; hoc est m. dictu; mirabile est quam etc. wie sehr.
Mirābĭlĭter, *adv.* mit *comp.* [mirabilis] wunderbar, erstaunlich, außerordentlich oder wunderlich: homo m. moratus est ist von einem wunderlichen Charakter.
Mirābundus, *adj.* [miror] sich wundernd, voll Verwunderung.
Mirācŭlum, i, *n.* [miror] Etwas, worüber man sich wundern kann, eine wunderbare, außerordentliche oder übernatürliche Sache, ein Wunder: adjiciunt mm. huic pugnae erzählen wunderbare Ereignisse bei jener Schlacht; portenta et mm. philosophorum abenteuerliche und wunderbare Meinungen; m. audaciae, magnitudinis, victoriae wunderbare Kühnheit u. s. w.; m. literarum die Buchstabenschrift, die ein Wunder schien; esse miraculo alicui das Erstaunen Jmds erwecken; (Poet.) verti in mm. in abenteuerliche Gestalten.
Mirandus, *adj.* [*gerund.* von miror] bewundernswerth, wunderbar.
*****Mirātio**, ōnis, *f.* [miror] die Verwunderung.
Mirātor, ōris, *m.* u. -trix, īcis, *f.* [miror] (Poet. und Spät.) der Bewunderer, die Bewunderin.
Mire, *adv.* [mirus] wunderbar, erstaunlich, außerordentlich; m. quam außerordentlich.
Mirĭfĭce, *adv.* mit *comp.* und *sup.* [mirusfacio] Bewunderung ob. Verwunderung erregend, bewundernswerth, außerordentlich, oder wunderlich, sonderbar, homo, pugna, studium, fructus.
Mirmillo, ōnis, *m.* eine Art Gladiatoren.
Miror, *depon.* 1. [mirus] 1) sich über Etwas wundern, verwundern, über Etwas erstaunen: m. aliquem, negligentiam hominis; m. eum hoc fecisse oder quod hoc fecit; miror si (nisi) etc. es sollte mich wundern, wenn u. s. w.; miror, unde sit, quid abierit es befremdet mich, ich bin neugierig, m. quae causa sit ich möchte wohl wissen. 2) bewundern, bewundernd anstaunen, aliquem, tabulas; (Poet.)

m. se sich selbst gefallen, *m. aliquem justitiae Jmb. wegen seiner Gerechtigkeit bewundern.
Mirus, *adj.* wunderlich, sonderbar, ob. bewundernswerth, außerordentlich, facinus, desiderium; mirum in modum (Poet. miris modis) auffallender Weise, erstaunlich, in außergewöhnlichem Grade. Insbes. wird das *n.* mirum in folgenden Verbindungen gebraucht: a) m. si (nisi) es sollte mich wundern, wenn (wenn nicht). b) m. quantum oder quam (eigtl. = es ist zu bewundern, wie sehr) = außerordentlich. c) quid mirum was Wunder?
*****Mĭsargȳrĭdes**, ae, *m.* [μισω-αργυριον] (*Pl.*) Geldhasser (ironische Benennung eines Wucherers).
Miscellānĕa, ōrum, *n. pl.* (eigtl. *n.* eines Adjectives) [miscellus] (Spät.) vermischte Sachen, Speisegemengsel = schlechte Kost.
Miscellus, *adj.* [misceo] (Vorkl. u. Spät.) vermischt, aus verschiedenen Gattungen zusammengesetzt.
Misceo, miscui, mistum oder mixtum, 2. 1) mischen, vermischen: maria se mm.; m. aquas nectare, pix mista sulphure; m. fletum cruori; m. helleborum ad faecem; misceo lacrimas meas cum tuis; (Poet.) von Mehreren, m. certamina, proelia, manus sich in einen Kampf, ein Handgemenge einlassen, vulnera sich gegenseitig verwunden; (Poet.) m. se viris (*dat.*) unter die Männer, hoc me miscet superis setzt mich (in Bezug auf Glückseligkeit) neben die Götter; mixtus ex rebus dissimillimis zusammengesetzt. Hiervon A) (Spät.) m. curas cum aliquo mit Jmd. theilen, ihn seiner Sorgen theilhaft machen. B) ein Getränk mischen = bereiten, mulsum, poculum alicui. 2) in Verwirrung und Unordnung bringen, verwirren, unter einander jagen u. dergl.: m. rempublicam; m. omnia armis über den Haufen werfen, ebenso m. coelum ac terras Alles erregen, auch m. maria coelo. Hiervon A) Unruhen, politische Bewegungen u. dergl. erregen, ins Werk setzen: m. multa, tumultum, seditiones; nova quaedam miscentur neue unruhige Entwürfe werden vorbereitet. B) (Poet.) mit irgend Etwas ringsum erfüllen, Etwas an verschiedenen Stellen hervorbringen: moenia miscentur luctu Trauerscenen gehen rings in der Stadt vor sich; campus miscetur pulvere, domus luctu. 3) vereinigen, verbinden, animum alicujus cum suo, severitatem comitati; homines cum hominibus sanguinem et genus mm. verbinden sich durch Ehen.
Misellus, *adj. deminut.* von miser.
Misēnum, i, *n.*, auch (Poet.) -na, ōrum, *pl.*, Vorgebirge und Stadt in Campanien. Davon **-nensis**, e, *adj.*
Miser, ĕra, ĕrum, *adj.* mit *comp.* u. *sup.* elend, A) = unglücklich, kläglich, traurig, homo, orbitas, condicio; (Spät.) miseri ambitionis Unglückliche wegen ihres Ehrgeizes. B) = erbärmlich, nichtswürdig, abscheulich, geringfügig, schlecht, homo, voluptas, ambitio, praeda, carmen; (Poet.) miser cultūs in Bezug auf den Putz. C) (Poet.) = heftig, leidenschaftlich, amor.
Misĕrābĭlis, e, *adj.* mit *comp.* [miseror] 1) beklagenswerth, bedauernswürdig, homo. 2) kläglich = klagend, vox, elegi.

Miserabiliter — **Mitto** — 477

Miserābĭlĭter, *adv.* mit *comp.* [miserabilis] kläglich: A) = auf mitleidswürdige Weise, emori; laudare m. eine auf Erregung des Mitleids berechnete Leichenrede halten. B) = klagend, jammernd.

Miserandus, *adj.* [*gerund.* von miseror] beklagenswerth, jämmerlich.

Miserātio, ōnis, *f.* [miseror] das Beklagen, Bedauern; bes. als rhetor. term. t., die auf Erregung von Mitleid berechnete Redeweise, der rührende Vortrag.

Misĕre, *adv.* mit *comp.* u. *sup.* [miser] elend, a) = kläglich, auf bedauernswerthe Weise, mori. b) = erbärmlich, scriptum est m. c) = heftig, leidenschaftlich, cupere, amare.

Misereor, ĕrĭtus (selten ertus), *depon.* 2. (Vorklass. auch -reo, — — 2.) [miser] mit Jmd. oder Etwas Mitleid fühlen, sich Jmds erbarmen (vgl. miseror), alicujus, nominis Romani.

Miserĕsco, — — 3. [miser] *1) (Pl.) unglücklich werden (?). 2) (Poet.) = misereor. *3) (Vorklass.) impers. = miseret.

Miseret, — 2. (auch *pass.* miseretur, miseritum est mit unveränderter Bedeutung) [misereor] *verb. impers.* es bringt (mich) zum Mitleiden mit Jmd., es jammert (mich) Jmds, es dauert (mich) Jmd.: m. me tai ich habe Mitleiden mit dir; ejus vice me m. (Com.) sein Schicksal dauert mich.

Miseria, ae, *f.* [miser] das Elend, Unglück, der Jammer, die Noth, Beschwerde: sedare mm. erleichtern; nimiae m. hoc est (Spät.) dieses kostet allzu große Mühe; sollicitudo et m. Aengstlichkeit.

Misericordia, ae, *f.* [misericors] das Mitleid, die Barmherzigkeit: m. populi beim Volke, doch auch mm. puerorum mit den Kindern; m. magnam haec habent dieses erregt großes Mitleid, aber (Pl.) mm. habere = Mitleid haben; dicere cum magna m. et fletu so daß man großes Mitleid und viel Weinen erregt.

Misericors, dis, *adj.* (*comp.* u. *sup.* nur bei Vorklass. u. Spät.) [miser-cor] mitleidig, barmherzig: esse m. in aliquem ob. in aliquo; animus m.

Misĕrĭter, *adv.* [miser] (Vorklass. und Poet.) = misere.

Miseror, *depon.* 1. [miser] 1) mit Jmd. Mitleid äußern, Jmd. beklagen, mit Worten bedauern (vgl. misereor), fortunam alicujus. 2) (Poet.) = misereor; m. aliquem animi ober animo.

Miserŭlus, *adj.* (Vorklass. u. Poet.) *deminut.* von miser.

*****Missĭcĭus**, *adj.* [mitto] (Spät.) abgedankt, aus dem Kriegsdienste entlassen.

*****Missĭcŭlo**, 1. [mitto] (Pl.) oft schicken, literas.

Missĭlis, e, *adj.* [mitto] was geworfen-, abgeschossen werden kann oder wird, Wurf-, lapis ein Schleuderstein, ferrum ein Wurfspieß. Hiervon insbes. *subst.* A) -le, is, *n.* der Wurfspieß, das Geschoß. B) missilia ob. res missiles Geschenke, welche die Kaiser unter das Volk werfen ließen; fortunae mm. Gaben.

Missio, ōnis, *f.* [mitto] 1) das Schicken, Abschicken, literarum, legatorum; m. telorum das Werfen ob. Abschießen. 2) die Entlassung, Loslassung; insbes. a) die Loslassung eines Gefangenen. b) häufig die Entlassung aus einem Dienste, insbes. von Soldaten, Gladiatoren u. dergl., der Abschied: m. gratiosa aus Gunst ertheilt, oppos. m. justa. c) im Kampfe = Pardon, Gnade: pugnare sine m. ohne Pardon zu geben, auf Leben und Tod: nascimur sine m. = der Tod wird uns jedenfalls erreichen. 3) die Unterlassung, das Aufhören: m. ludorum.

Missĭto, 1. [mitto] (selten) oft schicken, auxilia.

Missus, us, *m.* [mitto] 1) eigtl., nur im *abl. sing.*, das Schicken, Absenden: venire m. Caesaris zufolge dem Schicken des C. = vom C. geschickt. 2) (selten) der Wurf ob. Schuß. 3) (Spät.) die Umfahrt beim Wettfahren.

*****Mistim** ob. **Mixtim**, *adv.* [misceo] (*Lucr.*) vermischt.

Mistūra ob. **Mixtūra**, ae, *f.* [misceo] (Poet. u. Spät.) 1) die Vermischung, Mischung. Davon *trop.* die Vereinigung, Verbindung, rerum, aliorum generum cum aliis, virtutum et vitiorum. 2) (Spät.) vermischte Sachen, Mixtur.

Mitella, ae, *f. deminut.* von mitra.

Mitesco, — — 3. [mitis] 1) von Früchten, reif und weich werden, den herben Geschmack verlieren und eßbar werden, reifen: uva, herba m. 2) *trop.* von der Witterung u. dergl., gelinde werden.

Mithras ob. **Mithres**, ae, *m.* eine persische Gottheit, die Sonne.

Mithridātes, is, *m.* König von Pontus, bekannt wegen seiner Kriege mit den Römern. Davon -tĭcus, *adj.*

Mitĭfĭco, 1. [mitis-facio] (selt.) 1) weich machen, cibus mitificatus verdaut. 2) *trop.* A) besänftigen, hominem. B) zahm machen, elephantum.

Mitĭgātio, ōnis, *f.* [mitigo] (selten) die Milderung, Besänftigung.

Mitĭgo, 1. [mitis] 1) gelinde-, weich machen, cibum; m. agros den Erdboden locker machen. 2) *trop.* A) veredeln, arborem. B) zahm machen, animal. C) lindern, mildern, morbum, labores, tristitiam; m. metum beruhigen. D) besänftigen, mildern, beruhigen, aliquem ob. animum alicujus; m. severitatem, leges.

Mitis, e, *adj.* mit *comp.* u. *sup.* 1) (Poet.) gelinde, weich, mild, nicht rauh oder herbe; uva, pomum m. reif; solum m. locker = fruchtbar; (Com.) mitis fustibus mürbe gemacht durch Prügel, durchgeprügelt. 2) *trop.* mild, sanft, freundlich, ruhig, homo, animus, doctrina; (Poet. u.Spät.) m. alicui gegen Jmd., fluvius m. ruhig, taurus zahm, friedlich.

Mitra, ae, *f.* [μίτρα] (Poet. u. Spät.) eine Kopfbinde, ein Turban bei den Asiaten, in Griechenland und später auch in Rom von Frauenzimmern (bisweilen auch von weichlichen Mannspersonen) getragen.

Mitrātus, *adj.* [mitra] (Poet. u. Spät.) eine mitra tragend.

Mitto, misi, missum, 3. 1) schicken, senden (überhaupt, vgl. lego): m. filium ad propinquam, equitatum auxilio alicui, legatos

Romam, literas ad aliquem; misit qui diceret Jmb., der sagen sollte; (Poet.) India m. ebur schickt uns Elfenbein, „liefert". Insbes. A) = schicken und sagen lassen: m. alicui salutem Jmb. schriftlich grüßen; m. alicui ut etc. Jmb. schreiben, daß, schriftlich einen Befehl geben, daß u. s. w., Attico misit quid agerat. B) = werfen, schleudern, stürzen u. dergl.: m. pila, lapides in aliquem; m. hominem de ponte in foveam; m. se ab saxo; m. talos würfeln; m. panem (alicui) Brod (Jmb.) vorwerfen; (Poet.) m. manum ad arma die Hand an die Waffen legen, m. corpus saltu ad terram auf den Erdboden herabspringen. C) (Poet.) m. funera Teucris verursachen, bereiten; m. alicui mentem einflößen. 2) = gehen lassen, machen, daß Jmb. oder Etwas geht: A) m. exercitum sub jugum unter das Joch gehen lassen; m. in suffragium votiren lassen; m. judices in consilium die Richter überlegen und darauf abstimmen lassen; m. aliquem in negotium Jmb. auf den Handel gehen=, handeln lassen; m. aedes sub titulum (Poet.) ein Haus durch einen Anschlag darauf feil bieten. B) = von sich geben, von sich ausgehen lassen: m. vocem, orationem, sonum hören lassen. C) von Gewächsen, m. radices, folia treiben. D) m. alicui sanguinem Jmb. zur Ader lassen. E) m. currum herausfahren lassen; m. equum antreiben. F) m. aliquem in fabulas sermonesque, in ora hominum ins Gerede bringen, in possessionem in — setzen; m. se in foedera eingehen. 3) von sich gehen lassen = loslassen, entlassen, losgehen, nicht zurückhalten u. dergl.: m. hostem e manibus, aliquem ex vinculis; mitte me lass mich gehen. Hiervon A) m. senatum, consilium aufheben, auseinander gehen lassen; m. exercitum aus dem Dienste entlassen, verabschieden; m. uxorem sich von einer Frau scheiden; m. servum losgeben, frei geben. B) missum facere aliquem Jmb. loslassen = ihn nicht länger verfolgen. 4) Etwas fahren lassen = damit aufhören, es fallen lassen, odium, certamen, curas ex animo; m. male loqui. Hiervon a) = in der Rede übergehen, nicht erwähnen wollen, aliquid, m. de illa re. b) = nicht berücksichtigen, Etwas aufgeben, officium (NB. in allen Bedeutungen, bes. Nr. 4., sagte man bisweilen missum facere statt mittere).

Mitulus od. **Mytulus, Mytilus,** i, m. [μύτυλος] (Poet.) eine Art Muschel.

Mitylene, siehe Mytilene.

Mnēmon, onis, adj. [μνήμων] ein gutes Gedächtniß habend, Beiname des persischen Königs Artaxerxes.

Mnēmŏnĭdes, dum, f. pl. die Musen, Töchter der Mnemosyne.

Mnēmŏsȳne, es, f. [Μνημοσύνη] (das Gedächtniß, personificirt) eine Titanin (Tochter des Uranus und der Gäa) und vom Jupiter Mutter der Musen.

Mnēsarchus, i, m.[Μνήσαρχος] ein stoischer Philosoph.

Mōbĭlis, e, adj. mit comp. u. sup. [moveo] 1) beweglich, leicht zu bewegen, was leicht nach einer anderen Stelle gebracht wird: m. turris, oculi mm.; m. penna leicht; horae,

venti mm. flüchtig, eilend; m. pedibus flink zu Fuße. 2) trop. beweglich, biegsam, lenksam, erregbar, animus, aetas; m. ad cupiditatem. Hiervon in tabelndem Sinne = veränderlich, unbeständig, animus; m. in consiliis capiendis.

Mōbĭlĭtas, atis, f. [mobilis] 1) die Beweglichkeit, Leichtigkeit und Schnelligkeit in der Bewegung: m. linguae, equitum, fulminis; (Spät.) mm. dentium das Wackeln. 2) trop. die Veränderlichkeit, Unbeständigkeit, der Wankelmuth, ingenii, fortunae, vulgi.

Mōbĭlĭter, adv. mit comp. u. sup. [mobilis] 1) beweglich, schnell. 2) trop. m. excitari ad bellum leicht.

Mōbĭlĭto, 1. [mobilis] (Vorklass.) beweglich machen = in Bewegung setzen, rem.

*****Mŏdĕrābĭlis,** e, adj. [moderor] (Poet.) gemäßigt.

Mŏdĕrāmen, inis, n. u. (Poet.) **-āmentum,** i, n. [moderor] (Spät.) 1) das Lenkungsmittel, das, wodurch man Etwas lenkt und regiert, gewöhnlich vom Steuerruder. 2) die Lenkung, Regierung.

*****Mŏdĕrantĕr,** adv. [moderor] (Lucr.) mit Mäßigung.

Mŏdĕrāte, adv. mit comp. u. sup. [moderatus] gemäßigt, mit Mäßigung: modeste ac m., placate ac m.

*****Mŏdĕrātim,** adv. [moderor] (Lucr.) allmälig.

Mŏdĕrātĭo, onis, f. [moderor] 1) das Innehalten des rechten Maaßes in irgend einer Beziehung, die passende und gehörige Einrichtung und Beschaffenheit, das rechte Maaß: m. et temperatio mundi; m. numerorum harmonische Abmessung; m. aëris die gemäßigte Temperatur. 2) die Mäßigung, das Maaßhalten, die Beobachtung des Schicklichen und Passenden (meist in Thaten, vgl. modestia): m. et continentis; m. animi, dicendi. 3) die Lenkung; Regierung: esse in unius potestate et m.; mundi moderatio divina.

Mŏdĕrātŏr, oris, m. [moderor] der Lenker, Regierer; m. exercitus Anführer, equorum = der Wagenlenker, m. arundinis der Fischer.

Mŏdĕrātrix, icis, f. [moderor] 1) die Mäßigerin, haec anus est.m. sibi. 2) die Lenkerin, Beherrscherin, factorum.

Mŏdĕrātus, adj. mit comp. u. sup. [moderor] gemäßigt, das rechte Maaß und die rechten Grenzen innehaltend: daher von Personen = besonnen, ruhig, charakterfest u. dergl., von Sachen = ruhig, mäßig, nicht übertrieben: m. esse in re aliqua; m. oratio, convivium; annona m. mäßiger Getreidepreis.

Mŏdĕrŏr, depon. 1. (Vorklass. auch **-ro,** 1.) 1) mäßigen, einer Sache ein Maaß setzen, auf das rechte Maaß beschränken, im Zaume halten, zügeln u. dergl., irae, animo et orationi; m. cursui = langsam segeln; selten mit dem acc., m. gaudium, duritiam legum. 2) lenken, regieren, leiten, navem, equos, habenas, res publicas, numeros; (Pl.) m. hero seinen Herrn beherrschen. Hiervon mit Angabe des Maaßes, nach Etwas einrichten, bestimmen: m. sententiam suam ex reipublicae tempestate, m. consilia non voluptate sed officio; ingenium moderatum utroque (= temperatum) von beiden Theilen gemifcht, zufammengefetzt, Etwas von beiden habend (nach Anderen: nach beiden Seiten gemäßigt).

Modeste, *adv. mit comp. u. sup.* [modestus] 1) gemäßigt, mit Mäßigung. 2) befcheiden, anfpruchslos. 3) fittfam, züchtig.

Modestia, ae, *f.* [modestus] 1) die Mäßigung, das Innehalten des rechten Maaßes, der rechten Grenze, Zeit u. f. w. (es bezieht fich meift auf den Sinn und das Gemüth, vgl. moderatio). Insbef. A) = die Befcheidenheit, Anfpruchslofigkeit, Demuth: m. et humanitas; m. in dicendo. B) im Verhältniffe zu einem Höheren = die Loyalität, der Gehorfam, die Subordination: m. militum. C) die Sittfamkeit, Züchtigkeit. D) als Ueberfetzung des griechifchen εὐταξία, die Zeitmäßigkeit. E) die Milde, Schonung, Mäßigung: victores neque modum neque m. habuere. 2) von der Witterung u. dergl. = gemäßigte Befchaffenheit, Gelindigkeit.

Modestus, *adj. mit comp. u. sup.* [modus] gemäßigt, das rechte Maaß haltend, vir, plebs. Insbef. A) = befcheiden, anfpruchslos, adolescens, epistola. B) fanftmüthig, milde, befonnen, im politifchen Sinne = loyal, homo, ordo; m. alicui gegen Jmd. C) fittfam, züchtig, ehrbar, mulier.

Modialis, e, *adj.* [modius] (Vorklaff. u. Spät.) einen modius enthaltend.

Modice, *adv.* [modicus] 1) mäßig, mit Maaßen; hoc me m. tangit eben nicht fehr. 2) mit Mäßigung = gelaffen, ruhig u. dergl., m. aliquid ferre; aliqua re uti m. vernünftig.

Modicus, *adj.* [modus] 1) mäßig, gemäßigt, mittelmäßig, das gehörige Maaß nicht überfchreitend, ziemlich (es bezieht fich zunächft auf die Größe und den Umfang, vgl. mediocris, pecunia, tempus; corpus m. von einem Buche unbedeutender Größe; m. fossa nicht fehr tief, eques nicht fehr reich; (Spät.) modicus virium, ingenii nicht fehr bedeutender Stärke, Geistekraft. Hiervon oft in verkleinerndem Sinne = gering, klein, amnis; Graecis hoc m. est bei den Griechen finden fich nur wenig Beifpiele diefer Art; (Spät.) modico ante furz vorher. 2) gemäßigt, mäßig, das rechte Maaß innehaltend, homo, convivium, potio; homo m. voluptatum mäßig im Genuß.

Modificatio, ōnis, *f.* [modifico] (Spät.) die Abmeffung, gehörige Einrichtung.

Modifico, 1. [modus-facio] gehörig abmeffen, einrichten (faft nur im *particip. pass.*), verba modificata et inflexa quodam modo.

Modius, ii, *m.* [modus] 1) römifches Getreidemaaß (= 16 sextarii oder ½ amphora oder ⅙ medimnus, etwa zwei Drittel eines braunfchweiger Himptens); ein Scheffel; *proverb.* pleno m. vollauf, reichlich. 2) bisweilen ein Maaß für andere Sachen.

Modo (felten modō), *adv.* [*abl.* von modus] 1) bloß, nur, allein: semet m.; ad ornandam m., non augendam orationem; m. fac ut etc. forge nur dafür, daß u. f. w.; non

m. — sed (verum) nicht allein — fondern. Insbef. A) in befchränkenden Ausdrücken, bef. in relativen Sätzen, = vorausgefetzt, daß nur u. f. w.: servus nemo qui m. tolerabili condicione est servitutis. B) si m., dum m., bei Post. auch bloß m. wenn nur, nur daß; m. ne wenn nur nicht. C) (Vorklaff. u. Spät.) m. non (= des häufigere tantum non) = faft. D) zur Verftärkung einer Aufforderung: propera m. 2) von der Zeit, A) (Vorklaff. u. Poet.) eben, jetzt, gerade: m. dolores occipiunt. B) vor Kurzem, vor kurzer Zeit, fo eben; quid dico nuper, imo vero m. ac paulo ante. C) (Com.) von der nächften Zukunft, fogleich, bald. D) m. — m. bald — bald, von etwas Wechfelndem und Veränderlichem (bisweilen folgt ftatt des zweiten m. eine andere Partikel, als tum, deinde).

Modulate, *adv. mit comp.* [modulatus] nach dem Takte abgemeffen, melodifch, taktmäßig.

Modulatio, ōnis, *f.* [modulor] (Spät.) das regelmäßige Abmeffen, insbef. das rhythmifche Abmeffen der Worte, Bewegungen u. f. w.; m. vocis; m. pedum = das Tanz, die regelmäßige Bewegung.

Modulator, ōris, *m.* [modulor] (Poet. u. Spät.) der nach dem Rhythmus Abmeffende = der Mufiker.

Modulatus, *adj. mit comp. u. sup.* [*particip.* von modulor] nach dem Takte abgemeffen, rhythmifch, taktmäßig, mufikalifch, sonus, oratio.

*****Modulatus,** us, *m.* [modulor] (Spät. Poet.) = modulatio.

Modulor, *depon.* 1. [modulus] 1) (Spät.) gehörig abmeffen, einrichten. 2) insbef. nach dem Takte abmeffen, rhythmifch abmeffen, orationem, vocem; m. sonitum vocis pulsu pedum mit den Füßen den Takt fchlagen zum Gefang. 3) (Poet.) A) taktmäßig fingen oder fpielen, carmina, verba fidibus mit der Cither begleitend. B) ein Inftrument fpielen, lyram.

Modulus, i, *m.* [*deminut.* von modus] (Poet. u. Spät.) 1) das Maaß, der Maaßftab. 2) der Takt, Rhythmus, die Tonart.

Modus, i, *m.* 1) das Maaß, womit oder wonach Etwas gemeffen wird, daher = Umfang, Größe, Quantität u. dergl.: m. agri, cibi potionisque, virium humanarum. Insbef. A) = das rechte Maaß, die gehörige Quantität: suus cuique est m.; extra, praeter m. übertrieben, über das Maaß, fehr ftark. Hiervon = die Mäßigung, das Maaßhalten: m. et continentia; res agitur sine m.; modum habere (adhibere) Maaß halten. B) das Maaß, infoweit es nicht überfchritten werden darf, die Grenze, das Maaß, Ende: statuere, facere, imponere m. rei alicui einer Sache eine Grenze fetzen; modum lugendi facere der Trauer ein Ende machen. C) das Maaß in Tönen und Worten = der Takt, Rhythmus, die Melodie; mm. musici, flebiles, mm. vocum; (Poet.) mm. Pierii = der Gefang, die Poefie. D) = die Regel, Vorfchrift, das Gefetz: altis modum belli ac pacis facere; in modum venti nach Gefallen des Windes. 2) die Art, Weife,

Manier: hoc modo ober ad (in)hunc m. auf diese Weise, ebenso nullo m., tali m., omni m., servilem in m. auf Sklavenart, majorem in m. in höherem Grade; servorum modo nach Art der Sklaven; in fluminis modum wie ein Fluß; venire in artis modum zu einer Kunst werden. 3) in der Grammatik die Form eines Verbi, m. faciendi die Activform, patiendi die Passivform; m. fatendi der Indicativ.

Moecha, ae, f. [μοιχή] (Poet.) die Ehebrecherin.

*****Moechillus**, i, m. (Poet.) deminut. von moechus.

*****Moechisso**, 1. [moechus] (Pl.) Ehebruch treiben mit Jmd., nothzüchtigen, aliquam.

Moechor, depon. 1. [moechus] (Poet.) Ehebruch treiben, buhlen.

Moechus, i, m. [μοιχός] (Poet.) der Ehebrecher, Buhler (= das reinlat. adulter).

Moenera = munera, s. Munus.

Moenia, ium, n. pl. (Vorklass.) = munia, was man sehe.

Moenia, ium, n. pl. [moenio = munio] 1) die Stadtmauer, die Mauer um die Stadt (zunächst als Schutzwehr gedacht, vgl. mnrus), cingere urbem moenibus. 2) die Gebäude in der Stadt innerhalb der Mauer: nulla jam pernicies parabitur moenibus ipsis intra moenia. 3) (Poet.) überhaupt Wände, Mauern, äußerlicher Umfang, mm. theatri, navis; mm. Ditis = Palast.

Moenimentum, i, n. (Vorklass.) = munimentum.

Moenio, 4. (Vorklass.) = munio.

Moenis, is, m. ob. **Moenus**, i, m. der Fluß Main in Deutschland.

Moeris, ĭdis, f. [Μοῖρις] ein künstlich gebildeter See in Aegypten.

Moesi, ōrum, m. pl. Völkerschaft, welche die Landschaft **Moesia**, ae, f., das heutige Bulgarien und Servien, bewohnte. Davon **Moesicus** und **Moesiacus**, adj.

Mögontiacum, siehe Magontiacum.

Mōla, ae, f. 1) (selten) der Mühlstein. 2) im pl. die Mühle. 3) das Opferschrot, geschrotene Körner von Spelt oder Dinkel mit Salz vermischt.

Molāris, e, u. (Vorklass.) **-arius**, adj. [mola] (Poet. u. Spät.) zur Mühle gehörig, Mühlen-: lapis m., auch überhaupt = ein großer Stein, und in derselben Bedeutung bloß m.; dens m. der Backenzahn.

Mōles, is, f. 1) die Masse, Last, der große und schwere Gegenstand: Chaos, rudis indigestaque m.; (Poet.) m. pinea Flotte von großen Schiffen; m. clipei der gewaltige Schild, Latinus ingenti m. von riesiger Körpergröße, m. aquae gewaltige Woge. Hiervon A) = ein großes und weitläufiges Gebäude, große Stein- oder Holzmasse: insanae substructionum mm. B) der Damm. C) m. belli weitläufiger Kriegsapparat (Maschinen u. dergl.). D) = die Menschenmasse, bes. von einem Heere u. dergl. 2) trop. abstr. A) zur Bezeichnung einer Menge, Größe, Bedeutsamkeit u. s. w., wo es gewöhnlich durch die Adjective „groß", „gewaltig", „ungeheuer" u. dergl., dem Substantive beigefügt, ausgedrückt werden kann: m. pugnae, belli der gewaltige Kampf, Krieg, m. mali, invidiae die Gewalt, Masse des Unglücks, des Unwillens. B) = die Schwierigkeit, Anstrengung, Mühe: haud magnā m. ohne große Schwierigkeit, tantae molis erat so viel Mühe kostete es.

Mōleste, adv. mit comp. u. sup. [molestus] 1) lästig, unangenehm, A) für Andere, amici m. seduli. B) für sich = ungern, mit Mißbehagen, aliquid ferre Etwas bedauern. 2) gezwungen, affectirt, incedere m. ac mimice.

Mōlestia, ae, f. [molestus] 1) die Beschwerlichkeit, Beschwerde, die Lästigkeit, die Pein: sine m. tuā ohne dich zu belästigen; habere, exhibere molestiam (von Sachen) = verursachen, mit sich führen; m. navigandi die Seekrankheit. Hiervon = das Gezwungene, Affectirte: elegantia sine m. 2) der Verdruß, Aerger, die Unlust: trahere, capere m. ex re oder affici molestiā sich betrüben, ärgern, verdrießlich werden; aspergere alicui molestiam verursachen.

Mōlestus, adj. mit comp. u. sup. [moles] 1) beschwerlich, lästig, Beschwerde und Mühe verursachend, unangenehm, peinlich, provincia, labor, homo; nisi molestum est wenn es dich (euch) nicht belästigt. 2) insbes. von der Rede u. dergl. = gezwungen, gekünstelt, affectirt, verba, pronunciatio.

Mōlīmen, ĭnis, n. u. **-līmentum**, i, n. [molior] die Anstrengung der Kräfte, die Bemühung: adminicula parvi m. Maschinen von geringer Kraft, res est parvi m. erheischt nur geringe Anstrengung; res suo m. gravis durch die große Kraftanstrengung, die dazu gehört, um sie in Bewegung zu setzen, = die Schwierigkeit; rex magni m. (Spät.) von großer Thatkraft.

Mōlior, depon. 4. [moles] 1) (meist Poet.) etwas Schweres durch Anstrengung und Gewalt bewegen, onus; m. ancoras lichten, currum emporttreiben, montes sede suā versetzen: m. terram umwühlen, umgraben; m. fulmina, ignem schleudern; m. bipennem in vites an — schlagen, ferrum schwingen; m. portam, fores aufbrechen, obices sprengen oder abbrechen; m. corpus ex somno mit Mühe erwachen und sich aufmachen; trop. m. fidem den Credit schwankend machen. 2) mit Anstrengung ins Werk setzen, A) = bauen, errichten, aufführen, classem, muros, m. viam bahnen. B) trop. = unternehmen, beginnen, vorhaben, erstreben, erzeugen, erregen u. dergl. m. laborem, iter, fugam, moram; m. periculum, calamitatem alicui bereiten; m. accusatorem (Spät.) herbeischaffen; m. defectionem den Abfall beabsichtigen, ebenso *m. de regno occupando; m. amorem, misericordiam zu erregen streben. 3) intrans. A) sich in Bewegung setzen, aufbrechen, hinc; naves mm. a terra arbeiten sich vom Lande los. B) m. in re aliqua sich um eine Sache bemühen.

Mōlītio, ōnis, f. [molior] 1) das Inbewegung-Setzen: m. valli das Herausreißen, agrorum das Umgraben. 2) das Ins-Werk-Setzen, rerum, m. mundi die Erschaffung.

Mōlītor, ōris, m. [molior] der Unternehmer, Veranstalter, bes. einer schwierigen

Molitrix   **Monĕo**   481

und großen Sache, mundi Erschaffer, navis Erbauer, rerum novarum Urheber.

***Mŏlĭtrix**, īcis, *f.* [molior] (Spät.) die Unternehmerin, Urheberin.

Mollesco, — — 3. [mollis] (Poet. u. Spät.) 1) weich werden, ebur m. 2) *trop.* A) veredelt oder gemildert werden, genus humanum m., pectora mm. werden besänftigt. B) verweichlicht werden, vir m. in his undis (von der Quelle Salmacis).

Mollĭcellus u. **Mollĭcŭlus**, *adj.* (Poet.) *deminut.* von mollis.

***Mollīmentum**, i, *n.* [mollio] (Spät.) das Linderungsmittel.

Mollĭo, 4. [mollis] 1) weich und geschmeidig machen, erweichen, ceram, artus oleo; m. ferrum schmelzen, herbas flammā kochen; m. glebas, terram auflockern; m. humum foliis auf der Erde ein weiches Lager von Blättern anbringen, lanam trahendo spinnen. 2) m. clivum weniger steil machen. 3) *trop.* a) von Pflanzen u. dergl. veredeln, n. fructus feros colendo. b) mildern, erträglicher machen, beruhigen: m. poenam; m. ventos dämpfen, translationem weniger kühn machen, verbum usu durch den Gebrauch weniger hart und auffallend machen; Fabius m. Hannibalem nöthigte ihn langsamer und bedächtiger zu handeln. c) besänftigen, beruhigen, animos, iram, seditionem. d) rühren, bewegen, aliquem. e) weibisch machen, verweichlichen, legionem, animos.

***Mollĭ-pes**, ĕdis, *adj.* (Vorklass.) weichfüßig.

Mollis, e, *adj.* mit *comp.* u. *sup.* 1) weich, cera, lana, pratum. Hiervon = geschmeidig, biegsam, gelenkig, juncus, capilli, brachia; arcus m. schlaff, leicht zu spannen, pilentum elastisch. 2) A) sanft sich bewegend, ruhig, ventus, fluvius sanft strömend; clivus, via m. sanft aufsteigend. B) *trop.* a) zart, fein, empfindlich, anni, aures, genae; animus m. für Eindrücke empfänglich. b) milde, sanft, gelassen, ruhig, glimpflich, nachgiebig u. dergl., oratio, jussa; *proverb.* molli brachio objurgare = sanft. c) = günstig, gelegen, gut, hora, tempora fandi, mm. aditus viri die Zeiten, wenn er am besten zu sprechen ist. d) mehr oder weniger tadelnd, weich = verweichlicht, weichlich, zärtlich, unmännlich, philosophus, disciplina; carmen (versus) m. ein erotisches Gedicht; vir m. ein Wollüstling; (Poet.) lepus (columba) m. furchtsam. f) veränderlich, unbeständig.

Mollĭter, *adv.* mit *comp.* u. *sup.* [mollis] 1) weich, gelenkig, geschmeidig: substernere nidos m., excudere aera m. 2) *trop.* A) sanft, ruhig, gelassen, nachgiebig: m. aliquid ferre = etwas ruhig ertragen. B) weichlich, verzärtelt: m. ferre dolorem = so daß man dem Schmerze erliegt.

Mollĭtĭa, ae, *f.* ob. -ĭes, ei, *f.* ob. -Itūdo, ĭnis, *f.* [mollis] 1) die Weichheit, Geschmeidigkeit, Biegsamkeit u. s. w., lanae, carnis. 2) *trop.* A) die Weichheit der Seele = die Zartheit, Empfindsamkeit, Erregbarkeit, animi, naturae. B) der Mangel an Energie, die Schwäche: m. animi, frontis Mangel an Zu-

verficht. C) die Weichlichkeit, die Verzärtelung, Üppigkeit: m. et luxuria, mores lapsi ad m.

Mŏlo, ui, ĭtum, 3. mahlen, hordeum.

Mŏlo, ōnis, *m.* [Μόλων] Beiname des griechischen Rhetors Apollodorus zu Rhodus, Lehrers des Cicero.

Mŏlorchus, i, *m.* [Μόλοοχος] ein Winzer bei Nemea, der den Hercules beherbergte, als er den wüthigen Löwen erschlagen wollte. Davon **Molorchēus**, *adj.*

Mŏlossi, ōrum, *m. pl.* [Μολοσσοί] Völkerschaft in Epirus. Davon 1) **Mŏlossia**, ae, *f.* ob. -sis, ĭdis, *f.* das Land der M., der östliche Theil von Epirus. 2) **Mŏlossus** oder **Mŏlossĭcus**, *adj.*; parasitus M. so gefräßig wie ein molossischer Jagdhund.

Mŏly, yos, *n.* [μῶλυ] eine Pflanze, die als Gegenmittel gegen Zauberei benutzt wurde.

Mōmen, ĭnis, *n.* (Vorklass.) = momentum.

Mōmentum, i, *n.* [statt movimentum von moveo] 1) (meist *trop.*) was einen Gegenstand in Bewegung setzt, insbes. was die Wage in Bewegung setzt, also was durch sein Gewicht u. s. w. bewegt, den Ausschlag giebt u. s. w.; hiernach kann es durch Gewicht, Einfluß, Ursache, bewegender Grund, Entscheidung, Wichtigkeit, Bedeutung u. dergl. ausgedrückt werden: minimis mm. fiunt maximae inclinationes temporum; fama pendet levi m.; mm. magnarum rerum; pater fuit minimum momentum ad favorem conciliandum war die geringste Empfehlung in Bezug auf; habere ob. facere momentum rei ob. ad rem Einfluß auf etwas üben, ebenso magni, nullius momenti ob. magno momento esse; res nullius m. bedeutungslos, magni m. von großer Wichtigkeit; observare omnia mm. alle wirkenden Umstände; maximum m. rerum humanarum was große Bedeutung hat in den menschlichen Angelegenheiten; parvo m. superior um ein Weniges übertreffend; parvo m. antecedere ein wenig vorausgehen; levi m. aestimare gering schätzen; adjicere momentum rei alicujus zu Etwas beitragen; haud majore m. fusi sunt = ebenso leicht; juvenis maximum m. rerum ejus civitatis etc. der große Einfluß auf — haben würde. Hiervon A) überhaupt das Gewicht: astra sustinent sua mm. B) die Bewegung, Veränderung, levia fortunae mm. 2) (vielleicht eigtl. = die Bewegung des Auges) die kurze Zeit, der Augenblick, temporis; hiervon überhaupt = der Zeitabschnitt: parvo m. in kurzer Zeit, parvis mm. in kurzen Zeitabschnitten. 3) (Spät.) der kleine Theil, Punct überhaupt, ex alio coeli m.

Mōna, ae, *f.* Name zweier Inseln bei Britannien, nämlich 1) Man. 2) Anglesea.

Monaeses, is *m.* ein parthischer Feldherr.

Mŏnēdŭla, ae, *f.* die Dohle.

Mŏnĕo, 2. [verwandt mit memini] 1) mahnen, an Etwas erinnern, Jmd. Etwas in Erinnerung bringen: m. aliquem aliquid ob. de re aliqua, bei Spät. auch rei alicujus; m., rationem frumenti esse habendam, quid facto opus sit. 2) ermahnen, auffordern, zureden (indem man sich zunächst an den Verstand und die Einsicht Jmds wendet, vgl. hortor): m.

aliquem ut (ne) suspiciones vitet; moneo eos desinant furere daß sie aufhören. 3) (Poet. u. Spät.) = doceo **unterrichten; lehren,** aliquem aliquid; vates multa m. **verkündigt, sagt voraus;** m. puerum verbere **züchtigen.**

Monēris, is, *f.* [gr. μονήρης] *adj.* **einruderig,** sc. navis, **der Einruderer.**

Monēta, ae, *f.* 1) = Μνημοσύνη, **Mutter der Musen.** 2) **Beiname der Juno; im Tempel dieser Juno M. zu Rom wurde die Münze geprägt, daher** 3) **die Münze,** A) = **die Münzstätte;** *trop.* ex nostra m. = **aus unserer Schule.** B) (Poet. u. Spät.) = **das gemünzte Geld.** C) (Spät.) **der Stempel, das Gepräge:** *trop.* carmen communi m. (Poet.) **mit schlechtem Gepräge.**

Monetālis, e, *adj.* [moneta] **zur Münze gehörig;** *trop.* **scherzhaft** vir m. = **ein Mann, der Geld haben will.**

Monīle, is, *n.* (Poet. u. Spät.) **das Halsband, die Halskette** (bes. **für Frauen).**

Monimentum, i, *n.* a. S. **für** monumentum.

Monitio, ōnis, *f.* [moneo] **die Erinnerung, Ermahnung, Warnung.**

Monitor, ōris, *m.* [moneo] 1) **der Erinnerer, Ermahner, Warner.** 2) **insbes.** A) **ein Gehülfe vor Gericht, der dem Redner hilft sich an Alles zu erinnern und ihm die Rechtsgründe eingiebt.** B) = nomenclator.

Monitum, i, *n.* [particip. **von** moneo] 1) **die Erinnerung, Ermahnung.** 2) (Poet. u. Spät.) **die Prophezeiung, Andeutung.**

Monitus, us, *m.* [moneo] (**in der klassischen Prosa nur im** *abl. sing.*) = monitum.

Monoecus, i, *m.* [Μόνοικος] **Beiname des Hercules:** Monoeci arx, portus **Vorgebirge und Hafen in Ligurien, jetzt** Monaco.

Monogrammus, *adj.* [μονόγραμμος] **aus bloßen Umrissen bestehend, skizzirt,** dii mm. = **unkörperliche.**

*Monopŏdium, ii, *n.* [μονοπόδιον] **ein Tischchen mit Einem Fuße.**

Monopōlium, ii, *n.* [μονοπώλιον] (Spät.) **der Alleinhandel, das Monopol.**

*Monosyllabus, *adj.* [μονοσύλλαβος] (Spät.) **einsilbig.**

Monotropus, *adj.* [μονότροπος] (Pl., **zweifelhaft) allein seiend, für sich lebend.**

Mons, tis, *m.* **der Berg;** (Poet.) **überhaupt** = **eine große aufgethürmte Masse,** m. argenti **großer Haufe,** aquae **eine große Welle; auch** absol. = **ein großer Stein;** *proverb.* polliceri montes ob. mm. auri **goldene Berge versprechen.**

*Monstrabĭlis, e, *adj.* (Spät.) **zeigbar = ausgezeichnet, bemerkenswerth.**

Monstratio, ōnis, *f.* [monstro] (**Vorklass.** u. Spät.) **das Zeigen, Weisen.**

Monstrator, ōris, *m.* [monstro] (Poet. u. Spät.) **der Zeiger, Anweiser,** hospitii, urbinm. **Davon der Lehrer, Erfinder,** aratri.

Monstratus, *adj.* [particip. **von** monstro] (Tac.) **ausgezeichnet, auffallend.**

Monstro, 1. [monstrum] 1) **zeigen, weisen (indem man Jmd. darauf hinschauen macht, auf Etwas zeigen,** vgl. ostendo), viam, aliquem digito; m. ubi aliquis sit. 2) (Poet. u. Spät.) *trop.* A) = **lehren, erklären, zeigen.** B) = **beschreiben,** juventutem talem. C) = **vor-**

schreiben, verordnen, piacula, aras. D) **andeuten, bezeichnen,** monstratus satis. E) = **rathen, antreiben,** alicui bene, pudor iraque m. F) (Spät.) = **angeben, anklagen,** aliquem.

Monstrōsus (zweifelh.) = monstruosus.

Monstrum, i, *n.* 1) **eigtl., in der Religionssprache, ein Wahrzeichen, übernatürliche Erscheinung, die als ein Zeichen von den Göttern betrachtet wurde. Hiervon** 2) **ein Wunder, Ungeheuer, ungeheure und bes. schreckliche Erscheinung: so vom Meere, vom trojanischen Pferde, von einem abscheulichen u. gefährlichen Menschen;** m. mulieris **ein Ungeheuer von einem Weibe;** *trop.* narrare, dicere mm. **Wunder erzählen, abenteuerliche und widernatürliche Dinge sagen.**

*Monstruōse, *adv.* [monstruosus] **wunderbar, widernatürlich.**

Monstruōsus, *adj.* [monstrum] **widernatürlich, wunderbar, seltsam, abenteuerlich.**

Montānus, i, *m.* **römischer Beiname:** Curtius M. **war ein Günstling des Tiberius;** Votienus M. **war ein berühmter Rhetor, älterer Zeitgenosse des Rhetor Seneca. Davon** Montaniānus, *adj.* **zum (Rhetor) M. gehörig.**

Montānus, *adj.* [mons] **zum Berge gehörig, Berg-, Gebirgs-:** A) = **auf Bergen seiend, wohnend, oder von Bergen kommend,** oppidum, homines, flumen, sal; *subst.* -ani, orum, *m. pl.* **die Gebirgsbewohner.** B) = **gebirgig,** regio.

*Monticola, ae, *comm.* [mons-colo] (Poet.) **der Gebirgsbewohner.**

Montivagus, *adj.* [mons-vagor] **Berge durchschweifend,** cursus m. **durch das Gebirge.**

Montuōsus (-tōsus), *adj.* [mons] (selten) **gebirgig.**

Monumentum, i, *n.* (**auch** Monim. **geschrieben)** [moneo] 1) **Alles, wodurch man an Etwas erinnert wird, ein Denkmal:** m. pugnae, amoris, clementiae. 2) **Insbes.** A) **von Gebäuden, Statuen, Bildnissen, Tempelgaben u. s. w., deren Bestimmung ist, an Etwas zu erinnern.** B) **das Grabmal, Begräbniß,** m. sepulcri **und bloß** m. C) **im** *pl.* **von schriftlichen Denkmälern, Schriften,** mm. literarum, mm. rerum gestarum **geschichtliche Schriften, ebenso** mm. annalium. *D) (Ter.) **das an eine Sache gesetzte Erkennungszeichen.**

Mopsŏpia, ae, *f.* [Μοψοπία] **alter Name von Attica; davon** **Mopsopius,** *adj.* = **attisch.**

Mopsuestia, ae, *f.* [= Μόψου ἑστία] **Stadt in Cilicien.**

Mopsus, i, *m.* [Μόψος] 1) **ein Lapithe und Seher unter den Argonauten.** 2) **ein Kreter, Gründer des Orakels des klarischen Apollo in Kleinasien.**

Mora, ae, *f.* **der Verzug, die Verzögerung, der Aufenthalt, Aufschub (**object., vgl. cunctatio); m. et sustentatio, m. rerum; afferre (inferre, facere, interponere) moram rei alicui (auch dimicandi) **einen Verzug mit bewirken, machen, daß Etwas verzögert oder aufgeschoben wird;** m. facere creditoribus **die Bezahlung verschieben;** res habet m. **leidet Verzug, aber** habeo m. **ich warte, verziehe;** esse in mora (quominus etc.) **verhindern, aufhalten (daß u. s. w.),** res est mihi morae (**auch** mora) **hält mich auf;** nulla m. est **es wird gleich geschehen,** nulla m.

est dicere ich werde gleich sagen, nec mora est quin ducam ich werde sie gern gleich zur Frau nehmen; per me nulla m. est meinetwegen kann es sogleich geschehen; mora est es dauert lange; inter mm. mittlerweile. Insbef. A) = die Pause in der Rede. B) m. (temporis) der Zeitraum, die Zeitfrist. C) = das Hinderniß, der verzögernde Gegenstand.

Mōra, ae, f. [μόρα] eine Abtheilung des spartanischen Heeres (etwa 800 Mann).

Mōrālis, e, adj. [mos] die Sitten betreffend, moralisch, pars philosophiae.

Mōrātor, ōris, m. [moror] 1) der Verzögerer, der Etwas verzögert oder durch Hindernisse aufhält, publici commodi; insbef. = ein Advocat, der durch Winkelzüge die Sache nur in die Länge zieht. 2) von Soldaten, der Zögerer, Marodeur.

Mōrātus, adj. [mos] irgendwie gesittet, geartet, beschaffen, fast immer in der Verbindung mit einem adv.: homo bene, male m. von guten, schlechten Sitten; ita haec janua m. est so ist diese Thür beschaffen, venter male m. von schlechter Natur; fabula recte m. mit richtiger Zeichnung der Charaktere, in derselben Bedeutung poema m. (ohne adv.).

Morbĭdus, adj. [morbus] 1) (Spät.) kränklich, krank. 2) (Vorklaff.) ungesund, krank machend.

*__Morbōnia__, ae, f. [morbus] (Spät.) vermuthlich = das Krankheitsland, Pestland, nur in der Verbindung abire morboniam zum Henker gehen.

Morbōsus, adj. [morbus] (Vorklaff. u. Poet.) kränklich, siech.

Morbus, i, m. die Krankheit: jactari morbo heftig an einer Krankheit leiden; m. ingravescit nimmt zu; m. regius die Gelbsucht; trop. animi mm. = Leidenschaften; hoc illi est morbo (Pl.) macht ihm Aerger; (zweifelh.) m. in omnes krankhafte Gemüthsbewegung gegen Alle.

*__Mordācĭter__, adv. mit comp. [mordax] (Poet.) beißend, scharf.

Mordax, ācis, adj. mit comp. u. sup. [mordeo] 1) beißend, bissig, canis. 2) trop. (Poet. u. Spät.) A) stechend, brennend, arista, urtica. B) scharf, ferrum. C) zusammenziehend, bitter, scharf von Geschmack, sel, acetum. D) von Personen beißig = grob, unhöflich, Cynicus. E) von Sachen, kränkend, carmen; sollicitudo m. nagend.

Mordeo, momordi, morsum, 2. 1) beißen, aliquem; m. hastile in die Lanze beißen; m. terram (humum) = im Kriege fallen. 2) trop. A) Etwas greifen, fassen: fibula m. vestem. B) (Poet.) von einem Gewässer bespülen und dadurch annagen, fluvius m. rura. C) (Poet.) = verzehren, rem. D) von einer beißenden oder stechenden Einwirkung auf den Geschmack oder das Gefühl, „brennen, stechen": radix, urtica m.; frigora mm. aliquem verletzt, beschädigt, ebenso aestus m. oleam. E) = angreifen, verletzen, kränken: morderi re aliqua sich über Etwas ärgern; epistolae tuae me mm.; morderi conscientia Gewissensbisse fühlen.

Mordĭcĭtus (zweifelh.) und **Mordĭcus**, adv. [mordeo] mit Beißen, beißend, mit den Zähnen, aliquid arripere; trop. = fest, aus allen Kräften, aliquid tenere.

*__Mōre__, adv. [morus] (Pl.) närrisch, thöricht.

Mōrētum, i, n. (Poet.) ein ländliches Gericht von zusammen geriebenem Knoblauch, Essig, Oel u. dergl.

Mŏrĭbundus, adj. [morior] 1) sterbend. 2) (Poet.) sterblich. *3) (Poet.) tödtlich, sterben machend = ungesund, sedes.

Mōrĭgĕror, depon. 1. oder (Vorklaff.) -ro, 1. [morigerus] Jmd. zu Willen sein, willfahren, sich nach Etwas richten (als freiwilliger Act, vgl. pareo u. f. w.), alicui; m. servituti sich in die Knechtschaft schicken.

Mōrĭgĕrus, adj. [mos-gero] (Vorklaff.) willfährig, gehorsam, alicui.

Mōrīnī, ōrum. m. pl. Völkerschaft im nordwestlichen Gallien.

Mŏrior, mortuus, depon. 3. (particip. moriturus) [mors] 1) sterben: m. desiderio, fame, ferro, ex vulnere; m. in tormentis während der Martern; voces morientes hinstersterben; morior si (ni) ich will des Todes sein, wenn (nicht); mortuus als adj. todt. 2) trop. A) m. in studio sich — ganz ergeben. B) vergehen, entschwinden, sich verlieren, flamma, memoria alicujus, gratia; dies m. geht zu Ende, verba mm. kommen außer Gebrauch, virgae mm. in tergo alicujus werden abgenutzt; mortui lacerti kraftlose, flores welke, plausus mortuus schwach, lex ungültig.

Mormyr, ỹris, f. [μόρμυρος] ein unbekannter Seefisch.

Mōrŏlŏgus, adj. [μωρολόγος] (Pl.) albern redend, närrisch.

*__Mōror__, depon. 1. [mōrus] ein Narr sein (ein vom Nero durch ein Wortspiel gebildetes Wort).

Mŏror, depon. 1. I. intrans. verweilen, sich aufhalten, verbleiben, sich längere Zeit aufhalten (indifferent, vgl. cunctor), daher in tadelndem Sinne = zögern, säumen: m. Brundisii, paucos dies in provincia, alicubi diutius; haud multa moratus ohne langen Verzug; (Poet.) oculi tellure mm. haften an der Erde, quo loco rosa moretur noch zu finden ist; trop. (Spät.) m. in externis sich fortwährend mit — beschäftigen; m. aliquid Etwas zu thun säumen, nihil m. quominus etc. nicht anstehen, Etwas zu thun, sogleich bereit sein. II. trans. 1) mit nihil oder non verbunden, sich nicht nach Etwas aufhalten = sich Nichts aus einer Sache machen, sich um sie nicht kümmern: nil moror illum der kann mir gehen! nihil m. vina illius orae, aliquem, officium tale, aliquid facere ich habe keine Lust. 2) aufhalten, verzögern, zurückhalten, hindern, aliquem, impetum hostium, iter, naves; ne (te) multis morer = um es kurz zu machen, kurz; ebenso quid multis moror? Hiervon A) mit einem Objectsatze = Nichts gegen eine Sache haben: nihil m. eos salvos esse; i jam nunc quo properabas, nihil moror meinetwegen, ich habe Nichts dagegen. B) = unterhalten, „fesseln", populum, aures Caesaris. C) (Poet.) m. Orcum die Unterwelt

Morōse, *adv.* mit comp. u. sup. [morosus] 1) pedantisch, ängstlich. 2) eigensinnig, launisch.

Morōsĭtas, ātis, *f.* [morosus] 1) (Spät., selten) ängstliches und übertriebenes Festhalten an gewissen Gewohnheiten u. Manieren, die Pedanterie: affectatio et nimia m. 2) das launische, grämliche Wesen, der Eigensinn.

Morōsus, *adj.* mit comp. u. sup. [mos] 1) (Spät.) ängstlich festhaltend an angenommenen Gewohnheiten und Manieren, pedantisch. 2) launisch, grämlich, eigensinnig. 3) *trop.* (Spät.) A) morbus m. hartnäckig. B) cupressus natu morosa schwer wachsend. C) lex m. schwer zu erfüllen.

Mors, tis, *f.* 1) der Tod: obire (oppetere, occumbere) mortem sterben, consciscere sibi mortem sich den Tod geben; morte suā mori einen natürlichen Tod; mortem alicui afferre, inferre u. s. w. Jmd. den Tod geben, verursachen; mm. praeclarorum virorum; praeclarae mm. pro patria oppetitae die Fälle, wo Männer auf ehrenvolle Weise sich dem Tode für das Vaterland unterzogen haben. 2) (meist Poet.; bei Cicero einmal wegen eines Wortspiels) A) = die Leiche. B) = Blut. C) = ein kraftloser Greis.

Morsiuncŭla, ae, *f.* [*deminut.* von einem ungebräuchlichen morsio = morsus] (Poet.) das verliebte Beißen mit den Lippen.

*Morsum, i, n. [particip. von mordeo] (Poet.) das Bißchen, Stückchen.

Morsus, us, m. [mordeo] 1) der Biß, das Beißen; morsu petere (appetere) aliquid nach Etwas beißen. 2) *trop.* A) = das Eingreifen, Festhalten: m. roboris von einer gespaltenen Eiche, die Etwas in der Spalte festhält. B) zur Bezeichnung einer scharfen Empfindung, z. B. vom Essig u. dergl. C) = der hämische Angriff. D) der Aerger, Verdruß: m. animi, exsilii. E) m. curarum das Nagen; acriores solent esse morsus intermissae libertatis quam amissae wo die Freiheit eine Zeitlang unterbrochen worden ist, pflegt ein heftigerer Widerstand und eine stärkere Reaction einzutreten, als wo sie ganz verloren ist.

Mortālis, e, *adj.* [mors] 1) sterblich, was sterben kann, animal; häufig *subst.* mortales = die Menschen. Hierv. von Sachen = vergänglich, vorübergehend, inimicitiae, res. 2) zu einem Sterblichen gehörig oder von einem Sterblichen kommend, irdisch, menschlich, condicio vitae, opus; vulnus m. von einem Menschen herrührend, mucro m. von einem Menschen geführt.

Mortālĭtas, ātis, *f.* [mortalis] 1) die Sterblichkeit, Vergänglichkeit. 2) (Spät.) die Menschennatur als endlich und sterblich: explore m. = sterben. 3) (Spät.) die Menschheit = die Menschen, Sterblichen.

Mortĭcĭnus, *adj.* [mors] (Vorklaff. u. Spät.) nur von Thieren, abgestorben, „verreckt", ovis. Hiervon A) clavus m. = der Leichdorn. B) *subst.* als Schimpfwort, das „Aas", „Luder"!

Mortĭfer, ĕra, ĕrum, *adj.* [mors-fero] den Tod bringend, tödtlich, morbus, vulnus.

Mortĭfĕrē, *adv.* [mortifer] (Spät.) tödtlich, lebensgefährlich.

Mortuālia, ium, *n. pl.* [mortuus] (Vorklaff.) Todtenlieder.

Morŭlus, *adj.* [morum 1.] schwärzlich, dunkelfarbig.

Mōrum, i, *n.* [μῶρον] 1) die Maulbeere. 2) die Brombeere.

Mōrus, i, *f.* [μορέα] der Maulbeerbaum.

Mōrus, i, *m.* [μωρός] (Poet. u. Spät.) der Narr, Tropf.

Mos, ōris, *m.* 1) (mit Ausnahme der Redensart morem gerere nur bei Vorklaff., Poet. u. Spät.) der Wille, das Gesetz, die Vorschrift: imponere m. pacis die Friedensbedingungen vorschreiben, ponere mm. viris den Männern Gesetze geben, pati mm. Gesetze empfangen; sine m. = zügellos; pervincere m. alicujus Jmds Eigensinn, Laune. Häufig morem gerere alicui = morigeror, was man sehe. 2) die Sitte, Gewohnheit, Manier, der Gebrauch, das Herkommen: lex et m. et consuetudo; mos oder moris est es ist Sitte; mos ita rogandi; venire in morem gewöhnlich werden, perducere in morem zu einer Gewohnheit machen; praeter m. gegen die Sitte, ungewöhnlich; qui istic mos est (Com.) was ist das für eine Manier? 3) im *pl.* die Sitten, der Charakter, wie er sich im Betragen und Leben zeigt: mm. perditi, moderati, boni, mali. 4) die Art, Weise, Beschaffenheit: m. Graeco, humano, ebenso in oder ad morem, z. B. fluminis nach Art eines Flusses, wie ein Fluß.

Mōsa, ae, *m. u. f.* Fluß im nördlichen Gallien, jetzt die Maas.

Moschus, i, *n.* [Μόσχος] ein Rhetor aus Pergamum, zur Zeit des Horaz der Giftmischerei beschuldigt.

Mosella, ae, *m.* und *f.* Fluß im nördlichen Gallien, jetzt die Mosel.

Mostellāria, ae, *f.* [mostellum, *deminut.* von monstrum] das „Gespenst", Name einer Comödie des Plautus.

*Mostōni, ōrum, *m. pl.* die Einwohner der lydischen Stadt Mostena.

Mōtĭo, ōnis, *f.* [moveo] die Bewegung, corporum.

Mōtiuncŭla, ae, *f.* [*deminut.* von motio] (Spät.) eigtl. eine kleine Bewegung, davon = ein kleiner Fieberanfall.

Mōto, 1. [moveo] (Poet.) stark bewegen, umbras.

Mōtus, us, *m.* [moveo] 1) die Bewegung, coeli, corporis, navium; m. siderum der Lauf, Gang. Insbes. a) = kunstmäßige Körperbewegung bei körperlichen Uebungen, mm. palaestrici nach den Regeln der Gymnastik eingerichtet. b) = der Tanz, mm. Ionici. 2) *trop.* A) die Gemüthsbewegung, die Leidenschaft, das heftige Gefühl u. s. w. (Liebe, Begierde, Haß, Aerger u. s. w.): m. animi; mm. turbati heftige; m. mentis. B) die geistige Bewegung = Thätigkeit, Wirksamkeit: mm. animorum duplices sunt, alteri cogitationis, alteri appetitûs. C) m. divinus die göttliche Eingebung, Begeisterung. 3) im bürgerlichen Leben = die Volksbewegung, der Aufstand, Auflauf: afferre m. reipublicae; m. populi, servilis; omnes Catilinae mm.; m. impendet in republica eine Staatsumwälzung. 4) (Spät.) in der Rhetorik = der Tropus, figürliche Ausdruck. *5) (Spät.) der Beweggrund.

Mŏvĕo, mōvi, mōtum, 2. 1) *bewegen, in Bewegung setzen*, rem; (Poet.) m. urnam hin und her bewegen, schütteln, tympana schlagen, fila sonantia oder citharam spielen; m. corpus, membra und medial moveri = tanzen, moveri Cyclopa tanzend darstellen, m. arma die Waffen ergreifen, kämpfen. 2) insbef. *von irgendwoher bewegen, hervor-, herbeibringen*: m. se loco sich verseßen, ex urbe u. s. w. sich fortbegeben; move te istinc gehe fort; m. castra oder bloß m. mit dem Lager aufbrechen, ausrücken, abmarschiren; m. hostes in fugam in die Flucht treiben; m. aliquem senatu, tribu aus — stoßen, possessione, agro vertreiben; m. literam hinwegnehmen, tilgen; m. aliquem de sententia von — abbringen, abstehen machen; *trop.* m. sententiam alicujus erschüttern, verändern. 3) *erregen, erzeugen, verursachen*: m. risum alicui, lacrimas populo, misericordiam; m. bellum anfangen, in Bewegung setzen, mentionem rei alicujus eine Sache erwähnen, insbef. m. aliquid = Unruhen anfangen, anstiften. 4) (selten) *belästigen, quälen*, aliquem. 5) *trop.* in geistiger Beziehung, A) *überhaupt bewegen, auf Jmds Geist Eindruck machen*, Jmd. mit irgend einer Gemütsbewegung (Haß, Aerger, Kummer, Schrecken, Zorn, Mitleid, Liebe u. s. w.) erfüllen: m. aliquem oder animum alicujus, animos judicum; moveri misericordiâ, irâ, amore etc.; miles movetur consuetudine regionum das Gewohntsein an die Gegend wirkt auf den Soldaten ein; vere (*oppos.* inaniter) moveri von etwas Wirklichem Eindrücke empfangen. B) *zu irgend etwas bewegen, anregen, reizen, antreiben* u. dgl.: m. aliquem ad bellum; illae causae me mm.; häufig das *particip.* motus zur Angabe eines Beweggrundes: fecit illud m. irâ, amore, precibus, desiderio u. s. w. Auch m. aliquem = zum Zorn reizen; absiste moveri höre auf, dich zu ängstigen. C) an Etwas denken, es erwägen, aliquid und häufig m. aliquid animo. D) = muto, verändern, aliquid. 6) *intrans.* (selten) *sich bewegen*: terra m. die Erde wird erschüttert; res moventes bewegliche Dinge; exercitus m. bricht auf, marschirt ab.

Mox, *adv.* 1) *bald, alsbald*: m. huc revertas; dixit, m. se venturum; exspecto quam m. venturus sit wie bald. 2) *bald nachher, bald darauf*: de numero m. von der Zahl werde ich gleich unten reden. 3) (Spät.) A) von einer längeren Zeit, *nachher, später*. B) zur Angabe der Reihenfolge in Bezug auf Ort und Lage, *dann, darauf*: ultra eos D., deinde G., mox A.

Mu [= μῦ] *indecl.*, (Vorklaff.) ein Wort, das zur Bezeichnung des Geringsten, Kleinsten gebraucht wurde, nur in Verbindung mit einer Negation = nicht ein Muck.

Mūcĕo, ——2.(Vorklaff.) *schimmelig sein*.
Mūcesco, ——3.[muceo] (Spät.) *schimmelig werden*.

Mūcĭdus, *adj.* [muceo] 1) (spät. Poet.) *schimmelig*. 2) (Vorklaff.) *rotzig*.

Mūcĭus, Name eines römischen Geschlechtes, aus welchem nur die Familie der Scaevola merkwürdig ist: 1) Cajus M. Sc., der den Porsenna zu tödten versuchte. 2) Quintus M. Sc. mit dem Beinamen Augur, Consul 117 v. Chr., ein Mann von hoher Rechtschaffenheit und Redlichkeit, Anhänger der stoischen Philosophie, berühmt als Rechtsgelehrter. Er wird vom Cicero redend eingeführt in den Büchern de oratore u. de republica. Er war mit der Lälia (Tochter des Laelius Sapiens No. 2) verheirathet, und hatte mit ihr einen Sohn (siehe den Folgenden) und zwei Töchter, von denen die ältere Mucia mit dem Redner Crassus (siehe Licinius), die jüngere mit dem jüngeren C. Marius verheirathet war. 3) Quintus M. Sc. mit dem Beinamen Pontifex maximus, Sohn des No. 2, Statthalter in Asien 100 v. Chr., berühmt als Staatsmann und Rechtsgelehrter, fast in allen Aemtern College seines Schwagers (siehe No. 2) Crassus. Er wurde 82 v. Chr. auf Befehl des jüngeren Marius getödtet.

Mūcro, ōnis, *m.* 1) *die scharfe Spitze eines schneidenden Instrumentes*, bes. eines Degens, m. gladii, falcis, dentis. 2) *der Degen, das Schwert*. 3) (Vorklaff. und Spät.) *die Spitze, das Ende überhaupt*. 4) *trop.* =*Schärfe, Schneide*: m. tribunicius = die gefährliche und unwiderstehliche Tribunenmacht; m. defensionis tuae, ingenii.

Mūcus, i, *m.* der Rotz.

Mūgil oder Mūgĭlis, is, *m.* (Spät.) eine Art Meerfisch.

Mūgĭnor, *depon.* 1. (selten) tändeln, zaubern, spielend Etwas hinhalten.

Mūgĭo, 4. 1) *brüllen*, bos; mugientes = die Rinder. 2) uneigtl. A) *dröhnen, krachen*, solum m., tonitrua mm. B) *schmettern*, tuba; malus m. kracht.

Mūgītus, us, *m.* [mugio] 1) *das Brüllen*. 2) das Dröhnen, terrae.

Mūla, ae, *f.* die Maulesin, auch überhaupt *das Maulthier*; *proverb.* quum mula peperit = wenn die Böcke lammen, d. h. niemals (wegen der Sage, daß Maulesinnen nicht werfen sollten).

Mulcĕo, si, sum, 2. 1) *streichen, streicheln*, vitulum, barbam manu. 2) (Poet.) *leise und sanft berühren, bef.* = *anfächeln*: zephyri mm. flores, aura m. rosas; m. aërᵃ pennis bewegen. 3) *trop.* A) *mildern, lindern, besänftigen, beruhigen, beschwichtigen*: m. dolores, vulnera, lassitudinem; m. tigres, aliquem dictis; m. corpus sanft in Schlaf einwiegen. B) *ergötzen, erfreuen, liebkosen*, puellas carmine, animos admiratione.

Mulcĭber, ĕri, *m.* [mulceo] Beiname des Vulcan, = der das harte Metall erweicht.

Mulco, 1. prügeln, mit Schlägen übel zurichten, mißhandeln; aliquem; male m. aliquem.

Mulcta, siehe Multa.

Mulctra, ae, f. und -trum, i, n. oder (zweifelh.) -trārium, ii, n. [mulgeo] die Melkgelte, das Melkfaß.

Mulgeo, si, sum, 2. melken, capras; proverb. m. hircos zur Bezeichnung einer unmöglichen Sache.

Muliebris, e, adj. [mulier] 1) zum Weibe gehörig, weiblich, Weiber-, vestis, venustas; m. donum Geschenk von einem Weibe herrührend, fraus m. von einem Weibe verübt, certamen mit einem Weibe, injuria welcher ein Weib ausgesetzt ist. 2) im tadelnden Sinne = weibisch, unmännlich, animus, sententia.

Muliebrĭter, adv. [muliebris] nach Weiberart, weibisch.

*****Muliebrōsus**, adj. (Pl.) (zweifelh.) = mulierosus.

Mulier, ĕris, f. das Weib, Frauenzimmer (als der schwächere Theil des Menschengeschlechtes, meist in geistiger Beziehung, zur Bezeichnung des weiblichen Charakters und Wesens, vgl. femina).

Mulierārius, adj. [mulier] von einem Weibe herrührend, Weiber-.

Muliercŭla, ae, f. deminut. von mulier.

*****Mulierōsĭtas**, ātis, f. [mulierosus] die Weibersucht, zu große Weiberliebe (ein von Cicero gebildetes, sonst nicht gebräuchliches Wort).

*****Mulierōsus**, adj. [mulier] weibersüchtig, weibertoll, den Weibern gar zu sehr ergeben.

Mulio, ōnis, m. [mulus] (Spät.) der Maulefelhändler oder Maulefeltreiber.

Muliōnius oder (Spät.) -nĭcus, adj. zu einem mulio gehörig.

Mullus, i, m. die Meerbarbe, ein bei den Römern sehr geschätzter Fisch.

Mulsus, adj. [mulceo] 1) mit Honig vermischt, aqua, lac. Hiervon subst. **Mulsum**, i, n. mit Honig vermischter Wein, der Weinmeth, Meth. 2) trop. = süß, lieblich: mea mulsa meine Süße!

Multa (Mulcta), ae, f. die Strafe am Eigenthum, in der ältern Zeit an Vieh, später an Geld (von einer Obrigkeit auferlegt; vgl. das umfassendere poena), = die Buße, Geldbuße: multam dicere eine Buße bestimmen, dictiren, committere verwirken, petere (irrogare) den Antrag thun, daß Jmb. in eine Buße verurtheilt werden soll, certare von beiden Seiten darüber streiten, ob eine Buße erlegt werden soll; beim Pl. scherzhaft = die Entziehung des Weines.

*****Mult-angŭlus**, adj. (Lucr.) vieleckig.

Multātĭcĭus, adj. [multa] (selten) zu einer Geldstrafe gehörig.

Multātĭo, ōnis, f. [multo] die Bestrafung an Eigenthum, das Mulctiren, m. bonorum an Gütern.

*****Multēsĭmus**, adj. [multus] (Lucr.) einer von vielen Theilen = klein, gering.

Multĭbĭbus, adj. [multus-bibo] (Vorkläff. u. Spät.) vieltrinkend.

*****Multĭ-căvus**, adj. (Poet.) vielhöhlig.

Multĭcĭus, adj. [multus-ico?] (Spät.) fein, zart, prächtig (nur von Kleidern).

Multĭfārĭam oder (Spät.) -rĭe, adv. [multus] an vielen Stellen, an vielen Seiten, m. defossum aurum, m. in castris visae togae.

Multĭ-fĭdus, adj. [findo] vielgespalten, vielfach gespalten, -getheilt.

Multĭ-fŏris oder -fŏrus, adj. (Poet. und Spät.) vielthürig, mit vielen Oeffnungen versehen.

Multĭ-formis, e, adj. [forma] 1) vielgestaltig. 2) vielfach, vielerlei. 3) (Spät.) trop. = unbeständig.

Multĭ-gĕnĕris, e, oder -gĕnus, adj. (Vorkläff. und Spät.) vielartig, verschiedenartig.

Multĭ-jŭgus, adj. [jugum] 1) vielspännig, viele zusammen gespannt, equi. 2) trop. vielfältig = viele vereint, literae.

*****Multĭ-lŏquax**, ācis, (zweifelh.) ob. -lŏquus, adj. (Pl.) vielredend, gesprächig.

*****Multĭ-lŏquĭum**, ii, n. [loquor] (Pl.) das Vielreden.

Multĭ-mŏdis, adv. (statt multis modis) (Poet.) auf vielerlei Art, vielfach.

Multĭplex, ĭcis, adj. [multus-plico?] 1) viele Falten ob. Schichten bildend, lorica, cortex. 2) viele Krümmungen und Windungen bildend, gewunden, gekrümmt, domus (= das Labyrinth), m. lapsus von einer Rebe; alvus est m. et tortuosa. 3) vielfach, vielfältig. A) = groß, weitläufig, spatium, im pl. und auch im sing. collectiv = viele, viel, folia, fetus, dapes; als Proportionale = vielmal so groß, auch mit folgendem quam, clades m. quam pro numeris vielmal größer als man nach der Zahl hätte erwarten sollen. B) = verschiedenartig, vielerlei, doctrina, genus orationis, sermones; provincia m. ad suspiciones vielerlei Stoff zu Verdacht gebend; homo m. in virtutibus viele Tugenden besitzend. C) trop. A) = unbeständig, veränderlich, ingenium. B) versteckt, schwer zu ergründen, animus.

*****Multĭplĭcābĭlis**, e, adj. [multiplico] (Poet.) = multiplex 2.

Multĭplĭcātĭo, ōnis, f. [multiplico] (Spät.) die Vervielfältigung.

Multĭplĭcĭter, adv. [multiplex] (Spät.) vielfältig, mannigfach.

Multĭplĭco, 1. [multiplex] vervielfältigen, vermehren, um Vieles vergrößern, rem, aes alienum; m. voces wiederholen (vom Echo).

Multĭ-pŏtens, tis, adj. (Pl.) sehr mächtig ob. groß.

Multĭtūdo, ĭnis, f. 1) die Menge, große Anzahl, Masse, navium, hominum, argenti facti; insbes. absol. = eine Menge Menschen: tanta m. lapides conjiciebat. 2) die große Menge, der große Haufen, im Gegensatze zu den Vornehmen, Gebildeten, Weisen u. s. w.: error imperitae multitudinis; auch = die Masse der Soldaten, im Gegensatze zu den Offizieren ob. Anführern.

*****Multĭ-vŏlus**, adj. [volo] (Poet.) Viel wollend.

Multo, 1. [multa] 1) am Eigenthume

strafen, mit einer Geldbuße bestrafen, mulctiren: m. aliquem pecuniā, agris, sacerdotio Jmd. die Priesterwürde nehmen. 2) überhaupt strafen, aliquem morte, consilia alicujus.

Multus, *adj.* mit *comp.* plus u. *sup.* plurimus (welche man sehe). I. im *sing.* 1) viel, bedeutend, groß u. dergl., labor, sermo, cura, aurum; häufig das *n.* als *subst.* mit einem *genit. generis.*: multum auri, jucunditatis. Insbes. A) bei Zeitbestimmungen, multa nocte spät in der Nacht, multo die als schon ein großer Theil des Tages vergangen war (aber m. adhuc die = als noch ein großer Theil des Tages übrig war), ad multum diem (oder diei) bis weit in den Tag. B) der *accus.* multum (bei Verben und bei Adjectiven, Vorklaff. sogar bei Comparativen) und der *abl.* multo (bei Comparativen u. überhaupt zur Bezeichnung eines Unterschiedes ob. Vorzuges) werden adverbial gebraucht = viel, sehr: multum dispar, multum te amo, non multum confidere, non ita multum aliquo uti; multo major weit größer, multo aliter, multo ante lange vorher, multo maximus der allergrößte, multo anteponere weit vorziehen. 2) in der Rede = weitläufig, ausführlich, der viel über Etwas sagt: multum esse in re notā. 3) mit einem Verbum verbunden drückt es einen Adverbialbegriff aus: multus adfuit er war vielfach zugegen, instat multus häufig; hiervon (*Pl.*) homo m. = zudringlich. 4) collectiv = mancher: m. avis, victima. — II. im *pl.* viele, bene mm. sehr viele; multi hominum viele unter den Menschen; häufig multi = die Menge, der große Haufe, unus e mm.; ne multa oder multis, oder quid multa? — kurz.

Mūlus, i, *m.* der Maulesel (von einem männlichen Esel und einer Stute, vgl. hinnus).

Mulvius, *adj.*, pons M. eine Brücke über den Tiber, oberhalb Roms.

Mummius, Name eines römischen Geschlechtes: bekannt ist der Lucius M., der als Consul 146 v. Chr. die Stadt Korinth eroberte und verheerte.

Mūnātius, Name eines römischen Geschlechtes: Lucius M. Plancus war Legat des Cäsar in Gallien, nach dem Tode Cäsars Anhänger zuerst des Senates, dann des Antonius, endlich des Octavian.

Munda, ae, *f.* Stadt im südlichen Spanien, bekannt durch Cäsars Sieg 45 v. Chr.

Mundānus, *adj.* [mundus] (sehr selten) zur Welt gehörig, insbef. *subst.* = der Weltbürger.

Munde, *adv.* [mundus] sauber, nett.

Mundĭter, *adv.* [mundus] (Vorklaff.) = munde.

Mundĭtia, ae, *f.* (meist im *pl.*) und -ties, ei, *f.* [mundus] 1) (Vorklaff.) die Sauberkeit, Reinheit. 2) die Nettigkeit, Zierlichkeit, Eleganz in Kleidern, Hausgeräth u. dgl., cultus et mm.; *trop.* = die Zierlichkeit in der Rede.

Mundŭlus, *adj.* (Vorklaff.) *deminut.* von mundus.

Mundus, *adj.* 1) (Poet. u. Spät.) sauber, rein, supellex. 2) nett, zierlich, fein, geputzt (von Kleidern und häuslicher Einrichtung); *trop.* auch von der Rede.

Mundus, i, *m.* 1) der Inbegriff der Sachen, die zur Sauberkeit oder zum Putze gehören, das Toilettengeräth. 2) das Geräth überhaupt, Werkzeug; davon *proverb.* in mundo habere in Bereitschaft halten. 3) die geordnete Welt, das Weltall. Hiervon A) (Poet.) = die Erde, der Erdkreis. B) = die Menschen. C) = der Himmel: m. lucens.

Mūnĕrārĭus, *adj.* [munus] (Spät.) den Gladiatorspielen angehörend; *subst.* -ĭus, ii, *m.* der Geber des Gladiatorenspieles.

***Mūnĕrātor**, ōris, *m.* [munero] (Spät.) = munerarius.

***Mūnĕrĭgĕrŭlus**, i, *m.* [munus-gero] (*Pl.*) der Geschenkebringer.

Mūnĕro, 1. und -ror, *depon.* 1. [munus] 1) schenken, geben, alicui aliquid. 2) beschenken, aliquem aliqua re.

Mūnia, *n. pl.* (nur im *nomin.* und *accus.*) die Amtspflichten, Berufsgeschäfte (= munus 1.).

Mūnĭceps, cĭpis, *comm.* [munus-capio] 1) der Bürger eines Municipium, der Municipalbürger. 2) mit Jmd. aus einem Municipium stammend, der Mitbürger, Landsmann, m. meus.

Mūnĭcĭpālis, e, *adj.* [municeps] zu einem Municipium gehörig, von ihm kommend, Municipal-, homo; m. dolor bei den Bewohnern eines Municipiums, ambitio Streben nach Gunst in einem Municipium.

***Mūnĭcĭpātim**, *adv.* [municipium] (Spät.) municipienweise.

Mūnĭcĭpĭum, ii, *n.* [municeps] eine Stadt in Italien (unter den Kaisern auch außerhalb Italien), die unter römischer Oberherrschaft ihre eigene Verfassung, Gesetze u. s. w. hatte, und deren Einwohner aus peregrini jetzt socii geworden waren, d. h. Bürgerrecht erhalten hatten (zuerst meistens ohne suffragia, später auch mit suff.).

Mūnĭfĭce, *adv.* [munificus] freigebig, mildthätig.

Mūnĭfĭcentia, ae, *f.* [munificus] die Freigebigkeit, Mildthätigkeit.

Mūnĭfĭco, 1. [munificus] (*Lucr.*) beschenken, aliquem aliqua re.

Mūnĭfĭcus, *adj.* mit *comp.* (-entior) u. *sup.* (-entissimus) [munus-facio] freigebig, mildthätig.

Mūnīmen, ĭnis, *n.* (Poet.) u. -īmentum, i, *n.* [munio] 1) das Aufgebaute, der Bau, insbef. die Befestigung, das Festungswerk, der Festungsbau (z. B. der Graben, der Wall u. dergl.): praebere mm.; coercere milites intra mm. 2) das Schutzmittel, der Schutz: nox erat eis munimento; m. urbis das Bollwerk der Stadt (= Horatius Cocles); m. legum.

Mūnĭo, 4. [moenia] 1) mauern, mauernd erbauen, bauend errichten: m. magna moenia; interim omnes undique congererent quod idoneum ad maniendum putarent zum Bauen. Hiervon = anlegen, bahnen, viam und hiervon wiederum m. rupem, silvam gangbar machen, einen Weg durch — anlegen; *trop.* m. viam sibi ad consulatum. 2) befestigen, verschanzen, in Vertheidigungsstand setzen, arcem, castra vallo fossaque. 3) *trop.* sicher stellen, verwahren, beschützen, vertheidigen, imperium, domum praesidiis, se multorum benevolentiā, se contra perfidiam. Hiervon absolut = mit dem Nöthigen versehen, ausrüsten, m. meretrices.

*Mūnis, e, *adj.* [munus] (Vorklass.) gefällig, dienstfertig.

Mūnītio, ōnis, *f.* [munio] 1) der Bau, die Erbauung, Anlage von Gebäuden und dergl., operis der Belagerungswerke; prohibere milites munitione an dem Bauen (dem Arbeiten an den Werken) verhindern; m. fluminum das Brückenschlagen, viarum das Anlegen der Wege. 2) die Befestigung, oppidi. 3) = munimentum 1.

*Mūnīto, 1. [munio] ein verstärktes munio, *trop.* m. sibi viam sich einen Weg bahnen.

Mūnītor, ōris, *m.* [munio] 1) (Poet.) der Erbauer, Anleger, Trojae. 2) der Arbeiter an Festungswerken, der Ingenieur, insbes. = der Minirer.

Mūnītus, *adj.* mit comp. u. sup. [*particip.* von munio] befestigt.

Mūnus, ĕris, *n.* die Leistung, 1) = die Aufgabe, Verrichtung, Obliegenheit, der Dienst, die Function, die Bestimmung, Pflicht (ein rechtlicher Begriff, vgl. officium, das die moralische Verpflichtung bezeichnet): hoc est m. tuum; m. et officium; m. belli, m. vigilarum der Wachtdienst; m. senectutis; fungi munere interpretis. Insbes. A) = das öffentliche Amt, der Dienst, Posten: mm. reipublicae = politischer Wirkungskreis; summa mm. die höchsten Staatsämter; vacare munere vom Kriegsdienste frei sein. 2) = die Gefälligkeit, Gunstbezeigung, Dienst, der geleistet wird: munere fungi einen Dienst leisten, tui muneris sum, eine Schöpfung deiner Gnade. Hiervon munere rei alicujus = vermittelst einer Sache. Insbes. = der letzte Liebesdienst gegen einen Verstorbenen, die Bestattung, Beerdigung: suprema mm.; efferre aliquem amplo m. 3) das Geschenk, die Gabe auf eine bestimmte Veranlassung oder mit einem bestimmten Zwecke (vgl. donum): mittere alicui munus, aliquid muneri; dare alicui aliquid muneri; *trop.* m. solitudinis ein Werk der Einsamkeit = ein in der Einsamkeit geschriebenes Buch. 4) das Festspiel, öffentliche Schauspiel, insofern ein solches eine Spende der Magistratspersonen (bes. der Aedilen) an das Volk war: m. gladiatorium dare; functus est maximo m. aedilicio er gab als Aedil ein großes Schauspiel. Hiervon (Spät.) das für solche Schauspiele errichtete Gebäude, Theater; hiervon überhaupt = die Welt als Gebäude Gottes.

*Mūnuscŭlum, i, *n. deminut.* von munus.

Mūnўchia, ae, *f.* [Μουνυχία] der Hafen von Athen. Davon -chĭus, *adj.*

Mūraena, e, *f.* [gr. μύραινα] ein Seefisch, die Muräne.

Mūrālis, e, *adj.* [murus] zur Mauer gehörig, Mauer-, falces. Insbes. corona m. a) Belohnung für denjenigen, der bei der Erstürmung einer Stadt zuerst die Mauer bestieg. b) der mit Mauern und Thürmen gezierte Kranz auf dem Kopfe der Göttin Cybele.

Murcia, ae, *f.* [Myrtus?] ein Beiname der Venus.

Mūrēna, ae, römischer Familienname, siehe Licinius.

Mūrex, ĭcis, m. 1) die Purpurschnecke, Purpurmuschel. 2) (Poet.) der Purpursaft, die Purpurfarbe. 3) (Poet. und Spät.) ein spitziger Fels. 4) (Spät.) eine Art Fußangel, eiserner Stachel: mm. ferreos in terram defodere.

Murgantia, ae, *f.* 1) Stadt in Samnium. 2) (auch Murgentia) Stadt auf Sicilien. Davon Murgentīnus, *adj.* und *subst.* -tīni, ōrum, *m. pl.* die Einwohner von M.

Mūria, ae, *f.* die Salzlake, Salzbrühe.

Mūriātĭcus, *adj.* [muria] (*Pl.*) in Salzlake eingemacht.

*Mūrĭcĭdus, *adj.* [mus-caedo] (*Pl.*) der Mäusetödter = der feige Kerl.

Mūrīnus, *adj.* [mus] (Spät.) zur Maus gehörig, Mäuse-, pellis.

Murmur, ŭris, *n.* 1) das Murmeln, Gemurmel, das leise oder das gemischte Gerede Mehrerer: (Poet.) m. longum = ein leises Gebet. 2) übertragen = das Summen der Bienen, das Rauschen des Meeres, das Krachen des Donners, das Sausen des Windes, das Dröhnen bei einer Erderschütterung, das Schmettern eines Blasinstrumentes.

Murmŭrātio, ōnis, *f.* [murmuro] (Spät.) das Murmeln, Murren.

Murmŭro, 1. [murmur] 1) murmeln, homo m.; davon summen, rauschen u. s. w. (siehe murmur), mare m., ignis m. knistert. 2) zur Bezeichnung der Unzufriedenheit, murren, brummen, servi mm.; venter m. knurrt (von einem Hungrigen).

Murrha, ae, *f.* [μύρρα] (Spät.) ein Mineral, der Flußspath, aus welchem kostbare Gefäße verfertigt wurden.

Murrheus, *adj.* 1) [murrha] = myrrhinus 1. 2) = myrrheus.

Murrhĭnus, *adj.* 1) [murrha] (Spät.) aus dem Mineral murrha. 2) = myrrhinus.

Murreus, *adj.*, andere Schreibart statt murrheus.

Murtus, a. S. für Myrtus.

Mūrus, i, *m.* die Mauer, insbes. die Stadtmauer. Hiervon *trop.* = Vormauer, Schutz. 2) (Spät.) der Umfang, Rand eines Topfes.

Mus, mūris, *m.* die Maus. Hierzu rechneten die Alten auch Ratten, Marder und ähnliche Thiere.

Mūsa, ae, *f.* [Μοῦσα] 1) die Muse, eine der (in der späteren Zeit neun, früher gewöhnlich drei) Göttinnen der höheren geistigen Bildung, bes. der Dichtkunst und der Musik, welche im dem Mythus Töchter des Zeus und der Mnemosyne waren. Hiervon *trop.* (Spät.) crassiore Musā = auf handgreiflichere Art. 2) *trop.* A) = Gesang, Gedicht: m. procax; m. pedestris niedere Art der Poesie, welche an die Prosa grenzt. B) = wissenschaftliche Studien: mm. mansuetiores = die Philosophie.

Mūsaeus, i, *m.* [Μουσαῖος] griechischer Dichter aus der frühesten Zeit.

Musca, ae, f. die Fliege; trop. zur Bezeichnung eines aufdringlichen Menschen.

Muscĭpŭla, ae, f. u. -lum, i, n. [muscapio] (Spät.) die Mäusefalle.

Muscōsus, adj. mit comp. [muscus] (Poet. u. Spät.) moosig, bemoost.

Muscŭlus, i, m. [deminut. von mus] 1) ein Mäuschen. 2) (Vorklass. und Spät.) eine Art Muschel. 3) der Muskel am Körper. 4) eine Kriegsmaschine, bewegliches Schutzdach, worunter die Belagerer standen.

Muscus, i, m. das Moos.

Mūsēus, adj. [μουσεῖος] zu den Musen gehörig. Davon als subst. **Mūsēum**, i, n. [Μουσεῖον] (Spät.) der „Musensitz", Ort, wo gelehrte Studien getrieben werden, und wo gelehrte Männer zusammen wohnen; ein solcher war namentlich in Alexandrien.

Mūsĭca, ae, f. oder -cē, es, f. [μουσική] die Musik im weiteren Sinne der Alten, zugleich die Poesie und andere schöne Künste einbegreifend.

*__Mūsĭcē__, adv. [musicus] (Pl.) herrlich, fein, aetatem degere.

Mūsĭcus, adj. [μουσικός] 1) zur Musik gehörig, musikalisch, daher, zufolge der umfassenderen Bedeutung jenes Wortes bei den Griechen (siehe musica), = poetisch oder überhaupt wissenschaftlich, gelehrt. Hiervon subst. A) -cus, i, m. der Musiker, Musikverständige. B) -ca, ōrum, n. pl. die Musik.

Mussĭto, 1. [musso] 1) in den Bart brummen, murmeln, leise sprechen: clam m., m. metu vor Furcht; apes mm. summen. Hiervon transit. A) Etwas murmeln, nicht laut sagen, haec. B) Etwas verbeißen, verschweigen, injuriam.

Musso, 1. [mutio] = das stärkere mussito. Hiervon = zaudern, sich bedenken, ungewiß sein: m. dicere, m. quid faciam.

Mustāceus, ei, m. ob. **-ceum**, ei, n. der Lorbeerkuchen, eine Art Kuchen, zu denen Lorbeerblätter genommen wurden: proverb. quaerere laureolam in m. seinen Ruhm in Bagatellen setzen.

Mustēla, ae, f. 1) das Wiesel. 2) ein Seefisch.

Mustēlīnus, adj. [mustela] zum Wiesel gehörig, Wiesel-.

Musteus, adj. [mustum] 1) zum Most gehörig, Most-: mala mm. mostreiche, aus welchen Most bereitet wird. 2) (Spät.) = jung, neu, frisch, caseus, liber.

Mustus, 1) adj. (Vorklass.) neu, frisch, aqua, vinum. 2) subst. **Mustum**, i, n. A) Most, junger Wein. B) (Poet.) = Herbst, Jahr, tercentum mm. videre dreihundert Jahre alt werden.

Musulāmii, ōrum, m. pl. Völkerschaft in Numidien.

Mūta, ae, f. die „Stumme", eine Nymphe, welche Jupiter wegen ihrer Geschwätzigkeit stumm gemacht hatte (auch Lara, Tacita genannt).

Mūtābĭlis, e, adj. mit comp. [muto] veränderlich, unbeständig, homo, animus vulgi; pectus m. das sich lenken läßt.

*__Mūtābĭlĭtās__, ātis, f. [mutabilis] die Veränderlichkeit.

Mūtātĭo, ōnis, f. [muto] 1) die Veränderung, consilii; m. rerum die Staatsumwälzung. 2) die Vertauschung, der Wechsel, vestis; m. officiorum gegenseitige Dienstweisungen.

Mūtĭlo, 1. [mutilus] 1) abhauen, abstutzen, verstümmeln, caudam, corpora. 2) trop. vermindern, verringern: exercitus mutilatus hart mitgenommen; (Com.) m. aliquem = Jmds Vermögen plündern.

Mūtĭlus, adj. verstümmelt: bos, aries m. der seine Hörner verloren hat, navis das den Schnabel verloren hat; trop. von der Rede = ungebührlich abgekürzt.

Mŭtĭna, ae, f. Stadt in Oberitalien, jetzt Modena.

Mūtĭo oder **Muttĭo**, 4. (Com.) mucken, mucksen, leise reden: etiam mutis?

Mūtītĭo oder **Muttītĭo**, ōnis, f. (Pl.) das Mucken, Mucksen.

*__Mūtĭto__, 1. (Spät.) = ein verstärktes muto.

Mūto [statt movito von moveo] 1) (selten) Etwas von seiner Stelle bewegen, versetzen: neque se luna m.; mutari finibus, civitate vertrieben werden, hinc von hier wegkommen. 2) ändern, verändern, testamentum, sententiam, propositum; m. fidem cum aliquo (Pl.) sein gegebenes Wort brechen; nil muto de uxore in Bezug auf meine Frau bleibe ich bei meiner Ansicht; haud muto factum ich wünsche nicht das Geschehene ungeschehen zu machen. Hiervon A) m. vellera luto croceo färben; m. balsamum verfälschen; vinum mutatum verdorbener. B) intrans. sich verändern: annona nihil m., aestus m. 3) verwandeln, aliquos ex feminis in mares, bona in pejus; verba mutata = figürlich gebraucht. 4) wechseln, tauschen, umtauschen, merces, vestimenta; m. vestem cum aliquo; es ist bald = Etwas gegen eine andere Sache umtauschen, vertauschen (m. praedam vino, porcos aere), bald = Etwas für eine andere Sache eintauschen, sich durch Tausch verschaffen (m. urbem victam patria victrice). Insbes. m. solum = in die Verbannung gehen; m. vestem = Trauer anlegen; m. orationem Abwechselung in die Rede bringen; m. terras alio sole calentes = in — ziehen.

*__Mūtuātīcĭus__ oder (-tĭcĭus), adj. [mutuor] (Spät.) geborgt.

Mūtuātĭo, ōnis, f. [mutuor] das Borgen: dissolvere sine m.

Mūtŭē, adv. [mutuus] wechselseitig, wiederum, respondere.

*__Mūtuĭtans__, tis, particip. eines sonst ungebräuchlichen Verbum [mutuor] (zweifelh.) borgen wollend.

Mūtŭo, adv. [mutuus] = mutue; provincia de eo m. sentit ist ebenso gegen ihn gesinnt, wie er gegen sie.

Mūtŭor, depon. 1. (Vorklass. u. Spät.) auch -tuo, 1.) [mutuus] Etwas von Jmd. borgen, leihen, pecuniam ab aliquo, domum zur Wohnung, trop. = Etwas zum Gebrauche hernehmen, entlehnen, m. subtilitatem ab Academia, verbum a simili (durch Tropen).

Mūtus, adj. stumm, 1) = nicht reden könnend, bestia; lex est m. magistratus. 2)

= nicht redend, schweigend; illico m. factus est; trop. gratia omnis m. fuit sprach nicht für mich. 3) von Sachen, A) = still, lautlos, keinen Laut von sich gebend, mare, lyra (welche nicht gespielt wird); mm. res leblose. B) trop. artes mm. die bildenden Künste im Gegensatze zur Beredtsamkeit; scientia m. (Spät.) welche trotz aller Vorschriften nicht reden lehrt; mm. magistri von Büchern. 4) = worin oder wobei kein Laut sich hören läßt, still, forum, spelunca; tempus m. a literis in welcher nicht geschrieben wird; mm. silentia noctis; m. aspectus schweigender Anblick. 5) (Grammatik) consonantes mm. die für sich nicht ausgesprochen werden können.

Mūtuus, *adj.* 1) geborgt, geliehen, pecunia; argentum m. rogare, exorare als ein Darlehen begehren, alicui dare Jmd. borgen, vorstrecken, pecunias mutuas sumere ab aliquo von Jmd. borgen. 2) wechselseitig, gegenseitig, beiderseitig, vulnera, officia Gegendienste, error; mutuum mecum facit er vergilt mir Gleiches mit Gleichem; mutuum fit a me (Com.) ich thue dasselbe (wie er); (Poet.) mutua ob. per mutua als Adverbium, wechselseitig, gegenseitig.

Mŭtyce, es, f. [Μοτύκα] Stadt auf Sicilien. Davon -oensis, e, adj. u. subst. -oenses, ium, m. pl. die Einwohner von M.

Mycăle, es, f. [Μυκάλη] Vorgebirge in Jonien (Schlacht 479 v. Chr.)

Mycēnae, ārum, f. pl. ob. -ne, es, f. [Μυκῆναι, -ήνη] uralte Stadt in Argolis, Residenz des Danaus und später der Pelopiden, namentlich des Agamemnon. Davon 1) **Mycēnaeus**, adj. 2) -nenses, ium, m. pl. die Einwohner von M. 3) -nis, ĭdis, f. die Mycenerin = die Iphigenia, Tochter des Agamemnon.

Mycŏnos, i, f. [Μύκονος] Insel im ägäischen Meere. Davon -nius, adj.

Mygdŏnes, um, m. pl. [Μυγδόνες] thracische Völkerschaft, die nach Phrygien, Bithynien und Mesopotamien übersiedelte. Davon 1) **Mygdŏnia**, ae, f. Landschaft der M. in Phrygien u. s. w. 2) **Mygdŏnĭdes**, ae, m. der Mygdonier. 3) **Mygdŏnis**, ĭdis, f. adj. (Poet.) = lydisch. 4) **Mygdŏnĭus**, adj. (Poet.) = lydisch, phrygisch.

Mylae, ārum, f. pl. [Μυλαί] Castell auf der Insel Zankle, in dessen Nähe Octavianus den S. Pompejus in einem Seetreffen schlug.

Mylăsa, ae, f. [Μύλασα] Stadt in Carien. Davon 1) **Mylăsēni**, orum, ob. -senses, ium, m. pl. die Einwohner von M. 2) **Mylāsius**, adj.

Myndus, i, f. [Μύνδος] Hafenstadt in Carien. Davon **Myndii**, ōrum, m. pl. die Einwohner von M.

Myŏpăro, ōnis, [μυοπάρων] eine Art leichter Caperschiffe.

Myrĭce, es, f. ob. -oa, ae, f. [μυρίκη] die Tamariske, ein strauchartiges Gewächs.

Mvrina, ae, f. [Μύρινα] befestigte Stadt in Mysien.

Myrmecoīdes, ae, m. [Μυρμηκώδης] berühmter Bildschnitzer.

Myrmĭdŏnes, num, m. pl. [Μυρμιδόνες] Völkerschaft in Thessalien unter des Achilles Herrschaft, nach der Sage aus Aegina, wo sie auf Bitten des Aeacus aus Ameisen in Menschen verwandelt worden waren, eingewandert.

Myro, ōnis, m. [Μύρων] berühmter Bildner um 430 v. Chr.

Myrŏpōla, ae, m. [μυροπώλης] (Vorklass.) der Salbenhändler, Parfümeriehändler.

Myrŏpōlium, ii, n. [μυροπώλιον] (Vorklass.) die Salben- oder Parfümeriebude.

Myrrha (murrha, murra), ae, f. [μύῤῥα] I. 1) eine in Arabien wachsende Balsamstaude. 2) der aus jener Staude hervorfließende wohlriechende Saft, der als Salbe gebraucht wurde. II. in der Sage eit. nom. propr. die Tochter des Cinyras, die in einen Myrrhenbaum verwandelt wurde.

Myrrhĕus (murrheus, murreus), adj. (Poet.) 1) mit Myrrha gesalbt. 2) myrrhenfarbig, gelblich, onyx.

Myrrhīnus (murrhinus), adj. [myrrha] (Pl.) zur Myrrhe gehörig, Myrrhen-.

Myrtētum, i, n. [myrtus] der Myrthenhain, das Myrthengebüsch.

Myrtĕus, adj. [myrtus] 1) aus Myrthen, Myrthen-, corona. 2) (Poet.) a) mit Myrthen geschmückt, coma. b) = kastanienbraun.

Myrtĭlus, i, m. [Μυρτίλος] Sohn des Mercur, Wagenführer des Oenomaus.

Myrtos, i, f. [Μύρτος] kleine Insel bei Eubba: nach ihr hieß der umliegende Theil des Meeres mare Myrtoum.

Myrtus, i, ob. us, f. die Myrthe, der Myrthenbaum.

Mys, os, m. [Μῦς] berühmter Künstler in erhabener Arbeit, Zeitgenosse des Phidias.

Myscĕlus, i, m. [Μύσκελος] ein Achäer, Gründer der Stadt Croton.

Mysi, ōrum, m. pl. [Μυσοί] die Bewohner der Landschaft Mysien in Kleinasien; ursprünglich ein thracischer Stamm. Davon **Mysus** (Poet.) ob. **Mysĭus**, adj., hiervon **Mysĭa**, ae, f. die Landschaft Mysien.

Mysta, -es, ae, m. [μύστης] ein Priester bei den Mysterien.

Mystăgōgus, i, m. [μυσταγωγός] der in die mystisch-heiligen Oerter Einführende.

Mystērium, ii, n. [μυστήριον] die geheimnißvolle und symbolische Religionslehre und damit verknüpfte mystische Cultus, Geheimcultus, Geheimdienst, an welchem nur die Eingeweihten Theil nahmen, die Mysterien; trop. = das Geheimniß, die geheimen Künste.

Mystĭcus, adj. [μυστικός] (Poet. u. Spät.) zu den Mysterien (siehe mysterium) gehörig, mystisch, geheimnißvoll.

Mytĭlēnae, ārum, f. pl. ob. -ne, es, f. [Μυτιλήνη] Hauptstadt der Insel Lesbos. Davon -naeus ob. -nensis, e, adj.

Mytĭlus, siehe mitylus.

Myus, untis, f. [Μυοῦς] Stadt in Carien.

N.

Năbătaei, ōrum, m. pl. ein Volk in Arabien. Davon **-taeus**, adj. (Poet.) = arabisch oder morgenländisch.

Nabis, ĭdis, m. [Νάβις] König von Sparta um 200 v. Chr.

Nablia, siehe naulia.

Nae (richtiger Ne geschrieben), adv. [ναί, νή] fürwahr, wahrhaftig; oft in Verbindung mit einem *pronom.* (nae tu, tu nae), auch mit einer anderen Versicherungspartikel (medius fidius nae tu emisti locum praeclarum).

Naenia, siehe nenia.

Naevius, Name eines römischen Geschlechtes: bekannt ist Cnejus N., epischer und dramatischer Dichter um 250 v. Chr.

Naevŭlus, i, m. *deminut.* von naevus.

Naevus, i, m. das Muttermaal, der angeborene Flecken am Körper.

Nahanarvali, ōrum, m. pl. Völkerschaft im östlichen Germanien.

Năias, ădis ob. **Năis**, ĭdis, f. [Ναϊάς, Ναΐς] 1) die Wassernymphe, Najade. 2) überhaupt eine Nymphe.

Nam, *conj.* 1) einen Grund, eine Ursache hinzufügend, denn, oder eine Erläuterung, eine nähere Angabe des früher Angedeuteten beifügend, nämlich; es steht in der Regel zu Anfang des Satzes, Poet. bisweilen einem Worte nachgesetzt (his n. plebecula gaudet). Häufig wird es so gebraucht, daß der Gedanke, worauf es sich bezieht, nicht ausdrücklich hinzugefügt ist, sondern aus dem Zusammenhange ergänzt werden muß; oft kann er in solchen Fällen durch „doch", „dagegen", „freilich" u. vergl. übersetzt werden, ohne indessen seine eigentliche Bedeutung zu verlieren. 2) in Fragesätzen wird es zur Verstärkung der Frage gebraucht, und dann regelmäßig einem Frageworte enklitisch angehängt (quisnam, ubinam, cujusnam modi u. s. w.), bei Pl. auch getrennt quando istaec innata est n. tibi?).

Nam-que, *conj.* denn, = ein verstärktes nam; es steht in der Regel zu Anfang eines Satzes, bisweilen einem Worte nachgesetzt.

Nanciscor, nactus ob. nanctus, *depon.* 3. 1) erwischen, erlangen, bekommen (durch Zufall und ohne eigene Thätigkeit, gewöhnlich von einem unerwarteten Gute; vgl. accipio, adipiscor, impetro): n. rem aliquam, provinciam sorte; (selten) n. morbum, febrim in — fallen. 2) antreffen, castra intuta; n. locum egregie munitum finden; (Poet.) res n. fidem wird erfüllt.

Nannētes ob. **Namnētes**, tum, m. pl. Völkerschaft im westlichen-Gallien.

Nānus, i, m. [νᾶνος, νάννος] (Poet.) der Zwerg, (Spät.) auch = ein kleines Pferd.

Nar, āris, m. Fluß der sich in Umbrien mit dem Tiber vereinigte.

Narbo, ōnis, m. Stadt im südöstlichen Gallien, als römische Colonie N. Martius genannt, jetzt Narbonne.

Narcissus, i, m. [Νάρκισσος] 1) die Narcisse, eine Art Lilie. 2) als nom. propr. im Mythus ein schöner Jüngling, der sich, als er in einer Quelle sein eignes Bild sah, in sich selbst verliebte und vor Liebesverlangen nach sich selbst dahinschmachtete.

Nardĭnus, adj. [nardus] (Vorklaff. u. Spät.) 1) aus Nardus (siehe nardus); vinum n. mit Nardenöl angemacht. 2) Narden-ähnlich, pira.

Nardus, i, f. u. **-dum**, i, n. 1) die Narde, Name mehrerer wohlriechender Pflanzen. 2) der aus einer N. bereitete Balsam, das Nardenöl.

Nāris, is, f. 1) im *sing.* das Nasenloch. 2) im pl. (Poet. auch im *sing.*) die Nase (die innere, als Geruchsorgan betrachtet, vgl. nasus): fasciculum ad nn. admovere einen Blumenstrauß an die Nase halten; (Poet.) omnis copia narium allerlei wohlriechende Sachen; naribus uti = zürnen, spotten. Hiervon trop. zur Bezeichnung des feinen Urtheils u. f. w.: homo emunctae naris von seiner Beobachtungsgabe oder Urtheilskraft (*oppos.* obesae naris; accitae nn. = Scharffinn.

Narisci, ōrum, m. pl. Völkerschaft im südlichen Germanien.

Narnia, ae, f. Stadt in Umbrien. Davon **-niensis**, e, adj. u. *subst.* **-nienses**, ium, m. pl. die Einwohner von N.

Narrābilis, e, adj. [narro] (Poet.) erzählbar.

Narrātio, ōnis, f. [narro] die Erzählung, sowohl *abstr.* = das Erzählen, als *concr.* = das Erzählte.

*****Narrātiuncŭla**, ae, f. (Spät.) *deminut.* von narratio.

Narrātor, ōris, m. [narro] der Erzähler.

Narrātus, us, m. [narro] (Poet. u. Spät.) = narratio.

Narro, 1. 1) erzählen, berichten, schildern: n. aliquid de sollicitudine, illum esse sollicitum; n. quid acciderit; n. virtutem alicujus erzählend schildern; male, bene n. eine schlechte, gute Nachricht bringen; is narratur hoc fecisse man erzählt von ihm, daß er dieses gethan hat. 2) (Converf.) überhaupt sagen, von Etwas sprechen: nescio quid narres; filium narras mihi spricht du mir von meinem Sohne? quid narras was sagst du?

Narthēcium, ii, n. [ναρθήκιον] eigtl. ein ausgehöhltes Stück Holz aus einer Staude narthex, daher das Schminkkästchen, Salbenkästchen.

Nāryx, ўcis, f. [Νάρυξ] Stadt der opuntischen Locrer, wovon eine Colonie nach Italien zog und die Stadt Locri in Bruttium anlegte. Davon **Nārўcius**, adj. = locrisch; so heros N. = Ajax, des Oileus Sohn.

Năsămōnes, um, m. pl. Völkerschaft in

Norbafrica; davon -niācus, *adj.* Poet. = afrikanisch.

Nascor, nātus (*fut. part.* nasciturus), *depon.* 3. 1) geboren, erzeugt werden: n. patre praeclaro, servā, amplissimā familiā, antiquo genere; doch auch ex fratre et sorore nati erant; (Poet.) n. de pellice, ab aliquo; n. in miseriam sempiternam, bestiae diligunt ex se natos ihre Jungen. 2) von lebloſen Gegenſtänden, erzeugt werden, vorkommen, ſich finden: violae nn., plumbum ibi n. 3) entſtehen, entſpringen, ſeinen Anfang nehmen, amnis, ventus; luna n. geht auf; collis n. hebt ſich, ſteigt; *trop.* pestis n. homini ab homine, profectio nata est a timore hatte ihren Urſprung von der Furcht; argumentum epistolae mihi n. ich finde Stoff zu einem Briefe. 4) Insbeſ. *particip.* Nātus, A) *subst.* im *masc.* = der Sohn, im *fem.* = die Tochter, im *plur.* = die Kinder: caritas quae est inter nu. et parentes. B) *adj.* a) von Natur zu Etwas beſtimmt, geſchaffen, geeignet, ad rem oder rei alicui; (Poet.) auch in rem oder mit einem *infin.* b) von Natur beſchaffen, locus ita n. est. Hiervon pro (Verlaſſ. u. Spät. auch e) re nata nach den Umſtänden, nach Beſchaffenheit der Sache. c) mit einer Zeitbeſtimmung im *acc.*, alt: homo annos centum n.; bisweilen wird major oder minor mit oder ohne quam hinzugefügt (ſiehe magnus).

Nāsica, ae, *m.* [nasus, vielleicht = Spitznaſe] Beiname in der Familie der Scipionen, ſiehe Cornelius.

Nāsidiēnus, i, *m.* ein mächtiger Emporkömmling zur Zeit des Horaz.

Nāsidius, Name eines römiſchen Geſchlechtes. Davon -diānus, *adj.*

Nāsiterna, ae, *f.* eine Gießkanne (nach Einigen mit drei Röhren oder Mündungen, indem das Wort von nasus-terni hergeleitet wird).

Nāso, ōnis, *m.* [nasus; eigtl. der Großnaſige] römiſcher Familienname; ſiehe beſ. Ovidius.

Nāsos, i, *f.* [νᾶσος, νῆσος, die "Inſel"] Stadttheil von Syracus.

Nassa ob. **Naxa**, ae, *f.* die Fiſchreuſe; *trop.* = die Schlinge, gefährliche Lage.

Nasturtium, ii, *n.* eine Art Kreſſe.

Nāsus, i, *m.* 1) die Naſe (die äußere, die Naſe als hervorſtehender Theil des Geſichtes, als Glied, vgl. nares; naso clamare (*Pl.*) = ſchnarchen. 2) *trop.* = nares zur Bezeichnung des feinen Geruchs, der ſcharfen Beobachtungsgabe, des Spottes u. dergl. 3) die Schneppe, Schnauze eines Gefäßes.

Nāsūte, *adv.* [nasutus] naſeweis, ſpöttiſch.

Nāsūtus, *adj.* [nasus] 1) (Poet.) eine große Naſe habend, großnaſig. 2) *trop.* eine feine und ſcharfe Naſe habend, A) = witzig, B) = naſeweis, ſpöttiſch.

Nātālīcius, *adj.* [natalis] zum Geburtstage oder zur Geburtsſtunde gehörig, Geburtstags-, dapes, sidera; Chaldaeorum praedicta nn. Prophezeiungen aus der Stellung der Sterne bei Jmds Geburt, Nativitätsſtellung.

Nātālis, e; *adj.* [nascor] 1) zur Geburt gehörig, Geburts-, dies; (Poet.) humus n. Vaterland. 2) *subst.* A) *sing.* -is, is, *m.* a) *sc.* dies der Geburtstag. b) *sc.* locus der Geburtsort. B) *plur.* -es, ium, *m.* (Spät.) 2) die Herkunft, die Geburt, der Stand, clari nn. b) die Geburtsſterne, Nativität: peritus natalium der Nativitätsſteller.

Nātātio, ōnis, *f.* [nato] das Schwimmen.

Nātātor, ōris, *m.* [nato] (Vorklaſſ. u. Poet.) der Schwimmer.

Nātio, ōnis, *f.* [nascor] 1) das Geborenwerden, daher perſoniſicirt die Geburtsgöttin. 2) die Art, Gattung, Klaſſe, von Thieren die Race, Art: n. optimatium, candidatorum, Epicuraeorum; n. equorum. 3) der Volksſtamm, die Völkerſchaft, das Volk (gewöhnlich ein engerer Begriff als gens, aber wie dieſes in ethnographiſcher Beziehung; vgl. gens und populus).

Nātis, is, *f.* der Hinterbacken, gewöhnlich im *plur.* die Hinterbacken = der Hintere.

Nātīvus, *adj.* [nascor] 1) geboren, durch Geburt entſtanden: dii non sunt nn. 2) angeboren, lepos. 3) im Gegenſatze zu dem Künſtlichen, natürlich, urſprünglich, von der Natur hervorgebracht, specus, color. 4) *term. t.* in der Grammatik, verba nn. Stammwörter.

Nāto, 1. [no] 1) ſchwimmen, piscis n. Hiervon (Poet.) *transit.* durchſchwimmen, ſchwimmend durchfahren, aquas, unda natatur piscibus. 2) von einer ähnlichen Bewegung, wallen, wogen, fließen, ſich verbreiten, fluvius, folia, seges, vestis n.; campi natantes das Meer. 3) *trop.* A) in Etwas ſchwimmen = voll ſein, überſtrömen: pavimenta nn. vino, limina nn. sanie. B) von den Augen Sterbender oder Betrunkenen, ſchwimmen = matt ſein, gebrochen ſein. C) vom Fuße, wenn der Schuh zu groß iſt, ſchlottern, wanken. Hiervon = ſchwanken, ungewiß ſein: tu n. in illa re haſt keine beſtimmte Meinung; animus n.

Nātrix, īcis, *f.* die Waſſerſchlange; (Spät.) *trop.* von einem gehäſſigen Menſchen.

Nātūra, ae, *f.* [nascor] 1) (Vorklaſſ.) die Geburt: naturā tu illi pater es. 2) die Natur, = die natürliche Beſchaffenheit, das Weſen einer Sache, animae, montis, loci; bona n. = eine gute körperliche Conſtitution; exigua n. (Com.) Geſtalt. 3) die Natur = Charakter, Temperament, Naturell: quae tua n. est; n. tua prolixa et benefica; mitem esse contra n. suam; hoc mihi in naturam vertit iſt mir zur zweiten Natur geworden. 4) die Natur = der Lauf der Dinge, die natürliche Einrichtung der Welt, die einmal geregelte Ordnung: rerum n. hoc non patitur; est in rerum natura oder cadit in rerum naturam = es iſt möglich; satisfacere, cedere, concedere naturae = ſterben; jus naturae. 5) die Natur = die Welt, das Weltall (gewöhnlich ſagte man in dieſer Bedeutung n. rerum). 6) ein Weſen, Geſchöpf, eine Sache oder Subſtanz von einer gewiſſen natürlichen Beschaffenheit: illis naturis amplificatur sonus; duae nn. = Erde und Waſſer.

Nātūrālis, e, *adj.* [natura] natürlich, A) durch die Geburt geworden, filius. B) von der Natur herrührend im Gegenſaße zu bürgerlichen Einrichtungen und Vorſchriften, Unterricht u. dergl.: n. societas, notio, mors; dies n. vom Aufgange der Sonne bis zu ihrem Untergange. C) = die Natur betreffend, Natur=, quaestiones.

Nātūrālĭter, *adv.* [naturalis] von Natur, natürlich.

Nātus, us, m. [nascor] nur im *abl. sing.*, die Geburt in Beziehung auf das dadurch beſtimmte Alter, das Alter: magnus (grandis) n. alt, major n. älter, minimus n. jüngſte; weniger häufig magno n. alt, in hohem Alter, maximo n. filius der älteſte Sohn; (ſelten) minor triginta annis natu jünger als 30 Jahre.

*****Nauclērĭcus** ob. ***-rius***, *adj.* [ναυκληρικός, -ήριος] (*Pl.*) zu einem nauclerus (ſiehe dieſes Wort) gehörig.

*****Nauclērus**, i, m. [ναύκληρος] (*Pl.*) der Schiffspatron, Schiffsherr, Rheder.

Naucum, i, n. ob. **Naucus**, i, m. (Vorklaſſ.) eine Kleinigkeit, etwas Geringfügiges, wird nur im *gen. sing.* mit einer Verneinung und einem eine Schätzung bezeichnenden Verbum (facio, habeo, esse) verbunden = „nicht einen Heller", „nicht das Geringſte".

Naufrăgĭum, ii, n. [navis-frango] 1) der Schiffbruch: facere n. Schiffbruch leiden; nn. multis coortis wenn viele Schiffbrüche entſtanden ſind. Hiervon *trop.* = Unglück, Niederlage, Zerrüttung, Verluſt u. dergl.: n. patrimonii, fortunarum. 2) die Trümmer, Ueberreſte von einem Schiffbruche: meiſt *trop.*, n. reipublicae, amicorum Caesaris.

Naufrăgus, a, um. [navis-frango] 1) Schiffbruch leidend, ſchiffbrüchig, homo; (*Poët.*) puppis; häufig *subst.* ein Schiffbrüchiger. Hiervon *trop.* = unglücklich, verzweifelt, verarmt, der einen großen Verluſt erlitten hat, homo; naufragus patrimonio der ſein Vermögen verloren hat. 2) (*Poët.*) Schiffbrüche veruſachend, mare.

Naulĭa ob. **Nablĭa**, ōrum, n. *pl.* [ναῦλα, νάβλα] (*Poët.*) ein unbekanntes Saiteninſtrument.

Naulum, i, n. [ναῦλον] (Spät.) der Schiffslohn, das Fährgeld.

Naumăchĭa, ae, *f.* [ναυμαχία] (Spät.) 1) das als Schauſpiel gegebene Seegefecht, der Schiffskampf. 2) der Ort, wo ein ſolches Seegefecht gegeben wird.

Naumăchĭārĭus, *adj.* [naumachia] (Spät.) zu einem Seegefechte gehörig; *subst.* -ĭus, ii, m. der Kämpfer in einem als Schauſpiel gegebenen Seegefechte.

Naupactus, i, f. [Ναύπακτος] Hafenſtadt im Gebiete der Locri Ozolä, jetzt Lepanto. Davon **-tōus**, *adj.*

Nauplĭus, ii, m. [Ναύπλιος] König von Euböa, Vater des Palamedes. Davon **Nauplĭădes**, ae, m. [Ναυπλιάδης] der Nachkomme des N. = Palamedes.

Nausĕa, ae, *f.* [navis] 1) die Seekrankheit. 2) überhaupt die Uebelkeit, das Erbrechen; *trop.* = der Ekel, Widerwille.

Nauseābundus, *adj.* [nauseo] (Spät.) ſeekrank, überhaupt zum Erbrechen geneigt.

*****Nauseātor**, ōris, m. [nauseo] (Spät.) an der Seekrankheit leidend.

Nausĕo, 1. [nausea] 1) ſeekrank ſein. 2) überhaupt Uebelkeit empfinden, ſich erbrechen müſſen. 3) *trop.* A) (*Poët.*) ekel thun. B) *transit.* ista effutientem nauseare = albernes Zeug (gleichſam ſich erbrechend) ſchwatzen.

Nauseŏla, ae, *f. deminut.* von nausea.

*****Nauseōsus**, *adj.* [nausea] (Spät.) Ekel erregend.

Nausĭcăa, ae, *f.* [Ναυσικάα] Tochter des Alcinous, Königs der Phäacen.

Nauta, ae, m. [navis] der Seemann (bald = Schiffer, bald = Matroſe).

Nautĕa, ae, *f.* [navis] (*Pl.*) das ſtinkende Waſſer im Schiffsraume.

Nautĭcus, *adj.* [gr. ναυτικός; navis] zum Schiff= oder Seeweſen gehörig, Schiffs=, ſchiffmänniſch, scientia, verbum; res nn. das Seeweſen, clamor n. das Rufen der Seeleute; *subst.* im *plur.* m. = die Seeleute, Schiffsleute.

Nāvālis, e, *adj.* [navis] 1) zu Schiffen gehörig, Schiffs=, materia, castra, corona; bellum n. Seekrieg; socii nn. gewöhnlich die Seeleute, Matroſen, im Gegenſaße zu den Seeſoldaten, bisweilen doch auch von dieſen. 2) *subst.* im *plur.* (*Poët.* auch im *sing.*) **-lia**, ium, A) die Schiffswerfte, Docke. B) (*Poët.*) der Hafen. C) die Schiffsmaterialien, das Takelwerk.

Nāvarchus, i, m. [ναύαρχος] der Schiffsführer, Schiffscapitain.

Nāvĭcŭla, ae, *f. deminut.* von navis.

Nāvĭcŭlārĭus, *adj.* [navicula] zu einem Schiffchen gehörig; davon *subst.* A) **-ria**, ae, *f.* (res) die Frachtſchifffahrt, der Schiffstransport. B) **-rĭus**, ii, m. (homo) der Frachtſchiffer, der Führer eines Frachtſchiffes.

Nāvĭfrăgus, *adj.* (*Poët.*) [navis-frango] Schiffbrüche verurſachend.

Nāvĭgābĭlis, e, *adj.* [navigo] ſchiffbar, amnis, fossa.

Nāvĭgātĭo, ōnis, *f.* [navigo] das Schiffen, die Schifffahrt: n. diei eine Tagereiſe zu Schiffe; n. fluminis auf einem Fluſſe; patiens navigationis ſchiffbar.

Nāvĭgātor, ōris, m. [navigo] (Spät.) der Schiffer, Schiffsmann.

Nāvĭger, ĕra, ĕrum, *adj.* [navis-gero] (*Poët.*) Schiffe tragend, = ſchiffbar.

Nāvĭgĭŏlum, i, n. *deminut.* von navigium.

Nāvĭgĭum, ii, n. [navis] 1) das Fahrzeug, Schiff; (*Lucr.*) ratio navigii die Schifffahrt.

Nāvĭgo, 1. [navis-ago] 1) *intrans.* ſchiffen, ſegeln, e portu, in Asiam; *proverb.* n. in portu = in Sicherheit ſein. Hiervon (*Poët.*) = ſchwimmen. 2) *transit.* A) durchſchiffen, befahren, terram, maria. *B) Sall.* quae homines nn. die Schifffahrt der Menſchen.

Nāvis, is, *f.* [das gr. ναῦς] das Schiff: n. longa ein Kriegsſchiff, oneraria ein Laſtſchiff, Transportſchiff, tecta (constrata) mit einem Ver-

494 Navita — Nec

deck versehen (*oppos.* aperta); navem ornare (adornare u. f. w.) ausrüsten, deducere ins Wasser (vom Stapel) lassen, subducere ans Land ziehen; navem solvere absegeln, navis solvit das Schiff segelt ab; navem appellere (applicare) ad terram oder terra landen, frangere Schiffbruch leiden, evertere mit dem Schiffe umwerfen; navis stat in portu, in salo liegt; vehi nave oder in nave segeln; *proverb.* navibus et quadrigis = mit aller Macht, aus allen Kräften, in eadem nave esse dasselbe Schicksal haben.

Nāvĭta, ae, *m.* (Poet. u. Spät.) = nauta.

*****Nāvĭtas**, ātis, *f.* [navus] die Emsigkeit, der Eifer.

Nāvĭter, *adv.* [navus] emsig, eifrig, davon tüchtig, völlig, n. impudens.

Nāvo, 1. [navus] Etwas emsig und eifrig betreiben, -verrichten, -besorgen, mit Eifer behandeln, Fleiß und Mühe auf Etwas verwenden: n. aliquid, bellum, rem publicam; n. operam (auch studium) sich für Jmd. oder in einer Sache eifrig bemühen, alicui Jmd. mit Eifer dienen, rei publicae dem Staate mit Eifer seine Dienste widmen, n. operam in acie = tapfer kämpfen.

Nāvus [auch gnavus], *adj.* emsig, regsam, thätig, tüchtig, kräftig, homo, orator.

Naxus, i, *f.* [Νάξος] Insel im ägäischen Meere. Davon **Naxius**, *adj.*

Nĕ, Fragepartikel, die einem anderen Worte enklitisch angehängt wird: 1) in einfachen Fragen: A) in unabhängigen; bei dem Verbo angehängt bezeichnet es die Frage ganz allgemein, ohne irgend einen Nebenbegriff: bisweilen steht es jedoch so, daß es (= nonne) eine bejahende Antwort voraussetzt, oder mit dem unter b) angegebenen Nebenbegriffe. b) einem anderen Worte angehängt hebt es oft dieses so hervor, daß ein Erstaunen oder ein Zweifel ausgedrückt wird; daher bisweilen (Poet.) einem anderen Frageworte angehängt: quone malo mentem concussa? Uterne ad casus dubios fidet sibi certius? B) in abhängigen Fragen, bei gänzlicher Unentschiedenheit der zu erwartenden Antwort, ob. 2) in disjunctiven Sätzen steht es A) im ersten Gliede (wo es im Deutschen entweder gar nicht oder durch "wohl" übersetzt wird): vosne Domitium an Domitius vos deseruit? Selten wird es einem Worte angehängt, obgleich utrum vorangeht (utrum pacidemne an taceam); bei Poet. findet sich auch utramne. B) im zweiten Gliede, wo in dem ersten kein Fragewort sich findet, bes. in indirecten Fragen, oder: nihil interest, valeamus aegrine simus; häufig necne oder nicht; auch anne = an. C) (meist Poet.) in beiden Gliedern: suntne haec tua verba necne.

Nē, siehe Nae.

Nē, *adv. u. conj.* 1) als ursprünglich verneinende Partikel, nicht. So findet es sich (doch selten) in der älteren vorklassischen Latinität, bei den klassischen Schriftstellern nur in Zusammensetzungen (nefas, nescio, neuter u. f. w.) und zwar dort nē gemessen, dann in der Verbindung nē — quidem (das Wort oder die Wortverbindung, die verneint werden soll, steht immer zwischen den beiden Partikeln): A) = nicht einmal, wo man zum Kleineren herabsteigt. B) (selten) = auch nicht (ebensowenig wie etwas Anderes). 2) in unabhängigen Sätzen: A) in Sätzen, die einen Wunsch enthalten, nicht, daß nicht: ne vivat! ne vivam si scio ich will des Todes sein, wenn ich weiß; bisweilen wird utinam noch hinzugefügt. B) in Sätzen, welche eine Bitte, Aufforderung, einen Befehl enthalten, mit einem Imperativus oder Conjunctivus: ne hoc feceris oder facias; ne arato. C) in Sätzen, welche eine Einräumung enthalten, "gesetzt daß nicht", "zugegeben daß nicht": ne sit summum malum dolor, malum certe est. D) in beschränkenden und dadurch bedingenden Ausdrücken, bes. mit modo, dummodo verbunden, nur daß nicht. 3) in abhängigen Sätzen, A) in Absichtssätzen, damit nicht, daß nicht: hoc scribo, ne me oblitum tui putes; bisweilen steht ut ne, wo das einfache ne hinlänglich sein würde. B) in Objectsätzen, daß nicht: vos adepti estis ne quem civem timeretis; petiit ne abiret (eigtl. liegt in solchen Sätzen doch der Begriff einer Absicht und Bemühung zu Grunde). C) nach Ausdrücken, welche eine Furcht und Besorgniß oder eine Gefahr bezeichnen, daß: timeo ne vivat (ursprünglich liegt der Begriff eines Wunsches zu Grunde). D) nach den Verben "sich hüten", "verhindern", "verbieten", "sich weigern" u. dergl. wird ne durch "daß" oder den bloßen Infinitiv ausgedrückt: cavet ne decipiatur; sententiam ne diceret recusavit. E) (selten) = nedum, was man sehe. F) (selten) = ne quidem (siehe 1. A.).

Nĕāpŏlis, is, *f.* [Νεάπολις] die Neustadt, 1) der vierte Stadttheil von Syracus. 2) die berühmte Stadt in Campanien, jetzt Neapel, Napoli. Davon **Nĕāpŏlĭtānus**, *adj. u. subst.* -tāni, ōrum, *m. pl.* die Einwohner von N.

Nĕbŭla, ae, *f.* [verw. mit dem gr. νεφέλη] der Dunst, Nebel; (Poet.) auch = der Rauch, die Wolke und = die Staubwolke; *trop.* wird es zur Bezeichnung des Dunkeln und Unverständlichen gebraucht: nn. quaestionum.

Nĕbŭlo, ōnis, *m.* eine unwürdige und unzuverlässige Person, der Taugenichts, Windbeutel.

Nĕbŭlōsus, *adj.* [nebula] 1) voller Nebel oder Dünste, nebelig, coelum, aër. 2) *trop.* (Spät.) dunkel, unverständlich.

Nec ob. **Nĕque**, 1) *adv.* nicht (meist Vorklass. und in Zusammensetzungen wie necopinatus, necne); n. recte unrichtig. 2) *conj.* A) einfach = et non und nicht, auch nicht; n. dum und noch nicht. Insbes. a) mit enim, vero, tamen verbunden, "denn nicht", "aber nicht", "und doch nicht". b) neque — non werden bei klassischen Schriftstellern nicht unmittelbar verbunden zur Verknüpfung zweier einzelner Worte = et (wie es bei Poet. u. Spät. geschieht), sondern sie werden, durch ein oder ein Paar Worte getrennt, so gebraucht, daß sie den Gedanken fortsetzen durch Hinzufügung von Etwas, das auch nicht verneint werden soll: oft seht man im Deutschen statt beider ein auch in einem positiven Satze (neque tu hoc non intelligis auch begreifst du dieses sehr wohl). c) regelmäßig wird nec zur Anknüpfung eines Satzes gebraucht, zu welchem eine in einem vorhergehenden Satze stehende Negation zugleich gehören soll: in diesem Falle wird nämlich im Lateinischen die Negation wiederholt, was im Deutschen nicht geschieht: non

Necdum • **Nedum** 495

enim solum acuenda nobis nec procudenda lingua est sed etc. d) (selten) = neve, was man sehe. e) (meist Spät.) = ne quidem, siehe ne. — B) wiederholt, a) nec — nec bei zwei negativen Sätzen, weder — noch, sowohl nicht — als auch nicht. b) die Verbindung von bekräftigenden und verneinenden Sätzen wird durch et — neque sowohl — als nicht, theils — theils nicht, und durch neque — et (selten que) sowohl nicht — als, theils nicht — theils bezeichnet. c) bisweilen werden neque — neque — aut verbunden.

Nec-dum (Neque-dum), *adv.* (auch getrennt geschrieben) und noch nicht.

Nĕcessārĭē, *adv.* [necessarius] (selten) = necessario.

Nĕcessārĭō, *adv.* [necessarius] nothwendigerweise, der Nothwendigkeit zufolge; n. aliquid facere nothgedrungen.

Nĕcessārĭus, *adj.* [necesse] 1) nothwendig: A) = erforderlich, unentbehrlich: omnia quae sunt ad victum nn.; frumentum et cetera necessaria usibus. B) = unumgänglich, unvermeidlich, mors. C) bringend, zwingend, ratio, tempus. 2) mit Jmd. eng verbunden, durch Bande der Verwandtschaft, Freundschaft, Clientel ob. dergl. mit Jmd. eng verknüpft, daher = verwandt, befreundet, zugehörig u. vergl. (es ist der weiteste Ausdruck und umfaßt propinqui, affines u. s. w.): homo tam n., mors hominis necessarii. Hiervon *subst.* = der Verwandte, Freund, Angehörige: Torquatus familiaris meus ac n.; nn. qui tibi a patre relicti sunt; die Sicilianer heißen nn. des Cicero, weil er Quästor bei ihnen gewesen war und ihr Zutrauen besaß.

Nĕcesse ob. (meist Vorklass.) -**sum**, *adj.*, nur im *nom.* u. *acc. sing. neutr.* gebräuchlich und zwar nie mit einem Subst. als Subject verbunden, sondern mit einem Infinitiv oder einem Satze, bisweilen mit einem Pronomen im *neutr.*, nothwendig, unumgänglich, nöthig (der Natur oder den Umständen zufolge, vgl. oportet): homini n. est mori; n. fuit literas dari; n. est haec oratio nulla sit (Spät. auch mit beigefügtem ut); id quod n. est; non n. habeo scribere.

Nĕcessĭtas, ātis, *f.* [necesse] 1) die unvermeidliche Nothwendigkeit, die Unumgänglichkeit. Unvermeidlichkeit: parere necessitati sich in die Nothwendigkeit schicken; majores nn. bringendere Ursachen; habere necessitatem persuadendi nothwendig überzeugen müssen; mors aut est n. naturae aut etc. eine von der gebotene Nothwendigkeit; ex n. aliquid facere (Spät.); ultima (extrema) n. = der Tod. Hiervon = die Verbindlichkeit, verpflichtende Kraft: magnam n. possidet sanguis paternus. 2) im *plur.* die Bedürfnisse, nöthigen Dinge: suscipere bellum suarum nn. causa; indicare populo publicas nn. 3) (Spät.) die Noth, der Mangel, die Mühseligkeit: fames et ceterae nn. 4) (selten) = necessitudo 2.

Nĕcessĭtūdō, ĭnis, *f.* [necesse] 1) (selten) = necessitas 1. und 3. 2) häufig die enge Verbindung, in welcher man mit Jmd. steht als Verwandter, Freund oder Angehöriger (siehe necessarius). 2) das nahe und zärtliche Verhältniß mit Jmd., die Verwandtschaft, Freundschaft, Clientel u. vergl.: n. et familiaritas; necessitudinem cum aliquo contrahere; omnes mihi cum eo sunt amicitiae necessitudines. Hiervon (Spät.) meton. im *plur.* die mit Jmd. eng verbundenen Personen, Verwandte, Freunde, Angehörige u. s. w.

Nĕŏlĕgo, siehe Negligo.

Nec-ne, siehe ně.

Nec-non, siehe nec.

Nĕco, 1. tödten (meist ohne Blutvergießen, also durch Gift, Erhängen, Ersticken u. dergl., vgl. interficio, jugulo, trucido): n. aliquem fame, suspendio, igni, selten ferro; (Poet.) *trop.* n. indolem rectam vernichten, unterdrücken.

Nĕc-ōpīnans, tis, *adj.* nicht vermuthend, Nichts ahnend: eum necopinantem liberavi wider sein Vermuthen.

Nĕc-ōpīnātō, *adv.* [necopinatus] unerwartet, wider Vermuthen.

Nĕc-ōpīnātus, *adj.* unvermuthet, unerwartet, adventus, bonum; ex necopinato als *adv.* wider Vermuthen, unerwartet.

Nĕc-ōpīnus, *adj.* (Poet.) 1) = necopinatus. 2) = necopinans.

Nectar, ăris, *n.* [νέκταρ] der Nectar, A) = der Göttertrank. B) = die Göttersalbe. C) *trop.* (Poet.) zur Bezeichnung des Süßen, Angenehmen, = Milch, Honig, Wohlgeruch.

Nectăreus, *adj.* [nectar, νεκτάρεος] zum Nectar gehörig, Nectar-. Hiervon (Poet.) A) = göttlich, aquae nn. = Thau. B) = süß, lieblich, angenehm.

Necto, xui ob. xi, xum, 3. 1) knüpfen, in einander schlingen, zusammenbinden, verknüpfen: n. retia, coronas, catenas; n. brachia verschlingen; (Poet.) frigus n. aquas bindet, fesselt. Hiervon umbinden, umwinden, caput olivā, comam myrto. 2) *trop.* A) überhaupt verbinden, verknüpfen, zusammenknüpfen: virtutes inter se nexae sunt; causae necessitate nexae; n. jurgia cum aliquo Zank anfangen, dolum anspinnen; n. causas inanes Scheingründe, den einen nach dem anderen vorbringen; n. moram immer neue Schwierigkeiten machen; alia ex alio nectuntur. B) *term. t.* Schulden halber fesseln, in persönlichen Verhaft bringen, siehe nexum; daher **Nexi**, ōrum, *m. pl.* = die Schuldknechte, Personen, welche ihre Schuld nicht bezahlen konnten und deßwegen als Dienstleute ihren Gläubigern übergeben wurden, um mit ihrem Leibe für die Schuld zu haften und durch ihre Arbeit diese so weit möglich abzutragen.

Nĕcŭbī, *adv.* [ne-alicubi] damit nicht irgendwo: n. Romani copias transducerent; n. regum desiderium esset damit, nicht in irgend einer Sache.

Nĕcunde, *adv.* [ne-alicunde] (Liv.) damit nicht irgendwoher.

Nēdum, *conj.* 1) nach vorausgehender Negation oder Andeutung einer solchen, geschweige, um so viel weniger = ne voce quidem incommoda, n. ut ulla vis fieret; satrapes non potest, n. tu possis. 2) (meist Spät.) bekräftigend = um so viel mehr: adulationes etiam victis graves, n. victoribus. *3) (zweifelh.) statt non modo, nicht bloß (mit folgendem sed etiam).

Nĕ-fandus, *adj.* (meist Poet. u. Spät.) eigtl. was nicht gesprochen werden darf: gottlos, ruchlos, verrucht.

Nĕfārĭē, *adv.* [nefarius] gottlos, ruchlos.

Nĕfārĭus, *adj.* [nefas] gottlos, ruchlos, frevelhaft.

Nĕfās, *n.*, nur im *nomin.* u. *acc. sing.*, was die göttlichen Gesetze verletzt, die Sünde, der Frevel, die Gottlosigkeit, das Unrecht: n. mihi est illud facere; per omne fas et n. auf jede mögliche Weise; n. est dictu; cui nihil unquam n. fuit unerlaubt, unzulässig; quicquid corrigere est n. (Poet.) was ändern zu wollen eine Anmaßung heißen würde (Andere erklären dies ohne Noth „es ist unmöglich"). Oft als Ausruf, n. oder heu n. „schändlich!" „o Frevel!" Hiervon *trop.* (Poet.) von einem frevelhaften, ruchlosen Menschen, „das Scheusal".

Nĕ-fastus, *adj.* 1) dies nn. Tage an welchen aus religiösen Gründen nicht Recht gesprochen und mit dem Volke verhandelt werden durfte (weil auf diesen Tagen in jener Beziehung ein Fluch ruhte). 2) (Poet. u. Spät.) = nefarius. 3) (Poet. u. Spät.) unglücklich = unheilbringend: ille et nefasto te posuit die; terra n. est victoriae ejus.

*Nĕgantĭa, ae, *f.* [nego] die Verneinung.

Nĕgātĭo, ōnis, *f.* [nego] die Verneinung.

Nĕgĭto, 1. [nego] (selten) beharrlich verneinen, -läugnen.

*Neglectĭo, ōnis, *f.* [negligo] die Vernachlässigung, amicorum Gleichgültigkeit gegen seine Freunde.

Neglectus, *adj.* [*particip.* von negligo] vernachlässigt, nicht geachtet, nicht beachtet.

Neglectus, us, *m.* [negligo] (selten, Vorklass. u. Spät.) = neglectio.

Negligens, tis, *adj.* mit *comp.* u. *sup.* [*particip.* von negligo] nachlässig, unachtsam, gleichgültig, homo, natura; n. in amicis eligendis; n. legum, officii die — vernachlässigende, verletzende, unbekümmert um; insbes. mit Bezug auf das Vermögen = sorglos, leichtsinnig, verschwenderisch, adulescentia.

Negligenter, *adv.* mit *comp.* u. *sup.* [negligens] nachlässig, unachtsam, gleichgültig.

Negligentĭa, ae, *f.* [negligens] die Nachlässigkeit, Unachtsamkeit, Sorglosigkeit, Gleichgültigkeit: n. et pigritia, n. et inertia; n. in accusando; n. duarum epistolarum die Nachlässigkeit, mit welcher zwei Briefe geschrieben waren (vgl. 2.). 2) die Vernachlässigung, Geringschätzung, Nichtbeachtung, deorum, tua deiner; n. epistolarum die Saumseligkeit im Schreiben (vgl. 1.).

Neglĭgo (auch **Neglĕgo, Neolĕgo**), exi, ectum, 3. [nec-lego, also eigtl. = nicht wählen, *oppos.* diligo] 1) unabsichtlich, außer Acht lassen, sich um Etwas nicht kümmern. Etwas vernachlässigen, gleichgültig behandeln: n. aliquid facere, mandatum, (selten) n. de aliquo. Hiervon A) (Poet.) n. committere facinus u. dergl. = sich nicht scheuen. B) häufig mit einem *acc.* gleichgültig zusehen, nicht ahnden, facinus, pecuniam raptam, injurias ungerächt lassen; auch mit einem *acc. c. inf.*, sich nicht darum kümmern, daß u. f. w., Gallias a Germanis vastari. C) (Poet.) negligens ne etc. ohne dafür zu sorgen, daß nicht u. f. w. 2) absichtlich, geringschätzen, hintansetzen, nicht achten, leges, deos, periculum.

Nĕgo, 1. [nec] 1) *intrans.* Nein sagen: vel ajas vel neges. 2) *transit.* A) verneinen, behaupten, daß Etwas nicht sei, läugnen aus objectiven Gründen, vgl. inflitior): n. aliquid, n. quicquam esse bonum; (Poet.) negor casta man behauptet, daß ich nicht keusch bin. B) versagen, abschlagen, verweigern (durch Worte, vgl. renuo, abnuo; es ist ein milderer Ausdruck als recuso): n. alicui aliquid, (Poet.) n. (se) comitem nicht Begleiter sein wollen, n. se sich weigern, n. se vinculis sich den Fesseln entziehen; regio n. poma bringt nicht hervor.

Nĕgōtĭālis, e, *adj.* [negotium] (selten) die Sache betreffend.

Nĕgōtĭātĭo, ōnis, *f.* [negotior] der Großhandel, insbes. das Banquiergeschäft, der Wechselhandel.

Nĕgōtĭātor, ōris, *m.* [negotior] 1) der Handelsgeschäfte im Großen betreibt, der Großhändler, bes. der Geldgeschäfte in den Provinzen im Großen (durch Darleihen, Vorschüsse u. f. w. betreibt, der Banquier, Wechsler. 2) (Spät.) überhaupt der Kaufmann, Handelsmann.

Nĕgōtĭor, *depon.* 1. [negotium] A) Handels- oder Geldgeschäfte im Großen treiben (siehe negotiator). B) (Spät.) überhaupt Handel treiben, re aliqua mit Etwas.

Nĕgōtĭōsus, *adj.* mit *comp.* u. *sup.* [negotium] voller Geschäfte, geschäftig, dies, provincia.

Nĕgōtĭum, ii, *n.* [nec-otium] 1) das Geschäft, die Beschäftigung, Obliegenheit: n. permagnum, forense; est mihi n. cum illo ich habe ein Geschäft mit ihm; quid tibi hic negotii est was hast du hier zu schaffen? esse in n. (*oppos.* in otio) beschäftigt sein. Insbes. A) ein Staatsgeschäft, eine öffentliche Angelegenheit. B) ein Handelsgeschäft im Großen (siehe negotiator u. f. w.): perdere nn. Bithyna. C) (Spät.) ein Rechtshandel. D) collectiv = das Hauswesen, die häuslichen Angelegenheiten: negotium male gerere ein schlechter Haushälter sein. 2) insbes. das schwierige Geschäft, die Schwierigkeit, Mühe: habere n. in vulneribus sanandis; nihil negotii est id facere es ist keine schwierige Aufgabe; quid negotii est etc. welche Schwierigkeit ist damit verbunden u. f. w.; satis habui negotii ich hatte genug zu thun; nullo n. und sine n. ohne Schwierigkeit. Hiervon A) = Beschwerde, Unannehmlichkeit, lästige Umstände: facessere (exhibere) alicui negotium oder häufiger negotia Jmd. — verursachen, machen. B) (Pl.) neque de hac re est n. quin occidam es leidet keinen Zweifel, daß ich zu Grunde gehe. 3) Sache, Ding: quid negotii est was giebt's? ineptum sane n. Hiervon A) scherzhaft von einer Person, lentum n. ein jähes Ding (von einem langsamen Bezahler). B) = Lage, Verhältniß: suam quisque culpam ad nn. transferunt schieben — auf die Umstände; in atroci n. in einer schrecklichen Lage.

Nēleus, ei, *m.* [Νηλεύς] König in Pylus,

Vater des Nestor. Davon 1) **Nēlēĭus** u. **-lēus**, *adj.*, als *subst. m.* = Nestor. 2) **Nēlĭdēs**, ae, *m.* [Νηλείδης] Nachkomme des N., Nestor.

Nĕmĕa, ae, *f.* [Νεμέα] Flecken in Argolis, bekannt durch den Löwen, welchen Hercules dort erschlug. Davon 1) **Nĕmeaeus** [= Νεμεαῖος] *adj.* 2) **Nĕmea**, ōrum, *n. pl.* die Kampfspiele bei N.

Nĕmĕsis, is u. ios, *f.* [Νέμεσις] (Poet. u. Spät.) die Göttin der Gerechtigkeit und der Vergeltung, welche bes. den Uebermuth u. die Anmaßung bestrafte.

Nĕmētes, tum, *m. pl.* Völkerschaft im nördlichen Gallien.

Nēmo, ĭnis (der *genit.* ist jedoch ungebräuchlich) [ne-homo] 1) *subst.* Niemand, kein Mensch: n. amicorum, n. ex iis; non n. Mancher, Einer und der Andere, n. non Jedermann; n. nec deus nec homo; n. alius. 2) *adj.* bei Personalbenennungen = nullus, keiner: n. vir, n. hostis, n. scriptor, auch n. homo, n. unus, n. quisquam u. dergl. (NB. Statt des *genit.* wird immer nullius gesagt, statt des *abl.* gewöhnlich nullo.)

Nĕmŏrālis, e, u. **Nĕmŏrensis**, e, *adj.* (Poet. u. Spät.) [nemus] zum Haine-, zum Walde gehörig; insbes. zum Haine der Diana bei Aricia gehörig.

*****Nĕmŏri-cultrix**, īcis, *f.* (Poet.) die Waldbewohnerin.

*****Nĕmŏri-văgus**, *adj.* (Poet.) im Walde umherschweifend.

Nĕmŏrōsus, *adj.* [nemus] (Poet.) 1) waldreich, vallis. 2) dichtbeholzt, silva. 3) dichtbelaubt, cupressus.

Nempe, *adv.* [naam-pe?] nämlich, doch, freilich, allerdings, natürlich, wirklich, „kann ich denken", „sollte ich meinen" (zur Begründung oder Bekräftigung des Vorhergehenden, meist ironisch und als Antwort auf vorhergehende Fragen): memini; n. illum dicis cum armis aureis; scio jam quid velis, n. me hinc abire vis; unde igitur justitia? n. ab his etc.; recte ego n. (denn doch) has fugi nuptias; si dat tantam pecuniam, n. (natürlich) idcirco dat ut etc.; n. negas bu leugnest also wirklich? n. enm dicis du meinst doch wohl ihn?

Nĕmus, ŏris, *n.* 1) der Wald mit Weiben und Triften, der schöne und helle Wald (vgl. silva, lucus, saltus). 2) (Poet.) A) der Wald überhaupt. B) das Holz: congerere n.

Nēnia (Naenia), ae, *f.*) 1) der Leichengesang, das Trauerlied bei einer Beerdigung; *trop.*, *proverb.* (Pl.) bei n. fuit ludo damit war der Spaß zu Ende. 2) (Poet.) überhaupt ein Lied, Gesang, insbes. A) das Klagelied. B) das Zauberlied, die Zauberformel. C) das Volkslied, Lied überhaupt (Schlaflied, Kinderlied auf der Straße u. s. w.): n. puerorum, viles nn.

Nēnu ob. **Noenu**, auch **Nēnum** ob. **Noenum**, *adv.* Vorklass. (statt ne unum) = non.

Neo, nēvi, nētum, 2. (gr. νέω) 1) spinnen, stamina. 2) (Poet.) = weben, tunicam.

Neocles, is, *m.* [Νεοκλῆς] 1) Vater des Themistocles. Davon **-olides**, ae, *m.* [Νεοκλείδης] der Nachkomme des N., = Themistocles. 2) Vater des Epicur.

Neoptŏlĕmus, i, *m.* [Νεοπτόλεμος] Sohn des Achilles, sonst Pyrrhus genannt.

Nĕpa, ae, *f.* „ein africanisches Wort"] 1) der Skorpion. 2) der Krebs.

Nĕpĕte, es, *f.* Stadt in Etrurien. Davon **Nĕpĕsīnus**, *adj.* und *subst.* -sīni, ōrum, *m. pl.* die Einwohner von N.

Nĕphĕlē, es, *f.* [Νεφέλη] erste Gemahlin des Athamas, Mutter des Phrixus und der Helle; siehe die Artikel Argonautae, Helle. Davon (Poet.) **Nĕphĕlēïs**, ĭdis, *f.* Tochter der N.

Nĕpos, ōtis, *m.* 1) der Enkel, Sohn des Sohnes oder der Tochter: n. ex filio, n. ex filia. 2) (Poet.) meist im *pl.*, der Nachkomme: nn. Remi die Römer. 3) (Spät.) der Bruders ob. Schwestersohn: n. sororis oder ex sorore. 4) (Vorklass.) = neptis.

Nĕpos, ōtis, *m.* [soll ein etruskisches Wort sein] der junge und leichtsinnige Verschwender, der Schwelger (milder jedoch als heluo).

Nĕpos, ōtis, *m.* römischer Familienname, siehe bes. den Artikel Cornelius.

Nĕpōtātus, us, *m.* [nepotor] (Spät., zweifelh.) die Schwelgerei, die verschwenderische Lebensart.

*****Nĕpōtīnus**, *adj.* (zweifelhaft) [nepos] (Spät.) verschwenderisch, üppig.

*****Nĕpōtor**, *depon.* 1. [nepos] (Spät.) leichtsinnig wegwerfen, libertatem.

*****Nĕpōtŭlus**, i, *m.* (Pl.) *deminut.* von nepos 1.

Neptis, is, *f.* [nepos 1.] die Enkelin.

Neptūnus, i, *m.* 1) der Gott des Meeres (der Poseidon der Griechen), Sohn des Saturnus, Bruder des Jupiter und des Pluto, Gemahl der Amphitrite; (Poet.) = das Meer. Davon 1) **Neptūnĭne**, es, *f.*, Tochter oder Enkelin des N., heißt bei einem Poet. die Thetis. 2) **Neptūrius**, *adj.*: Troja N. von dem N. und dem Apollo mit Mauern umgeben, heros = Theseus (weil er in einigen Sagen der Sohn des N. hieß); N. dux = S. Pompejus, weil er für einen adoptirten Sohn des N. gehalten sein wollte; aquae N. eine Quelle bei Tarracina.

Nēquam, *adj. indecl.* mit *comp.* (nequior) u. *sup.* (nequissimus) schlecht, Nichts werth, Nichts taugend, verwerflich: homo, mancipium; insbes. von jungen Menschen = ausschweifend, liederlich.

Nē-quāquam, *adv.* auf keine Art, keinesweges, gar nicht.

Nēque etc., siehe Nec.

Nē-queo etc., 4. nicht können, nicht vermögen, aliquid facere; n. quin clamem ich kann nicht umhin zu schreien; in der Verbindung mit einem *infin. pass.* sagte man auch nequitur.

Nē-quicquam oder **Nē-quidquam**, 1) (sehr selten) *subst.* n. = nihil. 2) *adv.* umsonst, ohne Wirkung, ohne Nutzen, vergeblich (objectiv, mit Bezug auf die Sache, in welcher Nichts ausgerichtet wirb; vgl. frustra): n. deos implorat; ne istud n. dixeris (Pl.) ungestraft; non n. ausi erant (Caes.) nicht ohne Grund.

Nēquĭter, *adv.* mit *comp.* u. *sup.* [nequam] schlecht = leichtsinnig, leichtfertig, verwerflich: bellum n. susceptum, n. coenare; n. facere aliquid sich schlecht betragen.

Nēquĭtĭa, ae, *f.* [nequam] die Schlechtigkeit, nämlich 1) von Sachen die schlechte

Beschaffenheit, aceti. 2) von Personen, A) = die Schlaffheit, Unthätigkeit, Trägheit. B) = die Leichtfertigkeit, der Leichtsinn. C) die Verschwendung, Liederlichkeit. D) die Gemeinheit, Niederträchtigkeit.

Nēreus, ei, *m.* [Νηρεύς] ein Meergott, Sohn des Oceanus und der Thetis, Gemahl der Doris. Davon 1) **Nērēis**, idis, *f.* [Νηρηΐς] eine Tochter des N., eine Meernymphe. 2) **Nērēius**, *adj.*: genetrix N. = Thetis, Mutter des Achilles. 3) **Nērīne**, es, *f.* (Poet., selten) = Nereis.

Nĕria, ae, *f.* ob. **Nĕrio**, ōnis, *f.* (Vorklass. u. Spät.) sabinisches Wort, das „Tapferkeit" bedeutete, aber personificirt die Begleiterin (Gattin) des Mars bezeichnet.

Nērĭtos, i, *f.* [Νήριτος] kleine Insel in der Nähe von Ithaca. Davon **Nērītius**, *adj.* (Poet.) = ithacensisch ob. zum Ulysses gehörig.

Nēro, ōnis, *m.* römischer Familienname in der gens Claudia (siehe diesen Artikel). Davon **Nĕrōnēus** (Spät.), -niānus, und (Spät.) -nius, *adj.*

Nerūlum, i, *n.* Stadt in Lucanien. Davon -lensis, e, *adj.*

Nerva, ae, *m.* römischer Familienname: wichtig ist nur der Kaiser M. Coccejus N. Davon **Nervius**, *adj.*

Nervia, ae, *f.* [nervus] (Spät.) die Saite, Darmsaite.

Nervii, ōrum, *m. pl.* mächtiges Volk im nördlichen Gallien.

Nervōse, *adv.* mit *comp.* [nervosus] nervig, mit Nachdruck, kräftig, nachdrücklich.

Nervōsus, *adj.* [nervus] 1) (Poet.) sehnig, musculös. 2) (Spät.) kraftvoll, kräftig, tapfer. 3) *trop.* von der Rede, gedrungen, nachdrücklich.

Nervŭlus, i, *m. deminut.* von nervus.

Nervus, i, *m.* 1) die Sehne, Flechse. 2) *trop.* A) zur Bezeichnung der Stärke, Kraft: omnibus nervis conniti, incidere nervos legionum = die Legionen schwächen. Insbes. = das, worauf die Stärke und Kraft einer Sache beruht: vectigalia sunt nn. reipublicae, pecunia est n. belli; nn. conjurationis die Hauptpersonen in der Verschwörung, causarum die Hauptpuncte. B) von der Rede = der Nachdruck, die Kraft. 3) die Saite an einem Instrumente. 4) die Sehne eines Bogens. 5) (Spät.) das Leder, womit ein Schild überzogen wird. 6) (Vorklass. und Spät.) ein Riemen, womit Jmd. gebunden wird, davon A) überhaupt die Fessel, Bande. B) das Gefängniß: jacere in nervo; vereor ne tantum fortitudo in nervum erumpat damit endigen wird, daß du ins Gefängniß geworfen werden wirst.

Ne-scio, 4. 1) nicht wissen: n. aliquid (Vorklass. n. de illa re); n. quid factum sit; nescio eum venisse; n. an siehe an; n. quis (quomodo u. s. w.) wird oft, ohne Verbindung mit dem übrigen Satze, so eingeschoben, daß es etwas Unbestimmtes und Ungewisses bezeichnet, welches genauer zu bestimmen man entweder nicht vermag oder nicht der Mühe werth hält, also etwas Geringfügiges und Werthloses, so daß es eine Verachtung ausdrückt: prope me n. quis loquitur; Paconii nescio cujus querelis moveri; illud n. quod non fortuitum sed divinum videbatur. 2) = nicht verstehen, nicht können: n. Latina das Lateinische nicht verstehen; n. irasci; vox missa n. reverti. 3) (Poet. u. Spät.) nicht kennen, aliquem, literas.

Nescius, *adj.* [nescio] 1) unwissend, unkundig, Etwas nicht kennend (ein relativer Begriff, stets mit Angabe dessen, was Jmd. nicht weiß, also nicht an und für sich tadelnd, vgl. inscius): nescius futuri; nescius quid acciderit; non sum nescius, ista inter Graecos dici. 2) (Poet.) der Etwas nicht gelernt hat, nicht kann, puer n. fari. 3) (Vorklass. und Spät.) *pass.* (wie ignarus) unbekannt, loca; tributa iis sunt nescia; nescium habere (aliquid) Etwas nicht wissen.

Nēsis, idis, *f.* [Νῆσις] kleine aber fruchtbare Insel dem Vorgebirge Misenum in Campanien gegenüber, Sommeraufenthalt vornehmer Römer.

Nessus, i, *m.* [Νέσσος] 1) Fluß in Thracien. 2) Centaur, der die Dejanira entführen wollte und deßwegen vom Hercules erschossen wurde. Davon **Nessēus**, *adj.*

Nestor, ŏris, *m.* [Νέστωρ] Sohn des Neleus, König in Pylos, unter den Helden von Troja berühmt wegen seiner Weisheit u. Beredtsamkeit. Davon **Nestŏreus**, *adj.*

Nētum, i, *n.* Stadt auf Sicilien im Gebiete von Syracusä. Davon **Nētīni**, ōrum, oder -tinenses, ium, *m. pl.* die Einwohner von N.

Neu = neve, was man sehe.

Neuter, tra, trum, *adj.* [ne-uter] 1) keiner von beiden: in n. partem moveri = ganz gleichgültig sein; nn. keine von beiden Parteien. 2) in der Grammatik nomina nn. sächlichen Geschlechts.

Neutĭquam (bei Vorklass. muß es oft nutiquam gelesen werden) (verm. mit neu, neuter), *adv.* keineswegs, gar nicht.

Neutrālis, e, *adj.* [neuter] (Spät.) in der Grammatik, zum sächlichen Geschlechte gehörig.

Neutro, *adv.* [neuter] nach keiner von beiden Seiten hin.

Neutr-ŭbi, *adv.* (Vorklass.) an keiner von beiden Stellen.

Nē-ve, *conj.*, wird in allen Verbindungen = et ne gebraucht: hominem mortuum in urbe ne sepelito. urito; peto a te ut id n. in hoc reo n. in aliis requiras weder — noch.

Nē-vŏlo etc., Vorklass. statt nolo, was man sehe.

Nex, ĕcis, *f.* 1) der gewaltsame Tod, die Ermordung: vitae necisque potestas; parare alicui necem; (Poet.) imbutus nece Phrygia mit dem Blute der erschlagenen Phrygier benetzt. 2) (Spät.) der natürliche Tod.

Nexĭlis, e, *adj.* [necto] (Poet.) zusammengeknüpft, -gebunden, vestis, plaga, hedera verschlungen.

Nexum, i, *n.* [necto] = nexus 2.

Nexus, us, *m.* [necto] 1) (Poet. u. Spät.) das Zusammenknüpfen, Zusammenschlingen, brachiorum, draconum. 2) *jurist. term. t.* A) eine mit einer mancipatio (siehe dieses Wort) verbundene gerichtliche Verhandlung. B) die auf einer solchen Verhandlung beruhende obligatorische Verpflichtung, wodurch eine Sache oder insbes. eine Person Schulden halber in die Gewalt des Gläubigers übergeben und zu seiner Disposition gestellt wurde, die **Schuldverpflichtung**, die Schuldhörigkeit (siehe necto): nexum inire in — gerathen; liberare, tollere nexum; obligare se nexu. 3) (Spät.) die Verbindlichkeit, legis.

Ni, I. *adv.* = non; so nur in den Zusammensetzungen quidni u. nimirum, welche man sehe. II. *conj.* 1) (Vorklass. u. Poet.) = nē in den Bedeutungen 2. B. u. 3. A. 2) = nisi, welches man sehe; so meist Vorklass. und Conversf., ferner in Formeln bei Verträgen, Verpflichtungen, Gerichtshändeln u. dergl.: sponsionem fecit ni vir bonus esset, siehe sponsio.

Nicaea, ae, *f.* [Νίκαια] 1) Stadt in Bithynien. Dav. **Nicaeensis**, e, *adj.* u. *subst.* **-caeenses**, ium, *m. pl.* die Einwohner von N. 2) Stadt in Locris, nahe bei Thermopylä. 3) Stadt in Ligurien, jetzt Nizza. 4) Stadt in Indien, von Alexander dem Großen erbaut.

***Nico**, nīci, — 3. (Pl.) winken.

Nicomēdes, is, *m.* [Νικομήδης] Name mehrerer Könige in Bithynien.

Nicomēdia, ae, *f.* [Νικομήδεια] Hauptstadt Bithyniens. Davon **Nicomēdensis**, e, *adj.* u. *subst.* **-denses**, ium, *m. pl.* die Einwohner von N.

Nicopōlis, is, *f.* [Νικόπολις] 1) Stadt in Acarnanien, vom Augustus zum Andenken des Sieges bei Actium erbaut. 2) Stadt in Armenien, vom Pompejus zum Andenken des Sieges über Mithridates erbaut.

Nicto, 1. u. **-tor**, *depon.* 1. [nico] (Vorklass. u. Spät.) 1) zwinkern, blinzeln, mit den Augen winken, alicui zu Jmd. 2) vom Feuer u. dergl., zucken, schillern.

Nictus, us, *m.* [nico] (Poet.) das Zwinkern, Blinzeln, Winken mit den Augen.

***Nidāmentum**, i, *n.* [nidus] (Vorklass.) das Material zu einem Neste.

Nidifico, 1. [nidus-facio] (Spät.) ein Nest bauen, nisten.

***Nidifīcus**, *adj.* [nidus-facio] (Poet.) nistend, ver n. in welchem die Vögel nisten.

Nidor, ōris, *m.* der Dampf, Brodem, Dunst von gebratenen, gekochten ob. brennenden Sachen: n. ganeae; *trop.* n. e culina als Schimpfwort, von einem Sklaven, der stets in der Küche sich herumtreibt.

Nidŭlus, i, *m. deminut.* von nidus.

Nidus, i, *m.* 1) das Nest; facere, struere n. ein Nest bauen. Hiervon (Poet.) a) zur Bezeichnung der Heimath, servare n. = zu Hause bleiben. b) = eine hochliegende Stadt. c) = die Jungen im Neste: nn. loquaces.

Niger, gra, grum, *adj.* mit *comp.* u. *sup.* 1) schwarz, dunkelfarbig. (es bezeichnet die schwarze Farbe an und für sich, daher auch von einer schönen u. glänzenden schwarzen Farbe, vgl. ater); homo, crinis, lana, silva, fluvius (wegen seiner Tiefe). 2) *trop.* (meist Poet.) A) schwarz oder finster machend, verfinsternd, ventus. B) (= ater) zur Bezeichnung alles dessen, was zum Tode gehört, überhaupt = traurig, schrecklich, unheilvoll: dies n. der Todestag, ignes nn. der Scheiterhaufen, sol n. = ein unheilvoller Tag. C) = boshaft, gottlos, böse, homo.

Nigidius Figulus, ein gelehrter Römer, Zeitgenosse des Cicero, berühmt besonders als Grammatiker. Davon **-diānus**, *adj.*

Nigresco, grui, — 3. [niger] (Poet. und Spät.) schwarz werden, dentes, coelum n.

Nigritia, ae, und **-tudo**, ĭnis, *f.* [niger] (Spät.) die Schwärze, schwarze Farbe.

Nigro, 1. [niger] (Poet.) schwarz sein.

Nigror, ōris, *m.* [niger] (Vorklass. u. Spät.) = nigritia.

Nihil (selten u. meist Poet. auch **Nil**), *n. indecl.*, doch so, daß die ursprüngliche Form **Nihilum** [ni = ne, -hilum] u. (*Lucr.*) contr. **Nilum** in gewissen Verbindungen gebraucht wurde, siehe unten, Nichts:

I. **Nihil, Nil**: n. forte, n. mali, doch auch n. bonum; non n. Etwas, n. non Alles. Besondere Verbindungen: a) n. agis du richtest Nichts aus, was du thust ist vergeblich. b) n. quicquam oder n. unum gar Nichts. n. aliud aversus, u. dergl., in keiner andern Beziehung. c) n. nisi, n. aliud nisi Nichts als, nichts anderes als; n. aliud quam prehenders prohibitus nur im Ergreifen verhindert. d) n. est quod (cur, quamobrem) es ist kein Grund warum. e) (Converf.) n. est es ist Nichts = es hilft nicht. f) n. ad me (sc. pertinet) es geht mich nichts an. g) n. minus quam Nichts weniger als = gar nicht. h) n. mihi cum illo est ich habe Nichts mit ihm zu thun. i) von einer Person, stärkerer Ausdruck statt nemo, nullus: n. illo eloquentius fuit; n. esse = eine ganz unbedeutende Person, eine Null sein (vgl. nihili esse unten). k) adverbial (= ein verstärktes non) gar nicht, keinesweges: illi n. moti sunt; n. sane nisi etc. aus keiner anderen Ursache, als u. s. w.

II. Von **Nihilum** finden sich folgende Formen: 1) der *genit.* Nihili bei Ausdrücken, die eine Schätzung und einen Werth andeuten: facere (aestimare, pendere) aliquid n. für Nichts achten, homo n. eine nichtswürdige Person, die Nichts taugt (vgl. oben I. i.), ebenso verba n. bedeutungslose. 2) der *accus.* Nihilum, selten nach einem Verbum (n. deprecans ohne Bitten), gewöhnlich nach den Präpositionen ad und in: ad n. redigere vernichten, ad n. venire, recidere zu nichte werden, in n. interire, occidere gänzlich vernichtet werden; auch (Poet.) adverbial wie nihil = ein verstärktes non. 3) der *abl.* Nihilo A) bei *comp.*, um Nichts: n. pluris; n. minus (secius) Nichts desto weniger, deswegen nicht weniger, (Pl. auch bloß n. ohne minus, in derselben Bedeutung); n. benevolentior, ebenso n. aliter (Com.) gar nicht anders. B) mit der Präposition de: de n. a) aus Nichts. b) ohne Grund, ohne Ursache. C) mit der Präposition pro für: pro n. habere für Nichts achten, geringschätzen, haec mihi pro n. sunt ich kümmere mich gar nicht um dieses.

Nilus, i, *m.* [Νείλος] der Nilfluß in Aegypten. Davon 1) **Niliăcus**, *adj.* (Poet.) = ägyptisch. 2) **Nilōticus** (Spät.), *adj.* 3) **Nilōtis**, ĭdis, *adj.*, als *subst. f.* = ein Wassergraben.

***Nimbātus**, *adj.* [nimbus] (zweifelh. (Pl.)

in Nebel gehüllt (?) = windig, locker, leichtfertig.
*Nimbifer, ĕra, ĕrum, *adj.* (Poet., zwth.)
[nimbus-fero] Sturmwolken bringend.
Nimbōsus, *adj.* [nimbus] (Poet. u. Spät.)
voller Regenwolken, voller Sturm, mons
in Wolken gehüllt; ventus stürmisch, Orion n.
Sturm und Regen bringend.
Nimbus, i, m. [verwandt mit nubes] 1) die
finster: Regen- und Sturmwolke: *trop.* hic
nimbus cito transit dieser Sturm = dieses
Unglück. 2) überhaupt die Wolke, der Nebel,
insbef. die Nebelhülle, in welcher die Götter,
wenn sie auf die Erde herabstiegen, gewöhnlich
gehüllt waren: Pallas effulgens nimbo. 3)
(Poet.) der Sturzregen, Platzregen; n. ferreus eine Menge eiserner Geschosse. 4) (Poet.)
= die große Menge, n. peditum.
Nimīrum, *adv.* [ni für ne = non, -mi-
rum, eigtl. nicht zu verwundern] allerdings,
freilich, unläugbar: A) (selten) ohne Jronie:
si res in dubitationem veniet, n. Th. auctor
est adhibendus. B) (häufig:) ironisch, wo es
oft durch „natürlich", „das versteht sich" übersetzt
werden kann.
Nimis, *adv.* 1) zu sehr, allzu sehr, zu
viel, zu = allzu: n. saepe, n. remissus;
auch subst. mit einem *genit.*, n. insidiarum allzu
viele List. 2) non (haud) nicht eben, nicht
sehr, nicht sonderlich: non n. firmus, non
n. diligenter, ea non nimis desunt. 3) (Pl.)
= gar sehr, überaus: n. id genus odi; n.
quam formido (vgl. nimium quantum unter
nimis).
Nimius, *adj.* [nimis] 1) gar zu groß,
gar zu viel, übermäßig: n. sol übermäßige
Sonnenhitze, vitis n. üppig; homo n. gar zu
mächtig und gewaltig, legio unlenksam, animus
übermüthig; nimii rebus secundis (Tac.) trotzig
wegen ihres Glückes. Hiervon überhaupt = der
in Etwas zu weit, in einer Sache das rechte
Maaß überschreitet: n. in honorando decernen-
dis, nimius mero (Poet.) der zu viel getrunken
hat; auch (Spät.) mit einem *genit.* nimius sermonis der zu viel spricht, n. animi. Häufig
das *neutr.* nimium als *subst.*: omne n. Alles
was zu viel ist. 2) (Pl.) sehr groß, außerordentlich, pulchritudo. 3) Adverbial werden
gebraucht: A) Nimio = außerordentlich, viel,
bei den Comparativen plus, minus, melius als
zu viel, gar zu wenig, überaus u. s. w. B) Nimium = nimis; n. parce, n. longus; non n.
nicht sonderlich. B) quan'am valent außerordentlich viel (eigtl. wohl statt valent tantum quantum n. est).
Ningo, ninxi, – 3. (gewöhnlich *impers.*)
schneien: (Poet.) ningunt floribus fie streuen
Blumen.
*Ninguis, is, *f.* (Vorklaff.) = nix.
Ninus oder **Ninos**, i, [Νῖνος] 1) *f.*
Hauptstadt in Assyrien, = Ninive. 2) *m.*
König von Assyrien, Gemahl der Semiramis.
Ninya, ae, *m.* Sohn des Ninus und der
Semiramis.
Niŏbe, es, *f.* [Νιόβη] Tochter des Tanta-
lus, Gemahlin des Amphion: da sie übermüthig
sich glücklicher als die Latona gepriesen hatte,
wurden ihre sieben Söhne und sieben Töchter von
Apollo und Diana getödtet und sie selbst in einen
Stein verwandelt. Davon **Niŏbēus**, *adj.*
Niphātes, ae, m. [Νιφάτης] 1) der
„Schneeberg". Gebirge in Armenien. 2) (Poet.)
ein Theil des Flusses Tigris.
Niptra, ōrum, n. pl. [νίπτρα] „das Wasch-
wasser", Name eines Trauerspiels des Pacuvius.
*Nīreus, ei ob. eos, m. [Νιρεύς] der
schönste Mann unter den Griechen vor Troja.
Nisi, *conj.* 1) wenn nicht, wofern nicht,
wo nicht (wo die Verneinung auf den ganzen
Satz sich bezieht, nicht auf ein einzelnes Wort:
denn in diesem Falle muß si non gesagt werden); n. forte wenn nicht etwa, bezeichnet eine
Beschränkung der Ausnahme, oft ironisch, so
immer n. vero wenn sonst nicht. Bisweilen
findet sich nisi si = nisi. 2) Nach einer Negation oder einer Frage, die eine Negation bezeichnet, = als, außer: nemo n. improbus
hoc facit; oft wird nisi durch mehrere Worte
von der Negation getrennt (hoc sentio, n. in
bonis amicitiam esse non posse); nihil aliud
n. Hiervon A) nach einem negativen Satze ist
n. oft = nur so viel, nur das, doch: de re
nihil possum judicare, n. illud mihi persuadeo. B) nisi quod ober ut, auch nach positiven Sätzen, außer daß, ausgenommen daß, nur
daß: illa me valde delectant, n. quod me
aere alieno obruerunt.
Nisus, i, m. [Νῖσος] König in Megara,
Vater der Scylla, in einen Sperber verwandelt.
Nisus ober **Nixus**, us, m. [nitor] 1) das
Anstemmen an Etwas, der Ansatz, Schwung
zu einer Bewegung: sedato n. = Gang, Auftreten; n. pinnarum, nn. insoliti = der Flug,
das Fliegen; n. per saxa = das Aufsteigen,
Aufklimmen; astra se suo n. conglobata continent = die Umdrehung, der Umschwung; tela
nisu vibrare mit Schwung. 2) (Spät.) die
Anstrengung. 3) (Poet. u. Spät.) das Gebären.
Nitēdŭla (Spät. contr. **Nitēla**), ae, *f.*
die Haselmaus.
Nitens, tis, *adj.* mit *comp.* [*particip.* von
niteo] 1) glänzend, blinkend. 2) *trop.* A) =
schön, hübsch. B) von Pflanzen, blühend. C)
von der Rede, zierlich. D) berühmt.
Niteo, ui, – 2. 1) glänzen, gleißen
(mit einem ruhigen Glanze, bes. von glatten und
fetten Gegenständen, vgl. splendeo, lucco u. s. w.):
n. unguentis, coelum n. lumine diffuso, luna
n. 2) *trop.* A) von Thieren, fett-, wohlgenährt sein. B) von Menschen, a) hübsch sein,
gut aussehen: tu mihi nites = ich finde dich
hübsch. b) berühmt sein, hervorstechen, gloria
recenti. c) absolut = gefallen, Beifall gewinnen. C) von abstracten Gegenständen = hübsch-,
zierlich-, herrlich sein (oratio n.; ubi plura n.
in carmine). D) von Pflanzen, Aeckern u. dgl.
zur Bezeichnung der üppigen Fülle und des ge-
deihlichen Wachsthums: davon vectigal n. in
pace giebt reichlichen Ertrag.
Nitesco, tui, – 3. [niteo] (Poet. u. Spät.)
glänzend werden, davon *trop.* fett-, hübsch-,
ausgezeichnet zu sein anfangen, siehe niteo.
Nitĭde, *adv.* [nitidus] (Pl.) glänzend,
prächtig, herrlich.

***Nĭtĭdĭuscŭlus**, adv. und *-ŏŭlus, adj. (Pl.) deminut. von nitide und nitidus.

Nĭtĭdus, adj. mit comp. u. sup. [niteo] 1) glänzend, gleißend, blank (siehe niteo); bes. von der weißen Farbe, n. ebur, caput, aether, und von Salben u. dergl. glänzend, daher homo n. = gesalbt. 2) A) von Menschen und Thieren = fett, wohlgenährt. B) von Menschen und Sachen, = hübsch, nett, niedlich, oder = geputzt, zierlich, femina, villa. C) trop. = gebildet, fein, artig, geschmackvoll (oppos. rusticus), homo, auch von der Rede, oratio, vox. D) von Pflanzen und Aeckern, blühend, üppig, reich, agri collesque, fruges.

Nĭtĭobrĭges, gum, m. pl. celtische Völkerschaft in Aquitanien.

Nĭtor, ōris, m. [niteo] 1) der Glanz, die glänzende, bes. weiße Farbe (siehe niteo), eboris; n. diurnus das Tageslicht. Hiervon (Poet.) = Farbe überhaupt; esse in quovis n. 2) trop. A) = die Schönheit, das gute Aussehen. B) = die Eleganz, Zierlichkeit, das zierliche und hübsche Aussehen, die Artigkeit und Feinheit im Aeußern. C) insbef. = die Schönheit, Zierlichkeit der Rede, die Eleganz des Stils. D) der Glanz = das Ansehen, die Vornehmheit.

Nītor, xus ob. sus, depon. 3. 1) an oder auf Etwas sich stemmen, sich stützen: n. hastā, baculo, (Poet.) n. in hastam; n. genibus knieen. Insbef. A) a) sich aufzurichten suchen, (der Fuß fassen, sich halten. b) von einem Vogel u. dergl., n. alis = schweben. c) absol. = treten, auftreten, humi. B) trop. a) auf Etwas beruhen: divinatio n. conjecturā, salus reipublicae n. in illo homine. b) sich auf Etwas verlassen, =stützen, spe aliqua, consilio alicujus. 2) mit Rücksicht auf den *terminus ad quem*, sich anstemmend, =anstrengend irgendwohin streben, sich bringen, nach einem Puncte (bes. einem höher gelegenen) mit Anstrengung zu gelangen suchen: n. ad coelum; n. sub ipsos postes gradibus emporsteigen, n. pennis in aëra emporfliegen; *trop.* per me nisus sum ich habe mich selbst emporgehoben, und = nach Etwas streben, trachten, ad immortalitatem. 3) *trop.* sich anstrengen, sich bemühen, sich Etwas angelegen sein lassen, Etwas eifrig versuchen: quantum quisque potest nitatur; n. pro libertate kämpfen, contra aliquem; n. recuperare patriam streben, (selten) n. ut etc.; *n., aliquid percipi posse zu beweisen suchen, daß u. s. w.

Nĭtrum, i, n. [νίτρον] die natürliche Soda, Natron; trop. = Reinigungsmittel.

Nĭvālis, e, adj. [nix] 1) zum Schnee gehörig, Schnee=: n. dies, an welchem es schneit, mons schneeig, schneebedeckt. 2) (Poet. u. Spät.) winterlich, kalt, dies; compes n. das Eis. 3) (Poet.) schneeweiß.

Nĭvātus, adj. [nix] (Spät.) mit Schnee gekühlt.

Nĭveus, adj. [nix] 1) was aus Schnee ist, Schnee=, agger der Schneehaufe. 2) schneeig, schneebedeckt, mons. 3) (Poet.) schneeweiß, lac, brachia.

Nĭvōsus, adj. [nix] schneereich, voller Schnee, hiems, loca.

Nix, nĭvis, f. der Schnee. Hiervon (Poet.) B) graue Haare. B) = Eiskälte.

Nixor, depon. 1. [nitor] (selten (Poet.) = ein verstärktes nitor.

No, 1. 1) schwimmen; proverb. n. sine cortice = sich selbst helfen können. 2) (Poet.) A) segeln, fliegen u. dergl., per mare. B) oculi nn. von den Augen eines Berauschten, "schwimmen", gläsern aussehen. C) undae nn. fließen, wogen.

Nōbĭlis, e, adj. mit comp. u. sup. [nosco] 1) (Vorklass. u. Spät.) kennbar, kenntlich, bekannt; fidem addidit facinori nobili gaudio, illum videndo durch seine sichtbare Freude; ei non sum n. er kennt mich nicht. 2) unter den Menschen bekannt, gewöhnlich in gutem Sinne = berühmt, selten in bösem Sinne = berüchtigt: n. homo, oppidum, exemplum; n. et clarus ex doctrina, re aliqua; (Poet.) n. superare weil er — übertrifft; n. scortum, nn. inimicitiae. 3) edel = adelig, vornehm, namentlich (in der späteren Zeit der römischen Republik) = ein Römer, aus dessen Familie (gleichviel ob patricisch oder plebejisch) mehrere Mitglieder curulische Ehrenstellen bekleidet hatten, der also zum Amtsadel gehörte; ein Solcher besaß jus imaginum (siehe imago): n. homo, genus; mulier non solum n. sed etiam nota. 4) (selten) vortrefflich, in seiner Art ausgezeichnet, fundus.

Nōbĭlĭtas, ātis, f. [nobilis] die Eigenschaft nobilis zu sein: 1) (selten) der große Ruf, die Berühmtheit. 2) der Adel (siehe nobilis), sowohl A) *abstr.* = die adelige Geburt, die Eigenschaft eines nobilis, als B) *concr.* die Adeligen: omnis n. interiit; bisweilen mit dem Verbum im *pl.*, n. coeperunt etc. 3) die Vortrefflichkeit, vorzügliche Beschaffenheit, discipulorum.

Nōbĭlĭto, 1. [nobilis] (selten) bekannt machen, gewöhnlich = berühmt machen: praesens favor eum n., nobilitatus berühmt; (selten) = berüchtigt machen.

Nŏcens, tis, adj. mit comp. u. sup. [particip. von noceo] 1) schädlich. 2) schuldig verbrecherisch, homo, mores. Oft als *subst.* der Uebelthäter.

Nŏceo, 2. 1) schaden, alicui; absol. ad nocendum um Schaden zu stiften; hoc ei nihil nocet schadet ihm gar nicht; nocetur mihi ab eo et schadet mir. 2) (alte Formel) n. noxam eine Schuld verschulden = eine böse That begehen.

Nŏcīvus, adj. [noceo] schädlich.

*Noctĭfer, ĕra, ĕrum, adj. (Poet.) die Nacht bringend = der Abendstern.

Noctĭlūca, ae, f. [nox-luceo] (Poet.) der bei Nacht leuchtende = der Mond.

Noctĭ-văgus, adj. (Poet.) bei Nacht herumschweifend.

*Noctĭ (oder Noctū) -vĭgĭlus, adj. (Pl.) bei Nacht wachend.

Noctū, abl. des sonst ungebräuchlichen Noctus = nox, gewöhnlich nur als adv. gebraucht, des Nachts, bei Nacht.

Noctŭa, ae, f. [nox] die Nachteule.

*Noctŭābundus, adj. [nox] zur Nachtzeit seiend, =reisend.

Noctuīnus, *adj.* [noctua] (*Pl.*) zur Nachteule gehörig.

Nocturnus, *adj.* [nox] zur Nacht gehörig, nächtlich, was bei Nacht ist, -geschieht, -kömmt u. f. w., hora, fur; nocturnus venit er kam des Nachts.

Nōdo, 1. [nodus] in einen Knoten zusammenknüpfen, n. crines; collum laqueo nodatus am Halse zusammengeschnürt.

Nōdōsus, *adj.* [nodus] 1) knotig, voller Knoten, stipes, ramus, rete. 2) *trop.* voller Schwierigkeiten, verba.

Nōdus, i, *m.* 1) der Knoten an einem Bande u. dergl. Hiervon *meton.* = dasjenige, was zusammengeknüpft wird, ein Gürtel, Band, die Wulst (eine Art Kopfputz der römischen Damen); *proverb.* n. Herculis (*Spät.*) = ein Knoten, der schwer zu lösen ist; (*Poet.*) complecti aliquem in nodum die Arme um Jmb. schlingen; nn. serpentis, n. anni (*Lucr.*) der Aequator. 2) der Knoten am Gelenke thierischer Körper: alces crura habent sine nn. articulisque. 3) der Knoten am Holze oder an den Aesten der Bäume: baculus sine n.; *proverb.* nodum in scirpo quaerere Schwierigkeiten suchen, wo keine sind. 4) *trop.* A) = das Band, die Fessel, nn. amicitiae; (*Poet.*) plures imponere nn. bindende Eide. B) = die Schwierigkeit, Verwickelung, das Hinderniß: expedire n. lösen, incidere in difficilem n.; mora et n. pugnae (*Poet.*) = ein Mann, der tapferen Widerstand leistete.

Nōla, ae, *f.* Stadt in Campanien. Davon **Nōlānus**, *adj.*, als *subst.* -āni, ōrum, *m. pl.* die Einwohner von N.

Nōlo, nōlui, nolle [non-volo] nicht wollen: n. amplius quam etc.; aliquid facere n.; nolo eum abire, (selten) n. abeat ich will (wünsche) nicht, daß er fortgehe, ebenso hostes inultos abire n.; nollem factum ich wollte wünschen, daß es nicht geschehen wäre; non n. = gern wollen. Insbef. A) häufig der *imperat.* noli mit einem *infin.* als mildernde Umschreibung des Imperativs von diesem Verbum (noli putare glaube ja nicht), sogar pleonastisch noli velle. B) n. alicui Jmb. nicht günstig sein.

Nōmas, ādis, *m.* [νομάς] (*Poet.* u. *Spät.*) 1) der Nomade. 2) als *nom. propr.* ein Numidier.

Nōmen, ĭnis, *n.* [statt novimen von nosco], eigtl. das, woran Etwas gekannt wird] 1) der Name: dare, imponere alicui n. einen Namen geben, invenire n. re aliqua aus Etwas einen Namen erhalten; est mihi nomen Cajo oder Cajus (selten und *Spät.* auch Caji) ich heiße C., ebenso nomen ei dedit Marco oder Marcum (*Poet.* est via, lactea nomen habet sie heißt die Milchstraße). Auch = Wort, Benennung, n. calamitatis. Insbef. A) nomen (von Mehreren nomina) dare, edere, profiteri oder ad n. respondere sich (bef. zum Kriegsdienste) melden, sich einschreiben lassen (bef. als Soldat), *trop.* (*Com.*) in his nomen suum profitetur et rechnet sich unter diese. B) nomen alicujus deferre Jmb. anklagen, recipere die Klage gegen Jmb. annehmen (vom Prätor), z. B. de parricidio. C) bei den Römern der mittlere der drei Namen, welche jeder freigeborene Bürger führte,

der Geschlechtsname, im Gegensatze zum cognomen und praenomen; bisweilen steht jedoch n. ungenau von einem dieser beiden. 2) = die Personen, welche einen gewissen Namen führen, nämlich A) = das Geschlecht, die Familie: Fabium n. B) = Volk, Stamm: socii et n. Latinum; daher in einer Anrede an die Römer n. vestrum = vos. 3) der Name = Ruf, Ruhm, Berühmtheit u. dergl.: huic magnum n. fuit; habere n.; (*Poet.*) sine n. ohne Ansehen, servare pomis sua nn. 4) der Name, Schein einer Sache im Gegensatze zu der Sache selbst und der Wirklichkeit: rex nomine magis quam re; n. duarum legionum. Hiervon A) der *abl. sing.* nomine a) = unter dem Namen, Titel, insbef. prägn. = unter dem Vorwande: n. sceleris damnati sunt; classis n. pecunia imperata est; honesto n. b) in Jmds Namen, von Jmds wegen, von Jmds Seiten, einer Sache wegen: suo n. populo Romano bellum indixit; jam meo n. eum odi; suspectus est n. negligentiae; unius criminis n., eo n. deswegen, auf diese Veranlassung. B) (*Poet.*) n. wird bisweilen zur Bezeichnung der Sache selbst gebraucht, doch so, daß hauptsächlich an ihren Namen gedacht wird: fortissima nn. = die tapfersten Helden; nec fidum femina n. ist kein treues Wesen. 5) Insbef. der Name eines Debitors, insofern er auf die Schuldverschreibung gesetzt und in das Hauptbuch des Gläubigers eingetragen ward, also = A) die Schuldverschreibung, Schuld, der Schuldposten: nomina sua solvere, dissolvere bezahlen, expedire in Richtigkeit bringen; nn. exigere eintreiben, in alium transscribere durch Anweisung auf einen Anderen bezahlen; locare n. (*Spät.*) = Geld von Jmb. borgen; n. quod urget: facere indem man Jmb. Geld borgt oder ihm erlaubt, Geld schuldig zu bleiben, diese seine Schuld ins Hauptbuch eintragen, einen Schuldposten buchen; pecunia ei est in nominibus Viele sind ihm Geld schuldig. B) der Schuldner, Debitor: bonum n. ein zuverlässiger Schuldner, lentum n. ein langsamer, schlechter Bezahler.

Nōmenclātor, ōris, *m.* [nomen-calo] der Namennenner, ein Sklave, der seinem Herrn, wenn er ausging, die ihm Begegnenden nennen sollte, besonders behufs der Amtsbewerbung.

Nōmentum, i, *n.* Stadt unweit Rom. Davon **-tānus**, *adj.* und als *subst.* -tāni, ōrum, *m. pl.* die Einwohner von N.

Nōminātim, *adv.* [nomino] namentlich, ausdrücklich, so daß Jmb. oder Jedermann ausdrücklich genannt wird: non n. sed generatim proscriptio erat informata.

Nōminātĭo, ōnis, *f.* [nomino] 1) (*Spät.*) die Benennung. 2) (*Vorklaff.*) das Wort. 3) die Ernennung, n. in alicujus locum.

Nōminātīvus, *adj.* [nomino] zur Nennung gehörig, nur in der Grammatik casus n. die Nennform.

Nōminātus, *adj.* mit (*Spät.*) *comp.* u. *sup.* [*particip.* von nomino] bekannt, berühmt.

Nōminĭto, 1. (*Vorklaff.*) = nomino.

Nōmino, 1. [nomen] 1) benennen, benamen, mit einem Namen belegen: n. rem suo nomine, nominari propriis vocabulis;

nominari ex (ab) re aliqua von Etwas einen Namen erhalten. 2) nennen = erwähnen, namentlich anführen: n. aliquem honoris causa; omnes nominari volunt. rühmend erwähnt werden. 3) zu einem Amte u. dergl. ernennen, n. interregem, aliquem augurem zum Augurem. 4) = angeben, anklagen: n. aliquem; inter socios Catilinae nominatus.

Nŏmisma (ob. **Nŭmisma**), ătis, n. [νόμισμα] (Poet. u. Spät.) die Münze, das Geldstück.

Nŏmos (Nomus), i, m. [νόμος] (Spät.) 1) der District, Bezirk. 2) in der Musik, die Weise, Melodie.

Nōn, adv. 1) nicht (überhaupt, vgl. haud): tanta n. insolentia sed immanitas; n. est ita; n. solum nicht allein; n. nisi nur; tantum n. fast. Insbes. A) es verschmilzt bisweilen mit einem Substantiv zu einem Begriffe: esse n. corpus etwas Unkörperliches, n. honesta das Unmoralische, Schlechte. B) in Fragen zur Bezeichnung eines Erstaunens darüber, daß Etwas nicht ist oder geschieht: n. mihi respondes? C) n. possum n. dare ich kann nicht umhin zu geben. D) et (ac, atque) n. und nicht, wird gebraucht (nicht neque), wo die Negation zu einem einzelnen Worte gehört; insbes. = und nicht vielmehr, wo durch Beifügung des Wahren Etwas berichtigt wird (si hoc suo ac non impulsu tuo fecerit). D) (Poet. u. Spät.) statt nē 2. A u. B. E) n. modo — sed ne — quidem statt non modo non etc., siehe die Grammatik. 2) in der Antwort, nein: aut etiam aut n. respondere entweder Ja oder Nein.

Nōna, ae, f. (Vorklass.) eine der drei Parzen.

Nōnacris, ĭdis, f. Stadt im nördlichen Arcadien. Davon **Nōnacrius** ober **-orinus**, adj. (Poet.) = arcadisch: N. virgo = Callisto oder Atalanta.

Nōnae, ārum, f. pl. [nonus] der neunte Tag vor den Jdus, also der fünfte Tag in den meisten Monaten, der siebente in den Monaten März, Mai, Juli, October: n. Januariae, Apriles; a. d. tertium n. Februarias der dritte Februar.

Nōnāgēni, ae, a, adj. num. distr. [nonaginta] (Spät.) je neunzig.

Nōnāgēsĭmus, adj. num. ord. [nonaginta] der neunzigste.

Nōnāgies, adv. num. [nonaginta] neunzig Mal.

Nōnāgĭnta, adj. num. card. neunzig.

Nōnānus, adj. [nonus] (Spät.) zur neunten Legion gehörig, miles.

Non-dum, adv. noch nicht.

Nongentēsĭmus, adj. num. ord. [nongenti der neunhundertste.

Nongenti, ae, a, adj. num. card. neunhundert.

Non-ne, adv. 1) in unabhängigen Fragen, wo man eine bestätigende Antwort erwartet, nicht? n. meministi etc.? 2) in abhängigen Fragen, ob nicht: quaere n. id effecerit.

Non-nēmo, ĭnis, adj. Mancher, Einer und der Andere, von einigen gewissen aber nicht genannten Personen, siehe nemo; es wird oft getrennt geschrieben.

Non-nĭhil, n. indecl. Etwas; setze nihil.

Non-nullus, adj. einiger, -ge, -ges, im pl. einige, etliche, manche; siehe nullus.

Non-nunquam, adv. zuweilen, manchmal (vgl. interdum).

Non-nusquam, adv. (Spät.) an einigen Orten, an manchen Orten.

Nōnus, adj. num. ord. [novem] der neunte.

Nōnus dĕcĭmus, adj. num. ord. [novendecim] der neunzehnte.

Nōra, ae, f. Stadt 1) in Cappadocien, 2) auf Sardinien, 3) in Indien. Davon **Nōrensis**, e, adj., u. subst. -ses, ium, m. pl. die Einwohner von N.

Norba, ae, f. Stadt in Latium. Davon **Norbānus**, adj., u. subst. -āni, ōrum, m. pl. die Einwohner von N.

Nōraja, ae, f. Stadt in Noricum.

Nōrĭcum, i, n. Landschaft zwischen der Donau und den Alpen, ein Theil des heutigen Oesterreich. Dazu gehört **Nōrĭcus**, adj.

Norma, ae, f. 1) (Spät.) das Winkelmaaß. 2) trop. die Richtschnur, Regel, Vorschrift: dirigere aliquid normā oder ad n. rationis musicorum; natura n. legis est.

Normālis, e, adj. [norma] (Spät.) nach dem Winkelmaaß gemacht, angulus n. ein rechter Winkel.

Nortia, ae, f. eine etruskische Schicksalsgöttin.

Noscĭtābundus, adj. [noscito] (Spät.) zu erkennen suchend, untersuchend.

Noscĭto, 1. [nosco] 1) untersuchen, betrachtend kennen zu lernen streben, aliquid. 2) bemerken, wahrnehmen, aliquem. 3) erkennen, wiedererkennen, aliquem facie.

Nosco, nōvi, nōtum, 3. (verw. mit γιγνώσκω] I. praesens und die davon gebildeten Zeiten: 1) untersuchen, betrachten kennen zu lernen streben, prüfen: n. signum, provinciam besichtigen; insbes. vom Prätor n. rem = untersuchen; explorare et n. 2) kennen lernen, Kenntniß von Etwas erlangen, erfahren, bemerken, wahrnehmen u. dergl.: n. mores Graecorum, causas singulorum; n. hostem clamore magis quam oculis. 3) (selten) erkennen, kennen, aliquid. Insbes. = wiedererkennen: nn. res suas von Eigenthümern, die ihre geraubten und jetzt zurückgestellten Sachen wieder anerkennen. 4) gültig anerkennen, gelten lassen, excusationem, morbum. II. perf. und die davon gebildeten Zeiten, kennen, wissen, aliquem, rem omnem, leges et jura. Insbes. (Convers.) nostin' verstehst du mich?

Noster, stra, strum, pronom. poss. unser; es wird durch das Suffixum met verstärkt = unser eigen. Insbes. A) zur Bezeichnung eines nahen Verhältnisses überhaupt: salve n.! (Anrede des Sklaven an den Hausherrn); n. est er gehört zu unserer Partei ob. Familie; nostri die Unsrigen; Syre n. lieber S.! B) = uns günstig, vortheilhaft, loca; Marte nostro pugnamus mit für uns glücklichem Erfolge. C) der gen. sing. n. nostri wird als Objectsgenitiv statt des fehlenden Genitivus des persönlichen Pronomens gebraucht: amor nostri die Liebe zu uns, studiosus n. unser Anhänger. D) Bisweilen wird jedoch das *pron.* noster als Beiwort gebraucht, um den Objectsgenitiv auszudrücken: amor noster die Liebe zu uns.

Nostras, ātis, *adj.* [noster] aus unserem Lande, von unserem Volke, inländisch, homines, verba.

Nŏta, ae, *f.* [nosco] 1) das Merkmal, Kennzeichen, Zeichen, wodurch Etwas kenntlich gemacht wird: apponere n.; ducere n. mit dem Finger (auf dem Tische) ziehen; nn. locorum; *trop.* nn. ac vestigia scelerum. 2) Insbef. A) geschriebene Zeichen, nn. literarum od. bloß nn. Buchstaben. Hiervon (Poet.) a) eine Schrift, ein Brief. b) die Chifferschrift, Geheimschrift. c) Zeichen oder Abkürzungen, deren sich die Stenographen bedienten. d) die Interpunctionszeichen. B) Zeichen die im Buche gemacht (bef. an den Rand geschrieben) wurden. C) das Zeichen an einem Weingefäße, vinum optimae notae; interior n. Falerni = eine vorzügliche Sorte Falernerwein. Hiervon überhaupt zur Bezeichnung der Sorte, Qualität von Waaren: ex hac n. corporum est aër, beneficia ex vulgari n. D) = das Gepräge einer Münze u. dergl.; *trop.* interior animi n. das Gepräge, der Charakter des Sinnes. E) das Brandmal, das eingebrannte od. durch Tättowirung gemachte Merkmal: compunctus notis Thraciis gebrandmarkt *ob.* tättowirt. F) das Muttermal, n. genitiva. G) die Note, Anmerkung des Censors, welche dieser dem Namen eines Bürgers auf der Verzeichnisse beifügte, um dadurch einen Tadel zu bezeichnen: n. severitatis censoriae. Hiervon = der Schandfleck u. *trop.* der Schimpf, die Beschimpfung, n. et ignominia. H) (Poet.) der Wink, das Zeichen, das man Jmd. giebt: reddere alicui nn. I) (Poet.) der Beiname.

Nŏtābĭlis, e, *adj.* mit comp. [noto] 1) (Sült.) bemerkbar, kenntlich, fundamenta urbis. 2) bemerkenswerth, merkwürdig, auffallend, exitus.

Nŏtābĭlĭter, *adv.* mit comp. [notabilis] (Spät.) 1) merklich. 2) auffallend.

Nŏtārius, ii, *m.* [nota] (Spät.) 2) der Geschwindschreiber, Stenograph. 2) der Secretair, Schreiber.

Nŏtātĭo, ōnis, *f.* [noto] 1) die Bezeichnung, namentlich der Stimmtafeln (mit verschiedenfarbigem Wachse), n. tabellarum. 2) die Bemerkung, Wahrnehmung, naturae; n. temporum Unterscheidung. 3) die tadelnde Anmerkung eines Censors, n. censoria. 4) die Angabe des ursprünglichen Begriffes eines Wortes, die Etymologie. 5) (Spät.) die Charakteristik, Schilderung.

Nŏtesco, tui, — 3. [notus] (Poet. u. Spät.) bekannt werden.

Nŏthus, *adj.* [νόθος] (Poet. u. Spät.) 1) von Menschen, von unehelicher Geburt, unehelich geboren. 2) von Thieren, ein Mischling. 3) *trop.* unächt, falsch, geborgt, lumen, Attis mulier.

Nŏtĭo, ōnis, *f.* [nosco] *1) (Pl.)* das Sich mit Etwas Bekanntmachen: quid tibi hanc notio est was hast du dich mit ihr bekannt zu machen? 2) die officielle Untersuchung, Kenntnißnahme von einer Sache, pontificum, populi; insbef. n. censoria u. davon = nota censoria. 3) die Kenntniß, Vorstellung von Etwas: sine n. rerum beate vivere non possamus; n. deorum von den Göttern. 4) der Begriff, den man einer Sache oder einem Worte unterlegt: neque alia huic verbo subjecta est notio nisi etc.

Nŏtĭtĭa, ae, *f.* u. (Vorklaff.) **-tĭtĭes**, ei, *f.* [notus] die Bekanntschaft, 1) im passiven Sinne = das Bekanntsein: intromitti propter n. weil man gekannt ist; (Poet.) consequi n. berühmt werden, = venire in n.; habere n. bekannt sein (vgl. 2.); virtus habet n. posteritatis ist von der Nachwelt gekannt. 2) im activen Sinne = die Kenntniß, das Wissen, die Bekanntschaft mit Etwas: n. dei; habere n. rei alicujus mit Etwas bekannt sein (vgl. 1.); nupera est haec inter nos n.

Nŏto, 1. [nota] 1) bezeichnen, mit Kennzeichen versehen: n. tabellam cerā; n. genas ungue = kratzen. Insbef. A) (Poet.) schreiben, nomen. B) mit Chiffern ob. Zeichen schreiben. 2) *trop.* A) bezeichnen, angeben, res nominibus; illa in. temporis naturam dieses zeigt u. s. w. Hiervon = auf Etwas anspielen, sticheln, n. senatum. B) von einem Schriftsteller = bemerken, anmerken, anführen, aliquid. C) n. aliquid mente, pectore Etwas merken, seinem Gedächtnisse einprägen. D) wahrnehmen, beobachten, bemerken, cantus avium, numerum in cadentibus guttis. n. aliquem circumire das Jmd. herumgehet. E) von Censor, *term. t.*, mit einer tadelnden Bemerkung bezeichnen, davon überhaupt tadeln, beschimpfen: n. aliquem ignominiā Imb. beschimpfen, furti nomine.

Nŏtor, ōris, *m.* [nosco] (Spät.) der Kenner Imd = der Identitätszeuge.

Nŏtus, *adj.* mit comp. u. sup. [particip. von nosco] 1) bekannt: hoc mihi est n.; noti als *subst.* Bekannte; nn. et insignes latrones, mulier n. berüchtigt; (Poet.) notus animi paterni wegen seiner väterlichen Gesinnung; (Poet.) wohlbekannt = angewohnt, sedes. 2) (Vorklaff. u. Spät.) *act.* Imb. kennend, bekannt mit Etwas.

Nŏtus, i, *m.* [νότος] (Poet.) der Südwind; auch = Wind überhaupt.

Nŏvācŭla, ae, *f.* [novus] das neu geschliffene Messer, insbef. das Scheermesser.

Nŏvālis, e, *adj.* [novus] neu gepflügt; insbef. als *subst.* -le, is, n. das Brachfeld, (Poet.) überhaupt das Feld, der Acker.

Nŏvātor, ōris, *m.* [novo] (Spät.) der Erneuerer.

*****Nŏvātrix**, īcis, *f.* [novo] (Poet.) die Erneuerin, rerum.

Nŏve, *adv.* mit sup. [novus] 1) neu, ungewöhnlich, auf neue und unbekannte Weise. 2) *sup.* A) in der Zeit, letzthin, neulich, vor Kurzem. B) in der Reihenfolge, zuletzt, endlich.

Nŏvello, 1. [novellus] (Spät.) neue Aecker bebauen.

Nŏvellus, *adj.* [novus] neu, jung, neulich gepflanzt, erzeugt u. dergl.; nn. Aquilejenses neulich angesiedelt.

Nŏvem, *adj. num. card.* neun.

Nŏvember, bris, *adj.* [novem] zum neun-

Novendecim   **Nubilus**   505

ten Monate gehörig: mensis N. der Monat November; Calendae nu-

Nŏvendĕcim, *adj. num. card.* [novemdecem] (selten) neunzehn.

Nŏvendiālis, e, *adj.* [novem-dies] neuntägig, 1) neun Tage dauernd. 2) am neunten Tage stattfindend, insbes. sacrificium n. (auch bloß novendiale) ein Opfer, das man am neunten Tage nach der Beerdigung einer Leiche brachte; pulveres nn. am neunten Tage nach dem Tode beigesetzt.

Nŏvēni, ae, a, *adj. num. distr.* [novem] je neun.

Nŏvensiles (dii), [novus] neue Götter, die von anderen Völkern entlehnt, erst später unter die Götter aufgenommen worden waren.

Nŏverca, ae, [novus] *f.* die Stiefmutter: *trop.* quorum Italia n. est die (ihr) nicht Bürger altrömischer Herkunft seid; *proverb.* apud n. queri = vergeblich klagen.

Nŏvercālis, e, *adj.* [noverca] (Spät.) stiefmütterlich.

Nŏvēsium, ii, *n.* Stadt am Rhein, jetzt Neuß.

Nŏvīcius, *adj.* [novus] neu, jung, frisch, bes. = der neulich in einen Dienst od. dergl. gekommen ist. Etwas neuerdings angefangen hat und deßwegen noch unerfahren ist.

Nŏvies, *adv. num.* [novem] neunmal.

Nŏvĭtas, ātis, *f.* [novus] 1) die Neuheit, das Neusein, bes. = Ungewöhnlichkeit, das Auffallende, rei, sceleris; (Poet.) n. anni = das Frühjahr; nn. = neue Freundschaften. Hiervon *concr.* = die Neuigkeit, das Neue: homines cupidi novitatis. 2) die Neuheit des Adels, die Emporkömmlingschaft (siehe novus I. E): contemnunt n. meam.

Nŏvo, 1. [novus] 1) neu machen = erneuern, in den vorigen Stand setzen, transtra; n. membra exquidem, vulnus wieder aufreißen, agrum wieder pflügen; n. viros prole fortpflanzen; n. ardorem qui resederat. 2) erneuern = als etwas Neues schaffen, »erfinden, »aufbringen: n. verba, aliquid in re, opus aliis ignotum. 3) verändern, einer Sache eine neue Gestalt und Einrichtung geben: n. pugnam, aliquid in legibus. Insbes. in politischer Beziehung n. res (omnia, quidquam, nihil u. s. w.) = res novas (siehe novus) veranlassen, Neuerungen in der Verfassung zu machen und Unruhen zu erregen streben, das Bestehende umstürzen wollen: occasio novandi rei; Turnum res novantem poenā affecerunt; auch *absol.* n. in derselben Bedeutung.

Nŏvus, *adj.* mit *sup.* I. *Posit.* 1) neu (= was früher nicht gewesen ist, im Gegensatze von antiquus; vgl. recens); n. et inauditus; n. exercitus, miles der früher nicht gedient hat; (Poet.) n. serpens die die alte Haut abgestreift hat. Oft = unerhört, ungewöhnlich, die vorher gesehen, n. monstrum, n. species. Insbes. A) res novae. a) = Neuigkeiten. B) (gewöhnlich) politischer *term. t.* = Aenderungen in der Staatsverfassung, bürgerliche Unruhen, Umsturz des Bestehenden. C) tabulae nn., siehe tabula. D) nn. tabernae ob. absol. novae ein Theil der Wechslerbuden am Markte zu Rom. E) n. homo ob. homo n. ein Neuadeliger, Em-

porkömmling, d. h. der erste aus einer bisher unadeligen (siehe ignobilis) Familie, welcher curulische Ehrenstellen erlangte. 2) (meist Poet. u. Spät.) neu in einer Sache = unerfahren, ungeübt: nares n. (an einen Geruch) nicht gewöhnt, equus n. nicht zugeritten; novus delictis (*Tac.*) noch unbekannt mit. — II. *Sup.* 1) in der Zeit (selten), der letzte, verba. 2) im Raume, der äußerste, hinterste, letzte: n. agmen das Hintertreffen, novissimi die Letzten. 3) *trop.* (Spät.) der äußerste = der höchste, ärgste, poena, exempla.

Nox, ctis, *f.* [verw. mit dem gr. νύξ] 1) die Nacht: umbra terrae officiens soli efficit noctem. Insbes. A) nocte (auch de n.) ob. noctu adverbial, bei Nacht, des Nachts. B) die et nocte im Laufe Eines Tages und Einer Nacht, aber dies noctesque (von etwas Dauerndem oder Wiederholtem) Tag und Nacht = mehrere Tage und Nächte hindurch. C) media n. um Mitternacht; multā n. (auch de multa n.) in tiefer Nacht, in multam noctem bis tief in die Nacht. 2) *trop.* (meist Poet.) A) = nächtliches Treiben aller Art: semita sonat insanā n. von unsinnigem nächtlichem Lärm. B) = Dunkelheit, Finsterniß: offundere noctem rei alicui. Hiervon = Verwirrung, unglückliche Lage, n. reipublicae. C) die Blindheit. Hiervon a) die geistige Blindheit, der Unverstand, n. animi. b) die Unverständlichkeit, Undeutlichkeit, versus habent aliquantum noctis. D) der Sturm, das Gewitter. E) der Tod, auch = die Unterwelt. F) der Schlaf.

Noxa, ae, *f.* [noceo] 1) der Schaden: nihil illa res iis noxae fuit schadete ihnen nicht; sine n. ohne Schaden anzurichten. 2) das Vergehen, die Schuld: esse in n. schuldig sein, comprehendi in aliqua n.; damnari noxae wegen einer Schuld; nocere noxam siehe noceo. 3) die Strafe eines Vergehens: merere n., dedere aliquem noxae, exsolvere aliquem noxā.

Noxia, ae, *f.* [nocco] 1) = noxa 2. 2) (selten) = noxa 1.

Noxiōsus, *adj.* (noxia) (Spät.) 1) schädlich. 2) sündhaft, sträflich.

Noxius, *adj.* [noceo] 1) schädlich. 2) einer bösen That schuldig, sträflich: noxius eodem crimine, (Spät.) conjurationis an der Verschwörung; noxii die Schuldigen.

Nūbēcŭla, ae, *f. deminut.* von nubes.

Nūbes, is, *f.* 1) die Wolke. 2) was einer Wolke ähnlich sieht, z. B. die Staub- od. Rauchwolke. Insbes. *trop.* A) = Dunkel, Finsterniß, objicere hubem fraudibus (Ind?) schlechte Thaten verhüllen. B) = finsteres und düsteres Aussehen: deme supercilio nubem. C) = Verwirrung, Unglück, mißliche Lage: vita vacet nube. D) = die dichte Menge, Schaar, locustarum, jaculorum. E) zur Bezeichnung des Leeren und Inhaltslosen: nubes et inania captare.

Nūbĭfer, ēra, ĕrum, *adj.* [nubes-fero] (Poet.) 1) Wolken tragend, mons. 2) Wolken bringend, notus.

Nūbĭgĕna, ae, *comm.* [nubes-gigno] (Poet.) der von einer Wolke Geborene = der Centaur.

Nūbĭlis, e, *adj.* [nubo] heirathsfähig, virgo.

Nūbĭlus, *adj.* [nubes] (vorklass., Poet. u.

Spät.) 1) **wolkig, mit Wolken überzogen**, coelum. Gewöhnlich als *subst.* **Nūbĭlum**, i, *n.* das Gewölke, trübe Wetter, der wolkenbedeckte Himmel: nubilo bei trübem Wetter; oft im *pl.* = die Wolken. 2) **Wolken bringend**, auster. 3) **finster, dunkel**. Hiervon *trop.* A) von Trauer oder Zorn getrübt, verfinstert, düster: Ceres nubila vultu düster. B) **traurig, unglücklich**, tempus. C) **ungünstig**, Parca mihi fuit n.

Nūbo, nupsi, nuptam, 3. [nubes] 1) eigtl. *transit.* (Poet. u. Spät.) **umwölken = verhüllen**: tellus se nubit plantis; rosae nubunt virgines. 2) *intrans.* von der Braut sich vor dem Manne, wenn sie bei der Hochzeit ihm übergeben wurde, verschleiern, davon, vom Weibe, **heirathen**: n. alicui; n. in familiam clarissimam in — **hineinheirathen, durch Heirath eintreten**; ire nuptum heirathen wollen, dare (locare, collocare) alicui filiam nuptum zur Ehefrau geben, seine Tochter verheirathen; auch nuptam esse alicui oder cum aliquo mit Jmb. verheirathet sein. Hierv. (Poet.) *subst.* **Nupta**, ae, *f.* die Braut, Frau. Bisweilen *trop.* von Pflanzen, die an andere gebunden werden und auf diese sich stützen: vites nn. populis (vgl. marito, caelebs).

Nŭcēria, ae, *f.* Stadt in Campanien. Davon **-rīnus**, *adj.* u. *subst.* **-rīni**, ōrum, *m. pl.* die Einwohner von N.

*__Nŭcĭfrangĭbŭlum__, i, *n.* [nux-frango] (Pl.) der Nußknacker, scherzhaft von einem Zahne.

Nŭcleus, i, *m.* [nux] der Kern, insbes. der eßbare von der Nuß und ähnlichen Früchten. Hiervon *trop.* A) = das Innere einer Sache: n. conchae die Perle. B) das Härteste einer Sache, n. ferri.

Nūdĭus [zusammengesetzt aus nunc dies est es ist jetzt der — Tag] wird mit einer Ordnungszahl verbunden als ein Adverbialausdruck gebraucht: n. tertius es ist jetzt der dritte Tag = vorgestern, n. quartus vor vier Tagen; qui dies n. tertius decimus fuit welcher Tag war es vor dreizehn Tagen?

Nūdo, 1. [nudus] 1) **entblößen, bloß oder nackt machen**, corpus; n. hominem entkleiden; n. gladium aus der Scheide ziehen; tectum nudatum von Ziegeln entblößt; (Poet.) n. agros die Saat auf den Aeckern vernichten, n. messes abdreschen. Hiervon *trop.* = **bloßstellen, des Schutzes entblößen, preisgeben**, latera, tergum. 2) Jmb. einer Sache **entblößen, berauben**: n. murum defensoribus, aliquem praesidio, absol. n. hostes von Allem entblößen; tribunicia potestas omnibus rebus nudata entblößt von Allem, Alles ermangelnd. 3) **= plündern, arm machen**: alea eum n. 3) **bloßgeben = sichtbar machen, verrathen, an den Tag geben, merken lassen**, consilia alicujus, quid velint; (Poet.) n. alicui amorem.

Nūdus, *adj.* 1) **nackt, bloß, der Kleider ob. sonstiger Bedeckung entblößt**, corpus, caput; gladius n. entblößt, aus der Scheide gezogen. Insbes. A) (Poet.) = **unbewaffnet** ob. nur leicht bewaffnet, auch wohl = **ohne Oberkleid**. B) in der Militärsprache = **bloßgestellt** (vgl. nudo 1. *trop.*), latus, tergum, ala. C) (Poet.) n. nemus **entlaubt**, cacumina kahl, **ohne Gras**, humus bloß (ohne Teppich u. dergl.), vertex kahl, nudus jacet in arena = **unbegraben**; nn. subsellia ohne Menschen; capilli nn. **ungeschmückt**. 2) **einer Sache entblößt, beraubt, ermangelnd**, nudus re oder ab re, auch rei alicujus, daher terra n. gignentium ohne Pflanzenwuchs, aller Vegetation ermangelnd. Hiervon überhaupt (Poet.) = **arm, dürftig** homo, senectus. 3) *trop.* A) **bloß = allein, nur, ohne etwas Anderes**: nuda ista si ponas etc.; n. ira Caesaris. B) = **einfach, natürlich, schmucklos**, commentarii. 4) (Spät.) nn. verba = **unzüchtige**.

Nūgae, ārum, *f. pl.* 1) **Possen, leeres Geschwätz, unnütze Dinge, Kleinigkeiten** u. dergl., tantae nn.; aufer nn. höre auf mit —! als Ausruf nugas dummes Zeug! agere nn. Possen u. s. w. treiben. Hiervon = ein leichtes und gleichgültiges Gedicht, ein Spaß: meditari nescio quid nugarum. 2) *trop.* = **Possenreißer, Spaßmacher, nichtswürdige Personen**.

Nūgātor, ōris, *m.* [nugor] der **Spaßmacher, Schwätzer**, insbes. = der **Aufschneider, Schwadroneur**.

*__Nŭgātōrĭe__, *adv.* [nugatorius] **schwatzend, läppisch**.

Nūgātōrĭus, *adj.* [nugator] **läppisch, werthlos, nichtsnutzig, aufschneiderisch, windig**.

Nūgax, ācis, *adj.* [nugor] (selten) **Possen-, läppische Dinge treibend**.

*__Nūgĭpŏlўlŏquĭdes__, ae, *m.* [nugaπολύς-loquor] (Pl.) der viel dummes Zeug schwatzt (Andere schreiben Nugi-doli-loquides ob. Nugi-pālam-loquides).

Nūgĭvendus, i, *m.* [nugas-vendo] (Pl.) der Frauenputzhändler, der allerlei Frauen-Nippsachen verkauft (Andere schreiben Nugi-gerulus).

Nūgor, *depon.* 1. [nugae] 1) **Possen treiben, leeres Zeug reden, schwatzen**. 2) insbes. = **aufschneiden, prahlen, lügen**.

Nullus, [ne-ullus] *adj.* (oft auch *subst.*, bes. im *genit.* u. *abl. sing.*, wo nemo unbräuchlich ist), 1) **keiner, keine, keines**, homo, res; n. non jeder, non n. einiger, n. dum noch keiner; (Poet. u. Spät.) auch nullius u. nullo im *n.* als *genit.* u. *abl.* zu nihil, statt nullius rei u. nulla re. Insbes. A) nullum esse = **nicht mehr sein**, u. *trop.* nullus sum ich bin verloren. B) nullo (*abl.*) als *adv.* **nirgends**. 2) (Converf.) bisweilen wird n. dem Subjecte des Satzes beigefügt statt non dem Verbum = **gar nicht**: S. ab armis nullus discedit; ebenso nullos eos vidit er sah keine von ihnen. 3) *trop.* so gut wie kein = **unbedeutend, gering, nichtssagend, ohne Ansehen und Einfluß, ohne Bedeutung** („eine Null"): leges nullas putare; vides rempublicam esse n., senatum esse n.; n. repente sui mit einem Male war ich eine Null, für Nichts zu rechnen; sine his studiis vita n. est ist für Nichts zu rechnen.

Num, fragendes *adv.* 1) in einfachen unabhängigen Fragen, wo man eine verneinende Antwort erwartet: es wird hier entweder gar nicht übersetzt oder durch wohl, denn u. dergl. ausgedrückt: n. negare audes? (= du wagst doch wohl nicht zu läugnen?). Es wird durch ein angehängtes ne ob. quid verstärkt (numne vis audire? numquid duas habetis patrias?), in der

Conversf. auch durch nam. 2) in einfachen abhängigen Fragen, ob (ohne irgend eine Nebenbedeutung): quaero n. venerit.

Nūma Pompilius, der zweite König Roms.

Nūmantia, ae, f. Stadt im nordöstlichen Spanien. Davon **-tīnus**, adj. u. subst. **-tīni**, ōrum, m. pl. die Einwohner von N.

Nūmārius, adj. [numus] zum Geld- ob. zur Münze gehörig, Geld- ob. Münz-: res n. das Geldwesen, Münzwesen; lex n. betreffend die Münzverfälschung. 2) trop. mit Geld bestochen ob. bestechbar, judex, tribunal.

Nūmātus, adj. [numus] mit Geld tüchtig versehen, reich, homo.

Nūmen, ĭnis, n. [nuo] 1) (Lucr. die Senkung, Neigung: diverso n. in locum tendunt. Hiervon die Neigung des Kopfes, das Nicken, n. capitis. 2) trop. A) der durch Neigung des Kopfes angedeutete Wink, Wille, das Geheiß, bes. eines Gottes: dens cujas numini omnia parent; (Poet.) quo n. laeso in welcher Beziehung (ihr) Wille verletzt worden war; n. deae apparuit göttliche Wirkung; auch (Poet. u. Spät.) vom Willen mächtiger Menschen, n. Caesareum. B) (Poet. u. Spät.) die Gottheit. a) = die göttliche Natur, erhabene und göttliche Majestät (n. Junonis, dii vindicarunt ipsi n. suum). b) = das göttliche Wesen, der Gott: precari magna nn.; firmare promissa numine indem man bei einer Gottheit schwört; haud n. nostro (Poet.) uns nicht günstiger Gottheit, von den Göttern nicht begünstigt; purum n. (vom Jupiter) = klare Luft.

Nūmĕrābĭlis, e, adj. [numero] (Poet.) zählbar, insbef. = noch zählbar, klein.

Nūmĕrātio, ōnis, f. [numero] (Spät.) die Auszahlung.

Nūmĕrātus, adj. [particip. von numero] eigtl. gezählt, davon baar, contant: duo talenta nn. in klingender Münze. Gewöhnlich im n. sing. als subst. **-tum**, i, baares Geld, contantes Geld: non n. habere; in numerato an baarem Gelde; trop. in numerato habere = gleich in Bereitschaft haben.

Nūmĕro, 1. [numerus] 1) zählen, rechnen, singulos, senatum (wenn man zweifelte, ob der Senat vollzählig sei, um einen Beschluß zu fassen). Hiervon A) = herzählen, anführen, auctores suos. B) (Poet.) n. chordas wie eine Saite nach der anderen anschlagen = spielen. C) (Poet. u. Spät.) = herzählen können d. h. haben, n. multos amicos. 2) hinzählen, aufzählen, aliquid pecuniam, stipendium militibus. 3) Etwas unter Etwas zählen, rechnen, für Etwas halten: n. aliquid in bonis (Spät. auch inter bona); n. aliquid beneficii loco ob. in beneficii parte als eine Wohlthat betrachten; n. aliquid nullo loco für Nichts rechnen; n. aliquem oratorem, honestissimum für — halten; n. aliquid in gloria für eine Ehre halten; absolut n. aliquid Etwas mit rechnen.

Nūmĕro, adv. [eigtl. abl. sing. von numerus] (Vorklaff.) 1) eben, zur rechten Zeit. 2) balb, schnell. 3) insbef. zu schnell, zu balb.

Nūmĕrōse, adv. mit comp. u. sup. 1) zahl-

reich, in großer Menge. 2) taktmäßig ober numeros, rhythmisch.

Nūmĕrōsus, adj. mit comp. u. sup. [numerus] 1) (Spät.) zahlreich, mannigfach: n. civitas volkreich, pictor der viele Arbeiten liefert, gymnasium, hortus weitläufig, aus vielen Theilen bestehend, tabula mit vielen Figuren. 2) nach dem Takte ober dem Rhythmus abgemessen, taktmäßig, harmonisch, ob. rhythmisch, numerōs, wohlklingend, versus, oratio; brachia n. taktmäßig bewegt.

Nūmĕrus, i, m. 1) die Zahl: inire n. berechnen, numero comprehendere aliquid zählen; häufig tres u. s. w. numero an der Zahl. Insbef. nn. = die Mathematik ob. Astrologie. Hierv. A) eine gewiffe Zahl, die Anzahl, Klasse, Reihe: in numerum deorum referre unter die Götter zählen, in hostium numero ducere (habere) unter die Feinde rechnen, ebenso numero sapientum haberi unter die Weisen gezählt werden; suum n. habere die volle Zahl, ad n. bis zur vollen Zahl. B) (Spät.) = die Schaar-, Abtheilung von Soldaten: in nn. esse = als Soldat eingeschrieben sein. C) trop. eine Zahl, insofern sie Etwas gilt; es bezeichnet deswegen den Werth, Rang, Platz, die Stellung, die Imb. einnimmt: homo nullo n.; obtinere aliquem n. ob. esse aliquo (auch in aliquo) n. für Etwas gerechnet werden, einige Bedeutung haben, ebenso aliquem in numero. putare (habere) für Etwas (eine bedeutende Person) halten, ebenso reponere in numero. Häufig numero mit einem genit. = in der Eigenschaft von, als: parentis n. esse an Vaters Stelle, als Vater. D) (Poet.) eine bloße Zahl, im Gegensatze zum wirklich Werthvollen: nos n. sumus sind nur da, um die Zahl zu füllen. E) (Poet.) der (mit Zahlen bezeichnete) Würfel. F) (Poet.) die Ordnung, digerere in n. 2) (meist im pl.) ein wesentlicher und nothwendiger Theil eines Ganzen: perfectus et expletus omnibus nn. suis; hoc omnes nn. virtutis continet; omnes nn. habere vollständig sein; (Poet.) deesse suis nn. mangelvoll sein. 3) der Takt in der Musik ob. dem Tanze, die Melodie, der Ton; ob. in der Rede, der Rhythmus, Wohlklang, die rhythmische Abgemessenheit, Harmonie: in numerum taktmäßig, extra n. außer dem Takte; etiam in verbis solutis (in der Prosa) inest numerus. Hiervon A) überhaupt = die Regel, das regelmäßige Verfahren: extra n. = unschicklich; in (ad) n., auch numero, regelmäßig, gebührend. B) (Poet.) die Versart, der Vers: nn. impares elegische Verse, graves heroische. C) das Glied-, der Theil eines Verses, bes. = der Versfuß.

Nūmĭcĭus (ob. **-cus**), ii, m. 1) kleiner Fluß in Latium. 2) römischer Geschlechtsname.

Nūmĭda, ae, m. 1) ein Nomade. 2) ein Numidier; auch als adj., N. leo, jaculator. Davon **Nūmĭdĭa**, ae, f. Landschaft im nördlichen Africa; hiervon **-dĭcus**, adj.

Nūmisma, siehe nomisma.

Nūmĭtor, ōris, m. König von Alba, Großvater des Romulus und Remus.

Nummus etc., siehe numus.

Nŭmōrumexpalpōnĭdes, ae, m. [numus-expalpor] (Pl.) der Gelderschmeichler,

Numquam

Jmd. der durch Schmeichelei einem Anderen Geld entlockt.

Numquam ob. **Nunquam** [ne-unquam] *adv.* nie, niemals: n. non immer; bisweilen (Converf.) = ein verstärktes non gar nicht.

*****Numquam-posteā-ēripides**, ae, *m.* (*Pl.* zweifelh.) dem man niemals nachher entreißen kann (was er einmal gefaßt hat).

Num-quid, siehe num.

Num-quis, wird besser getrennt Num quis geschrieben.

Nŭmŭlārius, ii, *m.* [numulus] (Spät.) ein öffentlicher Wechsler ob. Bankier niederen Ranges, eine Art mensarii, siehe dieses Wort.

Nŭmŭlus, i, *m. deminut.* von numus.

Nŭmus, i, *m.* 1) die Münze, das Geldstück, und im *pl.* das Geld: adulterini nn. falsche Münze; n. jactabatur hatte wechselnden Werth; esse in suis nn. keine Schulden haben. 2) insbef. = sestertius, welches man sehe; bisweilen sagte man vollständig n. sestertius. 3) *trop.* wie der deutsche „Heller", „Pfennig", — eine Kleinigkeit, das Allergeringste: vendi numo um einen Spottpreis, a. convenit et stimmt auf einen Heller = sehr genau.

Nunc [verw. mit dem griech. νῦν] *adv.* 1) jetzt, nun: qui n. sunt homines (und bei *Pl.* durch eine Verkürzung n. homines) die jetzt lebenden Menschen; n. ipsum jetzt eben. Bisweilen von der vergangenen Zeit = damals, dann (n. reus erat; n. nuper neulich, vor Kurzem), selt. von der künftigen Zeit = hernach (quem n. amabis?). Fragend nunccine ob jetzt? 2) nunc — nunc jetzt — jetzt, bald — bald (höherer und mehr poetischer Ausdruck als modo — modo); bisweilen steht statt des zweiten n. ein mox oder postremo, bisweilen fehlt das erste. 3) Oft bezeichnet nunc, wie das deutsche nun, nicht die Zeit, aber das wirklich und factisch Stattfindende, die wirklich eingetretenen Umstände im Gegensatze zu einem vorher angedeuteten Falle, = unter den jetzigen Umständen, bei der gegenwärtigen Sachlage, jetzt dagegen: philosophi debuerunt intelligere etc., nunc autem mihi videntur ne suspicari quidem etc.; si etc.: nunc quum etc.; i n., abi n. (.da die Umstände so sind, wie sie eben geschildert worden sind").

Nuncŭbi, *adv.* [= num alicubi] (Vorkless.) ob irgendwo? *trop.* ob bei irgend einer Gelegenheit?

Nuncŭpātio, ōnis, *f.* [nuncupo] (eigtl. die Benennung) (Spät.) 1) die Ernennung zum Erben. 2) die Dedication eines Buches. 3) das öffentliche und feierliche Aussprechen von einem Gelübde, solennis n. votorum.

Nuncŭpo, 1. [nomine-capio?] (meist Vorklass. u. Spät. u. als juristischer *term. t.*) 1) nennen, benennen, bemerken: n. aliquid linguā ausdrücklich, eos illo nomine, triumphos; (Poet.) n. aliquem indigetem einen Eingeborenen nennen, regem zum König ernennen. 2) förmlich und feierlich aussprechen, ₋sagen, ₋erklären. Hiervon A) n. aliquem (heredem) zum Erben ernennen. B) n. testamentum in Gegenwart von Zeugen und den Inhalt laut hersagend ein Testament aufsetzen. C) n. vota Gelübde förmlich ablegen, aussprechen.

Nuntius

*****Nundĭnālis**, e, *adj.* [nundinae] (*Pl.*) coquus vermuthlich = ein schlechter Koch (die eigentliche Bedeutung ist ungewiß).

Nundĭnātio, ōnis, *f.* [nundinor] das Markten um Etwas, der Kaufhandel, das Handeln, nur *trop.*: n. juris fortunarumque; fuit n. aliqua ne illud diceret (= Versuch ihn zu bestechen und Markten mit ihm über den Preis).

Nundĭnor, *depon.* 1. [nundinae] I. *intrans.* 1) markten, Handel treiben, schachern (verächtlich). *2) = häufig und zahlreich irgendwohin kommen, angues nn. ad focum. II. *transit.* 1) Etwas erhandeln, erschachern, jas ab aliquo. 2) (Spät.) verkaufen.

Nundĭnus, [novem-dies] *adj.* zu neun Tagen gehörig, wird nur als *subst.* gebraucht: 1) **Nundĭnae**, ārum, *f. pl.* (*sc.* feriae) A) jeder neunte Tag, d. h. der Marktag, Wochenmarkt, an welchem die Landleute nach der Stadt kamen, kauften und verkauften und sich mit den öffentlichen Angelegenheiten, die vorgefallen waren, bekannt machten, namentlich mit gemachten Gesetzvorschlägen (siehe unter 2.); hiervon *trop.* = Handel, Verkauf, nn. totius reipublicae. 2) **Nundĭnum**, i, *n. sc.* tempus, gewöhnlich in der Verbindung trinum n., *contr.*, trinundinum, eine Zeit von wenigstens siebzehn Tagen, in welche drei Markttage fielen (mit einem Marktage anfangend und endigend, und zwar so, daß der in die Mitte fallende Markttag doppelt, rückwärts und vorwärts, gezählt wurde). Ein solcher Zeitraum mußte zwischen der ersten Bekanntmachung eines Gesetzvorschlages und der Abstimmung darüber in den Comitien liegen.

Nuntia, ae, *f.* [nuntius] 1) die Verkündigerin, Anzeigerin, historia est n. veritatis. 2) der weibliche Bote, n. Jovis (aquila).

Nuntiātio, ōnis, *f.* [nuntio] *term. t.* in der Religionssprache, die Anzeige ob. Ankündigung eines Wahrzeichens.

Nuntio, 1. [nuntius] verkündigen, ankündigen, melden, anzeigen, sagen lassen, alicui aliquid, res esse afflictas; nuntiavit ei, celeriter adesset ließ ihm sagen, daß er sich eilig einfinden müßte; is nuntiatur venire man meldet, daß er kömmt; n. alicui salutem Jmd. einen Gruß vermelden, von Jmd. grüßen; *trop.* von Sachen, z. B. sensus (die Sinne) nuntiant aliquid.

Nuntius, I. (Poet.) *adj.* verkündigend, anzeigend, hinterbringend, fibra, litera; verba nn. animi mei die meinen Sinn verrathen, ebenso simulacra nn. formae welche die Gestalt (Schönheit) zeigen; *subst.* nova nuntia neue Nachrichten. II. *subst.* ₋ius, ii, *m.* (Nuntia, siehe oben). 1) der Bote, Melder, Verkündiger, Anzeiger: Mercurius est n. Jovis; per n. (durch einen Boten; literas et nn. Briefe und Ueberbringer von mündlichem Bescheide schicken. 2) die Nachricht, Anzeige, Meldung, Botschaft, der mündliche Bescheid: perferre n. ad aliquem; parere nuntio legatorum dem durch die Gesandten überbrachten mündlichen Befehle gehorchen. 3) Insbef. nuntium uxori remittere vom Ehemanne = die Ehe auffündigen, sich von der Frau scheiden; (selten) von der Frau n. re-

Nuo — **Nysa** 509

mittere viro; (Com.) n. remittere affini Jmds Ehe mit seiner Tochter aufheben; *trop.* n. re-remittere virtuti sich von der Tugend loßsagen.

Nuo [νεύω] (sich neigen), Stammwort zu Numen, Nuto, Nutus u. s. w.

Nūper, *adv.* mit *sup.* nuperrime, neulich, vor Kurzem. Bisweilen steht es von einer ziemlich langen Zeit = vor Zeiten: quae n., id est paucis ante seculis, reperta sunt.

Nūpĕrus, *adj.* [nuper] (Wortlass. u. Spät.) neu, neulich, was nicht lange gewesen ist.

Nupta, ae, *f.*, siehe Nubo.

Nuptiae, ārum, *f. pl.* [nubo] die Hochzeit: mulier multarum nuptiarum die sich oft verheirathet hat; nuptiis alicujus bei Jmds Hochzeit.

Nuptiālis, e, *adj.* [nuptiae] zur Hochzeit gehörig, hochzeitlich, Hochzeits-, coena, donum.

*****Nuptus**, i, *m.* [nubo] (*Pl.*) der Bräutigam, ein scherzhaft gebildetes Wort von einem als Weib verkleideten Manne.

Nŭrus, us, *f.* 1) die Schwiegertochter. 2) (Poet.) überhaupt die junge Frau.

Nusquam, *adv.* [ne-usquam] 1) nirgends, esse. Hiervon *trop.* A) in keiner Sache, bei keiner Gelegenheit: n. sumptus melius poni potest. B) (Poet.) = nicht da, nicht gegenwärtig. 2) bei Verben, die eine Bewegung angeben: A) nirgends hin, abire. B) zu Nichts; plebs n. alio nata zu nichts Anderem, ebenso n. alio relinquebantur zu keinem anderen Zwecke.

Nūtātio, ōnis, *f.* [nuto] (Spät.) 1) das Neigen des Kopfes, das Nicken. 2) die Neigung, daher das Schwanken, reipublicae.

Nūto, 1. [nuo] 1) sich hin u. her neigen, -bewegen, -schwanken, galea, arbor. 2) insbes. den Kopf neigen, nicken, mit dem Kopfe winken, alicui Jmd. zuniken, ne loquatur daß er nicht sprechen soll. 3) *trop.* schwanken: A) in seinem Urtheile = ungewiß sein, n. in re aliqua. B) (Spät.) in seiner Treue = unzuverlässig sein. C) (Spät.) in seinen Umständen = in Verlegenheit, in Gefahr sein.

Nūtrīcātus, us, *m.* [nutrico] (Wortlass.) 1) die Säugung, Ernährung. 2) das Wachsthum.

Nūtrīcius, *adj.* [nutrix] säugend, ernährend. Davon als *subst.* A) -cius, ii, *m.* der Ernährer und Erzieher. B) (Spät.) -cium, ii, *n.* die Säugung, Ernährung.

Nūtrīco, 1. und -cor, *depon.* 1. [nutrix] säugen, ernähren, pueros; mundus omnia n.

Nūtrīcŭla, ae, *f. deminut.* von nutrix.

*****Nūtrīmen**, inis *n.* (Poet.) und **Nūtrīmentum**, i, *n.* [nutrio] das Nahrungsmittel, die Nahrung; (Spät.) locus nutrimentorum ejus der Ort, wo er zuerst erzogen worden war.

Nūtrio, 4. (Poet. auch -ior, *depon.* 4.) 1) säugen, davon aufziehen, nähren (eigtl. durch bloß thierische Nahrung, und insofern die Eristenz gefristet wird, vgl. alo): n. pueros; nutritus in armis unter Waffen aufgewachsen; terra n. herbas ernährt. 2) überh. pflegen, warten, davon unterhalten, ernähren, corpora foliis, *trop.* amorem; (Poet.) n. ingenium entwickeln.

Nūtrītor, ōris, *m.* [nutrio] (Spät.) der Ernährer, Erzieher.

Nūtrix, īcis, *f.* [nutrio] die Amme, dav. die Ernährerin, cum lacte nutricis; tellus n. leonum (Poet.) wo Löwen leben; (Poet.) = die weiblichen Brüste; *trop.* = die Nährerin, Beförderin, nox n. curarum.

Nūtus, us, *m.* [nuo] 1) die Neigung, Geneigtheit sich gegen einen Ort hin zu bewegen, das Sich-Neigen: terra vi sua nutuque tenetur. 2) die Neigung des Kopfes, das Winken, davon der Wink = der Befehl, Wille oder die Miene, das Zeichen: nutu tremefecit Olympum (vom Jupiter); omnia nutu deorum administrantur.

Nux, ŭcis, *f.* 1) die Nuß. Hiervon A) überhaupt eine Frucht mit harter Schale: nu. castania Kastanien. B) *proverb.* n. cassa = eine Kleinigkeit. 2) der Nußbaum, (Poet.) auch der Mandelbaum.

Nyctēlius, *adj.* [νυκτέλιος] der nächtliche, Beiname des Bacchus; auch als *adj.*, N. latex der Wein.

Nycteus, ei, *m.* [Νυκτεύς] Sohn des Hyrieus, Vater der Antiope. Davon **Nyctēis**, idis, *f.* Tochter des N. = Antiope.

Nyctĭmene, es, *f.* [Νυκτιμένη] Tochter des Königs Epopeus, die in eine Nachteule verwandelt wurde.

Nympha, ae, *f.* [νύμφη] 1) (Poet.) ein junges Weib, Frau oder Mädchen (doch bes. als Jmds Geliebte). 2) die Nymphe, weibliche Gottheit der Quellen, des Meeres, der Bäume, Berge u. s. w. 3) (Poet.) das Wasser.

Nymphaeum, i, *n.* [Νύμφαιον] Vorgebirge und Hafen Illyriens.

Nȳsa, ae, *f.* [Νῦσα] 1) Stadt in Carien. 2) Berg (od. Stadt), wo Bacchus, der Sage nach, von den Nymphen erzogen worden war und sich oft aufhielt. Er wurde in den Sagen bald nach Thracien, bald nach Asien, namentlich nach Indien verlegt. 3) Erzieherin des Bacchus. Davon 1) **Nȳsaeus**, *adj.* A) im *pl.* -aei, ōrum, *m.* die Einwohner von N. in Carien. B) (Poet.) = bacchisch. 2) **Nȳsēis**, ĭdis, *f.*, *adj.* zum Berge N. gehörig. 3) **Nȳsēus**, ĕi, *m.* Beiname des Bacchus. 4) **Nȳsias**, ădis, *f.*, *adj.* 5) **Nȳsĭgĕna**, ae, *comm.* [gigno] auf N. geboren. 6) **Nȳsius**, *adj.* auch Beiname des Bacchus.

O.

O (ō) *interj.*, häufiger Ausruf der Freude, der Trauer, des Erstaunens, auch bei Wünschen, o! ach: o Romule! o me perditam (ich Unglückliche! wie unglücklich bin ich!)! o hominem nequam welch niederträchtiger Mensch! auch (Poet.) mit dem *nomin.*, o vir fortis; o utinam etc., o si etc.; ō ego laevus und ō Alexi.

Oărĭon, ōnis, *m.* (ō) (Poet.) = Orion.

Oaxes, is, *m.* ['Οάξες] Fluß auf Creta.

Ob, *praepos.* mit *acc.* (ŏ) 1) eigtl. A) (Vorklaff.) gegen — hin, gerade nach — hin: obvertere ora ob os alicujus, ducere legiones ob Romam. B) vor, gegenüber: lanam habere ob oculum, hoc mihi versatur ob oculos. 2) *trop.* A) (selten) zur Angabe des Zieles, des Zweckes, um, um — willen: aliquid facere ob emolumentum suum. B) häufig zur Angabe einer Ursache, Veranlassung, wegen, um — willen: ob illam injuriam, ob eam causam aus dieser Ursache, ob metum aus Furcht; quam ob rem (auch quamobrem geschrieben) warum, eam ob rem, ob id, ob hoc deßwegen. C) für: mori ob rempublicam zum Besten des Staates. So (Vorklaff.) ob rem = mit Erfolg, mit Nutzen, aliquid facere. D) wo von einem Handel, Preis u. dergl. die Rede ist, für: dedit triginta minas ob filiam, talentum ob unam fabulam; ager oppositus est pignori ob decem minas.

Ob-aerātus, *adj.* (ō) verschuldet, in Schulden steckend.

*****Ob-ambŭlātĭo**, ōnis, *f.* (ŏ) [obambulo] das Herumspazieren.

Ob-ambŭlo, 1. (ō) 1) vor ob. an einem Orte spazieren, -herumgehen: o. ante vallum; o. muris, gregi; (Poet.) o. Aetnam. 2) überhaupt spazieren, herumgehen, in herba.

Ob-armo, 1. (ō) (Poet. u. Nachkl.) bewaffnen, dextras securi.

*****Ob-āro**, 1. (ō) pflügen, umpflügen, aliquid.

Obbrūtesco, tui, — 3. [ob-brutus] (Vorklaff.) stumpfsinnig werden, den Verstand verlieren.

Obc........, stehe Occ......

Ob-do, dĭdi, dĭtum, 3. (Poet. und Spät.) Etwas vor Etwas setzen, -machen, -stellen: o. pessulum ostio den Riegel vor die Thür schieben; daher o. fores zumachen (trabe mit einem Balken verschließen); o. ceram auribus in die Ohren stopfen; o. malo latus apertum bloß stellen.

Ob-dormĭo, 4. 1) *intrans.* schlafen. 2) *transit.* (Pl.) verschlafen, crapulam.

Ob-dormisco, mīvi, mītum, 3. einschlafen.

Ob-dūco etc., 3. 1) Etwas an oder gegen Etwas hin führen, -ziehen; o. exercitum ad oppidum; o. Curium als Amtsbewerber gegen Andere aufstellen. Hiervon o. diem als eine Zulage noch heranziehen = noch zugeben, noch dazu zubringen. 2) Etwas vor Etwas ziehen: o. fossam ab utroque latere collis; o. seram den Riegel vorlegen. Hiervon = zusammenziehen, vela, vestem; o. frontem runzeln. 3) Etwas über Etwas als eine Decke ob. dergl. ziehen: o. tenebras rebus Finsterniß über die Gegenstände verbreiten, *trop.* o. callum dolori sich gegen den Schmerz abhärten; obducta nocte mitten in der Nacht, in der finstern Nacht. 4) häufig, Etwas mit Etwas überziehen, bedecken, truncos cortice, aliquid operimento; cicatrix obducta eine verharrschte Wunde. 5) einziehen = austrinken, venenum, potionem.

*****Obductĭo**, ōnis, *f.* [obduco] die Verhüllung, capitis.

*****Ob-ducto**, 1. (Pl.) herzuführen, aliquem.

Ob-dūresco, rui, — 3. 1) (Vorklaff.) hart werden. 2) *trop.* hart = unempfindlich werden, das Gefühl verlieren: animus o. ad dolorem, contra fortunam.

Ob-dūro, 1. hart sein, nur *trop.* sich hart machen, ausdauern, aushalten: persta atque obdura; obduretur hoc triduum man muß in diesen drei Tagen aushalten.

Obēdĭens, tis, *adj.* mit *comp.* u. *sup.* (ō) [*particip.* von obedio] gehorsam, willfährig (stehe obedio): dicto obedientem esse alicui Jmd. gehorchen.

Obēdĭenter, *adv.* mit *comp.* u. *sup.* (ō) [obediens] gehorsam, willfährig.

Obēdĭentĭa, ae, *f.* (ō) [obediens] der Gehorsam.

Obēdĭo, 4. (ō) [ob-audio] 1) (selt.) Jmd. Gehör geben, ihm sein Ohr leihen, alicui. 2) Jmd. sich fügen, gehorchen (freiwillig, also von einem freieren Verhältnisse, meist von einer einzelnen Handlung; vgl. pareo und das noch stärkere dicto audientem esse): o. alicui, praeceptis alicujus; o. ventri, tempori.

Obĕliscus, i, *m.* (ō) [ὀβελίσκος] (Spät.) eigtl. das Spießchen = die Spitzsäule.

Ob-ĕo etc., 4. (ō) I. (meist Poet. u. Spät.) *intrans.* 1) an oder zu Etwas hingehen, o. in infera loca, donec vis o. bis eine Kraft dazu kömmt; o. ad omnes hostium conatus den — entgegengehen. 2) untergehen, stella o. 3) *trop.* zu Grunde gehen, sterben (vgl. II. 2. B.), urbs, homo. II. *transit.* 1) zu Etwas herangehen, -kommen: o. regiones, villas besuchen, bereisen; o. coenam, comitia, nundinas sich bei — einfinden, am — Theil nehmen, die — besuchen; (Poet.) pallor o. ora überzieht, bedeckt. Hiervon A) mustern, durchgehen, exercitum; o. aliquid oratione erwähnen, oculis ob. visu übersehen. B) (Poet.) umgeben, lembus o. chlamydem. 2) sich an eine Sache ober Thätigkeit machen, sich ihr unterziehen, daran gehen u. dergl.: o. negotium ein Geschäft verrichten, besorgen, ebenso munus, officium, opus, bellum, sacra; o. periculum einer Ge-

Obequito   **Objurgo**   511

fahr entgegen gehen, sich ihr aussetzen. Hiervon A) von einem Termine und dergl.: o. vadimonium (siehe dieses Wort) am bestimmten Tage vor Gericht erscheinen, o. diem den Termin innehalten; o. annum petitionis suae sich um ein Amt bewerben in dem ersten Jahre, in welchem es nach den Gesetzen erlaubt ist. B) insbes. o. diem (supremum, suum) ob. mortem sterben (indifferent, und so, daß der Betreffende passiv gedacht wird, vgl. oppeto): morte obita nach (meinem) Tode.

Ob-ĕquĭto, 1. (ŏ) an Etwas hinan reiten, o. portis.

Ob-erro, 1. (ō) (Poet. u. Spät.) 1) um oder an einem Orte hin und her streifen, -irren: o. tentoriis, ignotis locis. 2) trop. A) hoc o. mihi schwebt mir vor Augen. B) fehlen, irren, semper eādem chordā.

Obēsĭtas, ātis, f. (ō) [obesus] (Spät.) die Fettigkeit, Dicke.

Obēsus, adj. (ō) [ob-edo] (Poet. u. Spät.) 1) fett, feist, dick (gewöhnlich tadelnd, vgl. corpulentus), corpus, turdus. Hiervon (Poet.) fauces oo. angeschwollen. 2) trop. stumpf, träge, gefühllos, ungebildet: homo naris non obesae (Poet.) der eine ziemlich feine Nase (d. h. Verstand) hat.

Obex, ĭcis oder (Poet.) jĭcis, m. u. f. (ō) [objicio] (meist Poet. u. Spät.) 1) der Riegel (größer als pessulus), portae. 2) trop. was vor Etwas liegt und zum Zurückhalten und Hemmen einer Bewegung geeignet ist, das Hinderniß: o. maris im Meere, saxi (genit. definit.) ein Felsen, insoweit er Jmb. hindert irgendwohin zu kommen; rumpere oo. die Felsenwände durchbrechen; auch von einem Damme oder Walle.

Obf......, siehe Off......
Obg......, siehe Ogg......

*Ob-haereo etc., 2. (ō) (Spät.) an oder in Etwas hängen, -stecken, o. vado.

Ob-haeresco, haesi, haesum, 3. (ō) (Poet. u. Spät.) an oder in Etwas hängen-, stecken bleiben, equus o. in flumine; trop. pecunia o. ei er kann sich nicht gut überreden, Geld auszugeben.

Obĭcĭo, s. S. für Objicio.

*Ob-īrascor, — depon. 3. (ō) (Spät.) zürnen, alicui Jmb.

Ob-īrātus, adj. (ō) erzürnt, alicui gegen Jmb.

*Obīrātĭo, ōnis, f. [obirascor] (ō) (zweifelh.) das Zürnen.

Obĭter, adv. (ō) [obeo] (Spät.) 1) im Vorbeigehen, unterwegs, legere (während man vorbeifährt). 2) beiläufig, gelegentlich, neben einer anderen Sache; davon = zu gleicher Zeit: verberat atque o. faciem linit.

Obĭtus, us, m. (ō) (vgl.) 1) (Vorklaff.) das Hinzukommen, der Besuch. 2) Untergang, A) eigtl. o. stellae. B) trop. = Tod, o. alicujus immaturus. C) = der Sturz, die Vernichtung: o. occasusque sagt Cicero von seiner Landsflüchtigkeit.

Ob-jăceo etc., 2. vor oder gegenüber Etwas liegen: saxa oo. pedibus.

*Objectātĭo, ōnis, f. [objecto] der Vorwurf.

Objecto, 1. [ob-jacto] 1) Etwas vor oder gegenüber Etwas stellen, -halten, o. caput fretis = kopflings sich ins Meer stürzen. Gewöhnlich trop. A) Etwas bloßstellen, preisgeben: o. aliquem (caput suum) periculis; o. animam pro aliquo wagen. B) o. moras Verzug verursachen. 2) Jmb. Etwas vorrücken, vorwerfen: o. alicui probrum, vecordiam, natum den Tod des Sohnes. *3) (Pl.) Jmb. etwas Unangenehmes mittheilen, sagen, objecto tibi, me illud fecisse.

Objectus, us, m. [objicio] *1) (Poet.) act. das Entgegenstellen: objectum parmae dare den Schild entgegen (vor) halten. 2) pass. das Entgegengestelltsein, die Lage gegenüber Etwas: insula efficit portum objecta lateribus dadurch, daß ihre Seiten (dem Meere) entgegen liegen und so das Innere der Bucht schützen; terra objectu suo umbram noctemque efficit dadurch, daß sie der Sonne gegenüber ist, vor die Sonne tritt; oo. molium die gegenüberliegenden (vorspringenden) Dämme. *3) eine entgegentretende Erscheinung, Gegenstand, quo objectu viso.

Objĭcĭo, jēci, jectum, 3. 1) Etwas vor oder gegenüber Etwas werfen, -legen, -stellen, -halten: o. cibum porcis vorwerfen; o. argentum; o. alicui aliquid ob oculos; res objicitur alicui zeigt sich plötzlich Jmb., o. aliquid naribus vor die Nase halten; re terribili objectā bei einer schrecklichen Erscheinung; insula objecta urbi der Stadt gegenüberliegend, (Poet.) o. nubem fraudibus alicujus Jmbs schlechte Thaten verhüllen = verbergen. Hiervon A) bloßstellen, preisgeben, consulem morti, se telis hostium; objectus ad omnes casus. B) zum Schutze, zur Vertheidigung vor oder entgegen halten, -stellen, -legen: o. clipeos, carros pro vallo, navem faucibus portus, vallum Alpium contra transgressionem hostium; o. se ad currus sich den Wagen entgegenwerfen; o. fores zumachen. *C) (Pl.) o. alicui lucrum Jmb. einen Gewinn verschaffen. 2) trop. eingeben, einflößen, beibringen, mittheilen, verursachen u. dergl.: o. alicui spem, timorem, laetitiam, religionem (ein Bedenken), mentem eam (den Sinn, Entschluß). Hiervon objicitur mihi malum es begegnet mir ein Unglück, metus eine Furcht entsteht bei mir. 3) vorrücken, vorwerfen, alicui aliquid; o. alicui, eum ad Bajas fuisse (ob. quod — fuit); o. alicui de re wegen einer Sache Vorwürfe machen; o. aliquid in aliquem als Vorwurf gegen Jmb. anführen. Hiervon (Spät.) **Objecta**, ōrum, n. pl. Vorwürfe, Beschuldigungen.

Objurgātĭo, ōnis, f. [objurgo] das Schelten, der Tadel.

Objurgātor, ōris, m. [objurgo] der Schelter, Tadler.

Objurgātōrĭus, adj. [objurgo] scheltend, tadelnd, epistola, verba.

*Objurgĭto, 1. [objurgo] (Pl.) schelten, tadeln, aliquem.

Ob-jurgo, 1. u. *-gor, depon. 1. 1) schelten, tadeln, zurechtweisen, amicum, aliquem de (in) re aliquā; o. aliquem a re aliquā (Pl.) durch Vorwürfe von einer Sache abzuhalten suchen. 2) (Spät.) züchtigen, strafen, aliquem verberibus; o. aliquem sestertio centies büßen lassen.

*Ob-languesco, gui, — 3. ermatten, erschlaffen.

*Oblatratrix, īcis, *f.* [oblatro] (*Pl.*) die Anbellerin (Frau, die Jmb. schilt).

Ob-latro, 1. (Spät.) eigtl. anbellen, *trop.* = Jmd. übel anfahren, schelten, alicui u. aliquem.

Oblectāmen, ĭnis, *n.* (Poet.) u. -tāmentum, i, *n.* [oblecto] was Jmd. oder Etwas ergötzt und Freude macht, die Ergötzlichkeit, Ergötzung: o. senectutis, gulae.

Oblectātio, ōnis, *f.* [oblecto] das Ergötzen, die Ergötzung, animi, vitae; res illa habet o. macht Einem Genuß.

Oblecto, 1. [lacio] 1) ergötzen, erheitern, amüsiren: o. animos legentium; häufig o. se ob. oblectari sich ergötzen, re aliqua ob. in re aliqua durch Etwas, auch aliquo mit Jmd. u. cum aliquo in Jmds Gesellschaft; so auch oblectari cum libris gleichsam in der Gesellschaft der Bücher Freude suchen. 2) (Poet. u. Spät.) angenehm zubringen, o. tempus studio.

*Ob-lēnio, 4. (Spät.) besänftigen, aliquem.

Oblīdo, īsi, īsum, 3. [ob-laedo] 1) zudrücken, zusammendrücken, fauces. 2) (Spät.) erdrücken, zerquetschen.

Obligātio, ōnis, *f.* [obligo] (Spät.) das Gebundensein, linguae.

Obligātus, *adj.* mit *comp.* [*particip.* von obligo] verpflichtet, verbindlich.

Ob-lĭgo, 1. 1) (Spät.) anbinden, an oder in Etwas binden: obligatus corio in einen ledernen Sack gebunden. Hiervon *trop.* an Jmd. oder Etwas knüpfen, mit — verbinden, fortuna me vobis o.; Prometheus obligatus aliti (Poet.) unzertrennlich von. 2) A) zusammenbinden, zubinden, manipulos, tabellas (einen Brief). B) verbinden, zubinden, vulnus, venas, oculos alicui. 3) *trop.* A) binden = einschränken, aliquem judicio durch ein Urtheil. B) verpflichten, verbinden; o. aliquem jurejurando durch einen Eid; o. se nexu sich einer Schuldverpflichtung unterziehen, o. se votis = Gelübde machen; (Poet.) obligor ut tangam ich bin genöthigt; obligatus foedere durch ein Bündniß gebunden. C) Jmd. verpflichtet machen„ ihm einen Dienst erweisen: obligabis me tu wirst mich dir verpflichtet machen. D) (Poet.) dapes obligata wozu man durch ein Gelübde verpflichtet ist, zugesagt. E) o. aliquem ob. se (caput suum) scelere, impia fraude u. dergl. Jmd. oder sich eines Verbrechens schuldig machen, damit gleichsam behaften. F) verpfänden, zum Pfande geben, praedia fratri, fidem suam sein Wort; aedes obligatae verpfändet, Hypothek auf sich habend.

Oblīmo, 1. [ob-limus] 1) überschlämmen, verschlämmen, agros. *2) *trop.* verthun, verprassen, rem suam.

Ob-lĭno, ēvi, ĭtum, 3. 1) bestreichen, beschmieren, malas cerussā; oblitus unguento. Hiervon a) = verschmieren, verpichen, amphoram pice, gypso. b) (Spät.) ausstreichen (etwas Geschriebenes). 2) *trop.* A) überfüllen, überladen: oblitus divitiis peregrinis bekleidet mit; facetiae oblitae Latio Witz, der einen starken lateinischen Anstrich hat. B) besudeln, beflecken, se externis moribus, aliquem versibus atris beschimpfen.

Oblīque, *adv.* [obliquus] 1) seitwärts, schräg, schief. 2) *trop.* verblümt, versteckt.

Oblīquo, 1. [obliquus] (Poet. u. Spät.) Etwas seitwärts-, schräge, schief richten, -stellen, -lenken: o. ensem in latus; o. visus seitwärts sehen, crinem zur Seite streichen, sinus (velorum) in ventum = laviren. Hiervon *trop.* o. literam etwas weicher, gemiltert aussprechen.

Oblīquus, *adj.* mit *comp.* u. *sup.* 1) seitwärts gerichtet -gehend, -gekehrt, von der Seite gesehen, schräg, schief, Seiten-, motus, iter, ordo, ictus Seitenhieb; cursus o. gewunden, gekrümmt, oculus schielend, *trop.* = neidisch; limitibus ob. auf Seitenpfaden. Adverbial ab (ex) obliquo von der Seite, ad (in, per) obliquum seitwärts, schief. 2) *trop.* (Spät.) A) verblümt, versteckt, oratio. B) feindlich, adversus aliquem. C) in der Grammatik und Rhetorik, abhängig, casus, oratio indirecte Rede (die dem Inhalte, nicht dem Worte nach angeführt wird).

Oblītero, 1. [oblino, litera] 1) (Spät.) ausstreichen, nomina. 2) *trop.* in Vergessenheit bringen, aus dem Gedächtnisse löschen: o. adversam pugnam prosperā; o. famam machen, daß ein Gerücht sich verliert, ebenso memoria obliteratur; obliterari in animo vergessen werden.

*Oblītĕrus, *adj.* (Vorklass.) vergessen.

Oblītesco, tui, — 3. [ob-latesco] versteckt oder unsichtbar zu sein anfangen.

Oblīvio, ōnis, *f.* [obliviscor] das Vergessen, die Vergessenheit: venire in oblivionem rei alicujus oder oblivioni dare aliquem Etwas vergessen; adduci (ire) in oblivionem (Spät.) in Vergessenheit gerathen; per o. aus Vergessenheit; oblivio rei alicujus me capit ich vergesse Etwas; (Poet.) o. rerum praeteritarum (factorum dictorumque) Amnestie; o. et inconsiderantia subjectiv = Vergeßlichkeit, (Poet.) auch im *pl.*

Oblīviōsus, *adj.* [oblivio] 1) vergeßlich. 2) (Poet.) Vergessenheit bewirkend, vinum.

Oblīviscor, oblītus, *depon.* 3. [oblino?] vergeßen: o. hominis, recentium injuriarum; o. injurias tuas, totam causam; o., illos esse viros primarios, quid paulo ante dictum sit. Hiervon *trop.* o. sui, a) = seiner Natur, seinem Charakter ungetreu werden; b) ohne Bewußtsein sein (nach dem Tode); c) seine Gedanken nicht recht beisammen haben.

Oblīvium, ii, *n.* (Poet. u. Spät.), gewöhnlich im *pl.*, = oblivio.

Ob-lŏco, 1. (Spät.) vermiethen, aliquid alicui, operam.

*Oblŏcūtor, ōris, *m.* [obloquor] (*Pl.*) der Widersprecher.

Ob-longus, *adj.* länglich.

Ob-lŏquor etc., *depon.* 3. 1) gegen Jmd. oder Etwas sprechen, widersprechen, alicui,

o. et interpellare. 2) (Poet. u. Spät.) schimpfen, tadeln. 3) (Poet.) Etwas dazu singen, -spielen, avis; o. numeris septem discrimina vocum die siebensaitige Lyra taktmäßig zum Gesange ertönen lassen.

Ob-luctor, *depon.* 1. (Poet.* u. Spät.) gegen Etwas sich anstrengen, ankämpfen, difficultatibus; o. arenae sich gegen den Sand anstemmen.

*****Ob-lūdo** etc., 3. (*Pl.*) gegen Jmd. scherzen, -schäkern.

Ob-mōlior, *depon.* 4. 1) mit Anstrengung Etwas vor etwas Anderem herschaffen, vorwälzen, vorschieben, arborum truncos. 2) vorschiebend oder vorwälzend verstopfen, munire et o. quae ruinis strata sunt.

Ob-murmŭro, 1. (Poet. u. Spät.) gegen oder bei Etwas murmeln, -rauschen: ventus o. precibus alicujus; o. aliquid.

Ob-mūtesco, tui, — 3. verstummen. 1) (Spät.) = die Sprache verlieren. 2) = schweigen, still werden, dolore vor Schmerz; *trop.* animi dolor o.

*****Ob-nātus**, *particip.* [nascor] an Etwas gewachsen, o. ripis.

Ob-nītor etc., *depon.* 3. 1) sich entgegenstemmen, toto corpore, contra; o. trunco arboris; (Poet.) obniso genu scuto mit dem Knie gegen den Schild gestützt; (*Lucr.*, zweifelh.) o. undas gegen die Wellen kämpfen. 2) gegen Etwas sich anstrengen, -kämpfen, adversis.

Obnixe, *adv.* [obnixus] (Vorklass. u. Spät.) mit aller Mühe, aus allen Kräften, eifrig, rogare inständig.

Obnixus, *adj.* [*particip.* von obnitor] eigtl. entgegengestemmt, davon *trop.* standhaft, unerschütterlich.

Obnoxie, *adv.* [obnoxius] 1) straffällig. 2) unterwürfig, sklavisch.

*****Obnoxiōse**, *adv.* [obnoxiosus] (*Pl.*) furchtsam, unterwürfig.

Obnoxiōsus, *adj.* [obnoxius] (Vorklass.) unterwürfig, furchtsam.

Obnoxius, *adj.* [ob-noxa] 1) etwas Schädlichem oder Verletzendem verfallen, A) straffällig, alicui im Verhältnisse zu Jmd. B) einer Sache bloßgestellt, ausgesetzt, preisgegeben, insidiis; urbs o. incendiis, auch (Spät.) o. ad oder in rem. Hiervon insbes. (Spät.) a) schwächlich, gebrechlich, corpus, domicilium. b) gefährlich. c) einer Sache verfallen, ergeben, libidini, culpae communi. 2) einer Person unterworfen, also A) unterthänig, gehorsam, knechtisch ergeben, alicui; metus o. (zwfth.) sklavische Furcht. B) verpflichtet, verbunden, alicui; (Poet.) luna radiis fratris obnoxia verdankt den Strahlen der Sonne sein Licht, facies non obnoxia gemmis ein Gesicht, das nicht Edelsteinen seine Schönheit verdankt. C) unterwürfig, knechtisch, homo, pax schimpflich.

*****Ob-nūbĭlus**, *adj.* (zweifelh.) (Vorklass.) umwölkt = finster, locus.

Ob-nūbo etc., 3. (selten u. veraltet) verhüllen, caput.

Obnuntiātio, ōnis, *f.* [obnuntio] *term. t.* die Meldung übler Anzeichen.

Ob-nuntĭo, 1. 1) *term. t.* von den Auguren oder Magistratspersonen, bei bevorstehenden öffentlichen Angelegenheiten, bes. Comitien, böse Anzeichen melden, um dadurch die Handlung zu hindern, o. consuli. 2) (Com.) überhaupt etwas Unglückliches melden.

Oboedio, a. S. für Obedio, w. m. s.

Ob-ŏleo, lui, — 2. (Vorklass. u. Spät.) 1) nach Etwas riechen, allium. 2) = sich durch den Geruch Jmd. bemerkbar machen: marsupium huic o. sie riecht den Beutel.

Obŏlus, i, *m.* (ŏ) [ὀβολός] (Vorklass. und Spät.) eine kleine griechische Münze, d. Sechstel einer Drachme, etwa = zehn Pfennige.

Ob-ŏrior etc., *depon.* 4. entstehen, aufkommen: bellum o.; lux mihi o. geht mir auf; lacrimae oo. brechen hervor.

*****Obortus**, *us*, *m.* [oborior] (*Lucr.*) das Entstehen, Aufkommen.

Ob-rēpo etc., 3. 1) (Poet. u. Spät.) herankriechen, -schleichen, alicui zu Jmd. 2) *trop.* A) an Etwas hinanschleichen, -heimlich und listig gelangen, ad honores. B) überschleichen, überraschen, überfallen, unvermerkt herankommen: adolescentia o. pueritiae folgt unvermerkt auf; oblivio o. mihi überfällt mich; imagines oo. in animos dormientium kommen unvermerkt und heimlich in hinein; (Vorklass.) o. aliquem Jmd. überraschen. C) (Vorklass. u. Spät.) Jmd. beschleichen = hintergehen, alicui.

Ob-repto, 1. (*Pl.* u. Spät.) = obrepo.

*****Ob-rētio**, 4. (*Lucr.*) mit einem Netze umstricken, aliquem.

Ob-rigesco, gui, — 3. erstarren, frigore.

Obrīma, ae, *m.* Fluß in Phrygien, der sich in den Mäander ergießt.

*****Ob-rōdo** etc., 3. (*Pl.*) annagen, aliquid.

*****Ob-rŏgātio**, ōnis, *f.* die durch obrogo bezeichnete Handlung.

Ob-rŏgo, 1. 1) ein neues Gesetz gegen ein älteres vorschlagend dieses wenigstens theilweise aufheben, ihm seine Gültigkeit benehmen, o. legi. 2) (Spät.) sich einem Gesetzvorschlage widersetzen.

Ob-ruo, rui, (rŭtum), 3. 1) mit einer Masse (Erde, Wasser u. dergl.) bedecken, überschütten, davon vergraben, versenken: o. thesaurum, hominem. 2) *trop.* A) verhüllen, bedecken, verbergen: o. facinus tenebris. Hiervon: vetustas o. multa macht Vieles vergessen; o. aliquid oblivione Etwas mit Vergessenheit bedecken = vergessen; o. nomen alicujus verdunkeln, consulatum den Ruhm wegen des Consula's vernichten. B) überladen, überschütten, überhäufen, se vino, epulis; o. aliquem telis. Hiervon obruimur numero wir werden übermannt; obrui testibus von den Zeugen gänzlich überführt werden; o. aliquem dignatione übertreffen; o. orationem jede Wirkung von einer Rede vernichten.

Obrussa, ae, *f.* die Feuerprobe des Goldes, die Läuterung des Goldes durch Feuer: aurum ad o. geläutertes, reines Gold. Hiervon *trop.* zur Bezeichnung einer genauen Prüfung, omnia ad o. exigere.

Obsaepĭo, a. S. für Obsepio.

***Ob-sătŭro**, 1. (Com.) sättigen: obsaturari alicujus Jmds überdrüssig werden.

***Obscaevo**, 1. [ob-scaevus] (Pl.) böse Anzeichen geben.

Obscoene (Obscēne), adv. mit comp. u. sup. [obscoenus] 1) häßlich, widrig. 2) unzüchtig, unsittlich.

Obscoenĭtas, ātis, f. (Obscēnĭtas) [obscoenus] die Häßlichkeit = die Unzüchtigkeit, Unsittlichkeit, das Zotige, verborum in Worten.

Obscoenus (Obscēnus), adj. mit comp. u. sup. [ob-coenum?] 1) (Poet.) häßlich, garstig, widrig, ekelig, frons, volucres pelagi (die Harpyien), cruor, haustus (schmutziges Wasser). 2) unzüchtig, unsittlich, zotig, anstößig, versus, voluptas, tabellae, motus. 3) (Poet.) böser Vorbedeutung, ungünstig, unheilvoll, omen, volucres, puppis (das „Unglücksschiff"), anus (eine Hexe).

Obscŭrātĭo, ōnis, f. [obscuro] die Verdunkelung, Verfinsterung: trop. in illis voluptatibus obscuratio consequitur jene Genüsse treten in den Hintergrund.

Obscŭre, adv. mit comp. u. sup. [obscurus] 1) dunkel. 2) undeutlich, unverständlich. 3) unvermerkt, insgeheim.

Obscŭrĭtas, ātis, f. [obscurus] 1) die Dunkelheit, Finsterniß, latebrarum. 2) trop. A) = die Undeutlichkeit, Unverständlichkeit, verbi, Pythagorae; oo. et aenigmata somniorum. B) = die Ungewißheit, o. ac dubitatio. C) vom Stande = die Niedrigkeit, Unbekanntheit, o. et humilitas.

Obscŭro, 1. [obscurus] 1) dunkel machen, verdunkeln, verfinstern, regiones; coelum obscuratur nocte; sol obscuratur; lumen 'lucernae obcsuratur luce solis wird überstrahlt, verdunkelt. 2) unsichtbar machen, nicht erscheinen lassen, verhüllen, verbergen: nox o. nefarios coetus; o. caput lacernā; numus obscuratur in divitiis Crassi „verschwindet" = wird nicht bemerkt. 3) trop. A) von der Rede, undeutlich machen, dunkel machen, verhüllen, stilum, aliquid dicendo. Hiervon (Spät) = undeutlich aussprechen, literam, vocem verdumpfen. B) machen, daß Etwas nicht bemerkt oder beachtet wird; vergessen wird u. dergl.: magnitudo lucri o. magnitudinem periculi; o. consuetudinem aus der Mode bringen; häufig pass. memoria o. verliert sich, vocabula oo. veralten. C) unansehnlich-, unbekannt machen, nomen alicujus (oppos. celebrare). D) (Pl.) o. pectus alicui verwirren, der Ueberlegung berauben.

Obscūrus, adj. mit comp. u. sup. 1) dunkel, finster, ohne Licht, locus, nox, nubes; aqua o. trübe; luce obscura als es schon dunkel zu werden anfing. 2) (Poet.) der im Dunkeln ist = ungesehen, unbemerkt wegen des Dunkels, ibant obscuri, Pallas o. nicht gekannt, weil sich in einer anderen Gestalt zeigend. 3) trop. A) von der Rede u. dergl., undeutlich, unverständlich, unklar, poeta, vox, jus ignotum et o. B) unbekannt, unerwähnt: tua benevolentia in me non erat o., vivere per obscurum (Spät.) in der Stille. C) von der Geburt und dem Stande, unansehnlich, unberühmt, niedrig, locus, majores. D) vom Charakter, versteckt, zurückhaltend, geheimnißvoll, homo, natura. E) vultus o. finster, ernsthaft.

Obsĕcrātĭo, ōnis, f. [obsecro] das inständige Bitten, das Beschwören; insbes. das öffentliche und feierliche Gebet an die Götter, um ihren Zorn abzuwenden und ihre Gnade zu erflehen (ein Theil der supplicatio, siehe dieses Wort). 2) (Spät.) die feierliche Betheuerung.

Obsĕcro, 1. [ob-sacer] Jmd. bei Allem, was ihm heilig ist, beschwören, inständig bitten, anflehen: o. aliquem ut audiat, pro sua salute, per sonectutem suam; hoc te (ob. a te) o. darum bitte ich dich inständig; o. vestram fidem anrufen. Oft wird obsecro ob. o. te bittend oder als Höflichkeitsformel eingeschoben = „ich bitte dich", „hör' einmal", „Lieber" u. vergl.: o., an is est um Gottes willen, ist er es?

Ob-sĕcundo, 1. Jmd. zu Willen sein, willfahren, alicui.

Ob-sĕpio etc., 4. verzäunen, vermachen, verschließen, davon unzugänglich machen, saltum, viam; o. iter unwegsam machen; (Spät.) os obseptum verschlossen.

*Obsĕquēla, ae, f. [obsequor] (Vorklass.) = obsequium.

Obsĕquens, tis, adj. mit comp. und sup. [particip. von obsequor] willfährig, nachgiebig, gefällig, alicui gegen Jmd., patri gehorsam.

Obsĕquenter, adv. mit sup. [obsequens] willfährig, nachgiebig: o. collegae factum est es geschah aus Nachgiebigkeit gegen (seinen) Collegen.

*Obsĕquentia, ae, f. [obsequens] die Willfährigkeit, Fügsamkeit.

*Obsĕquiōsus, adj. [obsequium] (Pl.) willfährig, nachgiebig, alicui gegen Jmd.

Obsĕquĭum, ii, n. [obsequor] 1) die Willfährigkeit, Fügsamkeit, Nachgiebigkeit, alicujus ob. in aliquem gegen Jmd.; bisweilen o. im Gegensatze zu veritas = die Schmeichelei, wenn man Jmd. zu Willen redet; o. ventris das Schlemmen; (Spät.) inter oo. fortunae während das Glück ihm günstig war; obsequium animo sumere (Pl.) nach seinen Lüsten leben. 2) (Spät.) der Gehorsam.

Ob-sĕquor etc., depon. 3. 1) Jmd. willfahren, zu Willen sein, sich nach seinem Willen richten, ihm gehorchen (ganz freiwillig, vgl. obedio, pareo u. s. w.), alicui u. voluntati alicujus; (Vorklass.) o. alicui aliquid in Etwas; (Pl.) o. cordi et animo suo seinen Lüsten folgen. 2) (selten) sich auf Etwas legen, einer Sache nachhangen, studiis, amori.

Ob-sĕro, 1. [ob-sero] verriegeln, mit einem Riegel verschließen, ostium, trop. aures; (Poet.) o. palatum Schweigen.

Ob-sĕro, sēvi, sĭtum 3. 1) säen, pflanzen, frumentum; scherzhaft o. pugnos (alicui) Jmd. durchprügeln; trop. o. aerumnam in aliquem Jmd. Kummer verursachen. 2) besäen, bepflanzen, terram. So bes. häufig das particip. obsitus als adj., siehe diesen Artikel.

Observābĭlis, e, *adj.* [observo] (Spät.) bemerkbar.

Observans, tis, *adj.* mit *comp.* u. *sup.* [*particip.* von observo] 1) beobachtend, officiorum. 2) hochachtend, alicujus.

Observantia, ae, *f.* [observans] 1) (Spät.) die Beobachtung, temporum. 2) die ehrerbietige Aufmerksamkeit auf Jmd., die Ehrerbietigkeit, der Respect gegen Jmd., in aliquem.

*****Observāte**, *adv.* [*particip.* von observo] (Spät.) sorgfältig.

Observātio, ŏnis, *f.* [observo] 1) die Beobachtung, Wahrnehmung, siderum; summa erat o. in bello movendo Beobachtung von Allem = Sorgfalt, Gewissenhaftigkeit. 2) (Spät.) die Regel, Vorschrift, rei alicujus für Etwas. 3) = observantia 2.

Observātor, ōris, *m.* [observo] (Spät.) der Beobachter.

Ob-servĭto, 1. immer und eifrig beobachten, deorum voces.

Ob-servo, 1. 1) beobachten, auf Etwas Achtung geben, -passen: o. motus stellarum, delicta omnia; o. quid fiat; o. ne (ut) illud fiat, dum alter veniat; o. occupationem alicujus die Zeiten, wenn Jmd. beschäftigt ist. 2) Insbef. A) o. aliquem Jmd. aufpassen, um ihn zu ergreifen, an einem Verbrechen zu hindern, ihm zu schaden u. dgl., auf ihn lauern (vgl. servo): o. et custodire aliquem. B) (= servo) hüten, greges; davon beobachten, befolgen, halten, leges, imperium, ordines. C) Jmd. ehren, verehren, ihm Hochachtung und Respect erweisen, aliquem; bes. häufig vom Clienten im Verhältnisse zum Patron.

Obses, ĭdis, *m.* u. *f.* 1) die Geißel, pacis für den Frieden. 2) der Bürge, die Gewähr, Sicherheit, voluntatis der Gesinnung Jmds., periculi das Jmd. der Gefahr sich unterziehen will; ejus rei obsidem se fore pati würde er stehen.

Obsessio, ōnis, *f.* [obsideo] (selten) die Belagerung, Blokade, nostrorum; o. viae die Sperrung.

Obsessor, ōris, *m.* [obsideo] Jmd. der vor oder an einem Orte sitzen bleibt, der „Belagerer", curiae; solus fui o. fori ich blieb allein auf dem Forum.

Obsĭdeo, sēdi, sessum, 2. [ob-sedeo] 1) (Com.) (vor oder gegenüber) an einem Orte sitzen, fortwährend sich aufhalten: o. domi zu Hause bleiben; servi ne obsideant, liberis ut ait locus Sklaven dürfen nicht hindernd da sitzen, damit u. s. w. 2) *transit.* A) auf oder an Etwas sitzen, aram, davon = besetzt halten, an einer Stelle sein und den Platz dort füllen, inne haben: charybdis o. laevum latus; ranae oo. stagna erfüllen, halten sich in den Sümpfen auf; palus obsessa salicitis erfüllt, bedeckt, omnis locus corporibus obsidetur; o. aditus. Insbef. = mit Truppen besetzt halten, o. Italiam praesidiis. Hiervon *trop.* = beherrschen, in seiner Gewalt haben, urbem, animum alicujus; aures ejus obsidentur a fratre nur sein Bruder findet bei ihm Gehör, der Bruder hat eine unbeschränkte Gewalt über ihn. B) blokiren, einschließen, belagern (vgl. oppugno, welches einen Angriff voraussetzt), urbem, hostem. C) aufpassen, auf Jmd. oder Etwas lauern, Achtung geben (meist in feindlicher Absicht): o. rostra vorsichtig auf den Redner Achtung geben; o. facinus auf eine Gelegenheit zum Verbrechen lauern; illo o. tempus meum nimmt mir meine Zeit (zum Reden) weg (indem er sie im Voraus benutzt).

Obsĭdio, ōnis, *f.* [obsideo] 1) die Blokade, Einschließung, Belagerung: solvere o. die Belagerung aufheben, cingere urbem obsidione die Belagerung anfangen. 2) (selten) die militärische Besatzung, die eine Stadt in Abhängigkeit hält: liberare patriam obsidione. 3) *trop.* A) (Spät.) die Gefangenschaft, Unfreiheit. B) die Gefahr, Noth: feneratores ex o. eximere (aus der Gefahr, ihr Vermögen zu verlieren).

Obsĭdĭōnālis, e, *adj.* [obsidio] zur Belagerung gehörig, Belagerungs-, corona (siehe die Handbücher der römischen Alterth.).

Obsĭdĭum, ii, *n.* [obsideo] (Poet. u. Spät.) = obsidio.

Obsĭdĭum, ii, *n.* [obses] (zweifelh.) (Spät.) die Geißelschaft, obsidio datus als Geißel gegeben.

Ob-sīdo etc., 3. sich an einem Orte festsetzen, einen Ort besetzen, insbef. mit Truppen, sich daran lagern, pontem, portas. Hiervon *trop.* dictatura obsedit vim regiae potestatis hat sich — angeeignet, (auditor) jam obsessus est ab oratore ist schon völlig in Anspruch genommen.

Obsignātor, ōris, *m.* [obsigno] der Besiegler, Untersiegler, insbef. o. testamenti Jmd., der als Zeuge ein Testament mit unterschreibt und besiegelt.

Ob-signo, 1. 1) versiegeln, literas. 2) zur Verstärkung der Gültigkeit einer Urkunde u. dergl. besiegeln, untersiegeln, tabulas, testamentum. Hiervon *trop.* zur Bezeichnung einer vollendeten und abgeschlossenen Sache: velle o. tabulas = die Sache für abgeschlossen, fertig ansehen; agere cum aliquo tabellis obsignatis = in einem wissenschaftlichen Streite Jmds frühere Aeußerungen, wodurch gewisse Puncte als abgeschlossen und ausgemacht betrachtet wurden, gleichsam als gerichtliche Urkunden und Beweise gegen ihn gebrauchen. 3) (Spät.) durch eine besiegelte Urkunde verpfänden, rem. 4) (*Lucr.*) einprägen, aufdrücken: o. formam verbis den Worten Gestalt geben.

Ob-sĭpo, 1. (*Pl.*) entgegen spritzen, *trop.* o. alicui aqualum = Jmd. erquicken, Muth machen.

Ob-sisto etc., 3. 1) sich vor entgegen stellen, Widerstand leisten, Jmd. in den Weg treten (vgl. obsto; gewöhnlich vom Angreifer, vgl. resisto), alicui; o. obviam. 2) *trop.* sich widersetzen, widerstreben, bekämpfen, alicui, consiliis alicujus, fortunae.

Obsĭtus, *adj.* [*particip.* von obsero 2.] 1) besäet, bepflanzt, locus o. virgultis bewachsen mit (Liv. 1, 14; Madvig schreibt densa obsita virgulta = das dichte über das Terrain zerstreute Gebüsch). 2) (meist Poet. u. Spät.) mit Etwas bedeckt, pannis mit Lumpen, montes o. nive; obsitus aevo = sehr alt; insbef.

von dem, was mit Schmutz u. dergl. bedeckt ist, squalore mit Schmutz.

Obsŏlē-fĭo etc., 3. *pass.* eigtl. abgenutzt werden, davon *trop.* verachtet und vernachlässigt werden, seine Geltung und Bedeutung verlieren: insignia dignitatis oo., auctoritas ejus o.

Obsŏlesco, lēvi, lētum, 3. [obs-oleo] eigtl. abgenutzt werden, davon *trop.* = veralten, aus der Mode kommen, abkommen, Ansehen und Werth verlieren: oratio, laus o.; vectigal o. wird geringer.

*****Obsŏlētē**, *adv. im comp.* [obsoletus] abgetragen, schlecht, vestitus.

Obsŏlētus, *adj.* [obsolesco] 1) abgenutzt, abgetragen, verba; davon verba oo. veraltete, tectum baufällig; venisti obsoletus in abgetragenen Kleidern. 2) alltäglich, gemein, oratio, crimina, gaudia. Hiervon = verachtet, geringgeschätzt, honores die (weil sie an alle Welt gespendet worden sind) ihren Werth verloren haben. 3) (Poet.) besudelt, beschmutzt, sanguine.

Obsōno etc., siehe Opsōno u. s. w.

Ob-sŏno etc., 1. (*Pl.*) eigtl. dagegen rauschen, *trop.* darein reden, unterbrechen, sermoni.

Ob-sorbeo etc., 2. (Vorklass. u. Poet.) begierig einschlürfen, -trinken, aquam; *trop.* = an sich reißen.

Obstetrix, īcis, *f.* [obsto, eigtl. die vor der kreisenden Frau Stehende] die Wehmutter, Hebamme.

Obstĭnātē, *adv. mit comp.* und *sup.* [obstinatus] beharrlich, hartnäckig.

Obstĭnātĭo, ōnis, *f.* [obstino] die Beharrlichkeit, theils lobend = die Festigkeit, Unerschütterlichkeit, fidei, sententiae in seinen Grundsätzen, theils tadelnd = die Hartnäckigkeit, der Starrsinn.

Obstĭnātus, *adj. mit comp. u. sup.* beharrlich, theils lobend = fest, unerschütterlich, theils tadelnd = hartnäckig, unbeugsam: animus o.; o. adversus veritatem, lacrimis durch Thränen nicht zu rühren; o. ad resistendum; obstinatus mori fest entschlossen zu sterben; obstinatum est mihi es ist mein fester Entschluß.

Ob-stĭno, 1. [vgl. destino] eigtl. gegenüber feststellen, fest beschließen, sich hartnäckig vorsetzen, auf Etwas bestehen, mori aut vincere; o. illam affinitatem.

Obstĭpesco, siehe Obstupesco.

*****Ob-stĭpo**, 1. [obstipus] (*Pl.*) nach einer Seite (rückwärts) neigen, verticem.

Obstĭpus, *adj.* (Poet. u. Spät.) nach einer Seite geneigt, schief: cervix rigida et o. rückwärts gezogen; caput o. vorwärts geneigt.

Obstĭta, ōrum, *n. pl.* [obsisto?] *term. t.* in der Auguralsprache, die vom Blitze getroffenen Gegenstände (oder vielleicht eigtl. = Anzeichen, daß Etwas im Wege steht, d. h. ungünstige).

Ob-sto, stĭti, stătum, 1. 1) (selten) vor Jmd. oder Etwas stehen: tutabantur castra obstando. 2) *trop.* im Wege stehen, entgegen stehen, hinderlich sein, consiliis alicujus, pecuniae dem Besitze eines Eigenthums; vita eorum reliqua o. huic sceleri macht, daß man ihnen dieses Verbrechen nicht beilegen kann; o. ne (quominus) aliquid fiat.

Ob-strĕpo etc., 3. 1) gegen oder bei Etwas rauschen, -ertönen, -sich hören lassen: mare o. Bajis rauscht gegen das Ufer von B.; pluvia o.; avis o. singt dabei, o. alitibus matutinis mit den Hähnen um die Wette schreien. 2) A) durch Geräusch Jmd. oder Etwas verhindern gehört zu werden, übertönen, tuba o. clamoribus; alter o. alteri überschreit; o. alicui durch Geschrei Jmd. zu sprechen hindern, unterbrechen, stören, obstrepitur ei er kann vor Geräusch nicht zum Reden kommen. B) *trop.* a) (Spät.) im Wege stehen, hinderlich sein, laudi alicujus. b) belästigen, quälen, alicui literis Jmd. mit Briefen.

Obstrĭgillo, 1. [obstringo] (Vorklass. u. Spät., zweifelh.) hindern, im Wege stehen.

Ob-stringo etc., 3. 1) zubinden, zuschnüren, binden, follem, o. ventos eingeschlossen halten; o. collum alicui = erwürgen, aber obstricto collo aliquem trahere = bei der Gurgel fassend. 2) *trop.* durch Etwas (eine Verpflichtung, eine That) Jmd. an Etwas binden, ihm eine Fessel anlegen, Jmd. binden, verpflichten u. dergl.: o. aliquem jurejurando in Eid nehmen, eidlich verpflichten; o. populum Romanum religione dem Römervolke die Schuld einer Verletzung des Heiligthumes zuziehen, ebenso o. aliquem scelere, se crimine Jmd. (sich) eines Verbrechens schuldig machen; o. aliquem conscientiā der Treue Jmds sich durch Mitwissenschaft versichern; o. aliquem beneficiis sich durch Wohlthaten verbunden machen; obstrictus aere alieno verschuldet, legibus, fide durch die Gesetze, das gegebene Wort gebunden; (Spät.) o. fidem suam sein Wort verpfänden, clementiam suam verbürgen.

*****Obstructĭo**, ōnis, *f.* [obstruo] das Verbauen, *trop.* die Verschließung, Verhüllung.

Ob-strūdo, a. S. für Ob-trudo.

Ob-strŭo etc., 3. 1) entgegen oder vor Etwas bauen, vorbauen: o. novum murum pro diruto; saxa obstructa als ein Damm (um den Lauf eines Wassers zu hemmen) vorgelegt. Insbes. o. luminibus alicujus Etwas so bauen, daß man einem Anderen das Licht und die Aussicht aus seinen Fenstern nimmt, Jmd. das Licht verbauen; hiervon *trop.* o. luminibus Catonis den Ruhm des C. verdunkeln. 2) lauernd verstopfen, verschließen, portas; o. flumina abdämmen; o. vias sperren. Hiervon *trop.* o. aures alicujus Jmd. ungeneigt machen Etwas zu hören, o. cognitionem verhindern.

Ob-stŭpĕfăcĭo etc., 3. stutzig machen, in Erstaunen setzen, betäuben, sinnlos machen, hostes; o. luctum abstumpfen.

Ob-stŭpesco, pui, — 3. starr und gefühllos werden, davon *trop.* erstaunen, betäubt werden, stutzen u. dergl. (aus Verwunderung, Schrecken u. s. w.).

*****Ob-stŭpĭdus**, *adj.* (Vorklass.) sinnlos, betäubt.

Ob-sum etc., hinderlich sein, im Wege sein, schaden, orationi, alicui.

Ob-suo etc., 3. (Poet. u. Spät.) 1) annähen, caput. 2) zusammennähen, nares.

Ob-surdesco, — — 3. taub werden, trop. = kein Gehör geben.

*****Ob-taedescit**, — — 3. [taedet] (Pl., zweifelh.) es fängt an (Jmb.) zu langweilen, Jmb. wird (einer Sache) überdrüssig.

Ob-tĕgo etc., 3. bedecken, 1) schützend bedecken, schützen, eam partem castrorum vineis; obtectus precibus eorum. 2) verbergend bedecken, verbergen, verhüllen, bemänteln, turpitudinem.

*****Obtempĕrātio**, ōnis, f. [obtempero] das Willfahren = Gehorchen, legibus.

Ob-tempĕro, 1. sich nach Jmb. oder Etwas richten, ihm willfahren, gehorchen (als durchaus freiwilliger Act, vgl. obedio, pareo u. f. w.): o. alicui, voluntati alicujus; o. alicui aliquid in Etwas; o. alicui ad verba.

Ob-tendo, di, tum, 3. 1) (Poet. u. Spät.) vor- oder gegenüber spannen, -ziehen, -ausstrecken, vormachen: o. nebulam pro viro; o. sudarium ante faciem vor das Gesicht halten; terra illa obtenditur Hispaniae liegt Spanien gegenüber; o. luxum curis seine Sorgen durch Schwelgerei zu vergessen streben. 2) A) trop. (Spät.) als Grund, Ursache, Vorwand vorbringen, vorwenden, vorschützen, rationem turpitudini. B) wie mit einem Vorhange verhüllen, bedecken, diem nube; trop. o. naturam suam quasi velis quibusdam.

Obtentus, us, m. [obtendo] 1) (Poet.) das Vorspannen, Vorziehen, Vormachen, frondis. 2) trop. A) die Verhüllung = verhüllende allegorische Einkleidung. B) der Vorwand, die Beschönigung: cupido habebat o.

Ob-tĕro etc., 3. 1) zertreten, zerquetschen, zermalmen, ranam; hierv. aufreiben, equites o. hostes. 2) trop. A) vernichten, unter die Füße treten, omnia jura, Graeciam; o. obtrectationem zu Schanden machen. B) herabsetzen, verkleinern, laudem, majestatem alicujus; o. aliquem verbis herabwürdigen. C) = verachten, voluptates.

Obtestātio, ōnis, f. [obtestor] die Beschwörung, die Verpflichtung durch Anrufen einer Gottheit, davon das inständige Bitten.

Ob-testor, depon. 1. 1) zum Zeugen anrufen: o. deos, me nihil attigisse; o. fidem vestram anrufen, anflehen. 2) die Götter zu Zeugen anrufen, feierlich versichern: o., se moriturum esse. 3) beschwören, Jmb. inständig bitten, -anflehen: o. aliquem per omnes deos; o. aliquem ut rem suscipiat.

Ob-texo etc., 3. (Poet. u. Spät.) 1) Etwas an oder über Etwas weben. 2) mit Etwas überweben = bedecken: o. coelum umbrā.

*****Obtioentia**, ae, f. [obticeo] (Spät.) das Verstummen (rhetor. Figur = das Unterbrechen seiner selbst und Innehalten mitten in einer angefangenen Rede, gr. ἀποσιώπησις.

Obtĭceo, cui, — 2. (vielleicht auch **Obtĭcesco**, cui, — 3.) [ob-taceo] (Vorklass., Poet. u. Spät.) verstummen, schweigen, die Antwort schuldig bleiben.

Obtĭgo, (Pl.) a. S. für obtego.

Obtĭneo, tĭnui, tentum, 2. [ob-teneo] *1) (Vorklass.) entgegen- oder hinhalten, aures (alicujus). 2) innehaben, im Besitze haben, behalten, besitzen, imperium, suam quisque domum; o. numerum deorum unter die Götter gezählt werden. Hiervon A) o. provinciam als Statthalter eine Provinz innehaben, eine Provinz verwalten, ihr vorstehen; auch absol. me obtinente so lange ich (der Provinz) vorstehe. B) o. spatium eine Strecke einnehmen; caedes o. omnia überall ist Blutvergießen; caligo o. noctem herrscht in der Nacht; ea fama o. plerosque wird von den Meisten geglaubt. 3) unterhalten, festhalten, behaupten, bewahren: o. necessitudinem cum aliquo; o. vitam, auctoritatem suam; o. silentium Schweigen beobachten; lex obtinetur wird beobachtet; testamentum obtinetur ist gültig; nulla obtinet pro socia wird als Genossin betrachtet, gilt als Genossin; fama illud o. die Sage hat Jenes behauptet, diesen Bericht festgehalten; (Pl.) o. facere aliquid Etwas beharrlich thun. 4) vertheidigend behaupten, vertheidigen, o. pontem, provinciam, sententiam (gegen Gegengründe); o. quod dicimus beweisen; o. imperium eifrig festhalten. Hiervon o. dursetzen, behaupten, jus meum; o. rem den Sieg gewinnen; o. litem, causam den Prozeß gewinnen. 5) (Spät.) erreichen, erlangen, rem aliquam.

Ob-tingo, tĭgi, — 3. [ob-tango, eigtl. berühren] 1) Jmb. zufallen, zu Theil werden, provincia mihi o. 2) widerfahren, begegnen, sich zutragen (von etwas Glücklichem, vgl. accido, evenio u. dergl.): hoc mihi ex sententia obtigit ist mir nach meinem Wunsche abgelaufen; si quid mihi o. wenn etwas Menschliches mir begegnet", d. h. wenn ich sterbe.

Ob-torpesco etc., 3. erstarren, stumpf-, gefühllos werden; trop. = die Besinnung verlieren.

Ob-torqueo etc., 2. umdrehen, drehen, um Etwas winden, o. aurum per collum; obtorto collo (gulā) aliquem rapere mit Gewalt ergreifen (und vor Gericht oder ins Gefängniß führen).

Obtrectātio, ōnis, f. [obtrecto] die neidische Verkleinerung, die Mißgunst und Feindschaft wegen Nebenbuhlerei (es bezieht sich auf Thaten, während invidia den Sinn bezeichnet): o. gloriae alienae.

Obtrectātor, ōris, m. [obtrecto] der neidische Verkleinerer, der Neider, Feind (siehe obtrectatio).

Ob-trecto, 1. [ob-tracto] 1) einer Person oder Sache zuwider handeln, sich aus Neid oder Feindschaft widersetzen, o. legi; obtrectarunt inter se sie arbeiteten sich gegenseitig entgegen, suchten als politische Gegner einander zu schaden. 2) verkleinern, herabsetzen, tadeln, librum; o. laudes ob. laudibus alicujus.

Ob-trūdo (ob. **Obstrūdo**) etc., 3. (eigtl. anstoßen) 1) Jmb. Etwas aufbringen, alicui uxorem. 2) (Pl.) herunterschlucken, hastig verschlingen, cibum. 3) (Spät.) particip. obstrusus = verborgen, versteckt.

Ob-trunco, 1. 1) (Spät.) einstutzen, vitem. 2) niederhauen, in Stücken hauen, hostes, regem.

Ob-tueor etc., *depon.* 2. (*Pl.*) 1) irgendwo hinsehen, ansehen, aliquem. 2) erblicken, aliquem.

Ob-tundo, tŭdi, tūsum ob. tunsum, 3. 1) (Vorklaff. u. Spät.) gegen ober auf Etwas schlagen, os alicui. 2) (Vorklaff.) schlagend stumpf machen, telum. 3) *trop.* abstumpfen, betäuben, schwächen: o. aliquem ob. aures alicujus = unaufhörlich baffelbe jurufend ober redend betäuben; o. aliquem longis epistolis mit langen Briefen beschwerlich fallen; o. vocem heifer machen, von der eigenen Stimme = sich heiser schreien; o. aliquem rogando mit Bitten quälen, auch bloß o. aliquem de re aliqua unablässig um Etwas bitten; obtundis tametsi intelligo du fährst fort zu schreien, obgleich u. s. w.; o. mentem abstumpfen, gefühllos machen, aegritudinem dem Kummer seinen Stachel nehmen, ihn mildern.

Ob-turbo, 1. 1) verwirren, in Unordnung bringen, hostes; o. aquam trüben; o. aliquem beunruhigen. 2) entgegen lärmen, patres oo. = schrieen dagegen. Hiervon durch Reden od. dergl. stören, Jmb. überschreien ober unterbrechen, aliquem; ne me obturba ac tace; literae me oo. betäuben.

*****Ob-turgesco** etc., 3. (Vorklaff.) aufschwellen.

Obtūro, 1. (Vorklaff., Poet. u. Spät.) verstopfen, foramen; *trop.* o. aures alicui Jmb. nicht hören wollen, amorem edendi stillen.

Obtūsus, *adj.* mit *comp.* [*particip.* von obtando] abgestumpft, stumpf (bes. im Gegensatze zum Spitzigen, vgl. hebes), fast nur *trop.*: o. animus; oculi oo.; vires oo. geschwächte; vox o. heifer; pectora oo. gefühllose, rohe.

Obtūtus, us, m. [obtueor] das Hinsehen, der Blick, Hinblick; häufig o. oculorum; obtuta aliquem ägere seinen Blick auf Jmb. heften; defixus in uno o. in Schauen allein vertieft, o. malorum. das Betrachten.

Ob-umbro, 1. (ŏ) (Poet. u. Spät.) 1) beschatten, terram. 2) verfinstern, aethera telis. 3) *trop.* A) verdunkeln, nomen alicujus. B) verbergen, verhüllen, bemänteln, crimen. C) schützen, aliquem.

Ob-uncus, *adj.* (ŏ) (Poet.) gekrümmt, krumm.

Ob-ustus, *adj.* (ŏ) [uro] (Poet.) angebrannt.

*****Ob-vāgio,** 4. (*Pl.*) vorwimmern.

Ob-vallo, 1. mit einem Walle umgeben, verschanzen, urbem, *trop.* überh. sichern.

Ob-vĕnio etc., *1) zu Etwas kommen: o. pugnae sich beim Kampfe einfinden. 2) zufallen, zu Theil werden, anheim fallen: provincia o. alicui. 3) widerfahren, zustoßen, sich zutragen, vitium o. consuli (bei den Aufpicien).

Ob-versor, *depon.* 1. 1) vor oder um Etwas sich herumtreiben, -sein, sich aufhalten u. dergl., Carthagini, vestibulo carceris, in foro; o. alicui vor Jmds Augen sein; incommodus obversatur et kömmt ungelegen. 2) *trop.* den Augen oder der Seele vorschweben: species o. in somnis; res o. alicui ante oculos oder animo.

Ob-verto etc., 3. entgegen- ober gegen Etwas hin wenden, -kehren, -drehen: o. cornua alicui, signa in hostem, proras pelago (Poet.); obvertor ad undas (Poet.) ich lehre mich gegen. Hiervon *particip.* obversus: a) profligatus obversis von den Entgegenstehenden. b) *trop.* mit Etwas beschäftigt, nach Etwas trachtend, o. ad caedem. c) militum studiis obversis da die Gunst der Soldaten ihm zugekehrt war.

Ob-viam, *adv.* entgegen: o. fieri (selt.; Vorklaff. auch o. esse), venire, se dare, ire alicui Jmb. begegnen. Hiervon a) *trop.* o. ire periculo begegnen, treten, cupiditati hominum sich widersetzen, ebenso injuriae; o. ire dedecori, timori abhelfen, vermindern. b) (*Pl.*) res est e. ist da; aegritudo tibi o. est animo laftet auf deiner Seele.

*****Ob-vigilo,** 1. (*Pl.*) wachsam sein.

Obvius, *adj.* [ob-via] 1) begegnend, entgegen kommend: obvium esse (fieri) alicui und (selten) in obvio esse alicui Jmb. begegnen; literas obvias mittere alicui Jmb. Briefe entgegen schicken; obvii inter se erant sie begegneten einander; obvium se dare alicui Jmb. entgegen gehen. Insbef. = feindlich begegnend, widerstehend: obvium esse hostibus sich den Feinden entgegen stellen; (Spät.) oo. aquilones = conträrer Wind. 2) (von einem festliegenden Gegenstand) gegenüberliegend: montes oo. erant itineri, (Poet.) obvius hospitibus bequem für, Grajis (furiis ventorum) den Gr. ausgesetzt. 3) (Spät.) A) leicht zugänglich, gefällig, homo. B) leicht zu erlangen oder finden, leicht- oder bald zur Hand, virtutem o. habere.

Ob-volvo etc., 3. einwickeln, verhüllen, caput togā; *trop.* (Poet.) o. vitium verbis decoris bemänteln.

Occaeco, 1. [ob-caeco] 1) (Spät.) blind machen, blenden, aliquem. 2) zu sehen verhindern: hostis occaecatus pulvere. Hiervon *trop.* verblenden, animus occaecatus cupiditate; o. consiliis alicujus Jmb. dazu bringen, daß er wie ein Blinder handelt. 3) dunkel machen, verfinstern, caligo o. diem. Hiervon *trop.* = unverständlich machen, orationem. 4) unsichtbar machen, verdecken, terra o. semen. *5) (Poet.) gefühllos machen, timor o. artus.

*****Occaedes,** is, *f.* [ob-caedes] (*Pl.*, zwfl.; Andere schreiben Obtaedescat) das Niederhauen.

Occallesco, lui, — 3. [ob-callus] 1) (Poet. u. Spät.) dicke Haut bekommen, dickhäutig werden. 2) *trop.* stumpf und gefühllos werden.

*****Oc-cāno,** nui, — 3. (Spät.) dazwischen blasen, cornua oo.

Occāsio, ōnis, *f.* [occado] 1) die Gelegenheit, der gelegene und günstige Zeitpunct: o. pugnandi, rei bene gerendae; (*Pl.*) o. facere aliquid; habere o. ad opitulandum, ad rem gerendam; amittere (praetermittere) o., deesse occasioni die Gelegenheit unbenutzt lassen; occasione data ob. ex (per) o. bei (mit) Gelegenheit, per o. istius legis durch die Gelegen-

Occasiuncula   **Occupo**   519

heit, welche jenes Gesetz gab, ebenso per o. partis alterius pugnare wenn die Gegenpartei einen günstigen Zeitpunct giebt. 2) (Spät.) der Vorrath, Besitz, lapidum.

*Occāsiuncŭla, ae, f. (Pl.) demin. von occasio.

Occāsus, us, m. [occĭdo] 1) der Untergang eines Gestirns. 2) der Abend = der Westen. 3) der Untergang = Verderben, Ende, Tod. Fall: reipublicae, Aelii; o. noster nennt Cicero seine Verbannung.

Occātio, ōnis, f. [occo] das Eggen.

Occātor, ōris, m. [occo] der Egger.

Oc-cēdo etc., 3. (Vorklass.) hingehen, entgegengehen, in conspectum alicujus, obviam alicui.

Occento, 1. [ob-canto] (Vorklass.) vor (der Thür ob. Jmb.) singen; insbef. (vor der Thür) ein Spottlied singen, meist absol., doch auch o. ostium vor der Thür.

Occentus, us, m. [occino] (Spät.) das Singen, Pfeifen.

Occepto, 1. [occipio] (Pl.) anfangen, insanire.

Occĭdens, tis, m. [particip. von occĭdo, eigtl. der untergehende sc. sol] der Westen.

Occĭdio, ōnis, f. [docido] die gänzliche Niedermetzelung, die vollständige Vernichtung: victoriam ponere in o.; insbef. occidione caedere (occidere), auch occidioni dare bis auf den letzten Mann niederhauen, occidione occumbere, niedergemetzelt werden.

Occĭdo, ĭdi, īsum, 3. [ob-caedo] *1) (Com.) zu Boden schlagen, fällen, aliquem pugnis. 2) im Kampfe fällen, niederhauen, davon überhaupt todtschlagen, tödten (vgl. interficio, neco u. s. w.): o. copias hostium, aliquem sua manu. 3) trop. (Poet.) zu Grunde richten, fast zu Tode martern, aliquem; o. aliquem rogando quälen. Hiervon particip. Occisus, als adj. mit sup. = unglücklich, vernichtet.

Occĭdo, cĭdi, cāsum, 3. [ob-cado] 1) (Vorklass.) niederfallen, hinfallen, arbor, signa de coelo. 2) von Gestirnen, untergehen, sol (siehe occidens); auch (Vorklass. u. Spät.) sol occasus = sol occidens. 3) trop. zu Grunde gehen, untergehen, verloren gehen, vergehen, davon umkommen, sterben, vita, spes o.; homo o. in bello; (Poet.) o. ab aliquo von Jmds Hand; (Com.) occidi ich bin verloren; beneficia vestra oo. tragen keine Früchte.

Occĭduus, adj. [occido] (Poet. u. Spät.) 1) untergehend, sol; trop. senecta o. sich neigend = dem Tode nähernd. 2) westlich.

*Occillo, 1. [deminut. von occo?] (Pl.) zerquetschen, os alicui.

Occĭno, nui, —. 3. [ob-cano] dagegen singen, -schreien (von einem Vogel, der dadurch ungünstige Wahrzeichen giebt), corvus.

Occĭpio, cēpi, ceptum. 3. [ob-capio] (meist Vorklass. u. Spät.) 1) anfangen, unternehmen, quaestum, sermonem; o. magistratum antreten; o. loqui; fabula occepta est loqui das Schauspiel hat schon angefangen. 2) intrans. beginnen, anfangen = seinen Anfang nehmen.

Occĭpĭtium, ii, n. [ob-caput] (Spät.) das Hinterhaupt.

Occāsio, ōnis, f. [occīdo] (selten) das Niederhauen, Tödten.

*Occīsor, ōris, m. [occīdo] (Pl.) der Tödter, regis.

Occīsus, siehe occīdo.

*Oc-clāmĭto, 1. (Pl.) (störend) dabei schreien.

Occlūdo, si, sum, 3. [ob-claudo] 1) schließen, verschließen, ostium, tabernas. 2) einschließen, einsperren, aliquem apud se. Hiervon (Com.) hemmen, fesseln, linguam.

Occlūsus, adj. mit comp. u. sup. [particip. von occludo] verschlossen.

Occo, 1. eggen, segetem.

Oc-cŭbo, — —. 1. (Poet.) todt daniederliegen, tumulo, umbris unter den Schatten. (Pl.) o. alicui dabei liegen (zweifelh.).

Occuloo, 1. [ob-calco] niedertreten, aliquem.

Occŭlo, lui, ltum, 3. [ob-celo?] verhüllend verbergen, verdecken (vgl. abdo u. s. w.), vulnera, davon überhaupt verbergen, den Anblicke entziehen, verborgen halten: o. classem sub rupe, feminas parietum umbris; trop. = geheim halten.

Occultātio, ōnis, f. [occulto] das Verbergen, Geheimhalten.

*Occultātor, ōris, m. [occulto] der Verberger, locus o. latronum der den Räubern einen Versteck barbietet.

Occulte, adv. mit comp. u. sup. [occultus] im Verborgenen, heimlich.

Occulto, 1. = ein verstärktes occulo: o. se latebris; o. fugam, flagitia.

Occultus, adj. mit comp. u. sup. [eigtl. particip. von occulo] 1) verborgen, versteckt, heimlich, locus, cupiditas, nota, insidiae; (Poet.) o. aevum ferre, unbekannte Zeit; in oder ex occulto, auch per occultum heimlich, im Geheimen. 2) von Personen, A) überhaupt versteckt, nicht offen, zurückhaltend, homo o. et astutus. B) (Spät.) der Etwas geheim hält, non occulti (id) ferunt sie machen kein Geheimniß daraus; preces occulti illudunt spotten heimlich; (Tac.) occultus odii seinen Haß verbergend.

Occumbo, cŭbui, cŭbĭtum, 3. [ob-cubo] 1) (Spät.) hinsinken, -fallen, in gladium sich in das Schwert stürzen. Insbesondere von einem Himmelskörper = untergehen. 2) sterbend niedersinken, fallen, sterben: o. honeste, pro libertate; häufig o. mortem oder morte, (Poet.) auch morti, sterben.

Occŭpātio, ōnis, f. [occupo] 1) das In-Besitz-Nehmen, die Besetzung, Besitznahme. Hiervon als rhetor. Figur, die Vorwegnahme der Einwürfe des Gegners. 2) die Beschäftigung, das Beschäftigtsein: impediri maximis oo.; aucupari occupationem alicujus auf die Zeit, wenn Jmb. beschäftigt ist, lauern; o. rei alicujus Beschäftigung mit Etwas.

Occŭpātus, adj. mit comp. u. sup. particip. von occupo] beschäftigt, homo; o. in re aliqua mit Etwas.

Occŭpo, 1. [ob-capio] eigtl. vor Jmd. Etwas nehmen, 1) einen Ort besetzen, einnehmen (= sich oder Etwas dort stellen): o. locum, montem; o. urbem aedificiis erfüllen, bebauen, navem frumento laden, aream fundamentis bedecken. 2) sich einer Sache bemächtigen, sie in Besitz nehmen, erobern: o. regnum, possessiones. Hiervon trop. timor o. exercitum befällt; mors, somnus o. aliquem; o. aliquem = auf Jmd. Beschlag legen, indem man ihn als Gast zu sich führt; o. aliquem amplexu (Poet.) Jmd. umarmen. 3) angreifen, überfallen, aliquem gladio. 4) zuvorkommen, rem, aber bes. o. facere aliquid Etwas thuend zuvorkommen = Etwas zuerst (vor einem Anderen) thun; (Poet.) numquid vis? occupo willst du Etwas? rede ich ihn zuerst an. 5) beschäftigen, animum; häufig o. pecuniam Geld in einem Geschäfte u. dergl. anlegen, unterbringen, grandi fenore gegen hohe Zinsen ausleihen.

Occurro, curri oder cŭcurri, cursum, 3. 1) entgegen laufen, -gehen, -kommen, alicui; scripsi ei ut mihi Heracleam occurreret daß er mir nach H. entgegen reisen sollte; o. obviam alicui. Insbes. = feindlich begegnen, -entgegen gehen, hosti. Hiervon 2) A) zu Etwas hinkommen, bei Etwas sich einfinden, eintreffen, ihm beiwohnen, illi concilio, proelio, auch ad oder in concilium. B) auf Etwas oder Jmd. stoßen, signis. C) (Spät.) a) im Wege stehen, mons o. flumini. b) gegenüber liegen, Taurus o. Euphrati. D) trop. a) sich zeigen, erscheinen, sich den Augen darbieten, aliquid o. oculis. Häufig trop. aliquid o. animo, cogitationi schwebt dem Geiste, dem Gedanken vor; auch aliquid o. in mentem fällt (mir) ein. E) entgegenarbeiten, sich widersetzen, vorbeugen, consiliis alicujus; illud occurrit diesel ist im Wege, dieser Einwurf begegnet. Hiervon = abhelfen, morbo. F) redend entgegnen, erwiedern: occurritur ab illis es wird der Einwurf von ihnen gemacht.

Occursātio, ōnis, f. [occurso] das (freundliche und beglückwünschende) Entgegengehen, oo. vestrae.

Occursio, ōnis, f. [occurro] (Spät.) die Begegnung, der Besuch.

Occurso, 1. (Vorklass. u. Spät.) = ein verstärktes occurro, welches man sehe.

Occursus, us, m. [occurro] (selten) das Begegnen, Entgegenkommen: via vacua occursu hominum wo man Niemand begegnet; o. stipitis das Aufstoßen; itinerum oo. et recursus Krümmungen.

Oceănītis, ĭdis, f. (ō) [Ὠκεανίτις] (Poet.) die Tochter des Oceanus.

Oceănus, i, m. (ō) [Ὠκεανός] 1) das Weltmeer, der Ocean; in der Fabel eines der Urwesen, Sohn des Himmels und der Erde, Gemahl der Thetys; auch als oft. Ocean gehörig mare Oceanum, fluctus Oceanus.

Ocellātus, adj. (ō) [ocellus] (Spät.) mit Aeugelchen versehen: lapilli oo. Steine, die mit Augen bezeichnet sind, = Würfel.

Ocellus, i, m. (ō) deminut. von oculus.

Ocior, ōcissĭmus, adj. mit comp. u. sup. (ō) [stammverw. mit dem gr. ὠκύς] (Poet. u. Spät.) geschwinder, schneller: ocior Euro, cervis.

Ocius, ōcissĭme, adv. mit comp. u. sup. (ō) [ocior] 1) schneller, rascher, venire; serius ocius früher oder später. Bisweilen steht

der Comparativus ocius, wo die Vergleichung nicht ausgeführt ist, und wo deßwegen im Deutschen der Positivus steht: aequere me o. folge mir geschwind. 2) eher, vielmehr (= potius): angulus iste thus fert ocius uvā.

Ocnus, i. m. (Poet.) 1) Erbauer der Stadt Mantua. 2) eine allegorische Figur in einem Gemälde des Malers Sokrates, einen Mann vorstellend, der ein Seil dreht, welches eine Eselin wieder zernagt; daher sprichwörtlich zur Bezeichnung einer vergeblichen, nie zu Ende kommenden Arbeit.

Ocrea, ae, f. die Beinschiene, der Beinharnisch.

Ocreātus, adj. [ocrea] (Poet. u. Spät.) mit Beinschienen versehen.

Ocrĭcŭlum, i, n. Stadt in Umbrien. Davon -lānus, adj. u. Subst. -lāni, ōrum, m. pl. die Einwohner von O.

Octāvāni, ōrum, m. pl. [octavus] (Spät.) die Soldaten der achten Legion.

Octāvius, Name eines römischen Geschlechtes. Aus diesem sind am bekanntesten: 1) Marcus O., Volkstribun im J. 133 mit Tib. Gracchus und politischer Widersacher dieses. 2) Onejus O., Consul mit Cinna im J. 87 v. Chr., Anhänger des Sulla. 3) Cajus O., Vatr des Kaisers Octavian. Seine zweite Frau war eine Attia, Tochter der Julia, der jüngeren Schwester des Julius Cäsar. Er hatte zwei Töchter, die Octavia major und minor, welche letztere zuerst mit dem Claudius Marcellus, dann mit dem Triumvir M. Antonius verheirathet war, und einen Sohn, den nachmaligen Kaiser Octavianus, zeugte. 4) Cajus O., geboren ums J. 63 v. Chr., gestorben ums J. 14 n. Chr., der nachmalige Kaiser Octavianus oder Augustus.

Octāvus, adj. num. ord. [octo] der achte; octava (sc. hora) die achte Stunde; octavum als adv. zum achten Male.

Octāvus-decĭmus, adj. num. ord. der achtzehnte.

Octies, adv. num. [octo] achtmal.

Octingentēsĭmus, adj. num. ord. [octingenti] der achthundertste.

Octingenti, adj. num. card. [octo-centum] achthundert.

Octi-pes, ĕdis, adj. (Poet.) achtfüßig.

Octo, adj. num. card. acht.

Octōber, bris, e, adj. [octo] zum achten Monat (vom März ab gerechnet) gehörend, October: mensis, Kalendae.

Octōgēnārius, adj. [octoginta] achtzig enthaltend, homo o. achtzig Jahre alt.

Octōgēni, adj. num. distr. [octoginta] je achtzig.

Octōgēsĭmus, adj. num. card. [octoginta] der achtzigste.

Octōgies, adv. num. [octoginta] achtzigmal.

Octōginta, adj. num. card. [octo] achtzig.

Octōjugis, e, adj. [octo-jugum] achtspännig, = acht zusammen.

Octōnārius, adj. [octo] (Vorklass. u. Spät.) aus acht bestehend, versus o. achtgliedrig.

Octōni, adj. num. distr. [octo] 1) je acht. 2) (Poet. u. Spät.) acht.

Octōphŏros, adj. [ὀκτώφορος] von Achten getragen, lectica; auch im *neutr.* als *subst.* eine von Achten getragene Sänfte.

*Octuplicātus, *adj.* [octo-plico] verachtfacht, achtmal vermehrt.

Octuplus, *adj.* [ὀκταπλοῦς] achtfach.

*Octussis, is, m. [octo-as] (Poet.) acht Asses.

Ocŭlātus, *adj.* (ŏ) [oculus] 1) mit Augen versehen, testis o. der Augenzeuge; male o. schlecht sehend. 2) sichtbar, in die Augen fallend; *trop.* die o. vendere = für baares Geld (vgl. caecus).

Ocŭleus, *adj.* (ŏ) [oculus] (Vortlass. u. Spät.) = oculatus 1.

*Ocŭlicrĕpĭda, ae, m. (ŏ) [oculus-crepo] (*Pl.*) fingirter Name eines Sclaven, „dessen Augen von Schlägen klatschen".

Ocŭlissimus, (ŏ) süße oculus 2. F.

Ocŭlus, i, m. (ŏ) 1) das Auge: adjicere oculos ad (in) rem seine Augen auf einen Gegenstand werfen, rei alicui = Lust zu einem Gegenstande haben; oculos dejicere abwenden, demittere niederschlagen; res posita est ante oo. ist sichtbar; sub oculis alicujus vor Jmds Augen; esse (vivere u. dergl.) in oculis von den Leuten gesehen werden; habere oculos alicujus in oculis auf Jmds Augen genau Acht geben; amittere oo. = das Gesicht verlieren, blind werden; pascere oo. re aliqua sich durch den Anblick einer Sache erfreuen, „seine Augen weiden"; *trop.* oo. animi der geistige Blick. Insbes. esse in oculis alicujus oder alicui von Jmd. sehr geliebt und geschätzt werden, gestare (ferre) aliquem in oculis Jmd. sehr lieben. 2) uneigtl. A) (Poet.) o. mundi die Sonne. B) das Auge oder die Knospe an einer Pflanze. C) der Knollen an gewissen Wurzeln. D) der augenförmige Fleck an gewissen Thieren, oo. pavonis, tigridis. E) *trop.* zur Bezeichnung des Vorzüglichsten in seiner Art („Perle"): oo. orae maritimae von Carthago und Corinth. F) als Liebkosungswort, ocule mi mein Engel! So als *adj.* im *sup.* oculissimus aʼlerliebst.

Ocyrrhoe, es, f. (ŏ) [Ὠκυρρόη] eine Nymphe, Tochter des Chiron.

Odēum, i. n. (ŏ) [ᾠδεῖον] (Spät.) ein Odeum = ein zu musikalischen und poetischen Wettstreiten bestimmtes Gebäude.

Odi (auch *odivi), odisse, *verb. defect.* (ŏ) 1) hassen, aliquem. 2) mit gemilderter Bedeutung = nicht gern sehen, nicht leiden, servire, rem.

Odiōse, *adv.* (ŏ) [odiosus] hassenswerth, widrig, lästig.

*Odiōsĭcus, *adj.* (ŏ) (*Pl.*) scherzhaft statt odiosus.

Odiōsus, *adj.* mit *comp.* u. *sup.* (ŏ) gehässig, widrig, widerwärtig, unangenehm, Unwillen und Verdruß erregend, homo, res; odiosum esse alicui Jmd. quälen, belästigen; multa odiosa fecit viel Anstößiges. Insbes. odiosum est quod etc. das Schlimmste ist, daß u. s. w., = leider; ebenso als Ausruf odiosum! es ist schlimm!

Odium, ii, n. (ŏ) 1) Haß, dauernde Erbitterung und Feindschaft: odium est mihi cum illo wir sind Feinde; venire in odium alicujus Jmd. verhaßt werden, suscipere odium alicujus Jmds. Haß auf sich laden, concitare erregen; esse alicui odio (*dat.*) oder in odio, ebenso magno odio esse apud aliquem Jmd. verhaßt sein, auch habere odium verhaßt sein, dagegen habere odium rei alicujus Etwas hassen; aliquem odio habere Jmd hassen, vocare aliquem in odium Jmd. verhaßt machen; odio vestro aus Haß gegen Euch. 2) in milderer Bedeutung = Abneigung, Unwillen, Antipathie, Mißgunst: hic mihi odio est ich kann ihn nicht ausstehen; odium et strepitus senatus Aeußerung von Mißvergnügen: o. urbis me capit ich werde der Stadt überdrüssig. 3) verdrießliches und widerwärtiges Wesen, *Benehmen: quod erat o., quae superbia? 4) (Spät.) eine Person, die Gegenstand des Hasses oder der Abneigung ist: o. deorum et hominum.

Odŏmantes, um, m. *pl.* (ŏ) [Ὀδόμαντες] ein Volk in Thracien. Davon Odŏmanticus, *adj.*

Odor, ōris, m. (ŏ) 1) der Geruch, den Etwas hat und von sich giebt (vgl. odoratus), suavis, acerbus; auch ohne Beiwort bald = Wohlgeruch, bald = Gestank. Hiervon A) = Dunst, Dampf, ater. B) im *pl.* = wohlriechende Sachen, Gewürze, Salben u. dergl., thus et oo. 2) *trop.* zur Bezeichnung einer schwachen Ahnung und Vermuthung, eines Vorgefühls von Etwas, die Witterung von Etwas: o. suspicionis; est aliquis o. dictaturae man wittert eine Dictatur, hat eine Ahnung, daß eine D. errichtet werden wird; odore aliquo legum recreatus durch eine schwache Hoffnung, daß die Gesetze zur Geltung kommen werden; o. urbanitatis schwache Spur von.

*Odōrātio, ōnis, f. (ŏ) [odoro] das Riechen (an Etwas), der Gebrauch des Geruchsinnes.

Odōrātus, us, m. (ŏ) [odoro] *1) = odoratio. 2) der Geruch als Sinn (vgl. odor), habere o.

Odōrātus, *adj.* mit *comp.* u. *sup.* (ŏ) [odor] (Poet. u. Spät.) wohlriechend, duftend, capillis; dux o. = Herrscher eines Wohlgerüche erzeugenden Landes.

Odōrĭfer, ĕra, ĕrum, *adj.* (ŏ) [odor-fero] (Poet. und Spät.) Geruch bringend, 1) wohlriechend, lanx. 2) wohlriechende Sachen hervorbringend, terra, gens. 3) *trop.* lockend, einnehmend.

Odōro, 1. (ŏ) [odor] (Poet. und Spät.) wohlriechend machen, aëra.

Odōror, *depon.* 1. (ŏ) [odor] 1) (*Pl.*) an Etwas riechen, o. pallam. 2) (Poet. u. Spät.) wittern, durch den Geruch bemerken, cibum. 3) *trop.* A) erforschen, ausspüren, erspähen, pecuniam, omnia. B) verächtlich, nach Etwas trachten, decemviratum. C) (Spät.) = oberflächlich Etwas kennen, philosophiam.

Odōrus, *adj.* mit *comp.* (ŏ) [odor] (Poet. u. Spät.) wohlriechend, flos. *2) riechend = witternd, o. canum vis.

Odos, siehe Odor.

Odrȳsae, ārum, m. *pl.* [Ὀδρύσαι] Volk in Thracien. Davon Odrȳsius, *adj.* (Poet.) = thracisch, und *subst.* -aii, ōrum, m. *pl.* die Odrysier, Thracier.

Odyssēa, ae, f. (ŏ) [Ὀδύσσεια] das bekannte Gedicht Homers.

Oea — Offensio

Oea, ae, f. Stadt in Afrika. Davon **Oeensis,** e, adj. und subst. -enses, ium, m. pl. die Einwohner von Oea.

Oeagrus, i, m. [Οἴαγρος] König in Thracien, Vater des Orpheus. Davon **Oeagrius,** adj. (Poet.) = thracisch.

Oebalus, i, m. [Οἴβαλος] König in Sparta, Vater des Tyndareus und Großvater der Helena, des Castor und Pollux. Davon 1) **Oebalides,** ae, m. [Οἰβαλίδης] der männliche Nachkomme des O., (Poet.) = ein Spartaner. 2) **Oebalis,** Ïdis, f. [Οἰβαλίς] als adj. A) vom O. stammend, nympha O. = Helena. B) sabinisch, weil die Sabiner von den Spartanern stammen sollten. 3) **Oebalius,** adj. (Poet.) A) = spartanisch; daher Tarent **Oebalia,** ae, f. heißt, weil es von Spartanern unter dem Phalantus bevölkert sein sollte. B) = sabinisch.

Oechalia, ae, f. [Οἰχαλία] Stadt auf Euböa, Residenz des Eurytus. Davon **Oechalis,** Ïdis, f. [Οἰχαλίς] ein Weib aus O.

Oecleus, ei, m. [Οἰκλεύς] Vater des Amphiaraus; davon **Oeclides,** ae, m. [Οἰκλείδης] der Sohn des O.

Oeconomia, ae, f. [οἰκονομία] (Spät.) eigtl. die gehörige Einrichtung des Hauswesens, trop. = die richtige Eintheilung und Anordnung einer Rede.

Oeconomicus, adj. [οἰκονομικός] 1) zur Einrichtung und Anordnung des Hauswesens gehörend, die Wirthschaft betreffend; ein Buch des Xenophon führte diesen Titel. 2) trop. zur richtigen Eintheilung und Anordnung einer Rede gehörig.

Oedipus, i u. ŏdis, m. [Οἰδίπους] König in Theben, Sohn des Laius und der Jocaste, zugleich Gemahl der Jocaste, Vater des Eteocles u. Polynices, der Ismene und Antigone. Davon **Oedipodes** oder **-da,** ae, m. [Οἰδιπόδης] (spät. Poet.) = Oedipus. Hiervon **Oedipodionius,** adj.

Oeneus, ei u. eos, m. [Οἰνεύς] König in Calydon, Gemahl der Althäa, Vater des Meleager und des Tydeus, der Deianira u. A. Davon 1) **Oeneius** oder **Oeneus,** adj. 2) **Oeneis,** Ïdis, f. [Οἰνηίς] die Tochter des O. 3) **Oenides,** ae, m. [Οἰνείδης] der Sohn ob. Nachkomme des O., insbef. = Diomedes, Enkel des O.

Oenomaus, i, m. [Οἰνόμαος] König in Pisa und Elis, Vater der Hippodamia, Schwiegervater des Pelops.

Oenone, es, f. [Οἰνώνη] eine phrygische Nymphe, Geliebte des Paris, aber später von ihm verlassen.

Oenopia, ae, f. [Οἰνοπία] älterer Name der Insel Aegina. Davon **-ŏpius,** adj.

Oenophorum, i, n. [οἰνοφόρον] sc. vas, ein Weingeschirr.

Oenopion, ŏnis, m. [Οἰνοπίων] König auf Chios, Vater der Merope.

*****Oenopolium,** ii, n. [οἰνοπωλεῖον] (Pl.) das Weinhaus, die Weinschenke.

Oenotria, ae, f. älterer Name des südöstlichen Theils Italiens. Davon **Oenotrius** ob. **-trus,** adj. = italisch.

Oenus, veraltet, statt unus.

Oestrus, i, m. [οἶστρος] (Poet. u. Spät.) die Bremse.

Oesus, veraltet, statt usus.

Oeta, ae, ob. **Oete,** es, f. [Οἴτη] Gebirg in Thessalien, woselbst Hercules sich verbrannte. Davon **Oetaeus,** adj., insbef. als subst. = Hercules.

Ofella, ae, f. (ŏ) deminut. von offula.

Offa, ae, f. 1) der Bissen, Mundbissen, insbef. das Klößchen, Kügelchen aus Mehl. Hiervon 2) überh. der Klumpen, das Stück, die Masse. 3) (Poet.) ein Geschwulst.

Offatim, adv. [offa] (Pl.) bissenweise = stückweise.

*****Offendiculum,** i, n. [offendo] (Spät.) der Anstoß, die Bedenklichkeit.

Offendo, di, sum, 3. [ob-fendo] I. transit. 1) Etwas gegen Etwas stoßen, o. pedem, caput ad fornicem. 2) gegen Etwas anstoßen, anrennen, o. scopulum (jedoch auch o. in scopulis, stehe II.); absol. navis o. läuft auf den Grund. Hiervon antreffen, auf Etwas stoßen, es finden u. dergl.: o. aliquem imparatum, o. talem bonorum sensum. B) stoßen = beleidigen verletzen, kränken u. dergl., o. aliquem und animum alicujus; o. existimationem alicujus schaden; (Spät.) offenditur, illud dici er fühlt sich dadurch gekränkt, es verletzt ihn, das u. f. w.; (Poet.) offendi alicui von Jmd. sich verletzt fühlen, ihm zürnen, offensus fortuna von dem Schicksal hart behandelt, vernachlässigt. II. intrans. trop. 1) einen Unfall erleiden, zu Schaden kommen, in Unglück gerathen, schlägt davon kommen u. dgl.: o. et terra et mari Verluste erleiden; o. apud judices = seine Sache verlieren; si aliquid esset offensum wenn Etwas schief gegangen wär. 2) verstoßen, fehlen, einen Fehler machen, Etwas versehen, in aliqua re, nihil in Nichts, aliquid in Etwas. 3) anstoßen = Unwillen erregen, sich Ungunst zuziehen, in re aliqua, apud plebem. 4) an Etwas ob. Jmd. anstoßen = Anstoß nehmen, sich stoßen, mit Etwas unzufrieden sein: o. in aliquo an Jmd., aliquid in aliquo an Etwas bei Jmd. 5) von Sachen, anstößig sein, Anstoß geben, quum nihil aliud o. So bei Lucr. das particip. offensum als subst. si vita est in offenso wenn das Leben dir zuwider, unangenehm ist.

Offensa, ae, f. [offendo] 1) (Spät.) das Anstoßen gegen Etwas, dentium. 2) trop. A) die Ungunst, Feindschaft, der Unwille, Haß: esse in magna o. apud aliquem. B) (Poet. u. Spät.) die Beleidigung, Kränkung (die Jmd erleidet, also pass. zur Bezeichnung des Gemüthszustandes des Beleidigten; vgl. contumelia). C) (Spät.) die Unpäßlichkeit, das Unwohlsein.

Offensatio, ōnis, f. [offenso] (Spät.) 1) = offensa 1. 2) der Fehler, das Fehlen, memoriae.

Offensio, ōnis, f. [offendo] 1) = offensa 1.: o. pedis. 2) trop. A) = offensa 2, A. und B.: suscipere o. apud aliquem; o. dictorum der Unwille wegen des Gesagten; hoc mihi est offensioni dieses ärgert mich, macht mir Verdruß. B) der Unfall, das Unglück, der unglückliche Ausgang ober Ausfall: o. belli Verlust im Kriege; o. corporis Krankheitsfall; timere oo. = ein Fehlschlagen seiner Bemühungen bei einer Amtsbewerbung fürchten; oo. judiciorum

Verſehen, Fehler (wegen Beſtechung des Richters).

Offensiuncŭla, ae, f. deminut. von offensio.

Offenso, 1. [offendo] (meiſt Spät.) 1) trans. = offendo 1.: o. caput den Kopf gegen die Wand anſtoßen. 2) = offendo 2. 3) intrans. in der Rede ſtocken, innehalten.

Offensus, adj. mit comp. [particip. von offendo] 1) act. verletzt = erzürnt, aufgebracht, ungünſtig: animus alienatus et o.; offensus alicui gegen Jmd. 2) pass. verhaßt, anſtößig, Unwillen erregend: o. et invisus alicui.

Offensus, us, m. [offendo] (Vorklaſſ.) das Anſtoßen, der Anſtoß: esse in o. läſtig ſein.

Offĕro, obtŭli, oblātum, offerre, 1) entgegen= ob. vorbringen, =führen, bev. darſtellen: o. speciem darbieten, os suum zeigen, ebenſo o. aliquem alicui afflictum, o. se venientibus oder obviam alicui Jmd. entgegen kommen; o. crimina Beſchuldigungen vorführen; offertur religio, metus alicui entſteht bei Jmd., auxilium numinis erſcheint, occasio bietet ſich dar; o. poenam oculis deorum vor den Augen der Götter vollziehen. 2) trop. A) = bloß ſtellen, ausſetzen, preisgeben: o. se periculis, se ad mortem pro patria, vitam in discrimen. B) anbieten, antragen, alicui operam suam. C) = erweiſen, anthun, zu= fügen, auch herbeiführen, verurſachen: o. alicui beneficium, auxilium leiſten, laetitiam verſchaffen; o. alicui injuriam ein Unrecht zu= fügen, mortem den Tod geben; o. virgini vitium, stuprum ſchänden.

*__Offĕrumenta__, ārum, f. pl. [offero] (Pl.) Geſchenke, ſcherzweiſe = Prügel.

Officīna, ae, f. [ſtatt opificina von opifex] die Werkſtätte, Fabrik: o. armorum, ferraria; o. vestium die Schneiderwerkſtätte; pulmo o. spirandi wo der Athem gleichſam geſchaffen wird; trop. o. nequitiae u. dergl.

Officio, fēci, fectum, 3. [ob-facio] *1) (Lucr.) ſeinen Dienſt leiſten, ſeine Obliegenheit erfüllen (vgl. officium): tum demum juventas officit et molli vestit lanugine malas, wo das Folgende den durch officit bezeichneten Dienſt näher beſchreibt (Rachmann ſchreibt dort occipit). 2) hindernd in den Weg treten, hinderlich ſein, alicui; o. itineri ſperren, hemmen, luminibus alicujus Jmd. das Licht verbauen, verſperren, ebenſo o. particulae coeli ſo bauen, daß ein Theil der Ausſicht geſperrt wird. Hiervon trop. = ſchaden, hindern, commodis alicujus. 3) (Vorklaſſ.) aufhalten, zurückhalten, rem.

Officiōse, adv. mit comp. u. sup. [officiosus] gefällig.

Officiōsus, adj. mit comp. u. sup. 1) dienſtfertig, gefällig, zuvorkommend, homo, voluntas, sedulitas. 2) pflichtmäßig, der Schuldigkeit gemäß, dolor, pietas.

Officium, ii, n. [ob-facio] 1) der Dienſt, der Jmd. freiwillig, aus Höflichkeit, Wohlwollen u. ſ. w. erwieſen wird, die Gefälligkeit, Dienſterweiſung (vgl. beneficium): vicissitudo studiorum et officiorum. Hiervon A) insbeſ. der Dienſt, der zufolge einer moraliſchen Nothwendigkeit ob. einem beſondern Verhältniſſe erwieſen wird, die Höflichkeits= oder Ehrenbezeugung, die ehrenvolle Aufmerkſamkeit, der Ehrendienſt durch Aufwartung und Beſuch, Beglückwünſchen, Begleitung u. dergl., namentlich von den Clienten gegen ihre Patrone: oo. urbana, proseqnentium; o. salutationis. B) die Dienſtfertigkeit, Gefälligkeit, Zuvorkommenheit, Höflichkeit u. dergl.: homo summo o. praeditus ein äußerſt zuvorkommender Mann, literae plenae officii ein ſehr verbindlicher Brief. 2) die Pflicht, ſowohl = die pflichtmäßige Handlung als = die Verpflichtung, Schuldigkeit: facere (exsequi, perficere) officium, satisfacere officio ſeine Pflicht erfüllen (Gegenſatz deserere o., discedere ab o.); esse in o. ſeiner Pflicht getreu bleiben (insbeſ. von Ueberwundenen u. dergl. = im Gehorſam verharren), continere aliquos in officio im Gehorſam halten; o. perfectum, medium, term t. im Syſtem der Stoiker. 3) das Amt, die Verrichtung, der Beruf (als Gegenſtand einer moraliſchen Verpflichtung, vgl. munus): o. maritimum der Seedienſt, o. legationis. 4) (Spät.) o. praetoris, der Gerichtsſaal, das Bureau.

Of-fīgo, — — 3. (zweifelh.) anſchlagend befeſtigen, ramos.

*__Offirmāte__, adv. [offirmatus] (Spät.) feſt, hartnäckig.

Offirmātus, adj. mit comp. [particip. von offirmo] befeſtigt = feſt, hartnäckig, animus, voluntas.

Of-fīrmo, 1. eigtl. feſtmachen, davon trop. o. se bei ſeinem Entſchluſſe verharren, animum ſich ermannen; auch o. viam quam decrevi persequi und o. facere aliquid bei der Maßregel, bei dem Entſchluß, Etwas zu thun, verharren.

Offla = Offula, welches man ſehe.

*__Of-flecto__, — — 3. (Pl.) umlehren, navem.

*__Offŏco__, 1. [ob-fauces] (Spät., zweifelh.) erwürgen, fauces.

*__Offrēnātus__, adj. [ob-freno] (Pl.) aufgezäumt = gebunden, gebändigt.

Offūcia, ae, f. [ob-fucus] (Vorklaſſ. und Spät.) die Schminke, trop. das Blendwerk, die Täuſchung.

Offŭla, ae, f. deminut. von offa.

Of-fulgeo etc., 2. (Poet., zweifelh.) entgegen leuchten, oculis.

Of-fundo etc., 3. 1) Etwas vor= ob. über Etwas gießen, =werfen, =verbreiten: o. cibum; aër offunditur nobis umgiebt uns; rubor offunditur alicui verbreitet ſich auf Jmds Geſicht = er erröthet. Hierv. trop. o. noctem rei = eine Sache verhüllen, terrorem oculo das Auge ſchrecken; o. caliginem oculis Jmd. ſchwindeln machen; religio offusa animis eine den Gemüthern eingeflößte religiöſe Scheu; o. alicui pavorem Jmd. Furcht einjagen, errorem Jmd. in einen Irrthum bringen. 2) Etwas mit Etwas übergießen, bedecken, lucernae lumen offunditur luce solis wird überſtrahlt, verdunkelt; offusus pavore von Angſt überwältigt.

Og-gannio, 4. [ob-gannio] (Vorklaſſ.) eigtl. vorbellern = entgegen ſchreien, alicui aliquid.

Og-gĕro etc., 3. [ob-gero] eigtl. entge=

genführen, o. alicui osculum Jmb. einen Kuß geben.

Ogȳges, is ob. -gius, ii, m. (ō) [Ὠγύγης, -γιος] mythischer Erbauer u. König von Theben. Davon **Ogȳgius**, adj. = thebanisch.

Oh, interj., Ausruf des Erstaunens, der Freude, der Klage u. s. w., o! ach! ha!

Ohē, interj., (ō) Ausruf desjenigen, der die Aufmerksamkeit eines Anderen erregen will, halt! holla!

Oiei, interj. (Pl.) ach weh! weh mir!

Oīleus, ei ob. eos, m. [Ὀϊλεύς] König in Locris, Vater des Ajax. Davon a) **-lēus**, adj. b) **-lĭdes**, ae, m. [Ὀϊλείδης] Sohn des O.

Olbia, ae, f. 1) Stadt auf der Insel Sardinien (auch an anderen Stellen). Davon **Olbiensis**, e, adj.

Olea, ae, f. (ō) 1) (Vorklaff.) die Olive, Oelbeere. 2) der Olivenbaum, Oelbaum.

Oleāgĭneus ob. **-gĭnus**, adj. (ō) [olea] 1) zum Olivenbaum gehörig, Oliven. 2) der Olive ähnlich, olivenartig oder olivenfarbig.

Oleārĭs, e, (Spät.) und **Oleārĭus** adj. (ō) [olea] zum Oel gehörig, Oel- subst. **Oleārĭus**, ii, m. (ō) der Olivenhändler.

Oleăros, i, f. (ō) [Ὠλίαρος] eine der sporadischen Inseln im ägäischen Meere.

Oleaster, stri, m. (ō) [olea] der wilde Olivenbaum.

Olĕnus, i, f. (ō) [Ὤλενος] 1) Stadt in Achaja. 2) Stadt in Aetolien. Davon **Olēnĭus**, adj. (ō) = ätolisch.

Oleo, lui, — 2. (bei Pl. auch Formen nach der dritten Conjug. Olo, olĕre) (ō) 1) riechen = einen Geruch von sich geben (vgl. olfacio); o. bene, male; o. ceram nach Wachs, selten (Poet.) o. sulphure nach Schwefel. Hierv. trop. nach Etwas riechen = Etwas verrathen, an den Tag legen: o. malitiam; illud nihil o. Academiam trägt keine Spur von der A. 2) sich durch seinen Geruch bemerkbar machen, non olet unde sit merkt man nicht, woher er ist; homo quidam olet ich spüre (wittere) eine Person; aurum huic olet et merkt, daß ich Geld habe.

Oleum, i, n. (ō) [olea] 1) das Oel. Proverb. oleum et operam perdidi (auch o. et opera periit) ich habe Zeit und Mühe vergeblich angewendet; addere oleum camino das Uebel schlimmer machen. 2) (weil man bei Leibesübungen und bes. beim Ringen sich mit Oel salbte) zur Bezeichnung der Gymnastischule (decus eram olei), und hiernach trop. von anderen Uebungen z. B. im Reden.

Ol-făcio etc., 3. riechen = durch den Geruch wahrnehmen (vgl. oleo, odoror), aliquid; sagacissime o. einen sehr scharfen Geruch haben. Hiervon trop. wittern = spüren, bemerken, numum.

Olfacto, 1. [olfacio] (Vorklaff. u. Spät.) an Etwas riechen, betiechen, aliquid.

Olfactus, us, m. [olfacio] (Spät.) der Geruch, der Geruchssinn.

Olĭdus, adj. (ō) [oleo] (Poet. und Spät.) riechend, bes. = übelriechend.

Olim, adv. (ō) [ollus = ille?] zur Bezeichnung eines entfernten Zeitpunctes, 1) in der Vergangenheit, ehemals, einst, vor Zeiten: olim me censes esse nunc atque o. 2) in der Zukunft, einst = künftig einmal: non, si nunc male, et o. erit. 3) überhaupt A) = jemals. B) = bisweilen, manchmal; sogar = gewöhnlich, bes. in Vergleichungen (ut pueris o. dant crustula blandi doctores). 4) (Spät.) längst, schon seit langer Zeit: o. provisum erat etc.

Olĭtor, ōris, m. (ō) [olus] der Küchengärtner, Gemüsehändler.

Olĭtōrĭus, adj. (ō) [olitor] zum Küchengärtner gehörig: forum o. der Gemüsemarkt.

Olīva, ae, f. (ō) [olea] = olea. Hiervon = ein Stab aus Olivenholz, ein Zweig des Oelbaumes u. s. w.

Olīvētum, i, n. (ō) [oliva] die Oelpflanzung, der Oelgarten.

Olīvĭfer, ĕra, ĕrum, adj. (ō) [oliva-fero] (Poet.) Oliven tragend.

Olīvum, i, n. (ō) (Poet. u. Spät.) = oleum; auch = wohlriechende Salbe; meton. zur Bezeichnung der Palästra.

Olla, ae, f. der Topf; proverb. (Poet.) ipsa olera olla legit = Jeder bedient sich selbst.

Ollus, a, um, veraltet, = ille.

Olo, — 3., siehe Oleo.

Olor, ōris, m. (ō) (Poet. und Spät.) der Schwan.

Olōrīnus, adj. (ō) [olor] (Poet. u. Spät.) zum Schwane gehörig, Schwanen-.

Olus, ĕris, n. (ō) das Küchenkraut, Gemüse überhaupt.

Olusculum, i, n. (ō) deminut. von olus.

Olympĭa, ae, f. (ō) [Ὀλυμπία] eine dem Zeus heilige Gegend in Elis, wo die großen olympischen Spiele gefeiert wurden. Davon 1) **Olympĭăcus**, adj. (Poet. und Spät.) 2) **Olympĭas**, ădis, f. der vierjährige Zeitraum zwischen der Feier der olympischen Spiele; die Griechen rechneten ihre Jahre nach ihnen. Bei Dichtern bisweilen = lustrum, ein fünfjähriger Zeitraum. B) die Mutter Alexanders des Großen. 3) **Olympĭcus**, (Poet.) adj. 4) **Olympĭēum**, ei, n. ein Tempel des olympischen Zeus. 5) **Olympĭŏnīces**, ae, m. [Ὀλυμπιονίκης] der Sieger in den olympischen Spielen. 6) **Olympĭus**, adj. Hiervon subst. A) **-ium**, ii, n. eigtl. ein Tempel des olympischen Zeus, davon ein Städtchen auf Sicilien mit einem Zeustempel. B) **-ia**, ōrum, n. pl. die olympischen Kampfspiele: vincere Olympia in den olympischen Spielen siegen.

Olympĭas, **Olympĭŏnīces** u. s. w., siehe Olympia.

Olympus, i, m. (ō) [Ὄλυμπος] 1) Name mehrerer Berge, unter denen der bekannteste der Grenze von Macedonien und Thessalien, von den Alten als Sitz der Götter betrachtet: daher (Poet.) = der Himmel. 2) ein Flötenbläser (Schüler des Marsyas), der sich mit dem Pan in einen Wettstreit einließ.

Olympus, i, f. (ō) [Ὄλυμπος] Stadt in Lycien am Berge O. Davon **Olympēni**, ōrum, m. pl. die Einwohner von O.

Olynthus, i, f. (ō) [Ὄλυνθος] Stadt auf Chalcidice an Macedoniens Grenzen. Davon **Olynthii**, ōrum, m. pl. die Einwohner von O.

Omāsum, i, *n.* (ō) die Rinderkaldaunen.

Omen, ĭnis, *n.* (ŏ) 1) das Anzeichen, die Vorbedeutung, jedes Ereigniß, Wort od. dgl., das für eine Vorbedeutung gehalten wird: accipere o., avortere o., ominis causa. Häufig von Worten und bes. Wünschen, womit Weggehende begleitet werden, daher = Wünsche: fausta, optima oo. Hiervon A) (Com.) vorbedeutende Zusage, Drohung, Bedingung und dergl.: ea lege et omine ut etc. B) (Poet.) feierlicher u. bedeutungsvoller Gebrauch.

Omentum, i, *n.* (ō) (Spät.) 1) die Fetthaut, welche die Gedärme bedeckt. 2) die Eingeweide, Gedärme.

*****Ominātor**, ōris, *m.* (ō) [ominor] (Pl.) der Zeichendeuter, Weissager.

Ominor, *depon.* 1. (ō) [omen] 1) ein Wahrzeichen geben, ein vorbedeutendes Wort äußern, davon weissagen, prophezeien, alicui aliquid; naves oo., se venisse ad etc. deuteten an; verba male ominata von schlechter Vorbedeutung. Hiervon 2) Jmd. Etwas anwünschen (und dadurch eine Vorbedeutung geben), alicui aliquid.

Ominōsus, *adj.* (ō) [omen] (Spät.) bedeutungsvoll, eine (gewöhnlich unglückliche) Vorbedeutung enthaltend.

Omissus, *adj.* mit *comp.* (ō) [*particip.* von omitto] (Worklaff.) nachlässig, gleichgültig.

O-mitto etc., 3. (ō) [ob-mitto] 1) von sich lassen, fahren lassen, von sich gehen lassen, habenas, arma fallen lassen, animam den Geist aufgeben. 2) *trop.* A) fahren, fein lassen, aufgeben, hintansetzen (vgl. intermitto; timorem, spem, voluptates; omissis rebus omnibus mit Hintansetzung aller Sachen. B) unbeachtet oder unbenutzt lassen, vernachlässigen u. dergl., primam navigationem, occasionem; C) noxiam ungestraft lassen, hostem aus den Augen lassen, Galliam sich nicht um G. kümmern. C) in der Rede vorbeigehen, unerwähnt lassen, aliquem, rem. D) Etwas zu thun unterlassen, aufhören, lugere, iratum esse.

*****Omnĭfer**, ĕra, ĕrum, *adj.* [omnis-fero] (Poet.) Alles tragend.

Omni-gĕnus, *adj.* (Poet. u. Spät., zweifelb.) allerlei, von allerhand Art.

Omni-mŏdis (Worklaff.) und -mŏdo, (Spät.) *adv.* auf jede Weise, gänzlich.

Omnīno, *adv.* [omnis] 1) gänzlich, ganz, völlig: nihil o. gar Nichts, non o. haec dicit unia (am), ausdrücklich. 2) zur Angabe des Allgemeinen, überhaupt, im Ganzen: de hominum genere aut o. de animalium loquor. Hiervon = kurz, mit Einem Worte: o., ut te absolvam, nullam hic navem conspicio. 3) bei Zahlangaben, in Allem, im Ganzen: quinque o. fuerant. 4) in Einräumungen, freilich, allerdings, wo ein „aber" nachfolgt: danda o. est opera..., sed etc.

Omnĭ-părens, tis, *adj.* (Worklaff. u. Spät.) Alles erzeugend.

Omnĭ-pŏtens, tis, *adj.* (Poet. u. Spät.) allmächtig.

Omnis, e, *adj.* 1) im *sing.* A) aller,

jeder (im Allgemeinen, vgl. quisque): omnis de officio quaestio. B) ganz: o. insula ; o. sanguis all das Blut; non omnis moriar nicht mein ganzes Ich. C) (Com.) statt ullus: sine omni periculo. 2) im *pl.*, alle: oo. homines; omnibus qui ludos faciunt etc.; oo. tormenta alle möglichen, ebenso omnibus precibus rogare = inständig, omnia facere alles Mögliche thun; quis est omnium wer unter allen Menschen, wer in der ganzen Welt? Insbef. häufig das *neutr. pl.* omnia Alles: in eo sunt omnia darauf beruhet Alles, cum eo mihi sunt oo. ich stehe mit ihm in der innigsten Verbindung; is mihi oo. est er ist mir Alles; oo. prius erunt quam etc. eher wird alles Andere geschehen, als u. s. w.; alia oo. ganz das Gegentheil (siehe alius 3.), eadem oo. eben daffelbe; per oo. und (Spät.) omnia = in allen Stücken, in jeder Beziehung (omnia planus überall eben).

Omni-tuens, tis, *adj.* (Poet.) Alles sehend.

*****Omni-vāgus**, *adj.* überall umherschweifend.

*****Omni-vŏlus**, *adj.* [volo] (Poet.) Alles wollend.

Omphāle, ae, *f.* [Ὀμφάλη] Königin in Lydien, bei welcher Hercules eine Zeit lang als Sklave verkauft in weiblicher Kleidung lebte.

Onăger oder -grus, i, *m.* (ŭ) [ὄναγρος] (Poet. u. Spät.) der wilde Esel.

Onăgos, i, *m.* (ō) [ὄναγος] (Pl.) der Eseltreiber.

Onchesmītes, ae, *m.* [ὀγχησμίτης, sc. ventus] der vom epirotischen Hafen Onchesmus wehende Wind.

Onĕrārius, *adj.* (ō) [onus] zur Last gehörig, Last-, Fracht-, navis; *abfol.* oneraria (*sc.* navis) das Lastschiff, Transportschiff; jumenta oo. Lastthiere.

Onĕro, 1. (ō) [onus] 1) beladen, belasten, befrachten, bepacken, navem, jumenta; o. humerum pallio den Mantel um die Schulter legen, mensas dapibus mit einer Last (d. h. großen Menge) von Gerichten besetzen, manus jaculis bewaffnen, versehen, membra sepulcro bedecken; o. ventrem überladen, davon onerari cibo sich mit Essen überladen; cibus o. (Spät.) macht Beschwerden. 2) *trop.* A) überhäufen, überladen, aliquem promissis, laudibus, aber meist von etwas Ueblem, contumeliis, injuria; o. aliquem pugnis (Pl.) durchprügeln. B) beschweren, belästigen, provinciam tributo. 3) (*Liv.* und *Tac.*) schwerer, ärger machen, ein Uebel vergrößern, injuriam, pericula. 4) (Poet.) in Etwas laden, vina cadis einfüllen.

Onĕrōsus, *adj.* mit *comp.* (ō) [onus] 1) schwer, drückend, praeda. 2) *trop.* lästig beschwerlich.

Onus, ĕris, *n.* (ŏ) 1) die Last, die auf eine Person oder Sache gelegt wird, die Ladung, Last, Fracht: merces et oo.; jumenta et oo. die Aufpackung. Hiervon (Poet.) o. ventris oder bloß o. die Leibesbürde, Leibesfrucht. 2) *trop.* A) = die Mühe, Beschwerlichkeit, das lästige Geschäft: o. officii; o. probandi die Verpflichtung zum Beweisführen; esse oneri zur Last sein, beschwerlich fallen. B) die Abgabe, Steuer, beläftigende Verpflichtung, insbef. die Schuldenlaft: haec oo. in pauperes inclinata sunt.

Onustus, *adj.* (ŏ) [onus] beladen, belaftet, befrachtet, bepackt: asellus onustus auro, navis o. frumento mit Gold, mit Getreide; (*Pl.* u. *Spät.*) onustus auri. Hiervon *trop.* = von Etwas voll, erfüllt: ager onustus praedā viele Beute gewährend; o. vulneribus; (*Pl.*) onustum esse = den Magen voll haben, onustus fustibus durchgeprügelt, corpus o. = mit Jahren beladen, alt.

Onyx, ўchis, *f.* (ŏ) [ὄνυξ] eigtl. der Nagel am Finger, davon der Onyx = ein gelblicher Edelftein. 2) = ein gelblicher Marmor; (*Poet.*) = ein aus diesem Marmor gemachtes Gefäß, insbef. ein Salben- oder Balfambüchschen.

Opăcĭtas, ātis, *f.* (ŏ) [opacus] (*Spät.*) die Schattigkeit.

Opāco, 1. (ŏ) [opacus] beschatten, locum.

Opācus, *adj.* mit *comp.* u. *sup.* (ŏ) 1) schattig, beschattet (mit Bezug auf die erfrischende Kühle, vgl. umbrosus), ripa; frigus o. die durch den Schatten erzeugte Kühle. 2) (*Poet.* u. *Spät.*) dunkel, finster, nox, nubes; *trop.* senectus o. traurig. 3) (*Poet.*) beschattend, arbor, nemus. Hiervon barba o. dicht.

Opella, ae, *f.* (ŏ) *deminut.* von opera.

Opĕra, ae, *f.* (ŏ) 1) die Bemühung, Thätigkeit, Arbeit, die man auf Etwas verwendet (vgl. opus; ohne den Nebenbegriff der Anstrengung und Beschwerde, vgl. labor): consilio et operā mit Rath und That; operā deditā mit Fleiß; opera est mihi (*Pl.*) ich bemühe mich; operam in re aliqua ponere (locare, collocare, consumere) oder rei alicui tribuere (impendere) und in rem aliquam conferre Mühe auf Etwas verwenden; opera o. arbeiten, aber edere operam viri fortis als ein tecker Mann handeln. Insbef. A) operam dare (tribuere, stärker navare) rei alicui sich mit Etwas beschäftigen, sich für Etwas bemühen; o. dare funeri, auctioni beiwohnen; o. dare alicui = Jmdn. einen Dienst erweisen, aber auch = Jmdn. zuhören (als Jünger), o. dare tonsori (*Spät.*) sich rafiren lassen; o. dare in exercitationem auf eine Uebung, ad audiendum auf das Zuhören sich legen; o. do ut (ne) valeas bemühe mich. B) operā meā, tuā, u. s. w. durch meine, deine Bemühung, Schuld. C) unā oder eādem o. (Vortlauf.) zugleich, mit einem Schlage. D) operae pretium est es ist der Mühe werth. 2) der Dienst, die Dienstleiftung: operas dare Dienst machen, alicui bei Jmd., Musis operas reddere im Dienfte der Mufen sein. 3) die Zeit, Gelegenheit zu Etwas: opera mihi est (deest) ich habe (habe nicht) Zeit; dufig opera mihi est audire cd. dergl. ich habe Muße zum Hören, es ist mir gelegen. 4) (Vortlauf. u. *Spät.*) = opus, Werk: oo. aranearum. B) das Tagwerk, die Tagarbeit. 5) meift im *pl.* die Tagelöhner, Arbeiter, Gefellen; davon im verächtlichen Sinne die Helfershelfer, auch von Perfonen oder Schaaren, die von den Parteien im Theater gemiethet wurden, um nach Befehl Beifall zu klatschen u. dergl.

Opĕrārius, *adj.* (ŏ) [opera] zur Arbeit

gehörig, homo o. der Arbeiter, auch von gemietheten Perfonen im Theater = opera 5. Insbef. *subst.* a) -ĭus, ii, *m.* der Arbeiter, Tagelöhner, und b) -ĭa, ae, *f.* die Arbeiterin = die Luftdirne.

Operŭlum, i, *n.* und **Opĕrīmentum**, i. *n.* (ŏ) [operio] der Deckel.

Opĕrio, rui, rtum, 4. (ŏ) 1) (wie mit einem Deckel) bedecken, überdecken, amphoras auro; nix o. pluteos hostium; capite operto mit bedecktem Haupte. 2) *trop.* A) überhäufen, beladen, aliquem contumeliis; (Com.) o. aliquem loris Jmdn. durchprügeln. B) verbergen, geheim halten, aliquid, luctum. 3) schließen, verschließen, ostium, oculos.

Opĕror, *depon.* 1. (ŏ) [opera] (meift *Spät.*) (mit Etwas) beschäftigt sein, an Etwas arbeiten, rei alicui; insbef. o. sacris oder bloß o. einer gottesdienftlichen Handlung obliegen, opfern.

Opĕrōse, *adv.* (ŏ) [operosus] 1) mühfam, mit vieler Arbeit. 2) genau.

*Opĕrōsĭtas, ātis, *f.* (ŏ) [operosus] (*Spät.*) die Geschäftigkeit.

Opĕrōsus, *adj.* mit *comp.* u. *sup.* (ŏ) [opera] 1) geschäftig, thätig, sich viel Mühe gebend, ftark beschäftigt, colonus; (*Poet.*) herba o. kräftig, operosus comas (Andere lefen comis) viel Mühe auf das Haar verwendend, dierum in Anfehung der Tage. 2) mühfelig, beschwerlich, viel Mühe koftend oder herbeiführend, labor, opus, carmen.

*Opertōrium, ii, *n.* (ŏ) [operio] (*Spät.*) die Decke.

Opertus, *adj.* (ŏ) [*particip.* von operio] versteckt, verborgen, geheim: Apollinis operta die dunkeln Sprüche des A.; opertum deae bonae der geheime oder geweihte Ort; in operto = operte; opertum literarum das Briefgeheimniß.

Ophĭon, ŏnis, *m.* (ŏ) [Ὀφίων] 1) ein Begleiter des Cadmus. Davon -ŏnĭus, *adj.* = thebanisch. 2) Vater des Amycus; davon -ĭōnĭdes, ae, *m.* Sohn des O.

Ophĭūsa, ae, *f.* (ŏ) [Ὀφιοῦσα] alter Name der Insel Cypern. Davon -ĭūsĭus, *adj.* = cyprisch.

Ophthalmĭas, ae, *m.* [ὀφθαλμίας] (*Pl.*) ein Fisch, das Neunauge (reinlat. oculata).

Opĭcus, *adj.* (ŏ) [ftatt opscus, oscus] oftisch, appell. = roh, einfältig.

Opĭfer, ĕra, ĕrum, *adj.* (ŏ) [ops-fero] (*Poet.* u. *Spät.*) Hülfe leiftend.

Opĭfex, ĭcis, *comm.* (ŏ) [opus-facio] der Verfertiger, Arbeiter, insbef. der Handwerksmann: o. mundi der Schöpfer, illa coronae o. Verfertigerin; stilus est o. dicendi erschafft die Rede; o. verborum der neue Worte erschafft.

Opĭlio, ŏnis, *m.* (ŏ) [ovis] (Vortlauf. u. *Poet.*) der Schaafhirt.

*Opīme, *adv.* (ŏ) [opimus] (*Pl.*) reichlich, prächtig.

Opĭmius, Name eines römischen Geschlechtes. Am bekannteften ist der Lucius O., der als Conful 121 v. Chr. den C. Gracchus tödten ließ.

Opīmĭtas, ātis, *f.* (ō) [opimus] (Vorklaff.) die Reichlichkeit, Herrlichkeit.

Opīmus, *adj.* mit *comp.* (ō) [opes] 1) wohlgenährt, fett (es bezeichnet die kräftige Fülle und das Wohlbefinden, vgl. pinguis), habitus corporis, bos. 2) fruchtbar, nährend, campus, vitis; hiervon *trop.* accusatio o. einträglich. 3) bereichert, praedā mit Beute; opus o. casibus reich an Ereignissen. 4) *trop.* ansehnlich, herrlich, reichlich, divitiae, opus; praeda o. und (Spät.) *neutr. pl.* opīma, ōrum, reichliche Beute; insbes. spolia oo. die dem feindlichen Feldherrn (oder doch vornehmen Krieger) nach dessen Fall vom Sieger abgenommene Rüstung. 5) in der Rhetorik überladen, zu üppig, genus dicendi.

Opīnābĭlis, e, *adj.* (ō) [opinor] auf einer Vermuthung beruhend, vermuthlich, also unsicher, res, ars.

Opīnātĭo, ōnis, *f.* (ō) [opinor] die Vermuthung, das Vermuthen.

*****Opīnātor, ōris,** *m.* (ō) [opinor] der Vermuther (der nur eine Vermuthung hat, seiner Sache nicht gewiß ist).

Opīnātus, *adj.* (ō) [*particip.* von opinor] vermuthet, eingebildet, bonum.

*****Opīnātus, us,** *m.* (ō) [opinor] (*Lucr.*) die Vermuthung.

Opīnĭo, ōnis, *f.* (ō) [opinor] 1) die Meinung, Ansicht (auf einem bloßen Gefühle oder einer subjectiven Auffassung beruhend, vgl. sententia): opinio plus saepe valet quam res ipsa; o. mali non unum Uebel; ut o. mea est (fert) wie ich meine, nach meiner Ansicht; adducere aliquem in eam o. Jmd. zu der Ansicht bringen; ea opinione ducor oder in ea o. sum ut putem etc. ich bin der Meinung, daß u. f. w.; habeo = ich bin der Meinung, aber auch = ich bin Gegenstand einer Meinung, z. B. o. habeo virtutis ich werde für tugendhaft gehalten; Cassius venit in eam o., ipsum finxisse bellum man fing an vom C. zu glauben, daß er selbst den Krieg erdichtet habe; o. hominum de aliquo. 2) Insbes. A) = Vermuthung, Erwartung: contra (praeter) o. gegen Erwartung, opinione citius geschwinder, als man erwartete. B) die günstige Meinung oder Erwartung, vicit ille o. meam. C) die Meinung im Gegensatze der Wirklichkeit, = Einbildung. D) (Spät.) = das Gerücht: o. exiit.

*****Opīnĭōsus,** *adj.* im *sup.* (ō) [opinio] voller Vermuthungen (die Stelle — Cic. Acad. 2, 47 — ist wahrscheinlich verdorben).

Opīnor, *depon.* 1. (ō) meinen, wähnen, der Ansicht sein, vermuthen (siehe opinio; vgl. censeo u. vergl.): o. aliquid; o. male de aliquo; o. eum abiturum esse. Häufig wird opinor als Parenthese in die Rede eingeschaltet = „meine ich", „glaube ich": sed, o., quiescamus!

Opīpăre, *adv.* (ō) [opiparus] prächtig, herrlich.

Opīpărus, *adj.* (ō) (Vorklaff. u. Nachklaff.) [opes] prächtig, herrlich.

Opisthŏgrăphus, *adj.* (ō) [ὀπισϑόγραφος] (Spät.) auf der Rückseite geschrieben.

Opĭtŭlor, *depon.* 1. (ō) [ops-tuli (fero)] helfen (einem Bedrängten, vgl. juvo u. vergl.), Hülfe leisten, alicui; o. inopiae abhelfen.

*****Opŏbalsămētum, i,** *n.* (ō) [opobalsamum] (Nachklaff.) eine Balsampflanzung.

Opŏbalsămum, i, *n.* (ō) [ὀποβάλσαμον] (Nachklaff.) der Saft aus der Balsamstaude, der Balsam.

Oportet, tuit, 2. *verb. impers.* (ō) (Vorklaff. auch im *pl.*) es gebührt sich, es geziemt sich, es soll: ita fieri o.; o. pecuniam dari das Geld muß gegeben werden; non oportuit eas relictas esse (Com.) sie hätten nicht verlassen werden sollen; fit secus quam o. anders als es geschehen sollte. Bisweilen bezeichnet o. eine logische Nothwendigkeit, = es ist nöthig, nothwendig (müssen): exstent o. vestigia es müssen Spuren vorhanden sein; ex rerum copia efflorescat o. oratio.

*****Op-pango, pēgi, pactum, 3. (*Pl.*) eigtl. anschlagen, o. alicui suavium Jmb. einen Kuß aufdrücken.

*****Op-pecto etc., 3. (*Pl.*) eigtl. bekämmen, scherzhaft = ablauben, essen, piscem.

*****Op-pēdo, — — 3. (Poët.) *trop.* = verhöhnen, alicui.

Oppĕrĭor, rtus, *depon.* 4. auf Jmb. warten, Etwas abwarten (ein gewählterer Ausdruck als praestolor): o. aliquem; o. dum ista cognosco warten bis u. f. w.; classis o. ut etc. die Flotte wartet darauf, daß u. f. w.; auch mit sächlichem Objecte, o. tempora sua.

**Op-pĕto etc., 3. (einem Uebel) entgegengehen, sich ihm unterwerfen, es leiden: o. pestem, poenas. Insbes. o. mortem sterben (willig und standhaft, mit einem moralischen Nebenbegriffe, vgl. obeo); hiervon (Poët. u. Spät.) absol. o. = sterben, fame vor Hunger.

Oppĭdānus, *adj.* [oppidum] zu einer Stadt außer Rom (im Gegensatze zu urbanus) gehörig, städtisch, senex; bisweilen mit einer tadelnden Bedeutung = kleinstädtisch. Hiervon *subst. -āni,* ōrum, *m. pl.* die Bewohner einer Stadt.

Oppĭdātim, *adv.* [oppidum] (Spät.) städteweise, durch die Städte hin.

Oppĭdo, *adv.* (meist Converf.) sehr, gar, gewaltig: o. pauci; o. iratus; pleraque o. quam parva erant überaus (vgl. sane quam); in Antworten = ja überaus, ja ganz gewaltig.

Oppĭdŭlum, i, *n. deminut.* von oppidum.

Oppĭdum, i, *n.* eine (kleine) Stadt außer Rom (das vorzugsweise urbs hieß); bisweilen auch von Rom, Athen u. vergl.

Op-pignĕro, 1. verpfänden, zum Pfande geben.

Op-pīlo, 1. (selten) verstopfen, (durch Pfähle und Stangen) sperren, ostium, scalas.

Op-pleo, ēvi, ētum, 2. füllen, anfüllen: nives oo. omnia; o. aedes spoliis, *trop.* o. aures alicujus, opinio o. Graeciam erfüllt.

*****Op-plōro, 1. (Jmb. Etwas) vorweinen, auribus alicujus.

**Op-pōno etc., 3. 1) gegenüber-, vor- oder gegen Etwas stellen, -setzen, legen (bef. in feindlicher Absicht): o. se alicui, turrim ad introitum portus, armatos ad portas; mol oppositae fluctibus; o. manum fronti vor b Stirn halten, auriculam das Ohr an Etwas hinlegen; luna opposita soli gegenüberstehend;

528 Opportune

fores oppositae verschlossen. 2) trop. A) bes. als Gegengrund oder Gegengewicht entgegenstellen: o. medicinam rei; o. auctoritatem non minorem; insbes. mit dem Begriffe einer Vergleichung, gegenüberstellen: multis secundis proeliis unum adversum o. B) als eine Einwendung entgegenstellen, einwenden: o. Stoicis, summum bonum esse etc. C) o. pignori oder bloß o. verpfänden. D) Imb. Etwas vorhalten, vor Augen halten: o. alicui formidines. E) aussetzen, bloßstellen, preisgeben, se periculis, corpora pro patria; ad omne periculum is solus opponitur wird er allein (als einzige Scheibe) bloßgestellt.

Opportūne, adv. [opportunus] bequem, gelegen.

Opportūnĭtas, ātis, f. [opportunus] 1) die Bequemheit, Gelegenheit, bequeme und günstige Beschaffenheit, loci, aetatis; o. temporis die gelegene Zeit; quanta o. est in animis hominum ad res maximas welche günstige Anlage! per oo. bei passenden Gelegenheiten. Auch (Pl.) personificirt = die Göttin der gelegenen Zeit. 2) der Vortheil, Nutzen: habere oo. Vortheile gewähren.

Opportūnus, adj. mit comp. u. sup. [ob-portius?] 1) bequem, gelegen, günstig, locus, tempus; nox o. erat eruptioni gab gute Gelegenheit zum Ausbruche. 2) zu Etwas geschickt, gewandt, rei alicui ob. ad rem, von Sachen = brauchbar, vortheilhaft, nützlich: coterae res, quae appetuntur, opportunae sunt singulae rebus fere singulis. 3) bloßgestellt, ausgesetzt: corpus o. morbis.

*Opposĭtio, ōnis, f. [oppono] die Entgegensetzung.

Opposĭtus, adj. [particip. von oppono] (Poet. u. Spät.) 1) gegenüberliegend. 2) widersprechend, im Widerspruche stehend.

Opposĭtus, us, m. [oppono] (Spät.) die Entgegenstellung: A) = die Lage gegenüber. B) = das Anführen dagegen.

Oppressio, ōnis, f. [opprimo] trop. die (gewaltthätige) Unterdrückung.

Oppressus, us, m. [opprimo] (Vorklass. u. Spät.) der Druck.

Opprĭmo, pressi, pressum, 3. [ob-premo] 1) herabdrücken, niederdrücken, -halten: opprimi onere, ruinā zerquetscht werden, terrā verschüttet werden; o. classem versenken; o. os loquentis den Sprechenden schweigen machen, aber os (suum) o. = sein Maul halten, schweigen. 2) trop. A) unterdrücken, a) = zurückhalten, hemmen, ersticken verhindern, vernichten, tumultum, ignem, fraudem, quaestionem. b) = bezwingen, überwältigen, gänzlich besiegen, Graeciam, libertatem; hiervon = stürzen, zu Boden schlagen, hart bedrängen u. dergl.: o. aliquem judicio, falso crimine = die Verurtheilung Imds bewirken. c) niederdrücken, zu Boden drücken: opprimi aere alieno, dolore, metu. d) = geheim halten, verbergen, verhehlen, aliquid, iram. e) literae oppressae in der Aussprache verschluckte. B) überraschen, überfallen, hostes incautos; mors eum o. Hiervon o. aliquem consilio außer Fassung bringen. C) (Pl.) o. occasionem ergreifen.

Optimas

*Opprobrāmentum, i, n. [opprobro] (Pl.) = opprobrium.

Opprobrium, ii, n. [ob-probrum] 1) der beschimpfende Vorwurf (vgl. objurgatio), der Schimpf, die Beschimpfung: hoc ei opprobrio fuit dieses gereichte ihm zum Schimpfe; o. culpae; insbes. = Schimpfwort, beschimpfende Rede. 2) (Poet.) = eine Person, die Imd. beschimpft, die Schande, oo. majorum.

Op-probro, 1. (Vorklass. u. Nachklass.) schimpfend vorwerfen, vorrücken, alicui aliquid.

Oppugnātio, ōnis, f. [oppugno] die Bestürmung einer Stadt oder eines Lagers, der stürmende Angriff, relinquere aufgeben; trop. der Angriff mit Worten, die Anklage.

Oppugnātor, ōris, m. [oppugno] der Bestürmer, Angreifer.

Op-pugno, 1. *1) (Pl.) mit der Faust schlagen, os alicujus. 2) bestürmen, angreifen, oppidum, castra. Hiervon A) = mit Worten, mit einer Anklage angreifen, aliquem; o. aequitatem verbis bekämpfen. B) o. aliquem pecuniā zu bestechen suchen.

(Ops), ŏpis, f. (der nom. und dat. sing. kommen nicht vor.) 1) sing. A) die Macht, das Vermögen, selt. außer in der Verbindung omni ope mit aller Macht, aus allen Kräften; (Poet.) non opis est nostrae steht nicht in unserer Gewalt. B) die Hülfe, der Beistand: opem ferre alicui (= opitulari) Imd. Beistand leisten, sine o. tua. C) (Poet.) = opes. 2) pl. Mittel, theils A) = Vermögen, Reichthum (als Mittel zum Einfluß u. dergl.), oo. tenues, theils B) = Einfluß, Macht insbes. politische Macht: oo. violentae durch Gewalt erworben.

Ops, ŏpis, f. Göttin der Erde oder der Fruchtbarkeit, überhaupt Naturgöttin, römische Form der griechischen Rhea oder Cybele.

Ops......, siehe Obs......

Opsōnātor, ōris, m. [opsono] (Vorklass. u. Spät.) der Einkäufer von Zukost (Fleisch u. dergl.).

Opsōnātus, us, m. [opsono] (Pl.) das Einkaufen von Zukost für die Küche.

Opsōnium, ii, n. [ὀψώνιον] die Zukost, das Zubrod (Fleisch, Fische u. dergl.).

Opsōno, 1. u. -nor, depon. 1. [opsonium] 1) Zukost (Fleisch, Fische u. dergl.) einkaufen. 2) einen Schmaus anstellen, ein Gastmahl geben.

Optābĭlis, e, adj. mit comp. [opto] wünschenswerth.

*Optābĭlĭter, adv. im comp. (Spät.) [optabilis] wünschenswerth.

*Optātio, ōnis, f. [opto] das Wünschen, der Wunsch.

Optātus, adj. mit comp. u. sup. [particip. von opto] erwünscht. Hiervon A) abl. optāto, adv. nach Wunsch. B) als subst. optātum, i, n. der Wunsch = das Erwünschte.

Opt..., siehe Obt......

Optĭmas, tis, [optimus, siehe bei bonus] 1) adj. (selten) zu den Vornehmen gehörig, aristokratisch: o. status reipublicae; parum o. es du bist nicht sehr eifrig für die Sache der Vornehmen. 2) subst. im pl., die Besten in politischer Beziehung = die Vornehmen, die Aristokraten, im Gegensatze zur Volkspartei.

Optīneo, a. S. für Obtineo.

Optio, ōnis, [opto] 1) f. die freie Wahl; pleonastisch o. eligendi Freiheit zum Wählen. 2) m. (Vorklass. u. Spät.) der (gewählte) Gehülfe eines höheren oder niederen Officiers, der Adjutant oder Unterofficier.

Optīvus, adj. [opto] (Poet. u. Spät.) erwählt, erkoren.

Opto, 1. 1) erwählen, sich auserſehen, locum, ducem; optabit utrum malit. 2) wünschen (= den Wunsch in Worten oder wenigstens in bestimmten Gedanken äussern, vgl. cupio): o. aliquid; o. illud videre, o. ut illud bene accipias; o. alicui aliquid Jmb. Etwas anwünschen; o. aliquid ab aliquo = verlangen. 3) im Gegensatze zu docere, annehmen, willkührlich und nach Belieben Etwas behaupten.

Opŭlens, tis (selten) oder **Opŭlentus**, adj. mit comp. u. sup. (ŏ) [opes] 1) vermögend = reich, wohlhabend, homo, oppidum; opulentus re aliqua und (Poet.) rei alicujus reich an Etwas; arva oo. fruchtbare. 2) vermögend = mächtig, ansehnlich, factio, civitas, res. 3) (Spät.) herrlich, glänzend, dona, liber, agmen.

Opŭlenter, adv. mit comp. (ŏ) [opulens] reichlich, kostbar, prächtig.

Opŭlentia, ae, f. (ŏ) [opulens] 1) der Wohlhabenheit, der Reichthum. 2) der Einfluss, die Macht, Lydorum.

Opŭlentĭtas, ātis, f. (ŏ) (Vorklass.) = opulentia.

Opŭlento, 1. (ŏ) [opulentus] (Poet. u. Spät.) bereichern, aliquem re aliqua.

Opus, ĕris, n. (ŏ) 1) das Werk, die Arbeit = das, woran man arbeitet (vgl. opera). Insbef. A) die Belagerungs- oder Befestigungsarbeit: operibus et munitionibus urbem cepit; opere castrorum perfecto; admovere oo. die beweglichen Thürme, die Mauerbrecher u. dergl. B) andere fertige Arbeiten, als Gebäude, Kunstwerke, Schriften u. s. w. C) = die That, Handlung: oo. immortalia edere; eorum hoc unum est o. 2) Verrichtung, Geschäft, Arbeit: o. oratorium; (Poet.) o. hastae meae Wirkung. 3) = opera, die Thätigkeit, Arbeit, Wirksamkeit: nihil est opere aut manu factum; locus opere et naturā munitus durch Natur und Kunst. Insbef. magno (maximo), tanto opere, siehe magnopere, tantopere.

Opus, (ŏ) indecl. das Bedürfniss: 1) o. est A) es ist nöthig, vonnöthen: o. nobis est dux ob. duce wir brauchen einen Anführer, boves nobis o. sunt wir bedürfen Ochsen; maturato o. est man muss eilen; (selten) o. est argenti, temporis und (Vorklass.) o. est cibum; o. est abire, o. est te abire, (Vorklass.) o. est ut abeas. B) es ist dienlich, zuträglich: ne o. quidem est, nihil unquam deesse amicis. 2) (Spät.) o. habere re aliqua eine Sache nöthig haben.

Opus, untis, f. (ŏ) [Ὀποῦς] Stadt in Locris in Griechenland. Davon **Opuntius**, adj. und subst. -tii, ōrum, m. pl. die Einwohner von O.

Opuscŭlum, i, n. (ŏ) deminut. von opus.

Ingerslev, lat.-deutsches Schulwörterbuch.

Ora, ae, f. (ō) [os] 1) der Rand, Saum, die Grenze einer Sache, poculi, clipei, regionis. Hiervon = das Ende eines Schiffstaues: oo. resolvere, praecidere die Taue lösen, zerhauen. 2) die Küste, das Küstenland (vgl. litus), o. maritima Graeciae. 3) (meist Poet.) die Gegend, Himmelsgegend, auch der Erdgürtel, die Zone; (Poet.) luminis oo. = das Leben, die Welt, exire in oo. luminis geboren werden.

Ora, ae, f. Name der vergötterten Herſilia.

Orācŭlum, i, n. (ō) [oro] 1) ein Orakel, Tempel oder Ort, wo Orakelsprüche gegeben werden. 2) ein Orakel = Orakelspruch, Götterspruch. Hiervon A) überhaupt die Weissagung, Prophezeiung. B) halb ironisch = aufgestellter Satz, Ausspruch eines weisen (oder für weise geltenden) Menschen.

Orārius, adj. (ō) [ora] (Spät.) zur Küste gehörig, Küsten-.

Orātio, ōnis, f. (ō) [oro] 1) die Rede überhaupt, das Sprechen, die mündliche Mittheilung: natura hominem homini conciliat et ad orationis et ad vitae societatem; o. captivorum Aussage; (Com.) haec o. was hier gesagt wird; auch oratione in Worten, im Gegensatze zu re in der That. 2) eine Rede = mit Vorbereitung und zu einem gewissen Zwecke gehaltener Vortrag (vgl. sermo): habere o. de re aliqua, pro aliquo für Jmd., in aliquem gegen Jmd. 3) die Redeweise, Sprache, Art des Vortrages, fortis, placida u. s. w. 4) die Beredtsamkeit: satis in eo fuit orationis. 5) die Prosa im Gegensatze zur Poesie: et in poematis et in o. 6) (Spät.) ein Rescript, schriftliche Mittheilung über Staatsangelegenheiten, bes. vom Kaiser an den Senat.

Orātiuncŭla, ae, f. (ō) deminut. von oratio.

Orātor, ōris, m. (ō) [oro] 1) der Redner, der eben eine Rede hält oder solche zu halten pflegt (vgl. rhetor). 2) der das Wort bei einer Gesandtschaft führt, der Sprecher der Gesandtschaft, der Gesandte. 3) (Pl.) ein Bittender.

Orātōrie, adv. (ō) [oratorius] rednerisch.

Orātōrius, adj. (ō) [orator] rednerisch, zum Redner gehörig, Redner-, ars, ornamenta; subst. -ria, ae, f. sc. ars die Redekunst.

Oratrix, īcis, f. (ō) [oro] 1) (Pl.) die Bittende, Erbitterin. 2) (Spät.) eigtl. die Rednerin, als Uebersetzung des griechischen ῥητορική, die Redekunst.

Orātum, i, n. (ō) [particip. von oro] (Ter.) die Bitte.

Orātus, us, m. (ō) [oro] die Bitte, nur im abl. sing., o. tuo auf deine Bitte.

*****Orbātio**, ōnis, f. [orbo] die Beraubung.

*****Orbātor**, ōris, m. [orbo] (Poet.) der Berauber = der Verwaiser.

Orbicŭlātus, adj. [orbiculus] kreisförmig, kreisrund: malum o. = vortrefflich.

Orbicŭlus, i, m. deminut. von orbis.

Orbīlius, ii, m. ein Grammatiker zu Rom, Lehrer des Horaz.

Orbis, is, m. 1) der Kreis, Zirkel: ducere, efficere o.; consistere in orbem sich in einen Kreis stellen, pugnare in orbem krei-

34

förmig gestellt kämpfen. Insbes. o. signifer der Thierkreis, lacteus die Milchstraße, oo. finientes der Horizont; ebenso = die Bahn eines Himmelskörpers, die Windungen einer Schlange u. dergl. Hiervon trop. A) vom Kreislaufe der Zeiten oder der Ereignisse: o. annuus; idem o. volvitur in singulos annos dieselbe Begebenheit kehrt wie in einem Kreislaufe jedes Jahr zurück; senis horis in orbem pugnaverunt so daß Jeder nach der Reihe sechs Stunden kämpfte. B) per (in) o. ire rund gehen, nach der Reihe herumgehen. C) von der Rede, o. verborum ob. orationis die Periode. D) (Spät.) o. doctrinae der Inbegriff, die Encyclopädie. 2) die kreisförmige Fläche, »Scheibe, z. B. ein Schild, die Scheibe der Sonne oder des Mondes, das Auge, ein runder Tisch, eine Wagschale, ein Rad, ein Discus. Insbes. o. terrarum (selten o. terrae) der Erdkreis, das Erdenrund, die Erde; davon = Welttheil, Weltgegend.

Orbĭta, ae, f. [orbis] 1) die eingedrückte Spur des kreisförmigen Rades, das Wagengeleise; trop. = das Beispiel, der Vorgang, culpae veteris.

Orbĭtas, ātis, f. [orbus] das Beraubtsein theurer Personen, bes. der Eltern, Kinder u. s. w., das Verwaistsein: misera est o.; maxima o. reipublicae talium virorum Mangel an solchen Männern. 2) (Spät.) überhaupt der Verlust, die Entbehrung, tecti.

Orbo, 1. [orbus] 1) Jmb. theurer Personen berauben (vgl. privo, spolio), bes. der Eltern oder Kinder, verwaisen, o. aliquem filio; patria orbata multis claris viris. 2) überhaupt einer theuren Sache berauben, aliquem dignitate, sensibus.

Orbōna, ae, f. [orbus] die Göttin des Verwaistseins, von den Eltern bei Todesgefahren ihrer Kinder angerufen.

Orbus, adj. [ὀρφός, ὀρφανός] 1) theurer Personen beraubt, insbes. elternlos oder kinderlos, verwaist, pater, filius; (Pl.) o. liberis liberlos; (Poet.) o. alicujus oder ab aliquo der Jmb. verloren hat. 2) überhaupt einer theuren Sache beraubt, ermangelnd, entblößt: plebs o. tribunis, contio o. ab optimatibus; mare o. portubus, pectora oo. fide.

Orca, ae, f. 1) eine Art Wallfisch. 2) (Poet.) eine Tonne mit weitem Bauche.

Orchas, ădis, f. [ὀρχάς] eine Art Oliven.

Orchestra, ae, f. [ὀρχήστρα] (Spät.) im römischen Theater der (der Bühne nächste) Vordergrund des Schauspielhauses, wo die Senatoren ihren Platz hatten; trop. = der Senat.

Orchŏmĕnus, i, f. [Ὀρχόμενος] 1) uralte Stadt in Böotien. Davon **Orchŏmĕnius**, adj., u. subst. -nii, ōrum, m. pl. die Einwohner von O. 2) Stadt in Arcadien.

Orcīnus, adj. [orcus] (Vorklass. u. Spät.) zum Reich der Todten«, zur Unterwelt gehörig: senatores oo. die durch das Testament des Cäsar nach dessen Tode in den Senat gekommen waren.

Orcus, i, m. 1) das Reich der Todten, die Unterwelt: demittere aliquem orco. 2) der Gott der Unterwelt, pallidus. 3) (Poet.) der Tod: morari o. den Tod warten lassen = fortleben.

*Ordia (ōrum, n. pl.) prima (Lucr.) = primordia, siehe diesen Artikel.

Ordinārius, adj. [ordo] 1) (Spät.) in Reihen stehend, vites. 2) ordentlich, regelmäßig, gewöhnlich: consules oo. im Gegensatze zu einem suffectus.

*Ordināte, adv. [ordinatus] ordentlich.

Ordinātim, adv. [ordo] 1) nach der Reihe, reihenweise, honores petere. 2) regelmäßig, ordentlich, aliquid instruere, o. ire gliedermäßig.

Ordinātio, ōnis, f. [ordino] 1) die Anordnung in Reihen, vitium, davon die regelmäßige Einrichtung, anni, vitae. 2) (Spät.) A) die ordentliche Einrichtung der Staatssachen, die Regierung, Verwaltung. B) die Anordnung = Verfügung, Verordnung. C) die Anstellung in einem Amte.

*Ordinātor, ōris, m. [ordino] (Spät.) der Anordner, Einrichter.

Ordinātus, adj. mit comp. und sup. [particip. von ordino] ordentlich eingerichtet, geordnet, ordentlich, regelmäßig, cursus, vir.

Ordino, 1. [ordo] 1) in Reihe und Glied«, in Ordnung aufstellen, ordnen, agmina, aciem. Hiervon trop. (Spät.) o. cupiditates richtig classificiren; (Poet.) o. res publicas in ordentlicher Ordnung in der Reihe nach darstellen. 2) gehörig einrichten, ordnen, orationem, causam. 3) (Spät.) A) verwalten, provinciam. B) anstellen, ernennen, magistratum, filium in successionem regni.

Ordior, orsus, depon. 4. 1) Etwas (eigtl. ein Gewebe) anfangen, beginnen, unternehmen (ein gewählterer Ausdruck als incipio): o. telas, sermonem; o. disputare de illa re; häufig absol. = von Etwas zu sprechen, erzählen«, es zu beschreiben anfangen: o. de re aliqua, o. bellum, reliquos. 2) intrans. beginnen, anfangen = seinen Anfang nehmen: inde est orsa oratio. 3) particip. orsa, ōrum, n. pl. A) der Anfang. B) (Poet.) die Rede, Worte, referre oo. alicujus.

Ordo, ĭnis, m. 1) die Reihe, Ordnung, z. B. der Bäume, Ruderbänke u. s. w.; o. temporum die Zeitfolge; (Spät.) redigere in o. = in die Reihe aufnehmen. Insbes. A) die Reihe der Sitze oder Bänke im Theater: sedere in quatuordecim (sc. ordinibus) = Ritter sein (siehe die Handbücher der römischen Alterth.). B) von einem Soldaten, das Glied: observare oo. in den Reihen bleiben. Hiervon a) zur Bezeichnung einer Officierstelle: ducere oo. Officier sein; honestum o. ducere eine höhere Officierstelle bekleiden; decimum hastatum (sc. ordinem) mihi assignavit, siehe hastatus; mutare o. (alicujus) militandi = Jmb. degradiren. b) = der Officier, Centurion: primi oo. die vornehmsten Centurionen, die höheren Officiere. C) als Adverbialausdruck ordine (auch ex, in ordine, oder in, per ordinem) der Reihe«, der Tour nach, der eine nach dem anderen, interrogare, sententiam dicere. 2) die Ordnung, die gehörige Einrichtung und

Folge: conservare, tenere o.; (Poet.) o. rerum der Lauf der Dinge; exponere o. facinoris den Hergang der That, wie es damit vom Anfange bis zu Ende zugegangen war. Insbes. A) adverbial, a) ordine = gehörig, dem Gesetz und dem Herkommen gemäß, häufig recte et o. b) extra o. außer der Ordnung: α) = auf eine von dem Gesetze oder der Sitte und dem Herkommen abweichende Weise (provinciam alicui decernere; extra o. pugnasti gegen den gegebenen Befehl); β) = außerordentlich, gar sehr, spem habere de aliquo. B) in ordinem cogere aliquem Jmd. einschränken, zwingen, bemüthigen, se fich demüthigen, niedrigstellen. 3) der Stand, die Klasse der Bürger in politischer Beziehung: o. amplissimus die Senatoren, equester die Ritter, o. plebejus. Hiervon überhaupt Stand, Klasse, Abtheilung, scribarum, aratorum.

Oreas, ădis, f. [Ὀρειάς] (Poet.) die Bergnymphe.

Orestes, ae ob. is, m. (ŏ) [Ὀρέστης] Sohn des Agamemnon und der Clytämnestra, Freund des Pylades: um seinen Vater zu rächen, tödtete er seine Mutter und wurde deswegen von den Furien verfolgt, aber von dem Areopagus (unter Athene's Vorsitz) freigesprochen. Davon Orestēus, adj.

Orgănĭcus, adj. [ὀργανικός] (Vorklaff.) musikalisch; davon subst. -ous, i, m. der Musiker.

Orgănum, i, n. [ὄργανον] (Spät.) 1) das Instrument, Werkzeug. 2) insbes. ein musikalisches Instrument, namentlich die Wasserorgel.

Orgia, ōrum, n. pl. [ὄργια] 1) ein schwärmerisches und geheimnißvolles Fest, bes. ein Bacchusfest. 2) trop. = das Geheimniß.

Orĭchalcum, i, n. (ŏ) [ὀρείχαλκος] das Messing; bisweilen (vielleicht wegen der falschen Ableitung aus aurum) als etwas sehr Kostbares erwähnt.

*Oricilla, ae, f. (ŏ) statt auricilla, deminut. von auricula.

Orĭcos, i, f. ob. -cum, i, n.(ŏ) [Ὠρικός, -κόν] Hafenstadt in Epirus. Davon 1) Orĭcĭus, adj. 2) Orĭcīni, ōrum, m. pl. die Einwohner von O.

Oriens, tis, m. (ŏ) [particip. von orior] sc. sol, also eigtl. die aufgehende Sonne, 1) der Osten, Morgen: ab o. ad occidentem. 2) (Poet.) = Sonne oder Tag.

Orientālis, e, adj. (ŏ) [oriens] (Nachklaff.) östlich, ventus.

*Originātio, ōnis, f. (ŏ) [origo] (Spät.) die Wortableitung, Etymologie (lat. Wort für ἐτυμολογία).

Orīgo, ĭnis, f. (ŏ) [orior] 1) der Ursprung, die Entstehung, rerum omnium, fontis. 2) Insbes. A) die Herkunft, Abstammung, Geburt: ducere o. ab aliquo, ex Hispania von — stammen. B) der Stamm, das Geschlecht. Hiervon C) uneigtl. a) o. gentis der Stammvater. b) = Mutterland, Mutterstadt, bes. im Verhältnisse zur Colonie u. s. w.: Judaea o. hujus mali. c) o. mundi Schöpfer, Urheber.

Orion, ōnis, m. (ŏ) [Ὠρίων] 1) im Mythus ein berühmter Jäger, Sohn des Hyrieus, von Diana getödtet. 2) ein nach jenem Jäger genanntes, Sturm und Regen bringendes Gestirn.

Orior, ortus, depon. 4. (über die Formen nach der dritten Conjug. sehe man die Gramm.) (ŏ) 1) aufgehen, aufsteigen, sichtbar werden (von Himmelskörpern), sol, lux; orto sole am Morgen früh, ab orto sole vom Sonnenaufgange ab. 2) trop. A) entstehen, auskommen, controversia, tempestas, clamor o.; hoc a te o. dieses kömmt von dir. B) anfangen, seinen Anfang nehmen: o. a re aliqua mit Etwas. C) von einer Person, seinen Ursprung haben, abstammen, geboren werden, a Germanis, in hoc solo, equestri loco. D) von einem Gewässer, entspringen, Rhenus o. ex Lepontiis. E) hervorwachsen, wachsen, uva.

Orithyia, ae, f. (ŏ) [Ὠρείθυια] Tochter des attischen Königs Erechtheus, Mutter des Calais und Zetes.

Oriundus, adj. (ŏ) [orior] woher abstammend, herkommend, ex Etruscis, inde, Albā.

Ornāmentum, i, n. [orno] 1) die Ausrüstung, der Inbegriff alles dessen, womit Jmd. (auch ein Thier) ausgerüstet und versehen ist: oo. populi Romani (Kriegsvorräthe), elephantorum. 2) der Schmuck, die Zierde: pecunia et omnia oo. Kostbarkeiten; oo. triumphalia, consularia etc. Insignien; auch = Staatskleider. Hiervon trop. a) was eine Person oder Sache verherrlicht und ehrt: decus et o. senectutis, reipublicae. Insbes. = Auszeichnung, äußere Ehre, Ehrenbezeigungen: ornamentis afficere aliquem. b) oo. dicendi, sententiarum Schmuck der Rede, glänzende Gedanken.

Ornāte, adv. mit comp. u. sup. [ornatus] geschmückt, zierlich, herrlich.

Ornatrix, īcis, f. [orno] (Poet. u. Spät.) die Schmückerin (eine Sklavin, die der Toilette einer Dame vorstand).

Ornātus, adj. mit comp. u. sup. [particip. von orno] 1) mit Etwas gerüstet, versehen, re aliqua. 2) geschmückt, zierlich, schön, oratio, versus. 3) rühmlich, ehrenvoll, ansehnlich: locus o. ad dicendum. 4) herrlich, vortrefflich, adolescens.

Ornātus, us, m. [orno] 1) (Vorklaff.) die Zurüstung, Zubereitung. 2) das, womit Jmd. oder Etwas ausgerüstet ist, die Ausrüstung, Ausstattung überhaupt, insbes. die Kleidung, der prächtige Anzug oder der Schmuck, die Zierde: o. portarum, itinerum die Verschönerung; o. militaris die Rüstung; o. equi = Pferdegeschirr, Decke; insbes. von der Ausschmückung der Rede, o. verborum, afferre ornatum orationi die Rede verschönern.

Orno, 1. 1) Jmd. oder Etwas mit dem Nöthigen versehen, ausstatten, ausrüsten, aliquem armis, pecuniā; o. classem, provincias mit Allem versehen; o. convivium das Gastmahl anordnen, bereiten, fugam Alles für die Flucht anordnen. 2) schmücken, ausschmücken, Italiam; o. capillos frisiren. 3) trop. A) = loben, preisen, lobend erwäh-

34*

nen, aliquem, seditiones; o. aliquid dicendo in der Rede verschönern. B) ehren, zu einer Ehre verhelfen, aliquem frequentiā, beneficiis ihm ehrende Dienste erweisen; bisweilen = belohnen.

Ornus, i, f. die wilde Bergesche.

Oro, 1. (ō) [os] 1) reden, aliquid; insbef. = redend verhandeln, mündlich vortragen, litem, causam; ars orandi die Redekunst; matronis orantibus unter Vermittelung der Matronen. 2) bitten, ersuchen! o. aliquem aliquid Jmb. um Etwas; o. aliquem abeat und ut (ne) abeat daß er weggehe, auch (Poet. und Spät.) o. aliquem abire; oro te als Höflichkeitsformel = „ich bitte", „höre einmal", „habe die Güte". 3) in der Verbindung o. cum aliquo „bittend mit Jmb. verhandeln", sind beide Bedeutungen verschmolzen.

Orontes, is ob. ae, m. (ō) [Ὀρόντης] Hauptfluß in Syrien. Dav. -tēus, adj. (Poet.) = syrisch.

Oropus, i, f. (ō) [Ὠρωπός] Stadt in Böotien an der Grenze von Attika.

Orpheus, ei u. eos, m. [Ὀρφεύς] uralter griechischer Dichter, Sohn des Apollo (oder des Oeagrus) und der Muse Calliope, Gemahl der Eurydice. Davon **Orphēus** und **Orphĭcus,** adj.

Orsa, siehe ordior.

Orsus, us, m. [ordior] (selten) der Anfang = das Unternehmen, Beginnen.

Orthogrăphia, ae, f. [ὀρθογραφία] (Spät.) die Rechtschreibung, Orthographie.

Ortōna, ae, f. Stadt in Latium.

Ortus, us, m. [orior] 1) der Aufgang eines Gestirns, o. solis; davon = der Osten, der Morgen, sol commeans ab o. ad occasum. 2) das Entstehen, Aufkommen, juris, venti, tribuniciae potestatis. 3) von Menschen, die Herkunft, Geburt: oo. nascentium; ducere o. ab aliquo von Jmb. abstammen; pars o. nostri ein Theil unseres Daseins.

Ortȳgia, ae, f. [Ὀρτυγία] 1) Insel bei Syracus, einen Theil von dieser Stadt bildend. 2) älterer Name der Insel Delus. Dav. -gius, adj.

Oryx, ўgis, comm. (ō) (Spät.) eine Art wilder Ziegen od. Gazellen.

Os, ōris, n. der Mund, das Maul. Insbef. A) der Mund als Organ der Sprache: esse in ore (hominum) in Aller Munde sein, zum Gerede dienen, venire in ora vulgi (hominum) zum Gerede werden; habere aliquid in ore Etwas im Munde führen, stets davon sprechen; uno ore einstimmig. B) (Poet. u. Spät.) trop. = Sprache, Rede, discordia oo.; o. planum deutliches Reden;· o. Pindari die Dichtersprache des P. C) (Spät.) der Schnabel eines Vogels, davon (Poet.) der Schiffsschnabel. 2) die Oeffnung, Mündung, der Eingang, ulceris, specus, portus; o. fluminis sowohl = die Mündung, als = die Quelle. 3) das Gesicht, Antlitz (bes. insofern die Gemüthsstimmung sich darin ausprägt und zunächst mit Bezug auf den Mund, vgl. facies und vultus), die Miene: in ore alicujus vor Jmds Augen, laudare aliquem in os ins Gesicht, concedere ab o. alicujus aus den Augen Jmds sich entfernen. Insbef. A)

os durum, impudens eine „freche Stirn", daher ebsos. o. zur Bezeichnung der Frechheit, Unverschämtheit: nostis os hominis; dagegen os molle = Bescheidenheit, Schamhaftigkeit. B) = der Kopf. C) (Poet.) von einer Maske.

Os, ossis, n. der Knochen, das Gebein: legere oo. die Knochen des verbrannten Leichnams oder eines zerquetschten Gliedes sammeln. Hierv. trop. A) = das Innere einer Sache. B) = das Harte, die Kerne oder Steine in Früchten.

Osca, ae, f. Stadt in Arragonien. Davon **Oscensis,** e, adj., u. subst. -ses, ium, m. pl. die Einwohner von O.

Oscen, ĭnis, comm. [os-cano] der Singvogel = der Weissagevogel, der durch sein Geschrei ein Wahrzeichen giebt; häufig als adj. o. avis, corvus.

Osci, ōrum, m. pl. uralte Völkerschaft in Campanien. Dav. **Oscus,** adj. u. **Osce,** adv. oscisch, nach Art der Osker.

Oscillum, i, n. [deminut. von osculum] eigtl. das Mündchen, 1) ein Grübchen in der Mitte der Hülsenfrüchte. 2) (Poet.) ein kleines Bild.

*****Oscĭtanter,** adv. [oscito] schläfrig = theilnahmlos, gleichgültig.

Oscĭtātĭo, ōnis, f. [oscito] (Spät.) 1) das Oeffnen des Mundes. 2) das Gähnen. 3) trop. schläfrige und langweilige Sprache.

Oscĭto, 1. (os) 1) sich öffnen, offen stehen. Hiervon (zweifelh.) aves oo. = schreien mit offenem Munde. 2) gähnen, trop. = schläfrig und theilnahmlos sein, nicht Achtung geben.

*****Oscŭlābundus,** adj. [osculor] (Spät.) küssend.

Oscŭlātĭo, ōnis, f. [osculor] das Küssen.

Oscŭlor, depon. 1. [osculum] 1) küssen, aliquem, auch absol. o. cum aliquo sich mit Jmd. küssen, oo. inter se fie küssen sich. 2) trop. = zärtlich lieben, hoch schätzen, scientiam juris tanquam filiolam.

Oscŭlum, i, n. [deminut. von os, oris] 1) (Poet.) das Mündchen, Mäulchen. 2) der Kuß (überhaupt, vgl. basium und suavium).

Osīris, idis, m. (ō) [Ὄσιρις] Hauptgott Aegyptens (Genius des Nils), Gemahl der Isis, von seinem Bruder Typhon umgebracht und zerstückelt.

Osor, ōris, m. (ō) [odi] (Vorklass. u. Spät.) der Hasser.

Ossa, ae, f. [Ὄσσα] Berg in Thessalien. Davon **Ossaeus,** adj.

Osseus, adj. [os, ossis] (Poet. und Spät.) knöchern, beinern.

Ossicŭlum, i, n. deminut. von os, ossis.

Ossĭ-frăgus, i, m. und -ga, ae, f. [os, ossis-frango] der Beinbrecher, eine Art Adler.

Ostendo, di, sum (Vorklass. auch tum), 3. [obs-tendo] 1) vor-, entgegen strecken, -halten, -ausdehnen: ager soli ostenditur liegt gegen die Sonne; o. manus. 2) vorhaltend- oder vorstreckend darbieten, darstellen, zeigen, sehen lassen (vgl. monstro): o. alicui aliquid; o. aciem sehen lassen, o. se erscheinen, sichtbar werden. 3) trop. A) zeigen = an den Tag legen, verrathen u. dergl. sententiam suam; o. se inimicum alicui; o. metum. Insbes.

Ostentatio — Ovum 533

B) = an ben Tag legen, als Etwas, das erwartet werden kann, die Aussicht auf Etwas geben: o. oppugnationem mit einem Sturme brohen, sich die Miene geben stürmen zu wollen, o. bellum; o. spem, metum Anderen vorhalten, was sie auf der einen Seite hoffen, auf der anderen fürchten können; victoria ostenditur man hat Ursache einen Sieg zu hoffen (wegen eines Wahrzeichens). C) = äußern, sagen, erklären, beweisen, erzählen u. dergl., aliquid, se cum aliquo colloqui velle, quid consilii sit.

Ostentātio, ōnis, f. [ostento] 1) das Zeigen, Offenbaren, saevitiae. 2) das prahlende und eitle Zeigen, das Zur-Schau-Tragen, die Prahlerei mit Etwas, ingenii; oo. meae meine prahlenden Versprechungen. 3) das Streben, den Schein von Etwas hervorzubringen, was nicht wirklich ist, die täuschende Vorspiegelung, die Täuschung, der Schein: homo veritate, non ostentatione popularis; o. doloris; ostentationis causa um den Schein (von Etwas) zu erzeugen.

Ostentātor, ōris, m. [ostento] 1) der eitel Etwas zur Schau stellt, der Prahler, factorum mit seinen Thaten.

Ostento, 1. [ostendo] 1) vorhalten, zeigen, capillos, campos, jugulum barbietem. 2) trop. A) zur Schau stellen, mit Etwas prahlen, sich auf Etwas berufen, clientelas; o. Ambiorigem prahlend an den A. erinnern. B) Etwas erwarten lassen, auf Etwas Aussicht geben, theils a) etwas Gutes = versprechen, hoffen lassen, praemia, agrum, theils b) etwas Böses = androhen, fürchten lassen, servitutem. C) zeigen = an den Tag legen, offenbaren, verstehen lassen: o. principem verrathen, quid eos maneat erklären.

Ostentum, i, n. [ostendo] das Wunderzeichen, Anzeichen, Wunder, das übernatürliche Ereigniß (vgl. augurium, omen): facere oo. Wunder verrichten.

Ostentus, us, m. [ostendo] nur im dat. sing. 1) das Sehenlassen, Zeigen: corpora abjecta o. zur Schau. 2) der Beweis: hoc est o. clementiae tuae dieses beweist deine Milde. 3) die Schau = die Parade, der äußerliche Schein.

Ostia, ae, f. Stadt in Latium am Ausflusse des Tiber. Davon **Ostiensis**, e, adj.; provincia O. das Amt des Quästors zu O., die Wasserleitungen u. die Verproviantirung der Stadt Rom über O. zu beaufsichtigen.

Ostiārius, adj. [ostium] zur Thür gehörig, nur subst. A) -ium, ii, n. die Thürsteuer. B) -ius, ii, m. der Thürhüter, Pförtner.

Ostiātim, adv. [ostium] thürweise, von Thür zu Thür.

Ostiŏlum, i, n. deminut. von ostium.

Ostium, ii, n. [os] 1) die Mündung, der Eingang, fluminis, portus. 2) die Thür (überhaupt, vgl. janua).

Ostrea, ae, f. und **Ostreum**, i, n. [ὄστρεον] die Auster, Muschel.

*Ostreātus, adj. [ostrea] (Pl.) eigtl. mit Austern belegt = schorfig, grindig.

*Ostreōsus, adj. mit comp. [ostrea] (Poet.) reich an Austern.

Ostrĭfer, ĕra, ĕrum, adj. [ostrea-fero] (Poet.) Austern enthaltend.

Ostrīnus, adj. [ostrum] (Poet.) purpurn.

Ostrum, i, n. [ὄστρον] (Poet. u. Spät.) das Meerschneckenblut, der Purpur; davon = ein purpurfarbenes Gewand, eine purpurne Decke.

Osus (ō), particip. von odi (Vorklaff.) hassend, o. sum = odi.

Otho, ōnis, m. (ō) römischer Familienname, siehe Roscius.

Othryădes, ae, m. [Ὀθρυάδης] 1) Sohn des Othrys = Panthus. 2) ein spartanischer Heerführer.

Othrys, yos, m. [Ὄθρυς] Gebirge in Thessalien.

*Otiŏlum, i, n. (ō) deminut. von otium.

Otior, depon. 1. (ō) [otium] müßig sein, die Muße genießen, feiern.

Otiōse, adv. (ō) [otiosus] 1) müßig. 2) mit Muße, langsam. 3) ruhig.

Otiōsus, adj. mit comp. u. sup. (ō) [otium] 1) ohne Geschäfte, bes. = ohne Staatsgeschäfte, müßig: nunquam minus o. (ledig) sum quam quum o. als wenn ich keine Staatsgeschäfte habe. 2) ledig, müßig, tempus; otium o.; pecunia o. nicht untergebracht, senectus o. unbeschäftigt, dies o. in Müßiggang zugebracht. 3) ruhig, unbekümmert oder gleichgültig, neutral, langsam und dergl., animus, homo, spectator. Hiervon (Spät.) = frei von Etwas, rei alicujus und a re aliqua. 4) (Spät.) unnütz, überflüssig, sermo.

Otium, ii, n. (ō) 1) die Muße, die Ruhe von Geschäften, bes. von öffentlichen Geschäften, also = das ruhige, stille Privatleben, das otium: o. honestum; frui o.; otium suum consumpsit in historia scribenda. 2) die Zeit zu Etwas, auscultandi zum Hören; habere o. ad aliquid faciendum; quum est o. wenn ich Zeit habe; otio obst per o. in aller Muße. 3) (Poet.) = die Erzeugnisse der Muße Imbs, z. B. Gedichte. 4) der Müßiggang, lediges und müßiges Leben, languescere in o. 5) die Ruhe, ruhige Zeit, der Frieden (im Gegensatze zum Kriege oder anderen Unruhen): o. et pax, per o. zur Friedenszeit; o. ab urbanis seditionibus Ruhe vor.

Ovātio, ōnis, f. (ō) [ovo] (Spät.) die Ovation, der kleine Triumph, wobei der Feldherr zu Pferde oder zu Fuß seinen Einzug hielt.

Ovidius, ii, (ō) Name eines römischen Geschlechtes, zu welchem der bekannte Dichter Publius O. N. (geboren zu Sulmo 43 v. Chr., gestorben in Tomi am schwarzen Meere 17 n. Chr.) gehörte.

Ovīle, is, n. (ō) 1) der Schafstall. 2) der Abstimmungsplatz auf dem Marsfelde.

Ovillus, adj. (ō) [ovis] zum Schafe gehörig, Schaf-.

Ovis, is, f. (ō) [ὄις] das Schaf; (Poet.) = die Wolle; trop. = der Einfaltspinsel.

Ovo, 1. (ō) 1) frohlocken, jubeln. 2) eine Ovation (siehe ovatio) halten; ovans urbem ingressus est im kleinen Triumphzuge.

Ovum, i, n. (ō) [verw. mit ᾠόν] das Ei, insbes. a) da die Römer gewöhnlich die Mahlzeit mit Eiern anfingen und mit Obst beschlossen, sagte man: famem integram afferre ad o. vor

Oxus — Paenula

der Mahlzeit Nichts genoſſen haben; ab o. ad mala von Anfang bis zu Ende. b) auf der Rennbahn im Circus waren ſieben Eier d. h. eierförmige Figuren aufgeſtellt, deren man nach jedem Umlaufe eins von ſeinem Geſtelle herabnahm, um ſo die Umläufe zu zählen.

Oxus, i, *m.* [Ὦξος] Fluß in Mittelaſien, der ſich in den Aralſee ergießt, jetzt Amu.

P.

Păbŭlātio, ōnis, *f.* [pabulor] 1) die Fütterung, Weide. 2) in der Militärſprache, die Fouragirung, das Fourageholen.
Păbŭlātor, ōris, *m.* [pabulor] der Fouragirer, Soldat, der Futter holt.
Păbŭlor, *depon.* 1. [pabulum] 1) (Spät.) weiden. 2) in der Militärſprache, fouragiren, Futter holen. Hiervon *trop.* (*Pl.*) von einem Fiſcher = ſeinen Unterhalt ſuchen.
Păbŭlum, i, *n.* [pasco] 1) das Futter, insbeſ. in der Militärſprache die Fourage. 2) *trop.* die Nahrung, Speiſe; p. amoris was die Liebe nährt.
Pācālis, e, *adj.* [pax] (Poet.) zum Frieden gehörig, olea den Frieden bezeichnend.
Pācātor, ōris, *m.* [paco] (Spät.) = pacificator.
Pācātus, *adj.* mit *comp.* u. *sup.* [*particip.* von paco] zum Frieden gebracht, beruhigt, friedlich, im Frieden lebend (*oppos.* hostilis), civitas, terra.
Păchȳnum, i, *n.* [Πάχυνος] das ſüdliche Vorgebirge Siciliens.
Păcĭdējānus, i, *m.* ein berühmter Fechter.
Pācĭfer, ěra, ěrum, *adj.* [pax-fero] (Poet. und Spät.) Frieden bringend, -verkündend, oliva.
Pācĭfĭcātĭo, ōnis, *f.* [pacifico] die Friedensſtiftung.
Pācĭfĭcātor, ōris, *m.* [pacifico] der Beruhiger, Friedensſtifter.
***Pācĭfĭcātōrĭus,** *adj.* [pacificator] friedenſtiftend, den Frieden vermittelnd, legatio.
Pācĭfĭco, 1. und **Pācĭfĭcor,** *depon.* 1. [pax-facio] 1) *intrans.* Frieden machen, -ſchließen, cum aliquo. 2) *transit.* *trop.* (Poet.) beruhigen, beſänftigen, mentem.
Pācĭfĭcus, *adj.* [pax-facio] Frieden ſtiftend, -machend.
Pacio, — 3. Vorklaff. = paciscor.
Păciscor, pactus, *depon.* 3. (vgl. pango) 1) *intrans.* ein Uebereinkommen, die Abrede mit Jmd. treffen, einen Vertrag mit Jmd. ſchließen, über Etwas einig werden: p. cum aliquo magna mercede; paciscuntur inter se, p. de re aliqua, ut aliquid fiat. 2) *transit.* ſich ausbedingen, Etwas verabreden, durch Abkommen für ſich ſtipuliren, provinciam, decem minas. Insbeſ. = ein Mädchen ſich verloben, puellam; haec ei pacta erat ſie war mit ihm verlobt, und davon *subst.* Pacta, ae, *f.* die Braut, Verlobte. 3) (Poet.) zum Tauſch einſetzen, hingeben, vitam pro laude.
Pāco, 1. (pax) 1) zum Frieden, in einen friedlichen Zuſtand bringen, gewöhnlich = ganz unterdrücken, bändigen, Galliam, hostes. 2) (Poet.) urbar machen, silvam.

Pactio, ōnis, *f.* [paciscor] 1) das Uebereinkommen, die Verabredung, der Vertrag, Vergleich: facere p. cum aliquo de re aliqua einen Vertrag ſchließen; per p. der Verabredung gemäß; p. provinciae betreffend eine Provinz. 2) Insbeſ. A) der Contract zwiſchen den Generalpächtern und den Bewohnern einer Provinz. B) die geheime und betrügeriſche Verabredung, das Complot. C) p. verborum beſtimmte Formel.
Pactōlus, i, *m.* [Πακτωλός] Fluß in Lydien, der Goldſand mit ſich führte. Davon -lis, ĭdis, *f.*, *adj.*
***Pactor,** ōris, *m.* [paciscor] der Vermittler, Unterhändler.
Pactum, i, *n.* [*particip.* von paciscor] 1) das Uebereinkommen, die Verabredung. 2) im *abl. sing.* die Weiſe, Art, hoc p. auf dieſe Weiſe, quo p. wie.
Pactye, es, *f.* [Πακτύη] Stadt in Thracien an der Propontis.
Pācŭvius, ii, *n.* alter römiſcher Dichter zur Zeit des zweiten puniſchen Krieges, Schweſterſohn des Ennius. Davon -viānus, *adj.*
Pădaei, ōrum, *m. pl.* Völkerſchaft in Indien.
Pādus, i, *m.* Hauptfluß in Oberitalien, jetzt der Po.
Pādūsa, ae, *f.* ein aus dem Po durch Ravenna gezogener Graben.
Paean, ānis, *m.* [Παιάν] 1) der Arzt der Götter, ein Name, der ſpäter auf den Apollo übertragen wurde. 2) ein Feſtgeſang, beſ. zu Ehren des Apollo.
Paedăgōgĭum, ii, *n.* [παιδαγωγεῖον] (Spät.) 1) Ort, wo junge Sklaven zu vornehmen Verrichtungen erzogen wurden (Pagenſchule). 2) *meton.* die Knaben in einer ſolchen Anſtalt.
Paedăgōgus, i, *m.* [παιδαγωγός] 1) ein Sklave, der die Knaben überall und beſ. in die Schule begleitete, der „Hofmeiſter"; dah. (Com.) ſcherzhaft von einem jungen Menſchen, der ein Mädchen ſtets begleitet. 2) *trop.* der Rathgeber, Führer.
Paedor, ōris, *m.* der Schmutz, Unflath.
***Paegniārius,** *adj.* [παίγνιον] (Spät.) zum Spiele gehörig: insbeſ. gladiatores pp. die zum Scherz kämpfen.
Paene ob. **Pēne,** *adv.* (mit *sup.* paenissime bei Vorklaff. u. Spät.) beinahe, faſt, ſo daß nur Wenig fehlt (vgl. fere): p. periit er wäre beinahe umgekommen; quam me p. perdidisti wie wenig fehlte daran, daß du mich zu Grunde gerichtet hätteſt.
Paeninsŭla, ae, *f.* [paene-insula] die Halbinſel.
Paenĭtet, s. E. für Poenitet.
Paenŭla, ae, *f.* ein Mantel, weites Ober-

Paenulatus — **Palinurus** 535

Kleid, das auf Reisen und bei schlechtem Wetter getragen wurde; *proverb.* scindere p. alicui = den Gast stark zum Bleiben auffordern.

Paenŭlātus, *adj.* [paenula] einen Mantel tragend.

Paenultimus (Pen.), *adj.* [paene-ultimus] (Spät.) vorletzt, insbes. *subst.* -ma, ae, *f. sc.* syllaba die vorletzte Sylbe.

Paeon, ōnis, *m.* [παιών] ein Versfuß, aus drei kurzen Sylben und einer langen bestehend.

Paeŏnes, um, *m. pl.* [Παίονες] Völkerschaft in Macedonien. Dav. 1) **Paeŏnia**, ae, *f.* die später Emathia benannte Landschaft in Macedonien. 2) **Paeŏnis**, idis, *f.* ein Weib aus P. 3) **Paeŏnius**, *adj.*

Paeŏnius, *adj.* [παιώνιος, Paean] zum Päan gehörig: herbae pp. heilsame, mos p. Art der Aerzte.

Paestum, i, *n.* Stadt in Lucanien, auch Posidonia genannt. Davon **Paestānus**, *adj.* und *subst.* -ni, ōrum, *m. pl.* die Einwohner von P.

*Paetŭlus, *adj. deminut.* von paetus.

Paetus, *adj.* mit den Augen blinzelnd ob. seitwärts sehend, schielend (vorsätzlich, vgl. strabo), gewöhnlich = verliebt blickend, liebäugelnd, Venus.

Pāgānus, *adj.* [pagus] (Poet. und Spät.) 1) zu einem Gau gehörig, ländlich, Dorf-, focus. Hierv. *subst.* -nus, i, *m.* A) der Landmann, Dorfbewohner. B) eine Civilperson im Gegensatze des Militärs. 2) *trop.* roh, ungebildet.

Pāgasa, ae, *f.* oder -sae, ārum, *f. pl.* [Παγασαί] Seestadt in Thessalien, wo das Schiff Argo gebaut wurde. Davon **Pāgasaeus**, *adj.* insbes. conjux P. = Alcestis, Pagasaeus = Jason.

Pāgātim, *adv.* [pagus] (selten) gauweise, in den einzelnen Dörfern.

Pāgella, ae, *f. deminut.* von pagina.

Pāgĭda, ae, *m.* 1) Fluß in Africa. 2) Fluß in Phönicien.

Pāgĭna, ae, *f.* [pango] 1) die Seite eines Buches, und, da die Alten nur die eine Seite des Blattes beschrieben, = ein Blatt: complere p. die Seite vollschreiben. Hiervon p. honorum die Platte an einem Monumente, auf welcher die Ehrenstellen u. s. w. des Betreffenden eingegraben waren. 2) *trop.* = das Geschriebene (ein Gedicht, eine Schrift).

Pāgĭnŭla, ae, *f. deminut.* von pagina.

Pāgus, i, *m.* der Gau als politische Gemeinschaft bes. bei den Germanen und Galliern, im Gegensatze zur Stadt, die ländliche Commune, der Canton, pp. vicique; (Poet.) = das Land überhaupt.

Pāla, ae, *f.* [statt pagěla von pango] 1) der Spaten. 2) der Kasten am Ringe, in welchem der Stein gefaßt wird.

Pălaemon, ōnis, *m.* [Παλαίμων] ein Meergott, als Mensch Melicertes (siehe diesen Artikel) genannt. 2) Remmius P. ein Grammatiker zur Zeit des Tiberius.

Pălaepharsālus, i, *f.* [ἡ παλαιὰ Φάρσαλος] Alt-Pharsalus, Stadt in Thessalien.

Pălaeste, es, *f.* [Παλαιστή] Stadt in Epirus. Davon -stīnus, *adj.*

Pălaestīna, ae, *f.* die Landschaft Palästina in Syrien. Davon -stīnus, *adj.* und *subst.* -stīni, ōrum, *m. pl.* die Bewohner von P.

Pălaestra, ae, *f.* [παλαίστρα] 1) der Ringplatz, die Ringschule, Gymnastikschule, Ort, wo Leibesübungen kunstmäßig getrieben werden: p. nitida, uncta weil die Ringer sich mit Oel bestrichen. 2) = das Ringen, die Ringkunst, die Leibesübungen: discere, exercere p. 3) *trop.* A) Ort, wo man andere Sachen übt, „Schule". B) die Uebung, Bildung, „Schule", insbes. = die Redeübung oder die Fertigkeit und Zierlichkeit im Reden: habuit vires sine nitore et p. Hiervon = die Kunst, das Kunststück.

*Pălaestricē, *adv.* [palaestricus] wie es in der Schule hergeht, auf Art der Schule.

Pălaestrĭcus, *adj.* [παλαιστρικός] zur Ringschule gehörig, Schul-, motus pp. = gekünstelte, gesuchte. Hiervon *subst.* (Spät.) A) -ca, ae, *f.* (sc. ars) die Ringkunst, Gymnastik. B) -cus, i, *m.* der Lehrer in der Ringkunst, Gymnastiklehrer.

Pălaestrīta, ae, *m.* [παλαιστρίτης] der Vorsteher einer Ring-, Gymnastikschule.

Pălam, 1. *adv.* A) vor den Augen der Leute, öffentlich (entgegengesetzt dem occulte ob. clam, vergl. publice), in foro saltare; nec p. neo secreto. B) offenkundig, bekannt: p. est es ist offenbar; p. facere bekannt machen. C) offen, unverhohlen, dicere. 2) (meist Poet. u. Spät.) *praep.* mit *abl.* vor, in Gegenwart von, populo vor den Augen aller Welt; me p.

Pălămēdes, is, *m.* [Παλαμήδης] griechischer Held vor Troja, Sohn des euböischen Königs Nauplius, in den späteren Sagen, als Erfinder verschiedener Sachen berühmt, durch des Ulysses Hinterlist getödtet.

Pălātīnus, *adj.* [palatium] zum palatium (siehe diesen Artikel) gehörig, daher auch = kaiserlich.

Pălātĭum, ii, *n.* 1) einer der sieben Hügel in Rom. 2) (Poet.) weil Augustus dort seine Wohnung hatte, = Schloß, Palast: pp. matris = der Tempel der Cybele.

Pălātum, i, *n.* und vielleicht -tus, ns, *m.* 1) der Gaumen, insbes. als Werkzeug des Geschmacks, auch *trop.* von dem geistigen Urtheil. 2) (Poet.) die Wölbung, p. coeli.

Pălea, ae, *f.* 1) die Spreu. 2) der Hahnenbart.

Pălear, āris, *n.* [palea] die herabhängende Haut am Halse des Stiers, die Wamme.

Păles, is, *f.* römische Schutzgöttin der Heerden und Hirten. Davon **Pălīlis**, e, *adj.* und *subst.* -lia, ium, *n. pl.* ein ländliches Reinigungsfest zu Ehren der P.

Pălĭci, ōrum, *m. pl.* Zwillingsbrüder und Söhne des Zeus, welche auf Sicilien als Heroen verehrt wurden.

Pălimbacchĭus, ii, *m.* [παλιμβάκχειος] (Spät.) = Antibacchius, ein aus einer kurzen Sylbe und zwei langen bestehender Versfuß.

Pălimpsestus, i, *m.* [παλίμψηστος] ein Pergament, auf welchem eine ältere Schrift wieder abgekratzt und nun eine neue darauf geschrieben worden ist.

Pălīnŭrus, i, *m.* [Παλίνουρος] 1) der

Steuermann des Aeneas, der an der Küste von Lucanien ins Meer stürzte und ertrank. 2) das nach ihm benannte Vorgebirge in Lucanien.
*Pālĭtans, tis, *particip.* des sonst ungebräuchlichen palitor = palor (andere lesen dort — Plaut. *Bacch.* 5, 2, 4 — balitans).
Pālĭūrus, i, *m.* [παλίουρος] der Christdorn.
Palla, ae, *f.* 1) das lange und weite, bis auf die Füße herabgehende Obergewand der römischen Damen (über die stola getragen), entsprechend der toga der Männer; auch (Poet.) von Männern (einem Citherspieler, dem Bacchus und Apollo) getragen. Bisweilen wurde noch ein Obergewand über die P. getragen, so daß es als eine Art von Obertunica betrachtet werden muß. 2) (Spät.) der Vorhang: *proverb.* pallas inter pocus zur Bezeichnung unzulänglicher Vorsichtsmaßregeln.
Pallāca, ae, *f.* [παλλακή] (Spät.) = pellex.
Pallas, ădis, *f.* [Παλλάς] 1) poetischer Name der Minerva, siehe diesen Artikel. 2) *trop.* (Poet.) A) = der Oelbaum. B) = das Oel, infundere P. C) = Palladium, siehe unten. Hiervon Pallādius, *adj.* zur Göttin Pallas oder Minerva gehörig: arx P. Burg zu Athen, ramus P. der Oelzweig; insbes. *subst.* -dium, ii, *n.* das Bild der P. zu Troja, welches, so lange es in der Stadt blieb, das Dasein Trojas schützte.
Pallas, antis, *m.* [Πάλλας] 1) ein Gigant, den Minerva überwand. 2) ein Titan, Gemahl der Styr. 3) nach einer besonderen Sage Vater der (fünften) Minerva. 4) ein Sohn des Lycaon, Vater des Evander. 5) ein Sohn des Evander. 6) ein Sohn des Pandion, Bruder des Aegeus, bisweilen mit Nr. 3 identificirt. Hiervon Pallantĭas, ădis oder -tis, ĭdis, *f.* = Aurora, Nachkömmling des P. Nr. 1. A) Pallantēus, *adj.* zum P. gehörig; *subst.* -tēum, i, *n.* a) Stadt in Arcadien, aus welcher Evander nach Italien zog. b) Stadt in Italien, von Evander erbaut. B) Pallantĭus, *adj.* heros P. = Evander.
Pallēne, es, *f.* [Παλλήνη] Stadt u. Halbinsel in Macedonien. Dav. Pallēnensis, e, *adj.*
Pallens, siehe palleo.
Palleo, lui, — 2. 1) blaß sein, morbo, fame; häufig pallens als *adj.* von dem, was in der Unterwelt ist. (Poet.) von Sachen = von blasser, matter Farbe (blaßgelb, blaßblau, blaßgrün) sein. 2) *trop.* (Poet.) A) vor Begierde nach Etwas blaß sein nomen nach Geld; auch = bis zum Erblassen studiren, eifrig arbeiten. B) vor Furcht erblassen, sich fürchten, -ängstigen, pontum vor dem Meere, alicui wegen Jmd. 3) (Poet.) p. multos colores sich oft entfärben. 4) *particip.* pallens, A (Poet.) blaß machend, morbus, philtrum. B) (Spät.) matt, schlecht.
Pallesco, lui, — 3. [palleo] (Poet. u. Spät.) 1) blaß werden, erblassen, erbleichen. Hiervon gelb werden, frondes pp. 2) *trop.* A) vor Begierde erblassen, p. in aliqua = heftig verliebt sein. B) vor Furcht erblassen, besorgt werden, sich ängstigen.
Palliātus, *adj.* [pallium] 1) mit einem pallium (siehe diesen Artikel) bekleidet; daher oft = griechisch, illi pp. von Statuen in griechischer Tracht. 2) (Spät.) = bedeckt, geschützt.
*Pallĭdŭlus, *adj. deminut.* von pallidus.
Pallĭdus, *adj.* mit *comp.* u. *sup.* [palleo] bleich, blaß von Farbe. Hiervon (Poet.) A) blaß machend, mors. B) bleich vor Liebe, verliebt, in aliqua. C) bleich vor Furcht.
*Palliōlātim, *adv.* [palliolum] (Pl.) mit einem Mäntelchen.
Palliōlātus, *adj.* [palliolum] (Spät.) mit einer Kopfhülle bekleidet.
Palliōlum, i, *n.* [pallium] *deminut.* von pallium. 1) das Mäntelchen. 2) eine Kopfhülle, Capuchon.
Pallium, ii, *n.* der griechische Mantel, das bei den Griechen übliche Obergewand, welches auch die römischen Hetären trugen; *proverb.* manum intra p. continere ohne Hülle und Leben reden. 2) die Bettdecke. 3) der Vorhang.
Pallor, ōris, *m.* [palleo] 1) die Blässe, Bleichheit, die blasse Farbe: ducere p. erblassen, matt und kränklich aussehen. 2) *trop.* (Poet.) die Furcht, Angst.
Pallŭla, ae, *f. deminut.* von palla.
Palma, ae, *f.* [gr. παλάμη] 1) die flache Hand. Davon A) die Hand überhaupt. B) der untere breite Theil des Ruders, die Schaufel. 2) der Palmbaum. Hiervon A) (Poet.) die Frucht des Palmbaumes, die Dattel. B) der Palmzweig. C) der Palmzweig als Siegeszeichen, daher *trop.* a) = der Siegespreis oder der Sieg, der Ruhm, Vorzug u. dergl.: dare, accipere p.; gladiator plurimarum palmarum der schon viele Siege erworben hat (ironisch = viele Mordthaten verübt hat). b) (Poet.) = der Sieger: Dares, tertia p. 3) = palmes, welches man sehe. 4) (Poet.) Nebenform von parma, siehe diesen Artikel.
Palmāris, e, *adj.* [palma] zu Palmen gehörig, insbes. — die Palme d. h. den Vorzug verdienend, vorzüglich, statua.
Palmārĭus, *adj.* (Com.) = palmaris; hoc mihi palmarium puto dieses halte ich für mein Meisterstück.
Palmātus, *adj.* [palma] die Figur einer Palme habend, insbes. tunica (vestis) p. mit eingestickten Palmenzweigen gezieret, eine Ehrentracht der triumphirenden Feldherren.
Palmes, ĭtis, *m.* 1) der Zweig eines Weinstockes, der Rebenschoß. 2) (Poet.) A) der Zweig überhaupt. B) der Weinstock.
Palmētum, i, *n.* [palma] (Poet. u. Spät.) der Palmenwald.
Palmĭfer, ĕra, ĕrum, *adj.* [palma-fero] (Poet.) Palmen tragend.
*Palmōsus, *adj.* [palma] reich an Palmen.
Palmŭla, ae, *f. deminut.* von palma.
Pālor, *depon.* 1. zerstreut und einzeln herumstreifen (nur von einem Haufen aus Mehreren, vgl. vagor, erro): vagi pp. per agros; (Poet.) Nilus p. überschwemmend; auch *trop.* = erro, sich verirren.
*Palpātĭo, ōnis, *f.* [palpo] das Streicheln, Schmeicheln.
*Palpātor, ōris, *m.* [palpo] der Streichler, Schmeichler.

Palpebrae, ārum, *f. pl.* (im sing. nur *Spät.*) 1) die Augenlieber. 2) (Spät.) die Haare an den Augenliebern, Wimpern.

Palpĭto, 1. jucken, zappeln, sich schnell und zitternb bewegen (bes. von Verwundeten, Sterbenden u. s. w.): cor animantis evulsum, cauda, colubra p.

Palpo, 1. und (Poet.) -por, *depon.* 1. 1) streichen, leise berühren, aliquem. 2) streicheln, liebkosen, schmeicheln (vgl. muloeo), alicui, auch aliquem; p., ecquonam modo possim durch Schmeichelei versuchen.

Palpum, i, *n.* [palpo] bas Streicheln, die Liebkosung; *trop.* (*Pl.*) obtendere alicui palpum Jmb. durch Lobreben täuschen.

Pălūdāmentum, i, *n.* der Kriegsmantel, Solbatenmantel, insbes. der Felbherrnmantel.

Pălūdātus, *adj.* [paludamentum] mit dem Kriegsmantel angethan; häufig von dem Feldherrn.

Pălūdōsus, *adj.* [palus] (Poet.) sumpfig.

Pălumbes, is, *m.* u. *f.* (seltenere Nebenformen -ba, ae, *f.* u. -bus, i, *m.*) die Holztaube.

Pālus, i, *m.* ber Pfahl (dünner und schlanker als stipes); insbes. ein Pfahl, gegen welchen als hölzernes einen Feind vorstellendes Gestell die Soldaten sich im Fechten übten: exerceri ad p.

Pālus, ūdis, *f.* der Sumpf, die morastige Gegend.

Pāluster, stris, e, *adj.* [palus] sumpfig.

Pamphȳlia, ae, *f.* [Παμφυλία] Landschaft in Kleinasien.

Pampĭneus, *adj.* [pampinus] (Poet. u. Spät.) 1) aus Weinlaub ober Weinranken, corona; umbra p. durch Weinlaub erzeugt. 2) mit Weinlaub versehen: p. hasta mit Weinlaub umwunden, vitis, uva mit Weinlaub bedeckt, ratis mit Weinlaub geschmückt.

Pampĭnus, i, *m.* 1) die Weinranke. 2) bas Weinlaub.

Pān, Pānos, *m.* [Πάν] ein bes. in Arcabien heimischer Walb- und Hirtengott.

Pānăcēa, ae, *f.* ob. -ăces, is, *n.* und -ax, ăcis, *m.* [πανάκεια, πάνακες, -ακ] (Poet. u. Spät.) ein (fingirtes) Kraut, bas für alle Krankheiten helfen sollte, ein Universalmittel.

Pănaetĭus, ii, *m.* [Παναίτιος] stoischer Philosoph, Lehrer bes jüngeren Scipio Africanus.

Pănaetŏlĭcus, oder -lius, *adj.* [Παναιτωλικός, -ώλιος] zu ganz Aetolien gehörig.

Pānārium, ii, *n.* [panis] (Spät.) ein Brodkorb.

Pănăthēnāĭous, *adj.* [Παναθηναϊκός] zu dem großen athenienstschen Volksfeste Παναθήναια gehörig; als *subst.* *m.* eine Festrebe bes Isocrates.

Panchaīa, ae, *f.* [Παγχαΐα] fabelhafte Insel an ber Ostküste Umbriens. Davon **Panchaeus; -chāius, -chāīous,** *adj.*

Panchrestus, *adv.* [πάγχρηστος] (selt.) zu Allem nützlich, medicamentum.

Panorătĭastes, ae, *m.* [παγκρατιαστής] (Spät.) der Pankratiast, b. h. ein Ringer, ber bas pancratium übt, siehe biesen Artikel.

*Pancrătĭoe,** *adv.* [pancratium] (*Pl.*) wie es beim pancratium hergeht, b. h. tüchtig, derb, valere.

Pancrătium, ii, *n.* [παγκράτιον] (Spät.) eine Leibesübung, welche bas Ringen und bas Klopffechten zugleich in sich vereinigte.

Pandātāria, ae, *f.* kleine Insel im etrurischen Meere, unter ben Kaisern als Verbannungsort gebraucht.

Pandĭcŭlor, *depon.* 1. [pandus] (*Pl.*) sich behnen, strecken.

Pandīon, ōnis, *m.* [Πανδίων] König in Athen, Vater ber Procne und der Philomele. Davon **Pandĭōnius,** *adj.* (Poet.) athenienstsch.

Pando, pandi, pansum ober passum, 3. 1) aus einanber breiten, ausspannen, ausstreden, ausspreizen: p. pennas ad solem, vela ventis; crines passi fliegende Haare; manus passae mit der Fläche empor gekehrte, ausgestreckte, ausgebreitete Hände; *trop.* illa bona longe lateque se pandunt strecken sich weit, haben große Bedeutung. Hiervon A) medial pandi sich ausdehnen, erstrecken, mare, planicies panditur. B) insbes. zum Trocknen ausbreiten, ausbreitend trocknen, uvas. Davon *particip.* passus als *adj.* getrocknet, trocken, uva, rapa und *subst.* **Passum, i,** *n.* der Wein aus getrockneten Trauben, Sekt. 2) öffnen, aufthun, aufsperren, januam, *trop.* viam alicui ad dominationem; p. rupem ferro gangbar machen, p. agros (Poet.) = pflügen; via panditur öffnet sich. Hiervon (Poet. u. Spät.) *trop.* A) eröffnen = kund thun, auseinandersetzen, erzählen, offenbaren u. bergl., rerum naturam, nomen, fata. B) res panditur = zeigt sich.

Pando, 1. [pandus] 1) (Spät.) krümmen, biegen, rem. 2) *intrans.* sich krümmen, -biegen.

Pandōra, ae, *f.* [Πανδώρα] die erste vom Vulcan aus Erde gebildete, von allen Göttern begabte Frau, Gemahlin bes Epimetheus, Mutter ber Pyrrha.

Pandōsia, ae, *f.* [Πανδωσία] Stadt in Bruttium.

Pandrōsos, i, *f.* [Πάνδροσος] Tochter bes Cecrops, Schwester der Agraulos und der Herse.

Pandus, *adj.* (Poet. u. Spät.) gekrümmt, gebogen (mit einer schwachen Krümmung, vgl. uncus und curvus), carina, cornu; asellus p. mit gekrümmtem Rücken.

Pănēgȳrĭous, *adj.* [πανηγυρικός] zur allgemeinen Volksversammlung gehörig; als *subst.* Name einer Festrede bes Isocrates, in welcher er die Athener zum Kriege gegen die Perser aufforderte und zugleich die Verdienste der Athener erhob; baher = die Lobrede.

Pangaeus mons ob. **Pangaea, ōrum,** *n. pl.* [τὸ Πάγγαιον] Gebirge Macedoniens an der Grenze von Thracien.

Pango, I. panxi ober pēgi, (panctum), 3. 1) fest schlagen, -setzen, befestigen: p. clavum einen Nagel einschlagen, literam in cera schreiben. Hiervon (Poet. u. Spät.) A) pflanzen, ramum. B) bepflanzen, collem. 2) *trop.* bichten, versus, carmina. Hiervon = besingen, facta alicujus. II. bas *perf.* pepĭgi und bas aus bem *sup.* gebildete *particip.* pactus werben in derselben Bedeutung wie paciscor gebraucht und gehören bazu, während die übrigen Formen jene Bedeutung nicht haben.

Pānĭceus, *adj.* [panis] (Poet. u. Spät.) aus Brod gemacht.

Pānĭcŭla, ae, *f.* der Büschel, die Rispe an Gewächsen.

Pānĭcum, i, *n.* eine Getreideart, „der welsche Fench" ob. Buchweizen.

Pānĭfĭcĭum, ii, *n.* [panis-facio] (Spät.) das Gebäck, Backwerk.

Pānis, is, *m.* (Vorklaff. auch **Pāne**, is, *n.*) das Brod; p. cibarius oder secundus grobes.

Pānīscus, i, *m.* [Πανίσκος] ein kleiner Pan, ein Waldgott.

Pannĭcŭlus, i, *m. demint.* von pannus.

Pannŏnĭa, ae, *f.* Landschaft im Süden der Donau zwischen Dacien, Noricum und Illyrien (Theile von Ungarn, Slavonien und Bosnien); die Bewohner davon hießen **Pannŏnĭi**, ōrum, *m. pl.*

Pannōsus, *adj.* [pannus] (Spät.) zerlumpt. 2) *trop.* lappig, welk.

Pannus, i, *m.* 1) ein Stückchen Tuch: Fides velata albo p. in einem weißen Gewande. 2) verächtlich ein Lumpen, Lappen; auch = eine Kopfbinde.

Pānomphaeus, i, *m.* [Πανομφαῖος] Beiname des Zeus als Urheber der Orakel und göttlichen Anzeichen.

Pānormus, i, *f.* [Πάνορμος] oder -**mum**, i, *n.* Stadt auf Sicilien, jetzt Palermo. Davon -**mĭtānus**, *adj. u. subst.* -**ni**, ōrum, *m. pl.* die Einwohner von P.

Pansa, ae, *m.* [pando] (*Pl.*) der Breitfuß, breitfüßiger Mensch.

Pantăgĭas, ae, *m.* [Πανταγίας] kleiner Ort an der Ostküste Siciliens.

Panthēra, ae, *f.* [gr. πάνθηρ] der Panther, das Pantherthier.

Panthērīnus, *adj.* [panther] 1) zum Panther gehörig, Panther-. 2) gefleckt wie ein Panther; *trop.* homo p. dessen Körper von Schlägen gefleckt ist (nach Anderen = tückisch).

Panthous oder **Panthus**, i, *m.* [Πάνθοος] Sohn des Othrys, Vater des Euphorbus. Davon **Panthoīdes**, ae, *m.* Sohn des P. a) = Euphorbus. b) = Pythagoras, der behauptete, er sei früher Euphorbus gewesen.

Pantĭces, cum, *m. pl.* (Poet.) die Gedärme, der Wanst.

*****Pantŏmīma**, ae, *f.* [pantomimus] (Spät.) die Ballettänzerin.

*****Pantŏmīmĭcus**, *adj.* [pantomimus] zum Ballet gehörig, pantomimisch.

Pantŏmīmus, i, *m.* [παντόμιμος] (Spät.) 1) der Ballettänzer, Pantomime. 2) das pantomimische Stück, Ballet.

Pāpae, *interj.* [παπαῖ] (Com.) ei, ei potz tausend!

Păpāver, ĕris, *n.* der Mohn.

*****Păpāvĕreus**, *adj.* [papaver] (Poet.) aus Mohn, Mohn-.

Paphlăgo, ŏnis, *m.* [Παφλαγών] ein Paphlagonier, Bewohner der zwischen Pontus und Bithynien gelegenen Landschaft in Kleinasien **Paphlăgŏnĭa**, ae, *f.*

Păphos ob. -**us**, i, [Πάφος] 1) *m.* Sohn des Pygmalion, Gründer der Stadt P. 2) *f.* Stadt auf Cypern, der Venus geheiligt. Davon **Păphius**, *adj.* (Poet.) = der Venus geheiligt.

Pāpĭlĭo, ōnis, *m.* der Schmetterling.

Păpilla, ae, *f.* 1) die Brustwarze. 2) die weibliche Brust, die Zitze an Thieren.

Păpīrius, Name eines römischen Geschlechtes. Am bekanntesten sind: A) Carbones: 1) Cajus P. C., Volkstribun 133 v. Chr., Anhänger des T. Gracchus, später als Consul 120 v. Chr. von den Optimaten gewonnen. 2) Cnejus P. C., Bruder des Nr. 1, wurde von den Cimbern und Teutonen geschlagen. 3) Cnejus P. C., Sohn des Nr. 2, Anhänger des Marius. B) Cursores: 4) Lucius P. C. war fünf Mal Consul und zwei Mal Dictator während der Kriege Roms gegen die Samniter und andere Völker in Unteritalien.

*****Papparĭum**, ii, *n.* (Spät.) der Brei (Kinderspeise).

*****Pappas**, ae, *m.* [πάππας] (Spät.) der Erzieher, Hofmeister.

*****Pappo**, 1. (*Pl.* u. sp. Poet.) pappen, essen, aliquid.

Păpŭla, ae, *f.* (Poet. u. Spät.) die Blatter, das Bläschen.

Păpȳrĭfer, ĕra, ĕrum, *adj.* [papyrus-fero] (Poet.) die Papyrusstaude tragend.

Păpȳrus, i, *m.* und *f.* oder -**um**, i, *n.* [πάπυρος] 1) die Papyrusstaude. 2) A) ein Kleid aus Papyrusbast. B) (Poet.) das Papier aus Papyrusbast.

Pār, ăris, I. *adj.* gleich = gleichkommend (in Bezug auf das Verhältniß gewisser Eigenschaften, bes. in der Größe, Zahl u. dergl., also den Grad bezeichnend, vgl. aequalis, similis): omnia visa sunt magis similia quam paria; p. alicui, aber auch *als subst.* par alicujus der (die) Gleiche Jmds, der Genosse, die Genossin, daher = Gatte; cetera ei paria cum fratre fuere das Uebrige hatte er mit seinem Bruder gleich; sunt pp. inter se; fecisti eum parem cum fratribus hast ihn seinen Brüdern gleichgestellt; receperunt eos in parem condicionem atque (quam) ipsi erant in eine Lage, die ihrer eigenen gleich war. Insbes. A) mit Jmd. oder Etwas vergleichbar, ihm gleichkommend, gewachsen, alicui. B) von gleicher Beschaffenheit, gleichartig, gleich an Alter u. dergl.; hiervon = entsprechend, passend, gleich, oratio par rebus; connubium p. wo Beide von gleichem Stande sind. Hiervon *impers.* par est es ist schicklich, passend, billig, natürlich. C) par pari referre oder respondere Gleiches mit Gleichem bezahlen, erwiedern. D) (Spät.) paria (auch parem rationem) facere Abrechnung halten = ein Gleiches thun, mit gleicher Münze bezahlen, cum aliquo die Rechnung gleich machen mit Jmd. = ihn ganz befriedigen; paria facere negotiis die Geschäfte verrichten, pro munere sich dankbar zeigen, cum vita mit dem Leben Abrechnung halten = thun was ein vernünftiges Leben erfordert. E) ludere par impar „Gerade oder Ungerade" spielen. F) (Spät.) ex pari auf gleiche Weise. — II. *subst. n.* ein Paar, fratrum.

Părābĭlis, e, *adj.* [paro] leicht anzuschaffen.

Părăbŏla, ae, *f.* [παραβολή] (Spät.) das Gleichniß.

Părădoxa, ōrum, *n. pl.* [παράδοξα]

paradope d. h. auffallende und der allgemeinen Meinung zuwiderlaufende Sätze.

Păraetăoēne, es, *f*. [*Παραιτακήνη*] Gebirgsgegend in Medien. Davon **-oēni, ōrum,** *m. pl.* die Bewohner von P.

Paraetōnium, ii, *n.* [*Παραιτόνιον*] Hafenstadt in Nordafrica.

Păraphrăsis, is, *f.* [*παράφρασις*] (Spät.) die Umschreibung.

Părăsīta, ae, *f.* [parasitus] (Poet. und Spät.) die Schmarotzerin.

*****Părăsītaster**, stri, *m.* [parasitus] (Com.) ein erbärmlicher Schmarotzer.

*****Părăsītătio**, ōnis, *f.* [parasitor] (Pl.) das Schmarotzen.

Părăsītĭcus, *adj.* [parasitus] (Vorklass. und Spät.) zum Schmarotzer gehörig, Schmarotzer-.

Părăsītor, depon. 1. [parasitus] (Com.) schmarotzen.

Părăsītus, i, *m.* [*παράσιτος*] der selbstgeladene Mitesser, der Schmarotzer.

Părāte, *adv.* mit comp. u. sup. [paratus] 1) vorbereitet, mit Vorbereitung. 2) sorgfältig, genau. 3) geschickt, behend.

*****Părātio**, ōnis, *f.* [paro] das Streben zu erwerben.

*****Părătrăgoedo** ob. **-dio**, 1. [*παρατραγῳδέω*] (Pl.) tragisch reden, sich pomphaft ausdrücken.

Părātus, us, *m.* [paro] (meist Poet. und Spät. statt apparatus) die Zubereitung, Zurüstung, Veranstaltung: p. mensae, triumphi; p. funebris das Leichenbegängniß; nulli pp. (Poet.) = einfache Anrichtung; Tyrius p. Anzug; p. ventris Mittel, den Bauch zu befriedigen.

Părātus, *adj.* mit comp. u. sup. [particip. von paro] 1) von Sachen, bereit = in Bereitschaft, fertig, zur Hand: omnia erant pp.; verba tibi erant pp.; victoria p. leicht. 2) von Personen oder personificirten Gegenständen, bereit = vorbereitet, fertig zu Etwas, gefaßt auf Etwas: p. aliquid facere; p. ad dimicandum, ad omne facinus; (Poet.) p. neci, certamini zum Töbten, zum Kampf; insbes. = kampfgerüstet, schlagfertig. 3) wohl gerüstet, = ausgestattet, mit dem Nöthigen versehen: p. et instructus; p. omnibus praesidiis, ab omni re mit Allem; p. in jure geschickt, erfahren; itane huc paratus advenis mit List ausgerüstet.

Parca, ae, *f.* die Schicksalsgöttin; gewöhnlich zählte man drei Parzen: Clotho, Lachesis und Atropos.

Parce, *adv.* mit comp. u. sup. [parcus] sparsam, kärglich. Davon A) = wenig, zurückhaltend. B) = selten.

Parcĭmōnia, a. S. für Parsimōnia.

Parcĭprōmus, *adj.* [parcus-promo] (Pl.) sparsam im Hervorlangen, knickerig.

Parcĭtas, ātis, *f.* [parcus] (Spät.) = parsimonia.

Parco, pĕperci, parsum, 3. 1) sparen, mit Etwas sparsam umgehen, rei alicui, operae; (Vorklass.) p. pecuniam, (Poet.) p. aliquid alicui Etwas für Jmd. aufsparen. 2) schonen, verschonen,

nicht verletzen, alicui, valetudini; p. auribus alicujus = Etwas nicht sagen, das Jmd. unangenehm sein würde. 3) sich von Etwas enthalten, es unterlassen, fahren lassen, vor Etwas sich hüten u. dergl.: p. lamentis, bello, metu; (meist Poet.) p. aliquid facere; p. auxilio = eine angebotene Hülfe nicht benutzen; p. oculis (luminibus) nach Etwas nicht hinsehen; (*Lucr.*) p. in hostes schonend verfahren gegen.

Parcus, *adj.* mit comp. u. sup. [parco] 1) sparsam, sowohl lobend = haushälterisch, als tadelnd = karg; (Poet. u. Spät.) p. pecuniae, donandi mit Geld, im Geben. Hiervon überhaupt = zurückhaltend-, sich mäßigend in Etwas, in largienda civitate; (Spät.) p. in cibum, somni. 2) (Poet. und Spät.) spärlich, knapp, klein, gering, terra, lucerna; paroo die noch kurzer Zeit; homo p. = kleinlich, kleinlichen Geistes. 3) (Poet.) schonend, ira, verba.

Pardālis, is, *f.* [*πάρδαλις*] (Spät.) das Weibchen des Panthers.

Pardus, i, *m.* [*πάρδος*] der männliche Panther.

Părens, tis, *adj.* mit comp. [particip. von pareo] 1) gehorsam, exercitus in welchem Subordination herrscht. 2) *subst.* im *pl.* die Unterthanen.

Părens, tis, *m.* und *f.* [pario] 1) der Vater u. die Mutter (es bezeichnet das natürliche Verhältniß der Erzeuger, während pater und mater das bürgerliche und politische bezeichnet). Hiervon überhaupt = Schöpfer, Urheber, Erfinder u. dergl., operis, lyrae. 2) *pl.* die Eltern; bisweilen auch so, daß doch nur der Eine dieser gemeint ist; bei Spät. auch in weiterem Sinne = Verwandte oder = Vorfahren.

Părentālis, e, *adj.* [parens] zu den Eltern gehörig, elterlich, umbrae. Insbes. dies p. der Tag der Todtenfeier, und *subst.* **-tālia**, ium, *n. pl.* das Todtenfest, feierliches Todtenopfer für die verstorbenen Eltern.

Părento, 1. [parens] 1) den verstorbenen Eltern ob. Verwandten ein feierliches Todtenopfer bringen, alicui. 2) *trop.* Jmd. gleichsam ein Sühnopfer bringend seinen Tod rächen, alicui, sanguini inimici; p. irae alicujus befriedigen, umbris versöhnen.

Păreo, ui, – 2. 1) (selten) A) (Spät.) erscheinen, sich zeigen, alicui. B) insbef. *impers.* paret es zeigt sich deutlich, es erhellt, ergiebt sich. 2) prägn. A) (Spät., selten) auf Befehl, wie man als Diener aufzuwarten, erscheinen, aufwarten (= das gebräuchlichere appareo), magistratui. B) gehorchen, gehorsam sein, Folge leisten (als der Untertänige, und von einem dauernden Verhältnisse, vgl. obedio, obsequor, obtempero u. f. w.): p. alicui, voluntati alicujus; civitas, gens illi p. ist ihm unterzgeben, steht unter ihm. C) nach Etwas sich richten, ihm willfahren, nachgeben u. f. w., tempori, necessitati; p. irae sich vom Zorne beherrschen lassen; p. promissis nachkommen.

Părĭcīda etc., siehe Parrĭcīda etc.

Păries, ĕtis, *m.* die Wand.

Părĭĕtīnae, ārum, *f. pl.* [paries] verfallene Wände oder Mauern, altes Gemäuer, Ruinen.

Părīlis, e, adj. [par] (Poet.) gleich, gleichförmig.

Părĭo, pĕpĕri, partum, 3. 1) gebären, hecken, liberos; p. ova Eier legen. 2) überhaupt hervorbringen, erzeugen: terra p. fruges; trop. = schaffen, erfinden, aushecken, verba, fabulam. 3) zuwegebringen, erwerben, verschaffen, sibi laudem, divitias; p. amicos; p. alicui dolorem, curas verursachen, bewirken; p. fiduciam erwecken, odium zuziehen; p. sibi letum sich den Tod geben. Hierv. part. im plur. **Parta**, ōrum, n. pl. das Erworbene, Eigenthum.

Păris, ĭdis, m. [Πάρις] Sohn des Priamus und der Hecuba, durch die Entführung der Helena Urheber des trojanischen Krieges, zuletzt durch die Pfeile des Philoctet getödtet.

Părīsii, ōrum, m. pl. Völkerschaft im nördlichen Gallien; ihre Hauptstadt Lutetia Parisiorum war das jetzige Paris.

Părĭter, adv. [par] 1) gleich, in gleichem Grade, ebenso (vgl. aequaliter): non p. omnes egemus; p. ac (atque, et, ut und einmal bei Pl. qualis) ebenso sehr als, auch p. mecum ebenso wohl wie ich; ultimi p. propinquis (dat.) die Entferntesten ebensowohl wie die Näherstehenden. 2) eigtl. paarweise = zu gleicher Zeit, zugleich, zusammen, auf Ein Mal: p. multos invadere; häufig p. cum vita sensus amittitur; (Poet. u. Spät.) p. — p. = sobald — so: p. eam vidit, p. optavit sobald er sie sah, wünschte er sie.

Părĭto, 1. [paro] (Pl.) im Begriff sein, mit Etwas umgehen, aliquid facere oder ut aliquid faciam.

Părĭum, ii, n. [Πάριον] Hafenstadt in Mysien. Davon **Părĭānus**, adj.

Parma, ae, f. der kleine, runde Schild (vgl. scutum, clipeus), den die Leichtbewaffneten und die Reiter trugen (vgl. palma).

Parma, ae, f. Stadt in Oberitalien, jetzt Parma. Davon **Parmensis**, e, adj. u. subst. **-enses**, ium, m. pl. die Einwohner von P.

Parmātus, adj. [parma] eine parma tragend.

Parmĕnĭdes, is, m. [Παρμενίδης] griechischer Philosoph aus Elea, ums Jahr 500 v. Chr.

Parmŭla, ae, f. deminut. von parma.

Parmŭlārĭus, ii, m. [parmula] (Spät.) Anhänger der Partei der mit einer parma bewaffneten Gladiatoren.

Parnāsus oder **-nassus**, i, m. [Παρνασός oder -σσός] hoher Berg in Phocis, an welchem Delphi, die castalische Quelle und die corycische Grotte lag, dem Apollo und den Musen heilig. Davon **Parnāsĭus** und **-āsis**, ĭdis, (f.) adj. (Poet.) = delphisch, apollinisch.

Parnes, ētis, m. [Πάρνης] Berg in Attica.

Păro, 1. [verwandt mit pario] 1) bereiten, zubereiten, gehörig einrichten, veranstalten, besorgen, Vorkehrungen zu Etwas treffen: p. convivium, insidias, incendia; p. turres aufführen; p. necem alicui Jmd. nach dem Leben trachten; p. fugam sich zur Flucht vorbereiten; p. bellum sich zum Kriege rüsten, Alles für den Krieg vorbereiten; p. legem an einem Gesetz arbeiten; p. se ita ut etc. sich darauf einrichten, daß u. s. w., auch absolut p. = die nöthigen Vorkehrungen treffen; p. se ad dicendum, omni fortunae auf jeden Glückswechsel; p. ut (ne) aliquid fiat es so einrichten, daß u. f. w. (Poet.) vom Schicksal p. alicui aliquid Jmd. Etwas bereiten, bestimmen. 2) vorhaben, im Sinne haben, im Begriffe sein, aliquid facere. 3) anschaffen, verschaffen, erwerben, defensorem, exercitum, commeatum; insbes. = käuflich erwerben, kaufen, hortos.

Păro, 1. [par] *1) (Pl.) gleich schätzen, aliquos. *2) p. se cum aliquo sich mit Jmb. vergleichen.

***Părŏcha**, ae, f. [παροχή] die Lieferung der Bedürfnisse, siehe parochus.

Părŏchus, m. [πάροχος] 1) der Lieferant, der auf jeder Station für eine bestimmte Summe reisende Magistratspersonen und Solche, die dieselben Vorrechte wie diese genossen, empfing und ihnen die wesentlichsten Bedürfnisse (Heu, Holz, Salz, Brod) lieferte: pp. publici. 2) (Poet.) überhaupt der Wirth, Gastgeber.

Părŏpămisus, i, m. Hauptgebirge des inneren Asiens, wohl zunächst der jetzige Hindukuh. Davon **-misădae**, arum, m. pl. Bewohner eines Landstrichs am P.

Părŏpsis, ĭdis, f. [παροψίς] (Spät.) eine kleine Schüssel, in welcher das Dessert aufgetragen wurde, Nachschüssel.

Păros, i, f. [Πάρος] Insel im ägäischen Meere, berühmt wegen ihres weißen Marmors, Geburtsort des Archilochus. Davon **Părius**, adj. lapis = Marmor; subst. **Pării**, ōrum, m. pl. die Bewohner von P.

Parra, ae, f. ein Vogel, dessen Geschrei Unglück prophezeite.

Parrhāsĭa, ae, f. [Παρρασία] Landschaft u. Stadt in Arcadien. Davon **Parrhāsis**, ĭdis, f. und **-sius**, adj. (Poet.) = arcadisch, insbes. von der Callisto; des P. = Carmenta, rex = Evander.

Parrhāsĭus, ii, m. [Παρράσιος] griechischer Maler aus Ephesus, ums Jahr 400 v. Chr.

***Parrhēsĭastes**, ae, m. [gr. παρρησιαστής] der Freimüthige.

Parrĭcīda, ae, comm. [wahrsch. statt patricida, aus pater-caedo] der Vatermörder. Hiervon A) der Mörder eines nahen Verwandten, p. fratris, filii. B) der Mörder eines Menschen, dessen Leben besonders heilig ist: p. civium; die Mörder des Cäsar werden pp. genannt. C) der Hochverräther, Empörer, Vaterlandsfeind.

Parrĭcīdālis, e, adj. [parricida] (Spät.) vatermörderisch, davon überhaupt mörderisch, verrucht, unnatürlich.

***Parrĭcīdātus**, us, m. (Spät.) = parricidium.

Parrĭcīdĭum, ii, n. [parricida] der Vatermord. Hiervon A) der Mord eines nahen Verwandten, matris, patrui, fraternum eines Bruders. B) überhaupt ein verruchter Mord. C) der Hochverrath, die Empörung.

Pars, tis, f. 1) der Theil (im Gegensatze zum Ganzen, vgl. portio), die Abtheilung, das Stück: p. imperii; distribuere copias in quatuor partes; bona (magna) pars ein großer Theil = Viele; pars transitione, pars fuga dissipati Einige — Einige, ebenso major p. receperunt se die Meisten; esse in parte rei alicujus oder partem habere in re aliqua Theil haben, Antheil nehmen an Etwas; venire in partem rei alicujus Antheil an Etwas bekommen, vocare (revocare) in partem rei alicujus an Etwas Theil nehmen lassen; censura vocatur in partem plebis wird mit den Plebejern getheilt, wird gemeinschaftlich für die Plebejer; ea p. belli diese Art des Krieges. Insbef. A) adverbial, meistens mit Präpositionen verbunden: a) ex p. zum Theil, ex magna p. größentheils, ex (ab) omni p. in jeder Hinsicht, ex aliqua p. eines Theils, si ex ulla p. wenn in irgend einer Beziehung. b) magnam partem größentheils, so auch maximam größten Theils u. s. w. c) parte, (Poet.) in parte zum Theil; nulla parte (Poet.) ganz und gar nicht. d) pro p. für einen gewissen Theil, in einem gewissen Verhältnisse: pro mea, tua, sua p. für meinen, deinen, seinen Theil, in derselben Bedeutung pro virili p. = nach seinen Verhältnissen, seinem Vermögen. e) per partes theilweise. B) = Mal: duabus partibus plus zweimal mehr, omnibus pp. major unendlich viel größer, multis pp. malle weit lieber mögen. C) = Beziehung, Rücksicht (vgl. A. a. c.); omnibus pp. oder in omnes partes in jeder Beziehung, nullam in p. auf keinen Fall. D) = Seite: ab sinistra p.: utrâque p. Tiberis von beiden Seiten des Tiber; ab sua p. von seiner Seite. Insbef. a) in eam p. = von der Seite, oder = in der Absicht, oder = so, dergestalt; accipere (interpretari u. vergl.) aliquid in bonam (mitiorem, deteriorem u. vergl.) partem Etwas an einem guten (milderen, schlechteren) Sinne, von der besten Seite aufnehmen, erklären. b) in utramque p. = nach beiden Seiten hin, disputare dafür und dagegen. β) = auf beide Fälle. 2) insbef. Theil der Erde, Gegend: orientis pp.; in parte Carthaginiensium. 3) (meist im plur.) die Partei: timeo huic p.; nullius partis esse neutral sein; pp. Sullanae. 4) im plur. die Rolle eines Schauspielers; primas partes agere die Hauptrolle spielen; trop. Hernici parati erant ad pp. = waren bereit, verabredetermaßen zu handeln. Hierv. überhaupt = die Verrichtung, Pflicht, das Amt: imperatoris officia atque pp.

Parsimōnia, ae, f. [parco] die Sparsamkeit.

Parthāon, ŏnis, m. [Παρθάων] König in Calydon, Vater des Oeneus. Davon A) -ŏnĭdes, ae, m. der männliche Nachkomme des P., = Meleager. B) -ŏnĭus, adj.

Parthēni oder **-thīni**, ōrum, m. pl. [Παρθινοι] Völkerschaft in Illyrien.

Parthēniae, ārum, m. pl. [παρθενίαι] die Jungferkinder, aus der Verbindung spartanischer Jungfrauen mit Heloten entsprungen.

Parthĕnĭce, es, f. [παρθενική] eine Pflanze, auch Parthenium genannt.

Parthĕnĭus, ii, m. [= Παρθένιος] 1) griechischer erotischer Dichter, Zeitgenosse des Virgil. 2) Gebirge auf der Grenze von Argolis und Arcadien.

Parthĕnŏpaeus, i, m. [Παρθενοπαῖος] einer der sieben Fürsten vor Theben.

Parthĕnōpe, es, f. [Παρθενόπη] alter Name der Stadt Neapolis. Davon **-pēĭus**, adj.

Parthi, ōrum, m. pl. die Parther, Volk im inneren Asien (im nördlichen Persien), vorzügliche Reiter und Bogenschützen. Davon 1) **Parthia**, ae, f. u. (Spät.) **Parthiēne**, es, f. das Land der P. 2) **Parthĭcus** und **Parthus**, adj.

Partĭceps, cĭpis, adj. [pars-capio] an Etwas theilnehmend, einer Sache theilhaft (wobei der Betreffende meist als selbstständig thätig gedacht wird, vgl. consors, socius), rei alicujus; participem esse alicui sceleris mit Jmd. Theilnehmer sein an einem Verbrechen. Hiervon als subst. der Theilnehmer, p. meus mein Kamerad.

*****Partĭcĭpĭālis**, adj. [participium] (Spät.) zu einem Particìpium gehörig.

Partĭcĭpĭum, ii, n. [participes] (Spät.) grammatikalischer term. t., das Particìpium, das Verbum als Beiwort.

Partĭcĭpo, 1. [particeps] (meist Vorklass. und Spät.) 1) an Etwas theilhaft machen, servum consilii sui. 2) (selten) Etwas mit Jmd. theilen, gemeinschaftlich machen, aliquid cum aliquo. 3) (Poet. und Spät.) an Etwas Theil nehmen, Etwas mit (einem Anderen) genießen, pestem, voluptatem.

Partĭcŭla, ae, f. [deminut. von pars] 1) ein kleiner Theil, ein Stückchen, Bischen, coeli, arenae. 2) in der Rhetorik (Spät.) die Abtheilung eines Satzes. 3) in der Grammatik (Spät.) eine Partikel.

Partĭcŭlātim, adv. [particula] (Spät.) theilweise, stückweise.

Partim, adv. [eigtl. accus. von pars statt partem] 1) als adv. A) fast immer doppelt, p. — p. theils — theils (wenn von mehreren Gegenständen etwas Verschiedenes, nicht allen Gemeinschaftliches gesagt wird); bisweilen steht p. nur im zweiten Gliede, bisweilen steht in diesem alius oder vergl. statt p. B) (Vorklass.) einzeln, zum Theil. 2) als partitives Adject. im nom. und accus. = Etwas, Einige: p. eorum ejusmodi sunt; p. praedae; mittit p. copiarum; p. e nobis timidi sunt.

Partĭo, 4. und häufiger **Partĭor**, depon. 4. [pars] 1) theilen: p. honorem cum aliquo; partiuntur provinciam inter se. Hiervon absol. partiuntur inter se = sie vereinigen sich, vergleichen sich, und in p. cum aliquo mit Jmd. theilen. 2) eintheilen, abtheilen, genus universum in certas species; imperium partitum erat regionibus nach Gegenden; partitis temporibus zu bestimmten Zeiten. 3) austheilen, vertheilen, praedam in socios.

Partĭo, ōnis, f. [pario] (Vorklass. u. Spät.) das Gebären.

*****Partīte**, adv. [partio] mit gehöriger Eintheilung.

Partītĭo, ōnis, f. [partio] 1) die Eintheilung, artium=bes. von logischer od. rhetorischer Eintheilung. 2) die Austheilung, Vertheilung, aerarii, pecuniae.

Partītūdo, ĭnis, f. [pario] (Pl.) das Gebären.

Partŭrĭo, 4. [pario] 1) intrans. gebären wollen, kreißen. Hierv. 2) transit. erzeugen, notus p. imbres; abſol. arbor p. ſchlägt aus, ager p. fängt an zu grünen. 3) *trop.* A) mit Etwas ſchwanger gehen = Etwas vorhaben, minas, aliquid. B) = ſich ängſtigen, ſehr bekümmert ſein.

Partus, us, *m.* [pario] 1) das Gebären, die Geburt, die Zeugung; *trop.* = der Anfang, die Entſtehung, oratorum Graecorum. 2) die Leibesfrucht, das Kind, Junge: pugnare pro p. suo; ferre p. = ſchwanger ſein.

Părum, *adv.* [verw. mit parvus, παῦρον] 1) wenig = nur wenig, zu wenig, nicht genug, nicht hinlänglich (vgl. paulum): A) als eigentliches Adverb.: p. intellexi, p. memini nicht recht; p. justa causa; p. multi wenige; p. diu zu kurz. B) ſubſtantiviſch, zu Wenig: p. eloquentiae, sanguinis; p. id facio ich gebe wenig darauf; p. est es iſt nicht genug; p. habes violare templa du haſt nicht genug daran = biſt nicht zufrieden, die Tempel zu entheiligen. 2) (ſelten, Spät.) ſtatt paulum, wenig, unbedeutend.

Părumper, *adv.* [parum; παῦρόν περ?] auf eine kurze Zeit, auf eine kleine Weile (mit Rückſicht auf die Zeit des Aufhörens, vgl. paulisper): tace p., discedo p. a somniis.

Parvi-pendo, — — 3. geringſchätzen, wird gewöhnlich richtiger getrennt geſchrieben.

Parvĭtas, ātis, *f.* [parvus] (ſelten) die Kleinheit; *trop.* (Spät.) p. mea meine Wenigkeit = ich.

Parvŭlus, *adj. deminut.* von parvus, was man ſehe: hoc parvulum dieſe Kleinigkeit; im *neutr.* als *adv.* = paulum: parvulum differt es iſt ein kleiner Unterſchied, p. refert es iſt wenig daran gelegen.

Parvus, *adj.* mit *comp.* minor und *sup.* minimus, klein (indifferent, vgl. exiguus, pusillus), equus, locus, beneficium, commodum; das *neutr.* parvum als *subst.* eine Weniges, eine Kleinigkeit, parvo contentus; (ſelten) bei Comparativen (ſtatt paulo) parvo plures um ein Weniges mehr. Hiervon A) (Com.) von der Zeit = kurz, tempus, consuetudo. B) vom Alter = jung: pp. liberi und abſol. parvi die Kleinen, daher a parvo, a parvis von Kindheit an; auch *subst.* parvus oder parva ein Kind. Insbeſ. a) minor, minimus (natu) jünger, jüngſt; minor mit natus und natu verbunden, ſiehe dieſe beiden Artikel, auch (ſelten) minor triginta annorum jünger als 30 Jahre. b) minores die Jüngeren, auch = die Nachkommen. C) das *neutr. sing.* vom Werthe, Preiſe u. ſ. w. = gering, unbedeutend: parvi (minoris, minimi) rem facere niedrig ſchätzen, parvi esse wenig gelten; parvo emere, vendere wohlfeil, parvi oder parvo aestimare gering ſchätzen. D) a) parva voce mit leiſer Stimme, pp. murmura leiſes Murren. b) (Poet.) = demüthig, verba. c) = ſchwach, furchtſam, animus. d) p. carmen niedrig, leicht. e) (Poet. u. Spät.) dem Stande, der Geburt, dem Vermögen nach niedrig, gering, senator, domus, Lares; pp. et ampli Geringe und Vornehme. E) *neutr.* minimum als *adv.* zum Wenigſten, wenigſtens.

Pasargădae, ārum, *f. pl.* alte Reſidenz und Schatzkammer der Könige von Perſien.

Pasco, pāvi, pastum, 3. 1) auf die Weide führen, weiden, sues; abſol. = Vieh weiden, Viehzucht treiben, bene p. Hiervon das *pass.* pascor vom Viehe = weiden, = auf die Weide gehen, und in derſelben Bedeutung bisweilen (Poet.) das *act.* pasco. 2) füttern, nähren, unterhalten, greges, bestias, servos; p. aliquem olusculis; (Poet.) p. barbam u. dergl. wachſen laſſen, flammam der Flamme Nahrung geben; p. numos alienos Schulden haben (verzinſen); p. spes inanes eine leere Hoffnung nähren. *Pass.* pasci ſich von Etwas ernähren, frondibus, p. sceleribus von Verbrechen leben, (Poet.) pastus gramina der Kräuter gefreſſen hat, und pasci silvas das Laub von den Wäldern eſſen. 3) *trop.* ergötzen, erfreuen, oculos in corpore alicujus lacerando; pasci re aliqua ſich durch Etwas ergötzen, über Etwas freuen. 4) Poet. und archaiſtiſch, A) durch das Vieh abweiden laſſen: p. colles; perduelles qui agros vestros pascunt placide. B) freſſen, verzehren: cibus pastus (vgl. oben 2. am Schluſſe).

Pascuus, *adj.* [pasco] zur Weide dienlich, ager; hiervon *subst.* -uum, i, n. (gewöhnlich im *pl.*) die Weide.

Păsiphaë, es, *f.* [Πασιφάη] Tochter des Helios (Sol), Gemahlin des Minos, Mutter des Minotaurus, den ſie von einem Stiere gebar.

Păsithea, ae, *f.* [Πασιθέα] eine der Grazien.

Passer, ĕris, *m.* 1) der Sperling; (Com.) als Liebkoſungswort. 2) p. marinus der Strauß (marinus weil zu Meere aus der Ferne hergebracht). 3) ein Fiſch, die Butte.

Passerŏŭlus, i, *m. deminut.* von passer.

Passim, *adv.* [pando] 1) zerſtreut, hier und da, rings umher: p. vagari, p. per forum volitare. 2) (Poet. u. Spät.) durcheinander, ohne Unterſchied, indocti doctique p.

Passus, us, *m.* [pando] 1) eigtl. das Ausſpreizen der Beine zum Gehen oder Stehen, desmegen ſowohl von einem Gehenden, als (ſelten) von einem Stehenden (vgl. gradus); der Schritt, Tritt: procedere passu anili; perpauci p.; stare p. tenaci. 2) der Schritt als Längenmaaß = 5 römiſche Fuß. 3) (Poet.) der Fußtritt, die Fußſtapfe.

Passus, Passum, ſiehe pando.

Pastillus, i, *m.* [panis?] (Poet. u. Spät.) das Kügelchen von Mehl, Arzeneien od. wohlriechenden Sachen.

Pastio, ōnis, *f.* [pasco] 1) das Weiden, Füttern. 2) die Weide.

Pastor, ōris, *m.* [pasco] 1) der Hirt. 2) der Hüter, Wärter überhaupt, gallinarum.

Pastōrālis, e, *adj.* [pastor] zu einem Hirten gehörig, Hirten-, vita, fistula; p. manus eine Schaar von Hirten.

Pastōrĭcius, *adj.* [pastor] = pastoralis.

Pastōrĭus, *adj.* [pastor] (Poet. u. Spät.) = pastoralis.

Pastus, us, *m.* [pasco] 1) das Weiden, Freſſen, davon die Fütterung od. die Weide: accedere ad p.; terra fundit varios pp.; decedero e p. 2) *trop.* von Menſchen, die Nahrung; *trop.* p. animorum.

*****Pătăgiārius,** ii, *m.* [patagium] (Pl.) der Bordürenmacher.

Pătăgiātus, *adj.* [patagium] (*Pl.*) mit einer Borbüre beſetzt.

Pătăgium, ii, *n.* [παταγεῖον] (Vorkaſſ.) eine Borbüre, Verbrämung am Kleide einer römiſchen Dame.

Pătăra, ōrum, *n. pl.* [Πάταρα] Stadt in Lycien, mit einem berühmten Orakel des Apollo. Davon **-rēus** oder **-raeus**, *adj.*, und **-rāni**, ōrum, *m. pl.* die Einwohner von P.

Pătăvium, ii, *n.* Stadt in Oberitalien, Geburtsort des Livius, jetzt Padua. Davon a) **-vīnus**, *adj.*, und *subst.* **-vīni**, ōrum, *m. pl.* die Einwohner von P. b) **-vīnĭtas**, ātis, *f.* (Spät.) die in P. übliche Art zu reden.

Pătĕ-făcio etc., 3. 1) öffnen (beſ. = einen Raum von der Seite, horizontal, öffnen, vgl. aperio), portam; davon = zugänglich machen, viam, locum; (Poet.) p. sulcum pflügend bilden; p. praesidia bello für einen kriegeriſchen Anfall zugänglich machen. 2) ausdehnen, aciem longius. 3) ſichtbar machen, lux p. orbem. Hiervon trop. ans Licht bringen, offenbar machen.

***Pătĕfactio**, ōnis, *f.* [patefacio] die Eröffnung, Bekanntmachung.

Pătella, ae, *f.* [deminut. von patina] eine Schale, Schüſſel, insbeſ. eine Opferſchüſſel.

***Pătellārius**, *adj.* [patella] (*Pl.*) zur Schüſſel gehörig: dii pp. die Laren und Penaten, weil ihnen bei jeder Feſtmahlzeit Speiſe auf einer Schüſſel vorgeſetzt wurde.

Pătens, tis, *adj.* mit *comp.* u. *sup.* [*particip.* von pateo] 1) offen, weit ausgeſtreckt, frei, unverſperrt, locus, coelum. 2) *trop.* offenbar, klar.

***Pătenter**, *adv.* im *comp.* [patens] offen.

Pătĕo, ui, — 2. 1) offen ſtehen, domus, nares. Hiervon *trop.* A) = zugänglich ſein, offen ſtehen: illa praemia nobis pp.; est familiaris ejus mihi. p. ſteht mir zu Dienſten. B) = bloßgeſtellt, ausgeſetzt ſein, vulneri. C) offen vor Augen liegen, ſichtbar ſein: praestigiae pp. liegen am Tage; *impers.* patet es iſt offenbar, hoc factum esse daß dieſes geſchehen iſt. 2) von Localitäten, ſich erſtrecken, ſich ausbreiten: fines eorum patent millia passuum decem; regio late p. *trop.* avaritia late p., hoc praeceptum latius p.

Păter, tris, *m.* [gr. πατήρ] der Vater (in ſocialer und politiſcher Beziehung, vgl. parens); p. familias der Hausvater; (Poet.) = Schöpfer, Urheber. Hiervon A) patres die Väter = das vorhergehende Menſchenalter, bisweilen auch von ferneren Geſchlechtern = die Vorfahren. B) uneigtl. a) von einem Pflegevater. b) von einem Schwiegervater. C) als ehrende Benennung: a) p. Aeneas; p. patriae. b) von einem Greiſe. c) häufig von Göttern, p. Gradivus Mars, p. Lemnius (Poet.) = Vulcan. d) häufig patres oder pp. conscripti (ſiehe conscribo) = die Senatoren, auch (*Liv.*) patres = patricii. e) p. patratus der Vorſteher der Fetialen. D) p. coenae der Wirth, Gaſtgeber. E) (Poet.) von einer ſchaffenden Naturkraft, p. aether.

Pătĕra, ae, *f.* [pateo] eine flache und breite Schale, insbeſ. Opferſchale.

Pătĕrcŭlus, i, *m. deminut.* von pater.

Pătĕrnus, *adj.* [pater] 1) väterlich, A)

= was ſich für einen Vater eignet, ihm gehört (vgl. patrius), animus. B) = patrius was von einem Vater kömmt: bona pp. vom Vater geerbte, ebenſo, odium, ira, hospitium; animus p. 2) (Poet.) vaterländiſch.

Pătesco, tui, — 3. [pateo] (meiſt Poet. u. Spät.) 1) offen werden, ſich öffnen, portus. Hiervon *trop.* = ſichtbar-, offenbar werden, res, insidiae. 2) ſich erſtrecken, ausdehnen, imperium late p.

Pătĭbĭlis, e, *adj.* [patior] 1) erträglich, leiblich, dolor. 2) der Empfindung fähig, empfänglich, natura.

Pătĭbŭlātus, *adj.* [patibulum] (*Pl.*) an ein patibulum befeſtigt, gekreuzigt.

Pătĭbŭlum, i, *n.* [pateo] ein gabelförmiges Stück Holz, an welchem Sklaven aufgeknüpft und ſo gekreuzigt wurden, der Galgen, das Kreuz.

Pătĭens, tis, *adj.* mit *comp.* u. *sup.* [*particip.* von patior] 1) ertragend, erduldend, doloris; p. navium ſchiffbar. 2) geduldig. 3) (Poet.) nicht nachgiebig, feſt, hart.

Pătĭenter, *adv.* mit *comp.* und *sup.* [patiens] geduldig.

Pătĭentia, ae, *f.* [patiens] 1) die Erduldung, Ertragung, famis, paupertatis. 2) die Geduld, die Nachſicht; bisweilen insbeſ. = die Genügſamkeit. 3) (Spät.) tadelnd, A) die Gleichgültigkeit, Indolenz. B) die Unterwürfigkeit.

Pătĭna, ae, *f.* [pateo] die Schüſſel, Pfanne.

Pătĭnārius, *adj.* [patina] (Vorkaſſ. und Spät.) zur Schüſſel gehörig, Schüſſel: piscis p. in der Schüſſel mit Brühe gekocht; strues p. ein Haufe Schüſſeln. Hiervon *subst.* **-ārius**, ii, *m.* der Schüſſelmann = der Freſſer.

Pătior, passus, *depon.* 3. 1) dulden = geſchehen laſſen, ſich Etwas nicht widerſetzen, gefallen laſſen, Etwas hinnehmen (vgl. fero l. 3.), aliquid, imperium alicujus. 2) leiden = zulaſſen, zugeben, geſtatten: p. aliquid; p. illud fieri; nihil quietum p. Nichts in Ruhe laſſen; ut tempus locusque patitur. Insbeſ. mit adverbialiſchen Ausdrücken, facile (aequo animo) p. Etwas gern ſehen, mit Etwas zufrieden ſein (z. B. consilium suum ab aliquo probari), cum moleste (negre, iniquo animo) p. mit Etwas mißvergnügt ſein, Etwas ungern ſehen (z. B. aliquem a se digredi); 3) Etwas Unangenehmes erdulden, ertragen, dolorem, mortem, vulnera; *abſol.* (Poet.) p. in silvis Mühſeligkeiten ertragen; (Poet.) p. novem secula leben; p. repulsam erfahren.

Patrae, ārum, *f. pl.* [Πάτραι] Stadt in Achaja. Davon **Patrensis**, e, *adj.*, u. *subst.* **-ses**, ium, *m. pl.* die Einwohner von P.

***Patrātio**, ōnis, *f.* [patro] (Spät.) die Verrichtung, Vollſtreckung.

***Patrātor**, ōris, *m.* [patro] (Spät.) der Vollſtrecker.

Patrātus, ſiehe pater B. e.

Patria, ſiehe Patrius.

***Patrĭce**, *adv.* [patrius] (*Pl.*) väterlich.

***Patrĭcĭātus**, us, *m.* [patricius] (Spät.) der Patricierſtand.

Patrĭcĭus, *adj.* [pater] patriciſch, adelig, insbeſ. *subst.* patricii, ōrum, die Patricier, der römischen Geburtsadel, Nachkommen der ältesten (im Gegensatze zu den Plebejern) begünstigten und volles Bürgerrecht genießenden Bürger zu Rom (siehe die Handbücher der römischen Alterth.); exire ex pp. durch Adoption aus einem patricischen in ein plebejisches Geschlecht übergehen.

*Patrie, adv. [patrius] (Spät.) väterlich.

Patrĭmōnium, ii, n. [pater] das vom Vater geerbte Gut, das Erbvermögen.

Patrĭmus, adj. [pater] der seinen Vater noch am Leben hat.

Patrisso, 1. [πατρίζω] (Pl.) seinem Vater nacharten.

Patrītus, adj. [pater] (veraltet) vom Vater geerbt.

Patrius, adj. [pater] 1) zum Vater gehörig oder vom Vater kommend, väterlich (vgl. paternus), res (Vermögen), regnum, majestas; dolor pedum p. vom Vater angeerbt. Hiervon *(Spät.) subst. Patrium, ii, n. (sc. nomen) das Patronymicum, Vatername. 2) von den Vätern oder Vorfahren herrührend, aus älterer Zeit stammend, dii, sacra, mos; cultus p. angeerbt. Hierv. = vaterländisch; p. sermo die Muttersprache, und so insbef. als subst. Patria, ae, f. (sc. terra) das Vaterland, auch (sc. urbs) die Vaterstadt, der Geburtsort, davon überhaupt = Heimath, Wohnsitz; patria oppugnatur et capitur (von der Stadt Rom); p. materna von mütterlicher Seite; p. major die Mutterstadt (im Gegensatze zur Colonie); agitur vobiscum tanquam cum patria wie mit den Repräsentanten des Vaterlandes.

Patro, 1. vollbringen, vollstrecken, zu Stande bringen: p. sementem, facinus, bellum zu Ende bringen, pacem schließen; p. jusjurandum mit gehörigen Ceremonieen das eidlich bekräftigte Bündniß schließen.

Patrōcĭnium, ii, n. [statt patronicinium von patronus] 1) der Schutz, die Beschützung als Patron (siehe patronus): uti p. alicujus unter Jmds Schutz stehen. 2) die Vertheidigung vor Gericht, suscipere p. feneratorum. 3) concr. = der Schützling, Client, tueri pp.

Patrōcĭnor, depon. 1. [patrocinium] (Vorkl. u. Spät.) beschützen, schirmen, alicui, loco.

Patrocles, is, ob. -clus, i, m. [Πατροκλῆς, -κλος] Sohn des Menoetius, Freund des Achilles, vom Hector getödtet.

Patrōna, ae, f. [patronus] die Beschützerin, Gönnerin.

Patrōnus, i, m. [pater] 1) der Patron, A) in der älteren Zeit ein Schutzherr, Lehnherr, zu welchem der Client (Vasall) in einem ursprünglichen und nicht freiwilligen Abhängigkeitsverhältnisse als Höriger stand. B) in der späteren Zeit, ein vom Clienten selbst gewählter (höchstens vom Vater ererbter) Beschützer unter den Vornehmen, zu welchem jener also in einem größtentheils freiwilligen Verhältnisse stand; in diesem Sinne waren einzelne Römer Patrone fremder Städte und Provinzen. 2) der Vertheidiger vor Gericht, Anwalt. 3) überhaupt der Vertheidiger.

Patruēlis, e, adj. [patruus] 1) von des Vaters Bruder ob. (selten) Schwester stammend (vgl. consobrinus), also frater p. oder bloß patruelis als subst. = ein Geschwisterkind von väterlicher Seite, Vetter. 2) (Poet.) zu den Brudersöhnen des Vaters gehörig, vetterlich.

Patruus, [pater] 1) subst. patruus, i, m. des Vaters Bruder, der Oheim von väterlicher Seite (vgl. avunculus). Hiervon trop. = ein strenger Sittenrichter. 2) adj. (Poet.) zum Vatersbruder gehörig, Oheim-, lingua; scherzhaft (Pl.) o patrue patruissime mein alleronkligster Onkel!

Pătulcius, adj. [pateo] 1) Beiname des Janus als Aufschließer des Himmels. 2) ein Schuldner des Cicero, davon -ciānus, adj.

Pătŭlus, adj. [pateo] 1) offen, offenstehend, concha, aures; (Poet.) locus p. Allen zugänglich, gemeinschaftlich. 2) weit ausgebreitet, weit, locus, navis.

*Paucilŏquium, ii, n. [paucus-loquor] (Pl.) das wenige Reden.

Paucĭtas, ātis, f. [paucus] die Wenigkeit = die geringe Zahl, militum.

Paucŭlus, adj. deminut. von paucus.

Paucus, adj. mit comp. u. sup. 1) (Poet. u. Spät.) im sing., klein, gering, numerus; bei Collect. = wenig: p. foramen, aes. 2) im pl. wenige, homines; häufig pauci Wenige (disertus inter paucos bereit wie nur Wenige), oft = die Vornehmen, die Aristokraten; pauca Wenig, insbef. paucis mit wenigen Worten, kurz, oder = wenig: ausculta paucis höre ein Wenig, paucis te volo ich will ein Paar Worte mit dir reden; in pauca confer fasse dich kurz.

Paulātim (Paull.), adv. [paulum] allmälig, nach u. nach: p. ex castris discedere in kleinen Abtheilungen.

Paulisper (Paull.), adv. [paulum] eine kurze Zeit, eine Weile (vgl. parumper).

Paullus, a. S. für Paulus.

Paulŭlus, adj., deminut. von paulus, ebenso Paulŭlum, deminut. von paulum.

Paulus, adj. 1) (Vorklass. u. Spät.) klein, gering, unbedeutend, sumptus, momentum. 2) gewöhnlich nur im neutr. sing.: A) substantivlich, Paulum, i, n. (der genit. und dat. kommen jetzt nicht vor) Wenig, ein Weniges (vgl. parum): a) -lum: nihil aut p. auferre; paulum interest; paulum negotii; post paulum kurz nachher, binnen kurzer Zeit, ebenso ultra p. b) abl. -lo: bei comparativischen Ausdrücken: p. plus, p. liberius, p. ante, post kurz vorher, nachher, p. aliquem antecedere um ein Weniges übertreffen; auch (Com.) paulo mederi durch eine Kleinigkeit, p. tolerabilis. B) adverbial (eigtl. doch substantivisch), paulum ein Wenig, requiescere, sedere ein Weilchen; (Poet.) paulum sta statt paulu.

Paulus, i, m. römischer Familienname, siehe Aemilius.

Pauper, ĕris, adj. mit comp. u. sup. [parum] 1) arm, unbemittelt, nur Wenig besitzend, homo; sum p. in meo aero ohne doch Schulden zu haben. 2) (Poet.) arm an Etwas, Etwas ermangelnd, aquae, argenti. 3) von Sachen, beschränkt, unbedeutend, mäßig, res, mensa.

Pauperculus, adj. deminut. von pauper.

Paupĕries, ei, f. [pauper] (Poet. und Spät.) = paupertas.

Paupĕro, 1. [pauper] (Poet.) arm machen, aliquem. Davon p. aliquem re aliqua an Etwas arm machen = Jmb. einer Sache berauben.

Paupertas, ātis, *f.* [pauper] die Armuth, Unbemitteltheit (objectiv, vgl. egestas, mendicitas): p. est parvi possessio; *trop.* p. sermonis Magerkeit; (Spät.) multae pp.

Pausa, ae, *f.* [παῦσις] (Vorklaff. u. Spät.) das Innehalten, der Stillstand: facere p. inne halten; dare p. rei alicui mit Etwas aufhören.

Pausānias, ae, *m.* [Παυσανίας] spartanischer Feldherr, Anführer der Griechen bei Platää.

*****Pausārius**, ii, *m.* [pausa] (Spät.) der Rudermeister, Vorgesetzte der Ruderer, der ihnen ein Zeichen gab, wenn sie inne halten sollten.

Pausias, ae, *m.* [Παυσίας] griechischer Maler aus Sicyon, Zeitgenosse des Apelles. Davon **Pausiācus**, *adj.*

Pauso, 1. [pausa] (Vorklaff. und Spät.) inne halten, aufhören (zu reden).

Pauxillātim, *adv.* (*Pl.*) = paulatim.

*****Pauxillisper**, *adv.* (*Pl.*) = paulisper.

Pauxillŭlus, *adj.* und **Pauxillŭlum**, *adv.* (Vorklaff.) = paulus, paululum.

Pauxillus, *adj.* und **Pauxillum**, *adv.* (Vorklaff.) = paulus, paulum.

Păvĕ-factus, *particip.* (Poet.) erschreckt, geängstigt.

Păveo, pāvi, — 2. 1) beben, zittern, angst sein, ad omnia, tibi deinetwegen; p. admiratione vor Bewunderung betroffen sein; *übertr.* venae pp. ziehen sich zusammen. 2) (meist Poet. u. Spät.) vor Etwas beben, sich vor Etwas fürchten, tristiorem casum; (Poet.) p. facere aliquid sich scheuen.

Păvesco, — — 3. [paveo] (meist Spät.) 1) erbeben, angst werden, omni strepita. 2) vor Etwas sich ängstigen, bellum.

Păvĭde, *adv.* [pavidus] (selten) ängstlich, furchtsam.

Păvĭdus, *adj.* mit (Spät.) *comp.* und *sup.* [paveo] 1) bebend, zitternd, furchtsam: timidus ac p.; pp. consilia et imperia; p. e somno erschrocken aus dem Schlafe auffahrend; (Spät.) pavidus lucis, nandi das Licht scheuend, vor dem Schwimmen sich fürchtend. 2) (Spät.) angstvoll, mit Schrecken verbunden, quies; (Poet.) pp. metus.

Păvīmentum, i, *n.* [pavio] der aus Steinchen, Erde, Kies u. dergl. festgeschlagene Boden, der Estrich.

Păvio, 4. (veraltet) schlagen, stampfen, terram.

Păvīto, 1. (Poet.) = paveo.

Păvo, ōnis, *m.* der Pfau.

Păvor, ōris, *m.* [paveo] das Beben, Zittern, die Angst, Furcht: terror et p.; p. aquae die Wasserscheu; pp. falsi ungegründete Schrecken; (Poet.) auch von freudigem, erwartungsvollem Beben.

Pax, ācis, *f.* 1) der Friede, sowohl = der Friedensschluß = der friedliche Zustand: conciliare, facere p. cum aliquo Frieden stiften; p. Caudina der bei Caudium geschlossene; in pace zur Friedenszeit, auch pace bellogue im Frieden und im Kriege; pacem agitare, exercere, pace uti Frieden haben; auch im *pl.*, pp. bonae der wohlthätige Friede. Insbef. = friedliches und freundliches Verhältniß, Ruhe: dimittere aliquem cum p. in Frieden gehen lassen, accipere aliquem cum p. ob. cum bona p. friedfertig, in Frieden (ohne ihn anzugreifen oder zu verletzen). 2) = Stille, Ruhe, p. ventorum, maris. Hiervon a) *trop.* = Gemüthsruhe. b) (Converf.) als *interj.* pax! still! Stl 3) = Erlaubniß, Genehmigung: pace tua, mea, alicujus mit meiner, deiner, Jmds Erlaubniß. 4) Gnade, Beistand der Götter: exposcere pacem deorum.

Peccātum, i, *n.* [pecco] das Vergehen (gegen das Gesetz der Klugheit oder der Sittenlehre), das Versehen, die Sünde (milder als maleficium u. dergl.

*****Peccātus**, us, *m.* [pecco] (zweifelh.) das Sündigen, Vergehen.

Pecco, 1. Etwas versehen, fehlen, sündigen: p. aliquid oder in re aliqua in Etwas, ebenso multa alia in vielen anderen Beziehungen; p. in oder erga aliquem; p. in aliquo oder in re aliqua in Bezug auf Jmb. ob. Etwas, gegen Jmb.; häufig p. in muliere von unsittlicher Liebe; (Poet.) equus p. strauchelt.

Pĕcŏrōsus, *adj.* [pecus] (Poet.) reich an Vieh.

Pecten, ĭnis, *m.* [pecto] 1) der Kamm. 2) verschiedene Gegenstände, die einem Kamme ähnlich sehen: A) der Weberkamm. B) ein Instrument zum Riffeln des Flachses, zum Krämpeln der Wolle, die Riffel, Krämpel. C) die Harke, der Rechen. D) das Instrument, womit die Saiten der Laute geschlagen wurden, der Schlägel. Hiervon (Poet.) a) = die Laute. b) = ein Gedicht, Lied. E) eine Zusammenfaltung der Hände in großer Angst u. s. w. F) ein Fisch, die Kammmuschel.

Pecto, pexi ob. pexui (beides selt.), pexum, 3. 1) kämmen, capillos. Hiervon *particip.* pexus als *adj.* a) homo p. gekämmt. b) vestis p. wollreich, noch seine Wolle habend = neu. 2) hecheln, krämpeln, lanam. 3) (*Pl.*) p. aliquem pugnis durchprügeln.

Pectus, ŏris, *n.* 1) die Brust von Menschen und Thieren: pectore adverso vorn an der Brust; bei Poet. auch im *pl.* von einem einzelnen Menschen. 2) die Brust als Sitz des Gefühles oder des Verstandes, deßhalb bald = Herz, Gemüth, bald = Seele, Geist: toto p. amare; toto p. cogitare; p. ingeniumque; pectore alicujus excidere (Poet.) vergessen werden.

Pĕcu, *dat.* ui, *abl.* u, *pl.* ua, ŭbus, *n.* (Vorklaff.) = pecus, oris.

Pĕcuārius, *adj.* [pecu] zum Viehe gehörig, Vieh =: res p. Viehzucht. Hiervon *subst.* A) -ius, ii, *m.* der Vieh hält, Viehzüchter; insbef. = der Pächter der öffentlichen Weiden. B) -ia, ae, *f.* (sc. res) die Viehzucht. C) -ia, ōrum, *n. pl.* die Viehheerden.

Pĕcŭlātor, ōris, *m.* [peculor] (selten) der Veruntreuer öffentlicher Gelder.

Pĕcŭlātus, us, *m.* [peculor] die Veruntreuung öffentlicher Gelder, der Unterschleif.

Pĕcŭliāris, e, *adj.* [peculium] 1) zum

Privateigenthume gehörig, davon eigen, eigenthümlich, servus, edictum; proprius et p. deus; hoc mihi est p. 2) (Spät.) in seiner Art eigenthümlich und von anderen Gegenständen verschieden, besonders, außerordentlich, meritum.

Pĕcūliārĭter, *adv.* [peculiaris] (Spät.) besonders, insbesondere.

Pĕcūliātus, *adj.* [peculium] (sehr selten) mit Sondergut-, Eigenthum gut versehen, reich.

*****Pĕcūlĭo**, 1. [peculium] (Pl.) beschenken, aliquem aliquid Jmd. mit Etwas.

*****Pĕcūlĭŏlum**, i, *n.* (Spät.) *deminut.* von peculium.

*****Pĕcūlĭōsus**, *adj.* [peculium] (Pl.) reich an Sondergut, wohlhabend, servus.

Pĕcūlĭum, ii, *n.* (verwandt mit pecus wie pecunia) 1) das Sondergut, Privateigenthum einer Person, die sonst nicht selbstständigen Besitz von Etwas hatte, z. B. eines Sohnes, einer Frau, bes. = Sparpfennige eines Sklaven (durch Nebenarbeit verdient und gewöhnlich zum Erkaufen der Freiheit benutzt): p. uxoris, filii; hierv. *trop.* = von einer eigenthümlichen Lehre als Zugabe. 2) überhaupt Vermögen, Eigenthum.

Pĕcūlor, *depon.* 1. [peculium] (selt., Spät.) Unterschleif machen, durch Veruntreuung öffentlicher Gelder bestehlen, rempublicam.

Pĕcūnĭa, ae, *f.* [pecus] 1) das Eigenthum, Vermögen überhaupt: invadere in alienam p. (von Gütern); facere p. erwerben. 2) eine Geldsumme, Geld (collectiv, vgl. nummus): dies pecuniae der Termin zum Erlegen einer Geldsumme; p. praesens, numerata baares Geld; auch pp. = Geldsummen.

Pĕcūnĭārĭus, *adj.* [pecunia] zum Gelde gehörig, Geld-: res p. das Geldwesen, lis ein Proceß wegen Geld.

Pĕcūnĭōsus, *adj.* mit *comp.* u. *sup.* [pecunia] der viel Geld hat, reich, wohlhabend, homo.

Pĕcus, ŏris, *n.* 1) das Vieh und namentlich Kleinvieh, bes. Schaafe (collectiv, als Gattung gedacht, vgl. armentum u. pecus, udis); (Poet.) auch im *pl. trop.* dumme ob. rohe und schlechte Menschen, Gesindel. 2) (Poet.) = pecus, udis.

Pĕcus, ŭdis, *f.* 1) ein Stück Vieh, namentlich ein Stück Kleinvieh, bes. = ein Schaf (das einzelne Thier, vgl. pecus, oris, und jumentum), pp. reliquaeque bestiae die Hausthiere und die übrigen vernunftlosen Thiere. 2) *trop.* = ein roher und einfältiger Mensch, als Schimpfwort.

Pĕdālis, e, *adj.* [pes] einen Fuß groß (lang, breit u. f. w.), longitudo.

Pĕdārĭus, *adj.* zum Fuße gehörig, Fuß-: senatores pp. die das Recht nicht hatten, selbstständig ein Votum abzugeben (sententiam dicere), sondern nur (bei der Discession) derjenigen eines Anderen beizutreten, pedibus ire in sententiam (in der älteren Zeit die meisten der patres minorum gentium, später diejenigen, die nur wegen einer früher bekleideten Ehrenstelle ihren Sitz im Senate hatten, ohne noch von einem Censor in das Verzeichniß der eigentlichen Senatoren eingetragen zu sein; nach Anderen = die aus den Rittern aufgenommenen Senatoren).

Pĕdāsa, ōrum, *n. pl.* [Πήδασα] Stadt in Carien.

Pĕdātus, us, *m.* [pes] (Vorklass.) das Vorrücken, der Angriff.

Pĕdātus, *adj.* [pes] (Spät.) mit Füßen versehen, male p. schlecht zu Fuße.

Pĕdes, ĭtis, *m.* [pes] 1) der zu Fuß ist, der Fußgänger: iro p. zu Fuße reisen. 2) ein Soldat des Fußvolkes, der Infanterist; der *sing.* so oft collectiv = das Fußvolk; equites peditesque = alle Römer, bisweilen (weil die Geringeren zu Fuße dienten, die Vornehmern zu Pferde) = Vornehme und Geringe. 3) (Spät.) collectiv die Landmacht im Gegensatze zur Seemacht.

Pĕdester, stris, e, *adj.* [pes] 1) der zu Fuße ist, Fuß-: copiae pp. et equestres; exercitus p.; status p. stehend. 2) zum Fußvolke gehörig, Infanterie-: pugna, scutum. 3) der zu Lande ist, Land-, copiae, proelium. 4) *trop.* A) prosaisch, in Prosa geschrieben, oratio. B) niedrig, einfach, sermo.

Pĕdĕtentim, *adv.* [pes-tendo] *1) mit vorgestrecktem und prüfendem Fuße. Hiervon 2) nach und nach, vorsichtig, aliquid facere.

Pĕdĭca, ae, *f.* [pes] eine Fußschlinge, Fußfessel, Dohne.

Pĕdĭcŭlus, i, *m.* (*deminut.* von pes) (Spät.) 1) der kleine Fuß. 2) der Stiel an einer Frucht oder einem Blatte. 3) die Laus.

Pĕdis, is, *comm.* [pes] (Vorklass.) die Laus.

Pĕdĭsĕquus (ob. -sĕcus), i, *m.* u. -qua, ae, *f.* [pes-sequor] der, die Jmd. auf dem Fuße folgt = der Diener, die Dienerin, der Lakei, die Zofe, der (die) der Herrschaft nachgeht.

Pĕdĭtātus, us, *m.* [pedes] das Fußvolk, die Infanterie.

Pĕdĭtum, i, *n.* [pedo] der Wind = Furz.

Pĕdo, pĕpĕdi, pēdĭtum, 3. einen Wind streichen lassen, furzen.

Peducaeus, Name einer römischen Familie: ein Sextus P. geb als Volkstribun 113 v. Chr. ein Gesetz de incestu; ein anderer Sextus P. war Prätor in Sicilien, als Cicero dort Quästor war. Davon **-caeus**, *adj.*

*****Pĕdum**, i, *n.* (Poet.) der gekrümmte Hirtenstab.

Pĕdum, i, *n.* Stadt in Latium. Davon **Pĕdānus**, *adj.* und *subst.* **-ni**, ōrum, *m. pl.* die Einwohner von P.

Pēgăsus, i, *m.* [Πήγασος] das geflügelte aus dem Blute der Medusa entstandene Pferd, durch dessen Hufschlag die begeisternde Quelle Hippocrene entstand, und dessen nach einer späteren Sage sich der Bellerophon bediente, um die Chimära zu besiegen; *trop.* zur Bezeichnung eines raschen Boten. Davon **Pēgăsēus** oder **-ēis**, ĭdis, *f.*, *adj.* Poet. = schnell oder zu den Musen gehörig, *subst.* **Pēgăsĭdes**, dum, *pl.* die Musen.

*****Pēgē**, es, *f.* [πηγή] (Poet.) die Quelle (reinlateinisch fons).

Pegma, ătis, *n.* [πῆγμα] 1) das aus Brettern zusammengefügte Gerüst. 2) die Bücherfächer. 3) (Spät.) ein künstliches Gerüst, Maschine im Theater ob. Amphitheater, das von selbst vom Boden aufstieg und wieder niedersank, und auf welcher man z. B. Gladiatoren kämpfen ließ.

*Pegmāris, e, *adj.* [pegma] (Spät., zwti-felb.) auf dem pegma ftehend, gladiator.

Pejĕro ob. **Per-jūro**, 1. 1) falſch ſchwö-ren, meineidig fein: jus pejeratum (Poet.) Meineid, dii pejerati bei denen falſch geſchworen worden iſt. 2) (*Pl.*) = lügen.

Pĕlăgĭus, *adj.* [πελάγιος] (Spät.) zum Meere gehörig, Meer=.

Pĕlăgus, i, *n.* [πέλαγος] (Poet. u. Spät.) das Meer, die offene See (reinlateiniſch mare); (Poet.) = die große Waſſermaſſe.

Pĕlăgŏnes, num, *m. pl.* [Πελαγόνες] Völkerſchaft im nördlichen Macedonien. Davon **-gōnĭa**, ae, *f.* die von den P. bewohnte Land-ſchaft und eine Stadt in dieſer.

Pĕlasgi, ōrum, *m. pl.* [Πελασγοί] Urein-wohner Griechenlands und mehrerer Küſtenländer am mittelländiſchen Meere. Dav. **Pĕlasgĭas**, ădis, *f.* oder **-gis**, ĭdis, *f.* und **-gīcus** oder **-gus**, *adj.* (Poet.) = griechiſch.

Pĕlēthrŏnĭus, *adj.* zu einer von den Cen-tauren und Lapithen bewohnten Gegend Theſſa-liens gehörig; *subst.* **-nii**, ōrum, *m. pl.* = die Lapithen.

Pēleus, ei u. eos, *m.* [Πηλεύς] König der Myrmidonen in Phthia in Theſſalien, Sohn des Aeacus, Bruder des Telamon und Phocus, Vater des Achilles, Gemahl der Thetis. Davon 1) **Pĕ-liăeus**, *adj.* 2) **Pēlides**, ae, *m.* [Πηληίδης] der Sohn des P. = Achilles.

Pĕlĭas, ae, *m.* [Πελίας] Sohn des Neptun und der Tyro, Bruder des Neleus, nach der Ver-treibung des Aeſon, König in Jolcos in Theſſa-lien. Davon **Pĕlĭădes**, dum, *f. pl.* die Töch-ter der P.

Pēlĭgni, ōrum, *m. pl.* italieniſche Völker-ſchaft in Samnium; davon **Pēlĭgnus**, *adj.* (Poet.) = zauberiſch, weil die P. als Zauberer berüchtigt waren.

Pēlĭon, ii, *n.* [Πήλιον] oder **-os**, ii, *m.* Berg in Theſſalien. Davon **Pēlĭas**, ădis, *f.* und **-lĭus**, *adj.*

Pella, ae, *f.* ob. **Pelle**, es, *f.* [Πέλλα] Stadt in Macedonien, Geburtsort und Reſidenz Alexanders des Großen. Dav. **Pellaeus**, *adj.* a) = macedoniſch. b) weil Alexander Aegypten erobert und die Stadt Alexandria gegründet hatte = ägyptiſch.

Pellăcĭa, ae, *f.* [pellax] (Vorklaff.) die Lockung, Anlockung.

*Pellax, ācis, *adj.* [pellicio] (Poet.) die Leute in Irrthum lockend = betrügeriſch, ränkevoll.

*Pellĕcebrae, ārum, *f. pl.* [pellicio] (*Pl.*) die Verlockung, Verführung, probri zu et-was Schimpflichem.

*Pellectĭo, ōnis, *f.* [perlego] das Durch-leſen, libri.

Pellēne, es, *f.* [Πελλήνη] Stadt in Achaja. Davon **-naeus** u. **-nensis**, e, *adj.*

Pellex, ĭcis, *f.* [verw. mit dem griechiſchen πάλλαξ, παλλακίς] das Kebsweib, die Bei-ſchläferin eines verheiratheten Mannes, im Gegen-ſatze zur Ehefrau und als die Nebenbuhlerin dieſer (vgl. concubina): p. Jovis, aber auch p. Junonis, uxoris.

Pellĭcātus, us, *m.* [pellex] der Umgang mit einem Kebsweibe, das Concubinat.

Pellĭcĭo oder **Perlĭcĭo**, lexi, lectum, 3. [per-lacio] anlocken, verlocken, verführen, aliquem und animum alicujus; p. gentem ad deditionem; p. equites ut etc. daß ſie u. ſ. w.; *trop.* magnes p. ferrum zieht an ſich, p. sen-tentias auf ſeine Seite bringen.

Pellĭcŭla, ae, *f. deminut.* von pellis.

Pellĭo, ōnis, *m.* [pellis] (*Pl.* u. Spät.) der Kürſchner.

Pellis, is, *f.* das Fell (an Thieren, gewöhn-lich das mit Haaren oder Wolle bedeckte = der Pelz, und abgezogen, vgl. cutis), die Haut, p. leonis, caprina; (Poet.) auch von der Haut eines Menſchen und eines Froſches. *Proverb.*: detra-here pellem alicui = Jmds Fehler aufdecken, quiescere in propria p. für ſich ſelbſt leben. 2) = das Soldatenzelt, weil ein ſolches ge-wöhnlich mit Fellen bedeckt war. 3) (Poet.) = ein Kleidungsſtück aus Leder, Pelz: pes natat in p. = in dem Schuhe; pp. manicatae lederne Kleider mit Aermeln.

Pellītus, *adj.* [pellis] mit einem Felle bedeckt, bepelzt: oves pp. zur Schonung des Vließes mit einem Felle bekleidet.

Pello, pĕpŭli, pulsum, 3. 1) ſtoßen, ſchla-gen, aliquem; p. fores an die Thür klopfen, p. terram pedibus ſtampfen; p. mare remis rudern, lyram manu die Lyra ſpielen. Hiervon *trop.* = auf Etwas Eindruck machen, es treffen, bewegen, berühren: primo visa nos pellunt; nulla insignis injuria me pepulit; hoc p. animum vehementius. 2) fortſtoßen, verjagen, vertreiben, aliquem ex foro, ab agris patriis; p. aliquem civitate (regno, loco), in exilium; *insbef.* = in der Schlacht zum Weichen bringen, ſchlagen, beſiegen, Roma-nos, hostem. Hiervon A) *trop.* p. maestitiam ex animo verjagen; p. sitim löſchen, famem be-friedigen; frigus fern halten. B) (Poet.) p. sa-gittam abſchnellen, abſenden. C) (*Pl.*) über-winden, animum suum.

Pellūcĕo oder **Per-lūcĕo**, xi, 2. 1) durchſcheinen, durchſchimmern, lux; *trop.* honestum pellucet ex illis virtutibus. 2) durchſichtig ſein, aether, amictus; (Poet.) pellucens regia weil die Mauern voll Löcher ſind, ebenſo avena mit vielen Löchern, oratio deutlich.

*Pellūcĭdŭlus, *adj.* (Poet.) *deminut.* von pellucidus.

Pellūcĭdus, *adj.* [pelluceo] 1) durch-ſcheinend, stella. 2) durchſichtig, mem-brana; (Spät.) homo p. durchſichtige Kleider tragend.

Pĕlŏponnēsus, i, *f.* [Πελοπόννησος] die ſüdliche Halbinſel Griechenlands, jetzt Morea. Davon 1) **-nnenses**, ium, *m. pl.* (Spät.) die Bewohner vom P. 2) **-nnēsiăcus** u. **-nnē-sius**, *adj.*, u. *subst.* **-nnēsii**, ōrum, *m. pl.* die Bewohner vom P.

Pĕlops, ŏpis, *m.* [Πέλοψ] Sohn des Tan-talus, Gemahl der Hippodamia, Vater des Atreus und des Thyeſtes. Davon 1) **-pēĭas**, ădis, *adj.* (Poet.) 2) **-pēĭus** ob. **-pēus**, *adj.* (Poet.) a) zum Atreus gehörig. b) = zum Peloponnes oder zum Reiche des Pelops gehörig. c) = zum Geſchlechte des P. gehörig. d) = phrygiſch, weil P. aus Phrygien (im weiteren Sinne) ſtammte.

35*

3) **-pĭdae**, ārum, m. pl. die Nachkommen des P.

Pēlōris, ĭdis, f. [πελωρίς] eine Art großer Muscheln, die Riesenmuschel.

Pēlōrum, i, n. ob. **-ros**, i, m. [Πήλωρος] die nordöstliche Spitze Siciliens, jetzt Capo di Faro; dieselbe heißt auch mit adjectivischen hieraus gebildeten Formen **Pēlōrias**, ădis, f. und **ōris**, ĭdis, f.

Pelta, ae, f. [πέλτη] ein kleiner und leichter Schild, von der Gestalt eines Halbmondes, ursprünglich nur bei barbarischen Völkern.

Peltastae, ārum, m. pl. [πελτάσται] mit einer pelta (siehe dieses Wort) bewaffnete Soldaten.

Pēlūsĭum, ii, n. [Πηλούσιον] Stadt in Aegypten an der östlichen Nilmündung. Davon **Pēlūsĭăcus** ob. **-sĭus**, adj.

Pelvis, is, m. [πέλις, πέλυς] (Spät.) das Becken.

Pēnārĭus, adj. [penus] zum Vorrath an Lebensmitteln gehörig, Vorraths-, cella p. die Vorrathskammer.

Pēnātes, tum, m. pl. die Penaten, römische Hausgötter, Schutzgötter des inneren Hauswesens und der Familie. Hiervon trop. = Haus, Wohnung.

*****Pēnātĭger**, ĕra, ĕrum, adj. [penatesgero] (Poet.) die Penaten tragend = Aeneas.

Pendeo, pĕpendi, pensum, 2. 1) hängen, herabhängen: p. in arbore; sagittae pp. ab humero; p. ex arbore, de collo alicujus; telum p. clipeo hängt im Schilde fest. Insbes. a) von Sklaven, die, um gekreuzigt oder doch bestraft zu werden, aufgehängt wurden. b) von Personen, die sich erhängt haben. c) von Tempelgaben u. dergl. d) von Personen oder Sachen, von denen eine öffentliche Bekanntmachung angeschlagen wird, sagte man bisweilen, daß sie "hingen": Claudius pependit venalis = die Güter des Cl. wurden durch einen öffentlichen Anschlag feil geboten. e) = schlaff herabhängen: lacerti, genae pp. f) (Poet.) nubila pendentia herabhängend = niedrig. g) = überhängen, gleichsam den Fall drohen, scopulus p.; capellae pp. de rupe sehen aus wie hängend. Hiervon trop. A) von Jmb. oder Etwas abhängen, auf Etwas beruhen: I. ex (Poet. de) aliquo, ex fortuna, aliunde von Anderen; salus nostra p. exigua spe, (selten) fama nostra p. in sententiis omnium. B) (Poet. u. Spät.) p. ab ore alicujus an Jmbs Munde hängen, d. h. Jmb. aufmerksam anhören, p. vultu alicujus Jmd. unverwandten Blickes ansehen. C) (Poet.) = sich irgendwo aufhalten, lange verbleiben, in limine vestro. D) (selten) Poet. seinem Falle nahe sein: pendentem amicum corruere patitur. 2) (meist Poet.) in der Luft hängen, schweben: tellus p. in aëre, avis p. pennis; p. alis in aëre (von einem Fliegenden); p. in summo fluctu. Hiervon trop. A) a) von Personen, ungewiß = unentschlossen sein, schwanken, gespannt sein; häufig p. animi, (selten) animo und (von Mehreren) animis: p. et de te et de me; p. exspectatione illius. b) von Sachen, ungewiß = unentschieden sein, fortuna. B) (Poet. u. Spät.) stocken, ins Stocken gerathen, opera interrupta pp.

Pendo, pĕpendi, pensum, 3. [stammverw. mit pendeo] eigtl. (die Wagschale) hängen lassen: 1) (Vorklass. u. Spät.) wägen, abwägen, lanam. Hierv. trop. A) beurtheilen, abwägen, causam ex veritate, rem levi conjectura. B) (meist Vorklass.) schätzen, achten, halten, aliquem magni, plurimi, flocci. Hierzu gehört das particip. **pensus**, als adj. mit comp. = wichtig, schätzbar, vorzüglich, condicio (Pl.); insbes. in der Verbindung nihil (nec quicquam) pensi habere auf Nichts Gewicht legen, um Nichts sich kümmern, auf Nichts Rücksicht nehmen, u. ebenso nihil pensi iis fuit quid dicerent sie kümmerten sich gar nicht darum, was u. s. w. C) (Poet. u. Spät.) wiegen, tantundem eben so viel; trop. = gelten. 2) bezahlen, alicui pecuniam; davon p. poenas Strafe leiden, grates leisten.

Pendŭlus, adj. [pendeo] (Poet. u. Spät.) 1) hängend. 2) trop. schwebend = ungewiß, zweifelhaft.

Pēne, d. s. für Paene.

Pēnĕlŏpa, ae, ob. **-pe**, es, f. [Πηνελόπη, -όπεια] die Gemahlin des Ulysses, Mutter des Telemachus. Davon **-pēus**, adj.

Pēnes, praep. mit accus. bei (ein inneres Verhältniß und gewöhnlich einen Besitz andeutend), 1) = in Jmds Besitz, Gewalt: potestas (jus, imperium) est p. eum; eloquentia est p. eum er besitzt Beredtsamkeit; culpa est p. eum, causa est p. incuriam vestram liegt an eurer Sorglosigkeit. Hierzu gehört p. se esse (Poet.) bei Verstande, bei Besinnung sein. 2) überhaupt eine Nähe angebend = apud: psaltria illa p. te est.

Pĕnētrābĭlis, e, adj. [penetro] (Poet. u. Spät.) 1) durchdringlich, corpus. 2) durchdringend, telum, frigus.

Pĕnētrālis, e, adj. (stammverw. mit penetro, penitus) 1) (Vorklass.) = penetrabilis 2. 2) zum Innern gehörig, innerlich, der innere: dii pp. die Penaten, p. adytum. Hiervon 3) subst. **-āle**, is, n. ob. gewöhnlicher plur. **-ālia**, ium, n. pl. das Innere, die inneren Gemächer eines Hauses, insbes. das innere Heiligthum eines Tempels: Prytaneum illud fuit p. urbis; trop. pp. sapientiae.

Pĕnētro, 1. (stammverw. mit penus, penitus) I. transit. 1) (Vorklass. u. Spät.) hineinbringen, -setzen, -führen, pedem intra portam; insbes. p. se in fugam sich auf die Flucht begeben, p. se foras ex aedibus sich aus dem Hause begeben; hiervon (Lucr.) penetratus hineingekommen, hineingedrungen. 2) (Poet. u. Spät.) durch ob. in Etwas bringen, durchbringen, hineinbringen, foramen, locum; Media penetratur man bringt durch M. Hiervon trop.: id p. animum altius, nihil eum magis macht auf ihn Eindruck; (Lucr.) penetrabat eos, posse haec etc., es fiel ihnen ein, sie sahen ein, daß u. s. w. II. intrans. in Etwas hineindringen, sich hinein begeben, in urbem, sub terras, per angustias; res nulla magis p. in animos.

Pēnēus oder **-ŏs**, i, m. [Πηνειός] Hauptfluß Thessaliens, als Flußgott Vater der Cyrene und der Daphne. Davon **Pēnēis**, ĭdis, f. oder **-nēĭus** und **-nēus**, adj.

Pēnĭcillus, i, m. ob. **-lum**, i, n. [deminut.

Peniculus — **Per** 549

von peniculus] der Pinsel; *trop.* = der Stil, die stilistische Darstellung.

Pĕnĭcŭlus, i, m. [*deminut.* von penis] (Vorklaff.) 1) die Bürste. 2) der Schwamm.

Pĕninsŭla, siehe paeninsula.

Pēnis, is, m. 1) (veraltet) der Schwanz. 2) das männliche Glied; *trop.* zur Bezeichnung der Wollust.

Pĕnĭte, *adv.* = penitus als *adv.*

Pĕnītus, *adj.* [penis] (*Pl.*) mit einem penis versehen.

Pĕnĭtus [penus], I. *adj.* mit *sup.* (Vorklaff. u. Spät.) innerlich, inwendig, fauces; Scythae penitissimi die entferntesten, im tiefsten Innern wohnenden. II. *adv.* 1) inwendig, innerlich, im Innern oder tief hinein, in das Innerste hinein: p. in Thraciam se abdidit; defodere p. tief niedergraben, p. exhaurire aus der Tiefe; *trop.* p. dare se in causam tief hineindringen. 2) vom Grunde aus = gänzlich, völlig, ganz und gar, aliquid intelligere, diffidere reipublicae; (Poet. u. Spät.) auch bei Comparativen und Superlativen statt longe: p. crudelior, p. infestissimus.

Pēnĭus, ii, m. [Πηνιός] Fluß in Colchis.

Penna, ae, f. (vgl. pinna) 1) die Feder = die größere und härtere Flügelfeder (vgl. pluma): meae alae pennas non habent. 2) (Poet.) im *plur.* die Flügel (auch der Insekten): vertere pennas (Poet.) davonfliegen; *trop.* incidere pennas alicui Jmd. die Flügel beschneiden = ihn seines Ansehens berauben, ihn weniger mutig oder einflußreich machen. Hiervon A) die Feder von einem Pfeile, und (Poet.) = der Pfeil. B) (Poet.) = das Fliegen gewisser Vögel, die dadurch Wahrzeichen geben.

Pennātus, *adj.* [penna] (Poet. und Spät.) befiedert, beflügelt.

Penniger, ĕra, ĕrum, *adj.* [penna-gero] Federn tragend, befiedert.

Penninus, *adj.* zu den penninischen Alpen (zwischen Wallis und Oberitalien) gehörig, penninisch, Alpes, jura; P. mons der große St. Bernhard, P. iter die Straße über diesen Berg.

*****Pennĭpes**, ĕdis, *adj.* [penna-pes] (Poet.) an den Füßen beflügelt.

Penni-pŏtens, tis, *adj.* (*Lucr.*) beflügelt.

Pennŭla, ae, f. *deminut.* von penna.

Pensĭlis, e, *adj.* [pendeo] (Poet. u. Spät.) hängend, herabhängend: facere se p. = sich erhängen; von einem Gebäude u. dergl., das auf Bogen gebaut ist = (in der Luft) schwebend: horti, balneae pp.

Pensĭo, ōnis, f. [pendo] 1) die Zahlung, Auszahlung, praesens content. 2) (Spät.) a) der Miethzins. b) der Pachtzins.

Pensĭto, 1. [penso] 1) (Spät.) wägen, abwägen, aliquid. 2) bezahlen, erlegen, vectigalia. 3) (Spät.) erwägen, bedenken, überlegen, aliquid und de re aliqua. Hiervon 4) (Spät.) = vergleichen, rem cum re.

Penso, 1. [pendo] (meist Spät.) 1) (selten) wägen, abwägen, aurum. Hiervon *trop.* A) (= compenso) Eins gegen das Andere wägen, dagegen rechnen, vergelten, erstatten: p. beneficia beneficiis, adversa secundis, mortem gloria; hiervon res transmarinae quadam vice pensatae in den Angelegenheiten jenseits des Meeres brachte eine gewisse Abwechslung das Gleichgewicht zuwege. B) erwägen, überlegen, aliquid. C) beurtheilen, aliquem ex factis. 2) (Poet.) bezahlen, erkaufen: p. poenas, p. victoriam damno; davon = büßen, nefarium scelus voluntariā morte.

Pensum, i, n. [*particip.* von pendo] 1) die einer Spinnerin zugewogene Quantität Wolle, die Tagarbeit. 2) *trop.* die Aufgabe, Schuldigkeit, Pflicht; conficere p. suum; p. nominis familiaeque.

Pensus, *adj.*, siehe pendo.

Pentămēter, tri, m. [πεντάμετρος] (Spät.) der fünffüßige Vers, Pentameter.

Pentĕlĭcus mons, [Πεντελικὸν ὅρος] Berg in Attica, berühmt wegen seines Marmors; daher **Pentĕlĭcus**, *adj.* zu jenem Berge gehörig.

Pentēris, ĭdis, f. [πεντήρης sc. ναῦς] (Spät.) ein fünfruderiges Schiff.

Penthĕsĭlēa, ae, f. [Πενθεσίλεια] Königin der Amazonen.

Pentheus, i und -eos, m. [Πενθεύς] König in Theben, Sohn des Echion und der Agave, Enkel und Nachfolger des Cadmus; seine Mutter und die übrigen Bacchantinnen zerrissen ihn in bacchischer Wuth. Davon a) **Penthous**, *adj.* b) -thĭdes, ae, m. Nachkomme des P.

Pĕnūrĭa, ae, f. der Mangel (zunächst an Lebensmitteln; fast immer relativ, so daß die Sache, woran man Mangel leidet, genannt oder doch angedeutet wird; vgl. inopia u. f. w.): p. cibi, liberorum, argenti, arborum.

Pĕnus, ŏris, n. oder -nus, us, und i, f. oder -num, i, n. was im Innern des Hauses ist, namentlich der Vorrath an Lebensmitteln, der Mundvorrath.

Pĕpărēthus ob. -thos, i, f. [Πεπάρηθος] Insel des ägäischen Meeres.

Peplum, i, n. oder -los, i, m. [gr. πέπλον, -ος] ein weites Obergewand für griechische Damen; insbes. das der Athene, welches in Athen bei dem Feste der Panathenäen zur Schau gestellt wurde.

Per, *praep.* mit *accus.* durch: 1) im Raume, durch, flumen fluit p. urbem. Hiervon zur Bezeichnung einer Verbreitung oder Ausdehnung durch einen Raum oder eine Bewegung zu dessen einzelnen Theilen = über — hin, auf — umher, ringsum — zu oder in, unter — umher: ire p. forum; homines confabulantur p. vias; invitari p. domos; dejicere se p. munitiones, p. gradus die — herab; p. ora vestra vel euren Augen; p. manus von Hand zu Hand, religiones traditae p. manus von Einem zum Anderen; p. omnia humana in allen menschlichen Angelegenheiten. 2) von der Dauer einer Sache = während, in, im Verlauf von, oder durch — hin, hindurch: per hos dies, p. idem tempus zur selben Zeit: p. noctem; p. somnum; p. inducias, p. ludos während; incendium p. duas noctes tenuit. 3) zur Angabe der Art und Weise, mit, in u. vergl.: p. jocum im Scherze, p. iram im Zorne, p. literas schriftlich, p. commodum gemächlich, nach Bequemlichkeit, p. occasionem gelegentlich, p. summum dedecus auf die schimpflichste Weise, p. speciem (causam) amicitiae unter dem Vor-

wankte von, p. nostram ignominiam zu unserer Schande. 4) zur Angabe eines Mittels und Werkzeuges, auch wenn eine Person als solches betrachtet wird, durch, vermittelst, durch Hülfe von: servari p. manus alicujus, p. spem pacis decipere, aliquem, haec p. eum transiguntur. Hiervon A) p. me (to u. s. w.) = „allein, für mich, ohne Jmds Zuthun". B) p. se a) = an und für sich. b) = um seiner selbst willen. c) cognitus p. se nur durch sich selbst (nicht von den Vorfahren her). 5) zur Angabe des leitenden Grundes oder der wirkenden Ursache, wegen, aus u. vergl.: p. metum, p. officium aus Höflichkeit; p. haec deßwegen. Bisweilen von einer vorgeschützten Ursache oder einem vorgeblichen Grunde, = unter Vorwand», Angabe von: p. tutelam aut societatem; p. fas et fidem fallere. 6) bei Angabe der gestatteten od. hindernden Person oder Sache, = wegen, halben, vor: p. me licet; p. annos non potest; stat p. me beruht auf mir, non stat p. me quominus es ist nicht meine Schuld, daß nicht u. s. w.; trahantur p. me pedibus meinetwegen; p. valetudinem id exsequi non potuit. 7) bei Bitten, Schwüren Anrufungen u. vergl., bei, um — willen: oro te p. hano dextram, jurare p. Jovem; getrennt p. ego te deos rogo (Poet.); p. deos immortales! 8) in der Zusammensetzung bezeichnet per A) bei Verben die gänzliche Vollendung der durch das Verbum ausgedrückten That, oder es verstärkt den Begriff. B) bei Adjectiven und Adverbien verstärkt es ihre Bedeutung und wird durch sehr ausgedrückt. (Ein mit per zusammengesetztes Adjectiv oder Adverbium behält demnach seine Bedeutung, nur durch ein sehr verstärkt: es muß bei jedem solchen hier das einfache Adjectiv oder Adverbium nachgesehen werden.)

Pēra, ae, f. [πήρα] der Ranzen, Quersack.

Pĕr-absurdus, adj. sehr ungereimt, »abgeschmackt.

*Pĕr-accommŏdātus, adj. sehr bequem, »gelegen.

Pĕr-ācer, cris, e, adj. sehr scharf.

Pĕr-ācerbus, adj. sehr herbe, »empfindlich.

Pĕr-ācesco etc., 3. (Pl.) eigtl. sehr sauer werden, davon trop. a) sehr verdrießlich werden, pectus p.; b) sehr verdrießen, ärgern.

*Pĕractio, ōnis, f. [perago] die Vollendung.

Pĕr-ācūte, adv. sehr scharf, scharfsinnig.

Pĕr-ācūtus, adj. 1) sehr scharf. 2) sehr durchdringend, vox. 3) sehr scharfsinnig.

*Pĕr-ădŏlescens, tis, adj. sehr jung.

*Pĕr-ădŏlescentŭlus, adj. deminut. überaus jung.

Pĕraea, ae, f. [Περαία] 1) das Land jenseits einer Grenze: p. Rhodiorum ein Küstenstrich in Carien, der Insel Rhodus gegenüber. 2) Stadt in Argolis.

Pĕr-aeque, adv. sehr gleich.

Pĕr-ăgĭto, 1. 1) (Spät.) stark bewegen, »schütteln. 2) trop. A) beunruhigen, angreifen, hostea. B) antreiben, aliquem.

Pĕr-ăgo etc., 3. 1) (Poet.) durch einen Raum hin treiben: p. pecus umhertreiben. Hiervon p. fretum durchfahren; p. latus ense durchbohren. 2) zu Ende bringen, vollbringen, vollführen, cursum, iter, inceptum; p. vitam, aetatem bis ans Ziel führen, hinbringen, verleben, tempus peragitur verläuft; p. dona = die Vertheilung der Gaben vollführen. Insbes. A) in der Schrift oder Rede vollenden, bis zu Ende erzählen, »sagen, darstellen, verhandeln, erörtern u. vergl.: p. res gestas alicujus; p. sententiam seine Ansicht vollständig auseinandersetzen, jusjurandum einen Schwur ablegen, fabulam bis zu Ende spielen, auspicia verkündigen. B) p. accusationem durchführen, davon p. reum Jmd. anklagen und seine Verurtheilung bewirken.

*Pĕragrātio, ōnis, f. [peragro] das Durchwandern.

Pĕragro, 1. (Spät.) auch »gror, depon. 1. [per-ager] 1) durchwandern, durchreisen, omnes provincias. 2) (Spät.) umher zu Etwas segeln, p. litora. 3) trop. intrans.: fama p. verbreitet sich; orator per mentes hominum p. bringt hinein, wirkt auf.

*Pĕr-ămans, tis, adj. sehr liebend, nostri.

*Pĕr-ămanter, adv. sehr liebevoll.

Pĕr-ambŭlo, 1. (Poet. u. Spät.) 1) durchwandern, durchgehen, durchreisen, multas terras; frigus p. artus durchzieht. 2) umher zu — gehen, besuchen, aegrotos.

*Pĕr-ămoenus, adj. sehr angenehm.

Pĕr-amplus, adj. sehr weit, »groß.

*Pĕr-anguste, adv. sehr eng.

Pĕr-angustus, adj. sehr enge.

*Pĕranno, 1. [per-annus] (Spät.) ein Jahr zu Ende leben.

Pĕr-antīquus, adj. sehr alt.

*Pĕr-appŏsĭtus, adj. sehr passend, »schicklich.

*Pĕr-arduus, adj. sehr schwierig.

Pĕr-argūtus, adj. sehr scharfsinnig, »geistreich.

Pĕr-armo, 1. (Spät.) sehr», vollständig bewaffnen, exercitum.

Pĕr-āro, 1. (Poet. u. Spät.) 1) durchpflügen: p. pontum durchschiffen, p. ora rugis furchen. 2) trop. mit dem Schreibgriffel auf der Tafel furchend schreiben, epistolam, literam.

*Pĕrātim, adv. [pera] (Pl.) ranzenweise.

*Pĕr-attente, adv. sehr aufmerksam.

*Pĕr-attentus, adj. sehr aufmerksam.

*Pĕr-audiendus, adj. (Pl.) der durchaus gehört werden muß.

Per-bacchor, depon. 1. durchschwärmen, multos dies.

Per-belle, adv. sehr hübsch, »artig.

Per-bĕne, adv. sehr wohl.

*Per-bĕnĕvŏlus, adj. sehr wohlwollend.

Per-bĕnigne, adv. sehr gütig.

Perbĭbēsia, ae, f. [perbibo] scherzhaft gebildeter Name eines Ortes, wo tüchtig getrunken wird, „Saufenheim".

Per-bĭbo etc., 3. (Poet. u. Spät.) 1) einsaugen, in sich trinken, lana p. multos colores; *trop.* geistig in sich aufnehmen, lernen. 2) aussaugen, medullam alicui.

Per-bīto, — — 3. (Vortlass.) 1) hingehen, in Siciliam. 2) zu Grunde gehen (= pereo).

Per-blandus, *adj.* sehr einnehmend.
Per-bŏnus, *adj.* sehr gut.
Per-brĕvis, e, *adj.* sehr kurz.
Per-brĕviter, *adv.* sehr kurz.
Per-caedo etc., 3. (Spät.) völlig schlagen, exercitum.
Per-călĕfăcio etc., 3. (Vortlass. u. Spät.) durchwärmen, sol p. glebas.
Per-călesco etc., 3. (Poet.) durch und durch warm werden.
Per-callesco etc., 3. 1) *intrans.* sehr gefühllos, gleichgültig werden. 2) *transit.* völlig einsehen, verstehen lernen, im *praet.* also = genau kennen, usum rerum.
Per-cārus, *adj.* sehr theuer, -werth.
Per-cĕlĕber, bris, e, *adj.* (Spät.) sehr bekannt.
Per-cĕlebro, 1. Etwas oft im Munde führen, es häufig erwähnen, rem.
*Per-cĕler, eris, e, *adj.* sehr schnell.
*Per-cĕlĕriter, *adv.* sehr schnell.
Per-cello, cŭli, culsum, 3. 1) an Etwas schlagen, -stoßen: p. legatam genu; p. aliquem cuspide treffen. 2) zu Boden schlagen, niederwerfen, aliquem, arborem; p. plaustrum den Wagen umwerfen, *trop.* u. *proverb.* = Alles verderben, die Sache schlecht machen. Hiervon *trop.* A) zerrütten, zu Grunde richten, erschüttern, stürzen, imperium, rempublicam, aliquem; p. hostes schlagen, über den Haufen werfen. B) muthlos-, verzagt machen, erschrecken, aliquem, civitatem.
Per-censeo etc., 2. 1) mustern, durchgehen, untersuchen, durchzählen, berechnen u. dergl., captivos, numerum legionum, acceptam cladem; p. orationes legatorum kritisirend betrachten; insbes. = durchreisend mustern, Thessaliam. 2) beurtheilen, kritisch durchgehen, orationem.
Percepta, ōrum, *n. pl.* [percipio] (selten) die Lehrsätze, Regeln, artis.
Perceptio, ōnis, *f.* [percipio] 1) das Einsammeln, frugum. 2) *trop.* das geistige Auffassen, Erkenntniß.
Percīdo, cīdi, cīsum, 3. [per-caedo] (Vortlass. u. Spät.) zerschlagen, os alicui.
Per-cieo etc., 2. 1) in Bewegung setzen, erregen: voluptas p. aliquem; gewöhnlich im *particip.* percitus, irā, amore, und als *adj.* = hitzig, erregbar, ingenium. *2) (Pl.) nennen, aliquem.
Percĭpio, cēpi, ceptum, 3. [per-capio] 1) einnehmen, einsammeln, fruges. 2) empfangen, bekommen, praemia, hereditatem. 3) annehmen, in sich aufnehmen, rigorem, p. rem in se. Hiervon häufig *trop.* A) mit den Sinnen oder dem Gefühl auffassen, merken, wahrnehmen u. dergl.: p. aliquid oculis sehen, auribus hören; p. voluptatem, dolorem empfinden. B) mit dem Verstande oder dem Erkenntnißvermögen auffassen = begreifen, verstehen oder lernen, erlernen: p. aliquid animo, p. philosophiam; habere aliquid perceptum. 4) (Vortlass.) Etwas ergreifen, sich einer Sache bemächtigen: horror p. membra, ardor p. aethera.

*Per-cīvīlis, e, *adj.* sehr leutselig.
*Per-clāmo, 1. (zweifelh., Pl.) laut rufen.
Per-cognosco etc., 3. (Vortlass. u. Spät.) völlig kennen lernen, aliquem.
Per-cōlo, 1. 1) durchseihen, humorem. 2) (Poet. u. Spät.) durch (sich) gehen lassen, durchlassen, terra p. imbres.
Per-cŏlo etc., 3. (Vortlass. u. Spät.) 1) vollständig ausarbeiten, aliquid. 2) sehr schmücken, feminam. 3) sehr ehren, aliquem re aliqua.
*Per-cōmis, e, *adj.* sehr freundlich, -gefällig.
Per-commŏde, *adv.* sehr bequem, -passend, -gelegen.
Percontātio, ōnis, *f.* [percontor] das Fragen, die Erkundigung.
Percontātor, ōris, *m.* [percontor] (Poet.) der Frager, Erkundiger.
Percontor, *depon.* 1. (Vortlass. und Spät. auch -to, 1.) [per-contus] fragen, sich erkundigen: p. aliquid nach Etwas fragen, p. ex (ab) aliquo sich bei Jmd. erkundigen; p. aliquid ex (ab) aliquo und p. aliquem de re aliqua oder (Pl.) aliquem aliquid Jmd. um Etwas fragen; p. aliquem ex aliquo sich bei Jmd. nach Jmd. erkundigen.
*Per-contŭmax, ācis, *adj.* (Com.) sehr trotzig.
Per-cōpiōsus, *adj.* (Spät.) sehr reich (im Ausdrucke), wortreich.
Per-cŏquo etc., 3. (Poet. u. Spät.) 1) durchkochen, carnem. 2) reif machen, sol p. uvas. 3) verbrennen, schwärzen; percocti viri von den Negern. 4) erhitzen, heiß machen, humorem.
Per-crēbesco (-bresco), etc. 3. sehr häufig werden, sich verbreiten, überhand nehmen: conjugia pp., fama p.; hoc p. wird bekannt.
Per-crĕpo etc., 1. laut erschallen.
*Per-crŭcio, 1. (Pl.) sehr quälen: hoc percrucior über dieses ängstige ich mich.
*Per-cŭpĭdus, *adj.* sehr begierig, p. alicujus Jmd. sehr geneigt.
Per-cŭpio etc., 3. (Vortl.) sehr wünschen, -gern wollen, aliquid facere.
*Per-cūrĭōsus, *adj.* sehr neugierig.
Per-cūro, 1. völlig heilen, vulnus; *trop.* p. mentem.
Per-curro, cŭcurri oder curri, cursum, 3. I. *intrans.* durch-, über Etwas laufen, per mare, ad forum, per temonem auf der Deichsel hin. II. *transit.* 1) durchlaufen, durcheilen, schnell durchgehen, agrum. Hiervon *trop.* p. honores Ehrenstellen die eine nach der anderen bekleiden; insbes. = in der Rede (Schrift) durchlaufen, eilend oder flüchtig erwähnen, p. multas res oratione, omnia nomina, oder in Gedanken, p. aliquid animo; p. paginas schnell durchlesen. 2) umher zu Etwas eilen, p. conventus. 3) (Poet. u. Spät.) über Etwas hin eilen, p. aristas; p. aliquid oculis geschwinde übersehen.
Percursātio, ōnis, *f.* [percurso] das Durchfahren, Durchreisen, Italiae.

Percursio, ōnis, *f.* [percurro] das Durchlaufen, in Gedanken oder Rede = das schnelle Ueberdenken oder Erwähnen, animi p. multarum rerum.

Per-curso, 1. 1) *trans.* (Spät.) durchstreifen, ripas. 2) *intrans.* umherstreifen.

Percussio, ōnis, *f.* [percutio] 1) das Schlagen, capitis an den Kopf, digitorum mit den Fingern. 2) insbes. das Takt schlagen, der Takt.

Percussor, ōris, *m.* [percutio] der Schläger, Stecher = der Tödter, Todtschläger (es bezeichnet nur den materiellen Act des Erschlagens, ohne Rücksicht auf die moralische Beschaffenheit der That, also den Todtschläger als willenloses Werkzeug; vgl. interfector, sicarius u. dergl.).

Percussus, us, *m.* [percutio] (Poet. u. Spät.) = percussio.

Percutio, cussi, cussum, 3. [per-quatio] 1) durchstechen, durchbohren, aliquem, pectus alicui; p. venam alicui Jmd. zur Ader lassen. Hiervon A) tödten (die That bloß materiell betrachtet, siehe percussor), hostem; p. aliquem securi Jmd. enthaupten. B) (Spät.) p. foedus ein Bündniß schließen (vgl. ico und ferio). C) (Spät.) p. fossam = graben, ziehen. 2) schlagen, stoßen, treffen, aliquem; p. januam virgā an die Thür klopfen, percussus fulmine oder de coelo vom Blitze getroffen. Hiervon A) insbes. a) (Spät.) p. numum eine Münze prägen, schlagen. *b) (Poet.) p. lyram die Laute schlagen, spielen. c) vom percussus luce getroffen, aures percussae voce an welche die Stimme gelangt ist. d) (Poet.) p. pennas schwingen. *e) (Pl.) p. se vino sich berauschen. B) *trop.* a) starken Eindruck auf Jmd. machen, heftig ergreifen, *betreffen:* hoc p. animum probabilitate; percussus literis tuis erschrocken; percussus sum suspicione der Verdacht entstand plötzlich bei mir; illud animum percussit das fiel mir sogleich aufs Herz; percussus laetitiā metuque. b) (Pl.) = prellen, hintergehen.

*Per-decorus, *adj.* (Spät.) sehr anständig.

*Per-delirus, *adj.* (Lucr.) sehr unsinnig.

*Perdeo, (Worklaff.) = pereo.

Per-difficilis, e, *adj.* mit *sup.* sehr schwer.

*Per-difficiliter, *adv.* sehr schwer.

*Per-dignus, *adj.* sehr würdig.

Per-diligenter, *adv.* sehr sorgfältig.

Per-disco etc., 3. völlig lernen, omnia jura.

*Per-diserte, *adv.* sehr beredt.

Perdite, *adv.* [perditus] 1) heillos, grundschlecht. 2) unmäßig, über die Maßen, amare.

Perditor, ōris, *m.* [perdo] der Verderber, Zerstörer.

Perditus, *adj.* mit *comp.* u. *sup.* [*particip.* von perdo] verloren, A) hoffnungslos, vernichtet, unglücklich, perditus moerore; omnibus rebus perditis da die ganze Lage verzweifelt war; valetudo p. gestört. B) (Poet.) von der Liebe zerstört = sterblich verliebt: perditus amore; perditus in aliqua in eine Frau

verliebt. C) = heillos, verrucht, verworfen, homo, nequitia, lascivia.

Per-diu, *adv.* sehr lange.

Perdius, *adj.* [per-dies] (Spät.) den Tag hindurch dauernd.

Per-diuturnus, *adj.* sehr lang dauernd.

Per-dives, itis, *adj.* sehr reich.

Perdix, icis, *comm.* [πέρδιξ] das Rebhuhn.

Perdo, didi, ditum, 3. [statt pessum-do] 1) zu Grunde richten, zerstören, verderben ob. (von einer Person) unglücklich machen, stürzen: p. rempublicam, fruges, valetudinem alicujus; p. aliquem, cives. Hiervon a) (Poet.) = tödten, p. serpentem. b) (Pl.) p. aliquem capitis auf Leben und Tod anklagen. c) verthun, unnütz vergeuden, operam, mortem. 2) verlieren (unwiederbringlich und so, daß die Sache nicht mehr existirt, vgl. amitto): p. liberos, vitam, spem; p. item. Hiervon (Com.) p. nomen = vergessen.

Per-doceo etc., 2. 1) Jmd. Etwas vollständig lehren, *unterrichten, aliquem aliquid. 2) (Spät.) = deutlich zeigen, stultitiam suam.

*Per-docte, *adv.* (Pl.) sehr geschickt.

Per-doctus, *adj.* sehr gelehrt, *geschickt.

Per-doleo, 2. 1) sich sehr ärgern, illud fieri daß jenes geschieht. 2) id p. das ärgert, schmerzt.

Per-domo etc., 1. 1) völlig bezähmen, tauros. Hiervon *t* völlig bewältigen, unterjochen, Latium, gentes. 2) (Spät.) = durchkneten, farinam.

*Per-dormisco, — — 3. (Pl.) lange schlafen.

Per-duco etc., 3. 1) an den Ort seiner Bestimmung hinführen, hinbringen, durchführen: p. aliquem ad aliquem, legiones in Allobroges. Hiervon a) insbes. = als Kuppler ein Mädchen Jmd. zuführen, per mulierem. b) = anlegen, aufführen, sistere, viam, murum, fossam. 2) *trop.* A) eine Person oder Sache bis zu einem gewissen Ziele führen, bringen: p. aliquem ad amplissimos honores; p. aliquid ad effectum; p. rem eo ut etc. die Sache dahin bringen, daß u. s. w. Hiervon = fortsetzen, fortführen, rem disputatione, p. ad centesimum annum es bis zum hundertsten Jahre bringen = bis — leben. B) Jmd. zu Etwas bringen = bewegen, vermögen: p. aliquem ad suam sententiam zu seiner Ansicht übergehen machen; p. aliquem ad se auf seine Seite bringen. 3) (Poet.) beschmieren, bestreichen, corpus odore.

*Per-ducto, 1. (Pl.) als Kuppler zuführen.

Perductor, ōris, *m.* [perduco] 1) ein Führer, Herumführer. 2) der kuppelnde Zuführer.

*Per-dudum, *adv.* (Pl.) vor sehr langer Zeit.

Perduellio, ōnis, *f.* [perduellis] die feindselige That, das feindselige Betragen gegen das Vaterland, also = der Hochverrath, Landesverrath, durch Verletzung der Verfassung oder der Hoheit des Volkes, durch Verbindung mit einem äußeren Feinde u. f. w. Hiervon meton. collect. = perduelles.

Perduellis, e, *adj.* [per-duellum = bellum] (veraltet, = hostis) der Kriegsfeind; davon (*Pl.*) = der Privatfeind.

Per-dūro, 1. (Poet. u. Spät.) dauern, fortdauern, aushalten.

*****Pĕrŏdia**, ae, *f.* [peredo] (*Pl.*) scherzhaft gebildeter Name, das „Freßland".

Per-ĕdo etc., 3. (Poet.) verzehren, ignis p. Aetnam, amor p. aliquem.

Pĕregre (Vorklaff. auch -gri), *adv.* [perager?] außer der Stadt, über Land = in der Fremde und = in die Fremde, auch = aus der Fremde: p. esse; p. abire reisen; p. accire, afferre, redire.

Pĕregrīnābundus, *adj.* [peregrinor] in der Fremde umher reisend.

Pĕregrīnātio, ōnis, *f.* [peregrinor] das Reisen od. der Aufenthalt im Auslande, transmarina, Graeciae durch Griechenland; von Thieren = die Wanderung.

*****Pĕregrīnātor**, ōris, *m.* [peregrinor] der im Auslande Reisende, sich Aufhaltende.

Pĕregrīnĭtas, ātis, *f.* [peregrinus] 1) (Spät.) der Stand und die Lage eines peregrinus im römischen Staate (siehe peregrinus). 2) die fremde Sitte, der ausländische Gebrauch, insbef. in der Aussprache u. dergl.

Pĕregrīnor, *depon.* 1. [peregrinus] in der Fremde sein, herumreisen; hiervon *trop.* a) herumschweifen. b) fremd-, unbekannt sein.

Pĕregrīnus, *adj.* [peregre] 1) fremd, ausländisch, der zu einem fremden Lande gehört oder aus ihm kömmt, mulier, divitiae, morbus; (Poet.) amores pp. Liebeshändel mit ausländischen Weibern, pp. fasti in denen die Geschichte fremder Völker erzählt wird. Insbes. *subst.* peregrinus ein Fremder, ein Nichtbürger (oppos. civis), ein Mann, der außer seinem Vaterlande lebt und in einem fremden Staate seinen Wohnsitz hat (vgl. advena), ohne dort Bürgerrecht zu haben; insbef. hießen peregrini Leute aus den von den Römern unterworfenen Völkerschaften (bef. Provinzbewohner), die, ohne römisches Bürgerrecht zu haben, zum römischen Staate gehörten und als Unterthanen in ihm lebten. 2) *trop.* fremd in einer Sache = ihrer unkundig.

Per-ēlĕgans, tis, *adj.* sehr fein, -geschmackvoll.

*****Per-ēlĕganter**, *adv.* sehr fein, -gewählt.

*****Pĕr-ēlŏquens**, tis, *adj.* sehr beredt.

Feremnis, e, *adj.* [per-amnis] zum Uebergange eines Stroms gehörig: nur in der Auguralsprache, auspicium p. oder bloß *plur.* peremnia Wahrzeichen, die beim Uebergange eines Gewässers genommen wurden, dessen Quelle heilig war.

Peremptor, ōris, *m.* [perimo] (Spät.) der Mörder, Tödter, alicujus.

Pĕrendie, *adv.* übermorgen.

Pĕrendĭnus, *adj.* [perendie] zu übermorgen gehörig: die p. = perendie.

Pĕrennis, e, *adj.* mit *comp.* [per-annus] 1) das ganze Jahr hindurch dauernd, fons, rivus der im Sommer nicht austrocknet. Davon 2) fortdauernd, beständig, dauerhaft, cursus, monumentum.

*****Pĕrenni-servus**, i, *m.* (*Pl.*) immer Sklave bleibend.

Pĕrennĭtas, ātis, *f.* [perennis] die beständige Dauer, das Fortdauern.

Pĕranno, 1. [perennis] (Poet. u. Spät.) fortdauern.

*****Pĕrenticīda**, ae, *m.* [pera-caedo] (*Pl.*) der Ranzenschneider, Beutelschneider.

Pĕr-ĕo, ĭi, ĭtum, 4. [statt pessum-eo] zu Grunde gehen, verloren gehen, verschwinden u. dergl., urbs, regnum, exercitus; (*Pl.*) puppis perennda est muß zu Grunde gehen. Insbef. A) = umkommen, sterben (durch einen gewaltsamen Tod, vergl. intereo). B) (Poet.) = vor Liebe vergehen, „sterblich" in Eine verliebt sein, p. amore, p. feminā und feminam. C) = verloren gehen, unnüß vergeudet werden, opera p. D) = unglücklich werden; häufig bei den Com. perii ich bin verloren; peream nisi etc. ich will bei Todes sein, wenn nicht u. f. w. E) (Poet.) lympha p. fundo entschwindet, läuft durch.

*****Pĕr-ĕquĭto**, 1. 1) *trans.* durchreiten, aciem. 2) *intrans.* a) hindurchreiten, inter duas acies. b) umher reiten, per omnes partes.

Pĕr-erro, 1. (Poet. u. Spät.) 1) durch-irren, durchschweifen, durchstreifen, orbem, freta; orbis pererratus; hiervon *trop.* p. aliquem oculis mustern. 2) umher zu — ziehen, p. reges.

*****Pĕr-ērŭdītus**, *adj.* sehr unterrichtet, -gelehrt.

*****Pĕr-exĭgue**, *adv.* sehr wenig.

*****Pĕr-exĭguus**, *adj.* sehr klein, -gering, -wenig.

*****Pĕr-expĕdītus**, *adj.* sehr leicht.

*****Per-fabrĭco**, 1. (*Pl.*) fertig zimmern, *trop.* = tüchtig überlisten, aliquem.

*****Per-facēte**, *adv.* sehr witzig.

Per-facētus, *adj.* sehr witzig.

Per-facĭle, *adv.* sehr leicht; hiervon = sehr gern.

Per-facĭlis, e, *adj.* sehr leicht.

*****Per-facundus**, *adj.* (Spät.) sehr beredt.

Per-famĭlĭāris, e, *adj.* sehr vertraut, *subst.* ein sehr vertrauter Freund.

Perfecte, *adv.* [perfectus] vollkommen, vollständig.

Perfectio, ōnis, *f.* [perficio] 1) die Vollendung, Vervollkommnung. 2) die Vollkommenheit.

Perfector, ōris, *m.* [perficio] der Vollender, Vervollkommner.

Perfectus, *adj.* mit *comp.* u. *sup.* [particip.* von perficio] vollkommen, vollendet, opus, orator, p. in re aliqua.

Per-fĕro etc., 3. 1) bis zu Ende-, bis an das Ziel tragen, onus; (Poet.) p. vultum intrepidum immerfort behalten, flumen p. navem = hat Wasser genug für ein Schiff. Hiervon *trop.* = bis an das Ende ertragen, ausstehen, erdulden, poenam, frigus et famem, omnes contumelias. 2) zu Ende bringen, bis ans Ziel führen. (Poet.) lapis p.

ietam reicht ganz bis ans Ziel, hasta p. vires bringt ganz durch; p. se sich irgendwohin begeben. Hiervon A) eine Nachricht od. dergl. hinterbringen, Etwas melden, verkündigen: p. mandata, nuntium; p. aliquid ad aliquem; fama Romam perfertur gelangt nach R., clamor perfertur circa collem erschallt. B) p. legem durchsetzen, machen, daß der Gesetzvorschlag angenommen wird. C) (Spät.) vollführen, besorgen, legationem.

Perfĭcio, fēci, fectum, 3. [per-facio] 1) vollführen, vollenden, zu Ende bringen, fertig machen, comitia, conata, scelus, bellum; p. candelabrum verfertigen; (Poet.) p. Achillem vollständig ausbilden, p. annos centum hundert Jahre gelebt haben. 2) bewirken, durchsetzen, ausrichten u. dergl., ut (ne) etc.

*Perfĭcus, adj. [perficio] (Lucr.) vollendend.

Perfĭde, adv. (Spät.) [perfidus] treulos.

Per-fĭdēlis, e, adj. sehr treu.

Perfĭdia, ae, f. [per-fides] die Treulosigkeit, Unredlichkeit, p. in aliquem.

Perfĭdiōse, adv. [perfidiosus] treulos, unredlich.

Perfĭdiōsus, adj. mit sup. [perfidia] treulos, unredlich (als bleibende Eigenschaft, vgl. perfidus).

Perfĭdus, adj. [per-fides] treulos, unredlich (gewöhnlich mit Bezug auf einzelne Thaten, vgl. perfidiosus), homo; (Poet.) pp. freta = gefährlich, verba unzuverlässige.

Per-fixus, adj. (Lucr.) durchbohrt.

Per-flābĭlis, e, adj. durchwehbar.

*Per-flāgĭtiōsus, adj. sehr schändlich, lasterhaft.

Per-flo, 1. (Poet. u. Spät.) durchwehen, terras.

*Per-fluctuo, 1. (Lucr.) durchwallen.

Per-fluo etc., 3. (Poet. u. Spät.) 1) durchfließen, per colum. 2) durchfließen lassen, nur trop. hac atque illac p. = nicht schweigen können. 3) durchfließen = bis an ein Ziel fließen, flumen p. in mare.

Per-fŏdio etc., 3. 1) durchgraben, montem. Hiervon = durchstechen, durchbohren, parietem, thoracem. *2) durchgrabend bilden, fretum.

Per-fŏro, 1. 1) durchbohren, pectus, navem ein Loch in ein Schiff bohren. 2) p. lumen durchbohrend oder durchhauend eine Deffnung bilden, davon p. Stabianum = Bäume ob. dergl. fällend Aussicht auf ein Gut bei Stabiä eröffnen.

*Per-fortĭter, adv. (Com.) sehr brav.

*Perfossor, ōris, m. [perfodio] der Durchstecher, p. parietum = der Einbrecher.

*Per-fremo etc., 3. (Vorklaff.) stark rauschen.

*Per-frĕquens, tis, adj. sehr besucht, volkreich.

Per-frĭco etc., 1. 1) stark reiben, faciem unguento. 2) trop. p. frontem = jede Schaam ablegen.

*Per-frĭgĕfăcio etc., 3. (Pl.) sehr kalt machen, trop. p. cor alicui = Jmd. sehr erschrecken.

Per-frīgesco, frixi, — 3. (Spät.) sehr kalt werden, sich erkälten.

Perfringo, frēgi, fractum, 3. [per-frango] 1) ganz zerbrechen, zerschmettern, saxum, nucem knacken; navis p. proram bricht. 2) durchbrechen, muros, phalangem hostium; p. domos in die Häuser einbrechen; trop. p. repagula juris. 3) trop. A) vernichten, vereiteln, gewaltsam verletzen, leges, omnia. B) heftig bewegen, animos.

Per-fruor etc., depon. 3. 1) ganz genießen, re aliqua (Vorklaff. auch aliquid). *2) (Poet., zweifelh.) vollständig verrichten, mandatis.

Perfūga, ae, m. [perfugio] der Ueberläufer, Deserteur; auch = der von einer Partei Abtrünnige (immer in tadelndem Sinne, vgl. transfuga).

Per-fŭgio etc., 3. 1) zu Jmd. oder Etwas hinfliehen, seine Zuflucht nehmen, ad aliquem, Corinthum. 2) zu einer anderen Partei übergehen, ad Caesarem.

Perfŭgium, ii, n. [perfugio] der Zufluchtsort, die Zuflucht, laborum gegen Mühseligkeiten, dagegen pp. annonae wobei die Vorräthe gesichert werden.

Perfunctio, ōnis, f. [perfungor] die Verrichtung, Verwaltung, honorum von Ehrenstellen; p. laborum vollständige Verrichtung mühevoller Arbeiten.

Per-fundo etc., 3. 1) begießen, übergießen, benetzen, aliquem aqua, lacrimis; perfundi flumine sich in einem Flusse baden; (Poet.) sudor p. artus, vestes perfusae ostro gefärbt. Hiervon bestreuen, p. canitiem pulvere; p. tecta auro bedecken. 2) trop. A) mit Etwas durchströmen, erfüllen, animum alicujus voluptate; perfundi laetitiā; horror p. artus; auch cubiculum perfunditur sole. B) p. aliquem judicio beunruhigen, erschrecken, betäuben. C) (Spät.) oberflächlich berühren, perfundi studiis (gleichsam einen Anstrich davon erhalten).

Per-fungor etc., 3. 1) ganz verrichten, verwalten, opere, honoribus. 2) überstehen, zu Ende bringen, bis ans Ende ertragen, periculo, molestiā; p. vitā mit dem Leben fertig werden = sterben. 3) (Poet.) genießen, epulis.

Per-fŭro, — — 3. (Poet.) fortwüthen, fortrasen.

Perfūsōrius, adj. [perfundo] (Spät.) oberflächlich, leicht, unzuverlässlich.

Pergămum, i, n. oder -mus, i, f. und häufig -ma, ōrum, n. pl. [Πέργαμον, -μος] 1) die Burg von Troja. 2) Stadt in Mysien, Hauptstadt des pergamenischen Reichs. Davon 1) -mēnus, adj. zur Stadt P. in Mysien gehörig; subst. -mēni, ōrum, m. pl. die Einwohner von P. 2) -meus, adj. A) zur Burg in Troja gehörig, davon (Poet.) = trojanisch. B) = Pergamenus.

Pergo, perrexi, perrectum, 3. [per-rego] 1) fort und fort richten, eine Richtung oder Bewegung verfolgen, fortsetzen, iter. Hiervon: etwas Begonnenes weiter führen, darin fortfahren, p. aliquid facere, p. ire Saguntum ganz bis nach S. gehen. 2) gehen, fortgehen, sich weiter begeben, ad aliquem, hac via, obviam alicui. Hiervon A) an ein Werk gehen, es unternehmen. B) in der Rede weiter gehen, fortfahren, fortsetzen, aliquid; p. explicare reliqua; p. et prosequi.

*Per-graecor, depon. 1. (Pl.) auf griechische Art schwelgen.

Per-grandis, e, adj. sehr groß, natu sehr alt.

*Per-graphicus, adj. (Pl.) sehr fein, -listig.

Per-grātus, adj. sehr angenehm.

Per-grăvis, e, adj. sehr wichtig, trop. sehr gewichtig.

Per-grăvĭter, adv. sehr stark, -bedeutend.

Pergŭla, ae, f. (Vorschlaff. u. Spät.) 1) der Vorsprung an einem Gebäude oder einer Mauer, a) Bude, Laden; b) als Schule, Lehrsaal; c) als astronomisches Observatorium. 2) Hiervon a) = eine Hütte; b) ein Bordell.

Pergus, i, m. ein See bei der Stadt Enna auf Sicilien.

Pĕrhĭbeo, 2. [per-habeo] 1) hinhalten, darbieten, zur Stelle schaffen, aliquem. Hiervon A) = erweisen, alicui honorem. B) = leisten, operam alicui. C) beilegen, alicui auctoritatem. 2) (fast nur Poet. u. Spät.) insbes. mündlich von sich geben, sagen, sprechen, erzählen: qui perhibentur fuisse nuntii. Hiervon A) p. testimonium ein Zeugniß ablegen; p. exemplum anführen. B) nennen, aliquem optimum vatem; is perhibendus est ist anzuführen.

*Pĕr-hīlum, i, n. (Lucr.) sehr wenig.

*Pĕr-hŏnōrĭfĭce, adv. auf sehr ehrenvolle Weise.

Pĕr-hŏnōrĭfĭcus, adj. 1) sehr ehrenvoll. 2) sehr ehrerbietig.

Pĕr-horresco etc., 3. 1) (Poet.) aequor p. wogt hoch auf. 2) schaudern, erbeben, corpus, Aetna p. 3) vor Etwas schaudern, p. rem.

*Pĕr-horrĭdus, adj. ganz starrend.

*Pĕr-hūmānĭter, adv. sehr höflich, -freundlich.

Pĕr-hūmānus, adj. sehr leutselig, sehr höflich, -freundlich.

Pĕrĭander, dri, m. [Περίανδρος] König von Corinth, einer der sieben Weisen.

Pericles, is, m. [Περικλῆς] berühmter Staatsmann zu Athen († 429 v. Chr.).

*Pĕrīclĭtātio, ōnis, f. [periclitor] der Versuch.

Pĕrīclĭtor, 1. [periculum] depon. 1) transit. einen Versuch machen, prüfen, versuchen, auf die Probe stellen, omnia, fortunam, animum alicujus, vires ingenii, quid nostri valeant. Hiervon = gefährden, aufs Spiel setzen, salutem reipublicae, in uno homine. 2) intrans. in Gefahr sein, bedroht sein, gefährdet sein, auf dem Spiele stehen: p. famā in Bezug auf seinen Ruf, auch p. de re aliqua; p. veneno durch Gift; p. rumpi (Spät.) läuft Gefahr zu bersten.

Pĕrīcŭlōse, adj. mit comp. u. sup. [periculosus] mit Gefahr.

Pĕrīcŭlōsus, adj. mit comp. u. sup. [periculum] gefährlich, Gefahr bringend oder drohend, bellum, vulnus; p. in se sich selbst in Gefahr bringend.

Pĕrīcŭlum, contr. -ŏlum, i, n. [verwandt mit experior] 1) der Versuch, die Probe, gew. in der Verbindung periculum facere rei alicujus Etwas versuchen, ex aliis mit Anderen; comperire aliquid periculo durch die Erfahrung. 2) (selten) der Versuch = das Probestück. 3) die Gefahr (meist als etwas Dauerndes, vgl. discrimen): in ipso periculi discrimine; p. capitis Lebensgefahr; p. est ne veniat es ist zu besorgen, daß u. s. w.; meo, tuo p. auf meine, deine Gefahr, auf mein, dein Risico, ut illae res publico periculo essent daß jene Sachen auf Risico des Staates sein sollten b. h. im unglücklichen Falle vom Staate ersetzt werden sollten; p. est a penuria von Seiten eines Mangels b. h. insofern ein Mangel eintreten kann. Hiervon insbes. A) = der Proceß: versari in periculis privatorum. B) das Protocoll, die Urkunde u. dergl.

Pĕr-Ĭdōnĕus, adj. sehr geschickt, -bequem zu Etwas.

Pĕr-illustris, e, adj. 1) sehr deutlich. 2) sehr angesehen.

Pĕr-imbēcillus, adj. sehr schwach.

Pĕrĭmēde, es, f. [Περιμήδη] eine bekannte Zauberin zur Zeit des Propertius. Davon -dēus, adj.

Pĕrĭmo, ēmi, emptum, 3. [per-emo] 1) ganz wegnehmen, davon vernichten, zerstören, consilium alicujus, urbem. 2) (meist Poet. u. Spät.) tödten, aliquem.

*Pĕr-incertus, adj. (Spät.) sehr ungewiß.

*Pĕr-incommŏde, adv. sehr unbequem, -ungelegen.

*Pĕr-incommŏdus, adj. sehr unbequem, -ungelegen.

*Pĕr-inconsĕquens, adj. (Spät.) sehr ungereimt.

Pĕrinde, adv. 1) ebenso, auf gleiche Weise oder in gleichem Grade: ars operosa et p. fructuosa; si cetera p. processissent; p. periti imperitique; p. divina humanaque. 2) insbes. mit Conjunctionen verbunden: A) p. — ac (atque) so — wie. B) p. — ac si (vielleicht auch bloß p. ac), quasi, tanquam, quam si ebenso als wenn, als ob. C) p. ut (utcunque) oder (Spät.) prout [e nachdem: haec p. sunt ut agentur hierbei kömmt es darauf an, wie es gethan wird. D) (Spät.) haud p. — quam nicht sowohl — als vielmehr; p. ut (nur) soviel daß.

*Pĕr-indigne, adv. (Spät.) sehr unwillig, ferre.

*Pĕr-indulgens, tis, adj. sehr nachsichtig.

Pĕr-infāmis, e, adj. (Spät.) sehr berüchtigt.

*Pĕr-infirmus, adj. sehr schwach.

*Pĕr-ingĕnĭōsus, adj. sehr scharfsinnig, -witzig.

*Pĕr-ingrātus, adj. (Spät.) sehr undankbar.

Pĕr-ĭnīquus, adj. 1) sehr unbillig. 2) sehr unwillig.

*Pĕr-insignis, e, *adj.* sehr auffallend.
Pĕrinthus, i, *f.* [Πίρινθος] Stadt in Thracien. Davon -thius, *adj.*
Pĕr-invītus, *adj.* sehr unwillig, «ungern.
Pĕrĭŏdus, i, *f.* [περίοδος] die Periode (reinlat. comprehensio verborum).
Pĕrĭpătētĭcus, *adj.* [περιπατητικός] eigtl. zum Spazieren gehörig, davon = zur Schule des Philosophen Aristoteles gehörig, peripatetisch; *subst.* -ci, ōrum, *m. pl.* die Anhänger der peripatetischen Schule.
Pĕrĭpĕtasmăta, tum, *n. pl.* [περιπετάσματα] die Decken, Tapeten.
Pĕrĭphrăsis, is, *f.* [περίφρασις] (Spät.) die Umschreibung.
Pĕr-īrātus, *adj.* sehr zornig alicui.
Pĕriscŏlis, idis, *f.* [περισκελίς] (Poet.) ein von Libertinerinnen getragenes Knieband, Strumpfband.
Pĕristrōma, ătis, *n.* [περίστρωμα] die Decke.
Pĕristŷlium, ii, *n.* [περιστύλιον] ein freier von Säulengängen umgebener Platz.
Pĕrīte, *adv.* mit comp. u. sup. [peritus] mit Erfahrung, kundig, gescheit.
Pĕrītia, ae, *f.* [peritus] die Erfahrung und die dadurch gewonnene Kenntniß einer Sache: ars et p.; p. locorum, morum Tiberii.
Pĕrītus, *adj.* mit comp. u. sup. [verwandt mit experior, comperio] erfahren und dadurch kundig, Etwas kennend, und überhaupt gescheit, einsichtsvoll: duces peritissimi et exercitatissimi; p. multorum, perfidiae hostium; peritus juris und jure rechtskundig (nur bei Spät. auch mit anderen Worten im *abl.*; selten p. ad rem oder in re); (Poet. u. Spät.) p. de re, p. cantare in Singen.
Per-jūcunde, *adv.* sehr angenehm.
Por-jūcundus, *adj.* sehr angenehm.
*Perjūrātiuncŭla, ae, *f.* [perjuro] *deminut.* (*Pl.*) ein kleiner Meineid.
*Perjūriōsus, *adj.* [perjurium] (*Pl.*) meineidig.
Perjūrium, ii, *n.* [perjuro] der Meineid.
Per-jūro, 1. = pejero.
Perjūrus, *adj.* [per-jus] 1) meineidig, treulos. 2) (*Pl.*) lügenhaft.
Per-lābor etc., 3. 1) durchschlüpfen, durchdringen: angues pp. in aedem Jovis; Hercules p. ad nos gelangt. 2) (Poet.) über Etwas hingleiten, p. undas rotis.
*Per-laetus, *adj.* sehr froh.
*Per-lāte, *adv.* sehr weit und breit.
*Per-lăteo, ui, — 2. (Poet.) immerfort verborgen bleiben.
Perlĕcebrae, siehe pellecebrae.
Per-lēgo etc., 3. 1) (Poet.) durchmustern, betrachtend durchgehen, aliquid oculis. 2) durchlesen, librum. 3) herlesen, leges, senatum die Namen der Senatoren.
*Per-lĕpĭde, *adv.* (*Pl.*) sehr artig, «fein.
Per-lĕvis, e, *adj.* sehr leicht, «gering.
Per-lĕvĭter, *adv.* sehr leicht, «gering.
Per-lĭbens, tis, *adj.* Etwas sehr gern sehend.
*Per-lĭbenter, *adv.* sehr gern.

*Per-lĭbĕrālis, e, *adj.* sehr fein erzogen, sehr gebildet.
Pĕr-lĭbĕrālĭter, *adv.* sehr freigebig.
Per-lĭbet etc., 2. *impers.* es beliebt sehr.
Per-lĭbro, 1. (Spät.) abwägen, gleich machen, solum fossae.
Per-līto, 1. mit günstigen Anzeichen opfern, Saluti.
*Per-longe, *adv.* sehr weit.
*Per-longinquus, *adj.* sehr langwierig.
Per-longus, *adj.* sehr lang.
Per-lūceo etc., siehe pelluceo.
Per-luo, 3. abspülen, waschen, manum undā; *pass.* = sich baden, in flumine.
Per-lustro, 1. 1) reinigen = sühnen, paleas. 2) durchmustern, genau betrachten, omnia oculis, rem animo. 3) durchstreifen, agros hostium.
*Per-mădĕfăcio etc., 3. (*Pl.*) durchfeuchten, ganz feucht machen, rem.
Per-mădesco etc., 3. (Spät.) 1) ganz feucht werden. 2) *trop.* erschlaffen.
Per-magnus, *adj.* sehr groß.
*Per-māle, *adv.* (zweifelh.) sehr schlecht.
*Per-mānasco, — — 3. [permano] (*Pl.*) durchfließen, nur *trop.* aliquid p. ad me kömmt mir zu Ohren.
Per-māneo etc., 2. verbleiben, verharren, Athenis, in ora maritima; p. in officio, in proposito; ira p. dauert fort.
Per-māno, 1. ¹) *intrans.* durchfließen, humor p. Hiervon überhaupt hindurchdringen, sich verbreiten: aqua p., odor p. per foramina; venenum p. in omnes partes corporis; *trop.* amor p. in pectus, illud p. ad sensus erstreckt sich mit seinem Einflusse bis = wirkt auf die Sinne; (*Pl.*) id palam p. wird bekannt. 2) *transit.* durchdringen, calor p. argentum.
Permansio, ōnis, *f.* [permaneo] das Verbleiben.
*Per-mărīnus, *adj.*, nur in der Verbindung lares pp. Schutzgötter der zur See Reisenden.
Per-mātūresco, rui, — 3. (Poet. u. Spät.) *intrans.* ganz reif werden.
*Per-mĕdĭocris, e, *adj.* sehr mittelmäßig.
*Per-mĕdĭtātus, *adj.* (*Pl.*) wohl vorbereitet.
Per-meo, 1. 1) *intrans.* hindurch = bis ans Ziel gehen, «dringen, «passiren, sub mare, in Galliam; tela pp. in hostem. 2) *transit.* durchströmen, flumen p. urbem.
Permessus, i, *m.* [Περμησσός] Fluß in Böotien, den Musen heilig.
Per-mētior etc., *depon.* 4. 1) ausmessen, messen, magnitudinem solis. 2) (Poet.) durchwandern, zurücklegen, viam.
Per-mīrus, *adj.* sehr wunderbar.
Per-misceo etc., 2. 1) vermischen, durch einander mengen, naturam cum materia; permixti cum anis fugientibus; p. tristia laetis. Hiervon *trop.* permixtus alicujus consiliis in — verflochten. 2) verwirren, in Unordnung bringen, Graeciam, omnia timore.

Permissio, ōnis, *f.* [permitto] (selten) 1) die Ueberlassung an Jmds Willkür, die unbedingte Uebergabe. 2) die Erlaubniß.

Permissus, us, *m.* [permitto] die Erlaubniß, nur im *abl. sing.* mit einem *pron. poss.* oder einem *genit.*, mit (Jmds) Erlaubniß.

Per-mitto etc., 3. 1) ganz durch d. h. bis an ein Ziel gehen lassen, davon = fahren lassen, loslassen u. dergl.: p. equum das Pferd durchlaufen lassen = ihm die Zügel schießen lassen (in hostes, per vias patentes); *pass.* = durch gehen, -kommen, equitatus permissus die auf den Feind los gefahren ist. Hiervon A) (*Poet.* u. *Spät.*) = werfen, schleudern, telum, saxa. B) *trop.* p. tribunatum = einen zügellosen Gebrauch des Tribunats machen. C) (*Spät.*) p. bonitatem ad aliquem seine Güte bis an Jmd. reichen lassen, auf ihn ausdehnen. 2) überlassen, übergeben, alicui potestatem, negotium; p. rempublicam consulibus den Consuln unumschränkte Gewalt in den Staatsangelegenheiten geben; *absol.* p. alicui de aliquo Jmd. das Recht geben über Jmd. zu entscheiden. Hiervon A) von einer besiegten Partei: permittunt se alicui, se suaque omnia fidei (oder in fidem) alicujus oder potestati alicujus, auch *pp.* se in deditionem consulis übergeben sich dem Consul auf Gnade und Ungnade. B) p. alicui inimicitias um Jmds Willen, aus Rücksicht auf Jmd. seine Feindschaft aufgeben fahren lassen. 3) erlauben, zugestehen, Etwas geschehen lassen: p. alicui respondere oder ut respondeat; p. aliquid iracundiae, adolescentiae alicujus sehe Etwas nach.

Per-mixte, *adv.* vermischt.

Per-mixtio, ōnis, *f.* [permisceo] die Vermischung.

Per-mŏdestus, *adj.* sehr gemäßigt, -bescheiden.

Per-mŏdĭcus, *adj.* (*Spät.*) sehr mäßig, -klein.

Per-mŏleste, *adv.* sehr beschwerlich, p. ferre aliquid Etwas sehr übel aufnehmen.

*Per-mŏlestus, *adj.* sehr beschwerlich.

*Per-mollis, e, *adj.* (*Spät.*) sehr weich, -sanft.

Per-mŏlo etc., 3. (*Poet.*) schänden.

Per-mōtio, ōnis, *f.* die Bewegung; insbef. p. animi; permotionis causa um zu rühren. Insbef. A) = die Gemüthsbewegung, der Affect. B) p. mentis die Begeisterung.

Per-mŏveo etc., 2. 1) (*Poet.* u. *Spät.*) stark bewegen: p. terram = umarbeiten, mare aufwühlen. 2) *trop.* das Gemüth, den Geist in starke Bewegung setzen, A) bewegen = rühren, ängstigen u. dergl.: res aliqua me p.; p. animos judicum miseratione; permoveri labore itineris verdrießlich werden. B) bewegen = veranlassen, aliquem pollicitationibus; häufig *pass.*, pormotus irā, metu, amore. C) (*Spät.*) erregen, iram.

Per-mulceo etc., 2. 1) streichen, streicheln, aliquem manu. 2) *trop.* A) sanft berühren, oculos virgā. B) einen angenehmen Eindruck auf Etwas oder Jmd. machen, ergötzen, schmeicheln, aliquem, aures; p. sensum voluptate. C) beruhigen, besänftigen, animos eorum, iram alicui.

Per-multus, *adj.* sehr viel.

Per-mūnio, 4. 1) fertig bauen, den Bau vollenden, munimenta. 2) vollständig befestigen, urbem.

Per-mūtātio, ōnis, *f.* [permuto] 1) die völlige Veränderung. 2) die Vertauschung, der Tausch. 3) insbef. der Umsatz der Gelder durch Wechsel.

Per-mūto, 1. 1) (*Spät.*) von der Stelle rücken, umdrehen, arborem in contrarium. 2) völlig verändern, sententiam, statum reipublicae. 3) vertauschen, umtauschen, nomina inter se; p. domum tauschen. 4) insbef. Geld mittelst Wechsel umsetzen: p. pecuniam Athenas durch Wechsel nach Athen schicken, zur Auszahlung in Athen anweisen; quod tecum permutavi die Summe, welche ich in Wechseln von dir empfangen habe.

Perna, ae, *f.* die Hinterkeule, insbef. des Schweins = der Hinterschinken.

Per-nĕcessārius, *adj.* 1) sehr nothwendig. 2) sehr eng mit Jmd. verbunden, mit ihm vertraut oder verwandt.

*Per-nĕcesse, *adj.* sehr nothwendig.

Per-nĕgo, 1. 1) stark leugnen. 2) (*Spät.*) ganz verweigern.

Perniciābilis, e, (*Spät.*) u. **Perniciālis**, e, *adj.* [pernicies] = perniciosus.

Pernĭcies, ei, *f.* [per-nex] das Verderben, der Untergang, die Vernichtung u. dergl. (zunächst von lebendigen Geschöpfen, vgl. exitium), p. mea mein Tod; moliri p. intestinam reipublicae. Hiervon *concr.* = Jmd., der Verderben bringt: Verres p. Siciliae.

Perniciōse, *adv.* mit *comp.* u. *sup.* [perniciosus] verderblich, schädlich.

Perniciōsus, *adj.* mit *comp.* u. *sup.* [pernicies] verderblich, schädlich.

Pernĭcĭtas, ātis, *f.* [pernix] die Schnelligkeit, Behendigkeit (siehe pernix).

Pernīcĭter, *adv.* [pernix] behend, hurtig.

*Per-niger, gra, grum, *adj.* (*Pl.*) sehr schwarz.

*Per-nimium, *adv.* (*Vorklass.*) gar zu viel.

Pernix, īcis, *adj.* mit *comp.* u. *sup.* [pernitor] durchstrebend = schnell, behende, rasch (nur von lebenden Wesen, vgl. velox, celer u. s. w.).

Per-nōbĭlis, e, *adj.* sehr bekannt.

Pernocto, 1. [per-nox] übernachten, die Nacht irgendwo zubringen, extra moenia.

*Pernōnĭdes, ae, *m.* [perna] (*Pl.*) scherzhaft gebildetes patron., der „Schinkensohn", = das Stück Schinken.

Per-nosco etc., 3. 1) ganz kennen lernen, im *perf.* = ganz kennen, aliquid. 2) (*Vorklass.*) genau untersuchen.

Per-nōtesco etc., 3. (*Spät.*) überall bekannt werden.

Per-nōtus, *adj.* (*Spät.*) sehr bekannt.

Per-nox, ctis, *adj.* (selten) die Nacht überdauernd, luna p. nächtlicher Mondschein.

Per-nŭmĕro, 1. herzählen, auszahlen, argentum.

Pĕro, ōnis, *m.* (*Poet.*) eine Art Stiefel

aus rohem Leber, von Soldaten u. dergl. getragen.

Pĕr-obscūrus, *adj.* sehr dunkel.

Pĕr-ŏdiōsus, *adj.* sehr verhaßt, zuwider.

*****Pĕr-offĭciōse**, *adv.* sehr gefällig.

*****Pĕr-ōleo**, — — 2. (*Lucr.*) stark riechen.

Pĕr-opportūne, *adv.* sehr gelegen, zu rechter Zeit.

Pĕr-opportūnus, *adj.* sehr gelegen, -bequem.

*****Pĕr-optāto**, *adv.* sehr erwünscht.

*****Pĕr-ŏpus**, *indecl.* (Com.) sehr nöthig.

Pĕrōrātio, ōnis, *f.* [peroro] die Schlußrede, der Epilog; überhaupt = die letzte Erörterung, Bemerkung.

Pĕr-orno, 1. sehr zieren, senatum.

Pĕr-oro, 1. 1) (eine Sache) zu Ende reden, -erörtern, -vortragen u. dergl.: p. causam; p. rem, crimen. 2) absol. den Vortrag beendigen, schließen; jus mihi est perorandi zuletzt reden; digredi antequam peroratur.

Pĕr-ōsus, *particip.* hassend, aliquem.

Per-pāco, 1. ganz zur Ruhe-, zum Frieden bringen, omnes.

*****Per-parce**, *adv.* (*Ter.*, zweifelh.) sehr sparsam.

*****Per-parvŭlus**, *adj.* überaus klein.

Per-parvus, *adj.* sehr klein.

*****Per-pastus**, *adj.* [pasco] (Spät.) gut gefüttert.

Per-pauci, ae, a, *adj.* sehr wenige.

*****Per-paulŭlus**, *adj.* sehr wenig, -gering.

*****Per-paulum**, *adv.* sehr wenig.

*****Per-pauper**, ĕris, *adj.* sehr arm.

*****Per-pauxillus**, *adj.* sehr wenig, -gering.

*****Per-pavĕfăcio** etc., 3. (*Pl.*) sehr angst machen, sehr erschrecken, aliquem.

Per-pello etc., 3. eigtl. stark anstoßen, davon 1) bewegen = antreiben, zu Etwas vermögen, aliquem (ut) ne aliquid faciat. 2) Etwas durchsetzen, bewirken, ut aliquid fiat; orabat donec perpulit.

Perpendĭcŭlum, i, *n.* [perpendo] das Bleiloth, Richtblei: directus ad p. senkrecht.

Per-pendo etc., 3. abwägen, nur trop. = untersuchen, erwägen, aliquid acri judicio, momenta officiorum; p. amicitiam veritate schätzen, beurtheilen.

Perpĕram, *adv.* verkehrt, unrichtig, schlecht, loqui, suadere, pronunciare.

Perpes, ĕtis, *adj.* (Vorklass. u. Spät.) = perpetuus.

Perpessīcius, *adj.* [perpetior] (Spät.) Vieles ertragend.

Perpessio, ōnis, *f.* [perpetior] das Ertragen, Aushalten, Erdulden, doloris.

Perpĕtior, pessus, *depon.* 3. [per-patior] zu Ende ertragen, aushalten, ausdulden, mendicitatem; p. aliquid fieri dulden, p. aliquem.

Perpetro, 1. [per-patro] vollziehen, zu Stande bringen, völlig verrichten, caedem, sacrificium; p. pacem den Frieden schließen, bellum beendigen.

*****Perpĕtuālis**, *adj.* [perpetuus] (Spät.) allgemein.

Perpĕtuĭtas, ātis, *f.* [perpetuus] die ununterbrochene Fortdauer, die Stätigkeit, der Zusammenhang: p. vitae das ganze Leben, sermonis die fortlaufende Rede; philosophi judicandi sunt non ex singulis verbis sed ex p. et constantia nach ihrer Lehre in ihrem Zusammenhange und ihren Consequenzen.

Per-pĕtuo, 1. [perpetuus] ununterbrochen fortdauern lassen, in Einem fortsetzen: p. verba in Einem fort reden.

Perpĕtuo, *adv.* [perpetuus] fortdauernd, beständig.

Perpĕtuus, *adj.* [per-peto] 1) durchgängig, fortlaufend, ununterbrochen, zusammenhängend, aedes, paludes, munitiones, agmen; pp. montes eine Reihe von Gebirgen. Hiervon oratio, carmen p.; p. dies ein ganzer Tag, ebenso p. triduum. 2) in der Zeit, ununterbrochen, fortdauernd (bis zu einem gewissen Ziel, vgl. aeternus), beständig, lex, cursus, cura; in perpetuum auf immer. Hiervon 3) A) allgemein, jus. B) fulmina pp. (Spät.) für immer (für das ganze Leben) bedeutungsvoll.

Per-plăceo, 2. sehr gefallen, alicui.

*****Perplexābĭlis**, *adj.* [perplexor] (*Pl.*) verwirrend, verbum p. zweideutig.

*****Perplexābĭlĭter**, *adv.* [perplexabilis] (*Pl.*) verwirrend.

*****Perplexor**, *depon.* 1. [perplexus] (*Pl.*) Verwirrung anrichten.

Perplexe, *adv.* [perplexus] verworren, undeutlich.

*****Perplexim**, *adv.* (Vorklass.) = perplexe.

*****Perplexus**, *adj.* [per-plecto] 1) verflochten, verschlungen, unter einander vermengt, iter, figurae. 2) trop. verwickelt = undeutlich, dunkel, responsum, sermones.

*****Per-plĭcātus**, *adj.* (*Lucr.*) verwickelt.

Per-pluo, 3. 1) (Vorklass.) durchregnen. 2) (Vorklass. u. Spät.) den Regen durchlassen: trop. bene facta pp. = lassen Etwas dazwischen kommen, wodurch der Zusammenhang gestört wird, werden unterbrochen. 3) transit. (*Pl.*) Etwas (wie einen Regen) irgendwo hineinbringen: amor p. tempestatem in pectus meum.

Per-pŏlio, 4. abglätten, völlig poliren, trop. vollständig ausarbeiten, vervollkommnen, opus aliquid p. et absolvere.

*****Per-pŏlīte**, *adv.* mit *sup.* verfeinert, mit Feinheit.

*****Per-pŏlītio**, ōnis, *f.* (Spät.) das Abglätten, die Verfeinerung.

Per-pŏlītus, *adj.* sehr geglättet, -verfeinert.

Per-pŏpŭlor, *depon.* 1. ganz plündern, verwüsten, agros.

*****Per-porto**, 1. hindurch = an den Ort seiner Bestimmung tragen, praedam Carthaginem.

Per-pōtātio, ōnis, *f.* das ununterbrochene Zechen, das Saufgelage.

Per-pōto etc., 1. 1) *intrans.* tüchtig zechen, saufen, totos dies. *2) *trans.* (*Lucr.*) austrinken, laticem.

Perprimo · **Persentio** 559

Perprimo, pressi, pressum, 3. [per-premo] (Poet. u. Spät.) in einem weg drücken, cubilia stets im Bette liegen.

*****Per-propĕre**, adv. (Pl.) sehr schnell.

*****Per-propinquus**, adj. (Gottlosf.) sehr nahe.

*****Per-prosper**, ĕra, ĕrum, adj. (Spät.) sehr glücklich.

Per-prūrisco, — — 3. (Pl.) sehr lüstern werden.

*****Per-pugnax**, ācis, adj. sehr streitsüchtig.

Per-pulcher, chra, chrum, adj. (Ter.) sehr schön.

Per-purgo, 1. 1) ganz reinigen: p. se = lariren; auribus perpurgatis mit offenen Ohren. 2) trop. ins Reine bringen: p. locum einen Punct erschöpfend erörtern; p. d. dote alles betreffend die Mitgift.

*****Per-pŭsillus**, adj. sehr klein.

*****Per-pŭto**, 1. (Pl.) trop. auseinandersetzen, rem.

Per-quam, adv. sehr, überaus (es wird auch getrennt geschrieben).

Perquiro, quisivi, quisītum, 3. [per-quaero] 1) eifrig aufsuchen, res, vasa illa. 2) sich nach Etwas erkundigen: p. quid causae sit; p. aliquid ab aliquo Jmd. um Etwas fragen. 3) untersuchen, rem.

*****Perquisīte**, adv. [perquiro] mit sorgfältiger Untersuchung, genau.

*****Perquisītor**, ōris, m. [perquiro] (Pl.) der Aufsucher, auctionum.

Per-rāro, adv. sehr selten.

Per-rārus, adj. sehr selten.

*****Per-rĕconditus**, adj. sehr verborgen.

Per-rēpo etc., 3. 1)(Spät.) hindurch schleichen. 2) (Poet.) bekriechen, über etwas hinkriechen.

Per-repto, 1. 1) (Spät.) intrans. herumkriechen, in omnibus latebris. 2) (Poet.) transit. durchkriechen = durchschleichen, plateas.

Perrhaebia, ae, f. [Περραιβία] Gegend in Thessalien. Davon **Perrhaebus**, adj. (Poet.) = thessalisch; subst. -bi, ōrum, m. pl. die Bewohner von P.

*****Per-rĭdĭcŭle**, adv. sehr lächerlich.

Per-ridiculus, adj. sehr lächerlich.

Per-rŏgo, 1. 1) durchfragen: p. sententias die Meinungen Aller der Reihe nach erfragen. 2) (Spät.) durchsetzen, legem.

Per-rumpo etc., 3. 1) intrans. hindurch brechen, sich einen Weg bahnen, in urbem, per hostes. 2) transit. durchbrechen, durchdringen, aëra: p. palundes, hostes sich einen Weg bahnen; p. naves durchbohren. Hiervon = zerbrechen, p. rates, fores sprengen. 3) trop. = vernichten, überwältigen, schwächen u. dergl.: pp. leges, periculum trotzen, fastidia besiegen.

Persa, ae, f. [Πέρση] eine Tochter des Oceanus, Gemahlin des Helios. Davon **Perseïs**, ïdis, f. [Περσηΐς] Tochter der Persa = Hecate; auch Name eines lateinischen Gedichts.

Persae, ārum, m. pl. [Πέρσαι] die Perser, Bewohner der Landschaft Persis in Asien, davon überhaupt = die Bewohner des persischen Reichs; im sing. nur der nomin. **Perses** und der dat. -ae. Hiervon 1) **Persis**, ïdis, f. [Περσίς] Landschaft im heutigen Persien, am persischen Meerbusen, jetzt Farsistan; lateinische Nebenform **Persia**, ae, f. (Pl.) 2) **Persicus**, adj. persisch; portus P. das Meer bei Eubŏa, wo die persische Flotte gestanden. Hiervon adv. -ce.

Per-saepe, adv. sehr oft.

*****Per-salsus**, adj. trop. sehr witzig.

*****Persălūtātĭo**, ōnis, f. [persaluto] die Begrüßung Aller der Reihe nach.

Per-sălūto, 1. Alle der Reihe nach begrüßen, aliquos.

Per-sancte, adv. (Gottlosf. u. Spät.) sehr heilig, sehr hoch und theuer, jurare.

Per-sāno, 1. (Spät.) ganz heilen, vomicas.

Per-săpiens, tis, adj. sehr weise.

*****Per-săpienter**, adv. sehr weise.

*****Per-scienter**, adv. sehr gescheit.

Per-scindo etc., 3. zerreißen, nubem, carbasum.

Per-scitus, adj. sehr fein, sehr artig.

Per-scrībo etc., 3. 1) vollständig (ohne Abkürzungen) schreiben, verba, summam. 2) genau und vollständig aufschreiben, niederschreiben, verzeichnen, schriftlich erzählen oder darstellen, res Romanas; p. de rebus suis, hostes discessisse; p. alicui orationem Jmd. eine geschriebene Rede schicken; p. senatus consultum niederschreiben und ins Protocoll eintragen, protocolliren. 2) insbes. häufig in Geldsachen, in das Rechnungsbuch eine Einnahme oder Ausgabe eintragen, buchen: p. falsum etwas fälschlich buchen. Hiervon p. alicui pecuniam Jmd. durch eine Anweisung Geld bezahlen, anweisen.

Perscriptio, ōnis, f. [perscribo] 1) das Aufschreiben, Niederschreiben, insbes. = das Eintragen in die Rechnungsbücher, das Buchen. 2) die Anweisung zur Bezahlung, der Wechsel.

*****Per-scriptor**, ōris, m. [perscribo] der Einträger in das Rechnungsbuch, der Bucher.

*****Perscrūtātĭo**, ōnis, f. [perscrutor] (Spät.) die Durchsuchung.

Per-scrūtor, depon. 1. 1) durchsuchen, arcas. 2) trop. genau erforschen, untersuchen, sententiam alicujus.

Per-sĕco etc., 1. durchschneiden, völlig zerschneiden, insbef. = seciren, operiren. Davon trop. A) p. vitium ausrotten. B) = genau erforschen, rerum naturas.

Per-sector, depon. 1. (Lucr.) fleißig nachgehen = durchforschen.

Persĕcūtĭo, ōnis, f. [persequor] die Verfolgung vor Gericht, Klage.

Per-sĕdeo (oder **-sĭdeo**) etc., 2. lange sitzen bleiben, stets sitzen, in equo.

*****Per-segnis**, e, adj. sehr träge, -schläfrig.

*****Per-sĕnesco** etc., 3. (Spät.) sehr alt werden.

*****Per-sĕnex**, nis, adj. (Spät.) sehr alt.

Per-sentio etc., 4. 1) (Poet. u. Spät.) tief fühlen, -empfinden, -wahrnehmen, aliquid.

Persentisco, — — 3. (Bortlaff.) = persentio.

Persĕphŏne, es, *f.* [Περσεφόνη] griechischer Name der Proserpina, siehe diesen Artikel.

Persĕpŏlis, is, *f.* [Περσέπολις] die „Perserstadt", die (spätere) Hauptstadt des persischen Reiches.

Per-sĕquor etc., 3. eigtl. ganz hindurch folgen, also 1) nachfolgen, folgen, aliquem und vestigia alicujus, p. viam. Hiervon A) als einer Autorität oder einem Beispiele folgen, nachahmen, aliquem; p. Academiam der academischen Lehre folgen, ebenso p. sectam alicujus. B) einholen, erreichen, aliquem; p. quae dicuntur scribendi celeritate so geschwinde schreiben, daß man hinter dem Redenden nicht zurückbleibt. C) = durchwandern, durchsuchen, omnes solitudines. 2) feindlich nachfolgen = verfolgen, nachsetzen, fugientes, feras jagen. Hiervon A) p. aliquem bello Jmb. bekriegen; p. aliquem judicio gerichtlich. B) = rächen, bestrafen, mortem, injurias alicujus. 3) nach Etwas streben, -jagen, hereditatem, voluptates den Genüssen nachgehen. Hiervon A) geltend machen, zu erlangen suchen, jus suum. B) Etwas mit Eifer betreiben, sich damit beschäftigen, artes. 4) eine Thätigkeit bis zum Ziel verfolgen: A) fortsetzen, mit Etwas fortfahren: p. societatem das Bündniß unterhalten; p. quaerendo. B) vollziehen, vollführen, mandata. C) in der Rede oder Schrift durchführen: p. aliquid literis Latinis behandeln, versibus besingen, scripturā niederschreiben, voce sagen; p. omnes voluptates herzählen, artes durchgehen.

Perses, ae, m. [Πέρσης] 1) Sohn des Sol und der Perse. 2) = Perseus 2.

Perseus, ei oder os, m. [= Περσεύς] 1) Sohn des Jupiter und der Danaë, der auf dem beflügelten Rosse Pegafus reitend die Medusa erschlug. 2) letzter König von Macedonien, unehelicher Sohn des Philipp. Davon **Persēus,** auch (Poet.) **-sēīus** od. **-sēus,** *adj.*

Persĕvērans, tis, *adj.* mit comp. u. sup. [particip. von persevero] ausdauernd, beharrlich.

Persĕvēranter, *adv.* mit comp. und sup. [perseverans] beharrlich.

Persĕvērantia, ae, *f.* [perseverans] die Ausdauer, Beharrlichkeit, oppugnandi im Angreifen.

Persĕvēro, 1. [per-severus] bei Etwas verharren, standhaft verbleiben, in Etwas fortfahren: p. in sententia sua, in ira, fugere zu fliehen fortfahren; perseveratur man fährt fort; p. aliquid (Spät. auch p. rem) bei Etwas verharren; p. Romam bis ganz nach Rom reisen; p. in horam tertiam irgendwo bleiben bis; perseveravit, se esse Orestem beharrte dabei, daß = behauptete beharrlich.

*****Per-sĕvērus,** *adj.* (Spät.) sehr streng.

Per-sido, sēdi, sessum, 3. sich niederlassen, sich ansiedeln.

Per-signo, 1. 1) aufzeichnen, aufschreiben, dona. 2) (Spät.) bezeichnen.

Per-sĭmĭlis, *adj.* sehr ähnlich.

*****Per-sĭmplex, ĭcis,** *adj.* (Spät.) sehr einfach.

Per-sisto etc., 3. stehen bleiben = verharren, in eadem pertinacia.

*****Persolla, ae,** *f.* [deminut. von persona] (*Pl.*) als Schimpfwort, du „Larvengesicht".

Persius, ii, m. 1) ein Redner, Zeitgenosse des Lucilius. 2) Satirendichter zur Zeit des Nero.

*****Per-sōlus,** *adj.* (*Pl.*) ganz allein.

Per-solvo etc., 3. 1) völlig lösen, nur trop. p. quaestionem entwickeln. 2) bezahlen, auszahlen, abtragen, alicui pecuniam, militibus stipendia. Hiervon A) = erweisen, abtragen, was man schuldig ist, Lasten u. dergl.: p. praemia vertheilen; p. alicui gratiam sich dankbar erweisen, alicui grates Dank zollen; p. alicui honores Jmb. Ehre erweisen; p. promissa, fidem sein Versprechen erfüllen; p. mortem alicui Jmb. den Tod geben. B) p. (alicui) poenas, supplicia (von Jmb.) gestraft werden, aber auch = Jmb. eine Strafe anthun. C) (selten) p. epistolae auf ein Schreiben antworten.

Persōna, ae, *f.* 1) die Maske, bes. die Larve der Schauspieler bei den Griechen und Römern, p. tragica. 2) der Charakter, die Rolle, Person in einem Schauspiele: p. parasiti. Hiervon A) trop. der Charakter, die Rolle, die Jmb. im Leben spielt (wo man Jmds äußere Lage, Stellung und Verhältnisse bezeichnen will): p. gravitatis severitatisque die Rolle des Ernstes und der Strenge; personam alienam ferre (agere, sustinere, tueri) eine Rolle spielen, auf eine Art im Leben auftreten, die Einem nicht natürlich ist. B) die Person = die Persönlichkeit, der Mensch, insofern er eine gewisse Rolle spielt, auf eine gewisse Art oder in einem gewissen Verhältnisse auftritt (nie ganz = homo): p. mea, pacifica p.

Persōnātus, *adj.* [persona] 1) mit Maske versehen, Maske tragend, Roscius; pater p. der Vater in einem Schauspiele. 2) trop. verstellt, mit verstelltem Gesichte; p. felicitas (Spät.) eingebildet.

Per-sŏno, 1. 1) *intrans.* durch u. durch erschallen, ertönen: domus p. cantu. 2) *transit.* A) (Etwas) durchschallen, mit einem Schalle erfüllen, aurem alicujus, silvas. B) (Poet., zweifh.) laut erschallen, erschallen laffen = singen oder spielen, p. citharā. C) rufen, von Etwas laut reden, libidinem huc esse prolapsam, formam principis.

*****Perspecte,** *adv.* [perspicio] (*Pl.*) mit Einsicht, einsichtsvoll.

Per-specto, 1. 1) (*Pl.*) genau nachsehen. 2) (Spät.) bis ans Ende ansehen, certamen.

Perspectus, *adj.* mit sup. [particip. von perspicio] durchschaut, vollständig erkannt, res mihi p.; virtus p. geprüft.

Per-spĕcŭlor, *depon.* 1. (Spät.) durchspähen, genau erforschen, situs locorum.

Per-spergo, rsi, rsum, 3. [per-spargo] besprengen, bestreuen, *trop.* p. orationem sale.

*****Perspĭcāoĭtas, ātis,** *f.* [perspicax] die Scharfsichtigkeit, der Scharfblick.

Perspĭcax, ācis, *adj.* [perspicio] scharfsichtig, einsichtsvoll.

Perspicientia, ae, *f.* [perspicio] die vollständige Einsicht, Erkenntniß, veri.

Per-spĭcĭo, exi, ectum, 3. 1) hindurch sehen, mit dem Blicke durchdringen, ganz hinein sehen: p. coelum; eo ne perspici quidem potuit. Hiervon A) sehen, entdecken, res minimas. B) durchsehen, epistolam. 2) *trop.* A) durchschauen = völlig einsehen, verstehen, kennen lernen: p. aliquid, se ipsum, quanti te faciam. B) besehen, genau untersuchen, domum, rem.

Perspĭcŭe, *adv.* [perspicuus] deutlich, klar.

Perspĭcŭĭtas, ātis, *f.* [perspicuus] 1) (Spät.) die Durchsichtigkeit. 2) *trop.* die Deutlichkeit, Klarheit.

Perspĭcŭus, *adj.* [perspicio] 1) (Poet. u. Spät.) durchsichtig, aqua. 2) *trop.* deutlich, klar, augenscheinlich, gewiß.

Per-sterno etc., 3. ganz eben machen, viam pflastern.

*****Per-stĭmŭlo, 1.** (Spät.) sehr anreizen, spiritus tumidos.

Per-sto, stĭti, stătum, 1. 1) stehen bleiben, fest stehen, totum diem. 2) (Poet., selt.) bis ans Ende bestehen, verbleiben: laurea p. toto anno bleibt grün. 3) bei Etwas stehen bleiben, verharren, beharren, in incepto, in sententia, in impudentia; (Poet. und Spät.) p. facere aliquid fortfahren.

Per-strĕpo etc., 3. (Vorklass. und Spät.) sehr lärmen.

Per-stringo etc., 3. 1) streifen, berühren, leicht verwunden ob. dergl.: p. femur alicujus; p. terram aratro furchen. 2) *trop.* A) horror p. animos es durchlief sie ein Schauer. B) p. rem breviter in Rede oder Schrift kurz erwähnen. C) = spotten, tadeln u. dergl.: p. aliquid facetiis, habitum alicujus levibus verbis; p. aliquem suspicione Jmd. in einigem Verdacht haben. D) abstumpfen, p. aures betäuben, oculos blenden.

*****Per-stŭdĭōse,** *adv.* sehr eifrig.

Per-stŭdĭōsus, *adj.* sehr eifrig, mit Etwas sich sehr beschäftigend, p. literarum.

Per-suādeo etc., 2. 1) Jmd. Etwas zu thun überreden, wozu bestimmen, vermögen: p. alicui ut abeat; huic persuaderi non potuit ut etc. man konnte ihn nicht überreden; (sehr selten) p. alicui facere aliquid; (Com.) persuasum est id facere ich bin fest entschlossen. Hiervon *trop.* von unpersönlichen Gegenständen = bewirken, machen, daß Jmd. Etwas thut: quod nox et vinum persuasit. 2) Etwas zu glauben überreden = überzeugen: p. alicui, hostes abisse; persuadeo mihi hoc oder persuadetur mihi ich überzeuge mich, werde überzeugt; mihi persuasum (auch *sup.* persuasissimum) est aut persuasum habeo ich bin überzeugt, habe die Ueberzeugung. (NB Bei Spät. findet sich auch das *particip.* persuasus als *pass.*).

Persuāsĭbĭlis, e, *adj.* [persuadeo] (Spät.) überzeugend.

*****Persuāsĭbĭlĭter,** *adv.* [persuasibilis] (Spät.) überzeugend, dicere.

Persuāsĭo, ōnis, *f.* [persuadeo] 1) das Ueberzeugen, Ueberreden Etwas zu glauben.

2) (Spät.) die Ueberzeugung, welche man hat, der Glaube.

*****Persuāstrix, īcis,** *f.* [persuadeo] (*Pl.*) die Ueberrederin.

Persuāsus, us, *m.* [persuadeo] (nur im *abl. sing.*) die Ueberredung: persuasu alicujus auf Jmds Ueberreden.

Per-subtīlis, e, *adj.* sehr fein, *trop.* sehr durchdacht.

Persulto, 1. [per-salio] 1) *intrans.* an einem Orte herumspringen, -fahren, ante vallum; p. in agro eorum hineinstreifen. 2) *transit.* durchstreifen, Italiam.

Pertaedet, pertaesum est, — 2. impers. = ein verstärktes taedet, was man sehe.

Pertaesus, *adj.* [pertaedet] (Poet. und Spät.) einer Sache überdrüssig, rei alicujus und rem aliquam.

Per-tĕgo etc., 3. (*Pl.*) bedecken: p. villam mit Dach versehen; *trop.* p. benefacta benefactis.

Per-tendo, di, sum oder **tum, 3.** eigtl. ganz spannen, davon *trop.* A) vollführen, ausführen. B) *intrans.* gehen, eilen, in castra. C) anhaltend streben, bei Etwas beharren; (Spät.) p. se (esse) innocentem standhaft behaupten, daß u. s. w.

Per-tento, 1. (Poet. und Spät.) überall betasten, berühren, utrumque pugionem. Hiervon A) = prüfen, untersuchen, rem, animos militum; p. omnia erwägen. B) gaudium p. pectus erfüllt, tremor p. corpora ergreift.

Per-tĕnuis, e, *adj.* sehr dünn, -klein, sehr gering, -unbedeutend.

Per-tĕrĕbro, 1. durchbohren, columnam.

Per-tergeo etc., 2. (Poet.) abwischen, abtrocknen, mensam; *trop.* aër p. pupillas berührt leicht.

*****Perterrĕ-făcĭo etc., 3.** (Vorklass.) = Perterreo.

Per-terreo, 2. sehr angst machen, erschrecken, ganz in Schrecken setzen, aliquem; p. aliquem ab aedibus wegschrecken.

Perterrĭ-crĕpus, *adj.* [p.-crepo] (Vorklass.) schrecklich rauschend.

Per-texo etc., 3. zu Ende weben, davon *trop.* in der Rede oder Schrift, vollenden, ausführen, p. id, quod exorsus sum, p. hunc locum.

Pertĭca, ae, *f.* die Stange; insbes. = die Meßruthe (decempeda); *trop.* = der Maaßstab; *proverb.* unā perticā aliquid tractare oberflächlich, nachlässig.

*****Pertĭmĕ-făcĭo etc., 3.** sehr bange machen, aliquem.

Per-tĭmesco, mui, — 3. wegen Etwas sehr bange werden, »in große Furcht gerathen, de re aliqua und aliquid vor Etwas, auch p. tantam audaciam; longa obsidio erat pertimescenda war zu befürchten.

Pertĭnācĭa, ae, *f.* [pertinax] 1) die Hartnäckigkeit, der Starrsinn. 2) (selten) ohne tadelnde Bedeutung, die Beharrlichkeit.

Pertĭnācĭter, *adv.* [pertinax] 1) fest, haerere. 2) hartnäckig. 3) beharrlich.

Pertĭnax, ācis, *f.* [pertineo] 1) (Poet.)

Pertineo

festhaltend, digitus male (zum Scheine) p. Hiervon (Pl.) das Geld festhaltend, sehr karg (als Steigerung von tenax). 2) *trop.* A) dauernd, anhaltend, studium. B) a) tadelnd, hartnäckig, starrsinnig, homo, contentio; (Poet.) p. ludere im Spielen. b) ohne tadelnde Bed., beharrlich, aushaltend, virtus.

Pertĭneo, tĭnui, tentum, 2. [per-teneo] 1) sich bis zu einem gewissen Puncte erstrecken, -reichen, -gehen, sich ausdehnen: rivi pp. in mare erreichen das Meer; Belgae pp. ad inferiorem partem Rheni; venae pp. per omnes partes corporis verbreiten sich. Hiervon *trop.* hoc latius p. erstreckt sich weiter, ea caritas per omnes ordines p. alle Stände waren von dieser Liebe beseelt. 2) *trop.* auf Jmd. oder Etwas sich beziehen, Jmd. oder Etwas betreffen, angehen, zu Jmd. oder Etwas gehören: hoc ad me p.; hoc p. ad victum, ad meum officium; sacra pp. ad flaminem zum Berufe des Fl.; praeda p. ad milites gehört den Soldaten, fällt den Soldaten zu. Insbes. A) hoc eodem p. hiermit hat es dieselbe Bewandtniß; id eo p. ut etc. das bezieht sich darauf, daß u. s. w.; omen p. ad illud bedeutet Jenes. B) facinus p. ad eum er ist der That schuldig, suspicio p. ad eum der Verdacht fällt auf ihn.

Pertingo, — — 3. [per-tango] (zweifelh., in den Handschriften oft statt pertineo) berühren: lux p. oculos (*Lucr.*) trifft die Augen.

*Per-tŏlĕro, 1. (*Lucr.*) bis ans Ende aushalten, aliquid.

*Per-torqueo, — — 2. (*Lucr.*) verdrehen, ora.

Pertractātio, ōnis, *f.* [pertracto] die Behandlung = die Beschäftigung mit Etwas, poetarum.

*Pertractāte, *adv.* [pertracto] (*Pl.*) mit sorgfältiger Behandlung.

Per-tracto (trecto), 1. 1) betasten, befühlen, caput, vulnera alicui. 2) geistig behandeln, bearbeiten, animos hominum; hiervon = sich mit Etwas beschäftigen, es überdenken, durchgehen, p. totam philosophiam, ea quae scripsi; p. aliquid cogitatione.

Per-traho etc., 3. bis an ein Ziel schleppen, ziehen, aliquem in castra.

Per-transeo etc., 4. (Spät.) 1) hindurchgehen. 2) vorbeigehen.

*Per-trĭbuo etc., 3. (Spät.) geben, alicui testimonium.

Per-tristis, e, *adj.* 1) sehr traurig. 2) sehr finster, mürrisch.

*Per-tŭmultuōse, *adv.* sehr beunruhigend.

Per-tundo etc., 3. durchstechen, durchbohren, rem; guttae pp. saxa höhlen die Felsen aus.

Perturbāte, *adv.* [perturbatus] verwirrt, in Verwirrung, Unordnung.

Perturbātio, ōnis, *f.* [perturbo] 1) die Verwirrung, Zerstörtheit, Unordnung, die Störung, valetudinis, p. coeli stürmisches Wetter; p. rerum die politische Umwälzung, p. vitae. 2) *trop.* häufig mit dem *genit.* animi, die heftige Gemüthsbewegung, die Leidenschaft.

*Perturbātrix, īcis, *f.* [perturbo] die Verwirrerin.

Pervenio

Perturbātus, *adj.* mit *comp.* und *sup.* [*particip.* von perturbo] 1) verwirrt, unruhig. 2) bestürzt, außer Fassung gebracht.

Per-turbo, 1. 1) ganz verwirren, in Unordnung bringen, stören, beunruhigen u. dergl.: p. ordinem aetatum, hostes, provinciam; p. condiciones verletzen. Hiervon in geistiger oder politischer Beziehung verwirren: p. animos in heftige Bewegung setzen, aus dem Gleichgewichte bringen, erregen; insbes. = außer Fassung bringen, perturbari clamore durch ein Geschrei erschreckt werden, de re wegen einer Sache sich ängstigen.

*Per-turpis, e, *adj.* sehr unanständig.

Pĕrŭla, ae, *f. deminut.* von pera.

Pĕr-ungo etc., 3. überall beschmieren, -salben, corpus oleo.

Pĕr-urbāne, *adv.* sehr artig, -witzig.

Pĕr-urbānus, *adj.* sehr artig, sehr fein.

Pĕr-urgeo etc., 2. in Jmd. sehr dringen, p. aliquem ut faciat aliquid.

Pĕr-ūro etc., 3. 1) verbrennen, corpus. Hiervon uneigtl. a) sol p. agros sengt. b) wund reiben, colla boum. c) perustus frigore von der Kälte versehrt. d) *trop.* p. agros durch Feuer verheeren. 2) *trop.* von Leidenschaften u. dergl.: peruri aestu von brennender Liebe verzehrt werden, ebenso inani gloria von eitler Ruhmbegierde.

Pĕrŭsia, ae, *f.* Bundesstadt in Etrurien. Davon -sīnus, *adj.* u. *subst.* -sīni, ōrum, *m. pl.* die Einwohner von P.

*Pĕr-ūtĭlis, e, *adj.* sehr nützlich, -brauchbar.

Per-vādo etc., 3. 1) hindurchgehen, -bringen, per agros, aber auch *transit.* p. illas oras; *trop.* fama p. urbem verbreitet sich durch die Stadt, ebenso murmur p. contionem; opinio p. animos bemächtigt sich, erfüllt. 2) ganz bis an ein Ziel gelangen, p. ad castra; (*Lucr.*) p. finem erreichen.

Pervāgātus, *adj.* mit *comp.* u. *sup.* [*particip.* von pervagor] 1) sehr verbreitet, -bekannt. 2) allgemein.

Per-vāgor, *depon.* 1. 1) umherstreifen, hic, in omnibus locis. 2) durchstreifen, durchwandern, orbem terrarum, domos suas; *trop.* laetitia p. animos erfüllt.

*Per-vāgus, *adj.* (Poet.) umherstreifend.

*Per-vāleo, 2. (*Lucr.*) sehr stark sein.

*Per-vārie, *adv.* sehr verschieden.

Per-vasto, 1. sehr verheeren, Italiam.

Per-veho etc., 3. hindurch- oder bis an ein Ziel tragen, -führen, fahren: p. aliquem in urbem, commeatum aliquo; *pass.* = hindurch- oder an ein Ziel fahren, -reiten, -segeln: pervectus ad oppidum, in portum.

Per-vello etc., 3. 1) zupfen, rupfen, alicui aurem (auch *trop.*, siehe vello). 2) *trop.* A) dolor, fortuna p. aliquem, wehe thun, verletzen. B) p. stomachum (Poet.) den Appetit reizen; p. fidem alicujus ad gratiam referendam anregen. C) p. jus civile erschüttern.

Per-vĕnio etc., 4. 1) ganz hindurch (an ein Ziel) kommen, -gelangen, in fines hostium, in praedonum potestatem. 2) *trop.* zu einem gewissen Ziele, in eine gewisse Lage, einen Zustand, ein Verhältniß gelangen, -kommen, -gerathen: sine me pervenire quo velo laß mich zum Schluſſe meiner Rede kommen; p. in senatum in den Senat aufgenommen werden; p. ad primos comoedos unter die erſten komiſchen Schauſpieler gezählt werden, in scripta alicujus in Jmds Schriften erwähnt werden; p. in amicitiam alicujus zu der Freundſchaft Jmds gelangen, ſein Freund werden; laus, pecunia ad me p. ich erlange Ruhm, Geld; p. in odium alicujus, in invidiam u. dergl. ein Gegenſtand ſeines Haſſes, des Unwillens werden; p. ad sexagesimum annum das ſechzigſte Jahr erreichen; inde ad eum impunitas scelerum p. die Folge davon wurde für ihn Strafloſigkeit; praedium, hereditas ad me p. wird mein, aber (Pl.) res p. ad herum kömmt dem Herrn zu Ohren.

*Per-vēnor, depon. 1. (Pl.) durchjagen = durchlaufen, urbem.

Perverse, adv. [perversus] verkehrt, ſchlecht.

Perversio, ōnis, f. [perverto] (Spät.) die Umdrehung = Verſetzung der Wörter.

Perversĭtas, ātis, f. [perversus] die Verkehrtheit, Schlechtigkeit, hominum, morum.

Perversus, adj. mit comp. u. sup. 1) verdreht, oculi = ſchielende. 2) verkehrt, ſchlecht, unrecht, mos, sapientia; homo p. = boshaft, neidiſch; (Poet.) p. omen ungünſtig, dies unglücklich.

Per-verto etc., 3. 1) umkehren = umſtürzen, niederwerfen, tecta, turrim; rupes perversae umgeworfene Felſenmaſſen. 2) trop. A) über den Haufen werfen, vernichten, ſtürzen, regnum, vim alicujus, jura divina. B) außer Faſſung bringen, ſtören, verwirren, aliquem. C) verderben, zu Grunde richten, mores, civitatem in Verfall bringen, aliquem verführen.

*Per-vespĕri, adv. ſehr ſpät Abends.

*Pervestīgātio, ōnis, f. [pervestigo] das Ausſpüren, trop. Erforſchen.

Per-vestīgo, 1. eigtl. ausſpüren, ausſtöbern, davon trop. genau erforſchen, unterſuchen, omnia.

Per-vĕtus, adj. ſehr alt.

*Per-vĕtustus, adj. ſehr alt.

Per-viam, adv. (Vorklaſſ.) ſo daß man einen Weg dadurch finden kann, zugänglich: omnes angulos mihi p. fecistis.

Pervicācia, ae, f. [pervicax] 1) die Hartnäckigkeit, Halsſtarrigkeit. 2) (ſelten) ohne tadelnde Bedeutung, die Beharrlichkeit.

Pervicācĭter, adv. mit comp. und sup. [pervicax] 1) particip. 2) beharrlich.

Pervicax, ācis, adj. [pervinco] der durchaus ſeine Meinung durchſetzen will, 1) hartnäckig, halsſtarrig, animus, superbia; p. irae in ſeinem Zorne; trop. pugna p. 2) (ſelten) ohne tadelnde Bedeutung, ſtandhaft, beharrlich, recti im Guten.

Per-vĭdeo etc., 2. 1) (Poet.) durchſehen, überſchauen, sol p. omnia. 2) trop. A) genau nachſehen, betrachten. B) vollſtändig einſehen, -kennen, aliquid.

*Per-vĭgeo, ui, —. 2. (Spät.) ſehr kräftig ſein, p. opibus blühen.

Per-vĭgil, lis, adj. (Poet. und Spät.) 1) immer wachſam. 2) durchwacht, nox.

*Per-vigĭlātio, ōnis, f. das Durchwachen der Nächte, insbeſ. = die religiöſe Nachtfeier.

*Per-vigĭlia, ae, f. (Nachtklaſſ.) das Wachbleiben die Nacht hindurch.

Pervigĭlium, ii, n. [pervigil] (Spät.) 1) = pervigilia. 2) insbeſ. = die religiöſe Nachtfeier.

Per-vigĭlo, 1. 1) die ganze Nacht hindurch wachen, wach bleiben: p. in armis, totam noctem. 2) insbeſ. p. Veneri eine religiöſe Nachtfeier der Venus zu Ehre halten. 3) (Poet.) p. longos dies zubringen.

*Per-vīlis, e, adj. ſehr wohlfeil.

Per-vinco etc., 3. 1) (Poet. und Spät.) ganz beſiegen, vollſtändig überwinden, aliquem; vox p. sonum übertönt. Hiervon intrans. ganz ſiegen. 2) Jmb. zu Etwas vermögen, bewegen: p. Rhodios ut. 3) durchſetzen, es (mit Mühe) dazu bringen, erzwingen: consules p. non potuerunt ut etc.; pervicerunt remis ut terram tenerent. 4) (Lucr.) darthun, beweiſen, aliquid dictis.

Per-vīvo etc., 3. (Vorklaſſ.) bis zu einer gewiſſen Zeit fortleben.

Pervius, adj. [per-via] 1) wodurch ein Weg geht, durchgängig, gangbar, wegſam, locus; amnis p. wodurch man waten kann, naves in deren Reihe Oeffnungen ſind; transitio p. ein Durchgang (ſo auch subst. pervium, ii, n.), p. usus gewöhnlicher Durchgang. 2) trop. a) offen, cor. b) zugänglich, ambitioni dem Ehrgeize.

Per-vŏlĭto, 1. (Poet.) durchfliegen, omnia loca oder per omnia loca.

Per-vŏlo, 1. 1) transit. durchfliegen, hirundo p. domum. Hiervon trop. = durcheilen, totam urbem; p. sex milia passuum zurücklegen. 2) intrans. bis zu einem Ziele hineilen, animus p. in illam sedem.

Per-vŏlo, vŏlui, velle, gern wollen, ſehr wünſchen, videre aliquem; pervellem ich möchte ſehr gern.

Per-vŏlūto, 1. oft aufrollen = häufig leſen, libros.

Per-volvo etc., 3. 1) herumwälzen, -rollen, aliquem in luto. 2) trop. animus pervolvitur in illis locis beſchäftigt ſich ſehr mit; (Poet.) p. librum häufig in einem Buche leſen.

Per-vulgāte, adv. (Spät.) auf gemeine Art, alltäglich.

Per-vulgātus, adj. mit comp. und sup. [particip. von pervulgo] ſehr gemein, gewöhnlich, consolatio.

Per-vulgo, 1. 1) gemein und allen gemeinſchaftlich machen, praemia virtutis. 2) allgemein bekannt machen, veröffentlichen, tabulas. 3) (Vorklaſſ.) überall beſuchen, durchfahren, lumina solis pp. coelum.

Pēs, ēdis, m. 1) der Fuß, hominis, equi. Hiervon A) überhaupt a) ferre pedem (Poet.) = gehen, efferre p. hinausgehen; conjicere se in pedes (Com.) ſich eilig hinwegbegeben; pedibus ire in Fuße (oppos. equo) oder zu Lande (oppos. mari) reiſen; excipere se in pedes (vom Pferde) auf die Erde herabſpringen; pedem opponere, trop. = ein Hinderniß in den Weg liegen; ire pede dextro glücklich, sinistro unglücklich; servus a pedibus ein Läufer. b) *prov.* stans in uno p. (Poet.) = mit der größten Leichtigkeit; omni pede stare (Spät.) sich mit aller Macht anstrengen; manibus pedibusque (Com.) aus allen Kräften. c) *trop.* a) esse sub pedibus alicujus = in Jmds Gewalt sein; β) (Poet.) esse (jacere) sub pedibus = für Nichts geachtet werden. d) (Poet.) trahere pedem hinken. e) *proverb.* trahantur haec (illi, omnes u. s. w.) pedibus es gehe damit, wie es will, es mag meinetwegen drunter und drüber gehen. f) *trop.* ante pp. esse (stare, positum esse) vor Aller Augen liegen, nahe sein. B) insbes. a) in der Kriegssprache, α) pedibus = zu Fuße (oppos. equis); ad pedes desilire vom Pferde springen und zu Fuße kämpfen, ebenso deducere equites ad pp. β) pedibus = zu Lande (oppos. navibus ob. bergl.). γ) pedem referre sich zurückziehen, conferre handgemein werden; pede presso in dichtgeschlossener Reihe. b) von den Senatoren, pedibus ire in sententiam alicujus der Ansicht Jmds beitreten (vgl. pedarius). 2) (Poet. und Spät.) A) der Fuß an einer Bank. B) pp. navales = die Ruderer (zweifelh.). C) die Trage an einer Sänfte. 3) das Tau, womit das Segel nach den Winkeln des einfallenden Windes gewendet und nachgelassen wird: navigare pede aequo mit vollem Winde; pedem facere vor Einen Winkel aufspannen, mit halbem Winde segeln. 4) der Versfuß, davon die Versart. 5) der Fuß als Maaß; *trop.* metiri se suo p. nach seinem Maaße.

Pessīnus, untis, *f.* [Πεσσινούς] Stadt in Galatien, Hauptsitz des Cultus der Cybele. Dav. -nuntius, *adj.*

Pessŭlus, i, *m.* (Com.) der Riegel (kleiner als repagulum und obex).

Pessum, *adv.* [vielleicht acc. eines subst.] 1) (Vorklaff. u. Spät.) eigtl. nach dem Boden herunter, in den Grund hinab: urbs p. subsidit, reto p. abit. 2) *trop.* (meist Vorklaff. u. Spät., indem statt dessen klassisch per in den Zusammensetzungen pereo u. perdo gesagt wurde) zu Boden, zu Grunde: A) p. eo = pereo zu Grunde gehen. B) p. do oder verbunden **Pessumdo**, dēdi, dātum, dăre, 1. (= perdo) zu Grunde gehen machen, zu Grunde richten, verderben, vernichten, aliquem, copias hostium; pessumdatus ad inertiam in Schlaffheit versunken.

Pestĭfer, ĕra, ĕrum, *adj.* [pestis-fero] Verderben bringend, verderblich, schädlich (vgl. pestilens): res pp. et nocentes.

*****Pestĭfĕre**, *adv.* [pestifer] verderblich, schädlich.

Pestĭlens, tis, *adj.* mit comp. und sup. [pestis] 1) pestilentialisch, der Gesundheit schädlich, ungesund (vgl. pestifer), locus, annus. 2) *trop.* = pestifer.

Pestĭlentĭa, ae, *f.* [pestilens] 1) die herrschende ansteckende Krankheit, Epidemie, insbes. die Pest (vgl. pestis). 2) die ungesunde Luft oder Witterung, die Schädlichkeit für die Gesundheit. 3) *trop.* = pestis.

*****Pestĭlītas**, ātis, *f.* [pestis] (*Lucr.*) = pestilentia.

Pestis, is, *f.* 1) (meist Poet.) = pestilentia

1. 2) *trop.* das Unglück, Verderben: p. ac pernicies reipublicae; p. nasorum (Poet.) ein abscheulicher Geruch. Hiervon = eine verderbliche Person ob. Sache, p. patriae.

Pĕtăsātus, *adj.* [petasus] einen petasus tragend.

Pĕtăsĭo oder -so, -ōnis, *m.* [πετασών] der Schinken vom Vorderblatte des Schweines, der Vorderschinken.

Pĕtăsuncŭlus, i, *m. deminut.* von petasio.

Pĕtăsus, i, *m.* [πέτασος] ein Reisehut mit breitem und steifem Rande.

Pĕtaurum, i, *n.* [πέταυρον] (Spät.) das Gerüst eines Seiltänzers oder Gauklers.

Pĕtēlĭa, ae, *f.* Stadt in Bruttium. Davon -linus, *adj.*

Pĕtesso oder **Pĕtisso**, — — 3. [peto] (selten) nach Etwas eifrig trachten, -streben, rem aliquam.

Pĕtītĭo, ōnis, *f.* [peto] das Gehen-, Langen nach Etwas. 1) der Angriff, Hieb oder Stoß, der nach Jmd. geführt wird; *trop.* = der Angriff mit Worten. 2) (Spät.) das Verlangen, Anliegen um Etwas. 3) Insbes. = die Bewerbung um ein Amt, das Anhalten, honorum; dare se petitioni sich bewerben, dare alicui petitionem Jmd. das Bewerben gestatten. 4) der gerichtliche Anspruch, die Forderung, Klage in Privatsachen; davon = das Anspruchsrecht, Recht zu fordern.

Pĕtītor, ōris, *m.* [peto] 1) (Poet. u. Spät.) der Bewerber um ein Amt, Amtsbewerber (klassisch candidatus). 2) der Citant, Kläger in Privatsachen.

*****Pĕtītūrĭo**, — — 4. [peto] sich (um eine Ehrenstelle) bewerben wollen.

Pĕtītus, us, *m.* [peto] 1) (Vorklaff.) das Gehen nach Etwas: p. terrae das Sich-Neigen auf die Erde. 2) (Spät.) *trop.* das Verlangen.

Pĕto, tīvi, tītum, 3. [bito; eo] 1) irgendwo hingehen, nach einem Orte sich begeben, irgendwohin trachten: p. Dyrrhachium, castra; (Poet.) p. coelum pennis zum Himmel emporfliegen, mons p. astra erhebt sich bis an die Sterne, locus petitus Graecis wohin die Griechen zogen. Hiervon p. viam, alium cursum u. dergl. = nehmen, einschlagen, ergreifen. 2) zu Jmd. hingehen, nämlich A) in feindlicher Absicht = angreifen, auf Jmd. losgehen: p. aliquem fraude, urbem bello bekriegen, aliquem morsu (Poet.) Jmd. beißen wollen. B) überhaupt Jmd. angehen, sich an Jmd. wenden, p. aliquem precibus bittend angehen. 3) einer Sache nachgehen: A) p. aliquid in (ad) locum (Spät.) nach einem Orte hingehen, um Etwas zu nehmen. Hiervon überhaupt holen, herholen, lignum; p. aliquid a Graecis; p. gemitum u. dgl. heraufholen; p. initium = re aliqua herholen. B) verlangen, begehren, aliquid ab aliquo, und zwar a) = fordern, gerichtlich auf Etwas Anspruch machen: is unde petitur der Beklagte (oppos. is qui petit = petitor), *trop.* p. poenas ab aliquo Jmd. bestrafen. b) = um Etwas ersuchen, bitten, aliquid ab aliquo; p. a te ut (ne) id facias. c) sich um ein Amt bewerben, p. consulatum. d) p. virginem sich um ein Mäd-

Petorritum — **Pharos** 565

chen bewerben. C) nach Etwas verlangen, zu erlangen trachten, -streben, Etwas suchen: p. gloriam, sapientiam; p. salutem fugā.

Petorritum, i, n. ein offener gallischer Wagen mit vier Rädern.

Petosiris, ĭdis, m. ein berühmter ägyptischer Mathematiker und Astrolog zur Zeit des Juvenal.

Petra, ae, f. [πέτρα] (Spät.) ein Fels, Stein.

Petra, ae, f. [Πέτρα] 1) Stadt in Arabien. 2) Stadt in Macedonien. 3) Stadt in Thracien. 4) Stadt in Jllyrien. Davon **Petrīni**, ōrum, m. pl. die Einwohner von Petra.

Petrejus, Name eines römischen Geschlechtes; bekannt ist Marcus P., Legat des Pompejus im Bürgerkriege; davon **Petrejānus**, adj. zum P. gehörig.

Petrīnum, i, n. ein Flecken und Landgut bei Sinuessa in Campanien.

*****Petro**, ōnis, m. [petra?] (Pl.) ein alter Hammel (von steinhartem Fleische).

Petrŏcŏrii, ōrum, m. pl. gallische Völkerschaft in Aquitanien.

Petrōnius, ii, m. Name eines Geschlechtes; bekannt ist der P. mit dem Beinamen Arbiter (v. h. a. elegantiarum Vorsteher der Ergötzungen) zur Zeit des Nero, Verfasser eines satyrischen Romans.

Petŭlans, tis, adj. mit comp. und sup. [peto] der Andere angreift ob. neckt, 1) muthwillig, ausgelassen, homo, animal, genus dicendi. 2) insbes. = frech, leichtfertig, wollüstig.

Petŭlanter, adv. mit comp. u. sup. [petulans] 1) muthwillig, ausgelassen. 2) frech, leichtfertig.

Petŭlantia, ae, f. [petulans] 1) der Muthwille, die Ausgelassenheit: pp. dictorum (Spät.) ausgelassene Reden. 2) die Frechheit, Leichtfertigkeit, Schamlosigkeit.

Petŭlcus, adj. [peto] (Poet. und Spät.) mit den Hörnern stoßend, angreifend.

Peucētia, ae, f. der mittlere Theil Apuliens. Davon -tius, adj.

Phaeāces, cum, m. pl. [Φαίακες] die Phäaken, fabelhafte Bewohner der Insel Scheria (Corfu); sing. **Phaeax**, ācis, m., u. als adj. Ph. populus. Davon **Phaeācius** und (Poet.) -ous oder (s.) -cis, ĭdis, adj., und subst. a) **Phaeācia**, ae, f. das Land der Phäaken, die Insel Scheria. b) **Phaeācis**, ĭdis, f. ein Gedicht über den Aufenthalt des Ulysses bei den Ph.

Phaecasiātus, adj. [phaecasium] weiße Schuhe tragend.

Phaecasium, ii, n. ob. -sia, ae, f. [φαικάσιον] (Spät.) eine Art weißer Schuhe.

Phaedon, ōnis, m. [Φαίδων] Schüler des Sokrates, Freund des Plato.

Phaedra, ae, f. [Φαίδρα] Tochter des Minos, Gemahlin des Theseus.

Phaedrus, i, m. [Φαῖδρος] 1) epicuräischer Philosoph zu Athen, Lehrer des Cicero. 2) ein Schüler des Sokrates, dessen Namen ein Gespräch des Plato führt. 3) Freigelassener des Augustus, Fabeldichter.

Phaestum, i, n. [Φαιστός] 1) Stadt auf Creta. Davon A) **Phaestias**, ădis, f. ein Weib aus Ph. B) -stius, adj. 2) Stadt in Thessalien. 3) Stadt in Locris.

Phaëthon, tis, m. [Φαίθων] „der Leuchtende", 1) Beiwort der Sonne. 2) Sohn des Helios und der Clymene. Um seine göttliche Herkunft zu beweisen, entlockte er seinem Vater die Erlaubniß, den Sonnenwagen auf einen Tag zu lenken, kam aber bei dem Versuche ums Leben. Davon A) **Phaëthontēus**, adj. B) -tiădes, dum, f. pl. die Schwestern des Ph., die ihren Bruder beweinten, bis sie selbst in Pappelbäume, ihre Thränen in Bernstein verwandelt wurden.

Phălangae, ārum, f. pl. [φάλαγγες] die Stangen, insbes. die Tragbäume.

*****Phălangītae**, arum, m. pl. [φαλαγγῖται] die Soldaten einer Phalanx.

Phălanx, ngis, f. [φάλαγξ] 1) (Poet.) überhaupt die Schlachtordnung, Schlachtreihe. 2) insbes. a) die geschlossenen Glieder des Haupttreffens bei den Athenern und Spartanern. b) die macedonische Schlachtordnung, ein längliches Viereck bildend, 50 Mann breit und 16 Mann hoch. c) eine von den Römern nach der macedonischen benannte und dieser ähnliche Schlachtordnung der Gallier und Germanen.

Phălāra, ae, f. [Φάλαρα] Hafenort in Thessalien.

Phălāris, ĭdis ob. is, m. [Φάλαρις] ein seiner Grausamkeit wegen berüchtigter Tyrann zu Agrigent.

Phălĕrae, ārum, f. [τὰ φάλαρα] 1) eigtl. A) ein glatter, glänzender Brustschmuck für Menschen, bes. Krieger. B) glänzender Stirn- ober Brustschmuck an Pferden.

Phălĕrātus, adj. [phalerae] mit einem Brustschmucke geziert, equus, homo; trop. (Com.) dicta pp. zierliche.

Phălērum, i, n. und -ra, ōrum, a. pl. [Φαληρόν] der älteste Hafen von Athen. Davon **Phălērēus** und -rĭous, adj.

Phănae, ārum, f. pl. [Φαναί] die Südspitze von Chios. Dav. **Phănaeus**, adj.: rex Ph. = der phanäische Wein, gleichsam König der Weine.

Phantăsia, ae, f. [φαντασία] (Spät.) ein Gedanke, Einfall.

*****Phantāsus**, i, m. [Φάντασος] (Poet.) ein Sohn des Schlafes.

Phāon, ōnis, m. [Φάων] Jüngling auf Lesbos, von der Sappho geliebt.

Phărĕtra, ae, f. [φαρέτρα] (Poet.) der Köcher.

Phărĕtrātus, adj. [pharetra] (Poet.) einen Köcher tragend, puer Cupido, virgo Diana.

Pharmăcŏpōla, ae, m. [φαρμακοπώλης] der Arzneihändler, Quacksalber.

Pharmăcūsa, ae, f. [Φαρμακοῦσα] Insel zwischen Creta und Asien.

Pharnăces, is, m. 1) der erste König in Pontus, Großvater des Mithridates. 2) Sohn des Mithridates, von Cäsar besiegt.

Phăros oder -rus, i, f. [Φάρος] kleine Insel bei Alexandria in Aegypten, durch einen Damm mit dem festen Lande verbunden, bekannt durch den gleichnamigen Leuchtthurm. Davon **Phărius**, adj. (Poet.) = ägyptisch: Ph. turba die Priester der Isis.

Pharsālus, i, f. [Φάρσαλος] Stadt in Thessalien, bekannt durch die Schlacht 48 v. Chr. Davon **Pharsālĭcus** u. **-lĭus**, adj. u. subst. **-lĭa**, ae, f. das Gebiet von Ph.

Phăsēlis, ĭdis, f. [Φασηλίς] Stadt in Lycien. Davon **-lītae**, ārum, m. pl. die Einwohner von Ph.

Phăsēlus, i, m. und f. [φάσηλος] 1) die türkische Bohne, Schwertbohne. 2) ein leichtes Fahrzeug in der Gestalt einer Schwertbohne.

Phăsis, ĭdis [Φάσις] 1) m. Fluß in Colchis. 2) f. Stadt an der Mündung des Flusses Ph. Davon **Phāsis**, ĭdis, und **-sĭas**, ădis, f. nebst **Phāsiăcus**, und **-sĭānus**, adj., (Poet.) = colchisch; subst. Phāsias und Phāsis f. die Colchierin = Medea.

Phasma, ătis, n. [φάσμα] die Erscheinung, das Gespenst, Titel einer Comödie des Menander und eines Gedichtes des Catullus.

Phayllus, i, m. ein König in Ambracia, der von einer Löwin zerrissen wurde. Davon **Phayllēus**, adj.

Phēgeus, ei, ob. eos, m. [Φηγεύς] Vater der Alphesibōa. Davon **Phēgēĭus**, adj. und **Phēgis**, ĭdis, f. die Tochter des Ph.

Phēmĭus, ii, m. [Φήμιος] Citherspieler u. Sänger auf Ithaca.

Phēneŏs, i, f. [Φένεος] Stadt in Arcadien. Davon **Phēneātae**, ārum, m. pl. die Einwohner von Ph.

Phengītes, ae, m. [φεγγίτης] (Spät.) der Leuchtstein, das Marienglas.

Phērae, ārum, f. pl. [Φέραι] 1) Stadt in Messenien. 2) Stadt in Thessalien, Residenz des Admetus und später des Tyrannen Alexander. Davon **Phēraeus**, adj., (Poet. = thessalisch; gens Ph. grausam wie der Tyrann Alexander.

Phereclus, i, m. [Φέρεκλος] Baumeister der Schiffe, worauf Paris die Helena entführte. Davon **-clēus**, adj.

Phĕrĕcȳdes, is, m. [Φερεκύδης] 1) alter griechischer Philosoph von der Insel Syros, ungefähr 550 v. Chr. Davon **-dēus**, adj. 2) Logograph aus Athen ungefähr 480 v. Chr.

Phēres, ētis, m. [Φέρης] Fürst in Thessalien, Vater des Admetus. Davon **-tiădes**, ae, m. Sohn des Ph. = Admetus.

Phĭāla, ae, f. [φιάλη] eine Schale, Tasse.

Phīdĭas, ae, m. [Φειδίας] berühmter athenischer Bildhauer, Zeitgenosse des Pericles. Davon **-diăcus**, adj.

Phīdītĭa, siehe Philitia.

Phĭlădelphĭa, ae, f. [Φιλαδελφία] Stadt in Lydien. Davon **-phēni**, ōrum, m. pl. die Einwohner von Ph.

Phĭlădelphus, i, m. [φιλάδελφος] der Bruderliebende, als Beiname.

Phĭlaeni, ōrum, m. pl. Φίλαινοι] zwei Brüder aus Carthago, die sich aus Vaterlandsliebe lebendig begraben ließen.

Phĭlēmo, ōnis, m. [Φιλήμων] 1) ein griechischer Comödiendichter aus der mittleren Comödie. 2) Gemahl der Baucis, siehe diesen Art.

Phĭlētas, ae, m. [Φιλήτας] ein griechischer Elegiker, Lehrer des Theocrit. Davon **-tēus**, adj.

Phĭlippi, ōrum, f. pl. [Φίλιπποι] Stadt in Macedonien, bekannt durch die Schlacht 42 v. Chr. Davon **-ppenais**, e, und **-ppĭcus**, adj.

Phĭlippus, i, m. [Φίλιππος] 1) Name mehrerer macedonischen Könige, unter denen Ph. der Dritte, Vater des Alexander, am bekanntesten ist. Hiervon meton. = eine vom Ph. geprägte goldene Münze, „Philippd'or". Davon **-ppēus** oder **-ppīcus** und **-ppĭus**, adj.; orationes Ph. die Reden des Demosthenes gegen den Philipp (auch des Cicero gegen den Antonius). 2) römischer Beiname, siehe Marcus.

Phĭlistus, i, m. [Φίλιστος] Geschichtschreiber zu Syracus zur Zeit des Dionys.

Phĭlītĭa, ōrum, n. pl. [φιλίτια] die „Freundemahle," ob. **Phĭdītĭa**, ōrum, n. pl. [φιδίτια] die öffentlichen und gemeinschaftlichen Mahlzeiten der spartanischen Bürger.

Phĭlo, ōnis, m. [Φίλων] 1) Philosoph aus der neueren academischen Schule, ungefähr 91 v. Chr. 2) Architekt zu Athen. 3) griechischer Arzt zur Zeit des Augustus.

Phĭloctēta, oder **-tes**, ae, m. [Φιλοκτήτης] Sohn des Pöas und Gefährte des Hercules, nach dessen Tode er seinen Bogen und die durch das Blut der lernäischen Schlange vergifteten Pfeile erbte. Von den nach Troja ziehenden Griechen auf Lemnos zurückgelassen, wurde er endlich von Ulysses und Diomedes nebst Neoptolemus nach Troja abgeholt, weil die Stadt ohne die Pfeile des Hercules nicht erobert werden konnte. Hier wurde er durch Hülfe der Götter geheilt und erlegte den Paris. Davon **Phĭloctētēus**, adj.

Phĭlŏdēmus, i, m. [Φιλόδημος] epicuräischer Philosoph zu Cicero's Zeit.

Phĭlŏlŏgĭa, ae, f. [φιλολογία] 1) überhaupt das wissenschaftliche Studium, die Beschäftigung mit der Literatur. 2) (Spät.) das Studium und die Erklärung der älteren Schriftsteller, die Sprachwissenschaft, Philologie.

Phĭlŏlŏgus, i, m. [φιλόλογος] 1) überhaupt der wissenschaftlich gebildete Mann, der Gelehrte, Literat. 2) insbes. (Spät.) der Erklärer älterer Schriftsteller, Sprachgelehrte, Philolog (= grammaticus).

Phĭlŏmēla, ae, f. [Φιλομήλα] 1) Tochter des athenensischen Königs Pandion, in eine Nachtigall oder (in eine Schwalbe) verwandelt. Davon 2) meton. = eine Nachtigall.

Phĭlŏmēlĭum, ii, n. [Φιλομήλιον] Stadt in Phrygien. Davon **-lienses**, ium, m. pl. die Einwohner von Ph.

Phĭlŏpător, ŏris, m. [φιλοπάτωρ] den Vater liebend, Spottname des Ptolemäus IV., der seinen Vater getödtet hatte.

Phĭlŏsŏphĭa, ae, f. [φιλοσοφία] die Philosophie; sermonem habere de ph. über philosophische Materien; im pl. = verschiedene Systeme der Philosophen.

Phĭlŏsŏphor, depon. 1. [philosophus] sich mit philosophischen Studien beschäftigen, der Philosophie obliegen; auch = als Philosoph reden.

Phĭlŏsŏphus, i, m. und **-pha**, ae, f. [φιλόσοφος] der Philosoph, die Philosophin.

Philtrum, i, n. [φίλτρον] (Poet.) der Liebestrank.

Philȳra, ae, *f.* [φλυρα] 1) die Linde, davon der Lindenbaſt. 2) als *nom. propr.* Tochter des Oceanus, vom Saturn Mutter des Centauren Chiron, zuletzt in eine Linde verwandelt.

*****Phīmus**, i, *m.* [φιμός] (Poet.) der Würfelbecher (reinlat. fritillus).

Phīneus, ei ob. eos, *m.* 1) König zu Salmodeſſus in Thracien, von den Harpyien geplagt, bis die Argonauten Calais und Zethus ihn von ihnen befreiten. Davon A) **Phīneīus** ob. **-neus**, *adj.* B) **-nīdes**, ae, *m.* der männliche Nachkomme des Ph. 2) Bruder des Cepheus.

Phintia, ae, *f.* Stadt in Sicilien. Davon **-tienses**, ium, *m. pl.* die Einwohner von Ph.

Phintias, ae, *m.* [Φιντίας] ein Pythagoräer, bekannt durch seine Freundſchaft mit dem Damon.

Phlĕgĕthon, ontis, *m.* [φλεγέθων] „der brennende", einer von den Flüſſen der Unterwelt. Davon **-thontis**, ĭdis, *f. adj.*

Phlegra, ae, *f.* [Φλέγρα] „brennend", alter Name der macedoniſchen Landſchaft, die später Pallene genannt wurde, wo nach dem Mythus die Giganten von den Göttern mit dem Blitze erſchlagen wurden. Davon **Phlegraeus**, *adj.*; *trop.* campus Ph. die Ebene bei Pharſalus (wegen des blutigen Gefechtes, das dort geliefert wurde).

Phlĕgyae, ārum, *m. pl.* [Φλεγύαι] räuberiſche Völkerſchaft aus Theſſalien, die den Tempel zu Delphi zerſtörte.

Phlĕgyas, ae, *m.* [Φλεγύας] König der Lapithen, Vater des Irion und der Coronis.

Phlīus, untis, *f.* [Φλιοῦς] Stadt im Peloponnes zwiſchen Sicyonien und Argolis. Davon **Phliāsius**, *adj.* und *subst.* **-sii**, ōrum, *m. pl.* die Einwohner von Ph.

Phōca, ae, *f.* [φώκη] der Seehund.

Phōcaea, ae, *f.* [Φώκαια] Stadt in Jonien, Mutterſtadt von Maſſilia. Davon 1) **Phōcaeensis**, e, *adj.* und *subst.* **-ses**, ium, *m. pl.* die Einwohner von Ph. 2) **Phōcaei**, ōrum, (Poet.) und **-censes**, ium, *m. pl.* = Phocaeenses. 3) **Phōcāïus**, *adj.*

Phōcis, ĭdis, *f.* [Φωκίς] Phocis, Landſchaft des nördlichen Griechenlands. Davon 1) **Phōcāïcus** und (Poet.) **Phōcēus**, *adj.*; juvenis Ph. = Pylades, ein Sohn des Königs von Phocis. 2) **Phōcenses**, ium, und **Phōcii**, ōrum, *m. pl.* die Bewohner von Ph.

Phōcus, i, *m.* [Φῶκος] Sohn des Aeacus, von seinen Brüdern Peleus und Telamon erſchlagen.

Phoebe, es, *f.* [Φοίβη] 1) (Poet.) = Diana, gewöhnlich als Mondgöttin. 2) Tochter der Leda und Schwester der Helena. 3) Tochter des Leucippus.

*****Phoebĭgĕna**, ae, *m.* [Phoebus-gigno] (Poet.) Sohn des Ph. (= Aesculap.)

Phoebus, i, *m.* [Φοῖβος] poetiſcher Name des Apollo. Hiervon = die Sonne; sub utroque Ph. = im Oſten und im Weſten. Davon 1) **Phoebas**, ădis, *f.* [Φοιβάς] Prieſterin des Apollo, daher = die Weiſſagerin. 2) **Phoebēïus** ob. **-bēus**, *adj.*: Ph. ictus der Sonnenſtrahl, lampas die Sonne, ars die Arzneikunſt, ales der Rabe, anguis die Schlange des Aeſculap, virgo die Daphne.

Phoenīces, cum, *m. pl.* [Φοίνικες] die Phönicier, die Bewohner der Landſchaft Phönicien; im *sing.* **Phoenix**, īcis, *m.* Davon 1) **Phoenīce**, es, *f.* [Φοινίκη] Phönicien, ſchmaler Küſtenſtrich Syriens, bekannt auch durch den dort bereiteten Purpur. 2) **Phoenīceus**, (Poen.) [φοινίκεος] (Poet. u. Spät.) purpurroth. 3) **Phoenīcius**, *adj.* A) phöniciſch. B) purpurroth, corium ph. (durch Schläge). C) *subst.* **-cia**, ae, *f.* = Phoenice. 4) **Phoenissa**, ae, *f.* [Φοίνισσα] theils *adj.* = phöniciſch; theils *subst.* = die Phönicierin.

Phoenix, īcis, *m.* [Φοῖνιξ] 1) *sing.* von Phoenices. 2) als *nom. propr.* A) Sohn des Amyntor, Begleiter des Achilles. B) Sohn des Agenor, Bruder des Cadmus. 3) ein fabelhafter Vogel, der über fünfhundert Jahre lebte und dann ſich verbrannte, worauf aus der Aſche ein neuer Vogel entſtand.

Phŏlŏē, es, *f.* [Φολόη] Gebirge in Arkadien.

Phōnascus, i, *m.* [φωνασκός] (Spät.) der Sing- und Declamationslehrer.

Phorcus, i, *m.* oder **Phorcys**, yos und **-cyn**, ynos [Φόρκος, -κυς, -κυν] Sohn des Neptun, Vater der Gorgonen, nach ſeinem Tode zum Meergott erhoben. Davon 1) **Phorcȳnis**, ĭdis, *f.* die Tochter des Ph. = Medusa. 2) **Phorcys**, ўdis, *f.* die Tochter des Ph.

Phormio, ōnis, *m.* [Φορμίων] 1) ein Schmarotzer bei Terenz, nach welchem eine der Comödien deſſelben benannt iſt. 2) ein peripatetiſcher Philoſoph, der vor Hannibal einen Vortrag über die Kriegskunſt halten wollte: daher ſprichwörtlich = ein Menſch, der über Sachen ſpricht, die er nicht verſteht.

Phŏrōneus, ei, *m.* [Φορωνεύς] König zu Argos, Sohn des Inachus, Bruder der Io, welche daher **Phŏrōnis**, ĭdis, *f.* heißt.

Phraātes, ae, *m.* Name mehrerer parthiſchen Könige.

Phrāsis, is, *f.* [φράσις] (Spät.) in der Rhet. der redneriſche Ausdruck, die Diction (reinlat. elocutio).

Phrĕnēsis, is, *f.* [φρένησις] (Spät.) die Verrücktheit, der Hirnwuth.

Phrĕnētĭcus, *adj.* [φρενητικός] verrückt, hirnwüthig, geiſteskrank.

Phrixus, i, *m.* [Φρίξος] Sohn des Athamas und der Nephele; er floh mit ſeiner Schwester Helle vor den Nachſtellungen ſeiner Stiefmutter auf einem Widder mit goldenem Vließ nach Colchis. Davon **Phrixēus**, *adj.*

Phrȳges, gum, *m. pl.* [Φρύγες] die Phryger, Bewohner der Landſchaft Phrygien. Im *sing.* **Phryx**, ȳgis, *m.* ein Phryger, auch als *adj.* = phrygiſch; hiervon insbeſ. = a) Aeneas. b) = ein Prieſter der Cybele (ein Gallus, ſiehe dieſen Art.). Davon 1) **Phrȳgia**, ae, *f.* Phrygien, Landſchaft in Kleinaſien, in Groß- und Kleinphrygien getheilt. 2) (Spät.) **Phrȳgĭcus**, *adj.* 3) **Phrȳgĭo**, ōnis, *m.* = in Gold ſticker, weil die Phryger in dieſer Kunſt Meiſter waren. 4) **Phrȳgius**, *adj.*, häufig = trojaniſch oder überhaupt kleinaſiatiſch; Ph. pastor = Paris, vates = Helenus, maritus = Aeneas, tyrannus = Laomedon; Ph. mater = Cybele, buxum = die Flöte beim Feſt der Cybele, mod heftige und affectvolle Musik wie beim Cultus der Cybele; Ph. lapis Marmor, columnae aus phrygischem Marmor; *subst.* **Phrўgiae**, ārum, *f. pl.* = die Trojanerinnen.

Phrȳne, es, *f.* [Φρύνη] 1) bekannte und reiche Buhlerin zu Athen. 2) eine Buhlerin zu Rom. 3) eine Kupplerin zu Rom.

Phryx, ȳgis, *m.* [Φρύξ] 1) siehe Phryges. 2) Fluß in Lydien, oft Phrygius amnis genannt.

Pthīa, ae, *f.* [Φθία] Stadt in Thessalien, Geburtsort des Achilles. Davon 1) **Pthīas**, ădis, *f.* [Φθιάς] (Poet.) ein Weib aus Ph. 2) **Pthīōta**, ae, *m.* [Φθιώτης] ein Mann aus Ph. 3) **Pthīōtis**, ĭdis, *f.* [Φθιῶτις] die Landschaft Thessaliens, in welcher Phthia lag. Hiervon **Pthīotĭcus**, *adj.* 4) **Phthĭus**, *adj.*, vir = Achilles, rex = Peleus.

Phthĭsis, is, *f.* [φθίσις] (Spät.) die Schwindsucht.

Phui od. **Phy**, *interj.* (Com.) pfui!

*Phўlăca, ae, *f.* [φυλακή] (Pl.) das Gefängniß (reinlat. custodia).

*Phўlăcista, ae, *m.* [φυλακιστής] der Kerkermeister, davon *trop.* = der umlagernde und immer mahnende Gläubiger.

Phўlăcus, i, *m.* [Φύλακος] Vater des Iphiclus, Großvater des Protesilaus. Davon **-cīdes**, ae, *m.* [Φυλακίδης] Nachkomme des Ph. = Protesilaus.

Phўlarchus, i, *m.* [φύλαρχος] der Stammfürst.

Phȳle, es, *f.* [Φύλη] ein Grenzcastell in Attica gegen Böotien.

Phyllis, ĭdis, *f.* [= Φυλλίς] Tochter des Königs Sithon in Thracien, in einen Mandelbaum verwandelt.

Phyllos, i, *f.* [Φύλλος] Stadt in Thessalien. Davon **Phyllēĭus**, *adj.* (Poet.) = thessalisch.

Phўsĭce, *adv.* [physice] nach Art der Physiker.

Phўsĭcus, *adj.* [φυσικός] die Natur betreffend, physisch oder zur Naturlehre gehörig. Hiervon *subst.* A) -ca, ae, *f.* und -ca, ōrum, *n. pl.* die Naturlehre. B) -cus, i, *m.* der Naturforscher, Naturkundige.

Phўsĭŏlŏgia, ae, *f.* [φυσιολογία] die Naturkunde, Naturkenntniß.

*Piābĭlis, e, *adj.* [pio] (Poet.) sühnbar.

Piācŭlāris, *adj.* [piaculum] zur Sühne gehörig, entsündigend, versöhnend, sacrificium ein Sühnopfer.

Piācŭlum, i, *n.* [pio] 1) ein Versöhnungsmittel, ein Sühnopfer, p. irae deorum; dedere aliquem piaculum rupti foederis als büßendes und versöhnendes Opfer wegen des Bruches des Bündnisses. Hiervon = die Strafe (weil diese gleichsam das Verbrechen sühnt): exigere p. ab aliquo Jmd. bestrafen. 2) was ein Sühnopfer nöthig macht, eine Versöhnung erheischt, die Sünde, das Verbrechen: committere, merere p. begehen.

*Piāmen, ĭnis, *n.* (Poet.) und **Piāmentum**, i, *n.* (Spät.) [pio] = piaculum 1.

*Piātrix, īcis, *f.* [pio] (Vorklaff.) die Versöhnerin.

Pīca, ae, *f.* die Elster.

Pĭcāria, ae, *f.* [pix] die Pechhütte.

Pĭcea, ae, *f.* [pix] die Pechföhre, Kiefer.

Pīcēnum, i, *n.* Landschaft im östlichen Italien in der Gegend der heutigen Stadt Ancona. Davon **Pīcens**, tis, *vrb* **-centīnus** oder **-cēnus**, *adj.*; *subst.* **Pīcentes**, tum, *m. pl.* die Bewohner von P.

Pĭceus, *adj.* [pix] aus Pech. Davon = pechschwarz.

Pĭco, 1. [pix] 1) mit Pech beschmieren, verpichen, theeren, dolium. 2) mit Pech würzen, vinum.

Pictŏnes, um, (Spät. auch **Pictāvi**, ōrum), *m. pl.* Volk im aquitanischen Gallien; aus P. entstand der Name der Landschaft Poitou.

Pictor, ōris, *m.* [pingo] der Maler.

Pictūra, ae, *f.* [pingo] 1) *abstr.* die Malerei, Malerkunst: ars ratioque picturae; hiervon (Pl.) = das Schminken des Gesichts. 2) *concr.* = A) das Gemälde: nulla p. ibi fuit. Hiervon *trop.* = das der Seele vorschwebende Bild, die Vorstellung: p. imaginesque virtutum. B) die Stickerei, p. textilis.

Pictūrātus, *adj.* [pictura 2. B.] (Poet.) gestickt, vestis.

Pictus, *adj.* mit comp. [particip. von pingo] 1) zierlich, lectior, metus. 2) scheinbar, lect, metus.

Pīcumnus, i, *m.* und **Pīlumnus**, i, *m.* brüderliche Schutzgottheiten der Eheleute und der Neugeborenen bei den alten Römern.

Pīcus, i, *m.* 1) als nom. appell. A) der Specht, ein Weissagevogel. B) der fabelhafte Vogel Greif. 2) als nom. propr. ein lateinischer Weissagegott, Sohn des Saturnus und Vater des Faunus; er hieß auch der erste König von Latium, Gemahl der Pomona, von Circe, deren Liebe er verschmähte, in einen Specht verwandelt.

Pĭe, *adv.* mit *sup.* [pius] fromm, pflichtmäßig, zärtlich, liebevoll u. s. w., siehe pius.

Pīĕria, ae, *f.* [Πιερία] Landschaft in Macedonien.

Pīĕrus, i, *m.* [Πίερος] ein Macedonier, der seinen neun Töchtern die Namen der neun Musen gab, worauf die Töchter sich in einen Wettstreit mit den Musen einließen und, von diesen besiegt, in Elstern verwandelt wurden. Nach andern Sagen war er Vater der Musen, die daher seine Töchter (Pierides) hießen. Davon **Pīĕris**, ĭdis, *f.* eine Tochter des Pierus oder eine Muse. 2) **Pīĕrius**, *adj.*, theils = thessalisch oder macedonisch, theils = zu den Musen gehörig, den Musen heilig, poetisch: Pierii modi Gedichte; *subst.* **Pieriae**, ārum, *f. pl.* die Musen.

Pĭĕtas, ātis, *f.* [pius] die pflichtmäßige Gesinnung von Liebe und Ehrfurcht, also 1) gegen die Götter, die Frömmigkeit, Gottesfurcht (als Folge eines natürlichen Gefühls und Triebes, vgl. religio): p. adversus deos, p. et sanctitas). 2) gegen Aeltern, Kinder, Verwandte und überhaupt Jedermann, an den man durch heilige und bes. natürliche Bande geknüpft ist, = väterliche-, mütterliche-, kindliche Liebe, oder = Vaterlandsliebe, die Pietät. 3) (Poet. u. Spät.) A) die Gerechtigkeit, si qua est coelo pietas. B) die Sanftmuth, Milde, Gnade.

Piger, gra, grum, *adj.* mit *comp.* u. *sup.*

[piget] 1) träge, unwillig zum Handeln, verdroffen, daher faul: p. ad literas scribendas, in re militari; *trop.* mare (palus) p. stehend, unbeweglich, annus langsam vergehend, bellum lange dauernd, campus unfruchtbar; (Poet.) = träge machend, frigus.

Piget, uit, — 2. *impers.* 1) er erregt Unluft, -Verdruß, -Widerwillen, es verdrießt, alfo piget me (te, illum) = ich (du, er) mag nicht, ärgere mich (dich, fich), ich (du, er) bin mißvergnügt über: p. me illius, morum civitatis; (Com.) id me p.; p. aliquid facere; induci ad pigendum und (Poet.) verba pigenda worüber man verdrießlich werden muß. 2) A) (Vorflaff. u. Spät.) = poenitet: B) = pudet.

Pigmentārius, ii, m. [pigmentum] der Farben- oder Salbenhändler.

Pigmentum, i, n. [pingo] die Farbe = Färbeftoff (vgl. color); *trop.* = Schmuck und Verzierung der Rede.

*****Pignerātor**, ōris, m. [pigneror] der Pfandnehmer, Pfänder.

Pignĕro, 1. [pignus] verpfänden, zum Pfande geben, rem; praebere bona pigneranda poenae fein Vermögen hinterlaffen, fo daß durch deffen Confiscation die Strafe ausgeübt werden kann; *trop.* p. animos gleichfam durch ein Pfand feffeln.

Pignĕror, *depon.* 1. [pignus] eigtl. fich Etwas als Pfand geben laffen, als Pfand nehmen, davon *trop.* zu feinem Eigenthum machen, fich aneignen: Mars fortissimum quemque p.; p. fidem militum fich der Treue der Soldaten verfichern; (Poet.) p. omen als gewiß annehmen.

Pignus, ŏris, n. 1) das Pfand, Unterpfand: pignori dare (opponere) aliquid Etwas verpfänden, accipere als Pfand annehmen; capere pp. Pfänder nehmen (als Zwangsmittel, um die Senatoren zu zwingen, im Senate zu erfcheinen); pignora caedere entweder = capere pp. oder = die fo genommenen Pfänder verfteigern. Hiervon A) = die Geifel. B) zur Bezeichnung einer Wette: da p. wette mit mir; quovis pignore tecum certabo oder contendam ich will um jeden Preis mit dir wetten, jede Wette mit dir eingehen. 2) *trop.* A) zur Bezeichnung überhaupt deffen, was für eine Sache Sicherheit giebt, der Beweis, die Garantie: dedit reipublicae magnum pignus, se velle einen Beweis, daß er wolle; p. gratiae reconciliatae. B) im *pl.* (meift Poet. u. Spät.) die Liebespfänder, d. h. Kinder, Aeltern, Gefchwifter und überhaupt Verwandte: domus cum pp.; pp. uxorum et liberorum ihre Lieben, nämlich die Frauen und Kinder.

Pigre, *adv.* mit *comp.* [piger] (Spät.) träge, verdroffen, faul.

Pigritĭa, ae und -ies, ei, *f.* [piger] die Trägheit, Verdroffenheit, Faulheit: p. stomachi die Magenfchwäche.

*****Pigror**, *depon.* 1. [piger] träge fein.

Pila, ae, *f.* 1) der Mörfer. 2) der Pfeiler (zum Unterftüßen, vgl. columna). 3) (Poet.) der Steindamm zum Schuß eines Hafens u. dergl., der Molo.

Pila, ae, *f.* 1) der Ball, ludere pilā, *proverb.* (Pl.) a) pila est mea = ich habe gewonnen. b) claudus pilam der Lahme mit dem Balle, von Jmb., der eine Sache zu gebrauchen nicht verfteht. 2) (Poet. u. Spät.) von Sachen, welche die Form eines Balles haben, die Kugel, der Ball, Knaul, runder Klumpen.

*****Pilānus**, adj. [pīlum] (Poet.) = triarius, fiehe diefen Art.

*****Pilārĭus**, adj. [pila] (Spät.) der mit einem Balle allerlei Künfte macht, Jongleur.

Pilātus, adj. [pīlum] (Poet.) mit Wurffpießen verfehen.

Pileātus, adj. [pileus] mit einem pileus verfehen, einen römifchen Filzhut tragend: plebs p. als Zeichen der Freiheit (fiehe pileus); p. turba das römifche Volk an den Saturnalien.

Pilentum, i, n. ein vierrädriger Damenwagen, Prachtwagen (vgl. carpentum u. f. w.).

Pileŏlus, i, m. *deminut.* von pileus.

Pileus, i, m. ob. -um, i, n. ein römifcher Hut ob. eine Filzmüße, die bei feftlichen Gelegenheiten und namentlich an den Saturnalien getragen wurde; er wurde als ein Symbol der Freiheit betrachtet, daher vocare servos ad pp. den Sklaven die Freiheit anbieten, fie durch Verfprechen der Freiheit zur Ergreifung der Waffen reizen, und capere p. = frei werden.

*****Pilicrĕpus**, i, m. [pila-crepo] (Spät.) Jmb., der mit dem Balle Geräufch macht, der Ballfpieler.

Pilōsus, adj. [pilus] haarreich.

Pīlum, i, n. der Wurffpieß der römifchen Infanterie (vgl. hasta); *prov.* (Pl.) pilum injicere alicui Jmb. angreifen.

Pilus, i, m. 1) das einzelne Haar (meift an Thieren, alfo bef. von kurzen und borftenartigen Haaren, vgl. crinis u. f. w.). 2) *trop.* = etwas fehr Kleines, Geringes, das Allergeringfte: ne ullum pilum boni viri habere videntur nicht das Geringfte von einem ehrlichen Manne; non pili facere aliquid etwas fein Haar werth halten, fich gar Nichts daraus machen.

Pilus, i, m. faft immer in der Verbindung primus p. der erfte Manipel der Triarier in einer Legion: primum p. ducere = Centurion jenes Manipels fein, der vornehmfte aller Centurionen. Oft wurde in diefer Verbindung das Wort centurio ausgelaffen und man fagte bloß z. B. S. Baculus pilus (sc. centurio); daher kam es, daß (vielleicht doch nur bei Spät.) Primus pilus oder Primi pilus = centurio primi pili der Centurion des erften Manipels der Triarier gefagt wurde (NB. nach Anderen war pilus ein gemeinfchaftlicher Name der Abtheilung der Triarier überhaupt, und primus pilus ob. (centurio) primi pili hieß demnach jeder Centurion der Triarier).

Pimpla, ae, *f.* [Πίμπλα] Stadt und Quelle in Pieria, den Mufen heilig. Davon **-plēus**, adj. = den Mufen heilig, und *subst.* **Pimplēa**, ae, *f.* = die Mufe.

Pinārĭus, ii, Name eines alten römifchen Gefchlechtes. Die Pinarii und Potitii (eine andere prieterliche Familie) verrichteten das Opfer bei dem fchon von Euander eingefeßten und von Romulus wieder aufgenommenen Cultus des Hercules an der ara maxima.

Pindărus, i, m. [Πίνδαρος] berühmter griechifcher Lyriker aus Theben (522—442 v. Chr.).

Pindĕnissus, i, *f.* [Πινδένισσος] Stadt in Cilicien. Davon **-nissae,** ārum, *m. pl.* die Einwohner von P.

Pindus, i, *m.* [Πίνδος] Berg in Thessalien.

Pinētum, i, *n.* [pinus] (Poet.) der Fichtenwald.

Pineus, *adj.* [pinus] von Fichten, Fichten-, silva.

Pingo, nxi, ctum, 3. 1) malen, abmalen, simulacrum Veneris; p. hominem; tabula picta ein Gemälde; (Poet.) p. frontem moris beschmieren, färben, pictae volucres bunte. Hiervon *trop.* A) schmücken, zieren, bibliothecam. B) insbes. in der Rede ausschmücken, lebhaft ausmalen oder schildern, verba, totum hunc locum. 2) mit dem *abl.* acu oder allein, mit der Nadel sticken, stragulum; torus pictus mit gestickten Teppichen belegt.

Pinguesco, — 3. [pinguis] (Poet. u. Spät.) fett werden, piscis; campus p. sanguine wird gedüngt.

Pinguis, e, *adj.* mit *comp.* und *sup.* 1) fett (indifferent oder als Merkmal der Stärke und Plumpheit, vgl. opimus), homo, agnus; *subst.* **Pingue,** is, *n.* das Fett. Hiervon A) = fruchtbar, ergiebig, ager; pp. stabula apum reich an Honig; (Poet.) p. flumen, fimus fruchtbar machend. B) = dick, dicht, coelum, toga. C) beschmiert, crura pp. luto. D) (Poet.) = fleischig, saftig, ficus. E) (Poet.) p. coma gesalbt, vinum ölig, taeda voller Harz, flamma von fetten Gegenständen genährt, also = stark. F) in Bezug auf den Geschmack, = nicht pikant, sapor. 2) *trop.* A) geistlos, plump, dumm, ungeschickt, ingenium; pingui Minerva, siehe Minerva; pingue sonare vom Gesang eines rohen und geschmacklosen Dichters; p. orator von geistloser und übertriebener Zierlichkeit. B) (Spät.) derb, stark, verba. C) (Poet. u. Spät.) ruhig, behaglich, gemächlich, quies, secessus.

Pinguitūdo, ĭnis, *f.* [pinguis] (Spät.) 1) die Fettigkeit. 2) die Breite, Plumpheit in der Aussprache.

Pinĭfer und **Pinĭger,** ěra, ěrum, *adj.* [pinus-fero und gero] (Poet.) Fichten tragend, mons.

Pinna, ae, *f.* [πίννα] die Stockmuschel.

Pinna, ae, *f.* [Nebenform von penna 1] (meist Vorklass. und Spät.) die Feder (siehe penna). Davon *meton.* = der Flügel. 2) die Floßfeder der Fische. 3) die Mauerzinne, -spitze.

Pinnātus, *adj.* [pinna 2.] befiedert, beflügelt, cauda, Cupido. 2) gefiederartig, folium.

Pinnĭger, ěra, ěrum, *adj.* [pinna 2. -gero] (Poet.) 1) *trop.* geflügelt. 2) Floßfedern habend.

***Pinnĭrăpus,** *adj.* [pinna 2. -rapio] (Poet.) ein Gladiator, der die Helmspitze des Gegners zu ergreifen und rauben sucht.

Pinnŏtēres, ae, *m.* [πιννοτήρης] der Hüter der Stockmuschel (eine Art Krebs).

Pinnŭla, ae, *f. deminut.* von pinna.

Pinso (oder **Piso**), pinsui oder pinsi, pinsĭtum oder pinsum oder pistum, 3. klein stampfen, zerstoßen, farinam, far; (Pl.) p. aliquem flagro geißeln.

Pinus, us oder i, *f.* die Fichte, Föhre, Kiefer (oft wohl auch als allgemeine Benennung jeder Art von Nadelholz, z. B. einer Tanne). Hiervon (Poet.) von Gegenständen, die aus Fichtenholz gemacht sind, bes. A) = ein Schiff; B) = eine Fackel.

Pio, 1. [pius] (Poet. und Spät.) 1) Etwas wieder gut machen, sühnen: p. damnum ersetzen. Hiervon A) p. fulmen durch Opfer u. dergl. das durch den Blitz angedeutete Unglück abwenden. B) p. nefas die Strafe einer Sünde abwenden, sie sühnen. C) = rächen, strafen, culpam morte alicujus. *D) (Pl.) vom Wahnsinn (als Folge der Sünde) befreien, aliquem. 2) versöhnen; besänftigen, Tellurem porco. 3) a) p. sacra Opfer verrichten; b) p. aras ture Weihrauch auf dem Altare verbrennen. c) p. pietatem (Pl.) ausüben, ehren.

Piper, ěris, *n.* der Pfeffer.

Pipĭlo, 1. und **Pipio,** 1. piepen (von Vögeln).

Pipŭlum, i, *n.* u. **-lus,** i, *m.* das Piepen, davon (Pl.) das Schelten, Lärmen.

Piraeus, ei, *m.* (Poet. auch **Piraeus**) [Πειραιεύς] Demos und Hafen von Athen. Davon **Piraeus,** *adj.*

Pirāta, ae, *m.* [πειρατής] der Seeräuber.

Pirātĭcus, *adj.* [πειρατικός] zum Seeräuber gehörig, Seeräuber-, navis; *subst.* **-tĭca,** ae, *f.* die Seeräuberei.

Pirēne, es, *f.* [Πειρήνη] Quelle in Corinth. Davon **Pirēnis,** ĭdis, *f. adj.* Poet. = corinthisch.

Pirĭthous, i, *m.* [Πειρίθοος] König der Lapithen, Sohn des Ixion, Freund des Theseus.

Pirum, i, *n.* die Birne.

Pirus, i, *f.* der Birnbaum.

Pirustae, ārum, *m. pl.* Völkerschaft in Illyrien.

Pisa, ae, *f.* auch **Pisae,** ārum, *f. pl.* [Πίσα] Stadt in Elis, in deren Nähe die olympischen Spiele gehalten wurden. Davon **Pisaeus,** *adj.* hasta P. des Oenomaus, *subst.* **Pisaea** = die Hippodamia. 2) (**Pisae,** ārum) *f.* Stadt in Etrurien, jetzt noch Pisa. Davon **Pisānus,** *adj.* und *subst.* **-ni,** ōrum, *m. pl.* die Einwohner von P.

Pisaurum, i, *n.* Stadt in Umbrien. Davon **-rensis,** e, *adj.*

Piscārius, *adj.* [piscis] (Vorklass.) zu den Fischen gehörig, Fisch-, forum.

Piscātor, ōris, *m.* [piscor] der Fischer.

Piscātōrius, *adj.* [piscator] zu den Fischern gehörig, Fischer-, navis.

Piscātus, us, *m.* [piscor] 1) das Fischen, der Fischfang; *trop.* = Gewinn. 2) (Pl.) collect. = die Fische, emere piscatum.

Piscĭcŭlus, i, *m. deminut.* von piscis.

Piscīna, ae, *f.* [piscis] 1) der Fischteich. 2) (Spät.) überhaupt der Teich, das Wasserbecken, Bassin (z. B. zum Baden, zum Tränken des Viehes).

Piscīnārius, ii, *m.* [piscina] der „Fischteichler" ein Mann, der sich zu seinem Vergnügen Fischteiche hält.

Piscis, i, *m.* der Fisch.

Piscor, *depon.* 1. fischen; *proverb.* p. in aëre = sich ohne Erfolg Mühe geben.

Piscōsus, *adj.* [piscis] (Poet.) fiſchreich.
Piscŭlentus, *adj.* (Vorklaff. und Spät.) fiſchreich.
Pisĭdia, ae, *f.* [Πισιδία] Landſchaft im ſüdlichen Kleinaſien; die Bewohner davon hießen **Pisīdae,** ārum, m. pl.
Pisisträtus, i, m. [Πεισίστρατος] der bekannte Herrſcher von Athen. Davon **-tĭdes,** ae, m. der Nachkomme des P.
Piso, ōnis, m. römiſcher Familienname, ſiehe Calpurnius. Davon **Pisōniānus,** *adj.*
Pistillum, i, n. oder **-lus,** i, m. [pinso] die Mörſerkeule.
Pistor, ōris, m. [pinso] der **Stampfer,** der das Getreide in einem Mörſer ſtampft oder mit einer Handmühle mahlt, alſo = unſer Müller, der zugleich Bäcker war.
Pistōrium, ii, n. Stadt in Etrurien, bekannt von dem Treffen, in welchem Catilina fiel. Davon **-riensis,** e, *adj.*
*****Pistrilla,** ae, *f. deminut.* von pistrina.
Pistrīna, ae, *f.* (ſelten) oder (gewöhnlich) **-num,** i, n. [pinso] 1) die **Stampfmühle,** der Ort, wo das Getreide in Mörſern geſtampft oder ſpäter mit Handmühlen zerrieben wurde: zur Strafe ſchickte man Sklaven zu dieſer ſchweren Arbeit (detrudere aliquem in p.); civitas pistrinorum (Pl.) von einer Anzahl ſchlechter Sklaven. Hiervon A) *trop.* zur Bezeichnung eines mühſeligen Lebens. B) = die Bäckerei.
Pistris (oder **Pristis**), is, und **Pistrix,** ĭcis, *f.* [πίστρις, πίστριξ] 1) ein Meerungeheuer (Wallfiſch, Haifiſch u. dergl.); (Poet.) der Wallfiſch als Geſtirn. 2) eine Art ſchnellſegelnder Schiffe.
Pităne, es, *f.* [Πιτάνη] Stadt in Kleinaſien.
*****Pithēcium,** ii, n. [πιθήκιον[(Pl.) das Aeffchen.
Pithecūsa, ae, *f.* oder **-sae,** ārum, *f. pl.* [Πιθηκοῦσα, -σαι] Inſel im tyrrheniſchen Meere, nahe bei Cumä; jetzt Iſchia.
Pittăcus, i, m. [Πιττακος] Philoſoph zu Mitylene, einer der ſieben Weiſen.
Pittheus, ei oder eos, m. [Πιτθεύς] König in Trözen, Vater der Aethra (der Mutter des Theſeus). Davon 1) **Pitthēis,** ĭdis, *f.* die Tochter des P. 2) **Pitthēĭus,** *adj.*
Pituīta, ae, *f.* der Schleim im thieriſchen Körper oder in Bäumen, daher insbeſ. = der Ausfluß beim Schnupfen.
*****Pituītōsus,** *adj.* [pituita] voll Schleim, ſchleimig.
Pius, *adj.* mit (Spät.) *sup.*, was von einer pflichtmäßigen Geſinnung ausgeht und mit ihr übereinſtimmt (ſiehe pietas). 1) in Bezug auf die Götter, fromm, gottesfürchtig, homo. Hiervon = heilig, geweiht, locus, far weil es bei Opfern gebraucht wurde. 2) in Bezug auf Menſchen, liebevoll, zärtlich gegen Aeltern, Kinder, Vaterland u. dergl.: p. Aeneas wegen ſeiner kindlichen Liebe zum Anchiſes; p. dolor, metus wegen einer geliebten Perſon. 3) (Vorkl.) überhaupt rechtſchaffen, brav. 4) von Sachen, Handlungen u. Zuſtänden = rechtmäßig, was ſo iſt, wie es ſein ſoll, bellum, p. quaestus erlaubt; jus piumque Recht und Billigkeit. 5) (Poet.) was Gegenſtand eines zärtlichen Gefühles

iſt, geliebt, lieb: pia sarcina nati vom Anchiſes, den Aeneas trug; p. testa holde Flaſche!
Pix, ĭcis, *f.* [gr. πίσσα] das Pech.
Plăcābĭlis, e, *adj.* mit *comp.* [placo] 1) verſöhnlich, der beſänftigt und beruhigt werden kann, inimicis gegen ſeine Feinde; ira p. 2) (Vorklaff.) verſöhnend, beſänftigend, ara; placabilius est es verſöhnt leichter.
*****Plăcābilĭtas,** ātis; *f.* [placabilis] Verſöhnlichkeit.
*****Plăcāmen,** ĭnis, n. u. (Spät.) **-āmentum,** i, n. [placo] (ſelten) das Verſöhnungsmittel.
Plăcāte, *adv.* mit *comp.* [placatus] ruhig, gelaſſen.
Plăcātĭo, ōnis, *f.* [placo] 1) die Verſöhnung, deorum. 2) die Beſänftigung, Beruhigung, animorum.
Plăcātus, *adj.* mit *comp.* und *sup.* [particip.* von placo] 1) beſänftigt, verſöhnt, alicui mit Jmd. 2) ruhig, gelaſſen, friedlich.
Plăcenta, ae, *f.* der Kuchen.
Plăcentia, ae, *f.* Stadt in Oberitalien, jetzt Piacenza. Davon **-tīnus,** *adj.* u. *subst.* **-ni,** ōrum, m. pl. die Einwohner von Pl.
Plăceo, 2. (*pass.* in derſelben Bed. placitus sum) gefallen, alicui; fabula p. das Stück findet Beifall; *placens uxor = liebenswürdig; (Vorklaff.) does est placenda muß genügen; si diis placet ſagte man, wenn man Etwas als auffallend oder empörend bezeichnen wollte. Insbeſ. A) sibi placere ſich ſelbſt gefallen = von ſich ſelbſt eingenommen ſein. B) placet (alicui ob. abſol.) a) es iſt (Jmds) Wille, Befehl, Jmds Meinung geht dahin: placuit mihi ut etc. ich beſchloß; si placet wenn es dir ſo lieb iſt, wenn du willſt. Insbeſ. von Behörden u. dergl.: senatui placet es iſt der Wille des Senats, der S. fordert; placet urbem incendi man beſtimmt, daß die Stadt angezündet werden. ſoll; edixit placere etc. er ließ bekannt machen, daß es ſein Wille ſei u. ſ. w. b) es iſt Jmds Meinung, Anſicht, er nimmt an: placet Carneadi, duo esse genera vitiorum; ut Stoicis placet nach der Anſicht der St.
Plăcĭde, *adv.* mit *comp.* u. *sup.* [placidus] ſanft, ruhig, ſtill; progredi p. langſam, leiſe.
Plăcĭdus, *adj.* mit *comp.* u. *sup.* [placeo] ſanft, ruhig, ſtill (insbeſ. inſofern dieſe Eigenſchaften ſich im Aeußeren zeigen, vgl. mitis, lenis): p. homo, amnis, mare, somnus, pax; p. urbs friedlich, freundlich.
*****Plăcĭdo,** 1. (placeo) (Pl.) ſehr gefallen.
Plăcĭtus, *adj.* [placeo] gefallend, angenehm, beliebt: artes semel pp. an denen man einmal Gefallen gefunden hat. Hiervon *subst.* **Plăcĭtum,** i, n. (Spät.) die Meinung, Anſicht oder die Willensmeinung, der Befehl.
Plăco, 1. 1) verſöhnen, beſänftigen, deos; p. aliquem beneficiis; p. aliquem alicui mit Jmd. 2) (Poet.) beruhigen, beſänftigen, aequora, sitim.
Plāga, ae, *f.* [πληγή] der **Schlag, Hieb, Stoß,** daher = die Wunde (von einem nicht ſchneidenden Inſtrumente, vgl. vulnus). Hiervon *trop.* zur Bezeichnung eines Hinderniſſes, eines Unglücks u. dergl.: injicere plagam petitioni alicujus der Bewerbung Jmds ſchaden, oratio

Plaga

magnam p. facit macht großen Eindruck: levior est p. ab amico durch den Verlust eines Freundes verursacht.

Plăga, ae, f. 1) (meist Poet. u. Spät.) die Gegend, das Gebiet: p. aetheria die Luft, quatuor pp. die vier Zonen. 2) das Jägernetz (beim Treibjagen, zum Einfangen größerer Thiere, vgl. rete und cassis); trop. zur Bezeichnung einer Schlinge, List oder Schwierigkeit, wodurch man Jmd. bestrickt, z. B. Trugschlüsse u. dergl.

Plăgiārius, ii, m. [plagium bei Spät.] der Menschendieb, Seelenverkäufer.

*Plăgĭger, ĕra, ĕrum und *-gĕrŭlus, adj. [plăga-gero] (Pl.) der „Schlägeträger", der Schläge bekommt.

Plăgĭpătĭda, ae, m. [plăga-patior] (Pl.) der „Schlägerdulder", der geprügelt wird.

Plăgōsus, adj. [plăga] (Poet. u. Nachkl.) viel Schläge austheilend, schlägereich.

Plăgŭla, ae, f. [plăga 2.] 1) der Teppich, theils als Bettdecke, theils als Bettvorhang. 2) das Blatt Papier, der Bogen.

*Plăgŭsia, ae, f. eine Art Fische.

Planasia, ae, f. Insel südlich von Elba, unter den Kaisern als Verbannungsort gebraucht.

Plancius, Name eines römischen Geschlechtes; bekannt ist der Cnejus Pl., der als Quästor in Macedonien dem Cicero in seiner Verbannung wichtige Dienste leistete und deßhalb später von ihm vertheidigt wurde, als er wegen ambitus angeklagt worden war.

Planctus, us, m. [plango] (Spät.) das laute und rauschende Schlagen auf die Brust, Arme u. s. w. und die dadurch ausgedrückte Wehklage, laute Trauer.

Plāne, adv. mit comp. u. sup. [planus] 1) deutlich, mit klaren Worten, rund heraus, loqui. 2) ganz, völlig gänzlich: p. carere sensu; p. bene; p. eruditus. 3) (Vorklass.) in bejahenden Antworten, ja freilich, allerdings, ja gewiß.

Plănēta, ae, m. [πλανήτης] (Spät.) der Planet, Wandelstern (reinlateinisch stella errans).

Plango, nxi, nctum, 3. [πλήσσω] (Poet. u. Spät.) 1) schlagen, bes. mit einigem Geräusche: fluctus p. saxa; p. terram vertice; auch depon. plangitur (von einem gefangenen Vogel) schlägt mit den Flügeln. 2) insbes. (und so auch depon. **plangor**) sich vor Trauer auf irgend einen Theil des Körpers, bes. die Brust oder die Arme, schlagen: p. pectora, lacertos. Hiervon = über Jmd. laut trauern, ihn beweinen, aliquem; agmina plangentia die klagenden Schaaren.

Plangor, ōris, m. [plango] 1) (Poet.) das rauschende Schlagen. 2) das laute Trauern, die Wehklage.

*Plangunoŭla, ae, f. [vgl. das gr. πλαγγών] die Wachspuppe.

*Plānĭlŏquus, adj. [plane-loquor] (Pl.) deutlich redend.

Plānĭpes, ĕdis, m. [planus-pes] (Spät.) eigtl. der Plattfuß, Barfuß, wahrscheinlich = mimus, der keinen soccus trug.

*Plănĭtas, ātis, f. [planus] (Spät., zwfl.) die Deutlichkeit.

Plausus

Plānĭties, ei, f. (selt. -tĭa, ae, f.) [planus] die Fläche, Ebene, ebene und flache Strecke: pp. regionum flache Gegenden.

Planta, ae, f. 1) der Setzling, Pfropfreis, Pflanzreis. 2) (Poet.) überhaupt die Pflanze. 3) die Fußsohle.

Plantārĭa, ium, n. pl. [planta] die Setzlinge oder junge Bäume, die Baumschule.

Plantātĭo, ōnis, f. [planto] (Spät.) das Verpflanzen.

Planto, 1. [planta] (Spät.) verpflanzen, versetzen, malos.

Plānus, adj. mit comp. u. sup. 1) flach, eben, platt (im Gegensatze zu asper, uneben, rauh, also die glatte Fläche bezeichnend, vgl. aequus): p. locus, latus. Hiervon subst. **Plānum,** i, n. die Fläche, das ebene und flache Terrain; davon A) (Spät.) im Gegensatze zu tribunal, der erhöheten Tribüne, bezeichnet es die gleiche Erde, den nicht erhöheten Platz: e oder in p. = nicht auf dem Tribunale und daher = außergerichtlich. B) de p. (Lucr.) = ohne Schwierigkeit. C) in p. = in einer niedrigen Lage. 2) trop. deutlich, übersichtlich, klar, narratio; planum facere aliquid Etwas an den Tag legen, darthun.

Plānus, i, m. [gr. πλάνος] der Landstreicher.

Plătaeae, ārum, f. pl. [Πλάταιαι] Stadt in Böotien, bekannt durch die Schlacht 479 v. Chr. Davon **Plataeenses,** ium, m. pl. die Einwohner von P.

Plătălea, ae, f. die Löffelgans (ein Vogel).

Plătănus, i, f. [πλάτανος] die Platane, der morgenländische Ahorn.

Plătēa, ae, f. [πλατεῖα?] die Straße in der Stadt.

Plăto, ōnis, m. [Πλάτων] 1) berühmter griechischer Philosoph, Schüler des Sokrates, Stifter der academischen Secte. Davon **Plătōnĭcus,** adj. u. subst. -ci, ōrum, m. pl. Anhänger der Lehre des Plato. 2) ein Epicuräer zur Zeit des Cicero.

Plaudo, si, sum, 3. 1) trans. (Poet. u. Spät.) einen schallenden Ton hervorbringend schlagen, klatschend schlagen, p. pectora manu, telas pedibus; p. choreas pedibus im Tanzen stampfen. 2) intrans. A) (Poet.) klatschend mit Etwas schlagen, klatschen, pennis, rostro. B) (Spät.) manus plaudunt. C) beifallend klatschen, Jmd. Beifall zuklatschen, alicui; „plaudite" redete am Ende des Schauspieles ein Schauspieler die Zuschauer an. Hiervon überhaupt = beifallen, loben, alicui; p. sibi selbstgefällig sein.

Plausĭbĭlis, e, adj. [plaudo] (selt.) Beifall verdienend oder gewinnend.

Plausor, ōris, m. [plaudo] (Poet. u. Spät.) der Beifallklatscher.

Plaustellum, i, n. deminut. von plaustrum.

Plaustrum, i, n. der Last- und Frachtwagen (vgl. currus, carpentum, pilentum u. s. w.); proverb. (Pl.) perculi p. ich habe meine Sache schlecht gemacht.

Plausus, us, m. [plaudo] 1) (Poet. und Spät.) das Klatschen, wiederhallende Schlagen.

2) das Beifallklatschen und davon überhaupt der Beifall.

Plautius oder **Plotius**, Name eines römischen Geschlechtes, aus welchem ein Lucius P. als Dichter genannt wird. Davon **Plautius** als *adj.*

Plautus, i, *m.*, vollständig Marcus Accius P., ein Freigelassener und berühmter römischer Comödiendichter, gestorben ungefähr 80 v. Chr. Davon **-tinus,** *adj.*

Plēbēcŭla, ae, *f. deminut.* von plebs.

Plēbejus, *adj.* [plebs] 1) plebejisch, zur römischen plebs gehörig, siehe plebs: p. familia, consul. 2) *trop.* gemein, niedrig, gering, philosophi, vinum, purpura; sermo p. niedrig.

Plēbĭcŏla, ae, *m.* [plebs-colo] der Volksfreund, Bürgerfreund.

Plēbiscītum, siehe scitum.

Plebs (auch **Plebis**)**, plēbis** ob. **Plēbes, ei** [veralt. i]*, f.* 1) das Volk, der Bürgerstand: A) zuerst, im Gegensatze zu den Patriciern, die durch Einwanderung und Eroberung nach und nach hinzugekommenen geringeren Bürger im alten Rom, welche in der ältesten Zeit ohne alle politische Bedeutung waren und selbst in privatrechtlicher Beziehung von den alten begünstigten Geschlechtern (Patriciern, vgl. patricii, populus) scharf geschieden waren. B) Später, als jener ursprüngliche Gegensatz verschwunden war, und die Plebejer gleiche politische Rechte mit den Patriciern erlangt hatten, bezeichnet es das Volk, die Volksmenge im Gegensatze zu dem herrschenden Amtsadel (nobiles) und zum Senate; wo von fremden Völkerschaften die Rede ist, bezeichnet es geradezu die Menge, das Volk. 2) (Poet. u. Spät.) verächtlich, der Pöbel, der geringe Haufe: plebs eris zum Pöbel wirst du gehören.

*****Plectĭlis, e,** *adj.* [plecto] (*Pl.*) geflochten.

Plecto, 3. (verw. mit πλέκω, flecto) gebräuchlich nur im *particip.* **Plexus** (Poet.) geflochten.

Plector, — 3. nur im *pass.*, wegen Etwas gestraft werden, es büßen: p. in aliquo vitio, negligentiā wegen Nachlässigkeit; auch = getadelt werden, in re aliqua.

Plectrum, i, *n.* [πλῆκτρον] das Stäbchen, womit man die Saiten einer Cither schlug, der Griffel; daher zur Bezeichnung eines lyrischen Gedichtes.

Plēias [Plejas], ădis, *f.* [Πληϊάς] eine der Plejaden, sieben Töchter des Atlas und der Plejone, die als das Siebengestirn an den Himmel versetzt wurden (reinlat. Vergiliae).

Plēiŏne, es, *f.* [Πληϊόνη] Tochter des Oceanus und der Thetys, Gemahlin des Atlas, Mutter der Plejaden.

Plemmȳrium, ii, *n.* [Πλημμύριον] Vorgebirge Siciliens bei Syracus.

Plēne, *adv.* mit *comp.* u. *sup.* [plenus] 1) voll. 2) völlig, vollständig.

Plēnus, *adj.* mit *comp.* u. *sup.* [pleo, wovon expleo u. s. w.] 1) voll: p. manus; plenis portis effundi so daß die Thore voll sind; domus plena argenti von Silber, coelum p. stellarum, plenus irae, odii, fraudis; selten mit dem *abl.*, domus p. ornamentis, ebenso plenus exspectatione; plenus negotii sehr beschäftigt; pleno ore = mit starken Worten. Hiervon A) reichlich mit Etwas versehen: p. inimicorum der viele Feinde hat; exercitus p. praedā, apes pp. thymo beladen mit. B) überhaupt reich, wohlhabend, Ueberfluß habend, urbs, mensa. C) (Poet. u. Spät.) gesättigt, befriedigt, re aliqua von Etwas. D) schwanger, femina, sus trächtig. 2) vollständig, ganz, gaudium, annus; p. numerus, exercitus vollzählig, pecunia eine bedeutende Summe, pp. libri sunt man hat ganze Bücher; p. orator vollkommen. Hiervon A) = stark, dick, homo, corpus. B) von der Stimme = volltönend, stark, vox, C) von der Aussprache, voll, breit: verbum p. = nicht in der Aussprache abgekürzt. D) p. gradu ire im Sturmmarsch, Eilmarsch. E) (Spät.) in plenum als *adv.* im Ganzen, überhaupt.

Plērum-que, *adv.* [*neutr.* von plerusque] 1) meistens, meistentheils. 2) (Spät.) oft.

Plērus-que, *adj.* (das einfache plerus findet sich = plerusque, in einem alten Gesetze bei Cicero). I. *sing.* (selten), nur bei Collectiven und Wörtern, die ein Ganzes bedeuten, welches in Theile zerlegt werden kann, der meiste, der größte Theil von: p. juventus, exercitus, Africa; plerumque noctis das Meiste von der Nacht. II. im *pl.* 1) die meisten, der größte Theil von (jedoch nicht als eigentlicher Superlativus, so daß der Begriff einer Vergleichung hinzukommt, sondern unbestimmt = die Pluralität; vgl. plurimi): pp. credunt; ut plerique meministis wie die Meisten von Euch sich erinnern, pleraeque hae die Meisten von diesen; pp. omnes die Allermeisten). 2) (Spät.) überhaupt sehr viele (NB. der *genit. pl.* ist ungebräuchlich, man sagte plurimorum).

Pleumosii, ōrum, *m. pl.* ein Volk in Gallia Belgica.

Pleuron, ōnis, *m.* [Πλευρών] Stadt in Aetolien. Davon **-nius,** *adj.*

Plico, 1. (Poet. u. Spät.) falten, zusammenfalten, chartam; anguis se p. rollt sich zusammen.

Plinius, Name eines römischen Geschlechtes. Bekannt sind 1) Cajus Pl. Secundus (major), gestorben 79 n. Chr., berühmter Schriftsteller, Verfasser namentlich einer historia naturalis. 2) Cajus Pl. Caecilius Secundus (minor), Freund des Kaisers Trajan, Verfasser eines Panegyricus (Lobrede) auf den Trajan und einer Sammlung von Briefen.

Plōdo, a. S. für Plaudo.

Plōrātus, us, *m.* [ploro] das Wehklagen, laute Weinen.

Plōro, 1. [von fleo, wie porto von fero] 1) wehklagen, laut weinen (vgl. fleo, lacrimo), jammern. 2) *transit.* (Poet. u. Spät.) bejammern, laut beweinen, turpe commissum, aliquid fieri.

Plostellum, i, *n.* (Poet.) *deminut.* von plostrum.

Plostrum, a. S. für plaustrum.

Ploxōmum, i, *n.* [gallisches Wort] (Poet.) der Wagenkasten.

Pluit, pluit oder plūvit, — 3. *impers.* es regnet: p. sanguinem oder sanguine es renet Blut; trop. (Poet.) = in großer Menge herabfallen.

Plūma, ae, f. die kurze und weiche Feder, Flaumfeder (vgl. penna): facilior plumā „federleicht"; proverb. p. haud interest (Pl.) = es ist nicht der geringste Unterschied. Hiervon 2) (Poet.) der erste Bart, der Flaum am Kinn. 3) (Poet.) die Schuppen an einem Panzer.

*Plūmātile, is, n. [pluma] (Pl.) ein gesticktes Kleid („flaumartig").

Plūmātus, adj. [pluma] (Poet. u. Spät.) 1) mit Federn besetzt, befiedert. 2) mit Schuppen besetzt, geschuppt.

Plumbātus, adj. [plumbum] (Spät.) bleiern, tabula.

Plumbeus, adj. [plumbum] was aus Blei ist, bleiern, vas; numus p. = schlecht, gering. Hiervon A) trop. (Poet.) drückend, lästig, Auster, ira heftig. B) stumpf, pugio, gladius. Hiervon trop. = stumpfsinnig, dumm, nisi plane pp. sumus in physicis.

Plumbum, i, n. das Blei; (Poet.) von bleiernen Sachen (einer Bleikugel, Bleiröhre u. dergl.).

Plūmeus, adj. [pluma] aus Federn bestehend, Feder-.

*Plūmĭpes, ĕdis, adj. [pluma-pes] (Poet.) an den Füßen gefiedert.

Plūmōsus, adj. [pluma] (Poet.) befiedert.

Plūrālis, e, adj. [plures] (Spät.) zu Mehreren-, zur Mehrzahl gehörig; insbes. numerus p. die Mehrzahl.

Plūres, a (selten ia), ium, pl. adj. (comp. von multus) 1) mehr, mehrere (comparativisch, vgl. complures): multo pp. quam weit mehr als; unā tribus plures legem antiquarunt eine Tribus mehr, mit der Majorität einer Tribus. 2) = complures, mehrere (ohne Vergleichung), verschiedene. 3) (Pl.) euphemistisch = die Todten, penetrare ad pp. sterben.

Plūrĭfāriam, adv. [plures] (Spät.) an mehreren Stellen, bei mehreren Gelegenheiten.

Plūrĭmum, adv. [accus. neutr. von plurimus] 1) meist oder sehr viel, valere, aliquem diligere. 2) meistens, größtentheils, Cypri vixit. 3) (Spät.) bei Zahlangaben, höchstens.

Plūrĭmus, adj. (superl. von multus) I. sing. 1) der meiste oder sehr viel, praeda, sermo; sol erat p. sehr stark, silva p. dichtest; p. collis sehr groß; collect. p. rosa sehr viele Rosen, p. salus „tausend Grüße". 2) im neutr. sing. als subst. das Meiste oder sehr viel: quam p. scribere so viel als möglich, p. gravitatis, laboris viele Bürde, Mühe, plurimi facere u. dergl. sehr hoch schätzen. II. im pl. die meisten oder sehr viele (als eigentlicher Superlativ, vgl. plerique): plurimi die Meisten.

Plus, plūris, adj. im neutr. sing. (comp. zu multum) 1) subst. Mehr (eine größere Quantität (vgl. magis): multo p. weit mehr; quod plus est was mehr ist; p. valere; p. pecuniae, hostium mehr Geld, mehr Feinde; p. animi mehr Muth; pluris emere u. f. w. theurer, um einen höheren Preis, esse pluris mehr werth sein, pluris facere höher schätzen. Insbes. bei einer nachfolgenden Angabe einer Zahlgröße plus (unveränderlich) = mehr als, über: non p. quam quatuor millia effugerunt nicht mehr als; p. septingenti capti sunt mehr als siebenhundert; parte p. dimidiā auctus mit mehr als der Hälfte, p. unus rex mehr als Ein König; nunquam p. triduo Romae fuit mehr als drei Tage; uno p. Romanorum cecidit es fiel Einer mehr von den Römern; p. nimio, siehe nimius. 2) adverbial (doch eigtl. der accus. zur Angabe des Umfangs, in welchem Etwas gesagt wird), mehr=: A) bei Verben, p. nocere, diligere. B) wo man sagt, mehr, im pl. einige mehr, als ein gebrauchtes Wort bezeichnet: animus p. quam fraternus mehr als brüderlich.

Plusculus, adj. [deminut. von plus] (mit Ausnahme des neutr. sing. nur Vorklass. u. Spät.) ein wenig mehr, im pl. einige mehr, supellex, noctes; plusculum negotii ein wenig mehr Arbeit; plusculum annum etwas mehr als ein Jahr.

Plŭtĕus, i, m. und (selten) -um, i, n. 1) ein bewegliches, aus Weiden geflochtenes Schutzdach, Schirmdach, wodurch die Belagerer sich vor den Geschossen der Feinde sicherten; trop. (Pl.) vineas et pluteos agere ac aliquem Alles gegen Jmd. versuchen. 2) eine Brustwehr, unbewegliche Schirmwand an Thürmen u. dergl. 3) (Spät.) das Schutzbrett, die Lehne an einer Bank oder einem Sopha. 4) (Spät.) ein Bücherschrank.

Plūto, ōnis, m. Sohn des Saturnus und der Rhea, Gott der Unterwelt (= der griechische Ἀΐδης). Davon **Plūtōnius**, adj., domus das Grab; subst. -nia, ōrum, n. pl. eine verpestete Gegend in Asien.

*Plūtus, i, m. [Πλοῦτος] (Spät.) der Gott des Reichthums.

Plŭvĭa, ae, f. [pluo] der Regen (als wohlthätige Naturerscheinung betrachtet, vgl. pluo).

Plŭvĭālis, e, adj. [pluvia] zum Regen gehörig, Regen-, aqua, dies; Auster p. Regen bringend, fungus durch den Regen wachsend.

Plŭvĭus, adj. [pluo] = pluvialis; p. ros, aqua der Regen, arcus der Regenbogen, Jupiter der regnen läßt.

Pōcillum, i, n. deminut. von poculum.

Pōcŭlum, i, n. [Stamm Po, wovon poto] 1) das Trinkgeschirr, der Becher; proverb. eodem p. bibere denselben Kelch leeren = dasselbe Schicksal haben; in poculis oder inter pocula beim Trinkgelage. 2) (Poet.) der Trank. 3) insbes. = der Giftbecher, Gifttrank.

Pŏdagra, ae, f. [ποδάγρα] das Podagra, die Fußgicht.

Pŏdagrōsus, adj. [podagra] (Vorkl.) der am Podagra leidet.

Pŏdălīrĭus, ii, m. [Ποδαλείριος] Sohn des Aesculap, berühmter Arzt im griechischen Lager vor Troja.

Pōdex, ĭcis, m. (Poet.) die Oeffnung des Mastdarms, der Hintere (der allgemeine Ausdruck, vgl. anus, natis).

Pŏdĭum, ii, n. [πόδιον] (Spät.) ein terrassenförmig auf der den Circus oder das Amphitheater umgebenden Mauer sich erhebender, durch eine Brustwehr u. dergl. gegen die wilden Thiere geschützter Vorsprung, wo die Geber und Vorsteher der Spiele nebst Anderen, namentlich dem Kaiser, saßen.

Poeas, antis, m. [Ποίας] Vater des Philoctetes. Davon **-ntiădes**, ae, m. der Nachkomme des P. = Philoctetes, und **-ntius**, adj., auch subst. = Philoctetes.

Poecīle, es, f. [ποικίλη, „die bunte"] eine mit Kunstwerken der Plastik und Malerei geschmückte (daher der Name) Halle am Markte zu Athen.

Poēma, ătis, n. [ποίημα] das Gedicht (ein Kunstausdruck; gewöhnlich von größeren Gedichten, vgl. carmen).

Poena, ae, f. eigtl. der Geldersatz, das Lösegeld für eine Blutschuld. 1) die Strafe, Rache: poenam oder poenas dare (solvere, reddere, pendere, expendere) alicui von Jmd. gestraft werden, poenam oder poenas rei alicujus solvere (pendere, suscipere, subire, pati) wegen Etwas Strafe leiden; poenam petere (repetere, capere, sumere) ab aliquo Jmd. strafen; poenas alicujus (auch pp. patrias = patris) persequi Jmd. rächen, um seinetwillen einen Andern bestrafen, auch poenas capere pro aliquo Jmd. rächen, aber de aliquo = sich an Jmd. rächen; poenas habere ab aliquo sich an Jmd. gerächt haben, aber is habet poenam meritam er ist nach Verdienst gestraft worden. Hiervon (Poet.) p. votorum · die Erfüllung eines Gelübdes. 2) (personificirt) die Straf- oder Rachegöttin. 3) (Spät.) die Beschwerlichkeit, Mühseligkeit.

Poeni, ōrum, m. pl. die Punier = die (von den Phöniziern) abstammenden Carthager; sing. Poenus, i, m. Davon 1) **Poenus** (Poet.) adj. 2) **Pūnĭcus** (Poenicus) adj. A) carthagisch; P. malum der Granatapfel. B)=purpurfarben. Hierzu das adv. **Pūnĭce** nach Art der Punier. 3) **Pūnĭcānus**, adj. auf punische Art gemacht.

Poenicius, siehe Phoenicius (Phoenices).

Poenio od. **Poenior**, s. S. für Punio, Punior.

Poenitentia, ae, f. [poenitet] (Spät.) die Reue: agere p. rei alicujus Etwas bereuen.

Poenitet, tuit, — 2. I. impers. es erregt Reue oder Mißvergnügen und Unlust, nämlich p. me (eum, omnes u. s. w.) rei alicujus (auch aliquid; p. me hoc dixisse; p. me quum oder quod hoc feci). So 1) = Etwas bereuen, es reut Jmd. Etwas: solet eum poenitero et pflegt zu bereuen. 2) = über Etwas mißvergnügt-, unzufrieden sein, morum civitatis; haud me p. eorum sententiae esse ich trage kein Bedenken; non te p. quantum profeceris du bist mit deinen Fortschritten nicht unzufrieden; minime eum p. virium suarum = hatte eine Stärke, mit welcher er zufrieden sein konnte; an vos p. quod salvum exercitum traduxerim seid ihr mißvergnügt darüber, daß ich u. s. w.? (Vorschlag.) auch pers., condicio haec me p. mißfällt mir. II. Andere Formen sind: 1) gerund. nobis poenitendum puto ich meine, wir müssen bereuen; poenitendo durch Reue; vis poenitendi. B) infinit. auch mit einem persönlichen Subject: illi primi poenitere coeperunt. C) particip. poenitens bereuend. D) gerund. poenitendus über den man mißvergnügt sein muß, verwerflich, dux.

Poēsis, is, f. [ποίησις] 1) (Spät.) die Dichtkunst. 2) die Dichtung, die gebundene Rede, Poesie.

Poēta, ae, m. [ποιητής] 1) (Pl.) der Verfertiger = Erfinder (einer List). 2) der Dichter.

Poēticē, adv. [poeticus] dichterisch, nach Art der Dichter.

Poēticus, adj. [ποιητικός] dichterisch, poetisch. Hiervon subst. -ca, ae, oder -e, es, f. die Dichtkunst.

Poētria, ae, f. [ποιήτρια] die Dichterin.

Pol, interj. [abgekürzt aus Pollux] als Bekräftigungswort beim Pollux! fürwahr! (vgl. edepol).

Pŏlĕmo, ōnis, m. [Πολέμων] 1) griechischer akademischer Philosoph zu Athen, Schüler des Xenocrates, ungefähr 300 v. Chr. Davon **Pŏlĕmōnĕus**, adj. 2) ein König in Pontus. Dav. **-niăcus**, adj.

Pŏlenta, ae, f. die Gerstengraupen.

Pŏlentārius, adj. zu Gerstengraupen gehörig, crepitus durch das Essen von G. entstanden.

Pŏlio, 4. glätten, politen, parietem, rogum asciā. Hiervon A) = abtünchen, abweißen, columnam albo. B) überhaupt schmücken, zierlich einrichten, domum. C) trop. geistig glätten, poliren, feilen, die letzte Hand anlegend verfeinern, orationem, carmina; so bes. das particip. politus, siehe diesen Art.

Pŏliorcētes, ae, m. [πολιορκητής] der Städtebelagerer, Beiname des Demetrius, Königs von Macedonien.

Pŏlītē, adv. mit comp. u. sup. [politus] wohl bearbeitet, fein, schön, dicere, scribere.

Pŏlītes, ae, m. [Πολίτης] Sohn des Priamus, vom Pyrrhus getödtet.

Pŏlītīa, ae, f. [πολιτεία] die Staatseinrichtung, eine Schrift des Plato.

Pŏlīticus, adj. [πολιτικός] (selten) zum Staate gehörig, die Staatsverwaltung betreffend, libri.

Pŏlītus, adj. mit comp. u. sup. [particip. von polio] 1) wohl eingerichtet, elegant, cubiculum. 2) trop. fein, ausgebildet, geschmackvoll u. vergl., oratio; homo p. artibus gebildet; p. ars, humanitas.

Polla, ae, f. = Paula, siehe Aemilius.

Pollen, ĭnis, n. das Staubmehl.

Pollentia, ae, f. [polleo] (Pl.) die Vielvermögenheit, Macht.

Polleo, ui, — 2. vermögen, in Etwas stark sein. Einfluß und Macht haben (nie mit einem infinit., vgl. possum): is plurimum p. in republica; late terra marique p. (Poet. u. Spät.); mit einem abl. = sich durch Etwas auszeichnen, Etwas in hohem Grade haben, formā, pecuniā; gens pollens divitiis mächtig.

Pollex, ĭcis, m. 1) der Daumen; auch p. digitus; premere und vertere pollicem = einem Gladiator Gnade ertheilen oder den Befehl geben sich tödten zu lassen; utroque p. laudare = sehr stark. 2) die große Fußzehe.

Polliceor, depon. 2. versprechen (meist aus eigenem Antriebe, vgl. promitto), zusagen, alicui aliquid und de aliqua re; p. benigne gute Verheißungen geben; p. dare jusjurandum.

Pollĭcĭtātĭo, ōnis, f. [pollicitor] das Versprechen, magna praemia et pp.

Pollicitor

Pollĭcĭtor, *depon.* 1. (meist Vorklaff. u. Spät.) = ein verstärktes polliceor.
Pollĭnārĭus, *adj.* [pollen] (*Pl.*) zum Staubmehl gehörig. Büder.
Pollinctor, ōris, *m.* [pollingo] (Vorklaff. u. Spät.) der Leichenwäscher.
Pollingo, nxi, nctum, 3. (Vorklaff. u. Spät.) (eine Leiche) abwaschen und einsalben, aliquem.
Pollĭo, ōnis, *m.* römischer Familienname, siehe Asinius.
Pollŭcĕo, xi, ctum, 2. (Vorklaff.) 1) als Opfer vorsetzen, -bringen, Jovi vinum, Herculi dapem. 2) überhaupt als ein Gericht vorsetzen, auf die Tafel setzen, pisces; trop. non sum pollucta pago ich bin kein Gericht für gemeine Leute (sagt ein Mädchen, indem sie einen Liebhaber zurückweist); servus polluctus plagis zum Geißeln ausgestellt.
*****Pollŭcĭbĭlĭter,** *adv.* [polluceo] (*Pl.*) prächtig, reichlich.
Pollŭctum, i, *n.* und **-tūra,** ae, *f.* [polluceo] (Vorklaff.) der Schmaus, insbes. der Opferschmaus.
Pollŭo, ui, ūtum, 3. 1) besudeln, verunreinigen, dapes ore. 2) trop. A) in moralischer Beziehung unrein machen, schänden, entheiligen, domum scelere; p. feminam schänden. B) verletzen, übertreten, jura deorum hominumque, ceremonias, disciplinam militarem; (Poet.) p. Jovem beleidigen, pacem verletzen, rempublicam zerstören.
Pollux, ūcis, *m.* (gr. Πολυδεύκης) Sohn des Tyndareus (oder des Jupiter) und der Leda, Bruder des Castor; (Poet.) P. uterque Castor und Pollur.
Pŏlus, i, *m.* [πόλος] der Pol, Ende der Weltare. 2) (Poet.) = der Himmel.
Pŏlўbĭus, ii, *m.* [Πολύβιος] griechischer Geschichtschreiber, Freund des jüngeren Scipio Africanus.
Pŏlyclētus, i, *m.* [Πολύκλητος] berühmter griechischer Bildhauer, Zeitgenosse des Phidias.
Pŏlycrătes, is, *m.* [Πολυκράτης] Fürst in Samos, Zeitgenosse des persischen Königs Cambyses.
Pŏlўdōrus, i, *m.* [Πολύδωρος] Sohn des Priamus; als die Griechen Troja bedrängten, wurde er mit vielem Golde seinem Schwager, dem thracischen König Polymnestor, anvertraut, von diesem aber ermordet.
Polygnōtus, i, *m.* [Πολύγνωτος] berühmter griechischer Maler (und Bildhauer), Zeitgenosse des Socrates.
Pŏlўhymnĭa, ae, *f.* [Πολυμνία] eine der Musen.
Pŏlўmăchaerŏplăcĭdes, ae, *m.* [πολύς-μάχαιρα-placeo (*Pl.*) fingirter Name eines Soldaten, „der an vielen Schwertern Gefallen findet."
Pŏlymnestor (-nestor), ŏris, *m.* [Πολυμνήστωρ] König in Thracien, Gemahl der Ilione (Tochter des Priamus), siehe Polydorus.
Pŏlўnīces, is, *m.* [Πολυνείκης] Sohn des Oedipus und der Jocaste, Bruder des Eteocles und von diesem aus Theben vertrieben.
Pŏlўphēmus, i, *m.* [Πολύφημος] der einäugige Cyclop in Sicilien, zu welchem Ulysses auf seiner Irrfahrt kam, Sohn des Neptun.

Pomum

Pŏlyplūsius, *adj.* [πολυπλούσιος] erdichteter Name, „der sehr Reiche".
Pŏlypus, i, *m.* [πολύπους] 1) der Polyp. 2) trop. A) der raubgierige Mensch. B) der Nasenpolyp.
Pŏlyxēna, ae, *f.* [Πολυξένη] Tochter des Priamus, von Achilles geliebt, an dessen Grabe von seinem Sohne Pyrrhus geopfert. Davon **Pŏlyxēnius,** *adj.*
Pōmārius, *adj.* [pomum] zum Obst gehörig, davon *subst.* 1) **-ārius,** ii, *m.* der Obsthändler. 2) **-ārium,** ii, *n.* A) der Obstgarten. B) das Obstbehältniß, die Obstkammer.
Pōmĕrīdĭānus, *adj.* [post-meridianus] nachmittägig, zum Nachmittage gehörig tempus.
Pōmētĭa, ae, *f.* (auch Suessa Pometia genannt) und **-tĭi,** ōrum, *m. pl.* alte Stadt der Volsker in Latium. Davon **-tīnus,** *adj.*
Pōmĭfer, ĕra, ĕrum, *adj.* [pomum-fero] Obst tragend.
Pōmoerium (Pomerium), ii, *n.* [post-moerus statt murus] der längs der Stadtmauer, außerhalb und innerhalb derselben, frei gelassene Raum, der Maueranger.
Pōmōna, ae, *f.* [pomum] die Göttin des Obstes.
Pōmōsus, *adj.* [pomum] (Poet. u. Spät.) obstreich.
Pompa, ae, *f.* [πομπή] 1) ein öffentlicher feierlicher Aufzug, Umzug, eine Procession bei Festtagen, Schauspielen, Triumphen, den circensischen Spielen, Leichenzügen u. dergl. Hiervon 2) A) der Aufzug, Zug überhaupt. B) von Sachen = die Reihe, Menge, sarcinarum. 3) trop. = die Pracht, der Prunk, das Gepränge, insbes. von einer Rede, die durch rhetorischen Schmuck zu glänzen und Effect zu machen strebt: adhibere in dicendo speciem et p.; so oft im Gegensatze zu pugna oder acies, wodurch dann der eigentliche Vortrag vor dem Gerichte bezeichnet wird.
Pompējus, Name eines römischen Geschlechtes, aus welchem zwei Familien bemerkenswerth sind: A) Rufi: 1) Quintus P. R. ein Anhänger des Pompejus Magnus: seine Schwester war die dritte Gemahlin des Julius Cäsar. B) Magni: 2) Cnejus P. M. Strabo, kämpfte gegen den Cinna und Sertorius. 3) Cnejus P. M., Sohn des Nr. 2, geboren 106 v. Chr., bekannt aus der Geschichte. Er hatte zwei Söhne, den Sextus und Cnejus, die nach dem Tode des Vaters gegen den Cäsar kämpften. Davon **Pompejus** und **Pompejānus,** *adj.*
Pompĭlĭus, Name eines römischen Geschlechtes, aus welchem Numa P., der zweite König in Rom, am bekanntesten ist. Davon **Pompĭlĭus,** *adj.*: sanguis P. Sprößling des Numa.
Pompōnĭus, *adj.* Name eines römischen Geschlechtes: am bekanntesten ist Titus P. Atticus, Freund des Cicero; seine Schwester Pomponia war mit dem Quintus Cicero verheirathet. Davon **-niānus,** *adj.*
Pomptīnus, *adj.* Benennung einer Gegend in Latium; insbes. pp. paludes eine sumpfige Gegend im südlichen Latium.
Pōmum, i, *n.* 1) jede Obstfrucht (Apfel,

Pomus   **Popa**   577

Kirsche, Nuß u. s. w.). 2) (Poet. u. Spät.) der Obstbaum.

Pōmus, i, f. der Obstbaum.

Pondĕro, 1. [pondus] 1) (Poet. u. Spät.) wägen, abwägen, rem. 2) trop. geistig abwägen = erwägen, beurtheilen, fidem ex fortuna, quo quis animo sit.

Pondĕrōsus, adj. mit comp. und sup. [pondus] gewichtig, schwer, compedes; trop. literae pp. ein inhaltschwerer Brief, vox, kräftig.

Pondo, subst. 1) als abl. sing. an Gewichte, dem Gewichte nach: coronam auream libram p. accepit. 2) als subst. indecl. neutr. = das Pfund: quinquagena p. data sunt consulibus; auri quinque p.; ad milia p.; torques aureus duo p. von zwei Pfund; uncia p. ein Zwölftheil Pfund; donum ex auri p. quinquaginta.

Pondus, ĕris, n. (verw. mit pendo) 1) das Gewicht, die Schwere: saxa magni ponderis, insbef. a) das Gewicht bei der Wage: pp. iniqua a Gallis allata; b) = das Gleichgewicht. 2) ein Körper von Gewicht, eine Masse, ein schwerer Körper: omnia pp. in terram feruntur; hiervon (Poet.) = die Leibesfrucht (auch p. uteri). 3) trop. A) das Gewicht = das Ansehen, die Bedeutung, Autorität: p. testimonii; magnum p. habere apud aliquem; verborum pp. nachdrückliche Worte; magnum p. accessit ein gewichtiger Umstand. B) (Poet.) = onus, drückende Bürde, Last, senectae. C) (Poet.) = Festigkeit, Beständigkeit: nulla femina habet p.

Pōne, (selten, meist veralt.) I. adv. hinten, hinten nach: subire p.; moveri et ante et p. sowohl hinten als vorn. II. praep. mit accus., hinter, aliquem, aedem Cereris; manus vinctae p. tergum auf dem Rücken; p. castra ire.

Pōno, pŏsŭi (oder pōsĭvi), pŏsĭtum (szsgpostum), 3. [contr. aus po-sino] 1) setzen, legen, stellen, hinsetzen, -legen, -stellen: p. fundamenta; p. libros in mensa, tabulas in aerario, auch (meist Poet. u. Spät.) p. stipitem in flammam, coronam in caput; p. aliquid in conspectu, ante oculos alicujus vor Jmds Augen. Insbes. A) = errichten, aufstellen, anlegen u. dergl.: a) p. columnam in foro; b) p. castra im Lager schlagen; c) p. domum ein Haus aufführen; p. tropaeum; p. donum in aede Jovis als Tempelgabe aufstellen, urbem, aram anlegen; (Poet.) p. totum etwas Ganzes hervorbringen; p. praesidium ibi, legionem in castris legen, (Poet. u. Spät.) = pflanzen, vitem. C) (Poet. und Spät.) = auf die Tafel setzen, vorsetzen, cibum. D) = beigeben, neben Jmd. anstellen, alicui custodem, accusatorem. E) als Preis setzen, aussetzen, praemium. F) = als Pfand setzen, verpfänden, rem. G) (Poet.) = ordnen, comam. H) (Poet.) einen Todten ins Grab legen, begraben, aliquem; positus somno in aeterno Schlaf versunken. *I) p. fabulam aufführen lassen.

2) trop. A) auf Etwas setzen = beruhen lassen, gründen: p. spem in aliquo; p. aliquid in dubio für zweifelhaft halten; multum p. in re aliqua auf eine Sache viel Gewicht legen; pass. positum esse in re aliqua auf

Etwas beruhen, ankommen. B) = auf Etwas verwenden, insbef. eine Zeit = mit Etwas zubringen: p. operam diligentiamque in re aliqua, diem in acerrima cogitatione. C) = bestimmen, festsetzen, geben, leges, nomen alicui, condicionem aufstellen. D) = rechnen, zählen, mortem in malis unter die Uebel, aliquid in beneficii loco für eine Wohlthat halten; p. aliquem principem für den Ersten halten, p. aliquid in metu als etwas Furchtbares betrachten, in gloria als etwas Ruhmvolles. E) p. calculum oder rationem eine Berechnung anstellen. F) = sagen, äußern, anführen: recte ille posuit, rempublicam non posse etc. G) = annehmen, voraussetzen: pone, eum esse victum gesetzt, daß u. s. w. H) = ein Thema zur Discussion stellen, aufstellen, p. quaestionem; p. de quo quis audire velit. I) von Geldsummen, ein Capital anlegen, ausleihen, pecuniam in fenore, apud societatem aliquam. K) Jmd. in ein gewisses Verhältniß versetzen: p. aliquem in gratia oder gratiam apud in Jmds Gunst bringen; p. se in possessione (Spät.) sich in den Besitz einer Sache setzen.

3) insbef. niederlegen, ablegen, von sich legen, arma, onus, libros de manibus. Hiervon A) sich einer Sache entledigen, barbam sich den Bart scheeren. B) trop. a) fahren lassen, aufgeben, ludicra, vitam, inimicitias, curas. b) p. tirocinium, rudimentum zurücklegen, sein Probestück machen. C) (Poet.) beruhigen, frets. Hiervon (selten) intrans. = sich legen, venti pp.

Pons, tis, m. die Brücke, fluminis über einen Fluß. Insbef. a) die von einem Schiffe an das Ufer geschlagene Verbindungsbrücke. b) die Fallbrücke, von einer Belagerungsmaschine auf die feindliche Mauer gelegt. c) mit Holz bedeckter Weg über einen Sumpf u. dergl. d) Stege, über welche bei den Comitien das Volk in die septa ging. 2) (Spät.) das Verdeck auf einem Schiffe, die Breitererhöhung, worauf das schwere Geschütz stand.

Pontĭcŭlus, i, m. deminut. von pons.

Pontĭfex, ĭcis, m. der Priester, Oberpriester zu Rom; in Rom waren zuerst vier, dann acht, zuletzt fünfzehn pp., welche die Aufsicht über die religiösen Angelegenheiten hatten; ihr Vorsteher hieß p. maximus.

Pontĭfĭcālis, e, adj. [pontifex] zu den Priestern gehörig, oberpriesterlich, honos.

Pontĭfĭcātus, us, m. [pontifex] die Würde und das Amt eines pontifex, das Oberpriesterthum.

Pontĭfĭcĭus, adj. [pontifex] = pontificalis.

Ponto, ōnis, m. [gallisches Wort] 1) ein gallisches Transportschiff. 2) eine Schiffbrücke, Fähre.

Pontus, i, m. [πόντος] die Tiefe = das Meer (als Tiefe betrachtet, vgl. mare, pelagus u. s. w.); aequora ponti (Poet.) p. maris das tiefe Meer; (Poet.) = die große Woge.

Pontus, i, m. [Πόντος] 1) das schwarze Meer. 2) Landschaft in Asien am schwarzen Meere. Davon **Pontĭcus,** adj.: P. mare das schwarze Meer, serpens der das goldene Vließ in Colchis bewachende Drache.

Pŏpa, ae, m. der Gehülfe des Priesters bei den Opferungen, der Opferschlächter.

37

Pŏpănum, i, n. [πόπανον] (Poet.) ein Opferkuchen.

Pŏpellus, i, m. deminut. von populus.

Pŏpĭlius, Name eines römischen Geschlechtes; ein Cajus P. Laenas tödtete den Cicero, als er in die Acht erklärt worden war.

Pŏpīna, ae, f. (verw. mit popa) die Garküche; meton. = der Dunst oder die Speisen aus einer Garküche.

Pŏpīno, ōnis, m. [popina] (Poet. u. Spät.) der Schlemmer, Imb., der fett lebt.

Poples, ĭtis, m. die Kniekehle; hiervon = das Knie überhaupt; duplicato poplite mit gebogenem Kniet, knieend, poplitibus semet excipere sich auf die Kniee niederlassen.

Poplĭcŏla, ae, m. [populus-colo] (Andere schreiben Publicola von pullicus-colo) „der Volksfreund", Beiname des P. Valerius.

Poppaea, ae, f. die Gemahlin des Kaisers Nero; davon pingula Poppaeana ein von ihr erfundenes Mittel, um die Haut zart zu erhalten (Brotteig mit Eselsmilch vermischt).

Poppysma, ătis, n. [πόππυσμα] oder -mus, i, m. (Spät.) das Schnalzen mit der Zunge als Zeichen des Beifalls.

***Pŏpŭlābĭlis,** e, adj. [populor] (Poet.) verwüstbar, zerstörbar, flammae vom Feuer.

Pŏpŭlābundus, adj. [populor] plündernd, verwüstend.

Pŏpŭlāris, e, adj. [populus] 1) zum Volke gehörig, das Volk betreffend oder beim Volke sich findend, Volks=: p. opinio allgemein verbreitet, verba aus der Volkssprache, munus dem Volke gegeben, lex vom Volke ausgehend, laus, ventus oder aura (Gunst), offensio beim Volke; subst. popularia, ium, n, pl. die Volkssitze im Theater. 2) in politischer Beziehung, zur Volkspartei gehörig (im Gegensatze zu den Vornehmeren oder der Regierung, populär, theils A) = mit der Volkspartei es haltend, demokratisch gesinnt, consul, animus vere p.; subst. populares die Demokraten, die „Liberalen", die Volkspartei; theils B) = der Volkspartei gefallend oder zu gefallen suchend, um die Volksgunst buhlend, lex, lacrimae die auf das Volk Eindruck machen; hoc est civile et p. 3) zu demselben Volke gehörig, landsmännisch: so als adj. und Poet., flumina pp. einheimische, leaena p. aus demselben Orte; häufig als subst. -ris, is, m. A) der Landsmann, p. meus; p. loci der Einwohner eines Ortes. B) der Theilnehmer, Genosse an Etwas, p. conjurationis; p. meus (Com.) mein Camerad, pp. nostri unsere Collegen = Anhänger derselben philosophischen Schule.

Pŏpŭlārĭtas, ātis, f. [popularis] 1) (Spät.) die Popularität = das populäre Benehmen, das Streben nach Volksgunst. *2) (Pl.) die Landsmannschaft.

Pŏpŭlārĭter, adv. [popularis] 1) auf gewöhnliche Weise, auf Volksmanier. 2) auf populäre Weise, demokratisch.

Pŏpŭlātĭo, ōnis, f. [populor] die Plünderung; pleni populationum des Plünderns satt.

Pŏpŭlātor, ōris, m. [populor] der Plünderer, Verwüster, agrorum.

Pŏpŭleus, adj. [populus] (Poet.) von Pappeln, Pappel=.

Pŏpŭlĭfer, ĕra, ĕrum, adj. [populus-fero] (Poet.) Pappeln tragend.

Pŏpulneus (Spät.) oder -nus, (Pl.) adj. [populus] = populeus.

Pŏpŭlor, depon. 1. ob. (meist doch im pass.) **Pŏpŭlo,** 1. [populus] 1) verheeren, plündern (eine Stadt ob. Gegend, vgl. spolio u. dergl.; schwächer als vasto): p. provincias, urbem; p. Siculos mißhandeln, übel mitnehmen. 2) (Poet.) überhaupt A) = berauben, tempora (die Schläfe) populata auribus raptis. B) = vernichten, verzehren, flamma p. capillos.

Pŏpŭlus, i, m. 1) ein Volk (in politischer Beziehung, insofern es einen Staat ausmacht, vgl. gens und natio), p. Samnitium, Carthaginiensis. Insbes. zu Rom = das ganze Volk als eine Staatseinheit ausmachend, die Patricier nebst den Plebejern; so häufig p. Romanus, senatus populusque Romanus. 2) (Poet. u. Spät.) eine Menge, ein Haufen, fratrum, apum.

Pŏpŭlus, i, f. die Pappel.

Porca, ae, f. [porcus] 1) die Sau, das weibliche Schwein. 2) das zwischen zwei Furchen emportragende Erdreich, das Ackerbeet.

Porcellus, i, m. deminut. von porcus.

***Porcīnārius,** ii, m. [porcinus] (Pl.) der Schweinfleischhändler.

Porcīnus, adj. [porcus] zum Schweine gehörig, Schwein=, vox; davon subst. -na, ae, f. (sc. caro) das Schweinfleisch.

Porcius, Name eines römischen Geschlechtes, aus welchem die Catones die berühmteste Familie waren: 1) Marcus P. Cato mit dem Beinamen Censorius, auch major, superior genannt, geboren 234 v. Chr., ein Mann von strengem, bisweilen rauhem Charakter, Vertheidiger der alten Sitte und des römischen Herkommens im Gegensatze zu allen Neuerungen und namentlich zu der griechischen Bildung, deren Gegner er war; bekannt auch durch die Strenge, mit welcher er von 184 v. Chr. an das Censoramt verwaltete. 2) Marcus P. C. Uticensis, Urenkel des Nr. 1, geboren 95 v. Chr., als strenger Republicaner Widersacher sowohl des Cäsar als des Pompejus, bis er beim Ausbruche des Bürgerkrieges sich mit diesem und dem Senate gegen den Cäsar vereinigte. Nach der Schlacht bei Thapsus tödtete er sich in Utica (in Africa) 46 v. Chr.

Porcŭla, ae, f. und **-us,** i, m. deminut. von porca und -us.

Porcus, i, m. das männliche Schwein, bes. ein junges (vgl. sus): p. femina das weibliche Schwein; trop. = ein Schlemmer, üppiger Mensch.

Porgo, (Poet.) ssgz. aus Porrigo, welches man sehe.

Porphyrĕtĭcus, adj. [πορφυρητικός] (Spät.) purpurroth.

Porphyrion, ōnis, m. ein Gigant.

Porrectio, ōnis, f. [porrigo] die Ausstreckung.

Porrectus, adj. mit comp. u. sup. [particip. von porrigo] ausgestreckt, ausgedehnt, flach, eben: loca pp. et aperta: Hiervon syllaba p. lang, senex p. als Leiche ausgestreckt auf der Bahre liegend = gestorben; p. frons (Pl.) heiter.

Porricio, —, ectum, 3. (alte und nur als religiöser *term. t.* gebräuchliche Nebenform von projicio) als Opfer hinwerfen ob. hinlegen, opfern, darbringen: p. exta in mare; *proverb.* inter caesa et porrecta, siehe caedo 6. B.

Porrīgo, inis, *f.* der Grind, eine Hautkrankheit an den behaarten Theilen des Körpers, bes. am Kopfe.

Porrigo, rexi, rectum, 3. [porro oder pro-rego] 1) vor sich hin strecken, ausstrecken, brachium, insbes. p. manum bei der Abstimmung. Hiervon A) ausdehnen, aciem longius. B) p. se oder häufig *pass.* medial sich ausdehnen, erstrecken: planicies p. C) p. hostem zu Boden schlagen, so daß er ausgestreckt liegt. 2) darreichen, hinreichen, geben, alicui aliquid, opem amicis verschaffen.

Porrīma, ae, *f.* (Poet.) eine von den römischen Frauen verehrte Göttin.

Porro, *adv.* [gr. πόῤῥω] 1) im Raume (selt.) A) bei Verben der Bewegung, vorwärts, in die Ferne, armentum agere. B) bei Verben der Ruhe, in der Ferne, esse, habitare. 2) in der Zeit. A) (Poet., selten) ehedem: quod p. fuerat. B) forthin, fernerhin: fac ut eadem sis p. C) ferner in der Zeit, später. 3) zur Angabe einer Folge und eines Fortschrittes, insbes. in der Rede, ferner, sodann, weiter: videte jam p. cetera; p. anxius erat quid etc.; et p. und obenderein; loquere p. sprich weiter.

Porrum, i, *n.* oder **-rus, i,** *m.* der Lauch, Porree.

Porsēna oder **Porsenna, ae,** *m.* König von Clusium in Etrurien, der den König Tarquinius in Rom wieder einführen wollte.

Porta, ae, *f.* das Thor einer Stadt, eines Lagers u. dergl.: pp. urbis; fores portae. Hiervon = Eingang, Zugang überhaupt, z. B. ein Engpaß; p. jecoris ein Theil der Leber; *trop.* (Lucr.) = Mittel, Weg.

Portātio, ōnis, *f.* [porto] (selt.) das Tragen, Hintragen, armorum.

Portendo, di, tum, 3. [porro = protendo] eigtl. „hervorstrecken", 1) etwas Künftiges anzeigen, ankündigen, prophezeien: p. malum, illum regnaturum esse; p. spem Hoffnung geben, p. auspicia Wahrzeichen geben. Hiervon A) *trop.* = herbeiführen, omnes rerum mutationes pp. caedem. B) *pass.* medial = bevorstehen, pericula portenduntur.

*****Portentifícus,** *adj.* [portentum-facio] (Poet.) wunderbar, Wunder bewirkend (Andere schreiben **Portentifer, a,** ein Wunder bringend).

Portentōsus, *adj.* mit comp. und *sup.* [portentum] wunderbar, übernatürlich, abenteuerlich.

Portentum, i, *n.* [portendo] ein Wunder, eine übernatürliche und außerordentliche Erscheinung, ein Wunderzeichen (vgl. omen, augurium). Hiervon A) (Poet.) dira pp. schreckliche Ungeheuer, Scheusale. B) *trop.* a) von einem verderblichen und sehr gewaltsamen Menschen oder Ungeheuer, Clodius p. reipublicae. b) = phantastische und abenteuerliche Vorstellungen, poetarum et pictorum pp.

Porthmeus, ei, *m.* [πορθμεύς] (spät. Poet.) der Fährmann (Charon).

*****Portīcŭla, ae,** *f.* *deminut.* von porticus.

Portĭcus, us, *f.* 1) der Säulengang, die Halle, Galerie; solche wurden oft als Spaziergänge benutzt; insbes., weil Zeno in der στοά ποικίλη (siehe Poecile) lehrte, zur Bezeichnung der stoischen Philosophie. 2) ein Schutzdach für Soldaten.

Portĭo, ōnis, *f.* (verw. mit pars) 1) (meist Spät.) der Theil, gew. mit Bezug auf denjenigen, der ihn erhält, = Antheil (vgl. pars). 2) das Verhältniß: eadem p. servabitur; fast immer in der Verbindung pro p. oder ad p. (auch bloß portione) verhältnißmäßig: frumentum iis pro p. imperatum est, pro p. rerum nach dem Verhältniß, welches die Sache giebt.

Portiscŭlus, i, *m.* (Vorklass.) der Hammer, womit der Rudermeister das Signal gab; davon *trop.* = das Commando.

Portĭtor, ōris, *m.* [stammverw. mit fero, porto] (Poet. und Spät.) der Fährmann, Schiffer, insbes. = Charon.

Portĭtor, ōris, *m.* [portus] der Zolleinnehmer (im Hafen), Zöllner, der aus- und eingehende Waaren nachsah und den Zoll empfing; *trop.* = Jmd., der nach Allem hascht.

Porto, 1. [fero] tragen, bringen, fortschaffen (bes. etwas Großes und Schweres; vgl. fero, gero u. s. w.): p. frumentum in alias terras, p. onera. 2) (Poet. u. Spät.) *trop.* bringen, mit sich bringen, auxilium alicui, laetum nuntium ad aliquem überbringen.

Portōrium, ii, *n.* [portus] 1) der Hafenzoll, Zoll, des Hafengeld, dare p. 2) *trop.* circumvectionis das Hauptgeld, Steuer die erlegt wird für die Erlaubniß, Waaren zum Verkaufe umherzutragen.

*****Portŭla, ae,** *f.* *deminut.* von porta.

Portūnus, i, *m.* [portus] der Hafengott bei den Römern (mit dem griechischen Palämon identificirt).

Portuōsus, *adj.* mit *comp.* u. *sup.* [portus] reich an Häfen.

Portus, us, *m.* 1) der Hafen; in portu operam dare = Zöllner sein (siehe portitor 2.); *proverb.* (Com.) in portu navigare = in Sicherheit sein. Hierv. *trop.* = der Zufluchtsort, die Zuflucht: senatus, p. omnium nationum; (Poet.) p. est in limine ist nahe, tu es p. et ara tuis. 2) die Mündung eines Flusses.

Pōrus, i, *m.* König in Indien, von Alexander dem Großen besiegt.

Posca, ae, *f.* (Vorklass. u. Spät.) ein aus Wasser und Essig gemischtes Getränk.

Posco, pŏposci, — 3. 1) bringend verlangen, fordern (nachdrücklicher als postulo, schwächer als flagito): p. pugnam, vades, filiam alicujus sibi uxorem; p. aliquem rem aliquam oder aliquid ab aliquo; poscor aliquid (Poet. u. Spät.) man fordert Etwas von mir; (Poet. u. Spät.) p. ut is veniat, p. eum morari daß er komme, bleibe. Insbes. A) (Poet.) poscimur wir werden (zum Singen) aufgefordert. B) (Poet.) p. causas zu wissen verlangen. C) poscunt majoribus sie fordern einander heraus = trinken einander zu mit größeren Bechern. D) *trop.* quos populus poscit diejenigen, welche das

Bolt (zum Kampfe) hervorfordert (weil es sie, als vorzügliche Kämpfer, gern kämpfen sehen mag), = ausgezeichnete Gladiatoren (an der angedeuteten Stelle = geübte Meuchelmörder). E) (Pl.) a) vom Verkäufer, tanti quanti poscit ille emitur so theuer, für so Viel. b) vom Käufer, p. aliquid coenā für eine Mahlzeit zu haben verlangen = laufen wollen. 2) von Sachen, erheischen, erfordern: quod res poscere videtur. 3) (Vorklaff.) Jmd. rufen, hominem. Hiervon (Poet.) anrufen, numina tua.

Pŏsīdōnius, ii, m. [Ποσειδώνιος] stoischer Philosoph, Lehrer des Cicero.

Pŏsĭtĭo, ōnis, f. [pono] (meist Spät.) 1) das Setzen, Stellen. Hiervon trop. A) das Hinsetzen, der Gebrauch eines Wortes. B) die Bekräftigung, Bejahung. C) die Aufgabe, das Thema. D) in der Grammatik die Endung. E) in der Metrik a) (eigtl. p. pedis) der Niederschlag im Takte (oppos. sublatio der Aufschlag). b) p. syllabae die Stellung einer kurzen Sylbe vor zwei Consonanten, wodurch sie lang wird. 2) die Stellung, corporis. Hiervon trop. A) die Verfassung. B) der Umstand. 3) die Lage, loci.

Pŏsĭtor, ōris, m. [pono] (Poet.) der Anleger, Erbauer.

Pŏsĭtūra, ae, f. [pono] (Poet. und Spät.) 1) = positio; p. mundi Erschaffung. 2) = positus.

Pŏsĭtus, us, m. [pono] (Poet. u. Spät.) die Stellung, Lage.

Possessĭo, ōnis, f. I. [possido] die Besitznahme, bonorum. II. [possideo] 1) der Besitz, das Eigenthumsrecht an eine Sache: esse in p. rei alicujus. 2) das Besitzthum, Eigenthum, habere magnas pp.

*****Possessĭuncŭla**, ae, f. deminut. von possessio.

Possessor, ōris, m. [possideo] der Besitzer, bonorum.

Possĭbĭlis, e, adj. [possum] (Spät.) möglich.

Possĭdĕo, sēdi, sessum, 2. [po-sedeo] 1) besitzen, im Besitze sein, in seiner Macht haben: p. bona, agrum, p. plus fidei quam artis, religionem haben. 2) einen Ort inne haben, p. forum armatis besetzt halten; (Poet.) bloß = an einem Orte sich aufhalten.

Possīdo, sēdi, sessum, 3. [po-sido] in Besitz nehmen, sich einer Sache bemächtigen, bona alicujus; totum hominem possederat er hatte den Mann ganz für sich eingenommen.

Possum, pŏtui, posse (Vorkl., bei einem passivischen Infinitiv, auch pass., wie potestur u. s. w.) (zusammengezogen aus potis-sum, wie es bei Vorklaff. u. Poet. auch geschrieben wird) '1) können, im Stande sein: p. facere aliquid; faciam quantum (quod) potero; non possum non scribere od. non possum (facere non possum) quin scribam ich kann nicht umhin zu schreiben, ich muß schreiben; fieri potest es ist möglich; quam (quantas) maximas potest copias armat er rüstet so große Truppenmassen wie es möglich ist. Insbes. A) potest = fieri potest es ist möglich; deßwegen (Pl.) non potest quin obeat es kann nicht umhin zu schaden. B) (Com.) possum scire kann ich zu wissen kriegen?

= so sage mir doch in Gottes Namen! C) (Poet.) in moralischer Beziehung Einem = es über sich nehmen, sich überreden Etwas zu thun: (illae) potuere sponsos perdere. 2) = vermögen, ausrichten können, gelten: p. omnia, plus apud aliquem in re aliqua; multum p. amicitiā durch Freundschaft viel gelten.

Post, I. adv. 1) im Raume, hinten, hintennach: qui p. erant. Hiervon trop. von einer Rangfolge: invidia et superbia p. erant wurden hintenangesetzt, illud putavit p. esse jenes hielt er für etwas Geringeres. 2) in der Zeit, hernach, später od. nachher: paulo (aliquanto, multo) p. ob. p. paulo (p. non multo) kurz (etwas, lange) nachher; multis p. annis ob. multis annis p. (selten p. multis annis). Hiervon (meist Vorklaff.) p. inde, p. deinde danach; initio mea sponte, p. invitatu tuo nachher. II. praep. mit accus. 1) im Raume, nach, hinter, aliquem, castra; p. me erat Aegina. Hiervon trop. (Poet. u. Spät.) zur Bezeichnung einer Rangfolge: Lydia erat p. Chloen wurde der Ch. nachgesetzt. 2) in der Zeit, nach: p. Vejos captos, p. Brutum proconsulem; p. annum quartum od. annos quatuor quam (quo, quibus) urbs capta est vier Jahre nachdem u. s. w.; aliquot p. menses einige Monate nachher; (Com.) p. id od. illa hernach, später.

Postĕā, adv. [post] 1) hernach, später: Romae, p. Athenis fuerat; p. quam, auch verbunden geschrieben Posteāquam, = postquam; (Sall.) p. loci = postea. 2) = a) ferner, weiter: quid p, si Romae fui was folgt weiter daraus? b) = außerdem.

Postĕrĭtās, ātis, f. [posterus] 1) die Zukunft, die künftige Zeit: si minus in praesens tempus, at in posteritatem. 2) die Nachkommenschaft, Nachwelt: servire p. nach Ruhm bei der N. streben.

Postĕr(us), adj. [post] (der nom. sing. m. findet sich nirgends), I. (posit., von der Zeit, nachfolgend, kommend, nox; laus p. (Poet.) Ruhm bei den Nachkommen; in posterum für die Zukunft ob. für den folgenden Tag; postero ob. postero die am folgenden Tage. Hiervon subst. **Postĕri**, ōrum, m. pl. die Nachkommen. — II. comp. **Postĕrĭor**, us, 1) 1) im Raume, der hintere, pes. 2) bei Angabe einer Reihenfolge, geringer, schlechter, nachstehend: patriae salus er p. erat sua dominatione er setzte das Wohl des Vaterlandes seiner eigenen Herrschaft nach; posteriores (sc. partes) ferre (Com.) zurückstehen, den Kürzeren ziehen. 3) in der Zeit, später, nachfolgend, cogitationes; posterior aetate später lebend. — III. sup. A) **Postrēmus**, 1) im Raume, der hinterste, letzte: p. acies das Hintertreffen, in p. libro am Ende des Buches. 2) trop. zur Angabe einer Reihenfolge, der geringste, schlechteste, äußerste: homines pp.; postremum malorum das Schlimmste. 3) in der Zeit, der letzte: ad postremum zuletzt. Hiervon als adv. a) postremo in der Aufzählung, zuletzt, endlich. b) postremum zum letzten Male. — B) **Postŭmus**, 1) (Poet.) der zuletzt geborene, der jüngste. 2) nachgeboren = nach dem Tode des Vaters geboren, filius.

Post-fĕro, — . — 3. (meist Spät.) hintanſetzen, nachſetzen, suas opes libertati plebis opfern.

***Post-gĕnĭtus**, adj. [gigno] (Poet.) nachgeboren; pl. = die Nachkommen.

Post-hăbeo, 2. nachſetzen, hintanſetzen, omnia rei alicui; omnibus rebus posthabitis mit Hintanſetzung von Allem.

Post-hac, adv. 1) hernach, künftig, von nun an. 2) in der Vergangenheit, nachher.

Post-ĭbi, adv. (Pl.) hernach, hierauf.

Postīcŭlum, i, n. (Pl.) deminut. von posticum.

Postīcus, adj. [post] hinten befindlich, hinterſt, Hinter-, pp. partes aedium. Hiervon subst. -cum, i, n. (Poet.) sc. ostium, die Hinterthür.

Postīdea, adv. (Pl.) verlängerte archaiſtiſche Form von postea.

***Postīlēna**, ae, f. (Pl.) der Schwanzriemen.

Post-illā, adv. (Com.) = postea.

Postis, is, m. 1) die Pfoſte, Thürpfoſte. 2) (Poet.) gewöhnlich im pl. = die Thür; trop. = die Augen.

Postlīmĭnĭum, ii, n. [post-limen?] das Recht in ſeine vorige Heimath und in den vorigen Rechtszuſtand, die frühere bürgerliche Lage zurückzukehren (beſ. von zurückkehrenden Kriegsgefangenen u. dergl.), das Rückkehrrecht.

Post-merīdĭānus, adj., ſiehe pomeridianus.

Post-mŏdo -, **-dum**, adv. (meiſt Vorklaſſ. u. Poet.) = postea.

***Post-partor**, ōris, m. (Pl.) der Nacherwerber = der Erbe.

Post-pōno etc., 3. = posthabeo.

Post-princĭpĭa, ōrum, n. pl. (Vorklaſſ.) was dem Anfange nachfolgt, die Fortſetzung.

***Post-pŭto**, 1. (Ter.) = posthabeo: p. omnes res prae parente.

Post-quam, conj. nachdem, A) mit reinem Zeitbegriffe: es wird regelmäßig mit dem Perfect (wo zwei Begebenheiten unmittelbar auf einander folgen) verbunden; mit dem Plusquamperfect, wo eine Zwiſchenzeit zwiſchen beiden Begebenheiten liegend bezeichnet wird; mit dem Imperfect, wo ein Zuſtand oder eine wiederholte Handlung bezeichnet wird. B) (Vorklaſſ.) mit cauſalem Nebenbegriffe = weil.

Postrīdiē (Vorklaſſ. auch -duo), adv. [postero-die] am folgenden Tage, Tages darauf: prima luce p.; p. kalendas, nonas, idus und p. ludos am Tage nach den Spielen; (Caesar) p. ejus diei; p. quam a vobis discessi am folgenden Tage, nachdem u. ſ. w.

***Postscēnĭum**, ii, n. [post-scena] (Lucr.) was hinter der Scene iſt, trop. = das Geheimniß.

***Post-scrībo** etc., 3. (Spät.) hinter-, nach Etwas ſchreiben, alicujus nomen suo.

***Postŭlātīcĭus**, adj. [postulo] (Spät.) was verlangt wird: gladiatores pp. = quos populus poscit, ſiehe posco.

Postŭlātĭo, ōnis, f. [postulo] 1) die Forderung, das Verlangen, Anliegen, aequa; p. ignoscendi die Bitte um Verzeihung. 2) das Geſuch an den Prätor um Bewilligung der Einbringung einer Klage, das Klaggeſuch: inter p. et nominis delationem. 3) (Vorklaſſ. u. Spät.) die Klage, Reclamation vor Gericht, auch die Beſchwerde überhaupt.

Postŭlātor, ōris, m. [postulo] (Spät.) der Kläger, Citant.

Postŭlātum, i, n. [postulo] (meiſt im pl.) die Forderung, das Veꞏlangen.

***Postŭlātus**, us, m. [postulo] = postulatio 3.

Postŭlo, 1. 1) verlangen, fordern, begehren (vgl. posco): p. auxilium; p. aliquid ab aliquo; p. aliquem aliquid (ſelten u. zweifelh.), aber öfter im pass. postulor aliquid ab illo er fordert Etwas von mir; p. ab aliquo de re aliqua, an Jmd. Forderungen machen in Bezug auf Etwas; p. ut (ne) illud facias; p. eam servire daß ſie Sklavin ſein ſoll, quis se scire aut posse postulat? Auch von Sachen = erheiſchen, nöthig haben, haec aetas alios mores p. 2) (Com.) = wünſchen, ſtreben, aliquid facere. 3) vor Gericht fordern, gerichtlich belangen, p. aliquem de majestate, repetundarum (Spät. auch repetundis); p. aliquem impietatis reum. Hiervon (Pl.) intrans. p. cum aliquo = expostulare ſich bei Jmd. beklagen, mit Jmd. ſtreiten.

Postūmĭus, Name eines römiſchen Geſchlechtes; — am bekannteſten iſt der Spurius P. Albinus, der 321 v. Chr. in den Caudiniſchen Engpäſſen, von den Samnitern eingeſchloſſen, mit ſeinem Heere unter das Joch gehen mußte.

Postūmus, ſiehe Posterus.

Postvorta, ae, f. eine Göttin, Schweſter der Antevorta, eine Zeitgöttin (= die Zukunft) oder Geburtsgöttin (der verkehrten Geburt).

Pōtātĭo, ōnis, f. [poto] das Trinken, Trinkgelage.

***Pōtātor**, ōris, m. [poto] (Pl.) der Trinker.

Pōte, ſiehe Pōtis.

Pŏtens, tis, adj. mit comp. u. sup. [possum] 1) abſol. mächtig, vermögend, civitas, urbs, rex; pp. arma, argumenta ſtarke. Hiervon (Poet.) herba p. kräftig (heilſam oder zauberiſch); p. ad ea obtinenda (ad animum ejus der vielen Einfluß auf — hat. 2) mächtig zu Etwas = Etwas vermögend, im Stande zu Etwas: potens armorum retinendorum die Waffen zu halten, efficiendi quae velit; p. regni zum Regieren, ebenſo p. fugae der im Stande iſt zu fliehen, p. pugnae kampffähig. 3) einer Sache mächtig, -Herr, Etwas beherrſchend: p. urbis Herr der Stadt, diva p. Cypri Beherrſcherin Cyperns; p. sui ob. mentis ſeiner ſelbſt, ſeines Verſtandes mächtig, aber auch p. sui = ſein eigener Herr, unabhängig, ob. = ſich ſelbſt beherrſchend, mäßig; p. consilii Herr über ſeinen Entſchluß; p. imperii Herr zu befehlen verſteht, dem die Soldaten gehorchen. 4) (meiſt Poet. u. Spät.) der Etwas erlangt hat: A) p. ingenti praedā im Beſitze von großer Beute. B) = zufrieden mit Etwas, p. parvis mit Wenigem = genügſam. C) p. voti deſſen Wunſch erfüllt worden iſt, pacis der den Frieden erlangt hat; p. jussi der den Befehl vollzogen hat.

Pŏtentātus, us, m. [potens] (ſelten) die Macht im Staate, Oberherrſchaft.

Pŏtenter, *adv.* [potens] (Poet. u. Spät.) 1) mächtig, kräftig. *2) nach Kräften, seinem (geistigen) Vermögen gemäß.

Pŏtentĭa, ae, *f.* [potens] 1) die Kraft, das Vermögen, die Kräfte, herbarum, formae. 2) insbes. die politische Macht, Gewalt, der Einfluß (durch persönliche Eigenschaften, äußere Lage, z. B. Reichthum, gewaltsame Usurpation u. dergl., vgl. potestas): esse in magna p.; p. singularis die Alleinherrschaft; periculosissimae hominum pp.

Pŏtērĭum, ii, *n.* [ποτήριον] (Pl.) ein Trinkgeschirr, Becher.

Pŏtessem, veralt. = Possem, *Imperf. conj.* von Possum.

Pŏtestas, ātis, *f.* [potis] 1) die Macht, Gewalt (bes. welche Jmb. zufolge einer amtlichen Stellung, einer gesetzlichen Befugniß, Uebereinkommen u. dergl. hat, vgl. potentia), insbes. die politische Gewalt = Herrschaft: esse in alicujus potestate (auch potestatibus) in Jmds Gewalt sein, auch = ihm unterworfen sein, ihm gehorchen, daher dixit se fore in populi Romani (senatus) p. daß er dem Römervolke (dem Senate) gehorchen, sich ihrer Verfügung unterwerfen wurde; habere p. vitae necisque die Gewalt, die Entscheidung über Leben und Tod; habere familiam in sua p. = die Sklaven nicht freilassen; senatus populi potestatem fecit überließ die Sache der Entscheidung des Volkes. Hiervon insbes. = die Herrschaft über sich selbst, exire ex p. = seiner selbst nicht mächtig werden, die Besinnung verlieren. 2) insbes. die obrigkeitliche Gewalt, das obrigkeitliche Amt: p. praetoria, tribunicia; imperium et p. das Militär- und Civil-Amt; gerere p. ein Amt verwalten. Hiervon = die Person, die das Amt verwaltet, die Behörde: evocatus a magistratu aut aliqua legitima p. 3) die Möglichkeit, Gelegenheit, Erlaubniß: p. data est augendae dignitatis tuae; quoties mihi hominum certorum p. erit so oft als zuverlässige Personen finden können werde; facere (alicui) potestatem aliquid faciendi Jmd. die Gelegenheit, die Erlaubniß geben ob. verschaffen, Etwas zu thun; facere alicui potestatem sui Jmb. bei sich zulassen, ihm Audienz geben, non habere p. alicujus mit Jmb. nicht reden können; im Kriege facere potestatem sui = sich in ein Gefecht einlassen.

Pŏtin', siehe Potis.

Pŏtĭo, ōnis, *f.* [verw. mit poto] 1) das Trinken: in media p. mitten im Trinkgelage. 2) der Trank: cibus et p.; insbes. a) = Gift, b) = Arznei, c) = Liebestrank.

Pŏtĭo, 4. [potis] (Pl.) einer Sache theilhaft machen: 1) p. aliquem servitutis zum Sklaven machen. 2) potius hostium in die Gewalt der Feinde gerathen.

***Pŏtĭōnātus**, *adj.* [potio] (Spät.) der einen Liebestrank erhalten hat.

Pŏtĭor, *depon.* 4. (Poet. auch Formen nach 3. wie potītur, poterentur) [potis] 1) sich in den Besitz einer Sache setzen, Etwas erlangen, sich bemächtigen: p. imperio, victoria, castris, praedā; p. rerum sich der höchsten Gewalt bemächtigen, die Oberherrschaft erlangen, ebenso p. regni, urbis; (zweifelh. außer bei Spät.) p. rem aliquam; spes castrorum potiendorum; p. monte besteigen, campo (Poet.) erreichen. 2) im Besitze einer Sache sein, Etwas haben: p. voluptatibus genießen, mari die Herrschaft über das Meer haben, p. rerum der Mächtigste sein, die Gewalt haben; (Vorklaff.) p. gaudia genießen.

Pŏtĭor, us, *adj. im comp., u. sup.* potissimus, vorzüglicher, was besser, wichtiger, größer u. s. w. (als etwas Anderes) ist oder Jmb. scheint: cives pp. quam peregrini; mors mihi potior est servitute ich ziehe den Tod der Knechtschaft vor; sententia p. besser, richtiger; nihil mihi potius fuit quam Nichts lag mir mehr am Herzen; potior puella (Poet.) ein liebres Mädchen (das der Gesellschaft Jmbs vorgezogen wird); potissimus servus der beste. — Hiervon *adv.* A) *comp.* potius vielmehr, mehr, eher (wenn der Sinn ist, daß von zwei Dingen das eine stattfindet, das andere gar nicht, vgl. magis): non judicavit, Galliam p. Ariovisti quam populi Romani esse daß Gallien dem A. und nicht dem römischen Volke gehörte; perpessus est omnia p. quam indicaret lieber als Anzeige zu machen. Bisweilen ist p. ausgelassen und das quam steht doch. B) *sup.* potissimum ob. (selten) -me, vornehmlich, hauptsächlich, am ehesten: ad is p. urbi praestetet eben er.

Pŏtis, e, *adj.* (Vorklaff. u. Poet.) vermögend, mächtig, im Stande, immer in der Verbindung mit dem Verbum esse (potis est = potest, p. esse = posse): pote est = potest (fieri) es ist möglich; nihil pote supra Nichts kann darüber gehen; potin' = potisne es ob. potisne est kannst du? kann er?

Pŏtĭto, 1. (p.) (Pl.) tüchtig trinken.

***Pŏtĭtor**, ōris, *m.* [potior] (Spät.) der Besitzergreifer.

***Pŏtĭuncŭla**, ae, *f. deminut.* von potio.

Potnĭae, ārum, *f. pl.* [Ποτνίαι] Flecken in Böotien; die Weiden in seiner Nähe machten die Pferde und Esel rasend. Davon **Potnĭas**, ādis, *f. adj.*: pp. equae die Stuten des Glaucus, die ihn zerrissen.

Pŏto, pŏtāvi, pŏtātum ob. ōfter pōtum, 1. I. *intrans.* in starken Zügen und reichlich trinken, wie große Thiere u. dergl. (vgl. bibo); juvenci pp.; von Menschen = zur Lust trinken, zechen, saufen: p. apud aliquem, voluptas potandi; *particip.* potus der getrunken hat, bisweilen = berauscht. II. *transit.* (Vorklaff., Poet. u. Spät.) Etwas trinken, aquam; sanguine poto nachdem das Blut getrunken war; p. crapulam sich einen Rausch trinken. Hiervon A) = einsaugen, in sich ziehen, vellera pp. succum (beim Färben). B) p. fluvium = an einem Flusse wohnen.

Pŏtor, ōris, *m.* [Stamm Po, wovon poto] (Poet. u. Spät.) 1) der Trinker, aquae; p. Rhodani der am Rhonefluß wohnt. 2) der Säufer, Zecher, Theilnehmer an einem Trinkgelage.

***Pŏtrix**, īcis, *f.* (siehe Poto) (Spät.) die Trinkerin, Säuferin.

Pŏtŭlentus, *adj.* [potus] 1) trinkbar, *subst.* potulenta, ōrum, *n. pl.* Getränke. 2) (Spät.) betrunken.

Pōtus, us, m. [Stamm Po, wovon poto] 1) das Trinken. 2) der Trank.

Prae, I. adv. 1) voran, voraus: ire p. 2) in den Verbindungen (Vorklaff. u. Spät.) praequam ob. praeut im Vergleiche mit dem, daß u. s. w.: nihil hoc est p. alios sumptus facit. II. praep. mit abl. 1) im Raume, vor: p. se armentum agere; p. manu (Vorklaff.) bei der Hand. Hiervon trop. A) p. se ferre = deutlich zeigen, zur Schau tragen u. s. w. (siehe foro II. 3.). B) (Poet.) zur Bezeichnung eines Vorzuges, vor, unus p. omnibus. 2) zur Bezeichnung einer Gegenüberstellung und Vergleichung, im Vergleiche mit, gegen: tu beatus es p. omnibus. 3) bes. in negativen Sätzen zur Angabe eines hindernden Grundes = vor, wegen: p. lacrimis loqui non possum; p. laetitia; vix p. strepitu lex audita est.

Prae-ăcūtus, adj. vorn zugespitzt.
Prae-altus, adj. 1) sehr hoch. 2) sehr tief.

Praebeo, 2. [prae-habeo] 1) hinhalten, hinreichen, darreichen, darbieten, ubera parvulo, manum verberibus; trop. p. aliquem hosti ad caedem preisgeben, p. aures (alicui) Jmb. Gehör geben, p. os ad contumeliam = sich verhöhnen lassen. 2) geben, darreichen, verschaffen, darbieten, alicui panem; p. alicui spectaculum, praebuerunt speciem pugnantium sahen aus wie Kämpfende, hatten das Aussehen, als wenn sie kämpften; p. suspicionem erregen, errorem verursachen, materiam seditionis Veranlassung geben; (Poet.) p. ludos Gelegenheit zum Spaß geben, sonitum Geräusch machen; (Poet.) praebuit se rapi ließ sich entführen. 3) zeigen, erweisen, alicui fidem, operam reipublicae leisten; insbes. p. se fortem sich keck erweisen; auch p. se pari virtute; (Com.) p. hominem strenuum sich als einen tüchtigen Menschen erweisen.

Prae-bĭbo etc., 3. vortrinken, zutrinken, alicui venenum.

Praebĭtio, ōnis, f. [praebeo] das Darreichen, Geben.

***Praebĭtor**, ōris, m. [praebeo] der Darreicher, Lieferer, Geber.

***Praebĭtum**, i, n. [particip. von praebeo] (Spät.) das zum Unterhalt Gereichte, das Kostgeld, Gehalt.

***Prae-călĭdus**, adj. (Spät.) sehr warm.

***Prae-calvus**, adj. (Spät.) sehr kahl.
***Prae-cantātrix**, ĭcis, f. (Pl.) die Zauberin.

***Prae-cānus**, adj. (Poet.) vor der Zeit grau.

Prae-căveo etc., 2. 1) sich im Voraus hüten, sich in Acht nehmen, ab insidiis, ne quid accidat. 2) p. alicui für Jmds Sicherheit sorgen, ihn schützen. II. vorher abzuwenden suchen, -verhüten, -vorbeugen, injurias, peccata.

Prae-cēdo etc., 3. 1) (Poet. u. Spät.) vorangehen, aliquem; auch absol. vorhergehen: nulla injuria p.; Victoriā praecedente intem das Bild der V. vorhergetragen wurde. 2) trop. = übertreffen, den Vorzug haben, p. Gallos virtute; (Vorklaff.) auch p. alicui.

Praecellens, tis, adj. mit comp. u. sup. [particip. von praecello] vorzüglich, vortrefflich.

Prae-cello, — — 3. (Vorklaff. auch -lleo, — — 2.) 1) (Spät.) übertreffen, aliquem re aliqua. 2) (Vorklaff. u. Spät.) sich auszeichnen, hervorragen, dignitate inter reliquos. 3) (Spät.) vorstehen, beherrschen, genti.

Prae-celsus, adj. (Poet.) sehr hoch.

Praeceps, cĭpĭtis (Vorklaff. auch -cĭpis), adj. [prae-caput] 1) kopfüber, mit dem Kopfe voran: dejicere aliquem p.; p. ire, ferri kopfüber stürzen, fallen. 2) über Hals und Kopf, eilig, schnell, sich überstürzend: praecipites se fugae mandabant; p. profectio; (Poet.) p. amnis mit reißender Schnelle fließend, ventus heftig, nox furz dauernd. Hiervon A) von Personen, zu rasch, voreilig, hitzig, übereilt: homo p. in omnibus consiliis; poenae agunt eum p. treiben ihn blindlings, jählings; so häufig von Menschen, die von Leidenschaften, Lastern ob. heftigen Gemüthsbewegungen hingerissen werden: praeceps amentiā fertur, mulier praeceps luxuriā abierat, p. ad explendam cupiditatem. C) von abstracten Begriffen, = übereilt, heftig, jäh u. dergl. p. furor. 3) von Localitäten, jäh abgehend, abschüssig, jäh, locus, via. So das n. praeceps als subst. = der abschüssige Ort, Abgrund, in praeceps deferri, pervenire in praecipitia. Hiervon trop. dem Verderben zueilend, sich überstürzend = mißlich, gefährlich, tempus, libertas. So n. praeceps als subst. = die gefährliche Lage, die Gefahr, dare rempublicam in p. in eine höchst bedenkliche Lage. 4) sich neigend, herabgehend, sol p. in occasum. Hiervon trop. = geneigt, sich zu Etwas neigend: animus p. ad avaritiam. 5) (Spät.) als subst. n. praeceps = das Erhabene: orator ad p. accedere debet. 6) (Spät.) im n. sing. als adv. in der Tiefe: praeceps trahere multos; trop. praeceps dare famam alicujus vernichten.

Praeceptio, ōnis, f. [praecipio] 1) (Spät.) die Vorwegnahme 2) der Vorbegriff. 3) die Unterweisung, Lehre, Stoicorum.

***Praeceptīvus**, adj. [praecipio] (Spät.) vorschreibend, Vorschriften ertheilend.

Praeceptor, ōris, m. [praecipio] 1) der Lehrer, Unterweiser, vivendi, fortitudinis. 2) (Spät.) der Gebieter.

Praeceptrix, ĭcis, f. [praecipio] die Lehrerin.

Praeceptum, i, n. [praecipio] 1) die Vorschrift, der Befehl. 2) die Lehre, Regel.

Praecerpo, psi, ptum, 3. [prae-carpo] (Poet. u. Spät.) vor der Zeit abnehmen, -abbrechen, messes, germina. 2) trop. vor einem Anderen wegnehmen, fructum officii tui. 3) (Spät.) aus Etwas Auszüge machen, excerpiren.

Praecīdo, ĭdi, īsum, 3. [prae-caedo] 1) was vorn ist abschneiden, abhauen, alicui nasum; p. ancoras die Ankertaue kappen, fistulas die Röhren zerschneiden. Hiervon trop. A) abschneiden = benehmen, entziehen, alicui spem, libertatem vivendi, sibi reditum.

B) bestimmt abschlagen, verweigern, aliquid plane. C) absol. abkürzen, kurz fassen: brevi p.; praecide mache es kurz. D) (Spät.) p. sinum quer über die Bucht segeln. 2) zerschneiden, cotem novaculâ; p. naves zerstoßen; 3) (Pl.) zerschlagen, os alicui.

Prae-cingo etc., 3. (Poet. u. Spät.) 1) gürten, umgürten (nur im pass.): praecingor ense; altius praecinctus höher aufgeschürzt = geschwinder reisend. 2) umgeben, fontem vallo; p. parietes testaceo opere überziehen.

Praecino, cĭnui, centum, 3. [prae-cano] 1) von einem Instrumente, vorspielen, vorblasen: fides pp. epulis ertönen, bei Gastmählern. 2) von einer Person, a) (Poet.) vorsingen = eine Zauberformel vorsagen. b) (Poet. u. Spät.) vorhersagen, prophezeien.

Praecipio, cēpi, ceptum, 3. [prae-capio] 1) vorher-, voraus nehmen, -bekommen, pecuniam mutuam voraus borgen, p. locum voraus besetzen; aestus p. lac macht die Milch versiegen, ehe die Menschen sie bekommen können. Hiervon: p. iter, aliquantum viae vor einem Anderen abreisen, einen Vorsprung gewinnen, ebenso p. spatium eine Strecke voraus kommen; tempore praecepto wegen des Vorsprunges in der Zeit; p. laetitiam voraus genießen, spem im Voraus sich bilden, bellum früher (als es erwartet wurde) anfangen; p. aliquid animo, cogitatione sich voraus denken, p. rem famâ Etwas im Voraus durch das Gerücht erfahren, opinione im Voraus vermuthen. 2) vorschreiben, anweisen, befehlen, Regeln geben ob. dergl. p. alicui aliquid; p. alicui ut (ne) vigilet und häufig p. vigilet hat er wachen soll; auch justitia praecipit parcere victis. 3) lehren, vortragen, Unterricht in Etwas geben, aliquid, de eloquentia; (Poet. und Spät.) p. artem.

*****Praecipitanter**, adv. [praecipito] (Lucr.) über Hals und Kopf, hastig.

Praecipitātio, ōnis, f. [praecipito] (Spät.) das Herabstürzen, Herabfallen.

Praecipĭtium, ii, n. [praeceps] (Spät.) der jähe, abschüssige Ort, der Abgrund.

Praecipito, 1. [praeceps] I. transit. kopfüber herabstürzen, equites ex equis, se ex saxo, de turri, in fossas; häufig p. se ob. pass. medial praecipitor sich herabstürzen; lux praecipitatur aquis (Poet.) die Sonne geht unter. Hiervon trop. A) aus einer höheren Stellung in eine niedrigere oder aus einer besseren Lage in eine schlechtere, ins Verderben stürzen: p. aliquem ex altissimis dignitatis gradu; p. civitatem zu Grunde richten, spem vernichten. B) praecipitata nox bald zu Ende gehend, aetas sich neigend, dem Grabe zueilend. 2) zu sehr beschleunigen, übereilen, editionem librorum, consilia. 3) (Poet.) Etwas zu thun drängen, facere aliquid. — II. intrans. 1) jählings (sich) herabstürzen, herabfallen: Nilus p. ex altissimis montibus; p. in fossam; nox p. coelo (Poet.) sinkt vom Himmel herab, ebenso sol p. neigt sich zum Untergange. Hiervon trop. sinken, zu Grunde gehen: respublica p.; hiems p. ist bald zu Ende; p. in insidias in Nachstellungen gerathen. 2) sich übereilen.

Praecipue, adv. [praecipuus] vorzüglich, vorzugsweise.

Praecĭpuus, adj. [prae-capio] 1) eigenthümlich, ausschließlich, was Jmd. vor Anderen voraus hat, jus; non p. sed par condicio; bes. von demjenigen, was Jmd. von einer Erbschaft voraus erhält. 2) vorzüglich, ausgezeichnet, opera, amor, vir.

Praecīse, adv. [praecisus] 1) kurz, mit wenigen Worten. 2) schlechtweg, völlig, negaro.

Praecīsio, ōnis, f. [praecido] das Vornabschneiden, trop. die Abbrechung des Gedankens.

Praecīsus, adj. [particip. von praecido] 1) (Poet.) jäh, abschüssig, iter, saxum. 2) (Spät.) kurz, abgebrochen.

Praeclāre, adv. mit comp. u. sup. [praeclarus] 1) sehr deutlich, intelligere, meminisse. 2) vortrefflich, sehr wohl.

Prae-clārus, adj. mit comp. u. sup. 1) (Poet.) sehr hell, lux. 2) sehr bekannt, gewöhnlich = berühmt, homo, dux, selten = berüchtigt, p. sceleribus. 3) vortrefflich, ausgezeichnet, herrlich, virtus, genus dicendi, homo, res (Vermögen).

Prae-clūdo, si, sum, 3. [prae-claudo] 1) verschließen, zumachen, sperren, fores; p. portas consuli; p. orbem terrarum alicui; p. vocem alicui Jmd. den Mund verstopfen. *2) (Spät.) negotiatores praeclusit er schloß die Kaufleute aus (Andere erklären es: ließ ihre Buden schließen).

Praeco, ōnis, m. der Ausrufer, Herold, theils als öffentlicher Diener bei mehreren Gelegenheiten von den Behörden gebraucht, theils von Privaten, z. B. bei Leichenbegängnissen, Versteigerungen u. dergl.; trop. p. laudis tuae Verkündiger.

Prae-cōgito, 1. (selten) vorher bedenken, im Voraus überlegen, facinus.

Prae-cognosco etc., 3. (selten) vorher erfahren, adventum alicujus.

Prae-cŏlo etc., 3. 1) trop. vorher bearbeiten, -bilden, animi habitum ad virtutem. 2) A) (Spät.) auf eine Sache viel halten, sie sehr schätzen. B) particip. praecultus sehr geschmückt.

*****Prae-commŏveo** etc., 2. (Spät.) vorzüglich bewegen, aliquem.

*****Prae-compŏsĭtus**, adj. (Poet.) vorher zurecht gelegt, -studirt, vultus.

Praecōnius, adj. [praeco] zum Ausrufer gehörig, Ausrufer-, Herolds-, quaestus. Hiervon subst. **Praecōnium**, ii, n. 1) das Amt eines Herolds, Ausruferamt: facere p. Ausrufer sein. 2) das Ausrufen = die öffentliche Bekanntmachung, Veröffentlichung: peragere p. casus den Fall bekannt machen. 3) trop. das Rühmen, der Preis, die Verherrlichung: Homerus Achilli tribuit p.; p. laborum suorum.

Prae-consūmo etc., 3. (Poet.) vorher verzehren, aufbrauchen, vires suas.

*****Prae-contrecto**, 1. (Poet.) vorher betasten.

Prae-cordia, ōrum, n. pl. [prae-cor] die das Herz und die Lunge von dem Unterleibe trennende Haut, das Zwerchfell. 2) die Eingeweide. 3) die Brust: sanguis coit in pp. 4) (Poet.) die Brust, das Herz als Sitz der

Empfindungen und Begierden: virtus redit in pp; Liber aperit condita pp. *5) (Poet.) der Körper überhaupt.

Prae-corrumpo etc., 3. (Poet.) vorher verführen, ‑bestechen, aliquem.

Praecox, ŏcis (Vorllaff. auch ‑oŏquis u. ‑oŏquus), adj. 1) vor der Zeit reif, frühreif, uva, rosa. Hiervon arbor p. vor der Zeit Früchte tragend, locus wo die Früchte zu früh reif werden. 2) trop. was zu früh kommt, unzeitig, audacia, risus.

Praecultus, siehe praecolo.

*Prae-cŭpĭdus, adj. (Spät.) sehr begierig.

Praecurro etc., 3. 1) voraus‑, vorher laufen, ‑eilen: equites pp. reiten voraus; trop. fama p., certa signa pp. certis gehen voraus. 2) A) vorangehen, ‑eilen: appetitus pp. rationem; p. adventum alicujus vor Jmd. ankommen. Hiervon trop. p. aliquem aetate früher leben als Jmd.; p. alicui studio in seinem Eifer vor Jmd. vorauseilen = eifriger sein als Jmd.; p. aliquem celeritate Jmd. überholen, zuvorkommen. B) übertreffen, aliquem virtute.

Praecursĭo, ōnis, f. [praecurro] 1) das Vorherlaufen, Vorhergehen. 2) (Spät.) als militär. term. t. der vorläufige Kampf, das Geplänkel. 3) die vorbereitende Einleitung einer Rede.

Praecursor, ōris, m. [praecurro] 1) der Vorläufer, insbes. der Läufer als Diener eines Großen. 2) im pl. als militär. term. t. die Avantgarde, der Vortrab.

Praecursōrius, adj. [praecursor] (Spät.) vorausgehend, ‑eilend.

Praecŭtio, cussi, cussum, 3. [praequatio] (Poet.) voran schwenken, taedas.

Praeda, ae, f. 1) die Beute (überhaupt, vgl. manubiae, spolia): p. belli Kriegsbeute, p. pecorum aus Vieh bestehend; esse alicui praedae die Beute Jmds sein; Hiervon überhaupt = der Raub: praedam facere ex fortunis alicujus. 2) (Poet. u. Spät.) die Beute, welche auf der Jagd oder im Fischfange gemacht wird, der Fang. 3) trop. a) = der Gewinn, Vortheil: maximos quaestus praedasque facere. *b) (Poet.) der gethane Fund.

Praedābundus, adj. [praedor] Beute machend.

Prae-damno, 1. vorher verdammen, ‑verurtheilen, aliquem; p. spem vorher fahren lassen.

Praedātĭo, ōnis, f. [praedor] (Spät.) das Beutemachen, Plündern.

Praedātor, ōris, m. [praedor] 1) der Beutemacher, Plünderer: exercitus p. plündernd. Hiervon (Poet.) = der Jäger, p. aprorum Eileger. 2) (Poet.) als adj. gewinnsüchtig.

Praedātōrius, adj. [praedator] beutemachend, plündernd, raubend, navis ein Raubschiff; p. manus, classis.

Praedātus, siehe Praedor.

*Prae-dēlasso, 1. (Poet.) vorher ermüden, incursum aquae schwächen.

*Prae-destĭno, 1. im Voraus bestimmen, sibi triumphum als Ziel seiner Bestrebungen sich vorsetzen.

Praediātor, ōris, m. [praedium] der Güterauftäufer, Käufer von an den Staat verpfändeten Grundstücken, als Sachverständiger oft bei Fragen über den Werth u. s. w. eines Grundstückes zu Rathe gezogen.

Praediātōrius, adj. [praediator] den Verlauf verpfändeter Güter betreffend.

*Praedĭcābĭlis, e, adj. [praedico] was (mit Ruhm) erwähnt werden kann, rühmenswerth.

Praedĭcātĭo, ōnis, f. [praedico] 1) die öffentliche Bekanntmachung, das öffentliche Ausrufen. 2) die rühmende Erwähnung, das Loben, Rühmen.

Praedĭcātor, ōris, m. [praedico] (selten) der Etwas rühmend erwähnt, der Lobredner, Anpreiser, beneficii.

Prae-dīco, 1. 1) ausrufen, öffentlich bekannt machen: praeco p. aliquid. 2) aussagen, laut äußern, erklären, aliquid, contumeliam sibi illatam esse; praedicant paucitatem nostram se erwähnen. 3) rühmend erwähnen, preisen, loben, rühmen, benignitatem tuam, aliquid miris laudibus; p. de meritis alicujus.

Prae-dīco etc., 3. 1) vorher sagen, früher sagen, aliquid; davon (Spät.) praedictus der vorher erwähnte. 2) voraus bestimmen, ‑festsetzen, diem alicui, horam. 3) im Voraus sagen = vorschreiben, befehlen, rathen, warnen, einschärfen, alicui ne (ut) faciat aliquid; (Poet.) p. alicui aliquid. 4) etwas Künftiges vorhersagen, prophezeien, vorher verkündigen, defectionem solis.

Praedictĭo, ōnis, f. [praedico] 1) (Spät.) das Vorhersagen (in der Rhetorik). 2) die Vorherverkündigung, Prophezeiung (abstract), mali.

Praedictum, i, n. [praedico] 1) die Vorherverkündigung abstract = das Vorherverkündigte, die Weissagung, Chaldaeorum pp. 2) der voraus gegebene Befehl, die Vorschrift.

Praediŏlum, i, n. deminut. von praedium.

Prae-disco etc., 3. vorher kennen lernen. rem.

*Prae-dispōno etc., 3. vorher an verschiedenen Stellen aufstellen, nuntios.

Praedĭtus, adj. [prae-do] mit Etwas begabt, versehen: homo p. parvis opibus, singulari audacia bestehend; p. ea spe die Hoffnung habend, metu Furcht nährend.

Praedĭum, ii, n. das unbewegliche Besitzthum, Grundstück: p. urbanum, rusticum.

Prae-dives, ĭtis, adj. sehr reich.

Prae-divīno, 1. (Vorllaff. u. Spät.) voraus ahnden, futura.

Praedo, ōnis, m. [praeda] der Beutemacher, Räuber (überhaupt, vgl. latro, pirata): (Poet.) = raptor der Entführer einer bestimmten Person.

Prae-dŏceo etc., 2. (selten) vorher unterrichten, aliquem.

*Prae-dŏmo etc. 1. (Spät.) vorher bändigen, ‑bewältigen, omnes casus.

Praedor, depon. 1. (Vorllaff. auch ‑do, 1.) I. intrans. Beute machen, plündern, rauben: spes praedandi et rapiendi; auch von Raubthieren. Hiervon a) = Gewinn ziehen, sich bereichern, in (de) bonis alicujus; b) *particip.* praedatus als *adj.*, der Beute gemacht hat, mit Beute versehen, bene p. II. *transit.* 1) (Spät.) plündern, socios. 2) (Poet. u. Spät.) als Beute wegführten, rauben, bona alicujus. Hiervon A) = fangen, p. ovem. B) *trop.* puella me p. macht einen Fang an mir, erobert mich; anni euntes pp. multa, entführen, rauben.

Prae-dŭco etc., 3. vor Etwas ziehen, p. fossam castris.

Prae-dulcis, e, *adj.* (Poet. u. Spät.) sehr süß, davon sehr angenehm.

Prae-dūrus, *adj.* (Poet. u. Spät.) 1) sehr hart, faba. 2) sehr stark, sehr abgehärtet, homo. 3) *trop.* os p. sehr unverschämt.

Prae-ēmĭneo, — 2. (Spät.) sehr übertragen = sehr übertreffen, alicui und aliquem.

Prae-ĕo etc., 4., eigtl. voran-, vorausgehen: 1) A) *intrans.* p. Romam nach Rom. B) *transit.* Jmd. vorangehen, (Spät.) aliquem; p. famam dem Gerüchte zuvorkommen. 2) mit einer Eides-, Gebets- oder Weiheformel vorangehen, eine Formel vorsagen: p. sacramentum, verba, obsecrationem, carmen. Hiervon A) überhaupt vorsagen, vorlesen, vorsingen u. dergl.: p. alicui voce, p. iis quid judicent. B) vorschreiben, verordnen: omnia ut decemviri praeirunt, facta.

Praefātĭo, ōnis, *f.* [praefor] 1) abstract, die Bevorwortung: sine p. clementiae ohne von seiner Milde zu reden. 2) als religiöser und publicistischer *term. t.*, die vor einer religiösen oder politischen Handlung gesprochenen Eingangsworte, die Vorformel, p. sacrorum. 3) überhaupt die Eingangsworte, die Vorrede, Einleitung.

Praefectūra, ae, *f.* [praeficio, praefectus] 1) das Geschäft, das Amt eines praefectus, siehe diesen Art.: p. morum, equitum u. s. w.; insbes. = die höhere Officierstelle. 2) eine von römischen Behörden und nach deren Edicten verwaltete Stadt in Italien, deren Einwohner in der ältesten Zeit nicht das volle römische Bürgerrecht hatten. 3) (Spät.) A) die Provinzverwaltung. B) ein Verwaltungsdistrict, eine Statthalterschaft.

Praefectus, i, m. [*particip.* von praeficio] 1) ein Vorgesetzter, Vorsteher, Aufseher, Befehlshaber, sowohl im Privatleben (= Aufseher irgend eines Theils des Hausvermögens oder des Vermögens) als im öffentlichen Leben: p. gymnasii; p. custodum Anführer der Wache. Insbes.: p. morum (Vorklass. auch moribus) Aufseher über die Sitten; p. annonae (rei frumentariae) über das Getreidewesen, p. urbi oder urbis Gouverneur oder Commandant der Stadt. Insbes. A) als militär. *term. t.* a) p. equitum oder bloß p. ein Anführer der Reiterei oder der Truppen der Bundesgenossen. b) (Spät.) p. legionis = legatus. c) (Spät.) p. praetorio der Anführer der kaiserlichen Leibwache (siehe praetorium). d) wo von fremden Völkern die Rede ist, bedeutet es überhaupt der General, Heerführer. e) p. fabrum = Oberingenieur. Ueber diese Beamten muß das Nähere in den Handbüchern der römischen Alterthümer nachgesehen werden. B) = der Statthalter, p. Aegypti.

Prae-fĕro etc., 3. 1) voran tragen, vor Jmd. tragen, p. taedas alicui; p. manus cautas vor sich halten (im Dunkeln, aus Vorsicht). Hiervon A) *pass.*, bes. das *particip.* praelatus vorbeieilend, castra vor dem Lager, praeter urbem; p. equo vorbeireitend. B) = vorausnehmen, anticipiren, p. diem triumphi den Triumph früher halten. 2) vorziehen, einer Sache den Vorzug geben, aliquem alicui, voluntatem alicujus suis commodis. Hiervon mit einem *infinit.* = lieber mögen, p. abire. 3) = prae se ferre (siehe féro II. 3.), deutlich zeigen, offenbar an den Tag legen: p. avaritiam, sensus; opinio praefertur man äußert laut die Ansicht; p. omen ein Wahrzeichen geben.

Prae-fĕrox, ōcis, *adj.* sehr wild, -hitzig, -ungestüm, animus.

Prae-ferrātus, *adj.* vorn mit Eisen versehen, servus = gefesselt.

Prae-fervĭdus, *adj.* 1) sehr heiß, balneum. 2) *trop.* sehr hitzig, ira glühend.

Prae-festīno, 1. 1) zu sehr eilen, sich übereilen, aliquid facere. 2) vorbeieilen, sinum.

Praefĭca, ae, *f.* (Vorklass. u. Spät.) das Klageweib, Weib, das gedungen wurde um bei Leichenbegängnissen zu weinen.

Praefĭcĭo, fēci, fectum, 3. [prae-facio] über Etwas setzen, Jmd. einer Sache vorsetzen, ihm das Commando, die Verwaltung einer Sache geben: p. aliquem rei alicui; p. aliquem in exercitu ihm ein Commando im Heere geben.

Prae-fīdens, tis, *adj.* sehr (und zwar zu sehr) vertrauend, sibi.

Prae-fīgo etc., 3. 1) vorn anheften, -befestigen: p. arma puppibus; p. caput hastae den Kopf auf eine Lanze stecken. 2) vorn mit Etwas versehen, -beschlagen, aliquid re aliqua, jacula ferro. 3) (Spät.) verschließen, versperren, prospectum; p. tumulum (durch Zauberei). 4) (Poet.) durchbohren, aliquem.

Prae-fīnĭo, 4. vorher bestimmen, -feststellen, alicui diem, sumptum eine Grenze für die Kosten.

*****Praefīnīto**, *adv.* [*particip.* von praefinio] (Com.) nach gegebener Vorschrift.

Praefiscĭne oder -nī, *adv.* [prae-fascinum] (Vorklass. und Spät.) ursprünglich wohl = ohne Behexung, „ohne Berufung", „unberufen", ein Wort, das man bes. gebrauchte, um das Gefährliche oder Schädliche abzuwenden, welches damit verbunden war, daß man etwas Rühmliches von sich selbst aussagte: „ohne Neid sei es gesagt"! „wenn ich Solches sagen darf".

Prae-flōro, 1. [flos] eigtl. der Blüthe vorher berauben, *trop.* = herabsetzen, vermindern, gloriam alicujus.

Prae-flŭo, — 3. vorbeifließen, urbem.

Prae-fŏdĭo etc., 3. 1) (Poet.) vorn, d. h. vor Etwas graben, p. portas einen Graben vor den Thoren ziehen. 2) (Spät.) vorher graben, scrobes. 3) (Poet.) vorher vergraben, aurum.

Prae-(for), *depon.* 1. (in dieser ersten Person des *praes.* ungebräuchlich) 1) vorsagen (eine

Formel), carmen. 2) vorher = vor etwas Anderem sagen, aliquid; p. pauca rei gerendae; p. arrogantius eine anmaßende Einleitung gebrauchen. Insbef. A) (Vorklass. und Spät.) ein Gebet oder eine religiöse Formel zuerst hersagen, p. Jovi; hiervon = vorher anrufen, deos. B) p. honorem = vorher „mit Respect zu melden" sagen, eine Entschuldigung für ein nicht ganz schickliches Wort machen; praefanda sachen, für welche man solche Entschuldigungen machen muß = nicht ganz anständige. C) eine Einleitung gebrauchen. 3) (selten) vorher verkündigen, weissagen.

Prae-formido, 1. (Spät., zweifelh.) vorher fürchten, rem.

Prae-formo, 1. (Spät.) 1) vorher bilden, materiam. 2) vorbilden = vorzeichnen, vorschreiben.

Praefracte, adv. [praefractus] unbeugsam, streng.

Prae-fractus, adj. mit comp. [particip. von praefringo] eigtl. vorn abgebrochen, trop. 1) von der Rede, abgebrochen, kurz, hart. 2) vom Charakter, unbeugsam, streng, hart.

Prae-frigidus, adj. (Poet. u. Spät.) sehr kalt.

Praefringo, frēgi, fractum, 3. [prae-frango] vorn abbrechen, hastas, cornu.

Prae-fulcio etc., 4. eigtl. vorn stützen, davon trop. 1) unterstützen, dazu beitragen, daß Etwas geschehe; ironisch (Pl.) praefulcior miseriis bin umgeben == muß aushehen. 2) (Pl.) als Stütze untersetzen, gebrauchen, aliquem negotiis suis.

Prae-fulgeo etc., 2. (Poet. und Spät.) 1) stark leuchten, -schimmern, equus p. dentibus aureis. 2) trop. glänzen, sich auszeichnen, prae ceteris.

Prae-gĕlĭdus, adj. sehr kalt.

Prae-gestio, 4. im Voraus sehr begierig nach Etwas sein, videre.

Prae-gigno etc., 3. (zweifelh.) (Pl.) zuerst erzeugen.

Praegnans, ntis (Vorklass. auch -gnas, ātis), adj. [prae-geno] 1) schwanger, trächtig (sowohl von Menschen als von Thieren, vgl. gravidus, fetus). 2) von Pflanzen u. dergl. voller Saft. Hiervon überhaupt voll, strotzend: vipera p. veneno; (Pl.) plagae pp. tüchtige Prügel.

*****Prae-gnāviter**, adv. [navus] (Pl., zw.) -sehr fleißig.

- *****Prae-grăcĭlis**, e, adj. (Spät.) sehr schlank.

Prae-grandis, e, adj. sehr groß, -coloffal.

Prae-grăvis, e, adj. (Poet. u. Spät.) 1) sehr schwer. 2) sehr lästig, -beschwerlich.

Prae-grăvo, 1. 1) sehr belasten, -beschweren: scuta praegravata telis. Hiervon trop. = beläftigen, beschweren, aliquem, animum; turba p. 2) (Poet. u. Spät.) trop. A) überwiegen, überwiegend sein: cetera ejus facta pp.; pars civitatis deterior quanto p. B) trop. niederdrücken und verdunkeln, artes infra se positas.

Praegrĕdĭor, gressus, depon. 3. [prae-gradior] 1) vorangehen: amici praegredientes. Hiervon A) = zuvorkommen, p. aliquem, (Vorklaff.) auch alicui. B) trop. = übertreffen. 2) vorbeigehen, castra.

*****Praegressio**, ōnis, f. [praegredior] das Vorhergehen.

Praegustātor, ōris, m. [praegusto] (Spät.) der Vorkoster, der die Speisen und Getränke vorher kostet, ehe sie auf die Tafel (des Fürsten) kommen.

Prae-gusto, 1. 1) vorher kosten, cibum. 2) vorher zu sich nehmen, medicamina (Gegengift).

Prae-hĭbeo, 2. [habeo] (Pl.) = praebeo, welches man sehe.

Prae-jūdĭcĭum, ii, n. 1) das vorgängige Urtheil, die vorgängige und vorgreifende Entscheidung, die einer späteren Entscheidung in derselben od. einer ähnlichen Sache als Norm dienen kann od. muß: damnatus jam erat duobus pp. Hiervon außerhalb der Gerichtssprache = die Vorentscheidung, das vorgefällte u. vorgreifende Urtheil, praejudicium fit rei eine Sache wird im Voraus entschieden, ihrer Entscheidung wird vorgegriffen. 2) das Vorhergehende, insofern man danach über das Folgende urtheilt, das entscheidende maßgebende Beispiel, die Warnung u. s. w.: p. vestri facti die Folgerung, die man aus eurer That ziehen kann, die Meinungsäußerung, welche darin liegt; pp. belli Africi die Ereignisse des Krieges in A., woraus man muthmaßen konnte, was weiter geschehen würde; quaestor ejus arreptus est in praejudicium sein D. wurde angeklagt, so daß es wissen konnte, daß die Reihe bald an ihn kommen würde. 3) (Spät.) der Nachtheil, Schaden, quaerere p. in aliquem.

Prae-jūdĭco, 1. 1) eine vorgängige Entscheidung abgeben, einen vorläufigen Spruch fällen, de aliquo. 2) überhaupt im Voraus beurtheilen, fast immer im particip. praejudicatus vorher entschieden, eventus belli, res; opinio praejudicata eine vorgefaßte Meinung, ein Vorurtheil.

*****Prae-jŭvo** etc., 1. vorher unterstützen, fidem alicujus.

Prae-lābor etc., depon. 3. vorbeifließen, -schlüpfen, -sich bewegen: p. nando vorbei schwimmen; (Poet.) p. rotis flumen an einem Flusse vorbeifahren.

*****Prae-lambo**, — -3. (Poet.) vorher belecken, aliquid.

*****Praelātĭo**, ōnis, f. [praefero] (Spät.) das Vorziehen.

*****Prae-lautus**, adj. (Spät.) sehr prachtvoll, -elegant.

Praelectio, ōnis, f. [praelego] (Spät.) das Vorlesen.

Praelector, ōris, m. [praelego] (Spät.) der Vorleser.

Prae-lĕgo etc., 3. 1) vorlesen (wenn Andere nachlesen od. erklären sollen, vergl. lego 4.), poetam. 2) vorbeisegeln, Campaniam.

*****Prae-lēgo**, 1. (Spät.) voraus vermachen, alicui aliquid.

Prae-licenter, adv. (Spät.) sehr ungebunden, zu kühn.

Prae-lĭgo, 1. 1) vorn anbinden, sarmenta cornibus. 2) (Spät.) umbinden,

coronam fasciā. 3) verbinden, zubinden, os alicujus, vulnera; *trop.* pectus praeligatum verstocktes.
Prae-līno etc., 3. (Spät.) vorn bestreichen, villas tectorio.
Praelŏcūtio, ōnis, *f.* [praeloquor] (Spät.) das Vorherreden.
Prae-longus, *adj.* sehr lang.
Prae-lŏquor etc., 3. *1) (Pl.)* vorher, d. h. vor einem Andern sagen. 2) (Spät.) zuerst, d. h. vor etwas Anderem sagen, ein Vorwort vorausschicken, de re aliqua.
Prae-lūceo etc., 2. (Spät.) vorleuchten: insbes. = Jmd. das Licht vortragen, servus qui p.; *trop.* amicitia bona spe praelucet. 2) (Poet.) *trop.* p. = überstrahlen, übertreffen, alicui.
Prae-lūdo etc., 3. (Poet. u. Spät.) vorspielen, ein Vorspiel machen, tragoediis.
Praelum, a. S. für Prelum.
*****Prae-lūsio**, ōnis, *f.* [praeludo] (Spät.) das Vorspiel.
Praelustris, e, *adj.* [prae-lux]. (Poet.) sehr ansehnlich, vornehm.
Prae-mando, 1. 1) im Voraus auftragen, p. alicui de aliquo, ut id fiat; praemandatis requisitis = steckbrieflich verfolgt. 2) vorher bestellen, anschaffen lassen, puerum.
Prae-mātūre, *adv.* (Vorklaff. u. Spät.) sehr frühzeitig.
Prae-mātūrus, *adj.* zu frühzeitig, mors, honores.
*****Prae-mĕdĭcātus**, *adj.* (Poet.) vorher mit Zaubermitteln versehen.
Praemĕdĭtātio, ōnis, *f.* [praemeditor] das Vorherbedenken, malorum.
Prae-mĕditor, *depon.* 1. vorher bedenken, auf Etwas studiren, sinnen: p. aliquid esse faciendum ob. p. facere aliquid; *pass.* mala praemeditata vorher bedachte, erwogene Uebel.
*****Prae-mercor**, *depon.* 1. (Pl.) vorher kaufen, rem.
*****Praemĕtuenter**, *adv.* [part. von praemetuo] (Lucr.) mit vorhergehender Furcht.
Prae-mĕtuo etc., 3. voraus fürchten, = in Furcht sein, alicui für Jmd., conjugis iras den Zorn seiner Gattin.
Prae-ministro, 1. (Spät.) 1) *intrans.* aufwarten, alicui. 2) *transit.* darreichen, an die Hand geben, modulos.
*****Praemior**, *depon.* 1. [praemium] (Spät.) sich eine Belohnung ausbedingen.
Prae-mitto etc., 3. vorausschicken, gehen lassen, legiones in Hispaniam; p. vocem vorher sagen.
Praemium, ii, *n.* 1) die Belohnung, der Preis, Lohn (als Ehrengabe, vgl. merces, pretium); (Poet.) ironisch die Strafe, rächende Vergeltung, pp. sceleris. 2) (Poet.) die Beute, der Raub. 3) das Vorrecht, der Vortheil, legis. 4) die Gabe, das Gut überhaupt, pp. fortunae.
*****Prae-mŏdŭlor**, *depon.* 1. (Spät.) vorher nach dem Takte abmessen, taktmäßig spielen oder singen.
*****Prae-mŏlestia**, ae, *f.* die Vorbetrübniß, vorausgehende Beschwerde.
*****Prae-mŏlior**, *depon.* 4. vorher veranstalten, vorbereiten, rem.

Prae-mollio, 4. (Spät.) 1) vorher weich machen: sulcum. 2) *trop.* vorher milde machen, besänftigen, mentes.
Prae-mŏneo, 2. 1) vorher erinnern, mahnen, warnen: p. aliquem ne (ut) faciat aliquid; p. aliquem aliquid und de re aliqua. 2) (Poet. und Spät.) vorhersagen, anzeigen.
*****Praemŏnĭtus**, us, *m.* (Poet.) [praemoneo] die Vorerinnerung, Voranzeige, Warnung.
*****Praemonstrātor**, ōris, *m.* [praemonstro] der Jmb. Etwas vorher zeigt = der Anleiter, Wegweiser.
Prae-monstro, 1. (Poet. und Spät.) 1) vorher zeigen, angeben, alicui aliquid. 2) vorher anzeigen, weissagen, ventos.
Prae-mordeo etc., 2. (Poet. und Spät.) 1) vorn beißen, aliquem. 2) abbeißen, aliquid.
Prae-mŏrior etc., *depon.* 3. vor der Zeit sterben; *trop.* = absterben, sich verlieren, vergehen, visus; pudor praemortuus.
Prae-mūnio, 4. eigtl. vormauern, vor erbauen, 1) *trop.* Etwas zur Vertheidigung u. Bekräftigung zuerst anführen, gleichsam als Bollwerk aufstellen: p. aliquid ex accusatorum oratione; p. aliquid orationi zur Bestätigung vorausschicken. 2) vorn befestigen = verwahren, aditum magnis operibus; *trop.* p. aliquem; praemuniri illud forge zuerst für jenes.
Praemūnītio, ōnis, *f.* [praemunio] eigtl. das Vorbauen, *trop.* eine Einleitung, wodurch der Redner das Folgende zu stützen und ihm besseren Eingang zu verschaffen strebt.
*****Prae-narro**, 1. (Com.) zuvor erzählen, rem.
Prae-nāto, 1. (Poet. und Spät.) 1) voranschwimmen. 2) vorbeischwimmen; amnis p. fließt vorbei.
Prae-nāvĭgo, 1. (Poet. und Spät.) vorbeisegeln, littus; *trop.* p. vitam = geschwinde durchleben.
Praeneste, is, *n.* Stadt in Latium. Davon -stīnus, *adj.* u. *subst.* -ni, ōrum, *m. pl.* die Einwohner von P.
Prae-nĭteo etc., 2. (Poet. u. Spät.) *intrans.* vorleuchten, vorglänzen; *trop.* überstrahlen = vorzüglicher erscheinen, vorgezogen werden, alicui.
Prae-nōmen, ĭnis, *n.* 1) der Vorname, Personenname, der vor dem Geschlechtsnamen steht, z. B. Marcus vom Cicero. 2) (Spät.) der Titel.
Prae-nosco etc., 3. vorher kennen lernen, vorher erfahren, futura.
*****Prae-nōtio**, ōnis, *f.* (das gr. πρόληψις) der Vorbegriff.
*****Prae-nūbĭlus**, *adj* (Poet.) sehr bewölkt = sehr trübe.
Prae-nuntio, 1. vorher verkündigen, melden, Anzeige machen, futura, de adventu hostium.
Prae-nuntius, *adj.* vorherverkündigend, voranzeigend: stellae pp. calamitatum; ales p. lucis.
Prae-occŭpātio, ōnis, *f.* [praeoccupo] (selten) die Zuvoreinnahme.

Prae-occŭpo, 1. 1) vorher einnehmen, -besetzen (vor einem Anderen), sich vorher bemächtigen: p. Macedoniam, loca opportuna; timor p. animos; oratio tua p. aliquid du sagst Etwas früher, zuerst. Hiervon p. aliquid facere Etwas zuerst, vor einem Anderen thun. 2) zuvorkommen, aliquem.

Prae-opto, 1. 1) lieber wählen, -wollen, illum dominum; p. aliquid facere (Vorklaff. p. ut etc.). 2) vorziehen, aliquid alicui rei.

Prae-pando etc., 3. (Poet. und Spät.) vorn eröffnen, -ausbreiten, -verbreiten, rem.

Praepărātio, ōnis, *f.* und (Spät.) -tus, us, *m.* [praeparo] die Vorbereitung zu Etwas, die Rüstung.

Praepărāto, *adv.* [praeparo] (Spät.) mit Vorbereitung.

Prae-păro, 1. (selten) vorbereiten, zubereiten, rüsten, in Stand setzen, p. sa ad proelia, animos ad sapientiam; p. profectionem Alles für den Abmarsch vorbereiten, locum vorher einrichten. Hiervon = zuwegebringen, anschaffen, naves, res necessarias; ex praeparato = praeparato.

*****Praepēdīmentum,** i, *n.* [praepedio] (*Pl.*) das Hinderniß.

Praepedio, 4. [prae-pes] 1) binden, fesseln, aliquem; *trop.* p. se praedā sich durch die Beute fesseln lassen. 2) hindern, hemmen, fugam hostium; praepeditus valetudine gehindert, gaudio von der Freude überwältigt; avaritia p. bonas artes erstickt, macht unwirksam.

Prae-pendeo etc., 2. vorn herabhangen.

Praepes, ĕtis, *adj.* (Poet. u. Spät.) 1) fliegend, penna; häufig als *subst.* = der Vogel; insbes. von Vögeln, aus deren Fluge Wahrzeichen genommen wurden, also = bedeutsam, weissagend. 2) *trop.* A) eilend, cursus. B) geflügelt, deus (Amor).

Praepĭlātus, *adj.* [prae-pila] vorn mit einem Knauf versehen, mit abgerundeter Spitze.

Prae-pinguis, e, *adj.* (Poet. und Spät.) sehr fett; vox p. sehr derb.

Prae-polleo, — — 2. 1) sehr mächtig sein, viel vermögen. 2) in Etwas sehr stark sein, sich durch Etwas auszeichnen, Viel davon haben, p. divitiis, virtute, sehr reich, sehr tugendhaft sein.

Prae-pondĕro, 1. I. *intrans.* mehr wiegen, das Uebergewicht haben. Hiervon A) zufolge dem Uebergewichte sinken, sich neigen, in partem humaniorem. B) den Ausschlag geben, neutro auf keine von beiden Seiten. II. *transit.* überwiegen, mehr als Etwas wiegen, honestas p. omnia commoda.

Prae-pŏno etc., 3. 1) voran setzen, -legen, -anbringen: p. aditum aedibus, ultima primis; pauca p. Weniges vorher sagen; causae praepositae die vorhergehenden, vorher angeführten. 2) über Etwas setzen, Jmd. einer Sache vorsetzen, ihm die Verwaltung oder das Commando über Etwas geben: p. aliquem bello, negotio, provinciae (als Statthalter). 3) voranstellen = vorziehen, amicitiam patriae. Daher praepŏsĭta, ōrum, *n. pl.* bei Cicero als Uebersetzung (= producta) des griech. προηγμένα, das „Vorzügliche", welches noch nicht bona war (*term. t.* im Systeme der Stoiker).

Prae-porto, 1. (Poet.) vorantragen tela.

Praepŏsĭtio, ōnis, *f.* [praepono] 1) der Vorzug. 2) in der Grammatik, das Vorwort, die Präposition.

Praepŏsĭtus, i, *m.* [*particip.* von praepono] der Vorgesetzte, Vorsteher, Chef, insbes. = Officier oder Statthalter; p. militum Anführer.

*****Prae-possum** etc., (Spät.) sehr mächtig sein.

Prae-postĕre, *adv.* [praeposterus] verkehrt.

Prae-postĕrus, *adj.* 1) umgekehrt, was in der unrechten Ordnung geschieht. 2) verkehrt, ordo, postulatio; homo p. der verkehrt handelt.

Prae-pŏtens, tis, *adj.* sehr mächtig, viel vermögend, vir; p. omnium rerum Alles beherrschend.

*****Prae-propĕranter,** *adv.* (Vorklaff.) sehr eilend.

Prae-propĕre, *adv.* sehr eilfertig, sehr eilig, -hastig.

Prae-propĕrus, *adj.* 1) sehr eilig, sehr hastig, festinatio. 2) *trop.* voreilig, übereilt, ingenium, amor.

Praequam, siehe prae II. b.

*****Prae-quĕror** etc., *depon.* 3. (Poet.) vorher klagen.

*****Prae-rădio,** 1. (Poet.) überstrahlen, signa minora.

Prae-răpidus, *adj.* (Spät.) 1) sehr reißend. 2) *trop.* sehr hitzig, ira.

*****Prae-rigesco** etc., 3. (Spät.) vorn erstarren.

Praerĭpio, rĭpui, reptum, 3. [prae-rapio] Etwas Jmd gleichsam vor dem Munde wegreißen, -wegschnappen, davon überhaupt entziehen, entreißen: p. alicui cibos, arma, sponsam, laudem destinatam; p. praemia alicujus. Hiervon A) vor der Zeit wegnehmen, beneficium deorum festinatione. B) unversehens rauben, oscula alicui. C) vorgreifen, consilium tuum; p. scelus zuerst begehen.

Prae-rōdo etc., 3. (Vorklaff., Poet. und Spät.) 1) vorn benagen, digitos. 2) vorn abnagen, hamum.

Praerŏgātīvus, *adj.* [praerogo] zuerst um seine Stimme befragt, nur als publicistischer *term. t.,* centuria oder tribus p. die Centurie (oder Tribus), die in den Comitien zufolge des Looses zuerst stimmte; gewöhnlich folgten die übrigen Centurien (oder Tribus) der in dem Resultate dieser ersten Abstimmung liegenden Vorbedeutung und stimmten für dasselbe. Gewöhnlich wird es als *subst.* -va, ae, *f.* gebraucht = A) das Ergebniß der Abstimmung der ersten Centurie, die Vorwahl. B) auch außerhalb der Comitien, die Vorwahl, vorhergehende Abstimmung oder Wahl: urbana comitia sequuntur praerogativam comitiorum militarium. C) die Anzeige, Vorbedeutung, der Vorbote, triumphi.

Prae-rōgo, 1. (Spät.) vorher um Etwas fragen, sententias.

Prae-rumpo etc., 3. vorn abbrechen, abreißen, funem.

Prae-ruptus, adj. mit comp. und sup. [particip. von praerumpo] 1) abgebrochen, abgerissen = jäh, abschüssig, saxum, fossa. 2) trop. juvenis p. animo heftig, dominatio hart, gewaltsam, periculum bedenklich.

Praes, aedis, m. der Bürge in Geldsachen (vgl. vas); esse p. pro aliquo; vendere praedem = die Güter der Bürgen.

*****Praes**, adv. Vorklass. = praesto zur Hand.

Praesaepe, s. s. für Praesepe.

Prae-sāgio, 4. (Pl. auch -or, depon. 4.) 1) eine Vorempfindung von Etwas haben, Etwas ahnen: p. aliquid in futurum, p. victoriam. 2) vorher anzeigen, prophezeien, alicui aliquid. Hiervon = ahnen-, voraussehen lassen: exiguitas copiarum p. recessum.

Praesāgītio, ōnis, f. [praesagio] die Vorempfindung, Ahnung.

Praesāgium, ii, n. [praesagio] (Poet. u. Spät.) 1) die Vorempfindung, Ahnung. 2) die Vorherverkündigung.

Prae-sāgus, adj. (Poet. u. Spät.) 1) vorher empfindend, ahnend, mens p. mali. 2) vorher anzeigend, weissagend, verba.

Prae-scio, 4. (Vorklass. u. Spät.) vorher wissen, aliquid.

Prae-scisco, — — 3. (Poet. und Spät.) vorher erfahren, voraus kennen lernen, aliquid.

Praescius, adj. [prae-scio] (Poet. u. Spät.) vorher wissend, futuri.

Prae-scrībo etc., 3. 1) voran schreiben, nomen libro; auctoritates praescriptae, siehe auctoritas. 2) trop. A) zur Nachahmung vorschreiben, schriftlich bekannt machen, daher = lehren, dictiren, alicui carmina. B) vorschreiben = verordnen, vorher bestimmen, einschärfen u. dergl.: p. finem rei alicui; p. alicui ut (ne) faciat aliquid; p. civibus jura, senatui quid agendum sit. C) vorwenden, vorschützen, aliquem ob. aliquid. D) (Spät.) eine Einrede entgegensetzen, einwenden.

Praescriptio, ōnis, f. [praescribo] das Vorschreiben, daher 1) die Ueberschrift, der Titel, Eingang einer öffentlichen Urkunde; hierzu gehörten theils die voran geschriebenen Namen (auctoritates praescriptae, siehe auctoritas), theils ein als Einleitung vorausgeschickter Auszug aus den Worten, womit der Vorschlag (dem Senate) empfohlen worden war. 2) die Vorschrift, Bestimmung, Verordnung, naturae, rationis; p. semihorae die Beschränkung auf eine halbe Stunde. 3) (Spät.) die Einwendung, Einrede.

Praescriptum, i, n. [particip. von praescribo] 1) (Poet.) die vorgezeichnete-, bestimmte Grenze, p. calcis. 2) (Spät.) die Vorschrift zum Nachschreiben. 3) die Vorschrift = die Verordnung, Regel, der Befehl, p. legum, consulis.

Prae-sĕco etc., 1. vorn abschneiden, crines; ad unguem praesectum = sehr sorgfältig.

*****Praesegmen**, ĭnis, n. [praeseco] (Pl.) das vorn Abgeschnittene, der Abfall.

Praesens, tis, adj. mit comp. und sup. [prae-sum] 1) im Raume und in der Zeit gegenwärtig, anwesend, jetzig: me praesente in meiner Gegenwart; assum p. Insbes. A) praesenti tempore und häufiger in praesenti in gegenwärtiger Zeit, jetzt. B) in (Spät. auch ad) praesens ob. in p. tempus für die Gegenwart, für's Erste. C) = gleich, geschwind, augenblicklich, sofortig, poena; pecunia p. contant, gleich zu bezahlen, deditio welche gleich geschieht. D) oft kann es durch persönlich, mündlich übersetzt werden: praesens egi tecum; p. sermo. E) = augenscheinlich, res, insidiae; (Poet.) pignus p. sichtbar, handgreiflich. F) in der Rechtssprache: a) in re praesenti auf der Stelle, wo Etwas geschehen ist oder wovon die Rede ist, an Ort u. Stelle, rem cognoscere die Sache untersuchen, disceptare inter aliquos; vociferari in re p. während die Sache verhandelt wird. b) venire in rem praesentem an Ort und Stelle (an den Ort, wo man den Gegenstand des Streites selbst sehen kann) sich begeben. 2) trop. A) anwesend mit seinem Beistande, helfend, günstig, dii. B) anwesend mit seiner Macht, mächtig, kräftig: deus tam p.; (Poet.) p. tollere zu erheben vermögend. C) anwesend mit seiner Thätigkeit, wirksam, thätig, auxilium. Hiervon animus p. die Geistesgegenwart; praesentioribus animis mit mehr Geistesgegenwart und Entschlossenheit.

Praesensio, ōnis, f. [praesentio] die Vorempfindung, Ahnung.

Praesentārius, adj. [praesens] (Vorklass. u. Spät.) = praesens 1.: venenum p. augenblicklich wirksam.

Praesentia, ae, f. [praesens] 1) die Gegenwart, Anwesenheit, vitare p. alicujus; animi p. die Geistesgegenwart. Hiervon in praesentia. A) bei Vorklass. u. Spät. in praesentiarum ob. impraesentiarum (vielleicht statt in praesentia rerum) in der Gegenwart, gegenwärtig. B) im Raume gegenwärtig, anwesend, zugegen. 2) (Poet.) die Wirksamkeit, schlagende Kraft, veri.

Prae-sentio etc., 4. vorher empfinden, fühlen, voraus ahnen, futura, dolos.

*****Praesentisco**, — — 3. [praesentio] (Ter., zweifelh.), anfangen voraus zu ahnen.

Prae-sēpes ob. -pis, is u. -pia, ae, f., öfter **Praesēpe**, is, n., auch -pium, ii, n. (gewöhnlich im pl.) eigtl. jedes Gehege, daher 1) die Krippe; verächtlich = der Tisch. 2) der Stall, die Hürde: trop. intra pp. meas in meinem Hause.

Prae-sēpio etc., 4. vorn verzäunen, versperren, locum.

Praesertim, adv. [prae-sero] zumal, besonders (bei Hinzufügung eines neuen wesentlichen Grundes); quum p. wo ein solcher zu einem schon angeführten hinzugefügt wird.

Praeses, idis, [praesideo] I. adj. (Vorklass. u. Spät.) schützend, dextra. II. subst. comm. 1) der Beschützer, Vertheidiger, reipublicae. 2) (Poet. u. Spät.) der Vorsteher, Vorgesetzte, Verwalter, belli, provinciae.

Praesĭdeo, sēdi, sessum, 2. [prae-sedeo]

1) voran sitzen, vorn stehen, foribus coeli (vom Janus). Hiervon 2) schützen, vertheidigen, urbi; (Tac.) p. Galliam. 3) bei Etwas den Vorsitz haben, die Aufsicht führen, einer Sache vorstehen (bes. von Magistratspersonen im Senate u. s. w.): p. ludis, classi, judicio; (Tac.) p. exercitum.

Praesidiārius, *adj.* [praesidium] zur Bedeckung dienend, milites die in Besatzung liegen.

Praesidium, ii, *n.* [praesideo] 1) der Schutz, die Hülfe: praesidio esse alicui contra vim, ebenso proficisci alicui praesidio Jmd. zum Entsatz kommen. 2) das Hülfsmittel, Mittel Etwas zu erreichen oder auszurichten (vgl. remedium): comparare sibi p. ad vitam beatam; p. virtutis zur Tugend. 3) insbes. in militärischen Sachen A) die Besatzung, Garnison, der Posten: praesidium imponere urbi Besatzung in eine Stadt legen, ebenso firmare locum praesidiis. B) die Bedeckung, Escorte, venit cum magno p. C) überhaupt = die Streitmacht, Truppen od. der befestigte Ort, Posten, die Burg, das Lager u. dergl.: esse in pp. alicujus in Jmds Heer, Lager oder in den von ihnen besetzten festen Plätzen; Italia tenetur praesidiis ist von Truppen besetzt; legio occupavit p.; expugnare p. regium; decedere praesidio od. relinquere praesidium.

***Prae-signĭfĭco**, 1. vorher anzeigen, futura.

Praesignis, e, *adj.* [prae-signum] (Poet.) ausgezeichnet, außerordentlich.

***Praesĭlio**, — —. 4. [prae-salio] (Pl.) hervorspringen, lacrimae pp. brechen hervor.

***Prae-sŏno** etc., 1. (Poet., zweifelh.) vorher tönen.

***Prae-spargo** (-spergo) etc., 3. (*Lucr.*) vorher bestreuen, viam.

Praestābĭlis, e, *adj.* mit comp. u. sup. = praestans.

Praestans, tis, *adj.* mit comp. u. sup. [particip. von praesto] vorzüglich, vortrefflich, ausgezeichnet, natura, civis; (Poet. u. Spät.) mit einem *genit.*, p. animi in Bezug auf Muth; (Poet.) p. ciere im Erregen.

Praestantia, ae, *f.* [praestans] die Vorzüglichkeit, Vortrefflichkeit, omnium rerum in Allem.

Praestātĭo, ōnis, *f.* [praesto] (Spät.) die Gewährleistung.

Prae-sterno etc., 3. (Vorklass. und Spät., zweifelh.) vorherstreuen, folia, *trop.* zurechtmachen.

Praestes, ĭtis, *comm.* [praesto] (Poet. und Spät.) der Vorsteher, Schützer.

Praestīgiae, ārum, *f. pl.* [praestringo] das Blendwerk, die Gaukelei, Täuschung: per pp. verborgen, trügerisch; pp. verborum leerer und schwülstiger Wortschwall.

Praestīgiātor, ōris, *m.* u. -**trix**, īcis, *f.* [praestigiae] (Vorklass. u. Spät.) der Gaukler, Taschenspieler, die -trin.

Praestīno, 1. (Vorklass. u. Spät.) kaufen, pisces.

Praestĭtuo, ui, ūtum, 3. [prae-statuo] vorher bestimmen, -festsetzen, tempus, diem.

Prae-sto, stĭti, stătum, 1. I. *intrans.* voranstehen, vorzüglicher sein, sich auszeichnen, inter aliquos, p. re aliqua u. (Vorklass.) in re aliqua in Etwas; p. probro in der Schande; insbes. *impers.* praestat es ist besser: multo p.; p. mori quam vivere. Hiervon = übertreffen, über Jmd. ob. Etwas stehen: p. aliquem virtute; homo p. bestiis. 2) *transit.* eigtl. darstellen, davon A) sich als Etwas zeigen: p. se fortem sich keck erweisen, principem als Fürsten: p. se eum qui etc. sich als den Mann zeigen, der u. s. w. B) machen, bewirken, verrichten u. dergl.: p. rempublicam salvam den Staat retten, und vielleicht in derselben Bedeutung: populum das Volk wohl erhalten; p. munus, jus hospitii, erfüllen: p. ea quae praescripta sunt. C) leisten, erweisen, wiederfahren lassen, alicui honorem, patriae pietatem; p. benevolentiam, fidem, virtutem sich wohlwollend, treu, tugendhaft zeigen; p. alicui silentium Verschwiegenheit gegen Jmd. beobachten, ihm Ruhe und Schweigen gewähren; p. alicui memoriam das Andenken Jmds bewahren; p. mille milites liefern; p. stipendium den Sold bezahlen; p. fidem, promissum sein Wort, sein Versprechen halten. D) p. sententiam senatui dem Senate deutlich seine Meinung zeigen (zweifelh.). E) darthun, an den Tag legen, beweisen, aliquid re durch eine Thatsache; sin omnia praesto wenn ich beweise, daß Alles sich (bei diesem Manne) findet. 3) für Jmd. oder Etwas einstehen, Gewähr leisten, sich verbürgen, Etwas auf sich nehmen: p. incertum vitae casum, aliquid futurum esse daß Etwas geschehen wird, aliquid de se für Etwas, das einen selbst betrifft, aliquem für Jmd. (daß er so sein oder handeln wird, wie es gewünscht wird); p. alicui damnum Jmd. dafür Gewähr leisten, daß sein Verlust ihm ersetzt werden wird; p. factum alicujus Jmds That vertreten, die Verantwortung dafür übernehmen.

Praesto, *adv.* [prae-sto?] (stets in der Verbindung mit dem Substantiv sum) zugegen, da, anwesend, bei der Hand: p. est apud me ob. mihi bei mir. Hiervon A) = helfend zugegen, also p. esse = helfen, sich Jmds oder einer Sache annehmen, alicui, saluti alicujus, ad omnia bei allen Gelegenheiten. B) (selten) = feindlich zugegen: p. mihi fuerunt cum facibus sie fanden sich bei mir ein.

Praestōlor, *depon.* 1. [praesto] bereit stehen um Jmd. oder Etwas zu empfangen, auf Etwas warten, harren, alicui und (Vorklass.) aliquem; auch *absol.* p. warten.

Prae-stringo etc., 3. 1) (Poet. u. Spät.) zuziehen, zuschnüren, zubinden, pollices, manum. 2) stumpf machen, aciem ferri. Hiervon *trop.* A) blenden, schwächen, oculos, aciem animi. B) taub machen, aures.

Prae-struo etc., 3. 1) vorbauen, daher *trop.* A) vorher sich verschaffen, fidem sibi. B) (Spät.) vorher bereiten, aliquid. 2) (Poet.) vorn verbauen, vorbauend verschließen, aditum, portum verstopfen.

Praesul, ŭlis, *m.* [praesilio] der Vorspringer = Vortänzer, ludis bei den Spielen; insbes. = der Vorsteher der Salier bei ihrem feierlichen tanzenden Zuge durch die Stadt.

Praesultātor, ōris, m. [praesulto] = praesul.

Praesulto, 1. [prae-salto] voranspringen, p. signis.

Praesultor, ōris, m. [praesilio] (Spät.) = praesul.

Prae-sum etc., 1) vorstehen, an der Spitze stehen, negotio, provinciae verwalten, potestati ein Amt bekleiden, statuis faciendis vorstehen, exercitui (classi) commandiren, anführen; p. crudelitari an der Grausamkeit großen Antheil haben, ihr den Weg zeigen; p. studio, artificio mit vorzüglichem Eifer u. Glück betreiben, darin Meister sein. 2) (Poet.) schützen, lares pp. moenibus.

Prae-sūmo etc., 3. (Poet. u. Spät.) 1) vorher nehmen, insbes. = vorher genießen: p. dapes, remedia, gaudium, fortunam; p. patientiam vorher erwerben; opinio (suspicio) praesumpta vorgefaßte Meinung (Verdacht); ingenium judicio praesumitur geht dem Urtheile voraus, ist stärker als das Vermögen zu urtheilen. 2) trop. p. futura sich vorher denken, -vorstellen, bellum spe vorher erwarten, rem voto voraus wünschen, cogitatione vorher sich vorstellen, gravem militiam vorher vermuthen; p. officia vorher erfüllen; p. fortunam utriusque vorhersehen.

Praesumptio, ōnis, f. [praesumo] (Spät.) eigtl. das Vorausnehmen, daher 1) der Vorgenuß, rerum. 2) die Vorausannahme, die Vermuthung, Erwartung. 3) in der Rhet. die Vorausbeantwortung einer Einwendung.

Prae-suo etc., 3. (Poet. und Spät.) eigtl. vorn benähen, davon vorn mit Etwas besetzen, hasta praesuta pennis.

Prae-tēgo etc., 3. (Poet. u. Spät.) vorn bedecken: saxa pp. somnum tuum schützen.

Prae-tendo, di, tum, 3. 1) hervorstrecken, cornua. 2) voran strecken, Etwas vor Etwas vorspannen, vormachen: p. sepem segeti vor dem Saatfelde anlegen, errichten, vestem oculis vorhalten; p. insidias einen Hinterhalt legen; (Spät.) von einer Localität praetendi sich vor (Etwas) erstrecken. 3) trop. A) (Poet.) versprechend vorhalten, taedas conjugis zu einer wirklichen Ehe Aussicht geben, versprechen. B) vorschützen, vorwenden, als Grund oder Vorwand gebrauchen: p. numen deorum sceleri suo sein Verbrechen mit bemänteln; p. sermonem decreto eine Rede vorausschicken, um damit sein Decret zu beschönigen; p. ignorantiam; auch = vorgeben, haec a se factitari.

Prae-tento, 1. (Poet. u. Spät.) 1) vorher betasten, -prüfend untersuchen, durchsuchen, iter pedibus, culcitas. 2) vorher versuchen, vires suas.

Prae-tĕnuis, e, adj. (Spät.) 1) sehr dünn, folium. 2) sehr fein, sonus.

*****Prae-tĕpeo**, 2. (Poet.) vorher sehr warm sein.

Praeter, [prae] I. adv. 1) (Vorklaff.) = mehr: p. sapere quam etc. 2) außer: omnibus discedere licuit p. rerum capitalium damnatis; nil p. causa fuit. II. praep. mit acc. 1) vorbei: p. castra ire; p. oculos alicujus vor Jmds Augen, p. oram längs der Küste. 2) trop. = gegen, wider, p. spem, opinionem, consuetudinem, naturam. 3) vor = mehr als, unus p. ceteros. 4) von dem Ueberschreiten eines Maßes, über, p. modum über alles Maß. 4) außer, A) = ausgenommen, nemo p. me. B) = nebst, nächst: ut p. se denos adducerent; p. haec ohnedies.

*****Praetĕr-ăgo** etc., 3. (Poet.) vorbeitreiben, equus diversoria nota praeteragendus est.

Praeter-bĭto, — 3. (Pl.) vorbei gehen, inter vias; p. aedes illas.

*****Praeter-dūco** etc., 3. (Pl.) vorbei führen, aliquem.

Praetĕr-ĕā, adv. (1 außerdem, ohnedies. 2) bei Angabe einer Eintheilung und Reihenfolge, ferner, weiter. 3) (Poet.) in der Folge, nachher: neque eum p. vidit.

Praetĕr-ĕo etc., 4. 1) vorbei-, vorübergehen, aliquem, hortos; p. hac ślet; praeteriens dixit er sagte im Vorbeigehen; amnis p. fließt vorbei, tempus p. verläufft. Hiervon trop. A) aliquid me praeterit (gewöhnlich impers.) Etwas entgeht mir = wird nicht von mir bemerkt, ist mir unbekannt: non me p. ich weiß recht wohl. B) (Com.) entgehen = vermeiden, malum. `C) übertreffen, aliquem. D) (Poet.) überschreiten, modum. E) = Jmd. vorausgehen, zuvorkommen, p. aliquem cursu. 2) trop. übergehen, nämlich A) in der Rede od. Schrift übergehen, auslassen, weglassen, nicht erwähnen, aliquem, caedem alicujus: p. syllabas in der Aussprache übergehen. B) in der That übergehen = vernachlässigen, nicht berücksichtigen, vergessen und dergl., z.B. bei Erbschaften, Belohnungen, Amtswahlen u. dergl.: is praeteritur erhält nicht das Amt, um welches er sich beworben hat. Hiervon = mißbilligen, sein Gefallen an Etwas finden, austera poëmata. C) (Poet.) Etwas zu thun unterlassen, facere aliquid.

*****Praetĕr-ĕquito**, 1. vorbeireiten.

Praeter-fĕror etc., 3. pass. vorbei eilen, -kommen, latebras.

Praeter-fluo etc., 3. 1) vorbeifließen, castra. 2) trop. vergehen, vorübergehen, voluptas.

Praeter-grădior, gressus, 3. [gradior] vorbeigehen, castra.

Praeter-hāc, adv. (Pl.) ferner, länger, weiter, si p. verbum facies.

Praetĕrĭtus, adj. [praetereo] vergangen, verflossen, res, tempus; praeterita, ōrum, n. pl. das Vergangene; (Poet.) viri pp. vorher lebende; p. stipendium die rückständige (nicht bezahlte) Löhnung.

Praeter-lābor etc., 3. vorbeischlüpfen, -fließen u. dergl.: p. tumulum, tellurem vorbeischiffen; trop. definitio p. verfliegt, entschlüpft Einem.

Praeter-meo, 1) (Vorklaff. u. Spät.) vorbeigehen.

Praetermissio, ōnis, f. [praetermitto] 1) die Weglassung. 2) die Unterlassung: p. aedilitatis die Nichtbewerbung um das Aedilamt.

Praeter-mitto etc., 3. 1) vorbei gehen lassen, aliquem; p. nullum diem quin etc.

p. occasionem, tempus unbenutzt laſſen, voluptatem = auf einen Genuß Verzicht leiſten. 2) unterlaſſen, verſäumen, defensionem, officium, scelus nicht verüben; p. facere aliquid. 3) in der Schrift ob. Rede übergehen, auslaſſen, verbum, aliquid. 4) (Vorklaſſ.) ungeahndet hingehen laſſen, nicht beſtrafen, aliquid.

Praeter-nāvǐgo, 1. (Spät.) vorbei ſegeln, sinum.

Prae-tĕro etc., 3. (Vorklaſſ. und Spät.) vorn abreiben, rem.

Praeter-quam, adv. außer: A) = ausgenommen, als: nihil p. seditio fuit; nec quidquam p. ut, ebenſo p. quod außer daß, p. si. B) bei Angabe einer Hinzufügung zu dem ſchon Genannten: p. majestate petentium, religione etiam eto. C) bisweilen, durch eine Verkürzung des Ausdruckes, = p. quod mit einem vollſtändigen Satze (cum his, p. finitimis populis, ab causa etiam tam nefanda bellum instabat außer deswegen, daß ſie benachbarte Völker waren, auch wegen einer ſo ruchloſen Urſache).

Praeter-vectio, ōnis, f. [praetervehor] das Vorbeiziehen.

Praeter-veho etc., 3. nur im pass. -or als depon. (in derſelben Bed. das particip. praetervehens) 1) vorbeiſegeln, -reiten, -fahren, insulam, aliquem. 2) trop. vorübergehen, übergehen, locum silentio; oratio p. aures wird nicht mit hinlänglicher Aufmerkſamkeit gehört, scopulos kömmt über die Schwierigkeiten.

Praeter-vŏlo, 1. 1) vorbei fliegen, aliquem; opportunitas temporis p. entſchwindet ſchnell. 2) trop. A) in der Rede ob. Schrift flüchtig über Etwas hingehen, aliquid. B) entſchlüpfen, unbemerkt jmd. vorbeigehen, numerus p. eos.

Prae-texo etc., 3. eigtl. voran weben, davon 1) (Spät.) voran ſetzen, nomina auctorum; praetexor postibus Statuen von mir ſtehen vor den Thüren. 2) mit etwas Gewebtem vorn verſehen: purpura praetexit amictus tuos der eingewebte Purpur ziert dein Kleid vorn, dein Kleid iſt vorn mit Purpur verbrämt; ſo beſ. toga (purpurā) praetexta ein mit Purpur verbrämtes Kleid, welches die höheren obrigkeitlichen Perſonen und die Knaben bis zum 17ten Jahre trugen; fabula p. ein dramatiſches Stück, in welchem die Perſonen vornehme Römer waren. Hiervon trop. A) überhaupt mit Etwas vorn verſehen, -beſetzen: natura p. omnia quae fiunt lenioribus principiis giebt Allem, was geſchieht, einen ſanfteren Anfang, macht die Uebergänge leichter; p. carmen primis literis die erſten Buchſtaben dem Gedichte vorſetzen; domus praetexta lauru vor welchem ein Lorberbaum ſteht; litera p. chartam ſteht als Ueberſchrift, Aufſchrift vorn am Papier. B) vorn bedecken: flumen praetexuit ripas arundine; (Poet.) puppes p. litora ſtehen in einer Reihe vorn am Ufer; p. culpam verbergen. C) als Vorwand anführen, vorgeben, causam.

Praetextātus, adj. [praetexta, ſiehe praetexo 2.] 1) eine toga praetexta tragend, homo p.; aetas p. unter 17 Jahren. 2) = unzüchtig, verba, mores.

Praetextus, adj. [particip. von praetexo]

Ingerslev, lat.-deutsches Schulwörterbuch.

1) toga p. oder bloß praetexta, ae, f. ſiehe praetexo 2.; ebenſo fabula p. 2) -tum, i, n. (Spät.) A) der Schmuck, die Zierde. B) der Vorwand.

Praetextus, us, m. [praetexo] (Spät.) 1) der Schmuck, die Zierde. 2) der Schein, das Ausſehen. 3) der Vorwand, Grund.

Prae-timeo etc., 2. (Poet. u. Spät.) vorher fürchten, mihi um mich ſelbſt.

Prae-tinctus, adj. [tingo] (Poet.) vorher benetzt.

Praetor, ōris, m. [= praeitor von praeeo] 1) eigtl., und ſo beſonders in älterer Zeit, = der Vorſteher, Anführer, Vorgeſetzte überhaupt; es wird daher bisweilen ſowohl von römiſchen Magiſtratsperſonen überhaupt gebraucht (ſo von den Conſuln in älterer Zeit, p. maximus = der Dictator), als von einem Heerführer, General, insbeſ. bei fremden Völkern. 2) insbeſ. zu Rom eine Magiſtratsperſon, welche den nächſten Rang nach dem Conſul einnahm u. beſ. die Rechtspflege verwaltete, der Prätor (zuerſt einer, dann zwei, ſpäter mehrere bis ſechzehn. 3) = propraetor, welches man ſehe.

Praetōriānus, adj. [praetorium] (Spät.) zur Leibwache (ſiehe praetorium) gehörig, exercitus, cohors.

Praetōrius, adj. [praetor] 1) zum Feldherrn gehörig, Feldherrn- (ſiehe praetor 1.): cohors p. eine Cohorte, die als Leibwache immer um den Feldherrn war und ſeine Perſon decken ſollte; navis p. das Admiralſchiff, imperium des Obercommando, porta das Thor im Lager, welches dem Zelte des Feldherrn am nächſten war. 2) zu einem Prätor (praetor 2.) gehörig, Prätor-: p. potestas das Prätoramt, comitia zur Wahl eines Prätors zuſammengerufen, jus von einem P. herrührend; homo p. der P. geweſen iſt. 3) zu einem Proprätor gehörig (ſiehe praetor 3. und propraetor). — Hiervon subst.

Praetōrium, ii, n. A) das Feldherrnzelt im Lager, das Hauptquartier. B) der Kriegsrath: dimittere p. C) die Wohnung eines Proprätors, die Amtswohnung eines Statthalters. D) (Spät.) überhaupt eine prächtige Wohnung, beſ. ein Landhaus; (Poet.) = die Zelle der Bienenkönigin; (Spät.) = milites praetoriani, die kaiſerliche Leibwache; ihr Befehlshaber hieß praefectus praetorio.

Prae-torqueo etc., 2. (Vorklaſſ. u. Spät.) umdrehen, collum.

Prae-trĕpǐdo, 1. (Poet) ſehr eilfertig ſein.

Prae-trĕpǐdus, adj. (Spät.) ſehr zitternd, ſehr ängſtlich.

Prae-trunco, 1. (Pl.) vorn abhauen, -abſchneiden, collum, linguam.

Praetūra, ae, f. [praetor] die Prätorwürde, das Prätoramt, die Prätur.

Prae-umbro, 1. eigtl. vorn beſchatten, daher verdunkeln.

Prae-ustus, adj. [particip., prae-uro] vorn angebrannt, sudes, telum im Feuer gehärtet.

Prae-vălens, tis, adj. [particip. von praevaleo] ſehr mächtig, populus.

Prae-vălĕo, 2. (Spät.) 1) ſehr mächtig ſein, ſehr viel vermögen, -gelten, gratiā,

Praevalidus — **Precator**

opibus viele Gunſt-, Mittel haben; mos p. herrſcht, auctoritas ejus p. iſt überwiegend. 2) (Spät.) mehr als ein Anderer vermögen, mächtiger oder ſtärker ſein: sapientia p. virtute vermag mehr als Tugend.

Prae-vălĭdus, *adj.* ſehr ſtark, »mächtig, juvenis, legiones, urbs; terra p. übertrieben ergiebig; vitium p. das die Ueberhand genommen hat, vorherrſchend.

Praevārĭcātĭo, ōnis, *f.* [praevaricor] das durch praevaricari (ſiehe dieſen Art.) bezeichnete Benehmen, die Ueberſchreitung der Pflicht, der Verrath an der Sache, die verletzte Treue.

Praevārĭcātor, ōris, *m.* [praevaricor] der ſich der praevaricatio ſchuldig macht, der Pflichtverletzer, der Verräther an der eigenen Sache.

Praevārĭcor, *depon.* 1. [prae-varico] 1) in die Quere-, nicht gerade gehen, von der geraden Linie abweichen, arator. 2) *trop.* vom Sachführer, der nur zum Scheine die Gegenpartei angreift, aber in der That ſie in der Gerichtsverhandlung heimlich begünſtigt, ſeine Pflicht verletzen, ſeine Sache verrathen; p. accusationi der Anklage heimlich Vorſchub leiſten.

Prae-vehor etc., 3. *pass.* voranfahren, -reiten, ſegeln u. dergl., curru, equo, navi; equites praevecti, vorausgeritten, tela hostium pp. fliegen vor (ihnen) her. 2) (Spät.) vorbeifahren, -eilen, -fliegen: Rhenus p. Germaniam ſtrömt vorbei, an der Grenze von.

Prae-vēlox, ōcis, *adj.* (Spät.) ſehr ſchnell.

Prae-vĕnĭo etc., 4. voran- oder zuvorkommen, aliquem, desiderium plebis; p. breviore via; praeventus est morte der Tod kam ihm zuvor.

*****Prae-verro** etc., 3. (Poet.) vorher abkehren, viam.

Prae-verto etc., 3. und **Prae-vertor**, *depon.* 3. 1) (Poet.) voran kommen, vor Etwas voraus eilen, ventos, Hebrum. Hiervon *trop.* A) zuvorkommen, rem; fata me pp. das Schickſal überraſcht mich; ea res usum illius p. hat den Gebrauch davon überflüſſig gemacht. B) (Pl.) p. poculum vor der Zeit austrinken. C) (Poet.) p. animos amore zuvor einnehmen. D) voranſtehen, vor Etwas gehen, mehr gelten als Etwas: nulla religio p. tantam utilitatem; amor p. pietati. 2) ſich an Etwas vor etwas Anderem wenden: illuc praevertamur laßt uns jenes zuerſt betrachten. Hiervon A) vor etwas Anderem vornehmen, -unternehmen: p. aliquid bello etc. als den Krieg betreiben, rem omnibus aliis. B) vorzüglich und zuerſt für ſich einer Sache annehmen, für ſie ſorgen, rei alicui; p. aliquid serio Etwas ernſtlich aufnehmen, p. quod in rem sit etwas Nützliches beſorgen. C) (Spät.) p. pigritiae ſich der Faulheit hingeben.

Prae-vĭdeo etc., 2. (Poet. und Spät.) vorausſehen oder vor Anderen ſehen, vorher ſehen, futura, ictum, quid is dicturus sit.

*****Prae-vĭtĭo**, 1. (Poet.) vorher verderben, unrein machen, aquam.

Praevĭus, *adj.* [prae-via] (Poet.) vorausgehend.

Prae-vŏlo, 1. voran fliegen.

Pragmātĭcus, *adj.* [πραγματικός] in Staatsgeſchäften erfahren, geſchäftskundig. Davon *subst.* -cus, i, *m.* der Rechtskundige, Conſulent, der den Sachwaltern vor Gericht beiſtand.

Prandĕo, ndi, nsum, 2. 1) *intrans.* frühſtücken, Frühſtück einnehmen; hiervon inobef. *particip.* pransus der gefrühſtückt hat: milites curati et pp. = zum Aufbruche fertig. 2) *trans.* (Poet.) Etwas (beſ. zum Frühſtück) eſſen, als Imbiß genießen, olus.

Prandĭum, ii, *n.* [prandeo] das Frühſtück (um Mittagszeit genommen), die Vormahlzeit; (Poet. u. Spät.) = das Freſſen der Thiere.

Pransĭto, 1. [prandeo] (Vorklaſſ. u. Spät.) = prandeo 2.; p. polentam.

*****Pransor**, ōris, *m.* [prandeo] (Vorklaſſ.) der Frühſtücker, der an einem Frühſtück Theil nimmt.

*****Pransōrĭus**, *adj.* [pransor] (Spät.) zum Frühſtück gehörig, Frühſtücks-.

Prasii, ōrum, *m. pl.* Völkerſchaft in Indien.

Prăsĭnus, *adj.* [πράσινος] (Spät.) lauchgrün; factio p. die lauchgrün gekleidete Partei der Wettfahrenden.

Prātensis, e, *adj.* [pratum] (Poet. und Spät.) zu einer Wieſe gehörig, Wieſen-.

Prātum, i, *n.* die Wieſe. Hiervon (Poet.) A) = das Gras, Heu auf einer Wieſe: secare pp.; proferre condita pp. in patinis. B) pp. Neptunia = das Meer.

Prāvē, *adv.* mit *sup.* [pravus] 1) krumm, ſchief. 2) ſchlecht, verkehrt, unrecht.

Prāvĭtas, ātis, *f.* [pravus] 1) die Krümme, Schiefheit, Unregelmäßigkeit, membrorum, corporis. 2) *trop.* die Verkehrtheit, A) = die Unſchicklichkeit, ſchlimme Beſchaffenheit, das verkehrte und unrechte Benehmen. B) = die Schlechtigkeit, das ſchlechte und unrichtige Betragen, p. animi. C) = unrichtige Ausſprache.

Prāvus, *adj.* mit *comp.* u. *sup.* 1) ſchief, krumm (an und für ſich tadelnd, vgl. obliquus), verdreht, unregelmäßig gewachſen u. dergl., talus; si qua prava in membris; in pravum (Spät.) *adverbial*, krumm, in die Krümme. 2) *trop.* verkehrt, ſchlecht, unrichtig (ſiehe pravitas), homo, aemulatio, spes; dux p. ungeſchickt; in pravum, *adverbial*, ins Verkehrte, verkehrt.

Praxĭtĕles, is, *m.* [Πραξιτέλης] 1) berühmter (beſ. durch ſeine Bildſäule der Venus) Bildhauer aus Athen um 400 v. Chr. Davon -lius, *adj.* 2) ein ſpäterer griechiſcher Künſtler.

Precārĭō, *adv.* (precarius) 1) bittweiſe, durch Bitten, rogare; tradere alicui aliquid p. auf Bitten. 2) auf unſichere Weiſe, unbeſtändig: p. iis rebus studeo von der Willkür Anderer abhängig, p. praeesse bis auf Widerruf.

Precārĭus, *adj.* (preces) 1) bittweiſe erlangt, auf Bitten beruhend, erbeten, erbettelt, vita, auxilium. 2) (Poet. u. Spät.) auf willkürlichen Widerruf gewährt, von Anderer Willkür abhängig, daher unſicher, ungewiß, vorübergehend.

Precātĭo, ōnis, *f.* [precor] das Bitten, das Beten, Gebet.

Precātor, ōris, *m.* [precor] (Com.) der Fürbitter.

Prěces, um, *f. pl.* (vom *sing.* finden sich nur der *abl.* prece und (Gottlaff.) *der *accus.* precem und der *dat.* preci, 1) die Bitte, das Ersuchen: omnibus pp. oro. 2) das Gebet: pp. et vota. Insbef. (Poet.) A) = die Fürbitte. B) = die Verwünschung.

Prěcor, *depon.* 1. [preces] 1) bitten, um Etwas ersuchen: p. aliquid ab aliquo; p. aliquem (ut) id faciat. 2) beten (in einem ruhigen Zustande, vgl. supplico), deos zu den Göttern, selten p. ad deos. 3) Jmd. Etwas wünschen, für ihn (die Götter) um Etwas bitten, anwünschen, alicui aliquid, tibi mala oder male etwas Böses.

Prehendo oder **Prendo, ndi, nsum, 3.** 1) fassen, greifen, ergreifen, nehmen: p. dextram alicujus; p. aliquem manu. Hiervon (Poet.) p. aliquem cursu einholen, p. oras Italiae erreichen, p. aliquid oculo wahrnehmen, erblicken; auch = verhaften. 2) anfassen, anpacken, A) Jmd. anfassen um mit ihm zu sprechen, p. aliquem solum unter vier Augen. B) (Poet.) von einer Gefahr, einem Unglücke u. dergl. = überfallen: prensus in mari vom Sturme gleichsam angepackt. 3) (Poet. u. Spät.) Jmd. auf einer bösen That ertappen: prendi in furto oder furti auf einem Diebstahle.

Prehensio (Prensio), ōnis, *f.* [prehendo] 1) (Spät.) das Ergreifen = das Recht zu ergreifen, habere p. 2) eine Winde.

Prehenso oder gewöhnlich **Prenso, 1.** [prehendo] 1) fassen, ergreifen, fastigia dextris; p. manus alicujus. 2) Jmd. anfassen, um mit ihm zu reden, ihn um Etwas zu bitten, für Etwas zu danken u. s. w., p. amicos, patres. 3) (meist *abs.*) insbef. von den Amtsbewerbern, die bei ihrem Herumgehen (ambitio) der Leute Hände ergriffen und drückten, um sich einzuschmeicheln, also = um ein Amt bitten, sich bewerben.

Prělum, i, n. [premo] die Presse, Kelter.

Prěmo, pressi, pressum, 3. 1) drücken: p. anguem auf die Schlange treten, ebenso p. pedem alicujus pede auf den Fuß Jmds treten; p. membra paterna rotis über die Glieder des Vaters fahren; p. natos ad pectora an sein Herz drücken. Hiervon A) Etwas mit seinem Körper drücken, p. torum, humum auf dem Lager, der Erde liegen, tergum equi auf dem Pferde reiten, currum fahren; p. vestigia alicujus in Jmds Fußstapfen treten; p. locum praesidiis besetzen. B) (Poet.) p. frena dente in den Zaum beißen; p. ubera melken, vina keltern. C) p. litus hart am Ufer hinschiffen, sich am Ufer halten; p. aëra = fliegen. D) p. lac Käse machen; (Poet.) p. frena festhalten. E) *trop.* a) beschweren, belästigen: pressus magno onere, mero; p. navem merce beladen. b) drängen, in Verlegenheit bringen, hart zusetzen, hostes, aliquem verbo; p. reum. c) verfolgen, p. cursum apri; p. cervum in retia hineinjagen. Hiervon poena p. culpam folgt unmittelbar auf. d) antreiben, stark auffordern, p. aliquem ad exeundum. e) p. equum bändigen, zwingen. f) p. argumentum sehr urgiren, viel Gewicht darauf legen.
2) (Poet.) eindrücken, vomerem, dentes in fronte. Hiervon = ausdrücken, bezeichnen, rem notâ.
3) (Poet. u. Spät.) herabdrücken: p. currum niedrig fahren; premi sinken. Hiervon A) p. virgulta pflanzen, sulcum graben oder pflügen, p. aliquem = zu Boden schlagen. B) *trop.* a) herabsetzen, verkleinern, superiores, famam alicujus. b) übertreffen, verdunkeln, aliquem re aliqua. c) beherrschen, unter seiner Herrschaft darnieder halten, populos. d) zum Nachtheil gereichen, schaden, unum crimen p. reum.
4) etwas Offenes zudrücken, etwas Getrenntes zusammendrücken: p. oculos, fauces alicui; p. collum alicujus laqueo = erdrosseln; pressus amplexus enge vereinigt. Hiervon A) kurz halten = beschränken, beschneiden, vitem falce. B) (Poet.) kurz halten = anziehen, habenas. C) kurz fassen, abkürzen, aliquid. D) hemmen, aufhalten, zurückhalten, sanguinem, vocem; clamor pressus unterdrücktes Geschrei; p. vocem alicujus Jmd. schweigen machen.
5) (Poet. u. Spät.) bedecken, verbergen, canitiem galeâ; p. iram; p. ossa begraben; p. aliquid ore verschweigen.

Prendo, siehe prehendo.

*Prensātio, ōnis, *f.* [prenso] die Amtsbewerbung (siehe prehenso 3.).

Prenso, 1., siehe prehenso.

Presse, *adv.* mit *comp.* [pressus] 1) (Spät.) gedrückt. 2) von der Aussprache, gedrängt = nicht zu breit und in dieser Beziehung correct. 2) vom Ausdrucke in der Rede, A) kurz, gedrängt, einfach. B) genau, bestimmt.

Presso, 1. [premo] (Poet.) drücken, pedem; p. ubera melken.

Pressus, *adj.* mit *comp.* [*particip.* von premo] 1) gedrückt, gedrängt. Hiervon presso gradu (pede) incedere u. dergl., Fuß an Fuß anschließend, in geschlossenen Gliedern. 2) *trop.* A) von der Stimme, gedämpft, gemäßigt, modi, vox. B) vom Ausdrucke in der Rede, a) gedrängt, kurz, schmucklos, oratio und orator: tenuis et pressa. b) genau, bestimmt, oratio und orator. C) in Bezug auf Handeln u. Denken, zurückhaltend, zögernd, cunctatio.

Pressus, us, *m.* [premo] der Druck, ponderum. Hiervon = das Zusammendrücken, palmarum; p. oris der gehörige Druck mit dem Munde, um das Wort nicht zu breit auszusprechen.

Prester, ēris, *m.* [πρηστήρ] (Gottlaff. u. Spät.) ein feuriger Wirbelwind (in der Form einer Feuersäule).

Prětiōse, *adv.* mit *comp.* [pretiosus] kostbar, prächtig.

Prětiōsus, *adj.* mit *comp.* u. *sup.* [pretium] 1) kostbar, was viel Geld kostet, equus, res. 2) (Poet.) kostspielig, was große Kosten verursacht, operaria. 3) (Poet.) viel Kosten aufwendend, emptor.

Prětium, ii, n. 1) der Preis, Werth einer Sache; constituere (facere) p. merci den Werth einer Waare bestimmen; pp. jacent die Preise sind niedrig; esse magni, parvi etc. pretii in hohem, niedrigem Preise stehen, von großem, geringem Werthe sein; habere p. oder esse in pretio Werth haben, Etwas gelten;

si moram est aliquod p. 2) das Geld, das für Etwas verwendet wird, der Preis, die Bezahlung (als schuldiger Kaufpreis für eine Waare, vgl. praemium und merces): p. rei alicujus; Mussig der *abl.* pretio für Geld, gegen Bezahlung, magno p. für viel Geld, theuer, parvo p. für wenig Geld, wohlfeil. Hiervon A) = Geld überhaupt, deus conversus in pretium (von dem in einen goldenen Regen verwandelten Jupiter). B) operae pretium est es ist der Mühe werth, aliquid facere; facere operae pretium Etwas thun, das der Mühe werth ist. C) überhaupt = der Lohn, die Vergeltung: p. recte et perperam facti = Belohnung und Strafe; pretium est mori der Tod ist die Strafe. *D) (*Tac.*) pretium ei fuit (vielleicht = operae pretium) er hielt es für das Beste (zweifelhaft).

Priămus, i, m. [Πρίαμος] 1) Sohn des Laomedon, König von Troja, Gemahl der Hecuba, Vater des Hector u. A., bei der Zerstörung Troja's vom Pyrrhus, dem Sohne des Achilles, getödtet. Hiervon A) **Priămēis**, idis, f. [Πριαμηίς] die Tochter des Pr., Cassandra. B) **Priămēius**, *adj.*; hospes Pr. = Paris. C) **Priămĭdes**, ae, m. [Πριαμίδης] 1) Sohn des Pr. 2) ein Enkel des Pr., Sohn des Polites.

Priāpus, i, m. [Πρίαπος] Sohn des Bacchus (oder des Adonis) und der Venus, Gott der ländlichen Fruchtbarkeit, auch Symbol der Zeugungskraft überhaupt, daher = das männliche Glied und *trop.* = ein geiler Mensch.

Prīdem, *adv.* (verwandt mit prior u. s. w.) 1) vorlängst, vor längerer Zeit; quod p. scripseras; quam p. seit wie lange? non ita p. vor eben nicht langer Zeit. 2) (Spät.) ehemals, sonst.

Pridiānus, *adj.* (pridie) (Spät.) vom vorhergehenden Tage herrührend, vortägig, reliqui e.

Prĭdĭe, *adv.* [pri(or) — die(s)] Tage vorher, am vorhergehenden Tage: illo loco p. pugnatum erat; p. quam illuc veni ich dorthin kam. Insbes. p. eum diem, p. kalendas (nonas, idus) Junias u. s. w. am Tage vor dem ersten Juni u. s. w.; auch p. ejus diei und (*Tac.*) p. insidiarum vor dem zum Morde bestimmten Tage.

Priēne, es, f. [Πριήνη] Stadt in Ionien.

Primaevus, *adj.* [primus-aevum] (Poet.) in den ersten Jahren, sehr jung, jugendlich.

Primānus, *adj.* [primus] (Spät.) zur ersten Legion gehörig.

Primārius, *adj.* [primus] der unter den ersten seiner Gattung ist, vorzüglich, vornehm, ansehnlich, vir; p. loco den ersten Platz einnehmend.

Primĭgĕnius, *adj.* [primus-geno] (Vorklass. u. Spät.) vom Ersten an geworden, ursprünglich; *subst.* als Beiname der Fortuna.

Primĭgĕnus, *adj.* [primus-geno] (Vorklass.) = primigenius.

Primĭpilāris, is, m. und **-lārius**, ii, m. = primipilus.

Prīmi-pĭlus, i, m. siehe pilus.

Primĭtiae, ārum, f. pl. [primus] 1) (Poet. u. Spät.) die Erstlinge, das Erste der Früchte, des Getreides u. dergl.; p. metallorum die erste Ausbeute. 2) *trop.* der Anfang oder der erste Versuch überhaupt.

Primĭtus, *adv.* (primus) (Vorklass. und Spät.) zum ersten Male, zuerst.

Prīmo, *adv.* [primus] 1) anfangs, zuerst, im Anfange: p. quinque naves habuit, postea decem. 2) (selten) = primum.

Primordium, ii, n. (meist im *pl.*) [primus-ordior] der erste Anfang, Ursprung, mundi, gentis, urbis.

Primōris, e, *adj.* (der *nom. sing.* lässt sich nicht nachweisen) [primus] 1) (Vorklass. u. Spät.) der erste: aspectum p., imbres pp. 2) der vorderste, dentes; pp. digiti die Fingerspitzen; primoribus labris attingere mit dem Aeussersten der Lippen berühren, *trop.* = sich oberflächlich mit Etwas bekannt machen; in p. acie vorn in der Schlachtordnung. 3) der ansehnlichste, vornehmste, homines; pp. populi die Vornehmsten des Volks.

Primŭlum, *adv.* (Vorklass.) *deminut.* von primum.

*Primŭlus**, *adj.* (Vorklass.) *deminut.* von Primus.

Prīmum, *adv.* [primus] 1) zum ersten Male, zuerst: hodie p. 2) bei einer Aufzählung, zuerst, erstens, erstlich, mit nachfolgendem deinde, postea u. s. w.: omnium p. zuallererst. 3) in der Verbindung mit ut, quam, quum, auch simulac, ubi, so bald als; quam p. fieri potuit so bald als möglich.

Prīmus, *adj.* (*superl.* von prior) 1) als *adj. num. ord.* der erste, von einer Reihenfolge im Raume oder in der Zeit: ducem primum interfecit; in primis mater lapidem attulit die Mutter war unter den Ersten, die u. s. w.; p. dies; primo quoque tempore so bald als möglich, bei erster sich darbietender Gelegenheit. Oft zur Bezeichnung des ersten Theils einer Sache dem Namen dieser als Beiwort zugefügt: prima nocte im Anfange der Nacht, primo tumultu im Anfange des Auflaufs. Ferner: p. sol die aufgehende, a primo von Anfang an, in primo Anfange, zuerst. Hiervon insbes. *subst.* prima, ōrum, n. *pl.* a) der Anfang. b) die Grundstoffe, Elemente. c) pp. naturae (philosophischer *term. t.*) die Gegenstände des ersten natürlichen Verlangens und Antriebes. d) siehe 3, A. b. — 2) im Raume, der vorderste: pp. dentes; cecidit inter primos; p. labra = primora, siehe diesen Art.; in p. provincia in dem vordersten Theile der Provinz. Insbes. *subst.*: provocare in primum = in den ersten Theil der Schlachtordnung; in primo ire vorn, zuerst. 3) der erste im Range, Werthe u. dergl., der vornehmste, ansehnlichste, vorzüglichste, ob. sehr vornehm u. s. w.: quindecim primi Massiliensium; vir p. ejus vicinitatis. Hiervon A) primae sc. partes, a) die Hauptrolle in einem Schauspiele (eigtl. u. *trop.*): agere pp. spielen, deferre übertragen. b) die erste Stelle, der Preis in irgend einer Beziehung, dare, auferre; so auch prima tenere die erste Stelle einnehmen. B) in ob. cum primis, auch verbunden geschrieben als *adv.*, = besonders, vorzüglich.

Princeps, cipis, *adj.* [primus-capio] 1) der erste in der Reihenfolge und in der Zeit:

Principalis — Privatus

p. in proelium ibat; p. erat ad conatum, in agendo, auch p. rerum novandarum, der Erste zum Versuchen, im Handeln, in den Neuerungsversuchen; Sicilia p. se ad amicitiam populi Romani applicuit war die erste (Provinz), die sich u. s. w. (Poet.) p. limus womit bei der Bildung des Menschen der Anfang gemacht wurde. 2) der vornehmste, ansehnlichste, der vorzüglichste, beste: viri pp.; p. ingenii et doctrinae (selten) in Bezug auf; p. Romanus ein vornehmer Römer, sehr angesehener römischer Staatsmann; so oft *subst.* **principes** die Vornehmen; auch von Sachen: amor p. ad conciliandam benevolentiam. Insbes. a) p. senatūs (selten senatorum) der Senator, dessen Name im Verzeichnisse der Senatoren zuerst stand. b) p. juventutis einer der vornehmsten Ritter; zur Kaiserzeit = der Prinz. 3) der Vorsteher, Vorgesetzte, das Haupt, der Urheber, Stifter u. dergl.: p. consilii; pp. conjurationis die Häupter der Verschwörung; p. Stoicorum Stifter der stoischen Secte; p. belli inferendi der den Anfang gemacht hat, an der Spitze steht; p. familiae der Stammvater, gregis der Anführer einer Schauspielertruppe. 4) (Poet. u. Spät.) der Fürst, Monarch, in Rom der Kaiser. — b) principes hießen die Soldaten, die im zweiten (ursprünglich im ersten, woher der Name) Gliede standen (zwischen den hastati und den triarii). Hiervon princeps A) *coll.* = principes. B) = ein Centurion der principes (vgl. primus, secundus hastatus).

Principālis, e, *adj.* [princeps] 1) der erste, ursprüngliche, causa, significatio. 2) der vornehmste, ansehnlichste, hauptsächlichste, causa, quaestio. 3) (Spät.) zum Fürsten gehörig, fürstlich, kaiserlich. 4) zu den principia im Lager gehörig (siehe principium 2. B.), Haupt-, porta, via.

Principāliter, *adv.* [principalis] (Spät.) fürstlich, kaiserlich.

Principātus, us *m.* [princeps] 1) die erste Stelle in Bezug auf Rang, Werth, Macht u. s. w., der Vorzug: p. dignitatis; Gallia principatum tenet hujus belli propulsandi nimmt den ersten Platz ein in Bezug auf u. s. w.; tenere p. sententiae das Recht haben zuerst seine Stimme abzugeben. Insbes. in politischer Beziehung = der Vorrang, die oberste Stelle, die Befehlshaberstelle u. dergl. Hiervon (Spät.) = die Herrschaft, die Regierung, deferre alicui principatum: p. et libertas die Monarchie und die Freiheit. *2) der Anfang.

*****Principiālis**, e, *adj.* [principium] (*Lucr.*) anfänglich.

Principium, ii, *n.* [princeps] 1) der Anfang (insofern er dem Folgenden als Grundlage dient, vgl. initium), der Ursprung: origo principii nulla est; hoc est p. movendi; in principiis dicendi; (Poet.) p. moris Urheber, avorum = der Stammvater. Häufig adverbial principio oder, in principio im Anfange, a p. von Anfang her; (*Pl.*) principio atque sobald als. Insbes. A) bei Abstimmungen = praerogativa (siehe diesen Art.): eadem curia fuit p. B) im *pl.* a) die Grundstoffe, Elemente, rerum, juris p. b) pp. naturae = prima naturae (siehe primus 1. c.). 2) im *pl.* in der Militärsprache, A) die vorderen Reihen, -Glieder, das Vordertreffen, die Fronte: qui post pp. pugnabant. B) ein großer offener Platz im Lager, wo das Zelt des Feldherrn stand, und wo die Soldaten versammelt wurden, wenn z. B. der Feldherr eine Anrede an sie halten wollte, das Hauptquartier, Generalquartier: jura reddere in pp.

Prior, ōris, *adj.* [*compar.*, vgl. primus] 1) in der Zeit und der Ordnung, eher, früher als ein Anderer, der erste von Zweien: prior eum proelio oppugnavit; pp. comitia; p. Dionysius der ältere; p. annus, aestas der vorige; priore loco dicere zuerst von Zweien. Hiervon (Poet.) priores = die Vorfahren. 2) (selt.) im Raume, der vordere, der vorderste von Zweien, pp. pedes. 3) vorzüglicher, höher stehend in irgend einer Beziehung: nemo habetur p.; p. fuit aetate et sapientia; illa res ei fuit p. war ihm wichtiger, lag ihm mehr am Herzen.

*****Prisce**, *adv.* [priscus] nach alter Sitte, geradezu, offen.

Priscus, *adj.* [verwandt mit prior, primus] alt (mit dem Nebenbegriffe des Ehrwürdigen, vgl. antiquus, vetus), zur Vorzeit gehörig und aus ihr stammend, alterthümlich, homines, literae, mos. Hiervon A) (Poet.) der vorige. B) (Poet.) nach alter Sitte streng, ernsthaft.

Pristĭnus, *adj.* [verwandt mit prior] 1) vorig, ehemalig, früher, dignitas, animus, consuetudo. 2) nächstvergangen, letzt, dies, nox.

Prius, *adv.* [prior] 1) allein (ohne quam), eher, früher: p. exire e vita; (Poet.) = vorher, ehemals. 2) p. — quam oder (seltener) verbunden **Priusquam** C) ehe, bevor, eher als: non prius fugere destiterunt quam etc.; priusquam dicere coepisti; sine, priusquam amplexum accipio, sciam etc. B) eher = lieber: Aegyptii quamvis carnificinam prius subierint quam ibin violent. Bisweilen (Poet.) sagte man in umgekehrter Ordnung quam — prius in derselben Bed.

Privātim, *adv.* [privus] 1) privat, so daß Etwas nur ein einzelnes Individuum betrifft und nicht das Oeffentliche, in privaten Verhältnissen, in (seiner) eigenen Angelegenheit, in (seinem) eigenen Namen, für seine Person u. s. w.: p. alicui rem mandare; p. et publice. 2) (selt.) zu Hause, p. se tenere. 3) (Spät.) besonders, für sich.

Privātio, ōnis, *f.* [privo] die Beraubung (einer üblen Sache) = die Befreiung, doloris vom Schmerz.

Privātivus, *adj.* [privo] (Spät.) in der Stamm. beraubend = negirend.

Privātus, *adj.* [privo] privat, auf ein einzelnes Individuum od. einzelne Individuen beschränkt, einem einzelnen Manne gehörig, das Oeffentliche nicht betreffend, persönlich u. dergl.: dummodo calamitas p. sit wenn das Unglück nur mich allein trifft; pp. aedificia; omnes boni privato consensu, universus senatus publico consensu vestem mutavit. Insbes. A) homo p. oder *subst.* **privatus** ein Privatmann, d. h. a) in der republikanischen Zeit =

Jeder, der kein Amt bekleidet, nicht Magistratsperson ist; b) in der Kaiserzeit == jeder Unterthan im Gegensatze zum Kaiser; hiervon pp. spectacula von Privatmännern gegeben. B) mit Präpositionen wird das n. privatum als Substantiv gebraucht: tributum conferre ex privato aus seinem Privatvermögen, aber proripere se ex privato aus seinem Hause; in privato zu Hause, privat; in privatum vendere zum Privatgebrauche.

Privernum, 1, n. Stadt in Latium. Davon -nas, ātis, adj., subst. = das privernatische Gebiet, und -nātes, tum, m. pl. die Einwohner von P.

Prīvignus, i, m. [privus-geno] ein besonderes Geschlecht habend, der Stiefsohn.

Prīvilēgium, ii, n. [privus-lex] 1) das nur einzelne Personen betreffende Gesetz, die besondere Verordnung, ferre p. de aliquo. 2) (Spät.) das durch ein solches Gesetz ertheilte Vorrecht, Privilegium.

Prīvo, 1. [privus] Jmb. von einer Sache absondern, 1) von etwas Gutem, berauben, p. aliquem vitā, oculis, somno. 2) von einem Uebel, befreien, p. aliquem exilio, injuriā.

Prīvus, adj. eigtl. gesondert, für sich bestehend, 1) im pl. privi, die einzelnen, jeder einzelne: in dies pp. jeden Tag; ut lapides privos ferrent daß sie Jeder einen Stein tragen sollten. 2) eigen, eigenthümlich: dives quem ducit p. triremis; binae pp. tunicae; aliud p. Besonderes.

Prō, praep. mit abl. 1) vor: sedere p. aede Castoris; auch mit Verben der Bewegung, producere copias p. castris. Hiervon A) vorn an, vorn auf, auf dem Vordertheile einer Sache (gewöhnlich wird es so schlechthin durch „an" oder „auf" übersetzt): pronuntiare aliquid p. suggestu, tribunali, rostris; p. contione in der Versammlung; pueri p. tectis erant vorn an den Dächern; stare p. litore. B) für, zur Bezeichnung des Schutzes und der Vertheidigung: dicere p. aliquo; hoc non est p. me, sed contra me zu meinem Vortheil; spondere p. aliquo. 2) statt, anstatt: p. verbo proprio adhibetur aliud. So häufig in Verbindungen pro consule, pro praetore u. s. w. == Statthalter einer Provinz (wovon später die zusammengesetzten Wörter Proconsul, Propraetor u. s. w. gebildet werden, die indessen bei älteren Schriftstellern seltener sind), ohne Veränderung dem Namen der Person beigefügt wurden, so: quum pro praetore Athenas venissem da ich als Propätor nach A. gekommen war; Caesarem non vocat pro praetore den C. nennt er nicht Pr.; C. Atilii pro consule nomine im Namen des Proconsuls C. At. Hiervon A) zur Bezeichnung der Art und Weise, auf welche Etwas betrachtet, behandelt u. f. w. wird, wo es gewöhnlich durch als oder für übersetzt wird: p. victis als Besiegte; hunc amavi p. meo als meinen eigenen; esse p. damnato so gut als verurtheilt sein; gerere se p. cive als Bürger auftreten; habere aliquem p. amico für seinen Freund halten; nihil p. sano facere = nihil sani nichts Vernünftiges; so auch p. certo pollicéri, scire als gewiß, mit Gewißheit. B) bei Angabe einer Bezahlung, eines Lohnes

u. dergl.: p. vectura solvero aliquid. C) in einigen Ausdrücken == im Namen-, im Auftrag Einiger: pontifices (tribuni u. s. w.) p. collegio decreverant im Namen des ganzen Collegiums (als einer gesammelten Autorität). 3) bei Angabe eines Maßstabes, Verhältnisses u. dergl., nach, vermöge,-gemäß u. dergl.: p. mea (virili) parte für meinen Theil; p. se quisque Jeder für sich, nach Maßgabe seiner Kräfte; p. tempore nach den Umständen; p. imperio zufolge einer amtlichen Gewalt, auf gebieterische Weise; p. tua humanitate, prudentia; proelium atrocius quam p. numero hostium als man nach der Zahl der Feinde erwarten sollte. Hiervon: p. eo quod == weil; p. eo quanti te facio vermöge meiner hohen Achtung für dich; p. eo ac (atque, quasi etc.) vermöge dessen, nach dem, ganz wie: p. eo ac debui.

Pro oder **Proh**, interj., ein Ausruf heftiger Gemüthsbewegung, oh! ach! ha! p. supreme Jupiter; p. dii immortales! p. deum et hominum fidem (welches letzte Wort bisweilen bei den Com. ausgelassen wird)!

*__Proăgŏrus__, i, m. [προάγορος] der „Sprecher", „Wortführer" der erste Beamte in einigen Städten Siciliens.

*__Pro-auctor__, ōris, m. (Spät.) der Urstammvater.

*__Pro-ăvĭa__, ae, f. die Mutter des Großvaters oder der Großmutter, die Urgroßmutter.

__Pro-ăvītus__, adj. (Poet.) von den Vorfahren ererbt, regnum.

__Pro-ăvus__, i, m. 1) der Vater des Großvaters oder der Großmutter, der Urgroßvater. 2) überhaupt der Vorfahr, Ahnherr.

Prŏbābĭlis, e, adj. mit comp. [probo] 1) beifallswerth, gut, tauglich, orator, genus orationis, ingenium. 2) annehmlich, glaublich, wahrscheinlich, ratio, conjectura, mendacium.

Prŏbābĭlĭtas, ātis, f. [probabilis] die Glaubhaftigkeit, Wahrscheinlichkeit.

Prŏbābĭlĭter, adv. [probabilis] 1) beifallswerth, löblich: consulatus p. actus. 2) glaublich, mit Wahrscheinlichkeit.

Prŏbātĭo, ōnis, f. [probo] 1) die Prüfung, Untersuchung, athletarum; p. equitum die Musterung. 2) die Billigung, Gutheißung, der Beifall. 3) (Spät.) die Beweisführung, der Beweis.

Prŏbātor, ōris, m. [probo] der Billiger, Gutheißer, facti, rationis.

Prŏbātus, adj. mit comp. u. sup. (particip. von probo) 1) erprobt, bewährt, == gut, rechtschaffen, vortrefflich u. s. w., argentum, statua, artifex, femina p. 2) Jmb. angenehm, von ihm geschätzt, hochgeachtet, alicui: probatissimus suis von den Seinigen sehr geliebt (siehe probo 3.).

Prŏbē, adv. mit comp. u. sup. [probus] 1) wohl, gut, richtig: narras p. du bringst gute Nachrichten; agitare mimos p. auf sittliche Weise: aedes p. factae gut gebaut. 2) == tüchtig, brav, potare, errare. 3) in der Antwort als beifallender Ausruf: gut! brav!

Prŏbĭtas, ātis, f. [probus] die Rechtschaffenheit, Redlichkeit, Bravheit.

Probo

Prŏbo, 1. 1) (Borklaff., Poet. u. Spät.) prüfen = unterfuchen, munera. Insbef. von den Censoren oder Anderen, wenn sie einen in Entreprise gegebenen und jetzt vollendeten Bau ꝛc. dergl. besichtigen: tempus prorogare ad probanda opera quae locassent. Hiervon = beurtheilen, milites a moribus, amicitias utilitate nach dem Nutzen, alienos mores ex ingenio suo. 2) billigen, gutheißen, für gut=, =wahr=, tüchtig erklären, einer Sache seinen Beifall schenken, p. rem, causam, hominem; p. se mit sich selbst zufrieden sein, sich selbst gefallen. 3) Jmd. Etwas als beifallswerth erscheinen lassen, also A) einer Person oder Sache den Beifall Jmds verschaffen, Jmd. annehmlich machen, Etwas so machen, daß es von Jmd. gebilligt wird: p. alicui librum, officium suum, causam; p. se oder probari alicui Jmds Beifall gewinnen, Jmd. gefallen. B) Etwas beweisen, glaublich machen, darthun, alicui aliquid; probor esse pater (Poet.) es wird bewiesen, daß ich Vater bin.
Prŏboscis, ĭdis, f. [προβοσκίς] (Spät.) der Rüffel, bes. des Elephanten.
Probrōsus, adj. mit comp. u. sup. [probrum] 1) beschimpfend, schimpflich, schändlich, crimen, natura; carmen p. Schmähgedicht. 2) berüchtigt, femina.
Probrum, i, n. 1) die schimpfliche Handlung, die Schandthat, oder das schimpfliche Betragen: pp. ignaviae et luxuriae. Insbef. häufig = die Unkeuschheit, der Ehebruch. 2) der Schimpf, die Beschimpfung, die „Schande": probri gratia um Jmd. zu beschimpfen, probro esse zum Schimpf gereichen, inferre alicui probrum. 3) die Schmähung, der beschimpfende Vorwurf: dicere alicui probra, jactare pp. in aliquem.
Prŏbus, adj. mit comp. u. sup. probehaltig, was so ist, wie es sein soll: 1) von Personen = rechtschaffen, redlich, sittsam, gut, brav, tüchtig, homo, cantor, architectus. 2) von Sachen, gut, tüchtig, solid u. dergl., argentum, clava, occasio, res.
Procācĭtas, ātis, f. [procax] die schaamlose Zudringlichkeit, Frechheit.
Procācĭter, adv. mit comp. u. sup. [procax] (Spät.) frech, verwegen.
Procas (Proca), ae, m. König von Alba, Vater des Numitor und des Amulius.
Prŏcax, ācis, adj. mit comp. u. sup. [proco] 1) (selten) zudringlich im Begehren, leno. 2) frech, schaamlos oder (milder) ausgelassen, muthwillig, ingenium; p. otii (Spät.) verwegen im Frieden.
Prō-cēdo etc., 3. 1) hervorgehen, =schreiten, =treten, =kommen: p. foras, extra munitiones, de castris, ab aula. Insbef. a) von Truppen u. dergl. = vorrücken, in aciem. b) erscheinen, sich zeigen, tum demum processit. c) von Pflanzen u. dergl. = hervorkommen. d) altera jam pagella p. nun kömmt. e) = auftreten, hervortreten, sowohl vom Fechter oder Schauspieler, der auf der Bühne auftritt, als von einem Manne, der im wirklichen Leben in irgend einer Thätigkeit sich zeigt: p. in publicum, in medium. Hiervon (Pl.) = sich ereignen, eintreffen: p. ad aliquem. 2) fortrücken, weiter =fortgehen, moenia pp. (= der Bau der Mauern schreitet fort). Häufig trop. A) von der Zeit, fortschreiten, fortrücken, d. h. verlaufen: ubi plerumque noctis processit; procedente tempore im Laufe der Zeit; p. aetate älter werden. B) = fortdauern, fortgesetzt werden: proelium p. in multum diei, stipendia iis pp. sie fahren fort den Sold zu erhalten. C) Fortschritte machen, Fortgang haben, weiter kommen: tantum processi in philosophia; p. honoribus, non multum p. dicendi laude. Hiervon (Com.) absol. = Erfolg haben, das Glück mit sich haben: tu hodie pulchre (bene) processisti. D) weiter gehen, bis zu einem Puncte steigen, reichen u. dergl.: ira p. longius; eo amentiae p. bis zu dem Grade von Wahnsinn kommen; quo illud procedit wie weit geht dieses? in multum vini p. = viel trinken. E) von Handlungen und Zuständen, Fortgang oder Erfolg haben, gut von Statten gehen, gelingen: consilia mihi pp.; omnia prospera pp. Hiervon = zu Gute kommen, nützen, reipublicae.
Prōcella, ae, f. der Sturm, Sturmwind. Hiervon trop. zur Bezeichnung einer Sache, die eine heftige und stürmische Bewegung verursacht oder voraussetzt; p. telorum, p. equestris heftiger Reiterangriff; pp. tribuniciae, civiles Unruhen; p. eloquentiae.
*****Prō-cello,** — — 3. (Pl.) niederwerfen, se.
Prōcellōsus, adj. [procella] stürmisch, ver; ventus, notus p. Sturm erregend.
Prōcĕres, ĕrum, m. pl. (eigtl. adj.; von dem sing. läßt sich nur der accus. procerem an einer Stelle aufweisen) die Vornehmen, die Anführer u. s. w., pp. civitatis. Hiervon (Spät.) pp. artis die Meister in einer Kunst.
Prōcērĭtas, ātis, f. [procerus] 1) der hohe und schlanke Wuchs, die Höhe, Schlankheit, arboris; p. colli Länge. 2) überhaupt die Gestrecktheit, Länge, pedum der Versfüße.
Prōcērus, adj. mit comp. u. sup. hoch und schlant, hochgewachsen, arbor, homo, statura. Hiervon überhaupt = lang, rostrum, passus.
*****Prōcessĭo,** ōnis, f. [procedo] das Vorrücken.
Prōcessus, us, m. [procedo] nur trop., der Fortgang, Fortschritt: tantos pp. feci; p. orationis das Fortschreiten; alieni pp. der Erfolg Anderer.
Prŏchȳta, ae, f. Insel an der Küste von Campanien.
Prōcĭdo, cĭdi, — 3. [pro-cado] vorwärts fallen, niederfallen; p. ad pedes alicujus sich niederwerfen.
Prōcinctus, us, m. [pro-cingo] eigtl. das Gürten, nur in der Verbindung in procinctu in Bereitschaft zum Kampfe, kampffertig, im Begriffe zu kämpfen, stare, esse; testamentum in p. facere indem man bereit steht zum Kampfe zu gehen (vor einer Schlacht); trop. habere aliquid in p. Etwas in Bereitschaft haben.
*****Prōclāmātor,** ōris, m. [proclamo] (Spät.) der Rufer, Schreier.
Prō-clāmo, 1. laut rufen, schreien, pro aliquo, illud esse verum.

Proclīno, 1. [pro-clino = κλίνω neigen] vorwärts neigen, -beugen, rem; meist im *particip.* proclinatus, nämlich res p. eine Sache, die schon zu einer Entscheidung sich neigt, daher auch bisweilen = schlecht stehend: adjuvare rem p.

Proclīve ob. **-iter**, *adv.* mit *comp.* [proclivis] abwärts, *trop.* rasch, jäh.

Proclīvis, e, (Vorklass. u. Spät. auch **-vus**), *adj.* (verw. mit proclino) 1) vorwärts sich neigend, bergab gehend, abschüssig, abhängig, schräg, via; in oder per proclive bergab, herab, detrudi. 2) *trop.* A) zu Etwas sich neigend, geneigt, bereitwillig: p. ad laborem, ad comitatem; p. ad morbum leicht in eine Krankheit fallend. B) leicht (zu thun): proclivia anteponuntur laboriosis; (Vorklass.) in proclivi est es ist leicht.

Proclīvĭtas, ātis, *f.* [proclivis] 1) die Neigung = die abhängige Lage, der Abhang. 2) die Neigung = Geneigtheit zu Etwas.

Procnē, ēs, *f.* [Πρόκνη] 1) Tochter des Königs Pandion, Schwester der Philomela. 2) *meton.* die Schwalbe.

Prōco, 1. oder **-cor**, *depon.* 1. [procus] (veraltet) begehren, verlangen.

Prō-consul, ŭlis, *m.* eine meist bei Spät. gebräuchliche zusammengesetzte Form statt des mehr klassischen pro consule (siehe pro 2.), der Statthalter einer römischen Provinz, der die Stelle eines Consuls in der Provinz einnahm, der Proconsul.

Prōconsŭlāris, e, *adj.* [proconsul] (meist Spät.) zu einem Proconsul gehörig, imago p. das Schattenbild der Consulwürde, (von der Amtsgewalt der tribuni militum consulari potestate).

Prōconsŭlātus, us, *m.* [proconsul] das Amt, die Würde eines Proconsuls.

*****Procrastīnātĭo**, ōnis, *f.* [procrastino] die Vertagung, der Aufschub.

Procrastīno, 1. [pro-crastinus] auf morgen verschieben = vertagen, aufschieben, rem.

Procrĕātĭo, ōnis, *f.* [procreo] das Zeugen.

Procrĕātor, ōris, *m.* [procreo] der Erzeuger, Urheber, mundi; pp. = die Aeltern.

Procrĕātrix, īcis, *f.* [procreo] die Erzeugerin, Urheberin, artium.

Pro-creo, 1. 1) zeugen, filiam de (ex) uxore. 2) überhaupt hervorbringen, erzeugen: terra p. truncos; p. ortum tribunatus bewirken.

Pro-cresco etc., 3. (*Lucr.*) 1) hervorwachsen, entstehen. *2) fortwachsen, zunehmen.

Procris, ĭdis, *f.* [Πρόκρις] Tochter des Erechtheus, Gemahlin des Cephalus.

Procrustes, ae, *m.* [Προκρούστης] ein Räuber in Attica, den Theseus tödtete.

*****Prō-cŭbo** etc., 1. (Poet.) vorn liegen.

Prō-cŭdo etc., 3. schmieden, ensem. Hiervon *trop.* A) = bereiten, ersinnen, dolos, voluptatem. B) hervorbringen, ignem. C) bilden, linguam.

Prŏcŭl, *adv.* weit, fern, nämlich 1) bei Verben der Ruhe, fern, in der Ferne, weit ent-

fernt, stare, p. turrim constituo in großem Abstande; p. a castris; hiervon (meist Poet. u. Spät.), mit Auslassung der Präposition ab, els *praep.* mit *abl.*, weit von, entfernt von, p. mari, urbe. So auch *trop.* = fern, weit; haec culpa p. a me abest; p. esse a literis den Wissenschaften ganz fremd sein, ebenso p. negotiis; p. dubio ohne Zweifel; p. errare sehr irren; haud p. absuit quin es fehlte nicht viel, daß u. s. w. 2) bei Verben der Bewegung, weit hin, tela conjicere, a terra abripi. 3) von weit her, aus weiter Ferne, jaculari, aliquid conspicere.

Prōculcātĭo, ōnis, *f.* [proculco] (Spät.) das Niedertreten.

Prōculco, 1. [pro-calco] (Poet. u. Spät.) niedertreten, segetem; *trop.* mit Füßen treten = verachten, unterdrücken, fata, senatum.

Prōcŭlējus, i, *m.* ein römischer Ritter, Bruder der Terentia (der Gemahlin des Mäcenas), der mit seinen zwei Brüdern sein Vermögen theilte, nachdem diese in den bürgerlichen Kriegen das ihrige verloren hatten.

Prōcumbo, cŭbui, cŭbĭtum, 3. [procubo] 1) sich vorwärts legen, -beugen, vorwärts sich neigen: ligna pp. secundum naturam fluminis; (Poet.) von Menschen, die vor Begierde oder während des Ruderns sich vorwärts beugen: dimidiati pp. dum appetunt liegen mit dem Oberkörper vor; illi certamine summo pp. 2) sich niederlegen, -werfen, niederfallen: agger p. in formam; p. ad pedes alicui oder ad genua alicujus sich zu den Füßen Jmds werfen; vulneratus p., ebenso legiones pp. 3) *trop.* (Spät.) sinken, zu Grunde gehen, respublica p.; p. in voluptates verfallen.

Prōcūrātĭo, ōnis, *f.* [procuro] die Besorgung, Verwaltung einer Sache, insbes. im Auftrage eines Anderen und in seinem Namen: p. rerum suarum; p. annonae. Insbes. A) das Amt eines kaiserlichen Procurators, siehe procurator 2.; p. amplissimae. B) die Besorgung alles dessen, was zur Abwendung des durch ein Wahrzeichen angedeuteten Unglücks und zur Sühnung desselben gehört, die Sühnung.

*****Prōcūrātĭuncŭla**, ae, *f.* (Spät.) *deminut.* von procuratio.

Prōcūrātor, ōris, *m.* [procuro] 1) der Besorger, Verwalter der Angelegenheiten eines Anderen, der Stellvertreter, Commissionär, Bevollmächtigte: agere aliquid per p.; p. regni der Reichsverweser. Insbes. = der Verwalter, Administrator eines Guts u. dergl. 2) (Spät.) in der Kaiserzeit ein Beamter, der die Einkünfte des Kaisers in den Provinzen verwaltete, der Oberverwalter der kaiserlichen Einkünfte, Rendant.

Prōcūrātrix, īcis, *f.* [procuro] die Besorgerin.

Prō-cūro, 1. 1) Etwas im Auftrage und Namen eines Anderen besorgen, verwalten, negotia alicujus, hereditatem. Hiervon insbes. (Spät.) absol. kaiserlicher Procurator sein (siehe procurator 2.), p. in Hispania. 2) überhaupt besorgen, verwalten, für Etwas Sorge tragen, sacra, religiones p. arbores, se pflegen, (Vorklass.) auch p. alicui. Insbes. p. omen die religiösen Handlungen besorgen, die zur Abwehrung des durch ein Wahrzeichen angedeutschen Unglücks verordnet werden, des Wahrzeichen führen.

Prō-curro etc., 3. 1) hervor laufen, in proximum tumulum; insbef. von Truppen = vorrücken. Hiervon (Poët. u. Spät.) von Localitäten = vorlaufen, hervorragen, insula p. in mare. 2) (Spät.) = wachsen, zunehmen, pecunia.

Prōcursātio, ōnis, f. [procurso] das Hervorlaufen, bef. zum Kampfe = das Plänkeln.

*****Prōcursātōres**, um, m. pl. [procurso] die Hervorläufer = die Plänkler.

Prōcursio, ōnis, f. [procurro] (Spät.) *1) das Vorlaufen. *2) die Abschweifung in der Rede vom eigentlichen Thema, die Digression.

Prō-curso, 1. hervorlaufen, insbef. = zum Kampfe hervorsprengen, plänkeln.

Prōcursus, us, m. [procurro] 1) das Hervorlaufen, Hervorsprengen, militum. 2) (Spät.) A) von Localitäten, der Vorsprung, das Hervorragen. B) der Fortschritt.

Prō-curvus, adj. (Poët.) krumm.

Prŏcus, i, m. der Freier, Bewerber.

Prŏcyon, ōnis, m. [Προκύων] ein Gestirn, teinlat. Antecanis.

*****Prō-de-ambŭlo**, 1. (Com.) heraus spazieren gehen.

Prō-d-eo etc., 4. 1) hervor gehen, kommen, treten, vorgehen: p. foras, in aciem, ex portu, obviam alicui, ad colloquium; naves pp.; p. volando hervorfliegen; p. in scenam als Schauspieler auftreten; dagegen Jupiter p. in tragoedia hat eine Rolle, wird eingeführt. Hiervon trop. p. sumptu extra modum das Maaß überschreiten. p. quadam tenus bis zu einer gewissen Grenze gehen. 2) von Pflanzen, hervorkommen, auskeimen. 3) trop. an den Tag kommen, erscheinen, novae comoediae pp.; consuetudo p. kömmt auf.

Prō-dīco etc., 3. 1) (selten) vorhersagen, aliquid. 2) einen Termin weiter hinausschieben, verschieben, diem.

*****Prō-dictātor**, ōris, m. der Vicedictator, gewählt, um einen wirklichen Dictator zu wählen (wahrscheinlich muß jedoch an der betreffenden Stelle dictator gelesen werden).

Prŏdĭcus, i, m. [Πρόδικος] griechischer Sophist aus Ceos, Zeitgenosse des Sokrates. Hiervon **Prŏdĭcius**, adj.

Prōdĭge, adv. [prodigus] verschwenderisch, vivere.

*****Prōdĭgentia**, ae, f. [prodigo] (Tac.) die Verschwendung, opum.

Prōdĭgiālis, e, adj. [prodigium] 1) (Poët. u. Spät.) wunderbar, abenteuerlich, unnatürlich. 2) (Pl.) Jupiter p. böse Wahrzeichen-, Unglückliches abwendend.

Prōdĭgiālĭter, adv. [prodigialis] (Poët. u. Spät.) abenteuerlich, unnatürlich.

Prōdĭgiōsus, adj. [prodigium] (Poët. u. Spät.) 1) voller Wunder, mit abenteuerlichen Gestalten erfüllt, atria Circes. 2) wunderbar, abenteuerlich, corpora.

Prōdĭgium, ii, n. [statt prodicium von prodico] eine wunderbare und übernatürliche Erscheinung oder Begebenheit, insofern man Etwas daraus weissagt, ein Wunderzeichen, Wun-

der. Hiervon von einer Person = Ungeheuer, Scheusal.

Prōdĭgo, ēgi, actum, 3. [pro-ago] 1) (Vorklaff.) hervortreiben, sues in lustra. 2) (Vorklaff. u. Spät.) verschwenden, verthun, opes, bona patria.

Prōdĭgus, adj. [prodigo] verschwenderisch, homo; (Poët.) aeris mit Geld. Hiervon A) (Poët.) reichlich gebend, gewährend: locus p. herbae, auch absol. terra p. ergiebig, fruchtbar. B) Etwas willig hingebend, opfernd, animae das Leben; p. arcani ein Geheimniß verrathend.

Prōdĭtio, ōnis, f. [prodo] das Verrathen, die verrathende Anzeige, die Verrätherei, der Verrath: p. arcanorum; p. amicitiae an der Freundschaft; multorum pp. Treulosigkeit.

Prōdĭtor, ōris, m. [prodo] der Verräther: p. patriae am Vaterlande, exercitus p. disciplinae der Mannszucht untreu, sie verletzend; (Poët.) als adj. verrathend, risus p.

Prō-do, dĭdi, dĭtum, 3. 1) (meist Poët. u. Spät.) hervor bringen, -setzen, -nehmen, -machen: p. vina; p. suspiria seufzen; fumus proditus aufsteigend; p. exemplum ein Beispiel geben. 2) zur allgemeinen Kenntniß bringen, bekanntmachen, decretum. Hiervon A) verrathen = offenbaren, aliquid, conscios. B) proclamiren, ernennen, interregem, flaminem. 3) weiter hinaus setzen: A) = verschieben, verlängern, diem, vitam alicui. B) fortpflanzen, genus. 4) überliefern, übergeben, insbef. = in die Hände spielen, ausliefern: p. alicui imperium hinterlassen; p. imaginem an die Nachfolger überliefern (von den Adeligen, nobiles); literae nobis produnt haec monumenta; p. aliquem ad mortem; p. supplicem. Hiervon A) treulos übergeben, verrathen, preisgeben u. dergl.: legiones projectae et proditae ad improvidam pugnam; p. aliquem, patriam, causam populi verrathen; p. rempublicam hosti an den Feind. B) p. memoriae oder bloß p. als Geschichtschreiber überliefern = berichten, melden, bella gesta; falso proditum est; dagegen hoc proditum est memoriā ist durch mündliche Ueberlieferung von Geschlecht zu Geschlecht überliefert worden.

*****Prō-dŏceo** etc., 2. (Poët.) lehren, vorpredigen.

Pro-drŏmus, i, m. [πρόδρομος] der Vorläufer, insbef. = ein Nordwestwind, der gewöhnlich acht Tage vor dem Aufgange des Hundsterns wehte.

Prō-dūco etc., 3. 1) hervor führen, -ziehen: p. copias in aciem, pro castris; p. aciem; p. aliquem testem. Insbef. A) Imb. hervorführen, der Etwas vortragen, irgend Etwas vor den Augen Anderer thun soll (z. B. Zeugen, die Kinder des Angeklagten, um Mitleid zu erregen, u. dergl.), auftreten lassen: p. aliquem in contionem, ad populum; so auch von einem Schauspieler u. dergl. = die Bühne betreten lassen, in den Circus einführen. B) zur Schau oder zum Verkaufe vorführen, servum. C) (Poët.) vor Etwas stellen, -bringen, -setzen, scamnum lecto; p. moram rei alicui eine Verzögerung bewirken. D) trop. a) (selten) zeugen, hervorbringen, liberos, sonos. (Poët.) p. arborem ziehen. Hiervon (Com.) = erziehen, bilden, aliam audientem dicto. b) befördern, zu einer höhern Stelle oder Würde erheben, p. aliquem honore oder ad aliquam dignitatem. c) zu Etwas bewegen, veranlassen, bringen, productus studio. d) (Poet.) vorbringen, verrathen, crimina ad patres. 2) weiter fortführen, -ziehen, -schieben, nämlich A) (Poet. u. Spät.) ausstrecken, -dehnen, ferrum incude. B) in der Aussprache dehnen, lang aussprechen, syllabam. C) verlängern, hinziehen, fortdauern lassen, vitam alicui, sermonem in multam noctem. D) einen Termin verschieben, p. diem. E) Jmd. hinziehen, aufhalten, aliquem aliqua re. F) (Com.) eine Zeit hinbringen, zubringen, diem.

Prōducte, *adv.* mit *comp.* [productus] gedehnt in der Aussprache.

Prōductio, ōnis, *f.* [produco] die Verlängerung, A) eines Wortes durch eine Sylbe. B) in der Aussprache, die Dehnung. C) in der Zeit, p. temporis.

*Pro-ducto, 1. (Ter., zweifelh.) vorziehen, rem rei.

Prōductus, *adj.* mit *comp. u. sup.* [particip. von produco] 1) verlängert, ausgestreckt, gedehnt, hiervon lang: productior ibat manus equitum; fabula ne productior sit actu quinto. Insbes. A) lang in der Aussprache, gedehnt, syllaba. B) in der Zeit sich hinziehend, dolores producti longinquitate. 2) insbes. **producta,** ōrum, *n. pl.* als philosophischer *term. t.*, eine von Cicero versuchte Uebersetzung des griechischen προηγμένα, in der Lehre der Stoiker = die vorzüglicheren Dinge (= praecipua, praeposita).

Proegmĕna, ōrum, *n. pl.* latinisirte Form von προηγμένα; siehe productus 2.

Proeliāris, e, *adj.* (Pl. u. Nachklaff.) zu einer Schlacht gehörig: pugnae pp. förmliche Treffen.

Proeliātor, ōris, *m.* [proelior] (Spät.) der Streiter, Krieger.

Proelior, *depon.* 1. [proelium] in der Schlacht kämpfen, streiten, fechten, pedibus zu Fuße; legiones pp.; *trop.* von einem Wortstreite, p. acriter.

Proelium, ii, *n.* die Schlacht, das Treffen, Gefecht: committere p. eine Schlacht liefern; (Poet.) = die Kämpfenden, proelia armigera. Hiervon *trop.* = der Kampf überhaupt; scherzhaft (Pl.) der Kampf mit den Speisen, d. h. das Essen.

Proetus, i, *m.* [Προῖτος] König in Tiryns, Bruder des Acrisius. Davon Proetis, īdis, *f.* die Tochter des P.

Prōfāno, 1. [profanus] 1) nichtheilig erklären, die Einweihung eines Gegenstandes aufheben, entweihen, dies festos, sacerdotes. 2) (Spät.) entweihen = entheiligen, schänden.

Prōfānus, *adj.* [pro-fanus] 1) eigtl. vor dem geweihten Bezirk liegend, nicht heilig, ungeheiligt, profan, locus, res. Insbes. von Personen, in einen Gottesdienst nicht eingeweiht, uneingeweiht, vulgus; procul este profani! 2) (Poet. u. Spät.) gottlos, ruchlos. 3) (Poet.) Unheil weissagend, bubo.

Prōfectio, ōnis, *f.* [proficiscor] 1) die Abreise. *2) das Herkommen, pecuniae.

Prōfecto, *adv.* [pro-factum?] in der That, wahrhaftig; hiervon = jedenfalls, unter allen Umständen.

Prōfectus, us, *m.* [proficio] (Poet. u. Spät.) 1) der Fortschritt, Fortgang, in re aliqua. 2) die Wirkung, sine p.

Prō-fĕro etc., 3. 1) hervortragen, bringen, -holen: p. arma ex oppido, numos ex arca; p. linguam, digitum, hervorstrecken. Hiervon A) vorführen, testem. B) (Spät.) von der Erde, hervorbringen, erzeugen. C) (Spät.) aussprechen, syllabam. D) *trop.* a) ans Licht bringen, zeigen, bekannt machen, veröffentlichen, aliquid in aspectum lucemque und bloß p. aliquid; p. librum herausgeben, erscheinen lassen; ars profertur entsteht, kömmt auf; p. ingenium, studia zeigen; p. se sich bekannt machen. b) anführen, nennen, erwähnen: p. aliquem nominatim; p. aliquid in medium. 2) weiter-, vorwärts tragen, -bringen, -rücken, führen: p. fines, pomoerium erweitern; p. gradum, pedem weiter gehen; p. castra mit dem Lager aufbrechen. Hiervon *trop.* A) pietas eum longius protulit trieb ihn weiter. B) weiter hinausrücken, verschieben, diem; p. rem in annum; p. exitum den Ausmarsch, das Herausziehen verzögern. C) verlängern, ausstrecken, vitam beatam usque ad rogum.

Prŏfessio, ōnis, *f.* [profiteor] 1) die officielle Angabe seines Namens od. des Vermögens u. dergl. Hiervon = das Verzeichniß, Register über diese Angaben (der Personen und ihres Vermögens). 2) das officiell angegebene Gewerbe, Geschäft, das Jmd. treibt: vis oratoris et ipsa p. dicendi; p. grammaticae. 3) die Erklärung, Aeußerung, bonae voluntatis, pietatis.

Prŏfessor, ōris, *m.* [profiteor] (Spät.) ein Mann, der sich als einer Wissenschaft oder Kunst kundig und als Lehrer darin ankündigt, der öffentliche Lehrer, Professor: p. eloquentiae.

Prō-festus, *adj.* 1) nicht festlich, dies. 2) (Spät.) gemein, vulgus.

Prŏficio, fēci, fectum, 3. vorwärts kommen; *trop.* Fortschritte machen, Fortgang haben: nihil p. in oppugnatione oppidi; p. aliquid in philosophia einige Fortschritte machen. Hiervon = ausrichten, zu Etwas helfen, -nützen, -beitragen: nulla res tantum p. ad dicendum; verba tua pp. aliquid.

Prŏficiscor, fectus, *depon.* 3. (Fortflaff. auch -sco, — 3.) [verw. mit proficio] sich vorwärts machen, davon sich auf den Weg begeben, abreisen, einen Reise antreten, und überhaupt reisen, irgendwohin ziehen, insbes. marschiren: p. Romam, ad bellum, in pugnam; p. Romā, ab urbe, ex castris; p. alicui subsidio Jmd. zu Hülfe; navis p. geht unter Segel; p. ad somnum, ad dormiendum schlafen gehen; (Poet.) p. magnum iter eine große Reise antreten. Hiervon *trop.* A) (Com.) = gehen wollen: sinas me ire quo profectus sum. B) in der Rede zu Etwas übergehen, nunc p. ad reliqua. C) von Etwas ausgehen, anheben, den Anfang machen: p. a re aliqua;

oratio inde p.; omnia quae a me ad te profecta sunt was ich für dich gethan habe; plura a parente proficisci non potuerunt ein Vater könnte nicht mehr thun. D) von Etwas seinen Ursprung haben, herrühren, entstehen: aliquid p. a natura; genus a Pallante profectum; qui a Zenone profecti sunt die Schüler des Zeno.

Prŏfĭteor, fessus, depon. 2. 1) frei heraussagen, öffentlich erklären (vgl. confiteor): p. aliquid; p. se nullum periculum recusare; p. de re aliqua; p. se legatum sich als Gesandten nennen, auch p. se consultum (rechtskundig) esse. Hiervon insbes. A) sich zu einer Kunst oder Wissenschaft bekennen = erklären, daß man sich mit ihr beschäftigt und in ihr als Lehrer auftreten will oder kann: p. jus, philosophiam sich als Rechtskundigen, als Philosophen ankündigen. Hiervon (Spät.) absol. p. = ein öffentlicher Lehrer, Professor sein. B) Etwas verheißen, hoffen lassen, versprechen: p. operam suam; p. se ad colloquium venturum esse; p. indicium erklären, eine Anzeige machen zu wollen. 2) seinen Namen, sein Vermögen, Gewerbe u. dergl. officiell angeben, anmelden: aratores pp. jugera sationum suarum; p. nomen und bloß p. sich zum Kriegsdienste melden, sich als Soldat einschreiben lassen; trop. nomen in his p. sich unter jene zählen. 3) (Poet. u. Spät.) das particip. als adj. pass., zugestanden, bekannt; ex professo als adv. offenbar.

*Prŏflĭgātor, ōris, m. [profligo] (Spät.) der Verschwender.

Prŏflĭgātus, adj. mit comp. u. sup. [particip. von profligo] 1) fast beendigt (Spät.) aetas p. vorgerücktes Alter. 2) niedergeschlagen, elend, homo; judicia pp. machtlose. 3) ruchloses, heilloses, homo.

Prŏflīgo, 1. [profligo 3.] eigtl. hervor stoßen, 1) fast zu Ende bringen, fast zur Entscheidung führen, fertig machen, entscheiden: bellum profligatum is confecit; p. quaestionem; res est profligata. 2) zu Boden schlagen, völlig überwältigen, copias hostium, classem. Hiervon trop. = vernichten, zerstören, tantas copias, rempublicam.

Prŏ-flo, 1. (Poet. u. Spät.) 1) hervorblasen, flammas. 2) durch Aufblasen schmelzen.

Prŏflŭens, tis, adj. [particip. von profluo] eigtl. hervorfließend, davon 1) trop. von der Rede, strömend. 2) als subst. f. (sc. aqua) = fließendes Wasser.

Prŏflŭenter, adv. mit comp. [profluens] fließend, nur trop. a) (Spät.) von der Rede. b) = glücklich, leicht.

*Prŏflŭentĭa, ae, f. [profluens] das Hervorströmen, loquendi der Rede.

Prŏ-fluo etc., 3. hervorfließen, -strömen: flumen p. ex monte. Hiervon trop. ab his fontibus profluxi ad hominum famam bin ich unvermerkt gelangt.

Prŏflŭvĭum, ii, n. [profluo] (Vorklaff. u. Spät.) das Hervorfließen.

Prŏ-for, depon. 1. (Poet. u. Spät.) 1) heraustreten, sagen. 2) vorhersagen, weißagen.

Prŏ-fŭgio etc., 3. 1) fortfliehen, davonfliehen, domo, ex oppido, in Britanniam. Insbes. = seine Zuflucht nehmen, hinfliehen, ad aliquem. 2) (Spät.) transit. vor Jmd. fliehen, Etwas meiden, dominos, agros.

Prŏfŭgus, adj. [profugio] 1) flüchtig, fliehend, davongehend: milites pp. discedunt; p. e proelio; p. ad rebelles. Insbes. = vom Vaterlande ob. der Heimath fliehend, sie verlassend, verbannt (vgl. transfuga, perfuga): p. patriā, p. ex Peloponneso, p. domo. 2) (Poet.) unstät herumschweifend (von Romabevölkern).

Prŏ-fundo etc., 3. 1) hervorgießen, hingießen, vergießen, hervorströmen lassen: p. sanguinem, lacrimas. Häufig p. se und mediā profundi hervorströmen, p. se in lacrimas in Thränen ausbrechen. 2) trop. A) sich ergießen, ausströmen lassen, odium in aliquem; p. vires alle seine Kräfte verwenden; p. vitia loszbrechen lassen; vites se pp. drängen sich hervor (zur Bezeichnung eines gar zu üppigen Wachsthums). B) = hingeben, opfern, vitam pro patria. C) vergeuden, verthun, patrimonium. Hiervon = verschwenden, unnütz gebrauchen, verba. 3) hervorbringen, ea quae frugibus terrae fetu profunduntur; p. suspiria ausstoßen. 4) (Poet.) hinstrecken, gestreckt hinlegen, somnus p. membra; profusus ausgestreckt.

Prŏfundus, adj. mit comp. u. sup. [profundus] 1) tief (die Sache als von oben nach unten gesehen gedacht, vgl. altus), mare; (Poet.) von der Unterwelt und was dazu gehört = tief liegend; (Poet.) poeta profundo ore (das Bild von einem Flusse hergenommen) mit einem reichen Wortstrome. Hiervon subst. Profundum, i, n. die Tiefe A) = die Meerestiefe, das Meer. B) trop. (Spät.) p. miserarum. C) (Pl.) scherzhaft vom Magen. 2) (selten) = altus, hoch: p. coelum. 3) trop. bodenlos = unmäßig u. dergl., cupiditas, libido.

Prŏfūse, adv. mit comp. u. sup. [profusus] 1) ausgelassen, unmäßig. 2) verschwenderisch, mit großen Kosten.

Prŏfūsĭo, ōnis, f. [profundo] (Spät.) eigtl. die Vergießung, davon die Verschwendung.

Prŏfūsus, adj. mit comp. und sup. [profundo] 1) unmäßig, ausgelassen, zügellos, hilaritas, libido. 2) unmäßig im Aufwande, verschwenderisch, homo, luxuria; p. sui mit seinem eigenen Vermögen. 3) kostspielig, epulae.

Prŏ-gĕner, ĕri, m. (Spät.) der Kindestochtermann, der Gatte einer Enkelin.

Prŏ-gĕnĕro, 1. (Vorklaff. u. Spät.) zeugen, hervorbringen, columbam.

Prōgĕnĭes, ēi, f. [pro-gigno] 1) abstr. die Abstammung, das Geschlecht. 2) concr. die Nachkommenschaft, Kinder oder Nachkommen: veteres se progeniem deorum dixerunt; p. liberorum. (Poet.) = der einzelne Nachkomme, p. tua dein Sohn.

Prō-gĕnĭtor, ōris, m. (felt.) der Stammvater.

Prō-gigno etc., 3. zeugen, hervorbringen, aliquem, rem ex re aliqua.

Prognāriter, adv. [pro-gnarus] (Vorklaff., zweifelh.) kundig, genau.

Prō-gnātus, particip. eines sonst ungebräuchlichen pro-(g)-nascor, gezeugt oder geboren, entsprossen, aliquo von Jmb.; p. ex Cimbris, ab Jove abstammend, ebenso p. tali genere; prognati = die Kinder.

Progne, a. S. für Procne.

Prognostica, _ōrum, n. pl._ [= προγνωστικά] die Wetterzeichen, Titel der Uebersetzung einer Schrift des Aratus von Cicero.

Pro-grĕdior, gressus, _depon._ 3. [gradior] hervor- oder vorwärts gehen, -rücken, -marschiren: regredi quam p. malunt; p. foras, in locum iniquum. Häufig trop. = in einer Sache weiter gehen, -schreiten, -vorrücken, fortschreiten: videamus quantum amor in amicitia p. debeat; p. in virtute Fortschritte machen; p. aetate älter werden; insbef. = in der Rede fortschreiten, p. ad reliqua zum Zurückbleibenden übergehen.

Progressio, ōnis, _f._ [progredior] das Fortschreiten, nur _trop._ der Fortschritt, Fortgang, facere p. ad virtutem; als Redefigur, das Fortschreiten zu immer stärkeren Ausdrücken, die Steigerung.

Progressus, us, _m._ [progredior] 1) das Hervorgehen, _trop._ = Anfang: primus p. 2) das Fortgehen, Fortschreiten, Fortrücken, das Vorwärtsgehen; auch von Truppen = das Vorrücken, Vordringen. 3) _trop._ der Fortschritt, das Vorrücken: facere pp. in studiis; p. aetatis; p. rerum die weitere Entwickelung.

*****Prŏgymnastes**, ae, _m._ [προγυμναστής] (Spät.) „der Vorüber", ein Sklave, der seinem Herrn die Leibesübungen vormachte, um sie ihm zu zeigen.

Prŏhĭbeo, 2. [pro-habeo] 1) abhalten, fern halten, zurückhalten: p. praedones ab insula, vim hostium ab oppidis abwehren; p. exercitum itinere das Heer vom Abmarsche zurückhalten. Hiervon mit veränderter Construction, beschützen, sichern, rempublicam a tali periculo, cives calamitate gegen eine solche Gefahr, vor einem Unglücke; (_Pl._) p. aliquem aliquid vor Etwas bewahren. 2) verhindern, hindern: p. aliquem abire, peregrinos urbibus uti, prohibeor delectum habere man verhindert mich; p. ne id fiat, hiems p. quominus etc.; dii prohibeant (ut etc.) das mögen die Götter verhüten! (selten) p. aliquem aliquid Jmd. an Etwas; p. conatus alicujus, p. aditum. 3) verbieten, verwehren: lex p. aliquid (_oppos._ imperare); orator prohibetur abire es ist dem Redner verboten.

Prŏhĭbĭtio, ōnis, _f._ [prohibeo] (selten) die Verhinderung, Zurückhaltung.

Prŏ-inde, oder verkürzt **Proin**, _adv._ 1) daher, deßwegen, folglich (bes. bei einer Aufmunterung, Ermahnung u. dergl.) 2) = perinde 2., welches man sehe.

Prōjectīcius, _adj._ [projicio] (_Pl._) hingeworfen = ausgesetzt, infans.

*****Prōjectio**, ōnis, _f._ [projicio] das Hervorwerfen, Ausstrecken, brachii.

Prōjecto, 1. [projicio] (Vorklaff.) mit Worten angreifen, beschuldigen, aliquem.

Prōjectus, us, _m._ [projicio] (Vorklaff. u. Spät.) (nur im _abl. sing._) das Ausstrecken, corporis.

Prōjectus, _adj._ mit _comp. u. sup._ [_par-_ _ticip._ von projicio] 1) hervortretend, hervorstehend, venter; so auch vorspringend, -ragend, insula p. in altum. 2) _trop._ stark hervortretend = außerordentlich, unmäßig, audacia, cupiditas; homo p. ad audendum verwegen; p. ad libidinem hingegeben. 3) weggeworfen = verächtlich, schlecht, imperium, res. 4) (Spät.) niedergeschlagen, vultus.

Prōjĭcio, jēci, jectum, 3. [pro-jacio] 1) irgendwohin vorwerfen, cani cibum, hinwerfen, aliquid in ignem, se ad pedes alicujus. Insbef. A) p. se aliquo (in forum, in ignem) sich irgendwohin stürzen = eilends begeben; hiervon a) absol. p. se = sich in Gefahr stürzen. b) p. se in fletus muliebres in — ausbrechen. B) vor-, fort treiben, -jagen: p. aliquem foras, ab urbe. Hiervon = verbannen, aliquem aliquo irgendwohin. C) (Spät.) hingeben, auf eine fernere Zeit verweisen. 2) wegwerfen, arma. Hiervon _trop._ A) fahren lassen, aufgeben, libertatem, patriam. B) im Stiche lassen, preisgeben, aliquem. 3) hervorstrecken, vorhalten, hastam, clipeum pro se; von einem Gebäude u. dergl. = vorspringen lassen (siehe projectus).

Prō-lābor etc., _depon._ 3. 1) vorwärts gleiten, -schlüpfen, serpens; elephantus p. clunibus. Hiervon _trop._ A) zu Etwas hin gerathen, in Etwas kommen, verfallen: p. ad istam orationem, in rabiem; p. in misericordiam unvermerkt mitleidig werden, ad superbiam stolz werden; p. eo, huc so weit gehen, p. longius etwas weitläufig werden. B) entschlüpfen, entfallen, verbum p. 2) vorwärts fallen, herabfallen, ex equo, in foramen; equus p. strauchelt, fällt. Hiervon _trop._ A) fehlen, irren, in multis rebus. B) sinken, in Verfall gerathen, in eine mißliche Lage gerathen, mores, imperium, res.

Prōlapsio, ōnis, _f._ [prolabor] 1) das Ausgleiten. 2) (Spät.) der Fall, Einsturz.

Prōlātio, ōnis, _f._ [profero] 1) das Vorbringen, exemplorum. 2) die Erweiterung, finium. 3) die Verschiebung, der Aufschub, judicii.

Prō-lāto, 1. [pro-latus] 1) weiter hinausschieben, erweitern, agros, imperium. Hiervon _trop._ p. vitam fristen, verlängern; p. spem et metum sich mit — immer länger tragen. 2) aufschieben, verzögern, rem.

Prōlecto, 1. [prolicio] locken, anlocken, reizen, aliquem re aliqua.

Prōlepsis, is, _f._ [πρόληψις] (Spät.) in der Rhet., die Vorausverwähnung.

Prōles, is, _f._ [pro-oleo] (meist Poet.) eigtl. das Hervorwachsende, A) häufig von Menschen, der Sprößling, das Kind, der Nachkomme und collect. = die Nachkommenschaft, das Geschlecht; Silvius tua postuma p. jüngstes Kind; p. ferrea das eiserne Geschlecht; (veraltet) p. peditum equitumque die junge Mannschaft.

Prōlētārius, _adj._ [proles] 1) die Nachkommenschaft betreffend: _subst._ -rius, ii, _m._ ein Bürger aus der untersten Classe (oder vielleicht richtiger zu seiner Classe gehörig), der ohne Vermögen (Census) war und deßhalb dem Staate nur mit seiner Nachkommenschaft diente. 2) (_Pl._) = niedrig, gemein, sermo.

Prō-lĭcĭo, — — 3. [pro-lacio] (Poet. u. Spät.) hervorlocken, aliquem ad spem.

Prōlĭxe, adv. [prolixus] reichlich, zuvorkommend: p. et cumulate; p. promittere mit Versprechungen freigebig sein; respondent parum p. melten sich nicht sehr zahlreich.

Prōlĭxus, adj. [pro-laxus] 1) reichlich lang, gedehnt, caud.¹, corpus; p. ictus ein langer Wurf. 2) trop. A) (Spät.) im Begriffe umfassend. B) gut von Statten gehend, glücklich. C) gefällig, geneigt, animus; p. in aliquem günstig, zugethan.

Prōlŏgus, i, m. [πρόλογος] (Vorklaff. und Spät.) 1) die Vorrede, der Prolog eines Schauspiels. 2) der Schauspieler, welcher den Prolog recitirte.

Prō-lŏquor etc., depon. 3. (meist Vorklaff. u. Poet.) 1) intrans. Eine Vorrede halten. 2) transit. A) Etwas heraussagen, sagen, aliquid; p. apud aliquem sprechen. B) vorhersagen, weissagen.

Prōlŭbĭum, ii, n. [pro-lubet] (Vorklaff. u. Spät.) 1) die Lust, Neigung. 2) das Vergnügen.

Prō-lūceo, — — 2. (Spät., zweifelh.) vorher leuchten.

Prō-lūdo etc., 3. ein Vorspiel machen, daher p. ad pugnam sich vorher üben; trop. = einen Vortrag durch vorhergehende Bemerkungen einleiten.

Prō-luo, lui, lūtum, 3. 1) (Poet.) hervor-, fortspülen: fluctus p. natantem. 2) wegspülen, tempestas p. nives ex montibus. Hiervon trop. (Spät.) = vergeuden, pecuniam. 3) ab-, bespülen, nämlich A) (Poet.) = benetzen, waschen, manum rore. B) (Poet.) prolui mulso, vappā = trinken; proluit se auro et irank aus dem goldenen Becher; (Pl.) p. cloacam den Magen ausspülen = tüchtig saufen.

Prōlūsĭo, ōnis, f. [proludo] das Vorspiel, = die Vorübung, der Vorkampf.

Prōlŭvĭes, ei, f. [proluo] (Poet. u. Spät.) die Ausströmung, ventris.

Prōmercālis, e, adj. [pro-merx] (Spät.) womit Handel getrieben wird, käuflich.

Prō-mĕreo etc., 2. und -eor etc., depon. 2. 1) trans. verdienen A) = einer Sache sich würdig machen, sich ein Recht auf sie erwerben, ob. im üblen Sinne, sie verschulden: p. aliquid, poenam; p. ut ne quid orem quin impetrem. B) = erwerben, gewinnen, favorem. 2) intrans. (gewöhnlich als depon.) um Jmd. sich Verdienste erwerben, sich verdient machen, de aliquo, auch in aliquem; bene de multis p. Vielen Wohlthaten erweisen; auch (Spät.) p. aliquem.

Prōmĕrĭtum, i, n. [promereor] (Poet. u. Spät.) das Verdienst, in aliquem um Jmd.; auch male pp. böse Handlungen (gegen Jmd.).

Prōmētheus, ei, m. [Προμηθεύς], der Vorausdenker", Sohn des Japetus, Bruder des Epimetheus, Vater des Deucalion, Wohlthäter des Menschengeschlechtes namentlich durch die Schenkung des Feuers, vom Zeus deswegen an den Caucasus geschmiedet und dort von einem Geier zerfleischt, doch endlich befreit.

Prō-mĭneo, ui, — 2. hervorragen, -stehen: promontorium p., dentes pp.; p. in altum sich hervor erstrecken, davon trop. gloria p. in posteritatem erstreckt sich bis auf die Nachkommenschaft; in prominenti litoris auf einem hervorragenden Theile.

Prōmiscam (Vorklaff.) und **-ue** (Spät.) adv. = promiscue, welches man sehe.

Prōmiscue, adv. [promiscuus] ohne Unterschied, gemeinschaftlich.

Prōmiscŭus ob. **-scus**, adj. [pro-misceo] 1) gemischt, nicht gesondert, für Alle gemeinschaftlich, worin kein Unterschied gemacht wird: p. multitudo, p. omnium generum caedes; p. spectaculum wozu Alle ohne Unterschied den Zutritt hatten; connubia pp. unter Patriciern und Plebejern ohne Unterschied, consulatus p. den Patriciern und Plebejern gemeinschaftlich; divina et humana pp. habere keinen Unterschied machen zwischen Göttlichem und Menschlichem, esse in promiscuo gemeinschaftlich sein. 2) (Spät.) gemein, gewöhnlich, cibus; villa et pp. 3) in der Gramm. nomen p. = epicoenum, Thiername, der beiden Geschlechtern gemeinschaftlich ist.

Prōmissĭo, ōnis, f. [promitto] die Versprechung, Verheißung (die Handlung zu versprechen, vgl. promissum), auxilii.

Prōmissor, ōris, m. [promitto] (Poet. u. Spät.) der (prahlende) Versprecher.

Prōmissum, i, n. [promitto] das Versprechen, die Verheißung (das Versprochene, vgl. promissio): facere, implere, servare promissum oder promisso stare, manere in p. sein V. halten, erfüllen; exigere p. die Erfüllung des V. verlangen.

Prōmissus, adj. [particip. von promitto 1.] lang herabhangend, coma.

Prō-mitto etc., 3. 1) hervorgehen lassen, daher a) = herabhangen lassen, lang wachsen lassen, p. barbam, capillum b) arbor p. se wächst empor. 2) (vielleicht = hervor stellen, in Aussicht stellen) versprechen, zusagen, verheißen (meist auf Jmds Begehren, vgl. polliceor): p. alicui aliquid Etwas oder de re aliqua in Bezug auf Etwas; p. se aliquid facturum esse; p. bene gute Versprechungen machen. Insbes. A) p. alicui ad coenam sich bei Jmd. zu Tische zusagen, p. ad aliquem zu Jmd. als Gast zu kommen versprechen. B) p. damni infecti (sc. causa) für den möglichen Schaden Entschädigung versprechen. C) (Poet. u. Spät.) = Hoffnung auf Etwas geben, Etwas erwarten lassen: terra p. aquas; p. se oratorem daß man ein Redner werden wird. Hiervon promissum carmen ein Gedicht, auf welches der Verfasser eine Aussicht eröffnet hat, so daß man Erwartungen von ihm hegt und entsprechende Ansprüche daran macht.

Prōmo, mpsi, mptum, 3. [pro-emo] 1) hervor nehmen, -holen, vinum, pecuniam ex aerario. Hiervon p. consilia vorbringen, p. jura clienti dem Clienten in Rechtssachen Bescheid geben; p. argumenta ex certis locis, (Poet.) p. se hervorkommen, vitis p. se wächst empor; (Poet.) p. vires = gebrauchen. 2) trop. ans Licht bringen, p. obscura; davon offenbaren, sagen, angeben, erzählen u. dergl., omnia, sensum animi, cogitata.

Prōmontōrium, ii, n. [pro-mons] 1) der hervorspringende Theil eines Gebirges. 2) das Vorgebirge.

Prō-mŏveo etc., 2. 1) vor-, vorwärts bew gen, -schieben, -rücken lassen: p. saxa, moenia; p. manum in sinistram; häufig in der Kriegssprache p. castra mit dem Lager vorrücken, ebenso p. exercitum, aciem. 2) (Poet. u. Spät.) weiter vorrücken lassen = erweitern, terminos imperii ob. imperium. 3) trop. A) (Vorklaff. u. Spät.) ausrichten, nihil. B) (Poet. u. Spät.) vorwärts bringen = fördern, gedeihen oder gelingen machen: doctrina p. vim insitam; hiervon = Jmb. befördern, aufrücken lassen, p. aliquem in amplissimum ordinem, ad praefecturam aerarii. C) (Com.) verschieben, nuptias alicui. D) Promota, ōrum, n. pl. = producta, welches man sehe.

Prompte, adv. mit comp. u. sup. [promptus] 1) rüstig, rasch, behend. 2) willig, entschlossen. 3) leicht.

Prompto, 1. [promo] (Pl.) reichlich herausnehmen, -ausgeben, thesauros.

Promptuārius, adj. [promo] (Vorklaff. u. Spät.) woraus man Etwas hervornimmt: cella p. scherzhaft = das Gefängniß.

Promptus, adj. mit comp. und sup. [particip. von promo] eigtl. hervorgenommen, 1) sichtbar, offenbar, p. et apertus. 2) von Personen, bereit, fertig, rüstig, gewandt, tüchtig, homo; vir p. ad vim, ad jocandum, auch (Spät.) p. in pavorem; (Spät.) p. seditioni zum Aufruhr; p. in agendo im Handeln, (Spät.) p. animi von Gesinnung. B) von Sachen, bereit, fertig, gleich zur Hand, fides, celeritas, audacia; p. auxilium. 3) leicht, bequem, defensio, aditus.

Promptus, us, m. [promo], nur im abl. sing. mit der Präposition in: 1) = die Sichtbarkeit: esse in p. sichtbar sein, vor Aller Augen liegen; ponere ob. habere in p. sehen lassen, Allen zeigen (formam, iram). 2) = die Bereitschaft: in p. esse, habere bereit-, zur Hand sein, haben. 3) = die Leichtigkeit: in p. esse leicht sein.

Prōmulgātio, ōnis, f. [promulgo] die öffentliche Bekanntmachung, bes. eines Gesetzvorschlages.

Prōmulgo, 1. [vulgus?] öffentlich (durch öffentlichen Anschlag) bekannt machen, bes. einen Gesetzvorschlag, legem.

Prōmulsis, idis, f. [pro-mulsum] das Vorgericht, das erste Gericht der römischen Mahlzeit, aus Eiern, Fischen u. dergl. bestehend, wozu Meth (mulsum) getrunken wurde.

Prōmus, i, m. [promo] (Vorklaff. u. Spät.) der Hervornehmer von Speisen und Getränken aus der Vorrathskammer, der Schaffner (ein Sklave, der dieses Geschäft hatte): trop. ego sum p. pectori meo Hüter meines eigenen Herzens.

*****Prō-mūtuus,** adj. (zweifelh.) voraus dargeliehen, vorgestreckt.

Prō-nĕpos, ōtis, m. der Urenkel.

Prō-neptis, is, f. (Spät.) die Urenkelin.

Prōnoea, ae, f. latinisirte Form von πρόνοια, die Vorsehung.

Prō-nōmen, inis, n. gramm. term. t., das Fürwort.

*****Prō-nōminatio,** ōnis, f. andere Benennung eines Gegenstandes (Redefigur).

Prō-nūba, ae, f. [pro-nubo] (Poet.) die Brautfrau, Frau, welche von Seiten der Braut das Nöthige bei der Hochzeit besorgt; Juno p. als Ehegöttin.

Prōnuntiātio, ōnis, f. [pronuntio] 1) die öffentliche Erklärung, Bekanntmachung; insbes. der Ausspruch des Richters in einer Rechtssache. 2) der Vortrag von Rednern u. Schauspielern, die äußere Darstellung. 3) in der Logik, der Satz.

Prōnuntiātor, ōris, m. [pronuntio] (selt.) der Erzähler, rerum gestarum.

Prō-nuntio, 1. 1) öffentlich und officiell erklären, bekannt machen, proclamiren, ausrufen, legem, nomina victorum; p. proelium in posterum diem daß ein Treffen geliefert werden soll, die Schlacht ankündigen; p. ut (ne) die Ordre bekannt machen, daß u. s. w. Insbes. A) = öffentlich versprechen, durch eine Bekanntmachung zusagen, pecuniam oder praemia militi, numos in tribus, populo munus. B) p. in venundando zum Verlaufe bekannt machen. C) judex p. thut seinen Ausspruch, fällt das Urtheil, auch, p. sententiam. Hiervon überhaupt = Jmb. für Etwas erklären, p. uxorem ingenuam. D) p. sententias von der im Senate präsidirenden Magistratsperson, die abgegebenen Vota übersichtlich darstellen, um darüber abstimmen zu lassen. E) bei der Wahl von Magistratspersonen, ausrufen, proclamiren, aliquem praetorem Jmb. als Prätor. 2) laut sagen, aussprechen, aliquid, castra jam esse capta. Insbes. A) = berichten, erzählen, quae gesta sunt. B) hersagen, recitiren, multos versus. 3) (Spät.) eine Silbe betonen.

*****Prō-nŭrus,** us, f. (Poet.) die Gattin eines Enkels, Großschwiegertochter.

Prōnus, adj. mit comp. [pro] 1) vorwärts geneigt, -sich neigend, -hangend, corpus, arbor; häufig von Jmb., der sich vorwärts neigt zum Schlagen, um Etwas zu ergreifen, bes. von einem eifrig Verfolgenden. Hiervon A) nach unten gehend, sich senkend, motus; haec duo genera nihil habent proni Nichts, das in die Tiefe führt. B) von Localitäten = abhängig, abschüssig, bergabgehend: rivus p. bergabsließend, urbs p. in paludes eine gegen Sümpfe sich neigende Lage habend; per pronum bergab. C) (Poet.) von Gestirnen, sich zum Untergange neigend. D) von der Zeit, entschwindend, flüchtig. 2) trop. A) geneigt zu Etwas, ad necem cujusque, in libidines, rei alicui. B) (Poet. u. Spät.) geneigt = gewogen, günstig, alicui und in aliquem. C) leicht: omnia virtuti pp.; id pronius ad fidem est mehr glaublich.

Prooemior, depon. 1. [prooemium] (Spät.) vorreden, eine Vorrede machen.

Prooemium, ii, n. [προοίμιον] die Einleitung, Vorrede; (Poet.) = der Anfang, rixae.

Prōpāgātio, ōnis, f. [propago] 1) die Fortpflanzung der Weinstöcke u. dergl. 2) die Ausdehnung, A) im Raume = die Erweiterung, ūnium imperii nostri. B) in der Zeit = die Verlängerung, temporis.

Prōpāgātor, ōris, m. [propago] (zweifelh.)

der Fortseher, p. provinciae Verlängerer der Provinzverwaltung (Imbs).

Prŏpāgo, ĭnis, *f.* der Setling, Ableger, bef. des Weinstocks. 2) (Poet.) der Sprößling, *coll.* das Geschlecht, die Kinder: pp. virorum die Geschlechtsfolge.

Prŏpāgo (*Lucr.* auch **Prŏpăgo**), 1. 1) fortpflanzen, arbores, stirpem; *trop.* p. aliquid posteritati überliefern. 2) ausdehnen, weiter ausbreiten, erweitern, vergrößern, fines imperii, imperium. 3) von der Zeit, verlängern, einer Sache eine längere Dauer geben, fortsehen: p. memoriam, bellum; p. imperium consuli in annum; p. vitam aushalten, fristen; p. multa secula reipublicae das Dasein des Staates um — verlängern.

Prŏ-pălam, *adv.* 1) öffentlich, vor Aller Augen, collocare. 2) offenkundig, fieri Allen bekannt werden.

Prŏ-pătŭlus, *adj.* frei, offen, locus. Häufig das *n.* als *subst.* in der Verbindung in propatalo, A) im Freien, unter freiem Himmel (im Gegensaße zu dem, was unter dem Dache des Hauses ist), in p. aedium im Hofe. B) öffentlich, vor Aller Augen; esse in p.; rem habere in p. Allen käuflich ausstellen, feil bieten.

Prŏpe (mit *comp.* propius und *sup.* proxime, welche besonders angeführt werden), I. *praep.* mit *accus.* nahe bei, nahe an: A) im Raume, p. castra, p. me. B) in der Zeit, um, gegen, nahe an: p. lucem (um Tagesanbruch, p. noctem); p. kalendas Sextiles. C) in anderen Verhältnissen: p. metum res fuerat man war nahe dabei gewesen, bange zu werden. II. *adv.* 1) im Raume, nahe, in der Nähe od. (bei Verben der Bewegung) in die Nähe: p. esse alicui; p. ad aliquem accedere, p. aliquid conspicere; p. ab Italia, a meis aedibus. 2) in der Zeit, nahe, partus instat p.; p. adest (est) quum (quando) etc. die Zeit ist bald da, wo u. f. w. 3) beinahe, fast: p. omnes. Hiervon p. est — ut etc. es fehlt wenig, daß u. f. w., p. erat ut pelleretur.

Prŏpĕ-diem, *adv.* nächster Tage, nächstens (in der Zukunft): p. te videbo.

Prŏ-pello, pŭli, pulsum, 3. 1) vorwärts-, vor stoßen, treiben: p. navem remis, oves in pabulum; p. saxa in subeuntes; (Poet.) p. aliquem e scopulo herabstoßen. Hiervon (Poet. u. Spät.) *trop.* Imd. zu Etwas antreiben, bewegen, aliquem ad voluntariam mortem. 2) forttreiben, vertreiben, insbef. die Feinde = in die Flucht treiben, p. hostes a castris, multitudinem equitum. Hiervon abwehren, injurias, periculum ab aliquo.

Prŏpĕ-mŏdum, *adv.* beinahe, fast.

Prŏ-pendeo etc., 2. (*Pl.* auch -do, — — 3. in derselben Bedeutung) 1) hervor-, herabhangen, lanx. Hiervon = das Uebergewicht haben. 2) geistig zu Imd. sich neigen, ihm gewogen, günstig fein, alicui.

Prŏpense, *adv.* mit *comp.* [propensus] geneigt, mit Zuneigung.

*****Prŏpensio,** ōnis, *f.* [propendeo] die (geistige) Neigung zu Etwas.

Prŏpensus, *adj.* mit *comp.* u. *sup.* [propendeo] eigtl. hervorhangend, 1) *trop.* A) zu Etwas geneigt, sich hinneigend, ad voluptates, ad bene merendum, in alteram partem; animus p. bereitwillig. B) (Spät.) Imd. geneigt, günstig, alicui ob. pro aliquo. 2) überwiegend. 3) = nahe kommend, ad veritatem.

Prŏpĕranter, *adv.* mit *comp.* [particip. von propero] eilend, schnell.

Prŏpĕrantia, ae, *f.* und -ātio, ōnis, *f.* [propero] das Eilen, die Eilfertigkeit.

*****Prŏpĕrāto,** *adv.* [particip. von propero] (Spät.) eilend, schnell.

Prŏpĕre, *adv.* [properus] eilend, eilfertig; p. esse eilen.

Prŏpĕro, 1. [properus] 1) *intrans.* eilen, sich eilend begeben (lobend, vgl. festino): properato opus est es ist Eile nöthig; p. Romam und p. redire in patriam sich eilend zurückgeben; *trop.* p. ad gloriam eifrig nach Ruhm streben. 2) *trans.* (Poet. u. Spät.) Etwas schleunig thun, beschleunigen, beeilen: p. mortem, caedem, iter; p. opus, studium eilend betreiben; p. naves eilend anschaffen; p. pecuniam heredi ungeduldig zu hinterlaffen streben.

Prŏpertius, ii, *m.* (vollständig Sextus Aurelius P.), berühmter römischer Elegiker, Zeitgenoffe des Ovid.

Prŏpĕrus, *adj.* (meist Poet. u. Spät.) eilend, schleunig, eilfertig, agmen, homo; (Tac.) p. occasionis im Benußen einer Gelegenheit, clarescere properus berühmt zu werden.

Prŏ-pexus, *adj.* (Poet.) vorwärts gekämmt = herabhangend, barba.

Prŏpīnātĭo, ōnis, *f.* [propino] (Spät.) das Zutrinken.

Prŏ-pĭno (auch **Prŏp.**), 1. [gr. προπίνω] 1) zutrinken, alicui aliquid Imd. Etwas zutrinken und ihn dadurch wieder zum Trinken auffordern; p. salutem eine Gesundheit trinken. 2) (Vorklaff. u. Spät.) Imd. zu trinken geben, davon *trop.* p. aliquem alicui deridendum zum Besten geben, dem Spotte preisgeben.

*****Prŏpinque,** *adv.* mit *comp.* [propinquus] (*Pl.*) nahe, in der Nähe.

Prŏpinquĭtas, ātis, *f.* [propinquus] 1) die Nähe, hostium; pp. silvarum ac fluminum. 2) die Verwandtschaft (fiehe propinquus).

Prŏpinquo, 1. [propinquus] (Poet. u. Spät.) 1) *transit.* nahe bringen = beschleunigen, augurium. 2) *intrans.* sich nähern, fluvio, domui, auch dies p.

Prŏpinquus, *adj.* mit *comp.* u. *sup.* [prope] 1) im Raume, nahe, nahe liegend, provincia, praedium, hortus p. cubiculo (*dat.*); das *n.* subftant. in propinquo in der Nähe, ex p. von einem nahe liegenden Orte. 2) in der Zeit, nahe = nahe bevorstehend, reditus. 3) zur Bezeichnung einer Aehnlichkeit = nahe kommend, ähnlich, rei alicui. 4) der Verwandtschaft nach nahe, verwandt; häufig *subst.* -us, i, *m.* und -a, ae, *f.* der, die Verwandte (unter die propinqui werden sowohl consanguinei als affines mit einbegriffen).

Prŏpior, us, *adj.* im *comp.* [prope], näher: 1) im Raume, näher liegend, -stehend u. f. w.: locus p. montem näher am Berge. 2) in der Zeit, näher a) = später, jünger, tempora, epistola. b) *trop.* p. funeri dem Tode näher. 3) zur Bezeichnung einer Aehnlichkeit, näher kommend = ähnlicher, sceleri; propius vero est es kömmt der Wahrheit näher. 4) zur Bezeichnung der Verwandtschaft = näher verwandt. 5) *trop.* in anderen Verhältnissen: A) p. amicus vertrauter, damnum p. medullis tiefer schmerzend. B) ⇒ mehr geneigt, »bequem, »geeignet u. dergl.: p. irae zum Zorne, aetas p. huic aetati bequemer, Latium p. fuit supplemento lag bequemer um dort Soldaten auszuschreiben.

Prŏpĭtĭo, 1. [propitius]· (Poet. u. Spät.) geneigt machen, versöhnen, Jovem.

Prŏpĭtĭus, *adj.* geneigt, gewogen, günstig, gnädig (bes. von den Göttern), alicui: reddere aliquem p.; satin' illi dii propitii (Com.) = ist er recht bei Verstande?

Prŏpĭus, *adv.* (und *praep.*) im *comp.* [prope] näher, stare, accedere; p. loco alicui (selten); p. castra stare, p. aliquom accedere; p. a terra stare der Erde näher; nihil p. factum est quam ut etc. es fehlte sehr wenig daran.

Prŏpnĭgēum, i, *n.* [προπνιγεῖον] (Spät.) die Heizkammer, das Einheizzimmer.

Prŏpoetĭdes, dum, *f.* Mädchen auf Cypern, welche die Schönheit der Venus läugneten und deshalb in Steine verwandelt wurden.

Prŏpōla, ae, *m.* [προπώλης] der Höker, Verkäufer, Krämer.

***Prō-polluo** etc., 3. (Spät., zweifelh.) sehr beflecken, rem.

Prō-pōno etc., 3. 1) vorsetzen, vor die Augen vorlegen, hinstellen, »setzen u. dergl. (insbes. zur Schau und öffentlich): p. aliquid venale; p. vexillum; p. fastos populo, legem in publicum bekannt machen, anschlagen. 2) *trop.* A) als Preis, Lohn u. dergl. hinstellen, a) von etwas Gutem = versprechen, anbieten, praemia militibus; b) von etwas Bösem = androhen, erwarten lassen, mortem, exsilium alicui; proponuntur mihi injuriae ab illo ich kann Beleidigungen von ihm erwarten. B) zur Erwägung u. dergl. hinstellen, sich vorstellen: p. sibi (animo) vim fortunae; p. (sibi) exemplar ob. aliquem ad imitandum sich vor die Augen stellen, p. sibi solatium sich mit Etwas trösten, spem sich Hoffnung geben; omnis metus ei proponitur jeder Schrecken wird ihm vorgehalten. C) als Gegenstand einer Thätigkeit hinstellen (siehe propositum): nihil mihi erat propositum ad scribendum ich hatte keinen Stoff zum Schreiben; insbes. = ein Thema vorlegen, aufgeben, alicui quaestionem. D) als Ziel ob. Vorsatz hinstellen, sich vornehmen, beschließen: p. aliquid animo; mihi propositum est hoc facere es ist mein Vorsatz, ich habe mir vorgenommen; id propositum est arti das ist das Ziel der Kunst. E) in der Rede aufstellen, anführen, erwähnen, sagen, berichten u. dergl., aliquem, rem gestam, de re aliqua. F) den Vordersatz in einem Syllogismus bilden. G) propositus omnibus Allen zugänglich, tells den Geschossen bloßgestellt.

Prŏpontis, ĭdis, *f.* [Προποντίς] das kleine Meer zwischen dem Bosporos und dem Hellespont, jetzt Mar di Marmora.

Prō-porro, *adv.* (*Lucr.*) 1) ferner, weiter. 2) gänzlich.

Prō-portĭo, ōnis, *f.* das Verhältniß, die Proportion.

Prŏpŏsĭtĭo, ōnis, *f.* [propono] 1) die Darstellung, Angabe. 2) (das Vorstellen vor die Seele) die Vorstellung, hujus vitae. 3) der Vordersatz in einem Syllogismus. 4) (Spät.) der Satz.

Prŏpŏsĭtum, i, n. 1) der Vorsatz, Entwurf, Plan, peragere, exsequi p. (es steht jedoch klassisch nicht als wahres Subst. sondern als *particip.* = das Vorgesetzte, deßwegen nicht p. meum, tuum, Ciceronis u. s. w.). 2) (Spät.) der Lebensplan, die Lebensweise. 3) das Thema, der Hauptgegenstand einer Abhandlung u. dergl.: reverti ad p. 4) der (bes. in einem Syllogismus) aufgestellte Satz, die Behauptung.

Prō-praetor, ōris, *m.* seltenere Form statt pro praetore (siehe· pro 2.), ein Statthalter, der eine Provinz verwaltete, nachdem er zu Rom Prätor gewesen war, Proprätor.

Prŏprĭe, *adv.* [proprius] 1) eigen, eigenthümlich, abgesondert: mavultis promiscue toto campo quam p. parva parte frui. 2) insbesondere, vorzugsweise, speciell: neque senatus publice neque ullus ordo p. 3) eigentlich, im eigentlichen Sinne: honestum quod p. dicitur.

Prŏprĭĕtas, ātis, *f.* [proprius] 1) die Eigenthümlichkeit, eigenthümliche Beschaffenheit. 2) (Spät.) das Eigenthumsrecht, jumenti an einem Lastthiere. 3) (Spät.) die eigentliche Bedeutung.

***Proprĭtĭm,** *adv.* [proprius] (*Lucr.*) eigentlich.

Proprĭus, *adj.* 1) eigen, A) = ausschließlich angehörig, ei praedia tria pp. dedit. B) eine einzelne Person betreffend, persönlich, individuell, apart: p. contumelia; p. ira persönliche Ursache zum Zürnen; sua quadam p. facultate; quae nostra pp. erant. 2) eigenthümlich, charakteristisch: id ejus ob. (selten) ei proprium fuit; p. vitium servitutis; Hiervon = eigentlich, verbum. 4) bleibend, beständig: p. et perpetuus.

Propter [statt propiter = prope], I. *adv.* in der Nähe, nahe dabei: duo filii p. cubantes; vident eum p. esse. II. *praep.* mit *acc.* 1) nahe bei, neben, p. statuam consedimus. 2) zur Angabe der Ursache und des Grundes, wegen, aus, durch: p. metum, p. humanitatem ejus; (ii) p. quos hanc lucem aspexit = seine Aeltern; p. plebejos numerus adjectus aus Rücksicht auf die Plebejer, um der Plebejer willen (weil diese auch aufgenommen werden sollten).

Propter-ĕā, *adv.* deßwegen; p. quod = weil; hoc p. dixi ut etc. aus dem Grunde, damit u. f. w.; pleonastisch (Com.) id p., ergo p. deßhalb.

Prŏpŭdĭōsus, *adj.* [propudium] (Vorklaff. u. Spät.) schamlos, verworfen.

Prŏpŭdĭum, ii, n. [pro-pudet] (Vorklaff. u. Spät.) eine Person ob. Sache, deren man sich schämt, also A) ein „Schandmensch", verworfener Mensch. B) die Schandthat, das schamlose Betragen.

Prōpugnācŭlum, i, n. [propugno] 1) die Schutzwehr, Vormauer, das Bollwerk: eorum (Atheniensium) urbs ut p. oppositum fuerat barbaris; socii Romanorum pp.; insbef. p. imperii = die Heere und Flotten. Auch von Festungswerken. = Schanze, Vorwerk: muri propugnaculis armabantur. 2) *trop.* der Schutz, die Vertheidigung: esse propugnaculo ceteris.

Prōpugnātio, ōnis, f. [propugno] die Vertheidigung, Verfechtung, dignitatis tuae, pro ornamentis tuis.

Prōpugnātor, ōris, m. [propugno] 1) der Vertheidiger, Streiter: classis infirma propter dimissionem propugnatorum der Sechhalten. 2) *trop.* der Vorfechter, Vertheidiger, rei alicujus.

Prō-pugno, 1. 1) von einem Orte herz vorbrechend kämpfen, hostes ex silvis pp. 2) vertheidigend für Etwas kämpfen, vertheidigen, pro partu suo; virtus p. pro aequitate; (Spät.) p. munimenta, absentiam suam.

Prōpulsātio, ōnis, f. [propulso] die Abwendung, das Abhalten, periculi.

*Prōpulsātor, ōris, m. [propulso] (Spät.) der Abwender.

Prō-pulso, 1. 1) zurückschlagen, vertreiben, hostem, lupos. 2) abwenden, abwehren, suspicionem a se.

Prōpȳlaeum, i, n. [προπύλαιον] der Vorhof; insbef. im *pl.* von den prachtvollen Zugängen zum Tempel der Athene auf der Burg zu Athen.

Prō-quaestor, ōris, m. seltene Form statt pro quaestore (siehe pro 2.), der Quästor in einer Provinz, oft ein Mann, der schon dasselbe Amt in der Stadt bewirkt hatte.

Prōra, ae, f. [gr. πρῷρα] der Vordertheil des Schiffs (oppos. puppis); (Poet.) = das Schiff überhaupt; *proverb.* mihi p. et puppis erat tui dimittendi ut etc. mein Hauptplan, indem ich dich fortschickte, war, daß u. s. w.

Prō-repo etc., 3. (Poet. u. Spät.) 1) hervorkriechen. 2) *trop.* sich irgendwohin schleichen od. = sich weiter verbreiten (von Gewächsen u. dergl.).

*Prōrēta, ae, m. [πρωράτης] (Pl.) der Steuermann im Vordertheile des Schiffs, der Untersteuermann.

*Prōreus, i, m. [πρωρεύς] (Poet.) = proreta.

Prōrĭpio, rĭpui, reptum, 3. [pro-rapio] hervorreißen, eiligst hervorbringen, hominem. Hiervon A) p. se a) = hervor eilen, stürzen, springen, ex curia, portā foras; *trop.* libido p. sich bricht hervor, zeigt sich gleich. b) irgendwo hineilen, in silvam; (Poet.) auch proripere (absol.) in derselben Bedeutung. B) *trop.* hinreißen, aliquem in caedem.

Prōrĭto, 1. [verwandt mit irrito] (Spät.) anreizen, locken, spes eum p.

Prōrŏgātio, ōnis, f. [prorogo] 1) die amtliche Verlängerung, imperii des Oberbefehls. 2) der Aufschub des Termins, diei; p. legis die Bekanntmachung eines Gesetzes.

Prō-rŏgo, 1. (eigtl. beim Volke vorfragen, ob Etwas verlängert werden soll) 1) verlängern, imperium alicui den Oberbefehl, provinciam die Verwaltung einer Provinz. Hiervon A) p. tempus, (Poet.) p. vitam alicui, bewahren. B) = weiter hinaus schieben, diem; p. paucos dies ad solvendum noch eine Frist von wenigen Tagen zur Bezahlung zugestehen. 2) (Spät.) fortpflanzen.

Prorsum, *adv.* [pro-versum] (Vorklaff. u. Spät.) 1) vorwärts. 2) gerade, geraden Weges. 3) *trop.* geradezu, ganz und gar.

Prorsus, *adj.* (pro-versus) 1) (Vorklaff.) vorwärts. 2) (Vorklaff. u. Spät.) gerade, gerades Weges. 3) *trop.* A) eben, ganz und gar, völlig. B) (Sall.) kurz, mit einem Worte.

Prō-rumpo etc., 3. 1) *transit.* hervorbrechen lassen, hervorwerfen, stürzen u. dergl.: Aetna p. nubem; p. se hervorreißen, sudor proruptus corpore aus dem Körper hervorbrechend; mare proruptum (Poet.) eine hervorstürzende Wassermasse. 2) *intrans.* hervor brechen, stürzen, per medios hostes; incendium p. bricht los; *trop.* cupiditas hominum p., Graecia p. in bellum.

Prō-ruo etc., 3. 1) *transit.* Etwas vorwärts stürzen, werfen, zu Boden stürzen, columnam, vallum, hostem. Hiervon (Com.) p. se hervorstürzen. 2) *intrans.* A) hervorstürzen. B) herabstürzen.

Prōruptus, *adj.* [particip. von prorumpo] *trop.* unbändig, unmäßig, audacia.

Prōsa (statt prorsa = proversa gerade, im Gegensatze zu den Versen ob. Strophen), *adj.*, aber nur in der Verbindung p. oratio (welches Wort auch bisweilen ausgelassen wird), die ungebundene Rede, Prosa.

Prōsāpia, ae, f. (veralt.) das Geschlecht, die Familie, die Abstammung: esse de Coelitum p.; Junonis et Jovis p. Abkömmling.

Prōsoēnium, ii, n. [pro-scena] die Vorbühne, der Vordergrund der Bühne, wo die Schauspieler auftraten.

Prō-scindo etc., 3. (Poet. u. Spät.) 1) vorn zerschneiden, zerreißen = pflügen: p. terram aratro; carina p. aequor durchfurcht. 2) *trop.* mit Worten herunterreißen, p. aliquem convicio schelten.

Pro-scrībo etc., 3. (eigtl. hervorschreiben) 1) schriftlich bekannt machen, d. h. durch einen Anschlag (auf einer Tafel ob. dergl.) veröffentlichen: p. auctionem, legem; p. kalendas Martias daß es den ersten März ist; p. (ob. p. tabulam) se domum venditurum esse daß man ein Haus verkaufen will; p. aliquam reginam Eine öffentlich zur Königin erklären. 2) insbef. zum Verkauf (zur Verpachtung, Vermiethung) öffentlich ausbieten, feil bieten, domum. Hiervon p. aliquem a) = durch öffentlichen Anschlag Jmd. seiner Güter verlustig erklären, sein Eigenthum einziehen, confisciren. b) (zuerst wo vom Sulla die Rede ist)= in die Acht erklären.

Proscriptio, ōnis, f. [proscribo] die schriftliche Bekanntmachung, 1) die Ausbietung zum Verkaufe, der öffentliche Anschlag, bonorum. 2) die Bekanntmachung einer Confiscation und die damit verbundene Achterklärung.

*Proscripturio, 4. [proscribo] zum Confisciren und Inbieachterklären Lust haben.

Prō-sĕco etc., 1. vorn-, voran schneiden, terram (beim Pflügen); insbes. p. exta bei Opferungen denjenigen Theil des Opferthiers, bes. der Eingeweide, abschneiden, welcher geopfert werden soll; hiervon **prosecta**, ōrum, *n. pl.* die abgeschnittenen und zum Opfern bestimmten Eingeweide.

*****Prōsĕda**, ae, *f.* [pro-sedeo] (*Pl.*) eine (sitzende) öffentliche Dirne.

Prō-sēmĭno, 1. eigtl. weiter vorwärts säen, davon fortpflanzen, familias.

Prō-sĕquor etc., *depon.* 3. 1) vorwärts folgen, begleiten, hinter Jmd. drein gehen (gewöhnlich in freundlicher Absicht, von den Freunden und Verwandten Abreisender u. dergl.), p. aliquem usque ad portam. Hiervon A) *trop.* mit einem *abl.* ob. *adv.* = Jmd. mit Etwas begleiten, auf irgend eine Weise behandeln: p. aliquem benevolentiā Wohlwollen gegen Jmd. wahren, beneficiis ihm Wohlthaten erweisen, legato im Testamente beschenken, gratā memoriā sich Jmds mit Dankbarkeit erinnern, misericordiā Mitleid mit ihm haben, ihn beklagen; p. aliquem laudibus loben, oratione liberaliter freundlich anreden, cantu besingen, lacrimis beweinen. B) häufig p. exsequias, funus alicujus Jmd. zum Grabe begleiten, zu seinem Leichenbegängnisse mitgehen. C) Hercynia silva p. Cattos streckt sich ebenso weit wie die C. 2) feindlich folgen = verfolgen, hostes. 3) Etwas mit Worten weiter verfolgen = weiter beschreiben u. dergl., in der Rede fortfahren, fortsetzen: non longius prosequar ich will in der Rede nicht weiter gehen; so *absol.* = fortfahren, weiter reden. 4) nachfolgen = nachahmen, p. et imitari antiquitatem.

Prōserpĭna, ae, *f.* [gr. Περσεφόνη] Tochter der Ceres, vom Pluto geraubt und danach Gemahlin des Pluto, Königin der Unterwelt.

Prō-serpo etc., 3. (Vorklass. u. Spät.) hervorkriechen.

*****Prōseucha**, ae, *f.* [προσευχή] (Spät. Poet.) der Gebetsort (Synagoge).

Prōsĭlĭo, sĭlŭi (silii), — 4. [pro-salio] hervorspringen, ex tabernaculo, ab sede, in contionem hervoreilen; sanguis p. sprudelt hervor. Hiervon *trop.* (Poet.) = an Etwas rasch gehen, sich erkühnen, p. ad arma dicenda.

Prō-sŏcer, ĕri, *m.* (Poet. u. Spät.) der Großvater der Gattin.

Prŏsōdĭa, ae, *f.* [προσῳδία] (Vorklass.) die Prosodie, der Wortaccent.

Prōsōpŏpoeia, ae, *f.* [προσωποποιΐα] (Spät.) 1) die Personificirung. 2) die Dramatisirung.

Pro-specto, 1. 1) *intrans.* hervorsehen, in die Ferne aussehen, e fenestris. 2) *transit.* A) auf Etwas hinsehen, -hinschauen, proelium, pontum auf das Meer. Hiervon *trop.* von Localitäten = Aussicht auf Etwas gewähren, gegen Etwas liegen, -gekehrt sein: villa p. mare, terra finesque septentrionem longe prospectant haben die Aussicht weithin nach Norden. B) nach Jmd. ob. Etwas sehen, -sich umsehen, aliquem. Hiervon *trop.* erwarten a) = an Etwas denken, p. ecquod auxilium apparaet. b) = bevorstehen, eadem fata to pp.

Prospectus, us, *m.* [prospicio] 1) die Aussicht = das Hinaussehen, die Fernsicht, maris auf das Meer; impedire p.; capere, petere prospectum (Poet.) weit ausschauen. 2) (selten) = conspectus das Sichtbarsein, der Anblick: esse in p. gesehen werden, producere in populi prospectum vor die Augen der Leute. Hiervon 3) = das Aussehen: portus pulcherrimo p. 4) (Spät.) die Rücksicht, habere p. officii.

Pro-spĕcŭlor, *depon.* 1. 1) *intrans.* in die Ferne schauen, davon spähen, kundschaften. 2) *transit.* nach Etwas in die Ferne schauen (aus ungeduldiger Erwartung): e maris adventum consulis prospeculabantur.

Prosper ob. **Prospĕrus**, ĕra, ĕrum, *adj.* mit *comp.* u. *sup.* 1) glücklich = beglückend, Glück bringend (vgl. felix, faustus), erwünscht, res, augurium, exitus, successus; verba pp. von guter Vorbedeutung; als *subst.* prospĕra, ōrum, *n. pl.* glückliche Umstände; (Poet.) luna prospera frugum in Bezug auf das Getreide, das Getreide gedeihen machend. *2) beglückend = angenehm, des Verlangens werth: nihil p. praeter voluptatem.

Prospĕre, *adv.* mit *comp.* u. *sup.* [prosper] glücklich, nach Wunsch.

*****Pro-spergo** (spargo), si, sum, 3. (Spät.) besprengen, rem aquā.

Prospĕrĭtas, ātis, *f.* [prosper] das Glück = die glückliche Beschaffenheit, das Gedeihen, valetudinis die gute Gesundheit, p. vitae.

Prospĕro, 1. [prosper] glücklich machen = einer Sache glücklichen Erfolg verschaffen, gutes Gedeihen geben: dii pp. consilia mea reipublicae; *absol.* p. alicui Jmd. Glück bringen, ihn beglücken; (*Pl.*) p. tibi hanc veniam beglücke dich mit dieser Erlaubniß.

*****Prospĭcĭentĭa**, ae, *f.* (prospicio) die Vorsicht, Vorsorge.

Prospĭcĭo, spexi, spectum, 3. [pro specio] 1) *intrans.* A) in die Ferne hinsehen, vorwärts schauen, ex castris in urbem; p. longe, multum weit hinaus; nisi oculi parum pp. (Com.) wenn meine Augen mich nicht täuschen. B) insbes. = hinsehen, p. ab janua. 2) *transit.* A) nach Jmd. ob. Etwas hinsehen, aliquem, Italiam, campos. Hiervon a) in der Ferne sehen, aliquem. b) *trop.* p. vitam nur einen Blick ins Leben werfen, das Leben gleichsam von ferne sehen. B) voraussehen, vorhersehen, tempestatem futuram, exitum vitae; p. senectutem als bevorstehend erblicken, dem Alter nahe sein. C) für Etwas sorgen = es besorgen, im Voraus herbeischaffen, aliquid, frumentum exercitui. D) für Jmd. ob. Etwas Vorsorge tragen, -sorgen, sich einer Sache annehmen, alicui ob. saluti alicujus; p. ne quid illi noceat; p. huic malo aliquid.

Pro-sterno etc., 3. 1) niederstrecken, zu Boden strecken, hinstreckend niederwerfen: p. arborem, se ob. corpus humi, ad pedes alicujus; p. hostem fällen, niedermachen. 2) *trop.* A) über den Haufen werfen, zu Boden schlagen, nemini p. omnia furore suo. B) p. se sich herabwürdigen.

*****Prostibĭlis**, e, *adj.* [prosto] (*Pl.*, zwsch.) als *subst.* = prostibulum.

Prostĭbŭlum, i, n. (*Pl.* auch -bŭlis, is, *f.*) [prosto] die (öffentlich zur Schau stehende) Buhldirne, Metze (verächtliche Benennung, vgl. proseda, meretrix u. f. w.).

Prostĭtuo, ui, ūtum, 3. [pro-statuo] (Poet. u. Spät.) hervorstellen = öffentlich zur Unzucht preisgeben, aliquam; *trop.* p. famam.

Pro-sto, stĭti, stătum, 1. *intrans.* 1) (*Lucr.*) hervorragen, hervorstehen (so daß man in die Augen fällt). 2) insbef. A) (*Pl.*) vom Verkäufer, = Etwas feil habend da stehen. B) von der Waare, feil stehen, zum Verkaufe da stehen. C) von einer öffentlichen Buhldirne, der Unzucht sich preisgeben.

Prŏ-sŭbĭgo etc., 3. (Poet.) vor sich aufwühlen, sus p. terram.

Prŏ-sum etc., nutzen, nützlich sein, alicui, ad virtutem; nihil p. Nichts nützen; p. in commune dem Ganzen.

Prōtăgŏras, ae, m. [Πρωταγόρας] ein griechischer Sophist, Zeitgenosse des Sokrates, nach welchem einer der Dialoge des Platon benannt ist. Davon (Spät.) -rion, ii, n. [-ρειον] ein Ausspruch des P.

Prōtectus, adj. mit comp. [particip. von protego] bedeckt = beschützt, verwahrt.

Prŏ-tĕgo etc., 3. 1) vorn bedecken, decken, aliquem scuto. Insbes. p. aedes ein Vordach, Wetterdach an seinem Hause anbringen, um das Regenwasser abzuleiten und überhaupt das Haus gegen das Wetter zu schützen. 2) *trop.* A) decken = beschützen, beschirmen, aliquem, naves a vento. B) (Spät.) verbergen, verhehlen, nequitiam.

Prōtēlo, 1. [protelum] (Vorklaff. u. Spät.) forttreiben, in die Flucht treiben, aliquem verbis.

Prōtēlum, i, n. (Vorklaff. u. Spät.) 1) das am Pfluge statt der Deichsel dienende Zugseil, an welches die Stiere zusammengespannt wurden, daher = der Zug zusammengespannter Thiere: pp. boum. Hiervon 2) = der ununterbrochene Zug, Fortgang: p. plagarum continuato, und *adv.* protelo = in einem Zuge.

Prŏ-tendo, di, tum, 3. (Poet. und Spät.) hervorstrecken, dehnen, ausstrecken, hastas, cervices, aciem. Hiervon (Spät.) = lang aussprechen.

Prōtēnus, adv., siehe Protinus.

Prŏ-tĕro etc., 3. 1) zertreten, zerquetschen, frumentum, agmina curru; p. januam limā zerreiben; (Poet.) aestas p. ver interitura etc. zertritt, vernichtet, um darauf selbst zu vergehen. 2) *trop.* p. aciem hostium ob. hostes vernichten, niederschlagen; p. aliquem unter die Füße treten, verächtlich behandeln.

Prŏ-terreo, 2. fortschrecken, durch Schrecken fortjagen, aliquem.

Prŏterve, adv. mit comp. [protervus] frech, breist, unverschämt.

Prŏtervĭtas, ātis, f. [protervus] die Frechheit, Dreistigkeit, Unverschämtheit.

Prŏtervus, adj. mit comp. u. sup. [vermuthlich von protero = Alles vor sich niedertretend] 1) (Poet.) ungestüm, heftig, ventus, manus. 2) frech, schamlos dreist, unverschämt, juvenis, meretrix, oculi.

Prōtĕsĭlāus, i, m. [Πρωτεσίλαος] Gemahl der Laodamia, der vor Troja gleich nach der Landung fiel.

Prōteus, ei, m. [Πρωτεύς] ein Meergott, der die Gabe hatte zu weissagen und sich in allerlei Gestalten zu verwandeln.

*****Prŏthŭme,** adv. [latinisirte Form des gr. προθύμως] (Pl.) willig, gern.

Prŏthŭmia, ae, f. [latinisirte Form des gr. προθυμία] (Vorklaff.) die Bereitwilligkeit.

Prŏtĭnam, adv. (Vorklaff.) = protinus 3. B.

Prŏtĭnus, adv. [pro-tenus] 1) vorwärts, weiter fort, pergere. 2) (Poet. und Spät.) von der ununterbrochenen Ausdehnung im Raume, unmittelbar sich anschließend, zusammenhangend: quum p. utraque tellus una foret; p. deinde ab Oceano Rugii; p. pratum. 3) von der ununterbrochenen Zeitfolge: A) in Einem fort, beständig, fort und fort; hasta fugit p.; felix si p. illum nocti aequasset diem. B) gleich, sofort, auf der Stelle: p. hostes fugerunt; p. ab gleich nach, p. de via gleich (wie er) von der Reise (kam). Hiervon p. ut (quam, quum, atque) sobald als. C) (*Liv.*) zugleich, zu derselben Zeit (als etwas Anderes).

Prōtŏgĕnes, is m. [Πρωτογένης] ein berühmter griechischer Maler ungefähr 300 v. Chr.

Prŏ-tollo, 3. (Vorklaff. u. Spät.) 1) hervorheben, strecken, manum. 2) *trop.* A) verlängern, vitam alicui. B) aufschieben, mortem sibi.

Prōtŏpraxia, ae, f. [πρωτοπραξία] (Spät.) das Vorrecht bei Schuldforderungen, das Recht seine Forderung zuerst geltend zu machen.

Prŏ-traho etc., 3. 1) hervorziehen, schleppen, aliquem, in convivium, in medium. Hiervon *trop.* p. aliquem ad indicium u. dergl. Jmd. zu Etwas nöthigen, drängen. 2) A) ans Licht bringen, offenbaren, facinus. B) der Zeit nach hinausziehen, verlängern, convivium in primam lucem. C) protractus ad paupertatem zur Armuth herabgesunken.

Pro-trūdo etc., 3. 1) vorwärts, fortstoßen, aliquem. 2) (selten) weiter hinausschieben, comitia in mensem Januarium.

Prŏ-turbo, 1. 1) forttreiben, fortjagen, hostes. 2) (Poet.) niederwerfen, silvas.

Pro-ut, conj. [siehe pro] je nachdem, so wie: p. res postulat; ita ejus rei ratio habetur p. etc. in dem Verhältnisse, wie u. f. w.

Prŏ-veho etc., 3. 1) vorwärts, vorführen, schaffen, aliquem; navis p. saxa. Gewöhnlich im *pass.* = fortfahren, reiten (equo), schiffen (navi), fortrücken: provectus equo ante stationes; naves provectae a terra, in altum. Hiervon 2) *trop.* A) fort, weiter führen, oft = zu weit führen, hinreißen, verleiten: aura popularis eum longius p.; haec spes provexit ut etc. verführte (sie). Häufig im *pass.* = weiter oder zu weit hingehen, hingerissen werden: provehi eo audaciae so weit in der Frechheit gehen; p. in maledicta. Insbef. a) aetate provectus oder provectā im vorgerückten Alter, auch senectus provecta das hohe Alter; nox provecta erat es war schon ziemlich spät in der Nacht. b) bellum provectum est longius zog sich weiter hinaus.

39*

B) Jmd. weiterbringen, emporbringen, befördern: tua te virtus p.; p. aliquem ad amplissimos honores.

Prō-vĕnio etc., 4. 1) (Vorklaff. u. Poët.) hervorkommen; p. in scenam auftreten. Hiervon A) von Producten der Erde, = erzeugt werden, entstehen, hervorwachsen: plumbum ibi p.; auch (Spät.) von Thieren und Menschen, nullum ibi p. B) = gedeihen, emporwachsen: frumentum angustius provenerat. 2) (Spät.) vorfallen, sich zutragen, ostentam p. alicui. 3) trop. A) id palam p. wird bekannt. B) von Statten gehen, irgendwie ablaufen. C) prägn. a) von Sachen, gut von Statten gehen, gelingen, si destinata pp. b) von Personen, Erfolg haben: recte provenisti es ist dir gut gegangen; nequiter p. (Com.) schlecht davon kommen.

Prōventus, us, m. [provenio] 1) der Ertrag, die Ernte, vineae; insbef. von einem reichlichen Ertrage. 2) der Vorrath, Ueberfluß, die Menge, poetarum. 3) der Ausgang, insbef. prägn. = der glückliche Ausgang, der Erfolg.

Prōverbium, ii, n. [pro-verbum] das Sprichwort: est in proverbio es ist ein Sprichwort, venire in proverbium ob. in proverbii consuetudinem zum Sprichworte werden.

Prōvidens, tis, adj. mit comp. und sup. [particip. von provideo] vorsichtig, sich vorsehend.

Prōvidenter, adv. mit comp. und sup. [providens] vorsichtig, mit Vorsicht.

Prōvidentia, ae, f. [providens] 1) das Vorhersehen. 2) die Vorausficht, vorausfehende Vorsorge, die Vorsicht. 3) (Spät.) die göttliche Vorsehung, dona providentiae.

Prō-video etc., 2. 1) eigtl. A) intrans. vor sich hinsehen, procul. B) transit. a) in der Ferne, vorn sehen, navem b) (Poet.) zuerst sehen, aliquem. 2) vorausfehen, in der Zukunft vorherfehen, morbum ingravescentem. 3) A) absol. oder mit einem Objectfase, Sorge tragen, für Etwas sorgen, Anstalten treffen u. dergl.: p. alicui oder saluti alicujus; p. ut (ne) aliquid fiat. B) transit. Etwas voraus besorgen, anschaffen: p. rem frumentariam, ea quae opus erant; omnia provisa erant et waren im Voraus für Alles Anstalten getroffen; p. frumentum exercitui.

Prōvidus, adj. [provideo] 1) vorher sehend: mens p. rerum futurarum. 2) besorglich, vorsichtig, behutsam, orator; cautus et p. 3) für Etwas Sorge tragend, sorgend, utilitatum für das Nützliche, providum evenerat Etwas, das von der göttlichen Vorsehung zeugte.

Prōvincia, ae, f. [pro-vinco?] 1) das (meist kriegerische) Amt, Geschäft, das einer Magistratsperson übertragen wird, die Amtsverrichtung und der amtliche Geschäftskreis: huic Hernici provincia evenit ihm fiel als sein Geschäft (Wirkungskreis) die Führung des Krieges gegen die H. zu; partiri provincias inter se das Commando über die verschiedenen Truppenabtheilungen (gegen die verschiedenen Feinde) unter sich vertheilen; Africam in illum annum provinciam esse non censuit er nahm an, daß für jenes Jahr A. nicht unter die Gegenden gehörte, wo Krieg geführt werden sollte und eine Armee unter einem Statthalter (General) hingeschickt werden müßte. Hiervon A) p. urbana Amtsgeschäft, amtlicher Wirkungskreis in der Stadt; p. juris dicendi die Rechtshegemonie des Prätors. B) von einem privaten Geschäfte, einer persönlichen Obliegenheit. 2) eine Provinz d. h. ein den Römern unterworfenes Land außerhalb Italien, das von einem römischen Statthalter verwaltet wurde: p. consularis, praetoria je nach der Würde, welche der Statthalter zuletzt in der Stadt bekleidet hatte (weil die Verwaltung der Provinz als eine Fortsetzung jener betrachtet wurde).

Prōvinciālis, e, adj. [provincia] zu einer Provinz gehörig, Provinz-: p. administratio; p. scientia die zur Verwaltung einer P. gehörige, abstinentia in der Verwaltung der P. gezeigt; bellum p. in einer P.; aditus minime pp. = wie sie bei den Provinzstatthaltern gewöhnlich sind; subst. provinciales, ium, m. pl. die Bewohner einer P.

*Prōvinciātim, adv. [provincia] (Spät.) provinzweise.

Prōvisio, ōnis, f. [provideo] 1) das Vorherfehen. 2) die Vorsorge, Fürsorge, posteri temporis für die Zukunft. 3) die Vorsicht: p. vitiorum die V. gegen die Laster, die Verhütung.

*Prōviso, adv. [provideo] (Spät.) mit Vorbedacht, überlegt.

Prō-viso, — — 3. (Vorklaff.) vorher nachsehen, nach Etwas hinsehen, hominem, quid aliquis agat.

Prōvisor, ōris, m. [provideo] 1) (Spät.) der Vorherfeher. 2) davon (Poet.) der Vorherbedenker, utilium.

Prōvisso, s. S. für Proviso.

Prōvisus, ūs, m. [provideo] (Tac., nur im abl. sing.) 1) das Vorsichhinsehen. 2) das Vorausfehen. 3) die Fürsorge. 4) das Vorausanschaffen, rei frumentariae.

Prōvŏcātio, ōnis, f. [provoco] 1) (Spät.) die Herausforderung zum Kampfe. 2) die Appellation, Berufung auf einen höhern Richter: p. ad populum; p. ab aliquo oder adversus aliquem; provocatione (auch de p.) certare = provocare 3.

Prōvŏcātor, ōris, m. [provoco] 1) (Spät.) der Herausforderer zum Kampfe. 2) eine Art Gladiatoren.

Prō-vŏco, 1. 1) hervorrufen, herausrufen, aliquem ad se. Hiervon trop. A) Etwas von Jmd. hervorlocken, hervorrufen, ihm entlocken, aus ihm herausbringen, Etwas antregen: p. aliquid ab aliquo, sermones, officia. B) zu Etwas auffordern, anregen, aliquem ad hilaritatem, ad communionem sermonis. 2) zum Kampfe oder Wettstreite herausfordern: p. aliquem ad pugnam, Graecos elegiā; hiervon überhaupt = Jmd. zuerst auf irgend eine Weise behandeln und ihn dadurch zur Vergeltung antegen: provocare aliquem beneficiis, injuriā Jmd. zuerst Wohlthaten, Unrecht zufügen. 3) appelliren, vor eine höhere Instanz berufen, ad populum; trop. überhaupt sich auf Jmd. berufen.

Prō-vŏlo, 1. hervorfliegen, trop. hervoreilen, -brechen, ex castris.

Prō-volvo etc., 3. 1) vorwärts-, vor sich hin wälzen, -rollen: p. aliquem in mediam viam; p. lapides; p. se ober provolvi ad pedes alicujus sich niederwerfen. 2) trop. A) provolvor fortunis ich verliere mein Vermögen. B) provolvor = ich erniedrige mich, füge mich knechtisch einer Sache.

*****Prō-vŏmo**, — — 3. (*Lucr.*) hervorspeien, von sich geben, turbinem.

Prō-vulgo, 1. (Spät.) veröffentlichen, rem.

Proxēnēta, ae, *f.* [προξενητής] (Spät.) der Unterhändler beim Verkaufen und Kaufen, der Makler.

Proxĭme, *praep.* u. *adv.*, *sup.* von prope. 1) im Raume, zunächst, sehr nahe: a) p. Carthaginem; p. hostem; p. eum sedebam. b) p. trans Padum, p. ab illa urbe. 2) in der Zeit, a) zunächst, zuletzt: quem p. nominavi. b) nächstens. 3) bei Angabe einer Reihenfolge: a) nächst = sogleich nach: p. deos. b) p. a Lacyde; p..., mox..., tertio loco. 4) zur Bezeichnung einer Aehnlichkeit: a) nächst, am nächsten: p. morem Romanum fast wie es bei den Römern Sitte war; p. speciem navium so daß (sie) fast wie Schiffe aussahen; p. atque ille fast ebenso wie er. Hiervon A) p. et secundum = zunächst und zweitens, siehe proximus 3. B) (Spät.) sehr nahekommend = treffend, genau, aliquid signare.

Proximĭtas, ātis, *f.* [proximus] (Poet. und Spät.) 1) die Nähe, nahe Lage. 2) *trop.* A) die nahe Verwandtschaft. B) die Aehnlichkeit.

Proxĭmus, *adj.* [*sup.* von propior] 1) im Raume, nächst oder sehr nahe: pp. oppida; p. via der kürzeste Weg; proximum esse loco alicui und locum aliquem einem Orte sehr nahe sein, auch ab loco; *subst.* in proximo in der Nähe. 2) in der Zeit, A) in Bezug auf die Vergangenheit, letzt, nächst vergangen, ubi proxima nocte fuisti? pp. tuae literne; pp. superiores dies, his proximis nonis non affuisti. B) in Bezug auf die Zukunft, nächst = nächstfolgend: proxima nocte castra movebo. 3) *trop.* A) bei Angabe einer Ordnung und Reihefolge, nächst: me proximum habet als den Nächsten. B) zur Angabe einer Aehnlichkeit, nächst = am nächsten kommend: Id deo p. est; wo p. und secundus entgegengesetzt sind, ist dieses stärker als jenes, weil p. nur bezeichnet, daß eine Person die erste Stelle nach einer anderen einnimmt, secundus noch, daß sie die zweite im Verhältnisse zu jener ist, d. h. daß sie doch beide zu einer Klasse gehören. 4) von einer Verwandtschaft, sehr nahe verwandt: proximus cognatione; *subst.* proximi = die nächsten Verwandten.

Prūdens, tis, *adj.* mit *comp.* und *sup.* [statt providens] 1) vorausfehend, daher 1) wissend, sich bewußt, wissentlich: prudens illud feci; sciens et p. 2) vorhersehend = einsichtsvoll, verständig, geschickt, klug, insbef. lebensklug: p. orator, homo; p. consilium; p. in jure civili, in respondendo, in disserendo; p. ad consilia. 3) einer Sache kundig, sie kennend, wissend: p. rei militaris; p. locorum mit der Gegend wohl bekannt.

Prūdenter, *adv.* mit *comp.* u. *sup.* [prudens] mit Umsicht, verständig, klug, einsichtsvoll.

Prūdentia, ae, *f.* [prudens] 1) das Vorhersehen, futurorum. 2) die Klugheit, Umsicht, Verständigkeit: p. est scientia rerum expetendarum fugiendarumque. 3) die Kenntniß, Einsicht, das Wissen, juris civilis.

Pruīna, ae, *f.* der Reif; (Poet.) a) = der Schnee. b) = der Winter.

Pruīnōsus, *adj.* [pruina] (Poet.) voller Reif, bereift.

Prūna, ae, *f.* (Poet. und Spät.) die glühende Kohle.

*****Prūnĭcĭus**, *adj.* [prunus] (Poet.) aus Pflaumenbaumholz.

Prūnum, i, *n.* die Pflaume.

Prūnus, i, *f.* der Pflaumenbaum.

Prūrīgo, ĭnis, *f.* und **Prūrītus**, us, *m.* [prurio] (Spät.) das Jucken, trop. = die Geilheit.

Prūrio, 4. jucken. Hiervon trop. ein Jucken haben = sehr lüstern nach Etwas sein; (Com.) ironisch = nach Schlägen lüstern sein, und insbef. = geil sein.

Prūsa, ae, *f.* ob. **Prūsias**, ădis, *f.* Stadt in Bithynien. Davon **Prūsienses**, ium, *m. pl.* die Einwohner von P.

Prūsias, ae, *m.* König in Bithynien, der den flüchtigen Hannibal aufnahm, aber zuletzt den Römern ausliefern mußte.

Prytănēum, ei, *n.* [πρυτανεῖον] ein öffentliches Gebäude, in griechischen Städten, wo die Prytanen (siehe das folgende Wort) sich versammelten und zusammen speiseten.

Prytănis, is, ob. -nes, is, *m.* [πρύτανις] ein Prytan, einer der höchsten obrigkeitlichen Personen in mehreren griechischen Staaten.

Psallo, — — 3. [ψάλλω] auf einem Saiteninstrumente, bes. der Cither, spielen: ps. et cantare.

Psaltērĭum, ii, *n.* [ψαλτήριον] das Saiteninstrument.

Psaltes, ae, *m.* [ψάλτης] (Spät.) der auf einem Saiteninstrumente spielt, der Citherspieler.

Psaltria, ae, *f.* [ψάλτρια] die auf einem Saiteninstrumente spielt, die Citherspielerin.

Psēcas, ădis, *f.* [ψεκάς = besprißend] Name der Sklavin, die ihrer Herrin die Haare balsamirte; Psecade natus = ein Mensch von niederer Geburt.

Psēphisma, ătis, *n.* [ψήφισμα] der Volksbeschluß bei den Griechen.

*****Pseudō** [ψεύδω] **-Căto**, ōnis, *m.* der falsche (vorgebliche) Cato.

*****Pseudō** [ψεύδω] **-Dāmăsippus**, i, *m.* der falsche (vorgebliche) D.

*****Pseudŏlus**, i, *m.* [ψεύδω] der Lügner, Titel einer Comödie des Plautus.

Pseudŏmĕnos, i, *m.* [ψευδόμενος], in der Logik, der Trugschluß, der falsche Syllogismus.

Pseudō [ψεύδω] **-Philippus**, i, *m.* der falsche (vorgebliche) Ph.

Pseudŏthyrum, i, *n.* [ψευδόθυρον] die

geheime Hinterthüre; *proverb.* per ps. = heimlich, auf geheime Art.

Psŏphis, ĭdis, *f.* [Ψωφις] Stadt im Peloponnes.

Psychŏmantīum, ii, *n.* [ψυχομαντεῖον] Ort, wo man die Geister der Verstorbenen herbannt und befragt, der Todtenbefragungsort.

Psylli, ōrum, *m. pl.* Volk im nördlichen Africa.

Psȳthius, *adj.* [ψύθιος] (Poët. u. Spät.) Name einer Art griechischer Weinreben, vitis.

Pte, ein Suffixum, das dem *pron. poss.* (selten *pers.*) angehängt den Begriff von selbst und eigen ausdrückt (gewöhnlich beim *abl.*): meopte ingenio, suapte manu; mepte.

Ptēleum, i, *n.* [Πτελεόν] Stadt in Thessalien.

Ptĭsăna, ae, *f.* [πτισάνη] (Spät.) die Gerstengrütze.

*****Ptĭsănārĭum**, ii, *n.* [ptisana] (Poët.) ein Getränk aus Wasser, das auf Gerstengrütze gegossen worden ist, der Gerstentrank.

Ptŏlĕmaeus, i, *m.* [Πτολεμαῖος] Name mehrerer Könige von Aegypten nach Alexander dem Großen. Davon 1) **-maeus** *od.* **māēus**, *adj.* 2) **-māis**, ĭdis, *f.* Name mehrerer Städte (in Aegypten und Phönicien).

Pūbens, tis, *adj.* (verw. mit puber) (Poët.) von einer Pflanze, kräftig, gesund.

Pūbertas, ātis, *f.* [puber] 1) die Mannbarkeit, Geschlechtsreife. 2) die Zeichen der Mannbarkeit, der erste Haarwuchs. *3) (Tac.) die Manneskraft, Zeugungskraft. 4) (Spät.) = pubes 3.

Pūber oder **Pūbes**, ĕris, *adj.* [pubes] 1) mannbar, erwachsen, homo, aetas. 2) von Pflanzen = mit weichen Haaren bedeckt, weichbehaart.

Pūbes, is, *f.* 1) (Spät.) die Zeichen der Mannbarkeit, die ersten Barthaare. 2) die Schamgegend, die Scham. 3) *coll.* die junge Mannschaft, die erwachsene Jugend: omnis Italiae p. Hiervon (Poët.) = Männer, Leute überhaupt, Dardana p.

Pūbesco, — — 3. [puber] 1) mannbar-, erwachsen werden, ins Mannesalter treten: quum primum Hercules p. Hiervon überhaupt = heranwachsen, heranreifen: quae terra gignit, maturata pubescunt. 2) (Poët. u. Spät.) mit feinen Haaren sich bedecken, den ersten Bart bekommen, und hiervon überhaupt mit Etwas bedeckt werden, sich überziehen: prata pp. flore.

Publĭcānus, *adj.* [publicus] zum Oeffentlichen gehörig; fast immer *subst.* **-nus**, i, *m.* ein Generalpächter der römischen Staatseinkünfte in den Provinzen; muliercula publicana die Frau eines Generalpächters (zugleich mit gehässiger Nebenbedeutung, weil sie sich dem Verres preisgab).

Publĭcātĭo, ōnis, *f.* [publico] die Einziehung in die Staatskasse, die Confiscation.

Publĭce, *adv.* [publicus] öffentlich. 1) = im Namen des Staates, von Staatswegen, auf öffentliche Veranstaltung u. dergl.: p. interfectus auf Befehl des Staates; p. statuae ei positae sunt dem Willen des Volkes

zufolge; p. afferri, ali auf öffentliche Kosten; p. maxima laus est es wird als eine Ehre für den Staat betrachtet; p. scribere, literas mittere ein officielles Schreiben schicken; p. polliceri im Namen des Staates; p. privatimque in öffentlichen und privaten Angelegenheiten. 2) = allgemein, insgesammt. 3) (Spät.) = vor Aller Augen.

Publĭcĭtus, *adv.* [publicus] (Vorklass.) = publice.

Publĭco, 1. [publicus] öffentlich machen. 1) = zum Staatseigenthum machen, privata, insbes. = in die Staatskasse einziehen, confisciren, bona alicujus. Hiervon *trop.* p. crimen von Privaten auf den Staat überführen. 2) = zum öffentlichen Gebrauche hergeben: p. Aventinum zum Anbau freigeben, bibliothecas Allen zugänglich machen, rem aliquam dignam cognitu zur Schau ausstellen; p. se (studia sua) sich öffentlich hören lassen, (als Musiker) öffentlich auftreten; p. se oder corpus suum sich der Unzucht öffentlich preisgeben. 3) = veröffentlichen, bekannt machen, rem aliquam, retinenda was man verschweigen sollte. Hiervon p. orationem herausgeben.

Publĭcus, *adj.* öffentlich, 1) = zum Staate-, zum Volke gehörig, den ganzen Staat, das Volk betreffend: si quis p. est privatus Beamter; pp. loca; pecunia p. die Staatseinkünfte, Staatskasse; pp. literae Staatsurkunden, sacrificia von Staatswegen veranstaltete; p. sollicitado wegen der öffentlichen Angelegenheiten, poena wegen eines Staatsverbrechens (also vom Staate gleichsam gefordert), causa den ganzen Staat betreffend (eine bedeutende Criminalsache), judicium das Urtheil in einer causa publica; p. funus auf Staatskosten veranstaltet; res p. eine Staatsangelegenheit oder *collect.* die öffentlichen Angelegenheiten (siehe respublica). Hiervon *subst.* **Publĭcum**, i, *n.* A) das Staatseigenthum, Staatsgebiet: incurrere in p. Campanum. B) die Staatskasse, der Staatsschatz: referre, redigere in publicum in die St. einbringen (bisweilen = confisciren); convivari de p. auf Kosten der Staatskasse; teneri publico der Staatskasse Geld schulden. C) meist im *pl.* = vectigalia pp. die Staatseinkünfte, die Steuern, welche in die Staatskasse fließen: conducere publica die St. pachten, habere in Pacht haben, locare verpachten; *trop.* exercere publicum salutationum (Spät.) von einem Pförtner, der sich für den Zutritt zu seinem Herrn von den Leuten Geld geben läßt und sich daraus einen Gewinn macht. D) consulere in publicum für das Wohl des ganzen Staates sorgen. E) = das öffentliche Geschäft: dum in eo p. erant. 2) (als *adj.* selten) = allgemein, Allen gemeinschaftlich, lex, pavor; (Poët.) p. cura gemeinschaftlicher Gegenstand der Liebe; (Poët.) verba pp. die Rede von allgemeinen Angelegenheiten. Hiervon *subst.* **Publĭcum**, i, *n.* = der öffentliche Platz, die öffentliche Straße, die Oeffentlichkeit = Ort wo man vor Aller Augen ist: prodire in publicum, esse in p.; legem proponere in p. 3) (Poët.) = gemein, gering, schlecht.

Pūdendus, Pūdens, Pūdenter, siehe Pudet.

Pŭdet, duit und dĭtum est, 2. I. *impers.* es versetzt in Scham, es macht Jmd. sich schämen, also: p. me (illum, homines) sceleris ich (du, die Menschen) schäme mich (dich u. s. w.) des Verbrechens; p. te hoc facere du schämst dich dieses zu thun; (Spät.) p. dicta ich schäme mich zu sagen; auch mit der Person im *genit.*, vor welcher man sich schämt: p. deorum hominumque; id me p. II. andere Formen sind: A) (Vorklass.) pudeo ich schäme mich. B) (Vorklass.) haec te pudent du schämst dich dieser Sachen. C) *gerund.* pudendo dadurch, daß man sich schämt. D) *gerundiv.* pudendus wessen man sich schämen muß, schändlich, schimpflich. E) *particip.* **Pŭdens,** tis, als *adj.* mit *comp.* u. *sup.* viel Scham- und Ehrgefühl habend, ehrliebend, verschämt, sittsam (überhaupt, vgl. pudicus), vir, femina. Hiervon *adv.* **Pŭdenter,** sittsam, ehrbar.

Pŭdĭbundus, *adj.* [pudet] (Poet. u. Spät.) sich schämend, verschämt.

Pŭdĭce, *adv.* [pudicus] (Poet. u. Spät.) sittsam, züchtig.

Pŭdĭcĭtĭa, ae, *f.* [pudicus] das Gefühl der Scham namentlich im Geschlechtsverhältnisse (vgl. pudor), die Schamhaftigkeit, Sittsamkeit, Keuschheit, Züchtigkeit.

Pŭdīcus, *adj.* mit *comp.* u. *sup.* [pudet] voller Gefühl der Scham insbes. im Geschlechtsverhältnisse (vgl. pudens), schamhaft, sittsam, züchtig, keusch, femina, vir, mores.

Pŭdor, ōris, *m.* [pudor] 1) das Gefühl der Scham, die Scham, Schamhaftigkeit (in allen Beziehungen, vergl. pudicitia): p. paupertatis wegen seiner Armuth; facere pudorem rei alicujus machen, daß (man) sich einer Sache schämt; p. patris vor dem Vater, gegen den V.; pudor est referre ich schäme mich zu erzählen. Hiervon 2) die Ehrliebe, die Gewissenhaftigkeit; häufig insbes. von Soldaten = das Ehrgefühl, die Ehre. 3) = die Schande, der Schimpf: hoc tibi pudori est dieses gereicht dir zur Schande.

Pŭella, ae, *f.* [puer] 1) das Mädchen. Insbes. A) = die Geliebte. B) = die Tochter. 2) überhaupt ein junges Frauenzimmer, eine junge Frau: laborantes utero pp.

Pŭellāris, e, *adj.* [puella] (Poet. u. Spät.) zu einem Mädchen gehörig, mädchenhaft, Mädchen-, aetas, animus.

*****Pŭellārĭter,** *adv.* [puellaris] (Spät.) nach Art der Mädchen, mädchenhaft.

Pŭellŭla, ae, *f.* (Poet.) *deminut.* von puella.

Pŭellus, i, *m.* (Vorklass. u. Spät.) *deminut.* von puer.

Pŭer, ĕri, *m.* 1) ursprünglich das Kind überhaupt; so im eig. Vorklass., aber häufig der *pl.* pueri = Kinder überhaupt (vgl. liberi). 2) das männliche Kind, der Knabe (in der Regel bei den Römern bis zum 17. Jahre, daher auch von einem Aelteren = Jüngling, junger Mann: a puero oder (bes. von Mehreren) a pueris von Kindheit an. Hiervon A) (Poet.) überhaupt = Sohn, p. alicujus. B) = Diener, Bediente, Sklave (meist ein junger und netter, vgl. mancipium): pp. regii = Pa-

gen. C) (Poet.) = ein unverheiratheter Mann.

Pŭĕrasco, — — 3. [puer] (Spät.) in das Knabenalter eintreten.

Pŭĕrīlis, e, *adj.* mit *comp.* [puer] 1) kindlich, zu einem Knaben gehörig, für ihn passend u. s. w., knabenmäßig, Knaben-, aetas, delectatio; regnum p. die Regierung eines Knaben, agmen p. ein Zug von Knaben. 2) kindisch, knabenhaft, consilium.

Pŭĕrīlĭtas, ātis, *f.* [puerilis] (Spät.) 1) das Knabenalter. 2) das kindische Betragen.

Pŭĕrīlĭter, *adv.* [puerilis] 1) kindlich. 2) kindisch.

Pŭĕrĭtĭa, ae, *f.* [puer] (contr. **Puertia**), das Knabenalter, das Knabenalter: agere p. seine K. zubringen, a p. von Kindheit an.

Puerpĕra, ae, *f.* [puer-pario] die Kindbetterin, Wöchnerin.

Puerpĕrium, ii, *n.* [puer-pario] (Vorklass. u. Spät.) 1) die Niederkunft, Geburt. 2) das (geborene) Kind.

Pŭĕrŭlus, i, *m. deminut.* von puer.

Pŭgil, ĭlis, *m.* [verwandt mit pugnus, πύξ] der Faustkämpfer.

*****Pŭgĭlātĭo,** ōnis, *f.* [ungebräuchl. pugilor von pugil] der Faustkampf.

*****Pŭgĭlātōrius,** *adj.* (Pl.) = pugillaris.

Pŭgĭlātus, us, *m.* (Vorklass. u. Spät.) = pugilatio.

*****Pŭgĭlīce,** *adv.* [pugil] (Pl.) nach Art der Faustkämpfer.

Pŭgillāris, e, *adj.* [pugillus] (Spät.) zur Faust gehörig, = was man mit der Faust fassen kann: *subst.* pugillares, ium, *m. pl.* (sc. libelli oder codicilli) eine Schreibtafel.

Pŭgillus, i, *m.* (*deminut.* von pugnus) (Vorklass. u. Spät.) eine Hand voll.

Pŭgio, ōnis, *m.* (verw. mit pugillus) die kurze Stoßwaffe, der Dolch (des Kriegers, während sie dem Banditen gehört).

*****Pŭgĭuncŭlus,** i, *m. deminut.* von pugio.

Pugna, ae, *f.* [pugnus?] der Streit Faust gegen Faust, der Kampf (überhaupt, sowohl zwischen Einzelnen als zwischen Heeren; vgl. certamen, dimicatio, proelium): p. equestris, navalis; rem venit ad manum et p. zur Schlägerei (bei Trinkgelagen). Hiervon *trop.* von einem Wortstreite, von jedem Streite überh. 2) = acies die zum Treffen aufgestellte Schlachtlinie.

Pugnācĭtas, ātis, *f.* [pugnax] (Spät.) die Streitlust.

Pugnācĭter, *adv.* mit *comp.* u. *sup.* [pugnax] streitbegierig, hartnäckig, mit aller Gewalt.

*****Pugnācŭlum,** i, *n.* [pugno] (Vorklass.) der Ort, von welchem herab man kämpft, die Bastei.

Pugnātor, ōris, *m.* [pugno] (selten) der Streiter, Kämpfer.

Pugnātōrius, *adj.* [pugnator] (Spät.) zum Streiter gehörig, Fechter-, arma.

Pugnax, ācis, *adj.* mit *comp.* u. *sup.* [pugno] 1) streitbar, kampflustig, kriegerisch, gens; (Poet.) ensis p.; *trop.* oratio p. 2) widersetzlich, hartnäckig: pugnax contra eum esse noluit; p. in vitiis; (Poet.) ignis est p. atquae entgegengesetzt, widerstrebend.

*Pugneus, *adj.* [pugnus] (*Pl.*) zur Fauft gehörig. Fauft=, mergae pp. Fauftschläge.

Pugno, 1. [pugna] 1) kämpfen, ſtreiten (überhaupt, ſiehe pugna): p. cum aliquo oder contra aliquem, pro commodis patriae; p. pugnam acrem. Hiervon von einem Streite überhaupt, z. B. mit Worten: Stoici pp. cum Peripateticis; p. secum mit ſich ſelbſt (ſeinen eigenen früheren Worten oder Thaten) in Widerſpruch kommen, pugnantia loqui ſich ſelbſt widerſprechen. 2) für Etwas kämpfen = ſich bemühen, nach Etwas ringen: p. aliquid für Etwas, um Etwas zu erreichen; pugno ne tradar (Poet.), auch p. facere aliquid.

Pugnus, i, *m.* die Fauſt.

Pulchellus, *adj.*, *deminut.* von pulcher.

Pulcher, cra, crum, *adj.* mit *comp.* u. *sup.* ſchön (überhaupt, insbeſ. zur Bezeichnung der idealen Schönheit, welche Bewunderung erregt; vgl. bellus, auch formosus, venustus): p. homo, virgo, facies, urbs, hortus. Hiervon oft von der geiſtigen Schönheit = vortrefflich, herrlich, edel u. dergl., exemplum; nihil virtute pulchrius.

Pulcre, *adv.* mit *comp.* u. *sup.* [pulcher] ſchön, insbeſ. = herrlich, vortrefflich, gut: p. intelligere, dicere ſehr gut; p. est mihi tẻ befinde mich wohl, p. sum (*Pl.*) es geht mir gut; häufig (Converſ.) p.! als beipflichtender Ausruf: ſchön! gut! vortrefflich!

Pulcritūdo, inis, *f.* [pulcher] die Schönheit (ſiehe pulcher), Vortrefflichkeit.

Pulējum, i, *n.* der Polei, das Flöhkraut, eine wohlriechende Pflanze; *trop.* p. sermonis = die Annehmlichkeit der Rede.

Pulex, icis, *m.* der Floh.

Pullārius, ii, *m.* [pullus] der Hühnerwärter.

Pullātus, *adj.* [pullus 2.] (Spät.) 1) ſchwarz gekleidet (von Trauernden). 2) ſchlecht gekleidet, daher als *subst.* im *pl.* = gemeine Leute.

Pullŭlo, 1. [pullus 1.] ausſchlagen, hervorſproſſen, =keimen, silva p.; *trop.* luxuria p. nimmt Ueberhand.

Pullus, i, *m.* 1) das Junge, equinus das Füllen, pp. glirium die Ratzenjungen; pp. columbini; *trop.* p. milvinus von einem raubgierigen Menſchen; (Poet.) als *adj.* p. passer der junge Sperling. 2) insbeſ. das Junge Huhn, Hühnchen. 3) *trop.* als Liebkoſungswort von einem Menſchen, „mein Hühnchen“, „mein Püppchen“.

Pullus, *adj.* ſchwarzgrau, dunkelgrau, ſchwärzlich (meiſt mit dem Nebenbegriffe des Häßlichen und Unheimlichen; vgl. niger, ater): p. color; p. vestis der Trauernden oder der gemeinen Leute. Hiervon *subst.* Pullum, i, *n.* = vestis pulla.

Pulmentārium, ii, *n.* [pulmentum] (Poet. u. Spät.) die Zukoſt, insbeſ. die das Mahl würzende und lecker machende, der Leckerbiſſen.

Pulmentum, i, *n.* [pulpa] (Poet. u. Spät.) 1) die Zukoſt, Alles, was zum Brode gegeſſen wird. 2) überhaupt die Speiſe.

Pulmo, onis, *m.* die Lunge.

Pulmōneus, *adj.* [pulmo] (Vorklaſſ. u. Spät.) 1) zur Lunge gehörig, Lungen=; vomitum p. edere die Lunge ausſpeien. 2) lungenartig = weich wie die Lunge, ſchwammig, pes.

Pulpa, ae, *f.* (Vorklaſſ. u. Spät.) das Fleiſchige und Fette am thieriſchen Körper.

Pulpāmentum, i, *n.* [pulpa] die aus pulpa bereitete lockere und fette Speiſe, der Leckerbiſſen.

Pulpĭtum, i, *n.* (Poet. u. Spät.) das Brettergerüſt, die bretterne Erhöhung.

Puls, tis, *f.* ein dicker Brei aus Mehl, Hülſenfrüchten u. dergl.

Pulsātio, onis, *f.* [pulso] das Schlagen, Klopfen, ostii an die Thür.

Pulso, 1. [pello] 1) an Etwas ſchlagen, ſtoßen (überhaupt, von lebenden und lebloſen Gegenſtänden, vgl. verbero, mulco): p. et verberare homines; p. ostium, fores u. dergl., an die Thür klopfen, p. terram pede auf den Boden ſtampfen, p. chordas u. dergl. digitis die Saiten anſchlagen; (Poet.) ligones pp. arva; (Poet.) p. sidera = zu den Sternen ſich erheben. 2) *trop.* auf den Geiſt Eindruck machen, das Gemüth bewegen, p. animum, pectus alicujus; pavor pulsans ängſtigend; insbeſ. = beunruhigen, betletzen, beläſtigen.

Pulsus, us, *m.* [pello] das Stoßen, Schlagen: p. remorum der Ruderſchlag, das Rudern, p. pedum der Fußtritt, lyrae das Spielen auf der L.; *trop.* externo pulsu agitari durch einen Eindruck von Außen.

*Pultātio, onis [pulto] (*Pl.*) das Klopfen.

*Pultĭphăgŏnīdes, ae, *m.* und ***-phăgus**, i, *m.* [puls-φάγω] (*Pl.*) der Breieſſer, ſcherzhaft = der Römer.

Pulto, 1. (Vorklaſſ.) = pulso.

Pulvĕreus, *adj.* [pulvis] (Poet.) 1) was aus Staub iſt, Staub=, farina, nubes. 2) = pulverulentus.

Pulvĕrŭlentus, *adj.* [pulvis] 1) voller Staub, ſtaubig. 2) (Spät.) mühevoll, vita.

Pulvillus, i, *m.* *deminut.* von pulvinus.

Pulvīnar, āris, *n.* [pulvinus] eigtl. ein Pfühl, Polſter zum Liegen, davon 1) das mit koſtbaren Decken belegte Götterpolſter, dabei einem lectisternium (ſiehe dieſes Wort) vor den Statuen und Altären der Götter bereitete Polſterſitz, auf welchem die Götter gleichſam eingeladen wurden ſich zu Tiſche zu legen, um der Göttermahlzeit theilhaftig zu werden: haber ad, apud, circa omnia pp. = in allen Tempeln. Hiervon *trop.* = die Göttermahlzeit ſelbſt; fides praecinunt pulvinaribus deorum et epulis magistratuum. 2) übertragen = der Sopha, die Lagerſtätte einer Kaiſerin.

Pulvīnārium, ii, *n.* [pulvinar] *1) (zweifelh.) = pulvinar. *2) (*Pl.*) der Ankerplatz.

Pulvīnus, i, *m.* 1) der Pfühl, das Polſter, Kiſſen zum Sitzen oder Liegen. 2) das Beet, die Rabatte auf einem Acker oder in einem Garten, überhaupt von jeder ähnlichen Erhöhung.

Pulvis, ĕris (Poet. auch is), *m.* und *f.* 1) der Staub; p. major = die größere Staubwolke; (Poet.) = Erdboden; p. eruditus der grüne Glasſtaub oder Sand, in welchem die Ma-

Pulvisculus — **Purgo**

thematische Figuren mit einem Stäbchen zeichneten. 2) = arena, der Kampfplatz und daher trop. = der Schauplatz einer Thätigkeit: daher sol et p. trop. zur Bezeichnung des wirklichen Kampfes und Streites, im öffentlichen Leben, im Gegensatze zu den Vorübungen (des Redners) zu Hause (producere doctrinam in solem et p.; procedere in solem et p. öffentlich auftreten); p. forensis. Hiervon (Poet.) = der Kampf, die Mühe: palma sine p. 3) (Poet.) = Erde, insbef. Töpfererde.

Pulviscŭlus, i, m. deminut. von pulvis: eum p. bis aufs Allerkleinste.

Pŭmex, icis, m. 1) der Bimsstein, bes. zum Glätten der Bücher und der Haut gebraucht; proverb. aquam a p. postulare = Geld von Jmd. fordern, der selbst kein Geld hat. 2) (Poet.) überhaupt ein durchlöchertes Gestein.

Pūmĭcĕus, adj. [pumex] (Poet. u. Spät.) aus Bimsstein: trop. oculi pp. (Pl.) trockene, denen man keine Thränen entlocken kann.

Pūmĭco, 1. [pumex] (Poet.) mit Bimsstein glätten, dentem; davon part. **Pūmĭcātus**, adj. (Spät.) trop. homo p. = weichlich, "geleckt".

Pūmĭcōsus, adj. [pumex] (Spät.) porös, löcherig.

Pūmĭlĭo, ōnis, comm. (Vorklass. u. Spät.) der Zwerg, die Zwergin.

Pūmĭlus, i, m. (Spät.) der Zwerg.

Punctim, adv. [pungo] stichweise (oppos. caesim).

Punctĭo, ōnis, f. [pungo] (Spät.) das Stechen, der Stich.

Punctĭuncŭla, ae, f. (Spät.) deminut. von punctio.

Punctum, i, n. [pungo] eigtl. das Gestochene, das wie durch Stechen gemachte kleine Fleck, Punct. Insbef. A) = der durch Brandmarken oder Tättowirung hervorgebrachte Fleck. B) der Punct = das Auge, der Point an einem Würfel. C) bei Wahlversammlungen, der Punct, der unter dem Namen eines jeden Candidaten, so oft sein Name bei Absonderung der Stimmen vorkam, auf einer Wachstafel gemacht wurde, auf welcher die Namen der Candidaten verzeichnet waren, daher = die Wahlstimme, die beifällige Stimme: omne tulit p. er hat alle Stimmen erhalten, trop. = allgemeines Lob erworben. D) der mathematische Punct als Bezeichnung der allerkleinsten (eigtl. gar keiner) Ausdehnung. Davon p. temporis (horae, diei) der Augenblick, der Moment.

Pungo, pŭpŭgi, punctum, 3. 1) stechen (um Schmerz zu verursachen oder ein Merkmal zu machen, vgl. stimulo), p. aliquem; vulnus acu punctum durch Stechen gemacht Hiervon A) p. corpus (Lucr.) in den Körper einbringen. B) puncto tempore (Lucr.) = puncto temporis (siehe Punctum) in einem Augenblicke. 2) trop. beunruhigen, verletzen, ärgern, aliquem und animum alicujus.

Pūnĭcānus, siehe Poeni.

Pūnĭcĕus, adj. [φοινίκεος] (Poet.) 1) = punicus, punisch, carthagisch. 2) purpurfarbig, röthlich.

Pūnĭcus etc., siehe Poeni.

Pūnĭo, 4. und -ior, depon. 4. [poena] 1) strafen, aliquem, peccatum. 2) rächen, Jmd. ob. für Etwas Rache oder Vergeltung verschaffen, necem alicujus.

Pūnītĭo, ōnis, f. [punio] (Spät., selten) die Bestrafung.

Pūnītor, oris, m. [punio] 1) (Spät.) der Bestrafer. 2) der Rächer, doloris sui.

Pūnus, i, m. (Vorklass.) = Poenus (siehe dieses Wort), carthagisch; im comp. = der carthagischen Sprache mehr kundig.

Pūpa, ae, f. (Spät.) das kleine Mädchen.

Pūpilla, ae, f. [deminut. von pupa] 1) die Waise, das älternlose Mädchen. 2) der Augapfel, die Pupille.

Pūpillāris, e, adj. [pupillus] zu Waisen gehörig, Waisen-, pecuniae pp. Geld, das von Waisen (als Steuer von ihrem Vermögen) erlegt wurde.

Pūpillus, i, m. [pupus] der älternlose Knabe, der Waise.

Pūpīnius, adj.: p. ager oder subst. -ia, ae, f. eine Gegend in Latium.

Pūpĭus, ii, m. Name eines wenig bekannten römischen Geschlechtes. Ein P. wird als Tragödiendichter genannt; davon **Pūpĭus**, adj.

Puppis, is, f. der Hintertheil des Schiffes; (Poet.) = das Schiff überhaupt; (Com.) = der Rücken.

Pūpŭla, ae, f. (Poet.) = pupilla.

Pūpŭlus, i, m. deminut. von pupus.

Pūpus, i, m. (Spät.) der kleine Knabe.

Pūre und (Vorklass. und Poet.) **Pūrĭter**, adv. mit comp. und sup. [purus] 1) rein, reinlich. 2) unvermischt, unverhüllt. 3) trop. a) unbefleckt, rechtschaffen, keusch u. dergl. b) ungeschminkt, natürlich.

Purgāmen, ĭnis, n. (Poet.) und -mentum, i, n. [purgo] 1) was durch Reinigen entfernt wird, der Schmutz, Unrath: cloaca receptaculum omnium purgamentorum urbis; pp. oris = der Speichel. Hiervon trop. als Schimpfwort, der Auswurf. 2) (Poet.) das Reinigungs-, Sühnmittel.

Purgātĭo, ōnis, f. [purgo] 1) die Reinigung, cloacarum; p. alvi das Laxiren. 2) (Spät.) die Sühnung. 3) Rechtfertigung, Entschuldigung.

Purgātus, adj. mit comp. u. sup. [particip. von purgo] (Poet. u. Spät.) gereinigt, trop. gerechtfertigt.

*****Purgĭto**, 1. [purgo] (Pl.) sich rechtfertigen.

Purgo, 1. {purus} 1) rein machen, reinigen, fossam, ungues, oleam a foliis von Blättern; insbef. p. se oder mediāl purgari = laxiren, auch (Poet.) purgari bilem; (Poet.) purgari morbi von einer Krankheit befreit werden. Hiervon trop. A) von einer Beschuldigung rein machen, rechtfertigen, entschuldigen: p. aliquem; p. se alicui vor Jmd.; p. adolescentem crimine und aliquem alicujus rei frei sprechen; p. factum amore mit der Liebe entschuldigen. Hiervon a) (selten, vgl. excuso) zur Entschuldigung vorbringen, zur Rechtfertigung sagen: (misit legatos) qui purgarent, nec auctos ab eo Bastarnos etc.; p. nihil novi factum sich rechtfertigen dadurch, daß man sagt, es sei nichts Neues geschehen. b) p. inno-

Purifico

centiam suam rechtfertigend vertheidigen. B) (Spät.) ins Reine bringen, berichtigen, rationem. C) (Poet. u. Spät.) in religiöser Beziehung rein machen, sühnen, agros, nefas. 2) (selten) reinigend wegschaffen, lapides, rudera. Hiervon trop. A) p. crimina widerlegen. B) (Poet.) nubes p. se in aethera verschwindet.

Pūrĭfĭco, 1. [purus-facio] (Spät.) reinigen, trop. = entsühnen, agrum, se.

Purpŭra, ae, f. [πορφύρα] die Purpurfarbe, der Purpur. Hiervon A) der purpurfarbige Stoff, das Purpurkleid od. die Purpurdecke. B) (Spät.) trop. zur Bezeichnung einer hohen Würde: septima p. das siebente Consulat.

Purpŭrātus, adj. [purpura] in Purpur gekleidet: subst. -us, i, m. = der Hofmann, Minister, Kämmerling.

Purpŭreus, adj. [purpura] 1) purpurfarbig, purpurn (theils = roth, theils = violett, röthlich), aurora, flos, viola; pp. genae; p. arcus der Regenbogen; (Poet.) p. anima das Blut. Auch (Poet.) = dunkelfarbig, mare. 2) (Poet.) = purpuratus; purpureis pennis mit purpurfarbigem Helmbusche. 3) (Poet.) hellglänzend, schön, lux, olor, ver.

Purpŭrissātus, adj. [purpurissum] (Vorklaff. und Spät.) mit der Farbe purpurissum gefärbt, roth geschminkt.

Purpŭrissum, i, n. [purpura] (Vorklaff. u. Spät.) eine Art dunkler Purpurfarbe.

Pūrus, adj. mit comp. u. sup. 1) rein, frei von Schmutz und von jedem Zusatze, jeder Beimischung eines fremden Stoffes, sauber, lauter, bloß u. dergl.: p. supellex, manus, domus; p. aqua rein, ungetrübt oder unvermischt; p. dies, coelum klar, wolkenlos, eben (Poet.) purum als subst. = freier Himmel; p. campus offen (ohne Gebüsch, Hügel u. dergl.), hasta ohne Eisen, toga ohne Purpurstreifen; p. locus unangebaut, frei, parma ohne Embleme, mit keinen Zierrathen besetzt, ebenso p. argentum ohne Reliefs (Figuren), genae bartlose. Hiervon A) von geistigen Gegenständen: a) unbefleckt = schuldlos, fleckenrein, vorschaffen, animus, bellum gerecht; (Poet.) purus sceleris rein von Schuld; insbes. = züchtig, keusch. b) familia p. trauerfrei. c) == correct, fehlerfrei, oratio, sermo. d) == einfach, schlicht, schmucklos, sermo p. et dilucidas; genus dicendi p. et candidum. B) in dem Gewinne nach, purum = reiner Gewinn (die Unkosten abgerechnet): quid pari ac reliqui ad dominos pervenire possit. 2) (Poet.) reinigend, sulphur.

Pus, pūris, n. (Poet. u. Spät.) der weiße, zähe Eiter (vgl. sanies) in einem Geschwüre; trop. zur Bezeichnung einer gehässigen Rede.

Pūsillus, adj. [deminut. von pusus klein] 1) sehr klein, winzig (die Kleinheit von der lächerlichen Seite betrachtet, vgl. exiguus), homo, mus; subst. -lum, i, n. ein klein Wenig. Hiervon A) = schwach, kraftlos, vox. B) trop. a) geringfügig, gering, res, causa; b) dem Stande und der Geltung nach unbedeutend, homo. c) kleinlich, kleindenkend, animus, homo.

Pūsio, ōnis, m. [ungebräuchl. pusus der Knabe] der kleine Knabe, das Knäblein.

Puto

Pustŭla ob. **Pūsŭla**, ae, f. (Spät.) die Blase, das Bläschen an der Haut.

Pustŭlātus ob. **Pūsŭlātus**, adj. [pustula] (Spät.) mit Bläschen versehen, daher argentum p. geläutertes, reines Silber.

Pūtāmen, ĭnis, n. [puto] was man abschält, die Schale, Hülse.

Pŭtātio, ōnis, f. [puto] die Beschneidung der Bäume.

Pŭtātor, ōris, m. [puto] der Beschneider.

Pŭtĕal, ālis, n. [puteus] die Brunneneinfassung, Brunnendecke. Davon = eine ähnliche Einfassung (brunnenähnliches Gemäuer), die um einen, vom Blitze getroffenen und dadurch heiligen Ort gesetzt wurde (um ihn vor dem profanirenden Betreten zu sichern). Auf dem Markte zu Rom war bes. das p. Libonis bemerkenswerth, und der Name dieses Ortes bezeichnet deßwegen bisweilen das Forum und die Angelegenheiten, die dort verhandelt wurden, bes. die Geldgeschäfte der argentarii.

Pŭtĕālis, e, adj. [puteus] (Poet. u. Spät.) zu einem Brunnen gehörig, Brunnen-, aqua.

Pŭtĕārius, ii, m. [puteus] der Brunnengräber.

Pŭtĕo, ui, — 2. 1) moderig-, morsch-, verfault sein. 2) moderig riechen, stinken.

Pŭtĕŏli, ōrum, m. pl. Stadt in Campanien. Davon **Pŭtĕŏlānus**, adj. und subst. -num, i, n. ein Gut bei P.; -ni, ōrum, m. pl. die Einwohner von P.

Pŭter (oder **Putris**), tris, tre, adj. 1) morsch, locker, mürbe, welk, in seine Theile aufgelöst, ager, solum, lapis, mammae. Hiervon A) trop. (Poet.) anima p. hinwelkend. B) faul, in Fäulniß übergegangen, pomum, navis. 2) (Poet.) oculi pp. schmachtend.

Pŭtesco oder **Pŭtisco**, tui, — 3. [puteo] verfaulen.

Pŭtĕus, i, m. 1) (Poet. und Spät.) das gegrabene Loch, der Graben, die Grube. 2) insbes. der gegrabene Brunnen, die Cisterne.

Pŭtĭdē, adv. mit comp. u. sup. [putidus] 1) widerlich. 2) affectirt, geziert.

*****Pŭtĭdiuscŭlus**, adj. deminut. von putidus.

Pŭtĭdus, adj. mit comp. u. sup. [puteo] 1) morsch, in Verwesung übergegangen, verweset, davon stinkend, caro, uva. Hiervon trop. von Menschen und Thieren = verwelkt, abgemergelt, alt und kraftlos, vir, femina. 2) trop. A) widerlich, unangenehm, molestus et p. B) affectirt, geziert, pedantisch, oratio, sonus vocis, orator.

*****Pŭtillus**, i, m. (Pl.) deminut. von putus.

Pŭtisco, — — 3., siehe Pŭtesco.

Pŭto, 1. [putus 1.] 1) (Vorklaff.) reinigen, putzen, lanam. Hiervon A) Bäume u. dergl. putzen = beschneiden, p. vitem. B) ins Reine bringen, ordnen, rationem oder rationes eine Rechnung, auch (Conver.) = überlegen, erwägen. C) (Vorklaff.) berechnen, anschlagen. 2) übertragen, rechnen, berechnen, schätzen, achten, bes. Jmb. für Etwas rechnen, anschlagen: p. aliquem in imperatorum numero unter die Feldherren zählen; p. hominem prae se neminum; p. honores pluris höher schätzen; p. statuam denariis quadringentis. Hiervon A) dafür halten, meinen, annehmen, ansehen: p. illum hoc fecisse; p. aliquem fortem, pro nihilo, p. damnationem pro praetura; recte p. Recht haben, rem ipsam putasti du hast den Nagel auf den Kopf getroffen; putares man sollte meinen; bisweilen parenthetisch eingeschoben wie opinor u. dergl. B) überlegen, bedenken, erwägen, aliquid, multa secum. Hiervon p. aliquid cum aliquo argumentis auseinandersetzen.

Pūtor, ōris, m. [puteo] (Dorfklaff.) der Gestank, die Fäulniß.

Pūtrĕ-făcio etc., 3. 1) mürbe-, locker-, morsch machen, saxa. 2) verfaulen machen, in Fäulniß übergehen lassen.

Pūtresco, — — 3. [puter] (Poet. u. Spät.) 1) faul u. morsch werden, vermodern. 2) locker-, morsch werden.

Pūtrĭdus, adj. [puter] locker, morsch, los, davon faul, verfault, aedificium, dens.

Pūtus, adj. mit comp. (veraltet, fast nur in der Verbindung mit purus) rein, lauter, unvermischt: trop. purus p. est sycophanta ein bloßer, baarer S., ein ächter S.; oratio p. feine, zierliche Rede.

*Pūtus, i, m. (Poet.) = pusus der kleine Knabe.

Pyota ob. es, ae, m. [πύκτης] (Spät.) = trinkl. pugil.

Pydna, ae, f. [Πύδνα] Stadt in Macedonien. Davon **Pydnaei**, ōrum, m. pl. die Einwohner von P.

Pyga, ae, f. [πυγή] (Poet.) der Hintere = nates.

Pygmaei, ōrum, m. pl. [Πυγμαῖοι] gleichsam „die Fäustlinge", ein fabelhaftes Zwergvolk, welches die Griechen an die Ufer des Oceanus versetzten. Davon **Pygmaeus**, adj.: avis P. der Kranich; virgo P. = eine Zwergin.

Pygmălion, ōnis, f. [Πυγμαλίων] 1) König von Cypern, Enkel des Agenor, der sich in eine von ihm gebildete weibliche Statue verliebte, welche auf seine Bitten von der Venus belebt wurde. 2) König in Tyrus, Bruder der Dido, deren Gemahl Sichäus er tödtete.

Pÿlădes, ae oder is, m. [Πυλάδης] 1) Freund des Orestes, daher sprichwörtlich = ein zärtlicher Freund. Davon -dēus, adj. 2) ein berühmter Pantomimist in Rom zur Zeit des Augustus.

Pÿlae, ārum, f. pl. [Πύλαι] die Pässe, Engpässe zwischen Gebirgen: 1) P. Tauri (Amanicae) die aus Cappadocien nach Cilicien führten. 2) P. Syriae im östlichen Cilicien. 3) P. Caspiae zwischen Medien und Hyrcanien. 4) P. Armeniae jenseits des Euphrat. 5) insbef. = Thermopylae, was man sehe. Davon **Pylăĭcus**, adj.: = Thermopylä betreffend.

Pylaemĕnes, is, m. [Πυλαιμένης] König der Heneten (aus Paphlagonien), Bundesgenosse der Trojaner.

Pÿlus, i, f. [Πύλος] Name dreier Städte im Peloponnes, von denen die eine in Elis lag, die zweite in Triphylien, die dritte in Messenien; welche von diesen die Stadt des Nestor war, ist nicht mit Sicherheit zu bestimmen, wahrscheinlich war es das triphylische P. Davon **Pÿlĭus**, adj., Poet. bisweilen = nestorisch (P. senectus, dies); als subst. -lii, ōrum, m. pl. die Einwohner von P.

Pyra, ae, f. [πυρά] (Poet.) = rogus.

Pyrămĭdātus, adj. [pyramis] (zweifelh.) pyramidenförmig.

Pyrămis, ĭdis, f. [πυραμίς] die Pyramide.

Pyrămus, i, m. [Πύραμος] 1) ein Jüngling zu Babylon, Geliebter der Thisbe; als P. sich getödtet hatte, weil er die Th. von einem Raubthiere zerrissen glaubte, tödtete die Th. sich gleichfalls. 2) Fluß in Cilicien.

Pyrēne, es, f. [Πυρήνη] Tochter des Bebryx, Geliebte des Hercules, auf dem nach ihr benannten pyrenäischen Gebirge begraben. Daher = das pyrenäische Gebirge. Hiervon **Pyrēnaeus** mons ob. im pl. pp. montes das pyrenäische Gebirge, die Pyrenden.

Pyrethron, i, n. [πύρεθρον] der Bertram (eine Pflanze).

Pyrgi, ōrum, m. pl. [Πύργοι] Stadt in Etrurien. Davon **-gensis**, e, adj.

Pyrōpus, i, m. [πυρωπός] (Poet. und Spät.) eine Metallmischung, Bronze.

Pyrrha, ae, f. [Πύρρα] Tochter des Epimetheus und der Pandora, Gemahlin des Deucalion (siehe diesen Art.).

Pyrrhĭa, ae, f. Name einer diebischen Weibsperson in einem Schauspiele.

Pyrrhĭcha, ae, f. [πυρρίχη] (Spät.) der Waffentanz.

Pyrrhĭchĭus, adj. [πυρρίχιος] eigtl. zum Waffentanze gehörig, als subst. sc. pes (im Versfuß (⏑⏑).

Pyrrho, ōnis, m. [Πύρρων] griechischer Philosoph aus Elis, Stifter der skeptischen Secte, Zeitgenosse Alexanders des Großen. Davon -nēi und -nii, ōrum, m. pl. = die Skeptiker.

Pyrrhus, i, m. [Πύρρος] 1) Sohn des Achilles und der Deidamia, auch Neoptolemus genannt, Stifter eines Reichs in Epirus, von Orestes getödtet. Davon **Pyrrhĭdes**, ae, m. der männliche Nachkomme des P., im pl. = die Bewohner von Epirus. 2) König in Epirus und eine Zeitlang in Macedonien und Griechenland, der mit den Römern Krieg führte.

Pythăgŏras, ae, m. [Πυθαγόρας] berühmter griechischer Philosoph aus Samos ums Jahr 550 v. Chr. Davon **Pythăgŏrēus** ob. **-gŏrĭus**, adj., und subst. -ēi ob. -ĭoi, ōrum, m. pl. die Schüler und Anhänger des P.

Pythaulēs, ae, m. [πυθαύλης] (Spät.) der (in der Comödie) den Eingelgesang (canticum, siehe dieses Wort) mit der Flöte begleitet.

Pytho, us, f. [Πυθώ] ältester Name von Delphi und dessen Umgegend. Davon **Pythĭcus** (selten) und **Pythĭus**, adj.: P. incola, deus = Apollo, regna = Delphi. Indef. als subst. A) **Pythĭa**, ōrum, n. pl. [τὰ Πύθια] die pythischen Spiele, welche zuerst alle neun, später alle fünf Jahre zu Ehren des Apollo bei Delphi gefeiert wurden. B) **Pythĭa**, ae, f. [ἡ Πυθία] die Priesterin des Apollo zu Delphi.

Python, ōnis, f. [Πύθων] eine große Schlange bei Delphi, welche Apollo tödtete, ehe er das Orakel in Besitz nahm.

Pytisma, ătis, n. [πύτισμα] (Spät.) das Ausgespritzte vom Wein, wenn man den Wein, um seinen Geschmack zu prüfen, durch die Lippen spritzte, was pytissare hieß.

***Pytisso**, 1. [πυτίζω] (Tert.), siehe pytisma.

Pyxis, ĭdis, f. [πυξίς] die Büchse, das Büchschen zu Salbe, Arznei u. dergl.

Q.

Quā, adv. [abl. sing. fem. vom pron. interr. und relat.] I. interr. 1) auf welchem Wege, auf welcher Seite, wo? 2) auf welche Weise? II. relat. 1) auf welchem Wege, auf der Seite wo, da wo: ad omnes aditus, q. adiri poterat urbs; omnia q. visus erat soweit man sehen konnte; agri q. ierant durch welche. 2) (meist Spät.) insofern, insoweit: q. potes, effuge; mitigare naturam q. repugnat. 3) auf welche Weise: delectum habebit q. poterit. D) (selten) qua — qua = theils — theils oder sowohl — als: q. dominus q. advocati.

Quā-cunque, adv. relat. indef. [abl. sing. fem. von quicunque] 1) von welcher Seite auch immer, wo nur, überall wo: q. iter fecit. 2) wohin auch immer: q. nos commovimus.

Quādam-tĕnus [abl. sing. fem. von quidam] (gewöhnlich getrennt geschrieben) (Poet. u. Spät.) bis zu einem gewissen Puncte.

Quādi, ōrum, m. pl. Völkerschaft im südöstlichen Germanien.

Quadra, ae, f. [quattuor] (Spät.) ein Viereck, eine viereckige Platte u. dergl. Insbes. A) = ein viereckiger Speisetisch: proverb. vivere alienā quadrā von fremder Kost leben. B) (Poet.) ein viereckiges Stück, ein Theilchen.

Quadrāgēnārius, adj. [quadrageni] (Vorklass. u. Spät.) aus vierzig bestehend, homo q. vierzig Jahre alt.

Quadrāgēni, ae, a, adj. num. distr. im plur. [quadraginta] je vierzig.

Quadrāgēsimus, adj. num. ord. [quadraginta] der vierzigste; insbes. (Spät.) subst. -ma, ae, f. (sc. pars) der vierzigste Theil als Abgabe.

Quadrāgies, adv. num. [quadraginta] vierzigmal: q. sestertium = vier Millionen.

Quadrāginta, adj. num. card. [quatuor] vierzig.

Quadrans, tis, m. [eigtl. part. von quadro, sc. numerus, wörtl. der Viertheiler] der vierte Theil eines römischen as, daher überhaupt das Viertel z. B. einer Erbschaft (heres ex q.), eines jugerum, eines sextarius u. s. w. (siehe as).

Quadrantal, ālis, n. [quadrans] 1) (Spät.) ein Kubus, Viereck. 2) (Vorklass.) ein Maaß für Flüssigkeiten, = acht congii.

Quadrantārius, adj. [quadrans] den vierten Theil eines kostend: res q. = ein Bad (das gewöhnlich mit diesem Preise bezahlt wurde), mulier q. = die sich um einen Spottpreis Jedem preisgiebt.

Quadrātus, adj. [particip. von quadro] 1) viereckig, lapis; agmen q. auf dem Marsche ein längliches Viereck bildend. Hiervon subst. **Quadrātum**, i, n. ein Viereck. 2) (Spät.) vierschrötig, untersetzt stark, statura, bos. 3) (Spät.) passend, schicklich.

Quadriennium, ii, n. [quattuor-annus] eine Zeit von vier Jahren.

Quadrifāriam, adv. [quattuor] in vier Theile, vierfach, dividere.

Quadrifĭdus, adj. [quattuor-findo] (Poet.) vierspaltig, in vier Theile gespalten.

Quadrīgae, ārum, f. pl. (der sing. -ga nur Vorr. u. Nachklass.) (statt quadrijugae aus quattuor-jugum) das Viergespann, bes. von Pferden bei Wettrennen, daher auch = der vierspännige Wagen: proverb. (Poet.) navibus et quadrigis aliquid petere = mit dem größten Eifer, durch alle Mittel.

Quadrīgārius, adj. [quadrigae] (Spät.) zum wettfahrenden Viergespann gehörig: q. habitus Kleidung, die vom Lenker eines solchen Viergespanns getragen wurde; daher subst. -ārius, ii, m. der Wettfahrer.

Quadrīgātus, adj. [quadrigae] mit der Figur eines Viergespanns bezeichnet (von einer Münze).

Quadrīgula, ae, f. deminut. von quadriga.

Quadrĭjŭgus, und -jŭgis, e, adj. [quattuor-jugum] (Poet.) vierspännig; davon subst. -jŭgi, ōrum, m. pl. (sc. equi) das Viergespann.

Quadri-lĭbris, e, adj. [quattuor-libra] (Pl.) vierpfündig.

Quadrĭmestris, e, adj. [mensis] (Vorklass. u. Spät.) viermonatlich.

Quadrĭmŭlus, adj. (Pl.) deminut. von quadrimus.

Quadrĭmus, adj. [quattuor] vierjährig.

Quadringēnārius, adj. [quadringeni] aus vierhundert bestehend.

Quadringēni, adj. num. distr. [quadringenti] je vierhundert.

Quadringentēsimus, adj. num. ord. [quadringenti] der vierhundertste.

Quadringenti, ae, a, adj. num. card. [quattuor-centum] vierhundert.

Quadringenties, adv. num. quadringenti vierhundertmal.

Quadrĭpartītus, adj. [quattuor-partio] in vier Theile getheilt, vierfach.

Quadrĭrēmis, e, adj. [quattuor-remus] mit vier Reihen Ruderbänken versehen, vierruderig, navis; so auch ohne dieses Wort als subst. fem.

Quadrĭvium, ii, n. [quattuor-via] (Poet.) Ort, wo vier Wege zusammenlaufen, der Kreuzweg.

Quadro, 1. [quadrum] 1) *transit.* viereckig machen, lignum. Hiervon A) q. acervum den vierten Theil hinzufügen = vollständig machen. B) *trop.* gehörig ordnen, einrichten, auf passende Weise zusammenfügen, orationem. 2) *intrans.* (eigtl. von viereckigen Bausteinen u. dergl., die gut in einander passen und genau zusammengefügt werden können) passen, sich schicken, übereinstimmen: conjunctio q.; hoc quadrat in illum paßt auf ihn, ad multa auf Vieles, zu Vielem: ita tibi quadrat es paßt dir so = du willst es so haben. Insbes. von einer Rechnung, zutreffen, stimmen.

Quadrum, i, n. [quattuor] das Viereck; *trop.* redigere aliquid in q. Etwas in die gehörige Ordnung bringen, rhythmisch abschließen.

Quadrŭpĕdans, tis, *adj.* [quadrupes] (Vorklass. u. Spät.) auf vier Füßen gehend, galoppirend: equo juxta quadrupedante; sonitus q. eines galoppirenden Pferdes. Hiervon (Poet.) *subst.* = ein Pferd.

Quadrŭpes, ĕdis, *adj.* [quatuor-pes] vierfüßig; meist von Menschen, indem dann ihre Arme zugleich als Füße betrachtet werden; so z. B. = auf Händen und Füßen kriechend (q. receptus), und constringere aliquem quadrupedem Jmd. Hände und Füße binden. Hiervon häufig *subst. gen. omn.* ein vierfüßiges Thier und überhaupt ein Thier.

Quadrŭplātor, ōris, m. [quadruplor] 1) (Spät.) der Verviertacher: qq. beneficiorum die ihre Wohlthaten vierfach ververtheu wollen, sie übertrieben geschätzt haben wollen. 2) der Denunciant (der Ursprung dieser Bedeutung ist ungewiß), Chicaneur, Betrüger.

Quadrŭplex, ĭcis, *adj.* [quattuor-plico] 1) vierfältig, vierfach, ordo, pecunia. 2) (Poet.) im *pl.* = quatuor.

Quadruplĭco, 1. [quadruplex] (Vorklass. u. Spät.) vervierfachen, numerum.

*****Quadruplor**, *depon.* 1. [quadruplus] (Pl.) ein quadruplator sein.

Quadrŭplus, *adj.* [quattuor] viermal so viel wie etwas Anderes, vierfach; meist als *subst.* -um, i, n. das Vierfache.

Quaerĭto, 1. (Vorklass. u. Poet.) = ein verstärktes quaero.

Quaero, sīvi, sītum, 3. 1) suchen, nach Etwas suchen, aliquem, escam. Hiervon A) etwas Fehlendes suchen, vermissen, occasionem. Hiervon = wünschen, Asiam, bellum. B) Etwas zu erwerben, zu verschaffen suchen, nach Etwas streben, und, als Resultat davon, trägn. erwerben, sich verschaffen, verdienen u. dergl.: q. rem Vermögen, laudem sibi erwerben; q. gratiam alicui verschaffen; q. ignominiam alicui zufügen; q. invidiam in aliquem zu erregen streben. Hiervon a) mors quaesita = Selbstmord. b) (Poet. u. Spät.) mit einem *infin.* suchen = streben, versuchen, facere aliquid. C) = ausfindig zu machen streben, auf Etwas sinnen, -denken: q. fugam Gelegenheit zur Flucht, remedium, quomodo aliquid faciam. D) von Sachen = erfordern, erheischen, nöthig haben: illud q. eloquentiam oratoris. 2) zu erfahren suchen, nämlich A) fragen, forschen: q. aliquid ab (ex, de) ali-

quo Jmd. um Etwas fragen; quaero num illud feceris; auch q. de aliquo = über Jmd. (ihn betreffend) fragen. Insbes. a) si quaeris (quaerimus, quaeritis), auch si verum q. = „wenn man die Wahrheit wissen will", „aufrichtig gesprochen". b) quid quaeris? oder noli quaerere = kurz, mit Einem Worte. B) gerichtlich untersuchen, eine gerichtliche Untersuchung anstellen, Verhör halten, de morte alicujus über Jmds Tod, auch q. rem, crimen; q. de servo in dominum einen Sklaven zum Nachtheil des Herrn peinlich befragen.

Quaesītio, ōnis, *f.* [quaero] (Spät.) = quaestio 2.

Quaesītor, ōris, m. [quaero] der Untersucher, A) in einer Criminalsache, der gerichtliche Untersucher, Gerichtspräsident (gewöhnlich vom Prätor). B) (Spät.) in wissenschaftlichen Sachen = der Betrachter, Forscher.

Quaesītum, i, n. [*particip.* von quaero] (Poet.) die Frage.

Quaesītus, *adj.* mit comp. u. sup. [*particip.* von quaero] 1) gesucht = affectirt, gezwungen, gekünstelt, oratio, comitas. 2) (Spät.) ausgesucht, außerordentlich, honores.

Quaeso, — — 3. [quaero] 1) (Vorklass.) suchen: quaeso medicum. 2) (Converf.) bitten, erbitten: q. deos ut etc., q. a vobis ut etc.; id unum q. um das Eine bitte ich; a te peto et quaeso. 3) häufigst *absol.* im Satze eingeschoben, ich bitte und (quaesumus) wir bitten, Lieber! ubinam est, quaeso? tu, quaeso, crebro ad me scribe.

Quaestĭōlus, i, m. *deminut.* von quaestus.

Quaestio, ōnis, *f.* [quaero] 1) (Pl.) das Suchen: esse quaestioni ob. in quaestione alicui von Jmd. gesucht werden. 2) die Frage, Untersuchung, sowohl *abstr.* = das Befragen, Untersuchen (q. captivorum; in quaestionem vocare aliquid Etwas zum Gegenstande einer Untersuchung machen, es untersuchen, res versatur in q. wird untersucht), als *concr.* = Gegenstand der Frage, Untersuchung, Thema, Materie (perdifficilis est q. de natura deorum; ponere quaestionem). 3) die gerichtliche Untersuchung, die Criminaluntersuchung, das peinliche Verhör: exercere q. eine Untersuchung anstellen; ferre quaestionem in aliquem eine gerichtliche Untersuchung gegen Jmd. beantragen; habere quaestionem mortis paternae de servis über den Tod des Vaters die Sklaven einer gerichtlichen Untersuchung unterwerfen; constituere q. de furto; praeesse quaestioni die Untersuchung leiten, ihr vorstehen (vom Prätor ob. Demjenigen, der an seine Stelle trat; qu. perpetuae die seit 149 v. Chr. eingerichteten Commissionen oder Gerichtshöfe (Eidgeschwornengerichte), welche unter dem Vorsitze der Prätoren die wichtigeren Criminalsachen untersuchten und in ihnen ein Urtheil fällten.

Quaestĭuncŭla, ae, *f. deminut.* von quaestio.

Quaestor, ōris, m. [quaero] 1) in der älteren Zeit (vielleicht auch später) = quaestor, welches man sehe; so bes. qq. parricidii. 2) gewöhnlich der Quästor, eine Finanzbehörde zu Rom und in den Provinzen. Siehe die Handbücher der römischen Alterthümer.

Quaestōrius, *adj.* [quaestor] zu einem Quästor gehörig, Quästor: aetas q. das Alter, das man haben mußte um Q. zu werden; scriptus q. der Schreiberdienst bei einem Q.; scelus q. von einem Q. begangen; porta q. ein Thor im Lager, in dessen Nähe das Zelt des Quästor war; quaestorius (homo) ein Mann, der Q. gewesen ist. Hiervon *subst.* **Quaestōrium**, ii, *n.*: A) das Zelt des Quästor im Lager. B) die Wohnung des Quästor in der Provinz.

Quaestuārius, *adj.* [quaestus] (Spät.) Gewerbe treibend, daher *subst.* **Quaestuāria**, ae, *f.* eine Buhldirne.

Quaestuōse, *adv.* mit comp. u. sup. [quaestuosus] (Spät.) mit Gewinn.

Quaestuōsus, *adj.* mit comp. u. sup. [quaestus] 1) einträglich, Vortheil bringend, vortheilhaft, mercatura; res q. alicui. 2) von Personen, a) auf seinen Vortheil bedacht, homo. b) vielen Gewinn aus Etwas ziehend, wohlhabend.

Quaestūra, ae, *f.* [quaestor] das Amt, die Würde eines Quästor, die Quästur.

Quaestus, us, *m.* [quaero] 1) (selten) die Erwerbung, pecuniae. 2) der Gewinn, Vortheil aus Handelsgeschäften u. dergl. (vgl. fructus): illae res quaestui sunt man zieht Vortheil aus jenen Sachen, ebenso quaestui habere rem publicam aus einer öffentlichen Angelegenheit einen Vortheil ziehen; pecuniam relinquere in quaestu auf Interessen. 3) das Gewerbe, der Verdienst: häufig facere q. = Buhldirne sein.

Quā-lĭbet, *adv.* 1) wo es auch sei, überall. 2) auf jede beliebige Weise.

Quālis, e, *adj.* 1) *interr.* welcherlei? wie beschaffen? 2) *relat.* gewöhnlich mit einem talis correspondirend, doch auch wo ein Satz mit diesem Worte ausgelassen ist, vergleichen wie, wie. 3) *indef.* als philosophischer *term. t.*, von irgend einer Beschaffenheit.

Quālis-cunque, *adj.* 1) *relat.* wie nur beschaffen (Jmd. oder Etwas sei), von welcher Art auch immer. 2) *indef.* Jeder ohne Unterschied, von irgend welcher Beschaffenheit.

Quālitas, ātis, *f.* [qualis] (von Cicero gebildetes Kunstwort) die Beschaffenheit.

Quālĭter, *adv.* [qualis] (Poet. u. Spät.) 1) *interr.* wie? 2) *relat.* so wie.

Quālĭter-cunque, *adv.* (Spät.) 1) *relat.* wie auch immer, auf was immer für Art. 2) *indef.* auf jede beliebige Weise.

Quālum, i, *n.* oder **-lus**, i, *m.* der geflochtene Korb.

Quam, *adv.* I. *interr.*, in Fragen und Ausrufen, wie: quam sint morosi, intelligis; cupiunt laudari! q. nihil praetermittis wie übergehst du Nichts! II. *relat.* 1) mit einem tam correspondirend, es sei nun, daß dieses ausdrücklich da steht oder aus dem Zusammenhange leicht ergänzt wird, wie, als: non tam facile q. tu arbitraris; homo non, q. isti sunt, gloriosus nicht so eitel, wie diese sind; mors q. acerba tam tristis so traurig als herbe. Hiervon A) bei Superlativen, mit oder ohne das Verbum possum, zur Bezeichnung des höchsten Grades (vergl. possum): gratias q. maximas egit; q. primum so bald als möglich. B) (Vorklass. u. Spät.) bei Superlativen und Comparativen = je — desto: q. paucissimos reliqueris, tam optimi fiunt je weniger du übrig läßest, desto besser werden sie; magis q. id reputo, tam magis uror je mehr ich dieses erwäge, desto mehr werde ich entzündet. Bisweilen wird die Bezeichnung des einen Comparatives (magis) ausgelassen, bisweilen tam; bisweilen steht statt tam auch tanto, sowie bisweilen quam statt quantus sich findet mit einem tantus correspondirend. 2) in der Vergleichung: A) nach eigentlichen Comparativen, als, wie: is major est quam tu. Bisweilen steht es nach einem Adjectiv im *posit.*, wo magis zu ergänzen ist: tacita bona est mulier q. loquens (statt magis); claris majoribus quam vetustis (statt magis claris etc.). So auch bei anderen Wörtern: pacem q. bellum probabam (suppl. potius oder magis). B) bei anderen Wörtern, die einen vergleichenden Begriff haben: a) nach secus, alius mit einer Negation statt des häufigeren nisi. b) nach supra, ultra = mehr als. c) multiplex q. pro numero vielmal größer, als man nach der Zahl hätte erwarten sollen; dimidium tributi q. quod etc. die Hälfte der Abgabe, die u. f. w.; haud centesimam partem q. quod etc. von dem, was u. f. w. Bisweilen wird auch hier das Vergleichungswort ausgelassen, z. B. alius: ne quis Asiae rex sit q. ille irgend ein Anderer als er. d) contra q. dixerat dem zuwider, was er gesagt hatte, anders als er gesagt hatte. e) aeque q. in demselben Grade wie, ebenso sehr wie. f) tyrannus q. qui unquam saevissimus so grausam wie irgend Einer je gewesen ist. g) bisweilen statt q. si: haud secus q. inhorreret acies als wenn. C) häufig bei Zeitangaben, insbes. nach ante und post, als, nachdem oder vor — nach, ebenso bei postridie und pridie, und wo eines dieser Wörter fehlt: die tertio q. venerat. 3) (Sonderf.) zur Verstärkung eines vorhergehenden Adverbium, = sehr: nimis q., valde q., mire q.

Quam-diu, *adv.* 1) *interr.* wie lange? 2) *relat.* so lange als, während der Zeit in welcher u. f. w.

Quam-lĭbet, *adv.* (Poet. u. Spät.) so viel es beliebt, so sehr auch, wenn auch noch so: q. infirmus: q. lambe otio; occupat egressas q. ante rates sie mögen nun noch so weit voraus gekommen sein.

Quam-ob-rem, *adv.* 1) *interr.* warum? aus welcher Ursache? 2) *relat.* weßwegen, weßhalb: multae sunt causae q. etc.; oft dient es zur Anknüpfung eines Hauptsatzes, der eine Folge des Vorhergehenden enthält, wo im Deutschen gew. das demonstr. "deshalb" gebraucht wird.

Quam-primum, *adv.* (richtiger getrennt geschrieben), siehe quam II., 1, A.

Quam-quam oder **quanquam**, *conj.* obgleich, obschon, wiewohl: q. id minime est probandum, tamen etc. (regelmäßig wird es mit dem *indic.* verbunden, wo kein anderer Grund den *conjunct.* erfordert; bei Poet. u. Spät. oft mit dem *conjunct.*). Indef. A) oft wird q. so gebraucht, daß nicht ein Nebensatz dadurch angeknüpft wird, sondern eine selbstständige beschränkende Bemerkung oder Berichtigung des Vorhergehenden, wo man es durch „indessen", „und doch" übersetzen kann. B) (Spät.) ohne eigenes Verbum einem Particip oder Adjectiv beigefügt: triumpho donatus est q. expers belli; (vicit eum) q. affirmate resistentem.

Quam-vis, [volo] 1) als *adv.* mit einem *adv.* oder *adj.* verbunden so — du willst, so sehr — du willst, so sehr — es sein soll: q. multos proferre possum so viele du willst; q. subito; q. multos enumeres licet du magst so viele herzählen wie du willst (das q. gehört also zum Adjectiv, nicht zum Verbum wie licet; so auch: q. licet insectemur illos wir können sie so heftig angreifen wie wir wollen). 2) als *conj.* mit einem Verbum verbunden, so sehr auch, wenn auch noch so, obgleich, wenn auch (eigtl. also einräumend = es sei u. f. w. so viel wie du willst, deswegen regelmäßig mit dem *conjunct.* verbunden, nur bei Poet. u. Spät. mit dem *indic.*): q. illud occultetur; q. in rebus turbidis sint; p. sis prudens. Auch ohne beigefügtes Verbum (vgl. quamquam B.): res gesserat, q. reipublicae calamitosas, attamen magnas wenn auch.

Quā-nam, *adv. interr.* auf welchem Wege, wo denn?

Quandō, *adv.* 1) *interr.* wann? 2) *relat.* als, da, wenn (gewöhnlich mit tum correspondirend). 3) *indef.* je, jemals; ne q., si q.; si q. unquam. 4) (bei Cicero selten) als causale *conj.* = quoniam, weil, da: q. ad majora nati sumus.

Quandō-cunque, *adv.* (meist Poet.) 1) *relat.* zu welcher Zeit nur, so oft nur, so bald nur, wenn einmal: q. trahunt invisa negotia Romam. 2) *indef.* irgend einmal, zu seiner Zeit: q. mihi poenas dabis; so auch durch ein Wort getrennt (quando consumet cunque).

Quandō-que, *adv.* 1) = quandocunque 1. 2) = quandocunque 2. 3) (Spät.) bisweilen.

Quandō-quidem (selt. **Quandōqu.**), *conj.* weil ja, da nämlich.

Quantillus, *adj.* (*Pl.*) *deminut.* von quantus.

Quantitas, ātis, *f.* [quantus] (Spät.) die Größe, Zahl, Menge; q. vocis Stärke.

Quantŏpĕre (richtiger getrennt quanto opere geschrieben), eigtl. mit wie vieler Arbeit, daher als *adv.* 1) *interr.* wie sehr? in wie hohem Grade? 2) *relat.* wie sehr, in so hohem Grade wie.

Quantŭlus, *adj.* [*deminut.* von quantus] 1) *interr.* wie klein? wie gering? wie wenig? q. nobis videtur soll quantulum memoriae mihi est! 2) *relat.* wie wenig, so wenig wie.

Quantŭlus-cunque, *adj. relat. indef.* wie klein auch immer, wie gering nur immer; auch getrennt quantulum id cunque est.

Quantus, *adj.* [quam] 1) *interr.* und ausrufend, wie groß? wie viel? quantum frumenti wie viel Getreide? quanti emisti zu welchem Preise? scis quanti te faciam wie hoch ich Dich schätze; quanti est sapere (Com.) welchen Werth hat nicht die Weisheit. 2) *relat.* so groß als, wie, so viel u. f. w. als, wie, sehr oft mit einem tantus correspondirend: tanta dimicatio quanta unquam fuit; auch mit einem *superlat.*, tanta distantia quanta maxima esse potest so groß wie (sie) sein kann. Insbs. quantus quantus = quantuscunque. — Hiervon das *neutr.* substantivisch: A) **quanto** (*abl.*) bei Comparativen und Comparativbegriffen, a) *interr.* wie viel? b) *relat.* a) um wie viel, als: quanto major, q. ante, post. β) (gewöhnlich) mit tanto u. dergl. (besto) correspondirend, je: quanto gravior erat oppugnatio, tanto (eo, hoc) crebriores literae mittebantur. B) **quantum** (*accus.* und *nom.*), a) *interr.* wie viel? quantum mutatus wie verändert! b) *relat.* so viel als, in wie weit, so weit: q. in me est so viel als es in meiner Macht ist: q. audio, q. possum, quantum ad P. was den P. betraf, so weit es beim P. stand; q. est hominum so viel es der Menschen giebt; q. importunitatis habent gemäß der Frechheit, die sie besitzen; (Poet. u. Spät.) in q. in so fern. Bisweilen steht bei Comparativen quantum statt quanto: quantum longius procedebant, eo magis etc.

Quantus-cunque, *adj. relat. indef.* so groß auch immer; *n.* quantumounque so viel auch immer.

Quantus-libet, *adj.* so groß er nur sei, beliebig groß.

Quantus-vis, *adj.* [volo] so groß oder so viel wie du willst, noch so groß, beliebig groß: quantaevis classi satis für eine Flotte von jeder beliebigen Größe. Hiervon (meist Spät.) das *n.* **quantumvis** als *conj.* oder *adv.* = quamvis: a) q. exigua sint, in majus excedunt. b) q. excellas licet du mögest dich auszeichnen so viel du willst; q. facundus noch so beredt.

Quā-propter, *adv.* 1) *interr.* (Vortlaff.) warum? 2) *relat.* weshalb, warum.

Quā-quā, *adv.* [*abl. sing. fem.* von quisquis] (Vortlaff.) = quacunque.

Quā-re, *adv.* 1) (selten) wodurch: permulta sunt, q. intelligatur. 2) = cur, w. m. s.

Quartādĕcĭmāni, ōrum, *m. pl.* [quartus decimus] (Spät.) die Soldaten der vierzehnten Legion.

Quartānus, *adj.* [quartus] zum vierten gehörig, als *subst.*: A) -āna, ae, *f.* (*sc.* febris) das viertägige Fieber *B) -āni, ōrum, m. pl.* die Soldaten der vierten Legion.

Quartārius, ii, *m.* [quartus] das Viertel eines Maaßes, bes. eines sextarius, ein Quartier, Mäßchen.

Quartus, *adj. num. ord.* [quattuor] der vierte, pars; q. pater (Poet.) = der abavus. Hiervon als *adv. num.* **Quartum** und (Poet.) -to zum vierten Male.

Quartus-dĕcĭmus, *adj. num. ord.* [quatuordecim] der vierzehnte.

Quā-si (*Lucr.* quăsī), I. *conj.*, in hypothetischen Vergleichungssätzen, als wenn, als ob, gerade als wenn: q. nunc id agatur, ita etc.; proinde q.; medico tria millia jugerum dedisti, q. te sanasset; auch mit einem *particip.*, hostes maximo clamore insecuti, q. jam partā

624   **Quasillum**   **Queror**

victoriā; (Com.) assimilabo q. exeam ich werde mich stellen, als ob ich ausgehe; pleonast. q. si = quasi. II. *adv.* 1) in reinen Vergleichungssätzen bei Angabe des Factischen, gleichwie, wie: q. poma ex arboribus, cruda si sint, vix avelluntur, sic vitam adolescentibus vis aufert; is servit q. ogo servio. 2) häufig mit quidam verbunden) durch Verkürzung des Vergleichungssatzes ohne eigenes Verbum, zur Milderung und Entschuldigung eines bildlich gebrauchten oder überhaupt kühnen Ausdruckes, gleichsam: philosophia artium omnium procreatrix quaedam et q. parens. 3) bei Zahlbegriffen u. dergl., fast, beinahe; q. talenta ad quindecim coegi.

Quăsillum, i, n. ob. -us, i, m. *deminut.* von qualum ob. -us.

Quassātio, ōnis, *f.* [quasso] (selten) das heftige Schütteln, capitis.

Quasso, 1. [quatio] 1) heftig schütteln, =erschüttern, caput; q. hastam, ramum super tempora schütteln. Insbes. = schüttelnd beschädigen, zerschlagen, zerschmettern u. dergl.: naves quassatae lect gewordene, classis quassata ventis; quassata muri (Poet.) = die gemachte Bresche; trop. q. rempublicam zerstören, vernichten. 2) *intrans.* schütteln = sich schütteln, caput q.

*Quassus, us, m. [quatio] (Vorklass.) das Schütteln.

Quā-tĕnus, *adv.* 1) *interr.* A) wie weit? in wie fern? bis zu welchem Puncte oder Grade? B) von der Zeit = wie lange? 2) *relat.* A) im Raume, so weit als, so weit: petentibus Saguntinis, ut, q. tuto possent, Italiam spectatum irent. B) trop. in so fern als, in wie fern. C) (Poet. u. Spät.) weil.

Quăter, *adv. num.* [quattuor] viermal; q. quini viermal fünf = zwanzig; q. decies viermal fünf = zwanzig; q. decies viermal; q. tantum viermal so viel.

Quătemi, ae, a, *adj. num. distr.* [quattuor] je vier, jedes Mal vier.

Quătio, quassi, quassum, 3. 1) schütteln, erschüttern, alas; ventus q. aquas (Poet.) q. populum risu das Volk tüchtig lachen machen; equus q. campum stampft das Feld darüber hinlaufend. Hiervon A) schüttelnd beschädigen, zerschlagen, zerschmettern, muros; navis quassa leck gewordne, quassae faces Stückchen Kienholz, aula quassa ein zerbrochener Topf. B) trop. a) = den Geist heftig bewegen, einen starken Eindruck auf das Gemüth machen: q. mentem, animum. b) = plagen, beunruhigen, oppida bello. C) anhelitus creber q. artus bewegt, macht die Glieder zucken. D) vox quassa eine gebrochene Stimme. 2) (Vorklass. u. Spät.) heftig und gewaltsam treiben, stoßen, aliquem foras, prae se; q. equum cursu eilend fortzutreiben, tummeln.

Quatrīduum, i. *n.* [quattuor-dies] die Zeit von vier Tagen.

Quattuor (richtiger als Quātuor), *adj. num. card.* vier.

Quattuor-dĕcim, *adj. num. card.* vierzehn; sedere in q. (ordinibus) auf den vierzehn vordersten Ritterbänken im Theater sitzen = Ritter sein.

*Quattuorvirātus, us, m. die Würde u. das Geschäft eines Quattuorvir.

Quattuor-vĭri, ōrum, m. *pl.* Viermänner, eine Commission von vier Männern zur Besorgung irgend einer öffentlichen Angelegenheit.

Quē (bisw. quē), *conj.*, die einem anderen Worte enklitisch angehängt wird und das zweite Glied als einen Zusatz, eine Fortsetzung ob. Erweiterung des ersten bezeichnet, so daß beide als ein zusammengefaßtes Ganze zu betrachten sind („particula adjectiva", während et eine „particula copulativa" ist), und: senatus populusque Romanus; jus potestasque. Insbes. A) einige Schriftsteller gebrauchen statt des doppelten et—et (sowohl — als) in derselben Bedeutung auch que — et (doch nur Wörter, nicht Sätze verbindend), que — que (bes. bei relativen Sätzen) und außerdem bei der Verbindung zweier Wörter, von denen das eine ein Pronomen ist) und et—que (selten). B) que wird nicht gern einer einsilbigen Präposition angehängt, sondern gewöhnlich einem von der Präposition regierten Worte (in reque und in der Sache, auch inter nosque und unter uns); bei den Poet. wird es mit noch größerer Freiheit versetzt. C) Noch häufiger als et steht es, wo derselbe Gedanke zuerst negativ und dann positiv ausgedrückt wird (siehe et 4.).

Quĕm-ad-mŏdum, *adv.* 1) *interr.* auf welche Weise? wie? 2) *relat.* wie, so wie, insbes. häufig bei Anführung von Beispielen, Gleichnissen u. dergl.

Queo, īvi ob. ii, ītum, 4. (bei einem *infin. pass.* stehen bei Vorklass. auch passive Formen quitur, quitus in derselben Bedeutung) können, = possum, welches man setze (gewöhnlich jedoch mit einer Negation verbunden oder wo der Begriff einer Beschränkung, einer Bedingung und dergl. hinzutritt).

Quercētum, i, n. [quercus] (Vorklass. u. Poet.) der Eichenwald.

Querceus, *adj.* [quercus] (Spät.) von Eichen, Eichen-, corona von Eichenlaub.

Quercus, us, *f.* die Eiche, der Eichenbaum (vgl. robur). Hiervon (Poet.) A) der Eichenkranz, q. civilis. B) = die Frucht der Eiche, die Eichel.

Quĕrēla, ae, *f.* [queror] 1) die Klage (in Worten, vgl. questus, als bloßer Ausdruck des Gefühls, vgl. querimonia): maestis implere juga querelis. Hiervon A) der Klagelaut der Thiere, der Flöte u. dergl. 2) = querimonia, die Beschwerde: epistola plena querelarum; habere querelas apud aliquem de aliquo W. führen, sich beklagen, aber illa res nonnullam q. habet giebt zu einiger Beschwerde Anlaß. 3) (Spät.) die Veranlassung zur Klage, die Beschwerde, q. corporis Unpäßlichkeit.

Quĕrĭbundus, *adj.* [queror] klagend.

Quĕrĭmōnia, ae, *f.* [queror] die Klage = Beschwerde (um Abhülfe oder Recht zu begehren, vgl. querela): q. de alicujus injuriis.

Quĕrĭtor, *depon.* 1. [queror] (Spät.) heftig klagen.

Querneus ob. -nus, *adj.* [quercus] = querceus: q. folium, corona.

Quĕror, questus, *depon.* 3. 1) klagen, theils = über Etwas jammern, wehklagen, theils = sich beklagen, =beschweren: q. de injuriis alicujus, de Milone expulso und q. injuriam, fortunam über u. s. w.; q. cum aliquo ober apud aliquem (Spät. auch alicui) vor, bei Jmd. sich beklagen = beschweren; queror me relictum esse darüber, daß ich verlassen worden bin. 2) (Poet.) klagen = Klagetöne hören lassen (von Vögeln, einer Flöte u. dergl.).

Querquetulānus, adj. [querquētum = quercetum] zu einem Eichenwalde gehörig; mons q. = der mons Coelius.

Querulus, adj. [queror] (Poet. u. Spät.) klagend. 1) = sich gern und oft beklagend, senex, calamitas (des Unglück). 2) = kläglich tönend, Klagetöne hören lassend, cicada, chorda, tuba.

Questio, ōnis, f. [queror] (sehr zweifelh.) = querela 1. (vom Redner, der Mitleid zu erregen strebt).

Questus, us, m. [queror] die Klage (meist durch Geschrei und unarticulirte Töne, vgl. querela), die Wehklage: effundere questus; vano q. clamitare; (Poet.) von den sanften und klagenden Tönen der Nachtigall.

1. **Qui** etc. A) pron. interr. siehe Quis 1. B) pron. indef. siehe Quis 2.

2. **Qui,** quae, quod, pron. relat. der, die, das, welcher, welche, welches (was): colonia quam Fregellas appellant und peroratio qui epilogus dicitur; qui quum venisset und (aber, doch) da er gekommen war; dignus (aptus, idoneus) est qui ametur er ist würdig (geeignet) geliebt zu werden; quae tua est humanitas oder qua es humanitate zufolge deiner Humanität; quod sciam soviel ich weiß. Ueber den Gebrauch dieses Wortes in diesen Beispielen und überhaupt muß das Nähere in der Grammatik nachgesehen werden. Insbef. ist der (alte) abl. sing. qui zu merken, theils im masc. (selten f.) in der Verbindung mit der Präposition cum (quicum, am häufigsten nach allgemeinen Ausdrücken wie nemo, aliquis u. dergl.), theils im n. in einigen Verbindungen, wo kein Substantiv vorhergeht: habeo qui utar ich habe, was ich gebrauchen kann; vix reliquit qui efferretur das, wofür er begraben werden könnte.

3. **Qui,** adv. (abl. sing. vom pron. interr. quis und pron. relat. qui) 1) interr. wie? qui fit ut etc.? in indirecter Frage (Vorklaff.): nec q. hoc mihi eveniat scio. Hiervon A) bei Wünschen, wie doch! daß doch: q. dii istum perdant! elliptisch q. illi dii irati (sc. sint)! B) (Com.) warum? q. non? q. dum warum doch? C) (Pl.) bei Preisbestimmungen = quanti, = wie theuer? um welchen Preis? 2) relat. warum: multa concurrunt qui conjecturam hanc nunc facio.

Quia, conj. weil, zur Angabe eines factischen Grundes eines Bewegrundes, häufig auf die Partikeln ideo, idcirco, propterea u. s. w. sich beziehend.

Quia-nam, adv. (Vorklaff.) warum?

Qui-cunque, quae-, quod-., pron. 1) relat. indef. wer auch immer, welcher (welche, welches oder was) nur immer, sowohl substantivisch als adjectivisch: q. is est, ei etc.; omnia quaecunque loquimur alles, was wir nur sagen; q. fortuna imminet. 2) indef. jeder mögliche, irgend welcher nur: quacunque ratione eos sanabo; q. modo auf jede Weise.

Qui-dam, quae-dam, quid-dam (subst.) od. quod-dam (adj.) pron. indef. ein gewisser (wo man an eine bestimmte Person od. Sache denkt, aber aus irgend einer Ursache sie nicht nennt; vgl. aliquis, quisquam): q. ex advocatis Jmb.; quodam tempore; quiddam mali oder malum etwas Böses. Oft wird es (gewöhnlich mit quasi) zur Milderung oder Hervorhebung bes. eines bildlichen und uneigentlichen Ausdruckes gebraucht = gleichsam, so zu sagen, gewissermaßen; siehe quasi.

Quidem, conj., hebt das zunächst vorhergehende Wort hervor, indem es den Ton darauf legt und dadurch die Aufmerksamkeit vorzugsweise darauf lenkt: nach dem verschiedenen Sinne und Zusammenhange kann es durch zwar, und zwar, ja, ja doch, übersetzt werden, aber gewöhnlich wird die Bedeutung des Wortes dadurch ausgedrückt, daß das durch q. hervorgehobene Wort betont wird: nunc q. Romae est; hoc q. tempore (gegenwärtig wenigstens); tres epistolae et q. uno die und zwar, ebenso doleo ac mirifice q. Insbef. A) ne—quidem siehe nē. B) in einräumenden Sätzen wird es oft einem pron. demonstr. beigefügt, während eigentlich ein anderes Wort dadurch hervorgehoben werden sollte (= freilich, allerdings): ludo et joco uti illo q. licet, sed etc.

Quidni, siehe Quis 1.

Quies, ētis, f. die Ruhe (von Arbeit, Anstrengung, Unruhe u. dergl., und gewöhnlich im Gegensatze zu diesen Zuständen, vgl. tranquillitas), die Rast, Erholung: q. senectutis die das Alter gewährt, aber q. laborum (häufiger a laboribus) die Ruhe von Mühseligkeiten (mors est q. laborum ac miseriarum); somnus et ceterae qq. die übrigen Arten der Erholung. Hiervon A) (meist Poet.) = Friede. B) = Schlaf: capere quietem schlafen, ire ad q. oder tradere se quieti schlafen gehen. C) (Poet.) die ewige Ruhe = der Tod. D) = das ruhige Privatleben, die Neutralität. E) = die Stille in der Luft u. dergl. *F) (Lucr.) qq. von Thieren = das Lager, der Ruheort.

Quiesco, ēvi, ētum, 3. [quies] 1) ruhen, ausruhen von der Arbeit, Mühe u. s. w.: et agenti quiescendum et quiescenti agendum est. Insbef. A) von leblosen Gegenständen, still sein, ruhig sein, ruhen, ventus, bellum q. B) zu arbeiten u. dergl. aufhören, sich ausruhen. C) sich ruhig verhalten, Nichts unternehmen, unthätig sein, namentlich in einem Streite = neutral sein, keine Partei nehmen: q. in republica privatisiren; quiesce sei still! D) = schlafen. E) foedus q. bleibt unverletzt. F) vor Etwas Ruhe haben, q. ab re aliqua. G) = im Grabe ruhen, todt sein. 2) prägn. A) (Pl.) mit Etwas aufhören, es unterlassen, potare. B) sich bei Etwas ruhig verhalten, ruhig sich darin finden, rem adduci ad interregnum.

Quiēte, adv. mit comp. u. sup. [quietus] ruhig, davon a) = ungestört, ohne Kampf, se recipere; b) = eingezogen, vivere; c) = gelassen, mit Fassung, aliquid ferre.

Quiētus, adj. mit comp. u. sup. [quiesco] ruhig (siehe quies und quiesco), Ruhe haltend, homo, animus; aetas q. das Alter. Insbef. A) = ruhig sich verhaltend, unthätig u. dergl.: rex sedit q. B) von leblosen Gegenständen = langsam, sanft u. dergl., amnis. Hiervon a) von

626   **Quilibet**   **Quinquies**

geistigen Eigenschaften: = friedfertig, sanft, gelassen, oder bedächtig, phlegmatisch, ohne Energie. b) von Zuständen = eingezogen, in der Stille lebend, oder = privatisirend, auch = neutral, keiner Partei sich anschließend. c) (Poet.) = schlafend. C) = vor Etwas Ruhe habend, von Etwas frei: omnia quieta a bello erant; republicā quietā wenn der Staat Frieden hat.

Qui-libet, quaelibet, quidlibet (*subst.*) und quodlibet (*adj.*), *pron. indef.* jeder wer will, wem es beliebt, jeder ohne Unterschied, oft mit dem Nebenbegriffe der Geringschätzung = der erste der beste: q. vel minima res; olim adhibebatur peritus, nunc q.

Quin, *conj.* [qui-ne = non] I. [vom relativen qui] eigtl. = wie nicht, davon daß nicht, ohne daß ob. z. u. u. dergl., nach Ausdrücken der Verhinderung, des Widerstrebens, Unterlassens u. dergl. (siehe die Grammatik), ferner nach absum, dubito u. dergl., wenn eine Negation (oder eine verneinende Frage) vorhergeht: vix me continere possum q. clamem; non possum q. scribam ich kann nicht umhin zu schreiben; fieri non potest q. vincat omnes; intrare non possum q. me videant ohne daß sie mich sehen; non q. ipse dissentiam nicht als ob ich nicht von anderer Meinung sei. So auch statt des *pron. relat.* mit non: nihil est q. male narrando depravari possit es giebt Nichts, das nicht u. s. w.; nulla pictura fuit q. inspexerit das er nicht besehen hat. — II. [von dem fragenden qui] in directer Frage, wie nicht? = warum nicht? A) in einer Frage, die eine Aufforderung enthält: q. conscendimus equos? warum besteigen wir nicht die Pferde? = lasset uns die Pferde besteigen. Mit Hintansetzung der eigentlichen Bedeutung wurde dann quin bei Imperativen gebraucht, um die Aufforderung zu verstärken und kräftiger zu betonen, gewöhnlich bei einem Gegensatze gegen etwas Anderes: q. uno verbo dic sage es doch mit einem Worte; q. omitte me so laß mich doch gehen. B) allein oder mit etiam verbunden (eigtl. = warum nicht auch?) = ja, ja sogar, ja vielmehr: multum scribo die, q. etiam noctibus; hercle q. recte dicis.

Qui-nam, quaenam, quodnam, *pron. interr.* (Vorklaff.) wer wohl?

Quincunx, uncis, *m.* [quinque-uncia] 1) fünf Zwölftel eines as, daher = ⁵⁄₁₂ eines Ganzen überhaupt, z. B. einer Erbschaft: bei Zinsen = fünf Procent (jährlich). 2) eine Pflanzung von Bäumen in der Gestalt eines q. (d. h. eigentl. die fünf Augen auf der tessera, ∴):

Quindēcies, *adv. num.* [quindecim] fünfzehnmal.

Quindĕcim, *adj. num. card.* [quinquedecem] fünfzehn.

*Quindĕcim-primi, ōrum, *m. pl.* die funfzehn Ersten einer Municipalbehörde.

Quindĕcim-vir, i, *m.* ein Mann aus dem Collegium der Quindecimviri (sacris faciundis), der Fünfzehn-Männer, die in Rom die Aufsicht über die sibyllinischen Bücher hatten und auf Befehl des Senates in außerordentlichen Fällen aus diesen Büchern die Mittel zur Besänftigung des Zornes der Götter und zur Abwendung des öffentlichen Unglücks entlehnten.

*Quindĕcimvirālis, e, *adj.* [quindecimvir] zu einem quindecimvir gehörig.

Quingēnārius, *adj.* [quingeni] (Spät.) aus fünfhundert bestehend.

Quingēni, ae, a, *adj. num. distr.* [quingenti] je fünfhundert.

Quingentēsĭmus, *adj. num. ord.* [quingenti] der fünfhundertste.

Quingenti, ae, a, *adj. num. card.* [quinque-centum] fünfhundert.

Quingenties, *adv. num.* [quingenti] fünfhundertmal.

Quini, ae, a, *adj. num. distr.* [quinque] 1) je fünf. 2) bes. in der Multiplication, überhaupt fünf: quater q. 3) (Vorklaff. u. Spät.) im *sing.*: lex quina vicenaria das Gesetz, daß Jmd. erst nach seinem 25. Jahre eine Stipulation machen kann.

Quini-dēni (ob. Quindēni), ae, a, *adj. num. distr.* je funfzehn.

*Quini-vicēni, ae, a, *adj. num. distr.* je fünf und zwanzig.

Quinquāgēnārius, *adj.* [quinquageni] aus funfzig bestehend, grex; homo q. funfzigjährig.

Quinquāgēni, ae, a, *adj. num. distr.* [quinquagiuta] je funfzig.

*Quinquāgēsies, *adv. num.* (Vorklaff. zweifelh.), = quinquagies.

Quinquāgēsĭmus, *adj. num. ord.* [quinquaginta] der funfzigste; insbes. -ma, ae, *f.* (*sc.* dies) der funfzigste Theil als Abgabe.

Quinquāgies, *adv. num.* [quinquaginta] (Spät.) funfzigmal.

Quinquāginta, *adj. num. card.* funfzig.

Quinquātrus, uum, *f. pl.* ob. -tria, ōrum und ium, *n. pl.* ein Fest zu Ehren der Minerva.

Quinque, *adj. num. card.* fünf.

Quinquennālis, e, *adj.* [quinque-annus] fünfjährig. A) = alle fünf Jahre geschehend, certamen. B) = fünf Jahre dauernd, censura.

Quinquennis, e, *adj.* [quinque-annus] (Poet. u. Spät.) 1) = quinquennalis 1. 2) = fünf Jahre alt.

Quinquennium ii, *n.* [quinque-annus] eine Zeit von fünf Jahren.

Quinque-partītus, *adj.* in fünf Theile getheilt, fünffältig.

*Quinque-primi, ōrum, *m. pl.* die fünf in einer Municipalbehörde, Bürgervorsteher.

Quinque-rēmis, e, *adj.* [q. remus] fünfruderig, fünf Reihen Ruderbänke habend, navis; häufig als *subst. f.* = navis q.

Quinquevirātus, us, *m.* die Würde und das Amt eines quinquevir.

Quinque-vir, i, *m.* einer der quinqueviri = Fünfmänner, die eine Commission zur Regelung irgend einer öffentlichen Angelegenheit ausmachten.

Quinquies, *adv. num.* [quinque] fünfmal.

Quinqui-plico etc., 1. (Spät.) verfünffältigen, rem.

*****Quintădĕŏlmāni**, ōrum, m. pl. [quintus-decimus] die Soldaten der fünfzehnten Legion.

Quintānus, adj. [quintus] zum fünften gehörig. Insbef. A) -na, ae, f. (sc. via) der Weg im Lager, welcher die fünfte Manipel von der sechsten trennte, und wo der Marktplatz im Lager war. B) -ni, ōrum, m. pl. die Soldaten der fünften Legion.

Quintiliānus, i, m. vollständig Marcus Fabius, berühmter Rhetor zu Rom zur Zeit des Kaisers Trajan, bekannt durch seine Schrift de institutione oratoria.

Quintilis, e, adj. [quintus] zum fünften Monate gehörig, vom März ab gerechnet, also zu unserem Juli-Monat, mensis q., Kalendae etc. qq.

Quintius, Name eines römischen Geschlechtes. Am bekanntesten sind 1) L. Q. Cincinnatus, der als Dictator 458 v. Chr. die Aequer schlug. 2) T. Q. Flamininus schlug den macedonischen König Philipp bei Cynoscephalä im J. 197 v. Chr.

Quinto, adv. [quintus] an der fünften Stelle in der Ordnung, zum fünften Male der Reihe nach.

Quintum, adv. [quintus] zum fünften Male der Zeit nach.

Quintus, adj. num. ord. [quinque] der fünfte.

Quintus-dĕcĭmus, adj. num. ord. der fünfzehnte.

Quippe, adv. [quia-pe] 1) allein stehend bezeichnet es, gewöhnlich mit einiger Ironie ober Indignation, einen Grund und eine Ursache, = freilich, natürlich, allerdings: q. vetor fatis! movet me q. lumen curiael ista ipsa a te apte et rotunde dicuntur: q., habes enim a rhetoribus (natürlich, du haſt es ja u. f. w.). 2) gewöhnlich mit den Causalpartikeln quia, quoniam, quum u. f. w. ob. mit dem prov. relat. verbunden, wo es die Ursache stärker bezeichnet und bisweilen durch „nämlich", „natürlich", „allerdings" übersetzt wird, sehr oft nicht besonders ausgedrückt werden kann.

Quippēni ober **Quippini**, [quippe-ni] (Vorklaſſ.) warum denn nicht?

*****Qui-qui**, Vorklaſſ. = quisquis.

Quirīnālis, e, adj. [Quirinus] zum Quirinus gehörig, lituus, trabea, wie vom Romulus getragen. Insbef. subst. -lia, ium, n. pl. das zu Ehren des Romulus am 17. Februar gefeierte Feſt.

Quirīnus, i, m. (verwandt mit quiris) 1) Name des vergötterten Romulus. Hiervon A) von anderen Göttern, bef. Janus. B) (Poet.) von ausgezeichneten Perſonen, z. B. Auguſtus, Antonius. 2) als adj. = quirinalis.

*****Quiris** (Andere ſchreiben **Curis**), is, f. (Poet.) ſabiniſches Wort, die Lanze.

Quiris, ītis, m. 1) im sing. (selten) ein römiſcher Bürger, als im Besitze des vollen Bürgerrechtes. 2) gewöhnlich im pl. Quirites, ium ob. um, m. (vielleicht urſprünglich die Bewohner der sabiniſchen Stadt Cures, davon = die Sabiner und ſpäter =) die römiſchen Bürger, die Römer in staatsbürgerlicher Be-

ziehung, also als ehrende Benennung der Römer in bürgerlichen Verhältnissen, während sie im Felde milites (nur spottweise dort Quirites), in ihren Beziehungen zu fremden Völkern Romani genannt wurden: daher jus Quiritium = vollständiges römiſches Bürgerrecht. So sagte man populus Romanus (populum Romanum, populo Romano u. f. w.) Quiritium ober appositionsweise populo Romano Quiritibus; pro patria Quiritibusque Romanis; populus Romanus Quiritesque.

*****Quīrītātio**, ōnis, f. [quirito] das Geschrei um Hülfe, der Angſtruf.

Quīrīto, 1. [eigtl. wohl = fidem Quiritium imploro den Beiſtand der römiſchen Bürger anrufen] 1) intrans. einen Hülfe- und Angſtruf erſchallen laſſen, kreiſchen. 2) Etwas laut rufen.

1. **Quis** (subst. und, meist bei Perſonalbenennungen, adj.) und **Qui** (meist adj.), quae, quid (subst.) und quod (adj.) pron. interr. wer, was? welcher, welche, welches? was für einer, eine, eines? quis id fecit? quis rex id audebit? quis homo est? qui cantus? (bei Vorklaſſ. ſteht quis auch als allgemeines fragendes Pronomen von Weibern: quis ea est was ist sie für eine?); quid mulieris (Pl.) was für ein Weib? quid argenti wie viel Silber? (Pl.) quid est tibi nomen was ist dein Name? Insbef. das n. quid A) als adv. = warum? wie? q. ita warum das? q. multa = kurz; q. ni ob. verbunden geſchrieben quidni warum nicht? B) häufig ſteht es elliptiſch, zur Bezeichnung des Unwillens ob. der Verwunderung, oder überhaupt wenn man zu etwas Neuem übergeht, gewöhnlich mit folgendem quod = was ſoll man dazu ſagen daß? was ist nun diefes daß? und nun, ferner; q. si und wenn nun?

2. **Quis** (subst. und adj.) und **Qui** (meist adj., nur nach den conj.) si, nisi, ne, num subst.), quae ober qua, quid (subst.) und quod (adj.) pron. indef. irgend einer, eine, eines, jemand, etwas; es bezeichnet eine unbeſtimmte Perſon ob. Sache ganz unbetont, meist nach einem pron. relat., nach si, quum und anderen Partikeln. Bisweilen ſteht es mit so verbunden, wo man im Deutſchen ein demonſtratives Pronomen gebraucht, z. B. magis in aliis cernimus si quid delinquitur die Verſehen, die begangen werden mögen.

Quis-nam ober **qui-nam** (quaenam), quidnam ober quod-nam, 1) pron. interr., verſtärkte Form von quis, wer wohl, was wohl? (Pl.) getrennt: quis ea est nam optima (von einem Weibe?) 2) pron. indef. nur mit dem fragenden nam und dann gewöhnlich als ein Wort numquisnam geſchrieben = jemand denn?

Quis-piam, quaepiam, quidpiam (subst.) und quodpiam (adj.) pron. indef. (ſelten) irgend jemand, irgend einer (ganz unbeſtimmt): dicimus, velle aliquid quempiam quia etc.; res quaepiam.

Quis-quam, quidquam (quicquam) pron. indef. (ohne f. u. pl.), gewöhnlich subst. irgend Jemand, irgend Einer, wenn es nur sei, wo der Begriff des unbeſtimmten Pronomens in der größten Allgemeinheit und Unbeſtimmtheit genommen wird, so daß an eine einzelne und gewisse Person nicht gedacht wird, deßwegen hauptsächlich in verneinenden, zweifelnden und fragenden Sätzen: quamdiu quisquam erit, qui te defendere audeat, vives; nemo tale quidquam conabitur; quisquamne istuc negat? q. unus irgend ein Einziger; nihil quidquam gar Nichts.

Quis-que, quaeque, quidque (*subst.*) u. quodque (*adj.*), *pron. indef.* 1) jeder für sich (wo der Begriff einer Vertheilung hinzutritt, nie ganz allgemein = aller und jeder, welches omnis heißt); deßwegen häufig bei Superlativen, Ordnungszahlen u. dem *pron. reflex.* suus und se, immer diesen Worten nachgesetzt: suus cuique honos habetur; pro se quisque queruntur sie klagen Jeder für sich; quo quisque est sollertior, eo etc. („Jemand", „man"); ut quisque est optimus, ita difficillime alios suspicatur (je besser Jemand ist, desto weniger u. s. w.); decimus quisque; mit dem *sup.* häufig zur Angabe einer Allgemeinheit, und so oft collectiv: doctissimus q. die Gelehrten, optimus q. die Vornehmen. 2) bisweilen ist es (wahrscheinlich durch eine Verkürzung des Wortes statt der entsprechenden Formen von quicunque) = wer da nur, jeder welcher: cujusque populi cives vicissent (= cujuscunque).

Quisquiliae, ārum, *f. pl.* [quisque] eigtl. Sachen jeglicher Art, der Abfall, Auskehricht, daher *trop.* von lebenden Wesen = der Auswurf: qq. conjurationis Catilinariae.

Quis-quis, quidquid oder quicquid (in der Regel nur im *nom.* u. *abl. masc.* u. *n.* im *accus. n.* gebräuchlich) 1) *pron. relat. indef.* (gewöhnlich *subst.*) wer=, was nur, wer=, was auch immer, jeder welcher, alles was: quisquis es; quidquid progredior je weiter, je nachdem ich fortschreite. 2) *pron. indef.* jeder ohne Unterschied, jeder wer es nur sei, alles was es nur sei: quibusquibus Romanis liberos suos dabant; quoquo modo auf jede mögliche Weise.

Qui-vis, quaevis, quidvis (*subst.*) und quodvis (*adj.*) jeder ohne Unterschied, wer ob. was es nur sei: non quivis hoc videt; quidvis perpeti alles Mögliche; q. unus.

Quivis-cunque, quaevisc., quodvisc., *pron. relat. indef.* (Poet.) = quicunque.

Quŏ, *adv.* I. *interr.* 1) vom Raume, A) wohin? q. gentium wohin in aller Welt? *trop.* q. illae nubent (*Pl.*) in welches Haus hinein = mit wem werden sie sich verheirathen; q. evadet res welchen Ausgang wird die Sache haben? Hiervon *trop.* a) wie weit? q. amentiae progressus seit bis zu welchem Grade des Wahnsinnes. b) zu welchem Zwecke? in welcher Absicht? q. hanc molem statuerunt? (Poet.) q. certamine tanto wohin soll ein so heftiger Streit führen? c) wozu? zu welchem Nutzen? q. mihi fortunam si non etc. B) (selten) in der Verbindung mit loci, wo? 2) von der Zeit, nur in der Verbindung quousque, siehe dieses Art. — II. *relat.* 1) vom Raume, wohin: gratiosus erat apud eos q. se contulit zu welchen. Hierv. 2) als *conj.* A) daß, damit, auf daß: q. eum absterreant (= ut eo, deßhalb auch gewöhnlich bei Comparativen, so daß es eigentlich der *abl.* des Maaßes bei einem solchen ist: außer

dieser Verbindung nur bei Poet. und Spät.); so oft in der Zusammensetzung quominus, siehe dieses Wort. B) weil, in Verbindung mit einer Negation, also von einem nicht factischen Grunde: haec scribis non q. ipse audieris sed etc. C) (selten) weßhalb, und deßwegen: anseres. voraces sunt: q. temperandum iis (in Verbindungen wie quo factum est ut etc. u. dergl. ist es dagegen einfach der *abl. sing. n.* des *pron. relat.* „wodurch" es geschah u. s. w.). — III. *indef.* irgendwohin: si q. me ire vis; Romam aliove q. ire oder nach irgend einem anderen Orte. — IV. als *abl. sing. n.* des *pron. relat.* steht es in mehreren Verbindungen, besonders bei Comparativen mit eo correspondirend = je besto.

Quo-ad, *adv.* I. *interr.* (selten) 1) vom Raume, wie weit? 2) von der Zeit, wie lange? bis zu welchem Zeitpunkte? — II. *relat.* 1) von der Zeit, A) bis, bis daß (mit dem *indicat.* ob. *conjunct.*, siehe die Grammatik): exercebatur ad eum finem q. etc. B) so lange als, so lange: tamdiu velle debebis, q. te quantum proficias non poenitebit. 2) bis zu welchem Puncte, Grade: est modus q. pati uxorem oportet. 3) so weit als, so weit, insofern als: q. patitur consuetudo; q. possum; q. longissime so weit als möglich; bisweilen mit dem *genit.* ejus zur Bezeichnung der Beziehung auf etwas vorher Genanntes: q. ejus fieri potest soweit das möglich ist.

Quō-circa, *adv. relat.* weßhalb = und deßhalb, demzufolge.

Quō-cunque, *adv. relat. indef.* wohin nur, wohin es auch sei: q. me verto zu welcher Seite ich mich immer kehre.

Quod, *conj.* [*n.* des *pron. relat.*] 1) daß, der Umstand daß (bei Angabe eines factischen Umstandes, von welchem Etwas ausgesagt wird): multum ei detraxit q. alienae civitatis erat zu großem Nachtheile gereicht ihm der Umstand, daß er u. s. w. Oft bezieht es sich so auf ein *pron. demonstr.* (id, hoc), bisweilen sogar auf ein Substantivum, zu welchem auf diese Weise eine erklärende Apposition gefügt wird. Hiervon: A) es wird in dem Hauptsatze nicht ein eigentliches Urtheil ausgesprochen über dasjenige, was mit quod ausgesagt wird, sondern nur eine darauf sich beziehende Bemerkung, so daß quod = was das betrifft, daß u. s. w., in Bezug darauf, daß u. s. w., wenn: q. scribis te ad me venturum esse, ego vero te istic esse volo; q. me Agamemnonem aemulari putas, falleris. B) es wird einer einen Nebensatz im Anfange einer Periode beginnenden Conjunction (gewöhnlich einer bedingenden) vorangesetzt, daß es lediglich die Verbindung mit dem Vorhergehenden und den Uebergang von diesem zu dem jetzt Folgenden bezeichnet (q. si, q. quum, q. quoniam); bisweilen kann man es hier durch ein „nun", „denn", „über" u. dergl. ausdrücken. Bei Poet. steht quod so allein, ohne eine Conjunction angefügt: q. te oro ich bitte dich nun, also. C) (*Pl.*) diu est q. te oro ich habe dich schon lange gebeten. D) (Vorklaff. u. Spät.) = wenn auch, obgleich: si te in platea offendero, q. dicas mihi — peristi. E) (Vorklaff. u. Spät.) nach *verbis* sentiendi und declarandi daß, statt des *accus. c. infin.* — 2) weil: indignantur, q. spiratis; laudatur A., q. fuerit abstinens.

Quŏdam-mŏdo, *adv.* [qui-modus] gewissermaßen, auf gewisse Weise.

***Quod-sēmĕl-arripĭdes**, is, *m.* (Pl.) scherzhaft gebildeter Name, der „Was-einmal-anfich-reißer".

Quoi, Quojus, s. E. für Cui, Cujus, von qui, quis.

Quojas, Quojus (Vorklaff.) = cujas, cujus.

Quō-lĭbet, *adv.* (Poet.) wohin es beliebt, überall hin.

Quom, s. E. für Quum.

Quō-mĭnus, *conj.* (eigentlich = wodurch weniger) daß um so weniger, steht bei Verben und Phrasen, die eine Verhinderung u. dergl. bezeichnen, und wird gewöhnlich durch daß (daß nicht) übersetzt, oft durch den Gebrauch des Infinitiv im Deutschen ausgedrückt: impedivit q. abirent eo; non probibeo q. id facias ich hindere dich nicht jenes zu thun; per illum non stetit q. dimicaretur es war nicht seine Schuld, daß es nicht zum Kampfe kam.

Quō-mŏdo, *adv.* I. *interr.* wie? II. *relat.* wie, so wie, oft mit einem sic (ita) correspondirend.

Quōmŏdŏ-cunque, *adv.* 1) *relat. indef.* wie nur immer, auf welche Art nur. 2) *indef.* (Vorklaff. u. Spät.) ohne zugefügtes Verbum = wie es nur sei, auf jede mögliche Weise.

Quō-nam, *adv.* wohin denn; *trop.* q. haec spectant worauf denn zielt dieses hin?

Quondam, *adv.* [quum-dam] 1) in der Vorzeit, einst, ehemals, in der vergangenen Zeit. 2) (selten) von der Zeit überhaupt, zuweilen, zu gewissen Zeiten (ungefähr = aliquando, welches man sehe). 3) (Poet.) in der Zukunft, künftig einmal.

Quŏnĭam, *conj.* [quom-jam] weil ja, weil denn, da ja, nachdem (bekanntlich und schon eingestandenermaßen, bei Angabe eines dem Zuhörer oder Leser schon bekannten Grundes).

Quō-pĭam, *adv. indef.* [quispiam] (Vorklaff.) irgendwohin.

Quō-quam, *adv. indef.* [quisquam] irgendwohin; (Poet.) *trop.* q. resolvi zu irgend einer Sache aufgelöst werden.

Quōque, *copulative conj.*, die dem Worte, welches hervorgehoben werden soll, enklitisch angehängt wird, auch: mo q. hoc decepit. Bisweilen wird es (Vorklaff. u. Spät.) pleonastisch noch mit einem et oder etiam verbunden.

Quō-quo, *adv. relat. indef.* [quisquis] wohin nur immer.

Quŏquō-versum oder **-sus**, *adv.* nach allen Seiten (Richtungen) hin.

Quor, s. E. für Cur.

Quorsum ob. **-sus**, *adv. interr.* [quoversum ob. -sus] 1) vom Raume, wohin? 2) bei Angabe eines Erfolges, Ausganges und dergl., wozu? q. hoc tendit wozu wird dieses führen? q. haec evenient welchen Ausgang werden diese Sachen haben? 3) bei Angabe eines Zweckes, zu welchem Zwecke, in welcher Absicht: q. hoc quaeris?

Quot, *adj. indecl.* I. *interr.* wie viele? q. sunt? q. homines inveniuntur? II. *relat.* so viele als, gewöhnlich mit einem tot correspondirend, als: q. homines, tot causae; tot annos q. habet. Hiervon A)´quŏt-annis [annus] als *adv.*, jährlich, alle Jahre. B) (Vorklaff.) mit anderen Substantiven zusammengesetzt, = alle, jede: q. Kalendis, q. mensibus.

Quŏtannis, *adv.* siehe quot.

Quot-cunque, *adj. indecl.* wie viele nur immer, so viele nur.

Quŏtēni, ae, a, wie viele (bei einer Eintheilung).

Quŏtīdĭānus (auch quŏtĭd.), *adj.* [quotidie] 1) täglich, labor, vita. 2) = gewöhnlich, alltäglich, gemein, verba.

Quŏtĭdie (auch Cotidie geschr.), *adv.* [quotdies] täglich, alle Tage (von dem, was sich alle Tage wiederholt; vgl. indies).

Quŏties (ob. **Quotiens**), *adv.* [quot] I. *interr.* wie oft? wie viel mal? II. *relat.* so oft wie, so viel mal wie.

Quŏties-cunque, *adv.* so oft nur, so viel mal nur.

Quot-quot, *adj. indecl.* = quotcunque.

Quŏtŭmus, *adj.* (Pl.) = quotus.

Quŏtus, *adj.* [quot] der wievielste? welcher in der Reihe? theils *interr.*, theils *relat.*: q. annus? q. hora est wie viel Uhr ist es; quotus esse vis = wie viele wünschest du, daß wir sein sollen? Insbef. mit quisque verbunden = wie viele, aber im beschränkenden Sinne = wie wenige? eine wie geringe Zahl? quotus quisque philosophorum est qui etc. wie viele Ph. giebt es wohl, die u. f. w.? quotus quisque est disertus = es giebt nur wenige Wohlredende.

Quŏtus-cunque, *adj.* (Poet.) so groß (viel) oder wenig nur.

Quo-usque, *adv. interr.* bis wohin = bis zu welchem Zeitpuncte, wie lange?

Quōvis, *adv.* [quivis] (Com.) wohin es nur sei, überall hin.

Quum oder **Cum**, *conj.* und *relat. adv.* 1) als Causalpartikel, da, immer mit dem *conjunct.* Hierzu gehört: A) zur Angabe einer Ursache, warum man etwas Anderes erwarten sollte, als das was gesagt wurde, also zur Bezeichnung eines Gegensatzes, während = ungeachtet, da doch, obschon. B) quum — tum sowohl (das Allgemeine) — als (das Specielle), nicht nur — sondern auch (in der Regel verschwand hier die Causalbedeutung des quum; übrigens siehe die Grammatik). 2) als Zeitpartikel, A) als a) einen Nebensatz anfangend bei Angabe der Folgereihe der Begebenheiten (dann immer mit dem *conj.*). b) (gewöhnlich mit tum oder einem ähnlichen Ausdrucke correspondirend) zur Angabe der Zeit, da Etwas geschehen ist, als, damals als (regelmäßig mit dem *indic.*, doch auch nicht selten mit dem *imperf. conjunct.*). So auch statt des *pron. relat.*: fuit tempus quoddam q. homines vagabantur es gab eine Zeit da u. s. w. B) bei allgemeiner Angabe öfters eintreffender und sich wiederholender Begebenheiten, wenn, so oft als u. dergl. (mit dem *indic.*). C) = indem, wenn, zur Angabe zweier gleichzeitigen Handlungen: q. imperium abrogabat, poterat videri facere id injuste. D) besondere Verbindungen: a) andivi ex eo q. diceret ich habe ihn sagen hören. b) diu est q. etc. es ist lange seit u. f. w. c) q.

wisse Person nicht gedacht wird, deswegen hauptsächlich in verneinenden, zweifelnden und fragenden Sätzen: quamdiu quisquam erit, qui te defendere audeat, vives; nemo tale quidquam conabitur; quisquamne istuc negat? q. unus irgend ein Einziger; nihil quidquam gar Nichts.

Quis-que, quaeque, quidque (*subst.*) u. quodque (*adj.*), *pron. indef.* 1) jeder für sich (wo der Begriff einer Vertheilung hinzutritt, nie ganz allgemein = aller und jeder, welches omnis heißt); deswegen häufig bei Superlativen, Ordnungszahlen u. dem *pron. reflex.* suus und se, immer diesen Worten nachgesetzt: suus cuique honos habetur; pro se quisque queruntur sie klagen Jeder für sich; quo quisque est sollertior, eo etc. („Jemand", „man"); ut quisque est optimas, ita difficillime alios suspicatur (je besser Jemand ist, desto weniger u. s. w.); decimus quisque; mit dem *sup.* häufig zur Angabe einer Allgemeinheit, und so oft collectiv: doctissimus q. die Gelehrten, optimus q. die Vornehmen. 2) bisweilen ist es (wahrscheinlich durch eine Verkürzung des Wortes statt der entsprechenden Formen von quicunque) = wer da nur, jeder welcher: cujusque populi cives vicissent (= cujuscunque).

Quisquiliae, ārum, *f. pl.* [quisque] eigtl. Sachen jeglicher Art, der Abfall, Auskehricht, daher trop. von lebenden Wesen der Auswurf: qq. conjurationis Catilinariae.

Quis-quis, quidquid oder quicquid (in der Regel nur im *nom.* u. *abl. masc.* u. n. und im *accus. n.* gebräuchlich) 1) *pron. relat. indef.* (gewöhnlich *subst.*) wer-, was nur, wer-, was auch immer, jeder welcher, jedes was: quisquis es; quidquid progredior je weiter, je nachdem ich fortschreite. 2) *pron. indef.* jeder ohne Unterschied, jeder wer es nur sei, alles was es nur sei: quibusquibus Romanis liberos suos dabant; quoquo modo auf jede mögliche Weise.

Qui-vis, quaevis, quidvis (*subst.*) und quodvis (*adj.*) jeder ohne Unterschied, wer od. was es nur sei: non quivis hoc videt; quidvis perpeti alles Mögliche; q. unus.

Quivis-cunque, quaevisc., quodvisc., *pron. relat. indef.* (Poet.) = quicunque.

Quō, *adv.* I. *interr.* 1) vom Raume, A) wohin? q. gentium wohin in aller Welt? *trop.* q. illae nubent (Pl.) in welches Haus hinein = mit wem werden sie sich verheirathen; q. evadet res welchen Ausgang wird die Sache haben? Hiervon *trop.* a) wie weit? q. amentiae progressus fuit bis zu welchem Grade des Wahnsinnes. b) zu welchem Zwecke? in welcher Absicht: q. hanc molem statuerant? (Poet.) c) certamine tanto wohin soll ein so heftiger Streit führen? c) wozu? zu welchem Nutzen? q. mihi fortunam si non etc.? B) (selten) in der Verbindung mit loci, wo? 2) von der Zeit, nur in der Verbindung quousque, siehe diesen Art. — II. *relat.* 1) vom Raume, wohin: gratiosus erat apud eos q. se contulit zu welchen. Hierv. 2) als *conj.* A) daß, damit, auf daß: q. eum absterreant (= ut eo, deßhalb auch gewöhnlich bei Comparativen, so daß es eigentlich der *abl.* des Maaßes bei einem solchen ist: außer dieser Verbindung nur bei Poet. und Spät.); so oft in der Zusammensetzung quominus, siehe dieses Wort. B) weil, in Verbindung mit einer Negation, also von einem nicht factischen Grunde: haec scribis non q. ipse audieris sed etc. C) (selten) weßhalb, und deswegen: anseres. voraces sunt: q. temperandum iis (in Verbindungen wie quo factum est ut etc. u. dergl. ist es dagegen einfach der *abl. sing. n.* des *pron. relat.* „wodurch" es geschah u. s. w.). — III. *indef.* irgendwohin: si q. me ire vis; Romam alioue q. iro oder nach irgend einem anderen Orte. — IV. als *abl. sing. n.* des *pron. relat.* steht es in mehreren Verbindungen, besonders bei Comparativen mit eo correspondirend = je — desto.

Quo-ad, *adv.* I. *interr.* (selten) 1) vom Raume, wie weit? 2) von der Zeit, wie lange? bis zu welchem Zeitpunkte? — II. *relat.* 1) von der Zeit, A) bis, bis daß (mit dem *indicat.* od. *conjunct.*, siehe die Grammatik): exercebatur ad eum finem q. etc. B) so lange als, so lange: tamdiu velle debebis, q. te quantum proficias non poenitebit. 2) bis zu welchem Puncte, -Grade: est modus q. pati uxorem oportet. 3) so weit als, so weit, insofern als: q. patitur consuetudo; q. possum; q. longissime so weit als möglich; bisweilen mit dem *genit.* ejus zur Bezeichnung der Beziehung auf etwas vorher Genanntes: q. ejus fieri potest soweit das möglich ist.

Quō-circā, *adv. relat.* weßhalb = und deßhalb, demzufolge.

Quō-cunque, *adv. relat. indef.* wohin nur, wohin es auch sei: q. me verto zu welcher Seite ich mich immer kehre.

Quod, *conj.* [n. des *pron. relat.*] 1) daß, der Umstand daß (bei Angabe eines factischen Umstandes, von welchem Etwas ausgesagt wird): multum ei detraxit q. alienae civitatis erat zu großem Nachtheile gereichte ihm der Umstand, daß er u. s. w. Oft bezieht es sich so auf ein *pron. demonstr.* (id, hoc), bisweilen sogar auf ein Substantivum, zu welchem auf diese Weise eine erklärende Apposition gefügt wird. Hiervon: A) es wird in dem Hauptsatze nicht ein eigentliches Urtheil ausgesprochen über dasjenige, das mit quod ausgesagt wird, sondern nur eine darauf sich beziehende Bemerkung, so daß quod = was das betrifft, daß u. s. w., in Bezug darauf, daß u. s. w., wenn: q. scribis te ad me venturum esse, ego vero te istic esse volo; q. me Agamemnonem aemulari putas, falleris. B) es wird einen Nebensatz im Anfange einer Periode beginnenden Conjunction (gewöhnlich einer bedingenden) vorangesetzt, daß es lediglich die Verbindung mit den Vorhergehenden und den Uebergang von diesem zu dem jetzt Folgenden bezeichnet (q. si, q. quum, q. quoniam); bisweilen kann man es hier durch ein „nun", „denn", „über" u. dergl. ausdrücken. Bei Poet. steht quod so allein, ohne eine Conjunction angefügt: q. te oro ich bitte dich nun, also. C) (Pl.) diu cum q. te oro ich habe dich schon lange gebeten. D) (Vorklass. u. Spät.) = wenn auch, obgleich: si te in plates offendero, q. dicas mihi — periisti. E) (Vorklass. u. Spät.) nach verbis sentiendi und declarandi daß, statt des accus. c. infin. — 2) weil: indignantur, q. spiratis; laudatur A., q. fuerit abstinens.

Quŏdam-mŏdo, *adv.* [qui-modus] gewissermaßen, auf gewisse Weise.

*Quod-sĕmĕl-arrĭpĭdes, is, m. (Pl.) scherzhaft gebildeter Name, der „Was-einmal-ansichreißer".

Quoi, Quojus, s. S. für Cui, Cujus, von qui, quis.

Quojas, Quojus (Vorklaff.) = cujas, cujus.

Quō-lībet, *adv.* (Poet.) wohin es beliebt, überall hin.

Quom, s. S. für Quum.

Quō-mĭnus, *conj.* (eigentlich = wodurch weniger) daß um so weniger, steht bei Verben und Phrasen, die eine Verhinderung u. dergl. bezeichnen, und wird gewöhnlich durch daß (daß nicht) übersetzt, oft durch den Gebrauch des Infinitiv im Deutschen ausgedrückt: impedivit q. abirent eo; non probibeo q. id facias ich hindere dich nicht jenes zu thun; per illum non stetit q. dimicaretur es war nicht seine Schuld, daß es nicht zum Kampfe kam.

Quō-mŏdo, *adv.* I. *interr.* wie? II. *relat.* wie, so wie, oft mit einem sic (ita) correspondirend.

Quōmŏdŏ-cunque, *adv.* 1) *relat. indef.* wie nur immer, auf welche Art nur. 2) *indef.* (Vorklaff. u. Spät.) ohne zugefügtes Verbum = wie es nur sei, auf jede mögliche Weise.

Quō-nam, *adv.* wohin denn; *trop.* q. haec spectant worauf denn zielt dieses hin?

Quondam, *adv.* [quum-dam] 1) in der Vorzeit, einst, ehemals, in der vergangenen Zeit. 2) (selten) von der Zeit überhaupt, zuweilen, zu gewissen Zeiten (ungefähr = aliquando, zuweilen man sehe). 3) (Poet.) in der Zukunft, künftig einmal.

Quŏnĭam, *conj.* [quom-jam] weil ja, weil denn, da ja, nachdem (bekanntlich und schon eingestandenermaßen, bei Angabe eines dem Zuhörer oder Leser schon bekannten Grundes).

Quō-piam, *adv. indef.* [quispiam] (Vorklaff.) irgendwohin.

Quō-quam, *adv. indef.* [quisquam] irgendwohin; (Poet.) *trop.* q. resolvi zu irgend einer Sache aufgelöst werden.

Quōque, *copulative conj.*, die dem Worte, welches hervorgehoben werden soll, enklitisch angehängt wird, auch: me q. hoc decepit. Bisweilen wird et (Vorklaff. u. Spät.) pleonastisch noch mit einem et oder etiam verbunden.

Quō-quo, *adv. relat. indef.* [quisquis] wohin nur immer.

Quōquō-versum oder **-sus**, *adv.* nach allen Seiten (Richtungen) hin.

Quor, s. S. für Cur.

Quorsum ob. **-sus**, *adv. interr.* [quoversum ob. -sus] 1) vom Raume, wohin? 2) bei Angabe eines Erfolges, Ausganges und dergl., wozu? q. hoc tendit wozu wird dieses führen? q. haec evenient welchen Ausgang werden diese Sachen haben? 3) bei Angabe eines Zweckes, zu welchem Zwecke, in welcher Absicht: q. hoc quaeris?

Quot, *adj. indecl.* I. *interr.* wie viele? q. sunt? q. homines inveniuntur? II. *relat.* so viele als, gewöhnlich mit einem tot correspondirend, als: q. homines, tot causae; tot annos q. habet. Hiervon A) quŏt-annis [annus] als *adv.*, jährlich, alle Jahre. B) (Vorklaff.) mit anderen Substantiven zusammengesetzt, = alle, jede; wie: q. Kalendis, q. mensibus.

Quŏtannis, *adv.* siehe quot.

Quot-cunque, *adj. indecl.* wie viele nur immer, so viele nur.

Quŏtēni, ae, a, wie viele (bei einer Eintheilung).

Quŏtīdĭānus (auch quŏtĭd.), *adj.* [quotidie] 1) täglich, labor, vita. 2) = gewöhnlich, alltäglich, gemein, verba.

Quŏtīdie (auch Cotidie geschr.), *adv.* [quotdies] täglich, alle Tage (von dem, was sich alle Tage wiederholt; vgl. indies).

Quŏtĭes (ob. Quotiens), *adv.* [quot] I. *interr.* wie oft? wie viel mal? II. *relat.* so oft wie, so viel mal wie.

Quŏtĭes-cunque, *adv.* so oft nur, so viel mal nur.

Quot-quot, *adj. indecl.* = quotcunque.

Quŏtŭmus, *adj.* (Pl.) = quotus.

Quŏtus, *adj.* [quot] der wievielste? welcher in der Reihe? theils *interr.*, theils *relat.*: q. annus? q. hora est wie viel Uhr ist es; quotus esse vis = wie viele wünschest du, daß wir sein sollen? Insbes. mit quisque verbunden = wie viele, aber im beschränkenden Sinne = wie wenige? eine wie geringe Zahl? quotus quisque philosophorum est qui etc. wie viele Ph. giebt es wohl, die u. s. w.? quotus quisque est disertus = es giebt nur wenige Wohlredende.

Quŏtus-cunque, *adj.* (Poet.) so groß (viel) oder wenig nur.

Quo-usque, *adv. interr.* bis wohin = bis zu welchem Zeitpuncte, wie lange?

Quōvis, *adv.* [quivis] (Com.) wohin es nur sei, überall hin.

Quum oder **Cum**, *conj.* und *relat. adv.* 1) als Causalpartikel, da, immer mit dem *conjunct.* Hierzu gehört: A) bei Angabe einer Ursache, warum man etwas Anderes erwarten sollte, als das was gesagt wurde, also zur Bezeichnung eines Gegensatzes, während = ungeachtet, da doch, obschon. B) quum — tum sowohl (das Allgemeine) — als (das Specielle), nicht nur — sondern auch (in der Regel verschwand hier die Causalbedeutung des quum; übrigens siehe die Grammatik). 2) als Zeitpartikel, A) als, a) einen Nebensatz anfangend bei Angabe der Folgereihe der Begebenheiten (dann immer mit dem *conj.*). b) (gewöhnlich mit tum oder einem ähnlichen Ausdrucke correspondirend) zur Angabe der Zeit, da Etwas geschehen ist, als, damals als (regelmäßig mit dem *indic.*, doch auch nicht selten mit dem *imperf. conjunct.*). So auch statt des *pron. relat.*: fuit tempus quoddam q. homines vagabantur es gab eine Zeit da u. s. w. B) bei allgemeiner Angabe öfters eintreffender und sich wiederholender Begebenheiten, wenn, so oft als u. bergl. (mit dem *indic.*). C) = indem, wenn, zur Angabe zweier gleichzeitigen Handlungen: q. imperium abrogabat, poterat videri facere id injuste. D) besondere Verbindungen: a) andivi ex eo q. diceret ich habe ihn sagen hören. b) diu est q. etc. es ist lange seit u. s. w. c) q.

maxime = allermeist, ganz vorzüglich: nunc q. maxime hoc cupit (eigtl. wohl durch eine Verkürzung statt: jetzt ist die Zeit, wenn [zu welcher] sie es am meisten wünscht).

R.

*Rabĭde, *adv.* [rabidus] wüthend, ungestüm.

Rabĭdus, *adj.* [rabies] (Poet.) wüthend, toll, wild, von Hunden, auch von Menschen u. f. w. (siehe rabies), canis, leo, homo, sitis, mores, lingua, furor animi; auch von Begeisterten. = rasend.

Rabies, ei, *f.* 1) die Tollheit = Hirnwuth des Hundes und anderer Thiere. 2) von Menschen, die Wuth, wüthende und ungestüme Gemüthsbewegung (insbes. = Zorn oder Begierde, Liebeswuth). Hierv. trop. r. ventris Heißhunger, ebenso r. edendi wüthende Begierde nach dem Essen; r. pelagi u. vergl. Ungestüm, „Aufruhr"; r. civica von einem Bürgerkriege; (Poet.) = die wahnsinnige Begeisterung.

*Rabĭōse, *adv.* [rabiosus] wüthend, ungestüm.

*Rabĭōsŭlus, *adj. deminut.* von rabiosus.

Rabĭōsus, *adj.* [rabies] = rabidus.

Rabirius, Name eines römischen Geschlechtes. Am bekanntesten sind: 1) Cajus R., Volkstribun, von dem Cicero in einer noch vorhandenen Rede vertheidigt. 2) Cajus R., Ritter, vom Cicero in einer ebenfalls noch vorhandenen Rede vertheidigt. 3) Cajus R., ein Dichter, Zeitgenosse des Virgil.

Rabo, — — 3. [rabies] (Vorklaff. u. Spät.) wüthen, toll sein.

Rabŭla, ae, *m.* [rabo] ein tobender, schreiender Sachwalter, Zungendrescher, Rabulist.

Racēmĭ-fer, ěra, ěrum, [racemus-fero] (Poet.) Beeren tragend, uva; Bacchus r. mit Trauben bekränzt.

Racēmus, i, *m.* (Poet.) 1) der Kamm der Weintraube u. ähnlicher Früchte. 2) die Beere überhaupt und bef. die Weinbeere (vgl. uva): uva fert rr.; variis uva racemis. Hiervon (Poet.) = Wein.

Racilius, Name eines römischen Geschlechtes: ein R. war ein eifriger Vertheidiger des Cicero gegen Clodius.

Radiātus, *adj.* [radius] 1) mit Speichen versehen, rota. 2) mit Strahlen versehen, strahlend, bef. = mit einer Strahlenkrone (Heiligenschein) umgeben.

*Radīcesco, — — 3. [radix] (Spät.) Wurzeln schlagen.

Radīcĭtus, *adv.* [radix] von der Wurzel aus, mit der Wurzel, extrahere, daher trop. = von Grund aus, ganz, evellere actiones, extrahere cupiditatem.

Radĭo, 1. und -ĭor, *depon.* 1. [radius] (Poet. u. Spät.) strahlen: galeae gemmis radiantur et auro, valvae radiabant lumine.

Radĭŏlus, i, *m. deminut.* von radius.

*Radĭōsus, *adj.* [radius] (Pl.) strahlend.

Radĭus, ii, *m.* der Stab, Steden, der von einem Mittelpuncte zum Umkreise geht, daher A) die Speiche des Rades. B) der hervorstehende Seitenzweig (das Querholz) an einer Pallisade od. einem Baume. C) der Stab der Mathematiker, womit sie Figuren im Sande oder Glasstaube zeichneten, die Meßruthe. D) der Radius des Kreises, der Halbmesser. E) das Weberschiff, „der Schütze". F) der Sporn verschiedener Vögel z. B. des Hahnes. G) eine Art länglicher Olive. H) der Strahl, Lichtstrahl (der Sonne, des Blitzes u. f. w.).

Radix, īcis, *f.* 1) die Wurzel einer Pflanze ob. eines Baumes: agere rr. Wurzeln schlagen. Hiervon A) überhaupt = der unterste Theil einer Sache, mit dem sie an etwas Anderem (bef. einer Fläche) festhält, rr. linguae, capillorum, saxi; insbef. rr. montis der Fuß eines Berges. B) trop. a) = der Ursprung, die Herkunft: iisdem rr. natus der denselben Ursprung hat. b) = das Befestigtsein, der feste Grund: vir iis radicibus dessen Einfluß so befestigt (eingewurzelt) ist. 2) die eßbare Wurzel, insbef. = der Rettig.

Rado, si, sum, 3. 1) kratzen, schaben, davon abreiben, reinigen, glätten u. vergl., tigna; r. terram pedibus; r. parietes abkratzen, lapides palma abkehren. Hiervon A) trop. verletzen, unangenehm berühren, aures alicujus. B) (Poet.) vorbei oder über Etwas gehend es streichen, berühren, längs oder dicht an einem Gegenstande sich bewegen; r. litora, cautes; r. freta sicco passu über die Fluthen hin laufen; avis r. aquas streicht über die Wasserfläche hin; ebenso aquilo r. terras; r. iter liquidum = durch die Luft fliegen; auch r. surculos = über — hin kriechen; ultima linea raditur trop. = ich bin am Ziele. 2) kratzend wegnehmen, abkratzen: bef. r. barbam (ober radi) sich den Bart abscheeren, caput sich das Kopfhaar abschneiden (mit einem Messer, vgl. tondeo). Hiervon = ausstreichen, r. nomen fastis.

Raeti, ōrum, *m. pl.* Stadt in dem heutigen Tyrol.

*Rallus, *adj.* [demin. von rarus?] (Pl.) dünn, tunica.

Ramālĭa, ium, *n. pl.* [ramus] (Poet. und Spät.) das Gezweige, Reisholz.

Ramentum, i, *n.* ober -ta, ae, *f.* [statt radimentum aus rado (gewöhnlich im *pl.* -ta, ōrum, *n. pl.*) Alles, was vom Metall, Holz u. vergl. durch Schaben, Kratzen, Hauen u. vergl. abgeht, also die Späne, Splitter, Stückchen, auri, ligni; *proverb.* aurum cum r. (Pl.) = alles Geld bis auf den letzten Heller.

*Ramĕus, *adj.* [ramus] (Poet.) aus Ästen.

Ramex, ĭcis, *m.* 1) der Bruch, Bruchschaben. 2) im *pl.* die Lungengefäße, die Lunge.

Ramnes ober -nenses, ium, *m. pl.* die eine der drei ältesten Tribus zu Rom (vgl. Luceres und Titiea); davon auch eine der drei gleichnamigen alten Reitercenturien, und daher (Poet.) = die Ritter.

Rāmōsus, *adj.* mit *comp.* und *sup.* [ramus] (Poet. u. Spät.) 1) voller Aeste, vielästig, arbor. 2) A) zackig, reich an Zacken, cornu. B) hydra ramosa colubris natis e caede vielverzweigt durch die neu entstandenen Schlangen.

Rāmŭlus, i, *m. deminut.* von ramus.

Rāmus, i, *m.* 1) der Zweig eines Baumes; (Poet.) = die Keule des Hercules. 2) im *pl.* die Zacken, Enden eines Hornes.

Rāna, ae, *f.* 1) der Frosch. 2) r. marina der Seeteufel (ein Fisch).

*****Rancens**, tis, *adj.* [*particip.* eines ungebräuchlichen Verbums ranceo] (*Lucr.*) ranzig, stinkend.

Rancīdē, *adv.* [rancidus] (Spät.) ranzig, stinkend, *trop.* widrig, ekelhaft.

Rancīdŭlus, *adj.* (Spät.) *deminut.* von rancidus.

Rancīdus, *adj.* [ranceo] (Poet. u. Spät.) 1) ranzig, stinkend, cadaver. 2) *trop.* widrig, ekelhaft.

Rānuncŭlus, i, *m. deminut.* von rana; scherzhaft von den Einwohnern von Ulubrä, welches in der Nähe der pontinischen Sümpfe lag.

*****Rāpăcīda**, ae, *m.* scherzhaft gebildetes Patronymikon von rapax, ein Mann aus dem Räubergeschlecht, der Räuber.

Rāpăcĭtas, ātis, *f.* [rapax] die Raubsucht.

Răpax, ācis, *adj.* mit *comp.* u. *sup.* [rapio] 1) eilig an sich raffend, hinreißend, reißend, überhaupt = schnell sich bewegend, ventus, fluvius, unda. Hiervon *trop.* = sich leicht und geschwind aneignend, fähig Etwas sich anzueignen: ingenium rapacissimum virtutis; r. utilitatis. 2) räuberisch, raubsüchtig, homo, lupus.

Raphānus, i, *m.* [ῥάφανος] der Rettig.

Răpĭdē, *adv.* mit *comp.* u. *sup.* [rapidus] reißend schnell.

Răpĭdĭtas, ātis, *f.* [rapidus] die reißende Schnelle.

Răpĭdus, *adj.* mit *comp.* u. *sup.* [rapio] 1) reißend schnell, flumen, equus, cursus; oratio r. eilfertiger Vortrag; venenum r. schnell wirkend. 2) (Poet.) = rapax 2., r. leo; *trop.* r. sol, ignis verzehrend.

Răpīna, ae, *f.* [rapio] der Raub. A) *abstract.* = das Rauben, die Räuberei; facere r. üben. B) = das Geraubte, der Fang.

Răpio, pui, ptum, 3. [stammverw. mit dem gr. ἁρπάζω] 1) (Poet. u. Spät.) hastig und eilig ergreifen, -nehmen, an sich raffen, auftraffen, wegraffen u. dergl.: r. arma, hastam; r. oscula; r. occasionem zu benutzen sich beeilen, voluptates eilig genießen; sulphur r. flammam geräth hastig in Brand, res r. colorem nimmt hastig an, aber (Poet.) rapuit flammam in fomite erzeugte eine Flamme durch die hastige Bewegung. Insbef. A) eilig irgendwo hin führen: r. commeatum in naves, aliquem ad supplicium (bisweilen bloß r. in derselben Bedeutung), aliquem in jus nöthigen gleich vor Gericht zu erscheinen; (Poet.) r. silvas

eilig Holz aus dem Walde holen. Hiervon r. se ob. pedem, auch *pass.* rapi = hastig eilen. B) (Poet.) beschleunigen, schleunig vollenden, cursum, fugam, letum. Hiervon r. viam, iter schleunig zurücklegen; r. silvas eilig durchfahren. C) *trop.* zu Etwas eilig oder heftig reißen, -führen, -ziehen, reißen, hinreißen: utilitas r. ad se; rapere aliquem in arma, in errorem; rapi (cupiditate) ad aliquid Etwas sehr heftig begehren; res r. verba der Stoff bringt von selbst die Worte mit sich. D) = auf Etwas beziehen, hinführen, r. aliquid ad se als gegen sich gesagt betrachten, aliquid in pejorem partem übel auslegen, in deteriorem partem detabfetzen, tadeln, consilium alicujus in contrariam partem zum Gegentheile auslegen; r. gloriam in se sich zueignen. 2) gewaltsam und raubend wegnehmen, rauben, wegreißen, entreißen, entführen, rem, virginem; spes rapiendi et praedandi; r. somnum (Jmb.) den Schlaf nehmen; r. castra, urbem hastig erobern. Hiervon (Poet. u. Spät.) = plündern, Armeniam.

Raptim, *adv.* [rapio] reißend, = hastig, eilend, scribere, frui.

Raptio, ōnis, *f.* [rapio] (Vorklaff. u. Spät.) das Rauben, die Entführung.

Rapto, 1. [rapio] (meist Poet.)² = ein verstärktes rapio in allen Beziehungen dieses Wortes: r. Hectora circa muros schleifen, aliquem = mißhandeln, r. divos in crimina anklagen, r. Africam plündern; *siehe* rapio.

Raptor, ōris, *m.* [rapio] (Poet. u. Spät.) der Räuber, Entführer, filiae, panis; *adjectivisch* lupi rr. räuberische.

Raptus, us, *m.* [rapio] 1) der Raub, die Entführung, virginis. Hiervon = die Plünderung. 2) (Poet.) die Zerreißung: r. Inous durch die Ino.

Răpŭlum, i, *n. deminut.* von rapum.

Răpum, i, *n.* die Rübe.

Rārĕ-făcio etc., 3. (*Lucr.*) locker machen, von einander gehen machen, terram.

Rāresco, — — 3. [rarus] (Poet.) locker werden, sich von einander geben, auseinander treten u. dergl.: terra r., nubila rr.; claustra Pelori rr. eröffnen sich, d. h. die Meerenge, die aus der Ferne gesehen sich zu verschließen schien, erweitert sich vor dem Auge, indem man näher kömmt, ebenso montes rr. gehen (dem Auge) auseinander, verschwinden; *trop.* sonitus r. wird schwächer.

Rārĭtas, ātis, *f.* [rarus] die Eigenschaft, die durch rarus einem Gegenstande beigelegt wird, 1) die Lockerheit, der Mangel an Dichteit, dentium. 2) die Seltenheit, geringe Zahl, exemplorum, capillorum.

Rārō, *adv.* mit *comp.* u. *sup.* [rarus] 1) (Spät.) dünn, weit auseinander. 2) selten.

Rārus, *adj.* mit *comp.* u. *sup.* 1) dünn, offen, locker, nicht dicht, von dem Gegenstande, dem Raume u. f. w., in welchem Etwas nicht dicht ist, Zwischenräume hat u. f. w. (*oppos.* densus, spissus): r. silva mit weit auseinander stehenden Bäumen, rete mit vielen Oeffnungen, terra locker, tunica von dünnem Zeuge, manus mit den Fingern ausgespreizt; rr. ordines in welchen die Soldaten weit auseinander stehen. 2) von den Gegenständen selbst, die durch Zwischenräume getrennt sind und auseinander stehen, dünn stehend, nicht dicht, einzeln, vereinzelt, zerstreut: rr. aedificia, arbores, loca, racemi; apparent rari nantes in gurgite vasto; häufig milites rr. (oppos. conferti); r. juventas nicht zahlreich. 3) nicht häufig vorkommend, selten, wenige, nur hie und da vorkommend: rr. portus, naves; rr. literae; r. genus hominum. Hiervon = selten in seiner Art, vorzüglich, vortrefflich, ausgezeichnet, virtus, facies, vestis.

Rāsĭlis, e, adj. [rado] (Poët. und Spät.) glatt, geglättet, polirt: argentum r. ohne erhabene Arbeit.

Rāsĭto, 1. [rado] (Spät.) scheeren, abscheeren, barbam.

Rastellus, i, m. deminut. von raster (siehe Rastrum).

Rastrum, i, n., im pl. gewöhnlich (vom alten raster) -i, ōrum, m., die zwei und mehrzinkige Hacke, der Karst; proverb. res redit mihi ad rastros ich werde zur Hacke greifen müssen = ich werde bettelarm sein.

Rătĭo, ōnis, f. [reor] 1) die Rechnung, Berechnung, daher = Geldgeschäft, Geschäft, Geschäftsverhältniß u. dergl.: putare (computare, conficere) r. eine Rechnung ins Reine bringen, Etwas berechnen; inire, ducere, subducere r. eine B. anstellen, Etwas berechnen; ratio constat trifft zu, stimmt; inducere in r. in R. bringen, verrechnen; referre r. oder rr. Rechenschaft ablegen; habere r. piratarum die Seeräuber zählen, Rechnung über sie führen; re et ratione conjunctus cum aliquo mit Jmd. ein Geschäft (Geldgeschäft) habend. Häufig trop. inire, putare u. s. w. rationem = erwägen, bedenken, insbes. reddere r. rei alicujus für Etwas Rechenschaft ablegen, reposcere fordern. Hiervon A) r. carceris = das Verzeichniß der Gefangenen. B) = die Rücksicht, Betrachtung, Sorge u. dergl.: habere (ducere) rationem rei alicujus auf Etwas R. nehmen (thätlich und in seinen Maßregeln, vgl. respectus): dii rationem habent piorum et impiorum = belohnen und strafen; habuisti r. ut mihi consuleres hast darauf R. genommen, darnach gestrebt; habui r. quid acceperim ich habe berücksichtigt, wie viel ich empfangen habe; sine r. ejus oder mit Bezug auf ihn R. genommen wird; est in me ratio rei publicae = rationem habeo. 2) die Weise. A) das Verfahren, Verhalten, die Art zu handeln ob. leben, die Maßregel, der Beschluß, Entwurf, die Manier u. f. w.: consilium et r.; mea r. in dicendo haec esse solet; vitae meae rationes Lebensgrundsätze. B) die Beschaffenheit, Art, Weise, das Verhältniß, die Einrichtung u. f. w.: ita comparata est ratio vitae nostrae; r. equestris proelii; nulla ratione ut keine Weise, hac r. auf diese W. Bisweilen steht ratio so, daß es die bloße Benennung der Sache fast nur umschreibt (r. belli Gallici statt bellum Gallicum; r. veritatis; per r. fiduciae durch Vertrauen; novorum consiliorum rr. statt nova consilia), doch immer so, daß an die Beschaffenheit oder die Umstände der Sache gedacht wird. — 3) das Verhältniß, die Lage, der Umstand u. dergl.: pro r. pecuniae im Verhält-

nisse zur Summe, ebenso ad r. nostrorum annalium. — 4) die Angelegenheit, die Sache, das Wesen: r. numaria eine Geldangelegenheit, r. Gallicana die Affaire mit G.; r. domestica, r. bellica; aptus ad eam r.; r. fori et judicii. Hiervon meae u. f. w. rr. = Interesse, Vortheil.

5) die Vernunft: corpus debet obedire rationi; bona (sana) r. der gesunde Verstand; ratio non est id facere es ist keine B. darin, dieses zu thun (= es ist unvernünftig). Hiervon A) = der Gebrauch der B., das Nachdenken, die Ueberlegung: nullum scelus habet r. Häufig der abl. sing. fast adverbial = vernünftig, richtig, auf verständige Weise. B) der Beweggrund, der vernünftige Grund: r. aliquid faciendi; causa et r. Hiervon a) = der Beweisgrund, die Begründung einer Behauptung. b) die Beweisführung, der Schluß: summa uniuscujusque rationis; concludere rationem einen Schluß machen. C) die Regel, Vorschrift, das Gesetz, die bestimmte Ordnung u. dergl., r. mathematicorum. D) die Meinung, Ansicht: dissentio ab hac r.; r. mollior. E) die Theorie, das System: r. Stoicorum die Lehre der St.; häufig ratione et via (modo) systematisch und methodisch. F) die Abhandlung, Untersuchung: r. quae est de natura deorum. G) die Kenntniß, Einsicht, r. civilis in Staatssachen; insbes. = die theoretische Einsicht im Gegensatze zu exercitatio: r. hujus rei hierin.

Rătĭŏcĭnātĭo, ōnis, f. [ratiocinor] term. t. in der Rhet. 1) die gründliche Erwägung. 2) der Vernunftschluß, die Schlußfolge.

Rătĭŏcĭnātīvus, adj. [ratiocinor] zu einer Schlußfolge gehörig, syllogistisch.

Rătĭŏcĭnātor, ōris, m. [ratiocinor] der Rechnungsführer, trop. Berechner.

Rătĭŏcĭnor, depon. 1. [ratio] 1) eine Berechnung anstellen, Etwas berechnen. 2) einen Schluß machen, schließen, recte, quid sit utile.

Rătĭŏnābĭlis, e, adj. (Spät.) = rationalis.

Rătĭŏnālis, e, adj. [ratio] 1) vernünftig, mit Vernunft begabt, animal. 2) zur Vernunft gehörig, auf die Vernunft beziehend, Vernunft=: r. philosophia = die Logik; r. causa eine Sache, die nach Vernunftschlüssen und Analogie (nicht nach positiven Gesetzen) entschieden wird.

*Rătĭŏnālĭter, adv. [rationalis] (Spät.) auf vernünftige Weise.

Rătĭŏnārĭum, ii, n. [ratio] (Spät.) ein statistisches Verzeichniß.

Rătis, is, f. jede rohe Zusammenfügung von Balken und Holz, um darauf zu segeln, ein Floß, daher auch (Poët.) = Fahrzeug, Schiff überhaupt.

Rătĭuncŭla, ae, f. deminut. von ratio.

Rătus, adj. [reor, ratio] 1) berechnet, ausgerechnet, daher = durch Rechnung bestimmt: pro rata parte (bisweilen wird dieses Wort ausgelassen) in einem bestimmten Verhältnisse, verhältnißmäßig. 2) bestimmt, gewiß, sicher: rr. motus stellarum; societas r. zuverlässig, vita bestimmt. 3) gültig, geltend, entschieden, rechtskräftig u. dergl., lex, comitia, testamentum; spes r. die in Erfüllung geht; ratum habere (ducere) aliquid als gültig betrachten = genehmigen, bekräftigen.

Rauci-sŏnus, *adj.* (Poet.) dumpf tönend.

Raucus, *adj.* 1) (Poet.) dumpf-, rauh tönend, hohl, dumpf, r. mare rauschend, cornu, stridor, os aselli schreiend; rr. postes bei der Eröffnung der Thür knarrend; cohors r. die lärmende Schaar der Priester der Cybele; vicinia r. reclamat die Nachbarschaft ruft mit rauher Stimme. 2) heiser: r. factus sum clamando.

Raudii campi hieß eine Ebene bei Vercellä, wo Marius die Cimbern schlug.

Raudus, ĕris, *n.* (Vorklaff.) = rudus 1.

*****Raudusculum**, i, *n.* [deminut. von raudus] das kleine Stück Erz, daher = ein Bißchen Geld.

Rauraci, ōrum, *m. pl.* gallisches Volk am Rhein, in der Nähe von Basel.

Rāvenna, ae, *f.* Stadt in Gallia Cispadana, noch jetzt Ravenna. Davon **Ravennas**, ātis, *adj.*

*****Rāvio**, — — 4. [ravis] heiser sein.

Ravis, is, *f.* [verw. mit raucus] (Vorklaff. u. Spät.) die Heiserkeit.

Rāvus, *adj.* dunkelgrau, lupa, mare.

Rĕ (vor Vocalen, vor -h und vor d Red), untrennbare Partikel, bezeichnet in der Zusammensetzung 1) zurück. 2) wieder. 3) entgegen. 4) bei einigen Wörtern bezeichnet es nicht eine Wiederholung, sondern ein Rückgängigmachen und eine Wiederaufhebung der durch das Verbum bezeichneten Handlung, also eine Wiederherstellung des Zustandes, der vor dem Eintreten der durch das Verbum bezeichneten Handlung Statt fand (recludo = öffnen, refigo = losmachen).

Reapse [re-eapse = ipsa] in der That, wirklich, wahrlich (siehe res 2.).

Reāte, *n.* (nur der nom., acc. u. abl. kommen vor mit derselben Endung), uralte sabinische Stadt in Latium. Davon **Reātīnus**, *adj.* und *subst.* -tīni, ōrum, *m. pl.* die Einwohner von R.

Reātus, us, *m.* [reus] (Spät.) der Zustand eines Angeklagten, das Angeklagtsein.

Rĕbellātio, ōnis, *f.* [rebello] (Spät.) = rebellio.

Rĕbellātrix, īcis, *f.* [rebello] (selten) den Krieg erneuernde, sich gegen den Sieger auflehnende, provincia.

Rĕbellio, ōnis, *f.* [rebellis] die Erneuerung des Krieges von Seiten der Ueberwundenen; in diesem Sinne = der Aufstand.

Rĕbellis, e, *adj.* [re-bellum] (Poet. und Spät.) den Krieg erneuernd (von den Ueberwundenen), davon = sich auflehnend, widerspenstig; *trop.* amor r. sich von Neuem erhebend, widerspenstig.

*****Rĕbellium**, ii, *n.* [re-bellum] (sehr zweifh.) = rebellio.

Rĕ-bello, 1. den Krieg erneuern (von den Ueberwundenen), davon = sich auflehnen, Aufstand machen; *trop.* vitia rr. brechen von Neuem hervor, pudor r. widerstrebt.

Rĕ-bito, 3. (Vorklaff.) zurückgehen.

Rĕ-boo, 1. (Poet.) zurücktönen, widerhallen, silva; tecta reboant citharae (dat.) w. von den Tönen der Cither.

Rĕ-calcitro, 1. (Poet. u. Spät.) eigtl. gegen Etwas hintenausschlagen = Jmd. zurückweisen, ihm den Zugang versagen.

Rĕ-calefacio (calfacio) etc., 3. (Poet. und Spät.) wieder warm machen, telum.

*****Rĕ-caleo**, — — 2. (Poet.) *trop.* wieder warm sein.

*****Rĕ-calesco**, lui, — 3. wieder warm werden; *trop.* wieder eifrig werden.

*****Rĕcalvaster**, stri, (Spät.) u. *****Rĕ-calvus**, *adj.* (Pl.) mit hoher kahler Stirn.

Rĕ-candesco, dui, — 3. (Poet.) 1) wieder weiß werden. 2) wieder glühend ob. heiß werden.

Rĕ-canto, 1. (Poet.) 1) gleichsam „zurücksingen" d. h. was man früher gesungen hat zurücknehmen, widerrufen. 2) wegzaubern, curas.

Rĕ-cēdo etc., 3. 1) zurückgehen, zurückweichen, sich zurückziehen: r. hinc, a te, ex illo loco; r. huc, in castra; undae accedunt et recedunt. Hiervon A) *trop.* r. de medio = sich nicht mehr mit einer Sache befassen; anni recedentes die Jahre die sich gegen das Greisenalter neigenden Mannesalters. B) von Localitäten, der Lage nach zurücktreten = zurückgezogen und entfernt liegen, entlegen sein: domus secreta r.; regio r. intus, introrsum. So auch von Gegenständen an einem Gemälde = in den Hintergrund treten (oppos. eminere). C) von Etwas abweichen, abgehen, sich entfernen, ab officio, naturā. D) von Etwas zurücktreten, sich lossagen, es aufgeben: r. ab armis die Waffen niederlegen, ihrem Gebrauche entsagen, ebenso von einem Gladiator r. a gladio = sein Fechtergewerbe aufgeben, vom Fechten sich lossagen; r. ab oppugnatione von der Belagerung abstehen. E) nomen recessit a peregrino hat die Bedeutung eines Fremden verloren, hat aufgehört, von einem Fremden gebraucht zu werden. 2) den Begriff der Partikel aufgebend, fortgehen, weggehen, sich entfernen: r. a conspectu alicujus; apes rr. a stabulis. Häufiger *trop.* a) = verschwinden, ira r. b) von einem Besitzthume u. dergl. = von Jmb. abkommen, ihm verloren gehen, res r. ab aliquo.

Rĕ-cello, — — 3. zurückschnellen, -springen.

Rĕcens, tis, *adj.* mit comp. und sup. 1) neu = frisch, jung, was neulich geworden ob. geschehen ist (oppos. vetus; vgl. novus): r. caespes, lac, conglutinatio, injuria (vor Kurzem zugefügt), flos (neulich gepflückt), victoria (neulich erworben); epistola recentissima das letzte Schreiben; memoria recentior die neuere Zeit, recentiores (viri) die Neueren, Späteren. Hiervon A) recenti re (negotio) während die Sache noch frisch ist = gleich, stehenden Fußes. B) gewöhnlich mit Präpositionen verbunden = der so eben von Etwas kömmt: a) r. ab re unmittelbar von oder nach Etwas kommend: r. ab illorum aetate unmittelbar nach ihnen lebend; Poenus r. ab excidio urbis der so eben die Stadt vernichtet hatte; r. a vulnere der so eben eine Wunde empfangen hatte; homines a Roma rr. eben erst von R. gekommen. b) r. ex provincia unmittelbar aus der Provinz gekommen.

Recenseo — **Recipero**

e) fo auch mit dem bloßen *abl.* in derſelben Bedeutung: recens irā et dolore eben noch von Zorn u. Schmerz bewegt; recens Romā ſo eben aus R. gekommen; recens victoriā der ſo eben geſiegt hat, praetarā der eben die Prätur niedergelegt hat, stipendiis eben aus dem Kriegsdienſte kommend. d) recens de ira eben noch von Zorn bewegt. e) recens in dolore, auch recens dolore noch friſch im Schmerze. 2) friſch den Kräften nach, ungeſchwächt, unverwundet u. dergl. (*oppos.* defessus, vulneratus u. dergl.). 3) als *adv.* wird das *n.* recens gebraucht = neuerdings, jüngſt, eben erſt.

Rĕ-censeo, sui, sum oder sītum, 2. 1) muſtern, zählen, ſorgfältig (Mann für Mann, Stück für Stück) prüfend durchgehen: r. equites, captivos, numerum suorum; qui recensi non erant diejenigen, die in die Verzeichniſſe nicht aufgenommen worden waren. *Hiervon* 2) *trop.* durchgehen. A) in Gedanken = erwägen, überdenken. B) in Worten = hererzählen, fortia facta. C) (*Poet.*) = durchlaufen, sol r. signa.

Recensĭo, ōnis, *f.* [recenseo] die Muſterung des Cenſors, die Volkszählung und Aufnahme in die Liſten.

Recensus, us, *m.* [recenseo] (Spät.) = recensio.

Receptācŭlum, i, *n.* [recepto] 1) der Ort, der Etwas aufnimmt, das Behältniß, der Behälter, das Magazin, die Niederlage für Waaren: r. cibi, praedae; r. frugibus; cloaca maxima, r. omnium purgamentorum urbis Abzugsgraben; r. avium. 2) der Schutzort, Rückhalt, Zufluchtsort, Ort, wohin man ſich zurückbegiebt oder ſeine Zuflucht nimmt: castella diruit, ne hostibus receptaculo essent; castra sunt victori receptaculum; mors est receptaculum nihil sentiendi bietet die Zuflucht des Nichtbewußtſeins dar; r. fugae wohin man fliehen kann, adversae pugnae wohin man nach dem unglücklichen Treffen ſich zurückziehen kann.

Receptātor, ōris, *m.* [recepto] (Spät.) = receptor.

*****Receptĭo**, ōnis, *f.* [recipio] (*Pl.*) die Aufnahme: quid tibi est r. viram meum was haſt du meinen Mann zu empfangen?

Recepto, 1. [recipio] (meiſt Poet. und Spät.) = ein verſtärktes recipio: r. animam den Athem ziehen.

Receptor, ōris, *m.* und **-trix**, īcis, *f.* [recipio] der Aufnehmer, die Aufnehmerin, der (die) Etwas bei ſich aufnimmt, in tadelndem Sinne = der Hehler, die Hehlerin: r. praedarum; locus r. praedonum der die Räuber aufnimmt und ihnen Verborgenheit gewährt.

Receptum, i, *n.* [*particip.* von recipio] das Aufſichgenommene, die Verpflichtung.

Receptus, *adj.* [*particip.* von recipio] (Spät.) üblich, gebräuchlich, mos.

Receptus, us, *m.* [recipio] *1) die Zurücknahme, sententiae. *2) (Spät.) das Zurückziehen, spiritus. 3) milit. *term. t.* der Rückzug, Rückmarſch, die Retirade: habere r. ad aliquem ſich auf Jmd. zurückziehen können; receptus nobis non est wir können nicht mehr uns zurückziehen; dare alicui receptum den Rückzug Jmd. geſtatten; receptui canere

zum R. blaſen, das Signal geben, ebenſo signum receptui audire. *Hiervon trop.* A) = die Zuflucht: habere r. ad poenitendum. B) der Rücktritt, r. a malis consiliis.

Recessim, *adv.* [recedo] (*Pl.*) rückwärts.

Recessus, us, *m.* [recedo] 1) das Zurückgehen, der Rückgang: lunae accessus et r.; accessus et r. maris die Fluth und Ebbe; *trop.* r. a rebus pestiferis das Zurückweichen von, r. animi die Schüchternheit, Muthloſigkeit; in der Kriegsſprache = receptus. 2) von Localitäten, die Einbiegung, Vertiefung, der einſame und entlegene Ort, die Einſamkeit: spelunca vasto submota recessu; Phrygiae rr. et anguli entfernte Theile; marmoreus r. (*Poet.*) = ein Gemach im Innern des Hauſes; mihi provincia est solitudo et r.; circumspicere tecta et recessus Schlupfwinkel, Zufluchtsſtellen; auch *abſol.* r. = die Abgelegenheit; *trop.* von einem Gemälde umbra et r. = Schatten und Hintergrund.

Recharmĭdo, 1. ſcherzhaft vom *Pl.* gebildetes Verbum = den Namen Charmides ablegen, ein Ch. zu ſein aufhören.

Rĕ-cidīvus, *adj.* [recido] (*Poet.* u. Spät.) zurückkehrend, wiederholt: Pergama rr. wieder aufgebauet.

Recĭdo, cĭdi, cāsum, 3. [re-cado] 1) zurückfallen: omnia rr. in terras. *Hiervon trop.* in einen Zuſtand zurückfallen, wieder gerathen, in morbum, in.servitutem; potentatus r. ad eum kam wieder an ihn, fiel ihm wieder zu; poena, suspicio r. ad illum fiel auf ihn zurück, traf ihn. *Hiervon trop.* = aufhören, contentio. 2) (die Bedeutung der Partikel auſgebend) in einen (gewöhnlich ſchlechteren) Zuſtand u. dergl. verfallen, gerathen, herabkommen: rex r. in eam fortunam; omnia illi ex laetitia ad luctum reciderunt; ars r. ad paucos wird das Eigenthum Weniger; res eo (huc, illuc etc.) r. kömmt dahin, zu dem Puncte; ad nihilum zu Nichts werden; quorsum r. responsum auf was läuft die Antwort hinaus? r. ex liberatore patriae ad Vitellios nachdem man der Befreier des Vaterlandes genannt worden iſt, nun (in der öffentlichen Meinung) in die Klaſſe der V. herabſinken, unter Leute wie die V. gezählt werden. *Hiervon* = eintreffen, „fallen": res r. in illum annum.

Recīdo, īdi, īsum, 3. [re-caedo] 1) abſchneiden, verſchneiden, malleolos, caput; r. barbam falce; r. columnas (*Poet.*) im Felſen aushauen. *Hiervon* r. ornamenta, multa ex orationibus Ciceronis wegnehmen; r. nationes ausrotten. 2) (*Poet.* u. Spät.) beſchneiden = vermindern, beſchränken, einſchränken, culpam supplicio, mercedem alicujus; r. aliquid ad pristinum morem.

Rĕ-cingo etc., 3. (*Poet.*) aufgürten, losgürten, tunicam, zonam; medial recingi ſich auszieh̄en, recingitur anguem die Schlange ab, womit ſie gegürtet iſt.

- **Recĭno**, — — 3. (re-cano) 1) *intrans.* A) widerhallen, widertönen. B) wiederholt ſchreien, parra. 2) *trans.* (*Poet.*) widerhallen, ertönen laſſen: Echo r. nomen wiederholt; r. Latonam beſingen; r. dictata herſagen, ſingend herſagen.

Recĭpĕro etc., *ſ. E.* für recupero etc.

Recipio — **Recolo** — 685

Rĕcĭpĭo, cēpi, ceptum, 3. [re-capio] 1) zurück nehmen, -ziehen, -holen, bringen, -führen: r. telum, aliquem ex mediis hostibus, copias in tumulum; r. urbem zurück erobern. Insbef. 'r. se sich zurückziehen ob. -zurückbegeben, zurückkehren, ex his locis, ad signa, in castra (bei Pl. auch bloß r. absol. = zurückgehen); trop. r. se ad bonam frugem sich bekehren, wieder vernünftig oder sittlich werden; r. se ad cogitationem belli an den Krieg von Neuem zu denken anfangen. Hiervon A) = wieder nehmen, ergreifen u. vergl. r. arma; r. reges wieder aufnehmen. B) = zurück erhalten, wieder in Besitz nehmen u. vergl.: r. res amissas; r. Tarentum wieder erobern; hiervon bisweilen (die Bedeutung der Partikel aufgebend) = erobern überhaupt. C) trop. r. animum den Muth wieder bekommen; r. se ex fuga, timore u. vergl. sich wieder fassen, erholen. D) r. res afflictas wieder aufrichten. E) bei einem Verkaufe u. vergl. zurückhalten = sich vorbehalten, pecuniam. — 2) bei ob. in sich aufnehmen, empfangen (zufolge einer Bitte, eines Wunsches ob. sonstiger Veranlassung, bes. Imb., der Schutz oder Hülfe sucht; vgl. accipio, recipio): r. aliquem, supplicem; munitio r. perterritos; mare r. fluvium; homo r. ferrum = läßt sich tödten; häufig r. urbem (civitatem) in deditionem, in fidem (auch mit Auslassung dieser Worte) von demjenigen, an welchen (= dessen Gnade) eine Stadt sich ergiebt; r. aliquem domum suam ob. ad se, in amicitiam, in civitatem, auch r. aliquem tecto, sedibus suis in seinem Hause, selten in loco; r. aliquem in ordinem senatorum. Hiervon A) gestatten, Etwas zulassen; timor non r. misericordiam; antiquitas r. fabulas; res non r. cunctationem. Hiervon a) term. t. vom Prätor, wenn eine Klage gegen Imb. bei ihm vorgebracht ist, r. nomen alicujus (Spät. auch r. reum ob. cognitionem) die Klage gegen Imb. annehmen, gestatten. b) r. religionem in se eine Verschuldung gegen das Heiligthum auf sich laden. B) als Einnahme empfangen, einnehmen, pecuniam ex vectigalibus. C) auf sich nehmen, eine Thätigkeit (auf Ersuchen u. vergl. und als wohlwollender Beschützer; vgl. suscipio) übernehmen, causam, officium. D) sich zu Etwas verpflichten, sich anheischig machen, Etwas (als Beschützer und Helfer, vgl. polliceor, spondeo) versprechen, zusagen, r. aliquid alicui, r. alicui de re aliqua eine Verpflichtung eingehen, Etwas betreffend; recipio, me illud esse facturum; spondere et in se r., eos esse ejus mores verbürgen.

Rĕcĭprŏco, 1. [reciprocus] 1) trans. auf demselben Wege zurückbewegen: r. navem in adversum aestum; medial aestus reciprocatur die Fluth geht zurück. Hiervon = hin und her bewegen: r. animam den Athem ziehen; r. motum sich hin und her bewegen. 2) intrans. sich rückwärts- ob. hin und her bewegen: mare r. steigt und fällt (von der Ebbe und der Fluth).

Rĕcĭprŏcus, adj. (Poet. u. Spät.) auf demselben Wege zurückgehend, mare steigend und fallend; davon trop. = zurückgewandt oder wechselseitig.

Rĕcĭtātĭo, ōnis, f. [recito] das Herlesen z. B. einer Urkunde, die Vorlesung.

Rĕcĭtātor, ōris, m. [recito] der Herleser, Vorleser.

Rĕ-cĭto, 1. herlesen, vorlesen, insbef. eine Urkunde, ein Document, Namen aus einer Liste u. vergl., bei Spät. insbef. häufig = Gedicht, Reden u. vergl. vor einem Auditorium von Freunden u. A. vorlesen: r. legem, literas, sonatam das Verzeichniß der Namen der Senatoren; absol. r. de tabulis publicis.

Rĕclāmātĭo, ōnis, f. [reclamo] das Gegenrufen = das Laute Mißfallen.

***Rĕ-clāmĭto**, 1. stark entgegenrufen = laut widersprechen, rei alicui.

Rĕ-clāmo, 1. 1) intrans. A) entgegen rufen = laut widersprechen, alicui und orationi alicujus; omnes rr. ne illa juraret B) (Poet.) widerhallen. 2) transit. (Spät.) Etwas entgegen rufen = laut einwenden, aliquid.

Rĕclīnis, e, adj. [siehe reclino] (Poet.) zurück gelehnt, rückwärts gebogen.

Rĕ-clīno, 1. [vgl. acclino, κλίνω] 1) trans. zurück lehnen, rückwärts biegen: r. palmas, se; reclinatus auf dem Rücken ausgestreckt liegend. Hiervon trop. otium r. aliquem ab labore verschafft ihm Erholung, befreit ihn von der Arbeit. 2) (Spät.) intrans. sich zurück lehnen, trop. onus r. in eum liegt auf ihm, stützt sich auf ihn.

Rĕclūdo, si, sum, 3. [re-claudo] etwas Geschlossenes wieder aufschließen, öffnen: r. fores, domum; r. portas hosti; pectus aufschneiden, humum graben, tellurem bidente lockern; (Poet.) r. jugulum ense zerschneiden, pectus mucrone durchbohren; r. ensem entblößen, r. thesauros tellure herausgraben; r. iram dem Zorne freien Lauf lassen; (Poet.) r. fata (vom Mercur, als Führer der Seelen nach der Unterwelt) dasjenige öffnen, was dem Willen des Schicksals gemäß verschlossen ist. 2) trop. aufdecken, offenbaren, operta, justitiam alicujus. 3) (Spät.) einschließen, aliquem.

Rĕ-cōgĭto, 1. (selten) wieder überdenken, -überlegen, aliquid, de re aliqua.

Rĕcognĭtĭo, ōnis, f. [recognosco] die Musterung, prüfende Besichtigung und Untersuchung, equitum; r. scelerum die M. in Gedanken = die Rückerinnerung.

Rĕ-cognosco etc., 3. 1) (selten) wiedererkennen, sich einer Sache wieder erinnern, pristinam alicujus virtutem, quae ejus adolescentia fuerit. 2) mustern, prüfend und besichtigend durchgehen, untersuchen: r. socios navales, leges, res suas, fugam alicujus, aliquem penitus; r. decretum, codicem die Aechtheit prüfend durchgehen.

Rĕ-collĭgo etc., 3. (meist Poet. u. Spät.) etwas Zerstreutes ob. Aufgelöstes wieder sammeln, zusammenlesen: r. multitudinem, captivos, stolam; r. gladium, parvulum wieder aufnehmen. Hiervon trop. a) r. se ob. animum sich fassen, wieder Muth bekommen, aber r. se a longa valetudine sich erholen; r. primos annos wieder jung werden. b) r. animum alicujus Imds Herz wieder gewinnen.

Rĕ-cŏlo etc., 3. 1) wieder bauen, -anbauen, terram; r. metalla wieder bearbeiten.

hiervon trop. A) wieder treiben, wieder mit
Etwas sich beschäftigen, studia antiqua, artem.
B) wieder bilden, -üben, ingenium. C)
(Spät.) wieder pflegen = wieder herstellen,
dignitatem, imagines Galbae. D) wieder
beehren, aliquem honoribus. E) wieder bedenken, erwägen, aliquid secum. F) (Poet.)
wieder erinnern, im Geiste noch einmal über-
schauen, aliquid. 2) (Poet.) wieder besuchen, locum.
*Rĕ-commĭniscor, — depon. 3. (Pl.)
sich wieder erinnern.
Rĕ-compōno etc., 3. (Poet. u. Spät.)
wieder ordnen, comas.
Rĕconcĭliātĭo, ōnis, f. [reconcilio] 1)
die Wiedervereinigung: r. gratiae, concordiae die Wiederherstellung. 2) die Wiederver-
söhnung, Versöhnung, simulata; variae
rr. verschiedene Mittel zur W.
*Rĕconcĭliātor, ōris, m. [reconcilio] der
Wiedervereiniger, r. pacis der Wiederhersteller.
Rĕ-concĭlĭo, 1. 1) wieder vereinigen,
-verbinden = wiederherstellen, gratiam,
pacem, concordiam; r. existimationem judicum wieder zu Stande bringen, studia patrum
wieder gewinnen. 2) Jmb. wieder gewinnen,
von Neuem befreunden, versöhnen: r.
animos militum imperatori, aliquem alicui;
r. inimicos; r. aliquem in gratiam ein freundschaftliches Verhältniß wiederherstellen. 3) (Vorklass.) wieder herbeischaffen, zurückbringen; aliquem domum.
Rĕ-concĭnno, 1. wieder ausbessern,
pallam; trop. wieder gut machen, ersetzen, detrimentum.
Rĕcondĭtus, adj. [particip. von recondo]
1) entfernt liegend, entlegen, terra, saltus; recondita templi die tiefer liegenden, zurückgezogenen Theile des Tempels. Hiervon =
tiefer liegend, venae auri. 2) trop. tiefer liegend, nur durch eine tiefer gehende Betrachtung
und Untersuchung erkennbar, verborgen, weniger bekannt, res, ratio, sententiae (tiefsinnige),
literae (im Gegensatze zu populären und gemein-
faßlichen Schriften); natura r. in sich selbst eingeschlossen, zurückhaltend, verborgen.
Rĕ-condo etc., 3. 1) (Poet.) Etwas zu-
rück- oder wieder irgendwohin legen, -setzen,
-bringen: r. gladium in vaginam wieder
hineinstecken; r. se in locum sich zurückziehen,
verbergen. Hiervon 2) zurücklegend aufbewahren, aufheben: r. uvas in amphoras,
opes aerario; (Poet.) r. aliquid alvo = verschlingen, ensem lateri hineinbohren, r. oculos
zumachen. 3) (Poet. u. Spät.) verbergen,
verheimlichen, voluptates, verba.
*Rĕ-conflo, 1. (Lucr.) eigtl. wieder anfa-
chen = wieder erregen, sensum.
Rĕ-cŏquo etc., 3. 1) wieder kochen,
umkochen, Peliam. 2) verschmelzen, enses
patrios; scherzhaft scriba recoctus ex quinque-
viro umgeformt, umgeschmolzen.
Rĕcordātĭo, ōnis, f. [recordor] die
Rückerinnerung, Wiedererinnerung, rei
alicujus an Etwas; memoria et r. eorum jucunda fuit; r. veteris memoriae die Erneuerung der Erinnerung an eine alte Geschichte;
jucundae rr. rerum nostrarum.

Rĕcordor, depon. 1. [re-cor] 1) sich etwas
Vergangenes durch das Gedächtniß wieder vergegenwärtigen und daran denken, einer Sache
eingedenk sein, sich an Etwas erinnern und
es sich ans Herz legen (vgl. memini, reminiscor): r. virtutes, vitam alicujus; recordor,
me eadem esse perpessum, quid tu feceris;
r. aliquid de aliquo. 2) (Poet. u. Spät.) etwas
Zukünftiges bedenken, zu Herzen nehmen, quae
sum passura recordor.
Rĕ-corrĭgo etc., 3. (Spät.) wieder verbessern, animum.
Rĕ-creo, 1. 1) (Vorklass. u. Spät.) von
Neuem schaffen, wieder erzeugen, lumen,
vitam; r. hominem umschaffen. 2) Jmb. neue
Kräfte und neues Leben geben, kräftigen, erfrischen, in den guten und kräftigen Zustand
wiederherstellen, erquicken u. dergl.: r.
animos, vocem, hominem perditum (mit
neuem Muthe beleben); häufig pass. medial re-
creari um r. se sich erholen, ex morbo, a timore, ebenso civitas recreatur.
Rĕ-crĕpo, — — 1. (Poet.) 1) intrans.
widerhallen. 2) trans. widerhallen lassen, murmura.
Rĕ-cresco etc., 3. (meist Poet. u. Spät.) wieder wachsen.
Rĕ-crūdesco, dui, — 3. eigtl. wieder roh
werden, davon 1) von einer Wunde, wieder
aufbrechen, vulnus r. 2) trop. wieder ausbrechen, sich erneuern, seditio.
Recta, adv. [abl. sing. f. von rectus, sc.
via] gerades Weges, gerade.
Recte, adv. mit comp. u. sup. [rectus]
1) = recta: r. ferri in gerader Linie sich bewegen. 2) recht, richtig, gehörig (nach
menschlicher Billigung, vgl. rite), gut: r. facere, dicere; r. valere sich wohl befinden, gesund sein; r. vivere oft = glücklich leben; r.
sperare gute Hoffnung hegen; r. te novi ich
kenne dich völlig; r. dubitas, r. vinctus est
mit Recht; r. alicui se committere oder literas dare = sicher, ohne Gefahr; r. molestias ferre = geduldig; r. vendere mit Vortheil; r. est apud matrem Alles steht wohl bei
der Mutter. 3) (Converf.) in einer höflich aus-
weichenden oder ablehnenden Antwort = gut!
schön! ganz wohl! u. dergl.
Rectĭo, ōnis, f. [rego] (selten) die Regierung, Lenkung, rerum publicarum.
Rector, ōris, m. [rego] der Regierer,
Lenker, elephanti, rr. navium Steuermänner:
r. civitatis, maris, Beherrscher; summus r. von
dem höchsten Gotte; häufig von einem Feldherrn, Statthalter, Hofmeister (paedagogus)
u. dergl.
Rectrix, īcis, f. [rego] (Spät.) die Leite-
rin, Herrscherin.
Rectus, adj. mit comp. u. sup. [rego]
1) gerade = in gerader (sowohl horizontaler
als verticaler) Richtung gehend (Gegensatz krumm,
schief): r. linea, via, acies, aes (= eine tuba);
rupes rectis saxis senkrecht, talus assistit
rectus; homo r. gerade gewachsen, cras r.; serpens r. sich gerade aufrichtend; (Poet.) fana habuere deos rr. die Bildsäulen der Götter waren
wieder aufgerichtet in den Tempeln; rectis oculis aspicere aliquem Jmb. gerade in die Augen

fehen. Hiervon trop. = gerade, einfach, kunstlos u. dergl., oratio, ordo. 2) was in geistiger Beziehung nicht von der geraten Linie abweicht, recht, richtig, gut, gehörig, davon regelmäßig, fehlerfrei u. dergl., consilium, homo rechtschaffen; insbef. = ehrlich, rechtschaffen, ob. = consequent, gerade; rectum est es ist schicklich, recht. Insbef. subst. **rectum**, i, n. das Rechte, Tugendhafte, in der Lehre der Stoiker = die vollkommene Pflicht, officium perfectum, τὸ καθῆκον τέλειον. 3) in der Grammatik casus r. der Nominativ.

Rĕ-cŭbo etc., 1. rückwärts liegen, zurückgelehnt liegen, daher = ruhen.

Rĕcumbo, cŭbŭi, cŭbĭtum, 3. [recubo] sich zurück, rückwärts legen, in herba, spondā auf dem Ruhebett; insbef. = sich zum Schlafen niederlegen oder sich zu Tische legen. 2) (Poet.) herabsinken, nebula, onus; juba r. wallt herab.

Rĕcŭpĕrātĭo, ōnis, f. (Recip.) [recupero] die Wiedererlangung.

Rĕcŭpĕrātor, ōris, m. (Recip.) [recupero] der Wiedererlanger, 1) der Wiedereroberer, urbis. 2) im pl. ein Richtercollegium zu Rom, das in Privatsachen, namentlich über Ersatz und Entschädigung, Recht sprach (bisweilen auch in einem Streite zwischen Rom und einem fremden Staate), „Obmänner".

Rĕcŭpĕrātōrĭus, adj. [recuperator] zu den recuper: tores gehörig.

Rĕcŭpĕro (Rĕcĭpĕro), 1. [recipio] Etwas wiedererlangen, -bekommen, -nehmen, res amissas, libertatem; r. voluntatem alicujus wieder gewinnen, ebenso rempublicam die höchste Gewalt im Staate; r. urbem zurückerobern; r. Pelopidam (in vincula conjectum) = befreien, trop. r. aliquem Jmds Herz wieder gewinnen.

Rĕ-cūro, 1. (Poet. u. Spät.) wiederholt für Etwas sorgen: r. chartam sorgfältig bearbeiten; r. se sich heilen, warten.

Rĕ-curro etc., 3. 1) zurücklaufen, zurückeilen, ad aliquem, aqua r. ad fontem; r. in Tusculanum. 2) zurückkehren, -kommen, wiederkehren, bef. von der zurückkehrenden Wiederkehr in der Zeit: bruma r., anni rr.; trop. r. ad easdem condiciones = wiederholt vorschlagen; (Spät.) hoc r. memoriae hominum fällt den Leuten wieder ein, kömmt ihnen ins Gedächtniß. (Spät.) trop. feine Zuflucht nehmen, ad auctores, ad aliquam rationem.

Rĕ-curso, 1. ein verstärktes recurro, welches man sehe: virtus animo r. tritt wieder vor Jmds Geist.

Rĕcursus, us, m. [recurro] der Rücklauf, Rückzug, die Rückkehr, Rückfahrt.

Rĕ-curvo, 1. (Poet. u. Spät.) rückwärts krümmen, zurück beugen, collum equi, radicem; r. aquas zurücklaufen machen.

Rĕ-curvus, adj. (Poet. u. Spät.) zurück gekrümmt, rückwärts gebogen, cornu, puppis; tectum r. = das Labyrinth.

Rĕcūsātĭo, ōnis, f. [recuso] 1) die Weigerung, Ablehnung. 2) die Einrede, der Protest.

Rĕcūso, 1. [re-causa] 1) sich weigern, Etwas ablehnen, verweigern, ausschlagen (es setzt ein Ersuchen oder Bitten voraus, vgl. nego): r. aliquid facere; non r. ne (quin, quominus) aliquid faciam; r. uxorem, aliquem disceptatorem nicht wollen; r. de stipendio; r. laborem, periculum sich entziehen; (Poet.) von leblosen Gegenständen z. B. genua rr. cursum = können nicht länger laufen. 2) gegen Etwas Einrede thun, protestiren: non r. quin (quominus) omnes mea legant, quin alii a me dissentiant; gewöhnlich = vor Gericht einen Protest einlegen.

Rĕcūtĭo, cussi, cussum, 3. [re-quatio] (Poet.) eigtl. rückwärts schlagen, schlagen, uterum den Bauch so daß er wiederhallt.

*Rĕ-d-ambŭlo, 1. (Pl.) zurückkommen.

*Rĕ-d-ămo, 1. wieder lieben.

Rĕ-d-arguo etc., 3. 1) widerlegen, aliquem und orationem alicujus. 2) (Spät.) unumstößlich beweisen.

*Rĕ-d-auspĭco, 1. (Pl.) eigentlich Auspicien wieder nehmen, trop. zurückkehren, in catenas.

Reddĭtĭo, ōnis, f. [reddo] (Spät.) term. t. in der Rhetorik = der Nachsatz.

Re-d-do, dĭdi, dĭtum, 3. 1) zurück bringen, -stellen, -setzen u. dergl.: r. se ob. reddi = sich zurückbegeben, convivio zum Gastmahle. Hierv. zurückgeben, wieder zustellen, wiedergeben: r. rem alicui, r. captivos. Insbef., indem der Begriff der Rückwirkung in den Begriff eines Gegensatzes übergeht u. dieser mehr oder weniger deutlich hervortrat: A) = vergelten, wiedergeben u. dergl.: r. beneficium; r. hostibus cladem, dolorem; r. gratiam = referre gratiam, siehe gratia; r. salutem wieder grüßen. B) = bezahlen u. dergl.: r. debitum; r. vota, promissa erfüllen; r. poenas Strafe leiden. C) r. responsum eine Antwort geben; r. clamorem den Ruf beantworten; so r. absol. = antworten. D) etwas Anvertrautes abgeben, abliefern, epistolam, mandata. E) überhaupt (indem der Begriff der Partikel weniger deutlich hervortritt) von sich geben: r. vocem hören lassen; r. sanguinem ausspeien, catulum partu gebären, animam ausgeben, aushauchen; terra r. fruges giebt, trägt. F) wiedergeben, z. B. Worte u. dergl.: r. dictata hersagend wiedergeben. Hiervon a) = übersetzen, r. verba verbo, aliquid Latine. b) = aussprechen, r. verba male. c) (Poet. und Spät.) durch Nachahmung oder natürliche Aehnlichkeit wiedergeben = darstellen, nachahmen, ähnlich sein: r. aliquem nomine denselben Namen tragen wie Jmd. (wenn man nach ihm genannt worden ist); r. veteres, r. mores alicujus. 2) (die Bedeutung der Partikel fast ganz aufgebend) A) geben, leisten u. dergl.: r. alicui jus, rationem Rechenschaft ablegen; r. causam den Grund angeben; r. suum cuique honorem. B) nicht selten von einem Sieger oder sonstigen Machthaber, insofern er die Macht hat, Jmd. Etwas zu nehmen und also, indem er es nicht nimmt, gewissermaßen es ihm schenkt, = Jmd. Etwas lassen, behalten lassen: r. populo Romano suas leges. Hiervon C) schenken, zugestehen, iis connubia. 3) einen Gegenstand auf irgend eine Weise verändert zurückgeben

Redduco

= zu Etwas machen (gewöhnlich mit einem *adj.*): r. servitutem lenem, vitam tutiorem, loca tuta.

Reddŭco, s. S. für Rednco.

Rĕdemptio, ōnis, *f.* [redimo] 1) die Loskaufung, captivorum; r. sacramenti (Spät.) vom Soldateneide. 2) die Entreprise, nämlich A) = die Pachtung. B) die Bestechung (zufolge einer gegen einen stipulirten Kaufpreis übernommenen Verpflichtung), r. judicii.

*****Rĕdempto**, 1. [redimo] (Spät.) = redimo, loskaufen.

Rĕdemptor, ōris, *m.* [redimo] der Entrepreneur, Lieferant, Baumeister u. s. w.

*****Rĕdemptūra**, ae, *f.* [redimo] die Entreprise, Pachtung.

Rĕ-d-eo etc., 4. 1) zurück gehen, -kehren, -kommen (vgl. revertor), e foro, a porta, in castra, Romam, huc; (Poet.) r. viam den Weg zurück gehen. Hiervon *trop.* A) von leblosen Gegenständen, mos r. kömmt wieder auf, ager r. ad Ardeates kömmt wieder in den Besitz der U., fortuna r. alicui (Poet.) kehrt zurück. B) r. in pristinum statum; r. in gratiam cum aliquo sich mit Jmd. versöhnen; r. ad ingenium, ad mores suos, ad se seine alte Natur, seinen vorigen Charakter wieder annehmen, sich selbst ähnlich bleiben, aber auch r. ad se = sich erholen, wieder zur Besinnung kommen. C) r. in memoriam. D) in Gedanken oder in der Rede zu Etwas zurückgehen: r. ad fabulas, ad propositum auf das Thema zurückkommen; r. ad Scipionem wieder vom St. zu handeln anfangen. E) von Sachen, die zu gewissen Zeiten sich wiederholen = wiederkehren, annus r., solemnia rr. F) r. in viam *trop.* = sich besinnen, auf den rechten Weg wieder kommen. 2) (indem die Partikel nur den Begriff eines Gegensatzes zu etwas Anderem mehr oder weniger deutlich bezeichnet) A) in irgend eine (etwas Anderem entgegengesetzte) Lage, Thätigkeit od. dergl. gerathen, zu Etwas kommen, -übergehen u. bergl.: pilis omissis ad gladios redierunt kamen zum Gebrauche der Schwerter, ergriffen die Schwerter; opinione trium legionum dejectus ad duas redierat er hatte drei Legionen erwartet, erhielt aber nur zwei; res r. ad interregnum es entstand ein Interregnum; bona rr. in tabulas publicas werden in die Staatsrechnungen eingetragen; bona rr. ad me fallen mir zu; res r. in eum locum oder eo kömmt auf den Punct; summa rerum (imperii) r. ad eum er bekommt das Obercommando, die höchste Gewalt: hereditas r. ad eum fällt ihm zu; ut ad pauca redeam (Com.) um mich kurz zu fassen. B) von Einkünften u. dergl., einkommen: pecunia quae ex metallis r.

*****Rĕ-d-hālo**, 1. (*Lucr.*) zurückhauchen d. h. wieder ausdampfen.

Rĕdhĭbeo, 2. [re-d-habeo] etwas Gekauftes wegen entdeckter Mängel auf Anforderung zurückgeben lassen, also A) vom Käufer, zurückgeben, rem, mancipium. B) vom Verkäufer, zurücknehmen.

Rĕdhĭbĭtio, ōnis, *f.* [redhibeo] (Spät.) die Zurückgabe, Zurücknahme (siehe redhibeo), mancipii.

Rĕdĭgo, ēgi, actum, 3. [re-d-ago] 1)

Reditus

zurück treiben, hostes in castra. Hiervon A) r. in unum zusammenbringen. B) *trop.* zurück bringen, -führen, disciplinam ad priscos mores; r. aliquos in gratiam versöhnen; r. aliquid in memoriam zurückrufen. 2) (indem der Begriff der Partikel zurücktrat) eintreiben, durch Verkauf u. dergl. zuwegebringen, herausbringen: r. pecuniam ex bonis patriis; quod inde redactum est was daraus eingekommen worden ist; *abs.* r. pecuniam das Geld eintreiben, von den Schuldnern sich bezahlen lassen. Hiervon r. aliquid ad quaestorem, in fiscum bezahlen, abgeben. 3) (indem der Begriff der Partikel fast ganz verschwand) Etwas in irgend eine Lage, Beschaffenheit u. s. w. bringen: r. hostes in servitutem zu Sklaven machen, Galliam in provinciam ob. in formam provinciae zu einer Provinz machen; r. regionem sub imperium (jus dicionemque) und in suam potestatem (dicionem) unter seine Herrschaft bringen; r. aliquos ad internecionem vollständig ausrotten, vernichten, aliquid ad irritum vereiteln, aufheben, aliquem ad inopiam an den Bettelstab bringen; r. aliquem eo ut etc. Jmd. auf den Punct bringen, daß u. s. w. — 4) (selten) zu Etwas machen, aliquid facile Etwas leicht machen. — 5) bei Zahlangaben, herabsetzen, beschränken: ex tribus ad unum redactus; hos (octo) libros ad sex redegit.

Rĕdĭmĭcŭlum, i, *n.* [redimio] das Band, bes. Kopf-, Stirnband, Kettchen.

Rĕdĭmĭo, 4. umwinden, umbinden, bekränzen, capillos vittā, frontem coronā.

Rĕdĭmo, ēmi, emptum, 3. [re-d-emo] 1) zurückkaufen, wiederkaufen, fundum. Insbes. = loskaufen, durch Geld frei machen, captivos; r. se pecuniā, a judicibus, auro a Gallis. 2) (Vorklaff. und Spät.) dagegen-, zum Ersatz kaufen: aliam ei pallam redimam. 3) (indem die Partikel nur einen Gegensatz bezeichnete oder seine Bedeutung ganz aufgab) A) kaufen, rem; gewöhnlich *trop.* = sich für Geld erwerben od. verschaffen; vitam ab aliquo; r. potestatem sepeliendi pretio; r. omnium gratiam morte alicujus. Hiervon (Spät.) = bestechen, auctores redempti. Hiervon *trop.* a) von sich abkaufen = durch irgend ein Opfer ein Uebel von sich oder Anderen abwenden, abwehren: r. metum virgarum pretio, omnia pericula uno quaestu; r. acerbitatem a republica. b) die Folgen von Etwas gleichsam abkaufen = ausgleichen, wieder gut machen, sühnen, flagitium, culpam. B) gegen eine bestimmte Geldsumme in Entreprise nehmen, also bei einer Versteigerung oder Vermiethung, a) = pachten, vectigalia. b) = übernehmen, navem fabricandam.

Rĕ-d-integro, 1. 1) wieder ergänzen, copias wieder vollzählig machen. 2) erneuern, wieder herstellen, bellum, pacem, animos, vires; r. animum legentis dem Geiste Erholung verschaffen, ihn erquicken.

*****Rĕdĭpiscor**, — *depon.* 3. [re-d-apiscor] (*Pl.*) wieder bekommen, rem.

Rĕdĭtio, ōnis, *f.* [redeo] (selten) die Rückkehr, Rückkunft: r. domum nach Hause, huc.

Rĕdĭtus, us, *m.* [redeo] 1) = reditio: r.

ad aliquem, Narbone aus N.; (Poet.) oft im *pl.*; r. in gratiam die Versöhnung. 2) das Einkommen, die Einkünfte; auch im *pl.*, rr. metallorum aus den Bergwerken.

Rĕdĭvīvus, *adj.* [redi = re-vivus] eigtl. wieder lebend, nur *trop.* von alten Baumaterialien, die zu einem neuen Baue verwendet werden, = wieder benutzt; so *subst.* -va, ōrum, n. *pl.* wieder benutzte Baumaterialien.

Rĕ-d-ōlĕo, ui, — 2. 1) riechen = einen Geruch von sich geben (stärker als oleo): r. thymo von Thymian; *trop.* = sich spüren, merken lassen, ex illius orationibus ipsae Athenae rr. 2) von oder nach Etwas riechen, r. thymum; *trop.* Spuren oder das Gepräge von Etwas an sich tragen, Etwas verrathen, ähnlich sein: hoc r. antiquitatem, exercitationem puerilem.

*****Rĕ-dŏmĭtus**, *particip.* eines sonst ungebräuchlichen Verbums re-domo, wieder bezwungen.

Rĕ-dōno, 1. (Poet.) 1) wieder schenken, zurück geben, aliquem patriae. *2) = condono 2, A. u. C.

Rĕ-dormĭo, 4. (Spät.) wieder schlafen.

Rĕ-dūco etc., 3. zurückführen, -ziehen: r. aliquem de exilio, in carcerem; r. exercitum, copias zurückziehen; r. remos, clipeum den Schild an sich zurückziehen; r. aliquem domum = begleiten, folgen; r. uxorem wieder als Frau annehmen; r. regem wieder einsetzen; r. aliquos in gratiam versöhnen; r. vestitum pristinum (Spät.) wieder in Gebrauch bringen.

Rĕductĭo, ōnis, *f.* [reduco] (selten) die Zurückführung, regis = Wiedereinsetzung.

Rĕductor, ōris, m. [reduco] (selten) der Zurückführer, plebis Romanae.

Rĕductus, *adj.* mit *comp.* [particip. von reduco] 1) von Localitäten, zurückgezogen = abgelegen, einsam, vallis; sinus r. zurückgezogene Krümmungen. 2) reducta (ōrum, n. *pl.*) steht bei Cicero als versuchte Uebersetzung des griechischen τὰ ἀποπροηγμένα, in der Lehre der Stoiker = Dinge, die nachgesetzt zu werden verdienen (*oppos.* producta).

Rĕ-d-uncus, *adj.* (Poet. und Spät.) zurückgekrümmt u. überhaupt krumm, gebogen.

Rĕdundanter, *adv.* mit *comp.* [particip. redundans von redundo] in überströmender Fülle, überflüssig.

Rĕdundantĭa, ae, *f.* [part. redundans von redundo] (selten) das Ueberströmen, *trop.* = die überströmende Fülle im Ausdrucke.

Rĕ-d-undo, 1. 1) eigentlich, vom Wasser, zurückwallen, übertreten, überströmen (wegen Ueberfüllung, also tadelnd, vgl. abundo): mare, lacus r. So (bei *particip. pass.* redundatus = redundans ausgetreten. Hierv. *trop.* A) nationes quae in nostram provinciam rr. hinüberströmen; hinc illae pecuniae rr. fließen. B) = als Folge oder Wirkung einer Sache Jmd. widerfahren, auf ihn fallen, ihn treffen u. bergl.: inde periculum ad me r. ich habe daraus nur Gefahr geerntet; invidia ex hac re ad me r. die Folge davon ist für mich der allgemeine Unwille geworden. C) oratio inde redundet oportet muß in reichlicher Fülle hervorströmen. D) Postumus ex ea causa reus

r. geht in vollem Maaße schuldig hervor. 2) im Ueberfluß vorhanden sein, überflüssig ba sein: der aus einer längeren Abwesenheit, insbef. der Sklaverei, Gefangenschaft u. bergl. zurückgeführt worden ist, zurückkommend oder «gekommen, zurückgebracht: viderunt Caesarem exercitamque reducem; facere aliquem reducem in patriam; r. Romam der nach Rom zurückgeführt ist, ebenso r. domum nach Hause gekommen.

Rĕfectĭo, ōnis, *f.* [reficio] (Spät.) 1) die Wiederherstellung, Ausbesserung. 2) die Erquickung, Erholung.

*****Rĕfector**, ōris, m. [reficio] (Spät.) der Wiederhersteller, Ausbesserer.

Rĕfello, felli, — 3. [re-fallo] widerlegen (durch Gründe, vgl. refuto), als irrig zurückweisen: r. aliquem; r. dicta alicujus, mendacium. Hiervon (Poet.) entfernen, beseitigen, crimen commune ferro.

Rĕfarcĭo, rsi, rtum, 4. [re-farcio] vollstopfen, anfüllen, cloacas corporibus. Hiervon *trop.* füllen, anfüllen, omnia libris, aurea istis sermonibus, libros fabulis. 2) in Menge zusammenstopfen = zusammenhäufen, quae Crassus in oratione coartavit et peranguste refersit.

Rĕ-fĕrĭo, — — 4. (Vorklass., Poet. und Spät.) wieder schlagen, aliquem.

Rĕ-fĕro etc., 3. 1) zurücktragen, «bringen, «führen: r. literas ad Caesarem, aurum secum, pecunias in templum; r. naves illuc: classis relata est (Poet.) ist zurückgekommen; sonus relatus widerschallend; r. pedem zurückgehen, ebenso häufig r. se sich zurück begeben, zurückkehren, Romam, de Britannis. Hiervon insbef. A) als *milit. term. t.*, r. pedem (auch *r. gradum) sich zurückziehen, retiriren. B) zufolge einer Schuld Etwas zurückbringen, = zurückgeben ob. zurückbezahlen, ob. = vergelten, wiedererstatten, dagegen geben u. bergl.: r. argentum, paternam surreptam; r. alicui aliquid; r. alicui gratiam sich durch die That dankbar beweisen; r. alicui salutem Jmd. wieder grüßen, par pari Gleiches mit Gleichem vergelten. C) Etwas außer Gebrauch Gekommenes, Verschwundenes, Verlorenes u. bergl. zurückführen, «bringen: r. morem, consuetudinem wieder einführen; r. reipublicae (*dat.*) veterem laudem gentis illius erneuern. Hiervon = vermittelst der Aehnlichkeit wieder darstellen; wiedergeben (= reddo 1. F. c.): r. aliquem ore, sermone. D) wiederholen, responsum; r. decretum (zweifelh.) eine Entscheidung noch einmal geben (oder = durchsetzen, wie reportare victoriam). (Poet.) r. aliquid = wieder bedenken. E) meist als *term. t.* in amtlichen Sachen, Botschaft oder Bescheid zurückbringen, melden, anzeigen, mandata, numerum ad aliquos; illi referunt, omnes abisse. F) antworten, alicui aliquid. *G) = rursus fero, siehe fero 2. B., von Neuem vortragen, aliquid ad populum.

2) (die Partikel theils nur einen Gegensatz bezeichnend, theils ihre Bedeutung ganz aufgebend) A) Etwas zu Etwas zurückführen, beziehen, auf Etwas Beziehung haben lassen, auf Etwas einrichten, einer Sache gemäß machen u. dergl.: r. omnia ad voluptatem in Allem auf den Genuß Rücksicht nehmen, ebenso r. omnia ad suum arbitrium; r. liberalitatem ad eum finem danach begrenzen; r. ad se quid etc. nach sich selbst beurtheilen, was u. s. w.; häufig pass. referri sich auf Etwas beziehen, Jmd. betreffen, angehen: hoc refertur ad te; selten in derselben Bedeutung referre se. B) *term. t.* in der Geschäftssprache schriftlich eintragen, einschreiben, notiren, registriren u. dergl.: r. nomen (bona u. dergl.) alicujus in tabulas; r. aliquem inter proscriptos, absentem in reos; r. senatusconsulta (in aerarium). Hiervon a) r. rationes ad aerarium (ad aliquem) ob. r. aliquid in rationibus in Rechnung bringen, für Etwas Rechenschaft ablegen, es verrechnen; r. pecuniam alicui als von ihm bezahlt oder ihm gehörend eintragen, so auch r. pecuniam operi publico als für ein öffentliches Werk ausgegeben eintragen; r. alicui aliquid acceptum, expensum, siehe accipio u. expendo. b) unter Etwas zählen, rechnen: r. aliquem in numero deorum ob. inter (in) deos. C) (meist Spät.) erzählen, berichten, anführen u. dergl., aliquid, exemplum, verba. D) publicistischer *term. t.*, insbef. von dem Senate, Etwas beantragen, zur Beschlußnahme vortragen, Etwas vorlegen (vgl. defero): r. rem ad senatum; r. ad senatum, quid fieri placeat. 3) Hiervon *intrans. u. impers.*

Rĕfert, rĕtŭlit, rĕferre [res (vgl. e re mea est) -fero] es ist Jmd. daran gelegen, es ist zuträglich, es nützt, es kömmt an auf Etwas, es geht Jmd. an u. dergl.: r. meā, tuā, suā etc., selten r. illius, fratris; illud magni (magnopere, multum) r.; nihil r. quam saepe id fiat; parvi r. nos vectigalia amissa recuperare es hilft wenig; quid r. was nützt es? r. compositionis (Spät.) es ist wichtig für die Zusammensetzung. In derselben Bedeutung steht auch (Vorklaff.) r. ad rem, ad aliquem (einmal bei Pl. auch pl. haec referunt ad rem), und (Poet. u. Spät.) r. alicui ob. rei alicui.

Rĕfertus, adj. mit comp. u. sup. [particip. von refercio] gestopft = gedrängt voll, ganz erfüllt: domus r. wohlversehen, aerarium voll; locus r. praedā und (von Personen) Gallia r. est negotiatorum.

Rĕ-fervĕo, — — 2. wieder überwallen, -kochen, *trop.* crimen reservens = sehr heftig.

*Rĕ-fervesco, — — 3. wieder siedend aufwallen.

Rĕfĭcĭo, fēci, fectum, 3. [re-facio] 1) wieder machen, -verfertigen, arma; r. regem wiedereinsetzen. Hiervon als *term. t.* eine Magistratsperson wieder ernennen, -wählen, r. consulem, tribunos. 2) wieder in den vorigen Stand setzen, wiederherstellen, ausbessern,

wieder erbauen u. dergl.: r. naves, pontem, urbem; r. copias wieder vollzählig machen, ebenso exercitum. Hiervon trop. A) körperlich wieder herstellen, erquicken, erfrischen, mit neuer Frische und Kraft wieder beleben, boves, saucios; r. se ob. *pass.* medial sich erholen, genesen u. dgl. B) geistig wiederherstellen = beruhigen, aufmuntern, stärken, aliquem und animum alicujus. 3) als ökonomischer *term. t.* Einkünfte aus Etwas herausbekommen, einnehmen, pecuniam ex fundo; tantum ei reficitur ex possessionibus so große Einnahme hat er. Hiervon (Spät.) r. impensas belli alio modo ersetzen, auf anderm Wege zuwegebringen.

Rĕ-fīgo etc., 3. 1) etwas Angeheftetes ab. Befestigtes losmachen, herabnehmen: r. tabulas, clipeum; sidera coelo refixa currunt (Poet.) zur Bezeichnung der Sternschnuppen. Hiervon trop. = beweglich machen, (zur Reise) einpacken, res suas. 2) trop. (öffentlich angeschlagene Gesetztafeln wieder herabnehmen, daher =) ein Gesetz aufheben, abschaffen.

Rĕ-fingo etc., 3. (Poet., selten) wieder bilden, -schaffen, rem.

*Rĕ-flāgĭto, 1. (Poet.) zurückfordern, rem.

Rĕ-flātus, us, m. [reflo] das Entgegenwehen, davon der Gegenwind.

Rĕ-flecto etc., 3. 1) *trans.* zurück-, rückwärts biegen, -drehen, -wenden, caput, oculos; r. pedem oder gressum (Poet.) zurückkehren. Hiervon trop. = zurückwenden, umwenden, animum, mentes. 2) (Lucr.) *intrans.* zurückweichen.

Rĕ-flo, 1. 1) *intrans.* entgegen blasen, in entgegengesetzter Richtung wehen. 2) *transit.* (Vorklaff. u. Spät.) zurück (d. h. wieder aus-) blasen, aëra.

Rĕ-fluo etc., 3. (Poet.) zurück fliessen.

Rĕflŭus, adj. [refluo] (Poet.) zurückfliessend.

Rĕ-fŏcillo, 1. (Spät., zweifelhaft) eigentlich wieder erwärmen, davon trop. = wieder beruhigen, -beleben, trösten, lugentem.

Rĕ-fŏdio etc., 3. (Spät.) 1) wieder graben, umgraben, terram. 2) wieder aufgraben, radicem.

*Rĕformātĭo, ōnis, f. [reformo] (Spät.) die Umgestaltung, trop. = die Verbesserung, morum.

*Rĕformātor, ōris, m. [reformo] (Spät.) der Umgestalter = der Verbesserer, literarum.

*Rĕformīdātĭo, ōnis, f. [reformido] das Zurückschaudern, die heftige Furcht.

Rĕ-formīdo, 1. vor Etwas zurückschaudern = sehr fürchten, dolorem, bellum, aliquem; r. dicere zu sagen sich scheuen; *absol.* non r. gar nicht bange sein. Hiervon (Poet. u. Spät.) = nicht vertragen: membra saucia rr. manum, lumina (die Augen) rr. solem.

Rĕ-formo, 1. (Poet. u. Spät.) umgestalten, umbilden, umwandeln, aliquem; (Poet.) reformo quod ante fui nehme wieder meine vorige Gestalt an.

Rĕ-fŏvĕo etc., 2. (Poet. u. Spät.) wieder erwärmen und dadurch wieder erquicken, stärken, auffrischen, beruhigen u. dergl., corpus, aliquem; r. ignem wieder anmachen. Hiervon r. provincias aufhelfen, studia, disciplinam neu beleben, r. reliquias partium von Neuem stärken, r. aliquem = trösten.

*Refractāriŏlus, *adj. deminut.* von refractarius.

*Refractārius, *adj.* [refringo] (Spät.) widerspenstig, geneigt zum Widerstreiten.

Refrāgor, *depon.* 1. [verwandt mit refringo; siehe das entgegengesetzte suffragor und suffragium], wider Jmd. oder Etwas stimmen, bei der Abstimmung zuwider sein, alicui und petitioni alicujus. 2) überhaupt widerstreben, sich widersetzen, rei alicui.

*Refrēnātio, *ōnis, f.* [refreno] (Spät.) die Zügelung, Bezähmung, doloris.

Re-frēno, 1. 1) mit dem Zügel zurückhalten, equos, (Poet.) aquas, materiem; *trop.* r. adolescentes a gloriâ zurückhalten. 2) *trop.* zügeln, bändigen, hemmen, libidines, licentiam.

Re-frico etc., 1. 1) wieder aufreiben, vulnus, cicatricem. Hiervon *trop.* erneuern, wieder erregen, memoriam facti, desiderium, dolorem; r. fabulam veterem wieder vorbringen. 2) *intrans.* wieder aufbrechen, lippitudo r.

Refrīgerātio, *ōnis, f.* [refrigero] die Abkühlung.

Refrīgero, 1. [re-frigus] 1) abkühlen, wieder kühl machen, aquam, plumbum, calorem; *pass. medial* = sich abkühlen. 2) geistig abkühlen, weniger eifrig und feurig machen, testem = zum Schweigen bringen; häufig *pass. medial* = erkalten, nachlassen, ermatten, accusatio, sermo hominum; (Spät.) refrigerari a se ipso selbst daran Schuld sein, daß der Beifall schwächer und matter wird.

Re-frīgesco etc., 3. 1) wieder kalt werden, sich abkühlen. 2) *trop.* mit weniger Eifer und Kraft betrieben werden, erkalten, ermatten, stocken u. dergl.: crimen, belli apparatus, oratio r.; forum r. a judiciis es ist still geworden bei Gerichtsverhandlungen; Scaurus r. = hat geringe Aussicht zur Wahl; sortes rr. sind außer Gebrauch gekommen.

Re-fringo, frēgi, fractum, 3. [re-frango] 1) (selten, Spät.) zurückbrechen, brechend zurückwerfen, radium solis. 2) erbrechen, aufbrechen, januam, carcerem. 3) (Poet. u. Spät.) überhaupt brechen, zerbrechen, mucronem, ramum losbrechen; r. vim fluminis; *trop.* r. vim fortunae = überwinden, dominationem vernichten, Achivos schwächen.

Re-fŭgio etc., 3. 1) zurück fliehen, ex caede in castra; hostes rr. Hiervon *trop.* A) r. ab instituto, a consuetudine abweichen, abgehen, a dicendo sich enthalten, es unterlassen, a genere hoc sermonis nicht anwenden. B) = einfliehen, seine Zuflucht nehmen, ad aliquem. C) (Poet.) von Localitäten, zurücktreten = abgelegen sein, a litore. 2) vor Jmd. oder Etwas zurückfliehen, fliehen, zu vermeiden streben, anguem, aliquem judicem nicht gern haben wollen; *trop.* meiden, jurgia, vitia, voluptatem.

Refŭgium, ii, n. [re-fuga] 1) (Spät.) *abstr.* die Zuflucht. 2) *concr.* die Zuflucht = der Zufluchtsort: dare alicui r., senatus est r. populorum.

Refŭgus, *adj.* [re-fuga] (Poet. u. Spät.) zurückfliehend.

Re-fulgeo etc., 2. (meist Poet.) 1) zurückschimmern, strahlen, luce solis vom Lichte der Sonne. 2) überhaupt wiederstrahlen, strahlen, schimmern: Aeneas r. in clara luce, corpus r. pictis armis; Jovis tutela refulgens Jupiters (gegen jenes) widerstrahlendes, schützendes Gestirn.

Re-fundo etc., 3. (meist Poet. u. Spät.) 1) zurück gießen, zurück fließen machen: aether r. vapores; r. aquam in mare; häufig *pass. medial* (bes. das *particip.* refusus) = zurückfließen, stagna refusa vadis aufgewühlt vom Grunde, Acheron refusus zurückgedrängt und daher überströmend. Hiervon *trop.* = zurück geben. alicui aliquid. *2) wieder flüssig machen, schmelzen, aquam. *3) (die Bedeutung der Partikel ganz aufgebend) fletus refusus strömend.

Refūtātio, *ōnis, f.* [refuto] die Widerlegung.

*Refūtātus, us, m. [refuto] (*Lucr.*) = refutatio.

Re-fūto, 1. [verwandt mit refundo] 1) zurücktreiben, nationes bello. 2) zurückweisen, abweisen, verschmähen u. dergl., cupiditatem alicujus, clamorem, virtutem; fors refutet dicta (Poet.) wende ab! 3) widerlegen (durch irgend welche Mittel, vgl. refello), aliquem und argumenta alicujus.

*Rēgāliŏlus, i, m. [regalis] (Spät.) ein kleiner Vogel, etwa der Zaunkönig.

Rēgālis, e, *adj.* mit *comp.* [rex] königlich, einem Könige ähnlich, -geziemend, -zukommend, davon = einem Könige gehörend (vgl. regius), nomen, potestas; respublica r. ein Königreich, eine Monarchie; scriptum r. von einem Könige handelnd. Hiervon *trop.* königlich = prächtig, glänzend.

Rēgāliter, *adv.* [regalis] (selten) = regie.

Regelo, 1. [re-gelu] (Spät.) aufthauen, wieder erwärmen, solum aedificii.

Re-gero etc., 3. 1) zurücktragen, -bringen, -schaffen, onera, tellurem in die Grube zurücklegen, faces zurückwerfen. Hiervon *trop.* r. alicui convicia wiedergeben, ebenso crimen; r. tibi Stoicos stelle dir entgegen. 2) (die Bedeutung der Partikel ganz aufgebend) irgendwo hinbringen, -tragen: r. humum aufwerfen. Hiervon *trop.* A) eintragen, aliquid in commentarios. B) r. culpam in aliquem die Schuld auf Jmd. schieben.

Regina, siehe Regius.

Regie, *adv.* [regius] königlich, a) im guten Sinne = prächtig, glänzend, b) im üblen Sinne = gebieterisch, tyrannisch.

*Rēgĭfĭce, *adv.* [regificus] (Vorklass.) = regie.

Rēgĭfĭcus, *adj.* [rex-facio] (Poet.) = regalis.

*Re-gigno etc., 3. (*Lucr.*) wieder erzeugen, rem.

Rēgillus, *adj.* [rex] (Vorklass.) königlich.

Rēgillus, i, m. [auch -li, ōram, m. *pl.*] 1) Stadt im Lande der Sabiner. Davon -lensis, e, *ob.* -lānus, *adj.* 2) kleiner See in Latium, bekannt durch den Sieg der Römer 496

v. Chr. Davon **-liensis, e,** *adj.*, Beiname in der gens Postumia (weil jener Sieg unter dem Dictator Aulus P. erfochten wurde).

Rēgĭmen, inis, *n.* [rego] (meist Poet. u. Spät.) 1) die Lenkung, Leitung, equorum, classis. Hiervon *trop.* die Lenkung = Regierung, Verwaltung, omnium rerum; r. cohortium das Commando; absol. bei *Tac.* = die Regierung des Staats. 2) (Poet.) das, womit man lenkt, r. carinae, das Steuerruder. 3) der Lenkende, Verwalter, rerum des Staates.

Rēgīna, ae, *f.* [rex] 1) die Königin, *trop.* haec una virtus est omnium domina et r. 2) die Königstochter, Prinzessin. 3) (Poet.) A) = eine Göttin. B) = eine vornehme Dame, Herrin.

Rĕgĭo, ōnis, *f.* [rego] 1) die Richtung, Linie: häufig recta r. die gerade Linie, ebenso declinare a r.; regione platearum auf der Seite, wo die Straßen waren, regione portae illius in der Gegend, wo jenes Thor war = in der Nähe jenes Thores; primi superabant regionem castrorum die Linie; natura et r. castrorum Lage. Hiervon adverbial e regione, A) = in gerader Linie, gerade. B) = von der entgegengesetzten Seite, gegenüber, oppidi, nobis (*dat.*); absol. aciem e r. instruere. 2) die Grenzlinie, die Grenze, rr. ac termini; *trop.* rr. officii. Insbes. von einer Grenzlinie am Himmel bei der Wahrnehmung von Auspicien. 3) die Gegend, das Gebiet: locus in regione pestilenti saluber; *trop.* r. rationis die Sphäre.

Rĕgĭōnātim, *adv.* [regio] gegendweise.

Rēgĭum, a. S. für Rhegium.

Rēgĭus, *adj.* [rex] 1) königlich = zu einem Könige oder einer königlichen Familie gehörend, davon = einem Könige geziemend, „ähnlich u. s. w. (vgl. regalis), genus, nomen, ornatus; r. bellum der Krieg mit einem Könige; res r. ob. regium was einem Könige geziemt oder bei ihm gewöhnlich ist. Hiervon *subst.* A) regii = die königlichen Truppen, „die Königlichen", oder = die Hofleute. B) Rēgĭa, ae, *f.* a) (*sc.* domus) die Königsburg, das Residenzschloß; insbes. zu Rom die von Numa an der via sacra erbaute Königsburg, welche später zu priesterlichen Zwecken verwendet wurde. Hiervon a) insbes. = die Königsburg mit ihren Bewohnern, der Hof. β) das königliche Zelt im Lager. — b) (*sc.* urbs) (Poet. u. Spät.) die Königsstadt, Residenzstadt. c) Lateinischer Ausdruck für basilica (siehe dieses Wort), die Säulenhalle. — 2) *trop.* königlich = prächtig, glänzend u. dergl.

Rĕ-glūtĭno, 1. (Poet.) „wieder aufleimen" = wieder auflösen, rem.

Regnātor, ōris, *m.* [regno] (Poet.) der König, Herrscher, Gebieter, Olympi.

Regnātrix, icis, *f.* [regno] (Spät.) die Herrscherin, nur als *adj.* = herrschend.

Regno, 1. [regnum] 1) *intrans.* König sein, die königliche Gewalt und Würde haben: tot annos regnatum est Romae in so vielen Jahrhunderten haben Könige regiert, omnes volebant regnari daß ein König sein sollte; (*Tac.*) advenae rr. in nos sind Könige über uns gewesen. Hiervon A) überhaupt herrschen, gebieten: Graecia jam r.; r. in illis centuriis Alles gelten. Insbes. a) mit tadelndem Nebenbegriffe = den Herrn spielen, unumschränkte Gewalt üben, frei schalten und walten: Gracchus regnavit paucos menses. b) von leblosen Subjecten = die Oberhand haben, ignis r., ardor edendi r. per viscera wüthet. B) (Poet.) = prächtig und glücklich leben wie ein König, vivo et regno. 2) *transit.* (Poet. u. Spät.) beherrschen, regieren, terras; Bactra regnata Cyro vom C.; *r. populorum (griech. Constr.).

Regnum, i, *n.* [rex] 1) das Königthum, die Königsgewalt und Königswürde: potiri r., obtinere r.; regnum redit ad eum. Hiervon überhaupt die Herrschaft, Regierung, die höchste Gewalt, und oft, dem republicanischen Geiste der Römer gemäß, in gehässigem Sinne = die Alleinherrschaft, Zwingherrschaft, ungesetzliche Macht: exercere r. in plebe Romana; hoc vero r. est das ist eine wahre Tyrannei; r. judiciorum, forense; (Poet.) rr. vini die Leitung, der Vorsitz bei Trinkgelagen (vgl. magisterium). 2) das Königreich; davon (meist Poet. u. scherzhaft) = Besitzthum, Eigenthum, Geburt.

Rĕgo, xi, ctum, 3. 1) richten, lenken, leiten, tela, equum, navem; (Poet.) r. iter, vestigia; *trop.* r. errantem u. dergl. leitn. 2) *term. t.* r. fines bestimmen, abstecken. 3) lenken = regieren, beherrschen, verwalten, rempublicam, mundum, consilia senatus, juvenem; r. legiones anführen, (Poet.) r. imperium der Regierung vorstehen, regieren.

Rĕgrĕdĭor, gressus, *depon.* 3. [re-gradior] zurückgehen, -schreiten, -kehren, ab ostio, in urbem; militem rr. iubet sich zurück; r. in memoriam (*Pl.*) sich besinnen.

Rĕgressĭo, ōnis, *f.* [regredior] (Spät.) der Rückgang = der R. in der Rede, die Wiederholung.

Rĕgressus, us, *m.* [regredior] 1) der Rückgang, die Rückkehr; von Truppen = der Rückzug. Hiervon *trop.* fortuna non habet r. kann nicht rückgängig gemacht d. h. geändert werden, r. ab ira non datus erat = Zeit um vom Zorne zurückzukommen; r. ad poenitendum. 2) (Spät.) der Rückhalt, die Zuflucht, ad principem.

Rĕgŭla, ae, *f.* [rego] 1) ein Stück Holz zum Geraderichten, das Richtscheit, Lineal. 2) überhaupt ein gerades Stück Holz, Brett, Latte, Stab. 3) *trop.* = die Richtschnur, Vorschrift, Regel, naturae von der Natur gegeben; r. loquendi, sermonis für das Sprechen, die Rede; ad hanc r. nach dieser Regel.

Rĕgŭlus, i, *m.* (*deminut.* von rex) 1) ein kleiner König = König eines kleinen Landes. 2) ein Königssohn, Prinz.

Rĕgŭlus, i, *m.* römischer Name bes. in dem Atilischen Geschlecht; M. Atilius R. zeichnete sich im ersten punischen Kriege aus.

Rĕ-gusto, 1. wieder kosten, rem; *trop.* r. literas wieder lesen.

Rĕgȳro, 1. [re-gyrus] (Spät.) sich im Kreislaufe zurück wenden.

Rēĭcĭo, a. S. für rejicio.

Rējectānĕa, ōrum, *adj.* im n. *pl.* [rejicto] das Zurückweisliche, Abzuweisende, Verwerfliche, eine von Cicero versuchte Uebersetzung des griechischen τὰ ἀποπροηγμένα in der Lehre der **Stoiker** (statt deffen gebraucht er auch rejecta und rejicienda).

Rejectio, ōnis, *f.* [rejicio] eigtl. das Zurückwerfen, davon *trop.* die Verwerfung, Zurückweisung, *rei alicujus*; insbef. r. judicum, siehe rejicio.

*Rejecto, 1. [re-jacto] (Vortlauf.) zurückwerfen, clamorem.

Rejicio, jēci, jectum, 3. 1) zurückwerfen, tela in hostem; r. sanguinem ausspeien. Auch = hinter sich werfen: r. togam ab humero, vestem ex humeris, r. manus ad (post) tergum auf den Rücken legen, ebenso r. scutum auf den Rücken nehmen. Hiervon A) zurücktreiben, -jagen, aliquem, bes. hostes; navis rejicitur wird von dem Winde zurückgeschlagen; r. ferrum zurückschlagen. Hiervon r. oculos abwenden; r. aliquem a libris u. dergl. abwendig machen, abhalten. B) zurückweisen, abweisen, fern halten, aliquid a se, minas alicujus, socordiam a se. C) *trop.* verwerfen, verschmähen, verächtlich von sich abweisen, -ablehnen, dona, illa bona, disputationem, munus. Insbef. r. judices eine gewisse Zahl der durch das Loos gewählten Richter verwerfen (was beiden Parteien zustand), „perhorresciren". Hiervon rejecta und rejicienda, siehe rejectanea. 2) (mit dem Begriffe eines Gegensatzes) irgend wohin verweisen, hinweisen, aliquem in illum gregem; ne bis eadem legas, ad ipsam epistolam te rejicio. Insbef. als *term. t.* eine Angelegenheit oder denjenigen, der sie betreibt, an eine andere Behörde verweisen, übergehen lassen: r. rem ob. legatos ad senatum, ad pontifices. Hiervon A) = Etwas auf später verschieben, rem in mensem Januarium. *B) r. se aliquo sich auf Etwas werfen = sich dessen befleißigen. 3) (die Bedeutung der Partikel ganz aufgebend) Vortlauf = werfen überhaupt, r. se in gremium alicujus.

Rejiculus, *adj.* [rejicio] (Vortlauf. u. Spät.) verwerflich = unbrauchbar; dies r. verloren, nutzlos hingebracht.

Rĕ-lābor etc., *depon.* 3. (Poet.) zurückgleiten, -sinken, -fallen: unda r. fließt zurück; iterum r. auf das Lager zurückfallen; r. verso vento zurückschiffen; r. in sinum alicujus zurückkehren, ebenso mens et sonus r.; r. ad praecepta Aristippi unvermerkt und allmälig zurückkommen.

Rĕ-languesco etc., 3. wieder erschlaffen, -ermatten: moribundus r.; ventus r. läßt nach; animus r., impetus regis r., ira r. wird ruhiger, ermattet.

Rĕlātio, ōnis, *f.* [refero] *1) (Spät.) das Zurückbringen: crebra r. quoad intinguntur calami das Zurückführen der Hand auf das Tintenfaß. Hiervon A) r. criminis das Zurückschieben auf den Ankläger. B) die Wiederholung. C) r. gratiae, die Erwiederung, Vergeltung. D) (Spät.) die Meldung, Angabe, Erzählung, dictorum. 2) *term. t.* die Berichterstattung, der Antrag, insbef. einer Magistratsperson im Senate (siehe refero 2 D.): approbare, mutare r.; egredi relationem den Vortrag überschreiten d. h. von Gegenständen seine Ansicht sagen, welche zu dem von der präsidirenden Magistratsperson gemachten Vortrage

nicht gehören. 3) (Spät.) philosophischer *term. t.* die Beziehung, das Verhältniß.

Rĕlātor, ōris, *m.* [refero] (selten) der Berichterstatter, Referent, der im Senate Etwas beantragt.

Rĕlātus, us, *m.* [refero] (Spät.) 1) der Vortrag = die Anstimmung, carminum. *2) zweifelh. = relatio 2.

Rĕlaxātio, ōnis, *f.* [relaxo] eigtl. die Losspannung, *trop.* die Erleichterung, Erholung, animi.

Rĕ-laxo, 1. 1) erweitern, geräumiger machen, öffnen, ora, vias; alvus relaxatur (*oppos.* astringitur) wird abgeführt. 2) los machen, locker machen, lösen, schlaff machen, nodos, vincula, globas. 3) *trop.* A) erschlaffen, abspannen, mildern, laborem, vultum, continuationem verborum, tristitiam ac severitatem; r. curas quiete linbern. B) von Anstrengung, Schmerzen losspannen = erquicken, aufheitern, erleichtern: r. animum a contentione; r. animum oder relaxari animo sich Erholung gestatten; r. se sich erholen, contentionibus von — ausruhen. C) absol. = nachlassen: r. aliquid a contentionibus; dolor r. nimmt ab; medial im *pass.* insani relaxantur ihre Wuth läßt nach.

Rĕlēgātio, ōnis, *f.* [relēgo] die Fortschickung, Verbannung (siehe relēgo).

Rĕ-lēgo, 1. 1) fortschicken, entfernen (gewöhnlich Jmd, dessen man los sein will, also mit gehässigem Nebenbegriffe): r. filium ab hominibus, aliquem in praedia rustica (Poet.) r. tauros procul, aliquem nemori nach dem Walde. Hiervon A) *term. t.* als Strafe Jmd. verbannen (nach einem bestimmten Orte auf eine gewisse Entfernung von Rom und gewöhnlich auf eine gewisse Zeit verweisen; die relegatio war die mildeste Art von Verbannung, vgl. exsilium und deportatio: r. aliquem; bisweilen pleonastisch relegatus in exilium. — (Spät.) auf Etwas oder Jmd. verweisen = hinweisen, übertragen, aliquid ad philosophos; r. culpam in aliquem auf Jmd. schieben; (Poet.) r. alicui causam zuschreiben.

Rĕ-lĕgo etc., 3. 1) (Poet.) wieder zusammennehmen, -fassen, filum (den Faden der Ariadne). 2) (Poet. u. Spät.) von Localitäten, wieder zurücklegen, wieder durchreisen, viam, Asiam. 3) wieder lesen, librum. 4) *trop.* wieder durchgehen: r. sermone labores suos in der Rede durchgehen, ± besprechen; r. quae ad cultum deorum pertinent sorgfältig in Erwägung ziehen.

***Rĕ-lentesco**, — — 3. (Poet.) wieder erschlaffen, -nachlassen, amor.

Rĕ-lĕvo, 1. 1) (Poet.) wieder aufheben, corpus. 2) erleichtern, rem, onus; relevari catenā von der Kette. (Poet.) A) lindern, mildern, weniger mühsam und beschwerlich machen, erleichtern, communem casum, luctum, laborem, sumptum. B) Jmd. Erleichterung oder Linderung verschaffen, ihn erleichtern, befreien u. dergl.: r. aliquem moerentem trösten; r. pectora mero (Poet.) erheitern; r. membra sedili (Poet.) ausruhen; häufig *pass.* medial = sich erholen, Erleichterung bekommen.

41*

Rĕlictio, ōnis, *f.* [relinquo] das Verlassen, Imstichelassen, reipublicae.

Rĕlicuus, a. S. für Reliquus.

***Rĕlĭgātio**, ōnis, *f.* [religo] das Anbinden, vitium.

Rĕlĭgo, ōnis, *f.* [nach Cicero aus religo = relēgo in der Bed. 4.] die sorgfältige und gewissenhafte Erwägung und Beobachtung von Etwas, also 1) die Gottesverehrung. A) die innere, die Verehrung der Götter und des Göttlichen, die Gottesfurcht, Religiosität: sacra Cereris magna religione conficiuntur, deus colitur summa religione. B) die äußere, das Anbeten, die Verehrung, deorum; mira est ibi Cereris r. die C. wird da. sehr verehrt; cultus et r. So überhaupt = die religiöse Handlung, der Religionsgebrauch und collectiv = die sämmtlichen gottesdienstlichen Handlungen, das Religionswesen, Cultuswesen, der Gottesdienst (in welcher Bedeutung es bisweilen durch „Religion" übersetzt wird): rr. publicae; rr. divinae; jura religionum; Numa omnes partes religionis statuit sanctissime; Druides interpretantur rr. 2) A) die Eigenschaft einer Sache, daß sie göttlicher Ehrfurcht und Verehrung würdig und theilhaft ist, Heiligkeit, fani, deorum, signi; fanum tanta erat religione war so heilig. B) meton. der Gegenstand der religiösen Verehrung, das Heiligthum, der heilige Gegenstand: externa r. eine ausländische Gottheit; violare rr.; restituit civitati illam r. (eine Bildsäule der Diana). 3) die bes. aus Religiosität entstehende Bedenklichkeit, der Religionsscrupel, Gewissensscrupel u. dergl.: inanis r. et timor; oblata est ei r. entstand bei ihm, überfiel ihn, ebenso afferre, injicere r. (alicui) Imb. einflößen; habere aliquid religioni ob. in religione, trahere in religionem sich ein Gewissen aus Etwas machen, es bedenklich finden, ebenso religio (mihi) est dicere; religio obstitit ne etc. Hiervon die (einen Religionsscrupel erzeugende) religiöse Schuld, Sünde: liberare (solvere) templum religione; r. inexpiabilis. 4) die Verbindlichkeit, verpflichtende Kraft, sortis, jurisjurandi; obstringere populum Romanum religione. 5) die Gewissenhaftigkeit, Redlichkeit, Pünktlichkeit: fides et r. vitae; r. antiqua; r. privati officii die gewissenhafte Beobachtung; rr. judicum.

Rĕlĭgiōse, *adv.* mit comp. u. sup. [religiosus] 1) heilig, religiös. 2) gewissenhaft, genau, mit sorgfältiger Beobachtung aller Gebräuche, testimonium dicere, commendare, rem rusticam curare.

Rĕlĭgiōsus, *adj.* mit comp. u. sup. [religio] 1) gottesfürchtig, religiös, fromm, homo. 2) heilig, signum, locus. 3) bedenklich: A) object., = was eine (religiöse) Bedenklichkeit erregt: religiosum erat illos fructus consumere es war eine Gewissenssache, man hatte religiöses Bedenken dabei; dies ir. ein Tag von böser Vorbedeutung. B) subject. = scrupulös, der religiöse Bedenklichkeit hat, bedächtig, gewissenhaft, ängstlich, civitas, homo; auctor, testis r. redlich; aures rr. feine, delicate. Hiervon (Com.) = gar zu ängstlich, scrupulös, abergläubisch.

Rĕ-lĭgo, 1. 1) zurück binden, und dann überhaupt aufbinden, binden: r. Hectorem ad currum, manus post tergum; r. comas. Insbes. r. navem ad terram festbinden, festmachen, ebenso funem saxo. 2) (Poet.) wieder aufbinden = losbinden, jugum.

Rĕ-lĭno etc., 3. (Poet. u. Spät.) „aufzichen", „aufstegeln" = öffnen, dolia; r. mella herausnehmen.

Rĕ-linquo etc., 3. 1) zurück lassen, hinterlassen, lassen (indem man selbst fortgeht, vgl. omitto), aliquem, Britanniam sub sinistra, milites praesidio castris. Hiervon (Spät.) r. omnes procul se weit hinter sich lassen = ihnen weit vorauskommen. Insbes. A) beim Tode hinterlassen als eine Erbschaft, Kinder, Schriften u. dergl.: r. aliquem heredem. B) übrig lassen, zurück lassen als einen Rest ob. dergl.: r. paucos; r. partem sibi, nullum locum objurgandi; r. locum morti honestae. Häufig relinquitur es steht zurück, es ist übrig, una vis r.; nihil nisi fuga r.; r. illud etc. C) Imb. ob. Etwas in irgend einer Lage, Verhältniß u. dergl. lassen, bleiben lassen: r. aliquos insepultos, aliquid incertum. D) überlassen, preisgeben, urbem diroptioni, hominem ad alicujus quaestum. 2) verlassen, von Imb. ob. Etwas weggehen (es bezeichnet die bloß materielle Handlung, ohne Beziehung auf ihre moralische Beschaffenheit, vgl. desero, destituo): r. aliquem, urbem; relictus ab omni honestate entblößt; r. animam ob. vitam (Poet.) sterben, auch vita (animus) eum r. er stirbt. Hiervon A) fahren lassen, aufgeben, von Etwas abstehen, sein lassen: r. obsidionem, bellum, r. cultum agrorum vernachlässigen; r. hostem in Ruhe lassen, nicht mehr behelligen; relictis omnibus rebus mit Hintansetzung aller anderen Dinge; (*Lucr.*) r. mirari aufhören. B) Etwas wie es ist sein lassen, auf sich beruhen lassen, jus. Hiervon = ungestraft, ungerächt lassen, injurias, legatum intersectum. C) in der Rede überlassen, aliquid.

Rĕlĭquiae, ārum, *f. pl.* [relinquo] das Zurückgebliebene, der Ueberbleibsel, der Rest, copiarum, familiae, cibi, pristinae fortunae von den Truppen, der Familie u. s. w., rr. aliquis die Asche u. s. w. eines verbrannten Leichnams; dagegen rr. Danaum was d. i. diejenigen, welche die D. übrig gelassen haben, rr. avi der vom Großvater hinterlassene Rest (des Krieges); insbes. = die nicht verbrannten Ueberreste eines Opferthieres (*oppos.* exta).

Rĕlĭquus, *adj.* 1) (meist im *sing.*) zurückgelassen, übrig geblieben, übrig: hoc mihi est reliquum ist habe dieses übrig; is unus r. est ex illa familia er bleibt allein übrig; reliquum vitae, belli das Uebrige, der Rest. Insbes. A) nihil est reliqui Nichts bleibt übrig; quod fortuna reliqui fecit was das Schicksal übrig gelassen hat; nihil reliqui facere a) = Nichts unterlassen, b) = Nichts unterlassen, ad celeritatem. B) aliquid (aliquem, rem) reliquum (reliquam) facere übrig lassen; agros reliquos facere übergeben; nullum munus cuiquam reliquum fecisti daß keinen Dienst Imb. übrig gelassen = daß sie alle erfüllt. C) von der Zeit = künftig, tempus r. die Zukunft;

in reliquum adverbial fünftig. D) pecunia r. ob. n. als *subst.* in Gelbsachen = der Rückstand, der rückständige Reft, die noch reftirende Schuld: persolvere r.; reliqua mea is percepit. 2) meist im *pl.* ob. bei Collectiven im *sing.*, übrig, im *pl.* die übrigen (als ein Reft betrachtet, vgl. ceteri): Decemviri et rr. magistratus; rr. labores; reliqua vaticinationis der Reft der Weiffagung; r. populus, r. pars exercitus; r. commeatus; quod reliquum est was den Reft betrifft.

Relligio etc., *s.* S. für Religio.
Relliquiae, *s.* S. für Reliquiae.
Rĕ-lūceo etc., 2. ob. **Rĕ-lūcesco** etc., 3. zurück leuchten, -strahlen, einen Widerschein geben: freta rr. igni.
Rĕ-luctor, *depon.* 1. (Poet. u. Spät.) dagegen ringen, -sich sträuben, alicui; aquae reluctantur das Waffer leistet Widerstand.
Rĕ-lūdo etc., 3. (Spät.) eigentlich zurück scherzen, daher r. jocos erwidern.
*Rĕ-macresco etc., 3. (Spät.) wieder mager werden.
*Rĕ-mălĕdīco etc., 3. (Spät.) wieder schimpfen, alicui.
Rĕ-mando etc., 3. (Spät.) wieder käuen, cibum.
*Rĕ-mando, 1. (Spät.) zurück melden, -sagen laffen, alicui aliquid.
Rĕ-măneo etc., 2. 1) zurück bleiben, domi, in Gallia; pars illa integra r. blieb übrig. 2) dauernd zurückbleiben, verbleiben, zu sein fortfahren: animi rr. post mortem; memoria ejus rei r.
Rĕ-māno, 1. (*Lucr.*) zurück fliefsen.
Rĕmansio, ōnis, *f.* [remaneo] das Verbleiben.
Rĕmĕdĭum, ii, *n.* [re-medeor] 1) das Arzneimittel, caecitatis gegen die Blindheit, doloris gegen den Schmerz, esse remedio als Arzneimittel dienen. 2) überh. das Heilmittel, Mittel, Hülfsmittel gegen Etwas (vgl. praesidium): comparare sibi r. ad tolerandum dolorem; r. timoris, doch auch invenire remedium timori, gegen die Furcht.
Rĕ-mĕo, 1. (meist Poet. u. Spät.) zurück gehen, -kehren, -kommen, in patriam, Aegypto aus Aeg.; aër r. strömt zurück; (Poet.) r. urbes zu den Städten, r. aevum persactum wieder durchleben.
Rĕ-mētĭor etc., *depon.* 4. (Poet. u. Spät.) zurück- ob. wieder meffen; daher A) r. astra wieder beobachten; *trop.* = wieder überdenken, dicta sua. B) wieder zurücklegen, -durchwandern, iter, pelagus. C) wieder von sich geben, omne vinum vomitum.
Rēmex, ĭgis, *m.* [remus-ago] 1) der Ruderer. 2) (Poet. u. Spät.) collect. = die sämmtlichen Ruderer (remigium 3.).
Rēmi, ōrum, *m. pl.* Völkerschaft im nördlichen Gallien, in der Gegend des jetzigen Rheims.
*Rĕmĭgātĭo, ōnis, *f.* [remigo] das Rudern.
Rĕmĭgĭum, ii, *n.* [remex] 1) (Poet.) = remigatio. 2) das Ruderwerk, die Ruder, (Poet.) remigio alarum mit den Flügeln als Rudern; *proverb.* a) remigio et velo festinare aus allen Kräften; b) meo r. rem gero (Pl.)

ich folge meinem eigenen Kopfe. 3) collect. = die Ruderer, Ruderknechte.
Rēmĭgo, 1. [remex] rudern.
Rĕ-mĭgro, 1. zurück wandern, -ziehen, domum, in vicos; *trop.* r. ad justitiam zurückkehren.
Rĕmĭniscor, — — *depon.* 3. [re-memini; mens] 1) Etwas sich ins Gedächtnifs zurückrufen, auf Etwas sich befinnen (vgl. memini und recordor): r. pristinae virtutis illorum; r. aliquid. *2) sich befinnend erdenken, ausfindig machen, aliquid.
Rĕ-misceo etc., 2. (Poet. u. Spät.) 1) wieder vermischen, animus naturae suae remiscebitur. 2) (die Bed. der Partikel aufgebend) vermischen, vermischend mit etwas Anderem vereinigen, venenum cibo, falsa veris.
Rĕmisse, *adv.* mit *comp.* u. *sup.* [remissus] 1) gelassen, sanft. 2) scherzhaft, kurzweilig.
Rĕmissĭo, ōnis, *f.* [remitto] 1) das Abspannen des straff Angezogenen, Schlaffmachen, Herablaffen, superciliorum (*oppos.* retractio), corporis, vocis das Fallenlassen (*oppos.* contentio). Hiervon 2) *trop.* A) das Nachlassen, die allmälige Verminderung, das Aufhören, laboris, morbi; r. usus = die Unterlaffung des Umgangs. B) die Erlaffung, tributi; davon *meton.* = der Erlafs, das Erlaffene. C) r. animi ob. blofs r. a) die Abspannung des Geistes durch Ergötzlichkeiten, die Erholung. b) (*oppos.* tristitia) die Nachsicht, Gelassenheit; als etwas Uebertriebenes = die Gleichgültigkeit, Schlaffheit.
Rĕmissus, *adv.* mit *comp.* u. *sup.* [*particip.* von remitto] 1) abgespannt, schlaff, lose, arcus; ager r. (Poet.) = aufgethaut. 2) *trop.* A) im guten Sinne: a) gelind, ruhig, ventus; b) sanft, gelassen, animus, sermo. c) heiter, aufgeräumt, jocus. B) in üblem Sinne: a) nachläffig, träg, schläfrig: r. ac languidus; homo r. b) gering, schwach, aestimatio.
Rĕ-mitto etc., 3. 1) zurück schicken, -senden, aliquem Romam, obsides alicui, literas ad Caesarem oder Caesari. Hiervon r. pila zurück schleudern; equus r. calcem schlägt hinten aus; = erwiedern, vergelten, beneficium; = zurück verweisen, causam ad senatum; r. opinionem eine Meinung aufgeben; r. provinciam auf eine Provinz verzichten, ihr entsagen. Insbef. A) r. uxori nuntium ob. repudium, stehe nuntius. B) = von sich geben: chorda r. sonum; ficus r. lac; r. labem hinterlassen. (Spät.) die Bedeutung der Partikel ganz aufgebend, wohin verweisen, aliquem ad philosophos. 2) zurück gehen laffen: r. ramum adductum loslaffen. Hiervon A) etwas Gespanntes, Angebundenes abspannen, nachlaffen, schlaff machen, losmachen, arcum, habenas; (Poet.) r. vincula lösen, brachia finten laffen; calor r. mel löft auf, r. terram = aufthauen. B) *trop.* den Geift aus der Spannung bringen, nachlaffen machen == erquicken, erheitern, erfrischen, ihm Erholung und Ruhe verschaffen, r. animum ob. se, auch *pass.* mediali remitti sich erholen, sich Erholung gönnen; cantus r. animum verschafft dem Geifte Erholung und Er-

heiterung, spes r. animos a certamine giebt
ben Gemüthern Erholung und neue Kraft nach
bem Streite. C) trop. eine Thätigkeit, eine An-
ftrengung u. bergl. weniger eifrig und gefpannt
machen, nachlaffen, vermindern, contentionem, diligentiam; r. de celeritate; r. aliquid
ex pristina virtute; dolor r. se ob. remittitur
läßt nach, nimmt ab. So auch = unterlaffen,
mit Etwas aufhören, quaerere. D) eine Strafe,
Leiftung u. bergl. erlaffen, schenken, alicui
poenam, r. pecuniam de summa. Hiervon a)
= erlauben, zugestehen, alicui aliquid.
b) r. patriae inimicitias suas um des Vaterlandes willen feine Feindschaft aufgeben, r. populo supplicium magistri equitum aus Rück-
ficht auf das Volk auf die Bestrafung des mag.
equit. verzichten, r. patriae memoriam simultatum dem Vaterlande zu Gefallen aufgeben. c)
überlaffen, abtreten, fahren laffen, alicui
legionem, voluptatem, praemium. 3) *intrans.*
(= r. se, fiehe 2, C.), nachlaffen, = fich vermindern, aufhören: ventus, dolor r.
  Remmius, Name eines römischen Geschlechts.
Eine lex Remmia bestimmte eine harte Strafe
für calumniatores.
  Rĕ-mōlior, *depon.* 4. (Poet. und Spät.)
etwas Schweres zurückbewegen, -ftoßen, rem.
  Rĕ-mollesco, — — 3. 1) wieder weich
werden. 2) *trop.* A) -bewegt-, gerührt werben, precibus. B) verweichlicht werden,
ad laborem ferendum.
  Rĕ-mollio, 4. (Poet. u. Spät.) 1) wieder
weich machen, terram austockern. 2) *trop.* A)
bewegen, umstimmen, aliquem. B) verweichlichen, artus.
  Rĕ-mŏra, ae, *f.* (Vorklaff.) = mora.
  *****Rĕmŏrāmen,** ĭnis, *n.* [remoror] was
einen Verzug bewirkt, die Verzögerung.
  Rĕ-mordeo, mordi, morsum, 2. 1) (Poet.)
wieder beißen, aliquem. 2) *trop.* cura r.
aliquem nagt, quält.
  Rĕ-mŏror, *depon.* 1. 1) *intrans.* zurückbleibend zögern, -verweilen, in concilio.
2) *transit.* aufhaltend verzögern, zurückhalten, aliquem; mors ac poena eum r. läßt
ihn auf fich warten = trifft ihn nicht sogleich;
r. spem alicujus aufhalten.
  Rĕmōte, *adv.* mit comp. [remotus] entfernt.
  Rĕmōtio, ōnis, *f.* [removeo] die Zurückbewegung, brachii die Zurückziehung, davon
= die Entfernung, criminis Ablehnung.
  Rĕmōtus, *adj.* mit comp. und *sup.* [*particip.* von removeo] 1) fern, entfernt, entlegen, locus; sedes r. a Germanis, locus r.
ab arbitris einsam. Auch in der Zeit, r. a
memoria der fernen Vorzeit angehörig. 2) *trop.*
von Etwas entfernt: A) = abweichend, verschieden: sermo Xenophontis a strepitu forensi
remotissimus. B) fern = frei von Etwas,
mit Etwas Nichts zu thun habend oder fich be-
faffend, ihm abgeneigt: homo r. ab suspicione;
scientia quae r. est a justitia; homo r. a
vino, a dialecticis. 3) Cicero gebraucht remota
als Ueberfetzung des griechischen ἀποπροηγμένα,
in ber Lehre der Stoiker = rejecta, reducta,
Dinge, die zwar keine Uebel, aber doch verwerflich
und hintanzufetzen find.

Rĕ-mŏveo etc., 2. zurück bewegen,
-schaffen, -ziehen, entfernen, wegschaffen: r.
equos ex conspectu, aliquid de medio; r.
arbitros; *trop.* r. moram beseitigen, r. sumptum, suspicionem a se, doch auch r. se a
suspicione fich frei halten, befreien; r. aliquem
a republica von der Theilnahme an Staatsgeschäften, ebenso r. se a negotiis publicis; r. se
artibus, aliquem praeturā; r. aliquem a vita
(Poet.) = tödten.
  Rĕ-mūgio, 4. (Poet.) zurück (b. h. erwidernd) brüllen, ad verba alicujus. 2) zurück raufchen, -tönen, -schallen: nemus r.
ventis, vox r.
  Rĕ-mulceo etc., 2. (Poet.) zurück streicheln, caudam zurückbeugen.
  Rĕmulcum, i, *n.* das Schlepptau; navem
remulco trahere bugfiren.
  Rĕmŭlus, i, *m.* ein König in Alba.
  Rĕmūnĕrātio, ōnis, *f.* [remuneror] die
Wiedervergeltung, benevolentiae.
  Rĕ-mūnĕror, *depon.* 1. (felten -ro, 1.)
wieder beschenken, davon = belohnen, aliquem magno praemio, meritum alicujus;
felten von etwas Böfem = vergelten, strafen,
aliquem supplicio.
  *****Rĕ-murmŭro,** 1. (Poet.) entgegen rau-
fchen, unda.
  Rēmus, i, *m.* das Ruder; *trop.* von Flügeln, von den Händen des Schwimmenden: *proverb.* remis ventisque (velis) = aus allen
Kräften.
  Rēmus, i, *m.* der Bruder des Romulus, von
diefem getödtet.
  Rĕ-narro, 1. (Poet.) wieder erzählen,
aliquid.
  Rĕ-nascor etc., *depon.* 3. wieder geboren werden, daher wieder hervor wachsen,
-entstehen: phoenix r. de nihilo, dentes
rr.; urbs r. wird wieder aufgebaut, bellum r.
fängt wieder an.
  Rĕ-nāvigo, 1. zurück schiffen.
  Rĕ-neo, — — 2. (Poet.) zurück spinnen
= etwas Gesponnenes wieder auflöfen, filum.
  Rēnes, num, *m. pl.* die Nieren.
  Rĕ-nideo, — — 2. (meist Poet.) 1) glänzen, schimmern, strahlen, ebur, domus. 2)
trop. A) vor Freude strahlen = fich fehr
freuen, aliquid fecisse Etwas gethan zu haben.
B) lächeln, ore renidenti; falsum renidens
vultu mit tückischem Lächeln.
  *****Rĕnidesco,** — — 3. [renideo] (*Lucr.*)
zu glänzen anfangen.
  Rĕ-nītor, — *depon.* 3. (Spät.) fich entgegen stemmen = fich widerfetzen.
  Rĕ-no, 1. (Poet. u. Spät.) zurückschwimmen: saxa rr. tauchen wieder empor.
  Rēno oder **Rhēno,** ōnis, *f.* [gallifches
Wort] 1) das Rennthier (?). 2) das Rennthierfell.
  Rĕ-nōdo, 1. (Poet., felten) aufknüpfen,
löfen, comam.
  *****Rĕnŏvāmen,** ĭnis, *n.* [renovo] (Poet.)
die neue Geftalt.
  Rĕnŏvātio, ōnis, *f.* [renovo] die Erneuerung, mundi; r. doctrinae Rückkehr zu
gelehrten Beschäftigungen. Insbef. r. numorum
die Zinserneuerung = Zins auf Zins.

Rĕ-nŏvo, 1. erneuern, wieder herstellen, templum; r. scelus wieder begehen; r. memoriam rei alicujus, proelium, societatem; r. omnes casus von Neuem durchgehen. Hierv. A) (selten) = wiederholen, ea quae dixi. B) erquicken, erfrischen, animum alicujus; r. se sich erholen. C) r. agrum durch Brache erneuern. D) r. foenus Zins auf Zins rechnen.

Rĕ-nŭmĕro, 1. 1) (Vorklass. und Spät.) zurückzählen, zurückbezahlen, alicui aurum. 2) vorzählen, alicui sagittas.

Rĕnuntiātio, ōnis, f. [renuntio] die Anzeige, Bekanntmachung, der Bericht.

Rĕ-nuntio, 1. 1) zurück melden, berichtigen, Bericht abstatten, verkündigen: r. responsum ab aliquo; nihil a quoquam renuntiabatur es wurde von Niemand eine Antwort gebracht. Insbes. als term. t. amtlich zurückberichten, rapportiren, quae perspexi; legati rr. postulata Caesaris; r. aliquid ad senatum; r. legationem von seiner Sendung Bericht abstatten. 2) (indem die Partikel nur einen Gegensatz bezeichnet oder ihre Bedeutung ganz verliert) überhaupt berichten, anzeigen, alicui aliquid. Insbes. A) als term. t., den Ausgang einer Wahl u. dergl. verkündigend, öffentlich bekant machen, ausrufen, aliquem consulem. B) r. alicui repudium, siehe dieses Wort. 3) aufkündigen, aufsagen, alicui hospitium, societatem. Hierv. trop. (Spät.) einer Sache entsagen, sich von ihr losfagen, vitae, foro.

*__Rĕ-nuntius,__ ii, m. (Vorklass.) der Berichterstatter.

Rĕ-nuo, ui, — 3. dagegen winken = 1) verneinen, ablehnen, mißbilligen, crimini; r. alicui Jmd. ein Zeichen geben, daß er Etwas bleiben lasse, renuente deo (Poet.) gegen den Willen eines Gottes. 2) ausschlagen, convivium, aliquid.

*__Rĕ-nūto,__ 1. (Vorklass. und Spät.) dawider sein, widerstreben.

*__Rĕ-nūtus,__ us, m. (Spät.) die Weigerung, das Ablehnen.

Reor, rātus, depon. 2. (mit Ausnahme des particip. ratus meist Poet.) meinen, glauben (zunächst einer Berechnung nach; vgl. puto, censeo, opinor, u. dergl.): r. aliquid, eos plures esse; plures quam rebar.

Rĕpāgŭla, ōrum, n. pl. [repango] der Thürriegel, die in die Mauer eingesetzte Querbalken (also größer als obex, pessulus): convellere rr.; trop. rr. pudoris die „Schranken" der Schaam.

*__Rĕpandirostrus,__ adj. [repandus-rostrum] (Vorkl.) mit aufwärts gekrümmtem Schnabel.

Rĕ-pandus, adj. (Poet. und Spät.) aufwärts gekrümmt.

Rĕpărābĭlis, e, adj. [reparo] (Poet.) wiederherstellbar, ersetzbar, damnum.

Rĕparco, — 3. (Vorklass.) seinerseits (im Gegensatze zu einem Anderen) sparen, rei alicui an Etwas; r. aliquid facere sich Etwas zu thun enthalten.

Rĕ-păro, 1. 1) wieder erwerben, anschaffen, amissa. 2) wieder herstellen, erneuern, zuwegebringen u. dergl.: r. exercitum, bibliothecam, potestatem tribuniciam, proelium. Hiervon A) = ausbessern, wieder aufbauen, villam. B) = wieder erquicken, aliquem, animos, se sich erholen; r. membra wieder stärken. 3) (Poet.) (indem die Partikel einen Gegensatz bezeichnet) durch Kauf dagegen anschaffen, dagegen kaufen, eintauschen, vinum merce. Hiervon (Poet.) r. classe latentes oras auf der Flotte (dagegen) nach (anderen) entlegenen Küsten sich begeben.

*__Rĕpastĭnātio,__ ōnis, f. [repastino] das Wiederbehacken, Wiederumgraben.

Rĕ-pastino, 1. wieder behacken, umgraben, terram.

Rĕ-pecto etc., 3. (Poet.) wieder kämmen, comam.

Rĕ-pello, rĕpŭli oder reppŭli, rĕpulsum, 3. 1) zurück stoßen, manum, mensam; (Poet.) r. aras üben den Haufen werfen; telum repellitur aere prallt zurück von dem ehernen Schilde; (Poet.) von Jmd., der emporfliegende oder wegschiffend gleichsam die Erde von sich stößt: r. tellurem hastā auf die Lanze gestützt sich in die Höhe schwingen; (Poet.) aera repulsa kupferne Gegenstände, die an einander geschlagen dann von einander abspringen. 2) zurück treiben, hostes in silvas, aliquem a ponte. 3) trop. A) abhalten, zurückhalten, entfernen, verhindern u. dergl.: r. aliquem a conatu, oratorem a gubernaculis civitatum; repelli spe, rei Hoffnung aufgeben müssen; contumelia repellatur muß fern gehalten werden; r. dolorem von sich fern halten; r. aliquem a consulatu machen, daß Jmd. das Consulat nicht erlangt. B) abweisen, zurückweisen, verschmähen, preces, (Poet.) connubia nostra; insbes. repelli = repulsam ferre, siehe repulsa. C) abwenden, abwehren, periculum, vim. D) r. causam bekämpfen, r. criminationes widerlegen. *E) (Pl.) = verweisen, aliquam ad meretricium quaestum.

Rĕ-pendo, ndi, nsum, 3. 1) (Poet.) zurückwägen, wieder barwägen, pensa. 2) dagegen wägen, gegen Etwas zumägen, bezahlen: r. aurum pro capite alicujus; dagegen r. caput auro mit Gold aufwägen, (Poet.) miles repensus auro = losgekauft. Hiervon trop. (Poet.) r. fatis fata contraria sich aufwiegen lassen, mit — ersetzen; ebenso r. damna formae ingenio ersetzen. 3) (Poet. und Spät.) trop. A) als Vergeltung geben, als eine Schuld leisten, dagegen geben, gratiam, magna; r. vices Gleiches für Gleiches geben. B) erwidern, vergelten, beneficium. C) bezahlen, erkaufen, incolumitatem turpitudine.

Rĕpens, tis, adj. — das häufigere repentinus. Das neutr. *repens (Poet.) als adv. = repente.

Rĕ-penso, 1. (Spät.) vergelten, erwidern, injurias injuriis.

Rĕpente, adv. [repens] plötzlich (im Gegensatze zu einer Erwartung, vgl. subito) unvermerkt, unvermuthet.

Rĕpentino, adv. [repentinus] (selten) = repente.

Rĕpentinus, adj. [repente] plötzlich (siehe repente), unvermuthet, unerwartet; homo r. unerwartet zu Ehren gekommen, pecuniae rr.

plötzlich erworben, exercitus schnell zusammengerafft.
Rĕpercussus, us, m. [repercutio] (Spät.)
das Zurückschlagen, davon = der Wieder-
schein, siderum, ob. **Wiederhall**, vocis.
Rĕ-peroŭtio etc., 3. 1) zurückschlagen,
-stoßen, -treiben (meist Poet. und Spät.):
r. discum, lumen oder Phoebum das Licht, die
Sonnenstrahlen zurückwerfen. Häufig im *pass.*
= zurück geworfen werden, -prallen, imago,
lumen; clamor r. hallt wieder, vallis r. clamore. 2) *trop.* „aus dem Felde schlagen" =
widerlegen, orationem dicto.
Rĕ-pĕrio, rĕpĕri ob. **reppĕri, rĕpertum,
4.** 1) (Vorklaff.) wieder finden, filiam, parentes. 2) überhaupt finden (nachdem man
gesucht und sich bestrebt hat, vgl. invenio): r.
multos; si quaerimus, causas reperiemus
multas. Hiervon A) = finden, erfahren,
erkennen, wahrnehmen, rem omnem; sic reperiebat et erfuhr Folgendes; Pythagoras in
Italiam Tarquinio regnante venisse reperitur
man findet in der Geschichte (man weiß), daß P.
u. s. w. B) mit doppeltem *accus.* Jmd. als
irgend eine Eigenschaft habend befinden, erfahren, aliquem fidelem; häufig *pass.* =
Etwas zu sein, thun u. dergl. gefunden werden,
sich zeigen u. s. w.; pares aut etiam superiores reperiuntur. C) = erwerben, sich
verschaffen, erlangen, salutem sibi, laudem.
3) erfinden, ausfindig machen, entdecken,
ersinnen, viam, astutiam, ludum scenicum,
aurum.
Rĕpertor, ōris, m. [reperio] (meist Poet.
und Spät.) der Erfinder, Urheber, medicinae, legum.
Rĕpĕtentia, ae, f. [repeto] (Vorklaff. u.
Spät.) die Rückerinnerung.
Rĕpĕtītio, ōnis, f. [repeto] die Wiederholung.
***Rĕpĕtītor, ōris, m.** [repeto] die Zurück-
forderer.
Rĕ-pĕto etc., 3. 1) irgendwohin zurück
gehen, -kehren, -kommen, Africam, castra,
domum; (Poet.) r. aliquem; r. viam wieder
betreten, zurücklegen; r. pugnam zum Kampfe
zurückkehren; selten mit einer Präposition, r. in
Asiam. 2) in feindlicher Absicht zu Jmd. zurück ob. wieder gehen, ihn wieder angreifen,
wieder auf ihn losgehen: r. aliquem; (Poet.) repetitus amore von der Liebe wieder entzündet.
Hiervon (Spät.) = wieder anklagen, aliquem.
3) nach Etwas zurück oder wieder hingehen, A)
zurück holen, wieder holen, impedimenta,
thoracem e conditorio; alii (elephanti) repetiti sunt man ging zurück um andere zu
holen. Hiervon a) r. aliquid memoria oder r.
memoriam (recordationem) alicujus rei, und
absolut r., in das Gedächtniß zurückrufen, die
Erinnerung an Etwas auffrischen: r. memoriam
ex annalibus; r. omnia praecepta; inde usque
r. sich Alles bis von jener Zeit an in das Gedächtniß zurückrufen. b) wiederholen, von
Neuem vornehmen, wieder anfangen, vetera
consilia, verba, auspicia; r. spectacula erneuern; (Vorklaff. u. Spät.) r. aliquid facere
Etwas wiederholt thun, und absolut r. = wieder
sagen, redend wiederholen. Hiervon (Poet.) das

particip. repetitus adverbial zur Bezeichnung
der Wiederholung der durch das Hauptverbum
ausgedrückten Handlung: repetita robora caedit schlägt wiederholentlich. c) Etwas irgendwoher herleiten, herholen, und, von der
Rede u. dergl., anfangen: r. ortum juris a
fonte, res remotas ex literarum monumentis; r. multa longe; absolut r. a capite, alte
oder altius mit dem Anfange weit in die Zeit
zurückgehen, weit ausholen. B) zurück verlangen, fordern, obsides, pecuniam ab aliquo; r. urbem in antiquum jus, in libertatem die alten Rechte, die Freiheit für die
Stadt fordern; Salaminii rr. Homerum machen
für sich auf den H. Anspruch, ebenso r. Lysiam
Syracusas für S. Anspruch auf den L. machen,
der Stadt S. den Lysias vindiciren; r. poenas
ab aliquo Jmd. bestrafen. Insbes. a) r. res,
sein Besitzthum zurückfordern, theils *a)* vor Gericht (von einem Privatmanne), theils *β)* im
öffentlichen Leben, bes. von den Fetialen, die
geraubten Sachen zurückfordern = Ersatz fordern.
b) als publicist. *term. t.* (res, pecuniae) repetundae; ārum, *f. pl.* die wiederzuerstattenden
Gelder, die von den Statthaltern widerrechtlich
erpreßt worden waren, zur Bezeichnung der Gelderpressungen, wofür durch eine Anklage Ersatz
gefordert wurde oder werden konnte: accusare
aliquem repetundarum; nomen alicujus deferre de rr.
Rĕ-pleo etc., 2. 1) wieder füllen, erfüllen, exhaustas domos; crater repletur
(Poet.) füllt sich wieder; r. exercitum vollzählig
machen; r. quod deest ersetzen. 2) (die Bedeutung der Partikel ausgebend) füllen, erfüllen,
(so meist Poet. und Spät.): r. campos strage
hostium, galeas conchis; r. corpora carne
sättigen; r. virginem schwängern.
Replētus, adj. [*particip.* von repleo] erfüllt, voll: templa omnia rr. erant; amphorae rr. argento; exercitus r. iis rebus
quae etc. wohl versehen mit; homines rr.
eadem vi morbi von derselben Krankheit angesteckt; *semita r. puerorum mit Kindern angefüllt.
Re-plicātio, ōnis, f. [replico] (selten) das
Zurückfalten, Wiederaufrollen.
Re-plĭco, cui (Spät.), cătum (selten
citum), 1. 1) (Spät.) zurück beugen, cervices; r. radios zurückwerfen. 2) aufschlagen,
aufrollen, auseinander falten, meist *trop.* r.
memoriam annalium die Berichte der Jahrbücher
nachsehen, ebenso r. memoriam temporum.
*Re-pluo, — — 3.** (Spät.) wieder her-
abregnen.
Rēpo, repsi, reptum, 3. kriechen (eigtl.
von Insecten und ähnlichen Thieren, die sehr
kurze Beine haben; vgl. serpo; formica, nitedula r.; überhaupt von langsam Gehenden, elephantus r. genibus, infans r. Hiervon *trop.*
a) = sich langsam bewegen, z. B. von Reisenden, von einem fließenden Gewässer. b) sermones repentes per humum in niederem prosaischem Stile geschrieben.
Rĕ-pōno etc., 3. 1) zurück setzen, -le-
gen, cervices, digitum, rückwärts legen, zurück-
beugen. Hierv. A) aufbewahrend zurücklegen,
aufbewahren, aufheben, cibum, alimenta

in hiemem; r. odium im Herzen bewahren; (Poet.) = begraben, repositus tellure. B) ablegen, bei Seite legen, weglegen, onus, vestem, artem aufgeben. Hiervon (Poet.) arbusta reponunt falcem = gestatten die Sichel wegzulegen. C) an die vorige Stelle hinlegen, wieder hinlegen, -hinbringen: r. pecuniam in thesauris ob. thesauros, lapides suo quemque loco, columnas; (Poet.) r. aliquem in sceptra in die Herrschaft wieder einsetzen. D) wieder in den vorigen Stand setzen, wiederherstellen, pontem, templa. E) trop. a) (Poet. u. Spät.) Imd. oder Etwas wieder zurück bringen, -führen, -vorbringen; r. aliquem in gradum; insbes. = wieder auf die Bühne bringen, wieder aufführen; Achillem, fabulam. b) zurückgeben, alicui aliquid. — 2) dagegen setzen, Eins gegen das Andere stellen, aliquem pro aliquo; diem r. diebus illis an die Stelle jener Tage setzen. Hiervon A) zur Vergeltung ob. zum Ersatz geben, Etwas vergelten: r. aliquid pro re aliqua, r. injuriam alicui. B) dagegen sagen, antworten, aliquid. 3) (die Bedeutung der Partikel aufgebend), überhaupt legen, setzen, collum in tergo praecedentis. Hiervon trop. A) rechnen, zählen, aliquem in numero deorum. B) setzen = beruhen lassen, spem in aliquo auf Imd., salutem in illorum armis; r. plus in duce quam mehr auf den Anführer rechnen, bauen.

Rĕ-porto, 1. 1) zurück tragen, -bringen, -führen, aurum ab aliquo domum; r. milites navibus in Siciliam; (Poet.) via r. aliquem; r. pedem sich zurück begeben, r. voces zurückgeben (vom Echo). Hiervon A) = zurück melden, -berichten, mandata, pacem, tristia dicta, und davon überhaupt melden, überbringen. B) insbes. als Sieger mit sich zurückbringen = davon tragen, erlangen, laudem ex hostibus, praedam, und häufig r. victoriam de aliquo den Sieg erringen.

Rĕ-posco, — — 3. zurück fordern, -verlangen, puerum ab aliquo und r. virginem aliquam ein Kind, ein Mädchen von Imd. Insbes. als eine Schuld fordern, als sein Recht verlangen, aliquid; r. poenas Strafe fordern, (Poet.) r. aliquem poenas Buße von Imd. fordern = Imd. bestrafen; r. rationem (Rechenschaft) ab aliquo.

*Rĕpostor, ōris, m. [repono] (Poet.) der Wiederhersteller.

Rĕpostus, adj. [= repositus von repono] (Poet.) entlegen.

Rĕpōtia, ōrum, n. pl. [re-poto] (Poet. u. Spät.) das Trinkgelage am Tage nach der eigentlichen Hochzeit, die Nachfeier.

Repraesentātio, ōnis, f. [repraesento] 1) (Spät.) rhetor. term. t. die Vergegenwärtigung, die bildliche Darstellung, vergegenwärtigende Vorführung. 2) term. t. in der Geschäftssprache, die baare Bezahlung.

Repraesento, 1. [re-praesens] 1) vergegenwärtigen, vorführen, vor Augen stellen, durch ein anschauliches Bild als gegenwärtig darstellen: templum illud r. memoriam consulatus mei; is r. mores Catonis; r. imagines rerum animo; r. fidem die Glaubwürdigkeit außer allem Zweifel setzen. 2) term. t. in Geldsachen, sogleich entrichten, baar bezahlen, pecuniam, mercedem alicui; r. diem promissorum das Versprochene sogleich berichtigen. 3) überhaupt Etwas auf der Stelle thun, -vornehmen, -ausführen (im Gegensatze zu einer Verschiebung), aliquid; r. id quod in diem suum differri debere dixi; r. medicinam eine Arznei sogleich anwenden, poenam Imd. auf der Stelle bestrafen, vocem sogleich singen; minae repraesentantur die Drohungen werden sofort verwirklicht, judicia repraesentata auf der Stelle angestellte (wozu also der Redner sich nicht vorbereiten konnte).

Re-prehendo etc., 3. 1) (selten) ergreifend zurückhalten, -festhalten, aliquem pallio am Mantel; r. Persas ex fuga; (Poet.) r. aliquid memori mente = sich erinnern; r. locum einen Punct (in einer Materie) wieder aufnehmen. Hiervon = hemmen, zurückhalten, cursum alicujus; r. se sich zurückhalten. 2) Imd. von einem Abwege zurückhalten = tadeln, zurechtweisen (milder und edler als vitupero): r. aliquem in eo genere (in der Beziehung) ob. in eo quod etc. deswegen, daß u. s. w.; r. consilium, temeritatem alicujus, r. aliquid in aliquo Etwas an Imd. 3) in der Rhet. widerlegen.

Reprehensio, ōnis, f. [reprehendo] *1) das Zurückhalten: vom Redner, das Innehalten, sine r. ohne Anstoß. 2) die Zurechtweisung, der Tadel, temeritatis wegen Unbesonnenheit; carere r. tabellos sein, capere r. getadelt werden können; incurrere in varias rr. 3) in der Rhet. die Widerlegung.

*Reprehenso, 1. [reprehendo] eifrig zurückhalten, singulos.

Reprehensor, ōris, m. [reprehendo] 1) der Zurechtweiser, Tadler. *2) der Verbesserer, comitiorum.

Repressor, ōris, m. [reprimo] (selten) der Unterdrücker, Beschränker.

Reprimo, pressi, pressum, 3. [re-premo] zurück drücken, -drängen, überhaupt zurückhalten, hemmen: r. lacum Albanum, amnem, aliquem; r. pedem, manum zurückziehen. Hiervon trop. r. pestem reipublicae, conatus alicujus, fugam; homines vix odium suum a corpore ejus rr. konnten sich kaum enthalten, ihren Haß durch Angriff auf seine Person zu befriedigen; vix se r. ob. pass. reprimi quin etc. sich kaum halten.

Reprōmissio, ōnis, f. [repromitto] das Gegenversprechen (siehe repromitto).

Re-prōmitto etc., 3. 1) dagegen versprechen, Imd. Etwas gegen ein Anderes (zur Vergeltung dafür) versprechen, alicui aliquid. 2) (Spät.) von Neuem versprechen.

Reptābundus, adj. [repto] (Spät.) kriechend, fortschleichend.

*Reptātio, ōnis, f. [repto] (Spät.) das Kriechen, infantium.

Repto, 1. [repo] (Poet. u. Spät.) = ein verstärktes repo.

Rĕpūdiātio, ōnis, f. [repudio] die Abweisung, Verschmähung.

Rĕpūdio, 1. 1) abweisen, zurückweisen, supplicem, preces alicujus; r. officium hintansetzen, r. iracundiam von sich fern halten.

plötzlich erworben, exercitus schnell zusammengerafft.

Repercussus, us, m. [repercutio] (Spät.)
das Zurückschlagen, davon = der Wieder-
schein, siderum, ob. Wiederhall, vocis.

Re-percutio etc., 3. 1) zurückschlagen,
-stoßen, -treiben (meist Poet. und Spät.):
r. discum, lumen oder Phoebum das Licht, die
Sonnenstrahlen zurückwerfen. Häufig im pass.
= zurück geworfen werden, -prallen, imago,
lumen; clamor r. hallt wieder, vallis r. clamore. 2) trop. „aus dem Felde schlagen" =
widerlegen, orationem dicto.

Re-perio, rĕpĕri ob. reppĕri, rĕpertum,
4. 1) (Vorklass.) wieder finden, filiam, parentes. 2) überhaupt finden (nachdem man
gesucht und sich bestrebt hat, vgl. invenio): r.
multos; si quaerimus, causas reperiemus
multas. Hiervon A) = finden, erfahren,
erkennen, wahrnehmen, rem omnem; sic reperiebat ex ersuhr Folgendes; Pythagoras in
Italiam Tarquinio regnante venisse reperitur
man findet in der Geschichte (man weiß), daß P.
u. s. w. B) mit doppeltem accus. Jmd. als
irgend eine Eigenschaft habend befinden, erfahren, aliquem fidelem; häufig pass. =
Etwas zu sein, thun u. vergl. gefunden werden,
sich zeigen u. s. w.: pares aut etiam superiores reperiuntur. C) = erwerben, sich
verschaffen, erlangen, salutem sibi, laudem.
3) erfinden, ausfindig machen, entdecken,
ersinnen, viam, astutiam, ludum scenicum,
aurum.

Repertor, ōris, m. [reperio] (meist Poet.
und Spät.) der Erfinder, Urheber, medicinae, legum.

Repetentia, ae, f. [repeto] (Vorklass. u.
Spät.) die Rückerinnerung.

Repetitio, ōnis, f. [repeto] die Wiederholung.

*****Repetitor**, ōris, m. [repeto] die Zurück-
forderer.

Re-peto etc., 3. 1) irgendwohin zurück
gehen, -kehren, -kommen, Africam, castra,
domum; (Poet.) r. aliquem; r. viam wieder
betreten, zurücklegen; r. pugnam zum Kampfe
zurückkehren; selten mit einer Präposition, r. in
Asiam. 2) in feindlicher Absicht zu Jmd. zu-
rück- ob. wieder gehen, ihn wieder angreifen,
wieder auf ihn losgehen: r. aliquem; (Poet.) repetitus amore ob. von der Liebe wieder entzündet.
Hiervon (Spät.) = wieder anklagen, aliquem.
3) nach Etwas zurück oder wieder hingehen, A)
zurück holen, wieder holen, impedimenta,
thoracem e conditorio; alii (elephanti) repetiti sunt man ging zurück um andere zu
holen. Hiervon a) r. aliquid memoria oder r.
memoriam (recordationem) alicujus rei, und
absolut r., in das Gedächtniß zurückrufen, die
Erinnerung an Etwas auffrischen: r. memoriam
ex annalibus; r. omnia praecepta; inde usque
r. sich Alles bis von jener Zeit an in das Gedächtniß zurückrufen. b) wiederholen, von
Neuem vornehmen, wieder anfangen, vetera
consilia, verba, auspicia; r. spectacula erneuern; (Vorklass. u. Spät.) r. aliquid facere
Etwas wiederholt thun, und absolut r. = wieder
sagen, redend wiederholen. Hiervon (Poet.) das
particip. repetitus adverbial zur Bezeichnung
der Wiederholung der durch das Hauptverbum
ausgedrückten Handlung: repetita robora caedit schlägt wiederholentlich. a) Etwas irgendwoher herleiten, herholen, und, von der
Rede u. vergl., anfangen: r. ortum juris a
fonte, res remotas ex literarum monumentis; r. multa longe; absolut r. a capite, alte
oder altius mit dem Anfange weit in die Zeit
zurückgehen, weit ausholen. B) zurück verlangen, fordern, obsides, pecuniam ab aliquo; r. urbem in antiquum jus, in libertatem die alten Rechte, die Freiheit für die
Stadt fordern; Salaminii rr. Homerum machen
für sich auf den H. Anspruch, ebenso r. Lysiam
Syracusas für S. Anspruch auf den L. machen,
der Stadt S. den Lysias vindiciren; r. poenas
ab aliquo Jmd. bestrafen. Insbef. a) r. res,
sein Besitzthum zurückfordern, theils α) vor Gericht (von einem Privatmanne), theils β) im
öffentlichen Leben, bef. von den Fetialen, die
geraubten Sachen zurückfordern = Ersatz fordern.
b) als publicist. term. t. (res, pecuniae) repetundae ārum, f. pl. die wiederzuerstattenden
Gelder, die von den Statthaltern widerrechtlich
erpreßt worden waren, zur Bezeichnung der Gelderpressungen, wofür durch eine Anklage Ersatz
gefordert wurde, oder werden konnte: accusare
aliquem repetundarum; nomen alicujus deferre de rr.

Re-pleo etc., 2. 1) wieder füllen, erfüllen, exhaustas domos; crater repletur
(Poet.) füllt sich wieder; r. exercitum vollzählig
machen; r. quod deest ersetzen. 2) (die Bedeutung der Partikel aufgebend) füllen, erfüllen,
(so meist Poet. und Spät.): r. campos strage
hostium, galeas conchis; r. corpora carne
sättigen; r. virginem schwängern.

Repletus, adj. [particip. von repleo] erfüllt, voll: templa omnia rr. erant; amphorae rr. argento; exercitus r. iis rebus
quae etc. wohl versehen mit; homines rr.
eadem vi morbi von derselben Krankheit angesteckt; *semita r. puerorum mit Kindern angefüllt.

Re-plicatio, ōnis, f. [replico] (selten) das
Zurückfalten, Wiederaufrollen.

Re-plico, cui (selten cāvi), cātum (selten
cītum), 1. 1) (Spät.) zurück beugen, cervices; r. radios zurückwerfen. 2) aufschlagen,
aufrollen, auseinander falten, meist trop. r.
memoriam annalium die Berichte der Jahrbücher
nachsehen, ebenso r. memoriam temporum.

*****Re-pluo**, — — 3. (Spät.) wieder her-
abregnen.

Repo, repsi, reptum, 3. kriechen (eigtl.
von Insecten und ähnlichen Thieren, die sehr
kurze Beine haben; vgl. serpo): formica, nitedula r.; überhaupt von langsam Gehenden, elephantus r. genibus, infans r. Hiervon trop.
a) = sich langsam bewegen, z. B. von Reisenden, von einem kleinen Gewässer; b) sermones repentes per humum in niederem prosaischem Stile geschrieben.

Re-pōno etc., 3. 1) zurück setzen, -le-
gen, cervices, digitum, rückwärts legen, zurück
beugen. Hierv. A) aufbewahrend zurücklegen,
aufbewahren, aufheben, cibum, alimenta

in hiemem; r. odium im Herzen bewahren; (Poet.) = begraben, repositus tellure. B) ablegen, bei Seite legen, weglegen, onus, vestem, artem aufgeben. Hiervon (Poet.) arbusta reponunt falcem = gestatten die Sichel wegzulegen. C) an die vorige Stelle hinlegen, wieder hinlegen, -hinbringen: r. pecuniam in thesauris ob. thesauros, lapides suo quemque loco, columnas; (Poet.) r. aliquem in sceptra in die Herrschaft wieder einsetzen. D) wieder in den vorigen Stand setzen, wiederherstellen, pontem, templa. E) trop. a) (Poet. u. Spät.) Jmb. oder Etwas wieder zurück bringen, -führen, -vorbringen: r. aliquem in gradum; insbef. = wieder auf die Bühne bringen, wieder aufführen; Achillem, fabulam. b) zurückgeben, alicui aliquid. — 2) dagegen setzen, Eins gegen das Andere stellen, aliquem pro aliquo; diem r. diebus illis an die Stelle jener Tage setzen. Hiervon A) zur Vergeltung ob. zum Ersatz geben, Etwas vergelten: r. aliquid pro re aliqua, r. injuriam alicui. B) dagegen sagen, antworten, aliquid. 3) (die Bedeutung der Partikel aufgebend), überhaupt legen, setzen, collum in tergo praecedentis. Hiervon trop. A) rechnen, zählen, aliquem in numero deorum. B) setzen = beruhen lassen, spem in aliquo auf Jmb., salutem in illorum armis; r. plus in duce quam mehr auf den Anführer rechnen, bauen.

Rĕ-porto, 1. 1) zurück tragen, -bringen, -führen, aurum ab aliquo domum; r. milites navibus in Siciliam; (Poet.) via r. aliquem; r. pedem sich zurück begeben, r. voces zurückgeben (vom Echo). Hiervon A) = zurück melden, -berichten, mandata, pacem, tristia dicta, und davon überhaupt melden, überbringen. B) insbef. als Sieger mit sich zurückbringen = davon tragen, erlangen, laudem ex hostibus, praedam, und häufig r. victoriam de aliquo den Sieg erringen.

Rĕ-posco, — — 3. zurück fordern, -verlangen, puerum ab aliquo und r. virginem aliquem ein Kind, ein Mädchen von Jmb. Insbef. als eine Schuld fordern, als sein Recht verlangen, aliquid; r. poenas Strafe fordern, (Poet.) r. aliquem poenas Buße von Jmb. fordern = Jmb. bestrafen; r. rationem (Rechenschaft) ab aliquo.

*Rĕpostor, ōris, m. [repono] (Poet.) der Wiederhersteller.

Rĕpostus, adj. [= repositus von repono] (Poet.) entlegen.

Rĕpōtia, ōrum, n. pl. [re-poto] (Poet. u. Spät.) das Trinkgelage am Tage nach der eigentlichen Hochzeit, die Nachfeier.

Repraesentātio, ōnis, f. [repraesento] 1) (Spät.) rhetor. term. t. die Vergegenwärtigung, die bildliche Darstellung, vergegenwärtigende Vorführung. 2) term. t. in der Geschäftssprache, die baare Bezahlung.

Repraesento, 1. [re-praesens] 1) vergegenwärtigen, vorführen, vor Augen stellen, durch ein anschauliches Bild als gegenwärtig darstellen: templum illud r. memoriam consulatus mei; is r. mores Catonis; r. imagines rerum animo; r. fidem die Glaubwürdigkeit außer allem Zweifel setzen. 2) term. t. in Geldsachen, sogleich entrichten, baar bezahlen, pecuniam, mercedem alicui; r. diem promissorum das Versprochene sogleich berichtigen. 3) überhaupt Etwas auf der Stelle thun, -vornehmen, -ausführen (im Gegensatze zu einer Verschiebung), aliquid; r. id quod in diem suum differri debere dixi; r. medicinam eine Arznei sogleich anwenden, poenam Jmb. auf der Stelle bestrafen, vocem sogleich singen; minae repraesentantur die Drohungen werden sofort verwirklicht, judicia repraesentata auf der Stelle angestellte (wozu also der Redner sich nicht vorbereiten konnte).

Re-prehendo etc., 3. 1) (selten) ergreifend zurückhalten, -festhalten, aliquem pallio am Mantel; r. Persas ex fuga; (Poet.) r. aliquid memori mente = sich erinnern; r. locum einen Punct (in einer Materie) wieder aufnehmen. Hiervon = hemmen, zurückhalten, cursum alicujus; r. se sich zurückhalten. 2) Jmb. von einem Abwege zurückhalten = tadeln, zurechtweisen (milder und edler als vitupero): r. aliquem in eo genere (in der Beziehung) ob. in eo quod etc. deswegen, daß u. f. w.; r. consilium, temeritatem alicujus, r. aliquid in aliquo Etwas an Jmb. 3) in der Rhet. widerlegen.

Reprehensio, ōnis, f. [reprehendo] *1) das Zurückhalten: vom Redner, das Innehalten, sine r. ohne Anstoß. 2) die Zurechtweisung, der Tadel, temeritatis wegen Unbesonnenheit; carere r. tabellis sein, capere r. getadelt werden können; incurrere in varias rr. 3) in der Rhet. die Widerlegung.

*Reprehenso, 1. [reprehendo] eifrig zurückhalten, singulos.

Reprehensor, ōris, m. [reprehendo] 1) der Zurechtweiser, Tadler. *2) der Verbesserer, comitiorum.

Repressor, ōris, m. [reprimo] (selten) der Unterdrücker, Beschränker.

Reprimo, pressi, pressum, 3. [re-premo] zurück drücken, -drängen, überhaupt zurückhalten, hemmen: r. lacum Albanum, amnem, aliquem; r. pedem, manum zurückziehen. Hiervon trop. r. pestem reipublicae, conatus alicujus, fugam; homines vix odium suum a corpore ejus rr. konnten sich kaum enthalten, ihren Haß durch Angriff auf seine Person zu befriedigen; vix se r. ob. pass. reprimi quin etc. sich kaum halten.

Reprōmissio, ōnis, f. [repromitto] das Gegenversprechen (siehe repromitto).

Re-prōmitto etc., 3. 1) dagegen versprechen, Jmb. Etwas gegen ein Anderes (zur Vergeltung dafür) versprechen, alicui aliquid. 2) (Spät.) von Neuem versprechen.

Reptăbundus, adj. [repto] (Spät.) kriechend, schleichend.

*Reptātio, ōnis, f. [repto] (Spät.) das Kriechen, infantium.

Repto, 1. [repo] (Poet. u. Spät.) = ein verstärktes repo.

Rĕpudiātio, ōnis, f. [repudio] die Abweisung, Verschmähung.

Rĕpudio, 1. 1) abweisen, zurückweisen, supplicem, pa— — — — — — hintansetzen, r. iras

Repudiosus

2) verschmähen, verwerfen, condicionem, legem. 3) (Vorklaff. u. Spät.) = repudium remittere u. f. w., siehe repudium.

*Rĕpŭdiōsus, adj. [repudium] (Pl.) verwerflich, anstößig.

Rĕpŭdĭum, ii, n. [repudio] die Verstoßung, Zurückweisung, insbef. von Verlobten ob. Ehegatten, die Auflösung der Verlobung ob. der Ehe, die Trennung, Ehescheidung (als einseitiger Act, während divortium fie als auf wechselseitiger Uebereinkunft beruhend darstellt): repudium renuntiare (remittere, mittere, dicere) uxori seiner Frau den Scheidebrief schicken, sich von ihr scheiden.

Rĕ-pŭĕrasco, — — 3. wieder ein Kind werden, trop. = wieder kindlich ob. kindisch von Gemüth werden.

*Rĕpugnanter, adv. [part. von repugno] widerstrebend.

Rĕpugnantia, ae, f. [part. von repugno] der Widerstand; trop. der Widerstreit, Widerspruch, rerum, utilitatis.

Rĕ-pugno, 1. 1) vom Krieger, dagegen kämpfen, Widerstand leisten, fortiter. 2) überhaupt dagegen streiten, widerstreiten, widerstreben, sich widersetzen: consules non valde rr.; r. fortunae, alicui in re alicujus; r. contra veritatem; (Poet.) r. ne illud fiat, r. amare. Hiervon A) non repugno ich habe Nichts dagegen, ich will Nichts dagegen sagen. B) von Sachen = seiner Natur nach widerstreiten, nicht übereinstimmen, in Widerspruch stehen: simulatio r. amicitiae; haec rr. inter se; illud vehementer repugnat, esse eandem etc. das ist ein großer Widerspruch, daß u. f. w.; repugnantia widersprechende Dinge.

Rĕpulsa, ae, f. [repello 3, B.] 1) publicistischer term. t., die Abweisung, Zurücksetzung bei einer Amtsbewerbung, die fehlgeschlagene Bewerbung um eine Ehrenstelle: ferre (referre, selten accipere) repulsam übergangen werden; dolor repulsae wegen einer fehlgeschlagenen Bewerbung; r. aedilicia Abweisung bei der Bewerbung um die Aedilwürde. 2) (Poet. u. Spät.) A) überhaupt die abschlägige Antwort, die Fehlbitte. B) die vergebliche Bemühung: in tristitiam ira post r. resolvitur nach Fehlschlagen der Bemühungen.

Rĕ-pulso, 1. (Lucr.; nur im praes. particip.) 1) zurückschlagen, verba (vom Wiederhall). 2) trop. abweisen.

Rĕpulsus, us, m. [repello] (Poet. u. Spät.; meist im abl. sing.) das Zurückwerfen, Zurückprallen z. B. des Lichts; r. scopulorum der Wiederhall von den Felsen; r. dentium das Klappern, Aneinanderschlagen.

*Rĕ-pungo, — — 3. wieder stechen, trop. = wieder versetzen, animum alicujus.

Rĕ-purgo, 1. (meist Poet. u. Spät.) 1) wieder reinigen, iter, alveum fluminis. 2) reinigend wegschaffen, aliquid.

Rĕpŭtātĭo, ōnis, f. [reputo] (Spät.) die Erwägung, Betrachtung.

Rĕ-pŭto, 1. 1) berechnen, defectiones solis, annos. 2) erwägen, bedenken, betrachten, infirmitatem suam, aliquid secum ob. cum animo suo; r. quid ille velit.

Rĕ-quĭes, ētis (auch acc. requiem, abl.

Res

requie), f. die Ruhe, Rast, das Ausruhen (nach einer Arbeit, Unruhe u. dergl., vgl. quies) daher = die Erholung, Linderung u. dergl.: r. animi et corporis, dagegen r. mali von einem Uebel, curarum von Sorgen; absol. quaerere r. Erholung, Zerstreuung.

Rĕ-quĭesco etc., 3. 1) ruhen, ausruhen, rasten (nach der Arbeit, Bewegung u. dergl.): r. sub umbra; r. lecto im Bette liegen; r. a. muneribus von Geschäften; aures rr. a strepitu; (Poet.) amor r. ist ruhig; r. in sepulcro. Hiervon trop. = (bei Etwas) sich beruhigen, zur Ruhe kommen, in ope alicujus, eorum exitio. 2) (Poet.) transit. ruhen lassen, mit Etwas ruhen. r. cursus suos, avenam (die Flöte).

Rĕ-quĭētus, adj. der ausgeruhet hat, miles, ager.

*Rĕquīrīto, 1. [requiro] (Pl.) nach Etwas fragen, res novas.

Rĕ-quīro, sivi, situm, 3. [re-quaero] 1) wieder suchen, aufsuchen, aliquem, libros. Hiervon überhaupt suchen, untersuchen, aliquid, rationes. 2) wieder (nach Etwas) fragen, nachfragen, sich erkundigen: r. aliquid ab ob. ex aliquo Jmb. um Etwas fragen. Hiervon A) überhaupt fragen, sich erkundigen, aliquid ex aliquo, ab aliquo de aliqua re; r. quid illis factum sit. 3) verlangen = vermissen u. wünschen, bedürfen, erfordern, heischen (als etwas Nöthiges, vgl. desidero): r. auxilium; res r. magnam diligentiam; multae virtutes requiruntur sind erforderlich, nöthig. 4) vermissen, prudentiam in aliquo.

Res, ei, f. 1) ein Ding, eine Sache im weitesten Sinne, ein Gegenstand, der ist oder existirend gedacht werden kann: res quae sunt; natura rerum die Natur, das Universum; imperitus rerum unbekannt mit dem Gange der Dinge in der Welt. Bisweilen steht res als allgemeiner Ausdruck statt der Wiederholung eines vorhergehenden Wortes: multae artes — quibus rebus exculta est hominum vita. Bisweilen steht ea (quae) res wo man id (quod) erwarten müßte (nihil esse quod non facturi essent, dummodo ea res etc.), und umgekehrt bezieht sich das pron. relat. n. quod bisweilen auf ea res. Bei Poet. steht bisweilen res umschreibend, z. B. res cibi = cibus. Hiervon insbes. A) = die Lage, Verfassung, der Umstand, rr. meae; r. bona; bonis tuis rebus (Pl.) während deine Sachen gut stehen; häufig rr. secundae das Glück, glückliche Umstände, adversae Unglück, unglückliche Lage; res salvae sunt Alles ist wohlbehalten; abi in malam r. geh zum Henker! pro (e) re nata ob. bloß pro re nach Beschaffenheit der Umstände. B) = Ursache, Grund, nur in den Verbindungen ea (hac) re, eam (hanc) ob rem deßhalb, quamobrem warum. C) = Sache, Geschäft, Angelegenheit: r. bellica, militaris collectiv = das Kriegswesen, ebenso r. maritima u. f. w.; r. divina ein Opfer; transigere r. cum aliquo ein Geschäft mit Jmb. zu Ende bringen; res mihi est (rem habeo) tecum ich habe ein Geschäft mit dir; (Poet.) esse rei alicui zu Etwas taugen; res tuas tibi habeto „du magst deine Sachen für dich selbst haben*, gebräuchliche Formel bei Gheschetdungen; ab re visum est es schien zur Sache nicht zu gehören. D) = Rechtssache, Proceß: cognoscere, judicare rem. E) = Vortheil, Interesse: est in rem meam (mihi) zu meinem Vortheil, ebenso e re mea, e re publica zum Besten des Staates; ob rem facere aliquid mit Vortheil, dummodo ob rem (sit) wenn es nur vortheilhaft ist; in rem suam convertere aliquid; dagegen ab re (Pl.) zu (Jmds) Schaden. F) = Vermögen, Besitzthum: rem habere, augere; häufig res familiaris, r. patria von dem Vater geerbt. G) = Staat, Gemeinwesen, r. Romana; summa rerum die höchste Gewalt, ebenso rerum potiri; Roma caput rerum die Hauptstadt. Insbes. r. publica, siehe Respublica.

2) die Wirklichkeit, das wirklich Stattfindende (im Gegensatze zum Scheine ob. Namen), die Wahrheit: r. atque veritas; re quam famâ majores; nomen sine re ein Name, welchem kein wirklich existirender Gegenstand entspricht; re (vera, ipsa) in der That, wirklich; res probat vocem auguris der Erfolg, Ausgang. Hiervon = die Erfahrung: res eum quotidie mitiorem facit.

3) die That, Handlung (im Gegensatze zu Worten): res secuta est clamorem; bene, male rem gerere ein Vorhaben gut, schlecht ausführen, häufig ein kriegerisches, also = glücklich ob. unglücklich kämpfen, siegen ob. besiegt werden, und überhaupt glücklich ob. unglücklich sein, guten ob. schlechten Erfolg haben. Insbes. = die große That, die That eines Feldherrn, Staatsmannes u. s. w.: gerere rr. magnas; res gestae = Thaten; auctor non scriptor rerum der große Thaten selbst verrichtet, nicht bloß als Geschichtschreiber sie von Anderen erzählt. Hiervon = das Ereigniß, die Begebenheit, die Geschichte, Neronis, populi Romani.

*Rĕ-sacro, 1. (vgl. resecro) entsühnen, von dem Fluche befreien, aliquem.

*Rĕ-saevio, 4. (Poet.) wieder wüthen.

*Rĕsălūtātio, ōnis, f. (resaluto) (Spät.) das Wiedergrüßen.

Rĕ-sălūto, 1. wieder grüßen, den Gruß Jmds erwiedern.

Rĕsānesco, nui, 3. [re-sanus] (Poet. u. Spät.) wieder gesund werden.

Rĕ-sarcio etc., 4. 1) wieder ausbessern, -herstellen, vestem, tecta. 2) trop. ersetzen, wieder gut machen.

Rĕ-scindo etc., 3. 1) (Poet.) wieder aufreißen, vulnus; trop. r. luctum ernauern, gratiam wieder stören. 2) (die Bedeutung der Partikel aufgebend) zerreißen, zerschneiden, vestem; r. pontem abbrechen, vallum, domos niederreißen. Hiervon A) (gewaltsam) öffnen, venam, vias, locum praesidiis munitum. B) trop. aufheben, vernichten, ungültig machen, acta alicujus, praeturam ejus, res judicatas, testamenta mortuorum.

Rĕ-scisco etc., 3. (meist Vorklass.) erfahren, Nachricht von Etwas erhalten, aliquid, rem totam; r. de adventu alicujus.

Re-scrībo etc., 3. 1) zurück schreiben, schriftlich antworten: r. epistolam ad aliquem; r. literis ob. ad literas auf einen Brief, ebenso r. ad aliquid; r. alicui ob. ad aliquem; r. rei. Insbes. in der Kaiserzeit = ein Rescript erlassen, Bescheid geben (von dem Kaiser ob. sonst einer Behörde). Hiervon A) = dagegen schreiben, eine Gegenschrift schreiben, actionibus oratorum. 2) wieder schreiben, nochmals schreiben, commentarios umarbeiten. Hiervon A) r. legionem aufs Neue zum Kriegsdienst ausschreiben; r. legionem ad equum nochmals als Reiter, einschreiben und dadurch gleichsam in den Ritterstand erheben. B) term. t. in Geschäftssachen, r. alicui pecuniam u. dgl. Jmd. Geld anweisen, durch Anweisung auf einen argentarius ob. einen Anderen zurück bezahlen (und also jenen Posten in den Rechnungsbüchern umschreiben, indem die Summe auf den Namen eines Andern übertragen wird).

Rescriptum, i, n. [rescribo] (Spät) ein kaiserliches Rescript, Erlaß.

Rĕ-sĕco etc., 1. 1) abschneiden, linguam, capillos, partem de tergo; r. unguem ad vivum bis zum Fleische. 2) trop. A) = entfernen, wegnehmen, benehmen, nimium, libidinem; r. spem longam beschränken. B) aliquid non ad vivum r. Etwas nicht zu allzustrengem Sinne, allzugenau nehmen.

Rĕsecro, 1. [eigtl. = resacro, was man setze] (Pl.) wiederholt beschwören, -bitten.

*Rĕ-sēmĭno, 1. (Poet.) wieder säen = wieder erzeugen: phoenix r. se wird aus sich selbst wieder erzeugt.

Rĕ-sĕquor etc., depon. 3. (nur in den tempp. praett.) in der Rede nachfolgen = antworten: r. aliquem his dictis.

Rĕ-sĕro, 1. [sera] 1) eigtl. entriegeln = aufschließen, öffnen, domum, valvas; trop. r. aures, os, rem familiarem. Hiervon Janus r. annum fängt an, ebenso r. fastos als Consul in dem Verzeichniß der Magistratspersonen den Anfang machen. 2) trop. (Poet.) = offenbaren, oracula mentis.

Rĕ-servo, 1. aufbewahren, aufsparen, aufheben, zurücklegen u. dergl.: r. reliquas merces ad obsidionem, aliquem ad eam rem, inimicitias in aliud tempus; r. praedam alicui; r. se aliis temporibus; quo eum reservas woju, zu welchem Zwecke? Hiervon A) = erretten, erhalten, aliquem. B) = bewahren, behalten, nihil ad similitudinem hominis.

Rĕses, ĭdis, adj. [resideo] 1) zurück bleibend, was stehen bleibt, übrig bleibt u. s. w. aqua, plebs. 2) träg, unthätig, unbeschäftigt, homo, animus; r. ac segnis.

Rĕ-sĭdeo, sēdi, sessum, 2. [re-sedeo] 1) sitzend zurück bleiben, sitzen. 2) zurück bleiben, irgendwo bleiben, sich aufhalten, r. in oppido; häufig periculum, culpa, res, amor, ira r. Hiervon 3) müßig sein, unthätig sein. *4) transit. (zweifelhaft) denicales residentur mortuis werden gefeiert.

Rĕ-sīdo etc., 3. sich wieder setzen, sich niederlassen, homo, avis; pellis r. cruribus setzt sich an die Beine. Insbes. = sich irgendwo niederlassen um dort zu wohnen, r. Siculis arvis. Hiervon A) = zurück sinken, mare, daher überhaupt sinken, sich senken, mons. B) trop. sich setzen, -legen = ruhig werden,

Resĭduus

nachlassen: flatus, tumor animi, ira r.; animi rr. beruhigen sich.

Rĕsĭduus, *adj.* [resideo] zurückbleibend ob. geblieben, übrig, rückständig, odium, bellum; residui nobilium die Zurückgebliebenen; pecunia r. noch rückständig; *subst.* residuum, i, *n.* der Rest.

Rĕ-sīgno, 1. 1) entsiegeln, öffnen, literas, testamentum. 2) *trop.* A) offenbaren, fata. B) aufheben, vernichten, fidem tabularum. C) (Poet.) zurückgeben (vgl. rescribo 2, B.), alicui aliquid. *D) Mercurius morte lumina resignat ist zweifelhaft: vielleicht bezieht es sich auf die vom Plinius (Hist. Nat. XI, 37, 55) erwähnte Sitte, daß die Augen des Todten auf dem Scheiterhaufen wieder geöffnet wurden.

Rĕsĭlĭo, lui ob. lii, — 4. [re-salio] zurück springen: ranae rr. in undas, velites r. ad manipulos; sarissa r. prallt zurück, ebenso *trop.* crimen r. ab illo die Anklage kann an ihm nicht haften; manus r. in breve spatium (Poet.) zieht sich zusammen. Hiervon *trop.* (Spät.) von Etwas abstehen, ablassen, a re aliqua.

Rĕ-sīmus, *adj.* (Poet. u. Spät.) aufwärts gebogen, nares.

Rēsīna, ae, *f.* das Harz, Gummi.

Rēsīnātus, *adj.* [resina] (Spät.) mit Harz bestrichen (um die Haare weg zu bringen und die Haut glatt zu machen).

Rĕsĭpĭo, — — 3. [re-sapio] nach Etwas schmecken, picem; *trop.* r. patriam das Gepräge seiner Vaterstadt tragen.

Rĕsĭpīsco, ivi ob. ii, — 3. [resipio] den Geschmack wieder bekommen, daher 1) wieder zu Verstande, Einsicht kommen. 2) von einer Ohnmacht u. dergl. wieder zu sich kommen, sich wieder erholen.

Rĕ-sīsto, stĭti, stĭtum, 3. 1) zurück stehen bleiben, still stehen, Halt machen: r. procul; r. ad verba revocantis; nemo restitit pugnandi causa; resiste! prägn. nunquam cum eo restiti ich habe nie eine Unterhaltung mit ihm gehabt. 2) widerstehen, Widerstand leisten, sich widersetzen (gewöhnlich von dem Angegriffenen, vgl. obsisto): r. alicui, dolori; r. contra veritatem; ab nostris fortiter resistitur es wird Widerstand geleistet; animus mollis et minime resistens ad calamitates perferendas. 3) (selten) sich wieder fest stellen, wieder aufstehen: lapsus restitit.

Rĕ-solvo etc., 3. (meist Poet. u. Spät.) 1) wieder lösen, auflösen, fila, vestes cinctas; auch r. aliquem catenis von Fesseln befreien, equos abspannen. Hiervon A) = öffnen u. dergl., venas, jugulum zerschneiden, r. literas; (Poet.) r. fauces ob. ora in haec verba zum Reden öffnen. B) r. nebulas zerjagen. C) = lockern u. dergl., terram; gleba se r. wird locker. 2) *trop.* A) auflösen = der Spannkraft berauben, durch Wollust und Verweichlichung, durch den Schlaf ob. den Tod in einen Zustand der Erschlaffung und der Auflösung bringen, schlaff machen, erschlaffen, in erschlaffendes Entzücken versetzen u. dergl.: felicitas eos r. verweichlicht sie; Cerberus r. terga (Poet.) streckt ruhig und gemächlich; r. disciplinam, judices besänftigen, milder stimmen. B) = befreien,

Respĭcĭo

aliquam. C) = lösend aufheben, vernichten, entfernen u. dergl., vectigalia, curas, tristitiam; r. jura verletzen, dicta widerlegen. D) entwirren, machen daß Jmd. aus Etwas herausfinden kann: r. ambiguitatem aufklären, (Poet.) r. dolos, tecti ambages die trügerischen Irrgänge des Hauses (des Labyrinthes) entwirren, Jmd. lehren darin den Weg zu finden. Hiervon = offenbaren, zeigen, qua fieri quidquid possit ratione. — 3) zurück bezahlen, pecuniam; r. ea quae pollicitus sum leisten.

*Rĕsŏnābĭlis, e, *adj.* [resono] (Poet.) wiederhallend.

Rĕ-sŏno etc., 1. 1) wiederhallen: imago (des Echo) r.; theatrum r., aedes r. clamore; locus r. voci (Poet.) hallt die Stimme wieder, ebenso cornua rr. ad nervos; *trop.* gloria r. virtuti tanquam imago (wie ein Echo) = ist untrennbar von der Tugend. Hiervon überhaupt (Poet.) erschallen, tönen, aura, apes summen, pharetra klingt; virgulta rr. avibus. 2) *transit.* (Poet.) A) von Etwas wiederhallen, Etwas (einen Laut, Namen u. dergl.) ertönen=, erschallen lassen; silvae rr. Amaryllida. B) einen Ort von Etwas wiederhallen machen, mit einem Schall erfüllen, r. lucos cantu. C) *impers.* in fidibus resonatur testudine es wird ein Wiederhall hervorgebracht.

Rĕ-sŏnus, *adj.* (Poet.) wiederhallend.

Rĕ-sorbĕo, — 2. in sich zurück schlucken, schlürfen, fluctus; mare resorbetur (in se) flutt zurück, r. spiritum einziehen.

Rĕ-specto, 1. 1) zurück sehen, ad tribunal; (Spät.) r. aliquem nach Jmd. 2) *trop.* A) auf Etwas Rücksicht nehmen, für Jmd. sorgen, pios. B) entgegensehen, erwarten, par munus ab aliquo.

Respectus, us, *m.* [respicio] 1) das Zurücksehen, der Rückblick, fugere sine r. 2) *trop.* A) die Rücksicht, Berücksichtigung (in Gedanken und Gemüthsstimmung, vgl. ratio), die Betrachtung: habere r. amicitiae, ad septatum Rücksicht auf nehmen, sine r. humanitatis Scheu; r. rerum Romanarum eos maxime movit ehrfurchtsvolle Berücksichtigung. B) die Zuflucht, der Zufluchtsort, die Gelegenheit sich zurückzuziehen: habere r. ad aliquem.

Respergo, rsi, rsum, 3. [re-spargo] besprützen, besprengen, aram sanguine, *trop.* respersus probro.

Respersĭo, ōnis, *f.* [respergo] das Besprützen, Besprengen.

Respĭcĭo, exi, ectum, 3. [re-specio] 1) zurück sehen, sich umsehen, hinter sich sehen: a) *intrans.* r. ad aliquem; r. longe, nemo respexit. b) *transit.* r. aliquem, signa nach Jmd., nach den Fahnen sich umsehen; r. occasum nach Westen sehen; (Poet.) sol r. tantum (spatii) sah hinter sich; *trop.* r. tempus praeteritum überdenken. 2) *trop.* A) Rücksicht auf Etwas nehmen, Etwas berücksichtigen, A) bes. helfend ob. wohlthuend, also = sich einer Person oder Sache annehmen, für sie Sorge tragen: dii nos respiciunt; r. aetatem alicujus, commoda populi Romani; nisi deus aliquis nos respicit uns gnädig ansieht, sich unserer annimmt; libertas me r. schenkt mir einen gnädigen Blick, würdigt mich der Aufmerk=

samkeit. Selten in üblem Sinne, dii vos rr. = strafen euch. B) überhaupt bedenken, erwägen: r. se auf sich selbst Rücksicht nehmen, r. exemplar vor Augen haben. C) = erwarten, bosfen, subsidia. D) (Vorklass. u. Poet.) sehen, bemerken. *E) summa imperia ad eum rr. die höchste Gewalt ist auf seine Person concentrirt.

Respirāmen, ĭnis, n. [respiro] (Poet.) der Athemweg, die Luftröhre.

Respirātĭo, ōnis, f. [respiro] 1) das Athemholen, Aufathmen. 2) das Athemholen bei einer Arbeit u. dergl., die Pause, der Ruhepunct: pugnabant sine r. *3) die Ausdünstung, aquarum.

***Respirātus**, ūs, m. [respiro] = respiratio 1.

Re-spīro, 1. 1) intrans. A) athmen, Athem holen, r. libere. Hiervon a) von irgend einer Beschwerde wieder zu Athem kommen, wieder aufathmen, und trop. sich wieder erholen, a metu von der Furcht, a continuis cladibus nach einer Reihe von Niederlagen; civitas r. b) nachlassen, sich vermindern, oppugnatio, avaritia. 2) transit. zurück athmen = ausathmen, athmend ausstoßen, animam. 3) (Lucr.) entgegenwehen, ventus r.

Re-splendeo etc., 3. (Poet.) wiederstrahlen.

Re-spondeo, ndi, nsum, 2. 1) (Vorklass.) dagegen versichern, zusagen, aliquid. Hierv. par pari r. Gleiches für Gleiches leisten. 2) antworten, eine Antwort ertheilen (zuerst mündlich, daher (Sen.) praesens esse videor quasi tibi non rescribam sed respondeam, dann sowohl mündlich als schriftlich): r. alicui; r. aliquid; r. alicui aliquid; r. literis beantworten, ebenso crimini auf eine Beschuldigung; r. ad aliquid auf Etwas; r. contra illa, adversus utrosque (Poet.); ripa r., saxa rr. voci zur Bezeichnung des Echos. Insbes. A) r. jus oder (Poet.) jura und de jure, von einem Rechtskundigen, Leuten, die ihn um Rath befragen, besonders den Clienten, Aufschlüsse und Rath geben. B) insbes. von Soldaten u. dergl., bei einer Musterung oder Einschreibung von Truppen, = sich als gegenwärtig nennen, indem der Name abgelesen wird, sich melden: citati ad nomina respondent. Hiervon trop. = sich einfinden, da sein, podagra r. ad tempus. 3) trop. A) entsprechen, mit Etwas übereinstimmen, einer Sache ähnlich oder gemäß sein: verba verbis rr.; fortuna r. optatis; eventus r. ad spem, hoc non plane r. ei ad animum entsprach seinen Erwartungen nicht ganz (Poet.); vires non rr. in carmina reichen nicht aus; metalla plenius rr. (Spät.) entsprechen reichlicher den Wünschen, einen reichlicheren Ertrag. Hiervon insbes. a) den Kräften, dem Werthe, der Vortrefflichkeit nach entsprechen = einer Sache gewachsen sein, mit Jmd. sich messen können, ein Gleichgewicht bilden u. dergl.; r. gloriae Graecorum, urbes nostrae rr. tumulis Catilinae. b) erwidern, vergelten, amori, officiis. c) von einem Schuldner, seiner Verpflichtung entsprechen, bezahlen, nominibus; r. ad tempus. B) von Localitäten, gegenüber liegen, tellus r. contra.

Responsĭo, ōnis, f. [respondeo] 1) das Antworten, die Entgegnung, Erwiderung. 2) Rhet. die Widerlegung: r. sibi die Selbstwiderlegung, Beantwortung einer selbstaufgeworfenen Frage.

Responsĭto, 1. [responso] (selten) = respondeo 2, A.

Responso, 1. [respondeo] (Vorklass. und Poet.) 1) antworten, alicui; ripae rr. hallen wieder. 2) trop. = trotzen, widerstehen, fortunae, cupiditatibus (Pl.); scherzhaft r. palato von zähem Fleische.

***Responsor**, ōris, m. [respondeo] (Pl.) der Antworter, Bescheidertheiler in Rechtssachen.

Responsum, i, n. [particip. von respondeo] die Antwort: ferre, auferre u. s. w. eine Antwort bekommen. Insbes. A) der Bescheid, die Erklärung eines Rechtsgelehrten oder Verfügung einer Behörde. B) der Orakelspruch.

Respublĭca, reipublicae, ob. getrennt Res publica (siehe res) 1) die Staatsangelegenheit, Staatssache oder collectiv die Staatsangelegenheiten, das Staatswesen, die Staatsgewalt, Staatsverwaltung: accedere ad remp., capessere oder attingere remp. mit Staatssachen sich zu beschäftigen anfangen, in den Staatsdienst treten; versari in rebus publicis mit den öffentlichen Angelegenheiten sich beschäftigen; remp. bene (male) administrare (gerere u. bergl.) einer Staatsaffaire glücklich (unglücklich) vorstehen, insbes. vom Feldherrn den Krieg glücklich (unglücklich) führen; abesse reip. causa in öffentlicher Sendung, wegen einer Staatssache; sentire eadem de rep. dieselben politischen Ansichten haben; summa resp. die wichtigsten Staatssachen, der ganze Staat; hoc est e re publica dieses ist zum Besten des Staates. 2) der Staat als ein politisches Ganze, der Staatskörper (zunächst mit Beziehung auf die Verfassung und das Gemeinwesen, während bei civitas zunächst an die Bürger gedacht wird): conservare, labefactare r. Insbes. = ein Staat mit freier und gesetzlicher Verfassung, im römischen Sinne = eine Republik: si erit ulla resp.; amittere, temperare rem p. die höchste Gewalt im Staate.

Re-spuo etc., 3. eigtl. zurück speien, 1) von sich zurück werfen, -stoßen, entfernen, abhalten u. dergl.: r. liquorem; aqua r. ligna; natura r. reliquias cibi giebt von sich; (Poet.) materia r. securem läßt die Art nicht tief hineindringen. 2) verwerfen, verschmähen, mißbilligen, tadeln, condiciones, poetas; r. interdictum verachten, trotzen.

Re-stagno, 1. 1) von ausgetretenen Gewässern, zurück stehen bleiben, ein stehendes Wasser bilden. 2) von dem Orte, mit ausgetretenem und stehendem Wasser bedeckt sein.

Restauro, 1. (Spät.) 1) wieder herstellen, wieder erbauen. navem, theatrum. 2) erneuern, bellum.

***Re-stillo**, 1 (zweifelh.) wieder einträufeln, alicui aliquid.

***Re-stinctĭo**, ōnis, f. [restinguo] das Löschen.

Re-stinguo etc., 3. 1) löschen, auslöschen, ignem; r. opera flammā comprenensa; r. sitim; (Poet.) r. pocula Falerni lymphâ den feurigen Falernerwein mit Waſſer mildern. 2) *trop*. A) dämpfen, mäßigen, ſtillen, beruhigen, mentes inflammatas, ardorem cupiditatum. B) unterdrücken, hemmen, vertilgen u. dergl.: r. sermonem hominum, studia; sensus restinguuntur morte hören auf, werken vernichtet.

Restio, ōnis, *m*. [restis] der Seiler; *trop*. = Jmd., der gegeißelt wird.

Restĭpŭlātĭo, ōnis, *f*. [restipulor] die Gegenverpflichtung.

Re-stĭpŭlor, *depon*. 1. ſich Etwas dagegen verſprechen laſſen.

Restis, is, *f*. (*accus. sing*. -im und -em), das Seil, der Strick (dünner als funis); *proverb*. res redit ad r. = es iſt zum Erhängen, d. h. meine Lage iſt verzweifelt.

Restĭto, 1. [resto] zurück bleiben, zaudern.

***Restĭtrix**, ĭcis, *f*. [resto] (*Pl*.) die zurück bleibt, die Zaubererin.

Restĭtŭo, ui, ūtum, 3. (re-statuo) 1) an seine frühere Stelle wieder hinſtellen, statuam. Hiervon A) Jmd. zurückführen, -bringen, aliquem sospitem in patriam zurückrufen. B) zurück geben, wieder geben, wieder verſchaffen, alicui aliquid, bona; restitue nobis veterem tuam calliditatem zeige und mal wieder. 2) in den vorigen Stand ſetzen, wieder herſtellen, aedes, muros; r. ordines, r. proelium, pugnam wieder in Ordnung bringen; r. rempublicam u. dergl. wieder aufrichten, zu der alten Kraft und Ordnung zurückbringen, ebenſo r. rem prolapsam, animos, spem. Hiervon A) in die vorige Lage u. ſ. w. wieder einſetzen, aliquem ex servitute in libertatem, equites in pristinum honorem, rem in integrum. Insbeſ. r. aliquem = Jmd. in ſeinen Beſitz und ſeine Gerechtſame wieder einſetzen, den Verbannten in ſeine Heimath und ſeine vorige Stellung wieder einſetzen; auch vollſtändiger r. aliquem in integrum. B) r. se amicum alicui ſich als Jmds Freund wieder zeigen, ſich ihm wieder anſchließen. C) erſetzen, damnum. D) (eine Sache in die vorige Lage verſetzen, in welcher ſie war, ehe ein richterliches Urtheil od. dergl. gefällt wurde, ſo daß dieſer Spruch ungültig und aufgehoben wird, daher =) aufheben, ungültig machen, judicia; r. vim factam wieder gut machen.

Restĭtūtĭo, ōnis, *f*. [restituo] 1) die Wiederherſtellung, der Wiederaufbau u. dergl., libertatis, theatri. 2) die Wiedereinſetzung in den vorigen Stand, in die frühere Würde u. dergl., damnatorum; insbeſ. = die Zurückberufung aus der Verbannung.

Restĭtūtor, ōris, *m*. [restituo] der Wiederherſteller.

Re-sto, stĭti, stătum, 1. *intrans*. 1) (ſelten) zurück ſtehen bleiben, solus restitit. 2) übrig bleiben, übrig ſein, noch vorhanden ſein (im Gegenſatze zu perisse u. dergl.; vgl. supersum): pauci jam aequales rr.; (Poet.) dona restantia pelago et flammis die dem Meere und den Flammen entgangen ſind; hoc r. Latio ſteht noch L. bevor. Häufig restat ut oder mit einem *infinit*. es iſt noch übrig, daß u. ſ. w.; quod restat künftig, in der künftigen Zeit. 3) widerſtehen, ſich widerſetzen, Widerſtand leiſten (häufig in der Schlacht u. dergl.): meiſt abſol., r. fortiter, doch auch r. hostibus.

Restrĭcte, *adv*. mit *comp*. und *sup*. [restrictus] 1) (Spät.) knapp, ſparſam. 2) genau, ſtreng.

Restrictus, *adj*. mit *comp*. [*particip*. von restringo] 1) (Spät.) ſtraff, angezogen, toga. 2) beſcheiden, eingeſchränkt. 3) knapp, ſparſam, kärglich, r. ad largiendum. 4) ſtreng, genau, imperium.

Re-stringo etc., 3. 1) zurück binden, -ziehen, manus ad terga. 2) überhaupt binden, feſtbinden u. dergl.: r. aliquem vinculis und r. vinculum zubinden, zuſchnüren. 3) *trop*. A) natura omnes ad custodiam pecuniae r. feſſelt, hält alle Menſchen an u. ſ. w. B) beſchränken, zurückhalten u. dergl., liberalitatem, delicias frugalitate. 4) (*Pl*.) r. dentes die Zähne fletſchen.

Rĕ-sūdo, 1. (Spät.) wieder ſchwitzen (vom Boden), = wieder Feuchtigkeit von ſich geben.

Rĕ-sulto, 1. (Poet. u. Spät.) 1) zurück ſpringen, -prallen: tela rr. galeā. Hierv. *trop*. A) zur Bezeichnung einer hüpfenden und ungleichmäßigen Ausſprache oder Stimme. B) widerſtreben, zu Etwas nicht paſſen: nomina barbara rr. versibus. 2) zurück-, wiederhallen, ſowohl von dem Echo ſelbſt (imago vocis r.) als von dem Orte oder Gegenſtande (colles rr. clamore, tecta rr. vocibus).

Rĕ-sūmo etc., 3. 1) wieder nehmen, librum relectum; r. arma wieder ergreifen; r. praetextas wieder anziehen. 2) *trop*. A) wieder vornehmen, ſich mit Etwas wieder beſchäftigen, erneuern, curas, pugnam. B) wieder erlangen, -bekommen, animam, dominationem. C) r. libertatem ſich wieder in Freiheit ſetzen.

***Rĕ-sŭo** etc., 3. wieder auftrennen, tunica resuta.

Rĕ-sŭpīno, 1. 1) zurück beugen, hinterwärts legen: r. collum; resupinatus auf dem Rücken liegend; r. valvas aufreißen; r. aliquem a) rücklings zu Boden ſtoßen; b) machen, daß er den Kopf zurück beugt und hinter ſich ſteht; c) *trop*. machen, daß Jmd. ſtolz den Kopf zurückwirft (quid te tantopere resupinat was macht dich ſo ſtolz?).

Rĕ-sŭpīnus, *adj*. 1) zurück gebogen, rücklings gelehnt; insbeſ. = auf dem Rücken liegend. 2) *trop*. A) = den Kopf ſtolz zurückwerfend, die Naſe hoch tragend. B) (Spät.) weichlich, träg.

Rĕ-surgo etc., 3. 1) wieder aufſtehen, ſich wieder aufrichten, -erheben (vom Boden, aus dem Bette, nach einer Krankheit u. dergl.); cornua lunae rr. zeigen ſich wieder, luna r. geht auf. 2) *trop*. wieder entſtehen, -aufkommen, ſich erheben, urbs, amor; auch = wieder emporkommen, res Romana.

Rĕ-suscĭto, 1. (Poet. und Spät.) wiedererregen, iram.

Rĕtardātĭo, ōnis, *f*. [retardo] die Verzögerung, der Aufenthalt.

Rĕ-tardo, 1 1) verzögern, aufhalten, zurückhalten, aliquem, impetum hostium; haec me rr. a scribendo; motus stellarum retardantur werden langsamer. *2) *intrans.* sich aufhalten, zurück bleiben.

*Rĕ-taxo, 1. (Spät.) wieder tadeln, aliquem.

Rēte, is, *n.* (Vorklaff. auch im *accus.* retem) das Netz (überhaupt, vgl. cassis, plaga); *trop.* r. amoris, tendere retia alicui Jmd. zu fangen streben.

Rĕ-tĕgo etc., 3. aufdecken, entblößen, pedes, caput; homo retectus nichts (durch den Schild) gedeckt; r. ensem ziehen. Hiervon A) öffnen, thecam; sacra nullis retecta viris zugänglich gemacht. B) sichtbar machen, zeigen, Titan r. orbem, ebenso Lucifer r. diem. C) offenbaren, verrathen, entdecken, scelus, occulta conjurationis.

Rĕ-tendo, ndi, ntum *ob.* nsum, 3) (Poet. und Spät.) zurückspannen, zurücklassen, absspannen, arcum.

Rĕtentĭo, ōnis, *f.* [retineo] das Zurückhalten, aurigae das Anhalten der Pferde. Insbef. *trop.* r. assensionis, die ἐποχή der neueren Akademiker, das Zurückhalten der Zustimmung.

Rĕtento, 1. [retineo] zurückhalten, anhalten, festhalten, legiones, equos, pecuniam. Hiervon A) (*Lucr.*) auseinander halten, quae mare a terris retentant. B) erhalten, unterhalten, vitam hominum.

Rĕ-tento, 1. (Spät.) wieder versuchen, verba intermissa; r. refringere vestes.

Rĕ-texo etc., 3. 1) aufweben, etwas Gewebtes wieder auftrennen. Hiervon A) von anderen Gegenständen, auflösen, sol r. humorem; (Poet.) luna r. orbem die Mondscheibe wird kleiner, nimmt ab. B) aufheben, ungültig machen, rückgängig machen u. bergl.; praeturam alicujus; r. dicta zurücknehmen, orationem widerrufen. 2) wieder-, von Neuem weben, umweben, fila. Hiervon A) umarbeiten, scripta; me ipse retexam soll ich mich selbst zu einem anderen Menschen machen? B) wiederholen, erneuern, eundem ordinem; r. fata (Poet.) = Jmd. ins Leben zurückrufen.

Rĕtĭārĭus, ii, *m.* [rete] (Spät.) der Netzkämpfer, eine Art Gladiatoren.

Rĕtĭcentĭa, ae, *f.* [reticeo] das Schweigen, Stillschweigen, wo Jmd. erwartete, daß man reden sollte, das Verschweigen: poena reticentiae constituta est. Insbef. als rhetorische Figur, wenn man in der Rede plötzlich innehält, das Abbrechen, ἀποσιώπησις.

Rĕtĭceo, cui, — 2. [re-taceo] 1) *intrans.* (auf eine Frage ob. bergl., jedenfalls wo Jmd. erwartet, daß man reden werde) still schweigen (vgl. taceo, sileo), de re aliqua; r. alicui Jmd. nicht antworten. 2) *transit.* verschweigen, aliquid.

Rĕtĭcŭlum, i, *n.* [rete] *deminut.* das kleine Netz, insbef. = das Haarnetz zum Zusammenhalten der Haare auf dem Kopfe der Frauen ob. verweichlichter Männer.

Rĕtĭnācŭlum, i, *n.* [retineo] (Poet. und Spät.) (fast immer im *pl.*) Alles was Etwas zurückhält, festhält, das Band, Seil, die Leine, das Tau, navis, mulae; *trop.* rr. vitae.

Rĕtĭnens, tis, *adj.* mit *sup.* [*particip.* von

retineo] an Etwas festhaltend, es behauptend, juris et libertatis.

Rĕtĭnentĭa, ae, *f.* [retineo] (*Lucr.*) das Behalten im Gedächtnisse, die Erinnerung.

Rĕtĭneo, tĭnui, tentum, 2. [re-teneo] 1) zurück halten, festhalten, milites in loco, aliquem domi, lacrimas; aegre retenti sunt quin etc. kaum hielt man sie davon ab u. f. w. Hiervon A) aufhalten, zurückhalten, hemmen, aliquem, cursum; biduum retentus. B) *trop.* in Schranken halten, zügeln, liberos, gaudia. C) *trop.* Jmd. zu Etwas anhalten, fesseln u. bergl., r. aliquem in fide, in officio. 2) behalten, bewahren, erhalten, behaupten u. bergl.: r. provinciam; r. amicos, jus suum, pristinam virtutem, hunc morem; r. aliquid memoriā und r. memoriam rei alicujus sich an Etwas erinnern.

Rĕ-tŏno, — — 1. (Poet.) zurück erschallen, locus.

Rĕ-torqueo etc., 2. zurück drehen, -wenden, -kehren, beugen, caput in tergum, oculos ad urbem; r. brachia tergo auf den Rücken; r. tergum pantherae das Pantherfell um sich werfen; r. undas litore zurückwerfen; *trop.* r. animum ad praeterita.

Rĕ-torrĭdus, *adj.* (Spät.) dürr, vertrocknet, ramus, mus zusammengedorrt.

Retractātĭo, ōnis, *f.* [retracto] die Weigerung, Ablehnung (nur in der Verbindung sine r.).

*Retractātus, *adj.* mit *comp.* [*particip.* von retracto] wieder durchgegangen, verbeffert, syntagma illud r.

Re-tracto, 1. 1) wieder nehmen, -anfassen, -ergreifen, arma; r. vulnus wieder betasten. 2) wieder vornehmen, -behandeln, -bearbeiten: r. causam, librum wieder lesen, leges umarbeiten: r. munera neniae Ceae sich wieder mit — beschäftigen, wieder vor die Hand nehmen; r. agrum wieder besehen. Hiervon insbef. geistig wieder vornehmen, wieder erwägen, aliquid secum; r. dolorem seine Gedanken von Neuem mit dem Schmerze beschäftigen; r. memoriam rerum gestarum das Geschehene wieder vor die Erinnerung rufen. 3) A) sich weigern, protestiren, ablehnen, sich widersetzen: retractantem arripi jubet. B) (Poet.) r. dicta zurücknehmen.

Retractus, *adj.* mit *comp.* [*particip.* von retraho] zurückgezogen, = entfernt, versteckt, entlegen, locus.

Re-traho etc., 3. 1) zurück ziehen, manum, pedem; r. Hannibalem in Africam nach A. zurückzugehen nöthigen. Hiervon A) von einem Flüchtlinge, zurückschleppen, einholen und zurückbringen, aliquem; *trop.* r. argentum fugitivum. B) abhalten, abziehen, consules a foedere, aliquem a studio. C) (Spät.) zurückhalten, nicht ganz hervorkommen lassen, verba. D) = retten, bewahren, aliquem ab interitu. E) r. se sich von Etwas zurückziehen = nicht daran Theil nehmen wollen. F) (Spät.) von einer Zahl abziehen. 2) (*Tac.*) wieder-, von Neuem ziehen, -schleppen, aliquem ad eosdem cruciatus; r. obliterata monumenta wieder an das Tageslicht hervorziehen. 3) (die Bedeutung der Partikel aufgebend) über-

heiterung, spes r. animos a certamine giebt den Gemüthern Erholung und neue Kraft nach dem Streite. C) *trop.* eine Thätigkeit, eine Anstrengung u. dergl. weniger eifrig und gespannt machen, nachlaffen, vermindern, contentionem, diligentiam; r. de celeritate; r. aliquid ex pristina virtute; dolor r. se ob. remittitur läßt nach, nimmt ab. So auch = unterlassen, mit Etwas aufhören, quaerere. D) eine Strafe, Leistung u. dergl. erlassen, schenken, alicui poenam, r. pecuniam de summa. Hiervon a) = erlauben, zugestehen, alicui aliquid. b) r. patriae inimicitias suas um des Vaterlandes willen seine Feindschaft aufgeben, r. populo supplicium magistri equitum aus Rücksicht auf das Volk auf die Bestrafung des mag. equit. verzichten, r. patriae memoriam simultatum dem Vaterlande zu Gefallen aufgeben. c) überlassen, abtreten, fahren lassen, alicui legionem, voluptatem, praemium. 3) *intrans.* (= r. se, siehe 2, C.), nachlassen, = sich vermindern, aufhören: ventus, dolor r.

Remmius, Name eines römischen Geschlechts. Eine lex Remmia bestimmte eine harte Strafe für calumniatores.

Rĕ-mōlior, *depon.* 4. (Poet. und Spät.) etwas Schweres zurückbewegen, -stoßen, rem.

Rĕ-mollesco, — — 3. 1) wieder weich werden. 2) *trop.* A) -bewegt-, gerührt werden, precibus. B) verweichlicht werden, ad laborem ferendum.

Rĕ-mollio, 4. (Poet. u. Spät.) 1) wieder weich machen, terram auflockern. 2) *trop.* A) bewegen, umstimmen, aliquem. B) verweichlichen, artus.

Rĕ-mōra, se, *f.* (Vorklaff.) = mora.

*****Rĕmōrāmen**, ĭnis, *n.* [remoror] was einen Verzug bewirkt, die Verzögerung.

Rĕ-mordeo, mordi, morsum, 2. 1) (Poet.) wieder beißen, aliquem. 2) *trop.* cura r. aliquem nagt, quält.

Rĕ-mŏror, *depon.* 1. 1) *intrans.* zurückbleibend zögern, -verweilen, in concilio. 2) *transit.* aufhaltend verzögern, zurückhalten, aliquem; mors ac poena eum r. läßt ihn auf sich warten = trifft ihn nicht sogleich; r. spem alicujus aufhalten.

Rĕmōtē, *adv.* mit *comp.* [remotus] entfernt.

Rĕmōtio, ōnis, *f.* [removeo] die Zurückbewegung, brachii die Zurückziehung, davon = die Entfernung, criminis Ablehnung.

Rĕmōtus, *adj.* mit *comp.* und *sup.* [*particip.* von removeo] 1) fern, entfernt, entlegen, locus; sedes r. a Germanis, locus r. ab arbitris einsam. Auch in der Zeit, r. a memoria der fernen Vorzeit angehörig. 2) *trop.* von Etwas entfernt: A) = abweichend, verschieden: sermo Xenophontis a strepitu forensi remotissimus. B) fern = frei von Etwas, mit Etwas Nichts zu thun habend oder sich befassend, ihm abgeneigt: homo r. ab suspicione; scientia quae r. est a justitia; homo r. a vino, a dialecticis. 3) Cicero gebraucht remota als Uebersetzung des griechischen ἀποϱογμήνα, in der Lehre der Stoiker = rejecta, reducta, Dinge, die zwar keine Uebel, aber doch verwerflich und hintanzusetzen sind.

Rĕ-mŏveo etc., 2. zurück bewegen, -schaffen, -ziehen, entfernen, wegschaffen: r. equos ex conspectu, aliquid de medio; r. arbitros; *trop.* r. moram beseitigen, r. sumptum, suspicionem a se, doch auch r. se a suspicione sich frei halten, befreien; r. aliquem a republica von der Theilnahme an Staatsgeschäften, ebenso r. se a negotiis publicis; r. se artibus, aliquem praecturā; r. aliquem a vita (Poet.) = tödten.

Rĕ-mūgio, 4. (Poet.) zurück (b. h. erwidernd) brüllen, ad verba alicujus. 2) zurück rauschen, -tönen, -schallen: nemus r. ventis, vox r.

Rĕ-mulceo etc., 2. (Poet.) zurück streichen, caudam zurückbeugen.

Rĕmulcum, i, *n.* das Schlepptau; navem remulco trahere bugsiren.

Rĕmŭlus, i, *m.* ein König in Alba.

Rĕmūnĕrātio, ōnis, *f.* [remuneror] die Wiedervergeltung, benevolentiae.

Rĕ-mūnĕror, *depon.* 1. (selten -ro, 1.) wieder beschenken, davon = belohnen, aliquem magno praemio, meritum alicujus; selten von etwas Bösem = vergelten, strafen, aliquem supplicio.

*****Rĕ-murmŭro**, 1. (Poet.) entgegen rauschen, unda.

Rēmus, i, *m.* das Ruder; *trop.* von Flügeln, von den Händen des Schwimmenden: *proverb.* remis ventisque (velis) = aus allen Kräften.

Rēmus, i, *m.* der Bruder des Romulus, von diesem getödtet.

Rĕ-narro, 1. (Poet.) wieder erzählen, aliquid.

Rĕ-nascor etc., *depon.* 3. wieder geboren werden, aber wieder hervor wachsen, -entstehen: phoenix r. de nihilo, dentes rr.; urbs r. wird wieder aufgebaut, bellum r. fängt wieder an.

Rĕ-nāvigo, 1. zurück schiffen.

Rĕ-neo, — — 2. (Poet.) zurück spinnen = etwas Gesponnenes wieder auflösen, filum.

Rēnes, num, *m. pl.* die Nieren.

Rĕ-nĭdeo, — — 2. (meist Poet.) 1) glänzen, schimmern, strahlen, ebur, domus. 2) *trop.* A) vor Freude strahlen = sich sehr freuen, aliquid seciisse Plauto gethan zu haben. B) lächeln, ore renidenti; falsum renidens vultu mit tückischem Lächeln.

*****Rĕnĭdesco**, — — 3. [renideo] (*Lucr.*) zu glänzen anfangen.

Rĕ-nītor, — *depon.* 3. (Spät.) sich entgegen stemmen = sich widersetzen.

Rĕ-no, 1. (Poet. u. Spät.) zurückschwimmen: saxa rr. tauchen wieder empor.

Rēno oder **Rhēno**, ōnis, *f.* [gallisches Wort] 1) das Rennthier (?). 2) das Rennthierfell.

Rĕ-nōdo, 1. (Poet., selten) aufknüpfen, lösen, comam.

*****Rĕnŏvāmen**, ĭnis, *n.* [renovo] (Poet.) die neue Gestalt.

Rĕnŏvātio, ōnis, *f.* [renovo] die Erneuerung, mundi; r. doctrinae Rückkehr zu gelehrten Beschäftigungen. Insbes. r. numorum die Zinserneuerung = Zins auf Zins.

Rĕ-nŏvo, 1. erneuern, wieder herstellen, templum; r. scelus wieder begehen; r. memoriam rei alicujus, proelium, societatem; r. omnes casus von Neuem durchgehen. Hierv. A) (selten) = wiederholen, ea quae dixi. B) erquicken, erfrischen, animum alicujus; r. se sich erholen. C) r. agrum durch Brache erneuern. D) r. foenus Zins auf Zins rechnen.

Rĕ-nŭmĕro, 1. 1) (Vorklass. und Spät.) zurückzählen, zurückbezahlen, alicui aurum. 2) vorzählen, alicui sagittas.

Rĕnuntiātio, ōnis, f. [renuntio] die Anzeige, Bekanntmachung, der Bericht.

Rĕ-nuntio, 1. 1) zurück melden, »berichtigen, Bericht abstatten, »verkündigen: r. responsum ab aliquo; nihil a quoquam renuntiabatur es wurde von Niemand eine Antwort gebracht. Insbes. als term. t. amtlich zurückberichten, rapportiren, quae perspexi; legati rr. postulata Caesaris; r. aliquid ad senatum; r. legationem von seiner Sendung Bericht abstatten. 2) (indem die Partikel nur einen Gegensatz bezeichnet oder ihre Bedeutung ganz verliert) überhaupt berichten, anzeigen, alicui aliquid. Insbes. A) als term. t., den Ausgang einer Wahl u. dergl. verkündigend, öffentlich bekannt machen, ausrufen, aliquem consulem. B) r. alicui repudium, siehe dieses Wort. 3) auskündigen, aufsagen, alicui hospitium, societatem. Hierv. trop. (Spät.) einer Sache entsagen, sich von ihr lossagen, vitae, foro.

***Rĕ-nuntius,** ii, m. (Vorklass.) der Berichterstatter.

Rĕ-nuo, ui, — 3. dagegen winken = 1) verneinen, ablehnen, mißbilligen, crimini; r. alicui Jmb. ein Zeichen geben, daß er Etwas bleiben lasse, renuente deo (Poet.) gegen den Willen eines Gottes. 2) ausschlagen, convivium, aliquid.

***Rĕ-nūto,** 1. (Vorklass. und Spät.) dawider sein, widerstreben.

***Rĕ-nūtus,** us, m. (Spät.) die Weigerung, das Ablehnen.

Reor, rătus, depon. 2. (mit Ausnahme des particip. ratus meist Poet.) meinen, glauben (zunächst einer Berechnung nach; vgl. puto, censeo, opinor, u. dergl.): r. aliquid, eos plures esse; plures quam rebar.

Rĕpāgŭla, ōrum, n. pl. [repango] der Thürriegel, in die Mauer eingesetzte Querbalken (also größer als obex, pessulus): convellere rr.; trop. rr. pudoris die „Schranken" der Scham.

***Rĕpandirostrus,** adj. [repandus-rostrum] (Vorkl.) mit aufwärts gekrümmtem Schnabel.

Rĕ-pandus, adj. (Poet. und Spät.) aufwärts gekrümmt.

Rĕpărābĭlis, e, adj. [reparo] (Poet.) wiederherstellbar, ersetzbar, damnum.

Rĕparco, — — 3. (Vorklass.) feinerseits (im Gegensatze zu einem Anderen) sparen, rei alicui an Etwas; r. aliquid facere sich Etwas zu thun enthalten.

Rĕ-păro, 1. 1) wieder erwerben, »anschaffen, amissa. 2) wieder herstellen, »erneuern, »zuwegebringen u. dergl.: r. exercitum, bibliothecam, potestatem tribuniciam, proelium. Hiervon A) = ausbessern, wieder aufbauen, villam. B) = wieder erquicken, aliquem, animos, se sich erholen; r. membra wieder stärken. 3) (Poet.) (indem die Partikel einen Gegensatz bezeichnet) durch Kauf dagegen anschaffen, dagegen kaufen, »eintauschen, vinam merce. Hiervon (Poet.) r. classe latentes oras auf der Flotte (dagegen) nach (anderen) entlegenen Küsten sich begeben.

***Rĕpastĭnātio,** ōnis, f. [repastino] das Wiederbehacken, Wiederumgraben.

Rĕ-pastĭno, 1. wieder behacken, »umgraben, terram.

Rĕ-pecto etc., 3. (Poet.) wieder kämmen, comam.

Rĕ-pello, rĕpŭli oder reppŭli, rĕpulsum, 3. 1) zurück stoßen, manum, mensam; (Poet.) r. aras üben den Haufen werfen; telum repellitur aere prallt zurück von dem ehernen Schilde; (Poet.) von Jmb., der emporfliegend oder wegschiffend gleichsam die Erde von sich stößt: r. tellurem hastā auf die Lanze gestützt sich in die Höhe schwingen; (Poet.) aera repulsa kupferne Gegenstände, die an einander geschlagen dann von einander abspringen. 2) zurück treiben, hostes in silvas, aliquem a ponte. 3) trop. A) abhalten, zurückhalten, entfernen, verhindern u. dergl.: r. aliquem a conata, oratorem a gubernaculis civitatum; repelli spe, ciñe Hoffnung aufgeben müssen; contumelia repellatur muß fern gehalten werden; r. dolorem von sich fern halten; r. aliquem a consulatu machen, daß Jmb. das Consulat nicht erlangt. B) abweisen, zurückweisen, verschmähen, preces, (Poet.) connubia nostra; insbef. repelli = repulsam ferre, siehe repulsa. C) abwenden, abwehren, periculum, vim. D) r. causam bekämpfen, r. criminations -widerlegen. *E) (Pl.) = verweisen, aliquam ad meretricium quaestum.

Rĕ-pendo, ndi, nsum, 3. 1) (Poet.) zurückwägen, wieder darwägen, pensa. 2) dagegen wägen, gegen Etwas zuwägen, »bezahlen: r. aurum pro capite alicujus; dagegen r. caput auro mit Gold aufwägen, (Poet.) miles repensus auro = losgekauft. Hiervon trop. (Poet.) r. satis fata contraria sich aufweigen lassen, mit — ersetzen; ebenso r. damna formae ingenio ersehen. 3) (Poet. und Spät.) trop. A) als Vergeltung geben, als eine Schuld leisten, dagegen geben, gratiam, magna; r. vices Gleiches für Gleiches geben. B) erwidern, vergelten, beneficium. C) bezahlen, erkaufen, incolumitatem turpitudine.

Rĕpens, tis, adj. = das häufigere repentinus. Das neutr. *repens (Poet.) als adv. = repente.

Rĕ-penso, 1. (Spät.) vergelten, erwidern, injurias injuriis.

Rĕpente, adv. [repens] plötzlich (im Gegensatze zu einer Erwartung, vgl. subito) unvermerkt, unvermuthet.

Rĕpentīno, adv. [repentinus] (selten) = repente.

Rĕpentīnus, adj. [repente] plötzlich (siehe repente), unvermuthet, unerwartet; homo r. unerwartet zu Ehren gekommen, pecuniae rr.

plötzlich erworben, exercitus schnell zusammen-gerafft.

Rĕpercussus, us, m. [repercutio] (Spät.) das Zurückschlagen, davon = der Wieder-schein, siderum, ob. **Wiederhall**, vocis.

Rĕ-percŭtio etc., 3. 1) zurückschlagen, -stoßen, -treiben (meist Poet. und Spät.): r. discum, lumen oder Phoebum das Licht, die Sonnenstrahlen zurückwerfen. Häufig im *pass.* = zurück geworfen werden, -prallen, imago, lumen; clamor r. hallt wieder, vallis r. clamore. 2) *trop.* „aus dem Felde schlagen" = widerlegen, orationem dicto.

Rĕ-pĕrio, rĕpĕri ob. **reppĕri, rĕpertum**, 4. 1) (Vorklass.) wieder finden, filiam, parentes. 2) überhaupt finden (nachdem man gesucht und sich bestrebt hat, vgl. invenio): r. multos; si quaerimus, causas reperiemus multas. Hiervon A) = finden, erfahren, erkennen, wahrnehmen, rem omnem; sic reperiebat er erfuhr Folgendes; Pythagoras in Italiam Tarquinio regnante venisse reperitur man findet in der Geschichte (man weiß), daß P. u. s. w. B) mit doppeltem *accus.* Jmd. als irgend eine Eigenschaft habend befinden, erfahren, aliquem fidelem; häufig *pass.* = Etwas zu sein, thun u. dergl. gefunden werden, sich zeigen u. s. w.: pares aut etiam superiores reperiuntur. C) = erwerben, sich verschaffen, erlangen, salutem sibi, laudem. 3) erfinden, ausfindig machen, entdecken, ersinnen, viam, astutiam, ludum scenicum, aurum.

Rĕpertor, ōris, m. [reperio] (meist Poet. und Spät.) der Erfinder, Urheber, medicinae, legum.

Rĕpĕtentia, ae, f. [repeto] (Vorklass. u. Spät.) die Rückerinnerung.

Rĕpĕtītio, ōnis, f. [repeto] die Wiederholung.

***Rĕpĕtītor, ōris, m.** [repeto] der Zurück-forderer.

Rĕ-pĕto etc., 3. 1) irgendwohin zurück gehen, -kehren, -kommen, Africam, castra, domum; (Poet.) r. aliquem; r. viam wieder betreten, zurücklegen; r. pugnam zum Kampfe zurückkehren; selten mit einer Präposition, r. in Asiam. 2) in feindlicher Absicht zu Jmd. zurück ob. wieder gehen, ihn wieder angreifen, wieder auf ihn losgehen: r. aliquem; (Poet.) repetitus amore von der Liebe wieder entzündet. Hiervon (Spät.) = wieder anklagen, aliquem. 3) nach Etwas zurück oder wieder hingehen, A) zurück holen, wieder holen, impedimenta, thoracem e conditorio; alii (elephanti) repetiti sunt man ging zurück um andere zu holen. Hiervon a) r. aliquid memoria oder r. memoriam (recordationem) alicujus rei, und absolut r., in das Gedächtniß zurückrufen, die Erinnerung an Etwas auffrischen: r. memoriam ex annalibus; r. omnia praecepta; inde usque r. sich Alles bis von jener Zeit an in das Gedächtniß zurückrufen. b) wiederholen, von Neuem vornehmen, wieder anfangen, vetera consilia, verba, auspicia; r. spectacula erneuern; (Vorklass. u. Spät.) r. aliquid facere Etwas wiederholt thun, und absolut r. = wieder sagen, redend wiederholen. Hiervon (Poet.) das

particip. repetitus adverbial zur Bezeichnung der Wiederholung der durch das Hauptverbum ausgedrückten Handlung: repetita robora caedit schlägt wiederholentlich. c) Etwas irgend-woher herleiten, herholen, und, von der Rede u. dergl., anfangen: r. ortum juris a fonte, res remotas ex literarum monumentis; r. multa longe; absolut r. a capite, alte oder altius mit dem Anfange weit in die Zeit zurückgehen, weit ausholen. B) zurück verlangen, fordern, obsides, pecuniam ab aliquo; r. urbem in antiquum jus, in libertatem die alten Rechte, die Freiheit für die Stadt fordern; Salaminii rr. Homerum machen für sich auf den H. Anspruch, ebenso r. Lysiam Syracusas für S. Anspruch auf den L. machen, der Stadt S. den Lysias vindiciren; r. poenas ab aliquo Jmd. bestrafen. Insbes. a) r. res, sein Besitzthum zurückfordern, theils α) vor Gericht (von einem Privatmanne), theils β) im öffentlichen Leben, bes. von den Fetialen, die geraubten Sachen zurückfordern = Ersatz fordern. b) als publicist. term. t. (res, pecuniae) **repetundae**; ārum, *f. pl.* die wiederzuerstattenden Gelder, die von den Statthaltern widerrechtlich erpreßt worden waren, zur Bezeichnung der Gelderpressungen, wofür durch eine Anklage Ersatz gefordert wurde oder werden konnte: accusare aliquem repetundarum; nomen alicujus deferre de rr.

Rĕ-pleo etc., 2. 1) wieder füllen, erfüllen, exhaustas domos; crater repletur (Poet.) füllt sich wieder; r. exercitum vollzählig machen; r. quod deest ersetzen. 2) (die Bedeutung der Partikel aufgebend) füllen, erfüllen, (so meist Poet. und Spät.): r. campos strage hostium, galeas conchis; r. corpora carne sättigen; r. virginem schwängern.

Replētus, adj. [particip. von repleo] erfüllt, voll: templa omnia rr. erant; amphorae rr. argento; exercitus r. iis rebus quae etc. wohl versehen mit; homines rr. eadem vi morbi von derselben Krankheit angesteckt; *semita r. puerorum mit Kindern an-gefüllt.

Rĕ-plĭcātio, ōnis, f. [replico] (selten) das Zurückfalten, Wiederaufrollen.

Rĕ-plĭco, cui (selten **cāvi**), **cātum** (selten **citum**), 1. 1) (Spät.) zurück beugen, cervices; r. radios zurückwerfen. 2) aufschlagen, aufrollen, auseinander falten, meist *trop.* r. memoriam annalium die Berichte der Jahrbücher nachsehen, ebenso r. memoriam temporum.

***Rĕ-plŭo, — — 3. (Spät.) wieder her-abregnen.

Rēpo, repsi, reptum, 3. kriechen (eigtl. von Insecten und ähnlichen Thieren, die sehr kurze Beine haben; vgl. serpo): formica, nitedula r.; überhaupt von langsam Gehenden, elephantus r. genibus, infans r. Hiervon *trop.* a) = sich langsam bewegen, z. B. von Reisen, r. per iter. b) sermones repentes per humum in niederem prosaischem Stile geschrieben.

Rĕ-pōno etc., 3. 1) zurück setzen, -legen, cervices, digitum, rückwärts legen, zurück-beugen. Hierv. A) aufbewahrend zurücklegen, aufbewahren, aufheben, cibum, alimenta in hiemem; r. odium im Herzen bewahren; (Poet.) = begraben, repositus tellure. B) ablegen, bei Seite legen, weglegen, onus, vestem, artem aufgeben. Hiervon (Poet.) arbusta reponunt falcem = geftatten die Sichel wegzulegen. C) an die vorige Stelle hinlegen, wieder hinlegen, -hinbringen: r. pecuniam in thesauris od. thesauros, lapides suo quemque loco, columnas; (Poet.) r. aliquem in sceptra in die Herrschaft wieder einsetzen. D) wieder in den vorigen Stand setzen, wiederherstellen, pontem, templa. E) trop. a) (Poet. u. Spät.) Jmd. oder Etwas wieder zurück bringen, -führen, -vorbringen: r. aliquem in gradum; insbef. = wieder auf die Bühne bringen, wieder aufführen; Achillem, fabulam. b) zurückgeben, alicui aliquid. — 2) dagegen setzen, Eins gegen das Andere stellen, aliquem pro aliquo; diem r. diebus illis an die Stelle jener Tage setzen. Hiervon A) zur Vergeltung od. zum Ersatz geben, Etwas vergelten: r. aliquid pro re aliqua, r. injuriam alicui. B) dagegen sagen, antworten, aliquid. 3) (die Bedeutung der Partikel aufgebend), überhaupt legen, setzen, collum in tergo praecedentis. Hiervon trop. A) rechnen, zählen, aliquem in numero deorum. B) setzen = beruhen lassen, spem in aliquo auf Jmd., salutem in illorum armis; r. plus in duce quam mehr auf den Anführer rechnen, bauen.

Rĕ-porto, 1. 1) zurück tragen, -bringen, -führen, aurum ab aliquo domum; r. milites navibus in Siciliam; (Poet.) via r. aliquem; r. pedem sich zurück begeben, r. voces zurückgeben (vom Echo). Hiervon A) = zurück melden, -berichten, mandata, pacem, tristia dicta, und davon überhaupt melden, überbringen. B) insbef. als Sieger mit sich zurückbringen = davon tragen, erlangen, laudem ex hostibus, praedam, und häufig r. victoriam de aliquo den Sieg erringen.

Rĕ-posco, —— 3. zurück fordern, -verlangen, puerum ab aliquo und r. virginem aliquem ein Kind, ein Mädchen von Jmd. Insbef. als eine Schuld fordern, als sein Recht verlangen, aliquid; r. poenas Strafe fordern, (Poet.) r. aliquem poenas Buße von Jmd. fordern = Jmd. bestrafen; r. rationem (Rechenschaft) ab aliquo.

*Rĕpostor, ōris, m. [repono] (Poet.) der Wiederhersteller.

Rĕpostus, adj. [= repositus von repono] (Poet.) entlegen.

Rĕpōtia, ōrum, n. pl. [re-poto] (Poet. u. Spät.) das Trinkgelage am Tage nach der eigentlichen Hochzeit, die Nachfeier.

Repraesentātio, ōnis, f. [repraesento] 1) (Spät.) rhetor. term. t. die Vergegenwärtigung, die bildliche Darstellung, vergegenwärtigende Vorführung. 2) term. t. in der Geschäftssprache, die baare Bezahlung.

Repraesento, 1. [re-praesens] 1) vergegenwärtigen, vorführen, vor Augen stellen, durch ein anschauliches Bild als gegenwärtig darstellen: templum illud r. memoriam consulatus mei; is r. mores Catonis; r. imagines rerum animo; r. fidem die Glaubwürdigkeit außer allem Zweifel setzen. 2) term. t. in Geldsachen, sogleich entrichten, baar bezahlen, pecuniam, mercedem alicui; r. diem promissorum das Versprochene sogleich berichtigen. 3) überhaupt Etwas auf der Stelle thun, -vornehmen, -ausführen (im Gegensatze zu einer Verschiebung), aliquid; r. id quod in diem suum differri debere dixi; r. medicinam eine Arznei sogleich anwenden, poenam Jmd. auf der Stelle bestrafen, vocem sogleich singen; minae repraesentantur die Drohungen werden sofort verwirklicht, judicia repraesentata auf der Stelle angestellte (wozu also der Redner sich nicht vorbereiten konnte).

Re-prehendo etc., 3. 1) (selten) ergreifend zurückhalten, -festhalten, aliquem pallio am Mantel; r. Persas ex fuga; (Poet.) r. aliquid memori mente = sich erinnern; r. locum einen Punct (in einer Materie) wieder aufnehmen. Hiervon = hemmen, zurückhalten, cursum alicujus; r. se sich zurückhalten. 2) Jmb. von einem Abwege zurückhalten = tadeln, zurechtweisen (milder und edler als vitupero); r. aliquem in eo genere (in der Beziehung) ob. in eo quod etc. deswegen, daß u. s. w.; r. consilium, temeritatem alicujus, r. aliquid in aliquo Etwas an Jmd. 3) in der Rhet. widerlegen.

Reprehensio, ōnis, f. [reprehendo] *1) das Zurückhalten: vom Redner, das Innehalten, sine r. ohne Anstoß. 2) die Zurechtweisung, der Tadel, temeritatis wegen Unbesonnenheit; carere r. tadellos sein, capere r. getadelt werden können; incurrere in varias rr. 3) in der Rhet. die Widerlegung.

*Reprehenso, 1. [reprehendo] eifrig zurückhalten, singulos.

Reprehensor, ōris, m. [reprehendo] 1) der Zurechtweiser, Tadler. *2) der Verbesserer, comitiorum.

Repressor, ōris, m. [reprimo] (selten) der Unterdrücker, Beschränker.

Reprimo, pressi, pressum, 3. [re-premo] zurück drücken, -drängen, überhaupt zurückhalten, hemmen: r. lacum Albanum, amnem, aliquem; r. pedem, manum zurückziehen. Hiervon trop. r. postem reipublicae, conatus alicujus, fugam; homines vix odium suum a corpore ejus rr. konnten sich kaum enthalten, ihren Haß durch Angriff auf seine Person zu befriedigen; vix se r. ob. pass. reprimi quin etc. sich kaum halten.

Reprōmissio, ōnis, f. [repromitto] das Gegenversprechen (siehe repromitto).

Re-prōmitto, 3. 1) dagegen versprechen, Jmd. Etwas gegen ein Anderes (zur Vergeltung dafür) versprechen, alicui aliquid. 2) (Spät.) von Neuem versprechen.

Reptābundus, adj. [repto] (Spät.) kriechend, schleichend.

*Reptātio, ōnis, f. [repto] (Spät.) das Kriechen, infantum.

Repto, 1. [repo] (Poet. u. Spät.) = ein verstärktes repo.

Rĕpūdiātio, ōnis, f. [repudio] die Abweisung, Verschmähung.

Rĕpūdio, 1. 1) abweisen, zurückweisen, supplicem, preces alicujus; r. officium hintansetzen, r. iracundiam von sich fern halten.

650 Repudiosus — Res

2) verschmähen, verwerfen, condicionem, legem. 3) (Vorklass. u. Spät.) = repudium remittere u. s. w., siehe repudium.
Repŭdĭōsus, *adj.* [repudium] (*Pl.*) verwerflich, anstößig.
Repŭdium, ii, *n.* [repudio] die Verstoßung, Zurückweisung, insbes. von Verlobten ob. Ehegatten, die Auflösung der Verlobung ob. der Ehe, die Trennung, Ehescheidung (als einseitiger Act, während divortium sie als auf wechselseitiger Uebereinkunft beruhend darstellt): repudium renuntiare (remittere, mittere, dicere) uxori seiner Frau den Scheidebrief schicken, sich von ihr scheiden.
Rĕ-pŭĕrasco, — — 3. wieder ein Kind werden, *trop.* = wieder kindlich ob. kindisch von Gemüth werden.
Repugnanter, *adv.* [part. von repugno] widerstrebend.
Repugnantia, ae, *f.* [part. von repugno] der Widerstand; *trop.* der Widerstreit, Widerspruch, rerum, utilitatis.
Rĕ-pugno, 1. 1) vom Krieger, dagegen kämpfen, Widerstand leisten, fortiter. 2) überhaupt dagegen streiten, widerstreiten, widerstreben, sich widersetzen: consules non valde rr.; r. fortunae, alicui in re aliqua; r. contra veritatem; (Poet.) r. ne illud fiat, r. amare. Hiervon A) non repugno ich habe Nichts dagegen, ich will Nichts dagegen sagen. B) von Sachen = seiner Natur nach widerstreiten, nicht übereinstimmen, in Widerspruch stehen: simulatio r. amicitiae; haec rr. inter se; illud vehementer repugnat, esse eundem etc. das ist ein großer Widerspruch, daß u. s. w.; repugnantia widersprechende Dinge.
Repulsa, ae, *f.* [repello 3, B.] 1) publicistischer *term. t.*, die Abweisung, Zurücksetzung bei einer Amtsbewerbung. die fehlgeschlagene Bewerbung um eine Ehrenstelle: ferre (referre, selten accipere) repulsam übergangen werden; dolor repulsae wegen einer fehlgeschlagenen Bewerbung; r. aedilicia Abweisung bei der Bewerbung um die Aedilwürde. 2) (Poet. u. Spät.) A) überhaupt die abschlägige Antwort, die Fehlbitte. B) die vergebliche Bemühung: in tristitiam ira post r. resolvitur nach Fehlschlagen der Bemühungen.
Rĕ-pulso, 1. (*Lucr.*; nur im *praes. particip.*) 1) zurückschlagen, verba (vom Widerhall). 2) *trop.* abweisen.
Repulsus, us, *m.* [repello] (Poet. u. Spät. meist im *abl. sing.*) das Zurückwerfen, Zurückprallen z. B. des Lichts; r. scopulorum der Wiederhall von den Felsen; r. dentium das Klappern, Aneinanderschlagen.
Rĕ-pungo, — — 3. wieder stechen, *trop.* = wieder verletzen, animum alicujus.
Rĕ-purgo, 1. (meist Poet. u. Spät.) 1) wieder reinigen, iter, alveum fluminis. 2) reinigend wegschaffen, aliquid.
Repūtātĭo, ōnis, *f.* [reputo] (Spät.) die Erwägung, Betrachtung.
Rĕ-pūto, 1. 1) berechnen, defectiones solis, annos. 2) erwägen, bedenken, betrachten, infirmitatem suam, aliquid secum ob. cum animo suo; r. quid ille velit.
Rĕ-quies, ētis (auch *acc.* requiem, *abl.*

requie), *f.* die Ruhe, Rast, das Ausruhen (nach einer Arbeit, Unruhe u. dergl., vgl. quies) daher = die Erholung, Linderung u. dergl.: r. animi et corporis, dagegen r. mali von einem Uebel, curarum von Sorgen; *absol.* quaerere r. Erholung, Zerstreuung.
Rĕ-quiesco etc., 3. 1) ruhen, ausruhen (nach der Arbeit, Bewegung u. dergl.): r. sub umbra; r. lecto im Bette liegen; r. a muneribus von Geschäften; aures rr. a strepitu; (Poet.) amor r. ist ruhig; r. in sepulcro. Hiervon *trop.* = (bei Etwas) sich beruhigen, zur Ruhe kommen, in ope alicujus, eorum exitio. 2) (Poet.) *transit.* ruhen lassen, mit Etwas ruhen. r. cursus suos, avenam (die Flöte).
Rĕ-quiētus, *adj.* der ausgeruhet hat, miles, ager.
Rĕquīrĭto, 1. [requiro] (*Pl.*) nach Etwas fragen, res novas.
Rĕquīro, sivi, sītum, 3. [re-quaero] 1) wieder suchen, aufsuchen, aliquem, libros. Hiervon überhaupt suchen, untersuchen, aliquid, rationes. 2) wieder (nach Etwas) fragen, nachfragen, sich erkundigen: r. aliquid ab ob. ex aliquo Jmd. um Etwas fragen. Hiervon A) überhaupt fragen, sich erkundigen, aliquid ex aliquo, ab aliquo de aliqua re; r. quid illis factum sit. 3) verlangen = vermissen u. wünschen, bedürfen, erfordern, heischen (als etwas Nöthiges, vgl. desidero): r. auxilium; res r. magnam diligentiam; multae virtutes requiruntur sind erforderlich, nöthig. 4) vermissen, prudentiam in aliquo.

Res, ei, *f.* 1) ein Ding, eine Sache im weitesten Sinne, ein Gegenstand, der ist oder existirend gedacht werden kann: res quae sunt; natura rerum die Natur, das Universum; imperitus rerum unbekannt mit dem Gange der Dinge in der Welt. Bisweilen steht res als allgemeiner Ausdruck statt der Wiederholung eines vorhergehenden Wortes: multae artes — quibus rebus exculta est hominum vita. Bisweilen steht ea (quae) res wo man id (quod) erwarten müßte (nihil esse quod non facturi essent, dummodo ea res etc.), und umgekehrt bezieht sich das *pron. relat.* n. quod tribuebant eae res. Bei Poet. steht bisweilen res umschreibend, z. B. res cibi = cibus. Hiervon insbes. A) = die Lage, Verfassung, der Umstand, rr. meae; r. bona; bonis tuis rebus (*Pl.*) während deine Sachen gut stehen; häufig rr. secundae das Glück, glückliche Umstände, adversae Unglück, unglückliche Lage; res salvae sunt Alles ist wohlbehalten; abi in malam r. geh zum Henker! pro (e) re nata ob. bloß pro re nach Beschaffenheit der Umstände. B) = Ursache, Grund, nur in den Verbindungen ea (hac) re, eam (hanc) ob rem deßhalb, quamobrem warum. C) = Sache, Geschäft, Angelegenheit: r. bellica, militaris collectiv = das Kriegswesen, ebenso r. maritima u. s. w.; r. divina ein Opfer; transigere r. cum aliquo ein Geschäft mit Jmd. zu Ende bringen; rem mihi est (rem habeo) tecum ich habe ein Geschäft mit dir; (Poet.) esse rei alicui zu Etwas taugen; res tuas tibi habeto „du magst deine Sachen für dich selbst haben*, gebräuchliche Formel bei Gescheidungen; ab re visum est ut sciam zur Sache nicht zu gehören. D) = Rechtssache, Proceß: cognoscere, judicare rem. E) = Vortheil, Interesse: est in rem meam (mihi) zu meinem Vortheil, ebenso e re mea, e re publica zum Besten des Staates; ob rem facere aliquid mit Vortheil, dummodo ob rem (sit) wenn es nur vortheilhaft ist; in rem suam convertere aliquid; dagegen ab re (Pl.) zu (Jmds) Schaden. F) = Vermögen, Besitzthum: rem habere, augere; häufig res familiaris, r. patria von dem Vater geerbt. G) = Staat, Gemeinwesen, r. Romana; summa rerum die höchste Gewalt, ebenso rerum potiri; Roma caput rerum die Hauptstadt. Insbes. r. publica, siehe Respublica.

2) die Wirklichkeit, das wirklich Stattfindende (im Gegensatze zum Scheine ob. Namen), die Wahrheit: r. atque veritas; re quam famâ majores; nomen sine re ein Name, welchem kein wirklich existirender Gegenstand entspricht; re (vera, ipsa) in der That, wirklich; res probat vocem auguris der Erfolg, Ausgang. Hiervon = die Erfahrung: res eum quotidie mitiorem facit.

3) die That, Handlung (im Gegensatze zu Worten): res secuta est clamorem; bene, male rem gerere ein Vorhaben gut, schlecht ausführen, häufig in kriegerischem, also = glücklich ob. unglücklich kämpfen, siegen ob. besiegt werden, und überhaupt glücklich ob. unglücklich sein, guten ob. schlechten Erfolg haben. Insbes. = die große That, die That eines Feldherrn, Staatsmannes u. f. w.: gerere rr. magnas; res gestae = Thaten; auctor non scriptor rerum der große Thaten selbst verrichtet, nicht bloß als Geschichtschreiber sie von Anderen erzählt. Hiervon = das Ereigniß, die Begebenheit, die Geschichte, Neronis, populi Romani.

*Rĕ-sacro, 1. (vgl. resecro) entsühnen, von dem Fluche befreien, aliquem.

*Rĕ-saevio, 4. (Poet.) wieder wüthen.

*Rĕsălūtātio, ōnis, f. [resaluto] (Spät.) das Wiedergrüßen.

Rĕ-sălūto, 1. wieder grüßen, den Gruß Jmds erwiedern.

Rĕsānesco, nui, 3. [re-sanus] (Poet. u. Spät.) wieder gesund werden.

Rĕ-sarcio etc., 4. 1) wieder ausbessern, -herstellen, vestem, tecta. 2) trop. ersetzen, wieder gut machen.

Rĕ-scindo etc., 3. 1) (Poet.) wieder aufreißen, vulnus; trop. r. luctum erneuern, gratiam wieder stören. 2) (die Bedeutung der Partikel aufgebend) zerreißen, zerschneiden, vestem; r. pontem abbrechen, vallum, domos niederreißen. Hiervon A) (gewaltsam) öffnen, venam, vias, locum praesidiis munitum. B) trop. aufheben, vernichten, ungültig machen, acta alicujus, praeturam ejus, res judicatas, testamenta mortuorum.

Rĕ-scisco etc., 3. (meist Vorklass.) erfahren, Nachricht von Etwas erhalten, aliquid, rem totam; r. de adventu alicujus.

Rĕ-scribo etc., 3. 1) zurück schreiben, schriftlich antworten: r. epistolam ad aliquem; r. literis ob. ad literas auf einen Brief, ebenso r. ad aliquid; r. alicui ob. ad aliquem; r. rei. Insbes. in der Kaiserzeit = ein Rescript erlassen, Bescheid geben (von dem Kaiser ob. sonst einer Behörde). Hiervon A) = dagegen schreiben, eine Gegenschrift schreiben, actionibus oratorum. 2) wieder schreiben, nochmals schreiben, commentarios umarbeiten. Hiervon A) r. legionem aufs Neue zum Kriegsdienst ausschreiben; r. legionem ad equum nochmals, als Reiter, einschreiben und dadurch gleichsam in den Ritterstand erheben. B) term. t. in Geschäftssachen, r. alicui pecuniam u. vgl. Jmdm Geld anweisen, durch Anweisung auf einen argentarius ob. einen Anderen zurück bezahlen (und also jenen Posten in den Rechnungsbüchern umschreiben, indem die Summe auf den Namen eines Andern übertragen wird).

Rescriptum, i, n. [rescribo] (Spät.) ein kaiserliches Rescript, Erlaß.

Rĕ-sĕco etc., 1. 1) abschneiden, linguam, capitos, partem de tergo; r. unguem ad vivum bis zum Fleische. 2) trop. A) = entfernen, wegnehmen, benehmen, nimium, libidinem; r. spem longam beschränken. B) aliquid non ad vivum r. Etwas nicht in allzustrengem Sinne, allzugenau nehmen.

Rĕsecro, 1. [eigtl. = resacro, was man sehe] (Pl.) wiederholt beschwören, -bitten.

*Rĕ-sēmĭno, 1. (Poet.) wieder säen = wieder erzeugen: phoenix r. se wird aus sich selbst wieder erzeugt.

Rĕ-sĕquor etc., depon. 3. (nur in den tempp. praett.) in der Rede nachfolgen = antworten: r. aliquem his dictis.

Rĕ-sĕro, 1. [sera] 1) eigtl. entriegeln = aufschließen, öffnen, domum, valvas; trop. r. aures, os, rem familiarem. Hiervon Janus r. annum fängt an, ebenso r. fastos als Consul in dem Verzeichniß der Magistratspersonen den Anfang machen. 2) trop. (Poet.) = offenbaren, oracula mentis.

Rĕ-servo, 1. aufbewahren, aufsparen, aufheben, zurücklegen u. dergl.: r. reliquas merces ad obsidionem, aliquem ad eam rem, inimicitias in aliud tempus; r. praedam alicui; r. se aliis temporibus; quo eum reservas woju, zu welchem Zwecke? Hiervon A) = erretten, erhalten, aliquem. B) = bewahren, behalten, nihil ad similitudinem hominis.

Rĕses, Idis, adj. [resideo] 1) zurück bleibend, was stehen bleibt, übrig bleibt u. f. w., aqua, plebs. 2) träg, unthätig, unbeschäftigt, homo, animus; r. ac segnis.

Rĕ-sĭdeo, sēdi, sessum, 2. [re-sedeo] 1) sitzend zurück bleiben, sitzen. 2) zurück bleiben, irgendwo verbleiben, sich aufhalten, r. in oppido; häufig periculum, culpa, res, amor, ira r. Hiervon 3) müßig sein, unthätig sein. *4) transit. (zweifelhaft) denicales residentur mortuis werden gefeiert.

Rĕ-sīdo etc., 3. sich wieder setzen, sich niederlassen, homo, avis; pellis r. cruribus setzt sich an die Beine. Insbes. = sich irgendwo niederlassen um dort zu wohnen, r. Sicilis arvis. Hiervon A) = zurück sinken, mare, daher überhaupt sinken, sich senken, mons. B) trop. sich setzen, -legen = ruhig werden,

2) verschmähen, verwerfen, condicionem, legem. 3) (Vorklass. u. Spät.) = repudium remittere u. s. w., siehe repudium.

*Rĕpŭdĭōsus, adj. [repudium] (Pl.) verwerflich, anstößig.

Rĕpŭdĭum, ii, n. [repudio] die Verstoßung, Zurückweisung, insbes. von Verlobten ob. Ehegatten, die Auflösung der Verlobung ob. der Ehe, die Trennung, Ehescheidung (als einseitiger Act, während divortium sie als auf wechselseitiger Uebereinkunft beruhend darstellt): repudium renuntiare (remittere, mittere, dicere) uxori seiner Frau den Scheidebrief schicken, sich von ihr scheiden.

Rĕ-pŭĕrasco, —— 3. wieder ein Kind werden, trop. = wieder kindlich ob. kindisch von Gemüth werden.

*Rĕpugnanter, adv. [part. von repugno] widerstrebend.

Rĕpugnantia, ae, f. [part. von repugno] der Widerstand; trop. der Widerstreit, Widerspruch, rerum, utilitatis.

Rĕ-pugno, 1. 1) vom Krieger, dagegen kämpfen, Widerstand leisten, fortiter. 2) überhaupt dagegen streiten, widerstreiten, widerstreben, sich widersetzen: consules non valde rr.; r. fortunae, alicui in re aliqua; r. contra veritatem; (Poet.) r. ne illud fiat, r. amare. Hiervon A) non repugno ich habe Nichts dagegen, ich will Nichts dagegen sagen. B) von Sachen = seiner Natur nach widerstreiten, nicht übereinstimmen, in Widerspruch stehen: simulatio r. amicitiae; haec rr. inter se; illud vehementer repugnat, esse eundem etc. das ist ein großer Widerspruch, daß u. s. w.; repugnantia widersprechende Dinge.

Rĕpulsa, ae, f. [repello 3, B.] 1) publicistischer term. t., die Abweisung, Zurücksetzung bei einer Amtsbewerbung. die fehlgeschlagene Bewerbung um eine Ehrenstelle: ferre (referre, selten accipere) repulsam übergangen werden; dolor repulsae wegen einer fehlgeschlagenen Bewerbung; r. aedilicia Abweisung bei der Bewerbung um die Aedilwürde. 2) (Poet. u. Spät.) A) überhaupt die abschlägige Antwort, die Fehlbitte. B) die vergebliche Bemühung: in tristitiam ira post r. resolvitur nach Fehlschlagen der Bemühungen.

Rĕ-pulso, 1. (Lucr.; nur im praes. particip.) 1) zurückschlagen, verba (vom Wiederhall). 2) trop. abweisen.

Rĕpulsus, us, m, [repello] (Poet. u. Spät.; meist im abl. sing.) das Zurückwerfen, Zurückprallen z. B. des Lichts; r. scopulorum der Wiederhall von den Felsen; r. dentium das Klappern, Aneinanderschlagen.

*Rĕ-pungo, — — 3. wieder stechen, trop. = wieder verletzen, animum alicujus.

Rĕ-purgo, 1. (meist Poet. u. Spät.) 1) wieder reinigen, iter, alveum fluminis. 2) reinigend wegschaffen, aliquid.

Rĕpŭtātĭo, ōnis, f. [reputo] (Spät.) die Erwägung, Betrachtung.

Rĕ-pŭto, 1. 1) berechnen, defectiones solis, annos. 2) erwägen, bedenken, betrachten, infirmitatem suam, aliquid secum ob. cum animo suo; r. quid ille velit.

Rĕ-quĭes, ētis, (auch acc. requiem, abl. requie), f. die Ruhe, Rast, das Ausruhen (nach einer Arbeit, Unruhe u. dergl., vgl. quies) daher = die Erholung, Linderung u. dergl.: r. animi et corporis, dagegen r. mali von einem Uebel, curarum von Sorgen; absol. quaerere r. Erholung, Zerstreuung.

Rĕ-quĭesco etc., 3. 1) ruhen, ausruhen, rasten (nach der Arbeit, Bewegung u. dergl.): r. sub umbra; r. lecto im Bette liegen; r. a muneribus von Geschäften; aures rr. a strepitu; (Poet.) amor r. ist ruhig; r. in sepulcro. Hiervon trop. = (bei Etwas) sich beruhigen, zur Ruhe kommen, in ope alicujus, eorum exitio. 2) (Poet.) transit. ruhen lassen, mit Etwas ruhen r. cursus suos, avenam (die Flöte).

Rĕ-quĭētus, adj. der ausgeruhet hat, miles, ager.

*Rĕquīrĭto, 1. [requiro] (Pl.) nach Etwas fragen, res novas.

Rĕquīro, sivi, sītum, 3. [re-quaero] 1) wieder suchen, -aufsuchen, aliquem, libros. Hiervon überhaupt suchen, untersuchen, aliquid, rationes. 2) wieder (nach Etwas) fragen, -nachfragen, -sich erkundigen: r. aliquid ab ob. ex aliquo Jmd. um Etwas fragen. Hiervon A) überhaupt fragen, sich erkundigen, aliquid ex aliquo, ab aliquo de aliqua re; r. quid illis factum sit. 3) verlangen = vermissen u. wünschen, bedürfen, erfordern, heischen (als etwas Nöthiges, vgl. desidero): r. auxilium; res r. magnam diligentiam; multae virtutes requiruntur sind erforderlich, nöthig. 4) vermissen, prudentiam in aliquo.

Res, ei, f. 1) ein Ding, eine Sache im weitesten Sinne, im Gegenstand, der ist oder existirend gedacht werden kann: res quae sunt; natura rerum die Natur, das Universum; imperitus rerum unbekannt mit dem Gange der Dinge in der Welt. Bisweilen steht res als allgemeiner Ausdruck statt der Wiederholung eines vorhergehenden Wortes: multae artes — quibus rebus exculta est hominum vita. Bisweilen steht es (quae) res wo man id (quod) erwarten müßte (nihil esse quod non factum essent, dummodo ea res etc.), und umgekehrt bezieht sich das pron. relat. n. quod bisweilen auf res. Bei Poet. steht bisweilen res umschreibend, z. B. res cibi = cibus. Hiervon insbes. A) = die Lage, Verfassung, der Umstand, rr. meae; r. bona; bonis tuis rebus (Pl.) während deine Sachen gut stehen; häufig rr. secundae das Glück, glückliche Umstände, adversae Unglück, unglückliche Lage; res salvae sunt Alles ist wohlbehalten; abi in malam r. geh zum Henker! pro (e) re nata ob. bloß pro re nach Beschaffenheit der Umstände. B) = Ursache, Grund, nur in den Verbindungen ea (hac) re, eam (hanc) ob rem deßhalb, quamobrem warum. C) = Sache, Geschäft, Angelegenheit: r. bellica, militaris collectiv = das Kriegswesen, ebenso r. maritima u. s. w.; r. divina ein Opfer; transigere r. cum aliquo ein Geschäft mit Jmd. zu Ende bringen; res mihi est (rem habeo) tecum ich habe ein Geschäft mit dir; (Poet.) esse rei alicui zu Etwas taugen; res tuas tibi habeto „du magst deine Sachen für sich selbst haben", gebräuchliche Formel bei Ehescheidungen; ab re visum est et es schien zur Sache nicht zu gehören. D) = Rechtssache, Proceß: cognoscere, judicare rem. E) = Vortheil, Interesse: est in rem meam (mihi) zu meinem Vortheil, ebenso e re mea, e re publica zum Besten des Staates; ob rem facere aliquid mit Vortheil, dummodo ob rem (sit) wenn es nur vortheilhaft ist; in rem suam convertere aliquid; dagegen ab re (Pl.) zu (Jmds) Schaden. F) = Vermögen, Besitzthum: rem habere, augere; häufig res familiaris, r. patria von dem Vater geerbt. G) = Staat, Gemeinwesen, r. Romana; summa rerum die höchste Gewalt, ebenso rerum potiri; Roma caput rerum die Hauptstadt. Insbes. r. publica, siehe Respublica.

2) die Wirklichkeit, das wirklich Stattfindende (im Gegensatze zum Scheine ob. Namen), die Wahrheit: r. atque veritas; re quam famâ majores; nomen sine re ein Name, welchem kein wirklich existirender Gegenstand entspricht; re (vera, ipsa) in der That, wirklich; res probat vocem auguris der Erfolg, Ausgang. Hiervon = die Erfahrung: res eum quotidie mitiorem facit.

3) die That, Handlung (im Gegensatze zu Worten): res secuta est clamorem; bene, male rem gerere ein Vorhaben gut, schlecht ausführen, häufig ein kriegerisches, also = glücklich ob. unglücklich kämpfen, siegen ob. besiegt werden, auch = überhaupt glücklich ob. unglücklich sein, guten ob. schlechten Erfolg haben. Insbes. = die große That, die That eines Feldherrn, Staatsmannes u. s. w.: gerere rr. magnas; res gestae = Thaten; auctor non scriptor rerum der große Thaten selbst verrichtet, nicht bloß als Geschichtschreiber sie von Anderen erzählt. Hiervon = das Ereigniß, die Begebenheit, die Geschichte, Neronis, populi Romani.

*Rĕ-sacro, 1. (vgl. resecro) entsühnen, von dem Fluche befreien, aliquem.

*Rĕ-saevio, 4. (Poet.) wieder wüthen.

*Rĕsălūtātio, ōnis, f. [resaluto] (Spät.) das Wiedergrüßen.

Rĕ-sălūto, 1. wieder grüßen, den Gruß Jmds erwiedern.

Rĕsānesco, nui, 3. [re-sanus] (Poet. u. Spät.) wieder gesund werden.

Rĕ-sarcio etc., 4. 1) wieder ausbessern, -herstellen, vestem, tecta. 2) trop. ersetzen, wieder gut machen.

Rĕ-scindo etc., 3. 1) (Poet.) wieder aufreißen, vulnus; trop. r. luctum erneuern, gratiam wieder stören. 2) (die Bedeutung der Partikel aufgebend) zerreißen, zerschneiden, vestem; r. pontem abbrechen, vallum, domos niederreißen. Hiervon A) (gewaltsam) öffnen, venam, vias, locum praesidiis munitum. B) trop. aufheben, vernichten, ungültig machen, acta alicujus, praeturam ejus, res judicatas, testamenta mortuorum.

Rĕ-scisco etc., 3. (meist Vorklaff.) erfahren, Nachricht von Etwas erhalten, aliquid, rem totam; r. de adventu alicujus.

Re-scrībo etc., 3. 1) zurück schreiben, schriftlich antworten: r. epistolam ad aliquem; r. literis ob. ad literas auf einen Brief, ebenso r. ad aliquid; r. alicui ob. ad aliquem; r. rei. Insbes. in der Kaiserzeit = ein Rescript erlassen, Bescheid geben (von dem Kaiser ob. sonst einer Behörde). Hiervon A) = dagegen schreiben, eine Gegenschrift schreiben, actionibus oratorum. 2) wieder schreiben, nochmals schreiben, commentarios umarbeiten. Hiervon A) r. legionem aufs Neue zum Kriegsdienst ausschreiben; r. legionem ad equum nochmals, als Reiter, einschreiben und dadurch gleichsam in den Ritterstand erheben. B) term. t. in Geschäftssachen, r. alicui pecuniam u. dgl. Jmd. Geld anweisen, durch Anweisung auf einen argentarius ob. einen Anderen zurück bezahlen (und also jenen Posten in den Rechnungsbüchern umschreiben, indem die Summe auf den Namen eines Andern übertragen wird).

Rescriptum, i, n. [rescribo] (Spät.) ein kaiserliches Rescript, Erlaß.

Rĕ-sĕco etc., 1. 1) abschneiden, linguam, capillos, partem de tergo; r. unguem ad vivum bis zum Fleische. 2) trop. A) = entfernen, wegnehmen, benehmen, nimium, libidinem; r. spem longam beschränken. B) aliquid non ad vivum r. Etwas nicht in allzustrengem Sinne, allzugenau nehmen.

Rĕsĕcro, 1. [eigtl. = resacro, was man sehe] (Pl.) wiederholt beschwören, -bitten.

*Rĕ-sēmĭno, 1. (Poet.) wieder säen = wieder erzeugen: phoenix r. se wird aus sich selbst wieder erzeugt.

Rĕ-sĕquor etc., depon. 3. (nur in den tempp. praett.) in der Rede nachfolgen = antworten: r. aliquem his dictis.

Rĕ-sĕro, 1. [sera] 1) eigtl. entriegeln = aufschließen, öffnen, domum, valvas; trop. r. aures, os, rem familiarem. Hiervon Janus r. annum fängt an, ebenso r. fastos ein Consul in dem Verzeichniß der Magistratspersonen den Anfang machen. 2) trop. (Poet.) = offenbaren, oracula mentis.

Rĕ-servo, 1. aufbewahren, aufsparen, aufheben, zurücklegen u. dergl.: r. reliquas merces ad obsidionem, aliquem ad eam rem, inimicitias in aliud tempus; r. praedam alicui; r. se aliis temporibus; quo eum reservas wozu, zu welchem Zwecke? Hiervon A) = erretten, erhalten, aliquem. B) = bewahren, behalten, nihil ad similitudinem hominis.

Rĕses, ĭdis, adj. [resideo] 1) zurück bleibend, was stehen bleibt, übrig bleibt u. s. w., aqua, plebs. 2) träg, unthätig, unbeschäftigt, homo, animus; r. ac segnis.

Rĕ-sĭdeo, sēdi, sessum, 2. [re-sedeo] 1) sitzen zurück bleiben, sitzen. 2) zurück bleiben, irgendwo verbleiben, sich aufhalten, r. in oppido; häufig periculum, culpa, res, amor, ira r. Hiervon 3) müßig sein, unthätig sein. *4) transit. (zweifelhaft) denicales residentur mortuis werden gefeiert.

Rĕ-sĭdo etc., 3. sich wieder setzen, sich niederlassen, homo, avis; pellis r. cruribus setzt sich an die Beine. Insbes. = sich irgendwo niederlassen um dort zu wohnen, r. Siculis arvis. Hiervon A) = zurück sinken, mare, daher überhaupt sinken, sich senken, mons. B) trop. sich setzen, -legen = ruhig werden,

Residuus — **Respicio**

nachlassen: flatus, tumor animi, ira r.; animi rr. beruhigen sich.

Rĕsĭduus, *adj.* [resideo] zurückbleibend ob. geblieben, »übrig, rückständig, odium, bellum; residui nobilium die Zurückgebliebenen; pecunia r. noch rückständig; *subst.* residuum, i, *n.* der Rest.

Rĕ-signo, 1. 1) entsiegeln, öffnen, literas, testamentum. 2) *trop.* A) offenbaren, fata. B) aufheben, vernichten, fidem tabularum. C) (Poet.) zurückgeben (vgl. rescribo 2, B.), alicui aliquid. *D) Mercurius morte lumina resignat ist zweifelhaft: vielleicht bezieht es sich auf die vom Plinius (Hist. Nat. XI, 37, 55) erwähnte Sitte, daß die Augen des Todten auf dem Scheiterhaufen wieder geöffnet wurden.

Rĕsĭlĭo, lui ob. lii, — 4. [re-salio] zurück springen: ranae rr. in undas, velites *r.* ad manipulos; sarissa r. prallt zurück, ebenso *trop.* crimen r. ab illo die Anklage kann an ihm nicht haften; manus r. in breve spatium (Poet.) zieht sich zusammen. Hiervon *trop.* (Spät.) von Etwas abstehen, ablassen, a re aliqua.

Rĕ-sīmus, *adj.* (Poet. u. Spät.) aufwärts gebogen, nares.

Rēsīna, ae, *f.* das Harz, Gummi.

Rēsĭnātus, *adj.* [resina] (Spät.) mit Harz bestrichen (um die Haare weg zu bringen und die Haut glatt zu machen).

Rĕsĭpĭo, — —. 3. [re-sapio] nach Etwas schmecken, picem; *trop.* r. patriam das Gepräge seiner Vaterstadt tragen.

Rĕsĭpisco, ivi ob. ii, — 3. [resipio] den Geschmack wieder bekommen, daher 1) wieder zu Verstande», Einsicht kommen. 2) von einer Ohnmacht u. dergl. wieder zu sich kommen, sich wieder erholen.

Rĕ-sisto, stiti, stitum, 3. 1) zurück stehen bleiben, still stehen, Halt machen: r. procul; r. ad verba revocantis; nemo restitit pugnandi causa; resiste! *prägn.* nunquam cum eo restiti ich habe nie eine Unterhaltung mit ihm gehabt. 2) widerstehen, Widerstand leisten, sich widersetzen (gewöhnlich von dem Angegriffenen, vgl. obsisto): r. alicui, dolori; r. contra veritatem; ab nostris fortiter resistitur es wird Widerstand geleistet; animus mollis et minime resistens ad calamitates perferendas. 3) (selten) sich wieder fest stellen, wieder aufstehen: lapsus restitit.

Rĕ-solvo etc., 3. (meist Poet. u. Spät.) 1) wieder lösen, »auflösen, fila, vestes cinctas; auch r. aliquem catenis von Fesseln befreien, equos abspannen. Hiervon A) = öffnen u. dergl., venas, jugulum zerschneiden, r. literas; (Poet.) r. fauces ob. ora in haec verba zum Reden öffnen. B) r. nebulas verjagen. C) = lockern u. dergl., terram; gleba so r. wird lockerer; r. nivem thauen machen, aurum schmelzen. 2) *trop.* A) auflösen = der Spannkraft berauben, durch Wollust und Verweichlichung, durch den Schlaf ob. den Tod in einen Zustand der Erschlaffung und der Auflösung bringen, schlaff machen, erschlaffen, in erschlaffendes Entzücken versetzen u. dergl.: felicitas se r. verweichlicht sie; Cerberus r. terga (Poet.) streckt ruhig und gemächlich; r. disciplinam, judices besänftigen, milder stimmen. B) = befreien,

aliquem. C) = lösend aufheben, vernichten, entfernen u. dergl., vectigalia, curas, tristitiam; r. jura verletzen, dicta widerlegen. D) entwirren, machen daß Jmd. aus Etwas herausfinden kann: r. ambiguitatem aufklären. (Poet.) r. dolos, tecti ambages die trügerischen Irrgänge des Hauses (des Labyrinthes) entwirren, Jmb. lehren darin den Weg zu finden. Hiervon = offenbaren, zeigen, qua fieri quidquid possit ratione. — 3) zurück bezahlen, pecuniam; r. ea quae pollicitus sum leisten.

*****Rĕsŏnābĭlis**, e, *adj.* [resono] (Poet.) wiederhallend.

Rĕ-sŏno etc., 1. 1) wiederhallen: imago (das Echo) r.; theatrum r., aedes r. clamore; locus r. voci (Poet.) hallt die Stimme wieder, ebenso cornua rr. ad nervos; *trop.* gloria r. virtuti tanquam imago (wie ein Echo) = ist untrennbar von der Tugend. Hiervon überhaupt (Poet.) erschallen, tönen, aura, apes summen, pharetra klingt; virgulta rr. avibus. 2) *transit.* (Poet.) A) von Etwas wiederhallen, Etwas (einen Laut, Namen u. dergl.) ertönen», erschallen lassen; silvae rr. Amaryllida. B) einen Ort von Etwas wiederhallen machen, mit einem Schall erfüllen, r. lucos cantu. C) *impers.* in fidibus resonatur testudine es wird ein Wiederhall hervorgebracht.

Rĕ-sŏnus, *adj.* (Poet.) wiederhallend.

Rĕ-sorbĕo, — —. 2. in sich zurück schlucken, »schlürfen, fluctus; mare resorbetur (in se) flutt zurück, r. spiritum einziehen.

Re-specto, 1. 1) zurück sehen, ad tribunal; (Spät.) r. aliquem nach Jmb. 2) *trop.* A) auf Etwas Rücksicht nehmen, für Jmb. sorgen, pios. B) entgegensehen, erwarten, par munus ab aliquo.

Respectus, us, *m.* [respicio] 1) das Zurücksehen, der Rückblick, fugere sine r. 2) *trop.* A) die Rücksicht, Berücksichtigung (in Gedanken und Gemüthsstimmung, vgl. ratio), die Betrachtung: habere r. amicitiae, ad separatum Rücksicht auf — nehmen, sine r. humanitatis Scheu; r. rerum Romanarum eos maxime movit ehrfurchtsvolle Berücksichtigung. B) die Zuflucht, der Zufluchtsort, die Gelegenheit sich zurückzuziehen: habere r. ad aliquem.

Respergo, rsi, rsum, 3. [re-spargo] bespritzen, besprengen, aram sanguine, *trop.* respersus probro.

Respersĭo, ōnis, *f.* [respergo] das Bespritzen, Besprengen.

Respĭcĭo, exi, ectum, 3. [re-specio] 1) zurück sehen, sich umsehen, hinter sich sehen: a) *intrans.* r. ad aliquem; r. longe; nemo respexit. b) *transit.* r. aliquem, signa nach Jmb., nach den Fahnen sich umsehen; r. occasum nach Westen sehen; (Poet.) sol r. tantum (spatii) sah hinter sich; *trop.* r. tempus praeteritum überdenken. 2) *trop.* Rücksicht auf Etwas nehmen, Etwas berücksichtigen, A) bes. helfend ob. wohlthuend, also = sich einer Person oder Sache annehmen, für sie Sorge tragen: dii nos respiciunt; r. aetatem alicujus, commoda populi Romani; nisi deus aliquis nos respiciat uns gnädig ansieht, sich unserer annimmt; libertas me r. schenkt mir einen gnädigen Blick, würdigt mich der Aufmerksamkeit. Selten in üblem Sinne, dii vos rr. = strafen euch. B) überhaupt bedenken, erwägen: r. se auf sich selbst Rücksicht nehmen, r. exemplar vor Augen haben. C) = erwarten, hoffen, subsidia. D) (Vorklass. u. Poet.) sehen, bemerken. *E) summa imperia ad eum rr. die höchste Gewalt ist auf seine Person concentrirt.

Respirāmen, ĭnis, n. [respiro] (Poet.) der Athemweg, die Luftröhre.

Respirātio, ōnis, f. [respiro] 1) das Athemholen, Aufathmen. 2) das Athemholen bei einer Arbeit u. dergl., die Pause, der Ruhepunct: pugnabant sine r. *3) die Ausdünstung, aquarum.

***Respirātus**, ūs, m. [respiro] = respiratio 1.

Re-spīro, 1. 1) intrans. A) athmen, Athem holen, r. libere. Hiervon a) von irgend einer Beschwerde wieder zu Athem kommen, wieder aufathmen, und trop. sich wieder erholen, a metu von der Furcht, a continuis cladibus nach einer Reihe von Niederlagen; civitas r. b) nachlassen, sich vermindern, oppugnatio, avaritia. 2) transit. zurück athmen = ausathmen, athmend ausstoßen, animam. 3) (Lucr.) entgegenwehen, ventus r.

Re-splendeo etc., 3. (Poet.) wiederstrahlen.

Re-spondeo, ndi, nsum, 2. 1) (Vorklass.) dagegen versichern, zusagen, aliquid. Hierv. par pari r. Gleiches für Gleiches leisten. 2) antworten, eine Antwort ertheilen (zuerst mündlich, daher (Sen.) praesens esse videor quasi tibi non rescribam sed respondeam, denn sowohl mündlich als schriftlich): r. alicui; r. aliquid; r. alicui aliquid; r. literis beantworten, ebenso crimini auf eine Beschuldigung; r. ad aliquid auf Etwas; r. contra illa, adversus utrosque (Poet.); ripa r., saxa rr. voci zur Bezeichnung des Echos. Insbes. A) r. jus oder (Poet.) jura und de jure, von einem Rechtskundigen, Leuten, die ihn um Rath befragen, besonders den Clienten, Aufschlüsse und Rath geben. B) insbes. von Soldaten u. dergl., bei einer Musterung oder Einschreibung von Truppen, = sich als gegenwärtig nennen, indem der Name abgelesen wird, sich melden: citati ad nomina respondent. Hiervon trop. = sich einfinden, da sein, podagra r. ad tempus. 3) trop. A) entsprechen, mit Etwas übereinstimmen, einer Sache ähnlich oder gemäß sein: verba verbis rr.; fortuna r. optatis; eventus r. ad spem, hoc non plane r. ei ad animum entsprach seinen Erwartungen nicht ganz (Poet.); vires non rr. in carmina reichen nicht aus; metalla plenius rr. (Spät.) entsprechen reichlicher den Wünschen, geben reichlicheren Ertrag. Hiervon insbes. a) den Kräften=, dem Werthe=, der Vortrefflichkeit nach entsprechen = einer Sache gewachsen sein, mit Imb. sich messen können, ein Gleichgewicht bilden u. dergl.; r. gloriae Graecorum, urbes nostrae rr. tumulis Catilinae. b) erwidern, vergelten, amori, officiis. c) von einem Schuldner, seiner Verpflichtung entsprechen, bezahlen, nominibus; r. ad tempus. B) von Localitäten, gegenüber liegen, tellus r. contra.

Responsio, ōnis, f. [respondeo] 1) das Antworten, die Entgegnung, Erwiderung. 2) Rhet. die Widerlegung: r. sibi die Selbstwiderlegung, Beantwortung einer selbstaufgeworfenen Frage.

Responsĭto, 1. [responso] (selten) = responso 2, A.

Responso, 1. [respondeo] (Vorklass. und Poet.) 1) antworten, alicui; ripae rr. hallen wieder. 2) trop. = trotzen, widerstehen, fortunae, cupiditatibus (Pl.); scherzhaft r. palato von zähem Fleische.

***Responsor**, ōris, m. [respondeo] (Pl.) der Antworter, Bescheidertheiler in Rechtssachen.

Responsum, i, n. [particip. von respondeo] die Antwort: ferre, auferre u. s. w. eine Antwort bekommen. Insbes. A) der Bescheid, die Erklärung eines Rechtsgelehrten oder Verfügung einer Behörde. B) der Orakelspruch.

Respublĭca, reipublicae, ob. getrennt Res publica (siehe res) 1) die Staatsangelegenheit, Staatssache oder collectiv die Staatsangelegenheiten, das Staatswesen, die Staatsgewalt, Staatsverwaltung: accedere ad remp., capessere oder attingere remp. mit Staatssachen sich zu beschäftigen anfangen, in den Staatsdienst treten; versari in rebus publicis mit den öffentlichen Angelegenheiten sich beschäftigen; remp. bene (male) administrare (gerere u. dergl.) einer Staatsaffaire glücklich (unglücklich) vorstehen, insbes. vom Feldherrn den Krieg glücklich (unglücklich) führen; abesse reip. causa in öffentlicher Sendung, wegen einer Staatssache; sentire eadem de rep. dieselben politischen Ansichten haben; summa resp. die wichtigsten Staatssachen, der ganze Staat; hoc est e re publica dieses ist zum Besten des Staates. 2) der Staat als ein politisches Ganze, der Staatskörper (zunächst mit Beziehung auf die Verfassung und das Gemeinwesen, während bei civitas zunächst an die Bürger gedacht wird): conservare, labefactare r. Insbes. = ein Staat mit freier und gesetzlicher Verfassung, im römischen Sinne = eine Republik: si erit ulla resp.; amittere, temperare rem p. die höchste Gewalt im Staate.

Re-spuo etc., 3. eigtl. zurück speien, 1) von sich zurück werfen, =stoßen, entfernen, abhalten u. dergl.: r. liquorem; aqua r. ligna; natura rr. reliquias cibi giebt von sich; (Poet.) materia r. securem läßt die Axt nicht tief hineindringen. 2) verwerfen, verschmähen, mißbilligen, tadeln, condiciones, poetas; r. interdictum verachten, trotzen.

Re-stagno, 1. 1) von ausgetretenen Gewässern, zurück stehen bleiben, ein stehendes Wasser bilden. 2) von dem Orte, mit ausgetretenem und stehendem Wasser bedeckt sein.

Restauro, 1. (Spät.) 1) wieder herstellen, wieder erbauen. navem, theatrum. 2) erneuern, bellum.

***Re-stillo**, 1 (zweifelh.) wieder einträufeln, alicui aliquid.

***Re-stinctio**, ōnis, f. [restinguo] das Löschen.

Re-stinguo etc., 3. 1) löschen, auslöschen, ignem; r. opera flammā comprenensa; r. sitim; (Poet.) r. pocula Falerni lymphâ ben feurigen Falernerwein mit Waſſer milbern. 2) *trop.* A) bämpfen, mäßigen, ſtillen, beruhigen, mentes inflammatas, ardorem cupiditatum. B) unterbrücken, hemmen, vertilgen u. dergl.: r. sermonem hominum, studia; sensus restinguuntur morte hören auf, werden vernichtet.

Restio, ōnis, *m.* [restis] ber Seiler; *trop.* = Jmb., ber gegeißelt wird.

Restĭpŭlātio, ōnis, *f.* [restipulor] die Gegenverpflichtung.

Re-stĭpŭlor, *depon.* 1. ſich Etwas bagegen verſprechen laſſen.

Restis, is, *f.* (*accus. sing.* -im und -em), bas Seil, ber Strick (bünner als funis); *proverb.* res redit ad r. = es iſt zum Erhängen, b. h. meine Lage iſt verzweifelt.

Restĭto, 1. [resto] zurück bleiben, zaubern.

***Restĭtrix**, īcis, *f.* [resto] (*Pl.*) die zurück bleibt, die Zauberrein.

Restĭtŭo, ui, ūtum, 3. [re-statuo] 1) an ſeine frühere Stelle wieder hinſtellen, statuam. Hiervon A) Jmb. zurückführen, -bringen, aliquem sospitem in patriam zurückrufen. B) zurück geben, wieder geben, wieder verſchaffen, alicui aliquid, bona; restitue nobis veterem tuam calliditatem zeige uns mal wieder. 2) in ben vorigen Stand ſetzen, wieder herſtellen, aedes, muros; r. ordines, r. proelium, pugnam wieder in Ordnung bringen; r. rempublicam u. dergl. wieder aufrichten, zu der alten Kraft und Ordnung zurückbringen, ebenſo r. rem prolapsam, animos, spem. Hiervon A) in die vorige Lage u. ſ. w. wieder einſetzen, aliquem ex servitute in libertatem, equites in pristinum honorem, rem in integrum. Insbeſ. r. aliquem = Jmb. in ſeinen Beſitz und ſeine Gerechtſame wieder einſetzen, einen Verbannten in ſeine Heimath und ſeine vorige Stellung wieder einſetzen; auch vollſtändig r. aliquem in integrum. B) r. se amicum alicui ſich als Jmbs Freund wieder zeigen, ſich ihm wieder anſchließen. C) erſetzen, damnum. D) (eine Sache in die vorige Lage verſetzen, in welcher ſie war, ehe ein richterliches Urtheil ob. dergl. gefällt wurde, ſo daß dieſer Spruch ungültig und aufgehoben wird, daher =) aufheben, ungültig machen, judicia; r. vim factam wieder gut machen.

Restĭtūtĭo, ōnis, *f.* [restituo] 1) die Wiederherſtellung, der Wiederaufbau u. dergl., libertatis, theatri. 2) die Wiedereinſetzung in ben vorigen Stand, in die frühere Würde u. dergl., damnatorum; insbeſ. = die Zurückberufung aus der Verbannung.

Restĭtūtor, ōris, *m.* [restituo] der Wiederherſteller.

Re-sto, stĭti, stătum, 1. *intrans.* 1) (ſelten) zurück ſtehen bleiben, solus restĭtit. 2) übrig bleiben, übrig ſein, noch vorhanden ſein (im Gegenſatze zu perisse u. dergl.; vgl. supersum): pauci jam aequales rr.; (Poet.) dona restantia pelago et flammis die bem Meere und ben Flammen entgangen ſind; hoc r. Latio ſteht noch L. bevor. Häufig restat ut ober mit einem *infinit.* es iſt noch übrig, daß u. ſ. w.; quod restat künftig, in ber künftigen Zeit. 3) widerſtehen, ſich widerſetzen, Widerſtand leiſten (häufig in ber Schlacht u. dergl.): meiſt abſol., r. fortiter, doch auch r. hostibus.

Restricte, *adv. mit comp. und sup.* [restrictus] 1) (Spät.) knapp, ſparſam. 2) genau, ſtreng.

Restrictus, *adj. mit comp.* [*particip.* von restringo] 1) (Spät.) ſtraff, angezogen, toga. 2) beſcheiden, eingeſchränkt. 3) knapp, ſparſam, ärglich, r. ad largiendum. 4) ſtreng, genau, imperium.

Re-stringo etc., 3. 1) zurück binden, -ziehen, manus ad terga. 2) überhaupt binden, feſtbinden u. dergl.: r. aliquem vinculis und r. vinculum zubinden, zuſchnüren. 3) *trop.* A) natura omnes ad custodiam pecuniae r. feſſelt, hält alle Menſchen an u. ſ. w. B) beſchränken, zurückhalten u. dergl., liberalitatem, delicias frugalitate. 4) (*Pl.*) r. dentes bie Zähne fletſchen.

Rĕ-sūdo, 1. (Spät.) wieder ſchwitzen (vom Boden), = wieder Feuchtigkeit von ſich geben.

Rĕ-sulto, 1. (Poet. u. Spät.) 1) zurück ſpringen, -prallen: tela rr. galeā. Hierv. *trop.* A) zur Bezeichnung einer hüpfenden und ungleichmäßigen Ausſprache oder Stimme. B) widerſtreben, zu Etwas nicht paſſen: nomina barbara rr. versibus. 2) zurück-, wiederhallen, ſowohl von dem Echo ſelbſt (imago vocis r.) als von dem Orte oder Gegenſtande (colles rr. clamore, tecta rr. vocibus).

Rĕ-sūmo etc., 3. 1) wieder nehmen, librum relectum; r. arma wieder ergreifen; r. praetextas wieder anziehen. 2) *trop.* A) wieder vornehmen, ſich mit Etwas wieder beſchäftigen, erneuern, curas, pugnam. B) wieder erlangen, -bekommen, animum, dominationem. C) r. libertatem ſich wieder in Freiheit ſetzen.

***Rĕ-sŭo** etc., 3. wieder auftrennen, tunica resuta.

Rĕ-sūpīno, 1. 1) zurück beugen, hinterwärts legen: r. collum; resupinatus auf bem Rücken liegend; r. valvas aufreißen; r. aliquem a) rücklings zu Boden ſtoßen; b) machen, daß er den Kopf zurück beugt und hinter ſich ſieht; c) *trop.* machen, daß Jmb. ſtolz den Kopf zurückwirft (quid te tantopere resupinat was macht dich ſo ſtolz?).

Rĕ-sŭpīnus, *adj.* 1) zurück gebogen, rücklings gelehnt; insbeſ. = auf dem Rücken liegend. 2) *trop.* A) = den Kopf ſtolz zurückwerfend, die Naſe hoch tragend. B) (Spät.) weichlich, träg.

Rĕ-surgo etc., 3. 1) wieder aufſtehen, ſich wieder aufrichten, -erheben (vom Boden, aus dem Bette, nach einer Krankheit u. dergl.); cornua lunae rr. zeigen ſich wieder, luna r. geht auf. 2) *trop.* wieder entſtehen, -aufkommen, ſich erheben, urbs, amor; auch = wieder emporkommen, res Romana.

Rĕ-suscĭto, 1. (Poet. und Spät.) wieder erregen, iram.

Rĕtardātĭo, ōnis, *f.* [retardo] die Verzögerung, der Aufenthalt.

Rĕ-tardo, 1 1) verzögern, aufhalten, zurückhalten, aliquem, impetum hostium; haec

me rr. a scribendo; motus stellarum retardantur werden langsamer. *2) *intrans.* sich aufhalten, zurück bleiben.
*Rĕ-taxo, 1. (Spät.) wieder tadeln, aliquem.
Rēte, is, *n.* (Vorklass. auch im *accus.* retem) das Netz (überhaupt, vgl. cassis, plaga); *trop.* r. amoris, tendere retia alicui Jmb. zu fangen streben.
Rĕ-tĕgo etc., 3. aufdecken, entblößen, pedes, caput; homo retectus nichts (durch den Schild) gedeckt; r. ensem ziehen. Hiervon A) öffnen, thecam; sacra nullis retecta viris zugänglich gemacht. B) sichtbar machen, zeigen, Titan r. orbem, ebenso Lucifer r. diem. C) offenbaren, verrathen, entdecken, scelus, occulta conjurationis.
Rĕ-tendo, ndi, ntum *ob.* nsum, 3) (Poet. und Spät.) zurückspannen, zurücklassen, abspannen, arcum.
Rĕtentĭo, ōnis, *f.* [retineo] das Zurückhalten, aurigae das Anhalten der Pferde. Insbef. *trop.* r. assensionis, die ἐποχή der neueren Akademiker, das Zurückhalten der Zustimmung.
Rĕtento, 1. [retineo] zurückhalten, anhalten, festhalten, legiones, equos, pecuniam. Hiervon A) (*Lucr.*) auseinander halten, quae mare a terris retentant. B) erhalten, unterhalten, vitam hominum.
Rĕ-tento, 1. (Spät.) wieder versuchen, verba intermissa; r. refringere vestes.
Rĕ-texo etc., 3. 1) aufweben, etwas Gewebtes wieder auftrennen. Hiervon A) von anderen Gegenständen, auflösen, sol r. humorem; (Poet.) luna r. orbem die Mondscheibe wird kleiner, nimmt ab. B) aufheben, ungültig machen, rückgängig machen u. vergl.; praeturam alicujus; r. dicta zurücknehmen, orationem widerrufen. 2) wieder-, von Neuem weben, umweben, fila. Hiervon A) umarbeiten, scripta; me ipse retexam soll ich mich selbst zu einem anderen Menschen machen? B) wiederholen, erneuern, eundem ordinem; r. fata (Poet.) = Jmb. ins Leben zurückrufen.
Rētĭārĭus, ii, *m.* [rete] (Spät.) der Netzkämpfer, eine Art Gladiatoren.
Rĕtĭcentĭa, ae, *f.* [reticeo] das Schweigen, Stillschweigen, wo Jmb. erwartete, daß man reden sollte, das Verschweigen: poena reticentiae constituta est. Insbef. als rhetorische Figur, wenn man in der Rede plötzlich innehält, das Abbrechen, ἀποσιώπησις.
Rĕtĭceo, cui, — 2. (re-taceo) 1) *intrans.* (auf eine Frage ob. vergl., jedenfalls wo Jmb. erwartet, daß man reden werde) still schweigen (vgl. taceo, sileo), de re aliqua; r. alicui Jmb. nicht antworten. 2) *transit.* verschweigen, aliquid.
Rĕtĭcŭlum, i, *n.* [rete] *deminut.* das kleine Netz, insbef. = das Haarnetz zum Zusammenhalten der Haare auf dem Kopfe der Frauen ob. verweichlichter Männer.
Rĕtĭnācŭlum, i, *n.* [retineo] (Poet. und Spät.) (fast immer im *pl.*) Alles was Etwas zurückhält, festhält, das Band, Seil, die Leine, des Tau, navis, mulae; *trop.* rr. vitae.
Rĕtĭnens, tis, *adj.* mit *sup.* [*particip.* von retineo] an Etwas festhaltend, es behauptend, juris et libertatis.
Rĕtĭnentĭa, ae, *f.* [retineo] (*Lucr.*) das Behalten im Gedächtnisse, die Erinnerung.
Rĕtĭneo, tĭnui, tentum, 2. [re-teneo] 1) zurück halten, festhalten, milites in loco, aliquem domi, lacrimas; aegre retenti sunt quin etc. kaum hielt man sie davon ab u. f. w. Hiervon A) aufhalten, zurückhalten, hemmen, aliquem, cursum; bidum retentus. B) *trop.* in Schranken halten, zügeln, liberos, gaudia. C) *trop.* Jmb. zu Etwas anhalten, fesseln u. vergl., r. aliquem in fide, in officio. 2) behalten, bewahren, erhalten, behaupten u. vergl.: r. provinciam; r. amicos, jus suum, pristinam virtutem, bium morem; r. aliquid memoriā und r. memoriam rei alicujus sich an Etwas erinnern.
Rĕ-tŏno, — — 1. (Poet.) zurück erschallen, locus.
Rĕ-torqueo etc., 2. zurück drehen, wenden, kehren, beugen, caput in tergum, oculos ad urbem; r. brachia tergo auf den Rücken; r. tergum pantherae das Pantherfell um sich werfen; r. undas litore zurückwerfen; *trop.* r. animum ad praeterita.
Rĕ-torrĭdus, *adj.* (Spät.) dürr, vertrocknet, ramus, mus zusammengedorrt.
Retractātĭo, ōnis, *f.* [retracto] die Weigerung, Ablehnung (nur in der Verbindung sine r.).
*Retractātus, *adj.* mit *comp.* [*particip.* von retracto] wieder durchgegangen, verbessert, syntagma illud r.
Re-tracto, 1. 1) wieder nehmen, anfassen, ergreifen, arma; r. vulnus wieder betasten. 2) wieder vornehmen, behandeln, bearbeiten: r. causam, librum wieder lesen, leges umarbeiten; r. munera neniae Ceae sich wieder mit — beschäftigen, wieder vor die Hand nehmen; r. agrum wieder besehen. Hiervon insbef. geistig wieder vornehmen, wieder erwägen, aliquid secum; r. dolorem seine Gedanken von Neuem mit dem Schmerze beschäftigen; r. memoriam rerum gestarum das Geschehene wieder vor die Erinnerung rufen. 3) A) sich weigern, protestiren, ablehnen, sich widersetzen: retractantem arripi jubet. B) (Poet.) r. dicta zurücknehmen.
Retractus, *adj.* mit *comp.* [*particip.* von retraho] zurückgezogen, = entfernt, versteckt, entlegen, locus.
Re-traho etc., 3. 1) zurück ziehen, manum, pedem; r. Hannibalem in Africam nach N. zurückzugehen nöthigen. Hiervon A) von einem Flüchtlinge, zurückschleppen, einholen und zurückbringen, aliquem; *trop.* r. argentum fugitivum. B) abhalten, abziehen, consules a foedere, aliquem a studio. C) (Spät.) zurückhalten, nicht ganz hervorkommen lassen, verba. D) = retten, bewahren, aliquem ab interitu. E) r. se sich von Etwas zurückziehen = nicht daran Theil nehmen wollen. F) (Spät.) von einer Zahl abziehen. 2) (*Tac.*) wieder-, von Neuem ziehen, schleppen, aliquem ad eosdem cruciatus; r. obliterata monumenta wieder an das Tageslicht hervorziehen. 3) (die Bedeutung der Partikel aufgebend) über-

haupt ziehen, hinziehen, hinführen: r. aliquem in odium alicujus bei Jmb. verhaßt machen; r. imaginem nocturnae quietis ad spem haud dubiam ein Traumbild auf unbezweifelte Hoffnungen deuten.

Rĕ-tribuo etc., 3. 1) zurück geben, wieder geben, -zustellen, alicui aliquid. 2) Jmb. das ihm Gebührende geben, zukommen lassen, r. alicui fructum aetatis, testimonium.

Retro, *adv.* [re] 1) bei Wörtern u. Phrasen, die eine Bewegung bezeichnen, zurück, rückwärts, regredi, revocare u. dergl., auch r. navem inhibere, fugam r. spectare. Hiervon *trop.* longe et r. ponere aliquid weit hintan setzen; pretium r. abiit hat abgeschlagen, sententia vobis r. versa est hat sich gewandt; r. abhorrere a re aliqua (*Lucr.*) zurückschaudern; r. vivere (Spät.) verkehrt leben. 2) bei Verben der Ruhe, hinten, rückwärts, zurück: est mihi conclave r. in aedibus. So von der vergangenen Zeit, quod r. est was hinter uns liegt, was vorbei ist. Hiervon *trop.* = dagegen, umgekehrt.

Retro-ăgo etc., 3. (Spät.) 1) zurück treiben, -führen, -gehen machen: r. capillos zurück streichen; *trop.* r. iram dämpfen, besänftigen. 2) umkehren, ändern, ordinem; r. literas in umgekehrter Ordnung hersagen lassen.

Retrŏ-cedo etc., 3. zurückgehen, -weichen.

Retrorsum ob. **-sus**, *adv.* [contrahirt aus retroversum, -sus] 1) zurück, rückwärts. 2) umgekehrt.

Retrŏ-versus und zusammengezogen **Retrorsus**, *adj.* (Poet. u. Spät.) rückwärts gekehrt.

Re-trūdo etc., 3. zurück stoßen, aliquem. Hiervon das *particip.* **Retrūsus**, *adj.* entlegen, verborgen: res abditae et rr.

Rĕ-tundo, tŭdi, tūsum, 3. eigtl. zurückschlagen, -stampfen, davon 1) stumpf machen, abstumpfen, tela, gladios restrictos; *trop.* ingenium retusum stumpf. 2) *trop.* zurückhalten, dämpfen, im Zaume halten, niederschlagen, entkräften u. dergl., impetum, animum alicujus, improbitatem tuam, linguam zum Schweigen bringen.

Reudigni, ōrum, *m. pl.* Völkerschaft im nördlichen Deutschland.

Reus, *adj.* [res] fast immer als *subst.* und zwar gewöhnlich von Männern, also als *m.*, 1) Jeder, der eine Sache vor Gericht hat, daher rei = die Parteien, gewöhnlich aber = der Beklagte, Angeklagte, Schuldige: aliquem reum facere (citare) anklagen, in reos referre unter die Beklagten schreiben, eximere ex reis wieder ausstreichen; reus parricidii, de vi, eodem crimine. 2) überhaupt schuldig = der die Schuld einer Sache hat oder tragen muß, der Schuld an Etwas ist: reum agere aliquem Jmb. beschuldigen; reus culpae alienae; r. fortunae hujus diei; r. suae partis tutandae verantwortlich. Hiervon (Poet.) reus voti dessen Wunsch erfüllt worden ist, und der deshalb zur Erfüllung seines Gelübdes verpflichtet ist.

Rĕ-vălesco, lui, — 3. (Poet. u. Spät.) 1) wieder gesund und kräftig werden, genesen. 2) *trop.* urbs r. kömmt wieder zu Kräften; diplomata rr. erlangen wieder ihr voriges Ansehen.

Rĕ-veho etc., 3. 1) zurück bringen, -führen, praedam. 2) gewöhnlich im *pass.* = zurück kommen, -fahren, -reiten, schiffen, ad proelium, in castra; *trop.* in der Rede zu einer vergangenen Zeit ob. dergl. zurück gehen.

Rĕ-vello etc., 3. 1) ausreißen, aufreißen, niederreißen, losreißen: r. tela de corpore, arbores terrā, herbas; r. murum, saxa; r. terminos agri aufreißen und vorrücken. Hiervon (Poet.) r. aliquem morte entreißen, aliquos urbe entführen. 2) auseinander reißen, öffnen, fores, claustra portarum aufbrechen; (Poet.) r. humum = pflügen, r. vincula. 3) *trop.* r. aliquem ab aliquo trennen, losreißen; r. omnes injurias aus dem Gedächtnisse der Leute herausreißen.

Rĕ-vēlo, 1. (Poet. u. Spät.) enthüllen, entblößen, caput.

Rĕ-vĕnio etc., 4. zurück kommen (es bezeichnet die Vollendung des Rückganges, vgl. redeo und revertor), wieder kommen, domum, in urbem; (*Pl.*) r. cum aliquo in gratiam.

Rĕ-verbĕro, 1. (Spät.) zurückschlagen, -werfen, saxa.

Rĕvĕrens, tis, *adj.* mit *comp.* u. *sup.* [*particip.* von revereor] 1) ehrerbietig, achtungsvoll, alicujus gegen Jmb., majestatis vor Jmds Würde Ehrfurcht fühlend. 2) (Poet.) = schamhaft, os.

Rĕvĕrenter, *adv.* mit *comp.* u. *sup.* [reverens] (Spät.) ehrerbietig, achtungsvoll.

Rĕvĕrentia, ae, *f.* [reverens] die aus Ehrfurcht (selten aus Furcht) entstandene Scheu, die Ehrfurcht, Achtung, ehrfurchtsvolle Rücksicht: r. legum, judicis vor den Gesetzen, dem Richter; adhibere r. adversus homines; praestare reverentiam alicui Jmb. erweisen. Hiervon = die Scham, Furcht, poscendi.

Rĕ-vĕreor etc., *depon.* 2. 1) aus Scham oder Ehrfurcht fürchten, scheuen (vgl. timeo, metus): r. suspicionem; mulier r. coetum virorum; r. multa adversa. 2) Ehrfurcht und Achtung vor Etwas fühlen, ehren, hochachten, aliquem; r. opulentiam alicujus Respect vor — haben.

*Rĕ-verro, — — 3. (Pl.) wieder auseinander kehren, aliquid.

Rĕversio, ōnis, *f.* [revertor] 1) als *grammat. term. t.*, die Umkehrung, ἀναστροφή (z. B. mecum statt cum me). 2) die Umkehr, Wiederumkehr auf der Reise u. dergl. 3) die Wiederkehr, febrium.

Rĕ-vertor (selten -to), ti (selten -rsus sum), sum, ti (selten -tere), 3. zurückkehren, umkehren (im Gegensatze zu proficiscor; es bezeichnet wie revenio eigtl. nur einen momentanen Act, das Anfangen des Rückganges, der als dauernder Act durch redeo bezeichnet wird): r. ex itinere, ad aliquem, in castra; sol r. sub umbras; r. ad sanitatem, in gratiam cum aliquo; r. ad propositum zum eigentlichen Gegenstande der Rede.

*Rĕ-video, — — (Pl.) wieder hinsehen, ad aliquem.

***Rĕvīlesco**, — — 3. [re-vilis] (Spät.) wieder gering werden = an Werth wieder verlieren.

Rĕ-vincio etc., 4. 1) (Poet.) zurück binden, manus post terga. 2) überhaupt festbinden, anbinden, aliquem ad saxa, r. trabes introrsus befestigen; r. latus ense umgürten, templum fronde umwinden; *trop.* r. mentem amore fesseln.

Rĕ-vinco etc., 3. 1) (Poet. u. Spät.) wiederholt besiegen, aliquem. 2) *trop.* A) widerlegen, crimina, aliquem. B) überführen, aliquem. C) beweisen, an den Tag legen, conjurationem (nach Anderen = dämpfen, unterdrücken).

Rĕ-viresco, rui, 3. 1) wieder grünen, -grün werden, silva r.; *trop.* senex r. wird wieder jung. 2) *trop.* wieder kräftig und stark werden, wieder aufblühen, erstarken, res nostrae; imperium r.; senatus r. ad spem auctoritatis pristinae.

Rĕ-viso etc., 3. nach Etwas ob. Jmd. wieder hinsehen, irgendwohin wieder nachsehen, besuchend wohin kommen: selten *intrans.*, r. ad aliquem, gewöhnlich *transit.* wieder besuchen, nachsehen u. f. w., r. aliquem, rem Gallicanam, r. quid illi agant; furor r. = kömmt wieder; (Poet.) quae satis digna fortuna te r. ist dir zu Theil geworden.

Rĕ-vivisco, vixi, —3. wieder aufleben, wieder lebendig werden, aliquis mortuorum r.; *trop.* respublica r., causa r.

***Rĕ-vivo** etc., (Spät. Poet.) wieder leben.

Rĕvŏcābĭlis, e, *adj.* [revoco] (Poet.) zurückzurufen.

Rĕvŏcāmen, ĭnis, n. [revoco] (Poet.) was Jmd. zurückruft, ihn zurückkehren oder von Etwas abstehen heißt, der Rückruf.

Rĕvŏcātio, ōnis, f. [revoco] das Zurückrufen, a bello. Insbef. als rhetor. Figur = die Zurücknahme eines Wortes.

Rĕ-vŏco, 1. 1) zurück- oder wieder rufen, aliquem, tribus easdem in suffragium; (Poet.) r. fluctus zurückzukehren befehlen. Hiervon A) wieder einladen, aliquem. B) wieder auffordern, zur Wiederholung auffordern, insbef. einen Schauspieler u. dergl. = ihm da capo zurufen: r. actorem; r. praeconem. Auch mit dem accus. der Sache, wiederholt verlangen, verlangen daß Etwas wiederholt werden soll. C) wiederholen, versus. 2) = zurück bringen, -führen, machen, daß Jmd. ob. Etwas zurückkömmt: r. pedem, gradum zurückziehen; caput s. Samnites ad Caudium; r. capillos a vertice zurückstreichen. Hiervon A) eine frühere Lage, Stimmung u. dergl. zurückführen, wiederherstellen, erneuern: r. vires, pristinos mores; r. situs foliorum; r. studia intermissa. B) Jmd. von Etwas wieder abziehen, -abstehen machen oder zu machen streben: r. aliquem a consilio, a cupiditate, mentem a sensibus. C) Jmd. ob. Etwas in die vorige Lage, Stimmung u. dergl. zurückbringen, wiederherstellen: r. aliquid ad spem ihm wieder Hoffnung einflößen; r. se ad pristina studia zurückkehren, sich wieder an — machen, ebenso r. se ad industriam; r. se ad wieder zu sich selbst kommen, sich wieder besinnen.

r. memoriam rei alicujus (revocari in memoriam rei alicujus) an Etwas sich erinnern (erinnert werden). D) r. vires u. dergl. wieder erlangen. E) (Spät.) r. praemia u. dergl. zurück fordern. F) r. facta rückgängig machen; r. promissum zurücknehmen. G) r. se = sich befinnen ob. = sich aus einer Verlegenheit heraushelfen. — 3) Etwas irgendwohin beziehen, hinweisen, hinführen u. dergl. (gewöhnlich mit dem Begriffe der Beschränkung und des Zurückhaltens, so daß die Bedeutung der Partikel nicht ganz aufgegeben ist): r. rem ad suum arbitrium sich die Entscheidung der Sache anmaßen; r. omnia ad scientiam = das nach der wissenschaftlichen Bedeutung beurtheilen; r. omnia ad potentiam suam in Allem seine eigene Gewalt berücksichtigen; r. animum, rationem ad veritatem die wirkliche Beschaffenheit der Sachen untersuchen; r. rem ad sortem durch das Loos entscheiden lassen; r. rem ad manus es zum Handgemenge kommen lassen; r. rem in dubium zweifelhaft machen, in Zweifel ziehen; r. aliquid in crimen zum Gegenstande einer Beschuldigung machen; r. aliquid ad suas res (vom Redner) auf sich selbst beziehen.

Rĕ-vŏlo, 1. zurück fliegen.

Rĕvŏlūbĭlis, e, *adj.* [revolvo] (Poet.) zurückrollbar.

Rĕ-volvo etc., 3. 1) zurück rollen, -wälzen: ventus r. aestam, luna r. se; r. fila (von den Parzen) die Fäden auf der Spindel zurückwickeln = das Schicksal rückgängig machen, ändern. Hiervon A) r. se ob. *pass.* medial zurück kommen, -gehen, in Tusculanum; bef. = durch irgend eine Ursache, Nothwendigkeit ob. unvermerkt zu Etwas (gewöhnlich etwas Schlechterem) zurückkommen, in Etwas gerathen: revolvi ad patris sententiam, in eandem vitam wieder verfallen; revolutus ad dispensationem inopiae sich genöthigt sehend zu Vertheilung; res eo revolvitar ut. etc. kömmt dazu, daß u. f. w.; revolveris eodem du kömmst auf denselben Punct zurück, sagst wieder dasselbe. 2) insbef. ein Buch wieder aufrollen, -aufschlagen*, librum; hiervon = wieder lesen. 3) *trop.* (Poet. u. Spät.) A) r. iter wieder zurücklegen; r. casus eosdem wieder bestehen, durchmachen. B) r. aliquid = = aliquid wieder erwägen, wiederholt bedenken. b) wieder erwähnen.

Rĕ-vŏmo etc., 3. (Poet. u. Spät.) zurückspeien, wieder von sich geben, rem.

Rex, ēgis, m. [rego] 1) der König: regem aliquem appellare Jmd. den Königstitel geben; häufig im *pl.* = die königliche Familie (post reges exactos) und insbef. die Prinzen. Zur Zeit der Republik hatte dieses Wort, wenn es mit Bezug auf Rom gesagt wurde, die gehässige Bedeutung eines Despoten, Usurpators, Gewaltherrschers; doch blieb das Wort ohne diesen Begriff als Name einiger priesterlicher Personen bef. r. sacrificulus ob. sacrorum, welcher die früher vom Könige besorgten Opfer verrichtete. 2) *trop.* A) (Poet.) überhaupt der Beherrscher, Herr, Vorsteher u. dergl.: r divum hominumque vom Jupiter; r. Stygius Pluto; der Löwe heißt König der Thiere, der Adler K. der Vögel; r. convivii; r. (pueritiae der Lehrer, Erzieher. Auch als Ehrentitel z. B.

rem Aeneas. B) überhaupt = der Vornehme, Reiche; oft = der Patron, Beschützer im Verhältniffe zu den Clienten. C) als *adj.* = herrschend, populus late r.

Rhădămanthus, i, m. [*Ῥαδάμανθος*] Sohn des Jupiter und der Europa, Bruder des Minos, wegen seiner Gerechtigkeit einer der Richter in der Unterwelt.

Rhaeti, ōrum, m. pl. Völkerschaft zwischen der Donau und der Hauptmasse der Alpen, deren Land **Rhaetia**, ae, f. ungefähr das jetzige Graubünden und Tyrol ausmacht. Davon **Rhaetĭcus** und (Poet.) -tus, *adj.*

Rhamnus, untis, f. [*Ῥαμνοῦς*] Flecken in Attica, berühmt wegen des Tempels der Göttin Nemesis, welche davon **Rhamnūsis**, ĭdis, f. heißt. Davon -ūsius, *adj.*

Rhapsōdia, ae, f. [*ῥαψῳδία*] ein Gesang ("Buch") der Homerischen Gedichte.

Rhēa, ae, f. altitalischer Name. So R. Silvia, Tochter des Numitor, Königs zu Alba, Mutter des Romulus und des Remus (vgl. Ilia).

Rhēa, ae, f. [*Ῥέα*] Tochter des Urănus und der Gäa (Tellus), Gemahlin des Kronos (Saturn), Mutter des Jupiter, Neptun und Pluto, der Juno, Ceres und Vesta. Sehr oft wird sie mit der Cybele (siehe diesen Artikel) identificirt.

Rhĕda, ae, f. [gallisches Wort] ein vierräderiger Reisewagen (vgl. currus, essedum, pilentum u. s. w.).

Rhĕdārius, ii, m. [rheda] der Lenker einer rheda, Kutscher.

Rhēgium, ii, n. [*Ῥήγιον*] Stadt an der Meerenge von Sicilien, jetzt Reggio.

Rheno, siehe Reno.

Rhēnus, i, m. der Rhein (Fluß).

Rhēsus, i, m. [*Ῥῆσος*] ein thracischer König oder Prinz, der den Trojanern zu Hülfe kam, aber von Diomedes und Ulysses in der Nacht nach seiner Ankunft getödtet wurde.

Rhētor, ōris, m. [*ῥήτωρ*] ein Lehrer der Beredtsamkeit.

Rhētŏrĭce, *adv.* [rhetoricus] rednerisch; mit rednerischem Schmucke: r. loqui (im Gegensatze zu dialectice loqui).

Rhētŏrĭce, es, od. -ca, ae, f. [*ῥητορική*] die Redekunst, Rhetorik (reinlat. ars dicendi, eloquentia).

Rhētŏrĭcōtĕros, *adj.* latinisirte Form von *ῥητορικώτερος* als *comp.* zu rhetoricus, was man sehe.

Rhētŏrĭcus, *adj.* [*ῥητορικός*] 1) zum Lehrer der Beredtsamkeit gehörig, Rhetor-; ars rh., und hiervon bloß rhetorica, siehe diesen Artikel. 2) zur Redekunst, zur Rhetorik gehörig, rhetorisch, rednerisch: doctor rh. = rhetor; libri rr. von der Redekunst handelnd (in derselben Bedeutung auch *subst.* -ci, ōrum, m. pl. und -ca, ōrum, n. pl.).

Rhīnŏcĕros, ōtis, m. [*ῥινόκερως*] 1) das Nashorn. 2) ein aus Nashornbein gemachtes Geschirr.

Rhīnŏcŏlūra, ae, f. [*Ῥινοκόλουρα*] Stadt an der Südküste des Mittelmeeres, bald zu Aegypten, bald zu Syrien gerechnet.

Rhinton, ōnis, m. [*Ῥίνθων*] griechischer Dichter aus der alexandrinischen Zeit, Verfasser travestirter Tragödien.

Rhion ob. **Rhium**, ii, n. [*Ῥίον*] Vorgebirge in Achaja, dem Vorgebirge Antirrhium gegenüber.

Rhipaeus ob. **Rhiphaeus**, *adj.* [*Ῥιπαῖος*]: montes rr. (zum Theil fabelhaftes) Gebirge im äußersten Norden oder Westen der Erde. Vgl. Hyperborei.

Rhisinium, ii, n. ob. **Rhizon**, ōnis, Stadt in Illyrien. Davon -nitae, ārum, m. pl. die Einwohner von Rh.

Rho [*ῥῶ*] *indecl.*, griechischer Name des Buchstaben R.

Rhŏda, ae, f. Stadt im östlichen Spanien.

Rhŏdănus, i, m. Fluß in Gallien, jetzt Rhone.

Rhŏdōpe, es, f. [*Ῥοδόπη*] Gebirge in Thracien, jetzt Despoto Dag. Davon -pēius, *adj.* (Poet.) = thracisch.

Rhŏdos ob. -dus, i, f. [*Ῥόδος*] berühmte Insel an der Küste von Kleinasien, nebst gleichnamiger Stadt. Davon 1) **Rhŏdius**, *adj.* u. *subst.* -ii, m. pl. die Bewohner von Rh. 2) (Spät.) -diensis, e, *adj.* u. *subst.* -es, ium, m. pl. die Bewohner von Rh.

Rhoetēum, i, n. [*Ῥοίτειον*] Stadt und Vorgebirge in Troas, am Hellespont. Davon **Rhoetēus**, *adj.* (Poet.) = trojanisch; *subst.* -tēum, i, n. das Meer um jenes Vorgebirge.

Rhoetus, i, m. [*Ῥοῖτος*] 1) ein Gigant. 2) ein Centaur. 3) ein Gefährte des Phineus. 4) König der Marrubier ob. Marser.

Rhombus, i, m. [*ῥόμβος*] 1) der Kreisel des Zauberers, das Zauberrad. 2) ein Seefisch aus der Gattung der Butten.

Rhomphaea, ae, f. [*ῥομφαία*] ein langer Wurfspieß (oder ein langes Schwert) der barbarischen Völker.

Rhosos, i, f. [*Ῥῶσος*] Stadt in Cilicien. Davon **Rhosĭăcus**, *adj.*

Rhythmĭcus, *adj.* [*ῥυθμικός*] zum Rhythmus gehörig, rhythmisch; als *subst.* -cus, i, m. der Rhythmiker, der den Rhythmus lehrt.

Rhythmus, i, m. [*ῥυθμός*] (Spät.; Cicero gebraucht statt dessen immer numerus, siehe diesen Artikel 2.) das Gleichmaaß, Ebenmaaß, das gleichmäßige und taktmäßige Fortschreiten in der Musik oder Rede.

Rīca, ae, f. (Borklaff. u. Spät.) eine Art Schleier der römischen Damen.

Rĭcĭnium, ii, n. [rica] eine altrömische kleine Hülle, bef. der Trauernden und der Frauen.

Rictus, us, m. und (selten) -tum, i, n. [ringor] der bef. zum Lachen weit geöffnete Mund, die Oeffnung des Mundes, von Thieren der klaffende Rachen: risu dimovere r.; rictus sint modici man sperre den Mund nicht zu weit auf; (Poet.) = die Oeffnung der Augen.

Ridagnus, i, m. Fluß in Hyrcanien.

Rīdĕo, risi, risum, 2. 1) *intrans.* lachen (überhaupt, vgl. cachinnor); r. in re aliqua bei Etwas; ridentem dicere verum scherzend; (Poet. u. selten) r. alicui Jmd. anlächeln. Hiervon *trop.* von Sachen, A) ein heiteres Ansehen haben, hübsch aussehen, tempestas, unda r.; domus r. argento strahlt von Silber; angulus ille mihi r. gefällt mir. B) lächeln = günstig sein, fortuna mihi r. 2) *transit.* über Jmd.

ob. Etwas lachen, Jmb. ob. Etwas belachen, auslachen, bespötteln, verlachen, aliquem ob. aliquid; ridendus lächerlich, komisch. Hiervon A) ungewöhnlich a) r. muneribus alicujus über Jmds Gaben spotten. b) r. aliquem (*Pl.*) Jmb. freundlich anlächeln. B) *trop.* a) nicht achten, sich wenig um Etwas kümmern, perjuria, sapiens r. damna. b) haec non rideo das sage ich nicht zum Scherz.

Ridibundus, *adj.* [rideo] (Vorklass.) lachend.

Ridica, ae, *f.* ein Pfahl, Weinpfahl.

Ridiculārius, *adj.* [ridiculus] (Vorklass. u. Spät.) lächerlich, nur *subst.* A) -āria, ōrum, *n. pl.* Possen. B) -ārius, ii, *m.* der Possenreisser.

Ridicŭle, *adv.* [ridiculus] 1) lächerlich, verlachenswerth. 2) spasshaft, possierlich.

Ridiculōsus, *adj.* mit *sup.* [ridiculus] (Vorklass. u. Spät.) spasshaft, possierlich.

Ridicŭlus, *adj.* [rideo] Lachen erregend, 1) in üblem Sinne, lächerlich, verlachenswerth, homo, res; ridiculo ob. pro ridiculo esse zum Gespötte sein. 2) in gutem Sinne, spasshaft, possierlich, scherzhaft, komisch, homo, res, dictum. Insbes. *subst.* A) -us, i, *m.* (Vorklass.) der Spassmacher, Possenreisser. B) -um, i, *n.* und bes. im *pl.* -a, ōrum, *n. pl.* der Spass, Scherz, Witz, das Bonmot.

Rigeo, gui, —. 2. starr, steif sein, starren, bes. vor Kälte: r. frigore, corpora rr. omnibus; oculi rr. (Poet.) stehen unbeweglich, starr. Hiervon starr-, steif emportragen, emporstarren, arbor, mons; comae rr. stehen zu Berge.

Rigesco, gui, —. 3. [rigeo] erstarren, starr-, steif werden.

Rigĭde, *adv.* [rigidus] 1) starr. 2) übertragen, ganz gerade aus, in gerader Linie, pilam mittere. 3) *trop.* streng.

*****Rigĭdo**, 1. [rigidus] (Spät.) steif machen.

Rigĭdus, *adj.* mit *comp. u. sup.* [rigeo] 1) starr, steif, stark, bes. vor Kälte, silex, aqua (gefroren), membra; r. cornu, hasta; (Poet.) frigus r. erstarren machend, ebenso mors r. Hiervon (Poet.) emportragend, emporstarrend, columna, quercus, capilli. 2) *trop.* (meist Poet. u. Spät.) A) starr, unerschütterlich, unbeweglich, innocentia, mens. B) ungeschmeidig, steif, mores. C) streng, hart, unbeugsam, satelles, custos, imperium, Mars. D) hart = abgehärtet, Sabini.

Rigo, 1. 1) (selten) Wasser ob. überhaupt eine Flüssigkeit in Rinnen wohin leiten, r. aquam per agros; *trop.* motus rigantur per membra (*Lucr.*) werden geführt. 2) eine Flüssigkeit dahin leitend einen Ort benetzen, bewässern: r. hortum fonte, campos Euphrate; auch imbres rr. terras.

Rigodŭlum, i, *n.* Stadt in der Nähe von Trier, an der Mosel.

Rigor, ōris, *m.* [rigeo] 1) die Steifheit, Starrheit, Unbeugsamkeit, bes. vor Kälte: r. Alpinus, septentrionis der Erstarrung, welche die Kälte an den Alpen und im Norden erzeugt; r. ferri. 2) (Poet. u. Spät.) A) die Strenge, Härte, Unbeweglichkeit, disciplinae veteris. B) die Ungeschmeidigkeit, Steifheit im Betragen.

Riguus, *adj.* [rigo] (Poet. u. Spät.) 1) bewässert, benetzt, hortus. 2) bewässernd, amnis.

Rima, ae, *f.* die Ritze, Spalte, der Riss; agere, facere r.; r. ignea der Blitz. Hiervon *trop.* a) plenus rimarum sum (Com.) = ich kann Nichts verschweigen. b) = Ausflucht, reperire aliquam r.

Rimor, *depon.* 1. [rima] zerspalten, 1) aufwühlen, aufreissen, terram rastris, sues rr. terram. 2) *trop.* genau durchsuchen, untersuchen, viscera (epulis um Essen zu finden; so bes. von Meervögeln, die ihre Nahrung in Felsenspalten u. dergl. suchen), partes apertas; *trop.* r. secreta.

Rimōsus, *adj.* [rima] (Poet. u. Spät.) voller Ritzen, -Spalten, fores, cymba r. let; *trop.* aures rr. von Jmb., der Alles, was er gehört hat, wieder erzählt, Nichts verschweigen kann.

Ringor, — *depon.* 3. eigentl. den Mund aufmachen und die Zähne fletschen, davon *trop.* grollen, sich heimlich ärgern.

Ripa, ae, *f.* das Ufer eines Flusses (vgl. litus); (Poet.) bisweilen = litus.

Riphaeus, siehe Rhiphaeus.

*****Ripŭla**, ae, *f. deminut.* von ripa.

Riscus, i, *m.* [ρίσκος] (*Ter.*) der Koffer.

*****Risio**, ōnis, *f.* [rideo] (*Pl.*) = risus.

*****Risor**, ōris, *m.* [rideo] (Poet.) der Lacher, Spötter.

Risus, us, *m.* [rideo] das Lachen, Gelächter: movere r. erregen, captare m. erregen suchen: risum dare, praebere Stoff zum Lachen geben, sich lächerlich machen; esse alicui risui Jmb. zum Gelächter dienen, deus iis risus erat ein Gegenstand des Gelächters.

Rite, *adv.* [ritus] 1) nach religiösem Brauch, mit den gehörigen Ceremonien, auf gebührende Weise in religiöser Beziehung (vgl. recte): r. colere deos, mactare bidentes. 2) übertr. auf rechte Weise, gehörig, gebührend, res parare; r. eum beatum dicimus mit Recht; r. veni (*Pl.*) = zum Glück. 3) übertr. auf herkömmliche Weise, dem Gebrauche gemäss.

Ritus, us, *m.* 1) der religiöse Gebrauch, die (auf dem Willen der Götter ob. auf einem natürlichen Gefühl beruhende) herkömmliche Art und Weise der Religionsübung, die gottesdienstliche Ceremonie (vgl. consuetudo, mos); mos et r. sacrorum. 2) übertr. die Sitte, der Gebrauch, fast immer im *abl. sing.* mit einem *genit.* ob. einem *adj.* = nach — Art, auf — Weise: r. mulierum, pecoris, fluminis; r. barbarico; referre ritus Cyclopum wiedergeben, nachahmen.

Rivālis, e, *adj.* [rivus] (Poet. u. Spät.) eigtl. der zu einem Bache ob. Wasserkanal mit einem Anderen Mitberechtigte, davon, der dasselbe Weib liebt wie ein Anderer, der Nebenbuhler in der Liebe (vgl. aemulus): amare sine r. eine Person lieben ob. eine Sache begehren, die sonst Niemand mag.

Rivālĭtas, ātis, *f.* [rivalis] die Nebenbuhlerschaft.

Rivŭlus, i, *m. deminut.* von rivus.

42*

rem' Mencas. B) überhaupt = der Vornehme, Reiche; oft = der Patron, Beschützer im Verhältnisse zu den Clienten. C) als *adj.* = herrschend, populus late r.

Rhădămanthus, i, m. ['Ραδάμανθος] Sohn des Jupiter und der Europa, Bruder des Minos, wegen seiner Gerechtigkeit einer der Richter in der Unterwelt.

Rhaeti, ōrum, m. pl. Völkerschaft zwischen der Donau und der Hauptmasse der Alpen, deren Land **Rhaetia**, ae, *f.* ungefähr das jetzige Graubünden und Tyrol ausmacht. Davon **Rhaetĭcus** und (Poet.) **-tus**, *adj.*

Rhamnus, untis, *f.* ['Ραμνοῦς] Flecken in Attica, berühmt wegen des Tempels der Göttin Nemesis, welche davon **Rhamnūsis**, ĭdis, *f.* heißt. Davon **-ūsius**, *adj.*

Rhapsōdĭa, ae, *f.* [ῥαψῳδία] ein Gesang (Buch) der Homerischen Gedichte.

Rhēa, ae, *f.* altitalischer Name. So R. Silvia, Tochter des Numitor, Königs zu Alba, Mutter des Romulus und des Remus (vgl. Ilia).

Rhēa, ae, *f.* ['Ρέα] Tochter des Uranus und der Gäa (Tellus), Gemahlin des Kronos (Saturn), Mutter des Jupiter, Neptun und Pluto, der Juno, Ceres und Vesta. Sehr oft wird sie mit der Cybele (siehe diesen Artikel) identificirt.

Rhēda, ae, *f.* (gallisches Wort) ein vierräderiger Reisewagen (vgl. currus, essedum, pilentum u. s. w.).

Rhēdārius, ii, m. (rheda) der Lenker einer rheda, Kutscher.

Rhēgium, ii, n. ['Ρήγιον] Stadt an der Meerenge von Sicilien, jetzt Reggio.

Rheno, siehe Reno.

Rhēnus, i, m. der Rhein (Fluß).

Rhēsus, i, m. ['Ρῆσος] ein thracischer König oder Prinz, der den Trojanern zu Hülfe kam, aber von Diomedes und Ulysses in der Nacht nach seiner Ankunft getödtet wurde.

Rhētor, ŏris, m. [ῥήτωρ] ein Lehrer der Beredtsamkeit.

Rhētŏrĭcē, *adv.* (rhetoricus) rednerisch; mit rednerischem Schmucke: r. loqui (im Gegensatze zu dialectice loqui).

Rhētŏrĭcē, es, ob. **-ca**, ae, *f.* [ῥητορική] die Redekunst, Rhetorik (reinlat. ars dicendi, eloquentia).

Rhētŏrĭcōtĕros, *adj.* latinisirte Form von ῥητορικώτερος als *comp.* zu rhetoricus, was man sehe.

Rhētŏrĭcus, *adj.* [ῥητορικός] 1) zum Lehrer der Beredtsamkeit gehörig, Rhetor-; ars rh., und hiervon bloß rhetorica, siehe diesen Artikel. 2) zur Redekunst-, zur Rhetorik gehörig, rhetorisch, rednerisch: doctor rh. = rhetor; libri rr. von der Redekunst handelnd (in derselben Bedeutung auch *subst.* -ci, ōrum, *m. pl.* und -ca, ōrum, *n. pl.*).

Rhīnŏcĕros, ōtis, m. [ῥινοκέρως] 1) das Nashorn. 2) ein aus Nashornbein gemachtes Geschirr.

Rhīnŏcŏlūra, ae, *f.* ['Ρινοκόλουρα] Stadt an der Südküste des Mittelmeeres, bald zu Aegypten, bald zu Syrien gerechnet.

Rhinton, ōnis, m. ['Ρίντων] griechischer Dichter aus der alexandrinischen Zeit, Verfasser travestirter Tragödien.

Rhion ob. **Rhium**, ii, n. ['Ρίον] Vorgebirge in Achaja, dem Vorgebirge Antirrhium gegenüber.

Rhīpaeus ob. **Rhīphaeus**, *adj.* ['Ριπαῖος]: montes rr. (zum Theil fabelhaftes) Gebirge im äußersten Norden oder Westen der Erde. Vgl. Hyperborei.

Rhīzĭnĭum, ii, n. ob. **Rhīzon**, ōnis, Stadt in Illyrien. Davon **-nītae**, ārum, *m. pl.* die Einwohner von Rh.

Rho [ῥῶ] *indecl.*, griechischer Name des Buchstaben R.

Rhŏda, ae, *f.* Stadt im östlichen Spanien.

Rhŏdānus, i, m. Fluß in Gallien, jetzt Rhone.

Rhŏdōpē, es, *f.* ['Ροδόπη] Gebirge in Thracien, jetzt Despoto Dag. Davon **-pēius**, *adj.* (Poet.) = thracisch.

Rhŏdos ob. **-dus**, i, *f.* ['Ρόδος] berühmte Insel an der Küste von Kleinasien, nebst gleichnamiger Stadt. Davon 1) **Rhŏdius**, *adj.* u. *subst.* **-ii**, *m. pl.* die Bewohner von Rh. 2) (Spät.) **-diensis**, e, *adj.* u. *subst.* **-es**, ium, *m. pl.* die Bewohner von Rh.

Rhoetēum, i, n. ['Ροίτειον] Stadt und Vorgebirge in Troas, am Hellespont. Davon **Rhoetēus**, *adj.* (Poet.) = trojanisch; *subst.* **-tēum**, i, *n.* das Meer um jenes Vorgebirge.

Rhoetus, i, m. ['Ροῖτος] 1) ein Gigant. 2) ein Centaur. 3) ein Gefährte des Phineus. 4) König der Marrubier ob. Marser.

Rhombus, i, m. [ῥόμβος] 1) der Kreisel der Zauberer, das Zauberrad. 2) ein Seefisch aus der Gattung der Butten.

Rhomphaea, ae, *f.* [ῥομφαία] ein langer Wurfspieß (oder ein langes Schwert) der barbarischen Völker.

Rhōsos, i, *f.* ['Ρῶσος] Stadt in Cilicien. Davon **Rhōsiăcus**, *adj.*

Rhythmĭcus, *adj.* [ῥυθμικός] zum Rhythmus gehörig, rhythmisch; als *subst.* **-cus**, i, *m.* der Rhythmiker, der den Rhythmus lehrt.

Rhythmus, i, m. [ῥυθμός] (Spät.) Cicero gebraucht statt dessen immer numerus, siehe diesen Artikel 2.) das Gleichmaaß, Ebenmaaß, das gleichmäßige und tactmäßige Fortschreiten in der Musik oder Rede.

Rīca, ae, *f.* (Vorklaff. u. Spät.) eine Art Schleier der römischen Damen.

Rīcĭnĭum, ii, n. (rica) eine altrömische kleine Hülle, bes. der Trauernden und der Frauen.

Rictus, us, m. und (selten) **-tum**, i, n. (ringor) der bes. zum Lachen weit geöffnete Mund, die Oeffnung des Mundes, von Thieren der klaffende Rachen: risu dimovere r.; rictus sint modici man sperre den Mund nicht zu weit auf; (Poet.) = die Oeffnung der Augen.

Rīdagnus, i, m. Fluß in Hyrcanien.

Rīdĕo, rīsi, rīsum, 2. 1) *intrans.* lachen (überhaupt, vgl. cachinnor); r. in re aliqua über Etwas; ridentem dicere verum scherzend; (Poet. u. selten) r. alicui Jmd. anlächeln. Hiervon *trop.* von Sachen, A) ein heiteres Ansehen haben, hübsch aussehen, tempestas, unda r.; domus r. argento strahlt von Silber; angulus ille mihi r. gefällt mir. B) lächeln = günstig sein, fortuna mihi r. 2) *transit.* über Jmd.

ob. Etwas lachen, Jmb. ob. Etwas belachen, auslachen, bespötteln, verlachen, aliquem ob. aliquid; ridendus lächerlich, komisch. Hiervon A) ungewöhnlich a) r. muneribus alicujus über Jmbs Gaben spotten. b) r. aliquem (*Pl.*) Jmb. freundlich anlächeln. B) *trop.* a) nicht achten, sich wenig um Etwas kümmern, perjuria, sapiens r. damna. b) haec non rideo das sage ich nicht zum Scherz.

Ridībundus, *adj.* [rideo] (Vorklaff.) lachend.

Ridica, ae, *f.* ein Pfahl, Weinpfahl.

Ridĭcŭlārĭus, *adj.* [ridiculus] (Vorklaff. u. Spät.) lächerlich, nur *subst.* A) -Āria, ōrum, *n. pl.* Possen. B) -Ārius, ii, *m.* der Possenreißer.

Ridĭcŭlē, *adv.* [ridiculus] 1) lächerlich, verlachenswerth. 2) spaßhaft, possierlich.

Ridĭcŭlōsus, *adj.* mit *sup.* [ridiculus] (Vorklaff. u. Spät.) spaßhaft, possierlich.

Ridĭcŭlus, *adj.* [rideo] Lachen erregend, 1) in üblem Sinne, lächerlich, verlachenswerth, homo, res; ridiculo ob. pro ridiculo esse zum Gespötte sein. 2) in gutem Sinne, spaßhaft, possierlich, scherzhaft, komisch, mirum, res, dictum. Insbes. *subst.* A) -us, i, *m.* (Vorklaff.) der Spaßmacher, Possenreißer. B) -um, i, *n.* und bef. im *pl.* -a, ōrum, *n. pl.* der Spaß, Scherz, Witz, das Bonmot.

Rĭgeo, gui, — 2. starr-, steif sein, starren, bef. vor Kälte: r. frigore, corpora rr. omnibus; oculi rr. (Poet.) stehen unbeweglich, starr. Hiervon starr-, steif emporragen, emporstarren, arbor, mons; comae rr. stehen zu Berge.

Rĭgesco, gui, — 3. [rigeo] erstarren, starr-, steif werden.

Rĭgide, *adv.* [rigidus] 1) starr. 2) übertragen, ganz gerade aus, in gerader Linie, pilam mittere. 3) *trop.* streng.

****Rĭgīdo**, 1. [rigidus] (Spät.) steif machen.

Rĭgĭdus, *adj.* mit *comp.* u. *sup.* [rigeo] 1) starr, steif, unbeweglich, bef. vor Kälte, silex, aqua (gefroren); membra; r. cornu, hasta; (Poet.) frigus r. erstarren machend, ebenso mors r. Hiervon (Poet.) emporragend, emporstarrend, columna, quercus, capilli. 2) *trop.* (meist Poet. u. Spät.) A) starr, unerschütterlich, unbeweglich, innocentia, mens. B) ungeschmeidig, steif, mores. C) streng, hart, unbeugsam, satelles, custos, imperium, Mars. D) hart = abgehärtet, Sabini.

Rĭgo, 1. 1) (selten) Wasser ob. überhaupt eine Flüssigkeit in Rinnen wohin leiten, r. aquam per agros; *trop.* motus rigantur per membra (*Lucr.*) werden geführt. 2) eine Flüssigkeit dahin leitend einen Ort benetzen, bewässern: r. hortum fonte, campos Euphrate; auch imbres rr. terras.

Rĭgŏdūlum, i, *n.* Stadt in der Nähe von Trier, an der Mosel.

Rĭgor, ōris, *m.* [rigeo] 1) die Steifigkeit, Starrheit, Unbeugsamkeit, bef. vor Kälte: Alpinus, septentrionis die Erstarrung, welche die Kälte an den Alpen und im Norden erzeugt; r. serri. 2) (Poet. u. Spät.) A) die Strenge, Härte, Unbeweglichkeit, disciplinae veteris. B) die Ungeschmeidigkeit, Steifheit im Betragen.

Rĭguus, *adj.* [rigo] (Poet. u. Spät.) 1) bewässert, benetzt, hortus. 2) bewässernd, amnis.

Rīma, ae, *f.* die Ritze, Spalte, der Riß; agere, facere r.; r. ignea der Blitz. Hiervon *trop.* a) plenus rimarum sum (Com.) = ich kann Nichts verschweigen. b) = Ausflucht, reperire aliquam r.

Rīmor, *depon.* 1. [rima] zerspalten, 1) aufwühlen, aufreißen, terram rastris, sues rr. terram. 2) *trop.* genau durchsuchen, untersuchen, viscera (epulis um Essen zu finden; so bef. von Meervögeln, die ihre Nahrung in Felsenspalten u. dergl. suchen), partes apertas; *trop.* r. secreta.

Rīmōsus, *adj.* [rima] (Poet. u. Spät.) voller Ritzen, -Spalten, fores, cymba r. leck; *trop.* aures rr. von Jmb., der Alles, was er gehört hat, wieder erzählt, Nichts verschweigen kann.

Ringor, — *depon.* 3. eigentl. den Mund aufmachen und die Zähne fletschen, davon *trop.* grollen, sich heimlich ärgern.

Rīpa, ae, *f.* das Ufer eines Flusses (vgl. litus); (Poet.) bisweilen = litus.

Riphaeus, siehe Rhiphaeus.

****Rīpŭla**, ae, *f. deminut.* von ripa.

Riscus, i, *m.* [ρίσκος] (*Ter.*) der Koffer.

****Rīsĭo**, ōnis, *f.* [rideo] (*Pl.*) = risus.

****Rīsor**, ōris, *m.* [rideo] (Poet.) der Lacher, Spötter.

Rīsus, us, *m.* [rideo] das Lachen, Gelächter: movere r. erregen, captare zu erregen suchen: risum dare, praebere Stoff zum Lachen geben, sich lächerlich machen; esse alicui risui Jmb. zum Gelächter dienen, deus iis risus erat ein Gegenstand des Gelächters.

Rīte, *adv.* [ritus] 1) nach religiösem Brauch, mit den gehörigen Ceremonien, auf gebührende Weise in religiöser Beziehung (vgl. recte): r. colere deos, mactare bidentes. 2) überh. auf rechte Weise, gehörig, gebührend, res parare; r. eum beatum dicimus mit Recht; r. veni (*Pl.*) = zum Glück. 3) überh. auf herkömmliche Weise, dem Gebrauche gemäß.

Rītus, us, *m.* 1) der religiöse Gebrauch, die (auf dem Willen der Götter ob. auf einem natürlichen Gefühl beruhende) herkömmliche Art und Weise der Religionsübung, die gottesdienstliche Ceremonie (vgl. consuetudo, mos); mos et r. sacrorum. 2) überh. die Sitte, der Gebrauch, fast immer im *abl. sing.* mit einem *genit.* ob. einem *adj.* = nach — Art, auf — Weise: r. mulierum, pecoris, fluminis; r. barbarico; referre ritus Cyclopum wiedergeben, nachahmen.

Rīvālis, e, *adj.* [rivus] (Poet. u. Spät.) eigtl. der zu einem Bache ob. Wassercanal mit einem Anderen Mitberechtigte, davon, der dasselbe Weib liebt wie ein Anderer, der Nebenbuhler in der Liebe (vgl. aemulus); amare sine r. eine Person lieben ob. eine Sache begehren, die sonst Niemand mag.

Rīvālitas, ātis, *f.* [rivalis] die Nebenbuhlerschaft.

Rīvŭlus, i, *m. deminut.* von rivus.

42*

Rivus, i, m. der Bach, das Gerinne; (Poet.) rr. lactis (im goldenen Zeitalter), rr. lacrimarum („Ströme" von Thränen). Hiervon = ein durch Menschenhände gebildeter Wassercanal, eine Wasserrinne durch einen Acker u. dergl.: deducere r. ziehen, claudere verstopfen.

Rixa, ae, f. der Zank, Hader, Streit: r. ut inter vinolentos; (Poet. u. Spät.) = Kampf.

*__Rixātor__, ōris, m. [rixor] (Spät.) der Zänker.

Rixor, depon. 1. [rixa] zanken, hadern, streiten, de re aliqua.

Rōbīgĭnōsus, adj. [robigo] (Poet.) verrostet, rostig.

Rōbīgo (Rubigo), ĭnis, f. [rubeo] 1) der Rost an Metallen; (Poet.) der Schmutz an den Zähnen. Hiervon trop. = der Fehler, die anklebende üble Gewohnheit. 2) der Mehlthau, Brand am Getreide.

Rōbīgo, ĭnis, f. od. **Rōbīgus**, i, m. eine Gottheit der Römer, welche man um Abwendung des Mehlthaues anrief.

Rōbŏreus, adj. [robur] eichen.

Rōbŏro, 1. [robur] stärken, kräftigen, artus; trop. r. vocem, aetatem, conjurationem.

Rōbur, ŏris, n. 1) das Eichenholz (vgl. quercus): navis ex r. facta; (Poet.) quercus annoso r. mit altem Eichenholze. (Poet. A) (Poet.) jede harte Holzart: so von dem Holze eines wilden Oelbaumes. B) (Poet.) = quercus: delphines pulsant agitata robora. C) ein aus Eichenholz gemachter Gegenstand: so = ein Spieß, eine Bank, die Keule des Hercules u. dergl. Insbef. der Eichenbalken (Galgen), an welchem die verurtheilten Verbrecher aufgeknüpft wurden in dem tiefsten Theil des vom Servius Tullius erbauten Gefängnisses zu Rom. 2) trop. A) die Stärke, Kraft, Festigkeit, sowohl physisch (r. ferri; satis roboris habere hinlängliche Körperkraft) als geistig (r. animi, virtutis; r. oratorium rednerischer Nachdruck). B) der stärkste, kräftigste Theil eines Gegenstandes, die „Stärke", der Kern einer Sache, häufig r. exercitus die Kerntruppen; ausgezeichnete Männer heißen rr. populi.

Rōbustus, adj. mit comp. u. sup. [robur] 1) eichen. 2) fest, stark, kräftig (zum Aushalten und Widerstehen, also defensiv, vgl. validus, firmus), homo, corpus, vires; r. animus, fortitudo.

Rōdo, si, sum, 3. 1) nagen, benagen, reliquias cibi, vitem; r. pollicem dente; (Poet.) flumen r. ripas spült unaufhörlich ein Wenig ab, unterhöhlt, ferrum robigine roditur wird allmälig verzehrt. 2) trop. herabsetzen, verkleinern, aliquem.

*__Rōgālis__, e, adj. [rogus] (Poet.) zum Scheiterhaufen gehörig.

Rōgātio, ōnis, f. [rogo] 1) (selten) die Bitte, das Ansuchen, die Forderung. 2) (selten) als rhetor. Figur, die Frage. 3) term. t. eigtl. die Anfrage an das Volk in Betreff eines vorzuschlagenden Gesetzes, der Gesetzesantrag, Gesetzvorschlag, die Bill (= lex 3.).

Rōgātiuncŭla, ae, f. deminut. von rogatio.

Rōgātor, ōris, m. [rogo] 1) (Spät.) der Bittende. *2) der Anfrager an das Volk, der Antragsteller, der beim Volke einen Gesetzesantrag macht. 3) rogatores heißen bei den Comitien Männer, welche (Kästchen herumtragend, in welche die Stimmtafeln gelegt wurden) die Stimmen der Centurien sammelten, die Stimmensammler.

Rōgātus, us, m. [rogo] die Bitte, das Ersuchen, nur im abl. sing. mit einem pron. possess. oder einem genit., meo, illius r. auf meine, seine Bitte.

*__Rōgĭtātio__, ōnis, f. [rogito] (Pl.) = rogatio.

Rōgĭto, 1. [rogo] = ein verstärktes rogo.

Rōgo, 1. 1) Jmd. um Etwas bitten, ersuchen (bes. einen auf gleichem Fuße Stehenden, vgl. oro), ob stärker, Etwas von Jmb. begehren, verlangen: r. aliquem auxilium, beneficium, r. aliquem res turpes; r. aliquem ut audiat, ne abeat, r. aliquem finem orandi faciat daß er u. f. w.; (Spät.) r. pro aliquo. 2) Jmds Antwort od. Meinung begehren, d. h. Jmd. um Etwas fragen, anfragen: r. aliquem aliquid, multa rogatus um viele Gegenstände befragt; mene rogas du fragst mich noch? (selten) r. aliquid de aliquo Jmb. um Etwas fragen, dagegen r. de re aliqua um Etwas fragen; r. cur hoc dixeris; absol. respondere roganti. Insbef. term. t. A) (gewöhnlich von den Senatoren) r. aliquem sententiam Jmb. um seine Meinung, Stimme befragen; primus rogatus sum sententiam. B) r. populum ob. legem ob. abs. eigtl. das Volk wegen eines Gesetzvorschlages befragen, ein Gesetz beantragen, einen Gesetzvorschlag machen. Hiervon überh. beantragen, vorschlagen, alicui provinciam daß Jmd. als Statthalter eine Provinz erhalten soll. C) r. (populum) magistratum eigtl. das Volk wegen der Wahl einer Magistratsperson befragen, der Behörde zur Wahl vorschlagen, die Wahl einer Behörde beantragen, r. consules, tribunos plebis. D) r. milites sacramento den Fahneneid schwören lassen, vereiden (eigtl. wohl jeden Einzelnen hervorrufend und befragend).

Rōgus, i, m. der Scheiterhaufen, Haufe brennbarer Sachen, worauf Etwas, das verbrannt werden soll, gelegt wird; (Poet.) carmina effugiunt r. = entgehen der Vernichtung. Hiervon meton. = das Grab.

Rōma, ae, f. die Stadt Rom. Davon **Rōmānus**, adj.; insbef. Romano more = offen geredet (= „deutsch reden"); subst. -nus, i, m. der Römer, im pl. die Römer, das römische Volk; bisweilen prägn. Romanus = der römische Feldherr.

Rōmŭlus, i, m. der Gründer und erste König Roms, nach der Sage Sohn des Mars und der Rhea Sylvia. Davon 1) **Rōmŭleus**, adj. (Poet.) = römisch. 2) **Rōmĭlius** od. **Rōmŭlius**, adj.: R. tribus. 3) **Rōmŭlus**, adj. (Poet.) auch = römisch. 4) **Rōmŭlĭdes**, ae, m. (Poet.) der männliche Nachkomme des R., im pl. = die Römer.

Rōrārii, ōrum, m. pl. eine Art leichtbewaffneter Soldaten.

*__Rōrĭdus__, adj. [ros] (Poet.) = roscidus.

Rōrĭfer, ĕra, ĕrum, adj. [ros-fero] (Poet.) Thau bringend.

Rōro, 1. [ros] (Poet.) 1) *intrans.* A) thauen, Thau fallen laſſen: rorat es fällt Thau; quum Tithonia conjux coeperit rorare. B) lacrimae rorantes als Thau fallend, fließend. C) von einem Gegenstande, von welchem eine Flüssigkeit als Thau herabfällt, träufeln, tröpfeln: comae, pennae rr. von den Haaren, den Flügeln träufelt das Waſſer herab; vepres rr. sanguine Blut tröpfelte von dem Dornenſtrauche, delphines rr. aspergine ſpritzen das Waſſer empor, ſo daß es als Thau niederfällt; pocula rorantia aus welchen der Wein tropfenweiſe (nur ſparſam) hervorkömmt. 2) *transit.* A) bethauen, benezen, beſprengen, beträufeln, genas lacrimis. B) als Thau fallen machen, träufeln laſſen, ſprengen, aquas roratae.

Rōs, ōris, *m.* 1) der Thau; (Poet.) von jeder herabträufelnden Feuchtigkeit, rr. pluvii der Regen, r. lacrimarum, r. sanguineus Bluttropfen, r. vitalis die Milch mit Bezug auf den Säugling. r. Arabus ob. Syrius, Balſam, Salbe. 2) r. marinus (Poet. auch r. maris und ſtatt deſſen r. salis ob. bloß ros) der Rosmarin.

Rōsa, ae, *f.* 1) die Roſe. Weil die Roſen beſ. zu Kränzen bei Gaſtmählern und überh. bei fröhlichen ob. feierlichen Veranlaſſungen gebraucht wurden, wird das Wort oft zur Bezeichnung ſolcher gebraucht: in rosa (ſo oft collectiv zur Bezeichnung der Kränze von Roſen) potare, jacere; doch auch in rosa = auf einem Lager von Roſen (d. h. auf einem mit Roſen gefüllten Kiſſen, Polſter), jacere, oft *trop.* vivere in r. = in Wolluſt, in lauter Vergnügungen leben. 2) *trop.* (Pl.) als Liebkoſungswort, mea r. meine Süße! 3) (Poet.) der Roſenſtrauch, flores rosae.

Rōsārius, *adj.* [rosa] zu Roſen gehörig, Roſen-. Hiervon *subst.* -ārium, ii, *n.* die Roſenhecke, der Roſengarten.

Rōscĭdus, *adj.* [ros] thauig, A) = thauend, bethauend, als Thau träufelnd: dea r. = die Aurora, Iris r. pennis; pruina r. der Thau, mella rr. träufelnd. B) bethaut, bewäſſert, saxa rr. rivis von Bächen.

Rōscius, Name eines römiſchen Geſchlechtes. Am bekannteſten ſind: 1) Sextus R. aus Ameria (Amerinus), ein junger Mann, der durch eine ſchändliche Cabale des Vatermordes angeklagt vom Cicero vertheidigt wurde. 2) Quintus R. Gallus, berühmter Schauſpieler, Zeitgenoſſe und Freund des Cicero. 3) Lucius R. Otho, Volkstribun 67 v. Chr., Urheber der lex Roscia theatralis, daß die Ritter im Theater einen beſonderen Ehrenplatz auf den erſten vierzehn Bänken haben ſollten. Davon **Roscĭānus** ob. **Roscĭus,** *adj.*

Rōsea, ae, *f.* eine Gegend im Sabiniſchen in der Nähe von Reate. Davon **Rōseus,** ob. **Rōseānus,** *adj.*

*Rōsētum, i, n. [rosa] (Poet.) die Roſenhecke.

Rōseus, *adj.* [rosa] 1) aus Roſen, Roſen-, vinculum. 2) roſenfarbig, roſig, nitor, dea = Aurora. So häufig zur Bezeichnung der jugendlichen Friſche und Schönheit des Körpers überhaupt ob. einzelner Theile deſſelben, beſ. in Bezug auf den Teint: rr. labella, os, cervix.

Ros-marīnus, ſiehe ros.

Rostrātus, *adj.* mit einem rostrum (ſiehe dieſes Wort) verſehen; insbeſ. navis r. mit einem Schiffſchnabel; columna r. zum Andenken an einen vom Conſul Duilius über die Carthager errungenen Seeſieg auf dem Forum errichtet; corona r. = corona navalis als Belohnung für Tapferkeit zur See, mit Schiffſchnäbeln geziert.

Rostrum, i, *n.* [rodo] 1) der Schnabel an Vögeln, der Rüſſel ob. die Schnauze an anderen Thieren: r. avis, cameli, delphini, lupi, suis; bisweilen verächtlich ob. in der niederen Volksſprache vom Menſchen = os. 2) von Gegenſtänden, die wie ein Schnabel u. ſ. w. hervorſtehen = die krumme Spize am Winzermeſſer, an einem Hammer u. dergl.; insbeſ. = ein Schiffſchnabel, d. h. eine ſpitzige, unten am Vordertheile des Schiffes angebrachte Stange aus Eiſen ob. Kupfer, zum Durchbohren feindlicher Schiffe. Hiervon 3) rostra, ōrum, *n. pl.* die mit den Schiffſchnäbeln der im Jahre 338 v. Chr. von den beſiegten Antiaten erbeuteten Schiffe gezierte Rednerbühne und der ſie umgebende Raum: in ob. pro rostris auf der Rednerbühne.

Rōta, ae, *f.* 1) das Rad. Insbeſ. A) = das Wagenrad, (Poet.) meton. zur Bezeichnung des ganzen Wagens, r. solis. B) = das Rad des Töpfers, Töpferrad, our rota currente urceus exit? C) das Rad, welches bei Folterungen und Hinrichtungen gebraucht wurde, das Folterrad; *trop.* versari in r. amoris von der Liebe gequält werden, vgl. rotundo. D) *trop.* zur Bezeichnung der Unbeſtändigkeit und Veränderlichkeit. 2) A) = die Scheibe, Sonnenſcheibe. B) = Kreis, Umlauf (beim Wettfahren), septima r.

Rōto, 1. [rota] (Poet.) 1) *trans.* wie ein Rad herumdrehen, -ſchwingen, kreisförmig herumſchleudern: r. aliquem per auras; flammae rr. fumum; r. clipeum, ensem. 2) *intrans.* (ſelten) ſich umdrehen, saxa rotantia.

Rōtŭla, ae, *f. deminut.* von rota.

Rōtunde, *adv.* [rotundus] 1) rund. 2) *trop.* abgerundet, angemeſſen.

Rōtundo, 1. [rotundus] rund machen, abrunden, aliquid; *trop.* mille talenta rotundentur man mache die Summe von tauſend Talenten vollſtändig, runde ſie ab (ſiehe rotundus).

Rōtundus, *adj.* [rota] rund, was die Form einer Kabes ober (uneigtl.) einer Kugel hat, alſo zirkelrund ob. kugelrund (vgl. teres): r. coelum, mundus, stellarum ambitus. 2) *trop.* abgerundet, wohl gebildet und gleichförmig, (Poet.) homo r. vollkommen (weil die runde Figur bei den Alten als die vollkommenſte galt, vgl. rotundo). Insbeſ. von dem Styl und Ausdrucke, zur Bezeichnung des Fließenden, Abgerundeten und Abgefeilten, in welchem nichts Gezwungenes, Anſtößiges ob. Unzuſammenhängendes ſich findet: r. scriptor, oratio.

Rōxāne, es, *f.* Tochter des Perſers Oxyartes, Gemahlin Alexanders des Großen.

Rŭbĕ-făcĭo etc., 3. (Poet.) roth machen, röthen, setas sanguine.

Rŭbens, tis, *adj.* mit *comp.* [particip. von rubeo] roth, erröthend.

Rŭbĕo, ui, — 2. [ruber] roth ſein; insbeſ. = ſchaamroth ſein.

Rūber, bra, brum, *adj.* roth, sanguis, flamma, Aurora, crocus; leges rr. mit rother Aufschrift (vgl. rubrica). Insbes. Mare r. das arabische Meer mit dem arabischen und persischen Meerbusen; Saxa rr. ein Flecken in Etrurien.

Rūbesco, bui, — 3. [ruber] (Poet. u. Spät.) roth werden, erröthen, insbes. = schaamroth werden.

Rūbētum, i, n. [rubus] (Poet.) das Brombeergesträuch.

*__Rūbeus__, *adj.* [rubus] (Poet.) von Brombeersträuchen, Brombeer-, virga.

Rūbi, ōrum, m. pl. Stadt in Apulien.

Rūbico, ōnis, m. kleiner Fluß in Italien, der vor Augustus die Grenze zwischen Italien und Gallia Cisalpina bildete.

*__Rūbicundŭlus__, *adj.* (Poet.) *deminut.* von rubicundus.

Rūbicundus, *adj.* mit *comp.* [rubeo] (Poet. u. Spät.) roth, hochroth, glühend roth, coraum, luna, os.

Rūbĭdus, *adj.* [rubeo] (Verkläff. u. Spät.) dunkelroth.

Rūbigo etc., siehe robigo etc.

Rŭbor, ōris, m. [rubeo] die Röthe, das Roth, die rothe Farbe: medicamenta ruboris die Schminke; aliquem in ruborem dare (Pl.) = durch Schläge roth machen. Insbes. die Schaamröthe, daher == die Schaamhaftigkeit, Verschämtheit: rubor suffunditur ei er wird schaamroth; res est mihi rubori ich schäme mich der Sache; afferro alicui ruborem Jmd. schaamroth machen. Hiervon *meton.* = die Schande, der Schimpf: minor r. est in juris iniquitate; duae res ei rubori fuere, una quod etc.; r. ac dedecus.

Rubrica, ae, f. [ruber] (Poet. u. Spät.) 1) rothe Erde, insbes. die rothe Färbererde, Röthel. 2) der gewöhnlich mit rother Tinte geschriebene Titel (Inhaltsangabe) eines Gesetzes: conferre se ad rr. von einem Rechtskundigen, der bloß die Titel und Inhaltsangaben der Gesetze zu kennen strebt.

Rŭbus, i, m. 1) die Brombeerstaude. 2) die Brombeere.

*__Ructābundus__, *adj.* [ructo] (Spät.) rülpsend.

Ructo, 1. u. -tor, *depon.* 1. 1) *intrans.* rülpsen, r. alicui in os. 2) *transit.* rülpsend ausspeien, ausrülpsen, partem exiguam coenae; *trop.* verächtlich r. versus von sich geben.

*__Ructŭōsus__, *adj.* [ructo] (Spät.) voll Rülpsens.

Ructus, us, m. [ructo] (Spät.) das Rülpsen, Aufstoßen des Magens.

Rŭdens, tis, m. ein starkes Seil, gewöhnlich ein Schiffstau.

Rŭdiae, ārum, f. pl. Stadt in Calabrien, Geburtsort des Ennius. Davon **Rŭdīnus**, *adj.* u. *subst.* -ni, ōrum, m. pl. die Einwohner von R.

*__Rŭdĭārius__, ii, m. (Spät.) der ausgediente Gladiator, siehe radis 2.

Rŭdīmentum, i, n. [rudis] der erste Anfang, Versuch einer Sache, die erste Probe u. dergl., belli, regni; ponere, deponere r. sein Probestück machen.

Rŭdis, e, *adj.* 1) roh, unbearbeitet, ungebildet, kunstlos (in dem ersten rohen Zustande noch seiend, durch Menschenhand und Kunst noch nicht verändert), ager, materies, lana, aes (im Gegensatze zu geprägtem ob. verarbeitetem Metall); rr. capilli nicht geschmückte, ungeordnete; r. vox, stilus, vita; quae radia nobis exciderunt meine ersten rohen und unvollkommenen Schriften. 2) roh in einer Sache = unkundig, unwissend, unerfahren, ungeschickt, dicendi, literarum, exemplorum, belli civilis, auch häufig r. in re aliqua, (selten ad rem aliquam); (Poet.) animi rr. = die Liebe noch nicht kennend, ebenso puella r.; dextra r. die noch nicht Blut vergossen hat, Amphitrite r. das noch nicht befahrene Meer.

Rŭdis, is, f. ein dünner Stab, etwa Fechtstab, Rappier, womit Soldaten und bes. Gladiatoren sich im Fechten übten; einen solchen erhielt der ausgediente Gladiator als Zeichen der Meisterschaft und des Abschieds, wonach er entlassen und frei war (siehe rudiarius): rude donari, accipere r.

Rŭdo, dīvi, dītum, 3. von Thieren, brüllen, schreien, bes. vom Esel, dann auch von Löwen, Hirschen, selten von Menschen; (Poet.) prora rudens knarrend.

Rŭdus ob. **Raudus**, ēris, n. 1) ein kleines Stück Erz, Kalk ob. Gestein. 2) *collectiv* zerbröckeltes Gestein, Schutt u. dergl.; im *pl.* insbes. altes eingestürztes Gemäuer, Ruinen.

Rufrae, ārum, f. pl. Stadt in Campanien.

Rūfŭlus, *adj.* *deminut.* von rufus.

Rūfŭli, ōrum, m. pl. wurden diejenigen Kriegstribunen genannt, welche von dem Feldherrn im Lager ernannt wurden, während die vom Volke zu Rom in den Comitien gewählten Comitiati hießen.

Rūfus, *adj.* roth, bes. lichtroth, röthlich; von Menschen = rothhaarig.

Rūga, ae, f. die Runzel, Falte der Haut, bes. im Gesichte. Hiervon *trop.* zur Bezeichnung des Alters (non rugae auctoritatem arripere possunt), der Traurigkeit (hoc trahit r. = macht (dich) verdrießlich), des finsteren Wesens u. dergl.

Rugii, ōrum, m. pl. germanische Völkerschaft an der Ostsee.

Rūgo, 1. [ruga] sich runzeln = Falten werfen, pallium r.

Rūgōsus, *adj.* [ruga] (Poet. u. Spät.) runzelig, faltig, gena; r. cortex unebene, pagus r. frigore wo der Boden gefroren ist.

Ruīna, ae, f. [ruo] 1) das Stürzen, Nieder- ober Zusammenstürzen, der Fall, bes. = der Einsturz eines Gebäudes: incendium ruinā exstinguere durch Einreißen der Häuser (*Lucr.*) dare ruinam equitum peditamque stürzen machen, aber gewöhnlich dare (facere, trahere) ruinam ein-, zusammenstürzen, fallen. Hiervon *trop.* A) = Fall, Niederlage, ob. Tod, Untergang, ob. Unglück, Vernichtung u. dergl.: r. rerum nostrarum, r. Cannensis, ille dies utramque r. ducet wird den Tod für uns beide mitbringen; r. fortunarum die finanzielle Ruin; edere r. Unglück anrichten; facere r. = einen Irrthum begehen. B) (wie pestis u. dergl.) = eine Person, die Unglück verursacht, Clodius r. reipublicae. C) coeli r. ein heftiges Gewitter. 2) (meist Poet. u. Spät.) das eingestürzte Gebäude, die Trümmer, rr. templorum.

Ruinōsus, *adj.* [ruina] 1) baufällig, aedes. 2) (Poet.) eingefallen, domus.

Rūmex, ĭcis, *f.* der Sauerampfer.

Rūmĭfĭco, 1. [rumor-facio] (*Pl.*) durch das Gerede herumtragen, rühmen, aliquid.

Rūmĭna, ae, *f.* [ruma = die säugende Brust] eine Göttin der Säugenden bei den Römern. Davon **Rūmĭnālis**, e, *adj.*, nur in der Verbindung ficus ob. arbor r. der Feigenbaum, unter welchem Romulus und Remus gefunden und von der Wölfin gesäugt wurden.

Rūmĭnātĭo, ōnis, *f.* [rumino] das Wiederkäuen, *trop.* = das wiederholte Gerede.

Rūmĭno, 1. ob. **Rūmĭnor**, *depon.* 1. (ruma oder rumen, veraltet, = die säugende Brust] (Poet. u. Spät.) wiederkäuen, herbas; *trop.* Etwas wiederholt erwähnen, erzählen.

Rūmor, ōris, *m.* das Volksgerede, Gerede der Menge. A) erzählend und berichtend, = das Gerücht, die unverbürgte Nachricht; rumor est, te rem valde auxisse man erzählt, daß u. s. w.; r. serpit das G. verbreitet sich; rumor affertur de aliqua re; selten r. rei alicujus von Etwas. B) beurtheilend, = die Volksstimme, die öffentliche Meinung, objectiv der Ruf: adverso r. esse oder (Poet.) flagrare in ublem Rufe stehen; ebenso r. secundus, doch dieses gewöhnlich = Beifallsruf, lärmender Beifall.

Rumpo, rūpi, ruptum, 3. 1) brechen, (bes. einen biegsamen Gegenstand, vgl. frango), zerbrechen, zerreißen, sprengen, gewaltsam trennen: r. vincula, vestes; r. claustra; r. pontem abbrechen. Hiervon A) (Poet.) r. nubem spalten, guttura cultro zerschneiten, praecordia ferro durchbohren; r. funem, colla securi zerhauen. B) häufig (Poet.) = »zerplatzen«, bersten machen: hiems r. saxa; messes rr. horrea die Scheuern sind von Getreide voll bis zum Zerplatzen; r. serpentem (durch Zauberei) bersten machen. Insbes. r. se oder häufig *pass.* medial rumpi sich bis zum Bersten abmühen u. dergl. (rumperis et latras du schreist dich fast zu Tode), insbef. *trop.* vor Aerger, Neid u. dergl. fast bersten = sich ärgern, auch is r. me ich berste vor Aerger über ihn; lingua r. Iarbitam etc. der Maure schrie sich zu Tode (indem er es dem T. gleich thun wollte). C) = sprengen, durchbrechen, aciem. D) sich öffnen, mit Gewalt bahnen, aditum, viam. Hiervon (Poet.) hervorkommen lassen, hervormachen, hervorbringen u. dergl., fontem, insbef. r. voces, gemitum; vox rumpitur re aliqua wird hervorgebracht, *Imb.* entlockt; turbo ruptus (Poet.) hervorgebrochen. 2) *trop.* A) brechen, verletzen, fidem, jus gentium. B) vernichten, aufheben, testamentum, leges; r. necessitatem foederis. C) unterbrechen, stören, somnum, silentia; r. moras nicht länger zögern.

Rūmusculus, i, *m. deminut.* von rumor.

Rūna, ae, *f.* (zweifelh.) eine Art Geschoß.

Runcīno, 1. (*Pl.*) abhobeln, *trop.* = foppen, täuschen, aliquem.

Rŭo, ui, ŭtum (aber *particip.* ruĭtūrus), 3. 1) *intrans.* stürzen, niederstürzen, herab-, zusammenstürzen, einstürzen, sinken, aedes, murus; (Poet.) pugnantes rr. fallen, aether ob. coelum r. von einem heftigen Gewitter und Platzregen; Troja r. geht zu Grunde; *proverb.* quid si coelum r. wie wenn der Himmel herabstürzt? zur Bezeichnung des Undenklichen. Hiervon A) wie das deutsche stürzen = eilen, eilig wohin fahren, rennen, fugientes rr. in castra, ad portas; (Poet.) flumina rr. per campos; (Poet.) nox r. Oceano kömmt geschwind aus dem Ocean herauf, dagegen nox r. = geht unter, entflieht, ebenso dies ob. sol r. eilt; *trop.* r. in exitium, in pejus, quo ruitis = was macht ihr? B) *trop.* = zu Grunde gehen, respublica r. C) = sich überstürzen, übereilen, stürmisch und überlegt handeln: ruunt, ruere passus est; compescere ruentes. 2) *transit.* stürzen = hinstürzen, niederstürzen, hinwerfen, aliquem; imbres rr. antennas. Hiervon A) (Poet.) r. ossa et cinerem fortraffen, r. acervos zusammenraffen. B) aufwühlen, gleichsam in der Tiefe wühlend aufwerfen: venti rr. mare; mare r. arenam (während eines Sturmes); navis r. spumas salis wühlt vor sich, wirft von sich; r. nubem coelo ob. ad coelum macht emporsteigen, wälzt empor.

Rūpes, is, *f.* [rumpo?] der Fels, Felsen, die Klippe; urbs imposita rupibus; auch von Felsen im Meere.

Rūpĭlius, Name eines römischen Geschlechtes. 1) ein R. wird als Schauspieler genannt. 2) ein Arzt zu Cicero's Zeit. 3) Publius R., Consul 132 v. Chr., Freund des jüngeren Africanus, machte dem Sklavenkriege auf Sicilien ein Ende.

Ruptor, ōris, *m.* [rumpo] der Brecher = Verletzer, foederis.

Rūrĭcŏla, ae, *comm.* [rus-colo] (Poet. und Spät.) das Feld bauend ob. auf dem Lande wohnend, ländlich, boves, aratrum, Ceres; *subst.* = ein Landmann, auch von einem Stiere gebraucht.

Rūrĭgĕna, ae, *m.* [rus-gigno] (Poet.) auf dem Lande geboren, Landmann.

Rūro, 1. [rus] (*Pl.*) = rusticor.

Rursus ob. (meist Vorklaff.) -sum, [= revorsus von reverto] 1) (Vorklaff.) rückwärts, zurück, r. prorsum cursare hin und her laufen. 2) wieder, von Neuem (vgl. iterum) aliquid facere. 3) zur Bezeichnung eines Gegensatzes, dagegen, andererseits, umgekehrt, im Gegentheil: ut illae etc., sic hae r. etc.; necesse erit cupere et optare, r. autem angi et dolere; is salutat: saluta hunc r. meis verbis.

Rus, rūris, *n.* 1) das Land, im Gegensatze zur Hauptstadt (vgl. ager), das Feld, Landgut mit Allem, was dazu gehört: laudo ingentia rr. große Landbesitzungen; häufig in den Verbindungen rus ire u. tergl. aufs Land reisen, ruri esse auf dem Lande sein, rure venire vom Lande kommen (wo ein *adj.* beigefügt wird, wird rure = ruri gebraucht). 2) *trop.* zur Bezeichnung der ländlichen Einfalt, des ungeschliffenen u. bäuerischen Wesens.

Ruscĭno, ōnis, *f.* Stadt im südlichen Gallien.

Ruscum, i, *n.* der Mäusedorn.

Rusellae, ārum, *f. pl.* Stadt in Etrurien. Davon **Ruselläni**, ōrum, *m. pl.* die Einwohner von R.

Russus, adj. (Poet.) roth.

Rustĭcānus, adj. [rusticus] ländlich, das Land oder den Landmann betreffend, landmännisch (ein mehr lobender Ausdruck als rusticus) homo, vita.

Rustĭcātĭo, ōnis, f. [rusticor] der Aufenthalt auf dem Lande, das Landleben.

Rustĭcē, adv. mit comp. [rusticus] ländlich = bäuerisch, ungebildet.

Rustĭcĭtas, ātis, f. [rusticus] (Spät.) 1) die ländliche Einfalt, Einfachheit. 2) in üblem Sinne, die Ungeschicktheit, Plumpheit, das bäuerische und linkische Betragen (siehe rusticus 2.): r. est contraria urbanitati; r. verborum.

Rustĭcor, depon. 1. [rusticus] auf dem Lande sich aufhalten.

Rustĭcŭlus, adj. deminut. von rusticus.

Rustĭcus, adj. mit comp. [rus] 1) ländlich, zum Lande gehörig, Land-, vita, praedium, homo, numen. Hiervon subst. -cus, i, m. der Landmann, Bauer, und -ca, ae, f. die Bäuerin. 2) trop. linkisch, ungeschickt, unbeholfen, tölpisch (gewöhnlich zur Bezeichnung der intellectuellen Rohheit, welche die Regeln der Convenienz und der Feinheit im äußern Anstande verletzt, vgl. das härtere agrestis), homo, dicta.

Rūta, ae, f. [ῥυτή] die Raute, ein bitteres Kraut; trop. = die Unannehmlichkeit, Bitterkeit.

Ruta caesa, siehe caedo.

Rŭtābŭlum, i, n. [ruo] (Spät.) ein Werkzeug zum Auffcharren, eine Ofenkrücke.

Rŭtēni, ōrum, m. celtische Völkerschaft im westlichen Gallien.

Rŭtĭlĭus, Name eines römischen Geschlechtes. Am bekanntesten sind: 1) Publius R. Lupus, Zeitgenosse des Marius, Redner und Geschichtschreiber. 2) Publius R. Lupus, Rhetor und Grammatiker zur Zeit des Augustus u. Tiberius.

Rŭtĭlo, 1. {rutilus} 1) trans. röthlich machen, roth färben, capillos. 2) intrans. röthlich sein, gelbroth schimmern, arma.

Rŭtĭlus, adj. röthlich, gelbroth, goldgelb.

Rutrum, i, n. [ruo] ein Grabscheit, eine Schaufel.

Rŭtŭla, ae, f. deminut. von ruta.

Rŭtŭli, ōrum, m. pl. alte Völkerschaft in Latium.

Rŭtŭpĭae, ārum, f. pl. Stadt in Britannien. Davon -pīnus, adj.

S.

Sāba, ae, f. Stadt im glücklichen Arabien, berühmt durch den Weihrauch der Umgegend. Davon **Sābaeus**, adj. (Poet.) = arabisch; subst. -aei, ōrum, m. pl. die Einwohner von S.

Sabāte, es, f. Stadt in Etrurien. Davon -tīnus, adj.

Sabāzĭus, ii, m. [Σαβάζιος] 1) Beiname des Gottes Dionysos oder Bacchus. 2) Beiname des Jupiter. Davon **Sabāzĭa**, ōrum, n. pl. Fest zu Ehren des Dionysos.

Sabbāta, ōrum, n. pl. [σάββατα, rcp] der Sabbat, wöchentliche Feiertag der Juden, daher überhaupt = der Feiertag.

Sābelli, ōrum, m. pl. deminut. von Sabini, (Poet.) ältere Bezeichnung der Sabiner; Horaz nennt sich scherzhaft Sabellus, weil er ein Gut im Sabinischen besaß. Davon **Sābellĭcus** ob. **Sābellus**, adj. fabellisch, sabinisch.

Sabīni, ōrum, m. pl. altitalische Völkerschaft, Grenznachbarn der Latiner; sing. Sabinus der Sabiner. Davon **Sabīnus**, adj.; herba s. der Sabenbaum, Sadebaum, als Räucherwerk gebraucht; subst. -num, i, n. der Sabinerwein, und -na, ōrum, n. pl. das sabinische Landgut (des Horaz).

Sabīnus, i, m. römischer Familienname; am bekanntesten ist ein Dichter dieses Namens, Freund des Ovid.

Sābis, is, m. Fluß im nördlichen Gallien, jetzt Sambre.

Sabrāta, ae, f. Stadt an der Nordküste von Afrika. Davon -tensis, e, adj.

Sābŭlo, ōnis, m. ob. -lum, i, n. (Spät.) grobkörniger Sand, Kies (vgl. arena).

Sābŭlōsus, adj. [sabulo] sandig.

Sāburra, ae, f. [verw. mit sabulo] Sand ob. Kies als Ballast gebraucht.

Sābūrro, 1. [saburra] (Vorklaff. u. Spät.) ballasten, trop. mit Speise und Trank überladen, aliquem.

Sācae, ārum, m. pl. (der sing. Saces, ae. m. ein Sacer, ist selten), Nomadenvolk (ob. Nomadenvölker) im Norden des persischen Reiches.

Saccārĭus, adj. [saccus] (Spät.) zu Säcken gehörig, Sack-, navis vielleicht = mit Säcken beladen.

***Saccĭpērĭum**, ii, n. [saccus-pera] (Pl.) eine Umhängetasche für die Geldbörse.

Sacco, 1. [saccus] (Spät.) durch ein Säckchen u. dergl. durchseihen, aquam.

Saccŭlus, i, m. deminut. von saccus.

Saccus, i, m. der Sack, das Säckchen, auch zum Durchseihen; proverb. ire ad s. = den Bettelstab ergreifen.

Sācellum, i, n. [deminut. von sacrum] ein kleiner geweihter Ort, ein kleines Heiligthum, eine Capelle.

Sācer, cra, crum, adj. 1) heilig = einem Gotte geweiht ob. zu gottesdienstlichem Gebrauche bestimmt (oppos. profanus, vgl. sanctus), aedes, jus (oppos. publicum, privatum); vates s. der sich (dem Apollo) geweiht hat; quercus s. Jovi, insula illa deorum illorum sacra putatur. Hiervon A) ehrfurchtsvoll, ehrerbietig, silentium. B) (Poet.) = sanctus, ehrwürdig, was Gegenstand der Ehrfurcht ist, (Poet.) von Gottheiten, s. Vesta; insbef. (Spät.) von Allem, was zur Person des Kaisers gehörte, custos lateris sacri = kaiserlicher Trabant. 2) (weil das einem Gotte geweihte Opferthier dadurch zu

Sacerdos — Saevio

gleich dem Tode bestimmt war) A) = dem Untergange geweiht, zum Tode bestimmt, verflucht, verwünscht: so in Formeln und Gesetzen, s. esto, s. sit. B) versucht = abscheulich, verabscheut, verrucht: s. et scelestus; s. fames auri unseliger Goldburst.

Sācerdos, dōtis, m. u. f. [sacer] der Priester, Opferpriester, die Priesterin (überhaupt, vgl. flamen, pontifex), eine Person, die sich dem Dienste der Götter gewidmet hat: s. publicus, s. Cereris; s. Veneria der Venus.

Sācerdōtālis, e, adj. [sacerdos] (Spät.) priesterlich, Priester.

Sācerdōtĭum, ii, n. [sacerdos] die Priesterwürde, das Priesteramt.

Sacrāmentum, i, n. [sacro] term. t., dasjenige, wodurch man Jmd. (sich oder einen Anderen) zu Etwas verbindlich macht. 1) die Geldsumme, welche im Civilproceß jeder der Streitenden als Sicherheit niederlegen mußte, und welche die den Proceß verlierende Partei zugleich einbüßte, indem sie der Staatskasse zufiel, die Straffumme, das Haftgeld. Hiervon A) die Processführung, der gerichtliche Kampf überhaupt: ss. injusta; contendere justo s. = den Proceß gewinnen, ebenso s. meum justum judicatur. B) außerhalb der gerichtlichen Sphäre, die Wette: sacramento contendis, mea non esse du wettest. 2) ursprünglich eine vorläufige Verpflichtung zum Kriegsdienste, davon = der Fahneneid, Diensteid, Eid womit die Soldaten der Fahne Treue schwuren: obligare (rogare) milites sacramento; adigere milites sacramento und -tum in Eid nehmen, schwören lassen, ebenso dicere sacramentum und -to den Eid schwören (alicui sich eidlich zur Treue gegen Jmd. verpflichten, ihm als Beschlshaber Treue schwören); teneri sacramento zum Kriegsdienste eidlich verpflichtet sein.

*__Sacrānus__, adj. (Poet.) zu den Sacranern, einer lateinischen Völkerschaft, gehörig.

Sacrārium, ii, n. [sacer] 1) der Aufbewahrungsort für heilige Gegenstände; die Stadt Cäre, wohin bei dem gallischen Ueberfalle die römischen Heiligthümer gebracht worden waren, heißt daher s. populi Romani. 2) die Kapelle, das Bethaus.

Sacrātus, adj., siehe sacro.

Sacrĭcŏla, ae, m. [sacra-colo] (Spät.) der die sacra besorgt, der Opferdiener, Priester.

*__Sacrĭfer__, ĕra, ĕrum, adj. [sacra-fero] (Poet.) Heiligthümer tragend.

Sacrĭfĭcālis, e, adj. [sacrificium] (Spät.) zum Opfern gehörig, Opfer-.

*__Sacrĭfĭcātĭo__, ōnis, f. [sacrifico] das Opfern.

Sacrĭfĭcĭum, ii, n. [sacrum-facio] das Opfer = das Opfern (vgl. victima u. vergl.): facere, perpetrare s.; ss. publica.

Sacrĭfĭco, 1. [sacrum-facio] opfern, ein Opfer bringen, Jovi; selten mit einem accus.; s. bovem.

Sacrĭfĭcŭlus, i, m. [deminut. von sacrificus] der Opferer, Opferpriester; gewöhnlich appositionsweise rex s., siehe rex.

Sacrĭfĭcus, adj. [sacrum-facio] (Poet.) 1) zum Opfern gehörig, Opfer-, dies. 2) opfernd, rex = sacrificulus (siehe diesen Artikel).

Sacrĭlĕgĭum, ii, n. [sacra-lego] 1) der Tempelraub, die Entwendung der Heiligthümer. 2) trop. die Verletzung des Heiligen, das gottlose Verfahren.

Sacrĭlĕgus, adj. [sacra-lego] 1) tempelräuberisch, die Heiligthümer entwendend. 2) die Heiligthümer verletzend, gottlos, verrucht, dextra, lingua; ss. artes meretricum schändliche.

Sacri-portus, us, m. 1) Stadt im Volskischen unweit Rom. 2) Stadt am tarentinischen Meerbusen.

Sacro, 1. [sacer] 1) heiligen, weihen, widmen (zum Eigenthume eines Gottes machend oder doch für religiösen Gebrauch bestimmend, Etwas dem profanen Gebrauch der Menschen entziehen; vgl. dico, das mit Bezug auf eine bestimmte Gottheit gesagt wird): s. agrum, aras Jovi. Hiervon A) (Poet.) widmen = geben, bestimmen, leisten, alicui honorem. B) dem Untergange weihen, verfluchen, caput alicujus. 2) durch Weihung heilig, unverletzlich machen, weihen: s. foedus, sanctiones; leges sacratae hießen die Gesetze, auf deren Verletzung außer der bürgerlichen Strafe ein Fluch gesetzt war. Hiervon (Poet.) s. deum sede dem Gott einen Tempel weihen. 3) trop. verewigen, unsterblich = ewig berühmt machen, aliquem scriptis.

Sacrō-sanctus, adj. durch religiöse Bestimmungen für heilig und unverletzlich erklärt, tribunus plebis; trop. = hochheilig, ehrwürdig.

Sacrum, i, n. [neutr. des adj. sacer] 1) ein heiliger Gegenstand oder Ort, ein Heiligthum: s. Minervae; ss. Troia (Götterbilder, welche Aeneas mit sich führte); eripuit ss. ex domo ejus. 2) die heilige Handlung, das Opfer und bes. im plur. = der Gottesdienst, die Opferung, das religiöse Fest: ss. publica et privata; ss. Dianae; ss. gentilicia einem bestimmten Geschlechte eigen; ss. nuptialia bei einer Hochzeit. Hiervon (Pl.) proverb. inter s. (das Opfer) et saxum (das Opfermesser) = in großer Noth; hereditas sine ss. = großer Vortheil ohne Mühe, ohne Kosten, weil sonst die mit der Uebernahme einer Erbschaft gewöhnlich folgende Verpflichtung zur Unterhaltung der sacra gentilicia oft die Nothwendigkeit großer Kosten herbeiführte. Hiervon (Poet. und Spät.) = die Geheimnisse, Mysterien.

Saecŭlum etc., s. S. für seculum etc.

Saepe, adv. mit comp. u. sup. oft, zu wiederholten Malen (ganz unbestimmt, oppos. semel, vgl. crebro u. frequenter): s. et multum cogitavi; bisweilen in unveränderter Bedeutung mit numero (an der Zahl) verbunden, und dieses bisweilen verbunden geschrieben Saepenumero.

Saepes, s. S. für Sepes.

*__Saepiŏŭle__ ob. __Saepiusŏŭle__, adv. (Pl.) deminut. von saepe.

Saeve, adv. mit comp. u. sup. [saevus] (Poet. u. Spät.) wüthend, heftig, grausam.

*__Saevĭdĭcus__, adj. [saevus-dico] (Com.) grimmig redend.

Saevĭo, 4. wüthen, toben, heftig und wild sein und sich betragen: s. in aliquem jmd. grausam und mit wüthender Heftigkeit behandeln; (Poet.) s. facere aliquid mit wüthender Heftigkeit Etwas zu thun verlangen, vulgus s. animis ist in den Gemüthern heftig erregt; (Poet.) trop. mare, ventus s. ist heftig erregt, dolor s. in praecordiis.

Saevĭter, adv. [saevus] (Vorklass.) == saeve.

Saevĭtia, ae, f. u. (Spät.) -ties, ei, f. [saevus] die tobende Wuth, die Heftigkeit, Wildheit, davon die Grausamkeit, Härte, Strenge: s. hostium, Appii, (Poet.) s. maris u. bergi.

Saevus, adj. mit comp. u. sup. (häufig Poet.) tobend, heftig, wild, wüthend, davon grausam, barsch, strenge, hart, leo, procella, mare aufgeregt; s. tyrannus, uxor, minae; sidus s. Stürme herbeiführend; auch ohne allgemeine tadelnde Bedeutung, s. Hector der tapfere, im Kampfe heftige, tridens Neptuni der gewaltige, keinen Widerstand vertragende; (Poet.) s. ängere im Erdichten.

Saga, ae, f., siehe sagus.

Sagācĭtas, ātis, f.[sagax] 1) die Schärfe und Empfindsamkeit der Sinne, insbef. die Spürkraft der Hunde. 2) trop. die Schärfe des geistigen Sinnes, der Scharfsinn, Scharfblick, die Klugheit.

Sagācĭter, adv. (sagax) 1) von den Sinnen, scharf, odorari. 2) vom Verstande, genau, gründlich.

Sagāna, ae, f. == saga, nur als nom. propr., Name einer Zauberin.

Sagāris, is, m. od. **Sangārius**, ii, m. [Σαγγάριος] Fluß in Bithynien und Phrygien. Davon **-rītis**, idis, f. adj.

Sagātus, adj. [sagum] mit einem Kriegsmantel (sagum) bekleidet.

Sagax, ācis, adj. mit comp. u. sup. [sagio] 1) mit den Sinnen scharf empfindend, von scharfen Sinnen, anser scharf hörend; insbef. vom scharfen Geruche, canis s. der Spürhund. 2) geistig scharf empfindend, scharfsinnig, scharfsichtig, klug, mens, ingenium; s. ad suspicandum, in conjecturis im Errathen, auch mit bloßem abl. s. rimandis offensis im Auffpüren von Beleidigungen; (Poet.) s. rerum utilium im Ausfindigmachen des Nützlichen, prodigiorum der Wahrzeichen kundig; s. videre im Sehen.

Sagīna, ae, f. 1) abstr. die Fütterung bis zum Fettwerden, die Mästung, anserum; trop. in saginam se conjicere ad aliquem sich an jmd. halten, um von ihm gemästet (unterhalten) zu werden, und so überhaupt == die Unterhaltung, Nahrung. 2) concr. die Fütterung == das Futter, Essen, womit ein Thier gemästet wird. Hiervon, von Menschen, == reichliche Nahrung, gute Kost, s. gladiatoria. 3) (Spät.) die Fettigkeit, das Fett. 4) (Pl.) das gemästete Thier, caedere s.

Sagīno, 1. mästen, fett machen, boves. Davon reichlich nähren, füttern, zu essen geben, aliquem.

*****Sagio**, — 4. scharf empfinden, spüren, wittern.

Sagĭtta, ae, f. der Pfeil; auch als Gestirn.

Sagittārĭus, ii, m. [sagitta] der Bogenschütze; auch als Gestirn.

Sagittĭfer, ĕra, ĕrum, adj. [sagitta-fero] (Poet.) Pfeile tragend, pharetra, Parthi.

*****Sagitti-pŏtens**, tis, adj. (Poet.) == sagittarius, das Gestirn des Schützen.

Sagitto, 1. [sagitta] (Spät.) mit Pfeilen schießen.

Sagmĭna, um, n. pl. heilige Grasbüschel od. Kräuter, die, an einer gewissen Stelle der Burg zu Rom gepflückt, von den Fetialen und Anderen gebraucht wurden, namentlich zur Bezeichnung der Heiligkeit und Unverletzlichkeit ihrer Personen.

Sagŭlum, i, n. deminut. von sagum.

Sagum, i, n. ein dickzeugiger Mantel, insbef. ein Kriegsmantel; daher sumere s., ire ad ss. zu den Waffen greifen, in den Krieg gehen (doch auch von den in Rom zurückbleibenden Bürgern, als Zeichen, daß der Staat Krieg führte); esse in sagis unter Waffen sein.

Sagŭntum, i, n. und **-tus**, i, f. Stadt im nordöstlichen Spanien, mit den Römern verbunden, von Hannibal im Anfange des zweiten punischen Krieges erobert. Davon **-tĭnus**, adj. und subst. **-ni**, ōrum, m. pl. die Einwohner von S.

Sagus, adj. [sagio?] wahrsagend, prophetisch, fast nur als subst. **Saga**, ae, f. die Wahrsagerin.

Sais, is, f. [Σάϊς] alte Hauptstadt Unterägyptens. Davon **Saïtae**, ārum, m. pl. die Einwohner von S.

Sal, ălis, m. (Vorklass. und Spät. auch n.) (verw. mit ἅλς) 1) das Salz, bisweilen auch im plur. Hiervon (Poet.) == Salzwasser, das Meer, s. Tyrrhenum. 2) trop. A) == der Witz, Verstand, die Klugheit, und bes. == der Witz in Reden und Scherzen der Humor, die Laune, der feine und witzige Scherz oder Spott: lepos et s., humanitas et s.; s. niger bitterer u. boshafter Spott. B) der Geschmack, die Artigkeit, Feinheit: tectum habet plus salis quam sumptus; nihil salis in corpore.

Salăcĭa, ae, f. [salum-cieo?] eine Meergöttin, die griechische Tethys, Gemahlin des Oceanus.

*****Salăco**, ōnis, m. [σαλάκων] (zweifelh.) der Großprahler, Aufschneider.

Salămis, ĭnis (Spät. auch **-mīna**, ae), f. [Σαλαμίς] 1) Insel und Stadt in dem saronischen Meerbusen, bekannt auch durch die Seeschlacht um das Jahr 480 v. Chr. 2) Stadt auf Cypern, vom Teucer erbaut und nach der Insel S. benannt. Davon **-mĭnĭus**, adj. und subst. **-mĭnii**, ōrum, m. pl. die Bewohner von S. (sowohl Nr. 1. als Nr. 2.).

Salăpĭa, ae, f. Stadt in Apulien. Davon **-pĭni**, oder **pĭtāni**, ōrum, m. pl. die Einwohner von S.

Salăpūtĭum, ii, n. (Poet.) spöttische Bezeichnung eines kleinen Menschen, Zwerglein.

Salārĭus, adj. [sal] zum Salz gehörig. Salz-, annona das jährliche Einkommen aus dem Salze. Hiervon (Spät.) subst. **Salārĭum**, ii, n. eigtl. die Ration an Salz, welche beim Heere jeder Soldat und Officier, sowie Magistratspersonen in der Provinz und auf Reisen erhielten, dann, als statt solcher Ration Geld gegeben wurde, der Gehalt, Sold, das Honorar, Tractament.

Salax, ācis, *adj.* [salio] (Poet.) 1) geil. 2) geil machend.

Salebra, ae, *f.* (meist im *plur.*) [salio] die unebene u. holperige Stelle des Weges, viae. Hiervon *trop.* A) = die Schwierigkeit, der „Knoten". B) zur Bezeichnung der Unebenheit, Härte und Rauhigkeit der Rede.

Salebrōsus, *adj.* [salebra] (Poet. u. Spät.) holperig, uneben; *trop.* von der Rede = rauh, holperig, unzusammenhängend.

Salentīni (oder **Sallentīni**), ōrum, *m. pl.* Völkerschaft in Calabrien. Davon -tīnus, *adj.*

Salernum, i, *n.* Küstenstadt an der Westseite Unteritaliens, jetzt Salerno.

*****Saliātus**, us, *m.* [Salii] (zweifelh.) die Würde eines salischen Priesters.

Salictum, i, *n.* [statt salicetum aus salix] das Weidengebüsch.

Salignus oder **-gneus**, *adj.* [salix] aus Weidenholz. Weiden-.

Salii, ōrum, *m. pl.* [salio] eigtl. die „Hüpfenden", ein von Numa eingerichtetes Collegium von zwölf (später vierundzwanzig) Priestern des Mars: im Anfange des März zogen sie singend mit Waffentanz u. s. w. durch die Stadt. Dav. **Saliāris**, e, *adj.*; weil bei jenem Feste prächtige Gastmähler gegeben wurden, ist s. = prächtig, üppig, dapes.

Salillum, i, *n.* (Poet.) *deminut.* von salinum; *trop.* = ein kleines Bischen.

Salinātor, ōris, *m.* [salinus] der „Salzhändler" römischer Beiname.

Salīnus, *adj.* [sal] zum Salz gehörig, wird nur als *subst.* gebraucht. A) -nae, ārum, *f. pl.* die Salzgrube, das Salzwerk: insbes. = ss. Romanae die Salzgruben bei Ostia. B) -num, i, *n.* das Salzfaß.

Salio, 4. [sal] (Vorklaff.) salzen, piscem.

Salio, lui od. (selten) lii, — 4. springen, hüpfen, de muro, in aquas, super vallum; grando s. in tectis; aqua s. fließt oder springt herab, dagegen **salientes** sc. aquae = ein Springbrunnen; mica (sal) saliens des Opfersalz, das in das Feuer geworfen, in die Höhe emporspringt (ein glückliches Wahrzeichen); vena, cor s. schlägt.

*****Salisubsŭlus**, i, *m.* [Salius-subsilio] (Poet.) scherzhaft gebildetes Wort, der hüpfende Marspriester.

Saliunca, ae, *f.* die wilde Narde, eine wohlriechende Pflanze.

Saliva, ae, *f.* der Speichel im Munde (vgl. sputum); daher überhaupt der Schleim (der Schnecken u. dergl.); (Spät.) res mihi salivam movet macht mir den Mund wässerig, erregt meine Begierde.

Salix, ĭcis, *f.* der Weidenbaum.

Sallustius, Name eines römischen Geschlechtes. 1) Cajus S. Crispus, berühmter Geschichtschreiber, Zeitgenosse des Cicero. 2) S. Crispus, Großneffe des Ersten, Freund des Augustus, bekannt durch seine Reichthümer. Dav. **-stiānus**, *adj.* und *subst.* = ein Nachahmer des Geschichtschreibers S.

Sallŭvii, ōrum, *m. pl.* Volk im südöstlichen Gallien, um die Mündung der Rhone.

Salmăcis, ĭdis, *f.* [Σαλμακίς] eine Quelle in Carien, welche Leute, die sich in ihr badeten, verweichlichte; personificirt = die Nymphe jener Quelle; *trop.* zur Bezeichnung eines Weichlings, Feiglings.

Salmo, ōnis, *m.* der Lachs.

Salmōneus, ei, *m.* [Σαλμωνεύς] Sohn des Aeolus, König in Elis; er wollte sich dem Zeus gleichstellen und den Blitz und Donner nachahmen, wurde aber vom Zeus erschlagen.

Salōna, ae, *f.* oder **-nae**, ārum, *f. pl.* Stadt in Dalmatien.

Salsāmentārius, ii, *m.* [salsamentum] der Salzfischhändler.

Salsāmentum, i, *n.* [salsus] 1) die Fischlake. 2) der eingesalzene Fisch. Salzfisch.

Salse, *adv.* mit *comp.* u. *sup.* [salsus] nur *trop.*, witzig, launig.

*****Salsi-pŏtens**, tis, *adj.* (Pl.) das Meer beherrschend.

Salsūra, ae, *f.* [salsus] (Vorklaff. u. Spät.) die Einsalzung, Marintrung; *trop.* s. evenit animae meae = ich bin mißmuthig.

Salsus, *adj.* mit *comp.* und *sup.* [salio 1.] 1) salzig, gesalzen, mare, aqua, lacrimae; mola s. oder (Poet.) farra ss. siehe mola. 2) *trop.* witzig launig, humoristisch, satirisch: multa salsa manche witzige Einfälle; de eo negotia ss. damit ist es eine lustige Geschichte.

Saltātio, ōnis, *f.* und **-tātus**, us, *m.* das Tanzen, der Tanz (siehe salto).

Saltātor, ōris, *m.* und **-trix**, icis, *f.* [salto] der Tänzer, die Tänzerin (immer mit verächtlichem Nebenbegriffe, siehe salto).

Saltātōrius, *adj.* [saltator] zum Tanzen gehörig, Tanz-, orbis.

Saltātus, us, *m.* [salto] (selten) der Tanz.

Saltem, *adv.* wenigstens, zum Wenigsten, eripe mihi hunc dolorem aut minue s.; (Pl.) quis sum s. si non sum S. wer bin ich denn eigentlich? Bisweilen steht es mit einer Negation verbunden zur Bezeichnung dessen, was doch wenigstens als Statt findend angenommen werden mußte, = auch nicht, nicht einmal: non deorum s. si non hominum memores estis gedenkt ihr denn nicht einmal der Götter?

Saltĭto, 1. [salto] (Spät.) = ein verstärktes salto.

Salto, 1. [salio 2.] tanzen; da aber der Tanz bei den Alten nie, wie bei uns, ein bloßes geselliges Vergnügen war, sondern auf eine künstlerische Darstellung gewisser Gefühle, Affecte u. s. w., bes. der sinnlichen Liebe und Lust, berechnet war, so bedeutet der „Tanz" bei den Alten eine taktmäßige, von ausdrucksvollen Geberden und Körperbewegungen begleitete mimische Darstellung, wie in unseren Balletten, fast immer, der Ungebundenheit der Sitten zufolge, ein Gepräge der Ausgelassenheit und der unverhüllten Sinnlichkeit tragend, weßhalb das Tanzen, wo von freigeborenen Römern die Rede ist, immer als etwas Unanständiges und Beschimpfendes erwähnt wird; nemo s. sobrius. Hiervon A) *transit.* = tanzend und gesticulirend darstellen, Cyclopa. B) *trop.* scriptor s. = gebraucht kurze und zerhackte Sätze, so daß sein Stil gleichsam hüpfend und ungleichmäßig wird.

Saltuōsus, *adj.* [saltus 2.] gebirgig und waldreich.

Saltus, us, m. [salio] der Sprung; (Poet.) saltu corpora ad terram mittere herabspringen; saltum dare einen Sprung machen.

Saltus, us, m. 1) die waldige Gebirgsgegend, das Waldgebirge, ein gewöhnlich zum Weiden benutzter waldiger und bergiger Landstrich. Hiervon überhaupt A) das Gebirge, as. Pyrenaei; s. Thermopylarum Bergschlucht. B) die Weide, Viehtrift.

Sălūbris (selten -ber), bre, *adj.* [salus] 1) gesund = der Gesundheit zuträglich, -heilsam, -dienlich (*oppos.* pestilens, vgl. salutaris), locus, annus s. in welchem keine Krankheit herrscht, victus stärkend. 2) (selten) = sanus, gesund, heil, kräftig, corpus. 3) (selten) = salutaris, heilsam, tauglich, nützlich, sententia, consilium.

Sălūbrĭtās, ātis, *f.* [saluber] die Gesundheit. A) die Gesundheit bringende Beschaffenheit, die Heilsamkeit für den Körper, loci, coeli. B) = der gesunde Zustand, das Wohlsein, corporis.

Sălūbrĭter, *adv.* mit *comp.* u. *sup.* (salubris) 1) heilsam, auf heilbringende Weise. 2) nützlich, vortheilhaft.

Sălum, i, *n.* 1) die unruhige Bewegung des Meeres und das dadurch bewirkte Schwanken des Schiffes: salo nauseâque confecti. 2) das offene Meer (im Gegensatze zu der Küste und dem Hafen), die hohe See: classis stat in s. 2) (Poet.) das Meer überhaupt.

Sălūs, ūtis, *f.* [verwandt mit salvus] 1) der wohlbehaltene und unverletzte Zustand: A) das Wohlsein, Wohlbefinden, die Gesundheit: medicinâ aliquem ad s. reducere Jmd. heilen; (Vorklass.) mater rediit suâ et familiae salute maxima in besten Wohlsein; B) die Wohlfahrt, das Wohl, Glück, cum s. alicujus zu Jmds Wohl; salus civitatis nititur in te. Häufig insbef. = das bürgerliche Wohl Jmds, die bürgerliche Stellung und Existenz; restituere exsui salutem. C) = Leben. D) wo von einer Gefahr u. dergl. die Rede ist, die Rettung: ferre alicui salutem Jmd. retten, fugâ salutem petere. e) (*Pl.*) als Liebkosungswort, mea s. mein Heil! mein Engel! 2) das Wohlsein, das man Jmd. wünscht, der Gruß: ascribere, nuntiare, dicere, dare alicui salutem Jmd. schriftlich ob. mündlich grüßen, nomine (verbis) alicujus von Jmd., in Jmds Namen. Hiervon salutem dicere (ferre) rei alicui = einer Sache den Abschied geben, ihr entsagen.

Sălūtāris, e, *adj.* mit *comp.* [salus] heilsam, zuträglich, ersprießlich (*oppos.* pestifer, vgl. saluber), res, consilium; cultura agrorum hominum generi salutaris est; litera s. = A als Abkürzung statt absolvo auf den Stimmtafeln der Richter; (Spät.) digitas s. der Zeigefinger.

Sălūtārĭter, *adv.* [salutaris] zuträglich, dienlich.

Sălūtātĭo, ōnis, *f.* [saluto] 1) das Grüßen, die Begrüßung. 2) insbes. die Begrüßung Jmds in seinem Hause, die Aufwartung, Cour (siehe saluto).

Sălūtātor, ōris, *m.* [saluto] (Spät.) der Begrüßer, insbes. der einem Vornehmen seine Aufwartung machende, siehe saluto.

Sălūtātrix, īcis, *f.* [saluto] (Spät.) die Aufwartungs-, Cour machende, turba (siehe saluto).

Sălūtĭfer, ĕra, ĕrum, *adj.* [salus-fero] (Poet.) = salutaris.

*****Sălūtĭgĕrŭlus,** *adj.* [salus-gero] (*Pl.*) einen Gruß bringend.

Sălūto, 1. [salus] 1) grüßen, begrüßen, aliquem; s. aliquem alicujus verbis von Jmd. Insbef. a. aliquem dominum als Herrn begrüßen, Herrn nennen, imperatorem ihm den Ehrennamen imp. beilegen, als imp. ausrufen. 2) Jmd. besuchend begrüßen: A) s. deum in den Tempel eines Gottes hineingehen, um ihn dort zu verehren. B) häufig von Clienten und Freunden, die nach römischer Sitte des Morgens im Vorgemache ihres mächtigen Gönners (Patrons) sich einfanden, um ihm ihren Morgengruß abzustatten und überhaupt ihm ihre Aufwartungs-, Cour zu machen; selten von demjenigen, der solche Besuche empfängt. C) (*Pl.*) beim Abschied grüßen, ein Lebewohl sagen.

Salve, *adverbium.* [salvus] im Wohlsein, im Wohlergehen: satin' salve steht Alles gut? s. ago ich befinde mich wohl, s. advenio komme wohlbehalten.

Salveo, — 2. [salvus] gesund sein: sich wohl befinden, wohlbehalten sein: gebräuchlich (außer einmal in einem Wortspiele nur A) im *imperat.* salve, als Begrüßungswort, wenn man Jmd. sieht, guten Tag! Gott grüße dich! willkommen; (selten) beim Abschiednehmen = vale lebe wohl! Insbef. von einer Gottheit ob. dergl., Heil dir! B) im *infin.* in der Verbindung mit jubeo: jubeo te salvere (= salve) ich grüße dich! guten Tag! Dionysium velim salvere jubeas ich bitte ihn, den D. zu grüßen; denn salvere [eum] jubent sie grüßen ihn als den Gott. C) bei schriftlicher Begrüßung, im *fut.*: salvebis a Cicerone meo du wirst gegrüßt von meinem C.

Salvus, *adj.* heil, wohlbehalten, unverletzt, noch am Leben, gerettet, (*oppos.* perditus u. dergl.), respublica, filia, cives; epistola s. nicht zerrissen, noch ganz, signum nicht gebrochen; häufig im *abl. abs.*: me salvo so lange ich lebe, salvo jure amicitiae ohne — zu verletzen, re salvâ als (ich) noch Geld hatte, rebus salvis als die Lage des Staates noch ungestört war, während die Republik noch stand; res salva est oder *plur.* res salvae sunt Alles steht gut, ebenso satin' salvae (sc. res sunt)? steht Alles wohl?

Sămārĭa, ae, *f.* Landschaft in Palästina. Davon -rītes, ae, *m.* ein Bewohner von S.

Sămărobrīva, ae, *f.* Stadt im nördlichen Gallien, jetzt Amiens.

Sambūca, ae, *f.* [σαμβύκη] (Spät.) eine Art Harfe.

*****Sambūcĭna, ae,** *f.* (*Pl.*) und **-cistria, ae,** *f.* [sambuca] die eine sambuca spielt, die Harfenspielerin.

Sāmē, es, *f.* [Σάμη] früherer Name der ionischen Insel Cephalonia mit einer gleichnamigen Hauptstadt (nach Anderen eine Insel neben Cephalonia). Davon **Sāmaei, ōrum,** *m. pl.* die Bewohner von S.

Samnium, ii, *n.* ein von den Apenninen

Samos — **Sanguinolentus** 669

durchzogenes Bergland, nördlich von Campanien bis an das adriatische Meer. Davon **Samnis, ītis**, *adj.* und *subst.* a) = der Samniter. b) = der wie ein Samniter bewaffnete Gladiator. Hiervon **Samnitĭcus**, *adj.*

Sămos oder **-mus, i,** *f.* [Σάμος] 1) Insel an der Küste Joniens, Geburtsort des Pythagoras u. A., Hauptsitz des Cultus der Juno, mit einer gleichnamigen Hauptstadt. Davon **Sămĭus**, *adj.*, terra S. das der Insel S. gehörige und ihr gegenüberliegende Gebiet auf der Küste; *subst.* -mii, ōrum, *m. pl.* die Einwohner von S. 2) Nebenform von Săme, was man sehe.

Sămŏthrāce, es (oder **-ca, ae,** u. **-cia, ae),** *f.* [Σαμοθρᾴκη] Insel des ägäischen Meeres an der Küste Thraciens, berühmt durch den mystischen Cabirendienst, mit einer gleichnamigen Hauptstadt. Davon **-thrācius**, *adj.* u. **-thrāces, cum,** *m. pl.* die Bewohner von S.

Sampsĭcĕrāmus, i, *m.* ein kleiner König in Emesa, den Pompejus überwand, daher scherzhaft von Pompejus selbst.

Sānăbĭlis, e, *adj.* mit comp. [sano] heilbar.

Sānātĭo, ōnis, *f.* [sano] die Heilung, *trop.* malorum.

Sancaptis, ĭdis, *f.* (Pl.) erdichteter Pflanzenname.

Sancĭo, nxi, nctum ob. **ncītum,** 4. 1) heilig = unverbrüchlich und unverletzlich machen, -erklären, d. h. ein Gesetz, einen Vertrag u. dergl. als heilig und unverbrüchlich festsetzen, -verordnen: s. legem und s. aliquid lege oder in lege; s. foedera schließen; s. ut (ne) aliquid fiat, auch s. omnes esse liberos daß Alle frei sein sollen; gravi documento s. ne etc. ein strenges Beispiel statuirend die Leute von — abschrecken; s. digna scelere alicujus = als Senator für Etwas (als Strafe) stimmen, das dem Verbrechen Jmds entspricht, eine dem Verbrechen entsprechende Strafe votiren. Hiervon A) = verbieten: s. aliquid capite unter Androhung der Todesstrafe, exsecrationibus Verwünschungen an die Uebertretung des Verbotes knüpfend. B) = strafen, s. incestum supplicio. 2) unwiderruflich bekräftigen, bestätigen, gültig erklären, aliquid jurejurando; s. acta Caesaris; s. disciplinam militarem bewahren, behaupten; s. agros lege den Besitz der Aecker durch ein Gesetz bestätigen; s. aliquem augurem als Augur bestätigen.

Sancte, *adv.* mit comp. u. sup. [sanctus] heilig, mit heiliger Scheu, unverbrüchlich, jurare, deos colere; davon gewissenhaft, unsträflich, keusch, sittlich u. dergl.

Sanctĭmōnĭa, ae, *f.* [sanctus] (selten) = sanctitas.

Sanctĭo, ōnis, *f.* [sancio] die geschärfte und feierliche Verordnung, der Haupt- u. Strafartikel eines Gesetzes, die Clausel, der besondere Artikel bei einem Vertrage: ferre, sancīre s.; recitare legum s. poenamque; irritae ss.

Sanctĭtas, ātis, *f.* [sanctus] 1) die Heiligkeit, Unverletzlichkeit, Ehrwürdigkeit, templi, regum. 2) die Frömmigkeit, sittliche Reinheit, der unbescholtene und unsträf-

liche Wandel, die Keuschheit, Rechtschaffenheit u. s. w.

*****Sanctor, ōris,** *m.* [sancio] (Tac.) der Verordner, Festsetzer, legum.

Sanctus, *adj.* mit comp. und sup. [eigtl. particip. von sancio] 1) heilig, unverbrüchlich, unverletzlich, daher ehrwürdig, was einem Gesetze, Herkommen oder bes. einer Weihung zufolge nicht verletzt oder angegriffen werden darf (vgl. sacer); s. societas, fides, jusjurandum; ss. ignes das Opferfeuer; s. Osiris, deus, göttlich, heilig; sanctissimum orbis consilium von dem römischen Senate; vates s. die Sibylla; animal sanctius ein erhabeneres Geschöpf (von dem Menschen im Gegensatze zu den Thieren). 2) übertr., würdig der Ehrfurcht Anderer, gottgefällig, fromm, unsträflich, tugendhaft, vir, mores; insbes. uxor, virgo keusch.

Sancus, i, *m.* auch Semo (oder Semo S.) genannt, eine sabinische Gottheit, frühzeitig theils mit dem Ζεὺς Πίστιος, Deus Fidius (siehe diesen Artikel), theils mit dem Hercules identificirt.

Sandālĭārĭus, *adj.* [sandalium] (Spät.) zu den Sandalen gehörig, Sandalen-; Apollo s. eine in der Sandalengasse (vicus s., Gasse der Sandalenmacher) stehende Statue des A.

*****Sandālĭgĕrŭla, ae,** *f.* [sandalium-gero] (Pl.) die Sandalenträgerin, Sklavin, die der Herrin ihre Sandalen nachträgt.

Sandălĭum, ii, *n.* [σανδάλιον] (Vorklass.) die Sandale, Sohle.

Sandăpĭla, ae, *f.* (Spät.) die Todtenbahre, für gemeine Leute (denn die Vornehmeren wurden in einer Sänfte, lectica, getragen).

Sandix (od. **-dyx), ĭcis,** *f.* der Mennig oder eine ihm ähnliche rothe Farbe.

Sāne, *adv.* mit comp. [sanus] 1) (selten, Poet.) vernünftig, auf verständige Weise, amare, bacchari. 2) bekräftigend, fürwahr, in der That: ager s. major; s. vellem etc.; s. ego illum metuo. Hiervon steigernd = ganz, durchaus, s. bene, s. brevi, bes. mit anderen bekräftigenden Partikeln verbunden (s. quidem, s. hercule); insbes. s. quam überaus, sehr. 3) ironisch, freilich, allerdings, s. queritur vicus etc. 4) einräumend, immerhin, meinetwegen, pereant s.; sint s. ista falsa. Ebenso bei Imperativen verstärkend, nur immerhin, doch nur, abi s., ite s., cedo s.

Sanguālis, = sanqualis.

Sanguen, ĭnis, *n.* (Vorklass.) = sanguis.

Sanguĭnārĭus, *adj.* [sanguis] blutgierig, blutdürstig, juventus, bellum blutig.

Sanguĭneus, *adj.* [sanguis] 1) blutig = aus Blut bestehend: liquor s. = Blut, imber s. Blutregen. 2) (Poet.) blutig = blutbefleckt, caput, hasta, manus. Hierv. (Poet.) blutroth, luna. 3) *trop.* blutig = blutgierig oder Blutvergießen herbeiführend, Mavors, rixa, bellum.

Sanguĭno, 1. [sanguis] (Spät.) eigtl. bluten, von Blut triefen, davon *trop.* blutgierig sein.

Sanguĭnŏlentus, *adj.* [sanguis] 1) blutig, blutbefleckt, pectora, palma. Hiervon *trop.* litera s. verletzend, centesimae ss. harte,

"Jmb. das Blut aus den Adern saugende", Interessen. 2) (Poet.) blutroth, color.

Sanguis, ĭnis, m. 1) das Blut, wie es in den Adern, als Bedingung des Lebens und der Lebenskraft, ist (vgl. cruor): fundere, effundere s. Blut vergießen, cohibere zurückhalten; mittere s. zur Ader lassen, auch *trop.* sanguinem mittere (provinciae) die Provinz aussaugen. Häufig = Blutvergießen: usque ad s. incitari; s. civilis; multus s. ac vulnera viele Getödtete und Verwundete; facere s. Blutvergießen anrichten; bellum oritur ab ejus s. von seiner Ermordung. 2) *trop.* A) = die Kraft, Stärke, Lebensfrische, oder der Kern, das innere Mark einer Sache: s. civitatis, orationis, aerarii (das „Herzblut"); insbes. vom Redner oder der Rede. B) die Verwandtschaft, der Stamm, das Geschlecht: s. Transalpinus bei den Völkern jenseits der Alpen; sanguine conjunctus blutsverwandt, attingere aliquem sanguine mit Jmd. verwandt sein; s. Trojanus. C) (Poet.) der Abkömmling, das Kind, s. deorum. D) (Poet.) der Saft der Pflanzen.

Sănies, ei, *f.* 1) verdorbenes Blut, eitrige Säfte im Körper, die noch nicht in weißen und zähen Eiter (pus) übergegangene Jauche, Wundjauche: eructare s. aufspeien (vom Polyphem, nachdem er die Gefährten des Ulysses gefressen hatte). 2) (Poet.) jede ähnliche Flüssigkeit, das Gift, der Geifer: s. serpentium, Cerberi.

Sānĭtas, ātis, *f.* [sanus] 1) (selten) die Gesundheit des Körpers, der gesunde Zustand (vgl. salubritas). 2) der gesunde Zustand der Seele im Gegensatze zu leidenschaftlicher Erregung und Uebereilung, die Verständigkeit, Vernünftigkeit, Besonnenheit, das besonnene und ruhige Verfahren u. dergl.: redire (reverti) ad s., ebenso reducere (revocare) aliquem ad s. wieder zur Vernunft bringen. 3) *trop.* von dem Redner oder der Rede, die Nüchternheit und Besonnenheit, die ruhige und besonnene Sprache, sowohl wahre und richtige Gedanken als correcter Ausdruck. 4) (Tac.) s. victoriae = Beständigkeit oder Vollständigkeit.

Sanna, ae, *f.* (spät., Poet.) die zur Verspottung dienende, auf komische Weise nachahmende Grimasse.

Sannio, ōnis, m. [sanna] der Grimassenschneider, Hanswurst, siehe sanna.

Sāno, 1. [sanus] heilen, gesund machen, aliquem, vomicam, vulnera. Häufig *trop.* s. homines, mentes, voluntates hominum verbessern, wieder zur Vernunft bringen; epistolae tuae me ss. haben mich beruhigt; s. discordiam dämpfen; insbes. = wieder gut machen, ersetzen, detrimentum.

Sanquālis, e, *adj.* [Sancus] zum Gotte Sancus gehörig: daher als *subst. sc.* avis ein jenem Gotte geheiligter Vogel, sonst ossifragus (der Beinbrecher) genannt.

Santŏnes, num oder -nī, ōrum, m. *pl.* Völkerschaft im westlichen Gallien, in der jetzigen Landschaft Saintonge. Davon -tŏnĭcus, *adj.*

Sānus, *adj.* mit comp. und sup. 1) vom Körper, gesund, heil (es bezeichnet die Gesundheit als Wohlbefinden, vgl. validus; vgl. auch saluber): s. homo, corpus; *trop.* respublica s. in gesundem Zustande, navis s. unverletzt; vox s. ohne Fehler; s. ab vitiis frei von Fehlern (Poet.); vulnera redierunt ad sanum sind geheilt worden. 2) von der Seele, vernünftig, verständig, klug, homo, mens; (*Pl.*) sanus mentis geistig gesund, bei gesundem Verstande; mens sana gesunder Verstand, Besonnenheit, Vernunft, vix sanae mentis es du bist nicht recht bei Verstande, ebenso satin' sanus (es) bist du recht klug, recht bei Verstande? male s. = wahnsinnig, von wüthender Leidenschaft hingerissen, rasend, Dido, und poetae male ss. begeistert (von der Gottheit ergriffen, daher nicht ihrer selbst mächtig, sondern in Ekstase versetzt); homines ss. = wohlgesinnte (oppos. insani wüthende, heftige); von der Rede und dem Redner = nüchtern, besonnen.

Sāpa, ae, *f.* Mostsaft, dick gekochter Most.

Săpaei, ōrum, m. *pl.* [Σαπαῖοι] thrakische Völkerschaft an der Propontis.

Săpĭens, tis, *adj.* mit *comp.* und *sup.* [*particip.* von sapio] weise, davon (meist Poet.) weniger bestimmt = klug, einsichtsvoll, verständig, homo, vita, excusatio; (Spät.) s. rei alicujus eine Sache kennend; häufig *subst.* = ein Weiser, insbes. ein Philosoph.

Săpĭenter, *adv.* mit *comp.* und *sup.* [sapiens] weise, davon einsichtsvoll, klug, verständig.

Săpĭentĭa, ae, *f.* [sapiens] die Weisheit, davon weniger bestimmt = die Einsicht, Klugheit, Vernünftigkeit od. = die Kenntniß, insbes. = die Lebensweisheit, Philosophie; s. rerum ceterarum in der Uebrigen, constituenda civitatis in der Einrichtung eines Staates.

Săpĭenti-pŏtens, tis, *adj.* (alt. Poet.) mächtig an Weisheit.

Săpĭo (pīvi oder pii zweifelh.), — 3. 1) von Sachen, A) schmecken = einen gewissen Geschmack haben, bene, male. B) mit *accus.* der Sache, wonach Etwas schmeckt, mel s. herbam illam. C) (sehr selten) vom Geruche, nach Etwas riechen, s. hircum; unguenta ss. terram. Hiervon *trop.* (Poet.) = ähnlich sein, patruos. 2) schmecken = durch den Geschmack empfinden, palatum s. Hiervon *trop.* vom geistigen Geschmack, A) verständig, klug sein, Einsicht haben: is s. plus quam ceteri hat mehr Einsicht; nihil sapis du bist unverständig, einfältig, nil parvum sapis du bist nicht wenig weise, aliquid sapio habe einigen Verstand, (Poet.): s. ad rem mit Bezug auf eine Sache. B) (Poet.) *transit.* verstehen, rem aliquam.

Săpor, ōris, m. [sapio] 1) der Geschmack, den eine Sache hat, die Eigenschaft irgendwie od. nach irgend Etwas zu schmecken (vgl. gustatus): s. gratus, dulcis. Hiervon *trop.* A) s. vernaculus inländisches Gepräge, vaterländischer Anstrich. B) (Poet.) was einen guten Geschmack hat, die Leckerei, delicate Speise. 2) der Geschmack = das Vermögen zu schmecken, der Geschmack, den ein Mensch an Etwas hat; *trop.* = Verstand, Urtheilskraft.

Sappho, us, *f.* [Σαπφώ] lyrische Dichterin aus Mitylene auf Lesbos. Davon **Sapphĭcus**, *adj.* Musa S. = Sappho als zehnte Muse.

Sarcĭna, ae, *f.* [sarcio] das Bündel, das Packet, das tragbare Gepäck des Einzelnen; im *plur.* gewöhnlich vom Gepäck der Soldaten; adoriri hostes sub ss. mit dem Gepäck beladen. Hiervon A) = die Lasten eines Thieres. B) = die Last, Beschwerde, s. sum tibi. C) die Leibesfrucht.

***Sarcĭnārĭus**, adj. [sarcina] zum Gepäck gehörig, jumentum.

Sarcĭnātor, ōris, m. [sarcio] (Vorklaff.) der Ausbesserer, Flickschneider.

*****Sarcĭnātus**, adj. [sarcina] (Vorklaff.) bepackt.

Sarcĭo, rsi, rtum, 4. 1) ausbessern, flicken, etwas Geborstenes, Zerrissenes oder Zerschlagenes wieder herstellen, repariren: s. funem, dolia, corbem. 2) *trop.* wieder gut machen, ersehen, damnum, injuriam; gratia male sarta nicht hinlänglich wieder hergestelltes gutes Verhältniß. Hiervon das *particip.*, als *adj.*, sartus in Stand gesetzt = ganz, unversehrt, in gutem Stande; insbef. von Gebäuden u. in Verbindung mit dem *particip.* tectus: aedem sartam tectam tradere in baulichem Stande; häufig, wo von der Controle der auf Kosten des Staates von Entrepreneuren aufgeführten Gebäude die Rede ist, sarta tecta exigere untersuchen, ob das Gebäude „gut gebaut und gedeckt" ist; hiervon *trop.* conservare aliquem sartum tectum wohlbehalten, praecepta tua sarta tecta habui (*Pl.*) ich habe deine Befehle sorgfältig in Acht genommen.

Sarcŏphăgus, i, m. [σαρκοφάγος von σάρξ φαγεῖν] (Spät.) eine Art Kalkstein, der die Eigenschaft hatte, das Fleisch der Leichname schnell zu verzehren, und deswegen zu Särgen gebraucht wurde, dav. ein Sarg aus diesem Kalksteine.

Sarcŭlum, i, *n.* oder -lus, i, m. [sarcio] das Häckchen, die Gäthacke.

Sardănăpălus, i, m. der letzte, sehr weibische König von Assyrien, der sich bei einem Aufstande neben seinen Schätzen verbrannte.

Sardes (ob. -dis), ium, f. pl. [Σάρδεις] die uralte Hauptstadt des lydischen Reiches. Davon -dius u. -diānus, adj. u. subst. -diāni, ōrum, m. pl. die Einwohner von S.

Sardi, ōrum, m. *pl.* die Bewohner der Insel Sardinien, wegen ihrer Treulosigkeit berüchtigt (Sardi venales). Davon 1) **Sardus** eb. **Sardōus** u. **Sardōnĭus**, *adj.* 2) **Sardĭnĭa**, ae, f. die Insel Sardinien. Davon **-dĭnĭensis**, e, *adj.*

Sărissa, ae, f. [σάρισσα] eine lange macedonische Lanze.

Sărissŏphŏrus, i, m. [σαρισσοφόρος] ein macedonischer Lanzenträger.

Sarmătae, ārum, m. *pl.* die große flavische Völkerschaft im heutigen Polen und Westrußland; im *sing.* -ta, ae, m. der Sarmate. Davon 1) **Sarmătĭa**, ae, f. das Land der Sarmaten. 2) **Sarmătĭcus**, *adj.*; mare S. das schwarze Meer. Hiervon -tĭce, *adv.* -

*****Sarmen**, ĭnis n. (*Pl.*) = sarmentum.

Sarmenta, ōrum, n. *pl.* (äußerst selten im *sing.*) dünnes Gezweig, Reiser, Reisig, Reisholz.

Sarnus, i, m. Fluß in Campanien.

Sărōnĭcus sinus, Meerbusen zwischen Attica und dem Peloponnes.

Sarpēdon, ŏnis, m. [Σαρπηδών] Sohn des Jupiter, König in Lycien, vor Troja vom Patroclus erschlagen.

Sarra oder **Sara**, ae, f. alter Name der Stadt Tyrus in Phönicien. Davon **Sarrānus**, *adj.* (Poet.) = carthagisch oder syrisch.

Sarrācum, i, n. ein gallischer vierräderiger Lastwagen; davon = das Gestirn „der Wagen": ss. frigida Bootae.

Sarrastes, um, m. *pl.* Völkerschaft in Campanien.

Sarrio, 4. die Erde behacken, jäten, terram.

Sarritor ob. **Sartor**, ōris, m. [sarrio] der Behacker, Jäter; *trop.* (*Pl.*) s. scelerum Pfleger.

Sarsĭna oder **Sassĭna**, ae, f. Stadt in Umbrien, Geburtsort des Plautus. Dav. **-nātis**, e, *adj.*

Sartāgo, ĭnis, f. (Poet. und Spät.) ein Küchengeschirr, Pfanne; *trop.* s. loquendi Mischmasch, Allerlei.

Sat, stehe **Satis**.

*****Sătăgens**, adj. [satago] (Spät.) sich ängstigend, bekümmernd.

Săt-ăgĭto, 1. (Com.) = satago 2.

Săt-ăgo etc., 3. (auch getrennt Sat ago oder Satis ago geschrieben) (meist Vorklaff. u. Spät.) *1) (Pl.)* Genüge thun = bezahlen. 2) mit Etwas genug zu thun haben, seine Noth mit Etwas haben, mit Etwas stark beschäftigt sein, sich abängstigen u. dergl.: s. rerum suarum mit seinen eigenen Sachen; auch *absol.* und getrennt agitur tamen satis doch hat man seine Noth.

Sătelles, ĭtis, m. u. f. der beschützende und dienende Begleiter eines Vornehmen, bes. eines Fürsten, der Trabant, im *plur.* die Begleitung, das Gefolge, die Garde. Hiervon A) (Poet.) überhaupt der Begleiter, Diener, Gehülfe: s. Orci der Cerberus, s. pinnata Jovis der Adler, s. noctis der Abendstern; ss. Neptuni die Winde. B) insbef. im üblen Sinne, der Helfershelfer, der dienstbare Geist, s. audaciae alicujus; vires corporis perniciosissimae ss.

Sătĭas, ātis, f. [satis] (Vorklaff. u. Spät.) = satietas, was man sehe.

Săticŭla, ae, f. Stadt in Samnium auf der Grenze von Campanien. Davon **-lānus** und **-lus**, *adj.*, *subst.* **-ni**, ōrum, m. pl. die Einwohner von S.

Sătĭĕtas, ātis, f. [satis] 1) die Hinlänglichkeit, hinlängliche Zahl oder Menge, der Ueberfluß, supplicii, cibi; ad s. so viel, daß es genug ist. 2) die Sättigung, das Sattsein, davon der Ueberdruß, Ekel an einer Sache, die Ueberfättigung: s. amoris, dominationis, hominum; s. me tenet (cepit) provinciae ich bin der Provinz überdrüssig; ut varietas occurrat satietati; auch im *plur.* ss. amicitiarum.

Sătĭn, stehe **satis**.

Sătĭo, 1. [satis] 1) sättigen, zur Genüge mit Etwas, bes. mit Speise, anfüllen, agnos, aliquem. Hiervon A) mit Etwas reichlich anfüllen, hinlänglich versehen: s. terram stercore hinlänglich düngen; lana satiatur colore wird gefärbt. B) befriedigen, stillen, famem, sitim, davon aviditatem legendi, libidines, odium; s. se poenā alicujus; (Poet.) satiatus caedis vom Morden gesättigt, des Mordens satt. 2) übersättigen, Jmb. bis zum Ueberdruß sättigen, gewöhnlich im *pass.* = Etwas satt haben, überdrüssig sein: s. aliquem; horum vicissitudines efficient, ut neque ii satientur qui audient, neque eos.; agricola satiatus assiduo aratro.

Sătio, ōnis, *f.* [sero] 1) das Säen, die Aussaat. 2) das Pflanzen, die Pflanzung.

Sătĭra, ae, *f.*, siehe Satura.

Sătis ob. (meist Conversf.) **Sat**, *adv.* genug, hinlänglich, hinreichend (objectiv = so daß mehr nicht nöthig ist, vgl. affatim). I. als eigtl. *adv.* in Verbindung mit Verben, wo es oft durch recht, wohl übersetzt werden kann (non s. intelligo; s. scio ich weiß recht wohl), mit Adjectiven und Adverbien, wo es bisweilen durch sehr, recht (s. ornata mulier), oft durch ziemlich, etwas (s. dives, s. audacter, s. bene) übersetzt wird. Mit der Fragepartikel ne verbunden heißt es gewöhnlich **Satĭn'** (selten **Satĭne**) A) eigtl. *satin'* sanus es bist du bei Verstande? satin' recte steht Alles hinlänglich gut? B) = sehr: satin' parva res est ist die Sache sehr gering? — II. als Substantiv oder substantivisch gebrauchtes Adjectiv: 1) absol. alter consul s. erat war genug, hinreichend; duo talenta s. erunt werden hinreichen; s. est es ist genug. s. habes a me. Hiervon s. habere (credere) aliquid Etwas für genügend halten = mit Etwas sich begnügen, häufig mit einem *infin.* s. habeo illud dicere. 2) mit einem *genit. generis*, s. verborum Worte genug, s. poenae hinlängliche Strafe; s. superque est ei rerum suarum er hat genug an seinen eigenen Sachen. III. Besondere Verbindungen. 1) Satis accipio, siehe Satisdo. 2) Satis ago, siehe Satago. 3) Satis do, siehe Satisdo. 4) Satis facio, siehe Satisfacio.

Sătisdătĭo, ōnis, *f.* [satisdo] die Stellung der Caution, die Gewährleistung, Caution.

Sătis-do etc., 1. Jmd. gehörige Sicherheit geben, Caution stellen: s. alicui damni infecti im Falle ein Schaden entstehen sollte; im Gegensatze hierzu satis accipio sich Sicherheit geben lassen.

Sătis-făcĭo etc., 3. (auch getrennt geschrieben) genug thun, =leisten, b. h. 1) Jmd. oder einer Sache Genüge thun, befriedigen, alicui petenti, populo; s. officio seine Pflicht erfüllen, legibus gehorchen, erfüllen, s. amicitiae den Anforderungen der Freundschaft Genüge thun; satisfeci vitae ich habe lange genug gelebt; s. in re aliqua in irgend einer Beziehung genügen. 2) in Geldsachen, seinen Gläubigern Genüge thun = bezahlen (oder hinlängliche Caution stellen), alicui. 3) einen Beleidigten oder Verletzten befriedigen = durch Worte ob. Handlungen Genugthuung geben, sich entschuldigen, rechtfertigen u. dergl.: s. alicui, de aliqua re, pro injuriis suis; legati missi sunt satisfaciendi causa.

Sătis-factĭo, ōnis, *f.* [satisfacio] die Genugthuung, die einem Beleidigten gegeben wird durch Worte, die Entschuldigung: accipere satisfactionem alicujus.

Sătĭus, *adj.* im *comp. neutr.* [satis], nur im *nom.* und *acc. sing.* und in der Verbindung mit dem Verbo esse gebräuchlich, besser, dienlicher: scire satius est quam loqui servum; satius est me mori; repertus est nemo qui mori diceret satius esse.

Sător, ōris, *m.* [sero] der Säer, Pflanzer. Hiervon *trop.* A) der Urheber, Hervorbringer, litis, scelerum. B) der Zeuger, Vater; s. deorum hominumque = Jupiter.

Satrăpes, is, *m.* (im *pl.* auch nach der ersten Declination) [Σατράπης, persisches Wort] ein persischer Statthalter, Satrap.

Satrăpĭa, ae, *f.* [σατραπεία] (Spät.) eine persische Statthalterschaft, Satrapie.

Satrĭcum, i, *n.* Stadt in Latium. Davon **Satrĭcāni**, ōrum, *m. pl.* die Einwohner von S.

Sătum, i, *n.* [*particip.* von sero], siehe sero 2.

Sătur, ŭra, ŭrum, *adj.* [satis] satt, gesättigt: s. et potus; (Poet. u. Spät.) auch mit einem *genit.*, s. lactis von Milch, omnium rerum Alles satthabend, ober *abl.* s. fabulis an Fabeln genug habend. Hiervon (Poet.) A) voll, reichlich, fruchtbar, praesepia, auctumnus, Tarentum. B) color s. stark, vestes saturae ostro Tyrio stark mit — gefärbt. C) *trop.* von der Rede, reichhaltig.

Sătŭra, ae, *f.* [*fem.* vom *adj.* satur sc. lanx] 1) eine mit allerhand Früchten angefüllte Schüssel, daher = das Allerlei, Gemengsel: per s. aliquid facere = unter einander, unordentlich, ohne gehörige Unterscheidung dessen, was getrennt werden sollte. 2) gewöhnlich in dieser Bedeutung **Sătĭra** geschrieben, eine Art Gedichte vermischten Inhalts, und zwar A) bes. in der ältesten Zeit eine (aus den Stegreifreden in den einheimischen Mimenspielen entstandene) Art scherzhafter Poesie dramatischer Form, neckende und lustige Wechselgesänge, später unter dem Namen s. Menippea (siehe den Artikel Menippus) erneuert. B) mit Aufgebung der dramatischen Form, ein in Hexametern verfaßtes Gedicht, welches Schilderungen und Betrachtungen über das menschliche Leben enthielt, größtentheils über die Thorheiten und Laster der Menschen mit heiterer Laune oder bitterem Ernste spottend, eine Satire.

Sătŭrēja, ae, *f.* (im *plur.* auch =aja, ōrum, s. *pl.*) ein Küchenkraut, Saturei.

Sătŭrējānus, *adj.* zu einer gewissen Gegend in Apulien gehörig; davon = apulisch.

Sătŭrĭtas, ātis, *f.* [satur] 1) (Vorklaff. u. Spät.) die Sättigung, das Sattsein. *2) die Reichlichkeit, der Ueberfluß.

Satŭrnīnus, Name einer römischen Familie in der gens Appuleja. Bekannt ist nur der Lucius Appulejus S., Volk.tribun ums Jahr 100 v. Chr.

Satŭrnus, i, *m.* (der Griechen Κρόνος) Sohn des Uranus und der Gäa, Gemahl und Bruder der Rhea, Vater des Jupiter, Neptun und Pluto, der Juno, Ceres und Vesta; in den einheimischen italischen Sagen war er ein Gott des Ackerbaues und hatte die Ops zur Gemahlin. In seinem Tempel zu Rom war das aerarium der römischen Republik. Hiervon A) Saturni sacra dies der Samstag; Saturni stella ober

Saturo — **Scamander** — 673

bloß S. der Planet Saturn. B) (Spät.) der Name S. wurde bisweilen auf den Sonnengott der Phönicier (Baal, Moloch) übertragen. — Davon 1) **Sāturnālia**, e, *adj.*; hiervon **-ālia**, ōrum, Ibus, *n. pl.* das Fest des S., ein vom 17ten December an mehrtägig gefeiertes Freudenfest zum Andenken an das unter des Saturnus Herrschaft zu Latium herrschende goldene Zeitalter; namentlich genossen die Sklaven während dieses Festes verschiedene Freiheiten. 2) **Sāturnius**, *adj.*: ss. regna = das goldene Zeitalter, arva (tellus) = Italien, gens die Italier, numerus die altitalische Versart; S. pater Jupiter, virgo = Vesta, proles = Picus. Hiervon *subst.* a) **-ius**, ii, *m.* α) = Jupiter. β) = Pluto. b) **-ia**, ae, *f.* α) = Juno. β) die alte Stadt des S. auf dem Capitolium, der mythische Uranfang von Rom.

Sāturo, 1. (satur) = satio, was man sehe.

Sātus, us, *m.* [sero 2.] 1) das Säen oder Pflanzen, herbae, vitium. 2) *trop.* die Zeugung, das Geschlecht, die Geburt: Jovis satu editus vom J. gezeugt, Sohn des J.; a primo s. 3) die Saat, *trop.* philosophia praeparat animos ad accipiendos satus.

*****Sătyrīscus**, i, *m.* [σατυρίσκος] *deminut.* von Satyrus.

Sătyrus, i, *m.* [Σάτυρος] der Satyr, ein Waldgott mit etwas thierischer Gestalt (gespitzten Ohren, Hörnern oder Knoten, Schwanz, bisweilen Bocksfüßen u. dergl.) im Gefolge des Bacchus; bei den Römern wurden sie oft mit den Faunen identifizirt. Hiervon *meton.* = das satyrische Drama bei den Griechen, siehe die Handbücher der griech. Literaturgeschichte.

*****Sauciātio**, ōnis, *f.* [saucio] die Verwundung.

Saucio, 1. [saucius] (selten) verwunden, insbef. im Kriege = blessiren, aliquem; (Poet.) vomer s. terram; *trop.* haec ss. aninum.

Saucius, *adj.* 1) verwundet, insbef. = im Kriege blessirt und dadurch zum Kampfe unfähig (vgl. vulneratus), saucius gravi vulnere. 2) *trop.* A) malus saucius vento beschädigt, glacies saucia sole zum Schmelzen gebracht. B) saucius mero = betrunken. C) = geschwächt, kraftlos, krank. D) (Poet.) geistig, = gekränkt, geängstigt, bes. von Jmd., der von dem Pfeile der Liebe getroffen worden ist, = verliebt: saucius aliquā ob. ab igne (b. i. amore) alicujus in Eine verliebt.

Savium, siehe Suavium.

Sāvo, ōnis, *m.* Fluß in Ligurien.

Saxātilis, e, *adj.* [saxum] (Poet. u. Spät.) zu den Felsen gehörig, piscatus (Pl.) zwischen Felsen lebend.

Saxētum, i, *n.* [saxum] (selten) ein felsiger Ort.

Saxeus, *adj.* aus Stein ob. Fels, steinern, felsig, pons, tectum s. ein marmornes Haus; *trop.* = gefühllos, hart.

Saxīficus, *adj.* [saxum-facio] (Poet.) versteinernd.

Saxifrăgus, *adj.* [saxum-frango] (Poet. u. Spät.) Steine ob. Felsen zerbrechend.

Saxōsus, *adj.* [saxum] (Poet. u. Spät.) steinig, felsig, voll Steine, -Felsen: fluvius saxosum sonans wie zwischen Felsen rauschend.

Saxŭlum, i, *n. deminut.* von saxum.

Saxum, i, *n.* der große Stein (vgl. calculus, lapis), der Fels, das Felsenstück, der Felsen (überhaupt, vgl. rupes, scopulus): durities saxi; saxa magni ponderis conjicere; auch insbef. = die Klippe im Meere. Hiervon *proverb.* a) volvere s. = sich nutzlos anstrengen (das Bild von dem Steine des Sisyphus hergenommen). b) inter s. et sacrum, siehe sacrum.

Scăbellum, i, *n.* [deminut. von scamnum] 1) ein kleiner Fußschemel. 2) ein musikalisches Instrument bes. bei theatralischen Vorstellungen gebraucht (vielleicht eine Art Holzsohlen, mit welchen an den Füßen die Flötenspieler den Tact traten).

Scăber, bra, brum, *adj.* rauh, schäbig an der Oberfläche (oppos. levis glatt), cortex, tophus; s. manus, dens, charta (aus Mangel an Reinlichkeit); ovis s. schäbig = räudig.

Scăbies, ei, *f.* [scaber] 1) (Poet.) die Rauhigkeit, Schäbigkeit. 2) die Krätze, Räude, der Aussatz. 3) *trop.* das Jucken = der wollüstige Reiz, die Begierde, Lockung, s. et dulcedo; inter tantam s. et contagia lucri = die reizende und lockende Geldsucht.

Scăbo, bi, — 3. kratzen, reiben, caput.

Scaea porta ob. *pl.* Scaeae portae, [Σκαιαὶ πύλαι] das westliche Thor von Troja.

Scaena, s. S. für Scena.

Scaevŏla, ae, *m.* [scaevus] der „Anhängige", Beiname in dem mucischen Geschlechte, siehe Mucius.

Scaevus, *adj.* [verw. mit dem gr. σκαιός] (Vorklass. u. Spät.) links, zur linken Seite; *trop.* linkisch; davon *subst.* **-va**, ae, *f.* das Wahrzeichen, bona s. mihi est.

Scālae, ārum, *f. pl.* [isgm aus scandela von scando] die Treppe, Leiter.

Scaldis, is, *f.* Fluß im nördlichen Gallien, jetzt Schelde.

Scalmus, i, *m.* [σκαλμός] das Holz an der Seite des Schiffes, worin das Ruder geht, die Dolle; *meton.* nullus s. — kein Kahn.

Scalpellum, i, *n. deminut.* von scalprum, das chirurgische Messer, die Lanzette.

Scalpo, psi, ptum, 3. 1) (Poet. u. Spät.) kratzen, scharren. reiben, caput, terram. 2) mit einem scharfen ob. spitzigen Instrumente in Holz, Edelsteine u. dergl. schnitzen, ausschneiden, graviren, stechen u. dergl.: s. gemmas, marmora; manus apta est ad scalpendum; s. querelam sepulcro eine klagende Inschrift auf den Grabstein eingraben.

Scalprum, i, *n.* [scalpo] ein scharfes Instrument zum Schnitzen, -Graviren u. dergl., insbef. a) = die Schusterahle, der Kneif; b) = das Scalpirmesser der Chirurgen; c) ein Federmesser; d) der Meißel der Bildhauer, Steinmetzen u. s. w.

Scalptor, ōris, *m.* [scalpo] (Spät.) der Schnitzer, Graveur u. s. w.

Scalptūra, ae, *f.* [scalpo] das Schnitzen, Graviren u. s. w.

*****Scalptūrio**, 4. [scalpo] (Pl.) kratzen, scharren.

Scamander, dri, *m.* [Σκάμανδρος] Fluß in Troas, auch Xanthus [ὁ Ξάνθος] genannt (wegen seiner Farbe).

Scambus, *adj.* [σκαμβός] (Spät.) krummbeinig (reinlat. varus).

Scammōnēa (ob. -nia, ae, *f.* [σκαμμωνία] eine Pflanze, das Purgirkraut, die Purgirwinde.

Scamnum, i, *n.* [scando] 1) der Fußschemel, Tritt zum Auffsteigen. 2) die Bank.

Scando, ndi, nsum, 3. 1) *intrans.* steigen, hinaufsteigen, in aggerem, ad nidum; *trop.* emporsteigen, sich erheben, supra principem. 2) *transit.* besteigen, malos, navem, arcem, cubile.

Scantinius, Name eines römischen Geschlechtes: von einem Manne aus diesem war eine lex Scantinia (de nefanda Venere) gegeben.

Scantius, Name eines römischen Geschlechtes: davon das *adj.* -tius ob. -tiānus, von einer Gegend Campaniens.

Scăpha, ae, *f.* [σκάφη] der Nachen, kleine Kahn.

Scăphium, ii, *n.* [σκαφίον] (eigtl. der kleine Nachen), ein nachenförmiges Geschirr, A) = ein Becher, B) ein Nachtgeschirr.

Scaptensŭla, ae, *f.* [latinisirte Form von Σκαπτή Ὕλη = „Grubenwald"] eine Stadt in Thracien, bekannt von ihren Goldgruben.

Scaptia, ae, *f.* alte Stadt in Latium. Davon benannt Scaptia tribus und die Leute von dieser **Scaptiensēs,** ium, *m. pl.*

Scăpŭla, ae, Beiname in dem cornelischen Geschlechte: davon **Scăpŭlānus,** *adj.*

Scăpŭlae, ārum, *f. pl.* die Schulterblätter, davon überhaupt die Schultern, der Rücken, sowohl an Menschen als an Thieren; *proverb.* perdere scapulas durchgeprügelt werden.

Scăpus, i, *m.* [σκᾶπος] ein cylinderförmiger Körper überhaupt, insbes. ein Schaft, Stiel, Stengel, ein Stamm, eine Säule u. dergl.

Scarus, i, *m.* ein kostbarer Seefisch.

Scătebra, ae, *f.* [scateo] (Poet.) das hervorsprudelnde Wasser, undae.

Scăteo, ni, — 2. (Vorklass. auch **Scăto,** — — 3.) 1) hervorsprudeln, fons; davon = a) reichlich hervorkommen; b) häufig sein, vorkommen. 2) von Etwas voll sein, wimmeln, reich an Etwas sein, re aliqua; (Poet.) terra s. ferarum; (Pl.) animus id s. ist davon voll.

Scătŭrīgo, inis, *f.* [scateo] hervorsprudelndes Wasser, Quellwasser.

Scătūrio, 4. = scateo; *trop.* Curio s. hoc spricht immer hiervon.

Scaurus, *adj.* [σκαῦρος] der große und hervorstehende Knöchel hat, der Klumpfuß. Hiervon als Beiname in dem ämilischen Geschlechte, siehe Aemilius.

Scāzon, ontis, *m.* [σκάζων] der hinkende (Jambus), Choliambus, ein jambischer Trimeter mit einem Spondäus ob. Trochäus im letzten Fuße.

Scĕlĕrātē, *adv.* mit comp. u. sup. [sceleratus] verbrecherisch, auf frevelhafte Weise.

Scĕlĕrātus, *adj.* mit comp. u. sup. [particip. von scelero] 1) durch ein Verbrechen befleckt, durch Frevel entweiht, terra; vicus sc. hieß die Straße in Rom, in welcher die Tochter des Servius Tullius über den Leichnam ihres ermordeten Vaters fuhr; campus sc. ein Platz, wo die der Unkeuschheit überführten Vesta-linnen lebendig begraben wurden; sedes sc. der Aufenthalt der Gottlosen in der Unterwelt („die Hölle"). 2) verbrecherisch, frevelhaft (zunächst in Bezug auf die Thaten, vgl. scelestus), homo, conjuratio, vox; poena sc. (Poet.) Strafe für einen Frevel. 3) (Poet.) überhaupt abscheulich, schrecklich, unheilvoll, frigus verderblich.

Scĕlĕro, 1. [scelus] (Poet.) durch ein Verbrechen beflecken, pias manus.

Scĕlĕrōsus, *adj.* [scelus] (Vorklaff. u. Spät.) = sceleratus.

Scĕleste, *adv.* [scelestus] frevelhaft, verbrecherisch.

Scĕlestus, *adj.* mit comp. u. sup. [scelus] 1) verbrecherisch, frevelhaft, verrucht, ruchlos, gottlos (zunächst in Bezug auf die Gesinnung, bei Cicero nicht von Personen; vgl. sceleratus), facinus, res, nuptiae, sermo; me scelestum qui non circumspexi (Pl.) ich bin ein verfluckt dummer Kerl gewesen, daß ich nicht u. s. w. 2) (Pl.) unselig, unheilvoll, annus.

Scĕlus, ĕris, *n.* 1) ein Verbrechen, Frevel, eine Unthat (insofern sie Andere verletzt, vgl. flagitium, maleficium u. s. w.): committere (facere) sc. ein Verbrechen begehen; sc. legatorum interfectorum das Verbrechen, daß die Gesandten ermordet worden waren; (Poet.) expendere sc. die Strafe eines Verbrechens leiden, ein Verbrechen büßen. 2) (Com.) a) als Schimpfwort, Schurke, ruchloser Mensch; sc. viri ein Schelm von Kerle; auch mit einem *pron.* im m., is sc. B) = Unglück, fataler Streich.

Scēna, ae, *f.* [σκηνή] die Bühne des Theaters, der Schauplatz, die Scene: in scenam prodire auf der Bühne auftreten, in scena esse Schauspieler sein; scenam tenere (beherrschen) = ein sehr berühmter Schauspieler sein; in scenam deferre fabulam ein Stück auf die Bühne bringen. Hiervon *trop.* A) = der Schauplatz der großen Welt, die Oeffentlichkeit, das Publicum, überhaupt wo von Etwas die Rede ist, das vor den Augen der Welt geschieht: scenae servire sich den Augen der Welt zeigen; afferre aliquid in scenam Etwas öffentlich bekannt machen; ad sc. pompamque um Aufsehen und Effect zu machen (von einem Redner). B) = die äußere Form, insbes. die täuschende äußere Darstellung, der äußere Schein: sc. totius rei haec est. C) (Poet.) silvis sc. coruscis ein mit Wäldern (wie mit Seitenwänden) eingefaßter lichter Platz.

Scēnĭcē, *adv.* [scenicus] (Spät) wie auf der Scene, theatralisch.

Scēnĭcus, *adj.* [scena] zur Bühne gehörig, scenisch, theatralisch: artifices sc. ob. bloß scenici Schauspieler; dicacitas sc. der Scene gehörig; ludi scenici Schauspiele im Gegensatze zu Fechterspielen u. dergl. (siehe ludi). Hiervon rex sc. ein Scheinkönig.

Scepsis, is, *f.* [Σκῆψις] Stadt in Mysien. Davon **-sius,** *adj.*

Sceptrĭfer, ĕra, ĕrum, *adj.* [sceptrumfero] (Poet.) Scepter tragend.

Sceptrum, i, *n.* [σκῆπτρον] der Stab, insbes. der Stab als Symbol der Würde und des Ansehens, der Königsstab, das Scepter, davon zur Bezeichnung der Herrschaft, Königs-

Scheda — **Scirpeus**

würde u. dergl.: (Poet.) pelli sceptris der Königswürde beraubt werden, reponere aliquem in sceptra in die Herrschaft wieder einsetzen.

Schēda oder **Scīda**, ae, *f.* [σχέδη] der abgerissene Streifen, das Blatt der Papyrusstaude, davon = ein **Blatt Papier**, Zettel.

Schēma, ătis, *n.* u. -ma, ae, *f.* [σχῆμα] (Vorklass. u. Spät.) 1) die Haltung des Körpers, die Stellung. 2) der äußere Aufzug, die Tracht, Kleidung: s. servile.

*****Schēmătismus**, i, *m.* [σχηματισμός] (Spät.) in der Rhet., die figürliche Art zu reden.

*****Schoenŏbătes**, ae, *m.* [σχοινοβάτης] (Spät.) der Seiltänzer.

Schoenum, i, *n.* u. -nus, i, *m.* [σχοῖνος] (Vorklass. u. Spät.) die **Binse** (reinlat. juncus); hiervon eine aus einer wohlriechenden Binsenart bereitete wohlfeile Salbe.

Schŏla, ae, *f.* [σχολή] (eigtl. die Muße, insbef. die Muße von öffentlichen Geschäften und auf wissenschaftliche Besch. ftigungen verwendet, = otium), daher 1) die **wissenschaftliche Untersuchung und Abhandlung, die Vorlesung, der gelehrte Vortrag**: explicare, habere s.; sunt certae ss. de exsilio, de interitu patriae etc. 2) der Ort, wo dergleichen Vorträge gehalten, solcher Unterricht ertheilt wird, die **Schule** (für erwachsene Leute und der höheren Bildung sich Befleißigende, vgl. ludus), die Hochschule: ss. rhetorum, philosophorum; sedere in s. 3) die Anhänger eines Lehrers, die **Schule**= **Secte**: clamabunt omnes ss. philosophorum.

Schŏlastĭcus, *adj.* (Spät.) [σχολαστικός] zur Schule gehörig, bef. zur Schule der Beredtsamkeit gehörig, Schul=: s. materia, controversia in den Rhetorenschulen gewöhnlich verhandelt. Hiervon *subst.* A) -ca, ōrum, *n. pl.* Redeübungen oder Schulvorträge, wie sie in den Rhetorenschulen häufig vorgenommen wurden. B) -cus, i, *m.* a) = der Rhetor, Professor der Beredtsamkeit, Schulredner. b) = der Schüler einer Rednerschule, der die Beredtsamkeit lernt.

Scīda, siehe Schēda.

Sciens, *adj.* mit *comp.* u. *sup.* [*particip.* von scio) 1) (als *particip.*) wissend, von Etwas Kenntniß habend: ut sis s.; facere aliquem scientem Imd. in Kenntniß setzen. 2) als *adj.*: A) = wissentlich, mit Wissen, scientem facere aliquid; si sciens fallo. B) = kundig, kenntnißreich, einsichtsvoll, belli, juris kriegs=, rechtskundig; sc. citharae der die Cither zu spielen versteht; (Poet.) sc. flectere der zu lenken versteht.

Scĭenter, *adv.* mit *comp.* u. *sup.* [sciens] 1) einsichtsvoll, geschickt, kundig. *2) (Spät.) wissentlich, absichtlich.

Scĭentĭa, ae, *f.* [sciens] die Kenntniß, (subject., = das Kennen, Wissen), die Kunde, Einsicht, das Wissen: habere sc. rei alicujus in Etwas; sc. belli, rei militaris; feltn sc. paene divina in re aliqua und constat ejus scientiam fuisse de omnibus rebus; tenere aliquid scientiâ Etwas kennen; absol. sc. et cognitio; obscurior sc. Kenntniß von Sachen, welche die Leute sonst nicht wissen oder verstehen.

Scīlĭcet, *adv.* [scire-licet] 1) (Vorklass.) eigtl., mit einem Objectsatze im *accus. c. infin.*

„man kann wissen" = es versteht sich, es ist natürlich, daß u. f. w.: sc. ita eam facturam fuisse. 2) fast immer mit einiger Ironie, natürlich, freilich, versteht sich, zur bestätigenden Vervollständigung einer Aussage: sc., is sum natürlich bin ich ein Solcher; id curat populus sc. man denke nur, um solches kümmert sich das Volk; ego istius pecudis consilio uti volebam sc. Bei Vorklaff. auch allein, z. B. in der Antwort = freilich, allerdings, natürlich. 3) (Spät.) als bloß erklärende und ergänzende Partikel = unser nämlich: sub nomine alieno, nepotum sc.

Scilla ob. **Squilla**, ae, *f.* 1) die **Meerzwiebel**. 2) eine Art **Seekrebs**.

Scindo, ĭdi, issum, 3. 1) **schlitzen, zerreißen, zerschneiden, gewaltsam und ohne Rücksicht auf die Gefüge trennen** (vgl. findo), vestem, crines, epistolam; sc. vestem alicui (oder de corpore) abreißen. Hiervon sc. latus (alicui) flagello zerfleischen, geißeln, vallum herausreißen, pontem abbrechen, limen portae (Pl.) loßreißen, agmen (Spät.) durchbrechen, quercum cuneis zerspalten, aequor ferro pflügen, navis sc. aquas zertheilt; ruga sc. genas furcht, durchzieht; nubes sc. se vertheilt sich. Hiervon 2) *trop.* A) **trennen, theilen**, necessitudinem; häufig *pass.* oder sc. se medial = sich trennen, =zertheilen: homines scinduntur in duas partes, vulgus scinditur in contraria studia. B) sc. dolorem wieder aufreißen, erneuern. C) **unterbrechen, stören**, actionem.

Scintilla, ae, *f.* der **Funke**, *trop.* sc. ingenii.

Scintillo, 1. [scintilla] (Vorklass., Poet. u. Spät.) funkeln, flimmern, ardor, coeli, clipeus, oculi.

*****Scintillŭla**, ae, *f. deminut.* von scintilla.

Scĭo, 4. 1) **wissen, aliquid**; scio id ita esse, quis hoc fecerit; sc. de re aliqua von Etwas (Bescheid) wissen; scio omnia ex illo von ihm, ebenso sdies ex illo du wirst es von ihm erfahren, nemo ex me scibit (Com. statt sciet); scito eum mortuum esse du mußt wissen, daß er u. f. w.; haud scio an = vielleicht, siehe an. 2) = **verstehen, kennen**, einer Sache kundig sein, artem aliquam, literas; sc. Latine das Lateinische verstehen, ebenso sc. fidibus die Cither zu spielen verstehen; sc. uti regibus mit den Vornehmen zu verkehren verstehen. *3) (zweifelhaft) = scisco 2.

Scīpĭădes, ae, *m.* [Σκιπιάδης] (Poet.) griechisch gebildetes *patron.* aus dem lateinischen Namen Scipio, einer aus der Familie der Scipionen.

Scīpio, ōnis, *m.* (verw. mit dem gr. σκίπων) 1) der **Stab, Stock** (bef. als Zeichen der Würde, vgl. baculus, fustis). 2) Beiname in dem cornelischen Geschlechte, siehe Cornelius.

Scīron, ōnis, *m.* [Σκίρων] 1) ein berüchtigter Räuber auf den Felsen zwischen Megaris und Attica, vom Theseus erschlagen. Davon -nis, ĭdis, *f.* und -nĭus, *adj.* 2) ein von jenen Felsen wehender Nordwestwind bei den Athenern.

Scirpeus, *adj.* [scirpus] (Poet.) aus Binsen, Binsen=, imago eine aus Binsen geflochtene Menschenfigur (siehe Argei); *subst.* -ea, ae, *f.* ein Wagenkorb aus Binsen.

Scirpĭcŭlus, i, m. [*deminut.* von scirpus] 1) der geflochtene Binsenkorb. 2) sc. piscarius der Fischreusen.

Scirpus, i, m. (Vorklaff. u. Spät.) 1) die Binse (ohne Knoten und Gelenke); daher (Com.) *proverb.* nodum in sc. quaerere Schwierigkeiten suchen, wo keine sind. 2) (Spät.) ein Binsennetz, daher *trop.* ein Räthsel.

Sciscĭtor, *depon.* 1. [scisco] sich erkundigen, nachforschen, Etwas zu erfahren streben, aliquid ab (ex) aliquo, consilium alicujus; sc. de re aliqua, cur aliquid factum sit; auch mit dem *accus.* der Person = befragen, sc. singulos, deos.

Scisco, scivi, scītum, 3. [scio] 1) (Vorklaff.) erfahren, in Erfahrung bringen: ut illi id factum sciscerent; accurro ut sciscam quid velit. 2) publicistischer *term. t.* A) vom Volke, a) beschließen, verordnen, aliquid, de civi Romano plebs scivit ut etc. b) genehmigen, billigen, rogationem. B) von dem einzelnen Stimmenden (vgl. decerno), für Etwas stimmen, sc. legem.

Scissus, *adj.* [*particip.* von scindo] gespalten, zerrissen, A) genae ss. runzelig. B) vocis genus s. kreischend, quälend.

Scitāmenta, ōrum, n. *pl.* [scitus] (Vorklaff.) Leckerbissen.

Scīte, *adv.* mit (Vorklaff.) *comp.* und *sup.* [scitus] geschickt, fein, artig.

Scītor, *depon.* 1. [scio] (Poet.) = sciscitor.

Scītŭlus, *adj.* (Vorklaff. u. Spät.) *deminut.* von scitus, fein, artig, hübsch.

Scītum, i, n. [*particip.* von scisco] 1) publicistischer *term. t.* der Beschluß, die Verordnung, fast ausschließlich = im Volksbeschluß, plebis (plebei, plebi) sc., auch verbunden geschrieben **Plebiscītum**, i, n. der Volksbeschluß im Gegensatze zu senatus consultum; wo von anderen Staaten als Rom die Rede ist, heißt es auch populi scitum in derselben Bedeutung, auch allein sc., scita et jussa nostra. 2) (Spät.) der Lehrsatz [= decretum, δόγμα].

Scītus, us, m. [scisco] der Beschluß, die Verordnung, nur im *abl. sing.*, scitu plebis nach einem Volksbeschlusse.

Scītus, *adj.* mit (Vorklaff.) *comp.* und *sup.* [scisco] (eigtl. gewitzigt, der sich erkundigt hat u. s. w.). 1) gescheit, klug, erfahren, geschickt, fein, homo, sermo, dictum. Hiervon (Poet. u. Spät.) mit einem *genit. obj.*, einer Sache kundig, sc. locorum. 2) (Vorklaff.) hübsch, artig, nett, mulier. 3) (Vorklaff. u. Spät.) zu Etwas schicklich, passend, nox scita rei alicui.

Sciūrus, i, m. [σκίουρος] das Eichhörnchen.

Scŏbis, is, f. [scabo] Sägespäne, Feilstaub, Alles, was beim Feilen, Sägen, Raspeln, Bohren abfällt: s. eburnea von Elfenbein; s. aeris, auri.

Scŏdra, ae, f. Stadt im macedonischen Jllyrien, jetzt Scutari. Davon **-drenses**, ium, m. *pl.* die Einwohner von S.

Scodrus, i, m. östliche Fortsetzung der illyrischen Gebirge.

Scomber, bri, m. [σκόμβρος] ein Meerfisch wahrscheinlich = die Makrele.

Scŏpa, ae, f. ein dünner Zweig, gewöhnlich im *pl.* A) das Bündel von Gezweig. B) der aus mehreren zusammengebundenen Zweigen gebildete Besen. Hiervon *proverb.* a) dissolvere ss. = eine Sache völlig in Unordnung bringen. b) ss. solutae = ein sehr einfältiger und winziger Mensch.

Scŏpas, ae, m. [Σκόπας] berühmter griechischer Bildhauer aus Paros. 2) vornehmer Thessaler, Gastfreund des Simonides.

Scŏpŭlōsus, *adj.* [scopulus] voller Felsen, felsig.

Scŏpŭlus, i, m. [σκόπελος] 1) der hervorragende Ort, wovon man weit in die Ferne sehen kann, der Fels, Felsen, insbef. der Felsen im oder am Meere, die Klippe (vgl. saxum). 2) *trop.* zur Bezeichnung des Gefährlichen oder Unheilbringenden, s. libidinis, incidere in hos ss. vitae; *trop.* (Poet.) ad s. ire zu Grunde gehen.

Scorpio, ōnis u. **-pius**, ii, m. der Skorpion. Hiervon A) das Gestirn der Skorpion. B) ein mit Stacheln besetzter Meerfisch. C) eine Kriegsmaschine, womit man Steine und große Pfeile schleuderte (mittere s. accuratius den Pfeil genauer abschießen).

Scortātor, ōris, m. [scortor] (Poet.) der Hurer, der mit Huren verkehrt.

Scortĕus, *adj.* [scortum] (Poet. u. Spät.) aus Fell, aus Leder, lederen; *subst.* -ea, ae, f. ein lederenes Kleid, ein Pelz.

*****Scortillum**, i, n. *deminut.* von scortum.

Scortor, *depon.* 1. [scortum] (Vorklaff.) huren.

Scortum, i, n. 1) (Vorklaff.) ein Stück Fell, Leder. 2) eine Hure (in moralischer Beziehung, also verächtlich, vgl. meretrix).

*****Screātor**, ōris, m. (*Pl.*) [screo] der Räusperer.

*****Screātus**, us, m. [screo] (Com.) das Räuspern.

*****Screo**, 1. sich räuspern.

Scrība, ae, m. [scribo] der beamtete Schreiber (vgl. scriptor), eine Art Unterstaatsbeamter. Die scribae (freie Personen, aber gewöhnlich aus niederem Stande, zum Theil Freigelassene) machten einen zahlreichen Stand (ordo) aus; je nach den Magistratspersonen, bei denen sie angestellt waren, hießen sie quaestorii, aedilicii u. s. w. In der Kaiserzeit, wo sie z. B. bei Prinzen angestellt waren, entsprechen sie noch mehr unseren Secretairs.

Scriblīta (ob. **Scribilīta**), ae, f. (Vorklaff. u. Spät.) eine Art Torte.

Scrībo, psi, ptum, 3. 1) mit einem spitzigen Instrumente kratzen, reißen, graben: s. lineam eine Linie ziehen; s. stigmata alicui Jmb. brandmarken; davon zeichnen, einen Abriß von Etwas machen, formam. 2) schreiben, literam, epistolam; s. alicui oder ad aliquem an Jmb., (ut) veniat daß er kommen möge, auch s. Labieno veniat daß et komme, scribitur ei obsequi (*Tac.*) daß sie gehorchen mögen; s. de re von Etwas; scribitur nobis, multitudinem convenisse man schreibt uns, daß u. f. w. Insbef.: A) s. alicui salutem Jmb. schriftlich grüßen, gratias banken. B) = verfassen, schriftlich ausarbeiten, librum, orationem, poemata So a) *absol.* s. = Verfasser sein, Schriftsteller

Scribonius — Scrupulus

sein, Bücher schreiben, und insbes. = dichten, Gedichte (Schauspiele) verfassen. b) scribit im praes. häufig von einem längst verstorbenen Schriftsteller, dessen Werk aber noch vorhanden ist; ebenso scribitur (doch auch scriptum est) es wird erzählt. c) s. leges Gesetze geben, testamentum machen. C) = erzählen, beschreiben, schriftlich darstellen, bellum, res gestas; (Poet.) s. situm agri, Martem schildern, Marinum besingen. D) = niederschreiben, schriftlich aufsetzen, testamentum, foedus, insbes. s. senatus consultum; hiervon adesse scribendo oder esse ad scribendum von Männern, die als Zeugen bei der Abfassung einer Urkunde gegenwärtig waren, bes. bei der Aufschreibung (Protocollirung u. s. w.) eines Senatsbeschlusses, siehe auctoritas 9, B. u. praescribo. E) = schriftlich ernennen, s. aliquem heredem als Erben im Testament schreiben, zum Erben einsetzen. F) s. milites, exercitum, colonos, als Soldaten, Colonisten u. dergl. ausschreiben, einrolliren. G) in der Geschäftssprache a) von Gesetzkundigen, = Contracte und überhaupt Documente, bei welchen Formalitäten und Cautelen, die nicht Alle kannten, zu beobachten waren, für Andere schriftlich aufsetzen. b) s. pecuniam alicui Jmd. eine Geldsumme durch Anweisung auf einen Anderen bezahlen (vgl. rescribo), ob. ihm einen Wechsel, eine Obligation dafür geben.

Scrībōnius, Name eines römischen Geschlechtes, aus welchem die Familien der Curiones und Libones bekannt sind: A) Curiones: 1) Cajus S. C., Consul 76 v. Chr., Freund des Cicero und Gegner des Cäsar. 2) Cajus S. C., Sohn des ersten, Anhänger des Cäsar, mit der Fulvia, Wittwe des P. Clodius, verheirathet. — B) Libones: 3) Lucius S. L., Freund des Pompejus u. Schwiegervater seines Sohnes Sertus. — Eine Scribonia war die zweite Gemahlin des Augustus.

Scrīnium, ii, n. eine Kapsel, ein Schrein, zum Aufbewahren von Büchern, Papieren u. dergl.

Scriptio, ōnis, f. [scribo] 1) das Schreiben: lippitudo impedit s. meam hindert mich zu schreiben. 2) die schriftliche Darstellung, -Ausarbeitung, -Abfassung: res scriptione digna die verdient, daß man davon schreibt; impelli ad philosophiae scriptiones von philosophischen Gegenständen zu schreiben; multum ad dicendum proficit scriptio die Uebung seine Gedanken schriftlich aufzusetzen. 3) = das geschriebene Wort, der Buchstabe, interpretari ex s.

Scriptĭto, 1. [scribo] oft schreiben, -schriftlich aufsetzen, aliquid accurate, orationes.

Scriptor, ōris, m. [scribo] 1) der Schreiber (der private, vgl. scriba). Abschreiber, Copist, s. librarius oder bloß s. 2) der von Etwas schreibt, schriftlich berichtet, erzählt, es schildert u. s. w., der Schriftsteller, Berichterstatter, Verfasser, bisweilen insbes. = ein Dichter: s. rerum gestarum Erzähler, s. belli Trojani Dichter, der den trojanischen Krieg schildert; s. historiarum, s. satirarum; s. legum Gesetzgeber, testamenti der ein Testament schriftlich aufsetzt.

Scriptŭlum, i, n. (Poet.) deminut. von scriptum, eine kleine Linie auf dem Spielbrette.

Scriptum, i, n. [particip. von scribo] 1) die Linie auf einem Spielbrette, nur in der Verbindung duodecim scripta ob. lusus duodecim scriptorum, ein bei den Römern übliches Brettspiel, welches auf einem, durch 12 sich quer durchkreuzende Linien in 25 Felder abgetheilten, Brette mit Steinchen (calculi) gespielt wurde. 2) das Geschriebene, die Schrift, der schriftliche Aufsatz: scriptis aliquid mandare Etwas aufschreiben; de s. dicere eine Rede vom Concepte ablesen, sie herlesend halten, sine s. ohne das Geschriebene vor sich zu haben; laudavit (mortuum) scripto meo in einer von mir verfaßten und aufgeschriebenen Rede. Insbes. = Buch, Schrift, ss. tua. 3) das geschriebene Wort, der Buchstabe im Gegensatze zu der Absicht und dem Sinne des Verfassers: voluntas scriptoris dissensit cum s.; dicere contra s. legis (oder bloß contra s.).

Scriptūra, ae, f. [scribo] 1) das Schreiben = scriptio 1.: scripturā aliquid persequi Etwas schriftlich aufsetzen, aufschreiben. 2) meton. die Schrift. A) = die schriftliche Abfassung oder Darstellung: mandata dare scripturā schriftliche Ordre geben; mendum scripturae ein Schreibfehler; continens s. fortlaufende Erzählung (ohne Eintheilung in Bücher u. s. w.); assidua s. = die Uebung in der schriftlichen Darstellung. B) (Vorklass. u. Spät.) = die geschriebene Arbeit, das Buch, Gedicht u. s. w. 3) das Viehweidegeld, Abgabe die von denjenigen erlegt wurde, welche auf den Triften des Staats Vieh weideten und für jedes Stück eine gewisse Summe zahlten: das Nöthige darüber notirten die publicani in ihren Büchern (scribebant, daher der Name).

Scriptus, us, m. [scribo] (Vorklass. und Spät.) der Schreiberdienst, das Amt eines scriba: facere s. ein scriba sein.

Scriptŭlum, i, n., siehe Scrupulum.

Scrŏbis, is, m. und f. (Poet. und Spät.) die Grube, Vertiefung in der Erde; uneigtl. = das Grab.

Scrōfa, ae, f. eine Sau, die Junge geworfen hat.

*Scrōfīpascus, i, m. [scrofa-pasco] (Pl.) der Sauzüchter.

Scrūpeus, adj. [scrupus] (Poet.) aus spitzen, scharfen Steinen bestehend, schroff, rauh, spelunca.

Scrūpōsus, adj. [scrupus] (Vorklass. und Spät.) voll spitzer, schroffer Steine, rauh, schroff, steinig, via.

Scrūpulōse, adv. mit comp. u. sup. [scrupulosus] (Spät.) ängstlich genau.

Scrūpulōsus, adj. mit comp. und sup. [scrupulus] 1) = scruposus. 2) (Spät.) trop. ängstlich genau, ängstliche und übertriebene Sorgfalt zeigend oder erheischend, disputatio.

Scrūpŭlum oder **Scrīpŭlum**, i, n. (Nebenform von scrupulus) Benennung des kleinsten Gewichtes und Maaßes. A) als Gewicht = der 24. Theil einer Unze oder des 288. Theil eines Pfundes. B) als Maaß der 288. Theil eines Jucheris (jugerum).

Scrūpŭlus, i, m. deminut. von scrupus, eigtl. der kleine spitzige Stein, nur trop. = die Aengstlichkeit, der beunruhigende Zweifel, die störende und quälende Bedenklichkeit, der Scrupel: evellere s. ex animo, injicare alicui scrupulum; ss. sollicitudinum.

Scrŭpus, i, m. (selten) ein kleiner spitzer Stein, trop. = scrupulus.

Scrŭta, ōrum, n. pl. (Poet. und Spät.) altes Gerümpel, Trödelwaare.

Scrūtātio, ōnis, f. [scrutor] (Spät.) die Durchsuchung, Untersuchung.

Scrūtātor, ōris, m. [scrutor] (Spät.) der Durchsucher, Untersucher.

Scrūtor, depon. 1. [scruta] 1) durchsuchen, genau untersuchen, durchwühlen, visitiren, domum, mare, aliquem, animum alicujus. 2) (Poet. u. Spät.) mit dem Gegenstande als obj., den man sucht, nach Etwas suchen, es aufsuchen, causas, arcanum, fata zu erfahren streben.

Sculpo, psi, ptum, 3. [Nebenform scalpo] mit einem spitzen oder scharfen Instrumente schnitzen, ausschneiden, meißeln, stechen (in Holz, Metall und Stein): s. ebur, s. aliquid ex saxo, s. imaginem; trop. = sorgfältig ausarbeiten.

Sculpōneae, ārum, f. pl. [sculpo] (Vorklass.) eine Art hölzerne Schuhe.

Sculptĭlis, e, adj. [sculpo] (Poet.) geschnitzt, durch Schnitzen u. s. w. gebildet.

Sculptor, ōris, m. [sculpo] (Spät.) der Metallarbeiter, Steinschneider, Graveur.

Sculptūra, ae, f. [sculpo] (Spät.) das Schnitzen, Graben, Stechen u. f. w. in Holz, Stein, Metall, siehe sculpo.

Scurra, ae, m. 1) (Com.) der Stutzer, Petitmaitre, Elegant, Laffe. 2) der Spaßmacher, Possenreißer (gewöhnlich ein Bürger aus niederem Stande), der, um als Schmaroßer am Tische eines Reicheren oder Vornehmeren Zutritt zu haben, sich darauf legte, durch plumpe Schmeichelei oder schlechte Witze den Herrn und seine Gäste zu belustigen, selbst aber dabei eine verdächtige Rolle spielte.

Scurrīlis, e, adj. [scurra] zu einem scurra gehörig, possenreißermäßig.

Scurrīlĭtas, ātis, f. [scurrilis] (Spät.) die Possenreißerei, Lustigmacherei.

Scurrīlĭter, adv. [scurrilis] (Spät.) possenreißerartig.

Scurror, depon. 1. [scurra] (Poet.) sich wie ein scurra betragen, hofschranzen.

*** Scūtāle**, is, n. [scutum] das schildförmige Schleuderleder.

Scūtārius, adj. [scutum] (Vorklass. u. Spät.) den Schild betreffend, Schild-; subst. -ĭus, ii, m. der Schildmacher.

Scūtātus, adj. [scutum] mit einem scutum versehen, schildtragend.

Scūtella, ae, f. deminut. von scutra.

Scūtĭca, ae, f. (Poet.) eine Riemenpeitsche, Karbatsche.

*** Scūtĭ-gĕrŭlus**, i, m. (Pl.) der Schildträger.

Scutra, ae, f. eine flache Schüssel, Schale von länglich viereckiger Form.

Scūtŭla, ae, f. (Vorklass. u. Spät.) 1) deminut. von scutra. — 2) eine rautenförmige Figur, Raute, ein längliches Viereck.

Scŭtŭla oder **Scytăla**, ae, f. [σκυτάλη]

1) eine Walze, Rolle. 2) bei den Spartanern ein vermittelst einer solchen geschriebener Geheimbrief.

Scūtŭlātus, adj. [scutula 1.] (Spät.) rautenförmig, gewürfelt.

Scūtŭlum, i, n. deminut. von scutum.

Scūtum, i, n. der große, länglich viereckige Schild der römischen Fußsoldaten, hölzern aber mit Leder überzogen (vgl. clipeus, parma, pelta).

Scўlăcēum, i, n. [Σκυλάκειον] Küstenstadt im Lande der Bruttier in Unteritalien. Davon **-cēus**, adj.

Scylla, ae, f. [Σκύλλα] 1) Felsen an der Küste Unteritaliens an der sicilischen Meerenge, dem Strudel Charybdis gegenüber. Im Mythus wurde Sc. personificirt und als ein in einer Höhle an jenem Felsen wohnendes Ungeheuer dargestellt. 2) Tochter des Nisus, Königs von Megara. — Hiervon **Scyllaeus**, adj.

*** Scymnus**, i, m. [σκύμνος] (Lucr.) das Junge, das junge Thier.

Scyphus, i, m. [σκύφος] ein Becher, Trinkgeschirr.

Scyros ob. **-rus**, i, f. [Σκύρος] eine der sporadischen Inseln, wo der Sage nach Achilles als Mädchen verkleidet bei dem König Lycomedes versteckt lebte und mit der Tochter des Lycomedes Deidamia einen Sohn (den Pyrrhus) zeugte. Davon **Scўrius**, adj., virgo = die Deidamia.

Scytăla, ae, f., siehe scutala 2.

Scythae, ārum, m. pl. [Σκύθαι] die Skythen, gemeinschaftliche Benennung mehrerer Völker im nördlichen Osteuropa und Asien; im sing. **Scythes**, ae. Davon 1) **Scythia**, ae, f. das Land der Skythen, 2) **Scythĭcus**, adj.; S. amnis der Tanais, Oceanus das Eismeer; Diana die taurische. 3) (Poet.) **Scythes** oder **-tha**, ae, comm. und **-this**, ĭdis, f. adj.

Sē, praep. 1) (veraltet) = sine. 2) (vor einem Vocale sed) in der Zusammensetzung bezeichnet es ein Abseitsgehen, eine Absonderung, Trennung, = Seite, weg.

Sē ob. **sēse** (accus. und abl.), **sĭbi** (dat.), sowohl pl. als sing., pron. refl. sich: ipse se quisque diligit; petliit ut ad se veniremus zu ihm; negligere quid de se quisque sentiat von Einem. Bisweilen wird met (= selbst) angehängt, semet, sibimet. Uebrigens siehe die Grammatik.

Sēbēthos, i, m. ein Flüßchen in Campanien. Davon **-ēthis**, ĭdis, f. adj.

Sēbum ob. **Sēvum**, i, n. Talg.

Sē-cēdo etc., 3. 1) bei Seite gehen, weggehen, de coetu, in abditam partem aedium. 2) insbef. A) = von dem öffentlichen Leben, von Geschäften sich zurückziehen. B) zufolge einer politischen Uneinigkeit sich absondern und wegziehen: plebs s. a patribus, in montem sacrum. C) trop. (Poet. u. Spät.) a) von Localitäten, entfernt sein, sich entfernen, villa septem millibus passuum s. ab urbe. b) = von einer Meinung abgehen. c) s. ad stilum sich zum Schreiben begeben. d) s. in se sich in seine Gedanken vertiefen.

Sē-cerno etc., 3. 1) absondern, trennen, ausscheiden, aliquos ab illis, se ex grege; s. flores calathis in Körben sondern; s. praedam in publicum ausscheidend hinlegen.

Secespita — **Seculum** 679

Hiervon a) (felten) auseinander=, in Theile trennen, theilen. b) = ausmerzen, verwerfen, judicem, minus idoneos senatores. 2) *trop.* scheiden, unterscheiden, illas res, verum amicum a falso.

*Sĕcespĭta, ae, *f.* [seco?] (Spät.) ein langes Opfermesser.

Sĕcessĭo, ōnis, *f.* [secedo] 1) das Abseitsgehen, ss. subscriptorum. 2) die politische, durch bürgerliche Streitigkeiten bewirkte Absonderung, der Abzug (vgl. seditio).

Sĕcessus, us, *m.* [secedo] 1) (Spät.) = secessio. 2) die Abgeschiedenheit; Einsamkeit, theils a) *abstr.*, das Alleinsein; s. scribentis, theils *concr.* = der einsame und entfernte Ort, z. B. auf dem Lande.

Sĕclūdo, si, sum, 3. [se-claudo] 1) abschließen, schließend absondern, carmĭna antro; (Poet.) secludi sich verstecken. 2) absondern, trennen, dextrum cornu a sinistro. Hiervon s. curas entfernen; s. vitam corpore sich tödten.

Sĕclum, siehe Seculum.

Sĕco, cui, ctum (*fut. part.* secatūrus), 1. schneiden, digitum, capillos, pabulum. Hiervon insbes. A) = amputiren oder operiren, aliquem, membra, vomĭcam. B) = ritzen, furchen, spalten u. dergl.; s. genas ungue ferratzen, aliquem flagellis geißeln. C) schnitzen, dona secto elephanto, s. marmora. D) (Poet.) = verletzen, quälen, podagra eum s. E) = theilen, zergliedern, quinque zonae ss. coelum; s. causas in plura genera zerlegen. Hiervon a) (Poet.) durchschneiden, durchgehen, durchlaufen u. dergl.: flumen s. agros durchströmt; s. mare durchschiffen, s. aethera pennis durchfliegen; s. viam zurücklegen und vielleicht hiervon (*Virg.*) s. spem = eine Hoffnung verfolgen. b) s. litem einen Proceß schlichten, entscheiden.

*Sĕcrētĭo, ōnis, *f.* [secerno] die Absonderung, Trennung.

Sĕcrēto, *adv.* [*abl. sing.* von secretus] 1) allein, unter vier Augen, an einem abgesonderten Orte. 2) insgeheim, heimlich.

Sĕcrētus, *adj.* mit *comp.* [*particip.* von secerno] abgesondert, getrennt. 1) von Localitäten = entlegen, einsam, gesondert, locus; vastum ubique silentium, s. colles einsam = vom Feinde verlassen; studia ss. die in der Einsamkeit getrieben werden. Hiervon *subst.* -tum, i, *n.* die Einsamkeit, Abgeschiedenheit, longum, abditum; petere secretum = eine Unterredung unter vier Augen mit Jmd. verlangen, doch auch = sich an einen einsamen Ort begeben; in secreto allein, von Anderen abgesondert. 2) (von der Kunde der Leute abgesondert) heimlich, geheim, verborgen, libido. Hiervon (Spät.) *subst.* -tum , i , *n.* das Geheimniß: ss. deae = Mysterien; habere ss. cum aliquo geheime Zusammenkünfte mit Jmd. haben. 3) (Spät.) ungewöhnlich, besonder, selten, lingua veraltete Ausdrücke. 4) (*Lucr.*) einer Sache entbehrend, beraubt, re aliqua ob. rei alicujus.

Sĕcta, ae, *f.* [seco, eigtl. secta via der gebahnte Weg; nach Anderen von sequor], 1) der Weg, die Bahn, in tropischer Bedeutung = die Lebensbahn, die Denk= und Handlungsweise, das Verfahren, die Art zu leben, meist in Verbindung mit sequi: sequor hanc s. rationemque vitae; sequi s. alicujus in Jmds Fußstapfen treten; secuti sectam ejus = seine Anhänger, Partei. 2) insbes. = die Bahn in Beziehung auf Lehre und Ansichten, die Lehre, das philosophische System: secutus es illorum philosophorum s.; s. Stoicorum; duses diversarum sectarum „Secten".

*Sectārĭus, *adj.* [seco] (*Pl.*) verschnitten, castrirt.

Sectātor, ōris, *m.* [sector] der Begleiter, der gern in Jmds Gefolge ist, als fein Client ob. Anhänger, der Anhänger bes. der Lehre eines Philosophen.

Sectĭlis, e, *adj.* [seco] (Poet. u. Spät.) 1) schneidbar, was geschnitten=, gespalten werden kann. 2) geschnitten, gespalten, ebur, pavimenta ss. = aus vielförmigen Metallplatten zusammengesetzt, musivisch.

Sectĭo, ōnis, *f.* [seco] 1) das Schneiden, Abschneiden. 2) *trop.* A) die Zerlegung, Eintheilung der Rede u. dergl. B) das (zum Wiederverkaufen im Einzelnen geschehende) Parcelliren und Zerstückeln gekaufter Sachen, bes. einer Beute oder von Staatswegen eingezogener (Proscribirten gehöriger) und verkaufter Güter, siehe sector. Hiervon *meton.* das auf solche Weise verkaufte und zerstückelte Gut: sectionem ejus oppidi (d. h. die Beute) vendidit.

Sector, ōris, *m.* [seco] der Schneider = Zerschneider, Abschneider; s. collorum = Mörder. Hiervon s. bonorum der eine Beute oder bes. die confiscirten Güter eines Proscribirten durch Kauf an sich bringt und sie dann zum Wiederverkaufen zerstückelt, parcellirt.

Sector, *depon.* 1. [sequor] 1) überall und geflissentlich folgen, immer begleiten, nachgehen, aliquem; s. matronas nachlaufen, die Cour machen. Insbes. als Diener, Trabant oder als Client, Anhänger begleiten = in Jmds Gefolge sein, und daher geradezu = in Jmds Dienste sein: sectantur illi servi Chrysogonum; (Poet.) s. oves hüten, s. aratrum pflügen; pueri eum ss. laufen ihm (neckend) nach. 2) (Vorklaff. u. Poet.) verfolgen, jagen, apros. 3) *trop.* nach einer Sache eifrig streben, =trachten, =„jagen", praedam, voluptates; (Spät.) s. habĭtum, vultus alicujus nachzuahmen streben. Hiervon (Poet.) a) = zu erforschen suchen, quo loco rosa sera moretur. b) (Spät.) Etwas zu thun eifrig streben.

Sectūra, ae, *f.* [seco] (selten) 1) (Vorklaff. u. Spät.) das Schneiden. 2) (zweifelh.) der Ort, wo Etwas ausgeschnitten wird, ss. aerariae Erzgruben.

Sēcŭbĭtus, us, *m.* [secubo] (Poet.) das Alleinliegen.

Sē-cŭbo etc., 1. abgesondert=, allein liegen (ohne Beischläfer oder Beischläferin); (Poet.) = zurückgezogen ob. einsam leben.

Sēcŭlāris, e, *adj.* [seculum] zu einem Jahrhunderte gehörig, Secular=, ludi; carmen s. Lied, das bei einer Secularfeier gesungen wurde.

Sēcŭlum (contr. Seclum), i, *n.* 1) (Vorklaff.) das erzeugte Geschlecht, die Generation, Art: s. hominum, ferarum; propagare ss. 2) das Menschenalter, Zeitalter, die gewöhnliche Zeitdauer eines Menschengeschlechtes (33⅓ Jahre): multa ss. hominum. 3) das Zeitalter, die Zeit, in Bezug auf die darin lebenden Menschen und ihre herrschenden Sitten, die herrschende Mode u. f. w., der Zeitgeist, der Ton des Tages u. vergl.: novi ego hoc s.; hujus seculi intemperantia; corrumpere et corrumpi seculum vocatur. 4) das Jahrhundert. Hiervon = ein längerer Zeitraum überhaupt.

Sēcum = cum se, siehe Cum.

Sĕcundāni, ōrum, m. pl. [secundus] sc. milites die Soldaten der zweiten Legion.

Sĕcundārius, adj. [secundus] zum Zweiten an Rang, Werth u. s. w. gehörig, von der zweiten Sorte, panis.

Sĕcundo, 1. [secundus] 1) (Vorklaff.) nach Etwas (schicklich einrichten, s. tempus rei alicui. 2) (Poet. u. Spät.) begünstigen, beglücken, glücklich machen, einer Sache einen glücklichen Fortgang geben, iter, incepta; dii ss. visus geben den Erscheinungen einen günstigen Ausgang.

Sĕcundo, adv. num. [secundus] zweitens.

Sĕcundum [sequor], I. praep. (eigtl. folgend) 1) im Raume, A) dicht hinter, aliquem. B) häufig entlang, längs — hin, fluvium. C) s. flumen mit dem Strome, der Strömung folgend. 2) in der Zeit, sogleich nach, s. hunc diem; s. quietem gleich nachdem man eingeschlafen ist = im Schlafe. 3) trop. A) von einer Reihenfolge und einem Range, nächst, unmittelbar-, zunächst nach (siehe secundus 1.), s. deos homines hominibus maxime prosunt; s. ea hierauf. B) in Uebereinstimmung mit, gemäß, zufolge, nach, s. naturam, legem, arbitrium suum. C) zu Gunsten, zum Vortheil für Jmd. ob Etwas, s. aliquem judicare, decernere; s. causam alicujus dicere für Jmds Sache. — II. adv. 1) hinten nach, ire. 2) zum zweiten Male.

Sĕcundus, adj. [sequor] 1) dem ersten nachfolgend, der folgende, nächste, insbef. der zweite: id erat s. ex tribus; s. a rege der nächste nach dem Könige; s. mensa der Nachtisch; heres s. der erbt, wenn der erste Erbe stirbt ob. die Uebernahme der Erbschaft ausschlägt. Insbef. A) ss. partes die zweite und untergeordnete Rolle in einem Schauspiele; weil derjenige, der diese Rolle spielte, in Allem sich nach dem Schauspieler, der die Hauptrolle hatte, einrichten mußte und sogar sich hüten sollte, ihn und seine Rolle durch sein Spiel zu verdunkeln, so bedeutete partes secundas agere (tractare) soviel als gegen Jmd. eine knechtische Unterwürfigkeit zeigen, ihm in Allem beipflichten, schmeicheln. Auch partes ss. trop. zur Bezeichnung des zweiten Platzes an Rang u. s. w.: secundas (partes) alicui deferre Jmd. den zweiten Platz anweisen; is fuit Crassi quasi secundarum spielte gleichsam die zweite Rolle nach dem Cr. B) = am Range, in der Reihenfolge der nächste (indem beide zu einer Klasse gehören, vgl. das in dieser Beziehung schwächere proximus), s. ab aliquo nach Jmd. Hiervon wieder = von der zweiten Sorte, geringer, schlechter, panis; haud ulli secundus (Poet.) Keinem nachstehend. — 2) mitfolgend, was mit geht (vom Winde und Strome), ventus s.; secundo amni stromabwärts, aestu mit den Wellen. Hiervon A) (Poet.) vela ss. von günstigem Winde angeschwellt, currus s. rasch mitfolgend = schnell, flüchtig. B) günstig, theils a) = begünstigend, Beifall gebend: secunda contione mit Beifall der Versammlung, indem die V. günstig gestimmt ist, ebenso s. populo; lex s. alicui Jmd. vortheilhaft, ihn begünstigend. b) = glücklich, nach Wunsche gehend, proelium; res, fortuna s. ob. im plur res, fortunae ss. glückliche Umstände, Glück, bisweilen in derselben Bedeutung subst. n. **secundum** ob. im plur. **secunda** (orum).

Sĕcūre, adv. [securus] 1) sorglos, unbekümmert. 2) gefahrlos.

Sĕcūrĭcŭla, ae, f. deminut. von securis.

Sĕcūrĭfer u. -ger, ĕra, ĕrum, adj. [securi-fero u. gero] (Poet.) ein Beil tragend.

Sĕcūris, is, f. das Beil, die Axt; s. anceps = bipennis. Insbef. von dem Beil des Scharfrichters und den Aerten der Lictoren. Hiervon trop. A) zur Bezeichnung der obrigkeitlichen Gewalt und der römischen Herrschaft: Gallia subjecta securibus; virtus nec sumit aut ponit ss. (= magistratus, honores); Germania colla Romanae praebens animosa securi. B) injicere (infligere) securim reipublicae, petitioni = zerstören, sehr schaden.

Sĕcūrĭtas, ātis, f. [securus] 1) die Gemüthsruhe, Kummerlosigkeit: s. est vacuitas aegritudinis. 2) die Sorglosigkeit im tadelnden Sinne = die Fahrlässigkeit, Gleichgültigkeit. 3) (Spät.) die Sicherheit, Gefahrlosigkeit.

Sĕcūrus, adj. mit comp. [se-cura] 1) unbekümmert, sorgenfrei, furchtlos, wer sich sicher meint und keine Gefahr fürchtet (vgl. tutus): hostes ss. proelium ineunt; s. sum de illa re, auch (Poet. u. Spät.) mit einem genit., futuri wegen der Zukunft, poenae ohne Strafe zu fürchten. Hiervon A) (Poet.) = der sich um Etwas nicht kümmert, keine Rücksicht darauf nimmt, amorum alicujus, famae; s., cadat an stet fabula ob das Stück u. s. w. B) (Poet. u. Spät.) von leblosen Gegenständen, heiter, sorgenfrei, ungenirt, quies, convivium. (Poet.) latices ss. die Sorgen (durch Vergessen) entfernend. 2) (Spät.) in tadelndem Sinne, sorglos, fahrlässig. 3) (selten) = tutus, sicher, locus.

Sĕcus, n. indecl. = sexus.

Sĕcus, adv. compar. [sequor] (eigtl. auf die der ersten nachfolgende Weise). 1) posit. secus: A) anders, auf andere Weise, nicht so: nemo s. dicet; longe s.; hora nona aut non multo s. so ungefähr; quod quum s. sit da dieses sich anders verhält. Oft folgt ein ac (atque) ob. quam; häufig geht eine Negation voran, bef. bei Poet. zur Einführung einer Vergleichung non (haud) s. quam (ac, atque) sowie, nicht anders als wenn. B) anders, als sein sollte = nicht gut, nicht wohl, schlecht: res s. cessit; s. de eo existimo ich habe keine gute Meinung von ihm. C) (selten) substanti-

Secutor — Seductus 681

vifch = minus: neque s. in iis virium (erat). 2) *comp.* sēcius ob. sēquius, A) anders: quid diximus s. quam velles? B) mit vorhergehender Negation (non, haud, nihilo) weniger: neque eo s., nihilo s. nichts besto weniger. C) (Spät.) nicht gut, nicht recht, schlecht, cum aliquo agere.

Sĕcūtor, ōris, m. [sequor] (Spät.) der Nachseher, eine Art Gladiatoren, die den Netzkämpfern (retiarii) nachsetzten und mit ihnen kämpften.

Sĕd ob. **Sĕt,** *conj.* aber, allein, bezeichnet einen directen Gegensatz zu etwas Vorhergehendem, welches dadurch beschränkt, geändert oder aufgehoben wird (vgl. at, verum, vero, autem). Bisweilen wird durch sed eine Steigerung des Vorhergehenden eingeführt, indem statt dessen ein stärkerer Ausdruck gesetzt wird (*Das.* Affer duas clavas. *La.* Clavas? *Das.* Sed probas). Wo sed ausgelassen wird, wird das Wort, in welchem der Gegensatz liegt, voran gestellt (non agitur de sociorum injuriis, libertas nostra in dubio est). Insbes. A) in Verbindung mit einer Negation zur Bezeichnung der Steigerung, non modo (solum, tantum) — sed ob. sed etiam nicht bloß, allein — sondern auch, sogar, und wo ein neuer verneinender Begriff hinzugefügt wird, sed ne — quidem sondern nicht einmal. B) es bezeichnet bisweilen, daß man zu etwas schon Erwähntem zurückkehrt, bes. wo man den durch eine Parenthese unterbrochenen Zusammenhang der Rede wieder aufnimmt (oft = „sage ich"). C) beim Abbrechen und Innehalten der Rede, indem man zu etwas Anderem übergeht: sed haec parva; veniamus ad majora. So häufig sed de hac re (ob. hoc) hactenus.

*Sĕdāmen, ĭnis, n. [sedo] (spät. Poet.) das Beruhigungsmittel.

Sĕdātē, *adv.* [sedatus] gelassen, ruhig.

Sĕdātĭo, ōnis, *f.* [sedo] die Beruhigung leidenschaftlicher Aufregung, animi.

Sĕdātus, *adj.* mit *comp.* u. *sup.* [sedo] gelassen, ruhig, still, leise, gradus, tempus, animus, vox.

Sĕdĕcim ob. **Sex-dĕcim,** *adj. num. card.* sechzehn.

*Sĕdĕcŭla, ae, *f. deminut.* von sedes.

Sĕdentārĭus, *adj.* [sedeo] (Vorklaff. u. Spät.) mit Sitzen verbunden, sitzend; sutor s. im Sitzen arbeitend.

Sĕdĕo, sēdi, sessum, 2. sitzen, in solio, in equo, ante fores, ad gubernaculum; s. carpento. Häufig von Richtern und obrigkeitlichen Personen, wenn sie in der Ausübung ihrer Amtsgeschäfte auf ihren bestimmten Plätzen sitzen = Sitzung halten, zu Gerichte sitzen: s. in rostris, pro tribunali; vos iidem in eum sedetis judices; auch von anderen Anwesenden, z. B. den advocati. Hiervon A) an einem Orte verweilen, verharren, sehr oft mit dem Nebenbegriffe der Unthätigkeit und Passivität: s. domi, in villa sua; sedit qui timuit der sich fürchtet, bleibt ruhig zu Hause; imperator s. ante moenia bleibt unthätig stehen; so häufig von einem Heere, das eine Stadt blokirt. Ferner: glans s. liegt fest in der Schleuder; nebula s. campo bleibt stehen; pallor s. ore ist fortwährend. B) von Wurfspießen u. dergl., fest sitzen, telum s. scuto, so auch plaga s. der Hieb drang wirklich hinein (von Jmd., der bisher durch die Flucht sich der Verwundung entzogen hat). C) = sitzen bleiben, nicht fortkommen, s. in vado. D) esca s. liegt ruhig im Magen, hat sich gesetzt. E) *trop.* sedet mihi es ist mein fester Entschluß; sedet animo es ist fest eingeprägt. F) = sich senken, »herabsenken, sich setzen: montes ss., gravia ss.; libra neo surgit nec sedet.

Sēdes, is, *f.* [verwandt mit sedeo] 1) der Sitz (überhaupt, vgl. sedile, sella), regia, s. honoris; *proverb.* (Poet.) sedes priores tenere = einen vorzüglichen Platz einnehmen. 2) *trop.* A) der Wohnsitz, die Wohnung, der Aufenthalt, figere s. seinen Wohnsitz aufschlagen; so im *plur.* von Mehreren, aber bisweilen auch von einem Einzelnen. B) der Platz, die Stätte, der Boden oder Grund, wo Etwas ist: convellere turrim altis sedibus, moliri montem sede suā; solidis astare ss. (Poet.) auf festem Boden stehen; *trop.* dimovere mentem e s. suā verwirren. Hiervon s. belli der „Schauplatz" des Krieges ob. = der Mittelpunkt (von einem befestigten Orte, wo Truppen und Kriegsvorräthe gesammelt werden); s. orationis (Spät.) der Hauptpunkt der Rede.

Sĕdētānĭa, ae, *f.* Landschaft in der Hispania Tarraconensis. Dazu **Sĕdētāni,** ōrum, m. *pl.* die Einwohner von S.

Sĕdīle, is, n. [sedeo] (Poet. u. Spät.) ein Sitz (ein durch Menschenhände bereiteter, vgl. sedes), Sessel, Stuhl: prima ss. die vordersten Sitze im Theater.

Sēdĭtĭo, ōnis, *f.* [se-d-itio] eigtl. das Beiseitegehen, davon 1) die politische Trennung, der bürgerliche Zwiespalt, das Zerwürfniß (vgl. secessio), duo tribuni plebis per s. creantur. 2) der Aufstand, die Empörung: s. orta est in castris; movere s.; auch im *plur.* 3) (meist Poet.) überhaupt der Streit, die Zwietracht.

Sēdĭtĭōsē, *adv.* mit *comp.* u. *sup.* [seditiosus] aufrührerisch.

Sēdĭtĭōsus, *adj.* mit *comp.* u. *sup.* [seditio] 1) unruhig, aufrührerisch, homo, oratio. 2) (selten) überhaupt zanksüchtig, Unruhen erregend, mulier. *3) (Spät.) *pass.* unruhig = Unruhen ausgesetzt, vita s. et tumultuosa.

Sēdo, 1. [sedeo] eigtl. machen daß Etwas sich setzt, 1) sinken machen, pulverem; davon s. mare, fluctus, ventos = stillen, beruhigen; (Poet.) s. vela einziehen, curriculum zurückhalten. 2) *trop.* beschwichtigen, beruhigen, dämpfen, Einhalt thun, animos militum, appetitum, discordiam, seditionem, bellum endigen, sitim löschen, famem stillen.

Sē-dūco etc., 3. 1) bei Seite führen, -ziehen, aliquem foras, amicum a turba; (Poet.) s. oculos abwenden. Hiervon A) (Spät.) = auf die Seite schaffen, an sich ziehen, aliquid. B) s. aliquem = entfernen, auf die Seite bringen. C) consilia seducta a conscientia illorum ihrer Kenntniß entzogen. 2) (Poet.) trennen, terras duas.

*Sēductĭo, ōnis, *f.* [seduco] die Beiseiteführung.

Sēductus, *adj.* [*particip.* von seduco]

(Poet. u. Spät.) entfernt, terra; in seducto in der Zurückgezogenheit.

Sēdŭlĭtas, ātis, f. [sedulus] die Emsigkeit, Geschäftigkeit: s. et diligentia; bisweilen tadelnd = die allzu große Dienstfertigkeit, Aufdringlichkeit.

Sēdŭlo, adv. [sedulus] 1) emsig, mühsam, mit Eifer, nach Kräften, sorgfältig, aliquid facere, comparare: s. audire aufmerksam; s. dicere reiflich durchdacht, gründlich; quod dico s. nachdrücklich, bestimmt. 2) mit Vorsatz, vorsätzlich, tempus. terere.

Sēdŭlus, adj. [sedeo, eigtl. = beharrlich an der Arbeit sitzend; nach Anderen von se-dolus = ohne Trug, aufrichtig, mit gutem Willen] (meist Spät.) emsig, geschäftig, betriebsam, mater, nutrix; spectator s. der sich für das Stück lebhaft interessirt.

Sedūni, ōrum, m. pl. helvetische Völkerschaft in der Gegend des heutigen Sitten.

Sĕges, ĕtis, f. 1) das Saatfeld: subigere s.; ss. fecundae; hiervon (Pl.) scherzhaft s. stimulorum ein Rücken, der gepeitscht wird, das „Prügelfeld". 2) die Saat auf dem Felde (vgl. semen) s. alta stat. 3) trop. A) das Feld, der Boden = Stoff. Quell: Clodius erat s. laudis Milonis Milo eroberte seinen Ruhm vom (Kampfe gegen den) Clodius. B) (Poet.) = die Ernte, der Ertrag, trop. = Vortheil: quae inde s.?

Sĕgesta, ae, f. römischer Name der Stadt Αχέστη auf der Nordküste Siciliens. Davon -stānus, adj. u. subst. -ni, ōrum, m. pl. die Einwohner von S.

Sĕgestes, is, m. germanischer Fürst, Freund der Römer.

Sĕgestre, is, n. [seges] 1) eine Decke von Stroh, eine Matte, dann auch von Fell. 2) übertragen, ein Mantel aus Thierhäuten.

Segmentātus, adj. [segmentum] (Spät.) mit Stücken von fein geschlagenem Goldblech besetzt.

Segmentum, i, n. [seco] (Poet. u. Spät.) der Abschnitt, das abgeschnittene Stück, insbes. ein Stückchen von fein geschlagenem Goldblech als Verzierung bes. eines Damenkleides.

Segne, siehe Segniter.

*Segni-pes, ĕdis, m. (spät. Poet.) der Trägfüßler (von einem Pferde).

Segnis, e, adj. (bei den älteren Schriftstellern fast nur im comp. u. sup.) träge, langsam, säumig, unthätig, miles, equus; s. bellum, pugna, obsidio ohne Eifer betrieben, lässig; s. ad credendum; (Poet.) = unfruchtbar, unergiebig, campus; (Tac.) mit einem genit., s. occasionum im Benutzen der Gelegenheiten, (Poet.) s. solvere zum Lösen.

Segniter, und (selten) -ne, adv. mit comp. [segnis] träge, langsam, schläfrig.

Segnitia, ae, f. und (meist Vorklass. und Spät.) -ties, ei, f. [segnis] die Trägheit, Langsamkeit, Saumseligkeit, Säumigkeit: s. et socordia, desidia et s.

Sĕgrĕgis, e (ob. Segrex, der nomin. sing. kömmt nicht vor), adj. [se-grex] (Spät.) abgesondert, einsam, vita.

Sĕgrĕgo, 1. [se-grex] von der Heerde absondern, trennen, entfernen, oves, aliquem a numero civium, liberos a se. Hierv. trop. A) eloquentia nos s. a vita immani zieht uns ab; s. virtutem a summo bono außer Verbindung mit — setzen. B) (Pl.) s. sermonem die Unterhaltung abbrechen, schweigen.

Sĕgŭsĭāni, ōrum, m. pl. Völkerschaft im inneren Gallien.

Sei, s. S. für Si.

Sejānus, siehe Sejus.

Sē-jŭgātus, adj. (selten) abgesondert, getrennt.

Sējŭgis, is, m. [sex-jugum] (eigtl. ein adj., sc. currus) ein Sechsgespann.

*Sējunctim, adv. [sejungo] (Poet.) abgesondert.

Sējunctio, ōnis, f. [sejungo] die Absonderung, Trennung.

Sē-jungo etc., 3. 1) aus der Verbindung mit Etwas bringen, absondern, trennen, se ab aliquo, Alpes ss. Italiam a Gallis; s. aliquem ex numero civium; s. se a libertate verborum sich enthalten. 2) unterscheiden, benignitatem a largitione.

Sējus, i, m. römischer Name: ein Marcus S. war ein reicher Mann u. Freund des Atticus und des Cicero. Davon **Sejānus**, adj., u. als Name **Lucius Aelius S.**, der bekannte Günstling Tibers.

Sēlectio, ōnis, f. [seligo] das Auslesen, die Auswahl.

Sēleucia oder -ēa, ae, f. [Σελεύκεια] Name mehrerer Städte: 1) S. Babylonia Stadt in Babylonien in der Nähe vom Tigris, von Seleucus Nicator erbaut. 2) S. Pieria, große Stadt in Syrien nicht weit vom Orontes. Davon **Sēleuciānus**, adj.

Sēleucus, i, m. (Nicator) [Σέλευκος ὁ Νικάτωρ] S. der Sieger, Feldherr Alexanders des Großen, später König in Syrien.

Sē-libra, ae, f. [semi] ein halbes Pfund.

Sēligo, lēgi, lectum, 3. [se-lego] absondernd auswählen, auslesen, aliquid, exempla.

Sēlinus, untis, f. [Σελινοῦς] 1) Stadt auf Sicilien. 2) Stadt in Cilicien.

Sella, ae, f. [statt sedula von sedes] ein Stuhl, Sessel (vgl. sedes, sedile). Insbes. A) der Stuhl worauf obrigkeitliche Personen während ihrer Amtsfunctionen saßen, der curulische Sessel, s. curulis. B) Stuhl, worauf ein Handwerker sitzt, Arbeitsstuhl. C) ein Tragsessel, s. gestatoria, später statt der lectica üblich.

Sellārius, adj. (sella) zu Stühlen-, Sesseln gehörig, nur subst. -ia, ae, f. ein Saal mit Sesseln, Sesselsaal, zur Unzucht gebraucht, und B) -ius, ii, m. der auf Sesseln sein Wesen treibt (siehe Suet. Tib. 43 u. Tac. Ann. 6, 1).

*Sellisternia, ōrum, n. pl. [sella-sterno] religiöses Festmahl für Göttinnen, deren Bildnisse dann auf Sessel hingesetzt wurden, wie bei einem lectisternium die Bildnisse der Götter auf Sophas hingelegt wurden.

*Sellŭla, ae, f. deminut. von sella.

Sellŭlārius, adj. [sellula] zu einem Sessel-, insbes. zum Arbeitstuhl gehörig, davon s. quaestus der Erwerb der Handwerker, u. subst. -ius, ii, m. ein Handwerker.

Semel   **Semireductus**   683

Sĕmel, *adv.* einmal, 1) als eigtl. *adv. num.*, einmal. ein einziges Mal: non s. sed bis; s. et vicies ob. vicies s. ein und zwanzigmal; non plus quam s.; non s. major nicht noch einmal so groß; s. atque iterum = zweimal, doch auch allgemeiner = öfters, einmal ums andere. Insbes. in einer Reihenfolge = das erste Mal, zuerst, erst: bis idem fecit, s. Romae, iterum Athenis. 2) prägnant, A) = ein für allemal, nicht mehr als einmal, auf einmal: quum facile exorari, Caesar, tum s. exorari soles; illis a te s. ignotum esse oportuit; interim, quod pluribus collegit adversarius, satis est s. proponere mit Einem Worte, kurz; humum s. ore momordit für immer. B) überhaupt, wie primum, eine Handlung ob. Begebenheit als Präcedenz einer nachfolgenden bezeichnend, wo es durch das tonlose einmal, erst u. dergl. übersetzt wird, gewöhnlich in Verbindung mit nt, quum, si, ubi u. s. w.: vox s. emissa nescit reverti; quod s. dixi haud mutabo; ubi erit accubitum s., ne exsurgatis; s. quoniam venerat weil er doch einmal gekommen war; ut s. sobald als: auch mit einem *particip.*, incitato s. militi impetum addere.

Sĕmĕlē, es ob. -la, ae, *f.* [Σεμέλη] Tochter des Cadmus, vom Jupiter Mutter des Bacchus. Davon -lēĭus ober -lēus, *adj.*

Sēmen, ĭnis, *n.* (sero) 1) der Samen der Pflanzen, der gesäet wird. Hiervon A) der thierische Samen. B) ein zur Fortpflanzung benutztes Reis, das Pflanzreis, der Sebling. 2) *trop.* A) (Poet.) der Grundstoff anderer Körper, z. B. des Feuers, ss. flammae. B) der Stamm, das Geschlecht, s. regium. C) (Poet.) der Nachkomme, Sprößling, das Kind.

Sēmentis, is, *f.* [semen] die Aussaat, das Säen: facere maximas ss.; *trop.* s. malorum a diis facta non est. 2) Meton. A) die Saatzeit. B) der gesäete Samen. C) (Poet.) die Saat auf dem Felde, = seges 2.

Sēmentīvus, *adj.* [sementis] zur Aussaat gehörig, Saat-, dies.

Sēmestris, e, *adj.* [sex-mensis] sechsmonatlich, ein halbes Jahr bauernd, regnum, filius sechs Monate alt.

Sēmēsus, *adj.* (semi-edo) (Poet. u. Spät.) halb verzehrt.

Sēmi [gr. ἡμι] nur in der Zusammensetzung, halb.

*Sēmi-ădăpertus, *adj.* (Poet.) halb geöffnet.

Sēmi-ambustus, *adj.* (Spät.) halb verbrannt.

Sēmi-ănĭmis, e, ob. -mus, *adj.* (Poet. u. Spät.) halb todt, halb lebendig.

*Sēmi-ăpertus, *adj.* halb offen.

*Sēmi-barbărus, *adj.* (Spät.) halb barbarisch.

Sēmi-bos, ŏvis, *m.* (Poet.) halb Ochse.

Sēmi-căper, pri, *m.* (Poet.) halb Bock.

Sēmi-crĕmātus ob. -crĕmus, *adj.* [cremo] (Poet.) halb verbrannt.

Sēmi-crūdus, *adj.* (Spät.) halb roh.

*Sēmi-cŭbĭtālis, *adj.* eine halbe Elle lang.

Sēmi-deus, i, m. u. -dea, ae, *f.* (Poet.) Halbgott, Halbgöttin.

Sēmi-doctus, *adj.* halb gelehrt.

Sēmiermis, e, ob. (Spät.) -mus, *adj.* [semi-arma] halb bewaffnet.

Sēmi-factus, *adj.* (Spät.) halb gemacht.

Sēmi-fer, ĕra, ĕrum, *adj.* [fera] (Poet.) halb Thier, insbes. von den Centauren.

*Sēmi-germānus, *adj.* halb germanisch.

Sēmi-graecus, *adj.* (Spät.) halb griechisch.

*Sēmi-grăvis, e, *adj.* (zweifelhaft) halb betrunken.

*Sē-migro, 1. fort-, hinwegziehen, ausziehen.

*Sēmi-hians, tis, *adj.* [hio] (Poet.) halb offen stehend.

Sēmi-hŏmo, ĭnis, *m.* (Poet.) 1) Halbmensch, halb Mensch halb Thier (insbes. von den Centauren). 2) *adj.* halbwild.

Sēmi-hōra, ae, *f.* eine halbe Stunde.

*Sēmi-lăcer, ĕra, ĕrum, *adj.* (Poet.) halb zerrissen.

*Sēmi-lautus, *adj.* (Poet.) halb gewaschen.

Sēmi-līber, ĕra, ĕrum, *adj.* halb frei.

Sēmi-lixa, ae, *m.* ein halber Marketender (als Schimpfwort).

*Sēmi-mārīnus, *adj.* (*Lucr.*) halb im Meere befindlich.

Sēmi-mas, ăris, *m.* 1) Halbmann, Hermaphrodit. 2) castrirt, entmannt.

Sēmi-mortuus, *adj.* (Poet.) halb todt.

Sēmĭnārium, ii, *n.* [semen] die Pflanzschule, Baumschule. Hiervon *trop.* zur Bezeichnung dessen, woraus Etwas entsteht und gebildet wird, principium ac s. reipublicae; insbes. = das, woraus Etwas sich gleichsam recrutirt: s. Catilinarium schlechte Menschen, aus welchen Catilinas (Leute wie C.) werden können; Hispania s. exercitus hostilis; s. scelerum eine Quelle für Verbrechen (von den Bacchanalien).

Sēmĭnātor, ōris, *m.* [semino] der Säer, *trop.* der Urheber, Erzeuger.

Sēmi-nex, ĕcis, *m.* (Poet. u. Spät.) (der *nom. sing.* findet sich nicht) halb todt.

Sēmĭnium, ii, *n.* [semen] (Vorklaff.) 1) der Samen. 2) die Race von Thieren.

Sēmĭno, 1. [semen] 1) säen, hordeum. 2) besäen, agrum. 3) zeugen. 4) hervorbringen, erzeugen, viscum, quod non sua s. arbor.

Sēmi-nūdus, *adj.* halb nackt.

Sēmi-perfectus, *adj.* (Spät.) halb vollendet.

Sēmi-pes, ĕdis, *m.* ein halber Fuß, insbes. ein halber Versfuß.

*Sēmi - Plăcentīnus, *adj.* ein halber Placentiner.

Sēmi-plēnus, *adj.* 1) halb voll. 2) halb vollständig.

Sēmi-pŭtātus, *adj.* [puto] halb beschnitten.

Sēmi-rāsus, *adj.* [rado] (Poet.) halb geschoren.

Sēmīrămis, ĭdis, *f.* Gemahlin und Nachfolgerin des affyrischen Königs Ninus.

*Sēmi-rĕductus, *adj.* (Poet.) halb zurückgebogen.

*Sēmǐ-rĕfectus, *adj.* (Poet.) halb ausgebessert.

Sēmǐ-rŭtus, *adj.* [ruo] halb eingerissen, halb eingestürzt, murus, urbs.

Sēmis, issis, *m.* [semi-as] ein halber As, davon die Hälfte eines zwölftheiligen Ganzen (siehe As); insbef. die Hälfte einer Erbschaft, eines Juchertes (jugerum), eines Fußes (als Maaß), dann von Zinsen = ½ Procent monatlich d. h. sechs Procent jährlich.

*Sēmǐ-sěnex, nis, *m.* (Pl.) ein Halbgreis.

*Sēmǐ-sěpultus, *adj.* [sepelio] (Poet.) halb begraben.

Sēmǐ-somnus, *adj.* halb schlafend.

Sēmǐ-sŭpīnus, *adj.* (Poet.) halb rückwärts gebogen.

Sēmǐta, ae, *f.* der schmale Fußweg, Fußsteig, Pfad, das Trottoir (vgl. callis, trames), s. angusta et ardua; omnes viae et ss. Hiervon *trop.* s. vitae fallentis, und insbef. zur Bezeichnung eines engeren und weniger betretenen Weges: pecuniam, quae viā visa est exire ab isto, eandem semitā revertisse; Aesopi semitam feci viam = ich habe den Stoff Aesops erweitert; qui sibi semitam non sapiunt, alteri monstrant viam.

*Sēmǐtālis, e, *adj.* [semita] (Poet.) zu den Fußsteigen gehörig, dii.

Sēmǐtārius, *adj.* [semita] (Poet.) auf Seitenwegen befindlich.

*Sēmǐ-tectus, *adj.* (Spät.) halb bedeckt.

Sēmǐ-ustŭlo, 1. halb verbrennen (nur im *particip.* -latus und im *gerund.* -landus gebräuchlich).

Sēmǐ-ustus oder **Sēmustus**, *adj.* [uro] halb verbrannt.

Sēmǐ-vir, i, *m.* (Poet. u. Spät.) Halbmann, A) = halb Mensch, halb Thier (ein Centaur). B) ein Zwitter, Hermaphrodit. C) ein Verschnittener, Castrat. D) *trop.* als *adj.* weibisch, unmännlich.

Sēmǐ-vīvus, *adj.* halb lebendig, halb todt; *trop.* voces ss. halb erstorbene, matte.

Sēmǐ-vōcālis, e, *adj.* (Spät.) nur halb tönend, in der Grammatik als *subst.* pl. f. (sc. literae) die Buchstaben f, l, m, n, r, s, x.

*Sēmǐ-zōnārius, ii, *m.* (Pl.) der Verfertiger von Halbgürteln.

Semnŏnes, num, *m. pl.* germanische Völkerschaft zwischen der Elbe und der Weichsel.

Sēmo, ōnis, *m.* [semen?] eine uralte Gottheit der Saat; auch Beiwort des Sancus.

Sē-mŏdius, ii, *m.* [statt semimodius] ein halber Modius.

Sēmōtus, *adj.* [*particip.* von semoveo] entfernt, entlegen, locus; *trop.* dictio s. vertraulich.

Sē-mŏveo etc., 2. bei Seite schaffen, entfernen, aliquem a liberis, homines, sententias eorum a philosophia, verba.

Semper, *adv.* immer, stets, zu jeder Zeit (vgl. usque); bisweilen mehr beschränkt von der Fortdauer innerhalb eines bestimmten Zeitraumes, beständig: antebac s., horresco s. ubi etc. jedesmal, wenn.

Sempǐternus, *adj.* [semper] immerwährend (die ganze Zeit dauernd, vgl. aeternus).

beständig, unvergänglich, cursus stellarum, ignis, memoria; als *adv.* -num, (Pl.) auf beständig, für immer.

Semprōnius, Name eines römischen Geschlechtes; am bekanntesten ist aus diesem die Familie der Gracchi: 1) Tiberius S. Gr., Consul 177 und 166 v. Chr., mit der Cornelia, Tochter des älteren Africanus, verheirathet. 2) Tiberius S. Gr., Sohn des Nr. 1, als Volkstribun Urheber eines agrarischen Gesetzes, bis er durch die Optimaten einen gewaltsamen Tod fand (133 v. Chr.). 3) Cajus S. Gr., Bruder des Nr. 2, Volkstribun und Urheber mehrerer demokratischer Gesetzvorschläge, bis er 129 v. Chr. von den Optimaten getödtet wurde. 4) Sempronia, Schwester der beiden Letztgenannten, war mit dem jüngeren Africanus verheirathet.

Sēm-uncia, ae, *f.* eine halbe Unze, d. h. der vierundzwanzigste Theil eines As und daher (siehe as) eines Ganzen; insbef. = 1/24 Pfund; hiervon überhaupt zur Bezeichnung einer Kleinigkeit, bona ejus semunciā venierunt um einen Spottpreis.

Sēmunciārius, *adj.* eine halbe Unze enthaltend; fenus s. 1/24 Procent monatlich = ½ Procent jährlich.

Sēna, ae, *f.* Stadt in Umbrien am adriatischen Meere, jetzt Senigaglia.

Sēnācǔlum, i, *n.* [senatus] (Spät.) (veraltet) Ort, wo der Senat sich versammelt.

*Sēnāriŏlus, *adj.* *deminut.* von senarius.

Sēnārius, *adj.* [seni] aus sechs bestehend, sechs enthaltend, gewöhnlich versus s. oder bloß s. ein Vers von sechs (gewöhnlich jambischen) Versfüßen.

Sēnātor, ōris, *m.* [senatus] ein Mitglied des römischen Senates, ein Senator, Rathsherr zu Rom; hiervon übertragen von Mitgliedern ähnlicher Rathsversammlungen bei anderen Völkern.

Sēnātōrius, *adj.* [senator] zu den Senatoren gehörig.

Sēnātus, us, veraltet auch -ti, *m.* [senex] 1) der römische Senat oder Rath, der den wichtigsten öffentlichen Angelegenheiten vorstand. Er bestand zuerst aus 100, dann aus 200, sodann aus 300 Mitgliedern; später stieg die Zahl bis auf 1000, wurde aber von Augustus auf 600 zurückgebracht. Besondere Verbindungen: A) = die Senatsversammlung: senatus est, habetur der S. ist versammelt, venire in senatum (vgl. B.); s. legitimus eine regelmäßige Versammlung des S., an den gewöhnlich hierzu bestimmten Tagen gehalten, s. indictus eine extraordinäre, von einem Magistrate angesagte. B) = die Gesammtheit der Senatoren, das Verzeichniß der Mitglieder: venire in senatum in den S. aufgenommen werden, Senator werden (vgl. A.); legere s. die Namen der Senatoren verlesen, aber legere aliquem in senatum zum Senator machen, unter die Senatoren aufnehmen; senatu movere aus dem S. stoßen. C) senatus datur alicui es wird Jmd. der Zutritt zum Senat gestattet. D) (Spät.) *meton.* = die Sitze der Senatoren im Theater. 2) bisweilen von ähnlichen Versammlungen in anderen Staaten, s. Venetorum.

Sĕnĕca, ae, Familienname in der gens Annaea; bekannt sind 1) Marcus A. S. mit dem Beinamen Rhetor, geboren zu Corduba, Verfasser verschiedener noch vorhandener „Declamationes". 2) Lucius A. S., Sohn von Nr. 1, Lehrer des Kaisers Nero, der ihn 65 n. Chr. tödten ließ, Verfasser vieler philosophischer Schriften u. s. w.

Sĕnectus, adj. [senex] (Vorklaff.) = senilis; so s. aetas und öfter als subst. Senecta, ae, f. (Poet. u. Spät.) = senectus.

Sĕnectus, ūtis, f. [senex] 1) das hohe Alter, Greisenalter. 2) trop. A) der Ernst, die Finsterkeit des Alters. B) = vetustas, das Alter einer Sache, die lange Dauer. C) (Spät.) die alte, jährlich abgeworfene Haut der Schlangen.

Sĕneo, — — 2. [senex] (Poet.) alt sein, trop. matt und kraftlos sein.

Sĕnesco, nui, — — 3. [senex] 1) alt werden. 2) trop. A) veralten, mit der Zeit abnehmen, hinschwinden, kraftlos- und schwach werden: prata ss. die Wiesen verlieren ihre Frische, ager s. continua messe wird entkräftet; Hannibal s. famā et viribus verliert nach und nach seinen Ruf und seine Stärke; bellum s. fängt an mit geringerem Eifer geführt zu werden, civitas s. otio erschlafft, luna s. nimmt ab. *B) (Spät.) (gar zu lange) bei Etwas verweilen (= consenesco 2, B.).

Sĕnex, nis, adj. mit comp. I. posit. alt = bejahrt (vgl. antiquus, vetus), von Männern; auch (Poet. u. Spät.) von Weibern ob. Thieren, ferner (Poet.) von leblosen und abstracten Gegenständen, s. aevum, ss. anni = das Greisenalter, s. dies ein später Tag. Häufig subst. m. = ein Greis, alter Mann, selten als f. ein altes Weib. II. comp. senior, 1) (außer der publicistischen Sprache, im pl. im Gegensatz zu juniores, meist nur Poet. u. Spät.) älter; oft geradezu = senex. 2) trop. oratio s. reifer; haec vis est s. älter (= antiquior).

Sĕni, ae, a, adj. num. distr. [sex] je sechs, sechs auf einmal, bis ss. zwölf; (Poet.) im sing. bis senus, zwölffach, fignre.

Sĕnīlis, e, adj. [senex] zu einem alten Manne gehörig, greisenhaft, Greisen-, prudentia, anni; adoptio s. von einem Greise.

***Sĕnīlĭter**, adv. [senilis] (Spät.) nach Art alter Leute, tremere.

Sēnĭo, ōnis, m. [seni] (Spät.) die Zahl Sechs: mittere s. die Würfel so werfen, daß sie alle die Zahl Sechs zeigen.

Sĕnĭum, ii, n. [senex] (Poet. u. Spät.) das hohe Alter = die Altersschwäche, Entkräftung, das Hinschwinden, omni morbo seniore carere. Hiervon A) der Verdruß, das Aergerniß: confectus senio; ea res mihi senio est. B) die Finsterkeit, der finstere Ernst, der Trübsinn. C) die Trägheit, torpor ac s.

Sĕnŏnes, um, m. pl., Völkerschaft 1) in Gallia Lugdunensis, 2) in Gallia Cispadana.

Sensĭbĭlis, e, adj. [sentio] (Spät.) empfindbar, durch die Sinne vernehmbar.

***Sensĭcŭlus**, i, m. (Spät.) deminut. von sensus, ein kleiner Satz, ein Sätzchen.

Sensĭfer, ĕra, ĕrum, adj. [sensus-fero] (Lucr.) eine Empfindung verursachend.

***Sensĭlis**, e, adj. [sentio] (Lucr.) empfindend, mit Empfindung begabt.

Sensim, adv. [sentio] (eigtl. wahrnehmbar, bemerklich, so allmälig, daß man es bemerken kann), allmälig, nach und nach, langsam, gemach: s. et pedetentim, s. et moderate, s. tentare animos gelegentlich, in aller Stille; amare s. et sapienter ruhig, gelassen.

Sensus, us, m. [sentio] 1) physisch, A) die Empfindung, das Gefühl, doloris. B) das Vermögen zu empfinden, der Sinn: s. videndi ob. oculorum das Gesicht; tactus corporis est s.; s. audiendi ob. aurium das Gehör. 2) geistig, A) das Gefühl, s. humanitatis, s. amoris ob. amandi die Liebe. B) das Bewußtsein: carere s. bewußtlos sein, si quis est s. in morte wenn man nach dem Tode Bewußtsein hat. C) = Gesinnung, Sinnesart, Stimmung, Meinung, Ansicht u. dergl.: civium s. erga nos; orator pertractat ss. mentesque; mihi placet s. ejus de republica; s. communis das allgemeine Menschengefühl, die Art und Weise, auf welche die Menschen im Allgemeinen eine Sache betrachten und beurtheilen. D) (Poet. u. Spät.) der Verstand, die Besinnung, Vernunft: eripere alicui omnes ss.; s. communis der gesunde Menschenverstand (vgl. C.). 3) (Poet. u. Spät.) A) der Sinn, Gedanke, Begriff eines Wortes u. dergl.: notare voces et ss. verbis; verba duos ss. significantia. B) ein Satz, eine Periode: ss. ordine collocati; ss. communes = loci communes, siehe locus.

Sententia, ae, f. [sentio] 1) die Meinung, Ansicht (auf einer bestimmten Ueberzeugung beruhend, vgl. opinio): habeo illam s. ob. sum in illā s. ich bin dieser Meinung, habe diese Ansicht; meā s. nach meiner Meinung; non est sententia illud facere es ist nicht meine (Absicht (Meinung) dieses zu thun; (Poet.) sententia stat es ist mein fester Entschluß; ex animi mei (tui u. s. w.) s., in einer Eidesformel, nach bestem Wissen und Gewissen, auf mein (dein) Gewissen, jurare, dagegen ex s. = nach Wunsche; de s. alicujus der Meinung Jmds gemäß. 2) insbes. in öffentlichen Angelegenheiten, eine officiell ausgesprochene Ansicht, die Stimme, das motivirte Votum (vgl. suffragium) bes. eines Senators: dicere (ferre, dare) sententiam seine Stimme abgeben, votiren; rogare ob. interrogare sententias die Senatoren um ihre Meinung fragen, sie zum Votiren auffordern; (pedibus) ire (discedere) in sententiam alicujus Jmds Meinung beipflichten; factum est senatus consultum in meam s. meinem Votum gemäß; auch von einem Richter, ferre (dicere) s. sein Votum abgeben, stimmen. 3) der Sinn, Gedanke, Inhalt, die Bedeutung eines Wortes, einer Rede u. s. w.: unum verbum saepe non in eadem s. ponitur; in hanc s. epistola scripta est (locutus est) dieses Inhalts, folgendermaßen; so s. im Gegensatz zu verba. 4) der in Worten ausgedrückte Gedanke, der Satz: dum breviter de singulis s. disputo. Insbes. = der Denkspruch, die Sentenz, acutae crebraeque ss.

Sententĭŏla, ae, f. [deminut. von sententia] die kleine Sentenz.

Sententĭōse, adv. [sententiosus] gedankenreich, mit vielen Sentenzen, dicere.

***Sententĭōsus**, adj. [sententia] reich an kräftigen und treffenden Sentenzen.

Senticētum, i, n. [sentis] (Pl.) ein Dorngesträuch.

Sentīna, ae, f. der unterste Raum im Schiffe nebst dem darin sich ansammelnden schmutzigen Schiffsbodenwasser, die Schiffsjauche: exhaurire s. Hiervon trop. = der Auswurf, Unflath, die Hefen einer Sache, insbes. von schlechten und lasterhaften Menschen: s. reipublicae (von den Verbündeten Catilina's); s. urbis der schmutzigste Pöbel.

Sentīnum, i, n. Stadt in Umbrien; davon -nas, ātis, adj.

Sentio, nsi, nsum, 4. 1) körperlich, mit den äußeren Sinnen, empfinden, fühlen, wahrnehmen, dolorem, morbum, odores; gemma ignem non sentiens worauf das Feuer keine Wirkung hat; (Poet.) s. sonare erschallen hören. 2) geistig, von dem inneren Sinne, A) einsehen, verstehen, fühlen, merken, wahrnehmen: animus sentit se moveri; s. quid sit ordo, quam id sit exiguum; plus s. bessere Einsicht haben, mehr verstehen. Hiervon a) erfahren, zu fühlen bekommen, aliquid; sentiet qui vir sim; tecum sensi Philippos ich habe erfahren, was (die Schlacht bei) Ph. war. b) s. de re aliqua von Etwas hören, erfahren. B) meinen, dafür halten, denken, urtheilen: idem s. dieselbe Ansicht haben, vera s. die rechte Meinung haben; s. humiliter eine niedrige Gesinnung haben, niedrig denken, mirabiliter de aliquo s. sehr gut denken von Jmd.; s. cum aliquo es mit Jmd. halten, mit ihm einig sein. Hiervon das particip. im plur. als subst. **sensa**, ōrum, n. pl. Meinungen, Ansichten.

Sentis, is, m. der Dornstrauch (vgl. dumus); trop. (Pl.) von diebischen Händen.

Sentisco, — — 3. [sentio] (Lucr.) wahrnehmen, empfinden.

Sentus, adj. [verw. mit sentis] (Vorklass. u. Poet.) dornig, rauh, loca; homo s. struppig, mit Haaren wie Borsten.

Seorsum, ob. (selten)- **-orsus**, adv. [seversum, -us] (meist Vorklass.) 1) bei Seite, abgesondert, fern: s. in custodia habere aliquem; s. a rege exercitum ductare. 2) trop. besonders, abgesondert, ohne Jmd. oder Etwas: s. a collega aliquid facere ohne Theilnahme seines Collegen, ebenso (Lucr.) s. corpore; s. abs te sentio ich habe eine andere Meinung als du.

*****Sēpărābĭlis**, e, adj. [separo] trennbar.

*****Sēpărāte**, adv. im comp. [separatus] besonders, abgesondert.

Sēpărātim, adv. [separo] besonders, abgesondert, apart: dei s. ab universis singulos diligunt; gewöhnlich absol., sejungere et s. scribere, copias singularum civitatum s. collocavit die Truppen jedes Staates für sich.

Sēpărātĭo, ōnis, f. [separo] die Sonderung, Trennung.

Sēpărātus, adj. [particip. von separo] abgesondert, getrennt, besonders: (Poet.) juga ss. entlegen, temporibus ss. zu verschiedenen Zeiten.

Sē-păro, 1. absondern, trennen, theilen, scheiden; mare s. Europam ab Asia, auch (Poet.) Asiam Eurōpā und Asiam Eurōpamque. Häufig trop. von einer Sonderung in der Rede oder in Gedanken: s. narrationem; s. honestum a virtute; s. suum consilium a ceteris einen besonderen Beschluß fassen.

*****Sēpĕlībĭlis**, e, adj. (Pl.) begrabbar = was sich verbergen läßt.

Sĕpĕlio, pēlīvi ob. pĕlii, pultum, 4. 1) begraben, bestatten, beisetzen (es bezeichnet die vollständige Bestattung, während humo nur die Beerdigung als Schluß des Ganzen bezeichnet, daher auch = die Asche von einem schon verbrannten Leichname begraben): s. aliquem. 2) trop. „zu Grabe tragen" = vernichten, ganz unterdrücken, pudorem, famam, dolorem; s. bellum ganz beendigen und aufheben; patria sepulta zerstört, unterdrückt. B) (Poet.) in Etwas gleichsam versenken: sepultus vino, somno betrunken, fest schlafend: dagegen inertia sepulta lässig, träge.

Sēpes, is, f. der Zaun, eine Verzäunung, das Gehege; (Poet.) von jeder Einschließung. ss. portarum.

Sēpia, ae, f. [σηπία] der Blackfisch.

*****Sēpīmentum**, i, n. [sepio] die Verzäunung.

Sēpio, psi, ptum, 4. [sepes] verzäunen, umzäunen, mit Etwas zum Schutze umgeben: s. segetem; urbem muris; trop. s. domum custodibus, mare praesidiis classium. Hiervon a) überh. einschließen, umgeben, vallum arboribus. b) trop. = verwahren, sichern: s. aliquid memoria; septus legibus geschützt. Insbef. das particip. als subst. **Septum**, i, n. (gewöhnlich im pl.) die Verzäunung, Einfriedigung, das Gehege, insbes. die Schranken um einen Platz u. dergl.: quibus septis belluas continebimus? ss. domorum die Häuser, insofern sie ein Gehege bilden; pecus repetit ss. den Stall, die Hürde; zu Rom insbes. = die vom Cäsar aufgeführten Schranken auf dem Marsfelde, welche dem Volke bei der Abstimmung in den Comitien zur Vertheilung der Tribus u. s. w. dienten.

Sēpĭŏla, ae, f. demin. von Sepia.

Seplāsia, ae, f. Straße in Capua, wo Salben verkauft wurden.

Sē-pōno etc. 3. 1) bei Seite legen, absondern, insbes. zu fernerem Gebrauche hinlegen, aufheben; s. et recondere rem; s. pecuniam in aedificationem templi, ebenso frumentum in decem annos. 2) insbes. A) vorbehalten, reserviren, aufheben, illam materiam senectuti. B) zu Etwas bestimmen, locus sepositus servilibus poenis. C) (Spät.) entfernen: interesse pugnae imperatorem an seponi melius esset, dubitare daß er von dem Kampfe fern gehalten würde. Hiervon = verbannen, aliquem in insulam. D) trennen, unterscheiden, hanc partem a ceteris, (Poet.) inurbanum dictum lepido. E) ausscheiden, herausnehmen, de sagittis unam.

Sēpŏsĭtus, adj. [particip. von sepono] 1) bei Seite gelegt, hingelegt, vestis s. ein Staatskleid. 2) entlegen, locus.

Septem, adj. num. card. sieben. Insbes. A) subst. = die sieben Weisen. B) s. stellae = septentriones.

September, bris, e, adj. [septem] zu dem siebenten Monat (vom März ab gerechnet) gehörig, September-, mensis, kalendae u. s. w.

Septem-fluus, *adj.* [fluo] (Poet.) in sieben Armen strömend, Nilus.

Septem-gěmǐnus, *adj.* (Poet.) = septemfluus.

*****Septem-pědālis**, e, *adj.* (Pl.) von sieben Fuß (an Größe).

Septemplex, ĭcis, *adj.* [plico] (Poet.) siebenfältig, clipeus aus sieben über einander gelegten Ochsenhäuten bestehend; Nilus s. = septemfluus.

Septem-vir, i, *m.* Einer von septemviri = ein Collegium von sieben Männern, die ein gemeinschaftliches Amt zu besorgen haben.

Septemvirālis, e, *adj.* [septemvir] zu Siebenmännern gehörig; als *subst.* -les, ium, *m. pl.* = septemviri.

Septemvirātus, us, *m.* [septemvir] das Amt-, die Würde eines septemvir.

Septēnārius, *adj.* [septem] aus sieben bestehend, insbes. versus s. siebenfüßig.

Septēni, ae, a, *adj. num. distr.* im *pl.* 1) je sieben. 2) (Poet.) sieben: bis s.

Septentriōnālis, e, *adj.* (Spät.) [septentriones] nördlich.

Septentriōnes, num, *m. pl.* [septemtriones, eigtl. die sieben Ochsen] 1) das Siebengestirn am Nordpol. Hiervon im *sing.* (-o, ōnis) s. major der große Bär, minor der kleine Bär (welche zu diesem Gestirn gehören). 2) der Norden; so auch (Spät.) im *sing.* 3) der Nordwind: acer s. ortus est.

Septies, *adv. num. card.* [septem] siebenmal.

Septĭmāni, ōrum, *m. pl* [septimus] (Spät.) die Soldaten der siebenten Legion.

Septimus, *adj. num. ord.* [septem] der siebente. Hiervon als *adv.* -**mum**, und (Vorklass.) -**mo** zum siebenten Male; (Pl.) die septimi binnen sieben Tagen.

Septingēni, ae, a, *adj. num. distr.* [septingenti], im *pl.*, je siebenhundert.

Septingentēsimus, *adj. num. ord.* [septingenti] der siebenhundertste.

Septingenti, ae, a, *adj. num. card.* [septem-centum] siebenhundert.

*****Septĭrēmis**, e, *adj.* [septem-remus] (Spät.) siebenruderig, navis.

Septuāgēni, ae, a, *adj. num. distr.* [septuaginta] im *pl.* je siebenzig.

Septuāgēsimus, *adj. num. ord.* [septuaginta] der siebzigste.

Septuāginta, *adj. num. card.* siebzig.

Septuennis, e, *adj.* [septem-annus] (Vorklass.) siebenjährig.

Septum, i, *n.*, siehe sepio.

Septunx, ncis, *m.* [septem-uncia] sieben Unzen = sieben Zwölftheile eines As oder zwölftheiligen Ganzen.

Sěpulcrālis, e, *adj.* [sepulcrum] (Poet.) zum Grabmal gehörig, fax die Leichenfackel.

*****Sěpulcrētum**, i, *n.* [sepulcrum] (Poet.) ein allgemeiner Begräbnißplatz.

Sěpulcrum, i, *n.* [sepelio] die Grabesstätte, das Grabmal, Grab: legere ss. die Inschriften an den Grabmälern lesen; (Poet.) placare ss. die Todten; ara sepulcri der Scheiterhaufen.

Sěpultūra, ae, *f.* [sepelio] das Begräbniß = die Bestattung, Beerdigung: sepulturā aliquem afficere, corpus sepulturae (ob. ad sepulturam) dare, tradere, mandare Jmb. begraben; auch von verbrannten Leichnamen, siehe sepelio.

Sěquāna, ae, *f.* Fluß in Gallien, jetzt Seine. Nach ihm benannt **Sěquāni**, ōrum, *m. pl.* Völkerschaft in Gallien, um die Quellen der Sequana wohnend.

Sěquax, ācis, *adj.* [sequor] (Poet.) 1) leicht und schnell folgend, equus; undae ss. die eine auf die andere folgend; flammae ss. züngelnd; caprae ss. gern den Weinstöcken (um sie zu benagen) nachgehend; curae ss. dem Menschen allenthalben folgend, fumus überall hindringend; dare terga Latio (= Latinis) sequaci verfolgend. 2) biegsam, nachgiebig.

Sěquēla, ae, *f.* [sequor] (Spät.) die Folge.

Sěquens, tis, *n.* [particip. von sequor] nach Quintilian von Einigen statt insterer Beiwort gebraucht.

Sěquester, stris, stre ob. (Vorklaff. u. Poet.) stra, strum, *adj.* vermittelnd: pace s. durch Vermittelung (unter dem Schutze) des Friedens. Gewöhnlich als *subst. m.* 1) eine Mittelsperson in einem Processe, bei welcher die streitige Sache deponirt wurde: (Pl.) sequestro ponere, dare aliquid eine streitige Sache deponiren. 2) die Mittelsperson, der Vermittler bei der Bestechung von Richtern, Wählern u. dergl., bei welchem das versprochene Geld deponirt wurde: venditor hujus tribus et corruptor et s. is fuit. 3) (Poet. u. Spät.) überhaupt der Vermittler: Menenius Agrippa publicae gratiae s. fuit.

Sěquor, qnūtus (cūtus) *depon.* 3. folgen, nämlich 1) nachfolgen, nach Jmb. ob. Etwas gehen, begleiten, aliquem, vallem: funus procedit, sequimur; secuti sunt cum omnibus copiis. Hiervon A) der Zeit oder Reihe nach folgen, darauf folgen, nachfolgen: anno sequente; hanc annum pax s. Häufig == in der Rede nachfolgen, an die Reihe kommen: sequitur illa divisio; sequitur ut doceam etc.; sequitur videre de eo quod etc. B) mittelst einer Schlußreihe sich ergeben, folgen: (impers.) sequitur es folgt, causas esse immutabiles, gewöhnlich jedoch mit ut (sequitur ut haec falsa sint). C) von einem Besitzthume, einer Erbschaft u. dergl., zu Theil werden, zufallen, bei Jmb. verbleiben: res s. victorem, possessio s. heredem, urbes captae ss. Aetolos; ebenso poena s. enm trifft ihn. D) als einer Richtschnur, Autorität folgen: s. naturam ducem, sectam alicujus; s. aliquem ob. auctoritatem, consilium alicujus. E) freiwillig mit folgen, von selbst kommen, leicht mit gehen: ramus s. == wird leicht abgebrochen, telum s. == wird ohne Mühe losgerissen; laus est pulcherrima quum sequitur, non arcessitur; verba non invita sequentur rem provisam. 2) feindlich folgen, verfolgen, nachsetzen, hostes. 3) nach einem Orte hin gehen, -ziehen, Italiam. Hiervon *trop.* nach Etwas trachten, streben, auf Etwas sein Augenmerk richten: s. alicujus amicitiam, tranquillitatem vitae, gratiam Caesaris.

Sēra, ae, f. der Thürriegel, Querbalken, der zum Verschließen der Thür angelegt und beim Oeffnen derselben wieder hinweggenommen wurde.

Sĕrāpĭo, ōnis, m. [Σεραπίων] griechischer Eigenname, Schimpfname des P. Corn. Scipio Nasica.

Sĕrāpis, is u. ĭdis, m. [Σέραπις] eine Gottheit der Aegyptier, später auch in Griechenland und Rom verehrt.

Sĕrēnĭtas, ātis, f. [serenus] 1) die Heiterkeit des Wetters, das heitere Wetter, coeli. 2) *trop.* s. fortunae die Gunst, Heiterkeit; s. mea = Gemüthsruhe.

Sĕrēno, 1. [serenus] (Poet.) 1) (*trans.*) heiter und klar machen, aufheitern, coelum tempestatesque; *trop.* s. spem fronte durch eine heitere Stirn sich den Schein der Hoffnung geben. 2) *intrans.* (Poet.) luce serenanti bei hellem Tageslicht.

Sĕrēnus, *adj.* 1) heiter, hell, klar, wolkenlos, coelum, nox, ver; als *subst.* -num, i, s. heiteres Wetter, puro sereno oder bloß sereno bei heiterem Wetter. Hiervon (Poet.) = heiteres Wetter bringend, ventus. 2) von dem Ansehen oder der Gemüthsstimmung eines Menschen, heiter, ruhig, aufgeräumt, frons; (Poet.) vultus s. günstiges Gesicht.

Sēres, rum, m. *pl.* [Σῆρες] eine Nation im östlichen Asien. Davon **Sērĭcus**, *adj.* oft = seiden: so *subst.* -ca, ōrum, n. *pl.* seidene Stoffe oder Kleider; carpentum s. mit seidenen Vorhängen.

*****Sēresco**, — — 3. (verw. mit serenus) (*Lucr.*) trocken werden.

Sergius, Name eines römischen Geschlechtes: bekannt ist aus der Geschichte Lucius S. Catilina, Urheber der Verschwörung.

Sērĭa, ae, f. ein großes irdenes Gefäß zum Weine, Oele u. dergl., eine Tonne, ein Faß.

*****Sērĭcātus**, *adj.* (sericus, siehe Seres) (Spät.) mit seidenen Stoffen bekleidet.

Sĕrĭes, ei, f. (der *genit.* u. *dat.* läßt sich jedoch schwerlich nachweisen, der *pl.* ist es sehr selten —sero 1.] die Reihe, Reihenfolge, Kette, Ordnung, dentium, rerum, fabularum, annorum, causarum; (Poet.) insbes. von einer Geschlechtsreihe, Stammreihe.

Sērĭo, *adv.* [serius] im Ernste, ernstlich.

Sĕrīphus, i, f. [Σέριφος] Insel des ägäischen Meeres. Davon **Sĕrīphĭus**, *adj.* u. *subst.* -ius, ii, m. ein Seriphier.

Sērĭus, *adj.* ernsthaft, ernstlich (was Ernst ist und im Ernste getrieben u. s. w., im Gegensatze zum Scherzhaften, vgl. severus), res, verba; joca ac seria Scherz und Ernst, per (inter) seria inter ernsten Beschäftigungen.

Sermo, ōnis, m. [sero 1.] 1) die zwischen Mehreren gewechselte Rede, die Unterredung, das Gespräch (ein zufälliges oder doch ohne Verabredung und bestimmten Zweck entstandenes, vergl. colloquium): conferre, habere s. cum aliquo; habebant s. inter se. Insbes. == die gelehrte Unterredung, der wissenschaftliche Dialog, die Disputation: habere s. cum aliquo de amicitia. 2) die gewöhnliche Rede (die natürliche und kunstlose, wie sie im täglichen Leben vorfällt), die Umgangssprache, der ruhige und gelassene Gesprächston (vgl. oratio; auch im Gegensatze zu contentio u. dergl.). Hiervon insbes. von der Sprache der Comödie, bei Horaz von seinen Satiren und Briefen wegen ihrer der Prosa sich nähernden Sprache, im Gegensatze zum eigentlichen poetischen Ausdrucke. 3) die Rede der Menge über Etwas, das Gerede, Gerücht: s. est in tota Asia dissipatus; s. ac fama; venire in s. hominum Gegenstand des G. werden, ebenso esse in ore et s. omnium; auch geradezu = Gegenstand des Geredes, das, wovon man spricht, filius meus s. est per urbem. 4) die Sprache = Sprech- und Redeweise, Ausdrucksweise, die Diction, der Ausdruck eines Verfassers u. dergl.: elegantia sermonis; s. festivus, elegans; egestas patrii sermonis; s. Graecus, Latinus; auch in engerem Sinne = Mundart, Dialect.

Sermōcĭnātĭo, ōnis, f. [sermocinor] (Spät.) 1) die Unterredung, der Dialog. 2) als rhetorische Redefigur, wenn man Jmd. redend einführt.

*****Sermōcĭnātrix**, īcis, f. [sermocinor] (Spät.) die Kunst der Unterredung, als Uebersetzung des griechischen προσομιλητική.

Sermōcĭnor, *depon.* 1. [sermo] sich unterreden; insbes. eine gelehrte Unterredung führen.

Sermuncŭlus, i, m. *deminut.* von sermo.

Sĕro, (rui), rtum, 3. 1) an einander fügen, reihen, knüpfen: so nur im *particip. perf.*, loricae sertae Ringelharnische, und *subst.* **serta**, ōrum, n. *pl.* (auch -tae, ārum, f. *pl. sc.* = coronae) Blumengewinde, Blumenguirlanden, Festons, Kränze. 2) *trop.* verknüpfen, anknüpfen; ordo rerum humanarum seritur fati lege die menschlichen Angelegenheiten folgen nach dem Gesetze des Schicksals in einer bestimmten Ordnung auf einander: s. tumultum ex tumultu die eine Unruhe nach der anderen erregen, ebenso s. certamina, bella, proelia damit fortfahren; s. sermonem, colloquia cum aliquo anknüpfen; s. fabulam argumento ein Schauspiel aus einer zusammenhängenden Geschichte bilden.

Sĕro, sēvi, sătum, 3. 1) säen, frumentum. 2) pflanzen, vitem, arborem. 3) (Poet.) besäen, bepflanzen, agrum; hiervon *subst.* **sata**, ōrum, n. *pl.* Saatfelder. 4) *trop.* A) zeugen, hervorbringen, aliquem, genus hominum, doch gewöhnlich nur im *particip.* satus von Jmd. gezeugt, abstammend, ist. = der Sprößling, s. Jove Sohn des J., stirpe divina satus. B) ausstreuen, erregen, verursachen u. dergl., certamina, discordias civiles, rumores, opinionem, crimina.

Sēro, *adv.* mit *comp.* u. *sup.* [serus] 1) spät Abends oder Nachts. 2) überhaupt spät, serius ocius früher oder später. Insbes. = zu spät (so daß es nicht länger nützt, vgl. tarde): s. resistimus, s. ac nequicquam; in derselben Bedeutung des *comp.*

Sĕrōtĭnus, *adj.* [serus] (Spät.) spät, spät kommend oder Etwas thuend.

Serpens, tis, [*particip.* von serpo] 1)

adj: kriechend, bestia. 2) *subst. comm.* eine Schlange.

*Serpentigĕna, ae, m. [serpens-gigno] (Poet.) Schlangensprößling.

*Serpenti-pes, ĕdis, *adj.* (Poet.) schlangenfüßig.

*Serpērastra, ŏrum, *n. pl.* die Kniesteifen, eine Art Knieschienen zum Geraderichten der krummen Kniee der Kinder; scherzhaft nennt Cicero so die Offiziere seiner Cohorte, welche die Soldaten in Schranken halten sollten.

Serpillum ob. **-pullum** (richtiger als -pyllum), i, *n.* der wilde Thymian.

Serpo, psi, ptum, 3. [das gr. ἕρπω] 1) kriechen, auf der Erde hin schleichen (ohne Füße und geräuschlos, wie eine Schlange; vgl. repo): anguis s. per humum. 2) *trop.* (meist Poet.) A) sich leise und lautlos bewegen, z. B. von einem langsam fließenden Flusse, vom allmälig sich verbreitenden Feuer u. dergl.; vitis s. schlängelt sich; auch Chamaeleon s. B) unvermerkt und allmälig sich verbreiten, -hervorkommen: lanugo s. per ora; somnus, rumor, malum s. C) von einem Schriftsteller, s. humi = eine gelassene und ruhige Sprache führen (im Gegensatze zu der erhabenen und kühnen Dichtersprache).

Serra, ae, *f.* die Säge.

Serrānus, Beiname in der gens Atilia.

Serrātus, *adj.* [serra] (Spät.) mit Zähnen wie von einer Säge versehen, sägenförmig, gezackt, numus s. mit gezacktem Rande.

Sertōrius, Quintus, Anhänger des Marius, berühmter Feldherr, der lange in Spanien gegen die Macht des Sulla kämpfte, bis er von Perperna hinterlistig getödtet wurde.

Serta, siehe sero 1.

Sĕrum, i, *n.* die Molken, das Käsewasser.

Sērus, *adj.* mit (selten) *comp.* u. *sup.* 1) spät, spät geschehend ob. kommend, lange aufgeschoben, und daher = zu spät: s. gratulatio; nox s. späte Nachtzeit, sero die spät am Tage, auch serum (*subst.*) diei, noctis späte Tages-, Nachtzeit; (Poet.) s. spes spät in Erfüllung gehend, ss. anni spät. Alter, s. arbor alt, ss. ignes = der Scheiterhaufen, worauf die Leichname verbrannt wurden, s. bellum lange dauernd. Auch (Poet.) mit einem beigefügten Substantiv, s. querelis der spät mit seinen Klagen kömmt; o seri studiorum die ihr so spät an das Lernen geht, so spät erst lerntl serus aliquid facio thue Etwas spät.

Serva, ae, *f.* siehe Servus.

Servābĭlis, e, *adj.* [servo] (Poet. u. Spät.) **1) was aufbewahret werden kann. *2) rettbar.

Servans, tis, *adj.* mit *sup.* [*particip.* von servo] (Poet.) beobachtend, erhaltend.

Servātio, ōnis, *f.* [servo] (Spät., zweifelhaft) die Beobachtung.

Servātor, ōris, *m.* [servo] der Erhalter, Eretter, mundi.

Servatrix, icis, *f.* [servo] (Poet.) die Erhalterin, Eretterin.

Servīlis, e, *adj.* [servus] zu einem Sklaven ob. den Sklaven überhaupt gehörig, Sklaven-, knechtisch: s. jugum, vestis; tumultus, bellum s. von den Sklaven erregt, mit den Sklaven, manus s. ein Heer von Sklaven, terror s. Schrecken vor den Sklaven; indoles s.

Servīlĭter, *adv.* [servilis] sklavisch, nach Sklavenart.

Servīlius, Name eines römischen Geschlechtes, aus welchem folgende Familien und Männer am bekanntesten sind: A) Ahalae. 1) Cajus S. A. tödtete als Magister Equitum des L. Quinctius Cincinnatus den Spurius Mälius 440 v. Chr. B) Caepiones. 2) Quintus S. C. ward von den Cimbern geschlagen und wurde später verbannt. 3) Quintus S. C., Gegner des Saturninus Glaucia und später des Lucius Drusus, für dessen Mörder er sogar von Einigen gehalten wurde. C) Vatiae. 4) Publius S. V. Isauricus beflegte als Proconsul die Seeräuber in Asien und eroberte Cilicien nebst Jsaurien. D) Cascae. 5) Publius S. C., einer der Mörder des Cäsar. E) Rulli. 6) Publius S. R., Urheber eines agrarischen Gesetzes, gegen welches Cicero sprach. — Hiervon als *adj.* inabes. lacus S. ein von einem S. angelegtes Bassin am Forum zu Rom.

Servio, 4. [servus] 1) in der Sklaverei leben, Sklave sein, dienen, apud aliquem ob. alicui bei Jmb., auch s. servitutem (bei *Pl.* sogar mit einem beigefügten *dat.*). Hiervon A) von einem Volke, in politischer Beziehung = einem Alleinherrscher unterworfen sein, unfrei sein: per tres annos servistis. B) von einem Hause ob. dergl., ein Servitut auf sich haben. 2) *trop.* A) = nach Etwas sich richten, einer Sache unbedingt folgen, tempori (den Umständen), rumoribus, pietati, iracundiae; s. auribus alicujus nur das sagen, was Jmb. angenehm sein kann. B) auf Etwas Rücksicht nehmen, um Jmbs willen Etwas thun, ihm willfahren, gefällig sein, Dienste erweisen, s. amicis, reipublicae. C) sich einer Sache befleißigen, auf Etwas Mühe verwenden, sich für Etwas bestreben, nach Etwas trachten, honoribus, voluptatibus, pecuniae, brevitati.

Servītium, ii, *n.* [servus] 1) (selten) = servitus 1. 2) im *pl.* ob. collect. im *sing.* die Sklaven, das Gesinde; esse e s. alicujus; excitare ss. **3) (Tac.*) die sklavische Unterwürfigkeit.

*Servi-tritius, *adj.* [tero] (*Pl.*, zweifelh.) von Sklaverei abgerieben.

*Servitūdo, Inis, *f.* [servus] (zweifelh.) = servitus 1.

Servītus, ūtis, *f.* [servus] 1) die Sklaverei, Knechtschaft, *f.* = der Sklavendienst eines Jndividuums: esse in s., servire servitutem Sklave sein; (*Pl.*) alicui das Dienen bei Jmb. b) von einem Volke oder Staate, die Unterwürfigkeit unter einen Alleinherrscher: civitas servitute oppressa. c) der Unterwürfigkeit, der unbedingte Gehorsam (der Frau gegen den Mann, eines Sohnes gegen den Vater.) 2) von einem Hause oder sonstigen Besitzthume, die darauf haftende Verbindlichkeit, Servitut. 3) (Poet.) = servitium 2.

Servius, römischer Vorname.

Servo, 1. 1) (meist Poet.) beobachten, auf Etwas Achtung geben, -passen: s. sidera, absol. (vom Augur) s. de coelo die etwa am Himmel erscheinenden Wahrzeichen beobachten; uxor me s. paßt mir auf; s. atria (vom Clienten, der mit dem Patron zu sprechen wünscht), s. ne etc. darauf Achtung geben, daß nicht u. s. w. Hiervon 2) A) darauf passen, daß Etwas unverletzt und ungestört bleibt, erhalten, unversehrt bewahren, in Acht nehmen, wider Etwas nicht handeln u. s. w. (vgl. observo); s. legem, pacem, modum; s. jusjurandum, promissa halten, officium erfüllen, consuetudinem folgen, treu bleiben; s. praesidia Wachen, Posten aufzustellen nicht vernachlässigen; s. ordines in der Ordnung, in den Reihen bleiben. B) (Poet.) einen Ort hüten = an ihm verweilen: s. nidum, s. silvas bewohnen. Hiervon absol. = verbleiben, verweilen, domi, intus. C) erretten, unversehrt erhalten, rempublicam, navem ex hieme. D) für die Zukunft aufbewahren, aufsparen, aufheben, vinum; s. ad tempora = Etwas bis auf günstige Zeiten aufschieben; (Poet.) s. se rebus secundis für glücklichere Umstände.

*Servŭlĭ-cŏla, ae, f. (Pl.) die Sklavenpflegerin (Schimpfwort von einer gemeinen Buhldirne).

Servŭlus, i, m. u. -la, ae, f. deminut. von servus und serva.

Servus, 1) adj. (Poet. u. Spät.) A) dienstbar, dienend, sklavisch, caput, civitas einem Alleinherrscher unterworfen; s. pecus sklavisches Vieh (verächtlich von blinden Nachahmern); rex omnia serva vult will, daß Alles ihm unterworfen sein soll. B) mit einer Verbindlichkeit (Servitut) beschwert (von Häusern u. dergl.), praedium. 2) subst. A) -vus, i, m. der Sklave, Knecht (vgl. minister; es bezeichnet den Sklaven in rechtlicher und politischer Beziehung, vgl. famulus, mancipium); trop. s. cupiditatum. B) -va, ae, f. die Sklavin, Dienerin.

Sĕsămum, i, n. [σήσαμον] eine orientalische Hülsenfrucht, woraus Oel gepreßt wurde.

*Sescennāris, e, adj. von zweifelhafter Bedeutung (s. bos): nach Einigen = sexennis.

Sescenti etc., a. S. für Sexcenti.

Sescuncia, ae, f. [sesqui-uncia] anderthalb Unzen = anderthalb Zwölftheile eines Ganzen (siehe uncia); *(Pl.) als adj. copula s. anderthalb Zoll dick.

Sesouplex = sesquiplex.

Sesoŭplus, adj. [statt sesquiplus] (Spät.) anderthalbfach, anderthalbmal so viel.

Sĕsilis, is, f. [σέσελις] die Sesel, eine Pflanze.

Sĕsostris, ĭdis, m. mythischer König von Aegypten.

Sesqui, adv. *1) allein stehend, halbmal, um die Hälfte, s. major. 2) in der Zusammensetzung A) mit adv. numm. ordd. bezeichnet es das Ganze sammt einem der durch das Zahlwort angegebenen Theile (siehe s. octavus u. s. tertius). B) mit anderen Wörtern (Substantiven und daraus gebildeten Adjectiven) bezeichnet es die Hinzufügung der Hälfte von dem, was das zweite Wort bezeichnet.

Sesqui-alter, ĕra, ĕrum, adj. anderthalb.

*Sesqui-hōra, ae, f. (Spät.) anderthalb Stunden.

Sesqui-mŏdius, ii, m. anderthalb Scheffel.

*Sesqui-octāvus, adj. num. neun Achttheile enthaltend (= 1 + ⅛).

*Sesqui-ŏpus, ŏris, n. (Pl.) anderthalb Tagewerk.

Sesqui-pĕdālis, e, adj. anderthalb Fuß lang, (Poet.) trop. = sehr lang.

Sesqui-pes, ĕdis, m. anderthalb Fuß.

*Sesqui-plăga, ae, f. anderthalb Streiche.

Sesqui-plex, ĭcis, adj. [plico] anderthalbfältig, anderthalbmal genommen.

*Sesqui-tertius, adj. num. vier Drittheile enthaltend (= 1 + ⅓).

*Sessĭbŭlum, i, n. [sedeo] (Pl.) ein Sitz, Stuhl.

Sessĭlis, e, adj. [sedeo] (Poet. u. Spät.) 1) zum Sitzen geeignet, tergum equi. 2) niedrig.

Sessio, ōnis, f. [sedeo] 1) das Sitzen. Hiervon trop. = das lange (gewöhnlich unthätige) Verweilen an einem Orte, der Aufenthalt. 2) concr. der Sitzplatz im Freien.

Sessĭto, 1. [sedeo] (Pl.) viel und lange sitzen.

*Sessĭuncŭla, ae, f. deminut. von sessio, eine kleine Versammlung.

Sessor, ōris, m. [sedeo] (Poet. u. Spät.) 1) der Sitzer, Jmd., der irgendwo sitzt, z. B. im Theater. 2) Hiervon A) = der Bewohner, urbis. B) = ein Reiter, im Gegensatze zum Pferde.

Sestertius, ii, m. [semis-tertius] (eigtl. ein adj., wobei numus zu suppliren ist, welches Wort oft hinzugefügt wird und bisweilen selbst statt sest. gebraucht wird) 1) eine kleine Silbermünze, an Werth 2½ (später 4) asses, ungefähr 15¼ Pfennige sächsisch, ein Sesterz: duo, trecenti etc. sestertii; duo millia sestertiorum oder häufiger sestertiûm. Aus der häufigen Anwendung dieses verkürzten Genitivs scheint der fernere Gebrauch des Wortes sich so entwickelt zu haben: A) bei der Angabe mehrerer Tausende bis zu einer Million gebrauchte man die Form sestertia, ōrum, n. pl. (der sing. nicht), und sagte also, septem, trecenta u. s. w. sestertia (statt duo, septem, trecenta millia sestertiorum) = 2000, 7000, 300,000 Sesterze. B) bei Angabe einer Million und darüber sollten eigentlich die Zahladverbien mit centena millia angewandt werden, so daß z. B. eine Million eigtl. decies centena millia sestertiûm heißt (bisweilen werden die zwei letzten Worte ausgelassen). Aber gewöhnlich ließ man die Wörter centena millia weg, und das Wort sestertium wurde in dieser Verbindung (mit einem adv. num.) als ein subst. n. sing. nach der zweiten Declination declinirt: so accepi vicies sestertium zwei Millionen Sesterze; emi fundum sestertio undecies für 1,100,000 Sesterze; summa sestertii millies eine Summe von hundert Millionen. — 2) trop. zur Bezeichnung einer Kleinigkeit, einer unbedeutenden Geldsumme.

Sestius, Name eines römischen Geschlechtes

(oft mit Sextius verwechselt, während wenigstens in der älteren Zeit die Sestii Patricier, die Sextii Plebejer waren): Publius S., ein treuer Freund des Cicero und Gegner des Clodius, auf dessen Anstiften er de vi angeklagt wurde, aber, von Cicero und Hortensius vertheidigt, freigesprochen wurde. Davon **Sestiānus**, adj.

Sestus, i, f. [Σηστός] Stadt in Thracien am Hellespont. Auch als adj.

Set, a. S. für Sed.

Sēta, ae, f. das steife und starke Haar (an Pferden, Ochsen, Schweinen, Löwen u. s. w.), die Borste (vgl. crinis): s. equina.

Sētābis, is, f. Stadt in Spanien. Davon -bus, adj.

Sētia, ae, f. Stadt in Latium. Davon -tīnus, adj. u. subst. -ni, ōrum, m. pl. die Einwohner von S.

Sētiger, ěra, ěrum, adj. [seta-gero] (Poet.) Borsten tragend; als subst. m. = ein Eber.

Sētōsus, adj. [seta] borstig, aper.

Seu, siehe Sive.

Sěvēre, adv. mit comp. u. sup. [severus] ernsthaft, strenge.

Sěvēritas, ātis, f. [severus] die Ernsthaftigkeit, Strenge, Härte: s. disputandi der Ernst der wissenschaftlichen Untersuchung, s. imperii, judiciorum.

Sěvěrĭtūdo, ĭnis, f. [severus] (Vorklass. u. Spät.) = severitas.

Sěvērus, adj. mit comp. u. sup. 1) ernsthaft (der nicht Scherz und Spaß gebraucht, vgl. serius), strenge, finster, vultus, homo; s. in filium; judex s. in judicando; s. sententia; s. genus dicendi wo kein Scherz eingemischt wird. 2. (Poet.) mit verstärktem Begriffe, A) = schrecklich, grausam, wild, hart, necessitas, mare, amnis Cocyti. B) in Bezug auf die Lebensweise, nüchtern, streng, abgehärtet: adimam cantare severis; agricola s. C) vinum s. herb.

Sē-vŏco, 1. 1) bei Seite rufen, abrufen, singulos; s. plebem das Volk zu einer secessio (siehe dieses Wort) bewegen; s. se e senatu (Pl.) sich absondern. 2) trop. abziehen, absondern, entfernen, trennen, animum a republica, a contagione corporis; s. aliquid in privatam domam bei Seite schaffen; (Pl.) s. se in consilium nur mit sich selbst berathschlagen.

Sēvum, siehe sēbum.

Sex, adj. num. card. sechs.

Sexāgēnārius, adj. [sexageni] (Poet.) sechzig enthaltend, insbes. = sechzig Jahr alt.

Sexāgēni, ae, a, adj. num. distr. [sexaginta] je sechzig, sechzig auf einmal.

Sexāgēsimus, adj. num. ord. [sexaginta] der sechzigste.

Sexāgies, adv. num. [sexaginta] sechzigmal.

Sexāginta, adj. num. card. [sex] sechzig.

Sex-angŭlus, adj. (Poet. u. Spät.) sechseckig.

*****Sexcēnārius**, adj. [sexceni] sechshundert enthaltend.

Sexcēni und (Spät.) **Sexcentēni**, ae, a, adj. num. distr. [sexcenti] je sechshundert.

Sexcentēsimus, adj. num. ord. [sexcenti] der sechshundertste.

Sexcenti, ae, a, adj. num. card. [sex-centum] sechshundert; trop. überhaupt = sehr viele, unzählige.

Sexcenties, adv. num. [sexcenti] sechshundertmal.

*****Sexcento-plāgus**, i, m. [plāga] (Pl.) der sechshundert Streiche erhält.

Sexennis, e, adj. [sex-annus] (Vorklass. u. Spät.) sechsjährig.

Sexennium, ii, n. [sexennis] eine Zeit von sechs Jahren.

Sexies, adv. num. [sex] sechsmal.

Sex-primi, ōrum, m. pl. die Sechsersten, eine Municipalbehörde.

*****Sextā-děcĭmāni**, ōrum, m. pl. die Soldaten der sechzehnten Legion.

Sextans, antis, m. [sex; vielleicht nach der Analogie von quadrans gebildet] der sechste Theil eines As oder eines zwölftheiligen Ganzen; insbes. als Münze, als Maaß von Flüssigkeiten (der sechste Theil eines sextarius).

Sextārius, ii, m. [sextus] der sechste Theil eines Maaßes, nämlich A) von trockenen Gegenständen, der vierte Theil des römischen modius, eine Metze. B) von flüssigen Gegenständen, der sechste Theil eines congius.

Sextilis, e, adj. [sex] zu dem sechsten (vom März ab gerechnet) Monat gehörig, s. mensis unser August-Monat; ss. Kalendae, nonae, idus.

Sextius (vgl. **Sestius**), Name eines römischen Geschlechtes (vgl. Sestius): Lucius S., Volkstribun ums Jahr 376 — 367 v. Chr., einer der Vorkämpfer für die Theilnahme der Plebejer an dem Consulate.

Sextŭla, ae, f. [sextus] (eigtl. ein adj., wobei pars zu suppliren ist) der sechste Theil einer uncia, also der zweiundsiebenzigste Theil eines Ganzen.

Sextus, adj. num. ord. [sex] der sechste. Hiervon -tum, adv. num. das sechste Mal.

*****Sex-ungŭla**, ae, f. (Pl.) die Sechsklaue (von einer habsüchtigen Buhlerin).

Sexus, us, m. oder (meist Poet. u. Spät.) **Sěcus**, n. indecl. 1) das (männliche oder weibliche) Geschlecht: omnes puberes virilis sexus, liberos utriusque sexus; dagegen libera capita virile secus, omnes muliebre secus (in Apposition, übrigens in derselben Bedeutung).

Si, conj. 1) Bedingungspartikel, wenn, wofern: si deus mundum creavit, gubernat etiam; si hoc negem, mentiar; si scirem, dicerem (hierüber siehe die Grammatik). Insbes. A) (wie das häufigere quoties, quum u. s. w.) bei Angabe einer mehrmals wiederholten Handlung = so oft, jedesmal wenn: si hostes deterrere nequiverant, dijectos circumvenie- bant. B) zur Angabe einer Begründung oder Rechtfertigung = wenn anders, wenn sonst: delectus habetur, si hic delectus habendus est. C) elliptisch: aut nemo aut, si quisquam, ille sapiens fuit; si minus wo nicht (ohne beigefügtes Verbum). D) (Poet.) bei Wünschen, wenn doch: ol si etc. (wo eigtl. ein ganzer Hauptsatz zu suppliren ist). E) die Bedeutung des si wird oft durch die Hinzufügung anderer

44*

Wörter näher und stärker bezeichnet: si quidem wenn sonst, wenn anders; si modo wenn nur; si maxime wenn auch noch so sehr, si jam wenn schon; ita — si unter der Bedingung, auf die Weise, daß ; quod si beim Uebergange (siehe quod). 2) (in der Prosa fast nur nach Ausdrücken, die eine Erwartung oder einen Versuch bedeuten, wo eigentlich der Begriff einer Bedingung zu Grunde liegt), in abhängigen Frage- und Zweifelsätzen, ob, ob etwa: expectabat, si hostes priores transirent; visam si forte domi est.

Sibĭlo, 1. [sibilus] 1) *intrans.* zischen, pfeifen (von Schlangen, von glühendem Eisen, wenn es in Wasser getaucht wird). 2) *transit.* auszischen, auspfeifen, aliquem.

Sibĭlus, i, *m.* (Poet. auch im *plur.* -la, orum, *n. pl.*) 1) das Zischen, Pfeifen, Säuseln, Sausen, rudentum, venti, horrenda ss. misit (von einer Schlange). 2) das höhnende und spottende Zischen und Pfeifen, das Auszischen: sibilis conscindere (consectari, explodere) aliquem Jmd. auszischen.

Sibĭlus, *adj.* (Poet.) zischend, pfeifend.

Sibylla, ae, *f.* [Σίβυλλα] eine Weissagerin und Priesterin des Apollo. Davon **Sibyllīnus**, *adj.*; libri (auch fata) ss. hießen die Schicksalsbücher (nach der Sage von dem Könige Tarquinius einer Sibylle abgekauft), welche zu Rom unter der Aufsicht von zwei, später zehn, endlich funfzehn Männern im Tempel des Jupiter auf dem Capitolium aufbewahrt wurden, und die man bei gefahrvollen Umständen von Staatswegen befragte.

Sic (bei *Pl.* noch die ursprüngliche Form Sice; mit dem Fragewort ne heißt es Sicine), *adv.* so, auf solche Weise, dergestalt (vgl. adeo, tam). Oft correspondirt es mit ut, tanquam, quasi so wie oder als wenn, gleich als wie, aber auch s. — ut so - daß. Bisweilen statt eines adjectivischen Begriffes, so beschaffen: s. sum der Art bin ich; s. est vulgus solcher Art ist die Menge. Insbes. A) (selten) = adeo in dem Maaße: s. eum diligebat ut etc. B) wie ita bei Angabe einer Bedingung oder Beschränkung: ut id s. ratum esset si etc. (nur) dann gültig sein sollte, wenn u. s. w. Hiervon a) (wie das griechische οὕτως) = so ohne Weiteres, schlechtweg: non s. nudos in flumen conjicere voluerunt. b) (Com.) bei vermindernden Ausdrücken, s. tenuiter fo, so; s. satis so ziemlich. C) (Poet.) bei Wünschen, Betheuerungen und Beschwörungen, so wahr, so gewiß: s. deus has adjuvet ut etc. so wahr möge ein Gott diesen beistehen als; s. me dii amabunt so wahr ich wünsche, daß. D) (Com.) bei bestätigenden Antworten, ja, gewiß.

Sĭca, ae, *f.* der Dolch (des Banditen, vgl. pugio); *trop.* zur Bezeichnung des Meuchelmordes.

Sicambri, s. S. für Sigambri.

Sicāni, orum, *m. pl.* eine Völkerschaft, die von der Westküste Italiens nach Sicilien zog und sich dort ansiedelte: nach Einigen = die Siculi, nach Anderen von diesen verschieden. Davon 1) **Sicānis**, ĭdis (Poet.) und -nĭus, *adj.* (Poet.) auch = sicilisch; dann *subst.* -nĭa, ae, *f.* Sicilien. 2) **Sicānus**, *adj.* (Poet.) = sicilisch.

Sicārius, ii, *m.* [sica] der Meuchelmörder, Bandit: accusare aliquem inter ss. Jmd. des Meuchelmordes anklagen.

Sicce, *adv.* [siccus] trocken; *trop.* von der Rede u. vergl., nüchtern, ohne Wortprunk.

Siccĭne, richtiger sicine, siehe Sic.

Siccĭtas, ātis, *f.* [siccus] 1) die Trockenheit, paludum; insbef. die Trockenheit der Luft, die trockene Witterung. Hiervon uneigtl. vom Körper, die Festigkeit, Gedrungenheit, das Freisein von überflüssigen Säften, im Gegensatze des Aufgedunsenen und Schwammigen. 2) *trop.* A) vom Geiste überhaupt, der Mangel an geistiger Fruchtbarkeit, die Geistesarmuth. B) von der Rede, die Einfachheit, die trockene Derbheit, Magerkeit.

Sicco, 1. [siccus] 1) trocknen, aliquid in umbra, capillos sole; s. lacrimas abtrocknen. 2) austrocknen, paludum. 3) (Poet.) s. calices ausleeren, ubera aussaugen, ovem (Spät.) melken; s. vulnus von schädlichen Säften reinigen = heilen.

*****Sicc-ocŭlus**, *adj.* (Pl.) mit trockenen Augen, nicht weinend.

Siccus, *adj.* mit *comp.* u. *sup.* 1) trocken (eigtl. auswendig, auf der Oberfläche, vgl. aridus), vas, ager, coelum, dies; (Poet.) ss. oculi die nicht weinen, corpus fest, gedrungen (nicht aufgedunsen und schwammig, siehe siccitas). 2) *trop.* A) = durstig. B) = nüchtern, der keinen Wein trinkt (oppos. uvidus). C) arm, der nichts Fettes und Gutes hat (oppos. unctus). D) von der Rede, einfach, körnig, schmucklos. E) s. puella kalt, ohne Liebe.

Sĭce, siehe Sic.

Sichaeus, siehe Sychaeus.

Sicĭlia, ae, *f.* [Σικελία] die Insel Sicilien. Davon 1) (Poet.) **Sicĕlis**, ĭdis, *adj.* u. *subst. f.* = die Sicilierin. 2) **Siciliensis**, e, *adj.*; fretum S. die Meerenge bei Messina. 3) **Sicilissĭto**, 1. (Pl.) sich auf sicilische Art betragen = die Gebräuche, die Sprache der Sicilier nachahmend ausdrücken.

*****Sicilĭcŭla**, ae, *f.* (Pl.) *deminut.* von sicilis (als Kinderspielwert).

Sicĭlis, is, *f.* (Spät.) eine Sichel.

Sicĭne, siehe Sic.

Sicŏris, is, *m.* ein Fluß im nordöstlichen Spanien.

Sicŭbi, *adv.* [si-alicubi] wenn irgendwo.

*****Sicŭla**, ae, *f.* (Poet.) *deminut.* von sica.

Sicŭli, orum, *m. pl.* die Siculer (vgl. Sicani), ein ursprünglich in Italien am Tiber wohnendes Volk, das von dort nach Sicilien zog, daher sämmtliche Einwohner dieser Insel oft S. heißen; *sing.* **Sicŭlus**, i, *m.* Davon (Poet.) **Sicŭlus**, *adj.* sicilisch: S. pastor = Theokrit, conjux = Proserpina, tyrannus insbef. Phalaris.

Sicunde, *adv.* [si-alicunde] wenn irgendwoher.

Sic-ut oder **Sic-ŭti**, *conj.* sowie, gleichwie, wie: mentem, s. erat antea in simili causa factum, occupaverunt; oft mit ita, sic u. vergl. correspondirend; häufig ohne eigenes Verbum: Graeciae, s. apud nos, delubra magnifica. Insbef. A) zur Bestätigung des Vorhergehenden, s. est, erat u. s. w. (bisweilen auch mit anderen Verben) wie es (er u. s. w.)

denn wirklich ift, war. B) bei Hinzufügung eines bildlichen Ausdrucks, bef. in der Vergleichung, gleichsam, und mit einem eigenen Verbum, als wie, gleich als wenn: natura rationem in capite s. in arce posuit. C) (felten) zur Anführung eines Beispiels, wie, als. D) (Poet. und Spät.) zur Bezeichnung der Fortdauer einer Beschaffenheit, Lage, Thätigkeit u. dergl.: s. eram so wie ich war, wie ich da stand. E) (Pl.) caufal = weil, nachdem. F) (Sall.) = quasi gleich als wenn.

Sicyon, ōnis, f. [Σικυών] Hauptstadt der Landschaft Sicyonia im nördlichen Peloponnes. Davon **-ōnius**, adj.

Sida, ae, f. [Σίδη] Stadt in Pamphylien. Davon **Sidĭtae**, ārum, m. pl. die Einwohner von S.

Sidĕreus, adj. [sidus] (Poet.) 1) zu den Sternen gehörig, Sternen-, oder gestirnt: canis s. das Hundsgestirn, coelum s. mit Sternen besetzt; dea s. = die Nacht. 2) trop. strahlend, glänzend, clipeus.

Sido, sēdi oder sĭdi, sessum, 3. (Poet. und Spät.) sich niederlassen, -setzen, avis s. Hiervon A) sich senken, herabsinken, coelum, arx s. in cineres; trop. metus s. verliert sich. B) sitzen oder liegen bleiben, insbes. navis s. bleibt auf dem Grunde sitzen.

Sidon, ōnis, f. die älteste und früher wichtigste Stadt Phöniciens. Davon 1) **Sidōnius**, adj. (Sall.) 2) **Sidŏnes**, num, m. pl. (Spät.) die Einwohner von S. 3) (Poet.) **Sidōnis**, ĭdis, adj. und subst. = Dido oder Anna, die Sidonierin. 4) **Sidōnius**, adj. (Poet.) = phönicisch überhaupt und subst. **-nii**, ōrum, m. pl. die Einwohner von S.; davon = überhaupt die Phönicier.

Sidus, ĕris, n. ein Sternbild, Gestirn (vgl. stella, astrum); bisweilen (Poet. u. Spät.) = ein einzelner Himmelskörper, ein Gestirn, Stern; häufig in astrologischer Beziehung, z. B. s. natalicium. Insbef. A) = der Himmelsstrich, die Gegend, s. patrium. B) (Poet.) = die Jahreszeit: mutato s. C) = die Witterung, grave s. et imber. D) zur Bezeichnung der Nacht: exactis sideribus als die Nacht vorbei war. E) (Poet.) ad ss. überhaupt = empor, in die Höhe. F) trop. s ferre u. bergl. ad ss. = sehr loben, rühmend erheben; tangere ss. ein sehr großes Glück ob. eine hohe Würde besitzen. b) = Zierde, Schmuck: flores ss. terrestria; s. Fabiae gentis (vom Fabius Maximus).

Siem, veralt. = sim, praes. conj. von Sum.

Sigambri, ōrum, m. pl. mächtige germanische Völkerschaft im nordwestlichen Deutschland. Davon **-ber**, als adj. und subst. **-bra**, ae, f. die Sigambrerin.

Sigēum, i, n. [Σίγειον] Vorgebirge und Küstenstadt in Troas. Davon **Sigēus** oder **-gēius**, adj. (Poet.) = trojanisch.

Sigillāria, ōrum, n. pl. [sigillum] 1) das Bilderfest, ein Fest zu Rom, bei welchem man einander Geschenke, bef. kleine Bilder (sigilla, vielleicht Kuchen in der Gestalt von Thieren ob. dergl.) schenkte. 2) Hiervon A) = jene Geschenke (Bilder) selbst. B) der Ort, wo jene Bilder verkauft werden, der „Bildermarkt".

Sigillātim, siehe Singulatim.

Sigillātus, adj. [sigillum] mit kleinen Figuren geziert, scyphus.

Sigillum, i, n. [signum] meist im plur. ein kleines Bild, eine kleine Bildsäule. Insbef. = das Bild im Petschaft, das Siegel.

Sigimĕrus, i, m. Fürst der Cherusker, Vater des Arminius und Bruder des Segestes.

Signātor, ōris, m. [signo] der Untersiegler eines Documents als Zeuge, daher der Zeuge namentlich a) bei der Abfassung eines Testaments, b) bei einem Ehepacte.

Signia, ae, f. Stadt in Latium. Davon **-ninus**, adj. und subst. **-ni**, ōrum, m. pl. die Einwohner von S.

Signĭfer, ĕra, ĕrum, [signum-fero] 1) adj. Zeichen ob. Bilder tragend, insbef. = mit Himmelszeichen-, Sternen geschmückt, aether; orbis s. der Thierkreis. 2) subst. **-fer**, ĕri, m. der Fahnenträger, Fähnrich, trop. der Anführer.

Significans, tis, adj. mit comp. und sup. [particip. von significo] (Spät.) bezeichnend, deutlich, verba, locorum descriptio.

Significanter, adv. mit comp. und sup. [significans] bezeichnend, vernehmlich, deutlich.

Significantia, ae, f. [significans] (Spät.) die Bedeutsamkeit, das Bedeutsame (eines Wortes).

Significātio, ōnis, f. [significo] 1) das Zuerkennengeben, die Bezeichnung, Anzeige, Andeutung, das Zeichen, insbef. pudoris, victoriae; aliqua virtutis s. Etwas, das Tugend andeutet; id habet non dubiam s. das deutet auf eine unzweifelhafte Weise an u. s. w.; inde magna s. fit, non adesse constantiam das zeigt deutlich, daß u. s. w.; una literarum s. eine schriftliche Ordre; nutu atque significatione dadurch, daß sie einander zunickten und Zeichen machten; ss. et acclamationes multitudinis Andeutung von Gunst und Wohlwollen. 2) insbef. A) in der Rhetor. die nachdrückliche Bezeichnung, der Nachdruck [ἔμφασις]. B) die Bedeutung eines Wortes u. bergl., s. scripti.

Significo, 1. [signum-facio] eigtl. Zeichen (zu Etwas) machen, 1) bezeichnen, zu erkennen geben, andeuten, äußern, an den Tag legen, auf Etwas anspielen u. bergl.: s. alicui aliquid, auch de re aliqua, quid factum sit; s. voce et manibus; significant deditionem daß sie sich übergeben wollen; ornatus aliquem regem s. bezeichnet ihn als König. Insbef. A) Zukünftiges anzeigen, verkünden, s. futura. B) absol. ss. inter se fit, machen Zeichen unter einander; canes ss. si fures venerint machen Lärm. 2) von Worten u. bergl., bedeuten, bezeichnen: uno verbo duae res significantur.

Signo, 1. [signum] 1) mit einem Zeichen oder Merkmale versehen, zeichnen, bezeichnen: s. humum limite, locum, saxum carmine mit einer Inschrift. Hiervon (Poet.) A) = einschneiden, aliquid in cortice, nomina saxo. B) s. humum pede, vestigio = betreten. 2) mit einem Siegel versehen, besiegeln, versiegeln, tabellas, libellum. Hiervon A) (Poet.) = bestimmen, festsetzen, jura. B) von Münzen, stempeln, prägen, pecuniam, aes. 3) trop.

(Poet. u. Spät.) A) = bezeichnen, ausdrücken, aliquid verbis. B) = wahrnehmen, bemerken: s. ora discordia sono. C) = schmücken, zieren, aliquem honore.
Signum, i, n. 1) das Zeichen, Kennzeichen, Merkmal: s. loci, servitii, libidinis; quod est signum, nullam querimoniam intercessisse welches zeigt (ein Zeichen davon ist), daß u. s. w.; (Poet.) ss. pedum Fußspuren. Insbes. A) das Zeichen des Zukünftigen, das Wahrzeichen: dare s., habere s. ex re aliqua. B) das Zeichen, Etwas zu thun, das Signal, signum dare cantandi zum Singen. Hauptsächlich in der Kriegssprache, das vom Feldherrn gegebene Zeichen, Signal, Commando (bes. zum Angriff): signo dato auf gegebenes Signal; dare signum itineris, proelii incipiendi, aber auch dare s. receptui zum Rückzuge; am häufigsten das durch die Trompete gegebene Signal, daher cauere signa zum Angriff blasen. C) (Spät.) = tessera die Parole, das Losungswort. 2) das Feldzeichen, die Fahne: ab ss. discedere, relinquere ss. deferliren, ss. inferre den Angriff machen; ss. conferre cum aliquo zu Jmd. stoßen, sich mit ihm vereinigen, aber häufiger feindlich (cum hoste) = handgemein werden, das Treffen anfangen, ebenso signis infestis concurrere; sub ss. in Reihe und Glied, in voller militärischer Haltung. Hiervon = die Abtheilung eines Heeres, Cohorte, Manipel: milites unius s. 3) das Bild, Bildniß (der allgemeine Ausdruck für jede plastische Arbeit,' vgl. statua). 4) das Siegel, das Bild im Petschaft: integris ss. = ungeöffnet (von einem Briefe), sub s. versiegelt. 5) das Himmelszeichen, Sternbild, Gestirn.
Sila, ae, f. großer Gebirgswald in Bruttium.
Silānus, i, m. [Σιληνός] (Vorklaff. und Spät.) der (gewöhnlich aus einem Silenskopfe hervorsprudelnde) Springbrunnen.
Silānus, siehe Junius.
Silārus, i, m. Fluß in Lucanien.
Silentium, ii, n. [sileo] die Lautlosigkeit, Stille, das Schweigen (siehe sileo): silentio, auch cum s. und per s. schweigend, silentio aliquid praeterire schweigend erwähnen, aber oratio silentio praeteritur wird nicht von Beifallsrufen begleitet; facere s. Stillschweigen bewirken, doch auch = Stillschweigen beobachten, facere s. fabulae dem Schauspiel ruhig zusehen. 2) uneigtl. die Ruhe, Muße, Unthätigkeit: biduum s. fuit in zwei Tagen ereignete sich Nichts; vitam silentio praeterire unthätig (od. so, daß Andere nicht von Einem sprechen, unbemerkt). 3) in der Auguralsprache = die Ungestörtheit, daß Nichts die Auspicien stört.
Silēnus, i, m. [Σειληνός] in der Sage Erzieher und Begleiter des Bacchus, ein lustiger, stumpfnasiger Alter, immer auf einem Esel reitend und gewöhnlich betrunken, mit den Satyren viele Aehnlichkeit habend.
Sileo, ui, — 2. 1) still- und lautlos sein, schweigen (keinen Laut hervorbringen, vgl. taceo): silva s. kein Geräusch läßt sich im Walde hören, unda s. ist still, ruhet; nox s. es ist lautlose Nacht; ceteri de nobis ss. Hiervon tr*ansit*. s. rem oder de re von Etwas schweigen, es verschweigen. 2) *trop*. unthätig sein,

ruhen, feiern, aufhören, nec ceterae nationes silebant; inter arma ss. leges haben keine Geltung, müssen schweigen.
Siler, ĕris, n. eine Art Bachweide.
Silesco, lui, — 3. [sileo] (Poet.) still werden, schweigen, turbae, domus s.
Silex, icis, m. u. f. jeder harte Stein, insbes. der Kiesel, Kieselstein, Feuerstein, auch lapis s.; sternere viam silice eine Straße pflastern. (Poet.) a) = scopulus, ein Fels; b) *trop*. zur Bezeichnung der Gefühllosigkeit und Härte: pectus tuum habet ss.
Silicernium, ii, n. (selten, Vorklaff.) 1) das Leichenmahl, Leichenessen. 2) *trop*. als Schimpfwort auf einen Greis, „alter Kracher".
Silīgineus, *adj*. [siligo] aus Weizenmehl bereitet, Weizen-.
Silīgo, ĭnis, f. eine Art Weizen.
Silĭqua, ae, f., 1) die Schote der Hülsenfrüchte, s. fabae. 2) meton. die Hülsenfrucht, vivere siliquis.
*****Sillybus**, i, m. [σίλλυβος] ein an eine Schriftrolle (volumen) angehängter Pergamentstreifen, auf welchem der Titel des Buches und der Name des Verfassers geschrieben stand.
*****Sillo**, ōnis, m. (Pl.) = silus.
Silus, *adj*. mit platter und aufgeworfener Nase, stulpnasig, plattnasig.
Silva, ae, f. der Wald, die Holzung überhaupt (vgl. nemus, lucus). Hiervon A) jede Sammlung von Bäumen und Sträuchern, daher = viridarium ein Garten, Baumgarten. B) *trop*. = dichtgedrängte Menge, Fülle: s. rerum sententiarumque, virtutum, s. dicendi reiches Material zum Reden.
Silvānus, i, m. [silva] lateinischer Wald- und Feldgott; auch im *plur*. von mehreren Göttern dieser Art. Er wird oft mit dem Pan od. dem Faunus verwechselt.
Silvesco, — — 3. [silva] (selten) zu einem Walde werden = gar zu viele Zweige bekommen, verwildern.
Silvester (oder -stris), stris, e, *adj*. [silva] zum Walde gehörig, vom Walde kommend oder darin befindlich, Wald-, 1) = mit Wald bewachsen, waldig, mons, locus. 2) im Walde befindlich, -wachsend, -lebend, Wald-, faba, mel; von Pflanzen = wild wachsend. 3) *trop*. von Menschen = roh, wild lebend, ungebildet.
Silvicŏla, ae, m. [silva-colo] (Poet.) der Waldbewohner.
*****Silvi-cultrix**, īcis, f. (Poet.) im Walde wohnehb, cerva.
*****Silvifrăgus**, *adj*. [silva-frango] (*Lucr*.) waldzerbrechend, flabra.
Silvius, ii, m. Name mehrerer Könige zu Alba.
Silvōsus, *adj*. [silva] (selt.) reich an Wald, waldig.
Simia, ae, f. und (selten) **Simius**, ii, m. der Affe; *trop*. der blinde Nachahmer, s. Stoicorum.
Similis, e, *adj*. mit comp. u. *sup*. ähnlich, gleich (im Ansehen und in der Beschaffenheit, vgl. par; s. ist qualitativ, par quantitativ): s. alicui und (von lebenden Wesen häufiger) alicujus; veri und vero similis (auch semilis veri

Similiter   **Sinceritas**   695

und vero) wahrscheinlich; so. inter se; simile aliquid ab isto atque a ceteris factum est, ebenso s. ut si (ac si, tanquam si) als wenn. Hiervon *subst.* -le, is, n. ein Gleichniß, ponere s., uti s.

Similiter, *adv.* mit *comp.* u. *sup.* [similis] ähnlich, auf ähnliche Weise, ebenso: s. atque uno modo; s. ac, ut si u. s. w.

Similitūdo, inis, *f.* [similis] die Aehnlichkeit, Gleichheit: homini s. est cum deo; s. amoris humani mit menschlicher Liebe; ad s. panis id efficiebant bildeten es als Brod.

*****Simiŏlus**, i, m. *deminut.* von simius.

Simītu, *adv.* (Vorklass.) = simul.

Simius, siehe Simia.

Simŏis, entis, m. [Σιμόεις] Waldstrom im Trojanischen, der sich mit dem Scamander vereinigte.

Simŏnĭdes, ae, m. [Σιμωνίδης] griechischer Dichter und Weiser aus Ceos ums Jahr 500 v. Chr. Davon **-dēus**, *adj.*

Simplex, icis, *adj.* [der Stamm von singuli-plico] 1) einfach, nur aus einem Theile, Bestandtheile u. s. w. bestehend (im Gegensatze des Zusammengesetzten und Vermischten): natura aut s. est aut concreta ex pluribus; (Poet.) plus vice simplici mehr als einmal. 2) *trop.* A) einfach = natürlich, kunstlos, (im Gegensatze des Prächtigen und mit vieler Mühe Bereiteten): s. esca, myrtus (im Gegensatze zu Kränzen von verschiedenen und seltenen Blumen; s. via mortis (ohne besondere Martern). B) einfach = einzeln, im Gegensatze des Verbundenen: quaedam sunt in rebus simplicia, quaedam copulata. C) moralisch einfach = schlicht, gerade, natürlich, homo, verba.

Simplĭcĭtas, ātis, *f.* [simplex] 1) die Einfachheit. 2) *trop.* die schlichte Geradheit, die Offenheit, Ehrlichkeit, Aufrichtigkeit.

Simplĭcĭter, *adv.* mit *comp.* u. *sup.* [simplex] 1) einfach, geradehin, schlechthin. 2) gerade, offen: s. et candide, s. et libere.

Simplus, *adj.* [desselben Stammes wie simplex, ἁπλοῦς] nur im *neutr. sing.* als *subst.* gebräuchlich, das Einfache, d. h. die betreffende Sache einmal genommen: solvere s. die Summe einmal (nicht doppelt) bezahlen.

Simpŭlum, i, n. ein kleines Schöpfgeschirr; ein Schöpflöffel, womit man bei Opfern u. s. w. Wein in die Schaale goß; *proverb.* excitare fluctus in s. — viel Lärm um Nichts.

Simpŭvium, ii, n. ein Opfergeschirr, vielleicht = simpulum.

Simul, *adv.* zugleich, zusammen = auf ein Mal, zu gleicher Zeit (vgl. unā): multa s. rogas; omnes s. abeunt; cum eo colloquitur, s. monet etc.; s. esse; s. cum illo, nobiscum und davon (Poet. u. Spät.) als *praepos.* s. illo, nobis mit ihm, uns. Hiervon insbes. A) s. atque (oder ac), s. ut und (selten) bloß s. als *adv.* sobald als, sobald. B) s. et, wo etwas Neues hinzugefügt wird, zugleich auch. C) s. — s. theils — theils, sowohl — als.

Simŭlacrum, i, n. [simulo] 1) das Ebenbild, Abbild (als Werk der Kunst oder doch der Nachbildung, vgl. imago; sowohl von Werken der Plastik als der Malerei, aber bes. von Abbildungen der Götter, vgl. signum, status).

2) *trop.* A) das Phantasie- oder Schattenbild: s. aut vestigium civitatis; s. pugnae von Kampfspielen; s. virtutis Etwas, das mit der Tugend Aehnlichkeit hat. Hiervon (*Lucr.*) = das der Seele vorschwebende Bild, die Vorstellung, Idee. B) das Schattenbild, der Schatten eines Verstorbenen, das Gespenst. C) ein Charakterbild, Schilderung in der Rede. D) (*Pl.*) ein Gleichniß. E) überhaupt zur Bezeichnung des Scheines, der äußeren Aehnlichkeit.

*****Simŭlāmen**, inis, n. [simulo] (Poet.) die Nachahmung, das nachgeahmte Bild.

*****Simŭlans**, tis, *adj.* mit *comp.* [*particip.* von simulo] (Poet.) nachahmend.

Simŭlāte, *adv.* [simulo] zum Scheine, mit Verstellung.

Simŭlātĭo, ōnis, *f.* [simulo] die Verstellung, der angenommene Schein von Etwas, das doch nicht ist, der Vorwand, die Täuschung, Heuchelei u. dergl.: s. virtutis, timoris; per s. amicitiae unter dem Scheine der Freundschaft, Freundschaft heuchelnd; simulatione legis agrariae unter dem Vorwande eines agrarischen Gesetzes.

Simŭlātor, ōris, m. [simulo] 1) (Poet.) der Nachahmer. 2) der sich den Schein einer Sache giebt, der sich verstellt; im schlimmeren Sinne = der Heuchler, fälschliche Vorgeber, rei alicujus; im mildern = der Meister in der ironischen Verstellung (insbes. vom Sokrates, s. in omni oratione).

Simŭlo, 1. [similis] 1) (meist Poet.) ähnlich machen, Minerva simulata Mentori in der Gestalt von M., Pergama simulata magnis nach dem großen P. gebildet. Hiervon = nachahmend darstellen, abbilden, cupressum (malen), anum die Gestalt eines alten Weibes annehmen; s. fulmen nachahmen. 2) Etwas vorgeben, sich den Schein von Etwas, das nicht ist (vgl. dissimulo), geben, sich stellen: s. se furere sich wahnsinnig stellen, s. mortem, fugam, lacrimas sich stellen, als ob man todt sei, fliehe, weine; s. scientiam rei alicujus eine Sache zu verstehen vorgeben; simulata amicitia verstellte Freundschaft; (*Pl.*) simulo quasi affuerim.

Simultas, ātis, *f.* [simul] eigtl. die Rivalität und Eifersucht Zweier, die zur selben Zeit einem Ziele nachstreben, daher die Feindschaft (zuerst die politische, dann auch die private), das Mißverständniß: habere, exercere s. oder esse in simultate cum aliquo; häufig im *plur.*, suscipere multas as.

*****Simulter**, *adv.* (*Pl.*) = similiter.

*****Simŭlus**, *adj.* (*Lucr.*) *deminut.* von simus.

Simus, *adj.* [σιμός] aufwärts gebogen, platt, bes. von der Nase, daher plattnasig, capella.

Sin, *conj.* [si] aber wenn (fast immer nach vorhergehendem si oder nisi).

Sināpi, *indecl.* oder **Sināpis**, is, *f.* [gr. σίναπι] der Senf.

Sincēre, *adv.* [sincerus] 1) aufrichtig, ehrlich. *2) (Pl.)* gut, recht.

Sincēritas, ātis, *f.* [sincerus] 1) die Unverdorbenheit, Reinheit, corporis die Gesundheit, *trop.* s. vitae Unschuld. 2) *trop.* die Aufrichtigkeit, Ehrlichkeit.

Sincērus, *adj.* mit *comp.* u. *sup.* 1) rein, unvermischt, unverfälscht, vas; *secernere fucata a sinceris* das Unächte von dem Aechten; *gens, populus* s. das keine fremde Personen ob. Sitten aufgenommen hat; s. *equestre proelium* wo nur Reiter, kein Fußvolk, kämpfte. Hiervon *corium* s. (*Pl.*) ohne Striemen ob. Flecke, *corpus* s. unverletzt, nicht verwundet, *gena* ungeschminkt. 2) *trop.* unbefleckt, unverletzt, davon ehrlich, rechtschaffen, aufrichtig, moralisch rein, *Minerva* jungfräulich, *fides, concordia* ungestört, *nihil s. et sanctum; judicium* s. feiner und richtiger Geschmack, *scriptor* s. unparteiisch.

Sincĭput, *cĭpĭtis, n.* [semi-caput] (Vorklaff. u. Poet.) der halbe Kopf, der Vorderkopf; *trop.* = *caput* als Sitz des Verstandes.

Sine, *praepos.* mit dem *abl.* ohne (überhaupt, *vgl.* absque): *homo s. fide; s. numine* ohne göttliche Mitwirkung; *absol. cum fratre an s.* mit oder ohne meinem Bruder; *s. ullo periculo; s. ulla dubitatione* ohne allen Zweifel; *s. dubio* ohne Zweifel; (selten) mit einem Particip (= ohne daß u. f. w.), *s. rogatione ulla perlata*. Bei Poet. bisweilen dem Substantiv nachgesetzt: *vitiis nemo s. nascitur*.

Singŭlāris, *e, adj.* [singuli] 1) einzeln, vereinzelt: *aliquos ss. egredientes conspexit; ne s. quidem homini* einem einzelnen Menschen. 2) einem Einzelnen gehörig, einen Einzelnen betreffend, eines Einzelnen: *s. odium alicujus* persönlicher Haß gegen Jmd.; *s. imperium* die Alleinherrschaft; *locus s.* wo man allein ist; *sunt in te quaedam singularia* etwas Eigenthümliches. Insbef. als grammatikalischer *term. t.* = zur Einzahl gehörig, *s. numerus*. 3) einzig in seiner Art, ausgezeichnet, vorzüglich, selten, beispiellos, *vir, amicus, virtus*; doch auch tadelnd, *s. turpitudo, crudelitas*. 4) (Spät.) im *plur.* eine eigene auserlesene Leibgarde oder ein Ordonnanzcorps, auserlesene Reiter, die zu Entsendungen gebraucht wurden.

Singŭlārĭter, *adv.* [singularis] 1) *term. t.* in der Grammatik, in der Einzahl. 2) einzig in seiner Art, außerordentlich.

Singŭlātim oder **Singillātim** (Sigillatim) und contrah. **Singultim**, *adv.* [singuli] einzeln.

Singŭli, *ae, a, adj. num. distr.* je Einer, jeder einzelne, jeder: *a ss. legionibus ss. legati* ein Legat von jeder Legion; *quanta pecunia militibus in singulos promissa esset* jedem einzelnen Soldaten; *prodigia quorum singuli auctores erant* Wunder, deren jedes nur von Einem Gewährsmann erzählt wurde; *singulis pedibus uti* jedesmal einen Fuß; *meliores erimus ss.* einzeln, jeder für sich, ebenso *legiones singulas posuit*; *s. ss. rebus* in einzelnen Sachen; *pauci an singuli* wenige oder einzelne. NB. der *sing. singulus* findet sich nur bei Vorklaff. u. Spät. = ein einziger, *s. vestigium*.

Singulto, 1. [singultus] 1) schluchzen. 2) von Sterbenden, röcheln. Hiervon (Poet.) *s. animam* röchelnd aufgeben.

Singultus, *us, m.* [von singuli = das Ausstoßen einzelner Laute?] 1) das Schluchzen, *fletus cum s.* 2) das Röcheln, Stöhnen. 3) das Glucken einer Henne.

Sĭnis, *is, m.* [Σίνις] ein Räuber in der Nähe von Corinth, den Theseus überwand.

Sinister, *stra, strum, adj.* mit *comp.* (in derselben Bedeutung wie der Positivus), 1) links, zur linken Seite befindlich, der linke (überhaupt, vgl. laevus), *manus, cornu*. Hiervon A) *subst.* mit einer *praepos. sinistram* die linke, *s. a.*, in *s.* 2) *trop.* (Poet. u. Spät.) A) unglücklich, widerwärtig u. dergl., *pugna, fama, sermo; Notus s. pecori* schädlich. B) links, verkehrt, ungeschickt, *mores, instituta*. 3) von Wahrzeichen u. dergl. A) nach dem römischen Systeme (weil bei ihnen der Beobachter sich nach dem Süden kehrte, also die östliche Seite links hatte) = günstig, glücklich, glückliche Wahrzeichen gebend, *fulmen*. B) (selten) nach griechischer Sitte (weil bei ihnen der Beobachter sich nach dem Norden kehrte und also die westliche Seite links hatte = unglücklich, ungünstig.

Sinistĕrĭtas, *ātis, f.* [sinister] (Spät.) *trop.* die Linkheit, das linkische Benehmen.

Sinistre, *adv.* [sinister] (Poet. u. Spät.) ungünstig, *aliquem excipere*.

Sinistrorsum oder **-sus**, *adv.* [sinisterversus] nach der linten Seite hin, links.

Sino, *sivi, situm,* 3. (eigtl. niederlegen, niederlassen, geschehen lassen, erlauben, gestatten: *s. aliquid fieri; non sinimus, gentes Transalpinas serero; accusare eum ille non est situs* es wurde jenem nicht erlaubt ihn anzuklagen; (selten) *s. id fiat* oder *ut id fiat*. Hiervon A) (Poet.) *s. aliquid* Etwas sein lassen, *s. arma viris überlassen; sine hanc animam* laß mir das Leben. B) (Converf.) *f. aliquem* Jmd. thun lassen, *sine m.* laß mich gehen; *sine veniat* mag er kommen, laß ihn kommen, *sine modo veniat* er möge nur kommen! *absol. sine* laß gut sein! mag sein! *ne dii sinant, ne Jupiter sirit* (= siverit) das wolle Gott nicht! behüte Gott!

Sinon, *ōnis, m.* [Σίνων] ein Grieche, durch dessen falsches Vorgeben die Trojaner bewogen wurden, das hölzerne Pferd in die Stadt zu schaffen.

Sinōpe, *es, f.* [Σινώπη] 1) Stadt in Paphlagonien, Geburtsort des Cynikers Diogenes. Davon A) **-penses**, *ium, m, pl.* die Einwohner von S. B) **-pēus**, *adj.* 2) griechische Stadt in Latium, von den Römern colonisirt und Sinuessa genannt.

Sinuessa, *ae, f.* Stadt in Latium, siehe Sinope 2. Hiervon **-ssānus**, *adj.*

Sinum, *i, n.* (Vorklaff. u. Spät.) ein weitbauchiges thönernes Trinkgefäß.

Sinŭo, 1. [sinus] (Poet. und Spät.) bogenartig krümmen, beugen, winden, *arcum; serpens sinuatur* windet sich.

Sinŭōse, *adv.* [sinuosus] (Spät.) faltenreich.

Sinŭōsus, *adj.* [sinus] (Poet. und Spät.) 1) viele Krümmungen, Vertiefungen, Biegungen habend, bauschig, faltenreich, *vestis, fluvius, flexus* (von einer Schlange), *arcus; vela ss.* 2) *trop. narratio s.* voll Abschweifungen und Digressionen.

Sinus, us, m. 1) die bauschichte Rundung, die Krümmung, der Bausch, die Falte überhaupt. So insbes. A) der Meerbusen, die Bucht, s. maritimus. Hiervon a) (Poet. und Spät.) die Küste von einem Meerbusen. b) eine Gegend, Landstrecke, die sich in eine andere, wie der Meerbusen in das Land, hineinstreckt, s. Parthiae, montium ber hervortretende Theil. B) von den Windungen einer Schlange. C) von einer Haarlocke oder bogenförmigen Frisur. 2) insbes. der bauschige obere Theil der Toga, der bogenförmige Faltenwurf der Toga, welcher dadurch entstand, daß die Toga über die linke Schulter und um den linken Arm (der dadurch ganz bedeckt wurde) so geworfen wurde, daß sie vor der Brust jene weite Falte bildete. Hiervon A) (Poet.) ein weites Gewand überhaupt, ss. fluentes. B) der Bausch des vom Winde angeschwellten Segels, das Schiffssegel: implere ss. secundos = mit günstigem Winde segeln. C) die Vertiefung, der Bausch eines Netzes, davon = das Netz überhaupt. D) weil in dem sinus, wie in einer Tasche, allerlei Sachen getragen werden konnten u. bes. der Geldbeutel nicht selten getragen wurde, bezeichnet s. bisweilen die Tasche, den Geldbeutel: illa ponderat amatoruin sinus nimmt Rücksicht auf das Vermögen der Liebhaber. 3) der unter jenem Faltenwurfe befindliche Theil des Leibes, der Busen, die Brust: demittere caput in s. alicujus; oft wird s. gebraucht, wo wir Schooß sagen. Hiervon trop. A) zur Bezeichnung des Innern einer Sache: in s. urbis im „Herzen" der Stadt, in intimo s. pacis im tiefsten Frieden; von einer Armee = das Centrum, Haupttreffen. B) zur Bezeichnung der Liebe, Obhut, des Schutzes u. dgl.: esse in sinu alicujus von Jmd. sehr geliebt werden, gestare aliquem in sinu Jmd. sehr lieb haben; dimittere aliquem ex s. suo ihm seine Liebe u. Obhut entziehen, recipere aliquem sinu Jmd. unter seine Lieben aufnehmen. C) zur Bezeichnung des Heimlichen und der Verborgenheit: in sinu gaudere in der Stille, heimlich. Davon = der einsame und verborgene Ort, suum cubiculum ac s. D) = der Zufluchtsort, Schlupfwinkel.

Sipārium, ii, n. [verw. mit dem griechischen σίπαρος] 1) der kleinere Vorhang auf dem Theater (bei den Zwischenscenen der Comödie, vgl. aulaeum); hiervon trop. zur Bezeichnung der Comödie. 2) ein Vorhang an der Richterbühne zur Abwehr der Sonnenstrahlen.

Sipārus, i, m. (Spät.) das Bramsegel, Toppsegel, (= supparum.)

Sipho, ōnis, m. [σίφων] (Spät.) eine Röhre = 1) der Heber. 2) die Spritze, Feuerspritze.

Sipontum, i, n. [gr. Σιποῦς] Stadt in Apulien. Davon **Sipontīnus, adj.**

Sipÿlus, i, m. [Σίπυλος] Gebirge in Lydien, wohin die Sage die Versteinerung der Niobe u. s. w. setzt.

Si-quando, Si-quidem u. s. w. werden gewöhnlich richtiger getrennt geschrieben.

Siremps od. **Sirempse, adj.** [nach Festus contrahirt aus similis re ipsa] (veralt.) publicist. term. t. = desgleichen, ganz gleich, ganz ebenso: s. lex.

Sirēnes, num, f. pl. [Σειρῆνες] die Sirenen, in dem Mythus weibliche Wesen (erst bei Spät. als Vögel mit Jungfraugesichtern gedacht) an der Südwestküste Italiens, welche am Gestade sitzend die Vorüberschiffenden an sich zu locken und zu verderben pflegten; Sirenum insulae hießen drei kleine felsige Inseln an der Südwestküste von Campanien. Hiervon trop. A) = ein schöner und lockender Gesang. B) = die Verlockerin, desidia S.

Sirius, ii, m. [σείριος] der Hundsstern.

Sirpe, is, n. (Vorklaff.) = laserpitium, welches man sehe.

Sirus, i, m. [σειρός] (Spät.) die Getreidegrube.

Sis, = si vis (Converf.), wenn du willst, wenn es dir gefällig ist, übliche Höflichkeitsformel: ebenso sultis = si vultis.

Sisapo, ōnis, f. Stadt im südlichen Spanien. Davon **-ōnensis, e, adj.**

Sisenna, ae, m. (Lucius Cornelius), römischer Redner und Geschichtsschreiber, Zeitgenosse des Sulla und des Cicero.

Sisto, stĭti, stătum, 3. [stammverw. mit dem griech. ἵστημι] 1) transit. A) Etwas oder Jmb. irgendwohin stellen, hinbringen, stehen machen, victimam ad aram, aciem in litore, cohortes in monte. Insbef. a) = aufführen, errichten, templum, tropaeum. b) in der Gerichtssprache, Jmd. oder sich zu einem bestimmten Termine vor Gericht stellen, erscheinen lassen: s. aliquem; häufig s. se oder sisti vor Gericht erscheinen, in derselben Bedeutung s. vadimoniam. Hiervon überhaupt s. se = sich irgendwo einfinden, einstellen. B) (meist Poet. u. Spät.) Jmb. oder Etwas still stehen machen, einhalten, anhalten, hemmen, legiones, pedem, equos; s. fugam. Hiervon trop. a) s. metam, lacrimas; s. opus die Arbeit einstellen. b) aufrecht halten, befestigen, feststellen, rem Romanam. 2) intrans. A) (Poet. und Spät.) sich stellen, capite auf den Kopf zu stehen kommen. B) still stehen, stehen bleiben, amnis; legio tertia s. contra leistet Widerstand. C) trop. bestehen, fortbestehen, sich halten, respublica sistere non potest; häufig impers. sisti non potest es kann nicht gut gehen, man kann sich nicht halten.

Sistrum, i, n. eine Art Klapper, die in Aegypten beim Gottesdienste der Isis gebraucht wurde; ironisch als Kriegsinstrument in dem Heere der Kleopatra.

Sisymbrium, ii, n. [σισύμβριον] eine wohlriechende, der Venus geweihte Pflanze.

Sisyphus, i, m. [Σίσυφος] Sohn des Aeolus, König zu Corinth, berüchtigt wegen seiner Verschlagenheit und tückischen Bosheit: in der Unterwelt mußte er zur Strafe einen großen, immer wieder zurückrollenden Stein einen Berg hinaufzuwälzen streben. Davon 1) **Sisyphius, adj.** 2) **Sisyphides, ae, m.** der männliche Nachkomme des S. (vom Ulysses, weil S. sein eigentlicher Vater sein sollte.

Sitella, ae, f. deminut. von situla.

Sithon, ōnis, m. [Σίθων] ein Sohn des Neptun, König im thracischen Chersones. Davon 1) **Sithon, ōnis, als adj.** = thracisch. 2) **Sithōnis, ĭdis, adj.**, als subst. f. = die Thra-

cierim. 3) **Sithōnius**, *adj.* (Poet.) = thracisch; *subst.* -nii, ōrum, *m. pl.* = die Thracier.
Sitĭcŭlōsus, *adj.* [sitis] (Poet. u. Spät.) durstig = dürr, trocken.
Sitienter, *adv.* [sitio] burstig, *trop.* = begierig.
Sitĭo, 4. [sitis] 1) dürsten, burstig sein. Hiervon *trop.* dürr sein, nach Feuchtigkeit verlangen, ager; Afri sitientes in einem heißen und trocknen Klima lebend. 2) nach Etwas dürsten, aquas sitiuntur. Hiervon *trop.* = nach Etwas sehr begierig sein, sanguinem, honores; sitiens virtutis.
Sitis, is, *f.* 1) der Durst: explere (Poet. restinguere, extinguere u. f. w.) s. löschen. 2) die Dürre, Trockenheit: deserta siti regio. 3) *trop.* die heftige Begierde, argenti nach Geld.
Sitŭla, ae, *f.* 1) ein Gefäß für Flüssigkeiten, bes. Wasser. 2) ein zum Loosen gebrauchtes topfartiges Gefäß, insbes. das bei den Comitien zu Rom gebräuchliche.
Situs, *adj.* [*particip.* von sino] 1) als *particip.* hingelegt, hingestellt: in suo quidque loco nisi erit mihi situm supellectilis. Hierv. A) = erbaut, ara Druso s. B) = begraben, bestattet, Aeneas s. est super Numicinum flumen. 2) als *adj.* gelegen, liegend, befindlich: urbs s. in ora, insula s. ante promontorium. 3) *trop.* A) haec sita sunt ante oculos omnium liegt vor aller Welt Augen = ist Allen offenbar. B) situm esse in aliquo ob. in re aliqua auf Jmd. oder Etwas beruhen: hoc s. est in vobis ob. in vestra manu dieses beruht auf Euch, in temporibus auf den Umständen.
Situs, us, *m.* [sino] 1) die Lage, urbis; s. membrorum Stellung gegen einander. Hiervon (Poet.) regalis s. pyramidum = Bauart. 2) (eigtl. das lange Liegenlassen an einer Stelle) A) (selten) der Mangel an Gebrauch, Pflege, das „Hinliegen": s. diutinus; loca senta situ durch Mangel an Bebauung; cessat terra situ. B) der durch langes Liegen erzeugte Schmutz, bes. Schimmel, Rost. C) *trop.* A) das geistige Verrosten, die Schlaffheit, Stumpfheit, animi, civitatis. b) die Unthätigkeit. c) die Vergessenheit, die Geringschätzung. d) s. Aesonis Altersschwäche und Kränklichkeit.
Si-ve ob. **Seu**, *conj.* 1) als bloße Bedingungsconjunction = vel si oder wenn: postulo, s. aequum est, rogo; gewöhnlich nach einem vorhergehenden Conditionalsatze: si omnes atomi declinabunt — sive aliae etc. 2) disjunctiv. A) einfach, oder, bei verschiedenen Benennungen desselben oder eines verwandten Gegenstandes (z. B. von Synonymen): Paris s. Alexander; ejusmodi nuntios s. potius Pegasos. B) doppelt (selten sive — seu und seu — sive), wenn entweder — oder wenn, es sei nun daß — oder daß, mag nun — oder mag, entweder — oder (wo man sagen will, daß von Zweien Eins Statt findet, es aber unentschieden läßt, welches): s. casu, s. consilio deorum; seu maneant, seu proficiscantur; s. tu medicum adhibueris, s. non adhibueris, non convalesces; leges quas s. Jupiter s. Minos sanxit. Insbes. a) (Poet. u. Spät.) bisweilen fehlt das eine s. (tollere seu ponere vult freta; vacui s. quid urimav); bisweilen steht statt des doppelten s. sive — aut ob. sive — an. b) es wird auch so gebraucht, daß jedes mit sive anfangende Glied einen eigenen Hauptsatz hat, wenn zwei Fälle angegeben werden und hinzugefügt wird, was in jedem folgt (ein Dilemma): s. enim ad sapientiam perveniri potest, non paranda solum ea sed fruenda etiam est: s. hoc difficile est, tamen nullus est modus investigandi veri.

Smăragdus, i, *m.* ob. *f.* [σμάραγδος] ein grüner Edelstein, insbes. der Smaragd.

Smintheus, ei, *m.* [Σμινθεύς] Zuname des Apollo, nach Einigen von Smintha, einer Stadt in Troas, nach Andern von σμίνθος (Maus) der „Mäusetödter". Davon **Smintheus**, *adj.* zum Apollo gehörig.

Smyrna, ae, *f.* (*Lucr.*) [σμύρνα] die Myrrhe.

Smyrna, ae, *f.* [Σμύρνα] berühmte Hauptstadt in Jonien, noch ebenso genannt. Davon **Smyrnaeus**, *adj.* und *subst.* -naei, ōrum, *m. pl.* die Einwohner von S.

Sŏbŏles, s. S. für Suboles.

Sobrie, *adv.* [sobrius] 1) nüchtern, mäßig. 2) besonnen, vernünftig.

Sobriĕtās, ātis, *f.* [sobrius] die Nüchternheit, Mäßigkeit.

Sobrinus, *adj.* (statt sororinus von soror) eigtl. zu Schwestern gehörig, aber fast immer *subst.* des Geschwisterlind: A) -us, i, *m.* der Vetter. B) -a, ae, *f.* die Muhme, Cousine.

Sobrius, *adj.* [so-ebrius] 1) nüchtern = nicht betrunken, homo; male s. (Poet.) betrunken; auch (Poet. u. Spät.) von Sachen, poculum s. woraus man sich nicht berauschen kann, ebenso lympha s. (Wasser), nox worin nicht gezecht wird, ebenso convictus. 2) nüchtern = mäßig, enthaltsam. 3) *trop.* = vernünftig, besonnen, homo, orator.

*****Soccātus**, *adj.* [soccus] (Spät.) einen soccus tragend.

Soccŭlus, i, *m. deminut.* von soccus.

Soccus, i, *m.* eine Art niedriger, leichter Schuhe, bei den Griechen (bei den Römern nur von Weichlingen) im häuslichen Leben gebraucht, eine Sandale. Insbes. trugen die Schauspieler in der Comödie (wo die Scene meistens in Griechenland war) einen solchen s., weshalb das Wort häufig zur Bezeichnung der Comödie gebraucht wird (vgl. cothurnus): carmina socco digna der (niedrigeren) Sprache der Comödie angemessen; socci cepere iambos die jambischen Verse wurden in der Comödie gebraucht.

Sŏcer, ĕri, *m.* 1) der Schwiegervater; (Poet.) *plur.* = die Schwiegerältern. 2) (Com). = consocer.

Sŏciābĭlis, e, *adj.* [socio] vereinbar, daher gesellig, verträglich, homines, consortio inter duos.

Sŏciālis, e, *adj.* [socius] zu einer Verbindung oder Gesellschaft gehörig, 1) gesellig, gesellschaftlich, animal. Häufig = zur Ehe gehörig, ehelich, amor, foedus, jura ss. Eherechte, carmina ss. Hochzeitslieder. 2) die Bundesgenossen betreffend, Bundes-, lex, judicium;

exercitus s. das Heer der Bundesgenossen, bellum s. mit den B.
*Sŏciălĭtas, ātis, f. [socialis] (Spät.) die Geselligkeit.
*Sŏciălĭter, adv. [socialis] (Poet.) auf gesellige Weise, kameradenmäßig.
*Sŏciennus, i, m. (Pl.) = socius 2.
Sŏciĕtas, ātis, f. [socius] 1) abstr. die Genossenschaft, die Gesellschaft, Theilnahme, die Verbindung: s. facinoris an einem Verbrechen; infida regni s. die Gemeinschaftlichkeit; inire, coire, facere, instituere s. stiften, machen; venire in societatem laudum alicujus Theil nehmen an; von Sachen, habere s. cum re aliqua mit einer Sache verwandt sein. Insbes. in politischer Beziehung: A) das Bündniß, die Alliance zwischen zwei Völkern oder Fürsten. B) die Handelsgenossenschaft, die Compagnie in Handelsgeschäften, s. rei alicujus in einem Geschäfte. 2) concr. die Genossenschaft = die verbundenen Personen, der Verein, s. generis humani. Insbes. = die Handlungsgenossen und namentlich die Compagnie der Generalpächter zu Rom: ss. provinciarum illarum; magister societatis der Vorsteher einer solchen Compagnie.

Sŏcio, 1. [socius] verbinden, vereinigen, gemeinschaftlich machen: s. periculum vitae cum aliquo die Lebensgefahr mit Jmd. theilen, sich ihr mit Jmd. gemeinschaftlich unterwerfen; s. aliquem regno Jmd. zum Theilnehmer an der Königsgewalt machen, ihm daran Theil geben, ebenso domo in sein Haus aufnehmen, sociari facinoribus an Verbrechen Theil nehmen; (Poet.) s. se alicui vinclo jugali Jmd. heirathen; s. gaudia cum aliquo mit Jmd. theilen; s. sanguinem = die verschiedenen Stände durch Eheverbindungen vereinigen; s. verba chordis mit Saitenspiel begleiten; (Poet.) labor sociatus gemeinschaftlich.

*Sŏciofraudus, adj. [socius-fraus] (Pl.) den Cameraden betrügend.

Sŏcius, 1) adj. (meist Poet.) gemeinsam, verbunden, auf einer Theilnahme von Mehreren beruhend: s. lingua die gemeinschaftliche Sprache, s. lectus das Ehebett, s. regnum die Herrschaft zweier Mitregenten; socias vias carpere zusammen gehen. Insbes. = in politischer Beziehung verbündet, agmina ss., classis s. 2) subst. -us, i, m. und -a, ae, f. der Gesellschafter, die -in, der Genosse, Gefährte, Camerad, Theilnehmer, die -in, der ein Interesse oder eine Thätigkeit mit Jmd. gemeinschaftlich hat (vgl. particeps, consors, sodalis): habere aliquem socium belli; vitae socia virtus die Genossin im Leben; socius culpae der Mitschuldige; s. sanguinis der Verwandte, s. tori Gatte, Gattin, nulla pro socia obtinet Keine gilt als Ehefrau; (Poet.) socium esse cum aliquo in negotio. Insbes. A) in politischer Beziehung, der Bundesgenosse, der Verbündete, namentlich socii die römischen Bundesgenossen, die mit Rom „verbündeten" (meist italienischen) Völker. B) der Handelsgefährte, der Compagnon in Handels- und Geldgeschäften: s. rei pecuniariae. Hiervon häufig als jurist. term. t. pro s. (damnari, agere u. f. w.) in einem Processe wegen Betruges gegen seinen Compagnon.

Sŏcordia, ae, f. [socors] 1) (Spät.) die Geistesschwäche, Stupidität, Borniertheit. 2) die Sorglosigkeit, Fahrlässigkeit, Gleichgültigkeit.

Sŏcordĭter, adv. [socors] (selten) sorglos, fahrlässig.

Sŏcors, dis, adj. [se-cor] 1) ohne Verstand, geistesschwach, stupid, borniert. 2) sorglos, fahrlässig, gleichgültig.

Sŏcrătes, is, m. [Σωκράτης] der bekannte griechische Philosoph. Davon -tĭcus, adj. und im plur. -oi, ōrum, m. pl. die Schüler des Sokrates, Philosophen, welche sich als Anhänger des Sokrates betrachteten.

Sŏcrus, us, f. [socer] die Schwiegermutter.

Sŏdălĭcĭus, adj. [sodalis] 1) (Poet. und Spät.) kameradschaftlich, gesellschaftlich, eine Verbrüderung betreffend, jus. 2) gewöhnl. subst. -ium, ii, n. = sodalitas.

Sŏdālis, e, adj. 1) (Poet., selten) gesellschaftlich, kameradlich: turba s. die befreundete Schaar. 2) subst. comm. der Camerad, Gespiele, Gefährte in gesellschaftlichen Vergnügungen, Uebungen und dergl. (vgl. socius): s. meus, s. alicui Jmds; trop. von Sachen, die zusammen zu sein pflegen, Eurus s. hiemis. Insbes. A) der Tischgenosse, Zechbruder. B) der Spießgeselle, Theilnehmer an einer unerlaubten Verbindung. C) ss. hießen die Mitglieder eines Priestercollegiums.

Sŏdālĭtas, ātis, f. [sodalis] 1) abstr. die Kameradschaft, der gesellige Umgang, s. intima. 2) concr., die Genossenschaft, Brüderschaft = die zu einem gewissen Zwecke verbundenen Personen, der Club. Insbes. A) die religiöse Verbrüderung, das Priestercollegium. B) das Gesellschaftsmahl. C) die unerlaubte Verbindung (zu Verschwörungen, Bestechungen u. s. w.).

Sŏdes [statt si audies] wird als Formel freundlicher Bitte u. dergl. gebraucht, wenn es gefällig ist, gefälligst: dic s., etc.

Sogdiāna regio, Landschaft in Asien zwischen dem Jaxartes und dem Oxus.

Sōl, is, m. 1) die Sonne: (Poet.) primo s. bei Tagesanbruch, medio s. am Mittage, supremo s. des Abends. 2) übertragen A) = der Sonnenschein: ambulare in s. B) = die Sonnenhitze: s. Libycus. C) (Poet.) = Tag. D) trop. a) zur Bezeichnung der Oeffentlichkeit: procedere in s. in das öffentliche Leben hervortreten. b) Oft bezeichnet sol den öffentlichen Kampf, während umbra die Uebungen in der Schule bezeichnet (cedat umbra soli = die Jurisprudenz möge dem Kriegsdienste den Rang einräumen); von einem Redner bezeichnet sol die öffentliche Rede auf dem Markte, den wirklichen Rednerkampf, umbra dagegen die Uebung zu Hause oder in der Schule. c) von einer außerordentlichen Person oder Sache. 3) personificirt, der Sonnengott, Sohn des Titanen Hyperion und der Thia, erst später = Apollo.

Sōlāmen, ĭnis, n. [solor] (Poet.) der Trost, das Trostmittel.

Sōlāris, e, adj. [sol] (Poet. u. Spät.) zur Sonne gehörig, Sonnen-, lumen.

Sōlārius, adj. [sol] = solaris; fast nur

als *subst.* -ium, ii, *n.* 1) eine Sonnenuhr, davon übertragen, eine Wasseruhr. Ein solches s. war namentlich auf dem Forum zu Rom: habet ad s. versari = häufig unter die Leute kommen, auf dem vielbesuchten Forum erscheinen. 2) ein der Sonne ausgesetztes flaches Dach, Terrasse.

*Sōlātĭŏlum, i, *n.* (Poet.) *deminut.* von solatium.

Sōlātĭum, ii, *n.* [solor] der Trost, afferre alicui s.; hoc est mihi solatio ist mir ein Trost. Hiervon A) das Trostmittel, die Linderung, das Linderungsmittel, calamitatis; campum Martium solatium populo patefecit. B) = der Tröster, der Erheiterer: aves ss. ruris.

Sōlātor, ōris, *m.* [solor] (Poet.) der Tröster.

Soldūrius, ii, *m.* [gallisches Wort] Jmd. der mit einem Anderen auf Leben und Tod verbunden ist, der Getreue (vgl. devotus); siehe Caes. B. G. 3, 22.

Soldus, siehe Solidus.

Sōlĕa, ae, *f.* 1) die Sandale, Schnürsohle, die mit Riemen und Bändern oberhalb des Fußes festgebunden wurde; sie wurde von Männern und Frauen getragen, aber nur zu Hause; wenn man zu Tische ging, legte man die Sandalen ab, und ließ sie sich beim Aufstehen von den Sklaven wiedergeben, daher poscere ss. = von einem Gastmahle weggehen wollen. Hiervon A) s. ferrea eine Art eiserne Schuhe für Pferde oder andere Thiere. B) ss. lignea Fußfesseln. 2) ein Fisch, die Zunge, eine Art der Schollen.

*Sŏlĕārĭus, ii, *m.* [solea] (*Pl.*) der Sandalenverfertiger.

Sŏlĕātus, *adj.* [solea] Sandalen tragend.

Sōlĕmnis, a. S. für Sollemnis.

Sŏlĕo, sŏlĭtus sum, — 2. pflegen, gewohnt sein, aliquid facere; ut solet (*sc.* fieri) wie es zu gehen pflegt; ita soleo so pflege ich (zu handeln oder dergl.); (Com.) solens lacio (sam) ich thue (bin) es nach Gewohnheit, ich pflege es zu thun (zu sein). Bisweilen bezeichnet es nicht eben eine Sitte ob. Gewohnheit, sondern nur eine häufige Wiederholung: cum animo volvere solitus est er überlegte oft. Insbes. (Com.) s. cum aliqua eine Liebschaft mit einem Weibe haben. — Hiervon *particip.* sŏlĭtus als *adj.* gewöhnlich, artes, honores, virtus; (Poet.) Danaûm naves ss. wohlbekannte, an welche man gewöhnt war; solito magis mehr als gewöhnlich.

Sŏlers, a. S. für Sollers.

Sŏli, ōrum, *m. pl.* [Σόλοι] Stadt in Cilicien. Davon Soloecismus, welches man sehe.

Sŏlĭdē, *adv.* mit *comp.* [solidus] 1) dicht, fest. 2) *trop.* sicher, vollständig, wahrhaft.

Sŏlĭdĭtas, ātis, *f.* [solidus] die Dichtheit, Gediegenheit, Festigkeit.

Sŏlĭdo, 1. [solidus] (Poet. u. Spät.) dicht-, fest-, hart machen, befestigen, aream cretâ, aedificium.

Sŏlĭdus, (Poet. auch Soldus) *adj.* mit *comp.* u. *sup.* [verwandt mit sollus] 1) eigtl. = nicht hohl, nicht voll Oeffnungen ob. mit fremden Bestandtheilen vermischt, sondern) ganz, dicht, gediegen, massiv: s. cornu, columna (nicht hohl); crater auro solidus massiv; s. terra, humus fest; in solido auf festem Boden, *trop.* = in Sicherheit. 2) A) fest, stark, hart, dens, telum. B) *trop.* a) unerschütterlich, fest, mens. b) vollständig, deutlich, effigies, indicium. c) reel, bleibend, wahrhaft, gediegen, gloria, suavitas, beneficium. d) ganz, vollständig, dies; vires ss. unvermindert, ungeschwächt; solidum solvere das ganze Capital.

*Sōlĭfer, ĕra, ĕrum, *adj.* [sol-fero] (Poet.) die Sonne bringend, plaga = der Osten.

Sŏlĭstĭmum, siehe tripudium.

Sōlĭtārĭus, *adj.* [solus] einsam, abgesondert, allein, homo, vita.

Sōlĭtūdo, ĭnis, *f.* [solus] 1) die Einsamkeit, sowohl A) *abstr.* = das Alleinsein, die Menschenleere (s. est ante ostium, s. loci), als B) *concr.* = der einsame und menschenleere Ort (discedere in aliquas ss.). 2) die Verlassenheit, Hülflosigkeit, viduarum, liberorum.

Sōlĭtus, siehe soleo.

Sŏlĭum, ii, *n.* 1) der erhabene und ansehnliche Sitz, insbes. A) der Thron, Königssitz; davon (Poet.) zur Bezeichnung der königlichen Würde, der Königsgewalt: potiri s. B) der Stuhl, worauf die Rechtskundigen zu Hause sitzend den Clienten Bescheid gaben ob. Rechtsfragen beantworteten. 2) eine Art Badewanne. 3) ein steinerner Sarg.

Sŏlĭ-văgus, *adj.* 1) allein herumstreifend, bestiae; coelum s. sich allein bewegend. 2) *trop.* einseitig, auf sich allein beschränkt, cognitio.

Sollemnis ob. vielleicht richtiger Sollennis, e, *adj.* [sollus-annus], 1) jedes Jahr zu einer bestimmten Zeit und mit einer gewissen Feierlichkeit geschehend, alljährlich gefeiert, =wiederkehrend (bes. von Festen und anderen religiösen Feierlichkeiten), sacra, caerimoniae; dies festi ss. jährliche Festtage. 2) indem bald der eine, bald der andere Begriff vorherrscht, A) feierlich, festlich, religiones; officium s. eine heilige, religiöse Pflicht. Insbes. das *neutr.* als *subst.*, Sollemne, is, und häufiger *plur.* sollemnia die Feierlichkeit, religiöse Handlung, der heilige Gebrauch (inter publicum s., omnia ss. servata sunt). B) gewöhnlich, üblich, gewohnt, was bei bestimmten Gelegenheiten zu geschehen pflegt: iter s. alljährliches zu einer gewissen Zeit zu unternehmen; verba ss. bei gewissen sacris gebräuchlich; (Poet.) arae ss. bei welchen Opferungen zu geschehen pflegen. Insbes. das *neutr.* Sollemne als *subst.* = die Sitte, der Gebrauch (nostrum illud s.); (Poet.) sollemnia insanire auf alltägliche und gewöhnliche Weise toll sein.

Sollemnĭtas, ātis, *f.* [sollemnis] (Spät.) die Feierlichkeit.

Sollemnĭter oder Sollennĭter, *adv.* [sollemnis] 1) feierlich. 2) auf übliche Weise.

Sollers, tis, *adj.* [sollus-ars] (eigentl. ganz Kunst, *oppos.* iners), kunstfertig, geschickt, klug, einsichtsvoll, verständig, agricola, pistor; s. ingenium, inventum; (Poet.) s. ponere hominem der einen Menschen abzubilden, lyrae der die Lyra zu spielen versteht.

**Sollerter, **adv. mit comp. u. sup. [sollers] geschickt, klug, verständig.

**Sollertia, ae, **f. [sollers] die Kunstfertigkeit, Geschicklichkeit, Klugheit, Gewandtheit: s. judicandi im Urtheilen.

**Sollicitātio, ōnis, **f. [sollicito] 1) (Com.) s. nuptiarum die Beunruhigung, welche die (vorgeschlagene) Heirath mir einflößt. 2) die Aufwiegelung, Aufhetzung.

*****Sollicitātor, ōris, **m. [sollicito] (Spät.) der Aufwiegler, Verführer.

**Sollicĭte, **adv. mit comp. u. sup. [sollicitus] 1) bekümmert, ängstlich. 2) sorgfältig, angelegentlich.

**Sollicĭto, **1. [sollicitus] 1) (Poet.) heftig bewegen, «erregen, erschüttern: s. mundum de suis sedibus; s. tellurem aratro mit dem Pfluge aufwühlen, ebenso s. freta remis; s. feras jagen, stamina pollice rühren. 2) trop. geistig erregen: A) beunruhigen, stören, verletzen, aliquem, pacem, statum quietae civitatis. B) bekümmern, beunruhigen, in Unruhe versetzen, aliquem; libido et ignavia semper animum excruciant et ss.; multa me sollicitant anguntque. C) aufregen, aufreizen, aufwiegeln, reizen, und (selten) in gutem Sinne, anregen, auffordern, reizen: s. aliquem ut (ne) aliquid faciat; s. aliquem ad venenum; insbef. = zum Aufruhr ob. überhaupt zu einem gefährlichen ob. schlechten Unternehmen locken, s. servos spe libertatis, s. civitates.

**Sollicĭtūdo, **ĭnis, f. [sollicitus] die Bekümmerniß, der Kummer; afficere aliquem sollicitudine Jmb. Kummer verursachen, ihn betrüben.

**Sollicĭtus, **adj. mit comp. u. sup. [solluscieo] (eigtl. = ganz in Bewegung gesetzt) 1) (Poet.) in Bewegung gesetzt, erregt, mare. 2) trop. A) von Personen, besorgt, unruhig, ängstlich, bekümmert, animus; s. quid futurum sit, s. de re aliqua, s. ne illud fiat; sollicitum habere aliquem Jmb. bekümmern, beunruhigen ob. (Poet.) Jmb. quälen, belästigen. B) von Sachen, unruhig = voller Unruhe ober Kummer, Bekümmerniß erzeugend: in tyrannorum vita omnia sunt ss.; nox s.; (Poet.) s. amor, opes ss.

**Solli-ferreum, **i, n. ein ganz aus Eisen bestehendes Geschoß, Eisengeschoß.

**Sollus, **adj. [ὅλος] veraltet = totus ganz, nur in der Zusammensetzung gebräuchlich (siehe sollemnis, sollers, sollicitus, solliferreum).

*****Sōlo, 1. [solus] (Spät. Poet.) öde machen, urbem.

**Sōloecismus, **i, m. [σολοικισμός] der Sprachfehler, die unrichtige Verbindung der Wörter (vgl. Soli).

Sōlon **(ober **Sōlo), ōnis, m. [Σόλων] der berühmte Gesetzgeber Athens.

**Sōlōnium, **ii, n. ob. Solonius ager, eine Gegend in Latium.

**Sōlor, **depon. 1. (Poet. u. Spät.) = das häufigere consolor, 1) trösten, aliquem. 2) lindern, mildern, metum, lacrimas, famem; s. desiderium fratris amissi reposte sich mit einem Enkel wegen des Verlustes eines Bruders trösten.

**Solstitiālis, **e, adj. [solstitium] zur Sommersonnenwende gehörig, dies der längste Tag, tempus, ortus solis der Aufgang der Sonne im Sommersolstitium. Hierv. meton. A) zum Hochsommer gehörig, Sommer-, nox, herba Sommergewächs. B) zur Sonne gehörig, Sonnen-, orbis der Umlauf der Sonne.

**Solstitium, **ii, n. [sol-sisto] der Sonnenstillstand, die Sonnenwende überhaupt, s. brumale, aestivum; so auch bei Spät., dagegen insbef. = die Sommersonnenwende, die Zeit der längsten Tage. Hiervon meton. = der Sommer, die Sommerhitze.

**Sŏlum, **i, n. 1) der unterste Theil einer Sache, der Boden, Grund, fossae. Insbef. A) = der Fußboden, der Estrich eines Zimmers, s. marmoreum. B) die Fußsohle. C) (Poet.) die Schuhsohle. 2) der Erdboden, die Erde, der Boden, Grund (vgl. fundus u. dergl.): s. exile et macrum, pingue; (Poet.) aere solum terrae tractare die Erde pflügen, anbauen; aequare solo urbem, domum der Erde gleich machen. Hiervon A) = das Land, der Boden, s. natale, s. patriae ob. patrium; hoc omne s. diese ganze Gegend; solum vertere (selten mutare) wegziehen, häufig exilii causa = in die Verbannung gehen. B) (Poet.) = die Unterlage: solum subtrahitur navi die Meeresfläche; s. Cereale die Unterlage von Brod. C) Sprichwörtlich quicquid ob. quod in solum (venit) was Einem einfällt, in den Sinn kommt.

**Sŏlum, **adv. siehe solus.

**Sōlus, **adj. 1) allein, einzig, bloß: Stoici ss.; mea solius causa; solos novem menses ibi fuit nur neun Monate; solus omnium gang allein; solum aliquem seducere; quaerere ex aliquo s. unter vier Augen; quae sola divina sunt welche (Eigenschaften) nur göttlich (den Göttern angehörig, nicht materieller Natur) find. 2) von Localitäten, einsam, wenig besucht, öde, mons, loca. 3) (Com.) verlassen, alleinstehend, sola hic sum. — Hiervon adv. **Sōlum, **allein, bloß; nur; de una re s.; häufig non s. nicht allein. Bei Spät. wird es durch modo verstärkt, **Sōlummŏdo, **in derselben Bedeutung.

**Sōlus, **untis, f. [Σολοῦς] Stadt an der Nordküste Siciliens. Davon **Sōluntīnus, **adj. u. subst. -ni, ōrum, m. pl. die Einwohner von Solus.

**Sōlūte, **adv. mit comp. u. sup. [solutus] 1) frei, ungehindert, moveri. 2) leicht, ohne Schwierigkeit, dicere. 3) schlaff, nachlässig, s. et negligenter.

*****Sōlūtĭlis, **e, adj. [solvo] (Spät.) auflösbar, leicht auseinandergehend, navis.

**Sōlūtĭo, **ōnis, f. [solvo] 1) die Auflösung; linguae s. das Gelöstsein = die Beweglichkeit. 2) die Bezahlung, pecuniae. 3) trop. (Spät.) die Auflösung = Erklärung einer Frage.

**Sōlūtus, **adj. mit comp. u. sup. [particip. von solvo] 1) frei, ungebunden, lose, animus; s. a cupiditatibus frei von Begierden, ebenso solutus opere und (Poet.) operum; s. eligendi optio freie Wahl. 2) trop. A) von Personen, a) (Poet.) = ausgelassen, risus. b) üppig, verweichlicht, s. in gestu. c) zügellos, ausschweifend, libido, homo. B) von Sa-

chen, a) sorglos, lässig, nachlässig, schlaff, wenig energisch, lenitas, cura. b) von der Rede, a) oratio s. ungebunden = prosaisch. β) in freierer Form, frei, nicht an strengere Form gebunden. C) von einem Redner, s. in dicendo gewandt, geläufig. D) = schuldenfrei, praedium.
Solvo, lvi, lūtum, 3. 1) lösen, A) ein Band ob. dergl., vinculum, nodum. B) eine Person ob. Sache, die gebunden ist: s. hominem vinctum entfesseln; s. equum a curru losspannen; s. crinem auflösen; s. vela die Segel losmachen. Insbes. a) s. epistolam das Band um den Brief lösen = den Brief öffnen, entsiegeln. b) s. navem, auch s. ancoram, funes (bisweilen bloß s.) das Schiff vom Ufer ob. vom Anker losbinden = den Anker lichten, absegeln; naves ex portu solvunt segeln aus dem Hafen. 2) trop. A) (nach 1. A.) das durch eine Schuld auferlegte Band lösen, bezahlen, pecuniam, aes alienum eine Schuld; s. litem aestimatam die festgesetzte Buße bezahlen; solvendo non est ei kann nicht bezahlen; in solutum ob. pro soluto als Bezahlung. Hiervon a) s. poenas eine Strafe leiden; s. injuriam magnis poenis büßen. b) s. funeri (mortuo) justa ob. suprema, einem Verstorbenen die letzte Ehre erweisen, ihn feierlich bestatten. c) s. fidem sein Versprechen halten, sein Wort lösen; s. votum ein Gelübde erfüllen. d) s. beneficium vergelten. B) (nach 1. B.) losmachen, entfesseln, befreien (von einer Last, Verpflichtung, Sorge u. dergl.): s. civitatem religione, aliquem legibus von den Gesetzen dispensiren; nec Katulus solvo ich nehme die R. nicht aus, mache sie von jener Bedingung nicht los. C) etwas Verbundenes auflösen: a) s. pontem abbrechen, navem zerschellen. b) schmelzen, nivem; hiems solvitur es thaut auf. c) viscera solvuntur gehen in Fäulniß über; solvi morte sterben. d) erschlaffen, abspannen: membra solvuntur frigore; quies s. membra der Schlaf macht alle Bänder und Sehnen der Glieder schlaff; s. vires. e) s. linguam ad jurgia loslassen, s. os den Mund öffnen. f) aufheben, entfernen u. dergl., morem antiquum, obsidionem; s. metum corde verjagen, pudorem benehmen. g) trennen, duas acies. h) erklären, auflösen, aenigmata, captiosa.
Sŏlўmi, ōrum, m. pl. [Σόλυμοι] die frühesten Bewohner Lyciens, von welchen nach Einigen die Juden abstammten: daher der Name der Stadt Hierosolyma (siehe diesen Artikel), und adj.
Sŏlўmus = jerusalemisch, jüdisch.
*****Somniātor**, ōris, m. [somnio] (Spät.) der Träumer.
Somnĭcŭlōse, adv. [somniculosus] (Pl.) schläfrig, träge.
Somnĭcŭlōsus, adj. [somnus] 1) schläfrig, träge, senectus. 2) (Vorklass.) Schlaf bringend, trop. = tödtlich.
Somnĭfer, ěra, ěrum, adj. [somnus-fero] (Poet.) 1) Schlaf bringend. 2) den Todesschlaf bringend = tödtlich, venenum.
Somnĭo, 1. [somnium] träumen: s. somnium mirum einen wunderbaren Traum haben; s. aliquem ob. de aliquo von Jmd., s. ovum von einem Ei; s. aliquid Etwas träumen. Hiervon trop. = faseln, sich einbilden, etwas Grundloses ob. Thörichtes denken ob. reden.
Somnĭum, ii, n. 1) der Traum: s. jucundo uti einen angenehmen Traum haben. 2) trop. = leerer Wahn, thörichtes Gerede; an Pythagorea; häufig (Com.) somnium ob. somnia als mißbilligender Ausruf. „Possen"!
Somnus, i, m. 1) der Schlaf (der allgemeine Ausdruck, sopor ist ein gewähltes Wort): somnum capere schlafen; somno se dare sich schlafen legen; e s. excitare (Poet. somno excutere) aliquem Jmd. aus dem Schlafe wecken; somnum non vidi ich habe gar nicht geschlafen, in somnis, seltener per somnum ob. somno, im Schlafe. 2) trop. A) = die Trägheit, Unthätigkeit, deditus ventri ac somno. B) = der Tod, s. longus. C) = die Nacht.
*****Sŏnăbĭlis**, e, adj. [sono] (Poet.) tönend, klingend, sistrum.
Sŏnans, tis, adj. mit comp. [particip. von sono] tönend.
Sŏnax, ācis, adj. [sono] (Poet. u. Spät.) stark tönend.
Sŏni-pes, ědis, adj. (Poet.) mit den Füßen tönend, als subst. = das Pferd.
Sŏnĭtus, us, m. der Schall, das Getöse, das Geräusch, venti, flammae, verborum; von einem Redner, s. noster der Lärm, den ich machte, der Donner meiner Rede.
Sŏnĭvius, adj. [sonus] tönend, nur in der Auguralsprache gebräuchlich, s. tripudium, wenn den heiligen Hühnern, indem sie fraßen, das Futter theilweise aus dem Munde und (mit einigem Geräusch) auf die Erde fiel (vermuthlich = solistimum t.)
Sŏno, ui, ĭtum (fut. part. sŏnātūrus) 1. (Vorkl. auch Formen nach der dritten Conjug. wie inf. sŏnĕre), 1. [sonus] 1) intrans. einen Schall oder Geräusch von sich geben, ertönen, erschallen, klingen, sich hören lassen u. dergl.: tympana, verbera, fletus s.; fluctus ss. rauschen, fons s. murmelt; vox ejus prope me s.; (Pl.) dicta non ss. Worte klingen nicht = sind kein Geld. Hiervon A) vom Orte, wo Etwas tönt, von Etwas erschallen, wiederhallen u. dergl.: ripae ss.; s. re aliqua von Etwas ertönen, omnia ss. gemitu. B) (Poet.) von einem Hunde, molle s. alicui Jmdn. freundlich anbellen. C) (Poet.) s. plectro spielen, sich hören lassen. 2) (Poet.) s. pleoctro spielen, sich hören lassen. 2) mit einem accus. A) ertönen lassen, tönend hören lassen, confusum quiddam; s. agreste eine rohe Aussprache und Redeweise haben, s. pingue quoddam einen ungebildeten und rohen Ton (d. h. Sprache, Dichtart) hören lassen. B) (Poet.) = spielen, singen, besingen, bella, aliquem. C) bedeuten: haec unnm ss.; quid haec vox s.? D) (Poet.) durch die Stimme anzeigen, verrathen, juveni ss. furem.
Sŏnor, ōris, m. [sono] (Poet. und Spät.) = sonus ob. sonitus.
Sŏnōrus, adj. [sonor] (Poet.) schallend, ertönend, rauschend, klingend, cithara, tempestas.
Sons, tis, adj. eigtl. schädlich, daher (einer Gesetzverletzung) schuldig, gewöhnlich als subst. der Straffällige, Missethäter, punire ss.; (Poet.) s. anguis, anima; (Poet.) sons sanguine fraterno durch das Vergießen des Bruderblutes.

Sontĭcus, adj. [sons] (Poet. u. Spät.) gefährlich, nur in der Verbindung morbus s. eine Krankheit, die eine hinreichende Entschuldigung gab, um nicht vor Gericht zu erscheinen ob. zum Kriegsdienste sich zu stellen, und causa s. der von einer solchen Krankheit entnommene Grund; daher überhaupt = wichtig, gültig.

Sŏnus, i, m. der Laut, Ton, Klang, das Geräusch: arma dant s. klingen; s. nervorum, chorda reddit s.; lingua efficit sonos; (Poet.) = Wort, Stimme, ss. ficti verstellte Rede, reddere s. entworten; s. cycni; s. acutissimus der höchste Discant, gravissimus der tiefste Baß.

Sŏphisma, ătis, n. [σόφισμα] (Spät.) ein Trugschluß (reinlat. captio).

Sŏphistes (ob. -a), ae, m. [σοφιστής] 1) ein Sophist, Philosoph, der nur um Geld zu gewinnen und aus Eitelkeit sich mit der Philosophie beschäftigt. 2) (selten) ohne tadelnde Bedeutung = der Philosoph.

Sŏphŏcles, is, m. [Σοφοκλῆς] berühmter griechischer Tragödiendichter. Davon **-clēus**, adj.

Sŏphos ob. **Sŏphus**, adj. [σοφός] (Spät., sonst bisher griechisch geschrieben) weise (reinlat. sapiens).

Sŏphron, ŏnis, m. [Σώφρων] gr. Mimendichter, Zeitgenosse des Euripides.

Sŏpio, 4. 1) bewußtlos machen, betäuben: saxo ita impactus est ut sopiretur; sopiri vulnere ohnmächtig werden. 2) einschläfern, s. aliquem vino et epulis. 3) von leblosen Gegenständen, zur Ruhe bringen, beruhigen, stillen, ventum, mare; ignis sopitus unter der Asche schlummernd.

Sŏpor, ōris, m. [sopio] 1) die Betäubung, Bewußtlosigkeit, z. B. eines Betrunkenen. 2) der Schlaf, Schlummer (meist Poet. u. Spät., vgl. somnus): languere sopore. Hiervon A) (Poet.) = der ewige Schlaf, der Tod. B) die Trägheit, Unthätigkeit, s. et ignavia. 3) das schlafbringende Mittel, der Schlaftrunk, dare alicui s.; miscere s. einen Schlaftrunk bereiten.

Sŏpōrātus, adj. [sopor] (Poet.) Schlaf bringend, mit schlafmachender Kraft versehen, offa (vergl. soporo).

Sŏpōrĭfer, ĕra, ĕrum, adj. [sopor-fero] (Poet. u. Spät.) Schlaf bringend.

Sŏpōro, 1. [sopor] (Poet. u. Spät.) einschläfern, trop. zur Ruhe bringen, stillen, dolorem; hostis soporatus schlafend.

Sŏpōrus, adj. [sopor] (Poet.) Schlaf bringend.

Sōra, ae, f. Stadt der Volsker in Latium. Davon **Sōrānus**, adj.

Sōracte, is, n. Berg in Etrurien mit einem Tempel des Apollo.

*****Sōrăcum**, i, n. (gr. σώρακος) (Pl.) eine Truhe.

Sorbeo, bui (psi?), — 2. 1) etwas Flüssiges (mit hörbarem Geräusche) schlürfen, verschlucken, aquam. 2) A) (Poet.) in sich ziehen, verschlingen, hinterschlucken, Charybdis s. aquas, terra arida s. flumina. B) trop. s. aliquid animo in Gedanken verschlingen = heftig begehren.

Sorbillo, 1. [sorbeo] (Vorklass. u. Spät.) nach und nach schlürfen, -trinken, cyathos.

*****Sorbĭlo**, adv. [sorbeo] (Pl.) eigtl. in kleinen Theilen schlürfend, schluckweise = knapp, dürftig, vivere.

Sorbĭtĭo, ōnis, f. [sorbeo] (Poet. u. Spät.) 1) das Schlürfen, Trinken, cicutae. 2) meton. die Brühe, Suppe, s. liquida.

Sorbum, i, n. die Frucht des Sperberbaums (sorbus), der Speierling.

Sordĕo, ui, — 2. [sordes] 1) schmutzig, unsauber sein, toga, facies s. 2) trop. A) geringe, schlecht beschaffen sein, convivium. B) gering scheinen, verachtet-, geringgeschätzt werden, munera nostra tibi ss., cuncta ss. prae Tiberi et campo.

Sordes, is, f. (häufiger im pl.) 1) der Schmutz, Unflath (bef. der trockene, vgl. lutum, sterous u. f. w.): ungues sine ss.; ss. aurium. 2) A) von schmutzigen u. verächtlichen Personen, der Auswurf: s. urbis der niedrigste Pöbel. B) die Gemeinheit, Verächtlichkeit in Bezug auf Sitten und Lebensweise: infamia et ss. Insbef. = der schmutzige Geiz, die schmutzige Habsucht, Knauserei: ss. domesticae, in re familiari. C) das schmutzige u. unsaubere Aussehen bef. desjenigen, der um einen Verstorbenen oder wegen einer Anklage Trauer anlegte, die Trauerkleidung, daß. die Trauer: jacere in luctu et s.

Sordesco, — — 3. [sordeo] (Poet. und Spät.) schmutzig werden.

Sordĭdātus, adj. [sordidus] in schmutziger Kleidung, schmutzig gekleidet; insbef. von Angeklagten, die, um Mitleid zu erregen, in Trauerkleidung („im Sack und in der Asche") erschienen.

Sordĭde, adv. mit comp. u. sup. [sordidus] 1) schmutzig. 2) trop. A) gemein, niedrig. B) schmutziggeizig, knauserig.

Sordĭdŭlus, adj. deminut. von sordidus.

Sordĭdus, adj. mit comp. u. sup. [sordeo] 1) schmutzig, unreinlich (bef. wegen Armuth oder Knickerei), vestis, fumus; sordidus pulvere. 2) trop. A) gering, armselig, ärmlich, niedrig, homo, domus. B) verächtlich, gemein, schlecht, schmählich, homo; res s. ad famam die Einem einen schlechten Ruf verschafft. C) schmutzig geizig, knauserig. D) = sordidatus, in Trauerkleidung, homo sordidus squalore.

*****Sordĭtūdo**, ĭnis, f. [sordes] (Pl.) = sordes.

Sōrex, ĭcis, m. die Spitzmaus.

*****Sōrĭcīnus**, adj. [sorex] (Pl.) zur Spitzmaus gehörig.

Sōrītes, ae, m. (gr. σωρείτης) ein durch Anhäufung der Gründe (gewöhnlich in der Frageform) gebildeter Trugschluß (reinlat. acervus).

Sŏror, ōris, f. 1) die Schwester (Poet.) insbef. im pl. = die Musen, die Parcen, die Danaiden. 2) uneigtl. A) s. patruelis die Muhme, das Geschwisterkind. B) trop. von ähnlichen ob. verbundenen Dingen, z. B. s. dextrae von der linken Hand, ss. von den übrigen Haaren im Gegensatze zu den abgeschnittenen.

Sŏrorcŭla, ae, f. deminut. von soror.

Sŏrōrius, adj. [soror] schwesterlich, zu einer Schwester gehörig, oscula; s. coena wegen einer Schwester veranstaltet.

Sors, tis, *f.* [vielleicht mit fors verwandt] 1) das Loos (jeder Art u. Form, sei es Würfel oder Täfelchen mit gewissen Zeichen; insbes. die Orakelstäbchen od. Bretterchen, die zu Präneste, Cäre u. s. w. aufbewahrt und als Orakel gebraucht wurden, durch deren Zusammenschrumpfen z. B. ein Wahrzeichen künftigen Unglücks von den Göttern gegeben wurde): conjicere ·ss. in urnam; mea s. prima exiit kam zuerst heraus. Hiervon = das Loosen: res revocatur ad s. es wird geloost; sorte durchs Loos (z. B. provincia ei evenit), extra s. ohne Loos; conjicere provincias in sortem die Vertheilung der Provinzen durch das Loos bestimmen. Hiervon A) sortis meae est es kömmt mir zu. B) = der Antheil, die Theilhaftigkeit: puer·in nullam s. bonorum natus mit der Aussicht geboren, an dem Vermögen keinen Antheil haben zu sollen. C) = die (durchs Loos Jmd. zugefallene) Leitung, Verwaltung, s. comitiorum. 2) (Poet.) das Schicksal, s. futura. Davon = das Schicksal eines Menschen, die Umstände, die Lage, sorte sua contentus; prima, secunda, ultima · s. Rang, Stellung. 3) das Orakel, die Weissagung: edere alicui sortem ; s. oraculi der Spruch; ss. Lyciae die Sprüche des lycischen Apollo. 5) das gegen Zinsen ausgeliehene Geld, das Capital im Gegensatze zu den Zinsen, negare sortem die Schuld leugnen.

*Sortĭcŭla, ae, *f.* *deminut.* von sors.
Sortilĕgus, *adj.* [sors-lego] weissagerisch; *subst.* -us, i, *m.* der Weissager.
Sortĭor, *depon.* 4. (Vorklass. auch -tio, 4.) [sors] 1) loosen, inter se, davon um Etwas loosen, durch das Loos vertheilen u. dergl.: s. provinciam; s. judices durch Loosen wählen; sortiuntur uter id faciat, (Spät.) s. de re aliqua. 2) durch das Loos erhalten, provinciam. Hiervon (meist Poet. u. Spät.) A) theilen laborem, periculum. B) (meist im praet.) überhaupt erhalten, erlangen, bekommen, aliquem amicum. C) sich aussuchen, wählen: in matrimonio sortiendo in der Wahl einer Ehefrau; (Poet.) s. fortunam oculis = mit den Augen die glücklichste Stelle wählen.
Sortītĭo, ōnis, *f.* [sortior] das Loosen: sortitionem judicum facere =sortiri judices; s. aedilicia.
Sortĭto, *adv.* [sortitus 2.] A) durch das Loos. B) dem Schicksal oder der Ordnung der Natur gemäß.
*Sortītor, ōris, *m.* [sortior] (Spät. Poet.) der Looser.
Sortītus, us, *m.* [sortior] (Poet.) = sortitio.
Sortītus, *adj.* [particip.* von sortior, *pass.*] durch das Loos oder durch das Schicksal bestimmt.
Sōsĭus, Name eines römischen Geschlechtes, aus welchem mehrere Männer (vermuthlich Brüder) zu Horaz' Zeiten als Buchhändler bekannt waren. Davon **Sōsĭānus**, *adj.*
Sospes, ĭtis, *adj.* [stammverw. mit der gr. σῶς] (meist Poet. u. Spät., weil es ein feierlicherer und gewählterer Ausdruck ist als salvus) wohlbehalten, unverletzt, unversehrt: filius est salvus et s.; (Poet.) dies, cursus s. glücklich.
Sospĭta, ae, *f.* [sospes] die Erretterin, nur in der Verbindung Juno s.

Sospĭtālis, e, *adj.* [sospes] (Vorklass. u. Spät.] heilsam, errettend.
Sospĭto, 1. [sospes] (selten) erretten, beschützen, behüten, aliquem, progeniem.
Sōtădes, ae, *m.* [Σωτάδης] ein griechischer Dichter, dessen Verse machte, welche rückwärts gelesen einen unzüchtigen Sinn gaben. Davon -dēus, *adj.*
Sōter, ēris, *m.* latinisirte Form des griechischen σωτήρ, der Erretter.
Spādix, icis, *m.* [σπάδιξ] 1) ein abgerissener Palmweig mit röthlicher Frucht. Doch als *adj.* = kastanienbraun, equus. 2) ein Saiteninstrument.
Spādo, ōnis, *m.* [σπάδων] (Poet. u. Spät.) der Entmannte, Verschnittene.
Spargo, rsi, rsum, 3. 1) streuen, ausstreuen, sprengen, spritzen: s. nuces, s. numos populo; s. aquam, cruorem; s. aliquem in fluctus Jmds zerrissene Glieder in die Wellen werfen. Hiervon A) insbes. =säen, s. semina den Samen ausstreuen, *trop.* res gestas in memoriam sempiternam sparsi meine Thaten waren gleichsam eine Saat, woraus ich ewiges Andenken ernten sollte. B) = ausbreiten, arbor s. ramos, sol s. radios verbreitet, schickt überall hin. C) auseinander bringend vertheilen, animos in corpora, s. exercitum weit umher zerstreut verlegen. D) zerstreuen, auseinander streuen, hostes, canes; s. se sich zerstreuen. E) von einem Gerüchte, einer Rede u. dergl. a) verbreiten, ausstreuen: s. voces in vulgum; *impers.* (Tac.) spargitur das Gerücht verbreitet sich. b) sparge (Poet. sparge subinde) streue ein (in die Rede). 2) (meist Poet.) bestreuen, besprengen, bespritzen: s. humum foliis; s. tellurem lacrimis, penetralia cruore; *trop.* Aurora s. terras lumine, und literae humanitatis sale sparsae.
Sparsĭo, ōnis, *f.* [spargo] (Spät.) das Hinstreuen, Hinsprengen.
Sparta, ae, *f.* [Σπάρτη] die Hauptstadt Laconiens. Davon 1) **Spartānus**, *adj.* u. *subst.* m., der Spartaner, der Einwohner von Sparta. 2) **Spartiātes**, ae, m. [Σπαρτιάτης] der Spartaner. Davon *-tĭātĭcus, *adj.* spartanisch.
Spartăcus, i, m.·· ein Thracier, Anführer im Kriege der Gladiatoren und Sklaven gegen Rom; meton. zur Bez. eines verhaßten Feindes (vom Antonius).
Spartum, i, *n.* [σπάρτον] eine bes. in Spanien häufige Pflanze, aus welcher Matten Seile, Taue u. s. w. gemacht wurden.
Spārus, i, *m.* od. -um, i, *n.* eine kleine gekrümmte Lanze.
Spătha, ae, *f.* [σπάθη] 1) ein breites flaches Holz, A) zum Umrühren, ein Rührlöffel, Spatel. B) beim Weben, um damit den Einschlag zu schlagen und so das Gewebe dicht zu machen, der Spatel. 2) ein breites zweischneidiges Schwert. 3) der Stiel der Palmblätter. 4) eine Tannenart.
Spătĭor, *depon.* 1, [spatium] spazieren, herum gehen (es bezeichnet die freie und ungenirte Bewegung, an welcher man Gefallen findet, vgl. ambio, ambulor); sp. in xysto. Hiervon *trop.* = sich ausbreiten, Nilus sp. per Aegyptum: (Poet.) alae spatiantes die ausgebreiteten Flügel.
Spatĭōse, *adv.* mit comp. [spatiosus] 1)

weitläufig, weit, groß. 2) (Poet.) in langen Zwischenräumen, lange.

Spatiōsus, *adj.* mit *comp.* u. *sup.* [spatium] (Poet. u. Spät.) 1) im Raume, geräumig, weit, groß, von großem Umfange, stabulum, collis; taurus sp. groß. Hiervon vox sp. ein langes (vielsylbiges) Wort; res sp. umfassend. 2) von der Zeit, lang, nox.

Spatium, ii, *n.* 1) vom Orte, der Raum, Platz, die Strecke, Weite: sp. non erat agitandi equos es war nicht Platz da, um u. s. w.; sp. castrorum; dimidium sp. itineris Strecke, sp. viae Länge, sp. hostis Größe; in spatium in die Länge, geradeaus, fugere, so auch aures in sp. trahere länger ziehen. Insbes. A) = der Zwischenraum, Abstand, trabes paribus spatiis intermissae; ab tanto sp. von so weit her. B) die Rennbahn, Laufbahn der Wettfahrenden ob. Wettlaufenden. Hiervon *trop.* die Bahn, Laufbahn = die Lebensart, Art der Geschäfte, die Grundsätze, das Verfahren u. dergl.: mos majorum deflexit de sp., Hortensium in sp. consecuti sumus, sp. defensionis. C) der Spaziergang, sowohl *concr.* = der Ort wo spaziert wird, sp. Academiae, spatia silvestria, als *abstr.* = das Spazieren, die Promenade, duobus spatiis factis nachdem wir eine gewisse Strecke zweimal gegangen waren; extremis spatiis gegen das Ende des Spazierens. 2) von der Zeit, der Zeitraum, bes. = die Frist oder = die Zeit«, Gelegenheit zu Etwas: sp. temporis praeteriti; sp. annuum, triginta dierum; sp. habere ad dicendum zum Reden; dare apparandis nuptiis um Alles für die Hochzeit zu bereiten; sex dies spatii eine Frist von sechs Tagen; hoc interim spatio in dieser Zwischenzeit, ebenso tam longo sp.; quum erit spatium wenn ich Zeit bekomme. 3) in der Metrik, das Zeitmaß beim Verse: trochaeus est eodem sp. quo choreus.

Speciālis, e, *adj.* [species] (Spät.) besonder, speciell.

Species, ei, *f.* [specio] 1) (selten) *act.* = das Sehen, der Anblick, Blick, das Gesicht: convertere sp. aliquo; primā sp. bei dem ersten Anblick 2) *pass.* = was gesehen wird, die Erscheinung: nova sp. visa est. Hiervon A) die Erscheinung im Schlafe oder im Traume, das Gesicht, sp. nocturna. B) was sich dem geistigen Auge zeigt, die Idee, der Begriff, die Vorstellung: hanc ideam nos recte saepe vocare possumus; sp. eloquentiae, viri boni das Ideal. 3) die Gestalt, das Aussehen (in physischer Beziehung, im Gegensatze zum inneren Wesen; vgl. forma u. figura): aliquis humanā specie; nihil est specie ornatius Nichts hat ein zierlicheres Aeußere; speciem latronis inducere; speciem ridentis praebere aussehen, als wenn man lacht. Hiervon A) insbes. = die schöne Gestalt, die Schönheit, das schöne und majestätische Aeußere: speciem legationi adders der Gesandtschaft hervorragliche, speciem triumpho praebere den Triumph verschönern; bos mirā sp., insignis specie: sp. quaedam in dicendo eine gewisse Würde, imposantes Auftreten; quae sunt in sp. posita (von einem Redner) was auf den äußeren (körperlichen) Gaben beruht. B) das Aeußere im Gegensatze zur Wirklichkeit, der Schein, Anschein: sp. auspiciorum (*oppos.* veritas); speciem hosti fecit machte den Feind glauben; fallax equitum sp. von Leuten, die dadurch, daß sie wie Reiter aussahen, Andere täuschten. Insbes. specie, in ob. per (selten ad) speciem, auch (selten) sub specie dem Scheine nach, anscheinend, und mit einem *genit.* == unter dem Scheine, «Vorwand: specie blandus; per sp. auxilii, captivorum redimendorum (unter dem Vorwande einer Verhandlung über die Loskaufung der Gefangenen). C) (Poet.) das Bild, Bildniß, Jovis. 4) die Art (Unterabtheilung einer Gattung): genus continet plures partes specie differentes. Hiervon (Spät.) = der Fall, haec sp. incidit.

Specillum, i, *n.* [specio] ein chirurgisches Instrument zur Untersuchung von Wunden u. dergl., die Sonde.

Specimen, inis, *n.* [specio] 1) die Probe, das Probestück, das Kennzeichen, die Gewähr, specimen dare alicui rei alicujus vor Jmd. eine Probe von Etwas ablegen. 2) das Beispiel, Muster: est in eo specimen humanitatis; sp. innocentiae ein Ideal; capere sp. naturae ex re aliqua.

Specio (ob. Spicio), exi, ectum, 3. (Vorklass.) sehen, schauen, aliquid; nunc specimen specitur jetzt kömmt es auf eine Probe an.

Speciōse, *adv.* mit *comp.* und *sup.* [speciosus] schön, glänzend, prächtig.

Speciōsus, *adj.* mit *comp.* u. *sup.* [species] 1) (Poet. u. Spät.) ein gutes Aussehen, ein majestätisches Aeußere habend, schön, wohl gestaltet, glänzend, mulier. Hiervon A) = sich gut hören lassend, schön klingend, verba, eloquentia. B) = ansehnlich, opes. 2) ein täuschendes Aeußere habend, durch den äußeren Schein blendend, täuschend, nomen, dicta.

Spectābilis, e, *adj.* [specto] 1) was gesehen werden kann, sichtbar, corpus; campus sp. übersehbar, offen. 2) (Poet. u. Spät.) sehenswerth, ansehnlich, schön, heros, Niobe.

Spectāculum, i, *n.* [specto] 1) was man schaut, der Anblick, das Schauspiel überhaupt: sp. rerum coelestium; esse spectaculo zum Schauspiele, zur Augenweide dienen, praebere sp. ein Schauspiel darbieten; sedere spectaculum als ein Schauspiel, zum Anblicke Aller, dastehn. Insbes. das Schauspiel im Theater oder im Circus, dare sp., sp. gladiatorum oder gladiatorium. 2) der Ort, wo oder von wo aus man ein Schauspiel ansehen kann: A) (Spät.) = der Schauplatz, das Theater. B) im *plur.* = die Bänke auf dem Zuschauerplatze, die Tribüne für die Zuschauer.

****Spectāmen**, inis, *n.* [specto] (*Pl.*) = specimen.

Spectātio, ōnis, *f.* [specto] 1) das Ansehen, Schauen, besonders eines Schauspieles. 2) die Prüfung und Untersuchung einer Münze. 3) (Spät.) die Rücksicht, Betrachtung.

****Spectātīvus**, *adj.* [specto] (Spät.) eigentlich betrachtend, daher = theoretisch.

Spectātor, ōris, *m.* [specto] der Betrachter, Beobachter, insbes. der Zuschauer eines Schauspieles, coeli, ludorum; (Com.) = der Kenner, formarum.

Spectātrix, ĭcis, *f.* [specto] (Poet.) die Zuschauerin.

Spectātus, *adj.* mit comp. u. sup. [particip. von specto] 1) geprüft, bewährt, aurum spectatum igni; homo sp.; integritas multis rebus spectata; id cuique spectatissimum sit am besten erprobt. 2) = vortrefflich, vollkommen, ausgezeichnet, femina.

Spectio, ōnis, *f.* [specio] die „Beobachtung", *term. t.* in der Auguralsprache = das Recht Auspicien zu beobachten (vgl. nuntiatio).

Specto, 1. [specio] 1) schauen, ansehen; anschauen (vgl. video), aliquid; sp. illuc, ad eum, in eos solos, alte in die Höhe. Insbes. = im Schauspiele mit ansehen, ihm zuschauen, sp. ludos; spectatum veniunt um das Schauspiel anzusehen. Hiervon (Poet.) quem totum tribunal spectat = mit Verwunderung ansieht. 2) *trop.* mit dem geistigen Auge ansehn, A) betrachten, sehen, rem. B) berücksichtigen, auf Etwas Rücksicht nehmen, vor Augen haben: sp. fortunam in aliquo Jmds Vermögensumstände; sp. res, non auctores. Hiervon a) beurtheilen, schätzen, philosophos ex singulis vocibus. b) erproben, aurum in igne. C) von Personen, nach Etwas trachten, »streben, an Etwas denken: sp. magna quaedam, nil nisi fugam; sp. ad imperatorias laudes; semper spectavi ut tibi essem conjunctissimus ich habe mich bemüht, habe das vor Augen gehabt. D) von Sachen, a) wohin zielen, auf Etwas sich beziehen: quorsum haec oratio sp.? consilia ejus spectant ad concordiam gehen auf die Wiederherstellung der Einigkeit aus; hoc longe alio spectat auf etwas ganz Anderes. b) = wohin sich neigen, irgend einen Ausgang haben, zu werden scheinen: res sp. ad vim scheint mit einem gewaltsamen Unternehmen (mit Anwendung der Gewalt) endigen zu wollen. E) von Localitäten, nach einer Gegend hinsehen = gerichtet», gelegen sein: terra sp. ad fretum, in septentrionem, inter occasum solis et meridiem; auch terra sp. orientem, adversum vorwirts.

*Spectrum,** i, *n.* [specio] das Bild in der Seele, eine von Cicero versuchte Uebersetzung des griechischen εἴδωλον.

Spēcŭla, ae, *f. deminut.* von spes.

Spĕcŭla, ae, *f.* [specio] eine Anhöhe zum Umsehen, Spähen, die Warte: praedonum adventum significabat ignis ex sp.; *trop.* esse in speculis = genau aufpassen. Hiervon (Poet.) überh. eine hohe Stelle (Anhöhe, Stadtmauer).

Spĕcŭlābundus, *adj.* [speculor] (Spät.) spähend, aufpassend.

Spĕcŭlāria, e, *adj.* [speculum] zum Spiegel gehörig, Spiegel»; davon lapis sp. das Marienglas, ein durchsichtiger Stein, der in dünne Blätter getheilt von den Alten statt unserer Fensterscheiben gebraucht wurde. Hiervon *subst.* **-lāria,** ōrum od. ium, *n. pl.* Fenstergläser, Fensterscheiben.

Spĕcŭlātor, ōris, *m.* (speculor) der Ausspäher, Kundschafter (der heimlich ausgeschickt wird, um zu spioniren, vgl. explorator); im Heere hatte man ein eigenes Corps von solchen spp. = Ordonnanzen, Feldjäger. Hiervon *trop.* der Forscher, Erspäher, naturae.

Spĕcŭlātōrius, *adj.* [speculator] zum Ausspäher gehörig. navigium ein Späherschiff.

Spĕcŭlātrix, ĭcis, *f.* [speculor] die Ausspäherin, *trop.* furiae spp. facinorum welche die Verbrechen ausspähen.

Spĕcŭlor, *depon.* 1. [spĕcula] 1) *intrans.* umherspähen, sich wie von einer Warte umsehen, in omnes partes. 2) *transit.* nach Etwas umherspähen, Etwas auskundschaften, aufpassen, belauern, beobachten, aliquem, consilia alicujus.

Spĕcŭlum, i, *n.* [specio] 1) der Spiegel; (Poet.) sp. lympharum die spiegelblanke Oberfläche des Wassers. 2) das Abbild in dem Spiegel, vides sp. tuum.

Spĕcus, us, *m.* (selten *f.* und *n.*) die Höhle, Grotte (überhaupt, vgl. antrum, spelunca). Hiervon = der bedeckte Wassergang.

Spēlaeum, i, *n.* [σπήλαιον] (Poet., selten) die Höhle, Grotte.

Spēlunca, ae, *f.* (verw. mit dem gr. σπῆλυγξ) die Höhle (als ein finsterer und schauerlicher Ort, vgl. antrum, specus).

*Spērābĭlis,** e, *adj.* [spero] (Pl.) was zu hoffen ist.

Sperchīus (od. **-chēus**), i, *m.* Fluß in Thessalien. Davon **Sperchēis,** ĭdis, *f. adj.* und **Sperchīŏnīdes,** ae, *m.* Anwohner des S.

Sperno, sprēvi, sprētum, 3. 1) (Vorklaff.) entfernen, trennen, se ab aliquo. 2) verschmähen, verwerfen (im Herzen und Gedanken, vgl. asperior), verachten, voluptates, aurum; non spernendus nicht verwerflich, bisweilen = sehr gut; sp. imperium consulis sich um — nicht kümmern; (Tac.) spernendus morum in Bezug auf Sitten.

Spēro, 1. [spes] 1) hoffen, Etwas Gutes erwarten, daher überhaupt erwarten, vermuthen: sp. beneficium, aliquid ab aliquo; sp. illum venturum esse, fore ut id contingat; spero me ideo mitti daß ich deswegen geschickt werde, spero me tibi causam probasse; auch absol. bene (recte) de aliquo sp. gute Hoffnung von Jmd. haben; pax sperata ein Friede, den man hofft. Seltener = etwas Böses erwarten, vermuthen: sp. dolorem, sp. haec vobis molesta videri; id quod non spero was ich nicht hoffen will. 2) (Vorklaff. u. Spät.) insbes. das *particip.* **spērātus** als *adj.* A) im *masc.* u. *fem.* = der, die Verlobte. B) uxor sp. nach der man sich lange gesehnt hat.

Spes, ĕi, *f.* 1) die Hoffnung, rei alicujus von Etwas; spes me tenet ich hoffe, auch spem habeo und (stärker) spe ducor; sum in magna spe ich habe große H., aber pax est in spe man hofft den Frieden; in spe habere (ponere) aliquid Etwas hoffen; spem alicui facere (dare, afferre) Jmd. H. geben; in secundam spem natus (Tac.) = als künftiger zweiter Erbe; spes ostenditur es ist Grund zum Hoffen; in spem venire, ingredi Hoffnung fassen; adolescens summa spe ein sehr hoffnungsvoller Jüngling; omnes spes ein hoffnungsvolles. Hiervon (Poet.) = das, worauf Jmd. seine Hoffnung setzt, Aeneas sp. Teucrorum; so häufig von Kindern, sp. gregis von den jungen Ziegen. 2) überhaupt die Erwartung, Vermuthung: aspera sp., bellum spe serius später eintretend, als Alle erwarteten: praeter od. contra sp. gegen Erwartung.

Speusíppus, i, m. [Σπεύσιππος] griechischer Philosoph, Schwestersohn des Plato und dessen Nachfolger in der Akademie.

Sphaera, ae, f. [σφαῖρα] 1) die Kugel (der wissenschaftliche Ausdruck für die mathematische Kugel, vgl. globus). 2) insbes. die Himmelskugel, der astronomische Himmelsglobus. Hiervon = die Kreisbahn der Planeten. 3) der Spielball.

Sphaeristērium, ii, n. [σφαιριστήριον] (Spät.) der Ballspielsaal.

Sphaerŏmăchia, ae, f. [σφαιρομαχία] (Spät.) der Faustkampf mit eisernen Kugeln.

Sphinx, gis, f. [Σφίγξ] eine Ungeheuer (halb Weib, halb Thier) bei Theben, das jedem Vorübergehenden ein Räthsel aufgab und ihn zerriß, wenn er es nicht lösen konnte. Oedipus befreite das Land davon.

Spica, ae, f. (selten und veraltet -cum, i, n.) 1) die Aehre des Getreides. 2) A) ein ährenförmiger Büschel, Spitze an anderen Pflanzen. B) (Poet.) ein Pfeil (zweifelhaft). C) der hellste Stern im Gestirn der Jungfrau.

Spiceus, adj. [spica] (Poet. u. Spät.) aus Aehren bestehend, Aehren-, messes.

Spicĭfer, ěra, ěrum, adj. [spica-fero] (Poet.) Aehren tragend.

Spicio, siehe Specio.

Spicŭlum, i, n. [deminut. von spicum, siehe spica] 1) die Spitze, insbes. die eiserne Spitze eines Spießes oder Pfeiles. 2) meton. der Spieß oder Pfeil. 3) der Stachel einer Biene ob. dergl.

Spina, ae, f. 1) der Dorn (die scharfe Spitze an Rosen oder ähnlichen Stauden; vgl. sentis). Hiervon (Spät.) = der Dornstrauch. 2) der spitzige Stachel eines Igels und ähnlicher Thiere. 3) der Rückgrat an Thieren und Menschen. 4) trop. A) = die Spitzfindigkeit, Subtilität, Verwickelung, spp. definiendi, disserendi. B) bildlich a) von Fehlern, Lastern. b) von Sorgen, Begierden.

Spinētum, i, n. [spina] (Poet. u. Spät.) das Dorngebüsch.

Spineus, adj. [spina] (Poet. u. Spät.) aus Dornen bestehend, Dornen-, vincula.

*****Spinĭfer**, ěra, ěrum, adj. [spina-fero] (Poet.) Dornen tragend.

Spino, ōnis, m. kleiner Fluß bei Rom, der als Gottheit verehrt wurde.

Spinōsus, adj. [spina] 1) voller Dornen, stachelig, herba. 2) trop. A) (Poet.) curae ob. „stechende", beunruhigembe. B) = spitzfindig, verwickelt, genus dicendi, oratio.

Spinther, ěris, n. (Pl.) eine Armspange, ein Armband.

Spinthria ob. **Spintria**, ae, m. (Spät.) eine Art unzüchtiger Männer.

*****Spinturnicium**, ii, n. deminut. von **Spinturnix**, icis, f., ein Unglück weißagender Vogel.

Spinus, i, f. [spina] der Schlehdorn.

Spira, ae, f. [σπεῖρα] (Poet. u. Spät.) ein gewundener, geflochtener Körper, die Krümmung, Windung, anguis; insbes. von dem Fußgesims einer Säule, von einer gewundenen Haarflechte, von einer gedrehten Schnur zum Festbinden der Mütze (galerus) unter dem Kinn, von einer Art Backwerk (etwa Bretzel).

Spirābĭlis, e, adj. [spiro] athembar, zum Einathmen dienlich: natura haec animalis et sp., cui nomen est aër; (Poet.) coeli lumen sp. zum Leben dienlich.

Spirācŭlum, i, n. [spiro] (Poet. u. Spät.) eine Oeffnung, wodurch geathmet wird, das Luftloch: hic specus est sp. Ditis.

Spirāmentum, i, n. [spiro] (Poet. u. Spät.) 1) = spiraculum. 2) der durch das Athmen bestimmte Zwischenraum in der Zeit, die Pause, spp. temporum.

Spirĭdion, onis, m. [Σπειριδίων] Beiname des griechischen Rhetors Glycon.

Spirĭtus, us, m. [spiro] 1) (Poet. und Spät.) der Lufthauch, Luftzug, die bewegte Luft (vgl. anima, s. d.); s. Boreae; aër movetur spiritu aliquo. 2) die Luft, insofern sie eingeathmet wird, der Athem: cibus, potio, s.; ducere spiritum athmen. 3) das Athemholen, Einathmen der Luft, der Athemzug, Athem: uno s.; hujus coeli s. das Einathmen dieser Luft; anima quae ducitur spiritu. Hiervon A) = der Lebenshauch, das Leben: reddere s. den Athem aufgeben, spiritus naturae debetur. B) (Poet.) = der Duft, unguenti. C) (Poet.) = der Seufzer. D) trop. a) = die Begeisterung, der Anhauch: spiritu divino tactus, inflatus von einem Gotte begeistert; homines divini spiritus. b) (Poet. u. Spät.) der Geist, die Seele: morte carens s.; spiritus regit hos artus. c) = die Gesinnung, hostilis, generosus. d) das Genie, der Verstand, ingens. e) der hohe Geist, der Muth, bes. = der Uebermuth, Stolz, Trotz, die hohen Gedanken ss.; capere alicujus ss.; so meist im plur., doch auch s. regius.

Spiro, 1. I. intrans. 1) (Poet. u. Spät.) hauchen, blasen, wehen, Austri ss. Hiervon A) duften, flos. B) = hervorkommen, flamma s. e pectore. C) brausen, rauschen, freta. D) klingen, tönen, litera. 2) athmen, Athem holen. Hiervon A) = leben: mens ejus s. in scriptis lebt noch fort. B) = begeistert sein, dichterische Begeisterung haben: quod spiro et placeo, tuum est. II. transit. 1) ausathmen, ignem. 2) trop. A) Etwas (ausschließlich) athmen = darnach trachten, daran denken, magnum aliquod, tribunatum. B) von Sachen, von Etwas voll sein, das Gepräge von Etwas tragen, aliquid. 3) ausduften, odorem.

Spissāmentum, i, n. [spisso] (Spät.) was dicht macht, verstopft, der Pfropf.

Spisse, adv. mit comp. [spissus] 1) dicht. 2) langsam.

Spissesco, — — 3. [spissus] (Lucr. u. Spät.) dicht werden.

*****Spissigrădus**, adj. [spisse-gradior] (Pl.) langsam gehend.

Spisso, 1. [spissus] (Poet. u. Spät.) dicht machen, lac.

Spissus, adj. mit comp. u. sup. 1) (meist Poet. u. Spät.) dicht, dicht zusammen gedrängt und auf einander gepackt (ohne Zwischenräume, also stärker als densus): s. coma,

45*

grando; laurea s. ramis mit bichten Zweigen; s. tunica dicht gewirkt, littus hart und fest; *trop. s.* caligo. Hiervon = gedrängt voll, theatrum, sedilia. 2) *trop.* A) (selten) schwer, opus. B) langsam, spät, exitus Schluß; omnia ss. Alles geschieht bedächtig; pro spisso als *adv.* langsam.

Splendeo, — — 2. schimmernd glänzen, strahlen, schimmern (es bezeichnet den imposanten Eindruck, den der Glanz macht, vgl. niteo, fulgeo): s. auro von Gold; pontus s. sub luce lunae; puella s. hat einen blendend weißen Teint. Hiervon *trop.* virtus s. per se, verba ss. haben Ansehen.

Splendesco, — — 3. [splendeo] glänzend werden, erglänzen, vomer; *trop.* illud s. oratione erhält Glanz.

Splendĭde, *adv.* mit *comp.* u. *sup.* [splendidus] 1) hell, glänzend. 2) herrlich, prächtig. 3) klar, deutlich.

Splendĭdus, *adj.* mit *comp.* u. *sup.* [splendeo] 1) glänzend, strahlend, schimmernd (siehe splendeo), sol, toga blendend weiß; s. candor; fons s. klar. 2) A) = herrlich, ansehnlich, ausgezeichnet, vir, facta, ingenium. B) = berühmt, persona. C) prächtig, glänzend, oratio voll Schönheiten, blühend. D) klar, deutlich, vox. E) = speciosus, einen glänzenden Schein habend, glänzend, nomen, verba.

Splendor, ōris, *m.* [splendeo] 1) der Glanz, auri. 2) *trop.* A) = die ansehnliche und glänzende Lebensweise, Pracht, Ansehnlichkeit, der äußere Schimmer, omnia ad s. referre. B) = das Ansehen, die Würde, Ehre, dignitatis suae splendorem obtinere; s. equester. C) = die Schönheit, Zierde, der Schmuck, verborum, ordinis. D) die Klarheit, vocis.

Splēnium, ii, *n.* [σπλήνιον] ein Pflästerchen, eine Binde.

Spōlētium, ii, *n.* Stadt in Umbrien, jetzt Spoleto. Davon -tīnus, *adj.* und *subst.* -ni, ōrum, *m. pl.* die Einwohner von Sp.

Spŏliārium, ii, *n.* [spolio] (Spät.) der Ort im Amphitheater, wohin die getödteten Gladiatoren zum Auskleiden der Kleider geschleppt wurden; daher *trop.* in Ort, wo Leute geschlachtet werden, die „Mördergrube".

Spŏliātio, ōnis, *f.* [spolio] die Beraubung, dignitatis, die Plünderung, fanorum.

Spŏliātor, ōris, *m.* [spolio] der Berauber, Plünderer.

Spŏliātrix, īcis, *f.* [spolio] die Plünderin.

Spŏlio, 1. [spolium] Jmd. entkleiden, ausziehen, aliquem. 2) plündern (einzelne Personen oder Oerter, vgl. populor, diripio), Jmd. einer Sache berauben: s. templa deorum; s. aliquem argento, vitâ; absol. = die Beute nehmen, sich des Raubes bemächtigen.

Spŏlium, ii, *n.* 1) (Poet.) die abgezogene oder abgelegte Haut eines Thieres, leonis. 2) die Beute, die man Jmd. mit Gewalt abnimmt, also Etwas, das ihm gehört oder von ihm getragen wird, daher insbes. die dem erlegten Feinde abgenommene Rüstung (vgl. praeda, manubiae, exuviae): ss. classium die Schiffsschnäbel (rostra), auch ss. navalia; cruenta ss. detrahere = Kleider, Waffen; ss. opima die Rüstung des erlegten feindlichen Anführers.

Sponda, ae, *f.* 1) das Bett- ob. Sophagestell, Fußgestell. 2) meton. das Bett oder der Sopha, Ruhebett.

Spondālia (Spondaulia), ōrum, *n. pl.* ein Opfergesang, der von der Flöte begleitet wurde.

Spondeo, spŏpondi, sponsum, 2. feierlich und förmlich versprechen, sich zu Etwas verpflichten, Etwas bindend geloben, alicui aliquid, sponsionem; insbes. = vor Gericht zusagen, siehe sponsio. Insbes. A) = verloben, alicui filium ob. filiam. B) gut sagen, Bürge sein, pro aliquo; s. pecuniam solutum iri dafür Bürge sein, daß u. s. w. C) *trop.* a) Etwas hoffen lassen, darauf gewisse Aussicht geben, ingenium magnum spondet virum. b) s. animo aliquid Etwas sicher hoffen, multum sibi s. de viribus suis sich viel versprechen, viel darauf bauen.

Spondēus, ei, *m.* [σπονδεῖος] eigtl. zu den Libationen gehörig, insbes. sc. pes (wegen seiner feierlichen Langsamkeit) der aus zwei langen Silben bestehende Versfuß Spondeus.

Spondўlus, i, *m.* [σπόνδυλος] 1) ein Gelenk am Rückgrate. 2) eine Art Muschel, die Stachelmuschel.

Spongia, ae, *f.* 1) der Schwamm. 2) *trop.* ein schwammförmiger Panzer.

Sponsa, ae, *f.* [*particip.* von spondeo] das verlobte Mädchen, die Braut.

Sponsālia, ōrum, *n. pl.* [sponsalis von sponsio] 1) die Verlobung, das Verlöbniß. 2) der Verlobungsschmaus.

Sponsio, ōnis, *f.* [spondeo] 1) das feierliche Versprechen, die Angelobung, voti. 2) die feierliche Verpflichtung vor Gericht im Civilproceß, das rechtliche Gelöbniß. Alles hatte dort die Form einer Wette, indem jeder der Streitenden sich verpflichtete, die Geldsumme (die niedergelegt oder verbürgt wurde) zu bezahlen, wenn seine in der Sache gemachte Behauptung nicht wahr befunden wurde. Also: sponsionem facere, sponsione provocare, lacessere (zur Wette auffordern) sagte man von dem Kläger, gewöhnlich mit den Conj. si oder nisi, weil er sich verpflichtete zu beweisen, daß Etwas sei oder nicht sei: z. B. Cajum sponsione lacessivit, ni Cajus diceret etc. = er rief den Cajus vor Gericht und erbot sich da zu beweisen, daß Cajus sagte u. s. w., mit der Verpflichtung eine gewisse Geldsumme zu bezahlen, wenn er nicht bewies, daß Cajus sagte. Ferner fragte (stipulabatur) der Kläger: spondesne (mille numos ob. ähnliche Angabe der Summe, um welche „gewettet" wurde), si oder ni etc. d. h. versprichst du (die Summe zu bezahlen), wenn oder wenn nicht (das Statt findet, was du leugnest oder behauptest)? worauf der Beklagte antwortete: spondeo, si ob. nisi. Hernach fragte der Beklagte von seiner Seite wieder (restipulabatur): spondesne, si ob. ni wenn u. s. w., worauf der Kläger gleichfalls spondeo, si ob. ni antwortete. So z. B. wenn eines Betruges wegen eine Klage u. s. w. anhängig

gemacht werden sollte, und der Kläger behauptet hatte, daß Cajus kein rechtschaffener Mann sei; dann fragte der Kläger: spondesne, ni vir bonus es? worauf der Beklagte spondeo antwortete, aber wieder fragte: spondesne, si vir bonus sum? Hierauf wurde der Proceß geführt, und die Streitenden sprachen (sponsione oder pignore certare, contendere, se defendere); von dem Gewinnenden (der sein Geld zurückerhielt) hieß es sponsione ob. sponsionem vincere (den Proceß gewinnen), von dem Verlierenden condemnari sponsionis (den Proceß verlieren). 3) von Staaten und Völkern, ein feierlicher Vertrag, ein Bündniß (wobei Geißeln und Bürgen gegeben wurden): facere sponsionem ob. sponsione se obstringere; pax facta est per s. 4) die Bürgschaft, pro aliquo.
Sponsor, ōris, m. [spondeo] der für Jmb. ob. Etwas Gutsagende, der Bürge (überhaupt, vgl. vas, praes): s. pro aliquo, s. rei alicujus; (Poet.) dea s. conjugii.
Sponsum, i, n. [particip. von spondeo] (selten) = sponsio 2.
Sponsus, us, m. [spondeo] (selten) = sponsio 1. und 4.
Sponsus, i, m. [particip. von spondeo] der Verlobte, Bräutigam.
Sponte, abl. sing. fem. des ungebräuchlichen spons, tis, I) mit dem abl. meā, tuā, suā etc. verbunden (gewöhnlich so, daß s. dem pron. nachsteht; bei Spät. fehlt das Pronomen auch), aus meinem (deinem u. s. w.) eigenen Antriebe, von selbst, freiwillig (nicht gezwungen oder überredet): suā s. recte facere. 2) auf eigene Hand, allein, ohne Hülfe oder Zuthun Jmbs: suā s. bellum movere; quum iis suā s. persuadere non posset; neque id meā s. prospexi aus eigener Einsicht. 3) von Sachen, A) von selbst, ignis suā s. extinguitur. B) an und für sich, an sich, schlechtweg: res quae suā s. scelerata est; virtus suā s. laudabilis. 4) (Spät.) s. alicujus nach Jmbs Willen.
Sporta, ae, f. (Spät.) ein geflochtener Korb.
Sportella, ae, f. deminut. von sportula.
Sportŭla, ae, f. [deminut. von sporta] (Vorklaff. u. Spät.) 1) ein geflochtenes Körbchen. 2) das in einer s. geschickte kleine Geschenk an Eßwaaren, das Speisekörbchen, welches den Clienten von dem Patrone ob. überhaupt dem Volke von dem Kaiser geschickt wurde, und zwar ursprünglich in natura, während später oft statt dessen Geld vertheilt wurde; daher = Geschenk überhaupt.
*__Sprētio,__ ōnis, f. [sperno] die Verachtung, Verschmähung.
Sprētor, ōris, m. [sperno] (Poet., selten) der Verächter.
Spūma, ae, f. der Schaum (des Wassers, im Munde u. s. w.).
Spūmātus, adj. [spuma] (Poet.) mit Schaum bedeckt, schäumend.
*__Spūmesco,__ — — 3. [spuma] (Poet.) zu schäumen anfangen.
Spūmeus, adj. [spuma] schäumend.
Spūmĭfer und **Spūmĭger,** ĕra, ĕrum, adj. [spuma-fero, gero] (Poet.) Schaum bei sich tragend, führend, schäumend.

Spūmo, 1. [spuma] 1) intrans. schäumen, poculum, equus; frena spumantia mit Schaum bedeckt. *2) (Vorkl.) trans. beschäumen, nur im part. spumatus, liquore maris vom Meerwasser.
Spūmōsus, adj. [spuma] (Poet. u. Spät.) voll Schaum, schäumend.
Spuo, spui, spūtum, 3. 1) intrans. speien, spucken. 2) trans. (Poet.) ausspeien, terram (d. h. pulverem).
Spurcē, adv. mit comp. u. sup. [spurcus] 1) unflätig. 2) trop. häßlich, garstig.
*__Spurcĭdĭcus,__ adj. [spurcus-dico] (Pl.) schmutig redend.
*__Spurcĭfĭcus,__ adj. [spurcus-facio] (Pl.) unrein machend.
Spurcĭtĭa, ae, und -es, ei, f. [spurcus] (Vorklaff. u. Spät.) der Unflath.
Spurco, 1. [spurcus] (Poet. u. Spät.) verunreinigen, besudeln, rem.
Spurcŭfĭcus, a. S. für Spurcificus.
Spurcus, adj. mit comp. u. sup. [vielleicht von porcus] (ein meist der vulgären Sprache gehöriger Ausdruck) „schweinisch", schmutig, unrein, unflätig, saliva, vas. Hiervon trop. = garstig, gemein, niedrig, homo.
Spūrinna, ae, m. der Haruspex, welcher den Cäsar vor dem 15. März warnte.
*__Spūtātĭlĭus,__ adj. [sputo] (Vorklaff.) wobei man ausspeien möchte = verachtungswerth.
*__Spūtātor,__ ōris, m. [sputo] (Pl.) der Speier.
Spūto, 1. [spuo] (Pl.) 1) ausspeien, sanguinem. 2) morbus qui sputatur vor der man ausspeit, vielleicht die Epilepsie.
Spūtum, i, n. [spuo] der ausgespiene Speichel (vgl. saliva).
Squālĕo, ui, — 2. (der Grundbegriff ist der einer trockenen Rauhheit) 1) (Poet.) rauh-, uneben sein, mit einer rauhen und dürren Rinde ob. überhaupt Oberfläche bedeckt: tunica s. auro ist mit Gold wie mit Schuppen belegt, tergum s. ist schuppig und hart, conchae ss., littus squalens trocken und rauh. Hiervon = von Etwas voll sein, tela ss. venenis sind mit Gift bestrichen. 2) schmutzig-, ungepflegt sein, ein häßliches und vernachlässigtes Ansehen haben: templum s. musco; supellex s. Hiervon, weil man in der Trauer sein Aeußeres vernachlässigte und ein unheimliches Ansehen haben wollte, trauern, in Trauer sein.
Squālĭdē, adv. [squalidus] (nur im comp.) trop. schmucklos, roh, dicere.
Squālĭdus, adj. mit comp. u. sup. [squaleo] 1) (Poet.) rauh, uneben, starr (siehe squaleo). 2) schmutzig, unsauber und dadurch unangenehm von Ansehen, homo, humus, carcer; insbes. = in Trauer gekleidet, reus. 3) trop. von der Rede, rauh, ohne Glanz u. Schmuck, haec sunt squalidiora.
Squālor, ōris, m. [squaleo] 1) (Lucr.) die Rauhigkeit, das Starrsein, materiae, trop. seculi. 2) der Schmutz, die Unreinigkeit: obsitus squalore. Insbef. = die schmutzige Kleidung als Zeichen der Trauer.
Squāma, ae, f. 1) die Schuppe der Fische, Schlangen u. dergl.; auch von einem Panzer. 2) (Poet.) = der Fisch.

Squāmeus, adj. [squama] (Poet.) schuppig.

Squāmifer, ĕra, ĕrum, adj. (Poet.) [squama-fero] Schuppen tragend, schuppig.

Squāmiger, ĕra, ĕrum, adj. [squamagero] (Poet. und Spät.) = squamifer (*Lucr.*) als *subst.* m. = der Fisch.

Squāmōsus, adj. [squama] voll Schuppen, schuppig.

Squilla (ob. Scilla), ae, f. 1) eine Art Seekrebs, der „Pinnenwächter". 2) die Meerzwiebel.

Stăbiae, ārum, f. pl. Stadt in Campanien. Davon **Stăbiānus,** adj. und subst. -num, i, n. A) das Gebiet der Stadt Stabiä. B) ein Landgut bei Stabiä.

*****Stăbĭlīmen,** ĭnis, n. [stabilio] (Poet.) = stabilimentum.

Stăbĭlīmentum, i, n. [stabilio] (Vorklass. u. Spät.) das Befestigungsmittel.

Stăbĭlĭo, 4. [stabilis] fest stellen, machen, daß Etwas fest stehe, befestigen, stipitem, trop. rempublicam.

Stăbĭlis, e, adj. mit comp. u. sup. [sto] 1) worauf man fest stehen kann, fest, locus s. ad insistendum. 2) feststehend, fest, domus, gradus. 3) trop. fest = standhaft, zuverlässig, dauerhaft, unabänderlich, animus, amicus, sententia, possessio; s. domus, sedes feste Wohnung.

Stăbĭlĭtas, ātis, f. [stabilis] 1) das Feststehen, die Festigkeit, die Unbeweglichkeit, s. arborum, s. peditum in acie. 2) die Standhaftigkeit, Dauerhaftigkeit, Unveränderlichkeit, amicitiae, fortunae.

Stăbĭlĭter, adv. mit comp. [stabilis] (Spät.) fest, dauerhaft.

*****Stăbĭlītor,** ōris, m. [stabilio] (Spät.) der Befestiger.

Stăbŭlārius, ii, m. [stabulum] (Spät.) der Stallwirth, niedere Gastwirth.

Stăbŭlor, depon. 1. und -lo, 1. [stabulum] (Poet. und Spät.) stallen, im Stalle stehen, davon = sich irgendwo aufhalten, seinen Standort haben.

Stăbŭlum, i, n. [sto] 1) der Stall, Aufenthalt für Thiere, das Behältniß. 2) überhaupt der Aufenthaltsort, silva s. ferarum. Insbes. A) die ärmliche und unansehnliche Hütte, bes. als Wohnung eines Hirten und zugleich Stallung des Viehes. B) die Kneipe, im schlimmsten Sinne das Hurenhaus, der Schandort. C) als Schimpfwort von einem Menschen, s. flagitii eine gemeine Person.

Stacta, ae, oder -ē, es, f. [στακτή] (Vorklass. u. Spät.) das Myrrhenöl.

Stădium, ii, n. [στάδιον] 1) die Rennbahn, Laufbahn; trop. = Bahn, in ejusdem laudis stadio. Die Rennbahn bei den Griechen war gewöhnlich 125 Schritte ob. 625 Fuß lang, daher 2) als Längenmaaß, eine Strecke von 125 Schritten.

Stăgīra, ōrum, n. pl. [Στάγειρα] Stadt in Macedonien, Geburtsort des Aristoteles. Dav. **Stăgīrītes,** ae, m. ein Mann aus St., insbes. vom Aristoteles.

Stagno, 1. [stagnum] 1) intrans. A) von Gewässern, austreten, ein stillstehendes Wasser bilden, still stehen: Nilus s. B) von Oertern, wo das Wasser ausgetreten ist, unter Wasser stehen, überschwemmt sein, ager s. 2) *transit.* (Poet. u. Spät.) A) überschwemmen, mit Wasser bedecken, Tiberis s. plana urbis. B) trop. (*Justinus*) a) stillstehen machen, aqua bitumine stagnatur. b) (vielleicht ein anderes Wort) befestigen, sichern, so adversus insidias.

Stagnum, i, n. 1) ein (kleineres) stehendes Wasser (permanent oder durch Austreten eines Flusses od. dergl. gebildet), ein Teich, Pfuhl, Lache (vgl. lacus, palus). 2) uneigentlich A) der künstlich angelegte Teich, das Baffin, z. B. zum Baden. B) (Poet.) a) das Meer. b) ein (langsam fließender) Fluß.

*****Stălagmium,** ii, n. [σταλάγμιον] (Pl.) ein tropfenförmiges Ohrgehänge.

Stāmen, ĭnis, n. [sto] 1) der Aufzug am aufrechtstehenden Webstuhl der Alten, die Kette, der Zettel. 2) (Poet.) A) der Faden überhaupt: ducere s. spinnen; insbes. vom Lebensfaden der Parzen: nimium s. gar zu langes Leben. B) die Saite einer Lyra. C) der Faden, die Faser im Holze. D) das Gewebe, Kleid, die Binde.

Stāmĭneus, adj. [stamen] (Poet. u. Spät.) voll Fäden, mit Fäden umwickelt, rota.

Stannum, i, n. (Spät.) eine Mischung aus Silber u. Blei, Werkblei.

Stătārius, adj. [sto] stehend, still stehend: miles s. im Gegensatze zu velites. Hiervon a) comoedia (fabula) s. eine Art Lustspiele, in welchen die Handlung einen ruhigen affectlosen Gang hatte. b) orator s. ruhig, leidenschaftslos.

Stătēra, ae, f. [στατήρ] die Wage.

Stătīŏŭlus, i, m. [sto] (Vorklass.) eine Art langsamen und ruhigen Tanzes.

Stătiellī, ōrum, m. pl. Völkerschaft in Ligurien, deren Hauptort Aquae Statiellorum. Davon 1) **Stătiellas,** ātis, adj. und subst. -ātes, ium, m. pl. ob. **Stătiellenses,** ium, m. pl. die Einwohner der Stadt der St.

Stătim, adv. [sto] 1) feststehend, signa s. stant. Hiervon trop. beständig, regelmäßig, ex his praediis s. bina talenta cepit er hatte davon eine feste, regelmäßige Einnahme von u. s. w. 2) auf der Stelle, gleich, sofort, ohne Verzug; s. ut (ac u. s. w.) sobald als.

Stătĭo, ōnis, f. [sto] 1) das Stehen, quotidiana; insbes. a) Stillstehen, Feststehen: manere in s. stehen bleiben; b) Stellung, die ein Kämpfer oder Ringer einnimmt. 2) der Aufenthaltsort, der Aufenthalt: s. mea Athenis placet mein Aufenthalt zu Athen; apibus sedes et s. petenda Ort zum Bleiben. Hiervon A) der Standort der Schiffe, Anterplatz, die Rhede. B) im *plur.* (Spät.) von öffentlichen Plätzen in der Stadt, wo müßige Leute stehen oder sitzen, um zu plaudern. 2) in der Militärsprache, der Posten, die Wache, sowohl *abstr.* = das Wachehalten, als *concr.* = die Wache haltende Mannschaft, das Pickee: succedere in stationem, esse in statione; disponere s. Insbes. A) (Spät.) die Leibwache des Kaisers. B) *trop.* s. vitae u. dergl. der Posten,

Statius   **Sterilis**   711

auf welchen man im Leben gestellt ist; oculi manebant in s. (Poet.) paßten auf, hielten Wache.

Statius, römischer Beiname; 1) Caecilius S., siehe Caecilius. 2) P. Papinius S., Dichter zur Zeit des Domitian, Verfasser einer Thebais.

Stătīvus, *adj.* [sto] stehend, still stehend, praesidium s. ein ausgestellter Posten = statio; insbes. castra ss. das Standlager, Lager, in welchem ein Heer sich längere Zeit aufhält.

Stător, ōris, m., I. [sto] ein Amtsdiener, Aufwärter obrigkeitlicher Personen in der Provinz. II. [sisto] Beiname des Jupiter, der Fluchthemmer (Stillstehenmacher) od. der Erhalter, Feststeller.

Stătua, ae, *f.* [sto] die Statue, Standsäule, Bildsäule (gewöhnlich aus Metall und nur von Menschen, vgl. imago, signum u. dergl.).

Stătuārius, *adj.* [statua] zu einer Statue gehörig; fast nur *subst.* A) -ia, ae, *f.* die Bildgießerei. B) -ius, ii, m. der Bildgießer.

Stătūmen, inis, n. [statuo] das, worauf Etwas sich stützt, die Stütze, Unterlage, der Pfahl. Hiervon ss. navis die Rippen eines Schiffes.

Stătuo, ui, ūtum, 3. [sisto] 1) eigtl. A) stellen, hinstellen überhaupt: equus s. Curium in vado trug ihn auf — hin, stellte ihn auf u. s. w.; s. aliquos in medio, aliquem ante oculos suos; (Poet.) s. arborem agro pflanzen. B) aufstellen, errichten, statuam, aras; *trop.* s. urbem anlegen, regnum errichten. C) s. navem vor Anker legen, boves stehen machen. D) s. exemplum ein Beispiel „statuiren". E) (Pl.) *particip.* statūtus als *adj.* = hoch, schlank von Wuchs. 2) *trop.* im Geiste aufstellen, A) festsetzen, bestimmen, diem alicui, modum rei alicui; s. finem consilii sui ein Ende seines Vorhabens. Hiervon = verordnen: s. ut id fiat, ne Creta provincia sit. B) bei sich festsetzen, beschließen, sich vornehmen: s. finem facere belli; s. ut (ne) decem mittantur. Hiervon, von einem Richter oder Machthaber, entscheiden, res privatas; s. de aliquo oder in aliquem einen entscheidenden Beschluß über oder gegen Jmd. fassen, über ihn entscheiden; s. crudeliter. C) als gewiß sich vorstellen, bestimmt annehmen, »dafür halten, »meinen: sic s. et judico; statuo hanc laudem esse maximam; s. apud animum (quid velim, utrum — an, oder mit einem *accus. c. infin.*) mit sich selbst einig werden, die feste Ueberzeugung gewinnen: statuit sibi exspectandum et tam cu ihr die Ueberzeugung (meinte bestimmt), daß u. s. w.

Stătūra, ae, *f.* [sto] die Größe, Figur, der Wuchs, corporis.

Stătus, *adj.* [*particip.* von sisto] bestimmt, festgesetzt, verabredet, dies.

Stătus, us, m. [sto] 1) das Stehen, der Stand, im Gegensatze zum Liegen, Sitzen u. s. w.). 2) die Stellung, Positur des Körpers: s. erectus aufrechter Stand, commutare s.; uti s. quodam in statuis ponendis eine gewisse Stellung wählen. Insbes. die Stellung oder der Stand, den ein Fechtender einnimmt (sowohl von einem Individuum als von einer Armee), der „Posten": hostem statu movere von — vertreiben. Hiervon *trop.* A) vom Redner dejicere (adversarium) de s. den Gegner aus der Fassung bringen oder ihm irgend einen Vortheil rauben. B) überhaupt = die Stellung, der Posten, den man in Bezug auf bürgerliche Lage oder auf Lebensart und Grundsätze einnimmt, declinare de s. suo, recedere de s. dignitatis, vitae suae. 3) die Lage, Verfassung, der Stand, Zustand, worin eine Person od. Sache sich befindet: res est in hoc s.; s. reipublicae; restituere aliquem ob. aliquid in pristinum s. Hiervon A) = der Stand in bürgerlicher Beziehung: amplissimus s. vornehmer Stand; status distinguuntur agnationibus familiarum. B) = die Beschaffenheit, coeli, mundi.

Stĕga, ae, *f.* [στέγη] (Pl.) das Verdeck eines Schiffes.

Stella, ae, *f.* der Stern (vgl. sidus, signum): s. fixa der Fixstern, errans der Planet, comans der Komet. Hiervon (Poet.) A) = das Gestirn. B) = die Sonne.

Stellans, tis, *adj.* [stella] (Poet.) 1) voller Sterne, gestirnt, nox. 2) wie Sterne schimmernd, gemmae.

Stellātis campus (ager) ein fruchtbarer Bezirk in Campanien. Davon -tīnus, *adj.*

Stellātus, *adj.* [stella] (Poet.) 1) mit Sternen (eigtl. od. uneigtl.) besetzt: coelum, nox; Argus s. mit Augen wie mit Sternen besetzt; stellatus variis guttis mit bunten Flecken besetzt; *trop.* ensis s. iaspide mit schimmerndem Jaspis eingelegt. 2) Cepheus s. als Gestirn auf den Himmel versetzt.

Stellĭfer, ĕra, ĕrum, *adj.* [stella-fero] (Poet.) Sterne tragend, gestirnt.

Stellĭger, ĕra, ĕrum, *adj.* [stella-gero] (Poet.) Sterne führend, gestirnt.

Stellio, ōnis, m. [stella] eine Eidechse mit schimmernden Flecken auf dem Rücken.

Stemma, ătis, n. [στέμμα] ein Kranz oder eine mit Kränzen und Blättern besetzte Schnur, welche zwischen den im Atrium aufgestellten Bildern der Vorfahren so gezogen wurde, daß dadurch die Verwandtschaftsverhältnisse unter ihnen bezeichnet wurden; daher = die Stammtafel, die Ahnenreihe: respicere ss. auf — Rücksicht nehmen.

'**Stentor,** ōris, m. [Στέντωρ] ein Grieche vor Troja, der sich durch seine starke Stimme auszeichnete.

***Stercŏrĕus,** *adj.* [stercus] (Pl.) kothig, homo (als Schimpfwort).

Stercŏro, 1. [stercus] mit Mist belegen, düngen, agros.

Stercŭlīnium s. S. für sterquilinium.

Stercus, ŏris, n. die thierischen Excremente, der Mist (von seiner häßlichen Seite betrachtet, vgl. fimus).

Stĕrĭlis, e, *adj.* 1) unfruchtbar (sowohl von Menschen und Thieren als von dem Boden), keine Frucht (Feld- oder Leibesfrucht) gebend: s. mulier, vacca, herba, arena, palus; s. vir (Poet.) von einem Entmannten. Hiervon A) (Poet.) unfruchtbar machend, robigo. B) überhaupt = an Etwas leer, Etwas ermangelnd, nicht gebend, was man (Jmd.) erwartet: Februarius s. fore videt daß er im Februar keine Geschenke bekommen wird; pax s. der keine Vortheile verschafft, epistola von keinen Geschenken begleitet, amator keine Geschenke gebend, prospectus wo Niemand zu erblicken ist, vadum ohne Wasser. 2) (Spät.) mit einem *genit.* unfruchtbar an Etwas, Etwas ermangelnd: seculum s. virtutum.

Sterilitas, ātis, *f.* [sterilis] die Unfruchtbarkeit.

Sternax, ācis, *adj.* [sterno] (Poet.) (den Reiter) zu Boden werfend.

Sterno, strāvi, strātum, 3. (verw. mit dem gr. στορέννυμι, στρώννυμι) 1) auf den Boden hinbreiten, hinstrecken, hinstreuen, vestes, herbas, arenam; s. se oder corpus und *pass.* sterni sich auf die Erde niederlegen, sich hinstrecken, hinlegen. Hiervon A) niederwerfen, zu Boden strecken, niedermachen, niederhauen: s. arborem fällen, hostes; s. Trojam (a culmine), omnia ferro; s. agros Alles auf den Aeckern niederschlagen (vom einem austretenden Flusse). B) ebenen, glatt u. eben machen, pontum, aequor. Insbes. = einen Weg ebenen, pflastern, s. viam silice, semitam saxo quadrato. C) *trop.* vernichten, zu Boden werfen, irae ss. Thyesten. D) beruhigen, dämpfen, stillen, ventos, *trop.* odium. 2) (mit Etwas, das wie ein Teppich hingebreitet wird) bedecken, bestreuen u. dergl.: s. nemus foliis, caesi juvenci ss. terram. Hiervon A) s. equum mit einer Decke belegen, decken, satteln. B) s. lectum ein Lager (Bett ob. Sopha) mit Polstern oder Teppichen belegen, polstern, zurechtmachen; s. torum das Lagen bereiten.

Sternuo, ui, ūtum, 3. 1) *intrans.* niesen; (Poet.) lumen s. das Licht knistert. 2) *transit.* zuniesen, niesend geben, approbationem, omen.

Sternūtāmentum, i, *n.* [sternuto] das Niesen.

*****Sternūto**, 1. [sternuo] (Spät.) niesen.

Sterquilīnium, ii, *n.* [stercus der Misthaufen, die Mistgrube; *trop.* als Schimpfwort, „du schmutziger Kerl".

Stertinius, ii, *m.* ein stoischer Philosoph. Davon **Sertinius** als *adj.*, acumen S.

Sterto, ui, — 3. schnarchen.

Stēsichŏrus, i, *m.* [Στησίχορος] ein griechischer Lyriker aus Himera ungefähr 600 v. Chr. (er hieß eigtl. Tisias, der Name St. bedeutet „der Chorausteller").

Sthĕnĕlus, i, *m.* [Σθένελος] 1) Sohn des Perseus und der Andromeda, Vater des Eurystheus. 2) König in Ligurien, Vater des Cycnus (siehe diesen Art.). — Hiervon 1) -lēius, *adj.*: hostis Sth. = Eurystheus, proles Sth. = Cycnus. 2) -lēis, ĭdis, *f. adj.*: avis Sth. der Schwan.

Stibădium, ii, *n.* [στιβάδιον] (Spät.) ein Ruhebett in der Gestalt eines Halbmondes.

Stigma, ătis, *n.* [στίγμα] (Spät.) eigtl. der Stich. 1) ein den Sklaven oder Anderen zur Beschimpfung eingebranntes Zeichen, ein Brandmal. 2) die Beschimpfung, Infamie.

Stigmātias, ae, *m.* [στιγματίας] ein Gebrandmarkter, Tättowirter (bes. ein Sklave).

Stilla, ae, *f.* ein Tropfen (meist. ein künstlich abgemessener, vgl. gutta).

Stillĭcĭdium, ii, *n.* [stilla-cado] 1) das Träufeln; *trop.* per ss. nach und nach. 2) die Dachtraufe, Dachrinne.

Stillo, 1. [stilla] 1) *intrans.* a) träufeln, tröpfeln, tropfenweise fallen, mel s. de ilice; *trop.* oratio s. fließt langsam; b) von dem Gegenstande, von welchem Etwas träufelt, triefen, oculus, pugio. 2) (Poet.) *transit.* träufeln, tröpfeln lassen: s. rorem ex oculis weinen; stillatus herabgeträufelt; *trop.* s. aliquid in aurem einflüstern.

Stilus (Stylus), i, *m.* [στύλος] ein spitziger aufrechtstehender Körper; (Spät.) = stimulus 1. Insbes. der (gewöhnlich eiserne) Griffel, dessen man sich zum Schreiben auf den wächsernen Tafeln bediente. Hiervon A) das schriftliche Abfassen, die Uebung in der schriftlichen Composition: s. est optimus dicendi magister. B) Art der Abfassung, -Composition: dissimilis oratio et s.; unus sonus est totius orationis et unus s. Klang, Ton. Hiervon (Spät.) überhaupt = Sprache, Stil, Ausdrucksweise.

Stimŭla, ae, *f.* nach römischer Aussprache Name der Semele (siehe diesen Art.).

Stimŭlātio, ōnis, *f.* [stimulo] (Spät.) die Reizung, der „Sporn".

*****Stimŭlātrix**, īcis, *f.* [stimulo] (Pl.) die Reizerin.

*****Stimŭleus**, *adj.* [stimulus] (Pl.) durch den Stachel geschehend, supplicium.

Stimŭlo, 1. [stimulus] eigtl. stacheln, mit dem Stachel stechen, daher *trop.* 1) quälen, martern, beunruhigen, aliquem, conscientia male factorum te s. 2) reizen, antreiben, aliquem ut caveat, populum ad arma.

Stimŭlus, i, *m.* (*Pl.* auch -lum, i, *n.*) 1) ein (verdeckter) spitziger Pfahl, oben mit eisernen Haken versehen, eine Art Fußangel. 2) Treibstecken, Treibstachel, Stock mit eiserner Spitze, womit man die Pflugochsen antrieb; auch zum Bestrafen der Sklaven gebraucht. Hiervon *trop.* A) was Jmd. quält, beunruhigt, der Stachel der Unruhe, s. doloris des Schmerzes. B) was Jmd. zu Etwas antreibt, der Sporn, Antrieb: s. gloriae, amoris; stimulum (= calcar) alicui addere, adjicere, subdere Jmd. anspornen, antreiben; tribunicii ss. agrariae legis die Bemühungen der Tribunen, um durch ein Ackergesetz das Volk aufzureizen.

Stinguo, —, —, 3. (Vorklaff.) löschen, auslöschen, ardorem.

Stĭpātio, ōnis, *f.* [stipo] das Zusammenpacken, -drängen, hominum; davon *concr.* = die dichtgedrängte Menge, der Drang.

Stĭpātor, ōris, *m.* [stipo] einer aus dem Gefolge Jmds, der beständige Begleiter, oft mit gehässigem Nebenbegriff des sclavischen Betragens; im *plur.* = die Trabanten oder das Gefolge, die Suite.

Stĭpendĭārius, *adj.* [stipendium] 1) zum Solde gehörig, um Sold dienend, miles. 2) zum Tribut gehörig, steuerpflichtig, tributär (siehe stipendium 2.): vectigal s. = stipendium.

Stĭpendium, ii, *n.* [stips-pendo] was einzeln, in kleinen Summen gezahlt wird. 1) der Sold, die Löhnung der Soldaten: persolvere s. militibus; merere ss. = Kriegsdienste thun. Hiervon der Kriegsdienst, sa-

Stipes — Stola

cere s. Soldat sein, Kriegsdienste thun; insbes. = der Kriegsdienst eines Jahres, der Feldzug, das Dienstjahr: homo stipendiis emeritis der die gesetzlich bestimmte Zahl Jahre gedient hat, der ausgedient hat; multa ss. habere viele Jahre gedient, viele Feldzüge mitgemacht haben; nullius stipendii esse oder nullum s. habere gar nicht im Kriege gedient haben. 2) die Steuer, Contribution (ein gewisser, einmal für alle bestimmter Tribut an Geld, vgl. vectigal und tributum): imponere s. victis auflegen. Hiervon (Poet. u. Spät.) A) die Steuer an anderen Sachen (z. B. von den dem Minotaurus aus Athen geschickten Mädchen und Jünglingen). B) = die Strafe. C) = der Beitrag.

Stīpes, ĭtis, *m.* 1) ein großer und starker Pfahl (vgl. vallus, palus, sudes), ein als Pfahl benutzter, in die Erde eingerammter Baumstamm. 2) (Poet.) überhaupt der Baumstamm. 3) *trop.* als Schimpfwort, „Klotz", Dummkopf.

Stīpo, 1. [stammverw. mit dem gr. στείβω] 1) zusammenstopfen, -packen, -drängen, dicht aufeinander packen: apes ss. mella; Roma stipata theatro arto; (Poet.) s. Platonem Menandro die Schriften des Pl. und des M. zusammenpacken; s. se alicui sich Jmb. eng anschließen. 2) vollstopfen, von Etwas gedrängt voll machen: pons stipatus calonibus. 3) mit einer gedrängten Menschenmenge dicht umgeben, umringen, senatum armis. Insbes. = dicht umgebend begleiten (bes. des Schutzes oder der Ehre wegen): stipatus choro juventutis, frequentiā.

Stips, ĭpis (der *nom. sing.* ist unsicher) *f.* der Geldbeitrag, der Beitrag an Kleinmünze: conferre s. zusammenschießen, cogere einfordern. Hiervon (Spät.) A) der geringe Lohn, Ertrag. B) überhaupt die Spende, Gabe, das Almosen, colligere s. betteln.

Stĭpŭla, ae, *f.* der Halm, insbes. des Getreides = der Strohhalm. Hiervon A) = der Halm eines Rohres, einer Bohne; stridens s. eine Pfeife. B) *proverb.* flamma de s. = kurz dauernde.

Stĭpŭlātĭo, ōnis, *f.* [stipulor] die förmliche Anfrage und damit verbundene Abforderung eines Versprechens (siehe stipulor) nebst der daraus entstandenen Verpflichtung, = der Contract, das Angelöbniß (siehe stipulor).

*Stĭpŭlātĭuncŭla, ae, *f. deminut.* von stipulatio.

Stĭpŭlātor, ōris, *m.* [stipulor] (Spät.) der sich Etwas förmlich angeloben läßt, der einen Contract macht (siehe stipulor).

Stĭpŭlor, *depon.* 1. durch förmliche Anfrage (ob er Etwas versprechen wolle) sich von Jmb. Etwas angeloben lassen, eine gerichtliche Verpflichtung von Seiten Jmds sich geben lassen (siehe sponsio): quantumvis stipulare lasse dir so viel du willst versprechen (d. h. verlange so viel du willst).

Stīria, ae, *f.* (Poet. und Spät.) der gefrorene Tropfen, Eiszapfen.

Stirpĭtus, *adv.* [stirps] (selt.) mit Stamm und Wurzel = ganz, völlig.

Stirps (auch **Stirpis** u. **-pes**), pis, *f.* 1) der untere Theil eines Baumes, der Stamm nebst den Wurzeln (als der belebende u. erhaltende Haupttheil des Baumes, vgl. truncus): arbores aluntur per ss. suas. 2) überhaupt der Baum, die Staude, Pflanze. 3) *trop.* A) der Ursprung, Grund, die Ursache: s. aegritudinis, malorum, stultitiae. B) der Anfang, Ursprung, die Herkunft: a s. familiae. C) von Menschen = der Stamm, das Geschlecht, die Familie s. divina; sowohl von den Vorfahren (s. antiqua; jam ab s.), als von der Nachkommenschaft (Aeneas, Romanae stirpis origo).

Stīva, ae, *f.* die Pflugsterze.

Stlāta, ae, *f.* (Spät.) eine Art Schiffe.

Stlātārius, *adj.* [stlata] (spät. Poet.) eigtl. was zu Schiffe hergebracht ist (?), daher = kostbar (nach Anderen = lockend, reizend).

Sto, stĕti, stătum, 1. *intrans.* [verw. mit dem gr. ἴστηκα, ἴστην] 1) stehen, ad portam; duo signa ss.; ara s.; s. in primis unter den Vordersten stehen. Insbf. A) navis, classis s. in alto, in portu „liegt". B) s. alicui ad cyathum als Diener zur Aufwartung Jmds bereit stehen. C) s. ab aliquo ob. a parte alicujus im Kampfe (eigtl. ob. bildlich) auf Jmds Partei sein, es mit Jmb. halten (siehe Ab 1, e, β); ebenso s. adversus (Poet. auch in) aliquem gegen Jmb. stehen. D) von einem Redner (weil man stehend sprach) = reden: quum mihi stanti minaretur. 2) = stehen bleiben, still stehen: quid stas warum gehst du nicht? Hiervon insbes. A) s. in acie u. bergl. Stand halten, nicht fliehen. B) pugna s. der Kampf fährt fort (wie wir sagen: „das Treffen wird stehend"). C) = ruhig sein: mare s. D) *trop.* cura patris s. in filio dreht sich nur um den Sohn. E) *trop.* oportet s. in eo quod judicatum est dabei stehen bleiben = es als gültig erkennen; s. in fide (auch s. promissis) sein Wort, Versprechen halten; s. suis judiciis sich bei seiner eigenen Ueberzeugung beruhigen, sich auf — verlassen; s. conditionibus, foedere die Bedingungen, den Vertrag erfüllen. 3) = fest stehen. A) sententia s. es ist mein fester Entschluß, ebenso *impers.* stat omnes renovare casus (es steht bei mir fest); tempus non s. ist nicht festgesetzt, non stat quid faciamus es ist nicht ausgemacht. B) s. animo gutes Muthes sein. C) = bestehen, sich behaupten, unversehrt bleiben; respublica s.; me stante so lange ich meine Würde und mein Ansehen behaupte; qui ob aes alienum stare non poterant bestehen, sich erhalten; ebenso regnum, res Romana s. D) fabula s. ein Schauspiel erhält sich in Gunst, findet Beifall (im Gegensatze zu cadere durchfallen, ausgepfiffen werden). 4) *impers.* = an Jmb. hangen, liegen, es beruht auf Jmb., ist Jmds Schuld: per me stat; non per me s. quominus (ne) daß nicht u. f. w. 5) (seil stehen) = zu stehen kommen, kosten: res s. centum talentis; ea victoria Poenis multo sanguine stetit.

Stōĭcē, *adv.* [stoicus] stoisch, nach Art der Stoiker.

*Stōĭcĭda, ae, *m.* [stoicus] Spottname eines Wollüstlings, der sich für einen Stoiker ausgiebt.

Stōĭcus, *adj.* [στωικός] zur stoischen Philosophie gehörig, stoisch; *subst.* -cus, i, *m.* der Anhänger der stoischen Philosophie, Stoiker.

Stŏla, ae, *f.* [στολή] ein langes Oberkleid,

das vom Halse bis auf die Knöchel geht, und zwar 1) das Obergewand römischer Damen. Hiervon meton. = die vornehme Dame. 2) das Oberkleid eines Flötenspielers, eines Isispriesters.

Stŏlātus, *adj.* [stola] (Spät.) mit der stola bekleidet: Ulysses s. nannte Caligula die Livia wegen ihrer Schlauheit.

Stŏlĭdē, *adv.* [stolidus] albern, dumm.

Stŏlĭdĭtas, ātis, *f.* [stolidus] (Spät.) die Albernheit, Dummheit.

Stŏlĭdus, *adj.* mit *comp.* u. *sup.* albern, dumm, tölpelhaft; *genus causarum* s. unwirksam, unthätig.

Stŏmăchĭcus, *adj.* [στομαχικός] (Spät.) am Magen leidend, magenkrank.

Stŏmăchor, *depon.* 1. [stomachus] sich ärgern, unwillig sein; s. et irasci; stomachabatur si quid asperius dixeram; s. cum aliquo mit Jmb. zanken. Auch mit einem *accus.* eines Pron. ob. Adj.: s. aliquid, omnia über Etwas.

*****Stŏmăchōsē**, *adv.* im *comp.* [stomachosus] ärgerlich, grollend.

Stŏmăchōsus, *adj.* [stomachus] voll Aerger, verdrießlich, unwillig, literae.

Stŏmăchus, i, *m.* [στόμαχος] 1) (selten) der Schlund als Speisecanal, die Speiseröhre. 2) der Magen, insofern das Essen dort verdaut wird: s. aeger, imbecillus; boni s. von guter Verdauung, sistere s. den Durchlauf hemmen. 3) *trop.* (weil der Magen so großen Einfluß hat auf die Gemüthsstimmung) die Stimmung und der Gemüthszustand eines Menschen in Bezug auf Lust ob. Unlust, A) = der Geschmack, res est mei stomachi nach meinem G.; excitare s. das Verlangen, den Appetit reizen. B) = der Verdruß, Unwille, Groll: res est mihi stomacho ob. stomachum mihi movet (facit) erregt meinen u. f. w.; sine s. ohne Zorn; perdere s. aufhören sich zu ärgern; scherzhaft s. Ciceronis (für das Gegentheil) = Geduld.

Stŏrĕa, ae, *f.* [sterno] die Matte, geflochtene Decke aus Stroh, Binsen u. dergl.

Străbo, ōnis, *m.* [στράβων] 1) der Schieler, Schielende (von Natur ob. übler Angewohnheit, vgl. paetus). 2) römischer Beiname. 3) als *nom. propr.* berühmter griechischer Geograph zur Zeit des Tiberius.

Străges, is, *f.* [verw. mit sterno] 1) das Niederwerfen, Niederschlagen, aedificiorum durch den Sturm. 2) insbes. die Niederlage, Niedermetzelung: edere, dare, facere s. ob. ss. eine N. anrichten. 3) meton. der Haufe zu Boden geworfener Dinge ob. Menschen; complere campos strage mit niedergemachten Feinden.

Străgŭlus, *adj.* [verw. mit sterno] zum Ueber- ob. Unterbreiten dienlich, nur A) in der Verbindung s. vestis = stragulum. B) als *subst.* **străgŭlum**, i, *n.* die Decke über das Lager ob. den Sopha, auch der Teppich, das Polster.

Strāmen, ĭnis, *n.* [sterno] (Poet. u. Spät.) = stramentum.

Strāmentum, i, *n.* [sterno] 1) was zum Unterstreuen gebraucht wird, die Streu, das Stroh (auch Blätter, Heu u. dergl.). 2) Hiervon das Stroh überhaupt. Insbes. A) zum Decken der Häuser: casa tecta stramento. B) ss. mulorum (zweifelhaft) Decken, Matratzen (vielleicht flache Strohbündel statt Decken benutzt).

Strāmĭneus, *adj.* [stramen] (Poet.) aus Stroh, strohern, Stroh-: Quirites ss. = Argei (was man sehe); casa s. mit Stroh gedeckt.

Strangŭlo, 1. 1) die Kehle zusammendrückend erdrosseln, erwürgen, hospitam. 2) übertragen, A) fest zusammenschnüren, sinus s. B) überhaupt ersticken, tödten: venenum s.; aqua s. (einen Ertrinkenden); s. sata unfruchtbar machen. C) *trop.* a) s. vocem unterdrücken, einzwängen. b) martern, beunruhigen, geistig quälen, dolor eum s.; multos pecunia s.

Strangŭrĭa, 1. 1) [στραγγουρία] der Harnzwang, die Harnwinde (eine sehr schmerzliche Krankheit).

Strătēgēma, ātis, *n.* [στρατήγημα] (selt.) die Kriegslist; *trop.* die List überhaupt.

Strătēgus, i, *m.* [στρατηγός] (Pl.) der Heerführer, Feldherr. Hierv. *trop.* der Vorsitzende bei einem Gastmahl.

Strătĭōtĭcus, *adj.* [στρατιωτικός] (Pl.) soldatisch, militärisch, mores.

Strătŏnīcēa, ae, *f.* [Στρατονίκεια] Stadt in Carien. Davon -nicensis, e, *adj.* u. *subst.* -ses, ium, *m. pl.* die Einwohner von St.

Strātum, i, *n.* [particip. von sterno] das Hingebreitete, 1) die Decke auf dem Lager oder Sopha, das Polster. Hiervon = das Lager. 2) die Pferdedecke, Reitdecke, auch die Decke eines Lastthieres, die Packdecke. 3) (Poet.) ss. viarum (st. viae stratae) die gepflasterten Straßen, das Straßenpflaster.

*****Strātūra**, ae, *f.* [sterno] (Spät.) das Pflastern.

Strēna, ae, *f.* 1) (Pl.) das Wahrzeichen. 2) das (der guten Vorbedeutung wegen) an einem Festtage (bes. am Neujahrstage) gegebene Geschenk, das Neujahrsgeschenk.

Strēnŭē, *adv.* [strenuus] betriebsam, munter, rüstig.

Strēnŭĭtas, ātis, *f.* [strenuus] (Poet.) die Betriebsamkeit, Rüstigkeit, Munterkeit.

*****Strēnŭo**, 1. [strenuus] (Pl.) hurtig sein.

Strēnŭus, *adj.* mit *comp.* u. *sup.* (Vorklass.) betriebsam, rüstig, munter zur Arbeit, thätig, eifrig: s. homo, s. in re aliqua; s. inertia geschäftiger Müßiggang. Insbes. von einem Krieger = entschlossen, unternehmend, keck, fortis et s., dagegen außerhalb der militär. Sphäre im Gegensatze zu fortis (tapfer, keck) = entschlossen, der rüstig seinen Zweck verfolgt; s. bello, militiae im Kriege.

Strĕpĭto, 1. [strepo] (Poet.) = ein verstärktes strepo.

Strĕpĭtus, us, *m.* [strepo] das Geräusch, der Lärm, das Getöse, das Rasseln, Rauschen, Knallen, Klirren u. dergl.; s. et clamor, s. rotarum, pedum, tonitrus; (Poet.) s. citharae Klang, Töne.

Strĕpo, pui, pĭtum, 3. 1) *intrans.* A) wild und unordentlich lärmen, tosen, insbes. rauschen, knallen, rasseln u. dergl.: cornua, litui ss. schallen; Achivi ss. rufen laut; galea s. dröhnt von Schlägen; fluvius s. rauscht. B) von Localitäten ob. Dingen, um ob. bei welchen ein

Getöfe gemacht wird, von Etwas ertönen, wiederhallen: campus s. murmure, aures ss. clamoribus. *2) transit. (Poet.) Etwas ertönen laſſen, lärmend und laut rufen, aliquid.

Strictim, *adv.* [strictus] 1) (*Pl.*) eng, knapp: s. attondere dicht an der Haut. 2) *trop.* A) flüchtig, nur obenhin, videre, aspicere. B) kurz, überhin, dicere.

Strictūra, ae, *f.* [stringo] 1) (Poet. u. Spät.) das Zuſammenziehen. 2) die Eiſenmaſſe, die verarbeitet wird, ob. die ſchon zugerichtete, das Stabeiſen.

Strictus, *adj.* mit *comp.* [*particip.* von stringo] 1) eng angezogen, ſtraff, dicht anſchließend, janua. 2) *trop.* A) von der Rede, kurz, bündig. B) vom Charakter, ſtreng, ernſt.

Strideo, — — 2. und **Strido**, di, — 3. ziſchen, ſchwirren, knarren, ſchnarren, pfeifen, ſauſen, serpens, sagitta, cardo, plaustrum, alae, ventus s.; ferrum s. ein glühendes Eiſen, das in Waſſer geſteckt wird; (Poet.) silva s. ventis der Wind heult im Walde.

Strīdor, ōris, *m.* [strideo] das Ziſchen, Knarren, Schwirren, Pfeifen, Sauſen: s. serrae quum acuitur; s. cardinis, aquilonis; s. anserum; *trop.* s. tribuni == lauter Angriff.

Strīdulus, *adj.* [strideo] (Poet.) ziſchend, ſchwirrend, knarrend.

Strigĭlis, is, *f.* [stringo] das in den Badehäuſern zum Abreiben der Haut gebrauchte Schabeiſen, die Striegel: accedat s. hierzu muß kommen Baden und Salben.

Strigōsus, *adj.* (ſelten) mager (von Thieren), equus. Hiervon *trop.* orator s. ſchmucklos, trocken.

Stringo, inxi, ictum, 3. 1) ſtraff anziehen, zuſammenſchnüren, -binden, -ziehen: vitta s. crines, vincula ss. pedes; vulnus strictum frigore zuſammengezogen durch die Kälte. Hiervon A) *trop.* von der Rede, zuſammenziehen, kurz faſſen, rem. B) anbinden, s. aliquem ad carnarium. 2) ſtreifen, leicht berühren, alis s. undas (die Oberfläche des Waſſers), hasta s. corpus verwundet leicht, s. vestigia rostro berühren. Hiervon *trop.* A) s. animum Eindruck auf das Gemüth machen, das Herz rühren. B) == verletzen, ſchmerzlich berühren, aliquem. 3) abſtreifen, abſcheeren, abſchneiden, frondes, bacas; s. ripam (von einem Fluſſe) immer Etwas von dem Ufer abſpülen. Hiervon *trop.* == verthun, rem praeclaram. 4) eine Waffe ob. dergl. ziehen, gladium. Hiervon *trop.* s. bellum den Krieg anfangen, iambum („die Waffe der Satire").

*****Stringor**, ōris, *m.* [stringo] (*Lucr.*) die zuſammenziehende Kraft.

Strix, Igis, *f.* eine Art Nachteule, die Ohreule, die nach den Ammenmährchen der Alten den Kindern das Blut ausſog u. ſ. w.

Strŏpha, ae, *f.* [στροφή] (Spät.) das Drehen, *trop.* die Liſt, der Kunſtgriff.

Strŏphădes, um, *f. pl.* [Στροφάδες] zwei Inſeln des ioniſchen Meeres, im Mythus bekannt als Aufenthaltsort der Harpyien.

Strŏphium, ii, *n.* [στρόφιον] (Poet.) die Buſenbinde, ein Band, welches die Frauen unter dem Buſen trugen.

Strŏphius, ii, *m.* [Στρόφιος] König in Phocis, Vater des Pylades.

Structor, ōris, *m.* [struo] 1) der ein Gebäude ob. dergl. aufführt, der Maurer ob. der Zimmermann. 2) (Spät.) der Tafeldecker.

Structūra, ae, *f.* [struo] 1) die ordentliche Zuſammenfügung. Hiervon *trop.* s. verborum die paſſende u. regelmäßige Wahl und Aneinanderfügung der Worte, der Bau der Rede. 2) A) *abstr.* die Bauart, der Bau, s. antiquae genus. B) *concr.* der Bau, das Mauerwerk.

Strues, is, *f.* [struo] 1) der Haufe regelmäßig auf einander gelegter Dinge (vgl. acervus, cumulus u. ſ. w.): s. lignorum, laterum der Ziegel; s. rogi. Insbeſ. == ein Haufe kleiner Opferknochen. 2) übertragen, die dichte Maſſe, der dichte Haufe, militum.

Struix, icis, *f.* Vorklaſſ. == strues.

Strūma, ae, *f.* die ſcrophulöſe Anſchwellung der Drüſen, der „Kropf"; *trop.* s. civitatis.

Strūmōsus, *adj.* [struma] (Spät.) der an angeſchwollenen Drüſen oder Kropf leidet.

Struo, xi, ctum, 3. 1) ſchichten, ſchichtweiſe auf- ob. neben einander legen, über- ob. an einander fügen, -reihen: s. lateres, poma eine Menge Speiſen in Ordnung (auf die Tafel) ſtellen. Hiervon 2) aufführen, erbauen, bilden, domum, navem, aggerem. 3) ordnen, in Ordnung und Reihe ſtellen, aciem, armatos; avenae structae == die Halmpfeife. Hiervon *trop.* s. verba aneinander fügen; oratio structa eine Rede, in welcher die Worte nach den Regeln des Wohllautes und des Rhythmus geordnet ſind; dagegen s. verbum == zuſammenſetzen. 4) *trop.* bereiten, ſtiften, anſtiften (faſt immer etwas Böſes): s. alicui calamitatem, sollicitudinem; s. nefas; s. causas, crimina, mortem zuwegebringen, bewirken; s. insidias alicui Jmd. nach dem Leben ſtreben. 5) (Poet.) s. altaria donis Gaben auf die Altäre legen.

Strūthĭŏ-cămēlus, i, *m.* [στρουθο-κάμηλος] (Spät.) der Vogel Strauß.

Strȳmo, ōnis, *m.* [Στρυμών] Fluß in Thracien. Davon 1) **Strȳmōnis**, idis, *f.* (Poet.) == eine Thracierin (von einer Amazone). 2) -ōnius, *adj.* (Poet.) == thraciſch.

Studeo, ui, — 2. 1) ſich um Etwas bemühen, ſich einer Sache befleißigen, ſich auf Etwas legen, nach Etwas ſtreben, -trachten: s. praeturae, laudi, pecuniae; s. paci; s. memoriae das Gedächtniß üben, ſich darauf legen, ein ſtarkes Gedächtniß zu haben, s. arti mit einer Kunſt ſich beſchäftigen, s. novis rebus nach einer Staatsumwälzung trachten; beſ. s. literis wiſſenſchaftlichen Arbeiten obliegen, ſtudiren. Auch in derſelben Bedeutung mit *dem accus. sing. neutr.* eines *pron. adj.*, s. aliquid, unum (*Pl.* ſogar s. has res). 2) mit einem *infin.* ob. Objectsſatze, wünſchen, ſtreben, ſuchen, nach Etwas verlangen: s. scire; s. se ceteris praestare daß man über den Uebrigen ſtehen möge; (ſelten, Spät.) mit folgendem ut ob. ne; venit quo studuit wohin er zu kommen wünſchte. 3) s. alicui ob. rebus alicujus es mit Jmd. halten, für Jmd. Partei nehmen, ihn ob. ſeine Sache begünſtigen, ſich Jmds annehmen. 4) (Spät.) == s. literis, ſtudiren, ſich der Wiſſenſchaft befleißigen.

Studiōse, *adv.* mit *comp.* u. *sup.* [studiosus] eifrig, begierig.

Studiōsus, *adj.* mit *comp.* u. *sup.* 1) sich einer Sache befleißigend, nach Etwas eifrig strebend, auf Etwas eifrig bedacht, einer Sache ergeben: s. conviviorum, venandi, florum Liebhaber von; s. discendi lernbegierig. Insbef. A) s. literarum, doctrinae sich der Wissenschaft, der Gelehrsamkeit befleißigend, studirend, gelehrt, und (Spät.) in derselben Bedeutung s. allein (doch liegt, wo es so allein gebraucht wird, fast allenthalben in dem Zusammenhange eine Andeutung, daß es sich auf literae od. dergl. bezieht): s. cohors, juvenis, disputatio, otium. B) s. dicendi und (Spät.) s. allein = der sich der Beredtsamkeit Befleißigende. 2) Jmb. od. einer Sache gewogen, begünstigend, zugethan, es mit Jmb. haltend, s. alicujus, illius victoriae eifrig für.

Studium, ii, *n.* [studeo] 1) die eifrige Bemühung, Bestrebung, der Eifer, Fleiß, die Lust, Begierde, das dauernde Verlangen u. dergl.: s. veri inveniendi; studium in (ad) aliquid conferre, in re aliqua ponere Fleiß auf Etwas verwenden, sich einer Sache befleißigen; navare alicui studium Jmb. lebhaftes Interesse beweisen; incendi (ardere) studio venandi (auch quod attinet ad venandum) von Eifer, Lust zum Jagen brennen; s. quaestus die Gewinnsucht; militia mihi est in studio ich habe Lust zum Kriegsdienste, lege mich darauf; studio facere aliquid aus Lust od. mit Eifer. 2) die dauernde Neigung für eine Person od. Sache: A) die Ergebenheit, das Interesse für Jmb., die Neigung, Vorliebe u. dergl.: s. alicujus; retinere studia hominum das Interesse, die Neigung der Leute an sich fesseln. Hiervon insbef. = die Neigung u. s. w. für eine Partei: s. partium die Parteilichkeit, auch bloß s. in derselben Bedeutung (oratio nihil habuit studii, sine ullo s.); in studia diducere in Parteien theilen. B) die eifrige und stetige Beschäftigung mit Etwas, das Treiben einer Sache: s. juris, scribendi. Insbef. a) s. literarum (doctrinae) od. bloß s. die wissenschaftliche Beschäftigung, das Studium: exercere illa ss. b) sint haec in aliis ss. in anderen Zweigen der Wissenschaften. c) = Lieblingsbeschäftigung, -neigung, ss. principum Boeotiorum; inservire studiis alicujus sich nach, richten, fügen; s. Verris die „Passion", Liebhaberei des Verres.

Stulte, *adv.* mit *comp.* und *sup.* [stultus] thöricht, einfältig, albern.

*****Stultilŏquium**, ii, *n.* und *****Stultilŏquentia**, ae, *f.* [stultus-loquor] (*Pl.*) das einfältige Gerede, Gewäsche.

*****Stultilŏquus**, *adj.* [stulte-loquor] (*Pl.*) albern redend.

Stultitia, ae, *f.* [stultus] die Albernheit, Thorheit, Einfalt.

*****Stultivĭdus**, *adj.* [stulte-video] (*Pl.*) unrecht sehend.

Stultus, *adj.* mit *comp.* u. *sup.* albern, thöricht, einfältig, homo, loquacitas, laetitia.

Stŭpĕ-făcio etc., 3. betäubt-, sinnlos machen, betäuben, aliquem; privatos luctus publicus pavor s. übertäubte, machte verstummen.

Stŭpĕo, ui, — 2. 1) unbeweglich und steif sein, still stehen, stocken: rota s., seditio s.; verba ss. palato. 2) geistig stocken, verblüfft, verdutzt, betäubt sein, außer sich sein vor Erstaunen, Freude, Schrecken u. dergl., stutzen, staunen: quum semisomnis stuperet; animus s.; s. expectatione vor Erwartung alles Andere vergessen; Cerberus s. vergißt Alles. Insbef. (*Poet.*) = sehr bewundern, s. aere, in imaginibus Geld, Ahnen hoch schätzen; auch s. donum eine Gabe anstaunen, und stupendus staunenswerth.

*****Stŭpesco**, — — 3. [stupeo] staunen, stutzen.

*****Stŭpĭdĭtas**, ātis, *f.* [stupidus] die Sinnlosigkeit, Dummheit.

Stŭpĭdus, *adj.* [stupeo] 1) betäubt, verdutzt, verblüfft (vor Bewunderung u. dergl.): tabula te detinet s. 2) stumpfsinnig, dumm.

Stŭpor, ōris, *m.* [stupeo] 1) die Gefühllosigkeit, die Unfähigkeit einen Sinn ob. eine Fähigkeit zu gebrauchen, die Stumpfheit: s. sensus; s. in corpore; s. linguae die Unbehülflichkeit der Sprache. 2) das Staunen, das Verdutztsein, s. incessit omnes. 3) die Dummheit, Albernheit; meton. = eine dumme Person.

Stuppa, ae, *f.* Werg, Hede.

Stuppeus, *adj.* [stuppa] aus Werg, Werg-.

Stŭprātor, ōris, *m.* [stupro] (*Spät.*) der Schänder eines Frauenzimmers.

Stŭpro, 1. [stuprum] durch Unzucht schänden, unehelich beschlafen, aliquam; judicium stupratum ein Gericht, dessen Richter durch Versprechungen von unzüchtigen Zusammenkünften bestochen waren.

*****Stŭprōsus**, *adj.* [stuprum] (*Spät.*) unzüchtig.

Stŭprum, i, *n.* die Schändung eines unverheiratheten Frauenzimmers (vgl. adulterium), die Unzucht, der uneheliche Beischlaf: facere s., inferre (offerre) alicui s. ein Frauenzimmer schänden.

Stymphālus, i, *m.* und -lum, i, *n.* [Στύμφαλος] eine Gegend in Arcadien, im Mythus bekannt durch eine Art gräulicher Raubvögel, welche Hercules erlegte. Davon **Stymphālĭus**, und -lĭs, ĭdis, *f. adj.*

Styx, ȳgis, *f.* [Στύξ] 1) eine Quelle in Arcadien, deren eiskaltes Wasser tödtlich war. 2) im Mythus ein Fluß in der Unterwelt, bei welchem die Götter schwuren. Hiervon A) meton. = die Unterwelt. B) (*Spät. Poet.*) = Gift. Davon **Stygius** (*Poet.* auch **Stygialis**), *adj.* (*Poet.*) a) = zur Unterwelt gehörig, unterirdisch (St. Jupiter = Pluto, Juno = Proserpina, cymba der Kahn des Charon). b) „höllisch" = unheilvoll, schauerlich: ss. St. fauces, os St. Rachen einer Schlange, bubo St. Unheil weissagend.

Suāda, ae, *f.* [suadeo] die Göttin der Ueberredung.

Suādēla, ae, *f.* [suadeo] 1) (*Pl.*) die Ueberredung. 2) (*Poet.*) = suada.

Suādeo, si, sum (*Lucr.* suāsint dreisilbig) 2. 1) *intrans.* rathen, Rath geben: noli s. gieb (mir) keinen Rath; bene s. 2) *transit.* A) Jmb. Etwas rathen, anrathen, zu Etwas rathen: s. alicui aliquid; s. alicui ut (ne) abeat, s. coenemus daß wir essen, (*Poet.* u. *Spät.*) mit einem *infin.* B) (meist *Poet.*) von Sachen = zu Etwas einladen, reizen: fames

Suasio — **Subabsurde** 717

s., cadentia sidera ss. somnum. C) (sehr selten) = persuadeo überreden, überzeugen: mihi suasi, nihil esse in vita expetendum nisi etc. ich habe die Ueberzeugung erlangt, daß Nichts u. s. w.

Suāsĭo, ōnis, f. [suadeo] 1) das Rathen. 2) das Anrathen, die Empfehlung eines Gesetzes u. dergl.

Suāsor, ōris, m. [suadeo] der Anrather, facti, insbes. der Empfehler eines Gesetzes u. dergl., s. legis.

Suāsōrĭus, adj. [suasor] (Spät.) zum Rathgeben gehörig, anrathend; subst. -ĭa, ae, f. (sc. oratio) eine Empfehlungsrede.

Suāsus, us, m. [suadeo] (Com.) = suasio 1.

Suāve, adv. [rigtl. n. von suavis] (Poet.) = suaviter, s. rubeus.

Suāve-ŏlens, tis, adj. (Poet.) angenehm riechend.

Suāvĭātĭo, ōnis, f. [suavior] (Vorklaff. u. Spät.) das Küssen.

***Suāvĭdĭcus**, adj. [suavis-dico] (Lucr.) angenehm redend.

Suāvĭ-lŏquens, tis, adj. [part. von loquor] (Vorklaff.) angenehm-, lieblich redend.

***Suāvĭlŏquentĭa**, ae, f. [suaviloquens] das angenehme-, liebliche Reden.

***Suāvĭlŏquus**, adj. [suave-loquor] (Lucr.) angenehm-, lieblich redend.

***Suāvĭŏlum**, i, n. (Poet.) deminut. von suavium.

Suāvĭor, depon. 1. [suavium] küssen, aliquam.

Suāvis, e, adj. mit comp. u. sup. angenehm, lieblich, süß, einnehmend, reizend (es bezieht sich zuerst auf den Geruch, dann auf die übrigen Sinne und dann auf den Geist): s. odor, color, vox; s. homo, conjunctio; s. anima (schmeichelnd) süßes Herz!

Suāvĭ-sāvĭātĭo, ōnis, f. (Pl.) das süße Küssen.

Suāvĭtas, ātis, f. [suavis] die Annehmlichkeit, Lieblichkeit (siehe suavis), odoris, cibi; ss. ingenii liebenswürdige Eigenschaften; s. sermonis atque morum Liebenswürdigkeit der Unterhaltung und des Benehmens.

Suāvĭter, adv. mit comp. und sup. [suavis] angenehm, lieblich; s. meminisse mit Vergnügen.

Suāvĭtūdo, ĭnis, f. [suavis] = suavitas.

Suāvĭum (ob. **Sāvĭum**), ii, n. [suavis?] (Vorklaff.) 1) der Kuß (der zärtliche, vgl. basium und osculum.) Hiervon trop. als Liebkosungswort, meum s.! 2) der zum Küssen lieblich zugespitzte Mund, das Mäulchen: valga ss., palam facere s. alicui.

Sub [verw. mit dem gr. ὑπό], praep. mit abl. u. accus., unter. I. mit abl. 1) zur Bezeichnung des Seins und Verweilens unter einem Gegenstande, unter: s. mensa, s. terra (auch s. terra vivi in locum saxo conceptum demissi sunt in einen unter der Erde befindlichen Ort). Hiervon A) s. armis unter den Waffen, s. sarcinis das Gepäck tragend; s. hasta, s. corona, s. furca, siehe diese Wörter. B) unter dem oberen Theile eines Gegenstandes und in dem unteren, wo man im Deutschen in sagt: s. templo im Tempel (unter dem Gewölbe des Tempels), s. silva (unter dem Laubdache der Bäume), s. ima valle im Thalgrunde. C) s. oculis alicujus unter, vor Jmds Augen; esse s. ictu alicujus (ob. teli) in Schußweite, dem Geschoß Jmds ausgesetzt (eigtl. doch nur eines höher Stehenden). D) häufig = in der Nähe von, nahe an (zuerst nur zur Bezeichnung der unmittelbaren Nähe eines höher ragenden Gegenstandes): s. monte am Fuße des Berges; s. oriente gegen Morgen. E) (Poet.) unmittelbar nach, gleich hinter: s. ipso volat Diones. F) (Poet.) unter — hervor: qui s. terra crepsisti modo. 2) zur Bezeichnung der Zeit, in welcher Etwas geschieht, bei, in, um (es bezeichnet so ein näheres Zusammenfallen in der Zeit, als wenn es mit dem accus. steht): s. luce bei Tagesanbruch, s. ipsa profectione im Augenblick des Abmarsches, s. eodem tempore zur selben Zeit. 3) trop. zur Bezeichnung einer Abhängigkeit und einer Unterordnung, unter: Cilicia est s. eo steht unter ihm, s. imperio- ejus erat phalanx; s. illo magistro artes edoctus. Hiervon bezeichnet es (meist Spät.) die Umstände und Verhältnisse, unter welchen Etwas Statt findet: A) s. Augusto während der Regierung des Augustus; s. priore marito zur Zeit des ersten Gatten, während er lebte. B) s. his condicionibus unter diesen Bedingungen, s. poena mortis bei Todesstrafe. C) occidit eum s. crimine eodem dieselbe Beschuldigung gegen ihn vorbringend; s. specie venationis unter dem Vorwande einer Jagd. D) oft wo sonst eine participialische Construction gebraucht wird: s. exemplo ein Beispiel anführend; s. hoc sacramento nach Ablegung dieses Schwures; s. auctore certo so daß ein sicherer Gewährsmann genannt wird.

II. mit accus. 1) zur Bezeichnung der Bewegung unter Etwas hin, unter, unter — hin: subdere aliquid s. solum, dare scamnum s. pedem; mittere hostes s. jugum (Liv. auch s. jugo) unter das Joch gehen lassen. Hiervon A) zur Bezeichnung der Bewegung in die unmittelbare Nähe eines höher ragenden Gegenstandes, unter, nahe an, an: s. murum considere bis an die Mauer marschiren und sich dort aufstellen; milites succedant s. montem bis an den Fuß des Berges. B) trop. von Zuständen, zur Bezeichnung einer Abhängigkeit, Unterordnung u. dergl.: redigere aliquos s. potestatem suam unter seine Gewalt bringen; quod cadit s. sensus was mit den äußeren Sinnen wahrgenommen werden kann, ebenso res subjecta s. sensus; conjicere aliquid s. vincula legis von den Banden eines Gesetzes abhängig machen. 2) von der Zeit, um, gegen, bei: A) = kurz vor: s. lucem gegen Tagesanbruch, s. noctem im Anfange der Nacht; s. tempus gegen die (verabredete) Zeit; s. idem ungefähr um dieselbe Zeit. B) = gleich nach: s. dies festos, s. has literas unmittelbar nach der Verlesung dieses Briefes gesprochen worden war. — III. In der Zusammensetzung bezeichnet es A) bei Verben der Bewegung, von unten nach oben (subeo, succedo). B) bei anderen Verben und bei Adjectiven, etwas, ein wenig, nach und nach.

***Sŭb-absurde**, adv. etwas ungereimt.

Studiōsē, *adv. mit comp. u. sup.* [studiosus] eifrig, begierig.

Studiōsus, *adj. mit comp. u. sup.* 1) sich einer Sache befleißigend, nach Etwas eifrig strebend, auf Etwas eifrig bedacht, einer Sache ergeben: s. conviviorum, venandi, florum Liebhaber von; s. discendi lernbegierig. Insbes. A) s. literarum, doctrinae sich der Wissenschaft, der Gelehrsamkeit befleißigend, studirend, gelehrt, und (Spät.) in derselben Bedeutung s. allein (doch liegt, wo es so allein gebraucht wird, fast allenthalben in dem Zusammenhange eine Andeutung, daß es sich auf literae ob. dergl. bezieht): s. cohors, juvenis, disputatio, otium. B) s. dicendi und (Spät.) s. allein = der sich der Beredtsamkeit Befleißigende. 2) Jmd. ob. einer Sache gewogen, begünstigend, zugethan, es mit Jmd. haltend, s. alicujus, illius victoriae eifrig für.

Studĭum, ii, n. [studeo] 1) die eifrige Bemühung, Bestrebung, der Eifer, Fleiß, die Lust, Begierde, das dauernde Verlangen u. dergl.: s. veri inveniendi; studium in (ad) aliquid conferre, in re aliqua ponere Fleiß auf Etwas verwenden, sich einer Sache befleißigen; navare alicui studium Jmd. lebhaftes Interesse beweisen; incendi (ardere) studio venandi (auch quod attinet ad venandum) von Eifer, Lust zum Jagen brennen; s. quaestus die Gewinnsucht; militia mihi est in studio ich habe Lust zum Kriegsdienste, lege mich darauf; studio facere aliquid aus Lust ob. mit Eifer. 2) die dauernde Neigung für eine Person ob. Sache: A) die Ergebenheit, das Interesse für Jmd., die Neigung, Vorliebe u. dergl.: s. alicujus; retinere studia hominum das Interesse, die Neigung der Leute an sich fesseln. Hiervon insbes. = die Neigung u. s. w. für eine Partei: s. partium die Parteilichkeit, auch bloß s. in derselben Bedeutung (oratio nihil habuit studii, sine ullo s.); in studia diducere in Parteien theilen. B) die eifrige und stetige Beschäftigung mit Etwas, das Treiben einer Sache: s. juris, scribendi. Insbes. a) s. literarum (doctrinae) ob. bloß s. die wissenschaftliche Beschäftigung, das Studium: exercere illa ss. b) sint haec in aliis ss. in anderen Zweigen der Wissenschaften. c) = Lieblingsbeschäftigung, -neigung, ss. principum Boeotiorum; inservire studiis alicujus sich nach — richten, fügen; s. Verris die „Passion", Liebhaberei des Verres.

Stultē, *adv. mit comp. und sup.* [stultus] thöricht, einfältig, albern.

***Stultĭlŏquium**, ii, n. und *Stultĭlŏquentia, ae, f.* [stulti-loquor] (*Pl.*) das einfältige Gerede, Gewäsche.

***Stultĭlŏquus**, *adj.* [stulte-loquor] (*Pl.*) albern redend.

Stultĭtia, ae, *f.* [stultus] die Albernheit, Thorheit, Einfalt.

***Stultĭvĭdus**, *adj.* [stulte-video] (*Pl.*) unrecht sehend.

Stultus, *adj. mit comp. u. sup.* albern, thöricht, einfältig, homo, loquacitas, laetitia.

Stŭpē-fācĭo etc., 3. betäubt-, sinnlos machen, betäuben, aliquem; privatos luctus publicus pavor s. übertäubte, machte verstummen.

Stŭpĕo, ui, — 2. 1) unbeweglich und steif sein, still stehen, stocken: rota s., seditio s.; verba ss. palato. 2) geistig stocken, verblüfft-, verdutzt-, betäubt sein, außer sich sein vor Erstaunen, Freude, Schrecken u. dergl., stutzen, staunen: quum semisomnis stuperet; animus s.; s. exspectatione vor Erwartung alles Andere vergessen; Cerberus s. vergißt Alles. Insbef. (*Poet.*) = sehr bewundern, s. aere, in imaginibus Geld, Ahnen hoch schätzen; auch s. donum eine Gabe anstaunen, und stupendus staunenswerth.

***Stŭpesco**, — — 3. [stupeo] staunen, stutzen.

***Stŭpĭdĭtas**, ātis, *f.* [stupidus] die Sinnlosigkeit, Dummheit.

Stŭpĭdus, *adj.* [stupeo] 1) betäubt, verdutzt, verblüfft (vor Bewunderung u. dergl.): tabula te detinet s. 2) stumpfsinnig, dumm.

Stŭpor, ōris, *m.* [stupeo] 1) die Gefühllosigkeit, die Unfähigkeit einen Sinn ob. eine Fähigkeit zu gebrauchen, die Stumpfheit: s. sensūs; s. in corpore; s. linguae die Unbehülflichkeit der Sprache. 2) das Staunen, das Verdutztsein, s. incessit omnes. 3) die Dummheit, Albernheit; meton. = eine dumme Person.

Stuppa, ae, *f.* Werg, Hede.

Stuppĕus, *adj.* [stuppa] aus Werg, Werg-.

Stŭprātor, ōris, *m.* [stupro] (Spät.) der Schänder eines Frauenzimmers.

Stŭpro, 1. [stuprum] durch Unzucht schänden, unehelich beschlafen, aliquam; judicium stupratum ein Gericht, dessen Richter durch Versprechungen von unzüchtigen Zusammenkünften bestochen waren.

***Stŭprōsus**, *adj.* [stuprum] (Spät.) unzüchtig.

Stŭprum, i, n. die Schändung eines unverheiratheten Frauenzimmers (vgl. adulterium), die Unzucht, der uneheliche Beischlaf: facere s., inferre (offerre) alicui s. ein Frauenzimmer schänden.

Stymphālus, i, m. und -lum, i, s. [Στύμφαλος] eine Gegend in Arcadien, im Mythus bekannt durch eine Art gräulicher Raubvögel, welche Hercules erlegte. Davon **Stymphālĭus**, und **-lis**, ĭdis, *f. adj.*

Styx, ȳgis, *f.* [Στύξ] 1) eine Quelle in Arcadien, deren eiskaltes Wasser tödtlich war. 2) im Mythus ein Fluß in der Unterwelt, bei welchem die Götter schwuren. Hiervon A) meton. = die Unterwelt. B) (Spät. *Poet.*) = Gift. Davon **Stygĭus** (*Poet.* auch **Stygĭālis**), *adj.* (*Poet.*) a) = zur Unterwelt gehörig, unterirdisch (St. Jupiter = Pluto, Juno = Proserpina, cymba der Kahn des Charon). b) „höllisch" = unheilvoll, schauerlich: vis St. tödtlich; os St. vom Rachen einer Schlange, bubo St. Unheil weissagend.

Suāda, ae, *f.* [suadeo] die Göttin der Ueberredung.

Suādēla, ae, *f.* [suadeo] 1) (*Pl.*) die Ueberredung. 2) (*Poet.*) = suada.

Suādĕo, si, sum (*Lucr.* suadent dreisilbig) 2. 1) *intrans.* rathen, Rath geben: noli s. gieb (mir) keinen Rath; bene s. 2) *transit.* A) Jmd. Etwas rathen, anrathen, zu Etwas rathen: s. alicui aliquid; s. alicui ut (ne) abeat, s. coenemus daß wir essen, (*Poet.* u. Spät.) mit einem *infin.* B) (meist *Poet.*) von Sachen = zu Etwas einladen, reizen: fames s., cadentia sidera s. somnum. C) (sehr selten) = persuadeo überreden, überzeugen: mihi suasi, nihil esse in vita expetendum nisi etc. ich habe die Ueberzeugung erlangt, daß Nichts u. s. w.

Suāsio, ōnis, *f.* [suadeo] 1) das Rathen. 2) das Anrathen, die Empfehlung eines Gesetzes u. dergl.

Suāsor, ōris, *m.* [suadeo] der Anrather, facti, insbes. der Empfehler eines Gesetzes u. dergl., s. legis.

Suāsōrius, *adj.* [suasor] (Spät.) zum Rathgeben gehörig, anrathend; *subst.* -ĭa, ae, *f.* (*sc.* oratio) eine Empfehlungsrede.

Suāsus, us, *m.* [suadeo] (Com.) = suasio 1.

Suāve, *adv.* (eigtl. n. von suavis) (Poet.) = suaviter, s. rubens.

Suāve-ŏlens, tis, *adj.* (Poet.) angenehm riechend.

Suāviātio, ōnis, *f.* [suavior] (Vorklaff. u. Spät.) das Küssen.

*****Suāvĭdĭcus,** *adj.* [suavis-dico] (*Lucr.*) angenehm redend.

Suāvĭ-lŏquens, tis, *adj.* [*part.* von loquor] (Vorklaff.) angenehm-, lieblich redend.

*****Suāvĭlŏquentĭa,** ae, *f.* [suaviloquens] das angenehme-, liebliche Reden.

*****Suāvĭlŏquus,** *adj.* [suave-loquor] (*Lucr.*) angenehm-, lieblich redend.

*****Suāvĭŏlum,** i, n. (Poet.) *deminut.* von suavium.

Suāvĭor, *depon.* 1. [suavium] küssen, aliquam.

Suāvis, e, *adj.* mit *comp.* u. *sup.* angenehm, lieblich, süß, einnehmend, reizend (es bezieht sich zuerst auf den Geruch, dann auf die übrigen Sinne und *trop.* auf den Geist): s. odor, color, vox; s. homo, conjunctio; s. anima (schmeichelnd) süßes Herz!

Suāvĭ-sāvĭātio, ōnis, *f.* (Pl.) das süße Küssen.

Suāvĭtas, ātis, *f.* [suavis] die Annehmlichkeit, Lieblichkeit (siehe suavia), odoris, cibi; s. ingenii liebenswürdige Eigenschaften; s. sermonis atque morum Liebenswürdigkeit der Unterhaltung und des Benehmens.

Suāvĭter, *adv.* mit *comp.* und *sup.* [suavis] angenehm, lieblich; s. meminisse mit Vergnügen.

Suāvĭtūdo, ĭnis, *f.* [suavis] = suavitas.

Suāvium (ob. **Sāvium**), ii, n. [suavis?] (Vorklaff.) 1) der Kuß (der zärtliche, vgl. basium und osculum). Hiervon *trop.* als Liebkosungswort, meum s.! 2) der zum Küssen lieblich zugespitzte Mund, das Mäulchen: valga s., palam facere s. alicui.

Sub [verw. mit dem gr. ὑπό], *praep.* mit *abl.* u. *accus.*, unter. I. mit *abl.* 1) zur Bezeichnung des Seins und Verweilens unter einem Gegenstande, unter: s. mensa, s. terra (auch s. terra vivi in locum saxo conseptum demissi sunt in einen unter der Erde befindlichen Ort). Hiervon A) s. armis unter den Waffen, s. sarcinis das Gepäck tragend; s. hasta, s. corona, s. furca, siehe diese Wörter. B) unter dem oberen Theile eines Gegenstandes und in dem unteren, wo man im Deutschen in sagt: s. templo im Tempel (unter dem Gewölbe des Tempels), s. silva (unter dem Laubdache der Bäume), s. ima valle im Thalgrunde. C) s. oculis alicujus unter, vor Jmds Augen; esse s. ictu alicujus (ob. teli) in Schußweite, dem Geschoß Jmds ausgesetzt (eigtl. doch nur eines höher Stehenden). D) häufig = in der Nähe von, nahe an (zuerst nur zur Bezeichnung der unmittelbaren Nähe eines höher ragenden Gegenstandes): s. monte am Fuße des Berges; s. oriente gegen Morgen. E) (Poet.) unmittelbar nach, gleich hinter: s. ipso volat Diones. F) (Poet.) unter — hervor: qui s. terra erepsisti modo. 2) zur Bezeichnung der Zeit, in welcher Etwas geschieht, bei, in, um (es bezeichnet so ein näheres Zusammenfallen in der Zeit, als wenn es mit dem *accus.* steht): s. luce bei Tagesanbruch, s. ipsa profectione im Augenblick des Abmarsches, s. eodem tempore zur selben Zeit. 3) *trop.* zur Bezeichnung einer Abhängigkeit und einer Unterordnung, unter: Cilicia est s. eo steht unter ihm, s. imperio ejus erat phalanx; s. illo magistro artes edoctus. Hiervon bezeichnet es (meist Spät.) die Umstände und Verhältnisse, unter welchen Etwas Statt findet: A) s. Augusto während der Regierung des Augustus; s. priore marito zur Zeit des ersten Gatten, während er lebte. B) s. his condicionibus unter diesen Bedingungen, s. poena mortis bei Todesstrafe. C) occidit eum s. crimine eodem dieselbe Beschuldigung gegen ihn vorbringend; s. specie venationis unter dem Vorwande einer Jagd. D) oft wo sonst eine participialische Construction gebraucht wird: s. exemplo ein Beispiel anführend; s. hoc sacramento nach Ablegung dieses Schwures; s. auctore certo so daß ein sicherer Gewährsmann genannt wird.

II. mit *accus.* 1) zur Bezeichnung der Bewegung unter Etwas hin, unter, unter — hin: subdere aliquid s. solum, dare scamnum s. pedem; mittere hostes s. jugum (*Liv.* auch s. jugo) unter das Joch gehen lassen. Hiervon A) zur Bezeichnung der Bewegung in die unmittelbare Nähe eines höher ragenden Gegenstandes, unter, nahe an, an: s. murum considere bis an die Mauer marschiren und sich dort aufstellen; milites succedunt s. montem bis an den Fuß des Berges. B) *trop.* von Zuständen, zur Bezeichnung einer Abhängigkeit, Unterordnung u. dergl.: redigere aliquos s. potestatem suam unter seine Gewalt bringen; quod cadit s. sensus was mit den äußeren Sinnen wahrgenommen werden kann, ebenso res subjecta s. sensus; conjicere aliquid s. vincula legis von den Banden eines Gesetzes abhängig machen. 2) von der Zeit, um, gegen, bei: A) = kurz vor: s. lucem gegen Tagesanbruch, s. noctem im Anfange der Nacht; s. tempus gegen die (verabredete) Zeit; s. idem ungefähr um dieselbe Zeit. B) = gleich nach: s. dies festos, s. has literas unmittelbar nach der Verlesung dieses Briefes; s. haec dicta unmittelbar nachdem dieses gesprochen worden war. — III. In der Zusammensetzung bezeichnet es A) bei Verben der Bewegung, von unten nach oben (subeo, succedo). B) bei anderen Verben und bei Adjectiven, etwas, ein wenig, nach und nach.

*****Sŭb-absurde,** *adv.* etwas ungereimt.

Sŭb-absurdus, *adj.* etwas ungereimt.
Sŭb-accūso, 1. ein wenig beschuldigen, *tadeln, aliquem.
Sŭbactio, ōnis, *f.* [subigo] die Durcharbeitung (durch Stampfen, Stoßen u. dergl.), *trop.* die Bearbeitung = Bildung.
Sŭb-agrestis, e, *adj.* ein wenig bäuerisch.
*****Sŭb-ālāris**, e, *adj.* unter den Achseln befindlich, telum.
*****Sŭb-āmārus**, *adj.* etwas bitter.
*****Sŭb-āquĭlus**, *adj.* (*Pl.*) etwas bräunlich.
*****Sub-argūtŭlus**, *adj.* (Spät.) ein wenig schlau.
*****Sŭb-arrŏganter**, *adv.* etwas anmaßend.
*****Sŭb-assentiens**, tis, *adj.* (Spät.) ein wenig beistimmend.
Sŭb-ausculto, 1. heimlich ein wenig zuhören, horchen, quae loqueris.
*****Sub-ballio**, ōnis, *m.* [Ballio] scherzhaft gebildeter Name, gleichsam „Unterballio".
*****Sub-băsĭlĭcānus**, *adj.* [basilica] (*Pl.*) Jmd., der gern in den basilicis (siehe dieses Wort) spazirt = der Müßiggänger.
Sub-bĭbo etc., 3. (Vorklaff. u. Spät.) ein wenig trinken, paulum.
Sub-blandior, *depon.* 4. (Vorklaff.) ein wenig liebkosen, *schmeicheln, alicui.
Sub-cǎvus, *adj.* (Vorklaff.) unten hohl.
Subc. etc., siehe Succ. etc.
*****Sub-dēbĭlis**, e, *adj.* (Spät.) etwas gelähmt.
*****Sub-dēbĭlitātus**, *adj.* ein wenig geschwächt = ein wenig kleinmüthig, = muthlos.
Sub-dēfĭcio etc., 3. (Spät.) nach und nach schwach werden.
*****Sub-diffĭcĭlis**, e, *adj.* etwas schwierig, *schwer.
*****Sub-diffīdo** etc., 3. ein wenig mißtrauisch sein, nicht recht trauen.
*****Subdĭtĭcius**, *adj.* [subdo] (*Pl.*) untergeschoben, unächt.
Subdĭtīvus, *adj.* [subdo] = subditicius.
*****Subdĭto**, 1. [subdo] (*Lucr.*) = ein verstärktes subdo.
Sub-do, dĭdi, dĭtum, 3. 1) unten hinunter legen, *setzen, *stellen, hinthun, unterlegen, untersetzen: s. ignes; s. furcas viti, pugionem pulvino; (Poet.) s. se aquis sich ins Wasser untertauchen; s. calcaria equo dem Pferde die Sporen geben. Oft *trop.* s. faces irae, acriores faces ad dicendi studia, s. ignem et materiem seditioni den Zorn, das Studium der Beredtsamkeit, den Aufruhr anfeuern, antreiben u. dergl.; s. stimulos animis die Gemüther noch mehr reizen, s. alicui spiritus einflößen. B) unterwerfen, unterthänig machen, ut imperio feminae subderentur. C) aussetzen, preisgeben, rem casibus. 2) an die Stelle des anderen setzen, substituiren, s. aliquem in locum alicujus oder (Spät.) alicui. Hiervon etwas Falsches an die Stelle des Ächten unterschieben, s. filium, reos; subditis qui accusatorum nomina sustinerent.
Sub-dŏceo etc., 2. ein wenig (als Hülfs-

lehrer, neben einem Anderen) Jmd. unterrichten, aliquem.
Subdŏle, *adv.* [subdolus] etwas listig, *schlau.
Sub-dŏlus, *adj.* (meist Vorklaff. u. Spät.) 1) etwas listig, *schlau. 2) betrügerisch, forma loci.
*****Sub-dŏmo** etc., 1. bezähmen, überwältigen, aliquem.
Sub-dŭbĭto, 1. ein wenig zweifeln, *Bedenken tragen.
Sub-dūco etc., 3. 1) von unten in die Höhe ziehen, emporziehen: s. rem sursum; s. tunicas; vultus subductus mit der Nase hochgetragen. Insbef. term. t. s. naves die Schiffe aufs Land ziehen; bisweilen wird in aridum u. bergl. hinzugefügt. 2) von einem Orte (bef. einem niedrig gelegenen) wegziehen, abziehen, entfernen: s. milites ex postrema acie in primam. Hiervon heimlich wegnehmen, entziehen, wegnehmen, benehmen: s. lateres ex turri (von unten), s. ensem capiti alicujus unter seinem Kopfe; s. aliquem manibus alicujus; s. alicui anulum stehlen. Hiervon s. se sich wegschleichen; (Poet.) colles ss. se verlieren (senken) sich, fons subducitur verschwindet, verstegt. 3) *trop.* s. rationem (auch calculos, summam) gleichf. die Rechnung ziehen (durch Abziehung des einen Posten vom anderen), berechnen, erwägen, eine Berechnung ob. Erwägung anstellen, nefariam rationem s.
Subductio, ōnis, *f.* [subduco] 1) das Ziehen der Schiffe ans Land. 2) die Berechnung.
*****Sŭb-ĕdo** etc., 3. (Poet.) unten anfressen, *trop.* undae ss. scopulum spülen ab.
Sŭb-ĕo etc., 4. (eigtl. *intrans.*, aber wegen der *praep.* häufig mit einem *accus.*) 1) unter Etwas gehen, darunter herangehen: s. sub falas; s. tectum; s. mucronem unterlaufen, jugum sich dem Joche unterziehen; (Poet.) s. paludem in den Sumpf untertauchen. Hiervon A) unter Etwas gehen, um es zu tragen, einer Last ob. bergl. sich unterziehen, onus; doch auch (Poet.) s. feretro auf sich nehmen; s. currum vor den Wagen gespannt werden. Hiervon *trop.* sich einer Sache unterziehen, sie übernehmen, erdulden, ertragen, ausstehen: s. pericula, laborem, dolorem, contumelias, invidiam. B) s. sermonem ein Gegenstand des Geredes werden. C) (Poet.) Alba s. Latinum kömmt unter die Herrschaft des L. 2) von unten heraufgehen, *kommen, herba s. wächst empor, Nox s. orbem medium steigt empor zu. 3) herangehen, *kommen, an oder in die Nähe eines Gegenstandes ob. einer Person herangehen, an oder nahe an Etwas kommen (doch gewöhnlich von einem niedrigeren an einen höheren Ort): s. locum iniquum, *kommen (bis unter) die Mauer; s. ad hostes, ad urbem, (Poet.) s. luco, portu. Hiervon A) (Poet.) sich irgendwohin schleichen, *hineinschleichen, thalamos, cavum. B) unmittelbar nachfolgen, alicui; absol. conjux pone s. Hiervon a) an Jmds Stelle treten, ihn ablösen: s. tertiae legioni, s. in locum alicujus. C) *trop.* a) unvermerkt an Etwas herankommen, sich heranschleichen, bei Jmd. plötzlich entstehen:

sopor s. lumina fessa, poenitentia s. regem. b) einfallen, in die Gedanken kommen: cogitatio s. animum; omnia reminiscimur personaeque ss.; deserta Creusa subiit; *impers.* subit, es fällt mir ein, quid sim, eam illud fecisse.

Sŭber, ĕris, *n.* 1) die Korkeiche. 2) der Kork.

Sub-flāvus, *adj.* (Spät.) ein wenig blond.

Sub-fuscus, *adj.* (Spät.) ein wenig dunkelbraun.

Sub-grandis, e, *adj.* etwas groß.

(Die übrigen mit Subf. und Subg. anfangenden Wörter siehe unter Suff. u. Sugg.)

Sŭb-haereo etc., 2. (Spät.) unbemerkt oder hinten stecken bleiben.

Sub-horrĭdus, *adj.* etwas rauh.

Sŭbĭcio, s. G. für Subjicio.

Sŭbĭgo, ēgi, actum, 3. [sub-ago] 1) in die Höhe- od. überh. vorwärts, herantreiben, -bringen, -führen: s. lembum flumine adverso remigiis den Kahn stromaufwärts rudern; (Poet.) s. ratem conto bewegen, vorwärts treiben; s. naves ad castellum. 2) *trop.* A) (selten) Jmb. zu Etwas nöthigen, -bewegen: s. hostes ad (in) deditionem; s. eos frumentum praebere, auch (*Pl.*) s. aliquem ut illud faciat. B) durcharbeiten, bearbeiten, zurecht machen: s. segetem, agros, glebas durch Graben, Pflügen u. dergl.; s. pellem gerben; s. opus digitis (Poet.) = spinnen; s. secures in cote schärfen; *trop.* s. ingenium bilden. C) bezähmen, unterwerfen, unterjochen, überwältigen, belluam, Galliam, aquila s. anguem.

Sŭb-impŭdens, tis, *adj.* etwas unverschämt.

Sŭb-ĭnānis, e, *adj.* etwas leer, eitel.

Sub-inde, *adv.* 1) unmittelbar darauf, gleich nachher, s. aliud bellum oritur. 2) zur Bezeichnung einer raschen Wiederholung, wiederholentlich, schnell nacheinander: spolia capta s. remittebant; illud s. jactabat.

Sŭb-injectus, *adj.* (Spät.) unten angelegt, manus.

Sŭb-insulsus, *adj.* etwas abgeschmackt.

Sŭb-invideo etc., 2. etwas beneiden, alicui.

Sŭb-invīsus, *adj.* etwas verhaßt.

Sŭb-invīto, 1. unter der Hand einladen, auffordern, aliquem.

Sŭb-irascor, — *depon.* 3. etwas zürnen, alicui, auch rei alicui wegen Etwas.

Sŭb-īrātus, *adj.* etwas zornig.

Sŭbĭtārĭus, *adj.* [subitus] plötzlich, in Hast geschehen, gethan: miles, exercitus s. plötzlich und in der Eile ausgeschrieben, aedificium hastig aufgeführt.

Sŭbĭto, *adv.* [subitus] plötzlich, jählings (im Gegensatz zur Vorbereitung, vgl. repente).

Sŭbĭtus, *adj.* [subeo 3, C.] plötzlich, hastig, geschwind und unvorbereitet eintreffend (vgl. repentinus). a. bellum, tempestas, mors; s. miles (*Tac.*) = subitarius; praeda s. plötzlich gewonnen; oratio s. ohne Vorbereitung gehalten, auf eine plötzliche Veranlassung; consilium s. in der Eile gefaßt. Hiervon *subst.* **Sŭbĭtum,** i, *n.* das Plötzliche, der unvermuthete Vorfall: terreri subitis; s. est ei remigrare er hat plötzlich Veranlassung bekommen zurückzukehren; ss. belli, rerum.

Sub-jăceo etc., 2. (Spät.) 1) unter oder unten bei Etwas liegen: vestibulum s. fenestris; mare, petra subjacens neben (einem höher liegenden Orte) liegend. 2) *trop.* einer Sache untergeordnet sein = unter sie gehören, mit Etwas in Verbindung stehen, rei alicui.

Subjecte, *adv.* im *sup.* [subjectus] unterwürfig.

Subjectio, ōnis, *f.* [subjicio] 1) das Unterlegen, Unterstellen, s. rerum sub aspectum. 2) die Unterschiebung, testamenti. 3) *term. t.* in der Rhetorik, A) die Hinzufügung der eigenen Antwort auf eine eigene Frage. B) die hinzugefügte Erklärung.

Subjecto oder **Sub-jacto,** 1. (Poet.) = ein verstärktes subjicio 1. und 3.

Subjector, ōris, *m.* [subjicio] der Unterschieber, testamentorum.

Subjectus, *adj.* mit *comp.* u. *sup.* [*particip.* von subjicio] 1) unten an-, bei Etwas liegend, angrenzend: campus s. viae, rivus s. castris, locus s. aquiloni gegen den Norden liegend. 2) unterwürfig, untergeben; insbef. (Poet. u. Spät.) *subst.* -ti, ōrum, *m. pl.* die Unterthanen oder Untergebenen.

Subjicio, jēci, jectum, 3. [sub-jacio] 1) unter- od. unten an Etwas werfen, -legen, -setzen, -stellen, -bringen: s. ignem aedibus, brachia pallae, ova gallinis; s. epistolam sub pulvinum, luna s. se sub orbem solis. Hiervon A) überhaupt Etwas nahe an Etwas bringen, -stellen, -setzen u. dergl.: s. castra urbi das Lager dicht an der Stadt aufschlagen, s. legiones castris unmittelbar an dem Lager aufstellen. Hiervon *trop.* a) s. rem oculis oder sub oculos (aspectum) den Augen darstellen, sichtbar machen; res subjecta sensibus od. sub sensus mit den Sinnen wahrnehmbar. b) s. sibi aliquid sich Etwas vor die Augen stellen. B) *trop.* a) unterwerfen, unterlegen, se imperio alicujus oder sub potestatem alicujus; subjectus alicui. b) aussetzen, preisgeben: s. domum periculo; s. navigationem hiemi den Gefahren des Winters preisgeben. c) s. rem voci praeconis u. bisweilen bloß s. versteigernd ausbieten. d) unterordnen, darunter stellen, unterlegen (wie Theile einem Ganzen, das Besondere dem Allgemeinen): sub metum subjecta sunt pigritia, pudor etc. unter die Furcht gehören u. f. w.; formae quae cuique generi subjectae sunt die zu jeder Gattung gehören; s. imitationem arti zur Kunst rechnen; res subjecta nomini durch eine Benennung bezeichnet. C) darauf folgen lassen, an die Stelle setzen, s. copias integras vulneratis. Insbef. *trop.* a) im Reden und Schreiben folgen lassen, hinzufügen, anfügen, anschließen, s. tertium locum, narrationem procemio; s. rationem, responsum; hiervon *absol.* = antworten, s. alicui pauca. b) *trop.* etwas Falsches unterstellen, unterschieben, testamentum. D) Jmd. (in böser Absicht) anstellen, vorschieben, testem, petitorem. E) heimlich Jmd.

etwas reichen, darreichen, s. alicui gladium. Hiervon trop. a) einflößen, s. alicui spem. b) eingeben, an die Hand geben, einflüstern: s. alicui quid dicat was er sagen soll, alicui certiora consilia; subjice tibi ea stelle es dir vor. 2) (selten) von unten in die Höhe werfen, -bringen: ss. regem in equum setzen ihn auf ein Pferd; (Poet.) s. corpora saltu in equos auf die Pferde springen.

Sub-jungo etc., 3. 1) unter Etwas verbinden. 2) (Poet. u. Spät.) = vorspannen, tigres curru; puppis rostro subjuncta leones an dem Schiffschnabel die Figur von vorgespannten Löwen habend. 3) unterlegen, s. fundamenta rebus. Hiervon A) unterordnen = zu Etwas rechnen, omnes artes oratori in das Gebiet des Redners ziehen. B) unterwerfen, unterjochen, urbem sub imperium populi Romani, res sibi.

Sub-lābor etc., depon. 3. 1) niedersinken, herunterfallen, sinken, aedificia, trop. spes s. retro sinkt zurück. 2) (Poet.) unvermerkt sich einschleichen, lues.

Sublāte, adv. mit comp. [sublatus] 1) stolz, hochfahrend. 2) erhaben.

Sublātio, ōnis, f. [tollo] 1) die Erhebung, insbes. s. (pedis) der Aufschlag (Arsis); trop. s. animi Aufschwung, erhöhte Stimmung. 2) die Aufhebung, s. judicii Cassirung.

Sublātus, adj. mit comp. [particip. von tollo] sich überhebend, stolz, hochfahrend, animus; sublatus re aliqua.

*****Sublecto**, 1. [sub-lacio] (Pl.) anlockend schmeicheln, os.

Sub-lĕgo etc., 3. 1) unten auflesen, aliquid. 2) (Vorklass.) heimlich wegnehmen, stehlen, liberos. Hiervon (Poet.) = lauernd auffangen, belauschen. 3) an die Stelle Jmds. wählen, s. aliquem in locum alicujus.

Sublestus, adj. (Vorklass.) schwach, gering vinum, trop. fides.

Sublĕvātio, ōnis, f. [sublevo] die Erleichterung, Linderung.

Sub-lĕvo, 1. 1) empor heben, in die Höhe richten, aufrichten, aliquem ad pedes stratum; s. se sich aufrichten, aufstehen; insbes. von dem Unterstützen Jmds, der mit Mühe irgendwo aufsteigt. 2) trop. A) Jmd. in einer Gefahr ob. einem Uebel unterstützen, trösten, ermuthigen u. dergl.: defendere et s. aliquem; s. oppidanos re frumentaria helfen. B) erleichtern, lindern, erträglich machen, fortunam, calamitatem, inopiam, laborem militum; s. odia vermindern. C) fördern, fugam alicujus.

Sublĭca, ae, f. ein in den Boden eingeschlagener Balken, ein Pfahl, insbes. der Brückenpfahl.

Sublĭcius, adj. [sublica] zu Pfählen gehörig, Pfahl-, pons auf Pfählen ruhend (in Rom eine Brücke über die Tiber).

*****Sublĭgācŭlum**, i, n. u. (Spät.) **-lĭgar**, āris, n. [subligo] die Schürze, das Schurzfell.

Sub-lĭgo, 1. (meist Poet.) unterbinden, von unten binden, heraufbinden, ensem lateri.

Sublīme, adv. mit comp. [sublimis] hoch, in die (der) Höhe, ferri, volare, elatus.

Sublīmis, e, (Vorklass. auch -mus), adj. mit (Spät.) comp. und sup. 1) hoch = in der Luft befindlich, eine hohe Stelle einnehmend ohne selbst den Boden zu berühren, (vgl. altus u. s. w.): rapere (arripere) aliquem sublimem Jmd. auf den Achseln forttragen; arma ss. hochgetragen, emporgerichtet; abiit sublimis in die Luft, gegen den Himmel; s. in equo reitend, curru fahrend. Hiervon A) (Spät.) subst. -me, is, n. die Höhe, die Luft. B) trop. erhaben, hochstrebend, großartig u. dergl., mens, homo nur an das Großartige und Erhabene denkend; häufig vom Redner oder der Rede, orator, genus dicendi, oratio. 2) (selten, Poet.) = altus, hoch, columna, mons.

Sublīmĭtas, ātis, f. [sublimis] (Spät.) 1) die Höhe, corporis. 2) trop. die Erhabenheit, Größe, das Erhabene einer Rede u. dgl., animi, carminis heroici.

Sublīmĭter, adv. mit comp. [sublimis] (Poet. u. Spät.) 1) hoch in (die) der Höhe. 2) erhaben.

*****Sublingio**, ōnis, m. [sub-lingo] (Pl.) der Unterbelecker = der Küchenjunge.

Sub-lĭno etc., 3. (Vorklass. auch -lĭnio, 4.) unten beschmieren, trop. (Pl.) s. os alicui Jmb. „anschmieren" = anführen, betrügen.

Sub-lūceo, — — 2. (Poet. und Spät.) unten hervorleuchten, violae, crepuscula.

Sub-lŭo etc., 3. unten bespülen, flumen s. montem.

Sublustris, e, adj. [sub-lux] etwas hell, -licht, nox, umbra.

Subm. Die hier nicht angeführten Wörter stehen unter Summ.

*****Sub-mĕrus**, adj. (Pl.) ziemlich unvermischt, vinum.

*****Sub-mĭnia**, ae, f. (Pl.) eine Art weiblicher Kleidung.

*****Sub-mŏleste**, adv. etwas beschwerlich: s. aliquid ferre ein wenig unzufrieden mit Etwas sein.

*****Sub-mŏlestus**, adj. etwas beschwerlich, -verdrießlich.

*****Sub-mōrōsus**, adj. etwas mürrisch, -beißend, ridicula.

Sub-nascor etc., depon. 3. (Poet. u. Spät.) 1) unten hervorkommen, herba. 2) nach und nach aufkommen, nachwachsen, aqua.

Sub-necto etc., 3. 1) unten anknüpfen, -anbinden,' unterbinden, cingula mammae, velum antennis, vestem. 2) trop. anknüpfen, hinzufügen, proxima, inventioni.

*****Sub-nĕgo**, 1. ein wenig abschlagen, alicui aliquid.

Sub-niger, gra, grum, adj. (Vorklass. und Spät.) etwas schwarz.

Sub-nisus ob. **-nixus**, particip. des sonst ungebräuchlichen subnitor, 1) auf Etwas sich stützend, -gestemmt, re aliqua; alis ss. mit unterstützen d. h. emporgehobenen Armen; Petelia s. muro (Poet.) sich an eine Mauer anlehnend. Hiervon mentum mitrā subnixus untergebunden. 2) trop. auf Etwas gestützt = sich verlassend, auxiliis, victoriā; auch absol. animus s. vertrauensvoll, trotzig.

Sub-nŏto, 1. (Spät.) 1) unten verzeichnen, unterschreiben, nomina. 2) unterzeichnen, libellos.

*Sub-nūba, ae, f. [sub-nubo] (Poet.) das Kebsweib, die Nebenbuhlerin.

Sub-nūbĭlus, adj. etwas wolkig, -trübe, nox, limes.

Sūbo, 1. [sus] von Thieren und zuerst von Säuen, in der Brunst sein, ranzen; verächtlich auch von Weibern.

*Sŭb-obscoēnus, adj. etwas garstig, -schmutzig.

Sŭb-obscūrus, adj. etwas dunkel.

*Sŭb-ŏdiōsus, adj. etwas verdrießlich.

Sŭb-ŏleo, 2. eigtl. Jmd. zuriechen; nur impers. subolet mihi (der dat. fehlt bisweilen) = ich merke etwas davon, ich bemerke es.

Sŭbŏles (ob. Sŏbŏles), is, f. [subolesco] was unten nachwächst. 1) von Pflanzen, der Anwuchs, Nachwuchs, die Sprosse, der Sprößling, der Zweig. 2) trop. von Menschen u. Thieren. A) collect. = die Nachkommenschaft, das Geschlecht: s. stirpis, s. juventutis die heranwachsende Jugend, s. militum die heranwachsenden Krieger; propagare s. das Geschlecht fortpflanzen; s. gregis die jungen Thiere. B) von dem Individuum, der Nachkomme, Sprößling, das Kind: suscipere s. de aliquo.

Sŭb-ŏlesco, — — 3. (selten) nachwachsen, heranwachsen.

Sŭb-ŏrior etc., depon. 4. (Vorklass. und Spät.) nach und nach entstehen, -aufkommen.

Sŭb-orno, 1. 1) Jmd. mit Etwas, besonders heimlich, versehen, ausrüsten, aliquem pecuniā. 2) insgeheim zu einer schlechten That anstiften, anstellen, testem, accusatores, percussorem.

*Sŭbortus, us, m. [suborior] (Lucr.) die allmälige Entstehung.

Subp., siehe Supp.

Subr. die hier nicht angeführten Wörter sehe man unter Surr.

*Sub-rancĭdus, adj. etwas ranzig.

*Sub-raucus, adj. etwas heiser.

*Sub-refectus, adj. (Spät.) etwas erquickt.

Sub-remigo, 1. (Poet. und Spät.) nachrudern.

Sub-rīdeo etc., 2. intrans. ein wenig lachen, lächeln.

*Sub-ridĭcŭle, adv. etwas lächerlich = witzig.

*Sub-ringor, — depon. 3. etwas unwillig sein.

*Subrostrāni, ōrum, m. pl. [sub-rostra] Leute, die sich stets bei der Rednerbühne (rostra) umhertreiben, Marktsteher, Pflastertreter.

*Sub-rŭbeo etc., 2. (Poet.) etwas roth sein.

Sub-rŭbĭcundus, adj. (Spät.) etwas röthlich.

Sub-rūfus, adj. (Vorklass. u. Spät.) etwas röthlich, homo etwas rothköpfig.

Sub-ruo etc., 3. 1) untergraben, unterwühlen und dadurch niederstürzen, niederwerfen, über den Haufen stürzen, arborem, muros. 2) trop. zerstören, vernichten, libertatem, animos militum muneribus schwankend machen.

Sub-rustĭce, adv. (Spät.) etwas bäurisch.

Sub-rustĭcus, adj. etwas bäurisch, -linkisch.

Sub-scrībo etc., 3. 1) unten hin schreiben, darunter schreiben; s. aliquid statuae; s. aliquid libello; s. exemplum literarum unter („am Fuße") einem Briefe eine Abschrift eines anderen Briefes beifügen; (Poet.) si quaeret pater urbium subscribi wenn er wünscht, daß sein Name als Vater der Städte auf den Fuß der Statuen geschrieben werden soll. 2) Insbef. als term. t. A) vom Censor, den Grund eines censorischen Tadels (nota) dem Namen des Getadelten unter- oder beischreiben, unten notiren, s. causam. B) bei einer Anklage a) vom eigentlichen Kläger, unterschreiben, s. dicam alicui oder in aliquem eine Klage gegen Jmd. eingeben, ihn anklagen. b) von dem Mitkläger, der durch die Unterschrift seines Namens erklärt, die Anklage eines Anderen unterstützen zu wollen, mit unterschreiben; gewöhnlich absol. = Mitkläger sein, doch (Spät.) s. alicui die Klage Jmds unterstützen. Hiervon trop. = beipflichten, billigen, unterstützen, odiis et accusationibus, orationi alicujus. c) (Spät.) überh. ein Document unterschreiben. 3) überhaupt aufzeichnen, aufschreiben, verzeichnen, aliquid.

Subscriptio, ōnis, f. [subscribo] 1) die unten angebrachte Aufschrift, Inschrift. Insbef. = die unten geschriebene erläuternde Bemerkung, z. B. des Censors (subscribo 2. A.), auf eine Eingabe u. dergl. 2) a) die Unterschrift, theils einer Klage (subscribo 2. B.), theils eines Documents; b) die Mitunterschrift einer Anklage. 3) die Aufzeichnung, Notirung, das Vermerken.

Subscriptor, ōris, m. [subscribo] 1) der Mitunterschreiber einer Klage. 2) (Spät.) der Beipflichter, Billiger.

Subsecīvus ob. Subsicīvus, adj. [subseco] abgeschnitten, abfällig: 1) als subst. -um, i, n. die beim Vermessen abfallende, über das Maß übrigbleibende Parcelle Land. 2) von einer Zeit ob. Thätigkeit, die neben etwas Anderem gleichsam übrig bleibt, abfällt, Neben-, tempora, operae.

Sub-sĕco etc., 1. (Poet. u. Spät.) unten abschneiden, herbam falce.

Subsellium, ii, n. [sub-sella] die Bank (ursprünglich eine niedere), der Sitz. Insbef. von den Bänken im Theater, im Senate und in Gerichten, daher meton. zur Bezeichnung der Gerichte, Processe: homo a ss. der mit Gerichtssachen viel zu thun hat, ebenso qui habitat in ss.

*Sub-sentio etc., 4. (Com.) unter der Hand merken.

Sub-sĕquor etc., depon. 3. 1) unmittelbar nachfolgen, gleich darauf folgen: s. aliquem ad fores; illas cohortes subsidiariae ss.; hos motus gestus s. debet; oft absol. s. omnibus copiis mit allen Truppen; favor militum s. consilia ducis vereinigt sich m. schließt sich an. 2) trop. in der Meinung ob. der That nachfolgen, sich anschließen, nach Etwas sich richten, folgen, nachahmen: s. Platonem; tribuni ss. rem inclinatam ad pacem; haec ss. vim orationis unterstützen.

Ingerslev, lat.-deutsches Schulwörterbuch.   46

Sub-servio, 4. (Com.) *intrans.* unterwürfig sein, dienen, alicui; *trop.* zu Hülfe kommen, orationi.

Subsidiārius, *adj.* [subsidium] zur Reserve gehörig, Reserve-, cohortes, acies; häufig *subst.* im *plur. masc.* = die Reservetruppen.

Subsidium, ii, *n.* [subsido] 1) militär. *term. t.* A) die Reserve, a) die Reservelinie, Reservereihe, die dritte Reihe in der römischen Schlachtordnung (die Triarier): legio in s. posita. b) überhaupt die Reservetruppen, die Hülfsmannschaft, das Hülfscorps: nullum erat s.; collocare ss., submittere ss. B) der Beistand durch Truppen, Entsatz, Hülfe: alius alii subsidium fert; subsidio esse, venire zum Entsatz, zur Hülfe. 2) außerhalb der militärischen Sphäre. A) der Rückhalt, die Zuflucht, der Schutzort: otium est bellissimum s. senectuti; fidissimum annonae s.; mare impetuosum et vix modicis navigiis pauca ss. Unterplätze. B) die Hülfe, der Beistand, sine vestro s. C) das Hülfsmittel: ss. industriae; his ego subsidiis ea sum consecutus etc.

Sub-sido etc., 3. 1) sich niedersetzen, -niederlassen, -senken: pars militum s. in insidiis. Hierv. A) zurück bleiben, in castris. B) stehen bleiben, sich aufhalten, verweilen, in via; navis s. (Spät.) bleibt stecken. C) = niederkauern, um auf Jmd. zu lauern, sich auf die Lauer setzen, in loco aliquo; (Poet.) s. aliquem auf Jmd. lauern. 2) von Sachen, sich senken, -legen, sinken, abwärts gehen: saxum s., gravissimum quodque s. in amphora; (Poet.) flumina ss. fallen, aqua sett sich (wird klar), valles, undae ss. sinken, venti ss. legen sich; ebur s. digitis giebt nach. Hiervon trop. = sich vermindern, -legen, nachlassen, impetus dicendi, vox. 3) insbes. von weiblichen Thieren, zur Begattung sich niederlassen, sich begatten lassen, s. mari.

Subsignāni, ōrum, *m. pl.* [sub-signum] (sc. milites) (Spät.) die unter der Fahne Befindlichen, eine zur Verstärkung des Mitteltreffens dienende Abtheilung Reservetruppen.

Sub-signo, 1. (selten) 1) verzeichnen, eintragen, praedia apud censorem. Davon notiren, aufschreiben, sententiam. 2) verpfänden, fidem suam. 3) verbürgen, aliquid.

Subsilio, lui ob. lii, — 4. [sub-salio] in die Höhe springen.

Sub-sisto etc., 3. 1) A) sich hinstellen, still stehen, stehen bleiben, in itinere, ad insulam. Auch von Sachen = inne halten, einhalten, aufhören, amnis, lacrimae, clamor. Hiervon a) = verweilen, bleiben, sich aufhalten, ibi, intra tecta. b) in der Rede einhalten, s. in dicendo. c) zurückbleiben, bleiben: nomen equitum s. in turmis quibusdam equitum publicorum. d) Stand halten, Widerstand leisten, widerstehen: ancorae ss. = halten noch fest; s. alicui. 2) gegen Jmd. ob. Etwas Stand halten, ihm aufhalten, feras, hostem.

Subsōlānus, *adj.* [sub-sol] gegen die Sonnengegend gelegen d. h. morgenländisch: *subst.* (sc. ventus) der Ostwind.

Sub-sortior, *depon.* 4. nur s. judices *term. t.* in der Gerichtssprache, Richter nachloosen d. h. neue Richter statt der durch die Parteien verworfenen durchs Loos wählen.

Subsortītio, ōnis, *f.* [subsortior] 1) *term. t.* das Nachloosen von Richtern, siehe subsortior. 2) (Spät.) die Nachwahl von Anderen.

Substantia, ae, *f.* [substo] (Spät.) das Wesen, der wesentliche Inhalt, Substanz, die wesentliche Beschaffenheit, hominis; non habere s. nicht sein; s. facultatum der Inbegriff des Vermögens, Vermögensbestand.

Sub-sterno etc., 3. 1) unterbreiten, unterlegen, unterstreuen: s. ulvam ovibus, verbenas; vivus substratus superincubanti unter — liegend, niedergestreckt; s. brachia alicui unter den Hals Jmds legen; (Poet.) res s. multas delicias bietet dar, giebt. Hiervon trop. a) = preisgeben, pudicitiam alicui, rempublicam libidini suae. b) unterlegen, corporeum animo. 2) unten bestreuen, belegen, s. nidos mollissime.

Substituo etc., 3. [sub-statuo] 1) unterstellen, nur *trop.*: s. aliquem crimini unterwerfen, preisgeben; s. aliquid oculis Etwas sich vor Augen stellen. 2) an die Stelle einer Person oder Sache stellen, "substituiren": s. aliquem in locum alicujus; s. aliam tabulam pro illa; s. aliquem fratri, hos libros illis; insbes. s. heredem (alicui) zum zweiten Erben einsetzen. 3) (selten) nach Etwas stellen, s. equites post elephantos.

Sub-sto, — — 1. *intrans.* 1) (Spät.) dabei-, darunter vorhanden sein. *2) (Com.) Stand halten.

Substrictus, *adj.* mit *comp.* [*particip.* von sub-stringo] (Poet. u. Spät.) schmal, knapp, dünn, crura, ilia.

Sub-stringo etc., 3. (Poet. und Spät.) unten zusammenschnüren, -zusammenbinden, unterbinden: s. crinem, caput equi loro. Hiervon A) s. aurem die Ohren spitzen. B) *trop.* = einschränken, effusa das Breite gedrängter fassen (in der Rede)

Substructio, ōnis, *f.* [substruo] der Unterbau, Grundbau, theatri; moles substructionum.

Sub-struo etc., 3. 1) unterbauen, unten bauen, den Grund eines Gebäudes u. dergl. legen: s. fundamentum; Capitolium substructum lapide quadrato dessen Grund von Quadersteinen gelegt ist. 2) = pflastern, s. vias.

*****Subsultim**, *adv.* [subsilio] (Spät.) mit Sprüngen, in die Höhe springend, decurrere.

Subsulto, 1. [subsilio] (Vorklass. u. Spät.) in die Höhe springen, *trop.* sermo s. hüpft.

Sub-sum, subesse (ohne *perf.*) 1) darunter-, unten sein: lingua s. palato; sol s. 2) in der Nähe sein, nahe sein, dabei sein: taberna s.; templa s. mari. Hiervon auch von der Nähe in der Zeit = bevorstehen, nox, hiems s. 3) *trop.* A) darunter stecken, damit verbunden sein, heimlich ob. ein wenig dabei vorhanden sein: aliqua fraus s.; nulla suspicio s. in illa re; causa aliqua s.; si ulla spes s. B) (Poet.) unterworfen sein: amica suberit notitiae tuae du wirst über Alles, was deine Geliebte betrifft, Kenntniß haben können.

Subsuo

***Sub-suo** etc., 3. (Poet.) unten benähen, vestis subsuta instita mit einer Falbel besetzt.

Subtēmen, inis, n. [statt subteximen von subtexo] 1) der Einschlag im Gewebe. 2) meton. das Gewobene ob. Gesponnene und überhaupt das Garn, der Faden: neres. tenue; trop. vom Faden der Parzen.

Subter, [sub] I. praep. mit accus. und (Poet. selten) ablat. (ohne bestimmten Unterschied) unter, unterhalb: cupiditatem s. praecordia locavit; s. murum hostium; s. densa testudine. II. adv. unterhalb, unter; quae supra et quae s. sunt.

Subter-dūco etc., 3. (Pl.) heimlich wegziehen, nur refl. = sich entziehen: s. se alicui sich von Jmd. wegschleichen; si tempus s. se occasioni sich entzieht, wenn die Umstände es nicht erlauben, diese Gelegenheit zu benutzen.

Subter-fŭgio etc., 3. unter der Hand entfliehen, sich entziehen, entwischen: is hodie s.; s. periculum, poenam, vim criminum.

Subter-lābor etc., depon. 3. 1) unter Etwas hin schlüpfen, -fließen, flumen s. muros. 2) abstr. entschlüpfen.

Sub-tĕro etc., 3. (Vorklass. und Spät.) unten abreiben, -zerreiben, ungulas.

Subterrāneus, adj. [sub-terra] unterirdisch.

***Subter-sĕco** etc., (Poet.) unten zerschneiden.

Sub-texo etc., 3. 1) unter Etwas weben = unter ob. vor Etwas ziehen: s. nubes soli. Hiervon A) bes. in die Rede einweben, einflechten, anfügen, anschließen: s. aliquid fabulae, argumentationem his. B) zusammensetzen (verfassend, schreibend), carmina, originem familiaris. 2) wie mit einem Gewebe unten überziehen, bedecken, s. coelum fumo, nubila m. coelum.

Subtīlis, e, adj. mit comp. u. sup. [viell. zusammenges. aus sub-texilis] (eigtl. feingewebt, fein gesponnen) 1) fein, dünn, zart, filum, arundo, acies gladii, ignis. 2) trop. A) (selt.) in Bezug auf die äußeren Sinne, fein, palatum mit zartem Geschmack. B) von intellectuellen Eigenschaften, a) fein = feinfühlend, geschmackvoll, scharfsinnig, judicium, definitio, judex. b) fein = gründlich, genau, accurat, epistola, descriptio. C) von der Rede ob. dem Redner = worin keine unlogische Verwirrung, nichts Falsches, Ueberflüssiges ob. Unvollständiges sich findet, aber auch nichts besonders Glänzendes, kein auffallender Schmuck: daher a) = gründlich, genau, correct; b) häufiger = schlicht, einfach, schmucklos, natürlich: oratio s. et pressa; genus dicendi s. vel potius spinosum; scriptor s. et elegans.

Subtīlĭtas, ātis, f. [subtilis] 1) die Feinheit, Dünnheit, Zartheit. 2) A) das feine Gefühl, der Geschmack, der Scharfsinn. B) die Gründlichkeit, Genauigkeit: s. disserendi. C) die Schlichtheit und Einfachheit des Ausdrucks, s. tuorum scriptorum, s. Lysiae.

Subtīlĭter, adv. mit comp. u. sup. [subtilis] 1) fein, zart. 2) trop. A) fein, scharfsinnig. B) gründlich, genau. C) schlicht, einfach im Ausdrucke.

***Sub-tĭmeo** etc., 2. etwas bange fein.

Subvenio

Sub-trăho etc., 3. 1) unter Etwas wegziehen: s. aggerem cuniculis durch Minen die Erde wegführen; s. colla jugo; (Poet.) solum subtrahitur die Meeresfläche weicht, entschlüpft unter dem fortgeruderten Schiffe. 2) heimlich ob. nach und nach wegziehen, entziehen, entfernen: s. milites a dextro cornu, s. oculos abwenden; s. se sich zurückziehen, entziehen, a curia, und in derselben Bedeutung (Spät.) absol. s. (repente interdiu vel nocte subtrahebat entfernte sich). Hiervon überhaupt A) Jmd. einer Gefahr ob. dergl. entziehen, entreißen, aliquem judicio, illos irae militum. B) Jmd. Etwas entziehen = nehmen, versagen, nicht geben, s. cibam alicui. C) s. nomen übergehen, nicht nennen, aliquem nicht erwähnen, verbum weglaffen; s. se sich (als Gewährsmann) nicht stellen.

***Sub-tristis**, e, adj. (Vorklaff.) etwas traurig.

***Sub-turpĭcŭlus**, adj. deminut. von subturpis.

***Sub-turpis**, e, adj. etwas garstig, -schimpflich.

Subtus, adv. [sub] (selten, meist Vorklaff.) unten, unterhalb.

***Subtūsus**, adj. [sub-tundo] (Poet.) etwas zerschlagen.

Sŭbŭcŭla, ae, f. [wie von einem Verbum sub-uo, correspondirend mit exuo, induo] eine innere Tunica der Männer, ungefähr = Hemd.

Sŭbŭla, ae, f. ein spitziges Werkzeug, Pfrieme, Ahle, proverb. subula excipere leonem einer großen Gefahr unzulänglich bewaffnet entgegengehen.

Sŭbūra, ae, f. Straße in Rom, in welcher unter Anderem Eßwaaren verkauft wurden und Buhldirnen wohnten. Davon -rānus, adj.

***Sŭburbānĭtas**, ātis, f. [suburbanus] die Lage in der Nähe der Stadt (Rom).

Sŭb-urbānus, adj. in der Nähe der Stadt (Rom) gelegen, regio Italiae, ager; peregrinatio s. Wanderung in der Nachbarschaft von Rom. Häufig subst. A) -num, i, n. ein Landgut in der Nähe Roms. B) -ni, ōrum, m. pl. die Bewohner der Umgegend von Rom.

***Sŭburbium**, ii, n. [sub-urbs] die Gegend in der Nähe der Stadt, die Vorstadt.

***Sŭb-urgeo** etc., 2. nahe an Etwas treiben, s. proram ad saxa.

***Sŭb-ūro**, etc., 3. (Spät.) ein wenig verbrennen, -sengen, crura.

Subvectio, ōnis, f. [subveho] das Herzuführen, die Zufuhr; durae ss.

Sub-vecto, 1. (Poet. u. Spät.) zutragen, zuführen, herbeischaffen, alicui aliquid, corpora cymbā transportiren.

Sub-veho etc., 3. 1) von unterhalb, d. h. stromaufwärts zuführen, frumentum Arari flumine; lembis subvehi flumine adverso stromaufwärts schiffen. 2) überhaupt zutragen, zuführen, commeatum; caterva subvehitur ad arces fährt hinauf.

Sub-vĕnio, 4. 1) zu Hülfe kommen, helfend herbeikommen, beistehen, alicui, patriae, filio circumvento; defendere et s. sedulo. 2) einem Uebel begegnen, abhelfen, morbo, rebus periculosis.

46*

*Sub-vento, 1. (Pl.) = ju Hülfe kommen.
*Sub-věreor etc., depon. 2. ein wenig fürchten.
*Sub-verso, 1. (Pl.) umstürzen, ju Grunde richten, aliquem.
*Subversor, ōris, m. [subverto] (Spät.) der Umstürzer, legum.
Sub-verto etc., 3. 1) umkehren, umstürzen, umwerfen, statuam, mensam. 2) trop. umstürzen, vernichten, zerstören, domum Crassorum, leges; avaritia s. fidem.
*Subvexus, adj. [subveho] schräg aufwärts gehend.
Sub-vŏlo, 1. emporfliegen, auffliegen.
*Sub-volvo etc., 3. (Poet.) hinanwälzen, saxa.
*Sub-vultŭrius, adj. etwas geierartig.
Succedăneus oder Succidăneus, adj. [succedo] (Vorklaff. u. Nachklaff.) nachfolgend oder an des Anderen Stelle tretend, stellvertretend.
Suc(b)-cēdo etc., 3. 1) unter Etwas gehen, dahinuntergehen: s. tecto et umbrae, aber auch s. tectum; (Poet.) s. tumulo terrae = begraben werden. Hiervon trop. = übernehmen, sich unterziehen, unterwerfen, oneri; haec sub acumen stili subeunt et ss. kömmt unter. 2) (Poet.) hinaufgehen, emporsteigen, ad superos, coelo; silvae ss. in montem ziehen sich zurück auf. 3) an Etwas herangehen, herzugehen, insbef. = heranmarschiren, sub montem, ad stationes hostium; s. moenibus; (selt.) s. portas, murum. Hiervon trop. = von Statten gehen, gelingen, Fortgang haben, res, negotium s.; häufig impers., succedit mihi es gelingt mir, aber auch succedit facinori, coeptis die That, das Unternehmen geht von Statten. 4) nachfolgen, an die Stelle Jmds treten, ihn ablösen: s. alicui; s. in locum alicujus; s. in stationem, in pugnam einen ablösend auf den Posten, in den Kampf gehen; quum tibi successum esset als du einen Nachfolger erhalten hattest. Insbef. = in der Zeit oder in dem Range nachfolgen, aetas s. aetati.
Succendo, di, sum, 3. [sub-candeo] 1) von unten anzünden (vgl. accendo, incendo), aggerem, urbem, pinum. 2) trop. (Poet.) leidenschaftlich entzünden, entflammen, meist im particip. succensus (amore, irā von Liebe, Zorn).
Succenseo, ui, sum, 2. [succensus, stehe succendo] von Zorn entbrannt sein, aufgebracht, zornig sein, alicui, gegen Jmd., aliquid über Etwas; auch mit quod oder mit accus. c. infin.
*Suc(b)centŭrio, ōnis, m. der Untercenturion, Unterofficier.
*Succenturio, 1. (sub-centuria) (Vorkl.) ergänzend in die Centurie einrücken lassen: succenturiatus in insidiis ero als Reserve, Mithelfer.
Successio, ōnis, f. [succedo] das Einrücken in die Stelle eines Anderen, die Nachfolge insbes. im Amte, in Erbschaften: s. in locum Antonii; s. imperii im Commando.
Successor, ōris, m. [succedo] der Nachfolger, alicujus, studii in einer Beschäftigung.
Successus, us, m. [succedo] 1) das Herangehen, Heranrücken, hostium. 2) (Spät. die Aufeinanderfolge, der Fortgang, temporis. 3) der gute Fortgang einer Sache, der glückliche Erfolg, das Vonstattengehen, rerum; ss. prosperi.
Succīdia, ae, f. [succido] die abgehauene Fleischkeule, die Speckseite.
Succīdo, īdi, īsum, 3. [sub-caedo] unten abhauen, abschneiden, von unten schneiden, abhauen: s. arborem, frumenta, femora alicui, crura equis.
Succīdo, īdi, — 3. [sub-cado] (meist Poet. u. Spät.) niedersinken, unter sich zusammensinken, genua, aegri; trop. mens s.
Succiduus, adj. [succido] (Poet.) niederfallend, sinkend, poples.
Suc(b)-cingo etc., 3. 1) (Poet.) von unten herauf gürten, aufschürzen, tunicas. So bef. das particip. succinctus, A) das Gewand gegürtet habend, aufgeschürzt, Diana; pinus s. comas entblößten Stammes u. Blätter nur an der Krone habend. B) einer Verrichtung wegen aufgeschürzt d. h. bereit, fertig. 2) (unten) umgürten; häufig succinctus gladio; (Poet.) Scylla feris atram succingitur alvum ist mit gräulichen Hunden umgürtet. Hiervon überhaupt = mit Etwas umgeben, ausrüsten, ausstatten: s. se canibus; trop. s. se terrore; Carthago succincta portubus.
*Suc(b)-cingŭlum, i, n. (Pl.) der Untergurt, Gurt.
Succino, — — 3. [sub-cano] (Poet.) dazu singen, accompagniren, trop. = einstimmen.
Succĭpio, siehe suscipio.
Succlāmātio, ōnis, f. [succlamo] das Zurufen.
Suc(b)-clāmo, 1. zurufen (um Beifall oder Mißfallen zu erkennen zu geben), alicui aliquid.
*Suc(b)-coeno, 1. (Spät.) von unten verzehren.
Succollo, 1. [sub-collum] (Vorklaff. und Spät.) auf den Hals nehmen, auf die Schultern heben, aliquem.
*Suc(b)-contŭmēliōse, adv. etwas schimpflich.
Suc(b)-cresco etc., 3. 1) von unten hervorwachsen. 2) nachwachsen, vina ss. per se; s. gloriae seniorum nachahmend sich bis an — erheben.
Succumbo, cŭbui, cŭbĭtum, 3. [sub-cumbo] 1) herab fallen, sinken, sich niederlegen: victima s. ferro; oculi ss. fallen zu; auch = sich krank zu Bette legen. 2) trop. unterliegen, besiegt werden, erliegen, sich unterwerfen, sapienten u. bergl.: orator s. philosopho; s. alicui, somno, oneri, fortunae, inimico; s. labori der Mühe nicht gewachsen sein, tempori sich in die Zeiten schicken müssen, precibus nachgeben; s. culpae den Fehler begehen.
Suc(b)-curro etc., 3. *1) (Lucr.) unter Etwas laufen, tempore eo corpus aliud lunae s. non potest. Hiervon trop. = sich unterziehen, übernehmen, sich unterwerfen, s. et subire. 2) zu Hülfe eilen, beistehen, helfen,

alicui laboranti, oppido; pleonaſtiſch s. suis laborantibus auxilio. Hiervon = abhelfen, heilen, malis. 3) in die Gedanken kommen, einfallen, illud mihi s., grave esse etc.; versus s.

Succus, siehe Sucus.

***Succusseus**, us, m. [succutio] (Vorkl.) das Schütteln, Aufrütteln.

***Suc(b)-custos**, ōdis, m. (Pl.) der Unterwächter.

Succŭtio, ussi, ussum, 3. [sub-quatio] (Poet. u. Spät.) von unten schütteln, aufschütteln, aufrütteln, equorum vis s. currum; s. mare aufwühlen.

Sŭcĭdus, adj. [sucus] (Vorklaff. u. Spät.) saftig, saftvoll, trop. mulier s. frisch, voll.

Sŭcĭnum, i, n. [sucus] (Spät.) der Bernstein.

***Sūco**, ōnis, m. [sugo] (Vorkl.) der Sauger, trop. der Wucherer.

Sucro, ōnis, m. 1) Fluß in der Hispania Tarraconensis, der sich ins mittelländische Meer ergießt, jetzt Xucar. 2) Stadt an der Mündung dieses Flusses. Davon **Sucrōnenses**, ium, m. pl. die Einwohner von S.

Sŭcŭla, ae, f. 1) deminut. von sus. 2) im pl. als Ueberſetzung der griechiſchen ὑάδες, ein Geſtirn. 3) eine Ziehmaſchine, etwa Haſpel, Winde.

Sūcus, i, m. [verwandt mit sugo] 1) der Saft, natürliche Feuchtigkeit in Pflanzen und Thieren: s. quo alimur; stipes ex terra trahit s.; corpus plenum suci = kräftig, blühend. Hiervon A) = Trank, Arznei. B) jede dicke Flüssigkeit: s. lactis, piscis; s. rosae Rosenöl, olivi Salbe. 2) trop. A) zur Bezeichnung der Lebhaftigkeit, Frische, Kraft, insbes. von der Rede oder dem Redner; s. et sanguis orationis; ille Periclis s. B) (Poet.) = Geschmack: ova suci melioris, piscis suco ingratus.

Sūdārium, ii, n. [sudo] (Poet. u. Spät.) das Schweißtuch, Schnupftuch.

Sūdātio, ōnis, f. [sudo] (Spät.) 1) das Schwitzen. 2) die Schwitzstube.

Sūdātōrius, adj. [sudator der Schwitzer, von sudo] (Vorklaff. u. Spät.) zum Schwitzen gehörig, Schwitz-, unctio. Hierv. subst. -ium, n. die Schwitzstube, das Schwitzbad.

Sūdes (oder **Sūdis**; der nom. sing. kömmt nicht vor), is, f. der (kleinere) Pfahl (vgl. stipes, palus u. s. w.).

***Sūdĭcŭlum**, i, n. [sudo?] (Pl.) eine Art Peitsche.

Sūdo, 1. 1) intrans. schwitzen: s. et algere. Hiervon A) schwitzen = von Etwas triefen, feucht sein: scuta ss. sanguine; litus s. sanguine „schwimmt" von Blut. B) (Poet.) von der Feuchtigkeit selbst, herausschwitzen, herabschwitzen, balsama ss. ligno. C) trop. = sich sehr anstrengen, sich abmühen, sich es sauer werden lassen: s. pro communibus commodis. 2) transit. A) ausschwitzen, durch Schweiß benetzen, vestis sudata.

Sūdor, ōris, m. [sudo] 1) der Schweiß. 2) (Poet. u. Spät.) überhaupt die Feuchtigkeit, Flüssigkeit, maris. 3) trop. zur Bezeichnung einer großen Anstrengung, Mühe, eines großen Eifers, res multi sudoris viel Mühe heiſchend.

Sūdus, adj. [se-udus] ohne Feuchtigkeit, trocken; insbeſ. von der Luft, wolkenlos, heiter, trocken, subst. sudum, i, n. trocknes u. heiteres Wetter.

Sueo (auch getrennt suēo), —— 2. (Lucr.) gewohnt sein, pflegen, dicere.

Suesco, ēvi, ētum, 3. [sueo] (selten) an Etwas sich gewöhnen, gewohnt werden, militiae; davon perf. ich bin gewohnt, pflege, aliquid facere.

Suessa, ae, f. 1) S. Aurunca, alte Stadt der Auruncer in Campanien. Davon **-sānus**, adj. 2) S. Pometia, alte Stadt der Volsker in Latium, in der Nähe der pomtinischen Sümpfe.

Suessiōnes, num, m. pl. gallische Völkerschaft um das heutige Soissons.

Suētōnius, Name eines röm. Geschlechtes. Am bekanntesten ist C. S. Tranquillus, Privatsecretair des Kaisers Hadrian, Geschichtschreiber (vitae imperatorum etc.).

Suētus, adj. [particip. von suesco] 1) an Etwas gewöhnt, einer Sache gewohnt, latrociniis, aliquid facere. 2) woran man gewohnt ist, gewohnt, proelia ss. alicui.

Suēvi, ōrum, m. pl. Völkerstamm ob. Völkerverein in Germanien. Davon 1) **Suēvus**, als adj.; subst. -va, ae, f. eine Suevin. 2) **Suēvia**, ae, f. das Land der Sueven. 3) **Suēvicus**, adj.

Sūfes, ētis, m. [phöniciſches Wort] die höchste obrigkeitliche Perſon in Carthago.

Suffarcīno, 1. [sub-farcio] (Vorklaff. und Spät.) voll stopfen, voll packen, bes. part. suffarcinatus bepackt.

Suf(b)-fĕro, —— —— (die Formen sustŭli, sublātum gehören zu tollo), 3. 1) (Vorklaff.) unter Etwas bringen, unterhalten, corium barbieten. 2) (Spät.) unten tragen = empor halten, s. se sich aufrecht halten. 3) trop. ertragen, erdulden, aushalten, vulnera, laborem; s. poenas leiden; s. sumptus bestreiten; claustra eum non ss. widerstehen ihm nicht.

Suffertus, adj. [sub-farcio] (Spät.) eigtl vollgestopft, von der Stimme = voll, vox.

Sufficio, fēci, fectum, 3. [sub-facio] I. transit. 1) unter Etwas thun, -bringen, -setzen: s. opus den Grund zu einem Gebäude legen; nebulae ss. nubes (coelo) bringen unter; angues suffecti oculos sanguine unterlaufen, nubes suffecta sole am unteren Rande durchstrahlt. Hiervon (Poet.) überhaupt an die Hand geben, darreichen, darbieten: s. alicui aliquid; s. alicui animum einflößen. 2) an die Stelle eines Anderen setzen, alios dentes; s. aliam ex alia prolem nachwachsen lassen; venti suffecti Nebenwinde. Insbes. an Jmds (eines Verstorbenen ob. nicht richtig Gewählten) Stelle wählen, -einsetzen, -ernennen, nachwählen, s. aliquem consulem in locum alicujus u. (Spät.) alicui. II. intrans. ausreichen, genügen, hinlänglich sein: quoad remiges s. poterant aushalten, der Anstrengung gewachsen sein; haec ss.; sufficit dicere, res s. mihi; vires ss. labori, s. cupiditati alicujus; plebs non s. ad tributum; unus dux s. adversus quatuor po-

pulos: auch (Poet. u. Spät.) s. in rem, mit einem *insin.* ob. ut (ne).

Suf(b)-fīgo etc., 3. 1) (Poet. und Spät.) unten anfügen, janua suffixa tigillo. 2) emporhebend anheften, anschlagen, anstecken: s. aliquem cruci, auch (Poet.) in cruce oder (Spät) in crucem; caput suffixum hastâ auf eine Lanze gesteckt. 3) mit Etwas unten beheften, beschlagen: s. crepidas clavis, trabes auro.

*****Suffīmen**, ĭnis, n. (Poet.) = suffimentum.

Suffīmentum, i, n. [suffio] das Räucherwerk.

Suffĭo, 4. (meist Poet. u. Spät.) räuchern, beräuchern: s. thymo mit Thymian; s. domum, se odoribus; (Poet.) s. terram ignibus aethereis wärmen.

Suffīāmen, ĭnis, n. (Spät.) die Radsperre, der Hemmschuh; *trop.* = das Hinderniß.

Suffīāmĭno, 1. [sufflamen] (Spät.) durch einen Hemmschuh hemmen, rotam, *trop.* aufhalten, zurückhalten, hemmen.

Suf(b)-flo, 1. (Vorklaff. u. Spät.) aufblasen, buccas sibi; *trop.* s. se alicui auf Jmd. sehr aufgebracht sein, vor Zorn sich aufblasen. Hiervon *particip.* sufflātus als *adj.* a) aufgeblasen, stolz. b) zornig.

Suffōco, 1. [sub-fauces] Jmd. die Kehle zuschnüren, ihn ersticken, aliquem; vox suffocata undeutlich; s. urbem fame aushungern.

Suf(b)-fŏdio etc., 3. 1) untergraben, unterwühlen, muros. 2) unten durchbohren, durchstechen, equos, ilia equo.

Suffossĭo, ōnis, *f.* [suffodio] (Spät.) das Untergraben, Unterwühlen.

Suffrāgātĭo, ōnis, *f.* [suffragor] das Stimmen für Jmd., die durch das Votum gegebene Zustimmung, Empfehlung Jmds insbes. zu einem Amte: s. consulatus zum Consulate.

Suffrāgātor, ōris, *m.* [suffragor] der für Jmd. stimmt, der Begünstiger, Unterstützer, Empfehler zu einem Amte.

Suffrāgĭum, ii, n. [suffringo] das zerbrochene Stückchen von einer Tafel: 1) *term. t.* A) die Stimmtafel u. daher meton. die Stimme, das Votum, bes. der Bürger in den Comitien (ohne Motivirung oder Auseinandersetzung, vgl. sententia): ferre s. votiren, seine Stimme abgeben, inire s. die Abstimmung anfangen; mittere aliquos in s. abstimmen lassen; creari suffragiis durch Abstimmung. B) = Stimmrecht: civis sine s.; dare s. alicui. 2) *trop.* überhaupt der Beifall, die Stimme, das günstige Urtheil: concordi s. einstimmig.

Suffrāgor, *depon.* 1. [suffragium] 1) *term. t.* für Jmd. oder Etwas stimmen, durch sein Votum zu einem Amte empfehlen oder unterstützen, alicui. 2) überhaupt begünstigen, unterstützen, empfehlen, fördern, alicui, dignitati suae.

*****Suf(b)-frīgĭde**, *adv.* (Spät.) etwas kalt, *trop.* = etwas matt.

Suffringo, frēgi, fractum, 3. [sub-frango] anten zerbrechen, talos, crura alicui.

Suf(b)-fŭgio etc., 3. 1) *intrans.* wohin fliehen, entfliehen, in tecta. 2) *transit.* (Vorklaff. und Spät.) entfliehen, entgehen, aliquem; s. sensum nicht bemerkt werden.

Suffŭgĭum, ii, n. [suffugio] (Poet. und Spät.) 1) der Zufluchtsort, die Zuflucht. 2) *trop.* die Zuflucht, das Hülfsmittel, malorum gegen Uebel.

Suf(b)-fulcĭo etc., 4. 1) unterstützen, unten stützen, porticus suffulta columnis; *trop.* cibus s. artus stärkt. 2) (Pl.) als Stütze anbringen, unterstemmen, columnam mento; *absol.* s. firmiter eine kräftige Unterstützung anbringen.

Suf(b)-fundo etc., 3. 1) unter Etwas gießen, unterlaufen lassen; meist im *pass.*: sanguis cordi suffusus unter dem Herzen, strömend, aqua suffunditur per cuniculos strömt durch unterirdische Canäle; aqua suffusa die Wassersucht; sanguis suffusus oculis unterlaufenes Blut; rubor mihi suffunditur ich erröthe, auch (Poet.) s. ruborem ore erröthen (vgl. 2.). — Hiervon A) überhaupt hin gießen, dazugießen, s. mare vinis Meerwasser in den Wein. merum in os. B) *proverb.* s. aquam frigidam Tadel und Hohn auf Lob und Schmeichelei folgen lassen, auf Jmd. schmähen. 2) mit Etwas untergießen, von Etwas unterlaufen lassen, mit Etwas (einer Feuchtigkeit) unten benetzen, -füllen, -versehen, -bedecken: s. lumina rore die Augen voll Thränen haben, *absol.* oculi suffunduntur werden getrübt, unterlaufen; oculi suffusi cruore mit Blut unterlaufen; lingua suffusa veneno; laerimis oculos suffusa die Augen voll Thränen habend; facies suffusa rubore roth, erröthend, s. suffundi (ora) rubore erröthen, roth werden; aether suffusus calore, nebulae s. coelum caligine bedecken; *trop.* animus nulla malevolentia suffusus von keiner Böswilligkeit angesteckt, keine Mißgunst kennend.

*****Suf(b)-fŭror**, *depon.* 1. (Pl.) unter der Hand stehlen.

Suffuscus, siehe Subfuscus.

Sug(b)-gĕro etc., 3. 1) unter Etwas bringen, -tragen, -legen: s. flammam costis aëni, *trop.* s. flammam et materiem invidiae den Unwillen nähren. 2) herzutragen, bringen, tela alicui; s. humum auftragen. Hiervon A) hinzufügen, beifügen: s. ratiunculas huic sententiae, verba quae desunt; suggerebantur saepe damna et lumen noch oft dazu. B) darauf folgen lassen, gleich hernach setzen, s. hos consules Fabio et Decio. C) darreichen, gewähren, geben, animalibus cibum, s. sumptus die Mittel zum Bestreiten der Kosten. D) *trop.* s. alicui ludum Jmd. blauen Dunst vormachen, ihm Etwas vorspiegeln.

Suggestĭo, ōnis, *f.* [suggero] (Spät.) die Hinzufügung.

Suggestum, i, n. u. -**stus**, us, *m.* [suggero] 1) die errichtete Erhöhung überhaupt, der erhöhte Platz, z. B. der erhöhte Sitz im Theater. 2) insbes. die zu öffentlichen Reden errichtete Erhöhung, die Tribüne, Rednerbühne (in der Stadt, im Lager u. s. w.).

Suggrĕdĭor, gressus, *depon.* 3. [sub-gradior] (Tac.) herangehen, propius, insbes. = feindlich heranrücken.

Sūgillātĭo, ōnis, *f.* [sugillo] (meist Spät.)

Sugillo — **Summanus** — 727

eigtl. das Braun- und Blau-Schlagen, 1) der durch Schlagen erzeugte blaue Fleck. 2) trop. die Verhöhnung, Beschimpfung.

Sugillo, 1. 1) braun und blau schlagen, aliquem. 2) trop. verhöhnen, beschimpfen, aliquem.

Sūgo, xi, ctum, 3. 1) saugen, mammam maris. 2) = einsaugen, errorem cum lacte nutricis.

Suillus, adj. [sus] zum Schweine gehörig, von Schweinen, Schweine-, grex.

Suiōnes, num, m. pl. eine im Norden (vielleicht im jetzigen Schweden) wohnende Völkerschaft.

Sulco, 1. [sulcus] 1) furchen, mit Furchen durchziehen, agros; s. cutem rugis (Poet.) runzeln. 2) trop. durchziehen, durchschiffen u. dergl., mare.

Sulcus, i, m. [verw. mit dem gr. ὁλκός] 1) die Furche, imprimere s. eine Furche ziehen. 2) trop. A) meton. = das Pflügen. B) jede ähnliche Vertiefung, Rinne, Grube, Graben.

Sulfur, ŭris, n. der Schwefel.

*****Sulfūrātio**, ōnis, f. [sulfur] der unterirdische Schwefelgang, das Schwefellager in der Erde.

Sulfūreus, adj. [sulfur] schwefelig, theils = von Schwefel, Schwefel enthaltend, theils = schwefelartig.

Sulla, ae, m römischer Familienname, siehe Cornelius. Davon 1) **Sullānus**, adj. und. subst. -ni, ōrum, m. pl. die Anhänger des Dictators S. 2) **Sullātŭrio**, 4. den Sulla nachahmen wollen, den S. spielen.

Sulmo, ōnis, m. Stadt im Gebiete der Peligner, Geburtsort des Ovid. Davon -mōnensis, e, adj. subst. -ses, -ium, m. pl. die Einwohner von S.

Sulpicius, Name eines alten römischen Geschlechtes. Am bekanntesten sind: 1) Publius S. Rufus, Volkstribun 88 v. Chr. und Urheber des Gesetzes, wodurch das Commando gegen Mithridates dem Sulla abgenommen und dem Marius übergeben wurde. 2) Publius S. Galba, Prätor während des Kampfes des Cicero. 3) Servius S. Rufus, berühmter Rechtskundiger, Zeitgenosse des Cicero. — Hiervon A) -cius, adj.: lex S. (siehe Nr. 1.). B) -ciānus, adj.

Sultis = si vultis (vgl. sis).

Sum, fui, esse, verb. anom. sein. 1) rein copulativ, bloß die Verbindung des Subjectes mit dem Prädicate bezeichnend: deus est bonus. Insbef. so bei der Angabe A) eines Besitzes, dessen, wozu Etwas gehört (im weitesten Sinne des Wortes): domus est fratris, ager est meus; hiervon totus ejus sum ich gehöre ihm ganz, schließe mich ihm völlig an, sum Philippi ich stehe unter dem Ph.; suarum rerum erant sie kümmerten sich um ihre eigenen Sachen, hominum erant non causarum sie nahmen Rücksicht auf die Personen, nicht auf die Sachen; adolescentis est es geziemt einem Jünglinge. B) einer Wirkung, Fähigkeit, Beschaffenheit u. dergl.: res est mihi honori mehr mit zur Ehre; haec res est dissolvendarum legum dient dazu, die Gesetze aufzuheben; solvendo est er ist im Stande zu bezahlen. C) einer Beschreibung, esse bono ingenio, magni animi. D) eines Verhältnisses, Zustandes u. dergl.: res mihi est ist für mich, steht zu meiner Disposition, d. h. ich habe die Sache; esse in aere alieno, in servitute, in spe; spes omnis est in eo; soror mea est cum illo lebt mit ihm, ist mit ihm verheirathet. E) eines Werthes, = kosten: haec res est magni, sal erat sextante. F) eines Ortes, zum Romae, Carthagine. 2) das Prädicat in sich einschließend, = da sein, vorhanden sein, existiren, leben u. dergl.: deus est es ist ein Gott, dum ero so lange ich lebe, silentium est „herrscht", provocatio est findet Statt, geschieht. Hiervon A) est (sunt) qui dicat (dicant) es ist Jmd., der sagt, es sind welche, die sagen; sunt bestiae quaedam in quibus etc.; nemo erat in quem ea suspicio conveniret; (Poet.) est quibus ἔστιν οἷς) es sind einige, für welche u. s. w., est ubi peccat vulgus bisweilen, bei gewissen Gelegenheiten. B) est quod hoc gaudeam, quod id dicas es ist ein Grund, warum, es ist Etwas, warum u. s. w. C) prägn. = wirklich sein, stattfinden, der Fall sein: sunt ista des ist, wie du sagst; dicam tibi quod est, insbef. impers. est ut es geschieht, es ist der Fall, si est ut hoc dicat. D) impers. est = es ist erlaubt, -möglich, man darf, man kann: non est ut putemus wir dürfen nicht meinen; est quadam prodire tenus; non est ut copia major tibi dari possit. 3) bei adv. = sich befinden, -verhalten: bene est mihi ich befinde mich wohl, ebenso recte est apud matrem Alles steht gut bei der Mutter; sic sum ut vides es geht mir wie du siehst.

Sumbŏla, a. S. für Symbola.

Sūmen, ĭnis, n. [statt sugimen von sugo] (Poet. u. Spät.) die Brust des säugenden Weibchens, insbef. die Saueuter (bei den Römern ein Leckerbissen); daher (Poet.) = die Sau.

Summa, ae, f. [f. von summus] 1) die Summe, die bei einer Berechnung herauskömmt: facere, subducere, conficere s. die Summe zusammenrechnen, die Rechnung summiren, trop. facere s. cogitationum suarum seine Gedanken zusammenfassen; s. copiarum die Summe, Anzahl. 2) das Ganze, der Inbegriff einer Sache oder der Hauptsache, der Hauptpunct, worauf es bei der Sache am meisten ankömmt: s. reipublicae der ganze Staat, ob. die wichtigste Angelegenheit, wovon das Wohl des Staates abhängt (= summa respublica); s. belli der ganze Krieg oder der Haupttheil des Krieges; s. rerum = die Hauptsache, das Ganze, ob. = der ganze Staat mit seinen Interessen, ob. = die höchste Gewalt (praeesse summae rerum die höchste Gewalt haben: lectis rerum summis Hauptpuncte); s. imperii die höchste Gewalt, insbef. = die höchste militärische Gewalt, das Obercommando, in derselben Bedeutung s. belli gerendi; s. philosophiae der Hauptpunct in der Philosophie; s. illius philosophi Hauptsatz; s. exercitus das ganze Heer; s. totius spei die ganze Hoffnung; s. victoriae die endliche Entscheidung des Sieges; s. consilii, ordinis der erste Platz, Rang im Rathe, im Stande. Insbef.: ad s. (auch in summa) überhaupt, kurz.

*****Summāno**, 1. [summanus] (Pl.) vielleicht = festhalten.

Summānus, i, m. eine ursprünglich etrus-

Summarium

rische, dann auch römische Gottheit, der Blitzwerfende Gott des nächtlichen Himmels.
*Summārium, ii, n. [summa] (Spät.) der kurze Inbegriff der Hauptpuncte.
Summas, ātis, m. [summa] (Vorklaff. u. Spät.) vornehm, von hoher Geburt.
Summātim, adv. [summus] so daß man nur die Hauptpuncte mitnimmt, oberflächlich, summarisch, im Allgemeinen.
*Summātus, us, m. [summus] (Lucr.) die Oberherrschaft.
Summe, adv. [summus] im höchsten Grade, höchlich, äußerst, cupere, contendere; s. jucundus.
Sum(b)-mergo etc., 3. untertauchen, eintauchen, versenken, navem; belluae summersae im Wasser lebend.
*Summĭnistrātor, ōris, m. [sumministro] (Spät.) der Darreicher, Beförderer.
Sum(b)-mĭnistro, 1. zustecken, darreichen, alicui tela, hostibus auxilia schicken; s. occasiones verschaffen, timores einflößen.
Summisse und (Spät.) -sim, adv. mit comp. u. sup. [summissus] 1) von der Rede, gelassen, ruhig, leise. 2) von dem Character, demüthig, bescheiden.
Summissio, ōnis, f. [summitto] 1) die Herablassung, Senkung, vocis. 2) trop. die Herabsetzung, Verminderung.
Summissus, adj. mit comp. u. sup. [particip. von summitto] 1) niedergelassen, gesenkt, vertex; purpura sit summissior weiter unten: secundi (= milites secundi ordinis) summissiores in mehr niedergelaßener Stellung, sich senkend; mons s. niedrig; capillus s. herabhangend (Poet.) summissi petimus terram wir sinken knieend zur Erde. 2) trop. A) von der Stimme u. dergl., leise, gesenkt, vox, murmur. B) von der Rede und dem Redner, gelassen, ruhig, affectlos, oratio, actio, orator. C) von dem Character und der Gesinnung, a) = demüthig, bescheiden, anspruchslos. b) = niederträchtig, kriechend; s. et abjectus.
Sum(b)-mitto etc., 3. 1) unter Etwas stellen, -setzen, bringen, «geben lassen: s. agnos nutricibus, mammas infantibus. Hiervon trop. (Poet.) = unterwerfen, unter Etwas beugen: s. animum amori; s. se culpae einen Fehler begehen. 2) niederlassen, herabsenken, niedergehen lassen: s. fasces, poplitem in terra; s. se ad pedes alicui sich vor die Füße Jmds werfen, s. oculos niederschlagen; Tiberis summittitur sinkt. Hiervon A) s. crinem, barbam wachsen lassen, herabhängen lassen. B) s. vocem (orationem u. dergl.) senken, dämpfen. C) trop. a) s. animum dem Muth fallen lassen. b) s. se in humilitatem alicujus sich zu — herablassen. c) Etwas nachlassen, vermindern: s. multum (vom Schauspieler) schwächer agiren, s. furorem fahren lassen; s. orationem den Vortrag herabstimmen (mit weniger Kraft und Leidenschaft reden). d) s. imperium Camillo ihre Gewalt vor dem C. beugen = dem C. die höchste Gewalt auch über sich übertragen. 3) in die Höhe gehen lassen, erheben, manus. Insbes. A) hervorwachsen-, hervorsprießen lassen, terra s. flores; hiervon überhaupt hervorbringen, non monstrum ss. Colchis ma-

Sumptuosus

jus. b) in die Höhe wachsen lassen, α) von Thieren = nicht schlachten, vitulos, β) von Pflanzen = nicht abschneiden, s. prata. 4) zuschicken, einhändigen A) heimlich, aliquem. hiervon = in böser Absicht Jmd. anstellen, s. aliquem qui etc. B) zu Hülfe: s. alicui subsidia, milites auxilio. C) = nach Jmd., s. alicui successorem.
Sum(b)-mŏneo etc., 2. (Vorklaff. u. Spät.) unter der Hand erinnern, aliquem aliquid Jmd. an Etwas.
Summŏpere oder getrennt geschrieben Summo opere als adv. (vgl. magnopere), im höchsten Grade, sehr, überaus.
*Summōtor, ōris, m. [summoveo] der Platzmacher.
Sum(b)-mŏveo etc., 2. 1) wegschaffen: entfernen, aliquem a porta, hostes ex agro. Häufig vom Lictor u. dergl., der die dem Consul u. s. w. im Wege stehenden Leute bei Seite schafft und dadurch Platz macht: s. populum, concionem, turbam; summoto nachdem Platz gemacht worden war. Hiervon (Poet. u. Spät.) = aus dem Vaterlande entfernen, verbannen, s. aliquem patriâ. 2) trop. fern halten, abhalten, s. aliquem administratione reipublicae, reges a bello.
Summŭla, ae, f. (Spät.) demin. von summa.
Summus, siehe superus.
*Sum(b)-mūto, 1. hin und wieder vertauschen, verba pro verbis.
Sūmo, mpsi, mptum, 3. [sub-emo] 1) Etwas nehmen (um es zu gebrauchen, ob. ganz allgemein und unbestimmt, vgl. capio), an oder zu sich nehmen: s. fustem, legem in manus; s. arma u. dergl. die Waffen ergreifen. s. togam virilem anlegen, ebenso s. diadema sich aufsetzen; s. cibum, potionem zu sich nehmen, genießen; s. literas empfangen, s. argentum ab aliquo, auch s. pecuniam mutuam ab aliquo von Jmd. borgen; s. supplicium, poenam de (ex) aliquo Jmd. strafen. 2) Hiervon insbes. A) = aussuchen, wählen, herausnehmen, aliquem ex populo, monitorem officii; s. sibi studium; s. liberos adoptiren; s. diem bestimmen. B) übernehmen, anfangen, vornehmen, bellum, facere aliquid; s. inimicitias sich unterziehen. C) nehmen = anführen, erwähnen, homines natos. D) als sein Eigenthum annehmen, sich anmaßen, aliquid, imperatorias partes sibi; mihi non tantum sumo ut etc. E) zu einem gewissen Zwecke nehmen = anwenden, gebrauchen, operam, argentum; s. diem rei (Com.) F) käuflich zu sich nehmen, kaufen, aliquid tanti. G) annehmen, a) = meinen, behaupten, s. deos esse beatos. b) s. arrogantiam, vultus acerbos, mores antiquos. H) (Poet.) sumptus curis beendigt.
*Sumpti-făcio etc., 3. (Pl.) Kosten an Etwas verwenden, restim.
Sumptio, ōnis, f. [sumo] das Nehmen (gr. λῆμμα) der Vordersatz eines Syllogismus.
Sumptuārius, adj. [sumptus] die Ausgaben-, den Aufwand betreffend, lex.
Sumptuōse, adv. mit comp. u. sup. [sumptuosus] mit vielem Aufwande, kostbar.
Sumptuōsus, adj. mit comp. u. sup. 1)

Sumptus von Sachen, vielen Aufwand verursachend, kostbar, theuer, ludi, ager. 2) von Personen, vielen Aufwand machend, verschwenderisch, homo.

Sumptus, us, m. [sumo] 1) der Aufwand, die Kosten: afferre s. verursachen, ebenso esse sumptui zuführen; s. aedilitatis durch die Aedilität verursacht, opularum auf ein Gastmahl verwendet; (Com.) exercere suum s. die Kosten der Ernährung herausbringen (von Sklaven). 2) das Geld zum Aufwande, dare alicui s.

Sunium, ii, n. [Σούνιον] Vorgebirge und Südspitze von Attica.

Suo, sui, sutum, 3. nähen, zusammennähen, nähend oder auf ähnliche Art zusammenfügen, tegumentum corporis (Poet.); aerea suta eherne Panzer; *trop.* (Com.) suo aliquid capiti s. Etwas für sich ausfinnen.

Suovetaurilia, ium, n. pl. [sus-ovis-taurus] ein feierliches Opfer bei Lustrationen, wobei ein Schwein, ein Schaaf und ein Stier geschlachtet wurden.

Supellex, lectilis, f. der Hausrath, das Hausgeräth (nur im *sing.* gebräuchlich, weil es stets collectiv steht); *trop.* s. verborum Vorrath, oratoria die Hülfsmittel, Eigenschaften.

Super [verw. mit dem gr. ὑπέρ], I. adv. 1) oben, oberwärts, von oben: haec s. prospectant e valle. 2) (Poet.) außerdem, übrties, noch obendrein, danach: s. poenas poscunt; adde s. füge noch dazu. Insbef. 2. quam quod außerdem daß. 3) übrig, zurück, darüber: nihil mihi est s. (= superest); satis superque mehr als genug. II. *praep.* 1) mit *accus.* A) vom Raume, über, oben auf (sowohl nach Verben der Ruhe als nach Verben der Bewegung): a) eigtl.: s. aspidem sedere auf; stans s. telam; concremare domos s. se ipsos; s. currum oben auf; s. vallum praecipitare über den Wall hinaus, alii s. aliorum capita ruebant über die Köpfe. b) von einer Lage, oberhalb: s. aliquem sedere; s. Numidiam Gaetuli erant; instruere aciem s. flumen. c) über — hinaus, s. Sunium navigans. B) von der Zeit (selten) während, bei, s. vinum et epulas. C) zur Angabe einer Zulage, Vermehrung u. dergl., außer, über: s. ceteros honores; s. morbum; vulnus s. vulnus eine Wunde nach der anderen. D) bei Angabe eines Vorzuges, einer Überlegenheit, vor, über, mehr als, invidia facti erat s. gloriam ejus vermochte mehr, stand höher als; s. omnia vor Allem. 2) mit *abl.* A) vom Raume (Poet.) oben auf, über: s. foco, s. fronde, s. cervice. B) (Poet.) von der Zeit, bei, während, s. nocte, s. coena. C) über = in Betreff, von: s. hac re scribam ad te, multa s. Priamo rogitans; nimis s. re ich habe jetzt schon zu viel von der Sache gesprochen: s. tali causa missi; s. qua re venisset wegen welcher Angelegenheit er gekommen war.

Superabilis, e, *adj.* [supero] 1) übersteigbar, murus. 2) überwindlich, besiegbar.

Super-addo etc., 3. (Poet.) oben beifügen, carmen tumulo.

Super-adduco etc., 3. (Pl.) noch dazu herbeiführen.

*__Superans__, tis, *adj.* mit *comp.* [*particip.* von supero] (Lucr.) überhand nehmend.

Superator, oris, m. [supero] (Poet.) der Überwinder, Besieger.

Superbe, *adv.* mit *comp.* u. *sup.* [superbus] übermüthig, stolz.

Superbia, ae, f. [superbus] das Sich-Erheben über Andere, der Uebermuth, Stolz, Hochmuth; insbef. von einem Machthaber = Tyrannei, Despotismus. Bisweilen vom Stolz in edlerem Sinne.

*__Superbificus__, *adj.* [superbus-facio] (spät. Poet.) übermüthig machend.

*__Superbi-loquentia__, ae, f. (Vorklaff.) das übermüthige Reden.

Superbio, 4. [superbus] 1) übermüthig-, stolz sein re aliqua auf Etwas. 2) (Poet.) prangen, prächtig sein.

Superbus, *adj.* mit *comp.* u. *sup.* [super] sich über Andere überhebend, stolz, übermüthig, hochmüthig, re aliqua auf Etwas; von einem Machthaber insbef. = despotisch, tyrannisch, Tarquinius s. Hiervon A) = streng in seinem Urtheil, ekel, wählerisch, judicium aurium, dens. B) (Poet. u. Spät.) prächtig, prangend, erhaben, ausgezeichnet, triumphus, domus, populus bello superbus.

Superciliosus, *adj.* [supercilium] (Spät.) sehr finster, ernst, streng.

Supercilium, ii, n. 1) die Augenbrauen (sowohl im *sing.* als im *pl.*); *proverb.* s. salit es ahnet mir etwas Gutes. 2) die hervorragende Spitze eines Gegenstandes, der Vorsprung, tumuli. 2) *trop.* das finstere Wesen, der strenge Ernst.

*__Super-corruo__ etc., 3. (Spät.) darüber hinstürzen.

Super-curro etc., 3. (Spät) über Etwas laufen, *trop.* = übertreffen.

Super-emineo, 2. (Poet. u. Spät.) über Etwas hervorragen, omnes viros.

Super-fero, 3. über Etwas führen, davon *particip.* superlatus als *adj.* übertrieben, hyperbolisch.

Superficiarius, *adj.* [superficies] (Spät.) auf fremdem Grund und Boden befindlich.

Superficies, ei, f. [super-facies] 1) (Spät.) die Oberfläche ob. der Obertheil, aquae, arboris. 2) das Gebäude. im Gegensatze zum Boden und zum Fundamente.

Super-fio etc., (Pl.) übrig bleiben.

Super-fixus, *adj.* [*particip.* des sonst ungebräuchlichen superfigo] oben befestigt.

Super-fluo etc., 3. (Spät.) 1) überströmen, austreten, flumen s. Hiervon *trop.* A) im Ueberfluß da sein, multitado. B) überflüssig fein, nihil s. C) Ueberfluß haben. 2) vorbeifließen, aures.

Superfluus, *adj.* [superfluo] (Spät.) 1) überströmend. 2) überflüssig, unnöthig.

Super-fundo etc., 3. (meist Poet. u. Spät.) 1) darüber gießen, -schütten, aufgießen. unguentum, tela; *pass.* von einem Flusse = überströmen, -verbreiten, hostes superfusi sich über (ihn) stürzend; laetitia se superfundens überströmend; regnum s. se in Asiam breitete sich aus. 2) übergießen, überschütten, bedecken, aliquid re aliqua.

Sŭpergrĕdior, gressus, *depon.* 3. [s. -gradior] (Spät.) 1) überschreiten, limen. 2) *trop.* A) übergehen, übertreffen, reliquas pulchritudine. B) überstehen, ertragen, necessitates.

Sŭpĕr-immĭneo, 2. (Poet. u. Spät.) darüber emporragen.

***Sŭpĕr-impendens**, tis, *particip.* (Poet.) oben darüber hangend.

Sŭpĕr-impōno etc., 3. oben darauf legen, saxum.

Sŭpĕr-incīdens, tis, *particip.* von oben herein fallend.

***Sŭpĕr-incŭbans**, tis, *particip.*, oben darauf liegend.

Sŭpĕr-incumbo etc., 3. sich oben darauf legen.

Sŭpĕr-indūco etc., 3. (Spät.) darüber hinziehen, rem.

Sŭpĕr-induo etc., (Spät.) darüber anziehen.

Sŭpĕr-ingĕro etc., 3. (Poet. u. Spät.) darauf tragen, -häufen, acervos leguminum; s. ortus = erscheinen.

Sŭpĕr-injicio etc., 3. (Poet. u. Spät.) »darüber«, darauf legen, terram.

***Sŭper-insterno** etc., 3. oben darüber breiten, »legen, tabulas.

Sŭpĕr-jăcio etc., 3. 1) oben »darüber«, darauf werfen, »legen, »bringen, terram, s. se rogo; aequor superjectum ausgetreten, überströmend. 2) (Poet. u. Spät.) mit dem Gegenstande als Object, über welchen Etwas geworfen wird, überwerfen, über Etwas hinauswerfen, arborem jaculo, s. scopulos undâ übergießen. Hiervon *trop.* überschreiten, über Etwas hinaus gehen, s. fidem augendo die Sache so übertreiben, daß die Angaben keinen Glauben finden.

Sŭpĕr-jacto, 1. (Spät.) in die Höhe werfen, infantes.

***Sŭperjectio**, ōnis, *f.* [superjacio] (Spät.) *trop.* die Uebertreibung, Hyperbel.

***Sŭperjūmentārius**, ii, m. [s. -jumentum] (Spät.) der Aufseher der Lastthierwärter.

***Sŭpĕr-lābor** etc., *depon.* 3. (Spät.) darüber hingleiten.

Sŭperlātio, ōnis, *f.* [superfero] 1) (Rhet.) die Uebertreibung, Vergrößerung. 2) (Gramm.) der Superlativ.

Sŭperlātus, siehe superfero.

***Sŭpĕr-mitto** etc., 3. (Nachklass.) darauf werfen, -schütten, aquam potioni.

Sŭperne, *adv.* [supernus] oberwärts, 1) (Poet.) = oben. 2) (Spät.) von oben, jugulare aliquem.

Sŭpernus, *adj* [super] (Poet. u. Spät.) oben befindlich, ober, Ober-: s. oris pars; (Poet.) = himmlisch, numen, Tusculum s. hochliegend.

Sŭpĕro, 1. [super] I. *transit.* 1) über Etwas gehen, »steigen, »fahren, es passiren, überschreiten, munitiones, ripas fluminis, Alpes; (Poet.) s. aliquid ascensu über Etwas steigen, saltu über Etwas springen; s. flumen über einen Fluß schwimmen; s. multum itineris eine weite Strecke zurücklegen; animus s. eam regionem erhebt sich über; turris s. fastigium, Parnasi cacumen s. nubes ragt über — empor.

2) vor Etwas vorbei gehen, »kommen u. dergl., es passiren, s. promontorium, Euboeam, s. insidias. Hiervon = zuvorkommen, fama s. epistolam sua celeritate; s. aliquem sorte vor Jmd. durch das Loos gewählt werden. 3) *trop.* A) überholen, übertreffen, aliquem doctrinâ, omnes scelere, aliquem in artibus. B) überwinden, besiegen, hostem equestri proelio, Asiam bello; s. difficultates, casus, omnia übersteigen. II. *intrans.* 1) die Oberhand-, den Vorzug haben, höher oder am höchsten stehen, re aliqua in Etwas. 2) im Ueberfluß da sein, reichlich vorhanden sein: divitiae mihi ss.; multitudo s. es ist eine große Menge da. 3) übrig sein, übrig bleiben, noch vorhanden sein: nihil s., sex versus ss.; dies s. aliquot horis mit einigen Stunden, d. h. einige Stunden des Tages sind noch übrig; s. vitâ ob (Poet.) bloß s. noch leben; (Poet.) s. urbi überleben.

***Sŭpĕr-obruo** etc., 3. (Poet.) überschütten, bedecken, aliquem scutis.

***Super-pendens**, tis, *particip.* darüber hangend, saxum.

Sŭper-pōno etc., 3. 1) »darüber«, darauf legen, pileum capiti; villa superposita colli auf einem Hügel liegend. 2) (Spät.) *trop.* A) über Etwas setzen = vorziehen, aliud genus huic. B) noch Etwas hinzusetzen, aliquid rei alicui.

Sŭper-scando etc., 3. über Etwas steigen, überschreiten, corpora somno strata.

Sŭper-scrībo etc., 3. (Spät.) darüber schreiben, aliquid.

Sŭpĕr-sĕdeo etc., 2. 1) (Spät.) oben darauf sitzen, elephanto. 2) *trop.* unterlassen, ersparen, einer Sache, überhoben sein: s. labore, proelio, multitudine verborum, litibus et jurgiis; *(Spät.)* s. pugnae und s. causam; s. facere aliquid.

Sŭpĕr-sterno etc., 3. oben darauf breiten, -streuen, corpora.

Sŭperstes, itis, *adj.* [super-sto] 1) (veraltet) als Zeuge dabei stehend, gegenwärtig. 2) nach Jmds Tode noch lebend, übrig bleibend, überlebend: relinquere aliquem s.; alicui und (seltener) alicujus, s. sibi von demjenigen, der eben einer großen Gefahr entgangen ist.

Sŭperstĭtio, ōnis, *f.* [super-sto?] 1) der Aberglaube, die abergläubische Meinung oder Sitte; superstitione tollenda non tollitur religio; s. anilis; introducere novas ss. 2) (Spät.) die heilige Scheu, die religiöse Verehrung, templi, virtutis. Hiervon A) = die ängstliche Verehrung überhaupt, praeceptorum. B) (Poet.) der Gegenstand heiliger Scheu (von dem Styr, bei welchem die Götter einen unverletzlichen Eid schwuren).

Sŭperstĭtiōse, *adv.* [superstitiosus] 1) abergläubig. 2) ängstlich, zu scrupulös.

Sŭperstĭtiōsus, *adj.* [superstitio] 1) abergläubig, philosophi. 2. (Vorklass.) weissagerisch, vox, homo.

***Sŭperstĭto**, 1. [superstes] (Pl.) übrig sein.

Sŭper-sto, — — 1. (meist Poet. u. Spät.) oben auf Etwas stehen, rupibus, doch auch s. ossa.

Super-struo etc., 3. (Spät.) darüber-, darauf bauen, -aufführen, molem.

Super-sum etc., 1) übrig sein, -bleiben, noch vorhanden sein, exigua pars exercitus s., non multum temporis s.; superest dicere etc. es ist noch übrig, bleibt noch zu sagen u. s. w., häufiger superest ut id faciam. Hiervon = überleben, pugnae, reipublicae. 2) im Ueberfluß da sein, überflüssig vorhanden sein, verba mihi ss.; (Poet.) modo vita supersit wenn ich nur noch lebe. Hiervon *A) überflüssig = unnöthig sein. *B) (Poet.) s. labori der Arbeit gewachsen sein, sie aushalten. *C) (= assum) beistehen (von einem Advocaten), alicui.

*****Super-urgens**, tis, *particip.* (*Tac.*) oben eindringend.

Super(us) (der *nom. sing. masc.* ist unsicher, der *sing.* überhaupt selten), *adj.* [super] I. *posit.* oben befindlich, ober, Ober-. limen s. der Balken über der Thür, mare s. das adriatische Meer; dii s. oder bloß superi = a) die Götter (im Gegensatze zu den Menschen); b) = die himmlischen Götter (im Gegensatze zu den Göttern der Unterwelt); c) = die noch lebenden Menschen (im Gegensatze zu den Todten); so überhaupt s. von demjenigen, was zum Himmel oder zur Erde gehört, = himmlisch oder irdisch. s. aurae die Luft hier oben.
II. *comp.* **Superior**, us, 1) im Raume, weiter oben befindlich, der obere: s. pars collis; s. domus der obere Theil des Hauses, locus s. oder häufiger im *plur.* loca ss. die höheren Stellen, das höher liegende Terrain, die Anhöhe, insbes. dicere o. dergl. e loco s. von der Rednerbühne, dem Tribunale. 2) in der Zeit, eher, früher, vorig, vergangen, auch älter: s. nox, annus; s. crudelitas, vita; s. Dionysius, omnes aetatis s. von höherem Alter. 3) in irgend einer Beziehung überlegen, vorzüglicher, über Anderen ob. einem Anderen stehend: nostri bello ss. esse coeperunt fingen an die Oberhand zu gewinnen, is populus s. factus est behielt die Oberhand, siegte; discessit s. ging als Sieger von dannen; facilitate superior fuit et übertraf (einen Anderen) in Bezug auf Herablassung; quanto ss. sumus je vornehmer wir sind.
II. *superl.* A) **Supremus**, 1) (selten) im Raume, der oberste, höchste, s. mons der oberste Theil des Berges. Hiervon *trop.* a) = der Höchste, erhabenste, Jupiter. b) = der äußerste, der höchste in Bezug auf den Grad, s. macies, a. supplicium der Todesstrafe. 2) in der Zeit, der äußerste = letzte: (Poet.) s. manum imponere operi die letzte Hand an das Werk legen; insbes. s. dies der letzte Tag des Lebens (obire diem s. sterben), aber suprema nocte in dem letzten Theile der Nacht; (Poet.) s. sole bei Sonnenuntergang; (Poet.) ss. ignes = der Scheiterhaufen, ss. tori = das Leichenbett; s. honor die letzte Ehre, das Leichenbegängniß. Hiervon *a) subst.* (Spät.) suprēma, ōrum, *n. pl.* α) = die letzten Augenblicke des Lebens, circa ss. Neronis. β) der letzte Wille, das Testament, in ss. Augusti. γ) = die letzte Ehre, die man einem Todten erweist, das Begräbniß. b) *adv.* suprēmo und **suprēmum**, (Poet. u. Spät.) zum letzten Male.

— B) **Summus**, 1) im Raume, der oberste, höchste, locus; s. urbe der oberste Theil der Stadt, s. aqua die Oberfläche des Wassers. Hiervon a) *subst.* summum das Oberste, s. s. oben, von oben, ebenso in summo oben. b) (Spät.) summa riguerunt die Extremitäten, äußersten Körpertheile, ss. digiti die Fingerspitzen. 2) in der Zeit, der letzte, äußerste, venit s. dies; s. manum imponere rei. Hiervon *adv.* summo am Ende (*oppos.* initio). 3) dem Grade, dem Range, überhaupt irgend einer Eigenschaft nach am höchsten stehend, der höchste, größte, vorzüglichste, oder sehr groß, ausgezeichnet, wichtig u. dergl.: s. bonum, s. jus; s. periculum, cruciatus; s. paupertas die äußerste Armuth; vir s. = ein ausgezeichneter, vorzüglicher oder = ein sehr vornehmer Mann; s. voluntate ejus ganz mit seinem Willen; omnia summa facere Alles thun, was man vermag; summa omnia sunt in eo alle Eigenschaften finden sich bei ihm im höchsten Grade. Insbes. a) s. res das Ganze oder die Hauptsache; s. controversia die Hauptfrage, der wichtigste Streitpunct: dimicare de rebus ss. einen entscheidenden Kampf liefern; s. respublica das Wohl des ganzen Staates, die wichtigsten Staatsangelegenheiten. b) summo reipublicae tempore zu einer für den Staat sehr kritischen Zeit. c) (Com.) amicus meus s. mein bester Freund. d) vir summo loco natus von sehr hoher Geburt. e) *adv.* summum oder ad summum höchstens.

Supervacāneus, *adj.* [super-vaco] 1) überflüssig, unnöthig, oratio. 2) über, Neben-, opus.

Super-vācuus, *adj.* (Poet. u. Spät.) = supervacaneus; ex s. als *adv.* zum Ueberfluß.

Super-vādo etc., 3. (selten) über Etwas gehen, überschreiten, muros.

Super-vehor etc., 3. *pass.* darüber hinaus fahren, montem.

Super-venio etc., 1) darüber kommen, bedeckend oben auf Etwas kommen, unda s. undam folgt auf, terra s. crura ejus. 2) unerwartet dazu kommen, hinzukommen, überraschen, alicui; militibus munientibus hostis s.; legati ss. animis jam aegris kamen herzu, als die Gemüther schon aufgeregt waren; Q. s. illi laetitiae kam dazu mitten unter jener Freude; imber s.

Superventus, us, *m.* [supervenio] (*Tac.*) das Herzukommen.

Super-vivo etc., 3. (Spät.) überleben, alicui.

*****Super-volito**, 1. (Poet.) oft über Etwas fliegen, tecta.

Super-volo, 1. (Poet. und Spät.) über Etwas hin fliegen, terras.

*****Supīne**, *adv.* [supinus] (Spät.) *trop.* nachlässig, gleichgültig.

*****Supīnitas**, ātis, *f.* [supinus] (Spät.) die zurückgebogene Stellung.

Supīno, 1. [supinus] (Poet. und Spät.) rückwärts beugen, -legen, auf dem Rücken liegen machen, nach oben kehren: testudo supinata auf dem Rücken liegend: s. glebas pflügend oder hackend umkehren; (Poet.) supinari nasum die Nase nach oben kehren (um einen angenehmen Geruch recht zu genießen); quid te supinat was macht dich den Kopf so hoch tragen (macht dich so stolz)?

Sŭpīnus, *adj.* 1) rücklings gebogen, rückwärts liegend, -befindlich, cubare s.; s. caput, cervix; stertit s. auf dem Rücken liegend. Hiervon A) *trop.* (*Spät.*) = nachlässig, träg: otiosus ac s. B) (*Poet. u. Spät.*) aufwärts gekehrt. nach oben gehend; manus supinas (mit der Fläche nach oben gekehrt) ad coelum tendere (Stellung der Betenden); cornua ss.; jactus s. 2) von Localitäten, A) (*Poet. u. Spät.*) ausgebreitet, flach, eben, vallis, mare. B) aufwärts steigend, schräg emporgehend, eine schräge Lage einnehmend, collis, Tibur. 3) (*Poet.*) emporlaufend, in die Höhe steigend, unda, cursus fluminum (zur Bezeichnung einer Unmöglichkeit).

**Sup(b)-palpor, *depon.* 1. (*Pl.*) ein wenig streicheln, -caressiren, alicui.

Sup(b)-par, ăris, *adj.* (selten) fast gleich, alicui.

Sup(b)-părăsītor, *depon.* 1. (*Pl.*) ein wenig schmarozerisch schmeicheln, alicui.

Suppārum, i, n. und -rus, i, m. 1) (*Vorklaff.*) eine Art leinener Kleidung, bes. für Weiber. 2) (*Spät.*) das Toppsegel.

**Suppědĭtātĭo, ōnis, f. [suppedito] der Ueberfluß, bonorum.

Suppědĭto, 1. 1) *transit.* a) reichlich-, hinlänglich Etwas an die Hand geben, -darreichen, -geben, -verschaffen, alicui aliquid; s. alicui varietatem in scribendo; terra s. cibos. Hiervon absol. s. alicui = beistehen, (*Pl.*) gaudium s. gaudiis fömmt noch dazu, vermehrt. *b)* Jmd. mit Etwas unterstützen, reichlich versehen, quibus nos suppeditamur (Andere schreiben suppeditamus = haben Ueberfluß an). 2) *intrans.* [suppeto?] A) reichlich vorhanden sein: multitudo s.; ne charta quidem s.; omnis apparatus dicendi s., oratio s. B) hinlänglich sein, ausreichen: ea quae ss. ad victum, manubiae ss. in fundamenta; s. vita suppeditasset = wenn er lange genug gelebt hätte; (*Com.*) s. labori gewachsen sein.

Suppernātus, *adj.* [sub-perna] (*Poet.*) an der Hüfte zerschlagen = niedergehauen, gefällt, arbor.

Suppĕtĭae, as (nur der *nom.* und *accus. plur.* finden sich, und zwar nur Vorklaff. und Spät.) [suppeto] die Hülfe, der Beistand: suppetiae mihi sunt; suppetias venire, proficisci u. dergl. zu Hülfe.

Suppětĭor, *depon.* 1. [suppetiae] (selten) helfen, beistehen, alicui.

Sup(b)-pěto etc., 3. 1) vorhanden-, da sein, insbef. = reichlich vorhanden sein, vorräthig-, in Bereitschaft sein: haec mihi ss.; nihil s. praeter voluptatem ich habe Nichts als; consilium ei non s. er weiß sich nicht zu rathen; res mihi s. ich habe überflüssig Geld, Geld genug; si vita s. wenn ich noch lebe. 2) hinlänglich sein, in ausreichender Menge u. s. w. vorhanden sein, ausreichen: lingua ejus non s. libertati, facta dictis ss. entsprechen; (*Poet.*) s. novis laboribus ausstehen müssen, ausgesetzt sein.

Supplo, 1. [sub-pilus] (*Vorklaff.*) die Haare heimlich ausrupfen, *trop.* = stehlen, **aurum** alicui.

Suppingo, — pactum, 3. [sub-pango] (*Vorklaff. und Spät.*) 1) unten anschlagen, clavos crepidis. 2) unten beschlagen, crepidas clavis.

Sup(b)-planto, 1. Jmd. ein Bein stellen, ihm das Bein unterschlagen, aliquem; daher *trop.* = niederwerfen, umstoßen, judicium.

Supplēmentum, i, g. [suppleo] 1) das, wodurch Etwas ergänzt und wieder voll gemacht wird, das Ergänzungsmittel, die Ergänzung, gregis. Insbes. als militär. *term. t.* die Ergänzung der Truppen, Recrutirung und *concr.* = die Ergänzungsmannschaft, die Recruten: juventus delecta in supplementum classis um die Bemannung der Flotte vollzählig zu machen; pars supplementi, scribere s. 2) (*Spät.*) die Hülfe, der Beistand.

Sup(b)-pleo, ēvi, ētum. 2. 1) (*Poet. und Spät.*) überhaupt nachfüllen, wieder anfüllen, rugas, venas sanguine; s. inania moenia bevölkern; s. vicem alicujus = Jmd. vertreten. Hiervon = ersetzen, damnum. 2) vollständig-, vollzählig machen, durch Hinzufügung des Fehlenden ergänzen, bibliothecam, summam; insbef. als militär. *term. t.* vollzählig machen, recrutiren, legiones; s. classem remigio, mit Ruderern wieder vollständig versehen.

Supplex, ĭcis, *adj.* [sub-plico] eigtl. die Kniee unter sich beugend, niederkniend, daher demüthig bittend, flehend: miser et s., supplex manus tendo; s. esse (fieri) alicui Jmd. demüthig anflehen; vota, preces ss. Gemüthige. Hiervon als *subst.* der Schutzsuchende, Anflehende, alicujus bei Jmd., meus bei mir.

Supplĭcātĭo, ōnis, f. [supplico] das öffentliche demüthige Anflehen der Götter, 1) das Beifest, Bußfest zur Abwendung eines Unglücks. 2) das Dankfest wegen eines glücklichen Ereignisses.

Supplĭcĭter, *adv.* [supplex] demüthig, flehentlich.

Supplĭcĭum, ii, n. [supplex] eigtl. das Niederknien, zum Gebete oder zum Empfang der Bestrafung, 1) A) das demüthige Flehen zu Gott, das Gebet als Theil des Gottesdienstes, daher auch (*Vorklaff.*) zuweilen = die gottesdienstliche Handlung überhaupt (von Opferungen u. dergl.): ss. deorum zu den Göttern; placare deos suppliciis. B) (*Sall.*) das demüthige Bitten überhaupt. 2) die Strafe und bes. die Todesstrafe: sumere (capere, exigere u. f. w.) s. de aliquo, afficere aliquem supplicio Jmd. am Leben strafen, dare alicui supplicium von Jmd. gestraft werden. Hiervon A) = Marter, Pein, cruciatus et s. B) = Noth, Leiden zufolge Mangel u. dergl.

Supplĭco, 1. [supplex] 1) Jmd. flehentlich bitten, anflehen, zu ihm flehen, alicui; s. pro aliquo. 2) insbef. zu Gott flehentlich bitten, zu Gott flehen, beten', bes. überhaupt = den Gottesdienst oder eine gottesdienstliche Handlung verrichten: s. diis per hostias.

Supplōdo, ōsi, ōsum, 3. [sub-plaudo] den Fuß aufstampfen, pedem.

Supplōsĭo, ōnis, f. [supplodo] das Aufstampfen, pedis.

**Sup(b)-poenitet, *impers.* es gereut ein

Suppono — **Surrentum** 733

wenig, s. illum furoris, hunc copiarum suarum jener bereut seine Raserei, dieser ist unzufrieden mit seinen Mitteln.
Sup(b)-pōno etc., 3. 1) unterlegen, -setzen, -stellen, ova gallinis, collum oneri, ignem tecto; (Poet.) s. aliquem terrae u. dergl. begraben; dentes terrae in die Erde säen, pecus sano agresti unter — treiben; s. cultros an die Kehle setzen (beim Schlachten). Hiervon trop. A) unterwerfen, unterordnen, se-criminibus, aliquid sibi. *B) (Poet.) nachsetzen, geringer als Etwas schätzen, rem rei alicui. 2) an die Stelle einer Person ob. Sache setzen, aliquem in locum alicujus, meliorem alicui, stannum pro auro. Insbef. = etwas Falsches an die Stelle des Wahren setzen, unterschieben, infantem, testamentum, aliquem alicui.
Sup(b)-porto etc., 1. herzu-, herbei tragen, -führen, -bringen, frumentum ex Sequanis, omnia in castra.
Supposĭtīcius, adj. [suppono] 1) (Spät.) an die Stelle eines Anderen gesetzt. 2) (Pl.) untergeschoben.
Supposĭtio, ōnis, f. [suppono] 1) (Spät.) das Unterlegen, ovi. 2) (Pl.) das Unterschieben.
*__Suppostrix__, īcis, f. [statt suppositrix von suppono] (Pl.) die Unterschieberin.
Suppressio, ōnis, f. [supprimo] die Unterschlagung von Geld.
Suppressus, adj. mit comp. [particip. von supprimo] von der Stimme, gedämpft, leise.
Supprĭmo, pressi, pressum, 3. [subpremo] 1) (erunter-, herabdrücken, navem in den Grund bohren. 2) trop. unterdrücken, A) = bei sich behalten, verhehlen, unterschlagen, nicht bekannt werden lassen: s. testamentum, pecuniam; s. nomen alicujus nicht nennen. B) = zurückhalten, hemmen, Einhalt thun, hostes insequentes, sanguinem, vocem, iram; s. fugam, iter.
*__Sup(b)-prōmus__, i, m. (Pl.) der Unterkellner.
Sup(b)-pŭdet etc., 2. impers. es versetzt mich ein wenig in Schaam, s. me ich schäme mich ein wenig.
Suppūrātio, ōnis, f. [suppuro] das Schwären, das Geschwür.
Suppūro, 1. [sub-pus] 1) intrans. unterschwären, schwären, eitern; trop. = Schaden anrichten, schädliche Eigenschaften zeigen. 2) transit. Schwären erzeugen: so nur particip. suppuratus als adj. geschworen, mit Schwären bedeckt, trop. s. tristitia wie ein eiterndes Geschwür fortfressend.
Sup(b)-pŭto, 1. (Poet. u. Spät.) 1) unten beschneiden, oleas. 2) berechnen.
Supra [eigtl. statt superā (sc. parte), welches bei älteren Dichtern sich findet statt supra als adv.] I. adv. 1) im Raume, A) darüber hervor, toto vertice s. esse hervorstehen. B) oberhalb, oben, oben drauf: omnia quae s. sunt = oben auf der Erde, im Gegensatze zur Unterwelt. 2) in der Zeit, früher; insbef. = früher in einer Rede, Erzählung u. dergl.: quae s. dixi, ut s. demonstravimus „oben". Ebenso s. repetere weiter (in der Rede, der Zeit) zurück-

gehen. 3) darüber, mehr, darüber hinaus: s. adjicere mehr bieten; nihil s. Nichts mehr; tam accurate ut nihil possit s. so genau als irgend möglich; s. quam credibile est mehr als glaublich ist. II. praepos. mit accus. 1) im Raume, A) über, oberhalb: s. aliquem accumbere; insbef. von der geographischen Lage = jenseits, s. oppidum, Syene est s. Alexandriam. Auch bei Verben der Bewegung = über — hin, saltu ferri s. venabula. B) oben auf, exire s. terram; trop. esse alicui s. caput Jmd. auf dem Halse liegen = ihn immer belästigen, verfolgen. 2) von der Zeit, vor: s. hanc memoriam vor unserer Zeit. 3) zur Bezeichnung eines Vorzuges, der Ueberschreitung eines Maaßes u. dergl., über: s. modum; est s. fortunam hominis das übersteigt; esse s. leges mächtiger als die Gesetze sein; id facinus s. fratres fuit übertraf dasjenige der Brüder; s. humanam fidem mehr als ein Mensch glauben kann. Auch von Zahlen, s. viginti millia.
*__Supra-scando__ etc., 3. überschreiten, fines.
Suprēmus etc., siehe superus.
Sūra, ae, f. die Wade; Poet. von dem unteren Theile des Schienbeines überhaupt, vincire suras cothurno.
Surcŭlus, i, m. der kleine Zweig überhaupt. Insbef. A) der Dorn, Splitter, extrahere s. B) ein Pfropfreis, Setzreis.
*__Surdaster__, stra, strum, adj. [surdus] etwas taub, harthörig.
Surdĭtas, ātis, f. [surdus] die Taubheit.
Surdus, adj. mit comp. 1) taub, der nicht hören kann, homo, aures; proverb. surdo narrare fabulam tauben Ohren predigen. 2) trop. A) s. esse in sermone Graecorum das Griechische nicht verstehen. B) (Poet.) = der nicht hört oder nicht hören will, unempfindlich: s. ad preces, munera alicujus, gegen Jmds Bitten, Gaben; saxa surda nautis durch die Klagen der Seeleute nicht gerührt; s. mens für seinen Trost empfänglich; janna s. die Einem, der den Eintritt begehrt, sich nicht öffnet. C) (Poet.) = lautlos, still, lyra schweigend, nicht tönend: gratia officii tui non s. erit der Dank für — wird in Worten ausgedrückt werden. D) (Spät.) dumpf, dumpftönend, vox.
Surgo, surrexi, surrectum, 3. [statt surrigo von sub-rego] I. (auch surrigo oder subrigo bei Poet. u. Spät.) transit. in die Höhe richten, emporrichten, erheben, mucronem, aures spitzen, hasta surrecta cuspide. II. intrans. sich in die Höhe richten, aufstehen, sich erheben, e lecto, de sella; insbef. = aus dem Bette, vom Schlafe aufstehen, s. ante lucem ob. = zu einer Thätigkeit auftreten s. ad dicendum. 2) (meist Poet. u. Spät.) von leblosen Gegenständen, A) sich erheben, emporsteigen: ignis s. ab ara, nox s. ab aquis; fons s. sprudelt hervor. So von hohen Gegenständen, die hoch empor ragen, mons s., cervus surgens in cornua mit hohen Hörnern; mare s. = die Wellen erheben sich. B) auftommen, entstehen, anfangen u. dergl., ventus, bellum, dolor, rumor; sententia s. animo. C) heranwachsen, puer, arx.
Surrentum, i, n. Stadt im südlichen Cam-

supinat was macht dich den Kopf so hoch tragen (macht dich so stolz)?

Supīnus, *adj.* 1) rücklings gebogen, rückwärts liegend, -befindlich, cubare s.; s. caput, cervix;- stertit s. auf dem Rücken liegend. Hiervon A) *trop.* (Spät.) = nachlässig, träg: otiosus ac s. B) (Poet. u. Spät.) aufwärts gekehrt, nach oben gehend; manus supinas (mit der Fläche nach oben gekehrt) ad coelum tendere (Stellung der Betenden); cornua s.; jactus s. 2) von Localitäten, A) (Poet. u. Spät.) ausgebreitet, flach, eben, vallis, mare. B) aufwärts steigend, schräg emporgehend, eine schräge Lage einnehmend, collis, Tibur. 3) (Poet.) emporlaufend, in die Höhe steigend, unda, cursus fluminum (zur Bezeichnung einer Unmöglichkeit).

*__Sup(b)-palpor__, *depon.* 1. (*Pl.*) ein wenig streicheln, -catessiren, alicui.

Sup(b)-par, äris, *adj.* (selten) fast gleich, alicui.

Sup(b)-pārăsītor, *depon.* 1. (*Pl.*) ein wenig schmarotzerisch schmeicheln, alicui.

Suppārum, i, n. und -rus, i, m. 1) (Vorklass.) eine Art leinener Kleidung, bes. für Weiber. 2) (Spät.) das Toppsegel.

*__Suppĕdĭtātio__, ōnis, *f.* [suppedito] der Ueberfluss, bonorum.

Suppĕdĭto, 1. 1) *transit.* a) reichlich-, hinlänglich Etwas an die Hand geben, -darreichen, -geben, -verschaffen, alicui aliquid; s. alicui varietatem in scribendo; terra s. cibos. Hiervon absol. s. alicui = beistehen, (*Pl.*) gaudium s. gaudiis kömmt noch dazu, vermehrt. *b) Jmd. mit Etwas unterstützen, reichlich versehen, quibus nos suppeditamur (Andere schreiben suppeditamus = haben Ueberfluss an). 2) *intrans.* [suppeto?] A) reichlich vorhanden sein: multitudo s.; ne charta quidem s.; omnis apparatus dicendi s., oratio s. B) hinlänglich sein, ausreichen: ea quae s. ad victum, manubiae s. in fundamenta; s. vita suppeditasset = wenn er lange genug gelebt hätte; (Com.) s. labori gewachsen sein.

*__Suppernātus__, *adj.* [sub-perna] (Poet.) an der Hüfte zerschlagen = niedergehauen, gefällt, arbor.

Suppĕtiae, as (nur der *nom.* und *accus. plur.* finden sich, und zwar nur Vorklass. und Spät.) [suppeto] die Hülfe, der Beistand: suppetias mihi sunt; suppetias venire, proficisci u. dergl. zu Hülfe.

Suppĕtior, *depon.* 1. [suppetiae] (selten) helfen, beistehen, alicui.

Sup(b)-pĕto etc., 3. 1) vorhanden-, da sein, insbes. = reichlich vorhanden sein, vorräthig-, in Bereitschaft sein: haec mihi ss.; nihil s. praeter voluptatem ich habe Nichts als; consilium ei non s. er weiss sich nicht zu rathen; res mihi s. ich habe überflüssig Geld, Geld genug; si vita s. wenn ich noch lebe. 2) hinlänglich sein, in ausreichender Menge u. s. w. vorhanden sein, ausreichen: lingua ejus non s. libertati, facta dictis ss. entsprechen; (Poet.) s. novis laboribus ausstehen müssen, ausgesetzt sein.

Supplīo, 1. [sub-pilus] (Vorklass.) die Haare heimlich ausrupfen, *trop.* = stehlen, **aurum** alicui.

Suppingo, — pactum, 3. [sub-pango] (Vorklass. und Spät.) 1) unten anschlagen. clavos crepidis. 2) unten beschlagen, crepidas clavis.

Sup(b)-planto, 1. Jmd. ein Bein stellen, ihm das Bein unterschlagen, aliquem; daher *trop.* = niederwerfen, umstossen, judicium.

Supplēmentum, i, n. [suppleo] 1) das, wodurch Etwas ergänzt und wieder voll gemacht wird, das Ergänzungsmittel, die Ergänzung, gregis. Insbes. als militär. *term. t.* die Ergänzung der Truppen, Recrutirung und *concr.* = die Ergänzungsmannschaft, die Recruten: juventus delecta in supplementum classis um die Bemannung der Flotte vollzählig zu machen; pars supplementi, scribere s. 2) (Spät.) die Hülfe, der Beistand.

Sup(b)-pleo, ēvi, ētum. 2. 1) (Poet. und Spät.) überhaupt nachfüllen, wieder anfüllen, rugas, venas sanguine; s. inania moenia bevölkern; s. vicem alicujus = Jmd. vertreten. Hiervon = ersetzen, damnum. 2) vollständig-, vollzählig machen, durch Hinzufügung des Fehlenden ergänzen, bibliothecam, summam; insbes. als militär. *term. t.* vollzählig machen, recrutiren, legiones; s. classem remigio, mit Ruderern wieder vollständig versehen.

Supplex, ĭcis, *adj.* [sub-plico] eigtl. die Kniee unter sich beugend, niederkniend, daher demüthig bittend, flehend: miser et s., supplex manus tendo; s. esse (fieri) alicui Jmd. demüthig anflehen; vota, preces ss. demüthige. Hiervon als *subst.* der Schutzsuchende. Anflehende, alicujus bei Jmd., meus bei mir.

Supplĭcātio, ōnis, *f.* [supplico] das öffentliche demüthige Anflehen der Götter, 1) das Betfest, Bussfest zur Abwendung eines Unglücks. 2) das Dankfest wegen eines glücklichen Ereignisses.

Supplĭcĭter, *adv.* [supplex] demüthig, flehentlich.

Supplĭcĭum, ii, n. [supplex] eigtl. das Niederknien, zum Gebete oder zum Empfang der Bestrafung, 1) A) das demüthige Flehen zu Gott, das Gebet als Theil des Gottesdienstes, daher auch (Vorklass.) zuweilen = die gottesdienstliche Handlung überhaupt (von Opferungen u. dergl.): ss. deorum zu den Göttern; placare deos supplicie. B) (*Sall.*) das demüthige Bitten überhaupt. 2) die Strafe und bes. die Todesstrafe: sumere (capere, exigere u. s. w.) s. de aliquo, afflicere aliquem supplicio Jmd. am Leben strafen, dare alicui supplicium von Jmd. gestraft werden. Hiervon A) = Marter, Pein, cruciatus et s. B) = Noth, Leiden zufolge Mangel u. dergl.

Supplĭco, 1. [supplex] 1) Jmd. flehentlich bitten, anflehen, zu ihm flehen, alicui; s. pro aliquo. 2) insbes. zu Gott flehentlich bitten, zu Gott flehen, beten, daher überhaupt = den Gottesdienst oder eine gottesdienstliche Handlung verrichten: s. diis per hostias.

Supplōdo, ōsi, ōsum, 3. [sub-plaudo] den Fuss aufstampfen, pedem.

Supplōsio, ōnis, *f.* [supplodo] das Aufstampfen, pedis.

*__Sup(b)-poenĭtet__, *impers.* es gereut ein

Suppono   **Surrentum**   733

wenig, s. illum furoris, hunc copiarum suarum jener bercut seine Rasserei, dieser ist unzufrieden mit seinen Mitteln.

Sup(b)-pōno etc., 3. 1) unterlegen, -setzen, -stellen, ova gallinis, collum oneri, ignem tecto; (Poet.) s. aliquem terrae u. dergl. begraben; dentes terrae in die Erde säen, pecus sano agresti unter — treiben; s. cultros an die Kehle setzen (beim Schlachten). Hiervon trop. A) unterwerfen, unterordnen, se-criminibus, aliquid sibi. *B) (Poet.) nachsetzen, geringer als Etwas schätzen, rem rei alicui. 2) an die Stelle einer Person od. Sache setzen, aliquem in locum alicujus, meliorem alicui, stannum pro auro. Insbef. = etwas Falsches an die Stelle des Wahren setzen, unterschieben, infantem, testamentum, aliquem alicui.

Sup(b)-porto etc., 1. herzu-, herbei tragen, -führen, -bringen, frumentum ex Sequanis, omnia in castra.

Supposĭtīcius, adj. [suppono] 1) (Spät.) an die Stelle eines Anderen gesetzt. 2) (Pl.) untergeschoben.

Supposĭtio, ōnis, f. [suppono] 1) (Spät.) das Unterlegen, ovi. 2) (Pl.) das Unterschieben.

***Suppostrix**, īcis, f. [statt suppositrix von suppono] (Pl.) die Unterschieberin.

Suppressio, ōnis, f. [supprimo] die Unterschlagung von Geld.

Suppressus, adj. mit comp. [particip. von supprimo] von der Stimme, gedämpft, leise.

Supprĭmo, pressi, pressum, 3. [subpremo] 1) herunter-, herabdrücken, navem in den Grund bohren. 2) trop. unterdrücken, A) = bei sich behalten, verhehlen, unterschlagen, nicht bekannt werden lassen: s. testamentum, pecuniam; s. nomen alicujus nicht nennen. B) = zurückhalten, hemmen, Einhalt thun, hostes insequentes, sanguinem, vocem, iram; s. fugam, iter.

***Sup(b)-prōmus**, i, m. (Pl.) der Unterkellner.

Sup(b)-pŭdet etc., 2. impers. es versetzt mich ein wenig in Schaam, s. me ich schäme mich ein wenig.

Suppurātio, ōnis, f. [suppuro] das Schwären, das Geschwür.

Suppūro, 1. [sub-pus] 1) intrans. unterschwären, schwären, eitern; trop. = Schaden anrichten, schädliche Eigenschaften zeigen. 2) transit. Schwären erzeugen; so nur particip. suppurātus als adj. geschworen, mit Schwären bedeckt, trop. s. tristitia wie ein eiterndes Geschwür fortfressend.

Sup(b)-pŭto, 1. (Poet. u. Spät.) 1) unten beschneiden, oleas. 2) berechnen.

Supra [eigtl. statt superā (sc. parte), welches bei älteren Dichtern sich findet statt supra als adv.] I. adv. 1) im Raume, A) darüber hervor, toto vertice s. esse hervorstehen. B) oberhalb, oben, oben drauf: omnia quae s. sunt = die auf der Erde, im Gegensatze zur Unterwelt. 2) in der Zeit, früher; insbef. = früher in einer Rede, Erzählung u. dergl.: quae s. dixi, ut s. demonstravimus „oben". Ebenso s. repetere weiter (in der Rede, der Zeit) zurück-

gehen. 3) darüber, mehr, darüber hinaus: s. adjicere mehr bieten; nihil s. Nichts mehr; tam accurate ut nihil possit s. so genau als irgend möglich; s. quam credibile est mehr als glaublich ist. II. praepos. mit accus. 1) im Raume, A) über, oberhalb: s. aliquem accumbere; insbef. von der geographischen Lage = jenseits, s. oppidum, Syene est s. Alexandriam. Auch bei Verben der Bewegung = über — hin, saltu ferri s. venabula. B) oben auf, exire s. terram; trop. esse alicui s. caput Jmb. auf dem Halse liegen = ihn immer belästigen, verfolgen. 2) von der Zeit, vor: s. hanc memoriam vor unserer Zeit. 3) zur Bezeichnung eines Vorzuges, der Ueberschreitung eines Maaßes u. dergl., über: s. modum; hoc est s. fortunam hominis das übersteigt; esse s. leges mächtiger als die Gesetze sein; id facinus s. fratres fuit übertraf dasjenige der Brüder; s. humanam fidem mehr als ein Mensch glauben kann. Auch von Zahlen, s. viginti millia.

***Supra-scando** etc., 3. überschreiten, fines.

Suprēmus etc., siehe superus.

Sūra, ae, f. die Wade; Poet. von dem unteren Theile des Schienbeines überhaupt, vincire suras cothurno.

Surcŭlus, i, m. der kleine Zweig überhaupt. Insbef. A) der Dorn, Splitter, extrahere s. B) ein Pfropfreis, Setzreis.

***Surdaster**, stra, strum, adj. [surdus] etwas taub, harthörig.

Surdĭtas, ātis, f. [surdus] die Taubheit.

Surdus, adj. mit comp. 1) taub, der nicht hören kann, homo, aures; proverb. surdo narrare fabulam tauben Ohren predigen. 2) trop. A) s. esse in sermone Graecorum das Griechische nicht verstehen. B) (Poet.) = der nicht hört oder nicht hören will, unempfindlich: s. ad preces, munera alicujus, gegen Jmds Bitten, Gaben; saxa surda nautis durch die Klagen der Seeleute nicht gerührt; s. mens für keinen Trost empfänglich; janua s. die Einem, der den Eintritt begehrt, sich nicht öffnet. C) (Poet.) = lautlos, still, lyra schweigend, nicht tönend: gratia officii tui non s. erit der Dank für — wird in Worten ausgedrückt werden. D) (Spät.) dumpf, dumpftönend, vox.

Surgo, surrexi, surrectum, 3. [statt surrigo von sub-rego] I. (auch surrĭgo oder subrĭgo bei Poet. u. Spät.) transit. in die Höhe richten, emporrichten, erheben, mucronem, aures spitzen, hasta surrecta cuspide. II. intrans. sich in die Höhe richten, aufstehen, sich erheben, e lecto, de sella; insbef. = aus dem Bette, vom Schlafe aufstehen, s. ante lucem ob. = zu einer Thätigkeit auftreten s. ad dicendum. 2) (meist Poet. u. Spät.) von leblosen Gegenständen, A) sich erheben, emporsteigen: ignis s. ab ara, nox s. ab aquis; fons s. sprudelt hervor. So von hohen Gegenständen, die hoch empor ragen, mons s., cervus surgens in cornua mit hohen Hörnern; mare s. = die Wellen erheben sich. B) aufkommen, entstehen, anfangen u. dergl., ventus, bellum, dolor, rumor; sententia s. animo. C) heranwachsen, puer, arx.

Surrentum, i, n. Stadt im südlichen Cam-

Surrepo ranien, jetzt Sorrente. Davon -tīnus, *adj.* und *subst.* -ni, ōrum, *m. pl.* die Einwohner von S.

Sur(b)-rēpo etc., 3. 1) unter Etwas kriechen, darunter kriechen, sub tabulas, (Poet.) s. moenia urbis. 2) *trop.* (Poet. und Spät.) sich heranschleichen, unvermerkt sich einschleichen, »Jmd. befallen, alicui; oblivio ei s. er vergißt nach und nach, quies (der Schlaf) s. oculis.

Surreptīcius, *adj.* [surripio] (*Pl.*) 1) gestohlen. 2) versteckt, heimlich.

Surrīgo, siehe surgo.

Surrīpio, rĭpui, reptum, 3. [sub-rapio] heimlich wegnehmen, »entwenden, stehlen, entziehen, vasa ex sacro, puerum; s. alicui aliquid; s. se alicui von Jmd. wegschleichen; s. se aliquo sich irgendwohin heimlich entfernen; s. spiritum unvermerkt Athem holen; (Poet.) s. aliquid spatii sich einige Zeit nehmen; s. crimen oculis alicujus entziehen, s. diem unnütz zubringen.

Sur(b)-rŏgo, 1. *term. t.* von dem in den Comitien präsidirenden Magistrate (vgl. sufficio), an die Stelle Jmds zur Wahl vorschlagen, »Jmd. wählen laffen, consules, collegam in locum alicujus.

Sursum (Vorklass. auch -sus), *adv.* [subversum oder -us] 1) nach Verben der Bewegung, aufwärts in die Höhe, empor, scandere, conspicere; pleonastisch s. versus; s. deorsum auf u. nieder. 2) nach Verben der Ruhe, oben, oberwärts, in der Höhe, nares s. sunt.

Sus, suis, *comm.* (gr. ὗς) 1) das Schwein; *proverb.* sus Minervam *sc.* docet wenn ein Unwissender einen Klügeren belehren will. 2) ein Fisch.

Sūsa, ōrum, *n. pl.* [Σοῦσα] Stadt in Persien, Winterresidenz der persischen Könige. Davon **Sūsiāna**, ae, *f.* die Landschaft, in welcher S gelegen war, und -ni, ōrum, *m. pl.* die Bewohner davon.

Susceptio, ōnis, *f.* [suscipio] die Uebernahme, causae.

Susceptor, ōris, *m.* [suscipio] (Nachklaff.) der Unternehmer, Entrepreneur.

Suscĭpio, cēpi, ceptum, 3. [sub-capio] 1) in die Höhe nehmen, auf sich nehmen (zum Tragen, Stützen u. dergl.), aufnehmen, auffangen u. f. w.: s. labentem; s. sanguinem; s. ignem foliis. Insbef. A) stützen aufrecht halten, unterstützen, theatrum fulturis; *trop.* s. reum schützen, unterstützen. B) von einem Kinde, a) eigtl. vom Vater, ein neugeborenes Kind von der Erde aufnehmen und dadurch zu erkennen geben, daß er es erzeihert (d. h. nicht tödten oder aussetzen) will: utinam die natali susceptus non essem ich wollte, man hätte mich an meinem Geburtstage nicht am Leben gelaffen, mich getödtet simul atque in lucem editi et suscepti sumus. b) Hiervon überhaupt ein Kind zeugen, bekommen, s. filium ex aliqua. C) annehmen, aufnehmen, discipulos, aliquem in civitatem. D) s. sermonem (Poet. u. Spät.) = antworten. E) s. personam viri boni die Rolle — spielen; s. sibi auctoritatem sich anmaßen. F) s. consolationem für Trost empfänglich sein, sich trösten

Suspendo

laffen; s. crimen eine Anklage anhören. 2) übernehmen, sich unterziehen, auf sich nehmen, onus, negotium, causam populi, legationem sibi. Hiervon A) = unternehmen, anfangen, beginnen, bellum, iter; s. scelus (in se) ein Verbrechen begehen. B) s. odium Haß faffen (gegen Jmd.), prodigia die Sühnung der Wahrzeichen, talem cursum vitae eine solche Lebensbahn einschlagen; s. consilium einen Entschluß faffen, votum thun, severitatem gebrauchen, maculam sich anhängen, turpitudinem etwas Schändliches begehen. C) s. poenam und bergl. leiden; s. invidiam sich verhaßt machen, dolorem sich einem Schmerze überlaffen.

Sus(b)-cĭto, 1. 1) (Poet.) in die Höhe bewegen, empor treiben: s. humum (beim Pflügen), aura s. lintea schwellt; s. cinerem, ignem. wieder anblasen. Hiervon a) = erbauen, errichten, delubra deorum. b) auffagen, wegtreiben, vulturium a capite. c) hervorbringen, sententias. 2) *trop.* einen Ruhenden, Schlafenden wecken, sich aufrichten machen, s. aliquem e somno; s. aegrotum wieder auf die Beine bringen, mortuos ins Leben zurückrufen. Hiervon = erregen, in Bewegung setzen, aufregen, verursachen, u. f. w.: s. clamores, bellum civile, odium, caedem; s. viros in arma (Poet.), s. aliquem testem herbeirufen (sich erheben laffen).

Su(b)-specto, 1. 1) (Com.) auf Etwas hinauf sehen, tabulam. 2) (Spät.) mit Verdacht ansehen, beargwöhnen, für verdächtig halten, aliquem, perfidiam.

Suspectus, *adj.* mit *comp.* u. *sup.* [*particip.* von suspicio] beargwöhnt, verdächtig, was Gegenstand des Verdachtes ist: s. alicui; s. de tali scelere, de noverca; (Spät.) s. in morte matris, s. capitalium scelerum; habere aliquem s. Jmd. für verdächtig halten, im Verdachte haben; locus s. = unsicher, gefährlich.

Suspectus, us, *m.* [suspicio] (Poet. und Spät.) 1) das Hinaufschauen, das Aufwärtssehen: quantus s. ad Olympum so weit man nach dem O. hinaufzuschauen hat; turris vasto s. = Höhe. 2) *trop.* die Verehrung, Bewunderung.

Suspendium, ii, *n.* [suspendo] das Erhängen: (Poet.) arbor praebuit ei suspendia hat ihm zum Erhängen gedient.

Sus(b)-pendo, pendi, pensum, 3. 1) aufhängen, hängen, oben hängen: s. nidum tigno, oscilla ex pinu, columbam ab alto malo, se de ficu; s. vestes, suspensus reste an einem Seile hangend. Insbef. A) = zur Tödtung aufhängen, hängen, s. se, aliquem. B) eine Gabe einem Gott zu Ehren im Tempel aufhängen = weihen, donum Quirino, vestes votas. C) (Poet.) s. vultum mentemque tabulā seinen Blick und seine Seele an ein Gemälde hängen, von ihm feffeln laffen. 2) durch Stützen ob. bgl. empor halten, schwebend halten, opus; duo tigna ss. contignationem schrauben hinauf; s. pedem digitis auf den Zehen gehen, ebenso suspenso gradu ire; (*Lucr.*) s. dentes nicht sehr zubeißen; s. balneas auf Gewölben ruhend erbauen, turris s. tectum hebt empor. Hiervon A) = unterstützen. B) *trop.* schwebend halten, a) eine Sache = unentschieden laſſen, rem. b) ungewiß, ſchwankend machen, in Ungewißheit halten, animos judicum, senatum ambiguis responsis. c) unterbrechen, hemmen, sermonem, fletum. C) (Poet.) auflockern, terram. D) (Horat.) s. aliquem ob. aliquid naso (adunco) über Jmd. oder Etwas die Naſe rümpfen.

Suspensūra, ae, f. [suspendo] (Spät.) der Schwibbogen, auf dem ein Gebäude ruhet.

Suspensus, adj. mit comp. u. sup. [particip. von suspendo] 1) (eigtl. meiſt Poet. und Spät.) in der Höhe ſchwebend, hoch, erhaben, vel mare per medium fluctu suspensa tumenti Ferret iter. 2) trop. A) ſchwebend, leiſe, pes (ſiehe suspendo 2.), aura. B) von Etwas abhangend, auf Etwas beruhend, ex re aliqua. C) ungewiß, zweifelhaft, unentſchieden, spes, animus, consilium; omnia erant ss.; relinquere aliquid in suspenso unentſchieden laſſen. D) ſchwankend, unbeſtimmt, inter spem et metum, exspectatione vor Erwartung; s. et anxius. E) ängſtlich, furchtſam, manus.

Suspicax, ācis, adj. [suspicor] (ſelten, meiſt Spät.) = suspiciosus.

Suspicio, exi, ectum, 3. [sub-specio] 1) intrans. aufwärts ſehen, in coelum; nec s. nec circumspicio. 2) transit. aufwärts nach Etwas ſehen, astra, coelum, aliquem. Hiervon trop. A) mit Verehrung und Bewunderung zu Jmd. oder Etwas hinaufſchauen, verehren, bewundern, aliquem, honores. *B) beargwöhnen, aliquem (hiervon particip. suspectus als adj.).

Suspīcio (auch **Suspītio** geſchr.), ōnis, f. [suspicio] 1) der Argwohn, Verdacht: in hac re nulla s. subest; incidit mihi suspicio; venire (vocari) in suspicionem verdächtig werden, in Verdacht kommen, vocare aliquid in s. Etwas beargwöhnen, movere s. alicui bei Jmd. erregen, esse in suspicione alicui Jmd. verdächtig ſein, Gegenſtand ſeines Argwohns ſein; tu habes s. hegſt Verdacht, aber res habet s. iſt verdächtig, erregt Verdacht; ss. et offensiones; crimen coarguitur multis ss. durch viele Verdacht erregende Umſtände. 2) überhaupt die Vermuthung, der Glaube: s. deorum Idee von Göttern; attingere aliquid suspicione Etwas vermuthen.

Suspiciōse, adv. mit comp. u. sup. [suspiciosus] auf Verdacht erregende Weiſe, mit Argwohn.

Suspiciōsus, adj. mit comp, u. sup. [suspicio] 1) argwöhniſch, der Verdacht hegt oder zu hegen geneigt iſt, homo. 2) verdächtig, Argwohn erregend, res antea s. nunc manifesta est; tempus s.

Suspicor, depon. 1. (Vorklaſſ. auch -o, 1.) [suspicio] 1) argwöhnen, in Verdacht haben, aliquid, res nefarias, malo consilio aliquem abire. 2) überhaupt vermuthen, glauben, hoffen, annehmen, aliquid, figuram divinam in deo, librum ei placere.

Suspīrātio, ōnis, f. (Spät.) u. -tus, us, m. [suspiro] das tiefe Athemholen, Aechzen, Seufzen.

Suspīrītus, us, m. [suspiro] = suspiratio.

Suspīrium, ii, n. [suspiro] 1) der tief geholte Athem, der Seufzer; trahere s. seufzen, tief Athem holen; sine cura, sine s. 2) (Spät.) als krankhafter Zuſtand, die Athembeſchwerde, Bruſtbeklemmung.

Su(b)-spīro, 1. tief Athem holen, tief aufathmen, ächzen, seufzen (unarticulirt u. als unwillkürliche Folge eines beklommenen Herzens, vgl. gemo): s. ab imis pectoribus, occulte. Hiervon (Poet.) a) s. aliquid factum darüber seufzen, daß u. ſ. w., ne aus Furcht, daß. b) s. in aliquā in ein Frauenzimmer verliebt ſein, „um ſie ſeufzen". c) mit einem accus. = nach Etwas ſeufzen, ſich ſehnen, matrem, alios amores. d) curae suspirantes die Einen ſeufzen machen.

Susque deque, adv. [vermuthlich ſtatt sursum-deorsum] eigentlich auf und nieder, drunter und drüber, wird nur trop. und in der Converſationsſprache gebraucht um etwas Gleichgültiges, eine Geringſchätzung zu bezeichnen: s. d. habere aliquid aus einer Sache ſich Nichts machen, ſie nicht achten; de Octavio s. d. (sc. habeo, fero ob. est) um den O. kümmere ich mich nicht, mit ihm iſt es Nichts.

*Sustentācŭlum, i, n. [sustento] (Spät.) die Stütze, der Grundpfeiler.

Sustentātio, ōnis, f. [sustento] (ſelten) das Hinhalten, der Verſchub, res habet s. kann verſchoben werden.

Sustento, 1. [sustineo] 1) empor halten, in die Höhe halten, ſtützen, fratrem labentem manu. Hiervon trop. A) aufrecht halten, nicht ſinken, zu Grunde gehen laſſen, unterſtützen, helfen, ſchützen u. dergl.: aliquem, valetudinem; una consolatio me s.; s. opes Trojanas; s. aciem in Ordnung halten, daß ſie ſich nicht in wilde Verwirrung auflöſt; sustentor iteris. B) ernähren, unterhalten, plebem frumento, se amicorum liberalitate, omnem familiam. 2) aushalten, ertragen, moerorem alicujus, bellum; s. luxuriam domestico lenocinio den Aufwand dafür beſtreiten. Hiervon = zurückhalten, widerſtehen, ertragen, impetum legionis, hostes; aegre sustentatur is dies oder (impers.) eo die mit Noth hielt man jenen Tag über aus; ultra s. länger aushalten. 3) verſchieben, verzögern, rem.

Sustĭneo, tinui, tentum, 2. [sub-teneo] 1) empor-, in die Höhe halten, tragen, ſtützen, halten: s. bovem humeris, fornix s. pontem; male s. arma; s. se a lapsu ſich aufrecht halten. Hiervon trop. A) unterſtützen, helfen, amicum. B) Etwas (als eine Laſt) auf ſich genommen haben und tragen, ſich einer Sache unterzogen haben, die Verantwortlichkeit für Etwas tragen: s. munus, negotium, causam reipublicae; s. personam eine Rolle ſpielen (Poet. auch s. Thaida = die Rolle der Th.), auszuführen haben; s. causas multorum muß für — Sorge tragen. Hiervon: exspectationem magnam sustineo die große Erwartung, die man von mir hegt, liegt wie eine laſtende Verpflichtung auf mir. C) (meiſt mit einer Negation) Etwas wagen, über das Herz bringen, über ſich gewinnen, aliquid facere. 2) aushalten, ertragen, leiden, dolorem, curam, praesentia. 3) einer Perſon oder Sache nicht unterliegen, widerſtehen, ſie aushalten, potentiam alicujus, impetum, vim hostium; auch abfol. = sich halten, diutius s. non possum. Hiervon A) s. ea quae contra dicuntur sich gegen — vertheidigen. B) non s. rogantem Jmds Bitten nicht widerstehen können. 4) erhalten, bewahren, behaupten, machen, daß Etwas dauere oder bestehe: s. dignitatem reipublicae; s. rem Romanam die Sachen der Römer aufrecht halten. Hiervon ernähren, unterhalten, liberos; res frumentaria nos s. 5) zurückhalten, innehalten, hemmen: s. remos die Ruder schwebend halten, mit dem Rudern innehalten; s. agmen, milites, signa, trop. s. impetum benevolentiae. Hiervon A) schwebend halten = verschieben, aufhalten, verzögern, bellum, rem in noctem. B) enthalten, zurückhalten, s. se ab omni assensu, sustinebam me ne scriberem.

Sus(b)-tollo, — — 3. (Vorklaff., Poet. u. Spät.) 1) in die Höhe heben, aufnehmen, amiculum. 2) wegschaffen, zerstören, aedes. 3) wegnehmen, -bringen, filiam ab aliquo.

*Susurrātor, ōris, m. [susurro] der Murmler, der leise Redende.

Susurro, 1. (Poet. u. Spät.) 1) *intrans.* zischeln, flüstern, summen, säuseln, homo, fama, apes, aura. 2) *transit.* Jmd. Etwas zuflüstern, alicui aliquid.

Susurrus, i, m. [susurro] das Zischeln, Flüstern, Summen, Säuseln.

*Susurrus, *adj.* [susurro] (Poet.) flüsternd.

Sūtēla, ae, *f.* [suo] (Pl.) eigtl. das Zusammennähen, *trop.* der listige Streich, Rank.

Sūtĭlis, e, *adj.* [suo] zusammengenäht, cymba; corona s. aus Rosen geflochten.

Sūtor, ōris, m. [suo] der Schuster; *proverb.*, siehe crepida.

Sūtōrĭus, *adj.* [sutor] zum Schuster gehörig, Schuster-, atramentum.

Sūtrīnus, *adj.* [statt sutorinus von sutor] (Spät.) = sutorius. Hiervon *subst.* A) -na, ae, *f.* (sc. officina od. taberna) die Schusterwerkstätte. B) -num, i, n. (sc. artificium) das Schusterhandwerk.

Sutrium, ii, n. Stadt in Etrurien; *proverb.* ire Sutrium = wohlvorbereitet an Etwas gehen (wie Camillus zur Eroberung von S. auszog). Hiervon **Sutrīnus**, *adj.* u. *subst.* -ni, ōrum, *m. pl.* die Einwohner von S.

Sūtūra, ae, *f.* [suo] die Naht.

Suus, *pronom. poss.* [se; ὅς] 1) sein, ihr: patrem s. interfecit; ostendit quid pater s. fecisset; hunc cives sui ejecerunt seine eignen Mitbürger; sua cuique laus debetur Jedem sein Lob; suae injuriae die Verunglimpfungen, welche sie Anderen zufügten oder von Anderen erlitten; bisweilen unregelmäßig statt ejus, eorum u. f. w. (über alles dieses muß man die Grammatik nachsehen). Verstärkt wird es durch die Partikeln pte u. met (suopte ingenio, capti suismet ipsi praesidiis), wo man im Deutschen das Wort "eigen" dem Pronomen beifügt. Hiervon 2) uneigtl. und prägn. A) = Jmd. zukommend, ihm eigenthümlich, bestimmt, angewohnt u. dergl.: habere s. numerum; sua morte defungi einen natürlichen Tod sterben; suo Marte pugnare auf seine gewöhnliche Streitart, mit seinen gewöhnlichen Waffen; suo anno consulem fieri in dem ersten Jahre, in welchem man es nach den Gesetzen werden kann. B) = Jmd. günstig, vortheilhaft, erwünscht u. dergl.: suo loco pugnare auf einem günstigen Terrain; uti populo suo das Volk für sich günstig gestimmt haben, ebenso deos ss. habere gnädig. C) = sein eigener Herr, in seiner eigenen Gewalt: ancilla nunc sua est; is in disputando suus esse poterit nicht von Anderen abhängend, originell. D) *subst.* sui die Seinen oder Ihrigen (seine Anhänger, Truppen, Freunde, Verwandte).

Sȳbăris, is u. Idis, *f.* [Σύβαρις] 1) Fluß in Lucanien. 2) Stadt am Flusse S., im Jahre 510 v. Chr. zerstört und 443 unter dem Namen Thurii neu aufgebaut; berüchtigt als Sitz der Schlemmerei und Ueppigkeit. Davon 1) -**rītae**, ārum, *m. pl.* die Einwohner von S. 2) -**rītănus** u. -**rītĭcus**, *adj.* (Spät.) 3) -**rītis**, idis, *f.* Name eines wollüstigen Gedichts.

Sȳchaeus oder **Sichaeus**, i, m. Gemahl der Dido, vom Pygmalion getödtet; davon **Sichaeus** *adj.*

*Sȳcŏlătrōnĭdae, ārum, *m. pl.* (Pl.) scherzhaft gebildeter Volksname, die "Feigenkehler".

Sȳcŏphanta, ae, m. [συκοφάντης] (Com.) der gewinnsüchtige und ränkevolle Ankläger, der Chicaneur, Ränkeschmied, Betrüger. Davon = der betrügerische Schmeichler.

Sȳcŏphantia, ae, *f.* [συκοφαντία] (Pl.) die Chicane, Betrügerei (siehe sycophanta).

*Sȳcŏphantĭōse, *adv.* [sycophanta] (Pl.) auf ränkevolle, betrügerische Weise.

Sȳcŏphantor, *depon.* 1. [sycophanta] (Pl.) Ränke schmieden, Betrügereien ersinnen, alicui gegen Jmd.

Sȳēne, es, *f.* [Συήνη] Stadt in Oberägypten. Davon **Sȳēnītes**, ae, *adj.*, aus S., *plur.* = die Einwohner von S.

Sylla, siehe Sulla.

Syllăba, ae, *f.* [συλλαβή] die Silbe.

Syllăbātim, *adv.* [syllaba] silbenweise, in einzelnen Silben.

Syllŏgismus, i, m. [συλλογισμός] (Spät.) der Vernunftschluß, Syllogismus.

*Syllŏgistĭcus, *adj.* [συλλογιστικός] (Spät.) zum Vernunftschluß gehörig.

Symaethum, i, n. ob. -**thus**, i, m. Fluß auf der Ostseite von Sicilien. Davon 1) -**this**, idis, *f.* die Nymphe des Flusses S. 2) -**thēus** oder -**thius**, *adj.*

Symbŏla, ae, *f.* [συμβολή] (Vorklaff.) der Geldbeitrag zu einem gemeinschaftlichen Schmause; scherzhaft von Schlägen.

Symbŏlum, i, n. u. -**lus**, i, m. [σύμβολον u. -ος] (Vorklaff. u. Spät.) die Marke, das Kennzeichen, durch welches Jmd. erkannt werden ob. sich legitimiren soll.

Symphōnia, ae, *f.* [συμφωνία] die Harmoniemusik, das Concert, die von Mehreren ausgeführte Musik.

Symphōnĭăcus, *adj.* [συμφωνιακός] zur Musik gehörig, musikalisch, pueri ss. zur Capelle gehörig.

Symplēgădes, dum, *f. pl.* [Συμπληγάδης] "die Zusammenschlagenden", die (nachher Cyaneae genannten) zwei kleinen Felseninseln an

Symposium — Tabificus

der Mündung des thracischen Bosporus, die dem Mythus zufolge immer zusammenschlugen.
Sympōsium, ii, n. [συμπόσιον] das Gastmahl. Titel einer Schrift des Plato.
†**Synecdŏche**, es, f. [συνεκδοχή] (Spät.) eine Redefigur, nach welcher ein Theil für das Ganze oder umgekehrt, ein Nomen proprium für ein Appellativum u. s. w. gesetzt wird.
Synĕphēbi, ōrum, m. pl. [Συνέφηβοι] die „Mitjünglinge", Titel einer Comödie des Statius Cäcilius.
Syngrăpha, ae, f. [συγγραφή] eine Handschrift = Obligation, Schuldschein.
Syngrăphus, i, m. [σύγγραφος] (Pl.) 1) der schriftliche Contract. 2) der Reisepaß.
Synnăda, ōrum, n. pl. auch **Synnas**, ădis, f. [τὰ Σύνναδα] Stadt in Großphrygien. Davon -densis, e, adj.
Syntŏnum, i, n. [σύντονον] (Spät.) ein musikalisches Instrument.
Sȳphax, ācis, m. ein König in Numidien zur Zeit des zweiten punischen Krieges.
Syrācūsae, ārum, f. pl. [Συράκουσαι] Hauptstadt der Insel Sicilien, gegründet vom Corinthier Archias 758 v. Chr. Davon 1) -cū-

sānus, adj. und subst. -ni, ōrum, m. pl. die Einwohner von S. 2) -cūsius, adj. 3) (Poet.) -cōsius, adj.
Syri, ōrum, m. pl. [Σύροι] die Syrer, Bewohner der Landschaft Syrien. Davon 1) **Syrus**, adj. 2) **Syria**, ae, f. die Landschaft Syrien; im weiteren Sinne gehörten auch die Länder am Euphrat und Tigris dazu, daher Syria oft = Assyria. Hiervon **Syrĭăcus**, **Syrĭcus** (Poet.) und **Syrius** (Poet. u. Spät.) adj.
Syrinx, ngis, f. [Σύριγξ] eine in ein Rohr [σύριγξ] verwandelte Nymphe.
Syrma, ătis, n. [σύρμα] (Spät.) ein Schleppkleid. Hiervon trop. zur Bezeichnung der Tragödie.
Syrŏphoenix, icis, m. [Συροφοίνιξ] ein Syrophönicier (aus Phönicien an der Grenze von Syrien).
Syrtis, is, f. [Σύρτις] 1) Theil des Meeres an der Küste, wo der Boden aus Sand besteht und deswegen sehr beweglich ist; insbes. von zwei solchen Meerbusen an der Nordküste von Afrika (S. major, jetzt der Busen von Sidra, und S. minor, jetzt der Busen von Cabes). 2) meton. die Küstengegend an den Syrten. Hiervon **Syrtĭcus**, adj.

T.

Tăbella, ae, f. [deminut. von tabula] = ein vermindertes tabula in den verschiedenen Bedeutungen dieses Wortes, Täfelchen, Brettchen; oft = tabula, so tt. publicae = tabulae publicae, tt. quaestionis Verhörsprotocolle u. s. w. Insbes. A) der Brief, das Billet, dare tt. = dare literas. B) die Stimmtafel, von den Täfelchen, die in den Comitien den Stimmenden, in den Gerichten den Richtern gegeben wurden, um ihr Votum damit zu bezeichnen (vgl. tabula 6. C.).
Tăbellārius, adj. [tabella] zur tabella gehörig, insbes. A) die Stimmtäfelchen betreffend. B) die Briefe betreffend, navis t. ein Postschiff, Packetboot, und subst. -ius, ii, m. der Briefträger, Sclave oder Bote, der irgendwohin mit einem Briefe abgeht.
Tăbeo, ui, — 2. [tabes] (Poet.) schmelzen, zerschmelzen, trop. = schwinden, corpora tt. = verwesen; artus tabentes sale (Poet.) vom Salzwasser triefend.
Tăberna, ae, f. [verwandt mit tabula] 1) die bretterne Bude, Hütte überhaupt, A) = armselige Wohnung, tt. pauperum. B) = Laden oder Werkstätte für Kaufleute, Handwerker, Barbiere u. dergl.: concursare circum tt.; t. libraria der Buchladen, exercere t. Waaren in einer Bude feil halten; t. tonsoris „Barbierstube", lanionis Fleischerbude. C) das Wirthshaus, die Kneipe, deverteres in t. 2) eine (hölzerne) Sitzreihe im Circus, Theil des Zuschauerplatzes. 3) Tres Tabernae hieß eine Ortschaft an der appischen Straße.
Tăbernācŭlum, i, n. [taberna] die bret-

terne Hütte, Baracke, daher das Zelt. Insbes. in der Auguralsprache = der von dem Augur zur Beobachtung der Auspicien gewählte Standort (capere t.).
Tăbernārius, ii, m. [taberna] der Budenbesitzer, Budenkrämer (in Rom = ein Mann niederen Standes).
Tăbernŭla, ae, f. (Spät.) deminut. von taberna.
Tābes, is, f. (doch kömmt der genit. und dat. nicht vor) 1) das allmälige Vergehen einer Sache, A) durch Schmelzen, Fäulniß u. dgl.: t. absumit cadavera. B) durch Krankheit, das Hinschwinden, die Abzehrung: aegritudo affert t.; oculorum t. der Verlust des Gesichts. 2) die ansteckende und auszehrende Krankheit, fast immer trop. von einem moralischen oder politischen Uebel: t. fenoris arescentis („Pest"). 3) die zerschmelzende, zergehende Flüssigkeit selbst, Jauche: t. nivis liquescentis, t. sanguinis; t. tot annorum (von einem Sarge, in welchem ein Leichnam lange gelegen hatte); t. veneni.
Tābesco, bui, — 3. [tabeo] 1) schmelzen, cera. 2) schwinden, nach und nach vergehen, luctu, molestiis; dies t.
Tābĭdus, adj. [tabeo] 1) schmelzend, zerschmelzend, nix. 2) von Krankheit od. dergl. schwindend, krankhaft, corpus, juvencus schwindsüchtig. Hiervon trop. (Poet.) A) mens t. sich vor Kummer verzehrend. B) nach und nach verzehrend, auszehrend, lues, vetustas.
Tābĭfĭcus, adj. [tabes-facio] 1) (Poet.)

schmelzend = schwinden machend, radii solis. 2) pestilentialisch, tödtend, aër, venenum; trop. animi perturbationes tt. verzehrende Leidenschaften.

Tăbŭla, ae, f. 1) das Brett, die Tafel (aus Holz oder Metall); arripere tabulam de naufragio. Insbef. A) das Spielbrett. B) t. picta oder bloß t. das Gemälde. Insbes. a) t. votiva die mit einer Abbildung des Schiffbruchs versehene Tafel, welche ein erretteter Schiffbrüchiger in einem Tempel aufhing, die Votivtafel. b) t. Dicaearchi eine Landkarte. C) die Rechen- oder Schreibtafel: t. cerata die wächserne Tafel zum Schreiben. D) eine Gesetztafel, figere tabulas anschlagen, bekanntmachen, duodecim tt. die Gesetze der Decemvirn zu Rom. 2) von verschiedenen Arten schriftlicher Aufsätze: A) plur. das Rechnungsbuch, Buch über Einnahme und Ausgabe (tt. acceptorum et expensorum; solches hielt jeder ordentliche Mann zu Rom): conficere tabulas; pecunia debetur in tabulis „steht in seinen Büchern", man schuldet ihm Geld. Hiervon tt. novae = die Annullirung oder Herabsetzung der Schuldposten, wonach alle Rechnungen geändert werden mußten; trop. tt. novae beneficiorum das In-Vergessenheit-Gerathen-Lassen der Wohlthaten. B) tt. publicae, a) die Rechnungsbücher des Staates, Bücher über Einnahmen und Ausgaben des Staates, die Finanzbücher. b) Documente, Protocolle, Verzeichnisse, Paviere des Staates über den Census, Rechtsfachen, Staatsverhandlungen u. dergl., daher überhaupt = das Archiv. C) die Tafel, auf welcher nach der Abstimmung in den Comitien die auf jeden Candidaten gefallenen Stimmen notirt wurden, das Stimmenverzeichniß. D) = der Anschlag, die Bekanntmachung: figere, proscribere t.; t. decreti, beneficii eine Veröffentlichung des — enthaltend. Insbef. = Proscriptionslisten (tt. Sullanae), und = Auctionstafel: ad-eo ad t. (das Verzeichniß der zu verkaufenden Sachen oder = der Tisch eines Wechslers). E) tt. dotis, nuptiales (Poet.) der Ehecontract, tt. quaestionis Verhörsprotocolle. F) (Poet. und Spät.) = das Testament.

Tăbŭlāris, e, adj. [tabula] (Spät.) zu Brettern-, Tafeln gehörig; als subst. -ria, ium, n. pl. die Tafeln.

Tăbŭlārĭus, ii, n. [tabula] zu schriftlichen Documenten gehörig: nur subst. A) -ĭus, ii, m. der Archivar, Registrator. B) -ĭum, ii, n. das Archiv = Ort, wo die öffentlichen Papiere aufbewahrt werden.

Tăbŭlātĭo, ōnis, f. [tabula] das Tafelwerk, Stockwerk.

Tăbŭlātus, adj. [tabula] mit Brettern versehen, getäfelt. Hiervon subst. **-ātum**, i, n. 1) der bretterne Boden. 2) das Stockwerk, die Etage, auch = die Reihe, Schicht, Etage über einander liegender Dinge.

Tābum, i, n. (*Spät. Poet. auch -bus, i, m.) [tabeo] (der gen. und dat. findet sich nicht) 1) die verwesende Feuchtigkeit, das geronnene Blut, der Eiter: saxa spargere tabo (von einem Schiffbrüchigen). fluere sanie taboque. 2) trop. anstedende und verwesende Krankheit, die Pest: pabula tabo inficere.

Tāburnus, i, m. Gebirge in Campanien.

Tăceo, 2. I. intrans. 1) schweigen, nicht reden (vgl. sileo): tace schweige! t. de re von Etwas. 2) (Poet.) A) = sileo still-, lautlos sein, kein Geräusch hören lassen: omnis ager, nox t. kein Laut wird in — gehört. B) trop. oculi tt. drücken Nichts aus; blanditiae tt. hören auf. II. transit. von Etwas schweigen, es verschweigen, rem, arcana; tacenda was man nicht sagen sollte.

Tăcĭte, ob. *(Nachfl.) -to, adv. [tacitus] 1) schweigend, still: habere aliquid t. Etwas verschweigen. 2) = unbemerkt, im Stillen, perire.

Tăcĭturnĭtas, ātis, f. [taciturnus] 1) das Schweigen, die Stille, testium, curiae; hiervon (Poet.) = das Nichterwähnen, Nichtbesingen, t. invida. 2) die Verschwiegenheit, Schweigfamkeit.

Tăcĭturnus, adj. [taceo] 1) schweigfam, nicht mit redend, wortkarg, homo; obstinatio t. hartnäckiges Schweigen. 2) trop. (Poet.) A) still, ruhig, ripa. B) von einem Buche = das nicht gelesen wird (t. pasces tineas).

Tăcĭtus, adj. [taceo] 1) act. schweigend, nicht redend, still: me tacito ohne daß ich rede; os tacitum alicui praebere nicht antworten; t. exspectatio; tacitus id praetereo übergehe es mit Stillschweigen, spreche nicht davon. Hiervon A) t. servio ohne Etwas zu unternehmen, t. morior ohne mich vertheidigt zu haben. B) = wobei man schweigt, Nichts sagt: t. signum Zeichen, wobei kein Wort hervorgebracht wird; tt. induciae ein durch stillschweigendes Uebereinkommen (ohne bestimmte Verabredung) entstandener Waffenstillstand; t. assensio; t. sensus das natürliche Gefühl (im Gegensatz zum Unterrichte und zur Anweisung); tt. exceptiones stillschweigend. C) (= silens) still, lautlos, ruhig, nox, nemus; per tacitum in der Stille. 2) pass. wovon man schweigt, unbesprochen: relinquere aliquid t.; bes. ferre aliquid ab aliquo tacitum Etwas von Jmd. dazu schweigen: ne id quidem a Turno tacitum tulit nicht einmal dazu schwieg der T.; nunquam hoc (a me) tacitum feres du sollt es nicht ohne Einrede von meiner Seite thun. Hiervon = heimlich, unbemerkt, vulnus; tacitum abire; subst. tacitum ein Geheimniß.

***Tactĭlis**, e, adj. [tango] (Lucr.) berührbar.

Tactĭo, ōnis, f. [tango] das Anrühren, Berühren, delectationes tactionum; (Pl.) quid tibi hanc tactio est was hast du diese anzurühren.

Tactus, us, m. [tango] 1) = tactio 1. 2) der Gefühlsinn, das Gefühl. 3) die Wirkung, der Einfluß.

Taeda, ae, f. 1) der Kien- oder Fichtenbaum, daher = Kien- oder Fichtenholz. 2) was aus Kien- oder Fichtenholz gemacht ist, A) ein Stückchen Kienholz, cupae repletae taedā. B) ein zum Zünden gebrauchtes Stück Kienholz, eine Fackel, gebraucht theils beim Gottesdienste, theils bei Leichenbegängnissen, theils und bef. bei Hochzeiten (t. jugalis), daher trop. zur Bezeichnung a) der Hochzeit, Ehe (foedera taedas), b) der Liebe. C) ein fichtenes Brett in einem Schiffe.

Taedet, taeduit ob. taesum est, — 2. impers. es bringt zum Ueberdruß und Ekel, t. me ich habe Ekel, bin überdrüffig: t. me vitae, t. eum sermonis tui er ist deines Redens überdrüffig; t. eadem audire millies es erregt (mir) Ekel.

****Taedifer**, ěra, ěrum, adj. [taeda-fero] (Poet.) Fackel tragend.

Taedium, ii, n. [taedet] der Ekel, Ueberdruß, Widerwille gegen eine Sache, aus ihrer zu langen Dauer oder zu großen Häufigkeit entstanden: t. oppugnationis, rerum adversarum; afferre t. erregen, capere fassen.

Taenārus, i, comm. u. -rum, i, n. [Ταίναρος, -ον] Vorgebirge und Stadt in Laconien; in der Nähe war, dem Mythus nach, eine Höhle mit ihrem Eingang zur Unterwelt; daher meton. zur Bezeichnung der Unterwelt, des Reichs der Todten. Davon 1) -rĭdes, ae, m. aus T., (Poet.) = der Lacedämonier. 2) -ris, ĭdis, f., adj. (Poet.) = lacedämonisch. 3) -rius, adj. (Poet.) = lacedämonisch; deus T. der Neptun (weil er am T. einen Tempel hatte), soror, marita die Helena; T. porta der Eingang in die Unterwelt, valles T. die unterirdischen.

Taenĭa, ae, f. [ταινία] (Poet. u. Spät.) das Band, die Binde, insbef. die Kopfbinde.

Taeter, s. S. für Teter.

Tāgax, ācis, adj. [tago] (selten, wahrsch. der Volkssprache angehörig) diebisch.

Tāges, ĕtis? m. ein etrurischer Gott oder Heros, Sohn eines Genius Jovialis, also Enkel des Jupiter; er lehrte die Etrusker die Kunst, Wahrzeichen u. dergl. zu beobachten.

Tago, — — 3. veraltete Form von tango, was man sehe (vgl. das gr. τεταγών).

Tāgus, i, m. Fluß in Lusitanien, jetzt Tajo, Tejo.

Tālāris, e, adj. [talus] zu den Knöcheln gehörig, A) bis an die Knöchel reichend, tunica. B) subst. **Tālāria**, ium, n. pl. a) die Theile des Beines um die Knöchel, die Knöcheltheile. b) die Knöchelschuhe, insbef. von den geflügelten Schuhen des Mercur; proverb. videamus talaria = laßt uns eilig fliehen. c) (Poet.) = tunica talaris.

Tālārius, adj. [talus] zu den Würfeln gehörig, Würfel-, ludus, lex das Würfeln betreffend.

Tālassĭo, ōnis, ob. **-assĭus**, ii, u. **-assus**, i, m. ein Senator, für welchen der Sage nach bei dem Raube der Sabinerinnen ein sehr schönes Mädchen abgeführt wurde, und dessen Name deswegen als beglückender hochzeitlicher Zuruf gebraucht wurde: servire T. = heirathen.

Tālea, ae, f. ein abgeschnittenes Reis, ein Stäbchen; insbef. A) = der Setzling, Steckling. B) ein kurzer spitziger Pfahl oder Block, der in die Erde gesteckt wurde, um die Pferde der feindlichen Reiterei zu verwunden. C) tt. ferreae kleine Stücke Eisen, als Münze bei den Britanniern gebraucht.

Tālentum, i, n. [gr. τάλαντον] 1) ein griechisches Gewicht, in verschiedenen Staaten von verschiedener Schwere, meistens = 50 Pfund. 2) eine Summe Geldes; das attische T., aus 60 Minen oder 6000 Drachmen bestehend, war = 1375 Rthlr.; t. magnum war größer und hatte 80 Minen.

Tālis, e, adj. ein solcher, eine solche, ein solches: aliquid tale oder tale quid etwas Solches; häufig correspondirend mit qualis ein solcher — als, t. erat qualis putabatur (auch mit ac oder atque); tales esse oportet ut jure landemur; talem te esse oportet qui etc. ein Solcher, der ob. daß du. Insbef. A) lobend = so vortrefflich, ausgezeichnet, vir, occasio. B) oft bezieht es sich auf eine vorhergehende oder gleich nachfolgende Beschreibung und kann durch dieser, jener oder folgender übersetzt werden: tali modo, talia fatur Folgendes.

****Tālĭtrum**, i, n. (Spät.) das Schnellen mit den Fingern, das Schnippchen.

Talpa, ae, f. der Maulwurf.

Tālus, i, m. 1) der Knöchel; pulcher a vertice ad tt. vom Kopfe bis zu den Füßen; proverb. recto t. stare gerade, fest stehen. 2) der (ursprünglich aus den Knöcheln an den Hinterfüßen gewisser Thiere gemachte) Würfel. Der t. hatte vier bezeichnete Seiten, auf die er fallen konnte, zwei runde und unbezeichnete. Man würfelte mit vier talis: der glücklichste Wurf (Venus) war, wenn alle vier Seiten eine andere Zahl oben hatten, der unglücklichste (Canis), wenn alle vier Seiten oben einerlei Zahl zeigten (vgl. hiermit tessera).

Tam, adv. so, in dem Grade, so weit, soviel; gewöhnlich mit Adjectiven und Adverbien, bei Com. und Spät. auch mit Verben verbunden: t. multa, t. barbarus. Häufig mit quam (bisweilen ac, atque) correspondirend = so sehr — als, non t. — quam nicht sowohl — als, und bisweilen = sowohl — als, zur stärkeren Bezeichnung der Verbindung (ungefähr = et — et): t. foederatis quam infestis gentibus. Insbef. A) (selten) bei superl.: t. gravissima judicia so überaus strenge Urtheile. B) (Poet.) bei comp.: t. magis illa frequens quam so viel mehr — als. C) t. — quam bei superl. = je — desto: quam quisque pessime fecit, t. maxime est tutus. D) bisweilen fehlt es: non facile loquor quam praesto nicht so leicht.

Tam-diu, adv. so lange: t. — quamdiu so lange als, donec (dum, quoad) bis.

Tāmen, conj. doch, gleichviel, gewöhnlich mit quamquam, quamvis, etsi ob. dergl. correspondirend, ob. so daß der sonst durch eine Conjunction ausgedrückte Begriff des Einräumens, Zugestehens in dem Zusammenhange liegt (bisweilen fehlt tamen, wo eine solche Conjunction vorangeht): quamquam abest a culpa, suspicione t. non caret; licet tibi significarim, t. intelligo; non sunt permolesti, sed t. insident et urgent; nonnihil t. Etwas doch (wenigstens). Insbef. A) tamenne oder bloß t. in einer mit Unwillen oder Verwunderung gemachten Frage: t. haec attenta vita et rusticana relegatio et amandatio appellabitur? B) (Poet.) si t. wenn sonst, wenn anders. C) zur Bezeichnung einer Ungeduld über etwas spät Geschehendes, = doch endlich: egressus est t.

Tāmĕn-etsi oder häufiger zusammengezogen **Tāmetsi**, conj. obgleich, obschon: t. hoc intelligo etc. Häufig wie quamquam,

47*

ohne Nachsaß, zur Berichtigung des Vorhergehenden, wiewohl, jedoch.

Tămĕsis, is, m. Fluß in Britannien, jetzt die Themse.

Tam-quam, siehe tanquam.

Tănăger, gri, m. Fluß in Lucanien.

Tănagra, ae, f. [Τάναγρα] Stadt in Böotien. Davon **-graeus**, adj.

Tănaīs, is, m. [Τάναϊς] 1) Fluß in Scythien, jetzt Don; auch eine gleichnamige Stadt. Davon **-ītis**, idis, f. eine Anwohnerin des T. = eine Amazone. 2) (Curtius) = der Fluß Jaxartes, siehe diesen Art.

Tănăquĭl, īlis, f. Gemahlin des Tarquinius Priscus, Königs in Rom.

Tandem, adv. 1) endlich = doch endlich, zuletzt doch (von Etwas, das erst nach einiger Erwartung und Zögerung geschieht; vgl. postremo, denique u. s. w.): t. pedem referunt; perficiam ut jam. t. illi fateantur. 2) in Fragesätzen zur Bezeichnung einer Ungeduld, eines Unwillens und Affects, = doch, denn, in aller Welt, ums Himmels willen: quonam t. modo? quousque t. haec patiemini?

Tango, tĕtĭgi, tactum, 3. (veraltet **Tāgo**) 1) berühren, anrühren, aliquem digito, terram. Hiervon A) = einen Ort betreten, an ihn gelangen, provinciam, portum. B) t. corpus aqua bespritzen, befeuchten; t. supercilia fuligine färben, caput igne sulphuris räuchern. C) t. feminam schänden. D) = nehmen, anrühren, aliquid de praeda. E) = kosten, trinken, essen, cibum, saporem mellis; t. calicem austrinken. F) t. dente, morsu = beißen. G) = treffen, schlagen, insbef. tactus fulmine oder de coelo vom Blitze getroffen. H) t. chordas die Saiten schlagen. I) von Localitäten, angrenzend berühren, an einen Ort angrenzen, fundus t. Tiberim. 2) trop. A) geistig bewegen, rühren, auf — einen Eindruck machen, animum alicujus, minae ejus me tt.; t. deos; spiritu divino tactus von einem Gotte begeistert; religione tactus ed ein religiöses Bedenken entstand bei ihm. B) in der Rede berühren, bes. kurz und gelegentlich erwähnen, unumquodque leviter t. C) (Com.) a) berücken, anführen, betrügen, aliquem. b) um Etwas prellen, hominem triginta minis. c) in der Rede, necken, sticheln, aliquem in convivio. D) Etwas vornehmen, sich an Etwas machen, opus. E) proverb., siehe acus.

Tanquam, conj. [statt tam-quam, wie es auch geschrieben wird] 1) (selten) von Etwas, das wirklich ist, so wie, gleich wie, sowohl als: t. poetae boni solent, sic tu etc., t. bona valetudo jucundior est, sic etc.; artifex partium in republica t. in scena optimarum. 2) von Etwas, das gedacht oder angenommen wird, A) zur Einführung eines bildlichen Ausdrucks, als, wie, gleichsam: gloria virtutem t. umbra sequitur; te t. serpens intulisti. B) zur Anfügung eines conditionalen Vergleichungssaßes, t. si und bisweilen bloß t., als wenn, gleich als wenn, als ob: t. si claudus sim; t. clausa sit Asia.

Tantālus, i, m. [Τάνταλος] König in Phrygien, Vater des Pelops und der Niobe, Günstling der Götter, wegen verschiedener Frevel in der Unterwelt durch ewigen Hunger und Durst gestraft. Davon 1) **Tantălĕus** ob. **-ĕius**, adj. 2) **-līdes**, ae, m. der männliche Nachkomme des Tantalus: so = Agamemnon; fratres T. = Atreus und Thyestes; = Orestes. 3) **-lis**, idis, f. weiblicher Abkömmling des Tantalus, = Helena, auch = Hermione.

Tantillus, adj. (Vorklaff., Poet. u. Spät.) deminut. von tantulus.

Tantisper, adv. [tantus] 1) so lange, gewöhnlich mit folgendem dum, donec, quoad (bis): ut ibi esset t., dum culeus compararetur. 2) absol. so lange = unterdessen, unter der Zeit: videro quid effecerit, t. hoc magnum existimo quod pollicetur (so lange bis das geschieht); t. impedior so lange werde ich von meinem Schmerze abgezogen.

Tantŏpĕre, adv. oder getrennt **Tanto opere**, so sehr, in dem Grade, so.

Tantŭlus, adj. [deminut. von tantus] so klein, so gering, so unbedeutend, statura, causa; subst. **tantulum**, so Wenig, morae so geringe Verzögerung, tantulo venire um so Wenig, so wohlfeil.

Tantum, adv., siehe tantus 2.

Tantum-mŏdo, adv. bloß, nur, allein: alia conditio t. aequa wenn nur eine billige; t. ne daß nur nicht.

Tantus, adj. 1) so groß, von solcher Größe, urbs, pecunia, vitium; t. res eine so wichtige Sache; t. homo von so großen Eigenschaften, so ausgezeichnet; häufig mit quantus correspondirend = so groß — als; t. vir fuit ut etc., nulla res tanta existet quae etc. daß sie u. s. w. Häufig mit dem Begriffe einer Beschränkung = nur so groß: ceterarum provinciarum vectigalia tanta sunt ut. 2) Insbef. I. **Tantum**, A) als neutr. des adj. a) t. abest ut es ist so weit davon, es fehlt so viel daran, daß; t. progressus est a castris; t. potest er ist so mächtig. superabant tantum quod Aetoli accesserant sie waren (an Zahl) überlegen insofern, daß die Aetoler hinzugekommen waren, die Aetoler allein machten sie an Zahl überlegen. b) häufig mit einem genit., t. frumenti so viel Getreide, t. librorum so viele Bücher, t. gaudii so viele Freude. c) in tantum, so weit, so sehr. d) tanti von so großem Werthe, esse, facere schätzen, vendere (so theuer verkaufen); t. interest so sehr ist daran gelegen. Hierzu gehört die Redensart tanti est, a) von einem Gute = es hat so vielen Werth, ober = es ist der Mühe werth; β) von einem Uebel, welchem es der Mühe werth ist sich zu unterziehen, um dadurch ein Gut zu erlangen, = ich kümmere mich nicht darum, es ist mir gleichgültig (est mihi tanti illam invidiae molem subire). e) alterum tantum doppelt so Viel (siehe alter). B) als adv. a) bloß, nur, allein: dixit t. er hat es nur gesagt (nicht bewiesen); t. illud vereor; t. ut bloß daß, t. ne daß nur nicht. Hiervon a) t. non = fast, beinahe: urbs t. non capta est (es fehlte nur, daß sie erobert wurde, bis soweit geschah Alles). β) t. quod eben, gerade: haec quum scribebam, t. quod existimabam etc.; t. quod ex urbe veneram quum etc. γ) t. quod non

nur daß nicht, es fehlt nur, daß u. f. w. b) (Poet. u. Spät.) bei Adjectiven statt tam, so: t. magna, t. dissimilis.
II. **Tanto**, *abl. neutr.*, nur zum Theil als *adv.* a) bei Comparativen und ähnlichen Ausdrücken (malo, praestat, insbes. ante und post) zur Bezeichnung des Maaßes und Grades, um so viel, desto: t. crebriores nuncii mittebantur; t. pluris um so theurer, bis t. pluris zweimal so theuer; t. — quanto desto — je: quanto doctior, t. modestior; (Com.) t. melior zur Bezeichnung der Zufriedenheit mit Etwas = „brav!" „das war gut"! "schön"! b) (Poet.) = tam so, t. dulcis, t. motus est; deßhalb auch bisweilen bei *sup.*, t. pessimus.

Tantus-dem, *adj.* eben so groß; gewöhnlich im *neutr. sing.* eben so Viel.

Tāpes, ētis, *m.* ob. **Tāpēte**, is, *n.* [ταπης] (Poet. u. Spät.) ein Teppich, um Tische, Sophas, Fußböten u. f. w. zu bedecken.

Tarbelli, ōrum, *m. pl.* Völkerschaft in Aquitanien; davon **-llus**, *adj.*

Tarde, *adv.* mit *comp.* u. *sup.* [tardus] 1) langsam, crescere. 2) spät, triennio tardius triumphare.

*Tardesco, — — 3. [tardus] (*Lucr.*) langsam werden, stocken.

Tardigrădus, *adj.* [tarde-gradior] (Poet.) langsam gehend.

*Tardĭlŏquus, *adj.* [tarde-loquor] (Spät.) langsam redend.

Tardi-pes, ĕdis, *adj.* (Poet.) langsam gehend = hinkend.

Tardĭtas, ātis, *f.* [tardus] 1) die Langsamkeit, Säumigkeit, die langsame Bewegung, Verzögerung u. dergl.: t. in rebus gerendis, subvenire tarditati aliquorum vehiculis; t. navium, uti tarditatibus in ingressu langsam gehen. 2) *trop.* die geistige Langsamkeit, Trägheit, Stumpfheit, ingenii.

*Tardĭtūdo, ĭnis, *f.* [tardus] (Pl.) = tarditas.

Tardiuscŭlus, *adj.*, (Vorklass.) *deminut.* von tardus.

Tardo, 1. [tardus] 1) verzögern, aufhalten, zurückhalten, hemmen, profectionem, impetum, celeritatem alicujus, hostem; t. aliquem in persequendi studio; animum ad persequendum negligentia t. 2) *intrans.* zögern, zaudern.

Tardus, *adj.* mit *comp.* u. *sup.* 1) langsam, säumig, sowohl von Personen als uneigtl. von abstracten Subjecten = spät kommend ob. geschehend: t. homo, pecus; t. subvectio (Zufuhr), t. in decedendo ob. ad decedendum; t. nox langsam vergehend, t. senectus langsam machend. 2) *trop.* geistig langsam, a) = stumpf, dumm, ingenium. b) = träge, schläfrig.

Tărentum, i, *n.* (Poet. auch **-tus**, i, *f.*) [Τάρας] berühmte und reiche Handelsstadt im südlichen Italien, von spartanischen Partheniern gegründet, jetzt Taranto. Davon **-tinus**, *adj.* u. *subst.* **-ni**, ōrum, *m. pl.* die Einwohner von T.

Tărĭchĕa, ae, *f.* ob. **-ae**, ārum, *f. pl.* [Ταριχέαι] Stadt in Galiläa.

Tarpējus, Name eines römischen Geschlechtes in der alten Zeit. Eine Tarpeja verrieth den Sabinern, als sie unter dem Tatius Rom angriffen, das Capitolium, wo ihr Vater Befehlshaber war, wurde aber von den Sabinern, als sie den Lohn der Verrätherei forderte, getödtet. Ein Theil des capitolinischen Berges hieß mons T., daher = capitolinisch (pater T. = Jupiter, fulmina tt. des Jupiter); von ihm wurden Verbrecher herabgestürzt.

Tarquinii, ōrum, *m. pl.* uralte Stadt in Etrurien. Davon 1) **-quinius**, *adj.* a) = aus der Stadt T., tarquinisch. So als Benennung des tarquinischen Geschlechtes, aus welchem zwei Könige zu Rom regierten, und welches nach Errichtung der Republik Rom verlassen mußte. b) = zum Geschlechte der T. gehörig, nomen, 2) **-quiniensis**, e, *adj.* zur Stadt T. gehörig, ager; *subst.* **-ses**, ium, *m. pl.* die Einwohner von T.

Tarrăcīna, ae, *f.* ob. **-nae**, ārum, *f. pl.* Stadt in Latium, früher Anxur genannt. Davon **-inensis**, e, *adj.* u. *subst.* **-ses**, ium, *m. pl.* die Einwohner von T.

Tarrăco, ōnis, *f.* Stadt im nordöstlichen Spanien, jetzt Tarragona. Davon **-ōnensis**, e, *adj.* u. *subst.* **-ses**, ium, *m. pl.* die Einwohner von T.

Tarsus, i, *f.* [Τάρσος] die Hauptstadt in Cilicien. Davon **-sensis**, e, *adj.* u. *subst.* **-ses**, ium, *m. pl.* die Einwohner von T.

Tartărus, i, *m.* (im *plur.* **-ra**, ōrum, *n.*) [Τάρταρος] (Poet.) der Strafort in der Unterwelt, der Theil von dieser, in welchem die Gottlosen gestraft wurden, davon = die Unterwelt überhaupt.

Tartăreus, *adj.* [tartarus] zur Unterwelt gehörig, unterirdisch, daher = schrecklich, graussig: rex t. = Pluto, tenebrae tt.

Tartessus, i, *f.* Küstenstadt im südlichen Spanien. Davon **-ssius**, *adj.*

Tarusātes, tum, *m. pl.* Völkerschaft in Gallien.

Tat ob. **Tătae**, *interj.* (Pl.) Ausruf der Verwunderung = potz Blitz, potz Wetter!

Tătius, ii, *m.* König der Sabiner, nachher Mitregent des Romulus. Davon 1) **Tătius** als *adj.* 2) **Tătienses**, ium, *m. pl.* die einer der drei ältesten (patricischen) Tribus zu Rom (siehe tribus 1., vgl. Titienses, Tities).

Taulantii, ōrum, *m. pl.* Völkerschaft in Illyrien.

Taunus, i, *m.* das Taunusgebirge in Nassau.

Taureus, *adj.* [taurus] (Poet.) von einem Stier, Stier-, Rinder-: tergum t., meton. = die Pauke; *subst.* **-rea**, ae, *f.* der Ochsenziemer.

Tauri, ōrum, *m. pl.* scythische Völkerschaft in der heutigen Krimm. Davon **Tauricus**, *adj.*, Chersonesus = die Krimm.

*Tauriformis, e, *adj.* [taurus-forma] (Poet.) stierförmig.

Taurii ludi, Spiele in Rom zu Ehren der unterirdischen Götter.

Taurīni, ōrum, *m. pl.* Völkerschaft im heutigen Piemont; ihre Hauptstadt war Augusta Taurinorum ob. Colonia Taurina, das heutige Turin. Hiervon **-nus**, *adj.*

Taurīnus, *adj.* [taurus] von einem Stier, Stier-, Rinder-, tergum, cornua.

Tauris, ĭdis, *f.* Insel an der Küste von Illyrien.

Taurŏis, entis, ein am Meere gelegenes Castell unweit Massilia (Marseille).

Taurŏmĕnium, ii, *n.* (Poet. -mĕnon) Stadt an der Ostküste Siciliens. Davon **Taurŏmĕnītānus**, *adj.* u. *subst.* **-āni**, ōrum, *m. pl.* die Einwohner von T.

Taurus, i, *m.* [gr. ταῦρος] der Stier, Ochs. Hiervon A) das Sternbild der Stier im Thierkreise. B) eine Baumwurzel (nach Quint. inst. 8. 2. 13).

Taurus, i, *m.* [Ταῦρος] Gebirge in Westasien. Davon Tauri Pylae ein Engpaß zwischen Cappadocien und Cilicien.

Tax, Naturlaut zur Bezeichnung der Schläge: t. meo tergo erit ich werde Schläge bekommen.

Taxillus, i, *m.* ein kleiner Kloh.

Taxo, 1. [tago, tango] (Spät.) 1) scharf anrühren. 2) Jmb. scharf tadeln, durchziehen, auf ihn sticheln, aliquem. 3) (durch Betastung) den Werth einer Sache schätzen, t. rem tribus denariis.

Taxus, i, *f.* 1) der Taxusbaum; wegen seiner giftigen Beeren wurde er als zur Unterwelt gehörig betrachtet. 2) Gift aus den Beeren des Taxusbaumes bereitet: exanimare se taxo.

Tāȳgĕtē, es, *f.* (Ταϋγέτη) Tochter des Atlas, eine der Plejaden.

Tāȳgĕtus, i, *m.* (auch **-ta**, ōrum, *n. pl.*) [Ταΰγετον] Gebirge zwischen Laconien und Messenien.

Tĕ, ein Pronominalsuffix, welches dem tu und te angehängt wird = du (dich) selbst.

Teānum, i, *n.* 1) T. Sidicinum, Stadt in Campanien. 2) T. Apulum, Stadt in Apulien. Davon **-nenses**, ium, *m. pl.* die Einwohner von T.

Teāte, is, *n.* Stadt in Samnium. Davon **-tīni**, ōrum, *m. pl.* die Einwohner von T.

Teātes, um, *m. pl.* Völkerschaft in Apulien.

Technā, ae, *f.* [τέχνη] (Kom.) ein Rank, listiger Streich.

Technĭcus, i, *m.* [τεχνικός] (Spät.) ein Lehrer der Kunst, Techniker.

Tecmessa, ae, *f.* [Τέκμησσα] Tochter des Teuthras, Geliebte des Ajax Telamonius.

Tectē, *adv.* mit comp. u. sup. [tectus] 1) versteckt, heimlich. 2) vorsichtig.

Tector, ōris, *m.* [tego] (Spät.) der Uebergipser, Wandbedecker, Stucaturarbeiter.

*****Tectōrĭŏlum**, i, *n. deminut.* von tectorium.

Tectōrius, *adj.* [tector] 1) zum Bedecken dienlich, -gehörig, panicula. 2) zum Uebertünchen der Wände, Decken u. s. w. gehörig, zur Stucarbeit dienlich, atramentum, opus. Hiervon *subst.* **Tectōrium**, ii, *n.* die Stucarbeit, Wandmalerei, Wandbekleidung, das Tünchwerk.

Tectŏsāges, gum, ob. **-gi**, ōrum, *m. pl.* Völkerschaft in Gallien.

Tectum, i, *n.* (vgl. particip. von tego) 1) das Dach (wegen sarta tecta siehe sarcio). 2) meton. das Haus, überhaupt = die Wohnung,

der Aufenthalt, das Obdach: discedite in tt. vestra; tecto recipi; accipere t. ein Quartier annehmen.

Tectus, *adj.* mit comp. u. sup. [particip. von tego] 1) eigtl. bedeckt, mit Dach versehen. 2) trop. A) versteckt, heimlich, cupiditas, amor. B) verdeckt, verblümt, verba. C) zurückhaltend, vorsichtig, tt. esse possumus ad alienos.

*****Tēdīgnĭlŏquĭdes**, (Pl.) scherzhaft gebildeter Name = te digna loquens.

Tĕgea, ae, *f.* [Τεγέα] Stadt in Arcadien. Davon 1) **Tĕgeaeus**, *adj.* (Poet.) = arcadisch: T. virgo = Callisto, aper der erymanthische Eber, parens (sacerdos) = Carmenta; subst. **-aea**, ae, *f.* = Atalante. 2) **Tĕgeātae**, ārum, *m. pl.* die Einwohner von T.

Tĕges, ĕtis, *f.* [tego] (Spät.) eine Decke, Matte aus Binsen, Schilf u. dergl.

*****Tĕgillum**, i, *n.* [tego] (Pl.) die Decke, Hülle.

Tĕgĭmen, ĭnis, *n.* [tego] (meist Poet. und Spät.) die Decke, Bedeckung, Hülle (von Kleidern, Panzern, Thierfellen u. dergl.): t. capitis der Helm, tt. oculorum von den Augenlidern; t. fagi das Laubdach, die deckende Krone der Buche.

Tĕgĭmentum ob. besser **Tĕgŭmentum**, i, *n.* [tego] = tegimen; tt. scutorum Leinwand oder Felle, womit die Schilder überzogen waren; trop. Schirm, Schutz.

Tegmen, ĭnis, *n.* (Poet.) und **Tegmentum**, i, *n.* [tego] = tegimen, tegimentum.

Tĕgo, texi, tectum, 3. 1) decken, bedecken (als etwas Schützendes und Sicherndes, vgl. operio u. s. w.): t. corpus pallio, bestiae coriis tectae; nevis tecta ein Deckschiff. Hiervon A) = begrabend decken, humus (terra) t. ossa. B) verbergen, verhüllen, ferae tt. se latibulis; silvae tt. fugientes. 2) trop. A) verdecken, verhüllen, verheimlichen, aliquid mendacio, turpia facta oratione. B) decken = schützen, sichern, bewahren, t. patriam armis; conservare et t., tueri et t.; portus ab Africo tectus gedeckt.

Tĕgŭla, ae, *f.* [tego] 1) der Dachziegel; *plur.* das Ziegeldach. 2) überhaupt die Deckplatte.

Tēius, a, um, siehe Teos.

Tēla, ae, *f.* [texo] 1) das Gewebe. Hiervon A) = das Gespinnst der Spinne. B) = das Ersonnene: ea tela texitur. 2) *meton.* A) der Aufzug des Gewebes, der Faden. B) der Webebaum. C) der Weberstuhl.

Telămo (ob. **-mon**), ōnis, *m.* [Τελαμών] Sohn des Aeacus, Bruder des Peleus, Vater des Ajax und des Teucer. Davon 1) **-nĭădes**, ae, *m.* [Τελαμωνιάδης] der Sohn des T. 2) **-nius**, *adj.* (*subst.* = Ajax).

Telchīnes, num, *m. pl.* [= Τελχῖνες] eine Priesterfamilie auf Rhodos, zugleich Zauberer und Künstler.

Tēlĕgŏnus, i, *m.* [Τηλέγονος] Sohn des Ulysses und der Circe; er tödtete seinen Vater auf Ithaca und gründete später Tusculum in

Telemachus — **Tempero** — 743

Latium. Hiervon appellativ im *pl.* von den Liebesgedichten Ovids, weil sie ihm, ihrem Urheber, Verderben brachten.

Telĕmăchus, i, m. [Τηλέμαχος] Sohn des Ulysses und der Penelope.

Telĕphus, i, m. [= Τήλεφος] 1) Sohn des Hercules, König in Mysien, vom Achilles mit einem Wurfspieße verwundet und später von demselben geheilt. 2) ein Freund des Horaz.

Telĕthūsa, ae, f. Mutter der Iphis.

*Tēliger, ĕra, ĕrum, adj. [telum-gero] (Poet.) Waffen tragend.

Tellus, ūris, f. 1) die Erde (als Weltkörper betrachtet, vgl. terra, humus u. f. w.): t. infima est et non movetur. 2) (Poet.) die Erde = der Erdboden, die Oberfläche der Erde: t. inarata; amore telluris aus Verlangen nach dem Erdboden. 3) person. die Erde als ernährende Gottheit, die Erdgöttin.

Telmessus (Telmissus), i, f. [Τελμησσός] Stadt in Lycien, deren Einwohner als Wahrsager bekannt waren. Davon 1) -sses, ium, m. pl. die Einwohner von T. 2) -ssious, adj.

Tēlum, i, n. die Fernwaffe, Wurfwaffe, überhaupt die Angriffswaffe (im Gegensatze zu arma), bes. = Pfeil, Spieß, auch = Schwert, Dolch, Streitart: arma atque tt. militaria; mittere, conjicere tt.; esse cum t. bewaffnet sein. Hiervon A) t. Jovis der Blitz. B) tt. diei die Sonnenstrahlen. C) trop. Waffe = Mittel, Werkzeug, wodurch man Etwas ausrichtet: t. fortunae; necessitas est ultimum ac maximum t.; nec mediocre t. ad res gerendas oportet existimare benevolentiam civium.

Tĕmēnītes, ae, m. [Τεμενίτης] Beiname des Apollo, nach Temenos [= τέμενος, der abgesonderte geweihte Bezirk], einem Orte bei Syracus.

Tĕmĕrārius, adj. [temere] 1) (Vorklass.) zufällig. 2) unbedachtsam, unbesonnen, homo, und, von abstracten Begriffen, unüberlegt, consilium, factum.

Tĕmĕre, adv. von ungefähr, zufällig, aufs Gerathewohl, ohne Ueberlegung, ohne Plan und Ordnung oder ohne Absicht und Erwägung: t. emittere telum; argentum quibusdam locis t. conjectum; t. ac fortuito; domum t. administrare (oppos. ratione regere). Insbef. A) = nachlässig, lässig, sorglos, jacēre. B) = ohne Grund, ohne Ursache: non t. credere debemus; non t. est es ist nicht von Ungefähr, es hat seine Ursachen. C) non (nullus, nihil) t. nicht leicht (wo man mit einiger Milderung und Beschränkung etwas Negatives behaupten will).

Tĕmĕrĭtas, ātis, f. [temere] 1) die Zufälligkeit, das Ungefähr: res in quibus nulla t. est sed ordo apparet. 2) die Unbesonnenheit, Unbedachtsamkeit, das unüberlegte und grundlose Urtheil.

Tĕmĕro, 1. [temere] (Poet.) entweihen, schänden, verletzen, sacra, feminam, fidem; t. fluvios venenis vergiften.

Tĕmēsa, ae (od. Tempsa), f. [Τέμεση] Stadt in Bruttium. Davon -saeus ob. -sānus, adj.

Tĕmētum, i, n. (Vorklass. u. Spät.) jedes berauschende Getränk, Wein, Meth.

Temno, — — 3. (Poet.) = das klassische contemno.

Temnos, i, f. [= Τῆμνος] Stadt in Aeolis. Davon -ītae, ārum, und -ii, ōrum, m. pl. die Einwohner von T.

Tēmo, ōnis, m. die Deichsel; meton. (Poet.) = der Wagen ob. = der Pflug.

Tempe (andere Formen kommen nicht vor), nom. u. accus. pl. neutr. [τὰ Τέμπη] 1) ein durch seine reizende Lage berühmtes Thal in Thessalien. 2) appellativisch von jeder reizenden Thalgegend, T. Heliconia.

Tempĕrāmentum, i, n. [tempero] 1) das, wodurch das richtige Verhältniß u. f. w. (siehe temperatio) hervorgebracht wird, das Auskunftsmittel, der Ausweg, Mittelweg: inventum est t., quo tenuiores cum principibus se aequari putarunt. 2) (Spät.) = temperatio 1.

Tempĕrans, tis, adj. mit comp. u. sup. [eigtl. particip. von tempero] gemäßigt, mäßig, enthaltsam, der in seinen Leidenschaften u. Begierden das rechte Maaß hält, homo; temperantior a cupiditate imperii (Spät.) sich enthaltend; (Com. u. Spät.) mit einem genit., t. potestatis mit Mäßigung gebrauchend, famae schonend.

Tempĕranter, adv. mit comp. [temperans] mit Mäßigung, mäßig.

Tempĕrantia, ae, f. [temperans] die Mäßigung, das Maaß-Halten, das Beherrschen der Leidenschaften und Begierden durch die Vernunft.

Tempĕrāte, adv. [temperatus] gemäßigt, mäßig.

Tempĕrātio, ōnis, f. [tempero] 1) die gehörige Mischung, Zusammensetzung oder Einrichtung einer Sache, die rechte Beschaffenheit, das richtige Verhältniß, aeris (Corinthii), caloris; t. corporis, die gute Constitution, der gesunde Zustand; t. coeli ein gemäßigtes Klima; t. juris gleichmäßige Vertheilung und Festsetzung des Rechtes, civitatis die gute Organisation; a. animi die Seelenruhe. 2) a.) t. vitii Mittel gegen einen Mangel. b) = das organisirende und ordnende Princip, sol t. mundi.

Tempĕrātor, ōris, m. [tempero] der Ordner, Einrichter: t. voluptatis mit kluger Einrichtung und Mäßigung genießend.

Tempĕrātūra, ae, f. [tempero] (Spät.) = temperatio 1.

Tempĕrātus, adj. mit comp. u. sup. [particip. von tempero] 1) gehörig eingerichtet oder gemischt, daher = mäßig zugemessen, mit Maaß genommen, mäßig, locus temperint, esca. 2) trop. das rechte Maaß haltend, gemäßigt, ruhig, besonnen, homo, mens, oratio, genus dicendi.

Tempĕries, ei, f. [tempero] (Poet. und Spät.) 1) überhaupt = temperatio 1. 2) insbef. = die gemäßigte Beschaffenheit der Luft, das gemäßigte Klima, die mäßige Temperatur, t. coeli.

Tempĕri, siehe tempus.

Tempĕro, 1. [tempus] I. transit. 1) mischend ob. zusammensetzend in das richtige Maaß und Verhältniß bringen, gehörig einrichten und ordnen: t. vinum gehörig (mit Wasser) mischen, venenum bereiten; t. rem simplicem ex dissimilibus zusammensetzen; (Poet.) t. aquam ignibus lau machen, t. agrum scatebris wässern. 2) mildern, calores, trop. acerbitatem morum. 3) regieren, lenken, verwalten, navem, res hominum, rempublicam; (Poet.) t. Musam = dichten, citharam spielen. — II. intrans. 1) das rechte Maaß halten, sich mäßigen, in amore. 2) mäßigen, zurückhalten, einer Sache die rechte Grenze, das gehörige Maaß setzen, beherrschen: t. irae (Poet. auch iras), linguae, manibus; t. sibi ob. animo sich mäßigen. 3) sich von Etwas enthalten, ab injuria, a lacrimis; t. risu; non t. quin etc.; (Com.) t. aliquid, t. facere aliquid. 4) schonen, alicui, templis, auch t. a sociis.

Tempestas, ātis, f. [tempus] 1) (meist Poet.) der Zeitpunct, Zeitabschnitt, die Zeit (gewöhnlich so, daß hauptsächlich an die Beschaffenheit der Zeit, die Umstände gedacht wird): illā t. zu jener Zeit; multis tt. in langer Zeit, multis ante tt. viele Jahre früher. 2) die Witterung, das Wetter, clara, frigida. Insbes. A) = gutes Wetter, egregia t.; secundā t. portum tenuit mittelst eines günstigen Windes; praetermittere t. den günstigen Wind nicht benutzen. B) häufig = schlechtes Wetter. Sturm, Ungewitter, adversa t. ungünstiger Wind, tt. immoderatae. Hiervon trop. A) = unruhige und gefahrvolle Umstände, Gefahr, Unglück u. dergl.; publica t., popularis t. von politischen Stürmen, bürgerlichen Unruhen; davon t. macelli, Verres t. Siciliae „Verderben" = Urheber des Verderbens. B) = große und gewaltsam andringende Masse, Andrang, telorum, querelarum; t. periculi, invidiae.

Tempestive, adv. mit comp. [tempestivus] 1) zeitig, zu rechter Zeit. 2) passend, schicklich.

Tempestivitas, ātis, f. [tempestivus] die Zeitigkeit, rechte Zeit, sua cuique parti aetatis tempestivitas data est.

Tempestivus, adj. mit (Spät.) comp. [tempestas] im günstigen ob. rechten Zeitpuncte eintretend oder geschehend, zeitig, zeitgemäß, überhaupt passend, schicklich, angemessen, günstig u. dergl., ventus, imber, oratio; ludus t. pueris; mare t. est ad navigandum es ist jetzt die rechte Jahreszeit um zu segeln; multa mihi tempestiva fuere ad moriendum es sind viele Gelegenheiten gewesen, wo es für mich an der Zeit gewesen wäre zu sterben; (Poet.) tempestivo zu rechter Zeit. Hiervon A) zur rechten Zeit eintreffend, reif, fructus tt. capere zu rechter Zeit. B) von einer Person, für Etwas reif: virgo t. (viro) mannbar, auch (Poet.) t. sequi virum, um einem Manne zu folgen, tempestivus coelo = würdig unter die Götter aufgenommen zu werden. C) = frühzeitig, convivium vor der gewöhnlichen Zeit beginnend.

Templum, i, n. 1) in der Auguralwissenschaft: A) ein erhabener von dem Augur geweihter u. (in Gedanken) abgegrenzter Platz, Raum zur Beobachtung der Auspicien: Aventinum montem templum capere ad inaugurandum den A. zum Platze wählen, wo man Auspicien beobachten will. B) der von dem Augur mit seinem Stabe abgegrenzte freie Raum am Himmel, innerhalb dessen die Wahrzeichen sich zeigen und wahrgenommen werden mußten. 2) überhaupt A) jeder durch Auspicien geweihte Ort, Raum oder Gebäude; so oft von dem Rathhause oder anderen öffentlichen Gebäuden, wo der Senat sich versammelte; von dem Platze vor der Rednerbühne (rostra) und von dieser selbst; von dem erhabenen Sitze der Magistrate. B) das einer Gottheit (oder mehreren Gottheiten) geweihte Gebäude, der Tempel (vgl. fanum, delubrum, aedes). C) (Poet.) der freie, offene Raum überhaupt, doch gewöhnlich mit dem Begriffe der Erhabenheit und imposanten Größe: tt. mundi, tt. coelestia; tt. Neptunia das Meer, Orci die Unterwelt; tt. mentis des Innere, tt. linguae (Lucr.) der Schlund. D) die Anhöhe mit weiter Aussicht, tt. Parnassi.

Temporālis, adj. [tempus] (Spät.) die Zeit betreffend, eine Zeit dauernd.

Temporārius, adj. [tempus] 1) der Zeit angemessen, sich nach den Zeiten und Umständen richtend, liberalitas. 2) (Spät.) nur eine Zeit dauernd, amicitia.

Tempto, a. S. für Tento.

Tempus, ŏris, n. 1) überhaupt, die Zeit: hoc tempore zu dieser Zeit, eodem t. oder per idem t. zur selben Zeit; ex quo t. von der Zeit an wo = seit; superioribus tt. in früheren Zeiten; omni t. zu jeder Zeit; ad hoc t. bis auf den heutigen Tag; t. anni, diei die Jahreszeit, Tageszeit; ad t. oder in tempus auf einige Zeit, für den Augenblick. 2) Insbef. A) = die Zeit zu Etwas: t. nascendi, proelii committendi. Hiervon a) = die gelegene, bequeme Zeit, Zeitpunct, daher = die Gelegenheit u. dergl.: tempus est abeundi oder abire es ist Zeit wegzugehen, scis me id dicere ex tempore an der Zeit, daß ich es sage; amittere u. s. w. tempus rei gerendae den rechten Zeitpunct, die Gelegenheit unbenutzt lassen. b) ad t. u. (Pl.) per t., häufiger suo t. und adverbial tempore oder mit den alten Ablativformen tempori u. temperī (mit comp. temperius) zu rechter Zeit, zeitig, zur angemessenen Zeit, venire. B) die Zeit in Beziehung auf ihre Beschaffenheit, d. h. die Zeitumstände, Verhältnisse, Umstände, a) überhaupt: tempori cedere sich nach den Umständen richten; in hoc (tali) t. unter diesen Umständen; ad t., ex t. und pro t. den Umständen gemäß, nach Beschaffenheit der Umstände. b) häufig insbes. = schwierige und gefahrvolle Umstände, weßhalb es oft durch „Gefahr", „Unglück", „Bedrängniß" u. dergl. übersetzt werden kann; so am meisten im plur.: t. meum ober tt. mea (meine Schicksale) sagt Cicero oft von seiner Verbannung und den damit in Verbindung stehenden unerfreulichen Ereignissen; tt. reipublicae; omne t. meum amicorum temporibus transmittendum putavi meine Zeit auf die Gefahren (d. h. Rechtssachen) meiner Freunde verwenden zu müssen.

Tempus, ŏris, n. der Schlaf am Kopfe, fast nur im plur. die Schläfe; (Poet.) von dem ganzen Kopf oder seinen Theilen.

Tempȳra, ōrum, n. pl. Stadt in Thracien.

Tēmŭlentus, adj. [verw. mit temetum]

einen Rausch verrathend, trunken, vox, homo.

Tĕnācĭtas, ātis, f. [tenax] 1) das Festhalten, die Fähigkeit festzuhalten: unguium tenacitate arripiunt mit ihren festhaltenden Krallen. 2) trop. die Kargheit.

Tĕnācĭter, adv. mit comp. u. sup. [tenax] 1) festhaltend, fest. 2) trop. beharrlich.

Tĕnax, ācis, adj. mit comp. u. sup. [teneo] 1) festhaltend, was fest hält oder halten kann, hedera, forceps. Hiervon = in sich fest zusammenhaltend, zäh, fest u. dergl., cera, sabulum; passus t. fest; navis tenacior pondere feststehend, nicht schwankend. 2) trop. A) lobend, an Etwas festhaltend, beharrlich, propositi an seinem Vorsatze; memoria t. treu; t. justitiae von der Gerechtigkeit nicht abweichend. B) tadelnd, hartnäckig, störrig, equus, morbus. C) das Geld festhaltend, karg, geizig: parcus ac t.; t. quaesiti mit dem Erworbenen; regnum, umbrae tt. von der Unterwelt.

*****Tendĭcŭla**, ae, f. [tendo] der Fallstrick, die Schlinge; trop. t. literarum = spitzfindige Auslegung der Gesetze.

Tendo, tĕtendi, tensum oder tentum, 3. I. transit. 1) spannen, ausspannen, arcum (vgl. C.), chordam, vela, retia, plagas. Hiervon A) t. insidias (dolum) alicui Jmd. nachstellen. B) t. tentorium, tabernaculum u. dergl. ein Zelt aufschlagen (vgl. II. 3.), cubilia errichten. C) irgendwohin richten, lenken: t. cursum, iter u. dergl. in Hispaniam; t. oculos telumque pariter; t. lintea (= vela) ad portum. Hiervon (Poet.) t. sagittas arcu abschießen. D) (Poet.) bespannen, barbiton. 2) strecken, ausstrecken, manus alicui oder ad aliquem; t. noctem sermone plytlehen, gleichf. verlängern. Hiervon A) reichen, darreichen, puerum patri. B) anbieten, munera. II. absol. und dadurch scheinbar intrans. 1) irgendwohin eilen, -reisen, -zu gelangen suchen, t. Venusiam. Hiervon trop. A) t. ad aliquem zur Sache, Partei Jmds sich neigen, ebenso ad societatem Romanam. B) nach Etwas streben, -trachten, ad altiora; via t. ad moenia geht zur Stadt hin; quorsum haec tendant quae loquor stelen. 2) für Etwas sich bemühen, -anstrengen, arbeiten, -fechten, durchzusetzen suchen: t. ut aliquid fiat, (Poet.) mit einem infin. tendo rumpere strebe zu zerreißen; nihil ultra t. quam ut etc. für Nichts mehr, als daß u. s. w.; t. adversus, contra = kämpfen, streben (mit Worten, Gründen u. dergl.); t. ad sua consilia; haud sane tetenderunt sie waren eben nicht sehr eifrig; auch t. aliquid für Etwas arbeiten, kämpfen; acrius t. (bei der Bewerbung) sich eifrig bestreben. 3) (vgl. I. 1. B.) = sein Zelt aufschlagen = lagern, im Quartiere liegen, sub vallo, Luguduni.

Tĕnĕbrae, ārum, f. pl. 1) die Finsterniß, Dunkelheit (vgl. das stärkere caligo), densae; tenebris ob. per tt. im Dunkeln. Hiervon A) = die Nacht, tenebris (im Gegensatze zu luce am Tage). B) (Poet.) das Todesdunkel, ad extremas tt. C) = ein finsterer und trüber Ort, „Loch", „Schlupfwinkel": ex tt. lustrorum ac stuprorum; clausi in tt. = im Gefängnisse; auch von der Unterwelt. D) (Poet.) = die Blindheit. E) = die Ohnmacht, Bewußtlosigkeit: tt. oboriuntur mihi es wird mir dunkel vor den Augen. 2) trop. A) die Dunkelheit des Rufes oder des Standes, der Geburt u. s. w., die Unbekanntheit, Verborgenheit, Niedrigkeit u. dergl.: familiam e tt. in lucem revocare aus — wieder in Ruhm u. Ansehen bringen. B) die Dunkelheit = Undeutlichkeit, Unverständlichkeit: offundere (obducere) tenebras rei alicui eine Sache dunkel, unverständlich machen; mihi tenebras sunt die Sache ist mir ein Räthsel, ich weiß mir nicht zu rathen. C) = trüber und unglücklicher Zustand, reipublicae; in tt. während der Verwirrung, tt. superioris anni, vitae dunkles Schicksal. D) (Pl.) Schwindel, Dunst, quas tu mihi tt. cudis?

Tĕnĕbrĭcus (Vorklass.), **Tĕnĕbrĭcōsus** mit sup., und (Poet. u. Spät.) **Tĕnĕbrōsus**, adj. [tenebrae] 1) dunkel, finster, popina, aër. 2) trop. a) unbekannt, tempus aetatis. b) undeutlich, verfinstert, sensus.

Tĕnĕdŏs ob. -dus, i, f. [Τένεδος] Insel bei Troja. Davon **Tĕnĕdĭus**, adj. und subst. -dii, ōrum, m. pl. die Einwohner von T.

*****Tĕnellŭlus**, adj. (Poet.) deminut. von tenellus.

Tĕnellus, adj. (Vorkl.) deminut. von tener.

Tĕnĕo, tĕnŭi, tentum, 2. 1) halten, haben, baculum dextrā, rem in manu. Hiervon 2) festhalten: A) = eingesperrt halten, pecus. B) t. se domi, in castris sich halten, bleiben, trop. t. aliquem in officio innerhalb der Schranken der Pflicht halten, ihn anhalten (antreiben) seiner Pflicht treu zu bleiben. C) aufhalten, verzögern, zurückhalten, tabellarium diutius; ne diutius (vos) teneam um Euch nicht länger (durch meine Rede) aufzuhalten. D) teneo te ich habe dich! von demjenigen, der in einem Wortstreite von seinem Gegner eine Aeußerung hört, durch welche er ihn bloß gestellt und schon besiegt glaubt (vgl. 3, A). E) zurückhalten, im Zaume halten, mäßigen, iracundiam, lacrimas, dolorem, cupiditatem. Hiervon a) = enthalten, abhalten, zurückhalten, vix ab aliquo manus t., vix se ab accusando t.; nec te teneo quin etc. b) = bei sich behalten, verschweigen, ea quae dici possunt. F) vertheidigen, behaupten, locum, castra. G) bewahren, unterhalten, beobachten, einer Ordnung u. dergl. treu bleiben, consuetudinem, ordines; t. cursum, iter die Richtung festhalten, den Curs halten; animanthum vita tribus rebus tenetur wird unterhalten; t. modum Maaß halten; t. fidem, foedus, promissa halten, erfüllen. H) durchsehen, bewirken, propositum; tenuit ne consules crearentur. I) versichern, an einer Behauptung festhalten, behaupten, aliquid, voluptatem esse summum bonum. K) verbinden, verpflichten: lex me t.; ut quod plebs jussisset, populum teneret. Häufig im pass. teneri legibus, jurejurando, interdicto durch — gebunden sein; teneri poenā eine Strafe verdienen, in sie verfallen sein, und ähnlich teneri lege in die in einem Gesetze bestimmte Strafe verfallen sein; teneri promisso ein Versprechen zu erfüllen verpflichtet sein. L) umfassen, begreifen, haec formula reges t. M)

746 Tener

gewinnen, in Etwas Recht behalten, causam. N) insbef. das *pass.* teneri, a) von Etwas eingenommen-, gefesselt-, beherrscht sein, ludis, aures tt. cantibus; t. ab oratore. b) überführt werden, testibus durch Zeugen; t. cupiditatis ejusdem beweislich von derselben Begierde beherrscht sein. c) bewiesen werden, crimen. d) ertappt werden, in peccato; e) t. agnatione alicujus durch Verwandtschaft mit Jmd. verbunden sein.
3) behalten, besitzen, haben: t. provinciam liberam a praedonibus; t aliquid hereditate; t. Cyprum dicione unter seiner Herrschaft haben. Hiervon A) teneo te ich habe dich (bei mir, in meinen Armen), Ausruf Jmds, der einen Freund oder eine Geliebte unerwartet oder nach langer Trennung wieder sieht (vgl. 2. D.). B) = beherrschen, in seiner Gewalt haben, ea loca, rempublicam. C) militär. *term. t.*, einen Platz besetzt halten, t. locum praesidiis. D) überhaupt einen Platz inne haben, einnehmen, sich an ihm befinden: t. locum, sedem; t. portum, insulam, litas in dem Hafen, an der Insel, dem Ufer sein (vgl. 5.). E) *trop.* erfüllen, beherrschen: cupiditas me t., falsa opinio vos t.; memoria me vos tenet Ihr erinnert Euch meiner (vgl. unten G.); spes me t. ich habe die Hoffnung. F) verstehen, kennen, wissen, sensus alicujus, quid velit Caesar. G) aliquid memoriâ t. oder bloß t. sich erinnern. H) = gebrauchen, aliquid.
4) lenken, richten, iter, cursum aliquo seine Reise, Fahrt irgendwohin; t. oculos sub castra wenden. Hiervon *intrans.* irgendwohin ziehen, seinen Weg nehmen, segeln, steuern, ad agrum Laurentem. 5) einen Ort erreichen, an ihn gelangen, terram, regionem, portum (vgl. 3. D.). Hiervon *trop.* = erreichen, erlangen, regnum, arcem sich bemächtigen. 6) *intrans.* A) (nach 2. B.) irgendwo bleiben, sich aufhalten, Stand halten: statio paucorum armatorum ibi t. B) (nach 2. G.) fest erhalten, fortdauern, währen: consuetudo t. ist herrschend, fama t. die Sage geht; imber per totam noctem t. dauerte; nomen t. ist gebräuchlich.

Tĕner, ĕra, ĕrum, *adj.* mit *comp.* u. *sup.* 1) zart, fein, gramen, planta; häufig = jugendlich, überhaupt zur Bezeichnung der kindlichen oder jugendlichen Zartheit, t. puer, aetas, daher a teneris unguiculis ob. bloß a teneris, de t. ungui = von der zarten Kindheit an. 2) *trop.* geistig. A) zart, weich, empfindsam, animus, virtus; molle quiddam et t. B) = zärtlich = verliebt, wollüstig, carmen.

*Tĕnĕrasco, — — 3. [tener] (*Lucr.*) zart werden.

Tĕnĕre, *adv.* [tener] (Spät.) zart, weichlich.

Tĕnĕrĭtas, ātis, *f.* [tener] die Zartheit.
*Tĕnĕrĭtūdo, ĭnis, *f.* [tener] (Spät.) = teneritas.

Tĕnor, ōris, *m.* [teneo] 1) (Poet.) der ununterbrochene Lauf, die fortgesetzte und unveränderte Bewegung: hasta servat tenorem seine Fahrt; placido educta tenore in ununterbrochenen, ruhigen Zuge. 2) *trop.* der ununterbrochene Fortgang, *Verlauf, die unver-

Tenuis

änderte Fortsetzung, der Zusammenhang: idem t. pugnae ein auf dieselbe Weise ohne Unterbrechung fortgesetzter Kampf; unus et perpetuus t. juris ein Recht, das immer und ohne Unterbrechung geltend gewesen ist; t. vitae fortdauernde Lebensweise; servare t. in narrationibus; duos consulatus eodem t. gestos in demselben Geiste, nach denselben Grundsätzen. Insbef. adverbial uno t. = in einem Zuge, in einer Reihe, in Einem fort.

Tĕnos ob. -us, i, *f.* [Τῆνος] eine der cycladischen Inseln. Davon **Tĕnii**, ōrum, *m. pl.* die Bewohner von T.

Tensa oder **Thensa**, ae, *f.* der Wagen, auf welchem bei den ludi Circenses die Bildnisse der Götter nach dem Circus gefahren wurden.

*Tentābundus, *adj.* [tento] hin und her tastend, den Weg oder das Terrain durch Tasten versuchend.

Tentāmen, ĭnis, *n.* [tento] (Poet.) 1) die Probe, der Versuch: sumere tt. vocis versuchen. 2) die Versuchung.

Tentāmentum, i, *n.* [tento] (Poet. u. Spät.) die Probe, der Versuch.

Tentātĭo, ōnis, *f.* [tento] 1) die Probe, der Versuch. 2) der Krankheitsanfall, novae tt.

*Tentātor, ōris, *m.* [tento] (Poet.) der Versucher, Dianae.

Tento [tempto], 1. 1) betasten, befühlen, berühren, rem, aciem pugionis; t. aquam pedibus. 2) *trop.* A) untersuchen, se. B) prüfen, versuchen, auf die Probe stellen, belli fortunam, vires alicujus, patientiam inimici; tento quid in eo genere possim; t. aditum; (Poet. u. Spät.) mit einem *infin.* (t. persuadere alicui); selten mit ut. Insbef. (häufig *Liv.*) = versuchen, ob Etwas erreicht, ausgeführt, bewirkt werden kann: t. spem pacis versuchen, ob einige Hoffnung ist für die Erlangung des Friedens, libertatem ob einige Freiheit noch gestattet ist, silentium ob man Stillschweigen erreichen kann; t. intercessionem eine Probe machen, wie ein Protest aufgenommen werden wird; t. gentem prüfen wie ein Volk eine Beleidigung aufnehmen wird; t. aures alicujus wie viel Jmds Ohren vertragen können; (Poet.) hoc t. coelestia erhebt sich fast zu dem Himmlischen. — C) versuchen = bearbeiten, in Bewegung zu setzen versuchen, zu Etwas (meistens etwas Bösem) zu reizen streben, aufregen: t. aliquem; t. judicem pecuniâ zu bestechen suchen; t. animos servorum metu. D) = angreifen, zu erobern-, vernichten ob. dergl. streben: t. urbem, moenia oppidi, Africam; *trop.* tentari morbo von einer Krankheit befallen werden; vina tt. caput beschweren.

Tentōrĭum, ii, *n.* [tendo] (Poet. u. Spät.) ein Zelt.

Tentȳra, ae, oder -ris, ĭdis, *f.* Stadt in Oberägypten. Davon -rītae, ārum, *m. pl.* die Einwohner von T.

*Tĕnuĭcŭlus, *adj. deminut.* von tenuis.

Tĕnŭis, e, *adj.* mit *comp.* und *sup.* 1) dünn (ohne tadelnden Begriff, vgl. exilis) fein, vimen, nebula, vestis; t. agmen, coelum. Hiervon A) schmal, eng, limes, tellus (Erdenge), frons. B) mager, schmächtig, vulpecula. C) zart, vox. D) trop. a) kleinlich, cura. b) fein, subtil, distinctio. c) genus dicendi t. theils (lobend) = zierlich, elegant, theils = schlicht, einfach. 2) uneigtl. gering, unbedeutend, A) der Größe und Quantität nach, klein, dürftig u. vergl., oppidum, foramen. B) vom Wasser, seicht, unda. C) der Beschaffenheit und dem Werth nach, praeda, honor; t. suspicio, causa ungenügend. D) schwach, animus, valetudo. E) der Geburt, dem Stande nach, = niedrig, gering, t. loco ortus; tenuiores Personen niederen Standes; t. ordo. F) dem Vermögen nach, arm, dürftig, t. et obaeratus.

Tĕnuĭtas, ātis, f. [tenuis] 1) die Dünnheit, Feinheit: t. animi die unkörperliche Beschaffenheit, im Gegensatze zur soliden Masse des Körpers. Hiervon = die Magerkeit, Schmächtigkeit, crurum, corporis. 2) trop. A) von der Rede und dem Gedanken, die Feinheit, Subtilität, verborum. B) die Armuth, Dürftigkeit, hominis, aerarii.

Tĕnŭĭter, adv. mit comp. u. sup. [tenuis] 1) dünn. 2) schlicht, einfach. 3) ärmlich, dürftig, rem gerere darben. 4) leichthin, obenhin.

Tĕnŭo, 1. [tenuis] (Poet.) 1) dünn machen, verdünnen: usus t. vomerem; t. flumina per rivos vermindern, indem man sie in mehrere Bäche zertheilt; t. vires alicujus schwächen; t. se in undas in das dünne Wasser sich auflösen. 2) trop. vermindern, geringer machen, herabsetzen, iram, grandia facta; t. carmen (Poet.) ein Gedicht „abspinnen" (vgl. Horat. Epp. 2, 1, 225).

Tĕnus, ŏris, n. [verw. mit dem gr. τένων] (Pl.) der Strick, die Schlinge.

Tĕnus, praep. mit abl. und bei Pluralien mit genit., bis — an (und nicht länger, also mit dem Begriffe der Beschränkung, vgl. usque ad), nur bis, nicht weiter als bis: Tauro t. regnare eum jusserunt nur bis an den T.; Cumarum t., crurum t., doch auch pectoribus t. Hiervon insbef. A) verbo t. dem Worte nach, in Worten (im Gegensatze zur Wirklichkeit), nomine t. dem Namen nach. B) Hac-tenus, Ea-tenus u. s. w. siehe unter den ersteren Wörtern der Zusammensetzungen.

Teos, i, f. [Τέως] Stadt an der Küste von Jonien, Geburtsort des Anacreon. Davon **Tēĭus** ob. **Tejus**, adj. (Poet.) = anacreontisch; subst. Teji, ōrum, m. pl. die Einwohner von T.

Tĕpĕ-făcĭo etc., 3. lau machen, erwärmen, solum.

Tĕpĕo, ui, — 2. 1) lau, warm sein. 2) trop. A) (Poet.) t. aliquā in Jmd. verliebt sein. B) (Poet.) = in der Liebe lau, erkaltet sein, juvenis t.

Tĕpesco, pui, — 3. [tepeo] lau werden.

Tĕpĭde, adv. mit comp. [tepidus] (Spät.) lau, trop. ohne Feuer.

Tĕpĭdus, adj. mit comp. u. sup. [tepeo] (Poet. u. Spät.) 1) lau, mäßig warm, jus, vapor; tabelnd = erkaltend, nur noch ein wenig warm, focus. 2) trop. lau, erkaltet, ohne Feuer, gleichgültig, mens.

Tĕpor, ōris, m. [tepeo] (Poet. u. Spät.) 1) die Lauheit, mäßige Wärme, primus t. solis. 2) (Spät.) die Lauheit im Gegensatze zur stärkeren Wärme, die Kühle. 3) trop. von der Rede, Mattigkeit der Darstellung.

Ter, adv. num. [tres] dreimal; terni t. = neun; (Poet.) überhaupt wie in anderen Sprachen, zur Bezeichnung der Steigerung, t. felix überaus; dagegen t. amplus (vom Geryones) = dreileibig.

Ter-dĕcĭes ob. **Trĕdĕcĭes**, adv. num. dreizehnmal.

Ter-dēni, ae, a, adj. num. distr. je dreißig.

Tĕrĕbinthus, i, f. [τερέβινθος] der Terpentinbaum.

Tĕrĕbra, ae, f. [tero] der Bohrer.

Tĕrĕbro, 1. [terebra] 1) bohren, A) durchbohren, ora, latebras uteri. B) ausbohren, lumen (des Auges) *2) (Pl.) trop. = sich aufdringen, Jmd. zu gewinnen suchen.

Tĕrēdo, ĭnis, f. [gr. τερηδών] ein nagender Wurm, Baumwurm.

Tĕrentĭus, Name eines römischen Geschlechtes. Am bekanntesten sind: 1) Cajus T. Varro, Consul und Feldherr 216 v. Chr. in der Schlacht bei Cannä. 2) Marcus T. Varro, berühmter Grammatiker und Alterthumsforscher zur Zeit Cicero's. 3) Publius T. Afer, der bekannte Comödienschreiber, ungefähr 170 v. Chr. 4) Terentia, Gemahlin des M. T. Cicero. — Davon -tĭus und -tĭānus, adj.

Tĕres, ĕtis, adj. mit comp. [verwandt mit taro] 1) länglich rund, glattrund, cylinderförmig, stipes, hastile, digitus; cervix, sura wie gedrechselt. 2) trop. geschmackvoll, fein, aures, oratio abgerundet, geglättet.

Tēreus, ei ob. os, m. [Τηρεύς] König in Thracien, Gemahl der Procne und Vater des Itys, siehe Procne, Philomela. Davon **Tērēĭdes**, ae, m. der Sohn des T., Itys.

Ter-gĕmĭnus, adj. (Poet.) = trigeminus.

Tergĕo, si, sum, 2., seltener **Tergo**, — 3. 1) abwischen, abtrocknen, oculos, manus; t. scuta, wenn blank machen, poliren. 2) trop. A) t. palatum pavone den Gaumen kitzeln. B) (Poet.) = sühnen, scelus.

Tergeste, is, n. Stadt in Istrien, jetzt Triest. Davon **-stīnus**, adj. u. subst. -ni, ōrum, m. pl. die Einwohner von T.

Tergīnus, adj. [tergum] (Vorklass.) ledern; subst. **-um**, i, n. die Karbatsche.

Tergĭversātĭo, ōnis, f. [tergiversor] die Weigerung, das Ausfluchtsuchen.

Tergĭ-versor, depon. 1. [tergum-verto] (eigtl. den Rücken kehren, entweder um Nichts zu versprechen, antworten, ob. um Schlägen zu entgehen) sich weigern, Ausflüchte suchen, zögern, t. in re aliqua, contra aliquem Jmd. gegenüber.

Tergum, i, n. 1) der Rücken (in perpendiculärer Lage und als die Hinterseite des Geschöpfes gedacht, vgl. dorsum); a t. von hinten, post t. hinten, hinter dem Rücken; vertere, dare tergum = fliehen, weichen (trop. = unterliegen), in derselben Bed. (Poet.) tergu praebere (praestare) fugae; dagegen praebere tt. Phoebo (Poet.) sich sonnen. 2) trop. A) die Rückseite, hintere Seite eines Gegenstandes, montis. B) die Oberfläche: aquae. C) (=

Tergus — **Tertianus**

tergus) die Haut, das Fell, Leder: t. taurinum eine Ochsenhaut. Daher = ein aus Leder ob. Fell gemachter Gegenstand, z. B. ein Schild, Schlauch, Handpauke, Cestus. D) (Poet.) meton. = Leib, Körper, centum tt. suum.

Tergus, ŏris, n. (Poet. u. Spät.) 1) = tergum. 2) die (grobe) Haut. das Fell (des Thieres, vgl. cutis). Hiervon = ein Schild von Rinderhäuten.

Terīna, ae, f. Stadt in Bruttium. Davon -naeus, adj.

Termes, itis, m. (Poet. u. Spät.) ein Zweig.

Termĭnālis, e, adj. [terminus] zur Grenze gehörig. Grenze-; nur subst. -ālĭa, ium, n. pl. das Fest des Grenzgottes.

Termĭnātĭo, ōnis, f. [termino] die Grenzbestimmung, nur trop. A) die Bestimmung, rerum: t. aurium das Urtheil der Ohren. B) der Schluß, das Ende.

Termĭno, 1. [terminus] 1) begrenzen, durch eine Grenze bestimmen: mare t. terras; t. spem possessionum Janiculo, gloriam iisdem finibus = beschränken; t. fana die Grenzen für — festsetzen. Hiervon A) abgrenzen, durch eine Grenze scheiden, agrum publicum a privato. B) trop. bestimmen, festsetzen, fines; t. bona voluptate die Güter nach dem Genusse. 2) beschließen, beendigen, bellum, orationem.

Termĭnus, i, m. 1) die Grenze, Grenzmark (die materielle Bezeichnung der Grenze, vgl. finis; gew. eine Reihe Steine ob. Pfähle, vgl. limes), revellere t. et ultra limites salire. Hiervon personif. = der Gott der Grenze. 2) trop. A) = die Schranken, das Ziel: t. diligendi der Liebe, contentionum, vitae. B) = der Schluß, das Ende.

Terni, ae, a, adj. num. distr. [ter] 1) je drei; (Poet.) im sing. terno ordine. 2) (Poet.) drei zusammen.

Tĕro, trīvi, trītum, 3. (verw. mit τείρω — τρίβω) 1) reiben, oculos, sich die Augen reiben, t. dentes in stipite; t. lignum ligno; (Poet.) t. labellum calamo = Flöte blasen; t. calcem = Jmd. im Laufe einholen; ubi lapis lapidem terit (Pl. = in der Mühle. 2) uneigentlich, A) abreiben, abnutzen, abtragen, adamanta; t. ferrum stumpf machen; vestis trita abgetragen. B) das Getreide austreten, tretend dreschen, frumentum. C) glätten, poliren, crura pumice. D) drechseln, radios rotis. E) (Poet.) einen Weg u. dergl. oft betreten, besuchen, viam, iter. 3) trop. A) = oft in den Händen haben, =gebrauchen, librum. B) in der Rede oft gebrauchen, verbum. C) aufreiben, abmühen, se in opere longinquo, plebem in armis. D) von der Zeit, zubringen, tempus teritur vergeht; gewöhnlich tadelnd = unnütz zubringen, vergeuden, aetatem in rebus inutilibus; t. diem einen Tag still liegen, Nichts unternehmen.

*Terpsĭchŏrē, es, f. [Τερψιχόρη] (Poet.) die Muse der Tanzkunst, davon überhaupt = die Muse. Poesie.

Terra, ae, f. 1) die Erde als Stoff und Element, das Erdreich (vgl. tellus u. f. w.): injicere alicui terram. 2) die Erde = der Erdboden: accidere ad t., tollere de t., terrae procumbere (Poet.) zur Erde fallen; terrae filius „Erdenkind", Mensch (von einer sonst unbekannten Person). 3) die Erde = das Land im Gegensatze zum Meere, der Erdboden: terrā zu Lande, terrā marique (mari terrāque, et mari et terrā) zu Wasser und zu Lande. Hiervon trop. esse in terra auf dem Trocknen = in Sicherheit sein; terram videre = das Ende seiner Gefahr, Verlegenheit sehen. 3) ein Land, eine Landschaft: in hac t.; t. Gallia, Italia; omnes tt. Hierzu gehört der pl. terrae die Länder = die ganze Erde, die Welt: in terris in dieser Welt, sub terris in der Unterwelt; insbef. orbis terrarum (seltner o. terrae) der ganze Erde, der Erdkreis. 4) (= tellus) die Erde als Weltkörper: t. locata in media mundi sede.

Terrēnus, adj. [terra] 1) aus Erde bestehend, irden, collis, genus, corpora nostra, campus mit tiefer Erde bedeckt, hiervon subst. -num, i, n. die Erde, der Acker, herbidum. 2) auf ob. in der Erde befindlich, Erd-: hiatus t. Oeffnung in der Erde, numina unterirdische, eques = sterblich. 3) auf dem Lande lebend, Land-, bestiae.

Terrĕo, 2. 1) schrecken, erschrecken, aliquem. 2) übertragen, A) (Poet.) scheuchen, schreckend jagen, profugam per totam urbem. B) abschrecken, aliquos a repetunda libertate.

Terrestĕr ob. (-stris), stris, e, adj. [terra] 1) zur Erde gehörig, irdisch, res, Capitolium domicilium t. Jovis. 2) zum Lande gehörig, Land-, iter; copiae, exercitus tt. die Landmacht, pugna t. Landschlacht, bestia t. Landthier. 3) (Pl.) coena t. (scherzhaft) aus Erdfrüchten bestehend.

Terrĕus, adj. [terra] (selten) aus Erde, Erd-, tumulus.

Terrĭbĭlis, e, adj. [terreo] schrecklich, Schrecken erregend, homo, facies, ira.

Terrĭcŭla, ōrum, n. pl. [terreo] die Schreckmittel, Schreckniffe.

Terrĭfĭco, 1. [terreo-facio] (Poet.) = terreo.

Terrĭfĭcus, adj. [terror-facio] (Poet.) Schrecken erregend.

Terrĭgĕna, ae, comm. [terra-gigno] (Poet.) aus der Erde geboren: a) von den ersten Menschen; b) von den Giganten; c) von den Menschen, die der Sage nach aus den von Jason und dem Cadmus gesäeten Schlangenzähnen entstanden waren.

*Terrĭlŏquus, adj. [terreo-loquor] (Lucr.) schrecklich redend.

Terrĭpăvĭum, -pŭdĭum, siehe tripudium.

Territo, 1. [terreo] oft oder stark erschrecken, aliquem.

Territōrĭum, ii, n. [terra] (selt.) das zu einer Stadt gehörige Gebiet, der Distrikt.

Terror, ōris, m. [terreo] der Schrecken, alicujus rei vor Etwas; ad t. ceterorum um den Uebrigen Schrecken einzuflößen. Hiervon = Ursache des Schreckens, Schrecken einjagender Gegenstand, Carthago t. Romanorum; jacere terrores Schrecken erregende Worte.

Tersus, adj. mit comp. u. sup. [particip. von tergeo] eigentl. abgewischt, davon 1) sauber, rein, mulier. 2) trop. fein, artig, nett, auctor, judicium.

Tertiā-dĕcĭmāni, ōrum, m. pl. (Spät.) die Soldaten der dreizehnten Legion.

Tertĭānus, adj. [tertius] zum dritten

gehörig. febris das dreitägige Fieber; **tertiāni**, ōrum, m. pl. (Spät.) die Soldaten der dritten Legion.

Tertio, adv. num. [tertius] 1) zum dritten Male. 2) drittens.

Tertium, adv. num. [tertius] zum dritten Male.

Tertius, adj. num. ord. [ter] der dritte, tt. Saturnalia der dritte Tag des Saturnalfestes.

Tertius-dĕcĭmus, adj. num. ord. der dreizehnte.

Teruncius, ii, m. [ter-uncia] drei Zwölftheile eines As und überhaupt eines zwölftheiligen Ganzen, das Viertel; proverb. zur Bezeichnung einer sehr unbedeutenden Sache („Heller", „Pfennig"): ne t. quidem nicht das Geringste, teruncii aliquem facere sich gar nicht um Jmd. kümmern.

****Ter-vĕnēfĭcus**, i, m. (Pl.) eigtl. der Dreimal-Giftmischer = der Erzschurke.

Tesca ob. **Tesqua**, ōrum, n. pl. (Poet.) öde und unfruchtbare Oerter, Haiden, Einöden (es soll ein sabinisches Wort sein).

Tessella, ae, f. (Spät.) deminut. von tessera.

****Tessellātus**, adj. [tessella] (Spät.) mit viereckigen Steinchen belegt, pavimentum Mosaik-Fußboden.

Tessĕra, ae, f. 1) ein viereckiges Stück Holz, Stein ob. Metall, zum Einsetzen, zur Verzierung der Kleider und bes. zum Auslegen des Fußbodens (als Mosaik). 2) ein Würfel mit sechs bezeichneten Seiten: man spielte mit 3 tesserne (vgl. talus). 3) eine Marke, Kennzeichen überhaupt, insbef. A) t. militaris ein Täfelchen, auf welchem die Parole ob. das Commando geschrieben war, daher die Parole, Losung, das Feldgeschrei: it bello t. signum; omnibus dare t. B) t. frumentaria ob. frumenti Getreidebillet, Billet, worauf der Inhaber bei öffentlichen Austheilungen Getreide (ob. Geld dazu) erhalten konnte. C) t. hospitalis ein Kennzeichen, eine Marke, woran Gastfreunde sich erkannten, gewöhnlich ein Täfelchen ob. Stückchen Holz, wovon Jeder die Hälfte hatte, confringere t. (Pl.) = die Gastfreundschaft aufheben.

Tessĕrārius, ii, m. (Spät.) der die Parole vom Feldherrn erhält.

Tessĕrŭla, ae, f. (Vorklaff. u. Spät.) deminut. von tessera.

Testa, ae. f. [statt tosta von torreo] jedes aus Thon Gebrannte, 1) (Vorklaff. u. Spät.) der Ziegelstein, Backstein. 2) ein gebranntes irdenes Geschirr, Topf, Krug, Urne; auch = eine irdene Lampe. 3) eine Scherbe, ein abgebrochenes Stück eines Ziegelsteines ob. Geschirres; insbef. die Scherbe beim gerichtlichen Abstimmen der Griechen. 4) die Schale der Schalthiere. Hiervon A) = das Schalthier. B) trop. = das Eis. *5) eine Art Beifallklatschen (mit den flachen Händen, wie mit Ziegelsteinen).

Testăceus, adj [testa] (Spät.) 1) aus gebrannter Erde ob. Ziegelstein bestehend. 2) mit einer Schale versehen.

Testāmentārius, adj. [testamentum] 1) zu den Testamenten gehörig, die Testamente betreffend. lex. 2) subst. -ĭus, ii, m. der falsche Testamente schmiedet, Testamentfälscher.

Testāmentum, i, n. [testor] das Testament, der letzte Wille, facere; conscribere t., mutare, rumpere, irritum facere t.

Testātio, ōnis, f. [testor] 1) (Spät.) die Bezeugung als Zeuge, die Zeugenaussage. 2) die Anrufung zum Zeugen.

Testātor, ōris, m. [testor] (Spät.) der ein Testament macht, Testator, Testirer.

Testātus, adj. mit comp. [particip. von testor in passiver Bedeutung. bezeugt =] bekannt, augenscheinlich, unleugbar, res, virtus alicujus.

Testĭcŭlus, i, m. deminut. von testis 2.

Testĭfĭcātĭo, ōnis, f. [testificor] 1) die Bezeugung, der Beweis durch Zeugen. 2) überhaupt die Bezeugung, Kundgebung, der Beweis.

Testĭfĭcor, depon. 1. [testis-facio] 1) durch seine Aussage bezeugen, von Etwas Zeuge sein, Zeugniß ablegen, aliquid, te id fecisse. 2) überhaupt kundgeben, darthun, an den Tag legen, sententiam suam, amorem suum. 3) als Zeuge anrufen, bei Jmd. Etwas bezeugen, deos hominesque.

Testĭmōnĭum, ii, n. [testis] 1) das Zeugniß (vor Gericht ob. überhaupt, mündliches ob. schriftliches): dicere (edere u. dergl.) t. contra (in) aliquem Zeugniß gegen Jmd. ablegen; legere t. ein schriftliches Zeugniß herlesen. 2) der Beweis, rei alicujus von Etwas; illud testimonio ejus rei est beweist Jenes, dient zum Beweis für Jenes; res est testimonio quod etc. ein Beweis hierfür ist die Thatsache, daß u. s. w.

Testis, is, comm. der (die) Zeuge (vor Gericht ob. überhaupt = Jmb., der Etwas bezeugen kann ob. bezeugt), rei alicujus ob. de re aliqua = von Etwas; testis es, quam multa ei tribuerim du weißt, hast gesehen; ebenso t. es, me in eo non perseverasse ou kannst bezeugen (weißt), daß u. s. w. Hiervon = Augenzeuge, der Gegenwärtige; (Poet.) luna t. im Angesichte des Mondes.

Testis, is, m. die Hode.

Testor, depon. 1. [testis] 1) (selten, Poet. u. Spät.) bezeugen, als Zeuge aussagen. 2) Etwas feierlich versichern, erklären, se id pacis causa fecisse. 3) bekunden, darthun, beweisen, zu erkennen geben, von Etwas zeugen, vim divinam; (Poet.) res t. impia proelia, ouras alicujus, mores barbaros verräth. 4) als Zeuge anrufen, bei Jmd. ob. Etwas eine Sache bezeugen, deos, aliquem; t. foedera rupta sich auf — berufen. 5) intrans. feinen letzten Willen kundgeben, Testament machen, de re über Etwas testamentlich verfügen.

Testu indecl. oder **Testum**, i, n. [von torreo, wie testa] (Vorklaff. u. Poet.) ein irbener Deckel, irbenes Geschirr.

Testūdĭneus, adj. (testudo) (Poet.) 1) schildkrötenartig, gradus. 2) aus Schildpatt, mit Schildpatt geschmückt, lyra.

Testūdo, ĭnis, f. [testa] 1) die Schildkröte. 2) das Schildpatt, die Schale der Schildkröte. 3) (wegen der Form) jedes gewölbte Saiteninstrument, die Laute, Cither. 4) militär. term. t. A) das hölzerne Schutzdach, Sturmbach, unter welchem die Belagerer sicher standen, während sie mit dem aries heranrückten ob. arbeiteten. B) das von den Soldaten aus den über die Köpfe gehaltenen Schildern gebildete Schilddach. b) der gewölbte Saal, das Gewölbe.

Testŭla, ae, *f. deminut.* von testa.

Tēter (Taeter), tra, trum, *adj.* mit comp. u. *sup.* garstig, häßlich, und, in moralischer Beziehung, gräulich, abscheulich, schändlich, odor, locus, spectaculum; t. homo, vitium, facinus, bellum.

Tēthys, yos, *f.* [Τηθύς] eine Meergöttin, Tochter des Uranus und der Gäa, Gemahlin des Oceanus, Mutter der Fluß- und Seenymphen.

Tetracōlon, i, n. (Spät.) [τετράκωλον] eine viergliederige Periode.

Tetradrachmum, i, n. [τετράδραχμον] eine griechische Silbermünze von vier Drachmen.

Tetrarcha ob. **-es**, ae, m. [τετράρχης] ein Fürst, der den vierten Theil eines Landes beherrscht, ein Vierfürst, daher überhaupt der Titel eines kleinen Fürsten.

Tetrarchia, ae, *f.* [τετραρχία] das Gebiet eines Tetrarchen.

Tetrastichum, i, n. [gr. τετράστιχον] (Spät.) ein Gedicht von vier Versen.

Tetre, *adv.* mit comp. u. *sup.* [teter] garstig, häßlich, abscheulich.

Tetrĭcus, *adj.*, [teter] finster, streng, überaus ernst, disciplina, animus, frons, puella. Insbes. T. rupes ein Berg im Sabinischen.

Teucer (Poet. Teucrus), cri, m. [Τεῦκρος] 1) Sohn des Flußgottes Scamander und der Nymphe Idäa (nach anderen Sagen aus Creta eingewandert, erster König von Troja. Nach ihm heißen die Trojaner (Poet.) **Teucri**, ōrum, *m. pl.*, das Land Troas **Teucria**, ae, *f.* und das *adj.* **Teucrus** wird (Poet.) = trojanisch gebraucht (bei Cicero Att. 1, 12 und 13 ist Teucris eine pseudonyme Benennung einer unbekannten Person). 2) Sohn des Telamon und der Hesione, Halbbruder des Ajax; nach der Rückkehr aus Troja ging er von der Insel Salamis nach Cypern und gründete dort die Stadt Salamis.

Teuthras, antis, m. [Τεύθρας] 1) Fluß in Campanien. 2) König in Mysien, Vater des Thespius. Davon A) **-nteus**, *adj.* = mysisch. B) **-ntius**, *adj.*; turba, t. die fünfzig Schwestern ob. Töchter des Thespius.

Teutŏburgiensis saltus, Waldgebirge im heutigen Lippe-Detmold, der Teutoburgerwald.

Teutŏni, ōrum ob. **-nes**, um, *m. pl.* germanische Völkerschaft (ob. Collectivname mehrerer Völkerschaften). Davon **-nicus**, *adj.*

Texo, xui, xtum, 3. 1) weben, telam, vestes, rete (von der Spinne). 2) *trop.* wie durch ein Gewebe zusammenfügen, flechten, A) t. sepes; vites tt. umbracula bilden durch ihre ineinander geflochtenen Zweige. B) t. navem, basilicam bauen. C) t. epistolam, librum, verfassen, schreiben; ea tela texitur mit so Etwas geht man um.

Textĭlis, e, *adj.* [texo] gewebt, gewirkt, stragulum, donum; *subst.* **Textĭle**, is, n. etwas Gewebtes, Tuch, Leinwand.

Textor, ōris, m. [texo] der Weber.

Textōrius, *adj.* [textor] (Spät.) webermäßig, gewebt; *trop.* von der Rede = verflochten, verfänglich.

Textrīnum, i, n. [texo] die Weberei, a) = die Webekunst, b) = die Webestube.

Textum, i, n. [*particip.* von texo] 1) (Poet. u. Spät.) das Gewebe, gewebte Zeug, tt. pretiosa. 2) die geflochtene Zusammenfügung, carinae, *trop.* t. dicendi die stilistische Zusammenfügung.

Textūra, ae, *f.* [texo] (Poet.) 1) das Weben. 2) das Gewebe, gewebte Zeug, t. Minervae. 3) die Zusammenfügung.

Textus, us, m. [texo] (Vorklass. u. Spät.) 1) das Gewebe, Geflecht. 2) die Verbindung, der Zusammenhang.

Thabēna, ae, *f.* Stadt in Nubien.

Thāls, idis, *f.* [Θαΐς] bekannte Hetäre zu Athen.

Thala, ae, *f.* Stadt in Numidien.

Thălămēgus, i, m. [θαλαμηγός] (Spät.) ein Fahrzeug mit Zimmern, Gondel.

Thălămus, i, m. [θάλαμος] (Poet. u. Spät.) 1) das innere Gemach, Wohnzimmer im Inneren des Hauses. 2) Insbes. A) das Schlafzimmer. Hiervon a) das Ehebett. b) die Ehe ob. die Liebe: vita expers thalami ehelos, jungfräulich, pertaesus thalami; ne desere thalamos pactos deine verlobte Braut. B) das Frauengemach. C) überhaupt = der Aufenthaltsort.

Thălassĭus und **Thălassĭnus**, *adj.* [θαλασσικός, -ινος] (Vorklass.) zum Meere gehörig, Meer-, meerfarbig, meergrün.

Thāles, is u. ētis, m. [Θαλῆς] Philosoph aus Milet, einer von den sieben Weisen, Stifter der ionischen Schule.

Thălĭa, ae, *f.* [Θάλεια] 1) die Muse der Comödie. 2) eine der Grazien. 3) eine Meernymphe.

Thălĭarchus, i, m. (wahrscheinlich fingirter) Name eines jungen Freundes des Horaz.

Thămyras, ae, ob. **-ris**, idis, m. [Θαμύρας] ein thracischer Dichter in der mythischen Zeit, der mit den Musen in einem Wettstreite besiegt seiner Laute u. seiner Augen beraubt wurde.

Thapsus, i, *f.* [Θάψος] 1) Halbinsel und Stadt in Sicilien. 2) Stadt in Africa, bekannt durch Cäsar's Sieg.

Thāsos ober **-us**, i, *f.* [Θάσος] Insel des ägäischen Meeres an der Küste von Thracien. Davon **-sius**, *adj.* und *subst.* **-sii**, ōrum, *m. pl.* die Einwohner von Th.

Thaumas, antis, m. [Θαύμας] Sohn des Pontus und der Gäa, Vater der Iris. Davon 1) **Thaumantēus**, *adj.* virgo = die Iris. 2) **-tias**, ädis ob. **-tis**, idis, *f.* die Tochter des Th. = Iris.

Theātrālis, e, *adj.* [theatrum] zum Theater gehörig, das Schauspielhaus betreffend, consessus die Versammlung im Theater betreffend, lex.

Theātrum, i, n. [gr. θέατρον] 1) das Schauspielhaus, Theater; hiervon (Poet.) = der Schauplatz für öffentliche Kampfspiele, der Circus. 2) das Schauspielhaus = die Zuschauer, das Theaterpublikum, tota theatra reclamant. Hiervon = die Versammlung

Thebae — **Thespiae**

überhaupt (des Volkes, der Richter). 3) *trop.* A) (Poet.) ein freier Platz, wo Alles leicht von mehreren Seiten übersehen werden kann. B) der Schauplatz = Gelegenheit, Ort, Zeit zur Entwickelung einer in die Augen der Leute fallenden Thätigkeit, oder zum Bekunden seiner Fähigkeiten u. dergl., der Wirkungskreis: forum fuit quasi th. illius ingenii; th. virtutis.

Thēbae, ārum, *f. pl.* [Θῆβαι] auch (Spät.) **Thēbe**, es, *f.* Name mehrerer Städte: 1) alte Hauptstadt von Böotien, von Cadmus gegründet, Geburtsort des Pindarus. 2) alte Hauptstadt von Oberägypten. 3) Th. Phthiae, Stadt in Thessalien, später Philippopolis genannt. 4) Stadt in Mysien, Geburtsort der Andromache. — Hiervon A) **Thēbais**, ïdis, *f.* a) Landschaft in Oberägypten um das ägyptische Th. b) *adj.* (Poet.) α) zu Th. in Böotien gehörig. β) aus Th. in Mysien gebürtig, Andromache. B) **Thēbānus**, *adj.* a) zu Th. in Böotien gehörig, thebanisch: modi Th. pindarische, dea = Ino, semina die vom Thebaner Cadmus gesäeten Drachenzähne, dens = Hercules, soror = Antigone.

Thēbe, es, *f.* [Θήβη] 1) = Thebae. 2) eine Nymphe, Gemahlin des Zethus. 3) Gemahlin des Fürsten Alexander zu Pherä.

Thēca, ae, *f.* [θήκη] eine Hülle, Decke, ein Futteral, eine Büchse (zum Aufbewahren von Kostbarkeiten u. dergl.).

Thelxinoe, es, *f.* [Θέλγω-νοῦς] (die den Geist bezaubernde) eine der vier ersten Musen (Cic. nat. deor. 3, 21, 54).

Thēma, ătis, *n.* [θέμα] (Spät.) 1) der Satz, der abgehandelt wird, das Thema einer Abhandlung. 2) die Stellung der Himmelszeichen bei der Geburt Jmds, die Nativität.

Thēmis, ïdis, *f.* [Θέμις] die Göttin der Gesetze, Tochter des Uranus und der Gäa, Inhaberin des delphischen Orakels vor Apollo.

Thēmista, ae, *f.* [Θέμιστα] epicuräische Philosophin aus Lampsacus.

Thēmistŏcles, is, *m.* [Θεμιστοκλῆς] der berühmte athenische Feldherr. Davon -clēus, *adj.*

Thensaurus, s. S. für Thesaurus.

Theocrĭtus, i, *m.* [Θεόκριτος] berühmter griechischer Idyllendichter zur Zeit der Ptolemäer.

Theŏdāmas, antis, *m.* [Θεοδάμας] König der Dryopier, Vater des Hylas. Davon **-ntēus**, *adj.*

Theŏdectes, is, *m.* [Θεοδέκτης] griechischer Redner aus Cilicien, Schüler des Isokrates.

Theŏdōrus, i, *m.* [Θεόδωρος] 1) griechischer Sophist, Zeitgenosse des Sokrates. 2) berühmter Rhetor, Lehrer des Tiberius. Davon **-rēi**, ōrum, *m. pl.* die Anhänger des Th.

Theogŏnia, ae, *f.* [Θεογονία] „Ursprung der Götter", Titel eines Gedichtes des Hesiodus.

Theŏlŏgus, i, *m.* [θεολόγος] Jmd. der vom Ursprung und Wesen der Götter handelt oder lehrt.

Theon, ōnis, *m.* [Θέων] ein durch seine schmähsüchtige Zunge berüchtigter Freigelassener. Davon **-nīnus**, *adj.*, dens.

Theophānes, is, *m.* [Θεοφάνης] ein Geschichtschreiber, Freund des Pompejus.

Theophrastus, i, *m.* [Θεόφραστος] griechischer Philosoph aus Lesbos, Schüler des Plato und des Aristoteles.

Theŏpompus, i, *m.* [Θεόπομπος] griechischer Geschichtschreiber aus Chios, Schüler des Isokrates. Davon **-pēus** u. **-pīus**, *adj.*

Therămĕnes, is, *m.* [Θεραμένης] athenienfischer Staatsmann zur Zeit des Sokrates.

Theramne, a. S. für Therapne.

Therapne, es, *f.* [Θεράπνη] Stadt in Laconien. Davon **-pnaeus**, *adj.* (Poet.) = spartanisch, marita = Helena, sanguis des Knaben Hyacinth.

Thericles, is, *m.* [Θηρικλῆς] Künstler (Töpfer) zu Corinth. Davon **-clēus**, *adj.*

Thermae, ārum, *f. pl.* [θερμαί] warme Bäder, natürliche oder künstliche. Als *nom. propr.* Stadt in Sicilien. Davon **-ĭtānus**, *adj.* u. *subst.* **-ni**, ōrum, *m. pl.* die Einwohner von Th.

Therme, es, *f.* [Θέρμη] die später Thessalonica genannte Stadt in Macedonien. Davon **-maeus** ob. **-māĭous**, *adj.*, sinus Th.

Thermōdon, ntis, *m.* [Θερμώδων] Fluß in Pontus, an welchem die Amazonen wohnten. Davon **-ntēus** oder **-ntiăous** oder **-ntius**, *adj.* (Poet.) = amazonisch, zu den Amazonen gehörig.

Thermŏpŏlium, ii, *n.* [Θερμοπώλιον] (Pl.) Ort, wo warme Getränke verkauft wurden, Schenkhaus.

*****Thermŏpŏto**, 1. [θερμός-poto] (Pl.) mit warmen Getränken laben, gutturem.

Thermŏpўlae, ārum, *f. pl.* [Θερμοπύλαι] der berühmte Engpaß in Locris zwischen dem Meere und dem Berge Oeta, wo Leonidas mit seinen Tapferen fiel.

Therŏdāmas, antis, ob. **-mĕdon**, ontis, *m.* [Θηροδάμας, -μέδων] ein König in Scythien, der Löwen mit Menschenfleisch fütterte. Davon **-ntēus**, *adj.*

Thersītes, ae, *m.* [Θερσίτης] ein durch seine Häßlichkeit und seine Lästerzunge bekannter Grieche vor Troja. Davon appellativisch ein sehr häßlicher Mensch ob. = ein Lästermaul.

*****Thēsaurārius**, *adj.* [thesaurus] (Pl.) zum Schatze gehörig, Schatz-, fur.

Thēsaurus, i, *m.* [θησαυρός] 1) ein hingelegter Vorrath bes. von Geld und Kostbarkeit, ein Schatz (Com.); *trop.* th. mali eine Masse von Unglück. 2) die Schatzkammer, Vorrathskammer, der Speicher: publicus th. sub terra; *trop.* memoria th. omnium rerum; th. argumentorum eine Quelle zu Beweisgründen.

Thēseus, ei u. eos, *m.* [Θησεύς] König in Athen, Sohn des Aegeus und der Aethrae, Bewältiger des Minotaurus, Gemahl der Ariadne, Freund des Pirithous. Davon 1) **Thēsēis**, ĭdes, *f.* Titel eines Gedichtes auf den Th. 2) **Thēsēĭus** ob. **-sēus**, *adj.* (Poet.) = athenisch. 3) **Thesīdes**, ae, *m.* der männliche Nachkomme des Th.

Thĕsis, is, *f.* [θέσις] (Spät.) rhetorisch. *term. t.* (reinlat. propositum), der angenommene Satz.

Thespiae, ārum, *f. pl.* [Θεσπιαί] Stadt in Böotien. Davon 1) **Thespias**, ădis, *f. adj.* (Poet.) = böotisch, dess Th. die Musen. 2) **Thespienses**, ium, *m. pl.* die Einwohner von Th.

Thespis, is, m. [Θέσπις] der Begründer der attischen Comödie.

Thesprōtia, ae, f. [Θεσπρωτία] Landschaft in Epirus. Davon -ōtii, ōrum, m. pl. die Bewohner von Th.

Thesprōtus, i, m. [Θεσπρωτός] ein König in der Nähe von Puteoli, daher regnum Thesproti = Puteoli.

Thessălia, ae, f. [Θεσσαλία] Landschaft Griechenlands zwischen Macedonien und Doris mit Locris, Thessalien. Davon 1) (Poet.) -licus, adj. (häufig von Allem, was die Argonauten betraf). 2) -lus od. (Poet.) -lius, adj.; subst. -li, ōrum, m. pl. die Thessalier, Bewohner von Th. 3) -lis, ĭdis, f. adj. (Poet.).

Thessalōnĭca, ae, f. [Θεσσαλονίκη] (früher Therme) Stadt in Macedonien, jetzt Salonichi. Davon -censes, ium, m. pl. die Einwohner von Th.

Thestius, ii, m. [Θέστιος] 1) König in Aetolien, Vater der Leda und der Althäa. Davon 1) -stiădes, ae, m. der männliche Nachkomme des Th. 2) -stias, ădis, f. die Tochter des Th.

Thestor, ŏris, m. [Θέστωρ] Vater des Wahrsagers Kalchas. Davon -ŏrĭdes, ae, m. der männliche Nachkomme des Th.

Thētis, ĭdis, f. [Θέτις] 1) Tochter des Nereus u. der Doris, Gemahlin des Peleus, Mutter des Achilles. 2) (Poet.) appellativ = das Meer.

Thia, ae, f. [Θεία] Tochter des Uranus u. der Gäa, Gemahlin des Hyperion, Mutter des Sol.

Thiăsus, i, m. [θίασος] (Poet.) ein zu Ehren des Bacchus aufgeführter Reigen.

Thisbe, es, f. [Θίσβη] 1) eine junge Babylonierin, Geliebte des Pyramus (siehe diesen Art.). 2) Stadt in Böotien.

Thoas, antis, m. [Θόας] 1) König in Taurien, zu welchem Iphigenia von der Diana geführt wurde. 2) König auf Lemnos, Vater der Hypsipyle (siehe diesen Art.). Davon -tias, ădis, f. die Tochter des Th.

Thōlus, i, m. [θόλος] (Poet.) 1) die Kuppel, das runde und gewölbte Dach. 2) meton. = das Gebäude mit einer Kuppel, ein Dom.

Thōrax, ācis, m. [θώραξ] (Poet. u. Spät.) 1) der Brustharnisch. 2) der Brustlatz.

Thōrius, Name eines römischen Geschlechtes; ein Spurius Th. gab als Volkstribun 111 vor Chr. ein gemäßigtes Ackergesetz.

Thot, der ägyptische Name des fünften Mercurius (Cic. nat. deor. 3, 22, 56).

Thrācia, ae, f. (Poet.) auch **Thrāce**, (**Thrēce**), es, ob. -ca ae, f. [Θρᾴκη, Θρῄκη] die Landschaft Thracien (das heutige Rumili). Davon 1) **Thrācius**, (Spät.) **Thrāous**, und (Poet.) **Thrēĭcius** oder **Thrēicius**, adj.: Th. sacerdos, vates = Orpheus. 2) **Thrax**, ācis, m. der Thracier. Uebertragen = ein Gladiator, in thracischer Rüstung (in dieser Bedeutung häufig die Form Threx, ēcis); hiervon **Thrēcidicus**, adj. 3) (Poet.) **Thrēissa** oder **Thressa**, ae, f. die Thracierin, oft adjectivisch, Th. puella.

Thrăso, ōnis, m. [Θράσων] der "Bramarbas", Name eines prahlerischen Soldaten in Terenz's Eunuchen.

Thrăsybūlus, i, m. [Θρασύβουλος] berühmter Athener, der seine Vaterstadt von der Herrschaft der dreißig Tyrannen befreite.

Thrăsymăchus, i, m. [Θρασύμαχος] griechischer Sophist aus Chalcedon, Zeitgenosse des Lysias.

Thucydides, is, m. [Θουκυδίδης] berühmter athenischer Feldherr und Geschichtschreiber des peloponnesischen Krieges. Davon -dīus oder -dēus, adj.

Thūle, es, f. [Θούλη] große Insel im äußersten Norden (Island oder Mainland?).

Thunnus, siehe thynnus.

Thūrii, ōrum, m. pl. [Θούριοι] die an der Stelle der zerstörten Stadt Sybaris (siehe diesen Art.) von athenischen Colonisten erbaute Stadt. Davon -rīnus, adj. u. subst. -ni, ōrum, m. pl. die Einwohner von Th.

Thya (**Thyia**), ae, f. ob. **Thyon**, i, n. (θύα, θύον) (Poet. u. Spät.) = citrus, welches man sehe.

Thyămis, ĭdis, m. [Θύαμις] Fluß in Epirus.

Thyătĭra, ae, f. [Θυάτειρα] Stadt in Lydien.

Thybris, siehe Tiberis.

Thyestes, ae, m. [Θυέστης] Sohn des Pelops, Bruder des Atreus, Vater des Aegisthus: siehe den Art. Atreus. Davon 1) -stēus, adj. 2) -stiădes, ae, m. der männliche Nachkomme des Th.

Thyias (richtiger als **Thyas**), ădis, f. [θυιάς] (Poet.) die Bacchantin.

Thymbra, ae, f. [Θύμβρη] Stadt in Troas. Davon -braeus, adj.

Thymbra, ae, f. [= θύμβρα] die Saturei.

Thymiāmus, i, m. [thymum-amo] (Pl.) den Thymian liebend.

Thymum, i, n. [θύμον] der Thymian.

Thyni, ōrum, m. pl. [Θυνοί] thracische Völkerschaft, die nach Asien zog und in dem nördlichen Theile von Bithynien sich ansiedelte. Davon 1) **Thynia**, ae, f. die von den Th. bewohnte Landschaft. 2) -niăcus, adj. 3) -nias, ădis, f. adj. 4) -nus, adj.

Thynnus oder **Thunnus**, i, m. [θύννος] der Thunfisch.

Thyōne, es, f. [Θυώνη] Mutter des vierten Bacchus (Cic. nat. d. 3, 23, 58)5 von Einigen mit Semele identificirt. Davon -nēus, adj. ob. -niăeus, i, m. der Sohn der Th., Bacchus; meton. (Poet.) = der Wein.

Thyrĕa, es, ob. **Thyrea**, ae, f. [Θύρη] Stadt in Argolis. Davon **Thyrĕātis**, f. adj.

Thyrēum (-rium), i, n. [Θύρεον] Stadt in Acarnanien. Davon -rienses, ium, m. pl. die Einwohner von Th.

Thyrsus, i, m. [θύρσος] 1) der Stengel, Strunk eines Gewächses. 2) der mit Epheu u. Weinlaub umwundene Stab, welchen Bacchus und die Bacchantinnen trugen.

Thyrsĭger, ĕra, ĕrum, adj. [thyrsus-gero] (Poet.) den Bacchusstab führend.

Tiăra, ae, f. [τιάρα] (Poet. u. Spät.) morgenländischer Kopfschmuck, der Turban.

Tibarāni, ōrum, m. pl. Völkerschaft in Cilicien.

Tibĕris, is (Poet. **Thybris**, ĭdis), m. der

Fluß Tiber in Italien. Davon 1) **-rīnus**, *adj.*; pater (deus) der Flußgott des Tiber. Hiervon *subst.* **-īnus**, i, *m.* A) der Tiberfluß. B) ein König in Alba, von welchem der Fluß benannt sein soll (indem die Sage ihn nach seinem Ertrinken Flußgott werden ließ). 2) **-rīnis**, ĭdis, *f.* (Poet.) *adj.*

Tibĕrĭus, ii, *m.* römischer Vorname; insbef. wird der zweite Kaiser in Rom gewöhnlich so genannt. Davon 1) **-riŏlus**, i, *m. deminut.* 2) **-riānus**, *adj.*

Tībia, ae, *f.* 1) das Schienbein: frangere t. 2) eine gerade ausgehende Pfeife, Flöte (aus einem Rohre u. dergl., anfangs beinern; vgl. fistula); tibiā canere die Flöte blasen, aber auch tibia canit die Flöte erschallt; *proverb.* apertis tibiis = mit lauter Stimme. Insbef. t. dextra u. sinistra vielleicht = die Discantflöte und Baßflöte; tt. pares wenn zwei dextrae ob. zwei sinistrae geblasen wurden, impares wenn die eine dextra, die andere sinistra war.

Tībĭālis, e, *adj.* [tibia] zum Schienbein gehörig: davon (Spät.) **-le**, is, *n.* eine Art wärmende Binde um das Schienbein, ungefähr = Strumpf.

Tībĭcen, ĭnis, *m.* [tibia-cano] 1) der Flötenspieler, Pfeifer. 2) (Poet.) der Pfeiler, die Stütze eines Hauses.

Tībĭcĭna, ae, *f.* (tibicen) (Poet. u. Spät.) die Flötenspielerin.

Tībullus, i, *m.* (Albius) lateinischer Elegiker, Freund des Horaz und Ovid.

Tībur, ŭris, *n.* uralte Stadt in Latium, berühmt wegen ihrer schönen, kühlen Lage. Davon 1) **Tīburs**, rtis, *adj.* u. *subst.* **-tes**, um, *m. pl.* die Einwohner von T. 2) **Tīburtīnus**, *adj.*; *subst.* **-num**, i, *n.* ein Landgut bei T. 3) **Tīburnus**, *adj.* u. *subst. m.* = Tiburtus. 4) **Tīburtus**, i, *m.* der Erbauer von Tibur.

Tīcīnum, i, *n.* Stadt am Flusse Ticinus, jetzt Pavia.

Tīcīnus, i, *m.* Fluß in Oberitalien, Nebenfluß des Po, jetzt Ticino.

Tīfāta, ae, *f.* Berg in Campanien mit einem Tempel der Diana.

Tīfernum, i, *n.* Stadt 1) in Umbrien am Tiber; 2) in Umbrien am Aufidus; 3) in Samnium.

Tīfernus, i, *m.* Berg in Samnium.

Tīgellius, ii, *m.* Name zweier Musiker: 1) T. Sardus, Zeitgenosse des Cicero; 2) T. Hermogenes, Tadler des Horaz.

Tīgillum, i, *n. deminut.* von tignum.

Tīgnārius, ii, *m.* [tignum] zu den Balken gehörig, faber t. = Zimmermann.

Tīgnum, i, *n.* der Balken (kürzer als trabs), das Stück Bauholz.

Tīgrānes, is, *m.* [Τιγράνης] 1) König in Großarmenien, Schwiegersohn u. Verbündeter des Mithridates. 2) dessen Sohn.

Tīgris, ĭdis ob. is, *m.* u. *f.* [Τίγρις] der Tiger.

Tīgūrīni, ōrum, *m. pl.* Völkerschaft im heutigen Canton Zürich in der Schweiz.

Tīlia, ae, *f.* die Linde.

Tīmaeus, i, *m.* [Τίμαιος] 1) griechischer Historiker in Sicilien unter Agathocles. 2) pythagoräischer Philosoph, Zeitgenosse des Plato; nach ihm ist der platonische Dialog („von der Welt") benannt, welchen Cicero übersetzte.

Tīmāgĕnes, is, *m.* [Τιμαγένης] ein freimüthiger Rhetor zur Zeit des Augustus.

Tīmanthes, is, *m.* [Τιμάνθης] griechischer Maler, Zeitgenosse des Parrhasius.

Tīmāvus, i, *m.* Fluß in Istrien, zwischen Aquileja und Triest.

Tīmĕ-factus, *adj.* [particip.] in Furcht gesetzt, erschreckt.

Tīmĕo, ui, — 2. 1) fürchten, (aus Bangigkeit und Furchtsamkeit, vgl. metuo, vereor), in Furcht sein, besorgt sein, aliquem, perfidiam; t. de republica wegen des Staates besorgt sein; timeo quid hoc sit, t. ne id fiat daß dieses geschehen möge; ut (ne non) fiat daß es nicht geschehen möge; dagegen t. alioni wegen der Sicherheit Jmds. um Jmd. besorgt sein (daß ihm Etwas begegne), libertati um die Freiheit (daß ihr Abbruch geschehe). 2) mit einem *infin.* = nicht wagen, den Muth Etwas zu thun nicht haben, facere aliquid.

Tīmĭdē, *adv.* mit *comp.* u. *sup.* [timidus] furchtsam, scheu, behutsam (oppos. audacter).

Tīmĭdĭtās, ātis, *f.* (timidus) die Furchtsamkeit (als habituelle Eigenschaft, vgl. timor), Schüchternheit.

Tīmĭdus, *adj.* mit *comp.* u. *sup.* [timeo] furchtsam, scheu, schüchtern, behutsam: t. atque ignavus; (Poet. u. Spät.) t. rei alicujus vor Etwas; (Poet.) t. perire den Tod fürchtend.

Tīmŏlĕon, ntis, *m.* [Τιμολέων] corinthischer Feldherr, Zeitgenosse des Philipp von Macedonien. Davon **-ntēus**, *adj.*

Tīmor, ōris, *m.* [timeo] 1) die Furcht (als temporärer Zustand, vgl. timiditas), Besorgniß, mali vor einem Uebel; esse in t. in Furcht sein. 2) (Poet.) A) = die heilige Scheu, Ehrfurcht. B) was Furcht einflößt, der Schrecken: timor fuisti ei.

Tīmŏthĕus, ei, *m.* [Τιμόθεος] 1) Sohn des Conon, athenienfischer Feldherr. 2) ein Musiker aus Milet.

***Tīnctīlis**, e, *adj.* (tingo) (Poet.) worin Etwas getaucht wird.

Tīnĕa, ae, *f.* jeder nagende Wurm, insbef. Motte in Büchern und Kleidern.

Tīngĕ, *f.* Stadt in Mauritanien. Davon **-gĭtānus**, *adj.*

Tīngo (Tīnguo), nxi, nctum, 3. [Stammverw. mit dem gr. τέγγω] 1) benetzen, anfeuchten, in Etwas eintauchen: t. ora lacrimis; t. pedes in undis, ferrum aquā. 2) A) färben, lanam murice; (Poet.) rupto t. ora. B) (Poet.) vis aurea t. flumen veränderte die natürliche Beschaffenheit des Wassers. 3) *trop.* tinctus re aliqua = der einen Anstrich (ein Wenig) von Etwas hat, orator t. literis, oratio t. elegantiā.

Tīnnīmentum, i, *n.* [tinnio] (Pl.) das Gellingel, Klingeln.

Tīnnĭo, 4. 1) klingeln, klingen, schellen. 2) *trop.* A) von denen, die ihre Stimme laut und scharf ertönen lassen, = laut schreien, singen, von Vögeln „zwitschern": nimium jam tinnis du hast mir schon gar zu lange die Ohren voll geschrieen, t. aliquid sufferti etwas volltönendes fingen. B) (Converſ.) = mit Gelde klimpern d. h. bezahlen: jamdiu exspecto, ecquid D. tinniat ob D. Etwas (in klingender Münze) bezahlt.

Tinnītus, us, m. [tinnio] (Poet. u. Spät.) das Klingeln, Geklinge; trop. von hochklingenden Redensarten, das Wortgeklingel.

Tinnŭlus, adj. [tinnio] (Poet.) klingend, ſchellend; trop. rhetor t. viel Wortgeklingel gebrauchend.

Tintinnăbŭlum, i, n. [tinnio] (Poet. u. Spät.) die Klingel, Schelle.

Tintinnācŭlus, adj. [tintinno] eigtl. klingend, t. vir = der Henker, welcher den Sklaven Schellen anlegte.

Tintinno oder **Tintino**, 1. [tinnio] (Poet.) = tinnio.

Tīnus, i, f. der lorbeerartige Schneeball.

Tiphys, yos, m. [Τῖφυς] der Steuermann des Schiffes Argo.

Tippŭla (Tipula), ae, f. (Pl.) eine Waſſerſpinne, trop. zur Bezeichnung eines ſehr kleinen Gegenſtandes.

Tirĕsias, ae, m. [Τειρεσίας] der berühmte blinde Wahrſager zu Theben, Zeitgenoſſe des Oedipus u. ſ. w.

Tiridātes, is, m. [Τιριδάτης] Name mehrerer Könige in Armenien.

Tīro, ōnis, m. I. 1) der in dem Kriege noch unerfahrene junge Soldat, Recrut; auch als adj. exercitus t. ungeübt, unerfahren. 2) trop. überhaupt der Neuling in irgend einer Sache, ungeübt, unerfahren, in re aliqua; als adj. bos t.; häufig von jungen Menſchen, wenn ſie nach Anlegung der toga virilis zuerſt auf dem Forum öffentlich auftraten. II. Name eines Freigelaſſenen des Cicero. Davon **Tirōniānus**, adj.

Tīrōcinium, ii, n. [tiro] 1) die militäriſche Unerfahrenheit: paucitas et t. exercitūs. Hiervon A) der erſte Kriegsdienſt; (Spät.) ponere (deponere) ſeinen erſten Feldzug machen. B) überhaupt der erſte Anfang einer Thätigkeit, das Probeſtück, erſte Hervortreten, fori auf dem Markte, eloquentiae in der Beredtſamkeit. 2) die jungen Soldaten, Recruten.

Tīruncŭlus, i, m. (Spät.) deminut. von tiro.

Tiryns, ntis, f. [Τίρυνς] Stadt in Argolis, wo Hercules erzogen ſein ſoll. Davon **Tirynthius**, adj. häufig von Allem, was zum Hercules irgend eine Beziehung hatte (Tirynthia = Alcmene).

*Tis, (Pl.) veraltet ſtatt tui (genit. von Tuus).

Tisiphŏne, es, f. [Τισιφόνη] die Rächerin des Mordes*, eine der Furien. Davon -nēus, adj. (Poet.) = verbrecheriſch, ſchrecklich, tempus.

Tissa, ea, f. [Τίσση] Stadt in Sicilien. Davon **Tissenses**, ium, m. pl. die Einwohner von T.

Titan, ānis (bisweilen latiniſirt Titanus, i) m. [Τιτάν] 1) gewöhnlich im plur. Titanes (od. ni), Söhne des Uranus und der Gäa, Brüder des Saturn; mit dieſem ſtürzten ſie ihren Vater vom Throne, wurden aber nachher vom Zeus in den Tartarus eingeſchloſſen. 2) im sing.

= ein von einem Titanen abſtammendes Götterweſen, nämlich: A) der Sol, Sonnengott, Sohn des Hyperion. B) der Prometheus, Sohn des Japetus. 3) (Pl.) appellat. = ein Greis. — Hiervon a) **-āniăcus**, adj. (Poet.) b) **-ānis**, idis, f. adj. u. subst. Tochter oder weibl. Nachkomme eines Titanen, α) = Circe, Tochter des Sol; β) = Latona, Tochter des Koios; γ) = Tethys, Schweſter der Titanen. c) **-ānius**, adj.; davon subst. -a, ae, f. α) = Circe; β) = Latona ob. Diana (ſiehe oben); γ) = Pyrrha, Enkelin des Japetus.

Tīthōnus, i, m. [Τιθωνός] Sohn des Laomedon, Gemahl der Aurora und Vater des Memnon, zuletzt in eine Heuſchrecke verwandelt. Davon **-nius**, adj.

Tĭtĭes, **Titienses**, ſiehe Titius.

Titillātio, ōnis, f. [titillo] das Kitzeln.

Titillo, 1. kitzeln, aliquem; trop. voluptas t. sensus.

Titius, Name eines römiſchen Geſchlechtes; ein Sextus T. hatte einen ſo tanzmäßigen Gang, daß ein Tanz nach ihm benannt wurde. Davon 1) **Titius**, adj.; sodales tt. ein vom ſabiniſchen Könige Titus Tatius herrührendes Prieſtercollegium. **Tĭtĭes**, ium ob. **Titienses**, ium, m. pl. = Taties, Tatienses, welche man ſehe.

*Tĭtĭvillicium, ii, n. (Pl.) eine Faſer, trop. = etwas ſehr Geringes, eine Bagatelle.

Titŭbantĕr, adv. [titubo] ſchwankend, unſicher, aliquid dicere.

Titŭbantĭa, ae, f. [titubo] (Spät.) das Schwanken, die Unſicherheit, linguae Stammeln.

Titŭbātĭo, ōnis, f. [titubo] das Schwanken, die Unſicherheit, Verlegenheit.

Titŭbo, 1. 1) wanken, nicht feſt ſtehen, taumeln (mit Bezug auf die ihren Dienſt verſagenden Füße, insbeſ. wie ein Betrunkener, vgl. vacillo. 2) trop. A) in der Rede anſtoßen, ſtammeln, ſtocken, verbo. B) ſchwanken, = unſicher, rathlos ſein. C) fehlen, aliquid in Etwas.

Titŭlus, i, m. 1) die Aufſchrift, Inſchrift auf Etwas. Insbeſ. A) der Titel eines Buches. B) die Aufſchrift, Inſchrift auf einem Gebäude (Angabe des Erbauers, der Zeit der Erbauung ob. dergl.), auf einem Weinfaſſe (Angabe, in welchem Jahre der Wein gepreßt war), häufig auf Grabmälern und Denkſäulen, t. sepulcri Grabſchrift. C) Täfelchen, Bezeichnungszettel, feilgebotenen Sklaven a::gehängt. D) Anſchlag an einem Hauſe, das zu verlaufen oder zu vermiethen iſt: ire sub t. durch Anſchlag feil geboten werden, mittere sub t. feil bieten. E) das kurze Verzeichniß der Ehrenpoſten, die Jmb. bekleidet hatte, und der Thaten, die es ausgeführt hatte, welches ſeiner imago angefügt wurde. 2) trop. A) die ehrenvolle Benennung, der Ehrentitel, conjugis. B) der Ruhm, die Ehre von Etwas, t. belli perpetrati; insignis t. crudelitatis Ruf, vanus t. victoriae. C) der Vorwand, die Urſache, der Schein, Grund, uti specioso t.; sub t. aequandarum legum; praetendere t.

Titūrius, i, m. ein Legat des Cäſar in Gallien. Davon **-riānus**, adj.

Tityos, i, m. [Τιτυός] Sohn des Jupiter und der Elara, zur Strafe dafür, daß er sich an Latona vergriffen, getödtet und in der Unterwelt von Geiern an seiner stets wachsenden Leber benagt.

Tityrus, i, m. [= Τίτυρος, vielleicht dorisch statt Σάτυρος] Name eines Hirten in Virgil's Hirtengedichten. Davon meton. A) überhaupt = ein Hirt. B) zur Bezeichnung der Hirtengedichte Virgil's. C) zur Bezeichnung des Virgil selbst.

Tlēpŏlĕmus, i, m. [Τληπόλεμος] Sohn des Hercules, vor Troja Führer der Rhodier.

Tmārus, i, m. [Τμάρος] (syncopirt statt Tomarus) Berg in Epirus in der Nähe von Dodona. Davon **Tmārius**, adj.

Tmōlus (auch **Tȳmōlus**), i, m. [Τμῶλος] Gebirge und Stadt in Lydien. Davon 1) **Tmōlius**, adj. 2) **Tmōlītes**, is, m. aus dem Gebirge T.

*__**Tŏcullio**, ōnis, m. [gebildet aus dem gr. τόκος] der Wucherer.

Tŏfīnus, adj. [tofus] (Spät.) aus Tufstein.

Tŏfus ob. **Tŏphus**, i, m. der Tufstein.

Toga, ae, f. [tego] die Toga, Nationaltracht der Römer, das aus einem runden Stücke wollenem Tuches bestehende, von dem Halse bis an die Füße herabwallende Obergewand, welches der römische Bürger, wo er öffentlich erschien, trug; es wurde nur im Frieden gebraucht, daher zur Bezeichnung des Friedens (cedant arma togae). Insbef. t. praetexta (siehe diesen Artikel); t. pura ohne Verbrämung, = virilis, die gewöhnliche T.; t. candida, siehe candidatus, sordida wie sie ein Trauernder oder Angeklagter trug. Meton A) = der Frieden (sie oben). B) = eine Buhldirne (weil diese anstatt der ihnen untersagten stola bisweilen eine toga trugen).

*__**Tŏgātārius**, ii, m. [togatus] (Spät.) zweifelh.) der Schauspieler in einer fabula togata (siehe togatus).

Tŏgātus, adj. [toga] mit einer Toga bekleidet: gens t. = die Römer; fabula (comoedia) t. ein Lustspiel, in welchem die Personen Römer aus den niederen Ständen waren, bisweilen überhaupt = eine Comödie mit römischen Personen (vgl. palliata, praetexta). Insbef. A) da die toga die Friedenstracht war, ist togatus bisweilen = Jmd., der im Frieden lebt, ein Amt verwaltet ob. dergl.: ei togati supplicatio decreta est; qui togati reipublicae praefuerunt (im Gegensatze zu imperatores). B) = eine Buhldirne (siehe toga B.). C) = ein Client, armer Bürger.

Tŏgūla, ae, f. deminut. von toga.

Tŏlĕrābĭlis, e, adj. mit comp. [tolero] erträglich, leidlich, orator, condicio, dolor; Etruria t. gegen die man sich einigermaßen wehren kann, widerstehlich.

Tŏlĕrans, tis, adj. mit comp. u. sup. [particip. von tolero] ertragend, duldend, laborum.

Tŏlĕranter, adv. [tolerans] geduldig.

Tŏlĕrantia, ae, f. [tolerans] die Fähigkeit zum Ertragen, die Ertragung, Erduldung.

*__**Tŏlĕrātio**, ōnis, f. [tolero] das Ertragen, Erdulden.

*__**Tŏlĕrātus**, adj. im comp. [particip. von tolero] (Spät.) erträglich.

Tŏlĕro, 1. [verw. mit tuli, tollo] tragen, davon 1) ertragen, erdulden, aushalten (als etwas Schweres und Drückendes tragen, vgl. fero), hiemem, labores, dolorem, tributa; t. famem, sitim re aliqua stillen, inopiam manuum mercede ersetzen, sumptum den Aufwand bestreiten. 2) ernähren, unterhalten, equitatum pabulo; t. vitam leben, seinen Lebensunterhalt haben.

Tŏlētum, i, n. Stadt in Spanien, jetzt Toledo. Davon -**tānus**, adj. u. subst. -ni, ōrum, m. pl. die Einwohner von T.

Tollēno, ōnis, m. [tollo] der Schwungbalken, Schwengel, Maschine, um Etwas in die Höhe zu bringen.

Tollo, sustŭli, sublātum, 3. 1) emporheben, in die Höhe bringen, aufrichten, erheben, aufheben, caput, oculos, aliquem jacentem; t. tectum altius höher bauen. Insbef. A) t. onus = auf sich nehmen; t. poenas leiden. B) t. clamorem, vocem erheben; clamor se t. in auras erhebt sich, steigt; t. risum ein Gelächter erheben. C) = aufnehmen, mit ob. zu sich nehmen: t. aliquem in currum, in navem, ob. rhedā in den Wagen; auch bloß t. aliquem Jmd. mit sich nehmen; sublatis rebus nachdem man sein ganzes Eigenthum mitgenommen hat. Insbef. t. liberos (= suscipere 1. B. a.) die Kinder von der Erde aufnehmen zum Zeichen, daß man sie erziehen will: a) = erziehen, ernähren, b) = zeugen, ex aliqua mit einem Weibe. 2) trop. A) t. aliquem (in coelum) laudibus rühmend erheben, ebenso t. laudes alicujus in coelum Jmds Verdienste rühmend erheben. B) tollunt animos sie heben die Köpfe empor = werden trotzig, bekommen Lust zu Trotz und Widerstand; t. animum alicui Jmd. muthig, stolz u. s. w. machen, zum Widerstand ob. Kampf reizen. C) t. aliquem honoribus u. dergl. Jmd. erheben. D) (Poet.) serpens t. minas erhebt sich drohend. 3) wegnehmen, wegheben, entfernen, praedam, frumentum de area, simulacra e templo, solem e mundo; t. aliquem (aliquid) de medio ob. bloß t. = aus dem Wege räumen, tödten. Hiervon trop. A) t. deos das Dasein der Götter leugnen. B) t. memoriam rei auslöschen; t. alicui metum, dubitationem benehmen. C) vernichten, aufheben, beseitigen, dictaturam, fidem, legem, amicitiam, Carthaginem zerstören, von der Erde tilgen. D) von einem Schreibenden, wegwischen, tilgen, aliquid ex libro; t. aliquid liturā. E) t. diem = eximo 2. C.

Tŏlōsa, ae, f. Stadt in Gallia Narbonensi, jetzt Toulouse. Davon 1) -**sānus**, adj. 2) -**sātes**, um, m. pl. die Einwohner von T.

Tŏlūtārius, adj. [tolutim] (Spät.) im Trott gehend, equus.

Tŏlūtim, adv. [tollo?] (Vortlauff. u. Spät.) im Trott, trabend, ingredi.

Tōmentum, i, n. (Spät.) das Stopfwerk (Wolle, Haare u. dergl.), die Polsterung.

Tŏmi, ōrum, m. pl. ob. **Tŏmis**, idis, f.

48*

[Τόμος, -μις] Stadt in Untermösien am schwarzen Meere, nach der Sage der Ort, wo Medea ihren Bruder Absyrtus zerschnitt [τέμνω]; Verbannungsort des Ovid, jetzt Tomiswar. Davon 1) **Tŏmĭtae**, ārum, *m. pl.* die Einwohner von T. 2) **-ītānus**, *adj.*

Tŏmўris, ĭdis, *f.* [Τόμυρις] Königin der Massageter, von welcher Cyrus besiegt und getödtet wurde.

Tondeo, tŏtondi, tonsum, 2. 1) scheeren, abscheeren, rasiren, capillum, oves; absol. docuit filias tondere. 2) *trop.* A) = mähen. abmähen, segetem. B) = beschneiden, vites; corona tonsa (tonsilis) deren hervorragende Zweige abgeschnitten worden sind; ilex tonsa glatt behauen. C) abfressen, abweiden, gramina, campum, (Poet.) jocur. D) = abpflücken, violas. E) plündern, aliquem.

*__Tŏnĭtrŭālis__, e, *adj.* [tonitru] zum Donner gehörig, über vom Donner und dessen Vorbedeutung handelnd.

Tŏnĭtrus, us, *m.* und **Tŏnĭtrŭum**, i, *n.* [tono] der Donner.

Tŏno, ui, ĭtum, 1. 1) *intrans.* donnern: tonat es bonnert; tonans der Donnerer = Jupiter. Hiervon *trop.* A) stark erschallen, erdröhnen, krachen, Aetna t. fragore. B) = mit lauter und gewaltiger Stimme reden, Pericles t. dictus est. 2) *transit.* mit lauter und gewaltiger Stimme Etwas sagen, rufern, herdonnern, verba; t. deos laut anrufen.

Tonsa, ae, *f.* (Poet.) das Ruder.

Tonsillae, ārum, *f. pl.* die Mandeln am Halse.

*__Tonsĭto__, 1. [tondeo] (Pl.) zu scheeren pflegen, oves.

Tonsor, ōris, *m.* [tondeo] der die Haare, den Bart, die Nägel scheert, der Haarschneider und Barbier.

Tonsōrius, *adj.* [tonsor] zu einem tonsor gehörig, Scheer-, Barbier-, culter.

*__Tonstrĭcŭla__, ae, *f. deminut.* von tonstrix.

Tonstrīna, ae, *f.* [tondeo] (Com. u. Spät.) die Barbier-, Friseurstube.

Tonstrix, īcis, *f.* [tondeo] (Com. u. Poet.) die Scheererin, Barbiererin.

Tonsūra, ae, *f.* [tondeo] (Poet. u. Spät.) das Scheeren, Abscheeren, Beschneiden.

Tonsus, us, *m.* [tondeo] (Vorklass.) der Haarschnitt, die Frisur.

Tŏphus, siehe Tofus.

Tŏpĭārĭus, *adj.* [topia bei Nachfl. = Gartenverzierung] zur Gartenverzierung gehörig, *subst.* A) **-ius**, ii, *m.* der Kunstgärtner, Ziergärtner. B) **-ia**, ae, *f.* die Kunstgärtnerei. C) **-ium**, ii, *n.* (Spät.) die Gartenverzierung.

Tŏpĭca, ōrum, *n. pl.* [τοπικά] in der Rhetorik die Lehre von der Auffindung der Beweisgründe, Titel einer Schrift des Cicero.

Tōral, ālis, *n.* [torus] die Decke (der Teppich) über das Polster, die Polster-, Bettdecke.

Tŏrcŭlar, āris, *n.* [torqueo] die Kelter, Presse.

Tŏrcŭlus, *adj.* [torqueo] zum Keltern gehörig, Kelter-; *subst.* **-lum**, i, *n.* die Kelter, Presse.

Tŏreuma, ătis, *n.* [τόρευμα] das halberhobene getriebene Kunstwerk.

Tormentum, i, *n.* [torqueo] 1) ein gewundenes Seil, Strick. 2) die Wurf- und Schleudermaschine (siehe ballista, catapulta). Hiervon = ein Spieß ob. Stein, der aus dergleichen Maschinen geschleudert wurde (t. missile, fenestrae ad tt. mittenda). 3) ein Marterwerkzeug, die Folterbank. Hiervon A) die Marter, Tortur. B) überhaupt die Pein, Qual, Plage (körperlich ob. geistig). 4) ein Druckwerk beim Wasser. 5) eine Kleiderpresse, Rolle.

Tormĭna, num, *n. pl.* [torqueo] das Grimmen, Schneiden im Leibe, die Kolik.

*__Tormĭnōsus__, *adj.* [tormina] an der Kolik leidend.

Torno, 1. [tornus] drechseln, mit dem Drechseleisen runden, sphaeram, hastas; *trop.* versus male tornati schlecht gerathene.

Tornus, i, *m.* das Drechseleisen.

Tŏrōne, es, *f.* [Τορώνη] Stadt in Macedonien am ägäischen Meere. Davon **-naicus**, ob. **-naeus**, *adj.*

Tŏrōsus, *adj.* [torus] (Poet. u. Spät.) musculös, fleischig; virgula t. knotig, dick.

Torpēdo, ĭnis, *f.* [torpeo] 1) (Spät.) = torpor. 2) der Krampffisch, Zitterroche.

Torpeo, ui, — 2. 1) starr, erstarrt, unbeweglich sein: t. gelu vor Kälte, nervi tt. rigore; torpet simillimus saxo; (Poet.) palatum t. ist ohne Geschmack. 2) geistig erstarren, betäubt-, regungslos sein (vor Erstaunen, Furcht u. dergl. oder in Folge der Unthätigkeit): t. metu; timeo, totus torpeo; vox spiritusque torpebat; quid torpentes subito obstipuistis? t. tabellā wie versteinert vor Erstaunen über — stehen; consilia tua tt. du weißt keinen Rath.

Torpesco, pui, — 3. [torpeo] starr, erstarrt u. s. w. werden, erstarren (siehe torpeo, welches den Zustand angibt, dessen Eintreten und Beginnen durch torpesco bezeichnet wird).

Torpĭdus, *adj.* [torpeo] erstarrt, betäubt, regungslos, miraculo wegen einer wunderbaren Erscheinung, somno vom Schlaf.

Torpor, ōris, *m.* [torpeo] die Erstarrung, Unbeweglichkeit, davon die Betäubung, Erschlaffung, Unthätigkeit, Erlahmung u. dergl.

Torquātus, *adj.* [torquis] mit einer Halskette versehen; bes. als Beiname in der gens Manlia; (Poet.) Allecto t. colubris mit Schlangen als Halskette.

Torqueo, rsi, rtum, 2. 1) winden, drehen, umdrehen, wenden: t. stamina pollice, aliquid in orbem; flumen t. saxa wälzt fort; t. spumas (aquas) remis umwälzen (durch das Rudern), t. capillos ferro kräuseln; (Poet.) t. axem humero, tegumen leonis = tragen, t. tignum in die Höhe winden, -schaffen. Hiervon = lenken, leiten, winden, equum, currum. Hiervon *trop.* a) t. omnia ad sua commoda; t. orationem aliquo; t. bella vorstehen, lenken; t. et flectere imbecillitatem animorum. b) verrenken, verdrehen, talos, ora, trop. jus. 2) werfen, schleudern, schwingen, hastam; (Poet.) t. sibila (sich windend) hören lassen. 3) auf der Folter die Glieder verdrehen, foltern, auf die Folter spannen, aliquem equuleo. Hiervon trop. A) plagen, quälen, beunruhigen, convivam fame; invidia (labor u. dergl.) eum t.; torqueri sollicitudine, torqueri ne etc. sich ängstigen, daß u. s. w. B) = genau untersuchen, prüfen (weil die Aussagen der Sklaven vor Gericht durch die Folter erzwungen werden): t. aliquem vino Jmb. durch tüchtiges Zutrinken erforschen (weil der Rausch die Wahrheit zu entlocken pflegt); torqueatur vita Sullae laßt uns das Leben Sulla's untersuchen.

Torquis (-es), is, m. u. f. [torqueo] etwas Gewundenes, die Halskette aus Gold, Silber u. dergl. Hiervon A) das Halsjoch, Kummet der Ochsen. B) eine Blumenguirlande.

Torrens, tis, [particip. von torreo] 1) adj. (Poet. u. Spät.) von Gewässern, schnell fließend, reißend, ungestüm, fluvius, cursus amnium; trop. t. oratio, copia verborum. 2) subst. -ns, tis, m. ein wild fließender Bergstrom, Gießbach (der in der trockenen Jahreszeit vertrocknet, aber in der Regenzeit zu bedeutender Größe und reißender Schnelligkeit emporschwillt), rapidus montano flumine torrens; trop. t. verborum Wortstrom, Wortschwall.

Torreo, rui, stum, 2. 1) transit. trocknen, dörren, davon braten, rösten, sengen: ignis t. aliquid; t. carnem; t. panem backen; t. aliquid in igne; sol t. corpus. Hiervon trop. A) amor ob. illa mulier me torret ich bin (in jenes Weib) verliebt, ich brenne vor Liebe. B) von brennenden Durste, von Fieberhitze. 2) intrans. erhitzt sein, gesengt werden, miles torrens sole.

*__Torresco__, — — 3. [torreo] (Lucr.) gedörrt-, verbrannt werden.

Torridus, adj. [torreo] 1) pass. gedörrt, gebrannt, versengt, fons ausgetrocknet, campi siccitate tt. Hiervon trop. A) = mager, ohne Saft, homo, aud torrida macie. B) torridus frigore zusammengeschrumpft, saftlos. 2) act. sengend, brennend heiß, aestas, zona.

Torris, is, m. [torreo] (Poet.) ein Feuerbrand, brennendes Scheit Holz.

*__Torte__, adv. [tortus] (Lucr.) gekrümmt, krumm.

Tortilis, e, adj. [torqueo] (Poet. u. Spät.) gewunden, gedreht.

*__Torto__, 1. [torqueo] (Lucr.) = torqueo 3.

Tortor, ōris, m. [torqueo 3.] der Folterer, Folterknecht; Apollo t. als Schinder des Marsyas.

Tortuōsus, adj. [tortus] 1) voll Windungen, -Krümmungen, gewunden, loca, serrula. 2) trop. A) verwickelt, winkelzügig, künstlich, disputandi genus, visum. B) verstellt, nicht offen und gerade.

Tortus, us, m. [torqueo] (Poet.) die Windung, Krümmung.

Torŭlus, i, m. deminut. von torus.

Torus, i, m. jeder wulstartig schwellende Gegenstand, Erhöhung: 1) ein Wulst, welcher gedreht wird um Bäume anzubinden. 2) der Knoten, die Schleife an einem Bande, Kranze u. dergl. 3) ein hervorragender fleischiger Theil am menschlichen ob. thierischen Körper, die Muskel: tt. lacertorum, pectoris. 4) das wulstig erhöhte gepolsterte Lager, der Pfühl, das Polster auf einem Bette oder Sopha: premere t. auf — liegen, sternere t. Hiervon trop. A) = der Sopha, das Ruhebett. B) = das Bett, Lager, und hiervon (Poet.) a) = das Ehebett, Ehe, Liebe, socia tori die Ehefrau; primi tt. die erste Ehe, illiciti tt. unerlaubte Liebschaften; b) (Spät.) die Beischläferin, Geliebte. C) das Leichenbett, die Bahre. D) (Poet.) t. ripae eine Anhöhe am Ufer.

Torvĭtas, ātis, f. [torvus] (Spät.) die Barschheit, das finstere und grimmige Aussehen.

Torvus, adj. [verwandt mit taurus?] (Poet. u. Spät.) barsch, finster, wild aussehend, grimmig, graus, gräulich, leaena, aper, vultus, oculi, clamor.

Tot, adj. pl. indecl. so viele, so viel: quot homines, t. causae; t. hominum so viele von den Menschen; t. unam superabant so Viele.

Totĭdem, adj. [tot-dem] adj. pl. indecl. eben so viele: t. — quot (ac, atque eben so viel — als.

Totĭes (ob. Totiens), adv. num. [tot] 1) so häufig, so oft. 2) eben so oft.

Totus, adj. ganz (bezeichnet eine ursprüngliche Ganzheit, welche erst außerordentlicher Weise in Theile zerfällt, vgl. omnis, universus): t. urbs, navis, respublica, equitatus; t. mens, vox; adverbial ex toto oder in totum ganz, völlig; totum se alicui tradere (totus mihi est deditus) sich Jmd. ganz ergeben, totum esse alicujus Jmd. ganz ergeben-, zugethan sein. Bei Pluralien und Collectiven muß es oft durch alle übersetzt werden (tt. copiae, totis viribus).

Toxĭcum, i, n. [τοξικόν] (Poet. u. Spät.) Gift zum Bestreichen der Pfeile, daher überhaupt Gift.

Trabālis, e, adj. [trabs] (Poet.) 1) zu einem Balken gehörig, Balken-, clavus womit man Balken festmacht. 2) balkenartig, lang wie ein Balken, telum.

Trabĕa, ae, f. [trabs] (eigtl. ein adj. = mit Streifen versehen, wobei toga zu suppliren war) ein mit breiten Purpurstreifen verbrämtes Staatskleid (Staatstoga), welches von Königen, Auguren, den Consuln bei feierlichen Gelegenheiten, den Rittern bei ihrem jährlichen feierlichen Aufzuge getragen wurde.

Trabĕa, ae, m. ein alter römischer Comödiendichter ungefähr 130 v. Chr.

Trabĕātus, adj. [trabea] (Spät.) mit einer trabea bekleidet.

Trabs (veraltet **Trăbes**), trăbis, f. ein Balken (länger und schmaler, vgl. tignum). Hiervon (Poet.) A) = ein Schiff, t. currit aquas. B) ein hoher Baum, silva frequens trabibus. C) eine Fackel.

Trāchas, antis, f. = Tarracina.

Trāchīn (-yn), īnis, f. [Τραχίν] Stadt in der thessalischen Landschaft Phthiotis, Todesort des Hercules, Residenz des Ceyx. Hiervon -chīnius, adj., heros = Ceyx; **Trāchīniae**, ārum, f. pl.

„die Trachinierinnen", eine Tragödie des Sophocles.

Tractābĭlis, e, *adj.* mit *comp.* [tracto] 1) betastbar, berührbar, behandelbar, corporeum et t., materia t. Hiervon coelum t. womit man durchkommen kann = ruhig, nicht stürmisch, mare t. nanti in welchem Jmd. schwimmen kann, vox t. biegsam. 2) *trop.* behandelbar, = biegsam, nachgiebig, der sich überreden=, besänftigen=, lenken läßt, animus, virtus.

Tractātio, ōnis, *f.* [tracto] 1) die Handhabung = das stete In-die-Hände-Nehmen, der Gebrauch, armorum. 2) die Behandlung, Bearbeitung, Betreibung, scriptorum, literarum. Insbef. in der Rhetorik: A) der besondere Gebrauch eines Wortes. B) die genauere Untersuchung, Abhandlung. 3) (Spät.) die Behandlung = das Benehmen gegen eine Person.

Tractātor, ōris, *m.* [tracto] (Spät.) der Behandler, Betaster = Sklave, der beim Baden den Körper sanft reiben und drücken und die Glieder ziehen und renken mußte.

Tractātus, us, *m.* [tracto] = tractatio.

Tractim, *adv.* [traho] (Vorklaff., Poet. u. Spät.) zugweise, ziehend. A) t. tangere = Jmd. Ohrfeigen geben. B) nach und nach, langsam, ire.

Tracto, 1. [traho] 1) (Poet., selten) schleppen, gewaltsam ziehen, tractata comis ad den Haaren herumgeschleppt. 2) betasten, berühren, in die Hände nehmen, aliquid manu (manibus); ille restitit ad manum tractantis. Hiervon A) mansuefacere plebem permulcendo tractandoque liebkosend und streichelnd. B) = führen, gebrauchen, tragen, arma. C) t. gubernaculum das Steuerruder führen = das Schiff lenken. D) = bearbeiten: t. terram u. dergl. bauen; t. lanam spinnen. 3) behandeln, aliquem placidius; benignius so t. sich gütlich thun. Hiervon A) lenken, regieren, verwalten, rempublicam, regnum, pecuniam; t. causam, bellum führen. B) t. se ita, tali ratione u. dergl. sich betragen. C) eine Zeit zubringen, vitam honeste leben. D) t. personam eine Rolle spielen. E) t. animos auf die Gemüther wirken, sie lenken, bearbeiten. F) Etwas betreiben, vornehmen, unterfuchen u. dergl., fabri fabrilia tt. G) über Etwas unterhandeln, es verhandeln, t. de re und t. rem. H) abhandeln, rem.

Tractus, us, *m.* [traho] 1) das Ziehen, der Zug: tractu ferre rotam; uno t. bibere; von der Schrift, t. calami Zug, Strich; t. serpentis schleppende Bewegung; vellera mollire longo t. spinnen. Hiervon in der Trinken, coeli Einathmen. 2) die Ausdehnung, gestreckte Lage: is est t. ductusque muri; quis esset t. castrorum. Hiervon A) = der Landstrich, die Gegend, t. Venafranus; t. coeli Klima, Himmelsgegend. B) von Allem, was sich in die Länge zieht: Phaëton longo t. volvitur einen langen Streifen in der Luft ziehend. 3) *trop.* A) die langsame Bewegung der Rede u. dergl., die Gedehntheit: t. lenis orationis. B) die Gedehntheit der Zeit, Länge, der Verlauf, eodem t. temporis; perpetuo t. aevi (*Lucr.*) beständig; t. mortis die Langsamkeit, Zö=

gerung; t. belli (Spät.) das In-die-Länge-Ziehen, Hinziehen (= trahere bellum). C) = die Ausführlichkeit, historia placet tracta. D) (Spät.) in der Grammatik, die derivative Verlängerung (wie wenn beatitudo aus beatitas wird).

Trādĭtio, ōnis, *f.* [trado] 1) die Uebergabe, Auslieferung, oppidi, Jugurthae. 2) (Spät.) A) der Unterricht. B) die Sage.

***Trādĭtor**, ōris, *m.* [trado] (*Tac.*) der Uebergeber = Verräther.

Trādo ob. **Trans-do**, dĭdi, dĭtum, 3. 1) übergeben, überliefern, abgeben, einhändigen u. dergl., alicui aliquid; t. urbem; t. arma; t. aliquem in custodiam, ad supplicium ausliefern. Insbef. A) Jmds Obhut oder Schutz übergeben, empfehlen, alicui aliquem. B) = preisgeben, verrathen, aliquem, patrios penates. C) hingeben, t. se studiis et otio, voluptatibus. D) als eine Erbschaft überliefern, nachlassen, alicui regnum. E) durch mündliche ob. schriftliche Mittheilung den Gleichzeitigen ob. der Nachwelt überliefern, erzählen, berichten, aliquid alicui; tradunt ob. traditur (es heißt, man ließt) mit einem *accus.* c. *infin.*, auch is traditur justissimus fuisse; häufig t. memoriam rei alicujus posteris und t. rem aliquam memoriae = als Geschichtschreiber erzählen, auf die Nachwelt fortpflanzen. F) durch Unterricht überliefern, lehren, vortragen, praecepta dicendi, t. civibus optimarum artium vias.

Trā-dūco ob. **Trans-dūco** etc., 3. 1) hinüber führen, -bringen, aliquem ad vos, cohortes in castra ad aliquem, exercitum ex Gallia in Ligures verlegen. Hiervon A) = versetzen, in irgend eine neue Lage, Stellung, ein anderes Verhältniß bringen: t. aliquem in superiores ordines, ad (in) partem suam auf seine Seite (Partei) bringen; t. aliquem in rerum abundantiam in Ueberfluß versetzen, ad hilaritatem erheitern; t. aliquem ad plebem aus einer patricischen in eine plebejische Familie übergehen lassen, ad optimates zur Partei der Vornehmen, ebenso ad aliquem, ad suam sententiam. B) über Etwas führen, -setzen, exercitum; t. copias Rhenum, Belgas Rhenum transducti über den Rhein geführt. 3) vorbeiführen, copias praeter castra; t. victimas in triumpho vorüberführen; exercitus traductus silvam. Insbef. A) zur Schau, insbef. zur Beschimpfung vorüberführen, *trop.* t. aliquem per ora hominum Jmd. dem Gelächter Anderer preisgeben, in höhnen, durchziehen. B) traduc equum (*term. t.*) sagte der Censor zum Ritter bei der Musterung, wenn er zu erkennen geben wollte, daß er an seinem Betragen Nichts zu tadeln hatte. C) (später) t. se sich zeigen. 4) von der Zeit, zubringen, hinbringen, verleben, tempus illa ratione, vitam placide; hiervon t. munus modeste sein Amt mit Mäßigung verwalten.

Trādūctio, ōnis, *f.* [traduco] 1) die Hinüberführung, Versetzung, alicujus ad plebem. 2) (Spät.) die beschimpfende Vorüberführung, das Zurschaustellen, die Beschimpfung. 3) von der Zeit, der Verlauf. 4) in der Rhet. A) die Uebertragung eines Wortes, die Metonymie. B) Wiederholung eines Wortes.

Traductor — **Traloquor** 759

***Trāductor,** ōris, m. [traduco] der Ueberführer, Versetzer.

Trādux, ŭcis, m. [traduco] (Spät.) eine Weinranke, die zur Fortpflanzung weiter gezogen wird, ein Weingesenk.

Trăfero, e. S. für Transfero.

Trăgĭce, adv. [tragicus] tragisch, auf Art der Tragödie.

*****Trăgĭ-ŏcomoedĭa,** ae, f. (Com.) ein aus der Tragödie u. der Comödie gemischtes Schauspiel.

Trăgĭcus, adj. [τραγικός] tragisch, zur Tragödie gehörig und das Gepräge ihrer Großartigkeit und Erhabenheit tragend, Tragödien-: poeta t. Verfasser von Tragödien, Orestes t. der in den Tragödien eine Rolle hat, dargestellt wird, carmen t. eine Tragödie; orator t. eine erhabene Sprache führend; t. scelus ein Verbrechen, wie es in den Tragödien vorkommt = schrecklich, gräulich, traurig, ebenso ignis (= amor) t. wilde und grausenhafte Liebesgluth; tragicum spirare erhabenen, großartigen Geist haben.

Trăgoedĭa, ae, f. [τραγῳδία] 1) die Tragödie, das Trauerspiel. 2) plur. trop. A) = die erhabene und hochtrabende Rede, istis tragoediis tuis perturbor. B) = großer Lärm, Spectakel, excitare (agere, movere) tt.

Trăgoedus, i, m. [τραγῳδός] ein tragischer Schauspieler.

Trăgŭla, ae, f. ein gallischer Wurfspieß; trop. (Pl.) injicere t. in aliquem Ränke gegen Jmd. gebrauchen, decidere t. Ränken entgehen.

Trăha ob. **Trăhea,** ae, f. [traho] eine Schleife zum Ausdreschen des Getreides.

*****Trăhax,** ācis, adj. [traho] (Pl.) gern an sich ziehend.

Trăho, xi, ctum, 3. 1) ziehen, schleppen, schleifen (vgl. duco), aliquem vinctum, aliquid per terram. Insbef. A) zu Etwas hinziehen, ferrum ad se; t. aliquem ad supplicium zur Todesstrafe fortziehen (auch bloß t. in derselben Bedeutung). Hiervon a) trahi et duci ad cupiditatem cognitionis (von natürlichem Antriebe hingezogen und von der Vernunft geführt werden); trahit sua quemque voluptas. b) zu Etwas bringen, bewegen, in üblem Sinne = verleiten, aliquem in aliam partem, ad defectionem, ad mutandam fidem. c) t. rem ad hostes zum Feinde übergehen. d) auf Etwas beziehen, decus ad consulem bem C. beimessen, crimen in se. e) — auslegen, deuten, aliquid in meliora, in virtutem; t. aliquid in religionem als ein Ereigniß (einen Umstand) von religiöser Bedeutung ansehen, in prodigium für ein Wahrzeichen halten. f) t. aliquem in diversum Jmd. unentschieden-, ungewiß machen; auctores utroque trahunt sind zwischen beiden Angaben getheilt. — B) mit ob. nach sich ziehen, gregem, agmen; t. corpus, membra aegra nach sich schleppen, t. vestem, corpus fessum. Hiervon trop. t. aliquos in eandem calamitatem; contagio t. ceteros auch die Uebrigen wurden angesteckt. — C) zu sich ziehen: t. aquam trinken; t. auras ore, animam athmen. Hiervon trop. a) t. et rapere plündern und rauben; b) sich aneignen, für sich fordern, regnum. c) annehmen, colorem, vitium, contagium. d) t. molestiam ex re aliqua schöpfen. e) t. stipendia Sold erhalten („Gehalt beziehen"). — D) herausziehen, ferrum ex corpore, aquam ex puteis herausziehen. Hiervon = herleiten, ableiten, entnehmen, haben, originem ex (ab) aliquo, nomen inde; t. sermonem ex re aliqua. E) = hin und her ziehen, -zerren, corpus; Britanni trahuntur factionibus; trop. a) t. pecuniam verprassen. b) (Poet.) vertheilen, laborem sorte. c) überlegen, erwägen, aliquid animo (in animo), belli pacisque rationes.

2) in die Länge ziehen, verzögern, hinziehen, bellum, tempus; t. aliquem sermone mit Gerede hinhalten. Hiervon A) t. vitam (in tenebris u. dergl.) hinschleppen, mühsam zubringen. B) (Poet.) t. laborem lange aushalten. C) senecta in hoc me traxit hat mich zu diesem Ziele geführt, hat mich bis zu diesem leben lassen.

Trajānus, i, m. (M. Ulpius) römischer Kaiser 98—117 nach Chr.

Trajeotĭo, ōnis, f. [trajicio] 1) das Hinüberfetzen = die Ueberfahrt, der Uebergang; davon t. stellae (Vorüberfahren) = die Sternschnuppe. 2) trop. in der Rhet. A) die Versetzung der Wörter. B) die Uebertreibung, Hyperbel.

Trajectus, us, m. [trajicio] = trajectio 1.

Trajĭcĭo, jēci, jectum, 3. [trans-jacio] 1) über Etwas hinwerfen (mit dem Gegenstande als Object, der über etwas Anderes geworfen wird), antennas de nave in navem, signum trans vallum; t. rudentem von dem einen Ufer zum anderen werfend anbringen. Hiervon A) (Poet.) t. pedes, membra super acervos springen; t. oculos aliquo irgendwohin werfen; funis trajectus um (den Mastbaum) geschlungen. B) nach einem anderen Orte hinüberbringen, versetzen, pecudes in silvam; trajectus in Galliam. Hiervon a) = hinlenken, auf etwas Anderes beziehen, übertragen, invidiam, arbitrium in aliquem. b) t. verba die Wörter versetzen. 2) über ein Gewässer, einen Berg u. dergl. hinüber setzen, hinüber führen, mit der Person ob. dergl., die hinüber gesetzt wird, als Object (vgl. 3. B.); t. milites trans flumen, legiones in Siciliam; t. copias Rhenum; t. se Alpes über die Alpen steigen; exercitus Padum trajectus über den Po hinüber gesetzt. 3) so daß der Gegenstand, über welchen Etwas geworfen-, gebracht wird, als Object steht: A) über — werfen: t. murum jaculo einem Spieß über die Mauer werfen. B) von einem Flusse und dergl. (vgl. 2.), über — setzen, passiren: t. fluvium navibus; t. mare nando über das Meer schwimmen; fluvius trajectus den man passirt hat. Hiervon C) durchbohren, durchstechen, aliquem tragula, femur uno ictu; auch durchbrechen, t. aciem. 4) intrans. (nach 2.) über Etwas ziehen, -gehen, -setzen: t. in Africam, classis t. ex Africa; incendium illud ad nos t. wird sich verbreiten.

Trālātĭcĭus, adj., siehe Translaticius.

Tralles, ium, f. pl. Stadt in Lydien. Davon **-lĭānus,** adj. und subst. -ni, ōrum, m. pl. die Einwohner von T.

*****Trā-lŏquor** etc., 3. [trans-l.] (Pl.) gleichsam „durchreden", d. h. bis zum Ende erzählen, vollständig aussagen: aliquid.

Trāma, ae, *f.* [trameo] die zum Gewebe aufgezogenen Fäden, der Aufschlag; davon *trop.* (*Pl.*) tt. putridae = Bagatellen, Possen.

Trāmeo, siehe transmeo.

Trāmes, ĭtis, *m.* [trameo] der Querweg, schmale Seitenweg, Nebenpfad (vgl. semita, callis); (Poet.) überhaupt der Fußsteig, Weg, Pfad; *trop.* (*Lucr.*) die Methode, der Weg.

Trāmĭgro, Trāmĭtto, Trānăto, siehe Transmigro u. f. w.

Trāno ob. **Trans-no,** 1. 1) über- ob. durch Etwas schwimmen, ad suos, t. fluvium, aquae tranantur. 2) (Poet.) durchfliegen, -schiffen, -fahren, -bringen, auras, foramina.

Tranquille, *adv.* mit *comp.* und *sup.* [tranquillus] ruhig, still, gelassen.

Tranquillĭtas, ātis, *f.* [tranquillus] die Ruhe, Stille, 1) die Windstille, ruhiges und stilles Wetter. 2) die geistige Ruhe, die Stille und der Frieden des Herzens, das Freisein von heftigen Leidenschaften und Sorgen, t. animi, vitae.

Tranquillo, 1. [tranquillus] ruhig machen, beruhigen, mare, *trop.* animum.

Tranquillum, siehe tranquillus.

Tranquillus, *adj.* mit *comp.* und *sup.* ruhig, still (im Gegensatze zur Erregung und der heftigen Bewegung, vgl. quietus): A) von dem Meere und den Elementen, t. mare, coelum; serenitas t. So *subst.* -um, i, *n.* ruhiges Wetter, tranquillo ob. in t. bei gutem Wetter. B) von der Seele, animus t.; facere aliquem ex irato tranquillum, literae tt. mit Ruhe geschrieben; *subst.* -um, i, *n.* die Ruhe des Gemüthes, aut t. aut procellae in militibus sunt. C) von äußeren, bef. politischen Verhältnissen. Insbef. *subst.* -um, i, *n.* = ruhiger Zustände, Frieden und Sicherheit: rempublicam in tranquillum redigere; ex t. nachdem Ruhe geherrscht hatte; tranquillo aliquid peragere in Ruhe, ohne Streit.

Trans, *praep.* mit *acc.* 1) bei Verben der Bewegung, über — hin, trajicere telum t. vallum. 2) bei Verben der Ruhe, jenseits (bei t. wird der trennende Gegenstand als eine Fläche, ein Raum gedacht, bei ultra als eine Grenzlinie), t. Rhenum incolere.

Trans-ăbeo etc., 4. (Poet.) hinüber-, vorbei gehen, davon durchbohren, costas.

Transactor, ōris, *m.* [transigo] der Zustandebringer.

Trans-ădĭgo etc., 3. (Poet. u. Spät.) 1) durch Etwas treiben, -bohren, t. ensem costas. 2) durchbohren, costas.

Trans-alpīnus, *adj.* jenseits der Alpen befindlich, -wohnend; *subst.* -ĭni, ōrum, *m. pl.* die jenseits der Alpen wohnenden Völker.

Transcendo, di, sum, 3. [trans-scando] 1) *intrans.* hinüber steigen, -schreiten, -gehen, in hostium naves, in Italiam; *trop.* in der Rede übergehen, ad leviora. 2) *transit.* übersteigen, überschreiten, passiren, fossas, flumen exercitu, limen; *trop.* überschreiten = übertreten, verletzen, fines juris, ordinem.

Transcīdo, īdi, — 3. [trans-caedo] (*Pl.*) durchprügeln, aliquem.

Tran-scrībo etc., 3. [trans-scribo] hinüberschreiben = auf eine andere Stelle hinschreiben, übertragen. 1) abschreiben, übertragen, librum in mille exemplaria, tabulas publicas. 2) A) *term. t.* in der Geschäftssprache, eine Geldsumme auf Jmd. als Eigner übertragen, ihm verschreiben, t. nomen (eine Schuldpost) in aliquem. B) überhaupt Jmd. Etwas übertragen, sceptrum alicui; t. alicui spatium vitae suae ihm abgeben, ihm zulegen. C) in einen anderen Stand übertragen, versetzen, equites in alas funditorum, matres urbi; *trop.* philosophia te in viros transcripsit hat dich zu einem Manne gemacht.

Transcurro, curri ob. cūcurri, cursum, 3. I. *intrans.* 1) hinüber laufen, zu — hin laufen, ad aliquem, in castra; *trop.* (Poet.) t. ad melius übergehen. 2) vorüber laufen, praeter oculos; *trop.* t. aliquid = übergehen, nicht erwähnen; von der Zeit = vorbeieilen, verlaufen, aetas. II. *transit.* 1) durchlaufen, durcheilen, Campaniam. 2) *trop.* a) t. cursum suum seine Laufbahn vollenden. b) (Spät.) in der Rede kurz erwähnen.

Transcursus, us, *m.* [transcurro] (Spät.) 1) das Durchlaufen, Durchfliegen. 2) das Vorbeifahren, fulguris. 3) *trop.* die kurze und flüchtige Erwähnung.

Trans-dānŭbiānus, *adj.* [Danubius] jenseits der Donau befindlich.

Trans-do, Trans-duco, siehe Trado, Traduco.

Transenna, ae, *f.* [trans?] (etwas Geflochtenes, Flechtwerk) 1) die Schlinge zum Vogelfang, der Strick, *trop.* der Fallstrick, die List. 2) vielleicht = ein Gitter oder Netz als Vermachung, so daß man von außen nicht gut durchsehen konnte: videre quasi per t. = in der Entfernung, undeutlich.

Trans-eo etc., 4. I. *intrans.* 1) hinübergehen, zu — übergehen, ad aliquem, in Britanniam; t. per illorum corpora über die Körper Jener; Mosa t. in Oceanum ergießt sich. Hiervon *trop.* A) zu der Partei ob. der Ansicht Jmds übergehen, ad hostes, a patribus ad plebem, in alicujus sententiam; in alia omnia t. einer ganz entgegengesetzten Ansicht huldigen. B) (Poet. u. Spät.) = sich verwandeln, in plures figuras. C) in der Rede oder Schrift zu etwas Anderem übergehen, ad partitionem. 2) vorübergehen, von der Zeit = verlaufen, vergehen, dies legis transiit; gloria, fortuna imperii schwindet, vergeht. 3) hindurch gehen, per media castra, res t. per gulam; *trop.* intelligentia t. per omnia bringt, macht Alles Weg. — II. *transit.* 1) über Etwas gehen, es passiren, flumen, paludem, forum; flumen transiri potest. 2) vorbeigehen, vorübergehen, omnes mensas; t. equum cursu kommt laufend dem Pferde vorbei und vor es. Hiervon *trop.* in der Rede übergehen, t. aliquid silentio. 3) durchgehen, durchpassiren, Formias. Hiervon *trop.* A) von der Rede oder Schrift kurz behandeln, leicht berühren, omnia leviter. B) von der Zeit, zubringen, vitam, annum, quiete et otio.

Trans-fĕro etc., 3. 1) von einem Orte zum anderen hinüber tragen, -bringen, -führen, -schaffen: t. rem a se illuc, castra ultra illum locum; t. bellum in Italiam; *trop.* t. idem in alios auf Andere anwenden, sermonem alio auf etwas Anderes lenken, similitudinem ab oculis ad animum übertragen; t. culpam in alios auf Andere schieben, ebenso absol. t. crimen (*Tac.*) von sich auf einen Anderen wälzen; t. se ad artes übergehen; (Poet.) t. amores alio auf einen anderen Gegenstand wenden. Insbef. A) schriftlich in ein anderes Buch ob. dergl. übertragen, abschreiben, eintragen, rationes in tabulas. B) in eine andere Sprache übertragen, übersetzen, aliquid ex Graeco in Latinum. C) t. verbum, figürlich ober uneigentlich gebrauchen, verba translata Metaphern. D) verschieben, causam in proximum annum; te se in proximum annum = im künftigen Jahre sich (um ein Amt) bewerben wollen. E) = verwandeln, aliquid in novam speciem. 2) (selten) vorbeitragen, vorüberführen, coronas in triumpho.

Trans-fīgo etc., 3. 1) durchstechen, durchbohren, aliquem gladio. 2) (Poet.) Etwas durch Etwas treiben: hasta transfixa womit Jmd. durchstochen war.

Trans-fĭgūro, 1. (Spät.) umformen, umwandeln, aliquem in lupum.

Trans-fŏdio etc., 3. durchbohren, durchstechen, aliquem.

Transformis, e, *adj.* [trans-forma] (Poet.) umgeformt, verwandelt.

Trans-formo, 1. (Poet. und Spät.) umwandeln, verwandeln, membra in juvencos.

*Trans-fŏro, 1. (Spät.) durchbohren, aliquem.

Transfrĕto, 1. [trans-fretum] (Spät.) über das Meer setzen, überschiffen.

Transfŭga, ae, *comm.* [transfugio] der Ueberläufer zum Feinde, Deserteur.

Trans-fŭgio etc., 3. *intrans.* zum Feinde überlaufen, desertiren, ad hostes.

Transfŭgium, ii, *n.* [transfugio] das Ueberlaufen zum Feinde, Desertiren.

Trans-fundo etc., 3. 1) in ein anderes Gefäß ob. dergl. hinübergießen, aquam in alia vasa; (*Lucr.*) t. aliquem in urnam die Asche Jmds in die Urne (zum Begraben) schütten. 2) *trop.* ausschütten, übertragen laudes suas ad aliquem, amorem omnem in aliquem.

Transfūsio, ōnis, *f.* [transfundo] (sehr selten) eigtl. das Uebergießen, *trop.* = das Uebersiedeln eines Volkes.

Transgrĕdior, gressus, *depon.* 3. [transgradior] 1) *intrans.* hinüber gehen, in Italiam, per montes. Hiervon *trop.* übergehen, A) (Spät.) zu der Partei, der Ansicht Jmds übergehen, t. ad aliquem, in partes alicujus. B) in der Rede oder Schrift zu einem anderen Gegenstande. C) zu einer That oder einem Vergehen. 2) *transit.* über oder durch Etwas gehen, überschreiten, passiren, Taurum montem, flumen, munitionem alcr — steigen; t. colonias durch — ziehen. Hiervon *trop.* (Spät.) A) übertreffen, aliquem. B) transgressus annum vicesimum der das zwanzigste Jahr zurückgelegt hat. C) in der Rede mit Stillschweigen übergehen, mentionem rei alicujus.

Transgressio, ōnis, *f.* [transgredior] 1) der Uebergang, Gallorum, tua t. in Germaniam; *trop.* = der Uebergang in der Rede zu einem anderen Gegenstande. 2) in der Rhetorik die Versetzung der Wörter, Abweichung von der gewöhnlichen Wortstellung.

Transgressus, us, *m.* [transgredior] (Spät., selten) = transgressio 1.

Transĭgo, ēgi, actum, 3. [trans-ago] 1) eigtl. *A) (Poet.) durch Etwas treiben, t. ensem per pectus. B) durchbohren, t. pectus gladio. 2) (Spät.) eine Zeit durchbringen, zubringen, verleben, aetatem per haec; mense transacto nach dem Verlaufe eines Monats. 3) durchführen, zu Ende bringen, zu Stande bringen, vollführen, negotium, rem; transactum est es ist vorbei. Hiervon als *term. t.* der Geschäftssprache, ein Geschäft durch Unterhandlung, Vergleich u. dergl. abmachen, ausgleichen, sich vergleichen, mit Jmd. über Etwas fertig werden: t. rem cum aliquo und häufig absol. t. cum aliquo; dagegen außerhalb der Geschäftssprache t. cum re aliqua mit einer Sache fertig werden, abschließen, ein Ende daraus machen.

Transĭlio [transsilio], lui u. (selten) livi, — 4. 1) *intrans.* hinüberspringen, in naves hostium, *trop.* ab uno consilio ad alterum plötzlich übergehen. 2) *transit.* A) über Etwas springen muros. Hiervon über Etwas hineilen, rates t. vada. B) *trop.* a) mit Stillschweigen übergehen, überspringen, aliquid. b) überschreiten, limina, (Poet.) t. munera Liberi kein Maaß halten in dem Genuß des Weines.

*Transĭtans, ntis, [*particip.* eines sonst ungebräuchlichen Verbums trans-ito] durchpassirend.

Transĭtio, ōnis, *f.* [transeo] 1) das Vorbeigehen, cernere speciem similitudine et transitione. 2) *trop.* der Uebergang, Uebertritt zu einer anderen Partei, in einen anderen Stand u. dergl. Hiervon (Poet.) = die Ansteckung, t. morbi. 3) *concr.* der Durchgang, tt. perviae Jani nominabantur.

Transĭtōrius, *adj.* [transeo] (Spät.) mit einem Durchgange versehen, durchgängig, domus.

Transĭtus, us, *m.* [transeo] 1) der Uebergang, A) *abstr.* = das Hinübergehen, fossae, Alpium; t. impeditus erat flumine. Hiervon *trop.* = der Uebertritt zu einer anderen Partei, aus einem Alter in ein anderes, der Uebergang in der Rede von einem Gegenstande auf einen anderen, in der Farbe u. dergl. B) *concr.* = der Uebergangsort, der Durchgang, insidere transitus. 2) (Spät.) das Vorübergehen; insbef. in t. = im Vorbeigehen, oberflächlich, aliquid attingere.

Translātīcius (Tral.), *adj.* [transfero] 1) übergetragen = überliefert, durch Ueberlieferung hergebracht, edictum das von einem Magistrate vorgefundene Edict der früheren Magistrate. 2) überhaupt gewöhnlich, gemein, mos, funus.

Translātio, ōnis, *f.* [transfero] 1) die Hinübertragung, Uebertragung, Versetzung: t. pecuniarum a justis dominis ad alienos; hiervon t. criminis die Ablehnung der Beschuldigung, das Hinüberschieben auf einen Anderen. 2) (Spät.) die Uebertragung aus einer Sprache in eine andere, die Uebersetzung. 3)

(in der Rhetorik) die Uebertragung in eine uneigentliche Bedeutung, der Tropus, die Metapher. 4) in der Grammatik A) die Versetzung der Wörter. B) die Vertauschung, Veränderung. **Translātīvus**, *adj.* [translatio] zur Uebertragung gehörend, ablehnend.
*Translātor, ōris, m. [transfero] der Uebertrager: t. quaesturae wird Verres vom Cicero genannt, weil er als Quästor öffentliche Gelder unterschlagen und dem Sulla zugebracht hatte.
Translātus, us, m. [transfero] (Spät., zweifelh.) das Vorbeitragen in Procession, das Einhertragen.
*Trans-lēgo etc., 3. (Pl.) herlesen, syngraphum.
Trans-lūceo etc., 2. (Vorklaff. u. Spät.) 1) hinüber leuchten, -strahlen, imago t. e speculo in speculum. 2) durchleuchten, durchscheinen.
Translūcidus, *adj.* [transluceo] (Spät.) durchsichtig.
Trans-mārīnus, *adj.* überseeisch, A) = jenseits des Meeres befindlich, -geschehend, gens; t. legatio, peregrinatio nach-, in Länder jenseits des Meeres. B) = von jenseits des Meeres kommend, doctrina, auxilia.
Trans-meo (Trāmeo), 1. durchpassiren, durchgehen, locum; oft absol. hindurch passiren.
Trans-migro, 1. nach einem Orte hinüberziehen, übersiedeln, Gabios nach G.
Transmissio, ōnis, *f.* u. **-sus, us, m.** [transmitto] die Ueberfahrt.
Trans-mitto etc., 3. 1) hinüberschicken, -bringen, -gehen lassen, hinüber setzen, t. alicui aliquid, t. classem in Euboeam; t. bellum in Italiam hinüberführen. Hiervon A) hinüberlegen, von einem Puncte zum andern führen, tigillum per viam, t. pontem. B) *trop.* überlassen, a) = anvertrauen, bellum Pompejo. b) = abtreten, hereditatem filiae; (Spät.) t. munia imperii, niederlegen, einem Andern abtreten. C) = widmen, opfern, omne tempus amicorum temporibus. 2) (meist Vorklaff. u. Spät.) durch Etwas gehen lassen, durchlassen, durchstechen: t. brachium per viscera, ensem per latus; t. equum per flumen, exercitum per fines eorum; domus t. imbrem läßt durch, hält den Regen nicht aus, ebenso is t. venenum das Gift ging (unschädlich) durch seinen Leib. Hiervon a) (Poet.) t. campum cursu durchlaufen, coelum fundā mit einer Schleuder durch die Luft werfen. b) *trop.* t. discrimen überstehen, durchgehen. 3) selbst über Etwas oder durch Etwas setzen, es passiren, durchgehen, -fahren, -schwimmen, -fliegen u. dergl.: t. Iberum, avis t. mare fliegt über das Meer hin; t. in Sardiniam, ad vastandas oras; auch *transit.* t. Euphratem ponte. Hiervon *trop.* t. ad alia übergehen. 4) *trop.* (Spät.) A) vorübergehen, unbeachtet oder unerwähnt lassen, t. aliquid silentio. B) von der Zeit, zubringen, verleben, vitam per obscurum.
Trans-montānus, *adj.* jenseits der Berge befindlich.
Trans-mŏveo etc., 2. (Vorklaff. u. Spät.) hinüberschaffen, -bewegen, legiones inde;

trop. übertragen, gloriam in se sich zuschreiben.
Transmūtātio, ōnis, *f.* [transmuto] (Spät.) die Vertauschung, Versetzung der Buchstaben.
Trans-mūto, 1. (Poet.) vertauschen, verwechseln, dextera laevis.
Trans-nāto (Tranato), 1. hinüber-, hindurchschwimmen.
Trans-nōmĭno, 1. (Spät.) umnennen, = mit einem anderen Namen belegen, mensem.
Trans-pădānus, *adj.* jenseit des Po befindlich; *subst.* -āni, ōrum, *m. pl.* die jenseits des Po wohnenden Völkerschaften.
*Transpectus (Transp.), us, m. [transpicio] (Lucr.) die Durchsicht.
*Transpĭcio (Transp.), — — 3. [transpecio] (Lucr.) durchsehen, aliquid.
Trans-pōno etc., 3. (Spät.) an einen andern Ort hinüber setzen, -führen, versetzen, victorem exercitum in Italiam.
*Transportātio, ōnis, *f.* [transporto] (Spät.) die Hinüberführung = die Ueberfietelung, populi.
Trans-porto, 1. 1) hinüber bringen, -führen, -schaffen, -setzen, duas legiones, exercitum in Hispaniam; t. milites fluvium über den Fluß. 2) *trop.* (Spät.) = verweisen, deportiren, aliquem in insulam.
*Transpŏsĭtīvus, *adj.* [transpono] (Spät.) zur Versetzung gehörig.
Trans-rhēnānus, *adj.* jenseit des Rheines befindlich; *subst.* -ni, ōrum, *m. pl.* die Völkerschaften jenseits des Rheines.
Trans-tĭbĕrīnus, *adj.* jenseit des Tiber befindlich; *subst.* -ni, ōrum, *m. pl.* die jenseit des Tiber Wohnenden.
*Transtĭneo, — — 2. [trans-teneo] (Pl.) hindurch gehen.
Transtrum, i, n. [trans] ein Querbalken, insbef. eine Querbank auf einem Schiffe, Ruderbank.
*Transulto, 1. [transilio] *intrans.* hinüber springen.
*Transumptĭo, ōnis, *f.* [trans-sumo] (Spät.) in der Rhetorik die Uebertragung.
*Transumptīvus, *adj.* [trans-sumo] (Spät.) in der Rhetorik übertragend.
Transuo oder **Trans-suo** etc., 3. (Poet. u. Spät.) durchnähen = durchstechen, rem acu.
Transvectio, ōnis, *f.* [transveho] 1) die Ueberfahrt, Acherontis über den Ach. 2) *pass.* A) das Vorbeifahren, immanium saxorum daß man große Steine auf Wagen (an einem Orte) vorbeitransportirt. B) *term. t.* von den Rittern (siehe transveho.) 2) das Vorbeireiten = die Musterung vor dem Censor.
Trans-veho etc., 3. 1) hinüberführen, -bringen, -schaffen, -setzen, copias in Britanniam; navis humeris transvecta Alpes über die Alpen getragen. 2) vorbei-, vorüber führen, -tragen u. f. w., insbef. im Triumphe, t. arma spoliaque carpentis. Hiervon im *pass.* medial A) vorbei-, oder hinüberziehen, -schiffen, -reiten, -passiren, in Africam, Corcyram nach C., (Poet.) t.

Transverbero — Trepidus

caerula über das Meer. B) *term. t.* von den Rittern = im jährlichen feierlichen Aufzuge zur Musterung vor dem Censor vorbeiziehen (vgl. traduco). C) *trop.* von der Zeit = verlaufen.

Trans-verbĕro, 1. durchstechen, durchbohren, bestiam venabulo.

Transversārius, *adj.* [transversus] in die Quere liegend, Quer-, lignum.

Trans-versus, *adj.* in die Quere liegend, schief, Quer-, seitwärts gehend, via, fossa; itineribus tt. accedere quer über marschiren; *prcverb.* non digitum t. discedere keinen Finger breit = nicht das Mindeste; (Poet.) transversa tueri seitwärts sehen, *trop.* transversum agere aliquem auf Abwege bringen, vom rechten Wege abbringen. Häufig wird de (ex) transverso und per (in) transversum adverbial gebraucht, theils eigtl. = in die Quere, seitwärts, schräg, theils *trop.* zur Bezeichnung einer Sache, die verbindend oder doch unerwartet Jmd. gleichsam „in die Quere" kömmt oder ihm „in der Quere" ist.

*__Trans-vŏlĭto__, 1. (*Lucr.*) durchfliegen, vox t. domum.

Trans-vŏlo, 1. 1) *intrans.* hinüber fliegen, -eilen, in aliam partem, ad hostes, u. hiervon *transit.* über Etwas hinüberfliegen, -eilen, -fahren, Alpes. 2) *trans.* A) (Gottlass. und Spät.) durch Etwas fliegen, -eilen, vox t. auras; cogitatio transvolans animum durchfahrend. B) vorbei-, vorüberfliegen, -eilen, aliquem; verbum t. audientem wird von ihm nicht recht gehört; t. rem nicht achten, gleichgültig vorbeigehen.

Trăpētus, i, *m.* [τραπητος] die Oelpresse.

Trăpĕzīta, ae, *m.* [τραπεζίτης] (*Pl.*) der Geldwechsler, reinlat. mensarius.

Trăpezūs, i, *f.* [Τραπεζοῦς] Stadt in Pontus.

Trăsĭmēnus oder **Trăsūmēnus**, i, *m.* (mit und ohne lacus) ein See in Mittelitalien, berühmt durch Hannibals Sieg 217 vor Chr., jetzt Lago di Perugia.

Trĕbātius, Name eines römischen Geschlechtes. Am bekanntesten ist Cajus T. Testa, Rechtsgelehrter und Freund des Cicero (auch des Horaz).

Trĕbellius, Name eines römischen Geschlechtes; ein Lucius T. war eine Zeitlang Gegner, später Anhänger des Cäsar.

Trĕbia, ae, *f.* Fluß in Oberitalien, berühmt durch Hannibals Sieg 217 v. Chr.

Trĕbŭla, ae, *f.* drei Städte in Italien, zwei im Sabinischen, eine in Campanien. Davon -lānus, *adj. u. subst.* -num, i, *n.* ein Gut bei T. in Campanien.

Trĕbōnius, Name eines römischen Geschlechtes. Am bekanntesten ist der Cajus T., der Legat des Cäsar in Gallien war und 45 v. Chr. Consul wurde.

Trĕcēni, ae, a, *adj. num. distr.* [trecenti] je dreihundert.

Trĕcentēsĭmus, *adj. num. ord.* [trecenti] der dreihundertste.

Trĕcenti, ae, a, *adj. num. card.* [tres-centum] dreihundert.

Trĕcenties, *adv. num.* [trecenti] (Poet.) dreihundertmal.

*__Trŏchēdīpnum__, i, *n.* [τροχέδειπνον] (spät. Poet.) ein Staatskleid, in welchem der römische Stutzer zu Gaste ging („zu Gastmählern lief").

*__Trĕ-dĕcies__, *adv.* = terdecies.

Trĕdĕcim, *adj. num. card.* [tres-decem] dreizehn.

Trĕmĕbundus, *adj.* [tremo] zitternd, zitterig, manus.

Trĕmĕ-făcio etc., 3. (Poet.) erzittern machen, Olympum.

Trĕmendus, *adj.* [*gerund.* von tremo] (Poet. u. Spät.) furchtbar, schrecklich.

Trĕmisco, — — 3. [tremo] (Poet.) zu zittern anfangen, erzittern; hiervon vor Etwas zittern, -beben, vocem alicujus.

Trĕmo, ui, — 3. [τρέμω] 1) zittern, erzittern, beben: vox t.; artus tt. zappeln; tellus t. pulsu pedum; hasta t. (ist noch in zitternder Bewegung, nachdem er eben getroffen hat). 2) (meist Poet.) vor Etwas zittern, sich heftig fürchten, rem, aliquem.

Trĕmor, ōris, *m.* [tremo] das Zittern, Beben, die zitternde Bewegung; (Poet.) von einem Erdbeben.

Trĕmŭlus, *adj.* [tremo] (Poet.) zitternd, bebend, manus, anus, vox, flamma flackernd. Hiervon = erzittern machend, frigus.

Trĕpĭdanter, *adv. mit comp.* [trepido] mit ängstlicher Eilfertigkeit.

Trĕpĭdātio, ōnis, *f.* [trepido] das Trippeln, das ängstliche und eilfertige Herumlaufen, die ängstliche Eilfertigkeit, der verwirrte Schrecken.

Trĕpĭde, *adv.* [trepidus] ängstlich und eilfertig, hastig.

Trĕpĭdo, 1. [trepidus] 1) trippeln = ängstlich und eilfertig herum laufen, -fahren: bald ist der eine, bald der andere jener zwei Begriffe vorherrschend, so daß es durch trippeln, laufen, eilen, oder durch ängstlich sein, fürchten, in Schrecken sein übersetzt werden kann: t. ad arcem, ad arma; trepidabant circa eum liefen in Verwirrung um ihn her; trepidatur in castris man läuft durcheinander, es entsteht ein verwirrtes Laufen; equus t. wird scheu; t. consiliis rathlos, unbestimmt sein; (Poet.) t. umbram vor einem Schatten sich fürchten, angst sein, t. facere aliquid Etwas zu thun sich fürchten, auch t. ne etc. fürchten, daß u. s. w., t. in usum aevi ängstlich sein wegen der Bedürfnisse des Lebens. 2) (Poet.) von leblosen Gegenständen: pectus t. zittert, aqua rieselt, flamma flackert; penna trepidans eilend, hastig geschwungen.

Trĕpĭdus, *adj.* [τρέω] der in dem durch trepido angegebenen Zustande ist, trippelnd, ängstlich und eilfertig herumlaufend, daher = unruhig, in unruhiger und eiliger Bewegung befindlich, oder = ängstlich, besorgt: t. senatus, nuncius Eilbote; socii tt. me deseruerunt in ihrer ängstlichen Eilfertigkeit; homo, civitas t. unruhig, ungewiß; rathlos; (selten) trepidus rei alicujus wegen Etwas besorgt. Hiervon A) von leblosen und abstracten Gegenständen, bei welchen Unruhe und Angst Statt findet: t. vita voller Unruhe u. Besorgniß, literae eine plötzliche Gefahr meldend; res tt. gefahrvolle, unruhige Umstände, Gefahr: t. metus, cursus. B) so daß bloß der Begriff der geschwinden Bewegung bleibt, dagegen derjenige der Furcht und Angst verschwindet: aqua t. fiedend, ebenso ahenum mit fiedendem Wasser; apes t. geschäftig, vena zuckend.

Tres, tria, *adj. num. card.* drei.

Tres-viri, ōrum, *m. pl.* die Dreimänner, ein Beamtencollegium von drei Männern, als Vorsteher der Gefängnisse, als Unterpriester (tt. epulones), zur Ackervertheilung.

Trēviri (Trēvĕri), ōrum, *m. pl.* große germanische Völkerschaft am unteren Rhein; ihre Hauptstadt war Augusta Trevirorum, das heutige Trier. Davon **-vērīcus**, *adj.*

Tri-angŭlus, *adj.* dreieckig; *subst.* **-lum**, i, n. das Dreieck.

Triārii, ōrum, *m. pl.* [tres] die Soldaten der dritten Reihe in der römischen Schlachtordnung (hinter den hastati und principes), die ältesten und geprüftesten Krieger, die Triarier: *proverb.* res redit ad tt. die Sache ist auf das Aeußerste gekommen.

Trĭbocci, ōrum, *m. pl.* germanische Völkerschaft im heutigen Elsaß.

Trĭbrăchys, yos, *m.* [τρίβραχυς] (Spät.) ein Versglied aus drei kurzen Sylben (˘ ˘ ˘).

Trĭbuārius, *adj.* [tribus] zu den Tribus gehörig, Tribus-, res, crimen die Beschuldigung der Bestechung der Tribus.

Trĭbūlis, is, *m.* [tribus] der mit Jmd. zu derselben Tribus gehört, der Tribusgefährte, Zunftgenosse; insbes. = ein Mann aus der gemeinen Volksklasse.

Trĭbŭlum, i, *n.* [tero] eine Dreschmaschine, Dreschwagen.

Trĭbŭlus, i, *m.* [τρίβολος] 1) eine Art Fußangel. 2) der Burzeldorn, ein stacheliges Unkraut.

Trĭbūnal, ālis, *n.* [tribunus, ursprünglich der erhöhte Sitz eines Tribuns] eine in Gestalt eines Halbzirkels herumlaufende Erhöhung oder Tribüne, worauf obrigkeitliche Personen in Rom und in den Provinzen, im Lager der Feldherr, auf ihren Sesseln (insbes. sella curulis) saßen, während sie Gericht hielten oder sonst eine Amtsverrichtung öffentlich ausübten: de sella ac t. pronunciare; agitur pro (vor) t.; do t. citari jussit von der T. herab rufend ließ er ihn vor Gericht laden. Hiervon A) = der erhabene Sitz des Prätors im Theater. B) = ein Monument zum Andenken Jmds. C) meton. = die auf der T. sitzenden Personen (im Gegensatze zu forum = die auf dem Forum anwesende Volksmenge).

Trĭbūnātus, us, *m.* [tribunus] das Amt eines Tribuns, Tribunat.

Trĭbūnĭcius, *adj.* [tribunus] 1) zu einem Tribun gehörig, Tribuns-, honor, potestas; lex t. von einem Tribun herrührend; comitia tt. zur Wahl der Tribunen. 2) insbes. *subst.* **-ius**, ii, *m.* (*sc.* vir) ein gewesener Volkstribun.

Trĭbūnus, i, *m.* [tribus] A) ursprünglich der Vorsteher einer der drei alten Tribus, siehe tribus 1. B) später waren in Rom verschiedene tribuni: 1) tt. plebeji plebejische Magistratspersonen, ursprünglich 2 od. 5, zuletzt 10 an der Zahl, welche zuerst zum Schutze des Plebejerstandes eingesetzt anfangs in allgemeinen Staatssachen nur eine verhindernde Gewalt haben sollten, später aber durch das Emporkommen der Demokratie einen großen, oft gemißbrauchten Einfluß erlangten. 2) tt. militum consulari potestate obrigkeitliche Personen mit consularischer Gewalt, die zuweilen in dem Zeitraume 444 — 367 v. Chr. sowohl aus Plebejern als aus Patriciern interimistisch anstatt der Consuln gewählt wurden. 3) tt. militum (militares), höhere Officiere, Obersten, sechs bei jeder Legion, theils vom Feldherrn, theils vom Volke in den Comitien gewählt (vgl. Rufuli). 4) tt. aerarii, Zahlmeister, Cassirer und Rechnungsbeamten, die unter Aufsicht des Quästors Geld namentlich zur Besoldung der Soldaten austheilten. 5) t. Celĕrum, Anführer der römischen Reiterei in der ältesten Zeit (siehe Celeres). — Ueber alle diese tt. muß das Nähere in den Handbüchern der römischen Alterthümer nachgesehen werden.

Trĭbŭo, ui, ūtum, 3. (vielleicht ursprünglich von dem Beitrage, den jede Tribus für die Staatsbedürfnisse erlegen mußte). 1) zutheilen, ertheilen, schenken, suum cuique, praemia militibus, beneficia alicui, pacem terris; t. alicui gratiam Dank wissen, abstatten, t. alicui misericordiam, laudem; t. oratori silentium = ihm mit Stillschweigen anhören. Hiervon A) t. diem, tempus u. dergl. rei alicui auf Etwas verwenden, anwenden. B) (selten) =, auflegen, plus quam tibi a nobis tributum est. 2) zugestehen, gewähren, einräumen; t. alicui priores partes die erste Stelle. Hiervon = Etwas aus Rücksicht auf Etwas oder Jmd., um Jmds willen thun, Etwas schätzen, auf — halten: t. aliquid valetudini (der Gesundheit sorgen, seine Gesundheit pflegen; is mihi omnia t. that Alles um meinetwillen, t. aliquid honori alicujus Etwas Jmd. zu Ehren thun, aus Rücksicht auf ihn; tantum t. commendationi alicujus so viel thun aus Rücksicht auf die Empfehlung Jmds, seiner Empfehlung so großes Gewicht beilegen; ejus observantia tribuebatur officio geschah aus wahrer Zuvorkommenheit; multum t. alicui viel auf Jmd. halten. Auch absol. t. alicui magno opere, viel auf Jmd. halten, ihn hoch schätzen; t. ordini publicanorum liberalissime willfahren, ebenso t. in vulgus Jedermann dienen. 3) zuschreiben, beilegen, casus adversos hominibus; t. alicui aliquid ignaviae, superbiae als Frigheit, Uebermuth auslegen. 4) eintheilen, vertheilen, rem in partes.

Trĭbus, us, *f.* eine Abtheilung des römischen Volkes: 1) ursprünglich der drei Stämme oder Stammtribus, in welche die Bürger (d. h. die Patricier) in der ältesten Zeit eingetheilt waren, Ramnes, Tities, Luceres. 2) eine der von Servius Tullius eingerichteten Tribus, in welche das ganze römische Volk nach der Lage der Wohnungen und Aecker eingetheilt war (also ungefähr = „Stadtquartier"). Ihre Zahl war ursprünglich 26 (doch in der älteren Zeit ziemlich verschieden), später 35; sie waren theils rusticae (31, die vornehmen) theils urbanae (4). Ueber diese ganze Sache müssen die Handbücher der römischen Alterthümer nachgesehen werden.

Trĭbūtārius, *adj.* [tributum] zu den Abgaben gehörig, necessitas die Nothwendigkeit der Abgabenzahlung; solum t. steuerpflichtig; tabellae tt. worin eine Geldleistung versprochen wird.

Tribūtim, *adv.* [tribus] tribusweise, nach den Tribus, namos dividere.

*****Tribūtio**, ōnis, *f.* [tribuo] die Eintheilung.

Tribūtum, i, n. [tribuo] die Abgabe, Steuer (die directe Personen- oder Vermögensteuer, in Naturalien oder Geld, vgl. vectigal, stipendium): imperare, imponere tt.; *trop.* = Gabe, Geschenk, Beitrag.

Tribūtus, i, m. [tribuo] (Vorklass.) = tributum.

Tribūtus, *adj.* nach den Tribus eingerichtet, comitia.

Trīcae, ārum, *f. pl.* 1) Lappalien, Lumpereien, Possen. 2) Verdrießlichkeiten, Widerwärtigkeiten, Ränke, domesticae tt.

Trīcēnārius, *adj.* [triceni] dreißig enthaltend, homo dreißig Jahre alt.

Trīcēni, ae, a, *adj. num. distr.* [triginta] (Spät.) je dreißig.

Trīceps, ĭpĭtis, *adj.* [tres-caput] dreiköpfig.

Trīcēsĭmus ob. **Trĭgēsĭmus**, *adj. num. ord.* [triginta] der dreißigste.

Trĭchĭla, ae, *f.* eine Sommerlaube.

Trĭcies, *adv. num.* [triginta] dreißigmal.

Triclīnium, ii, n. [τρικλίνιον] 1) der Speisesopha. 2) das Speisezimmer.

*****Triŏŏlum**, i, n. [τρίκωλον] (Spät.) die dreigliederige Periode.

Trīcor, *depon.* 1. [tricae] Schwierigkeiten machen, Ausflüchte suchen.

*****Trīcorpor**, ŏris, *adj.* [tres-corpus] (Poet.) dreileibig.

*****Trī-cuspis**, ĭdis, *adj.* (Poet.) dreispitzig.

Trī-dens, tis, *adj.* drei Zähne ob. Zacken habend, dreizackig; gewöhnlich *subst. masc.* der Dreizack (insbes. Attribut des Neptun).

*****Tridentĭfer** und *****-ger**, ĕra, ĕrum, *adj.* [tridens-fero und gero] (Poet.) den Dreizack führend, -tragend, Beiwort des Neptun.

Triduum, i, n. [tres-dies] ein Zeitraum von drei Tagen, drei Tage.

*****Triennia**, ium, *n. pl.* (tres-annus] (Poet.) eigtl. ein *adj. sc.* sacra = trieterica sacra, siehe trietericus.

Triennium, ii, n. [tres-annus] ein Zeitraum von drei Jahren, drei Jahre.

Triens, tis, m. [tres] der dritte Theil eines As und überhaupt eines zwölftheiligen Ganzen, vier unciae; siehe as.

*****Trientius**, *adj.* [triens] was man für ein Drittheil hingiebt, ager.

Trĭērarchus, i, m. [τριήραρχος] der Anführer eines dreirudrigen Schiffes.

Trĭēris, e, *adj.* [τριήρης] dreiruderig, gewöhnlich *subst.* (sc. navis) *fem.* ein dreiruderiges Schiff.

Triētērĭcus, *adj.* [τριετηρικός] (Poet.) dreijährlich, alle drei Jahre wiederkehrend, insbes. sacra tt. ein alle drei Jahre wiederkehrendes Bacchusfest.

Triētēris, ĭdis, *f.* [τριετηρίς] = sacra trieterica.

Trifāriam, *adv.* [tres] dreifach = auf drei Seiten ob. in drei Theile.

Trī-faux, cis, *adj.* [tres-faux] (Poet.) dreischlündig, aus drei Schlünden kommend, latratus.

Trifīdus, *adj.* [tres-findo] (Poet.) dreispaltig = drei Spitzen, -Zacken habend, fulmen, via Kreuzweg.

Trifōlīnus, ager, ein Gebiet in Campanien.

Triformis, e, *adj.* [tres-forma] (Poet.) dreigestaltig, diva = Diana; mundus t. aus Himmel, Meer und Unterwelt bestehend.

*****Trī-fur**, ūris, m. (Pl.) ein dreifacher Dieb, Erzdieb.

Trī-furcĭfer, ĕri, m. (Pl.) ein dreifacher Schelm, Erzschelm.

Trī-gĕmĭnus oder (meist Poet.) **Tergĕmĭnus**, *adj.* 1) Drillings- fratres; spolia tt. Drillingen abgenommen. 2) dreifach, victoria; (Poet.) t. vir = Geryon (dreileibig), caput des Cerberus Kopf, canis = Cerberus, Hecate (weil auch = Luna und Diana); *trop.* = sehr groß, honores. Insbef. t. porta ein Thor in der alten Stadtmauer von Rom am Fuße des Aventinus.

Triginta, *adj. num. card.* dreißig.

Trīgon, ōnis, m. [τριγών] 1) (Poet. u. Spät.) ein kleiner harter Ball, Springball. 2) das Ballspiel mit diesem Ball.

*****Trīgōnus** (ob. **Trūgōnus**), i, m. (Pl.) der Stachelroche, ein Fisch.

*****Trīlībris**, e, *adj.* [tres-libra] (Poet.) dreipfündig.

*****Trīlinguis**, e, *adj.* [tres-lingua] (Poet.) dreizüngig.

Trīlix, īcis, *adj.* [tres-licium] (Poet.) dreifädig, dreidrähtig.

Trīmestris, e, *adj.* [tres-mensis] (Spät.) dreimonatlich.

Trīmetros, *adj.* [τρίμετρος] in der Metrik, drei Doppelfüße enthaltend, trimetrisch.

Trīmŏdia, ae, *f.* ob. **-dium**, ii, n. [tresmodius] (Vorklass. u. Spät.) ein Gefäß, das drei modii enthält.

Trīmŭlus, *adj. deminut.* von trimus.

Trīmus, *adj.* [tres] (Vorklass., Poet. und Spät.) drei Jahre alt.

Trīnăcrĭa, ae, *f.* [Τρινακρία] "die Dreispitzige", ältester Name von Sicilien. Davon 1) **-orĭus**, *adj.* sicilisch. 2) **-oris**, ĭdis, *f. adj.* terra, und *subst.* = Sicilien.

Trīni, ae, a, *adj. num. distr.* [tres] 1) bei *plural.* drei, t. litterae. 2) dreifach, catenae, subsidia; nach (Pl.) im *sing.*, t. pugna.

Trīnobantes, tum, m. pl. Völkerschaft im östlichen Britannien.

Trinoctium, ii, n. [ter-nox] (Spät.) ein Zeitraum von drei Nächten.

Trīnōdis, e, *adj.* [tres-nodus] (Poet.) dreiknotig.

Trī-nundĭnum, wird richtiger getrennt trinum nundinum geschrieben, siehe Nundinus u. Trinus.

Trīnus, *adj.* [tres] 1) *sing.* u. in der Verb. t. nundinum, siehe Nundinus. 2) *plur.* siehe Trini.

Triō, ōnis, m. (veraltet) ein Ochse: nur von den beiden Gestirnen, dem großen und dem kleinen Bären (daher gemini tt.), siehe septemtriones.

Tri-ŏbŏlus, i, m. [τριόβολος] (Vorkl.) drei Obolen = eine halbe Drachme; trop. = eine Kleinigkeit.

Triŏcăla, ae, f. Bergfestung in Sicilien. Davon -lĭnus, adj. u. subst. -ni, ōrum, m. pl. die Einwohner von T.

Triŏpas, ae, m. [Τριόπας] König in Thessalien, Vater des Erysichthon. Davon 1) -pēĭus, adj., subst. = Erysichthon. 2) -pēĭs, ĭdis, f. die Enkelin des T. (Mestra).

*__Tri-parcus__, adj. (Pl.) erzfarg.

Tripartīto (Tripertīto), adv. [tripartitus] 1) in drei Theilen, auf drei Seiten, hostes aggredi. 2) in drei Theile, rem dividere.

Tri-partītus (Tripertītus), adj. in drei Theile getheilt oder theilbar, dreifach, divisio.

*__Tripector__, ōris, adj. [tres-pectus] (Poet.) dreibrüstig.

Tripĕdālis, e, u. -dāneus, adj. [trespes] von drei Fuß, dreifüßig.

Tripertītus, a. S. für Tripartītus.

Tripes, ĕdis, adj. von drei Fuß, dreifüßig.

Triplex, ĭcis, adj. [tres-plico] dreifältig, dreifach, aus drei Theilen bestehend, acies, murus; philosophiae ratio t. (weil die Alten die Philosophie in drei Theile eintheilten); (Poet.) regnum t. (weil unter Jupiter, Neptun und Pluto getheilt), mundus t. (weil aus Himmel, Erde u. Meer bestehend); cuspis t. ein Dreizack, porticus t. mit drei Säulenreihen; gens t. drei Völkerschaften. Hiervon A) (Poet.) von drei zusammengehörenden Gegenständen = drei, Gratiae, deae = die Parzen. B) als subst. a) neutr. sing. das Dreifache. b) masc. plur. sc. codicilli eine Schreibtafel von drei Blättern.

Triplus, adj. [τριπλοῦς] dreifach, subst. -um, i, n. das Dreifache.

Tripŏlis, is, f. [Τρίπολις] „die Dreistadt". Name mehrerer Gegenden und Städte: 1) in Thessalien waren zwei Gegenden und Städte dieses Namens. 2) L. in Arcadien. 3) L. in Africa an der kleinen Syrte, noch jetzt Tripoli. 4) Stadt in Phönicien. — Hiervon Tripŏlĭtānus, adj.

Triptŏlĕmus, i, m. [Τριπτόλεμος] König in Eleusis, nach der Sage Erfinder des Ackerbaues; Richter in der Unterwelt. Hiervon proverb. Triptolemo dare fruges = etwas Ueberflüssiges thun.

Tripŭdio, 1. [tripudium] tanzen, insbes. den bei gewissen religiösen Festen gebräuchlichen Waffentanz (namentlich der salischen Priester) tanzen.

Tripŭdium, ii, n. [nach dem Cicero ft. terripavium von terra-pavio stampfen; nach Anderen mit trepidus verwandt] 1) das Tanzen, der hüpfende und springende Waffentanz, bes. bei verschiedenen religiösen Festen, namentlich der salischen Priester. 2) t. solistimum, term. t., in der Auguralsprache ein sehr günstiges Wahrzeichen, wenn die heiligen Hühner so begierig fraßen, daß das Futter ihnen aus den Schnäbeln auf die Erde fiel.

Tripus, ŏdis, m. [τρίπους] ein Dreifuß, dreifüßiges Geschirr zum Kochen od. zu sonstigem Gebrauch, auch bloß (wegen des kostbaren Stoffes) als Geschenk zum Aufstellen in Prachtsälen oder Tempeln. Insbes. der Dreifuß, worauf die Pythia zu Delphi saß, daher (Poet.) = das Orakel.

Triquetrus, adj. [tres] dreieckig, (Poet.) insbes. = sicilisch.

Trirēmis, e, adj. [tres-remus] dreiruderig; oft als subst. -is, is, f. (sc. navis) eine dreiruderige Galeere.

*__Triscurria__, ōrum, n. pl. [tres-scurra] (spät. Poet.) sehr possenhafte Dinge.

Triste, siehe tristius.

Tristĭcŭlus, adj. deminut. von tristis.

Tristĭfĭcus, adj. [tristis-facio] (Poet.) traurig machend, betrübend.

Tristis, e, adj. mit comp. u. sup. 1) betrübt, trauernd, traurig, homo; trop. dies t. an welchem man traurig lebt. 2) traurig = Trauer erregend, verrathend ob. bezeichnend, finster, niedergeschlagen, eventus, nuncius, tempora (Umstände), morbus; t. vultus; (Poet.) t. medicamen Unglück bringend. Hiervon (Poet.) = schrecklich, graus, finster, Styx, Tartara. 3) unfreundlich, streng, hart, natura, puella, senex, dicta, sententia; t. navita von Charon. Hiervon = herb, bitter, succus.

Tristĭtia, ae (Vorkl. auch -tĭes, ei), f. [tristis] 1) die Traurigkeit, Betrübniß, ponere t., tristitiae se dedere. 2) die traurige Beschaffenheit, das Unangenehme einer Sache, t. rei alicujus. 3) der Ernst, die Strenge, t. ac severitas. Hiervon (Poet.) = Zorn.

Tristius, adv. im comp. (als posit. steht, jedoch selten, das neutr. triste) [tristis] 1) traurig, betrübt. 2) hart, streng.

Tristor, depon. 1. [tristis] (Spät.) betrübt sein.

Tri-sulcus, adj. (Poet.) dreifurchig = dreispitzig, dreizackig, lingua, telum Jovis ob. ignis = der Blitz.

Tritāvus, i, m. [tres-avus] (Vorkl.) der Vater des atavus.

Tritīceus (Pl. auch -cēĭus), adj. [triticum] aus Weizen. Davon

Tritīcum, i, n. der Weizen.

Trīton, ōnis, m. [Τρίτων] 1) ein Meergott des Mittelmeeres, Sohn des Neptun, auf dessen Geheiß er auf einer Muschel blasend die Meereswellen beruhigt ob. erregt. Im pl. von mehreren Meergöttern, Tritonen. Hiervon scherzhaft. T. piscinarum = ein Fischliebhaber. 2) A) ein See in Nordafrica. Nach alten Sagen waren mehrere Götter, bes. die Minerva, hier geboren, daher: a) -ōnĭācus, adj. = von der Minerva herrührend, arundo (die von der M. erfundene Flöte). b) -ōnis, ĭdis, f. zur M. gehörig, pinus = das Schiff Argo (weil nach der Anweisung Minerva's gebaut), und subst. = Minerva. c) -ōnĭus, adj. = Pallas, virgo T. = Minerva. B) ein See in Thracien, bei Ovid (Met. 15, 358) Tritoniaca palus genannt.

Tritor, ōris, m. [tero] (Vorklaff. u. Spät.) der Reiber; (Pl.) t. compedum Abreiber der Ketten = ein gefesselter Sklave.

Tritūra, ae, f. [tero] das Dreschen.

Tritus, us, m. (nur im abl. sing.) [tero] das Reiben.

Tritus, *adj.* mit *comp.* u. *sup.* [*particip.* von tero] 1) abgenutzt, abgetragen, vestis. 2) oft gerieben und dadurch glatt gemacht, gebahnt, oft betreten, via, iter. 3) oft gebraucht, gewöhnlich, geläufig, allgemein bekannt, proverbium.

Triumphālis, e, *adj.* [triumphus] zu einem Triumphe gehörig, Triumph-, currus, corona; t. vestis bei einem T. gebraucht, porta durch welches der Triumphzug ging, statua Jmb. im Triumphzuge darstellend; provincia t. zur Erlangung eines Triumphs Gelegenheit darbietend; vir t. ein Mann, der triumphirt hat, imago t. das Brustbild eines Solchen.

Triumpho, 1. [triumphus] 1) *intrans.* triumphiren, einen Triumph halten, de Numantinis, ex urbe über die N., über eine Stadt, t. ex bello Transalpino wegen des Sieges im Kriege jenseits der Alpen. Hiervon *trop.* = frohlocken, jauchzen. 2) *transit.* über Jmd. ob. Etwas triumphiren, Jmd. im Triumph aufführen ob. besiegt haben, Mithridatem, Medi triumphati.

Triumphus, i, *m.* 1) der Triumph, prächtiger und feierlicher Siegeseinzug in Rom: agere t., deportare t. de (ex) aliquo einen T. (über Jmb.) halten, triumphiren. 2) *trop.* = der Sieg.

Trium-vir, i, *m.* Einer der Triumviri = Dreimänner, ein aus drei Mitgliedern bestehendes Beamtencollegium; bes. 1) tt. coloniae deducendae zur Absührung einer Colonie und zur Vertheilung der Aecker unter die Colonisten. 2) tt. capitales Oberkerkermeister, welche zugleich die Aufsicht über die öffentliche Sicherheit und Ruhe hatten. 3) tt. opulones, siehe Epulones. 4) tt. nocturni die zur Nachtzeit für die Sicherheit vor Feuersgefahr wachten, „Feuermeister". 5) außerordentliche zu verschiedenen Zeiten errichtete Collegien von drei Männern: insbef. gaben Octavianus, Antonius und Lepidus sich den Namen tt. reipublicae constituendae, als sie sich zur eigenmächtigen Anordnung des Staates vereinigten. 6) in mehreren Municipien bestand die oberste Behörde aus drei Männern, tt.

Triumvirālis, e, *adj.* [triumvir] (Poet. u. Spät.) zu einem Triumvir gehörig.

Triumvirātus, us, *m.* [triumvir] das Amt eines Triumvir.

*****Tri-venēfica**, ae, *f.* (Pl.) die „Erzhere".

Triviālis, e, *adj.* [trivium] (Spät.) zum Kreuzwege gehörig, *trop.* = alltäglich, allgemein zugänglich, gemein, gewöhnlich.

Trivicum, i, *n.* ein Städtchen im Hirpinischen.

Trivium, ii, *n.* [tres-via] 1) ein Ort wo drei Wege zusammenstoßen, ein Scheideweg, Kreuzweg. 2) übertragen die öffentliche Straße, ein öffentlicher Platz; *proverb.* arripere maledictum ex t. von der Gasse her.

Trivius, *adj.* [tres-via] zu den Kreuzwegen gehörig, insbef. als Epitheton der Hecate und anderer Gottheiten, die an Kreuzwegen Capellen hatten.

Troas, siehe Tros.

Trŏchaeus, i, *m.* [τροχαῖος] 1) ein Versfuß = choreus, −◡. 2) = tribrachys, ◡◡◡.

Trŏchāĭcus, *adj.* [τροχαϊκός] (Spät.) trochäisch.

Trochlea, ae, *f.* [τροχαλία] (Vorklaff. u. Spät.) eine Maschine, Lasten heraufzuziehen, die Winde, Walze, der Kloben.

Trŏchus, i, *m.* [τροχός] (Poet.) ein eiserner, mit vielen kleinen losen u. daher klirrenden Ringen besetzter Reif, den die Knaben mit einem Treibstecken forttrieben, der Spielreif, das Spielrad.

Troesen, ēnis, *f.* [Τροιζήν] alte Stadt in Argolis, Residenz des Pittheus (Großvater des Theseus). Davon **-zēnius**, *adj.*

Trŏglŏdytae, ārum, *n. pl.* [Τρωγλοδύται] „Höhlenbewohner", eine in Höhlen wohnende Völkerschaft in Aethiopien.

Trōīlus, i, *m.* [Τρωΐλος] Sohn des Priamus, von Achilles getödtet.

Trōjŭgĕna, ae, *comm.* [Troja-gigno] (Poet.) in Troja geboren, trojanisch, gens; *subst.* = ein Trojaner ob. (weil von den Trojanern abstammend) ein Römer.

Trŏpaeum, i, *n.* [τρόπαιον] 1) ein auf dem Wahlplatze errichtetes Siegeszeichen, anfangs aus Stangen mit daran gehängten erbeuteten Waffen, Rüstungen u. s. w., später aus Stein oder Metall. 2) *trop.* A) = der Sieg. B) = ein Denkmal überhaupt.

Trŏphōnius, ii, *m.* [Τροφώνιος] Bruder des Agamedes, siehe diesen Artikel. Er wurde später als ein Heros und orakelgebender Gott verehrt.

Trŏpus, i, *m.* [τρόπος] (Spät.) der figürliche Gebrauch eines Wortes, der Tropus.

Tros, ōis, *m.* [Τρώς] Sohn des Erichthonius, Enkel des Dardanus, König in Phrygien und in der nach ihm benannten Stadt Troja. Hiervon 1) **Troja** (**Trōĭa**), ae, *f.* [Τροία, Τροΐα] die Stadt Troja. Uebertragen a) ein vom Aeneas in Italien erbauter Ort. b) ein vom Helenus in Epirus gegründetes Städtchen. c) ein römisches Wettrennspiel zu Pferde. — Hiervon **Trŏjānus**, *adj.* trojanisch: judex T. = Paris; Indi T. = Troja. s. c.; *proverb.* equus T. zur Bezeichnung einer verborgenen Gefahr; *subst.* **-ni**, ōrum, *m. pl.* die Trojaner, Einwohner von T. 2) (Poet.) **Trōs**, ōis, *m.* ein Trojaner, im *pl.* die Trojaner. 3) **Trōas**, ădis, *f.* [Τρωάς] theils *adj.* trojanisch, humus, matres die Trojanerinnen, theils *subst.* a) eine Trojanerin, b) die Landschaft Troas, in welcher Troja lag. 4) **Trōius**, *adj.* [Τρώιος] (Poet.) trojanisch. 5) **Trōĭus**, *adj.* [Τρώικος] (Poet.) trojanisch.

Troamis, *f.* Stadt in Mösien.

Trossŭli, ōrum, *m. pl.* (Spät.) in der ältesten Zeit ein Beiname der römischen Ritter; später = vornehme Stutzer.

Trŭcīdātio, ōnis, *f.* [trucido] das Abschlachten, gewaltsame Tödten, die Niedermetzelung, civium.

Trŭcīdo, 1. [taurus? -caedo; verwandt mit trux] abschlachten, niedermetzeln (gewaltsam und unbarmherzig ermorden, vgl. interficio, jugulo u. s. w.): t. captos sicut pecora; t. et necare cives Romanos. Hiervon *trop.* t. ignem (Poet.) auslöschen; t. aliquem fenore ruiniren.

Tri-ŏbŏlus, i, m. [τριόβολος] (Vorklaff.) drei Obolen = eine halbe Drachme; trop. = eine Kleinigkeit.

Triŏcāla, ae, f. Bergfestung in Sicilien. Davon -līnus, adj. u. subst. -ni, ōrum, m. pl. die Einwohner von T.

Triŏpas, ae, m. [Τριόπας] König in Thessalien, Vater des Erysichthon. Davon 1) -pēius, adj., subst. = Erysichthon. 2) -pēis, ĭdis, f. die Enkelin des T. (Mestra).

*Tri-parous, adj. (Pl.) erstarg.

Tripartīto (**Tripertīto**), adv. [tripartitus] 1) in drei Theilen, auf drei Seiten, hostes aggredi. 2) in drei Theile, rem dividere.

Tri-partītus (**Tripertītus**), adj. in drei Theile getheilt oder theilbar, dreifach, divisio.

*Tripeotor, ōris, adj. [tres-pectus] (Poet.) dreibrüstig.

Tripĕdālis, e, u. -dāneus, adj. [trespes] von drei Fuß, dreifüßig.

Tripertītus, a. S. für Tripartītus.

Tripes, ĕdis, adj. von drei Fuß, dreifüßig.

Triplex, ĭcis, adj. [tres-plico] dreifältig, dreifach, aus drei Theilen bestehend, acies, murus; philosophiae ratio t. (weil die Alten die Philosophie in drei Theile eintheilten); (Poet.) regnum t. (weil unter Jupiter, Neptun und Pluto getheilt), mundus t. (weil aus Himmel, Erde u. Meer bestehend); cuspis t. ein Dreizack, porticus t. mit drei Säulenreihen; gens t. drei Völkerschaften. Hiervon A) (Poet.) von drei zusammengehörenden Gegenständen = drei, Gratiae, deae = die Parzen. B) als subst. a) neutr. sing. das Dreifache. b) masc. plur. sc. codicilli eine Schreibtafel von drei Blättern.

Triplus, adj. [τριπλοῦς] dreifach, subst. -um, i, n. das Dreifache.

Tripŏlis, is, f. [Τρίπολις] „die Dreistadt". Name mehrerer Gegenden und Städte: 1) in Thessalien waren zwei Gegenden und Städte dieses Namens. 2) T. in Arcadien. 3) T. in Africa an der kleinen Syrte, noch jetzt Tripoli. 4) Stadt in Phönicien. — Hiervon **Tripŏlītānus**, adj.

Triptŏlēmus, i, m. [Τριπτόλεμος] König in Eleusis, nach der Sage Erfinder des Ackerbaues; Richter in der Unterwelt. Hiervon proverb. Triptolemo dare fruges = etwas Ueberflüssiges thun.

Tripŭdio, 1. [tripudium] tanzen, insbes. den bei gewissen religiösen Festen gebräuchlichen Waffentanz (namentlich der salischen Priester) tanzen.

Tripŭdium, ii, n. [nach dem Cicero st. terripavium von terra-pavio stampfen; nach Andern mit trepidus verwandt] 1) das Tanzen, der hüpfende und springende Waffentanz, bes. bei verschiedenen religiösen Festen, namentlich der salischen Priester. 2) t. solistimum, term. t., in der Auguralsprache ein sehr günstiges Wahrzeichen, wenn die heiligen Hühner so begierig fraßen, daß das Futter ihnen aus den Schnäbeln auf die Erde fiel.

Tripus, ŏdis, m. [τρίπους] ein Dreifuß, dreifüßiges Geschirr zum Kochen od. zu sonstigem Gebrauch, auch bloß (wegen des kostbaren Stoffes als Geschenk zum Aufstellen in Prachtfälen oder Tempeln. Insbes. der Dreifuß, worauf die Pythia zu Delphi saß, daher (Poet.) = das Orakel.

Triquetrus, adj. [tres] dreieckig, (Poet.) insbes. = sicilisch.

Trirēmis, e, adj. [tres-remus] breiruderig; oft als subst. -is, is, f. (sc. navis) eine breiruderige Galeere.

*Trisourria, ōrum, n. pl. [tres-scurra] (spät. Poet.) sehr possenhafte Dinge.

Triste, siehe tristius.

Tristĭŏŭlus, adj. deminut. von tristis.

Tristĭfĭcus, adj. [tristis-facio] (Poet.) traurig machend, betrübend.

Tristis, e, adj. mit comp. u. sup. 1) betrübt, trauernd, traurig, homo; trop. dies t. an welchem man traurig lebt. 2) traurig = Trauer erregend, verrathend od. bezeichnend, finster, niedergeschlagen, eventus, nuncius, tempora (Umstände), morbus; t. vultus; (Poet.) t. medicamen Unglück bringend. Hiervon (Poet.) = schrecklich, graus, finster, Styx, Tartara. 3) unfreundlich, streng, hart, natura, puella, senex, dicta, sententia; t. navita vom Charon. Hiervon = herb, bitter, succus.

Tristĭtia, ae (Vorklaff. auch -ties, ei), f. [tristis] 1) die Traurigkeit, Betrübniß, ponere t., tristitias se dedere. 2) die traurige Beschaffenheit, das Unangenehme einer Sache, t. rei alicujus. 3) der Ernst, die Strenge, t. ac severitas. Hiervon (Poet.) = Zorn.

Tristius, adv. im comp. (als posit. steht, jedoch selten, das neutr. triste) [tristis] 1) traurig, betrübt. 2) hart, streng.

Tristor, depon. 1. [tristis] (Spät.) betrübt sein.

Tri-sulcus, (Poet.) dreifurchig = dreispitzig, dreizackig, lingua, telum Jovis ob. ignis = der Blitz.

Tritāvus, i, m. [tres-avus] (Vorklaff.) der Vater des atavus.

Triticeus (Pl. auch -oĕĭus), adj. [triticum] aus Weizen. Weizen-.

Tritĭcum, i, n. der Weizen.

Triton, ōnis, m. [Τρίτων] 1) ein Meergott des Mittelmeeres, Sohn des Neptun, auf dessen Geheiß er auf einer Muschel blasend die Meereswellen beruhigt ob. erregt. Im pl. von mehrern Meergöttern, Tritonen. Hiervon scherzhaft, T. piscinarum = ein Fischliebhaber. 2) A) ein See in Nordafrica. Nach alten Sagen waren mehrere Götter, bes. die Minerva, hier geboren, daher: a) -ōniăcus, adj. = von der Minerva herrührend, arundo (die von der M. erfundene Flöte). b) -ōnis, ĭdis, f. zur M. gehörig, pinus = das Schiff Argo (weil nach der Anweisung Minerva's gebaut), und subst. = Minerva. c) -ōnius, adj. = Pallas, virgo T. = Minerva. B) ein See in Thracien, bei Ovid (Met. 15, 358) Tritoniaca palus genannt.

Tritor, ōris, m. [tero] (Vorklaff. u. Spät.) der Reiber; (Pl.) t. compedum Abreiber der Ketten = ein gefesselter Sclave.

Tritūra, ae, f. [tero] das Dreschen.

Tritus, us, m. (nur im abl. sing.) [tero] das Reiben.

Tritus, *adj.* mit *comp.* u. *sup.* [*particip.* von tero] 1) abgenutzt, abgetragen, vestis. 2) oft gerieben und dadurch glatt gemacht, gebahnt, oft betreten, via, iter. 3) oft gebraucht, gewöhnlich, geläufig, allgemein bekannt, proverbium.

Triumphālis, e, *adj.* [triumphus] zu einem Triumphe gehörig, Triumph-, currus, corona; t. vestis bei einem T. gebraucht, porta durch welches der Triumphzug ging, statua Jmd. im Triumphzuge darstellend; provincia t. zur Erlangung eines Triumphes Gelegenheit darbietend; vir t. ein Mann, der triumphirt hat, imago t. das Brustbild eines Solchen.

Triumpho, 1. [triumphus] 1) *intrans.* triumphiren, einen Triumph halten, de Numantinis, ex urbe über die R., über eine Stadt, t. ex bello Transalpino wegen des Sieges im Kriege jenseits der Alpen. Hiervon *trop.* = frohlocken, jauchzen. 2) *transit.* über Jmd. ob. Etwas triumphiren, Jmd. im Triumph aufführen ob. besiegt haben, Mithridatem, Medi triumphati.

Triumphus, i, *m.* 1) der Triumph, prächtiger und feierlicher Siegeseinzug in Rom: agere t., deportare t. de (ex) aliquo einen T. (über Jmd.) halten, triumphiren. 2) *trop.* = der Sieg.

Trium-vir, i, *m.* Einer der Triumviri = Dreimänner, ein aus drei Mitgliedern bestehendes Beamtencollegium; bes. 1) tt. coloniae deducendae zur Abführung einer Colonie und zur Vertheilung der Aecker unter die Colonisten. 2) tt. capitales Oberkerkermeister, welche zugleich die Aufsicht über die öffentliche Sicherheit und Ruhe hatten. 3) tt. epulones, siehe Epulones. 4) tt. nocturni die zur Nachtzeit für die Sicherheit vor Feuersgefahr wachten, „Feuermeister". 5) außerordentliche zu verschiedenen Zeiten errichtete Collegien von drei Männern: insbes. gaben Octavianus, Antonius und Lepidus sich den Namen tt. reipublicae constituendae, als sie sich zur eigenmächtigen Anordnung des Staates vereinigten. 6) in mehreren Municipien bestand die oberste Behörde aus drei Männern, tt.

Triumvirālis, e, *adj.* [triumvir] (Poet. u. Spät.) zu einem Triumvir gehörig.

Triumvirātus, us, *m.* [triumvir] das Amt eines Triumvir.

*Tri-venēfica, ae, f. (Pl.) die „Erzhexe".

Triviālis, e, *adj.* [trivium] (Spät.) zum Kreuzwege gehörig, *trop.* = alltäglich, allgemein zugänglich, gemein, gewöhnlich.

Trivicum, i, *n.* ein Städtchen im Hirpinischen.

Trivium, ii, *n.* [tres-via] 1) ein Ort wo drei Wege zusammenstoßen, ein Scheideweg, Kreuzweg. 2) übertragen die öffentliche Straße, ein öffentlicher Platz; *proverb.* arripere maledictum ex t. von der Gasse her.

Trivius, *adj.* [tres-via] zu den Kreuzwegen gehörig, insbes. als Epitheton der Hecate und anderer Gottheiten, die an Kreuzwegen Capellen hatten.

Troas, siehe Tros.

Trŏchaeus, i, *m.* [τροχαῖος] 1) ein Versfuß = choreus, -◡. 2) = tribrachys, ◡◡◡.

Trŏchăĭcus, *adj.* [τροχαϊκός] (Spät.) trochäisch.

Trochlea, ae, *f.* [τροχαλία] (Vorklaff. u. Spät.) eine Maschine, Lasten heraufzuziehen, die Winde, Walze, der Kloben.

Trŏchus, i, *m.* [τροχός] (Poet.) ein eiserner, mit vielen kleinen losen u. daher klirrenden Ringen besetzter Reif, den die Knaben mit einem Treibstecken forttrieben, der Spielreif, das Spielrad.

Troesen, ēnis, *f.* [Τροιζήν] alte Stadt in Argolis, Residenz des Pittheus (Großvater des Theseus). Davon **-sēnius**, *adj.*

Trŏglŏdȳtae, ārum, *n. pl.* [Τρωγλοδύται] „Höhlenbewohner", eine in Höhlen wohnende Völkerschaft in Aethiopien.

Trŏilus, i, *m.* [Τρωΐλος] Sohn des Priamus, von Achilles getödtet.

Trŏjūgĕna, ae, *comm.* [Troja-gigno] (Poet.) in Troja geboren, trojanisch, gens; *subst.* = ein Trojaner ob. (weil von den Trojanern abstammend) ein Römer.

Tropaeum, i, *n.* [τρόπαιον] 1) ein auf dem Wahlplatze errichtetes Siegeszeichen, anfangs aus Stangen mit daran gehängten erbeuteten Waffen, Rüstungen u. s. w., später aus Stein oder Metall. 2) *trop.* A) = der Sieg. B) = ein Denkmal überhaupt.

Trŏphōnius, ii, *m.* [Τροφώνιος] Bruder des Agamedes, siehe diesen Artikel. Er wurde später als ein Heros und orakelgebender Gott verehrt.

Trŏpus, i, *m.* [τρόπος] (Spät.) der figürliche Gebrauch eines Wortes, der Tropus.

Tros, ōis, *m.* [Τρώς] Sohn des Erichthonius, Enkel des Dardanus, König in Phrygien und in der nach ihm benannten Stadt Troja. Hiervon 1) **Trōja** (**Trōĭa**), ae, *f.* [Τροία, Τροΐα] die Stadt Troja. Uebertragen a) ein vom Aeneas in Italien erbauter Ort. b) ein vom Helenus in Epirus gegründetes Städtchen. c) ein römisches Wettrennspiel zu Pferde. — Hiervon **Trojānus**, *adj.* trojanisch: judex T. = Paris; Indi T. = Troja a. c.; *proverb.* equus T. zur Bezeichnung einer verborgenen Gefahr; *subst.* -ni, ōrum, *m. pl.* die Trojaner, Einwohner von T. 2) (Poet.) **Trōs**, ōis, *m.* ein Trojaner, im *pl.* die Trojaner. 3) **Trōas**, ădis, *f.* [Τρωάς] theils *adj.* trojanisch, humus, matres die Trojanerinnen, theils *subst.* a) eine Trojanerin, b) die Landschaft Troas, in welcher Troja lag. 4) **Trōius**, *adj.* [Τρώιος] (Poet.) trojanisch. 5) **Trōĭcus**, *adj.* [Τρωικός] (Poet.) trojanisch.

Trosmis, is, *f.* Stadt in Mösien.

Trossŭli, ōrum, *m. pl.* (Spät.) in der ältesten Zeit ein Beiname der römischen Ritter; später = vornehme Stutzer.

Trucīdātio, ōnis, *f.* [trucido] das Abschlachten, gewaltsame Tödten, die Niedermetzelung, civium.

Trucīdo, 1. [taurus? -caedo; verwandt mit trux] abschlachten, niedermetzeln (gewaltsam und unbarmherzig ermorden, vgl. interficio, jugulo u. f. w.): t. captos sicut pecora; t. et necare cives Romanos. Hiervon *trop.* t. ignem (Poet.) auslöschen; t. aliquem fenore ruiniren.

Truculente, *adv.* mit *comp.* u. *sup.* [truculentus] finster, wild, rauh.

Truculentia, ae, *f.* [truculentus] (Vorklaff. und Spät.) die Finsterkeit, Unfreundlichkeit, Rauhheit, coeli.

Truculentus, *adj.* mit *comp.* u. *sup.* [verwandt mit trux] (meist Poet. u. Spät.) rauh, wild, unfreundlich: t. et saevus, t. aspectu von Ansehen; aequor t. stürmisch, voces tt. trotzig, drohend.

Trudis, is, *f.* [trudo] (Poet. u. Spät.) eine Stange zum Stoßen.

Trudo, si, sum, 3. 1) stoßen, fort- oder hinwegstoßen, drängen, aliquem, saxum; formicae tt. frumenta grandia. 2) *trop.* A) von Pflanzen u. dergl. hervortreiben, -wachsen lassen: pampinus t. gemmas; gemmae tt. se tommen hervor, ebenso radix truditur. B) Imb. gegen seinen Willen oder Lust zu Etwas antreiben, inertem in proelia, ad mortem. C) = zu einem Amte zu verhelfen suchen, filium.

Trulla, ae, *f.* 1) eine Kelle, bef. a) Schöpfkelle, um den Wein aus dem Mischgeschirr zu schöpfen und in die Becher zu gießen. b) die Mauerkelle. 2) eine Feuerpfanne. 3) ein Nachtbecken oder Waschbecken.

Trunco, 1. [truncus] (selten, Poet. und Spät.) 1) mit dem Ganzen, wovon Etwas abgeschnitten wird, als Object, beschneiden, verstümmeln, corpus; hiervon t. olus foliis enblättern. 2) mit dem abgeschnittenen Theile als Object, abschneiden, abhauen, partem corporis.

Truncus, i, *m.* die Masse eines Körpers im Gegensatze zu den hervorstehenden Theilen, 1) von einem Baume, der Stamm (im Gegensatze zu den Aesten und Wurzeln, vgl. stirps), t. arboris; *trop.* t. aegritudinis „Wurzel", Ursache, und t. als Schimpfwort von einem einfältigen Menschen = „Klotz". 2) von einem Menschen, der Rumpf (im Gegensatze zu den Extremitäten, Kopf, Armen, Füßen), t. corporis.

Truncus, *adj.* 1) der hervorstehenden größeren Theile beraubt (dagegen mutilus, von einem Menschen = gequetscht): A) arbor t. gestutzt, seiner Aeste beraubt. B) von einem Menschen, verstümmelt, der Arme u. s. w. beraubt, corpus; frons t. der Hörner beraubt. Hiervon a) (Poet.) mit Hinzufügung des Gegenstandes, dessen Etwas beraubt ist, ermangelnd, beraubt, t. pedum; t. suis numeris seiner wesentlichen Theile ermangelnd; daher b) *abs.* = in irgend einer Beziehung unvollständig, nicht ganz, corpus, Capua t. des einen Theils seiner Bewohner beraubt; urbs t., sine senatu etc.; navis t. woran die Ruder zerbrochen sind. 2) (Spät.) von den abgehauenen Theilen, abgehauen, abgeschnitten, manus.

*Truso, 1. [trudo] (Poet.) tüchtig stoßen, aliquem.

Trutina, ae, *f.* [verw. mit τρυτάνη] die Wage, *trop.* zur Bezeichnung einer Prüfung, Untersuchung überhaupt.

Trux, ucis, *adj.* [verwandt mit taurus?] (meist Poet. u. Spät.) barsch, schrecklich und wild anzusehen, überhaupt grimmig, rauh, hart, streng, trotzig u. dergl.; t. vultus, fera; t. vox, cantus; t. pelagus; t. sententia, mores, inimicitiae; t. tyrannus, orator.

Tryblium, ii, *n.* [τρύβλιον] (Vorklaff.) eine Schüssel, ein Napf.

Tu, tibi, te, *pron. pers.* Du: tute du selbst, temet dich selbst; alter tibi descendit de Palatio (*dat. eth.*); vos steht bisweilen bei einem Collectivnamen im *sing.*: vos, Romanus exercitus, ne destiteritis.

*Tuatim, *adv.* [tu] (*Pl.*) auf deine Manier.

Tuba, ae, *f.* eine Trompete, ein gerades in eine trichterförmige, ein wenig gekrümmte Oeffnung auslaufendes Blasinstrument, mit welchem besonders im Kriege Zeichen gegeben wurden zum Angriffe, Abmarsche u. s. w., das aber auch bei religiösen Feierlichkeiten, Schauspielen und Leichenbegängnissen gebraucht wurde: signum datur tubā; tuba revocat milites. Hiervon *trop.* = der Anstifter, t. belli.

Tuber, eris, A) *m.* eine Art Baumfrüchte, Apfel oder Pfirsich. B) *f.* der Baum dieser Früchte.

Tuber, eris, *n.* [tumeo] 1) (jeder natürliche oder krankhafte) Auswuchs am Körper, Höcker, Buckel, Geschwulst, Beule; *trop.* (Poet.) der Fehler. 2) eine Art Erdschwämme, vielleicht die Trüffel.

Tubicen, inis, *m.* [tuba-cano] der Trompeter.

Tubilustria, orum, *n. pl.* [tuba-lustro] ein religiöses Fest zu Rom, bei welchem die bei den sonstigen Festen gebräuchlichen Trompeten gereinigt wurden, das „Trompetenfest".

*Tuburcinabundus, *adj.* [tubercinor] (Vorklaff.) schmausend.

Tuburcinor, *depon.* 1. (Vorklaff.) schmausen, verzehren, aliquid.

Tubus, i, *m.* eine Röhre, insbef. Wasserröhre.

Tudito, 1. [tundo] (Vorklaff.) nur im *particip.* stoßen, fortstoßen.

Tueor, itus, 2. (Vorklaff. auch in der ersten Bedeutung **Tuor**, *depon.* 3. u. *Tueo, — — 2.*) 1) (Poet.) ansehen, anschauen, betrachten, aliquem; transversa t. von der Seite ansehen. 2) A) sich einer Person oder Sache annehmen, sie unter seine Obhut nehmen, beschützen, vertheidigen (es steht nur eine mögliche Gefahr voraus, vgl. defendo): t. aliquem, castra, domum a furibus; (Spät.) t. Siciliam contra piratas. B) bewahren, behaupten, in gutem Stande erhalten, dignitatem suam, societatem conjunctionis humanae, mores et instituta vitae, valetudinem; t. rempublicam sich der öffentlichen Angelegenheiten annehmen, für das Wohl des Staates arbeiten. Insbef. von einem Gebäude = in baulichem Stande erhalten, t. aedes. C) unterhalten, ernähren, mit dem Nöthigen versehen, vix exiguas copias t.; t. se ac suos. D) erfüllen, Genüge thun, officia, munus.

Tugurium, ii. *n.* [tego] eine Hütte, ein Schoppen.

Tuisco, onis, *m.* der als Gottheit verehrte Stammvater der Germanen.

Tuitio, onis, *f.* [tueor] (selten) die Inschutznahme, das Bewahren, Erhalten, sui.

Tullius, Name eines römischen Geschlechtes.

bekannt sind, außer dem Könige Servius T., aus diesem nur die Cicerones, und zwar: 1) Marcus T. C., Vater des Nr. 2, lebte als römischer Ritter theils in Rom, theils auf dem väterlichen Gute zu Arpinum. 2) Marcus T. C., der berühmte Redner, Staatsmann u. Schriftsteller, geboren 106, gestorben 43 v. Chr. Sein öffentliches Leben ist aus der Geschichte u. s. w. hinlänglich bekannt. Er war zuerst mit der Terentia verheirathet; nachdem er sich 46 v. Chr. von ihr getrennt hatte, mit der Publilia. Er hatte mit der Terentia zwei Kinder, siehe Nr. 3 u. 4. 3) Tullia, Tochter des Nr. 2 und der Terentia, zuerst mit C. Piso Frugi verheirathet, nach seinem Tode mit Furius Crassipes, zuletzt mit P. Cornelius Dolabella, von welchem sie 46 v. Chr. sich trennte. 4) Marcus T. C., Sohn des Nr. 2: er that im Bürgerkriege Kriegsdienste im Heere des Pompejus, später schickte der Vater ihn nach Athen, wo er unter Anderen den Philosophen Cratippus hörte. Nach dem Tode Cäsars schloß er sich dem Brutus an und wurde, wie sein Vater, von den Triumvirn in die Acht erklärt. Vom August begnadigt, wurde er später Proconsul in Syrien. 5) Quintus T. C., jüngerer Bruder des Nr. 2. Er war mit der Pomponia, Schwester des Atticus, verheirathet, die Ehe war aber sehr unglücklich und wurde zuletzt durch Scheidung aufgehoben. Er war Legat zuerst unter dem Pompejus, dann unter dem Cäsar in Gallien. Er wurde nebst dem Marcus 43 v. Chr. proscribirt und getödtet. 6) Quintus T. C., Sohn des Nr. 5, ein junger Mann von guten Anlagen aber, wenigstens im reiferen Alter, von einem schlechten und trotzigen Charakter.

Tum, *I. adv.* 1) zur Bezeichnung eines vorher oder nachher (z. B. durch einen mit quum anfangenden Satz) genannten oder doch angedeuteten Zeitpunctes, dann, alsdann, damals: t. vero, t. denique; verstärkend nach einem Bedingungssatze u. dergl.: si quaeret, t. dicas (so), reductis legionibus, t. is etc. (als — dann). Insbes. verstärkend (*Justin.*) t. temporis damals. 2) bei Angabe einer Zeit-, Zahl- oder Reihenfolge, dann, hierauf, ferner. — II. *conj.* in der Verbindung t. — tum, wo beide Glieder gleichgestellt werden, einmal — dann, sowohl — als, bald — bald, und quum — t., wo das erste Glied (mit quum) als einleitende Prämisse steht mit dem Allgemeinen angiebt, das folgende Glied (mit tum) das Specielle, sowohl — als insbesondere, wenn schon — dann gewiß, nicht bloß — sondern sogar; sehr selten steht quum — tum, wenn beide Glieder gleich stehen. Wo aber der beiden Sätze sein eigenes Verbum hat, steht nach quum gewöhnlich der Indicativ, doch auch der Conjunctiv, wenn ein Causalverhältniß oder eine Vergleichung ausgedrückt wird.

Tŭmē-făcio etc., 3. (*Poet.*) 1) schwellen machen, humum. 2) *trop.* aufblähen, tumefactus laetitiâ inani.

Tŭmeo, ui, — 2. 1) schwellen, aufgeschwollen sein, strotzen: serpens t. veneno; freta tt.; germina tt. 2) *trop.* zur Bezeichnung aufwallender, aufbrausender Gemüthsbewegung: A) vor Zorn u. dergl. aufwallen, „glühen": animus tumens; t. irâ, amore laudis. B) vor Stolz u. dergl. aufgeblasen sein, sich aufblähen, t. inani superbiâ. C) vor Unruhe, Sucht zu Neuerungen u. dergl. gähren, in Gährung, Unruhe sein: Gallia t. es herrscht einige Gährung in G., ein Ausbruch von Unruhen bereitet sich vor; negotia tt. ein Ausbruch in den Sachen ist nahe. D) von der Rede oder dem Redner, schwulstig sein.

Tŭmesco, mui, — 3. [tumeo] zu schwellen u. s. w. anfangen (siehe tumeo; es bezeichnet den Anfang dessen, was durch tumeo eigtl. und *trop.* ausgedrückt wird): mare t.; bella tt.; mens t.; t. superbiâ.

Tŭmĭde, *adv.* mit *sup.* [tumidus] (Spät.) aufgeblasen.

Tŭmĭdus, *adj.* mit *comp.* u. *sup.* [tumeo] 1) schwellend, aufschwellend, strotzend, venter, papillae, mare, Nilus; membrum t. aufgeschwollen; terra t. gebirgig; *trop.* homo t. = mit vollem Magen. 2) *trop.* (*Poet.* und *Spät.*) A) stolz, aufgeblasen, successu wegen seines Glückes. B) vor Zorn aufbrausend, aufwallend, os, ira. C) von der Rede, schwulstig, oratio. 3) (*Poet.*) schwellen machend, ventus, *trop.* honor stolz machend.

Tŭmor, ōris, m. [tumeo] 1) das An- oder Aufschwellen, die Geschwulst, das Geschwollensein, oculorum; t. facit ora turpia das Aufblasen der Backen bei dem Blasen auf der Flöte. 2) *trop.* A) die leidenschaftliche Aufwallung des Gemüthes, theils a) = der Zorn, das Aufbrausen, t. et ira deorum, theils b) = Kummer, animus erat in t. B) der Stolz, die Aufgeblasenheit. C) (Spät.) von der Rede, der Schwulst, die erhabene Sprache, t. tragicus.

Tŭmŭlo, 1. [tumulus] (*Poet.*) mit einem Grabhügel bedecken, begraben, aliquem.

*****Tŭmŭlōsus,** *adj.* [tumulus] voller Hügel, hügelig.

Tŭmultŭārĭus, *adj.* [tumultus] in großer Eile und Verwirrung geschehend, -gethan, -gemacht, -geschaffen, daher oft = jähling, eilig, ungeordnet: t. opus, castra, pugna; exercitus t. in der Eile zusammengerafft, dux in der Eile gewählt.

*****Tŭmultŭātĭo,** ōnis, *f.* [tumultuor] die lärmende Unruhe, das verwirrte Eilen.

Tŭmultŭor, *depon.* 1. und (bes. *impers.*) -tuo, 1. [tumultus] lärmen, unruhig sein, in unruhiger, verworrener und lärmender Bewegung sein, milites: Gallia t. = ist dem Aufstande nahe, es herrscht eine unruhige Bewegung in G.; tumultuatur in castris im Lager herrscht ein verworrener Lärm. Hiervon *trop.* unruhig sein = die Fassung, das Gleichgewicht verlieren, tumultuantem de gradu dejici.

Tŭmultŭōse, *adv.* mit *comp.* und *sup.* [tumultuosus] lärmend, mit lärmender Unruhe.

Tŭmultŭōsus, *adj.* mit *comp.* und *sup.* [tumultus] voll Unruhe, unruhig, geräuschvoll, lärmend, concio, genus pugnae, mare; Italia t. geneigt zum Aufstande.

Tŭmultus, us, *m.* [tumeo] 1) die lärmende Unruhe u. Verwirrung, der Lärm, das Getöse (diese Begriffe sind gewöhnlich in diesem Worte innig und vermischt, und der Zusammenhang muß zeigen, welcher von ihnen als vorherrschend zunächst in der Uebersetzung ausge-

Tumulus — Turbulentus

brückt werden soll): caedes major tumultu quam re. 2) Insbef. A) (Poet.) a) tt. aetherii der Donner, ebenso Jupiter ruens tumultu. b) überhaupt Gewitter, Sturm. c) trop. t. mentis leidenschaftliche Aufwallung. d) tt. imitatorum Lärm, Unwesen. B) der Waffenlärm, ein naher und plötzlicher Krieg oder Aufstand, der wegen der Größe und Nähe der Gefahr in Rom selbst Schrecken und Unruhe erregte: t. Gallicus, Italicus; bisweilen auch von einem entfernteren Kriege oder Aufstande überhaupt, wenn er bedeutend genug war, um Verwirrung und Schrecken zu erregen: provincia est in t.; gens nata in vanos tt.

Tŭmŭlus, i, m. [tumeo] eigtl. das Anschwellen der Erde, der Erdhaufen, Erdhügel, t. silvester. Insbef. = der Grabhügel, struere tumulum alicui aufwerfen.

Tunc, adv. [= tum-ce (demonstratives Suffixum, vgl. hic)] = ein verstärktes tum, dann, alsdann, damals; (Spät.) t. demum dann erst; si —, tunc dann, in diesem Falle; (Justin.) t. temporis damals.

Tundo, tŭtŭdi, tūsum oder tunsum, 3. 1) stoßen, schlagen, hämmern, terram pede, oculos alicui; hiervon = zerstoßen, zerstampfen; proverb. t. eandem incudem dieselbe Sache fortwährend betreiben. 2) trop. Jmb. durch Reden, Bitten u. dergl. bestürmen, taub machen, aures alicujus und aliquem vocibus.

Tungri, ōrum, m. pl. Völkerschaft im nordwestlichen Deutschland.

Tŭnĭca, ae, f. 1) das unmittelbar auf dem Leibe getragene wollene Unterkleid der römischen Männer u. Frauen; es hatte ungefähr die Form eines Hemdes, war in der ältesten Zeit ohne Aermel, später mit kurzen (bei Weichlingen auch mit langen) Aermeln - (t. manicata) versehen und reichte bis an die Kniee; später trug man oft zwei tunicas, wovon die untere interior hieß; proverb. t. propior pallio „das Hemd ist mir näher als der Rock". 2) (Vorklaff. u. Spät.) die Haut, Hülle, Hülse, cicadae, frumenti.

Tŭnĭcātus, adj. [tunica] eine tunica tragend, davon = bloß mit einer t. bekleidet, d. h. keine Toga tragend; dieses war der Fall theils mit jedem Römer, wenn er körperlichen Uebungen oblag, theils immer mit Leuten aus niederen Ständen, die gewöhnlich sich der Toga nicht bedienten, daher t. popellus = der gemeine Haufe.

Tŭnĭcŭla, ae, f. deminut. von tunica.

Turba, ae, f. 1) abstr. die Verwirrung, Unruhe, der Lärm, das Gedränge (= das Sichdrängen vieler Menschen): vivere in magna t.; t. omnium rerum, belli; insbef. = der Spectakel, Tumult oder der Streit, Zank: tt. ac seditiones bürgerliche Unruhen; t. inter aliquos Streit; edere (facere) t. Lärm machen. 2) concr. die verwirrte und ungeordnete Menschenmasse, das Gewimmel, Gedränge (= die unter einander gedrängte Menge): t. fugientium; t. tumultuosa, circumfusa. Hiervon A) überhaupt die Menschenmenge, die Schaar, der Schwarm, der Haufe: t. hominum; t. forensis; exire in t.; ne in t. quidem. B) übertragen von anderen Sachen, der Haufe, die Menge, voluminum.

*Turbāmentum, i, n. [turbo] (Spät.) das Beunruhigungs-, Aufwiegelungsmittel.

*Turbātē, adv. [turbo] verwirrt, unordentlich.

Turbātĭo, ōnis, f. [turbo] (selten) die Verwirrung, die lärmende Unruhe.

Turbātor, ōris, m. [turbo] der Verwirrer, Beunruhiger, Aufwiegler, vulgi, t. otii Störer; t. belli Urheber des Krieges.

Turbātus, adj. mit comp. [particip. von turbo] beunruhigt, erregt, mare.

Turbellae, ārum, f. pl. (Pl.) deminut. von turba.

*Turben, ĭnis, m. (Poet.) Nebenform von turbo, welches man sehe.

Turbĭdē, adv. [turbidus] unruhig, stürmisch, verwirrt.

Turbĭdus, adj. mit comp. u. sup. [turba] 1) verwirrt, unruhig, stürmisch, tempestas, aqua getrübt, coma zerzaust; tt. nubila, t. imber; t. lux wenn der Staub Jmb. zu sehen verhindert. 2) trop. A) stürmisch, heftig, motus animi. B) verwirrt, verstört, animi im Gemüthe; pectus t. = erschrocken. C) von Zuständen u. dergl., bewegt, unruhig, tempus, res; subst. turbida (n. pl.) stürmische Zeiten, gefahrvolle und unruhige Zeiten, in turbido in stürmischen Zeiten. D) unruhig = aufrührerisch, ingenium.

*Turbĭneus, adj. [turbo] (Poet.) wirbelnd, vertex.

Turbo, ĭnis, m. Alles, was sich in einem Kreise herumdreht, 1) der Wirbel überhaupt. Insbef. A) = der Wirbelwind. B) der Kreislauf, die kreisförmige Bewegung, des Himmels, des Rauches, des Wassers; turbine hastam torquere in einem Kreise schwingen; trop. (Poet.) turbine militiae durch Aufrücken durch die verschiedenen Militärgrade. C) trop. der „Sturm" = gefahrvolle und unruhige Umstände, tt. reipublicae; t. mentis Verwirrung. 2) der Kreisel, Spielinstrument der Knaben. 3) jeder wie ein Kreisel gestalteter Gegenstand, der Zapfen, Stöpsel, die Haspel, insbef. a) das Zauberrad; b) der Wirtel an der Spindel.

Turbo, 1. 1) in Unruhe und Bewegung bringen, erregen, mare; t. aquam trüben. 2) verwirren, in Unordnung bringen, ordines, aciem (die feindlichen Reihen), t. concionem; t. spem, imperia, auspicia stören; t. sacra verletzen, entheiligen. Hiervon A) mit einem homogenen Object, einem adj. od. pron. im n., sb. abs., Verwirrung und Unordnung anrichten: t. magnas turbas große Unruhe anrichten; Aristoteles multa t. wirft Vieles untereinander; vide ne quid ille turbet daß er kein Unglück anstifte; in Hispania turbatur es entstehen Unruhen in Spanien; quae in republica turbantur die Unruhen, welche im Staate angestiftet werden. Insbef. = Aufruhr machen oder anstiften, civitas t. B) t. rem (censum) = Bankerott machen; t. in rebus omnibus sein ganzes Vermögen zerrütten.

Turbulentē ob. -ter, adv. mit comp. [turbulentus] mit Unruhe und Verwirrung, stürmisch, unruhig, ohne besonnene Ruhe.

Turbŭlentus, adj. mit comp. u. sup.

[turba] 1) unruhig, erregt, tempestas, aqua getrübt, concursio atomorum verwirrt. 2) voller Unruhe, Verwirrung und Unordnung, oder solche erzeugend, unruhig, stürmisch, verwirrt, respublica, tempus, annus stürmisch bewegt, t. civis aufrührerisch, Unruhen erregend; tt. errores, animi.

Turdētāni, ōrum, *m. pl.* Völkerschaft im südwestlichen Spanien; ihr Gebiet hieß -nia, ae, *f.*

Turdŭli, ōrum, *m. pl.* Völkerschaft, die neben den Turdetani wohnte; davon -lus, *adj.*

Turdus, i, *m.* die Drossel, der Krammetsvogel.

Tūreus, *adj.* [tus] von Weihrauch, Weihrauch-, dona.

Turgeo, rsi, — 2. (Poet. u. Spät.) 1) aufgeschwollen sein, strotzen, bauschen, (stärker als tumeo, indem turgeo ein dem Ausbrechen nahes Schwellen bez.): gemmae (die Knospen) tt., herba t.; os t. (von Schlägen), rana t. 2) *trop.* A)/(Gem.) in Affect sein, ergrimmt sein. B) von der Rede schwulstig sein.

Turgesco, — — 3. zu schwellen-, strotzen anfangen; *trop.* in Affect gerathen, ergrimmen, animus sapientis nunquam t.

Turgidŭlus, *adj. deminut.* (Poet.) von turgidus.

Turgĭdus, *adj.* [turgeo] geschwollen, aufgeschwollen, strotzend, digitus, oculi, velum, mare (wogend); *trop.* poeta t. schwülstig.

Tūrĭbŭlum, i, *n.* [tus] die Weihrauchpfanne, Räucherpfanne.

Tūricrĕmus, *adj.* [thus-cremo] (Poet.) worauf Weihrauch brennt, ara.

Tūrĭfer, ĕra, ĕrum, *adj.* [thus-fero] Weihrauch hervorbringend, regio.

Tūrĭlĕgus, *adj.* [thus-lego] (Poet.) Weihrauch sammelnd, Araba.

Tūrius, Name eines römischen Geschlechtes, davon **Tūriānus**, *adj.*

Turma, ae, *f.* 1) eine Abtheilung der römischen Reiterei, Schwadron, dreißig Mann stark. 2) *trop.* (Poet.) überhaupt die Schaar, der Schwarm, Titanum, feminea; t. statuarum equestrium Gruppe.

Turmālis, e, *adj.* [turma] zu einer turma gehörig: turmales als *subst. m. pl.* die Reiter einer Turme.

Turmātim, *adv.* [turma] schwadronenweise: *trop.* (Poet.) schaarenweise.

Turnus, i, *m.* König der Rutuler, vom Aeneas getödtet.

Tūrŏnes, num, und -ni, ōrum, *m. pl.* Völkerschaft im westlichen Gallien, in der Gegend des heutigen Tours.

Turpĭcŭlus, *adj. deminut.* von turpis.

Turpĭfĭcātus, *adj.* [turpis-facio] garstig gemacht, entstellt, *trop.* animus.

Turpīlius, Name eines römischen Geschlechtes; Sextus T. war Comödiendichter und Freund des Terenz.

Turpi-lucri-cŭpĭdus, *adj.* (Pl.) nach schändlichem Gewinne begierig.

Turpis, e, *adj.* 1) häßlich, garstig, ungestaltet, piscis, homo, pes, vestitus, aspectus. 2) *trop.* in moralischer Beziehung häßlich = schändlich, schimpflich, schmählich, fuga, egestas; in der Ethik turpe im Gegensatze zu honestum, das Schimpfliche, Schlechte, Böse; luxuria omni aetati turpis. Insbes. = unanständig, schmutzig, factum, adolescentia, liederlich, homo.

Turpĭter, *adv.* mit *comp.* u. *sup.* [turpis] 1) häßlich, claudicare. 2) schimpflich, schändlich, unanständig.

Turpĭtūdo, ĭnis, *f.* [turpis] 1) die Häßlichkeit, das garstige Aussehen, corporis. 2) die Schändlichkeit, Schimpflichkeit, Schmach: t. fugae, verborum, judicum Schlechtigkeit; hoc nemini est turpitudini gereicht Niemand zur Schande; objicere alicui turpitudinem Jmd. etwas Schimpfliches vorwerfen. Insbes. = die Unanständigkeit, Schmutzigkeit.

Turpo, 1. [turpis] (Poet.) häßlich machen, entstellen, besudeln, capillos sanguine, cicatrix t. frontem.

Turrānius, Name eines römischen Geschlechtes: in T. wird als Tragödiendichter genannt.

Turrĭger, ĕra, ĕrum, *adj.* [turris-gero] (Poet. u. Spät.) Thürme tragend, elephas, navis; insbes. dea t. oder als *subst.* -gĕra, ae, *f.* = Cybele, welche mit einer Thurmkrone abgebildet wurde.

Turris, is, *f.* 1) der Thurm; *trop.* = ein hohes Gebäude überhaupt, Burg, Schloß. 2) insbes. im Kriege, ein hölzerner beweglicher Thurm, der bei Belagerungen gebraucht wurde.

Turrĭtus, *adj.* [turris] 1) mit einem Thurme oder mit Thürmen versehen, elephas, navis, moenia; dea t. = Cybele, siehe turriger. 2) (Poet.) thurmhoch.

Turtur, ŭris, *m.* die Turteltaube.

*Turtŭrilla, ae, *f.* (Spät.) *deminut.* von turtur.

†**Tus** (thus), ūris, *n.* [θύος] der Weihrauch.

Tusci, ōrum, *m.* die Einwohner von Etrurien = Etrusci, siehe Etruria. Davon **Tuscus**, *adj.* etrurisch, mare das toscanische Meer, amnis der Tiber (ebenso alveus), dux = Mezentius; vicus T. Straße in Rom, Aufenthalt liederlichen Gesindels, bes. der Buhldirnen. Hiervon A) *subst.* Tusci, ōrum, *m. pl.* (sc. agri) ein Landgut des jüngeren Plinius. B) **Tusce**, *adv.* (Spät.) tuskisch.

Tuscŭlum, i, *n.* alte Stadt in Latium, der Sage nach vom Telegonus gegründet. Davon 1) -lus, *adj.* (Poet.) 2) -lānus, *adj.*; insbes. *subst.* a) -āni, ōrum, *m. pl.* die Einwohner von T., und b) -num, i, *n.* (sc. rus oder praedium) ein Landgut des Cicero bei T., von welchem seine disputationes Tusculanae benannt sind.

Tuscŭlum, i, *n.* (Pl.) *deminut.* von tus.

Tussio, 4. [tussis] husten.

Tussis, is, *f.* der Husten.

*Tūtāmen, ĭnis, *f.* (Poet.) und **Tūtāmentum**, i, *n.* (selten) [tutor] das Schutzmittel, der Schutz.

Tūte, *adv.* [tutus] = das häufigere tuto, was man sehe.

Tūtēla, ae, *f.* [tutor] 1) die sichernde und schützende Obhut, -Fürsorge, der Schutz: esse in tutela alicujus unter Jmdes Schutz stehen; sub t. templi. Hiervon A) insbes. = die Unterhaltung, Ernährung, pecudis,

772 Tuto — Tyrus

boum, tenuiorum (der Armen); t. aedificii das Erhalten in baulichem Stande. B) (Poet.) concr. a) der Beschützer, Schutzpatron: tu es t. rerum mearum; t. navis das Bild der Schutzgottheit des Schiffes. b) = der Schützling, Beschützte, dessen Person, die von der Göttin beschützt wird. 2) insbes. die Vormundschaft: esse in t. alicujus unter der Vormundschaft Jmds stehen, venire in t. suam mündig werden. 3) das Vermögen eines Mündels, detrahere aliquid de t.

Tuto, *adv.* mit *comp.* u. *sup.* [tutus] sicher, in Sicherheit, mit Sicherheit.

Tūtor, ōris, *m.* [tueor] 1) (selten) der Beschützer, Bewahrer, religionum. 2) der Vormund.

Tūtor, *depon.* 1. u. (Vorklass.) **Tūto,** 1. [tueor] = ein verstärktes tueor, was man sehe, 1) sichern, beschützen, behaupten: t. se vallo, contra aliquem; t. locum, dignitatem suam. Hiervon A) t. spes suas dafür sorgen, daß seine Hoffnungen nicht getäuscht werden. B) t. partes ephebi die Rolle eines Jünglings behaupten. 2) sich gegen Etwas sichern, ein Uebel abwehren, ihm abhelfen, pericula, inopiam.

***Tūtōrius,** *adj.* [tutor] (Nachkl.) vormundschaftlich.

Tūtus, *adj.* mit *comp.* u. *sup.* [eigtl. *particip.* von tueor] 1) *pass.* sicher, A) = gesichert, ohne Gefahr (vgl. securus): testudo t. est ad omnes ictus, praestare aliquem tutum ab injuria. B) = wo keine Gefahr ist, gefahrlos, iter, consilium, mare: tutius visum est abire; *subst.* pervenire in tutum, esse tuto oder in tuto in Sicherheit. 2) (selten) *act.* vorsichtig, behutsam, homines minime tuti sunt ad id quod etc.

Tuus, *pron. poss.* [tu] dein; tua solius opera deine Thätigkeit allein; tuopte ingenio nach deinem eigenen Character; pugnasti loco non tuo auf einem dir nicht günstigen Terrain; bisweilen statt des *genit. obj.*, desiderium tuum die Sehnsucht nach dir.

Tyāna, ae, *f.* [Τύανα] Stadt in Cappadocien. Davon **-nēius,** *adj.*

Tyba, ae, *f.* Stadt an der Grenze Syriens jenseit des Euphrat.

Tўcha, ae, *f.* [Τύχη] ein Theil von Syracus, so genannt nach dem dort befindlichen Tempel des Glückes.

Tȳdeus, ei, *m.* [Τυδεύς] Sohn des Oeneus, Vater des Diomedes. Davon **Tȳdīdes,** ae, *m.* [Τυδείδης] der Sohn des T., Diomedes.

***Tympănotrība,** ae, *m.* [τυμπανοτρίβης] (Pl.) der „Handpaukereiber", = Paukenschläger, *trop.* zur Bezeichnung einer weichlichen Person.

Tympănum, i, *n.* [τύμπανον] 1) die Handpauke, Handtrommel, die häufig, bes. bei den Festen der Cybele, gebraucht wurde; daher *trop.* zur Bezeichnung der Weichlichkeit, tt. eloquentiae. 2) ein ohne Speichen aus Einem Stück Holz gemachtes Rad, ein Tellerrad, Hebrad (zum Heben schwerer Lasten).

Tyndăreus, ei, *m.* [Τυνδάρεως] König von Sparta, Gemahl der Leda, Vater des Castor und Pollux der Leda und Clytämnestra. Davon

1) **-rīdes,** ae, *m.* der Sohn des T.; im *plur.* auch = die Kinder des T., fortissima Tyndaridarum von der Clytämnestra. 2) **-ris,** ĭdis, *f.* die Tochter des T.

Tyndăris, ĭdis, *f.* [Τυνδαρίς] 1) siehe Tyndareus. 2) Stadt auf der Nordküste Siciliens. Davon **-rītānus,** *adj.* und *subst.* **-ni,** ōrum, *m. pl.* die Einwohner von T.

Tӯphōeus, ei od. eos, *m.* [Τυφωεύς] ein ungeheurer Riese, Sohn des Tartarus und der Gäa, vom Jupiter getödtet und unter dem Aetna begraben (nach anderen Sagen in den Tartarus geworfen, vgl. Typhon).

Tӯphon, ōnis, *m.* [Τυφών] eigtl. eine Personifikation des verderblichen Sturmwindes bei den Aegyptern, von den Dichtern gewöhnlich mit dem Typhoeus identificirt.

Tӯpus, i, *m.* [τύπος] ein Bild, eine Figur in der gypsernen Wand u. dergl.

***Tӯrannĭce,** *adv.* [tyrannicus] nach Art der Gewaltherrscher, despotisch.

Tӯrannĭcīda, ae, *m.* [tyrannus-caedo] (Spät.) der Tyrannenmörder, der Mörder eines Gewaltherrschers.

Tӯrannĭcīdĭum, ii, *n.* [tyrannus-caedo] (Spät.) der Tyrannenmord, das Erschlagen eines Gewaltherrschers.

Tӯrannĭcus, *adj.* [tyrannus] einem Gewaltherrscher eigenthümlich, despotisch, tyrannisch.

Tӯrannis, ĭdis, *f.* [τυραννίς] die Gewaltherrschaft, Zwingherrschaft, Despotie (siehe tyrannus). Hiervon bisweilen = die Mittel, das Reich eines Gewaltherrschers, exhaurire t. alicujus.

Tӯrannoctŏnus, i, *m.* [τυραννοκτόνος] griechisch = das reinlat. tyrannicida.

Tӯrannus, i, *m.* [τύραννος] 1) eigtl. der sich in einem ursprünglich freien Staate gegen den Willen des Volkes die Herrschaft angemaßt hat, der Gewaltherrscher, Zwingherrscher, Usurpator, Despot (sonst aber ohne irgend eine Bezeichnung der Grausamkeit in dem Gebrauche der Gewalt): t. ejus civitatis; clemens t. (*oppos.* rex importunus). 2) übertragen (Poet.) = Gebieter, Herrscher überhaupt, Neptunus t. maris; so von Aeneas, Laomedon u. A.

Tyras, ae, *m.* [Τύρας] Fluß in Sarmatien, jetzt Dniester.

Tӯro, us, *f.* [Τυρώ] Tochter des Salmoneus, vom Neptun Mutter des Pelias und des Neleus.

Tӯrŏtărĭchus, i, *m.* [τυροτάριχος] eine Pastete aus gesalzenen Fischen und Käse.

Tyrrhēni, ōrum, *m.* [Τυρρηνοί] die tyrrhenischen Pelasger, welche sich ums Jahr 1000 v. Chr. in Etrurien niederließen und dort mit den Rasenen (celtischen Stammes und aus den Alpenländern eingewandert) so wie mit den ältesten Bewohnern, den Umbrern, so verschmolzen, daß sie vereint das etrurische Volk (Etrusci, Tusci) ausmachten; daher Tyrrheni u. f. w. = Etrusci u. f. w. gebraucht wurde. Davon 1) (Poet.) **-nĭa,** ae, *f.* = Etruria. 2) **-nĭcus** und **-nus,** *adj.* etrurisch, flumen der Tiber.

Tӯrus, i, *f.* [Τύρος] die berühmte Hauptstadt von Phönicien. Davon **Tӯrĭus,** *adj.* A) = tyrisch, puella die Europa, *subst.* **-ii,** ōrum, *m. pl.* die Einwohner von T. Hiervon = purpurn, purpurfarbig, amictus. B) (Poet.) = carthagifch, urbs, tori die Hochzeit der Dido mit Aeneas in Carthago: *subst.* ii, ōrum, m. pl. die Carthager.

U.

Uber, ĕris, n. (ū) 1) die Euter, Bitze an Thieren, die säugende Brust (insofern fie Milch und Nahrung enthält, vgl. mamma) an Menschen. 2) (Poet.) trop. die Fruchtbarkeit, Ergiebigkeit, u. globae.

Uber, ĕris, adj. mit comp. u. sup. (ū) 1) fruchtbar, reich an Etwas, ergiebig, solum, ager; bellum u. reichliche Beute gewährend. Hiervon A) quaestus u. einträglich. B) orator u., homo u. in dicendo durch Fülle und Reichthum des Ausdrucks ausgezeichnet. C) u. re aliqua (Poet.) und rei alicujus (Spät.) reich an Etwas. 2) reichlich, häufig, in Ueberfluß da seiend, fructus; aqua; praemium u. groß, ebenso onus u. eine starke Last; trop. locus u. ein reichhaltiger Gegenstand, über welchen Vieles gesagt werden kann.

Ubĕrius, adv. im comp. (ū) [uber] reichlicher, trop. ausführlicher.

Ubertas, ātis, f. (ū) [uber] 1) die Fruchtbarkeit, Ergiebigkeit, agrorum. 2) die Reichlichkeit, das reichliche Vorhandensein, die Fülle, der reichliche Ertrag, piscium, frugum; trop. a) u. in dicendo, verborum u. vergl. die Fülle, der Reichthum des Ausdrucks. b) uu. virtutis die köstlichsten Früchte der Tugend.

Ubertim, adv. (ū) [uber] (Poet. u. Spät.) reichlich.

Ubi, adv. (ū) 1) eigtl. vom Orte, wo: A) fragend, u. es wo bist du? nescio u. sis; verstärkt durch einen genit. partitiv.: u. terrarum, gentium wo in aller Welt? B) relativ, wo: ibi — u. da — wo; is locus u. Bisweilen steht es statt des pron. rel. mit einer Präposition: navem u. vectus fui (statt in qua); nemo fuit, u. jus nostrum obtineremus (statt apud quem); multa u. (statt in quibus). 2) von der Zeit, relativ, A) wann, wenn: u. voles; u. semel quis pejeraverit, ei postea credi non oportet. B) als, sobald als (oft so durch Hinzufügung von primum verstärkt): u. de ejus adventu Helvetii certiores facti sunt, legatos ad eum mittunt; hostes u. primum nostros equites conspexerunt.

Ubi-cunque, adv. (ū) 1) relativ, wo nur immer: u. erit gentium (terrarum), a nobis diligetur. 2) indef. wo es immer sei, überall.

Ubii, ōrum, m. pl. (ū) germanische Völkerschaft, welche zuerst auf dem rechten Rheinufer in der Gegend von Cöln, später auf dem linken wohnte; ara Ubiorum vielleicht = Bonn.

*****Ubĭ-lĭbet,** adv. (ū) (Spät.) wo es beliebt, überall.

Ubĭ-nam, adv. interr. (ū) wo? u. gentium sumus wo in aller Welt?

*****Ubĭ-quāque,** adv. (ū) (Pl) (in der Tmesis) wo nur immer.

Ubi-que, adv. (ū) überall, wo es nur immer sei (verschieden davon ist ubique = et ubi).

Ubĭ-vis, adv. (ū) wo du immer willst, überall, u. gentium.

Ucălegon, ontis, m. (ū) ein Trojaner: U. ardet = das Haus des U.

Udus, adj. (ū) [= uvidus] (Poet. u. Spät.) feucht, naß (durch und durch naß, vgl. madidus, humidus), humus, litus, oculi. palatum.

Ufens, tis, m. (ū) kleiner Fluß in Latium. Davon -tīnus, adj.

Ulcĕrātĭo, ōnis, f. [ulcero] (Spät.) das Schwären, meton. das Geschwür.

Ulcĕro, 1. [ulcus] 1) schwären machen. 2) verwunden, aliquem; trop. u. jecur alicujus Imds Herz verwunden = ihn zur Liebe entflammen.

Ulcĕrōsus, adj. [ulcus] 1) (Spät.) voll Geschwüre, voller Beulen. 2) trop. (Poet.) jecur u. ein verwundetes Herz = verliebt.

Ulciscor, itus, depon. 3. rächen, 1) = sich an Imd. rächen, rächend strafen, rügen, aliquem; quos dii u. volunt; illos non tam u. quam sanare studeo. 2) wegen Etwas Rache nehmen, Etwas rächen, injurias, mortem patris; ultum ire injurias rächen wollen; u. iram befriedigen. 3) Imd. wegen eines erlittenen Unrechtes rächen, ihm Rache verschaffen, patrem, se. (NB. das Wort wird bisweilen als *pass.* = gerächt werden gebraucht).

Ulcus, ĕris, n. das Geschwür; trop. a) = ein wunder Fleck, tangere u. einen delicaten Punct berühren, dessen Erwähnung Imd. Schmerz oder Verlegenheit bereitet. b) = die Liebeswunde.

Ulīgo, ĭnis, f. (ū) (selten) die natürliche Feuchtigkeit des Bodens.

Ulixes, is (Poet. auch -ĕi), m. (ū) latinisirte Benennung des Ulyffes, Sohn des Laertes, Gemahl der Penelope, König von Ithaca.

Ullus, adj. (genit. -ius, dat. -i), irgend ein, irgend jemand (ganz unbestimmt und allgemein, vgl. aliquis): gewöhnlich in negativen, fragenden und hypothetischen Sätzen; in affirmativen nur, wo etwas ganz Allgemeines und Unbestimmtes bezeichnet werden soll: nemo ullius rei fuit emptor cui etc.; estne ulla res tanti ut etc.? si ulla mea apud te valuit commendatio etc.; sine u. dubitatione, religione; magis quam in ulla alia re. Es steht gewöhnlich adjectivisch, selten substantivisch statt des entsprechenden quis-quam.

Ulmĕus, adj. [ulmus] von Ulmen, Ulmen-, virgae; trop. (Pl.) u. fieri = durchgeprügelt werden.

*****Ulmitrība,** ae, m. [ulmus-τρίβω] der Ulmenabreiber* = Imd. der öfter (mit Ulmenruthen) gepeitscht wird.

Ulmus, i, f. die Ulme, der Ulmbaum;

774   Ulna

scherzhaft Acheruns ulmorum (*Pl.*) Verschlinger der Ulmen = ulmitriba.

Ulna, ae, *f.* [ὠλένη] eigtl. der Unterarm, Ellenbogen; davon 1) (Poet.) der Arm. 2) die Elle.

Ulpicum, i, *n.* eine Art Lauch.

Ulter, a, um, ungebräuchlicher Positiv zu I. **Ulterior,** us, ōris, *comp.* 1) jenseits befindlich; davon entfernter, äußerer: Gallia u. (= Transalpina); u. pars urbis jenseitig. 2) *trop.* = weiter, ferner: nihil est eo ulterius Nichts ist darüber hinaus; ulteriora der Rest, das Uebrige. II. **Ultĭmus,** *sup.* 1) der äußerste, entfernteste, letzte: ultimi primis recessum non dabant; uu. terrae; in ultimis in dem entlegensten Theile des Hauses, u. provincia das äußerste Ende der Provinz. 2) von der Zeit, A) der letzte, äußerste, dies, aetas; ultimis quinquatribus in den letzten Tagen des Festes. Hiervon adverbial a) ad ultimum zuletzt. b) ultimum, *adv.* zum letzten Male. B) der äußerste = entfernteste, erste: u. antiquitas, principium, origo. 3) *trop.* dem Grade, dem Range nach der äußerste, A) vom höchsten Grade, der äußerste, größte, ärgste, supplicium, necessitas, scelus; u. certamen ein entscheidender Kampf, so auch ultimum dimicationis; u. natura die vollkommenste; ultima experiri, pati das Aeußerste; ultimum bonorum das höchste Gut. B) vom niedrigsten Grade, der niedrigste, letzte, geringste, laus; ultimum militum. 4) *Ultimo* ut *adv.* (Spät.) zuletzt.

Ultio, ōnis, *f.* [ulciscor] (Spät.) die Rache, personificirt die Rachegöttin.

Ultor, ōris, *m.* [ulciscor] der Rächer, Bestrafer.

Ultrā [ulterā *sc.* parte] I. *adv.* 1) weiter, weiter entfernt, jenseits: u. procedere; u. curae non habent locum darüber hinaus (im Vorhergehenden ist der Tod da genannt); oratio scripta elegantissime, ut nihil possit u. so schön, daß Nichts darüber sein kann. 2) weiter, mehr, nihil u.; daher als ein Comparativ mit quam, u. quam satis est mehr als genug; nihil u. motus gar nicht weiter. 3) von der Zeit, länger = mehr, weiter hinaus: negavit u. plebem decipi posse; (Poet.) quid u. provehor warum spreche ich länger? II. *praep.* mit *acc.* jenseit (einer Grenzlinie, vgl. trans), über — hinaus: u. terminos, u. Euphratem. Hiervon *trop.* von einer Grenze in der Zeit, in dem Grade u. s. w., über — hinaus: u. Socratem duravit über die Zeit des S. d. h. bis nach S.; u. fas, modum, vires über; quid est u. multam mehr als; u. eum numerum.

Ultrix, īcis, *f.* [ulciscor] (Poet.) rächend, Dirae.

Ultrō, *adv.* [ulter] 1) jenseits, nach der anderen Seite hin, gewöhnlich mit citro verbunden, u. citroque, u. et citro — hinüber u. herüber, hin und her, currere, legatos mittere. Hiervon A) *trop.* von beiden Seiten, gegenseitig, verba habere, beneficia dare. B) (*Pl.*) fort! weg mit! u. istum a me fort mit ihm! — u. te, amator, a dorso meo fort mit dir, du verliebter Geck! 2) noch dazu, obendrein: u. honor habetur violatoribus juris humani; u.

Umbra

accusantes (wo sie selbst die Schuldigen waren); quum ipse u. deberet (er war selbst Schuldner und forderte doch Geld). 3) von selbst, aus freien Stücken, ohne Aufforderung, aliquid afferre. 4) *term. t.* u. tributa (auch als Ein Wort geschrieben) das vom Senate für die öffentlichen Gebäude aus der Staatscasse bewilligte Geld; *proverb.* virtus est in u. tributis = giebt lieber, als sie fordert.

Ulŭbrae, ārum, *f. pl.* (ü) Flecken in Latium an den pontinischen Sümpfen. Davon **Ulŭbrānus,** *adj.*

Ulŭla, ae, *f.* (ü) der Kauz.

Ulŭlātus, us, *m.* (ü) [ululo] (Poet. u. Spät.) das Geheul, wilde Geschrei (der Raubthiere, der Sieger, der schwärmenden Bacchantinnen, der klagenden Weiber).

Ulŭlo, 1. (ü) [verw. mit dem gr. ὀλολύζω] 1) *intrans.* heulen, laut schreien (siehe ululatus); (Poet.) aedes uu. ertönen von Geheul. 2) (Poet.) *transit.* heulend anrufen, Hocate ululata per urbem.

Ulva, ae, *f.* (Poet. u. Spät.) Sumpfgras, Schilfgras.

Umbilīcus, i, *m.* [verw. mit dem gr. ὀμφαλος] 1) der Nabel am menschlichen Körper. 2) *trop.* A) der Mittelpunct eines Gegenstandes, Siciliae. B) das aus der Mitte des zusammengerollten Buches hervorragende (bisweilen mit einem Knauf od. dergl. verzierte) Ende des cylinderförmigen Stäbchens, um welches die Bücher gerollt wurden; daher ad u. adducere = vollenden. C) eine Art Meerschnecken.

Umbo, ōnis, *m.* jede convere Erhöhung, 1) der Buckel des Schildes; hiervon meton. = der Schild. 2) (Spät.) der Ellenbogen.

Umbra, ae, *f.* 1) der Schatten: in (sub) umbra im Schatten; *proverb.* timere umbram = ohne Noth in Furcht sein. 2) *trop.* A) der Schatten in einem Gemälde. B) = die Dunkelheit, Finsterniß, ohne = die Nacht, ab ortu lucis ad u. C) (Poet.) was Schatten giebt, das Schattige (Bäume, Häuser u. s. w.): viridis u. das schattige Grün, falce premere u. die schattigen Bäume beschneiden. So = Bude, Hütte, u. tonsoris. D) = Schirm, Zuflucht, Schutz, sub u. amicitiae (auxilii) Romanae latere. E) zur Bezeichnung der Ruhe, Muße des Privatlebens oder des zurückgezogenen Arbeitens in dem Studirzimmer, im Gegensatze zum öffentlichen Leben und Auftreten (sol); descendere ab u. ad pugnam von den Redeübungen in der Rhetorschule oder im Studirzimmer zum ernstlichen Wortkampfe in wirklichen Processen übergehen; studia in u. educata. F) = der stätige Begleiter, insbes. eine Person, die, ohne selbst zur Tafel geladen zu sein, von einem der Gäste mitgenommen wird, der ungeladene Gast: locus est et pluribus umbris. G) der Schatten = Schattenbild, äußerer Schein, daher = falscher Schein, Vorwand: ne a quidem honestatis; falsa u. gloriae, sub u. foederis. 3) insbes. (Poet.) im *plur.* = die Geister der Verstorbenen, „die Schatten"; subitae uu. plötzliche Erscheinung im Traume; auch im *sing.* = die Unterwelt (das Reich der Dunkelheit, nach 2. B.).

Umbraculum — **Undequadraginta** 775

Umbrācŭlum, i, n. [umbro] das Schattige, Schatten-Gebäude, 1) die Laube, das schattige Dach, vites texunt u. 2) (Poet.) der Sonnenschirm. 3) trop. = umbra 2. E.: u. Theophrasti die Schule des Th.

*****Umbrātĭcŏla**, ae, m. [umbra-colo] (Pl.) der Weichling, Faullenzer.

Umbrātĭcus, adj. [umbra] (Vorklass. u. Spät.) zum Schatten gehörig, Schatten-, homo u. der Faullenzer, vita zurückgezogene, literae aus dem Studirzimmer (siehe umbra 2. E.).

Umbrātĭlis, e, adj. [umbra] zum Schatten gehörig, Schatten-, trop. = in der Stille lebend, zurückgezogen, unthätig (siehe umbra 2. E.), also: a) vita u. gemächlich, müßig. b) exercitatio u. schulmäßig, zu Hause gehalten.

Umbri, ōrum, m. pl. Stammvolk in Italien, zuerst zwischen dem Padus und dem Tiber wohnend, später weiter gegen Süden. Davon 1) **Umber**, bra, brum, adj.; **Umbra** als subst. fem. = eine Umbrerin (im Wortspiel mit umbra Schatten). 2) **Umbria**, ae, f. die Landschaft der Umbrer.

Umbrĭfer, ēra, ērum, adj. [umbra-fero] (Poet.) schattig.

Umbro, 1. [umbra] (Poet. u. Spät.) beschatten, tellurem floribus.

Umbrōsus, adj. mit comp. u. sup. [umbra] (Poet. und Spät.) schattig, A) = beschattet, locus. B) = Schatten gebend, arbor.

Umerus, s. E. für Humerus.

Umor, Umĭdus, s. E. für Humor, Humidus.

Una, adv., siehe unus.

*****Un-ănĭmans**, tis, adj. (ū) (Pl.) = unanimus.

Unănĭmĭtas, ātis, f. (ū) [unanimus] (selten) die Einmüthigkeit, Eintracht.

Un-ănĭmus, adj. (ū) (selten) einmüthig.

Uncĭa, ae, f. der zwölfte Theil eines As und überhaupt eines zwölftheiligen Ganzen, eine Unze; siehe as.

Uncĭārĭus, adj. [uncia] zu einem Zwölftheile gehörig, ein Zwölftheil enthaltend, betragend: fenus u., nach Einigen = 1/12 pro Cent monatlich, also 1 pro Cent jährlich; nach Anderen = 1/12 des Capitals, also 8 1/3 pro Cent jährlich.

Uncĭātim, adv. [uncia] (Vorklass. u. Spät.) unzenweise, davon überhaupt = in kleinen Portionen, einzelweise, stückweise.

*****Uncīnātus**, adj. [uncinus] mit Haken versehen, hakig.

Uncīnus, i, m. [uncus] (Spät.) der Haken, Widerhaken.

*****Uncĭŏla**, ae, f. deminut. von uncia.

Unctĭo, ōnis, f. [ungo] das Salben.

Unctĭto, 1. [ungo] (Vorklass.) oft salben, se.

*****Unctĭuscŭlus**, adj. deminut. [unctus] (Pl.) etwas fetter.

Unctor, ōris, m. [ungo] der Salber.

*****Unctōrĭum**, ii, n. [ungo] das Salbenzimmer im Bade.

*****Unctūra**, ae, f. [ungo] das Salben.

Unctus, adj. mit comp. u. sup. [particip. von ungo] 1) mit Etwas gesalbt, bestrichen, fett gemacht, fettig: u. carina getheert, manus (fett während des Essens; es bezeichnet daher oft Imb., der zu Tische ist). 2) trop. A) fett = lecker, kostbar, fein, reich u. dergl.: u. coena, Corinthus u. üppig; qui unctum ponere possit etwas Leckeres, eine leckere Mahlzeit seinen Gästen vorsetzen. B) = reich, wohlhabend, accedes siccus ad unctum. C) von der Rede, fein, zierlich, oratio.

Uncus, i, m. [verw. mit ὄγκος] der Haken, Widerhaken; proverb. decutere u. = eine Gefahr vermeiden.

Uncus, adj. (Poet. u. Spät.) eingebogen, gekrümmt, aratrum, cornu; aera uu. die Angel.

Unda, ae, f. 1) die Welle, Woge, u. maris. 2) (Poet.) überhaupt Wasser: uu. = das Meer. 3) (Poet.) uneigentl. von wellenförmigen Gegenständen, agere uu. vom Rauche, uu. aëriae die Luft. 4) trop. A) = die wogende und unruhige Menge oder abstr. das wogende und unruhige Treiben, der „Strom", die Menge, der Schwarm: uu. comitiorum; uu. curarum; uu. rerum adversae die Wogen des Mißgeschicks; civiles uu. das unruhige Treiben, die vielfachen Unruhen des bürgerlichen Lebens. B) (Poet.) ein „Strom" von anderen Sachen, z. B. uu. aetheriae die Luft.

Unde, adv. relat. u. interr. von wo her, woher, zuerst vom Raume (inde venit u. mallem; u. is? u. gentium von wo her in aller Welt?), dann zur Bezeichnung eines Ursprungs, einer Ursache u. s. w. So häufig mit Beziehung auf ein Substantiv oder Pronomen statt des pron. relat. mit einer Präposition (a, de, ex): locus u. venit; is u. petitur der Verklagte; omnes u. petitur alle Schuldner; vix id reliquit u. efferretur woher man die Kosten für sein Leichenbegängniß nehmen konnte; u. jus stat auf dessen Seite das Recht ist, u. victoria est bei wem der Sieg ist.

Undēcentēsĭmus, adj. num. ord. [undecentum] (Spät.) der neunundneunzigste.

*****Un-dē-centum**, adj. num. card. (Spät.) neunundneunzig.

Undĕcim, adj. num. card. [unus-decem] eilf.

Undĕcĭmus, adj. num. ord. [undecim] der eilfte.

Undē-cunque, adv. (Vorklass. u. Spät.) woher auch immer: u. inceperis.

Undēni, ae, a, adj. num. distr. [undecim] je eilf.

*****Undēnōnāgēsĭmus**, adj. num. ord. [undenonaginta] (Spät.) der neunundachtzigste.

*****Un-dē-nōnāginta**, adj. num. card. neunundachtzig.

*****Un-de-octōginta**, adj. num. card. (Poet.) neunundsiebzig.

*****Undēquadrāgēsĭmus**, adj. num. ord. [undequadraginta] (Spät.) der neunundreißigste.

*****Un-dē-quadrāginta**, adj. num. card. neunundreißig.

Undēquinquāgēsimus, *adj. num. ord.* [undequinquaginta] der neunundvierzigste.

Un-dē-quinquāginta, *adj. num. card.* neunundvierzig.

Un-dē-sexāginta, *adj. num. card.* neunundfunfzig.

Undētrīcēsimus od. **Undētrīgēsimus**, *adj. num. ord.* [undetriginta] der neunundzwanzigste.

Unde-unde, *adv.* = undecunque.

*Undēvīcēni, ae, a, *adj. num. distr.* [undeviginti] (Spät.) je neunzehn.

Undēvīcēsimus, *adj. num. ord.* [undeviginti] der neunzehnte.

Un-dē-vīginti, *adj. num. card.* neunzehn.

Undique, *adv.* [unde-que = cunque] von überall her, von allen Seiten oder Orten; amens u. dicitur von allen Leuten.

Undisŏnus, *adj.* [unda-sonus] (Poët.) „wellenrauschend", dii uu. = die Meergötter.

Undo, 1. [unda] *intrans.* (Poët. u. Spät.) wallen, wogen, fretum; ahenum u. der Kessel mit siedendem Wasser. Hiervon *trop.* = sich wellenförmig bewegen, erheben: fumus u., Aetna (der Rauch vom Aetna), habenae undantes schlaff; chlamys u. (im Winde).

Undōsus, *adj.* [undo] (Poët.) wellenreich, wallend.

Unelli, *ōrum*, *m. pl.* Völkerschaft in Gallia Lugdunensis.

Un-et-vīcēsimāni, *ōrum*, *m. pl.* [unetvicesimus] (Spät.) die Soldaten der einundzwanzigsten Legion.

Un-et-vīcēsimus, *adj. num. ord.* (Spät.) der einundzwanzigste.

Ungo (**Unguo**), nxi, notum, 3. salben, bestreichen, beschmieren, aliquem unguentis; insbes. vom Salben des Haares, der Leichname; u. caules oleo; arma uncta cruoribus benetzt, beschmutzt; *trop.* quem gloria supra vires ungit der aus Eitelkeit sich über sein Vermögen putzt.

Unguen, inis, *n.* [ungo] (Poët.) = unguentum.

Unguentārius, *adj.* [unguentum] zur Salbe gehörig. Salben-, vas. Meist *subst.* A) -ius, ii, *m.* der Salbenhändler. B) (Vorklass.) -ia, ae, *f.* (sc. ars) die Kunst, Salbe zu bereiten, facere u. die Kunst — treiben. *C) (Spät.) -ium, ii, *n.* (sc. argentum) das Salbengeld.

Unguentātus, *adj.* [ungpentum] (Poët. u. Spät.) gesalbt, mit Salbe versehen.

Unguentum, i, *n.* [ungo] die Salbe, das Salböl.

Unguicŭlus, i, *m. deminut.* von unguis.

Unguis, is, *m.* der Nagel an dem Finger oder der Zehe der Menschen, die Klaue, Kralle der Thiere (vgl. ungula); ponere (resecare) uu. die Nägel abschneiden, mordere uu. (vor Verdruß oder Reue) in die Nägel beißen. Häufig *proverb.* a) ab (imis) uu. usque ad (summum) verticem vom Kopf bis auf die Zehe. b) a (de) tenero u. ober a teneris unguiculis von der ersten Kindheit an. c) ad (in) unguem (resectum) bis auf die Nagelprobe (ein von den Bildhauern entlehnter Ausdruck, welche mit dem Nagel die Glätte ihrer Arbeit prüften) = aufs Genaueste, bis aufs Haar. d) unguem transversum (latum) discedere, excedere (bisweilen fehlt das Verbum) = einen Querfinger breit. e) medium u. ostendere den Mittelfinger zeigen = Jmd. aufs Aergste verhöhnen.

Ungŭla, ae, *f.* [unguis] der Huf, equi, auch (Poët.) die Klaue, Kralle; (Poët.) = Pferd, u. rapit currum. Hiervon *trop.* a) omnibus uu. aus allen Kräften. b) (Com.) injicere ungulas rei alicui Etwas stehlen.

Unicē, *adv.* (ū) [unicus] einzig, vorzüglich, außerordentlich.

*Uni-oŏlor, ōris, *adj.* (ū) (Poët. u. Spät.) einfarbig.

Unicus, *adj.* (ū) [unus] 1) einzig = alleinig, filius; amare maritum u. seinen Ehemann allein; verstärkt u. sola res. 2) einzig in seiner Art = vorzüglich, ausgezeichnet, imperator, fides, liberalitas. 3) (Poët.) vorzüglich theuer, geliebt, alicui.

Uniformis, e, *adj.* (ū) [unus-forma] (Spät.) einförmig.

Unigĕna, ae, *adj.* (ū) [unus-geno] 1) eingeboren, einzig, deus mundum hunc singularem atque u. procreavit. 2) (Poët.) von einerlei Geburt, *subst.* = Bruder oder Schwester.

Uni-mănus, *adj.* (ū) einhändig.

Unio, 4. (ū) [unus] (Spät.) vereinigen, corpora.

Unio, ōnis, *m.* (ū) [unus] eine einzelne große Perle.

Unitas, ātis, *f.* (ū) [unus] (Spät.) 1) die Einheit. 2) A) die Einheit in der Beschaffenheit, die Gleichheit. B) die Einheit in der Gesinnung, Einigkeit.

Unitĕr, *adv.* (ū) [unus] (Lucr.) zu Einem, in Eins verbunden.

Unius-modi als *adj. indecl.* von einerlei Art, wird richtiger getrennt geschrieben.

Universālis, e, *adj.* (ū) [universus] (Spät.) allgemein = ohne Beziehung auf das Einzelne zur Gesammtheit gehörig, praeceptum, quaestio.

Universē, *adv.* (ū) [universus] im Allgemeinen = ohne Beziehung auf das Einzelne.

Universitas, ātis, *f.* (ū) [universus] die Gesammtheit, generis humani; u. rerum oder bloß u. das Weltall, die Welt.

Universus, *adj.* (ū) [unus-verto] eigtl. in Eins gekehrt, in eine Einheit zusammengefaßt, 1) *sing.* A) sämmtlich, ganz, mundus, Europa, vita; u. eventus belli der Ausgang des ganzen Krieges, u. dimicatio, pugna ein entscheidender Kampf; u. triduum ganze drei Tage. Insbes. *subst.* -sum, i, *n.* das Weltall. B) das Ganze betreffend, allgemein, natura, odium gemeinschaftlich, pugna an welchem Alle Theil nehmen, requies, periculum; (selten) in universum adverbial im Allgemeinen, überhaupt. 2) *plur.* alle (zusammen, im Gegensatze zu Einzelnen oder Zerstreuten), sämmtliche: universi tela conjiciunt; universos pares esse dicebat wenn sie zusammen (vereinigt) wären.

Un-ŏcŭlus, *adj.* (ū) (Vorklass.) einäugig.

Unŏmammia, ae, *f.* (ū) [unus-mamma] (Pl.) „das Einbrustland", scherzhaft erdichteter

Name eines Landes mit Anspielung auf die (einbrüstigen) Amazonen.

Unquam, *adv.* [unum-quam] irgend einmal, je, jemals, bes. in negativen, fragenden und hypothetischen Sätzen: nec u. und niemals; semel u. ein einziges Mal: is praestat omnibus qui u. fuerunt.

Unus (*genit.* -ius, *dat.* -i), *adj.* (ū) 1) Ein; Einer, Eine, Ein (Eines): u. vallis, una castra; u. de illis; u. ex (de) multis, selten u. multorum = Einer vom großen Haufen, ein gewöhnlicher Mensch; u. aliquis ein einzelner, Jemand; u. et vicesimus der einundzwanzigste; uno plus Etruscorum occidisse um einen Mann mehr; in u. locum cogere copias; in unum confluere an einen Ort. Insbef. A) mit folgendem alter (seltener alius): una ex parte — altera ex parte von der einen — der anderen Seite; unum, alterum, tertium annum. B) = ein und derselbe, der nämliche, uno animo, unum sentire; una aetas iis erat. 2) Einer = einziger, allein: hoc in una virtute positum est beruht auf der Tugend allein; unum hoc scio tiefes allein; excipiunt unam iracundiam; in uu. aedibus in einem einzigen Hause; sequere me tres unos passus nur drei Schritte. Insbef. verstärkend bei Superlativen, mit und ohne omnium: u. doctissimus der allergelehrteste; rem esse unam omnium difficillimam die allerschwierigste. So auch u. salus die alleinige; nemo u. nicht ein einziger. 3) *indef.* ein = irgend ein, jemand: sicut u. paterfamilias loquor; eum ut judicem u. vereri debemus. Hiervon quilibet oder quivis u. Jemand wer es immer sei; unus alterque, u. et alter der eine und der andere, etliche. 4) Insbef. *abl. sing. f.* **Unā,** *adv.* zusammen, an Einem Orte (vgl. simul), u. esse; u. venire; verbunden mit simul: simul bibere u.; u. cum und (Poet.) u. alicui mit Jmd. zugleich.

Unus-quisque etc., *pron. indef.* jeder einzelne, wird jetzt gew. getrennt geschrieben.

Upīlio, ōnis, m. (ū) = opilio.

Upūpa, ae, *f.* (ū) 1) der Wiedehopf. 2) die Hacke (zum Graben).

Urănia, ae, *f.* (ū) [Οὐρανία] die Himmlische, die Muse der Astronomie.

Urbāne, *adv.* mit comp. u. sup. [urbanus] städtisch, *trop.* 1) fein, artig. 2) von der Rede, witzig, fein, ridera aliquem.

Urbānĭtas, ātis, *f.* [urbanus] 1) das Stadtleben, desiderium urbanitatis. 2) *trop.* A) im guten Sinne, a) die feine Bildung, das feine Benehmen, der feine Ton, Humanität und Bildung in Benehmen und Rede. b) insbef. die Feinheit im Reden, α) = die correcte und elegante Aussprache und Ausdrucksweise; β) = der feine Witz und Scherz. *B) in üblem Sinne, die Schlauheit.

Urbānus, *adj.* mit comp. u. sup. [urbs] 1) städtisch, in der Stadt wohnend oder doch lebend, zur Stadt gehörig, Stadt=, opes, artes, vita; competitores uu.; u. tribus, praetor, praedium (siehe diese Wörter); u. administratio reipublicae die Verwaltung in der Stadt. 2) im Gegensatze zu rusticus, A) in gutem Sinne, fein, gebildet, geschmackvoll, homo;

insbef. von der Rede, a) fein, gewählt, genus dicendi, oratio; recinit urbanius quiddam. β) witzig, geistreich, lepidus et u. B) in üblem Sinne zur Bezeichnung der Dreistigkeit oder gar Unverschämtheit (weil die Städter weniger furchtsam und blöde im Benehmen zu sein pflegen als die Landleute), frons u.

*****Urbĭcăpus,** i, *m.* [urbs-capio] (*Pl.*) der Städteeinnehmer.

Urbĭcus, *adj.* [urbs] (Spät.) = urbanus.

Urbĭgĕnus pagus, ein Bezirk in Helvetien, vielleicht das heutige Waadtland.

Urbīnum, i, *n.* Stadt in Umbrien, jetzt Urbino. Davon **-ĭnas,** ātis, *adj.*

Urbs, bis, *f.* [nach Einigen von orbis = die Ringmauer] die Stadt; u. Romana die Stadt Rom, (Poet.) u. Palatii die Stadt P. Hiervon A) häufig insbef. = die Stadt Rom: esse ad u. (siehe Ad 1. C. a.). B) (Poet.) = die Einwohner der Stadt: urbs vino somnoque sepulta.

Urcĕus, i, *m.* der irdene Krug, Wasserkrug.

Urēdo, ĭnis, *f.* (ū) [uro] der Brand an Gewächsen, bes. Getreide.

Urgeo (urgueo), ursi, — 2. 1) drängen, drängend fortstoßen, treiben, stoßen: unda u. undam; u. naves in Syrtes; absol. hostes uu. bringen ein; uu. inter se fie drängen einander; *trop.* nihil me urget Nichts drängt mich = es hat keine Eile. 2) *trop.* A) belästigen, plagen, hart zusetzen, beschweren, drücken: u. ancillas laboribus; morbus eum u.; fames me u.; sitis u. aliquem fame; invidia me u. verfolgt mich. Insbef. a) in der Rede hart zusetzen, mit Gründen in die Enge treiben, u. aliquem interrogando, versibus suis. b) mit Bitten, Vorstellungen u. dergl. bestürmen, instare atque u. B) Etwas unaufhörlich erwähnen, immer von Etwas sprechen, aliquid. Insbef. a) = stets anführen, auf Etwas sich berufen, u. jus im Gegensatze zu u. aequitatem. b) (Poet.) u. aliquem flebilibus modis unaufhörlich Jmd. beweinen, seinen Tod beklagen. C) durch seine Nähe gleichsam drücken = an Etwas anstoßen, sehr nahe sein, vallem; u. et premere urbem alia urbe eine Stadt in der unmittelbaren Nähe einer anderen anlegen. 3) Etwas mit Eifer betreiben, sich mit Etwas anstrengen u. dergl. — b) opus, arva eifrig bearbeiten, iter beschleunigen; u. vestem schleunig verfertigen, u. orationem eifrig reden, vocem seine Stimme anstrengen; u. forum sich immer auf dem Markte aufhalten; u. occasionem begierig ergreifen, proposito bei seinem Vorsatze beharren.

Urna, ae, *f.* (ū) der Hafen, Urn.

Urīnātor, ōris, *m.* (ū) [urinor] der Taucher.

Urīnor, *depon.* 1. (ū) (Spät.) unter das Wasser tauchen.

Urna, ae, *f.* 1) ein Geschirr zum Wasserschöpfen, Wasserkrug. 2) überhaupt der Topf, Krug, die Urne: A) häufig zum Hineinwerfen der Stimmtäfelchen (bei der Abstimmung in den Comitien) oder der Loose (bei einer Loosung), der Loostopf. Hiervon oft von der Schicksalsurne (Urne mit Loosen, durch welche das Geschick der einzelnen Personen bestimmt wurde), welche bei den alten Dichtern theils dem Jupiter, theils den Parzen zugetheilt wurde: omnium versatur urnā sors exitura; omne nomen movet urna. B) zum Aufbewahren der Asche der Verstorbenen, der Aschenkrug. C) ein Geldtopf. 3) ein Maaß für Flüssigkeiten = eine halbe amphora, vier congii oder vierundzwanzig sextarii.

Uro, ussi, ustum, 3. (ü) 1) brennen, ignis, sol u.; uri calore, sole. Insbef. A) = verbrennen, brennend verzehren, aroem, mortuum. B) in der Kunstsprache, a) = durch Einbrennen (enkaustisch) malen, = tabulam coloribus. b) = durch Einbrennen anbringen, puppis picta ustis coloribus. 2) A) von Allem, was eine Wirkung hat oder ein Gefühl erregt, welches dem durch das Brennen erzeugten ähnlich ist: a) sitis, febris u. aliquem. b) = austrocknen, ausdorren, versengen, sol u. agros. c) durch starkes Reiben mit einem brennenden schmerzlichen Gefühl erfüllen, abreiben, wund machen, calceus u. pedem. d) lorica u. lacertos, uri loris von Jmb., der gepeitscht wird. e) zur Liebe oder überhaupt zu einer Leidenschaft entzünden, entflammen, Glycerae nitor me urit; uri von Liebe glühen, in aliqua in ein Weib verliebt sein, sivi quid urimur oder ich von irgend einer Liebe entbrannt sein. B) beunruhigen, belästigen, beschweren, heimsuchen, labor u. eum, bellum u. Italiam. C) verwüsten, zerstören, agros; pestilentia u. urbem entvölkert.

Ursa, ae, f. [ursus] 1) die Bärin; (Poet.) = Bär überhaupt. 2) meton. als Sternbild des nördlichen Himmels, der große und der kleine Bär, siehe Arctos.

Ursus, i, m. der Bär.

Urtica, ae, f. [verw. mit uro] die Nessel, Brennnessel; (bisweilen Nahrungsmittel armer Leute).

Urus, i, m. (ü) (celtisches Wort) der Auerochse.

Usipetes, tum, ob. -pii, örum, m. pl. germanischer Volksstamm im nordwestlichen Deutschland.

Usitāte, adv. mit comp. (ü) [usitatus] auf gewöhnliche Weise.

Usitātus, adj. mit comp. und sup. (ü) [usitor] gebräuchlich, gewöhnlich, üblich.

Uspiam, adv. irgendwo: u. in istis locis in jener Gegend. Hiervon trop. (Pl.) in irgend einer Angelegenheit.

Usquam, adv. 1) irgendwo, bef. in negativen, fragenden und hypothetischen Sätzen: nullus ei u. est locus. Hiervon trop. in irgend einer Angelegenheit, bei irgend einer Gelegenheit: non est u. consilio locus; nihil u. facere adversus magistratum. 2) irgendwohin, nec u. discedebam.

Usque, adv. 1) eigtl. von der Zeit, in Einem fort, stets, beständig, fortwährend (bis auf einen gewissen Zeitpunct, vgl. semper): eamus u. cantantes; defessus sum u. verberando. Häufig mit Angabe der Zeit, bis zu welcher oder von welcher ab Etwas geschieht, dauert u. s. w., mit den Präpositionen ad (in) oder ab = bis: u. ad extremum vitae spatium; u. ab heroicis temporibus. 2) vom Orte,

bei Angabe des Punctes, bis zu welchem ob. von welchem aus Etwas sich bewegt, = ganz, gerade u. dergl., bis; gewöhnlich mit Hinzufügung der Präpositionen ad (in) oder ab: u. ad Sinopen navigare; legatos ad eum misero u. in Pamphyliam; trans Alpes u.; u. a mari supero, u. istinc, u. illo (von da, dorthin). Bei Städtenamen muß natürlich die Präposition fehlen, proficisci u. Romam; bei Poet. u. Spät. steht u. auch mit anderen Substantiven wie eine praep. mit accus. verbunden: u. terminos bis an die Grenzen; ab eo sidere u. Jovem. Hiervon A) trop. bei Angabe des Zielpunctes im Grade oder Maaße, u. ad mortem. B) u. adeo ob. u. eo, a) in dem Grade, so sehr: u. eo nova erant illa. b) = so lange, mit folgendem donec, dum, quoad (bis), selten antequam (ehe).

Usquē-quāque, adv. auch getrennt geschrieben, (Poet. u. Spät.) 1) überall. 2) zu jeder Zeit. 3) bei jeder Gelegenheit, in jeder Sache.

Ustica, ae, f. kleiner Hügel im Sabinerlande, in der Nähe des Landgutes des Horaz.

Ustor, öris, m. [uro] der Verbrenner der Leichen.

Ustŭlo, 1. [uro] (Poet. u. Spät.) verbrennen, rem.

Usū-căpio etc., 3. (ü) durch den eine bestimmte Zeit hindurch fortgesetzten und unbestrittenen Besitz und Gebrauch eines Gegenstandes ein Eigenthumsrecht an diesem erwerben, Etwas durch Verjährung erwerben.

Usūcăpio, ōnis, f. (ü) [usus-capio] die Ersetzung, das durch Verjährung erlangte Eigenthumsrecht.

*Usū-făcio etc., (Pl.) = usucapio.

Usūra, ae, f. (ü) [utor] 1) der Gebrauch einer Sache auf gewisse Zeit, die Nutzung, der Genuß: u. hujus loci; natura dedit u. hujus vitae, nulla praestituta die; u. unius horae, longi temporis Frist. Insbef. = die Benutzung eines geliehenen Capitals: juvare aliquem usurā. 2) die Zinsen eines ausgeliehenen Capitals (vergl. fenus): accipere, pendere u.; perscribere u. Geld gegen Obligation u. Zinsen ausleihen; multiplicare u. Zinsen auf Zinsen rechnen.

Usūrārius, adj. (ü) [usura] (Vorklaff. u. Spät.) 1) zur Benutzung, zum Gebrauche dienend. 2) zu den Zinsen gehörig, verzinst, aera.

Usurpātio, ōnis, f. (ü) [usurpo] der häufige Gebrauch, die Benutzung einer Sache, doctrina, vocis; ad u. vetustatis um eine alte Sitte zu behalten; u. itineris Unternehmung; u. civitatis Erwähnung (siehe usurpo B.).

Usurpo, 1. (ü) [usui-rapio zum Gebrauch an sich ziehen] gebrauchen, von Etwas Gebrauch machen, es benutzen, anwenden: A) in der That: u. poenam, consolationem; u. jus geltend machen, u. libertatem in Ausübung bringen, officium ausüben; u. hereditatem empfangen, antreten; u. vestem gebrauchen; pedibus u. terram betreten. Hiervon (Spät.) particip. im neutr. sing. usurpatum das Gewöhnliche. Insbef. = durch die Sinne von Etwas Gebrauch machen, es empfinden, u. aliquid sensibus; u. aliquid oculis sehen; aures us-

sonitum. B) in Worten, a) = erwähnen, u. aliquid dictis, sermonibus; n. memoriam rei alicujus eine Sache wieder erwähnen, aufs Tapet bringen. b) Jmd. oder Etwas irgendwie nennen, aliquem sapientem.

Usus, us, m. (ū) [utor] 1) der **Gebrauch,** die Benutzung, rei alicujus; u. privatus, u. publicus; habere aliquem in usu (Spät.) Jmd. zu irgend einem Zwecke benutzen; res est in usu ist gebräuchlich, wird gebraucht. Hiervon = die Ausübung, virtutis, artis; habere aliquid in usu Etwas ausüben; (Poet.) natus in usum laetitiae zum Genuß der Freude. 2) die Uebung, Praxis, Erfahrung: u. rerum nauticarum im Seewesen, habere u. in castris; usus est magister optimus; communis u. Sitte und Gebrauch. Hiervon usu venit = es geschieht, ereignet sich, begegnet: quid homini potest turpius u. venire! mihi u. venturum non arbitrabar ut etc. Auch getrennt: non venit idem usu mihi quod tibi. 3) die Brauchbarkeit, der Nutzen, Vortheil: afferre magnos uu. ad navigia facienda; insbef. usui oder ex usu est ist nützlich, esse alicui magno usui Jmd. großen Nutzen gewähren. 4) das Bedürfniß, das Nöthige: expetuntur divitiae ad usus vitae necessarios; quae belli usus poscunt; supplere u. provinciae; usus venit es entsteht im Bedürfniß, auch u. venit re aliqua Etwas wird nöthig. So bes. (meist Vorklaff.) usus est (= opus est) es ist nöthig: navibus ei u. erat et brauchte Schiffe, u. est dicto es muß geredet werden; *(Pl.) u. est hominem astutum man hat einen schlauen Menschen nöthig. 5) der gesellige Verkehr mit Menschen, Umgang, domesticus u., familiaris u.; in tanto nostro u.

Usus-fructus, us, m. (ū) (auch getrennt u. fructusque, u. et fructus), der Nießbrauch einer Sache, omnium bonorum.

Ut oder **Uti** (ū), 1. *adv.* **wie,** 1) fragend: ut vales? videte ut iste hoc correxerit. So auch im Ausrufe: ut ille tum demissus erat! 2) relativ, **wie,** in welcher Art, auf welche Weise: A) überhaupt, perge ut instituisti. Bes. in Zwischensätzen, wo man auf eine Aussage, Autorität, ein Zeugniß u. dergl. verweist: ut demens, ut isti putant; haec civitas Rhenum, ut supra demonstravimus, tangit. B) bei Vergleichungen häufig mit ita, sic u. dergl. correspondirend: uti initium, sic finis est; ut ex nimia potentia principum oritur interitus principum, sic etc. Insbef. a) wenn zwei Begriffe neben einander gestellt werden α) als gleichbedeutend, = sowohl — als auch: ut cum Titanis, ita cum Gigantibus. β) mit dem Begriffe eines Gegensatzes, so daß der eine neben dem anderen eingeräumt wird, = wenn auch — aber doch: haec omnia ut invitis ita non adversantibus patriciis transacta zwar gegen den Willen der Patricier, aber doch ohne Widerstand von ihrer Seite. b) mit *sup.* und quisque nebst folgendem ita oder sic = je — desto: ut quisque est vir optimus, ita difficillime alios esse improbos suspicatur. c) ut blandissime potest auf das Schmeichelhafteste; amat ut qui maxime er liebt sehr heftig; ut plurimum meistens; domus celebratur ut quum maxime (*sc.* celebratur) am

allermeisten. d) ut si etc. als wenn u. s. w. C) zur Angabe eines Grundes oder einer Erläuterung, als, häufig mit einem *pron. rel.* verbunden: Fidenates ut qui coloni additi Romanis essent, Latine sciebant (als Leute, die = weil sie); Diogenes liberius, ut Cynicus, locutus est; horret onus ut parvo corpore majus; auch mit einem selbstständigen Satze, = nämlich wie, wie einmal: ajunt hominem, ut erat furiosus, respondisse etc.; permulta colligit Chr., ut est in omni historia curiosus. Insbef. so bei Bezeichnung des Maaßstabes und Verhältnisses, wonach Etwas gemessen und beurtheilt werden muß: multae, ut in homine Romano, literae in eo fuerunt für einen Römer besaß er viele Belesenheit; Clisthenes eloquentissimus, ut pro illis temporibus, fuit nach den Verhältnissen jener Zeiten, insofern Jmd. es damals sein konnte. D) zur Angabe von Beispielen, wie: eadem mente res dissimillimas comprehendimus, ut colorem, saporem, calorem. E) zur Angabe von Zeitverhältnissen, a) sobald als, wie, als: ut huc venit; häufig verstärkt durch primum. b) wie = eben als, gerade als: ut numerabatur pecunia, venit frater.

II. *conj.* 1) in Absichtsätzen, **daß, damit,** oft mit einem demonstrativen ideo, idcirco u. s. w. correspondirend. 2) in Folgesätzen, **daß,** mit und ohne ein vorhergehendes ita, sic, talis, tantus u. dergl. 3) in Wirkungsätzen (nach Ausdrücken, die eine Einwirkung irgend welcher Art auf das durch den folgenden Satz Ausgedrückte bezeichnen): facis ut plebs rursus sevocanda videatur; non committam ut tibi insanire videar; dixit ut filius ad se veniret; suadeo ut abeas, peto ut id facias; metuo ut veniat daß er nicht komme. Hiervon A) elliptisch (statt fac ut) gesetzt daß, wenn auch: ut desint vires, tamen est laudanda voluntas. B) in leidenschaftlichen Fragen und Ausrufen (wo eigtl. ein vorangehender Satz supplirt werden muß): te ut ulla res frangat (supplirt flerine potest ob. dergl.) daß dich irgend Etwas beugen sollte? me ut ille etiam derideat daß er mich noch verspotten soll! C) elliptisch zum Ausdrucke eines Wunsches, daß doch.

Ut-cunque, *adv.* 1) wie nur auch, auf welche Weise immer: orator u. se affectum videri volet, ita etc. 2).(Poet.) wenn nur, sobald nur: u. mecum eritis.

Utensilis, e, *adj.* (ū) [uter] brauchbar, und als *subst.* mit *neutr. plur.* -lia, Zum, gebräuchliche, brauchbare Dinge = Hausgeräthe oder Lebensmittel.

*****Utentior,** ōris, *adj.* im *comp.* (ū) [*particip.* von utor] Mehr gebrauchend (ausgehend).

Uter, tris, m. (ū) der **Schlauch,** vini voll Weins; *trop.* = ein eitler Mensch.

Uter, tra, trum, *adj.* (ū) 1) fragend, welcher von beiden, wer von zweien: u. nostrum popularis est? quaeritur uter utri insidias fecerit; von Mehreren im *plur.*, utros libros habueris an utrosque, nescio (zwei Sammlungen von Büchern). 2) *indef.* (selten) einer von beiden, einer immer von beiden (= alteruter): si uter volet; si in una tabula sint duo naufragi iique sapientes, sibine uter rapiat an etc.?

Uter-cunque, utrăc., utrumc. *pron.* (ŭ) 1) *relat.* wer immer von beiden: u. vicerit. 2) (Spät.) *indef.* jeder von beiden: u. modo sequetur summa confusio.

Uter-lĭbet, utrāl., utruml. *pron. indef.* (ŭ) wer von beiden beliebt, wer von beiden es sei, jeder von beiden: utramlibet elige; fingamus utramlibet non recte dictum; quae non dicerem, si utramlibet esset liberum.

Uter-que, utrăque, utrumque, *pron. indef.* (ŭ) eigtl. jeder von beiden, daher = beide (jeden einzelnen für sich gedacht und getrennt, daher das Prädicat wie das *pron.* im *sing.*; vgl. ambo): u. manus beide Hände, u. frater mortuus est beide Brüder sind todt; tu mihi videris utramque facturus beides; u. nostrum wir beide, u. horum occidit beide diese stelen; (sehr selten) uterque eorum exercitum educunt u. dergl. Im *plur.* steht es A) wo auf jeder Seite Mehrere sind, also von zwei Parteien, Secten, Sammlungen u. dergl. die Rede ist: quoniam utrique (die Peripatetiker und wir Academiker) Socratici et Platonici esse volumus; cognoscere quid boni utrisque (den Feinden und den Seinigen) aut contra esset. B) (selten) von zwei Einzelheiten, meist wo der Begriff eines paarweisen Zusammengehörens hinzukömmt: quum salutem utrisque (d. h. fratribus) dederis; illa utrosque (patrem et aviam) intuens; binos scyphos habebam, utrosque proferri jussi.

Utĕrus, i, *m.* (ŭ) 1) der Mutterleib, die Gebärmutter. Hiervon gerere u. = schwanger sein. 2) (Poet.) der Bauch, insbes. der hohle Bauch des trojanischen hölzernen Pferdes.

Uter-vis, utrăvis, utrumvis, *pron. indef.* (ŭ) wen von beiden du willst, es sei wer es wolle von beiden, einer von beiden: u. vestrum; *proverb.* dormire in u. aurem (oculum) = ganz unbekümmert sein.

Uti, siehe Ut.

Utĭbĭlis, e, *adj.* (ŭ) [utor] (Vortklass.) = utilis.

Utĭca, ae, *f.* (ŭ) Stadt in Africa, wo Cato sich nach der Schlacht bei Thapsus tödtete. Davon **-censis**, e, *adj.* bes. Cato U.

Utĭlis, e, *adj.* mit *comp.* u. *sup.* (ŭ) [utor] 1) brauchbar, tauglich: calamus u. fistulis; membrum u. das man bewegen kann; utilia operi Sachen, die zu den Belagerungswerken gebraucht werden konnten, lignum u. navigiis; (Poet.) radix u. medendi als Heilmittel brauchbar, u. aspirare choris brauchbar zum Begleiter der Tanzchöre. 2) häufig nützlich, zuträglich, dienlich: res omnibus u. für Alle; u. rei alicui und ad rem aliquam zu Etwas.

Utĭlĭtas, ātis, *f.* (ŭ) [utilis] die Nützlichkeit, der Nutzen, Vortheil: ea res habet u. ist nützlich; cognosces u. meam vie nützlich ich sein kann, dagegen u. belli was im Kriege nützlich ist; multas uu. mihi praebuit viele nützliche Dienste, ebenso uu. tuae der Nutzen, den du bei mehreren Gelegenheiten mir gewährst.

Utĭlĭter, *adv.* mit *comp.* u. *sup.* (ŭ) [utilis] nützlich, zum Nutzen, mit Nutzen.

Utĭ-nam, *conj.* (ŭ) Partikel des Wunsches, daß doch, wenn doch: u. promissa liceret non dare! u. ne daß doch nicht, möchte doch nicht.

Utĭ-que, *adv.* (ŭ) wie nur immer = jedenfalls, schlechterdings, durchaus: illud scire u. cupio; nisi alterum consulem u. ex plebe fieri necesse esset; u. postridie wenigstens; commota est plebs, u. postquam etc. besonders (wenn nicht früher, so doch jedenfalls), nachdem u. s. w.; si u. vellent wenn sie durchaus wollten.

Utor, ūsus, *depon.* 3. (ū) 1) Etwas gebrauchen, benutzen, sich einer Sache bedienen: u. bonis suis, armis, equis, speculo; u. tali oratione halten, führen, silentio beobachten, consolatione anwenden, celeritate zeigen; condicione, pace annehmen; u. oraculo befragen, honore bekleiden. Insbes. A) (fast = fruor, doch so, daß utor die bloße Handlung des Gebrauches, fruor das angenehme Gefühl dieses Gebrauches bezeichnet) genießen, lautа lacte, cibo. Hiervon (Com.) = von Etwas leben, dare alicui unde utatur. B) bisweilen kann es durch haben übersetzt werden (doch von haben verschieden, indem dieses nur den Besitz objectiv, an und für sich, bezeichnet, utor dagegen subjectiv, von einem angiebt, von welcher Beschaffenheit der Gegenstand für den Besitzer ist oder erscheint, deshalb immer mit einem *adj.*): me facili utetur patre er soll an mir einen nachsichtigen Vater haben; u. valetudine non bona nicht gesund sein; proeliis secundis uti in den Schlachten das Glück mit sich haben, siegreiche Treffen liefern; illis melioribus civibus uteremur wir würden an ihnen bessere Bürger haben. (NB. Vorklass. auch u. aliquid; gut klassisch ist *gerund.* utendus was zu gebrauchen ist.) 2) u. aliquo A) mit Jmd. (freundschaftlich) verkehren, Umgang haben: u. aliquo familiariter, multum. B) Jmd. auf irgend eine Weise behandeln, illis victis sic; (Com.) u. se sich gütlich thun.

Ut-pŏte, *adv.* zur stärkeren Hervorhebung des causalen Begriffes, nämlich, meist vor *pron. relat.* mit folgendem Conjunctiv; auch u. quum.

*****Utrĭcŭlārĭus**, ii, *m.* (ū) [utriculus, *deminut.* von uter, utris] (Spät.) der Sackpfeifer.

Utrinque, *adv.* [uterque] 1) von (auf) beiden Seiten; nobilis u. von väterlicher und mütterlicher Seite; remotus u. von beiden; multis u. interfectis in beiden Herren. 2) (Lucr.) verbunden mit secus = auf beiden Seiten.

Utro, *adv.* [uter] (Poet. u. Spät.) nach welcher von beiden Seiten?

Utrŏbi ob. **Utrŭbi**, *adv.* [uter-ubi] (Pl.) auf welcher von beiden Seiten.

*****Utrŏbī-dem**, *adv.* (Pl.) auf jeder von beiden Seiten, beiderseits.

Utrŏbī-que, *adv.* auf (jeder von) beiden Seiten; *trop.* bei beiden, in beiden Fällen: u. plus valuit = sowohl zu Lande als zu Wasser; pavor est u. molestus; u. inimicos habebam bei beiden Parteien.

*****Utrŏ-lĭbet**, *adv.* (Spät.) nach einer von beiden Seiten.

Utrōque, *adv.* [uterque] nach beiden Seiten, -Richtungen; mit versum verbunden (auch als Ein Wort geschrieben) = nach beiden Richtungen hin, *trop.* dicere in doppeltem Sinne.

Utrum, *adv.* [*neutr.* des *pron.* uter] Fragewort in disjunctiven Frage- u. Zweifelsätzen: A) in directen Fragen wird es gewöhnlich nicht übersetzt: u. haec vestra an nostra culpa est ist die Schuld hierin euer oder unser? Es wird durch Anhängung der Partikel nam oder ne verstärkt. B) in abhängigen Sätzen, ob (correspondirend mit an oder): multum interest, u. laus imminuatur an salus deseratur. *C) (Poet.) u. — an = sive — sive: u. nave feras magnas an parva, ferar unus et idem.

Ut-ut, *adv.* = utcunque.

Uva, ae, *f.* (ū) die Traube, traubenförmige Frucht eines Gewächses, z. B. u. lauri, insbes. die Weintraube (vgl. racemus). Hiervon trop. A) der Wein, bibere u. B) = ein traubenförmiger Klumpen der Bienen, wenn sie sich an einen Baum od. dergl. anhängen.

Uvesco, — — 3. (ū) [verwandt mit uvidus] (Poet.) 1) feucht werden. *2) trop. zechen.

*****Ūvĭdŭlus**, *adj.* (ū) (Poet.) deminut. von udus.

Uvĭdus, *adj.* (ū) [vgl. udus] (Poet. und Spät.) feucht, naß, coelum, vestis, Tibur wohl bewässert; homo u. = betrunken.

Uxor, ōris, *f.* die Ehefrau, Gattin (ein weniger edles Wort als conjux); ducere aliquam u. ein Weib heirathen; (Poet.) uu. olentis mariti die Ziegen.

Uxŏrcŭla, ae, *f.* deminut. von uxor.

Uxōrius, *adj.* [uxor] zur Ehefrau gehörig, die Gattin betreffend: res u. der Ehestand und was dazu gehört (z. B. was die Mitgift betrifft): arbitrium rei u. Schiedsgericht (betreffend das Vermögen einer geschiedenen Frau); scherzhaft forma u. wie sie bei einer Frau erwünscht war = mittelmäßige; homo u. seiner Frau sehr od. zu sehr ergeben, von ihr beherrscht.

V.

Văcātio, ōnis, *f.* [vaco] 1) das Freisein-, Befreitsein von Etwas, v. publici muneris; v. a causis, insbes. v. militiae vom Kriegsdienste; dagegen v. aetatis, adolescentiae wegen des Alters, der Jugend, v. rerum gestarum wegen (seiner früheren) Thaten. 2) (Spät.) das Ablösungsgeld, Geld, das für die Befreiung vom Kriegsdienste bezahlt wird.

Vacca, ae, *f.* die (junge) Kuh.

Vacca, ae, *f.* Stadt in Numidien. Davon -censis, e, *adj. u. subst.* -es, ium, *m. pl.* die Einwohner von B.

Vaccĭnium, ii, *n.* eine Pflanze, nach Einigen der Rittersporn.

Vaccŭla, ae, *f. deminut.* von vacca.

*****Văcē-fīo** etc., [vacuus-fio] (Lucr.) intrans. leer werden.

Văcerra, ae, *f.* (Vorklass. und Spät.) der Pfahl, Klotz (auch trop. als Schimpfwort).

*****Văcerrōsus**, *adj.* [vacerra] ein vom August gebrauchtes Wort = blödsinnig.

Văcillātĭo, ōnis, *f.* [vacillo] (Spät.) das Wanken, Wackeln.

Văcillo, 1. wanken, wackeln, nicht fest stehen (mit Bezug auf den Oberkörper, dem es an gerader und sicherer Haltung gebricht; vergl. titubo): v. ex vino (von einem Betrunkenen, den der Rausch beschwert) trop. tota res v. steht auf schwachen Füßen, ebenso justitia, amicitia v.; v. in aere alieno seinen Schulden fast erliegen; epistola vacillantibus literis unregelmäßig und undeutlich (weil mit zitternder Hand) geschrieben.

*****Văcīve**, *adv.* [vacivus] (Phaedr.) müßig.

*****Văcīvĭtas**, ātis, *f.* [vacivus] (Vorklass.) = vacuitas, die Leere-, der Mangel an Etwas, cibi.

Văcīvus, *adj.* [vaco] (Vorklass.) = vacuus, leer an Etwas; v. virium kraftlos.

Văco, 1. leer-, ledig-, unbesetzt sein, domus v.; villa ita completa militibus erat, ut vix triclinium vacaret; agri vv. sind unbebaut, unbewohnt. Hiervon A) von Etwas frei, ledig sein, ohne Etwas sein, es nicht haben, entbehren u. dergl.: v. ab opere; v. culpā, molestiā, a metu; respublica v. milite et pecuniā hat weder Soldaten noch Geld; haec loca vv. a praesidiis hostium sind von feindlichen Truppen nicht besetzt; magnitudo animi si v. populo wenn — keine Zuschauer hat, sich den Augen der Leute nicht zeigen kann; v. studiis sich mit den Studien nicht abgeben; insbes. = von einer Leistung, Steuer frei sein, v. munere militiae, v. muneribus (ob. a m.). B) absol. frei-, ledig sein = Zeit haben, Muße haben: si vacabis; so v. alicui Zeit haben für Jmd., v. adire volentibus die eine Audienz Suchenden zulassen; philosophiae semper vaco für die Ph. habe ich immer Muße. Hiervon a) *impers.* vacat es ist Muße vorhanden, v. mihi (tibi, illi) ich (du, er) habe Muße: nobis venari nec vacat nec licet; non v. adesse ich habe nicht Muße mich einzufinden. b) von anderen Sachen ledig sein zu Gunsten einer Beschäftigung = einer Sache obliegen, sich mit ihr beschäftigen, huic uni negotio, libellis legendis. C) ledig-, herrenlos-, unbesetzt sein: regnum v., possessio Asiae v.: nullus locus philosophiae v. alle Systeme sind hier repräsentirt.

Văcŭē-făcĭo etc., 3. leer machen, subsellia, insulam, domum novis nuptiis (siehe vacuus); possessiones vacuefactae ledig geworden.

Văcŭĭtas, ātis, *f.* [vacuus] 1) das Freisein, Befreitsein von Etwas: v. doloris; v. ab angoribus. 2) (selten) das Ledigsein eines Amtes, die Vacanz.

Văcūna, ae, *f.* [vaco] eine sabinische Göttin der ländlichen Muße. Davon *-nālis, e, *adj.*

Văcŭo, 1. [vacuus] (Vorklass. und Spät.) = vacuefacio.

Văcŭus, *adj.* [vaco] leer (überhaupt, ohne daß die Leere schlechterdings als ein Mangel und Fehler betrachtet wird, vgl. vanus und inanis),

von Etwas entblößt, frei, ohne Etwas: loca vv.; locus v. a defensoribus, ab exercitu; v. curis, periculis, v. a culpa, ab odio, (selten) v. fragum, operum. Insbef. A) oppidum v. ohne Besatzung, equus ohne Reiter. B) = frei von Leistungen oder Abgaben, v. a tributis. C) ledig, unbesetzt, erledigt, herrenlos u. dergl., possessio regni, provincia (ohne Statthalter); venire in vacuum an ein erledigtes Besitzthum, in vacuum venalis pependit sein Besitzthum wurde als herrenlos öffentlich feilgeboten. Hiervon a) (Poet. u. Spät.) = unverheirathet, mulier. b) domum vacuam facere novis nuptiis (novo matrimonio) theils von einer Gattin, die durch ihren Tod dem hinterlassenen Gatten eine neue Ehe möglich macht, theils von einem Ehemanne, der seine Gattin ermordet, um sich von Neuem verheirathen zu können. D) = frei von Geschäften u. dergl., ledig, unbeschäftigt, ruhig: quoniam vv. sumus. Hiervon a) civitas v. ohne Krieg. b) animum v. afferre ad scribendum frei von Sorgen. c) (Poet.) = nicht verliebt, ruhigen Herzens. E) offen, zugänglich, locus; trop. aures vv. weiser Ermahnung und Zusprache offenstehend. F) = vanus, leer, nichtssagend, eitel, nomen, caput.
Vada, ae, *f.* Castell im Lande der Batavi in Gallia Belgica.
Vāda, ōrum, *n. pl.* 1) Stadt in Ligurien. 2) V. Volaterrana Stadt in Etrurien.
Vādimōnis lacus, See in Etrurien.
Vādimōnium, ii, *n.* [vas 1.] 1) die durch Caution bewährte Versicherung, an einem bestimmten Tage vor Gericht zu erscheinen, die Gewährleistung: disceditur sine v.; res est in vadimonium man hat sich gegenseitig die Versicherung u. f. w. gegeben; missum facere v. erlassen, concipere schriftlich aufsetzen; imponere (alicui) v. Imd. nöthigen die Versicherung u. f. w. zu geben, d. h. ihn vor Gericht fordern; v. At Imd. wird vor Gericht geladen. 2) die Erscheinung vor Gericht gemäß der verbürgten Versicherung u. f. w., promittere v.; sistere (facere) v. sich gerichtlich stellen. 3) der Termin der Erscheinung vor Gericht: constituere v. festsetzen; venire ad (obire) v. auf den Termin erscheinen, deserere v. den Termin nicht halten, zur bestimmten Zeit nicht erscheinen.
Vădo, — — 3. gehen, bes. mit großen festen Schritten, ob. eilig und leidenschaftlich, vgl. eo u. f. w.), schreiten, in hostem, in proelium, per turmas.
Vădor, depon. 1. [vas 1.] Imd. mittelst eines vadimonium (siehe dieses Wort) verpflichten, sich gerichtlich zu stellen, vor Gericht fordern, aliquem.
Vădōsus, adj. [vadum] voller Untiefen, seicht, mare, fluvius.
Vădum, i, *n.* 1) die seichte Stelle im Wasser, die Untiefe im Meere oder in einem Flusse (= die Furth): ventus nudaverat vv.; transire (superare) flumen vado über einen Fluß waten, equitatum vado transmittere durch den Fluß waten lassen, durch eine Furth passiren lassen. Hiervon trop. a) (Com.) res est in vado in Sicherheit, außer Gefahr. b) (Poet.) cera tentat v. versuche den Zug. c) emersisse e vv.

die Gefahr überstanden haben. 2) (Poet.) = Gewässer überhaupt, Meer oder Fluß. 3) (Poet.) der Boden, Grund des Wassers.
Vae [ovaí] *interj.* wehe, ach! häufig mit einem dat., v. mihi! v. illi qui etc.! v. victis (Ausruf des Brennus gegen die Römer); selten v. te!
Văfer, fra, frum, *adj.* mit *sup.* schlau, verschmitzt, homo; bisweilen in milderer Bedeutung = pfiffig, listig.
Vafrāmentum, i, *n.* (vafer) (Spät.) der schlaue Streich.
Vafre, *adv.* [vafer] verschmitzt, pfiffig.
*****Vafritia**, ae, *f.* [vafer] (Spät.) die Verschmitztheit, Pfiffigkeit.
Vaga, ae, *f.* Stadt in Numidien. Davon **Vagenses**, ium, *m. pl.* die Einwohner von Vaga.
Văge, *adv.* (vagus) umherschweifend, weit umher, zerstreut.
Vāgīna, ae, *f.* 1) die Scheide des Schwertes, Degenscheide. 2) der Balg der noch verborgenen Aehre, der Schoßbalg.
Văgio, 4. wimmern (wie kleine Kinder), schreien.
Vāgītus, us, *m.* [vagio] (Poet. und Spät.) das Wimmern, bes. der kleinen Kinder; auch = das Meckern einer jungen Ziege.
Vāgor, ōris, *m.* (Borklaff.) = vagitus.
Văgor, depon. 1. (Poet. auch **Văgo**, 1.) (vagus) umherschweifen, umher streifen, -ziehen (weil man keinen bestimmten Plan oder Weg verfolgen will, vgl. erro): v. in agris passim bestiarum more; v. totā Asiā; von den Planeten, stellae vv.; v. cum lembis kreuzen. Hiervon trop. fama v. verbreitet sich; v. errore nicht wissen, wofür man sich entscheiden will; oratio u. dergl. v. = schweift aus, auch = ist durch keinen festen Periodenbau ob. Rhythmus gehörig verbunden; Nilus v. tritt aus.
Văgus, *adj.* 1) umherschweifend, -streifend, unstät, Gaetuli; v. et exsul; (Poet.) vv. venti, flumina; v. arena flüchtig, beweglich; stellae vv. die Planeten; crines vv. wallend; peregrinatio v. in verschiedenen Ländern umher. 2) trop. A) unstät, schwankend, unbeständig, sententia, fortuna, puella. B) regellos, ungebunden, motus; in oratione solutum quiddam sit nec vagum tamen. C) v. genus dicendi = weitläufig, abschweifend. D) allgemein, unbestimmt, pars quaestionum. E) (Poet.) vagus animi irrend im Geiste, irrenden Geistes.
Vah (ob. **Vaha**), *interj.* ah! ha! ein Ausruf der Verwunderung, des Schmerzes ob. Zornes, auch der Freude.
Vahālis, is, *m.* die Waal, der westliche Arm des Rheins.
Valde, siehe Valide.
Vălens, tis, *adj.* mit comp. u. sup. [particip. von valeo] 1) gesund, wohlauf, homo, sensus. 2) kräftig, stark, homo, corpus, tunica; trop. v. causa, argumentum. 3) mächtig, einflußreich, homo.
Vălenter, *adv.* mit comp. u. sup. [valens] kräftig; dicere v. mit Nachdruck.
*****Vălentŭlus**, *adj.* (Pl.) deminut. von valens.

Văleo, 2. 1) gesund=, wohl sein, sich wohl befinden: optime, recte v. sich sehr wohl befinden; minus recte v. nicht ganz wohl sein; ut vales wie befindest du dich? v. corpore, pedibus. Insbef. A) im Anfange der Briefe: si vales, bene est, auch mit dem Zusatze ego ob. equidem valeo (gewöhnlich verkürzt geschrieben S. V. B. E. — E. V.). B) als Abschiedsgruß, vale (selten valeas) lebe wohl! ebenso jubere aliquem valere Jmb. Lebewohl sagen, von ihm Abschied nehmen. Hiervon trop. als Ausdruck der Abweisung, Verschmähung u. s. w.: valeas geh, gehab dich wohl! ista valeant genug von diesen Sachen! si deus talis est, valeat wenn — dann fort mit ihm, dann mag er gehen! valeant qui inter nos dissidium volunt fort mit denen, die uns entzweien wollen! — 2) stark=, kräftig sein, bei Kräften sein, Kraft haben; plus v., multum v.; v. ad rem aliquam Kräfte (genug) zu Etwas haben, daher v. ad tollendum decretum, ad negligendas leges mächtig genug sein, um den Beschluß zu vernichten, um die Gesetze sich nicht zu kümmern. Insbef. A) multum (plurimum u. s. w.) v. equitatu stark an Reiterei sein, amicis viele Freunde haben, eloquentia (dicendo) große Beredtsamkeit besitzen; tantum v. in populari genere dicendi, in arte pingendi so tüchtig (stark) sein. B) (Spät.) v. facere aliquid Etwas zu thun vermögen. — 3) mächtig sein, Kraft und Geltung haben, gelten: tantum valuit ea res so vielen Einfluß hatte diese Sache; hoc mihi v. ad gloriam verschafft mir Ruhm, hoc praeceptum v. ad tollendam amicitiam dient dazu u. s. w; quo numus v. wozu das Geld nützt. Hiervon A) metus v. ad omnes erstreckte sich auf Alle, überfiel Alle; crimen v. behielt die Oberhand, siegte, conjuratio v. ging gut von Statten, hatte guten Fortgang, jus gentium v. siegte; promissum v. wurde gehalten, erfüllt. B) lex in eum galt für ihn, hatte auf ihn Anwendung, ebenso definitio v. in omnes. C) = irgendworauf abzielen, responsum eo v. ut etc.; hoc eo v. ut etc. D) = bedeuten, idem v.

Vălĕrius, Name eines alten und berühmten römischen Geschlechtes. Am bekanntesten sind: A) in der älteren Zeit: 1) Publius V. Poplicola, Gehülfe bei Vertreibung der Königsfamilie. 2) Lucius V. Poplicola, Consul 449 v. Chr. mit dem M. Horatius; diese waren Urheber der wichtigen leges Valeriae Horatiae. B) in der späteren Zeit: a) Flacci. 3) Lucius V. Fl., Consul nebst Cinna nach dem Tode des Marius, Gegner des Sulla, von seinem Legaten Fimbria getödtet. 4) Lucius V. Fl., Sohn des Nr. 3, Prätor während des Consulats des Cicero, später der Erpressungen angeklagt, aber vom Cicero vertheidigt. b) Messalae. 5) Marcus V. M. Corvinus, Anhänger zuerst des Brutus und Cassius, dann des Antonius, zuletzt des Octavian, später ein Mann von großem Ansehen und als Gelehrter u. Schriftsteller nicht unbekannt, Freund des Ovid und bes. des Tibull. C) in der Literaturgeschichte sind namhaft: 6) Quintus V. Antias, Annalist zur Zeit des Sulla. 7) Valerius Cato, Grammatiker und Dichter zur Zeit des Cicero. 8) V. Maximus, Geschichtschreiber unter dem Tiberius. 9) Cajus V. Flaccus, Dichter zur Zeit des Vespasian. — Hiervon -rius, und -riānus, adj.

Vălescō, — — 3. [valeo] (Poet. u. Spät.) stark=, kräftig werden, zunehmen.

Vălētūdĭnārĭus, adj. [valetudo] (Vorklass. u. Spät.) kränklich, krank.

Vălētūdĭnārĭum, ii, n. [valetudo] (Spät.) ein Krankenhaus, Krankenzimmer.

Vălētūdo (Vălĭtūdo), ĭnis, f. [valeo] der Gesundheitszustand, das körperliche Befinden (gut oder schlecht, wie der Zusammenhang oder das Beiwort es angiebt): prosperitas valetudinis; amittere v. die Gesundheit; v. infirma, incommoda. Häufig prägn. = die Krankheit, Unpäßlichkeit, oculorum; excusatione valetudinis uti sich mit Unpäßlichkeit entschuldigen; trop. v. mentis, animi v. mala.

Valgius, Name eines römischen Geschlechtes: Cajus V. Rufus, ein Grammatiker zur Zeit des Augustus; Titus V. Rufus, ein vorzüglicher Dichter und Freund des Horaz.

Valgus, adj. auswärts gedrehte Waden habend, krummbeinig, schiefbeinig; schief, (Pl.) vv. suavia schiefe Mäuler.

Vălĭdē und gewöhnlich syncopirt **Valdē**, adv. mit comp. u. sup. (validissime) [validus] 1) stark, heftig, amare; mare fluctuat v. 2) (immer syncop. valde) sehr, überaus, in hohem Grade, v. magnus; v. exspecto; v. bene. 3) (Com.) in stark bekräftigenden Antworten, ja gewaltig, ja freilich.

Vălĭdus, adj. mit comp. und sup. [valeo] (meist Poet. und Spät.) 1) körperlich wohl, gesund, salvus et v. 2) kräftig, stark, homo, taurus, munitiones; urbs v. muris.

Vallāris, e, adj. [vallum] zum Walle gehörig, Wall=: nur in der Verbindung corona v., welche demjenigen ertheilt wurde, der zuerst den feindlichen Wall erstiegen hatte.

Vallis, is, f. das Thal.

Vallo, 1. [vallum] 1) mit einem Walle und Pallisaden umgeben, verpallisadiren, castra; v. noctem die Nacht hindurch sich verschanzen. 2) trop. schützend mit Etwas umgeben, verwahren, sichern: v. aciem elephantis; trop. Catilina vallatus sicariis, jus legatorum jure divino vallatum.

Vallum, i, n. die Gesammtheit der (auf oben neben einem Walle aufgestellten) Pallisaden, daher der (mit Pallisaden besetzte) Wall: fossa et vallo cingere urbem; trop. palpebrae munitae sunt tanquam vallo pilorum; v. Alpium.

Vallus, i, m. 1) der Pfahl, insbef. der zur Befestigung und Verschanzung dienende Pfahl, die Pallisade: septem v. 2) collect. A) = die Pallisaden überhaupt, die Pallisaden: erat adeo nudus tumulus et asperi soli, ut nec virgulta vallo caedendo nec — inveniri possent. B) = der mit Pallisaden besetzte Wall, duplex v. 3) (Poet.) v. pectinis Zahn.

Valvae, ārum, f. pl. die Thürflügel, die Doppelthür.

Vandali (Vandalii, Vandilii), ōrum, m. pl. germanische Völkerschaft, zu Tacitus Zeit im nördlichen Germanien, die Vandalen.

Vănescō, — — 3. [vanus] (Poet. und

Spät.) verschwinden, vergehen, nubes, cuncta vv. in cinerem; *trop.* ira; dicta vv. per auras; luctus v. ist vergeblich.

Vangiōnes, num, m. *pl.* germanische Völkerschaft am Rhein.

*****Vānĭdĭcus**, *adj.* [vanus-dico] (*Pl.*) Eitles redend, lügenhaft.

Vānĭlŏquentĭa, ae, *f.* [vanus-loquor] eitles Gerede, Prahlerei.

*****Vānĭlŏquĭdōrus**, i, m. [vanus-loquor-δῶρον] (*Pl.*) scherzhaft gebildeter Name = der leere Worte giebt, Lügner.

Vānĭlŏquus, *adj.* [vanus-loquor] Eitles redend, A) = lügenhaft, B) = prahlerisch.

Vānĭtas, ātis, *f.* [vanus] die Leere im Gegensatze zur Wirklichkeit = die Eitelkeit, Gehaltlosigkeit, oder die Lügenhaftigkeit, Falschheit, oder die Prahlerei, Windbeutelei: nulla in coelo v. kein leerer Schein; v. opinionum falsche Meinungen; v. orationis ob. bloß v. = lügenhafte Rede, Unwahrheit, Wortbrüchigkeit, oder = Prahlerei; v. im Gegensatze zu veritas = Irrthum; rerum prosperitate in vanitatem uti zur Befriedigung der Eitelkeit; v. itineris Vergeblichkeit.

*****Vānĭtūdo**, ĭnis, *f.* [vanus] (*Pl.*) die Nichtigkeit, = das lügnerische Gerede.

Vannus, i, m. die Getreide-, Futterschwinge.

Vānus, *adj.* mit comp. und sup. 1) worin Nichts ist, leer (stets tadelnd, vergl. vacuus), taub, arista; v. magnitudo urbis menschenleer, vanior acies hostium dünner. 2) *trop.* A) vergeblich, erfolglos, fructlos ob. nichtig, gehaltlos, nichtssagend, ungültig: vv. preces, ictus, tela; v. victoria (eingebildet), v. spes, gaudium leer, unbegründet; v. testamentum, omen; ad vanum redigere ungültig machen; non ex vano erat criminatio ohne Grund. B) = falsch, lügenhaft ob. = eitel, prahlerisch, ob. = windig, abenteuerlich, unbeständig: v. homo, ingenium, oratio, literae; v. et perfidiosus; barbarorum ingenia erant vv. et mutabilia; haud vana referre etwas Wahres.

*****Vāpĭde**, *adv.* [vapor] schlecht: Augustus soll sich sehr oft der Redensart v. se habere (sich schlecht befinden) bedient haben.

Vāpor, ōris, m. 1) der Dampf, Dunst, Brodem, aquarum. 2) die warme Ausdünstung, die Hitze, solis; (Poet.) = das Feuer (v. est carinas verzehrt die Schiffe); *trop.* = die Liebesgluth.

*****Vāpōrārĭum**, ii, n. [vapor] im römischen Bade der Ort, von welchem die Wärme in die Schwitzstuben geleitet wurde, die Heizstube (nach Andern' vielleicht richtiger die Dampfröhre, durch welche die Wärme geleitet wurde).

Vāpōro, 1. [vapor] (Poet. und Spät.) 1) mit Dunst-, Dampf erfüllen, v. templum ture räuchern. 2) dampfen machen, wärmen, locum. 3) (*Lucr.*) *intrans.* glühen, invidiā.

Vappa, ae, *f.* schmiger, verdorbener Wein; *trop.* = ein Taugenichts.

*****Vāpŭlāris**, e, *adj.* [vapulo] (*Pl.*) der sich dazu eignet, Schläge zu bekommen.

Vāpŭlo, 1. 1) Prügel bekommen, geschlagen werden (sehr selten wird die Person,

von welcher man geprügelt wird, mit ab beigefügt). 2) *trop.* sexta legio v. ist geschlagen worden; v. sermonibus getadelt werden; von Vermögen = zu Grunde gehen, vernichtet werden; peculium v.; (Com.) vapula oder vapulabis hol dich der Henker, ebenso jubeo te vapulare; auch vapulet möge er zum Henker gehen.

Vardaei, ōrum, m. *pl.* Völkerschaft in Dalmatien.

Vărĭa, ae, *f.* Städtchen in Latium, zu dessen Gebiete das sabinische Gut des Horaz gehörte.

Vărĭantĭa, ae, *f.* [vario] (*Lucr.*) die Verschiedenheit.

*****Vărĭātĭo**, ōnis, *f.* [vario] (selten) die Verschiedenheit.

Vărĭco, 1. [varicus] die Füße auseinander sperren, grätscheln.

Vărĭcōsus, *adj.* [varix] (Spät.) voller Krampfadern.

*****Vărĭcus**, *adj.* [varus] (Poet.) die Füße auseinander sperrend, grätschelnd.

Vărĭe, *adv.* [varius] 1) bunt. 2) verschiedenartig, mannigfaltig, abwechselnd.

Vărĭĕtas, ātis, *f.* [varius] 1) das Bunte, die Mannigfaltigkeit der Farben, picturae. 2) die Mannigfaltigkeit, Verschiedenheit, Abwechselung: in animis existunt majores vv.; v. gentium vielerlei Völker; v. coeli abwechselndes, verschiedenes Klima; bellum in multa v. versatum in welchem viele wechselnde Ereignisse eingetroffen sind; sunt in tanta v. ac dissensione. Sie haben so verschiedene und entgegengesetzte Meinungen; v. dicendi, orationis Abwechselung; v. doctrinae, literarum vielseitige gelehrte Bildung und Belesenheit; discessio facta est sine ulla v. ohne irgend einen Meinungsunterschied. 3) die Unbeständigkeit, Veränderlichkeit, militum.

Vărīni, ōrum, m. *pl.* germanische Völkerschaft an der Ostsee.

Vărĭo, 1. [varius] 1) (Poet.) bunt machen, mit verschiedenen Farben nuanciren, sol maculis v. ortum. 2) verschieden-, abwechselnd machen, in Etwas Verschiedenheit-, Mannigfaltigkeit-, Abwechslung bringen: fortuna v. eventum; v. orationem; v. animos anders stimmen; timor atque ira v. sententias bewirken, daß die Meinungen getheilt sind; quae auctores variant de bello die verschiedenen Berichte der Geschichtschreiber; variatus in omnes formas in alle mögliche verschiedene Gestalten verwandelt. Hiervon = abwechseln lassen, calores frigoraque; v. laborem otio. 3) *intrans.* A) (Poet.) bunt sein, verschiedene Farben haben, uva v. B) verschieden-, mannigfaltig sein: animi vv. sind verschieden gestimmt, getheilt; multitudo varians von getheilter Stimmung; *impers.* ibi si variaret (von den Comitien) wenn dort die Stimmen getheilt waren; fama v. die Sage ist verschieden; victoria v. wechselt.

Vărĭus, *adj.* 1) bunt, mannigfarbig, scheckig, flos, lynx. 2) verschieden, mannigfaltig, abwechselnd (es bezeichnet ursprünglich eine Verschiedenheit unter den Theilen eines Ganzen, vgl. diversus): vv. sermones; v. poëma, oratio (auch scriptor) wo Inhalt und

Sprache einige Abwechselung darbieten; v. victoria der bald auf der einen, bald auf der anderen Seite ist, wechselnd; homo, ingenium v. = in verschiedenen Richtungen gebildet und geschickt, vielseitig; ager fructibus v. dessen Ertrag in den verschiedenen Jahren verschieden ist. Hiervon bisweilen in tadelndem Sinne = unbeständig, animus.

Vărius, Name eines römischen Geschlechtes: am bekanntesten ist Lucius V. Rufus, hoch angesehener Dichter zur Zeit des Augustus, Freund des Horaz und des Virgil; seine Tragödie Thyestes wird oft erwähnt.

Vărix, ĭcis, m. und f. die Krampfader, Kropfader.

Varro, siehe Terentius.

Vārus, adj. 1) aus einander gebogen, cornua, manus, bes. crura, daher = mit auswärts gebogenen Schenkeln, krummbeinig, homo. 2) (Poet.) verschieden, entgegengesetzt, alicui.

Vărus, i, m. 1) römischer Familienname in der gens Quinctilia; ein Lucius V. war ein Freund des Augustus, Epicuräer; P. Alfenus V. war ein berühmter Rechtsgelehrter; Publius Q. Varus fiel als Anführer gegen die Cherusker 9 n. Chr. 2) Küstenfluß im südöstlichen Gallien, jetzt Var.

Vas, ădis, m. der Bürge, der durch Caution Sicherheit gab für das pünctliche Erscheinen Jmds vor Gericht (bes. in Capitalsachen, vergl. praes).

Vas, asis, n. 1) ein Geschirr, Gefäß, Geräth; der plur. daher = die Hausgeräthe, Möbeln u. dergl. 2) insbes. plur. in der Kriegssprache = Alles, was die Soldaten mit sich tragen, das Gepäck, Kriegsgeräth, die Bagage: daher colligere vasa = sich zum Abmarsch bereiten und trop. überhaupt sich zur Abreise fertig machen, conclamare vasa das Signal zum Aufbruche geben.

Vāsārium, ii, n. [vas 2.] das Geld, welches für Geräthschaften gegeben wird, insbes. das Geld, welches dem zur Provinz abgehenden Magistrat vom Staate gegeben wurde zu seiner häuslichen Einrichtung, das Gasthof-, Möbelgeld.

Vascōnes, num, m. pl. Völkerschaft im nordöstlichen Spanien, die heutigen Basken.

Vascŭlārius, ii, m. [vasculum] der Verfertiger von metallenen Gefäßen, Metallarbeiter, Goldschmied.

Vascŭlum, i, n. deminut. von vas.

Vastātio, ōnis, f. [vasto] die Verwüstung, Verheerung.

Vastātor, ōris, m. [vasto] (Poet. u. Spät.) der Verwüster, Verheerer.

*Vastātrix**, ĭcis, f. [vasto] (Spät.) die Verwüsterin, Verheererin.

Vaste, adv. mit comp. [vastus] 1) sehr weit und ausgebreitet, gewaltig. 2) trop. ungebildet, plump, loqui.

*Vastĭfĭcus**, adj. [vastus-facio] (Pl.) verwüstend.

Vastĭtas, ātis, f. [vastus] 1) die Leere, Oede, Beraubung, solitudo et v.; v. agrorum. 2) die Verwüstung, Verheerung, facere v. anrichten. 3) (Spät.) die ungeheure Größe, der unermeßliche Umfang, solis, coeli.

Ingerslev lat.-deutsches Schulwörterbuch.

*Vastĭties**, ei, f. [vastus] (Pl.) = vastitas 2.

Vastĭtūdo, ĭnis, f. [vastus] (Gorklaff. und Spät.) = vastitas.

Vasto, 1. [vastus] 1) leer-, öde machen, agros (menschenleer), v. forum machen, daß keine Menschen dort sind; selten mit einem abl. v. fines civibus leer von Bürgern machen. 2) verwüsten, verheeren, zerstören, Italiam, omnia ferro ignique; trop. v. mentem beunruhigen.

Vastus, adj. mit comp. und sup. 1) öde, wüst, leer, ager; urbs v. incendiis wegen der Feuersbrünste, dagegen urbs v. a defensoribus von Vertheidigern entblößt. Insbes. = verheert, verwüstet, Troja. 2) weit, weitläufig, unermeßlich (doch so, daß der Begriff des Leeren und Leeren fast nie ganz verschwindet), Oceanus, aether; hiatus v. 3) = groß und unförmlich, gewaltig, ungeheuer, colossal, homo, manus, arma; trop. v. clamor, pondus, (Poet.) potentia. 4) trop. roh, ungebildet, plump, homo v. atque agrestis.

Vātes, is, m. u. f. (der von einer Gottheit erfüllte und begeisterte Mensch) 1) der Weissager, Prophet, die vin, der Seher, die vin (Mensch, der das Zukünftige oder sonst den Menschen Verborgene durch göttliche Eingebung kennt, nicht vermöge einer erlernten Wissenschaft aus Wahrzeichen erräth, vgl. augur, haruspex und dergl.). 2) (Poet.) der von einer Gottheit begeisterte Sänger, Dichter.

Vātĭcānus, adj. vaticanisch, mons, collis einer der sieben Hügel Roms; ager V. in der Umgegend des Vaticanerberges.

Vātĭcĭnātĭo, ōnis, f. [vaticinor] die Weissagung, Prophezeiung.

*Vātĭcĭnātor**, ōris, m. [vaticinor] (Poet.) = vates.

Vātĭcĭnor, depon. 1. [vates-cano] 1) weissagen, das Zukünftige zufolge göttlicher Eingebung voraussagen, aliquid, saevam fore iram laesi numinis. 2) überhaupt vermöge göttlicher Eingebung und höherer, von einer Gottheit ertheilter Weisheit ermahnen, lehren, Etwas verkündigen („predigen"), alicui aliquid. 3) schwärmen, albernes Zeug reden, v. et insanire.

Vātĭcĭnus, adj. [vates-cano] prophetisch, weissagend, liber.

Vātĭnĭus, Name eines römischen Geschlechtes; bekannt ist Publius V., Anhänger des Julius Cäsar, von Cicero auf das Heftigste in einer noch vorhandenen Rede (interrogatio in V.) angegriffen.

Vē [statt vel], disjunctive conj., die einem anderen Worte enklitisch angehängt wird, oder (wenn die Wahl freigelassen wird): duabus tribusve horis; selten in der disjunctiven Frage statt an: ignoro, albus aterve fuerit.

Vē, untrennbare Partikel, bezeichnet (wie das deutsche un oder miß) das Fehlen oder Fehlerhafte einer Sache (siehe vecors, vesanus, vegrandis, vepallidus u. dergl.).

Vēcordĭa, ae, f. [vecors] die Unsinnigkeit, der Wahnsinn.

Vēcors, dis, adj. [ve-cor] unsinnig, wahnsinnig.

Vectabilis — **Velamen**

*****Vectābĭlis**, e, *adj.* [vecto] (Spät.) tragbar, transportabel.

*****Vectābŭlum**, i, n. [vecto] (Spät.) das Fahrzeug = der Wagen.

Vectātio, ōnis, *f.* [vecto] (Spät.) das Getragenwerden = das Fahren, Reiten, v. equi auf einem Pferde.

Vectīgal, ālis, n. [veho] 1) die an den Staat gezahlte Abgabe, Steuer, das Gefälle, bes. die indirecte Steuer (siehe decumae, scriptura, portorium), im Gegensatze zu stipendium und tributum (siehe diese Wörter), als Staatseinnahme betrachtet: exercere v. von den Generalpächtern, exigere von ihren Bedienten. Hiervon von anderen Abgaben: v. praetorium Geld, das die Provinzbewohner als herkömmliches „Ehrengeschenk" dem Statthalter zahlten, v. aedilicium Abgabe, welche die Aedilen zu Rom durch die Statthalter in den Provinzen eintrieben als Beitrag zum Aufwande für die Spiele zu Rom. 2) von Privaten, die Einkünfte, Revenuen, Renten; vv. **urbana et rustica**; ex meo tenui v.

Vectīgālis, e, *adj.* [veho] zu den Abgaben gehörig, 1) als Abgabe gezahlt, pecunia. 2) steuerpflichtig, Abgaben erlegend (vgl. stipendium), facere aliquem v. sibi. 3) einbringend, equus.

*****Vectĭo**, ōnis, *f.* [veho] das Tragen oder Ziehen, quadrupedum.

Vectis, is, *m.* [veho] 1) der Hebel, Hebebaum. 2) das Brecheisen. 3) (Poet.) der Thürriegel, großer Balken zum Verrammeln der Thür.

Vectis, is, *f.* Insel an der Südküste Britanniens, jetzt Wight.

Vecto, 1. (Poet.) u. (*Pl.*) **Vector**, *depon.* 1. (Poet.) = veho.

Vectōnes (**Vettōnes**), uum, *m. pl.* Völkerschaft im westlichen Spanien.

Vector, ōris, *m.* [veho] 1) *act.* (Poet.) der Träger, asellus v. Sileni. 2) [vehor] *pass.* der getragen wird, der Passagier auf einem Schiffe oder der Reiter.

Vectōrius, *adj.* [vector] zum Tragen-, Transportiren gehörig, Transport-, navis.

Vectūra, ae, *f.* [veho] 1) das Tragen-, Fahren zu Schiffe oder Wagen, der Transport: imperare alicui vv. Transportmittel ob. Zufuhren; solvere aliquid pro v. für das Ueberfassen. 2) die Bezahlung für den Transport, der Fuhrlohn, das Frachtgeld.

Vedius, Name eines römischen Geschlechtes: ein Publius V. (vermuthlich = V. Pollio) zeichnete sich unter Augustus durch Ueppigkeit und durch Grausamkeit gegen seine Sclaven aus.

Vĕgĕo, — — 2. (Vorklass.) antreiben, equum.

*****Vĕgĕto**, 1. [vegetus] (Spät.) beleben, erregen, memoriam.

Vĕgĕtus, *adj.* [vegeo] 1) rüstig, kraftvoll, ungeschwächt, miles, v. ac recens. 2) lebhaft, munter, belebt, ingenium, mens.

Vĕ-grandis, e, *adj.* 1) klein, unbedeutend, winzig. *2) (zweifelhaft) sehr groß.

Vĕhĕmens (Poet. auch zweisilbig **Vēmens**), tis, *adj.* mit *comp.* und *sup.* heftig, hitzig, stürmisch, davon in etwas geschwächter Bedeutung stark, gewaltig, groß: v. homo, exordium, oratio, imber, clamor, capitis dolor; senatus consultum v. scharf, streng, auch v. in aliquem streng, hart; causa, argumentum v. gültig, gewichtig; preces vv. inständige,. telum vehementius ictu stärker schlagend; somnus v. fest, tief.

Vĕhĕmenter, *adv.* mit *comp.* und *sup.* [vehemens] 1) heftig, stark, hitzig, aliquem v. accipere mit heftigen Vorwürfen auf Jmd. losgehen. 2) stark, gewaltig, gar sehr, rogare v. inständig.

* **Vĕhĭcŭlum**, i, n. [veho] das Fuhrwerk, Fahrzeug, = ein Wagen oder *ein Schiff.

Vĕho, vexi, vectum, 3. 1) tragen, führen, reticulum humero, taurus v. Europam; equi vv. currum ziehen, auch amnis v. arum führt mit sich; *trop.* quod hora semel vexit herbeigeführt hat. Häufig im *pass.* vehi getragen-, gezogen werden = fahren (v. curru oder in curru), reiten (v. equo oder in equo), segeln (v. navi oder in navi); auch (Poet. und Spät.) überhaupt = sich wohin begeben, v. trans aethera fliegen. 2) *intrans.* (selten) = vehi sich tragen lassen, fahren, reiten, nur im *praes. particip.* und im *gerund.*: vehens quadrigis fahrend, in equo reitend, jus lecticā vehendi das Recht — sich tragen zu lassen.

Vĕjento, ōnis, *m.* Beiname in dem Geschlechte der Fabricii; ein V. war Zeitgenosse des Cicero, ein anderer war ein berüchtigter Schmeichler und Angeber unter Nero.

Vēji, ōrum, *m. pl.* alte Stadt in Etrurien, von Camillus 396 v. Chr. erobert. Davon 1) **Vejens**, tis, *adj.* und *subst. masc.* der Einwohner von V. 2) **Vejentānus**, *adj.* 3) (Poet.) **Vejus**, *adj.*

Vējŏvis, is, *m.* (**Vĕdiŏvis**, **Vĕduis**) eine altrömische Gottheit, deren Wesen verschieden erklärt wird: gewöhnlich wird V. als ein schrecklicher, Verderben bringender und rächender Gott erwähnt (nach *Ovid.* Fast. 3, 430 vē-Jovis = der kleine Jupiter).

Vel, *conj.* 1) einzeln, A) oder (wo das Eine das Andere nicht ausschließt): fortuna populi posita est in unius voluntate vel moribus; homo minime malus v. potius vir optimus. B) = sogar, selbst: hunc locum v. tres armati defendere possunt. C) bei Superlativen u. dergl. zur Verstärkung, aller-, v. maximus; v. maxime gar sehr. D) zur Hervorhebung eines einzelnen Falles oder Beispiels, zum Beispiel, besonders: suaves tuas accipio literas: v. quas proxime acceperam quam prudentes! 2) doppelt, vel — vel entweder — oder, so daß das Eine das Andere nicht ausschließt, oder die Wahl gleichgültig ist, weßhalb es sehr oft durch theils — theils, auf der einen Seite — auf der anderen übersetzt werden kann: v. pace v. bello.

Vēlābrum, i, *n.* a) V. majus ein Platz oder eine Straße in Rom am Aventin, wo besonders die Oel- und Käsehändler feil hatten. b) V. minus ein anderer Platz in der Gegend von Carinä; daher der *plur.* von beiden.

Vēlāmen, ĭnis, n. [velo] (Poet. u. Spät.) die Hülle, Decke, Kleidung: v. ferarum das Fell.

Velamentum   **Vena**   787

Vēlāmentum, i, n. [velo] 1) = velamen. 2) *plur.* mit wollenen Binden (deren Enden die Hände verhüllten, daher manus velatae) umwundene Oelzweige oder dergl., welche die um Schutz und Gnade Flehenden vor sich her trugen: die ἱκετήρια oder στέμματα der Griechen.

*Vēlārium, i, n. [velum] (Spät. Poet.) ein großes Tuch, insbes. *plur.* = die über das Amphitheater zur Abwehr der Sonnenstrahlen gespannte Decke, die Schutzdecke, das Schutztuch.

Vēlĕda, ae, f. eine göttlich verehrte Jungfrau bei den Germanen.

Vĕles, ĭtis, m. gewöhnlich im *plur.* Vēlĭtes, um, eine Art junger, leicht bewaffneter Soldaten, die den Feind durch schnelle Angriffe beunruhigten, Plänkler, Voltigeurs; *trop.* scurra v. neckend.

Vēlĭa, ae, f. 1) ein hoch gelegener Theil des palatinischen Hügels in Rom. 2) lateinischer Name der Küstenstadt Elea [Ἐλέα] in Lucanien. Davon A) **Vēlĭensis**, e, *adj.* und *subst.* -ses, ium, m. pl. die Einwohner von V. B) **Vēlīnus**, *adj.*

Vēlĭfer, ĕra, ĕrum, *adj.* [velum-fero] (Poet.) Segel tragend, navis.

*Vēlĭfĭcātĭo, ōnis, f. [velifico] das Segeln.

Vēlĭfĭco, 1. [velum-facio] (Poet. u. Spät.) 1) *intrans.* die Segel spannen, segeln. 2) *transit.* durchschiffen, Athos velificatus.

Vēlĭfĭcor, *depon.* 1. [velum-facio] 1) = velifico 1. 2) *trop.* sich für Etwas bemühen, rei alicui.

Vĕlīnus, i, m. Fluß im Sabinischen, der einen See (lacus V.) bildete. Hiervon als *adj.* tribus V.

Vēlĭtāris, e, *adj.* [veles] zu den velites gehörig, arma.

Vēlĭtātĭo, ōnis, f. [velitor] das Plänkeln der velites, nur (*Pl.*) *trop.* das Necken.

Vēlĭtor, *depon.* 1. [veles] (Vorklaff. und Spät.) 1) plänkeln wie die velites. 2) *trop.* zanken, inter se.

Vēlĭtrae, ārum, f. pl. Stadt der Volsker in Latium. Davon **-ternus**, *adj.* und *subst.* -ni, ōrum, m. pl. die Einwohner von V.

*Vēlĭvŏlans, tis, *adj.* [velum-volo] (Poet.) = velivolus 1.

Vēlĭvŏlus, *adj.* [velum-volo] (Poet.) 1) mit Segeln einherfliegend, navis. 2) auf welchem Schiffe mit Segeln einherfliegen, mare.

Vellaunodūnum, i, n. Stadt im Lande der Senones in Gallien.

Vellejus, Name eines römischen Geschlechtes: Cajus V. war ein Freund des Redners Crassus, Volkstribun 91 v. Chr., Epicureer; Cajus V. Paterculus römischer Geschichtschreiber unter Augustus und Tiberius.

Vellĭcātĭo, ōnis, f. [vellico] (Spät.) das Rupfen, *trop.* das Necken.

Vellĭco, 1. [vello] 1) rupfen, raufen, kneipen, cornix v. vulturios, paedagogus v. puerum. 2) *trop.* A) necken, verspotten, mit Worten durchziehen, sticheln, absentem. B) erregen, erwecken, animum.

Vello, velli (selten vulsi), vulsum, 3. 1) rupfen, raufen, kneipen, brachia, v. alicui aurem (auriculam), auch *trop.* = ermahnen, erinnern. 2) prägn. ausrupfen, ausraufen, ausreißen, capillos, pilos caudae equinae; plumam, poma pflücken; v. hastam de cespite, insbes. v. signa die Feldzeichen aus der Erde reißen (um aufzubrechen), daher *trop.* = mit den Feldzeichen aufbrechen; vellor ich lasse mir die Haare ausraufen. Insbes. v. vallum die Pallisaden ausreißen und den Wall einreißen.

Vellus, ĕris, n. (Poet. und Spät.) 1) die abgeschorene Wolle; trahere v. spinnen. 2) das Schaffell mit der daran sitzenden Wolle, das Vließ, der Schafpelz, jacēre stratis vv. 3) jedes Fell, jede Thierhaut, leonis. 4) *trop.* von dünnen Wolken (tenuia vv. per coelum feruntur), von Schneeflocken.

Vēlo, 1. [velum] 1) einhüllen, verhüllen, bedecken, caput togā. Hiervon *trop.* (Poet.) verhüllen = verbergen, verheimlichen, scelus. 2) bekleiden, avem pennis, velatus togā; überhaupt (Poet.) = umgeben, umwinden, schmücken, tempora lauro, templa sertis. 3) **Vēlāti**, ōrum, m. pl. eine Art überzählige Mannschaft, Reservesoldaten, welche nebst den accensi in die Stelle der Gefallenen einrückten.

Vēlōcĭtas, ātis, f. [velox] die Schnelligkeit, Geschwindigkeit, Behendigkeit, v. ad cursum; *trop.* (Spät.) v. cogitationis.

Vēlōcĭter, *adv.* mit *comp.* u. *sup.* [velox] schnell, rasch.

Vēlox, ōcis, *adj.* mit *comp.* u. *sup.* [volo, velum] schnell, geschwind (mit dem Nebenbegriffe der Behendigkeit und Kraft), rüstig, juvenis, cervus, jaculum, navigatio; *trop.* ingenium v. lebhaft.

Vēlum, i, n. 1) das Segel; dare vv. die Segel spannen, sehr oft = segeln wollen oder segeln, aliquo irgend wohin; *trop.* pandere, dare vv. orationis und dergl. in seiner Rede rasch vorwärts gehen, dem Strome der Rede folgen und dergl.; *proverb.* velis remisque oder velis equisque aus allen Kräften. 2) die Hülle, der Vorhang, das Tuch, das zum Schutze z. B. über ein Amphitheater, einen Platz u. dergl. gezogen wird. 3) *trop.* = eine sehr weite Toga, amicti velis non togis.

Vĕl-ut ob. **Vĕl-ūti**, *conj.* 1) correl., wie, gleichwie, eben so wie: v. in cantu et fidibus, sic etc.; so häufig in Vergleichungen. 2) wo von Etwas die Rede ist, was nicht wirklich ist oder doch figürlich, nicht buchstäblich verstanden werden muß, gleichsam oder, mit einem vollständigen Satze, gleichsam als wenn, als ob: odium v. hereditate relictum; laeti v. exploratā victoriā als ob der Sieg ihnen gewiß wäre; v. si coram adesset (nach diesem v. si folgt bisweilen noch ein Correlativsatz mit sic oder ita). 3) = zum Beispiel, als: elogia monumentorum hoc confirmant: v. hoc ad portam.

Vēna, ae, f. 1) die Ader im menschlichen und thierischen Körper, die Blutader; zum Theil als Sitz der Lebenskraft betrachtet, daher vv. cadentes (Spät.) = die sinkende Lebenskraft. 2) uneigtl. die Ader (Streifen) in Pflanzen, Steinen, Holz und dergl., insbes. die Me-

50*

Venabulum — Veneti

tallaber in der Erde, v. auri, daher aetas pejoris venae das eiserne Alter (des Menschengeschlechts); auch = die Quellader. 3) *trop.* A) zur Bezeichnung des Inneren, der inneren Beschaffenheit einer Sache. B) = die geistige Anlage, insbef. die poetische Ader, das Dichtertalent.

Vēnābŭlum, i, n. [venor] ein Jagdspieß.

Vĕnăfrum, i, n. Stadt in Campanien, bekannt wegen feines vorzüglichen Oels. Davon -frānus, *adj.* und *subst.* -num, i, n. das Oel aus B.

Vēnālĭcĭus, *adj.* [venalis] = venalis; grex, familia v. zum Verkaufen ausgestellter Haufen Sklaven; *subst.* -ĭus, i, n. ein Sklavenhändler.

Vēnālis, e, *adj.* [venum] zu verkaufen, verkäuflich, feil, hortī; religionem v. habere (= um Geld zu verrathen bereit sein); *trop.* urbs, homo v. Alles um Geld thuend, bestechlich; bisweilen *subst.* -is, m. = ein zum Verkaufen ausgestellter Sklav.

Vēnātĭcus, *adj.* [venor] zur Jagd gehörig, Jagd-, canis.

Vēnātĭo, ōnis, f. [venor] 1) das Jagen, die Jagd. 2) die Thierhetze, der Kampf (verurtheilter Verbrecher oder Gladiatoren) mit wilden Thieren auf dem römischen Amphitheater. 3) das Wildpret.

Vēnātor, ōris, m. [venor] der Jäger; auch *adj.* = venaticus, canis.

Vēnātōrĭus, *adj.* [venator] zum Jäger-, zur Jagd gehörig, Jagd-.

Vēnātrix, īcis, f. [venor] (Poet.) die Jägerin, auch *adj.* jagend, dea = die Diana.

*****Vēnātūra**, ae, f. [venor] (Pl.) die Jagd, *trop.* facere v. oculis = spähen.

Vēnātus, us, m. [venor] = venatio 1.; uneigtl. (Pl.) = der Fischfang.

Vendĭbĭlis, e, *adj.* mit comp. [vendo] 1) verkäuflich, was sich leicht verkaufen läßt, fundus. 2) den Beifall der Menge genießend, beim Publicum beliebt, angenehm, oratio res.

Vendĭtātĭo, ōnis, f. [vendito] das Ausbieten zum Verkauf, nur *trop.* = das Zur-Schau-Tragen, Auspofaunen, die Prahlerei.

Vendĭtātor, ōris, m. [vendito] (Spät.) nur *trop.* der Prahler.

Vendĭtĭo, ōnis, f. [vendo] der Verkauf, insbef. = die Verauctionirung.

Vendĭto, 1. [vendo] 1) verkaufen wollen, zum Verkauf ausbieten, feil bieten, fundum. 2) oft verkaufen, mit Etwas Handel treiben, olus, signa. Hiervon *trop.* verhandeln, decreta, pacem pretio (= gegen Bestechung geben, schließen u. dergl.). 3) als Kaufmann seine Waaren anpreisen, um sie zu verkaufen, daher *trop.* = anpreisen, auspofaunen, zur Schau tragen, empfehlen, ingenium, operam suam alicui; v. se alicui (existimationi hominum) sich einschmeicheln.

Vendĭtor, ōris, m. [vendo] der Verkäufer.

Vendo, dĭdi, dĭtum [= venum do, welches man sehe] 1) verkaufen, aliquid viginti minis; v. magno theuer, pluris theurer; insbef. = verauctioniren od. an den Meistbietenden ver-

pachten. 2) *trop.* A) verhandeln, gegen Bestechung preisgeben, verschaffen u. dergl.: v. se alicui sich von Jmb. bestechen lassen, v. suffragia für Geld verschaffen, sua funera fein Leben für Geld hingeben (als Gladiator); v. patriam auro verrathen. B) anpreisen, empfehlen; so versus bonus v. totum poëma schafft ihm Känfer = empfiehlt es.

Vĕnĕdi, ōrum, m. *pl.* Völkerschaft im nördlichen Germanien, die Wenden.

Vĕnĕfĭcĭum, ii, n. [venenum-facio] 1) die Zubereitung von Zaubertränken, die Zauberei, Bezauberung. 2) die Giftmischerei.

Vĕnĕfĭcus, *adj.* [venenum-facio] 1) zur Zauberei gehörig, Zauber-, verba. 2) *subst.* -ous, i, m. A) der Zauberer. B) der Giftmischer.

Vĕnēnārĭus, ĭi, m. (Spät.) der Giftmischer.

Vĕnēnātus, *adj.* [particip. von veneno] 1) (Poet.) Zaubermittel enthaltend, Zauber-, virga. 2) Gift enthaltend, vergiftet, giftig, sagitta in Gift getaucht, vipera; *trop.* jocus v. verletzend, giftig.

Vĕnēnĭfer, ĕra, ĕrum, *adj.* [venenumfero] (Poet., selten) Gift enthaltend.

Vĕnēno, 1. [venenum] 1) vergiften, carnem. 2) (Spät.) färben.

Vĕnēnum, i, n. jeder auf einen Körper stark einwirkende und feine natürliche Beschaffenheit verändernde (den gewöhnlichen Gang der Natur störende), bef. flüssige, Stoff (= das griech. φάρμακον) 1) das Zaubermittel, der Zaubertrank. 2) Gift, Gifttrank; *trop.* discordia est v. reipublicae = Verderben, pus atque v. = giftige (beißende, boshafte) Reden. 3) der Farbestoff, insbef. der Purpur, lana fucata veneno.

Vēnĕo, nii, nĭtum, 4. [venum-eo] feil sein, zum Verkauf gehen, verkauft werden, magno um einen hohen Preis; (Spät.) v. ab hoste.

Vĕnĕrābĭlis, e, *adj.* [veneror] 1) = venerandus. 2) (Spät.) verehrend, ehrfurchtsvoll.

*****Vĕnĕrābĭlĭter**, *adv.* [venerabilis] (Spät.) ehrfurchtsvoll.

Vĕnĕrābundus, *adj.* [veneror] verehrend, ehrfurchtsvoll.

Vĕnĕrandus, *adj.* [gerund. von veneror] ehrwürdig, verehrungswerth.

Vĕnĕrātĭo, ōnis, f. [veneror] 1) die Verehrung, Hochachtung. 2) (Spät.) die Ehrwürdigkeit, Verehrung gebietende Majestät.

Vĕnĕrātor, ōris, m. [veneror] (Poet.) der Verehrer, domus vestrae.

Vĕnĕrĭus od. (felt.) **Vĕnĕrĕus**, *adj.*, stehe Venus.

Vĕnĕror, *depon.* 1. und (Pl.) -ro, 1. 1) verehren, bef. mit religiöser Ehrfurcht, anbeten, deos, simulacra deorum, memoriam alicujus. 2) (Poet.) anflehen, um Etwas inständig bitten, aliquem, deos multa.

Vĕnĕti, ōrum, m. *pl.* I. ['Ενετοί, Heneti] ursprünglich ein trojanischer Stamm, der unter Antenor nach der Nordwestküste des adriatischen Meeres wanderte und sich im heutigen Venetianischen niederließ. Davon 1) **Vĕnĕtus**, *adj.* 2)

Vĕnĕtia, ae, *f.* das Gebiet der Veneter. II. Völkerschaft im nordwestlichen Frankreich, in der Gegend des heutigen Vannes. Davon 1) **Vĕnĕtia**, ae, *f.* das Gebiet der V. 2) **Vĕnĕtĭcus**, *adj.* III. *Tac. Germ.* 46 steht wahrscheinlich Veneti statt Venedi.

Vĕnĕtus, *adj.* (Spät.) bläulich, seefarbig, factio v. die blaugekleidete Partei der Wettfahrer im Circus.

Vĕnia, ae, *f.* 1) die Gunst, Gnade, Gefälligkeit (*concr.* = der Gefallen), Willfährigkeit: hanc v. extremam oro; veniam alicujus rei alicui dare Jmd. eine Gunst, einen Gefallen in einer Sache erweisen, dabo tibi veniam hujus diei ich werde dir diesen Tag gewähren; hanc v. mihi detis ut patiamini diese Gunst, den Gefallen. 2) die Erlaubniß: des mihi hanc v. ut anteponam. 3) die Verzeihung, Vergebung: v. errati, impunitas et v.; insbes. bonā veniā oder bona cum v. audire u. s. w., auch cum v. legere u. dergl., mit Nachsicht, mit nachsichtiger Beurtheilung; und bonā veniā alicujus (tuā etc.) aliquid facere, dicere mit Jmds (deiner) gütigen Erlaubniß, ohne daß er (du) es übel aufnimmt.

Vĕnīlia, ae, *f.* 1) eine Nymphe, Mutter des Turnus. 2) Gemahlin des Janus.

Vĕnio, vēni, ventum, 4. 1) kommen, ad aliquem, Athenis Romam, in Tusculanum; v. Atticis auxilio; v. oratum um zu bitten. Insbes. A) = feindlich kommen, anrücken, ad aliquem. B) von einer Zeit, eintreffen u. dgl., venit dies quo etc. C) in irgend eine Lage, einen Zustand kommen: v. in discrimen, periculum; v. in suspicionem, contentionem (certamen) Gegenstand eines Verdachtes, Streites werden; v. in partem (societatem) rei alicujus einer Sache theilhaft werden; v. in consuetudinem gewöhnlich, gebräuchlich werden; v. in sermonem ins Gerede kommen, ut dicerem ich gerieth darauf; v. ad internecionem niedergemetzelt werden; res v. ad manus, ad pugnam es kömmt zum Handgemenge, zum Kampfe; v. in familiaritatem alicujus mit Jmd. vertraut werden. D) = feindlich oder vor Gericht gegen Jmd. auftreten, v. contra aliquem ob. rem alicujus. E) in der Rede, Abhandlung, zu Etwas gelangen, v. nunc ad fabulas, ad istius insaniam auf den Punct, daß ich von seinem Wahnsinne reden muß. 2) uneigtl. A) = an Jmd. gelangen, ihm zufallen, zu Theil werden: hereditas mihi ob. ad me v.; classis v. praetori; dolor v. ad te trifft dich, kann mit deiner Natur bestehen. B) = begegnen, sich ereignen, aliquid v. alicui, si quid adversi v.

Vēnor, *depon.* 1. 1) *intrans.* jagen, auf die Jagd gehen; ducere canes venatum auf die Jagd. 2) *transit.* ein Thier jagen, auf ein Thier Jagd machen, leporem. Hiervon *trop.* (*Poet.*) nach Etwas heftig streben, darauf Jagd machen, es zu gewinnen streben, amicam, suffragia plebis, viduas avaras.

Venter, tris, m. 1) der Bauch; insbes. als Sitz der Gefräßigkeit, daher ventri obedire, operam dare = sehr gefräßig sein. 2) *trop.* A) = das Bauchige, die Höhlung anderer Gegenstände, z. B. lagenae. B) = uterus: ventrem ferre schwanger sein. Hiervon (Poet.) = die ungeborne Leibesfrucht, v. tuus dein Sohn.

Ventĭdĭus, Name eines römischen Geschlechts: ein Publius V. Bassus, durch Cäsars Gunst von niedrigem Stande bis zum Range eines Senators erhoben, wurde nach Cäsars Tode Parteigänger des Antonius und sogar Consul. Davon **-diānus**, *adj.*

Ventĭlātor, ōris, *m.* [ventilo] (Spät.) 1) der Schwinger, Worfler des Getreides. 2) der Taschenspieler.

Ventĭlo, 1. [ventulus] 1) in der Luft schwingen, schwenken, facem, cubitum in utrumque latus; insbes. absol. = die Waffen (drohend ob. zur Uebung) schwenken, ehe man das Fechten beginnt; (Spät.) medial ventilari sich bewegen, schwenken; (Poet.) aura v. comas populeas das Laub des Pappelbaumes. Hiervon *trop.* erregen, anfachen, concionem. 2) *term. t.* in der Landwirthschaft, der Luft aussetzen, lüften, worfeln. 3) absol. Kühlung zufächeln, cubabat aliquo ventilante.

*****Ventĭo**, ōnis, *f.* [venio] (Pl.) das Kommen: quid tibi huc ventio est warum kömmst du hierher?

Ventĭto, 1. [venio] oft kommen, zu kommen pflegen, ad aliquem.

Ventōsus, *adj.* mit *comp.* u. *sup.* [ventus] 1) voller Wind, windig, folles, spelunca; insbes. = stürmisch, mare, regio. 2) (Poet.) schnell ob. leicht wie der Wind, equus. 3) *trop.* A) = aufgeblasen, eitel, leer, homo, lingua, gloria. B) = unbeständig, plebs.

Ventrĭcŭlus, i, *m.* [*deminut.* von venter] 1) der kleine Bauch. 2) v. cordis die Herzkammer.

Ventrĭōsus, *adj.* [venter] (Pl.) dickbäuchig.

Ventŭlus, i, *m.* (Vorklass.) *deminut.* von ventus.

Ventus, i, *m.* 1) der Wind: v. secundus, adversus günstig, ungünstig; v. Corus, aquilo, septemtriones vv. Insbes. *Proverb.:* in vento et aqua scribere sich vergebliche Mühe machen; verba in ventos dare, profundere verba ventis in den Wind (vergeblich) reden; dare verba ventis sein Versprechen nicht halten; venti ferunt gaudia ejus seine Freude wird zu Wasser; ventis remis aus allen Kräften; ventis tradere aliquid Etwas vergessen. 2) *trop.* A) zur Bezeichnung des günstigen oder ungünstigen Geschickes: alios vidi ventos = bevorstehendes Unglück; venti ejus secundi sunt das Glück ist mit ihm; quicunque venti erunt wie auch die Umstände sein werden. B) = das Gerede, der Ruf, theils günstig, v. popularis = Volksgunst (vgl. aura 1. B.), theils ungünstig, projici vento. Insbes. = das unsichere Gerede, das Schwanken des Gerüchtes, omnes rumorum et concionum venti. C) = Erregung, Unruhe, „Sturm", excitare v. in aliquem.

Vēnŭcŭla [venuncula, vennuncula], ae, *f.* eine Art Weintrauben, die eingemacht wurden.

Vēnŭla, ae, *f.* (Spät.) *deminut.* von vena.

Vēnum-do etc. 1. = das daraus durch Zusammenziehung gebildete vendo (fast nur von Sclaven).

Vēnum, i, *n.* der Verkauf, nur im *dat.*,

accus. u. *abl. sing.*, und zwar adverbial = zum Verkaufe, feil, faßt immer in der Verbindung venum do und venum eo = vendo und veneo (siehe diese Wörter).

Vĕnus, ĕris, *f.* 1) die Göttin der Liebe und Schönheit, Tochter des Jupiter und der Dione (nach anderen Sagen aus dem Schaume des Meeres entstanden, Ἀφροδίτη), Gemahlin des Vulcan, Mutter des Amor, des Aeneas u. A. 2) *trop.* A) (Poet.) die Liebeslust, Geschlechtsliebe. Hiervon (Poet.) = der geliebte Gegenstand, die Geliebte, mea V.! B) (Poet. und Spät.) die Schönheit, Anmuth, Huld, der Liebreiz; hiervon = geistige Schönheit, Annehmlichkeit, omnes dicendi vv. C) der glücklichste Wurf im Würfelspiel, siehe talus. Hiervon A) **Vĕnērius** *ob.* (selt.) **Vĕnĕreus**, *adj.* a) zur Venus gehörig, sacerdos Priesterin, servi die Hierodulen der erycinischen V. in Sicilien, spöttisch Verres v. = verbuhlt. b) v. jactus (welches Wort gewöhnlich fehlt, so daß V. substantivisch steht), auch **Venerium**, ii, *n.* = Venus 2. C. c) **Venereae**, ārum, *f.* eine Art Muscheln. d) zur Geschlechtsliebe gehörig, fleischlich, unzüchtig. B) **Venustas**, **Venustus** u. s. w. siehe unten. 3) der Venusstern.

Vĕnūsia, ae, *f.* Stadt in Apulien, Geburtsort des Horaz. Davon **-sĭnus**, *adj.*

Vĕnustas, ātis, *f.* [venus] 1) die anmuthige Schönheit (bes. also die weibliche), der Liebreiz. 2) *trop.* A) bes. von der Rede, die Artigkeit, Feinheit, Liebenswürdigkeit, insbef. = bef feine Scherz, lepor ac v. B) (Com.) = Vergnügen, Freude, Annehmlichkeit, dies plenus venustatis sehr erfreulich.

Vĕnustē, *adv.* [venustus] schön, lieblich.

*****Vĕnustŭlus**, *adj.* (*Pl.*) deminut. von venustus.

Vĕnustus, *adj.* mit comp. u. sup. [venus] liebreich, lieblich, anmuthig, schön, (bes. von der weiblichen Schönheit; vgl. formosus). Hiervon *trop.* von der Rede = zierlich, elegant.

*****Vĕ-pallĭdus**, *adj.* (Poet.) sehr blaß, leichenblaß.

*****Veprēcŭla**, ae, *f.* deminut. von vepres.

Vepres (*ob.* Vepris), is, *m.* (*Lucr.* auch *f.*) der Dornstrauch, Dornbusch.

Vēr, ēris, *n.* [verw. mit ἔαρ, ἦρ] der Frühling, Lenz; v. novum (Poet.) der vor Kurzem eingetretene F.; *trop.* v. aetatis die Jugend. Insbef. v. sacrum = das von den Erstlingen des Frühjahrs den Göttern dargebrachte Opfer, indem man in gefahrvollen Umständen den Göttern alle Thiere (in der ältesten Zeit auch Menschen), die im nächsten Frühling zuerst geboren würden, zu opfern gelobte.

Veragri, ōrum, *m. pl.* ein Alpenvolk im heutigen Walliserlande.

Vērātrum, i, *n.* (Vorklass. u. Spät.) der Nieswurz.

Vōrax, ācis, *adj.* mit comp. [verus] wahrredend, wahrhaftig; (Poet.) v. oecinisse der Wahres gekündigt hat.

Verbēna, ae, *f.* fast immer im *plur.* verbenae, heilige Kräuter oder Zweige (des Lorbeerbaumes, Oelbaumes, Myrtenbaumes u. s. w.), welche von einem geweihten Orte her genommen zu religiösen Zwecken verwendet wurden, namentlich von den Fetialen bei ihren Amtsverrichtungen.

*****Verbēnātus**, *adj.* [verbenae] (Spät.) mit heiligen Zweigen oder Kräutern bekränzt.

Verber, ĕris, *n.* (gewöhnlich im *plur.*) 1) *abstr.* der Schlag, Stoß, Wurf überhaupt, virgae, v. remorum, ventorum, dare vv. ponto (von einem Schwimmenden) das Meer mit den Armen schlagen. Insbef. = der Peitschen-, Geißelhieb, die Geißelung, coërcere aliquem verberibus. Hiervon *trop.* vv. patriae linguae = Vorwürfe. 2) *concr.* der Prügel, die Geißel, Peitsche. 3) (Poet.) der Riemen an einer Schleuder u. dergl.

*****Verbĕrābĭlis**, e, *adj.* u. sup. [verbero] (*Pl.*) „peitschbar" = des Auspeitschens werth.

*****Verbĕrātio**, ōnis, *f.* [verbero] die Geißelung, *trop.* = die Strafe, Genugthuung.

Verbĕreus, *adj.* [verber] (*Pl.*) Schläge verdienend.

Verbĕro, ōnis, *m.* [verber] der Schläge verdient, als Schimpfwort, Schlingel.

Verbĕro, 1. [verber] 1) schlagen, peitschen, geißeln, aliquem virgis, vineae grandine verberatae. Hiervon A) v. urbem tormentis beschießen. B) (Poet.) v. aethera alis = durch die Luft fliegen; v. sidera undā bespritzen. C) vox v. aures trifft, prallt an die Ohren. 2) *trop.* a) = mit Worten züchtigen, tadeln, angreifen; v. aliquem convicio, verbis. b) orator istos v. wird sie ganz zu Boden werfen, bestegen.

Verbōse, *adv.* mit comp. [verbosus] mit vielen Worten, weitläufig.

Verbōsus, *adj.* mit comp. u. sup. [verbum] wortreich, weitläufig, epistola.

Verbum, i, *n.* 1) das Wort (als Theil der Rede und in Bezug auf die Bedeutung, vgl. vocabulum, vox), novum, simplex, durum; v. ipsum voluptatis das Wort Lust. Insbef. A) verbum facere ein Wort sagen, gewöhnlich mit einer Negation verbunden (nullum, nunquam). B) verba facere (habere) reden = eine Rede, einen Vortrag halten (von einem Redner, Gesandten, dem im Senate referirenden Magistrate u. dergl.), pro aliquo; *proverb.* vv. facere mortuo (Com.) tauben Ohren predigen, vergeblich reden. C) ad verbum aufs Wort, wörtlich, buchstäblich, ediscere; fabulas Latinas ad v. de Graeco exprimere, ebenso verbum verbo (auch e v., pro v.) reddere wörtlich übersetzen. D) verbi causa (gratia) zum Beispiel, Beispiels halber. E) verbo a) (im Gegensatze zu scripto, literis) mündlich. b) (im Gegensatze zur Wirklichkeit, re) dem Worte nach, dem Namen nach. c) (im Gegensatze zu vollständiger Auseinandersetzung von Gründen u. dergl.), mit Einem Worte, negare, arguere. d) uno v. Einem Worte = um es mit Einem Worte auszudrücken, kurz. F) (Com.) der Ausspruch, die Aeußerung, illud v. mihi non placet. G) (Com.) der Spruch, das Sprichwort: vetus est v. H) meis, tuis, alicujus verbis in meinem, deinem, Jmds Namen, für mich, dich, Jmd., gratulari alicui, suavium alicui dare. I) verba (im Gegensatze zu res) = leere

Worte, der äußere Schein: existimatio, dedecus, infamia vv. sunt; vv. dare alicui = Jmd. Etwas aufbinden, ihn täuschen. K) (*Pl.*) tribus vv. te volo ich will nur ein Paar Worte mit dir sprechen. L) quid verbis opus est ob. quid multa verba (faciam) = kurz! M) (Com.) bona vv. (Ausruf desjenigen, der einen Anderen beschwichtigen und von leidenschaftlichen u. heftigen Worten abhalten will) nur gemach! 2) in der Grammatik das Verbum, Zeitwort.

Vercellae, ārum, *f. pl.* Stadt im cisalpinischen Gallien, jetzt Vercelli.

Vercingĕtŏrix, ĭgis, *m.* gallischer Fürst im Kriege gegen Cäsar.

***Verculum**, i, *n.* (*Pl.*) *deminut.* von ver, *trop.* als Liebkosungswort, „mein Lenzchen".

Vēre, *adv.* siehe Verus.

Verēcunde, *adv.* mit *comp.* [verecundus] schüchtern, sittsam, bescheiden.

Verēcundia, ae, *f.* [verecundus] 1) mit einem *genit. object.* ob. vergl. die (angeborene u. natürliche) Scheu vor Etwas: A) vor etwas Gutem = die Ehrfurcht, die achtungsvolle Rücksicht, Verehrung, alicujus oder adversus aliquem. B) vor etwas Bösem, = die Zurückhaltung, Scheu, turpitudinis vor der Schande; imponere alicui verecundiam violandi consulem machen, daß Jmd. sich scheut den C. zu verletzen; verecundia fuit interpellandi Cajum man scheute sich den C. zu unterbrechen. 2) *absol.* A) die Schüchternheit, Bescheidenheit, Blödigkeit, in rogando. B) die Sittsamkeit, Züchtigkeit, Ehrbarkeit, pudor ac v.

Verēcundor, *depon.* 1. [verecundus] 1) verehren, vor Jmd. Ehrfurcht-, achtungsvolle Scheu haben, aliquem; *trop. absol.* manus vv. brüdern die Ehrfurcht aus. 2) vor Etwas sich scheuen, Scheu haben, exire.

Verēcundus, *adj.* mit *comp.* und *sup.* [vereor] 1) scheu, schüchtern, bescheiden, zurückhaltend, in postulando. 2) sittsam, züchtig, schamhaft, sermo, vita; color v. die Schaamröthe.

Vĕreor, ĭtus, *depon.* 2. 1) vor Etwas Scheu-, Ehrfurcht haben, -sich scheuen, es verehren, aus Verehrung es fürchten (vgl. timeo, metuo): v. deos, patrem; auch (meist *Vorklaff.*) v. alicujus, testimonii tui; v. reprehensionem. 2) überhaupt fürchten, periculum, bella Gallica; v. alicui, navibus um Jmd. besorgt sein, für die Schiffe Gefahr befürchten; häufig mit einem Objectssatze, v. (ne) id fiat daß das geschehen möge, ut veniat daß er nicht kommen möge. Oft zur Milderung einer Behauptung, vereor ne sit turpe timere es ist am Ende doch wohl schimpflich zu fürchten, illud vereor ut tibi concedere possim jenes werde ich dir schwerlich einräumen können. Hiervon mit einem abhängigen Fragesatze = mit Besorgniß erwarten, quid hoc sit, quorsum haec evasura sint. 3) mit einem *infin.* = sich scheuen, nicht wagen, sich nicht erdreisten, aliquid facere; *impers.* veritum est eos summum bonum in voluptate ponere sie schämten sich, wagten nicht.

Verētrum, i, *n.* das Schaamglied.

Vergĭliae, ārum, *f. pl.* (*Poet. u. Spät.*) das Siebengestirn, die Plejaden.

Vergo, — — 3. und (*Vorklaff.*) **Vergor**, — 3. 1) *intrans.* wohin sich neigen, -senken, gelegen sein, gerichtet sein: tectum v. in tectum inferioris porticus; terra v. ad (in) septemtriones; *trop.* dies v. nähert sich seinem Ende, aetas v. von einem Alten, ebenso femina vergens annis; auch = der Gesinnung nach zu Jmd. oder zu einer Sache sich neigen. 2) *transit.* (*Poet.*) eingießen, einschütten, venenum sibi, amoma in sinus.

Vergobrĕtus, i, *m.* Name der höchsten Behörde bei den Aeduern.

Vērīdĭcus, *adj.* [verum-dico] wahr redend, wahrhaft, vox.

***Vērĭlŏquium**, ii, *n.* [verus-loquor] versuchte Uebersetzung des griechischen ἐτυμολογία, die Etymologie (reinl. notatio).

Vēri-similis (**Vērō-similis**) e, *adj.* (gew. getrennt geschrieben) wahrscheinlich.

Vēri-similĭtūdo, ĭnis, *f.* die Wahrscheinlichkeit (gewöhnlich getrennt geschrieben).

Vērĭtas, ātis, *f.* [verus] 1) die Wahrheit (*abstr.* = die Eigenschaft, wahr zu sein, (vgl. verum, siehe verus): magna est vis veritatis; proferre aliquid in lucem veritatis. Hierv. = die Wahrheitsliebe, Unpartheilichkeit. 2) die Wirklichkeit, Realität, das wirkliche Leben, die wirklichen Umstände, im Gegensatze zur Unwahrheit, Nachbildung, zu Phantasiebildern, philosophischen Theorieen: ratio et v., res et v., ex v. aliquid judicare. So bisweilen v. zur Bezeichnung wirklicher Rechtsachen im Gegensatze zu rhetorischen Schulübungen in fingirten Sachen; rhetor veritatis expers. 3) (selten) die Wahrheit, Aufrichtigkeit, Offenheit; veritas odium parit.

***Vērĭverbium**, ii, *n.* [verus-verbum] (*Pl.*) das Wahrreden.

***Vermĭcŭlāte**, *adv.* [vermiculatus] (*Vorklaff.*) gewürfelt, bunt.

Vermĭcŭlātus, *adj.* [vermiculus] (*Vorklaff.*) eigentlich wurmstichig, daher gewürfelt, bunt.

Vermĭcŭlus, i, *m. deminut.* von vermis.

Vermīna, nnm, *n. pl.* [vermis] (*Lucr.*) das (eigtl. von Würmern erzeugte) Bauchgrimmen, Leibschneiden.

Vermĭnātĭo, ōnis, *f.* [vermino] (*Spät.*) die Würmerkrankheit der Thiere, daher der juckende Gliederschmerz.

Vermĭno, 1. und **-nor**, *depon.* 1. [vermina] (*Spät.*) 1) von Würmern geplagt werden. 2) jucken, schmerzen, podagra v.

Vermis, is, *m.* (*Vorklaff. u. Spät.*) der Wurm.

Verna, ae, *comm.* der im Hause seines Herrn geborene Sklave; solche wurden gewöhnlich gut behandelt und oft zu Lustigmachern erzogen.

Vernācŭlus, *adj.* [verna] 1) (*Poet. u. Spät.*) zu den Hausklaven gehörig, Sklaven-, multitudo. Hiervon (siehe verna) *subst.* -lus, i, *m.* der Lustigmacher, Witzbold. 2) inländisch, einheimisch, insbes. römisch, volucres, sapor; crimen v. vom Ankläger selbst erfunden.

Vernīlis, e, *adj.* [verna] (selten, *Spät.*) 1) zu einem Hausklaven gehörig, sklavisch. 2)

Vernilitas

sklavisch = kriechend. 3) lustig, muthwillig, frech.
Vernīlĭtas, ātis, *f.* [vernilis] (Spät.) 1) das sklavische Betragen = die kriechende Höflichkeit. 2) der Muthwille, freche Witz (siehe verna).
Vernīlĭter, *adv.* [vernilis] (Poet. u. Spät.) 1) wie ein Hausstlav, sklavisch. 2) scherzhaft, muthwillig.
Verno, — —. 1. [ver] (Poet. u. Spät.) Frühling machen, zur Zeit des Frühlings sich verjüngen: humus v. treibt Kräuter, Blumen u. dergl. hervor, anguis v. legt die alte Haut ab, avis beginnt wieder zu singen; *trop.* sanguis v. fließt jugendlich.
Vernŭla, ae, *f.* (Spät.) *deminut.* von verna.
Vernus, *adj.* [ver] zum Frühling gehörig. Frühlings=, tempus, sol, aura.
*****Vēro**, 1. [verus] (Vorklass.) wahr reden.
Vēro, *adv.* [verus] siehe verus.
Vērōna, ae, *f.* Stadt in Oberitalien, Geburtsort des Catullus und des älteren Plinius. Davon **-nensis**, e, *adj.* und *subst.* **-es**, ium, *m. pl.* die Einwohner von V.
Verres, is, *m.* das männliche Schwein, der Eber.
Verres, is, *m.* Cajus Cornelius, der berüchtigte Proprätor in Sicilien, dessen Verurtheilung Cicero bewirkte; die fünf Reden des Cicero gegen ihn sind noch vorhanden. Davon **Verrius** und **Verrīnus**, *adj.*: jus V. im Doppelsinne = das Verrinische Recht und = Schweinebrühe; **Verria**, ōrum, *n. pl.* ein ihm zu Ehren von ihm selbst angeordnetes Fest.
Verrīnus, *adj.* 1) [verres] zum Eber gehörig. 2) siehe Verres.
Verro, verri, versum, 3. 1) schleifen, ungestüm fortreißen, schleppen, v. caesariem per aequora, venti vv. omnia per auras. 2) über Etwas hin streichen, eine Fläche bestreichen: v. templa crinibus; v. humum pallā (bis auf den Boden hinabwallen lassen), v. aequora caudis; venti, naves vv. mare, v. vada remis; v. genialia naulia palmā duplici überfahren. *Insbes.* = mit dem Besen reinigend streifen, kehren, fegen, aedes, viam, pavimentum. 3) mit dem Besen ob. schleifend weg= ob. zusammenscharren, *fegen:* domi quicquid habet verritur *Ego;* *insbes.* auf der Tenne, de favillis pro farre, quicquid verritur Libycis horreis.
Verrūca, ae, *f.* 1) die Warze oder der ähnliche kleine Auswuchs. 2) A) (Vorklass.) der Hügel. B) *trop.* = der kleine Fehler.
Verrunco, 1. [verw. mit verto] (veraltet, nur in Gebetsformeln) sich wenden, *kehren,* precor haec bene vv. gut ausschlagen.
Versābĭlis, *adj.* [verso] (Spät.) 1) beweglich. 2) *trop.* unbeständig.
*****Versābundus**, *adj.* [verso] (Lucr.) sich immer herum drehend.
Versātĭlis, e, *adj.* [verso] 1) (Poet. u. Spät.) was sich umdrehen läßt, umdrehbar, beweglich, laquearia. 2) *trop.* ingenium v. zu mehreren und verschiedenen Beschäftigungen geschickt, gewandt, vielseitig.
Versātio, ōnis, *f.* [verso] die Umdrehung, *trop.* die Abwechselung.

Versōlor, ōris, *adj.* [verso-color] (Bock. u. Spät.) 1) buntfarbig, schillernd, vestis, arma. 2) *trop.* abwechselnd.
Versĭcŭlus, i, *m. deminut.* von versus.
Versĭfĭcātĭo, ōnis, *f.* [versifico] (Spät.) das Versmachen.
Versĭfĭcātor, ōris, *m.* [versifico] (Spät.) der Versmacher.
Versĭfĭco, 1. [versus-facio] (Spät.) Verse machen, dichten.
Versĭ-pellis, e, *adj.* [verto-p.] (Vorklass. u. Spät.) der „Wechselbalg", sein Fell d. h. seine Gestalt verändernd, sich umgestaltend, *trop.* = der sich verstellen kann, verschmitzt, schlau.
Verso, 1. [verto] 1) oft drehen, hin und her drehen, *kehren,* herumdrehen, saxum, turdos in igne, galeam inter manus, lumina (von Sterbenden); v. se ob. medial versari sich herumdrehen u. s. w.; (Poet.) v. currum sich mit dem Wagen umdrehen; v. glebas (durchs Pflügen oder Graben); v. urnam schütteln. 2) *trop.* A) irgendwohin wenden, lenken, mentem ad aliquid, animam alicujus in omnes partes; v. rem aliquo der Sache irgend eine Richtung geben. B) = verändern, wechseln, sors omnia; v. verba; v. causam die Sache von verschiedenen Seiten darstellen. C) v. in animo ob. v. animo und bloß v. = überlegen, erwägen, überdenken: v. quid humeri ferre possint; v. dolos ersinnen. D) = tummeln, versuchen, prüfen, üben, fortuna v. eos in certamine ließ sie abwechselnde Ereignisse und Erfolge erleben; (Poet.) = beunruhigen, plagen, aliquem; (Com.) v. aliquem = ihn täuschen. E) v. animum alicujus Imds Gemüth bearbeiten, erregen, in Bewegung setzen oder zu setzen streben.
Versor, *depon.* 1. (eigtl. pass. von verso) 1) gewöhnlich irgendwo sein, sich befinden, weilen, domi, Romae, in conviviis; quae vv. in foro auf dem F. vorkommen. 2) *trop.* A) in irgend einer Lage ob. Thätigkeit sich befinden, leben, schweben, sich bewegen u. dergl.: v. in pace, in luce Asiae, in errore; v. in aeterna laude unsterblichen Ruhm genießen; v. alicui in oculis et animo, ante ob. ob oculos alicujus vor Imds Augen ob. Geist schweben. B) mit Etwas sich beschäftigen, es treiben, v. in arte, in materia aliqua. C) auf Etwas beruhen, darauf ausgehen: haec vv. in errore hierüber findet ein Irrthum Statt, ipsae res vv. in facili cognitione sind leicht zu erkennen.
*****Versōrĭa**, ae, *f.* [verto] (Pl.) das Schiffstau zum Umbrassen (nach Anderen *abstr.* = die Umkehr): capere v. umkehren, von Etwas abstehen.
Versūra, ae, *f.* [verto] eigtl. das Umdrehen, Umwenden, daher *trop.* = das Wechseln mit dem Gläubiger, die zur Tilgung einer Schuld bei einem Anderen aufgenommene Anleihe: facere v. eine Anleihe machen, *trop.* facere v. ab Epicuro dem E. einen Satz entlehnen; versurā solvere (dissolvere) eine Schuld durch eine Anleihe bezahlen; *trop.* (Com.) = aus dem Regen in die Traufe kommen; *trop.* domi v. fit (er) dient nur sich selbst.

Versus (auch **Versum, Vorsus**), *adv.* [verto] zur Bezeichnung der Richtung, gegen — hin, nach — zu, wärts; es steht A) in der Verbindung mit den Präpositionen ad und in: in Italiam v., ad Oceanum v. B) bei Städtenamen, wo keine Präposition Statt hat, Romam v. C) bei anderen Adverbien, die eine Bewegung irgendwohin andeuten, deorsum v. nach unten, quoquo v. nach allen Seiten hin. (NB. Die wenigen Stellen, wo es als *praep.* mit dem *accus.* stehen sollte, sind kritisch unsicher).

Versus, us, *m.* [verto] 1) eigtl. das Umwenden, insbef. des Pfluges, daher *term. t.* des Landbaues = die Furche. 2) die Reihe, Linie, remorum, arborum. Insbef. in der Schrift A) in der Prosa die Zeile, primus v. legis. B) in der Poesie, der Vers, facere vv. dichten; se in versus dare sich auf das Dichten legen. 3) eine Wendung im Tanze.

Versūte, *adv.* [versutus] verschlagen, schlau.

Versūtia, ae, *f.* [versutus] (selten) die Verschlagenheit, Schlauheit.

Versūtilŏquus, *adj.* [versutus-loquor] (Verklaff.) schlau redend.

Versūtus, *adj.* mit *comp.* u. *sup.* [verto] 1) (selten) gewandt, klug. 2) in tadelndem Sinne, verschlagen, schlau, listig.

Vertebra, ae, *f.* [verto] (Spät.) das Gelenk.

Vertex (**Vortex**), Icis, *m.* [verto] 1) der Wirbel, gewöhnlich im Wasser = der Strudel, auch in der Luft = der Wirbelwind, der Flammen u. dergl.: amnis torto vertice; *trop.* v. amoris, officiorum. 2) der Wirbel des Hauptes, Scheitel, davon *meton.* = der Kopf. 3) *trop.* das Oberste eines Gegenstandes, der Gipfel, die Spitze, montis, arboris, *trop.* das Höchste einer Sache, vv. dolorum. 4) der Pol am Himmel.

*****Verticordia**, ae, *f.* [verto-cor] (Spät.) die Herzenswenderin, Beiwort der Venus.

Verticōsus, *adj.* [vertex] voller Strudel, fluvius.

Vertigo, inis, *f.* [verto] 1) das Herumdrehen, Wenden, colli, venti. 2) der Schwindel.

Verto, ti, sum, 3. I. *transit.* 1) wenden, drehen, umwenden, umdrehen: v. ora in aliquem, currum in fugam, se Romam; medial coelum vertitur dreht sich um; v. aliquem in fugam in die Flucht treiben, v. terga ob. se (von Truppen) = fliehen; porta ad mare versa. Hiervon *trop.* A) hinwenden, lenken: tota civitas versa est in eum hat seinen Blick, seine Aufmerksamkeit auf ihn hingewendet; medial verti ad caedem einander zu tödten anfangen. B) v. aliquid ad rem suam sich aus Etwas Vortheil machen, pecuniam ad se sich aneignen; v. captos in praedam als Beute behandeln; v. occasionem ad bonum publicum benutzen; quod dii bene vertant mögen die Götter einen guten Ausgang geben. 2) (Poet.) umkehren, umwälzen, terram aratro (pflügend), freta lacertis (rudernd); v. s. ante postes sich wälzen. 3) *trop.* umstürzen, über den Haufen werfen, Ilium, omnia (den Staat). 4) verändern, verwandeln, wechseln: v. comas (durch Färben), v. sententiam (Poet. sententia v. eum er wechselt seine Ansicht); omnia vertuntur (medial) verändert sich; terra v. se in aquam; v. solum (siehe dieses Wort). 5) übertragen, übersetzen, Platonem, multa de Graecis, aliquid ex Graeco in Latinum sermonem. 6) in der Beurtheilung irgendwohin führen: A) beimessen, zuschreiben, causas omnium rerum in deos, alia in iras deorum. B) als Etwas ansehen, wozu gerichen lassen, rechnen: v. alicui aliquid vitio; v. aliquid in religionem zu einem Gegenstande religiöser Bedenklichkeit machen; v. aliquid in suam contumeliam als zu seiner Beschimpfung gethan betrachten.

II. *intrans.* (Verto ob. medial Vertor) 1) sich wohin wenden, ausschlagen, irgend eine Richtung nehmen, ablaufen: prodigium v. in bonum, res v. in laudem, servitutem alicujus; quod bene vertat möge es gut ausfallen! 2) sich verwandeln, übergehen, lacuna v. in glaciem; fortuna v. wechselt. 3) von sächlichen Gegenständen A) sich drehen, wenden (siehe I. 1.). B) = versor a) auf Etwas beruhen, in unius potestate, spes v. in aliquo. b) in irgend einer Lage ob. dergl. sich befinden, sein, v. in periculo. c) von einer Zeit, verlaufen, septimus jam vertitur annus; annus vertens das laufende Jahr.

Vertumnus (**Vort-**), i, *m.* [verto] Gott des Wandels und Wechsels, insbef. der Abwechselung der Jahreszeiten und der daran geknüpften Phänomene, auch des Handelsverkehrs (in der Nähe seiner Statue am Forum hatten die Buchhändler ihre Buden).

Vĕru, us, *n.* ob. (*Pl.*) **Vĕrum**, i, *n.* 1) der Bratspieß. 2) der kurze Wurfspieß.

*****Vĕrpina**, ae, *f.* [veru] (*Pl.*) der Spieß.

Vĕrum, siehe Verus.

Vĕrus, *adj.* mit *comp.* u. *sup.* 1) wahr, wirklich, echt (im Gegensatze zum Falschen und Erlogenen): vera an falsa audiam; v. virtus, animus v. aufrichtig, timor gegründet. Häufig *subst.* **verum**, i, *n.* die Wahrheit (*concr.* = das Wahre, vgl. veritas): fateri v., longe abesse a v.; quum ventum est ad v. zur Wirklichkeit. 2) die Wahrheit redend, wahrhaftig, homo, judex der Wahrheit gemäß entscheidend; eum verum sage ich die Wahrheit? Apollinis os v. 3) billig, richtig, vernunftgemäß; lex; bef. im *neutr. sing.* es ist billig u. s. w.; illos agrum habere, selten rectum, et v. est, ut eos — amemus. Hiervon als *adv.*:

A) **Vĕrē**, *adv.* mit *comp.* u. *sup.* 1) der Wahrheit gemäß, wahr, loqui. 2) richtig, mit Recht, judicare; latrones verius quam hostes die richtiger Räuber als Feinde genannt werden. 3) vernünftig, vivere.

B) **Vĕro**, *adv.* 1) in der That, allerdings, wirklich: iste eum esse ait, qui non est, et qui v. est, negat. Insbef. A) in bekräftigenden Antworten, ja wahrhaftig: M. Fuisti saepe, credo, in scholis philosophorum. A. Vero, ac libenter quidem. Sed tu orationes veterum nobis explicabis? Vero, inquam, Brute. Bisweilen fehlt das Verbum bei

v. (Num injuste fecit? ille v., inquit A. ja freilich, hat er es). B) auch außer der eigentlichen Antwort auf eine Frage, zur Bezeichnung. daß das Folgende sich auf etwas Vorhergehendes bezieht; so im Anfange eines Briefes: ego v. vellem, Servi, adfuisses ja ich wollte in der That, u. s. w. C) in antreibender oder ermunternder Anrede, doch: cape v., respice v. 2) als adversative Partikel, bes. wo man zu dem Vorhergehenden, welches zugestanden wird, als Gegensatz etwas noch Größeres und Wichtigeres hinzufügt (der Nachdruck liegt dann auf dem vor v. stehenden Worte), aber, in der That aber, nun aber doch: musice abest a principis persona, saltare v. etiam in vitiis ponitur; illud v. plane non est ferendum; so häufig neque v.
C) Vērum, adv. 1) (Com.) = vero 1. in der That, ja wahrhaftig. 2) als stark bekräftigende Adversativpartikel, aber, jedoch aber, nach Negativsätzen sondern eben, sondern doch: häufig non modo — v. etiam; hoc non dicunt v. intelligi volunt. Es wird verstärkt durch enimvero (Vorklaff. auch bloß enim ob. vero). 3) beim Abbrechen der Rede (exspectabantur Calendae Januariae. v. praeterita omittamus) oder beim Uebergange zu einem anderen Gegenstande, aber; häufig mit tamen verbunden Vērumtāmen (auch getrennt geschrieben) adv. doch aber, gleichwohl; bisweilen zur Wiederaufnahme des unterbrochenen Fadens der Rede = „sage ich".
Vĕrūtum, i, n. [veru] der Wurfspieß.
Vĕrūtus, adj. [veru] (Poet.) mit einem Spieße bewaffnet.
Vervex, ēcis, m. der Hammel, Schöps; trop. = Schafskopf, ein dummer Mensch.
Vĕsānia, ae, f. [vesanus] (Poet. u. Spät.) der Wahnsinn.
*Vĕsāniens, tis, adj. [particip. eines sonst ungebr. Verb. vesanio von Vesanus] (Poet.) wüthend.
Vĕ-sānus, adj. 1) wahnsinnig, verrückt, homo, poeta. 2) von leblosen und abstracten Gegenständen, wüthend, gewaltig, wild, fames, vires, mare tobend.
Vescia, ae, f. kleine Stadt in Latium. Davon Vescīnus, adj. und subst.-īni, ōrum, m. pl. die Einwohner von V.
Vescor, — depon. 3. 1) sich durch Etwas nähren, Etwas speisen, genießen, lacte et carne, auch (Poet. u. Spät.) v. dapem, hominem. Hierv. (Poet.) v. aurā Nahrung aus der Luft ziehen = leben, trop. v. voluptatibus geniessen, v. loquelā inter se gebrauchen (= sich unterreden). 2) absol. speisen, Tafel halten, in aede, in villa.
Vescus, adj. (Poet. u. Spät.) klein, winzig, dünn, schwach: sal v. dünnkörnig, frons mit dünnen Zweigen.
Vĕsĕris, is, m. Fluß in Campanien.
Vĕsīca, ae, f. die Blase im thierischen Körper, Urinblase, daher = ein aus einer Blase gemachter Gegenstand.
Vĕsīcŭla, ae, f. deminut. von vesica.
Vĕsontio, ōnis, m. Hauptstadt der Sequaner in Gallien, jetzt Besançon.
Vespa, ae, f. die Wespe.
Vespāsiānus, i, m. Titus Flavius, römischer Kaiser 69—79 n. Chr.

Vesper, ĕri, m. [ἕσπερος] 1) der Abendstern. 2) im nom. u. accus. der Abend, sieh vespera.
Vespĕra, ae, f. und die Formen nach der zweiten Declination Vesper und -rum, nebst dem abl. nach der dritten Declination Vespere ob. ri, 1) der Abend, die Abendzeit: primo vespere am Anfange des Abends, heri vesperi gestern Abend. Hiervon trop. = das Abendessen: proverb. de alicujus vesperi coenare an Jmds Tische essen, von Jmd. unterhalten werden, de suo vesperi vivere sein eigener Herr sein. 2) der Abend = der Westen.
Vespĕrasco, rāvi, — 3. [vesper] Abend werden, A) person. nur im particip. coelo (die) vesperascente als es A. wurde. B) impers. es wird Abend.
Vespertīlio, ōnis, m. [vespera] die Fledermaus.
Vespertīnus, adj. [vesper] 1) zum Abend gehörig, Abends, tempus; vv. literae bei Abend erhalten, senatus consulta bei Abend gefaßt, hospes bei Abend ankommend. 2) abendlich = westlich, regio.
Vespĕrūgo, ĭnis, f. [vesper] (Vorklaff.) der Abendstern.
Vespillo, ōnis, m. (Spät.) der Leichenträger für Arme.
Vesta, ae, f. [Ἑστία] 1) in einigen Sagen = Terra, Gemahlin des Uranus. 2) gew. Tochter des Saturnus und der Rhea, Schwester des Jupiter, Göttin des Heerdes, damit der Häuslichkeit und des Feuers auf dem Heerde; sie heißt Ilia, weil Aeneas ihren Dienst von Troja nach Italien gebracht haben sollte. Hiervon (Poet.) A) = der Vestatempel. B) = das Feuer. — Davon Vestālis, e, adj. a) zur Vesta gehörig; insbes. Vestālis, is, f. eine Priesterin der Vesta, die zur strengsten Keuschheit verpflichtet waren. b) = einer Vestalin geziemend, oculi vv. züchtige.
Vester, stra, strum, pron. poss. [vos] euer; auch odium v. Haß gegen Euch; (Pl.) vester subst. = euer Herr, euer Alter.
Vestiārium, ii, n. [vestis] (Spät.) die Garderobe, a) = das Kleiderbehältniß. b) = die Kleider.
Vestibŭlum, i, n. 1) der Vorplatz, Vorhof vor dem Hause, von dem Hauptgebäude und den zwei hervorspringenden Flügeln desselben nebst der Straße. 2) A) der Eingang überhaupt, urbis, castrorum. B) trop. der Anfang, orationis.
Vestīgātor, ōris, m. [vestigo] (Spät.) der Ausspürer, Aufsucher.
Vestīgium, ii, n. 1) die Fußstapfe, Fußspur, der Fußtritt: video v. socci in pulvere; currentium pes, etiamsi non moratur, tamen facit v.; facere v. in foro das Forum betreten; imprimere v.; sequi (persequi) vestigia alicujus ob. aliquem vestigiis Jmd. auf den Fersen nachfolgen, ihn verfolgen, ob. trop. in Jmds Fußstapfen treten, ihm ganz nachahmen, ebenso ingredi vestigiis alicujus; trop. facere v. in possessionem ein Besitzthum antreten. 2) der auftretende Fuß, die Fußsohle: qui adversis vestigiis stant contra nostra vv. (unsere Antipoden). Hiervon (Poet.)

= der Fuß überhaupt, v. candidum. 3) die Spur, das Kennzeichen überhaupt, v. sceleris. 4) = der Platz, die Stelle: in suo v. mori malle quam fugere; in vestigiis hujus urbis (Brandstätte). Hiervon v. temporis = der Augenblick, Zeitpunct; hiervon adverb. e v. = auf der Stelle, sogleich.

Vestigo, 1. [vestigium] 1) nachspüren, aufsuchen, causas, voluptates. 2) ausspüren, durch Nachspüren auffinden, captivos.

Vestimentum, i, n. [vestio] 1) das Kleidungsstück, Kleid. 2) die Decke, der Teppich.

Vestio, 4. [vestis] 1) eigtl. kleiden, bekleiden (überhaupt, vgl. amicio), aliquem veste; (Poet.) lana v. te; vestitus angezogen, Kleider tragend, bene vestitus wohlgekleidet. 2) bekleiden = bedecken, umgeben, schmücken, trabes aggere, parietes tabulis; montes vestiti silvis. 3) trop. Etwas irgendwie (bes. in der Rede) einkleiden, res oratione.

Vestis, is, f. 1) das Kleid, Kleidungsstück und collectiv die Kleidung, der Anzug (überhaupt, vgl. amictus): mutare vestem, a) cum aliquo seine Kleider mit Jmd. wechseln. b) absol. = Trauer anlegen (wegen eines Sterbefalls, einer Anklage, einer öffentlichen Unglücks u. dergl.). 2) ein Stück Tuch überhaupt, v. linea; insbes. häufig v. stragula (siehe dieses Wort) oder bloß v. = der Teppich, die Decke. 3) trop. (Poet.) A) = die Haut einer Schlange. B) das Spinnengewebe. C) der Bart, als Bekleidung des Kinns.

*****Vestispica,** ae, f. [vestis-specio] (Pl.) die Aufseherin über die Kleider.

Vestitus, us, m. [vestis] 1) die Kleidung, der Anzug, muliebris. 2) trop. A) die Bekleidung, Bedeckung, riparum (das Grün), B) die Ausschmückung, orationis.

Vesulus, i, m. ein Berg in den cottischen Alpen an der Grenze von Ligurien.

Vesuvius (Vesevus), ii, m. der bekannte Berg Vesuv.

Vetera, ae, f. Stadt im nördlichen Gallien.

*****Veteramentarius,** adj. [vetus] (Spät.) zu alten Sachen gehörig, sutor = der Schuhflicker.

Veteranus, adj. [vetus] von vielen Jahren her, alt, hostis. Insbes. veterani (sc. milites) die alten, geübten Soldaten, Veteranen.

Veterasco, āvi, — 3. [vetus] (Spät.) alt werden.

Veterator, ōris, m. [vetus] 1) der in Etwas alt geworden ist, ergraut. 2) insbes. in üblem Sinne, ein alter Fuchs, ein schlauer, durchtriebener Mensch.

*****Veteratorie,** adv. [veteratorius] schlau.

Veteratorius, adj. [veterator] durchtrieben, schlau.

Veterinus, adj. (vielleicht statt veheterinus von veho] (Vorklass. u. Spät.) zum Lastziehen gehörig, bestia, semen equorum.

Veternosus, adj. mit sup. [veternus] (Vorklass. u. Spät.) 1) mit der Schlafsucht behaftet, schlafsüchtig. 2) trop. schläfrig, träumerisch, matt, animus.

Veternus, i, m. 1) die Schlafsucht. 2) trop. die Schläfrigkeit, das träumerische Wesen, die Trägheit, Erschlaffung.

Vetitum, i, n. [particip. von veto] 1) das Verbotene. 2) das Verbot.

Veto, tui, titum, 1. 1) verbieten, nicht erlauben, legatos discedere, castra muniri; (selten) v. ne id fiat, v. abeat; vetor abire es wird mir verboten, illud vetamur man verbietet uns dieses; (Poet.) v. majora, bella (widerrathen), v. peccare; (Spät.) id genus hominum vetabitur in civitate nostra. 2) übertragen, verhindern, zurückhalten, hemmen; frigus, timor v. me; quid vetat quaerere was hindert uns zu fragen? venti vetantes ungünstige; incerta Oceani vetantur.

Vettones, siehe Vectones.

Vetulus, adj. [deminut. von vetus] etwas alt, ziemlich alt. Hiervon subst. 1) -lus, i, m. ein Alter. 2) -la, ae, f. eine Alte, meist verächtlich, Bettel.

Veturius, Name eines römischen Geschlechts; Veturia hieß die Mutter des Coriolan.

Vetus, ĕris, mit sup. veterrimus (als comp. hiervon wird vetustior gebraucht), alt, was schon lange Zeit besteht (vgl. antiquus), v. consuetudo, nobilitas; homo v. (häufig im plur. veteres) ein alter Mann (wodurch nur das Alter bezeichnet wird, während senex zugleich die Schwäche des Alters andeutet). Insbef. A) **veteres** substantivisch, a) m. α) = die Vorfahren, die Menschen der alten Zeit; β) = die alten Schriftsteller. b) f. sc. tabernae die alten Wechslerbuden am Markte. B) im Gegensatze zu dem Jetzigen = ehemalig, früher: vv. cives; im Gegensatze zu den Colonisten, vv. tribuni. C) = erfahren, v. et expertus, daher (Tac.) vetus operis alt und erfahren in der Arbeit.

Vetustas, ātis, f. [vetus] 1) das Alter, hohe Alter, das lange Bestehen, die lange Dauer u. s. w.: v. familiae, mancipium vetustate antiquissimum; v. possessionis; habere v. lange bauern, ebenso ferre (perferre) v. ein hohes Alter erreichen, in tanta v. rerum so die Sachen so alt sind; aevi v. die Länge der Zeit. Hiervon A) (Poet.) das Greisenalter, tarda v. B) trop. a) lange dauernde Bekanntschaft od. Freundschaft, conjuncti vetustate. b) lange dauernde Uebung. 2) das Alterthum, die alte Zeit, exempla vetustatis; superare v. die älteren Verfasser übertreffen.

Vetustus, adj. mit comp. (vgl. vetus) und sup. [vetus] alt (mit dem Nebenbegriff der bezüglichkeit, Ehrwürdigkeit, vgl. vetus u. s. w.), vinum, oppidum, hospitium; insbes. = alterthümlich, Bettel.

*****Vexamen,** inis, n. (vexo) (Lucr.) die Erschütterung.

Vexatio, ōnis, f. [vexo] 1) die Beschwerlichkeit, Strapaze, jumentorum (daß sie hart mitgenommen waren); v. partis utriusque Verlust. 2) die Mißhandlung, sociorum.

Vexator, ōris, m. [vexo] der Plager, Mißhandler, urbis; v. furoris alicujus Angreifer, Störer.

Vexillarius, ii, m. [vexillum] 1) der Fahnenträger, Fähnrich. 2) plur. in der Kaiserzeit die ältesten Soldaten, die, nachdem sie

Vexillatio

den eigentlichen Kriegsdienst geleistet hatten, bei der Legion als ein letztes Aufgebot, Ersatzmannschaft blieben.

Vexillātio, ōnis, f. [vexillarius 2.] (Spät.) die Abtheilung der vexillarii.

Vexillum, i, n. [veho] 1) die Fahne, Standarte; insbes. die rothe Fahne, die bei den Feldherren aufbewahrt wurde und deren Erhebung ein Signal zum Beginnen des Kampfes oder zum Abmarsche war, proponere, tollere v. 2) die zu einer Fahne gehörige Mannschaft, Abtheilung, das Fähnlein: vexilla cum vv. concurrebant.

Vexo, 1. [veho] 1) hin und her heftig ziehen, -reißen, stark bewegen, erschüttern, schütteln, naves, venti vv. nubes coeli. 2) feindlich angreifen, verheeren, hostes, agros, Hannibal v. Italiam; trop. v. bona vestra, valetudinem. 3) mißhandeln, plagen, beunruhigen, hart mitnehmen, aliquem; vexatus vulnere, itinere. Hiervon trop. A) conscientia v. aliquem beunruhigt, ängstigt. B) v. aliquem verbis stark tadeln; locus vexatus ein Punct, Satz, gegen welchen viele Einwendungen gemacht werden. C) verderben, mores civitatis.

Via, ae, f. [nach Einigen statt veha von veho = der Ort, wo Etwas transportirt werden kann; nach Anderen von ire] 1) der Weg (ein durch Menschenhände angelegter oder doch ein ordentlicher und gebahnter, vgl. iter; aber via steht oft = iter); munire v. einen Weg anlegen, bauen; decedere de v. = dare alicui viam; in viam se dare sich auf den Weg begeben, ebenso (doch mit dem Nebenbegriffe einiger Gefahr) viae se committere; dare alicui viam per fundum suum die Erlaubniß zu gehen. Oft ist es = Reise, Marsch: in via oder inter viam auf der Reise, unterwegs, languere de v.; v. trium dierum. Hiervon uneigtl. A) = Oeffnung, Gang zwischen aufgestellten Gegenständen, z. B. zwischen Truppenabtheilungen, zwischen den Sitzreihen im Theater. B) = der Canal, die Röhre im menschlichen Körper u. dergl. C) die Spalte, Ritze. D) der Streifen an einem Kleide. 2) die Straße in der Stadt (= der Raum zwischen den Häuserreihen, vgl. vicus), die Gasse. 3) trop. A) das Verfahren, die Art und Weise, v. litigandi, belli; auch = die Art und Weise, um Etwas zu erreichen, das Mittel: v. pecuniae Mittel, sich Geld zu verschaffen, leti zum Sterben, Todesart. B) in der Philosophie und Rhetorik, die Methode, die Belehrungsweise im Unterricht, v. optimarum artium. Hiervon prägn. = die rechte Methode, adverbial viā methodisch, nach einem bestimmten und richtigen Verfahren, dicere. C) = Eingang, Zutritt, aperire v. potentiae, luxuriae.

*__Viālis__, e, adj. [via] (Pl.) zum Wege- oder zur Straße gehörig, lar.

*__Viārius__, adj. [via] den Weg betreffend, Wege-, lex.

*__Viātiοātus__, adj. [viaticum] (Pl.) mit Reisegeld versehen.

Viāticus, adj. [via] 1) eigtl. (Pl.) zum Wege-, zur Reise gehörig, coena der Abschiedsschmaus. 2) gewöhnlich subst. -cum, i,

Vicinia

n. A) das Reisegeld, Zehrgeld, auch = Vorrath zur Reise überhaupt (Kleider, Schwaaren u. dergl., die man auf der Reise mit hat). B) das von den Soldaten im Kriege ersparte Geld, der Sparpfennig, auch das Beutegeld.

Viātor, ōris, m. [via] 1) der Wanderer, Reisende. 2) der die Leute (ursprünglich aus dem Lande) vor den Magistrat ladende Bote, Staatsbote bei Censoren, Tribunen und einigen geringeren Magistraten.

Vibo, ōnis, f. Stadt in Bruttium. Davon **Vibōnenses**, ium, m. pl. die Einwohner von V.

Vibro, 1. 1) schwenken, schwingen, in zitternde Bewegung setzen, schütteln u. dergl.: v. hastam, flamina vv. vestes, v. digitos. 2) ein Wurfgeschoß u. dergl. schwingend schleudern, werfen, hastam, jaculum. 3) intrans. A) zittern, beben, vibriren, oscilliren, lingua, anguis v. B) schillern, schimmern, mare v. (von der Sonne beschienen). C) fulmen v. blitzend treffen, trop. oratio vibrans schwunghafte.

Viburnum, i, n. ein Strauch, der kleine Mehlbaum.

Vicānus, adj. [vicus] in einem Dorfe wohnend, Dorf-; haruspex v. auf den Dörfern herumziehend.

Vica Pōta, ae, f. [vinco-potior] Beiname der Siegesgöttin, die Siegerin und Erobererin.

Vicārius, adj. [vicis] die Stelle einer Person oder Sache vertretend, stellvertretend: fides amicorum operae nostrae v. supponitur. Hiervon subst. -ius, ii, m. der Stellvertreter, Vicarius, alicujus; v. regni Nachfolger; insbes. der Unterbediente, den ein Sklave sich hielt, Untersklave.

Vicātim, adv. [vicus] 1) gassenweise. 2) dorfweise, in Dörfern, habitare.

Vicēnārius, adj. [viceni] (Pl. u. Spät.) zwanzig enthaltend: lex quina v. die 25 Jahre alten Menschen betreffend.

Vicēni, ae, a, adj. num. distr. [viginti] je zwanzig.

*__Vicēsimāni__, ōrum, m. pl. (Spät.) [vicesimus] die Soldaten der zwanzigsten Legion.

*__Vicēsimārius__, adj. [vicesimus] zur vicesima (siehe vicesimus) gehörig.

*__Vicēsimus__, adj. num. ord. [viginti] der zwanzigste; insbes. subst. -ma, ae, f. der zwanzigste Theil als Abgabe an den Staat, namentlich von dem Werthe eines Sklaven bei seiner Freilassung.

Vicetia, ae, f. Stadt in Oberitalien. Davon **Vicetīni** (Vicentini), ōrum, m. pl. die Einwohner von V.

Vicia, ae, f. die Wicke.

Vicies, adv. num. [viginti] zwanzigmal.

Vicīnālis, adj. [vicinus] (selten) zur Nachbarschaft gehörig, nachbarlich, ad usum v. zum Gebrauch in der in der Nähe Wohnenden, bella vv. mit den Nachbarn.

Vicīnia, adj. [vicinus] (meist Poet. und Spät.) 1) die Nachbarschaft, Nähe (sowohl abstr. = das Nahesein, als concr. = die naheliegende Gegend, die Umgegend): hic viciniae habitat hier in der Nähe, commigravit huc viciniae hierher in die **Nähe**; vicinia Persidis urget. 2) (Poet.) meton. die **Nachbarschaft** = die **Nachbarn**. 3) trop. = die **Aehnlichkeit, Verwandtschaft**.

Vicīnĭtas, ātis, f. [vicinus] 1) = vicinia 1.: v. Germanorum, propter v. weil wir **Nachbarn** waren; in ea v. in dieser **Gegend**. 2) = vicinia 2.: sollicitare v., negotium dare ei v. den dort wohnenden **Menschen**. 3) trop. = vicinia 3.

Vicīnus, adj. mit comp. [vicus] 1) **benachbart** (in Bezug auf Haus und Hof, vgl. finitimus), in der **Nachbarschaft wohnend, •befindlich,** urbs; Fides in Capitolio vicina Jovis (der Tempel der F. in der **Nähe** von dem Tempel des J.). Hiervon subst. A) neutr. a) plur. vicina Syriae die nächsten Theile von **Syrien.** b) sing. est in vicino in der **Nähe.** B) -nus, i, m. und -na, ae, f. der **Nachbar**, die **Nachbarin.** 2) trop. A) nahe **kommend, ähnlich,** dialecticorum scientia eloquentiae v. ac finitima. B) nahe, morti, ad pariendum; auch = nahe **bevorstehend,** mors.

Vicis (genit.), em, e (andere **Casus des sing.** kommen nicht vor, der plur. hat die **Formen** vices und vicibus, der genit. fehlt), 1) die **Abwechslung,** der regelmäßige **Wechsel,** annorum, diei noctisque. Hiervon insbes. A) = „**Reihe**": suam quisque v. jeder nach der **Reihe,** wie die **Reihe** an ihn kam; suam v. für seinen **Antheil;** vicibus oder per vv. abwechselnd, in vices oder in vicem (auch verbunden invicem geschrieben) **wechselseitig, gegenseitig.** B) = **Entgegnung, Erwiderung, Gegenleistung** u. dergl., reddere (referre, exsolvere) vicem injuriae et officio, reddere vices meritis **Gleiches** mit **Gleichem** vergelten. C) (Poet.) **Mal:** plus vice simplici mehr als ein **Mal.** D) = der **Platz,** die **Stelle, Rolle:** cedere in vicem fidei an die **Stelle** des **Credits** treten; accedere ad v. alicujus an den von **Jmd.** eingenommenen **Platz** sich **nähern;** vestram v. unus **Jmd.** an eurer **Stelle,** meam v. anstatt meiner, salis vice nitro utuntur statt **Salz.** Hiervon ferner: vicem oder vice alicujus adverbial = nach **Art** von, gleich wie: Sardanapali vicem in suo lectulo mori; oraculi vice wie ein **Orakel,** vice pecorum obtruncari gleich **Vieh.** 2) das **Geschäft,** der **Auftrag,** die **Verrichtung:** sacra regiae vicis **Opfer,** die zu den **Verrichtungen der Könige gehört hatten;** praestare vicem assuetam; vice alicujus fungi **Jmds Geschäft ausführen,** seine **Stelle** vertreten. 3) (Poet. und Spät.) der **Wechsel des Schicksals, das Schicksal, Loos:** indignari suam v.; convertere humanam v.; (Poet.) nullas vitare vices **Danaüm** keine der **Gefahren** (der wechselnden **Geschicke**), welche der **Kampf** mit den **D.** herbeiführten konnte.

Vicissātim, adv. [vicis] (Pl.) = vicissim.

Vicissim, adv. [vicis] **gegenseitig, dagegen, wiederum:** terra uno tempore florere, deinde v. horrere potest; exspecto, quid ille tecum, quid tu v.

Vicissĭtūdo, ĭnis, f. [vicis] 1) der **regelmäßige Wechsel,** die **Abwechslung,** dierum ac noctium, fortunae. 2) die **Gegenseitigkeit, Erwiderung,** beneficiorum.

Victĭma, ae, f. das **Opferthier, Schlachtopfer.**

Victĭmārĭus, adj. [victima] zu den **Opferthieren gehörig,** subst. A) (Spät.) der **Opferthierhändler.** B) der **Opferdiener.**

Victĭto, 1. [vivo] (Vorklass.) von **Etwas leben** = sich **nähren,** ficis; bene libenter v. gern gut essen.

Victor, ōris, m. [vinco] der **Sieger,** belli im **Kriege;** mit **Hinzufügung des** genit. obj. der **Besieger, Ueberwinder,** v. omnium gentium; häufig adjectivisch (in der **Apposition**) = **siegreich,** v. exercitus. Hiervon trop. A) animus v. divitiarum der sich von **Reichthümern** (d. h. dem **Streben** nach **Reichthümern**) nicht beherrschen läßt. B) v. propositi der seinen **Zweck,** seine **Absicht erreicht hat.**

Victōrĭa, ae, f. [victor] 1) der **Sieg** (im **Kriege,** vor **Gericht** u. s. w.): v. certaminis im **Streite,** ex collega über einen **Collegen;** reportare v. de aliquo den **Sieg gewinnen über Jmd.;** victoriam conclamare ein **Siegesgeschrei erheben,** exercere v. den **Sieg benutzen.** 2) personificirt die **Siegesgöttin,** gewöhnlich mit **Flügeln** und einem **Lorbeerkranze dargestellt.**

Victōrĭātus, adj. [victoria] mit dem **Bilde der Siegesgöttin versehen,** subst. masc. (sc. numus) eine **Silbermünze,** einen halben Denar an **Werth.**

Victōrĭŏla, ae, f. deminut. von victoria.

Victrix, īcis, f. [vinco] die **Siegerin, Besiegerin;** häufig in der **Apposition** als adj. = **siegreich,** Athenae, manus, literae den **Sieg verkündend;** auch arma victricia.

Victus, us, m. [vivo] 1) der **Unterhalt,** die **Nahrung, Kost,** tenuis. 2) (selten) die **Lebensart** (doch zunächst mit **Bezug auf die Nahrung,** vgl. cultus).

Vicŭlus, i, m. deminut. von vicus.

Vīcus, i, m. [vgl. das gr. οἶκος] 1) die **Straße** (= die **Häuserreihe,** vgl. via). 2) ein **Stadtviertel, Quartier in Rom.** 3) ein **Dorf.**

Vĭdēlĭcet, adv. [videre-licet] 1) (Vorklass. u. Spät.) = videre licet, man kann **sehen,** es ist offenbar, natürlich, mit folgendem accus. c. infin.: v., senem illum parcum fuisse. 2) ohne **Objectsatz,** offenbar, natürlich, gewiß: hic de meis verbis errat v. („das steht man **deutlich"**). 3) ironisch, versteht sich, natürlich, freilich: tuus v. salutaris consulatus; conjuratos v. divebat.

Vīden' (Conversf.) statt **Vīdesne siehst** du? von **Video.**

Video, vidi, visum, 2. I. act. 1) **sehen** überhaupt: v. aliquem, rem; auch absol. v. acriter ein scharfes **Gesicht** haben. Insbes. A) v. somnia träumen, ein Traumgesicht haben; aliquid in somnis ob. per quietem im **Traume.** B) trop. v. diem u. tergl. = **erleben.** C) (Poet.) überhaupt durch die **Sinne** u. dergl. vernehmen: v. terram mugire hören, vernehmen, v. plus naso quam oculis, abies v. casus marinos versucht. 2) = **aufsuchen, besuchen, zu Jmd. hingehen,** aliquem. 3) ansehen, **schauen,** aliquem. Hiervon A) (Com.) me vide = verlasse dich auf mich! quin tu me vides? da sieh nur auf mich, wie ich es gemacht habe (= folge meinem **Beispiele**). 4) trop. auf den **geistigen**

Blick übertragen, A) bemerken, wahrnehmen, aliquid, multa vitia in aliquo. B) einsehen, verstehen, sehen, illud frustra accidisse; plus v. größere Einsicht haben; v. in futurum in die Zukunft schauen; bisweilen v. animo gerathezu = vorausfehen. C) erwägen, bedenken, überlegen: videamus illud; quamobrem haec videnda also muß dieses erwogen werden. D) = im Auge haben, beabsichtigen, nach Etwas trachten, magnam gloriam, imperia immodica. E) Achtung geben, zusehen, auf Etwas achten: vide scribas mache, daß du schreibst. Insbef. a) = verhüten, zusehen u. dergl.: videndum est ne obsit benignitas; vide quid agas; videant ne sit periniquum fie mögen zusehen, daß es nicht (= fie mögen bedenken, daß es ohne Zweifel) sehr unbillig ist, dagegen vide ne non sit necesse = es möchte schwerlich nöthig sein. b) im *fut. exact.* α) wo der Redende Etwas auf einen anderen Zeitpunct verweist: de illo alias v. was ihn betrifft, werde ich ein andermal zusehen (das Nöthige sagen); quae fuerit causa, mox v. β) wo man Etwas einem Anderen zu bedenken überläßt: illud ipse viderit das möge er selbst bedenken, ebenso de hoc tu ipse videris; sitne malum dolor necne, Stoici viderint das mögen die Stoiker sehen, erwägen. F) für Etwas oder Jmd. Sorge tragen, sorgen: v. negotia alicujus; v. cibum, prandium alicui besorgen; v. sibi für fich selbst sorgen.
II. *pass.* Videor, 1) (selten) gesehen werden, erscheinen: hostium copiae visae sunt; visus sum man hat mich gesehen; videri debet, quales sint. 2) gewöhnlich scheinen, dünken, als Etwas erscheinen, für Etwas gehalten werden: homines hic habitare videntur; aequum id mihi videtur; videris (esse) doctus es scheint, daß du gelehrt bist, is mihi videtur sapientissimus qui etc. es scheint mir, daß derjenige am weisesten ist, der u. s. w.; videor mihi satis dixisse ich meine genug gesagt zu haben, oder satis dixi ut mihi visus sum wie es mir dünkte; (selten) vult videri, se esse sapientem er will, daß es scheine, daß er weise sei. 3) insbef. *impers.* videtur = es scheint richtig, gut, es dünkt gut, es ist meine (Jmds) Meinung, Wille u. dergl.: nunc mihi visum est scribere ich habe für gut gehalten, es hat mir beliebt; si videtur wenn es beliebt; mitteret cum imperio quem ei videretur (*sc.* mittere) wen es ihm gut dünkte. Insbef. A) bei Angabe der Entscheidung, des Gutachtens einer Behörde: pontifices decreverunt videri, illam aedium partem posse restitui daß ihre Ansicht sei; Verres pronunciat videri etc. daß es sein Wille sei; senatui visum est etc. B) bei Angabe der Ansicht Jmds in wissenschaftlichen, bef. philosophischen Angelegenheiten: non mihi videtur, ad beate vivendum satis posse virtutem.

Viduitas, ātis, *f.* [viduus] 1) (*Pl.*) der Mangel, copiarum an Truppen. 2) der Wittwenstand.

Viduo, 1. [viduus] (Poet. u. Spät.) 1) berauben, von Etwas geschieden machen, v. urbem civibus, auch v. aliquem mannum. 2) insbef. *particip.* viduata verwittwet, des Mannes beraubt; auch conjux v. taedis verstoßen.

Viduus, *adj.* 1) (Poet.) einer Sache beraubt, ohne Etwas, amoris, re aliqua und a re aliqua. 2) insbef. des Gatten beraubt, verwittwet oder gattenlos, unverheirathet, mulier, homo, *subst.* A) -a, ae, *f.* eine Wittwe. Hiervon a) = eine von ihrem Manne geschiedene Frau, eine Frau, deren Mann verreist ist. b) ein unverheirathetes Frauenzimmer. B) -us, i, m. ein Wittwer. 3) von sächlichen Gegenständen. A) wie es bei einem Unverheiratheten ist, einsam, liebeleer, cubile. B) *trop.* vitis v. an keinen Baum angebunden (vgl. marito, caelebs.)

Vienna, ae, *f.* Stadt im südlichen Gallien, jetzt Vienne. Davon **Viennenses,** ium, *m. pl.* die Einwohner von V.

Vieo, — ētum, 2. (Vorklaff.) binden, flechten, corollam.

***Viētor,** ōris, *m.* [vieo] (*Pl.*) der Böttcher, Büttner.

Viētus, *adj.* [vieo] eigtl. gekrümmt, welk, verschrumpft: ficus v.; *trop.* senex v. kraftlos.

Vigeo, ui, — 2. [vis] 1) lebenskräftig sein, in voller Kraft und Frische sein, frisch und kräftig sein: herba v. arte naturae; aetas nobis v. wir sind im kräftigen Alter; (Poet.) fama v. mobilitate. 2) *trop.* blühen, in Kraft und Ansehen sein: A) v. animo oder animus (ingenium) v. einen kräftigen und regen Geist besitzen; v. memoriā im vollen Besitze seines Gedächtnisses sein. B) avaritia v. herrscht, studia literarum vv. werden eifrig betrieben, ebenso philosophia v.; verba vv. sind gebräuchlich. C) in Macht und Ansehen stehen, nomen v., Philo in Academia maxime v.

Vigesco, — — 3. [vigeo] lebenskräftig, lebhaft zu werden anfangen.

Vigil, ilis, 1) *adj.* wachend, wach, munter (der freiwillig wacht, vgl. insomnis), canis, oculi, (Poet.) cura v. nimmer ruhend (ob. = Jmd. wach haltend); nox in welcher man nicht schläft, ignis immer brennend, lucerna die gebraucht wird während des Wachens. 2) *subst. m.* der Wächter, gewöhnlich im *pl.* die Wächter in der Stadt Rom (von denen es seit August sieben Abtheilungen gab); *trop.* vv. mundi = die Sonne und der Mond.

Vigilans, tis, *adj.* mit *comp.* u. *sup.* [*particip.* von vigilo] wachend, wach, oculi; gewöhnlich *trop.* wachsam, unermüdet thätig, homo, dux.

Vigilanter, *adv.* mit *comp.* u. *sup.* [vigilans] wachsam, mit Fürsorge.

Vigilantia, ae, *f.* [vigilans] 1) die Wachsamkeit = Ausdauer im Wachen. 2) *trop.* die Wachsamkeit = Fürsorge.

Vigilax, ācis, *f.* [vigilo] (Poet. u. Spät.) = vigil.

Vigilia, ae, *f.* [vigil] gewöhnlich im *pl.* 1) das Wachen, Nachtwachen. 2) insbef. das Wachen zur Sicherheit eines Ortes (bef. der Stadt, eines Lagers), die Wache. A) *abstr.* = das Wachen, Wachehalten: agere vv. W. halten, in v. ducere u. dergl. auf die W.; vv. nocturnae et diurnae. B) = der Wachtposten, die Wache haltende Mannschaft: excubiae et vv.; ponere vv. stellen, circuire vv. inspiciren. C)

= die Zeit der Nachtwache = der vierte Theil der Nacht (nach den Jahreszeiten von verschiedener Länge): de tertia v. profectus est. 3) *trop.* die Wachsamkeit, die unermüdete Thätigkeit, -Fürsorge: v. et prospicientia, res exigit v.; hiervon tradere alicui suam v. seinen Posten. 4) (*Pl.*) die nächtliche religiöse Feier, vv. Cereris.

*Vigiliārium, ii, *n.* [vigilia] (Spät.) das Wachthaus.

Vigĭlo, 1. [vigil] 1) wachen, nicht schlafen, v. usque ad lucem. Hiervon (Poet.) durchwachen, noctem. 2) *trop.* wachsam sein, unermüdet thätig sein, für Etwas sorgen, pro aliquo. Hiervon *transit.* (Poet.) wachend verrichten, -besorgen, aliquid, labores vigilati.

Vīgintī, *adj. num. card.* zwanzig.

Vīgintīvīrātus, us, *m.* das Amt der vigintiviri.

Vīgintī-vĭri, ōrum, *m. pl.* die Zwanzigmänner, ein Collegium von zwanzig Männern zur Besorgung eines gewissen (meistens eines außerordentlichen) Amtes oder Auftrages.

Vĭgor, ōris, *m.* [vigeo] die Lebenskraft, Lebensfrische, Lebhaftigkeit, das Feuer, in vultu, v. aetatis, animi.

*Vīli-pendo etc., 3. (*Pl.*) gering schätzen, aliquem.

Vīlis, e, *adj.* mit comp. u. sup. 1) wohlfeil, um einen niedrigen Preis feil, poma; frumentum est v., annona (pretium) rei alicujus est v. der Preis — ist niedrig; emere, vendere vili wohlfeil. 2) gering an Werth, werthlos, geringgeschätzt, verächtlich, honor, genus, rex; pericula vilia habere verachten.

Vīlĭtas, ātis, *f.* [vilis] 1) die Wohlfeilheit, der niedrige Preis, annonae; v. est in vendendo man muß wohlfeil verkaufen; (*Pl.*) offerre aliquid vilitati Etwas zu niederem Preise feil bieten. 2) *trop.* (Spät.) A) der geringe Werth, die Werthlosigkeit. B) die Geringschätzung.

Villa, ae, *f.* [vielleicht statt vicula von vicus] 1) das Landhaus, Landgut, die Meierei (zunächst mit Bezug auf die Gebäude, vgl. fundus). 2) Villa publica hieß ein öffentliches Gebäude auf dem Marsfelde, welches den Magistraten bei Abhaltung des Census und bei anderen Amtsverrichtungen diente, und wo z. B. die Gesandten fremder Völker, denen man den Eintritt in die Stadt nicht gestatten wollte, sich aufhielten.

Villĭco, 1. [villicus] (selten) Verwalter eines Landgutes sein.

Villĭcus, *adj.* [villa] zum Landgute gehörig. und *subst.* A) -cus, der Verwalter eines Landgutes, der Meier, Vogt (ein Freigelassener oder Sklave, der die Aufsicht über die übrigen Arbeitsleute hatte). B) -ca, ae, *f.* die Wirthschaftsverwalterin, Ausgeherin, gewöhnlich die Frau des villicus.

Villōsus, *adj.* (Poet. u. Spät.) [villus] voll Zotten, zottig, haarig, rauh, leo; (Poet.) von der Medusa, v. colubris mit Schlangen wie mit Zotten bedeckt.

Villŭla, ae, *f demint.* von villa.

*Villum, i, *n.* (*Ter.*) *deminut.* von vinum.

Villus, i, *m.* das zottige Haar der Thiere, die Zotte, collectiv das zottige Haar (vgl. crinis, capillus u. s. w.): v. leonis, lupi, arietis; mantelia tonsis villis glatt geschoren.

Vīmen, ĭnis, *n.* [vieo] die zum Flechten dienende Ruthe, Weide, davon collectiv das Flechtwerk, z. B. ein Korb von Weiden.

*Vīmentum, i, *n.* [vieo] (Spät.) = vimen.

Vīmĭnālis, e, *adj.* [vimen] (Spät.) zu Flechtwerk gehörig; collis v. einer von den sieben Hügeln Roms.

Vīmĭneus, *adj.* [vimen] aus Weidenflechtwerk gemacht, tegumentum, crates.

Vīnāceus, *adj.* [vinum] von Wein, als *subst.* -us, i, *m.* der Weinbeerkern.

Vīnālis, e, *adj.* [vinum] (Poet. u. Spät.) zum Weine gehörig, davon -ālia, ium, *n. pl.* das Weinfest (am 22. April und 19. August).

Vīnārius, *adj.* [vinum] zum Weine gehörig, Wein-, vas. Hiervon *subst.* A) -ius, ii, *m.* der Weinhändler. B) -ia, ōrum, *n. pl.* die Weinflasche.

*Vīnceus, *adj.* [vincio] (*Pl.*) zum Binden gehörig, scherzhaft: potione vincea onerabo gulam = ich werde mich erhängen.

*Vincĭbĭlis, e, *adj.* [vinco] (Com.) leicht zu gewinnen, causa.

Vincio, nxi, nctum, 4. 1) binden, festbinden, anbinden, aliquem trinis catenis, manus post terga. Hiervon *trop.* A) = fesseln, verpflichten, verbinden: v. animum alicujus donis; B) = zusammenhalten, beschränken, im Zügel halten u. dergl.: v. pectus fasciā; omnia, quae dilapsa erant, v. legibus. C) v. loca praesidiis sichern, befestigen. D) v. linguas hostiles fesseln, durch Zauberei hindern. E) in der Rhet. v. verba die Worte so verbinden, daß sie in der Aussprache leicht zusammenschmelzen; v. sententias die Sätze zu wohl abgerundeten Perioden verbinden.

Vinco, vici, victum, 3. 1) *intrans.* siegen, gewinnen, die Oberhand erlangen oder behalten, proelio, acie; v. sibi zu seinem eigenen Vortheile, für sich; v. sponsione, judicio (doch auch v. sponsionem, judicium nach Nr. 2.) den Proceß gewinnen; (Poet.) v. Olympia in den olympischen Spielen, vincite hoc siegt in diesem, gewinnt (wenigstens) diesen Sieg; ea sententia vicit blieb geltend. Hiervon A) mit einem Objectssatze, beweisen, darthun: vince eum bonum virum esse. B) vicimus wir haben gewonnenes Spiel; viceris du sollst Recht haben. 2) *transit.* besiegen, überwinden, über Jmd. ob. Etwas den Sieg gewinnen, aliquem proelio, hostes acie. Hiervon a) gewinnen, causam, sponsionem (vgl. Nr. 1.); so auch v. nummos ein Spiel gewinnen. b) über Etwas Herr werden, es beherrschen, bewältigen u. dergl., v. animum, iram; vinci difficultate; a voluptate. c) übertreffen, übersteigen, aliquem eloquentiā; v. expectationem. d) (Poet.) v. secula überleben; v. fata vivendo länger leben, als man sollte. e) (Poet.) v. aliquid verbis (die Schwierigkeit des Stoffes mit Worten bewältigen) = Etwas auf würdige Weise ausdrücken. f) elophanti vv. spem regendi es ist keine Hoffnung länger die Elephanten regieren zu können. g) = überreden, rühren u. dergl., vinci non potuit; victus precibus.

Vinclum, i, n. syncop. statt vinculum.
Vincŭlum, i, n. [vincio] 1) das Band zum Binden, der Strick (vgl. vitta, fascia): vv. epistolae womit der Brief nach Art der Alten umwunden war. Hiervon (Poet.) die mit Bändern zierlich geschnürten Sandalen, Schuhe. 2) pl. häufig, wo von einem Gefangenen, Verbrecher ob. dergl. die Rede ist, = Fesseln (vgl. catena, compes), vv. pedum, rumpere vv., ob. meton. = Gefängniß (effugere ex vv. publicis). 3) trop. das Band: A) was Jmb. ob. Etwas hemmt, hindert, einschränkt: v. injicere cupiditati die Begierde zügeln, vv. fugae was von der Flucht abhält; evolare ex corporis vv. aus den Fesseln des Körpers, vv. certae disciplinae die bindenden Lehrsätze einer gewissen philosophischen Schule. B) was zwei oder mehrere Gegenstände verknüpft, vereinigt: vv. temporum nos conjunxerunt; (Poet.) v. jugale die Ehe; v. propinquitatis magnum est die Verwandtschaft ist ein wichtiger Grund einander zu lieben, ein starkes Verknüpfungsmittel; aliquo vinculo reipublicae conjuncti durch einige politische Rücksicht. C) was Etwas zusammenhält und stärkt, v. fidei, amicitiae.

Vindēlĭci, ōrum, m. pl. Völkerschaft in Germanien, südlich von der Donau, in den östlichen Theilen von Würtemberg und den westlichen von Baiern, welches Gebiet nach ihnen **Vindēlĭcia, ae, f.** hieß.

Vindēmia, ae, f. [vinum-demo] 1) die Weinlese, Weinernte. 2) (Poet.) A) die Weintrauben. B) der Wein.

Vindēmĭātor ob. **Vindēmĭtor, ōris,** m. [vindemio] (Spät.) 1) der Winzer. 2) ein Stern im Gestirn der Jungfrau.

Vindēmĭo, 1. [vindemia] (Spät.) Weinlese halten, auch v. uvas Wein lesen.

***Vindēmĭŏla, ae, f. deminut.** von vindemia.

Vindex, ĭcis, m. u. f. 1) der in Schutz Nehmende, der Beschützer, Erretter, Vertheidiger, der Bürge, regni, libertatis; auch v. injuriae der Beschützer gegen ein Unrecht, ebenso v. periculi; nodus deo vindice dignus ein Knoten, der verdient, daß ein Gott dazwischen komme, um ihn zu lösen. 2) der Rächer, Bestrafer, die -in, conjurationis, facinorum.

Vindĭcātĭo, ōnis, f. [vindico] 1) das In-Anspruch-Nehmen eines Gegenstandes, die Eigenthumsklage. 2) das In-Schutz-Nehmen, die Beschützung seiner selbst oder Anderer gegen Gewalt.

Vindĭciae, ārum, f. pl. (nur Vorklaff. im sing.) [vindex] die gerichtliche In-Anspruch-Nahme eines Gegenstandes, der gerichtliche Anspruch auf den Besitz einer Sache, daher auch zur Bezeichnung des bestrittenen Gegenstandes oder des über diesen geführten Processes; cedere vindiciis einem — Anspruch weichen; dare (decernere) vindicias secundum libertatem durch seinen Spruch bestimmen, daß Jmb. frei sein soll bis die Sache vor Gericht entschieden ist, postulare vv. secundum libertatem fordern, daß Jmb. frei sein soll bis u. s. w.; pugnare dare vv. ab libertate (in servitutem) oder dare vv. secundum servitutem durch seinen Spruch bestimmen, daß Jmb. Sklav sei bis u. s. w.; injustae vv. ungerechte Forderungen.

Vindĭco, 1. [vindex] 1) gerichtlich in Anspruch nehmen, vindiciren: v. sponsam i libertatem daß — frei bleibe, ebenso puel vindicatur wird gerichtlich (dem Vater, in dessen Gewalt sie bisher gewesen war) vindicirt. Hiervon überhaupt = in Anspruch nehmen, sich gehörend vindiciren, sich zueignen, zuschreiben: v. sibi libertatem, victoriam se; Chii Homerum suum vv. 2) insbef. v. libertatem in Freiheit setzen, von der Sklaverei befreien, se, rempublicam. Hiervon überhaupt schützen, erretten, befreien, alique ab aliquo, innocentem a supplicio, alique ex suspicione; v. libertatem; v. locum a s litudine (durch seine Gegenwart) bewirken, ein Ort nicht ganz menschenleer ist. 3) verbieten ober strafend gegen Etwas einschreiten, A) (selten verbieten, dolum. B) ahnden, bestrafen v. in aliquem Jmb. bestrafen, dagegen v. ditionem, injuriam. 4) rächen, mortem S pionis; (Spät.) v. se ab aliquo sich an Jmb. räch

Vindĭcta, ae, f. [vindico] 1) der St womit der Prätor den freigelassenen Sklav berührte, der Freiheitsstab. 2) die Befreiun Rettung, der Schutz: libertatis, aber v. vitae Erlösung von dem Leben. 3) die Rache, Stra

Vinētum, i, n. [vinum] der Weingarte die Weinpflanzung, proverb. caedere s vv. = sich selbst Schaden zufügen.

Vinea, ae, f. [vinum] 1) der Weinber Weingarten. 2) (Poet. u. Oef.) der Weinstock. 3) das nach Art einer Weinlaube geba Schutzdach, Sturmdach, womit die Belage sich gegen feindliche Geschosse deckten.

Vinitor, ōris, m. [vinum] der Winzer.

***Vinnŭlus, adj.** (Pl.) lieblich, artig.

Vinŏlentĭa, ae, f. [vinolentus] die Trunkenheit als Neigung, die Trunksucht.

Vinŏlentus, adj. [vinum] 1) zum Trunk geneigt, trunksüchtig, mulier; convivium wo viel getrunken wird. 2) betrunken, tauscht, modice v.

Vinōsus, adj. mit comp. u. sup. [vinu viel Wein trinkend.

Vinum, i, n. [οἶνος] der Wein: ad ober in vino, per v., (Poet.) inter vv. bein Weintrinken, im Trinkgelage; in multum v procedere viel trinken; vino mersus, sepul start berauscht.

Vĭŏla, ae, f. 1) die Viole, das Veilch 2) die Farbe der Viole, das Violett.

Vĭŏlābĭlis, e, adj. [violo] (Poet.) verle bar, was verletzt werden kann oder darf.

Vĭŏlācĕus, adj. [viola] (Spät.) viole farben.

Vĭŏlārĭum, ii, n. [viola] (Poet. u. Sp das Veilchenbeet.

***Vĭŏlārĭus, adj.** [viola] (Pl.) der V lettfärber.

Vĭŏlātĭo, ōnis, f. [violo] die Verletzu Schändung, templi.

Vĭŏlātor, ōris, m. [violo] der Verletz Schänder, Entehrer, foederis, templi.

Vĭŏlens, tis, adj. [vi] (Poet.) = violen

Vĭŏlenter, adv. mit comp. u. sup. [lens] gewaltsam, ungestüm, heftig, hi munus gerere, conqueri; v. ferre (toler aliquid Etwas sehr übel nehmen.

Violentia   **Virilis**   801

Violentia, ae, *f.* [violens] die Gewaltsamkeit, der Ungestüm, die Heftigkeit, hominis; v. gentium Wildheit, fortunae, Grausamkeit.

Violentus, *adj.* mit comp. u. sup. [vis] gewaltsam, ungestüm, heftig, hitzig, tempestas, animus, ingenium, ira, verba; v. imperium, censor hart, streng.

Violo, 1. [vis] verletzen, schänden, entehren, daher = mißhandeln, gewaltsam behandeln, beleidigen: v. sacra, foedera, dignitatem alicujus; v. hospites, parentes; v. fines verheeren, urbem angreifen.

Vipĕra, ae, *f.* [statt vivipara von vivupario] (Poet. u. Spät.) eigtl. die lebendige Junge Gebärende, die Viper, überhaupt die Schlange, Natter.

Vipĕreus, *adj.* [vipera] (Poet. u. Spät.) 1) von Vipern oder Schlangen, Schlangen-, caro, dens; anima v. Gifthauch. 2) (Poet.) Schlangen an sich habend, monstrum (Medusa), sorores die Furien.

Vipĕrīnus, *adj.* [vipera] (Poet. u. Spät.) = vipereus 1.

Vipsānius, siehe Agrippa.

Vir, viri, *m.* 1) der Mann, die Mannsperson (in physischer Beziehung, *oppos.* mulier, *vgl.* mas): virum me natam vellem (sagt ein Frauenzimmer). 2) = der Ehemann: v. meus; *trop.* von Thieren, caper v. gregis. 3) prägn. der Mann in Bezug auf Charakter, Betragen u. f. w., also zur Bezeichnung männlicher Eigenschaften, bes. der Rechtheit, Standhaftigkeit u. s. w.: dolorem tulit ut vir; rusticanus v. sed plane v.; puer et v.; constans, prudens v.; so oft, wo eigtl. an „Mensch" überhaupt gedacht wird, v. bonus, justus; oft ironisch v. bonus, optimus, ille bonus v. dieser gute Mann da. 4) in der Militärsprache A) viri häufig bei Zahlangaben = milites, „Mann". B) in der Verbindung equi (vielleicht auch equites) viri bezeichnet dieses die Fußsoldaten: daher equis viris aus allen Kräften.

Virāgo, inis, *f.* [virgo] (Poet. u. Spät.) eine mannhafte Jungfrau, insbef. eine Heldin, Amazone; auch in der Apposition ancilla v. kräftig.

Vireo, ui, — 2. 1) grün sein, grünen, mons v. pinu, pectora vv. felle. 2) *trop.* frisch-, lebhaft-, kräftig sein; dum genua vv. während wir noch in der Blüthe des Alters stehen; flamma virens kräftig, serpens v. squamâ recenti glänzt.

Viresco, — — 3. [vireo] (Poet.) grün werden, zu grünen anfangen, *trop.* aufblühen, erstarken.

Virētum, i, *n.* [vireo] (Poet.) ein grüner Platz, vv. nemorum mit Gras bewachsene und von grünen Bäumen umgebene Plätze.

Virga, ae, *f.* 1) der grüne, dünne Zweig, das Reis, fraxinea; insbef. ein Setzling. 2) eine Gerte, Ruthe, womit Sklaven und Verbrecher gezüchtigt wurden (die fasces der Lictoren enthielten solche vv.): expedire vv., caedere aliquem virgis; (Poet.) zur Bezeichnung der fasces (quos virga verendos facit = die Magistratspersonen), der (dünne) Stab, Stock, z. B. des Mercur; insbef. = der Zauberstab, v. divina. 4) (Poet.) Streifen A) am Tuche, Farbenstreifen. B) am Himmel.

*****Virgātor**, ōris, *m.* [virga] (Pl.) der mit Ruthen Schlagende.

Virgātus, *adj.* [virga] (Poet.) 1) aus Ruthen bestehend, -geflochten. 2) Streifen habend, gestreift, sagula.

*****Virgētum**, i, *n.* [virga] ein Ruthen-, Weidengebüsch.

Virgeus, *adj.* [virga] (Poet.) aus Ruthen-, Gerten bestehend, supellex; flamma v. von brennenden Reisern.

*****Virgidēmia**, ae, *f.* [scherzhaft aus virgademo nach vindemia gebildetes Wort] (Pl.) die „Prügelernte".

Virgĭlius (Vergilius), Name eines römischen Geschlechtes: bekannt ist Publius V. Maro, der berühmte Dichter zur Zeit des August (geb. ums Jahr 70 v. Chr., gest. 19 n. Chr.). Davon -liānus, *adj.*

Virgināli̇̄s, e, *adj.* [virgo] jungfräulich, Jungfern-, habitus, feles vv. Mädchenräuber.

*****Virginārius**, *adj.* (Pl.) = virginalis.

Virgĭneus, *adj.* [virgo] (Poet.) zu einer Jungfrau gehörig, jungfräulich, die Jungfrauen (überhaupt oder gewisse insbef.) betreffend, Jungfrauen-: ara v. der Altar der jungfräulichen Vesta; vv. volucres die Harpyien.

*****Virginisvendōnides**, is, *m.* [virgo-vendo] (Pl.) erdichtetes Wort, der Mädchenverkäufer.

Virginītas, ātis, *f.* [virgo] die Jungfräulichkeit, der Jungfernstand.

Virginius, Name eines römischen Geschlechts; eine Virginia gab Veranlassung zur Vertreibung der Decemvirn.

Virgo, inis, *f.* 1) die Jungfrau, das Mädchen, das unverheirathete Weib (jung oder alt, *vgl.* puella); v. Dea = Diana. 2) (Poet.) ein junges Frauenzimmer, verheirathet oder unverheirathet, so von der Medea, v. adultera, vv. nuptae. 3) ein Gestirn.

Virgŭla, ae, *f. deminut.* von virga.

Virgultum, i, *n.* [statt virguletum von virgula] ein Gebüsch, Gesträuch, Buschwerk.

Virgunŭla, ae, *f.* (Spät.) *deminut.* von virgo.

Viriāthus, i, *m.* Anführer der Lusitanier. Davon -thinus, *adj.*

Viridārium, ii, *n.* [viridis] ein Ort mit grünen Plätzen und Bäumen, Lustgarten.

Viridis, e, *adj.* mit comp. u. sup. [vireo] 1) grün, gramen, ripa, aqua; pallor v. blaß, gelblich; *subst.* viridia, *n. pl.* grüne Plätze und Bäume, auch = Küchengarten. 2) *trop.* frisch, kräftig, jugendlich, aetas, juventa.

Viridĭtas, ātis, *f.* [viridis] 1) die grüne Farbe, das Grün: v. pratorum; elicere v. ex terra das Grün, die Gewächse. 2) *trop.* die Frische, die Jugendkraft.

Virĭdo, 1. [viridis] (Poet.) 1) grün machen (nur im pass.). 2) *intrans.* grün sein.

Viridŏmārus, i, *m.* ein Anführer der Heduer zur Zeit des Cäsar.

Virīlis, e, *adj.* [vir] zum Manne gehörig, männlich 1) in Rücksicht auf das Geschlecht, v. stirps, sexus. 2) = einem Manne gehörend, Manns-, toga. 3) der Eigenschaft, dem Charakter u. s. w. nach, mannhaft, muthig, standhaft u. dergl., oratio, animus. 4) = auf eine Person-, einen Mann kommend, bei einer Vertheilung, pars (portio) v. der Theil (Antheil) der auf jeden Einzelnen kömmt, „persönlich"; pro v. parte soviel oder so wie es für Jmd. paßt, von ihm gefordert werden kann, so viel ein Mann thun kann oder muß, obligatus ei sum plus quam pro v. parte = ich habe einen größeren Antheil an der Wohlthat erhalten als die Uebrigen; miles agrum cepit pro v. parte als seinen Antheil; gloriae Camilli pars v. apud omnes milites est jeder der Soldaten hat seinen Theil an dem Ruhm des C.

Virilitas, ātis, f. [virilis] (Spät.) 1) die Männlichkeit, Manneskraft. 2) die Mannhaftigkeit.

Viriliter, adv. mit comp. [virilis] männlich, mannhaft, standhaft: v. aegrotare = während einer Krankheit die Geduld und Gemüthsruhe nicht verlieren.

*__Viripŏtens__, tis, adj. [vires-potens] (Pl.) mächtig von Kraft, Beiname des Jupiter, „der Gewaltige".

Viritim, adv. [vir] 1) Mann für Mann, einzeln, legere, trecenos numos v. dedit auf jede Person, ebenso distribuere v. 2) einzeln, insbesondere.

Virōsus, adj. [virus] (Spät.) stark stinkend.

Virtus, ūtis, f. [vir] eigtl. die Mannheit = die einem Manne gehörenden geistigen Vorzüge, 1) die Bravheit, Herzhaftigkeit, Tapferkeit, die in Gefahren und Mühen sich kundgebende geistige Kraft: virtute omnibus praestare, häufig v. bellandi oder v. militaris. 2) collectiv, die guten Eigenschaften, die Vorzüglichkeit, Tauglichkeit, vorzügliche Beschaffenheit, v. animi, corporis: so überhaupt = der Inbegriff der zur Erfüllung seiner Bestimmung erforderlichen Eigenschaften eines Gegenstandes, v. arboris, equi; oratoris. 3) die gute Eigenschaft, Vollkommenheit, der Vorzug, und insbes. in moralischer Beziehung eine Tugend: illae vv. leniores; v. constantiae; animi vv., vv. oratoriae. 4) als Gesammtbegriff, die Tugend: omnia praeter v. caduca sunt; finis bonorum in virtute positus est; v. est animi habitus naturae modo atque rationi consentaneus.

Virŭlentus, adj. [virus] (Spät.) voll Jauche oder Gift.

Virus, i, n. (sehr selten außer dem nom. u. accus.) 1) die natürliche zähe Feuchtigkeit, der Schleim; v. cochlearum. Hiervon = Gift, v. serpentis; trop. v. acerbitatis. 2) (Poet.) A) der widrige Geruch, Gestank, alarum. B) der widrige Geschmack, aquae marinae.

Vis, accus. vim, abl. vi (genit. sing. vis vielleicht einmal bei Tac.), plur. Vires (Lucr. auch vis), ium, [Ἴς] I. im sing. 1) die Kraft (in Bewegung und That, vgl. robur), die Stärke, Gewalt: v. deorum, ingenii, oratoris, fluminis; summa vi mit der größten Anstrengung; v. orationis der Nachdruck; vim afferre ad aliquid zu Etwas beitragen. Hiervon = Einfluß, Wirkung: vim magnam habet sanguis paternus; v. herbarum. 2) die Gewalt = Gewaltthätigkeit, Ge-

waltthat: vim alicui inferre (afferre, facere) zufügen; accusare aliquem de vi; vi oder per vim mit Gewalt; auch = gezwungen (opposit. sponte). Hiervon = der Angriff, Stoß: naves factae ad quamvis vim perferendam; accipere vim eine Wunde empfangen; v. externa von außen her. 3) das Wesen, die Natur, Bedeutung, eloquentiae, amicitiae; v. et natura honesti; v. verbi; foederis vim habere die Geltung; illa est in his verbis vis die Meinung, der Sinn; idem jus usurpatur, vi adempta während die eigentliche Bedeutung verloren ist. 4) die Menge, Masse, hominum, auri. II. im plur. 1) die Körperkraft, die körperliche Stärke, daher überhaupt = die Kräfte, das Vermögen, supra vv. über seine Kräfte, pro vv. nach Kräften. 2) = was Gewalt und Einfluß verschafft, Geldmittel u. dergl., insbes. aber Kriegsmacht, Streitkräfte: ea pars virium (die Reiterei). 3) trop. (Poet.) sons occultis viribus mit verborgenen Heilkräften, incendia sumunt vv. verbreiten sich, nehmen zu.

Viscātus, adj. [viscum] (Poet. u. Spät.) mit Vogelleim bestrichen; trop. wodurch man irgend einen Vortheil erlangen will, beneficia.

Viscerātio, ōnis, f. [viscus] 1) die öffentliche Fleischvertheilung, Fleischspende an das Volk. 2) trop. v. leonis Abfütterung.

Viscum, i, n. 1) die Mistel (eine Pflanze). 2) der (aus den Mistelbeeren bereitete Vogelleim); trop. (Com.) zur Bezeichnung der Liebe.

Viscus, ĕris, n. fast immer im pl. viscera, rum, 1) die inneren Theile des thierischen Körpers, die Eingeweide (überhaupt, vgl. exta, intestina): tela haerent viscere. Insbes. A) die edleren Theile, Herz u. s. w. B) das Fleisch, insofern die Haut es bedeckt: sanguis exit e vv., tunica inhaesit visceribus Herculis. C) (Poet.) = uterus Mutterleib, daher vv. = Kind, Nachkomme. D) trop. = das Innerste einer Sache; vv. montis; vv. reipublicae, Italiae; vv. causae das Wesentliche in der Sache; vv. aerarii ob. vv. alicujus das „Herzblut" Jmds = der letzte Heller, das ganze Vermögen.

Visio, ōnis, f. [video] 1) der Anblick, das Ansehen, dei. 2) der gesehene Gegenstand, die Erscheinung. 3) trop. die geistige Vorstellung von Etwas, die Idee, doloris, veri falsique.

Visĭto, 1. [viso] 1) (Pl. u. Spät.) oft sehen. 2) nach Jmd. sehen, ihn besuchen, aliquem.

Viso, visi, visum, 3. 1) genau ansehen, besehen, betrachten, res in Macedonia, belli apparatum; v. prodigium untersuchen, praeda exposita ut viseretur; visendi causa um mich zu sehen. 2) des Nachsehens wegen irgendwohin kommen: A) besuchen, v. aliquem, urbs visitur wird von Reisenden besucht; häufig = einen Kranken besuchen, v. aliquem oder intro ad aliquem. B) vise ad portum gehe in den Hafen, um nachzusehen; vise num ibi sit siehe nach, ob u. s. w.: visebam quid me velles ich kam, um zu erfahren.

Vistŭla, ae, f. der Fluß Weichsel.

Visum, i, *n.* [*particip.* von video] 1) das Gesehene, die Erscheinung (vgl. visus), turpe; insbef. A) das Traumgesicht. B) eine Erscheinung, die ein Wahrzeichen enthält, v. verum falsumve. 2) die durch Sinneneindrücke von außen in dem Geiste entstandene Vorstellung einer Sache, das „Phantasiebild" (bei *Cic.* als Uebersetzung des griechischen φαντασμα).

Visurgis, is, *m.* der Fluß Weser.

Visus, us, *m.* [video] 1) das Sehen, der Anblick (das Vermögen oder die Handlung des Sehens): v. oculorum; nocere visu; terribilis visu schrecklich anzusehen. 2) das Gesehene, die Erscheinung, nocturnus; insbef. = visum 1. B.: rite secundare vv. 3) das Ansehen, die Gestalt: habere v. insignem et illustrem.

Vita, ae, *f.* [vivo] 1) das Leben, das Dasein: in mea v. so lange ich lebe, diutius esse in vita länger leben; agere (degere) v. leben, ponere v. das Leben lassen, sterben; (Poet.) vita sine corpore der Schatten eines Verstorbenen. 2) das Leben = die Lebensweise, der Lebensberuf, die Lebensbahn, oder = der Wandel, das Verfahren (also das Leben in bürgerlicher oder moralischer Beziehung, vgl. victus): v. rustica, omne vitae genus; inspicere in vitas omnium den Lebenswandel Aller untersuchen. 3) (*Pl.*) = victus, Lebensunterhalt, reperire v. 4) = Lebenslauf, Lebensgeschichte: exponere v.; vv. excellentium imperatorum. 5) (*Pl.*) als Liebkosungswort, mea v. mein Leben!

*****Vitābilis, e,** *adj.* [vito] (Poet.) meidenswerth.

Vitābundus, *adj.* [vito] 1) absol. zu entkommen suchend, ausweichend: v. erupit inter tela hostium. 2) mit einem *accus.*, meidend, vitabundus castra hostium.

Vitālis, e, *adj.* [vita] zum Leben gehörig, Lebens-: 1) = Leben enthaltend ob. gebend, aura, vis v. Lebenskraft; aevum v. die Lebenszeit, saeculum v. das Lebensalter, Geschlecht. Hierv. *subst.* **vitālia,** ium, *n. pl.* die Lebenstheile. 2) (Poet.) lebend, salvus et v.; = auch = lange zu leben verspechend, puer. 3) prägn. vita v. ein wahrhaftes (= ein vortreffliches) Leben.

*****Vitāliter,** *adv.* [vitalis] (*Lucr.*) mit Leben, v. animatus belebt.

Vitātio, ōnis, *f.* [vito] das Meiden, Vermeiden.

Vitellia, ae, *f.* Stadt in Latium.

Vitellius, Name eines römischen Geschlechtes, aus welchem der Kaiser Aulus V. bekannt ist. Davon -lliānus, *adj. u. subst.* -ni, ōrum, *m. pl.* die Soldaten oder Anhänger des Kaisers V.

Vitellus, i, *m.* 1) *deminut.* von vitulus. 2) der Eidotter.

Viteus, *adj.* [vitis] (Poet.) von dem Weinstocke: pocula vv. = der Wein.

*****Vitiātio,** ōnis, *f.* [vitio] (Spät.) die Verletzung, Schändung.

Vitiātor, ōris, *m.* [vitio] (Spät., selten) der Verletzer, Schänder.

Vitiōla, ae, *f. deminut.* von vitis.

Vitigĕnus ob. **-ineus,** *adj.* [vitis-geno] (Poet. u. Dct.) vom Weinstocke, von Reben, liquor, latex der Wein.

*****Vitilēna, ae,** *f.* [vitium-lena] (*Pl.*) die Schandkupplerin.

Vitio, 1. [vitium] 1) fehlerhaft machen, verderben, verletzen, auras verpesten, curae vv. corpus. Insbef. v. virginem u. s. w. schänden. 2) *trop.* verfälschen, senatusconsultum, memoriam (die Geschichtsurkunden). 3) insbef. *term. t.* durch obnunciatio verderben, v. diem durch eine obnunciatio (siehe dieses Wort) den zur Abhaltung der Comitien, des Census ob. dergl. bestimmten Tag für diese Handlung unbrauchbar erklären, weil wegen der ungünstigen Zeichen jede an diesem Tage unternommene öffentliche Handlung als vitio (siehe vitium 4) geschehen angesehen werden mußte.

Vitiōse, *adv.* mit *comp.* [vitiosus] 1) fehlerhaft, mangelhaft, verkehrt. 2) insbef. *term. t.*, gegen die Auspicien (siehe vitium 4.).

Vitiōsitas, ātis, *f.* [vitiosus] die Fehlerhaftigkeit, Lasterhaftigkeit.

Vitiōsus, *adj.* mit *comp. u. sup.* [vitium] 1) fehlerhaft, mangelhaft, voll Gebrechen, orator, exemplum. 2) lasterhaft, homo, vita v. 3) *term. t.* gegen die Auspicien gewählt, -gehalten, -geschehen, magistratus, comitia, suffragium (siehe vitium 4.).

Vitis, is, *f.* 1) der Weinstock. Hiervon (Poet.) von anderen Rankengewächsen. 2) die Weinrebe, Weinrante. 3) der (aus einer Weinrebe geformte) Commandostab der Centurionen im römischen Heere, der Centurionenstab.

Viti-sător, ōris, *m.* (Poet.) der Weinpflanzer.

Vitium, ii, *n.* 1) der Fehler = der Mangel, das Gebrechen: dicere oportet vitia in aedibus vendendis; aedes vitium fecerunt das Haus ist baufällig geworden; v. corporis ein körperliches Gebrechen. 2) der moralische Fehler, das Laster: v. senectutis; homo vitiis deditus. 3) ein Fehler, der begangen wird, das Vergehen, die Schuld: meum est v.; vitio fortunae durch die Schuld des Schicksals: vitio aliquid alicui vertere Jmd. Etwas zur Last legen. Insbef. = die Schändung eines Weibes: afferre v. pudicitiae alicujus, ein Weib schänden. 4) Insbef. als *term. t.*, ein Fehler in den Auguriten (entweder ein ungünstiges Wahrzeichen oder ein fehlerhaftes Verfahren bei der Beobachtung): was trotz einem solchen Fehler doch geschah, war vitio (fehlerhaft, gegen die Augurien) gemacht: navigare vitio gegen die A.; magistratus vitio creatus = vitiosus (siehe dieses Wort).

Vito, 1. 1) meiden, ausweichen, zu entgehen suchen, tela, mortem, suspicionem; (*Pl.*) v. rei alicui; id vitandum no etc.; (Poet.) v. tangere scripta; (Poet.) v. se ipsum = unbeständig und inconsequent sein. 2) bisweilen = devito vermeiden, entgehen.

*****Vitrārius, ii,** *m.* [vitrum] (Spät.) der Glasbläser.

Vitreus, *adj.* [vitrum] 1) aus Glas, gläsern, vas. 2) *trop.* (Poet.) A) klar, durchsichtig, unda, antrum. B) (Poet.) fama v.

51*

= unbeständig oder = glänzend; Circe v. = meergrün oder = schön, glänzend.

Vitricus, i, m. der Stiefvater.

Vitrum, i, n. 1) das Glas. 2) eine blau färbende Pflanze, der Waid.

Vitrūvius, ii, m. (M. Pollio), Zeitgenosse des August, Verfasser einer noch vorhandenen Schrift über Architektur.

Vitta, ae, f. die Binde, das Band: A) Kopfbinde ehrbarer Frauen. B) Kopfbinde der Priester oder Priesterinnen. C) Band, womit das Opferthier oder der Altar geschmückt wurde. D) Binde, womit die Friedenszweige der Schutzflehenten u. s. w. umwunden waren (praeferre vittas manibus obet ramos vittis comptos).

Vittātus, adj. (vitta) (Poet.) mit einer Binde umwunden, vacca, capilli.

Vitŭla, ae, f. [vitulus] die junge Kuh, das Kalb.

Vitŭlīnus, adj. [vitulus] vom Kalbe, Kalbs-; hiervon subst. -na, ae, f. (sc. caro) Kalbfleisch.

Vitŭlor, depon. 1. (Gottlaff.) ein Freudenopfer bringen, Jovi.

Vitŭlus, i, m. 1) das junge Rind, Kalb. 2) (Poet.) ein Junges anderer Thiere, z. B. des Pferdes, des Elephanten. 3) (marinus) das Meerkalb.

Vitŭpĕrābĭlis, e, adj. [vitupero] tadelnswerth.

Vitŭpĕrātĭo, ōnis, f. [vitupero] der Tadel.

Vitŭpĕrātor, ōris, m. [vitupero] der Tadler, alicujus.

Vitŭpĕro, 1. [vitium] *1) (Gottlaff.) fehlerhaft machen, verderben, omen alicui (siehe vitium 3.). 2) tadeln (für fehlerhaft u. schlecht erklären, stärker als reprehendo), consilium alicujus, aliquem.

Vivācĭtas, ātis, f. [vivax] (Spät.) die lange Lebensdauer, das lange Leben.

Vivārium, ii, n. [vivus] das Behältniß zur Aufbewahrung lebendiger Thiere, der Thiergarten, Fischbehälter, das Vogelhaus und dergl.

Vivātus, adj. [vivus] (Lucr.) lebhaft.

Vivax, ācis, adj. mit comp. u. sup. [vivo] (Poet. u. Spät.) 1) lange lebend, cervus, pater. Hiervon A) = lange dauernd, dauerhaft, oliva, cespes sich lange frisch erhaltend; gratia, virtus v. dauerhaft, unveränderlich. B) (Spät.) = lebhaft, kräftig, pernicitas, sulphur hell brennend; discipulus v. 2) (Poet.) belebend, nährend, solum.

Vivesco, -- — 3. [vivo] (Poet. u. Spät.) lebendig werden, trop. kräftig werden.

Vividus, adj. mit comp. [vivo] (meist Poet. u. Spät.) 1) lebendig = belebt, Leben zeigend, gemma, corpus; signa v. lebensstreu, sprechend ähnlich. 2) lebhaft, kräftig, feurig, senectus, eloquentia, ingenium.

Vivirādix, icis, f. [vivus-radix] ein mit der Wurzel versehener Setzling, Ableger, Fächser.

Vivo, vixi, victum, 3. 1) leben = am Leben sein, ad summam senectutem, octoginta annos; tertia aetas vivitur man lebt; proverb. v. de lucro durch die Gnade eines Anderen sein Leben behalten. Insbes. in der Betheuerung: ita vivam so wahr ich lebe; ne vivam si etc. ich will sterben, wenn u. s. w. Hiervon uneigtl. A) = das Leben genießen, angenehm leben: vivamus et amemus! ebenso (Poet.) vivite = valeto lebe wohl. B) = bauern, fortbauern, noch bestehen: vulnus v. ist noch da, auctoritas ejus v. gilt noch; arbor v.; ignis v. brennt noch; scripta ejus vv. sind nicht untergegangen. 2) von Etwas leben = sich nähren, das Leben erhalten: v. piscibus, carne; v. rapto vom Raube. 3) leben = sein Leben auf irgend eine Weise zubringen: v. bene, honeste, convenienter naturae; v. in oculis hominum; v. vitam tutiorem; vixit miserrimus; v. in patria luxuria perselben Ueppigkeit ergeben wie der Vater; v. in horam, in diem nur für den gegenwärtigen Augenblick, ohne an die Zukunft zu denken. Insbes. mit Jmd. leben = mit ihm (freundschaftlich) verkehren, Umgang haben: v. cum aliquo; v. familiariter cum aliquo; trop. v. secum für sich selbst (d. h. mit sich selbst, mit seinen eigenen Gedanken beschäftigt) leben.

Vivus, adj. [vivo] 1) lebend, lebendig, am Leben befindlich: capere aliquem vivum; me vivo so lange ich lebe. Hiervon A) von Pflanzen u. dergl., frisch, lebendig, arundo. B) von einem Bilde: = zu leben scheinend, vultus sehr ähnlich. C) dauernd, frisch, natürlich = in seinem natürlichen Zustande befindlich: lucerna v. noch brennend, flumen v. fließend, saxum unbearbeitet, natürlich. 2) subst. vivum, i, n. trop.: A) (das Fleisch im Gegensatze zu den Nägeln) ad v. resecare = Etwas sehr genau, im strengsten Sinne nehmen. B) detrahere (resecare) aliquid de v. von dem Capital (im Gegensatze zu den Zinsen) Etwas wegnehmen.

Vix, adv. kaum, mit genauer Noth: v. me contineo quin etc. Häufig von der Zeit, kaum erst, kaum noch, insbes. mit folgendem quum zur Bezeichnung der unmittelbaren Aufeinanderfolge: v. hoc imperatum erat quum etc.; v. tandem epistolam te dignam accepi (wo vix nach in tandem liegenden Begriff der ungeduldigen Erwartung verstärkt.)

Vix-dum, adv. (auch getrennt geschrieben) kaum noch: v. dimidium dixerat, intellexerat kaum hatte ich —, so hatte er es verstanden; v. coetu dimisso als eben erst.

Vŏcābŭlum, i, n. [voco] 1) die Benennung, der Name, das Wort (als Theil der Sprache; vgl. verbum): rebus imponere vocabula. 2) in der Grammatik das Substantiv.

Vŏcālis, e, adj. mit comp. u. sup. [vox] 1) Stimme habend: vocalissimus aliquis Jmd. mit einer sehr starken Stimme; ne quem v. praetereamus = irgend einen Menschen. 2) die Stimme hören lassend, also redend, insbes. (Poet.) singend, schreiend, ertönend, avis, rana, chorda, carmen; Orpheus v. spielend und singend. 3) subst. -is, is, f. (sc. litera) der Selbstlauter, Vocal.

****Vŏcālĭtas**, ātis, f. [vocalis] (Spät.) der Klang, Wohlklang (griech. = εὐφωνία).

****Vŏcāmen**, ĭnis, f. [voco] (Lucr.) = vocabulum.

Vŏcātes, ium, m. eine Völkerschaft im aquitanischen Gallien.

Vŏcātĭo, ōnis, f. [voco] (Poet. u. Spät.)

1) das **Rufen**, insbes. die **Einladung zu Ti-sche**. 2) die **Vorladung vor Gericht**.

Vŏcātor, ōris, m. [voco] (Spät.) der **Ein-lader zu Tische**.

Vŏcātus, us, m. [voco] 1) das **Rufen**, der **Ruf**, venire vocatu alicujus auf Jmds Ruf; frustrari v. alicujus Jmds Anrufen, Flehen. 2) insbes. die **Einladung**, a) zur Senatssitzung, b) zu Tische.

Vŏcĭfĕrātio, ōnis, f. [vociferor] die **Er-hebung der Stimme**, das **laute Rufen**, »**Re-den**.

Vŏcĭfĕror, depon. 1. [vox-fero] seine **Stimme erheben**, laut **rufen** oder **reden**, Etwas laut **ausrufen**: v. palam; v. talia, v. Romanos vicisse daß die Römer u. s. w.; v. ut id faciant laut sagen, daß u. s. w.; von sächlichen Gegenständen, aera vv. ertönen, ebenso carmina vv.

Vŏcĭto, 1. [voco] 1) oft **nennen**, zu nennen **pflegen**, aliquem tyrannum. 2) (selten) laut und oft **rufen**.

Vŏco, 1. [vox] 1) **rufen**, aliquem. Insbes. = **herbeirufen**: v. aliquem ad se, in contionem, aliquem ad senatores ex provincia; v. senatum, patres zusammenrufen, v. plebem ad (in) contionem. Hiervon A) v. aliquem in jus (judicium) vor **Gericht laden**. B) = als **Gast einladen**, v. aliquem domum, ad coenam; v. deos in vota die **Götter einladen**, um die Gelübde zu empfangen = **Gelübde thun zu den Göttern**. Hiervon trop. a) = **locken**, **reizen**, **auffordern**, nox v. ad quietem; v. servos ad libertatem. b) v. aliquem ad calculos **Abrechnung mit Jmd. halten wollen**; v. aliquem in partem rei alicujus zur **Theilnahme an Etwas einladen**, ihn einer Sache **theilhaft machen wollen**. C) Jmd. ob **Etwas in irgend eine Lage**, **Stimmung u. dergl. bringen**, **ver-setzen**: v. aliquem in odium (invidiam) Jmd. verhaßt **machen**; v. aliquem in crimen **beschul-digen**, in periculum u. dergl. der **Gefahr aus-setzen**; in luctum ihm **Trauer bereiten**; v. rempublicam ad exitium dem **Staate den Untergang bereiten**; v. aliquid in dubium **bezweifeln**, in disceptationem **streitig machen** oder über **Etwas streiten**. 2) **anrufen**, **anflehen**, zur **Hülfe ob. als Zeuge herbeirufen**, Jovem, deos auxilio. 3) **nennen**, **benennen**, v. urbem Antiochiam ex patris nomine, vocor Cajus ich heiße C.

Vŏcōnius, Name eines römischen Geschlechtes. Davon -nius, als adj.

Vŏcontii, ōrum, m. pl. **Völkerschaft im südlichen Gallien**.

Vŏcŭla, ae, f. deminut. von vox.

Vŏlāterrae, ārum, f. pl. **Stadt in Etrurien**. Davon -rrānus, adj.

Vŏlātĭcus, adj. [volo 1.] 1) **fliegend**. 2) trop. **flüchtig**, **unbeständig**.

Vŏlātĭlis, adj. [volo 1.] 1) **geflügelt**, **fliegend**, bestia. 2) (Poet. und Spät.) trop. A) **flüchtig** = **schnell**. B) **flüchtig** = **ver-gänglich**.

Vŏlātus, us, m. [volo 1.] das **Fliegen**, der **Flug**.

Volcae, ārum, m. pl. **Völkerschaft im süd-lichen Gallien**.

Vŏlēmus, adj. [vola die **flache Hand**] nur in der **Verbindung** pira vv. **Birnen**, welche die **hohle Hand ausfüllen**.

Vŏlens, tis, adj. [particip. von volo 2.] (meist Poet. u. Spät.) 1) **willig**, **Etwas gern thuend**. 2) **geneigt**, **günstig**, **gewogen**.

Vŏlĭto, 1. [volo 1.] 1) **herum-ob. hin und her fliegen**. 2) **herum-ob. hin und her eilen**, »**fahren**, »**schwärmen**, »**laufen**, insbes. aus **Muthwillen**, **Prahlerei ob. dergl.**: v. in foro, ante oculos; v. ut rex, insolentius sich **brüsten und sehen lassen**.

Vŏlo, 1. 1) **fliegen**, avis v. 2) trop. = sich schnell **bewegen**, **eilen**, **geschwind dahin fahren**, hasta, fulmen, aetas, verbum.

Vŏlo, vŏlui, velle, 1) **wollen**, **Willens sein**: loquar quae v.; v. aliquid facere; volui stoicus esse oder me stoicum esse; velit nolit er mag **wollen** oder nicht **wollen**. Insbes. A) **elliptisch**: v. in Galliam im **Sinne haben**, nach G. zu **reisen**; quis me vult wer will mit mir reden? volo te paucis ich will einige **Worte** (ein wenig) mit dir reden; si quid ille se vellet wenn er von ihm Etwas haben (mit ihm über Etwas verhandeln) wollte. B) bisweilen fast überflüssig statt des bloßen Conjunctivs des Hauptverbums: ne quam eorum recepisse velint; quaerit cur sic mentiri velit. 2) = **befeh-len**, **verordnen**, **bestimmen und dergl.**: v. aliquid fieri; so häufig bes. in der Formel, womit bei den Comitien zur **Abstimmung** aufgefordert wurde: velitis jubeatis. Hiervon = **be-haupten**, **meinen**, eine **Meinung haben und vertheidigen**: volo deum esse sine corpore; hoc illi volunt. 3) = **wünschen**, gern sehen: volo hoc tibi contingat, ut mihi respondeas, te sci ignoscere; res est ut volumus; quam vellem te alio inclinavisses wie sehr wünschte ich = **gebe Gott**, daß du u. s. w.; vellem quae velles = ich wollte, du hättest es besser. Insbes. A) sis = si vis im plur. sultis = si vultis (bei Imperativen) eine **Höflichkeitsformel** = wenn es beliebt, wenn es gefällig ist: cave, sis; refer animum, sis, ad veritatem. B) bene oder male alicui v. Jmd. wohl oder übel **wollen**. C) v. alicujus causa (bisweilen wird omnia verstärkend hinzugefügt) Jmd. alles **Gute wünschen**, ihm geneigt sein. D) bisweilen = malo: malae rei se quam nullius duces esse volunt. 4) A) = **bedeuten**: quid hoc (repentinus clamor) sibi vult? quaero quid ista verba velint. B) quid sibi volunt illi was haben jene im Sinne? quid vobis vultis was meint ihr, was ist eure **Absicht**?

Vŏlōnes, num, m. [volo 2.] **Freiwil-lige**: so wurden insbes. die **Sklaven** genannt, die nach der Schlacht bei **Cannä** sich freiwillig zum **Kriegsdienste meldeten**.

Volsci, ōrum, m. pl. **Völkerschaft in Latium**. Davon **-scus**, adj.

Volsella, ae, f. (Vorklass. und Spät.) eine **Art Zange**.

Volsinii, ōrum, m. pl. **Stadt in Etrurien**. Davon **-niensis**, e, adj. u. subst. **-ses**, ium, m. pl. die **Einwohner von V.**

Voltinia tribus eine der **Tribus zu Rom**; davon **-nienses**, ium, m. pl. die **Bürger von V.**

Voltumna, ae, f. **Bundesgöttin der etruri-schen Zwölfstaaten**.

Volūbĭlis, e, *adj.* [volvo] **1)** drehbar, sich drehend, kreisend, rollend, coelum, annis fließend. **2)** *trop.* A) unbeständig, wankelbar, fortuna. B) oratio v. fließend, schnell dahin rollend. Hiervon orator v. geläufig, gewandt.

Volūbĭlĭtas, ātis, *f.* [volubilis] **1)** die Drehbarkeit, die Kraft, sich umdrehen zu können; davon das Umdrehen, die kreisende Bewegung, mundi. **2)** (Poët.) die Rundung, runde Gestalt, capitis. **3)** *trop.* A) = die Unbeständigkeit, Veränderlichkeit, fortunae. B) die Beweglichkeit, linguae eine fertige Zunge, v. verborum, dicendi Geläufigkeit und Fertigkeit im Sprechen.

*Volūbĭlĭter, *adv.* [volubilis] geläufig, fertig.

Volūcer, cris, cre, *adj.* [volo 1.] **1)** fliegend, geflügelt, bestia, deus. Hiervon als *subst.* -cris, is, *f.* ein Vogel oder geflügeltes Insect (vgl. avis). **2)** *trop.* A) eilend, schnell, flüchtig dahinfahrend, nuntius, Hebrus. B) flüchtig, schnell vergehend, unbeständig, dies, fama.

Volūmen, ĭnis, *n.* [volvo] **1)** (Poët.) die Wendung, Krümmung einer Schlange oder dergl.: angues sinuant vv.; v. fumi Wirbel; v. vinculi; v. siderum Kreislauf. **2)** die Schriftrolle (siehe die Handbücher der römischen Alterthümer), davon überhaupt die Schrift, das Buch; uneigtl. v. epistolarum ein Packet Briefe, die gleichsam ein Buch ausmachten. Hiervon = das Buch, Band als Theil eines größeren Werkes: liber in tria vv. divisus.

Volūntārĭus, *adj.* [voluntas] freiwillig. A) *act.* = der Etwas freiwillig macht, insbes. miles, exercitus; auch *subst.* -ĭus, ii, *m.* ein freiwilliger Soldat, Freiwilliger. B) *pass.* = was Jmd. freiwillig thut oder auf sich nimmt, mors (Selbstmord), verbera.

Volūntas, ātis, *f.* [volo] **1)** der Wille, sowohl = Wunsch, Verlangen, als = Vorhaben, Absicht: conformare se ad v. alicujus; summā Catuli voluntate mit der vollen Genehmigung der C.; assentiri voluntatibus alicujus; cedere ambitiosis vv.; hanc mentem voluntatemque suscepi; studemus vitam hominum tutiorem reddere, et ad hanc v. stimulis naturae incitamur. Insbes. *adverbial:* A) voluntate oder mea (sua, alicujus) voluntate mit Willen, aus eigenem Willen. B) de oder ex v. und ad v. nach Wunsch. **2)** die Gesinnung, confisus voluntatibus municipiorum. Hiervon *prägn.* = die günstige Gesinnung, die Geneigtheit, das Wohlwollen: literae exiguam tuae erga me voluntatis significationem habebant. **3)** der letzte Wille, die letztwillige Verfügung: testamenta et v. mortuorum. **4)** (Spät.) die Bedeutung, der Sinn.

Volūpe od. **Volup**, *adv.* [volo 2.] (Com.) ergötzlich, vergnüglich, zum Vergnügen: v. est mihi es ist mir vergnüglich, angenehm; victitare v.

*Volŭptābĭlis, e, *adj.* [voluptas] (Pl.) Vergnügen machend, angenehm.

Volŭptārĭus, *adj.* [voluptas] zur Lust, Wollust gehörig: **1)** Sinnengenuß-, Lust gewährend, possessio, sensus; animi elatio v. mit einem Genuß verbunden. **2)** der Lust, dem Sinnengenuß ergeben, disciplina, homo (insbesondere von den Epicuräern).

Volūptas, ātis, *f.* [volupe] **1)** die Lust, der Sinnengenuß, das Vergnügen (sinnlicher oder geistiger Art): „v. est omne id quo gaudemus" (*Cic.*); esse in v. ein Vergnügen genießen; insbes. in der philosophischen Sprache, summum bonum in v. ponere; v. venandi die Freude der Jagd. Wo der Zusammenhang zeigt, daß es durchaus tadelnd gebraucht ist, muß es oft durch Wollust übersetzt werden; v. corporis. Hiervon a) personif. die Göttin der Lust. b) (Pl.) als Liebkosungswort, mea v. meine Süße! **2)** der Hang zum sinnlichen Vergnügen, die Genußsucht, explere v. **3)** im *plur.* = Vergnügungen, Lustbarkeiten, insbes. (Spät.) die dem Volke von den Kaisern gegebenen Schauspiele.

Volūptŭōsus, *adj.* [voluptas] (Spät.) ergötzlich, wonnevoll.

*Volūtābrum, i, *n.* [voluto] (Poët.) die Schweineschwemme, der Morast, in welchem die Schweine sich wälzen können.

Volūtātĭo, ōnis, *f.* [voluto] das Wälzen, Herumwälzen, corporis; *trop.* (Spät.) a) v. animi die Unruhe. b) die Unbeständigkeit.

Volūto, 1. [volvo] = ein verstärktes volvo (was man sehe), **1)** wälzen, rollen, winden, drehen, herumwälzen u. s. w.: v. amphoras per terram; häufig v. se oder volutari (Poët. auch das *particip.* volutans) sich wälzen, in pulvere, insbes. ad pedes alicujus sich Jmd. zu Füßen werfen, *trop.* in omni dedecore sich herumtreiben. **2)** *trop.* A) = einen Laut von sich geben, rollen (b. h. ertönen) laffen, vocem per atria. B) v. aliquid animo = volvo 3. B. C) v. animum iis cogitationibus beschäftigen; volutatus in re aliqua der sich mit Etwas oft beschäftigt hat und mithin Uebung darin besitzt.

Volvo, volvi, volūtum, 3. **1)** wälzen, rollen, drehen, umwälzen, umrollen, umdrehen: v. saxum; flumen v. lapides; v. oculos huc illuc. Hiervon A) v. orbem sich drehend bilden; (Poët.) flumen v. vorticem bildet einen Strudel; B) equises vv. turmas drehen sich häufig nach allen Seiten; v. caput alicujus umherrollen. C) (Poët.) v. fumum aufwirbeln, in Wirbeln emporsteigen laffen, Aetna v. lapides wirft aus, v. ignem naribus sprühen, aber v. ignem ad summa fastigia emporwirbeln. D) v. hostes zu Boden werfen. **2)** insbes. *pass.* (selten refl. volvere se) medial = sich wälzen, -rollen, -drehen, oder *intrans.* rollen, wälzen u. s. w.; lacrimae vv. fließen, cylindrus v., stellarum cursus v. dreht sich herum, geht im Kreislaufe herum; v. undis herumgeworfen werden; v. humi ante pedes alicujus sich Jmd. zu Füßen werfen, vor ihm sich niederwerfen; menses volvuntur rollen dahin, und hiervon *particip.* volventibus annis im Laufe der Jahre. **3)** *trop.* A) v. librum eine Schriftrolle aufrollen, um darin zu lesen = ein Buch nachsehen, lesen. B) v. aliquid animo (auch in animo, cum animo suo) oder secum (Poët. auch sub pectore) = erwägen, überlegen, überdenken. Hiervon (Poet.) = hegen, sich mit einer Leidenschaft ob. dergl. tragen, iras, inanes cogitationes. C) das Bild von dem Spinnen eines Fadens oder der Bildung eines Kreislaufes hergenommen, ordnen, bestimmen, verhängen, Jupiter v. vices, Parcae vv. sic. D) (Poet.) v. casus bestehen. E) v. verba und bergl., dahinrollen lassen = geläufig und ohne Unterbrechung hersagen, uno spiritu, celeriter; oratio volvitur fließt, rollt dahin.

Volva, siehe vulva.

Vōmer (selten -mis), ĕris, m. die Pflugschar.

Vōmĭca, ae, f. [vomo] das Geschwür, die Eiterbeule; trop. = Uebel, Unheil (von schädlichen Menschen).

*Vōmĭcus, adj. [vomica] (Spät.) eiterig, trop. garstig, ekelhaft.

Vōmĭtĭo, ōnis, f. [vomo] das Erbrechen, Speien.

Vōmĭto, 1. (Spät.) = ein verstärktes vomo.

*Vōmĭtor, ōris, m. [vomo] (Spät.) der Erbrecher, Speier.

Vōmĭtus, us, m. [vomo] (Vorflaß. und Spät.) = vomitio; trop. als Schimpfwort, „Unflath".

Vōmo, mui, mĭtum, 3. 1) intrans. sich erbrechen, speien, post coenam, in mensam. 2) transit. durch Erbrechen von sich geben, überhaupt ausspeien, sanguinem. Hiervon (Poet.) trop. von sich geben: Charybdis v. fluctus, domus v. undam salutantium (eine Masse Besuchender strömt aus dem Hause heraus); v. purpuream animam den Geist mit dem ausströmenden Blute aufgeben.

Vŏrācĭtas, ātis, f. [vorax] (Spät., selten) die Gefräßigkeit.

Vŏrāgo, ĭnis, f. [voro] 1) der Schlund, Abgrund, die Tiefe, auch im Wasser = der Strudel. 2) trop. zur Bezeichnung der Verschlingung: v. ventris von dem unersättlichen Bauche; v. reipublicae das Verderben des Staates (von einem schlechten Bürger); v. patrimonii ein Vergeuder.

Vŏrax, ācis, adj. mit comp. [voro] viel verschlingend, gefräßig, venter, Charybdis, ignis, trop. impensa.

Vŏro, 1. 1) verschlingen, verschlucken, gierig fressen und verzehren, cibum; (Poet.) mare v. naves. 2) trop. amor v. medullas verzehrt; v. literas eifrig und begierig studiren; (Poet.) v. viam eilend zurücklegen.

Vorso, Vorsoria, Vorsus, siehe Verso, Versoria, Versus.

Vortex, siehe Vertex.

Vŏsĕgus, i, m. Gebirge im Elsaß, die Vogesen.

Vōtīvus, adj. [votum] mit einem Gelübde (siehe votum) in Verbindung stehend, angelobt, geweiht, ludi, juvenca; legatio v. einem Gelübde gemäß unternommen; sanguis v. (Poet.) das Blut des geweihten Opferthieres.

Vōtum, i, n. [particip. von voveo] 1) das Gelübde an einen Gott nebst dem damit verbundenen Wunsche und Gebet: voto teneri, obstrictum esse durch ein Gelübde verpflichtet sein; voti damnari = seinen Wunsch erfüllt erhalten (weil dann erst die Verpflichtung das Gelübde zu erfüllen eintrat), vergl. 2. B. 2) uneigtl. A) (Poet.) das Angelobte, das durch ein Gelübde versprochene Opfer u. dergl., incendere aras votis. B) der Wunsch, das Verlangen: v. cupiditatum tuarum; (Poet.) esse in voto, venire in votum Gegenstand des Wunsches sein, werden; voto potiri oder voti compotem fieri seinen Wunsch erreichen, erfüllt erhalten (vgl. 1.). C) das Gebet: quid nisi vota supersunt?

Vŏvĕo, vōvi, vōtum, 2. 1) ein Gelübde thun, einer Gottheit Etwas geloben, feierlich versprechen (womit gewöhnlich ein Gebet um die Erfüllung eines Wunsches verbunden war): v. Herculi decumam, templum Jovi; vovi, me uvam deo daturum esse; v. votum ein Gelübde thun. 2) (Poet.) wünschen, verwünschen, alicui aliquid.

Vox, ōcis, f. 1) die Stimme, sowohl des Sprechenden und Rufenden als des Singenden: v. rustica, suavis, rauca; magna v. mit lauter Stimme; bona v. esse eine starke Stimme haben; vox redditur ex specu man hört eine Stimme. Hiervon A) die Stimme, der Naturlaut der Thiere, v. bovis, coruicis. B) der Laut überhaupt, Ton, Klang, Schall eines musikalischen Instrumentes u. s. w., cymbalorum, buccinae; fractae vv. das Geräusch der Brandung gegen die Klippen. 2) das durch die Stimme lautende Wort (als Theil der Rede, aber in Bezug auf den Klang und die Form, vgl. vocabulum und verbum): non intelligit, quid sonet haec vox was dieses Wort bedeutet; vox voluptatis das Wort v.; vis ea vocis erat; (Poet.) his vv. uti so reden; häufig mittere v. (gewöhnlich mit einem negirenden oder beschränkenden Ausdrucke verbunden) ein Wort hervorbringen; alienis vocibus mit Worten, die man von Anderen gelernt, empfangen hat. Hiervon = Rede, Aeußerung: haec est una omnium v.; una v. einstimmig. 3) (in der Rhetorik) der Accent, die Betonung, acuta.

Vulcānus, i, m. Sohn des Jupiter und der Juno, Gemahl der Venus, Gott des Feuers, bes. insoweit es zur Bearbeitung der Metalle und zur Ausübung dieser Künste und Handwerke nothwendig ist, also auch Gott der mechanischen Fertigkeiten. Hiervon (Poet.) = das Feuer. Davon 1) -nius, adj., Lemnos dem V. geheiligt. 2) -nālia, ium, n. pl. das Fest des V.

Vulgāris, e, adj. [vulgus] allgemein, Allen gemein, alltäglich, gewöhnlich, allbekannt und dergl., opinio, ars, verba; obsoletus et v.; liberalitas v. gegen Alle erwiesen.

Vulgārĭter, adv. [vulgaris] gewöhnlich, alltäglich.

Vulgātor, ōris, m. [vulgo] (Poet.) der Etwas allgemein bekannt macht, der Austräger.

Vulgātus, adj. mit comp. u. sup. [particip. von vulgo] Allen gemeinschaftlich gemacht, Allen zugänglich, allgemein, öffentlich, gemein, gewöhnlich.

Vulgĭ-văgus, adj. (Lucr.) überall umherstreifend.

Vulgo, 1. [vulgus] unter die Menge bringen: 1) = allgemein machen, auf

Jedermann ausdehnen, Allen mittheilen (zukommen lassen), v. rem usu, vehicula vulgata
usu; v. consulatum Allen zugänglich machen,
munus Allen mittheilen, morbum verbreiten:
rem non vulgat will nicht, daß Alle ohne Unterschied Theil daran nehmen; laus vulgatur Alle
können an dem Ruhme Antheil haben; auch v.
rem per omnes, cum infimis; medial vulgari
cum illis sich mit ihnen gemein machen. 2) =
allgemein bekannt machen, veröffentlichen, zu Jedermanns Kenntniß bringen, librum
herausgeben, miraculum vulgatur wird allgemein bekannt; v. rumorem verbreiten.
 Vulgus, i, *n.* (selten m.) 1) die Menge =
die Leute überhaupt, der gemeine Mann (im
Gegensatze zu den Vornehmen, Gelehrten u. s. w.),
das Publicum: sapientis judicium a judicio
vulgi discrepat; in vulgus adverbial = allgemein, unter den Leuten überhaupt. Insbes. im
üblen Sinne = der Pöbel, der große Haufe,
vulgus fuimus sine gratia etc. 2) die Menge
aus einer gewissen Gattung, die Masse, Pluralität, servorum, mulierum, patronorum;
(Poet.) von einem Haufen Thiere. — Insbes. der
abl. sing. Vulgo als *adv.* 1) im Allgemeinen, allgemein, gemeiniglich, alltäglich,
davon häufig = allenthalben, ringsumher: v.
homines occidebantur; id v. evenire solet;
v. milites a signis discedebant; v. totis castris testamenta obsignabantur; v. facere alia
incendia an vielen anderen Stellen; v. invitare
alle Welt einladen. 2) öffentlich, vor aller
Welt, aliquid ostendere; v. has literas mitto
mit dem Sinne, daß alle Welt den Brief lesen
darf (vielleicht ist es hier der Dativ des Substantivs = „für alle Welt").
 Vulnĕrātio, ōnis, *f.* [vulnero] die Verwundung; *trop.* v. salutis et vitae Verletzung.
 Vulnĕro, 1. [vulnus] 1) verwunden
(überhaupt, vgl. saucio), aliquem. 2) *trop.*
verletzen, kränken, wehe thun, animum, aures alicujus; v. aliquem crimine, verbis, voce;
amor v. pectora.
 Vulnĭfĭcus, *adj.* [vulnus-facio] (Poet.)
Wunden verursachend, verwundend.
 Vulnus, ĕris, *n.* 1) die Wunde (mit einem
scharfen Instrumente zugefügt, vgl. plaga): confectus vulneribus tödtlich verwundet. 2) *trop.*
A) der Hieb, Einschnitt, z. B. in einen
Baum. B) = die verwundende Waffe: dirigere v. (den Pfeil) aliquo, eludere v. C) =
Unglück, Noth, Verlegenheit und dergl.:
mederi suis vv. (Schulden); v. reipublicae imponere, inurere. D) (Poet.) von Leidenschaften
und Gemüthsbewegungen, z. B. der Liebe, Trauer:
v. mentis, alere v. sub pectore von einem Verliebten. E) nova vv. facere = Beschuldigungen. F) v. in moribus, Flecken, Gebrechen.
 ***Vulpĕcŭla**, ae, *f. deminut.* von vulpes.
 Vulpes, is, *f.* der Fuchs.
 Vulsus, *adj.* [*particip.* von vello] mit aus-
gerupften Haaren, bartlos, haarlos, davon
trop. = weichlich.
 ***Vultĭŏŭlus**, *deminut.* von vultus.
 Vultŭōsus, *adj.* [vultus] (von einem Red-
ner) zu voll von Mienen, Gesichter schnei-
dend, grimassirend, affectirt, auch v. pronun-
ciatio.
 Vultur, ŭris, *m.* der Geier; *trop.* = ein
raubgieriger Mensch.
 Vultur, ŭris, *m.* Berg in Apulien in der
Nähe von Venusia. Hiernach war benannt der
Vulturnus ventus, ein Südsüdostwind.
 Vultūrius, ii, *m.* 1) = vultur. 2) (*Pl.*)
ein unglücklicher Wurf im Wurfspiele (= canis ?).
 Vulturnum, i, *n.*, Stadt in Campanien am
Flusse Vulturnus.
 Vulturnus, i, *m.* Fluß in Campanien.
 Vulturnus ventus, siehe Vultur 2.
 Vultus, us, *m.* 1) das Gesicht (insofern
es die Stimmung und den Zustand der Seele
ausdrückt, vergl. facies), die Gesichtszüge,
Mienen: v. tristis, tranquillus ac serenus,
idem semper, fictus atque simulatus. Oft
insbes. = das finstere und strenge Gesicht,
die zornigen Mienen, terrere aliquem vultu.
2) das Gesicht überhaupt: ex v. cognoscere
aliquem, demittere v. die Augen niederschlagen.
3) (Poet.) das Aussehen, die äußere Gestalt:
unus v. in toto orbe; v. maris.
 Vulva (**Volva**), ae, *f.* (Poet. und Spät.)
die Gebärmutter bei Menschen und Thieren;
die v. der Schweine wird als ein Leckerbissen erwähnt.

X.

 Xanthippe, es, *f.* [Ξανθίππη] die zänki-
sche Gemahlin des Sokrates.
 Xanthippus, i, *m.* [Ξάνθιππος] 1) Va-
ter des Pericles, Hauptankläger des Miltiades. 2)
lacedämonischer Feldherr bei den Carthagern im ersten
punischen Kriege, der den Regulus gefangen nahm.
 Xanthus, i, *m.* [Ξάνθος] 1) Fluß in
Troas, = Scamander (siehe diesen Art.). 2)
Fluß in Lycien. 3) kleiner Fluß in Epirus.
 Xenia, ōrum, *n. pl.* [ξένια] (Spät.) Gast-
geschenke, Geschenke, die den Gästen bei einem
Gastmahle gegeben wurden.
 Xeno, ōnis, *m.* [Ξένων] epicureischer Phi-
losoph zu Cicero's Zeit.
 Xĕnŏcrătes, is, *m.* [Ξενοκράτης] Philo-
soph aus Chalcedon, Schüler des Plato.
 Xĕnŏphănes, is, *m.* [Ξενοφάνης] grie-
chischer Philosoph aus Colophon ungefähr 530 v.
Chr., Stifter der eleatischen Schule.
 Xĕnŏphon, ontis, *m.* [Ξενοφῶν] der be-
kannte griechische Philosoph, Geschichtschreiber und
Heerführer, Schüler des Sokrates.
 Xērampĕlĭnus, *adj.* [ξηραμπέλινος]
(Poet.) die Farbe des trockenen Weinlaubes habend
= dunkelroth, dunkelfarbig.
 Xerxes, is, *m.* [Ξέρξης] Name mehrerer
persischen Könige.

Xyniae, ārum, f. pl. [Ξυνία] Stadt in Thessalien.

Xystĭcus, adj. [ξυστικός, xystus] zu dem xystus als Uebungsplatz der Athleten gehörig, davon subst. -ci, ōrum, m. pl. Athleten, welche sich dort übten.

Xystus, i, m. oder -um, i, n. [ξυστός geebnet, geglättet] bei den Römern ein unbedeckter Säulengang zum Spazierengehen, Disputiren u. s. w., auch als Uebungsplatz der Athleten (siehe xysticus).

Z.

Zăcynthus, i, f. [Ζάκυνθος] Insel im ionischen Meere, jetzt Zante. Davon -thius, adj.

Zăleucus, i, m. [Ζάλευκος] Gesetzgeber der Locrer in Italien ungefähr 650 v. Chr.

Zāma, ae, f. Stadt in Numidien, Residenz des Königs Juba, bekannt durch den Sieg Scipio's über Hannibal 201 v. Chr.

Zāmia, ae, f. (Pl.) latinisirte Form des griechischen ζημία, Verlust, Schaden.

Zancle, es, f. [Ζάγκλη] früherer Name der Stadt Messana, jetzt Messina. Davon **Zanclaeus** od. -clēius, adj. u. subst. -aei, ōrum, m. pl. die Einwohner von Z.

Zēlŏtўpus, adj. [ζηλότυπος] (Spät.) eifersüchtig.

Zēno, ōnis, m. [Ζήνων] Name mehrerer griechischen Philosophen: 1) Zeno aus Citium ungefähr 320 v. Chr., Stifter der stoischen Schule. 2) Zeno aus Elea, Lehrer des Pericles. 3) ein Epicuräer zu Cicero's Zeit.

Zephyrītis, ĭdis, f. [Ζεφυρῖτις] Arsinoe, Tochter des Lysimachus und Gemahlin des Ptolemäus Philadelphus, wurde nach ihrem Tode als Venus Z. verehrt.

Zephyrium, ii, n. [Ζεφύριον] 1) Stadt und Vorgebirge in Cilicien. 2) Vorgebirge in Bruttium.

Zephyrus, i, m. [ζέφυρος] der Westwind (reinlat. Favonius).

Zērynthus, i, f. [Ζήρυνθος] Stadt in Thracien. Davon -thius, adj.

Zētes, ae, m. [Ζήτης] der geflügelte Bruder des Calais, Sohn des Boreas, einer der Argonauten.

Zeugma, ătis, n. [Ζεῦγμα] Stadt in Syrien am Euphrat.

Zeuxis, is u. ĭdis, m. [Ζεῦξις] berühmter griechischer Maler ungefähr 400 v. Chr.

Zōĭlus, i, m. [Ζωΐλος] strenger Grammatiker zu Alexandrien, der besonders die homerischen Gedichte auf eine kleinliche Weise tadelte. Daher appellativ = ein hämischer Tadler.

Zōna, ae, f. [ζώνη] 1) der Gürtel, insbef. A) der Frauen. B) der Männer, bes. um Geld darin zu tragen, der Geldgurt, die Geldkatze: perdere z., proverb. = all sein Eigenthum verlieren. 2) der Erdgürtel, die Zone, frigida.

Zōnārius, adj. [zona] zum Gürtel gehörig, Gürtel-; sector z. der die Gürtel abschneidet, um sie zu stehlen, der Beutelschneider. Hiervon subst. -rius, ii, m. der Gürtelmacher, Beutler.

Zōnŭla, ae, f. deminut. von zona.

Zōpўrus, i, m. [Ζώπυρος] 1) ein vornehmer Perser, der sich selbst verstümmelte, um dem persischen Könige Darius Hystaspis die Eroberung von Babylon zu erleichtern. 2) ein bekannter Physiognom zur Zeit des Socrates. 3) ein Rhetor.

Zōroastres, is, m. [Ζωροάστρης] Gesetzgeber und Religionsstifter der Perser.

Zoster, ēris, m. [Ζωστήρ] Vorgebirge und Hafenstadt in Attica.

Lightning Source UK Ltd.
Milton Keynes UK
UKHW040622050119
334993UK00010B/357/P